国家出版基金项目
NATIONAL PUBLICATION FOUNDATION

海上絲綢之路文獻集成

總主編　陳支平　陳春聲

科技與文化編 44

主編　王揚宗　葉農

海峽出版發行集團
THE STRAITS PUBLISHING & DISTRIBUTING GROUP
福建人民出版社

本册目次

全體通考十八卷圖二卷（卷一至卷七）

〔英〕德貞譯

《全體通考》十八卷圖二卷，英國德貞譯。德貞（John Dudgeon，一八三七—一九〇一），字子固，英國格拉斯哥大學外科學碩士，一八六三年來華，後任京師同文館解剖學兼生理學教習，譯介大量西醫著作。德貞以業醫施診當首明解剖，知人體結構，不先此則無以操其術，乃特譯此書，以供參研。卷首「人身全體解剖學誌」自《大英百科全書》迻譯編寫，卷一、二「論骨」選譯自英國醫生、解剖學家荷爾敦（Luther Holden，一八一五—一九〇五）著*Human Osteology*，主體譯自英國醫生格雷（Henry Gray，一八二七—一八六一）著*Gray Anatomy: Descriptive and Surgical*。凡十八卷，依次論骨、骨節、肌及夾膜、脈管、回管、津液管、腦、脊髓腦筋、五官具、消化之具、胸、聲音呼吸之具、溺具、陽生具、女生子之具、摺窩疝氣外科之解剖、會陰與坐直腸部外科之解剖，各卷内又別爲若干篇。末附《全體通考圖》二卷，三百五十六圖，繪製精良。此爲清末首部官方解剖學教本，所據皆當時西方最具代表性之解剖學著作，故知識體系、結構分類均較科學，述筋骨臟腑之構造尤細密過於同時諸書。所譯術語亦精當，如現代解剖學之「五官」、「呼吸」、「消化」等概念即爲此書最先提出。據中國國家圖書館藏清光緒十二年（一八八六）京師同文館排印本影印。

全體通考

光緒丙戌孟夏

全體通考

揚州董恂署

全體通考者西醫德君子固所輯也書成將付手民丐予肯路導其引喤余於肘後之方未窺抱樸枕中之秘法叢論衡奚自被飾芝編挾張藻翰並觀其濟物利人之意頓觸我撫今追昔之懷回憶丁丑春予役蘭陽工次腰間患癭瘤初小如栗繼大如瓠潰後遂蔓延無已屢易名醫迄無少效會有勸劉通侯以德君薦余以中華之醫但能奏效即無須重煩德君故遲遲未果迨至戊寅冬患處腐潰方圓七八寸洞出三十餘孔痛苦情形不堪言狀是時差務殷

繫而仰蒙恩遇優厚曷敢少懈偷安勉力從公幾有不可支持之勢統計前後醫家已數十曷皆以不效亟進延德君来視據云疾係濕熱流注初原無難醫治惟前次醫藥雜投致成不可收拾之疾刻下必用刀圭萬難脫此但剖割痛楚人所難禁須用泰西之藥嗅鼻一時沉昏趁為割治使不知痛苦較為穩安余笑謂子固與其糊塗割治而死曷若明白痛楚而止遂不嗅其藥用刀時血肉淋漓色皆灰黯計兩次十九割而左右

仿童莫不目眩然而不瞋舌撟然而不下未幾而患處日見起色瘡口之見收縮七十日而平復大愈以故益信其術之精其技之絕矣夫好異者述援避之夢誌怪者傳瘵說之奇揄美懸癰或傷談乎剖蛤薄蘿餘瀝且豔說乎挂蛇不遇搜被壞聞未嘗親為目擊令子固之術技精深絕妙竟克臻此夫乃歎人之少所見者固不能不多所怪也以視古之垣隔一方洞窺五藏者又何多讓況乎用意良深益人亟淺憫國人之不世冀婦孺之皆知綱舉目張

二

可按圖而索驥條分縷析豈岐路之亡羊至其
倬例之畫剖別之精諗之作者自可定評余所
專門者頗覼縷已

大清光緒甲申中清和上浣長白仲華氏榮祿跋於
略園綸雲簃

憶於十數年前志克庵出使泰西諸國帶回裱成人形一具皮膚筋骨臟腑皆全於接縫處各加小鈎層層解之則人身表裏上下次第並皆染以五色如肝紫膽綠各肖其真惟註以洋文小字不易辨認予一見之歎其製造精工獨惜其於生氣行血之故註釋尚覺闕如昨見德子固所註全體通考一書於人之四支百骸分繪以圖

细註以說展卷如獲指南莫不先覩為快中國學醫者由此悟入將見施鍼用藥不爽毫釐此書之功豈不大哉尤可取者德子固西方名醫也於此書究心多年而始得其精妙乃不秘為己有竟刊行公諸同好益見其有利濟之心焉若使志公見之亦必樂於互相印證以參其詳備云

大清光緒十年歲甲申夏四月長白廣壽撰

醫仁術也論病及國原診知政者尚已即博習方書審別標本亦寥寥稱絶詣焉夫醫本吾儒格致之一事然儒有定理醫無定法故自元以後醫家門户之歧更甚於儒世之為醫者略有師承動以聲氣稱良毅然立方不暇抉擇醫而生不知所由生醫而死亦不知所由死也竊謂醫有醫理求之脈息者變動不居醫有醫方採諸品物者廣大悉備西士之醫書余未暇攷也中國自羲軒以來繪圖立説疏明藏府骨節經絡腧穴以為醫門法律證治準繩者明晳詳盡如曩昔靈樞經甲乙經明堂灸經鍼灸資生經銅人鍼灸圖經以及醫旨緒餘奇經八脈攷之類已幾於更僕難終誠以此固醫道一端必不可闕耳同文館醫學　德子固教習貞自泰西來游中土二十年博涉多通譯述不倦近復著全體通考一十八卷附以五百餘圖於人身肌

骨筋節洪纖畢舉微顯兼賅欲俾初學披閱瞭然洵屬醫家枕筏比者校刊將竣屬　丁冠西總教習問序於余余非越人烏知醫意顧喜其仁心為質用力至勤條縷細確能有裨乎醫術也樂為喤引其端抑余聞醫之於病也望而知者謂之神聞而知者謂之聖問而知者謂之工切而知者謂之巧盧扁照見癥結秦緩察及膏肓自非易及然由體質而體會入微何處何病原從何起將且何變當何藥以止之補之其藥之品性藥之銖兩藥之製法并一一覼列簡編庶習醫者易於從事而仁術得以推行是尤余所企盼也　子固以為何如

光緒十年清和月吳川陳蘭彬序

蓋自炎農嘗藥以制方岐伯典醫而救世經傳素問術著青囊技擅六微肱稱三折舉凡金液銀丸之妙靈樞玉版之精亦止以治膏肓辨腠理調血脉宣胃腸未有極人身全體之微而著爲解剖學者若吾友德子固誠可異焉　子固來自泰西施醫中土生授扁盧之秘早馳和緩之名嘗見其制藥精妙奏效如神來醫之人無論富貴貧賤所治之症必辨內外虛實雖病至危險莫不著手奏功所謂生死人而肉白骨者何以異此然則薛伯宗之徒柳鐵茅漢華陀之出蛇走獺固不足專美于前矣予七弟子園幼戲洋銃洞穿腹膈氣已瀕絶子固急爲救治不十日而肌理如初予患背疽勢甚危迫子固施以刀圭所患如失先伯端恪公素重其人益奇其藝酬區額以旌其術而

德公之名乃洋溢於中國焉甲申春予以奉差來都予固以所著全體通考見示凡人身之五官六腑肌膚筋骨繪以圖式辨及毫芒無不瞭如指掌自謂治病如作室必先清其基趾審其堂構然後庀材鳩工善哉言乎誠根柢功夫也范文正等作相於作醫陸宣公以醫民為醫國德公之德真堪不朽且為千古發不傳之秘啟後人未闡之奇斯書之有功於中國者豈淺鮮哉予固欲梓以問世乃索序于余予素不知醫曷足以序是書而相交數十年又不可不以數語明其意因披閱一過記其大概如此若言乎序則鴻文巨制請俟君子焉

大清光緒十年歲次甲申山陰譚寶琦識

德子固大夫為泰西名醫來中華多年經丁冠西總教習薦為同文館醫學教習都中士大夫延其治理者無不奏效此信而有徵也余曾出使灋蘭西俄羅斯並遊歷英吉利美利堅見各國醫學林立於

人之全體骨節部位無不考訂精
詳今予固所著全體通考並繪圖
立說精通妙理有益於後之學者
特誌數言以公同好

光緒甲申仲夏伏日

完顏崇厚識并書

序

曩余喜讀方書上自靈素下及古今諸家所著不下百十種每潛心尋繹其中說理精切處比喩詳明處詞句古峭處亦莫非學問之一道也間有古今彼此不同互相駁辨者然大半皆憑臆說惟王氏醫林改錯一編載其曾取死者之臟腑細爲考察與諸方書所傳者迥異其說皆列在本集中予竊謂臆斷以爲當然者不若目睹而得其所以然者較爲明確惜王氏書祇數卷僅就其所及見者筆之於書此外掛漏甚多殊爲憾事無如習醫者多泥於古人成說不肯據斯言以爲信邇來西法盛行於中國各處廣置醫院而西醫　德君子固與予交最深嘗云習醫者於人之一身內而臟腑外而皮膚非逐處考究得其形象審其功用惡能知其病之所從來又惡能照病以施治乎中國切脉知病之理恐未確也及觀其治病

則有截斷肢體割取瘿瘤剖取膀胱中石子等法不特爲華醫所未見亦華人之所未聞藉非目睹其誰信之今德君將其全體通考一書用華文譯成問序於予因思著書立說原期有益於世我中國諸書多尚文筆往往多華而鮮實是編悉本西語譯出雖語句與華文多不相合而其中義理則言而有徵實足擴華醫之見聞讀者幸勿弁髦視之是爲序

光緒甲申仲夏都門駱鈞書於寓齋

序

且夫醫難矣哉人生之修短係之民數之衆寡亦係之不知臟腑之功用血脉之運行不可濫厠其間也昔秦緩識晉景之膏肓扁鵲見齊桓之腸胃眞是見微知著者太倉解顱而理腦俞跗滌胃而湔腸眞是手到病除者而尤必有傳人有傳書如涪公之授程高程高之授郭玉始稱爲專門名家焉自華陀殺身而人無傳獄吏燒書而書無傳嗣後醫士復降爲技術而醫道益晦此中國醫士所以祗守古方也西醫則不然謂必割皮解肌洞燭乎心腹腎腸之藴捶骨瀝髓明鑑夫脊膂肩肺之全先有以正其本而清其源然後十年教訓三載考績乃可給以文憑出而濟世非苟焉已也予不敏不知醫第喜觀醫書以資調攝而於脉理之腠血氣之分滋疑竇甚有欲折衷而不得者自道光年間西旅航來甬江滬江都設醫院

時相往來訪問醫理得見其形體諸圖凡五臟六腑皆按圖可索又有骸骨一具及仿造臟腑脉絡紙坏各式互相校讐歴歴不爽洵足擴眼界而釋疑竇然猶探索於圖樣而非眞見其肺腸也至咸同以來予曾捕海盜擊股匪親見夫穿胸洞脅碎首流腸不一而足復有效楚子之鹽腦雎陽之飲血王烈之飡髓者彼既如矢人惟恐不傷予亦如司空居然見慣至光緒年間奉

命出使日本聞其城内外有施醫院解剖所皆延西醫以教導之一再往觀骸骨盈庭髑髏滿架一肢半體分置成堆此已經支解者若夫操刀于前折骸于後剝者剝割者割批郤導窾迎刃以解命之鋸鋸聲嗚嗚然蒸之釜釜氣勃勃然釁諸殷商之剖心剒脛刳剔孕婦無以異是然傷殘生命與檢驗屍身正自有辨此皆予目擊之不啻手試之者也迄今任滿歸

來又遇醫學教習德大夫子固氏于京城與言醫學亦頗投契其在同文館也教習久而生徒衆其在施醫院也求醫夥而獲痊多其診病也如法善之鐵鏡照人其施醫也如老君之玉杯盛藥盛藥都以玻瓶或灌以上池水西醫多用冷水和藥必極淨之流水且有冷水灌頂者徐嗣則用至百瓶或賜以小刀圭沈羲則祇須一粒藥以愈煉而愈精少許勝人多許醫以屢試而屢驗名醫不愧名師核其醫術非獨徐家肺沈家脾有病皆可治卽長孺之羸士安之痟子光之瘖亦無病不可醫此用藥以治內也若用藥以治外則消陳登之疽治齊侯之疥瘵宋景之目腫救許隱之齒痛用藥輕而取效速特小試其技耳又有藥以生髮不患季孫之髮禿何患盧蒲之髮短乎有藥以染鬚不患王彪之鬚白特患曹彰之鬚黃耳有藥以除楚王之臭則宮人之鼻不因鄭袖而劓矣有藥以治先儒之癩則伯牛之疾不待孔子之問矣至若

湯熨所不及必鋒刃之是操將張景之腹脹可癟也（予于甯波見之）卽方千之兎脣亦可補（予于京中見之）杜預之頸癭可剖也卽魏王之贅瘤亦無不可割（予于甯波北京見之）雖然肌膚外體也可割開亦可縫合無可稱奇若內而至于膀胱破損彌補似難乃能于病人腹中用鍼綫縫合以保完密不亦奇乎（予于日本見之）喉痧險症也宜速治不宜緩攻亦無他奇若急而至于咽喉封閉瞬息將死還能于病人頸外用銀管開竅以通呼吸不更奇乎（亦于日本見之）至患肺癰非破乳下不能出膿（亦于日本見之）則天寶遺事所謂花露凉肺之說不足多也又患石淋必割膀胱乃能出石（予于甯波見之）則爾雅翼註所謂鰻魚下石之言不足信也至于已成痼疾無可救藥如眇一目折一足等類又有象形惟肖之法以掩飾之如以玻鏡嵌於眶中恍如兩目並明（予于京中見之）以木脚接于腿下亦能兩足並行（予于上海見之）則郤克之眇不必笑于房卞和之刖不必

哭于郊也詳觀西法不幾幾乎物曲可代人官人巧可奪天工乎嘗觀景岳全書載撥轉瞳神一事自謂聞其語未見其人今西醫皆能之予亦屢見之（予嘗於上海見之）惟近聞婦人子宮生瘤新有西醫能剖腹而割去者予亦聞其語未見其人也（予於京中德君處聞之）今德君以全體通考一書出而示予并請序之予不文何能序第就目所親睹者畧記之以弁于簡端云

光緒十年歲次甲申孟夏月吉日張斯桂魯生氏識于京師東安門外之慈谿館

自序

予英人也幼業西醫壯遊東國訪考醫術二十餘年竊嘆中國之醫書甚多何明醫之絕少也細究其弊一由於無專功一由於泥古法中國之醫從無幼習類皆誦詩讀書半世無成去而習醫讀藥性之賦記本草之篇閱針灸之法操術未深而謀食便切急於出試高談佐使君臣空說望聞問切視藥料爲名利之藪等民命爲孩兒之戲有終身行醫而不明人之全體者其弊一也華邦醫道始於岐黃其術非無可取其法非不可遵所異者人泥其法牢守一成之見而不知變通堅執既往之方而不事思索至一傳再傳老成凋謝而伐毛洗髓之事刮骨療毒之能洗胃滌腸之妙徒存其說俱失其傳有數年學醫而不明人之臟腑者是泥古更以蔑古其弊二也有此二弊故庸醫多良醫少名醫泯時醫盛也若西國則不然

數千年前西國診治亦多囿古迨後世聰明輩出救人之生憫人之死謂古今時事不一宜乎古未必合乎今彼此嗜好不同滯於彼必不通於此夫古人亦人也既有智慧創醫道之粗迹我亦人也獨無才能探醫學之精微非所以重民命而福蒼生也於是習醫立其院考醫設其方施醫取其巧雖古制多變亦務使診視有據而不違於正精益求精神而又神日出新法一視中醫之固守其舊者相去不啻霄壤矣東洋日本近學西醫獲益良多牛痘一法自嘉慶年間中原亦盛行焉則知華人亦取法於西國也予不敏於施醫之暇譯解剖學誌全體通考一書出以問世非敢云中拙而西巧也非敢云中愚而西智也特以擴醫之益廣醫之傳云爾解剖之學中人聞之莫不失色不知西國之初亦無此法學者立醫之本亦不過借物體以明其理屠豕宰羊時時留意而又終慮其形異而勢殊也

近五十年英人始解剖人尸視其經絡洞其臟腑而醫學大興乃中醫既不究心於諸物之體復不欲剖乎死人之身一聆此說竟以爲慘夫不知臟腑而治生人於死亡之地不以爲忍欲識臟腑而借死身爲生人之益反以爲慘其持論不亦誤乎且死人之身幾如蟬蛻得殮者虫蟻所營暴體者犬鴉所食即得窀穸之安亦屬腐爛之物如解尸而以爲慘則剖心之戮凌遲之律大辟之刑中國不廢與其棄擲坑窖何如設立醫館將此等重罪之死身交於其中剖而視之作醫術之證據俾蒙目而射者得開其目迷途而行者得返其途治敗壞之鐘表者不僅修其外面而且得其內藏則無用之腐體作大益於生人不遠勝於棄屍也哉觀於西國之書曾經剖驗而誌歷歷不爽欲知病源者潛而思之默而體之閱此經驗之書如親解剖之事亦足以植醫之根本矣況中國醫書紛紛聚訟其論骨

也謂天有三百六十五度人骨有三百六十五節不知男女之骨數不同彼此之骨色不一不可一律論也其論脉也謂左右手分寸關尺按其浮沉遲數即知火熱風寒噫是一泉之水而諸味具備也此說害人不淺其論運行血也謂氣之所帥於十二時分宿各腑信斯言也帥血者氣帥氣者何且身無隙地帥血入於何鄉謂血分宿一腑則他腑亦必有無血之時何以一針見血針針見血也且以全身之血並宿一腑一腑能容之乎甚矣其謬也其論消化也謂脾動磨胃不知胃液胆液俱有消化而磨胃之說不確也肌之理不明腦之體不講血之管不知肝之功用不能悉心之部位不能辨而徒以腎爲命門腑有三焦小腸引溺入膀胱等等誕妄作無稽之論使操此術以業醫吾恐理既處於悖謬意必涉於冒昧其何以起人之死而回人之生耶一命亦關天地之和匹夫而補陰陽之缺此

中之責任豈易易哉予願中國有志醫道者及早於全體一書三折肱焉九折臂焉庶乎其無誤矣倘蒙清鑒不責予言之激切也則幸甚皆在

大清光緒甲申孟夏英醫德貞子固氏著於京都施醫院

全體通考卷一目錄

論骨

卷二目錄

卷三目錄

論骨節

卷四目錄

論肌及夾膜

卷五目錄

論脉管

卷六目錄

論回管

卷九目錄

論脊髓腦筋

卷十目錄

卷十一目錄

論消化之具

卷十二目録

卷十三目錄

論聲音呼吸之具

卷十四目錄

論溺具

卷十五目錄

論陽生具

卷十六目錄

論女生子之具

卷十七目錄

卷十八目錄

論會陰與坐直腸部外科之解剖

全體通考目錄終

全體通考

人身全體解剖學誌

解剖學專爲割斷人身之各處而言、而茲則大略發明生物創造形質定規之學、分兩大種、一爲植質者、一爲動質者、其動質者、又分兩種、一爲比例全體之學、一爲專論之學、而其專論之學、又分六種、一爲發或未成胎者、一爲形象者、一爲功用者、一爲部位者、一爲總統或組織者、而因有用顯微鏡所察者、名爲顯微鏡者或細者、一爲病者、吾儕全體通考一書、則不論此、而但論人身無病之專解剖學、此後吾再徐論誌序之所由、西國古時用活物獻察之事、乃此學之肇端、並起於哀及覺屍及戰鬬受傷之事、在中國周時貞定烈王之間、希拉國有著名之醫者、一家共七人、名西波戈拉得、其第二者、西國稱之爲醫道之父、亦有人稱爲解剖學之父者、則不然、蓋其所遺之書頗多、除謁號者之外、有五書爲其眞本、觀其五書之內、並無論解剖全體之事、而其論骨則的確、其論頭受傷與骨之折、蓋發明頭骨縫與骨相連之事、其人亦嘗自述其失、（在錯認骨縫爲受傷）若肌肉與臟、則不甚明曉、脉回兩管、亦無分別、其所論之氣管則是而非脉管也、腦筋則不知其所用之名、皆發明肌筋之用、彼一家之人謂腦爲核、出黏液、心乃肌所爲、而方錐形之說、則是、其心有兩下房、即命之泉、而被隔分之、則是、而兩上房藏氣之說、則非、其言肺有五葉、煤灰色、而其體乃泡與海綿質之、狀自然乾者、而有呼吸之氣感之之說、則是、其謂腎爲核有吸力、以吸而分開其飲之溼、而下行於膀胱、此則微近理、其腸分直迴兩等、茲則不分、其人之學遞傳於其子孫與門徒、後人因並其子孫門徒所著之書、皆目爲醫父之書、謬甚、其壻隱士、生周烈王時、亦頗著名、專察人身體與其功用、而筆之於書、謂人身內之大血管有四對、其第一者由頭往下、順項背脊骨過臀下肢以至外踝、第二者由項血管以至腰大腿膕內踝、第三者由太陽順項過飯匙骨以至肺、後則互相編、以至脾與左腎、肝與右腎、而末至直腸、第四者由項之前端、與其上肢、身之前面及生子之具、其論由前至此、有二事無解剖學之眞理、至阿里斯得之時、其一、解剖之說無定、則其二解剖之說、單由下等之活物而來、至周顯王十六年、希拉國有一阿里斯得三十九歲時國王延之以傳太子、其所著解剖之書、至今皆湮沒、厥後太子盡敗天下之國、助之銀錢以察此事、西國賴有此人而獲大益、其比較之解剖學、實自彼創立、其書發明其親手解剖之事、其所著之動物誌、論全體破頭與腦所來四對血管之說、實非是、其謂脊骨柱之前有兩血管、大者列於右、小者列於左、其左者當時有人稱爲總脈、此總脈之名所由來、其謂兩管皆出於心、其大者由極大之上房起、其小者由中房起、此二者之所起不同、而其小者作爲穿道、亦分總脈管之厚硬而多筋之質、與回管之薄而膜之質、論回管之散布、則其回血肺脈兩管、混而不分、而其回管之枝與脉管之枝亦相混、謂有許多之血供肺、而腦大略無血、其論總脉管分歧之法實極奥妙、其於腹軸者、並總脉管不生肝脾之直枝者、皆未論及、然仍能論腸間膜腎總胯之各脉管、其論總脉管之腎枝、謂入體不入腎盂、雖其言如此、實仍似乎不明、總脉管以爲溺管枝腦筋仍不明、其謂腦筋由心而出、蓋謂心極大之房有腦筋、其實非腦筋也、蓋肌筋也、其謂總脉管爲筋回管、而或腦筋或肌筋、則仍未定、迨觀其後、謂節骨有筋連之、知卽吾儕所論之筋帶、其食管氣管、仍能分之、謂氣管列於食管之前、有食入其前管必嗽、蓋因肺與胃不相通之故也、會厭之部位與其功用、亦能知之、喉亦知之、謂氣管領氣出入其肺、以明肺之質、每謂血管出於心而非由肺頭所來者、雖其謂心滿血而血之原與泉、亦謂血出心以入回管、後至身之各處、然仍未言血之圓運行、其心之狀與其部位、則論之極詳、其膈膜並肝脾飲食道、固皆明之、其於食草活物之四胃各處、亦能分別而與之以名、亦明牙與胃各狀之連屬、並腸端純而不雜之狀、亦曾言及小腸之空端、並大腸之芒回反回之各腸、如今西國論直腸、仍用其名、其鼻竅並其中竅咽頭之管、卽耳氣管、亦皆明之、亦能分各處有各質不歸一處者、如骨、脆、血管、筋、血、津液、肺、肉等類、此乃動類之相同者、其不同者、則分頭項身四肢、此皆其所親解剖而察者、國王仍贈之以銀、並令多人助成其事、周赧王時有一人能分脉回兩管、而謂脉管含氣、中國人論脉管之說、亦原於此、蓋以人死則其管空之故也、其實大謬、當其時解部者、仍用獸、而解剖人身之事、則起於周赧王時哀及國王其王首令二醫者解剖人屍、而於亞力山大城內立一醫學、專為解剖人身而天下之學醫者皆赴之、其二人之本書皆湮沒而不傳、而其書名、與其論說、則於流露於他人之書者知之、周顯王時有一人察三門扇與半月戶、並腦之形、分歧、質、宮膜之等項、謂其曲與小腸之空腸相似、亦曾察腦出之腦筋、而於腸間膜則先察津液管、仍先察獸而後察人、亦能分腦筋為知覺與運動者、其智慧不但能解剖獸身、亦能解剖人身、而較古時與當時人之所察者皆多、且其所察乃皆人之所未曾察者、其知肺脉管、而目為脉迴管、其腸間膜之血管亦明之、謂其不入門迴管、即入數核形之體、其所傍胃之小腸頭名之為十二尺長、西國至今、仍用其名、亦能察腦之狀、而分其知覺與自主運動之筋、並多增筋帶與肌筋之兩層、其肝之精論、別見於他書、腦宮內之經絡膜、乃其首與之之名、而其頭顱內之智慧穴、西國至今仍以其姓名為穴名、而其第四宮底之凹名之為筆尖、至今仍因其舊、自有此二名人所論之解剖學、則舉凡從前若干人之論、皆為其所掩、在漢元帝時、羅馬國有一能辯之聖人、名西斯洛、其人非醫、然其書內有論人身之處、其人亦明氣管、肺形與其連屬、亦明飲食道、然恐人羞而言之不詳、亦明血被管領入於週身、即迴管、而其吸氣則被脉管領之入周身、此時有一醫、論肺與其包膜、及腎核形之質、並下回血總管與門回管微絲端相通之枝、復有一人生於漢元帝三年、死於孺子嬰之二年、乃極著名之醫、名西路蘇、其人未曾專著解剖學書、然其所著之他書、有偶語及其事之時、故吾儕知其亦少知之、而氣管肺與心、則其人皆明、其氣食兩管之分、亦能知之、謂氣管入於肺、食管入於胃、亦能知膈肉之形與其部位連屬、而論肝脾腎胃、亦頗妙、其十二指之腸、則未曾言及、似乎不知者、然亦知言胃由幽門以連空腸及小腸之上端、而明割膀胱出石之事、其子宮陰道並其附物、亦不小、雖如此而其明亦不小、其論骨亦明、曾論及頭顱之各縫與其數孔、亦曾詳論上下牙床骨並牙、尤用心論脊骨與肋、並飯匙背輔正手腕掌與尻骨盤下肢各骨之部位形狀、而節之理亦極明、謂無脆則無節、因鼻竅內曾言及內有許多之細孔、故似明篩骨之篩片者、別謂司聽之直端變曲、而其末入許多之小空、故有人謂其明耳內半圈道、然此書雖由其所察而成、而本國仍無人習之、即亞力山大之學館、亦日以就衰、漢明帝時、羅馬國有一極著名之人、名馬林、論腦頗詳、亦能精察身內之核、其腸間膜核之說、自彼而創、謂腦筋有七、謂腭筋為第四對、而其司聽臉兩筋為第五、此乃成對者、並其下舌者為第六、後不數年、至漢和帝時、希拉國有一人、頗好察人身之功用、而察獸身之解剖學、以解剖活物、今則有其書之名與其目錄、而無其書矣、能察子宮血管曲折之路、是當時已能明此經道矣、而仍能分知覺與運動之腦筋、亦明反回之腦筋、謂於項脉管處壓其肺胃腦筋、則失其知覺與其音、在漢順帝時、希拉國有一極著名之醫、名加林、無及之者、其父學問亦頗富、方其十七歲時、其父夢教其讀醫書、又二三年出就外傅、然今則不知其師爲誰矣、後學解剖學至二十歲、其師死、其心極悲、再後徧訪名師、最後至亞力山大城、而學解剖學、居其處直至二十八歲、至學成、仍歸故土、其故土人多信之者、至三十二歲時、因故土遭亂、適羅馬京都、居五年、後仍歸故土、又徧遊四方、後又入羅馬國爲其王之醫、而其書中所察之事、何者出於其本人、何者出於其師、則後人不知也、然此不關緊要、而其所論之解剖學則極緊要、其論骨極精、論頭顱骨之各骨各縫、與近來西國之所論相同、如論顱項爲四面形、而分耳門骨爲鱗錐乳岩之各端、亦論蝴蝶骨之異形與部位、其篩骨則未言、後於他書始論之、其顴骨謂爲衡骨、而多論上牙床與鼻梁之各骨、而其上牙床與蝴蝶者相連、其論脊骨之數與其部位、乃古來之第一人、而分項脊背腰之三端、亦分方尾骶兩骨、論胸骨則言胸骨肋及脊背骨、並脊背骨與胸相接之處、此書中亦論四肢之各骨及周身之各節、與今人所論者實相同、雖其論肌不及論骨之精、而仍愈於前人、其於額肌眼六肌則明之、別有第七者、乃獸身所有、鼻翅各有一肌、唇有四肌、項有薄皮肌、而名之爲盤肌、眼泡有二肌、下牙床有四對肌、乃耳門之提者、其咬者、之牽於邊者、仍有二牙向下壓之、而與雙腹内後蹬各肌相對、後論運動頭與飯匙骨之肌開與閉、其氣管者、喉舌骨之本肌、後論舌咽頭項上肢身下肢之各肌、而其論中所用之名至今未改、然若細論之則仍不及今人、其論脉管雖有其時之錯處、與不分脉回兩管之功用、而仍發明其極用心所解剖之脉管、其破前人脉管含氣之說、則仍未定血流之勢、或止或運行、亦未定、謂周身之各脉管、乃出心之左下房爲總本、雖被肺脉管所迷、而論總脉管散布之枝、則極妙、若論孤項各回管、則不甚明、故其所論之各事、皆不精、論腦爲知覺筋之本、論髓系爲運動筋之本、而其知覺者、軟於運動者、雖單論七對腦筋、而頗喜論兩種腦筋之散布、其所解剖之腦、乃下等之活物而非人者、其所分別之各處至今仍用其名、其解剖腦之法有五層、與今法相同、其所論之胸具亦如此之詳、分肺包膜、謂與腹包膜之質相同、其心外衣、亦謂爲圓底之膜囊、與心底相對、亦有圓錐尖、論脉回兩管之衣、後論肺與心、其論心則發明心非肌質、實非是因其心硬、而其絲之列勢與肌不同、而其功用恒不息、肌則有作功時有息時、詳論心之戶與其血管、亦論馬象與他活物之心內皆有骨環、論腹之具與尿之具尤細、亦論腹與脂膜之列勢、而分飲食道之各處、與其各質之所爲、而肝與生子之具、亦論之極詳、以前數語、發明西國加林時有解剖學之智慧、在古時可稱爲解剖學之祖、雖其所解剖者皆獸、吾儕則用其名以論人、乃其所自解剖者、而仍於書中詳告門徒、其解剖他臟腑之法皆奥妙、其人乃繇解剖各臟腑之功用如此、其發明心之部位與其功用、而言由病或受傷、仍見有二人心内之運動、其死時年九十歲、在漢獻帝三年死於本城、自於林之後、又有四人微有名、一人論女生子之具、而其論愈於加林、蓋其解剖者乃人、而加林解剖者則獸、而不韙處女膜之說、然能詳論陰莖、又一人論咽核、而加林則未曾言及、後有五六百年、敗羅馬國時、而解剖學與各學亦中衰、而幾乎息、而醫之一道、唯寄與遊醫與數神父之手、而解剖學則皆失、歐羅巴約有千年人皆在黑暗中、後因亞細亞回鶻天方國之學、始明醫道、而其本國亦遂以大盛、其國有著名之醫、其國之人謂人捫死屍爲不潔、並不令人解剖人身、故其人之有學者、皆由希拉國所譯者、而大半出於加林之論、厥後歐羅巴之醫學、又自天方國而來、故醫書中之名、皆天方國之名、以後古學復明、始盡棄天方國之名、而用希拉國之名、其名遂延至於今、以前所論天方國之事、獨有一人不然、其人謂人學解剖學、專賴書不可、親手所察之事、尤明於加林、其言回鶻之醫、皆竊察壙中之人骨、自言吾見下床骨乃一而非二、方骨雖數段、而仍爲一段、謂加林之論爲非、其回鶻之學、直至中國元朝時、於此時吾儕回歐羅巴、意大利、即羅馬之舊國、在宋朝之末、有數大城内皆立醫學館、其時所察之解剖學、單爲外科之餘事、而其事仍來於加林、元仁宗時、在意大利國伯洛納城内之醫館、有門底諾、其人爲今人醫學之祖、復明古學、而解剖人身之各處其人曾親剖三女屍其一在仁宗三年其二在仁宗四年而分人身為三段其上者含生靈之具為頭下者含天然之具中者含神具先論下端或腹後論中或胸具而末論其上部乃頭與其所含之物並附物先論各質或各膜之部位形象或散布後受何病於論腸則先論直腸後論回腸亦言坐或反回具及其橫弓與其微相連後論其芒腸後來之小腸於論小腸時論曲折空十二指之各端共六腸亦詳論其肝與其血管回血總管並腎與其出管其所論之心極詳而中含運行血之痕迹後仍含氣或神乃血所生者以壞其美意其論頭顱骨微錯論腦膜則詳言外膜緊要之形象亦論旁宮與其前後之角並其脉絡叢為紅血之物如長虫後論第三或中宮並一後宮即第四宮亦論漏斗於腦之底先論兩乳頭形之芒及司視筋乃其所論之第一對其眼肌者為第二第三者即吾儕所論之第六第四者第五者為第七者第六者為肺胃者第七者即吾儕之第九者此書之解剖雖有謬處而人仍以為珍重後有人註解其書明憲宗時別有一意大利國人著人身解剖學之書此人首發明女經核明孝宗時又有一意大利國人亦解剖人身除司臭腦筋為其所知門底諸不知別無所增之言憲孝二宗之時有阿其里尼亦意大利國人先論鎚鏈耳中竅之兩骨亦謂足腕乃七骨所為亦復查出腦內之三筋帶並漏斗及見腦空入下角之路闌門亦知之而其所論之十二指曲折回各腸之部位與其形象較

前人之所論者尤妙、武宗時有一人名嘎兒比必楞、亦意大利國人、極著名、不但於解剖學著名、卽醫道中亦著名、其時楊梅之證先至歐羅巴洲、彼能宣慰本洲各國之人心、其所解剖者已過百人、而不但改門底諸之謬、亦能詳論解剖學、首詳論人身之各質、由肺膜肉腦筋肌絲筋帶肌筋肌、後論腹肌、而以圖畫明其部位及其逆屬、論腸、首論芒腸之出端、亦言膽囊染十二指腸、亦言總膽管入十二指腸、論胃各質之所爲、卽三指而增腹包膜所來之第四、論其裡面之紋、詳論陰陽生子之具、並論胎之解剖、此乃第一人首論男之胸大於女者、而其尻骨盤相反、於喉內察有二瓢脆、亦首好論其胸核、亦論心之斜部位、並論心外衣、而謂其內有水、後論心房每憂患己身與以前解剖學之人皆如此、其總脈管謂由左下房起則有理、然仍憂患己身脈回管卽肺回管並回脈管卽肺脈管、然其論腦則極妙、其論腦宮前結則謂脈絡叢乃脈回兩管之所爲、亦謂中或第三宮並漏斗鞍核入第四宮之路、松子核第四或後宮、改門底諸司臭及第一對腦筋之失、好論其司視與他腦筋、並發明項脈緊要之分歧、亦論眼衣與其水房並其內耳、而其內亦言鍼錘兩骨、意大利國後多年、生一解剖學人爲歐羅巴洲之第一、而其國所得之功皆由門底諸阿其里尼與必楞、後又有人出、而其國之功尤大於前三人、一爲哥蘭伯、一爲法拉必、一爲歐斯太幾斯、此時意大利國極盛、而不屬他國之愚暗、斯時有三法醫其三醫之著名、非由解剖學而來、乃由註加林之解剖學而來、其時人有如許之愚昧、原不能知解剖之事、且其所解剖亦非人身、仍爲下等活物之類、其百年之前意大利所察解剖之事、法人未曾言及其人之學皆竊得於墳墓之屍骨、武宗時有一人首察肝回管口之戶、亦不知意大利國所察之事、其所論之腦、亦不及前六十年阿其里尼之所論者、比腦宮於人耳、因此故人謂其明下角與其海馬、雖然此事仍阿其里尼之所察者、此法醫察髓系內有一道、在此時法國有二弊、恒阻解剖學、一爲過於信古、並深信加林、一爲解剖亦大略下等活物而非人、武宗時比國有一醫、名微撒力、始除此二弊、十四歲入法國讀解剖學書、而非不體加林、亦仍解剖獸身、因不得解剖人身、故其入意大利國時年二十二歲、而於解剖之時頗用心、本年巴都阿城醫學總館、遂延之以解剖人身、後七年伯洛納城醫學總館、又延之以解剖人身、再後比撒城又延之、一冬時而徧講三處、此人雖生於比國、實學於法國、而名揚於意大利國、於明武世穆神四宗之時、意大利國之聲名極盛、其人盡改加林書之謬、由二十五歲至二十八歲、三年之內將前人之弊悉除、呂宋國王因延之爲太醫、而加林之門徒皆不能及、其時解剖一大官之屍、而其心微躍、人因多疑而逐之於外、至法拉必死之後、而巴都阿又延之爲太醫、死時年五十歲、此人查考讀書之人、而立解剖學爲確實者、其論蝴蝶骨極妙、謂胸骨爲三塊、方骨爲五六塊、亦詳論耳門之前舍、亦言肝回管之戶、亦並論孤回管而察臍及回血總管間之道、名爲胎回管、而其脂膜與胃脾回腸所連之處、亦曾論之、首論幽門質、謂人芒腸之蟲端小、首發胸縱膈並肺包膜之妙論、較前人皆精詳、但論腦筋微覺不達、其司視乃第一對、第三爲第五、第五爲第七、其人解剖學之盛名、不但由其著書、亦因有許多之門徒以附之也、其第一人爲歐斯太幾斯、乃明武宗時人、其所察內耳之道、至今西國仍用其名、卽耳氣管、前雖有人曾論中竅之第二骨、名馬鐙、而其人仍首論錐之內前各肌並馬鐙肌及螺竅之雜勢發牙事之首論、其人有繪出之解剖學圖、以發明其所解剖之精細、而其所畫之大小形狀及部位、皆不謬、其圖成於明世宗時、未出、至康熙乾隆年間、方有他人出之、頗獲大名、其前七圖發明身與耳、其第八圖發明心其孤回管之冗分與回血總管之戶、似乎借其人之名、其後七圖發明胸腹之各臟腑、其第十七圖發明腦與髓系、其第十八圖發明腦筋之本路與其散布、此數者、皆愈於前人、有十四圖、以發明其肌、其於徒目不能見之細質、則隔顯微鏡窺之、鮮質不明者、則浸於各水內、或乾之、或用激筒打之、則露出、人因此每謂此人之書若早出、則人當於二百年之前卽明之、蓋其書當時藏於教會皇之書房、因其書不出、遂有他人頗著名、自發明其所論之理、而其實其理皆歐斯太幾斯之所預言者、歐斯太幾斯與微撒力皆同時之人、哥楞伯及法拉必、乃其二高弟、哥楞伯先從師於巴都阿、後爲教習於羅馬京都、其人之名由改論骨之論心形與其勢肺總脉兩管與其戶之錯而來、益加增其智慧而從其血流由心之右至心之左、詳論腦與其血管而極明其內耳首發喉房之妙論其法拉必於明世宗時先在必撒後在巴都阿其死時年四十歲、其總論骨、較前人所論之內耳極妙、乃中竅與其骨環並兩孔與前舍螺竅相通之處此乃首發錐乳孔與其道並篩骨泡淚道之妙論者、於論肌則改微撒力之數錯亦察陰陽生子之具而查出子宮腹包膜之道至今仍用其名斯時意大利國別有一人註解加林之骨論而詳改其錯首詳論蝴蝶篩兩骨之形亦首論耳中竅之第三骨名馬鐙骨此時又別有一人亦意大利國者在伯洛納城內為教習三十二年首論胎解剖之異勢並首發明眼肌非由腦外來乃由眼窩邊而來者詳察心房戶及他血管以證明哥闌伯之言謂血由右邊至左邊此人亦首解剖之人而詳論腦宮之下角與之名曰海馬其名至今未改其所論較以後百年之人所論者尤詳其論脉絡叢並第四宮名曰小腦坑又別有一著名之人名哇拉力死時年三十二歲然年雖不永而頗著大名與當時之名人相等一日寄書於人論司視腦筋而言解剖腦之新法亦言腦解剖緊要之事亦言腦下面之三端而界限其前中後之凸以分其三端論腦宮謂其大而彼此相通傍耳門骨方錐端之角先向後後向前自盤而其末盡於腦中下凸之上於此處與外或曲折面相通而謂大連系之名不妙亦知後人所論之門羅孔、亦曾詳論海馬、頗愈於前人、此時亦有一意大利國人、乃法拉必歐斯太幾斯二人之門徒、詳論脆骨腦筋及病死之解剖學、而察心之功用與其腦之感動、以解剖活物、其時有三英人所著之書因加林與天方國所著之醫書別著爲三書、有法拉必之門徒、名法必利基、發明活物細質之學、而詳察結胎之理、並食管胃腸之質及眼耳喉之與、又察回管之膜摺疊、即戶、其名即由此而來、此摺疊、在先亦有人言及而功用乃其自揣摩者、而其可跡之回管、在明穆宗之七年、有人發明周身之回管皆有戶、此乃意大利國最後之名人、其各醫所察之事、與各醫所改之錯、其後極精之解剖學、即由此而來、然不但解剖、亦有緊相連之功用、乃各處之定形、與其部位、頗感動將來解剖學之智慧、此智慧乃血之運行、此事乃由阿力斯得、門底諾、比楞、西爾微得、哥闌伯、法必力幾斯等人大略之言而來、而其十分發明之處、則係英國之哈非門底諾、言其血由心歸回脈管、即肺脈管以入肺、而其總脈管領神入血、穿過周身之各處、必楞亦信此理、而微改其謬、以發明右下房有三門扇戶與其功用、並其肺總兩脈管之初起處有半月戶、並單有兩下房被賓不通之隔分之、其後微撒力曾詳論此戶而不知其功用、明武宗時、有西兒非得、大呂宗國人、首論隔不通、而其血由右下房過回脈管即肺脈管以至肺、後入脈回管即肺回管、並入左上下房、而由此過總脈管、令入周身之各處、斯時不但明其肺與小運行血、而其大運行血亦大畧皆明之、在穆宗八年、哥蘭伯查出血之圈行、而言其隔不通、並言其脉回管卽肺回管、而不含氣、然含由肺而來相攙之血氣、以至心之左下房而散於周身、後不數年、有西撒兒賓精論小或運行血、並論脉回管卽肺脉管、與總脉管之質相似、而其回脉管卽脉回管、並大畧之回管質相似、又首論勒回管則勒處之下腫、而由此揣摩此管內血回之運動、歐斯大幾斯與阿蘭西所察胎內之血管、先攪亂、後發明此運動、後於明神宗二十五六七年之間、英醫哈非適巴都阿師法必利幾聽師講回管內之戶、因自思其戶爲何用、而西撒賓所論勒回管則勒處之下腫之說、則不知其知不知、而究不能不知西兒非得與哥蘭伯所論之小運行血、其人所知之事、與其所試驗者、不但明其運行血之小者、亦明其大者、由其心之左邊過總脉管與其分歧、至被回管領之入心之右邊、此緊要之事、係在神宗之末年、然哈非所論之理、人皆不信、後則各西國之人皆信之、蓋因此始可發明其他若干解剖學之理、其後西國人皆欲察心之形與其質、及其房、並肺與血管及其散布、西國論解剖學之人過多、吾儕不能盡述、茲不過略言之耳、現所察之解剖學、年盛一年、其歐斯大幾斯詳察孤回管質之時、在馬身內曾見白管有水液滿之於脊骨之左邊、與內項回管相連、而與以後所論之吸津液總管相對、法拉必亦曾論及數肝血管與脉回之各管不同、然其骨之形與其功用則皆不知、明熹宗之二年、七月二十三日、意大利國巴非亞城有一解剖學之人名阿西爾、爲總教習查活犬之返回腦筋、曾見腸間膜之各勢有許多之白細絲、其初心以爲腦筋割斷必出不透明之白液以爲新血管至第二日於活物新食之後再察之、則其管畢露於外於腸之嫩膜跡之而見其管皆有戶、故其揣摩爲實在之乳糜管而混雜此管與津液管皆入胰與肝、至熹宗之末年、始出其說在第二年有先食飽然後殺之犯人、至一鐘半之後解剖之、始見有乳糜管、自此以後各國人皆察人之乳糜管及吸液總管與胰管、清順治四年、有人察乳糜津液之總幹、並其乳糜入血所行之路、此理爲排不連之末、吾儕卽發明活身極緊要之散布與其功用、此時仍闕一部未察在乳糜津液之各管、並察出其津液管之末、有英瑞徹頓西國之二人分其功、其二人皆於順治六七年間始知此事、二人皆發明其吸津液總管入下回管、後他國之人、亦察其事、以上乃解剖學之大畧、由此而後、人皆詳察身之各具各質、有愚栗宋詳論其肝胃腸、又有一人察其核脉回兩管相通之處、胎之運行血與津液管之路、此時極有名之人卽英國之微力斯、詳論其腦與其筋、而較以前之人尤與妙現西國所論腦筋之九對、乃其所言者、首查副脊髓細筋連於第八對、人皆知之、亦言腦曲折面與三角帶下旁宮間相通之處、其論腦前後兩結並其四凸與其橋、及漏斗後白乳頭形之凸在小腦內曾見有白灰兩物樹形之列勢、而言其內項脉管與底脉管相通之處、名為微利斯之血環、順治時、西國有人用純顯微鏡細鏡動植兩物、荷蘭國有一人、細察身内實液之各物、曾見皮之鱗、而於血乳之內查出有輪並精液內查出有精蟲、末兒毗安亦詳察身質、彼乃首詳論其肺者、併論肺內氣血各管之勢、用顯微鏡見脉管變回管、而於微絲管內曾見有血輪之運動、別有解剖由顯微鏡細鏡腦之細質、其亦察骨牙之質、至今其質之名仍借其人名、其皮之深層並脾與腎內之體、亦借其名名之、別有一人名斯底諾、於順治時、詳察淚核與其道、而復察出耳下核、而其核之管、亦借其人名為名、別有一人察腎之質、而論舌與舌核、別有一人察子宮受孕之變革、並胎之所為、別有一人名哥拉弗、死時年三十二歲、能察胰之質與陰陽生子之具、而經珠亦借其名、此時別有一人察腦血管肝核形之質、而其總膽管入十二指之處、別有一荷蘭國人論津液管內之戶、其所用之法、以激箭打藥料於管內、而其甫打入之時為流質、後則實質、此法奧妙、始於其管、斯時西醫用水與各有色之水、打於精管內、並有用已化之蠟與他物相攙者、至今仍用此法、此法可發明臟內細血管之列勢、而其人無一處未曾打過者、故其人所察之事極多、且皆人之思所不及者、不但論津液管內之戶、亦曾論肺血管與其細質、皮之血質、骨與其兩端長而相合之法、脾、龜頭陰莖、受孕與不受孕之子宮、腦之細質、脉絡叢、髮牙之血質、其用激箭打過腦肺心腹之各衣、曾察相合之核質、節內之油具亦曾論乳津液各管並其津液核、此不過其人所論之數端耳、康熙時有一迷暴謨查出眼泡核、西國亦借其名名核、又有人察肺之功用、而論子宮之質、並論魚類身內之胰具、別有一人立變骨之理、有步龍涅兒察胰具之時、其查出十二指之核、西國即借之名核、別有一人名百乙爾、亦查出腸內之散核與簇核、皆借其名名之、別有一人論腦、較前人尤詳、曾言腸胰管、並肝筋帶、斯時不但意大利國因此解剖學極盛、即法國亦因之極盛、有一人首詳論司聽具、並首論腦穴之入項回管、而其穴收納腦回管爲腦之回血囊、其明腦宮與其相通之法、而分別穹窿之後柱與海馬足、亦分明隔之兩片、並首詳論髓頭、前柱之互編、亦詳察結並首論肋間筋之作法、連屬與其散布、亦論髓系之回管、或穴入孤回管、後有人發明此理、乃脊骨回管由肋間上腰之各回管、與孤半孤之回管之相通、此法國人亦論骨質與其變骨之理、亦曾論脾之血質、並膀胱底核之出管、及雞冠並膀胱底核之小核、此時西國皆察各獸之解剖學、古者於學問復盛之時、其獸之解剖、即代人身之解剖、故人身具之名、即由獸而來、因人皆惡解剖獸之人、故後有二百年之久、人皆不察獸、至此時則惡心息而喜心生、而其解剖獸雖不及解剖人、仍用之爲發明人身相混之故、以定其疑惑之處、而疏解其難處、乃共論加增而改正動體質之智慧、此事在西方各國、皆有博學會、英國起於康熙二年、法國起於康熙四年、而解剖野獸園之獸以加增人之智慧、借誨猪袋鼠猿猴之各物、以發明人身與下等活物質之分別、此時西國用顯微鏡與化學相感之理察人身之細質、首察其骨質、於康熙三十三年有英醫察其腦、而首論繩形之柱、亦言四凸之式、並其乳頭形之體、而察其學、至今仍用其名、於康熙二十年有法人精論腦髓系及腦筋、較前人尤妙、而亦精論百結筋與其連屬、亦詳論心質、斯時有二英人、一名哥百兒、曾詳論尿管核、故西國至今膀胱底核前之小核、仍用其名、亦曾察腸核、以發明腸間膜脈回兩管相通之處、至末兒毗安死後、而意大利國之學漸息、後蘭細細哇撒爾哇並哇撒爾哇之二門徒、一名三得林、一名莫爾根、復興意大利國之學、耳之細質、西國數處嘗借其名、三得林論臉肌、腦、數腦筋類核之管、鼻與其竅、喉、胸腹之臟腑、陰陽生子之具甚詳、而莫爾根之名、雖由有病之解剖學而來、仍未忘無病之質、故二人所出之書、較百年之後所論者尤妙、此時有英荷蘭兩國醫所繪之圖、彼英醫酌索爾敦所著之書、乃論骨有病無病之式、其書雖妙、實不及乾隆九年荷蘭國醫所繪之圖、而荷蘭國阿拉賓爲解剖學中興之祖、別又發明肌之本列勢、而與之以名、至於今西國未改、能詳論腸內之脈回各管、並詳畫胎之骨圖、論皮膚之質與人皮色之故、以發明受孕之各式及子宮之變格、而論吸液總管孤回管與相依處之連屬、除此極大極美之書、與極細之圖而外、復別出六書、以論人有病無病之各質、阿拉賓有一門徒、名哈拉爾德國人在本國爲教習十七年、前後所解剖者有四百人身、而詳察其腑臟、其所著之書有極美之圖、如隔膜子宮經核陰道各部、與各具之脉管、頗堪屬人、及論睾丸在胎內時、則列於腹內、至下入陰囊之時、便有帶來之疝氣、且別著一書爲身體之功用、論各處之列勢部位與其形狀、並其各具與其附物之油質甚確、有一德國人名密哥爾、在京都爲教習、論孕胎半月結第一對腦筋與其散布、並臉之各腦筋、亦曾查出蝴蝶膠結、此結即借其人之名爲名、又曾論皮質與嫩膜網、亦查出筋回管與津液管相連之處、並論心腦病之狀、別有德國人名力百爾均此曾論小腸之芒與核、西國至今仍用其名、又有一德國人所著之書論眼、又有一德國人詳論筋帶、別有一法國人改正解剖學許多之錯、而詳論心質與其房、及其連屬、並論膀胱與其項之三角處、及乳頭形之凸、斯時西方各國、莫不察其細質、有一人發明連膜之散布、不但繞身之各處、亦且作各具之底、而阿拉賓謂各質有各質之本膜、則非矣、有一英醫名狠得韋兩、論連膜與油質之辨、而謂連膜之總散布作爲汮膜、並司其有病無病之形狀、其弟名狠得約翰、始定此理、此時有一荷蘭國人著書、論膜與其互相連之處、亦論皮與其變嫩膜者、後論連縺各膜之散布、謂骨脆各一、其骨衣或脆衣被骨架之各骨繞之而相連、並論其各空處之內膜、即汮與類絲汮、及其所含具上之散布、至此時無許多之解剖學、論身各處之病與外科法所治之病、康熙時、有羅馬外科之醫出一外科書、而阿拉賓亦曾論及膀胱尿管連屬之解剖、英醫酌索爾敎已發明割膀胱石必須知相依之連屬、此時有荷蘭國之敎習、名千百爾、外科與病解剖學、極其著名、其書發明臂與尻骨盤之各病及其治法、並發明血管腦筋及其緊要之肌、而其所論割膀胱勢之旁割法極妙、亦首論疝氣之解剖、又著獸之解剖學、而刻諸銅石畫紙圖像者、皆有解剖學之連屬、至此時、凡解剖學之人皆欲察人身不明之處、即津液管與腦筋、狠得韋兩察津液管之列勢、而謂爲吸液之管、其弟於鳥獸項內之津液管定其理、如鳥獸有此理、則鱗介等類亦必有此理、故其門徒名侯孫查鱗介類之乳糜津液管、亦著出論人與別活物津液管解剖學之異、並四肢與內臟分淺深兩種之津液管、亦曾論腸芒之質、亦曾論津液血之各輪、至十年之後、又有一人亦狠得之門徒、亦曾察津液管與腸芒之質、別有一英國人論津液管而定狠得之言、謂津液管專爲吸液管、與他人之所論者說特較詳、論其衣與其戶以發明其津液核之質、亦以蠟用激箭打腸芒見之、或隔照顯微鏡亦見之、斯時意大利國有一人、名馬斯干、亦著書論津液管、繪圖美備、當時各國皆有人詳察腦筋、有密格爾者、曾論及第五對腦筋並臉之腦筋、別有人察第一對腦筋並比較之腦筋、又別有數人察司視筋、又有人察膈、腹、咽頭、心、肋間、第八對之各筋、並其結及其叢、亦有數人察其腦、亦有人察受孕之子宮、以前所論之事、至乾隆之末年而止、由其時至於今、九十年間、西國之醫學尤盛、蓋因詳察其質以發明其質與具、並其各活物類之形狀、及其質之變革、有人詳論其骨與筋帶肌血管、顯微鏡所窺腦之細解剖、有人詳論髓系與其腦並其結、別有人論臟腑與其五官、又別有人論胎之生與其長發、又有人論人身有病之解剖、斯時各國皆出全體解剖學之書、但其人多而論詳、吾儕不能盡述於此、在道光十二年、英國律法初準人解剖人身、後英國益增其智慧、而所著之書亦愈多、悉論全體各式、及有病無病之狀、有人精論臉肌之功用、有一英醫、名荷爾敦、論骨、吾儕全體通考一書、即其人之所著者、又有一英醫名几屍、著全體書、吾儕全體骨論、即其人之所著者、一著名之英醫名貝爾、論腦筋分知覺運動二種、近五十年來、西國顯微鏡尤精、益得以詳察其各具與各質、在道光以前、顯微鏡有二病、一爲分色之病、一爲球形之病、故窺物皆模糊不眞、至道光十年始盡除前二病、以後解剖學尤盛、而加增其智慧尤多、故由此有顯微鏡之解剖學、西方各國遂皆有名人察其事、以著爲書、然若盡述其人名與其書名、則必專錄一書始可、而解剖各獸之學亦頗盛、蓋因其緊連生物之總類與身之功用、並其地學、此地學所出之書、其人名與書名、亦難盡述、西國有人察此獸與彼獸相似之處、與其發及列之法、又究出若干生物之理、此事由德國之二人而來、因他脊骨物有前牙床骨、故人上牙床骨亦應有之、並頭顱乃脊骨所成之理、而此種之解剖學極盛、各國之人皆著書以論此事、其書名人名、亦難盡述、而其論之最精者、則莫如英國之額文、西方各國總醫學館、皆有解剖學之博物會、此博物會乃狠得兒弟二人之所創者、無論何人、每出一書、而博物會並博物院皆可以助成之、而其會與院、亦恒出書以助人之考査、以前乃西國解剖學之大略、錄此以遺中國人、可以知西國解剖學之所由來矣、

論骨之緊要

骨之用

骨之總質

全體通考卷一

論骨

總論

吾人欲為良醫、須明全體之骨、此不但為醫家入門之初階亦為醫學中之緊要而不可缺者故解剖全體之時學者宜審明全體之骨架如不明本來之完骨若骨有脫折必不能療然骨學雖為醫道之根而在學者則每淡漠遇之此固初起之學之通病也及徐入之必覺其美為此不僅有益於異日之為醫而於本身之智慧所獲亦多矣蓋世間萬物莫不各有其理各有其用各有其能至於人之一身其理其用其能較世上諸物尤為顯然然非細加考察不能知也苟明乎人之骨而由此以推則舉凡活物之骨此心必皆欲明之然後以之再較人骨則益知其造法之妙矣人倘如此察之必知凡有脊骨之活物皆由一總規模之所為而人骨之造法即總規模中之變革者故英詩有云人極大之榮耀即知吾人為萬物中之一物而已○其骨作架為模範與保身之輭處、作空處為列而保其細具、如頭顱骨、為護腦也、脊骨道、為護脊髓系也、眼窩為護眼、耳門骨為護內耳、胸為護心肺、復作為節、以便人身與身各處之運動、並作為撬為肌之運動、○骨係生物之底與骨土即鏻硫強鹽相攙之所為、其生物乃膠之所為而大畧於開水則全化之熬之亦可出脂其生質之用取其韌土質之用取其堅考察此理甚易　假如將骨一塊、置於一倍淡輕綠強水中、兑蒸水五六倍、數日後則骨中之土質、全化於水中、所賸者只有生質、其骨之形色不改、而堅性無存、便可隨意扭轉矣、見第一圖若反其道而用之、使之去生質存土質、則或用火燒、或用水煮、迨工夫既久、則其生質盡去矣、枯朽骨雖年久、與新骨所含之生質、所差無幾、用乳頭象牙與狽之朽骨、俱可以熬成湯、大約骨之為物、三分之

鏀硫強鹽爲最要

中土質居其二生質居其一也凡年輕人之骨生質爲多老年人之骨土質居多故小兒之骨有韌力如樹木之靑枝跌倒骨多不折老年人則易折也有謂不以此論爲然者以不拘年歲亦不論爲何骨但其骨之大小輕重相同其骨中之生質土質多少亦俱相等因骨之密與堅不在乎其土質之多少而在乎其處縮力之多少小兒之骨質多有如海綿者其骨內并有脆層故其骨易長且能禁摔碰以骨中之生質土質合計之每百分之中生質三十三分土質中計有鏀硫強鹽五十七分鏀炭強鹽八分鏀消尅一分鏀硫強鹽一分合成六十七分長骨按年歲每百分初生之時生質三十五零三十七土質六十四零六十三十歲時生質三十二零六十二土質六十七零三十八三十六歲生質三十二零四土質六十七零九十六七十一歲生質三十二零九十四土質六十七零六每見幼年有骨軟之病者因其骨或曲或斜皆由土質少之故也生質七十九零七十五土質二十零二十五動物中飛禽之骨土質爲多故其骨極密而白胎生之骨比飛禽骨中之土質爲少鱗介物又少魚物則更少矣骨土質中之鏀硫強鹽爲要緊之物故名曰骨土成人之骨每百分內含此土有五十七分者而鏀炭強鹽不過八分欲其殼堅勁必以此物爲要緊然川鏀硫強鹽作勁膏取其與生質相攙比鏀炭強鹽更爲堅勁而人之牙皮爲尤堅者以其中鏀硫強鹽最多又有生質合成其中有生質二分其餘九十八分中有八十八分半鏀硫強鹽在內不但骨中有鏀硫強鹽人身各處莫不有之不過多少不等耳凡動物與植物皆以鏀硫強鹽

為最要、田地無此物則不能種、人身無此物則不能養、世間惟五穀最能養人、正以五穀中此物多之故也、至於蓄養禽獸、若不以此物餵之、則所養之禽獸、必致病瀉一兩月後即斃、其骨則輭、因不得五穀之鏻硫強鹽。以養其本身之鏻硫強鹽、日久則其本身之鏻硫強鹽、反被其本身之筋肉吸盡、所以致斃也、西國種地多用此物、其法熬骨出膠、後將其所賸之堅質研碎、灑入地中、其生發極為茂盛、貿易者亦以此為大宗、

骨之力

骨之力較他物之力尤奧妙、石之力之一、鉛力之六零五、楡樹櫧樹力之八零五、橡樹柏樹黃楊樹力之十一、為骨之二十二、足見骨之力較諸物之力尤大也、一方寸之骨、可以托起五千磅之重物、故力大而省料、足見造物之能、

骨之觳力

骨有韌力、因骨中有生質之故也、假如將頭顱骨、拋擲於地、其頭着地、必有回力向上而起、即其韌力也、韌力之大小、由於骨之形與質、比如鎖柱骨、其形彎曲、故其韌力最大、人由高處摔手受傷、賴有韌力以破其震力、骨獨不能折、若將此骨方角平置於硬物之上、從上擊之、可迸起二尺之高、肋骨極有韌力、天方國兒童、以駱駝肋骨作弓為戲、亦取其肋骨之觳力大也、飛禽鎖柱骨、搧其兩翼、而欲止即止者、不由其肌力、而由其鎖柱骨之韌力使然、人四肢之長骨、或大或小、俱作彎形、皆由韌力之益處、骨之大小形式不一、大約可分三類、一為長而圓、二為寬而扁、三為短而方、

骨分三類

骨名

第一類乃四肢之大槓力、以爲大舉動之用、第二類乃頭顱骨與尻骨盤、以爲保護之用、第三類乃脊骨與手足之腕骨、以爲屈伸小動之用、兼以之用力、

骨之各處皆按其形象或按其仿彿他物之形象或按其功用、故有崗阜峯槽縫孔環道等名、另有以首先考查之西醫人名爲其骨名者、如法羅畢道哈衛西道等類是也、

骨底質

骨之底質、茲先論目力所見者、次論以骨之密質、須用顯微鏡看之、再次論尤當審其所以長發之理、最要者欲看其底質、須將大腿之長骨劈開、（見第二圖）其骨之外層或壁其密如象牙、內有空處作髓道以裝髓、其兩端略寬大、即爲骨節、有極妙之網片與骨柱、係海綿質、鮮骨則亦裝髓、

骨體空之理

凡屬長骨、其中必空、不特爲其輕便、亦爲空比實爲結實也、今試取一般輕重長短之兩鐶、而一空一寔、其旁力按橫端之徑、反不如空者之結寔、如圖甲乙丙丁爲二圓柱、輕重與長短相等、一寔體、一空心、（其空心內徑不得過定度）其橫壓力之實體力與空心力之比、若寔體徑與空心全徑之比、在明末時、西國天文士名加利略、謂各物中有但加其力不加其體者、正以表明造物之理、後有信道人將其下於獄、問其何以信造物主之理、加利畧因手拈一草曰、如天下無他物、而只有此一草、則可以表明造物主之理、

在各獸則其泡更大、至骨輕而有力、此相合之理、在禽鳥之骨爲居多、其骨中有氣而無髓、其肺與其骨之空相通、其骨中之氣熱、故其骨更輕、飛禽骨架中、其氣之多少、俱按其肺之力、喙角鳥之大喙、直可謂爲一個大氣泡、卽其骨內海綿質之薄柱中、亦以貯氣、又如喙角、燕子、嚶嚶鳥類、其骨架之全骨、以至其爪之小骨中、皆以貯氣、其駝鳥類中、無翼之鳥及企鵞、或有時而離水、或永不離水、此類之禽鳥則無一貯氣之骨、在胎生類、除其頭骨之外、別無貯氣之骨、在人之額、蝴蝶牙床、耳門、各骨、俱有大氣泡、又有數種動活物、比人之氣泡尤大、如胎生類之象、此泡之長發、極爲奧妙、此獸之面龐極爲雄偉、然其雄偉之狀、不因其腦之大、（大凡智慧之大小由於其腦之多少）因其頭顱兩片之間有大氣泡之故、梟鳥與獵狐之頭顱骨、亦俱如此、古時有大猨鹿、其頭顱骨之上後與邊各壁、皆有氣以鼓之、其貯氣之處、乃兩層骨片、一似用雙頭顱骨以保護其腦者、其作法如此、不但取其頭輕、且此獸之性、善於搜挖樹根、根鬆則樹幹折斷、觸其頭而不能死、

骨之層

骨分層數、其質堅實如石、但石質乃渾然一氣、骨質細看則有數層、如積累而成者、其層之間若無縫、由積累處漸漸散開、至於其骨交節之兩端、其層漸隔開、卽變成海綿質、其密質漸漸而薄、若枯骨則可以逐層揭起、再以强水去其土質、其所存之生質、亦可隨手掰開、如掰乾樹葉、若病人生火、其火根之熱、由血氣串入骨中、冲開

海綿質骨骼與其托力相合之理破囊之理

論骨有紅黃兩細與層髓泡

其層、骨即漲大、見第四圖可知

骨內與骨兩端之形質、俱因論海綿質而類及之、此海綿質、乃骨之原層分開、有橫片與細柱相連、而爲極妙之櫺、各骨柱之列法其方向、正當壓力之路、以敵壓力也、見第二圖之大腿骨海綿質可知此骨之下端、緊接膝蓋骨、其層皆作竪紋、與骨體軸之方向聯爲一氣、蓋人站立時、必有壓力之線、然其骨之項如弓、層層積累、亦因其曲而有力、始能托人身之壓力、海綿質雖輕、而結實有力、設將大腿之海綿、裁成六面立方寸之塊、按其層而竪立之、上壓以四百四十八磅之重物、其骨分毫不動、若壓以六百七十二磅之重物、亦不過壓下半寸、然以分兩計之、此立方寸之骨、其重不一足錢、足見此骨不特堅而輕、並能破其震動之力、比如以此象牙球擊彼象牙球、則球觸而遠、若用海綿、則相粘而不能遠矣、若用含髓鮮骨、其力較枯者尤大也、海綿質之孔、其大小形狀不一、而孔孔相通、並與骨面之孔相通、設將骨之彼端鑿一孔、灌入水銀、其水銀能由海綿自然穿外皮而出、是其驗也、海綿質與長骨體中俱有黃髓、尋常無病之人、其骨中之髓、每百分內有油九十六分、若病人或因患蠱症身瘦、則其骨中無髓、而有液如鷄蛋清、西醫所用之骨架多用蠱病而死之人、取其油少也、至脊骨、胸骨、頭骨、脅條骨、其中俱有紅髓、其紅髓每百分中有油一分、清二十二分、水七十五分、凡胎骨及過歲小兒之骨、其中盡是紅髓、故又名爲胎髓也、如用大力

血養骨

顯微鏡看之、其髓有數長圓多核之泡、有一類之瘤、其名髓瘤、其瘤中即此有泡之髓也、

海綿質之回管

長骨之兩端、與脊骨之體上、皆有數孔、大腿骨之下端、約有一百五十餘孔、其小孔以傳送節脉管、因海綿質中血多、賴此管節血以養之、其大孔爲迴血管所行之路、其管大而多、另有數方向薄骨壁道支分行於其質內、剖開脊骨或頭骨之海綿質即空鬆質、則可明此管、此質中之回血管爲要緊、若因受傷此管易生火、而後化膿、往往傷其性命、見第五圖可知、

髓之脉管

頭顱骨空鬆質之大回管道、長骨體之外面有數細陷、以列血管、與其體平行、陷之底復有許多細孔、隔鏡看之、凡由骨衣而來之血、皆穿過此孔、以養密質、另有碎脉管、斜入於骨體之當中以養髓、大約長骨有二列、其後、其碎脉管一入髓道、即分爲上下兩枝、散佈於髓內、其後與節脉管相通、凡骨各處血管、其來路皆如此、至骨體密壁中之血管、則由骨衣而來、另有脉管以養其髓、海綿質則由節脉管而來、大約各脉管彼此或多或少俱相通、故有病亦必相連、如一處有火病、其病中之火、亦必傳於別處、雖如此相通、然養髓脉管道下之骨折、則其骨之下端必薄而小、因血來不足、無以養之也、

骨衣之用

骨外各有骨衣一層、除有脆所蓋與堅筋所塞之處、其餘之骨、莫不有衣、其衣乃韌

類絲之膜、其要緊之功用、將血管於其上、分而再分、以入骨面之小孔、另有由骨衣所來之類衣絲以蓋此管、見第六圖則知骨衣與血管之列法、幼年人骨未長足、其骨全賴骨衣以助之、始能愈長愈厚、迨其骨長足、又賴此衣以養其骨、若將此衣撕去、則去衣之骨、即成死骨矣、而必脫去、

髓膜

海綿之髓道、暨海綿質泡、皆有細膜一層、謂之髓膜、以扶助其髓、並可將碎脉管、分佈於其上、以後則入於骨質、

骨中腦氣筋

骨與骨衣俱有腦氣筋一條、由長骨體、與節端兩處之細孔而入、有一筋、與碎脉管同入於髓道、以分上下兩枝、週身各骨、惟脛骨有極大之道、以入養髓脉管、無病人之骨、其知覺小、骨有病則知覺愈大、折骨新長之肉珠、其知覺尤大、凡節脆有將化膿時、其疼更甚者、大約以其脆下之肉珠、爲脆所壓之故、

骨之吸管

大約骨亦有吸精液之管、於何知之、因接折骨時、恐其折骨搖動、往往用象牙小塞以縮之、使初接之骨不致活動、每見折骨接好、而此塞無存、是以知其故也、

顯微鏡所看之底質

以上皆就人目力所及言之、更有　細之處、目力所不能察者、須用顯微鏡看之、天生人身、不肯厚於其肉、而薄於其骨、既有血管以養其肉、復令其骨中亦有細血管與腦氣筋、以養其骨、故肉有此病、骨中亦有此病、宜於幼年人之骨、察其骨係何質作成、骨既成之後、如何長大、何爲有病之骨、何爲無病之骨、如有病、應用何法治

骨之大概

哈衛西體

之、

設有實骨一塊、其極硬之處、有挖成網形細道、以穿過微絲血管、由此細道、再支分爲極細之道、自此至彼發大而成囊、其道支分於全骨之各處以養其骨、今用顯微鏡先看其骨質之大概、其細詳列於後、

若將長骨體橫截磨成薄片、用二十倍之顯微鏡看之（見第七圖）必有許多孔、孔之週圍有黑點、與旋繞之同心環、其孔乃哈衛西道之叚、（前二百年有英醫名哈衛西者此理由此醫考出故即以其名名此道）乃領血管以入骨體之道、其黑點乃細囊、名爲骨輪或骨泡、並非實體、其點係在乾骨則因折光而色黑、道之大小形象不一、以顯微鏡看之、大約或爲圓或爲長圓就其週圍而論之、外面之孔較小、裡面者較大、愈向裡愈大、皆與海綿質之孔相通、若加百倍之直逕看之、（看第八圖）則其道之週圍有同心線、如樹枝之橫片、此線即片、乃道內所發之圓層、此極細之道本大因有單層之骨圍之、其骨層層長發、故其道因而縮小、再用加倍鏡看之、其黑點列在片之間、則如蜘蛛形、（看第九圖）其泡之當中、如蜘蛛體而空、其旁出之黑絲如蜘蛛腿、乃許多由泡而發之細管、以穿過其片、其泡、與其至近之泡皆相通、其相近養血道之細管、則直入此道、故其中之養道、與其週圍之各層、皆有輻管以相通、其養骨之汁、由中道之血管而來、傳入彼此骨泡之細管、哈衛西道與週圍之骨層、與骨殼（即上骨泡）與細管、總名哈衛西體、故可以比行星之理、

哈衛西空

骨質

道衛西骨

星之光與熱、由太陽而來、以爲本、故哈衛西道、爲養週圍之骨環之本、各骨之密質、皆爲許多哈衛西體作成者、其每體之泡、彼此少許相通、與其相近之體無大干涉、有或多或少之白線以界之、因此處之密管無多、故其骨透明、哈衛西之體、其形圓、以許多哈衛西體合於一處、如樹枝之束、其空處多成三角形、西國卽名謂哈衛西空、見第七圖其另外之骨端、亦有骨壳與細管、其養力亦由哈衛西體而來、

以上皆於骨之橫片見之者也、若將骨截成竪薄片看之、其片不作同心列法、而爲平行列法、故形象與橫者不同、見第十圖其哈衛西道、不論其骨或長或扁、大約皆與骨面平行、有或橫或斜之道、以相通骨之外面、有此數道由骨衣之血管而入、亦有由內之血管以入髓道、其道支分於骨質之內、故骨衣之血管、髓血管、俱相通、故未有一骨出於養力之範圍力者也、欲察其骨中之土類、須將橫骨截片、加一千二百倍看之、見第九圖則見其土類有許多小骨米粒、列於生質模之上、二者合成、卽爲骨質、此物皆列置於骨壳與其細管間、若以淡輕綠强水、置骨片上、其骨米粒卽化、而模之小痕迹顯然、如天花之瘢、

以上所論骨之細質、乃哈衛西道、骨壳與其細管、並圓片與骨米粒、此下尚須逐件畧論之、

上又已言其由骨之密質、取出此道、能領血管以入骨體而養其骨、然骨之薄者、自

道之徑

道內之物

其裡膜

哈衛西因炎發大

有骨衣以養之、故可以無哈衛西道也、如海綿質骨之細片與鼻內之骨、其薄如紙、其骨卽無此道、而有骨殼與細管、能吸外膜之血、以養此骨、故此骨卽爲無血骨、此骨乃嫩膜細血管之血以養之、其骨與各動物一樣、皆各有自然作成之力、將其應用之物由血中取而用之、其道之直徑、約自二百分至二千分寸之一、合中而論、約有五百分寸之一、其小者在外面、乃骨之極密處、入於裡則漸大、以入海綿質或入髓道、不論是何方向、週圍皆有同心片、自五數至十五餘之數、其道皆有細膜爲裡、與骨外之衣相連、其極小者單有一微絲管、其大者有血管網、極大者則有髓、亦有血管入海綿質各骨面膜之下、無論其所連之骨衣、或此衣入哈衛西之道、或海綿道內之砕膜、俱有細類絲質、以容小長圓之骨泡、(此泡與殼不同見十一圖)長骨時其骨不由層間而發、而由外所長大、約係軟質與其內所列之此泡、其哈衛西道內所有同心之層、卽是此質與泡次序所變之骨、長骨時、其軟質與其內所列之泡、皆自外面變骨、非由其層間、卽是哈衛西道、

骨內亦有血流行、故知骨亦有火症、骨有火症、則其哈衛西道內之血管、尤發大、由骨質所吸、亦能發大、因其發大與血旺、往往其骨色紅、故因火而截其骨、與割肉一般之流血、另外其發大之血管、不但令其道發大、而其火之底亦能令骨之密質發大、與其層亦分開、故其骨輕而成海綿形、(見第四圖)又有火症日久、其骨硬如象牙而厚、

骨之殼

其大小與形象

細管之大小與

因其層層長發、致將其道充滿也、硬骨比尋常骨之血較少、又或因骨節受風日久、其骨交節端之脆失去、變硬而滑、如同象牙、此由於骨之充塞其道也、

此殼即是片間蜘蛛形之空、乃同心之環、列於哈衛西道之週圍、凡好骨皆如此、若因病不期然而變之骨、則不然、前人以骨殼與細管皆係黑色、因以爲實質、今乃知其爲空、試將乾片上滴松節油一滴、用顯微鏡看之、則見此孔將油吸入細管、由此殼而至彼殼、此即細管之吸力也、古人慮骨之易於枯朽、每用香物置死人體中、雖歷多年、其香物之性、存於骨細管與骨泡中、則見其骨殼大畧皆成長圓形而扁、所以其骨殼之首環圈、發爲其細管之彼半、直入於其道、其此半與次環之細管相通、其全體皆如此、其哈衛西道血管之養汁、滲出近排之殼、又吸傳於各處之殼、其殼乃養骨之囊、

其長逕在人有二千分寸之一、其短逕有六千分寸之一、動物中胎卵鱗介四大類、其骨泡之大小形式不同、其不同不在物類體之大小、而在其血輪之大小、古時有極大之蝎虎、其骨與今小蝎虎骨之大小一樣、四種之中、惟鱗介物有極大之血輪、故介物之骨殼亦極大、設有小骨一塊、不知其爲某類之骨、但察其骨殼、即知之也、論地質者、雖多年枯骨、亦能辨其爲某骨也、

其骨殼之週圍、（見第九圖）俱有細管、與各處骨殼之細管、相通、其逕自一萬四千分寸之

其功用　**骨片**

一至二萬分寸之一、此外尚有小於此者、因其管極小、血不能入、惟能入血中之細汁、以養其骨、或病或傷、兼有自修之力、凡人與各胎生之骨、於長圓片時、乃新層所沉、而以新層沉於舊層之上、故哈衛西體長至十足、有同心環之形、其片仍由原面上層疊而生、故其片長成後、皆如樹之紋、每哈衛西道之週圍有五個至十五個名哈衛西片、長骨長足時、其週圍者、名週圍片、（見第七圖甲字）哈衛西空之破而不齊之層、名爲層間片、（見第七圖乙字）其片之原質、究未考明、大約乃哈衛西體吸膸之破物、其片之厚自三千分寸、至五千分寸之一、

片質

若用四百四十鏡力、即能見其片之底質、其片有內外兩層、內層極清而無紋、外層則暗有米粒、（見第十二圖）此質各按其原列之法、而分別、其骨之新生質乃軟類絲質、名爲泡間質、與數骨泡先列其生質、後列其土質、即米粒其泡間質與其泡皆變骨、泡之所變者、比泡間質所變者、米粒更多、而更暗、故此泡平鋪而不雜列、其泡間之模則極清、故其骨之新層、一層爲透明、一層爲暗米粒、

骨米粒

骨米粒乃土鹽類、沉於血類模之上、德國謂之骨渣、須一千二百直徑之力、始能見之、（見第九圖）各骨米粒之大小不等、人之骨米粒、自六千分寸、至一萬四千分寸之一、比如小鳥與蝙蝠之頭顱骨、其米粒比人之骨米粒較大、而易見、用淡輕綠强水化其土點、以驗其凹痕、則能歷歷可見矣、

死骨朧中之米粒

哈衛西空吸作

哈衛西道與空之分別

交接骨之形象

死骨所化之朧、用五百直徑之力、可見其朧泡中之土米粒、其朧每百分中有二分半鏃硫强鹽、即土類也、見病者之朧有此形、則知其中之有死骨、

哈衛西之空、見第十三圖能將舊骨吸去復生新骨片、幼年人之骨質、所以能生發變換而靈動者、皆由於此隨吸其舊隨生其新、故人無日久不換之骨、老年人動轉遲慢以其不能生發之故也、

哈衛西之道與其空何以分之、蓋哈衛西道其邊外之面平滑整齊、其空則因被哈衛西體所吸、惟膸似有如無之微質、故破而不整、有數空作吸力之功用、有數空其吸力完、而生新骨、此吸而彼生、故有三四哈衛體之週圍有時尚活、忽而失去再來新者以代之、

交節之骨、乃薄層之骨、列於交節脆之極下、若將鮮骨之交節面連脆而刺之、乃知其脆不緊列於海綿質之上、而在骨之薄密層以塞海綿質之道、見第十四圖此層即名交節骨、此骨之形象與他骨不同、此層之厚薄亦不等、其色白而無哈衛西道、故亦無血、其海綿質血管往上之時、一至此層之下面、則作爲繩圈而復回、其骨泡亦比尋常骨泡多至三四倍而無細管、因此骨無哈衛西道、故其孔少、其質密而堅、故能扶助交節之脆、且不讓其脆之地界、觀此作法、可見造化意想之妙、雖交節骨與成人之交節脆、在無病者則無血管、然其脆有病時則皆有血管、

胚胎中生骨之理○骨由脆由膜而成

骨乃生質之模、其生質或脆或膜、有土質沉於生質模之上、以取其硬、故骨有由膜所生者、亦有由脆所生者、

脆之性

脆之性軟而堅、彎而有韌力、其色灰白、其功用甚多、脆又分數種、其極純之脆、用顯微鏡看乃一叢核泡密列、彼此相擠、故其形象不同、在蛤蚧鰻鱺之髓、系鼠與蝙蝠之耳、皆有此脆、見第十圖 如數樣植物中椰樹之心、○一種亦有核泡、其孔鬆而不密、亦分各樣形式、其所列之模係一樣之質、名爲泡間、此諸脆俱堅、其泡間之形不一樣、

玻璃脆

有清而透明、如玻璃者、其名卽爲玻璃脆、見十五圖 胎之骨架及成人骨之交節俱如此、

類絲脆

此質含有或多或少之類絲質、名類絲脆、見第十六圖 惟鼻耳俱係此脆、因其永不變骨、名爲久脆、其玻璃或胎脆、則變骨而爲暫脆、

脆衣

各種之脆、除交節骨兩端、其餘之脆、俱有白類絲膜以圍之、卽是脆衣、此衣與骨衣功用相同、卽扶助其養脆之血管、其脆若薄、其血管則不過其脆面之上、其脆厚、則有道引之入於脆之質、而以脆衣爲鞘、至脆將變骨之時、此道卽多而且大、爲其來血多而帶骨土、交節之脆無衣、除新長脆時、并亦無血管、惟於有病時、則血管過交節骨以入脆、

骨由脆發生

胚胎成五十日後、凡屬將來可以變骨之脆、有細薄膜包裹一點、形如膠形之瓜穰、由此而成純脆、乃許多密核泡合成、其軟泡不能助胎長發、須仗其泡間質以增其

脆將變骨血必先旺

變骨之法○以大腿骨變骨為比

力、卽由此脆而變玻璃脆、故胎之全骨、除頭顱骨臉骨外其餘之骨、其發端皆是此玻璃脆。

將變骨之脆、其道大而多、穿過血管以帶骨土、其將變時、必有骨細點、沉於胎脆之上、每增沉去骨之一點、必減去生質之一點、若有增而無減、其質必見其大矣、骨點者、猶云骨之種也、骨點之變骨、亦非頃刻俱變也、將骨點種於骨上、有一定之處、一定之數、一定生長之法、各骨之骨種不同、有一、有二三五七等類、而方骨至變成骨時、其有此三十三骨種之後、其骨卽成整骨、骨種之長發、不在於一時、有發於未產之前者、有發於既產之後者、雖發有先後、然亦必按次序、且有一定時候、總視其骨之要緊與不要緊、與其功用為何如耳、如下牙床與肋條、此二處其變最早也、在初生之時、有吮咂呼吸之用、大約其種總由脆之當中而發、扁骨之發由中心而散於外、長骨之發、由中段而達於上下兩端、凡在抱中之小兒、骨未長成、其一骨皆分作數塊、賴有脆以連之、迨其體長成之後、其骨乃合成一塊、中國醫書其骨數與西國不同、大約由於不分老少而誤以未合成之散骨、各為一骨也、

目力所可見、須取大腿骨為比、（見十七至二十二圖）其將來之骨發端時所盡者、係胎脆之形、於在胎三月初時、其第一骨種、先由骨之體中而發、其發時俱由中段以達於上下兩端、凡長骨皆如是也、（見十七圖）胎至十月、其第二骨種、由骨之下端發出、卽是膝蓋端

也見十九圖直至生下一年之末其第三骨種始由骨之上端發出而成骨之頭見第二十圖至四年間其第四骨種由骨之大阜發出見第二十一圖至十四五年間其第五骨種由骨之小阜發出見第二十二圖故大腿骨共有五種骨體先變爲骨名爲骨幹其餘則爲交節端其幹與兩端之間有脆一層相合小兒跌傷其骨是其脆離開之故及至長整則其端與骨相合而成整骨此後惟各交節面有薄層脆故能破震動其餘則皆成骨凡長骨交節兩端相合其髓脉管之道行向於某端某端即先與其幹相合其先合成者乃後變之骨後合成者乃先變之骨比如先長成小阜與其幹相合成次長大阜又次則長骨之頭最後始長成下端直至二十一年乃合成一骨骨由數種面發又有脆層以隔之有層層之脆以分之者爲其身體易於長發也比如有一端先變骨者爲助其體分兩也留其餘端之脆者爲破其震動也羊之羔馬之駒甫生下卽能站立隨能跑跳因其骨幹與交節兩端之間皆有脆墊所以不畏顛仆在動物中龜鼈之類其血凉其行蹣跚以胸貼地而不能跳動因此類之長骨皆無脆亦無墊不必保護其腦如令鱗介類亦能跳動必須其變骨之理亦與人相同也在田鷄之交節端其臂骨與大腿日久則與幹不連人胎頭骨之各種爲易於生產其頭顱骨有膜相連將產之時其兩骨相搭令頭骨束小乃易於生產以上所言其理人皆易知此外復有變骨之種雖亦有一定之數而其理實爲人所不易明者非特人之變

以顯微鏡看脆變骨

脆泡中之改變○脆泡發爲骨殼與細總質之作法

骨中有難明、即細察獸類、亦有單骨、雖不能道其所以然之理、而天生人物、必有一定之規模、亦可以意會也、

欲知脆變骨之理、須將各胎生之鮮胎脆變骨之處、截成薄片、用顯微鏡看之、胎脆底質則變骨體底質、脆泡之米粒核則變骨殼與細管、脆將變骨之時、其血管過脆之道、大而多、並將細米粒形之骨土帶入血中、落於胎脆之內、其脆泡愈分愈多、漸大至五六倍、而次序排列不亂、其泡外之皮變骨、泡內之米粒即變成骨殼、其發於外者、即成細管、脆既長發成胎、其泡必滅、然有土質以助之、故其質雖滅、其力轉增、胎脆變骨、不能常久、因所變之骨有大孔、其孔內尚有紅髓與血管、以通吸力、使其骨不時變換、有數孔爲幼年骨當時變海綿質、其他孔有片骨慢慢沉下、滿於其孔、而成密質、如哈衛西道之作法、若總論胎脆變骨之大意、在脆則多增其血、其泡則承接排列而增多、其與變骨線相近之泡則增大、其脆之玻璃質與泡壁則皆變骨、其泡之米粒核、則留作骨殼與細管、此皆係原骨或首骨之作法、並有吸力作爲大孔於發端時、有胎髓與血管占於此孔之地界、而以數孔留作海綿質、其他孔則有新片骨即次骨之層、貯滿於此孔、以爲骨之密質、此即變哈衛西體也、見二十四二十五二圖看此二圖、於橫豎兩端、可知脆變骨之理、看二十六圖即可知脆泡變骨泡之理、其海綿質作法、亦詳於二十四圖中、

骨分脆膜所變

膜變之骨以顱頂骨作比目力所見

顯微鏡所看之膜變骨

人之骨體、大約先以脆形象成一脆架、以扶助其胚胎、惟頭顱甕骨不由脆變、乃是額骨、顱頂骨、枕骨之上半、與耳門骨之鱗與中殼端、此外如臉骨及蝴蝶骨之後蹬翅之內片、皆是生來之骨、不由脆變、除頭顱底之骨、其餘俱非脆、其底之有脆者、因生發時頭骨收束則無力、賴此脆以扶助其腦、而此時頭顱甕乃一層膜耳、故骨有由脆所生者、亦有由膜所生者、脆所生者生質之模乃脆與泡也、膜所生者乃軟類絲之質與泡、故脆與膜所生之骨無大分別也、

當初胚胎之時、其腦蓋乃是兩層密相合之膜、其外爲頭顱骨之衣膜、其內爲腦之硬膜、其骨由兩膜之間所沉、至兩月底之胎、由夾縫之骨種、四散於週圍、即將來顱頂骨之地界、見第二十三圖其餘頭顱甕骨亦如此改變、各骨俱有膜所連、迨生產時其膜則彼此微搭接而易生、迨生下之後、尚有未成之骨、仍有膜以蓋之、其顯而易見者、莫如小兒之顖門、其腦或上或下、如水泉之蕩漾也、即未變骨之膜、小兒將長其骨之邊、自能鬬筍合縫、仍有薄膜一層留藏於縫內、賴有此膜、乃能禁其頭之震動、故體雖長成、此縫猶分而不合、迨至年老、此膜始變成整骨、爲堅固腦甕而無縫之痕矣、

此模多有養骨生質之血管、此生質或模、用多倍鏡力看之、乃是密列長圓形之骨泡、有無紋之質、即胚種、以連之、見十一圖其骨渣、即列在生質模之上、不但在於質間之

膜變骨所作之哈衛西道

骨加厚之理

質、亦有在骨泡者、於變骨時兩相合、以上皆膜易於變骨之理、或在兩膜之中如頭顱骨之扁骨、或骨衣之下、如長骨週圍之長皆此理也、若將此泡與泡間之質比較其多寡、則各骨皆不同、按年歲亦不同、然不論何骨與何年歲、其兩質俱變骨、假如變骨之泡皆雜列、則有均勻之米粒形、若密排而不雜列、則其米粒層與透明層彼此互列、此即骨之分片之理、看第十一圖可知、

變骨之法、係先發其血管、其骨即由管之週圍而長發、比如一血管、不論其按何方向而行、俱先流出生質之模、次將骨土沉於其模內、漸漸圍於其管、與蠶之作繭相似、其管先列於長骨之陷內、見二十七圖以後其陷之兩旁漸次長高、則凹處愈深、而兩旁之高處上合、此管遂成哈衛西大道、此道內另有模層沉下而變骨、再如此屢沉即成哈衛西體矣、

骨之加厚者、長骨則由週圍加增、扁骨則由厚而加增、兩骨皆不由層間沉下、而由骨衣下次序所發之、新哈衛西道、此由膜而變者也、骨衣有兩層、外層極堅而有類絲、其血管先由此層內分開、後入於骨內層、乃軟質帶骨泡與骨緊相連、其軟層常有變換、以變生質模之底、圍繞血管以變骨、而成哈衛西次序之道、此管由內裡沉下、即爲哈衛西體、逐年如此、至骨成而止、其骨既成、則有骨衣薄片以保護之、看第七圖甲字可知

用丹參試之妙法

骨之加長

骨幹成肢六種

西國用丹參染布、有染匠請客、其肴中有新豬腿、其骨紅色而不白、客驚問、豬腿骨何以不白而紅、匠曰、吾常以丹參之渣喂此豬、故其骨變紅、蓋丹參與鈲硫強鹽、其性相合、將變之鈲硫強鹽、較已變者尤爲易合、若以丹參喂未長成之豬、其變尤快、新凫出之鵓鴿、以丹參喂之、其骨能當日變紅、長成之鵓鴿喂半月、亦能變紅、若隔日喂之、則一日變紅、一日復其原紋、其骨則紅白相間、其原紋不但在骨之週圍、且在哈衛西體之內、此所以表明骨之加厚、由其面所加、所以由外而不由層間也、

骨兩端與其幹間之脆、逐日逐層加長、其依於骨者變骨、依於脆者變脆、此邊長骨、即藉其生發之力、將脆推置於彼邊、而此邊之骨益增厚、直至二十五歲時、脆皆長完、週身變骨、人之體亦從此長足矣、人若患火症、或因他故、其一腿交節與幹早相合、則兩腿長短不同、昔有醫人恒得爾、取雞之長骨之幹、以塞兩鎗子、半月後、取其骨驗之、其鎗子離其骨之兩端、此兩鎗子之間、加長一半、此表明骨之長大、半由兩端而加長也、

胎骨之幹、其初乃海綿質、中有淡紅色之髓、海綿質週圍之道、佈滿層層之骨、變爲哈衛西體、并作骨幹之密質、其內之道既被吸去、而變爲髓道、以後其骨之週圍有骨衣所沉之層、發長而增厚、其髓空因吸而漸寬、所以然者、此長則彼抽、有推陳致新之意、而骨乃長成、骨時時活動、時時改變、故不能常久、今日於此處沉去一點、次

拔骨衣以治病

日必以他處之大於此者補之、故今日此處之骨、非昨日此處之骨也、彼此抽長之力相合、一骨可以改變數次、比如初生小兒之大腿骨、非其在胎中三月之骨也、故人現在之大腿骨、非其初生小兒六月之骨也、

以上所言者皆骨之底質與造骨之法也、知此不特爲增人之智慧、即骨之有病、骨之受傷、應如何修、如何治之理、亦由此可知也、比如骨衣或因病或受傷而離開骨面、其靠骨衣之面、恐有一塊已死之骨、其死非因無血管以養之而死也、有骨帶皮俱傷者、有不傷皮而止傷其骨者、此所傷乃零星之傷、並未傷其全骨也、其不連者去之、有與骨衣相連者留之、仍可復長、比如頭顱[illegible]有因打仗被砍、骨斷而皮連者、但使其骨傷處相合、仍可以照舊長好、又如長骨體之骨衣、因火症或受傷、或受風、其骨衣之下出液、致將骨衣與骨體沖開、則其骨全體已死、骨體死而火症愈、骨衣內必復生新骨層、將死骨包藏於內、如埋葬之意、蓋此骨幹雖死、其兩節端並未死也、因其體質不甚密、而血管多、故能以舊骨之節端、作新骨之節端、骨衣既造新骨、其新骨中埋葬之死骨、必常常化膿不斷、當於其新骨尚未長足時、剖開取出死骨則無後患、或於長好之後、取之亦可、造骨固以骨衣爲最要之物、而無骨衣者亦可以長骨、比如下腿骨之骨衣、與週圍之骨俱無、仗其週圍之軟質力、亦能使無骨之處長出新骨、而其腿亦不見短、又如已折之骨、其折處相離太遠而不能接、其間之

修受傷骨之料

軟質自能從兩邊折處長出使折骨復連如橋之此岸通於彼岸者修受傷之骨仍以當日造骨之原物修之或是類絲或脆形之生質或其兩質俱有其後則以土類沉下純折之骨如其衣未破仍照其傷處如刀傷之肉對縫接好外以夾板夾之務令分毫不動骨之兩折端間所流之血既已洗淨其折骨兩端有軟類絲之質即是胚種有骨泡滿列以作兩端間生質之薄層此層漫漫發硬胚種與其泡內沉有骨土其兩骨即復合自一月至兩月功夫可以照常而鎖柱骨與肋條骨其長尤快因此二骨血多故也修骨之理全仗增其養力務須養力有餘不特補其缺欠即間有不平或高出之處亦仗其有餘之養力填補完整迨通體渾然如一其髓道照常再有餘者即無用矣此必須半年或一年之功夫也更有骨已接好平復如初惟尙有一塊硬處乃其所膸養力之物尙未去淨之故待其慢慢去淨亦自然平復又有受傷之骨未曾接穩或未用夾板其骨旁亦能自長脆夾以夾之使傷骨不至活動而可使其修之之力以長骨迨其骨長好其脆夾即自去矣

論脊骨柱

脊骨柱見第二十九圖乃許多豎骨次第相連而成微而妙之三彎頸項及兩腰之彎向前胸膛彎向後其骨頸項處共七節脊背處共十二節腰處共五節共二十四節節節相連故前後兩旁俱能扭轉活動腰骨之下方骨乃五塊合爲一骨方骨之下爲尾

骶骨、此骨形如布穀鳥之喙、其質乃或三或四脊骨之痕合爲一骨、故在人脊骨之總數三十有三、乃頸項七、脊背十二、腰五、方五、尾骶四也、（胎生之項骨屢經試驗大約俱是七節惟有三爪之木狗其項骨九節海牛之項骨不滿七節鯨之項最短自外視之儼如無項者猨孤之項最長二物之項雖長短迴殊而其項之骨亦皆七節所謂天生成物有自然一定之規模此類是也鯨之項骨雖有七節而其項不能扭轉因此物能鳧水其頭力必須結實乃能保護也○中國醫書有所論方骨與尾骶骨分斷不清洗冤錄謂方骨之下另有尾蛆骨類經謂尾骶骨即尻骨而其圖則列在洗冤錄中方骨之部位東洋人亦謂類經之尻骨即尾骶骨全體新論以方骨爲尾骶骨以尻骨爲尾閭骨故此骨不易分斷然尾骶骨乃脊骨柱之底以托脊柱名爲方骨則極當其尻骨則翻足尻骨盤而尻骨亦可謂之爲尾骶骨故此書以尾骶骨爲方骨而以其尖處爲尾骶骨也）

脊骨皆有一樣作法、亦有數總形象、間有因其用而變換者、茲單取一骨以論其各端、次論各部位脊骨之分別、比如腰骨、其體或中端爲環柱端、爲其能扶助全脊之力也、其體前凸後微凹、以帮作脊骨孔、乃能傳送髓系、而保護之、其週圍之上下面、有實骨之圓盤、其中微凹、上有軟韌之物、名爲脊骨間質、在鮮骨、則其質作爲脊骨間之墊、此密骨之盤、不但於身體運動時不致折、并另有變骨之種、在年輕者、其盤則爲交節端、而不與其體相連、（鯨之盤極大而不與脊體相連北極海游脫下之此盤甚多者海船碰壞水手多取爲栥盤）若將脊體截開看之、其中皆海綿質也、此質其分兩看之似極重、其實甚輕、其質中有迴血道、道之孔、即在骨面之上、大約向後而相聚、（見二十八圖）脊體後之脊骨孔、乃兩層厚骨片、片之體由兩邊長成、聚而相合而作弓形、爲脊骨弓、其弓所發之處、名爲弓蒂、其弓發爲七峯、此峯之內有一後峯、兩横峯以挂爲肌之擕、其後峯由弓之頂而來、兩横峯由弓之兩邊而來、其餘四峯、上下各二、與脊骨相鎖、其名卽謂之交接峯、或筍、弓體所發之處、兩兩邊有兩凹、上凹小而下凹大、與脊骨相連而成一孔、此孔爲脊骨間孔、脊髓筋卽由此傳送而出、（見二十九圖甲字可知）以上脊骨所有各物、曰體、曰弓、曰脊骨孔、曰七峯、（四峯爲搭接、三峯以繫肌）曰凹、以傳送脊髓筋、脊骨雖屬一處之骨、而上下式樣不同、其改變之處、皆由此式漸變、而另成他式、

腰脊骨之形

其體大而長圓、左右之逕寬、故能托扶身體、其豎體前面大而後面小、必如此乃合其腰之彎形、其邊微凹、爲減其分兩、與省其地步、其後峯之形寬方而高、故能增其脊骨伸肌之擕力、其峯横列、故於伸脊背時毫無阻碍、其横峯薄而長、狀如未長足之肋條、其交接峯豎形而極堅、上者微凹、如彼此對視之狀、其下者微凸、與所依附之骨相鎖、其交接之形、不但便於腰之曲伸、亦且便於行動之扭轉、脊骨孔乃三角形、其角圓而不尖、腰脊之末骨、其形與他骨不同、其下面作坡形、與方骨上面之坡形相合、其横峯厚、以挂其胯腰之筋帶、下接峯之間處寬、爲增其托力之底、其後峯將前後面之方向減而爲小、爲伸脊梁時無阻擋也、

脊背骨形

此骨體不托大力、故此體比腰骨爲小、其豎體前小而後大、故能合脊背之彎式、其兩邊有小接面、上有凹處成槽、以容肋骨之頭、而下槽較大、其槽乃兩脊交節之槽

頸項脊骨之九

背次兩頸挫有之形

與其間所有之類絲脆、其後峯斜而長、故能相搭、其脊背部位、不得伸開、其橫峯厚而堅、以支撐其肋條、近其端處有接面、其第十一第十二雖小、而無此接面者、因其下相似之肋條短而小、故不必支撐也、接峯之上向後、其下向前、兩面皆作豎形、其各脊背骨兩骨之間皆無大運動、其脊骨孔大約皆作圓形、

此骨體其邊有崗、其崗與上脊相似之凹處、之箭相合、令其不致向旁脫落、其體比背脊部者較小、其大逕爲橫、其後峯短而橫、易於仰項、其第三四五節極短、其項又分爲兩杈以挂肌、（此杈惟人有之、爲加增肌力以挺脖項與頭）其第七節則不分杈、而形狀高凸、能助板筋與肌之攑力、以挺其頭、名爲特出脊、其橫峯最妙、底有大孔、爲脊骨脈管所穿過之道、上面有凹處、以列脊髓筋、凹處之前後兩邊、爲分其頂而長成前後兩小骨朶以挂肌、（第六節之前骨朶較此爲大、名爲頸項骨朶、循此骨朶能領至頸項脈管之道）細究其實、其脊骨之橫峯由兩根而來、以後而合、以成脊骨脈管之孔、其前根由體之邊而來、其後根由弓而來、其接峯斜而坡、按地平作爲四十五度之角、故頸項易於曲伸、而微側、此骨間或脫落、而接峯不至於折斷、故此處之骨縫、亦不致閃挫、間或閃挫、多由猛然回顧所致、曾有人因有客入門、而猛然回顧、以致頸項閃挫、其第一或首第二或次節、乃爲曲伸扭轉之用、而其造作之奇、出人意外、第一節勢如天柱、所以扶助其頭、其節有形而無體、其形如環、前有小骨朶、其所以無體者、爲留其空、以容第二節凸出之體、其實第二

第二或次節之形

節之牙峯、卽是第一節之本體、第一節如紐之動轉、卽以第二節爲樞、故能活動、其體不在第一節而在第二節、如自轉其體第一節全骨之改變、爲其頭之便於搖動也、其環之前面有小節面、以列第二節之牙峯、又恐其後峯太長、則仰首不便、故減爲小骨朶之形、其橫峯厚而堅、較他處項骨之橫峯尤長、取其加增下斜肌以助撬力、而便於左右動轉、其下接峯橫而扁、與第二節之上接峯、爲扭轉之運動、其上接峯長圓形、外邊高由前往後而凹、其凹處成兩小槽、以承受枕骨之節踝、全頭之分兩、不但賴此峯以托之、而便於點頭、其峯之裡面、左右有兩小骨朶、挂有堅橫筋帶、以縮鎖其牙峯、使之不能向後、以致脊髓受壓、其骨片所作之脊弓、比他處之脊弓爲寬大、因其寬乃能容脊髓、故骨縫卽稍有閃挫、亦不致大傷、其每片之上面有凹陷、以列脊骨脉管、此陷往往成骨管其峽列在節之後、以穿過腦氣筋、不似他處脊骨之峽、皆在前、爲使此首節不得不前、而與枕骨之節恰相對、又能扶助其頭之分兩、並按各骨體之線逐段傳送於下、其蒂之凹處卽脊骨間之峽兩邊上下各一相合而爲脊骨間孔此骨爲軸、頭與首節旋繞於其骨、而以此骨爲樞、其形如牙、故謂之牙峯、其峯由軸體豎發、直貫於首節一端之筍、在鮮骨則有橫筋帶以合成、此筍如筍牙之在筍槽、前滑面爲動轉之首節、後滑面爲筋帶之動轉、其下微縮作爲項、頼有橫筋以約束之、而無危險、樞之項粗澀、旁坡以挂束筋帶、使與枕骨相勒而不離、曾有婦人將其幼兒立置肩上

第七節之形象

第十一與十二脊背骨之形象

脊背骨之骨朵

總言脊骨柱

（兒失其可心之力以致扶持未定兩手扳此婦之頭頃刻間母子俱倒而婦已死由於此筋出紐之故其筋雖堅亦往往有出於紐外之時凡舉小兒切不可托其下頷其此筋比成人者軟恐傷其筋而死）樞之體、較本節之體質甚密、其上接峯橫而扁、爲首節扭轉之運動、其底極結實、蓋其托頭之力不在於體而在於此、故結實也、其下接峯斜形、而列於上者之後、故能與第三節之接峯相似、其橫峯小、無陷、亦不分岐、其底之孔斜向於外、與脊脉管之彎相對、其弓之片極堅、其後峯凸出而寬、分兩岐、以增其下斜肌之撬力以搖頭、其後峯大而凸、與首節之橫峯俱以挂下斜肌、此節之後峯甚長、以挂板筋、挺其頭、其橫峯不常有孔、亦不盡有陷、其形寬而長、狀如肋條初萌、間或有如兩肋條者、其形與走獸之項肋骨相似、第一節背骨體有節面、以列第一肋條之頭、另有一小者、爲列第二肋條之半、第十一十二節之脊背骨、背有單節面、以列兩末肋條、其橫峯減小、不與肋條相接、十二節之下接峯向外、如腰脊骨相似之峯、觀此可知十一十二節之分別、第十二脊背骨與腰骨、大約前後俱有小骨朵、前者由上接峯而發、後者由上接峯與橫峯之間所發、此骨朵在人爲挂肌之用、有數種走獸、此骨極大、即如犹猔、其前骨朵與後峯之長短相同、因此獸身外有甲、賴此以扶助其甲也、凡猿猴之類、其脊背與腰骨之後骨朵、皆比其節峯大而凸、爲扶助其脊梁之用、脊骨之功用最多、並有相反之功用、以見造物之妙、其堅固若柱、可以扶助全體站立、其曲折又能令人俯仰曲彎、又有韌力、能使人之頭、不慮顛震、又在其後作成相續之道、以保護脊髓、又作成底以爲肌之本而散布於週身、又作爲橇、令肌肉可以離身、因其骨有此許多功用、故拳脚相樸作戲者、俗名打把式雖任意變換、亦不能傷損、其骨之力大一爲節節相鎖、若以兩節相連者持而搖之、則不甚動、以多節相連者持而搖之、則往來大動、一爲其互相至彎而列、精算法者、謂其彎力較直力可加數倍、而能阻擋竪壓力、因其彎也、乃能分消其力、而頭上易戴無限至重之物、其彎又能變成無數機關、猝然發動、而不至震傷其腦、其彎之妙處、尤能容納臟腑、恰如其位、並能將上體之分兩傳送於重心之線、其形雖彎而柔、其面極平、而無或高或低之處、使脊髓藏於其中而不能傷、并令人之身體美麗而挺然、其彎因各節脊骨之厚薄不同、又有脊間之類絲脆與筋帶之韌力、又能令人前後左右屈伸自由、其力在於頸項者最多、腰處漸少、脊背處尤少、其脊骨即按此理作成、比如頸項之接峯、其形斜、其三四五六脊骨之後峯橫而短、脊間之質厚、在脊背之此質則薄、其接峯大約背豎形、其後峯則彼此搭接、故其骨間無大運動、其腰處之脊間質厚、其後峯橫而寬、相離甚遠、其接峯之形象、令其運動比脊背爲多、比頸項爲少、其脊間質、乃韌力與曲折之力所從出也、其質之實體、自週圍向其中則漸減、至當中則成漿、略成凹凸之形、如小樞紐、微能婉轉而活動、藉其韌力以破震動之力、又藉其韌力而復其原立之形象、假

脊骨變骨

如人頂百重物、其脊間質於一日之內、每一寸能減去其半、或三分之一、德國定例其國之男丁及歲卽應入伍爲兵必取其身體長短合式者用之如其體短則棄而不用百姓有不願入伍者先期頭戴重物晝夜奔走不停迨驗看時官見其體短不如式則棄置不用矣若歇息一夜、則仍復元、人若時常側身而立、其脊間質、亦必漸漸傾側而不能改、人常長骨之時、若常常壓之、其骨亦必漸漸傾側、故雖無病之人、其體亦有傾側之狀也、若由前面看脊骨係方錐形、自上而下逐漸加寬、其底寬始能扶其頭、其首節之橫峯凸出、如房上之飛檐、爲扭轉其頭、頸項之下端稍大、爲加增項之底、第三四脊背骨處稍小、爲容肺之地、第三四五節脊背骨微旁彎、其凹向左、或云因人常用右手之故、或以列總脉管者、想亦自然之理也、自後看其脊骨、乃後峯長排之豎崗、因其如刺、西國謂之刺柱、兩邊各有深隴、名爲脊骨陷、以列脊梁之豎肌、人若受傷、或有病、須摸此崗、其處雖屈屈直形、亦必詳察其向左向右也、脊骨之弓甚寬、爲保護髓道、不令受傷、其弓亦彼此互相搭接、雖利刃砍之不易、故凡刑人以及宰殺牲畜、必於枕骨與首節之夾縫中、與其腰處、乃能用刃、頸項之下處及腰處、此二處之髓道較他處爲大、其故有二、一爲某處之脊髓大、則四肢之大筋、卽由此而出、一爲此處最活動、其脊髓不至受傷、

脊骨之變骨、大約每骨有八處之骨種、而以三處爲緊要、其一爲體、其二分列於兩旁、爲弓與其峯、其餘之五處、約在破身之時而發、以一爲後峯之脆端、以二爲橫峯

枕骨底端

之脆端、再以二爲節面之圓盤、成胎四五十日之後、先改變其在弓之邊、以後則在體、其弓之旁由後峯之底先合、至生下之後、約不過一年、其弓皆變整、至三年之內、其弓底與脊骨體之骨種相合、其首節另有兩骨首種、分列於兩旁各一、又於前後兩骨朶上各有一次骨種、其軸節另有二骨種、分列於兩旁以爲牙峯、各脊骨之形象看三十至三十六圖可知

頭顱骨

頭骨分頭顱或腦袋之骨、與臉骨、茲先分論各骨、以下再爲總論、頭顱之骨有八、枕骨一、額骨一、顱頂骨左右各一、耳門骨左右各一、蝴蝶骨一、篩骨一、臉之骨有十四、上牙床二、顴骨二、鼻梁骨二、上腭骨二、淚骨二、下水泡骨二、犂頭骨一、下牙床一、

枕骨

枕骨爲頭之後、與頭顱底之一端、見三十七圖 其內有長圓形之大孔、其脊髓與其膜、與兩脊脉管、與兩脊髓帮筋、皆由此孔穿過、所穿之物、不能充滿其孔、故其餘之空處皆有腦髓之水塡塞之、以保護其中之各物、其大孔之前窄處凸、橫坡而往上、塞於頭顱底爲底端、與咽頭之頂相似、若以指探入口中、可以摸得其端、故有患癔者、摸之即知其已否挂於底端、年輕人其底端之末有脆、與蝴蝶骨體相合、在成人則此脆變骨、其下面中線之處有小骨朶以挂咽頭之上縮肌、其旁邊之體澀、以挂大小

枕端

枕骨節踝

前直頭肌、其上面微斜陷、名爲底陷、用以保護髓頭、髓頭之週圍皆有水、爲不使之緊貼於此陷、以防其震動、底陷之兩邊另有微陷、名曰岩凹、以列腦之下岩穴、全體論中凡所謂穴者皆空處也在頭骨者其穴卽是氣空在腦者其穴乃是腦外膜膜所作之道爲使其紫血而流於心其大孔之後有寬端、爲頭顱橋、其外面之當中有澀凸處、名曰枕外阜、由此阜至於大孔處爲冠、以挂其板筋、冠之兩邊、有上下兩彎綫、此線與線間之澀面以挂肌、肌有本末之分堅硬而不甚動之處爲本多動者爲末原圖中紅色者本也藍色者卽末也比如靠上綫有斜方與枕顱兩肌之本及胸鎖乳與夾板頭兩肌之末兩綫之間有結叢肌之末下綫下有大小後直頭與上斜兩肌之末

其枕骨大孔兩旁、各有節踝、其形長方而凸、前兩端相向坡而往裡、與脊骨首節之槽恰相合、因有此奧妙、又有筋帶之力、故頭與首節挫縫時甚少、枕骨之踝、比首節之槽長、故其頭俯仰皆便、其踝之裡邊有澀面、或骨朶、以挂束筋帶、使頭有所縮而不至於反顧、其每踝外有前踝孔、其孔向外而前、運動其舌之腦氣筋、卽下舌筋由此孔而穿過、其前踝孔之極上有叢骨、名爲無名凸、如極堅之骨橋、以過其孔而增其頭顱底之力、乃枕脊骨髓弓之蒂、着貽之頭顱骨則明其理、每踝之後有深凹處、凹之底有後踝孔、作爲槽、以容首節、有此槽則頭可以多仰而向後、此孔橫往前入、旁穴之陷、以傳送頭顱外往裡之間血管、亦有無此後踝孔者五十骨之中以有此孔爲多或有左而無右或有右而無左踝之極外兩邊有項凸、其下面澀、以挂旁直頭肌之末、其上面有深凹陷、名曰旁穴

腦面

陷爲腦血大迴血之道、其陷處向前陡然向下、變而成彎、名曰項窩、以列內項迴血管之頭、此骨與耳門骨之岩端、共作爲項孔、

枕骨之裏面、或凹面、有橫豎兩崗成十字形、其崗有深凹處、大小不等、以列腦穴、橫崗上半之豎崗以列上長穴、橫崗下半之豎崗爲枕穴、靠其大孔、其枕穴陷大約又分爲兩小陷、至孔之邊漸漸失去、橫崗之陷內列有大旁穴、其大陷由枕骨顱頂骨、耳門骨、以達於項孔、旁穴陷在頭顱左右、其大小有時不同、因上長穴之枝大小不一、大約其穴之大枝、乃在右邊、故右旁穴大於左旁穴、故其右內頸迴血管亦較大、其崗不但有陷作爲穴、亦爲挂腦外硬膜、及扶助其腦葉、橫崗用以挂腦幔、橫崗上半之長崗爲大腦鐮、橫崗下半之長崗爲小腦鐮、橫長兩崗相交之處高起而成骨阜、極結實、名爲內枕阜、以保護頭後、由骨阜發爲腦之六穴、上長一旁二枕二直一其十字四面之窩、皆列腦葉、其兩上者以列腦之後葉、兩下者爲小腦之旁葉、其窩之凹痕、即腦紋之形、其下窩薄能透亮、有項肌以保護之、雖薄而不受傷、枕骨之縫、與兩顱項骨兩耳門骨、蝴蝶骨之縫、巧相合、如筍相鬭、各縫之名、即以其所連之骨爲名、比如枕顱項縫、岩枕縫、枕孔與蝴蝶枕各縫、皆合筍、其底端與岩端之間、皆有脆、至老亦不變骨、蓋此脆爲墊骨之用、取其不畏顛震也、枕骨之發、其骨種有四、底端一、枕端一、兩節踝各一、人初生時、此骨在大孔分爲四塊、以後則相合、

額片

顱頂骨

此骨寬而方、見三十八圖其形如房之頂與其對面之骨、作爲極妙之弓、以保護其腦、外面凸而內面凹、其凸上有顱頂角、爲原骨種所發之骨、此處易於摔而受傷、故其體質最厚、其角之下、有彎線、爲耳門崗、以挂耳門健膜之一端、此線下爲耳門窩之一端、以挂耳門肌之本、其骨之四角、曰前上下、曰後上下、其裏面有腦紋、亦有腦衣中脉管之支所作之陷、其管之本陷順其下前角而行、故一經受傷、此處易於見血、凡傷此骨、須用圓鋸解骨法治之、然最爲冒險、對面兩顱相合之邊、卽頭顱中線、每半各有半陷、兩陷相合而成長穴、靠此邊有孔、爲穿過迴血管、由外以達於長穴、爲顱頂孔、往往有耳門脉管小枝穿過此孔以入腦硬膜其一邊可有兩孔或無孔其後之下角、有旁穴陷之痕、老人之頭顱骨靠其長穴、有巴吉厄尼核所作之雜凹處、此核乃上長穴內之小圓白米粒與顱頂相連骨、共有五處、其箭縫、或顱頂間由對面之顱頂骨冠縫、或顱額與額骨、蝴蝶顱頂縫與蝴蝶骨、鱗縫或耳門顱頂與耳門骨人字縫、或顱枕與枕骨相合、各縫之筍相合極妙、非傷其骨、其縫不能開也、

額骨

額骨、見三十九圖以其位在前、卽謂之前骨、兼作眼窩之蓋、又分二片、爲額片與眼窩片、額片光滑而凸、故人之上額高而寬廣、兩邊爲額角、乃兩個原骨種所作之骨、其角

腦面

之大小、由於角後腦之大小、其下爲眉稜崗與腦無關礙、頭顱骨兩層之間、乃是氣空、又名額泡或穴、（因頭顱骨乃內外兩層密骨、其間有海綿質、其質之妙處詳於下文、其兩層之間額穴有六、妙處一爲額穴、有道與兩鼻孔相通、甚易即是額泡、須豐刺額骨方知其泡之大小、即名爲漏斗、故虫由鼻入可到額穴、曾有婦人有虫入其額穴、痛不可忍、一年之久、忽一日打嚏、其虫尚活、由鼻孔出而愈、走獸之額泡中常有虫、種因獸喫芻芰、虫藉吸氣而入於鼻也、曾有人在米倉睡臥、來虫入鼻、其額痛甚、至虫出後其痛即止、其二妙處、人傷風則額痛、因此二處有膜相通之故、其三如頭顱底折、則額泡之壁以因之受傷、其腦渣能由鼻孔流出、曾有人患此、愈後則失其臭味、其餘皆照常、其四若額泡之外壁或病或因破而傷、當咳嗽嚏噴時、由鼻吸入外氣、則外皮必致腫脹、有小兒被馬踢傷額骨、治好之後、其鼻之上尙留微隙、若按住其鼻孔、則隙內噓出之氣可以吹燈使滅、其丑若此處受傷、則斷不可用圓鋸解骨之法、其六額泡之功用、不但爲使其頭輕、亦能助聲音之回響、其發則在破身之時、以後則逐年按夾加增、有數類人如奧大利亞者、其額泡不甚發出、故其聲音多不瞭亮、以至歐羅巴人雖不盡然、其泡亦大小不等、若於打伏時受傷、鎗子能打入此泡內、若腦不受傷、取出其鎗子則愈、足見其空之大、其空有骨以隔斷之、其空之向上者有額骨之一半、其向後者隨眼窩片約一寸有餘、象與梟鳥其空處大、故其額骨亦極高、昔有獵象者、象之額空鎗子已滿、尙未及其腦、而象終不死、其大可知、惟其鼻根極上之處、厚不及分、離腦甚近、若於此處打之、未有不死者也、然人之此處、其左右之大小亦間有不同者、此處外邊雖高凸、其實乃是氣空、相士觀其處之凹凸以定禍福吉凶、殊不足信、因腦紋與其處不相合也、）眼窩之邊爲上眼窩弓、其骨厚而堅、其弓之根尤堅、乃內外角峯、如牆根之有垜、以扶助其牆之意、靠其弓內三分之一、有上眼窩孔或峽、以穿過額骨之腦氣筋與脉管入眉稜、疼者西國謂之眉稜瘧、即此筋之病也、（服金雞納即愈）在外角峯爲耳門崗發生之處、以挂耳門健膜與其膜極下骨小面、以作耳門窩爲耳門肌之本、其額片裏面成凹之處、有腦紋與脉管之陷、（腦衣之前脉管與腦衣之中脉管支分於兩邊）在中線有長穴出頭之陷、其陷往下由其邊漸相近、以至於小孔爲盲孔、其盲孔往往入額穴亦往往入於鼻或直入鼻梁骨之前或後面間或有小脉管過此孔復有小廻血管、由額泡以入長穴、故腦髓有火者、鼻中出血卽愈、古之醫家亦往往以水蛭貼鼻、以吸其血也、其長穴陷之邊、大約於未至盲孔之先皆相合而成小崗、無論其合與不合、必有腦外硬膜之豎折疊挂於其上、名爲腦鐮膜、以隔左右腦之兩半球、猫虎之類、其隔是骨而非膜、如額骨崗發之極大、由其膜多變骨之故也、

眼窩片

眼窩片橫而向後、爲眼窩之凹蓋、有頭顱地之一端、其片薄而透光、人至老年、此處之海綿質皆吸去、其片內往往有數大孔、無論年紀大小、若打仗時被尖利之鋒刺於其處、必因薄之故而傷其腦、眼片之裡面微凸、其列腦之紋形如崗隴、此片之弓各人多少不等弓若大則能使佔其頭腦之地步而令腦之前葉減小若以人與猴比較卽可分別其理也眼之凸由於腦之充滿相士謂眼凸之人多有口才因談論之具列左眼窩片之上其下面之形凹、至外角峯尤凹、名爲淚窩、以列淚核、近內角峯之處亦有微凹之痕、以挂眼上斜肌之脆滑車、兩眼窩片中間之縫甚寬、名爲篩峽、以容篩骨之羅片、而補足其頭顱底、其峽之破片上有不全之薄壁泡、其泡與篩羅之泡形一樣、而以此泡閉住峽邊之泡、其極大之泡在前、與額穴相通、各泡皆以鼻之嫩膜爲裡、內皆貯氣、篩峽之前、有額骨之鼻峯、以扶助其鼻梁骨、叉與篩骨之豎片相合而輔作鼻隔、若拆開頭顱骨、則鼻峯多致折斷、鼻之兩邊有微陷、爲鼻蓋之一端、其極前

鱗端

有鋸齒面以收納鼻梁骨及上牙床骨之鼻峯、隨篩峽之破片有兩道、與由篩骨作成之前後眼窩孔以穿過鼻之腦氣筋與脈管、其前者穿過眼腦氣筋與其脈管之鼻枝其後者穿過篩之脈管與其回血管額骨由冠縫而連兩顱頂骨、其外角峯與顴骨相合內角峯與鼻梁骨及上牙床骨之鼻峯相合眼窩片與蝴蝶骨、篩骨、淚骨、相連、其相連者共有十二骨、內中有兩單骨、蝴蝶骨與篩骨是也、額骨由兩骨種所發、兩邊皆在額角其兩旁半相合處、成一豎縫、名曰額縫、小兒未長成時、此縫易於分開至成人以後、此縫多失去法國都城中有葬隧有人入隧考察見有許多骨其成人之額縫大約每十一骨之內尚有未失其縫之一骨此骨挂有三肌、一爲耳門肌、一爲眼輪肌、一爲收歛眉稜之肌、

耳門骨

此骨用、見四十圖以列兩太陽、其外面之形狀極其紊亂、裡面者尤爲紊亂、以爲列司聽之具、其外面易分三端、有爲鱗者、以列太陽也、有爲乳者、以成耳後之小凸、有爲岩者、以貯司聽具、皆塞入於頭顱底三者之分、由於天然、而且方便、然其三處、乃各由一骨種而發、人未及歲時、此三處尚分而不合也、有數種走獸、此三處則永遠不合、此端狀若魚鱗、而爲太陽壁之一端、此骨甚薄、最畏傷碰、其外面光滑、耳門之肌、盡蓋於其上、且爲此肌之本、其裡面有腦紋痕、有彎形之窄陷、由前而後、以爲腦衣中膜管之路、鱗端之下、有橫而向前拱形之凸處、名爲衡峯與由顴骨所發相似之凸、

由鋸齒堅縫相合而成弓形、名曰衡弓、其下有耳門肌、其衡之底甚寬、由前後兩根而發、兩根之當中乃下牙床之槽、名爲耳門骨臼、其後根或上乳崗向後、與衡峯同線而行、爲其臼之上界、以過耳門外彀、漸化而爲鱗與乳之分綫、黑類人此崗甚高故生成下等之規模也其前根寬大而堅、橫行往裡、爲此臼之前界、名爲臼前阜、此阜之鮮者則有脆爲增其頰車之面、閉口則下牙床骨之杵、或踝或合頁或頰車或交節入於臼內、張大口則其杵向前滑出於臼外而行於其前阜上、故人或大笑或呵欠、往往挫此骨縫而落下頷、其口大張而不能合、其肌卽牽其杵於阜之前而下、牙床骨脫落入於衡窩、其狀令人發笑、衡峯之底有小骨埰、以挂下牙床外旁筋帶、其上邊以挂耳門健膜、其下邊以挂嚼肌之本、

耳門臼

此臼卽爲下牙床之槽、長圓形、由前往後凹、其長逕橫列、臼之底有小縫、爲臼縫、乃鱗與岩兩端原隔之痕、其縫之前、乃下牙床骨之本臼、其縫後以列耳下核之葉、而與下牙床骨無涉、若以猪鬣探此處可以達於耳中彀、此臼縫內有椎骨長峯與聽中彀膜肌有謂大約亦有傳送中彀膜之腦筋者其實此筋靠其臼自有小道臼與耳門外彀之間、有小峯以扶其下牙床骨、使之不能挫縫而落於後、大約阿非利加人頭顱與猴類之近人形者、其後臼峯甚大、

乳端

乳端以其形如乳頭、故以爲名、卽洗寃錄所謂一髆骨者中國書於各骨祗載其一骨之總名西國每一骨之各處各有其名故中國洗寃錄中骨數不對其端爲挂扭轉運動頭肌之本、並加增其撬力、卽胸鎖乳肌其下有夾板頭再往下有項乳之肌此各肌

岩端

之下有枕脉管隨骨内之微陷行於顱後亦塞於乳端上而後之澀面此端並非堅骨中有泡與耳中竅後端相通此泡與耳中竅俱有熱氣由鼻孔後通咽頭之氣管（此管即耳氣管）而來其泡不特爲使其骨體輕兼令其氣增往來之力而兩耳乃易於聽聞與額泡及頭顱全骨之氣泡均於破身之時而發（故於此時則聲音改變）大凡患聾者由其耳氣管堵塞所致若開其乳泡使氣入於耳中竅則愈（曾有丹國御醫自患聾病亦用此法治之而愈十二日後因有火入於腦膜而死故後人皆不肯用此法）乳端之極裡有深窩因雙腹肌由此而來即名雙腹窩其端之後有孔名曰乳孔由頭外面穿過回血管直入於旁穴故以水蛭貼耳後則能去腦火其端之裡面又有旁穴之陷

此端由其堅硬爲名橫凸入於頭顱底其所裝之司聽官故必列之於内乃不至受傷其形如三角方錐而其尖向裡故此處分前後下爲三面及底與尖共爲五處其底爲耳門外孔名爲耳外竅列於臼縫之極後其底節乃彎片骨名爲聽峯峯之邊甚澀以挂耳門脆耳門竅壁之大半爲此片所作除竅之上端其餘週圍皆係此片看其形似乎另發者其實則果係後發之骨在胎並無此竅不過係四分三之骨環（有許多走獸此骨日久則單而不連名曰中竅骨）其缺處在上邊此環變骨不由他處以挂耳鼓即中竅膜環上之膜在初結胎時乃膜裹之環其環之外邊漸漸生發即變爲道或竅與耳門骨之他處相合其竅長圓形其長逕大約皆成豎形凡造照耳器者皆仿此形式以

製之、若鮮骨則其道之窄處在當中、往往因外物、如小豆入耳、極力取之、其豆轉由窄處、入於裡面之寬處、豆得溼氣則脹大、尤不易出、出時亦必甚疼、曾有八歲兒童在塾同學者將御米一粒塞入其耳塾師以筆尖蘸漿塞入耳竅取而不出四日後再延醫看之則炎甚大用彎方角之勺費力取出其米粒比尋常加增三分之一岩端前面作爲窩之一端、以列腦中葉並有腦紋之痕、其中處有小阜、以表明上半圈道之部位、再前則有小陷引入法羅畢孔、此孔乃醫士之名法羅畢者乃明世宗時意大利人察得此孔卽以爲名以穿過章典腦氣筋、卽後蹬筋、章典亦醫人之名[illegible]以其名名筋也孔近其外邊又有小陷與小孔、爲穿過小岩腦氣筋之道、靠其骨尖有凹、以列半月結鱗與岩端合成之角、有兩管平行漸向後、如雙眼鎗之形、兩管分中處有匙形之峯、其上管爲緊中竅膜肌之道、下管大爲耳氣管、卽領氣由咽頭入耳中竅之道、其後面爲頭顱底後窩之一端、其上有耳門內竅、乃橫行於外之大道、第七對之腦氣筋、由此道穿過、一爲司聽之本筋或軟枝一爲司面上運動之筋或硬枝此竅比所穿過之筋甚大、其筋與骨道之間、皆有水液爲腦脊髓液、以扶助腦底緊要之處、若頭顱底連耳內竅受傷、此液能由耳外竅流出、最危險、竅之底有小骨崗、分爲不均勻之兩端、其上者小、爲法羅畢道之發端、以穿過面之運動筋、其下者有數細螺旋形之孔、以穿過司聽筋之線、而入內耳、其竅後有縫形孔、名爲耳舍道、以入內耳之耳舍、其外面似大、而其內則漸縮而極窄、猪鬣所不易入、竅之極下有錐坑、外逕大、以後則變細道、以領入其螺紋、名爲螺紋道、此入耳之細道其功用尚未考明往往則以爲送小血管其下面破而不豎、有無數碎孔、靠其底有錐峯、（其形如筆、西國名爲筆峯、初生時不與本骨相連、至三歲時始相合、走獸之此峯有永遠單而不合者）此長峯下而向前漸小而成尖錐、其長短各人不同、約在一寸上下、在老人者則往往尤長、其功用爲挂三肌兩筋帶之本、此處之肌爲運動其舌與咽頭、其錐咽頭者由其底而來、錐舌骨者由其中而來、其錐舌者由其尖而來、由其峯項以挂錐舌骨筋帶往下往前以至舌骨、其錐峯若甚長、即是此筋所變之骨、其錐牙床筋帶則以分列牙床下核與耳下之核、亦挂於其峯之上、其錐峯根之前端有骨縠與臼後端所作之骨片相續、名爲縠峯、乳與錐兩峯之間有孔、名錐乳孔、爲面筋之所出、其筋乃由內耳縠底所入者、亦有小脉管以養中縠膜、其道即法羅畢道、猪鬃穿入可由此而出、若頭顱底受傷、或耳有病、此筋亦易受傷、則臉之一邊癱瘓、而口眼歪斜、其孔之裡面有深凹處、名爲項窩、與枕骨相似之處變爲項孔、其旁穴之血流入內項迴血管之頭、因其體發大、故能充塞其窩、第八對之腦氣筋由此而出、項窩之外壁靠錐峯根有細孔、爲阿諾筋所出之道、（阿諾亦醫人名、亦以其名名此道也、此爲第八對肺胃之耳枝）項窩之前有道之發端、大而圓、項脉管即穿過其道以入頭、名爲項道、此道先由豎而向上、後則由橫前而上、岩端之尖由此而出、其隔開頸窩與頸道之骨片上有細孔、爲雅克孫（亦醫人名）腦氣筋所出之道、（乃舌咽頭腦氣筋之枝）其尖之面澀、以挂緊中縠膜與提上腭肌之本、其極尖處乃項道之末、並帮作頭顱之底、檄孔之地界、即中檄孔、岩

耳門骨所連之骨

耳門骨所發

蝴蝶骨體

端之上角有上岩穴之陷流入於旁穴此囘血管俱靠耳門中竅、故耳門流血、則知爲岩端受傷之故鱗端由耳門顱頂縫、以連顱頂骨由耳門蝴蝶縫、以連蝴蝶骨之大翅、其相連之法、則以其上搭接於顱頂、其下則以蝴蝶骨搭接於鱗端、故頭顱弓最爲堅固乳端之上、由乳顱頂縫、以連顱頂之下角、其後由乳枕縫、以連枕骨、而岩端即塞於頭顱底蝴蝶與枕骨之間、其衡峯有堅縫、與顴骨相連、耳門骨由五骨種而發爲鱗、爲乳、爲岩、爲中竅、或聽峯、爲錐峯、凡下等走獸則永爲單骨而不相連、至於人則有先單後合之痕、而中竅端之發尤爲奇妙、此處在胎中時、僅成一純骨環、環內之凹以挂中竅膜、後漸漸外發爲耳門竅、乳端在胎中時極小、將破身之時、乃漸漸變大而成空、其錐端則於生下之後、依然是脆、迨至老年、始慢慢變而成骨、頭顱底有前中後三散孔前者蝴蝶縫後者爲項囘血管孔中者爲頭顱底前散孔

蝴蝶骨

此骨因其形象爲名、見四十一圖西國謂之塞骨、以其塞於頭顱底、各骨之中也、中國方書不知有此骨其骨與頭顱底、眼窩太陽鼻道、及全頭之骨皆相連、與面上骨亦有數處相連、四通八達、甚不易明、因其形甚似蝴蝶、又若蝙蝠之飛狀、故即取蝴蝶之狀、分以爲名、一爲體、或中端、二爲兩大翅、三爲兩小翅、四爲後蹬峯、即蝙蝠之兩腿、其體又分爲上下前後四面、其上面爲頭顱裡面所能見之處、有深陷、名曰溺窩、以列溺核、漢時

西醫嘀林以爲淚沫由此竅小孔流入於咽頭因以此爲名其實不然又因其形如土耳其之馬鞍故又名爲鞍其鞍前高處之列官頭形如鞍欄卽名鞍欄峰此峯有微橫陷、名爲司視陷、以扶助司視筋之會根、而領之入於司視孔、以達於眼窩欛欖峯前有光滑而微凹之面、以扶助司嗅之腦氣筋、其當中與篩羅骨之篩峯相接、其體之兩邊有寬陷、微彎而向上、以入頭顱、而後列內頂之脉管、其兩之邊大約有小骨朵名中鞍峰以勒住頭脉管往往有入其骨朵鞍與前鞍峰之尖相合故其脉管一出此陷則穿過骨環其兩鞍峯在兩邊以挂小腦幃鞍窩後有骨方片、爲鞍背、其片之角、名爲後鞍峯、此鞍峰在西國名爲床柱對面者、爲前鞍峯、方片骨之後面斜向於後、與枕骨之底陷相續、以扶助其中腦、此片之邊、大約有峽、以穿過第六對之腦氣筋、其體之後面與枕骨之底峯相連、在小兒則由脆以相連、在成人則由骨以相合、其處非鋸之不能開、其鋸開之縫、則體質明顯而易見、兩片皆密質、有十分寸之三之海綿質以隔之、故此骨甚輕、而能破顚震之力、其體之前面與篩骨之後端相對、當中有豎片骨、名爲喙、其喙作爲少許之鼻隔、此喙在前與篩骨之豎片相連、在下與犁頭骨相連、喙之兩邊有兩片骨、每邊一片、名爲蝴蝶角、此骨雖似乎蝴蝶骨之本骨、而其小骨另有其骨種、年輕人則爲單骨、成人以後、亦能分開、其角成三角形、其尖向下、而以其喙補滿兩角間之縫、除其上端在角底、有圓孔爲鼻上竅所來之氣、其每角則各補滿蝴蝶泡、此骨難見其整者、因與蝴蝶篩羅上腭各骨俱相連、若分開之時、必至破損、故僅成一大雜孔、以入穴、其穴大約有兩大氣空中有豎

小翅

大翅

片以隔之年輕時不發、成人以後漸漸發大、而將其骨體撑爲空、老年之頭顱骨其穴有時亦大枕骨之底峰大猿猴之似人形者其道能入蝴蝶膀翅與後蹬骨　由穴前壁孔有每鼻孔上而後所來之氣以入蝴蝶穴鼻之嫩膜亦與此穴相續、故頭顱底即蝴蝶體受傷而折、則鼻孔出血、其體前面兩邊有凹乃二三小氣泡其上者以篩骨相似之泡爲蓋其下者以上腭骨之眼窩峯相似之泡爲蓋其體之下面照咽頭之上端於此處能見其豎片或喙其喙底微發大之處與犁頭骨相連其連法極妙此喙即塞入其犁頭骨兩片或翅間之深縫、藉此以作爲墊則犁頭骨可以向前而成鼻隔其面上之兩後蹬峯底各有薄骨片、横而向裡兩片名爲撬縫其片張開犁頭之邊即行於其下以縮住其犁頭骨兩片俱有小陷或孔名爲後蹬上腭道以穿過小脉管、其脉管即後蹬腭脉管乃上牙床脉管之枝由前行於後以養咽頭與耳氣管　其體之邊有陷以列項脉管其蝴蝶縫之前有滑片爲眼窩之內壁

其體兩邊之上横而凸爲兩小翅其上面扁而滑以扶助腦之前葉其下面越過蝴蝶縫爲眼窩蓋之後端其別名又爲眼窩翅翅之底有司視孔爲穿過司視筋與眼脉管出腦而入眼窩之道其孔乃短道向外而前向其鞍其翅凸成鈍角形名爲前鞍峯此峯與蝴蝶體之間有深峽或成環以列內項脉管

其大翅別名耳門翅由兩邊體之下端而凸其翅有三面一入頭顱底一入眼窩一入太陽腦面凹有腦中葉紋之痕眼窩面方而光滑爲多半眼窩之外壁其片之上

邊與額骨相連、前邊與顴骨相連、後邊與蝴蝶縫相連、下邊與蝴蝶牙床縫相連、耳門面有橫崗分爲不均平之兩端其上者大爲耳門窩與耳門肌本之一端、其下者變爲衡窩之一端又爲外後蹬肌一頭之本、其大翅之後角有銳峯名爲棘峯塞入鱗與岩端兩間之角以挂下牙床骨之內旁筋帶且以鬆中鼓膜肌之本其大小兩翅由其寬長之縫以隔之名爲蝴蝶縫、其縫由頭顱底以入眼窩以穿過眼之腦氣筋與其附物、其縫或名眼窩縫由頭顱底之前孔以穿過第三四與第五之首枝及第六之腦氣筋並有百結筋之數絲及眼之迴血管其縫內端之極下有圓孔以穿過上牙床之腦筋、再向後而外有長圓孔以穿過下牙床之腦筋、靠其棘峯有棘孔以穿過腦衣中脉管而入頭顱、以上乃大翅之各孔此外間或有由縫外邊至眼窩之外孔以穿過腦衣中脉管之枝如不過頭顱底之中孔間或有棘與長圓孔之間有小岩筋穿過

此峯在其骨之下每邊各一豎而向下、其峯有三妙用、一爲鼻後孔之界、二爲梁以扶助兩下牙床骨、三爲堅其後蹬肌之本其下床之研磨活動、以爲咀嚼食物之用、每峯有兩片名內外後蹬片、前者合而後者分其分處名後蹬窩乃內後蹬肌之本、窩之近上另有小窩如船形即名船窩、以掛緊上腭肌之本後蹬窩之下端有深峽以容上腭骨之阜其內後蹬片爲鼻後孔之旁界、其上片形如月牙以列耳氣管之脆其下片之頭形如尖鉤即名鉤峯、變成極妙之滑車以繞緊上腭之筋其外片之外面爲衡窩之底爲後蹬外肌之本後蹬峯之底有長道名後蹬道又名韋典道由

蝴蝶所連之骨

前而後、以穿其骨體、亦有穿過葷典之腦氣筋與其脉管、其後蹬峯前面之兩邊有骨片作垜、與大翅相連、其片之面平滑、名爲蝴蝶牙床、與大翅眼窩面之方向相似、其片卽爲蝴蝶牙床深而要緊窩之上壁、卽蝴蝶與上牙床骨之間、

欲明蝴蝶相連之骨、須先明各様之頭骨、此骨與全頭顱骨與五臉骨相連、其體後則與枕骨相連、體前則與篩骨兩上髆骨及犁頭骨相連、其小翅則與額骨之眼窩片相連、其大翅則由其大破面與額骨眼窩片相連、亦與顱頂骨之前下角耳門骨之鱗岩兩端及顴骨皆相連、至末則與後蹬峯上髆骨相連、蝴蝶骨在胎中分兩端、其後端包括鞍與大翅、卽耳門蝴蝶、其前端包括小翅與其翅挂體之處、卽眼窩蝴蝶、前後兩端各有三骨種、乃中一、大小翅各一、共六種、兩角每角各一、每內後蹬片各一、統爲十骨種、

篩骨

此骨若海綿、輕而妙、見四十二圖以貯司嗅具、列於額骨眼窩片之間、凡造頭顱、眼窩、與鼻、皆賴此骨爲用、其質初看極其繁雜、若察明其所以然之理、與其造作之法、則並不繁雜、其骨有横片、爲頭顱底之一端、其中豎片、爲鼻隔之一端、其旁兩叢、以裝載氣空、其横片塞入額骨眼窩片間之篩峽、以完全頭顱體、此片有許多碎孔、以穿過司嗅之腦氣筋、故名羅片、其邊之上有骨崗高出、狀如鷄冠、卽名鷄冠、其冠與豎片

旁叢

相續、由後陡發而向上、而凸向於兩邊、又陡然而止、其破而卽與額骨相連、（其鷄冠以挂腦）（鐙膜大小不一、有時微側間或亦有氣空）其羅片與旁叢不相平、羅片列於深陷之下、其陷爲司嗅之陷、與鷄冠、及兩額骨眼窩之片、作爲兩窩以列腦之司嗅葉、並扶助其葉、其底之孔、兩邊各邊分爲外內中三排、若以猪鬃探之、其外內兩排互達於豎片上司嗅之道、與上水泡骨、其中孔只能行入於羅片、（三排之孔與三副司嗅之腦氣筋相似散佈於鼻隔與水泡骨及鼻蓋）靠其鷄冠有長隙、以穿過鼻梁筋、而不穿過司嗅之腦氣筋、（其枝乃第五對首枝之枝）而爲鼻嫩膜尋常之知覺、

其豎片則由於羅片而下、以帮作鼻隔、其面上多陷與道、以穿過司嗅之腦氣筋、其後與蝴蝶喙及犁頭骨相連、其前與額骨之鼻峯、及兩鼻梁骨崗相連、以扶助其鼻弓在乾頭顱骨隔內之三角縫、若在鮮骨則其鼻內貯滿中脆、

其旁叢乃雜氣空、週圍之骨壁、其薄如紙、別名爲鼻迷路、其空又分作前後兩副、而不相連、其壁薄無力藉他骨以助其壁、故掰此骨時、一離他骨、此骨必致傷破、而不能完全、卽如其上面之空、則以額骨眼窩片相似之空爲蓋、其後者以蝴蝶體與上額骨眼窩峯爲壁、其前者以淚骨爲壁、其下者則由上牙床骨爲壁、其叢之外空、則有平方而滑之片骨爲壁、又以爲眼窩內壁之大半、若由其骨縫看之、卽可知其所連之骨、其叢之上片有兩峽、與額骨合而爲前後眼窩之孔、

螺螄骨

此叢向鼻隔之面有二薄骨片一上一下其盤旋之形如螺螄殼卽篩骨之螺螄或海綿骨其上者小下者其名曰中（此下者雖係篩骨之下因鼻亦有名下螺螄者恐二名相混故此處改名曰中）其兩螺螄骨與旁叢間之處名爲上與中之鼻空兩空不相通而各有其相通之處卽如上空列在中空之後以入蝴蝶穴與篩羅之後空中空以入篩羅之前空與額空隨漏斗形之道卽名爲漏斗穿過篩骨之前空而螺螄骨之功用爲加增司嗅腦氣筋之分枝使之散佈於面故此骨之陷與道俱多其腦筋則由螺片而來而散佈於嫩膜此骨之列法在人則純而不雜單有一彎若走獸中司嗅之妙者則此骨有多圈狀如不斷之旋螺海狗之此骨則是許多豎片狀如棕櫚之葉最能增其司嗅膜之面昔曾有人算其每鼻空之面共積有一百二十方寸每叢之前有骨之雜片豎而向下其末有鉤名曰鉤峯於折頭顱骨時其鉤峯易破其峯與下螺螄骨及上牙床骨穴之薄壁相連其功用爲帮助縮小其空之口

篩骨有十三骨相連其後連蝴蝶兩上膀其上連額其下連兩上牙床骨其前連兩淚骨其豎片在後者連犁頭骨在前者連兩鼻梁骨其兩鉤峯各連下螺螄骨與上牙床骨在胎中四五月時其篩骨皆是脆至變骨時則每旁端有一骨種此後則每螺螄骨有一骨種生下後一年之內羅片與鷄冠皆變骨而與旁叢相合最末則豎片變骨若豎片於應變骨時止而不變則其鼻必塌陷如猴與狗之狀初生下之時

篩骨無氣空、至五六年乃有氣空也、

上牙床骨

此骨其形象雜而無定、見四十三圖 凡人面之行爲、與面之格式、大半皆在於此骨、其骨以作牙槽另外帮作鼻眼窩、顴與上腭、其體乃大氣空名爲穴、又有四峯、其容牙者爲牙槽峯、上腭者爲腭峯、助鼻者爲鼻峯、助顴者爲顴峯、

穴之壁

其穴之壁有四、一爲前向顴二爲上向眼窩三爲內向鼻四爲後向衡窩、按外科以爲此處所連之處甚多、若於此處生瘤易凸脹於外最爲要緊其壁甚薄而眼窩尤薄、而小兒比成人者轉厚、

前壁

倘其穴生瘤或生水生膿須於此前壁處開之、其壁上有凹處名曰虎窩、西國謂之狗窩因以虎牙爲狗牙也 窩之極上有下眼窩孔、即下眼窩道之末、以穿送下眼窩腦氣筋與其脉管其窩又以提嘴角肌之本、其孔之上有提上唇肌之本再往裡則有縮鼻孔之肌、

後壁

其後壁凸以向衡窩、曾有人其穴中生瘤行入於衡窩而由太陽叢出 其內有許多小孔、由其牙孔入道、以傳送後牙之腦氣筋與其脉管、往下有澀面之阜以連上腭、壁之內邊有陷、其陷與上腭之豎片相合爲後上腭之道、而穿過後上腭之腦氣筋與脉管、

上壁

其上壁或蓋爲眼窩之坡地、又爲眼窩片、其壁薄能透亮其內有下眼窩之道、以穿過上牙床腦筋、其道始而爲陷、以後乃成道、由穴前壁眼窩邊之下而出於末出以

內壁　穴　牙槽峰

先發爲一二小道名爲前牙道由穴前壁內往下行以傳送兩門牙一虎牙首邊牙之血管與腦氣筋、欲看此道先以豬鬃插入再鋸其骨之前壁乃見其處　靠淚陷有小凹即眼下斜肌之本凡眼窩之各肌皆在後、在司視孔之週圍獨此處之肌其本在前其壁之裡面與淚骨、篩骨、上腭骨相連、其外面在眼窩之後、爲蝴蝶上牙床縫之邊、

其內壁、或鼻壁　有本穴之口、因從他骨分開故在單骨則其口之形象甚雜、其大處可入指尖、若連於整頭顱骨、大約有篩骨、上腭骨下螺螄骨以閉之若鮮骨則其口有鼻之嫩膜摺疊以縮小之、僅能入鵝翎之管其口不靠其穴之底、而在極上故其中生水或成膿、不能流出於外若其中膿水已滿而流出或於躺臥時則對面之顴向下其膿流出、以上皆言穴之四壁、若論其本穴乃頭骨中最大之氣空、且易容鎗子、其鎗子在內能有數月數年之久曾有人鎗子入此處至十一年後鎗子自從其上腭口蓋而出　其穴之形象與其大小人各不同、大約皆成三角方錐形、其底向鼻、其前向顴、往往有骨薄片凸入其穴內、成小窩、又往往有槽牙入其內、或有骨薄片以蓋之、間亦有無此薄片者、其穴中若有膿水治法須將其第一或第二槽牙摘下、以放出其膿水、若不摘下其槽牙、則其穴內往往又復生他病、因此處之空比鼻之他氣空、易於生瘤也、曾有婦人因牙痛而摘去上牙床之虎牙致將牙槽帶下一塊其穴內現出大孔常出水液此婦自用去毛之鵝管插入於槽者六寸大濕其入腦而死乃延名醫海墨爾治之告以其管彎成螺旋形然出水無妨但宜忍耐足見此穴之大後人即以此穴爲海墨爾穴　其槽峯乃此骨中最堅而厚之處、在成人則爲八牙之槽、乃兩

鼻峰

門牙、一虎牙、兩邊牙、三槽牙、在人之牙數共三十二門牙上下左右各二共八虎牙上下左右各一共四邊牙上下左右各二共八槽牙上下左右各三共十二其槽之多寡及大小與牙根之多寡大小相同、而其深淺則不等、虎牙槽最深、於乾骨看之、其深約有十分西寸之七、第一第二之槽牙、大約皆三根、外二內一、故亦有三槽、其根之形與方向皆不一、或聚或散、因其聚散無定、故摘之最難、或其根折、或其槽劈、若摘牙不知其形狀、雖好手亦不免牙折而槽劈也、其每槽之底有細孔、以穿過其根之血管與腦氣筋、槽中之骨隔有許多孔、有血管穿過以養其牙床、摘牙所出之血、即由此而來、不特牙與槽兩相合式、並有骨衣即血膜為槽之裡、緊貼於牙根、以鎖住其牙、並以養其牙、而藉其韌力、以破咀嚼震動之力、若牙骨衣有炎症、則其牙必擠出、以致不能閉其牙床、閉則痛、若火症甚而將要化膿、則其骨衣與根相離、或多或少、槽內即生膿、其膿或由牙邊而出、或槽壁爛成小孔而出、即成牙宣、若乾骨則因其骨衣已縮、故槽大牙小、而牙不能挂也、其槽有兩肌之本、一為吹肌、在三槽牙之上、一為落上唇肌、在門牙之上、此處有小凹、名為門齒窩、海墨留乃明末人曾論此穴病而考查此穴者乃漢時名醫加連也、其鼻峯豎而向上、由溜縫鄰於額骨內角峯之上、兼扶助其本鼻梁骨、以帮作眼窩之內邊、此峯眼窩邊之後、有豎形深陷、名為淚陷、在鑿頭顴骨、其陷由與淚骨相似之陷、及下螺螄骨之小端、共變成鑿道、以列淚囊與鼻梁淚管、而領淚入於鼻之下竅、其道之大小如鵝翎管、若有炎、或生他病、其道即

上額峰

阻塞而淚由眼皮邊流於顴下、凡治此症須用針刺其淚囊、再用細管揷於道內、然必須知其道之方向、方可施治、蓋其方向乃由上而下、又微向後、其峯之外面有高崗爲眼窩之內邊、有兩肌之本、一爲眼皮筋之本、一爲眼輪之本、其微前有提上唇與提鼻翅之本、其內面有兩崗、以挂下與中之螺螄骨、崗之間有兩滑面、各作鼻之下而中竅之端、靠其頂以閉一篩骨之前空、峯之前有銳邊如月牙、與對面骨相似之邊、作爲鼻前孔之界、以挂旁脆、

其上額峯橫而向裡、爲前硬腭三分之二、又爲鼻之地、其後三分之一、乃本上腭骨之所成、上腭之面一有陷、以列腭血管與腦氣筋、二有許多孔、以穿過入骨之血管、三有上腭核之梗、其上面滑而微凹、若上兩牙床骨相合、則其當中成極澀之縫、至向鼻之處成崗、而與犁頭骨相界、爲鼻骨隔之底、其崗向前之處凸而尖、名尖鼻峯、以挂其隔之脆端、上腭縫之內、中門牙之極後、有前上腭之道、大約上腭之道類乎一大口、其道之底則有四孔、其兩孔列於中線、一前一後、以穿過前上腭之腦氣筋、其兩孔之稍大者、列於中線左右、以入兩鼻孔之地、及穿過前上腭之脉管、以上頭論各孔曾細考查每四十頭顱骨中約有二十皆如此其餘之二十骨其列法與其大小多寡則各有改變往往或缺一道或有此道而不通者

其顴峯凸於穴之外邊、厚而堅、其面澀而與顴骨相連、其峯列於第一二槽牙之極上、乃能抵其咀嚼之力、故人咬硬物或破果核、必於此處用力、○其上牙床所連者

九骨、顴、額、鼻、淚、犁頭、下螺螄、及上腭、本骨對面之骨、與篩骨、是也、上牙床骨眼窩片有半空、以蓋篩骨之數空○上牙床變骨在胎中三十五日、其變甚速、因其太速、則不定其骨種之多少、惟有裝兩門牙槽之一段、可以定爲單骨種所變者、走獸之此處永爲單骨、名爲前牙床骨、人未甚老時、亦可以見此前牙床縫之痕、由前上腭道向外而流過其槽峯之邊、至第二門牙與虎牙之間、按外科以此爲最要緊、凡雙缺唇者不但其皮缺、其骨亦缺、其前牙床骨之兩邊、與上腭骨不合、故凸而向外、其狀極爲難看、若將此骨摘下、則其端必常裝在四門牙之槽

顴骨

顴骨、見四十四圖以作顴之凸與眼窩邊與壁之一端、及衡弓之大端、其骨極厚而堅、因面上之此處易於傷、堅厚乃能禁之、此骨分前或皮下上或眼窩後或衡共三面、其前面除顴道之一口、與大小兩衡肌之本、此外無可論、其上面作爲一端眼窩之外壁、而以小端爲眼窩之地、與蝴蝶上牙床縫之角、考查許多顴骨中大約入者有半不入者亦半其不入之故有二或因蝴蝶與牙床相合或其縫中另增一小骨而與之相連其面之上大約有兩顴道、一道入前面、一道入後面、以猪鬃探之可知、此道以傳送上牙床腦筋之眼窩枝分脈與衡窩其後面之深凹、爲衡窩之前壁、顴骨有三浮邊、一爲眼窩邊三分之一、向裡而至下眼窩之道、一爲衡弓之上片、以挂耳門之夾膜、一爲衡弓之下片、以挂咀嚼肌之本、

顴骨相連者共四骨、由其寬而澀之面、以連上牙床骨、由縫以連額骨之外角、與蝴蝶之眼窩片、及耳門骨之銜峯、其所連之處極結實、故擊之而不能入於眼窩內、輕易不能折、其發則由於一骨種

鼻梁骨

此骨、見四十五圖 其兩邊列於上牙床骨鼻峯之間、與兩骨相合、而爲鼻橋、以其骨之長寬斜直之多少、以定鼻之形式、其骨分前後兩面與四邊、其前面凸在皮之下、有一或多道之口、以穿過其血管、後面凹、以爲鼻蓋之一端、有陷以穿過鼻之腦氣筋、其上邊寬而有鋸齒、與額骨相接、極結實、其下邊在乾骨則薄而浮、在鮮骨則與鼻之旁脆相連、大約每下邊俱有小峽、以穿過鼻之腦氣筋、而散佈於鼻尖之皮、其外邊有齒而微斜、故能與上牙床骨之鼻峯相接、且賴鼻峯以扶助之、其內邊則兩片隨鼻縫彼此相接、此處之下面成高崗、兩骨既相合、其崗即爲鼻骨隔之發端、而與額骨之筆峯及篩骨之豎片相接、故鼻梁骨若塌、或折、則篩骨之豎片、亦未有不傷折者、往往更有鼻梁折、不特篩骨傷、且能傷至腦底者、觀其鼻梁力量之堅固、與作成其弓之理、以及上牙床骨鼻峯所扶助其弓之邊、再觀額骨之鼻峯與篩骨之豎片、所項起之中、即可明其弓之堅、而鼻梁骨所以難折之故、每見耍百戲者、鼻上置梯、復有人於梯上盤旋作戲、則其力之堅大可知也、每鼻梁骨爲一骨種所發、

淚骨

淚骨列於兩眼窩之內壁、兩邊各一、見四十六圖其骨極薄而細、其形如指甲、故往往又名指甲骨、若老頭顱則其薄如紙、而有孔、一面向眼窩、一面向鼻、外面或眼窩面有豎崗、崗前之陷卽淚陷、此陷與上牙床筆峯之陷相合而爲淚囊之道、其崗以挂緊眼皮脆肌之本、崗之後滑而微凹、爲眼窩壁之一端、其內或鼻面有與外崗相似之微隴、此面之前者爲鼻中竅之一端、在後者爲常蓄篩骨之前空、亦往往有一二額骨之小空、看其眼窩、其淚骨大約成四方形、其上有縫與額骨相接、其後與篩骨、其前而下與上牙床骨俱相接、其骨之下邊有小三角舌與下螺螄骨之淚峯相接、故此骨有四骨相接、其骨爲一骨種所發、

上腭骨

此骨左右各一、見四十七圖以塞入蝴蝶後蹬峯與上牙床骨之間、爲鼻窩與眼窩上腭之一端、其骨分橫豎兩片、其橫片與上牙床之上腭片相合而成硬上腭、其下面有橫崗、大小不等、以挂緊上腭肌健膜之末、此崗之前、向其外端有後上腭道、以傳送後上腭血管與腦筋、其片之前有鋸齒而斜、以與上牙床腭片相接、且賴其扶助之力、其後邊平滑而凹、以挂輭上腭、其內片與其對面之骨由中崗相接、往上而向鼻與上牙床骨相似之端一樣、其崗扶助犁頭骨、兼作鼻隔之底、其後有尖名爲後鼻

峯以挂孤小舌肌之本其横片之上面滑而微凹以作鼻地之一端

豎片　其豎片帮作鼻窩之外界片之內面有崗以挂下螺蛳骨崗之上與下分作鼻中下兩竅之端再往上復有一崗為中螺蛳骨其外面有豎陷為後上膈之道豎片之前為上牙床穴之內壁及帮助縮小其穴口下而後之端此端最易損傷大約於分開時未有不傷者也

阜　其横豎兩片相合之角凸向後名為阜極堅而厚以塞入蝴蝶後蹬片間之峽阜後有陷以補足後蹬窩陷之兩面澀而彼此分開形如人字塞入於峽之邊阜之前面極澀與上牙床骨之阜相接其下面有一二道之口其細如針名為帮上膈道以穿過軟上膈之腦氣筋○

眼窩峯　豎片之頂有二峯一為眼窩以補眼窩後端之小角一為蝴蝶與蝴蝶體之下正相合此二峯有深峽為蝴蝶上膈孔之大端此峯有窄項由其骨之頂而來其內空有薄如紙之骨壁之小匣（其骨之能入眼窩之骨其理在入骨則不易明須看凡有脊骨之動物一入眼窩即與犁頭骨相連即顱脊之體此可見骨規模之一定也）其峯內有氣由後篩骨之氣空而來其小匣有五面其大小與方向皆不一上面向眼窩外面向衡窩後面連蝴蝶體內面連篩骨前面連上牙床骨五面之中惟眼窩與衡窩兩面不相連其餘三面皆與所向之骨相連

蝴蝶峯　蝴蝶峯乃薄片與蝴蝶體之下成弓而向裡為鼻窩蓋之一端若整頭顱則易看若分開者則不能完整而不易看也其所作之弓亦分三面一為上或凸以閉後蹬上

腭之道、一爲下或凹、在鼻竅之內可見、一爲外、在蝴蝶上牙床竅之底可見、（此蝴蝶上腭孔）（由蝴蝶上牙床竅以入鼻空而領其腦氣筋與血管）與上腭骨相接、有七骨相接、乃其對面之骨、及蝴蝶篩下與中之螺螄犁頭上牙床、其骨由一骨種而發、其處在橫豎端之角、發時約在胎二月之中、

下螺螄骨

此骨、（見四十八圖）每鼻空內有三分、上中下、其上與中者乃篩骨也、前文已詳、不復贅論、茲但言其下者、此骨乃薄片、按其形則名海綿、按其彎則名爲旋、別名水泡、其骨比上中二處爲長、其裡面爲螺紋旋之凸端、而向鼻隔、其外面凹處爲鼻下竅之界、兩面俱有小齒與隴、亦有橫道、以列許多脉管之叢、及大半同血管與其骨之功用相合、爲加增其面以熱過鼻空入於肺之氣、而不關司嗅之事、因其司嗅之腦氣筋不過中螺螄骨也、其骨之上邊有隨鼻之外皮以連數骨、由前而論其第一所連者、隨上牙床骨鼻峯之齒、第二有小舌、乃是淚峯以連淚骨之小舌、而作鼻梁淚管、第三乃上牙床穴之口、由三角形片、而爲牙床峯、其峯下垂如狗耳、以帮縮穴口之下端、第四有小舌名篩峯、以連篩骨之鉤片、第五隨上腭骨豎片之齒、此骨雖與多處相連、其部位並不甚堅固、乾骨則往往有落下者、或因取鼻瘜亦能將其骨帶下、其下邊不與他骨相連、大約其地界離鼻地不過半寸、僅數過鼻以入胃銅水節管之用、

其體或

○此骨在胎中五月其骨由一骨種而發、

犁頭骨

此骨、見四十九圖形如犁頭、因以爲名、其骨薄而成細片、豎列於中線、與篩骨之豎片相連、共爲鼻之骨隔、其骨雖薄、猶分兩片、其下合、其上彼此分爲深陷、以容蝴蝶骨之喙、其陷所分開之片、名曰翅、入於蝴蝶骨鞘峯下之小隴、其兩片週圍各邊、皆彼此分開、作成筍陷、以收納各他骨、其下與上牙床之崗及上腭骨相接、其前則與篩骨豎片、及鼻之中脆相接、其後邊極鋒銳而浮在整頭顱骨爲鼻竅後孔間之隔、兩面皆有陷、以列血管與腦氣筋、有一陷斜往下、爲傳送鼻上腭之腦筋、其骨之方向在各人、不皆作豎形、曾有人考查、大約每一百頭顱骨中有二十四豎形者、其餘則或偏於左、或偏於右、不知者誤以爲鼻瘜、其實由此骨之偏也、此骨之發則由一骨種自下隨旁片而往上、

下牙床骨

此骨、見四十九圖若簡而言之、則其在前之弓端爲其體、其後端爲扁枝、大約向上而成方角形、枝之頂有節踝、或杵與鳥喙峯、爲挂耳門肌之末、並有半月缺、其體之外面凸、當中有微崗、名爲交崗、由兩旁半相合而成、極堅固、在長出之上下牙床骨之旁半非骨所合乃是韌筋帶因韌則能旁開而大雖大於身之物亦可咽下爲豎方向、即人之下頦、牲畜無下頦因其端不作豎形觀其豎端則確知爲人骨非獸骨也其

下床牙之數與形象

交崗之下有三角形之峯、名曰頦峯、各人不同、或多或少、崗之兩旁有微凹、名爲頦窩、以提頦肌之本、一往外大約與首前槽牙相齊、爲頦孔、以穿過牙之腦氣筋與其脉管之頦枝、（其頦孔之部位有時亦改變）其交崗之下端由外斜陷、或崗彎而向後、以向鳥喙峯之根、其崗爲落下唇與落口角肌之本、兩肌之下、有項寬盤肌之末、其近槽牙處有吹肌之本、其體之後、或凹面、有四小骨朶、一上一下、每邊各二、（其四骨朶亦往往合而爲一骨朶）其上者以挂頦舌骨舌、下者以挂頦舌骨兩肌之本、此下有挂雙腹肌末之凹、兩邊各一、其面亦有斜線、從橋崗起、往上而向後、以至末槽牙之下、其崗名爲磨舌骨崗、爲挂磨舌骨肌之本、過此而往上、有咽頭上縮肌本之一端、崗之下有微凹、以列牙床下之唾核、崗之上以列舌下核、而不甚明顯、其內外兩面之斜崗、不但爲表明其肌所挂之痕、亦爲表明槽端與底端之地界、因其端來去不定、故必須如此分晰、在幼年只有槽端、至破身時、其底端乃漸漸長成、老年牙落之後、其槽吸去、則但留其底端、而下頦幾與鼻相近、其槽之吸去、在老年則爲當然、在中年則爲病、其所以吸去而成病之故、或因多吃輕粉而出水太多、或因常吃醎物所致、更兼有父子相傳、而如是者、

上床牙與下床牙之數相同、（皆係十六牙）而形象不同、其一下槽牙則有前後兩根、上槽之牙則有三根、其二當閉口之時、下床之牙必推於上床牙之後、因上床弓大之故、

邊支

嚼杵或踝

其三下床牙之外骨朶與上牙內外兩骨朶間之凹相合故兩牙雖相對而其力則相挫乃能嚼動食物若上下牙床相閉雖亦相對而此牙之中適當其對面兩牙之各半故一牙雖落而其對面牙床相對之半牙仍可嚼動食物

此支或豎端由其體向上而來成方角之形故有牙床角之名若去其峯而止觀其支則成四方形有嚼肌之末以蓋其外面爲閉牙之用其裡面有牙孔或爲穿過下牙腦氣筋與其脉管道之口口之內邊有短峯以挂牙床之內旁筋帶口之下有磨舌骨陷以列其小腦氣筋陷之下有澀面以挂後蹬內肌之末其角之內外兩面俱有挂堅肌之末故其處之骨雖折賴有外面之肌以蓋之而不甚顯然

此節踝即中國方書之所謂環骨與頰車在邊支之後而上其形凸乃是下床骨杵作爲下牙床骨之交接以入耳門骨之臼其形長方其長軸橫而向裡微向後若兩軸向裡延長在枕骨大孔之前相遇有縮處以扶助其杵名爲項其項隨杵之方向作爲扁形其前微凹以挂後蹬外肌之末此杵必作斜形者爲咀嚼食物時便於用扭轉之斜力其端於嚼物時一杵向前可至其臼之前邊一杵向後可至其臼之後邊可以自己覺察人之下床交接初看無他奇處若以走獸之下床交接比之方顯人下床之奇妙在走獸其交接之形不一皆按其本牙之質與其所食之物分爲要緊三類一爲食肉之獸乃純橫合頁由枝秫與臼相鎖狗熊貉之類是也二爲倒叫

骨縫之路

之獸、其杵臼俱扁故能左右嚼動食物牛羊駱駝之類是也三為嚼物之獸其耳門有長陷其杵前後來往磨動如木工之用鉋諸鼠之類是也至於人則三者兼有故上下前後左右無不可用而人牙之底質則介乎食肉與倒呌者之間故人牙無不能嚼之物亦無所不吃（其詳看本圖之後）○鳥喙峯為三角形之高片向上而達於衡弓之下以加增閉牙床耳門肌之撬力其肌之末只占其峯之內面與前邊其外面則為咀嚼肌其半月峽無可論惟穿過咀嚼之腦氣筋與其脉管○下床骨之壁極密而固其內乃海綿質有下牙道穿過此質以領牙之血管與腦氣筋其道由邊支之裡面而起已詳於上文若去其內壁則見其道在牙槽之下彎而向前再前則分為兩道一在頦孔為末而止一變小行入海綿質而至交嵓以領虎牙門牙之血管與腦氣筋其骨由兩骨種而發每旁半各一於生下一年之末其兩邊之交縫始相合走獸則其交縫永遠不合

頭顱總論

既明頭顱之單骨總論之則更為易明而頭骨縫之路尤不可不知按醫學其要有三第一孕婦於將產之時須以手探之而知其胎頭如何下來之法第二人之頭骨受傷而折以手隔皮捫之要辨準其處是傷是縫（周末西利國醫人名海博格拉低醫學極精至今奉為醫學之宗曾將縫誤認作傷自己不諱故載於醫書傳至後世為今人知名醫亦有錯誤也）第三假如頭骨受傷須用圓鋸務須留神其

三角小骨

天靈蓋外面

縫、因此處用鋸甚爲不便、至其縫之所連、亦詳於論單骨中、茲不再述、但總言其名耳、一曰冠、又曰額顱頂、二曰箭、又曰顱頂間、三曰額、即兩半相連之處由前縫之鼻根所行小兒則有成人則無四曰人字、又曰枕顱頂、五曰枕乳、即人字縫伸長之處六曰乳顱頂、即耳門骨之乳端連顱頂後下角處七曰鱗顱頂、即耳門鱗端連顱頂骨處八曰鱗蝴蝶、乃鱗端與蝴蝶大翅相連各縫內有小骨、名三角骨、此骨有謂係丹國醫人烏爾木所論者謂之除骨其實從前已有人論過單有骨種、由頭顱骨所連之膜而發、形如以骨作成之小海道、大小多寡不定、大約在乳縫者居多、從前有水大頭人死後其頭顱骨中有百餘小骨連於頭顱骨之各縫內、有最要之處爲橫額縫、由額骨之外角峯左邊、過眼窩與鼻根、以至於對面、再由此處以連於額、顴、蝴蝶、篩、淚、上牙床、與鼻梁、各骨、又有短縫、如蝴蝶顴、蝴蝶顱頂衡、各等縫、皆各以骨名爲縫之名、故不必論、以上之各縫、在婦科尤爲要緊、知此乃能知婦人將產之時、其胎之頭先露某處、比如摸得三縫相合、即知其處爲枕頂骨、爲胎頭之後面、如摸得四縫相合、即知其爲顱門、爲胎頭之前面也、

乃三頭顱脊骨所發大之弓、爲極妙之長圓甕、以保護其腦、其外形與頂寬之處、即是顱角爲人所共知者、歐羅巴人有極好之頭形、若由上看其甕、即是前縫發處乃所見處之當中但見一片平滑之釜、其下則全不能見、至於黑人與本奧大利亞人、其兩太陽處窄、則顯露其衡峯、更有牙床極凸者、在額穴之前、可見其門牙、故爲下等規模、天靈蓋之外面、有許多小孔、由骨衣而來、以穿過血管、而入骨之底質、若撕去此衣、其骨即由此

天靈蓋裡面

天靈蓋之厚薄

道而出血、其前縫兩邊有顱頂孔、由外面以入大長穴之回血管、間或亦有小脉管與之並行、而與腦衣中脉管之枝通、天靈蓋之邊、有彎線爲耳門𦊅、以挂耳門健膜、行於額與顱頂之邊、其𦊅爲耳門窩之地界、乃額顱頂耳門蝴蝶、與顴骨所作成者、耳門肌之本、即由此窩而來、其肌之筋絲、聚於衡之下、而塞於下床骨鳥喙峯、至於走獸、則按其耳門肌之大小、爲其窩之大小、凡喫肉之獸、其窩最大、能占滿其頭顱之邊與上端、另有額顱頂枕各骨所發之𦊅、以加增其窩、故吃肉之獸、其耳門肌幾蓋滿其頭顱骨、

天靈之裡面有三處、一其中線有陷、漸漸向後而寬、爲大長穴、二其穴之兩邊有數雜凹、以列巴吉厄尼核、（此並非核、乃腦外膜所生之瘰）三爲中腦衣脉管支分之陷、按外科以此爲最要、因此三處、斷不能用圓鋸也、若頭顱傷折、其陷之脉管、亦不免受傷、其血則入於骨與外膜之間、必致壓其腦、

天靈蓋各處之厚薄不一、若於亮處照之、可知大約凡易受傷之處、其體必厚、如額顱頂枕骨各角、與長穴之路也、尋常之厚、大約成人此骨有五分寸之一、按年歲之大小、其厚薄亦不一、曾有小兒被怒鷄啄其天靈蓋而成孔、因幼年骨薄之故、若其處血旺上行、則即如常、因酒醉、其骨亦必加厚、若常經日晒、則其骨厚而且硬、西國古時有史官言、埃及國人剃髮、又常晒於日中、故其骨厚而硬、波斯國人自幼纏頭、

海綿質之回血管

頭顱底之裡邊

故其骨薄而軟今西國人之在中國者夏日戴前後過風之凉帽仍持傘以遮蔽日光正因其暑薄畏晒恐其受暑也人若受物所擊，其骨增厚，有醫人藏天靈蓋一具，其骨厚有一寸，緣此人生前之數年，曾碰傷其骨，治好之後，帽工爲之作帽，其尺寸逐年加大，是其頭一日大於一日也，至老年人其天靈之海綿質被吸去，則其薄不過一分，不特此也，即老年全體之骨亦比幼年人爲甚輕，百歲人之天靈比中年人輕五分之二，中古時西國有諺語，謂老巫洛水淙不死，亦極言老人之骨輕也，其內面有腦紋，由其腦之形以成其紋之形，若以模範印成之狀，而其骨之內外又非外凹而內必凸，外凸而內必凹也，其裡面之凹所占爲海綿質地界，而其外面之凸往往則由其本骨之外層加厚，雖有此說，然按其外邊之額骨、顱頂骨、枕骨之大小形象懸揣之，大約與腦葉之形象相似，所以意想其內當作某形，及看其內果然卽作某形，故自外看之，亦可知其大概形象，但不能細論耳。

天靈蓋之海綿質中，有許多回血道，見第五圖若以銼銼其骨之外層，可以見之，係額、耳門、枕之回血管，其額、耳門兩管入頭顱外之回管，其枕管大約入於旁穴，頭若受傷，其回血管必有炎而生膿，其膿能隨回血管流入臟腑，往往臟腑無故而生膿泡者，蓋由於此也。

頭顱底裡面所能見者，見第五十圖兩邊各有前、中、後三窩，大腦之前與中葉、與小腦各相似、其窩亦有腦紋、與天靈蓋之裡面相同、然相士並未言及此、而其所謂知慧各具、皆列在腦之項與邊、而不列在腦底者、此何說也、

頭顱前窩

其前窩乃額骨之眼窩片、與蝴蝶之小翅所作者、以列大腦前葉、眼窩片之間、有篩骨之羅片、以扶助司嗅之葉、其窩內有八物、一爲盲孔、此孔若通、大約穿過回血管由鼻而入長穴、二爲腦衣前脉管之陷、（其管乃眼管之一枝）三爲鷄冠、以挂大腦鐮膜、四爲鼻腦氣筋之隙、（乃第五對腦氣筋首枝之一枝）五爲司嗅之道、以穿過司嗅結之絲、六爲司視孔、以穿過司視腦氣筋與其眼脉管、七爲橄欖峯、以扶助司視腦氣筋之會根、八爲前鞍峯、以挂小腦幃、

頭顱中窩

其中窩以扶助大腦之中葉、乃蝴蝶之大翅、與耳門之鱗岩兩端所作者、其窩內有八物、一爲蝴蝶縫、乃蝴蝶翅之間、以領入眼窩、並穿過第三四六對腦筋、與第五對筋之首枝、及百結筋之數絲、與眼之回血管、二爲圓孔、以穿過上牙床之筋、即第五對之第二枝、三爲長圓孔、以穿過下牙床、即第五對之第三枝、與腦衣小脉管、四爲棘孔、以穿過腦衣之中脉管、與其兩回血管、此管以作鱗端與顱項前下角之陷、五爲中劈孔、此孔在鮮骨則有類絲脆以隔之、韋與腦氣筋、即穿過此脆以入頭顱內項脉管亦由此穿過、六爲耳門岩端之尖、爲項道之末、由項脉管穿過以入頭顱、以後則隨蝴蝶體邊之陷而繞、七爲蝴蝶之中、爲鞍窩、以列鞍核、八爲後鞍峯、以挂小

頭顱後窩

腦幛、（此幛以扶助瀉之後葉在海狗與麂肉之獸其體皆是骨）

其後窩在三窩之中、大而且深、乃枕骨與耳門骨之岩乳兩端所作、以扶助小腦、若由前向後而論、其中線第一有枕骨底陷以扶助髓頭與其中腦第二其陷之兩邊有下岩穴第三岩端之項有上岩穴之陷其兩穴皆入大旁穴凡枕骨、顱項後下角、耳門乳端與枕骨頸峯、皆有此穴之陷、第四有枕骨大孔在其底峯之後、以穿脊髓與其膜、有脊脉管與帮髓之腦氣筋、第五大孔之兩邊、有前後節踝孔、其前者穿過下舌、（乃運動舌爲第九對之腦氣筋）之腦氣筋、其後者有回血管、由頭顱外面以入旁穴、第六爲乳孔、其所穿與第五之後者皆同、第七岩端之後、有內耳竅、以穿過第七對之腦氣筋、與司聽之脉管、第八爲耳舍道以穿過小罔血管、第九爲後劈道、即項孔以傳送旁穴之血而入內頸回血管、與第八對腦氣筋之三枚、

頭顱底之下面

頭顱底爲極大之地界、故必畫綫爲界、比如由每邊之首門牙、畫一線往後至乳峯、再由彼乳峯畫一線、至此乳峯、其所畫之三角處、所有頭顱底各物俱列於其內、（見五十一圖）

上腭

自前而論、其硬上腭之弓、乃上牙床與上腭骨所作、其中與橫縫、由方角而過、若在其過之處、以針探之、可以探着五骨、其第五骨即犁頭骨、其弓若能妙合式樣、而無縮小之形、則其人發出之聲音、必清響可聽、大凡上等唱詩者、其上腭之形式、未有

不妙者也、上髎之面溼、以列上髎之核、並有許多豎細孔、以穿過血管、門牙之後、有前上髎道、以穿過上髎血管、與其腦氣筋、其道之下口單而上口雙、以入兩鼻孔、靠末槽牙處、有後上髎之道、乃上髎與上牙床骨所作、由此道往前有上髎陷、以列後上髎血管與腦筋、其末有崗、以挂緊上髎肌與後鼻峯、而挂孤小舌之肌、上髎之後、

鼻之後孔

有鼻窩之後孔、乃犁頭骨銳尖所分、每孔大約皆長圓形、其長逕約一寸、橫逕約半寸、（凡鼻中出血欲用物堵塞其鼻孔必須知其長圓之形按其形而堵塞之其血乃能止）其孔之界上有蝴蝶之體、與上髎骨之蝴蝶峯、下有上髎骨之橫片、外有蝴蝶骨之內後蹬片、內有犁頭骨、其蓋有犁頭骨伸開之翅、兩翅之間有收納蝴蝶之喙、其蓋之上、有後蹬上髎之道、（此道乃按蝴蝶後蹬片與上髎骨之蝴蝶峯所作以傳送內牙床脈管之枝而至咽頭之頂）

後蹬部

鼻孔之兩邊、有蝴蝶之後蹬峯、其峯之用有三、一為鼻後孔之界、二為截物、在後以扶助上牙床骨、三為後蹬磨食肌之本、後蹬窩之裡面、有內後蹬肌之本、外面有外後蹬肌之本、內片之底有船窩、以為緊上髎肌之本、其尖有極妙之滑車、名鉤峯、以穿此肌之筋、其峯另有咽頭上縮肌之本、船窩之極上、有韋典道、後口後蹬峯底之向後、有頭顱底之各大孔、上文頭顱底論內已詳言之、蝴蝶大翅有長圓孔、其後有棘孔、再後則有翅之尖、名為棘峯、塞於鱗與岩兩端之間、以挂下牙床之內旁筋帶、由棘峯往外、有臼縫、橫過其臼、蝴蝶岩骨之間、有耳氣管之道、在鮮骨、則有類絲脆、

以補滿其道、

岩部

其岩端塞於蝴蝶與枕骨底峯之間、其塞之前端、如截斷者、故三骨之間有雜孔、名中劈孔、讀者須記整頭骨之此處、則有脆塡滿、故能禁傳送於頭顱底之震動、並以穿過內項脉管、與葦典腦氣筋、岩端之尖有緊中鼓膜與提上髎肌之本、岩端之中有頸道之大口、以穿過項頸脉管、若隨項道而看、並非直入於頭骨、乃先向上、而後向前向裡、橫於岩端、以至劈孔之尖、故頸脉管於未入頭顱之先有兩彎、一在骨、一在脆、其形如弓字、以緩其力、使血不至猝然入腦、其項道之後有後劈道、或項孔、亦係雜孔、在岩與枕兩骨之間、其大小與其形象皆不一、右邊比左者大、左之一有右之二大約由舌形骨凸以分爲前後兩端、其前以穿過第八對之腦氣筋、其後者大、爲令旁穴之血、以入內項回血管之頭、後劈孔之外有錐峯、其峯凸過鞘峯之根、其後有錐乳孔、以穿過臉之腦氣筋、再後則有乳峯、與雙腹肌本之陷、

底峯

枕骨之底峯、凸入頭顱底、與蝴蝶體相合、以此處作爲咽頭之蓋、按外科此處爲要緊、以指入口可以探至其處、部知鼻癰作何連法此峯以挂前大小直頭肌之末、由小骨朵以挂咽頭上縮肌、其峯之

大孔部

後有大孔、孔之兩邊有枕骨節踝、與其踝之前後兩孔、每踝之外有項峯、以挂旁直頭肌之末、其枕之大孔在歐羅巴人極好之頭骨、其孔之面橫、其前端在枕骨阜與上牙床門牙之間、其孔與踝而成中部位、乃能豎立而成人形、走獸則不然也、所以

耳門衡與蝴蝶牙床窩

蝴蝶牙床窩

人之頭骨作爲脊骨之頂、而四面均平、猴類在於人獸之間、其大孔則比人多列於後、更有一種猴類名武泿無當、其大孔尤在後、離其門牙孔比頭後遠於兩倍、故猿猴之類皆能暫作人立、而不能經久、其餘諸走獸、則其大孔更近於頭之後、與其面合與地平、而作爲大角獸之頭、其分兩不由脊骨托扶、乃極大之韌筋帶（即板筋也）由脊背骨之高後峯而來、以挂枕骨之中、象之板筋極結實、此獸若無此結實之筋、則須有無數之肌血管與腦氣筋始足抵此筋之力、此造物之極妙、而省事者、乃技藝之力而非生命之力也、其耳門窩入於衡窩、其兩窩之間、即蝴蝶骨崗、已詳於前、不復再述、○其衡窩之外界有衡弓、（見五十二圖）其弓不但作爲堅梁、以扶助胎骨、另有閉牙堅嚼肌之本、（在各獸之此弓大小與牙床之肌及牙之形象有一定比例在吃肉之獸此弓極大其橫豎皆作弓形爲加增耳門肌與嚼肌之地界食蟻之穿山甲無牙亦無橫峰）此窩之前、有上牙床之後端、其底有蝴蝶外後蹬片、以挂外後蹬肌之本、其窩極深之處有兩寬縫、一縫橫以入眼窩、名爲蝴蝶牙床縫、一縫豎以入蝴蝶牙床窩、

此窩之要緊不關乎外科、因其有五孔、（見五十三圖）其窩之前界、係上牙床後、其後界乃後蹬峯底之滑面、此窩與鼻窩之間、有上腭豎片、（其五孔一爲蝴蝶上腭將蝴蝶上腭結與內牙床脈管上鼻枝之兩處傳入於鼻窩二爲後上腭道將後上腭脈管及其腦氣筋傳入於上腭三爲圓孔以傳送上牙床筋即第五對耳枚西爲章典道以傳送章典脈管與腦氣筋五爲後蹬上腭孔以傳送內牙床脈管後蹬上腭之枝）

眼窩

眼窩如在頭顱下窪成之坑、眼與腦間有骨片、其薄如羊皮紙、此質雖薄、而眼窩邊作成之弓則極堅有由衡而來有極堅之骨齒作爲搎以扶助弓之邊眼珠收入眼槽時仗此眼窩邊之堅固以保護之眼珠乃不至受傷

兩眼窩皆作方錐形、其尖向後、其軸不平行、其行若延長而過司視孔、直蝴蝶鞍窩後而相遇其所以不平行而分開之故、爲增司視之地界、

眼窩上壁　眼窩之上壁弓形乃額骨與蝴蝶小翅所作、（此弓形各人不同弓大者多占頭顱之地界少列腦前葉若以人與猴此處相比較則知其處大有分別相士謂腦之司言處列於眼窩片上及眼凸者必有口才殊不足憑）其壁之上、一有司視孔、二有窩在外角峯之下、以列淚核、三有小凹處、以列上斜肌之滑車、四有上眼窩孔或峽

眼窩下壁　眼窩之下壁坡形向下而外、乃上牙床眼窩片與顴骨之一端、及在後上腭之眼窩片所作、其壁上有下眼窩腦氣筋之陷

眼窩內壁　其內壁乃上牙床鼻峯、淚與篩骨之平片、及蝴蝶骨體之一端所作、其壁有鼻梁道之陷乃上牙床之鼻峯與淚骨下螺螄骨所作其陷之方向下而後又微向外以入鼻之下殼此外另有前與後眼窩之孔

眼窩外壁　其外壁乃顴骨與蝴蝶大翅之眼窩片所作、有一二小孔、即顴道、以穿小腦氣筋、由眼窩而至顴骨及太陽其壁較其週圍之處皆收往裡爲加增其旁視之地界、使其

蝴蝶與蝴蝶牙床縫

頭左右皆得隨意而能看見、每眼窩各有七骨、乃額、篩、蝴蝶、上牙床、顴、淚與上腭、是也、然其中有兩邊一樣之三骨、其實兩窩則只有十一骨也、眼窩之後有兩寬縫、以穿過血管與腦氣筋、其上者爲蝴蝶縫、乃蝴蝶大小翅之間所作、以入頭骨與穿過第三四第五之眼枝及第六對之腦氣筋與百節筋之數絲、及眼之回血管、其下者爲蝴蝶牙床縫、以入衡窩、此縫之邊、一邊乃上牙床與上腭之骨、一邊乃蝴蝶骨、往往其前有顴骨補滿過此縫、則有下眼窩之脉管與上牙床之腦氣筋以入隨眼窩底之陷、按外科此兩縫爲要緊、按蝴蝶牙床縫、其一若太陽受傷、則血能由此縫入於眼窩、以致眼睛衣下有血印、其二凡因病而去上牙床骨、必須鋸其眼窩壁以入此縫、故必須如此縫之部位、蝴蝶縫亦有兩要緊者、其一頭顱底與此縫俱折、其血則亦入眼窩眼睛衣下亦有血印、如此者最險、多致喪命、其二若悞用尖鋒過此縫、易於入腦、按外科案、前明時曾有呂宋國君欲納法國公主爲后、照舊俗身披鍊甲以示威武、法國護衛之銳鋒、悞傷入其國君蝴蝶縫、不能取出、至十一日而死、

鼻窩

此窩、見五十五圖其前由鼻孔與外氣相通、其後卽爲咽頭之頂、如欲看其空、須從鼻隔之一邊豎剖開、則其空之底蓋及外內兩面俱能看出

鼻腔之界

其蓋乃鼻梁骨額骨鼻峯篩骨之羅片、與蝴蝶骨之體所作、其蓋自前而後、不作橫線、其羅片却橫、其蓋之向前者坡而向鼻、向後者坡而向咽頭、故其中之深處、較他處爲大、羅片極薄、若遇尖鋒最易過其蓋以入腦、（埃及國人恐死者之尸腐壞、每用鐵鈎由其尸之鼻空通開、鈎出其腦、而灌以香油）其底大約作橫形、乃上牙床上膀片與其上膀骨所作、乾骨則其隔之兩邊、有前上膀道之口、

鼻竅

鼻窩之外壁、其鼻道與許多孔、入於週圍之骨所挖之氣空、雜而無定形、乃篩骨、與三螺螄骨、鼻梁上牙床、淚上膀、蝴蝶內後蹬片所作、除顴與下床之外、其餘各臉骨皆與此有相連之處、其鼻竅內有螺螄骨與上中下之三竅（黑人往往有四竅、其第四竅在上螺螄骨之上）

上竅

螺螄骨、以其上者爲極小、其骨之下、即上竅、以入後篩骨數空、與蝴蝶之空竅之後端有蝴蝶上膀之孔、以入蝴蝶牙床窩、

中竅

中竅在中螺螄骨之下、有三物入其竅、其一向前隨漏道而入膀穴、二爲篩骨前空與後者不同、三爲上牙床穴、（此穴之口在乾骨大而形雜、在鮮骨有嫩膜縮之、使窄、儘能容淚管）

下竅

下竅在下螺螄骨之下、無氣空以入其竅、而有鼻淚管之末、領淚以入鼻、（欲見此管、須將螺螄骨去其一端、否則不能見也）其篩骨所屬之上兩骨有細陷、以列司嗅之腦氣筋、其下不關乎司嗅、其質粗、有數道與陷由前往後行、在鮮骨則以貯大回血管、傷風則鼻不通氣、因此回血管漲發之故也、（螺螄骨不滿至其外壁、由額峯作一垂線、其線之前與蝴蝶上額孔垂線之後、俱爲滑面）

鼻骨隔

鼻骨隔大約是篩骨豎片、與犁頭骨所作、爲扶助鼻梁之弓、其形如此、故輕而有力、另有額鼻峯鼻梁上牙床上腭三處之崗幷有蝴蝶或崗共十骨以帮作此隔在乾頭顱骨其鼻隔內之三角處空而無物在鮮骨則有鼻之中脆塞於其內鼻竇之後孔、已詳於頭顱底論中、其前孔之形如心、其寬端在下、其兩邊有鼻梁骨、與上牙床之鼻峯、其下有上牙床之上腭峯、爲前鼻峯、

頭顱骨之三層

頭顱骨之大概

全頭顱骨乃第一類之撬、撬有三類分前中後第一類力量居前墊物居中分兩居後第二類力量居前分兩居中墊物居後第三類分兩居前力量居中墊物居後、以枕骨與其交節處爲墊物、以扶助其力、以頭爲分兩、以枕骨所挂之肌爲力量、其撬大約列於脊骨頂之上、其妙處恰能令人挺身揚面而立、

細查頭顱骨作法之妙、則知此骨專爲保護其腦、有許多妙處、其三層底質、其外者密而固、其內者硬而易折、其中者軟爲海綿質、故能禁震動、其質外邊如木、裡如磁、當中則是軟皮、故外科以此爲最要緊、頭若受傷、則內層比外層脆而易折、甚至有內邊極重而外邊毫不顯然者、如以銳刀刺其外層而未達內層外層只成一鈍口其內層已裂開而入腦衣之膜故遇此必須細看天靈骨有縫相鎖、鮮骨則有薄脆、使其不能搖動、英國於海路建造燈樓、即鑒此理以爲之、其骨必須作覆釜形者、爲托其極大之壓力也、試取卵殼、以手按之、其力極大、則天靈托力之大可知、此骨與各骨、如額縫之合筍鱗縫之搭接、借耳門骨力、使顱頂不能開皆彼此扶助、若單提一骨、則全骨俱開、若分其骨、不能由外用力、須以

頭顱骨樑

小豆實滿其骨之中、以水浸之、待其豆漲大、其骨自然分開、其週圍皆平、其甕內之骨形如肋條、隨要穴而行、以撐扶之、一豎肋條、由額骨當中、達於枕骨之大孔、一橫者、乃枕骨之後端、兩肋相遇之處、卽爲枕阜、極厚而堅、人若仰面栽倒、全賴此骨、其腦乃不至受傷、爲頭顱骨之樑○各樣震動、皆向於樑、故各弓亦皆向此、其樑堅塞於頭顱底內、各樑俱在蝴蝶體處相遇、若欲看其各處、則弓之額端、爲蝶蝴翅與顴所扶助、顱頂端、則由耳門骨所扶助、枕端則由其本骨爲塞、以入底、而附於蝴蝶、人能明其樑、卽可明其傷折之方向、或由額、或由顱頂、或由枕、大約皆隨頭顱底、昔有法國醫生、以爲擊其頭之此面、其震動必傳送於彼面、與擊他球之理相同、比如以指甲叩玻盃之一面、必震破其對面、今則知其不然、蓋頭之能抵震動、猶如造弓之法、其受擊之力、不由其底傳於對面、乃其力在扶助其弓之柱處而失、其柱爲何、其額之柱、顴與蝴蝶也、顱頂之柱、耳門骨也、枕之柱、卽其本骨之肋也、比如擊頭六次、則顱頂部必受傷五次、其所擊之處必破、其震裂之處、則過耳門骨、往往至其中竅、因其處有五凹而無力、其一爲耳門外竅、二爲本中竅、三爲項窩、四爲頸道、五爲耳氣管、故往往頭顱底受傷、則耳門出血

頭顱之形象與其大小、不但各類不同、卽本類之人、亦各有不同、觀英法德三國有全體學士、將各人頭顱各方向量其尺寸、各人不同、卽知其非一國之人額顱頂與

上牙床之梁

枕部所發之形象、與其腦之葉相似、西國之頭顱學、卽按此理、曾謂觀額柱之高寬、卽知其人智慧之多少、顱頂之高寬、可知其人仁慈之多少、至於枕骨、則關乎其人之嗜好、凡有脊骨之動物、莫不皆然、不特人也、若量此三部之尺寸、當以耳門竅爲中、以線量至額顱頂枕骨之角、最妙者、莫如以人頭臉與有脊骨獸物之頭與臉相比較、先量其臉角、從枕骨之節踝起、至鼻孔之底爲一線、從額與上牙床之極凸處爲一線、兩線相交之處、謂之過角、以量其頭顱之空、而測其智慧多少之比力、其角在狗有二十度、在大猿猴有四十度、在本澳大利亞人有八十五度、在歐羅巴人有九十五度、古時西國所畫之人物、極妙極聰明、亦極好看、則其角有一百度、然不過取其好看、未必能實有此形象也（有德國人將頭顱與臉比較之大小、繪成圖以表明頭顱底與臉之容量、自幼而壯、以至於老、逐年加增）

臉之有梁、一因鼻梁之弓最堅、二因上牙床之每邊、各有三梁扶之、使不得動、其三梁乃鼻衡與後蹬也、鼻之梁、以靠其額骨之內角、其間有鼻之心形孔、衡梁極堅、與額骨之外角、耳門骨之衡峯所扶助、及槽牙磨動用力之處、皆相似、後蹬梁乃頭顱底、豎而往下、而以其後扶助上牙床、

各骨次序變骨之法

五禮拜時起　鎖柱、下上兩牙、床起

六禮拜時　大腿、臂、小腿、輔正兩肘、

七八禮拜時　輔腿、額、枕、蝴蝶、肋、顱頂、耳門、鼻、犁頭、髆、脊、方首三塊、顴、手足兩掌、手足第三指骨、髈○每禮拜七日

三月時　手足第一二指骨、淚、坐、

五月時　耳門、乳端、篩下、螺螄、胸交、方末二塊、

六月時　樞軸體與牙形峯

七月時　足踝、節、

十月時　篩、舌、

一年時　飯匙、烏喙、峯尾骶首塊、下螺螄、胸末塊、扭環、前弓、大鈎、外塞、

三年時　手腕之塞、足腕之內塞、膝蓋

四年時　足腕之中塞、船、

五年時　斜方、半月、

八年時　手腕之船、

九年時　類斜方、

十二年時　豆、尾骶第三塊、

十八年時　尾骶第四塊、

將生之時、除司聽骨其餘之骨未能盡變骨其脊骨至二十五歲始變全成人之全骨共二百四十六枚頭八司聽六臉十四牙三十二脊骨並方及尾骶二十六舌骨胸骨與肋條二十六上肢六十四下肢六十二芝蔴八

其骨架分五端一脊膂柱別名中軸二頭與臉三舌骨弓四胸弓與上肢五尻骨盤弓與下肢頭骨之種節及黏之肌

	骨種	節處	黏肌
枕	七	六	十三對
顱頂	一	五	一肌
額	二	二十	二對
耳門	五	五	十四肌
蝴蝶	二十	二十	十二對
篩	三	三十	無
鼻梁	一	四	無
上牙床	四	九	十肌
肋	一	四	一肌
顴	一	四	五肌
腭	一	六	四肌
下螺螄	一	四	無
犂頭	一	六	無
下牙床	二	二	十四對

眼窩之界

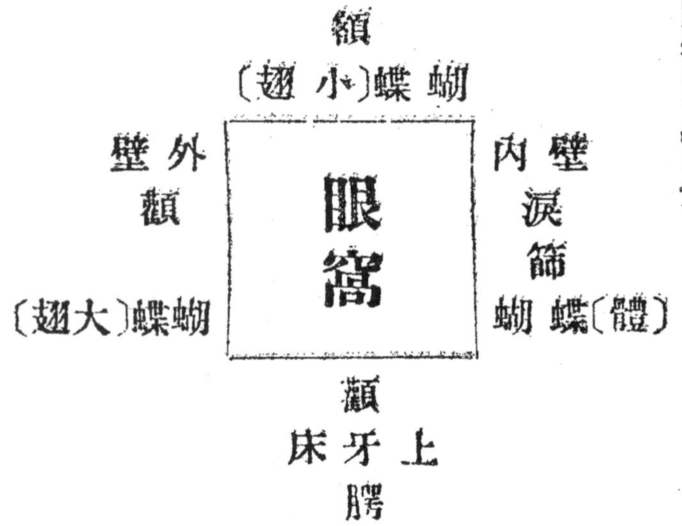

鼻竅之界

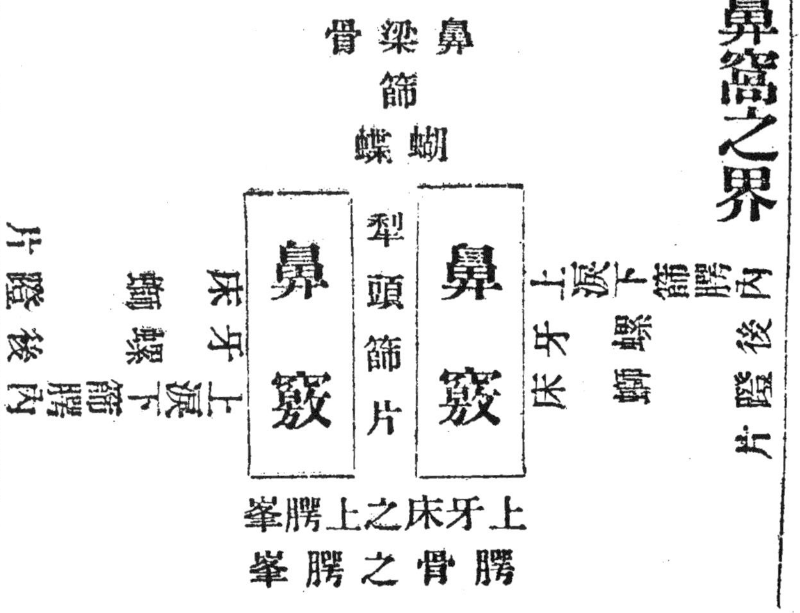

全體通考卷一　終

全體通考卷二

上肢之骨

上肢之骨、有鎖柱骨、飯匙骨、背骨、正肘骨、輔肘骨、腕骨、掌骨、指骨、等名、人之兩膊、以其人身之長短爲一定比例將兩臂橫平伸開自左中指尖至右中指尖、與其身自頂至踵之尺寸相同、

鎖柱骨

鎖柱骨、見五十六圖 西國謂之鑰匙骨、因古時之鑰匙皆作此形、其骨由胸骨橫至飯匙骨、其功用爲使兩膀伸開而不至貼身卽可令臂膊扭轉活動、人當動其兩膀時、自己能覺其鎖柱骨如柱、其柱根則靠於胸骨之交節、各動物凡能扒能飛或掘土或捉物者其前腿皆有鎖柱骨其餘則只賴前腿扶助其力而無鎖柱骨大約各飛禽之鎖柱骨皆前端相合而成一單骨後端則與飯匙骨爲喙骨相接其骨有韌力以抵其大胸肌之力因其膀若下垂則其內緊緊賴其骨之韌力自能托而往上 故此骨傷折、其肩必向前而塌、其頭必垂向所傷之一邊、以鬆其肌、尤必以其未受傷之手、托其受傷之肘、乃能助其力量、其骨之功用不但爲伸其兩肩、且以挂許多有力之肌、並保護其腋之血管與腦氣筋、以穿於其骨之下、其骨之形如斜畫之弓字而無稜角、兩彎相拗、自前看之則胸端凸而肩端凹、其胸之彎較大、乃能容其臂之大血管、與腦氣筋、其骨密質之壁、在彎之凹處比他處尤厚、此骨若受傷大約總在其兩彎相合之處居多、其彎較直處之力尤大不但爲加增

其骨之力且賴以抵顛震之力蓋因其有韌力故能由彎處以破其力其彎之大小不等大約男大而女小其大小與其力量大約視其所操之業用力與否昔有英醫謂法國婦人此骨比英國婦人之此骨加長故其行路舉止皆落落大方一日在醫院値天氣炎熱人皆袒臂英醫乘勢量之則法國婦人此骨約長六寸英國婦人不及此也其骨幹有肌之痕其上面在胸彎之上有大胸與胸鎖乳肌之本其肩彎之上有三角肌之本及斜方肌之末其下面一爲長陷以挂鎖柱下肌之末二爲澀面近靠其胸端以挂肋鎖柱之筋帶三爲近於肩端有骨朶與崗以挂烏喙鎖柱之筋帶其崗離飯匙端約有一寸倘此骨折須賴此筋帶以連之其兩邊之折處方不能離開然人於此處最易忽略四其骨中有孔以入其內之養脉管其胸端厚而堅伸而發大以爲其柱之底其前後之形長方由節間之類絲脆與胸骨相接在鮮骨則其端有脆以蓋之其節面之上下微凸前後微凹因其週圍凸過於節面爲保護交節堅裹筋帶所挂之面故胸骨之節面雖小而此處之骨縫輕易不挫此骨若受傷大約九折一挫人若常常作工其胸端必大而澀其肩端寬而扁有長方之面向前而微斜與飯匙肩頭之裏邊相接其兩端之底質皆海綿質與各樣長骨相同其幹中皆成密質質之中有小髓空合計人週身之變骨當以鎖柱爲最先之第一處其幹單有一骨種其胸之節端自十八至二十歲而發以後則與骨幹相合

飯匙骨

飯匙崗

飯匙骨別名肩胛骨、見五十七圖當人垂手之時、其長短大約應由第一至第七之肋條、其下角離脊骨比上角之相離微遠、其骨之功用爲活動之埶以動運其臂、並有極大之面、以挂可運動之肌、其骨三角形而扁有薄處可以透明、又有兩面三邊與三角、並有向外凸之峯、其外或背面微凸、有高崗名爲脊崗、分爲兩端而不平、崗之上爲上脊窩、以挂上脊肌之本、崗之下爲下脊窩、以挂下脊肌之本、靠其腋之邊有三痕極顯、爲表明大小兩圓條肌之本、大約亦有飯匙背脉管之痕、

此崗由其後邊三角形平滑之面而起、其面有斜方肌之筋作來往之勢、又陡起高冠過而向其骨之項、矗然特立、其方向又忽而變成方角、凸而向前、作爲高弓懸於其骨臼之上、其弓名爲肩頭、以保護其肩之交節、並加增提臂三角肌之撬力、不特專爲保護、並不令臂骨往上而挫縫、其肩之寬、由於肩頭、頭之裏邊有鎖柱骨交節之面、其面由上斜而向下、故鎖柱之縫若挫、難於收回其本位、其頭之末、以挂烏喙肩頭筋帶在乾骨則其頭與烏喙峯之間有縫、賴此筋爲橋、補滿其肩之弓、若因病而欲去臂骨之頭、則刀之尖、卽過此筋帶而入其肩之交界、其崗之邊厚而澀、以挂斜方肌之末與三角肌之本、

飯匙骨之裡面凹、名飯匙下窩、以挂飯匙下肌之本、並有三四斜崗、以挂其肌內所有之筋隔、其崗間之窩、古時有醫人誤以此爲肋條之痕、殊無據也、隨其面之後邊

上下角之澀面、多有大鋸肌之末、

飯匙

飯匙之前角極堅、故以爲臂頭交節之臼、其臼極淺、別名淺窩、爲長圓形、其大端向下、其長逕豎形、其窩直而向外、因其有收納之骨、有大運動也、窩之邊凸而澀、以挂類絲脆之環、而助其窩之深、其邊之上、有挂雙頭肌之長頭之本、窩之極下有三頭肌之長頭之本、窩之極後微縮、爲飯匙項、其項若折、乃其烏喙峰之後已折也、老年人多致如此、蓋因摔倒必先震其臂頭、而後穿其臼、若此則其臂必微長而肩微墮、人初見其項受傷、必以爲臂骨挫縫而入腋、殊不知無論是挫是折、其臂皆微長而肩頭必凸、其三角肌必扁、俱可以由腋而摸得其臂之頭、而挫與折則不能分、二者雖不分、其實則大有分別、須由其肘向上托之、若其臂之頭仍與尋常無異、則確知其是挫而非折也、

烏喙峰

其烏喙峯、乃本骨項之上端、如烏喙、因以爲名、（飛禽之烏喙峯由胸骨起以至飯匙骨與鎖柱相合之處其骨堅而力大而帮作肩臼又兼作梁使翅膀向下時則以扶助其肩其骨乃脊骨之原物故各獸此處另由一骨種而發）此峯之底寬、先向裡隨又彎向前而至肩頭、狀如手指之半曲、而懸於臼之裡邊、其尖離肩頭尖約有寸半、往裡而下、故肩交節若受傷、必須知其各骨之方向、此峰前端有塞小胸肌筋之末、由其尖有烏喙臂、與雙頭之短頭兩肌總筋之本、其峯根之上端爲澀面、以挂縮鎖柱骨之烏喙鎖柱筋帶、靠其肩頭邊、以挂烏喙肩頭筋帶、過此兩處之骨、以補足肩交節

飯匙骨之邊

飯匙骨種

臂骨之頭與

之弓、其上邊在烏喙峯之根有小峽、在鮮骨則有筋作爲橋、以穿過飯匙上之腦氣筋、往往有其相似之脉管、峽之後有肩舌骨肌之本、其後邊在人則爲極長之邊、故名飯匙之底、若走獸其邊大約則極短、以挂提飯匙角及斜長方形及大鋸各肌之末、其下或腋邊極厚而堅、以扶助肩臼、隨其邊有深陷、以挂飯匙下肌數綫之本、

此骨有六骨種、除烏喙峯、肩頭、下角與其底之外、其餘各處皆由首種而發、初生之時、此數處皆脆、生之後則烏喙峯之骨種始發、約至十五年而與本骨相合、至破身時則其餘之次種發出、在肩頭有二、一靠其頂、一靠其底、下角有一、底邊有一、尤須知肩頭並不常有骨與脊齒相合、往往多是單骨、有筋帶與脊齒相合、

臂骨

臂骨見五十八圖在人之上肢極長而堅、爲第三之橇、其墊物在肩之交界、其力量在運動骨數肌之末、在上與飯匙爲交節、在下與正輔二肘骨爲交節、凡長骨皆分體或幹與其交節之兩端、

此骨之上端、有平滑而凸之處爲其頭、其形有三分球之一、與飯匙骨之臼相交節、其頭比臼大而臼甚淺、故此交節能有大運動之意、此交節所連之處甚少、浮而無約束、因獨此處能令手可以摸得全體、故名旋轉交界、其頭由其幹而來、有縮小之

臂骨之大小阜

臂之幹

底名曰全體項、以挂其交節之裏筋帶、其項雖短而厚、似不應以項為名、然實為要緊之處、蓋頭由其幹之軸往外而凸、故其頭與項之軸由其幹之軸成一尖角、比如其垂兩膊而正立、將大拇指向前、乃知其頭與項軸之準方向、是由幹向上而裡、又微後、所以必作如此方向者、因兩膊向裡之用處最多、須令其易於往裡轉動、至於大腿其項軸之方向、則與此相反、因腿無向裡之用、而向外之用處甚多也、若將骨架之臂骨提起作成方角、則見其臂頭之下端不在臼內、故臂骨於伸開時、最易挫其臼而入腋、骨頭在腋內、賴有交節之類絲裏筋以扶助之、若由方角再提其臂、斷不能過方角而再往上、若令其過方角、則係由斜方與大鋸兩肌以運動飯匙骨以增其高也、

項之根卽其幹之頂、有兩凸處、名為阜、其功用為加增運動骨肌之撬力、有豎陷向下而行、名雙頭陷、因雙頭之長頭肌筋由此陷而行、故以為名、在鮮骨則有健膜為橋、此陷卽成圈道、其大阜列於外、人體若瘠瘦、則於肩頭之極下可以摸得其處、大凡肩若受傷、務要記準此處、其處有三微痕為表明其脊崗上、脊崗下、與小圓條肌之末、其小阜列於內、以塞飯匙下肌之末、其骨之幹向下行、有寬帶由其幹往下行、以扶助其阜、各作為雙頭陷內外之邊、臂之幹其幹下端之形微彎、拗而向裡、其拗處有四分環之一、亦有向前之微彎、為使肘節之軸運動、其前膊自然能往裡而向

體之前、其臯之極下、爲外科項、其以此爲名者、因骨項受傷、多在此處、若其全體項則不易折也、幹之前有雙頭陷、雙頭肌之長頭往上行以挂肩臼之項、其狀若帶、以勒其骨之頭、隨此陷亦有小脉管、（乃前旋回管之枝）循行而上、以養其交節、其陷之外邊、以塞大胸肌筋之末、其內邊以塞大圓條肌之筋、其陷之底、有廣背肌之筋、此項若折、則以上各樣之肌皆牽扯而分散、比如其臯所挂之肌能牽扯其向外之上塊、而其本身與其膊所挂之肌、又牽扯其下塊使之向上而裡、其幹之當中有崗與痕、爲挂其肌、其外面之中有澀痕、名爲三角崗、以挂提臂三角肌之末、崗之裡面平滑、以挂烏喙臂肌之末、倘因病須截開其前臂、必須先壓住其臂之脉管、其血乃不能流、此處大約有養髓脉管之孔、由上而行於下、其幹由三角崗之下漸拗、慢慢由扁而發大、以作其交節之端、若臂折而不合、卽在三角肌末之極下、因由養髓脉管受傷、又因三角肌之功用、令上塊搭於下塊之故、其幹之下半、兩邊有崗、爲內外節踝崗、以其能領至於踝、乃肘兩邊之凸骨、其外崗由三角肌末之後而起、以挂長仰輔肘與長伸腕輔肘、兩肌之本、外崗凸於內崗、又名仰崗、凡有脊骨之獸、其崗之大小、皆視其前膊仰力之大小、其內崗以挂內肌間之隔、此處之前面有挂臂前肌之本、由三角肌末之兩邊之兩小舌之處起、幹之後端有三頭肌之第二第三頭之本、有斜陷將此兩頭隔開、以列肌螺旋腦氣筋與上深脉管、

臂之下端

臂之下端向前微彎、有滑車之面、爲前膊屈伸扭轉之妙用、其外面有小頭、與輔肘末之淺窩相似、其頭向前滑而凸、故曲其前膊、而輔肘易於扭轉、其裡面有正肘骨陷之滑車、專爲正肘骨之屈伸、其滑車由後而向前、又從外而向裡、爲斜方向、故前膊若曲、則自然到於胸前、滑車之上有深壑、名爲鳥喙窩、爲曲正肘骨時、以收納其骨之鳥喙峯、又有後壑、名爲肘窩、爲伸前膊時以收納正肘骨之頭、（中國所謂肘骨者乃正肘骨之頭）前後兩壑之間、極薄而透明、因其太薄、故臂骨最易橫折、此處與交節相近、最易混入、往往此處折、人多誤以爲正肘與輔肘向後而挫、然亦不難分別、但看其肘端高於踝端、必爲挫、如其不高、則爲折也、內踝之凸比外者大、因其挂手與指堅俯與曲堅肌之本、乃是圓條俯輔肘、曲腕輔肘、長掌、淺屈指、曲腕正肘之各肌、其肘之內旁筋帶亦挂於此、其外踝在前則有伸肌總筋之本、乃是伸短腕輔肘、總伸直伸小指伸腕正肘之各肌、其在後以挂肘肌之本、其肘之外旁筋帶亦挂於此、

臂之骨種

臂骨之骨種有七、幹有一、於生下後約二年、發其頭種、約三年、發其阜之種、約五年之末、頭與阜之種相合、以作幹頂之大端、其兩阜亦在其內、其裡面相合之線、靠於其骨頭之脆、其脆若離開、則其肩之交節、亦必歸於其內、至二十一年、其端始與幹相合、若此時此處受傷、則其端與幹離、約在三年、頭、其下端之小頭有一骨種、此爲第四種、約在五年、第五骨種由內踝而發、至十二年、第六骨種、由滑車而發、十四年

則第七骨種由外踝而發、十六年之末則下端之變骨俱整、而與其幹相合、小兒之下端受傷而離幹、乃常有之事、其下塊則隨其前膊之骨向後、而大變其方向、上端之變骨雖在先其實仍是下端與幹先合、約在三四年、按此理凡長骨之某端先合、乃是養髓脉管向某處而行、故上肢之養髓脉管、向肘而行至於下肢則與此相反、其養髓脉管乃由膝蓋向上端而行也、

輔肘骨

輔肘骨、見五十九圖乃前膊與正肘骨平列、而輔骨則列於外、西國以其若輻條之狀、郎名輻條骨、其骨之兩端作此形、中國方書以此處爲一骨不知必須兩骨正肘用以屈伸輔肘用以扭轉俯仰其手以上端爲循正肘骨而扭轉、其下端則爲手之俯仰、其下端大於上端因能扶助其手、故手若受震傷此骨比正肘易折、輔肘與正肘兩骨皆與臂骨相同、皆有第三之撬類墊物在交節、分兩在前膊、力量在雙頭肌之末、若將其作方角式、則雙頭之力爲尤大

輔肘骨之頭與項

其本骨之上端爲頭、有淺圓窩若曲其前膊、則與臂之小頭相接、其頭之邊滑而圓、在正肘骨之小半月窩中扭轉、在臂外踝之下、可以摸得其扭轉之處、而其外皮亦顯露天然之凹處、其骨若折、郎在此處查考、其頭之下有縮處爲項、項之下有骨朶、以挂雙頭筋之末、其骨朶裡面凸、故雙頭肌能以仰而曲其前膊、

輔肘之幹

其幹之外邊厚而圓、由圓處之前後面、漸漸相聚而成鋭鋒、以向正肘骨、而挂兩骨

輔肘之下端

間之筋帶、其幹向外微彎、一爲增其前膊之寬、二爲增其俯圓條肌之力、其手若豎列、其骨相離、即遠、故前膊若折、醫者爲之細扎、必令其手豎列、恐其兩骨合、此後亦不能復仰其手矣、幹之前面有鈍崗、由骨朶斜向於外、以挂曲前指肌本之一端、其崗之上、有短仰肌之末、其崗之下有微凹面、以挂曲長拇肌之本、再往下則有俯方肌之末、其幹中之外而後有澀面、以挂俯圓條肌之末、其肌塞於幹之後端、以爲俯手之用、若斷其前膊務於此肌末之下刺之、即將來另作假膊、亦能俯仰活動、其幹之後面、有拇指伸肌本之痕、乃是伸拇掌與伸拇第一節之肌、

其下端左右前後俱微凹、與腕骨之船骨、月骨、相接、在鮮骨則有微崗以分此面、一爲船端、係三角形、一爲月端四方形、其裡邊有凹交節面、循正肘骨之下端而扭轉、其外面有凸處爲錐峯、其峯之尖以挂腕之外旁筋帶、其底以挂長仰輔肘筋之末、下端之前有邊高而澀、以挂腕骨之前筋帶、其後有四陷、以穿過腕與指伸開之肌、由外邊之陷而起、其一爲伸拇掌與伸拇第一節之陷、二爲伸長短腕輔肘之陷、三爲伸拇第二節之陷、其陷斜而明顯、四爲伸食指與伸總指之陷、其陷在鮮骨則有後環筋帶所變之鑿道、其下端乃海綿質、另有極薄之密質一層以保護之、人若擇其掌、必震輔肘、則腕之上一寸或半寸易橫折、四國謂之苹里四折苹里四乃伊爾蘭醫生之名也其折處之下塊則隨其手而向後、而前膊後即有不天然之腫處、折處之上塊、凸出於腕骨上

正肘與之肘

之心面此處之折、人多誤以爲挫其腕骨、如欲辨之、須摸其輔肘之錐峯、如其峯與輔骨幹同陷、其傷大約是腕向後而挫也、如不同陷、則其傷大約是輔骨之下端折也、然折者居多、

輔肘骨有三骨穉、幹一、兩端各一、其上端於九年起變骨、至十二年則相合、下端約二年起變骨、至十八年或二十年而相合、其端與幹合之理、乃變骨相反之次序、

正肘骨

正肘骨（見六十圖）西國謂之肘骨、與輔肘骨並列於前膊、而在其裡邊、其上端有半圈深窩、窩底有平滑崗、與臂骨之滑車妙相合、專爲屈伸合頁之交節、其窩名大半月窩、外面則列其小半月窩、以爲臼、使輔肘之頭入於其內而轉動、大半月窩之前有鳥喙峯、以挂臂前肌之末、（是曲其前膊者）與俯圓條及屈淺指兩肌第二頭之本、其峯又能阻住屈前膊之界限、而不能過四十度之角、若過此角、則峯尖必觸其臂下端之窩、前膊若向後而挫、則此峯易折、雖折而易於接整、然接整則終不免復挫、而此峯往往亦有因前膊之肌力大而折者、（嘗有八歲小兒以一手搬高牆之頭而折此峯正由此肌力大之故也）因前臂肌之力大、此峯若折、則骨由其筋以相合、而不由於骨、半月窩之後有肘頭、此頭之用最多、有加增三頭肌之撬力、其肌塞於前臂、而卽伸其前臂、且作爲肘之墊、以保護其交節、又若摔傷其臂、往往其肘頭由幹與頭相合之微縮處而折、其交節亦受連累、蓋

正肘骨之幹

正肘之下端

肘頭之折、膝蓋骨與烏喙峯大約皆有筋相合、因爲所破之塊難於相連、若三頭肌之筋未傷則尚可由其骨而相合肘之交節若受傷、不論輕重多少俱可摸得其肘頭與臂之內髁、故交節受傷、而不能辨其爲何傷、須將前臂伸開、則肘頭之頂離內髁約有一寸、而同一橫線若將其臂曲成方角、其肘頭離髁約一寸半、而列於其下、知此卽可以分其正肘骨向後之挫、與臂骨下端之折、

其幹爲三角形、由上向下而漸小、至其末則成小頭而輔肘骨循之以相扭轉、如將正輔兩骨橫剌其中、則其兩銳峯彼此相向、以挂其兩骨間相連之膜、若將兩骨平列而看之、則兩骨上下、共合成淺凹、以便列前臂之肌、其幹前與裡面之大端、以列屈深指肌之本、其前亦有養髓脉管之道、向肘而行與輔肘骨一樣、再往下則有俯方肌之本幹之後面、有挂肌崗與面之痕、靠其肘有三角形之面以挂肘肌之末、復有崗以挂短仰輔肘肌之本、（其肌亦由半月窩極下之凹處而來）此下次有伸拇掌、與伸拇一二兩節之一端、與伸食指之其幹有內前後三邊、其內以挂骨間膜、其前由屈按指之本所蓋、其後以挂堅健膜之本其膜不但以肌前臂裡邊之肌、並加增其面爲曲腕正肘、與曲指伸深、及伸腕正肘肌之本、其後邊或正肘崗在皮之蓋下、由上而下皆可摸得、倘不辨其骨之折與否、但摸此處卽可知、其崗將至肘卽分爲兩岐、圍其三角處、此處亦在皮之下、肘頭若折當於此處摸之、其下端爲頭其功用爲輔肘扭轉之墊、

一面凸有環之多半、故能令輔肘與手亦有多半之扭轉、向腕之交節另有節面、其面與腕之衆骨間之節間類絲脆相似、正肘骨下端不如輔骨之長、而以此脆補其處、其正肘往下不長於輔骨、爲使其腕向前臂正肘邊之橫運動較大、其錐峯列於下端之後、爲不碍於輔骨之轉動、并以挂腕之內旁筋帶、其峯與頭之間、骨之後面有陷、以穿過伸腕正肘筋、與其下有挂腕之三角形類絲脆之凹處、以隔開此峯與頭、正輔兩肘之錐峯在皮下可以摸得、如腕受傷及輔肘之或折或挫、皆以此峯爲分別、按錐峯之部位、有與腕運動之軸、可以定其是折是挫、

正肘骨有三骨種、幹與烏喙峯共一、下端一、肘頭一、下端約自六年起變骨、約二十年與幹相合、肘頭之頂約八年起變骨、以前皆是脆、約破身之時與幹相合、

手骨

手骨、見六十一圖共二十七、腕骨有八、掌骨五、指骨每指有三、西國由腕而數、有第一第二第三各節、其第三節或爲甲節、惟拇指只有第一與第三兩節、而無第二節、

腕骨

腕骨共有八小骨、橫列爲兩排、每排四骨、作爲寬底以扶助其手、不知者必問何必如此多骨、然必須有許多交節、不但爲便於運動、亦爲用其韌力、因其每節面各有脆一層、乃能不受顛震、若將八小骨改成一大骨、則易於挫與折、如此則雖挫而不

多有、嘗有小兒於戲場扮作龍形所挂之鐵綫折而摔其手以致兩手之腕骨俱挫 其八骨之名自輔肘邊起、第一排爲船、爲月、爲塞、爲豆、第二排爲斜方、爲類斜方、爲大、爲鉤、若逐一論之、則極其瑣屑、然無關緊要、不若就其大概合而言之、

腕骨之弓

腕弓大約爲長方形、其寬邊爲橫方向、其骨共塞於一處而成弓、其凹向手心、有穿過指屈筋而妙相合、弓之帶一面是船與斜方二骨、一面是豆鉤二骨、其弓由前環筋帶變而成洞、

輔肘與腕之交節

豆骨之外、第一排其餘之三骨、乃凸節面與前臂骨之下端相似、其節不但能屈伸、兼作腕之橫運動、其腕骨交節面背面大於心面、故腕能隨意伸開而無阻隔、船與月面與輔肘骨相似、三骨之中塞骨極爲小、與正肘骨相似、雖相似而不相近、係由三角形之類絲脆挂於正肘骨之下端、

腕間之交節

肘骨中之第一排、有脆之平面、彼此相交節、有筋相連而極結實、而無大運動、若就其一排合而論之、則第一排與第二排爲要緊運動之交節、名爲腕間交節、其形象與腕骨之頭節大不相同、凸凹互鬪、其第二之交節爲加增腕骨之伸屈、若將此處兩交節改爲一交節、雖運動不改、然易挫而危險矣、今既爲兩交節、故挫時少、其船骨之下端有凸面、與斜方類斜方之骨相似、亦有凹面與月塞二骨之凹處、共成深臼、以收納大鉤二骨之頭、其船骨與五骨相接、輔骨列於其內、月骨亦與五骨相接、輔骨亦列其內、塞骨與四骨相接、而正肘列於內、若第二排之骨、則斜方與類斜方

共成淺臼、以收納船骨、而大鉤兩骨則變爲凸、而與第一排三骨之深臼相合、二排之下、以扶助其掌骨、斜方骨則由凹而凸之鞍形面、以扶助其拇之掌骨、類斜方以扶助食指、大骨則扶助其中指、鉤則扶助其無名與小指、不但此也、其斜方兼扶助第二掌之一端、大骨兼扶助第二第四掌之一端、故掌骨運動之大小不等、惟拇指之運動極大、亦極靈便、其第二排之骨、亦與第一排一樣、由本骨之平面相接、有筋帶以堅相連、斜方與類斜方各有四骨相接、大骨有七骨相接、鉤骨有五骨相接、以上皆就合成腕骨之各骨而言、若將各小骨逐件分別、亦頗不難、雖難於分其左右、其分之法詳於下文、

各腕骨之分法

船骨

船骨因其臼如船形、故以爲名、有長窄陷在其背面兩凸之間、又有骨朶以挂其前環筋帶、橫持其骨、使大凸向上、其陷向自己、其骨朶指於左者爲左、指於右者爲右、

月骨

○月骨其下作兩半月形、故以爲名、以大者列大骨、以小者列鉤骨、持此骨使其半月向下、令無交接之寬面向前、其大半月向左者爲左、向右者爲右、

塞骨

○塞骨以其形爲名、其可知者有小圓交接之面、以列豆骨、有凹凸之面、以列鉤骨、持此骨使凹凸面向下、列豆骨之圓面向前、其寬端向左者爲左、向右者爲右、

豆骨

○豆骨其形如綠豆、故以爲名、實係外發之芝麻骨、有單節面以列塞骨、持此骨令接面向下、小懸之凸向己、看其凸下微陷之方向、表明在左者爲左、在右者爲右、

斜方骨

○斜方骨以形爲名、有

類斜方　大骨　鉤骨　腕骨變骨　腕所挂之肌

鞍形之節面、以列拇之掌骨、有曲腕輔肘筋所穿之深陷、與韋陷之小崗、以挂前環筋帶、持此骨使陷向上、與在前後之方向、使崗向己身、其鞍形之面所指在左者爲左、在右者爲右、○類斜方、以形爲名、有四節面與四角、豎持此骨、使大端向上、其角所分極長之凹交節之兩面、直向上、其骨之下端向左者爲左、向右者爲右、○大骨列在腕之中、以形爲名、有圓頭、有微縮之項、持此骨令其頭指向自己、其極寬而無節之面向上、其凸角在前、指於左者爲左、指於右者爲右、○鉤骨有鉤峯、故以爲名、持此骨令鉤峯向下、其節面之兩小面向前、其峯之凸處向左者爲左、向右者爲右、人生下之時、腕骨俱是脆、每骨由一骨種而變骨、約自頭一年起大鉤二骨變骨、約三年則塞骨變骨、約四年斜方與月骨變骨、約八年船與類斜方變骨、約十四年豆骨變骨、合計人之一身以此爲變骨之最晚、

腕骨背面無肌以連之、船骨則由其骨朶以挂開拇指肌之本、豆骨則有挂屈腕正肘肌之末、與開小指之本、斜方則由其崗以挂掐拇指肌及屈短拇一端之本、其大端則由類斜方與大骨而來、鉤骨則由其峯以挂屈短小指與掐小指、兩肌之本、

掌骨

掌骨有五骨、以扶助其拇與其指之節、西國皆按其拇以分第一二三四五之次序、若按長骨而論、則分其幹與兩端、以上端爲底、以下端爲頭、其幹之心面微凹、以爲

掌骨之分別

手心由骨間處之骨間肌之痕作爲三角形其尖在心面其底在背面爲扶助之指伸筋取其方便其骨之底不但與腕骨相接亦與其旁彼此相接惟拇指畢列而不相接故與其四指皆能相搯此乃人手之大妙用也其下端有凸面與其指之第一節相接其面發大而向手不但令其指屈伸兼令其指能有旁運動頭之兩邊有凸處以挂旁筋帶每掌骨之幹有養髓脉管之道第二三四五之掌骨其道之方向皆向上惟拇指之方向則向下此卽兩端與幹相合之理也

欲分別其掌骨則拇之掌骨由其底之鞍形面與斜方骨相接其幹比各幹寬短而堅因其肌多而力大之故此指有九肌以挂之拇之大運動由於其底之鞍形交節其能與四指相搯者因其底所列之面在各骨之前持此骨令其底向自己背面向上底邊之小面（乃表明伸拇掌肌之末）向左者爲左向右者爲右食指之掌骨由其底之彎曲面而分緊塞於三腕骨之中其邊單有一旁小面持此骨使其底向自己背面向上其旁之小面向左者爲左向右者爲右中指之掌骨其底有平滑面爲大骨交節又有凸角以挂短伸腕輔肘肌之末其兩邊各有旁面持此骨按上法看之其底之角無凸處者向左則爲左向右則爲右無名之掌骨與鉤骨及大骨之一端相接其骨小其底平扁而無角凸兩邊各有小面亦按上法看之其底微斜向於左者爲左向於右者爲右小指之掌骨其底有凹凸之面與鉤骨相接其邊單有一旁面亦按上

法看之其底之邊無小面者向左則爲左向右則爲右、掌骨之體質與大長骨一樣豎截開看之皆有髓空與幹之密壁甚厚故掌骨輕易不能折其骨如長骨每骨幹各一骨種兩端各一種第一掌骨其髓之脈管向下端而行故其下端之與體相合在於上端之先其餘掌骨則相反因其髓之脈管皆向上端而行也

指骨

指骨每指有三骨其次序由大而小分一二三或末或甲惟拇指只兩節與他指之第一第三相似今總論全骨其每節之體質皆與大長骨相同若豎剌之則可見其壁之甚厚故其骨不易折若照長骨論之則此節亦分其幹與兩端其幹背面凸而心面扁爲便於屈筋之來往其扁面之兩邊有微𡵚以掛類絲鞘而縮其屈筋其第一節由其長短以別之其上端（乃是掌端）不作十分之合頁形乃凹長圓之面其長逕橫、不但爲掌骨頭之屈伸且爲旁運動其旁運動由於每骨兩邊有骨朶以掛骨間肌之末以發其運動除此之外其餘之交節皆作十分之合頁而無旁運動第二節其上端之形象有兩面其間有𡵚與第一節作合頁其後有骨朶以掛伸筋之末其第三節卽甲節最短其端之發大與馬蹄相同一面平滑以扶助其甲一面澀以扶助其指之腹○大約凡有脊骨之獸常有中指中指之三節卽是馬蹄之大小七寸與

蹄心骨、此指之甲即是馬之蹏甲、○其每節有兩骨種、幹與下端共一、上端一、約二十年而與幹相合、

芝蔴骨

此骨以其小如芝蔴粒故以爲名、靠交節筋質之內有此骨、膝蓋骨即此骨也、其功用爲增其筋之撬力、拇指掌交接之下有二以增屈短拇之撬力、其餘各指間或亦有此骨、凡各動物皆有此骨、而田鼠之此骨尤多而妙、其掘土爲最捷、正因其此骨多而增其臂肌之撬力、故此鼠之在地中、如魚之在水

手所挂之肌

腕之伸肌	
長伸腕輔肘	本臂外踝崗 末第二掌骨之底
短伸腕輔肘	本臂外踝 末第三掌骨之底
伸腕正肘	本臂外踝 末第五掌骨之底

腕之屈肌	
屈腕輔肘	本臂內踝 末第二掌骨之底
屈腕正肘	本臂內踝○正肘崗 末第五掌骨之底

因腕之伸與屈兩肌皆塞於腕骨第二排之下、其所司爲腕間及輔肘腕之交節、故腕之運動較大、比如兩交節中、其一交節有大運動則屈角必大、其筋亦必鬆、而最危險、

拇之伸肌

伸長拇	本輔肘後○正肘○骨間 筋帶末第一掌骨之底
伸拇第一節	本輔肘後○正肘○骨間 筋帶末第一節之底
伸拇第二節	本正肘後 末第三節之底

拇與其球之屈肌

開拇	本船之骨朶○環筋帶 末第一節之底
掐拇	本斜方骨○環筋帶 末隨第一掌骨
屈短拇	本斜方骨○環筋帶○類斜方 與大骨○末第一節之底兩邊
屈長拇	本輔肘前面 末末節之底
合拇	本第三掌骨之幹 末第一節之底

指之伸肌

伸總指	本臂外踝 末總指之第二三節
伸食指	本正肘後 末食指之第二三節
伸小指	本臂外踝 末小指之第二三節

指之屈肌

屈淺指	本內踝○烏喙峰○輔肘 崗○末總指第二節之邊
屈深指	本正肘之前與裡邊 末總指之第三節

小指球之屈肌

開小指	本豆骨 末第一節之底
屈短小指	本鉤骨 末第一節之底
掐小指	本鉤骨 末隨第五掌骨

骨間肌　此肌有八手背面四心面四其背者由掌骨對面之邊而來塞於指之第一節而令各指彼此分開或由中指之中作爲不動之線令其旁之指開於外其心者每肌由一掌骨而來塞於指令各指相合或由中指心面之中作爲線而令其旁之各指向此而合

無名骨分胯坐交三處

胯端

下肢之骨

下肢之骨、乃大腿骨、膝蓋骨、小腿骨、輔腿骨、腕骨、掌骨、指骨是也、其大腿骨與尻骨盤相接其尻骨盤有相合之數骨乃方骨尻骨卽尾骶骨兩胯骨共塞於一處作爲堅弓方骨如弓梁以托扶脊骨之分兩其分兩由弓邊穿過以達於腿骨今先論成尻骨盤之骨、

胯骨

胯骨見六十二圖之形無可比喻西國謂之無名骨其骨漢時西醫加林所定之名、乃胯骨坐骨交骨三骨合成小兒則分爲單骨成人始合爲一骨總名爲胯骨其胯骨乃發大之處以扶助其胯其坐骨爲坐時以扶助其身之用、交骨在前、又名羞秘骨爲左右之交節西國以此處乃陰毛所蓋亦本此意以命名此三骨合於一處而成胯骨臼以列大腿骨之頭合三骨計之則坐骨有五分之二而有餘、胯骨有五分之二而不足交骨則有五分之一、幼年人其三骨由一片人字形之脆在臼之地相合成人則合爲整骨不顯三原骨之痕故胯骨雖總名若論其功用仍須將胯坐交三端、分而言之其骨傾斜而不平直凡看此骨必須手持使其峽列於臼極下看之方是人體站立之準形象

其胯端發大而寬爲托扶其腹中之臟腑、又爲挂大肌、以襯平尻骨盤於大腿頭之

胯骨外面

胯骨裡面〇胯窩

胯之冠與峰

上面增其撬力、其骨分內外面與邊、其外面（又爲背面）前半凸而後半凹、微作波瀾之形、在極好之骨、則有極明顯上下之彎線、以分別臀肌之本、其線一由前上峯而起、一由前下峯而起、皆向後而至大坐峽、其上線之上面以挂中臀肌之本、兩線之間、有挂小臀肌之本、再往後有澀面、以挂大臀肌之一端、其臼之極上有直大腿肌之第二本、其第一本乃在前下峯

其骨之裡面微凹、以作胯窩、其窩乃人骨中之極妙者、其功用爲托扶腹中之臟腑、且以挂內胯肌之本、其窩極薄、持而看之、可以透光、此處不隨身體分兩之線、故雖薄亦無妨、窩之下有胯梳線、作爲尻骨盤之眞沿、其沿之骨極厚而堅、即是尻骨盤弓之線、以托其全體之分兩、而達於大腿骨之頭、其弓之妙理、非豎截開看之、不能知也、其詳載於下文、胯窩之後爲方骨節面、名爲方胯交、此處之前端、形如小耳、在鮮骨則其項有脆、以作交節之墊、其後之形、磊磊如山石、以挂堅骨間之筋帶、而保護其交節、其裡面有大孔、以傳送養血管與腦氣筋而入海綿質、

胯骨之上邊爲冠或崗、從上看之、則凹凸相間、隨胯面之總形、若鐮刀柄、按其形象、分胯臀兩窩、以便列臀之全肌、其冠澀而寬、有全體學所謂內、外、中三唇、以挂腹旁壁肌之本、外唇則挂斜外腹與廣背兩肌之本、中唇以挂內斜肌之本、內唇以挂橫腹與方腰、及立脊肌之一端、隨胯之前邊、有前上前下兩峯、峯之間有淺峽、上峯與

交骨

交弓

下峽之邊有盤腿肌之本、（西國縫工作工時多盤其腿乃是由此肌）其下峯有直肌之一頭、此峯之下另有峽以穿過胯與腰之肌、以後則至於胯梳凸、乃胯交兩端相合之處此凸處最爲緊要因大腿之脉管由此穿過若按住此處則血不能流胯之後邊亦有後上後下兩峯、其間亦有小峽、此峯專以挂筋帶、峯之下爲大坐峽、以傳送由尻骨盤而來之大血管與腦氣筋、以至臀與股再下則有坐峯以至小坐峽、鮮骨則其峽由大小方坐之兩筋帶、變成兩鼇孔其筋帶有三要緊之用一爲項住其方骨卽尻骨盤弓梁、二爲加增大臀肌本之面三爲帮作尻骨盤之底、兼托扶其盤中之臟腑而不增其盤之分兩、（其大坐峽所穿過者乃臀血管與腦氣筋與梨肌及大小坐筋坐血管出盤之叢秘血管與腦氣筋其小坐峽以穿過內遮蔽肌之筋及入盤叢秘血管與腦氣筋）

其交端乃一體與兩枝、一爲橫枝、在胯梳凸與胯骨相合、一爲下枝與坐端之枝相合、（橫與下之名因前人橫看此骨以致誤認方向若手持此盤按地方所列五十度之角乃其準方向其名與方向似相反也）其橫枝微作三角形、上面有梳肌之本、繞於其盤之眞沿卽胯梳線若有小腰肌者、其末亦挂於此並有挂腿弓之一端、名爲摺窩小筋帶（乃是外斜肌之一端塞於梳線之上尋常名爲包把兒筋帶之第三末乾隆年間呂宋國醫人音博兒納得考查此處疝氣卽以爲名）其裡面作一端眞盤之壁、下面有遮蔽孔之界並有陷以穿過遮蔽之血管與腦氣筋、

其下枝向外而後與其對面之夥枝共作爲交弓弓之邊向外微坡而成陷、以挂陽

交之體

莖陰莖之蒂、婦人之此坡尤大、乃易於生產、陷之後有束溺管肌之本、交之體有長
圓澀面、與其對面之體相似、乃交骨之交界、其骨不近貼而以類絲脆相連、脆之在
前者、其厚約有八分寸之三、其脆之韌力、與脊骨體間之脆相同、賴有此脆而補滿
盤弓之下、並以破外邊震動之力、交之頂有疝症最爲要緊、頂有峯以挂腿弓、（即摺髙大）
（筋帶乃包把兒筋腹外斜肌腱膜之下邊由前上峰與交峰之間伸開之）領入外腹之環、由其峯往外、爲梳線之起頭、其
峯與交界之間爲冠、以挂數肌、其肌由前而起者、有內斜與橫兩肌總筋之末、及梨
與直腹兩肌之本、後面則有盤下壁之一端、而與其微坡之面、共扶助其盤之臟腑、
其前澀面所挂者、乃是長、短、大之一端之合肌、又有外遮蔽與窍窕各肌之本、

坐端

無名骨之下端、有坐骨、其用有二、一爲坐時以托扶其身、一以挂髀股肌之本、若單
論此骨、則可以其大端、爲體以作臼、由此豎往下作爲阜、爲坐之用、彎往前如鉤作
爲上枝、與交之相似之端相合、而成遮蔽孔、坐峯分大小兩坐峽、峯之外以挂上雙
肌之本、峯之內以挂尾骶肌之本、又微有提肛肌之小端、提肛之前端由交之體而
來、其中端由筋弓而來、小方坐筋帶亦挂於其峯之上、內羞秘脉管則穿過其外面、
假如刺膀胱取石後、血流不止、其病人若瘠瘦、須以手按住此處、則血不流、其遮蔽

遮蔽孔

孔、（別名長圓孔 脾孔鍘孔）在男則爲長圓形、在女則爲圓角之三角形、鮮骨則有膜以蓋其孔、
惟其項上無膜而留一小孔、以穿過遮蔽血管與腦氣筋以入腿、其孔無他用、不過

坐骨之臯

髈骨臼

為減其尻骨盤之分兩而已、按遮蔽肌不必定挂於骨、雖膜亦可挂、且膜軟而易推於外、乃能便於婦人之生產、孔之外邊、有挂外遮蔽肌之本、其肌之筋、由臼與臯間之陷穿過、以塞於大腿骨孔後之坐端、有滑而大之面、以作其盤旁壁之大端、此面向其盤之下口微坡、婦人生產時、以領胎入於盤沿、令胎頭之極長逕與盤外口之極寬處相似、而易於生產、其孔內遮蔽肌之本、由其坡與遮蔽孔之邊與膜而來、其肌之筋穿過小坐峽、峽骨有脆一層、為極妙之滑車、此肌之許多筋繞於此、為扭轉大腿骨之用、坐臯之用有二、一為坐時扶助其身、一作為撬、以助髀骨肌由俯而仰之力、其撬為第一類、墊物在臼、分兩在身、力量在坐臯、乃髀股肌之本、其臯有澀痕、係挂堅肌所作、其後有半筋與雙頭兩肌之總本、及半膜與方腿兩肌之本、再往上則有下雙肌之本、其下則有大合肌之本、所起循上枝而上、將及於交之體、其裡則有澀崗、以挂大坐筋帶、此處之前、同一線則有立陽莖與淺橫會陰兩肌之本、其臼極深、形如半球、古西名醋杯、因卽以為名、與大腿頭恰相合、並可隨意運動、其臼向下向外、使其身之分兩由此穿於大腿之頭、其上端或髈端極厚而極堅、為站立時以扶助其全身之分兩、此造物人身之骨之妙用、臼之沿有兩峽、上者小、而靠於髈梳凸、能令腿能彎向於腹、下者大、卽名臼峽、能令此腿抬而搭合於彼腿之上、並令血管入臼、以養其臼之圓條筋帶、與臼底之油、臼之下無可托之分兩、故亦無

方骨乃五脊骨作成

他骨、有兩筋帶挂於峽之邊、一爲圓條、一爲橫、（老年人之橫筋帶往往變骨）以橫筋裹其峽而補足其臼之邊、其臼在乾骨已深、鮮骨則更深、邊有類絲脆環、名杯爲或臼之筋帶、此筋不但增其臼之深、並能吸住其骨頭、使其頭不能出於臼外、除臼之地有雜凹與其下之峽相續、其餘處皆光滑、令圓條筋帶能以在臼內來往活動、並微有油與節、膜穗、若持其臼而看其臼底、則薄而透光、故此交節有病、能見其膿流入於盤內、人若摔其大腿之大阜、則其臼之底能折、胯骨三端之外另有四外端、由破身時而發、一在胯冠、一在前下峯、一在坐阜、一爲薄片在交骨之交節、

方骨

方骨（見六十三圖西國謂之聖骨據云此骨爲獻祭所用猶太國人因諸骨皆易朽此骨經久不壞以爲可作復活之理○此骨則名餉骨又名薦骨又爲尾骶骨亦爲尻骨洗冤錄則爲方骨）列於尻骨盤後、而塞於無名骨之間、作爲弓之梁以托扶脊骨、而傳送其分兩於下肢、其骨斜向於後、與腰骨之末節作一圓角、名腰方骨、其斜有二用、一爲寬其尻骨盤之地、一爲破尻骨盤傳送脊骨之震動、此骨大概成三角形、乃五脊骨之體與峯合於一處而成單骨、細察看之、則有前後兩面、有邊有底、有尖前面上下左右俱凹、其形勢與尻骨盤相合、其向前之彎、不但托扶其盤之臟腑、且爲可坐、若作直形、則無異於獸之尾、而不能坐矣、（西國云人原有尾如猿猴因人好坐而磨去其尾也殊不足信）方脊骨中有五脊體由上至下而漸小、其四橫崗爲表明其骨相合之處、崗之兩邊有四前

方孔並有陷以穿過方筋之前枝、孔之外、兩邊有骨如肋、與其體相合、彼此之肋亦相合、在後則與橫峯相合、故總合而爲堅旁叢、其梨肌卽由此而來、其後面凸、當中之線、由方脊骨之上四峯共合爲豎崗、爲立脊肌之本、其第五者無峯、往往第四者亦無峯、其弓亦往往不足、而或多或少、故脊骨道之末、在乾骨則無物以保護之、在鮮骨則有類絲膜以蓋之、若此處受傷、最爲危險、因人病久則磨而成瘡、此處被磨、則露出脊骨道、崗之兩邊有脊骨陷、有相合之脊交節峯之痕、其脊峯之顯露者、乃是末脊骨凸出之兩阜、名方角、此角與尾骶骨之角相似、幷有筋帶相連、蓋其節峯之處有四孔、以穿過後方之腦氣筋、其後孔與前孔正相對、（嘗有人以鈍鋒由後孔刺之其鋒卽入於盤內）第五之方腦氣筋由方角下之小峽而出、再向外則有骨朶、爲表明橫峯所合之處、其處與崗相同、爲挂立脊肌筋之本、

方之底卽上端、有第一方脊骨體長圓之面、與末腰骨相接、其間有厚類絲脆、手持此骨、使斜向於後、則此面坡向於下而前、與腰脊骨共作方腰角、體其兩邊有極厚而堅之旁叢、發大如兩翅、以傳送其分兩而至於胯骨、每翅之前有圓邊、爲眞盤沿之一端、其體後有脊弓所作脊道之三角孔、道之兩邊有交節峯與末腰脊骨相接、此峯寬列爲寬、其扶助脊骨之地向後而裡、其左右有微凹、爲扭轉之微運動、脊峯前之兩邊有峽、以穿過末腰筋之腦氣筋、其尖乃末方脊骨之小體所作、有長圓之

方胯之交

方脊骨所發

節面而與尾骶骨相接、

方骨之邊由其面與胯骨相連、名爲方胯交、乃三方脊骨所作成者、（猿猴之類其方骨則由第一二兩橫峰十分發出而與胯骨相合故其身與盤弓盤連而不結實須以手扶助之）其相連由於脆亦有筋帶、脆端在前、乾骨則有小耳之形、故名方耳之面、其後有澀陷以挂其兩骨相連骨間之堅筋帶、往往因受傷而方胯交離開者、此傷甚重、蓋此處傷則盤中之臟腑亦必隨之俱傷、其耳端之下有大臀肌數線之本、方脊骨與各脊骨一樣發出、惟此首三骨兩邊之端則另有骨種以作旁叢、每脊骨有三首種、體一片、或弓二體之次骨種有二（上下盤各一）至五方脊骨則每體三骨種、共十五、每弓二骨種共十、頭三脊骨之旁叢每骨加增二骨種共六、統共爲三十一骨種、此外則耳面之兩盤有二骨種、總計三十三骨種、而每脊骨與其本骨之各端先相合、至相合之後自十五年起則按一定之次序由下而上漸漸相合、其旁叢之相合、則在體之先、二十年由耳盤而發、約二十六年其全骨皆相合、往往老年人其上方脊骨體之間單有脆相合、

尾骶骨

尾骶骨、（見六十四圖則名尾閭骨又名尻骨西國意想其形如布穀之喙故西國即以其形爲名）乃或四或五脊骨之萌芽、或相接、或相合、由上向下而漸小、至其末則成一極小之骨朶、總成三角之形、其第一骨之體、有長圓面、與末方骨相接、有二小交節峯、名爲角、由類絲質或脆與方骨之角

相連、又有二橫峯之萌芽與兩峽、每角之下各一、以穿末方之腦氣筋、此骨與方之下端由類絲脆之間相接、其餘者則往下、有類絲脆以隔之、故其骨可以彎向於前與後、而大有益於產婦、其尻骨盤下口前後之逕加增一寸、約四十五歲至五十歲或比此時後早、其小骨彼此相合、亦與方骨相合、婦人於四五十歲時始產頭胎、則大有妨碍、再若婦人常坐而不活動、或年加長而有孕者、往往生產甚難、甚至折此骨、大便時則疼痛難忍、故最關緊要、又或婦人常騎馬、則此骨易與方骨相合、英國婦人往往難產、多由於此、此骨之變骨、每骨單有一骨種、第一骨於初產以後變骨、第二約五年變骨、第三約十年變骨、第四約十五年或二十年而變骨、

尻骨盤總論

尻骨盤、西國以其形如盤、故名盤、其冠梳線卽爲其盤之沿、其線之下爲眞盤、線之上爲假盤、以上口爲入口、下口爲出口、（以上皆按婦科而論）其盤爲骨之大弓、以扶助其身而穿其分兩於下肢、兼以裝其盤之臟腑而保護之、并有腹之數臟腑、其盤乃第一類之撬、在大腿之頭、以襯其身、如單腿站立之勢、又如由腑而仰之勢、而以胯骨臼爲墊物、以身之本爲分兩、其力量則挂於坐阜、因髀股肌發縮、并以表明其肌之有兩用、兩用者、若輔腿由下頂住此肌、其肌可以提其身由俯而立起、若胯骨由上頂住此肌、則由此肌以曲其膝蓋之交節、其曲膝蓋者乃其三類之撬力、若總論其盤、則

人所須知者、一爲其弓之作法二按其脊骨則爲斜形三爲其軸四爲上下口之逕、五爲男女盤之分別、

盤弓與其力

欲看其弓之作法須鋸去其胯之翅、其方骨爲弓之寬梁以扶助脊骨之分兩、方骨極斜列隨其斜之勢則分兩向下而後欲托其分兩故用上下前後雙塞之法塞嚴、其胯端乃能經久而方骨不至挫向於後又將方與胯之節面作成微筍鎖住其胯前之邊不令方骨挫向於前皆爲扶助其弓之項至其弓之斜形爲令其分兩由大腿頭穿過竪面再其骨之極堅極厚處則隨壓力之線又最後則有三墊物一在交端之交節、一在胯與方之交節各一、此外尚有兩次弓每邊各一卽是坐弓每弓之項卽是坐阜、如此托大力而不能傷須令分兩隨其弓、曾有人爲載八十餘石之重車、其車輪由上順過其弓、在交骨之極上除腎囊與大腿之上端有血痕而其弓無傷二十天之後卽痊愈卽出院行走亦不過步履稍覺蹇澀耳、

盤之斜

其盤之斜形人當站立之時、其脊骨中心分兩之線竪列於方骨、其竪線與盤之斜作成角在女則有一百四十度在男則一百四十五度、按其角之形則中心之線過其臼故其分兩正穿於大腿之頭然其盤之本斜形須令臼峽在極下尾骶之末比交骨之下端其高約半寸、

此軸有三、一爲盤沿軸、其線由方角而過其面之中、若將其線拉長、則上至肚臍、下

至尾骶、二爲下口軸、正達於方腰之角、三爲盤內軸、乃盤與方兩彎相似、故尻骨盤、必須記準其各處之軸、如不能一一確記、但須記準盤之軸線與肛門與臍之線相似、

盤之逕

其盤之逕、爲生產所最要緊、其上口之形如心、其逕之大小不一、在鮮骨則有軟物、按合中計之、其逕之前後有四寸、其斜逕有四寸零八分寸之五、（自方胯交節以至臼）其左右有四寸零八分寸之六、故上口之逕以左右爲最長、胎頭之長逕、必入於產婦盤之橫逕、乃爲合式、其下口在鮮骨爲斜方形、因兩坐峽爲方坐筋帶所阻而成此形、其橫逕（乃兩坐臯之間）四寸、前後（交端至尾骶）四寸半、若將尾骶骨推於後則有五寸半、故前後乃下口極長之逕、胎頭既入盤之橫逕、由此逕往下則爲斜逕、再往下則爲坐峯所阻、而子宮復縮而催之、則兩邊坐坡處逼轉其頭、使胎面向於方之凹處、而胎頭之長軸入於下口之長軸、則易於生產、

男女尻骨盤之分別

當破身之時、（此所謂破身、大約係十五六歲、因此時則形體改變）男女之盤所差無多、其形皆如心、破身後女則有四處不同、一其方骨寬而其彎微小、其方腰角則不甚凸、其尾骶之運動亦較多、二其盤較男爲淺、其各逕較男爲寬、三其胯峯與臼及坐臯其列亦較寬、四其交端之交節不如男之深、其交弓寬、其枝之坡比男爲大、而便於生產、

大腿骨

大腿骨（見六十五圖　別名股骨）在諸骨之中、爲極長極堅之骨、在人則如此、而極有妙用、蓋腿長而臂短、故垂手站立、則手指尖僅及大腿之中、惟有一種猴類、其指尖能及於膝蓋、猩猩則指尖能及於踝、其骨之方向斜、而不十分豎、故膝蓋近於體之中線、比胯骨較近、其斜處則女大於男、因女之尻骨盤較寬、故女之行路、多作鴨步之行、若論

大腿頭

此大腿頭骨、當分頭項挂肌之阜、幹與節踝、其頭爲大半球形、除其中微後而下有凹、以挂圓條筋帶、其餘通體俱滑而凸、其頭爲杵、而與尻骨盤之臼恰相合、其杵臼之相合、賴有外來天氣之壓力吸之、而不能開、曾有人算其壓力之分兩、約有二十六磅、若只將全腿之筋骨血肉總計之、其分兩並無如此之重、至於行路邁步之舒緩、與鐘表之擺相似、因其腿挂於臼內、全不假其肌力、此其奧妙處、（有西國人因見大腿交節之妙而極讚造物之功）

大腿項

大腿項由幹而論其項之方向、向上向裡而微前、因其微向前、則下肢能自然轉而向外、其挂肌與其餘各事、皆按此理作成、人身韌力與運動、其從容舒泰、與善舞者之中節中和、皆此處天然而來、在成人則其項列於幹、約有一百二十五度之角、然其角之大小、實由於年歲之老幼、在小兒其項則由幹之軸斜而微彎、而不成角、其阜亦不甚凸、故小兒此處受傷、則難於查考、老年人其項則塌而向下、幾與其幹成方角、其密壁薄、與海綿質發大而伸開、故老人之大腿摔則易折、項之豎徑甚寬、下壁厚於上壁、故能托其豎壓之力、項之由幹所出者爲底、若摔其阜、其骨

大小臯

往往由項底而折、既折則其項卽塞於臯之間、而其腿必較短、大臯之凸處、亦卽縮小其折處不能成聲使人不得聽聞其項之長而斜在人則與各獸不同其妙用一爲寬其體以扶其身二爲離開其胯骨節則可以加增運動之地步故人之兩腿能以劈開而向外、在各獸則不能也三其大腿裡面加增肌襯盤合肌之地界四大臯離交節較遠其大腿外面以加增肌襯盤堅臀肌之撬力五其本身之分兩不豎列、而由弓傳送於下、故托力更大、

其大小兩臯凸往外而成峯、以加增扭轉腿肌之撬力、其凸處在轉軸之後、其轉軸在骨頭之中有自然轉向於外之勢、在成人其大臯之項較骨之頭則往下有四分寸之三由邊而看、此臯之形微方其前邊以塞小臀肌、上邊有內遮蔽與雙及梨各肌、後邊有方腿肌、下邊有外廣大肌堅筋之本由後向前過此方則有對角之線痕、上三角以塞中臀肌之末下三角平滑爲大臀肌筋之來往項之後大臯凸角之下、有深陷名爲指窩窩之底以塞外遮蔽肌之末若胯骨受傷則大臯之地界最爲要緊如往下則是其骨頭向裡而挫、如高往上而至胯峯項住而不能運動則是其頭挫於胯之背也、若再往上而易於轉動則是其骨項已折也其小臯發於幹之內而後在項底之極下、以塞大腰與內胯兩肌之末其臯向後以塞轉足指與同時提腿之肌、其幹之上二端若折、則難令此肌不提其上塊、

阜間之兩崗

項前後兩阜之間、有兩斜崗在項前後各一、其前崗以挂堅筋帶以蓋於交接裹筋之前、又爲伸腿而不至越過其疆域、又爲站立時不使尻骨盤與身塌向於後、其後崗大約爲扶助其大阜之用、

大腿骨幹

其幹微作弓形凸而向前、其岔處有二、一爲彎則其韌力大、二爲在後則加增屈肌地步、在前則加增伸肌力量、其幹之週圍圓滑而作環柱形、其後有長豎崗名爲澀線、其崗帮作幹之梁、及挂堅肌之用、其崗在幹之中三端極凸、初看爲單崗、細看則有兩邊爲脣、至其下三端其脣則彼此分開往下、至節踝之阜其分岐之三角處名爲腿凹、或膕、膕脈管穿過此處、其澀線上端亦發兩脣、一行於小阜之根、一行於大阜之根、此崗由筋之所挂者變骨若其崗太澀則知爲老年之骨飛禽之全體常有此骨筋其外脣以挂外廣大肌之本、其上三端極澀之面以塞大臀肌之末、此處可名爲臀崗、其凸處往往如走獸之第三阜、其下兩三端、以挂雙頭肌短頭之本、內脣以挂內廣大肌之本、其上端塞梳與合長兩肌之末、及此兩肌之後合短肌之末、由大阜起至內節踝阜、隨其幹塞大合肌之末、在內踝有骨凸爲便於塞此肌、隨其澀線有兩道之口以領養隨之血管、斜行往上而過其骨之壁、幹之前與外面有挂股肌之本、與其下有股下小肌之本、其裡面以挂內廣大本之一端、其餘之前端則俱從澀線而來此肌之本不滿蓋於幹之全面、隨其下端則無肌線而來、惟有兩邊廣大之肌線以蓋之、故膝蓋交節若有炎症、則其膕必至廣

大腿節踝

大肌之下、因無肌線以阻隔其節膜之故、

大腿之下端、由漸發大而爲踝、爲膝蓋之交節、內踝之凸大於外踝、若豎列而看之、其往下約有半寸、然其骨之斜、由於自然、雖屬兩踝、實爲一樣平面、必如此、則站立時其交節面、乃能橫而相對、兩踝後有深峽、名踝間峽、以列兩十字筋帶、其筋之用、爲令其腿雖伸而不過直線、此交節之用、爲令其骨阜作界限、以阻其伸、不至如肘、其筋帶對挂於兩踝之澀面、前者至於外踝後者至於內踝、其兩踝之交節面由前相合、作爲滑車、以爲膝蓋骨之來往、其滑車之大端、多半爲外踝所作、較其裡者向上而凸、以阻其膝蓋使之不能挫向於外、若將其交節由前後拉開、則爲撱圓之長半、此十字筋挂於節踝中之後故必有界限使伸腿時不過直線此筋以十字相交幷爲令其小腿不至於挫站立時則撱圓之扁端、列於小腿骨之淺凹處、與各筋一齊伸開、若屈其膝蓋交節、則其撱圓之凸端、列於小腿之上、其筋即鬆放、而微有扭轉之意、其踝之阜前遠而後近、以挂旁筋帶、故其筋列於運動中之後、若交節伸開、則其筋帶緊、以堅其交節、內踝之後有澀面以挂腿腹雙肌內頭之本、其外踝之後亦有澀面、則以挂雙肌之外頭與足掌肌、外踝之外面有凹以挂膕肌之本、

大腿變骨

其變骨有三首種、幹與項一、兩節端各一、此外另有兩次種、每阜各一、幹之種於成胎四十日至六十日內而發、下端於將生之前十五日而發、故於此骨種之有無、以

驗其胎之日期、惟大腿之下端於將生之先起而變骨、蓋先變骨而後與體相合、與變骨之理相反、其頭之種於生下一年之後而發大阜、約三四年起變骨、小阜約十四年起變骨、約二十一年各端俱相合、

膝蓋骨

膝蓋骨乃一小骨見六十六圖由伸交節筋所發、爲保護膝之交節與加其角、爲增伸肌之撬力、其角方則撬力大、角斜則撬力小、其骨可爲芝麻骨、三角形、其角圓、其尖向下、前面凸而有長豎痕、爲表明伸筋所挂之線、後面滑、在鮮骨則有脆、爲其來往於大腿滑車之上、有豎崗所分、與大腿陷相對、崗之兩邊有交節小面、與大腿之踝相似、其外者大、與外踝相合、有此面即可以分膝蓋之左右、其外邊比內邊薄、亦可於此分其左右、其尖有澀面、以挂膝蓋骨之筋帶、此帶即由伸筋之所續者、其底厚而形雜、以塞伸筋、此骨由一骨種而發、約二年起至十四五年而變骨、假如人將跌倒、恐其跌而急於轉身向後、往往由伸肌之猛力而此骨折、因其膝蓋之部位半曲、而滑車不能扶助其上端、其下空、其骨必橫折、猶如手持木之兩端而彎之、必由其中而折也、折之後則兩端相離已遠、大約其骨則不能連、賴筋以連之、至伸腿時、若肌之縮力大、其骨亦能折、昔有醫人爲病者去膀胱之石其病人因作抽而兩膝蓋俱折又或因跳躍力猛往往亦能致折

小腿骨

小腿骨頭

小腿骨之內外阜

小腿骨之幹

小腿骨（見六十七圖別名迎面骨又名脛骨）在大腿骨之下、足之上、有兩骨、與臂一樣、其大者列於裡面、名小腿骨、賴以扶助其大腿之踝、並傳送其身之分兩而至於足、其方向豎不若大腿之斜、此骨若好、則人之兩小腿必平行、其骨分幹與兩端、上端名爲頭、其横方向甚寬、以扶助大腿之踝、其寬而大者、乃人之妙處、而與各獸不同者也、在乾骨則其交節面極淺、鮮骨則深、因其有類絲脆之盤、其脆名半月脆、能令其淺交節面常常改變其臼之大小淺深、蓋因其交節之屈伸、能使其踝常有改變、乃能與臼相合、其外之交節面圓形、內者長圓形、以長逕爲前後、而與內踝相合、兩交節面之間有凸處、名爲峯、峯之頂有兩小骨朶、峯之前有凹處、以挂前十字筋帶、峯之後亦有凹而尤大、以挂後十字筋帶、其凹並以帮挂半月脆、

其旁叢以扶助交節之面、名爲小腿阜、外阜之後端有斜形小節面、以列輔腿骨之頭、其內阜大而凸、其後有陷、以塞半膜肌、其骨頭之下約一寸半有骨朶、以塞腿之總伸筋、（其筋又名膝蓋筋帶）其塞處在骨朶之下端則澀、其上端則滑、故其筋乃易於來往、（其筋與骨之間有小囊）其幹三角形、微扨而向外、以定兩足之斜正、故內踝比足之交界微向前、外踝則比足之交界微向後、其勢與大腿項之斜形、與阜之部位、及肌之斜方向俱相似、必須如此則下肢乃能天然坡而往外、其幹極窄之處、卽下三端骨若折必由於此處、幹之裡面緊貼於皮下、其內阜之下以塞盤腿、窍窕、半筋、三肌、此三肌之後、

小腿骨之下端

有澀面以挂膝蓋之內旁筋帶其外面之上半微凹以列前脛肌之本其下端拘而向前有滑面在足交節筋之前有肌筋來往其後面之上三端有澀線由外斜而向裡為表明內比目魚肌小腿之本（此肌別名腿腹內雙肌）其餘之本則隨幹之裡面往下約三寸其本之要處為勒住其後脛之脉管其斜線之上有三角形之面以塞膕肌崗之下有屈長趾與後脛一端兩肌之本線之極下有髓脉管之道在長骨中為極大之道由上斜而下若刺其腿則此道所出之血最難止小腿之冠即迎面骨密而堅人身之壓力全賴其骨之前端以托之人之或走或跑或跳可於此處見其力之大小故其腿之形象不由於偶然亦不由肌之壓力乃天然生成者其骨有三邊其前邊即是崗有銳鋒在上三分二之處隔皮可以摸之其下三分之一其骨之前為圓形以穿過伸筋及前脛血管與腦氣筋其外邊向輔腿骨以挂連兩骨之骨間膜其內邊由其頭之後端行於內踝以挂蓋腿後肌之深夾膜

其下端由橫而發大與足交節骨共作為合頁之交節其交節之前後勻凹其面則仍為橫與膝蓋一樣乃易托其身之分兩交節之裡面有大凸處以保護之名為內踝其踝一面滑而有脆皮與足交節骨之旁面相接一面在髀下其尖有深峽以挂足交節之堅內旁筋帶其後有長豎陷以傳送後脛與屈長趾兩肌之筋下端之外面有澀凹以收納輔腿骨兩骨之間有不覺之運動而微有傹敷用之韌力若保護

其角、必須有骨間堅筋帶以堅縮之、故其相近之面俱澀、足之交節乃十分之合頁、站立時則足與腿成方角、故無旁運動、若稍伸其足則小腿與足交節骨之間微有旁運動、因其後面窄之故也、其骨種有三、幹一、兩端各一、上端之骨種、約在生下一年之內、而發骨朶亦算於此種之內、下端之骨種、約二年而發、約二十年或二十餘年而與體相合

輔腿骨

小腿有兩骨、而輔骨列於外、（見六十八圖）其骨與小腿骨之長短所差無多、而此骨細小、亦不托身之分兩、其上端列於膝蓋交節之下、而不在交節之內、其下端凸出於小腿之下、而變為外踝、其大功用、為加增行路堅肌本之地界、其頭與小腿頭之外而後端相接、其幹向後作弓形、小腿弓則向前、故其骨除其下端向前以作外交節、其餘處俱列於後、故人必須知此兩骨之列法、若此骨折、乃能合其骨、若刺此骨、亦須知其列法、令刀由下而過、則刀鋒乃能不入於兩骨之間、（因小腿後面側列於輔骨之前故刀易於入）其上端為頭、隔皮可以摸之、其裏有小長圓面與小腿骨相接、外邊甚凸、其後則有小凸處、名為錐峯、此小峯雖無關係、而其實則最為要緊、因其與肘骨相似、又作小撬、（此峯發為大力之據澳大利亞有獸胎生無牙其形如蝟看此獸之骨則知其力之大也）以塞雙頭肌、（乃髀股肌之一肌）其外端以挂外旁筋帶、

輔骨之幹

其幹若連於小腿人看之則易明、其頭之極下、此幹則圓而薄下四分之三端爲三角形與小腿相同爲便於挂肌之本及其行路、其三面之列法、一向小腿、一向外、一向後、其裡或向小腿之面有長崗、分爲不均之兩端、其崗有挂骨間之筋帶、以分前後之肌、崗後有陷以挂後脛肌本之一端、崗前有挂伸總趾之本、(亦有由輔腿頭與小腿而來者)與伸大趾與小輔、(別名第三輔肌如伸長趾之一端與臂之屈腕正肘肌相似)兩肌之本、故其幹之內面、有四肌而來、骨間膜之前有三、其後有一、幹之外面則有長短兩輔肌之本、其下端之面向後、因其兩肌之筋由外踝後之陷而來往、其後面有兩肌之本、乃隨其上三端、有比目魚肌、其下兩三端有屈長大趾肌、其處有髓管之道、如小腿骨管之向下而行、其幹之角、前者極銳如小腿之鋒稜、離下端約三寸、而分爲兩岐、岐之間有皮下之三角面、摸此處即知其下端之折與否、餘之角則無可論者、

輔腿之下端

其下端比小腿往下作爲踝、爲保護足交節之外面、其踝較內踝長而凸、亦加增輔肌筋由外踝後陷來往之力、裡面滑而微凸、與足交節骨之邊相接、極上之澀面、與小腿之陷相合、以挂束兩骨之骨間筋帶、其尖則以挂足交節外旁筋帶、尖之內面有深陷、以挂交節之橫筋帶、小腿與輔腿在足之交節不覺運動、若微扭則仗有韌力以讓之、而不能傷、輔骨緊束其交節、非折其邊不能旁挫、此骨若折、大約離其下端有二寸半、因其往外扭轉之力太大而折也、其後跟骨之外面有壓輔骨之端、亦能由其幹極上之軟處而折、

若往裡扭轉之力大、則足交節骨往外之壓力、亦能折其輔骨、此折乃常有之事、其內旁筋帶亦或多或少而受傷、或內踝之頂亦能折、名爲博底折、此折因英醫博底考查而知、故以爲名此骨有三骨種、幹一、兩端各一、其下端約二年起變骨、上端約三四年變骨、而下端先與幹相合、其與常理相反者、大約爲早相合而交節乃結實也

足骨

足骨見六十九圖共二十六骨、腕七、乃足交節骨、後跟骨、船骨、三塞骨、骰骨、五掌骨、其餘十四爲趾骨、若問足何必有此多骨、蓋以足與手爲一理、必須有許多交節、不但爲便於運動、兼爲其有韌力、比如將七骨改爲一骨、其力即如鞋之有揎而易挫而折、

足之變弓

足骨之左右前後作爲雙弓、其後有後跟以扶助之、其前有掌骨之端以扶助之、足之裡面其弓高而寬、慢慢向外而縮小、身之分兩豎落於足交節骨之上、即是弓之梁、此骨有二要、一其下有韌筋帶扶助其頭、其筋乃後跟船有縱力可以起落、二此骨與船與後跟作交節爲開合之旁運動、足之屈伸在於踝之交節、此外各骨彼此俱有或多或少之運動、故能加韌力而破震動、其各骨相連之法極妙、故不易單挫一骨、若習慣自然、故鞋雖窄小、亦可適體、寫字鐫字作畫遇需用之時、足亦可以抵手之用、昔法國有畫工生而無臂、以足畫成天井之房極工緻、會中人賞之懸於宮中

足爲第一類之橇

足有提身之橇力、人多以其橇爲第二類、謂其墊在趾者、非也、其實乃第一類之橇、墊在踝之交節、爲運動之墊物、分兩在趾、力

量在後跟、乃腿腹肌發縮之力、其力量與分兩一樣方向、在墊物相對之面、按上文所論足有變弓則中國之婦女因纏足而環其弓致失縱力與無足者相似而足之各骨交節轉旋厥物自幼年纏足至長則各骨之部位俱錯故用力之後跟骨移而往上將行路之力移於趾尖如此倒行逆施猶如將塔倒置而令其尖向下造物生人四肢百骸各有其用間有缺陷尤必藉人力以補救之人兩足托載全體其運動之功最大其有生成跛足而不能設法施治者亦其人不幸之甚者也奈何將完全之兩足無端纏縛於五六歲時受盡苦楚為其父母者雖極鍾愛其女亦溺於習俗而不得不忍心為此何其謬也說者謂此風自五代以後盛行於海內除蒙古高麗諸國外凡隸中國之版圖者婦女莫不纏足迨本朝以滿洲主中國入關之初曾奉嚴禁旋以為閨幃瑣事其禁遂弛若使當時雷厲風行一如剃髮之令迄今二百餘年幾不知纏足為何事矣然凡事各有所取義義有可取不妨舍舊以圖新一人倡於前衆人效於後可也李後主為五代時亡國昏君纏後宮之足以恣其淫樂者也傷天理而壞人心其義有何可取者每見優人演劇於淫褻不堪之戲乃纏足莊重之戲未見有纏足者豈非導淫之明証而世家宦族尤鄭重於此其將以後主自居乎抑欲其婦女效獻媚之倡娼乎殊不可解又見徒行之婦女不纏足者趨走自如道旁之人亦漠不介意纏足者步履蹣獨行道之人恒有目逆而送之者更有粗蠢婦女其足骨倔强不任束縛勉强纏裹醜態背出轉致貽人笑柄最可憫者村姑田婦井臼自操冬月嚴寒踐踏冰雪其苦萬狀古有刖足之刑後世仁君惡其殘忍而除之今乃甘令無辜之婦女慘遭酷刑於世道人心兩無裨益以中國之大千餘年坦然行之而不疑良足怪也

足交節骨

足交節骨、亦見六十九圖別名距骨又名踝輪骨西國古時以走獸之此骨如骰子、故其名有骰子之意其骨為足弓之梁、以扶助全身豎落於小腿骨之分兩、其骨之起落有縱力、故德國又謂之縱骨、其骨有六面、上面寬而橫、故恰合站立之勢、前後凸為小腿骨交節、與足交節之屈伸、其滑車之面、前寬於後、有五分寸之一、若不作此形則走跑跳之

時必致往後而挫、因其後面窄、故伸足時微有旁運動、站立時、則足與小腿成方角、而無旁運動、其兩旁面與相似之踝爲交節、其外面大微凹三角形、其尖在下、其內小而有澀面、以挂極堅之內旁筋帶、其後面有陷爲屈長大趾之筋、其外之凸處、以挂外旁筋帶、其前面有大凸之頭、有臼以收束之、臼前爲船骨、臼下爲後跟之一端、名爲載踝峰或後跟骨小峯 則有堅韌筋帶滿蓋乾骨間所留之縫、此筋帶、名爲後跟船 大概爲扶助其足之弓兼有極妙之縱力、比如其筋不勝上邊之力、或托大力、則其弓必平、足亦平扁、此骨亦貼於地、其下面有兩節面、列於後跟骨、一前一後、有斜陷向外而前、以隔之、其兩面後者大、較前者稍列於外、後者凹而前者扁、俱坡下而前、故足橋所扶助之分兩向、前微滑而至後跟骨之上、與其頭共壓其韌筋帶、其筋即往下讓、其橋則長出約有半寸、往往人之著靴有坐時合足立時則不合者即此故也 至邁步提足時、其跟與船兩骨易轉於足橋骨之下、其足趾必隨地之平與不平、人站立其足到地、則其骨入於臼而將跟骨壓於後、掌骨壓於前、故其力之地步寬、而扶助亦穩、上文所言之陷、乃在足交節骨節面之間、另有陷與後跟交節面之間相似、兩骨相合時、則兩陷亦合而成洞、名爲腕道、其洞在足交節骨之下、外寬而內窄、極其奧妙、在鮮骨則有油以連兩骨堅筋間之筋帶、其洞由前向後之方向斜、故便於足之旁運動、其運動不在於踝之交節、係純合頁 乃足交節骨與其下相接骨之間、此骨間筋帶不折、則足交節骨與後跟

骨亦不能挫、

後跟骨

後跟骨（亦見六十九圖）別名根骨、又名踵骨、因其功用、能將全身之分兩傳送至地、並作腿腹肌之堅欛、故在腕骨中爲極長極堅之骨、其形往外大凸而成橫方向、在人之此骨必須如此、乃能站立、其骨之凸與腿腹肌之大小、有一定之比例、此骨短者則腿腹必大、此骨長者、腿腹必小、（黑人之骨皆如此）因後跟、（或橫）若短、其肌必須堅、後跟若長、其肌可以不必有大力、此骨有六面、其上面另分爲前後兩面、以扶助足交節骨、（後跟骨往往亦有三面者與足交節骨相接、其三面甚小而列於前端）其後面凸而大於前面、爲扁形、兩面之平面皆橫、故易托其分兩、又微有坡形、乃能令其分兩斜、由下往前而傳送於足之弓、其兩節面之間有陷、以挂骨間筋帶、此陷與足交節骨相似之陷共作爲洞、若豎剌此骨則見此骨與足交節骨之節面、有極厚之密壁、其骨之海綿隔、即由此面起、射向於其骨之後與下、而爲托壓力之線、其前爲豎滑面、與骰骨相接、此面除其裡邊微凸、其餘各處俱扁、而此凸處最爲要緊、（據西醫哲巴爾考查、凡足病而後跟未壞者、可由此交節剌去其前端、另安假足、亦能照常行走、惟用刀時、此處有此凸、不免稍有阻礙、不可不知）凡足節骨之有第三節面者、則仗有此凸以托之、足之背面發出有澀骨朶、以挂伸短趾肌、其後面則爲足跟、其下之澀端、爲塞雙與比目魚兩肌之總筋、（俗名懶筋）其上之滑端、爲後跟骨與此筋間所列之囊之部位、其外面寬扁、而緊貼於皮下、約在其中處有骨朶名爲輔骨朶、以縮輔肌之筋、其短筋在骨朶之上、長者在骨朶之下、此骨朶後、大約另有一骨朶、以挂足交節之外旁筋帶、其內面有深凹處、從容穿過足掌之血管與腦筋、其上端有小峯、即載踝峰以幫扶足交節骨之頭、并挂足掌之韌筋帶、隨此峯之下面有陷、以列屈長大趾與屈總趾兩肌之筋、其下面或掌面之後有兩骨朶、內邊者大、惟此兩骨朶可以著地、其功用爲挂肌之本、并挂其保護足掌之堅夾膜、其前另有一骨朶、以挂後跟骰之筋帶、故保護足弓者有極堅之三筋帶挂於後跟、一爲掌夾膜、其功用與筋帶一樣、二爲後跟船或爲足交節骨頭下之韌筋帶、三爲後跟船筋帶

船骨

此骨以其形爲名、列於腕骨之裡面、其後有凹面、作爲足交節骨頭之臼、其前有三小節面、爲三塞骨之交節、其外又有小節面、與骰骨相接、其內有骨朶凸於足之裡邊、如用哲巴爾剌法、須由此骨之後領刀以入交節、此骨朶之功用、爲谷塞後脛肌之筋、此骨之下端甚澀、以挂後跟船之筋帶、持此骨、按其自然之部位、乃臼向後、凸向上、其臼之寬端在左者爲左、在右者爲右、

骰骨

此骨列於腕之外邊、塞於後跟骨與第四五掌骨之間、塞之底向於塞骨、乃易於散

第一塞骨

第二塞骨

布足弓之壓力、設或不然、使其底向外而尖向裡、則外塞骨必將其擠之於外、而弓即塌陷、其後面與後跟骨相接、此交節如船與足交節骨一樣相齊、故可用哲巴爾之刺法、然不能一刺即斷、因此骨之內角微凸於後跟之下、不使其骨向上而挫、其前面有兩小滑節面、以扶助第四五掌骨、其裡面與第三塞間與船骨俱相接、其下面有深陷、以列輔長肌之筋、其陷後之凸崗、與崗後之餘面、皆以挂後跟骰之筋帶、持此骨接其自然之部位、乃陷在下、大節面向後、其陷在左者爲左、在右者爲右、

塞骨

此骨以其形爲名、列在腕之前、分內中外、或按其部位而分第一二三、其後與船骨相接、其前與內三掌骨相接、其第二三之底向於足背、第一之底則向心、作爲足橫弓之一梁、其第一或內塞極大、故能扶助其大趾、其前由腎形而微凸之面、按豎長逕、與大趾掌骨相接、其下邊比二三兩塞多凸於下、以寬塞往裡轉動足心兩肌之筋、其肌即是前後兩脛之肌、其外邊微凹、與第二塞第二掌兩骨相接、其裡邊凸、有小滑面、有前脛肌筋往來於其面上、持此骨令其底向下、腎形之面向前、其凹面向左者爲左、向右者爲右、第二或中塞骨在三塞中、不但極小、且不往前與各塞骨相齊、故其所扶之第二掌骨亦比他骨之塞於腕骨者較深、如用西醫黑威刺掌骨之法必須知此骨之方向此骨兩面俱有節面、與內外塞骨相接、其外節面隨其後半豎行、裡節面則隨其上

第三塞骨

腕骨之變骨

半橫行、各塞骨邊之間俱有空處、以列束骨間筋帶、持此骨令其尖向下、底之極窄處向前、其豎交節面向左者爲左、向右者爲右、其第三或外塞骨、其外與骰其裡與第二塞、第二掌之各交節相接、其前由三角面之上以扶助第三掌骨、持此骨、其尖向下、三角節面向前、其一邊之圓節面向左者爲左、向右者爲右、每腕骨除後跟有兩骨種、其餘俱係一骨種、其後跟者自結胎六個月起變骨、足交節骨約在七個月、骰骨約在落蓐時、外塞約在生下一年之後、中內兩塞與船骨約在三四年後、跟之第二種約十年由其骨後端而發至破時則與骨相合、

足弓總論

上文所論足交節骨、托扶全身之分兩、觔其骨往下而沉於臼內、足趾則往前壓、後跟骨則往後壓、交節骨頭下之筋帶、卽後跟船其韌力微讓、足弓則按其比例而塌陷、約長出半寸、亦有長至半寸有餘者、俱已分論、而足之造法、則尤有妙處、凡站立時、不但讓其前後之長弓、卽左右之橫弓亦有讓者、塞與掌骨間之韌筋帶亦有微讓、故能增其足之橫寬、若由足背而橫剌之、則過塞骨、此骨之形象雖排別如橋、然橋之石、則各塊之上下俱平而相擠、此骨則有空缺、其缺處則有韌筋帶、乃便於屈伸、故站立時、其足不但加長、亦可加寬、乃外增其托扶之底、邁步時則有縱韌力、卽地有或平、或坡或窄、足力皆能與地勢恰相合、足之妙處有以上之各功用中國婦女一經纏足則各功用皆廢至於靴鞋亦須照

掌骨底或上端

掌骨頭或下端

第一掌骨

第一掌骨

足之自然形式凡鞋底厚而前不坡或鞋帮與底之長短一樣者行走俱不傾近來西國婦人亦喜後高底之鞋故行路必提其後跟骨步步皆如下山之勢以致各骨之力皆改變將所有之壓力全施於足趾而足趾彎曲孤拐增寬且生雞眼魚眼等病此皆由人意而變造物之理殊不知因此而轉生各弊失却托力

掌骨

此骨自裡邊按次序分爲第一二三各等第一者極短以其托大趾故又極堅第二者極長由此骨往外其餘各骨則漸次各減其長其前後俱微作弓形其外三骨俱微側而向大趾其骨間處亦向外而漸次減小掌骨亦係長骨故亦分幹與兩交節端上端爲底下端爲頭其幹亦係三角形與手掌骨一樣以便列其骨間肌此骨由其上端往前亦漸次而減小其底與腕骨之第二排相接其旁除第一骨之外餘者皆與各掌骨亦彼此相接（腕掌之交節除第二掌骨之外其餘者大約皆相齊其第二者則塞於塞骨間之窩）其頭則凸而與首節趾之臼相合其上有陷其下有旁骨朶俱以挂筋帶其第一掌骨堅而大爲人骨之妙處因人用腿腹大肌以提其體而壓於此骨之上須仗此骨之力以托之此骨底有腎形面與內塞骨爲交節其心面有痕表明其爲輔長肌之塞處其頭甚寬以扶助大趾之球其下面有兩陷以列兩芝蔴骨而來往於陷內兩陷之間有齒以隔之持此骨按其自然之部位令其底向於己其腎形之凹面向左者爲左向右者爲右○其第二掌骨有三角面在第二塞骨之底有旁小面乃第一塞骨交節其外邊有四個旁小面爲第三塞骨二第三掌骨二持此骨按其自然部位令其底向己

第三掌骨

第四掌骨

第五掌骨

掌骨變骨

其四旁小面在左者爲左、在右者爲右〇其第三掌骨底之裡面有兩個小節面、外邊有一節面看此形即知爲此骨持此骨令其底向己其單旁小面在左者爲左、在右者爲右〇其第四掌骨有方面爲骰骨之交節與每邊有單旁小面看此形卽知爲此骨持此骨令其底向己其底之微坡在左者爲左在右者爲右〇其第五掌骨底之外邊有大凸故一看卽知其爲此骨此凸以挂肌與筋帶持此骨令其底向己其凸面在左者爲左在右者爲右〇掌骨之變骨每骨俱有兩骨種幹一頭一、其第一骨先離後合之交節端不在頭而在底與手之拇掌骨一樣、

足趾骨

足趾之數與其列法、皆與手指一樣、其第一或大趾、如手之大指、亦係兩節、而無第二節凡各種胎生物以此趾托扶其甲、蹄、爪、者俱無此節此趾有托扶之功用故不但大而且極長其第三趾則與馬之後足相似、其小趾之末兩節在成人大約則相合因鞋窄所擠之故而與造物散布其力之本意相反也

足所挂之肌

小腿前之肌

前脛	本	小腿骨之外面○骨間膜
	末	內塞骨○
伸總趾	本	小腿頭○輔骨之裡面○骨間膜
	末	趾之第二三節
伸大趾	本	輔腿之裡面○骨間膜
	末	大趾之末節
小輔	本	輔腿之裡面
	末	小趾之掌骨

足背之肌

伸短趾	本	後跟骨前端
	末	總伸筋

小腿外邊之肌

長輔	本 輔骨之外面	末 大趾掌骨
短輔	本 輔腿外面	末 小趾掌骨

小腿後之肌

雙	本 大腿踝之後端	末 後跟之後端即懶筋
掌	本 大腿外踝之上	末 懶筋
比目魚	本 小腿斜崗與內邊○輔骨之後面	末 懶筋
屈長趾	本 小腿後面	末 外四趾三節之底

屈長大趾	本輔骨之後面 末大趾末節之底
後脛	本小腿後面〇輔腿之裡面〇骨間膜 末船骨

足心之肌

開大趾	本後跟內骨朶〇內環筋帶 末大趾第一節之底
開小趾	本後跟外骨朶與其骨之下面 末小趾第一節之底
屈短趾	本後跟下面 末外四趾第二節之邊
屈補	本後跟之裡與外面 末趾長屈筋
屈短大趾	本骰與第三塞骨 末大趾第一節底之兩邊
合大趾	本骰骨與第三四掌骨之底 末大趾首節底之裏邊
屈短小趾	本第五掌骨之底 末小趾首節底之外邊
足橫	本四外掌骨之頭 末大趾首節之底

骨間肌

此肌分背四心三其背之肌由掌骨對面起塞於第二三四趾之首節彷彿由第二趾中肌往下作一不動之線由此線牽之於外其心之肌則關於三外趾每肌由一掌骨而來塞於三外趾之節而將其趾近合於中線

胸膛

胸膛如架見七十圖以貯心與肺其肋與其脆合爲次序之弓、逐條漸增而加長、至第七條則與脊骨胸骨合爲圓錐形之匣其左右比前後較寬其下口或底在乾骨則開、在鮮骨則有薄而扁之肌名爲隔肉或爲隔膜以分胸與腹而閉、并有孔穿過飲食道與大血管、西國以胸腹爲兩焦中國謂之三角、其肌隔弓形而不扁、爲胸膛之甕底、可以互相伸縮而能或增或減其胸膛之容量肋之間有兩層肋間肌、其形斜十字外層向下而前內層向上而前其胸膛之上口穿過氣管、食管、及項根之大血管與腦氣筋、其壁有骨脆肌相合似乎有相反之功用、因其實而且韌、故能保護胸膛內之要具因其互相舒縮故爲呼吸之技藝有高寬深三樣方向故能加增其胸膛其高則可以由隔肉而往下、其寬則可以由肋條轉而向外深則可以提其胸骨、

胸骨

胸骨、亦見七十圖長而扁、列於胸膛之前、以扶助肋與鎖柱骨、在成男其骨之長、約自六至七寸女比男微小方向不作竪形坡而向前以增心肺之地界其上端寬而厚以扶助其鎖柱骨、古時西國因胸骨之形如劍其寬處即名劍柄其骨上有四個微痕之橫線爲表明其骨原爲五塊所分者其極明顯之痕、與第二肋脆之塞處相似即劍柄與第二塊相合之處其首塊之頂有峽故不能壓住總氣管其兩邊有長方之節面以列鎖柱骨乾骨

則節面扁鮮骨則有脆皮狀如馬鞍前後凸而上下凹、其交節之形如此鎖柱骨乃能扭轉與拇指在梡骨上之動轉相似然鎖柱骨端此扭轉於胸骨之面雖大而不易挫者賴有筋帶之大力以助之、胸骨每邊各有七峽以收納其七眞肋、（肋分眞假其眞者由脆直達胸骨假者有三肋連於第七肋之脆而不直達胸骨有二肋并脆亦不連）此肋除其第一肋其餘各眞肋皆列於骨原塊相合之處、其下端往往俱有一孔、其下端名爲胸尾、又爲心口骨、又爲劍尖脆

劍尖脆

此脆大約至老終不變骨、其形與其長短人各不同往往有彎向前者、亦有彎向後者、（作工人用力多有以其器置於胸窩以用力者）往往又有如分岐者、此脆以挂牮健膜之帶名爲白線、往下隨肚腹之中線直達於交骨、代作肚腹之骨此骨之前面以挂胸乳與大胸兩肌之本、其裡面有挂胸舌骨與胸脾及三角胸三肌之本劍尖脆之裏面有挂隔肉之本（　）

胸骨變骨

胎至五個月其胸骨俱是脆有五骨種變骨其變不在一時乃自上而下按次而變、在肋間處之對面、（第一節骨往往有兩三骨種亦有不止二三者其餘各骨約有兩骨種平列其變法雖如此而在各脊骨架之作法則以胸骨爲允當之規模胸骨之規模係五個次序之單骨其前每一對肋骨之間列一胸骨與其後每對肋骨之間列一脊骨此形有許多走獸永遠在人則有數種變骨一故亦隨此規模以後則此種相合而減成三骨乃與骨架合式）其五骨之相合、則由下而上而與變骨之次序相反、如第五骨至第四骨、其相合在破身之時、第四至第三、在二十或二十五歲時、第三至第二、在三十五至四十歲之時、第二至第一最難相合、即或相合、亦必在極老之年、老年雖云相合、亦不過外面一層薄骨其間依然是脆其合而仍帶脆者爲使其

肋之大概形象

吸呼時易於運動也、人有勞病則其胸前相合之線、顯然易見、

肋骨

肋骨、亦見第七十圖 每邊各十二、其上七條、由第一條逐漸加長、此名眞肋、以其有脆挂於胸骨、其下五條由上而下逐漸縮小、名假肋、以其脆不連於胸骨、第捌之脆、與第七肋脆相合、第十二則無所連、故西國謂之浮肋、亦往往有十三肋、其所增者、即爲腰肋、然究非常有之規模、有一種猴類有十三肋、而脊骨之數則與人無異、○按各肋條之總形象、今可以第五第六兩條論之、其向脊端之彎、較他處爲大、若置於案頭、則脊端翹起、在骨架肋條之脊端、高於胸端、設使兩端相平、則吸氣之時、胸骨必不能提而向前、其脊端或頭、有兩斜面、其間有崗、與兩相貼之脊骨體之邊相接、其下面較大、其頭當運動之時、用以爲墊、塞於兩脊骨之間、故不易挫動、若以一骨扶肋則易挫矣 兼有脊骨間類絲脆韌力之益處、英國有鐵橋即照此法而造 靠肋頭爲項、前者滑有肺包膜以蓋之、後者澀、以挂中肋橫筋帶、乃有項與扶肋之橫峯相連、隨項之上面有小崗以挂上肋橫筋帶、與其上橫峯相連、項之外、有骨朶、骨朶有小面、與扶肋之橫峯相接、小面之上有澀端、以挂肋與橫峯相連之後肋橫筋帶、在骨朶之外、其肋忽彎向前而成角、其角與骨朶間往下而加寬、爲增其立脊大肌之地界、其角乃肋之極堅處、人若在街市擁擠而被壓、其肋由角而折、其傷不直、故肋之兩端、努向於外、而傷其肺

第一與十一二肋骨之務

胞膜、（嘗有一人因人衆擠壓致傷其第二至九之八肋後接之而各骨俱合其肺胞膜並未受傷）若因馬踢傷、或被毆之傷、則爲直傷其折肋則向裡、而肺包膜亦與之俱傷矣、肋之餘處、由其角起隨胸膛之邊往前作爲弓形名爲肋體、由上而下其形扁如弓、其裡面之下邊有深陷、以列肋間血管與腦氣筋、其陷由角起未至其前端、卽漸漸失去、其血管與腦氣筋、穩列於陷內、至其角與脊之間、及胸膛之前、其肋間處則易於受傷、因有此陷故肋之下端薄於上端、其上厚而圓陷之內有傳送肋內許多血管之道口、全體各骨惟肋血最多、故雖折而易接、肋之前端澀而微凹、以收納肋脆、第一肋極橫極短極彎極扁極寬、其原故因形而自現、其頭單有一節面、列於第一脊背脊骨之上、並有極大之骨朶、爲横峯所扶助、多有無角痕者、其上面有兩横陷微痕其寬約一指、爲表明下鎖柱之回與脉兩管過此肋、而於此處易按住其脉管、陷之裡面有骨朶爲表明爲前項脅肌、（西國名爲三不等邊肌）之塞處此後以塞中項脅肌、而無列肋間脉管之陷此肋凹邊之密質厚於凸邊、此肋極堅、故能扶助胸骨柄、與鎖柱骨、幷保護其項底之緊要處、此肋輕易不折、折則其傷必甚重、因各肋之呼吸必由此肋而起、且靠要緊之血管與腦氣筋、第十一二之肋條較短、狀若未長成者、單有一脊骨相接、而不爲横峯所托、亦無骨朶、與陷、其項有脆、因其鬆軟故輕易不折、〇各肋變骨之早、爲保護心肺、其體有一首種、其頭與骨朶各有先離後合之端、此兩端俱由十五年至十八年起、至二十

肋脆

吸氣加增胸膛之理

五年、而與其餘骨相合、此脆由上而下加長爲吸氣之往來活動、其大韌力之功用有二、一爲呼氣之技藝、往下以壓其肋、一爲胸膛雖被毆打、而不致受傷、故一擊胸骨、則將擊力散布於十四之韌弓之上、觀此則胸膛之能受大力可知、若當吸氣之時、則其力尤大、呼氣時則不能受大力、此因呼氣則其肌必斜列、然其力雖有如此之妙用、而胸骨則往往能折、脊大約由於肋脆變骨時受傷也、曾有人因胸骨爲大木打折人意其已死恰有法國名醫不期而至遂將其胸骨提置原位而愈若將肋條向上提起、其胸膛之橫與前後方向俱增、其脊骨頂住而爲肋之墊、其肋爲撬、當吸氣之時、其肋間肌即提其自然之斜肋、其運動之中心在脊骨、其肋條變橫則脊骨胸骨間之地界亦加寬

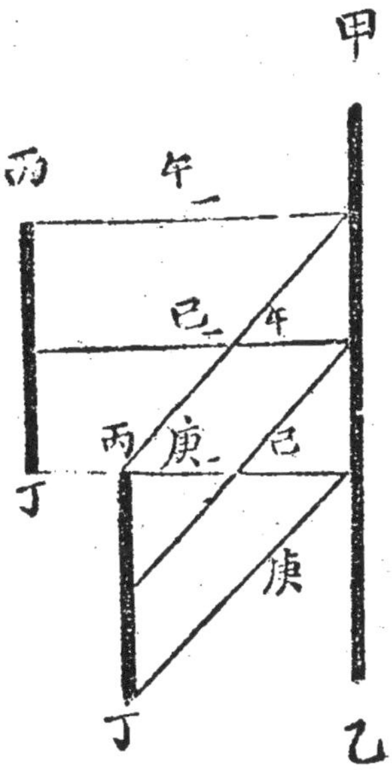

此如甲乙爲脊骨、丙丁爲胸骨、戊己庚爲三斜肋、與戊一、己一、庚一、爲同三肋○提起之形、其肋提起時、則胸膛前後之逕必加增、即脊骨甲乙與胸骨丙丁之間、此圖爲表明提其肋條、其肋間處亦增

寬、若提其肋似乎脊與胸端、甲乙扯轉成軸、因此兩端扯轉、故歇之時此肋之外面則

向下而外、若一提動則直向於外、故可以增胸膛之橫逕、若各肋骨之長短相同、則胸骨由上而下之努亦相同、因下肋長於上肋、故胸骨之由上而下、其勢更努、○其肋何以能上提與下壓、外肋間肌斜下而前行爲提、內肋間肌斜上而前行則爲壓、後圖表明此理、

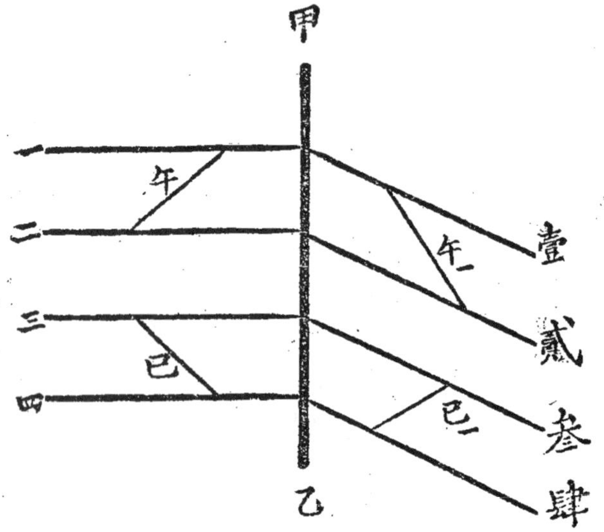

甲乙爲脊骨、壹貳爲肌之斜息之情形、戊一爲外肋間肌之線、此戊一之線發縮則短、兩肋若不同時橫行、其線必不能短、比如一二爲橫行、卽爲提、故外肋間肌卽是吸氣之肌、此圖又以表明內肋間肌之下壓、故此肌爲呼氣之肌、圖中己字乃內肋間肌之線、挂於三四提形肋之間、其己之線若發縮而短、其肋必成叁肆之斜形、若用規量其線、其己一之線比己爲短、

胸膛所挂之肌

胸膛前之肌

大胸	本	胸骨之前面〇鎖柱骨之胸骨半〇除第一第七其餘眞肋脆
	末	臂骨雙頭陷之外邊
小胸	本	第三四五肋
	末	飯匙骨之烏喙峰

胸膛邊之肌

大鋸	本	八或九上肋之肌齒
	末	飯匙之後邊
外斜腹	本	胯冠之前半
	末	八九下肋之肌齒〇白線〇交骨峰

胸膛上端肌

胸鎖乳	本	胸骨上面前端〇鎖柱胸骨之三
	末	耳門骨之乳峰〇枕骨之上彎線
胸舌骨	本	胸骨首塊之後
	末	舌骨之體
胸牌	本	胸骨首塊之後
	末	牌脆之邊
鎖下	本	第一類之脆
	末	鎖柱之下面

前上脇	本第三四五六項脊骨橫峰即 是前骨朶◯末第一脇之骨朶
中與後項脇	本下六項脊骨橫峰即是後骨 朶◯末第一二脇之後
胸膛下端肌	
直腹	本交骨冠 末第五六七肋脆
內斜腹	本胯冠前三分之二◯股弓之外半 末下三四肋之下邊◦白線◦交骨冠
橫腹	本股弓之外半◦胯冠前三分之二◯ 腰脊骨之橫峰◦下六或七肋之裡面 末白線◯交骨冠
膈	本劍尖脆◦下六肋◦弓形之兩筋帶內者 有第一腰脊骨體以至橫峰外者由其橫 峰至末肋◦上三腰脊骨體◦末膈之中筋
方腰	本胯冠◯胯腰筋帶 末末肋◯下四腰脊骨橫峰
肋間肌	此肌占於肋間之處挂於肋之邊有兩層在過成斜十字其外層自其骨朶起至脆而止其方向下而前其內層自其角起至胸骨而止其方向上而前
三角胸	本胸骨之裡面 末第二三四五肋脆

背之肌

前所論背與膊相連之淺肌論此肌之後再論脊骨此大肌在脊骨列之陷以挺身立其則至末於論挂之枕骨肌項後

背淺肌

斜方	本枕骨○板筋脊背脊骨之後峰 末飯匙峯○肩頭○鎖柱肩頭之三
廣背	本胯冠○腰與下六脊背脊骨之後峰 ○下三肋之肌齒○末背雙頭陷之底
大小斜長方	本項末與上五脊背脊骨之後峰 末飯匙後邊
提飯匙角	本上四項脊骨之橫峰 末飯匙上角

若去以上之五肌再去後上與下之兩鋸兩鋸不屬背與脊而屬於肋

後上鋸	本項末與上三脊背脊骨之後峰 末第二三四肋
後下鋸	本兩末脊背與上兩腰脊骨之後峰 末下四肋

去此上各肌則現出挺身之大肌此肌看之甚雜而難明看圖則易知其
脊骨兩邊之肌綫有立脊肌與其肌之延長另有橫與後兩峰間之肌

背伸肌

肋角　方腰

末○下六肋　本○補肌

末○上六肋　本○上項
末○下四項肌

胯冠
方骨後　本○　挺立脊　外叢
腰脊後峰　內叢

長背——橫項——項乳

末○腰與脊背　本○五或四上脊背脊　本○四或五項脊骨
之各脊骨　末○四或五項脊　末○乳峯

脊骨之橫峰

其立背肌由胯冠自方骨後與腰背骨之後峰之堅筋而來分爲內外兩脊骶外者名方腰與補肌項上兩延長肌共挂於肋角內者名長背與其延長之橫項項乳兩肌挂於背骨之橫峰其橫與後峰間一肌由橫峰而來塞於後峰斜方向其肌乃散發所作其淺者多穿過猶骨深者穿過一二脊骨其極深者在兩脊骨之間散按其淺深各分其名一爲背半峰一名項半峰一爲索背爲轉脊其提肋肌由橫峰而來塞於其下之肋條一一

其項後之肌

因此類之肌專爲挺立其頭非特第一脊骨扭轉於第二脊骨之上故單論之其斜方肌反折現出則夾板肌與其下之錯綜肌

名	本末
頭與項夾板	本四項六脊背脊骨之後峰〇末乳峯與枕骨〇三上項脊骨之橫峯
錯綜	本六脊背橫峰與四項脊骨之節峰〇末枕骨
此兩肌反折則現出脊之首與次骨之肌乃是大小後頭直肌與上下斜肌及旁直肌	
大後頭直	本次骨之後峰 末枕骨
小後頭直	本首骨之後峰 末枕骨
旁頭直	本首骨之橫峰 末枕骨之項峰
上斜	本首骨之橫峰 末枕骨
下斜	本次骨之後峰 末首骨之橫峰
此肌在項之部位有三乃大小前直頭與長項在腰部位有膈肌之左帶大腰往往亦有小腰	

大前直頭肌	本第三四五六項脊骨之橫峰	末枕骨底峰
小前直頭肌	本首骨之橫峰	末同上
膈	本右帶四腰脊〇左帶三	腰脊〇末中筋
大腰	本腰脊骨體與橫峰	末大腿骨小阜
小腰	本末脊背脊骨體	末尻骨盤沿

其長項肌有長斜端其長者由上三脊背與下兩項脊骨體而來並於第二三四項脊骨體其斜者由第三四五項脊骨之橫峰而來塞於首骨之骨窠有他斜線由上三脊背脊骨體而來塞於第五項脊骨之橫峰

舌骨

舌骨見七十一圖 列於喉與舌根之間、若其頸項在其自然本位、可以摸得其骨、與下牙床相齊、往後約有一寸半、其功用以撐開喉之項、與挂運動舌之肌、其骨分體或前端與兩邊之大小角、其體極厚而極堅之處、其上面有所挂肌之痕、大約有橫竪兩崗、其中往往有小凸、乃走獸所挂舌骨峯之萌芽、走獸則其骨入於舌體、其下面微凹處、不爲挂肌、爲咽飲食時寬其地界、令脾脆提於舌骨之後、此凹在大聲猴類其舌骨內之骨乃大孔所作、在人則不成孔、而以此凹爲孔之萌芽、其體之平面大約爲橫有脾舌骨之筋帶挂於其後邊、其大角凸向於後、約一寸半、向上微斜而不甚橫、其角之末端鈍而有脆、人至中年、其大角由脆與體相合、老年其脆皆變骨、其小角如大麥粒而稍大、凸而向後、由其體與大角相合之處成一前角、其角由小而易運動之交節與體相接、其項有挂錐舌骨之筋帶、此骨有三多含韌質之筋帶與脾脆相連、其一爲前脾舌骨者、由喉結至舌骨體之上端、二爲後脾骨舌者、由大角之末端至脾脆之上角、每邊各一、在乾骨則舌骨脾脆之間有空處、在鮮骨則有脾舌骨膜以遮蔽之、其骨之骨種有五、體一、四角各一、

上文已將單骨逐件分論矣、今若總論其妙處、則須將人體作站立之勢、分爲九等、其一爲站立之時、將分兩有頭項一線、圖中甲乙傳過至枕與脊首骨、腰方方髈髈骨、膝、

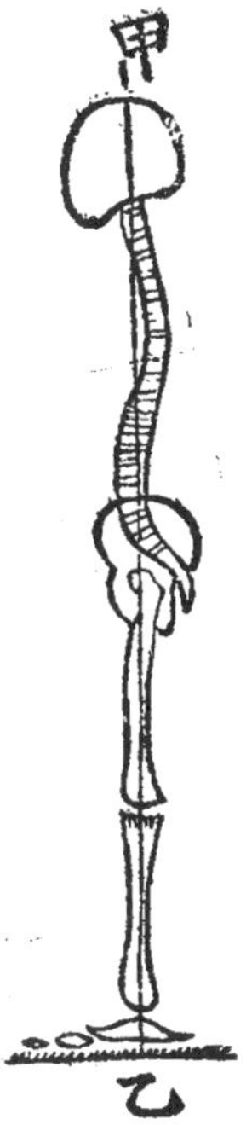

足、各交節、若將重物置於頭上、比他處則較易其二枕骨之大孔與其節踝、大約橫形列於頭顱底之中故頭可以沉於首骨之槽、微有向前之意、其後面復有抵頭力之大堅肌以猴類中武郎無當其節踝之部位比人之節踝近列於頭後斜列於地平作四十度之角其再下等之獸、其分別更大如馬眞節踝與大孔面則爲豎形故其頭之分兩不賴肌力以托之而賴其極堅而韌之筋帶、即是懶筋其筋由脊背脊骨之高後峯而至枕骨之冠其三爲人之臉豎列於頭顱骨之下、故臉與額骨之面相齊人之所以能站立者由於此、人若如走獸之以四肢並行、則日視地而不見矣人之眼窩亦爲橫方向、爲增其視物之地界鼻之方向亦爲增其嗅之地界其四爲胸膛之左右寬於前後與極上等之猴類相同人胸膛之寬爲增其兩邊向外之地界故身若前傾但將兩臂向後用力則不至跌倒走獸之臂其左右窄而前後深兩前腿相近故能助其體之豎力其五爲脊骨自上而下向底增逐漸大而彎不特取其堅并能破而散布震動之力其彎逐項曲折按中線而散布其分兩其線穿過其彎其力則直達於底之中脊骨腰部之後峯長而大以挂大立肌之本其六人之方骨以托其脊骨之分兩按比例者各獸皆寬、其胯骨寬列而裡凹以扶助臟腑并加增襯身肌之擡力其尻骨盤甚寬

喉脆與耳之骨

故能寬其托之底、其弓之面斜、故能將方骨（即弓之梁）之分兩竪穿於大腿頭之上、其胯骨臼深而堅之處、爲分兩之陷、故此交節在站立時而無危險、人之尻骨盤寬而大、在獸則長而窄、人之脊骨與盤成角、在獸則不成角而成一線、其七人之下肢、除袋鼠之外、按身作此列、則人比各獸俱長、以爲站立之運動、大腿骨之項長、按其幹成一大角、故其托之底更寬、其大腿之長幹坡而往裡、卽將分兩列於尻骨盤之下、乃能便於行路、故一伸其小腿、則大腿與小腿脛骨成一豎線、故能分兩豎傳於膝蓋交節橫面之上、幷其兩骨之交節面發大、以增其托扶之地界、其八人之兩足、按其身之比例、則比各獸之足寬堅而大、故人能單足站立、而各獸不能、足之堅骨作爲雙弓而有韌力、其弓之兩端看地、在弓之頂以豎收納其全身之分兩、足之後跟大而向後、與小腿骨作一方角、由後以扶助其弓、幷加增小腿行路提身大肌之撬力、其大指骨之力尤堅、亦爲托其提身之力、其九人之全骨架、雖有四肢、而上肢則無托力、由鎖柱骨將兩臂伸向於外、其交節有極大之運動、上肢之末爲手、共有二十七骨、其妙用極多、莫能殫述、手之功用、能以代舌、凡呼人遣人、悔罪交易、喜怒恐懼、口不必言、可由手以達之、

喉脆之論應列於此、今移列其論於聲音呼吸具卷中、耳之全體、則移列於五官具卷中、

人與各獸全體要緊之比例

比例之大概

論頭顱骨

脊骨骨架之規模

欲明人之骨架、須將凡有脊骨之動物、一例比較而細加查考、論其骨、無論如何細查總不能明脊骨之規模、猶如人但能言語、而不通文理也、凡各動物之骨架按其功用其造法絕妙、凡各脊骨物之骨架皆按其總規模、無論其功用之調停變改搖動、總不出其一定規模此正表明造物之爲大主宰也、人先須自知其全體卽由自體而悟下等各活物之全體、彼此相比例、可知人體造法之妙、再細加考查、乃知人與各活物、却係一个總規模、有英國詩人謂人當將自己如列在極妙範圍中之一端、其餘各端所列之活物無不與自己爲一樣規模、人能有此大智慧、猶如日午當天、凡有脊骨者、其脊骨皆由脊弧次序湊成、每脊骨俱各有原端、與其餘各脊骨彼此皆相似、故由其一原端名爲中心作爲軸以托扶其全體由此中心而發爲峯、向上相合而成上弓、（又名腦髓弓）以保護其腦與脊髓、又向下相合而成下弓、（又名血弓）爲保護其大血管與生命之各具、上下弓依次而列、（言上下者就各動物而言、人則分爲前後）上弓之次序爲相續之道由鼻之項至尾之末、以列腦髓、下弓之次序、乃不相續之道、有全者、有斷者、比如在背之下弓皆全、乃兩邊之肋條延長而與胸骨相合作爲籠以保護心肺尻骨盤乃下弓極發大作爲挺下肢之墊、項與腰皆無下弓而有弓之萌、因此處若亦成弓、則阻其項腰兩處之功用、頭顱骨卽脊骨續往上、乃四脊骨或弧所作與腦之

乃四脊骨所作

四个次序發大處相似、四弧之上弓極漲而合作爲天靈蓋、以保其腦、其下弓則大改變而作爲上牙床、下牙床、舌骨弓、另有飯匙弓、乃飯匙鎖柱兩骨相合成之弓、可見頭顱骨亦係原端所作、以代脊骨之原端、有德國人額根於嘉慶十年在山中見死鹿之頭枯骨取而顚倒脊之其靈機豁然大悟知此骨亦係脊骨之一端由此其人得不朽之名設或取兩處之脊骨相比較、雖非本處相連之骨、其形象與大小不同、而其原端總相似、明此理則不必定指人骨爲某骨、凡有脊骨之動物、皆可借其名以爲人骨之名、故英國人額文所著之書、皆以各骨與人相比例、而以十分之全規模爲法、凡各脊骨活物之骨架、俱歸一總規模、額文謂脊骨之形如弧、以許多弧相聚爲身之軸、爲保護腦氣與血管之道、并托扶其分開附加之物、除其附加物之外、其弧乃全規模所有以下之各原端、見七十二圖其一中心、二爲兩腦髓端、以作腦髓弓之兩邊、而保護總腦氣筋、三爲腦髓峯、間有雙峰者而成腦髓弓、四爲兩脇端、乃脅弓之兩邊所作、以保護要緊血管、五爲血峯、間亦有雙者以成血弓、六爲兩肋端、成肋條、在中心之兩邊各一、七爲四衡端、亦名交節峯、髓血兩弓各二、八九爲上下兩橫峯、以上之原端、其衡與上下之橫、俱爲外發之峯、其餘原端、大約由單而自主之骨種所發、故十分規模之脊骨、與其各原端其總中心之週圍俱有四道、或孔、乃上者一、以保護腦髓之一弧、其下者一以保護其血體、其兩邊者有血管、間或有腦氣筋每邊各一、凡胸膛脊骨其規模皆如此、有許多飛禽之項如塘鵝、亦多有

脊骨許多改變

如此者、其分開附加之骨乃格外加增而另有功用、比如飛禽之胸膛脊骨、爲托扶其分開附加之骨、其功用爲縮鎖其肋并加增其胸膛架之挺力、其餘各動物之脊骨亦有附加之骨、以爲行走運動之用、或調停之、或改變之、比如魚之翅、鳥之翅、人之四肢是也、蓋通天之全骨架莫不由脊骨之規模所發、故凡各動物皆如此、其原端之形象、比例、部位、數目雖不同、其實皆由一脊骨之規模而成、其中心極純而久、不似他原端僅能隨其功用而加增、比如由走獸尾之末端起、亦必單有中心、亦係一脊骨、或脊骨之弧、若循其次向上看之、則另有他原端之脊骨、至於胸膛、則其相似之原端、不若尾之明顯、其下弓則必須發大、以列心肺二臟、乃造物之主宰由尾之規模部位將其血端、移於肋端之末而相合、延長而彎往下、其項之理則不難明、至於頭則繁雜瑣屑、其頭脊骨原端由分而又分、不但改變其形象比例、即其本弧亦有移挪、其上弓極發大而寬、且筍縫相合、以保護其腦、其下弓亦極發大變而爲上下牙床、其上牙所發附加之堅物、以挂咬堅肌之本、然如此雖改變其位置而其原端仍無少缺、以上各理、人或疑其不然、若取各動物細爲考查、則未有能出此理者也、此理雖言之極妙而人猶必疑其爲空談道光年間西國有人亦不足信其說卽道光末年有法國人不信此理謂卽以予之身而論牙床卽牙床臂卽爲臂不必細查其所以然須文駁之曰牙床雖是牙床亦是血端臂雖是臂卽是分開附加之一物按法人之論猶如人但知地之爲地月之爲月英人紐頓則以地爲行星以月爲隨星而行之物

表明總規模之理

既有此理、當以何爲憑、卽如人頭顱骨之一骨、其與脊骨之原端相似、又以何爲憑、當取各脊骨之活物次序比較、則其理可知、故額文曾由人往下、以次胎生、卵生、介鱗、此一骨改變至極純時、則現出總規模之形、并執各類之一骨爲標準、再取其類之他骨比較、而知此骨某處、卽以代彼骨之某處、以次而降、逐物比較、人乃不疑、今試取各動物脊骨極純之式、

鱷魚尾脊骨

此如鱷魚之尾脊骨、其圖中之甲字爲其中心、其後面凸、其次骨中心之前面作爲臼、兩骨共合爲杵臼之交接、乙字爲腦髓端作爲腦髓弓、丙字爲腦髓峯、丁字爲衡峯、或交接峯、與其次骨合筍、戊字爲上横峯、此峯之末由縫與己字之短肋端相接、其保護其尾大血管之血弓、乃血端所作、卽是庚字、與中心之下面相接、而彼此與辛字血峯相合、若與規模之脊骨比較、在鱷魚則無衡與下横兩峯、

鱷魚腰脊骨

鱷魚之腰脊骨、其長上横峯爲戊字、以挂肌、無肋端、而以其庚字血端由中心移於肚腹壁之下端、此所云肚腹肋之變骨、或多或少、大約分歧作爲半弓、以扶助其腹中之臟、凡介類俱能陸地游行、故其肚腹亦有肋條、以托其全腹之分兩、

鱷魚胸脊骨

其胸脊骨乃爲己字之肋端與戊字之上横峯相連、以後延長、向下而彎、以作大血弓、此下則由庚字血端而合成全弓、其血端從甲字之中心移挂於己字長肋端之末、并有辛字雙歧之血峯、

鱷魚頸項脊骨

魚之尾脊骨

魚之腹脊骨

鳥之胸膛脊骨

鳥之項脊骨

胎生之胸膛脊骨

鱷魚之頸項脊骨則變爲旁道其戊字之上壬字之下之兩横峯、由其縫與已字之肋端短而义形之岔相接故兩邊各有孔以穿過其脊脉管

其餘各種魚之尾脊骨乃極純而易明者皆有小腦髓弓、及衡端與長腦髓峯、而無上横峯、亦有血弓而與他動物不同其弓非血端所作乃下横峯彎向下而相合發長而作爲血峯、每弓之底有衡端魚腹之脊骨無上横峯、其下横峯短與肋端皆挂於其末各肋端皆托扶挂肌短附加之物爲圖中子字魚之肋端與人之浮肋相似、其肚腹之下有健膜質之血弓以閉之、與人肚腹壁之横線相同

飛禽胸膛之脊骨今試以鷹而論則其長肋端與其上下横峯緊相接、以作兩旁道、其血端短挂於肋端之末其要緊之改變由血峯發大而長作爲骨崗爲於飛翔時增其大胸肌本之面按其飛力發爲骨崗之大小每肋端有分開附加之物亦爲圖中子字以此肋之力頂彼肋而兩肋並用幷以堅其胸膛籠之力而無危險其中心下端另有次峯爲丑字凸向外以挂俯頸之肌、故其喙力最大

鳥之頸項脊骨其肋端偏僂形而極短與上下横峯相合作爲旁孔以穿過脊脉管、而與人相同、

凡胎生之胸膛脊骨、其血弓十分完整、以保護心肺二臟、其長肋端由中心直來、賴短横峯以扶助之其弓之下端、由血端或肋腕及胸骨或血峯以作成

總規模骨架之頭顱骨

玆論由脊骨改作頭顱骨而以魚比之以魚骨與總規模相近也、今據額文所論頭骨之規模、謂首四脊骨改變而爲頭顱、乃是鼻額、顱頂、枕四脊骨也、此四脊骨之腦髓弓、與結胎腦之四弧相似、並與嗅視味聽四官之腦筋相似、四脊骨之腦髓端各有孔、以穿過四官之腦氣筋、司嗅者列於本脊之前、改變而遮蔽保護其本官、司視者列於空內、卽眼窩、在額與鼻脊骨之間、司味者穿過本脊骨（卽顱頂）之腦髓端、而散布於舌內、司聽者列於顱頂與枕脊腦髓端之間、首二脊骨之血弓以爲上下兩牙床、此卽頭顱骨之規模也

魚之頭顱骨

魚之頭顱與本來之規模不遠、其調停改變如鱗之搭接、而彼此扶助、其四脊骨與各脊骨之原端、除中心與第一二皆相合、以加增頭之力、其餘俱可分開、可以見其四個腦髓端作爲腦髓弓、以爲四原腦之分法、其每端有孔或峽、以穿過本官之腦氣筋、其四腦髓峯以保護其腦與四官之本份、幷成高崗相續、以挂脊背骨之堅肌、其三後脊骨之上横峯、（其第一無横峰）由腦髓端展向於外、如梁以扶助兩血弓之骨、卽下牙床與飯匙之弓

第一腦髓峯之下、有司嗅具裹變骨之端、卽螺螄骨、第一二脊骨之間爲眼窩、又有半脆半骨之鞘、卽耳門之岩端、塞於三四腦髓弓之間、以貯司聽之具、鼻脊之血弓變而爲上牙床骨、乃肋血兩端與血峯所作、此骨與人之上腭上牙床及前牙床相

似、（在上門牙之上）三骨皆向前而合爲弓之尖、挂於中心與腦髓峯、腦髓道、卽由前而閉血峰所以扶助其牙、由此峰與血端延長向後、爲魚牙床噏張與吸氣食物之運動、其兩牙床骨之一齊運動、卽從第一弓肋端挂於第二弓發爲附加之物、卽圖中子字、與人之內後蹬片相同、

其第二或額脊之血弓、變爲下床骨、乃肋血兩端所作其肋端、（卽耳門之中鼓骨）、由運動之交接相連、另有血峯以扶助其牙、其助端不但與本脊骨上橫峯、亦與其次脊骨之上橫峯相接、以增扶助下床骨之力、魚之下床骨之肋端、不但扶助其腮所蓋本附加物之分兩與其功用、且以扶助其隨帶之血弓與其附加之物、（卽腮之呼吸具此數附加物未繪於圖中）其下口骨之肋端另有改變復分爲四塊而搭接故堅而不易折、如西國車上縱物之搭接片、

第三或顱項脊之血弓、卽舌骨弓、亦係肋血兩端所作血峯以代人之錐峰、錐舌骨筋帶、舌骨此弓以扶助吸氣之具、（卽腮弓乃血弓所分開附加之物）其弓之肋端不與本脊骨之上橫峰相連、而挂於下牙床之肋端、其意蓋爲吸氣之時、令兩血弓互爲功用、

凡動物吸氣之力皆在於胸膛之具、惟魚則以頭顱弓代作胸膛吸氣之具、不令侵占其心肺之地界、故魚之頭較大、

第四或枕脊骨之血弓在四弓之中最爲要緊、其附加之物爲其扶胸前之翅而便

人頭顱之四脊骨

枕脊骨

顱頂脊骨

於游行此附加物其改變之形狀不一、其發出之地步、亦與其本弓相遠、自下等往上而論、在獸則爲前足、在魚鳥則爲翅、在人則爲臂與手、其弓之肋端或飯匙其項爲兩岐、（與人肋條之頭一骨朶相似）其兩岐列於本脊之上橫峰與腦髓端其血端、（或鳥喙骨）以完成血或飯匙之弓、以保護魚之心肺、其魚之胸翅即正肘輔肘二骨而短、而無背骨、而以一排骨作爲腕骨、其翅之絲綹以代掌與指之、兩魚之兩顱與本來之規模不甚差別、不過畧有改變、至於人則改變甚多、由成胎之四兩顱脊骨各原端所分、（見七十三圖）照其圖式、自後面看之、其七十四圖須自旁面看之、此圖分裏外、其枕脊骨即在枕骨之內、其底峰即中端、其大孔或腦髓弓兩邊之旁塊即腦髓端、其枕片或腦髓峰成其全弓、寬而發大、以保護其本弧、即是小腦、其節踝乃衡端所改變、以助其站立之力、其血弓由本脊移寒於胸膛之邊、以爲上肢飯匙骨、即其肋端而大爲改變、其小鳥喙峰、未長足、作傴僂之血端、其成全弓之鎖柱骨、即項脊紐環之血峯所移、與胸骨之首（與）相值、即首胸膛脊骨之血峯、其臂即此弓所發附加之物、除鎖柱骨外、其上肢之各骨、俱爲頭顱骨之本骨、不知此理者、必以爲怪也、然在魚之相似之骨、原部位、則皆挂於枕脊骨之上、足以爲據、有一种鱔類之魚、其枕脊骨之血弓皆爲全弓、其附加之單翅絲、即是圖中子字、以代人之臂、（額文所著肢體論此理甚詳人皆喜讀之）顱頂脊骨、即腦髓弓乃後或底蝴蝶、與蝴蝶大翅及顱頂骨所作、（初結之胎有兩脊骨所發之前後兩）

耳門骨所藏之顱頂脊

額脊骨

蝴蝶骨此兩骨之體早相合以後則作一單蝴蝶　其蝴蝶體、即中心其大翅、即腦髓端、由長圓孔穿過第五對腦氣筋之第三枝、或司味ノ岔其兩顱頂骨以作雙氣腦髓峰極發大作甕形之蓋、以保護大腦葉、其乳峰即其上橫端、其血弓即錐峯所作、乃偪傻之肋端、由錐舌骨筋帶續至舌骨之小角、即偪傻之血端、舌骨之體即其血峯、其大角即分開附加之物、

欲考查頭顱之各脊骨最不易、因耳門骨最爲煩雜難明、此骨之在胎中、有五個單原端爲岩、爲乳、爲錐、爲中竅、爲鱗、五骨之中以乳與錐屬顱頂脊、岩端非脊骨之原端、乃司聽之骨裹、與司視之類絲裹、部很白衣相似、其端列於枕與顱頂二脊之間與乳端早合、而幫作補滿頭顱底、其中竅之原端、即額前次脊偪傻之肋端、在胎則減小而變爲骨環、以扶助中竅膜、以後則發爲耳門外竅、其鱗端即鼻脊骨或上牙床血弓所發附加之一物、此端自下等往上而論、其改變甚多、凡魚以上之各物、皆以此端爲幫助、而與其第一血弓或上牙床、第二血弓、或下牙床相連比如鱷魚則以此端、爲措其上牙床極外之垛、在飛鳥則以一齊運動其兩牙床、在走獸則往上漸於入頭顱壁、在人則大改變而爲鱗形之骨、以其多半作爲頭顱之耳門壁、列於三四腦髓弓之間、雖改變爲人腦之發大而仍與其本脊骨自然相連、以幫作衡弓、

前蝴蝶骨之體、即爲額脊骨之中心、其小翅或眼窩翅作爲腦髓端、有孔以穿過司

視之腦筋、額骨極發大、以保護其前大腦之葉、而作雙岐之腦髓峯、其外角峰卽傴僂之上橫峰、其血弓卽耳門中鈸原端、或傴僂之肋端、其下牙床骨乃極發大之血端、其骨之交節處卽是血峰、（此交節在介鱗類則單有一骨）其弓之各原端、雖列在本脊骨後而甚遠、爲於人之頭顱合式、而其弓之彼此各端仍列於其本位、

四頭顱脊骨中、惟鼻脊之改變最大、爲與人之臉面合式、在各獸其臉延長、在人之臉則與額骨成一方角、其額脊骨之腦髓峰、作爲弓以搭接其鼻脊、其鼻弧則以貯司嗅之裹、另有兩個附加之物以定其部位、（七十三圖內有鼻脊弧式而不繪其附加之物人乃易明）犁頭骨爲鼻脊之中心、篩骨之豎片、卽腦髓端、有許多孔以穿過司嗅之腦氣筋、而散布於司嗅之裹、（卽篩之螺絲骨）鼻梁骨卽雙氣腦髓峯、其血弓、乃上腭骨或肋端及上牙床或血端所作、其前上牙床骨、乃雙岐血峯、此弓有兩份附加之物、其第一份屬肋端或上腭骨、乃後蹬附加之物所作、以後則變爲蝴蝶內後蹬片、往後以爲吸氣道之地界、在顱頂脊骨中心外發之物、卽蝴蝶之外後蹬片、定住其血弓、其第二份附加之物、乃顴骨與耳門鱗原端所作、此弓之他改變、在人隅反不轉細論、以上皆人與各動物頭顱骨之大概相似者、然各動物之骨、亦有專相似之名、各脊骨類俱用此名、乃額文所定、看後圖可知、

頭顱脊骨原端之專名

頭顱脊骨原端之專名

	枕	顱頂	額	鼻
腦髓峯	上枕	顱頂	額	鼻
腦髓端	外枕	蝴蝶大翅	眼窩蝴蝶	前額
上橫端		乳	後額	
中心	底枕	底蝴蝶	前蝴蝶	犁頭
肋端	飯匙與臂之骨	錐舌與牌舌骨	中殼	上腭與後蹬
血端	烏喙	舌骨角	下牙床	上床顴與鱗
血峯	胸骨柄	底舌骨	牙	前牙床

脊骨柱相似之大概　頸項脊骨　脊背脊骨　腰脊骨　方脊骨　尻骨盤弓　坐骨　尾骶脊骨　四肢相似之骨

今以頸項、脊背、腰、方、尾骶、論脊骨相似之大概如頸項脊之體、即中心其片即腦髓端、其腦髓弓乃雙岐後峯所成、其交節峯、即衡峯、其橫峯、即偏僂肋端、其末分岔、其前岔或根與下橫峯相合其後者與上橫峯相合兩岔相合而爲旁道以穿過脊髓管脊背脊骨之中心腦髓端與腦髓峯、皆明白易曉、可置而不論其血弓乃肋或肋端所作、其中心之交節面以列肋頭、乃下橫峯之痕其橫峯即上橫峯、其發甚妙、以托扶肋之骨朶、在頭七節脊背脊骨之血弓、皆由肋脆或血端與胸骨或血峯所成、其下五脊背骨之血弓皆不全腰脊骨之橫峰、乃偏僂肋端所作、與上橫峰、相合爲一、此骨所發之小骨朶額文謂之前後峰其血端乃肚腹之橫線方脊骨乃五骨相合爲一五中心亦爲人所易明、毋煩贅論、其首四之腦髓弓、與其峯相合爲高崗、以挂立脊肌之本、其末之腦髓弓不全其骨之旁叢乃肋端與上橫峯彼此與中心相合所作者、其尻骨弓乃第一二方脊骨之血弓其弓之肋端分開以一端與中心相合、一端則極發大、以爲胯之寬處其交骨即血端、其交節即血峯、其坐端、即第二方脊骨之血端、與交骨相合、由胯端寬處與其本肋端分開、其尾骶脊骨之第一骨有中心偏僂之腦髓端、亦有衡端、即其角皆與末方脊骨相合、其第二骨單有腦髓端之萌芽、亦有中心、其第三四則只有中心、

四肢之骨皆彼此相似、其大腿骨與臂骨相似、小腿骨與輔肘骨相似、輔腿骨與正

肘骨相似、手腕之八骨、橫列爲兩排、以增寬而扶助其手、足與手相同、亦分爲兩排、其第二排與手之第二排各骨、一毫不差、然第一排則改列爲前後以增其長爲凸後跟以扶助其身、手掌與指節、與足掌趾節一毫不差、看後圖、

手腕骨

第二排　斜方〇斜方類〇大〇鉤

第一排　船〇月〇塞〇豆

足腕骨

第二排　一內塞〇二中塞〇三外塞〇骰

第一排　船
足交節骨〔月〕
後跟〔塞〇豆〕

全體通考卷二之終

全體通考卷三

論骨之交節

骨架之各骨俱以交節相連、其不動之交節、如頭顱與臉骨之交節、乃兩骨之邊緊相貼其間有薄層類絲膜名曰縫筋帶及頭顱底之數處有薄脆列於其間、其微動而有大力之交節、其骨面有固而靱之類絲脆相合如脊骨方髈與交骨間之各交節皆是也、其極動之交節、大約其節面皆發大而彼此相連、爲靱質以蓋之卽脆也更有類絲質之堅帶或裹爲筋帶以連之與其交節內有裡名爲節膜有液或油以潤其交節、故交節之質、乃骨脆類絲脆筋帶與節膜所作骨乃交節之本質長骨以兩端爲交節、其兩端大約發大其內有海綿質其外有薄衣之密質扁骨交節大約在邊、短骨之交節在其面之各處、其作交節面之密層則以脆挂於其上名爲交節片其色白而極密、厚薄不一、其質無哈德西道、故與尋常骨質不同其骨殼大於尋常之骨殼而無小密管、其海綿質血管一至交節片則轉回、而不穿透故此層比尋常之骨密而堅以其堅而不讓乃能托其交節脆其脆硬色涅白或白而微藍或黃、而皆不透明其靱力極大、有回力有曲力雖壓下而仍反回、人原來之骨架後變骨者謂之暫脆、另有一種不變骨者爲久脆此脆一爲交節脆以蓋骨端二爲胸膛之實架名曰肋脆三爲大小厚薄不等之脆片卽外耳鼻眼皮耳氣管喉氣管皆爲保

節脆

類絲脆

節間之類絲脆

相連之類絲脆

其管或道之形象不改，幷令其道自然常開而不閉。節脆在骨之交節面，乃一層薄皮，有韌力，能破震動，滑而便於運動。其脆蓋骨之圓端，以收納極大之壓力。其中之脆厚，漸漸向週圍而變薄。若在與其相似之孔，其脆之列法則相反，週圍厚而中間薄。在短骨之節面，如手足腕骨，其脆之厚薄均勻。凡節脆所挂之面，由澀而不平之面與交節片近相合，其浮面光滑，並有由骨衣而來之脆衣以微蓋之。在胎內則有極薄延長之節膜以蓋其脆。成人之節脆無血管，其養力由其脆週圍之節膜與其相近之骨之血管而來。此管不緊貼於交節脆，有交節片以隔之。其海綿質之細管一至節片，則發大幷作弓圓行以入骨體。其節膜血管微行於前，在脆週圍之上，以後則作爲繩圈而回行。凡不受壓力之處，皆有此血管。此脆內無津液管與腦筋。其交節之類絲脆，爲增其大力與韌力。此脆乃白類絲質與脆質合成，而多少不等。其曲折與拗力由白類絲質而來，其韌力由脆質而來。此脆分四類：有節間者，有相連者，有環者，有層者。其節間者，乃扁類絲脆之片，有圓、長圓、鐮各形，有數交節之間列此脆。兩面浮，中薄於週圍。週圍之筋帶連於其端，故其部位不改。由其挂筋帶之邊，有節膜以微蓋之。在耳門牙床、胸鎖、肩頭鎖、腕與膝之各交節，皆有此脆。凡交節之顯出，易於大震動或常運動者，俱有此脆。其用處爲雖運動而交節相對之面總相合，又爲加增其交節面之深，亦爲潤其交節，令滑而易於運動，又令擊其上壓之重力，又爲掣震動之力。其相連者，盤形，緊貼其相對之面，乃同心環之類絲質，有脆片列於環之間，其環多向於週

環類絲脆　層類絲脆　筋帶　節膜　交節節膜　囊節膜

圍、片多向於當中單列於微運動之交節、如脊骨體與交骨交節間皆有此脆、其環者乃類絲脆之沿、圍繞於數交節空之邊、如胯骨臼肩臼皆爲加深其交節面并保護其骨之邊、其層者、乃骨陷內之薄層、有數肌筋穿過其陷而來往滑膩其運動之各交節、大約皆有筋帶、以連其骨之節端、其形不一、其筋乃白類絲質束而平列或彼此密編、發爲白而光滑之色、因其柔軟而便於運動、因其堅韌而不張開故有大力而不讓、故妙與骨相連其連於脊骨相貼弓之黃下筋帶與板筋帶皆爲黃韌質所作、其節膜乃薄細膜、挂於骨交節端之邊、蓋於相連交節面各筋帶之裡面、其膜之質與汐膜相同、惟其所生之液厚而黏、或如鷄子清名爲膜膏、或節油、其膜分三類、一爲交節、二爲囊、三爲殼、其交節膜則凡易運動之節俱有此膜在胎此膜蓋其脆面、成人則除其週圍之外俱無此膜以後則圍於交節之裏、或大筋帶之裡面、以爲其裡若有肌筋穿過其交節之空、則此膜反折於其筋之面上、如膕肌筋在膝交節內、與雙頭肌筋在肩交節皆如此、此膜凸入交節作爲摺疊、有數摺疊間含許多油、在膝蓋與胯骨交節此兩處之折疊尤爲明顯又有他處之折疊爲扁折疊其邊分作穗形其管則列成綫紋此管大約累其脆之邊由節膜而來扁列於其面上此折疊係連質所作有以蓋之非含有多少不等之油泡亦有單列之脆泡而不多其蛋與殼之節膜亦有此折疊之哈非衛西則以此折疊爲膠核又爲節液之源若交節有病形則節膜之全面亦生此折疊而蓋其面并有類絲油帶之蹤凸入此交節其囊膜生於此面運動彼面其交節有阻帶之意、其間有此囊、其兩面不相磨、比如其肌筋來往、或皮之蓋於骨之凸面皆

囊之節膜

鞘之節膜

節液

無動之交節

縫分交節

有此囊、此囊分兩類、一爲嫩膜、一爲節膜、其嫩膜者在皮下之連質乃大純或雜之空、其內含清粘液、有數處如皮與膝蓋前之間、肘頭足內外踝、與他凸處之上、其節膜者列在肌或筋過凸骨面之來往之間、比如臂肌與大腹面之間則有此囊、其囊乃連質之薄壁所作者、有膚以微蓋之、拜含粘液、（如鼻交節有此囊則其囊大約與交節相通比如腰與胯肌筋之間與胯裏筋帶之囊則相通或飯匙下肌之下面與飯匙項兩間之囊皆如此）其殼膜爲其筋易於穿過骨類絲道、其膜鞘形故以爲名、一層貼道之壁、一層反折於其所含筋之外面、膜之兩浮面之間、有液、手足指趾屈伸肌筋之週圍、穿過手足骨類絲道、俱有此鞘、其液或膏或水或油、乃黃白或微紅透明之液、其粘如鷄子清味微鹹而反酸、（其質在牛每百分中有九十四零八十五爲冰零五十六爲嫩膜液與膚零七爲油三零五十一爲濡與渣滓零九十九鹽類）

交節分三類、一爲無動、一爲微動、一爲動、其不動者、其骨面直相貼、其間無節膜空以隔之、其骨爲不動之相連、除下床骨之外、其餘頭顱與臉骨間之交節皆如此、不動者又分三類、一爲縫合或交齒、（凡上文所言頭顱骨所連之縫皆係此縫）二爲縫三爲釘、其縫合交節面有鬬筍之峯、其骨不直貼連、有膜一層以隔之、外與頭顱衣內與腦硬衣相續、此縫又爲眞縫而分三小類、一爲牙齒縫、以其形爲名、如顱頂間之縫是也、二爲鋸縫、亦以形爲名、如額骨兩端間者是也、三爲緣縫、亦以形爲名、因以兩面各缺一半令其兩節面搭接、如顱頂與額骨之間是也、若邇面彼此相合成爲交節者、則謂之假縫此縫有二小類一爲鱗縫其兩面之鈌較寬而搭接者多如耳門顱頂縫是也二爲合縫乃兩骨之澀面純相合如兩上牙床之間或上腭骨橫片之間是也○其二不動之交節爲縫乃以此骨之一片塞於彼骨兩片之間如蝴蝶喙及篩之豎片與犁頭骨與犁頭之塞於上牙床或塞於上腭骨之間者是也○其三不動之交節爲釘乃圓錐峯塞於臼內如鐵釘之釘入木中如牙之塞於牙床骨槽是也

二爲微動之交節

此交節乃寬而扁之類絲脆盤與兩骨相貼之面相連如脊骨體間或胸骨首二塊之交節面或有類絲脆所蓋節面并有少許之節膜爲其裡其外有外筋帶相連如方胯與交骨之兩交節此類之各方向皆有微運動也然方胯二骨雖微動而又似乎不動因其兩面相連而無節囊而交骨之交節則又似乎有運動者人至老年此交節往往在交骨間多有滅失而脊骨間與方胯間往往亦有不能運動者

三爲動交節

此交節乃體內許多交節而以其形象爲運動也其交節爲兩相貼之骨面以脆蓋之以筋連之而以節膜爲其裡按其運動之形分爲四小類一爲流滑以其運動爲名乃兩平面相合或微凸微凹之面其運動之大小在於圍其交節之筋帶或骨峯如脊骨之交節峯耳門牙床胸與肩頭鎖下正輔兩肘腕腕掌上脛輔足腕足腕掌

各交節皆是也、二爲杵臼、其形若杵之在臼中、使各方向俱可轉動、有裹筋帶、另有補筋帶加其力以縉之肩與胯骨之交節是也、三爲合頁、專爲前後之運動、而極大其面有堅旁筋帶所連、如肘與足之交節爲極好之合頁、膝蓋之交節雖妙猶不及此、因下肢有數部位徽帶扭轉、另有上掌指與各節之交節、下掌趾與各趾節之交節則皆爲此合頁之運動、四爲扭轉、專運動乃旁合頁、其形如樞形之峯轉於環之內、或環轉於樞之上者、其環乃半骨半筋帶所作、如頸項第二骨之牙峯與第一骨之交節、其環之前即第一骨之前弓所作、其環之後則有橫筋帶、此運動乃是其環扭轉於牙峯之週圍、是以環爲臼之運動也、至上正輔兩肘之交節、其環乃正肘骨之小半月陷之一端所作、其餘處皆圓筋帶輔肘骨之頭、則扭轉於環內、是又以樞爲杵而運動者也、

不動之交節

此交節有類絲膜隔開其面其間無節膜空雖連而不動比如除下牙床骨之外其頭顱與臉各骨之交節俱如此

縫合　係峰與筍相接

縫　係此骨之縫相納彼骨之片如蝴蝶與犁頭

釘　係圓錐峰塞於槽如牙乳槽

眞縫　由筍相接

假縫　澀面相接

牙齒　有齒形峰如顱頂間

鋸　有鋸形之邊如額間

緣　有缺邊與齒峰如額顱頂

鱗　薄缺邊彼此搭接如耳門顱頂

合　相接之澀面如牙床間

微動之交節

又名混交節

一 由類絲脆相連之面無節膜以隔之微有運動如脊骨體

二 由類絲脆所蓋之面微有節膜爲裡如方胯與交骨兩交節

運動交節

流滑 係滑溜平面如胸骨與肩頭鎖交節

杵臼 係前後左右之運動以球之頭收納於杯形之空如胯與肩之交節

合頁 係前後兩方向其節面相合爲一面之運動如肘足膝蓋各交節

旁合頁 係樞形之峰轉於環內或以環轉於樞之週圍如上輔正兩肘與項脊骨第一二之交節

交節之各運動式

以上但論各樣交節至於交節之運動、亦分四類、一爲流滑運動、由此面滑於彼面也、乃極純之運動、各運動交節俱有此運動、惟手足腕之交節、則但有此運動而無他運動、此動不必盡爲平面、凡屬兩相靠者、不拘何形皆然、而有圓交節之筋帶以綰束之、二爲角運動、惟長骨間則有之、其方向有四、曰前或後、以爲屈伸、曰內與外以爲開合、其屈伸者、惟合頁交節則有之、其開合而又屈伸者、則單有極運動之交節、如胯肩大拇掌、微有手之腕足之踝皆是也、三爲旋轉運動、乃其骨之頭入其交節之槽、如杵之在臼、各肢端與邊轉動於圓錐之處、其底與肢下端相似、其尖與臼相似、如胯與肩則有此運動、四爲扭轉運動、於其骨本軸之上、雖動而不改其部位、如第一二項骨間之交節、其牙峯爲樞、其首塊扭於樞之週圍、或輔肘之轉於臂及胯與肩是也、週身之交節分體與兩肢爲三類

脊間物

總後筋

體之交節

一脊骨者　二項之首與次骨者　三首與枕骨者　四次與枕骨者　五下床者　六肋與脊骨者　七肋脆與胸骨與肋脆彼此者　八胸骨者　九脊骨與尻骨盤者　十尻骨盤者

脊骨之交節

脊骨各弧俱由筋帶相連其筋帶分五類與脊骨之分法相同一爲連脊骨體者二爲連於骨岸者三爲交節峰所連者四爲後或棘峰所連者五爲橫峰所連者其脊骨各體間之交節係微運動之交節其交節峰間者係旋滑運動之交節

體之筋帶即總前總後與脊骨間之拗

總前筋帶寬而堅、見七十五圖由頸項樞軸骨之前面以至方骨、其下寬於上、其脊背處厚於項與腰、每脊骨體前之對面、厚於脊間物之對面、其體中之筋線其厚爲塡塞其前面凹處以平其勢、其筋帶有數層線而長短不一、彼此密編其淺或其長不過四五脊骨地界、其第二層不過二三脊骨、其第三層極短極深不過自此骨至彼骨、其體之邊有數短線其長亦不過自此脊至彼脊、有大長圓孔穿過其血管而隔開其旁與中端、〇其後總筋列於髓道之內、挂於脊骨體之後面、由軸骨以至於方骨、其上寬於下、其脊背處厚於項與腰、而緊貼於脊間物與其相靠之邊其處寬而有鋸齒形、其體中窄而厚有其體之間血管以隔之、此筋較前筋密、而有光滑之豎線、其前層約占三四脊骨之地步、其深層只占一脊骨之地步、其週圍有鬆絲質、以隔開此筋與脊髓之外膜、〇其脊間物、見七十五圖乃類絲脆盤、列於脊骨體相貼之面間

黃筋帶

由軸以至方骨、為此骨要緊之帶脊骨各處之此盤其形象大小厚薄不一其形象與體面間所列之形象相似頸項與腰處為長圓形脊背處為圓形、其盤在腰部位極大脊骨之各部與一部之各處其厚薄不同、比如腰之部位其厚一樣、至項與腰處則凸向前則極厚脊背骨之後則微厚項與腰脊骨之曲彎形式大半由此物而成脊背部之凹、大半由其骨體而成、除首二脊之外、其餘之脊間盤占其脊骨四分一之地步而不均匀按其長之比例脊背端之盤較項腰為少故項腰兩端之運動柔軟、則大於脊背此盤之面緊貼骨體其週圍與前後總筋緊相連、其在脊背之兩邊者則由交節間之筋帶、與兩交節之肋頭相連故收納骨頭之交節空內亦微有此盤、其盤之週圍、乃類絲質與類絲脆之片所作其中乃軟韌之黃穰、此片同心向裡而列[illegible]邊向於脊骨相似之面乃類絲質與類絲脆互片所作此片之方向不其豎其雜週圍者彎往外而相近相列鄰其中者彎往裡而微隔開此片之線由上斜行於下其相貼片絲之列法與此相反其層線之方向各有改變有數線橫列每盤之外半有此層之列法其中乃黃色軟韌之穰[illegible]之若橫刺而看之此物週圍者凸而往上此中韌物無同心之列法乃白類絲質內含形象大小不同之泡此穰物在腰部者多有薄片脆隔所此穰與脊骨而不緊貼

弓片所連之筋帶

此筋乃脊弓片、間所列、由軸至方骨、此筋在脊髓道內極明顯因有片搭接自外看似乎甚短其筋乃兩旁峰所作由節峰根起往後至其片所聚而作之後峰處其片邊之在此處者極厚有連質以隔開其邊、其筋為黃質韌所作其線豎形、其上挂於片邊之前面、其下挂於片之後面與其邊、在項部者寬薄而長、背處厚、腰處尤厚、其韌

異筋帶

後峰間筋帶

後峰上筋帶

横峰間筋帶

脊骨柱之運動

屈伸形

力爲扶助其站立之力并阻脊骨屈肌之力而枕骨與紐環紐環與樞軸之間皆無此筋、

交節峯所連之筋帶

此筋乃薄而鬆之囊、挂於各脊骨交節峯週圍相靠之邊、其裡邊有黃筋帶以補足之此筋在其項比在脊背與腰者長而鬆其裡面則有節膜、

後峯所連之筋帶

此筋在脊背與腰部列於後峯之間、其薄如膜、每筋皆由後峯根以至峯頂與其相貼之邊相連、在背者窄而長在腰者厚方而寬〇其峯上之筋帶連於峯之尖係堅類絲質、由第七項以至方骨之峯、在腰者較在背者寬而厚、在此兩處與其所靠之健膜緊貼、此筋之極淺之線連於三四脊骨、其深者連於兩三脊骨其極深者則連於兩脊骨相靠之端

横峯所列之筋帶

此筋有數薄散線列於横峯之間、其項處則無此筋背處則有圓系、腰處者薄而膜形〇脊骨柱之運動有屈伸旁旋扭轉其屈者爲俯而向前之運動動則其前總筋發鬆、脊間盤則在前發縮其後總、黃後峯間與上之各筋帶、與脊間盤之厚線俱伸開其片間之處寬其下交節峯向上滑流於下脊骨交節峯之上、在脊骨各運動以

伸運動　**旁運動**　**旋運動**　**扭轉運動**

屈運動爲極大而多、其伸者係仰而往後之運動、與屈者皆相反、此運動不大、因前總筋與後峯相近、而界限其力、其屈伸運動之大力、多在於腰與項、而項之伸力大於屈力、腰則與此相反、脊背中而上運動之力爲最少○在旁運動、則其盤之遊縮、而運動之大小、則在其週圍各筋帶之阻力、與其橫峯之遠近、脊骨各處俱有此運動、而以項腰爲極多○其旋運動則不大、由以上運動之次序而生○扭轉之運動、由於盤之扭轉、在兩脊骨之間而微動、若由全脊骨柱用力、則運動大、其柱前可以扭轉於左右、在頸項則此運動不大、下脊背與腰此運動最多○故頸項之運動極大而多、屈伸最便、其旁與扭轉之運動、雖不若屈伸之大、而大於其他部脊背之上、其屈伸與旁運動皆不大、在腰處則各運動皆備

紐環樞軸之二前筋帶　**後紐環樞軸筋帶**　**橫筋帶**

紐環樞軸交節　第一二頸項脊骨紐環之前弓與牙峯共爲旁合頁之交節部兩骨交節峯間則作爲雙流滑之交節此交節筋帶前紐環樞軸有二後者一橫一裏二

此前兩筋、其淺者乃圓系、見七十六圖　列於中線、其上挂於紐環前弓之骨朶、其下挂於牙峯底與樞軸體、其深者乃膜形之一層、其上挂於紐環前弓之下邊、其下之所挂與上相同、此筋帶在前則靠大前直之肌、其後紐環樞軸筋帶、見七十七圖　乃寬而薄膜形之層、其上挂於紐環後弓之下邊、其下挂於樞軸片之上邊、而以此筋代黃筋帶、其後則靠於下斜肌○其橫筋帶、見七十八九兩圖　乃堅厚之帶、作爲弓形過紐之環、以縮

裹筋帶　節膜　此交節之功用　前筋帶　枕紐環後筋帶

束牙峯令其緊貼於前弓、此筋前後扁、其中比兩端厚而寬堅掛於紐環兩邊之小骨朶在旁叢之裡邊各一、其過牙峯時則有小綹由上下兩邊而來其上者往上塞於枕骨之底峯、下者往下挂於牙峯根、故名十字筋、以此橫筋將紐環分爲不均勻之端、其後者大、以穿過髓系與其膜、其前者小、以綰其牙峯之部位紐環與橫筋間處之下邊比上者小（因橫筋緊貼於牙峯之窄項）其各筋帶皆分開而此峯與紐環緊相連○其兩裹筋薄而鬆、與紐環樞軸之節面相連、此交節前而外之線極堅○此交節有四節膜、每裹筋皆有膜以爲裡、一在牙峯前面與紐環前弓之間、一在牙峯後面與橫筋之間、往往與枕骨節踝及紐環之節面間之節膜相通○此交節有大運動、能將紐環與頭扭轉於樞軸之上、其扭轉之大小由於牙峯之筋帶主持之、

脊骨與頭顱交節（分爲兩份、一爲枕與紐環所連、一爲枕與樞軸所連）

紐環與枕骨交節（即變流滑交節、其筋帶乃枕紐環前二後一旁二裹二）

其二前筋帶（見七十六圖）其淺者乃堅而窄之圓系、其上挂於枕骨之底峯、其下挂於紐環前弓之骨朶、其深者爲寬薄膜層、其上者過大孔之前邊、其下過紐環前弓上之全邊、此筋在前靠於小前直肌、其後靠牙峯筋帶、其後筋帶（見七十七圖）寬而薄、與腦之外衣緊相合、其上連於大孔之後邊、其下連於紐環後弓之上邊、其兩邊不全與脊間上陜成孔、以穿過脊脉管、與枕下之腦筋、其後靠於小後直及斜上各肌、其前靠

旁筋帶
裏筋帶

此交節之運動

枕與樞軸筋帶

牙峯或束筋帶

束筋功用

於脊髓道之外膜而緊相貼、○其兩旁筋帶極堅、斜而往上往裡其上挂於枕骨之項峯、其下挂於紐環橫峯之底○其兩裏筋帶圍繞於枕骨節踝、與紐環之交節面相連其裏薄而鬆而圍於交節之節膜枕骨與紐環間之此膜往往與牙峯後面及橫筋帶間之節膜相通○此交節有屈伸之運動以俯仰點頭亦微有兩旁之運動、若俯仰顧盼過當必須借頸骨運動之力、

見七十九圖

樞軸與枕骨之交節此兩筋帶即是枕樞軸與三牙峯欲露出此筋帶須將紐環之後弓及樞軸片與後峯與大弓後之枕骨端皆除去

此筋列於髓道前面之上端、寬而堅以蓋其牙峯、與牙峯之筋帶、似乎脊骨後總筋帶往上所續者其下挂於樞軸體之後面、往上發大塞大孔前之底昭其前面緊貼橫筋帶、後面緊貼髓外衣、若將此筋帶橫刺而掀開則露出樞與牙峯之筋帶牙峯筋帶乃堅而圓之類絲系、在牙峯尖兩邊各一起斜向上而外、塞於枕骨節踝裡邊之凹凹處、此筋與大孔邊間之三角處有第三堅筋帶名爲吊筋帶由牙峯尖豎往上以至大孔之前邊與前枕紐環筋帶及紐環橫筋帶上綹緊相貼、○其功用爲約束其頭之扭轉故以束爲名、

耳門牙床交節即雙流交節此交節乃耳門骨臼之前端兩邊各一其上有臼前阜其下有下牙床杵此交節之筋帶乃內外兩旁雖牙床裏交節間之類絲脆之

外旁筋帶

此筋短薄而窄成結、見八十圖其上挂於衡峯之外面與峯下邊之澀骨朶、其下挂於下床骨項之外面與後邊上寬於下、其線平行斜向下而後、其外有耳下核與外皮以蓋之、其內有節間類絲脆與節膜〇

內旁筋帶

其內旁筋帶、見八十一圖長薄而鬆、其上挂於蝴蝶骨棘峯之上、往下變寬塞於牙孔之裡邊、其外面之上、以靠外後蹬肌、其下者由內牙床脉管隔開此筋與杵項再往下由下牙血管與腦筋以分開此筋帶與牙床枝、其裡緊貼於內後蹬肌〇

錐牙床筋帶

其錐牙床筋帶、乃薄健系由耳門錐峯尖起以至下牙床角與其枝之後邊、在咬與後蹬兩肌之間、此筋以隔開耳下與牙床下之核、其裡邊以挂錐舌肌本線之少許、此筋大約雖屬於牙床筋帶、其實乃以補其交節〇

裹筋帶

其裹筋薄而鬆、其上挂於臼之週圍、及其臼極前之交節面、其下挂於杵之項、此筋有數薄散線、而不能實指爲筋帶、其交節後此帶則極厚〇

節間類絲脆

其節間類絲脆、乃長圓之薄片橫列於牙床杵與凹之間、見八十二圖其上面由前而後凹、其橫微凸與臼之形象恰合其下面凹而緊貼其杵、其週圍之外與外旁筋帶相連、其內與裹筋帶相連、其前有外後蹬肌筋、其週圍厚於中間、其中往往有透孔、其線乃同心列法週圍較中明顯、其面滑而分兩空每空各有節膜、如其中之類絲脆透孔、則兩空之節膜皆相續、

節膜

〇其節膜有二、在類絲脆之上下各一、其上者大而鬆由臼所蓋之脆邊及臼前阜相續、以過類絲脆之上面、其下者列於類絲脆下面與杵之間、其後之往下較多於

此交節之腦筋

此交節之運動

前○其腦氣筋由下牙床之耳輪耳門、及咬之枝而來、○此交節之運動極大比如下牙床有下壓上提兼有前後左右之運動此互相運動之次序皆爲下牙床扭轉上牙床在嚼物時則有此功用、如下壓者微其杵仍在臼不過其前端微往下若下壓者大則杵出於臼外而至臼前阜之上并帶其節間類絲脆運動太過如因抽風而呵欠則其杵必挫入於銜窩之內其節間脆則帶往前其裏筋帶必折若牙床上提其杵與類絲脆帶往後而仍復其本位其牙床若往前或往後則類絲脆與杵由前後橫流滑於臼之上若爲左右之運動則成旁方向、

肋與脊骨之交節此交節分爲兩份一爲肋頭與脊體相連二爲肋項與骨朶與橫峰相連

肋頭與脊體之交節此交節乃次序之角合頁交節乃肋頭與脊背脊骨體相貼之邊之空所作此交節有肋脊前裏節間各筋帶相連

前肋脊筋帶

此筋、見八十三圖以連每肋頭之前端、與脊體之邊、及脊間盤、其筋由肋頭前端射成三扁絡上絡往上與上脊骨體相連下絡往下與下脊骨體相連、中絡極小橫往裡而挂於脊間盤、此筋在前則靠百結筋之胸結肺包膜及其右之大孤冋管其後靠節間筋帶與節膜其第一肋單與一脊骨相交節故此筋雖有三絡而不甚顯然、然其上線以挂末項脊骨體與肋交節之本脊骨體其第十一二肋亦單與一脊骨相交節、亦不分絡然其上線則連於上脊骨與肋交節之本脊骨、○其裏筋帶薄而鬆以圍其交節乃肋頭與脊骨相合所作交節空之間此帶緊連前筋帶上比下明顯○

裏筋帶

節間筋帶

此交節之運動　前肋橫筋帶　中肋橫骨間筋帶　肋橫筋帶　此交節之運動

其節間筋帶列於交節內、乃上而下之短扁線、一端挂於肋頭之銳崗、一端挂於脊間盤、分為兩空、各有節膜、而不相通、與第一第十一二則無此筋、故止有一節膜○此交節為上提下壓與微前微後之運動、而各類運動之大小多寡不同、其第一肋除大吸氣之外、別無運動、第二肋之運動、亦不甚大、其餘則逐漸加、其運動至十一二肋則運動尤大、大約女之運動大於男、

肋項與骨朶及橫峯之交節（此交節所連之筋帶係前中後各肋橫與裏）

此筋寬而堅、（見八十四圖）其下挂於肋項上邊之銳崗、斜上而外、至於極上之橫峯之下邊、下寬於上、下肋間較上類肋寬而薄、其前較後為明顯、此筋有前肋間血管與腦筋、後有長背肌、其裡邊與交節峯之間共成一孔、以穿過肋間血管與腦筋之後枝、其外邊與薄健膜所蓋之外肋間肌相續、其首與末肋條則無此筋帶○其中肋橫筋短而堅、列於每肋項後端之澀面、及相貼橫峯前面之間、（欲全露此筋須橫剖其橫峯與肋相似之端或用力將肋與橫峯分開再撕開其筋之線則全現出）惟第十一二兩肋之筋不過微有萌芽○其後肋橫筋乃短厚而堅之緒、由橫峯之頂、斜至肋骨朶無交節之澀端上肋之、此筋比下肋者短而更斜、其與上肋相似者往上、與下肋相似者則微往下、第十一二皆無此筋、凡肋骨朶交節端與其相貼之橫峯、皆作流滑之交節、為有薄裹筋帶挂於節面之週圍、其內有小節膜、其第十一二肋則無此交節○此交節乃微流滑之運動、

前肋胸筋帶　後肋胸筋帶　裏筋帶　節膜　此交節之運動

肋脆與胸骨交節、其眞肋與胸骨爲流滑交節此筋帶乃前後肋胸與裏

此筋見八十五圖乃寬而薄之膜帶由眞肋脆裡端射於胸骨之前面、此筋成絡以行諸方向其上絡斜往上、下者斜往下、中者橫其淺綫極長與上下對面及大胸肌本之各筋線皆相攙、作爲厚類絲膜以蓋胸骨之面其下端較上端爲明顯○後肋胸筋帶此前者薄而不明顯、乃眞肋脆胸骨端後面之線所作射於胸骨之後面與骨衣相合○其裏筋帶圍於此交節、極薄而緊貼前後筋帶在交節上下兩端、由脆起以至胸邊有數筋以加增其力此筋以保護節膜○第一肋之脆與胸骨直相續而無節膜、第二肋脆由節間筋與胸骨相連、一端挂於二肋脆、一端挂於第一二胸骨相合之脆此交節有兩節膜、第三肋亦有兩節膜第四五六七各有一節膜、故眞肋脆與胸骨間之交節、共有八節膜空若前胸骨前面與脆刺成薄片則能見此節膜之空人至中年以後、則交節面失其光華而發澀如無節膜者老年則無交節、而肋脆與胸骨則緊相合第七間或第六之肋脆由筋帶線連於劍尖脆之前面此筋帶線之長與寬名爲肋劍尖筋帶、人各不同、○此交節者提上壓下之運動而不大、

肋脆彼此之交節

第六七八之肋脆之下邊、由小滑長方之面、與其所貼相似之邊相接、每交節俱有薄裏筋帶以圍之、其裡有節膜、其內外俱有筋線即肋間筋帶由此脆過彼脆以加增其

腰方筋帶

腰胯筋帶

力其第五間或第九、亦由其脆之下邊有小長圓面、與其所貼之脆相接、往往無此節面而有數筋線相連、

肋與其脆之交節

每肋脆之外端、列於肋胸骨端之凹處、有骨衣相連、

胸骨之筋帶

胸骨之第一二塊、由脆一層以相合、老年則變骨、其兩弧由前後兩筋帶相連、其前胸筋帶乃一層豎線其兩邊有前肋胸骨筋線與大胸肌之鍵膜本相摻此筋澀而雜在骨之下端者厚於上端其後胸筋之列法按交節與前者一樣

尻骨盤與脊骨之交節

末腰脊與方所連之筋帶、與脊骨弧彼此之連相似、其一乃前後邊筋帶續往下其二乃兩骨之扁長圓面所連之脊間物以作微動之交節三爲黃筋帶乃末腰脊之弓與方道之後邊相連四爲交節峰所連之裏筋帶以作雙流滑之交節五爲後峰間與上之筋帶其尻骨盤與脊骨所連之兩個本筋帶乃腰方與腰胯筋

此筋見八十六圖乃短而厚三角形之絡、其上挂於第五腰脊骨橫峯之下與前端、斜往外與其下挂於方骨底之旁面、與前方胯筋相合、此筋之前靠於腰脊、○腰胯筋帶、亦見八十六圖由末腰脊橫峯之尖、橫而外、以至胯崗、在方胯交節之極前、此筋三角形、其內厚而窄、外寬而薄、前靠腰脊、後靠脊陷所列之肌、其上靠方腰脊、

尻骨盤交節、其盤連於骨之筋分爲四類一爲方與胯二爲方與坐三爲方與尾骶四爲兩交骨之間

前方胯筋帶　後方胯筋帶　大或後方坐筋帶　小或前方坐筋帶

方與胯之交節

此交節乃微動之交節、在方胯兩骨旁面間、其前端（又爲耳端）有脆之薄片一層以蓋之、方端厚於胯、其脆之面、在成人則澀而雜形、有軟黃穰物在其間以隔之、在小兒與孕婦其面則平滑而以細節膜爲裡、（成人間或亦有如此者）前與後方胯各有筋帶以連此面、其前之數帶薄而連於方胯之前面、其後者乃骨間之堅筋帶、（見八十七圖）列於方胯後間之凹處、以連此兩骨、（由骨間各方向所行之數堅綹所作有三大綹其上兩綹橫方向出方後面第一二之橫骨朶而來塞於胯裡面後端不平之澀面其第三綹斜方向一端挂於其後面第三或四之橫骨朶一端挂於胯之後上峰名爲斜方胯筋帶）

方與坐之交節（乃大方坐或後小方坐或前）

此筋列於盤之下與後、端薄而扁、作三角形、其中窄於兩端、其寬底挂於胯之後下峯及方骨之第三四橫骨朶、與方骨下端之旁與尾骶骨之旁、再斜往下而外而前、則變窄而厚、塞於坐阜之裡邊、以後則增其寬與大、向前而長、隨其枝之裡邊以作鐮形之筋帶、此筋之浮凹邊挂於遮蔽夾膜、與此膜作爲陷、以保護內羞秘血管與腦筋、以其筋之一面向於會陰、一面向於內遮蔽肌、其筋帶之後面以挂大臀肌之本、其前面與小方坐筋帶相合、其上邊以作小方坐孔之下地界、其下爲會陰地界之一端、其坐脉管之尾骶枝以穿過此筋、○其小方坐筋較大者短而小、薄而三角形、由其尖挂於坐峯裡面、由其寬底大方坐筋帶前挂於方與尾骶骨之旁、而與其

前方尾骶筋帶　後方尾骶筋帶　節間類絲脆　方尾骶交節之運動

線相攙、其前靠尾骶肌、其後有後筋帶以蓋之、有羞秘血管與腦筋以過之、其上邊爲大方坐孔之下界、其下邊爲小方坐孔之一端、由此兩筋帶將方陜變而成孔、其上或大之坐方孔、在前而上爲胯骨後邊之界、其後有大方坐筋臀其下即小筋帶、在鮮骨則有梨肌以補其孔之一端、此肌之上有臀血管與腦氣筋由盤而出、其肌之下有坐血管與腦氣筋、并有內羞秘血管與腦筋及內遮蔽肌之腦筋以穿過之、其下或小方坐孔、前爲坐阜上爲坐峯與小筋、後爲大筋、其孔穿過內遮蔽肌筋與其腦氣筋、及羞秘血管與腦氣筋、

方與尾骶之交節此交節乃微運動之交節、係方骨頂長圓之面與尾骶骨底間所作、此交節與脊骨體間之交節與其所連之筋俱相似

乃前兩方尾骶與節間數絲脆此前筋乃數雜線所作、由方骨前面、以至尾骶之前、與骨衣相合、○其後筋扁、湼白色、由方道下口邊起、塞於尾骶之後面、此筋以全方道下而後之端、其淺線長於深線、深線由方骨尖以至尾骶之上角、此筋在前靠方道之中膜、方骨之一端、及尾骶之後面、其後有大臀肌、其脆列於方與尾骶相貼之面之間、比脊骨體間者薄、其中端者硬、其前後者厚於旁、其尾骶之極運動處、往往有節膜、孕婦則運動尤多、有骶骨各弧、皆由前後之筋帶所連、每骨間列有薄環盤之類絲脆、在成男則各塊俱變骨、婦人則於斷產之後變骨、尾骶之各弧先相合、老年則與方骨俱相合、方骨與尾骶之運動、及尾骶之本各塊之運動、皆爲微前微後之運動、孕婦則

前交骨
筋帶
後交骨
筋帶
上交骨
筋帶
下交骨
筋帶
節間類
絲脆
遮蔽筋
帶

加增其運動、

交骨之交節、此交節微運動之交節乃兩長圓面相合而作成其交節之筋分爲前後上下及節間類絲脆此筋乃數層所作、由交節前而過其淺線、由此骨斜過於彼骨、并與外斜肌之健膜線俱相編其深者、橫過其交節與節間之類絲脆相合○其後者乃數薄散線所作、在兩交骨之後相合○其上者在兩交骨之上相連○其下者厚爲三角弓形、在兩交骨之下相連、并作爲交弓之上界、其上與節間類絲脆相合、其旁與交骨枝相合、其線黃色弓形而密相連○其交節中類絲乃兩長圓片所作、每節面各一、其厚薄人各不同而高於交節、其後者尤高、每片之外面皆作乳形之峯、與骨相似之凹處相合、其對面之多半面、以類絲韌質相連、其週圍有圍交節之數筋帶其交節之上而後端片之間則無類絲質其類絲脆之面則有膚以爲裡、此處男女老幼皆同、惟婦人有孕或生產後、則發大、婦人生產則韌質鬆中國有交骨開與不開之說乃大誤也大約此處多在上而後端、往往亦可至其前、往往全脆俱有此處、若由其交節後面竪刺看之、則其理顯而易明○遮蔽筋乃密膜層係數方向之線相編所作、挂於遮蔽孔之週圍、以滿蔽其孔、惟上與外端留一小長圓道、以穿過遮蔽血管與腦氣筋、其筋在前以靠外遮蔽肌、其後靠內遮蔽肌、兩肌皆挂於其筋之上、

上肢交節一爲胸鎖柱二爲飯匙鎖三爲飯匙筋帶四爲肩五爲肘六爲輔正肘七爲腕八爲腕骨者九爲腕掌者十爲掌節者十一爲指節者

前胸鎖柱筋帶　後胸鎖柱筋帶　鎖間筋帶　肋鎖柱筋帶　節間類絲脆　節膜　此交節之運動

胸鎖兩骨交節

此交節爲流滑交節其節以三端相合一爲鎖柱胸端一爲胸骨第一塊之上而旁端一爲第一肋之脆鎖柱之節面大於胸骨之節面有脆一層亦厚於胸骨之脆其交節筋帶有前後胸鎖柱鎖間肋鎖及節間類絲脆

此筋乃寬帶以蓋交節之前面其上挂於鎖柱內端之上而前、斜往下而裡、其下挂於胸骨柄上而前之端、此筋前有胸鎖乳肌之胸端、與其外皮以蓋之、其後靠於節間類絲脆與兩節膜、○其後胸鎖柱筋寬而蓋於交節之後面其上挂於鎖柱內端之後斜往下而裡、其下連於胸骨之後而上端、其前靠於節間類絲脆與節膜其後靠於胸舌骨與胸牌兩肌○其鎖柱間之筋扁其形象與其大小各人不同由此鎖柱內端之上以至彼鎖柱、緊挂於胸骨之上邊、前靠外皮後靠胸牌肌、○其肋鎖柱筋短而扁斜方形其下挂於第一肋脆上而裡、斜往上往後而外挂於鎖柱下面之斜方凹處其前靠鎖下肌之本筋其後靠鎖下之回管、○其節間脆乃扁圓之盤列於胸與鎖柱節面之間、其上挂於鎖柱上而後之邊、其下挂於第一肋與胸骨相合處之脆其週圍挂於前後胸鎖筋帶其週圍之上而後厚於其中與下分作兩邊之二空每空各有節膜、往往其脆透而兩節膜亦相通、此兩節膜一由鎖柱胸骨端反折於類絲脆相貼之面與第一肋脆之上、一列在胸骨節面與類絲脆面之間、比上膜鬆而無交節油、○此交節爲肩運動之中心與上下前後及旋各樣之運動其鎖柱胸骨端與節間脆則流於胸骨節面之上、

上肩頭鎖柱筋帶　下肩頭鎖柱筋帶　烏喙鎖柱筋帶　斜方筋帶　圓錐筋帶　節間類絲脆　節膜　烏喙肩頭筋帶

飯匙鎖柱交節 乃鎖柱外端與飯匙肩頭上邊間之流滑交節　其筋帶乃上下肩頭鎖烏喙鎖節間類絲脆

此筋寬而四平以蓋交節之上端、由鎖柱外端之上以至肩頭、此筋乃平行線所作與斜方三角兩肌之健膜相編、其下靠於類絲脆與節膜〇其下肩頭鎖筋薄而蓋於交節之下、以挂兩骨之面、有類絲脆則靠於其脆與節膜、其下靠崗上肌筋、此二筋前後彼此相續爲節之整裹、有烏喙鎖柱筋帶以連鎖柱與烏喙峯、此筋成兩綹、一爲類斜方、一爲圓錐形〇斜方在前而外、寬薄而四平、斜列於烏喙峯與鎖柱之間、其下挂於烏喙峯之上面、其上挂於鎖柱下面之斜線、其前邊浮、後邊與圓錐筋相合、而作爲角〇圓錐在後而內、密而成圓錐形、其底向上而頂向下、其尖挂於斜方裡邊烏喙底之澀凹處、其上由其底挂於鎖柱下面之圓錐骨朶由骨朶往裡、另有半寸長之線、在前則靠鎖下肌、在後則靠斜方肌、以約束飯匙前後之扭轉〇其節間脆則或有或無、然無者居多、即有亦不過分在上半節面之一端、而罕有其全者、若全則必將交節分爲二空〇而有兩節膜、然總以一節膜者爲居多、此處之運動有二、一爲鎖柱節端流滑於肩頭之上、一爲令飯匙前後扭轉與鎖柱骨之上、其扭轉之大小、即仗烏喙鎖柱筋之兩端以約束之、

飯匙之本筋帶 即烏喙肩頭與橫

此筋寬薄而扁、三角形、橫列於前交節上端之上、烏喙與肩頭峯之間、由其尖以挂

橫或烏喙筋帶

集筋帶

鎖柱節面極前之肩頭頂、由其寬底以挂烏喙峯外邊之全邊、其後線斜往後而外、前線橫、其筋補足烏喙肩頭而成全甕形、以保護臂骨之頭、其上靠於鎖柱骨、與三角肌之下面、其下靠於崗上肌之筋、有囊列於其間、其前邊與三角肌下崗上下兩肌筋上之密連片相續、○其橫筋乃薄扁縚中窄於兩端、將上飯匙之峽變爲孔、以一端挂於烏喙峯之底、一端挂於飯匙峽之內端上、飯匙之腦氣筋穿過其孔、其並行之血管卽在其孔之上、

肩交節

此交節乃杵臼交節、其骨爲背骨之大球頭、列於飯匙之淺臼內、此交節有大運動、然不免脫落、故有堅筋帶與肌筋以圍之、其上有烏喙與肩頭峯之下面及烏喙肩頭筋帶所作之甕、其兩節面有脆一層以蓋之、背骨頭中之脆厚於週圍、其臼之脆則與此相反、故互相吻合、（此交節之筋帶一爲囊一爲烏喙臂一爲臼）

此筋帶滿圍其交節、其上挂於臼之週圍、本臼筋之外、其下至背骨全體之項、其筋長大而鬆、相隔寸餘、若與骨相連、則無須長大、上厚於下、故能爲此交節之大運動、其外面之上有崗上肌、其上而內者有烏喙背筋、其下有三頭肌之長頭、其外有崗下與小圓條兩肌之筋、其內有飯匙下肌筋、以加增其力、此筋有三孔、一在裡、乃烏喙峯之下、有飯匙下肌筋以補其孔之一端、有節膜與此肌筋下囊之間相通、一在

烏喙背或附筋帶　臼筋帶　節膜　此交節之運動

外、與交節及崗下肌之囊之間相通、此孔不常有一在下、由兩阜之間以穿過雙頭動肌之筋、其烏喙背筋乃寬帶以增裹筋上而裡之端、由烏喙峯之外邊起、斜往下而外、以至背大阜之間與崗上肌相合、此筋與裹筋緊相貼○其臼筋帶堅挂於臼週圍之邊、剌開則成三角形、其臼之週圍厚、其浮邊則薄而銳、其上與雙頭肌之長筋相續、此肌在臼之上端分爲兩絡、圍其臼之邊、而與下端相合、其筋爲增其臼之深與保護其骨之邊、有節膜以爲裡○此膜兼以蓋臼之邊、與其週圍類絲脆之沿、以後則反折於裹筋帶裡面之上、并遮蓋背骨項之下端與其邊、微續於背骨頭之脆、雙頭肌之長筋即穿過此交節、而有節膜一層圍之以爲鞘、其膜在透裹之處、則反折而續於其裹之週圍、以至臼之項、故此筋雖可以穿過其交節、而不在其節空之內、此節膜由裹筋帶裡面之孔、與下飯匙肌筋下之大囊相通、另有一囊則由其外端之孔、與崗下肌筋下之囊往往相通、其三角肌下與裹之外面之間、則有第三囊、而不與此交節相通、此交節所靠之肌、其上有崗上肌、其下有三頭之長頭、其內有下飯匙、其外有下崗與小圓條兩肌、其裡有雙頭之長筋、其極外則有三角筋、以蓋其交之外邊與其前後、養交節之脉管、乃前後彎回與上飯匙之節枝、其腦氣筋即由彎回與上飯匙而來○其前交節之運動、大約前後開合旋轉扭轉、各方向皆備、

前筋帶

後筋帶

內旁筋帶

外旁筋帶

節膜

肘交節

此交節爲合頁交節、乃臂骨之滑車面、收納於正肘大半月窩之內、爲屈伸之運動、其輔肘頭杯形之凹處與臂骨輔肘之阜相接、其週圍之邊與正肘骨之小半月窩相接、故輔肘骨則扭轉於正肘骨之上、爲上輔正兩肘交節之大功用、其節面有薄脆一層以蓋之、有前後內外四筋以連之○其前筋見九十一圖乃寬而薄之一層、挂於烏喙窩之極上、其下至於正肘烏喙峯與環筋帶之前面、而與內外兩旁筋相續、其淺或斜線由臂之裡踝往外、以至環筋帶、其中或豎線由烏喙凹之上而來、與淺斜線相合、其橫線由十字以過上兩線、此筋在前則靠前臂肌、在後則靠於節膜○其後筋薄而鬆、其上挂於臂之下端、即肘凹之極上、其下挂於肘之邊、其淺或橫線行於肘窩近邊之間、其深豎線由肘窩上端以至肘之邊、其後靠於三頭與肘兩肌之筋、其前則靠於節膜○其內旁筋三角形、分前後兩端、其前者斜往前、其上由其尖挂於臂內踝之前、其下由其寬底挂於烏喙峯之裡邊、其後者其上由其尖挂於內踝之下而後、其下挂於肘之裡邊、此筋之裡靠於三頭與屈腕正肘兩肌及正肘腦筋○其外旁筋見九十二圖窄而短、不如內旁之明顯、其上挂於臂骨之外踝、其下至於環筋、其極後有數線過此筋、塞於正肘之外邊、此筋與短仰肌本之筋緊相合、肘交節之節膜極大、以蓋臂骨節面之邊、與烏喙與肘之凹處、以後則反折而蓋於前後

肘交節之肌

旁筋帶、與小半月窩及環筋帶之裡面、輔肘頭之週圍之間作爲囊、其肘所靠之肌在前有前臂後有三頭與肘外有短仰與伸肌本之總筋、內有屈肌本之總筋、及屈腕、正肘與正肘腦筋、其養此交節之脉管、由上深下深與臂相合之枝間所相連之枝及正肘前後及骨間彎回之枝、暨輔肘彎回之枝而來、此管在交節之週圍作爲鍊、其腦氣筋、則由正肘之行於內踝與肘之間而來、另有肌皮之數絲、其交節在人身爲十分之合頁、故但能作屈伸、而無他運動、

此交節之運動

正輔兩肘交節

上正肘輔肘交節

此交節有筋帶以連兩骨幹與其兩端、故可以分爲上中下之三交節、○其上者乃旁合頁與輔肘骨頭週圍之裡邊、扭轉於正肘小半月窩之內、其面有膗以蓋之、亦有肘交節所續之節膜、折疊而圍之、此交節單有一環筋帶、○其筋（見九十二圖）扁而堅、將輔肘頭收束於小半月窩內、其環之地步占四分之三、每端俱掛於半月窩其上寬於下、故能堅抱輔肘之頭肘骨之外旁筋帶、以加增其環之外面、短仰肌本之一端由此而來、其裡面平滑而有節膜、此交節之運動、能將輔肘頭扭轉於環筋帶之內與小半月窩之上、前轉則爲俯、後轉則爲仰、（男女兩手皆有輔肘骨乃能屈伸洗冤錄謂婦人無輔肘骨大謬）○

環筋帶

中正肘輔肘交節

其中者有斜（見九十一圖）與骨間兩筋帶列於兩骨幹之間、其斜者乃小而圓之類絲系、○由正肘鳥喙底骨突斜往下而外、至輔肘雙頭阜之下、其筋與骨間筋線之方向相

骨間膜　下正肘輔肘交節　前正肘輔肘筋帶　後正肘輔肘筋帶　三角類絲脆　節膜

反在骨間上端之處、仿彿以代骨間之筋帶、亦往往有無此筋者、○其骨間膜、寬而薄、斜往下而裡、由輔肘骨間崗至於正肘骨間崗、其上無此膜、自輔肘骨朶下約一寸起、中寬於兩端、其下邊之極上有圓孔、以穿過前骨間血管而至前臂之後、其筋以連兩骨、並加增其所挂深肌之面、其上邊與斜筋之間有一孔、以穿過後骨間之血管、此膜之後面、往往有兩三類絲帶、由正肘斜往下以至輔肘、與他線之方向相反、在前則由其上四分之三、卽輔肘邊靠屈長拇、卽正肘邊與屈深指、有前骨間之血管與腦筋、列於此肌間處之上、由其下四分之一、則靠俯方肌、其後靠短仰、與伸掌拇、及伸拇之第一二節、並有伸食指、近靠其腕、又靠前骨間脉管、與後骨間之腦筋、○下正輔肘骨乃旁合頁之交節、其正肘骨之頭、收納於輔肘下端裡邊之半月窩、其節面有薄脆一層以蓋之、有前後兩筋及節間脆以連之、○其前者見九十三圖、爲窄帶線由輔肘半月窩之前邊、以至正肘頭之前面、○其後者、見九十四圖、與前者之挂處相同而在後、○另有三角類絲脆、見九十五圖、橫列於正肘骨頭之下、以緊連本骨之下端、與輔肘骨、其週圍厚於中、其中薄而往往透孔、其尖列於正肘骨頭、與錐峯間之凹處、其底薄、挂於輔肘凸邊腕交節面、與半月窩之間、其脆之邊與腕交節之筋帶相合、其上面平滑而凹、靠於正肘骨之頭、下面亦平滑而凹、靠於槃骨、其兩面有節膜爲裡、上面有正輔肘之本節膜、下面有腕之節膜、本交節節膜極鬆、故名囊形膜、蓋於正

此交節之運動

肘頭節面之邊、由正肘骨反折於輔肘、作爲極鬆之囊、由輔肘續於類絲脆之上面、其所含之節油大約極多、如類絲脆到其孔、則此節膜與腕節膜相續、此交節之運動、乃以輔肘扭轉於正肘頭之週圍、而與其上兩骨者相反、往前則爲俯、往後則爲仰、俯則其半月窩向前滑而流於正肘節邊、仰則與之相反、其運動之大小、由前後筋以約束之、

腕交節

此交節乃杵臼交節、其上有輔肘下端、與三角節間類絲脆之下面、其下乃船月塞三骨所作、其輔肘之節面、與類絲脆作爲橫橢圓之凹面、下有一線由前往後、將輔肘分爲兩端、此端與節間脆作爲三小面、每腕骨各一、三腕骨相連而成凸面、入於橢圓之凹處、各交節俱有脆以蓋之、有前後與內外旁筋以連之

外旁筋帶

〇其外旁筋由輔肘之錐峯項至船骨之外邊、有數線續於斜方與環筋帶

內旁筋帶

〇其內旁筋圓形、其上挂正肘之錐峯、其下分爲兩綹、一挂於塞骨之裡邊、一挂於豆骨與環筋帶

前筋帶

〇其前筋帶寬而分爲三綹、其上挂於輔肘下端之前邊與錐峯及正肘骨、其線往下往裡、塞於船半月塞三骨之心面、此筋由數孔以穿過血管、其前靠屈深指與屈長拇兩肌之筋、其後靠腕交節之節膜

後筋帶

〇其後筋帶不如前筋之堅厚、其上挂於輔肘下端之後邊、其線斜往下而裡、挂於船半月塞三骨之背面、其線與背腕筋帶相續、其後靠

節膜腕交節之運動

指筋帶　心筋帶

骨間筋帶

三背筋帶　三心筋帶　二骨間筋帶

指伸筋其前靠於腕節膜○其節膜在上以作三角形脆下面之裡反折而至以上各筋帶之裡面此交節前有屈筋後有伸筋所蓋并靠正輔兩肘之脉管其養此交節之脉管乃正輔兩肘之前後腕枝前後骨間與深心弓之數上枝其腦筋由正肘而來其運動止能屈伸開合旋轉而不能扭轉

腕　交節（此交節分為三份一為第一排二為第二排三為一二兩排相接）

腕骨第一排交節（此交節為流滑交節有腕以蓋其節面亦有二背二心兩骨間筋帶）

其背筋帶有二橫列於第一排之後將船與半月半月與塞三骨相連○其心筋帶以有二亦連於船與半月半月與塞而不及背者之堅深列於腕前筋帶之下筋○其骨間（見九十五圖）乃二個類絲質之窄縚連於半月與船半月與塞之間而填滿於三骨間空處之上端其上面滑而有腕之節膜以為裡其豆骨與塞骨之間則另有節膜有薄裹筋帶以保護之并有兩堅類絲縚與鉤豆骨及第五掌骨之底相連

腕骨第二排交節（此交節流滑之交節有腕以蓋其節面有三背筋三心筋二骨間筋相連）

此三背筋橫列於斜方類斜方大鉤各骨而節節相連○其心之三筋所列與背筋相同○其骨間二筋厚於第一排之筋列於大骨之兩邊其外連於類斜方其內連於鉤骨

腕骨第一二排之交節

前或心筋帶　後或背筋帶　旁筋帶　兩節膜

第一二兩排間之交節、在其中者乃杵臼交節、以船與半月二骨合爲臼、以收納大骨而作爲杵、其兩邊爲滑之交節、其外爲船與斜方類斜方所作之交節、其內爲塞與鉤所作之交節、亦有薄脆一層以蓋其節面、有前後與內外兩旁筋帶相連、○其前者乃短線斜列於第一二排心面之間、○其後者與前者相同、○兩旁筋極短、一列於腕之輔肘、一列於正肘之邊、其輔肘者堅而明顯、連於船與斜方、正肘者則連於鉤與塞與腕交節之旁筋帶相續、○兩排間之交節各有節膜、其一大而列於船半月塞之下面以爲裡、往上續於相貼骨面之間、復反折於第二排之上、往下而發至骨之間、以圍外四掌骨之腕端、其二在豆與塞之間、其兩排各骨間之運動不大、其兩排間則運動多而專屈伸、

腕掌交節

拇掌與斜方交節

拇掌與斜方交節卽杵臼交節、有裹與節膜之筋帶、其裹厚而鬆、由掌骨上端之週圍至斜方節面之澀邊、其外而後者厚、另有節膜以爲裡、

指掌與腕之交節（乃腕與四內掌骨間之交節有背心與骨間筋帶相連）

心筋帶

其背筋極堅而明顯、連於腕與掌骨之背面、第二掌骨者收納兩䋐、一由斜方而來、一由類斜方而來、第三掌骨收納一䋐、由大骨而來、第四掌骨有二䋐、由大骨鉤骨各一而來、第五掌骨有一䋐、由鉤骨而來、心筋除第三掌骨之外、其餘之列法與背

下腕筋帶節膜

此交節之運動

背與心筋帶

者相同、其第三掌骨者、有三筋、其外者由斜方而來、列在屈腕輔肘肌筋殼之上、其中者由大骨而來其內者由鉤骨而來○其骨間筋帶短而厚與大鉤兩骨相依之下角及第三四掌骨相依之面相連○其節膜由腕骨兩排之間所續其鉤骨與第四五掌骨往往另有節膜、以上所有手腕共有五節膜、見九十五圖第一在正肘下端輔肘半月窩三角腕之上面卽是囊形之膜第二其上爲輔肘下端與三角腕其下爲船半月與塞各骨第三極大以蓋腕骨相依兩排之面、而穿過第二排骨之間爲內四掌骨腕端之裡、第四爲斜方與大拇掌骨相貼之面之裡、第五爲塞骨豆骨相貼之面之裡腕掌交節乃微流滑之運動而各交節運動之大小不同大拇掌骨與斜方之運動爲極大其次則第五再次則第四其二與三則幾無運動矣大拇與斜方爲伸屈開合旋轉之運動、

掌骨彼此之交節、掌骨腕端由腕所蓋之小面彼此相接與有背心及骨間各筋相連其心背筋乃心背兩面由此骨橫過於彼骨、其骨間筋、由旁小節面之極下相貼之骨面而過有節膜由腕骨之二排之間反折而來以爲旁小面之裡掌骨之指端、有窄類絲帶以連之名爲橫筋帶而橫過其下面與掌指交節之筋帶相合其前面有四陷以穿過屈肌之筋其後面與掌指交節之筋帶相合、

掌指節交節

前筋帶　旁筋帶　後筋　此交節之運動　裏筋帶

此交節乃合頁交節、見九十六圖將掌骨之圓頭收納於第一節端之淺空、有前與兩旁筋帶相連、其前筋爲厚密類絲脆質、每筋列於交節之心面、在旁筋帶之間而與其筋相連、其上鬆連於掌骨、其下與第一節之底緊相連、其筋之心面緊貼於橫筋、相合而成陷以穿過屈肌之筋、其圍於肌筋之殼、由兩邊相連、由其筋之裡面作爲掌骨頭之節面、有節膜以爲裡、其旁筋帶乃堅圓系、列於交節之兩邊各一、每系以一端挂於掌骨頭邊之骨朶、一端挂於第一節相貼之端、其後筋即伸肌之筋、列於每交節之背面、其運動爲屈伸開合旋轉、亦有旁運動而不多、

指節交節

此節亦爲合頁交節、亦有前與兩旁之筋帶相連、其列法與上相同、其後筋亦以伸肌筋代之、其運動只有屈伸、而第一二節間之運動、較第二三者爲大、因有前與旁筋以約束之、故屈運動大於伸運動、

下肢之交節　下肢之交節分八類、一爲胯盂、二爲膝、三爲小腿與輔之間、四爲足、五爲腕、六爲腕掌、七爲掌節、八爲節

胯交節見九十七圖　此交節乃杵臼交節、以大腿頭收納於胯骨杯形臼之內、兩節面俱有脆以蓋之、大腿頭之脆中厚於週圍、除其頭中極下之凹處以挂圓條筋帶、其餘處俱爲脆所蓋、臼中所蓋之脆中薄於週圍、臼底之環臼處則無脆、其交節之筋帶有五、爲裏、胯股、圓條、杯、橫、其裏筋帶堅而密、其上圍於臼之邊、其下圍於大腿之項、

筋其上之週圍在杯筋帶外之二三分挂於臼其峽對面之臼邊有不足處有此筋連於橫筋及遮蔽孔邊之數線相連其下之週圍以圍大腿項其前挂於螺旋或前阜間線其上挂於項底其後挂於骨項之中後阜間線約有半寸其筋之上與前厚而堅其下薄長而鬆其外面澀有許多肌以蓋之其前有節囊以隔開腰胯兩肌往往由環孔與交節相通此筋不及肩裏筋帶之鬆亦無筋以穿過故與肩之交節不同

胯股筋帶

○其胯股筋帶見八十六圖乃附帶斜穿過於交節之前與裏筋緊相連以加增其力其上挂於胯前下峯其下挂於前阜間線

圓條筋

其圓條筋乃三角形之帶其尖在大腿頭中凹處之微後而下其寬底乃兩束線所作塞於至臼底峽之邊與橫筋相連其筋之堅厚不一有節膜以為殼亦往往則亦有節膜折疊而無筋帶此筋為約束大腿頭令其雖屈而扭轉然不至脫落於前與外按此交節必然之勢若無此筋帶與裏筋帶前端若不厚則大腿頭必易脫落

杯筋帶

○其杯筋帶乃類絲脆沿挂於臼之邊以增其臼之深并保護骨邊以補其面之不平此筋三稜形其底挂於臼之邊其對面之邊浮而銳其兩面有節膜外者貼於裏筋帶內者斜向裡而將其臼縮小以圍大頭之脆面其上而後者厚於下而前乃密線所作由臼週圍之數處而來彼此相編而作前角

橫筋帶

○其橫筋帶堅而扁過臼下端之峽變為孔其兩邊與杯筋相續其下有孔以穿過養交節之血管

節膜

○其節膜極大由大腿頭脆面之邊起而蓋其交節內項

之一端、以後則反折而蓋於裏筋之裡面、與杯筋之兩面、及臼底窩中之油、此後則爲殼續於圓條筋之週圍、以至大腿頭、此交節前靠於腰胯兩肌、有節囊以分開此肌與裏筋、其上靠於直肌之短頭與小臀肌、而緊貼其肌、其裡靠於外遮蔽與梳肭肌、其後靠於梨、上雙內遮蔽、下雙外遮蔽、方股各肌、其脈管由遮蔽、坐內回環、與臀而來、其腦筋乃方叢、大坐遮蔽、及附遮蔽筋之界枝而來、此交節乃杵臼交節之大運動、而屈伸開合旋轉扭轉皆備、

膝交節（此交節乃合頁交節其上爲大腿踝下爲小腿頭前爲膝蓋骨其節一面有脆以蓋之有筋以連之有數筋或連於外或連於內節外者一前一後一內旁兩外旁與裏節內者一前一後兩半月一橫一冠一嫩膜一翼）

前或膝蓋筋帶

其前筋、（見九十八圖）在膝蓋骨之下、其筋堅而扁、約長三寸、爲伸大腿肌之總筋、其上挂於膝蓋之尖、與後面之澀凹處、其下至小腿骨朶之下端、其淺線穿過膝蓋之前、與四頭伸肌筋相續、其筋有兩節囊、一囊在膝蓋骨與其前面所蓋皮之間、一囊小、在膝蓋筋與小腿阜上端之間、其筋後面之上與交節之間、乃許多油質、其筋之旁、與廣大肌所來之健膜相續、

後筋帶

○其後筋（見九十九圖）寬而扁、滿蓋於交節之後、乃兩旁端所作、由大腿踝上之竪線而來、其下與小腿頭之後相連、緊貼於雙腹、掌膕三肌之筋、其中端爲數斜綹所作、綹間之孔、以穿過血管、其極堅之綹、由半膜肌筋而來、由小腿之內阜後端、斜往上而外、以至於大腿外踝之後端、此筋以作膕之底、膕脉管列於其上、

內旁筋帶

其內旁筋寬而扁、後者厚於前、列於交

節之後、而較前爲近、其上挂於大腿之內阜、其下挂於小腿內阜、與幹之裡面約二寸、有盤腿之健膜、與窈窕板筋兩肌之筋、以穿過其下端、其間有節囊、以深面蓋於半膜肌筋之前端、與交節之節膜、及下內交節之脉管、而緊貼於內半月之類絲脆、

外長旁筋帶

其外旁筋長短各一、其長者堅而圓、列在交節後移近於前、其上挂於外踝、其下挂於輔腿頭之外端、有雙頭肌筋蓋其外面、其塞處由筋帶將此肌筋分爲兩端、有膕肌筋與下外節血管及腦筋行於其下、

外短旁筋帶

其短者乃附絡線、列於者長之後而平行、其上挂於外踝之下、其下挂於輔骨錐峯之頂、緊連於裏筋帶、膕肌筋卽行於其下、

裏筋帶

其裏筋極薄而堅、而補滿以上各筋所留之空處、其上挂於大腿節面之極上、其下挂於膝蓋上沿與邊、小腿頭及節間脆之邊、其後與後筋相續、此筋由寬夾膜、廣大股、雙頭、盤腿、各肌與半膜肌之筋、所來之類絲發大、以加增此筋之力。

十字筋帶

○其十字筋乃兩個骨間筋帶、列於交節之內、後者近於前、彼此斜過、故以爲名、按小腿所挂之部位分爲前後、

前或外十字筋帶

其前者、（見第一百圖）比後者小、挂於小腿峯前凹裡邊、與半月類絲脆之前端相合、斜往上而後而外、塞於外踝之內而後端、

後或內十字筋帶

其後者大於前、不若前之塞斜挂於小腿、後峯凹處之後端、與外半月類絲脆之後端、往上而前而裡、至於內踝之外而前端、其過前筋之時、發爲一絡、與後者相合、其前靠於前十字筋、其後則靠於後筋帶、（非十字後筋）

半月類絲脆

其半月類絲脆、（見一百零一圖）形如兩半月片、挂於小腿頭之邊、以增深其節

內半月類絲脆　外半月類絲脆　橫筋帶　冠筋帶　節膜

面而作大腿踝之交節、每脆之週圍厚而凸、其內之浮邊薄而凹、其上面凹、以靠其踝、其下面扁列於小腿頭、此脆每片大約遮蓋小腿相似節面外三分之二、其內三分之一則無所蓋、其兩面平滑而有節膜、其內外半月脆爲半環形、前後微長而後寬於前、其凸邊由冠筋帶與內旁筋帶、及小腿頭相合、其前端薄而尖、塞於小腿內節面前之凹處、其後端塞於峯後之凹處、外脆與後十字筋帶之間○外半月脆略似整環、較內脆多蓋其節面、其外邊有陷以列膕肌筋、其週圍由冠筋與小腿頭相連、其兩端塞於峯前後之凹處、及內脆之間、其前沿發爲綹以作橫筋帶、其前端與前十字筋帶相續、後端分三綹、兩綹往上而前、塞於內踝之外邊、在後十字筋帶之前後各一、其第三綹塞於前十字筋之後○其橫筋帶橫行於外半月脆之前凸邊、至內脆之前端、其厚薄各人不同○其冠筋帶、乃數短帶連於半月脆凸邊與小腿頭之週圍、及交節週圍之各筋帶、其節膜乃週身極大之節膜、由膝蓋骨之上邊起、在伸筋之下作爲大囊、其伸筋與大腿骨前之間、又往往列一節囊、此囊往往有大小不等之孔、而與膝交節之節膜相通、膝蓋兩邊、其節膜列於廣大肌健膜之下、膝蓋下有油質以隔開此膜、與前筋帶、其節膜在此處則發爲三角形、以含數筋線、由交節前端膝蓋之下作爲折疊、至踝間峽之前、此折疊又名嫩膜筋帶、由此筋之兩邊往上往外、至膝蓋骨之邊、有兩個穗形折疊、名爲翼筋帶、其節膜蓋於半月脆、與

前上筋帶
後上筋帶
節膜

外半月脆之後端、其面之陷與膕肌筋之間作爲囊、續於小腿之節面、而圍於十字筋及交節筋帶之裡面、以後至大腿踝、則續於大腿幹前之下端、其伸筋與大腿前間之節膜囊、於運動膝蓋時、有小肌、塞於其內、名爲股下肌、以扶助之、其養交節之脉管、乃股脉管相合之枝、與膕之節枝、及前脛之回環枝、其腦筋由遮蔽前股及內外膕之筋而來、此交節之運動、乃屈伸而微扭轉、屈時則有其節間脆蓋於小腿節面、滑往後以至大腿踝之上、則其旁其後與十字筋、俱舒、而膝蓋筋帶則伸長而發緊、其膝蓋骨則滿布於大小腿間交節前之空處、伸時則小腿與節間脆往前流滑於大腿之上、除膝蓋筋舒而有旁運動、其餘各筋、俱伸長而發緊、於膝蓋半屈之時、其往外扭轉之運動極大、

小腿與輔骨間之交節此交節由筋帶連於骨之兩端與其幹故分上中下三類

上小腿輔骨交節此交節乃流滑交節兩骨相貼之面有兩個扁長圓面有脆蓋之有前後兩筋帶相連

其前筋見第一百圖一、乃兩三寬扁帶所作、斜往上而裡、由輔骨頭以至小腿外阜、其後者乃厚而寬之一帶、由輔骨頭之後以至小腿外阜之後、有膕肌筋以蓋之、此交節之節膜、往往與膝交節之上而後相續、

中小腿輔骨交節

其兩骨相依之間、有骨間膜、以分開小腿前後之肌、其膜薄、乃斜線所作、行於兩骨

下骨間筋帶
前下筋帶
後下筋帶
橫筋帶
節膜之
卄節
運動

間崗之間上寬於下、上端有大長圓孔、以穿過前脛之脉管、而至小腿之前面下端亦有孔、以穿過前輔腿之血管、其下與下骨間筋帶相續、有數孔以穿過小管、其前靠前脛伸長趾伸拇第三輔之各肌及前脛之血管與腦筋、其後靠後脛屈長拇、

下小腿輔骨交節

下交節乃輔骨下端裡邊凸澀之面所作、與其小腿外邊相似之澀面相連、其下之二分、其面滑而有脆以蓋之、與足交節相續、其筋有下骨間前下後下橫共四筋帶其下骨間者乃數短堅之類絲帶、由小腿與輔兩骨相貼澀面之間以連兩骨、其上與骨間膜相續、其前下筋帶、見一百三圖扁而三角形、下寬於上、由交節前面兩骨相貼之邊之間斜往下而外、其前靠於第三輔小腿健膜、與其外皮、其後靠於下骨間筋帶、緊貼於蓋足交節骨之脆、其後下筋帶小於前者、在交節後面、其餘列法與上相同、其橫筋帶長而窄、與後者相續、由其外踝以至小腿骨、橫過於交節之後、此筋凸於骨邊之下、作為足交節骨節面之一端、其節膜由足交節之膜而來、有極微之流滑運動、

足踝交節

此交節為合頁交節、其上端乃小腿下端與其踝、及輔骨踝、合而為弓、以收納足交節骨之上凸面與其兩旁小面所作、其面有脆以蓋之、有前與內外兩旁筋相連、其

前筋帶

內旁或三骨筋帶

外旁筋帶

節膜

此交節之運動

外後跟足交節骨之筋帶

前筋寬而薄、（見一百二圖）其上挂於小腿節面之邊、下至足交節骨節面之邊、其前靠於趾伸筋、與前脛、小輔、兩肌之筋、及前脛之血管與腦筋、其後近貼於節膜、其內旁筋、其淺深兩層、淺者堅而扁三角形、其上挂於內踝之尖、與前後邊、其下分前中後三綹、前者往前塞於船骨、中者豎往下塞於後跟、後者向後而外、挂於足交節骨之裡邊、其深層短厚而堅、由內踝尖以至足交節骨節面下之裡面、有後脛與屈長趾兩肌之筋以蓋之、其外旁亦分前中後三綹、（見一百三圖）前者短、由外踝頂之前邊、往下往前而至足交節骨外節小面之前、後者深列、由外踝內而後端之凹處、至足交節骨外踝小面之後、中者極長窄而圓、往下微後、由外踝尖以至後跟外邊之中、有長而短兩輔肌之筋以蓋之、無後筋、而以小腿與輔骨之橫筋以代之、以上各筋之裡面俱有節膜、微往上發為折疊、而至兩骨下端之間、此交節所連之肌筋、血管、腦筋、自裡往外、在前有前脛伸拇之肌、前脛之血管與腦筋、又有伸總趾、小輔兩肌、其後有後脛、屈長趾兩肌、後脛血管與腦筋、有屈長拇、其外踝後陷內有長短輔肌之筋、其脉管乃前脛與輔之踝枝、其腦筋由前脛而來、其運動只有屈伸而無他運動、

腕之交節（此交節分三份為第一排為第二排為一二合排）

腕骨第一排交節（即足交節與後跟兩骨間之流滑交節有三筋帶相連為外與後之後跟足交節骨與骨間者）

其外者（見一百三圖）乃短而堅之綹、由足交節骨外面之外踝小面之極下、以至後跟之

後後跟足交節骨之筋帶三間筋帶節膜

背筋帶心筋帶骨間筋帶

上後跟骰筋帶內後跟骰筋帶

外邊、在前列於足交節外旁筋帶中綹之前、而其線平行、其後者、見一百二圖連於足交節骨之後端、與後跟相貼之上面、其筋短而窄、其線斜往後而裡、其骨間筋、連於兩骨有數豎斜線、一端挂於足交節骨節面間之陷、一端挂於後跟上面相似之凹、其筋厚而堅、寬約一寸、其節膜有二、見一百五圖前後後跟足交節骨交節各一、前者向前續於足交節與船兩骨相貼之面之間、

脆骨第二排之交節、此交節乃船與骰及三塞骨間之交節有背心骨間三筋帶

其背者乃平行線之小帶、由交節之此骨至彼骨、其心者列於心面、與背者同、其骨中間筋有四、乃堅橫線所作、由相貼無節而澀之面之間、一穿於骰、一在內中兩塞、一在中外兩塞、一在外塞與骰之間、其穿於骰間者有小節面、並有脆以蓋之、其裡或單有本節膜、或有由總腕而來之節膜、

腕骨一二排彼此之交節此節分三份一為後跟與骰二為後跟與船三為足交節骨與船第一者有四筋帶有上內兩背者長短兩心者

此筋見一百三圖乃薄而窄之綹、在交節背面、後跟與骰相貼之面之間、其內或骨間者、亦見一百三圖短厚而堅、係由後跟與足交節骨間之深陷而來、其本與其上者緊相合塞於骰骨之裡邊、乃與兩排相合要緊之筋帶、其長者、見一百四圖在兩心為極淺、在腕骨為筋帶中為極長、挂於後跟下面而靠其阜、往前而至前骨朶、其線則往前而挂於

短後跟骰筋帶　上後跟船筋帶　下後跟船筋帶

骰骨下面之崗、其淺線續往前、以至二三四掌骨之底、此筋一過骰骨下面之陷、其陷則變成道、以穿過長輔肌之筋、○其短者之列較近於長其間微有連油質以隔之、此筋極寬約長一寸由後跟下面前端之前凹處以至骰骨輔陷後之下面此交節有節膜、其第二份之筋帶、乃後跟與船有上下兩筋帶、其上者、見一百三圖與內後跟骰之筋由足交節與後跟間之深陷而來由後跟前端之裡邊往前以至船骨之外邊、此筋形如倒人字前分而後合、其下者見一百四圖極大而堅寬而厚由後跟前而內之端往前而裡以至船骨之下面此筋不但連於後跟船幷以扶助足交節骨之頭、且作節空之一端以收納其頭、其上面有節膜以爲裡由前後跟足交節骨之交節而來、其下面靠於後脛肌之筋、第三者以足交節骨之圓頭收納於船後面之凹處而爲杵臼交節其筋塞滿於後跟之前節面與後跟船筋上面兩間之三角處、此交節之單筋帶、係上足交節骨船由節骨項斜往前而至船骨之上面其筋寬薄而軟、有伸筋以蓋之、而以下後跟船筋代其下筋此交節之節膜由前後跟與足交節骨之交節續於前而來其運動雖大而不堅、故足交節骨往往脫落腕之交節內有四節膜、一爲後後跟足交節骨者、二爲前後跟足交節骨與足交節骨船者三爲後跟骰者四爲船與三塞、三塞之彼此外塞與骰中外兩塞及二三掌骨底之間者、見一百五圖掌骨之節膜由外中塞骨之間而來船與骰相貼之面之間往往有小節膜此交

此交節之運動

節之運動、其第一排間爲足交節、與後跟間前後左右之滑運動、第二排間亦爲流滑運動、而船與塞之運動、此塞之彼此、及塞與骰之運動俱多、其兩排間之運動尤多、乃脚心微屈微伸、微內外之扭轉運動、

腕掌之交節 乃流滑交節

此骨之交節、乃內中外塞與骰與第五趾之掌骨所作、大拇之掌骨與內塞相接、第二者深塞於內外兩塞骨之間、而靠中塞、在各掌骨間相接、以此爲極堅、第三者與外塞端相接、第四者與骰及外塞相接、第五與骰相接、各節面俱有脆蓋之有節膜爲裡、有背心骨間之筋帶以連之、

背筋帶

其背筋堅而扁、其第一掌與內塞者相連、單寬而薄、第二掌有三塞骨之筋、第三掌者有外塞之一筋、第四五掌者有骰骨者各一、〇

心筋帶

其心筋長而斜、其列不如背筋之勻、第一二者極明顯、第二三者則收納內塞斜過之筋帶、第四五者乃骰骨所來之數線、其骨間者有內中外三筋、內者由內塞外端行於第二掌相貼之角、其中者以連外塞與第二掌相貼之角、外者以連外塞之外角、與第三掌相貼之邊、

節膜

其節膜有三、一在大拇趾掌骨與內塞之間、一在二三掌骨與中外兩塞之間、與大腕之節膜相續、一在第四五掌骨與骰之間、其腕與掌之節膜有六、見一百五圖

掌骨彼此之交節

此交節之運動

其掌骨底除第一之外、其餘俱有背、心骨間之筋帶相連之、其背與心之筋帶皆由此掌、至彼掌、其骨間者、深列於旁面無節之邊端、其節面有脆蓋之、並有節膜、由腕掌交節續往前、其掌骨之趾端、有橫掌筋帶相合、以連大拇及其餘之掌骨、故與手之橫筋不同、掌骨之腕端微流滑運動彼此節面之上、其趾端之運動則較多、

此交節之運動

掌趾節之交節

其掌骨頭與第一節之凹節面爲交節、有前或心與兩旁筋帶相連、與手之列法相同、而以伸筋代其後筋、其運動乃屈伸開合之運動、

趾節之交節

此交節之筋帶與手皆同、每節之一對有前或心與兩旁筋帶相連、其節面有節膜爲裡、其運動皆與手相同、

全體通考卷十三之

終

動質之肌　原緒　紋肌

全體通考卷四

論肌

肌爲運動不息之具、乃紅線成緒、按化學此紅線卽血絲並有縮力、凡動類體之肌質有二有自主或動質者有不自主或生質者、動質卽植物質之對面 生質卽死質之對面 自主者有紋、其動止可以自由、乃線緒所作外有連質之細網圍之、其大緒之中又分小緒亦有類絲連衣以圍之此小緒中尙有原緒、乃數絲所作圍於透明而韌力似乎同質膜之鞘、每緒名爲肌鞘、此緒環柱形或三稜在人其寬自二百分寸之一至五百分寸之一、合乎中有四百分寸之一其肌絲之長短不按其肌而按肌筋之列法、此肌線有細黑平行之或彎或波瀾之線橫圍於其上其相隔之遠近最大者由萬分寸之一至萬二千分寸之一由他紋長過其鞘以表明原緒所作、原絲之方向此線不及前線之明顯、其原小絲乃肌之本縮質每絲皆環柱形而微扁其厚約萬八千分寸之一、亦有橫紋與緒面紋列法之遠近相同每一絲之紋乃單排之細肌原點相連如貫珠若細看之、此點乃極清之小囊有方角形之界其當中似黑、按此形象、人多以此點爲核形之泡、其橫紋、乃其點相合之線、又有人謂肌原點、乃其薄絲已破之故而非自然所生、凡自主肌之肌絲與耳全肌、喉、咽頭、舌、食管之上半、心大間血管入心處之壁、其作法皆爲此、其不自主者、乃無紋之肌、其形扁而延長梭形、其色白、

血管　津液管　腦氣筋　鞘　肌所連者　肌之形象

其寬自四千七百分寸之一至三千一百分寸之一其體質純而有細班往往如米粒、排列成紋每線內含環柱杖形之核、往往如窄而相續之黑痕此線成束有連綱與韌線相連此肌枝或散於連枝內或作爲肌膜其束平列或彼此互編飲食道自食管之中以至肛門之內輪肌、皆爲此肌線總脊管之後壁與左右脊管、下床下核之管、胆囊與總胆管、內腎之盞與盤內溺管與膀胱外溺管之少許、女之陰道、子宮、經管與寬筋帶男之腎囊副睾精管、精囊膀胱底核男女各睾窩體各膜管之衣許多回血管與津液管眼簾與摺紋肌與外皮、俱有此肌、有許多血管散佈於此肌之內若自主之肌其微絲管極細乃窄而長方之亂網隨線之方向而行其肌內之津液管甚少至大肌則單有此管自主肌之腦氣筋甚大其大枝穿過緒之間成原叢、由此叢再分爲細束行於肌線之間作爲繩圈回流於叢每肌之外俱有薄泡作爲鞘、以圍之不但蓋其肌之外面並行於裏而入其緒之間與其緒相連此肌有骨脆、筋帶、外皮以直連之或由類絲質名爲肌筋、或健膜以連之其肌之挂於骨與脆者、其線之末不緊貼其骨與脆而挂於骨衣脆衣、若與其皮相連者、則或作扁層列於皮之下、或爲大小束由連質相連臉上之肌皆如此此肌之形象不一、在四肢者則長、其淺者尤長其深者則寬俱圍於其骨、以保護其交節在體者寬扁而發大凡胸膛肚腹之空處皆以此肌爲壁故此肌有長寬短之名其筋上所列之肌線有長列

肌之大小

肌之名

肌之本末

肌筋

健膜

者其兩端有窄筋其線相聚或在一邊如半羽鷟翎或在兩邊則如全鷟翎其在一邊者如輔腿肌兩邊者如直股肌若由寬面相聚於窄筋尖則其列法如輻條耳門與臀肌皆如此肌之大小不同以其雙腹者以作小腿腹之大端其盤腿者之線約長二尺其內耳之馬鐙小肌其長不過二分其重不過一林則然不論肌之大小各有極妙之功用各肌之名西國皆有取意有取其部位者如脛輔肘正肘輔腿是也有取方向者如直腹斜頭橫是也有取其功用者如屈伸開合是也有取其形象者如三角斜方是也有取其分別者如杈之數雙頭三頭是也有取其所挂之處者如胸鎖乳胸舌骨胸脾是也其肌分本末以定住之處爲本以用力之處爲末也然亦有不可概論者如臉之肌其本挂於骨其末則挂於運動皮其餘許多肌則亦有兩端皆可用力者（西國醫師之教其生徒必取已死之人刺其肌令學者知某處爲本某處爲末與其功用並將其肌之上下前後左右所繫之處逐處指明則治病時胸中自有定見其血管亦極要緊凡遇應刺之病及血管與肌相依者皆不可不知）肌之筋白而光滑乃類絲之系其長厚不一有圓有扁極堅而微韌大約爲白類絲質所作其絲有彼此平行波瀾之路而無多血管其極小之筋內則無血管亦無腦氣筋其大筋則有腦筋與養血管同行其筋熬之可以成膠其健筋之色湼白有光華如虹霓其質乃類絲膜與肌筋相同而無腦氣筋其極厚者則微有血管肌筋與健膜一面以連肌一面以連運動之質如骨脆筋帶類絲膜（比如眼白衣是也）與節膜（如股下肘下者是也）等處設或肌線與肌筋或健

夾膜

膜之線直相續而爲一線、則以有紋者爲肌線、若作斜角而相合、其肌線則有圓端、收納於肌筋、或健膜面上相似之凹處、其線間有連質與其筋者相續、其半羽翎管肌、與膜形筋所起之各肌、如雙腹腿比目魚兩肌、其挂法俱如此、其肌之夾膜乃類絲連、或健膜之帶、其厚而堅各處不同、通身皆有此膜、圍於軟而細之具、分類絲連或淺健膜或深二類、類絲連者大約週身俱有、在外皮之極下、大概皆名爲淺夾膜、以連其皮與其深健夾膜、乃類絲連質所作、其隔內含多少不等之油珠、在眼皮與腎囊大約無此油質、此淺質易爲汐水所浸、在身之各處厚薄不一、在摺窩者極厚而分數層、在手心者極薄、而緊貼於皮、此膜大約亦可分作兩層或多層、其層之間有淺血管與腦氣筋及淺津液核、比如在腹之部位有淺腹上血管、在前臂正輔兩肘之回血管、大小腿之回血管、亦有數處以列皮肌、如盤肌、眼輪肌是也、此膜在腹下端腎囊會陰四肢皆極明顯、其肌線塞於皮之處、如項之邊臉肛門邊之週圍、此膜則極薄、其手脚心之皮緊貼下健膜之處、大約則無此膜、此膜連於皮與皮下之處、作爲軟窩、爲穿過血管、腦筋、與其皮、又爲保護其身內之熱、因膜內有油質、故其本熱氣不易散、其健或深者、乃密而不韌、不讓之類絲膜、亦爲光華筋之筋線所作、彼此平列、另與他線互列成格而相連、刺去淺膜則露出此膜、不但約束各處之肌、并作各肌與血管及腦氣筋之鞘、凡無保護之處、此膜皆外厚而內薄、如肢之外厚

淺夾膜
枕額肌

而內薄也、此健膜亦分二類、一爲塞膜、一爲鞘膜、其塞者爲縩、其肌有數膜、乃肌筋發大所變者、如盤腿肌之筋是也、又有非筋所變者、如腹肌之健膜是也、一爲全肢與各肌之鞘、亦有許多健膜兼作塞鞘兩膜之用、如雙頭臂筋靠其末而發健膜、即與圍前臂之夾膜相續而作成、此部肌本則由此膜而來、其深夾膜以其緊鬆與其壓力在肌之面上、以帮作肌之功用、有數處以肌之功用約束而加增此膜之力、比如大腿之緊鞘股與大臀兩肌、小腿之雙頭、手之長掌肌是也、此夾膜不但圍其全肢、并作爲隔以分開各肌、而以其下挂於骨衣、此等膜則名爲肌間隔、遍身之肌與夾膜共分四岔、一爲頭臉與項、一爲身、一爲上肢、一爲下肢、

頭臉之肌與夾膜 按其部位此肌分十部其第一爲頭部其肌乃枕額二爲耳部其肌乃提牽前牽後三爲眼部其肌乃眼輪緦眉淚四爲眼窩部其肌乃提眼胞上下內外各直上下各斜五爲鼻部其肌乃鼻方錐提上唇與鼻翅舒前後孔鎖鼻小鎖鼻壓鼻翅六爲上牙床部其肌乃提上唇提口角大小衡七爲下牙床部其肌乃提下唇壓下唇壓口角八爲牙末間部其肌乃吹口輪九爲耳門牙床部其肌乃咬耳門十爲後蹬牙床部其肌乃內外兩後蹬笑

頭顱部〇枕額肌 凡看此處之肌見一百六圖先將死人之頭髮剃淨從其鼻根往上豎剃至枕阜再從額角橫剃至枕骨以上此處皮肌相連欲看其肌須去其皮故須留神

此一部淺夾膜密而硬、緊貼於皮、與枕額肌、及其筋健膜、其後與項後之淺夾膜相續、其旁續過耳門健其膜之層間有耳輪小肌、與淺耳門血管與腦氣筋、其枕額肌、見一百七圖乃寬肌類絲層、自枕骨至眉滿蓋於頭顱頂之一邊、此肌係兩絡所作、有筋

健膜

此肌脟筋

此肌功用

健膜以隔之、其枕端薄、其長約一寸半、由枕骨上彎線外三分之二、與耳門之乳端、而來、其本之線則緊、以後則變肌、平行往上而入緊健膜、其額端者亦薄、而緊貼於、皮、較枕端之線寬長而白、其內線與鼻方錐之線相續、其中線與縐眉眼輪兩肌相合、其外線則在外角峯之上與眼輪相合、其線由此挂處起往上、在冠縫之下與健膜相合、此肌兩額端之裏邊、由鼻根之上往上而相合、其兩枕端則不相連、其健膜卽蓋於頭顱頂之上、端在中線與其對面肌之健膜相續、其後挂於枕本間之處、枕阜與上彎線、卽挂斜方肌處之上、其前則在兩額之間作爲短角峯、其兩旁與提耳牽前耳兩肌相連、在此處則失其健膜之形、由連質片之一層續過於耳門夾膜、以至衡峯、此健膜有類絲泡質、緊連於外皮、以盛米粒油、有許多血管與腦氣筋支分於其內、有鬆連質以連於頭顱衣、故有前後之大運動、其腦氣筋以供額端、由上眼窩與臉之腦氣筋而來、其枕端之腦氣筋、乃臉之後耳輪枝、或小枕之腦氣筋、其運動在額端則以提其眉、與鼻根上之皮、卽有橫紋、則現出喜色、故枕額兩端之作功用、則頭顱皮之前後一齊運動、

耳部（見一百七圖）此部三小肌、列於外耳週圍皮之極下、在人其肌不過略有萌芽、故人耳不若各獸耳之能運動、凡胎生者此肌甚大、（欲看提耳之肌須將外耳之寬端牽往下在頭之邊以至耳竅）（上端其皮之下有緊帶將此帶之皮由下往上剝而反折於兩旁則露出此肌若欲看其牽前肌須將耳輪鉤向於後此肌卽緊與上肌之露法相同若欲看其牽後肌

繞耳

牽前肌

牽後肌

此部腦筋此部功用

眼輪肌

攢竹

則將耳輪徐向前此肌則繫亦與上肌之露挂相同此肌在三肌中爲極大薄形如扇、由枕額之健膜而來相聚由薄而扁之筋、塞於外耳頭顱面之上端、其外靠皮其裏靠於耳門健膜、前者極小薄作扇形其線色淡而不明顯、由枕額健膜之旁邊而來相聚而塞於耳輪前之凸處、其外靠皮、其內靠耳門夾膜、其膜與此肌之間、有耳門脉管與回管、其後者由短健膜線之乳端而來、分爲二三結塞於耳壂頭顱面之下端、其外靠皮、其內靠於乳端、其腦氣筋由小枕筋而來、其牽前者由臉與下牙床耳輪耳門之枝而來、後者由臉之後耳輪枝而來、此肌在人無大用處、其上者微提耳、其前者將耳牽於前與上、後者將耳牽於後、

眼胞部　見一百七圖看一百六圖此處自鼻根下豎剌以至唇上再順唇邊橫剌而至下牙床角再往上豎剌至枕額所橫剌之線而成一方塊按圖中所畫者去之此處皺貼於皮剌時須留神

此眼輪肌圍於眼窩眼胞之週圍、由額骨內角峰、淚陷前上牙床之鼻峯、眼窩內角短筋即瞼筋之前面與邊各處而來、其肌線向外爲寬薄而扁之一層、以蓋於眼胞、以圍眼窩散佈於太陽、往下而至顴之上、與枕額縐眉兩肌相合、此肌分睫毛圓寬、兩端、其睫毛端薄而色淡、由瞼筋分歧而來、以作同心次序之彎、由泡線與眼胞之外邊相合、而成尖角、有數線塞於外眼皮脆筋帶與顴骨、其圓寬端厚而色紅、其線極充足而成橢圓形、其牽筋短、約二分長、一分寬、挂於淚陷前上牙床骨之鼻峰、過

皺眉肌
提眼胞
緊眼胞臉肌

淚囊則分兩岔、一岔挂於其相似眼皮脆之內端、此筋過淚囊之時、其後面則發爲堅健片、以蓋其囊、以挂淚骨崗、即牽筋反折之健膜、其淺面靠於皮、其深面之上、緊靠於枕額與皺眉及上眼窩血管、與腦筋、其下蓋於淚囊與提上唇、提上唇與鼻枝兩肌之本、其內往往與鼻之方錐肌相合、其外列於耳門夾膜之上、在眼胞由類絲膜與脆、以分此肌與眼睛衣、其皺眉肌小窄而方錐形、列於眉內端枕額與輪眼肌之下、由眉稜崗內端而來往上而外、塞於眼輪下面眼窩弓中之對面、其前面靠於枕額與眼輪肌、後面靠於額骨與上滑車筋、其提眼胞肌、詳於眼窩部中此部不論、其緊眼皮脆之肌、別名淚肌、小而薄、寬約三分、長約六分、列於眼窩內瞼筋之後、由淚骨崗與眼窩面相貼之端而來、過淚囊則分爲兩綹以蓋淚管、而塞於眼胞脆、靠其淚管口、其線與眼輪睫毛端似乎相續、此肌往往極不明顯、其眼輪與皺眉兩肌之腦筋、皆由臉與上眼窩之腦筋而來、淚肌之筋、則由臉筋而來、眼輪肌乃眼胞環肌、其睫毛端、以閉眼不自主之功用、其圓寬端乃自主之功用、故與睫毛者無干、若兩肌共作功用、則其額、太陽與顴之皮、俱牽往裏而向眼之內角、以緊閉其眼胞、其提眼胞之功用、則與此肌相反、乃提其眼皮以露眼球、其皺眉者、則令其眉往下往裏、其額則成竪紋、而現憂愁之象、其淚者、將眼胞與淚管端牽於裏、將淚管壓於眼球之面、以收眼淚、並可以壓其淚囊、

提上眼胞肌

上直肌

下兩內之直肌外直肌

上斜肌

眼窩部

見一百八圖凡剖開眼窩須先去其天靈蓋與腦再將額骨與眉稜骨額骨相合之處鋸開以小推將眼窩之薄頂敲開先取下其眉稜骨再將其餘所露眼窩之骨衣與油去淨則見此肌〇人死日久則眼球塌陷須用極細鋼針再以細管插入眼球從彼端管口吹氣入於球中再抽出其管以線扎其所插之孔則球鼓起即將其球牽於前其肌自然拉長

此提上眼胞肌、其薄而扁三角形、由蝴蝶小翅下面而來、在司視孔之極前、由寬健膜塞於上眼皮脆之上邊、其本窄而形如筋、以後則變寬而有肉、其末則變爲寬健膜、其上面靠於額腦筋與脉管及眼窩骨衣、在前則靠於肖眼皮脆筋帶之裏面、其下面靠於上直肌、其眼胞內則靠於眼睛衣、有第三對腦筋之小枝入於其下面、其上直極薄而窄、由司視孔上邊提眼胞與上斜之下、及司視筋之類絲鞘而來、塞於眼白衣離明角邊約三四分、其上面靠於提眼胞肌、下面靠於司視筋眼脉管與鼻腦筋、其前靠於上斜筋與眼球、其下內兩直皆由總筋而來、挂於司視孔之週圍、而孔上外皆不挂、其外直則有兩頭、上者由司視孔外邊上直肌之極下而來、下者由總筋與蝴蝶縫下邊之小骨尖峯而來、每肌皆往前、按其所定之肌名部位、塞於眼白衣離明角邊約三四分、兩頭之間有窄處、以穿過第三筋與第五鼻梁枝與第六腦筋、及眼囘血管、此肌之總本與塞於白衣雖一樣、而其長寬不同、內者極寬、外者極長、上者極薄而窄、上斜肌列於眼窩之上而內、提眼胞之內、由司視孔裏邊約一分之上往前而至眼窩之內角、其末變爲圓筋、以穿過類絲脆之環、挂於額骨內角

下斜肌

此部腦
纖筋
此部肌
之功用

峯下之凹處、其筋與環相依之面、有細節膜以爲裏、亦有薄類絲鞘、其筋往後而外、反折於上直肌之下、以至眼球之外端而塞於白衣、乃明角與司視筋入眼球間之處、其肌之塞處乃上外兩直肌之間、其上面靠於眼窩蓋之骨衣、與第四對腦筋、下面靠於鼻腦筋與內直肌之上邊、下斜肌薄而窄、列於眼窩之前邊、由上牙床骨眼窩片之凹處淚陷之外、往外而後、下直肌之下、眼球與外直肌之間、塞於上外兩直肌間、白衣之外端、而靠於上斜筋之末、其上面靠於眼球與內直肌、下面靠於眼窩底之骨衣、與外直肌、其邊向前而後、其後以收納第三對腦筋之一枝提眼胞、下斜兩肌、除其外直肌、其餘各直肌、俱有第三對腦筋以供之、其上斜則以第四、外直則以第六腦筋供之、其提胞爲提其上眼胞、即眼輪之對面、其四直肌挂於眼球亦相同、若單作功用則按其名、以扭轉其眼球之上下內外、若兩肌並用、則或上而內、或上而外、或下而內、或下而外、領其眼球而成對角線、若令其眼球旋運動則以四直輪流傳送、昔人謂近視遠視眼、若將其上下左右之肌擠而合之、則能增睛珠之前後、以補其遠近之不足、殊不足信、斜肌之功用、能使前後軸扭轉其眼球、將外物之形射於眼球合式之處、如左右詳看、必令其頭扭轉以而兩肩、眼斜之病必須知內外兩直肌筋之部位與其塞處內斜則刺其內直外斜則刺其外直而內直者居多眼睛衣凡治此病最易先令入將上下眼皮分開如係內斜則將眼球牽於外用鑷夾住眼睛衣往上提由內直肌筋下邊之極下白衣塞處之微後刺斷刺時以小鉤鉤住其一般用鈍剪去之醫者必須看準方可下手故初學此法時先取死獸之眼球刺開一面以試之

鼻方錐肌　提上唇與鼻翅肌　舒後鼻孔肌　舒前鼻孔肌　縮鼻孔肌　小縮鼻孔肌　壓鼻翅肌　此部之腦筋　此部肌之功用

如果不差則有準矣

鼻部（見一百七圖）

鼻方錐肌、其肌由枕額之肌往下、爲小方錐綹、往下續於鼻邊而變筋、與縮鼻孔肌相合、往下則分開、中間留一角形之空、其上面靠皮、下面靠額與鼻骨、其提上唇與鼻翅之肌、薄而三角形、列於鼻之邊、由眼窩之內邊與上唇之間上牙床骨鼻峯上端之尖起、斜往下而外分爲兩綹、一塞於鼻翅之脆、一塞於上唇與輪口及提上唇之本肌相合、其前靠於外皮、其上微靠眼輪肌、（此肌之下上牙床骨之上有肌一綹約長一寸一端靠縮鼻孔肌之本一端挂於鼻峯之上約一寸此肌名爲不合理之肌又爲斜方肌）其舒後鼻孔肌小、列於提鼻唇本肌之下、由上牙床鼻峽之邊、與芝麻脆而來、塞於鼻孔邊之皮、其前者薄而爲細綹、由鼻翅之脆、至鼻孔邊之皮而列於後者之前、其縮鼻孔肌小而薄、三角形、其尖由上牙床骨門牙窩上而微外、往上往裏、發大而爲薄健膜、挂於鼻之類絲脆、在鼻梁之上與對面之肌、及鼻方錐之健膜相續、其小縮鼻孔肌、一端挂於鼻翅之脆、一端挂於鼻尖之皮、其壓鼻翅肌短而爲輻條之形、由上牙床之門牙窩起、往上而塞於鼻隔與鼻翅之後端、此肌列於唇嫩膜與肌質之間、此部肌之筋俱由臉筋而來、其方錐能將眉之內角牽而往下、（又云亦能提其鼻翅與舒其鼻孔）人有渺視之意、則其功用能提上唇與鼻翅、亦舒其鼻孔、此二肌之功用、皆以加增其鼻之孔、此肉名雖爲縮、其功用實撐其壓鼻翅、則

提上唇肌　提口角肌　大衡肌　小衡肌　提下唇肌一名提頦肌

與以上之各動肌相反、蓋將鼻翅牽之於下、以縮其鼻孔也

上牙床部 見一百七圖

其提上唇肌薄四方形由眼窩下邊下眼窩孔之極上而來、以數線挂於上牙床、數線挂於顴骨、其肌線相聚而塞於上唇肌質其前面靠於眼輪之下弧、其下列於皮之下其深面以蓋縮鼻孔與提口角兩肌之本及除下眼窩孔之血管與腦筋、其提口角肌由虎窩及下眼窩之極下而來往下坡而微外而塞於口角、其線與衡壓口角輪口各肌線相攙、其前面靠於提上唇與下眼窩血管與腦筋、其深面靠於上牙床骨吹肌與嫩膜、其大衡肌乃細緒由顴骨而來在衡縫之前、斜往下而裏以塞於口角、其線與輪口及壓口角之肌線相攙、其前面靠於皮下之油網、深面靠於顴骨與咬吹兩肌、其小衡肌亦由顴骨而來在牙床縫之極後向下而往裏在大衡肌之前而與提上唇肌之外邊相續、其前面靠皮與眼輪、深面則靠提口角此部腦氣筋、由臉之腦氣筋而來、其提上唇者謂其能提口之上唇也、并令上唇微向於外、其提口角者謂能提其口角並能牽之向裏也、兩衡肌之功用皆以提其上唇、而微牽於外以發笑容、

下牙床部 見一百七圖此處由下唇豎剖以至頦由頦須剖而至角見一百六圖若露翻其下唇向外以提其嫩膜則露提下唇肌

其提下唇肌乃圓錐形小緒列於下唇帶之邊、由門牙窩下口骨交節之外而來、往

壓下唇一名力頦肌

下而塞於頦之皮其裏面靠嫩膜在中線與其對面之肌相合、其外邊則靠壓下唇肌、其壓下唇肌小方形列於提肌之外邊由下床骨外斜線交骨與頦孔之間斜往上而裏塞於下唇皮與口輪、及其對面肌之絲相攙此肌之絲在本與盤肌之絲相續、絲內多含黃油其淺面傍牙口角而緊連其皮其深面傍頦血管與腦筋下唇嫩膜唇核提頦而緊相合、

壓口角

其壓口角三角形由寬底下床外斜線而來往上爲窄絡而塞於口角其本與盤肌、其末與口輪及笑兩肌相續其淺面傍於外皮深面傍壓下唇與吹兩肌、其腦筋亦由臉而來、

此部肌之功用

其提下唇者謂其能提口之下唇也提之則能令頦皮成紋其壓下唇能壓下唇而微向外其壓口角以壓其口角即提口角與大衡肌相反此三肌動時、則將口角直向於後

牙床間部（割此處時須以亂麻或棉花先塡滿其口使不塌陷、外以線縫其上下唇）

口輪肌

其口輪肌、撱圓形乃同心絲所作、圍於嘴口、兩個厚半圓肌絲面所作、圍於言口與其兩邊之吹肌並此處所塞之他肌相編在唇之浮邊、由上唇至下唇達口角、相續不斷、作細淡色緊相連絲之圓絡每弧之外端另有加增之數絲爲筋連於唇、及牙床骨與鼻隔其上弧之加絲、有四帶二帶、（名爲復上輪）由上牙床槽邊而來門牙之對面、兩邊向外如弓形與塞口角之他肌相續、其所餘之二帶（名爲鼻唇）將上唇連於鼻隔由隔往下之間、有一空處與前所論之輪肌復端分開之處相似、在此空處乃鼻面鼻

吹肌

後蹬牙床筋帶

笑肌

此部之䐃筋

此部肌之功用

隔下之凹處所作下弧復絲、名為下復輪由下牙床提下唇肌之外而來、弓形往外、以至口角與錐肌、此處所挂他肌相合由其淺面緊傍外皮、其深面傍於吹嫩膜唇核與冠血管、其外週圍與相聚於口全臉各肌相合、其內週圍浮、而有嫩膜以蓋之、其吹肌、寬而薄、四面形列於臉邊牙床之間、由上下牙床骨槽峯外面末三槽牙相對之處、與其後由後蹬牙床筋帶之前邊而來、向口角而聚、其中絲乃彼此互編、其下者與口輪上弧相續、其上者與下弧相續、其極高極矮之絲續向前而不斷、入唇相似之弧而無互編、其淺面之後、傍於肌與外床枝間之油、並傍咬肌、微傍耳門肌、其淺面之前、靠於衡笑提口角壓口角各肌、與上牙床第二槽牙對面所套二下核之管、其臉脉管與回管由下往上、穿過此肌、另有臉與吹筋之枝、亦穿過之、其裏靠吹核與口之嫩膜、其後蹬牙床筋帶隔開吹肌與咽頭上鎖肌、此筋帶一端挂於內後蹬片之尖、一端挂於下牙床內斜線後端、其裏面與口空相似、有嫩膜以為裏、其外面與牙床枝之間、有許多油質、其後邊挂於上縮肌、其前邊挂於吹絲、笑肌為線之窄絡、由咬肌上之夾膜而來、橫而往前、塞於口角、而與壓口角之絲相合、列於盤肌之外、其外端乃極寬、此肌形像、大小不一、其口輪肌之筋由臉筋而來、吹肌由臉與下牙床之吹枝而來、其口輪肌能將相聚於唇全臉之肌而相反、閉兩唇而大用其力、則週圍之皮皆縮而成紋、因其肌與皮緊相連也、其吹肌縮與夾之腮嚼物之時、將

咬肌

此肌之連屬

耳門夾膜

耳門肌解剖

耳門肌

物收於上下牙之間、

耳門牙床部見第十圖

咬肌、按百七圖在臉邊所去之外皮已露此肌　此肌、短而厚、方形、分淺深二端、其淺端、極大、由上牙床顴峯之厚筋健膜與衡弓下邊前三分之二而來、向下而後塞於牙床角與枝之下半、其深端小、由衡弓下後三分之一、與全弓之裡面、向下而前、塞於枝之上半及烏峯之外面、以淺端蓋於深端之前、而以耳下核蓋於深端之後、兩端則由其末以相合、其淺面傍外皮、其上傍輪眼包與兩衡之肌、耳下核管、臉之腦筋枝、及橫臉血管橫過此肌、其深面傍牙床枝與吹肌、有油隔斷此肌與吹肌、其後邊搭耳下核、其前邊搭吹肌、耳門夾膜之下、有耳門肌、此膜極堅、以其裡面挂於此肌之淺絲、其上之一層、挂於耳門崗、其下之二層、一挂於衡弓之內邊、一挂於衡弓之外邊、兩層之間、則有油耳門脉管眼窩枝及上牙床腦筋眼窩枝之絲、其膜之外面、有枕額健膜、輪眼包、與提牽前兩耳肌蓋之、由其下往上、耳門血管與腦筋過此膜、欲看此耳門肌、由衡骨上所挂之夾膜割開、逐割而上、再將衡弓與顴骨相合之處亦割開、其後傍耳門外截亦割開、隨咬肌牽而往下、去其末則露此肌　耳門肌、寬而形如車輻、列於頭之邊、以塡滿於耳門窩、由耳門窩前額骨外角峯、至耳門後之乳端、其上由額骨與顱頂縫線下、至蝴蝶大翅之後、蹬崗耳門夾膜之裏面、亦有此肌、其肌線聚而往下、至末則爲健膜、先散作輻形、以後則收合爲厚而扁之筋、以塞於下牙床烏

此肌之連屬
此部肌之腦筋
此部肌之解剖
內後蹬肌
內後蹬之連屬
外後蹬肌
外後蹬肌之連屬
此部之腦筋

峯裏面、與其尖、及其前邊、其前邊則近於後槽牙、其淺面傍皮、耳門夾膜、枕額腱膜、提耷前兩耳肌、耳門血管、與腦筋、衡骨、及咬肌、其深面傍耳門窩、外後蹬與吹肌之一端、內牙床脉管、與其深耳門枝、並耳門腦筋、此二肌之腦筋、俱由下牙床之腦筋而來、

後蹬牙床部　欲驗此部之肌、先鋸其鳥峰之底與耳門肌、皆掀於上杵之極下、割開牙床枝牙孔之極上、橫割其骨、則後蹬肌露出

其內後蹬、厚而方、其形質與線之方向、皆與咬肌同、由後蹬窩而來、挂於外後蹬片之裡面、與髎骨阜陷面、往下、向外而後、塞於下牙床枝裡邊之下而後、以至牙孔、其外面、傍下牙床、其上端、中有外後蹬、內旁筋帶、內牙床脉管、與牙血管、以及腦筋、隔之、其裡面傍緊髎中有泡質處隔此肌與咽頭上縮肌、其外後蹬短而厚、微肖錐形、橫列於衡窩與牙床杵之間、由蝴蝶大翅後蹬崗與後蹬峯底間之骨、外後蹬片之外面、上額與上牙床骨之阜而來、橫往後而外、塞於杵項前之凹處、與節間類絲脆相似之處、其肌之本有上下兩端、所以此肌又間論兩頭、其外面傍下床枝內牙床脉管、耳門筋、與咬肌裡面、傍內後蹬肌之上端、內旁筋帶、中腦衣脉管、與下牙床腦筋、其上邊傍下床腦筋耳門、與咬之枝、其腦筋、由下牙床筋而來、其耳門咬與內後蹬者、以大力提下牙床、對於上牙床、其咬與內後蹬者因其絲斜而助外後蹬以牽其下牙床向前於上牙床之上、而以咬深絲與耳門後絲者牽而回之、其嚼物而磨

解剖　淺夾膜肌

盤肌之連屬

者、則由後蹬之力、將下床推於前、使下床之牙出於上牙之外、若用其一邊之力、則將其對面相似者推之於前、以項住其杵則頦向其對面之邊、兩邊互運、爲磨之旋、

項肌與夾膜　項肌與夾膜按其部位此肌分九部其第一爲淺部其肌乃盤胸鎖乳其第二下舌骨部其肌乃胸鎖骨胸排排鎖骨肩鎖骨以上皆壓舌骨與喉之肌其第三乃上舌骨部其肌乃雙腹錐舌骨磨舌骨頦舌骨以上皆提舌骨與喉之肌其第四爲舌部其肌乃頦舌骨舌舌骨舌錐舌腭舌以上之肌皆是舌肌其第五乃咽頭肌乃上中下三鎖肌錐咽頭腭咽頭肌其第六乃軟上腭之肌乃提上腭褰上腭孤小舌上腭舌腭咽頭肌其第七前脊部之肌乃大小前直頭旁直長項肌其第八旁脊部之肌乃前中後三項斜肌其第九乃喉肌此喉肌單論於喉部

淺項部　此處由頦割至乳再向鎖柱骨上邊割之二處有斜線以連之隨胸乳肌由乳端割至胸骨接百六圖去其皮則露淺夾膜

其夾膜、極薄而健膜之下、有盤肌、外項回管、與項叢腦筋、數淺枝、其盤肌、見百七圖寬而薄、列於項兩邊皮之極下、由鎖柱與肩頭、及胸三角斜方各肌上端所蓋之夾膜而來、其絲斜往上而裡、隨項之邊、塞於下床外斜線之下、數絲前行於口角、數線盡於臉之連質、牙床以前、極前之絲與對面肌之絲、互交、交線與壓下唇、及壓口角相融、他絲續於腮與口角之肌相交亦往往至於衡肌、或者亦至於輪眼包肌之邊、其肌之下、有外項回管、由牙床之角、以至鎖柱骨此處若須放血則橫割其肌絲若豎割之則隨割而復合而血終不出蓋橫割則其隙大開豎割則其隙易閉其外面、傍其皮、其上相合處鬆、其下相合處緊、其裡面、蓋於鎖柱骨之下、傍大胸三角斜方各肌、在項傍外而前之項回管、深項夾膜、淺項叢胸乳、胸舌骨、肩舌骨、雙腹各肌、胸乳之前廿盤肌、蓋於項脉管之鞘、其後項斜肌、與臂叢之腦

深項夾膜

筋、在臉傍耳下核臉脉管、與回管並咬肌與吹肌、若去其盤肌、則見其深項之夾膜、其膜堅而類絲、圍於項之肌與血管、及腦筋、此膜極薄、在後掛項脊骨後峯、與板筋之處起、前行、至胸乳肌之後邊、分為兩層、一過此肌之前、一過此肌之後、前邊相合、往前與對面之夾膜亦相融、其深夾膜之淺層、（乃過胸乳之前者）躡踪而上、過耳下核與咬肌、作耳下與咬夾膜、掛於衡骨之下邊、再前、掛於牙床體之下邊、躡踪而下、過鎖柱胸兩骨之上邊、其鎖柱骨極上、外項回管穿過、在項中線之上、此夾膜包連於舌骨、其下厚、與脾核之極下、分兩層、其淺者、掛於胸骨與鎖柱間筋帶之上邊、其深而堅者、連於胸骨之後邊、蓋胸舌骨與胸脾肌兩層之間、有小連質與油、往往有小津液核、其深層、（乃列於胸乳後面之後者）圍項之肌與血管、躡踪而上、有一層極密者、行於耳下核之後與裡邊、與掛於錐峯底及下牙床角、作錐牙床筋帶、躡踪而下、向外、此層圍肩舌骨肌之後腹、單有一層勒之、往下塞於鎖柱骨與第一肋脆、其深層、助作其所圍總項脉管內項回管與肺胃腦筋之鞘、此各處之前、有類絲隔斷、乃總鞘之所列、再裡有薄層、續於過總氣管與脾核胸脾肌之下、及項之根、過大血管與心包絡類絲層相續、

胸鎖乳肌

其胸鎖乳、（見百十二圖）大而厚、斜過於項之邊、在深夾膜兩層之間、其中段厚而窄、兩端薄而寬、由兩頭而來、一為胸骨、一為鎖柱、其胸端前筋後肉、圓結、由胸骨之第一塊之上以前而來、向上而後、其鎖柱端、則由鎖柱上邊內三分之一而來、乃肉與

連屬

腦筋

功用

健、絲所爲直往上、此兩端之本、由三角連處彼此隔開、在項中之下漸變爲厚而圓、之肌、有堅筋由其尖以至上邊、塞於乳峯之外、面由薄健膜塞於枕骨上彎陷之外三分之二、此肌挂鎖柱骨之處、大小不一、有時窄如胸端、有時三寸寬、鎖柱寬時往往分數綹、由窄空處所分、間有胸乳、與斜方兩肌相對之邊相貼、如此肌有此裂法因血瘤勒鎖柱下脈管第三段必得分此肌之一端或兩端爲勒法較易其肌分列在項之邊、前後成兩三角形、前三角之界在前、有項中線、在上、有下牙床體之下邊、與似有實無之線、由角以至乳峯、在後有胸乳肌之前邊、其後三角之界、在前、有胸乳肌之後邊、在下、有鎖柱骨之上邊、在後、有斜方肌之前邊、此肌之前邊有凹凸於皮之下可捫而知之凡治病有時須將此總項脈管剟住或有時須割其食管醫者平日不可不辨明其處其淺面傍皮與盤肌、中有外項回管、項叢前枝、深項夾膜之前層隔之、其深面、列於胸鎖柱交節、項夾膜之深層、胸舌骨、胸脾屬舌骨、雙肌之後腹、提飯匙角、夾板與項斜各肌之上、在下、傍總項脈管之下端、內項回管、肺胃腦筋、下項枝、下項連枝、與深津液核、另外、傍脊髓副腦筋、穿過其三分之一之處、並項叢枕脈管、與耳下核之一端、其盤肌之腦筋、由臉與淺項之腦筋而來、其胸鎖乳者、由副脊髓與項叢之深枝而來、其盤肌作全肌之功用、鼓動則此處之皮微有竪縐紋、其前端最厚處、能牽其下床骨於下、且能牽下其下唇、與口角兩邊、心有愁慘、則現此形、其胸乳者、則以壓其頭於項、壓其項於胸、若單爲功用、則能俯其頭、若與夾板肌共爲功用、則能令其頭

解剖

旁及於兩肩、并可以扭轉而令其臉向於對面之邊、如有因傷或生病而項歪者則必須割其胸乳與鎖柱之端者因其皮肌皆緊縮也其歪有上下順者有左右順者其割法以長窄直銳刀入於皮內去其本約中寸許割之其割胸端無離若割鎖柱則須留神切不可傷其外項之回血管因與其肌之後邊不行故也

下舌骨部、見百十二三圖皆以壓舌骨與喉去項之前深夾膜則露出此肌如斜方肌已經解剖則可以割開此肌所挂之鎖柱與飯匙之處要看肩舌骨之全肌必須在其中將胸乳肌割開而反折之

胸舌骨肌

其胸舌骨肌、薄而窄、如帶、由鎖柱骨內端與胸骨第一塊之上及後而來、往上而裡、有短筋絲塞於舌骨體之下邊、此肌與對面之肌、俱上下分而中徵合、此肌本之極

變化

上、往往有橫筋間隔、與直腹相似、此胸舌骨肌往往由鎖柱骨內端與後胸鎖柱筋帶而來或由胸骨與此筋帶而來或單由一骨而來或由以前各處而俱來而往往有一絡連於第一肋之脆　其淺面之下、傍胸骨、鎖柱骨胸端、與胸乳肌、其上傍盤肌與深項夾膜、其深面傍胸脾環脾與脾舌骨各肌、脾核、上脾血管、環脾與脾舌骨之各膜、

胸脾肌

其胸脾肌、列於胸舌骨肌之下、較之端而寬、由胸骨第一塊之後面胸舌骨肌本之下而來、

變化

亦往往由第一助脆之邊而來、塞於脾脆翅邊之斜線、項之下端、

連屬

此肌緊貼其對面之肌、往往有或橫或斜之筋間隔、行於其內與直腹相通、此肌往往與脾舌骨及咽頭下縮相續亦往往有旁側延長之絡至於舌骨　其前面傍胸舌骨、肩舌骨、胸乳各肌、其後面由下而上、傍總氣管、無名回管、總項脉管、並傍右邊無名脉管　脾核與其血管、另有喉之下端、順其裡邊、有衆脾回管列之、若用割總氣管之法宜先記此

脾舌骨肌

其脾舌骨肌、小而方狀若胸脾肌之增續者然、

肩舌骨肌

由脾脆邊之斜線直往上、塞於舌骨體下邊、與其大角、其外面、傍胸舌骨、與肩舌骨各肌、其裡面傍脾脆脾舌骨膜、與上喉血管、及腦筋、其肩舌骨肌、由飯匙上邊間往往由過上飯匙峽之橫筋帶而來、穿過項之邊、以至舌骨、其肌作兩肉腹、中有筋以連之、

連屬

其挂飯匙之處、有數分至一寸者、由此本起、其後腹變扁窄綹、往前過項之下端、在胸乳肌之後、變筋以改其方向、成爲鈍角、直往上、傍胸舌骨之外邊、塞於舌骨體之下邊、胸舌骨肌末之極外、此肌筋之形跡、人各不同、由深項夾膜、定其部位、其內有鞘延長而下、挂於第一肋之脆、此肌之角形、由此而來、此肌在項之邊、每兩大三角分爲兩小三角、其二後者、乃後上、或枕下、與後下、或鎖柱下、其二前者、乃前上、或上項、與前下、或下項之三角、其淺面傍斜方鎖柱下兩肌、鎖柱骨胸乳肌、深項夾膜、盤肌、與其外皮、其深面傍項斜肌、臂叢總項脉管之鞘、內項回管、下項枝、胸脾與脾舌骨兩肌、

腦筋

其脾舌骨之腦筋、由下舌而來、此部之大肌、由下項枝與下項連枝繩環枝而來、

功用

咽食物時、咽頭往上、此肌下壓喉與舌骨、其肩舌骨肌、不但壓其舌骨於下、且能牽之於後、與左右並能緊其項之夾膜、其脾舌骨者、能於舌骨向上時、提其脾脆於舌骨之後、

上舌骨部 見百十二三圖乃提舌骨與壓下床骨、去深夾膜則露此肌

雙腹肌

雙腹肌、乃兩肉腹所爲、中有圓筋以連之、此肌小彎形、列於下牙床體邊之下、由頭

連屬　錐舌骨肌　連屬　磨舌骨肌　連屬　解剖

旁側以至牙床交嵒其後腹者長於前腹由耳門骨乳峯裡邊之雙腹陷而來往下向前而裡再往上往前反折而爲前腹塞於牙床下邊之內陷而傍其交嵒其肌筋透錐舌骨肌有健繩環連此筋與舌骨底其環內有接膜其筋之兩邊各有寬膜一層挂於舌骨體與大角名爲上舌骨健膜兩肌前端之間作一層堅夾膜以繞此部下所列之他肌其前上三角由此肌分爲兩小三角其上或牙床下者其上界爲下牙床與乳峯其下界爲雙腹肌之兩腹其下或上項者其上界有後腹其後有胸乳肌其下有肩舌骨肌其淺面傍盤胸乳項乳各肌錐舌骨之一端與耳下牙床下兩核其深面前腹列於磨舌骨肌之上後腹列於錐舌錐咽舌骨舌各肌外項脉管與其舌臉兩枝內項脉管內項回管及舌下腦筋之上其錐舌骨肌小而細列於雙腹後腹之前與其上由錐峯外面之中而來向下而前以塞於舌骨體與大角相合之處及肩舌骨肌之極上雙腹肌筋傍其末以透此肌此肌之連屬與雙腹之後腹相同其雙腹錐舌兩肌已去則露磨舌骨肌其磨舌骨肌匾而三角列於雙腹前腹之極下與其對面之肌共爲口之肉底由全磨舌骨嵒而來其後絲斜往前塞於舌骨體其中與前之絲塞於對面肌相合之線間亦有無此線者則兩邊之肌絲緊相續其皮面傍盤肌雙腹前腹上舌骨夾膜下床下核頦下血管其深面傍頦舌骨舌骨舌之一端錐舌肌舌與司味之腦筋及舌下核腮嫩膜牙床下核之管入口曲繞其

頦舌骨肌　連屬　腦筋功用　功用　解剖　頦舌骨舌肌　連屬　舌骨舌肌

後邊、若去此肌則其下所列之肌露出去法宜割其所掛舌骨與牙床之處再將此肌與對面肌相連之處豎析之其頦舌骨、窄而細、列於磨舌骨肌之極下、由下頦之骨朶向下而後、塞於舌骨體之前面緊貼其對面之肌、而下微寬、列於頦舌骨舌之上、有磨舌骨以蓋之、其雙腹前腹之腦筋乃下牙磨舌骨枝、其後腹者、乃臉筋、其錐舌骨者亦臉筋、其磨舌骨者、乃下牙磨舌骨枝、其頦舌骨者、乃下舌腦筋、此部之肌、於嚥物時、用以提舌骨與舌底、若舌骨被其壓肌與喉壓肌抵住、則此部之肌壓於下牙床、凡嚥物時有二事、其一、乃雙腹之前腹與磨舌骨、及頦舌骨三肌、被其舌骨領之向上而前、將所壓之物送於咽頭、其二乃所嚥之物過咽頭時、則變上之各肌相合、以提其舌骨、飲食既過之後、則雙腹後腹與錐舌骨、領其舌骨、向上而後、令所嚥之物、不能復回於口、

舌部　以上之肌既已解剖則下床齒之肌外以鋸斷之再用鉤牽出舌與其肌則舌與其肌皆伸而可以試驗

頦舌骨舌肌、因其肌黏於頦舌骨舌故名　薄而扁三角形、豎列於中線、其尖處、與其下床骨之黏處同處、其底與黏於舌、及舌骨之處亦同處、由上頦骨朶頦舌骨之極上而來、散布於外而成扇形、其下絲往下、黏於舌骨底之上端、有豎絲續於咽頭之邊、其中絲則往後、其上絲則往上而前、黏於舌之下面、由舌底以至舌尖、其裡面貼其對面之肌、中有舌後向前穿過舌中之類絲連質隔之、其外面傍舌舌骨舌、錐舌各肌、舌脉管、食下司味腦筋、舌下核、其上邊傍口底之嫩膜、其下邊傍頦舌骨肌、其舌骨舌肌、薄

舌肌　錐舌肌　軟腭

而匾、而方、由舌骨體之邊及大小兩角而來、直往上以黏於舌邊、錐舌、舌兩肌之間、其體所來之絲、乃向上而後、搭大角所來之絲、乃斜而向前、其小角所來之絲、乃順舌邊向前而外、入於體所來絲之下、（因此肌絲方向之分別由舌骨各弧之各本而來所以古者有分三肌之說）其外面、傍雙腹、錐舌骨、錐舌、磨舌骨各肌、與司味舌下腦筋、牙床下核管、及舌下核、其深面、傍頦舌骨舌、舌中縮各肌、與舌血管、及舌咽頭腦筋、其舌肌、乃肌絲之帶、列於舌下面兩肌之間、由舌底以至舌尖、其後有數絲盡於舌底、別有他絲黏於舌骨、此肌在舌骨舌肌之前、與錐舌絲相融、延而向前、以至舌尖、其下面、傍舌脉管、其錐舌肌、在三錐肌之內、極短而小、由錐峯之前而外、與錐牙床筋帶而來、向下而前、分直斜兩端、其直者、黏於舌之邊、與舌肌絲相融、其斜者、搭於舌骨舌肌、與其絲相編、其外面、由上而下、傍耳下核、內後蹬肌、舌下核、司味腦筋、口嫩膜、其裡面、傍杏核、上縮舌骨舌兩肌、（其上腭舌一名縮口隘此肌雖舌部內之肌能於咽物之時上提其舌底但按其部位功用仍宜歸上腭部所以不論之於此）其腦筋、除舌肌由中竅絲而來、其餘者、皆由下舌而來、其舌之運動雖多而雜、若細察其肌絲之方向、亦易明其理、其頦舌骨舌、則由其後與下之絲、以提其舌骨、令舌骨與舌底往前、而伸其舌尖於外、前絲則反其功用、而牽回其舌於口之內、其肌、若與舌中線共爲功用、則能令舌往下、而舌之前後成凹、故凡飲水或小兒吮乳、皆能使之流入於咽頭、舌骨舌、則將舌之邊牽於下、而舌上成凸、舌肌、則將舌之中段與尖牽於下、使

解剖

下縮肌

連屬

中縮肌

連屬

上縮肌

其前後俱凸、其上膀舌、則將舌底牽之往上、其錐舌肌則牽舌向上而後也、

咽頭部（由胸骨之極上割其總氣管與食管提起則露出此肌再於錐峰之極後與頭顱底由下往上以鋸斷之用棉花或亂麻塡滿其咽頭與口則開張而易看）

下縮肌者、在三縮肌內、極淺、極厚、由環牌脆之邊而來、（前黏於環牌後黏於牌脆擒小面之間又黏於牌脆大翅邊之斜線與其後之脆面以至下角）向後而裡黏於咽頭後中線、其下絲爲橫與食管之絲相續、其餘者、斜往上、搭中縮肌、其上喉腦筋、行於肌之上、其下者一名回環喉筋、行於肌之下、以後入喉、此肌有繞咽頭之密連膜蓋之、其後列於脊骨柱與長項肌、其旁傍牌核、總項脉管與胸牌肌、其裡面傍中縮、錐咽頭、膀咽頭各肌、與咽頭嫩膜、其中縮者、匾而扇形、小於下縮肌、錯列於其前、由舌骨大小兩角及錐舌骨筋帶而來、其絲分開、其下者、行於下縮之下、其中者橫行、其上者、行於上縮之上、黏於後中線、而與對面肌之絲相融、此肌與上縮肌中、有舌咽頭腦筋、錐咽頭肌隔之、與下縮中、有上喉腦筋隔之、其後、列於脊骨柱與長項、大前直各肌之上、其兩旁傍項脉管、咽頭叢、與數津液核肌之本、有舌骨舌肌蓋之、中有舌脉管隔之、此肌蓋於上縮、錐咽頭、膀咽頭、與嫩膜、其上縮者、方形、較下中縮二肌薄而色淡、列於咽頭之上、由內後蹬片邊下三分之一、與其鉤峯及膀骨相依之端、緊上膀肌相反之筋、後蹬牙床筋帶、磨舌骨崗後端上之槽峰、及數絲舌邊而來、曲而向後、以黏於中線、並延長之健膜、以至枕

連屬錐咽頭肌

連屬腦筋功用

解剖提上腭肌

連屬緊上腭肌

骨底峯之咽頭峰其上絲弓行於提上腭耳氣管之下此肌之上邊與底峯之前無肌絲乃由類絲膜閉之其外面傍脊骨柱項脉管內項回管第八九腦筋之三岔中縮與錐咽頭兩肌此肌蓋於上腭咽頭與杏核其內有嫩膜其錐咽頭肌長而細上圓下寬而薄由錐峯底之裡邊而來向下順咽頭邊上中兩縮肌之間散布於嫩膜之下有數絲盡於縮肌之內他絲與腭咽頭相融以黏於牌脆之上邊其舌咽頭腦筋行於此肌之外邊過此肌以至於舌其外傍錐舌肌外項脉管耳下核與中縮肌其內傍內項膜管內項回管上縮腭咽頭兩肌與嫩膜此部之腦筋由咽頭叢與舌咽頭之枝而來其下縮肌別有外喉筋來之枝於將嚥物時使咽頭牽之向上則前後左右俱舒以承口中所嚼之物其錐咽頭肌之本遠於末故能令咽頭之邊向上而向外由喉與舌向上而前以增其前後之寬使食物入咽頭之時其提肌發舒其邊往下與縮肌逼食物以徐入食管其咽頭兼能調停其聲音使之特高

上腭部（見百十六圖咽頭後自上豎割至下則露出軟上腭之後面再橫割其枕骨緊扯其小舌以去其嫩膜與小核則露出此部之肌）

提上腭肌長厚而圓列於鼻後孔之外邊由耳門骨岩端尖之下而與耳氣管相依之脆端先入於咽頭上縮肌上凹邊之上後斜往下而裡至於軟上腭之後面而與其對面之肌相融於中線其外傍緊上腭與上縮兩肌其內以咽頭嫩膜爲裡其後傍軟上腭之嫩膜去此肌與上縮後蹬邊所挂之處則露出緊上腭之肌其肌寬薄

連屬　孤小舌肌　連屬　上腭舌肌一名縮口隘　上腭咽頭肌　連屬

如帶、列於上肌之外邊、後橫竪兩端、其竪端由內後鐙片底之船窩與耳氣管脆端之前面、而來竪往下、由內後鐙片與內後鐙肌之間、至其肌末之筋繞於鉤峯、而束於內後鐙肌本之筋、并有小囊以潤之、其末筋或橫端往裡在軟上腭之前面、為寬健膜、與對面肌之健膜相融於中線、其絲在前黏於上腭骨橫端後邊之橫嶺、其外傍內後鐙肌、其內傍提上腭肌、中有上縮肌與內後鐙片隔之、其軟上腭淺夾膜、列於提上腭之前、而有嫩膜以蓋之、其孤小舌肌、名為孤、其實乃二窄環柱形之肉綹、並列於上腭之中線、每肌由上腭骨後鼻峯、與上腭相輔之筋及健膜而來、往下黏於小舌、其前、傍提上腭之筋、其後、傍嫩膜、此下有兩肌去其軟上腭柱之嫩膜則露出此二肌其上腭舌肌為小肉綹、中段窄於兩端、與其面所蓋之嫩膜為前柱、此肌由上腭前面小舌之邊而來、行前往外、在杏核之前、黏於舌之邊與舌背、而與錐舌肌相融、此肌在軟上腭、與對面肌之絲相續、其上腭咽頭肌、乃長肉綹、中段窄於兩端、與其面所蓋之嫩膜為後柱、其前後兩柱之間、以列杏核、此肌由軟上腭而來、有提上腭分之為前後二綹、其前者、極厚、由提緊兩肌之間入軟上腭、與其對面之肌相融於中線、其後者、緊貼嫩膜、亦與其對面之肌相融於中線、往外而下、行於杏核之後、與錐咽頭相會而同黏於牌脆之後邊、有數絲盡於咽頭之邊、有他絲過中線之後、與對面之肌相交、軟上腭之前後兩面、有嫩膜以蓋之、中有上腭核層隔之、其上邊、傍提上腭肌、為口隘

腦筋

功用

大前直頭肌

連屬

小前直頭肌

連屬

旁直肌

之後柱柱之外、有嫩膜以蓋之、在咽頭此肌列於嫩膜與縮肌之間、其緊上腭肌之腦筋、乃耳結之枝、其提上腭與孤小舌兩肌者、由臉筋而來（此臉筋由岩筋連於微點所來）其大肌、乃蝴蝶上腭結之上腭枝之腦筋、咽物之首事、以舌抵硬上腭、將所銜之物推於口隘、維時將其舌底縮囘、提喉與咽頭向上、而令喉向前、隱於咽頭之下、其會咽蓋於喉、而令其食物滑過、第二事、上腭舌肌即縮、口隘肌縮於咽物之後、其軟上腭微提而緊、乃提緊兩上腭之功用、則上腭咽頭肌縮而相近、其小舌不滿其前之隙、所以使食物不能復入於咽頭之上端、亦不能入於鼻之後孔、其咽頭肌乃坡而向下而後、故食物順下於咽頭之下端、（以上之軟上腭肌、其解剖之法與細審其連屬之處、醫者不可不知、蓋凡上腭有隙者、即醫治之後、其提上腭肌與上腭咽頭肌仍相背、所以必將兩肌各割開、則其隙乃能相合、不然則終不能合也）

前脊骨部

大前直頭肌（見百十七圖）其上寬而厚、其下窄、似與前項斜肌相續者然、由四筋結、第三四五六之項脊骨橫峯之前骨朶而來、往上黏於枕骨之底峯、其前面傍咽頭百結筋、與項脉管、內項囘管、肺胃腦筋之鞘、其後面傍長項小前直兩肌、與上項脊骨、其小前直肌、短而匾、列於大者上端之極下、由扭環前面與其橫峯之根而來、斜往上而裡、黏於底峯大直肌之極後、其前面傍大前直之肌、其後面傍枕扭環交節之前、其外傍百結筋上項結、其旁直肌、短而匾、列於扭環橫峯與枕骨項峯之間、由扭環

連屬

橫峯上面而來黏於枕骨項峯之下面、其前面傍內項回管、其後面傍脊脉管、

長項肌

其長項肌、長而匾、列於脊骨之前面、在扭環與第三脊背骨之間、中段寬、兩端窄而尖、分上斜下斜豎三端、其上斜端由三四五項脊骨橫峯前骨朶而來、斜往上而裡、有窄筋黏於扭環前弓之骨朶、其下斜端極小、由第一二三脊背骨之體而來、斜往外、黏於第五六項脊骨之橫峯、其豎端列於脊骨之前、其下下三項與上三脊背骨與其

連屬

上第二三四項脊骨之間、其前面傍咽頭、食管、百結筋、與項脉管、內項回管、肺胃腦筋之鞘、下脾脉管、及回環喉之腦筋、其後面傍脊骨項與背之處、其裡邊之下、中有空處、對面之肌以隔之、其上彼此相近、

旁脊骨部

前項斜肌

前項斜肌、圓錐形、深列於項之邊、及胸乳肌之後、有窄而匾之筋、由第一肋內而上之骨朶而來、直往上、黏於第三四五六項脊骨之前骨朶、此肌之下端、隔鎖柱骨下

連屬

脈回兩管、其回管列於前、其脉管與臂叢列於後、其鎖柱骨、鎖柱下、胸乳肩舌骨橫項各肌、與上項脉管、鎖柱下回管、與隔腦筋蓋之、其後面傍肺包膜、鎖柱下脉管、臂叢之腦筋、其裡邊中有鎖柱下脉管、隔此肌與長項肌、

中項斜肌

其中項斜肌、極大而長、由第一肋之上面、鎖柱下脉管陷之後、往後以至骨朶而來、往上順脊骨之邊、有排筋結

連屬

黏於下六項脊骨橫峯之後骨朶、其下有鎖柱下脉管、其上有項筋、隔此肌與前肌、

後項斜肌

其外面、傍胸乳肌、其鎖柱與肩舌骨肌過此肌、其提飯匙角與後項斜肌、列於外邊、其後項斜者極小、由第二肋之外面在大鋸肌所黏之後往上有二三排筋黏於下二三項脊骨橫峯之後骨朶、三項斜肌之內此肌列於極深處、往往與其中者相融、

腦筋

其大小前直頭肌之腦筋乃枕下與項叢之深枝、其旁枝肌之筋乃枕下筋其長項與項斜肌之筋、乃下項筋之枝、

功用

其大小兩直與項後之肌相反其後肌牽之向後其前肌仍牽之向前、以助首之俯因其斜列、則可以扭轉其頭而左右之其長項肌、則屈而微扭轉其項、其項斜肌、若抵住其下、則其項之橫峯往下、牽而能令脊骨柱左右屈、若左右之肌共爲功用、則能令脊骨柱特立若抵住其上、則能提第一二肋以吸氣、

身肌與夾膜

身之肌分四部曰背曰腹曰胸曰陰背部之肌甚多可分五層第一層之肌有二乃斜方廣背兩肌第二層有三乃提飯匙角大小斜長方第三層有四乃上下後鋸夾板頭與項兩肌第四層分三部一爲方腰部有一肌乃立脊一爲背部有四肌乃方腰與副肌長背背後峯一爲項部有六肌乃上項橫項項乳錯綜雙腹項項後峯第五層有十二肌乃背半後峯項半後峯衆脊輒脊後峯上後峯間伸尾底骨橫峯間大小後兩直上下兩斜

身肌第一層

見首十八圖俯置其身於卓上以橫木墊其胸腹使兩手下垂由枕骨脊中線向下豎劃至尾底骨再由枕骨橫劃至乳峯其下則橫劃至胯骨幽再由末脊背後峯往上而外斜至肩頭此所劃之線卽是斜方肌之下邊去其皮則此肌露出

解剖

斜方肌

斜方肌、寬而扁、三角形、列於皮之極下、以蓋項與肩之上而後之端、由枕骨上彎線內三分之一、與板筋、及第七項之後峯、全脊背後峯、上後峯筋帶相似之處而來、其

闊背肌

上絲向下而外、黏於鎖柱骨後邊外三分之一、中者橫行、黏於肩頭之上邊、與飯匙峯之全上邊、下者向上而外、傍飯匙而黏於三角健膜、健膜乃行於峯內端之滑面、黏於外端、所緊連之骨朶、此肌之本末皆筋、餘皆爲肉、其枕本、有薄類絲層連於骨而緊貼其皮、無健膜光華之色、脊骨後峯之本、有寬半橢圓之健膜、乃占第六項與第三脊背間、與對面肌之健膜作橢圓、其餘有數端筋絲、左右兩邊皆斜方形、故以爲名、其兩角與肩相似、其一角在枕骨阜、一角爲末脊背肌後峯、此肌黏鎖柱骨之處、大小不一、往往黏於其中段、與胸乳後邊相融、或搭之、（如勒鎖柱下脉管之第三段必須記此）其淺面傍皮而緊貼之、下有健膜以隔之、其深面、在項傍錯綜、夾板、提飯匙角、小斜長方各肌、在背傍大斜長方崗、上下各肌、上後鋸肌之小端中有脊間健膜隔此肌與立脊廣背、其脊副腦筋、行於此肌前邊之下、其項端之外邊、爲項後三角之後界、其界在前乃胸乳、在下乃鎖柱骨、其板筋、（見百十九圖）乃薄帶密連類絲之膜、列於項兩斜方相合之間、由枕骨外阜至第七項脊骨之後峯、而與上後峯筋帶相續、除扭環每項脊骨後峯、其前面俱有類絲綹爲隔、以分項左右之肌、此板筋在獸則大、乃賴此筋以擎頭、若在人則小、而無大用、其廣背肌、寬而匾、蓋於腰與脊背之下半、往下漸變爲窄綹、而黏於臂骨、有健膜由下六脊背腰與方脊骨之後峯、與上後峯筋帶而來、方骨之上、其健膜與立脊筋相融、別有跨骨崗之外唇、外斜肌本之後、與下三四下肋之肉齒外斜肌相似之齒之間而來、其各方向所來之絲、上者橫、中者斜往上、下者直往上、聚於一處作爲厚腤、以穿過飯匙骨之下角、亦往往由其角以收納數肌絲、再曲繞於大圓條肌之下邊、而自扭轉其身、故上絲先在後而後在下、其直絲先在前而後在上、至其末、則變爲短而方之筋、約長三寸許、以穿過大圓條肌筋之前、而黏於臂骨雙頭陷之底、大胸肌筋末之上、其筋之下邊與大圓條相合、中有囊以隔其兩面、又別一囊往往列於此肌與飯匙下角之間、（廣背肌上邊腋窩後摺疊之中往往有肉腤長三四寸許寬四分寸之一至四分寸之三過腋窩血管與腦筋之前與大胸肌筋之下面鳥喙臂肌或雙頭肌上之夾膜相合此腤之部位循腋脈管之列法爲要蓋因病紮此脈管此腤卽過此處恐醫者爲所誤宜察其絲之橫勢乃可知之百五人有八人有此腤八人有七人左右皆有）

連屬

其淺面、卽傍皮下、出其上端、乃斜方所蓋、其深面、傍立脊、下後鋸、下肋間肌、與肋、大鋸、飯匙下角、大斜長方、下崗、大圓條各肌、其外邊之下、有小三角處、隔此肌與外斜肌、別有三角處、在此肌與斜方肌之間、其肉有肋間與大斜長方肌、

腦筋

其斜方腦筋、乃脊副與項叢而來、其廣背者、由下飯匙之腦筋而來、

肩肌第二層

（欲看此層之肌宜將斜方所黏之鎖柱骨與飯匙崗隔而分之反折於脊骨則此層之肌露出）

提飯匙角肌

提飯匙角、列於項之後與其邊、乃四筋腤、由上三四項脊骨橫峯之後骨朶而來、後變爲肉、作匾肌、向下而後黏於飯匙之後邊、上角與崗根三角滑面之間、

連屬

其淺面、傍皮、斜方、胸乳兩肌、其深面、傍夾板項、橫項上、項上後鋸各肌、與橫項及後飯匙脈管、

小斜長方肌　大斜長方肌　連屬　匙管　腦筋　功用

其小斜方肌由板筋與第七項及第一脊背脊骨之後峯而來、向下而外、黏於飯匙崗根三角滑面之邊、此小肌、大約中有微連質處以隔其大者、其大斜方肌、列於小者之極下、其大小兩肌往往相合由上四五脊背脊骨之後峯與上崗筋帶黏於穿筋之弓、其上黏於旁崗之三角面其下黏於下角其弓有薄包膜以連飯匙之邊、若其弓所占之地步不大則其肌絲即黏於飯匙骨、其兩肌之淺面傍皮與斜方肌、其大者傍廣背其兩肌之深面傍上後鋸後飯匙械管立脊之一端肋間肌與肋其脳筋由第五項筋之枝與加絲由深項叢之深枝而來、散佈於提飯匙之角肌以上三肉之黏處極大故功用極多如定住其頭則斜方之上端能將其肩之尖提起如負重之狀若中與下之絲有運動則飯匙微扭轉胸之邊如定住其肩則兩斜方牽其頭直往於後若單爲功用則牽其頭於相似之邊若廣背運動其臂則能牽其臂骨向後而下維時亦能扭轉向裡若定住其臂則其身可作各樣動轉一可以提其下肋與助其力以吸氣若兩臂俱定住則廣背兩肌腹與大胸肌將全身牽之於前如攀樹登高扶杖行路之狀其斜方下絲先壓飯匙上角則提上角能提之其兩斜長方者能將下角帶於後而往上則飯匙微扭轉於胸邊之上若定住其肩則提飯匙能牽其項於相似之邊若兩斜方肌與斜方中而下之絲共爲功用則能將飯匙直牽於後以向脊骨

解剖　上後鋸肌連屬　下後鋸肌連屬　脊健膜　夾板肌　夾拔頭肌　夾板項肌

兩旁

脊背肌第三層

（將以上之肌全行割去則露出此肌提飯匙角與斜長方肌去其末近而向上則露後上鋸再將廣背之中豎析之而反折於）

上後鋸肌、薄而匾方形、列於胸上而後之端、由薄而寬之健膜板筋、與末項及第二三上脊背之後峯而來、向下而外、變爲肉、黏於四肉齒、與第二三四五肋之上邊、而微過其角、其淺面傍斜方、斜長方大鋸各肌、其深面傍夾板、立脊、立脊之上端、肋間肌與肋、其下後鋸肌、列於脊背、與腰對面相合之處、其肌較上者加寬、而有相隔之處、由薄健膜末二脊背、與二三上腰脊骨之後峯、與其間筋帶而來、斜往上而外、則變爲肉、分爲四匾齒、而黏於四下肋之下邊、亦微過其角、其淺面傍廣背、與其本肌健膜相融之健膜、其深面傍橫肌之後健膜、與立脊肋與肋間肌、其上邊、與脊健膜相續、其膜乃薄片、順胸部以勒其立脊、而分開上肢與連脊骨之肌、此膜有橫豎兩絲相融、而黏於中線之脊背後峯、其外黏於肋角、其下黏於下鋸之上邊、與廣背筋、其上穿過夾板肌之下、而與項深夾膜相融（去上後鋸肌則露夾板肌）、其夾板肌、列於項後、與脊背部之上端、在其本則爲單肌、窄而尖、後變寬則分爲兩端、而各有其末、由板筋絲之下半末項與上六脊背脊骨之後峯、與其間之筋帶而來、其肉絲斜往上而外、作爲寬匾肌、分爲兩片、一爲夾板頭、一爲夾板項、其夾板頭者、黏於乳峯與枕骨上彎陷下之澀面、其夾板項者、黏於三四上項脊骨橫峯之後骨朶、夾板[illegible]三角處割開

連鋸 腦筋 功用

其對面之肌、內有錯綜、其淺面傍斜方肌、中下、有斜長方肌與上後鋸隔之、其末傍胸乳、其深面傍背後峯肌、長背項半後峯與錯綜項乳橫項各肌、其夾板肌與上鋸之筋、乃由項外後枝而來、下鋸乃由背之外枝而來、兩鋸肌者、乃呼吸之肌、而功用相反、其上鋸、提其肋而爲吸氣之用、下鋸則牽下其下肋而爲呼氣之用、並緊其脊健膜、其兩邊夾板肌、若共爲功用、則將其頭直牽於後、以助斜方與錯綜、若單爲功用、則牽其頭於左右、且能微扭轉其頭而使臉向於左右、並能於特立時以助其頭、

脊背第四層

（去其鋸肌與脊健膜則露此層之肌）

立脊肌

立脊肌、（見百十二圖）與其歧向上、塡於脊骨兩邊之陷、在腰部、有腰健膜以蓋之、在背部、有鋸肌與脊健膜以蓋之、在項部斜方之下、有項夾膜一層以蓋之、此肉與筋叢及脊各處之大小、並其體質皆不同、在方部、窄而尖、其本之質、大約爲筋、在腰部則大而爲肉叢、在背部則分兩端、往上漸小、而黏於脊骨與肋、盡於項部、而別有加增之肌、續往上而輔其頭於脊骨之上、此肌由方跨陷與寬而厚筋之前面、此筋於其裡邊、黏於方骨後峯、腰與下三脊背之後峯、及其上筋帶、於其外、黏於跨骨尙內唇之後端、與方骨後端之排凸處、卽橫峯、及大方坐筋帶相融之處而來、此肌絲作一大肉叢、其前有腰肌橫峯與橫肌夾膜之中層、其末肋之對面、分兩端、一爲方腰、一爲長背、其方腰者、乃立脊肌外之小端、有六七區筋、黏於下六肋之角、若此肌翻於外、

方腰肌 一名跨肋肌

方腰之輔肌　方腰之上項肌　長[illegible]肌　横項肌　項乳肌　背後峰肌　項後峰肌

則見其有數排綹由肋角而來、有此綹、則能使此肌續往上、而與上肋及項部相連而爲兩肌、一爲輔肌、一爲上項肌其輔肌由單扁筋與下六肋角而來、變肉、而單有筋以黏於上六肋之角、其上項肌、卽輔肌往上入於項、而列於輔筋之裡邊由上四五肋角而來、有細排筋、黏於第四五六項脊骨横峯之後骨朶、其長背肌、乃立脊肌肉之大端、與方腰爲一本、在腰部、與方腰相融、有數絲、黏於腰脊骨横峯之後面交節後骨朶、與横峯尖所連之腰夾膜、在脊背部有長薄筋、黏於脊背横峯之項、與七肋至十一肋角、及骨朶之間、別有二肌、一名横項、一名項乳、往上至頭與項部、其横項者、列於長背之裡邊、有長薄筋、由三四五六脊背横峯之項而來、黏於項下五横峰之後骨朶、其項乳肌、列於横上肌之裡邊、横項肌與錯綜肌之間、有四筋由三四五六脊背横峰而來、並有排筋由下三四項交節峰而來、往上而黏於乳峰之後邊、夾板與胸乳肌之下、其背後峰肌、有肉與筋之排綹、連於上腰與背脊之後峰、其綹與長背肌相融、列於長背之裡邊、由三四筋、及首二腰、並末二背之後峰而來、相合爲小肌、有排筋黏於四至八背脊之後峰、其下與背半後峰緊相合、其項後峰肌、乃連項脊骨之後峰、故名、與上肌之連處相同、此肌之大小與黏處之多寡、人各不同、卽一人脊之兩邊亦不同、有二至四之肉、或筋綹、由第五六項脊之後峰、亦間由第一二之脊背而來、黏於樞軸之後峰、又間黏於其下兩脊之後峰、然二十四人之中、

錯綜肌　雙腹項肌　連腦　腦筋　解剖半後峰肌　背後半峰肌　項半後峰肌　連腦

每有五人無此肌、其錯綜肌、寛而厚、列於項上之後端、與夾板之下、及長背之裡邊、有排筋約七條、由上三背與第七項横峰之項及其上三項之交節峰而來、與筋相合、而變爲寛肌、斜往上而裡、黏於枕骨兩彎線間極裡邊之凹處、此肌之中有横筋隔之、其雙腹項肌、小绺、列於錯綜之裡邊、與其肌相融（因其有兩肉腹而中有筋故名）若單論此肌、有二至四之筋绺、由二至四上背横峰而來、黏於錯綜裡邊枕骨之上彎線、其淺面傍斜方與夾板兩肌、其深面傍背項兩半後峰與直斜兩肌、其雙項腹中有板筋隔此肌與對面之肌、又有深項首項兩脉管、與枕脉管之枝、及後項叢之腦筋、隔錯綜與項半後峰、其立脊與其背部所分肌之腦筋、乃腰與背筋之外後枝、其上項横項乳項後峰各肌之腦筋、乃項筋之外後枝、其錯綜者乃項筋之内後枝、别有枕下與大枕之筋、

肌第五層（先割錯綜而反折之再去後峰與長背之黏處復將立脊黏腰與方之後峰割而反折之則露此層後横兩峰間之肌）

半後峰肌、連横與交節峰於後峰、由背部之下端、至項部之上端、其半背者、乃薄窄肉绺、有小排筋、由十或十一至五六下脊背横峰而來、有五六筋、黏於上四背與下二項之後峰、其半項者、厚於半背脊、筋肉排點、由上四脊背之横峯、與下四項之交節峯而來、黏於四項之後峯、由樞軸至第五項骨、其樞軸所連之绺、極大、乃肉質、所爲其淺面、自下而上、傍長背背後峰、夾板錯綜各肌、深首項兩脉管、與後項叢腦筋、

衆脊肌　連屬轉脊肌　上後峰肌　後峰間肌　伸尾骶肌

其深面、傍衆脊肌、其肌乃數肉筋兩綹所爲、由方骨至樞軸墳脊骨後峰之兩邊、此綹在方部、由方骨後往下、以至第四方孔與立脊肌本之健膜而來、在跨部由後上峰之裡面、與後方跨筋帶而來、在腰項兩部由交節峰而來、在脊背部由橫峰而來、每綹斜往上而裡、黏於其上脊骨弓片與後峰、其綹之長短不一、其極淺者極長、由一脊骨行於其上三四脊骨、其中者由一脊骨行於其上兩三脊骨、其極深者豎連於相依之脊骨、其淺面傍長背、背後峰、背項兩半後峰各肌、其深面傍弓片與後峯及背部轉峯筋、此肌之下、有轉肌、在上肌之下、背部單有此肌、每邊各十一肌、每小方形、由橫峰之上而後之端而來、黏於上脊片之下邊與外面、其絲往裡、以至後峯根、其第一者在第一二脊背之間、其末者在第十一二脊背之間、此肌之數、上下兩端往往缺其一二、其上峯肌乃排肉帶、列於項部後峯、其後峯間者、乃短肉綹、雙雙列於相依之後峯之間、其在項部者、極明顯、而有六雙、第一雙列於樞軸骨與第三脊骨之間、其末者、列於末項與首背之間、此肌小而窄之束、其上與下、皆黏於後峯之尖、其在背部、列於第一二脊骨之間、亦往往在二三之間、其下、列於第十一二脊骨之間、其在腰部、有四雙、列於五腰脊骨之間、亦往往又列一肌於末脊背、與首腰之間、及第五腰與方骨之間、其伸尾底肌、乃細肉綹、在方與尾底骨後面之下端、由方骨末骨、或尾底骨之第一骨而來、往下黏於尾底之下端、即走獸尾脊伸肌之

橫峰間肌

大後直頭肌連屬

小後直頭肌連屬

下斜肌連屬

上斜肌

連屬

腦筋

痕、其橫峯間肌、乃小肌、列於橫峯之間、其在項部、乃兩圓肉筋兩綹、行於相依之脊背、橫峯、前後骨朶之間、中有項筋之前枝、列於肌陷內與脊脉管、及回管、彼此隔之、此部、有七雙之肌、其第一雙、在鈕鐶與樞軸之間、其末雙在第七項與第一背之間、其在背部、乃圓筋絲、在上背橫峯之間、然其在下三背橫峯與第一腰之間者、皆爲肉質、其在腰部有四、皆單肉層、以占極下腰脊骨橫峯之地步、其上腰橫峯之一者、乃黏於橫峰之半、其大後直頭肌、乃尖筋、由樞軸後峰而來、往上變寬、黏於枕骨下彎線與其極下之骨面、其兩邊之肌、往上而外、留三角形之地步、以列於小後直頭之肌、其淺面、傍錯綜、其末傍上斜肌、其深面、傍鈕鐶之後弓、後枕鈕鐶筋帶、與枕骨之端、其小後直頭肌、乃窄尖筋、由鈕鐶後骨朶而來、往上變寬、黏於下彎線之澀面、其淺面、傍錯綜、其深面傍後枕鈕鐶筋帶、其下斜肌、極大、由鈕鐶後峯之尖而來、橫往外、黏於鈕鐶橫峯之尖、其淺面傍錯綜、第二項腦筋之後枝過此肌、其深面、傍脊脉管、與後枕環筋帶、其上斜肌、下窄上寬、由鈕鐶、橫峯之上端而來、斜往上而裡黏於枕骨兩彎線之間、錯綜肌之外、其兩斜肌、與大後直頭肌之間、有三角形處、以列脊脉管與下枕腦筋之後枝、其淺面、傍錯綜項斜兩肌、其深面、傍後枕鈕鐶筋帶、其背半後峯與轉脊肌之腦筋、乃背筋之內後枝、其項半後峯、與後峯上後峯間各肌者、乃項筋內後枝、其橫間肌者、乃項背腰腦筋之內後枝、其衆脊肌者、同上、別有方

功用

筋之內後枝、其直與斜肌者、乃枕下與大枕筋、其立脊以其功用爲名、而方腰之副肌長背背後峯皆包含於內、蓋賴植立其脊骨、且以助身反弓之力、假如胸前捧持重物、或項戴重物、或腹患膨脹、或婦人懷孕、皆須反折此肌以助身前之力、其往上至項至頭、皆賴前各肌以穩立之、若方腰與長背單用、則能牽其胸與脊骨往下、於本肌之邊、其輔肌有項脊骨以定之、則能提其所黏之肋、其衆脊肌感動脊骨各處皆有其次序之功用、比如方骨之旁爲定住之處、則此肌之緒能動其腰部、若腰處定住、則此肌能動其脊背部、再往上以至全脊、莫不皆然、故有此肌與他肌之緒次序舒縮、所以脊骨能久立無倦、若單有一肌則倦矣、其衆脊不但能令其脊骨久立、並可扭轉其身之前面至於其對面之邊、其小後直頭與上斜兩肌、皆以牽其頭於後、其斜肌因其絲之斜方向、並可以轉其臉於對面之邊、其大後直頭與下斜兩肌、則以扭轉其鈕鐶與頭、以繞其牙峯與轉臉、

解剖

腹肌部　腹部之肌有六、曰外斜、曰內斜、曰橫、曰直、曰方錐、曰方腰、見百二十一圖、必解剖此肌、宜由胸骨尖往下竪析至交骨、再由臍往上、而外斜析至第五六之肋、再由臍與交骨之間橫割至前上腑峯、再由腑峯割至後邊、將三處之皮、順其肉絲而反折之、則見此肌、然腹肌最難割、時須先吹氣於皮內、而令其脹、

外斜肌

外斜肌、見百二十二圖、此肌以其絲之方向名、列於腹邊而前、此部之三扁肌、此肌極大極淺、寬而薄、方形、其肉端列於邊、其健端列於腹之前、有八肉齒、由八下肋之外面與下邊而來、此齒則斜列向下而後、上者緊黏於同等之肋脆、極下者黏於末肋脆之尖、中者黏

於肋而微遠其脆、其上五者、自上往下加增其大收納於大鋸肌排齒之內、下三者自上往下減小、收納於廣背肌排齒之內、以上所黏各絲、在極下之肋者、豎往下黏於胯崗前半之外唇之前半、其中與上之絲、向下而前、其末則變爲筋絲、以散布爲寬健膜、此膜與對面之膜相合於中線、以滿遮於腹之前面、其上連於大胸肌之下邊、其下之絲、密合、由胯骨前上峯斜過、以至交骨峯、與梳線在中線與對面之健膜相交、而爲白線、乃由胸骨尖以至交骨、此健膜、由胯前上峯以至交骨峯爲寬帶、而反折於裡、與其下寬夾膜相續、名爲摺窩大筋帶、（西國謂之包把兒筋帶）別有一端、由大筋帶反折於後而裡、黏於梳線、名爲摺窩小筋帶、（西名因伯兒那格）由此小筋帶至梳線、有數絲往上而裡、行於環內柱之下、以至白線、其肌絲往上分開、變爲薄三角類絲之筋帶、名爲三角筋帶、其外斜健膜交骨崗之極上、有三角孔、名爲外腹環、即此處健膜絲分開者之所爲、男子則以穿過精系、（此系乃挂腎囊之睪丸）婦女則爲圓筋帶、其三角孔斜往上而外、與健膜絲之形相對、其下爲交骨崗、其上有數彎絲、在環之上角穿過健膜而加增其力、兩邊有健膜之邊、爲環之兩柱、其外者因其斜而亦爲下者、以黏於交骨峯、其內而上者、黏於交骨之前、與對面肌相似之絲相交、（其右者列於其淺者）外腹環柱邊、黏有極細極薄之夾膜、此夾膜往下、則蓋其精系與睪丸之外面、此膜有二名、一名爲柱間夾膜、因其黏於環之處、一名爲外精夾膜、乃精系極外之夾膜、其外面傍淺

運屬　解剖　內斜肌

速屬　解剖

夾膜、淺腹上、與回環膀血管及數皮腦筋、其裡面、傍內斜肌八肋下之下端肋間肌、提睾丸肌、男精系、女圓筋帶、其後邊、往往有廣背肌搭之、亦往往有兩肌間空處露內斜肌端、（此肌黏於肋處及膀崗處割開輕提而翻向於對面則露其下內斜肌）內斜肌、（見百二十三圖）較外斜者薄而小、而附於其下、亦方形、列於腹邊、與前端、由肉絲與摺窩大筋帶（黏於其上面之陷）外半、膀崗中唇前三分之二、及腰夾膜而來、其絲由此本起、而分向於各處、其從摺窩大筋帶所來者無多、而色淡、往下往裡、作弓形、過精系、而與橫肌黏於交骨崗及梳線、約有半寸許、而共為內斜與橫肌之總筋、其前上膀崗者、乃橫形、其膀崗前端者、則斜往上而裡、變為健膜、續往前至於白線、其極後絲、則直往上黏於下四肋脆之下邊、而與內肋間之肌相續、其內斜與橫肌之總筋、黏於交骨崗與梳線外腹環之極後、以護其腹、往往此筋不禁其內邊之壓力、以致為外環項之往前、而成直摺窩疝氣之一衣、其內斜之健膜、續往前至腹之中線、與對面肌之健膜相合於白線、亦由胸骨尖以至交骨、在直肌之外邊、健膜上四分之三、而分為兩片、一由前穿過、一由後穿過、至白線處之裡邊、復相合而成鞘、其前層與外斜肌之健膜相融、其後層則與橫肌相融、順其下四分之一、則往前行於直肌之前而不分、其外面、傍外斜廣背兩肌、精系與外環、其裡面、傍橫肌、橫夾膜、內環精系、其下邊、作為精道之上界、（割去內斜肌則露橫肌其上所黏肋與其下所連於大筋帶與膀崗之處割開其後由末肋至膀崗處豎析之其奏刀之初宜將此肌緊牽在所露兩肌間連貫之處與其橫肌絲之方向與兩肌

横肌

（腹胯窩同血管列於此肌之間易於分開此兩肌再向前翻於白線）其横肌者、（見百二十四圖）以其肌横、故名、乃腹極裡之層肌、緊列於內斜肌之下、有肉絲、由胯窩大筋帶外三分之一、胯窩內唇前三分之二、下六肋脆之裡邊、與隔肌齒相交、並由腰脊後横峯之寬健膜而來、其下絲曲而向下、與內斜肌、共黏於交骨崗與梳線、卽為上所云之總筋、其餘之肌絲、皆横而往裡、傍直肌之外邊、變為健膜、而黏於白線、其上四分之三、穿行於直肌之後、與內斜之後層相融、其下四分之一、則行於直肌之前、

連屬

其外面傍內斜肌、下肋之裡邊、與內肋間肌、其裡面、有横夾膜以隔此肌與腹包膜、其下邊、作為精道之上界、

腰夾膜

其腰夾膜、（見百二十五圖）其横肌之脊健膜、分三層、前層極薄、黏於腰背骨横峯尖之前端、其上至末肋之下邊、而為外弓筋帶、中層極堅、黏於横峯之尖、後層黏於後峯之尖、前與中兩層之間、以列方腰肌、中與後兩層之間、以列立脊肌、其健膜之後層、以收納內斜肌所黏之處、而與下後鋸及長背之健膜相融、以為腰夾膜、

解剖

（則見之再將肌之外邊提起則見其鞘之後層再横割其肌將上下反折則見其鞘之後壁為獨而彎之形）

直腹肌

其直腹肌長而匾、其徑與腹相等、中有白線、分開此肌與對面之肌、其上端寬於下、其本有兩筋、外筋大、而黏於交骨崗、內筋小、與其對面之肌相交、而連於交骨所蓋之筋帶、其肌絲直往上、變寬而薄、有三不平等之綴、以黏於第五六七肋之脆、往往有數絲連於劍尖肋之筋帶與劍脆之邊、有二至五之排筋、行於此肌之內、名為横線、一列於臍之對面、臍之上（欲看直肌先從胸骨至交骨豎析其鞘反折於兩旁）

有二、一與胸劍脆相對、一與臍及胸脆之間相對、其臍下往往有一、此線或橫或斜、以穿過其肌、而鮮過其全體、亦往往有過其體之半者、而與直肌之鞘相合、其直肌之鞘、見二百十五圖即橫斜兩肌之健膜所爲、其列法如左、其內斜健膜、至直肌之邊、則分爲兩層、一行於直肌之前、與外斜健膜相融、一行於直肌之後、與橫肌健膜相融、在其裡邊復相合、而黏於白線、此夾膜之列法、乃直肌上四分之三、自其下四分之一起、其鞘之後壁變爲薄而曲之形、其凹處往下向交骨、其三肌之健膜行於直肌之前而不分、其無鞘處之直肌、中有橫夾膜隔肌與腹包膜、

方錐肌

其方錐肌、小而三角形、列於腹之下、直肌之前、與直肌同在一鞘中、有筋絲由交骨之前與前交骨筋帶而來、其內端往上減小、至其末爲尖端、黏於臍與交骨間之白線、間有一兩邊無此肌、而直肌則加增以補之、亦有一邊雙肌者、或兩邊之大小不同者、亦有其長過於上所云者、

方腰肌

其方腰肌、方形、列於腰部、下邊寬於上邊、分兩端、一端有健膜絲、由胯腰筋帶與相依胯凶之端、約二寸許而來、黏於末肋之下、約至其半、幷有四小筋、黏於三四五腰脊骨橫峯之尖、一端列於上端之前、由三四五腰脊骨橫峯之上邊而來、黏於末肋之下邊、其方腰者、列於橫肌脊健膜前中層之鞘、

腦筋

腹肌之腦筋、乃肋間下、胯下腹、與胯摺窩之腦筋、其方腰者、收納腰前枝之絲、以上所論之腹肌有題過白半月橫各線解剖既完之後再看此線

白線

其白線、乃筋系在腹中線、由胸骨尖至交骨、列於兩直肌裡邊之間、與斜橫兩肌健

半月線

横線功用

肋間夾膜

膜相融所爲兩直肌間窄處相對其白線下窄上寬因其肌向上之所分若患鼓症或婦人懷孕腹大則白線尤寬其線有數孔以穿過血管與腦筋其大孔卽臍此孔在胎中時則穿過臍血管及成人則無此管而有疤痕較其週圍則堅固故成人之疝症在臍之上胎中疝症則在臍之內此線在前則緊貼外皮其後則有横夾膜隔此線與腹包膜其下提膀胱筋帶與膀胱貯尿之時亦隔之其半月線乃兩彎筋線列於白線之兩邊與直肌之外邊相對由第八肋脆至交骨乃內斜之健膜所爲以繞直肌分岔之處其横線乃三四窄横線隔其直肌以連半月線與白線其腹肌之功用有三假如尻骨盤與胸定住時則此肌可以縮其腹以壓腹中之臟腑而隔肌亦往下以助之其子宮逼胎直腸膀胱逼大小便胃逼飲食皆此腹第一之功用其二若脊骨定住其肌可以壓胸之下端而助呼氣若不定住其脊骨則胸直屈於前若兩邊之肌共爲功用或兩邊更代爲用則將其身扭轉於相對之邊若定住其胸此肌共爲功用將尻骨盤牽之向上如攀樹之狀若單爲功用則將尻骨盤牽之向上與脊骨柱扭轉於或左或右其直肌由下作功用則壓其胸屈至脊骨處若其上作功用則屈其尻骨盤於脊骨柱其方錐肌乃緊其白線

胸肌與夾膜 胸肌乃爲外肋間內肋間肋下三角胸骨提肋各肌

其筋間夾膜有三層以一層薄而硬者蓋外肋間之外面以一層蓋內肋間之裡面

肋間肌　外肋間肌　連屬　內肋間肌　連屬　肋下肌　三角胸肌

一層細者、列於肉絲兩面之間、無肉絲之處、則此夾膜極明顯、如在前、外肋間肌與胸骨之間、在後內肋間與脊骨之間、其肋間肌、乃兩肉與筋質之薄面、疊列滿布於肋間處、斜列於相依之肋間、故以彼此部位有內外之名、其外者、每邊各十一、黏於每兩肋相依之邊、其後、由肋骨朶前至於肋脆、爲薄健膜續於胸骨之前、由每肋下邊陷之外唇而來、黏於下肋之上邊、其肌在極下之二空以至肋之末、其肌絲斜向下而前、與外斜肌之方向相同、其外者較內者加厚、其外面傍緊圍胸之肌、乃大小胸、大鋸、大斜長方、上下後鋸、後項斜方腰、長背、上項、橫項、提肋、腹外斜、其裡面、中有薄夾膜、隔此肌與肋間血管並腦筋、內肋間肌、及其後肺包膜、其內肋間肌、亦每邊各十一、列於外肋肌之裡邊、其前由胸骨眞肋脆空之間、與假肋脆之前端起、伸於後而至肋之角、由角往後、有薄健膜以續至脊骨柱、由每肋下邊陷之內唇、與相對之肋脆而來、黏於下肋之上邊、其絲斜往下而後、而與其上絲相交、其外面、傍外肋間肌肋間血管與腦筋、其裡面傍肋包膜三角胸、與隔各肌、此肋間肌、乃肉與筋絲所爲、其筋絲長而且多、故其空處有力、與之相交而助此力、其肋下肌、乃肉與健膜之綹所爲、其長短與多寡不等、由一肋之裡邊而來、黏於其下一二三肋之裡邊、其方向斜與內肋相同、而下肋間多有此肌、其三角胸、乃肉與筋絲之薄層、列於胸前之內壁、由胸骨邊之下端、尖脆之裡面、及下三四眞肋脆之胸端而來、往上而外、有

連屬　提肋肌　腦筋　功用　膈肌

肉齒黏於二三四五肋脆之下邊與裡面其極下之絲乃橫者而與橫肌相續其次肌絲斜其上肌絲豎此肌之黏處不但人各不同即一人身之兩邊亦有不同在前傍胸骨尖脆肋脆內肋間肌與內乳血管其後傍肺包膜心包絡與前隔其提肋肌每邊十二乃小筋與肉束由脊背骨橫峯之端而來斜向下而外黏於其下肋之上邐面骨朶與角之間其第一肌者由末項脊骨之橫峯而來其末者由十一脊背而來其下提肋肌分兩綹一綹之黏處與上相同一綹則其本往下以至第二肋故其下肋收納二脊骨橫峯之絲此部肌之腦筋乃肋間筋其肋間肌乃尋常呼吸運動肋之功用其外者則以提其肋其前端之提力尤大故能增前後胸之量並將肋之下邊掀向於外以增胸左右之量其內者在胸之邊以壓其胸而翻向於下邊則減小其胸此肌在胸前端則助外肌以提起其肋脆其提肋者則助外肋以提其肋其三角胸者則牽肋脆於下以爲呼氣之用

膈部

膈肌者見百二十六圖以薄肉類絲爲隔斜列於身之上與下三分之二相合之處以分胸與腹而爲胸之底腹之蓋由此處分爲兩集中國誤以爲三集其肌橢圓形其經左右極長如扇形其橫端寬其豎端窄如扇之柄其兩相合處則成方角形昔人將此肌分爲兩端一爲上大一爲下小之肌由胸內之週圍而來在前有肉絲黏於尖脆在兩邊黏於下六

內弓筋帶

外弓筋帶

膈肌中筋

七肋之脆與骨端之裡面而與橫肌相交、在後黏於健膜弓、名爲內外弓筋帶、與黏於腰脊骨、以上各處所來之肌絲、其長短不一、由尖脆而來者極短、往往爲健膜形、由弓筋與胸兩邊而來者極長、曲往上相聚而黏於中筋之週圍、由尖脆所來肉絡之邊、與相依肋脆之間、則無膈肌絲而有連質、其胸之邊、有肺包膜以蓋之、其腹之邊、有腹包膜以蓋之、故此處不甚堅實、而腹中所貯之物、可以凸往上入於胸、以成膈疝氣、或胸膈內有膿、故能向下流、而爲腹上之膿泡、其內弓筋帶、乃筋弓在脊骨之兩邊、拋過大腰肌之上端、其弓一端連於第一、往往連於第二腰脊體之外邊、與相對之帶筋之外邊相續、一端連於第二腰脊骨橫峯之前、其外弓筋乃橫夾膜前層之厚上邊、以過方腰肌之上端、一端亦黏於第二腰脊骨橫峯之前、一端黏於末肋之尖與下邊、膈肌有兩帶、連於脊骨、其帶列於腰脊骨體之上、總脈管之每邊各一、其帶之本乃筋質、其右者長而大、由第二三四腰脊骨髓之前囬與脊間盤而來、其左者由第二三腰脊骨而來、兩帶皆與脊骨前總筋帶相融、此帶至彼帶、有筋弓過脊骨前、其總脈管與大孤迴管及[illegible]管穿於此弓之下、其筋之末有兩大肉腹、其肌與筋、共爲帶、或名膈肌柱、兩柱之外絡往上而外、以至中筋、內絡在總脈管之前相交、後又分繞食管、其絡之前而大者、乃右帶所作膈肌之中筋薄筋健膜列於此肌穹窿之中、心包絡之極下、而與心包絡之週圍相融、其形如三岔花葉、右岔極大、

膈肌之孔

食管孔

總回血管孔

左右蒂

沕膜

左岔極小中岔以向尖脆其質乃肌絲之竪面有數角彼此相隔與相合爲直或由之束膈肌有三大孔數小孔其三大孔乃總脉管食管與總回管其總脉管孔乃極下而後者列於中線脊骨體之前此管不在膈肌之內而在其後此骨健膜之孔乃脊骨體前所拋過之筋弓由彼蒂至此蒂有總脉管大孤回管胸管與往往左百結筋穿過之其食管孔橢圓形亦爲兩蒂所作列於總脉管孔之上而微前而微左以遞過食管與肺胃之腦筋其孔之前邊往往爲筋即中筋之邊所作其下總回管之孔極高方形而筋質列於中筋之右中兩葉兩岔相合之處其邊有四束之筋絲在方角相合爲界其右蒂遞過百結筋與右邊大小腹臟之腦筋其左蒂以遞過左邊大小腹臟之腦筋與小孤回管此膈肌有四沕膜胸面有三腹有一上三者乃兩邊之肺包膜與心包絡乃蓋於中筋之中端下一者乃腹總包膜之一端其膈肌乃弓形凸向胸凹向腹分左右中三端其右端由前往後而爲全弓在肝之上凸面爲模而合肝之形列於右肺凹底之上左端亦由前往後而爲弓形但因心包絡所占之地步而其前較窄其頂比右弓往下約四分寸之三其左端乃助左肺之底并蓋胃之大端及脾與左腎其中端乃助心在胸骨前脊骨之後高於旁端膈肌之高低恒由呼吸爲改變呼則上而吸則下其高不但由於呼氣且由於食之前後其腸胃之空與不空并由其肝之大小若大力呼氣則其右弓之前與第四肋脆相平在旁與

膈筋功用

第五六七肋相平、其後與第八肋相平、其左弓低於其右、約有一二肋許、若大力吸氣、則膈肌低下一二寸、其坡乃牽尖脆向第十肋之線之式、其腦筋乃膈筋、其功用則能改變胸之大小與胸腹臟腑之部位、若用大力吸氣時、則胸之豎方向加增、有二至三寸、一半由胸壁往上、一半由膈肌往下、故胸向下侵其腹、其肺則伸寬而往下、以肋計之、其長有二寸許、其心牽往下、約一寸半許、然其心覆於肺、隨其肺以往下、心包絡則直連中筋而逕往下、而其腹之臟腑亦壓而往下、下其肝約低三寸許故肋不能保護此數臟腑、若呼吸時、則膈肌不能自主、被腹力推之於上、其腹與所藏之臟腑、遂其侵胸之地步、則肺與心向上逼、而胸之豎經減小、膈肌之提與置、由腹之臟腑操其權、而無干於呼吸、其提置之多寡、由臟腑之滿與不滿、故值飽食、或腸胃膨脹則胸必不受用、而膈肌之力爲之減、若噎噴咳嗽嘔吐哭笑大小便及婦人生產、則深吸氣而膈肉有逼出之力、

上肢肌與夾膜

上肢各肌按其肢之各部以分之、前胸部有三肌、乃大胸小胸鎖柱下肌傍胸部有一肌、乃大鋸、肩頭部有一肌、乃三角、前飯匙部有一肌、乃下飯匙、後飯匙部有四肌、乃上下崗大小圓條、前臂部有三肌、乃烏喙臂雙頭前背、後臂部有二肌、乃三頭肘下、前臂前部肌分淺深兩層、其淺層有五肌、乃俯副肘圓條屈腕副肘長掌屈腕正肘屈淺指、其深層有三肌、乃屈指長拇俯方副肘部有三肌、乃長仰長短深腕副肘、前臂後部肌亦分淺深兩層、其淺層有四肌、乃伸總指伸小指伸腕正肘、其深層有五肌、乃短仰深拇掌深拇第一節深拇第二節深食指

手肌

副肘部有四肌、乃開拇屈拇掌屈短拇闊拇正肘部有四肌、乃短掌開小指屈短小指屈掌小指掌部有三肌、乃虫掌骨間背骨間○胸部與腋窩之解剖、見百二十七圖、先將胸中豎析之、再由前腕橫割至腋窩之外邊

胸部與腋窩解剖

大胸肌

乃胸肌之下邊再從胸割至鎖柱骨之中再由胸三角之間斜往下割至腋窩去其皮再由胸骨下端割至胸邊以至腋窩之後摺疊以反折其皮於外則露出胸腋窩部

胸夾膜

胸部之淺夾膜乃連類絲之鬆層、其上與項及上肢之淺夾膜相續、其下與腹夾膜相連、在乳之對面分兩層、一穿過乳核之前、一穿過乳核之後、此二層有數隔以入核而助其核之葉、其淺層又滋數岔入皮與乳作格形以貯油此岔藉其乳核、去其淺夾膜則見深夾膜、其膜乃薄健膜一層、以蓋大胸肌滋許多之岔於肌綹之間在中線、黏於胸骨之前、其上則黏於鎖柱、在廣背肌之邊分兩層、一穿於廣背之前、一穿於廣背之後再往後黏於脊背脊骨之後峯、其胸下端之深包膜則與直肌之鞘相連、

前胸部

大胸肌、見百二十八圖寬而厚、三角形、列於胸之上而前、與腋窩之前、由鎖柱胸半之前面、與胸骨前之寬半往下以至第六七之脆、其本乃健膜絲所爲、與對面之肌絲相隔、別由眞肋脆與腹外斜肌之健膜而來、其大本所來之絲向其末以相聚而爲輻形、其鎖柱所來之絲斜往下而外微有連貿之空隔之、其胸與下眞肋脆所來之絲往上而外、其中絲橫行、將此三分之絲相聚其上絲搭其中端、其中絲搭其下端、其下

絲則折疊往後、所以在前極下之絲變爲在末極高之絲、各分皆變爲匾筋、約有二寸寬、黏於臂骨前之雙頭崗、其筋分前後兩片、至於下而相合、前層厚以收納鎖柱與胸上半之一端、後層以收納胸端之下半、故其列法、其上中端之絲黏於雙頭崗之下邊、下端之絲、黏於其崗之上邊、其筋之末、則連三角而滋一岔、過雙頭陷以至

連屬

臂骨之頭、又有一岔向後而爲陷之裡、再一岔至臂之夾膜、其前面傍盤肌、乳核、淺夾膜、與皮、其後面分兩端、其胸端傍胸骨、肋、肋脆、鎖柱、下、小胸、大鋸、肋間各肌、其腋窩端爲腋窩前壁、而遮腋窩血管與腦筋、其上邊與三角肌平列、中有臂外回管與胸肩頭脉管之下枝、隔此肌與三角肌、其下邊作爲腋窩之前邊、其初中有空處隔

變化

此肌與廣背、然其兩肌向空處之外、則漸以相聚○多肉之人其兩胸肌之胸本有微隙隔之然未成之肌則此隙較大全胸端皆無者罕見往往由外斜肌健膜之一二肉綹而來與大胸肌下邊相合往往有細肉綹平列於胸骨之外邊以搭胸肌之本一端傍胸肌之本黏於胸骨

解剖肋烏喙包膜

之上端一端黏於直腹鞘之前壁名爲直胸肌○將大胸之本割斷翻折於外則露小肌而其上邊與鎖柱之間有淺包膜名爲肋烏喙包膜肋烏喙包膜、護腋窩血之管與腦筋、其外厚而密、黏於烏喙峯、而與臂夾膜相續、再往裡連鎖柱骨之下邊、至第一肋之內端、往下行於小胸肌之後而爲鞘、以繞腋窩之血管與腦筋、其上滋岔、至下鎖柱肌之後、黏於鎖柱骨之下邊以繞此肌而爲鞘、此膜有臂外

小胸肌

回管、與肩頭胸脉管回管、上胸脉管、並前胸腦筋、皆穿過此膜、其小胸肌、見百二十九圖薄而匾三角形、列於胸之上端、大胸之下、有三筋齒、傍其肋脆、由第三四五肋之上邊

下鎖柱肌

連屬

腦筋功用

大鋸肌

與外面、並由肋間肌所蓋之健膜而來、其絲往上而外相聚、而為匾筋、黏於飯匙烏喙峯之前邊、前面傍大胸肌與上胸血管及腦筋、後面傍肋肋間肌、大鋸腋窩與其血管、及腦筋其上邊、內寬外窄之三角處隔此肌之邊與鎖柱骨、其前有肋烏喙包膜為界、其內有肋為界、此處有腋窩血管與腦筋、（去此膜則見下鎖柱肌）其下鎖柱肌長而薄、棗核形、列於鎖柱與第一肋之間、有短厚筋由第一肋脆在斜長方筋帶之間而來、斜往外、黏於鎖柱骨中三端下面之深陷、其上面傍鎖柱骨腋窩血管與腦筋隔其下面與第一肋有堅健膜隔其前面與大胸肌、此膜與鎖柱骨為骨類絲鞘以繞此肌、（將小胸之本割開翻於外則見腋窩之血管與腦筋）其胸肌之腦筋乃前胸筋其下鎖柱者乃第五六項之筋相合所為之系之絲、若三角肌提臂之時、則大胸長臂與大圓條三肌壓其臂於胸之邊、若大胸肌單為功用、則將其臂牽於胸之前、小胸肌能將肩之尖壓下、並將飯匙牽往下往裡以至胸、其下鎖柱、亦能將肩壓於下、而將鎖柱牽於下而前、若定住其臂則此三肌能將肋牽於上而舒其胸、以為大力吸氣之用、人有喘病、則定其肩以舒其胸、

旁胸部

大鋸肌寬而薄、方形、列於胸之上端與其邊、有九肉齒由上八肋之外面與上邊、（其第二肋有二）並上肋間所蓋之健膜而來、黏於飯匙後之裡邊、此肌按其方向及其各端所

連屬　腦筋　動用　解剖　淺夾膜

黏之多寡、分上中下三端、其上端有連質之空、以分開中下二端、其端乃窄厚縚、有兩齒、由第一二肋與其肋間之健膜弓而來、往上往外而後、黏於飯匙上角裡邊三角形之滑面、中端有三齒、由第二三四肋而來、為薄而寬之肉層、橫往後黏於飯匙後邊上下角之間、下端有四齒、由五六七八肋而來、在外斜肌相對之岔間、其絲往上往外而後、黏於飯匙下角之裡面、其末處、則筋肌各半、其胸肌遮此肌之前、其後下飯匙遮之、其上腋窩血管與腦筋遮之、其深面列於肋與肋間肌之上、其大鋸腦筋乃後胸筋、其大鋸則為外吸氣之最要者、假如定住其肩、則此肌將肋提起、而令胸舒大、以助胸與下鎖柱肌、其中下二端、將飯匙底與下角牽向於前、以提其肩之尖、而扭轉其骨於胸之邊、並與斜方肌共助其肩之所負荷、維時定住其胸、則不呼氣而有力、將腋窩與脊肌解剖之後、則先去其上肢、再鋸其鎖柱骨之中、其臂與飯匙連於身者、前為小胸、旁為大鋸、後為提飯匙角及斜長方、斜方、廣背、全行割去、鎖踪至其肌之末、再由鎖柱骨之外三端、以至飯匙崗、割其皮、由上往下而外、則見三角肌、乃提臂所蓋之夾膜、其上肢之淺夾膜、乃薄連類絲兩片、其間有淺回血管、津液管、與皮之腦筋、此膜在肘前、則極明顯、與此處片之前、列大淺皮回管與腦筋、在手則微茫、因皮有密類絲帶、緊貼其深夾膜、而肩頭肘、及手骨節上之夾膜內、有皮下之小囊、其上肢之深夾膜、乃肩背、前背、健膜、與腕前後之環筋帶、及手心之夾膜、其各處夾膜詳於各肌本部

肩頭部

深夾膜　三角肌　連屬　腦筋功用解部　下飯匙健膜

深夾膜厚而堅、遮蓋其三角肌之外面、與其綣之間而滋數岔、其內與大胸所蓋之夾膜相連、其後與飯匙下崗及臂後所蓋者相連、其上黏於鎖柱骨肩頭與飯匙崗、

其三角肌大而厚、以其形爲名、以作肩之凸、肩交節之外前後皆以此肌繞之、由鎖柱前邊外三分之一、與其上面及肩頭之外邊與上面、並飯匙崗之全下邊而來、由此大本起、其絲相聚以向其末、其中者豎、其前者斜向後、其後者斜向前、合而爲厚筋、黏於臂骨幹外邊中之澀凸、其肌質極粗、有三四筋片隔之、遞黏於鎖柱骨與肩頭、入於肌體、有數肉絲之本由其處而來、此層內之極大者由肩頭頂而來、其淺面傍盤肌、上肩頭腦筋、淺夾膜與皮、其深面有大節膜囊、隔此肌與臂骨頭、以遮蓋鳥喙峯、鳥喙肩頭筋帶、小胸、鳥喙臂、雙頭之兩頭各肌、大胸肌之筋、小圓條、三頭之長與外兩頭各肌、回環之血管腦筋、並臂骨、其前邊有連質之孔處、以列臂外回管與胸肩頭脉管之下枝、隔此肌與大胸肌、其後邊列下崗、三頭兩肌之上、其三角肌之腦筋、即回環筋、其肌能將其臂由邊直提於上面、而與其身作方角、其前絲有大胸肌助之、以牽其臂於前、其後絲有大圓條、廣背兩肌、以牽其臂於後、割三角肌之本往下反折、則見其下面之囊與回環血管及腦筋、幷可以細看此肌之末

前飯匙部

下飯匙健膜薄滿、黏於下飯匙窩之週圍、而有下飯匙肌數絲、黏於其裡面、去此膜則露下

下飯匙肌　連屬腦筋　功用　解剖　上崗健膜　上崗肌　連屬下崗健膜

飯匙肌　下飯匙肌乃大三角、塡於下飯匙之窩由其裡邊三分之二而來、除其牽後邊與上下角之裡邊爲大鋸所黏之處、其餘皆黏此肌、又有數絲由隔此肌之筋片而來、黏於骨崗、并有數絲由隔此肌與大圓條、及三頭長頭之健膜而來、其絲向外漸聚、而變爲筋黏於臂骨之小阜、其由飯匙腋窩邊之肌絲而來者、則黏於臂骨項阜之下一寸處、其肌之筋、緊貼肩交節之裹筋帶、以滑過烏喙峯底大囊之上、其囊則由裹筋帶之孔、而連於肩交節、其前面傍大鋸、烏喙臂、雙頭各肌、腋窩之血管腦筋、其後面傍飯匙骨、下飯匙之血管腦筋、肩交節之裹筋帶、其下邊傍大圓條、廣背兩肌、其腦筋由飯匙下之腦筋而來、其下飯匙肌、以扭轉其臂骨頭於裡、如提臂之時則將臂骨牽於下、專以護肩交節、不令其骨之頭凸脫於前

後飯匙部　欲看此部之肌須去提斜方兩肌所黏之飯匙崗與肩頭之處並割斷烏喙峯所連鎖柱骨之筋帶與此骨飯匙之交節再鋸其肩頭則露後飯匙肌之筋然後易看其黏臂之處欲令其肌緊須用圓木藉於肩交節之下

上崗健膜、厚而密、爲鞘、以納上崗肌、由其裡邊黏於肌之數絲、其內厚、而其外之烏喙肩頭筋帶之下則薄、去此夾膜則見上崗肌　其上崗肌、滿列於上崗窩、由其裡面三分之二、與面上所蓋之堅夾膜而來、其肌絲聚而爲筋、過肩交節之裹筋帶、而緊貼之、以黏於臂骨大阜、其極高之三小面其上面傍斜方肌、鎖柱骨、肩頭烏喙肩頭筋帶、三角肌、其下面傍飯匙骨上飯匙之血管腦筋、與肩交節之上端、其下崗健膜密、以遮下

下嵩肌　連屬　小圓條肌　連屬　大圓條肌　連屬

嵩肌、而黏於下嵩窩之週圍、有數肌絲黏於其裡面、外面則與臂之夾膜相續、而其下面則生肉間隔、以分下嵩小圓條兩肌、並大小圓條亦分之、其下嵩肌厚三角形、以占其窩之要、有肉絲由其內三分之二、與其面之嵩所來之筋絲、及其外所遮之堅夾膜而來、以分開大小圓條兩肌、其絲聚而爲筋、滑過於飯匙嵩之凹邊、以穿過肩交節之裏筋帶、而黏於臂骨大阜中之小面、往往由節膜囊以隔此肌之筋、與飯匙嵩而與肩交節之節膜相通、其後面滂三角斜方廣背與皮、其前面傍飯匙中有上背兩飯匙血管隔之、並有傍肩交節之裏筋帶、其下邊傍小圓條、而往往相合、及傍大小圓條、其小圓條肌、窄、列於飯匙下邊、由飯匙腋窩邊背面上三分之二、與兩健膜之片而來、一分此肌之與下嵩者一分此肌之與大圓條者其絲斜往上而外變爲筋、而黏於臂骨大阜極下之三小面、又有肉絲黏於其下、其肌之筋則穿過肩交節之裏筋帶、其後面傍三角廣背與皮、其前面傍飯匙骨飯匙下脉管之背枝、與三頭肌之長頭及肩交節、其上邊傍下嵩肌、其下邊傍大圓條、前面中有三頭長頭隔之、其大圓條肌、寬而扁、由飯匙下角之背面、與小圓條及下嵩間之類絲隔而來、往上而外、變爲扁筋約長二寸許、黏於臂骨後之雙頭嵩、其筋黏臂之處、有節膜囊列廣背之後、以隔之、其後面傍皮、其裡有廣背、其外有三頭之長頭隔之、其前面傍下飯匙、廣背、烏喙臂、雙頭之短頭各肌、並腋窩之血管、與臂叢之腦筋、其上邊先傍小圓條、後有三頭之長

臑筋功用

頭隔之、其下邊同廣背作腋窩後界之端、其崗上下兩肌之筋、乃上飯匙筋、其小圓條、乃回環筋、其大圓條、乃下飯匙筋、其上崗者以助三角肌提臂而無大力、蓋因其肌用無力大盆、其下崗與小圓條者則往外扭轉臂骨之頭、而於提臂時助其臂使之不動、並可以帶之往後、此三肌要緊之功用、皆爲護其肩交節、其上有上崗以助之、使臂骨不至向上、下崗小圓條兩肌助其後、使其不能向後、其大圓條者助廣背肌於提臂骨時、牽之向下而後、與扭轉於裡、若定住其臂、則助大胸與廣背而牽其身向前、

解剖

前臂部 從腋窩豎往下割至肘往下二寸再橫割其端將兩邊之皮翻向於外則露出此夾膜

臂夾膜

臂深夾膜、與肩及大胸肌前所遮之夾膜相續、其上黏於鎖柱骨、肩頭、飯匙崗、爲薄而鬆之鞘、以繞臂之肌、往下生數隔於肌之間、其絲圓或旋螺之形、而仍有數絲連之、其膜在各處者厚薄不一、遮於雙頭者薄、遮於三頭與臂髁者厚、并有類絲健膜、其裡、由大胸與廣背而來、其外、出三角而來、以加增此膜、其兩邊生堅肌間隔黏於臂髁與髁崗、以分前臂後部之肌、其外肌間隔由前雙頭崗之下端、順外髁崗以至外髁、而與提臂筋相融、其後黏於三頭、其前黏於前臂、長仰長伸腕輔肘、並有肌螺旋腦筋與上深脉管、以透過其隔、其內肌間隔厚於外者、由後雙頭崗之下、大圓條之下、順內髁崗以至內髁、而與烏喙臂筋相融、而其後黏於三頭肌、其前則黏於前

烏喙臂肌

連屬

雙頭肌

臂肌、幷有正肘腦筋下深與相合之脉管、以透過其隔此膜在肘、黏於肘交節週圍之各凸處、而與前臂夾膜相續、去此夾膜、則見前臂部之三肌、其烏喙臂肌、在部內三肌之中、此肌極小、列於臂之上、而裡有肉絲、由烏喙峯尖雙頭之短頭總本與兩肌間之肌間隔而來、往下往後微外、有匾筋黏於臂幹裡面中之澀崗肌皮腦筋、即穿過其肌、其前面上傍三角大胸兩肌、在末處有臂血管、與中腦筋過此肌、後面傍下飯匙、廣背、大圓條三頭之短頭、各肌之筋、臂骨前回環之血管、其裡邊傍臂脉管、如勒其筋之上端須賴此肌以領入其處中肌皮兩腦筋、其外邊傍雙頭之短頭、前臂兩肌、其雙頭肌長、梭形、列於臂之全前面、因肌分兩頭、故名、其短頭有厚匾筋、由烏喙峯尖而來、有總筋、同烏喙臂者而來、其長頭有長圓筋、與臼筋帶相續、由臼窩上邊而來、此筋弓形過臂骨之頭、有肩交節之節膜爲鞘、以透過裹筋帶所黏之臂處、往下以列於雙頭陷之內、有大胸肌筋之類絲、函以勒之、此筋之絲爲圓腹、在臂中與短頭相合、其腹窄而微匾、至肘交節之上、變爲匾筋、黏於輔肘阜之後、而筋與阜之間、有節膜囊列之、此肌之筋、薄而寬、傍輔肘處則窄而轉形、有匾面列於阜後、與肘彎對面、此筋之裡邊生寬健膜、斜往下而裡、過臂脉管、而與前臂之夾膜相續、如勒其臂脉管之中端須賴此肌以領入其處往往雙頭有一第三頭、有人者八九人之內有一人、如此者由前臂之上而裡之端所來而相續、黏於雙頭夾膜與雙頭筋之裡邊、此頭大抵行於臂脈管之後往此頭分兩絡、一行於此脉管之前、一行於此脉管之後與臂之下半以蔽此管、其前面之上、有大胸與三角兩肌搭之、其

前臂肌　述局　腦筋功用　三頭肌

餘者、有淺深兩夾膜與皮以遮之、其後面列於肩交節與背骨、中有下飯匙大圓條廣背前臂各肌與肌皮腦筋隔之、其裡邊、傍烏喙臂肌臂血管與中腦筋、其外邊傍三角長仰兩肌、其前臂肌、寬以遮肘交而與臂骨之前下半、其中寬於兩端、由臂骨幹外而裡之下半而來、其上由提臂之末起、有兩角岔以繞之、往下去交節面之邊一寸、與內外兩邊爲界、并由內外兩肌間隔而來、內隔多而外隔少、其絲相聚爲厚筋、黏於正肘烏喙峯下面之𣺌陷、而納於曲深指兩肉綹之間、其前面傍雙頭臂血管、肌皮與中筋、其後面傍臂骨與肘交節之前、其裡邊傍三頭、正肘腦筋、與俯輔肘圓條肌、有肌間隔隔之、其外邊、傍肌螺旋腦筋、輔肘回環脉管、長仰、長伸腦輔肘兩肌、此部之腦筋、乃肌皮筋、其前臂者、則別有肌螺旋之一絲、其烏喙臂者、以牽臂骨往前而往裡、并助提臂背以向飯匙、其雙頭與前臂者、則以屈其前臂、血雙頭者、又可以仰其臂、有其筋所生之寬健膜、能緊其前臂之夾膜、若定住其前臂、其兩肌則將上臂屈而向其前臂、作爬高之勢、其前臂則用以繞其前交節之要處、

後臂部

三頭肌、大而上分長外內三頭、故名、滿列於臂之後面、其長中頭有匾肌、由臼窩極下三角之𣺌凹處而來、與其上端裹臼兩筋帶相融、其肌絲往下、與內外頭之間相合、而爲其末之總筋、其外頭由臂骨幹之後面、即小圓條之末、與肌螺旋𦥑上端之

連屬　肘下肌　腦筋　功用

間、並臂骨之外邊、及外肌間隔而來、其絲相聚以向末之總筋、其內頭由臂骨幹後面肌螺旋腦筋陷之下而來、其上窄而尖、由大圓條末之下起、去滑車面一寸、而與臂骨內邊並內肌間隔而來有數絲向下以至肘、其他絲則聚而爲末之總筋、其總筋則由其肌後端之中起、有兩健膜片所爲、一在皮下、而遮其肌下半之後面、一深入於肌體之內、而收納其所黏之肌絲、至肘節之上、兩片相合、共黏於肘上面之後、此筋與其面之間、則往往有小囊、其長頭往下、在大小兩圓條肌之間、將此二肌與臂骨間之三角空、分爲兩小空、一爲三角形、一爲四角形、（見百三十圖）其三角處、以遞過臂飯匙之血管、上爲小圓條、下爲大圓條、外爲三頭之飯匙頭、即長頭四角處、以遞過後回環之血管腦筋、其上下界同上、其內爲三頭飯匙頭、外爲臂骨、其後面之上、有三角肌搭之、其餘者、列於淺處、其前面傍臂肌螺旋腦筋、上深血管、與肘交節之後、其長頭之後、傍三角小圓條兩肌、在前傍下飯匙、廣背大圓條各肌、其肘下肌、小、與下肢之股下肌相似、（去其臂下端之三頭肌則見之）此肌乃一二細絡所爲、由肘窩之極上而來、黏於肘交節之後筋帶、此部兩肌之腦筋、乃肌螺旋腦筋、其三頭者、乃前臂之大伸肌、若去其前臂、則伸其臂爲直線、而與雙頭前臂之功用相反、若伸其臂、則長頭助大圓條與廣背將臂骨牽之於後、而長頭兼以護肩交節之下、不令臂骨頭移於下與後、

解剖

深夾膜

前臂肌（由肘中線豎析至腕見百二十七圖再將上下橫割去其皮則見前臂之夾膜）

前臂之深夾膜、與上臂所繞之夾膜相續、密而滑、爲此部肌之總鞘、其後黏於肘與正肘骨之後邊、由其裡面生數肌間隔、以繞各肌、此膜之絲斜而圓、別有數豎絲在方角相連、其背面厚於心面、下端厚於上端、別有筋絲在前由前臂雙頭兩肌而來、在後由三頭而來、以加增此膜、其裡面生肌絲之本、以作排圓錐形類絲空之界、而列此部之肌、其分各肌豎隔之外、別有橫隔在前後兩面、以分淺深層之肌、此膜有數孔、以遞過血管與腦筋、而在肘交節之前有極大之孔、以遞過淺深回血管相同之枝、其前臂之肌、則按其所占之地步以分類、一類占裡而前之面、以列屈俯一類之肌、二類占外邊、三類占後面、此兩類皆以列伸仰各肌、

俯輔肘圓條肌

淺層

前臂前部淺層（此部淺層肌之本有總筋由臂骨內髁而來）

俯輔肘圓條肌之本有兩頭、一頭極大而淺者、由內髁之極上、與他肌本之總筋、前臂夾膜並本肌及屈腕俯肘肌間之肌間隔而來、一頭爲薄縖、由正肘之烏喙峯裡邊而來、作爲尖角、而與大頭相合、有中腦筋列於兩頭之間、此肌由其裡邊斜過於其外邊、至於末則爲匾筋、以穿過輔肘之外邊、黏於此骨幹外面中之澀崗、其前面傍深夾膜、長仰輔肘之血管腦筋、其後面傍前臂屈淺指兩肌、中腦筋與正肘脉管、其外邊作爲三角處之內界、其內有臂脉管、中腦筋、雙頭肌筋、其裡邊貼屈腕輔肘

屈腕輔肘　連屬　長掌肌　變革　連屬　屈腕正肘　連屬

肌、其屈腕輔肘肌、列於上肌之裡邊、亦由總筋、前臂夾膜並本肌與其裡邊俯圓條兩肌間之肌間隔而來、外邊有長掌、下邊有屈淺指、其初爲細健膜以漸而大、至下三分之二爲筋、以穿過環筋帶外邊之道、行於斜方骨之陷、其線有類絲鞘變爲筒、有筋膜以爲裡、而黏於食指掌骨之底、其輔肘脈管列於此肌之筋與長仰肌之間（此處易勒此管）其淺面、傍深夾膜與皮、其深面、傍屈淺指屈長拇兩肌、與腕交節、其外、傍俯輔肘圓條與輔肘血管、其裡之上、傍長掌肌、其下傍中腦筋、其長掌肌細、梭形、列於上肌之裡邊、亦有總筋、由臂內髁、與深夾膜及本肌相依肌間之肌間隔而來、其末、乃細扁筋、以黏於環筋帶、向外漸寬、而爲掌夾膜、（人往往有無此肌者、即有者其變革亦多、其肉腹往往極長、或其肉在中而兩端爲筋、或上端爲筋而下端爲肉、往往有第二長掌肌者、列於其上肌之裡邊、其下有一端入環筋帶或夾膜、一端入小指之小肌）其前面、傍深夾膜、其後面、傍屈淺指、其裡邊、屈腕正肘、其外邊、傍屈腕輔肘、其屈腕正肘肌、列於正肘之邊、其本分兩頭、而有筋隔之、其正肘腦筋與後正肘回環脈管、行於此弓之下、一頭有總筋、由臂骨內髁而來、一頭有正肘後邊上三分二之健膜、由肘之裡邊、並由此肌與屈淺指間之肌間隔而來、其絲變筋、而占此肌下半之前、以黏於豆骨、而有數絲延長、以至環筋帶與小指掌骨之底、其正肘脈管在前臂下三分之二而列於此肌筋之外邊、（欲紉此管則須此筋爲引手）其前面、緊貼深夾膜、其後面傍屈淺深兩肌、俯方肌、與正肘之血管腦筋、其外邊、（即輔肘邊）其上、傍長掌、其下傍正肘之血管腦

屈淺指肌

筋其屈淺指肌、列於數上肌之下、去其以上之各肌則見此肌此肌乃淺層之極大者、其本有三頭、一頭由內髁之總筋肘交節之內旁筋帶、及本肌與以上各肌之總肌間隔而來、一頭由正肘烏喙峯之裡邊、在俯輔肘圓條肌正肘本之上而來、一頭由俯肘骨之斜線在骨朶以至俯輔肘圓條之末而來、其絲豎往下變寬而厚之肌、在前臂之中、分爲四筋、穿過環筋帶之下、入掌之時則雙列、其前雙與中無名兩指相對、其後雙與食小兩指相對、往前則此肌彼此分開、其末黏於第二指骨約在其中之側邊、第一指骨底之對面、其各筋分開、而留隙以遞過屈深肌筋與三筋同入於骨鍵膜之筒弓行過此筋所爲之堅類絲帶、而黏於指骨之兩邊、其屈深肌筋所分之兩端爲深屈筋所過、微加大而爲陷道、以收同行之深屈筋、其兩端復合之後、而仍分之以黏於第二指骨之前旁兩端其類絲骨筒所貯之筋有細筋絲連於指骨其筋過環筋帶之下、而有節膜鞘以繞之、至行於指骨時、此筋又滋多岔以繞之、

連屬

在前臂其前面傍深夾膜與同上之淺各肌、其後面傍屈深指屈長拇、正肘之血管腦筋、並中腦筋、在手之前、其筋傍掌夾膜、淺掌弓、與中腦筋之枝、其後傍深屈蟲各肌之筋、

解剖

前臂前部深層將淺肌由中分開反折其兩端則見其深層肌與中腦筋及正肘血管

屈深指肌　一名屈透肌

屈深指肌、列於前臂正肘之邊、淺屈指肌之極下、由正肘骨幹前與裡面三分之上二、其上繞於淺臂之末、其下近俯方、並由烏喙峯裡面之凹處正肘骨後邊三分上

連屬

二之健膜與骨間膜之正肘半而來其絲爲大肉腹分四筋以穿過環筋帶淺屈筋之下其筋則在第一指骨之對面以穿過淺屈筋兩絡之間而黏於末指骨之底其食指筋單行而無所連其餘有連質與筋絡相連以至手掌其深屈筋在手掌有四小肌以連之名蟲肌此肌論於手部之 其前面在前臂傍屈淺指屈腕正肘正肘之血管腦筋並中腦筋在手傍淺屈筋其後面在前臂傍正肘骨骨間膜俯方在手傍骨間闊拇各肌與深掌弓其正肘邊傍屈腕正肘其輔肘邊傍屈長拇中有前骨間之血管腦筋隔之

屈長拇肌

其屈長拇肌與上肌平列於前臂輔肘之邊由輔肘幹陷前面三分之上二而來其上從阜與斜線之極下起至下近俯方與相依之骨間膜往往有肉絡由烏喙峯底之邊而來其肌絲往下至末爲匾筋以穿過環筋帶之下而列於屈短拇兩頭之間及入筋骨之筩與他屈筋相同黏於拇末指骨之底

連屬

其前面傍屈淺指屈腕輔肘長仰各肌與輔肘血管其後面傍輔肘骨骨間膜俯方其正肘邊傍屈深指中有前骨間之血管腦筋隔之

俯方肌

其俯方肌小匾而方形橫列於正輔兩肘骨前腕端之上由正肘幹前面四分下一之上斜線與其極下之骨面及正肘内幹與其肌三分内一所遮之堅健膜而來其絲橫往外黏於輔肘幹前面與外邊下四分之一

連屬

其前面傍屈深指屈長拇屈腕輔肘與輔肘血管其後面傍正輔兩肘骨與骨間膜

腦筋

其腦筋除屈腕正肘乃正肘腦筋所來其餘淺層者由中腦筋而來其深層之屈伸指

功用

者由正肘與前骨間之腦筋而來屈長拇與俯方者由前骨間之腦筋而來此肌能使前臂腕與手使前臂者乃俯輔肘圓條與俯方將輔肘扭轉於正肘以俯其手俯手之後則俯輔肘圓條助他肌以屈其前臂其腕屈肌乃屈腕正輔兩肘肌其指骨屈肌乃屈淺深兩指肌其淺者屈第二指骨其深者屈末指骨其屈長拇乃屈拇末指骨此末三肌屈指骨之後再使其腕以助腕交節尋常之屈肌與全助屈前臂於臂之上其長掌肌則以緊掌之夾膜而屈手於前臂之上

解剖

輔肘部

解剖同前部先看皮血管與腦筋深夾膜然後去之則露此部之肌其夾膜自下向上去之則易慎勿橫割其拇肌筋

長仰肌

長仰肌乃前臂輔肘邊極淺之肌三分之上二爲肉其下爲筋由臂骨外髁崗三分之上二與外肌間隔而來往上則不過肌螺旋之陷在前臂中則肌絲變爲匾筋黏於錐峯之底其淺面傍皮與夾膜之大半傍其末有伸掌拇伸拇第一指骨兩肌過之其深面傍臂骨長短伸腕輔肘兩肌傍輔肘圓條短仰兩肌之末其裡邊肘交節之上傍前臂肌螺旋腦筋輔肘回環脈管在前臂傍輔肘之血管腦筋

長伸腕輔肘肌

其長伸腕輔肘肌半列於上肌之下由臂骨外髁崗三分之下一與外肌間隔而來至前臂三分之上一則變筋順行於輔肘外邊拇伸筋之下穿過本肌與其短者之總陷錐峯之極後而黏於食指掌骨底之輔肘邊其淺面傍長仰前臂之夾膜而有拇伸筋斜過其外邊其深面傍肘交節短伸腕輔肘與腕之後端

連屬

短伸腕輔肘

其短伸腕輔肘肌厚而較上肌

短、故名、列於上肌之下、亦由臂外髁與下文所論之三肌總筋、及肘交節之外旁筋帶、並其面所遮之堅健膜、並本肌與所依肌間之肌間隔而來、至前臂之中則變爲匾筋、而與上肌緊相連、並行至腕、同列於輔肘後面之陷、過環筋帶之下、而與上肌微分、以黏於中指掌骨底之輔肘邊、此二肌之筋同過於環筋帶、而有一節膜以潤之、然其列於輔肘後之陷內、則有小竪骨齒彼此隔之、其淺面傍其長者、有拇伸肌過之、其深面、傍短仰、俯輔肘圓條筋、輔肘骨腕交節、其正肘邊傍伸總指肌、

前臂後部淺層

伸總指肌、列於前臂之後、由臂骨外髁之總筋與深夾膜、及本肌與所依肌間之肌間隔而來、在前臂中之極下、分爲三筋、同伸食指肌穿過環筋帶而有節膜以潤之、過環筋帶、則其裡邊者分爲二筋、共穿過手背、而黏於第二三指骨、每筋在其相似之掌指交節之對面、變窄而厚、在交節之每邊、生薄絡、散爲寬健膜、滿遮於第一指骨之背面、其處有骨間蟲各筋以加增之、在第一指骨交節之對面、其健膜分三絡、中絡黏於第二指骨之底、兩旁絡順第二指骨之邊、向前與相依之邊相合而黏於末指骨之上面、其中無名小指之筋過手、有小斜筋絡以連之、其食小兩指筋末分之前、則以收納其本伸筋、其淺面傍前臂與手之夾膜、後環筋帶、並皮、其深面傍短仰拇食兩指之伸肌、後骨間之血管腦筋、腕交節、腕骨、掌骨、指骨、其輔肘邊傍短伸

伸小指肌

伸腕正肘肌

連屬

肘肌

連屬

短仰肌

連屬

腕輔肘其正肘邊傍伸小指伸腕正肘兩肌、其伸小指肌、細列於伸總者之裡邊、大略亦與之相連、亦由總筋之薄筋絡、與本肌所依肌間之肌間隔而來、其筋別有一道穿過環筋帶、在正輔兩骨下交節之後、過手則分爲二、在掌指交接而與伸長肌所來之筋相合、其總筋又散爲寬健膜而黏於小指之第二三指骨、與他指之總伸筋相似、其伸腕正肘肌、乃前臂正肘邊之極淺者、亦由臂外髁之總筋、與正骨後邊肘肌下三分之中一、及前臂之夾膜而來、其末則變筋、以穿過正肘錐峯後陷、而別有穿過環筋帶之一孔、黏於小指掌骨之底、其淺面傍前臂夾膜、其深面傍正肘骨與深層之肌、其肘肌、小三角形、列於肘交節之後而下、如三頭外端加長之狀、別有一筋、由臂外髁之後而來、以黏於肘邊與正肘骨幹後面三分之上一、其絲由其本分開、其上者橫、其下則斜而向裡、其淺面傍三頭所來之堅夾膜、其深面傍肘交節、環筋帶正肘骨與少許之短仰肌

前臂後部深層

短仰肌、寬而環柱形、曲繞輔肘三分之上一、由臂外髁肘交節之外旁筋帶、輔肘之圓筋帶、正肘之斜崗往下由半月窩之後端、與窩前三角形之凹處、及其面所遮之筋岔而來、繞於輔肘上端、其上絲之絡作繯、在阜上以繞輔肘之項、而黏於阜裡面之後、其中絲、黏於雙頭阜之外邊、其下絲、黏於斜線、往下以至俯輔肘圓條之末、有

伸掌指肌

連屬

伸拇第一指骨肌

連屬○伸拇第二指骨肌

連屬

伸食指肌

連屬

後骨間腦筋、以穿過此肌、其淺面傍淺伸仰數肌、與輔肘之血管腦筋、其深面、傍肘交節、骨間膜、及輔肘骨、其伸掌拇肌、乃深伸肌之極大而外者、列於短仰之極下、往往亦與此肌相合、由正肘幹後面肘肌本之下、骨間筋帶、及輔肘幹後面三分之中一斜往下而外、變爲筋、以穿過錐峯外邊之陷、同伸拇第一指骨筋並行、而黏於拇掌骨之底、其淺面傍伸總指伸小指、前臂夾膜、有後骨間之脉管腦筋之枝過之、其深面傍正肘骨、骨間膜、輔肘骨、長短伸腕輔肘兩肌筋、並傍腕外邊之輔肘血管、其上邊傍短仰肌、下邊傍伸拇第一指骨、其伸拇第一指骨者、爲此部極小之肌、列於上肌之裡邊、由輔肘幹後面伸掌肌之下、及骨間膜而來、其方向與伸掌肌相同、其筋穿過錐峯外之同陷、而黏於拇第一指骨之底、其連屬與伸掌拇肌相同、其伸拇第二指骨者、較第一者甚大、由正肘幹之後面伸掌拇本之下、及骨間膜而來、變爲筋、而單有其所穿過環筋帶之孔、列於輔肘下端後之窄斜陷內、以後斜過於腕之伸筋、而有輔肘脈管所列之三角處、隔此肌與其餘之拇伸筋、以黏於拇末指骨之底、其淺面傍伸掌拇相似之處、其深面傍正肘骨、骨間膜、輔肘骨、腕輔肘血管、與拇掌骨、其伸食指肌、窄而長、列於上肌之裡邊而平行、由正肘幹後面伸拇第二指骨之下、及骨間膜而來、其筋與伸總指筋同過環筋帶、以後在相對掌骨下端之對面、與食指伸總筋相合而黏於食指之第二三指骨、（其黏式已詳於前論）其連屬與上數肌相同、

腦筋功用

其長仰長伸腕輔肘、肘各肌之腦筋、皆由肌螺旋之腦筋而來、其輔肘、前臂後部所餘肌之腦筋、乃後骨間之筋、其輔肘與前臂後部之肌、乃伸仰數肌、而能使令前臂、腕、手、而與俯屈肌之功用相反、其肘肌、則助三頭肌以伸前臂、其長短仰肌、乃仰前臂與手、其俯臂之時、則長者大有能仰之力、其仰臂之時、則長者仍能屈其前臂、其長短伸腕輔肘二肌、及伸腕正肘肌、皆能以伸其腕、再用力則能伸其前臂、而與屈腕正輔兩肘之功用相反、其伸總拇食小指肌、伸其所黏之指骨、則與屈肌之功用相反、再用力則能助伸其前臂、若拇指往裡向掌、因此肌筋之方向爲斜、則可助仰其前臂、

解剖

手肌與夾膜在腕前橫割掌骨頭橫割在中線豎析以連兩橫割處再續豎析至中指端先解剖前後兩環筋帶與掌夾膜見百二十七圖

前環筋帶

前環筋帶、乃堅類絲帶、弓形、過腕骨、而令其前深陷變爲筒、有指之屈筋行於其下、其裡黏於豆骨與鉤骨之鉤峯、其外黏於船骨之阜與斜方骨之崗、其上與前臂深夾膜相續、其下與掌夾膜相續、其長掌之筋、正肘之血管腦筋、及中正肘兩腦筋之皮枝、皆穿過此筋帶、有屈腕正肘筋、黏於其上而裡、其下由拇小兩指之小肌起其屈腕輔肘筋透此筋帶、而淺、深、指長拇三屈肌、及中腦筋、皆穿過此筋帶之下、而筋帶之下有兩大節膜、一以繞淺深兩屈肌筋、一以繞屈長拇肌之筋、由腕交節之上以至拇末指骨之末、

後環筋帶

其後環筋帶、亦爲堅類絲帶、橫過腕之後、而與前臂之夾膜相

掌夾膜

續、以爲伸筋入指之鞘、其裡黏於正肘、塞豆、三骨及掌夾膜、其外黏於輔肘骨之邊、穿過其腕而黏於輔肘後面之高崗有爲筋所穿之六孔、每孔各有節膜爲裡、其由外往裡所遞之筋乃一在錐峯外邊以遞過伸掌伸拇第一指骨兩肌筋、二在錐峯後面以遞過長短伸腕輔肘之二筋、三在輔肘後外邊之對面以遞過伸拇第二指骨之筋、四卽在其第三者之裡邊、以遞過伸總伸食兩指肌之筋、五在輔正兩肘骨間空處之對面、以遞過伸小指之筋六在正肘後之陷以遞過伸腕正肘之筋、此鞘內之節膜極大、由環筋帶之上往下、以至肌筋之上、幾至於其筋之末、其掌夾膜則爲總鞘、以繞手之肌而分中兩旁之端、其中端列於手心、三角形、極堅而厚、以豎束此一處之筋、其上窄而黏於環筋帶之下邊、以收納長掌肌增大之筋、其下寬而長與掌骨頭之對面、按四指分爲四綹、每綹又分兩岔、以繞屈肌之筋、並黏於第一指骨之邊、及白筋帶、列爲四弓而屈筋穿過其下、其四綹間夾膜之隙、以遞過指之血管腦筋及蟲肌之筋、其掌夾膜分綹之處、有數堅橫絲以束其各岔、此膜有數類絲帶緊貼於外皮、由其裡邊生短掌肌之本、此膜卽以遮淺掌弓及屈肌之筋、並中正肘兩腦筋之枝、兩邊有豎隔與骨間之健膜相續、以隔其旁中兩掌部之肌、其旁端乃薄類絲層、在輔肘邊者、以遮拇球之肌、在正肘邊者、以遮小指之肌、此端與背夾膜相續、又與掌內夾膜之中端相續

開拇肌　連屬　屈掌拇肌　連屬　屈短拇肌　連屬　闔拇肌　連屬　腦筋　動用

手肌部

手肌分三類、一爲拇者、占輔肘邊、二爲小指者、占正肘邊、三爲掌者、與骨間處者

輔肘部

拇之肌

開拇肌、薄而匾、列於皮之極下、由斜方骨崗與筋環帶而來、往外往下有薄匾筋、黏於拇第一指骨底之輔肘邊、其淺面傍掌夾膜、其深面傍屈掌拇中有薄健膜隔之、其裡邊有窄連質處隔此肌與屈短拇肌、其屈掌拇肌小三角形、列於上肌之下、由斜方掌面與環筋帶而來、往下往外偏黏於拇掌骨之輔肘邊、其淺面傍開拇、其深面傍斜方掌交節、其裡邊傍屈短拇、其屈短拇肌、較上二肌加大而列於其下、兩端所爲、而其間列屈長拇筋、其前卽淺端由斜方骨與環筋帶三分之外二而來、其深端、由類斜方骨大骨及第三掌骨底、並屈腕輔肘筋之鞘而來、其肉絲合爲一肌、後復分爲兩端、而黏於拇第一指骨底之兩邊、其外端與開拇肌相合、其內端與闔拇肌相合、每一筋穿過掌骨指交節之時、而生芝蔴骨、其淺面傍掌夾膜、其深面傍闔拇與屈腕輔肘肌之筋、其外面傍屈掌拇、其裡面傍屈長拇筋、其闔拇肌、見百三十二圖列於此部肌之深極處、三角形由中指全掌骨掌面之寬底而來、往外相聚、同屈短拇裡邊之筋、以黏於拇第一指骨底之正肘骨邊及內芝蔴骨、其淺面傍屈短拇肌與屈伸蟲各肌筋、其深面遮首二骨間處、中有堅健膜隔之、其開闔屈掌拇屈短拇之外頭之腦筋、俱由中腦筋而來、其屈短之內頭與合拇者、俱由正肘骨腦筋而來、其

短掌肌連屬　開小指肌連屬　屈短小指肌連屬　屈掌小指肌連屬　腦筋功用

拇肌、即以其功用爲名、此手之弧有三伸肌、乃掌與第一二指骨、此三肌列於前臂及手之背面、其掌面亦有三屈肌、乃掌骨掌拇長短兩拇、此外別有開闔兩肌、拇指之大作用、實由此而來、

正肘部小指之肌

短掌肌、薄方形、列於皮下、有筋絡由環筋帶與掌夾膜而來、橫往裡、黏於掌皮之裡邊、其淺面緊貼皮、其深面傍掌夾膜之內端、其膜隔此肌與正肘之血管腦筋、並手正肘邊之肌、其開小指肌、列於手掌之正肘邊、由豆骨與屈腕正肘筋而來、其末爲匾筋、而黏於小指第一指骨之底、其淺面傍掌夾膜之內端與短掌肌、其深面傍屈掌拇、其裡邊傍屈短小指肌、其屈短小指肌、列於輔肘邊上肌之同面、由鈎骨之鈎峯頂與環筋帶之前面而來、與上肌同黏於小指之第一指骨之底、在其本有正肘之脈管腦筋之深枝、隔此肌與開肌、亦往往有無此肌者、如無此肌、其開肌則甚大、其淺面傍掌夾膜之內端與短掌肌、其深面傍屈掌拇肌、其屈掌小指肌、見百三十二圖三角形、列於以上各肌之極下、由鈎骨之鈎峯與環筋帶相依之端而來、往下而裡、徧黏於小指之掌骨正肘邊、其淺面傍屈短開小指兩肌、其深面、傍第五掌處之骨間肌、並掌骨與小指之屈筋、此部各肌之腦筋、俱由正肘骨之腦筋而來、其小指肌、即以其功用爲名、其短掌肌、能令掌內邊之皮縮而成紋、

蟲肌　骨間肌　背骨間肌　第一背骨間肌　掌骨間肌

中掌部

蟲肌、乃四小肉綹、皆附於深屈肌、有肉絲由深屈筋而來、其第一二綹、由食中兩指之輔肘邊與掌面而來、其第三綹由中無名兩指筋相依之邊而來、其第四綹由無名小兩指筋相依之邊而來、其綹往前至所屬指之輔肘邊、掌指交節之對面、每筋之末爲寬健膜、黏於其所遮每指之背面伸總指肌之筋盔、其骨間肌、以其列於掌骨間、故名、分爲背掌二類、其背者有四肌、每掌之空有一、其掌者有三、列於掌骨之上、其背間肌有四、而大於其掌者、形如鵝翎、有兩頭由掌骨相依之兩邊而來、黏於第一指骨之底與伸總筋之健膜、每肌雙本之間、有窄三角處、以遞過深掌弓之透枝、其第一背骨間肌、別名開食指肌、在四肌中爲極大、列於拇食兩指之間、匾三角形、有類絲弓以臑兩頭而遞過輔肘脉管、以入手掌之深端、其外頭由第一掌骨正肘邊之上半而來、其內頭由第二掌骨全輔肘邊而來、其筋黏於食指之輔肘邊、第二三肌皆黏於中指、其第二肌在輔肘邊、第三者在正肘邊、其第四肌黏於無名指之正肘邊、其掌骨間肌有三、小於背肌、列於掌骨之掌面、而非在其間、各由各指之全掌骨而來、黏於第一指骨底之邊、及本指伸總筋之健膜盔、其第一肌、由第二掌骨之正肘邊而來、黏於食指之同邊、其第二肌、由第四掌骨之輔肘邊而來、黏於無名指之同邊、其第三肌、由第五掌骨之輔肘邊而來、黏於小指之同邊、故除小指之

臂筋功用

鎖柱骨折

肩頭折

烏喙峯折

臂筋帶內臂骨頭折

裹筋帶外項折

外、每指各有兩骨間之肌、其兩外蟲肌之腦筋、由中腦筋而來、其餘皆由正肘腦筋而來、其背骨間肌、假如將中指劃一線、則開其指、其掌骨間肌、向此線而合、此肌大畧皆以助伸肌、若手指微曲、則皆助以屈其指、

上肢接骨論

上肢肌解剖既明之後學醫者宜識廖生人折骨時各肌之本性入之折骨其兩端多不相值然其離開之故易曉而其治法亦易用如鎖柱骨之折傷往往恒有大略皆以我觸物之傷然物來觸我之傷亦時有其故而凡打傷之處每在骨之中段然在胸肩之兩端者亦間有其時其中段傷者見百三十九圖其離開實甚其外端向下而前而裡其內端則微向上蓋其臂之重與三角肌之力能將外端牽下其小胸鎖柱下兩肌之力能牽之外並偕飯匙骨提之向上而與內端比齊然後用帛帶束住而不令其微有轉移其鎖柱骨肩端之折在圓錐類斜方兩筋帶之間其兩端不甚離開蓋此筋帶之末處爲斜形故能令其兩骨之端相合其鎖柱骨胸端之折在肋鎖柱筋帶之裡亦微有離開亦因此筋帶能令其相合其肩頭之折大畧在肩上而外之處若骨折而肩端必先失其凸形實三角肌牽其折骨向下而前之故循其鎖柱骨向外之邊可以知其離開乃折端列於臂骨頭之前而上欲緩三角肌向前而外之緣須令臂向前而兼提其肘伸其折端能超以齊其肩頭而復其骨之本位其烏喙峰之折時恒少其折時大暴皆因被人急打而得其離開乃小胸雙頭之短頭烏喙背各肌之力其小胸者能牽其折端向裡其烏喙背能牽之直向下其離開甚與不甚在於烏喙肩頭筋帶所連烏喙肩頭兩峰之界限欲緩其肌之力而令折端復其本位須屈其前臂以緩雙頭肌之力而仍牽其前臂向胸以緩其烏喙臂肌之力再提其肘向上而令其適與烏喙肩頭筋帶相值俾不少移以保其故處其裹筋帶內項之折時亦少即折亦不甚離開然其交節之作用爲減而有響其裹筋帶外項之折時則多而其離開亦甚大見百四十圖而與臂骨頭脫入腋高之形相似其黏於大小阜之肌將上端向上微提至烏喙肩頭筋帶之下其大胸底背大圓條各肌將下端牽之向裡其三角肌斜牽其臂向外亦往往提其臂而令其凸於烏喙峰之下而前然後定住其肩牽其臂向外而下則折端之離開無突欲阻其相反肌之力以復其骨之故處底向旁拽之用紙作夾板繫其臂之四邊在腋窩填一圓錐形之軟物而令其須向上俾肘緊貼其身以帛帶束於胸再屈其前臂以帛帶繫於項

臂骨折

慎勿令其肘太高恐致下折端亦向上而反與上折端不齊其臂骨幹之折在大胸廣背大圓條各肌末之下三角肌末之上其齟齬甚大蓋大胸肌牽其上端向裡而三角肌復牽其下端向上而外而上肢短矣蓋骨之折端彼此相掩而折處有凸故也若折處斜則此處尤凸須拽其肘以復其本位其紮束之法同上其臂骨幹之折在三角肌末之極下其齟齬之大小大半皆隨其折之勢若橫折則其齟齬小蓋因其上端微向前斜折則在前之雙頭前臂兩肌在後之三頭肌共用其力必將下端牽之向上而或前或後隨其折勢使之深掩其上端矣須拽之其齟齬始無再用夾板四邊弸之不令其折處復移仍慎勿提其肘然可用帶緊其前臂與手其折在臂髁之極上見百四十一圖須慎之蓋其勢與臂下交節端已離而與正輔兩肘脫而向後之勢相同若其折勢向下而前爲斜則在前之前折雙頭兩肌在後之三頭肌即將下端牽之向上而後若識折傷與脫傷則折傷較脫傷動而有響若拽之則其齟齬遂無再縱之則其齟齬仍復而別折傷與交節端離開之故則以人之年歲斷之若其折處與百三十一圖之勢相反則其下端必向上而前使其前有凸其上端亦凸於後三頭肌筋之下

正肘骨折

其正肘骨爲喙峰之折罕見大略乃前臂肌過當之力所爲其齟齬之大小隨其折之多少若單由峰之項折則其折端必被前臂肌牽之向上以與臂之鳥喙腰相齊而屈臂之力亡其半若峰之根折其折端之齟齬亦由上肌之故維時拽其前臂其正肘骨因三頭肌之力半脫向後須屈其前臂以緩其前臂肌始能令復其本位然其相接之處仍是筋而非骨其肘頭之折傷見百四十二圖較烏喙峰之折爲多有或三頭肌過當之力所爲或自觸其肘尖於物或物來觸其肘尖其折端因三頭肌之力牽之向上由半寸至二寸之寬以致肘亡其凸形其交節之後有深凹屈其臂則凹益深人有此傷則亡其伸臂之力治法須拽其前臂以緩三頭肌之力用長直夾板以弸臂之前則其折端相接再將上端拽之向下則其兩端之相接尤緊然其相合處大略仍是筋而非骨

輔肘骨頸折

其輔項之折時恒少大暑皆物來觸我之傷其傷不易辨蓋因其齟齬不甚大與繞之之肌甚多故難於識別然而其俯仰之作用皆礙則可知其短仰肌將上端牽之向外其齟齬之大小皆由於環筋帶所黏之界限其雙頭肌牽其下端往前而微向上而輔肘圓條肌則牽之向內其短仰肌又微制之不令其往前向上治法須先拽其臂而令其折端相接再屈其前臂拱胸令持於俯仰之間以緩其雙頭短仰輔肘圓條各肌之力

輔肘骨折

其輔肘骨之折見百四十三圖較正肘骨之折爲多蓋因此骨連於腕骨之故其折每在骨幹之中段驗觀之似爲物來觸我之傷而實因顛落以腕損其骨者過半蓋其身體之全

正肘骨幹折

正肘輔肘之幹同折

輔肘下端折

力盡注於手之所爲其雙頭肌牽其上端向上輔肘圓條肌則來之向內其骨勢不俯不仰而前臂之上半微有凸起其輔方肌牽其下端向下而裡以向正肘骨而得俯勢維時仍有黏於維蜂之長仰肌提之而助更壓其下折端之上端以向正肘骨治法亦須屈其前臂而令持於俯仰之間則緩其相反之肌然後拽其腕與肘則折端易接再由肘至腕用夾板弼其前臂之內外多稽以綿而令其手下垂爲其手之重殺足制其俯方長仰兩肌之力而又得以提其下偏與上端比齊其正肘骨幹之折不恒有大略爲物來觸我之傷盡此骨列於前臂之裏邊其外有藤庇而其幹且堅於輔肘骨之幹又不緊連於腕所以其受傷之時罕見其傷時大略每在中段之微下蓋其處微軟之故其上端仍在其故處而其下端則有輔方肌牽之向外以向輔肘骨其折處有極顯之凹而前臂背掌兩面有微起之凸治法須拽其腕與前臂則易不其齟齬再屈其前臂而令持於俯仰之間用夾板弼其肘與手指之末而藉以多綿其正輔兩肘骨幹同折時尤少其折時則以我腿湯與物來觸發者之傷皆有其下端被屈伸各肌之力隨勢牽之向上亦往往向前或向後其前臂之背掌兩面有凸起之處維時其俯方肌牽其兩端以相並其輔肘骨乃俯之勢其輔肘之上端被雙頭與輔圓條肌牽之向上而裡而高於正肘骨其正肘骨之上端被前臂肌微提之治法須拽其腕與肘其餘與治正肘折之法同其治前臂兩骨俱折之法尤宜慎切勿令其折端內向於骨間處恐其兩骨合長而不能俯仰者預防其患須於弼夾板之時多多藉綿以逼其肌內向於骨間處而令兩骨各復其本位則不致內向相合其輔肘骨下端之折名爲隔離奚折見百四十四圖蓋由高處顛落而全身之力注於手之故所得其傷若大人則在交節面之上由半寸至一寸之處若孩童自十六歲以下者大略乃交節端離其骨幹其齟齬甚大如腕骨脫而向後之狀宜將其故詳細辨之其下端被長仰拇輔之屈伸各肌牽之向上而後在上端之後在輔後爲極顯之凸其後有深凹處其上端凸向前往往觸被俯方肌被其肌牽之緊貼正肘骨之下端而因屈筋逼之向前在前臂前面腕骨上有凸起之處若欲於此處識其折傷之異於脫傷亦只觀其齟齬部知蓋折傷拽之則其齟齬部無縱之則其齟齬復初而且往往其骨有微響仍有其人之年歲可資人知其折或交節離開之故治法須屈其前臂而大拽其輔肘維時急壓手之輔肘邊用墻形之夾板多藉以綿而緊之以保其骨之本位

下肢數肌與夾膜

下肢肌按其肢之各部又分類一胯部有三肌乃大腰小腰胯二股前部有七肌乃緊股韜盤腿直外廣大內廣大股股

下三股內部有五肌乃縫匠梳長闊短闊大闊四臀部有九肌乃大臀中臀小臀梨上雙內遮藏下雙外遮藏股方五股後部有三肌乃雙頭半筋半膜六脛輔前部有四肌乃前脛伸長趾伸拇小輔七脛輔後部有淺深兩層其淺層有三肌乃雙腹掌比目魚其深層有四肌乃膕屈長拇屈長趾後脛八輔部有二肌乃長腹短腹九足背部有二肌乃伸短趾背骨間十掌部有四層第一層有三肌乃開拇屈短趾開小趾第二層有二肌乃副肌蟲第三層有四肌乃屈短拇闊拇屈短小趾横足第四層乃掌骨間肌

胯部 欲看此部之三肌須先去臟腑則露此肌而有腹包膜與夾膜之薄層名為胯夾膜以遮之

胯夾膜、上薄下漸厚、徧繞於腰胯兩肌而為腹後之裡、其繞於腰端者、在上黏於內弓筋帶在裡、黏於方骨、由排弓岔黏於脊間盤與脊骨體之凸邊、其體縮端對面之空處、則遞過腰脉管與百結筋之絲、其外與腰夾腰相續、其繞於胯端者、在外連於胯窩之全裡邊、在內連於眞尻骨盤之邊、而與骨衣相續、以收納小腰筋之末、此夾膜在股血管之外、緊連摺窩大筋帶而與横夾膜相連、其股血管入腿相似之處、則往下延長此管之後、而為股鞘之後壁、此處之下、則繞於腰與胯肌以至其末、而與寬夾膜之胯端相續、在股血管之內、此膜連於胯梳線而與寬夾膜之交骨端相續、其胯血管、俱列於其夾膜之前、然腰叢之各枝、則列於其後、中有鬆連質隔此膜與腹包膜、若脊骨下端之骨死而生膿、其膿往下流以至股弓、則其腰鞘加大、若膿再多則吸盡其肌、而但餘其肌中腦筋絲以列於膿囊之內、其股血管仍不改、而腹包膜雖薄亦不壞、若去此夾膜則見此胯部之各肌

其大腰肌、見百四十六圖長梭形、列於脊骨腰部之邊、尻

小腰肌

連屬胯肌

連屬

骨盤之邊、由脊體邊所屬之脊間盤、末脊背、與全腰脊骨橫峯底之前而來、其肌有五綹、以連脊骨體、每綹黏於兩脊骨上下邊、與其間之脊間盤、此綹連於過其體縮處之筋弓、以遞過腰脉管與百結筋之腦絲、此弓一爲肌絲之本、於作用時以保護血管與腦筋、而不令其壓之、其第一綹黏於末脊背第一腰脊骨相依之邊、其末綹至第四五腰脊骨相依之邊、與脊間盤、以上各處所來之肌、往下過尻骨盤邊、則漸小、而過摺窩大筋帶之下、至末則爲筋、以收納胯肌之絲、而黏於大腿之小阜、在腰部其前面列於腹包膜之後傍內弓筋帶內腎小腹肌腎血管內尿管精管陰股腦筋迴腸另外順尻骨盤邊傍總外兩胯之脈迴管其後面傍腰脊之橫峰方腰肌中有橫肌腱膜之前層隔之其前股腦筋先列於此肌之體內後在此肌下端之外邊而出其腰叢列於此肌體內之後端其裡邊傍腰脊體腰脈管百結筋之結與其脊髓腦筋之連貫腰核右邊下迴血總管左邊總脈管在股部其前傍寬夾膜其後傍大腿交節之璐筋帶中有節膜璐隔之有大小不等之孔此璐往往與交節相遇其裡邊傍梳肌與股脈管而微搭之其外邊傍股腦筋與胯肌

其小腰肌、長而細、列於大腰之前、由末脊骨第一腰脊骨體之邊、與其間之脊間盤、作爲小匾肌束、其末乃長匾筋、黏於胯梳之凸處、其外邊則與胯夾膜相續、往往亦有無此肌者大約二十八只一人有也○有腹包膜遮之與在其本有內弓筋帶遮之此肌列於大腰之上其胯肌、匾而輻形、遮於內胯窩、由胯窩胯崗之內邊、其後由胯腰筋帶及方骨之底、其前由胯前上下之峯與其間之峽、並大腿交節裏之數絲而來、其絲相聚黏於大腰筋之外邊、又有數絲延長以黏於由小阜以至於澀線之斜線、在尻骨盤內其前面傍隔此肌與腹膜之胯夾膜並外皮腦筋其右傍盲腸其左邊傍回腸之曲折其後面傍胯窩其裡邊傍大腰肌與前股腦筋在股之前面傍寬夾膜直盤邊兩骱其後傍交節之裏其間又列此

腦筋　功用　解剖　淺夾膜　深夾膜

肌與大腿肌之總囊其腰肌之腦筋、乃腰腦筋前枝、其胯者、由前股而來、其腰胯之兩肌由上作功、即屈其大腿以向尻骨盤、維時、因其末爲斜、黏於股內而後、故兼能將其腿往外扭轉、由下作功、定住大腿骨、此肌之兩邊曲其腰與尻骨盤往前、此肌托其脊骨與尻骨盤於大腿骨之上、則助身之立位、若仰臥則助提其身、其小腰者則能緊胯夾膜、

前股部欲看此部之肌與夾膜須隨摺窩大筋帶由胯峰至夾骨割之再由此綫之中往下竪析以至膝蓋之下再由腿內至外邊橫割之翻開其兩邊之皮則露出淺深兩夾膜以上乃年稚學醫者之事若年長者須先查股腕鼠之部位

大腿夾膜

淺夾膜、滿遮於下肢、相續之層、乃連貫所爲、其格內多含油物、且能分兩層、或數層、其間列淺之血管腦筋、此膜肢之各處厚薄不等、在足掌者極薄如無、其處之皮則緊貼於深夾膜、在摺窩者則厚兩層、彼此有淺摺窩核與股內淺回管、及數小血管隔之、其淺層與腹淺夾膜相續、其深層有寬夾膜相融、其淺夾膜之深層、緊貼於寬夾膜卵圓孔之邊、以透過數小之血津液管、故又名羅夾膜、膝蓋骨、後跟尖、足趾交節上之淺夾膜內、俱有皮下之囊、去其淺夾膜、則見深夾膜、此膜極大、故又名寬夾膜、徧繞於此下肢之部、而各處之厚薄不等、其腿之上而外以收納大臀肌之類絲盆、與其層間所黏之緊股鞘、其後與上而內所遮闔肌之處極薄、其膝蓋之週圍極

鞘之後

堅、其外收納雙頭筋、與其前盤腿窈窕牛筋、四頭伸股各肌之類絲岔、其寬夾膜之上、黏於摺窩大筋帶與胯骨崗、其後黏於方尾底兩骨之邊、其內黏於交骨弓與梳線、其下黏於膝交節週圍之凸處、大腿髁、小腿阜與輔腿骨之頭、其繞於中臀肌之端極厚而堅、有此肌之數絲、由其裡面而來、其大臀之上邊分兩層、其極淺者極薄、遮於大臀肌之面、下與寬夾膜相續、其深層上厚、與大方坐筋帶相融、其下薄、以隔大臀肌與深肌、其裡邊有二堅肌間隔、滿黏於澀線、其外而堅者、由大臀之末以至外髁、而隔在前之廣大與在後雙頭之短頭、則微有其肌一端之本、其內而薄者、隔內廣大、與闊肌、別有數小隔、以分各肌、而仍爲其鞘、其大腿之上而內、摺窩大筋帶之微下、有大長圓之孔、以遞過股內淺回管、與他小血管、名爲卵圓孔、欲知此孔之質、須將此寬夾膜分爲胯交骨之兩端、其胯端列於孔之外邊、其外黏於胯崗、與前上峯、摺窩大筋帶、往裡以至交骨峯、並連梳線與摺窩小筋帶、由交骨峯反折、往下而外、作爲弓邊、名爲上角、及孔之外界、此邊搭而連股血管鞘之前層、而有羅夾膜黏於其邊、其下連交骨端、其交骨端列於孔之裡邊、在孔之下邊與胯端相續、往上遮於梳肌之面、緊貼過於股血管鞘之後、而與大腰胯兩肌之鞘相續、盡於大腿之類絲裹、此膜之上黏於外斜健膜末前之梳線、與其內交骨弓之邊、觀上所論、即知胯端乃行於股血管之前、而交骨端行於其後、所以其兩端之間、有股內回管穿過、

緊股鞘肌

而與股回管相合、（去此夾膜則見腿之各肌宜捻其膜以割之再順其合肌之綫以去之）其緊股鞘肌、短而扁、列於腿之上而外、由胯崗外唇之前端、與前上峯之外面、中臀盤腿兩肌之間、斜往下而微後、黏於寬夾膜、約在腿外邊向下四分之一、（其邊面傍寬夾膜與皮其深面傍中臀直股外廣大各肌與外間環脈管之上）

連屬盤腿肌

（其前邊傍盤腿中有三角處隔其下其內有直股肌其後邊傍中臀肌）其盤腿肌、以其功用爲名、蓋西國縫匠賴此肌以盤腿、故又名縫匠肌、其在通身爲極長之肌、扁窄如帶、故又名長肌、由胯前上峯與其下峽之上半而來、斜過於腿上而前、自外往裡、豎往下至膝蓋之裡邊、行於大腿內髁之後、變筋、斜曲於前、而爲寬健膜、黏於小腿幹裏面之上、往前幾至於其崗、此膜遮蔽宛板筋兩肌筋之末、而微相合、其間有節膜囊、此膜別生一岔與膝交節之類絲裹相融、其下又生一岔、與小腿裏邊之夾膜相融、（如欲勒股脈管須賴此肌此肌之裡邊以引之）此肌在腿三分之上一、偕長闊肌共成三角處之邊、名爲斯夾而巴之三角、而以摺縫筋帶爲底、其股脈管、豎過於此處之中、由底以至其尖、在其中三端。此脈管先隨此肌之裏邊、後至此肌之下、（其淺面傍寬夾膜與皮其深面傍腰直內廣大各肌前股腦筋股血管之縮長闊大闊縮窕各肌長股內腦筋與膝交節之內交筋帶）

連屬伸四頭肌

其伸四頭肌、即前腿所餘之四肌、此肌乃腿之大伸肌、作爲大肉叢、以遮大腿之前與兩邊、至下相合、變爲一筋、黏於小腿骨、其上分四肌、各有其名、其列於中之一、名爲直股肌、以其形勢爲名、其上連胯骨、其他肌緊貼於大腿骨幹、由髁至阜以遮之、其外者名外廣大、其內者名內廣大、其遮股前者名股肌、其末二肌緊貼而

直股肌　連屬　外廣大股肌　連屬　內廣大股肌　連屬

爲一肌、其直肌、列於股前部之中、梭形、其肌絲如鵝翎、其本有二筋、一爲直筋、由胯骨前下峯而來、一爲匾筋、曲而向外、黏於臼邊上之陷、此筋乃直肌反折之筋、與直筋相合、作爲尖角之形、後生肌絲所來之健膜、此肌之末、變寬而厚之健膜、占其後面三分之下二、漸變窄而爲匾筋、與內外廣大股各肌、同黏於膝蓋骨、其邊面傍中臂之能絲緊股幹盤腿腰胯各肌其四分之下三傍寬夾膜其後面傍大腿交節外同環血管與股廣大各肌其餘之三肌有謂三頭伸股者欲露此肌須將盤腿直兩肌之中橫斷之以反折於外其外廣大肌、乃伸四頭內極大之肌、由其所黏於大阜前邊、外面之橫崗、及全澀線外唇之寬健膜而來、其膜遮此肌四分之上三、在其裡面、由數肌絲而來、別有數絲由大臀筋、及外廣大與雙頭之短頭兩肌間之外肌間隔而來、以上各絲共合、爲大肉叢、黏於列其肌極下下面之堅健膜、變縮而厚之匾筋、黏於膝蓋骨上邊之外端、而與大伸筋相融、其邊面傍直股緊股幹兩肌寬夾膜大臂肌中有節膜蓋隔之其深面傍股肌外同環脈管之數大枝與前股腦筋隔之其內廣大與股肌相連爲一肌、乃四頭伸肌之極小之端、其前端有直肌遮之、名爲股肌、其內端所列寬夾膜之極下、名爲內廣大肌、由黏於大腿項裡邊、向下至澀線、及澀線之全內唇、與內肌間隔所來之健膜、及大腿幹之內前外三面、其上至內阜間之線、下至其骨四分之下一而來、以上各肌絲所來之本、相聚而爲寬健膜、以遮中端乃股肌之淺面、與內端乃內廣大之深面、俱相合而漸變窄、黏於膝蓋骨、而與伸四頭肌之他端相融、其淺面傍腰胯直盤腿橫闊各肌寬夾膜股血管與股皮下腦筋其深面傍大腿骨股下肌與膝交節之節膜〇以

股下肌

腦筋功用

剖解

窕窈肌

上所論下肢之伸四頭肌與上肢之三頭者相似故有三頭股三頭臂之說其股與臂三頭者皆有三頭一爲中頭或長頭黏於胯骨其餘二端名爲內外之頭皆與臂之長內外頭相似其伸四頭各端之筋皆與腿下端相合變爲單堅筋而黏於膝蓋之上端、然雖有此說其實膝蓋乃芝蔴骨生於四頭筋之內、與膝蓋骨筋帶、由膝蓋骨下以至小腿阜乃四頭肌末之本筋、其筋與小腿骨阜之間有節膜囊、又有兩廣大相對之筋所來之類絲笢、其下黏於小輔兩腿骨之上端、以護膝交節而其外邊又益以寬夾膜、其股下肌小、大略與淺肌有別、由大腿幹下端之前面而來黏於膝蓋骨後交節往上節膜囊之上端此縚往往與股肌相合亦往往有兩縚所爲其緊股鞘肌、由上臀之腦筋而來、其餘者皆由前股枝而來、其緊股鞘者乃緊其寬夾膜、而以其絲勢爲斜、故又能令其腿扭轉向裡在佇立之時、其肌由下作力則令尻骨盤安穩於大腿頭之上、其盤腿肌則屈其小腿向上、仍能屈大腿向於尻骨盤、並可牽之向裡以過彼腿若定住小腿則能屈其尻骨盤向於大腿若一肌作力則能助扭轉其尻骨盤、其伸四頭者、則能伸小腿向於大腿若佇立定住小腿、則能使大腿骨豎助之於小腿頭之上、以托其身之全分量其直肌則以助腰胯兩肌、共托尻骨盤與身於大腿之上、或者屈而向前

內股部　去其前與裡之夾膜則露此部之肌必須開其腿則其肌乃察而易割

窈窕肌爲此部極淺之肌、薄而匾上寬下窄而尖、有二三寸寬之薄健膜由交骨枝

連屬
梳肌
連屬
長闊肌
連屬
連屬
短闊肌
連屬
大闊肌

之裡邊、與坐端而來、竪往下至末變圓筋過大腿內髁之後、曲繞於小腿之內阜、往下則匾、而黏於小腿幹裡邊之上端、阜之下、此筋列於半筋之極上、盤腿健膜之下、過膝交節之內旁筋帶、有此肌與半筋肌之總節膜囊隔之、（其淺面下傍寬夾膜與盤腿肌、其股內淺回管傍其下端、斜過列於寬夾膜之淺處、其深面傍三闊肌與膝交節之內旁筋帶）其梳肌、四角形而匾、列於腿上而裡之前端、由胯梳線而來、有梳凸與交骨峯間線前之骨面、及其所黏於交骨崗、與其肌外面所遮夾膜相續之摺窩小筋帶之筋岔、其肌絲向下而後而外、黏於小阜向下之澀線、（其前面傍寬夾膜之交骨端中有股血管與股內淺回管隔之、其後面傍大腿交節短闊外遮蔽兩肌、而有遮蔽之血管腦筋列於其間、其外邊傍腰肌、其間有連質之處隔之、其股脈管列於其上、其裡邊傍長闊肌）其長闊肌在三闊肌之內、為極淺者、匾三角形、列於梳肌同等之面、而其上往往與之相融、有匾窄筋由交骨前在崗與縫相合之角變為寬肉腹、向下而後而外、有健膜黏於澀線之中三段、內廣大與大闊肌之間、（其前面傍寬夾膜並近其末傍股之脈回兩管、其後面傍短大兩闊肌及遮蔽之血管腦筋之前枝並近其末傍深之脈回兩管、其外邊傍梳肌、其裡邊傍窈窕肌○將上二肌割開則見短闊與外遮蔽兩肌）其短闊肌、列於上二肌之極下、三角形、其本窄、由交骨下枝之外面、及窈窕外遮蔽兩肌之間而來、往後而外而下、有健膜黏於澀線之上端、梳與長闊上端之極後、（其前面傍梳長闊兩肌與遮蔽之血管腦筋之前枝、其後面傍大闊肌並遮蔽之血管腦筋之後枝、其外邊傍外遮蔽肌與腰胯兩肌之總筋、其裡邊傍窈窕大闊兩肌、近其末有深脈管之中透枝穿過此肌○割其短闊折於外則見大闊肌）其大闊肌、大三角形、為腿內與後肌間之隔、由交骨下枝之小端、坐端之上枝及坐阜之外邊與下面而來、其交骨枝來之絲極短、其勢橫、黏於大腹向下之澀線、大臀肌之內、其坐枝而來者、向下而外、其斜勢不等、由寬健膜黏於澀線、與其下內分歧之上端、此肌之內端、大略乃坐阜所來之絲、爲澀束所爲厚肉叢、豎往下、與在腿三段之下一、變爲圓筋、黏於大腿內髁上之骨朶有類絲岔連於骨朶往上澀線之線、其兩端之間有角處、前爲筋而後爲肉、以遞過股血管、以入膕、其外端有四孔、其上三者、以遞過其上三透脉管、其第四者、以遞過其深脉管、此肌生健膜、行於股血管之前、而與內廣大相合、

連屬

其前面傍梳短長兩闊各肌與股血管其後面傍大坐腦筋大臀雙頭中筋中膜各肌其上短邊與股方肌平列其裡長邊傍窈窕盤腿兩肌與寬[illegible]膜其外連邊黏於大腿骨短長兩闊肌之後其短長兩闊肌在前仍隔此肌與內寬大而大臀雙頭之短頭之前又隔此肌與外廣大

腦筋

此部之腦筋、由遮蔽腦筋而來、其梳者另外收納副遮蔽與前股之枝、其大闊者、另有大坐之枝、

功用

其梳與三闊肌、皆有闊腿之大力、凡乘馬皆賴此肌之力、其肌斜黏於澀線、故能扭轉大腿於外、以助外扭轉之肌、其腿若開、則將此肌牽於裡、而過其對面之腿、其梳與短長兩闊肌則助腰胯兩肌以屈大腿向於尻骨盤、在行路時、此各肌則助後腿牽之向於前、其窈窕者助盤腿肌以屈其小腿、而牽之向裡、並可以闔其大腿、若定住下肢、則此各肌定其下能使尻骨盤以助身之佇立、而仍能屈尻骨盤向前於大腿骨、

解剖

臀部　欲割此肌須俯其尻而藉木枕於尻骨盤之下以緊其臀肌令其腿下垂而足向裡以開其腿顱胯齒後與方骨邊至尾底之頂割之再由此處起斜往下往外至大腿外邊大阜之下四寸處去其皮與淺夾膜則見大臀肌與其所遮中臀肌之強夾膜見百四十八圖

大臀肌

大臀肌、在此部中爲極淺者、極寬而厚之肉鑪、四邊形、爲臀之凸處、（若餓死者則無其臀凸）人之此肌最大、故能助其身以佇立、而所以別於各獸也、其肌質極粗、乃許多肌繂平列、爲大束、中有深連質處隔之、由胯上曲線、與其線後之骨及崗、並方骨末塊之後面、尾底骨之邊、大方坐、及後方胯筋帶之後面而來、其絲之斜往下而外、其上而大之端、變爲厚筋片、過大阜黏於遮腿外邊之寬夾膜、下端則黏於大阜下澀線、由外廣大大閭兩肌之間、此肌之下與所遮之凸、有三節膜囊隔之、一囊大分此肌與大阜、一囊列於坐阜之上、往往末有一囊列於本肌筋與外廣大肌之間、（其淺面傍蓋肌與連膜油）

連屬

（皮所隔之薄夾膜、其深面由上向下、從胯方尾底各骨、大方坐筋帶、中臀、梨、雙、內遮蔽、股方各肌之端、坐阜、大阜、雙頭、半筋、半膜、大閭各肌之本、其臀之血管腦筋、有梨肌上出尻骨盤、其坐與內羞秘之血管腦筋、並內遮蔽肌之腦筋、由其下而來、其上邊薄而有寬夾膜、連於中臀肌、其下邊浮而凸、其臀之摺疊以向會陰〇由上至下）

解剖

（傍其本割斷大臀肌、則露連質之處、隔本肌與其下之中臀及外扭轉肌、割其上者、將下端翻於外、去其大阜與坐阜間之鬆連質、則露此肌下之肌）

中臀肌

其中臀肌、寬而厚、輻形、列於尻骨盤之外面、而大臀肌遮其三分之後一、寬夾膜遮其三分之前二、以隔此肌與外皮、其肌則由胯骨之外面、上中兩曲線之間、與其間所有崗端之外唇、及前端所遮之密夾膜而來、其絲相聚而爲堅扁筋、黏於大阜外面之斜線、其阜與肌之間、亦有節膜囊隔之、

連屬

（其淺面之後傍大臀肌、在前傍緊骨韌與深夾膜、深面傍小臀肌與臀之血管腦筋、其前邊與小臀相融、其後邊與梨肌並列、而有臀血管隔之〇傍此肌末處割之、以翻上、則露小臀肌）

小臀肌

其小臀肌、在三臀肌內、爲極小者、列於中臀之極下、扇形、由胯骨之外面、中下曲線之間、與在後則由大方坐峽之[illegible]而

連屬梨肌　連屬　內遮蔽肌解剖

來、其絲相聚以至輻健膜之深面、變筋、而黏於大阜前邊之印處、其筋與大阜之間、亦有節膜囊列之、其淺面傍中臂與臂之血管腦筋其深面傍髂骨股直肌反折之筋與大腿交節之裏筋帶其前邊與中臂相融其後邊往往與梨背筋相合其梨肌匾、方錐形、其肌與小臂肌之下邊平列、一端列於尻骨盤後端之內、一端列於大腿交節之後、由方骨前所黏於第二三四前方孔間骨之三肉齒、及孔所來之陷而來、別有數絲由大方坐孔之邊、與大方坐筋帶之前面而來、此肌出尻骨盤、以穿過大方坐孔、滿塞於孔之上端、由圓筋黏於大阜之上邊、大略與內遮蔽筋相融、其前面尻骨盤內傍直腸而在左邊尤多方叢之腦筋內胯血管其尻骨盤外傍胯骨與大腿交節之裏筋帶其後面尻骨盤內傍方骨其外傍大臂肌其上邊傍中臂肌中有臂之血管腦筋隔之其下邊傍上雙肌其坐之血管腦筋內差秘之血管腦筋與內遮蔽肌之腦筋出尻骨盤行於此肌與雙肌之間○此肌與梨肌之本非分尻骨盤與去其臟腹則不能見其內遮蔽肌、與梨肌之列式相同、乃一端列於尻骨盤之內、一端列於大腿交節之後、由尻骨盤前而外壁之裡面遮蔽管裡邊週圍之骨邊所黏、乃由交骨之下枝、與坐之上枝、及旁由坐體之裡面、其前遮蔽孔、其後大方坐峽、其上眞尻骨盤邊之間而來、別由遮蔽膜裡面與遞過遮蔽之血管腦筋、所成道之筋弓而來、其絲向後而下、其末乃四五筋帶、而列於其深面、反折方角形、於坐阜裡面之上、其阜有脆以遮之、有陷以收納之、並有節膜以爲裡、此肌由小方坐峽、出於尻骨盤、其筋帶則合爲一匾筋、橫往外以收納雙肌之黏處、而黏於大阜之上邊、梨肌之前、其筋與交節裏筋帶之間、大略有節膜囊、卷而長、此囊往往通於此筋與坐阜

連屬　雙肌　上雙肌　連屬　下雙肌　連屬　方股肌　連屬　解剖　外遮蔽肌　連屬　腦筋　功用

之間者、而為一囊、欲香此肌筋與妙之形傍其末割之以反折向外○尻骨盤內此肌之前面傍遮蔽膜與盤前壁之裡面其後面傍隔此肌與提肛肌之盤遮蔽兩夾膜並有內羞秘之血管腦筋過之此面作為坐直腸窩之外界尻骨盤外有大坐腦筋與大臀肌遮之而列於大腿交節之後端　其雙肌乃二小肌縟、按其部位有一上一下、副於其間之陷所列之內遮蔽筋、其上雙者、小由坐峯外面而來、橫往外、與內遮蔽筋之上端相融、而黏於大阜之上邊、往往亦有無此肌者、其淺面傍大臀肌與坐之血管腦筋其深面傍大環交筋之裏其上邊傍梨肌之下傍其下邊傍內遮蔽筋　其下雙者由坐阜外邊之上端而來、橫往外、與內遮蔽筋之下端相融、同內遮蔽者以黏於大阜之上邊、其淺面傍大臀肌與坐之血管腦筋其深面遮塞筋帶其上邊傍內遮蔽筋其下邊傍外遮蔽筋與方股肌　其方股肌、短而匾四邊形故名、列於下雙與大闔上邊之間、由坐阜外邊而來、橫往外、黏於方線上端大阜之後面、其肌之下面、與所遮小阜之間、往往有一節膜囊、其後面傍大臀肌與坐之血管腦筋其前面傍外遮蔽肌與小阜其上邊傍下雙肌其下邊有內同環血管之末枝隔此肌與大闔肌○將腰胯梳短長匾闔各肌由腿之前而裡去之再由後去其大臀與方股二肌則見外遮蔽肌其外遮蔽肌、匾三角形、遮於尻骨盤前壁之外面、由遮蔽孔裡邊近週圍骨之邊、乃交骨體與枝及坐之枝而來、別有遮蔽膜外面之三分之內二、與遞過遮蔽血管腦筋所成道之筋弓而來、其絲相聚而往外往後則變筋過交節之後端而黏於大腿骨之指窩、其前面傍腰胯梳大闔短闔紡梨各肌再向外傍大腿骨之項與其交節之裏其後面傍遮蔽膜與方股肌　其大臀者乃下臀腦筋與方叢之枝、其中小二臀者、乃上臀者、其梨雙內遮蔽、與方骨者、乃方叢之枝其外遮蔽者、乃遮蔽腦筋、其臀肌若定住其尻骨盤則能開其大腿、其大者與中者之後絲、則以扭轉其大腿向外、其中小兩臀肌之前絲、則以扭轉其腿向裡、其大臀者、則助以伸其大腿、其中小兩臀者、則牽其腿向前、其大臀者、則仍緊能其寬夾膜其臀肌若定住大腿則助尻骨盤、及全身於大腿頭之上、而一腿佇立、多有其力、若曲腰欲起、則此肌以牽其尻骨盤向後、而雙頭半筋半膜之三肌、皆助之、其餘之肌皆有扭轉其腿向外之大力、若於坐時、將腿屈向於尻骨盤、除外遮蔽肌仍扭轉大腿向外、其餘扭轉之力卽止、改而變爲開大腿之肌、若定住其大腿、而尻骨盤斜往後、則梨與遮蔽二肌、助牽其尻骨盤向前、而助穩於大腿頭之上、

解剖

股後部、順腿中由臀下摺疊凹下豎析至膕下三寸由內至外橫割之再由腿中三分之下一橫割之去其皮看其膕之地界再去其餘之皮則露此部之夾膜與肌見百四十八圖

雙頭肌

雙頭肌大而長、列於腿之後而外、其肌有兩頭、其長頭有此肌與半筋所爲之總筋、由坐阜上而後之痕而來、其短頭別名大腿頭、由澀線外唇大闊與外廣大之間、大臀末二寸之下、距外髁二寸及外肌間隔而來、其長頭之絲、棱形斜往下而微外、作健膜以遮此肌之後面、而收納短頭之絲、此膜漸縮而變爲筋、黏於輔腿骨頭之外邊、此筋在其末分兩端、以繞膝交節之外旁筋帶、有尖岔往前以黏於小腿骨之外阜、再生一岔以至小腿之夾膜、此肌筋乃膕之外筋、

連屬

其淺面之上傍大臀其餘傍寬夾膜與皮其深面傍半膜大闊外廣大各肌大坐腿筋膕之脈同兩管與傍其末雙腹之外頭掌兩肌與上外交節之脈管

半筋肌

其半筋肌、列於腿之後而裡、其筋極

連屬　半膜肌　連屬　腦筋功用　割縮筋之法

長、有此肌與雙頭之長頭之總筋、由坐阜而來、別有連於兩肌相依之面、在其本之下三寸之健膜而來、作梭形肌、向下而往裡、至腿中之微下變長圓筋、列於膕之裏邊、曲繞於小腿之內阜、黏於小腿骨幹裏面之上、向前以至前邊、此筋列於盤腿岔之下、及窈窕肌之下而與之相合、此肌中大略有筋隔、其淺面傍大臀肌與夾膜其深面傍半膜大闊雙腹之內頭各肌與膝交節之內旁筋帶其半膜肌、以其前後兩面俱有膜岔故名、列於腿之後而裏有厚筋由坐阜上而外、雙頭半筋兩肌之上而外、黏於小腿骨內阜之內而後、內旁筋帶之下、此肌筋在本生健膜、以遮其前面之上、此膜由肌絲而來、相聚而爲他健膜、以遮其後面之下、縮而變爲末筋、此筋在其末分三端、中端乃黏於內阜後之結、而往下生遮膕肌之岔、其內端橫往前、於內旁筋帶之下、黏於內阜裏邊之陷、其後端往上而後、黏於大腿外髁之後、以爲膝交節後筋帶之大端、以上兩肌之筋、同窈窕盤腿兩肌而爲內膕筋、其淺面傍半筋雙頭兩肌與寬夾膜其深面傍膕血管大闊雙腹之內頭中有節膜囊隔雙腹肌與半膜肌其裡邊傍窈窕肌其外邊傍大坐之腦筋與其內膕之枝此部之腦筋、乃由大坐腦筋而來、其三膕筋、皆以屈小腿以向其大腿、若半屈其膝、則雙頭肌因其斜勢向下而外、將小腿微扭轉於外、其半膜肌、亦因其斜勢以扭轉其小腿於裡、而助其膕肌、若自下定住、則此肌助抵尻骨盤於大腿頭之上、并將其身直達於後、如反折其身作弓形之狀腿因其風肌縮而硬或交節之週圍之筋帶與他質則變硬而非大小兩腿骨相合治法在皮下以刀割斷其膕之筋而先拔其筋在筋皮之間入一[illegible]尖之刀令刃向筋再割其筋而愼勿再傷其皮如入有風氣而不能

解剖

伸其腿則此割法有大益割之後須徐拽之

小腿肌與夾膜

屈其膝而藉以木枕伸其足由膝蓋下中線竪沂至踝續至足背與其趾再橫割過其踝而仍橫割至趾底去其皮則見小腿

之深夾膜

小腿夾膜

小腿夾膜除小腿之裡面、不連此膜、其餘皆徧繞於此肢之部、其上與寬夾膜相續、其外邊則收納雙頭筋、與其裡邊盤腿窈窕及半筋各肌筋之岔、其前與小輔兩腿骨所遮之骨衣相融、其下與足髁之環筋帶相續、其上而前之端厚而密、與其前脛伸長趾各肌黏其裡於面、其後端薄、以遮雙腹與比目魚兩肌、其裡面生兩堅肌間隔於腿之外邊以繞輔肌而分此肌與前後脛部之各肌、別有數小細岔以繞每部之各肌、維時在後脛輔部淺深各肌之間、有寬橫之肌間隔、欲去此夾膜須順皮之勢割開而留其踝之對面而去此膜仍須由下筋之對面起而仍順其肌絲往上以去之

小腿肌

此部之肌分前後外三類

脛輔前部

前脛肌

前脛肌、列於小腿骨之外邊、其上端爲肉而厚、下端爲筋、由其骨幹外阜與外面三分之上二及所依之骨間膜與小腿之深夾膜及此肌與伸總趾肌之間之肌間隔而來、竪往下而變筋、在小腿三分之下一露於此肌之前面、穿過前環筋帶極裡邊之孔、黏於內塞骨裡下兩面及踇指掌骨之底、其前面傍深夾膜與環筋帶其後面傍骨間膜小腿骨足踝交節腕骨之

連屬

伸蹞肌

進腦

伸長趾肌

遞腦

小輔肌

腦筋功用

裡邊其裡面傍小腿骨其外面傍伸長趾伸蹞兩肌其前脛之血管腦筋列於此肌與伸蹞肌之間　其伸蹞肌、薄長而扁、列於前脛伸長趾兩肌之間、由輔骨之前面、約在四分中二之處、其本在伸長趾肌之裡邊、及背間膜而來、向下變筋而占其肌之前邊、以穿過環筋帶之一孔、黏於蹞末趾骨之底、此筋在掌趾交節之對面兩邊生一薄岔、以遮其面、其前邊傍深夾膜與前環筋帶其後邊傍骨間膜輔小兩腿骨足踝交節與伸短趾肌其外邊之上傍伸長趾肌其下傍足背之血管與前脛腦筋其裡邊傍前脛肌及其上之前脛血管　其伸長趾肌、長而扁、半鵝翎形、列於小腿前端各肌之極外、由小腿骨之外阜、與輔骨幹前面四分之上三、及骨間深夾兩膜、並本肌與其裏邊之前脛、外邊之輔肌間之肌間隔而來、變三筋、同小輔肌以穿過環筋帶之一孔、過足背而其肌裏邊之筋分為二、黏於四小趾之二三趾骨、其黏筋之式詳於下掌趾交節之對面、每筋在外邊有伸短肌筋相合、其第四筋不在其內以收納骨間蟲各肌之類絲岔、後變為寬健膜、以遮第一趾骨之背面、此膜在第一二趾骨交節處、分中兩旁三綹、其中者黏於第二趾骨之底、其兩旁者先在第二趾骨之背面相合、後往前相續、而黏於第三趾骨之底、其前面傍深夾膜與環筋帶其後面傍輔腿骨骨間膜足踝交節與伸短趾肌其裡邊傍前脛伸蹞兩肌與前脛之血管腦筋其外邊旁長短兩輔肌　其小輔肌、別名第三輔肌亦可謂伸長趾之一端蓋因此肌往往與伸趾者相合之故　由輔骨外邊之前面四分之下一、與骨間膜之下端、本肌與輔短肌間之肌間隔、其筋與伸長趾同過環筋帶之一孔、黏於小指掌骨底之背面、往往亦有無此肌者、此各肌之腦筋、俱由前脛者而來、其前脛小輔、兩肌專屈腕骨向於小腿面

解剖

雙腹肌

連屬

比目魚肌

因前脛筋之斜勢，故又能提足之裡邊。若小輔與短長兩輔共爲作用，則牽其足之外邊向上而令其掌向外。其伸長趾與伸蹳两肌皆以伸其趾骨，若其力不止，並可曲其腕向於小腿。若肌下爲本，佇立之時，則各肌皆作小腿骨之竪勢，以益足踝交節之力。

脛輔後部（從腘至後踵竪析而由兩踝之間横割去其皮則見其夾膜與肌 四十八圖此部之肌分淺深二層其淺層乃極有力肌之數爲少 腿腹或腓惟人之此肌爲最大以爲佇立與行路之作用人所以勝於各獸也）

淺層肌

雙腹肌乃極淺者，而爲腿腹之大端，有由兩頭之兩堅匾筋連於大腿髁而發。其內頭大而列於微後，黏於內髁上而後之凹處；其外頭黏於外髁上而後之端。其兩肌本之極上兩頭別有筋肉數絲，由髁往上之崗以至澀線。每筋皆生健膜以遮其所屬肌端之後面，內頭所遮者較外頭厚而長。其筋岔之前面又生肌絲，其中線者乃澀線分歧所來肌所屬之副端，其下在中筋線作角相合，其餘之絲相聚以遮此肌前健膜之後面而漸縮，以與比目魚肌之筋相合，作爲懈筋。（其淺面傍小腿之夾膜以隔此肌與外皮淺之回管腘筋其深面傍膝交節之後筋帶腘比目魚掌蓄肌腘血管與內腘腘筋其內頭之筋與內髁之各端相對中有節膜囊隔之而往往與膝交節相通其外頭之筋過外髁來往之處內有芝蔴類絲髓此處之骨罕有而內頭之髁往往亦有將雙腹本肌之下割開翻向下則露比目魚肌此肌以其形爲名）其比目魚肌、寬而匾，列於上肌之極下，有筋絲由輔腿骨頭與其幹後面之上半並小腿骨之斜

遮屬懶筋

線、及其裡邊中三端而來、別有數絲、由此肌小輔兩腿骨之本間之筋弓而來、而其下後脛之血管腦筋入腿、其絲向後以至遮此肌後面之健膜、漸變厚而窄、與雙腹筋相合而爲懶筋、（其淺面傍雙腹與掌兩肌其深面傍屈長趾屈長拇後脛各肌並後脛之血管腦筋中有橫肌間隔隔之）其懶筋乃雙腹比目魚之總筋、在身內之筋、此筋乃極厚而堅者、長約六寸許、而上兩肌之健膜相合所爲、由小腿之中起、然在其前面以收納肉絲、而幾至於下端、其下則漸縮、黏於後跟骨後阜之下端、有節膜囊列於筋與阜上端之間、有夾膜與皮以遮此筋、中有連油兩質之處隔此筋與深之肌血管、順其外邊之淺處有股外淺回血管、

足掌肌

其足掌肌乃極細之肌、列於雙腹比目魚兩肌之間、而其筋極長而細、由㴑線外分岐之下端、與膝交節之後筋帶而來、其腹小梭形、約長二寸許、其末筋長而細、斜過腹兩肌之間、而行於懶筋之裡邊、同此筋黏於後跟骨之後、此肌往往爲雙肌、往往亦有無此肌者、其筋往往盡於內環筋帶、或小腿之夾膜、此部腿之腦筋由內膕腦筋而來、

懶筋功用

其腹之肌有大力、而挺立行走跳躍無不賴其力、故此肌甚大、行路時則以大力牽後跟骨而提其後跟、并能跂足以提起其全身、其對面之肢能牽之向前、若挺立時則比目肌、自下定住、而安小腿於足之上、以不令其身傾於前、蓋因其身易俯於前之故、其雙腹肌、由下爲作用、則助大腿屈向於小腿、而膕肌助之、其掌肌乃數獸大肌之痕、而助緊其掌夾膜、

解剖　深夾膜　膕肌　連屬　屈長趾肌

深層肌（將比目魚所黏小腿兩腿骨之處割開翻而向下則見深層之肌而有深夾膜遮之）

深夾膜、乃寬橫之肌間隔、列於後脛輔部、淺深兩層肌之間、每邊連於小腹兩腿骨之邊、其上遮膕肌之處、厚而密、以收納半膜筋之岔、其小腿中之處薄、其下遮膕髁後筋之處厚、往前續於踝與後跟尖之處、以遮血管、而與內環筋帶相融、（去此夾膜由其下筋之對面起而順絲之勢以去其所黏之肌）其膕肌薄而扁、三角形、而爲膕之底、有半膜所來之筋岔遮之、有堅而扁之筋、約長一寸許、由大腿外髁外邊之深凹處、與膝交節之後筋帶而來、黏於小腿骨幹後面斜線上三角面三分之內二、而與所遮此肌面之筋岔、有雙頭與膝交節之外旁筋帶、遮此肌之筋、而凹其外半月脆之外、而復有膝交節之節膜繞之、（其淺面傍隔此肌與雙腹掌兩肌膕之血管並內膕之腦筋上所論之夾膜其深面傍上脛輔交節與小腿骨之後）其屈長蹞肌、列於小腿輔邊、在下三肌中乃極淺而大者、由輔骨幹裏邊三分之下二、（而除其下之一寸）與骨間膜之下端、及本肌與外邊輔肌之間之肌間隔、並後脛所遮之夾膜而來、其絲斜往下而後、至其末變圓筋、幾全占此肌之後面、其筋穿過小腿後面之陷、在後脛屈長趾兩肌陷之外、又穿過足交節骨後端之一陷、另有一陷爲此筋所循、在後跟骨朶之下、以入足掌、向前行於屈短蹞肌兩頭之間、黏於蹞末趾骨之底、其足交節後跟兩骨、所貯此肌筋之陷、有筋絲變爲兩桶、有節膜以爲裡、其筋過足掌、有筋絡以連總屈肌、（其淺面傍比目魚肌與膕筋而有深夾膜隔之其深面傍輔腿骨後脛肌輔血管骨間膜之下端與足踝交節其外邊傍輔各肌其裡邊傍後脛屈長趾）

屈長趾肌　連屬後脛　連屬膕筋

兩肌其屈長指肌、列於小腿骨之邊、其本薄而尖、下漸加大、由小腿骨幹之後面斜線之極下、近其端三寸許、後脛肌脛本之裡邊、別有數絲由本肌與後脛肌間之肌間隔而來、至末變筋、幾偏行於其肌之後面、穿過內踝後、此肌與後脛肌之總陷、其間有類絲隔分本肌與後脛者、而每筋各有鞘、各有節膜以爲裡、此後則斜往前而外、穿過後跟弓之下、以入掌、過屈長踇筋之下、有堅筋絡連之、而加大而與屈副肌相合、至末則分爲四筋、黏於四小趾末趾骨之底、每筋皆穿過屈短趾筋之隙、在第一趾骨中之對面、在小腿之淺面傍比目魚肌後脛之血管腦筋有深夾膜隔之其深面傍小腿骨與後脛肌在足有開踇屈短趾兩肌遮之而過屈長踇之下

其後脛肌、列於上二肌之間、爲小腿各肌之極深者、其上由兩尖岔起、有角處隔之、而前脛血管過此處、往前以至小腿之前面、再由滿骨間膜之後面除其下端及小腿骨幹之後面、在屈長趾之外邊、其上斜線之起頭、其下骨外邊之中之間、與輔骨幹裡面三分之上二、別有數絲由深夾膜與其兩邊所依肌隔開之肌間隔而來、此肌在小腿四分之下一、過屈長趾之前、其末變筋、隨屈長趾筋同行於內踝後之陷、而各有所貯之鞘、再過一鞘、在內旁筋帶之上、與後跟船兩骨交節下之鞘、而黏於船骨之阜、及內塞骨、此肌之筋傍其末、以貯芝麻骨、而生類絲岔、一岔向後以至後跟骨、有他者向外、以至中外兩塞骨、又有數者向前、以至第三四掌骨之底、其淺面傍比目魚屈長趾兩肌後脛之血管腦筋與輔之血管中有深夾膜隔之其深面傍骨間筋帶小輔兩腿骨與足踝交節

其膕者、由內膕筋之腦筋而

解剖　長輔肌

遠翳　短輔肌

來其餘者、俱由後脛之腦筋而來、其腦者、助屈小腿向於大腿、若屈小腿之時此肌卽可轉小腿骨向裡、其後脛者將腕骨專伸向於小腿、若與前脛者共爲作用、則足掌轉而向裡、與長輔轉而向外者相反、其屈長趾屈長蹞兩肌者、乃專屈趾骨、再用力則伸足向於小腿、而助變腹比目魚兩肌、以伸其足、如行路起足時之勢、如無屈副肌、黏於其筋之外邊、而牽其筋於足之中線之作用、則伸長筋之斜勢、卽能牽其趾向裡、若定住其足、則此肌能助身之挺立、將小輔兩腿骨竪安於足踝交節之上、若俯身拾物、則提此骨之斜勢、

輔部　去其肌遮面之夾膜順其絲之勢曲下向上則露此部之肌

長輔肌、列於小腿外邊之上、在輔二肌內爲淺者、由輔腿骨頭與幹外面三分之上二、並深夾膜、及本肌與小腿前後肌間之肌間隔而來、變長筋過外踝之後、此筋與短輔者共列於一陷、其陷有類絲帶變爲桶、有總節膜繞之之筋、後又反折而斜往前、過後跟骨之外邊、單貯於類絲鞘、有節膜囊爲裡、由踝後之陷而來、至骰骨之外邊、行於其骨下面之陷、其陷由後跟骰兩骨之筋帶變爲桶、亦有節膜囊爲裡、以斜過足掌、黏於蹞趾掌骨底之外邊、此肌之筋、有雙反折、一在外踝之後、一在骰骨之外邊、此二處之筋厚、而骰骨之處大略有芝蔴骨生於其體內、其淺面傍夾膜與皮其深面傍輔腿骨短輔肌後跟骰兩骨其前邊有此肌與伸長趾肌間之肌間隔隔之其後邊有肌間隔分此肌與其上之比目魚肌並其下之屈長蹞肌

其短輔肌、列於

連腦腦筋

割縮筋之法

前環筋帶

長輔肌之下、較長輔者短而小、由輔幹外面三端之中端、與長輔肌之裡、及其骨之前後兩邊、並本肌與小腿前後相依之肌所分之肌間隔而來、其絲竪往下變筋、與長輔者同過外踝後之陷、並合於一鞘之中、而有一節膜潤之、此後則單穿過後跟骨外邊之鞘、在長輔筋者之上、而黏於小趾背面之掌骨底、其淺面傍長輔肌與小腿足之夾膜、其深面傍小腿骨與後跟骨之外邊、此二肌之腦筋、俱由外膕腦筋之肌皮枝而來、其二肌並後脛肌、皆以伸足向於小腿、而與屈足之前脛小輔兩肌相反、其長輔者、又能令足掌往外、故輔腿骨下端折、則其端甚向外、蓋因此骨不阻此肌之力之故、在下定之、則助穩其小腿於足之上、身重於上、則牽其腿向裡、所以一腿獨立、則其力尤多、其長輔者牽其腿向外、故能勝其向裡之力、所以能令其下肢挺立、此處須知各肌之筋與夾節及血管之連屬並其肌勁而縮之力、按跛人而論、其純而常之蹺蹄自胎來者恆少、名爲馬蹄患、實爲變腹肌勁而縮之力以提後跟、病人以足球行、俗名爲點腳、其內翻足之病、則胎生者多有、蓋其後跟被膕筋提之、其前脛肌牽其足之裡邊向上、與後脛屈長趾兩肌、又將足三分之前二牽較向裡、其病輕者以足外側行、甚者則以足背足踝着地、其外翻足之病、則輔肌足其足之外邊、而令病人以內踝行、其仰趾足之病、則伸肌提其足趾、其後跟向下沈、令病人以後跟行、更有異形蹺蹄、如馬蹄內翻、馬蹄外翻、仰趾外翻、循其名卽可知其疾矣、治法用力割斷其相反之筋與夾膜、然後其足始能復其本位、割斷其筋、則其津液流出、故能平復、且用此法割筋、則其筋亦易斷、若用他法則不可割、之時須拽其筋、以撥尖刀割其皮筋之間

足肌與夾膜　其類絲帶以勒足踝交節之前而後之筋、以入足、名爲環筋帶、此帶有三分、前內外

前環筋帶由上或竪、下或橫兩端所爲、其上者乃勒其往下之小輔兩腿骨前之伸

筋、其下者勒之連於腕骨二端之間有薄夾膜連之、其竪端、外黏於輔腿骨之下端、內黏於小腿骨上、續於小腿之夾膜、有兩鞘、一內貯前脛肌之筋、一外貯伸長趾小輔兩肌之筋、其伸蹞筋、與前脛之血管腦筋、行於其下、其橫端外黏於後跟骨之上面、在骨間筋帶凹處之前、內黏於內踝與掌夾膜、別有內中外三鞘、其極內者以貯前脛之筋、其中者以貯伸蹞之筋、其極外者以貯伸總趾小輔兩肌之筋、其前脛之血管腦筋、並列於其下、此鞘各有節膜爲裡、

內環筋帶

其內環筋帶乃堅類絲帶、其上由內踝與其下至後跟骨裡邊、有排骨陷變爲骨類絲之箭、以遞過屈肌之筋與血管以入足掌、其上與小腿之深夾膜相續、其下與掌夾膜及開蹞肌本之絲相續、其所爲之三箭自裡而外、一穿過後脛之筋、二穿過屈長趾之筋、三穿過後脛之血管腦筋、以行於筋帶下之寬處、再在一箭足交節骨半作爲以遞過屈長蹞之筋、每箭各有節膜爲裡、

外環筋帶

外環筋帶由外踝之端、以至後跟骨之外面、而勒輔肌之筋、以行於外踝之下、其二筋共貯於一節膜囊、

足掌之解剖

（以高木枕藉其足背而令足掌向上以束之繞後跟割足之兩邊以至大小趾此割法宜分其皮及下之米粒油之後層由後向前去其皮則露夾膜）

掌夾膜

其掌夾膜在類絲膜之內、此膜乃極密而堅者、其絲密白而光參竪列、而分中兩旁三端、其中者極厚、後窄、黏於後跟骨之內阜屈短趾本之後、往前則變寬而薄、在掌骨中之對面分爲五岔、每趾各一、每一岔在掌趾交節之對面分爲二綹、以繞趾屈筋之邊、而黏於掌骨之邊、與橫掌筋帶作爲排之弓、以遞過長

足背夾膜　伸短趾肌　連屬　腦筋　功用

短屈之筋以至趾、在五岔前之空處、其趾之血管腦筋、及蟲骨間各肌之筋、皆變淺、其夾膜之分岔與絡之處、有數橫絲、共勒其岔而令其岔連於皮、以增此處夾膜之力、其中端與兩旁相續、於相合之處生兩堅肌間隔往上入足前寬於後、以分中與內外掌肌之類、此隔之外、別有薄而橫之隔、以分此部肌之數層、此夾膜之上面、在後黏於屈短趾之肌、其旁端薄於中端以遮足之邊、外端遮於開小趾之下面、後者厚而前者薄、由後跟骨往前以至第五掌骨之底、即黏於其骨之外邊、其裡邊與中端相續、其外邊與背夾膜相續、其內端極薄以遮開蹢肌、其後黏於內環筋帶而足邊之週圍與背夾膜相續、其外與掌夾膜之中端相續、

足肌（足肌分背掌兩類）

足背部

足背之夾膜、乃薄膜之層、其上與環筋帶之前邊相續、漸盡於掌骨頭之對面、與兩邊掌夾膜之旁端相融、以與足背之筋為鞘、（去此夾膜則見足背部之肌）其伸短趾肌、寬而薄、由後跟骨之外邊短輔肌陷之前、與足交節後跟兩骨之筋帶、及前環筋帶之橫端而來、斜過於足背、變為四筋、其極裡邊者、乃極大者、黏於蹢趾第一趾骨、其餘之三筋、黏於第二三四趾長伸筋之外邊、（其淺面傍足夾膜伸長趾與伸蹢之筋其深面傍跗掌各骨與骨間背之肌）此肌之腦筋、由前脛之腦筋而來、其伸短趾者、副於伸長者、以伸其四內趾之趾骨、然其作用

解剖

開蹈肌

連屬

屈短趾肌

連屬

開小趾肌

仍係蹈趾之第一趾骨、其勢斜而阻伸長趾之斜運動、所以兩肌共爲作用、以直伸其足趾

掌部

足掌部之肌、分三類、而與手相同、其內掌部者連於蹈趾、而與手拇相對、其外掌部者連於小趾、而與手小指者相對、其中掌部者連於內外兩部間之筋（欲易解剖此肌須分三層）（按其所露之次序）

掌部第一層（在筋之前起向後去足內外兩邊之夾膜在足之中橫對其中端而由前向後解剖其兩皮）

開蹈肌、列於足之裡邊、而由後跟骨下面之內阜、與內環筋帶、掌夾膜、及本肌與屈短趾肌間之肌間隔而來、其絲變筋、同屈短蹈極裡之筋、黏於蹈趾第一趾骨之裡邊（其淺面傍掌夾膜其深面傍屈短蹈屈副兩肌與屈長趾屈長蹈前後兩脛各肌之筋及掌之血管腦筋與腕骨之交節）其屈短趾肌、列於足掌之中線、其掌夾膜之極下、而緊貼之、有窄筋岔由後跟骨之內阜、掌夾膜之中端、及本肌與相依之間之肌間隔而來、往前分四筋、在第一趾骨之對面、每筋有竪縫以遞過屈長趾肌相對之筋、其兩端作線以收納之、再相合而再分兩岔、黏於第二趾骨之邊、其屈短趾筋之分、與其黏於指骨之勢、與手之屈淺指相同、（其淺面傍掌夾膜其深面傍屈副蟲名肌屈長趾肌之筋與外掌之血管腦筋中有夾膜之薄層隔此肌與其血管有掌夾膜之竪岔隔此肌之內外兩邊與相依之肌）其開小趾肌、列於足之外邊、有極寬之本、由後跟骨外阜、與後跟骨下面兩骨朶之前掌夾膜及

淺層解剖　屈副肌　遠屬蟲肌　鋸割　屈短蹞肌

本肌與屈短趾肌間之肌間隔而來、其筋、滑過於第五掌骨底下面之滑小面、同小指短屈者、黏於小趾第一趾骨底之外邊、其淺面傍掌夾膜其深面傍屈副屈短小趾兩肌長掌筋帶與長輔肌其裡邊有外掌之血管腦筋有夾漠之數隔分此肌與屈短之肌○用刀入於每肌之下所以分其黏骨之處斜向後割去其前層只割其本肌牽之向前則露第二層然勿割斷其末其兩層之間有薄膜乃深掌夾膜去此膜則見屈長趾之筋與其副肌及屈長蹞與虫肌其長屈筋彼此由尖角所過其屈長蹞者行於足之裡邊與屈長指同面面較高其勢乃斜而向外

掌部第二層

屈副肌、由兩頭而來、其裡頭乃大頭、其質爲肌、黏於後跟骨之內凹面、及後跟船兩骨之筋帶、其外頭爲筋而匾黏於後跟骨之下面、外阜之前、與長掌筋帶其兩端由尖角而相合、黏於屈長趾筋之外邊、與其上下兩面、作爲陷以列於其筋、其淺面傍淺層之肌中有外掌之血管腦筋隔之其深面傍後跟骨與長後跟骰兩骨之筋帶其蟲肌、有四小肌、副於屈長趾肌之筋、由長屈筋而來、往後以至其分角之處、除其內者其餘皆由兩筋而來、各肌皆變筋而往前、在各小指之裡邊、黏於長伸岔及相對之趾之第二趾骨之底、在足後割屈筋與屈副肌之本牽之向前則見第三層

掌部第三層

屈短蹞、有尖筋岔、由骰骨之裡邊與外寨骨相依之端、及此骨所黏後脛筋之岔而來、其肌在前分爲兩端、黏於蹞趾第一趾骨底之內外兩邊、每筋之末內又生芝蔴

連屬闔踇肌

骨、此肌之內頭與開踇未及其末相融、其外頭則與闔踇者相融、其屈長踇之筋列於其間之陷、（其淺面傍開踇肌屈長踇之筋及掌夾膜其深面傍長輔筋與踇之掌骨其裡邊傍開踇肌其外邊傍闔踇肌）其闔踇肌、乃大而厚之肉叢、斜過於足、列於四外掌骨間之空處、由第二三四掌骨之腕端與長輔筋之鞘而來、同屈短踇之外頭、黏於踇趾第一趾骨底之外邊、

屈短小趾肌

其屈短小趾肌列於小趾之掌骨、由小趾掌骨之底、與長輔肌之鞘而來、其筋黏於小趾第一趾骨之底外邊、（其淺面傍掌夾膜與開小趾之筋其深面傍第五掌骨）

連屬橫足肌

其橫足肌乃窄扁肉綹、橫過於掌骨之頭、乃此頭與屈筋之間、由第五掌骨頭之下面、與掌骨之橫筋帶而來、黏於踇趾第一趾骨之外邊、其絲與闔踇之末筋相融、（其下面傍長短兩屈之筋與蟲肌其上面傍骨間肌）

連屬

足骨間肌

背骨間肌

足骨間肌與手者相同、共七肌、而分背掌兩類、其背骨間者有四、列於掌骨之間、鵝翎形、由其所列之掌骨間相依之邊兩頭而來、黏於其第一趾骨之底、及伸總筋之健膜、其各肌後端間之缺處、其透之脈管行於足之背、其第一背骨間肌、乃遞過足背脈管相同之枝之處、不在其內、其第一背骨間肌、黏於第二趾骨之裡邊、其餘三肌、黏於第二三四趾之外邊、由第二趾定爲中線、則此肌能開各趾、

掌骨間肌

其掌骨間肌有三、列於掌骨之下而微間之處、其肌單、每肌連於一掌骨、由第三四五掌骨幹之底與裡邊而來、黏於同數趾第一趾骨底之裡邊、及伸總筋之健膜、此肌即以第二趾作

腦筋

大腿骨而環節帶之內之折

大腿骨阜極下之折

大腿骨髁極上之斜折

膝蓋骨折

為中線、以闔其趾、其開蹠、屈短趾、屈短蹠、第一二蟲肌各肌之腦筋、皆由內掌之腦筋而來、其開小趾、屈副第三四蟲、闔蹠、屈短小趾、橫足、及全骨間肌各肌之腦筋、皆由外掌腦筋而來、

下肢接骨法

學醫者宜即折骨之事以察其各肌之效驗茲先即下肢尋常骨折之事各論之

大腿骨項囊筋帶內之折見百五十八圖此折多有大略乃以我觸物之所致如履砌折足之故其急奔前跌則身之力與奔之力皆注於骨之項大略此傷多見於女人然在五十歲以下者恒少蓋五十歲以上骨項之海綿質往往縮小變顆以含油物而其密質半吸去之故其骨易折此折之狀乃肢微短而足向外而其狀往往在折後時始見其足向外翻之狀乃外轉肌合并作用之所為又別有胯腰梳闔臀各肌之力以助之其短而縮之故乃臀肌之所為又則有其前直股肌與其後雙頭半筋半膜各肌以助之大腿骨阜極下之折見百五十九圖此折亦往往恒有此其移處每大其齟齬遂大其折之上端乃大移之端被腰胯兩肌合并之力提起之所為其處大略在方角向於尻骨盤維時有外轉與臀各肌之力翻其上端向外與牽之向外使大腿上而外之處為大凸其肌多被打而破所以有大疼其肢短乃下端在前被直肌牽之向上在後被雙頭半膜半筋各肌牽之向上維時被梳闔兩肌向外翻以致上端向外下端向裡其治之法有二一則解其相反之肌乃列其肢於雙坡之面一則救其肌之縮力乃挽之而弼以長夾板

大腿骨髁極上之斜折見百六十圖此傷極重而其移處亦不小其下端在膕之深處可捫蓋被雙腹比目魚掌各肌牽之向後而又被後股直各肌牽之向上其上之尖端又被梳闔兩肌牽之向裡而又被腰胯兩肌提起向前以透其直肌亦往往透其外皮顯列於雙坡之面則肌卸緩而與折端相緊切宜留神而令其上端之尖相値如不相値則平復之後仍有齟齬而伸直之力亡其半蓋其骨之折端被直肌向下壓而被膝蓋骨提之時此骨牽之向上以抵其折端之故

膝蓋骨之折見百六十一圖蓋其傷由肌力之所致或物來觸我之所致若肌力所致之傷蓋其人怕俯傾於前則反折其身以勝之而四頭伸肌之大力遂令其膝蓋骨橫折其上端被四頭伸肌牽之向上其下端仍留其膝蓋骨之筋帶於本位其上下兩端齟齬之大小仍隨其筋質所破[illegible]多少其人必不能直其肢而膝蓋之凸以

失於其兩端之間有極顯大小變易之空處治法宜解其相反之肌以提其身而微提其肢乃復其本位然其兩端之相接大略仍是筋而非骨如物來觸我所致之傷

其骨大略爲斜折竪折或折碎數塊或

小腿幹斜折

小腿骨幹之斜折見百六十二圖大略在此骨四分之下一盡此處之骨極窄極弱而其時大略輔腿骨亦與之俱折如其折由上而下而前爲斜則其折端必彼此相

掩其下端被脛腨有力之肌牽之向而向上其上端之尖端凸向前在皮之極下而往往凸過其皮若其折易爲累皮肉之折而其勢與圖相反則其下端之尖端必

凸向前而掩於上端之下端以屈其膝蓋此乃數肌相反之力所爲須拽其膝盞與髁則其折端相値如累皮肉之折往往必鋸其凸骨之一端始能相値

輔腿骨折並移小腿骨

輔腿骨之折並移小腿骨見百六十三圖而足髁交節之折爲極多四名伯特折乃其小腿骨之末端離於足交節骨相對之面其內旁筋帶折則其內髁凸向裡而在

皮之下其皮極緊如欲破之勢其輔腿骨折大略在足髁交節之上二三寸許而往往其下直連小腿骨之端其長輔肌之力翻足於外其裡邊列於地上維時其脛腨

之肌則向上牽其後跟此上之諸證治法須屈其腿在方角而向於大腿乃解其相反肌之力而仍須微拽其膝蓋與足交節

全體通考卷四之終

脉管總論

全體通考卷五

論脉管

脉管乃環柱形由心之兩下房助運其血於週身西國古時但知爲藏氣之管後經西醫加林中國東漢順帝時人考查據云人死則管空生則賴以藏血自此始知其爲血管也中國至今猶謂血管爲氣管非是其肺脉管由心之右下房而來以運回紫血直入於肺其血復由肺之回血管入於心之左上房此則以肺運行其血之小圈其大脉管乃總脉管由心之左下房而來以運其紅血入於週身由回血管回流而入心之右上房此則爲身體運行其血之大圈其總脉管由心之左下房起如樹之本其散布於週身及各臟腑如樹之枝條除毛髮脆浮皮指甲眼明衣此數處之外其徧身各處未有無脉管者其大枝列於四肢之內曲處故不至受傷其脈管分歧之勢不同往往有短總幹分數枝如腹脾兩軸者又有一管排生數枝而其管仍爲總幹如四肢之脉管是然而大畧皆分爲兩肢如總脈管分兩總胯之脉管與其總項脉管分爲內外者其脉管之枝由各角起有數枝如上肋間之脉管由總脉管爲鈍角形所來有他者如腰脉管作方角形所來者或如精脉管爲尖角形所來脉管之一枝小於其所來之幹然一幹而分爲二枝其二枝相合之地步則微大於幹若合週身之枝幹而總計之則大於其本者多矣所以其脉管相合如圓錐形其尖

與總脉管、其底與微絲管相對、其脉管之散布、彼此亦相通、如接吻之狀、大小枝之間、其相通甚易、凡血之運易而疾、其相等之幹、卽接吻以相通、如在腦、其兩脊脉管相合而爲底脉管、有短相通之幹、連其兩内項脉管、在腹亦有大小相等以接吻相通者、在四肢其接吻之管、在交節之週圍極多而大、其上脉管之枝與下脉管之枝亦相通、其接吻之理在外科醫者爲極要、假如勒脉管以治血瘤、其旁管卽增大、故其下端不死、其上邊脉管之血、乃能從旁而通於下脉管、脉管小枝之接吻多於大枝、而極小枝之接吻尤多、而爲週身各質之密網、大約周身大脉管之枝、皆行直道、間亦有行曲道之處、如臉脉管與唇脉管皆極曲、故其運動之處恰合、子宮之脉管亦極曲、故於受孕之時、而能隨子宮之加大以恰合、其内項與脊之脉管於入頭顱之先、有數折之曲、蓋因阻止其血流之疾、故多加其路之地、并加其阻止之力、以減其疾流之勢、脉管之質密而堅、且韌、故雖割斷、則空而不改其形、脉管有内中外三衣、其内衣極薄而分兩層、一爲裏或内皮、以爲外或韌、其内者乃一層梭形内皮之泡、其裡有或圓或長圓之仁、其外者乃透明無色光亮之膜、成小延長孔套之狀、若窗櫺、并有許多網格、如脉管發脹、則此層皆化脉管、若空、則有許多之横竪摺疊、若比微絲管大之脉管、則其韌層與其内皮皆細而明顯、若脉管之逕在一分以下者、其内衣有兩層、然適中之脉管、其兩層衣之間有數韌絲與連質所爲、若極大之脉管、其內衣甚厚、其總脉如此、而有同形之質所爲、往往有紋或絲形、並有堅韌網以穿過其網、在內皮之極下之片者尤細、然而由裡往外加厚有密韌網格、或眞窗櫺之膜隔內中兩衣、其中衣厚於內衣有肌而韌絲及連質所爲、大署橫列、在極大之脉管、則此衣亦極厚、色黃而韌力大、其脉管變小、則其厚亦減、而其色爲紅、再變則極薄而滅、此衣在小脉管只有肌、以肌絲泡所爲相合而爲片、其片之數、按其脉管之大小以爲多寡、至管之極小者、則但有單層、若此管之逕不過十分分之一者、則有三四層片、若適中之管、其衣即較管之大小而爲厚、其肌質之層尤多、有許多細韌絲與之相融、相合而成寬格之網在此類之大管、如股上腸間膜腹臟、外胯臂膕之各脉管、其韌絲相合而成片、此層則與肌層間疊、若在極大之管、則其肌質微長、而作此中衣、約三分或四分之一、總脉管與肺脉管之幹皆如此、其肌層之各泡沫十分長成、則在項、腋、胯、鎖柱下、各脉管、其中衣之長成覺微佳、此衣之韌片極明顯、自五十至六十、皆與其肌絲之層間疊極勻、在腹總脉管、無名脉管、及總項脈管、此層極明顯而極勻列、其外衣極厚、乃連質與韌絲所作者、此衣在極大之脉管者甚薄、在適中者與其小者則厚、與中衣等或厚於中衣、此衣在小脈管者、乃連質與細韌絲所爲、在比微絲管稍大之、則無此韌絲、而亦近微絲管、其連質多同形、而漸爲薄膜之鞿、而本滅、在適中之脉管、此衣則有內外二明顯之層、其內者乃質韌所爲其外者乃連質所爲彼此含雜連之韌網、其內觳層之在項、股、臂、深腸間膜、與腹臟之各脈管、皆極明顯、其韌絲往往亦有成片而列者、又有數脉管、較其身爲極薄、如列於頭顱與脊髓者、多有此力、因其外與中衣皆薄之故也、其散布於週身之脉管乃薄連類絲所圍之鞘、在四肢者此鞘大畧由深夾膜而來、在大腿上端者、由腹横胯兩夾膜向下續而來、在項者由深項夾膜而來、其管在鞘中則有細連質以鬆連之、大約此鞘亦兼圍其同行之回管、間亦圍其同行之腦筋、又有無鞘之脉管如頭顱內者、凡各大脈管俱有血管以養之、其理與血養他具者相同、其意即謂爲脈管之脈管、此養血之管由脈管之枝或由其隣管之枝而來、而與其所散布之處頗不近、此管支派於其管與鞘所連之鬆連質、而散佈於中外兩衣之上、亦有謂佈於內衣者、別有細回血管領此管之血同流入於同脈管行之回血管、此脈管亦有腦筋、大半由百節筋而來、然亦有由腦脊髓而來者、作爲雜叢於大脈管之上、其小枝大畧有單有絲同行、有德醫謂腦脊髓眼球之中衣、胎盤別許多肌核與膜之脈管、無此脉管、除男女陰具之蜂窩質與婦人之胎盤外、其週身之各質、大略皆有小脈管、其末以爲網、此管極細、故西國謂之毛管、即微絲管也、脈管極小枝與回血管起處之間、合爲網、其網枝之大小、其徑皆同、其格較小脈回兩管之接吻者、其大小形象爲更匀、其微絲管之徑各質不同、大約有三千分寸之一、在腦與腸之嫩膜者爲極小在皮與骨髓者則極大其微絲網之勢在各質亦不同大約或圓或延長之格其圓格者居多凡密網之處如肺極多之核與嫩膜外皮皆有此形者其格或多或少俱作角形或四角或多邊形亦往往有雜形在肌及腦筋之絲束並管所為延長之格大略多作日字形其格之長軸與腦筋或絲之長軸平行間或微絲管有纏圈之列勢而一管由總網凸出作一或多之纏圈而折回如舌與皮之芒凡各處之血其盛與不盛由於微絲管之多少及其網格之大小在肺與眼球之中衣其網管密其格亦極小在肝與肺其格比微絲管為尤小在腎與眼之睛衣與在皮其格則大於微絲管三四倍較腦之微絲管之長徑大八倍至十倍較其橫徑大四倍至六倍其脉管之連衣其格較寬於微絲管十倍大畧其具之功用大而不息者其微絲網必密其血亦必多凡各長處及核與嫩膜其網窄在骨與筋帶則網寬因其功用較息也在肌筋與脆大畧皆無此網因其一生卽成而無改變也其微絲管之壁乃細而透明相同之膜其內有細長圓之輪大約卽其管原來所作泡仁之痕其極大之微絲管則有少許之內皮為裡並有數絲圓散佈以上乃脉管之總論以下則先論大圈之總管乃總脉管與其枝也以後論小圈之總管卽肺脉管也此書所論脈管卽出心之管除肺脈管其餘皆紅色其回管乃遍身回流入心之管其色紫除肺回管為紅其餘皆紫色其脈乃出心之謂其回乃入心之謂其微管乃微絲或毛細之管而連脈回兩管

總脉管 則名大脉管

總脉管乃衆血管之大本由心而出、以領養身體各處紅養氣之血、此管由心左下房之上、起微往上弓行向後而左以過左肺之根、往下胸內脊骨柱之左、穿膈肌之總脉管孔、以入腹而至第四腰脊骨之對面、漸小分爲左右總胯之脉管按其各處之勢或部位此管又分作總脉管弓、與胸腹兩總脉管

總脉管弓（如察此弓須割胸骨兩邊肋脆將其骨自下提上由胸骨與鎖骨突接之處鋸之則開其胸須看其胸骨上邊與項根大血管之連屬）

總脉管弓由左下房之上起、至第三脊背骨之下邊、出頭行於胸骨後、斜往上而前向右、在右邊第二肋脆上邊之對面、由右橫過於左、再由前往後、至第二脊背骨之左邊、再往下至第三脊背骨體之左邊、自此之下則變爲胸總脉管故弓分上橫下三端其所行之路曲而其凸處向上而右其凹處之勢向對面、

總脉管弓上端

弓之上端約長二寸許、由左下房之上、在左上下兩房孔之前、與胸骨中之對面、在此骨與第三肋脆相合之線起、心軸之勢斜往上、向右以至第二肋脆之上邊其所行之路微曲、於漲時則列於胸骨後面之後約四分寸之一、其出頭之微上則微大、有三小凹名爲總脉管穴、三半月戶黏於其對面而助阻其血回流於下房此端橫割其形爲三角然其黏戶之下、仍是圓形此端含於心包絡、同肺脉管、有由心面所來之泐脉管繞之、（其弓之出頭處有肺脉管之幹與右耳房以遮之由此往上則有心包絡與鬆連質及胸核之餘以隔開此端與胸骨其後列於右）

肺血管與右肺之根其右傍上回血總管與右上房其左傍肺脈管

總脉管弓之橫端

弓之橫端在前由右第二肋胸交節之上邊起、由右向左、由前向後、至後第二脊背骨之左邊、其上邊大略去胸骨上邊之下、約一寸許、其前面有左肺包膜與肺以遮之向左有左肺胃腦之兩腦筋及百節筋之心枝以穿過其後面列於總氣管分左右處之極上有大心叢食管胸津液管乃吸津液總管及左回環喉之腦筋之上其上邊傍左無々回管與其上端之無名左項左下鎖柱之脉管而生其下邊傍肺脉管之分歧與胎脉管之餘乃連此管之左岔其左回環喉之腦筋由前往後以繞之其左氣管行於其下

總脉管弓之下端

弓之下端係直勢在第三脊背骨體之左邊、坡而向下、而其下邊、卽變爲胸總脉管、其前面有肺包膜與左肺之根以遮之其後列於第三脊背骨體之左邊其食管與胸津液管則列於其右邊其左有肺包膜以遮之

此弓之上橫下三端、背由呼吸之運動而改變其部位、其吸氣時、則膈肌往下、而此三端同總氣管左右氣管及肺血管、亦隨之以往下、其呼氣時則膈肌往上、而此三端及各管亦隨之以往上、然上端之運動則大於橫端、橫端之運動又大於下端、

總脈管弓上橫下三端部位如左

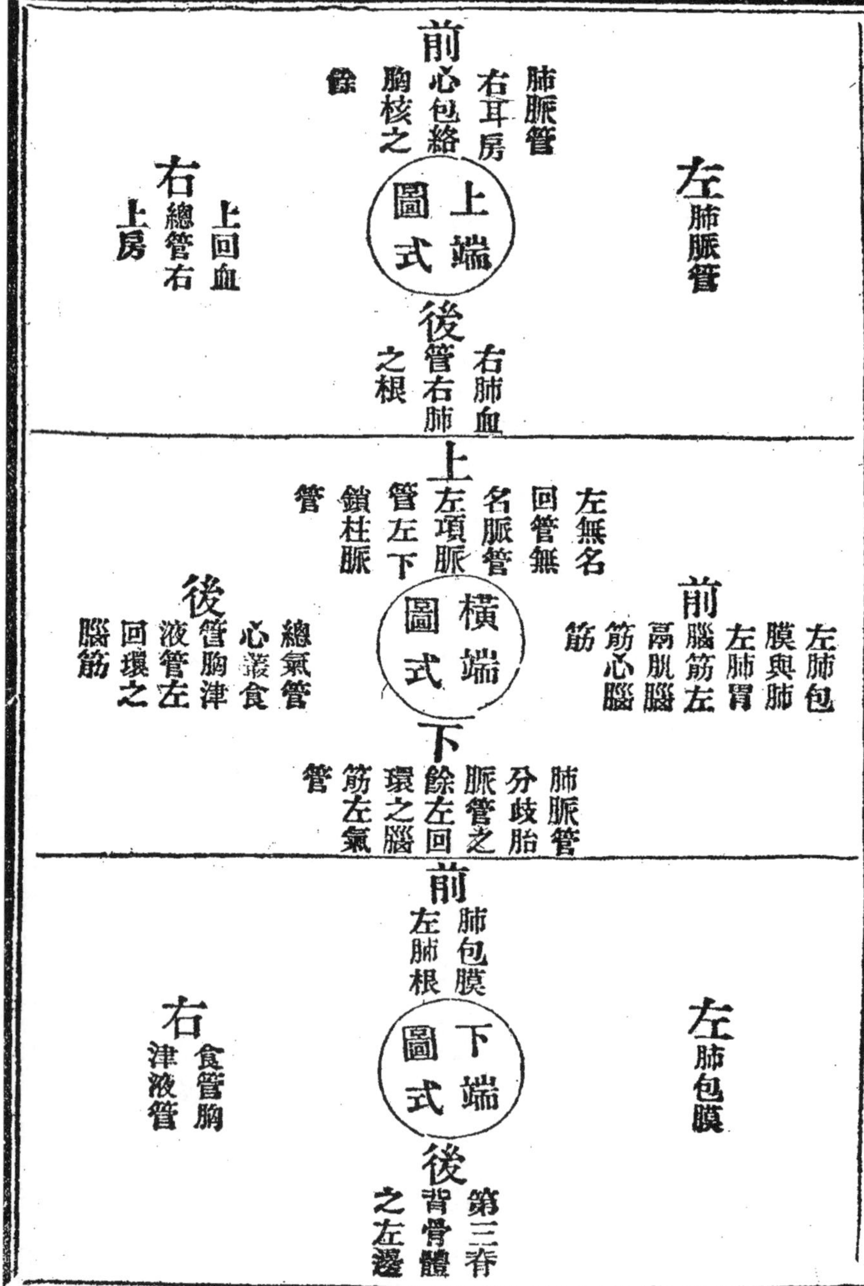

變革
總脉管弓之列勢
總脉管之作勢
外科解論學

上文所言乃其規模之常然其規模亦有時而變者卽如胸內總脉管之往上接其一定之常規模大略管至胸骨上邊之下約一寸許然亦有往上幾至此骨之頂者亦有往下去此處一寸半至三寸者○其總脉管弓之勢往往弓過其右肺之根以代左肺而與禽獸相同以行於下脊骨柱之右邊而胸腹之各臟腑相反所列又有不多變而設變者其總脉管弓雖亦向右而過右肺之根仍照常回至脊骨之左則其臟腑之勢亦復常○其弓之分勢數種走獸亦有改變者其總脉管則往往分為上下兩本其上者竪往上而分三枝以供其頭與其上枝又往往於將出心時分為兩枝而其分復合其分勢之中有一人食總氣兩管以穿過分歧之處在人則為變若在介類乃其常也○其各脉管之內而總脉管多有血瘤之病而關其弓者尤多其弓之上端在心包絡胸骨之極後有肺脉管與右上耳房穿過其出頭之處右肺根在其後回血總管在其右邊其肺脉管及左上房在其左邊三端皆有血瘤若在上端卽在總脉管之穴大約此處生瘤多在右冠穴因其血回流於穴之上大約卽在此管之右前面此瘤加大則逼其所傍之質而大略凸向其右前邊則與其管相對連處之各質俱有妨礙若其瘤已破其血大約入於心包絡則其人立死死後剖開則其血滿於包絡其瘤又或逼其右上房肺脉管與右下房相依之處瘤若破則其血入此三處之一處亦或逼其上回血總管其瘤若生於穴之上則有礙於其管之右前壁因此壁常爲血所擊之故也此瘤往往亦逼於中線之右加大而往能凸並能吸去右邊之胸骨與肋脆其胸骨柄之極下胸之前則明現出一脈瘤或其瘤破而血入心包絡或逼而入右肺總氣管左右氣管食管按弓之橫端護者務宜記明其列在總氣管食管胸津液管之上有回環喉腦筋繞之其上有至頭與項及上肢之三大幹若其瘤生於此端之後或右乃導常生瘤之處能逼其總氣管而阻其呼吸則咳嗽吐血哮呼吸或破而血入此氣管則其人必死若逼其喉腦筋則其發時頗似喉之炎症故往往有不知而誤割之者若逼其胸津液管則不能得飲食之津液而其人必餓死若逼其食管則飲食不能下咽狀如噎膈或破而血入食管則其人必死其無名脉管鎖項或下鎖柱脉管此三處可有血塊以阻之則其左右脉或軟或無若此瘤現於胸骨柄或在其上大略或在中線或在右若弓之下端生血瘤大略向後向左而能吸其脊骨與相對之肋或逼其總氣管左氣管食管及左右肺而大略在其左者若其瘤破大略則血入於左肺包膜或有是入於左氣管及右肺包膜或入肺體或入總氣管人有此瘤則脊骨或胸時痛大略脊骨左轉至胸因逼其肋間之腦筋故作痛也

總脉管弓之枝　見百六十四五圖

變革枝之部位

首枝之數目

數目仍其常而列勢又變

次枝之數目

右冠脈管

左管脉管

總脉管弓、生五枝、其二小枝由上端而來、名爲左右冠、其三大枝、由横端而出、一爲無名管、一爲左項、一爲左下鎖柱各管、其枝之部位亦有時而變者由弓之極高處而出乃其常也則移向右在横端之出頭或上端上處而出或其三管之本有或近或遠之不同大約皆由左項管而近於無名管此其部位之變也○至其首之數目亦有將三枝變爲兩枝者則左項之管由無名名管而來或左項及下鎖柱兩管具由左無名管而來此三枝之變爲二枝也又有三枝而增爲四枝者則右項及下鎖柱兩管俱直由總脉管而來而無無名管則右下鎖管即由弓之左端而來又有時右下鎖柱管不由第一枝而由第二第三之枝而出者更有其枝之數增至五六而內外項脉管由其弓單來其兩邊或一邊之總項脈管皆無之○又有其數目仍常而列法變者因其總脉管之弓變而向右故其三枝之列法皆與尋常列法相反則無名管供其左邊及項下鎖柱兩管乃單來者供其右邊亦有總脉管仍常向左而其兩項管則合爲一總管而左右下鎖柱管俱由弓單來其右者大略由其弓之左端而來○別有三枝之外有次枝往往由弓而來大略其左脊管由左項名下鎖柱兩管之本間而來亦有時由二管之外而來往往亦有髀枝由弓而來或有右內乳管或左脊管或兩脊管亦從此弓而來

冠之脉管別名心脉管蓋因供其心體之故也其冠名蓋因其管繞於心與西國古時之冠同故也

供心之冠脉管、有二、左右各一、由傍總脉管出頭半月戶浮邊之極上而來、其右管大如鴉翎、由右半月戶浮邊之極上而來、在肺脉管與右上耳房之間、往前至右邊、右上下兩房間之陷、曲繞於心之右邊、隨心之後面、以至後下房間之陷、而分爲兩枝、一枝續行於左上下兩房間之陷、而與左冠者相接、一枝往下、隨後下房間之陷、以供枝於兩下房及其隔、而與在心尖之左冠之下枝相接、此管生一大枝、復順右下房之薄邊以至其尖、而與數小枝以至右上下兩房及肺脉管之出頭、其左冠小於右者、由左半月戶浮邊之極上而來、比右者微高、往前在肺脉管與左上耳房之

變革　連脈

間、斜往下向前下房間之陷、而分爲兩枝、一枝橫行於左上下兩房之陷、繞心之左邊、以至其後面、而與右冠之上枝相接、一枝往下、隨前下房間之陷以至心之尖、而與右冠之下枝相接、其左冠者、供其左上房與其耳房、暨兩下房、並肺脈管與總脈管出頭之數小枝、此兩管往往由一總管而來、其數亦間或變二爲三、而所增之管較小、亦往往有增至二枝者

無名脈管 別名右頭臂脈管

無名脈管、乃總脈管弓所出極大之枝、由左項前橫端之出頭而來、斜往上至右胸鎖柱交節之上邊、分爲右項下鎖柱兩脈管、其長寸半至二寸、在前胸舌骨胸脾兩肌胸核之餘與過其根之左無名管並右下脾之回管分此管與胸骨之首塊其後列於總氣管之上而斜過之其右有右無名回管與右肺胃腦筋及動血管在其左有胸核之餘及左項脈管之本

無名管圖式如左

前

胸骨胸舌骨胸脾兩肌胸核之餘左無名管右下脾回血

左

胸核之餘左項脉管

右

右無名回血管右肺胃腦筋肺包膜

無名脉管

後

總氣管

變革之分處

變革之分枝

變革之部位外科解剖學

此管亦有時而變者往往其分歧處比尋常太過或不及其太過之時則至鎖柱之胸端約長有二寸許其不及之時則減一寸許恐此分歧處生瘤欲勒此管故外科宜切記之○此管變枝則弓一中牌枝順總氣管前往上以至牌核往往有胸核或氣管之枝又往往有左項與無名管之本相合叉往往有無無名管而其右下鎖柱由其弓直而來○若弓轉向於右此管郎反而向左以代向右○按外科如遇右下鎖柱處生瘤則必須勒其無名管然不能有效驗其實人死不由於勒其管以雖勒猗能運行其脉管所供之處其人向可望生其不能取效者由於既勒之後而重出血或因肺與肺包膜之炎證而死然勒此管殊難因其深列於胸骨之下與後其週圍又有許多要緊之質故勒此管須令病人仰臥提其肩令頭折而向後由胸之後牽其管入於項順胸乳肌之前邊割開二寸至鎖柱之胸端而止再由此鎖柱之上邊復割二寸將皮解剖於後則露出盤肌而割此肌於半管針之上則露胸乳肌之胸端將其針由下邊挑起再以刃從上割之將其鬆連質推於兩旁則露出胸舌骨胸脾兩肌再依上法割之則露出下脾回管以鈍鈎鈎起或往上或往下而不割其

管蓋其下有堅類綫連片、將此片裂開、則露出右項管、類此管往下以至無名管、則壓其左無名回管、而將右無名回管、內項回管、肺胃腦筋出牽於右邊、而以曲針繞於此管、從其下向上而裡、務須留神以避其右肺包膜與總氣管及心之腦筋、其勒脉管則愈高愈妙、盡其所勒之處與總脉管處之間留綫以爲血塊作塞、上文所云此法無效驗者、由於重出血、或因肺包膜與肺之炎症、故勒時須留神、以迴其脾叢之迴血管與肺包膜。

總項脉管

總項脉管有二、左右各一、其所列之部位、所差無多、在其本而其部位與連屬則不同、其右者由無名脉管右胸鎖柱交節之後而來、其左者由總脉管弓之極高處而來、其左者較右者長而深列於胸、先論其左項者、乃列弓與左胸鎖柱交節間之端之路、與其連屬、見百六十四圖 其左者在胸內、由弓斜往外、以至項之根、其前有胸舌骨胸脾兩肌、及左無名回管、胸核之餘、以分此端與胸骨之首塊、其後列於總氣管食管、胸津液管、其內傍無名脉管、其外傍左肺胃腦筋、與左下鎖柱脉管、

左總項管胸端連屬之圖

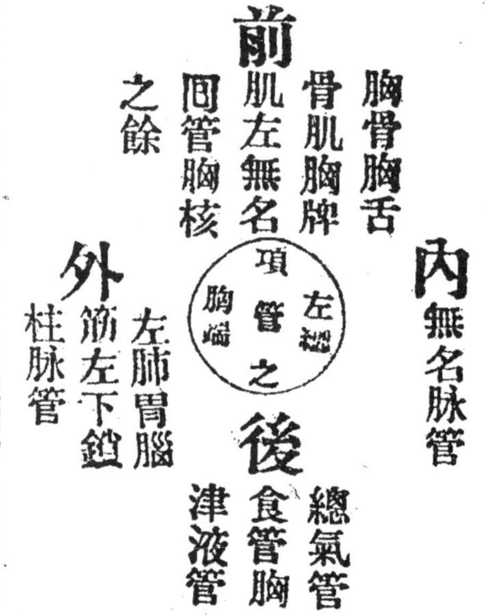

項內之兩總項管頗相同、論此卽可以知彼、每管由項之每邊起、由胸鎖柱交節之後斜往上、至牌脆之上邊、而與之相齊、以分內外項管、其內者散於頭顱內、其外者散於頭與臉之外、故名此管所行之路、從鎖柱骨胸端起、以至其上之牙床角與乳頭之間、畫一線以表明之、其項之下端有小空處、與總氣管相對、彼此分隔此兩總管、在項之上端、其牌體、喉、咽頭、前凸於此管之間、故其管似乎列於後也、其總項脈管列於深項夾膜所來之鞘、其內亦列內項回管、及肺胃腦筋、其回管則列於脈管之外、其腦筋則列於此二管之間、而往後、其鞘若開、則此三質卽各有類絲以圍之、在項下端其總項脈管列極深有淺夾膜盤肌深夾膜胸乳胸舌骨胸牌各肌及環臆對面之肩舌骨肌以遮之其上端倚其末此管列於淺有皮淺夾盤肌深夾膜胸乳肌之裡邊以遮之而貯於三角形之處其界後爲胸乳肌其上爲變臆肌之後臆其下爲肩舌骨肌之前臆其胸乳脈管由裡斜往外以過此管其入內項回管之臉舌上牌回血管又過之其鞘之前有向下舌腦筋項下之絲其絲與項及筋之枝相合由外往裡以穿過此管往往此絲列於鞘內其中牌回管約穿過此管之中與其下前項回管其後此管列於脊骨項端之前先列於長項肌後列於大前直肌中有百節筋以隔之其回環喉之腦筋與下牌脈管過此管後之下端其裡後總氣管與牌核其下牌脈管與回環喉腦筋列於其間再上

則傍喉與咽頭其外則有內項回管與肺胃腦筋在項之下端其右內項回管則由近漸遠其脈管其左則由遠漸近其脈管間或亦有穿過其下端者故總項脈管之下端最爲要緊外科必須詳記之

總項管連屬之圖

總項脈管

前

皮與夾膜
盤肌胸乳
肌胸舌骨
肌胸牌肌
肩舌骨肌
項下腦筋
枝胸乳脉
管牌舌臉
回管前項
回管

內

總氣管
牌核回
環喉腦
筋下牌
脈管喉
咽頭

外

內項回
管肺胃
腦筋

後

長項肌
大前直
肌百節
筋下牌
脈管回
環喉腦
筋

總項脈管本之變革

變革分歧之處

其右總項脈管之來處比尋常或上或下大略八九人之中必有一人之變者然上之變比下之變者爲多或其本可於其弓而來又或與左項並行而來者其左總項脈管之變比有者爲多大半多與無名脈管並起或無無名管而兩項之管由一本而來此管常有向右之勢故往往即作爲橫端之第一枝除其弓相反之時則界與左下鎖柱之脈管相合○其分歧之處大半比尋常分歧處爲高故或由舌骨之對面或由舌骨之上而分兩枝亦有時比尋常往下而由喉中之對而或由環腕之下邊分者不多見也有入管見一屍此管之長有寸半而由項根以分歧者亦有出總項往上而無分歧者亦無內項者然亦不多見也此外復有兩項屍一爲無總項者而內外兩項者皆由弓而直來一屍其兩邊俱如此者亦有一邊如此者○其總項者大略無枝間亦有上牌或喉生枝者亦有下牌或脊脈管生枝者然皆不多見其總項者或其枝若受傷或生血瘤或喉

勒總項脈管肩舌骨肌之上

勒總項脈管肩舌行肌之下

旁運行血

窩或近顯中生脈瘤則必須勒此管如此管之幹受傷則必須勒其傷處之上或下若此管之枝受傷或其枝生血瘤則除其本與末之外其各處俱可隨便勒之雖其處隨便可勒如有他處可勒然不可揀下端勒之因此處所列極深雖有三層肌以遮之且其左邊有項間管大半斜穿過其前亦不可揀其上端勒之若勒之則恐與上脾舌及臉回管俱有妨礙其極傾者莫如在喉下端之對面係肩舌骨肌過此管之處而或上或下其上處最爲易到也若項管之大枝受傷或生血瘤則以勒此處爲妥若項管上端生瘤則以揀肩舌骨肌之下處勒之爲最妥其瓜脈管又往往有由尋常部位之下而分歧者若由此處現其分枝則當勒其兩枝之本勝於勒其總管之末又有無總項管而或由下早分枝者則當於內外兩項者容其瘤與某管相近此管之列勢胸乳肌之裡邊順行以勒之如勒總項脈管肩舌骨肌之上須令病人仰臥而頭向於後由胸乳前邊之地界牙床角之微下處而起至與環脆相平之處割三寸長割皮淺夾膜與盤肌之後用牛管引導針割其深夾膜以避其下大略所有之小回血管病人之頭向前令其處發懸而以鋼箍分開所割之口則現卜下舌項下腦筋之枝宜避之後用鑷將其管之鞘攝起而微割之切不可傷其脈管則現出內項回管此管乃互相漲滑先將此管之上下勒住而牽之於外以便勒其血管而用血囊穿綫鈍針由外邊順其管之下而近繞其管切不可傷其項回管或牽連其肺胃腦筋勒時亦須留神不可牽連他處○若勒總項脈管肩舌骨肌之下亦須令病人仰臥而頭向後則由胸乳裡邊與環脆相平之處起割三寸長則現出胸肌之裡邊須避其胸乳脈管與中脾同管卽將胸乳牽於外將胸舌骨與脾肌牽於裡再由肩舌骨肌之下割其深夾膜則現出其鞘割開此鞘須留神避其裡邊所列之下舌項下腦筋之枝而將項回管與肺胃腦筋壓於外邊仍用血囊穿線鈍針由外向裡繞於脈管其管之後有下脾脈管間環喉與百節筋亦須留神避之○旣勒住其總項脈管則必須從旁運行其血以其各處凡頭顱內外對邊之項脈管相通之處其血俱可由此運行而所勒之一邊其下鎖柱脈管之枝可以加大此其頭顱內之可以相通也其頭顱外相通之處則有上下脾脈管間深項枕骨之項枝其背脈管亦可代其頭顱之內項者之

外項脈管

外項脈管、見百六十六圖由脾脆上邊對面起、微曲、而往上往前、以後則坡向後、至下床杵之項與耳外竅間之處、而分爲兩管、一爲耳門管、一爲內牙床管、此管往上則立刻減小、因其枝大而多之故也、此管在小兒則小於內項者、在大人則內外兩管相同、其出頭處、比內項列於淺而近於中線、幷列於三角形處之內、其處後地界爲胸乳肌、其下爲肩舌骨肌、其上爲雙腹肌之後腹、與錐舌骨肌有皮盤肌、深夾膜胸乳之前邊、以遮之、有下舌腦筋、舌臉之兩回管、以穿過之、以後復有雙腹錐舌骨之兩肌、以穿過之、往上則深入於耳下核之體、其處列於臉腦筋與耳門內牙床回血管相合處之下、其內有舌骨咽頭壁、牙床枝中有耳下核之一端、以隔開此枝與此管、其後傍、其本有上喉腦筋、再往上則有錐舌與錐咽頭兩肌、舌咽頭腦筋、幷有耳下核之一端、以隔開此管與內項者、

外項脉管之枝

上牌脉管

外項脉管連屬之圖

前

皮淺夾膜盤
肌與深夾膜
下舌腦氣筋
舌與臉之回
血管雙腹與
錐舌骨之肌
臉腦筋與耳
下核耳門與
牙床之回血
管

外項脉管

內

舌骨咽頭
耳下核牙
床骨枝

後

上喉腦
筋錐舌
肌錐咽
頭肌舌
咽頭腦
筋耳下
核

外科解剖學

如此管或其枝受傷而不能勒其枝則必須勒此本管因其枝太多之故然此法亦不常用如必須勒其外項者則傍其本在雙腹所穿過處勒之下勒之與上文所云勒總管之法相同如須勒其雙腹之上則須由雙腹與耳下核之間先將耳垂至舌骨大角割開則將皮與盤肌及夾膜俱割斷再將傷處之下端雙腹之後腹與鏈舌骨肌及耳下核分開則露出此管可以勒之○外項脉管生八枝而分爲四類見百六十七圖枝之圖勢一爲前類有三枝乃上牌舌臉一爲後類有二枝乃枕骨耳後一爲上類有一枝

乃上圖頭一爲來類有二枝乃耳門內牙床其列勢大略如此其枝之數與本及其所行之路間或亦有變者

上牌脉管、見百六十六圖與百七十一圖乃外項所生之第一枝、由舌骨大角之極下而來、其出頭淺、有皮夾膜盤肌以遮之、而列於胸乳雙腹肩舌骨各肌地界之三角處、先往上而裡後則弓而曲向下而前至牌核之上端行於肩舌骨胸舌骨胸牌各肌之下而散

舌骨之枝　淺下枝

上喉枝

環牌枝

外科解割學

佈於數枝以至其前面、及對邊之管、而與下牌脉管相接、除散於肌與此核之內、其四枝乃舌骨淺下枝、上喉、環牌各枝、其舌骨者小、順舌骨下邊、行於牌舌骨肌之下、以供舌骨所連之肌、與其對邊之管相接、而作弓形、其淺下枝者、往下而外穿過總項脉管之鞘、以供胸乳與其隣肌並皮、若勒總項脉管、則必須記明此枝之地位、其上喉者、大於上二枝、隨上喉腦筋牌舌骨肌之下而行、穿透牌舌骨之膜、以供喉與會厭之肌、嫩膜與核、而與其對邊之枝相接、其環牌者、（別名下喉枝）橫穿過環牌之膜、而與其對邊之管相通、如割喉之時、須記此枝之部位、而又恐其流血而有碍也、（如因自刎）割斷其上牌或其枝而出血者則宜勒其脉管此管淺列故易勒且遮敝小同管之質若治癭病亦可勒此上牌脉管倘其邊運行之血由此管與其對邊之管及下牌脉管相合則血行於其處而癭終長大而不能愈

舌脉管　連屬

舌脉管、（見一百七十一圖）由上牌與臉之間而來、斜往上往裡、至舌骨之大角、後則橫往前而與大角平行、竪往上以至舌之下面、再行於其前以至舌尖、名爲哇脉管、（此管之第一或斜端淺而貯於上論之三角肌間之處列於咽頭中縮肌而盤肌與項夾膜以遮之其第二端或橫端亦列於中縮肌先有雙腹肌之筋與錐舌骨肌以遮之後則有舌骨舌肌以遮之而此肌隔此管與下舌腦筋其第三端或上端列於舌骨舌顎舌骨舌兩肌之間其第四端或末端別名哇脉管隨舌下面行於舌尖而極淺單有嫩膜以遮之而列於顎舌骨舌外邊之舌肌其下舌腦筋與舌脉管大略平行有舌骨舌肌在第二端之所行之路而隔此管與腦筋）

舌骨枝　舌背枝

舌脉管之枝有四、爲舌骨、舌背、舌下、哇者、其舌骨枝、行於舌骨之上邊以供其所黏之肌、而與對邊之枝相接、其舌背枝、（見一百七十一圖）由舌骨舌肌之下而來往上至舌之背以供其嫩膜、杏核、軟

舌下枝

哇枝

外科解剖學

臉脉管

別名外牙床脉管

運圖

髎及會厭、而與其對邊之枝相接、其舌下枝、係舌脉管分歧之枝、由舌骨舌肌之前邊、而來往前往外、由磨舌骨肌之下、至舌下之核、以供其體、並分於磨舌骨、與其鄰肌、口、牙床嫩膜之枝、其哇枝乃舌脉管之續、行於舌之下面、列於舌肌而有口嫩膜以遮之、列於頦舌骨舌肌之外邊、而有舌骨舌錐舌肌以遮之、而與司味卽舌腦筋同行、至舌尖則與其對邊之管相接、此管在口中列於舌線之兩邊、凡外科如遇自刎而將其舌脉管傍其本割斷者或舌受傷者或舌有深瘡者則管之血俱不能約束之若自刎者須勒之若舌傷者則有人謂仍宜勒其舌脉管之本此管所列甚深其週圍各處多而皆爲緊要且其本間亦有時改變故勒此管甚難仍以勒其外項脈管或總項脉管較爲容易學者務宜記之〇又有小兒之舌線短而不能吮乳者則必須割其舌線往往有誤割斷其兩邊之哇管而血出不止者西法則用鈍尖剪往下往後以剪斷其線則不至有碍於哇脉回之兩管

臉脉管、見百八十六圖由舌脈管之微上而來、於下牙床體之下、斜往前往上、至牙床下核、而列於其內、此端爲項端、於咬肌前下角曲往上、以過其牙床體往前而上、過頤以至口角、復順鼻邊往上以至眼內角爲末、其處卽名爲角脈管、此管在項與臉其曲折甚多、其在項則曲折爲便於咽頭下食物之運動、在臉則曲折爲便於床牙唇頤之運動、在項其本淺有皮盤肌與夾膜遮之以後則穿過雙腹錐舌骨兩肌及牙床下核之下在臉則穿過下床骨體而淺有盤肌遮之在此處其脉診之極顯若出血則按其處而血卽止蓋因其處有骨之故其過臉之處有皮頤油傍其口角有盤衡兩肌遮之而列於吹提口角提上唇鼻翅各肌其全路俱有臉回管並行而此回管不若脈管之曲折在臉則與之相離而不並行其臉腦筋之枝則過此管其下眼窩腦筋則列於此管之下

此管之枝、分爲二種、有由牙床之下而來者、爲項枝、有由臉之上而來者、爲臉枝、其

下腭枝

杏核枝　牙床下枝　頰下枝

肌枝　下唇枝

下唇冠枝

上唇冠枝

項枝有四爲下腭或上腭杏核牙床下頰下各枝其臉枝有六爲肌下唇下冠上冠旁鼻角各枝其下腭枝見百七十一圖由錐舌骨錐咽頭兩肌之間往上至咽頭之外邊以供此肌杏核耳氣管以後傍提腭肌分爲二枝一枝順緊腭肌以供其軟腭及腭核以一枝行於杏核而供之與杏核脈管相接此管並與內牙床脈管之後腭枝相接其杏核枝見百七十一圖順咽頭邊往上穿透上縮肌而分枝於杏核內及舌根其牙床下枝有三四大枝以供牙床下核隣肌津液核與皮其頰下枝乃項枝之極大者由臉脈管牙床下核而出之處而來前行於嚼舌骨肌牙床體之極下與雙腹肌之下供黏於牙床之肌而與舌下脈管相接以後於頰之合縫分爲淺深兩枝其淺枝繞於頰行於皮與壓下唇肌之間以供之而與下唇者相接其深枝行於壓下唇與骨之間以供其唇而與下唇頰兩脈管相接其肌枝則散佈於內後蹬咬吹三肌其下唇枝行於壓口角肌之下以供下唇之肌與皮而由臉下冠頰下之各枝及下牙脈管之頰枝相接其下冠枝傍口角由臉脈管而來行於上而裡至壓口角肌之下而穿透口輪肌此肌與嫩膜之間曲行於下唇邊而與其對邊之脈管相接此管以供唇核嫩膜及下唇肌而與下唇及下牙脈管之頰枝相接其上冠枝較下冠枝大而多曲其所行之路在上唇而與下冠者相同列於嫩膜與輪肌之間而與其對邊之脈管相接以供上唇而生二三枝上鼻一枝名隔脈管分枝鼻隔以至鼻尖一枝供鼻翅

鼻旁枝

角脉管别名内眦脉管

其鼻旁枝、乃臉脉管隨鼻邊往上之處而來、以供鼻翅鼻背、而與其對邊之枝、及眼之鼻枝、隔脉管下眼窩者相接、其角脉管乃臉脉管之末、隨角大回管往上以至眼窩之内角、散布數枝於頤、而與下眼窩者相接、以供其淚囊與輪肌、而與眼脉管之鼻枝相接、其臉脉管相接之處甚多、不但與其對邊之管相接、即他處所來者亦然、如舌之舌下枝、下牙之頦枝、出牙孔之處、上咽頭後腭内項之眼枝、別有横臉與下眼窩皆相接、

變革

外科解剖學

臉脈管之變革往往有與舌管由一幹總而共來者其大小及其散佈於臉之各處亦有變革往往其末處爲額下者亦往往供其臉而不過其口或鼻之角此管若短則以其隣管補之○故外科遇唇受傷或因割而出血者皆知一按此管而血即止殊不知徒按而無益因其對面之管易於相合幷有許多枝由他處而來故唇若受傷莫若以兩指攝住其唇令其翻向於外而勒之爲妥若因生瘤而必須割者則先以兩指攝住其唇隨用力以去其瘤若割鈌唇後而令唇復合並宜平整無痕須將線深縫近至嫩膜須合割斷之管縫彼此恰合其縫若淺則其血仍流入於口至於內管脈管與淚囊所傍之處學者務宜留心因其管隨眼窩之裡往上至淚囊之鼻邊如遇淚漏病宜從淚囊外割之切勿從裡割以致損傷其淚內管脈管

枕脉管

枕脉管、由外項之後端而來、在臉脉管之對面、傍雙腹肌之下邊、其本有雙腹之後腹錐舌骨兩肌及耳下核之一端以遮之、其下舌腦筋由後向前繞之、再往上過内項脉回兩管與肺胃副脊髓之腦筋、再往上至鈕鐶之横峯與耳門骨乳峯之間、横往後而凹其耳門骨、有胸乳夾板雙腹項乳各肌遮之、而列於錯綜上斜大後直各肌之上、後竪往上穿過斜方肌所黏頭顱之處、曲過枕骨以至其項、則分爲數枝、其

肌枝

枝乃肌、耳下外腦衣項枝、其肌枝供雙腹錐舌骨胸乳夾板項乳各肌、其胸乳之一

耳枝　項枝　前顱枝

耳後脉管

錐乳枝

上咽頭脉管

枝爲、大其耳、枝供耳殼之後、其外腦衣枝隨內項回管往上、穿過項孔以入頭顱而供後腦之外衣、其項枝、見百七十一圖乃大枝、往下隨項之後、而分淺深兩枝、其淺者行於夾板肌之下生枝以透此肌、而供斜方肌以與前項脉管相接、其深枝在此肌與項半後峯肌之間、行於錯綜肌之下、而與脊脉管並上肋間之深項枝相接、如勒此項管或下鎖柱者、皆由此管、相接之故、而其血則可以旁行、其枕脉管之頭顱枝、散於枕骨、極曲而列於皮與枕額肌之間、而與對邊之管、並耳後耳門兩脉管俱相接、於供枕額肌之後、皮、頭顱衣、間或有一二枝穿過顱項孔、或乳孔以供其外腦衣、

耳後脉管、見百六十八圖乃外項所來之小管、在雙腹、錐舌骨兩肌之上錐峯尖之對面而來、往上、由耳下核之下、以至耳脆與乳峯間之陷、而分爲前後兩枝、前枝往前行與耳門之後岔相接、其後枝則與枕骨者相通、此管將到乳峯、有臉腦筋以過之、其下又有副脊髓腦筋、有小枝分於雙腹錐舌骨、胸乳各肌、與耳下核、其外復有錐乳與耳之兩枝、其錐乳枝入錐乳孔、以供耳之中鼓膜、乳泡、半圈道、此管在幼年人、復有一枝與內牙床之中鼓枝合爲一血環、以繞於耳門外鼓、而生細血管枝分於中鼓膜、其耳枝則散佈於耳脆之後、而細分枝於其上、復有數枝繞於其邊、幷有數枝穿過其類絲脆、以供其前面

上咽頭脉管、見百七十一圖乃外項極小之枝、細而長、深列於項、與外項之他枝、及錐咽頭

外枝

咽頭枝

腦衣枝

耳門脈管

前耳門枝

後耳門枝

肌之下、由緊傍外項出頭處之後端而來、往上以至頭顱底之下面、內項者與咽頭邊之間而列於大前直頭肌之上、其枝可分三種、一爲向外者、以供肌與腦筋、二爲向內以至咽頭者、三爲腦衣者、其外枝多而小、以供前直肌、百節下、舌、肺、胃之各腦筋、及項之津液核、與上項脈管相接、其咽頭者有三四枝、有二枝往下、以供中下兩縮與錐咽頭各肌、而分枝於其肌內、及其爲肌裡之嫩膜、此枝之極大者、則往裡行於上縮肌之上、而分於軟腭、耳氣管、杏核之枝、此管小之時、以代臉脈管上腭之枝、其腦衣之枝、乃數小管、穿過頭顱底之孔、以供外腦衣、一爲後腦衣枝、穿過項孔、隨內項回管同入頭顱、以一枝穿過頭顱底中破孔間、或復有一枝以過前踝孔、此數枝皆散佈於外腦衣、

耳門脈管、見六百八十圖乃外項兩末枝之極小者、因其列勢似乎外項脈管之所續、由耳下核內、下牙床踝項、與耳外轂之間起、過衡根皮之極下、在衡弓之上、約二寸許、分爲前後兩枝、其前枝往前、過額骨以供此部之肌、皮、頭顱衣、而與上眼窩、額兩脈管相接、其枝由前向後、其後枝大於前枝、曲往上而後、隨頭之邊、列於耳門夾膜之上、而與對邊之枝、並耳後枕兩脈管相接、其耳門管過衡之時、有牽前耳肌與耳下核所來之密夾膜以遮之、大畧有一二回管以過之、並有臉、耳門耳腦筋之枝、與之同行、除耳下核牙床交節及咬肌之枝、別有三枝、一爲橫臉、一爲中耳門、一爲耳前者、

橫臉枝　中耳門枝　耳前枝　外科解剖學

內牙床脈管

牙床端乃脈管第一端之路　後蹬端乃脉管第二端之路

其橫臉枝、乃耳門未出耳下核時之所生者、前行於核內由耳下核之管與衡之下邊之間、橫過臉而在臉邊分爲數枝、以供耳下核咬肌皮而與臉及下眼窩兩脈管相接、此管列於咬肌之上有一二臉腦筋之枝、與之同行、其中耳門枝由衡弓之極上而來、穿過耳門夾膜、以供耳門肌而與內牙床之深耳門枝相接間或有眼窩枝在耳門夾膜兩層之間、行於衡之上邊、而至眼窩之外角、以供輪肌、而與眼脉管之淚眼泡各枝相接其耳前枝、散佈於耳輪之前端、及耳垂耳外皴之一端、而與耳後之枝相接、知眼或腦有炎證往往外醫即割此管然宜割其前枝學者須知此管於過衡弓之時有厚而密之夾膜以遮之並有一二回管以過之又有臉耳門耳腦筋之枝與之同行此處切不可割蓋因有密夾膜遮於此管而血不易流流而不易止之故若誤割其回管則日後恐成瘤若誤傷其腦筋絲則日後恐致腦筋痛故必須割其前枝及皮下之大管而易壓故以割此處爲妥

內牙床脈管、乃外項脉管兩末枝之極大者、於本管作爲方角而往裡、至下牙床杵項之裡邊、以供臉之深質、在其本則列於耳下核內與耳垂之下端相齊、其所行之路、分爲三端、一爲牙床端、橫往前往裡、而行於牙床枝與內旁筋帶之間、在此處其脉管列於耳耳門腦筋、而平行、過下牙腦筋、而列於外後蹬肌穿端之下、二爲後蹬端、斜往上往前、而行於外後蹬肌之外面有下牙床枝與耳門肌之下端以遮之三爲蝴蝶牙床端、近於上牙床骨、在外後蹬肌本岙之間、入於蝴蝶牙床窩而其處傍蝴蝶額之結、以生其末枝、

蝴蝶牙床端乃脉管第三端之路變革

牙床端之枝

中竅枝　中腦衣枝

小腦衣枝　下牙枝

此管往往行於兩後蹬肌之間又其管往前行於外後蹬兩本岔之間以至牙床骨又往往穿透外後蹬肌之中而由此肌之下以出

此管之枝、可按其三端分爲三種、其牙床端之枝有四、爲中竅中小兩腦衣、下牙者、其中竅枝、往上行於牙床骨節之後、過臼縫以入中竅以供鬆中竅膜、而分枝於其膜之上、與錐乳、韋典兩脉管相接、其中腦衣枝、乃供腦外衣枝中之極大者、由內旁筋帶、與牙床項間之內牙床脉管而來、竪往上至蝴蝶棘峯之棘孔、一入頭顱則分爲前後兩枝、其前枝大、過蝴蝶之大翅、至顱項骨前下角之線、復分枝以散於腦外衣、與頭顱裡面之間、有數枝往上、過顱項骨以至其項、亦有數枝往後、以至枕骨、其後枝過耳門骨之鱗端、而在顱項之裡面分枝、以供腦外衣與頭顱之後端、此管之枝散於腦外衣大半至於頭顱骨、而與其對邊之脉管及前後腦衣者相接、其中腦衣者一入於頭顱、則分爲四旁枝、一爲數小枝、分於第五腦筋之結、及其處之腦外衣、二爲一枝分於臉腦筋、以入法羅畢孔、以供其臉之腦筋、而與耳後脉管之錐乳枝相接、三爲眼窩枝、穿過蝴蝶縫、或過蝴蝶大翅之單道而與眼脉管之淚枝或他枝相接、四爲耳門枝穿過蝴蝶大翅之數孔、而與在耳門窩之深耳門脉管相接、其小腦衣枝、往往由中腦衣枝而來過長圓孔、以入頭顱、而供第五腦筋之半月結、與腦外衣、其末入頭顱之先、有一枝入於鼻窩與軟腭、其下牙枝隨牙腦筋往下、以至牙床骨枝裡邊之孔、同腦筋行於骨內之牙道、至邊牙之對面、而分爲門頰兩枝、其

後蹬端之枝　深耳門枝　後蹬枝　吹枝

蝴蝶牙床端　槽枝　下眼窩枝

門枝往前、在門牙之下、以至骨之合縫、而與其對邊之脈管相接、其頦枝同腦筋出於頦孔、以供頦之質、而與頦下、下唇下、冠三管相接、此管於入孔之時、生磨舌骨枝、順磨舌骨之陷而行、及分枝於磨舌骨肌之下面、其牙門牙兩脉管行於骨體之時、則生數絲、而盡於骨槽、又有與牙根數相對之衆枝、入於牙根端之細孔、以供牙瓤、其後蹬端之枝、亦有四、乃深耳門、後蹬、咬、吹、各枝、其名卽以其散於牙床部肌之故而得、其深耳門枝前後各一、分列於耳門窩、皆由耳門肌與頭顱衣之間、往上以供此肌、而與耳門之他管相接、其前枝又有數小枝、穿過顴骨、而與淚脉管相接、其後蹬枝之數、與其本皆無一定、以供其後蹬肌、其咬枝乃小枝、由下牙床之半月峽上、往外至咬肌之深面、以供此肌、而與臉橫臉兩脉管之咬枝相接、其吹枝亦係小枝、由內後蹬肌與牙床枝骨之間、斜往前至吹肌之外面、卽散於其肌內、而與臉脉管之枝相接、

蝴蝶牙床端、有六枝、爲槽、下眼窩、後腭、卽下腭、韋與後蹬腭、鼻、卽蝴蝶腭、其槽枝、乃內牙床入於蝴蝶牙床窩時、與下眼窩共由一總枝而來者、下行於上牙床骨阜而分數枝、有一大枝爲上牙枝、以供磨牙邊牙、而與其枝以入槽峯之孔、別有數枝穿過其骨、以供骨穴之裡膜、又別有他枝續往前、而於槽峯、以供牙床、其下眼窩枝因其勢似乎內牙床幹之所續、而與其槽枝皆由總幹而來、同上牙床腦筋、順下眼窩

下腭枝

韋典枝別名後蹬枝

後蹬腭枝

鼻枝或蝴蝶腭枝

之道而行由下眼窩孔提唇肌之下而出於臉在道之內又生枝往上以入於眼窩而供下直下斜各肌與淚核其他枝則往下過骨中之道以供骨穴之嫩膜與上牙床之門牙在臉則以供淚囊及眼窩之內角而與臉脈管及眼之鼻枝相接又有枝由提上唇肌之下而與橫臉吹各枝相接其餘之四枝俱由蝴蝶牙床窩中所含內牙床之端而來其下腭枝同半月結之後腭枝往下而隨後腭道與後腭孔而出往前而行於硬腭槽邊裡邊之陷散於牙床硬腭之嫩膜與其腭核其在腭道之時生枝往下於副腭道內以供軟腭而與上腭脈管相接在前則其末成小管於前腭道內往上而與鼻膈脈管（即蝴蝶腭之枝）相接其韋典枝同韋典腦筋行於韋典道往後而散於咽頭之上端與耳氣管別有小枝送於中竅其後蹬腭枝極小同咽頭腦筋往後穿過後蹬腭道而散於咽頭之上端與耳氣管其鼻枝或蝴蝶腭枝穿過蝴蝶腭孔在上竅之後入鼻竅分為內外兩枝其內枝乃鼻隔之脈管隨鼻隔斜往下而前以供其嫩膜而在前與下腭之上枝相接其外有二三枝以供鼻孔旁壁上牙床骨穴與篩蝴蝶兩骨泡所遮之嫩膜

項三角處解剖學

學者既將項之大脈管與其枝及其回管腦筋各處關俱已考查明白再須將所考查之枝合總而統查之因項之部位在外科最為要緊如將胸乳或各處之肌業已考解剖則再按其原處依舊列於本位以木枕藉於項後欲看左則令其頭向右以看其兩邊四邊之形其上則為牙床骨體之下邊而於其牙床角至乳峰之處似乎有一

線其下則爲鎖柱骨凸之上邊其前爲項之中線其後爲斜方肌之前邊此處有胸乳肌其肌其下由胸與鎖柱骨至其上乳峰斜過於項分兩大三角形之處此肌之前爲前三角後爲後三角

前三角處

前三角處前由頦至胸爲一線後爲胸乳肌之前邊其底則向上而以牙床骨體之下邊與由牙床角至乳峰之一線所爲其尖向下乃胸骨所爲此處有皮淺夾膜盤肌深夾膜以遮之並有臉淺項各腦筋之枝以過之於此大三角處其上由雙腹肌其下由肩舌骨肌之前腹又分爲三小三角處由下往上名爲下項上項牙床下之各三角處

下項三角處

其下項角之處前爲項之中線後爲胸乳肌之前邊上爲肩舌骨肌之前腹有皮淺夾膜盤肌深夾膜遮之有淺項腦筋之下枝分枝於其間此前各質之下有胸舌骨胸牌兩肌及胸乳肌之前邊以遮於總項脈管之下端此管與內項同管肺胃腦筋俱列於其稍內其間管在項之右者則列於脈管之外邊而或搭之或在其左邊直過此管其綴筋則列於脈回兩管之間而後其稍之前有下舌項下與相同之枝之間所同繩圈向下之斂綠其稍之後有下牌脈管間環喉及百結之筋其裡邊有總氣管牌核此核在女子比男子者凸大與喉之下端在此處之上端淺舌骨肌之下其總項脈管可以勒之

上項三角處

上項角處之後爲胸乳肌其下爲肩舌骨肌之前腹其上爲雙腹肌之後腹其底有牌舌骨舌骨舌咽頭下中兩縮各肌之端所爲有皮淺夾膜盤肌深夾膜以遮之有臉與淺項腦筋之枝分枝於其間此處含總項脈管之上端而脾臆上邊之對面以分內外兩項其胸乳肌之前邊則搭而遮之其內外項者平列其外者列於前其外項枝在此處則由上脾之枝行於前而下其舌枝直往前其臉枝行於前而上其枕枝行於後其上咽頭者直行於內項之裡邊此處之間管乃內項者列於總內兩項脈管之外邊與上論之外項枝相對之回管乃上脾舌臉上咽頭亦往往其枕者皆與其相對之脈管並行而入於內項之間管其總項稍之前有項下之枝而與其所來之下舌在上過其兩項者曲繞於枕脈管之水其稍內脈同兩管之間及其後俱有肺胃腦筋其稍後則有百結筋其管之外邊則有副脊髓筋以穿過胸乳肌其內項管之裡邊舌骨之極下則有上喉腦筋再往下則有外喉腦筋其喉與咽頭之上亦列此處之前端

牙床下三角處

枕三角處

鎖柱下三角處

下床下三角處與牙床骨體之極下相對其上爲牙床骨體之下邊耳下核乳峰其後爲雙腹肌之後腹與錐舌骨肌其前爲項之中線其底爲雙腹肌之前腹磨舌骨舌骨舌各肌所爲有皮淺夾膜盤肌深夾膜以遮之有臉枝與淺項腦筋之上絲分枝於其間此處在前則以含牙床下核而臉脈回兩管及其核之枝則俱列於此核之內其核之下磨舌骨肌之上有頰下脈管與磨舌骨之脈管腦筋此處有錐牙床筋帶以分此處之前後其後處則以含外項脈管往上而深入於耳下核之內列在內頸脈管之前而淺有臉腦筋以過之並生耳後耳門內牙床之枝再列於深處者則有內項脈回兩管及肺胃腦筋中有錐舌錐咽頭兩肌與舌咽頭腦筋以分此管筋與外項脈管

後三角處

後三角處其前爲胸乳肌其後爲斜方肌之前邊其處與鎖柱之上邊相對其尖則在枕骨在鎖柱之上約一寸有肩舌骨肌之後腹以過此處而分兩不均平之三角處乃一爲上或枕者一爲下或鎖柱下者枕三角處在兩後三角處爲最大前有胸乳肌後有斜方肌下有肩舌骨肌其底由上往下有夾板提飯匙之角與中後項斜兩肌所爲有皮下盤肌與淺深兩夾膜以遮之其上有項叢之上枝過之其副脊髓腦筋由胸乳肌斜過於其處而穿過其肌以至斜方肌之下面其下有項叢之下枝與橫項脈回兩管過之隨胸乳肌後邊由乳峰至項根有津液核之鍊之鎖柱下乃兩後三角處極小其上爲肩舌骨肌之後腹其下爲鎖柱骨其底向前乃腋乳肌之所爲按胸乳斜方兩肌所黏鎖柱端之大小與肩舌骨肌過項在鎖柱骨之上之高低此處之大小以變按其臂之部位則此處之高低以變如提其臂則減此處蓋因鎖柱骨向上之故將其臂牽之向下則加大其處蓋因鎖柱骨向下壓之之故此處有皮淺深兩夾膜以遮之有項叢之下枝以過之鎖柱骨之極上其鎖柱下脈管之第三端由前項斜肌之外邊過第一肋而至腋窩則曲往外而下此管往往高於鎖柱骨約一寸半許亦或至此處與尋常處之間往往則過前項斜肌之前或穿過此肌其鎖柱下之回管列於鎖柱骨之下而太略不露於此處而與脈管之高相等然往往亦與其脈管相齊亦有時同此管行於前項斜肌之後其臂叢腦筋則列於此脈管之上而緊貼之其上飯匙血管則橫過此處之鎖柱邊與橫項血管及此處之上角所過其外項回管壓往下於胸乳肌之後邊以入鎖柱下者而以收納其橫項上飯匙之兩回管此二處往往在脈管之前成叢並有由過鎖柱骨臂外

項端

岩端

同管而來之小同管其鎖柱下肌之小腦筋亦過此處之中

內項脉管

內項脉管、由總項分歧處起、卽脾脆上邊之對面、豎往上三上項脊骨橫峯之前、至耳門骨、岩端之項孔、微往上、後行於前而裡、以穿過項脉道而微往上傍馬鞍之邊、曲往上傍鞍前角、以穿透腦外衣而分其末枝、此管供腦之前端及眼並附於眼者在成人則與外項脉管之大小相同、在幼年則比外項者大、其所行之路有許多曲折在項端則緊傍頭顱之底有一二曲折、其餘之路則爲雙橫曲、因有此曲以其運路迂而遲、其血流乃能緩、故論此管之路與連屬易分爲四端曰項岩穴腦、其內項管之項端出頭極淺、貯於上項之三角處、以與外項者相齊、而列於其後、有胸乳肌以搭之、其盤肌深夾膜、皮以遮之、後則過耳下核之下、有下舌腦筋雙腹錐舌骨兩肌及外項枕兩脉管、俱過之、再往上則有錐舌錐咽頭兩肌、舌咽頭肺胃咽頭枝之兩腦筋、以分內外兩項脉管、其後則傍大前直肌、百結筋之上項結並上喉腦筋、其外傍內項回管與肺胃腦筋、其內傍咽頭杏核、上咽頭之脉管、其岩端於此管入耳門岩端道之時、先微往上、次則曲向前而裡、出其道以入頭顱而復往上、其在道內時先列於中鞘之前、有薄骨片以隔之、此在幼年、則作篩形、至老則往往吸淨並有腦外片衣之岔、隔此管與項脈管道之骨壁、復有項叢絲以繞之、其項脉管在穴端

蜂窩穴端　腦端　變革　外科解剖學　耳中竅枝　蜂窩穴內之枝

名爲蜂窩穴蓋因其質與男陰莖之蜂窩質相同之故先往上以至鞍後角、後則前行於蝴蝶骨體之邊、列於蜂窩穴之內壁、其外則傍第六之腦筋、並有其穴之裡膜以遮之、其第三四眼各腦筋列於其穴之外壁、而有裡膜以隔此管與其穴、其腦端在前鞍角之裡邊、曲往上穿透其穴之外腦衣、而入中腦衣之鞘、此端在司視腦筋之外邊、而列於大腦前中兩葉間縫之裡邊、其第三腦筋則列於其外邊、內項管之長短視其項之長短仍其總項脈管分歧之處往往由總脈管弓而來外項過內項之時其內者列於項中線之近於外項者往上至喉此管多曲折不直亦有無此管者然少許此少許之中間有一屍其總項往上而生外項尋常之枝者此管之頭顯端有內牙床之兩枝過圓與長圓孔以入頭顱後則合爲一管以代之○若遇內項項端被刀扎傷或受槍子傷或爲雨傘柄尖傷其口或因口銜烟筒墜馬而傷其口者俱當勒其總項管然務須慎其杏核之迹屬又有因其杏核長大而割之者則此管之血流不止

此管之枝、在岩端者有一、乃耳中竅枝、在蜂窩穴端者有三、乃穴內之數枝、前腦衣枝、眼枝、在腦端者有四、乃前中大腦兩枝、後通枝、前脉絡叢枝、其項端無枝、其耳中竅者、乃小枝穿過項脉管道內之細孔、以入耳中竅、及內牙床之中竅枝而與錐乳脉管相接、其穴內之枝乃數小管、於在蜂窩穴時、由內項而來、以供鞍體與半月結、及蜂窩下岩兩穴之壁、其前腦衣枝乃此中之一枝、散於外腦衣、而與中腦衣者相接、

眼脉管

眼脉管、乃內項脉管將出蜂窩穴時、由前鞍角之裡邊而來、穿過司視之孔以入眼窩、至司視腦筋之下而外、後則過此司視筋之上而裡、以至眼窩之內壁、與上斜肌

眼脉管枝

下邊、之下、橫往前至眼之內角、而分爲額鼻兩末枝、此管之枝、可分爲兩種、一爲眼窩種、散於眼窩及其週圍、一爲眼種、以供眼球與其肌、其眼窩種者有七、乃淚、上眼窩、後篩、前篩、眼泡、額鼻、其眼種者有五、乃肌、前短長三、眼簾摺紋者、眼腦衣中者、其

淚枝

淚枝、乃眼脉管所生之第一而大之枝、由所傍之司視孔（往往生於未入眼窩之先）而來、順外枝肌之上邊、與淚腦筋同行、而散於淚核、其末枝一出核、即散於上眼泡及眼睛衣、而與眼泡脉管相接、此管又生一二顴枝、一枝穿過顴骨孔、至耳門窩、而與深耳門脉管相接、一枝顯露於頤、而與橫臉者相接、別有一枝、往後過蝴蝶縫、以至外腦衣、而與中腦衣脉管之枝相接、（此淚管往往由中腦衣之前枝而來）

變革上眼窩脉管

其上眼窩脉管、乃眼管極大之枝、由此管在司視筋之上而來、往上過眼窩之各肌、同額腦筋前行於骨衣與提眼泡肌之間、穿過上眼窩孔、而分爲淺深兩枝、以供前頭頭顱之肌與皮、而與耳門臉之角枝、並其對邊之各脉管相接、此管在眼窩、以供上直提眼泡兩肌、而生一枝、往裡過上斜肌之滑車、以供眼內角、間或由上眼窩孔處、分送一枝、至頭顱骨間之鬆質、

篩枝

其篩枝、乃前後兩枝、其後者小於前者、穿過後篩孔、以供後篩泡、而入頭顱、以生腦衣枝、而供其相依之腦外衣、復生鼻枝、過篩片之數孔、往下入鼻、而與蝴蝶膊之枝相接、其前者、同鼻腦筋、以過前篩孔、而供前篩泡、與額穴、而入頭顱、分腦衣枝、以供其相依之外腦衣、復生鼻枝、過篩片之孔、往下入鼻、

眼泡脉管

其眼泡枝、上下各一、由眼管而來、在

額脉管　鼻脉管　眼簾摺紋脉管　短摺紋脉管　長摺紋脉管　前摺紋脉管　眼腦衣中脉管　肌枝

上斜肌滑車之對面、繞於眼泡之浮邊、而上下爲兩弓、列於輪肌與眼泡脆之間、其上眼泡者、在眼窩外角、與耳門脈管之眼窩枝相接、其下眼泡者、在眼泡之裡邊、而與下眼窩脉管之眼窩枝相接、既接之後、而復生一枝、至鼻淚管則分枝於其嫩膜、以至其下鼔、其額枝、乃眼管末枝之一枝、由眼窩內角而出、行於前頭、以供其肌、皮、及頭顱衣、而與上眼窩脉管相接、其鼻枝、亦爲眼管末枝之一枝、由枝窩而出、在瞼臚之上、先供淚囊之一枝、後則分爲兩枝、一枝與角脉管相接、一枝卽鼻背者、順鼻背而行、以供鼻之全面、而與其對邊之脉管相接、其眼簾摺紋脉管、分短長前三種、其短者自十二枝至十五枝、由其眼管、或由其數枝而來、往前至眼球之後端、繞於司視之腦筋、而透此筋入眼球週圍之外衣、以供其中衣與其眼簾摺紋、其長者二枝、亦透外白衣之後端、往前順眼球兩邊外中兩衣之間、以至其摺紋筋帶、而分兩枝、在眼簾之週圍、而合成一脈環、生數輻枝往前於其眼簾體內、以至其浮邊、而繞其瞳人之邊、又成一脉環、其前者由肌枝而來、近眼明衣、而透其外白衣、以入眼簾之大脉環、其腦衣中者、乃眼脉管中之小枝、由近司視孔之處而來、以斜透司視腦筋、於其體中行於前、以至腦衣、而於其內分枝、行於前以至摺紋、在胎時、則有小管往前過大後房、以至睛珠衣之後面、其肌枝、乃上下二枝、以供眼球之肌、其上者小、往往有無此枝者、有則以供提眼泡、上直、上斜、各肌、其下者、大畧恒有、司視筋與下

大〻枝　大腦前枝　前通脉管　大腦中脉管　後通脉管　前脉絡叢枝

直肌之間行於前而散於外下兩直下斜三肌、其前摺紋脉管、大半由此管而來、其內項之大腦枝、乃前大腦中大腦後通前脉絡叢、其前腦者由前中兩葉間縫之內端而來、前行於腦之兩前葉間之大長縫內、近其本有短相接之幹、即前通者約長二分、而與其對邊之管相連、其二前大腦脉管平列、繞於大腦連系之前邊、順其上面行於其後端、而與後大腦之脉管相接、以供司嗅司視兩腦筋、及前葉下面第三宮、腦前篩處、大連系及兩半球之裡面、其前通脉管乃小枝、約長二分、連其過大長縫之兩前腦脈管、往往有無此管者、而其兩脉管先合而後分、或此管全分爲二、或一半分爲二、間或比其管之尋常長而細、其中腦脉管乃內項極大之枝、斜往外順前中葉前之縫、在其內分爲三枝、一爲前枝、以供前葉面所繞之腦內衣、一爲後枝、以供其中葉、一爲中枝、以供縫外端之小葉、傍其本又生數小枝、入前篩處而散於大腦前結、即線條體、其後通枝由內項脉管之後端而來、直行於後而與後腦者、即枕底脉管之枝相接、此管之大小不定、時而小、時而大、其大之時、而後腦者、則似乎不由枕底而由內項而來者、往往亦有此邊大於彼邊者、其前脉絡叢者、乃小而恒有之枝、傍後通脉管由內項後端而來、往後而外、入旁宮之下角、腦中葉邊之下、而散於大海馬、與其帶及脉絡叢

上肢脉管

供上肢之脉管自其起處至臂曲皆爲一幹、而於其所歷之各處各異其名、如由其本至第一肋之外邊、名爲鎖柱下脉管、由此至腋窩之下邊名爲腋脉管、再由此至臂曲名爲臂脉管至此處則以一管分爲正輔兩肘脉管之兩枝其列勢與下肢相同、

鎖柱下脉管

右鎖柱下脉管、由無名脈管、在右胸鎖柱節之對面而來、其左者由總脈管弓而來、所以其兩管出頭路之長短列勢與連屬不同、此管按外科則便於分作三端、其右之第一端往上斜行於外、由此管之本至前項斜肌之裡邊、其左之第一端直往上、以至此肌之裡邊、其第二端、外行於前項斜肌之後、其第三端行於此肌之外邊、鎖柱骨之下、至第一肋之下邊、至此則變爲腋脉管、此兩管之第二第三端在兩邊俱相同、故可不單論、惟其第一端所行之路與所連屬之處皆不同、故必須分論之、

右鎖柱下脉管之第一端 見百六十四及百六十六圖

此端由無名脉管、在右胸鎖柱節之對面而來、過項根往上而外、至前項斜肌之裡邊、在此路其管往上微過鎖柱骨、其多少人各不同、其前有皮淺夾膜盤肌深夾膜胸乳肌鎖柱之本胸舌骨胸脾各肌並另有深夾膜一層以遮之有內項脊兩回管肺胃百結筋之心枝及腸之各腦筋以過之其下則有一肺包膜以繞之其後則有連貫處以分開此管與長項肌第七項脊骨之橫峰及百結筋其同環喉腦筋繞於此管之下而後其鎖柱下回管列於此脉管之下鎖柱骨之極後

連屬

運屬

右鎖柱下脉管第一端連屬之圖如左

前

皮與淺夾膜盤肌
與深夾膜胸乳肌
之鎖柱本胸舌骨
胸脾之兩肌內項
脊之兩回管肺胃
心腸之各腦筋

右鎖柱下脉管第一端

下

肺包膜

後

回環喉之腦筋百
結筋長項肌第七
項脊骨之橫峯

左鎖柱下脉管之第一端見百六十四圖

此端由總脉管弓橫端之末、在第二脊背骨之對面而來、往上、至第一肋之裡邊、前項斜肌末之後、故此管比右邊者長、其列於胸亦比右邊者深、大略直往上而不似對邊之管乃弓形往外、其前傍肺包膜左肺肺胃腸心之各腦筋皆平列與左項脉管左內項無名之兩回管其胸脾胸舌骨胸乳各肌以遮之其後傍食管胸津液管百結筋之下項結長項肌與脊骨柱其裡邊有食管總氣管胸津液管其外邊有肺包膜

鎖柱下脉管之第二端連屬

左鎖柱下脉管第一端連屬之圖如左

前

肺包膜與左肺肺
胃心膈之各腦筋
左項脉管左內項
無名兩回管左胸脾
胸舌骨胸乳各肌

外

肺包膜

左鎖柱下脉管第一端

內

食管總
氣管胸
津液管

後

食管胸津液管
百結筋之下項
結長項肌脊骨
柱

鎖柱下脉管之第二三端、左右兩邊之連屬、俱相同、第二者極短、列於兩項斜肌之間而此管所作之弓、其列於極高之處、其前有皮盤肌胸乳肌項夾膜膈腦筋以遮之其前項斜肌以分此管與膈腦筋其後傍中項斜肌其上傍臂叢腦筋其下傍肺包膜其鎖柱下回管列於脉管之下與前面前項斜肌以隔之

鎖柱下脉管之第三端

鎖柱下脉管第二端連屬之圖如左

前
盤肌前項斜肌胸
乳肌膈腦筋項夾
膜鎖柱下回管

上
臂叢腦筋

鎖柱下脉管第二端

下
肺包膜

後
後中項斜肌

鎖柱下脉管之第三端、由前項斜肌之外邊往下而外、至第一肋之下邊、則變爲腋脉管、此端極淺、然項末之所列微深沈於鎖柱骨與其下肌之下列於三角處其底之前有前項斜肌其兩邊之上、有肩舌骨肌、其下有鎖柱骨所爲、其前有皮淺夾膜盤肌深夾膜以遮之有鎖柱骨鎖柱下肌飯匙上脉回兩管亦遮之其項叢鎖柱之下枝及鎖柱下肌之小腦筋直往下於此管之前其外項回管則過此管之徑邊與在外邊之收納其肩所來之飯匙上橫項兩回管此兩管往往在此管之前而成叢其鎖柱下回管列於脉管之下而前鎖柱骨之極後而其脉管則弓過此骨之上此回管之全路列於脉管下其後列於中項斜肌其上與其外邊有大臂叢其叢極下之系乃末項第一脊背兩腦筋相合之所爲並其上傍肩舌骨肌其下列於第一肋之外面

外科解剖學
壓鎖柱下脈管
勒鎖柱下脈管

繪華

鎖柱下脈管第三端連屬之圖如左

兩鎖柱下脈管之本與所行之路及其上項之高低俱有時變革其由無名管右鎖柱下脈管所來之本往往在胸鎖柱節之上或多由胸而來而在此節之下或總脈管弓直來之幹乃此管第一二三之枝或末枝其第一枝與來枝居多而二三者少加在第一枝則必占無明脈管之部常部位若在第二三枝則必過右項脈管之後而得其尋常之部位若在來枝則必由其弓左端之上或後而來斜向右邊食管與右項脈管之後間或在食總氣兩管之間至第一肋之上邊過此則仍歸其尋常之路又往往由胸總脈管而來在第四背背骨之處亦往往穿過前項斜肌或有時則過此肌之前此管往往又與鎖柱下回管同過前項斜肌之後又往往過鎖柱骨往上約寸半許或此處與鎖柱骨上邊間之各處大略右管比左者高其左鎖柱者往往與左項者為一本○鎖柱下管兩邊之連屬學者既明至於其處若受傷或生血瘤則當壓之或勒之○如欲割肩腋高臂之上端等處則必須緊此臂使血不得流然宜在此管過第一肋外面之處乃能合式而壓時須令其肩往下垂醫者指住其項邊以拇指按於鎖柱骨後之凹處往下壓以對第一肋若其肩不能下垂則由前往後以壓此管而令其對於中項斜肌與第七項背骨之橫峰○如腋脈管受傷或

勒鎖柱下脈管

生瘤則宜勒此管之第三端乃能合式蓋因此處淺且去其大枝之本較遠也若鎖柱骨未移則勒之甚易然腋窩處若生大瘤則能將此骨提往上而此管之列處必深則勒之不易故必須先知此管之高出於此骨有若干在尋常部位則高於鎖柱骨半寸亦往往有高出寸半者亦有矮而與此骨之上面相齊者若鎖柱骨已移看其管之淺深可知其勒之難易

勒鎖柱下脈管之第三端

○如勒此管之第三端其法令病人仰臥於椅上將其肩壓之往下愈下愈妙將其皮牽下於鎖柱骨由斜方肌之前邊起至胸乳之後邊割其皮於骨之上而以中管引導針置於盤肌與項夾膜之下以割之若斜方與胸乳兩肌間之處太小則將此二肌可微劃之而於所割之縫內即露出外項回管而其管與其所入之飯匙上及橫項兩同管皆須折於其邊若誤割之則須將其兩端勒住又須避其飯匙上脈管以後則將肩舌骨肌亦折於其邊而於此肌之下須留心細尋此管再以指甲或銀刀將深夾膜挑開而以指按項斜肌之外邊循其外邊以至第一肋則覺其管有跳動之意既得此管即用血蠶綫鈍針由前往後以綫之而尤須避其回管與臂叢之一枝恐誤勒於一處則其臂必至痳木若鎖柱骨因生血瘤而提高則宜勒其第一肋之上或項斜肌之後然此二處太深且週圍常有變革故不敢輕用

勒鎖柱下脈管之第二端

○若因其第三端難勒亦可勒其第二端因其在項之極高處故勒之多不安若勒此處則必須將前項斜肌割斷而其膈腦筋則列於此肌之上其裡邊又有內項回管若誤割此二處則大有關係且此管之下緊傍肺包膜亦須避之又有數大枝亦離此處之裡邊不遠亦恐受傷若萬不得已必須割之惟有一事學者必須知之乃此管往往行於前項斜肌之前而或穿過此肌或回管與脈管由此肌之後邊而過

勒鎖柱脈管之第一端

○若腋脈管或鎖柱下脈管生血瘤則必多占項斜肌外端之地步此處不能為則可勒其鎖柱下之第一端然此法不能用之於左邊因其所列者深且緊貼於肺包膜並緊貼於許多之回管與腦筋其右邊雖可勒而無效驗自其管之出頭與其生近枝之本間地步太小亦不易於下手治此須令病人仰臥於桌上而伸其項在鎖柱骨之裡邊割一縫再順胸乳肌之裡邊割一縫作一方角形再以引導針挑之將胸乳肌之胸端割斷而翻向外然務須避其數小脈管與回管及往往淺項之回管次將胸舌骨牌各肌亦依上法割之以指甲挑開深夾膜則露出內項回管過此管之勢將此回管折於其邊用血蠶針由下往上以繞脈管而須避肺包膜此處有肺胃回環喉膈百結筋之各腦筋此各部位學者務宜記明至所勒之處宜傍脊脈管之本愈近愈妙爲於此管之本與其所勒之處之間作成血塞此右邊之管如由總脈管弓之左邊而來則第一端所列者必深且過食管之後或食管與總氣管之間

旁運行血管

○勒第三端以後使血由旁運行故有三種管其一爲後種乃鎖柱下之飯匙上與飯匙後枝此二管皆與腋脈管之飯匙下相接二爲內種乃內乳

脊脉管

與長短胸脈管亦與飯匙下相接三爲中種或腋種乃由鎖柱下枝而來之數小管而其下穿過腋窩之本總管或腋脈管之數枝此種之管甚曲而成叢乃新作者即舒脈管之式其血瘤之下所挽同之腋脉管乃飯匙下脉管而與鎖柱下之內乳飯匙上後飯匙之枝易相通此管所收納之血多而加大於其管者三倍

鎖柱下脉管之枝

鎖柱下脉管之枝有四、由第一端所來者有三、乃脊、內乳、牌軸、由第二端所來者有一、乃上肋間、其第三端則無枝、其脊枝由第一端之上而後所來、其牌軸枝、由其管之前而來、其內乳枝、由其管之下而來、其上肋間枝、由第二端之上而後而來、其左邊之第二端大略無枝、其上肋間枝由在前項斜肌之裡邊而來、其兩邊之首三枝、俱由近前項斜肌之裡邊而來、大略其管之出頭與極近枝本之間、有半寸至一寸之穴處間有過一寸者大略至多不過一寸與四分寸之三、至少不過半寸、

脊脉管、見一百七十一圖大畧爲鎖柱下之第一而極大之枝由此管第一端上而後所來、往上入第六項脊骨橫峯之孔、次往上穿過以上各橫峯之孔、在樞軸骨上邊之上、斜往外而上、穿過紐環骨橫峯之孔、後繞於節峯之後、而行於此骨後弓面之深陷、穿過後枕紐環筋帶與腦外衣、而過髓孔以入頭顱、此後行於髓頭之前、在中腦之下邊、而與其對邊之管相接、以作底脉管、此管之本列於內項回管與下牌脉管之後、並傍脊骨列於長項前項斜兩肌之間、其左邊之胸津液管、列於其前其在脊骨橫峯所作之孔內與百結筋之叢筋同行、並列於其前之脊回管及其後之由脊前孔

脊脈管之枝　旁脊髓枝　肌枝　後腦衣枝　前脊髓枝　後脊髓枝

所來之項腦筋之間、於繞紐環節峯之時、貯於小後直上下兩斜之各肌所作之三
角處、而與大後直錯綜兩肌以遮之、其頭顱之內繞髓頭之處、此管列於下舌與枕
下前根腦筋之間、其管之枝分為項頭顱內所生之兩種、其項枝有二、乃旁脊髓、肌、
其頭顱枝有四、乃後腦衣、前脊髓、後脊髓、下小腦、其旁脊髓枝過脊骨間之孔以入
髓道而分為二枝、一枝隨腦筋之根以供髓系與其膜、而與他髓脈管相接、一枝散
於脊骨體之後面、其肌枝由脊脈管繞紐環節峯而來、以供項之深肌、而與枕及深
項脈管相接、其後腦衣枝、乃或一或二之小枝、由脊脈管髓孔之對面而來、而分枝
於骨、與小腦窩外衣之間、以供小腦鐮膜、其前脊髓枝乃小枝、而大於其後者、由近
脊脈管之末而來、在髓頭之前、與其對邊之管相接、其合成之管則徵往下、於髓系
之前而穿過數脊骨間之孔、以與排列入髓道之小枝相合、此枝之在項內、由脊與
上項而來者、在脊背部、由肋前而來、與脊柱下端由腰膀腰、與旁方脈管而來者、皆
由上與下枝相合、而為一單前中脈管、往下以至髓系之下端、此管又隨前中縫、列
於內腦衣之下、以供此衣與系之體、其下端所生之枝、則散於髓尾、其後脊髓枝在
髓頭邊由脊脈管而來、往後至髓系之後面、在兩邊、而向下列於髓腦筋後根之後、
有排小枝以加增之、而穿過脊間孔以入髓道、往下續於髓系之下端、與髓尾、此管
又有枝、繞髓腦筋之後根相接、而與有極曲之橫枝、與其對邊之管相通、其出頭則

下小腦脉管　底脉管　橫枝　上小腦枝　後大腦枝　腦底脉環

生一枝往上以至第四宮之邊、其下小腦枝、乃脊管極大之枝往後繞髓道上端、行於副脊髓肺胃兩腦筋本之間又過繩柱至小腦之下面而分爲內外兩枝、其內者、往後至小腦兩半球間之峽、其外枝者以供小腦之下面以至其外邊而與上小腦之枝相接、又別有枝以供第四宮之脉絡叢、其底脉管、列於頭顱之底、故名、乃兩脊脉管相合而成者、由中腦之後至其前邊分爲兩末枝、即腦後脉管、其枝每邊各四、乃橫前小腦、上小腦、後大腦、其橫枝以供中腦與其所傍之處、一枝同司聽之腦筋、以入耳內竅一枝較大、隨小腦蒂而行、散於小腦下面之前邊、即前或下之小腦脉、其上小腦枝由傍底脉管之末而來、傍第四腦筋、而繞大腦蒂至小腦之上面、分枝以供蓋其面之內腦衣而與下小腦枝相接、又有數枝散於松子核與絡膜、其後腦枝乃底脉管之兩末枝而大於其上者、傍其本有第三對腦筋以隔之、繞大腦蒂至大腦後葉之下面以供之、而與前中大腦兩脉管相接、傍其本又生數枝以入後篩處而收納內項所來之後通脉管、又生一枝即後脉絡叢者、以供絡膜與脉絡叢由大腦連系後邊之下以入腦內、其奥妙腦底之脉環、乃內項與脊脉管枝之間相接所爲、其前乃前大腦與前通脉管所爲、其兩邊有內項本幹與其後通者所爲、其後乃後大腦與底者之尖所爲、以此數者合而成環、乃能使腦之血運行和平、即或有一二枝受傷、其血亦不至阻滯、此脉環內腦之處乃灰片、司視筋之連合、漏斗灰阜、

脾軸管　下脾脉管　喉枝　總氣管枝　食管枝　上項枝　飯匙上脉管

白珠後篩處、

脾軸管、其幹短而厚、由鎖柱下脉管第一端之前而來、緊傍前項斜肌之裡邊、於初發時卽分爲三枝、乃下脾飯匙上橫項、

下脾脉管、曲形往上在總項脉管、與百結筋鞘之後、（其中項結列於其上）散於脾核之下面、而與上脾者、並其所屬對邊之脉管相接、其枝有四、乃喉、總氣管、食管、上項、其喉枝往上、於總氣管之上、至喉之後、以供此處之肌、與其嫩膜、其總氣管枝、散於總氣管、而下與氣脉管相接、其食管枝、散於食管、其上項枝、乃小枝、由行於總項脉管後之下脾而來、往上至前項斜肌與大前直肌間之處、生枝以至項肌、而與脊脉管所來之枝相通、又生一二枝、穿過脊骨間之孔、順項腦筋、以供脊骨體髓系與其膜、

飯匙上脉管、小於橫項者、由裡斜往外、過項之根、先列於前項斜肌之下端、有胸乳肌以遮之、後過鎖柱下脉管、往外與鎖柱骨、及鎖柱下肌之後而平行、與肩舌骨肌後腹之下、至飯匙骨之上邊、於此處過飯匙骨之橫筋帶、以至崗上窩、此處緊傍骨、以分枝於此骨與崗上肌之間、而多散於此肌、又生一通枝過飯匙骨之項、以至崗下窩、而與飯匙下脉管之背枝相接、散於胸乳與隣肌之枝、復有一枝卽肩頭上枝、穿過斜方肌、以供肩頭之皮面、而與胸肩頭脉管相接、此管過飯匙上峽之時、有一枝往下入飯匙之下窩、而分枝於此肌之下、以與後飯匙下兩脉管相接、亦供肩節、

橫項脉管

淺項枝　後飯匙枝

內乳脉管

膈上枝　胸縱膈枝　心包絡枝　胸骨枝

橫項枝、橫往外、過鎖柱下三角處之上端、至斜方肌之前邊、而其下分爲淺項後飯匙兩枝、過項之時、則過項斜肌、與臂叢之前、往往而行於其叢岔之間、有盤、乳肩舌骨、斜方、各肌、以遮之、其淺項枝、則行於斜方肌前邊之下、而散枝於此肌及其隣肌、並項核、其後飯匙枝、乃橫項之所續、過提飯匙角肌之下、以至飯匙骨之上角、往下順此骨之後邊、以至其下角、而與腋脉管飯匙下之枝相接、其在路時、有兩長方遮之、以供此肌與廣背斜方之兩肌、而與飯匙上下兩脉管、及數肋間脉管之後枝相接、前項枝往往有由脾軸單來之枝、其後飯匙枝則由鎖柱骨下之第三端或第二端而來

內乳脉管、由鎖柱下脉管之第一端之下面、脾軸之對面而來、下行於鎖柱骨之後、至胸前壁之裡邊、列於肋脆近胸骨邊、而與第六七脆間之處、分有肌膈腹上上之兩枝、此管之本、有內項鎖柱下兩回管以遮之、有膈腦筋以過之、在胸上端、列於肋脆之上、與其前之內肋間肌、而其後有肺包膜以遮之、在胸下端、其三角胸肌以分此管與肺包膜、其胸上端、有兩回管同行、而合爲一幹、其內乳脉管之枝、乃膈上胸縱膈、心包絡、胸骨前肋間、透肌膈、腹上上、其膈上枝、長而細、與膈腦筋同行於肺包膜心包絡之間、以至膈肌、而散於其肌、而與內乳脉管之他膈脈管、及腹總脉管相接、其胸縱膈枝、小、散於前胸縱膈內之連質、與胸核之餘、其心衣枝、供心包絡之上端、其下端之枝、由肌膈脉管之枝而來、其胸骨數枝、散於三角胸骨肌、及胸骨之兩

前肋間枝　透枝別名前枝　肌膈枝　腹上上枝

上肋間脈管

深項枝

面、其前肋間枝、以供上五六肋間處、每處相對之枝、皆往外、而分爲兩枝、由肋對面之邊而行、與由總脈管所來之肋間枝相接、先列於肺包膜與內間肌之間、後列於此肌兩層之間、以供肋間胸各肌、及乳核、其透枝、與上五六肋間處相對、由內乳而來、前行以穿過肋間處、曲向外、以供大胸肌與皮、其首三處相對之枝、散於乳核、在婦人乳子之時、此枝甚大、其肌膈枝、斜往下而外、至假肋脆之後、在八或九之肋透其膈肌、而於末肋間處之對面則減小、其過肋間處之時、將前肋間枝分於每處之各枝、其處減其長、其管即形其小、而與內乳所來之前肋間脈管之散佈相同、又供枝往後、以至膈肉、往下以至腹肌、其腹上上枝、乃直續其內乳管者、往下至直肌之後、而透其鞘、分枝以供此肌、而與外胯所來腹上脉管相接、有數管穿過此直肌鞘、以供之腹肌與皮、有小枝往裡、至胸骨尖脆之邊、而與此脆前對邊之脉管相接、

上肋間脈管、由鎖柱下脉管之上而後、在右邊前項斜肌之下、及其左邊肌之裡邊而來、往後生深項枝、往下肺包膜之後、首二肋項之前、與總脈管而來之首肋間管相接、在第一肋間處、又生一枝、而與總脈管肋間之散佈相同、其第二肋間處之枝、大略與總脈管首肋間所來之枝相合、每肋間之枝、又生一枝、以至後脊肌、並有小枝穿過其所屬之脊間孔、以至髓系與其膜、其深項枝、大略由上肋間而來、與總脉管肋間之後枝相似、往後在第七項脊骨之橫峯與第一肋之間、往上於項之後錯

綜半後峯項肌之間、以至樞軸骨而供此肌與其隣肌、以與枕之首項枝及脊脈管往外之枝相接。

腋窩外科之解剖

腋窩之地界

腋窩乃圓錐形之處列於胸上旁兩端之間及臂之裡邊其尖往上向項根而與內之第一肋外之飯匙骨之上邊並前之鎖柱骨與其下之肌之間各處俱相對其底向下乃皮而與由其前之大胸肌之下邊並其後之廣臂肌下邊間之夾腋後膊所爲在胸其裡邊而寬在背其外邊窄而尖其前界乃大小胸兩肌所爲其大者以遮腋窩之全前壁其小者但遮其中端其後界較前界往下其上乃飯匙下肌其下乃大圓條廣背兩肌所爲其裡邊有首四肋與其相對之肌間肌及大鋸肌之一端其外邊前後相聚之處窄有臂骨烏喙臂變頭兩肌腐其底界此窩所貯者係腋血管臂叢之腦筋與其枝肋間腦筋之數枝及許多津液核而以許多之油與緊連質將

腋窩所含之物

以上之各物連之其液脈回管及臂叢腦筋皆由其尖斜順腋窩之外界以至底而列於前壁較其後者尤近其兩回管列於脈管之裡邊而遮之其窩之前端緊貼於胸肌有腋脈管之胸枝與順其窩之前邊有長胸脈管行於胸之邊其窩之後端緊貼飯匙下肌之下邊有飯匙下之血管腦筋其飯匙臂之脈回兩管枝於此肌之下邊與向此肌之外端別有後環之血管腦筋往後曲而至於肩順其裡邊無緊要之管惟其上端有由上胸脈管所來之數小枝以過之在此處有要緊之數腦筋乃後胸別名外呼吸之腦筋往下散於大鋸肌之面則有肋間臂之腦筋過窩以至臂之裡邊穿過此壁上而前之端此窩內有鬆連質甚多並有許多小脈管之管又有

腋窩合位之部

許多津液核約十至十二大略多列於其裡邊與此窩下而後之端此窩內各處血管腦筋之連屬學者務宜留心記濟其處或有病核或生瘤若外醫欲去之須慎此窩之外壁與其尖切不可傷其腋脈管如向其後壁割之則須避飯匙下飯匙臂與後間環之各血管如割其前壁則須避其胸枝然此窩之裡壁與窩之中皆無緊要之管而瘤每多生於此處故割之甚便

腋脈管

腋脈管、即續於鎖柱下之脈管者、由第一肋之下邊起、其末在廣背大圓條各肌筋之下邊、以變爲臂脈管、其列勢隨肢之部位而變、如令臂垂於胸邊、此管則微曲、其凸處、則向上而外、如伸其臂按其身爲方角、此管則直若令其臂再往上、則此管亦微曲而其凹向上、此管之出頭處、其列勢極深、近其末處之列勢甚淺、畢有皮夾膜以遮之、故論此管之連屬、便於分爲三端、在小胸肌之上者爲第一端、在其後者爲第二端、在其下者爲第三端、

第一端之連屬

腋脈管之第一端其前傍大胸肌之鍼柱端與肋烏喙膜及臂外回管其後傍第一肋間處與其相對之肋間肌並大鋸肌之首齒及其後胸之腦筋其外爲臂叢其裡爲腋回管

腋脈管第一端連屬之圖如左

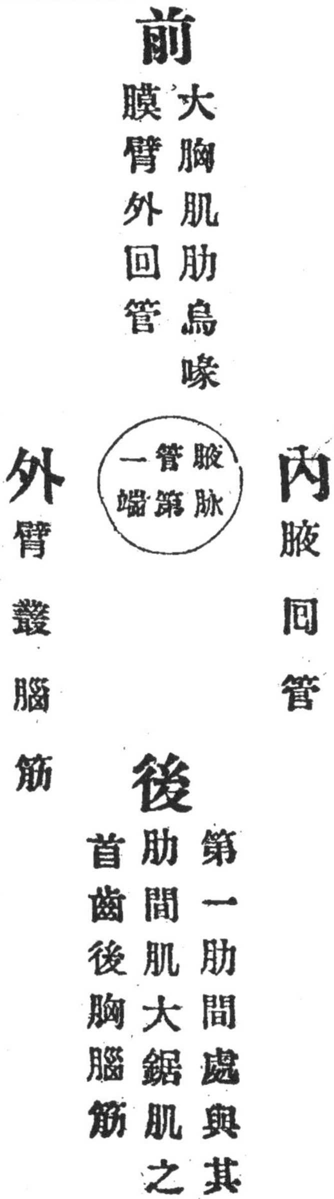

第二端之連屬

腋脈管之第二端列於小胸肌之後、前有大小兩胸肌以遮之其後有連貫之處以隔此端與飯匙下肌其裡邊貼腋回管其臂叢腦筋繞此脈管而隔此管與回管及肌隣

第二端之連屬

腋脉管第二端連屬之圖如左

內 腋回管

前 大小兩胸肌

腋脉管第二端

外 臂叢腦筋

後 飯匙下肌

腋脉管之第三端列於小胸肌之下其前之上傍大胸之下邊下有皮與夾膜以遮之其後旁飯匙下肌之下端與廣背大圓條兩肌之筋其外傍烏喙臂肌其內傍腋回管其臂叢腦筋傍此端之迴腦其外有臂中腦筋並微有肌皮者其內有正肘內小內兩皮各腦筋其後有肌螺旋迴環兩腦筋而此迴環者不過飯匙下肌之下邊

變革

外科解剖學　壓法　勒法

腋脈管第三端連屬之圖如左

前：皮與夾膜　大胸肌

內：正肘腦筋內皮　腦筋腋回管

腋脈管第三端

外：烏喙臂肌臂中　腦筋肌皮腦筋

後：飯匙下肌廣背大　圓條兩肌之筋肌　螺旋回環兩腦筋

此脉管之變革有十分之一有一發為大枝而成前臂脉管或大肌幹其前臂者以三十三之一為輔肘七十二中有一為正肘五百零六中之一為骨間者其大肌幹者凡飯匙下臂回環深兩脉管皆由此管而來往往單有一同環管或深脉管由此幹而來如此則臂叢卽繞其枝之幹而不繞共總管學外科者既將此脈管各處之連屬記明仍須考查其宜壓宜勒之處如上臂生瘤處因傷而欲截去其上臂則單由其下端以壓之宜由裡壓而往外推其臂骨則血不流如臂之上端生血瘤只宜勒其管之上端或下端其中端所列之處深並有大腦筋繞之所以不能勒之如勒下端須將病人置床上而令其臂離於身邊以仰其手而把其臂頭將此處之皮割二寸長令其前邊近其後邊再細解剖其連質與夾膜則露出臂中腦筋與腋回管將其筋移於臂外其管移於臂內再曲其肘則枝發鬆而易於分開部用線由正肘至輔肘邊繞其脉管而勒之此處往往有廣背之肌絡以過之若絡過其脉管看其絲之橫勢則知之矣若不能勒其下端須勒其上端然勒此端雖有救而於覺不易且有愈險學醫者宜知於此處須割斷其厚肌並分開其肋烏喙膜以後則露此管於深處之底而有臂外腋兩迴管近列之故勒之極危險凡生血瘤總以勒鎖骨下脉管

腋脈管之枝　胸上枝　胸肩頭枝　胸長枝　胸腋窩枝　飯匙下枝

之第三端爲最妥如此管受傷則必須割至管且宜勒其傷處之上與下

腋脈管之枝、其第一端爲胸上枝、胸肩頭枝、第二端、爲長胸枝、胸腋窩枝、第三端、爲飯匙下枝、前後兩回環枝、其胸上枝小、由腋脈管而來、或同胸肩頭枝由總管而來、順小胸肌之上邊、往上而裡、過大小兩胸肌之間、至胸之邊、以供此肌與胸之壁、而與內乳肋間各脈管相接、其胸肩頭枝短、由腋脈管之前端而來、往前凸於小胸肌之上邊而分爲胸、肩頭、下、三種、其胸枝有二三、散於大鋸胸各肌、而與內乳之肋間枝相接、其肩頭枝、往外、向肩頭以供三角肌、而與在肩頭面之飯匙上、後回環各脈管相接、其下枝同臂外回管行於三角大胸兩肌之間、而供此二肌、其胸長枝、順小胸肌之下邊、行於下而裡、以至胸之邊、而供大鋸胸各肌與乳核、又生枝過腋窩以至腋窩核與飯匙下肌、而與內乳肋間之各脈管相接、其胸腋窩枝小、供腋核與連質、亦有時無此枝、而以胸之他脈管枝代之、其飯匙下枝、乃腋脈管極大之枝、由飯匙下肌下邊之對面而來、順飯匙骨下角之下邊、往下而後、以與鎖柱下之後飯匙枝相接、又散枝至飯匙下、大鋸大圓條、廣背各肌、去其本約一寸半許、生一大枝、即飯匙臂枝、此管曲繞於飯匙之下邊、在上小圓條、下大圓條、前三頭肌長頭之間處、而離其腋窩以分爲三枝、一爲飯匙下枝、入飯匙下窩、飯匙下肌之下、以供之、而與飯匙上下之兩脈管相接、一爲崗下枝、即飯匙背者、繞飯匙腋窩之邊、由小圓條與

後回環枝　前回環枝　連屬

骨之間、入肩下窩以供肩下肌而與飯匙上後飯匙兩脉管相接、一爲中枝、順飯匙骨腋窩之邊纏於大小圓條兩肌之間而與骨下角背面之飯匙上脉管相接、其回環枝繞於臂骨之項其後回環者大於前者由腋脉管之後端而來在飯匙下肌下、邊之對面同回環之回管腦筋往後過大小兩圓條肌、三頭肌之飯匙頭及臂骨等所爲之四角處繞此骨之項、而散於三角肌與肩節以與前回環飯匙上、胸肩頭脉管相接其前回環者小於後者由腋脉管之外邊後回環之極下而來橫往外在烏喙臂與雙頭肌之短頭之下、列於臂骨項之前端以至雙頭陷則生一上枝順此陷往上以供此骨之頭與肩節復往外至三角肌之下而供之以與後回環胸肩頭之兩脉管相接、

臂脉管見百七十七圖

臂脉管由大圓條肌筋之下邊起、在臂之裡前兩面、往下去肘曲約半寸之下、分爲正輔兩肘之脉管、由腋窩外邊折疊之間、至臂髁中間之處順烏喙臂雙頭兩肌裡邊之凹處相對畫一線、以明此管之列勢、此管之上端、列於臂骨之裡邊下端列於其前邊、其全路俱淺其前有皮與淺深兩夾膜以遮之肘之對面有雙頭夾膜以分此管與肘曲內回管有臂中腦筋過此管之中其臂內回管則與此管平行而有夾膜以隔其下半其後之上有三頭肌之長內兩頭肌螺旋腦筋上深脉管與其骨下之前有烏喙臂及前臂兩肌之來以隔此管與臂之裡邊其外傍臂中腦筋之出頭處與烏喙臂雙頭兩肌微搭之其裡邊之上半傍內皮正肘兩腦筋其下半傍臂中腦筋並有兩回管與之並行而緊貼此管其附回管往往有橫通枝以遞迹

臂脈管連屬之圖如左

前

皮與兩夾膜雙頭夾膜肘內回管臂中腦筋

內

內皮正肘中各腦筋

臂脈管

外

中腦筋烏喙臂肌雙頭肌

後

三頭肌肌螺旋腦筋上深脉管烏喙臂肌前臂肌

肘曲

臂脈管在肘曲、深入於三角處、此處之底上向臂骨、其外爲長仰肌、內爲俯輔肘圓條肌其地乃前臂短仰兩肌之所爲此處含臂脉管與其同行之回管正輔兩肘之脉管、中肌螺旋兩腦筋及雙頭肌之筋、其臂脉管居此處之中線、而與正肘骨烏喙峯之對面、分正輔兩肘之脈管其前有皮淺夾膜、肘曲內回管、以遮之而其雙頭夾膜分脉回兩管其後列於前臂肌、而其肌隔此管與肘節、其臂中腦筋列於脉管之

變革之路

變革之分歧

變革肌之連屬

裡邊、其下約半寸之處、以分此筋與其脉管、有雙頭肌筋列於其處之外邊、肌螺旋腦筋、又列於此肌筋之外、俯端肌之上、而微隱於長俯之下、臂脈管同中腦筋至雙頭之裡變路往下邊向臂之內髃大約繞於骨之凸處而有類絲帶連於此骨後則往外至俯圓條肌之下或穿過其肌而至肘曲凡獸之食肉者其尋常皆如此人則由改變而成其分歧之處往往此管在上端分兩管而其上下相合下肢之大管亦是如此而在上者居多統計四百八十一人之中照尋常之分法者三百八十六人比尋常往下離肘節下約二三寸者一人其全臂皆為兩管或單有一處成兩管者九十人又有兩臂之改變彼此不同者約計六十一人之中其變在一邊者有四十三人其兩邊雖俱變而變法不同者十三人兩邊皆一樣改變者五人臂之各處俱有分歧大約上端多而下端少中端尤少故此兩端為尋常可勒之處然不論其由某端所分皆係臂中之兩大脈管代一管在輔肘者則四中有三其輔肘則由其高處分歧往往由臂之裡邊而來與其總管平行以至肘曲而過之列於夾膜之下或穿過其夾膜而皮之極下過脈管其正肘者往往亦由臂脈管之高處而來至臂之下端以後往往離開往下向內髁若在前臂大約則列在深夾膜之下屈肌之淺處往往在皮與深夾膜之間亦少列於屈肌之下其骨間脈管往往由臂脈管之上端而來或由腋脈管而來由臂往下列於總管之後而與在肘曲卽得尋常之部位其輔肘者由高處分岐時往往將其所餘之總管乃骨間正肘管而與中腦筋隨臂之裡邊行於其內髁由裡往外行於俯圓條肌之下或穿過此肌而在肘曲之末以得其尋常之部位其代臂之兩脈管其肘曲往往有短橫枝以連之亦往往兩管復相合往往又有長細血管以連臂脈管或腋脈管或前臂之一脈管或其所來之枝此小管大約與輔肘者相合其管所係之肌亦有變革者其肌或筋絡則由其路之數各處而來以遮此管在臂三分之上一其臂血管與臂中腦筋有烏喙臂所來之肌層約三寸以遮之繞於此管之裡邊而與三頭肌之內頭相合在臂之下半往往有由雙頭肌而來之管溯頭以遮此管又有由雙頭肌而來之窄肉絡過此管而遮其一寸半其筋以入其所遮俯圓條肌之腱膜亦有由外變頭崗所來之肌與筋絡斜過雙頭長筋之後入肉腹在臂之裡邊雙頭烏喙臂兩肌之間則露之而往下順雙頭之裡邊極斜而過此管列於管之前約三寸後則變為窄區筋黏於俯圓條上之健膜其大胸筋之深滿亦有來之筋絡斜過此管在烏喙臂或其下而與內髁上之肌間隔相合其前臂往往凸在脈管之外邊間或搭之往裡過此管而生一勒此管於前臂上之健膜往往又有由此肌而來之肉絡以遮此管有三寸之處假如俯圓條肌有高本則有健膜由

外科剖學解

勒臂脉管之上

勒臂脉管之中

勒臂脉管之下

旁運行血

上深枝

此筋而來在此管之下之外與前臂合而為弓形臂脉管與中腦筋則過其弓之下在骽橫平面之上約一寸半以遮之因傷割其臂或前臂或因肘節已壞而作新肘節或因瘤而欲壓此管之各處俱可壓之其管之上者列在裡則須由裡而壓於外下者列在前則須由前而壓於後最便者在烏喙臂末之上或下壓之為妥○若此管受傷或掌或弓受傷惟壓正輔兩肘之脉管其血不能止則必須勒此傍脉管若臂與正輔兩肘或骨間之脉管生血瘤則此管之各處俱可勒之至於定其部位須看其烏喙臂變頭兩肌之裡邊其處必有痕迹露出其為人所知之路與其脈即可引手捫得其處因其有變革故割時總宜先得其脉為準亦無論割何處總須留神蓋因其所遮之物極薄及其一路所連要緊之回管腦筋又往往有肌薄層以遮之遇此則必須將此層割斷乃能露出其管○如欲露此管於臂三分之上一須合病人仰臥於案上使其臂旁伸而仰其手在烏喙臂肌之正肘邊割二寸其下有夾膜亦勿傷其內皮腦筋或臂內回管此筋與管往往行於脉管之上以至腋窩若割斷其夾膜則記其正肘內皮兩腦筋列於此管之裡邊其中者列於其外邊往往又淺列於此管同回而管列於兩邊各一列須細分開以血囊針由正肘邊繞此管以至輔肘邊若因高處變為兩管則大約並列醫者須查其瘤之在某邊或某管受傷若捫得某管即勒某管若非壓兩管其血流而其脉不止則仍不若兩管俱勒恐其病由上而通或兩管相合也於高處分而不平列之時有一管順內肌間隔向臂內骽之同線或者在尋常之部位然而深列於總幹之下識此列勢可以知其勒之之法○欲露此管於臂中則宜順雙頭肌之裡邊割之須屈其前臂則此肌鬆再割斷其夾膜則見中腦筋列於此管之上間或亦在其下將其肌牽於外而令腦筋往裡再將其同行之回管分開以勒此管此處有下深脉管若血旁行則此管必加大而冒為總幹割時宜往外以向雙頭肌切莫往裡與後以向三頭肌則可以避其管矣○其下端最為緊要西醫多由此處放血大約割其肘曲之內回管其管極大而凸故放血甚便學者務須記此回管與臂脉管平行有雙頭夾膜以隔之其平行之處切不可割恐傷其脉管若勒此管三分之上一則運行血必由回環飯匙下兩脉管之枝及上深之上枝相接處而來若勒其深脉管本之下則其血由深脈管之枝與俯肘返回正肘及骨間之各脈管相接而來

臂脉管之枝、乃上深、養、下深、大接、肌、其上深枝、由臂者之裡而後在大圓條肌下邊之對面而來往後同肌螺旋腦筋、至三頭肌內外兩頭之間、而繞於臂幹後螺旋之

養骨枝　下深枝　大接枝　肌枝

陷內、三頭肌與骨之間、往下由臂之外邊、至前臂長仰兩肌之間、而與俯肘脈管返囘之枝相接以供三角烏喙臂三頭之各肌、又在陷之內三頭肌與骨之間生後節枝直往下由三頭肌與骨之間至肘節之後、而與骨間之返囘枝、與在臂裡邊之返囘後正肘、與大接或下深者相接、見百八十圖 其臂骨幹之養脈管、由臂者之中而來傍烏喙臂肌之末、以下入養骨道、其下深者小、由臂中之微下而來穿過內肌間隔往下至三頭肌裡頭之面上同正肘腦筋至內髁及肘之間、而與返回後正肘並大接者相接、其大接者由肘節之上約二寸而來橫往裡於前臂之上穿過內肌間隔、繞臂骨之後端三頭肌、及骨之間、而與上深後節之枝相合、而於肘窩之上作爲弓形、其於前臂之上時生一枝過內髁與肘之間、而與下深及返囘後正肘之兩脈管相合、又有他枝往上以與下深者相合、又有枝往下、由內髁之前與返囘前正肘者相接、其肌枝、乃三四大枝散於此管路上之肌以供烏喙臂雙頭前臂之各肌

輔肘脈管

輔肘脈管之列勢、似乎續於其臂脈管、然論其大小則小於正肘者、由臂脈管分歧處肘曲之極下而起隨前臂之輔肘邊往下至腕往後繞於腕骨之外邊拇伸筋之下、往前行於第一臂骨間肌兩頭之間而入手掌此後則過掌骨至手之正肘邊、作爲深掌弓而與正肘之深枝相接此管之連屬便於分三端乃前臂之前腕之後手

前臂之連屬

腕之連屬

手之連屬

之內此管在前臂由俯肘骨項之對面起至錐峰之前上則列於此骨幹之裡邊下則列於其前邊其全路淺有皮淺深兩夾膜以遮之其上則有長仰肌以織搭之其往下所行之路列於雙頭筋短仰俯輔肘圓條屈淺指輔肘之本屈長拇俯方各肌及輔肘骨下端之上其路三分之上一列於長仰俯輔肘圓條兩肌之間其路三分之下二列於長仰屈腕輔肘兩肌筋之間其輔肘腦筋在其路三分之中一列於此管之外邊有肌皮腦筋之數絲穿過其深夾膜後則隨此管之下之而繞於腕此管之全路俱有同行之同血管○此管在腕由錐峰至第一骨間處繞於腕外邊之時則列於外旁筋帶有拇伸筋皮下同行俯肘腦筋之數絲與皮以遮之有兩同管及肌皮腦筋一絲與之同行之此管在手由第一骨間處之上端在開食指頭之間橫過手掌以至小指掌骨之底而與正肘脈管之通枝相接以作深掌弓而列於掌骨之腕端與骨間之肌有指屈筋蟲肌小指肌屈短拇肌以遮之並有正肘腦筋之深枝與之同行

輔肘脈管前臂連屬之圖如左

輔肘脈管在前臂

前：皮淺深兩夾膜長仰肌

外：長仰肌輔肘腦筋三分之中一雙頭筋短仰俯

後：輔肘圓條屈淺指屈長拇俯方

內：俯輔肘圓條屈各肌輔肘骨腕輔肘兩肌

變革

外科解剖學

輔肘脉管枝返回輔肘枝

肌皮淺掌枝

腕枝前腕枝

後腕枝

此管之本有入分一之變革有一本下於尋常者其他者之本由臂脉管之上端多於腋脉管者而來又有前臂所變之部位少於正肘者又有時列於夾腋之上而代其下者亦有時列於長仰肌之上而代其裡邊者有於橈腕時列於深筋之上而代其下者〇外科遇此本管或其枝或受傷或生血瘤則宜露此管之在前臂者最易現露在此部三分之中或下之一者尤易勒然傍肘則不易勒蓋因在此處之列深又有長仰俯圓條兩肌以搭之若於此處勒之則須由肘曲起斜往下而外在前臂之輔肘邊割三寸長然須避其中間管之枝再割斷其夾膜將長仰肌假提於外則露出此管再將其同行之間管分開用綫由輔肘至正肘邊勒之者在三分之中一處者則由長仰之裡邊亦依上法割之惟此處有輔肘腦筋緊貼於其外邊割時須避此筋及回管若在三分之下一處者則由長仰與屈腕輔肘肌之間割斷其皮與夾膜則此管露出

輔肘管之枝、亦按其三部分爲三類、其前臂枝、爲返回輔肘、肌、淺掌、前腕、其腕枝、爲後腕、掌、拇指背、食指背、其手枝、爲拇枝、食指輔肘枝、透骨間、其返回輔肘枝、由肘節極下而生、往上至肌螺旋腦筋枝之間、先列於短仰後、列於長仰淺臂兩肌之間、以供此肌肘節、而與上深之末枝相接、其肌枝散於前臂輔肘邊之肌、其淺掌枝、由輔肘脉管繞腕之處而來、往前行於拇肌之間、而供此肌以與正肘脉管之末相接、作爲淺掌弓、此枝之大小無定、大略小者居多、其末則入於拇肌內其大往往與輔肘所續者相同、其腕枝供腕之數節、前者係小管、緊貼於輔方之下邊而來、往裡至輔肘骨之前、而與正肘之淺腕枝相接、作爲弓形、卽由此弓之枝往下、以供腕之數節、其後者小、由拇指伸筋之下而來、橫過其腕、至手之裡邊、而與正肘之後腕枝相接其往上所生之枝、則與前骨間脉管之末相接、別有他枝往下、至掌骨處、卽第三四

掌枝　背拇枝　背食枝　拇枝　食指輔肘枝　透枝　掌骨間枝　連屬前臂之連絡

骨間處之背骨間脈管、而與深掌弓後透枝相接、其掌枝卽首背骨間枝、由拇伸筋之下而來、亦往往與後腕脉管同來、前行於第二背骨間肌之上、與其後深掌弓所屬之透枝相通、而在前與淺掌弓之指枝相接、以供食中兩指相依之邊、其背拇枝、乃兩小管、順拇背面之邊傍第一掌骨之底、往往有時單來、亦有時由總幹而來、其背食枝、亦小、順食指後之輔肘邊生數枝、以至開食肌、其拇枝由輔肘者將往裡於手之深處而來、往下於開食指鬬拇指兩肌之間、順拇掌骨之正肘邊、至第一指骨之底、而分爲兩枝、順拇掌面之邊而行、與末指骨之下面合爲弓形、由弓形處又生數枝、散於拇皮與連膜、其食指輔肘枝之來處、傍其拇者而來、往下於開食鬬拇兩肌之間、順食指之輔肘邊、以至其末、而與淺掌弓相對之指脉管相接、在鬬肌之下邊、則與拇指相接、又生一通枝、以至淺掌弓、其透枝有三、往後由末三背骨間肌頭之間、而與背骨間之脉管相接、其掌骨間枝、乃深掌弓之三四枝、前行於骨間肌之上、而與淺弓之指枝相接於指縫、

正肘脉管

正肘脉管乃臂脈管所分兩歧之極大者、由肘曲之微下而起、斜過前臂之裡邊、至其下半之出頭處、後則順正肘邊、以至腕、在豆骨輔肘邊過環筋帶、並手掌、作爲淺掌弓、而與淺掌脉管相接、此管之上半所列者深除屈腕正肘肌之外其餘之淺屈肌俱遮於此管並有中膈筋列於其裡邊約一寸處以過

腕之連屬　手掌之連屬

之並列於前臂屈深指兩肌之上其下半列於屈深肌之上有皮與淺深兩夾膜以遮之置於曲腕正肘屈淺指兩肌之間有同行之兩回管每邊各一其正肘腦筋列於其三分下二處之裡邊其筋叉生小枝幹下於此管下端之上以至手掌

正肘脉管前臂連屬之圖如左

前

上半淺屈肌中
腦筋下半淺深
兩夾膜

外

屈淺指肌

正肘脉管前臂

內

屈腕正肘肌
正肘腦筋乃
三分之下一

後

前臂肌屈
深指肌

此管在腕有皮與夾膜以遮之列於前環筋帶之上其豆骨列於其裡邊其正肘腦筋亦列之而微後〇此管在手掌之所續乃淺掌弓斜往外至拇球與食指間之處而與淺掌及食指輔肘之枝相接作爲淺掌弓其弓之凸向指其凹向拇肌此弓有規掌肌掌夾膜與皮以遮之而列於環筋帶小指肌淺屈筋中正肘兩腦筋之歧之上此正肘者微過其脉管

全體通考　卷五　論脉管

三十一

淺掌弓連屬之圖如左

前

皮短掌肌掌夾膜

正肘脉管在手

後

環筋帶小指肌之本淺屈筋中正肘兩腦筋之歧

變革

此管本之變革在十三分之一中有一分比尋常者矮去肘二三寸之下而來其餘各處俱高而由臂所來之本比腋所來者爲多其部位比輔肘之變革者多若其本照常則其路之改變亦少若高來者其部位大約常列在屈肌之淺處大略夾膜之下間或有夾膜與皮之間往往亦有而少亦有在前臂上端而列在皮下其下端則列在健膜之下者○

外科解剖學

凡外科遇此管受傷或生瘤則必須勒之若在上半則此管深列於淺屈肌之下者勒此管則宜割斷此肌若在前三分之中而下者則於屈腕正肘筋之輔肘邊割開再割斷其深夾膜將屈腕正肘與屈淺指兩肌分開則露出此管有同行之迴管其正肘腦筋列於其裡邊須將回管與脉管分開用線由正肘以至輔肘邊勒之但須避其正肘腦筋

正肘脉管之枝

正肘脉管之枝、分爲三種、其前臂者爲前後兩返回正肘者、前後兩骨間者、與肌者、其腕者爲前後兩腕者、其手者爲深別名通枝與指者、

前返回正肘枝

其前返回正肘枝、由肘節之

後返回正肘枝

骨間脉管前骨間枝

後骨間枝

肌枝

腕枝

前腕枝

後腕枝

極下而來、往上而裡、於前臂俯輔肘圓條兩肌之間、以供此肌、而與在內髁前之大接下深兩脉管相接、其後返回正肘枝大於前者、由其微下者而來、往後而裡、於屈淺之下、此後則往上、由內髁之後、其髁與肘之間而列、在屈腕正肘之下、往上於此肌頭之間、正肘腦筋之下、以供此鄰肌與節、而與下深大接、及骨間返回之各脉管相接、其骨間脈管乃短幹、約一寸長、由輔肘阜之極下而來、往後至骨間膜之上邊分為前後兩枝、其前枝往下、在骨間膜前面之上、有薄健膜弓以連之、此管與中腦筋之骨間枝同行、而屈深指屈長拇兩肌相依之邊、則搭之、於此處生數肌枝與正輔兩肘骨之養脈管、在輔方肌之上邊、有一枝往下、此肌之前、則與在腕前之前腕及深掌弓之枝相接、其過輔方之後、穿過骨間膜、往下至腕後、而與正輔兩肘脉管之後腕枝相接、又生細長之枝、即中脉管、同中腦筋行、仍生絲入於其內、而往往加大、其後骨間枝往後過斜筋帶與骨間膜上邊之間、在淺深兩層肌肉之間、往下行於前臂之後、而散於此肌之枝、往下至腕之後、與前骨間之末並正輔兩肘之後腕枝相接、傍其本又生一大枝、以為後骨間返回枝、往上至外髁與肘間肘短仰兩肌之下、而與上深之枝、及後返回正肘之脉管相接、其肌枝散於前臂正肘邊之肌、其腕枝以供腕節、其前腕者、小過腕之前屈深肌筋之下、而與輔肘脉管相對之枝相接、其後腕者、由豆骨之極上而來、繞屈腕正肘肌筋之下、又生一枝、以過腕之背面

深枝別名通枝指枝

胸總脈管

伸筋之下、而與輔肘脉管相對之枝相接、作爲後腕弓、以後則順小指之掌骨作爲其背枝、其深枝或通枝、由掌弓之出頭處起、深往裡傍開小指屈短小指兩肌間之本而與肘脉管之末相接、作爲深掌弓、其指枝有四、由淺掌弓之凸面而來、以供小指之正肘邊、及無名中食各指相向之邊、其食拇兩指之輔肘邊、由輔肘脉管而來此指管先淺列於屈筋、往前同指腦筋、以至指間縫、卽列於其間、在此列處有深掌弓骨間之枝相接、其指邊所列之指脉管、則列於指腦筋之下、而於末指骨之中、其每指之兩枝作爲弓、而其凸面復有枝以供甲之母、

下總脉管

下總脉管、分胸腹兩段、蓋因其列於身中所分兩膈之故、其胸總脉管、由第三脊背骨左之下邊起、其本在膈之總脉孔、卽末脊背骨之前、其出頭處在脊背骨柱之左、往下則近於中線、其末則直列於脊骨柱之前、因此管列於脊骨之上、故其勢皆隨脊骨之勢、在脊背處者則凹向前、其所生之枝皆小、故其本管亦不甚形小、此管貯於後胸縱膈之後、由上而下、其前則傍左肺脉管、左氣管、心包絡、食管、其後則傍脊骨柱與小孤囘管、其右有大孤囘管、胸[illegible]液管、其左則傍左肺包膜與肺、其上有食管、與其同行之腦筋、列於此管之右邊、此食管者在中則列於此管之前、在下則列於此管之左與前、

外科解剖學

心包絡枝　氣管枝

此管最易生血瘤、然其所列甚深、各邊俱有許多要緊之質、故能發各病證、以至醫者混於他病、若實係生血瘤、大約必往後以順脊骨之左邊、則能吸去脊骨體、其脊骨節凹而成跳、背又或壓其髓系而作痛、必在胸或脊背、或要若壓其肋間腦筋、必致左上肋間處痛、或脊骨生血瘤之擠於兩邊、則其脈頗似病骨所成之大膿泡、若不知而誤開之、則其人必死、又有因壓而移動其食管、或壓其肺者、若瘤往前、則能壓其心、或移動其心、必致心跳、或心有他病、若或移其食管、則食管痛而難嚥物、而與噎證相似、或瘤破化膿以入食管、則流血而死、若瘤生於兩旁、則壓其胸津液管、以致餓死、又或瘤破以入肺包膜、或入總氣管、或入肺、或入後胸縱膈者皆死、

胸總脈管連屬之圖如左

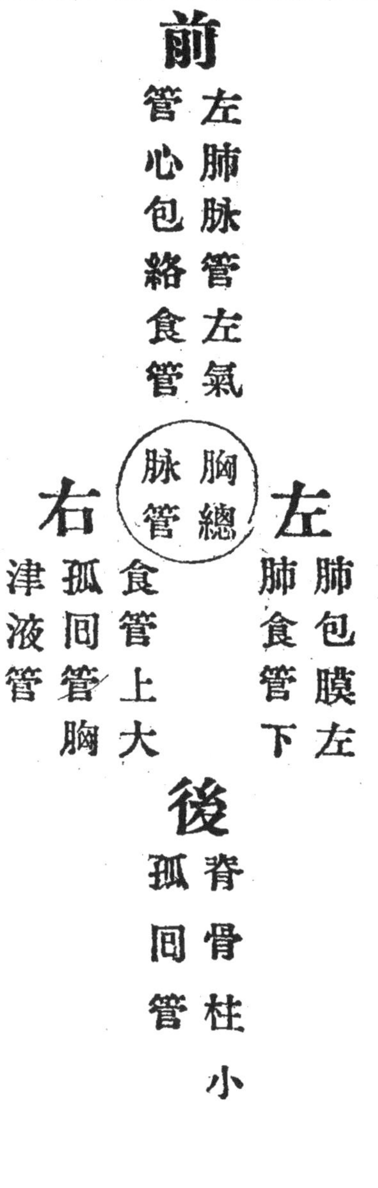

胸總脈管之枝

胸總脈管之枝、有五、乃心包絡、氣管、食管、後胸縱膈、肋間、其心包絡枝、乃數小管、其本之來處無定、布散於心包絡、其氣管枝乃養肺之管、其枝之數與其大小、及其本、

食枝

後胸縱膈枝

肋間枝

前肋間枝

前枝

皆不同、其右者由首總脉管之肋間而來或同左氣管爲總幹由胸總脉管之前而來、其左者大約有二枝、由胸總脉管而來、而兩枝不相齊、其兩管向所屬之氣管而順行、於其後分而復分、於氣管之上、而供此管與肺之連質、氣管核、食管、其食枝約有四五、由總脉管之前而來、斜往下以至食管、順此管而成一相接之環、其上與下牌脉管之食枝、其下與膈胃之上枝相接、其後胸縱膈枝、乃數小枝、以供胸膈核與膈內之鬆連質、其肋間枝、由總脉管之後而來、每邊約有十枝、其上肋間處往往亦有第二處由鎖柱下之上肋間枝以供之、其右肋間者長於左者、因總脈管列於脊骨柱左之故、此管往外、過脊骨體、至肋間處、有肺包膜、食管、胸津液管、百結筋、大孤回管以遮之、其左肋間者、行於上肋間小孤之兩回管與百結筋之下、於肋間處之內、每脉管俱分爲前後兩枝、其前枝往外、先列於外肋間肌之上、其前有肺包膜與薄夾膜以遮之、後行於肋間肌兩層之間、斜往上、至上肋之下邊、而傍骨之角以分大小兩枝、其大者順上肋下邊之陷而行、小者順下肋之上邊而行、往前以供肋間肌、而與內乳前肋間枝、並腋脈管之胸枝相接、其首總脉管之肋間枝、則與上肋間者相接、其末之三枝、行於腹肌之間、在前則與腹上者並膈腰兩脉管相接、每肋間之脈管俱有回管腦筋與之同行、除上肋間處、乃腦筋先列於脉管之上、其餘處則回管列於脈管之上、其腦筋列於脉管之下、其肋間肌之作用時、恐致壓其脉管、故

後枝即背枝

連屬

於骨之兩端有類絲弓以護其脉管、其後枝往後至前肋橫筋帶之裡邊、分爲兩枝、一爲脊骨枝以供脊骨髓系與其膜一爲肌枝散於背之肌與皮、

腹總脉管 見一百八十一圖

腹總脉管、由膈肌之總脉管孔起、在末脊背骨體之前、微往下、於脊骨柱之左、至第四腰脊骨體之左、而分爲兩總胯脉管、此管列於脊骨體之時、則凸向前、其極凸之處、乃第三腰脊骨相對之處、即臍之微上而左、其前有小脂膜與胃以遮之、而膜後有腹軸之枝及太陽叢下有脾回管膵左腎回管小腸頭之橫端腸間膜總脉管叢其後有左腰回管養汁囊胸津液管以隔此管與腰脊骨其右傍下回總管上有膈肌之右蒂以隔之孤回管胸津液管半月結其左傍百結筋及半月結

腹總脉管連屬之圖如左

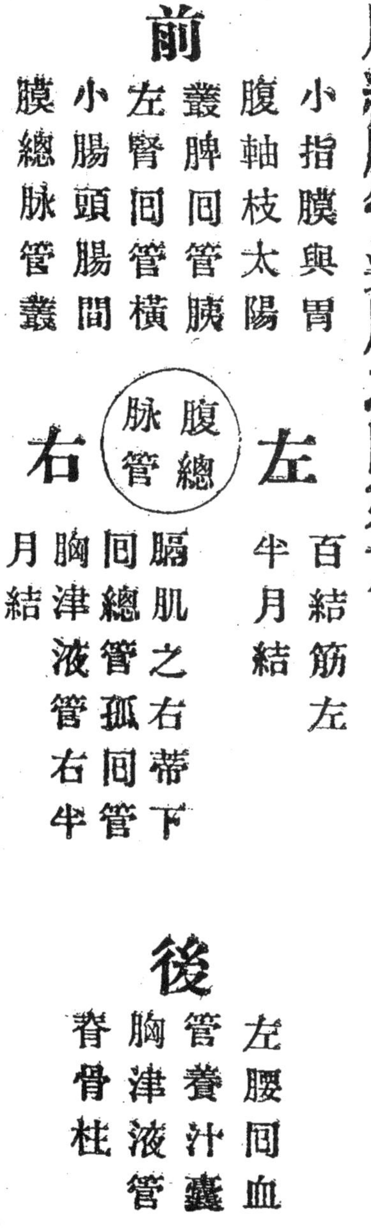

腹總脈管傍腹軸之處生血瘤則通此管前後兩端而大略相等若其瘤連於後脊則能吸其脊骨之體卽在左腹上或左肋下之部有脈跳瘤則有礙於飲食而常痛其痛大略有二其一痛在脊背常而不移因其瘤所壓或移其大腸證或臟腸筋之枝其二痛若刀剌以射於腰腦筋之枝而由其痛所壓之故故腰臀丸腹下與下肢大略在其左邊此瘤若破入於膜包膜之內或其後在左肋臏下部或聚成大血囊往下至捛窩大筋帶如此大略則其血流覺緩雖不能愈然亦不至速死如其瘤在前則左肋臏下或腹上之部有脈瘤亦能妨礙飲食或作嘔或膨悶或大便乾燥時常覺痛其痛多在腰處腹上部或膜之他處因腰臟筋不甚受傷故其痛之發於外者亦少若此瘤破於腹包膜之內或其後腸間膜兩層之間或流入於小腸頭其往後流至脊骨者罕有故不致多壓

腹總脈管之枝

腹總脈管之枝、一膈、二腹軸、有胃肝脾三枝三腸間膜上、四腎上、五腎、六精、七腸間膜下、八腰、九方中、以上各枝宜分為兩種、一種以供其臟腑、一種散於腹壁、其第二三四五六七、乃臟腑者、其第一八九、乃腹壁者

腹軸脈管

其管之枝如輻形故名欲露此脈管須提起其肝而抑下其胃以分開膽膜之層

腹軸脈管乃短厚之總幹、約長半寸許、由總脈管膈肌邊之對面而來、人之立時、大略其管則橫往前、而分胃肝脾三大枝、亦往往又生膈脈管之一枝、俱有小腸膜遮之其右傍右半月結與幹之手寀其左傍右半月結及胃之心端其下則列於胰之上邊

胃脈管別名胃冠脈管、在腹軸三枝中為極小、往上向左、至胃之心門卽賁門、散枝於食管、而與總脈管之食管枝相接、別有枝以供賁門、與脾脈管之枝相接、此後則由左至右行於胃之小曲以至幽門、列於小臟膜兩層之間、並生枝至胃之兩面而

肝脉管

幽門支別名胃下口枝

胃小腸頭枝

右胃脂膜枝

胰小腸頭枝

膽囊枝

脾脉管

與其末及肝之幽門枝相接、

肝脉管之大小以成人論之則介乎脾胃兩管之間、若在胎中、則爲腹軸枝中之極大者、此管往上而向右在兩層小脂膜之間而與其大脂膜並腹間相通之孔之前、以至肝之橫縫、而分爲左右兩枝、順門回管與肝膽管之枝以供肝所屬之葉此管順小脂膜之右邊、其右則傍總膽管其後則傍門回管其肝脉管枝乃三枝、其一幽門枝、其二胃小腸頭枝、此枝又分爲右胃脂膜胰小腸頭兩枝其三膽囊枝其幽門枝由肝脉管幽門之上而來往下至胃之幽門由右往左順胃之小曲生枝以供之、而與胃脉管相接其胃小腸頭枝短而大傍幽門下行於小腸頭之後而與胃之下邊、分爲右胃脂膜胰小腸頭之兩枝、其末分之先、則生兩三小下幽門枝以至胃之幽門與胰其右胃脂膜枝自右往左順胃之大曲兩層大脂膜之間而與胃下邊之中脾脉管之左胃脂膜枝相接、此管又生數枝有往上者以供胃之兩面有往下者以供胃之大脂膜其胰小腸頭枝往下、順胰與小腸頭相依之邊以供此兩臟而與腸間膜上脉管之下胰小腸頭之枝相接若因湯火傷其小腸頭而生瘡、此管亦往往受傷、而血流入腸以致人死、其膽囊枝大畧乃右肝之一枝往上而前順膽囊之項分爲兩枝而一枝細分於其浮面一枝在囊與肝體之間、

脾脉管枝在成人則爲腹軸三枝中極大之枝其路極曲折橫往左至胰上邊之後、

胰枝　短胃枝　左胃脂膜枝　下胰小腸頭枝

有脾回管與之同行而列於其下、近脾則分爲數枝、有枝入於脾縫而散於脾之內、有枝散於胃之大端、其管之枝乃大小胰短胃左胃脂膜者、其胰枝乃數小枝、由脾脉管行於胰上邊之後而來、以供胰之中而左之端、一枝大於其餘者、傍胰左端由脾脉管而來、由左行於右、傍胰之後面而順其津液管、名爲大胰枝、而與胰小腸頭之胰枝相接、其短胃枝有五至七之小枝、由脾脈管之末或其末枝而來、由左行於右、在胃脾脂膜層之間、以散於胃之大曲、而與胃及左胃脂膜脉管之枝相接、其左胃脂膜枝乃脾枝之極大者、由左行於右、順胃之大曲大脂膜兩層之間、而與其右者相接、其在路時則散數枝於胃、行於其兩面、其餘往下以供脂膜、

腸間膜上脉管　於胰之下邊　見百八十四圖欲看此管將大脂膜與橫回腸提起而來下其小腸在橫回腸腸間兩膜相合之處割斷其腹包膜則露此管

腸間膜上脈管、除小腸頭之第一端、其餘之小腸、俱受供於此管、並其盲端上橫兩回腸、此管大由總脉管之前端腹軸下四分寸之一而來、其本有脾回管與胰以遮之、往前由胰與小腸頭橫端之間、過橫端之前往下、由腸間膜層之間至右胯窩、而其末較其本極小、其路爲弓形、凸向前向下而左、其凹則向後向上而右、有上腸間膜回管與之同行、有上腸間膜叢之腦筋以繞之、其管之枝乃下胰小腸頭小腸細、曲折回腸中右兩回腸、其下胰小腸頭枝由胰之下而來、散於胰之頭及小腸之橫

小腸細枝

曲折廻腸枝別名闌門枝

右廻腸枝別名右中廻腸枝

中廻腸枝別名右上廻腸枝

下兩端而與臏小腸頭脉管相接、其小腸細枝、由腸間膜之凸邊而來、其數、大略自十二至十五、亢分於空曲折小腸之兩端、而於腸間膜層之間、彼此平行、每管分爲兩枝、而與其兩邊相似之枝相合、作爲排弓、其弓之凸面向腸、其第一排弓之枝、與每邊相似之枝相合、以作爲第二排之弓、其第二之排弓、生第三以至第四五皆如此、而弓近於小腸處則以次遞減、其末弓又生小直之數枝以繞小腸、其枝亢分於其腸衣之間、其曲折回腸枝、乃由腸間膜上脉管之凹處極下之枝而來、往下由兩層腸間膜之間、至右胯窩而分爲上下兩枝、其下枝與小腸細管極下之枝相接、其凸面所發之枝、以供小腸曲折端之末、及盲端並其所附之蟲端、與曲折回腸之戶、其上枝、與右回腸者相接、以供回腸之出頭處、其右回腸枝、由上腸間膜脉管凹處之中而來、行於腹包膜之下、至上回腸之中而分爲上下兩枝、其下枝與闌門枝相接、其上枝與中回腸枝相接、此上下枝皆成弓形、由其弓之凸處、又生枝散於上回腸、其腹包膜遮此管枝之前面、其中回腸者、由上腸間膜凹處之上端而來、前行於橫回腸間膜層之間、而分左右兩枝、其右者與右回腸者相接、其左者與下腸間膜之左回腸者相接、其接處所作之弓、又生枝散於橫回腸、此管之枝、則列於腹包膜兩層之間、

腸間膜下脉管　見百八十五圖欲看此管須將小腸與腸間膜牽於右邊再將橫回腸提向胸而割斷腹包膜所遮總脉管之左邊則見此管

左迴腸枝　灣迴枝　上直腸枝

腎上脉管

下腸間膜之脉管、以供迴腸之下返回兩端、及直腸之多半、而小於上腸間膜者、於兩總胯脉管分岐之上約一二寸處、由總脉管之左邊而來、往下至左胯窩、再往下至直腸間膜兩層之間、而入尻骨盤、名爲上直腸脉管、先列於總脉管之左、後則過左總胯脉管之前、其枝有三、曰左迴腸、曰灣迴、曰直腸上、其左回腸枝、列於腹包膜之後、左腎之前、至下迴腸而分上下兩枝、其上枝與中迴腸者相接、其下枝與返回脉管相接、其接所作之弓生枝、散於下迴腸、其返回枝、斜往下、過腰肌至返回之回腸而分枝、以供此端、其上與左迴腸者相接、其下與上直腸者相接、此管往右三四小枝以代之、其上直腸枝、乃下間膜者之所續、往下入於尻骨盤、直腸間膜層之間其在路時、過內溺管與左總胯血管、在方骨中之對面、而分兩枝、往下至直腸之兩邊各一、又分爲數小枝、散於直腸之嫩肌、兩衣之間、幾至其下端、此小枝彼此與中直腸者（即內胯枝）、下直腸者（即內秘枝）蓋相接、學者須記此管、往下順直腸之後端、至方骨之中、則再分、其處去肛門約一指長或四寸、若直腸有病、割時切莫過此處、恐誤傷其管、

腎上脉管、乃兩小管、在總脉管之邊、各一、由上腸間膜脉管之對面而來、斜往上而外、至腎上核之下面、即散於此核、而與膈腎兩脉管之核枝相接、在成人、此管則小、在胎中者、則與腎脉管之大小相同、

腎脉管

腎脉管、乃兩大總管、由總脉管之邊、在上腸間膜脉管之極下而來、每管往外與總脉管作爲方角、因總脈管之部位、故右者較左者長、過下回血總管之後、則左者較右者微高、每管皆於入腎之先、分爲四五枝、散於其內、此管在腎門乃列於腎回血管與內溺管之間、而大畧回血管列其前、溺管列其後、每管生數小枝、以至腎上核、內溺管、並其週圍之連膜及肌

精脉管

精脈管、散於男之睾丸、女之經核、其管乃細長之兩管、由總脉管之前而來、腎脉管之微下、每管斜徃外而下、由腹包膜之後、過溺管、列於腰肌之上、其右者、列於下回血總管之前、其左者、列於返回腸之後、至尻骨盤之邊、則每管行於其相對外胯脉管之前、而男女所行之路不同、在男則向外、至內腹環、順精道、同精系所含之他物以至睾丸、變爲曲折形、而分數枝、有兩三枝通精管、以供副睾、而與精管之脉管相接、其餘各枝、則穿過其白衣之後端、而供其睾丸之體、在女此精管乃經管、短於男者、而不出腹、至尻骨盤之邊、每管行於寬筋帶兩片之間、徃裡至子宮、而散於經核、有一二小枝、以供經道、有一枝行於子宮之邊、而與子宮脉管相接、其餘各枝、隨元筋帶、過折窩道、以至陰外戶、與摺窩之皮、初結成之胎、其睾丸列於脊骨之邊、內腎之下、則其精脉管甚短、然此睾丸往下、出於腹而入腎囊、則漸漸長、

膈脉管

膈脉管、乃兩小管、其本多變革、有由總脉管之前而畢來者、則在腹軸之極下、或由

總脉管或由腹軸所來之總幹而來者間或有一由總脉管而來、一由腎脉管而來者、其由總脉管來者、大約三十六人之中有一如此、而其管一過膈肌之蒂卽分開、以後則斜往上而外、至膈肌之下面、其左者行於食管之後、往前至食管孔之左、其右者行於肝與下回總管之後、與順此回管往上所遞過孔之右邊、傍其中筋之後端、每管又分爲內外兩枝、其內枝前行於胸之前、以供膈肌、而與對邊者及內乳之肌膈枝相接、其外者向胸之邊、而與肋間脉管相接、其右膈之內枝、則生數枝至下回血總管、其左者、有數枝至食管、每管又生核枝、以至兩腎上之核、此管之數枝、在左供其脾、在右供其肝、

腰脉管

腰脉管、與肋間脉管相似、每邊各四、由總脉管後端而來、大略與此管作爲方角、往外而後、以繞其相對腰脊骨體之邊、百結筋與腰肌之後、其右邊者、有下回總管以遮之、其兩邊之兩上者、則有膈肌蒂以遮之、在脊骨橫峯間之處、每管分背腹兩枝、其背者於初發近本、一脊枝以入髓道、在橫峯之間續往後、散於脊背肌與皮、而彼此並肋間脉管之後枝相接、其脊管供脊髓之外衣與髓尾、而順其腦筋、以與他脊脉管相接、另外又分兩管、一枝行於其上脊骨體之後面、一枝行於其下脊骨體之後面、此兩管皆與其隣脊脉管相似之枝相接、其脊骨柱兩邊相接之管、於脊骨體之後作爲排脉弓、而彼此與順脊骨體後面中之中長管、並有橫枝以連之、此管別

方中脈管

脊總胯脈管

左總胯脈管

生絲散於骨衣與骨其腹枝外行於方腰肌之後其極下之枝往往又在此肌之前續行於腹肌之間而與其前之腹上内乳之兩枝其上之肋間其下之胯腰囘環胯之枝俱相接

方中脉管其小如鵝翎由總脉管之後端於將分岐之處而來下行於末腰脊骨之上順方骨前之中線以至尾底骨之上端而與方旁之脉管相接又生枝順直腸間膜穿過此膜以供直腸之後面別有他枝生於兩邊而與方旁之脉管相接並生小絲以入前方孔

總胯脉管

腹總脉管分為兩總胯脉管其分岐之處大略在第四腰脊骨體之左邊其處與臍之左邊相對並與自彼胯骨崗之極高處至此崗之極高處之畫線相齊其管約長二寸許分往下而外以至尻骨盤之邊與脊骨脊間盤之對面即末腰脊骨與方骨之間於此處分為内外兩胯脉管其外者以供下肢其内者以供尻骨盤内之臟腑及其壁其右總管微大於左者過末腰脊骨體則比左者為斜而有腹包膜曲折腸百結筋之枝以遮之其分歧之處有内溺管以過之其後有兩總胯囘管以隔此管與末腰脊骨其外之上傍下囘總管及右總胯囘管其外之下傍大腰肋其左總管前傍腹包膜百結筋之枝直腸及上直腸脉管其分歧處有内溺管以過之其左總

總胯脈管之枝

變革之本

變革之分岐

總革之長短

外科解剖學

旁行血

胯回管、一端列於此管之裡邊、一端列於此管之下邊、其外邊傍大腰肌、此總胯脈管又生小枝、至腹包膜、腰肌、內溺管、及週圍之連膜、其胯腰脈管或臀脈管、往往亦由此處而來、此管本之變觀其總管分岐之處管閱多尻有四分之三者其分較俱在第四腰脊骨之上或在第四五間脊間盤之上較此在下者九人之中有一較此在上者十一人之中有一其分岐在胯骨崗平處之上半寸或下半寸者十三人之中有十人而大略下多於上者○其分較處之變革亦有多尻其在末腰脊骨與方骨上邊之間者三分中有二在此處之上者八中有一在此處之下者共中有一其左管之分岐則比右管在下○其管之長短亦有時變革其右者六十三人極長其左者五十二人極長其左比右之長短相閒者五十三人其變長自寸半至三寸則七分中有五其餘者則一半比尋常者長一半比尋常者短其極短者不足半寸其極長者則有四寸半有一人無此右者而其內外兩胯管俱由總脈管而直來○如遇內外兩胯管生血瘤或流血而必須勒此總管者宜於此管之本與臍之左邊自彼胯崗極高處與此崗相齊之處畫一線再於臍之左邊向下以至摺萬大筋帶之中畫一線則表明此管之路其割之線在出頭仍依其病之形像如醫者擇胯之部須由臍之左邊往外向胯骨前上峰約五寸而曲割之此後則順摺萬大筋帶之上邊以至其中然若其瘤生於腹內之極上順其外肌者擇腹之邊由其上至脈管割四五寸長由臍上而左二寸處向外曲割至腰部於前上胯峰之微下將腹肌次第分開再割斷其橫夾膜將腹包膜與內溺管分於兩邊則於方胯節處網得此管並於其右邊露出與此管同行之回血管其右邊之兩總胯回血管與下回血總管亦俱緊傍此管務須避之其左邊之回血管大約列於此管之裡與後邊往往亦有回總胯回血管在左相合而代其右者最不易勒又有總胯管短難勒而仍不免重流血者則不如傍其本之近處勒其內外兩胯管四醫用此法共治十七人九人活而八人死○若按此勒法其旁行之血有內胯之直腸枝與下腸間之上直腸相接在婦人則其子宮與經核脈管及兩邊膀胱之脈管相接方旁方中兩脈管相接腹上內乳下肋間及腰各脈管相接胯腰來腰兩脈管相接遮蔽有羞秘枝與其對邊及內腹上各脈管相接臀管與方脈管之發枝相接俱可以運行其旁血

內胯脈管

內胯脈管、以供尻骨盤之壁、與其內之臟腑、陰陽具、及腿之裡邊、其管短厚、小於外

連屬

連屬在胎時

連屬在峰之時

者長一寸半由總膀分岐處起往下至大方坐孔之上邊而分前後兩大幹別有腹下脉管由此管之端以至膀胱乃一半不通之系其前傍內溺管以隔此管與腹包膜其後傍內膀冋管腰方腦筋及梨肌其外旁其本有腰肌

內膀脉管連屬之圖如左

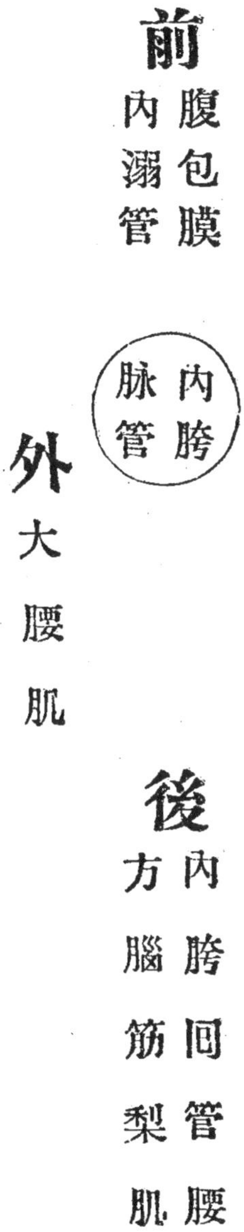

此管在胎中其內者即腹下大於外者兩倍似乎總膀脉管之所綵往前至膀胱隨膀胱之邊往上至其頂即生枝後隨腹前壁之後端往上以至臍與其對邊者相聚穿過臍孔則兩脉管皆繞於臍冋管而成臍帶至末則枝分於胎盤其腹內之一端名爲腹下脉管腹外者則爲臍脉管產時其盤之血即止而不行其臍之膀胱頂之一端即腹下脉管則縮漸小而變爲實類綵系其膀胱頂去其本約寸半之處則不甚不通變小而韌血以入膀胱名爲上膀胱脉管

變革之長短

變革之分歧

外科解剖學

旁運行血

膀胱上枝

此管之長短有時變革昔人屢經考查自寸至寸半者約有三分之二其餘三分之一大約長者多而短者少其極長者至三寸極短者半寸其總管與內膀管之長短則彼此相反其內膀者長則總膀者短否則相反○其分歧處之變革內管則在方骨之上邊及方坐孔上邊之開其管之兩邊其長亦有變革而非有者常過於左左者常過於右○外科遇此管之枝生瘤或流血如勒此管之事須於膀部割其腹壁其割之勢與其多寡則與勒總膀脈管者相同須慎隔開其横夾膜而推其膀窩內之腹包膜以向尻骨盤以指捫其割傷處底外膀脈管之動脈蹤踪而上在方膀筋之對面部至內膀脈管其回管列於脈管之後與在右而管外以緊貼之其內溺管與腹包膜列於其前而發須遊之勒此管之易不易仍視其脈管之長短而大略短者尻多其長不過寸至寸半許以深列於盤如其管長則列於此盤之上如極短則仍勒其總膀或內外兩膀之本方妥此勒法在西國嘗用於七入而愈者四死者三○又嘗因一人坐脈管生瘤而勒其內膀脈管至十年後則其人死解剖其屍其所勒內膀脈管之上約有寸許處不通然因其膀脈管由此處之上而來故其不通處不至外膀脈管之本而在不通之下其脈管之遜則仍其常其半寸處下亦仍其常其遮蔽旁方臀各脈管由此來縮之排處而來其遮蔽者盡泯其迹其旁方者如驚謝多大而與其對邊者並方中者則易相接其坐者以至血瘤相連之處亦盡泯其迹然其血瘤向手之邊順大腿後延向下而大如股脈管其瘤之下約寸許處有收上深脈管相接之管則通外腓有內膀所供處之運行血乃子宮經核兩脈管之相接兩邊之膀胱脈管之相接內膀直腸枝下腸間膜者相接有羞秘枝相接其遮散者與其對邊者腹上與內回環者相接回環股之透枝及坐者相接臀者與方脈管之後枝相接膀腰與末腰者相接方旁與方中者相接回環膀者與膀腰及臀者相接

內膀脈管枝

內膀脈管之枝、分前後兩總幹、其前幹枝乃上中下膀胱之三枝、中直腸遮蔽、內羞秘、坐各枝、在婦人、子宮陰道之兩枝、其後幹枝乃臀膀腰旁方三枝、其膀胱上枝乃胎之腹下脈管而產後仍通者、以至膀胱之邊而散於數枝、以至膀胱之體與底、其枝中有一細枝與精管並行、至睾丸而與精脈管相接、即爲精管之脈管、別有他枝

膀胱中枝
膀胱下枝
中直腸枝
子宮枝
陰道枝

遮蔽脈管

過遮蔽脈管之枝
內枝
外枝

以供內溺管、其膀胱中枝、大略即上枝之一枝、散於膀胱底及精囊之下面其膀胱下枝由內胯前歧同中直腸者而來、散於膀胱底與其核並精囊、其散核之枝、與對邊相對之枝相接、其中直腸枝大約與膀胱下枝同來以供直腸而與直腸之他脈管相接、其子宮枝往下、由內胯之前幹而來、以至子宮之項、在子宮邊寬筋帶層之間曲折往上而散於子宮體之內、以與傍其末之經核脈管之一枝相接、又生枝散於膀胱與內溺管、其陰道枝、與男子之膀胱下枝相似、往下於陰道之上以供其嫩膜、又生枝至膀胱項、與直腸相依之端、

遮蔽管、大略由內胯之前幹而來、間亦有由後幹而來者、往前在尻骨盤邊之下、至遮蔽孔上邊之道、過此孔、出尻骨盤而分爲內外兩枝、其管在盤內、列於盤夾膜之上腹包膜之下、遮蔽腦筋之微下、而於過遮蔽孔之時、則裝於其上交骨橫枝及其下遮蔽膜之弓邊所作之斜道、此管在盤內又生三枝、一爲胯枝至胯窩以供胯肯與胯肌而與胯腰脈管相接、一爲膀胱枝、行於後以供膀胱、一爲交骨枝於此管將出盤之時所生、其枝行於交骨後與腹上脈管之絲、及對邊相對之枝相接、而列於股環之裡邊、其管在盤外、則分爲內外兩枝、深列於外遮蔽肌之下、遮蔽孔之週圍在子宮之下端、彼此並內同環脈管之枝相接、其內枝曲向裡、順遮蔽孔之裡邊、散枝於遮蔽、梳、闔、鎊宛、各肌、而與外枝及內同環枝相接、其外枝繞於孔之外邊至下

變革

雙方股兩肌之間，而與坐脉管相接，以供遮蔽肌，往後則與內回環者相接，又生一枝過杯峽，至大腿節冗分於圓筋帶，以至大腿骨之頭，其遮蔽於三尻內有二由內膀者而來七尻中有二由腹上書而來七十二人中有一其兩本由兩管而來其由外膀而來者比較之則與內者所從無多其腹上所來之本大略身之兩邊不同如在外盤之前由腹上者而來直內往下至遮蔽孔之上端大略其管往下緊貼其外膀同管而列於股溝之外邊見百八十七圖如此者若遇股疝氣則割之不至受傷然并往有曲折裡顯摺窩小筋布之浮邊者見百八十八圖此處如遇股疝氣大畧則全繞於疝氣囊之項若割此處則甚危險

內羞秘枝，別名羞秘，又名總羞秘，又名內陰部脈管

內羞秘管，乃內膀前幹兩末枝中之極小者，以供外陰陽之具，往下而外，至大方坐孔之下邊，由梨尾骶兩肌之間而出，於尻骨盤過坐骨峯，穿過小方坐孔而復入於其盤，此後則過內遮蔽肌，以至坐骨枝，有遮蔽夾膜以遮之，與列於去坐阜之邊約寸半之處，順坐骨枝往前而上，穿過深會陰夾膜之後層，順交骨枝之裡邊前行，以其末穿過深會陰夾膜之前層，而分為陽莖背蜂窩體之兩末管，

連屬

其盤內第一端之路列於梨肌與方戳腸筋之前及左邊列於直腸之外邊其過坐骨蜂之時有大臀肌及大方坐筋帶以遮之其入盤之時則列於坐直腸窩之外邊內遮蔽肌之上而蝬於遮蔽夾膜與大方坐筋帶邊端所作之類絲道而有羞秘回管內羞秘腦筋與之同行

變革

此管往往小於尋常者或比尋常者減一二枝如有減者則別有一管名為副羞秘管其管係羞秘將出大方坐孔之先所生者而傍其膀胱之底往前於膀胱底之核上至會陰而生羞秘管尋常所來之枝其減多者則將蒂脉管作為內羞秘之末其蜂窩與陽莖背兩管皆由副羞秘而來或淺會陰之管亦可作羞秘之末如此則蒂脉管與兩他枝皆由其副者而來其副所傍膀胱底之核與外溺管最為外醫之緊要如遇膀胱生石須從會陰處旁割以取之蓋恐其受傷

羞秘脉管枝

其在盤內所生之數小枝，以供盤內肌、方腦筋、與盤內之臟腑，其在會陰處所生之

外直腸枝　淺會陰枝　橫會陰枝　蒂枝　蜂窩體枝

枝乃下即外之直腸、有淺與橫兩會陰、蒂、蜂窩體、陽莖背各脉管、其外直腸者、乃兩三小管、由內羞秘將過坐骨而來以過坐直腸窩散於肛門部之肌與皮、其淺會陰者以供腎囊及會陰之肌與皮、由內羞秘外直腸之前而來穿過深會陰夾膜之下邊而行過橫會陰肌、再過急溺與立陽莖兩肌間之三角處以供此兩肌、至末則散於腎囊之內外兩皮、其過會陰之處則列於淺會陰夾膜之下、其橫會陰者乃小枝、或由內羞秘而來或由淺會陰者過橫會陰肌之處而來、透深會陰夾膜之下邊順橫會陰肌之皮而橫往裡以供此肌肛門與溺管蒂間之質、其蒂者大而極短由內羞秘深會陰兩層夾膜之間而來、橫往裡過溺管之蒂而冗分於其蒂之內、又生小枝以供底前之小核西名為哥百兒、此管按外科緊要須從會陰旁割以取其石、然最險蓋以其流血之故、其管往往極小亦往往有無此管者、又往往有雙管者、又往往有由羞秘處來比尋常為早一過會陰則至蒂之後端者、如此者若因取石旁割之則其管必致受傷、如由副羞秘而來比尋常之處在前則可不割此處而免危險、其蜂窩體者乃內羞秘之一末枝、由內羞秘之列在陽莖蒂與交骨枝間之處而來以斜透陽莖蒂前行於蜂窩體梳隔之邊而散枝於其隔內、其陽莖之背枝由其蒂與交骨節之間往上穿過挂筋帶前行於陽莖背之上以至龜頭而分兩枝以供龜頭與其包皮而列於其皮之極下、其背回管與對邊相對之枝平行以供蜂窩體之

女內羞祕枝
坐脈管
尾底枝
下臀枝
同坐腦筋枝
肌枝
節枝
臀脈管
淺枝
深枝

皮與其類絲鞘、至女人之內羞祕管、則小於男者、其本與其路皆與男人相同、而並與其所散之枝亦幾相似、其淺者則以供陰戶、其蔕者以供陰道蔕之立質、其兩末枝以供陰莖、其蜂窩體者以供陰莖之蜂窩體、其陰莖之背者、以供陰莖之背

坐脉管、見百八十八九圖乃內胯前幹兩末枝之極大者、散於尻骨盤後之肌、往下至大方坐孔之下端、內羞祕之後、而列於方叢腦筋與梨肌、由梨尾底兩肌之間而出於盤、後則往下同坐腦筋、行於大阜與坐阜之間、而其大臀肌遮之、而分枝以供臀之深肌、其盤內則散枝於梨尾底提肛門各肌、又生數直腸枝、以供直腸、亦往往以代中直腸脉管、又生膀胱枝至膀胱之底、與項及精囊膀胱底核、其在盤外則生尾底、下臀、同坐腦筋、肌與節之各枝、其尾底枝往裡穿過大方坐筋帶、以供大臀肌、皮與尾底後之他質、其下臀者有三四枝、以供大臀肌、其同坐腦筋枝長而細、與大坐腦筋微同行、此後則入此筋、而行於其體內、以至大腿之下端、其肌枝以供臀肌、而與臀內外兩回環、上透各脈管相接、其節枝散於大腿節之裏、其臀脉管、乃內胯極大之枝、似乎此管後岔之所續、短而厚、由梨肌上邊之上以出盤、而分為淺深兩枝、其在盤內、亦生數肌枝至胯梨內遮蔽各肌、其將出盤時、生養管以入胯骨、其淺枝行於大臀肌之下而分數枝、有數枝供此肌、有數枝透此肌之筋本、以供方骨後而所遮之皮、而與方脉管之後枝相接、其深枝行於中小兩臀肌之間而分上下兩枝、其上

胯腰脈管

腰枝

方旁脈管

上枝

下枝

[illegible]

枝乃本管之續枝順小臀肌上邊、以至胯之前上峯、而與胯回環外回環之上枝相接、其下枝斜過小臀肌、至大阜散枝於各臀肌、而與外回環脈管相接、有數枝透小臀肌以供大腿節、其胯腰脈管、上行於腰肌與外胯血管之下、以至胯窩之上端、而分爲腰胯兩枝、其腰枝供腰方腰兩肌、而與末腰脈管相接、又生小脊枝過脊間孔於末腰脊骨與方骨之間以入髓道、而供髓系與其膜、其胯枝往下、供內胯肌、有數絲行於此肌與骨之間、有一絲入斜道、而供骨間之鬆質、其餘之絲、則順胯骨窩而行、散枝於臀腹各肌、其在路時與臀胯回環、外回環、歧上各脈管相接、其方旁脈管、大略有二、上下各一、其上者大而往裡、與中方枝相接、以後則入第一或第二方骨之孔、散於方道之內、出其相對之後方孔、以供方骨背之皮與肌、其下枝斜過梨與方腦筋之前、至前方孔之裡邊往下、於方骨之前、而於尾底骨之上、與方中及對面之方旁脈管相接、其在路時、則生枝以入前方孔、而供此骨與髓道裡邊之膜、以後則出後方孔、散於方骨背面之肌與皮、

外胯脈管

外胯脈管、供下肢極緊要之管、在成人則大於內胯者、順腰肌之裡邊斜往下而外、由總胯分歧之處、以至股弓、而入大腿、變爲股脈管、若欲明此管之路、當於臍之左起、至胯骨前上縫、與交骨合縫中間之處、畫爲一線、其前傍腹包膜與其下之連質隔以繞脈同兩管之胯夾膜所

傍摺窩大筋帶

外科解剖學

血運行

來之滯層夾膜在水則往往有內深管以過之傍其末則有精管往下於其上有陰股腿腦筋之枝與胯回環回血管以過其精管則順其裡邊曲往下其後傍外胯回管在股弓列於其裡邊其左邊之回管全列於其管之裡邊其外列於腰肌之上有胯夾膜以隔之而傍摺窩大筋帶以列於此肌有數津液之管核列於此管之前而裡

外胯脈管連屬之圖如左

在股弓

內：腹包膜腸與胯夾膜

外胯回管與精管

前：傍摺窩大筋帶

精管陰股腿腦筋

胯回環回管津液之管核

外胯脈管

外：大腰肌

胯夾膜

後：外胯回管

若遇股脈管生瘤或流血或腦者生瘤則必須勒此其上端因內胯血之運行其下端係腹上與胯回環管之本所來之處俱不可勒其餘各處雖可勒然斷之不可令腹下包膜受傷若割此管須在胯前上峰之上與裡邊約一寸往下而外以至摺窩大筋帶之外端其外半平行其中微上割開其腹肌與橫夾膜將腹包膜分開與胯窩相離垂而向盤以手順腰肌之裡邊即可以捫得此管其外胯之間管即列於此管之裡邊須留神或以指甲或以刀柄將此兩管分開以血鑿針由其裡邊脈回兩管之間勒之勒過之後其旁行之血有胯腰者與胯回環者相接臀者與外回環者相接遮蔽者與內回環者相接坐者與臀脈管者相接其內外兩羞秘者與內回環者相接

外胯脈管之枝腹上脉管

腹上脉管之枝

變革

他枝相合

胯回環脈管

接其遮蔽者山腹上而來之時有內胯方旁或內盡旁之枝以供之其腹上所收之血則由內乳下肋間與遮蔽枝並內胯者相接而來

外胯之枝、除供腰肌之數小枝、與其隣之津液核、此管生腹上胯回環之兩枝、其腹上者由摺窩大筋帶約數分上之外胯而來、先往下至此筋帶、後自腹包膜與橫夾膜之間、則斜往上、而裡以至直肌鞘之邊、傍其三分之下一、透其鞘以後則直往上、於直肌之後、散於此肌而分數枝、而與臍之上內乳與下肋間之末枝相接、並有兩回管與之同行、而於未入外胯回管之先、大畧相合、以作一幹、此管由摺窩大筋帶往上、至直肌、列於摺窩道之後、內腹環之裡與在股環之極上、其男之精管女之圓筋帶、往下入盤、過此管之後、此管之枝、一爲提睪丸枝、同精系、以供提睪丸肌而與精脈管相接、一爲交骨枝、過摺窩大筋帶、以後則往下由交骨之後、以至股環之裡邊、而與遮蔽脈管之絲相接、有肌數枝散於腹肌與腹包膜、而與腰胯回環兩脈管相接、別有他枝、透外斜肌之筋以供皮、而與外腹上之枝相接、腹上管之本凡摺窩大筋帶與其上二寸半處之間而來或在此筋帶之下由股脈管或深股者而來○又往往與遮蔽管有總幹由外胯而來亦往往其腹上者由遮蔽而來其遮蔽則由內胯而來或其腹上者爲兩枝作成一枝由內胯一枝由外胯而來其胯回環脈管、乃外胯之外邊、大略由腹上者之對面而來、斜往外摺窩大筋之後、順胯骨崗之裡面而行、以至其中、而透其橫肌、後行於此肌與內斜肌之間、而與胯腰臀兩脈管相接、於胯骨前上峯之對面生一大枝、往上、於內斜橫兩肌之間、以供此兩肌、而與腰腹上兩脈管相接、此管有兩回管與之同行、

後則合爲一管於摺窩大筋帶之極上過外胯脉管以入外胯回管、

股脉管

股脉管乃外胯之所續、在摺窩大筋帶之極下、胯骨前上峯與交骨合縫間之處起、下行於大腿之前而裡以至大圓肌之孔、（乃大腿中與三分之下一相合之處）而變爲膕脉管欲明此路須將前上峯與交骨合縫之間處畫一線以至大腿內髁之裡邊以明之此管在大腿之上端、列於大腿骨頭之微裡邊、其下端之路、列於此骨幹之裡邊、其上下兩端之間此管則離其骨、其管在大腿三分之上一、極淺、有皮摺窩核淺深兩夾膜以遮之而列於三角處、（名斯嘎而吧之三角處）此三角處與摺窩摺疊極下之凹處相對、其三角之尖向下其邊之外爲盤腿肌、其內爲長圓肌其底爲摺窩大筋帶、其三角之地自外而裡、有胯腰、梳長圓之各肌及短圓肌之一小端其股血管、又將此三角、由底至尖大畧均平兩處、此管在此處生皮深各枝其回管收納深股內股淺兩回管、其股脉管在此處列於腰肌之裡邊、有節裏筋帶以隔開此肌與脉管、此管在此處有陰股腦筋之股枝過此管之前、其後則過前股梳肌之枝、其股回管列於脉管之裡邊、梳腰兩肌邊之間其前股腦筋列於此管之外邊約半寸深列於胯腰兩肌之間、其胯肌之上胯骨前上峯之裡邊有外皮腦筋、其股脉回兩管、列於類絲連兩質及寬夾膜往裡生夾膜所作之堅類絲鞘、其鞘內有薄類絲隔兩管、彼此分開此管在腿

連變股之變部回部　之外部
屬華脈復革位管位脈本科學
雙管合之之管解

三分之中一、其所列更深、有皮、淺深兩夾膜、盤腿肌以遮之、而含於由內廣大肌起、至長大兩闊肌筋所橫來之密類絲帶、所作之健膜道內、此管在此端之路列於凹處、其外有內廣大肌、內有長大兩闊肌、其回管緊貼脈管之外、再外有內卽長股腦筋、由其上往下此管列於腰肌之上此肌分此管與盤邊裏筋帶再往下則有深血管與股回管以隔此管與梳肌以後則列於長闊肌之上其末則列於大闊肌筋之上其股回管則列於其間其裡邊之上傍股回管再下傍長闊盤腿兩肌其外之下內廣大肌隔此管與大腿骨其股間管在摺窩大筋帶列於脈管之裡邊有滲類絣隔以隔之然而往下回管列於此脈管之後再其外邊其內股腦筋列於脈管之外在大腿三分之中一列於健膜之下而不在血管鞘之內有小皮腦筋過此鞘之前會有四屍於深管本之下將股脈管分爲兩幹傍大闊肌之孔而復合爲一膕脈管此四屍之內有一爲膕血瘤而勒者○又有四屍係此管列在大腿之後在上而與內胯者相續穿過大方坐孔而出於盤有大坐腦筋與之同行以至膕處而分爲畧常者○其股回管往往在三角處之全路列於脈管之裡邊或分爲兩管列於脈管之兩邊各一○其深脈管往往由總幹之裡邊或後蹦面來其來處之高矮不等有四分之三許多之屍俱由摺窩大筋帶之下約一二寸處而起有數屍係不足一寸者亦有極少而在摺窩大筋帶之對面者有一屍係由外胯者於此筋帶之上而來又往往有此管之本與摺窩大筋帶之間處過二寸者又有一屍至四寸者○如將此腿割斷以及下肢之他割事須在摺窩筋帶之下按之則血不流其處之脈管所列甚淺有腰肌隔此管與白邊及骨頭之前醫者即可以拇指按住其血或在其大腿三分之中一再以止血之機器自裡往外按而勒之則血不流○如股管或膕管生血瘤或受傷則不論何處皆可勒然下邊較難蓋因其管所列者深又有要緊之質貼於過圍與其韜甚密故不如上邊之易勒而勒此管亦不可離其本二寸之內因腹上胯回環兩管俱由其本之極上而來往下一二寸又有深脈管往往亦有回環脈管由此而來其深脈管往往又有更往上者又有少許由摺窩大筋之下二三寸而來者有一時四寸者故總不如去其本之四五寸勒之爲最妥凡欲見此管於此處須順此管之路割二三寸長令其人仰臥微屈而開其腿往往有回管過此處以入股淺回管而務須避之再割開其寬夾膜則露此盤腿肌將此肌扯於外則露出此管之鞘卽可以指捫得此管之動脈再將此鞘微割只容可勒之地多割則恐誤傷其養管衣之小枝或此管所來之肌枝并須避過此鞘之小腦筋而以血蓋

全體通考　卷五　論脈管　四十四

旁運血行

股脉管枝淺腹上

淺腹上

淺膀回環枝

淺外羞秘枝

深外羞秘枝

針貼此管緊繞於其管之後有股回管列於此處之後不可傷之若在腿中則割其皮在盤腿肌裡邊之上割三四寸長而須避其股內淺回管接其所列處之肌上則露出此管以後則分開其寬夾膜而露出盤腿肌將其肌扯於外則於闆內廣大兩肌之間露出堅夾膜割開此膜則露出此血管之稍再割開此稍則露出此管而可以勒之以血囊針由內向外入於同脉兩管之間以勒之其回管卽列於此管之外避其長股腦筋列於其前而外倘遇此管分為兩幹而於深管本之下者醫者須試其兩股管某管有血瘤或流血某管通則勒某管若兩管俱流血大略其下必復相合則兩管俱宜勒之○其勒股脉管以後其旁運行血之緊要為何乃深脉管作為新道以運行其血此管所生之首管往下近於大腿骨之後而入腦脉兩上筋之枝其第二所生之新大管乃深脉管與上枝之同本而來下行於變頭肌之裡邊至腦脉管所來散於雙腹肌之脉管其第三同坐腦筋下行於膝節之後有其數枝與腦之下節脉管並其鼓返回之枝及供雙腹肌之枝及前後兩腿脉管之本俱相接其同坐腦筋之深枝乃輔其新運血之要枝

股脉管之枝、乃淺腹上、淺膀回環、淺外羞秘、深外羞秘、深有三枝係外回環內回環三淺枝肌、大接之各枝、其淺腹上者由股脉管摺窩大筋帶之下約半寸處而來、過寬夾膜之卵圓孔、上於腹之上於遮外斜肌之淺夾膜將至臍而散其枝於摺窩核、及淺夾膜並皮、而與深腹上內乳脈管之枝相接、其淺膀回環者乃皮枝中之極小者近腹上者而來、透寬夾膜往外與摺窩大筋平行至膀骨崗分枝以供摺窩之皮及淺夾膜並摺窩之核、而與膀回環臂外回環各脉管相接、其淺外羞秘或上者、近上枝由股脉管之裡邊而來、於卵圓孔透其寬夾膜後則往裡過精系散於腹下端男陽莖腎囊女陰戶之各皮、而與內羞秘之枝相接、其深外羞秘或下者比上枝之所列尤深、裡行於梳肌之上有寬夾膜以遮之、在交骨枝之對面以透之、有枝散於男腎囊會陰女陰

股深脈管

連屬

外回環枝

上枝

尸之各皮、而與淺會陰脈管之枝相接、其深脈管與淺者所差無多、由股脈管之外而後摺窩大筋之下約一二寸處而來先列於淺者之外邊、後列於此管與股回管之下以至大腿骨之裡邊、其末則在大腿三分之下一爲小枝以透大闔肌散於腿後屈肌、而與膕及下透脈管之枝相接、其後先列於胯肌之上後列於短大兩闔肌之上其前則上有股深兩同管下有長闔肌以隔此管與股脈管其外有內廣大肌之末以隔此管與大腿骨

腎脈管連屬之圖如左

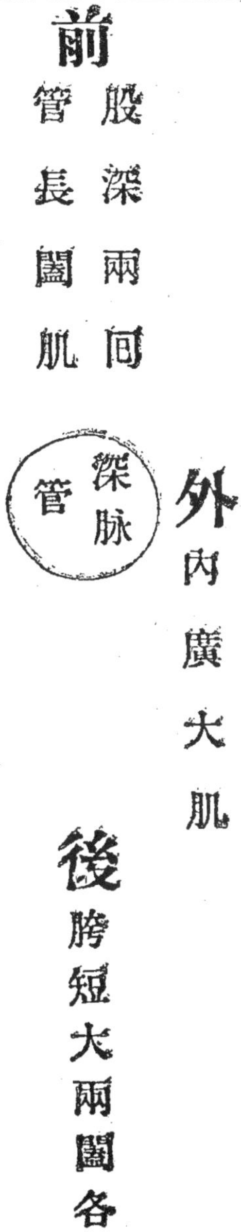

外回環者、以供腿前之肌、由深脈管之外邊而來、於前股腦筋岔之間盤腿直兩肌之下橫往外而分爲上橫下三種枝其上枝上行於緊股鞘肌之下、以至臀之外邊、

下枝　橫枝　內回環枝　透脈管　上透脈管　中透脈管　下透脈管　肌枝　大接枝

而與臀胯回環之兩末枝相接、其下枝有三四枝、下行於直肌之下、廣大肌之上、至此肌而散之、有一二枝行於外廣大肌之下、以至膝而與膕之上節枝相枝、其橫枝極小而少、過股肌往外透外廣大肌而繞大腿骨、以至其後大阜之極下而與腿後之內回環、坐、及上透脉管相接、其內回環者小於外者、由深脉管之裡而後而來、於梳腰兩肌之間、繞大腿骨之裡邊、以至外遮蔽肌之筋而分上下兩枝、其上枝散於各闔窮窕外遮蔽之各肌、而與遮蔽脉管相接、其下枝行於短闔肌之下、以供此肌與大闔肌、其此管之所續往後、於方股與大闔肌上邊之間而與坐、外回環、上透、各脈管相接、此枝在大腿節之對面生節枝在橫筋帶之下以入節、並供油質、後則隨元筋帶以至骨頭、其透脉管、見百八十九圖 大略有三、乃透短大兩闔肌之筋、故名、以至腿後、其第一者於短闔肌之上而生、其第二者於此肌之前而生、其第三者於此肌之極下而生、其第一或上者後行於梳短闔兩肌之間、此往往有透者 以後近縫綫則透其大闔肌、分枝以供兩闔肌、雙頭大臂兩肌、而與坐、內回環、中透各脉管相接、其第二或中者大於第一者、透短大兩闔肌之筋而分上下枝、以供大腿之屈肌、而與上下之兩透者相接、其養腿骨之脉管大略由此枝而生、其第三或下者由短闔之下而來、透大闔肌分枝以供腿之屈肌、而並其上與透者、其下與深者之末枝相接、其數肌枝由淺股脉管之全路而來、有二至七之枝、以供盤腿內廣大兩肌、其大接枝由

淺枝

股脉管而來、於將穿過大闊肌筋孔之先、分淺深二枝、其淺同內或長股腦筋、行於

深枝

盤腿肌之下、透寬夾膜、而散於其皮、其深枝、往下入內廣大肌之內、列於大闊筋之前、以至膝之裡邊、而與上內節之脉管、及前脛返迴之兩管相接、別有一枝往外過大腿節面之上、而與上外節脉管合成接孔、以供其膝節、

膕脉管

膕脉管、由股脉管之末大闊肌之孔處起、斜往下而外膝節之後、以至膕肌之下邊、分為前後兩脛脈管、此脉管在全路、列於膕處、

解剖之膕處

順膝節後豎割入寸長再於所割處兩端橫割而揭其皮於外見百四十入圖○去其皮則露淺夾膜順其中乘有小坐腦筋之數絲分於其內其裡邊有皮腦筋之數絲去此淺夾膜則露寬夾膜其膜堅而密並有橫絲以增助其力與膕之內外兩邊勒挂於此處之筋其下有外股回管以透之將夾膜亦折於外則於中線有小坐腦筋與外股回管之鑽於此膜之極下再去其纖油質而看其地界與其所含之物

膕界

膕界、居大腿三分之下一、小腿五分之上一、由大闊肌之孔至膕肌之下邊、乃斜方形之處、其極寬處、乃膝節之後、其極深處、乃大腿骨節端之上、其外界節之上有雙頭肌、其下有掌雙腹之外頭兩肌、其內節之上有半膜半筋、窍窕盤腿各肌、其下有雙腹肌之內頭、其上界、乃內外膕肌筋之相合、其下界、乃雙腹兩頭之相合、其地乃

膕處所含之物

大腿骨幹後面之下端、膝節之後筋帶、小腿骨之上端、遮膕肌之夾膜管、而有寬夾膜遮此處、其膕血管與枝、外股回管之末、內外膕之腦筋與其枝、小坐腦筋、遮蔽腦

膕處含物之部位

筋之節枝、數小津液核、許多之鬆油質、列於此處、此處所含各物之部位、乃內膕之腦筋、下淺行於此處之中線、而列於脉回兩管之微外、其外膕腦筋、下行於此處之外邊、緊列於雙頭肌之筋、其膕血管深列於此處、其回管淺列於脉管與其微外、有密連質與此脉管緊相連、其回管則往往列於脉管之裡邊、以代其外者、或此回管變爲雙管、而脉管列於其間、大略有短橫枝以連此兩回管、再深而傍其骨面之處、有膕脉管與其節枝列於方角所生者、其遮蔽腦筋之節枝、下行於膕脉管之上、以供其膝、往往大坐腦筋之節絲、深列於此處、其膕津液核有四五、以繞於脉管、一核列於其管而淺、一核列於其管與骨之間、其餘者俱列於管之兩邊、凡無病者則此核小、若有炎症則發大而硬、其膕脉管必跳動於其後、不知者多誤認作血瘤、而務須慎之、

膕脉管

分歧之變革生間有之枝

膝脉管、見百九十一圖 由大闔肌之孔向下、以至膕肌之下邊、先列於大腿骨之裡邊、後列於其後面、中路時則列於膝節之後筋帶、其下列於遮膕肌之夾膜之上、其淺上有半膜肌以遮之、中路有許多之油、以隔此管與深夾膜及皮、其下有雙腹、掌、比目魚各肌、膕回管、內膕腦筋以搭之、其膕回管緊貼於脉管而淺而外、傍其末則過之、而列於其裡邊、其膕腦筋之列處、較脉管尤淺而外、在節下過此脉管、而列於其裡邊、其旁則有膕處所作之肌。此管之分岐處往往早分爲兩末枝、大畧在膝節之對面、又往往分前脛與輔之兩管、而無後脛者、即有亦小管

外科解剖學

膕脈管枝
上肌枝
下肌枝
皮枝
上節脈管
內枝
外枝
孤節枝
下節脈管

有一處此管分爲前後兩壓與輔者共三枝〇膕脈管受傷須勒本管如遇後壓生血癰總以勒前股脈管爲妥若勒膕脈管則不拘上下皆可此處之中甚深其旁界之力又極大故不易勒若露此管於上端則令病人俯臥而伸其腿順半膜肌之後邊將皮割三寸長分開其寬夾膜而將此肌牽於裡以手捫之則覺其管之跳動其膕筋列於脈管之外或輔邊其回管亦在其外邊而淺將間脈附管分開由外向裡勒之若露此管之下端則脈管列於雙腹肌兩旁之間令病人如前勢於中線膝節曲處之對面起割之須避股外之回管膕筋將深夾膜割開而分開數密連膜則露出脈回兩脈與膕筋下行於雙腹肌兩頭之間有膕之數肌枝務須避之若誤割則宜趕緊勒之再屈其小腿則雙腹之兩頭易於分開將膕筋牽向裡回管向外以血囊針由外向裡繞過此脈管而勒之

膕脈管之枝乃肌、皮、上外節、上內節、孤節、內外兩下節、其肌枝分上下、其上者有二三枝、由膕脈管之上端而來、散於外廣大、大腿屈、各肌、而與下透及深末枝相接、其下者別名腓枝、乃兩大枝、由膝節之對面而來、散於雙腹之兩頭與掌之各肌、其皮枝、下行於腿之兩邊與其中、雙腹肌及皮之間、由膕脈管單來、或由其數枝而來、以供小腿腹之皮、其上節脈管乃內外兩枝、由膕脈管之兩邊而來、繞大腿骨髁之極上、以至膝節之前、其內者過大闊肌筋之下而分兩枝、一枝供內廣大肌、而與大接及下內節相接、一枝穴分近於大腿骨之面、而供此骨與膝節、以與上外節脈管相接、其外者行於外髁之上、雙頭肌筋之下、分淺深兩枝、其淺者供外廣大肌、而與外回環脈管之下枝相接、其深者供大腿骨之下端與膝節、而與大接脈管過骨合爲接弓、其孤節枝、小、由膝節曲之對面而來、透後筋帶、以供筋帶及節內之節膜、其下節脈管、有內外二枝、由雙腹肌之下、膕脈管而來、而其節之下繞小腿骨頭、內阜之

內枝

下、其內者行於內旁筋帶之下、而筋帶之前邊、上行於節之前而裡、以供小腿骨之

外枝

頭與膝節、其外者外行於輔骨頭之上、至膝節之前、列於雙腹肌外頭、外旁筋帶及雙頭肌筋之下、而分枝與對邊之脉管、上節及前脛之返迴枝俱相接、

前脛脉管

前脛脉管、由膕肌下邊、膕脈管分歧之處起、前行於後脛肌兩頭之間、穿過兩骨間之骨間膜上端所留之孔、至小腿骨前之深端、後則下於骨間筋帶小腿骨之前面、

連屬

以至足踝節之前、淺列而變為足背者、欲明其勢、須由輔腿頭之裡邊兩踝之中間處畫一線、其管三分之上二列於骨間筋帶有細纖絲弓過而連之其三分之下一列於小腿骨之前與足踝節之前筋帶其三分之上一列於前脛伸長趾兩肌之間其三分之上一列於前脛伸長兩肌之間其三分下一有伸拇筋以過之列於此筋與伸長趾裡邊筋之間其三分之上二有其兩邊所列之肌與其深夾膜以遮之其三分之下一有皮環筋帶與夾膜以遮之此管有兩回管與之並行每邊各一其前脛腿筋先列於脈管之外邊約在小腿之中則幾列至下則仍在脈管之外邊

變革之
大小
變革之
路
外科解
學

前脛脈
管枝
返迴枝

前脛脈管連屬之圖如左

前
皮淺深兩夾膜前
脛肌伸長趾肌伸
跗趾肌前脛腦筋

內
前脛肌
伸跗肌

前脛
脈管

外
前脛腦筋
伸長趾肌
伸跗肌

後
骨間膜小腿骨
足踝節之前筋
帶

此管可以變小或缺多或缺少或全無若無此管者則以後脛脈管之透枝或輔脈管之前盈以代之〇此管變革之路向異輔邊在足踝之前環筋帶之下以得其尋常之部位管有兩處此管在腿之中以至其外面由此處往下則單有皮與夾膜遮之〇此管於小腿之上下俱可勒惟上端所列者深勒之較難割時須在小腿骨經與輔腿骨之邊之間將其皮割四寸長再將其前脛與伸總趾兩肌間之夾膜及其隔亦割四寸合病人屈其足則肌鬆以指分開其肌即露此管深列於骨間膜之上其腿筋列於其外其兩回管列於兩邊將此兩回管分開則易勒此脈管若在小腿三分之下一於足踝節之上則將前脛伸跗兩肌筋之間割三寸長將深夾膜亦割如許長分開其兩邊之肌筋此管則露於小腿骨之上其腦筋之列淺其兩回管亦列於兩邊若勒其足背則於伸跗肌筋之輸腿骨邊與長伸肌脛邊筋之間將深夾膜割開則露出此管其腦筋則或列於前或列於外

前脛脈管之枝、乃脛返迴肌、內外兩踝、其返回枝、由前脛之將穿過骨間處而來、上

全體通考　卷五　論脈管　四十八

肌枝

踝脈管 內枝 外枝

連蹞

行於前脛肌之內冗分於膝節之前與邊而與膕之節枝相接、其肌枝、多散於此管兩邊之肌、有數枝透深夾膜以供皮、別有他枝穿過骨間膜而與後脛輔兩脈管之枝相接、其踝枝、供足踝節、其內者由節之上約二寸處而來行於前脛肌筋之下以至內踝、冗分於其上而與後脛內掌脈管之枝相接、其外者、行於伸長趾伸蹞趾兩肌筋之下以供外踝而與前輔脈管及足背腕枝之上枝相接、

足背脈管

足背脈管乃前脛脈管之所續、前行、由踝之曲、順足之裡邊、至第一骨間處之後、而分蹞連兩枝、此管前行列於足節船內塞各骨與其所連之筋帶之上有皮與夾膜遮之傍其末有伸短趾肌極裡邊之筋以過之其小腿骨邊即裡邊有伸蹞肌筋其輔腿骨邊即外邊有伸長趾肌極裡邊之筋有兩間骨與之並行節前節腿蹞筋列於其外邊

變革之
大小之
部位
外科解
剖學
足背脉
管枝
腕枝
掌枝

足背脉管連屬之圖如左

前
皮與夾膜伸短趾
肌極裡邊之筋

內
小腿骨邊
伸𨂍趾肌

足背
脉管

外
輔腿骨邊
伸長趾肌
前脛腦筋

後
足節骨船骨
內塞骨與連
三骨之筋帶

此管有時比尋常者大蓋因掌脉管有時而無則以此管補之破其趾末枝則無而有由內掌所來之枝或無此枝而有前輔者代之○其管之部位往往曲向外列於蹠踝節中與第一骨間處後間線之外○如勒此管宜於伸𨂍筋之外邊此肌與短伸者裡邊之間割二三寸長往後來可過第一骨間處之後蓋因此處保其管之分岐也再將深夾膜亦割如許長則露出此管其腦筋列於其外邊

足背脉管之枝、乃腕、掌、骨間、背、𨂍、連、其腕者、由足背過船骨之時而來、作爲弓形往外、列於腕骨之上、有伸短趾肌以遮之、以供此肌與腕之各節、而與掌外踝、輔、外掌各脉管之枝相接、其掌枝由腕枝之微前而來、往外至足之外邊掌骨底之上、短伸肌筋之下、其列勢有涉其本來之處、而與腕外掌兩脉管相接、此管又生三骨間枝前行於三外背骨間肌之上、趾縫之間、分爲兩足背相依指平列之枝、此管在每骨間處之後以

蹠背枝

連枝

連屬

收納掌弓後透之枝、及在每骨間處之前、有趾脈管之前透枝、與之相接、其極外之骨間脈管、別生一枝、以供小趾之外邊、其蹠背枝順第一掌骨之外邊、行於前與在第一二趾間之縫而分兩枝、一枝往裡、屈長蹠筋之下、散於蹠骨之裡邊、別有一枝分歧以供第一二趾相依之邊、其連枝第一背骨間肌兩頭之間下入足掌、而與外掌脈管之末相接、作為掌弓、在弓生兩趾枝、一枝行於蹠趾掌面之裡邊、一枝順第一掌處往前分歧以供第一二趾相依之邊、

後脛脈管

後脛脈管、大由膕肌之下邊起、斜往下順小腿之裡邊、以至內踝與後跟間之窩、由開蹠肌本之下、分內外掌脈管、此管在其本則列於小輔兩腿骨間處之對面、下至腿之裡邊、列於小腿骨之後、其下端、列於內踝及後跟阜之中間、此管先列於後脛屈掌趾兩肌後下列於小腿骨與足踝節之後而有其上隔此管與雙腹比目魚兩肌之肌間夾膜遮之在三分之下一則淺列單有皮與夾膜以遮之跟腱筋之裡邊平行並有兩迴管與之同行而後脛腦筋先列於其管之裡邊後則過之其多半之路列於其外邊

雙莖之大小外科解剖學

腓腸

後脛脉管連屬之圖如左

後脛肌屈長趾肌

前

小腿骨足踝節

後脛脈管

內

後脛腨筋三分之上一

外

後脛腨筋三分之下一

後

雙腹肌比目魚肌深夾膜與皮

內踝之後其肌筋與血管之列勢由裡往外乃先有後脛屈長趾兩肌筋列於同線內踝之後其脛者則列於其極裡此筋之外則有後脛脈管其管之兩邊有回血管各一再往外則有後脛腨筋傍後跟約半寸許則有屈長拇筋○此管有時比尋常小亦有時無此管而有脛大輔脉管代之行於小腿骨下端之裡而與小脛脉管相合或單獨至於足掌○如遇足掌受傷流血須在內踝處勒此後脛之管若腿下邊生瘤則在腿中勒之若瘤生於高處則宜勒股脉管如在踝欲勒此管須在後跟與內髁之中間將皮割半月形二寸長分開其皮下之連膜則露出堅而密之夾膜即內環筋帶其上與腿上之深夾膜相連並以遮血管與腨筋而緊貼於肌筋之鞘再割開此夾膜則露出其管割開其鞘則露出此管與兩邊之回管勒時須避其後脛腨筋並回管以血囊針由後跟內髁勒之若勒小腿三分之下一則於偏筋之裡邊平割三寸長須避股內回管將其兩層夾膜托而分開則露出此管於屈長趾之裡邊並兩邊之回管與腨筋列於其外若於腿中勒之則此管深列又有雙腹兩肌遮之緣不易勒須令病人仰臥使其傷腿列於外邊半屈其膝伸其脚則腓腸緩順小腿骨之裡邊割四寸長須避其內股回管再割開深夾膜則露出雙腹肌之邊而牽之於外以托而分開比目魚小腿骨之黏處去小腿骨之邊約一寸許於深夾膜之下可以捫得此管分開此膜而列其肢以緩其腓腸肌再將脉回兩管分開由外向

後脛脉管之枝 輔腿脈管

連屬

本之變革

大小之變革

裡勒此管而須避後脛腿筋

後脛脉管之枝、乃輔、肌、養、連、內後跟、其輔腿脈骨、順輔腿邊之後、深列、由膕肌下邊之約一寸處後脛者而來、斜往外、至輔腿骨、後則順此骨之裡邊往下、以至腿三分之下一、生前輔脉管、後則於小輔兩腿骨之間以過節、而至後跟之外邊、供蹸肌及踝之後、而與外踝、踝腕、及外掌各脈管相接、此管先列於後脛肌以其多半路列於屈長踇肌綫之內骨間筋帶及骨間之綫其

上有比目魚肌與深夾膜遮之其下有屈踇肌遮之

輔腿脈管連屬之圖如左

前

後脛肌

屈長踇肌

輔腿脈管

外

輔腿骨

後

比目魚肌

深夾膜

屈長踇肌

此管之本有時變革有由膕肌下之三寸處或由後膕之高處或由膕脈管而來者○其大小之變革則增者多而減者少或由後脛相合或在腿之下端亦足以代後

前輔枝　前輔枝　養枝　肌枝　連枝　內後跟枝　內掌脈管　外掌脈管　掌弓之枝

脛而後脛乃一短肌枝此皆增多者也若減尋常者則以後脛所來之一枝代之又有此管減小而輔腿亦減小者則以前脛之一枝補之皆有一屍並無此輔者又往往有前輔腿者發大以代足背者此管於在路時、生枝至比目魚後脛屈長蹞輔腿各肌、及養輔腿骨之一枝、其前輔腿枝、透骨間膜外踝之上約二寸處至小腿之前端、下行於小輔肌之下、以至外踝、穴分於腕之前而外、而與外踝及腕脉管相接、其養小腿骨之枝、由後脛之傍本處而來、供數肌枝、後則入於骨之養骨之道、由上而下、斜行於骨內、此養骨管、乃周身之極大者、其肌枝、散於小腿後之比目魚與深肌、其連枝橫過於小腿骨之後、在其下端之上約二寸處、而行於屈長蹞之下、其內後跟枝、乃數大枝、於後脛將分岐之處而來、散於𦢊筋後與後跟周圍之油與皮、及掌裡邊之肌、而與輔腿及內踝之脉管相接、其內掌脉管、甚小於外者、順足之裡邊往前、先列於開蹞肌之上、後列於此肌與屈短趾肌之間、而供此兩肌、在第一掌骨之底、則尤減小、順蹞趾骨之裡邊、而與趾枝相接、其外掌脉管、甚大於內者、斜往外而前至第五掌骨之底、後則斜曲而裡至第一二掌骨底間之處、而與足背之連枝相接、作爲掌弓、此管於往外之時、先列於後跟骨與開蹞肌之間、後列於屈短趾副屈兩肌之間、前至小趾之底、則淺列於屈短趾開小趾兩肌之間、有深夾膜與皮以遮之、此管由小趾之掌骨底至第一骨間處之後端、深列作爲掌弓、其弓凸向前、列於骨間肌之上、掌骨腕端之對面、有開蹞肌與趾屈筋及蟲各肌以遮之、其掌弓枝除數枝散於掌之

後透枝 趾枝

肌皮與夾膜外又生後透枝、與趾枝、即前透枝、其後透枝乃三小枝、往上穿過第三外骨間處之後端、背骨間肌頭之間而與掌脉管之背間枝相接、其趾枝有四、供其三外趾與第二趾之外側、其第一者由掌弓外邊往外、散於小趾之外邊、於在路時、過開短屈兩肌之下、其第二三四者、則往前順其掌空至趾間之縫、分相平之枝以供三外趾相依之邊、及第二趾之外邊、其在趾之分歧處則每趾之脉管皆生小枝、往上穿過其相對掌間處之前端、而與掌脉管之背間枝相接、即前透枝、其散於趾之血管在三外枝之兩邊、與第二趾之外邊者、皆掌弓枝之所供、其蹞趾兩邊、與第二趾之裡邊、皆足背脉管之所供、

連圍 右肺脈管 左脈管

肺脉管

肺脈管、領紫血由心之右邊至肺、其管短而寬、約長二寸許、由右下房底之左邊上總脉管之前而來、斜往上而後、向左至總脉管孔之下面、而分爲同等之兩枝、爲左右肺脉管、此管與總脉管孔之上端共含於心包絡於心底往上所來之游膜以圍此兩管其上有此膜之類絲層黏之其後先列於上總脉管之上再上列於左上房之前在其本之兩邊有有對上房之耳房與心之冠脉管再上至上總脉管之左邊於其分岐之處而微左有短類絲系由此管與總脉管孔之下面相連此系乃胎中脉管之餘管所變者其右肺脉管較左者長而大外橫行於上總脉管與上總間血管之後至右肺之根而分上下兩枝其上枝大以供下葉其上者生中葉之一枝其左脉管較右者短而微小橫行於下總脉管與左氣管之前以至左肺之根而分兩葉之兩枝

全體通考卷五之終

全體通考卷六

論回管

回血管由周身[illegible]之微絲管領血回於心其管分肺周身兩種回管其肺回管與他管不同專含紅血由肺而來至心之左上房其周身回管則將週身之紫血領回而入心之右上房別有門回血管乃周身回血管之附管專司腹以消化臟腑中之紫血由肝之大單回血幹即門回管領紫血以入肝而有肝回管由肝起領紫血以至下回血總管而入心之右上房其回管如其脉管大略週身之各處俱有此管由通微絲管相通之細叢起其所生之枝則相合而變爲幹一行向心而加大蓋因其衆枝以漸相合其回管比脉管大而多故其回管之容量亦大於其脉管惟肺之回血管則不過肺脉管之容量其回管小枝相合處所居之地大於總幹故此回管之形如圓錐其頂則與心相對其體則爲全身之週圍其回管不如其脉管乃十分環柱形其壁空之時則陷其面亦有微縮處所以不平乃明管內有戸也大略此管不兼納其隣管之枝則其體仍如故其回管不論大小彼此亦相通如頭顱內與項回管之間有阻隔則其大腦回管最爲危險故其頭顱穴於其大回管亦多相接其髓道回管之間亦有甚相通者其腹與尻骨盤之各回血叢如精子宮膀胱及其底核等類之回管之間亦多有相通者其回管分淺深穴三種其淺或皮者列於淺夾膜

深回管

層之間皮之極下、領回此兩質之血以透深夾膜而與其深回管相通、其深者同脉管行、大略與脉管共列於一鞘、其小脉管如正輔兩肘背脛輔腿之各脈管之回管、大略雙列於脉管之兩邊、名為並行回管、其大脉管、如腋鎖柱下膕股之各脈管之回管大畧只有一回管與之並行、在深之數具、

深回管

其深回管則不與脉管同行、如頭顱脊髓道之回管、肝之肝回管、骨質之大回管、俱無脉管與之同行、

穴回管

其穴者乃回道其質與其散佈之理俱與回管大不同、惟頭顱之內、方有此穴、乃腦外夜層之分岐所為者、其外衣乃類絲質所為者、其內衣乃汐膜所為、而與回管之汐膜相續、其回管之壁薄於脉管、因其含韌與肌質俱少之故、其淺回管之衣、大畧厚於其深者、其下肢回管之衣厚於其上肢者、其回管有內中外三種衣、

內衣

其內衣之質與脉管者相似、在極小之回管、則由內膚與核連質所為、列為內外兩層、其內者極薄、代中衣、此回管一至微管、則內膚與連質之外層即漸盡、若再大者、別有一層肌絲泡以加增之、乃環類絲衣、並其內膚之下、及肌外兩衣之內、復有連韌質在中等之回管、其內衣乃內膚所為、有一或多之紋核片以托之、其外有一層韌類絲質、若在孕身子宮之回管與股長膕兩回管、其衣俱有肌質、在極大之回管、如下回血總管、肝幹、無名回管、其內衣之質皆與上相同、而微厚、因其加增紋片之數、與韌類絲衣之厚、

中衣

其中衣、薄、其所含之韌肌兩質少於脉管之中衣、而其連質多於脈管之中衣、在極小之回

外衣

管則係核連質之薄層其絲乃長勢在稍大者則此外別有一層肌質其泡皆橫列在中等之回管如四肢之皮深兩種之回管如臂臟之各回管其中衣皆紅黃色而極厚比大回管之中衣所發尤大乃連質之厚內層與韌肌絲所爲亦有數回管並肌絲之橫層相攙其中衣之外層乃長韌片所爲其數自五至十有橫肌絲層與連質層互列此衣與大脈管之中衣相似在大回管如門回管之首端下回總管腹端之上端肝內之大肝幹其中衣厚其質與中等衣之質相似然其肌質較少其長韌網之片亦不甚明顯此衣之肌質在脾門兩回管則極明顯其總回管在肝之下有數處無此肌質其鎖柱下與上下總回血管之末端則全無此質其外衣大略極厚乃隨其管之大小而然其質與脈管之外衣相似然其別乃有數回管含肌絲之長網在極小之管此衣乃核連質之厚層所爲此衣在中等之回管甚厚於中衣乃韌連兩質所爲其絲列勢長在極大之管則此衣厚於中衣者自二至五倍以含許多之長肌絲此衣在下回總管之肝與心端在肝回管之幹門回管之全大幹在脾門兩回管則此層穿過外衣然以上所餘之管俱有連韌兩質之一層於肌絲之外上腸間膜外胯腎孤各回管極明顯若無中衣之時則此肌層往裡以至內衣在腎其入心之各大回管有由心而來之肌質一層在近處以遮之此回管有五處之無肌質者一爲胎盤之母端二爲腦回管與外衣之穴回管多無此肌質三爲眼內衣

回管之分種

之回管、四為骨海綿質之回管、五為蜂窩體之回管、此五處皆有內膚以為袢、以助其連質之一層、或多者、此管大畧俱有戶、蓋為不令其血回流、其戶係中內兩衣之折疊及連質與韌絲所為者、有內膚遮其兩面、其形如半月、其戶之凸邊黏於回管之壁、其戶之凹邊浮而向其血所流之路、若其血行尋常之路、則戶緊貼於其壁、其血若回流、則戶即漲而起立相貼於其對邊、而必阻其血、（此係考查其戶之眞理、皆由英醫哈非考查而得、故西醫之理皆以此為基、而醫學日盛）此戶大畧有二對面相列、然在小管或大管、有小管與之相合、則多有此戶、往往有三戶者、亦往往只有一戶者、在戶之極上、其管之壁即生為囊、或穴、故其管血滿則漲大而有結形、此戶在四肢為多、而下肢尤多、因其多方能抵其腿下吸之力、其極小之回血管、亦有回血總管、肝回管、門回管、與其枝、腎、子宮、經核俱無此戶、在精回管則有數戶、其腎與下回總管相合之處、則有一戶、而男女皆同、其腦、脊髓、骨海綿質、肺、臍之各回管、並臍之枝、俱無戶、其孤肋間兩種之回管、往往其戶亦少、其回管亦有養管之管、與脈管相同、然大畧無腦筋散於其上、近來西醫考查此管、如腦外衣之穴、脊髓之回管、上下總回管、總項、胯股、肝之各回管、俱有腦筋、

回管分三種、一為頭與項、上肢、胸、俱入上回總管、二為下肢、尻骨盤、腹、俱入下回總管、三為心回管、直入於心之右上房、

臉回管

額回管

臉回管

臉回管之枝

耳門回管

頭與項之回管

頭與項之回管、亦分三種、一爲頭外、一爲項、一爲頭顱骨兩層間者、與其頭顱內者、其頭外者乃臉、耳門、內牙床、耳門牙床、耳後枕、

臉回管斜過臉之邊、由眼窩之內角起、向下而外、至咬肌之前邊、列於臉脉管之外邊、而不似脉管之曲折、此管由額部而起者、名爲額回管、在眼內角者、名爲角回管、由此處至其末者、名爲臉回管、其額回管在頭顱前端、由連耳門管前枝之回血叢起、其管相聚而爲單幹、下行順額之中線、與其對面之管相平、至鼻根有橫幹與之相合、名爲鼻弓、此管往往相合爲一幹、在鼻根分歧而爲兩角回管、將其枝由鼻弓散開、順鼻根之邊而行、此管下於額骨之時、則收納上眼窩之回管、其鼻背者、則以入鼻弓、其角者之裡邊、則收納鼻翅之管、其外邊則收納上眼泡之管、別有眼回管與之相通、故此管與蜂窩穴相接、極要、其臉回管、由眼窩內角起者、卽角回管之所續、斜往下而外、大衡肌之下、順咬肌之前邊、同臉脉管、過下牙床之體、斜往外而後、盤肌與項夾膜之下、與耳門牙床回管之連枝相合、作爲一大幹而入內項回管、其臉回管傍口角、以收納後蹬叢之連枝、有下眼泡上下兩唇腮之吹咬之各回管、與其相合、其在牙床骨之下、則以收納頦下、下膵係、送回杏核與軟膵周圍叢之血、由牙床下核起之牙床下與哇各回管、其耳門回管、由頭顱之邊與頂之細叢起、前有

耳門回管枝

內牙床回管

耳門牙床回管

耳後回管

枕回管

額回管及對邊相對之回管、後有耳後枕兩回管相通、由此叢起、又作爲前後枝與衡骨之上相合而爲此管之幹、此幹在此處又有大管名中耳門者相合、以收納耳門肌體之血、而衡骨之上邊透其夾膜、此管以後則下於外耳皺與牙床杵之間、以入耳下核之體、與內牙床之回管相合、作爲耳門牙床者、其耳門回管、於在路時收納數耳下核之管與牙床節而來之節枝、及外耳之前耳者與臉邊所來之大管、即橫臉者、其內牙床者乃大回管、其收納之枝與內牙床脈管所來之枝相對、如收納其中腦衣深耳門後蹬咬吹數腸與下牙各回管、此枝則成大叢、名爲後蹬叢、列於耳門外後蹬兩肌之間、與有一半後蹬肌之間、此叢與臉回管相通、又因穿過頭顱底之枝而與蜂窩穴相通、此管之幹後則往後下牙床項之後、與耳門回管相合、作爲耳門牙床之管、其耳門牙床回管、係耳門內牙床兩管相合、下於耳下核體內牙床骨枝與胸乳肌之間、而分兩枝、一枝往裡與臉回管相合、一枝與外項相續、傍其末以收納耳後回管、其耳後回管由頭邊起與耳門枕兩回管之枝相連之叢、下於外耳之後而與耳門牙床回管相合、爲此管將入外項之處、此管收納錐乳回管、與外耳後端所來之數枝、其枕回管由頭顱項之後端與他管相似之叢而來、順枕脉管之路、深行於項後端肌之下、以入內項者、亦往往入外項者、其管在乳峯之對面、則以收納乳回管、由此管與旁穴相通、

外項回管

外項回管枝後外項回管

前項回管

項回管

項回管以領回頭與臉之血乃外項後外項前項內項脊各回管其外項回管收納頭顱外之多半與臉深處之血爲耳門牙床與耳後之兩回管之所續而由耳下核內起與下牙床角相平直行於項下在牙床骨角以至鎖柱骨之中畫爲一線卽知此管之勢其管在路時過胸乳肌與此肌之後邊以至其黏於鎖柱之處平行以透深夾膜與內項之外邊而入鎖柱下之回管其下項之時有深項夾膜之前層以隔此管與胸乳肌而其盤肌淺夾膜與皮以遮之約在其中有淺項腦筋以過之其上半有大耳腦筋與之同行此管之大小不同與項之他管大小相反往往有雙管並有上下兩雙戶其下雙戶列於將入鎖柱下管之處其上雙戶列於鎖柱骨之上約一寸半之處此戶不能阻其血之回流此管收納枕後外項之管並傍其末處其飯匙上橫項之各回管而與前項者相通其在耳下核內則收納內項之大連枝其後外項回管乃領回夾板斜方兩肌間所列之項上與後端之皮並淺肌之血下於項之後在中路之極下以入外項者其前項回管收納項前部之中之皮與肌之血下於中線與胸乳肌前邊之間而與項之下端行於此肌之下而傍外項之末以入鎖柱下之回管此管之大小與外項回管相反大畧有二前項回管左右各一然往往單有一管此管收納數喉枝亦往往收納下脾之枝在胸骨之極上有橫幹乃收納

內項回管

內項回管枝

舌回管

咽頭回管

上牌回管

中牌回管

脊回管

下牌回管之枝臉與其兩前項回管別與內外兩項者相連此管之內無戶其內項回管收納頭顱裡邊臉之淺端與項之血在項孔頭顱之底起旁與下岩穴相合之所爲在其本則舒大此舒處爲內項回管之穴此管直行於項之邊先列於內項脉管之外邊後列於總項脉管之外邊在項根與鎖柱下回管相合作爲無名回管此管之出頭列於直旁肌之上內項脉管與第八九對之腦筋之後而外再下則回脉兩管相平其舌咽頭下舌兩腦筋前行於此兩管之間其肺胃腦筋下於此兩管之前而後而共列於一鞘其副髓腦筋則於回管之後斜往外在項之根則右回管近列於脉管其左回管大略過其下端此回管大而人各不同大畧左小於右者有戶一雙列於其末處或在其末由四分至六分之上此管在路收納臉舌咽頭上中兩牌與枕各管在耳門臉兩回管相合之總枝則甚大其舌枝在舌背邊與下面起往後順舌脉管與其枝之路以入內項其咽頭管有細叢即咽頭者在咽頭之後端與邊起以收納腦衣之枝與韋典蝴蝶骨各回管後入內項者往往入臉舌或上牌之回管其上牌回管在上牌脉管相對之枝牌核體與其面處起以入內項回管之上端其中牌回管以收納牌核旁葉下端之血而與喉及總氣管之數枝相合以後則入內項之下端其脊回管由枕部之數小枝與項之上後兩端之深肌而來往外以入鈕環骨橫峯之孔順脊脉管之邊下於項脊骨橫峯所作之道出第六項橫峯之

脊回管枝

孔在項根入無名管其口有雙戶以守之其管下端之路往往分爲兩枝一枝回脉管出第六項脊骨一枝出第七項之孔其回管於在路時以收納後髁回管前脊骨部肌之肌枝與脊骨項部後所來之背脊回管及髓道裡邊之衣脊回管並上深兩項之回管

頭顱骨兩層間之回管

頭顱骨兩層之間在成人有數曲折之道有密質一層爲其裡其道所含之回管容量甚大其壁甚薄乃單有內膚所作者列於一層韌質之上有數處囊形以藏血若去其頭顱之外層則露此管在中年人之頭顱骨分開其各骨此管歸於本骨至老年則骨縫相合故此管彼此相通而加大此管在頭顱內與腦衣及外衣之穴各回管相通在頭顱之外則與其衣者相通此管之分者一爲額者由上眼窩峽之孔以入上眼窩之回管一爲前耳門者先出蝴蝶大翅之孔後入於深耳門之回管一爲後耳門者由顱項骨後下角之孔以入旁穴一爲枕者以入枕回管或枕穴

大腦回管

淺大腦回管

上大腦回管

大腦回管無肌質與戶故其衣極薄而分爲淺深兩種其淺者列於其面其深者列於其內其淺大腦回管冗分於腦之面而列於其紋間之陷亦有數管行過其紋而收納腦體之枝以入其穴故卽按其部位而爲上下內或外之名其上者在左右兩

下前大腦回管

下旁大腦回管

下中大腦回管

深大腦回管

大腦前結回管脈絡回管

小腦回管

上長穴

邊各七八前行而裡、向大長縫以收納內大腦之回管乃領回其相對半球紋遍面之血、後斜往前得中腦衣之膜以為鞘入上長穴在其血勢所行之對面、其下前者、由腦前葉之下面起、入蜂窩穴、其下旁者由半球之旁邊與腦之底而起、有合成三至五之回管由前而後以入旁穴、其下中者、大在大腦下面之前端與後葉之紋而起、以入直穴、乃深腦回血管之後、其深者、又名宮回管乃由左右宮各來之管而左右又皆兩管作為、即大腦前結脈絡兩回管、此管往後則彼此平行、而貯於絡膜之內、由大橫縫以出、腦在大腦連系下面與四體之間以入直穴、其前結者由前後兩結間之陷起、以收納此二處所來之數管、在三角帶前柱之後與脈絡回管相合而作為宮管、其脉絡者順脈絡叢之全外邊而行、以收納大海馬三角帶及大腦連系之各回管、而與在脉絡叢前端之前結者相合、其小腦回管列於小腦之面、分上下旁三種、其上者前行而裡過上蟲端以入直穴、其數管入於宮管、其下者大橫往外、有兩三幹以入旁穴、其旁前者、以入上岩穴

腦外衣穴

腦外衣之穴乃回血之道、與回血管相似、其外衣乃腦外衣所作、其內衣乃回血管汤膜之續者、其數有十二、而分兩種、一為頭顱之上而後所列、一為頭顱底所列、其頭顱上而後者乃上下兩長直旁枕三穴、其上長穴居大腦鐮膜所黏之邊在雞冠

下長穴　直穴　旁穴　枕穴

起由前往後行於額骨之裡邊兩顱頂相依之邊枕骨十字崗上者作爲凹而分兩旁穴其穴三角形前窄往後則漸寬其裡面有大腦回管之內孔此管之勢由後而前以入其穴之後端有數類絲帶橫過其下角又有數小白凸體即巴吉厄尼核此穴收納上大腦頭顱骨間與外衣之數回管並箭縫之後有由頭顱衣所來之顱頂回管此處爲上長旁兩穴相聚之處名爲聚穴此處舒大雜形與六穴相合乃上長兩旁兩枕直各穴其下長穴別名下長回管而合於大腦鐮膜浮邊之後環形往後則加大而入直穴以收納大腦鐮膜之數回管間亦有數半球之扁面者其直穴列於大腦鐮膜與帳相合之線三角形往後則加大斜往下而後由下長穴之末至聚穴其下長穴之外以收納宮下中大腦上小腦各回管而有數橫帶過其裡邊其旁穴大列於小腦帳所黏之邊內由聚穴處起橫往外至耳門骨岩端之底曲往下而裡兩邊各一至項孔以入內項回管每一穴之在路時則列於枕骨之裡面顱頂骨後下角耳門乳端而傍其末之處則復列於枕骨之上其穴大小不等其右者大由後而前則加大其橫端乃三角形其曲端乃半環柱形其裡面平滑不似他穴內之有類絲帶過之此穴收納上長直枕各穴之血在前則與上下兩岩穴相通由乳與後髁回管以連頭顱骨衣者以收納下大腦下小腦及頭顱骨間之數回管其枕穴乃頭顱中之極小者大略有二列於小腦鐮膜所黏之邊內由大孔後邊週圍之數

蜂窩穴　臉回管　環穴　下岩穴　橫穴　上岩穴

小回管後脊髓回管相通之處起、以入聚穴、或一孔、或數孔、其頭顱底之穴、乃蜂窩、環、上下兩岩、橫、其蜂窩穴、蓋因其底爲網質、如陽莖質、故名、其穴有二極大、列於馬鞍之兩邊、各一、由蝴蝶縫起、至耳門骨岩端之尖、其前以收納穿過蝴蝶縫之眼回管、其後與岩穴、而因環橫穴、則彼此相通、其每穴之內壁、有內項脉管與項叢之絲、及第六腦筋同行、其外壁有第三四及眼之腦筋、此處有裡膜以隔此處與穴中之血、此膜則與回血管之內衣相續、此穴之後大於其前、而有類絲質之絲與數管以隔之、此穴以收納下前大腦之回管、而因上下兩岩穴與旁穴相通、因眼之回血管、而與臉回管相通、其眼回管大、在眼窩內角、以連額回管及蜂窩穴、而與眼脉管同行、以收納其枝、而與脉管所來之枝相對、以作爲短單幹、穿過蝴蝶縫之內端而入蜂窩穴、其環穴偏繞於馬鞍核、由其兩邊與蜂窩穴相通、其後半大於前者、在老年者之容量大於幼年者、以收納馬鞍體與相依之骨及腦外衣之各回管、其下岩穴列於耳門岩端之下邊、及枕骨底端相合處之陷、由蜂窩穴末之前而起、在後以入項孔、而與旁穴共爲內項回管之出頭、其穴爲半環形、其橫穴橫列於枕骨底端之前、以連兩下岩與蜂窩穴、往往有第二穴在大孔之對面、其上岩穴、列於耳門岩端之上邊、與帳所黏之邊之前、其穴小而窄、每邊連蜂窩旁兩穴、而收納中葉下端所來之下腦、大腦、與小腦前邊所來之前旁小腦兩回管、

淺回管　深回管　前正肘回管　後正肘回管　臂內回管　輔肘回管　臂外回管　臂中回管

上肢之回管

上肢回管、分淺深兩種、其淺者列於皮之極下、淺夾膜兩層之間、大半在手背面者而起作爲弓形者、其深者與脉管同行、其二種俱有戶而深者多於淺者、其淺者爲前後兩正肘者臂內輔肘臂外臂中內外兩肘曲者、其前正肘者在腕之前面與手之正肘邊起順前臂之裡邊往上至肘曲而與後正肘合爲臂內之回管、其前與臂中之枝相通其後與後正肘者相通其後正肘者在手正肘邊之後面與列於第四掌骨處上之小指回血管起、由前臂之正肘邊後面往上、而與肘曲極下之前正肘者相合、而作爲臂內回管其臂內者大乃淺後兩正肘相合者所爲順肘曲之裡邊往上、以收納肘曲內之回管、後則順臂之裡邊往上、透深夾膜順臂脈管之路同行、或入脉管之同行之回管、或入腋回管、其輔肘者由拇指、由食指、手輔肘邊之小指相通之枝起、其各枝相合而爲一大管順前臂之輔肘邊往上、以收納前後兩而所來之數枝在肘曲處收納肘曲外之回管、後則作爲臂外之回管、其臂外者順雙頭肌之外邊往上、至臂三分之上一、後則由大胸三角兩肌之間而行、有胸肩頭脉管之下枝與之同行在鎖柱骨之極下以入腋回管此管往往有一枝往上在鎖柱骨之前、以連此管與外項或鎖柱下之回管、其臂中者收納手掌淺質及前臂中線之血、而與前正肘輔肘之兩回管相通在肘曲處則收納其同行臂脉管深回管

肘曲外回管　肘曲內回管

上肢深回管

骨間回管

深掌回管

臂回管

相通之枝而分爲內外兩肘曲之枝往上則彼此相分其肘曲外者小外行於長仰雙頭兩肌間之陷而與臂外者相合其外皮腦筋之枝則過此管之後其肘曲內者斜往裡行於雙頭俯輔肘圓條兩肌間之陷而與臂內者相合此管過臂脉管之前有由雙頭肌筋而來至遮前臂屈肌夾膜之類絲岔以隔此脈管與回管其內皮腦筋之絲則過此管之前而後其上肢之深回管則順脉管而行以作同行之回管大略有二列於其相對脈管之兩邊其數處俱有短橫枝以連之順指之邊每一脉管有兩指回管與之同行而俱在指之底相合順掌之骨間處而行以入兩淺掌回管此管有枝在手之輔肘邊同淺掌脈管於正肘邊以入深正肘回管其深正肘者於過腕之前由骨間淺兩種之回管相通在肘曲則與深輔肘回血管相合以作臂脉管同行之回管其骨間者以通前後之骨間脈管其前骨間者由腕之前而起在此處與深正輔兩肘之回管相通在前臂之上端收納後骨間之回管而入正肘脉管同行之回管其深掌者以同深掌弓乃此管冗分之同行枝所爲在手裡邊則與淺掌回管相通在手外邊則入輔肘脉管之同行管在腕骨則收納拇指所來之背掌兩枝而與深輔肘者相合此管與輔肘脉管同行而入臂脉管之同行管其臂回管列於臂脈管之兩邊各一有收納之枝與脉管所發之枝相對在腋窩之下邊與臂內之管相合而爲腋回管其深回管相接處甚多不但彼此者即淺管亦與之相接

腋回管

鎖柱下回管

鎖柱回管之枝

無名回管

右無名回管

腋回管、大係臂內管往上之所續、由腋窩之下端起、往上加大、而收納與腋脈管相對之枝、在鎖柱骨之極下、第一肋之外邊、則變爲鎖柱下之回管、其管之前、有胸肌肋烏喙膜遮之、而列於腋脈管胸之邊、在下飯匙肌之對面、有臂同行回管相合之大回管、而傍其末、以收納臂外之回管、在飯匙下肌下邊之對面、有雙戶、其臂外飯匙下兩回管之末、亦俱有戶、

鎖柱下者、即腋回管之所續、由第一肋之外邊、至胸鎖柱節裡端之處、而與內項者相合、以作爲無名者、在前則傍鎖柱骨與其下之肌、其後則傍鎖柱下脉管、其裡邊有前項斜肌與膈腦筋、以隔此管與脉管、其下則列於第一肋之凹處、與肺包膜之上、其上有項夾膜與皮以遮之、此管往往由項往上、至鎖柱下脉管第三端相平之處、嘗有兩扉、此管與脉管、俱在前項斜肌之後、此管有戶、去其末約一寸許、乃將入於外項回管外之處、此管收納外前兩項之回管、其項斜肌之外、有臂外之小枝與此肌之裡邊、以收納內項之回管、

無名回管、見二百圖乃兩大幹、列於項根之兩邊、乃相對邊之內項鎖柱下兩回管相合之所爲、其右者短、約長寸半、由鎖柱骨之內端起、微直而往下、在第一肋脆之極下、與左者相合、而作爲上回血總管、列於無名脉管之淺而外、在其右邊、有肺包膜列於此管與肺尖之間、此管與鎖柱下者相合之角、則收納右脊回管與右津液管、再

往下則收納右內乳、右下牌、右上肋間之各回管、其左者、約長三寸、而大於右者、由左斜往右、過胸之上而前、與對其邊者相合、而作為上回總管、其傍左鎖柱骨之胸骨端、與左胸鎖柱節及胸骨之第一塊、有胸舌骨、胸牌兩肌、胸核、或其餘、及數鬆連質、將此管與第一塊之胸骨隔開、其後則橫列於總脈管孔所來三大脈管根之上、此管有左脊、左下牌、左內乳、左上肋間、或有數胸核、及心包絡之各回管、皆與之相合、而無名管無戶、其無名管往往則單入右上房若此則右者即行其上總管尋常之路而左者則先有小枝與右者相通後則過左肺根之前向心之後以收納心之回管而入右上房之後閉或在成人之如此者則為變在初結之胎乃其常在飛禽及數種胎生者則永遠如此後則將閉總管相通之小枝發大以變將來之左無名管其左幹之所餘者則化而為無若尚有則相通而成冠穴若化為無則其處變為類絲帶順左上房之後與左肺根之前即名心包絡之折疊痕其內乳有兩管、每脈管各二、順脈管之路而行、以收納其相對之枝、其兩管相合、則變為單幹、以入無名管、其下牌管有二、亦往往有三四、在牌體之回血叢起、而與中上兩牌之回管相通、其左者下於總氣管之前、胸牌肌之橫枝與其對面者相通、以入左無名回管、其右者列於中線之微右、由將與上回管相合之處、以入右無名管、此管收納總氣管與下喉之枝、在其末入無名管處則有戶、其上肋間回管、以領回上肋間處之血、而分為左右、其右者甚小於左者、與上肋間之脈管極相對、以收納第一或第一二肋間處之血、而入右無名管、往往則往下而入大孤回管、其左者、常大於右者、而人各不同、若左孤回管大、則右管小、否則相反、其

左無名回管

變革

內乳回管

下牌回管

間上肋右回管

間上肋左回管

上回血總管 連圖

孤回管 右孤回管

孤回管之枝

管大略乃兩三上肋間處之枝之所為、一過總脉管弓、則入左無名者、其左氣管者、則入於此管、

上回血總管、以領身體全上半之血入心、其幹短、大畧自二寸半至三寸長、乃兩無名管相合之所為、由右邊第一肋脆之極下起、直往下以入心包絡在心之上約寸半而入右上房之上端、其在路時、微曲而凸向右、其前傍胸夾膜、即以此膜隔此管與胸核胸骨、其後傍右肺之根、其右傍隔腦筋與右邊之肺包膜、其左傍總脉管之上端、其含於心包絡之端、前四分之三有心包絡之沕膜層以遮之、於將入包絡之時、以收納大孤回管與心包絡並胸縱膈各處之小回管、而總管無戶、

孤回管連上下兩總管而補其兩總管連心之缺處、其右者或大孤管、在第一或第二腰脊之對面、由收納右腰回管之一枝起、而往往有腎回管、或下回總管之一枝、與之相合、穿過膈肌之總脉管孔以入胸、而順脊骨柱之右邊、至第三脊背骨作為弓、往前過右肺之根、於將入心包絡之處、以入上回血總管、於穿過膈肌總脉管孔之時、則同胸津液管列於總脉管之右邊、在胸之內、則列於肋間脉管之上、總脈管與胸津液管之右邊、有肺包膜以遮之、此管收納右邊九或十之下肋間、並小孤數食管胸縱膈脊之各回管、傍其末則收納右氣回管、而往往與右上肋間回管相連、此管之內有數不全之戶、然其枝則有全戶、其左邊之肋間回管乃兩三上肋間處

小孤回管　左上孤回管　氣管之回管　背脊骨回管

之下、大略作爲兩幹、名爲上下兩左孤回管、其左下或小孤者、由腰部起、有一腰回管、或左腎之枝所爲、穿過膈肌左蒂、以入胸、由脊骨左邊往上、至第六或第七脊骨、過脊骨柱總脉管與胸津液管之後、以入右孤管、而收納左邊之四五下肋間、及數食管與胸縱膈之各回管、其左上孤回管之大小、依其左上肋間者、以收納左上肋間與左下孤管極高之枝間之肋間處之回管、大略有二三相合、作爲一幹、以入右孤管、或左下孤管、如此管小或無、則左上肋間之回管、可以往下至第五或六肋間之處、其氣管之回管、則以領回肺體之血、其右者以入大孤管之末、其左者以入左上肋間之回管、

脊骨回管

脊骨上與內所列之許多回管叢、分爲四種、一爲脊骨柱外所列者、名爲背脊回管、二爲脊骨道裡邊脊骨與髓系外衣間所列者、三爲脊骨體者、四爲髓系者、其背脊者、由小枝而起、以收納脊骨後皮與脊骨昭肌之血、而作爲雜網、以圍全脊骨之後峯、骨片橫節兩峯、在橫峯之底、由上下枝與相依脊骨所圍之各回管相通、並透黃筋帶之枝、而與脊骨道回管相合、在脊骨弓間之處、則入項之脊胸之肋間腰及尻骨盤之腰方之各回管、其二爲脊骨道所含之回管、列於髓系之外衣、脊骨之間、有兩長叢、一順脊骨體後面之全路而行、爲前長脊之回管、以收納脊骨體之回管、一

前長脊回管

爲後長脊回管、列於脊骨之裡邊、或骨片之前面、亦順脊骨體之全路而行、其前長者、乃兩大曲折之回血道、由大孔至尾骶骨之底、列於脊骨體之後面、後總筋帶之外、兩邊各一、在每脊骨之對面有橫幹、行於筋帶之下而相通、以收納每脊骨體裡邊所來之脊骨體大回管、此管在項與方之部位、不甚發大、其大小亦不均、而忽大忽縮、在脊骨間之孔、則與背脊管相通、在項則與脊、在脊背部與肋間、在腰與方部

後長脊回管

與腰方之各回管、俱相通、其後長者小於前者、列於兩邊各一、在骨片裡面與髓系外衣之間、有橫幹與每脊骨之對面相通、而有旁橫枝由後往前、以與前長者相通、

脊骨體回管

在脊骨間之孔、則與背脊回管相合、其第三之脊骨體者、由後面之孔而出、與連於前長之橫幹相合、以含於骨體內之大曲折道、而與頭顱骨間者相同、此道平列於骨之上下兩面、由脊骨之全週圍起、與穿過骨體前面所穿過孔之回血管相通、聚

髓系回管

而歸於首道、此道向後端、往往爲雙道、此管在老年人則發大、其第四之髓系者、係細曲折之回血叢、而遮髓系之全面、列於內中兩衣之間、其管由後中陷所出、在腰部則極大、傍頭顱之底相合、而爲兩三小幹、以與脊回管相通、後則入下小腦回管、或入岩穴、每一髓系之腦筋、有一枝與之同行、至脊骨間之孔、與脊骨道所來之他回管相合、而此管無戶、

下肢回管

淺回管　內股回管　外股回管　深回管　前脛回管

下肢之回管、如上肢、亦分淺深兩種、其淺者列於皮之下、兩層淺夾膜之間、其深者與脉管並行、此兩種之回管俱有戶、其戶多於上肢者、其深者多於淺者、其淺者有二、乃內股或長股、與外股或短股、其內者見二百三圖由足背與其裡邊所遞之細叢起、往上至內髁之前、順小腿裡邊、小腿骨裡邊之後、有內股腦筋與之同行、在膝節後行於大腿內髁之後、順大腿之裡邊往上、穿過寬夾膜之卵圓孔、在摺窩大筋帶之下約寸半、以入股回管、其管在路時、收納大小腿之皮枝、在卵圓孔則收納淺腹上、淺膀回環、外羞秘之各回管、其在大腿裡與後之管、則往往相合而為大管、傍卵圓孔以入總幹、往往其腿之外邊亦相合而為大枝、故往往有腿各處相聚之三大回管、以向其圓卵孔、其股內之回管、在足則與內掌者相通、在小腿則由透比目魚小腿本之枝、以通其後脛回管、並前脛者、在膝則與膝節之回管相通、在大腿則與股回管之一枝或多者相通、此管之戶自二至六、而大腿多於小腿者、其外股或短股者有枝以收納足背與外邊之血、所為上行於外踝之後、順懶筋之外邊、有尖角過此筋至小腿後面之中線、直往上、由膕下端透其深夾膜、在雙腹肌兩頭之間、以入膕回管、有外股之腦筋與之同行、此管收納小腿後端所來之數大枝、與足背及外踝後之深回管相通、其管單有兩戶、其一戶常傍管末入膕回管之處、其下肢之深回管、同脉管與其枝、其內外兩掌回管相合而為後脛回管、與後脛脉管同行、而與

膕回管　股回管　外胯回管　內胯回管

輔回管相合、其前脛回管、乃由足背者續往上而成者、在小腿上端透骨間膜以與後脛者相合而爲膕回管、而其深管之戶爲尤多、

膕回管、乃前與後脛管回行之枝相合而成者、往上穿過膕處、至大圍肌內之筋孔、而變股回管、在其下端之路、則列於脉管之裡邊、在雙腹肌兩頭之間、則列於此管之淺處、在膝面之上、則緊列於此管之外邊、以收納雙腹肌之脌管與節及外股之各回管、此管之戶大略有四、

股回管同上股脉管穿過大腿三分之上二、在其下端之路、則列於脈管之外、往上則列於其後、在摺窩大筋帶之下、則平列於其裡邊、以收納數肌枝、其深股回管、在摺窩大筋帶之下約寸半、而與之相合、傍其末則與內股回管相合、此管有四五戶、

外胯回管在股回管之末處股弓之下、起順尻骨盤之邊往上、至方胯合縫之對面、而與內胯者相合、作爲總胯回管、在右邊先順外胯裡邊而行、往上則漸漸向後、在左邊則全列於脉管之裡邊、在摺窩大筋帶之極上、則收納腹上胯回環之兩回管而無戶、

內胯回管、除臍脉管外、即內胯脉管枝同行之管所爲、由臀、坐、內羞、秘、遮蔽之各回管、以收納尻骨盤之外血、在男則由直腸、膀胱、膀胱底核之叢、在女則由子宮及陰道之叢、以收納其盤內具之血、其作叢之管極大、其相合之處亦多、其所含之戶亦

直腸叢　膀胱膀胱底核之叢　陽莖背回管　陰道叢　總膀回管　右總膀回管、左總膀回管　方中回管

多、其內膀回管先列於內膀脉管之裡邊、後則列於其後、與方膀節之對面、並外膀之回管合爲總膀管而無戶、廿直腸之叢繞於直腸之下端、乃上直腸回管、即下腸間髖回管之枝、及中下兩直腸之各枝、所爲以入內膀回管、此叢之枝與門及周身之回管易相通、其膀胱與其底核之叢、繞於膀胱之項與底並其底之核、其後與直腸之叢相通、以收納陽莖背回管、乃由下交骨筋帶之下、則入尻骨盤、此叢有尻骨盤夾膜之折疊、以扶助此叢於膀胱邊之上、其作叢之管、往往發大、亦往往含硬土類之石、名回灰石、其陽莖背者大、以領回陽莖體之血、先爲兩枝、列於陽莖背之陷、以收納龜頭海綿體與數淺回管、傍陽莖之根相合而爲單幹、透交骨弓下之三角筋帶、而分兩枝、以入膀胱底核之叢、其陰道叢、繞陰道之嫩膜在此道之孔發至十分、在前與膀胱叢後與直腸叢相通、其子宮叢列於子宮之邊與上角、以收納子宮體之大回道、名爲子宮穴、其作叢之管彼此與經回管多相接、而不似脉管之曲折、各總膀回管、乃方脊節前之內外膀回管相合之所爲、斜往上向右、至第四五腰脊骨間之脊間物之上、而與尖角相合、作爲下回血總管、其右總者短於左者、大略爲直勢、上先行於其相對脉管之後、而復在外、其左總者甚長於右者而斜、先列於相對脉管之裡邊、後列於右總者之後、每總管皆收納膀腰回管、亦往往收納方旁之回管、其左者兼收納方中回管、而此兩管皆無戶、其方中者、順方骨之前、同其相對

變革

下回血總管

連圖

變革之部位

變革末之處

腰回管

精回管

之脈管、以入左總胯回管往往入下回血總管之出頭其左總胯者在尋常之處往往不與右者相合在總脈管左邊則往上而與腎相平以收納左腎之回管以後則過總脈管而與右總胯者相合作爲下總回血管如此則其兩總胯者在其尋常相合之處有小連枝以相連

下回血總管、領回膈肌以下各處之血以入心、由脊間物之右邊、第四五腰脊骨之間之兩總胯回管相合之處、所爲髓脊骨前往上總脈管之右邊至肝之下面則列於肝後邊之陷、後則透膈肌之中筋、以入心包絡而有汾膜一層遮之、以入右上房之下而後、其末入上房之處則有戶、在胎中則此戶極大、此管之前由下往上、傍腸間膜、小腸頭之橫端、膵門回管、肝之後邊而肝之後邊、半繞此管亦往往全繞之、其後列於脊骨柱之上、膈肌右帶右深腰兩脈管、其左傍總脈管、而在路時收納腰右精、腎、腎上核、膈、肝之各枝、此管往往列於總脈管之左其高與左腎回管相平以收納此管往後則過總脈管至其右邊尋常之處或全列於總脈管左邊而至於心之處如此則其胸腹之各臟腑與其大血管則全相反〇往往其下總管入右孤管則此管變大如此則其上總管將全體之血領入右上房而獨不收肝之回管其肝管則直入於右上房其腰回管、兩邊各三四、由背枝以收納腰肌與皮之血、由腹上相通之腹枝、以收納腹壁之血、在脊骨則收納脊骨叢之枝、後則往前繞脊骨體之邊、大腰肌之下、而入下總管之後、其左腰者、長於右者、行於總脈管之後、其腰者、有由過橫縫前之枝、而彼此相通、往往有或二或多之管與之相合、而作爲單幹、即上腰者、乃助連其體相對之邊之總胯、胯腰、腰與孤之各回管、其精者由睪丸之後所

經回管

腎回管

腎上核回管

膈回管

發以收納副睪丸之枝在腹環之下而作爲枝及紋形之叢即精叢其作叢之管甚多順精系上於精管之前以入腹而合爲兩枝行於腰肌之上腹包膜之後而列於精脉管之兩邊各一後復相合而作爲單管在右則斜入下回血總管在左則成方角形以入左腎回管而此精管有戶其左者則行於回腸返迴曲之後因此管之形如此又不直入下回總管故可明睪丸腫或精系腫之故其女經核之回管與男精管相似傍精核而成叢在寬筋帶與經管及子宮叢相通其末則與男者相同亦往往有戶此管與子宮管相同有孕則發大　腎回管大列於腎脉管分歧處之前其左者長於右者行於總脉管之前上腸間脾脈管本之極下以收納左精左下隔之兩回管大略入回血總管而微高於右者其腎上核者在右則入回血總管在左則入左腎或膈回管其膈管順其膈脉管者其兩上者小與其相對之腦筋脉管同行其右者之末入兩無名回管相合處之對面其左者入左上肋回或左內乳之回管其兩下者順下膈脉管者右者入下回總管左者入左腎回管其肝回管由肝體之在門回管微絲之末處起其枝以漸相合作爲三大回管向肝之後邊相聚於列於肝後端陷內之時以入下回總管此三大管由左右兩葉各來之一管斜入於總回血管其肝之中由子葉而來一管直行其肝之回血管單行緊貼於肝之體而無戶

門回血管

下腸間膜回管　上腸間膜回管　脾回管　門回管　胃回管

門回血管、乃四大回血管之所爲以收納消化臟腑之回血、其四管合成之管、卽名爲門回血管其管入肝冗分於肝體之內其枝復由肝爲肝回血管、以入下回血總管、此管皆爲單枝而無戶其四大管乃上下腸間膜脾胃之各管其下腸間膜者領直腸返回曲下回腸之血與下腸間膜脈管冗分之枝相對由腰部位往上腹包膜之下、過小腸頭橫端與胰之後以入脾回管此管之直腸枝與內胯之枝相通則門周身之回管俱相通、其上腸間膜者領小腸及回腸之盲上橫各端之血而與上腸間膜脈管散佈之枝相對其各處之枝合爲一大幹往上隨其相對脈管之右與前行於小腸頭橫端之前在胰上邊之後而與脾回管相合以作爲門回血管、其脾者、由五六大枝起領回脾體之血相合而成一管、由左往右胰上邊之後在胰之大端由上腸間膜之回管與方角相合而爲門回血管、其脾管大不似脈管之曲折、以收納胃左端之短管左胃脂膜管胰之胰枝胰小腸頭下腸間膜之各回管其胃者、小同胃脈管順胃之小曲由左至右以入門回管其門回管乃上腸間膜脾之兩管相合而成者其相合之處在下回管之前胰大端上邊之後往上穿過小脂膜之邊至肝之下面以入橫縫由橫縫發大而成門穴分爲兩枝同肝脈管與肝膽管冗分於肝體之內其兩枝之右大而短其門管之長約四寸於含小脂膜之時列於肝之膽脈兩管之後與其間膽管在右脈管在左其各質俱有肝叢絲及數津液管並有許

大心回管　後心回管　前心回管　肌回管　冠穴

多鬆連質卽愚栗宋囊以繞之而列於小脂膜層之間、此管收納胃與膽囊之回管、其膽囊者往往入門回管之右枝在肝內其門回管則收納肝脉管枝之血、

心回血管

心回血管、領回心體之血、爲大後、前、肌、其大心回管、由心尖起、順前下房間之陷、往上至下房之底、後則曲向左繞左上下兩房間之陷、以至心之後而入冠穴、其口有兩戶、保護之、以收納後心之回管、與左上下兩房之左心管其相合之枝有戶、其後心者有與上相同之小枝由心尖而起順後下房間之陷、以至心之底而入冠穴、其口亦有戶以收納兩下房後面之管、其前心者乃三四小枝以收納右下房前面之血、有一枝大於他枝而行於心之右邊、單入右上房之下端其肌者乃數細回管、直領心肌體之血而不入回血管、由細孔直入右上房之裡面、其冠穴乃心之大回管之端、列於左上下房陷之後端約長一寸、而發舒、有左上房之肌絲以遮之而收納心之大後兩回管、及由左上房後端所來之斜回管、卽在胎中之左無名幹所餘之處、此穴由下回血總管與上下房孔之間、以入右上房其口有心裡膜半月折疊名、爲冠戶此管之枝除斜管之外俱有戶、

肺回血管

肺回血管、領肺脉血以入心之左上房、其左右肺各有二管、其管與他回管有四不

同、一則所領乃紅血而非紫血、二則無戶、三則比其同行之脉管微大、四則單行其管、由氣泡壁微絲之網、與肺脉管宂分相續之處起、而合爲每小葉之單幹、此枝排相合、作爲每葉之單幹、其右肺有三、左肺有二、其右肺中葉之管、與上葉者相合、大略作爲兩幹、每邊各一、單入左上房、或亦有不相合之時、則右者卽爲三管、往往以兩左回管、由總孔以入心、在肺內則脉管之枝在前、回管在後、氣管則在此兩管之間、在肺根則回管在前、脉管在中、氣管在後、在心包絡內、則此管之前面有心包絡內沕膜之一層以繞之、其右肺者、行於右上房與上總脉管之後、其左者同左肺脉管行於胸總脉管之前、

全體通考卷六之

終

總論

內衣

全體通考卷七

津液管

津液管因其管中含津液故名、又名吸管、以其能吸養血之物以入血、而以其功用爲名、其管不但有管與其穿過之核、並有養汁管、別名乳糜管、此乳糜管卽小腸之津液管、與各津液管相同、惟於消化之時、其所含者乃白乳之汁、卽乳糜、領此汁過液總管、卽胸津液管、以入血、此腋管極細、其衣透明、能見其中所含之液、其大小相等、而有縮處、纍纍如連珠、因其裡邊有戶之故、除腦與髓系之體、眼球、脆肌、筋、卵膜、胎盤、臍系、指甲、皮毛、各處之外、大畧各質與具俱有此管、至骨體之內、則不能定其有無、其管分淺深兩種、其淺者在身體之面上、列於皮之極下、與淺回管同行、以透深夾膜、而與深津液管相合、在身之內、列於胃、肺、陰、尿全路之下、嫩連質之內、或列於泐膜所遮之頭、顱、胸、腹、各具之下、泐連質之內、此管大略由散於各質之本質與血管之密叢網起、其網所作之管、與其網之目、俱比微絲叢者大、由此網發出小管、或至其隣核、或有數他津腋幹相合、其深者少於淺者、而大同深血管而行、其本大畧與淺者相同、其管不論在何處、而其數皆較回血管多、其體則較回血管小、其相接之處、亦較回管多、在大管則尤多、其所連之管、與其管所連之徑之大小皆同、其相續之幹大小亦同、此腋管如脉回兩管、亦有內中外三層之衣、其內衣乃內膚與韌

中衣　外衣

衣、薄而透明、微有韌力、而較中外兩衣皆易破、乃一層延長內膚之泡、托於韌絲純網之上、其中衣乃橫列之滑肌及細韌絲、其外衣、乃連類絲衣、連質絲、與或長或斜滑肌絲相攙之所爲、以保其中內兩衣而遮之、令其管與鄰質相連、此管亦有養血之管、散於外中兩衣之內、至其有無腦筋、尙未考查明確、大略此液管亦有戶、以助津液之運行、其戶乃類絲質之薄層所爲、兩邊皆以鱗內膚爲裡、形如半月、其凸面黏於其管之邊、其凹面浮順管液所流之勢而行、此管大略有大小相同之兩戶、對面相列、往往傍其相接之處、則不如此、或此戶初萌而彼戶已發大、或其半月戶不斜而橫過此管、以致阻其津液上下之運行、或其戶之勢雖同、而由一邊合爲橫隔、以留一橫縫、其戶又往往爲環折疊、黏於管之週圍、而其中間如環或橢圓之孔、其列法與曲折盲戶相似、此管之戶、較近於回血管之戶、而傍津液核者極多、其項與上肢比下肢者更多、其戶所黏處之極上、此管之壁則發大、如囊或成穴、故於長發之時、則成貫珠之形、其津液所起處之叢則無戶、此外如核形之具與其管或津液與微絲管之間者、亦各有不通而無一定之據、其津液或吸之核、乃小而實之體、列於津液乳糜兩管路之上、其在項與頭之外端、上肢之腋窩肘曲之前、下肢之摺窩、與膕、腹之腸間膜、順總脉管之邊、總回血管、胯管胸之前後兩縱膈等處、俱有此核、其形或圓、或長圓而微匾、其小者如麻子、大者如杏仁、除成人之氣管乃黑斑形其餘則色淡紅而灰每一核有連質一層以圍之而作其裹其裹入於其核之體內而成隔其津液乳糜兩管俱穿過其核以至胸與津液之總管於未入核之先分數小枝名爲入管以入核入核之時其外衣與核之裹相續其管薄只有內衣與內膚入於核而作曲折之形至其末則相合而爲叢此叢之管相合即作爲兩或多之出管出核之後其外衣復來繞之其津液管內或在其管之間有無數細點之輪爲叢泡如生液核之小葉其輪如球形或殼形透明之點其徑約有三千分寸之一有兩三細黑點在其內此輪之功用大略爲穿過核之生發津液或乳糜並有許多微絲管散於核內津液管之壁上

胸津液管

胸津液管別名吸液總管又名乳糜總管見二百六圖　領津液與乳糜以入血除頭之右邊項胸右上肢右肺心之右邊肝之凸面者其身體之餘者俱爲週身津液管之總管在成人者其長自十八寸至二十寸由第二腰脊骨至項根其總津液管由腹內三角形發大之處起即養之囊列於第二腰脊骨體之前自總脉管之右與後傍膈肌右蒂之邊往上穿過膈肌總脉管孔以入胸列於後胸總膈脊骨柱之前總脉管與孤回管之間在第四脊背骨之對面則向左往上總脉管弓之後食管之左及左鎖柱下脈管第一端之後至胸之上口在第七項脊骨上邊之對面則曲往下於鎖

胸津液管枝　胸津液管質　右津液管　頭淺津液核

柱下脈管之上、項斜肌之前、而作爲弓、其末則傍左內項、左鎖柱下兩回管相合之角、此管之出頭處、其徑之大如鵝翎管、至胸之中則漸小、至其末則復發大、其路大略多曲折而縮、作爲連珠之形、其管在中路往往則分爲兩不平等之枝而復合、亦往往分爲數枝而成叢網、在上端往往則分爲左右兩枝、左枝之末與尋常之末相同、右枝則與右津液管同入於右鎖柱下回管、此管之全路皆有戶、而上端多於下端者、其末則有雙戶、其浮邊之列勢向回管、爲不令回血回流入於津液管、此管於出頭時、則收納由腹津液核所來之四五大幹、與乳糜之幹、在胸內則收納胸壁之左半、胸骨與肋間之核、左肺心之左、總氣管、食管、各處之津液管、在其末則收納頭與項之左邊、及左上肢之津液管、此管亦有三衣、而與津液管者稍有不同、其內衣乃一層內膚、列於數紋片與長行絲之韌類絲衣之上、其中衣乃連質一層、其下有數片之肌質、其質之絲橫列、並有細韌絲相攙、其外衣乃連質所爲、有韌與肌絲相攙、其右津液管、短約長一寸、其徑約一分、以收納頭與項之右、並右上肢、胸之右、右肺心之右邊、肝凸面、各處之津液、其末列於右鎖柱下右內項兩回管相合之角、其口有兩半月戶守之、而令其回血不得入、

頭臉與項之津液管

頭淺津液核、見二百七圖小而少、列於後部、其枕核列於頭後、順枕額肌所黏之處、其耳

頭淺津液管　臉淺津液管　臉津液管　頭顱深津液管津液核　項津液核　淺項核　深項核

後核傍胸乳肌之上端、若頭有皮病或有他病、則此核發大、此核在臉者多、如耳下核、有數核列於其體內而淺、有數核列於其體內而深、其衡核列於衡骨之下、其吹核列於吹肌之上、其牙床下核列於下牙床骨體之下、而極大、其頭淺之津液管、分前後兩種、順耳門枕兩血管之路而行、其耳門種、順耳前之耳門脉管至耳下津液核、後則至項之津液核、其枕種、順枕脉管之路而行、下至枕與耳後之津液核、後與項核相合、其臉之淺液管、多於頭者、由臉之全面而起、其在額部者則與額血管同行、後則斜過於臉、順臉之回管穿過吹肌面上之吹核、而入下牙床下津液核、其牙床下之核、則收納唇之津液管、若唇有瘡疽、則此核發大、臉之深津液管、由鼻之涕膜口咽頭之嫩膜、及耳門眼兩窩內所含之物而來、順內牙床脉管之枝而行、入於深耳下與項之津液核、頭顱之深津液管、分腦衣腦兩種、其腦衣者、順腦衣血管、穿過頭顱底之孔、以入深項之津液核、其腦者、列於中內兩衣之間、及旁宮脉絡叢之內、順項脊兩脉管之幹、穿過頭顱底之孔、以入深項核、其外衣與腦體之有無、今尚未考查明確、其項津液核、分淺深兩種、淺者順外項回管之路、列於盤胸乳兩肌之間、在項根之鎖柱骨、胸乳斜方兩肌間之三角處、此核極多、而與液核相續、在喉之前與其邊、則有數小核、其深者（見二百八圖）多而大、順項脉管與內項回血之鞘、作爲連珠不斷之形、列於咽頭食管總氣管之邊、由頭顱之底至胸、而與胸內之津液核相

淺深項津液管

淺津液核

深津液核

腋核

淺津液管

通其淺深項之津液管、乃頭顱與臉之所續、穿過此部之核、後則順項血管之鞘、同穿過其連珠、及咽頭食管、喉總氣管、脾核之各津液管相合、在項之下端、先收納胸之數津液管、後則相合而爲一幹、在左則入吸液總管、在右則入右津液管、

上肢津液管

上肢之津液核、見二百九圖 分淺深兩種、其淺者少而小、往往在肘曲之前有二三、在臂骨內髁之上、傍臂內回管有一二、其深者亦不多、往往在前臂有數小核、順正輔兩肘之血管而行、在背有小核如連珠、順背脉管之裡邊而行、其液核大、其數大略自十至十二、亦連珠形、而繞於腋血管、列於鬆連質之內、以收納臂之津液管、有他核散於腋連質之內、其餘之核、列於兩排、一爲小連珠、順大胸肌之下邊而行、以至乳核、而收納胸前乳之津液管、其他者則順腋窩後壁之下邊、以收納背皮之津液管、在鎖柱骨之極下、有兩三核、由此核與腋核及深項核彼此相通、若背與肩之上端、胸與乳之前、腹前與邊之上端、手、前臂與上臂各處、生瘤或癰或他病、則此核必發大、上肢之淺津液管、由手皮起、順指之邊行、大略在手之背面、自前臂往上而分兩種、皮下回血管之路相同、其由手內邊而來者、順正肘回管、前臂之裡邊、以至肘曲、而與前臂外邊所來之數津液管相合、後則順臂內回管而行、與肘曲極上之核相通、至其末則入腋核、而與深津液管相合、其手外而後之津液核、少於內者、同輔肘

深津液管

津液核 淺津液核 淺摺窩核

深津液核 前脛核 深膕核

回管以至肘曲其多半與臂內之一類者相合其餘則往上有數管順臂外之回管斜過雙頭肌之上端以入腋核別有一二管順臂外之回管大胸三角兩肌間之處以入鎖柱下津液核其上肢之深津液管順深血管而行在前臂分爲三種而與正輔兩肘骨間之各脉管相對以穿過此管路上所有之核而與淺津液管遞相通往上則穿過臂脉管上所列之核後則入腋與鎖柱下之核其末在項根而左者入吸液總管右者入右津液管

下肢津液管

下肢之津液核分淺深兩種其淺者惟摺窩部有此核大而列於皮之極下其數自八至十分上下兩種其上者順摺窩大筋帶雜列以收納腎囊陽莖腹壁會陰及臀部各處之皮之津液管其下者繞寬夾膜之卵圓孔往往別有數管順股回管之多少不等以收納下肢之淺津液管此核所來之處如有病則其核發大如陽莖與其包皮女之外陰戶之重病或楊梅腎囊之癰會陰之膿囊或此部之皮淺兩質之他病或腹臍下或臀部則摺窩上連環之核必發大若下肢之皮有病則下連環之核必發大其深津液核爲前脛膕深摺窩臀坐其前脛核不常有大略在前脛脉管之邊小腿上端骨間膜之上往往有兩核列於其處其深膕核小有四五繞膕血管列於膕之連質與油內其深摺窩核列於深夾膜之下股脉回兩管之周圍此核小穿

深摺窩核　臀核坐核　下肢津液管　淺津液管　內種之核　外種之核　深津液管　尻骨盤深津液核　外胯核

過卵圓孔而與淺摺窩之核相通、其臀坐兩部之核列於梨肌、臀者在上而坐者在下、於穿過大方坐孔之時、而列於其相對之管、其下肢之津液管分淺深兩種、其同管相同、其淺者列於皮與淺夾膜之間、又分內外兩種、其內者順內股回管之路、外者順外股回管之路、其內者極大、由足之裡邊與足背起、有數管行於內踝之前、數管行於其後、順內股回管往上、同過大腿內踝之後、並行以至摺窩、而入卵圓孔周圍之摺窩核、有數出管透羅夾膜、及股血管之鞘、而入股道所含之津液核、故下肢之津液管、得與中體之津液管相通、別有他管透寬夾膜、以入深摺窩之核、其外者由足之外邊起、上於小腿之前與膝蓋之極、下由外往裡過小腿骨、以入大腿內之津液管、其餘之他管由足之外邊起、行於外踝之後、順小腿後之外股回管、以入膕核、其下肢深津液管少、順深血管而行、在小腿則有前脛、輔腿、後脛三種、而與其相對之血管同行、每一管有二三順血管往上、以入膕之津液核、此核所出之管則順股回管而行、以入深摺窩核、出此核行於摺窩大筋帶之下、而與外胯血管所繞之連珠核相通、其臀坐兩部之津液管順血管之路而行、由大方坐之孔以入臀坐兩核、

尻骨盤與腹之津液管

尻骨盤內之深津液核、乃外胯、內胯、方、其腹者乃腰核、其外胯核、在外胯血管之週

內胯核　方骨核　腰核　尻骨盤與腹津液管　腹與尻盤壁之淺津液管　臀部淺津液管　腎囊與會陰之淺津液管　陽莖淺津液管

闡作爲不斷之連珠、有三核、繞此管之出頭、在股弓之極後、在下則與股津液管相通、在上則與腰核相通、其內胯核繞內胯血管、以收納內胯脉管枝相對之津液管、而與腰核相通、其方核占方骨前面之邊、有數核列於直腸同膜、若膀胱直腸子宮有重病、則此核與內胯之核皆極大、其腰核極多、列於腰脊骨之前、而繞總胯血管、總脉管及下回血總管、收納下肢及尻骨盤之津液管、兼收納睪丸及數腹具之津液管、此核所出之管、相合而爲數大幹、此幹與乳糜管相合、作爲吸液總管之出頭如有重病、則此核極大、而全繞於總脉管、及下回血總管、往往能將此兩管束緊而小、若睪丸或下肢有重病、務於未刺之先、看其核是否發大、如發大則不必割、卽割亦不能取效、尻骨盤與腹之津液管、分淺深兩種、腹與尻骨盤之壁、其淺津液管、順血淺管之路而行、其腹下端臍下之皮所來者、則順淺腹上管之路相聚、以至淺摺窩核之上種、其深者、則順深腹上之管、與外胯核相通、其腹邊與腰端所來之淺管同淺回環胯之血管、繞胯骨崗、而與淺摺窩淺之上種相合、其多半則往後、順胯腰腰兩血管、與腰核相合、其臀部之淺津液管、橫繞坐之外邊、與淺摺窩核相合、其腎囊會陰之淺津液管、順外羞秘管之路、以入淺摺窩核、其陽莖之淺津液管、占陽莖之邊與背、其背面者、以收納皮所遮龜頭之津液管、相聚以至淺摺窩核之上種、其陽莖之深津液管、則順內羞秘血管、與內胯核相合、在女內外陰戶及陰莖嫩膜之

尻骨盤與腹之深津液管

膀胱津液管

直腸津液管

子宮津液管

睪丸津液管

腎津液管

肝津液管

津液管則入摺窩津液核之上種、其尻骨盤與腹之深津液管俱順大血管之路、其由尻骨盤壁而來者同臀坐遮蔽之各血管俱順內胯脈管之路以入腰津液管、其出摺窩核之管俱由摺窩大筋帶之下入尻骨盤近列於股回血管、後則穿過外胯血管週圍之連珠核至末則入腰核以收納深腹上回環胯及胯腰之各津液管、其膀胱之津液管由膀胱臟之全面而起、其多半行於腹包膜後面之下、穿過此處之津液核、後則與膀胱底核及精囊之津液管相合、以入內胯核、其直腸之津液管大先穿過其所列直腸外壁與直腸中膜上之數小核、後則入於方或腰之核、其子宮之津液管、有淺深兩種、其淺者列於腹包膜之下、深者列於子宮體之內、其子宮頂與陰道之津液管皆入內胯方之各核、其由子宮之體與底而來者則往外、於寬筋帶之內與經核寬筋帶及經管所來之津液管相合、後則同經血管往上以入腰核、子宮之未孕時小而有孕時則發大、其睪丸津液管、亦分淺深兩種、其淺者由睪丸本膜之面起、深者由副睪丸與睪丸之體內起、共爲數大幹同精系往上順精血管以入腹而入腰核、若睪丸有重病則此核發大、其腎津液管由此臟之面上與其裡邊起、在其縫相合、以收納內溺管與腎上核之津液管、後則入於腰核、其肝之津液管、亦分淺深兩種、其淺者由肝全面之腹包膜之下連質起、由其凸面而來者又分爲四種、其一、由後往前有三四枝由長筋帶內往上合爲一幹、再往上於膈肌絲之

肝下面之淺津液管

深津液管

胃津液核

胃津液管

脾津液核

間、胸骨尖脆之後、以入前胸縱膈核、至末則往上、以至項根、而入右津液管、其二、亦由後而前、反折於肝之前邊、以至其下面、順長縫以至胃肝脂膜內之核、其三、至右旁筋帶相合、而爲一二大幹、以透膈肌、順其上面而行、以入前胸縱膈核、或不入胸而往裡、過膈肌帶、以入吸液總管之出頭、其四、由肝左葉之面往外、至左旁筋帶、透其膈肌、前行而入前胸縱膈之核、其肝下面之淺津液管、分爲三種、一由膽囊右邊而來、以入腰核、者二、繞於膽囊而成極奧妙之叢者、同肝血管行、以入胃肝脂膜之核、三由膽囊之左而來者、以數管入於食管核、數管入於胃小曲所列之核、其深津液管同門回管、肝脉管、膽管之枝、穿過肝體、由橫縫而出、以入胃之小曲與胰後之津液核、或有乳糜管之一、骨於末入吸液總管之先、與之相合、其胃津液核、小順列於胃大小兩曲、有數核在胃脾脂膜之內、其他核則繞賁幽兩門、其胃津液管、分淺深兩種、其淺者由汐膜之下衣而起、其深者由嫩膜之下衣而起、皆順血管之路而分三種、其第一種、順小曲之冠血管、以收納胃兩面之枝、而繞幽門之核、其第二種、由胃之大端起、同胃之短血管、以入脾津液核、其第三種、同右胃脂膜血管、順大曲在腸間膜之根、以入乳糜管之一要管、其脾之津液核、列於縫內、其管分淺深兩種、其淺者列於其腹包膜衣之下、其深者列於其體之內、同血管而行、穿過排列之小核、以收納胰之津液管、後則入吸液總管

小腸津液核

大腸津液核

小腸津液管

大腸津液管

胸深津液核

肋間核

內乳核

前胸縱膈核

後胸縱膈核

腸津液管

小腸之津液核、列於腸間膜兩層之間、以占上腸間膜血管所作之網目、因名腸間膜核、其數自百至百五十、其小者如小豆、大者如小杏仁、其核極大而多、其上傍小腸頭、其下爲闌門、若因熱病而小腸成瘡、此核則極發大、其大腸之津液核、比小腸者爲極少、列於脉管未散先所作之斜弓、往往亦列於其腸之上、在橫回腸者尤少、與小腸核共成不斷之連珠、小腸之津液管名爲乳糜管、因其所含之津液如乳也、分淺深兩種、其淺者列於腹包膜衣之下、順腸之外邊、其深者占嫩膜下質、橫繞其腸而同腸間膜血管之枝、行於腸間膜兩層之間、以入此膜之核、後則合爲兩三大幹而入吸液總管、大腸津液管、亦分兩種、一種爲盲上橫兩回腸者、各先穿過其本腸之核、後則入腸間膜之核、一種爲下回腸與直腸者、以入腰核、

胸津液管

胸深津液核、乃肋間、內乳、前後兩胸縱膈者、其肋間者小、無定數、列於脊骨之兩邊、傍肋脊之節、有數核、列於肋間兩面之間、其內乳者、列於每肋間處之前端、而傍內乳血管之邊、其前胸縱膈者、列於前胸縱膈鬆連質之內、有數核列於膈肌之上、心包絡之前、有他核繞心底之大血管、其後胸縱膈者、列於後胸縱膈連質之內、在總脉食兩管之邊、作爲相續之連珠、其兩邊與肋間核相通、其下與腰核相通、其上與

胸前淺津液管

胸深津液管

肋間津液管

內乳津液管

膈肌津液管

氣管核

肺津液管

心津液管

深項核相通、其胸前之淺津液管、過大胸肌、其胸後所來之管、列於斜方寬背兩肌之上、皆相聚而入於液核、其乳之津液管順大胸肌之下邊而行、穿過小津液核之連珠、而與腋核相通、其胸之深津液管、乃肋間內乳膈肌者、其肋間者順肋間血管之路而行、以收納肋間肌、與肺包膜之津液管、往後以至脊骨、與胸及脊骨道後端所來之津液管相合、而穿過肋間核後、則順脊骨往下、以入吸液總管、其內乳者順內乳血管之路、由臍上之腹肌起、與腹上之津液管相通、上於膈肌絲之間、即膈肌黏於胸骨尖脆之處、在肋脆之後、而與肋間之津液管相合、其右者、入右津液管、左者入吸液總管、其膈肌者順其相對之血管、數者在前入於前胸縱兩內乳之各津液核、數者在後入於肋間肝之各津液管、其氣管核列於總氣管分岐之處、及肺根之週圍、其數有十或十二、其極大者列於總氣管分岐之對面、極小者列於氣管與初分岐之處、在小兒則此核與他核皆一色、在成人則此核爲醬色、在老年則成深黑色、此核往往發大、以致將氣管束小、間或亦有勞傷、或光强灰之底、其肺津液管、分淺深兩種、淺者列於肺包膜之下而成細叢、以遮肺之外面、深者同血管行而順氣管、二種在肺根皆入氣管核、此核所出之管、有二三、往上以至項根、穿過總氣食兩管之核、在左入吸液總管、在右入右津液管、其心之津液管、有淺深兩種、淺者由心面之汐膜下連質內起、深者由心裡邊裡膜之下起、順冠血管之路、其右者在總

胸核津液管　脾核津液管　食管之津液管

脉管根相合而爲幹、往上過總脉管之弓往後至總氣管之上、而在項根以入右津液管、其左者在心底相合而爲一管、順肺脉管而行、穿過總脉管根之數核往上至總氣管之上、以入於吸液總管、其胸核之津液管、由其核之脊面起、入於兩邊之內項囘管、其脾津液管、由此核之旁葉起相聚而爲一短幹、其右入於右津液管、其左入於吸液總管、其食管之津液管、成叢而繞於此管、穿過後胸縱膈之核、傍肺根而與肺津液管相通、後則入於吸液總管、

全體通考卷七　終

国家出版基金项目
NATIONAL PUBLICATION FOUNDATION

海上絲綢之路文獻集成

總主編 陳支平 陳春聲

科技與文化編 45

主編 王揚宗 葉農

海峽出版發行集團
THE STRAITS PUBLISHING & DISTRIBUTING GROUP
福建人民出版社

本册目次

全體通考十八卷圖二卷（卷八至圖卷下）

〔英〕德貞譯

全體通考卷八

論腦

腦部、乃排相連之中具、合名爲腦脊髓根或軸、並結與腦筋、其腦脊髓之端、乃腦與髓系並其所連之腦筋及其筋上所列之結、有謂此爲動質命之腦者、而關乎人之靈機各功用、其五官之筋果斷、及尋常之知覺亦連於腦、別有他腦之功用無干於靈機者、其結或百結筋者、乃由腦系所連之雙連珠之結、順列於脊骨柱由腦筋之上發爲結、所有胸、腹、尻骨盤之臟之胸筋、俱由此而來、有謂此爲生命之腦者、此結不切繫乎靈機、然於生命之各事、則較腦脊髓部所繫者切、其腦部之數具、乃白灰兩物所作、其輕重、色質、及相感之質、彼此皆不同、其白者在身內極多、而腦根之大端、俱係乎此、或單有此物、或與灰者相攙、凡腦筋與所連之各質與具、大半皆如此、其灰色者、軟、乃黑紅之灰色、大略聚而爲叢、在腦脊髓之數處、並數結而與白者相攙、其相感之質有灰白二者之較如左、出法人論

顯微鏡
實
管形絲

	灰	白
水	八十五零三	七十三
清物	七零五	九零三
無色之油	一	一十三零九
紅油	三零七	零九
肉汁與乳強物	一零四	一
光強物	一零二	一零三
	一百	一百

按此驗法、則知腦之物、係清物化於水內、含油物及鹽類所爲、其油物、（出法人論）乃腦強而極多胆汁內之一物、西名格類斯的林、油光強、阿力印、馬加林、並其強酸之痕、其腦所含之油、大略皆在白物之內、若去其油物、則無色、別有一法人論、謂髓系較腦之含油多、別有一法人論、謂腦之清與油俱多於腦、若用顯微鏡看其白物、則有兩不同之腦絲、一爲管形絲、一爲膠形絲、其極多之腦筋、皆此兩絲相融、其腦脊部之筋、則管形者多、其百節筋部之腦筋則膠形者多、其管形絲乃純膜同質之所爲、而與絞肌之原絲鞘相似、其內有本腦物似乎兩物之所爲、一爲中端、乃透明之物、占筋管之軸、因名軸環柱、一爲外端、乃管形膜內再成之一管、以繞其軸環柱、大略其色暗而模糊米粒形、如有凝定之故、此物在西國謂之拴白物、其腦脊髓筋色白之故、因其所含之拴白物甚多、其腦管之原質

膠絲形

灰物

大略即軸環柱、其管形膜與拴白物、皆機之銜此物、並使其不與鄰絲相連、在極鮮之腦管、乃極環柱形之純膜管、而含透明似乎同質之物、甫死後、則其圓管週圍之細邊、變為雙黑界、故可證明其為兩物之所為者、其外結乃管形鞘之所為、其裡為拴白物、其米粒物合成小叢、在參差錯落處鼓其膜、而其間塌陷、則絲有連珠之形、在腦髓系及五官之筋、各管皆如此之變革、因其管形膜極薄、而其所含之物減軟、微壓之、則其勢即變筋管所含極之軟物、由管之彼端、行於管之此端、而往往在管之邊、作為凸形、而按其管、則逼出其物於兩端、如小球之狀、中有透明之物、外有拴白物之一層、發其雙界繞之、其腦絲之大小不一、在腦筋之幹與其枝者、皆極大、有二千至三千分寸之一、至腦髓系、則漸小、大略在其所散之各質內者、亦小、其在腦髓系之灰物、其大不過一萬至一萬四分寸之一、其膠形之絲、作為百節筋之幹與枝之大端、而腦脊髓筋、則亦有各多少不等者相融、若多絲相合、則成黃灰色、其形匾歁、而同質、含圓或長圓之核、大略列處遠近相等、而其內往往有仁、其徑自六千至四千分寸之一、而與無紋之肌絲相似、其膠形者小於管形者、或小一半、或小三分之一、而無雙界、其質似乎均勻、而其色黃灰、此腦筋、大略與管形腦筋之軸環柱相對之物、所為、惟無管形膜與拴白物、其灰色物、軟、乃黑紅灰色、在腦髓系及各結俱有此物、而與白色物相融、惟腦筋則永無此物、此物有泡或輪、在尋常則稱為筋或結輪之名、而含核與仁、其泡列於或細米粒之物內、如在腦內或核泡之裹內、如在結內每泡有極細之膜壁、以繞其細米粒之物、有一端粗而色紅、或黃醬色、其核卽成泡形、而甚小於泡、以緊貼其裡邊、其仁亦作泡形、極細而明亮、其筋輪之形與其大小皆不同、有數小球形或卵形、其輪之邊則連而不斷、在百結筋之結多如此、別有極大之輪、其形如尾或如星、其尾形者、往往於旣分之後、又分數枝、其尾者所發之枝極細、似管形、而含米粒物、與輪之所含者相同、有數枝末、係細透明之絲、而在腦質之他原物即失、復有他枝相隨而失其米粒形、以續其尋常絲、其結小於腦者、其質不甚雜、乃專自主之腦根、彼此與腦脊髓軸、乃各處之腦筋皆相連、在每脊髓筋後根、第五對髓筋之後根、或知覺根、乃臉、舌、咽頭、肺、胃各腦筋之上、俱有此結、順脊骨柱之兩邊有相連之排、作爲百結筋之幹、在頭、項、胸、腹之百結筋枝之上、或此筋與腦脊髓筋相合處之上、各處亦俱有此結、若割此結、則爲紅灰色之物所爲、其內有數白腦絲、其形大小俱不同、其大者在腹內、小者極多、在各臟腑所散布腦筋之上、名爲顯微鏡結、此結有滑而堅且密之膜、緊貼其結而繞之、乃密連質所爲、其鞘與腦筋之衣相續、而發數岔以入於結內、以托養其體之血管、其各結質皆相同、而與他腦根之原質相似之所爲、乃灰物、並有管形鞘形之筋絲過之、其灰物、乃腦泡或結球之所爲者、大半浮而不連、其形圓或長圓、大略皆傍結之面、又有他結

腦筋

腦脊髓筋

尾形之谿、由此而發爲筋絲、其結內之腦泡、大畧有米粒輪於絲之護、以繞之、其管形之筋絲、則行於結內、有數絲聚束而別、有他絲彼此相分、而於未出其結之時、繞其腦泡之內、其腦筋、乃或圓或匾之系、而一端與腦脊髓根、或結相通、一端散於身體之各質、以通其兩間、其腦筋分兩大種、一爲腦脊髓者、由腦脊髓軸而來、一爲百結者、由百結筋之結而來、其腦脊髓者、爲動質命之筋、散於五官皮及運動之具、即肌、其百結者、散於臟腑血管、爲生質命之筋、其腦脊髓筋、乃收束數筋絲、含於膜鞘之所爲、有原絲之小束、繞於管形之鞘而爲系、其腦筋若小、則單有一系所爲、若大則收束數系爲大束、或綷有總膜繞之爲鞘、其繞全筋總鞘之質、及其所發之隔、而分之縖、乃連質之所爲、其連質乃白黃之韌絲所爲、而黃者居多、其系管形之鞘、乃細滑透明之膜之所爲、而其所繞之絲、易分開爲管形、其質透明純而同、又往往有數細網絲之所爲者、其筋大半係管形之筋絲所爲、而膠形之絲少、其養筋血管之末爲細微叢、其管大略與系平行、有短橫管相連、故其中作爲窄長方之格、而與肌之微絲管相似、其腦筋絲由中向周圍行不斷之路、而不合、若解剖此筋、其系往往有尖角彼此相合、而復生枝、以與他系復相合、然其筋絲入相依之鞘、而與筋絲相攙、前行與相依之筋絲復相攙、然終不能相合、其筋在路分枝、而與鄰筋之枝相通、其分岐之時、則本幹內之絲、仍入於其枝、其與隣筋枝相合之處、其絲雖與鄰絲相攙而彼此終不相接其自二或多腦筋相合名為叢其叢往往係腦筋幹之首枝所為如項臂腰方之各叢是往往亦有末結之所為如週圍之各叢是其成叢之理先由腦筋分而合再分而各結相編則極細緻故叢之各枝可含其作首筋幹之絲其身週圍之小叢亦係結與原絲之相攙而各絲彼此不相接蓋因其有相攙之絲故其叢所發之各枝較各筋散布而無他筋相連者多有脊髓相連之處故其腦筋所供之處多有腦根之連屬其各種之肌可以同作功用其腦筋絲之末乃發明其散布於腦根相連之理各為中末與其所供之各具並質名為周圍末其腦根內所列之腦筋絲大略由腦輪而來此乃以上所論之法也其餘者大略作為純之繩繯其腦絲與腦輪細相合大略似乎其絲一至其泡其拴白物即漸失去其管形膜則發大而含其輪其鞘在輪之對面則縮而與腦筋絲之管形鞘復相續其輪之米粒物之質則往裡隨腦筋管之各絲以代腦筋絲尋常之原質然其腦筋絲與結輪之連屬如此而各有之腦筋絲之連屬皆如此否尚未敢必其腦筋周圍之散布乃小束之腦筋絲大略作為細叢此叢分岐以生原絲而各質內之列法不一一往往其原絲為繩繯形如內耳舌與皮之芒牙瓤與紋肌質者是其每絲俱由末叢之枝而發後則外行或內行於其質體復反回而與本枝或隣枝相合合後大略仍回於腦根一往往將其末腦筋絲分為數枝散於質內如眼內衣蛙及下等脊骨物之肌質是

百結筋

一往往其末腦筋絲作爲細叢如汐膜即腹包膜腦髓系內衣是一其腦筋絲之末浮而不連如巴稽尼倫乃絲筋絲周圍端上之小叢及手足之掌多有此物及其皮之數芒是一腦筋絲往往與腦輪直相合如眼絲衣及內耳螺旋片是有數腦筋絲無周圍之末往往由其同綹之隣絲相合作與繩繯而囘於腦脊髓根而無周圍之末即爲腦筋之腦筋以生其本腦筋之知覺而與周圍之端無涉此絲與司視之連合後端相似乃一種絲由彼司視之帶過連合以至其對面之帶而與司視之腦筋不通在項副脊髓與下舌項下之各腦筋相通其腦筋絲則由兩端與腦脊髓根相連而作爲弓皆無周圍之末又有數腦筋絲與腦脊髓根無中之相連者如司視連合樞前之端是其絲名爲眼腦衣間之絲由眼腦衣起順司視筋行過司視筋與其對邊之眼腦衣之連合其腦筋與腦或髓系相連之處皆爲腦筋之根或本若其筋之綹由此處或傍此處或順此處之一帶起其根名爲單根若其數綹分爲兩束而與腦脊髓根由兩處相合名爲雙本或由兩根而來其各根各有其功用如髓系之筋其腦筋之各綹與腦脊髓根之面相連名爲淺本其腦根所發之處名爲深本其百結筋乃管鞘兩形之絲所爲並有多少不等連質之絲相攙含於類絲連質所作之鞘內其管形之絲大略小於腦脊髓筋者其雙界不甚明顯而其內之核與鞘形腦筋絲者相同其枝之明顯灰色者多有膠形之腦筋絲所爲而與數管形之絲相

解剖

系外衣

攙其白色者、多含管形者、而少含膠形者、往往其白灰兩系並行、而不相融、如百結筋之結、與脊髓腦筋間相通之枝、或結間相通之系、是其腦脊髓與百結筋之腦筋絲、有兩等功用、一爲知覺腦筋、別名合或入之腦筋、以引周圍端所有之印、以至腦根、而其靈機由其腦以知外物、一爲運動腦筋、或別名離或出之腦筋、以引腦根之印、以至腦筋所散布之處、此印或感動其肌而縮筋、惑動其養長生液之力、其腦脊髓根分髓系腦兩端、其腦又分大小中三腦、與髓頭、

髓系與其膜　欲看髓系與其膜、先割開其髓道、欲露其髓道、須將脊陷所列之肌分開、則露出脊骨之後峰、與其片傍橫峰根、去其片之兩邊、其上自第三或第四之項脊骨起、下至方骨、用鑿鑿開脊孔而去其蓋、則露出髓系之外衣、而有回血叢與許多鬆連質遮之、其中往往有汾膜之液

髓系衣

髓系之衣有三、其極外或硬者、乃堅類絲之膜、作爲鬆鞘以含其系、其極內或白者、乃連血之膜、緊含其全系、其內外之間、有中膜、即蛛網膜、乃汾膜囊以含其系、後則反折於其外衣之裡面、其系之外衣與腦之外膜相續、而爲鬆鞘以含其系、有鬆連油之質與回血管之叢、以隔髓道之骨壁、並此膜、其膜由類絲質黏於大孔之週圍、並後總筋帶之全路、往下之方骨之項、過此處則不相通、而往下續成細系至尾骶骨之後、而與骨衣相連、其鞘極大於所含之物、而項與腰處者、大於脊背者、其裡面滑、並有一層多角形之泡遮之、其兩邊有雙孔、以遞其相對脊髓筋之兩根出孔、則

外衣之體質

有外衣之類絲層、作爲管形包、續於其筋之上、在脊骨之上端、此包短、往下則漸長、而作爲類絲膜之數管、以含方骨之筋、而列於髓道之內、其髓系與腦之外膜不同、髓系者不貼於髓道之骨、其道自有其骨衣、此膜不若腦之發隔入於髓系縫、其類絲片亦不若腦之分開作爲回血穴、此衣乃白類絲質所爲、列於彼此相隔之帶、其所供之血管少、其有無腦筋、尚未考查明確、其中衣露出、須割開其外衣、折於兩邊、

中衣

（見二百十二圖）乃薄而細之汤膜、其系之外面、後則反折而緊貼於外衣之裡面、其圍系之一端名爲臟層、或爲裡層、其外衣裡邊之層爲壁層、或爲外層、其兩層之間名爲中衣空、其內層作爲鬆鞘、以圍其系、其裡層與其系之間、爲中衣下之處、其處在髓道下端者極大、圍於髓筋之叢、而爲髓系之尾、其處含許多汤膜液、卽腦脊髓液、而由第四宮下界類絲層之孔、與腦總宮空大略相通、此液能令中衣漲滿、將全外衣漲至極滿、有數類絲帶、在系之後、過中衣下之處、此帶由中衣以至內衣、大略在項部者皆如此、在其後中縫之對面、有長膜隔以分之、而助中內兩衣以相連、其隔不全、其質爲篩形、乃白類絲質之束、彼此相編、其中衣之內層、繞於髓筋之本、而其筋至外中兩衣壁層相續所出之處、作爲管鞘形以含之、其中衣無血管、亦無腦筋、去其中衣、則露出內衣、

內衣

（見二百十二圖）其衣與腦內衣相續、而血少於腦、其質乃類絲質所爲、而長束所列、厚而密緊、遮系之全面以爲鞘、由前後兩縫發爲極細之隔、兼作爲髓筋

內衣體質

髓筋帶

每絲之鞘其前面順中線有長類絲之帶名爲光明線並有相似之帶列於兩邊名爲齒帶此衣在髓系之末則縮往下則續爲長細絲名爲末絲而過尾筋叢之中於方道頂相平之處與外膜不通之鞘相融於週身運動之時則助其系之部位因其有此功用故名爲髓系之中筋帶此帶含不多之腦物而有小脈同兩管與之同行此衣之血雖少於腦而其體內則含有細血管之網亦有腦筋由百結筋與脊髓腦筋之後根而來者供之其衣在系之上端者有灰色痕以其有黃或醬色之泡散於其內之故也其齒帶（見二百十二圖）乃類絲帶其形如鋸齒列於髓系全路之兩邊以隔其髓筋之前後兩根其裡邊由系之邊與內衣之裡邊相續其外邊有排三角形之鋸齒與外衣相錯落而與中衣之兩層相合其鋸齒在兩邊每邊各二十第一齒在大孔邊之對面脊骨脉管與下舌腦筋之間黏於外衣其末齒大略與髓系之下端相對其功用則扶助其系所圍之液

髓系

髓系或脊髓乃腦脊髓軸環柱圓長之端含於髓道之內其長約十六七寸其重除去其衣與筋約一兩五按系與腦相較則系之一卽腦之三十三其系不滿含於髓道而空多有連質與回血叢以隔其膜與週圍之壁在成人者則其系占髓道三分之上二由大孔起至第一腰脊骨體之下邊其末則爲灰物之細絲卽末絲而藏於

前中縫　後中縫　旁縫　髓系柱　前柱　旁柱

尾筋束之內、在三月以前之胎中者、則往下至方道之底、過此時則漸由下而提往上、因其髓道之骨、其長較速於系、故於落蓐之時、則長至第三之腰脊骨、其系之部位、按脊骨柱之曲爲變革、而脊骨曲者則提起其系、其系之面各處之徑不同、有上或項下或腰兩發大之處、其項者大、由第三項以至第一脊背骨、其橫徑極大、與供上肢筋之本相對、其腰者、列於末脊背脊骨之對面、其前後之徑極大、與供下肢筋之本相對、其形爲匾環柱、其前面順其中線有長縫、即前中縫、其後面亦有全路之長縫、即後中縫、由此兩縫適中均分爲兩半、其全路有橫腦體帶、即連合於中線相合、其前中縫寬於後者、而不若後者之深入、如其系厚有三分之一、其系之下端極深、此縫中含內衣來之岔、其底乃前白連合所爲、有數血管透之而行於系之中、其後中縫甚細於前者、而在系之上端明顯於系之下端、約入於其系之一半、其中含內衣極細之岔與數血管、其底乃白物之薄層所爲者、即後白連合、（有人云此縫之底與灰物相對除項部與腰部下發大相對之處）其旁縫在前中縫之兩邊、有排孔以發明其出系筋之前根、（有人謂系之前旁縫雖有此名而實無縫）其後中縫之兩邊、順筋後根之線、有細縫往下至灰色物、而淺列於其處、即髓系之後旁縫、在髓系之後面後中縫之兩邊、有微長縫、分爲兩細帶、即後中柱、（在項之部位極其明顯然有人云系之全路皆有）其縫將髓系之半分爲前旁、後、後中、四柱、其前柱、乃前中縫前旁兩縫間之端、由脊髓筋之前系而來、與髓頭之前柱相續、其旁柱、乃髓

後柱
後中柱
系質

系極大之端、爲前後旁兩縫間之端、與髓頭之旁柱相續、有人謂將前與旁柱合爲一柱名爲前旁柱而作系周圍三分之二其後柱、列於後中後旁兩縫之間、而與髓頭之繩形柱相續、其後中柱在後中縫之兩邊、大略亦列於後柱之內、若欲考其系之質、須橫割其系、則知其爲白灰兩物之所爲者、其白物較多而列於外、灰物居中而列於其兩半系之上、作爲兩鉤月之形、每邊各一、有灰物之橫帶、卽灰連合相連、其每邊之鉤月叢、各有前後兩角、後角長而窄、在後旁縫則至其面、而微大、前角短而厚、而不至其面、而向筋前根所黏之處、其邊有齒形、因其灰物作此列法、故前後兩角皆凸向於面、則系之各半卽分爲前中後三柱、其前角不至於面、故其前中兩柱相合、而作爲前旁柱、其灰連合、連灰物兩鉤月之叢、在前白灰連合、以隔開此灰連合、與前中縫之底、其後白連合、以隔開此灰連合與後縫之底、此灰連合乃灰物之橫帶、與系對面之半及筋後根所來之白絲所爲、其前連合半爲前柱之絲、半爲脊髓筋前根之細絲、而由彼邊過至此邊相編之所爲、其灰物之列法、與白物相較之多少、在系之各處俱不同、如在項部者、其後角長而窄、在脊背部者、短而窄、在腰部者則短而寬、其鉤月端之在項部者、小、其處之白物則多於他部者、在脊背部之灰白兩物皆少、在腰部之灰物俱多於他處、向系之下端、其白物則漸無、其灰物之鉤月端、則合成一叢、而爲極細之末、其系之白物係橫斜長之絲並血管及連貫所爲其橫絲由灰物而出在其相續長絲束之間彼此作叢有他絲過所含連貫之雜以至其系之而其灰物內之絲

髓系之下物

髓系之灰物

旁中間帶

髓系腦筋之本

與髓筋之根並腦泡之盆及前後附連合相根其斜絲由灰物所來而行於上下其絲作白柱之深層後則變淺其長絲則尤淺其路則彼此平行而作爲自柱之大端其系之灰物所爲乃一爲變革之筋絲然而較柱之筋絲之遜小二爲數形大小不等之腦筋泡有二至八之谷三爲血管與連質其名半旁之灰物俱分前後兩角與旁中間帶即前後兩角間灰物之旁端其後角分頭項兩角其頭角條發大之處見二百十六圖週圍皆有膠形處或片其項角即其角餘窄之端而往前以至中道其膠形物顯其邊以會排大腦筋泡其裡係一層小泡有橫斜長絲過之見二百十七八圖其頸之內半有一筋泡與妙槃要之柱名爲後泡柱見二百十六圖此泡之大小與其形在叢之各部即變革而緊貼於其筋之後根其項之內順其外邊有數長絲之厚束雜有相間之束顯頭與項相合之絲共列於灰物之內見二百十七圖在項腰兩部發大處上下肢乃發筋之本其灰物之前角大於其他部者而合數種各等明顯而大之泡看以上所有之圖則明此其旁中間帶見二百十六圖由股之上半超至項發大處之下端乃數形泡之所爲而小於前角者在腰發大處之上別有其相似之帶而有副脊髓筋之下端穿過其髓筋之後根大於前根者而所作之絲亦甚細俱厚黏於後柱而彼此相編各勢穿過其柱有數絲穿過灰物而入於旁前兩柱其在灰物之內則長行往上而下而橫過後逕合以至其對過而入本邊之前角見二百十七八圖其前根黏於前柱因無前旁縫以分前旁兩柱故在灰物即細絲而彼此相編散於各勢如衣刷之毛見二百十七八圖有數絲長形往上下有他髓中道前之前連合穿過其對面者相編其髓筋兩根之絲俱穿過白柱以入灰物

脊髓中道

在胎中至六月之後、全髓內有一道、由腦總宮之空相續、由先開後合之陷而成、在成人、則此道於系之上端、即能見之、由第四宮底之筆尖處起、往下系中約半寸、其末如有底之囊、若橫割其系、則見其道之餘、爲淺色小點、與灰連合之中相對、其點之空內、有一層環柱睫毛之內膚爲裡、亦有時其系之全路皆有此道以通之、

腦與其衣

欲看腦與其衣須去其頭顱由眼高上約一寸繞外層至後枕骨之凸處而以鑿鑿之則不能傷其腦與膜去其頭顱骨即露出外衣其

衣緊貼於骨年幼者較成人尤緊貼腦有內中外三衣、

腦外衣

外衣之質

腦外衣乃厚密而不韌之類絲膜、為頭顱之裡、其外面澀而細絲形緊貼於骨之裡面、為骨之內衣、其縫之對面及頭顱底緊貼之在大孔之邊與髓道之外衣相續、其裡面滑而膚形、與中衣之皮層為裡、故此衣為類絲之沕膜有外類絲之層與內沕膜之層所為、而發數縫往裡入頭顱空以扶助而保護其腦之各處又由頭顱底之各孔續於頭顱之外面、而與頭顱之外衣相續、而其類絲層作穿過此孔腦筋之鞘、在頭顱之底又發為一岔、以入盲孔、此衣為司臭陷之裡而發排管形之岔、繞於其所穿過篩孔司臭腦筋之絲別有一岔續於過蝴蝶縫以入眼窩別有一岔穿過司視孔以入眼窩、而作為司視筋之鞘、而續於眼球此衣之類絲層在以上所論頭顱之各處則分開而為回血穴道此衣上面之上長穴之處有許多小白體即巴吉尼核、此衣乃白類絲韌兩質所為圓片彼此各勢相隔而列、其脉管極多然大略散於其骨內其前窩者、乃前後兩篩所來之前腦衣者與內項者、其中窩者、乃內牙床所來之中小兩腦衣者及上咽頭所來之第三枝而穿過頭顱底孔以入頭顱其後窩者、乃枕後腦衣之枝而穿過項孔亦入頭顱、又有由脊脉管而來之後腦衣者往往亦有由上咽頭所來之腦衣兩枝、一在項孔、一在前髁孔以入頭顱其回管引外衣

大腦鐮膜

小腦帳膜

之血、及一端骨之血、而與兩層頭顱骨間之回血管相接、惟有兩管順中衣之脉管同行、其餘之管俱入於各穴、而過棘孔以出頭顱、此衣之腦筋、乃第四反回腦筋之枝、半月結、眼腦筋、百結筋之絲、其以上所說之小白米粒、即巴吉尼核、大略合爲大小不等之穗、其列勢如左、一在外衣外面之上、而傍上長穴收納於頭顱骨裡邊之小凹處、二在外衣之裡面、三在上長穴之裡、四在內衣之上、而傍腦半球之邊、此核之體質非核形、乃類絲泡膜之所爲、由內衣所發、其核之長、則將外衣之絲、或隔開或吸去、其核則入於上長穴、而有穴之裡膜以遮之、其中衣腦層之傍此核者、大略厚而暗、以緊貼於壁端、凡一二歲之小兒無此核、三歲以上者或有之、至七歲以後、則大約皆有之、且按其年歲而加增、往往亦有終身無此核者、

腦外衣岔

外衣之岔有三、由頭顱空往裡、有大腦鐮、小腦帳、小腦鐮之各膜、其大腦鐮膜、因有其形故名、乃外衣壁弓形之岔、直行於腦兩半球間之長縫內、其前黏於篩骨之冠峯而窄、其後帳膜之上面相連而寬、此膜之邊凸、黏於頭顱之裡邊、往後至內枕之阜、此膜至此處則寬、以含上長穴、其下邊浮而凹、其邊鋒銳曲、以含下長穴、其小腦帳膜因其形爲名、乃外衣弓形之片、中高四圍坡向下、遮於小腦之上面、並扶助腦之後葉、不令其壓住小腦、其後由其凸邊黏於枕骨裡面之橫崗、而圍其旁穴、其前

小腦鐮膜

中衣之臟層

中衣下之處

黏於耳門骨岩端之上邊、而圍其上岩穴、其兩邊則由此骨之尖、至於前後兩馬鞍角、順其上面之中線黏於大腦鐮膜之後邊、其相合之處有直穴、此膜之前邊浮而凹、有穿過大腦蒂之長圓孔、其小腦鐮膜乃外膜小三角形之岔、以收納小腦後兩旁葉間之齒、其底在上黏於帳膜之下而後、其後邊黏於枕骨裡面豎崗之下端、往下則往往分為兩小膜、至大孔之邊而盡

腦中衣

中衣極薄、因名蛛網膜、乃圍於腦之汐膜、以後則反折於外膜裡邊之上、與他處之汐膜相同、乃閉囊而分壁臟兩層、其壁層遮外膜之裡面、（有德國一人云其外膜之裡面有縫形之內膚遮之）（然無他衣為中衣之壁層可論）此膜有光而滑之面、亦反折於腦、與小腦所分半球之岔、其臟層鬆圍於腦、有內膜與鬆連質、即中衣下者、隔腦與此膜、此膜在大腦之上面薄而透明、若以細管由其縫吹之、則其透明可見、其膜過於腦曲之上、而不入其間之溝、在腦之底者則厚、向其中端之處者則微暗、遮前葉過兩中葉之間、其膜與腦間留一空、名為前中衣下之處、此膜緊貼於中腦與小腦之下面、在小腦之半珠與髓頭之間、則腦與此膜間別有一空、為後中衣下之處、此兩處過大腦之蒂則相通、此膜圍於腦所發之筋、而即借此膜以為鞘、至其筋將出頭顱處、則此膜與壁層相續、其中衣下之處、乃中內兩膜之間、其處在兩半球面上則窄、在腦底兩中葉之間及在後小

中衣留

大端

腦半球與髓頭之間者則寬、其處含許多之汋膜液、即腦脊髓液、故能令中內兩膜間處漲滿、此處大略由第四宮下界之孔、與腦總宮之空相通、其中膜之囊、亦含汋膜液、而少於腦脊髓之液、此膜之質、乃白類絲韌兩質緊相貼之束所爲、其外面有一層鱗內膚遮之、而無血管與腦筋、其所含之腦脊髓液、（不含中膜之兩面相貼）極清、微鹹、微反酸、每百分中有九十八零五爲水、其餘之一零五、乃動醎之兩質物、此液多不等、在年老者則極多、而生甚速、其功用爲機保護腦筋之根、雖外震而腦不致受傷

腦內衣

內膜、乃血膜、其血由內項脊兩脈管而來、乃極細連質所連血管之細叢所爲者、繞於腦之全面、入曲與片之間、往下以入腦內、而作爲第四宮之絡膜與脈絡叢、在半球面之上、以遮其曲灰物之處、其膜之血極盛、而其裡面發爲許多細血管、直入腦體、在腦底之腦筋處、發出數長直管、穿過白物、以入灰物之內、此膜在小腦之上者甚細、其裡邊所發之管甚短、在大腦蒂與中腦之上、其形全變、而爲密類絲之質、微有血痕、有謂此膜中含有許多之津液管者、此膜之腦筋、由百結筋與第三六七八各對及副脊髓之腦筋而來、與脉管之枝同行

腦

腦、即頭顱內所含之腦脊髓軸之端、而分大腦、小腦、中腦髓頭之四大端、其大腦、乃

極大之端而占頭顱內之大端、列於頭顱底之前中兩窩之內、其後有小帳腦膜以分大小兩腦、其下面之中有窄而縮之端、其一端爲大腦蒂、由中腦之下續往上穿過中腦、以至髓頭與髓系、一端爲小腦蒂、往下以入小腦、

小腦

其小腦或爲後腦、列於下枕窩之內、由小腦帳膜以隔開此腦與大腦後葉之下面、此小腦與腦之餘有相連之帶、名爲腦蒂、有二蒂往上以至大腦、有二蒂往下以至髓頭、有二蒂在前相合作爲中腦、

中腦

其中腦乃枕骨底端上所列之腦端作爲帶、而與以上之各端相合、其上則收大腦之蒂、其兩邊收小腦之蒂、其下與髓頭相連、

髓頭

其髓頭由中腦之下邊起至髓系之上端、列於小腦之下、枕骨底陷下端之上、

腦之重

其腦適中之重在成男有四十九兩半、約三磅有餘、在女則有四十四兩、而男女適中之別有五六兩、若尋常之重在男則自四十六至五十三兩、在女則自四十一至四十七兩、在男則二百七十八人之中、其極重者至六十五兩、極輕者至三十四兩、在成女則一百九十一人之中、其極重者至五十六兩、極輕者三十一兩、人至七歲則其重之加增爲尤速、十六歲至二十歲漸遲、三十至四十歲則尤遲、而不再加增、以後則隨時減輕、每十年約減去一兩、其智慧亦減少、其理則男女相同、

論中縫

凡腦之大小與其中所容之智慧、有大概之較量、然其腦曲之雜而深之勢則發明其所物多而其智慧大相對昔法國有著名者二人一吉非夜其腦重有六十四兩一體必的仁其重有六十二兩半有英醫阿必各狠必其重有六十三兩凡愚魯之人、其重則不過二十三兩而已、亦間有不及十六兩者、人

與各獸除象與鯨魚之外則人腦重於下動質惟象腦之重自八磅至十磅鯨魚之身有一長七十五尺者其腦之重至五磅即八十兩以上乃英國之兩

髓頭

髓頭乃髓系上發大之端由鈕鏝之上邊起至中腦之下邊斜往下而後其前面列於枕骨底陷之上其後面列於小腦兩半球間之窩而為第四宮之底其形如方錐其寬端向上其下端於系相連之處窄其長一寸一角其極寬之處三角其厚半寸其面之中線前後有前後中縫與髓系之縫相續其前縫含內膜之一折疊其末在中腦之極下如閉口之囊名為盲孔其後縫深而窄順第四宮之底續往上至此而止以此兩縫均分髓頭之兩半其每半又以小陷分為四柱自前往後而論為前旁帶與橄欖體繩形體與後之各柱

前柱

其前柱乃兩方錐形之白物束列於前中縫之兩邊各一有微凹以隔此柱與其外邊之橄欖體其在中腦之下邊微縮以後則大而往下復縮與系之尖處相續在下分其柱則兩邊各以其柱極裡邊之絲作為四五束彼此相編其相編之絲不盡由其柱而來者有多半由系旁處之深端而來者前行於分開前柱間之面其極外邊之絲則不相編由系之前柱而來上直續於中腦內

旁帶與橄欖

其旁帶與橄欖體其旁帶續於系之旁柱其下寬即前與繩兩柱間之端其上窄而微後因橄欖體凸於前之故也其橄欖體乃兩長圓凸出之叢列於前柱之後有

繩形體　後柱　髓頭後面　髓頭質　前柱

微陷以隔此體與前柱、其體之寬與前柱同、而上微寬於下、其長半寸、其上有微凹以隔此體與中腦、其體之下端、有數白絲繞之、名爲弓狀絲、其絲往往過其面、其繩柱乃髓頭極大之柱、其下與髓系之後柱相續、乃兩圓繩形之凸處、故以爲名、其前列於旁帶之間、其後列於後柱之間、而有微陷以隔此二處、此柱往上則彼此分開、而助作第四宮之旁界、後則入於小腦相對之半球、以爲其下蔕、此蔕大略有數絲相續、以入大腦、其後柱、乃兩窄白系、而列於後中縫之兩邊、各一、有窄陷以隔此柱與繩柱、其全柱皆白絲所爲、而與髓系之後中柱相續、其柱先近列於第四宮尖之對面處發大、後則分開、而盡於其相對之繩柱、此後柱之上端、即爲筆尖之旁界、其髓頭之後面、作爲第四宮底之一端、三角形、兩邊各由後柱分開以爲界、此端形如筆尖、故名筆尖、其後繩兩柱分開、則露出髓頭之灰物、於髓系之下而與灰連合相續、於中線則有長縫、而與系之後中縫相續、其下爲宮之尖、即此處之末、爲閉口之囊、名阿蘭底宮、往下則微入髓頭、即此道之餘、在胎中則爲系之全道、其髓頭柱之下直續於髓系之柱、再往上其白灰兩物再有列法、後則上續於大小兩腦、其前柱之絲、乃由髓系前柱本邊之絲、與其系對面一半之旁柱而來、上續於大小兩腦、其小腦之絲爲淺深兩層、行於橄欖體之下、以至繩柱、而散於小腦之質內、有一深繒、圍於橄欖體、並收納其體所來之絲、作爲橄欖繒以入中腦、此柱所來之絲、即大腦

旁帶　橄欖體　繩柱　髓頭之隔　髓道之隔　髓頭之灰物

絲、多半上至大腦、入於中腦、其前柱無灰物、其旁帶之下、續於系之旁柱、其絲分外內中之三勢、其極外者與繩柱相合、行於小腦、其內絲多前行、則前柱之絲擠於旁作爲對面前柱之一端、其中絲上於橄欖體之下、順中腦之後、以至大腦、而與繩柱之絲、作爲第四宮底之圓絡、若橫割其橄欖體、則知其小結叢所爲、而深列於髓頭之內、有一端乃滑橄欖形之凸、露於其面（見二百二十一圖）其外爲白物、其裡爲灰色核、名爲齒體、其灰物列爲空囊之形、其上而內則開、有齒形之界、其白絲則由囊後之孔有出有入、此體與前柱之絲相合、由外面往上、與橄欖之下相合、而爲橄欖絡、往上以至大腦、其繩柱大半乃髓系後柱所來之絲所爲、有收納旁柱之數絲與前柱絡、續往上以至大小兩腦、其入中腦時、在第四宮尖之上、分爲兩絡、其外者入小腦、其內者與後柱相合、順第四宮續往上、與圓絡相合、往上以至大腦、其前柱相編之上、由後向前有數白絲、順中線作爲隔、而分髓頭爲左右兩半、有數絲由前中縫而出、作爲帶、繞於橄欖體之下邊、或橫過此體、而繞於髓道之邊、作爲洛蘭德之弓形絲、別有他絲、露於第四宮之底、由後中縫而出、作爲此處之白紋、其髓頭之灰物與髓系裡邊所含之灰物相續、此外別有一排之核、在髓道之下端、其灰物之列勢與在髓系者相同、然在上端者多而列不勻、而除前柱之外、皆與白絲相合、若由繩柱分開則與後柱旁柱往上之絲相合、而作爲圓絡、其系之橫灰連合相對之端、則露於髓頭之底、其旁鉤月之端發大、後角多如此、而與繩柱之絲相合、作爲洛蘭德之灰阜、其髓道之前後兩端、俱有灰物之底、在前則爲橄欖體內之齒體、在後則有一排之核、與副脊髓、肺胃舌咽頭下舌各腦筋本之根相連、按其質與功用、則髓頭與髓系極相似、其髓頭大、而其形則因其各柱發大分開相編之故、別有因其橄欖體及他處所有加增之灰物、以發明髓頭之大功用、

中腦

中腦、乃腦各處相合之橋、其上與大腦、下與髓頭、後與小腦、皆相連、而列於髓頭之上、大腦帶之下、小腦半球之間、其下面有白絲所作之寬橫帶、弓形以過髓頭之上端、與小腦兩半球之間、此面凸於此各處、方形、列於枕骨底陷之上、其前後有極凸之邊、作爲其界、順其中線有長陷、而前寬於後、以列於底脉管、兩邊有數橫紋、發明其爲淺絲之路、其上面乃第四宮底之一端、其兩邊縮、變爲厚圓系、即小腦帶以入小腦之體、作爲中帶、其中腦之質、乃橫絲互列之層、與灰物相攙、見二百二十二圖　其橫絲與小腦兩旁球相連、作爲大橫連合、分淺深兩層、其淺層過中腦而不斷、作爲勻層、乃兩邊小腦帶所來之絲所爲、而於中線相合、其深層者由髓頭續往上、與豎絲相編、而其絲間多含灰物、其豎絲續往上以過中腦、其一由前柱而來、其二由橄欖體而來、其三由系之旁後兩柱而來、以收納中腦本灰絲所來之絲、其前柱之絲、往上

中腦隔

過中腦、列於兩層橫絲之間、於在路時、復分小束由中腦上邊以入大腦之蒂、以作綹形之端、其橄欖綹在中腦分爲兩束、一束往上至四體、一束同旁柱之絲續於大腦、其系之旁後兩柱之絲、並橄欖綹所來之束、有多灰物相攙、而在第四宮之底、露出以作圓或尖形之綹、其絲往上、以至大腦蒂之深端、有人云髓頭之每豎綹有數絲前行而續於中腦之橫絲其中腦有穿過其後之中隔分之、爲左右兩半、其隔乃前後橫絲所爲、其前後絲由第四宮之底及中腦之橫絲而來、先曲向後而後過其對面、其橫絲亦由第四宮之底而來透其豎絲、後則過髓頭之彼邊至此邊、以透其前後之絲、中腦之兩半在前有橫連合之絲相連

大腦上面

大腦

大腦、在人爲腦極大之端、其上面卵形、而後寬於前、其總界乃凸形、有大長縫、而分爲左右兩半球、此縫透大腦於中線由前與後至大腦之底、在其中則有寬橫白物之連合、卽大連系、以連其兩半球、此縫列有大腦鐮膜、以發明其腦爲原來左右之兩半、其每半球之外面凸與頭顱之穹窿相對、其裡面匾貼於其對面之半球、其兩邊之裡卽作爲長縫之邊其下面或底無定形、前列於頭顱底前中兩窩、其後列於帳膜之上、若以鑷去其內衣、則每半球之全面、俱有數紆回之曲、有淺深不等之溝處彼此相隔、曲之外面與其間溝之邊並底、俱爲灰物所作、名爲皮質、每曲之裡面皆白物所作、在

腦紆迴之曲

大連系之曲別名彎窿曲

溝之邊與底、其白絲與灰物相攙、其曲如此列勢、爲加增其灰物而不多占地步、並加增其絲末之面、其大概約如此、若細加考查其皮質之灰物、分爲四層、兩灰兩白、其極外者、爲外白層、在腦之各處厚薄不等、惟長縫之曲與腦之下面、其曲爲多、而中葉之上、傍旁宮之下角、其處爲尤多、此層之下、有厚紅灰層、後則有薄白層、至末則有薄灰物一層、緊貼於半球之白絲、其曲之灰物中、則有白灰兩層之物彼此互列、其皮質又有六層曲者、爲三灰三白、其極淺灰者、別有白層分之爲二、大略此曲之傍大連系者皆如此、其腦之曲、凡人不十分相同、並有一人腦曲之兩邊亦有不同者、往往其深曲之浮邊、或其邊、或有縫、或峽形者、其溝深約一寸、而人各不同、卽一人之屬腦之各處亦不同、大略其深者、在半球外凸面之上、其極深者、在半球之裡邊與大連系相平、與旁宮後角之凸處相對、卽小海馬、其曲之多少大小及淺深、乃人智慧之切關係、由極小之胎生物往上以至於人、俱增其曲之密列勢、有數種下等胎生者無曲、往上則以次加多而大、在人則其列勢更密、嬰兒初生之時、其智慧尚未生、則其曲純而不密、亦無許多隆阜、與其曲間之溝淺於成人者、至年老則智慧隨其曲而俱減少、其曲之大而常久者、爲大連系、長縫、上眼窩、半球外面之各曲、其大連系者、常明露、而與大連系之上面平列、在腦之下面前篩處之前而起繞過大連系之曲邊、順其系之上面以至後端、而與後葉之曲相連、後則曲向下而前

上眼窩之曲長縫

大腦下面或底前葉中葉後葉

長縫

大連系別名胼胝體

圍於腦蒂以入中葉而作爲大海馬、而其末囘繞於本處之極後、其上眼窩者、在前葉下面之上亦明露其長縫者列於半球上面縫邊之界由腦之下面前篩處起順前葉之裡邊往前有深溝處以分其葉而收納司臭之腦筋、後則曲過於半球之前上兩面、順長縫之邊以至其後端、復順半球之下面曲向前以至中葉其半球外凸面之曲乃或多或少之斜勢、其曲極大而雜者、往上而後以向長縫往往變枝形如倒寫之人字此曲在人則發極大而分人畜之腦、而人腦兩邊之曲恒不一

大腦

大腦每半球之下面、分爲前中後三葉、其前葉爲三角形、而尖向後、微凹、列於眼窩蓋之凸面、有大橫縫分開前中兩葉其中葉更凸於前葉以收於頭顱底之中窩、其後葉列於帳膜之上而前行之多少有小腦之前邊爲界其腦下面之各物自中線之前往後、乃長縫、大連系與其蒂灰片司臭腦筋腦下前中兩葉間之橫縫前篩處司視之連合灰阜漏頭鞍核白珠後篩處大腦蒂其長縫以隔兩半球在前則分開其兩前葉而提起小中兩腦則其兩後葉十分隔開其縫中間之端有白物之大橫帶即大連系而連兩半球此縫之兩端以隔開其後葉之極長者在縫內兩前葉之間由前腦脉管往上以至大連系此縫之後端由大連系之前腦端往下以至腦之底其大連系在腦底爲凹邊由灰物薄層即灰片而連大連系與灰阜將司視之連

灰片別名灰白板

司臭之腦筋

腦下之橫縫

前篩處

司視連合別名交叉

灰阜

漏斗

鞍核

合微提起、而牽往後、卽露此系、其兩邊有寬白帶、由大連系下面往後而外、至前中兩葉間縫之出頭、此帶卽大連系之蒂、其連系之兩旁卽入前葉、其灰片乃灰物之薄層、由大連系之末、司視連合之上後、以至灰阜、而與前篩處灰物之兩邊相續、作爲第三宮下界之前端、其司臭腦筋與其蒂、列於長縫之兩邊、每前葉下面之上、其腦下橫縫、以隔前中兩葉、而列於中腦脉管、其縫之口、有一點之碎物、與其下所列之白絲帶相對、而連前中兩葉、名爲鉤絡、順此縫往外、則分兩枝、繞於三角凸形孤穗之曲、卽賴里島、此曲由縫邊所遮、名爲遮曲、其前篩處、列於橫縫之裡邊三角形、其前有前葉之曲、與司臭腦筋之根、其後有司視帶、其外有中葉與橫縫之出頭、其內與灰片相續、而有大連系之蒂過之、其色灰、與腦前結之下面相對、卽灰物之大叢、而列於腦內、其處有數小孔、有小直管穿過其孔、入腦前結、故名其司視連合、列於中線、在灰片之極後、乃兩司視筋相合之處、其分開司視帶之極後、並司視帶與大腦帶之間、有斜方處、名爲蒂間處、由前往後列如左、則有灰阜、漏斗、鞍核、白珠、後篩處、其灰阜乃灰物之凸、列於司視帶及白珠之間、而與大腦週圍之處相連、作爲第三宮底之一端、卽與此宮之灰物相續、其下面之中、有灰物錐管形之一端、約長二分、續往下而前、黏於鞍核之後葉、卽漏斗、其道爲漏形、與第三宮相通、其鞍核乃紅灰色之小血叢、其重自七釐至一分五釐、卵形、列於馬鞍之內、其所作蜂窩穴內

白珠　後篩處　大腦蒂

壁之外衣緊連於鞍、此核血多、乃兩葉之所爲、中有類絲片隔之、其前葉大於後葉、長方形、而收納後圓葉之處微凹、其前葉之外、乃堅黃灰質所爲、其內乃黃白色之軟瓤質、後葉之色黑於前葉、其在胎中、以比例論則大於成人、而其內有空處通漏斗而連於第三宮、在成人之核則堅而實、間有空處、其質大略前葉如此、而與無管之核相通、其白珠乃兩小白圓叢、如豆大、並列於灰阜之極後、其珠乃三角帶之前蒂所爲、故又名三角帶之蒂、往下至腦底、而自成折疊、後則往上以至大腦後結、其外乃白質所爲、其內乃白物所爲、其兩珠之灰物、有橫連合之同物以連之、此珠於初結胎時、則兩珠合爲一大叢、約至七月則相分、其後篩處乃白灰質、前有白珠、後有中腦、兩旁有大腦蒂、作爲第三宮底之後端、有數小口遞過其血管、以至後結、其大腦蒂、別名根或腳、乃兩厚環柱形白物之束、由中腦之前邊而發、往前而外分入每半球之下端、每蒂之長約四分寸之三、其前微寬於後、而上有線、於每蒂入半球之先、有扁白帶、即司視帶、以過之、其帶之上邊緊貼此蒂、蒂之裡有一叢黑灰物、名爲黑處、其第三對之腦筋、即由每蒂之裡邊所發、其第四對之腦筋、則繞於其蒂之外邊、每蒂有長白絲、淺深兩層、由中腦續往上、有灰物、即黑處之一叢以隔之、其淺絲續往上、由前柱以至大腦、乃粗絡作爲其蒂之浮端、名爲蒂絡形之端其深絲由髓頭之旁後兩柱、及橄欖絡而來、續往上以至大腦、此絲由髓頭之本旁帶並對面之旁帶再深有一層細絲並灰物相攙由小腦

（而來與前絲相攙其大腦帶之腦面乃此絲所爲）其黑處、乃灰物之一叢、列於其淺深兩層絲之間、而列於此帶之裡邊、近於其外邊、在小腦之上面與中腦以藏大腦之後葉若去此兩端則明露出大長縫所隔開之兩半球、

大腦隔處之總列

大腦帶於入半球之時、彼此分開、其間所留之空、名爲帶間處、其每帶之絲則往上、而過灰物之兩大叢名爲前後兩腦結在每帶之上、而裡則爲圓凸處、此叢之上、有大橫連合、即大連系以連兩半球、其系之下面結之上面與閉帶間處之各處之間、爲總宮之空、此空之上端有豎隔、即明隔、而分爲兩旁宮、此空之下端作第三宮、其上與旁宮相通、其後與第四宮相通、而明隔兩層之間即第五宮、

大腦內

以刀去半球之上端、在大連系之上約半寸相平、則露出其裡邊之白物、其中卵形、而週圍有均厚之灰質繞之、作爲窄曲邊、其曲中叢名爲小卵圓、其面上有許多細紅點、即赤點、係割斷血管中所出之血、若腦有炎症或血甚盛則其點多而色黑如彼此微分在長縫底、則露出白物之寬帶、即大連系、其半球邊所搭此腦之端、名爲腦唇、每唇皆爲大連系曲之一端、即穹窿之曲、此處與大連系上面之間、名爲大連系之宮、若去其珠、令與大連系相平、則露此質之白物以連其兩半球、其所露之大

大邊系

髓物、亦有灰物之曲邊繞之、名為大卵圓、其大連系、乃橫絲之厚層、在長縫之底、以連其兩半球、而為大橫連合、作為每半球內處之蓋、卽旁宮其長約四寸、去腦之前端約寸有半、去腦之後端約二寸有半、而後微寬於前、兩端厚於中端、其後端極厚其前後微作弓形、前為圓邊曲往下而後、於前葉之間、以至腦之底、其在路時作為明顯之曲、名為膝、別有反折之端、名為喙、漸變窄、黏於前腦葉、過灰盤而與司視之連合相連、其反折之端、傍其末生兩白物之束、彼此相分而過前節往後至橫縫之口、卽大連系之蒂、其系之後、乃厚圓折疊曲往前而不連、後則與三角帶相續、其系上面之類絲質明顯易見、乃粗橫束相合所為者、順其中線有凹處、卽名為線、線之旁有兩或多而微高之長帶、名為長紋、（別名藍細之腦筋）再往外、則有他長紋在此曲之下、而列於大連系之上、卽旁長紋、其大連系下面之後、與三角帶相續、其前有明隔隔開此帶與其系、此隔乃兩宮間之豎隔、其系之絲在兩邊則入半球之質、而與前中及後葉之一端相連、此連合兩端之極後、乃前後兩葉所來極多之絲、（若將大連系絲之兩邊割開則露出兩大無定形之空每半球之全長俱有卽是旁宮）

傍宮

其兩旁宮、乃沕膜之空、係腦內總宮處之上端所為、有薄而透明之裡膜為其裡、而有睫毛形之內膚遮之、並有沕膜液以潤之、往往無病者則此液多、其空有二、每半球各一、有明隔作為豎隔以隔之、每旁宮有中空或體、並有三小空或角、而其勢不同、其前角曲往前而外、以入前葉之體、其後角名指

前角　後角　前結　半環帶　脈絡叢

空、曲往後以入後葉、其中角往下以入中葉、其旁宮之中空、或稱三角形、上爲大連系之下面、卽爲此空之蓋、其裡有明隔以分此宮、與其對面之宮、並與大連系之下面三角帶相連、其作底之物、自前而後、乃前結半環帶、後結脈絡叢、海馬帶、三角帶、其前角、三角形、往外以入前葉、曲繞於前結之前端、其上與前有大連系、其後有前結、其後角、曲往後、以入後葉之體、其勢先往後而外、後往裡、其底之上、有長凸處、與兩曲間之深溝相對、卽小海馬、其中後兩角之間、有滑凸處、其處之大小人各不同、卽是副馬蹄、其前結之別名、乃線條體、蓋因剖開有其形、故名、而其體內分開之白絲穿過其體、其宮內之端、乃大梨形之叢、而外有灰色、其寬端向前、以入體之前端、與旁宮之前角、其窄端向外而後、由後結以分此端與其對邊者、而有此宮內之旁膜遮之、並有數回管過之、其宮外之端、則列於半珠白質之內、其半環帶、乃髓質所爲之白而半透明之窄帶、列於前後兩結間之凹處、其前與三角帶之前柱同往下、其後與宮之下角相續、其帶至此而盡、其面係透明之密質、名爲角帶、乃白長絲所爲、其絲之極深者、行於前後兩結之間、其下有前結之大回管、以收納前後兩結面上之數小回管而入於宮回管、其脈絡叢、乃極盛血穗形之膜、列於內衣折疊之邊、卽絡膜、曲勢以過旁宮之底、其前小而尖、有大卵孔、卽門羅孔、而與對邊之叢相通、其後往下、入旁宮之中角、而過橫縫、與內衣相合、其質係細而多血氈毛之鋒、此鋒

海馬
中角
大海馬
副海馬蹄
海馬帶齒夾膜
橫縫

有一層內膚遮之、乃大圓輪所爲、而含中核與明黃點、此叢之脉管、在下角以入宮、而冗分於其質內後發枝以入於腦質其叢之回管則入於宮回管其海馬帶窄而白、列於脈絡叢之極後、即三角帶後柱之旁邊黏於大海馬之裡邊往下以入旁宮之中角、至海馬蹄而盡、其後結與三角帶之處不甚顯露姑且勿論（如欲看其中角須用小指伸入其內順其空之勢割過半球至其角與面之間）其中或下角乃三角中之極大者行過腦中葉於路上作爲極妙之曲、繞於後結之後、先往後而外而下後則往前而裡曲繞於大腦帶、以至中葉、而近於橫縫其上界乃中葉之髓質與後結之下面所爲其下界之物乃大海馬、海馬蹄副海馬蹄海馬帶、脈絡叢齒夾膜、橫縫其大海馬別名雄羊角因其形命之、乃白凸曲延長之形薄布於旁宮中角之底其下端發大有數圓凸凸之間有凹處、形如獸之爪故名海馬蹄若橫割其大海馬其凸處乃大連系曲之裡面而折如角、其白凸則入於其宮其灰物在大腦之面上其邊微作齒形即爲齒夾膜其灰物則過海馬帶而於三角帶大連系相續、其副海馬蹄乃白凸物大小不定列於大小兩海馬之間、即後角下角相合之處其白物如兩海馬與凸入宮內兩曲間之一溝相對、其海馬帶乃旁宮中空所來三角帶之後柱所續欲看齒夾膜須將海馬帶之裡邊與脈絡叢分開提起其帶之邊、其下即露出中葉灰物邊灰質之齒帶即齒夾膜、而列於下角空之外欲看橫縫須將海馬帶與後結分開則見其縫、列於三角帶之

明隔

三角帶別名穹窿

下、其後由中線起、兩邊往下、以至下角之末、一邊爲三角帶與半球、一邊爲後結、其內衣則過此縫、由腦之外邊以入宮作爲脈絡叢、其內衣凸於旁宮之處、在三角帶邊之下、有裡膜以遮此縫、則縫不至入於空、其明隔乃旁宮之內界、係半透明之薄隔、其上黏於大連系之下面、其下黏於三角帶之前端、與此處之前、黏於大連系延長之端、此隔三角形、前寬後窄、其兩面皆向宮、其隔乃兩片所爲、而其間即第五宮、其每片又有白灰二層、內層其乃白物、有第五宮之裡膜遮之、其外層乃灰物、有旁宮之裡膜遮之、而宮之空有內膚所遮之汋膜爲裡、以含液、凡在胎及數獸、此孔之下、皆與第三宮相通、在成人則不相通、若汋膜生液入於宮內、則此隔變軟而破、若將此明隔與大連系所黏之端剪斷、則露出第五宮、看過此宮再向大連系之前端割斷而折於前後、則露出三角帶、其三角帶乃長片類絲之物、列於大連系之下、其後與此系相續、然其前則有明隔隔之、其帶乃兩均半所爲、而每半球各一、在中線則兩端相合而爲體、然在前後則彼此相分、其前即爲前帶、其後即爲後帶、其三角帶之體、乃三角形、前窄後寬、其上面在中線、前連於明隔、後連於大連系、其下面列於絡膜之上、此膜分此帶與第三宮及後結之內端、其帶之窄旁邊各一、作旁宮底之一端、而緊貼於脈絡叢、其前帶如弓形、往下以向腦底、有窄處、將兩帶分開、其帶、乃白絲所爲、而下過第三宮旁壁之灰物、緊列於前連合之極後、每帶之白絲、在腦底忽然作曲、而散布作爲相對白珠之外端、後則入相對後

絡膜別於腦帕

後結

結之體、其帶之前帶與司視連合、其遞後結之白絲、松子核蒂、半環帶之淺絲、俱相連其後帶之出頭處、上面緊連於大連系、往下則分開、入於旁宮之下角、與大海馬之凹邊相續、其帶之旁薄邊、卽爲海馬帶、三角帶之下面、向其後端、其所分開後柱之間、則見有橫竪斜三勢之線、如琴形之線、卽名來兒拉、三角帶之前柱與後結前端之間、有卵孔、每邊各一、卽門羅孔、兩孔往下向中線相合、以入第三宮之上端、此兩孔與旁宮之兩邊相通、其下則與第三宮相通、橫割三角帶之前端折於前後則露出絡膜其絡膜乃血膜、由內衣反折、穿過橫縫、入於腦內、過大連系之後圓邊、與三角帶下、並四體松子核後結之上、作三角形、以分開三角帶體之下面與第三宮、其後邊圍松子核、其前端或尖而分岐、每岐在三角帶前帶之後、與相對之旁宮相續、而作爲脈絡叢之前端、其下面之上、有兩血穗、在後彼此分開、而凸於第三宮、卽此宮之脉絡叢、此宮之旁邊、與旁宮之脉絡叢相連、其絡膜之脉管、由其後大連系之下而來、其兩宮回管、順其下面、乃前結與脈絡叢之回管所爲、在後則合而爲一幹、以入直穴、若去此絡膜則露出後結與其間所有之第三宮見二百二十八圖然須留神其後所圖之松子核後結乃兩大長方之叢、列於前結分端之間、其淺處白色、其裡乃白絲與灰物之相攙、每結列於相對之大腦底而繞之、其外有前結、半環帶而與半球相續、其內乃第三宮之旁界、順其上邊、有松子核之蒂、其上面浮在旁宮內、露其一端、並有三角帶遮其一端、在前有凸處、爲前阜、其下面爲

第三宮

旁宮下角之蓋、而大腦帶入於其處、其後下之兩端、則凸於旁宮下角之內、有兩小圓凸名爲內外豆核其前端窄爲門羅孔之後界第三宮乃兩後結間窄長方之縫、以至腦底其上爲絡膜之下面卽爲懸掛第三宮之脈絡叢其旁有兩白帶每邊各一、卽爲松子核之蒂其宮之底微斜勢由前往後乃閉帶闊處之端之各物卽灰片

前連合

灰阜漏斗白珠篩處其兩邊有後結其前有三角帶之前蒂及前連合之一端、其後有後連合及由第三至第四宮之路其第三宮有前中後三連合過之其前者乃白

中連合

後連合

絲之圓系列於三角帶前蒂之前其兩邊則透前結而散布於半球體之內每旁宮下角蓋之上其中或軟者乃灰物所爲而與後結相連並與第三宮前端灰物之裡相續其後者小於前者乃白匾絲之帶以連於兩後結之後作爲第三宮之後結而

第三宮之灰物

列於松子核之前而下在入第四宮道孔之上此宮有四孔前二孔卵形每邊各一、卽門羅孔乃第三與旁宮相通之處其後有由第三宮通四宮道之第三孔其第四孔乃深凹處列於宮底之前端而往下以入漏斗其旁宮之裡膜穿過門羅孔以入第三宮順第三宮入第四宮之道至漏斗道之底而止有一層灰物遮於第三宮面之大半其宮底之灰物甚多上續於後結之邊過此宮則爲軟連合其下則入白珠而圍於三角帶前柱之一端其第三宮之後小腦之前有四體而松子核列於其上、

松子核

其松子核因其形爲名乃圓錐形之小紅灰色體列於後連合之極後四體前雙之

四體

前而上、有絡膜下面所來內衣之折疊以繞之、而持其部位、其核約長四分、而底寬二三分、有人云、小兒大於成人者、女大於男者、其底有後連合所來之數橫絲、連於大腦、並有髓絲所作之四細帶、其上之二者、前行於後結之上、與其裡邊、以至三角帶之前帶、而與其帶相合、其下之二者、由松子核底直往下、順後結裡面之後端、然非豎割此核、不能見此兩帶、此核血多、乃灰物與數髓絲之所爲、其底內有小空、有人云、與第三宮相通、以含透明之黏液、而往往有腦砂、乃鏃硫炭兩强鹽、鏀與礦之硫强鹽、並少許動物之所爲、無論老少、大略始終皆有此砂、此核若實、則腦砂卽列於其面上、而往往亦在帶上、（若去松子核與其相依之內衣、則露出四體）其四體、別名司視葉、乃雙列之四圓凸、前後各二、以十字凹彼此分開、列於第三宮與後連合之極後、大連系後邊之下、與由第三至第四宮道之上、其前雙大、前後作長方形、灰色、其後雙、（此兩雙西名爲臂睪）兩邊相連、其前雙與後結所連者爲前臂、斜往外而大、其後雙與後結相連者爲後臂、作半球形、而色淺於前者、而四體皆有兩白帶、其名爲臂、以與後結司視帶之出頭、在成人之兩雙極充實、其外爲白物、其內爲灰物、其獸者大於人者、在鱗介羽族、則但有二體、名爲司視葉、蓋以其連於司視腦筋、而中空者也、然在胎生者、俱係四體、亦極充實、而與相同、在人胎、則此體之發甚早、而比例作爲腦之大端、當其初時、僅二體、與下等胎生者相同、而其中亦人空者也、此體之下、以收納橄欖結所來之

汐須設尼戶

豆核

小腦質

白絲、亦有大白系、兩邊各一、即小腦之上帶、由四體而來、往上以至後結而連小腦、小腦兩上帶之間、有微明薄髓片、或名爲汐須設尼戶、遮於由第三至第四宮之道、作爲第四宮蓋之一端、其前窄以連後雙、後寬以連小腦之蟲端、有由四體所來之微高崗、列於此戶之上端、而其兩邊有第四對腦筋絲之本、其戶之下半、有小腦前邊所來薄橫陷小葉之灰物、以遮之、名爲舌様層、其豆核乃兩小匾長方叢、列於四體之外邊及每後結之下、而後按其部位而分爲內外、列於司視帶之內外、各一、由此處可將司視帶分爲兩帶、一爲外豆核與前雙相連、一爲內豆核與後雙相連、其每半球之白物、分爲三種絲、一爲帶絲、以連半球及髓系與髓頭、二爲橫連合絲、以連兩半球、三爲長連合絲、以連其所屬半球之遠處、其帶者、乃體與數副絲所爲、其體乃髓系髓頭之各柱所來、過大腦帶以入大腦、而列爲兩束、有黑處以分之、其帶下端之絲、乃前柱所來、往上以過前結之中、其帶之對面者、由後柱與尖圓結而來、往上以數絲過後結之下端、其餘皆過前後兩結、而彼此與大連系之絲互編、其後結則收納上帶橄欖結、四體、豆核、各處之副絲、有數絲入大腦結、其餘者皆穿過此結以收納此結之餘絲、至出結之後、則射入半球之前中後各葉、而與大連系者、復相編、後行至腦曲、其橫連合者、過中線以連兩半球、乃大連系與前後兩連合之所爲、其長連合者、乃連其所屬半球之遠處、以作爲三角帶、連環帶、松子核帶、長紋穹

小腦上面　小腦下面

蹯曲鈎緒之各物、

小腦

小腦、乃列於下枕窩之腦端、在大腦後葉之下、以帳膜隔之、以男適中之重計之、有四兩四錢自二十五歲至四十歲則尤重過十四歲則女重於男所加者其大小腦之比例在男則小腦爲一大腦爲八零七分之四在女則一至八零四分之一在嬰兒之比例則甚小於成人者有謂一至十三與一至二十六者又有謂一至二十者其小腦長方形由上而下則爲匾形此邊至彼邊其逕極大其橫自三寸半至四寸前後自二寸至二寸半其中厚有二寸其週圍極薄約六分乃灰白兩物之所爲其灰者之色則深於大腦者而列於其面其白者列於其內而小腦面之不如大腦之有曲然有數彎隴或溝各處之深淺不同而與其外所作之片間相對其上面見二百二十九圖之在中線者微高向其週圍者則微凹而作爲左右兩半球有高中端或葉即上蟲端以連之其中葉爲根有數種動質如鱗介物只有此人爲最尊故於中葉之外又增半球其半球之前有深峽即前小腦峽而分之以繞於四體之後其後亦有深峽即後小腦峽而分之以收納小腦鐮膜之上端其上蟲端即小腦中葉之上端由前峽起以至後峽之後邊分爲三葉一爲中小葉列於前峽內一爲小山葉乃蟲之中凸端一爲純連合乃傍後峽之小葉其小腦下面見二百三十圖前後在中線有凹處以分左右兩半球、其旁球列於下枕窩、其中凹以收納髓頭之後端、而中寬於兩端、其底有凸處、即小腦中葉之一端、名下蟲峯、此峯所具之物由後往前、有短連合列於其後峽內、此處之前則有圓錐形之凸片、名柱、其柱之前則有大凸、名吊鐘、列於兩圓葉之間、而占峽之兩邊、即杏核、而有灰物之連合連之、其面上齒形、名隴帶、其吊鐘之前有小結、即下蟲峯前尖之末、而凸於第四宮之內、其小結兩邊有薄層白物、其外黏於肺胃之小葉、其內黏於小結及其對邊所屬之端、而共為後髓蓋、即小葉之連合、而大略被杏核遮之、非拽其杏核於兩邊、則不能見此連合之兩邊乃半月形、前邊浮而凹端邊黏於隴帶之前、此連合與小結吊鐘後之間、有深窩、名為燕窩、其每半球由大橫縫分上下兩端、其縫由中腦之前而起、橫繞於每半球之浮邊往後至中線、由首縫起、又生數次縫而分葉、每半球上面有縫以分兩葉、一為前或方葉、往後至蟲端之後邊、一為後或半月葉、由前葉之末起、以至大橫縫、每半球之下面由溝分為五葉、自前而後、一為肺胃小葉、因其列於肺胃腦筋之後、故名、別名小葉或蒂下葉、乃凸而成鬚、列於小腦中蒂之後而下、其面乃灰物之所為、而分數小片、二為杏核葉、列於大中縫之兩邊、各一、而凸於第四宮、三為雙腹葉、列於杏核葉之外邊、而連於柱之一端、四為細葉、列於雙腹葉之後、並連於柱與短連合之後、五為下後葉、亦連於短連合、

第四宮

第四宮卽小腦宮、乃髓頭後中腦前、小腦後間之處、斜方形、其上下俱縮、其中端極寬、其旁界乃小腦之上帶、其下有所分開之後繩兩柱、其蓋弓形、乃小腦兩上帶間之戶、與小腦之下面所爲、其處有四小凸或小葉、其二列於中線、卽小結與吊鐘、其餘之二、卽杏核而列於吊鐘之兩邊、其前界或底乃髓頭與中腦之後面所爲、在中線則露出後中縫、在上則漸泯、在下則入於後柱所聚而爲之筆尖、其處有短道之口、乃在胎時髓系中全道所餘之道、其中縫兩邊有微凸之兩長阜、卽圓尖絡、其底皆有此絡、其下爲灰色而不明、其上爲白色而極明、每阜俱係旁帶與繩柱所來之絲所爲、往上以至大腦、其小腦帶之對面圓尖絡之外邊、有深灰物之小凸、有薄層蓋於凸外而成淺藍色、名爲藍處、別有一藍色薄痕、由此往上、續至圓絡之兩邊、以至於宮之頂、名爲紫帶、其宮底之下端、有數白橫線、過此端出後中縫、以數線入小腦帶、有他絲入司聽腦筋本之根、別有絲往上而外、行於宮底之上、其第四宮之裡膜、因第三宮至第四宮之道、而與第三宮者相續、而第四宮下、由小腦與髓頭間內衣層之孔、以通腦與髓系中衣下之處、此膜之旁反折於外小腦與髓頭之間、此宮之脈絡叢有二、乃細血穗凸於其宮之兩邊、由下蟲端之尖起、至繩柱之外邊、其宮底之灰物厚而下與髓系之灰連合相續、往上至第三四宮之道、別有灰物專積連

實内宮質

齒體

小腦蒂

上蒂

下蒂

於數腦筋本之根此宮之上半有凸列於核之上乃第六對臉之兩腦筋之總本其下半兩邊各有三凸乃第八九兩對腦筋本之根欲看此宮之質須將小腦半球由中與上蟲端之中間豎析之則見其白物之中幹其內有齒體每半球之面上有髓物之排片斷開有灰物遮之作爲片由其前端起有上中下三大蒂而因此蒂則小腦與腦之他處相連其片在小腦兩面者或十或十二其前者乃方角所斷後者乃尖角所斷每片往外由首片斷其次片再由次片斷其再次片故割開此面其片之列勢如切開梹榔之形色故西國謂之活樹而每片俱有白物之所爲其外有一層灰物遮之其白物即由中幹而來者此片至彼片有白絲過之其灰物與曲之皮質相似乃兩層者其外軟灰色其內堅而色如鐵銹其齒體別名小腦結列於白物中幹之裡邊即灰物囊之所爲割之則見灰齒界而前開其口其體有白絲繞之其內亦含白絲而其所出者則與上蒂相合其小腦上中下之蒂皆與腦之餘者相連其上者連於大小兩腦往前而上以至四體之後雙由後雙之下往上以至大腦蒂與後結而作爲分開大腦絲之一端每蒂俱作第四宮旁界之一端而因大腦之戶與對邊之蒂相連此蒂之後與下蟲端之葉及齒體裡之白絲相續在四體之下則與每蒂極裡邊之絲互編故有數絲由小腦右半而來而續於大腦之左半其下蒂連小腦與髓頭往下至髓頭之後端以作爲繩柱之一端其上每蒂之絲與小腦上面

之片相連、其下有髓頭一半之三帶相連、過此帶除後中兩柱之外、皆與髓系所屬之半相連、其中帶乃三帶中之極大者、而連小腦之兩半球、作爲其大橫連合、其帶則小腦旁端所來之曲絲所爲、而過其對邊所屬之處、以作爲中腦之橫絲、

外根
中根

頭顱腦筋（別名腦之腦筋）

頭顱腦筋兩邊各九、乃腦脊髓根所來、以穿過頭顱底之孔者、以其所出之次序爲名、亦有以其散布之處爲名者、或以其功用爲名者、其次序由前往後、一爲司臭、二爲司視、三爲運動眼、四爲轉眼或滑車、五爲頭面司知覺、別名三岔、六爲眼外直肌、七分爲二、一爲臉司運動或硬枝、一爲耳司聽或軟枝、八分爲三、一爲舌咽頭、一爲肺胃、一爲副脊髓、九爲舌下司運動舌、若此則是第七分二、第八分三、而九對筋分爲十二對筋矣、故西國將兩說並存、此腦筋復以其功用分爲四種、乃爲專司官、爲尋常知覺、爲運動、爲知覺而運動之各筋、其種如左、其專司者乃臭、視、聽、舌咽頭之一端、第五對舌枝、其尋常知覺者乃第五對之大端、舌咽頭之一端、其運動者乃運眼、滑車、第五對三岔之一端、第六對、臉、下舌、其知覺而運動者、乃肺胃、副脊髓、（頭顱筋俱達於腦部淺、或似乎之本、然其絲入於腦之內部深、或實之本）

司臭腦筋

司臭或第一腦筋、乃司臭專司之筋、而可論爲腦之一端、前凸於其所散布之具而相連、此筋由三根起、一爲外根或長根、乃窄白髓帶往外過大橫縫、以入大腦中葉內、其深本可跡前結後結之淺絲、前連合及賴里島之曲、二爲中根或灰根、由前葉內所列之灰芒而來、其根由相依之端而來、以入於筋、而其內含白絲、以連前結、三

內根

爲內根、或短根、乃前葉裡而後所來之腦絲所爲、有謂此根與穹窿曲之長絲相連者、以上三根皆相合而作爲匾帶、其中窄於兩端、而割之爲三稜之形、其質軟而含灰物、故與他腦筋不同、其筋往前列於長縫兩邊前葉下面所列兩曲間之深溝、而有中衣遮之、以持其部位至篩骨之篩片、則發大而變爲白灰物之長方叢、卽司臭帶、此帶之下生二十餘絲、穿過篩片孔、以散布於鼻之嫩膜、每絲俱有外內兩衣所來之管形包以繞之、其外衣者盡於鼻之骨衣、其內衣者盡於筋之衣、此絲於入鼻孔時、分爲內中外三種、其內者大於外壁者而散布於鼻隔三分之上一、其中者列於鼻蓋、其外者散布於上中兩水泡骨、並其前篩骨之面、此絲往下則相合爲叢形之網、而漸盡於其裡膜、其絲無拴白物、亦不能再分細絲、而與膠形絲相同、蓋因其有核與細米粒之質也

司視腦筋

司視帶

司視或第二腦筋、乃司視專司之筋、散布於眼球、其對邊之筋、則於連合相連、而往後爲司視帶、可跡至腦、其司視帶之連腦處分爲二帶、而續入於後結豆核四體、其本之絲可跡由其後結之面而內之來者、後則爲匾帶而無衣、斜過大腦底之下面、而黏於帶之前邊、則變爲環柱形、往前與灰阜灰片相連、以收納此二物之絲、有謂

連合

此帶亦帶於半環帶、與穹窿曲之前末者、其帶末與對面者相合、而爲司視連合、其

脊視筋

連合四面形列於蝴蝶骨之橄欖端、前有灰片、後有灰阜、兩邊有前篩處、其連合內兩邊之司視筋、則微互編、其每帶裡邊之絲、由腦之此邊至彼邊、續過、而不與司視筋相連、即對面後結間連合之絲、乃大腦間者、並有絲續過連合之前邊、連於兩邊之司視筋、而不連其帶、即眼腦衣間之連合絲、其每帶之外絲、其所屬之司視筋相續、其每帶之中絲、續於對邊之司視筋、而連合之內、與對邊帶相似之絲互編、其司視筋由連合之前端起、彼此分開、變爲圓形、其質硬、而有中衣所來之鞘繞之、每筋穿過其所屬之司視孔、以收納外衣所來之鞘、其筋入眼窩之時、則鞘分爲兩層、一層與眼窩之骨衣相續、一層作爲筋之本鞘、以繞之、以至眼之白衣、其筋穿過眼窩而在眼球後之中、微向鼻邊、以透外中兩衣、而展爲眼腦衣、有小脉管、即眼內衣之中脉管、於眼球之微後、透司視筋、而在類絲質管形道內、行於其筋內、以供眼腦衣之裡面、而與其所屬之回管並行、

司聽腦筋

司聽腦筋、乃第七對之軟枝、即司聽專司之筋、而散布於內耳、其第七對之硬枝即臉腦筋乃運動臉之肌俟詳於顱顏運動筋部而茲且不論其筋乃第四宮之前壁或底內後中縫所出之數白橫線而來、與髓頭蓋點相對之灰物相連、有謂此筋之根、與中蒂下面上之小腦灰物、及肺胃葉並筆尖邊之灰物俱相連者、此筋繞繩柱、以收納其柱之絲、同臉筋前行於小腦

上岔
下岔

蒂之後邊、而其間有小脉管以分之、後則同臉筋入於耳竅、而在此竅之底、則分為螺殼前舍兩枝、其螺殼者散布於螺殼、其前舍者散布於前舍與半環道、此筋之質軟、因名軟枝、而無衣、在竅內以收納臉筋之一二絲、

第三腦筋

第三筋、其運動眼球、除上斜外直兩肌之外、則供眼球之全肌、並生運動之絲、以至於眼簾、此筋大、形圓質硬、其淺本在中腦之極前、由大腦蒂之裡邊而來、其深本可跡之以入蒂質、有數絲與黑點相連、並有他絲往下、行於中腦長絲之內、又有他絲往上、與四體及大腦戶相連、有謂此筋之絲透其蒂與黑點、並由第三至第四宮路底內之灰核而來者、而出腦有內衣鞘以繞之、外有中衣之岔護之、後則透前鞍角外邊上之外衣、即洶衣之反折處以順蜂窩穴之外壁眼窩他筋之上、而行於路上以收納百結筋蜂窩叢之一二絲、後則分為兩枝、穿過蝴蝶縫、以入眼窩、即外直肌兩頭之間、而於過縫時、列於第四筋與眼腦筋之額淚兩枝之下、其上岔小、往裡過司視筋以供上直提眼泡之兩肌、其下岔大而分為三枝、一枝行於司視筋之下、以至內直肌、一枝至下直肌、一枝極大者、前行於下外兩直肌之間、以至下斜肌、此枝又發為短而厚之枝、至眼結之下端、而作為此結之下根、及下直肌之兩絲、以上各枝皆入肌之眼面、

第四腦筋

第四筋別名滑車筋、乃頭顱筋中之極小者、因名腦小筋、而供上斜肌、由後雙之極後大腦戶上端而來、而四體之下、分爲前後兩綹、其前者由第三至第四宮道之底、近中線之灰物核而來、其後者由第四宮底之上端近第五腦筋本之灰核而來、此兩綹之本、有過絡膜面之横白絲帶相連、此筋繞於大腦帶之外邊、中腦之極上傍後鞍角第五腦筋卵孔之上、透小腦帳膜浮邊内之外衣、而於第三腦筋之下、往前以穿過蜂窩穴之外壁、其筋於過蝴蝶縫入眼窩之時、則變爲全筋之極高者、此筋在提眼泡肌本之上而行於眼窩之内、以入上斜肌之眼窩面、其在蜂窩穴之外壁、則收納百結筋項脈叢之數絲、往往與第五之眼岔相攙、又往往生一枝助爲淚之筋、又別生爲返迴枝、往後於帳膜層之間、分爲二三絲、可跡之以入旁穴之壁。

第六腦筋

第六筋、以供外直肌、其淺本、乃傍中腦前柱縮端之數絲、或本中腦之下邊而來、其深本、有謂可跡之由前柱綹之間至髓頭之後端者、有謂與第四宮底之灰核相連者、其筋由後鞍角之極下、以透外衣、而列於蝴蝶骨體邊之陷、後則往前穿過蜂窩穴、以列於内項脉管之外邊、與項脈叢之數絲、蝴蝶腭結之一絲、眼腦筋之一絲、俱相合之處、後則過蝴蝶縫以入眼窩、列於眼囘管之上、有外衣片以隔此管與此筋、

蜂窩穴內　蝴蝶縫內　眼窩內

後則行於外直肌兩頭之間、而散布於此肌之眼面、以前各筋與第五眼岔者、行至眼窩時彼此於蜂窩穴蝴蝶縫眼窩內之連屬如左、在蜂窩穴則第三四筋與第五眼岔、俱列於其外衣之內、由上而下、由內而外、順其數之次序、以作爲穴之外壁、其第六筋列於內項脉管之外邊、其各筋行至蝴蝶縫、則第三五者皆分開、其第六則與其餘者相近、故彼此之部位俱大變革、其在蝴蝶縫則第四與眼之額淚兩岔俱平列、其額淚者在外而第四者在內、一入眼窩則在肌之上、其餘之筋皆在外直肌兩頭之間以入眼窩其第三之上岔極高再下則有第五之鼻枝再下則有第三之下岔而極下則爲第六者其在眼窩則第四者與眼之額淚兩岔俱平列於骨衣之極下其第四者在內列於上斜肌之上、其額者、列於提眼泡肌之上、其淚岔者、列於外直肌之上、再則第三筋之上岔、列於上直肌之極下、再後則第五之鼻岔由眼窩外過司視筋以至眼窩之裡邊、此各筋之下、皆有司視筋而其前被眼簾摺紋筋繞之、其外邊與外直肌之間有眼結、其下有第三之下岔與第六筋列於眼窩之外邊、

臉腦筋

臉腦筋別名第七對硬枝、乃臉各肌、與盤吹兩肌運動之筋、並以供外耳、雙腹之後腹錐舌骨各肌由其中簸膜絲以供舌肌由中簸枝以供馬鐙鬆中簸膜兩肌、由耳結以供緊中簸膜肌、復由此筋之幹與由岩筋連後蹬筋、即韋典則大略以供提脣

與孤吊鐘之兩肌、此筋由髓頭之旁帶而來、在橄欖繩兩柱間之陷、其深本可跡之至第四宮之底、即第六筋連其同核之處、此筋之列於中線而微近於其軟枝者、緊依中腦之下邊、有數絲由中腦而來、其軟硬兩枝之間有小䌈連之、其副枝則由髓系之旁柱而來、此筋往前而外於小腦蒂之上、同司聽筋並入於耳內竅、而竅內先列於司聽筋之裡邊、後則列於司聽筋上之陷、而有一二絲連之、在其竅之底以入法拉必道、即硬枝道、穿過耳門骨眼端之曲折道、即法拉必道、自內竅起至錐乳孔爲末、先往外以向法拉必孔、即中竅內之孔、而作爲紅結形之凸、有數腦筋與之相合、忽曲向後、卵孔之上、行於中竅之內壁、由此竅之後直往下、以至錐乳孔、出孔前行於耳下核內、過外項脉管與下牙床骨枝之後、分爲耳門臉與項臉兩首枝、此兩筋又發爲許多之枝、散布於頭邊、臉項之上端、以供此三部之淺肌、其臉筋相連之圖式如左、

耳內竅　連司聽腦筋

法拉必道　連
- 由大岩筋與蝴蝶髈結
- 由小岩筋與耳結
- 由外岩筋於中腦衣管上與百結筋

出錐孔處　連
- 肺胃腦筋
- 舌咽頭筋
- 項脈叢筋
- 耳大筋
- 耳耳門筋

臉上　連第五筋之三岔

此筋在內耳竅、有數細絲行於臉司聽兩筋之間、在法拉必孔之對面、有臉結形發大之處、由大岩筋以連於蝴蝶髈結、而作爲其運動之根、由小岩筋之絲連於耳結、由外岩筋連於同中衣脈管百結筋之絲、有謂其結形發大之處、有小枝往後至司

中竅枝
中竅絲

聽腦筋者、其筋之出錐乳孔處、生小枝、至肺胃筋、又有一枝至舌咽頭筋、而與舌結筋之項脈叢、並項叢之大耳枝、耳下核內下牙床筋之耳耳門枝相連、在臉上則與第五筋三岔之末枝相連、

臉腦筋散布之枝

法拉必道　出錐乳孔處　臉上

中竅
中竅絲
耳後
雙腹
錐舌骨
耳門臉　耳門　顴　眼窩下
項臉　吹　上牙床　下牙床

中竅枝、乃小絲、由柱對面之筋而來、以供馬鐙鬆中竅膜之兩肌、其中竅絲者、自臉筋直往下時、於中竅之後、即未出錐乳孔之先、約四分寸之一處而來、自下往上、與法拉必道並行之一道、穿過柱底與黏中竅膜間之孔、以入中竅、而得嫩膜以為殼、前行於中竅、於錐骨柄與砧骨之直枝之間、以至其前下角、而由白縫裡邊之空而出、後則下行於兩後蹬肌之間、於尖角遇司味筋、而與之相連、共至於下牙床下之

耳後筋　錐舌骨枝　雙腹枝　耳門臉枝　耳門枝　顴枝　眼窩下枝　項臉岔

核後與牙床之下結相合、以入舌肌、其耳後筋緊貼錐乳孔而來、往上由乳頭之前、與肺胃耳枝之絲相合、而與大耳深枝相連、上行於耳瞉與乳頭之間、分爲耳枕兩枝、其耳枝以供牽後耳之肌、與耳後皮、其枕枝大、後行於枕骨之上曲線、以供枕額肌之枕端與其皮、其錐舌骨枝長而細、往裡約其中入錐舌骨肌、而與外項脉管上百結筋之絲相連、其雙腹枝大略與錐舌骨皆由總幹而來、分數絲、以供雙腹肌之後腹、一絲透此肌與舌咽頭筋相合、其耳門臉枝乃兩末枝之極大者、往上而前、穿過耳下核、過下牙床杵之項、即由此處與下牙床筋之耳耳門枝根連而分枝、散於耳門與臉之上端、以分爲耳門、顴、眼窩下之三種、其耳門枝、過衡骨以至耳門部、以供牽前耳之肌、並其皮、而與上牙床之耳門枝、下牙床之耳耳門枝相合、此枝之前枝、以供枕額肌之額端、及眼輪肌、而與眼之眼窩上枝相合、其顴枝過顴骨至眼窩外角、以供眼輪縐眉兩肌、而與淚及眼窩上筋之絲相合、別有他絲、以供下眼泡、而與上牙床筋顴枝之絲相合、其眼窩下枝大於其餘者、前橫行散於眼窩下邊與口之間、其淺枝行於皮下、與臉淺肌之上而供之、（即散於其皮與毛囊）有數枝以供下眼泡與鼻方錐之肌、在眼窩之內角、與眼之滑車下及鼻枝相合、其深枝行於提上唇肌之下、以供此肌與提口角肌、而與上牙床筋之眼窩下枝合而爲叢、（即眼窩下叢）其項臉岔、於大耳筋枝相合之處、斜往下而前、穿過耳下核、在下牙床角之對面、則分兩枝而散

吹枝　上牙床枝　下牙床枝

於臉之下半與項之上端、此枝可分吹上下兩牙床之三種、其吹枝、過咬肌與耳門臉岔之眼竊下枝及下牙床筋吹枝之絲相合、以供吹眼輪兩肌、其上牙床枝、前行於盤隧下口角兩肌之下、以供此肌並唇頰之皮、而與下牙筋之頰枝相接、其下牙床枝前行於盤肌之下、於上舌骨之上過項之邊、而作爲排之弓形、一枝直往下與項叢之淺項筋相合、其他枝則供盤提上唇之兩肌

第九筋

第九筋、別名舌下筋、以運動其舌、而有十至十五之絲、由珠橄欖兩體間之陷、於脊髓筋前根相續之線而來、有謂此根可跡之至髓道底灰核、卽後中縫與舌咽頭肺胃兩筋核之間者、此筋之絲收爲兩束、由前髁孔對面而各透其外衣、後則復合、其筋直往下至牙床角相對之處、先深列於內項脉管及回管之下、而緊貼於肺胃筋、後則前行於回脉兩管之間、自項而下至雙腹肌之下、則變淺、後則繞枕脉管而過雙腹肌筋下之外項脉管、行於齶舌骨肌之下、而列於此肌與舌骨舌肌之間、由舌骨舌之前邊與司味筋相連、後則往前續入頦舌骨舌肌、以至舌尖、而散枝於其內、此筋連肺胃百結第一二項司味之各筋、其與肺胃所連者、乃出頭顱骨之處、有數絲行於下舌與肺胃第二結之間、或二相合作爲一叢、又有上項結所來之枝在鈕環骨之對面與百結筋相連、又於此處有一絲與首二項連筋之繩繯相合、又於舌

項下枝

骨舌肌之前邊、有數絲與司味筋相連而上於其上、此筋散布之枝、乃項下、脾舌骨、肌、各枝、其項下枝長而細、由下舌筋繞枕脉管之處而來、斜往下過項脉管之鞘、在項中極下之處、合而爲第二三項筋相連枝之繩繯、此繯之凸面、有枝往前、以供胸舌骨、胸脾、肩舌骨、兩腹之各肌、有謂此筋別有一絲往下由血管之前以入胸、而與心膈兩筋相合者、其項下枝往往含於項脉管之鞘內、亦往往列於內項回管之或

脾舌骨枝

上或下、其脾舌骨枝、小、由傍舌骨舌後邊之舌下者而來、斜過舌骨大角、以供脾舌骨肌、其肌枝散於錐舌舌骨舌頦舌骨頦舌骨舌各肌、而有數細枝由舌之下面上行於其內、

第五筋

第五筋別名三岔筋、乃頭顱極大之筋、其本有兩根、其後根有結、故與脊髓筋相似、其筋之功用有三、乃專司者、尋常知覺者、運動者、此筋乃頭與臉之大知覺筋、除吹肌外、其餘各咬肌之運動、亦俱賴此筋、其舌枝乃專司味筋之一、其筋由兩根而來一爲後而大之知覺根、一爲前而小之運動根、其淺本由中腦邊之上、微近於其下而來、其小根乃三四束所爲、其大根之數有七十束至百束者、有中腦之數橫絲以分此兩根、其大根或知覺根之深本可跡之、順中腦橫絲之間、以至髓頭之旁帶橄欖體之極後、有謂圓綹與細柱間之髓頭後端之灰核相連者有謂圓綹與髓系之旁柱相總者又有謂有數絲與中腦之橫絲相連者並別有絲入小腦

半月結　結枝　眼岔　淚枝　額枝

（而散於其中帶之面上者）其運動根有人跡之與柱體相連、其兩根皆往前由耳門骨岩端之尖、穿過外衣之卵孔、在此處則大根之絲入大半月結、小根行於此結之下而不連、至頭顱外、則與此結所來之一幹相合、

半月結、列於傍耳門骨岩端尖之凹處、鉤月形、而其凸面向前、其上面緊貼外衣、其結之裡邊、以收納百結筋項脉叢之絲而生數細枝以至小腦帳膜與頭顱中窩內之外衣、其前邊往前而外生眼上牙床、下牙床之三大枝、此筋之首二岔、乃專由大根與結而來之絲所爲、而專司尋常之知覺、其第三或下牙床之岔、乃兩根之絲所爲、故此一端、與髓系之筋相似、

眼岔、乃第五筋之首岔、以司知覺、而供眼球、淚核、眼鼻之嫩膜、眉額之皮與肌、（見二百三十五圖）乃三岔中極小之岔、由半月結上端而來、乃短匾帶、約長一寸、順蜂窩穴外壁往前塔筋之下、以穿過蝴蝶縫、於將入眼窩時、分爲淚額鼻三枝、有百結筋之蜂窩叢所來之絲與此眼筋相合、而生返廻之絲、同第四筋之一枝行於帳膜層之間、其淚枝、乃三枝中極小之枝、往往由兩絲而來、一由眼筋、一由第四筋而來、（有謂此乃尋常之理）此筋前行於外衣所爲之專管而穿過蝴蝶縫之極窄處、以入眼窩、在窩內則並淚脉管、順外直肌之上邊而行、而與上牙床筋之眼窩枝相連、在淚核內、則生數絲以供此核與眼睛衣、後則透眼泡筋帶、以至上眼泡之皮、而與臉筋之絲相合、其額枝、

滑車上枝

眼窩上枝

鼻枝

乃三眼枝中之極大者、因其大與其列勢俱可作爲眼之續筋、其筋穿過蝴蝶縫之極窩而寬之處、及肌之上、以入眼窩、順中線由提眼泡與骨衣之間前行、在窩之底與尖之間、則分爲滑車上眼窩上兩枝、其滑車上枝小、內行於上斜肌滑車之上、生一下絲與鼻筋滑車下之枝相合、後則由上斜滑車與眼窩上孔之間、以出眼窩、傍其骨則曲於額骨之上、而上於縐眉枕額兩肌之後、以散於此二肌之內、至額皮而盡、其眼窩上枝往前穿過眼窩上孔、即由此生上眼泡之絲、後則上於額骨而分肌皮頭顱衣之枝、其肌枝以供縐眉枕額眼輪之各肌、而在眼輪體內者、則與臉筋相合、其皮枝內外各一、以供頭顱皮、往後以至枕骨、（先列於枕額肌之下其內枝則透此肌之額端其外枝則透此肌之筋腱膜、）其頭顱衣枝、散於額顱頂兩骨之衣、而由枕額肌下之皮枝來、其鼻枝大於淚枝、而小於額枝、以深列於眼之他枝、此筋由外直肌兩頭之間、以入眼窩提眼泡上直兩肌之下、斜往內過司視筋、以至窩之裡壁、而入前篩孔、其處即上斜肌之極下、後則入頭顱、行於篩骨篩片前之淺陷、往下穿過氣管邊之縫、以入鼻而分爲內外兩枝、其內枝供鼻隔前端之嫩膜、其外枝下行於鼻骨裡邊之陷、而有數絲、以供遮鼻孔外皮前端之嫩膜、以至下水泡骨、後則出鼻空、由鼻骨下邊及鼻之上旁脆之間往下、至縮鼻肌之下、以供鼻翅與鼻唇之皮、而與臉筋相合、其鼻筋枝乃結摺紋、滑車下之三枝、其結枝長而細、約長半寸、在外直肌兩頭之間、大略由鼻筋而來、後

長摺紋枝　滑車下枝

眼結

連枝　散枝

則由司視筋外邊往前以入摺紋結之上後之角而作爲其上或長根往往有百結筋蜂窩叢之一絲或第三筋上岔之一絲與此枝相合其摺紋長枝或二或三由鼻筋過司視筋之時而生以與摺紋結所來之短摺紋筋相合而透眼白衣之後端由黑白兩衣之間前行散於摺紋肌與眼簾其滑車下枝乃鼻筋將穿過前篩孔之時所生順內直肌上邊前行在上斜肌滑車之下而與滑車上筋之絲相合後則行於眼內角以供眼輪肌眼泡之皮鼻之邊眼睛衣淚囊內背肉之各處

第五筋之結

第五筋之三岔連於四小結乃百結筋之全腦端所爲其第一岔連眼結第二岔連蝴蝶胯結第三岔連耳牙床下之兩結此結以收納第五之知覺絲而由數處所來之運動與百結筋之絲此絲爲結之根其四結俱彼此與百結筋之項端相連

眼結見二百三十六圖小而扁四角形紅灰色如米粒大列於眼窩之後司視筋與外直肌之間大略於眼脉管之外邊有許多鬆油以繞之故解剖爲難其所連之枝或根有三皆由後而入一爲長根由眼之鼻枝而來與其上角相合一爲短根短而厚往往分爲兩端由供下斜肌之第三筋而來與其結之下角相連一爲百結筋之根乃百結筋蜂窩叢所來之細絲此根往往與長根相合亦往往自入其結有謂此結乃收納蝴蝶胯結之連絲者其結所散布之絲乃第十至十二之細絲所作之短眼簾摺紋節有連上下角

眼窩枝　耳門枝

之兩束由其結之前端而來、其上束四絲所爲、下束約六七絲所爲、同摺紋脉管蜿蜒前行、在司視筋之上下各一種透球後之白衣、前行於其裡面之細陷而散於摺紋肌與眼簾、有摺有小絲同眼腦衣中之脉管以入司視腦者

上牙床筋 見二百四十二圖

上牙床筋、乃第五之第二岔、爲司知覺之筋、按其部位、與其筋之大小、乃眼下牙床兩筋之間、由半月結中而來、作爲匾叢形之帶、前行穿過圓孔、則漸變爲環柱形、而質亦微堅、後則過蝴蝶牙床窩、行於眼窩底之眼窩下道、而於眼窩下孔則露於臉上、其末則列於提上唇肌之下、分爲許多之枝、散於鼻邊、下眼泡、上唇各處之上、而與臉筋之絲相合、此筋之枝分三種、一爲蝴蝶牙床窩內者、二爲眼窩下道者、三爲臉上者、

蝴蝶牙床窩	眼窩下道	臉上
眼窩　蝴蝶　後牙　膀	前牙	眼泡　鼻　唇

眼窩枝由蝴蝶牙床窩起過縫以入眼窩、而於眼窩之後、分耳門顴兩枝、其耳門枝、順眼窩外壁、即顴骨內之陷而行、以收納淚筋所連之一枝、過顴骨孔以入耳門窩、上行於顴骨與耳門肌質之間、透此肌與其夾膜於衡骨之上約一寸、散於遮太陽與額

顴枝　蝴蝶枝　後牙枝　前牙枝　眼泡枝　鼻枝　唇枝

邊之皮而與臉及下牙床筋之耳耳門枝相連、其顴枝、行於眼窩之外下角、穿過顴骨孔而露於臉上以透眼輪肌於顴凸處而與臉筋相合其蝴蝶腭枝有二下行至蝴蝶腭枝之結、其後牙枝乃此筋於將入眼窩下道處之所生而前後有二、其前枝、散於牙床與吹肌、其後枝由後而前行於上牙床骨體之內由虎牙窩對面而與前牙床者相合此枝之下、又生數絲於上牙床骨外壁槽之極上作爲細叢、又由此叢生絲、散於槽邊牙之瓤上牙床骨穴之裡膜、並牙床所屬之端、其前牙床極大乃此筋將出眼窩下孔處之所生入牙床骨穴前壁之專道而與後牙者相接此筋有數絲散於門虎第一邊之各牙其餘絲盡於遮下殼前端之裡膜其眼泡枝上行於眼輪肌之下、以供此肌與皮並下眼泡之睛衣而於眼窩外角與臉筋及眼窩之全枝相合其鼻枝往裡以供鼻邊之肌及皮而與眼之鼻枝相合其唇枝極大而多下行於提上唇肌之下而散於上唇之皮肌口之嫩膜唇之核此枝於眼窩之極下有臉筋所來之絲作爲細叢、卽眼窩下叢、

蝴蝶腭結 見二百四十一圖

蝴蝶腭結、乃頭顱結之極大者、深列於蝴蝶牙床窩內、而緊傍蝴蝶腭孔、三角形、或心形紅灰色大略列於上牙床筋之腭枝之後卽百結筋之根與此結相合之處、故不與腭鼻兩筋相涉亦有知覺運動及百結筋之根故此結與他結相同其運動根

上枝　下枝　內枝　[illegible]枝

因後蹬筋臉筋而來、其知覺根、由第五筋而來、其百結筋之根、因後蹬筋由項脈叢而來、其枝分爲四種、上者至眼窩、下者至腭、內者至鼻、後者至咽頭、其上枝乃兩三細絲、過蝴蝶牙床縫而入眼窩、以供骨衣（有謂此枝上行於司視筋、一至第六筋、一至眼結者）其下或腭枝、散於口之蓋、軟腭、杏核、鼻之裡膜、此枝即上牙床蝴蝶腭枝之所續、而分爲前中後三枝、其前枝或大腭枝、往下穿過後腭道、於硬腭之後腭孔而出、前穿過硬腭之陷以至門牙、而供牙床硬腭之嫩膜與核、而於前及鼻腭筋之末相連、於後腭道內生數下鼻枝、過腭骨之孔、以入鼻、而冗分於鼻中竅及中下之兩水泡骨、於出道處生腭枝、散於軟腭之兩面、其中或外腭枝、亦下於前之同道、以至後腭孔、而散枝於吊鐘、杏核、軟腭、往往亦有無此枝者、其後或小腭枝、同小脉管往下、穿過小後腭道、由後腭孔後之專孔而出、以供提[illegible]孤吊鐘之兩[illegible]、並軟腭、杏核、吊鐘、其內枝、散於鼻隔與鼻窩之外皮、而有上鼻鼻腭兩枝、其上鼻者、約四五枝、過蝴蝶腭孔、以入鼻窩之後、而供遮上中兩水泡骨並後篩泡之裡膜、有數枝行於鼻隔之上、而後其鼻腭枝、同鼻之他筋、以入鼻窩、由蝴蝶穴孔之下往裡、過鼻蓋、以至鼻隔、後則順隔之下端斜往下而前、至前腭孔、而列於骨衣與嫩膜之間、於前腭窩內之下、別有一道、下行於口之蓋、其右邊之筋、專有一道、而微後於左者、此兩筋在口內相合、以供門牙後之嫩膜、而與前腭筋相合、往往有數小絲、以供隔之嫩膜、其後枝、乃後蹬咽頭兩

咬枝

枝、其後蹬者、別名韋典筋、由蝴蝶膀結之後而來、穿過後蹬道、別名韋典道、以入頭顱底孔內之脆而分大岩項脉之兩枝、其枝於路順韋典道散數絲於遮鼻蓋與隔之後及耳氣管末之裡膜、卽爲上後鼻之枝、其大岩枝、穿過頭顱底之孔以入頭顱、而透此孔中之脆、行於半月結與外衣之下、而含於耳門骨岩端前面之陷、入法拉必孔而穿過之、以入法拉必道、與臉筋結形之大處相合、（若究其實則此筋由臉筋行至蝴蝶膀結作爲其結之運動根）其項脉枝短而大於岩者、紅灰色質軟、過頭顱底孔、有此孔所含之脆質以繞之於項脉管之外邊、以入項脉道、而與項脉叢相合、其咽頭枝、別名後蹬膀、乃結後端所來之小枝、往往由後蹬筋而來、同後膀脉管以穿過後蹬膀道、於耳氣管之後而散於咽頭之裡膜、

下牙床筋

下牙床筋之枝、散於下牙床骨之牙與牙床、太陽之皮與外耳、臉之下端與下唇、及咬肌、並供舌爲專司味之一筋、此筋乃第五筋三岔中之極大者、而有兩端、一爲大或知覺根、由半月結下角而來、一爲小或運動根、由結之下而行、於將出卵孔之處、與下牙床筋相合、此筋在頭顱底之極下、分爲前後兩岔、其前岔小、大略盡收納其運動根而分五枝、以供咬肌、卽咬深耳門、吹、後蹬、各肌筋、其咬枝外行於外後蹬肌之上、耳門牙床節之前、同咬脈管過半月峽、以至咬肌、而冗分於其肌之內、以至其

深耳門枝別名太陽枝

吹枝

後蹬枝

耳耳門筋

前邊、往往又生一枝以至耳門肌、而有一絲至牙床節、其深耳門枝前後各一、以供耳門肌之深面、其後枝小、列於耳門窩之後、往往有咬枝與之相合、其前枝在蝴蝶骨後蹬崗反折往上、至耳門窩前而往往有吹筋與之相合、其吹枝透外後蹬肌下行於下牙床鳥喙峯裡面之下、或穿過耳門肌之絲以至吹肌之面而其上分上下兩枝、於穿過此肌之處又生一枝、以至外後蹬肌、並有數絲上行於耳門肌、其絲之中往往有一絲以與深耳門筋之前枝相合、其上枝而供皮與吹肌之上端、繞於臉之回管、以與臉筋相合、其下枝往前至口角、以供皮與吹肌及其肌裡面之嫩膜、而與臉筋相合、其後蹬枝在內外兩後蹬各一、其內者長而細、往裡以入此肌之深面、其枝之本與耳結緊相連、其外枝者大略由吹筋而來、亦有時由此筋之前岔而來、此筋之後或大岔亦收納運動根之數絲、分爲耳耳門、司味、下牙之三枝

耳耳門枝大略由兩根而來、而其中腦衣脉管行於兩根之間而後行於外後蹬肌之下、以至下牙床骨節之裡邊、後則同耳門脉管上行於外耳與牙床杵之間、於耳下核之下而出此核之下、則分前後二耳門枝、其後者小、以供牽前耳肌而散於耳輪之上端與其鄰皮、其前者同耳門脉管以至頭顱頂而供耳門部之皮、以與臉筋相連、此筋與臉筋並耳結、俱有相連之枝、其與臉筋相連者、大略有二、前行於牙床杵項之後、而於咬肌之後邊相合、此二枝乃臉與第五筋間緊要之連枝、其與耳結

耳枝
耳竅枝
耳門牙床結枝
耳下核枝

司味筋 別名 舌筋

連枝
散枝
下牙筋

相連之絲、由耳耳門筋之初端而來、其耳枝上下各一、其下者、由牙床節之後而來、散於耳外竅之下、別有他絲、繞於內牙床脉管而與百結筋相連、其上者由內耳之前而來、以供遮耳輪與耳屏之皮、其耳竅之枝有二、由耳門耳臉兩筋相連之處而來、以散於其耳竅、其耳門牙床節之枝大略由耳耳門筋而來、其耳下核之枝、以供此核、

司味筋、見二百四十二圖乃司味專筋之一、以供舌之芒與嫩膜、其全路之列俱深、同下牙筋先列於外後蹬肌之下、即牙筋之裡邊、而往往有過內牙床脉管之一枝與之相合、其中竅絲、亦於此處相合而爲尖角、後則此筋行於內後蹬肌與牙床枝裡邊之間斜過舌之邊、咽頭上縮肌之上、錐舌肌牙床下核深端之間、後則過此核之管、順舌邊以至舌尖、而有口之嫩膜遮之、其與牙床下結相連之枝有二三、其與下舌筋相連之枝、於舌骨舌肌前邊作爲叢、其所散布之枝少、以供口之嫩膜牙床舌下核舌之中小兩種之芒與嫩膜、其末絲於舌尖與下舌筋相接、

下牙筋、乃下牙床筋三枝之極大者、同下牙脉管先下行於外後蹬肌之下、後行於內旁筋帶與其骨枝之間以至牙孔、再前行於下牙床骨內之牙道、而列於牙之下以至頦孔、以分門頦兩末枝、其門枝前續於骨內以至中線、而供虎門牙、其頦枝由頦孔而出、於墜口角肌之下分爲內外兩枝、其外枝以供此肌與口輪肌並皮而與

磨舌骨枝　牙枝　連枝　散枝　相連之枝

臉筋相連、其內枝由方頦肌之下往上至下唇以供此肌及唇之嫩膜並皮、而與臉筋相合、其下牙有磨舌骨牙兩枝、其磨舌骨者於下牙筋將入牙孔之時而來下行於牙床骨枝裡邊之陷、有類絲膜之岔以持此枝而供磨舌骨肌之皮面與雙腹肌之前腹、往往生一二絲至下牙床之下核、其牙枝以供槽牙邊牙、其枝之數與牙之根數相同、每筋皆入牙根尖之孔以供牙齦、與下牙床筋有二小結相連、一爲耳結與其筋岔相連、一爲牙床下結與其舌枝即司味者相連

耳結

耳結、見二百四十二圖 小而扁卵形、紅灰色、列於卵孔之極下、下牙床筋裡面之上、內後蹬筋本之週圍、其外傍下牙床筋之岔、即運動與知覺端相合之處、其內傍耳氣管之脆端及緊腭肌之本、其後傍中腦衣之脉管、此結相連之枝有二三短細絲與下牙床筋及其內後蹬枝、即運動根之所來者、及耳耳門筋即知覺根之所來者俱相連、並有繞於中腦衣脉管叢之絲以連百結筋、有中竅叢所來之小岩筋以連此結與舌咽頭臉兩筋、此結所散布之枝有二絲、其一絲往後、在耳氣管之外邊以至緊中竅膜肌、一絲往前傍內後蹬筋之本、以至緊上腭肌、

下牙床下結

牙床下結、見二百四十二圖 小而圓、列於牙床下核深端之上、傍磨舌骨肌之後邊、有絲與司

散布之枝

舌咽頭筋

上結

味筋之下邊相連、此結之前後兩端、有數絲與司味筋相連、別有收納中竅絲之枝、由此枝與臉筋相連、內軟筋之絲繞臉脉管與百結筋相連、其散布之枝有五六由此結之下端而來、以供口之嫩膜與牙床下核之管、而有數枝盡於其核內、有謂有此結之枝往下行於舌骨舌肌之前而與下舌之一枝相合後則入頰舌骨舌肌者

第八對腦筋

第八對筋乃舌咽頭、肺胃、副脊髓之三筋所爲、

舌咽頭筋、因散布於舌與咽頭故名爲咽頭咽隘、及杏核嫩膜之知覺筋、又爲咽頭肌之運動筋、又爲散布於舌處之司味筋、而第八三岔之中、此岔極小、有相連之三四絲、由髓頭上端橄欖體之極後而來、其深本可跡之過旁帶之綹、以至第四宮底下端之灰物核、圓綹之外、其淺本則外行過肺胃葉、由頭顱項孔中端而出、在外中兩衣專有一殼、於肺胃副脊髓兩筋之前、其過項孔處在耳門骨岩端之下邊而凹之、其出頭顱骨處則前行於項回內項脉兩管之間、下行於脉管之前、錐峯與其所連肌之下、以至錐咽頭肌之下邊、後則曲往裡在項之邊作爲弓而列於錐咽頭、咽頭中縮兩肌、上喉筋之上、後則行於舌骨舌肌之下、而散於咽隘之嫩膜、舌之底、口及杏核之嫩膜核、其筋過項孔之時、有兩結形之發大處、一爲上而小之項結、一爲下而大之岩結、其上結列於此筋穿過項孔處所列之陷之上端、此結小、故只占其

下結　連枝　中竅枝　散布之枝　相連之枝　項脉枝　咽頭枝　肌枝　杏核枝　舌枝

筋幹外邊之地步、有小絣過此結而不與之直相連、其下結、大於上者、而占此筋之全絲列於耳門骨岩端之凹處、此結生絲、與舌咽頭並穿過頭顱底之他筋相連、其結所連之枝、乃肺胃百結臉、及中竅枝、其連肺胃筋者有二絲、一至耳枝、一至肺胃筋之上結、其連百結筋者連於上項結、其連臉枝者透雙腹肌之後腹、由筋幹岩結之下而來、於臉枝將出錐乳孔之時相合、其中竅枝別名亞各孫筋、由岩結而來入於耳門骨岩端底之小骨道、（此孔列於項脉道與項窩分開之骨嵴上）上行至中竅、由其底傍內皮之孔以入此竅而分三枝、含於螺殼凸處上之陷、其結所散布之枝有一至圓孔、一至卵孔、一至耳氣管、與中竅之裡膜、其結所連者共三枝、各弓形列於螺殼凸面之專陷、一枝往前而下、作爲弓形至項脉管道、與項脉管叢相合、一枝直上行、列於法拉必孔內與大淺岩筋相合、一枝上行而前向岩端之前面穿過蝴蝶耳門兩骨之小孔、至頭顱骨外、與耳結相合、此筋過耳門骨時、與過臉筋結形發大處之時、俱有與其相之絲、其舌咽頭筋之枝、乃項脉、咽頭、肌、杏核、舌、各枝、其項脉枝、順內項脈管之幹下行、以至其管之分歧處、與肺胃之咽頭百結筋之各枝相連、其咽頭枝乃三四絲、在咽頭中縮肌之對面、與肺胃之咽頭枝、上喉百結之各筋相合而作爲咽頭叢、此叢所生之枝、透咽頭肌衣、以供其嫩膜、其肌枝則散布於錐咽頭肌、其杏核枝、以供杏核、作爲叢以繞此核、而生枝散於軟腭與咽隘、以與腭筋相接、其舌枝有二、一供

副脊髓筋

副端　脊髓端

肺胃筋

遮舌底之嫩膜、一透舌體以供遮舌體之嫩膜與芒、

副脊髓筋有兩端、一爲副肺胃者、一爲脊髓端故名、其副端小、乃由肺胃根下之髓系旁帶之四五細絲起、此絲可跡之以至髓頭後之灰物核、卽肺胃本之下、此筋在項孔內有一二絲、與肺胃上結相合、而第二結之下續入肺胃者、又生枝至肺胃之咽頭上喉之各枝、其脊髓端之筋硬、由髓系旁帶往下至第六項筋之數絲而來、其絲透此帶與其系之灰鉤月之前角相連、此端上行於齒筋帶與髓系筋後根之間、而穿過大孔以入頭顱、後則向外過項孔、而列於肺胃筋之同鞘、其間有中衣折疊以隔之、卽在此處與副端相連、其出項孔之時、後行於內項回管之後、下斜行於雙腹錐舌骨兩肌之後、以至胸乳肌之上端、透此肌則斜過枕骨下之三角處以入斜方肌之深面、此筋於透胸乳肌處、又生數枝在此肌之體內、與第三項筋之枝相合、其在枕下三角處則與第二三之項筋相合並助作爲項叢、往往亦助作爲耳大筋、在斜方肌之前有第三四五之項筋之枝添助於此筋、而與脊髓筋之後枝相合並散於斜方肌、有數絲或往上或往下、由肌之內以至其肌之下角、

肺胃筋所散之處、廣於頭顱他筋之散布、行過項胸、以至腹之上端、有運動與知覺之絲、以供聲音與呼吸之具、並作咽頭食管胃心之運動、其淺本、由橄欖體之極後、與舌咽頭極下之旁帶、或八或十之絲而來、其絲可跡之以深穿過髓頭之綹、至第

右邊之列勢　左邊之列勢　根結　連枝幹結

四宮底下端所傍之灰核、其絲則相合而爲匾系、外行過肺胃小葉以至項孔而穿過此孔以出頭顱於穿此孔之處其肺胃者同副脊髓者共列於外衣之榖內而有膜隔以分開此筋與其前之舌咽頭筋、此處此筋有明顯之大結形處名爲肺胃根結別名項結其副脊髓之副端、與此結相連一出項孔則此筋上復有結形之凸、名爲筋幹結或下結此結之下、復有副脊髓筋之絲與之相合此筋在項脈管鞘內直下於項列於內項脈回兩管之間以至脾脆後則列於此回管總項脈管之間、以至項根由此處往下、則此筋之左右兩邊不同其右邊者行於鎖柱下脈回兩管之間、而順總氣管之邊往下至肺根之後以散爲叢形之網（卽後肺者）其網之下端有兩系下行於食管之上、則分而與其對邊之枝作爲食管之叢此枝再往下、則合爲一系順食管之後端而行以入腹而散於胃之後面與腹叢之左邊及脾叢相合其左邊者則於左項鎖柱下兩脉管之間左無名回管之後以入胸、過總脉管弓、而下行於左肺根之後、順食管前面以至胃而散其枝於胃之前面有數枝過其左大端、亦有數枝順其小曲、此小曲之枝又生絲以入胃肝脂膜而與左幹叢相合其筋根結環形、灰色其逕約二分、與第五筋大根上之結相似有數細絲連此結與副脊髓之副端、別有一絲與舌咽頭之岩結相接有耳枝與臉筋相接有上項結之上絲與百結筋相接其筋幹結、別名下結叢環柱形紅色之系約長一寸、除副脊髓之副端、則過此

連枝　耳枝　咽頭枝　上喉枝

結與此筋相合而占此筋之全絲此結亦與下舌百結之上項結及第一二項筋間之纏繞俱相連其肺胃筋枝之圖式如左、

在項窩　耳
在項　咽上返項　頭喉迴喉心
在胸　胃
在腹　胸前後食　心肺肺管

耳枝由結根而來、甫出其本時、有舌咽頭絲與之相合、後過項窩、至傍錐峯根之孔、行耳門骨內、此枝於法拉必道入錐乳孔上約二分之處、則過此道、於此處生一上枝與臉筋相合、又生一下枝與臉筋之耳後枝相合、此筋續於乳端與外耳鞍之間而出、以供耳輪後之皮、其咽頭枝乃咽頭與軟腭運動筋之緊要者、由肺胃下結之上端而來、以收納副脊髓副端之一絲、由前或後過內項脉管、至中縮肌之上邊、分爲許多之絲、與舌咽頭上喉百結者之各絲相合、而作爲咽頭叢、此叢又生枝散於咽頭肌與其嫩膜、此筋於過內項脉管處、有數絲與舌咽頭絲同散於此脉管壁之上、其上喉枝乃喉之知覺筋、而大於咽頭者、由肺胃下結之中而來、順咽頭邊往下、於內項脉管之後、分爲內外兩枝、其外枝小、順喉之邊下行於胸脾肌之下、以供環脾肌與脾核、又生枝至咽頭叢下縮肌、而於總項脉管之後、與上心筋相合、其內枝往下至脾舌骨膜之孔、同上喉脉管穿過此孔、散於喉之嫩膜瓢肌、而與返廻喉者

下枝別名返迴喉枝　項心枝　胸心枝　前肺枝　後肺枝

相合、其由嫩膜所散布之枝有數枝在前、至會厭、舌底會厭核、有數枝往後、於瓢會厭折疊之內、以供喉上口周圍之嫩膜及喉之裡膜、往下則至聲系、其瓢肌之絲有散於其肌內者、有散於喉裡之裡膜者、其返迴喉相合之絲往下、於喉後邊嫩膜之下、牌脆旁端之後、乃兩筋相合之處、其下或返迴枝、以其反折爲名、乃運動喉之筋、其右者、於鎖柱脈管之前起、由前往後以繞此管、斜往上至總氣管之邊、總項下牌兩脈管之後、其左者、於總脈管弓之前起、由前往後以繞此管與胎脉管之餘所連之處、後則往上至總氣管之邊、其兩邊之筋上於總氣食兩管間之陷、透下縮肌之下絲、於牌脆下角與環牌節之後以入喉、除環牌肌之外、則散於喉之餘肌、而與上喉者相合、此返迴喉者繞鎖柱下總兩脈管之處、又生數心絲、與肺胃及百結之心枝相合、上行於項之處、又生食管枝、而左多於右、以供食管之嫩膜與肌衣、又有總氣管枝、以供此管之嫩膜與其肌之絲、又有數咽頭絲、至咽頭下縮肌、其項心枝有二三、在項之上下兩端、由肺胃而來、其上枝小、與百結之心枝及心大叢相連、其下枝每邊各一、在第一肋之極上、由項之下端而來、其右者過無名脈管之前、與上心筋相合、其左者、過總脉管弓之前、與上心筋或心叢相合、其胸心枝、在右者由總氣管邊所列之肺胃幹而來、往裡入深心叢、在左者由左返迴喉筋而來、其前肺枝乃二三小枝、散於肺根之前面、而與百結筋之絲相合、而作爲前肺叢、其後肺枝皆前

食管枝

胃枝

者、多而大、散於肺根之後面、而與百結筋之第三四胸結之絲相合、以作爲後叢、其兩叢之枝、與肺體內所冗分之氣管同行、其食管枝、在肺枝之上下、皆有由肺胃而來者、其下者多而大、而與其對邊筋之枝作爲食管叢、其胃枝、乃肺胃筋之末絲、其右者、散於胃之後面、與腹叢之左邊並脾叢相合、其左者、散於胃之前面、有數絲過胃之大端、別有他絲、順胃之小曲而與其右筋及百結筋之枝相合、又有數絲穿過小脂膜以至左肝肺、

全體通考卷八

終

前筋　後根

全體通考卷九

脊髓腦筋

脊髓腦筋之本由髓系而來、並有由脊骨柱兩邊穿過脊間孔而出者、故名、其筋共三十一對、各按其脊骨之部位以分其種項八對、脊背十二對、腰五對、方五對、尾骶一對、除項與尾骶之外、其餘各種之筋皆與各脊骨部位之數相同每一筋俱由兩根而來一爲前或運動根一爲後或知覺根

脊髓筋之根

脊髓筋之前根、乃髓系之前旁柱次序之絲孔、漸漸往下、以向前中隆、其根之絲、有謂黏於前旁柱之前端、橫過此帶之長絲、後則入灰質、其絲之細絲、彼此相過而各分其向有數絲直往上下而行、又有他絲穿過中道前之前連合、而與其對邊者相編、見二百十七八圖有許多前根之絲俱入其所屬之旁柱往上拆爲豎絲而行者其論前根本之他事與他入所論者相同其後根皆專黏於後白柱、然有數根穿過灰質入於旁前白兩柱、其在灰質內、則直往上下而行、橫穿過後連合、以至其對邊、而入其所屬之前柱、見二百十七八圖其後根大於前者、然其各絲則細於前者、其細絲外行於外衣之孔、則合爲兩束、以收納此衣之管形鞘而入於每根上所生之結、以前所論者在各筋皆然、惟第一項筋與此不同、因其筋之後根小於前者、亦往往不生結、即或生結亦往往列於外衣之內、其前根則小而無結、

與其根之細絲傍脊間孔合爲兩束

脊髓筋結

脊髓筋之每後根俱生結、其結卵形、淡紅色、而大小俱按其筋之比例、而列於脊間孔內、於透外衣處之外、而每結之裡邊分歧、乃後根兩束相合之處至外邊則其兩端復合爲一叢、惟第一二項筋結之不如此、而列於穿過脊骨弓之上、其方骨筋之結列於髓道之內、其尾骶筋者、亦列於髓道之內、大略於後根之中、其各結之極外則兩根俱相合、其絲俱相攙、而作爲幹以出脊間孔而分前後兩枝、其前枝供身體之前端、後枝供身體之後端、而每枝皆以收納其兩根之絲、

脊髓筋前枝

脊髓筋之前枝、供脊骨前身體之各處、及四肢、而大略大於後者、其加增之大、以其所供之質之大爲比例、每枝皆有百結筋之細絲相連、其在脊背部之枝則彼此不相連、其散布均勻然在項腰方之三部、則先成細叢後則散布、

脊髓筋後枝

脊髓筋之後枝大略小於前者、由脊間孔之筋相合之幹而來、往後分內外兩枝、散於脊骨後之肌與皮、惟第一項筋與下方筋則不然、

項筋

項筋之根、自第一至第五、逐漸加大、自第五至第八、則大小相同、其後根與前根之比例、皆三之一、獨此筋與他部之比例甚大、其各絲亦大於前根者、而其勢則不似他筋之斜、其第一項筋之幹、微往上而外、第二者橫、其餘皆斜往下而外、其末者尤斜、故長於上者、由其本至其髓道所出者、不過一脊骨之厚、其第一項筋之幹、別名枕下、於枕骨與鈕環骨之後弓間、以出髓道、其第二者、則由鈕環後弓與樞軸片之間而出、其第八者、卽末者、由末項與第一脊背之間而出、每筋於出脊間孔之處、分爲前後兩枝、其上四項筋之前枝、作爲項叢、下四筋之前枝、則與第一脊背者、作爲背叢、

項筋前枝

項筋第一之前枝、別名枕下枝、小、過鈕環後弓上之陷、以出髓道、於陷內則列於脊脉管之下、旁直肌之裡邊、其過鈕環橫峯孔之處、則收納百結筋之一絲、後則下於此峯之前、而與第二項筋之上枝相合、其肺胃、下舌、百結、皆與此筋有相連之絲、別有數枝、散於旁直及兩前直之肌、（有謂別有絲散於枕鈕環節及耳門骨之乳端者）其第二筋之前枝、由鈕環後弓與樞軸片之間而出、前行於脊脉管之外邊、與橫峯間肌之前、而分爲一上枝與第一項筋相合、兩下枝、與第三項筋相合、其第三之前枝、大於第二者兩倍、於出脊間孔處、於胸乳肌之下、往外而下、分爲上下兩枝、其上枝與第二筋之前岔相

合而與百結及副脊髓相連、又別分爲淺項耳大兩筋、其下枝下行於前項斜肌之前、而與第四項筋相合、並與鎖柱筋相續、其第四之前枝與三枝之大小相同、以收納第三筋之一枝、而生一相連之枝至第五筋者往下而外分數絲、向鎖柱骨與肩頭、以過項之後三角處、其在橫峯間處大略生一枝以至膈肌筋其第五六七八之前枝皆大於其上者而大小相同、以作爲臂叢、

項叢

項叢、見二百三十九圖乃上四項筋之前枝所爲、列於上四脊骨之前、提飯匙角與中項斜兩肌之上、而有胸乳肌遮之其叢之枝分爲淺深二種、其列勢如下、

淺枝
上　淺耳枕　項大小
下　鎖柱　胸鎖肩　柱頭
深枝
內　上連肌　項隔　下連枝
外　連肌

淺項枝

項叢淺枝

淺項枝、由第二三之項筋而來、繞胸乳肌約其中之後邊、前斜行於外項囘管之後、以至此肌之前邊、透深項夾膜而於項盤肌之下分爲上下兩枝、以散於項之前旁兩端、其上枝生一絲、同外項囘管上行至牙床下部而分枝、有數枝於盤肌之下與臉筋之項枝作爲叢、又有他枝透此肌以供之、而散於項前端上半之皮以至頦、其下枝透盤肌散於項邊與前之皮而下至胸骨、此枝往往有二或多之絲以代此筋

耳大枝　臉枝　後枝　乳枝　小枕枝　下枝　連枝　肌枝

其耳大枝乃上枝之極大者由第二三項筋而來繞於胸乳肌之後邊以透深夾膜上此肌之上盤肌之下以至耳下核而分數枝其臉枝則過此核而散於臉之皮有他枝入此核內而與臉筋相合其後枝或耳枝直往上以供耳輪後之皮而與臉肺胃兩筋之耳枝相合其乳枝與臉之耳後枝相合過乳端而散於耳後之皮其小枕枝由第二項筋而來曲繞於胸乳肌之後邊即乳枝之上順此筋之後邊直往上以至頭邊之後傍頭顱以透深夾膜順耳後之頭邊續往上以供皮及枕額肌而與大枕耳大臉之後耳枝相連又生一耳枝以供提耳肌及耳輪上後之皮此枝往往由大枕筋而來其小枕枝之大小時有變革而往往亦有雙枝者其下或鎖柱上枝由第三四項筋而來自胸乳肌後邊之下而出下於此肌與斜方肌之間按其部位分爲三種之枝其內枝或胸骨枝斜過胸乳肌之鎖柱胸骨之兩黏處以供其皮而至中線其中枝或鎖柱枝過鎖柱骨以供胸三角兩肌上之皮而與上肋間筋之皮枝相連此枝往往於此骨外與其三分之內二相合之處穿過鎖柱骨內之一孔其外枝或肩頭枝斜過斜方肌之外面及肩頭以供肩之上後之皮

項叢深枝 內排

連枝乃數絲所爲由鈕環骨前第一二項筋間之繩纓而來至肺胃下舌百結各筋其肌枝由第一項筋與第一二間之繩纓而來以供前旁兩直之肌其下項連枝見二

項下連枝　膈筋　連枝　肌枝

百三十九圖　大略兩絲之所爲、一絲由第二項筋而來、一絲由第三項筋而來、其絲直往下行於內項回管之外邊、而於項之中而微下、過此管之前、及項血管叢之前、而與下項枝作爲繩綫、其筋往往在叢內相合、其膈筋、別名內呼吸筋、由第三四項筋而來、以收納第五筋所連之枝、下至項根、則斜行於項斜肌之前、過鎖柱脉管第一端之上、由脈回兩管之間以入胸之時、則過內乳脉管之根、其胸內大畧直下於肺根之前、與心包絡之邊、於包絡、及包膜胸縱膈端之間、以至膈膜而分枝、以各透此肌、而散於其下面、此筋在兩邊之長短與胸之上及連屬皆不同、其右者深於左者、短而直、列於右無名回管與上回總管之外邊、其左者因心向左而膈膜於左邊下於其對邊者、故其筋微長於右者、於胸之上端、過總脉管弓之前以至肺根、每筋供絲以至心肺兩包膜、傍其胸有百結筋之一絲、及第五六項筋之一絲、往往亦有下項枝與髓系筋相合之一枝、皆與此枝相合、有謂此相合之枝惟左邊爲然者 其右筋又生一二絲、與太陽叢之膈枝合爲小結、由此結之枝、散於肝叢、腎上核、及下回總管、其左筋所生之絲則與膈叢相合而無結、

項叢深枝 外排

項叢於胸乳肌內、枕下三角處、及斜方肌之下、與副脊髓筋相連、其肌枝、散於胸乳、提飯匙角、中項斜、斜方之各肌、其胸乳者由第二項筋而來、其提飯匙角者、收納第

傳枝

三項筋之枝、其斜方之枝、由第三四項筋而來、

項筋後枝

項筋之後枝、除首二枝之外、皆往後、於後橫間肌之後分內外兩枝、其外枝、以供項邊之各肌、即上橫乳三項肌、其第二項筋外枝極大、往往與第三項筋相合、以供錯綜夾板項乳各肌、其內枝亦大、而散於項之上下兩端者不同、其第三四五筋所來之枝、行於半峯錯綜兩肌之間、至後峯則透夾板斜方兩肌之腱膜而外續至斜方肌上之皮、其下三項筋所來之枝極小、列於半峯肌下、以供之、而不生皮絲、此枝供錯綜半峯項峯間、衆峯各肌、其首三項筋之後枝、須分論之、其第一之後枝、別名枕下枝、而大於前者、由髓道之枕骨與鈕環後弓之間而出、列於脊脈管之後、以入大後直、上下斜各肌所爲之三角處、而供此肌與錯綜肌、其供下斜肌之枝、又生一絲與第二項筋相合、往往別生一皮絲、同枕脈管而行、與大小兩枕筋相合、其第一項筋之後枝、無他項筋項絲之外枝、其第二項筋之後枝、大於前者三四倍、而亦大於他後項筋者、由鈕環後弓與樞軸片之間、即下斜肌之下所出、以供此肌、而收納其第一相連之絲、後則分內外兩枝、其內枝因其大而散布、故即名爲大枕、斜往裡於下斜錯綜兩肌之間、傍黏頭顱之處、以透錯綜斜方兩肌、後則有第三之絲與之相合、並同枕脈管往上頭之後端、分兩枝、以供頭顱之皮、前至其項而與小枕相連、又

生耳枝、至耳之後端及肌枝以至錯綜肌、其第三後枝、小於第一者而大於第四者、因其別生一絲至枕骨之皮、故此與他項筋之後枝不同、此枕枝由斜方肌下之內或皮枝而來、透此肌以供頭之下與後端之皮、其枝列於大枕之裡邊、而與之相連、其首三項筋後岔之內枝往往於錯綜肌之下有相連之枝與之相合、有謂此相連之枝、卽後項叢者、

臂叢見二百四十五圖

臂叢、乃項之下四筋與脊背之第一筋之前枝相合之所爲、由項邊之下端起以至腋窩、其初甚寬、微作叢形之列勢、於鎖柱骨對面之處、則窄、在腋窩處則寬而密編、於烏喙峯對面則分數枝以供上枝、此筋之大小皆相同、而其叢相合之理如左、其第五六筋、則傍其髓道所出之處相合而爲總幹、其第七筋傍中項斜肌之外邊與此幹相合、而此三筋作爲一單大系、其第八項筋、第一脊背筋、於前項斜肌之下相合而爲總幹、故有上下兩大幹、其上者乃五六七項筋相合之所爲、其下者乃八項與第一脊背筋相合之所爲、此兩幹與鎖柱下脉管同行以至腋窩、而列於其管之外邊、其末項與第一脊背相合之幹、則緊傍其管、其鎖柱骨之對面、而往往於腋窩內、每系生縉而合爲第三幹、故腋窩中有三系而列於腋脉管之內外後各一、其由第四第五有進枝、以連項臂兩叢、別有第五所生之一枝於前項斜肌之上與膈筋

連屬 臂叢枝 連枝 肌枝 後胸枝 飯匙上枝

相連、其項與第一脊背傍脊間孔所出之處、亦有百結之中下兩項結之絲相合、其叢在項內、先列於前中兩項斜肌之間、後列於鎖柱脈管之上與外、再後則行於鎖柱骨與鎖柱下肌之下、而列於大鋸之首齒飯匙下之兩肌、其在腋窩內、則列於腋脈管首端之外邊、以繞此管之第二端而於窩之下端、又生末枝以至上肢、其臂叢枝分二種、乃鎖柱骨上下之所生者、其鎖柱上者有連、肌、後胸、飯匙上之各枝、其連枝、乃第五項筋、於前項斜肌之上與膈筋相連、其肌枝供項長、項斜、長方、鎖柱下之各肌、其各斜方與項長肌者、由下項筋將出脊間孔處而來、其長方者、由第五項筋而來、透中項斜肌、行於提飯匙角之下、而往往供之、以至長方肌、其鎖柱下枝、小由第五六筋相合之幹而來、下於鎖柱脈管之前以至鎖柱下肌、而大略有膈筋之一絲與之相連、其後胸枝、別名長胸、又名外呼吸、以供大鋸肌、其所行之路甚長、其筋有兩根、由第五六項筋於將出脊間孔處而來、於中項斜肌內相合、出此肌則下行於臂叢腋血管之後、列於大鋸肌之外面順胸邊以至此肌之下邊、而生數絲以供此肌、其飯匙上枝、乃由第五六七項筋所作之系而來、外斜行於斜方肌之下以穿過飯匙上邊之峽以入崗上窩、而行於崗上肌之下、於飯匙崗前則曲至崗下窩、而於崗上窩內生兩枝以至崗上肌、別有至肩節之一絲、又於崗下窩內生兩枝以至崗下肌、別有數絲至肩節與飯匙骨、

鎖柱骨下之圖式如左

至胸者、
前胸

至肩者、
飯匙下
回環

至臂前臂手者、
肌皮
皮內
小皮內
臂中
正肘
肌螺旋

前胸筋

飯匙下筋

鎖柱下所生之枝、由臂叢之三系而來、其由外系所來者、乃二前胸筋之外者、及肌皮與臂中之外頭、其由內系所來者、乃二前胸筋之內者及皮內小皮內正肘、及臂中之內頭、其由後系所來者乃飯匙下、復由此分爲肌螺旋回環之兩筋、

前胸筋、有內外二、以供胸肌、其外或淺枝大於內者由臂叢外系而來、徑裡過腋脉回兩管、散於大胸肌之下面、下生一連絲與內枝相合、其內或深枝由內系而來、上行於腋脉回兩管之間、往往經此回管與淺枝所來之絲相合而作爲繩縷、其繩縷又生枝、散於大小兩胸肌之下面、

飯匙下筋有三、供飯匙下、大圓條、廣背各肌、其飯匙下之上枝極小、入於此肌之上端、其飯匙下之下枝入於此肌之腋邊、其末則入大圓條肌、而往往專有一枝以供其肌、其飯匙下之長枝極大、順飯匙下肌之下邊下行至廣背肌、卽穿過此肌以至其下邊、

回環筋　肌皮筋　皮內筋

回環筋、供肩之數肌、皮與節、同肌螺旋筋由臂叢之後系而來、下行於腋脈管之後、飯匙下肌之前於此肌下邊往後而分上下兩枝其上枝同後回環血管繞於臂骨之項三角肌之下、以至此肌之前邊而供之、生皮枝以透之而冗分於遮肌下端之皮、其下枝於其本散絲至小圓條三角後端之兩肌大略在小圓條絲之上有大結形之處後則透深夾膜供三角肌後面三分之下二並遮三頭肌之長頭之皮、其回環筋於分枝之先生一節絲、於飯匙下肌之下以入肩節

肌皮筋、別名皮外筋供臂之數肌與前臂之皮由臂叢之外系而來、即小胸肌下邊之對面後則透烏喙臂肌斜行於雙頭前臂兩肌之間以至肘微上臂之外邊後則透深夾膜以至皮、此筋行臂時、供烏喙臂雙頭、前臂各肌別有數絲至肘節與臂骨、此筋之皮端行於肘曲外回管之後而肘節之對面分前後兩枝其前枝順前臂之輔肘邊下行至腕、即於此處列於輔肘脈管之前而透深夾膜同此管以至腕之後、以與輔肘筋之一枝相連、而散絲至拇球之皮其後枝由前臂中之處而生順輔肘邊之後端下行至腕以供前臂三分下一之皮而與輔肘肌螺旋之外皮枝相連、

皮內筋、乃臂叢小枝內之一、由內系同正肘與臂中之內頭而來於初時、列於臂脈管之裡邊、下行於臂之裡邊、而同臂內回管大略於肢中透深夾膜以至皮、而分前後兩枝此筋傍腋窩生一皮絲、以透夾膜而供遮雙頭肌之皮以至肘、而列於其所

來叢幹之微外、其前枝大於後者、而行於肘曲內迴管之前、亦往往於其後、後則下於前臂正肘邊之前面、散絲於皮以至腕而與正肘筋之皮枝相連、其後枝、下斜行於臂內迴管之裡邊、繞過臂內髁之上以至前臂之後、與正肘邊後面之上、往下至其中之微下、而散絲於皮、於肘上與小皮內筋相合、於腕上與正肘臂枝相合.

小皮內筋

小皮內筋、乃臂叢中極小之枝、散於臂裡邊之皮、大略同皮內正肘兩筋、由內系而來、以過腋窩、先列於腋迴管之下、後列於其裡邊、而與肋間臂筋相通、以後則順臂脈管之裡邊下行、至臂中以透深夾膜、散於臂三分下一後之皮以至肘、此處有數絲盡於內髁前之皮、有他絲盡於肘端之上、而與皮內之裡枝相合、此筋往往有二三絲與肋間臂相連而於腋窩後端作爲叢、又往往其肋間臂大、以代此筋而收納連臂叢之一絲、以代此筋、往往亦有無此絲者、而卽以肋間臂自來之一絲代此筋、

臂中筋

臂中筋、見二百四十八圖　因其路由臂、前臂順中線以至手、故名、而列於正肘肌螺旋輔肘三筋之間、由臂叢之內外兩系而來、以繞腋脈管之下端、而與此管之前或外相合下行於臂、先列於臂脈管之外邊、至管之中路、大略則過管之前、亦往往在其後、而列於肘曲之裡邊、於雙頭夾膜之下、有前臂肌以隔此筋與肘節、在前臂則行於俯輔肘圓條肌兩頭之間、下行於屈淺肌之下、以至去環筋帶上之二寸處則淺、列於屈淺屈腕輔肘兩肌之間、而有皮與夾膜遮之、後則行於環筋帶之下以入手、此筋

中筋枝

肌枝　前骨間枝

掌皮枝

指枝

正肘筋

於臂則不生枝、於前臂則有肌、前骨間、掌皮之各枝、其肌枝、除屈腕正肘肌外、則皆供前臂前之各淺肌、其枝傍肘而生、往往有俯輔肘圓條肌之枝由節之上而來、其前骨間枝、供淺臂間之深肌、順骨間膜而與前骨間脉管同行、於屈長拇、屈深指兩肌之間而供之、以下入俯方肌、其掌皮枝、由前臂之下端而來、透環筋帶上之夾膜、而分內外兩枝、其外枝供拇球上之皮、以與皮外筋相合、其內枝供手掌之皮、以與正肘皮枝相合、而於散布之先、此兩枝俱過環筋帶、至手掌之內、則有皮掌夾膜遮之、而列於屈肌筋之上、大而匾、色淡紅、而分內外兩枝、其外枝、以供一肌、枝至拇之數肌、別有指枝至拇食兩指、其內枝、供中指食無名兩指之一端、其拇肌枝、短而分枝以供開拇、屈拇掌屈短拇外頭之各肌、其餘各肌、皆賴正肘筋供之、其指枝有五、其第一二者、順拇邊行、其極外者與輔肘筋之枝相連、其第三者順食指之輔肘邊行、而供第一之蟲肌、其第四者、分枝以供食中兩指相依之邊、又生一枝以至第二之蟲肌、其第五者以供中無名兩指相依之邊、與正肘筋之一枝相連、其每指筋、於第一指骨底之對面俱生背枝、以與指背筋相合、後則順指背之邊而行、以入第三指骨上之皮、此筋在指之末、又分背掌兩枝、其掌枝供指尖、其背枝亦分於指甲之週圍與其下、其筋行於指之時、則列於指脉管之淺處、

正肘筋、列於上肢之裡邊、而散於前臂及手之肌並皮、小於中者、而列於中者之後、

節枝　肌枝　皮枝　背皮枝　腕節絲

往下則分開此筋、由背叢之內系臂中之內頭、及皮內兩筋同來、其初時列於腋脈管之裡邊、至臂之中則與臂脉管之列勢相同、由此往下、斜過三頭肌之內頭、透內肌間膈、同下深脈管下行至內髁與肘間之陷、在肘則列於內髁後之上、而於屈腕正肘肌兩頭之間、以入前臂、於前臂則順正肘邊直往下、列於屈深指之上、其上半有屈腕正肘肌遮之、其下半列於此肌之外邊、有皮與夾膜遮之、其正肘脉管之上端、與此筋不平列、然於他路則此筋列於脉管之裡邊、此筋在腕則由豆骨外邊過環筋帶、即正肘脉管之徼後、而於初過豆骨外邊之時分淺深兩掌枝、其圖式如下、

在前臂	肘節	肌	皮	背	腕節
在手	淺掌	深掌			

節枝乃數小絲、而散於肘節、由此筋列於內髁、與肘間之陷而來、其肌枝有二、由此筋之幹傍肘而來、一供屈腕正肘肌、一供屈深指肌之內半、其皮枝由此筋前臂之中而來、而分淺深兩枝、其淺枝（往往無此枝）透傍腕之深夾膜、散於皮、而與皮內之一枝相連、其深枝列於正肘脉管之上、而與之同行至手、有數絲繞於此管以入掌之皮、而與中筋之枝相連、其背皮枝、在腕骨約二寸之處而來、後行於屈腕正肘之下、透深夾膜、順腕手之正肘邊而行、以供小指之裡邊、及小無名兩指相依之邊、別生一相連之絲、至輔肘筋所供之中無名兩指相依邊之枝、其腕節之絲、亦由正肘筋而

淺掌枝
深掌枝
肌螺旋筋
肌枝
皮枝

來、其淺掌枝、供短掌肌、及手裡邊之皮、而分兩指枝、一散於小指之正肘邊、一散於小無名兩指相依之邊、而與臂中之枝相連、其深掌枝、行於開屈短小指兩肌之間、與屈筋下之深掌弓同行、在其本則供小指之肌、於過手深端之處生兩枝、以至背掌各骨間肌處、每骨間處各一、其第二三之掌骨間枝、供絲至兩內蟲肌、其筋於拇食兩指之間、以供闔拇屈短拇、內頭之兩肌、

肌螺旋筋、見二百四十九圖 乃臂叢極大之枝、供臂前臂後端之肌與皮、並手之皮、同回環筋由臂叢後系而來、其初處列於腋與臂脈管上端之後、下行於廣背大圓條兩肌筋之前、同上深脉回兩管、而於螺旋陷之內、以繞臂骨、由三頭肌之下、行於其骨內之邊、以至骨之外邊、在臂之外邊、則下行於前臂長仰兩肌之間、以至外髁之前、而分輔肘後骨間之兩筋、此螺旋筋之枝、有肌皮輔肘後骨間各枝、其肌枝、供三頭肘長仰伸腕輔肘長前臂各肌、此枝由此筋於臂之內後外三處而來、其內枝、供三頭肌之內中兩頭、其內頭之枝、乃長細絲、緊列於正肘筋、以至臂三分之下一、其後枝、大、由此筋於三頭與臂骨間之陷而來、分枝以供三頭之外頭、並肘肌、此肘枝有長而細之絲、下行於三頭肌內、以至肘肌、其外枝、供長仰伸腕輔肘長前臂各肌、其皮枝、有內一外二之三枝、其內枝、小、同內肌枝由腋窩而來、過腋窩至臂之裡邊、而供臂後面之皮、以至肘、其兩外枝、於黏臂骨之處、則透三頭肌之外頭、其上者、小、順臂

輔肘筋

外回管以至肘前而供上臂下半前面之皮、其下者於三角肌末之下以透深夾膜、下行於臂與肘之外邊及前臂俯肘邊之後端以至腕而供路上之皮、傍其末與皮外筋之枝相合、其輔肘筋、順前臂俯肘邊之前而行、以至其三分下一之初起處、先列於輔肘脉管之微外、長仰肌之下於前臂三分之中一而列於此肌之下、緊傍此脉管之外邊、於腕上約三寸處則離其脉管而行於長仰肌筋之下於前臂之外邊透深夾膜而分內外兩枝、其外枝小於內者、供輔肘邊之皮及拇球而與外皮筋之後枝相合、其內枝於腕之上與皮外之枝相連於手背上則同正肘筋之背枝作爲弓、後則分四指枝、其第一者供拇之正肘邊、其第二者供食指之輔肘邊、其第三者、供食中兩指相依之邊、其第四者供中無名兩指相依之邊、並有正肘背枝之一絲與之相連、其後骨間筋透短仰肌、卽由其肌內以繞至前臂之後復由此肌下邊而

後骨間筋

出下行於肌淺深兩層之間以至前臂之中、後則變小而下行骨間膜之上、伸拇二指肌之下以至腕後之生結處而生絲散於腕之筋帶及各節、出於肘長仰、伸腕俯肘長之三肌以供輔肘後臂兩部之各肌

背筋

背筋、每邊各十二、其第一者、在第一二脊背骨之間、其末者、在末脊背骨與第一腰

本根

骨之間、其本之根少而小自第二至末者微有變革、其兩根極細、其後者、微厚於前

後枝

者、其根自上而下、逐漸加長、在下脊背部者、緊貼於髓系、約有兩脊骨之地、後則於脊間孔相合、出孔則分前或肋間後或脊背之兩枝、惟第一與末脊背者則與此不同、其後枝小於前者、而後行於橫縫之前、又分內外兩枝、其外枝由上而下則加大、穿過長背肌、於此肌與方腰肌間之連質處相對、以供此肌而相續、以至頭、並以供提肋肌、其下之五六枝則生皮絲、其上六筋之內枝往裡至衆岐峯肌與背半峯肌、而供之、後則透長斜兩方肌之本而變皮枝於後峯之邊、其下六內枝、散於衆岐峯、肌而不生皮絲、其皮枝亦有十二、上六枝由內枝而來、下六枝由外枝而來、而上者、傍後峯透長斜兩方肌而冗分於皮內、往往有結形之凸處、而下者於肋角之齊處、透下後鋸廣背兩肌、

肋間筋

背筋之前枝或肋間筋、每邊十二、散於胸腹之壁而不成叢、故與他髓系筋不同、每筋有一二絲與百結筋相依之結相連、此筋亦分上下兩種、其上者除第一者供胸之壁、其下者皆供胸腹之壁、

上肋間筋

上肋間筋同肋間血管前行於肋間處、列於同脉兩管之下、在胸之後則列於肺胞膜與外肋間肌之間、再後則由肋間肌兩平面之間至肋脆、而列於肺包膜與內肋

上肋間筋枝

旁皮筋

間肌之間、再後則由肋間肌兩平面之間至肋脆、而列於肺包膜與內肋間肌之間、傍胸骨則過內乳脉管與胸三角肌、而透內肋間大胸兩肌以供乳與胸前之皮、而作為胸前皮筋其第二筋者則與鎖柱筋相合、有數細肌絲、以供肋間胸三角各肌、而於胸前有數絲由彼肋間處至此肋間處以過肋脆、其旁皮筋、於脊骨胸骨中間、由肋間筋而來透外肋間大鋸兩肌、而分前後兩枝其前枝反折於前、以至胸邊及前端、而供胸乳之皮及外斜肌之上齒、其後枝反折於後而供飯匙骨及廣背肌上之皮、其第一肋間筋無旁皮枝、其第二之旁皮枝、大別名肋間臂筋、因其本與其散布之處為名此筋透外肋間肌、過腋窩至臂之裡邊而與小皮內之一絲相合後則透夾膜以供臂之裡及後上半之皮而與肌螺旋之皮內枝相合、此筋與他皮筋大小之比例相反其第三肋間筋、往往亦生為第二之肋間臂枝並生絲至腋窩及臂之裡邊、

下肋間筋

下肋間筋、除其末者、皆與上者之列勢相同、而行於肋脆之後、內斜橫兩肌之間、至直肌之鞘而透之以供此直肌其末枝則傍白線而生皮下枝卽腹前皮筋以供腹前之皮、外行至旁皮筋此筋供肋前腹之各肌而於路中生旁皮枝透外肋間外斜各肌、以散於腹之皮、其前枝前行至直肌之邊、其後枝供廣背肌上之皮、而與背皮

第一脊背筋　末脊背筋

筋相合、

異脊背筋

第一脊背筋本之根、與項筋相同、其後或背枝之散布之勢、與項筋之背枝相似、其前枝大略入背叢於末離胸處生小肋間枝、順第一肋間處而行、而於胸前作爲第一胸之前透筋此筋不生旁皮枝其末脊背筋大於他脊背者、其前枝順末肋之下邊而行、於方腰肌之前、透橫肌之腱膜、而前行於橫內斜兩肌之間、其散布之勢與上各筋者相同、而有腰叢之膀腹下之枝相連、往往又有細枝卽背腰筋、與第一之腰筋相連、而下行於方腰肌之內、其末脊背旁皮枝極大透內外兩斜肌、下行於膀骨崗之上而散於股前之皮有數絲往下以至大阜、

腰筋根　後枝

腰筋

腰筋兩邊各五、其第一者、露於一二腰脊之間、其末者、露於末腰與方底之間、此筋之根大於全髓筋而絲多聚於髓系之下端、其前根小於後者、而不若項筋前後兩根比例之大其根直列而長大略下者尤長蓋以髓系不過首腰脊之故也、其兩根在脊間孔內相合而於出孔時分爲前後兩枝其後枝自上而下減小、後行於橫縫之間、又分內外兩枝其外枝供立脊橫縫間之各肌有三上枝所生之皮筋透方腰廣背兩肌、下過膀骨崗之後端、而散於臀部之皮有數絲下於大阜其內枝小傍脊

前枝

節縫往裡以供衆岐峯峯間之各肌其前枝自上而下加大在其本則有長細絲同腰脉管繞脊骨體之邊腰脊之下而與百結筋之腰結相連此筋外斜行於大腰肌之後或其結之間而散絲於腰方腰之兩肌其上四筋之前枝有相接之繩繯於此處相合而爲腰叢其第五腰筋之前枝與第四之一枝相合下過方骨之底與第一方筋之前枝相合而助爲方叢其兩筋相合之系名爲腰方筋

腰叢

腰叢乃上四腰筋前枝間相連之繩繯其叢上窄往往有細枝與末脊背者相合名爲背腰筋下寬乃腰方與方叢相合之處而列於腰脊之內傍其後端腰脊橫縫之前其叢所爲之式如左第一腰筋生胯腹下胯摺窩兩筋又生連枝以至第二筋其第二腰者生外皮陰股二筋別生連枝以至第三筋其第三腰者生下絲至第四筋而分兩枝以助爲前股遮蔽之兩筋其第四者則補足前股與遮蔽者而別生副遮蔽筋之一端亦生連枝以至第五筋

腰叢枝

胯	胯	陰	皮	遮	副	前
腹	摺	股	外	蔽	遮	股
下	窩				蔽	

此枝按其散布分二種一種乃胯腹下胯摺窩陰股之一端而供腹壁之下端一種乃其餘之筋以供大腿之前端與小腿之裡邊

胯腹下筋

胯腹下筋別名上肌皮筋由第一之腰筋而來透腰脊外邊之上端斜過方腰肌之

胯枝

腹下枝

胯摺窩筋

陰股筋

陰枝

股枝

皮外筋

前以至胯骨岡、後則透橫肌之後、於此肌與內斜肌之間、分為胯腹下兩枝、其胯枝、於胯岡之極上、透內外兩斜肌、散於臀部之皮、至末脊背筋旁皮枝之後、(見二百五十三圖)此筋之大小、與末脊背筋皮枝之比例相反、其腹下枝、前續於內斜橫兩肌之間、先透內斜肌、而傍中線、以透外斜肌、於外腹環之上、而散於遮腹下部之皮、

胯摺窩筋、別名下脊皮筋、而小於上者、由第一之腰筋而來、於胯腹下之極下、透腰脊之外邊、斜過方腰胯兩肌、傍胯骨岡之前端、以透橫肌、而由此肌與內斜肌之間、與胯腹下者相連、後則透內斜肌、以散絲同精系出腹外環、而散於男之陰囊大腿上內兩端之皮、及女陰之外戶、此筋之大小、與胯腹下之比例相反、其筋往往極小、而與胯腹下筋相合、合後則胯腹下者生一枝以代之、亦或有無此筋者、

陰股筋、由第二腰筋起、別有由第一二相連之系之數絲而來、斜過腰脊體、下行於其肌之面、至摺窩之大筋帶、即分陰股兩枝、其陰枝、下行於外胯脈管之上、生數絲以繞此管、後則透橫夾膜、以穿過腹內環、順精系之後、下行以至陰囊、而在男則供提睪丸肌、在女則同圓筋帶、而盡於其上、其股枝、順腰脊之裡邊、而行於摺窩大筋帶之下、以入大腿、而透其寬夾膜、以散於腿上及前面之皮、而與皮中筋相連、此筋將過摺窩大筋帶下之處、生數絲、可迹之以至股脈管、

皮外筋、由第二腰者而來、或由第二三腰者間之繩繯而來、約其中、透腰脊之外邊、

前枝　後枝　**遮蔽筋**　前枝　後枝　節枝

而斜過胯肌、以至胯前上峯極下之峽過摺窩大筋帶之下以入大腿、而分前後兩枝其前枝下行於寬夾膜內所爲之健膜道、而於摺窩大筋帶之下、約四寸處變淺而分枝散布於腿之前外兩端之皮以至膝、此筋往往與長股內筋相連、其後枝透寬夾膜而分枝過大腿之外後兩面、而供此部之皮以至大腿之中、

遮蔽筋供外遮蔽及大腿闔之各肌、並大腿膝兩節而往往亦供大小兩腿之皮、其筋兩枝、一由第三腰筋而來、一由第四腰筋而來下穿過腰脊之內絲、由其肌之裡邊傍尻骨盤之堰而出、後則遮於蔽血管之上、順尻骨盤之旁壁而行至遮蔽孔之上端以入大腿、而分前後兩枝有短闔肌以隔之其前枝下行於短闔肌之前、有梳長闔兩肌遮之、而於長闔肌之下、則有皮內股內長兩筋相連、而作爲叢、後下行於股脈管之上而散之、此筋傍遮蔽孔則生節枝以至大腿節、而於梳肌之後又有肌枝、散於長闔窈窕、而往往亦至短闔梳之各肌、以收納副遮蔽筋之連枝此連枝往往爲皮枝續下於大小兩腿、於長闔肌之下邊而出順盤腿肌之後邊下行至膝之裡邊以透深夾膜而與內長股筋相連、以散於小腿裡邊之皮以至小腿之中此枝若小、則以皮內筋代之其後枝透外遮蔽肌、行於短闔肌之後、以至大闔肌之前、而分數肌枝以供外遮蔽大闔、並往往短闔之各肌其膝節枝則透大闔肌之下端、以入膕之上端而下於膕脈管之上以至膝節之後、透後筋帶而散於節膜於在路時、

副遮蔽筋

前股筋

皮中筋

又生絲以至膕脉管、

副遮蔽筋小、或由遮蔽傍其本而來、或專由第三四筋之絲而來、順腰脊之裡邊往下過交骨體、行於梳肌之下而分數枝、一枝供梳肌而透其下面、一枝散於大腿之節、一枝與遮蔽之前枝相連、此枝若大則往下續爲皮枝以入小腿、其副遮蔽者不恒有、此筋若無則大腿節收納遮蔽筋之枝、此筋往往極小、而盡於大腿節之裏、

前股筋乃腰叢枝中之極大者、除緊股鞘肌之外、則供肌枝至胯梳、及大腿前之各肌、又供皮絲、至大腿之前及其裡邊、並小腿及足、而供節枝以至膝、此筋由第三四腰筋而來、又有收納第二筋之絡、下穿過腰脊之絲、於此肌外邊之下端而出、下於腰胯兩肌之間、摺窩大筋帶之下以入大腿而變爲匾、以分前或皮後或肌之兩端、此摺窩大筋帶之下有腰肌以隔此筋與股脉管而列於胯夾膜之下、其前股筋之外邊、於尻骨盤內生數小枝以至胯肌、一枝散於股脉管之上、此枝之本有變革、有時由較尋常高者、亦有時較尋常低者、而來、其在尻骨盤外亦有其所生之枝如下、

前岔所生
皮皮股
中內長

後岔所生
肌結

皮中筋於摺窩大筋帶下三寸處、透寬夾膜、（往往亦透盤腿肌）而分兩枝、順大腿前端下行、散數枝於大腿之皮以至膝前、而與長內股之枝相合、其外枝於上則與外股筋之

股枝相連其內枝於下則與皮內筋相連、其盤腿肌側或由皮中或由皮內而來其

皮內筋

皮內筋斜過股脉管鞘之上端在其管之前或裡邊、分爲前內兩枝其前枝在大腿三分之下一處以透寬夾膜而分兩枝、一枝供皮以下至膝之裡邊一枝過膝蓋骨、至膝節之外邊而於路上與長內股筋相連此筋往往又生一皮絲與長內股之回管並行、亦往往與其內枝相連、其內枝順盤腿肌後邊往下以至膝透寬夾膜與皮股內筋相連、而生數皮枝後則下行於小腿裡邊而散於小腿之皮此筋於寬夾膜之下與長股遮蔽兩筋之枝相合、而作爲叢形之網其遮蔽之連枝若大卽續至小腿皮、而皮內之內枝必小、卽以叢處爲其筋之末、而往往又生數皮絲此筋又於未分枝之先生數絲、以透寬夾膜而供大腿內之皮、與長股回管同行、一絲穿過卵圓孔、一絲在腿中變爲皮下絲、後有一絲於腿三分之下一處以透夾膜其長股筋乃

長或內股筋

前股皮枝中之極大者列於盤腿肌之下、股脉管之外邊、由鍵膜之下至大闔肌下端之孔、後則離脉管順膝之裡邊直往下、於盤腿肌之下、以透盤腿窮宼兩肌筋間之深夾膜、而變爲皮下筋、後則順小腿裡邊與長股之回管同行、下行於小腿骨裡邊之後及小腿三分之下一處而分兩枝一枝續於其本枝於小腿骨之邊至內髁、一枝行於足節之前而散於足裡邊之皮以至踇其長股筋約在大腿之中生連枝

長股筋枝

以與皮內遮蔽兩筋所作之叢相合、在膝之裡邊又生一大枝名膝皮筋、透盤腿肌

肌枝　節枝　方筋　本根　根長　後方筋

與股夾膜以散於膝蓋骨前之皮而於膝上與皮內之前枝相連於膝下與長股筋之他枝相連於膝外邊與皮中外兩筋之枝相連作爲叢形之網名膝蓋叢此筋往往小與皮內者相合而於膝前代之其膝下長股筋之枝散於小腿前及裡邊之皮而與皮內之皮枝或遮蔽筋相連其前股筋之枝乃肌節之兩深中枝其肌枝供梳肌除緊股鞘肌乃臀筋所供盤腿肌乃皮中皮內筋之絲所供其餘大腿前之各肌皆由此枝以供之其梳肌枝大略有二裡行於股血管之後以入此肌之前面其指肌枝入此肌下面之上其外廣大肌枝大順外回環脉管下枝之路至此肌之下端又生節絲其內廣大肌與股肌之枝入於此兩肌之中其節枝有二而供膝節一長細絲由供外廣大肌之筋而來入於節前面之裹筋帶一由供內廣大肌之筋而來下行順內肌間之隔而與大連之深枝同行透節裡邊之裹筋帶以供此節膜

方尾骶筋

方筋每邊各五其上四筋穿過方孔以出方道其第五筋則穿過方尾骶兩骨間之孔而出其上方筋本之根在各髓系筋中爲極大其末方尾骶兩筋者則極小此筋根長於他髓系者蓋以髓系不過第一腰脊之故也以其長而狀如馬尾故名其每方尾骶各筋分前後兩枝其後方枝由上而下漸小除其末者皆由後方孔以出方道於出方道之時其上之三筋俱有衆岐峯肌遮之而分內外兩枝其內枝小供衆

尾骶筋後枝

前方筋

岐峯肌、其外枝皆彼此相連、並有相連之繩纓與末腰第四方之兩筋相連、其枝往外至大方坐筋帶之外面而於大臀肌之下作爲第二排之繩纓由此纓又生三皮枝以透此肌、一枝傍胯之後下峯、一枝在方骨末之對面、一枝在此兩枝之間、而皆供臀部後端之皮其下後方之兩筋列於衆岐峯肌之下其筋小皆與尾骶筋彼此相合而於方骨之後作爲繩纓、此纓又生絲以供尾骶骨上之皮、其尾骶筋之後枝、小於髓道之內與前枝相分以收納末方筋之連枝而盡於尾骶骨背之類絲質、其

前方筋由上而下漸小其上四筋、由前方孔而出、其第五筋之前枝同尾骶筋由方尾骶兩骨之間而出、其筋於出方孔時皆與百結筋之方結相連、其第一筋大與腰方筋相合其第二筋之大小與第一者相同、亦相合、其第三筋小不過第二四分之一之大而與第一二者相合作爲方叢其第四筋生一枝與方叢相合其筋之餘端則分臟肌之各枝復有相連之絲下與第五方筋相合其臟枝散於尻骨盤內之臟與百結筋相連此枝上行於直腸膀胱之上在女則至陰道與膀胱之上而與百結筋枝相連以作爲腹下叢其肌枝散於提肛門尾骶輪肛門之各肌而輪肛門之枝又生皮絲以供肛門尾骶兩間之皮其第五前方筋出方道下端以透尾骶肌而下行於尾骶骨尖前面之上卽透此肌之處而散於尾骶後端與其邊之皮此筋之上則與第四筋相連下則與尾骶筋相連而供其肌其尾骶筋之前枝乃細絲由方道

肌枝

上臀筋

羞秘筋

之末而出、透方坐筋帶並尾骶肌、而與第五前方筋之枝相合、以盡於尾骶骨後端及其邊之皮、

方叢

方叢、乃腰方上三方之前枝、及第四方筋一端之所爲、其上筋斜往外、下者橫、其各筋俱相合、作爲單寬匾之系、而三角形、其底與出方骨筋之出處相對、其尖與大方坐孔之下端相對、列於梨肌之前面、其前有尻骨盤夾膜遮之、而隔此叢與內胯脉管、坐羞秘之兩枝、並尻骨盤之臟、此叢之枝、乃肌、上臀、羞秘、小坐、大坐等枝、其肌枝供梨、內遮蔽、兩雙方股各肌、其梨肌枝或由叢或上方筋而來、其內遮蔽肌枝由腰方及第一方筋相合之處而來、過坐骨峯之後、穿過小方坐孔、以至內遮蔽肌之裡面、其上雙肌枝由叢之下端傍羞秘筋而來、其下雙方股兩肌之枝小、亦由其叢下端而來、過雙肌與內遮蔽筋之下、生節枝以至大腿節、此枝往往由大坐筋之上端而來、

上臀筋、由腰方之後端而來、於梨肌之上、穿過大方坐孔、以出尻骨盤、而與臀血管同行、分上下兩枝、其上枝順小臀肌本之線、以供此肌與中臀肌、其下枝斜過小中兩臀肌之間、而散絲於此兩肌、以入緊股鞘肌之下端、

羞秘筋、由方叢之下端而來、於梨肌之下、以穿過大方坐孔而出盤、後則過坐骨峯、

穿過小方坐孔、復入於盤、順坐直腸窩之外壁、而與羞秘血管同行、往上而前、有遮蔽夾膜遮之、分爲會陰、陽莖背兩末枝、傍其本、則生下直腸筋、

下直腸筋

其下直腸筋、往往由方叢而來、同其同血管、過坐直腸窩、向直腸之下端、而散於肛門外輪肌及肛門週圍之皮、其筋之枝、於大腿裡邊、與下羞秘淺會陰兩筋相連、

會陰

其會陰筋、乃羞秘兩末枝之極下而大者、而列於羞秘脉管之下、與淺會陰脉管並行、以分皮肌兩枝、其皮枝別名淺會陰枝、又分前後兩枝、其後枝行於坐直腸窩之後端、而散絲至肛門輪肌及肛門前之皮、而與下直腸筋相連、後則同其前枝前行、以至陰囊之後、而與此枝及下羞秘筋相連、其前枝於後枝之前、行於坐直腸窩之前端、而同此枝至陰囊及陽具之下邊、此枝又生一二絲至提肛門肌、其肌枝散於會陰橫、急溺、立陽莖、歛溺管之各肌、其陽具帶筋、供陽具之海綿體、而有數絲行於其面、後則入於其內、

陽莖背筋

其陽莖背筋、乃羞秘筋之上岔、順坐骨枝及深會陰兩層夾膜之間、而與羞秘脉管同行、透陽莖之挂筋帶、而同陽莖背脉管、以至龜頭、而散於其處、此筋在陽莖之上、生皮枝、順陽莖之邊而行、與百結筋之枝相連、以供陽莖之上面及其邊之皮、並其包皮、又生一大枝、至陽莖之蜂窩體、在女之羞秘筋、則散於與男相似之處、其上岔入於陰莖、其下岔入於外戶及會陰、

小坐筋

小坐筋、供會陰與大小兩腿後端之皮、並大臀肌、其筋大略乃兩枝相合所爲、由方

下臀枝　皮枝

大坐筋

節枝

叢之下端而來、於梨肌之下以出尻骨盤、同坐脉管下行於大臀肌之下、順大腿之後寬夾膜之下以至膕部之下端而透夾膜以變爲皮枝、後則同股之外回管以至小腿中之下、其末絲則與外股筋相連、其小坐筋之枝乃肌皮、其肌枝卽下臀之枝、乃數大枝傍大臀之之下端而散於其下面、其皮枝、分內上兩種、其內枝散於大腿後面之上及其內之皮、有一大枝、乃下羞秘枝前曲行於坐阜之下、由此骨枝之外邊以透寬夾膜而散於陰囊之皮與淺會陰筋相連、其皮上枝乃二三絲、上繞於大臀肌之下邊、以供遮此肌面上之皮、往往有一二絲、順大腿外邊下行、以供至此部中之皮由小坐筋下行於大腿夾膜之下、又生二三枝、以供大腿後端膕部小腿上端各處之皮、

大坐筋、大略供小腿之全皮、及大腿後小腿足之各肌、乃通體腦系中之極大者、其寬有四分寸之三而與方叢之下端相續由梨肌之下、穿過大方坐孔以出尻骨盤、下行於大坐兩阜之間、順大腿之後至其三分下一之處、而分內外兩膕枝、其分處在方叢大腿三分下一兩端間之各處皆可分、若於方叢而分、則兩筋平行而往下、或於其初起處有梨肌一端、或梨之全肌以隔之、此筋順大腿後端下行同小坐筋及其脉管、先列於外轉肌而有大臀肌遮之、再往下則列於闔肌之上而有雙頭肌之長頭遮之、此筋之枝於未分之先、乃節肌兩枝、其節枝由其筋之上端而來、以供

肌枝
內膕枝
節枝
肌枝
皮枝別
名外或
短股筋
後脛筋
肌枝
掌皮枝
內掌筋

大腿之節而後透其類絲裹亦往往由方叢而來其肌枝散於小腿之屈肌卽雙頭半筋半膜大圍一枝之各肌此枝由雙頭肌之下而生其內膕筋乃大坐兩末枝之極大者順大腿後端下行穿過膕中以至膕肌之下端而與脉管同行於比目魚肌弓之下以變爲後脛筋先淺列於膕血管之外邊於膝節之對面則緊傍此管過脉管以至其裡邊此筋之枝乃節肌皮之三枝其節枝大略有三兩枝同上下之內節脉管一枝同孤節脈管以供膝節其肌枝有四五由此筋列於雙腹肌兩頭之間而來以供此肌掌比目魚膕之各肌其皮枝下行於雙腹肌兩頭之間而於小腿後之中透深夾膜以收納外膕筋之連枝卽連輔腿者後傍懶筋之外邊以下行於小腿同外股回管以繞外髁散於足小指外邊之皮而於足背上與肌皮筋相連其後脛筋由膕肌之下邊起順小腿後同後脛血管以至內髁及後跟之間而分內外兩掌筋列於小腿深肌之上而有深夾漠淺肌及皮遮之在路之上端則列於後脛脉管之裏邊急過此管而列於此管之外邊以至髁其在小腿三分下一之處則與懶筋之裡邊平列此筋之枝乃肌掌皮其肌枝由其筋之上端或單來或皆由總幹來而供後脛屈長趾屈長蹈之各肌其屈長蹈者與輔腿脉管同行其掌皮枝透內環筋帶以供後跟及足掌裡邊之皮其內掌筋見二百五十五圖大於外者順足之裡邊與內掌脉管同行其本則在內髁由此前行於開蹈屈短趾兩肌之間至掌骨底之對面分

內掌筋枝　外掌筋　淺枝　深枝或肌枝　外膕筋別名輔腿筋　節枝

爲四趾枝、而與外掌筋相連、此筋在路生數皮枝、以透掌夾膜而供足掌之皮、別生數肌枝、以供開蹞屈短趾兩肌、別生節枝、至腕掌之各節、此外復有四趾枝、在趾縫之間透掌夾膜、而散勢如左、其第一者、供蹞趾之裡邊、並生一絲至屈短蹞肌、其第二者、分岐以供蹞第二兩趾相依之邊、並生一絲以至第一蟲肌、其第三者以供二三兩趾相依之邊、並第二蟲肌、其第四者、以供三四兩趾相依之邊、並收納外掌筋之連枝、而此筋各枝之散勢與臂中筋相同、其每趾之筋皆生皮節之絲、其末趾骨之對面、又生背枝、以供趾甲週圍之質、而其筋相續散於蹞球、其外掌筋、小於內者、而補足供足質之筋、以散於小趾及第四趾之半、並有數深肌、此筋同外掌脉管前斜行於足之外邊、而列於屈短趾副屈兩肌之間、於屈短趾開小趾兩肌之間、分深淺兩枝、而未分之先、則供副屈開小趾兩肌、其淺枝分兩趾筋、其一小枝供小趾之外邊屈短小趾及第四掌處之兩骨間之各肌、其一大枝供第四五兩趾相依之邊、而與內掌筋相連、其深枝同外掌脉管入於足掌之深、端於圍蹞屈肌筋之下、除第四掌處肌之外、皆供全骨間肌、及兩外蟲、圍蹞足橫之各肌、其外膕筋之大不過內膕之半、順膕之外邊、緊貼雙頭肌之邊、斜往下、以至輔腿骨、於此骨頭之下約一寸處、則透輔腿長肌之本、而此肌之下分前脛肌皮兩筋、此枝未分之先、乃節皮之各枝、其節枝有二、同上下外節脉管至膝之外邊、其上者往往由大坐筋分岐之先而

來、其第三者、卽返迴枝、由輔腿筋分岐之處而來、同脛返迴脈管上行穿過前脛肌、以至膝前而供之、

皮枝

其皮枝有二三、供小腿後而外之皮、以至小腿之中或下端、一枝大於其餘者、卽輔腿連枝、傍輔腿頭而來、過雙腹肌之外頭、以至小腿之中、而與外股者相合、此筋往往爲一專枝、續往下以至後跟、

前脛筋

其前脛筋、由輔腿筋分岐處起、卽輔腿骨及輔腿長肌上端之間、而於伸長趾肌之下、斜往前至骨間膜之前端、小腿中之上、前脛脈管之外邊、後則同此脈管下行、以至足踝節之前、分內外兩枝、此筋先列於前脛之外邊、後則前、而復於足踝節之外邊、其前脛枝、穿過小腿、生數肌枝、以供前脛、伸長趾、伸蹞之各肌、

外枝或腕枝內枝

其外枝、外過腕骨、於伸短趾肌之下、變爲結形、而與手腕後掌骨間筋相同、以供伸短趾肌、腕掌之各節、其內枝、卽此筋之續、同足背脈管順足背之裡邊而行、於第一掌骨間處分兩枝、以供第一二兩趾相依之邊、而與肌皮筋之內枝相連、

肌皮枝

其肌皮枝、供小腿輔腿邊之各肌及足背之皮、前行於輔腿數肌及伸長趾肌之間、於小腿三分下一處、之前外兩邊以透深夾膜、而分內外兩枝、此筋於肌間路生肌枝、以至輔腿長短兩肌、亦有皮絲至小腿下端之皮、

內枝

其內枝、行於足踝節之前、順足背以供蹞趾之裡邊、及第二三趾相依之邊、並供內踝及足之裡邊、而與內股筋相連、而於第一二趾之間、與前脛筋相合、

外枝

其外枝、大、順足背之外邊而行、以散於三四五趾相依之邊、供外踝足外邊之皮、而與短股筋相連、此筋之

散布有變革、合而計之、除小趾之外邊及第一二兩趾相依之邊、俱有此筋供其全趾、

百結筋

百結筋、西國本名憐惜筋、能令各臟腑互通消息、有彼此憐惜相顧之意、故名、此筋在脊骨柱兩邊、自頭顱底至尾底骨俱有排之結、而中間之系相連、此筋亦可迹之以入頭、乃頭顱臉各骨間所有之結、此兩結系平行以至方骨、而至其上又相聚於尾骶骨之前、則有一結令左右相連、有謂於前連脉管上之小結、此兩系亦於頭端相合、此兩端之間別有數處有系所來之筋與兩邊之結系相連、其結之數微少於脊骨者、如項部僅有三、脊背十二、腰四、方五、尾底一、而此筋便於按部分論

部	腦	項	脊背	腰	方	尾骶
結	四	三	十二	四	五	一

每結各作爲一專根、有起於此結者、有入於此結者、其枝可分三種、一爲結間所連之枝、乃灰白兩色之筋絲所爲、其白者由上結之髓系絲相續、二爲腦或髓系筋相連之枝、亦係灰白兩色所爲、其白者由髓系筋而來、以入結、其灰者由結而出、以入髓系筋、三爲結首枝、而散於結之鄰脉管與其臟腑、或上於胸腹尻骨盤之他結、亦百結髓系二種之腦筋絲所爲、此種作爲細密之叢、以繞血管、卽由此管領此筋以入臟腑、此枝之極多者、行至排結或結形之叢、而大小不等、以列於胸腹、與臟腑大脉管之根相連、其結單而不勻、名心與半月結、其臟結、又生多叢以繞血管、而被血

上項結　上枝　外枝　連枝

管領之以入臟腑、其百結筋之腦端乃四結所爲、一爲眼、二爲蝴蝶膀、三爲耳、四爲牙床下、以上之四結已論之於第五筋之三岔茲不再贅、

百結筋項端

百結項端、每邊有三結、按其部位分爲上中下、

上項結、在三結內爲極大、列於第二三項脊骨之對面、而往往下至第四或第五者、其色淡紅灰色、大略若棗核形、往往忽寬忽縮、如數小結之湊成者、其結之前傍內項脉管之鞘及內項回管、其後列於大前直頭肌之上、此結之枝、分爲上下內外前之五枝、其上枝似乎本結直續之枝、其質軟而色淡紅、由內項脉管之邊上入耳門骨內之項脉管道、以分兩枝、一列於管外、一列於管內、其外枝大於內者、散絲至內項脉管、以作爲項脈叢、其內枝亦散絲至內項脉管、續往前以作爲蜂窩叢、

項脈叢

項脈叢、列於內項脉管之外邊、其叢往往於脈管下面之上生絲、作爲小結形之凸處、名爲項脈結、其項脈結與半月結第六筋蝴蝶膀結俱相連、而散絲至項脉管之壁、及外衣、其與第六筋所連之枝、乃一二絲所爲、由其筋列於內脉管外邊上之處相合、而有他絲亦與半月結相連、由後蹬筋之項脈端前行、穿過頭顱中孔所有之脆物、順後蹬道而與後蹬膀結相連、在此道內並與後蹬之岩枝相合、

下枝　外枝　內枝　前枝

蜂窩叢

蜂窩叢列於蜂窩穴內馬鞍之邊內項脉管之下而裡大略乃上項結上枝內岔之所爲而與三四五六筋及岩結俱相連以散絲於內項脉管之壁其與第三筋相連之枝則於分岐之處相合其與第四筋相連之枝於蜂窩穴外壁之上相合別有他絲與岩筋幹之下面相連有第二相連之絲與第六筋相合其與岩結相連之絲由蜂窩叢之前端而來與鼻筋同行或前續爲專枝其項脈蜂窩兩叢之末絲順內項脉管相續作爲叢以繞腦眼兩脉管順腦脉管可跡之以入內衣順眼脉管可跡之以入眼窩即與此管所分岐之枝同行別專有一叢同眼內衣中脉管以入眼球其下枝與中項結相連其外枝多與頭顱及上四髓系筋相連往往與第四髓系筋之枝由上中兩項結相連之系而來其與頭顱筋相連之結乃細絲所爲由上項結而來至肺胃幹之結及第九筋別有一絲由上項結而來分枝與舌咽頭之岩結並於項孔內與肺胃根之結相連其內枝有咽頭喉上心之三筋其咽頭枝裡行於咽頭之邊而與肺胃舌咽頭外喉筋之各枝相連以助作爲咽頭叢其喉枝與上喉筋及其枝相合其上心者俟與他心筋並論其前枝冗分於外項脉管及其枝之上於每枝之週圍作爲一細叢而各叢筋之上往往有小結各按其部位爲結之名有項脈間一結列於總項脈管分岐之角處舌耳門咽頭等名其數脉管同行之叢有與他筋緊要相連者

中項結 別名牌結 上枝 下枝 外枝 內枝（牌中）

下項結 上枝 下枝 外枝

上心筋 別名淺心筋

右上心筋

其繞外項脉管者、與臉之雙腹枝相連、其繞臉筋者、有一二絲與牙床下結相連、其同中腦衣脉管者則生絲至耳結及臉筋之大結形處

中項結、乃三項結之極小者、往往亦有無此結者、其結列於第五項脊骨之對面、及下牌脉管之上、或緊傍者、故名牌結、其上枝上行、與上項結相連、其下枝下行、與下項結相連、其外枝外行與第五六髓系筋相合、此枝不恒有、其內枝乃牌中心之兩枝、其牌者乃小絲、同下牌脉管以至牌核、而於脉管之上則與上心筋相連、而於核內則與返迴外喉兩筋之枝相連、其中心者、俟與他心筋並論、

下項結、列於末項脊骨橫縫之底、與第一肋項之間、而於上肋間脉管之裡邊無定形、大於中者、往往與第一胸結相合、而有上下外三枝、其上枝、與中上結相連、其下枝下行、有數枝在鎖柱下脉管之前、有數枝在其後、而與第一胸結相合、其下心筋、於此枝之中爲緊要者、其外枝、有數絲與第七八髓系筋相連、有他絲順脊骨道與脊脉管同行繞此管以作爲叢、生絲以供此管、而與項髓系筋相連、以至第四筋、

心筋

心筋上中下每邊各三、由每項結各來一枝、其上心筋、由上項結之兩枝、或多枝而來、往往收納第一二項結間連系之一絲、下行於總項脉管之後、而列於長項肌之上、過下牌脈管、及返迴喉筋之前、其右上者、列於項根而行於鎖柱下脈管之前或

左上心筋　中心筋　下心筋　大深叢

後順無名脉管過總脉管弓之後端以至心深叢而在路有百結筋之他枝與之相連約在項之中以收納外喉筋之絲再下行則收納肺胃筋之一二絲一入胸與返迴喉之筋相合並有此筋之絲與下脾脉管同行以至脾核其左上者行於左項脉管之邊及總脉管弓之前以至心淺叢而往往過此管之後以入心深叢其中心筋別名大心筋在三筋中為極大由中項結或中下兩結間之結間系而來於右則下行於總項脉管之後於項根則行於鎖柱下脉管之前或後後則下行於總氣管之上以收納返迴喉筋之數絲而與心之深叢相合於項內則與上心返迴喉兩筋相連於左則由左項鎖柱下兩脉管之間以入胸而與心深叢之左邊相合其下心筋別名小心筋由下項或第一之胸結而來下行於鎖柱下脉管之後順總氣管之前以至心深叢而相合於鎖柱下脉管之後則與返迴喉中心兩筋相連其心之大或深叢列於總氣管分岐處之前肺脉管分岐處之上總脉管弓之後乃百絲筋項結所來之心筋及返迴喉肺胃兩心枝之所為除左上心筋及肺胃左下心枝之外皆此叢之所為其心大叢所來之枝作為後冠叢及前冠叢之一端有數絲行於肺叢及心上房此叢之右枝以數枝行於右肺脉管之前數枝行於其後其前者多遞數絲於前冠叢順肺脉管之幹而續為前冠叢之一端其後者散數絲於右上房而作為後冠叢之一端其叢之左枝散數絲於心之左上房及前冠叢後則續為後冠叢

心淺叢

後冠叢

前冠叢

外枝

上六結之內枝

下六結之內枝

大腹臟筋

之大端、而有數絲至心之淺叢、其心之淺叢、別名前叢、列於總脉管弓之下、右肺脉管之前、乃左心上筋肺胃左、往往其右下心枝及心深叢之絲之所爲、其筋往往有小心結於此筋相合之處相連、如有此結、則列於總脉管弓之極下、胎脉管之右邊、此淺叢作爲前冠叢之大端、有數絲順肺脉管而行、以至左前肺叢、其後冠叢、乃心深叢左邊之多絲及右邊之少絲之所爲、而於心後繞冠脉管之枝、以散絲於此管至下房之肌質、其前冠叢、乃心淺叢大半之所續者、有收納心深叢之絲、前行於總肺兩脉管之間、同右冠脉管以至心之前面、有謂有腦絲冗分於心內包絡之下者、有謂有數種胎生物其心面上與心肌質之內心筋之上有數小結者、而又謂曾解剖人心之面上及心體內有筋之密網、其筋上生許多之小結者、

百結筋胸端

百結筋之胸端、乃排結之所爲、其數與脊骨之數、大畧相同、然往往有兩結相合者、故不能定其確數、此結列於脊骨之兩邊而傍肋頭、有肋包膜遮之、其兩末結、列於所餘各結之前傍脊骨體邊之上、此結小而淡灰色、其第一者大於其餘者、長形、大畧與末項之結相融、此結由本體所來細形之絲相連、其每結之外枝、大畧有二、與各脊背髓系之筋相連、其上六結之內枝極小、而散絲於胸之總脉管及其枝、別生小枝至脊骨體及其筋帶、其第三四結之枝、作爲肺後叢之一端、其下六結之內枝、大而色白、散絲於總脉管、而相合作爲大中小或腎之三腹臟筋、其大者色白質堅、

中腹臟筋別名小腹臟筋
小腹臟筋別名極小腹臟筋及腎腹臟筋
腹上叢別名太陽叢
半月結

與結筋大不相同、乃第六至第十間之胸結枝所爲、有謂以收納第六以上各胸結之絲者、其根則合爲大圓系、斜往裡而下、由脊骨體之前順後胸縱膈透膈肉之蒂以入半月結、而散絲於腎叢及腎上核、其中者乃第十十一兩結之絲並兩結間之系之所爲、而與大者同透膈肉、以與腹軸叢相合、於胸內則與大者相連往往生絲以至腎叢、其小者、由末結而來、透膈肉以入腎叢及腹軸叢之下端、往往與中者相連、其腹臟心各筋頗有相似之處、其心筋有三、由三項結而來、散於胸內大而緊要之具、其腹臟筋亦有三、大略與全脊背結相連、而散於腹內緊要之具、其腹上叢以供腹內之全臟、乃密網之筋及結之所爲、而列於胃之後、總脈管及膈肉蒂之前、以繞腹軸、及上腸間膜脈管之根、下行於胰而外以至腎上核、此叢與其所連之結、皆收納兩邊之大腹臟筋、並中腹臟筋之一端、及右肺胃筋之末、而散絲名爲叢以與腹總脈管前之各枝同行、其大腸之半月結、每邊各一、在身體內爲極大、蓋許多之小結所合而成者、而其間有空處、列於腹軸及腸間膜脈管之邊、而緊傍腎上核、其右者、列於下回血總管之下、每結之上端、而有大中兩腹臟筋與之相合、每結之裡邊、而有太陽叢枝與之相連、其叢所生之叢、乃膈、腹軸、胃、肝、脾、腎上核、腎、上腸間膜、精、下腸間膜之各叢、其膈叢同膈脈管以至膈肌而供之、而有數絲行於腎上核、其叢由半月結之上端而來、其右者大於左者、其叢在右與膈筋相合之處有小結與

腎上叢　腎叢　精叢　經核叢　腹軸叢　胃叢　肝叢　脾叢

之相連、名爲膈結此結列於膈肌之下面以傍腎上核、其枝則散於下回血總管腎上核及肝叢其左邊則無結其腎上叢乃太陽叢、半月結腹臟膈各筋枝之所爲其膈筋與此叢相合之處有結此叢供腎上核其枝則比例其所供之具爲大其腎叢乃太陽叢半月結之外端、及總脉叢之絲所爲、而有中小兩腹臟筋之絲與之相合、其各處所來之筋自十五至二十、皆有多結生於其上此筋同腎脉管之枝以入腎、左右各有數絲、而右者散於下回血總管、復有他絲散於精叢之兩邊正精叢由腎叢而來以收納總脉叢之枝同精血管以至睪丸在女則其經核叢散於經核及子宮之底、其腹軸叢、大由太陽叢直相纏繞腹軸以分胃肝脾三叢而收納一或多之腹臟筋之枝、其左邊則收納肺胃筋之一絲、其胃叢順胃小曲與胃脉管同行、而與左肺胃筋之枝相合、以散於胃、其肝叢乃腹軸叢之極大者、而收納左肺胃及右膈兩筋之絲、同肝脉管冗分於肝內、並其枝之上、及門回血管枝之上此叢之枝與肝脉管之全岔同行、如幽門叢、則與肝之幽門枝同行、而與胃叢肺胃筋相合、並有胃小腸頭叢一分爲胰小腸頭之叢、與胰小腸頭脉管同行、而供胰及小腸頭、以與腸間膜叢之枝相合別有一胃脂膜叢順胃之大曲與胃脂膜脉管同行、而與脾叢之枝相合、別有傍肝由肝叢而來之膽囊叢供膽以囊其脾叢乃左右兩半月結之枝、及右肺胃筋之枝所爲、與脾脉管及其枝同行以入脾內於路生絲以至胰（即胰叢）並

上腸間膜叢

總脈叢

下腸間膜叢

上下枝

外枝

內枝

左胃脂膜叢、而順胃之凸邊、與胃脂膜左脉管同行、其上腸間膜叢、乃大太陽叢下端之所續、而收納右肺胃筋腹軸叢相合之一枝、以繞上腸間膜脉管、卽同此管以入腸間膜、而分數次叢、散於脉管所供之各處、乃膵之一枝腸枝、以供全小腸並曲折回腸、右回腸、中回腸之三處之枝、以供大腸相似之處、此叢之筋、色白質堅、而傍其本有數結生於其上、其總脉叢、乃半月結與腎叢兩邊所來之枝所爲、以收納數腰結之絲、於上下兩腸間膜脈管本之間、而列於總脉管之前、及其邊、其下腸間膜、精之一端、及腹下之各叢、皆由此叢而來、散絲至下回血總管、其下腸間膜叢、大略由總脈叢之左邊而來、繞下腸間膜脉管、而分數次叢、以散於其管所供之各處、乃左回腸返廻之兩叢、以供下返兩回腸、其上直腸叢、以供直腸之上端、而於尻骨盤內與左腹下叢之枝相合、

百結筋腰端

百結筋之腰端、順腰肌之裡邊、列於脊骨柱之前、大略乃四結之所爲、有結間之系相連、其結小、淡灰色、狀如大麥粒、而去中線甚近於胸結者、其上下之枝、乃此部連環結間之連枝、大略單而白色、其外枝、與腰髓系之筋相連、因腰結之部位、而其枝則長於他部者、其每結約有兩枝、同腰脉管繞脊骨體之邊、而行於類絲弓之下、其腰脊之絲、大半俱由此弓而來、其內枝往裡、於總脉管之前、以作爲總脉叢、有他枝

上下枝　外枝　內枝　腹下叢　下直腸叢

下行於總膀脉管之前、而於方角之上相合以作爲腹下叢、有數細絲散於脊骨體及其所連之筋帶、

百結筋尻骨盤端

百結筋之尻骨盤端、順前方孔之裡邊、列於方骨之前、乃每邊四五小結之所爲、而與結間之系相連、下則相聚由小結相會於尾骶骨之前、其上下之枝、乃結上下兩間相連之系、其外枝極短、與方筋相連、每結各二、其尾骶筋或連於末方結、或連於尾骶結、其內枝於方骨前對邊相對之枝相連、其首二結、有數枝與尻骨盤叢相合、別有他枝作爲叢、而與中方脉管同行、其腹下叢供尻骨盤內之臟腑、而列於方骨角之前、總膀兩脉管之間、順總脉叢兩邊下行、並腰結及首二方結之數絲相合之所爲、此叢無結、而下分兩旁端、以作爲下腹下、或尻骨盤之叢、

下腹下叢（別名尻骨盤叢）

下腹下叢、在男則列於直腸及膀胱之邊、在女則列於直腸陰道及膀胱之邊、乃腹下叢之所續、並第二三四方筋之枝、及方結之數絲之所爲、此筋相合之處、有數小結、其叢又生數枝、同內膀脉管之枝、以散於尻骨盤之各臟腑、其下直腸叢、由尻骨盤叢之後端而來、以供直腸、而與上直腸叢之枝相合、其膀胱叢由尻骨盤叢之前端而來、其筋所爲之叢極多、而多含髓系筋之絲、此叢之枝、同膀胱脉管散於膀胱

膀胱底核叢

小蜂窩筋

大蜂窩筋

陰道叢

子宮筋

之邊、與底、有數絲行於精囊與精管、其同精管之枝、於精系之上與精叢之枝相合、其膀胱底核之叢由尻骨盤叢之下端相續、其筋所為之叢極大、而散於膀胱底核、精囊、及陽莖之立質、其供陽莖立質之筋有大小蜂窩筋之二種、乃細絲由膀胱底核叢之前端而來、與內羞秘筋之枝相合、後則行於交骨弓之下、其小蜂窩筋、傍陽莖根以透其類絲之衣、其大蜂窩筋、順陽莖背前行、而與羞秘筋之背枝相合、以散於蜂窩海綿之兩體、其陰道叢由尻骨盤叢之下端而來、散於陰道前之立質及陰道之嫩膜、而盡於陰道之壁、其叢之筋、亦有許多髓系筋之絲、與膀胱者相同、其子宮筋、由下腹叢下端方筋之與尻骨盤叢相合處之上而來、於寬筋帶層之間、同子宮脉管至子宮之邊、而散於子宮之項及其體之下端以入其質、有他絲專行於子宮體及經管、有腹下叢之枝同子宮脉管以入子宮之體、而此絲之上有大結形之處、

全體通考卷九　終

眞皮　深層

五官具

五官具乃靈明與外物相交之具、其具有五、乃捫、臭、味、聽、視、（中國五官之說有四合理乃臭味聽視而其一仍不合乃有謂三膲有謂心者蓋三膲無形無像乃無之之物而心則爲運血之具）

論皮

皮乃捫具之緊要者、而可謂之爲保護深質之衣、別作爲緊要生出無用而吸入之具、分皮膚之兩層、其皮層之面上有知覺芒、而其內或下有汗核毛囊油核等類、其皮西國謂之眞皮、軟而固、柔而極韌、有護內端之妙功、乃類絲連質並許多血津液兩管及腦筋相融之所爲、其類絲連質、即皮之架、乃硬白類絲質相互之束、並少許之黃韌絲相融（各處者多少不等）之所爲、其類絲連質、在皮之深層者居多、密硬而隙大、漸與皮下之連質相融、其質面之絲則細而尤密以相編、其極淺之層有許多小圓錐斜凸、即芒遞之、其皮質因各處有別、故分爲淺深兩層、其深層乃堅而互編之類絲帶、大畧白類絲質之所爲、然亦含黃韌質之數絲、而在各處之多寡不同、向其所黏之面有綹、大而粗、其互編處之隙大、而攙油質與汗核、以列於其隙內、而此質漸與皮下之連質相融、向其浮面之綹則細而密編、其極淺層乃同性透明之模、並核列於內、其深層之厚薄不等、約自四分分之一至一分半、在恒露於外之處、如手足之

隙

芒層

背厚於前四肢之外邊厚於內、其眼泡陰囊陽莖、則極薄而細、男之皮大畧厚於女者、其隙內有油質毛囊汗油兩核、而賴其隙以扶助其血管及腦筋、而散於深層之淺層及其芒層、其深層之淺層有毛之處、有素肌絲、在陰囊陽莖會陰、皮下之連質、及乳隙各處、亦有此絲、而此處之絲如帶、其隙密、而層列如片、其芒或淺層、列於深層之浮面、乃許多小而極有知覺之斜凸、卽芒、其凸之在面上者皆竪生、而作爲捫具必須之物、其芒乃圓錐形之凸、有圓或鈍之端、往往分二或多之處、而由其底與深層之浮面相連、酌中而論、其長有一百分寸之一、其底之逕有二百五十分寸之一、人之週身、凡知覺小之處、則其芒少、短而極細、以維列於其面上、然於他處、如在手足指之掌面、及乳之週圍、則長大而密、列於平行而曲之線、作爲膚浮面之高崗、在此崗之內、其大芒雙排列、而其間有小芒、此排有極勻之短橫壟、分排作爲小方塊、而每塊之中有汗核管之細口、其崗前之陷則無芒、其芒之質、類乎皮之淺層、及同類質之微類絲之所爲、而含數細韌絲、其小芒、則含一微絲之纏繯、然其大者之內、其血管或多或少、俱作爲曲折形、其每芒各有一或多之腦筋絲、然其末勢則無定、其捫管深發之處、如唇及手掌之腦筋絲、彷彿與卵形體細相連、而與巴吉尼輪相似、以列於每芒內緊要之處、名爲捫輪、此體之形狀未曾考明有謂層之淺片狀如小松塔專以司捫者又有謂其芒之中端大略有同形之連質多於外端者之所爲有韌絲之殼以繞之而此輪卽係此質所變革者其腦筋絲乃波瀾形行於其輪而不入然繞其外則二三周後則與

皮也

繩纓相合而此體除知覺較大之處其他處之芒俱無之蓋因此而確知其事爲司捫者然他處之知覺處雖無此體而亦有捫管可見故不必須有此體也其芒則無津液管

其膚皮乃上皮之質、而細蒙於芒層之上以衞其眞皮之面且障其外面之汗氣令不得外散、其厚薄各處不一、凡爲天氣所壓或爲所感如手足掌等處則厚而硬爲角質、其餘各處皆軟而爲泡質、其深而軟之層名黏網若將其深層揭開、不令與他處相連、則有許多之凹或孔、即凸芒所列之處、故名其膚之浮面有大小之壟網以分其面、或斜方形或多角形之處、其界曲之面有數壟較大而其運動則與皮折疊相對、其在他處、如手背者、其壟則甚細而有數角形彼此相隔、其在手足指掌之心者、則此綫尤明露而有曲形之列勢以依其芒之大小及其列勢、其膚之深層細蒙於芒層之上、每芒皆有膚殼以衞之、若浸於水中而揭去其層則有許多凹與芒之凸處並其間之壟恰相對此層有細管形之竅續入於汗油兩核之管、其膚之質乃屬泡相合、並有片形之列勢之所爲、其深層之泡大、或圓形或環柱形而其中有軟而暗之物、其淺層之泡匾而透明、乾而硬其中之物則變爲角形之物而兩層質之辨、皆依膚長之勢、其外層常經折磨、雖脫去一層、而由下循序向其浮面復發、故隨脫而隨長此泡乃血漿流於皮之浮面而發者而含核以密相合作爲薄層而遮全芒層、其極深層之泡有謂其爲堅列之環柱形或一二三層其所積之片乃尤圓之泡而含軟暗米粒即醋强能化之物之所爲其泡由其下所發之層以次而發至面上因散所含之漿物則變匾形後即作爲皮明乾膜形之鱗失其核而有醋强感動似乎變其化學之質凡黑人皮之黑色並數

皮脉管　津液管　皮腦筋　指甲

白類人之絳與黃色（即中國人之色）俱由其泡中物之色而發、此色在深層之泡或黏網中者則極明顯、而與眼球中黑衣者相同、其泡一至面上則乾而色淺、其供皮之脉管分數枝於皮下之質內、後則過深層之隙而分為密微絲叢、以供汗油兩核及毛囊、而於深層之淺層則作為微絲網、生數細枝上行至芒、其津液管列於深層之淺層作為細叢形之網、與微絲腦筋兩叢相編、而於際囊及乳頭之週圍則極多、其供此皮之腦筋同血管過深層之深層之隙、以至漸淺之層、作為細叢形之網、由此叢起生原腦筋絲而散於芒內、凡知覺大之處則此筋極多

皮之附

皮之附、乃指甲、毛、汗油兩核、並其管、其指甲與毛、乃外膚異形之變革、與此膚之泡質相同之所為、其指甲乃區韌角質、列於手足指末指骨背面之上、而每指甲外凸內凹、而其根塞於皮陷之內、露於外者為其體、而其前端為浮邊、其列勢緊貼皮而細蒙於其上、一如他處之膚、其體及根之下、為生甲之處、名模、其模與甲體相對之處、厚有大而血盛之芒、遮之而其列勢為長排、過其透明之質、則見其色於模之後傍、其根其芒則小、血不盛、而其列勢無定、故此端與指甲相似之處、則色白而上弦形、因名小月、其膚前行於指甲之背面、而在其根之微前、以黏於指甲面、其指端則在其浮端之微後、以黏於指甲下面、故膚角兩質彼此直相續、其指甲質乃層列之、

泡、而與膚者相同、其極深層之泡、緊貼甲根及其下面之芒、乃延長形豎列於其面而含核、其所續之泡圓而多角形、其淺者則變寬薄而匾密相合而界混、其指甲根及體下面之新泡、以次而發、前行、以持其厚薄及其方向、其新發之泡則以次催其舊泡於前、變爲匾形而失其核、後則密合而變爲硬密之角質、若以化學論、則指甲與膚相似、有謂指甲中之炭與硫礦、多於其膚之所含者、其毛即變革之異膚、而其原質終與膚相同、除手足掌之外、大畧過身之各處皆有毛、而身各處於各類人之長短厚薄顏色、皆不同、有數處之毛短而不凸於含之之囊、而在他處、如頭之毛則極長、其順眼泡之邊及臉上之毛則極厚、有將其根寨於皮內者、有將其幹凸於皮面者、而毛之末爲尖、其毛或環柱形、或匾形、而橫割之則有腎形之限、其毛根之端有大蒂處、色白質軟、於其幹、列於膚之旋囊、即名毛囊、毛之長者、其囊則往下以入皮下之連質、其毛囊之深端、亦有蒂形、與其所含之毛相同、傍囊之浮端有孔、即一或多之油核管口、其毛囊質、有內或膚外或皮兩衣之所爲、其外衣大半乃連質之所爲、而與皮之深層相續、其血盛而有數細腦筋絲以供之、其內衣則與膚相續、而在囊之底者則與毛根相續、此衣緊傍毛囊之外衣、而有異圓形而軟之泡、並緊貼於毛之面上之薄而乾之鱗形泡與膚質俱相似、如拔去其毛、則內衣順其根而出、其名爲毛根殼、每囊之底有小圓錐芒與皮面之芒相同、其芒與囊之皮層相續、其

毛幹　油核　汗核

血盛而大略有腦筋細絲供之其毛卽以此爲生長養之具其毛根卽列於此芒之上而與此處之囊內衣相續此芒乃核形之泡所爲與各處之作膚之泡相同此泡由軟滯逼之往上而漸大有數泡之中含色米粒或有在泡者或有散列者然而仍繞其核其毛之色卽由此米粒而來此色米粒往往塡滿蒂中之泡故毛之軸內有或長或短之色黑帶其毛之幹乃中端卽髓端及繞中端之類絲端並遮其外之皮之所爲其髓占幹之中而上於近毛尖之處凡週身之細毛俱無此端而大畧其頭亦如此其端之色較類絲端之色暗而深而含色或肺米粒之泡其類絲端卽其幹之大端其泡延長而相合變爲匾梭形之絲亦含色米粒如線形之列勢其作毛皮之泡乃一層繞於將作類絲層者之所爲變爲薄而匾之鱗如瓦之相次其油核乃小囊核形之具列於皮深層之內卽皮下質而大略三皮之各處皆有此核頭與臉上則極多肛門鼻口外耳數處之口亦有多核繞之然手足掌則無此核每核乃一管所容或多或少如小葉形之端之所爲其作管壁之底膜俱有嫩膜膚以爲裡而所含之油物黏離其囊壁及復長則變爲液每管所連之小囊或二或五或多至二十者其管口大略入於毛囊亦有時發於外總面之上此核在鼻臉者甚大而葉形其核中之油蓄而不出故此核大其極大者多在眼泡名迷暴讀核其汗核凡皮所生水氣兩物之大端俱從此核而出而大略皮之各處俱有列於皮深層處之小陷

或列於皮下連質之內而有油質以繞之此核小如葉狀而色淡紅乃一或多之曲旋小管所爲有出管由此處往上過皮深層與膚而有微大之口露於其面其出管過皮深層之處先曲折行於深層之漸淺者則直行有斜戶形之口入於膚面之上其管在膚薄之處細而直在膚厚之處則爲曲折形其周繞極密而極勻如螺絲釘其手足掌之膚厚其管之曲折尤明顯此核之大小不等凡汗多出之處如腋窩乃淡紅色乳形之薄層與此部之毛相對而其摺窩處之核亦大其核之數亦不等此核在手掌者極多有謂皮之方寸而核口即有二千八百之多者而在足掌者微少此兩處之管口極勻與隔芒岡之小橫陷相對而列於他處者則雜然無論其面之多寡而其管口大略仍相等其口之在項與背者極少一方寸之皮不過四百有十七若合週身而統計之其口共有二百三十八萬一千二百四十八之多每核管口之逕有五十六分分之一若將週身所散氣之口而總計之則約有八方寸之大而每核有極細曲折之管其管之一端爲盲端一端有口入於皮之面其大核之管單分丫而丫復分丫其小管則入於短芒囊而間或相接其管之壁厚而其管之寬不過其逕三分之一其管在核內及出核之處由內外兩層所爲其外層乃細連質所爲其內層乃嫩膜膚以爲其裡其外或類絲泡之衣乃薄者而與皮深層之淺層相續其上不過真皮之面其內膚之裡厚而與膚相續以專作爲其管曲折之端者輕

舌背

舌嫩膜

揭其膚則擠出其曲折之管而其下面作爲乳頭之狀、有謂大汗核管之連內膚兩衣之間、有長列無紋肌絲之一層如腋窩、陽莖根陰大戶、肛門滿闌之外處、是其小汗核所含之物乃流質、然其大核所含之物乃半流質而暗與含數色米粒及泡、似乎內膚相似之泡、

論舌

舌爲司味之具、列於口底下牙床骨體兩旁端之間、其底或根向後、由數肌以連舌骨、由嫩膜之三折疊卽作爲舌會厭筋帶、以連會厭、由咽隘前後兩柱以連軟腭咽頭、其尖薄而窄、向前抵下門牙之裡面、其下面由頦舌骨舌肌以連其下床骨、其邊之嫩膜反折於牙床之裡面、向前有專折疊卽舌線、列於舌之下面、舌尖下面之一端並其邊與背皆不連、其舌背凸、而順中線有陷將舌分爲左右兩勻半、其陷在後、離舌底約半寸而止、而在深嫩膜囊之微前卽盲孔、其舌面三分之前二處粗而有芒遮之、其三分之後一處滑於前、而有許多生黏液核之凸口遮之、舌之嫩膜遍遮、於舌之浮面、其舌下面者則薄而滑、其線之兩邊可跡之以入於下牙床下核之管、而於舌邊與下牙床骨之間、則入舌下核之管、並跡之以過舌邊、則漸變爲芒形、此膜之質與皮質相同、而有深層以扶助其許多之芒、並有內膚以俱遮之、其深層軟而固、薄於外皮者而不密、然其質則相同、其中有許多供芒之血管及腦筋以冗分

大芒別名環隄芒
中芒別名頭芒
小芒別名圓錐芒芒絲形芒
純芒
芒質

於其內、而舌裡肌之絲卽黏於其層內、其舌芒密散於舌之全上面、而舌之粗卽由於此、因嫩膜膚不能盡掩其芒、故凸於其皮者、而一如湯中之芒、此芒分大中小三等、其大者自八至十、傍其底列於舌背之後、而每邊作爲一排、往後而裡以相值於中線、如透人字之兩畫、而每芒中圓環形嫩膜之凸、所爲其寬自二十至十二分寸之一、而黏於杯形嫩膜凹處之底、有數小芒遮其露出之處、其杯形之凹於芒之週圍作爲窩、而有小芒遮之之環邊、其芒相對之縫、乃大芒兩線相値之處、大而深、故名芒孔、而於小芒內則專在一邊、其中芒多於大者、雜散於舌背、而不密、然於舌尖及邊則有之、於各芒之中、惟此芒易辨、蓋因其大圓而色深紅之故、其黏於舌處者窄、然其浮端則寬而圓、而被次芒遮之、其遮此芒之膚則甚薄、其小芒遮舌背三分之前二、極細、乃或多或少之圓錐形、或絲形者、除在舌尖者皆橫列、皆與大者兩排所列之線勢相對、蓋因其膚厚而密、故其芒色白、且有許多之次芒遮之、大略此芒較嫩膜芒堅硬而韌、而往往含細毛、別有與皮芒相似之純芒、散於以上各芒縫之間、而不勻、而於舌面大芒之後、有少許被膚層之下、遮之以前各芒之質、皆與皮芒相似、乃圓錐形同形之凸質、而有鱗膚之厚層遮之、以含一或多之微絲繩繯、有許多之腦筋散於其內、若揭其膚、則可知與皮之純芒不同、蓋因每芒之面上有許多嫩膜細圓錐形之鋒、作爲次芒之故、其大芒內之腦筋大而多、其中芒者亦多、以入

叢形之網、生帚形之枝、其小芒腦筋之末、則尚未考明、除各芒之外、凡舌之嫩膜俱

舌囊嫩膜核

有許多之囊與核、舌之全面亦俱有囊、而於大芒會厭之間則尤多、其嫩膜核之質卽舌核與唇吹核之質相同、大略於舌背三分之後一處嫩膜之下者尤多於舌尖之下、則此核有一小種順舌邊者不過少許、而於大芒之前則有數核入於舌肌之內、其核之管口或入其面、或入大芒週圍之凹處、

內膚

其舌之膚鱗形、而與外膚相似、以遮舌之浮面、若以水浸之或煑之、則其全膚可脫去、而薄於皮者不滿大芒間處、然每芒由根以至頂專有此膚、其極深之泡往往可脫爲單層、與黏網相似、而永不含色物、

類絲隔

其舌有類絲隔、於中線界分爲左右兩勻半、其每半乃肌絲之數列勢、其間含許多之油、而被血管腦筋以供之、之所爲有嫩膜及嫩膜下之類絲層以繞之、其類絲層則繞於舌面之大端、而有行於舌面之肌絲黏於此膜、其膜之後厚於前、而與其所黏之肌殼相續、其類絲隔乃類絲質之竪層所爲、順中線由舌底至舌尖、俱有此隔、而後厚於前、其中往往含小類絲脆、其脆約長四分寸之一、若竪割其舌則能見此脆、別有堅類絲片、卽舌骨舌膜、將舌底之下面連於舌骨、此膜在前則收納頦舌骨舌肌之數絲、其舌之每半俱有內外兩類之肌、其外肌已詳論於前、卽舌骨舌、頦舌骨舌、錐舌、腭舌、及上縮一端之各肌、其內肌卽上下兩長橫之三肌、

上長絲

其上長絲、卽淺舌絲、於舌之上面嫩膜之下、由舌尖往後以至舌骨、其各絲在路黏於嫩膜下

下長絲
橫絲
舌脉管
舌腦筋
骨架
脆架
上旁脆

核形之兩質、作爲下斜長兩絲之淺層、其下長絲卽舌肌之所爲、已詳論於前、其橫
絲列於上下兩層之間、有許多油物相攙、而作爲舌體之大端、此絲之裡邊黏於中
類絲隔而外行、其後者作爲弓形黏於舌背及舌邊、而行他肌絲相編、其舌之脉管、
由舌臉及上咽頭之管而來、其舌之腦筋、每半邊各三、卽第五筋之司味枝、散於舌
前端及邊之芒、並舌咽頭之舌枝、散於舌底與舌邊之嫩膜及大芒、並舌下筋、散於
舌之肌質、其司味舌兩枝、乃尋常知覺兼司味之筋、其舌下者乃運動舌之筋、

論鼻

鼻爲司臭之官、而其腦筋之異形、能以保其肺而不使惡氣吸入、並以助其司味之
官以別飲食之滋味、此官分內外兩端、其內爲鼻竅、而其外爲鼻、其鼻乃司臭具前
而凸之端、三角形、竪往下、於臉中上唇之極上而凸、其頂或根直連於額、其下端爲
底有橢圓之兩口、卽鼻孔、中間有前後之隔、彼此分開爲鼻隔、其孔之邊有數硬毛、
爲呼吸時不至將外物帶入於肺、其兩旁面相合處爲鼻背、而其勢人各不同、其背
之末乃圓凸處、卽鼻尖、其鼻乃骨與脆之架所爲、有數肌微運其脆、外有皮、內有嫩
膜遮之、而有血管及腦筋供之、其骨架占具之上端、乃鼻梁骨與上牙床骨之鼻端
所爲、其脆架有五塊、所爲乃上下左右兩旁脆及隔脆、其上旁脆、列於鼻梁骨浮邊
之下、每脆匾而三角形、其前邊厚於後邊、而連於隔之類絲脆、其後邊黏於上牙床

下旁脆　隔脆　鼻肌　鼻皮　鼻嫩膜　鼻脈管　鼻回管　鼻腦筋

骨之鼻端及鼻梁骨、其下邊則由類絲質連於下旁脆、一面往外、一面往內、以向鼻竅、其下旁脆薄、乃二薄柔片、列於上旁脆之極下、曲形作爲鼻孔之內外兩壁、其作內壁之端厚於其餘者、鬆連於其對邊之脆而作爲隔之小端、其外端浮圓而凸、與其厚皮及皮下之質以共作爲鼻尖、其作外壁之端曲形、與鼻翅相對、長圓而匾、後窄、由韌類絲膜與上牙床骨之鼻端相連、其膜之內有三四小脆片、名芝麻脆、或小脆、其上連於上旁脆及隔脆之前端、其下有密連質、以隔此脆與鼻孔之邊、其前則與其對邊者以作爲鼻尖、其隔脆三角形、而邊厚於其中、而於前分開其兩鼻竅、其前邊之上極厚、由上往下、以連鼻梁骨與兩上旁脆之前端、及兩下旁脆之內端、其後邊連於篩骨之豎片、其下邊連於犁頭骨及上牙床骨之腭端、此各脆由韌類絲膜、即脆衣彼此及其骨相連、然雖連而仍易於運動、其鼻之肌、列於皮之極下、每邊有方錐提上唇翅前後兩開孔鎖鼻小鎖孔垂鼻翅各肌、其鼻背與鼻邊之皮皆薄、鬆連於皮下之質、然作鼻尖與鼻翅之處、其皮皆厚而緊貼、其皮內有許多之油囊、而其囊口極明顯、其鼻內之嫩膜與皮外之皮及鼻竅內之嫩膜皆相續、其鼻之脉管、乃臉所來之旁鼻者、及上冠所來之隔鼻脉管、以供鼻翅及鼻隔、其眼及下眼窩之鼻枝、則供鼻之背並邊、其鼻回血管、則入於臉眼之兩回管、其鼻之腦筋、乃由臉下眼窩及下滑車之枝而來、並有眼鼻枝之一絲、

纖膜

上道

中道

下道

鼻竅

鼻竅乃兩無定形之空、由前而後、列於臉之中、其前有兩前孔、其後有兩後孔以入咽頭、此竅之地界及其所連之孔、已詳於骨部、茲不復贅、其竅內之嫩膜名涕膜、蓋因其所生之液也、（西名右乃得兒膜乃始察此膜者謂由嫩膜而來非由於腦）緊貼於骨衣或脆衣而列其上、穿過前孔則與外皮相續、穿過後孔則與咽頭之嫩膜相續、由鼻竅可跡之穿過鼻淚管及淚道、與眼睛衣相續、過耳氣管、則由耳中竅與乳端泡之裡膜相續、由鼻竅之各孔以連於額、篩、蝴蝶、上牙床之各骨之穴、其膜之在水泡骨上者、極厚而血盛、其在隔之上者亦厚、然在水泡骨之額及鼻竅之底者則極薄、在隔穴之內者則薄而色淡、此膜之面於鼻竅之上端有一層鱗膚遮之、而與司嗅腦筋所散布之處相對、然除傍鼻孔處、其餘各處皆係顫毛膚、此膜多有一層枝形相續之嫩膜核、此核之管露於其面、而鼻竅之中後兩端爲最多、隔之下後兩端爲最大、因此膜極厚、故鼻竅甚窄於骨架者、而其水泡骨似乎大而凸、而其下者多有此形、其各孔與竅相連、或窄或閉、亦因此故、其後篩泡於上道內相連之口則減小、而蝴蝶膀孔則盡閉、其漏斗口於中道內、則有嫩膜之凸折疊大半遮之、其上牙床骨穴口則縮爲小圓口、而甚窄於骨架者、其鼻淚管口於下道內有此膜之單或雙戶形之折疊大半遮之、而其前膀道、則或滿閉之、或有管形之盲囊微凸於其道內、其入蝴蝶穴之口於蓋

鼻竅脈管
鼻竅
鼻腦筋
司鼻筋
眼腦筋
之鼻枝
上牙床
筋前牙
枝之絲
後蹬筋
別名韋
與筋
鼻腭筋
前腭筋

則窄、而其篩骨之篩片口即盡閉之、其鼻竅之脈管、乃眼脈管之前後篩者、而供篩泡額穴、及鼻蓋、有內牙床所來之蝴蝶腭者、以供遮水泡骨及數道、並鼻隔之嫩膜、有內牙床之槽枝、以供上牙骨穴之裡膜、此管之枝冗分而作爲密叢形之網於嫩膜之下、及其內其鼻竅之回管則於嫩膜之下作爲密網、而有數管穿過蝴蝶腭孔、與蝴蝶腭脈管同行、別有他管由牙槽之質入於臉回管、有數管同篩脈管以入眼回管而穿過篩骨篩片孔、又有數管與頭顱內之回管相通、其腦筋乃司臭之腦筋及眼之鼻枝、上牙床筋之前牙枝之絲、後蹬筋、鼻腭、前下腭、蝴蝶腭結之蝴蝶腭枝、其司臭之筋乃專司臭者、散於隔三分之上一處、及上中兩水泡骨之面上、其眼筋之鼻枝、散絲於隔之上前兩端、及鼻竅之外壁、其上牙床前牙枝之絲、則供其竅之下道及下水泡骨、其後蹬筋則供其隔上後之兩端、及上水泡骨與蝴蝶腭結之上前鼻枝之散布相同、其鼻腭筋以供隔之中、其前腭筋或大者則供中下之兩水泡骨、

論眼

眼球、列於眼窩之內、故眼球得有所衛、而其光能四射、有數肌以運動眼球、而令其能作旋轉各狀、有血管腦筋以供之、別有附之之數物衛其前、如睫毛眉毛眼泡等類、其眼球形如球、故名、而有小凸之弧塞於其前端、故此球之前後逕約一寸有一

眼白衣別名眼外衣又名硬衣

白衣質

分大於其横逕其大球之弧作爲其球六分之五而暗乃眼白衣即衛眼球之衣所爲其小球作爲其餘六分之一而透明乃眼明衣之所爲其球之軸與眼窩之軸不同大略平行而向外其司視筋順眼窩軸之勢微向裡即向鼻以入眼球其眼球乃數衞之之衣與水實兩射光之物之所爲其衣有三一爲白及明衣二爲黑衣眼簾及其摺紋三爲腦衣其射光之物亦有三一爲水二爲睛珠及其衣三爲後房水其白明兩衣作爲眼球極外之衣俱係類絲質其白衣暗而作爲球後六分之五其明衣透明作爲其餘六分之一其眼白衣（在中國謂之白睛球西國因其密而硬又名硬衣）乃硬而不移之類絲膜故能永助之以持其球之異形其後甚厚於前其外面白色除直斜各肌所黏之處則俱光滑有眼睛衣遮其一端故眼球之前白而光亮其裡面絳色有陷以列眼簾之摺紋腦筋而由極細之連質即褐色層與黑衣之外面相連其後有司視筋由微鼻邊透此衣與腦外衣所來之類絲簇相續在司視筋穿過眼白衣之處此膜作爲薄篩片其片內之細口遞過腦筋絲及彼此相分之類絲隔而與隔腦筋絲束之膜忽相續其片中之孔有一大於其餘者占此片之中即司視筋孔而遞過眼腦衣之中脈管以入眼球之內其篩片週圍有許多之孔以遞過眼簾摺紋血管及腦筋此膜在前有直而不斷之質與眼明衣相續然其暗白衣仍與明衣相搭而其外之搭處微多於其內其白衣之質乃白類絲質蓋細韌絲與梭形之核泡相攙之所

眼明衣別名明角
明衣質
明衣質
前後韌片
眼睛衣膚
膚裡

爲此泡合而成束大半作爲長列勢若賫之則其中有膠、其血管不多、其微絲管甚小、其各管之相離甚遠、故中間之空甚大、而此衣疑無腦筋、卽眼明衣、卽眼球外衣凸而透明之端、以作爲球前六分之一、其上下之邊與白衣相搭、故橫勢較豎者微寬而不甚圓、其前外凸內凹、而前凸於白衣、狀如表之殼、其曲之大小、人各不同、卽一人亦隨其年歲有變革、其年幼者凸於年老者、而年老者卽變爲匾、其凸大小之別以感動射光之力、而大半分人遠視近視之異、其質密而厚勻、其後面之界圓形、亦因與白衣相搭、則大於其前面、其明衣有五層、乃厚中類絲質、卽本明衣、此層之前爲前韌片、有眼睛衣遮之、其後爲後韌片、有前房之裡膜遮之、其本質乃類絲軟而固、不移、極透明者、與白衣相續、而其質相同、其作爲相接梭形之泡、乃大略六十餘之匾層、而其列勢相同、其所依之片則恒相合、此質之各片若被壓或漲、則其部位變革、而狀遂如乳汁而暗、其片間之處如管形、而大略含少許透明之液、其遮本質前後之兩韌片、乃硬韌透明同形之膜、極薄、水、乾酒、酸物、俱不能令其變暗、此膜由細連網緊貼於明角之前後、其膜之韌力極大、若由明角上將此膜牽下、則必向裡面捲回、其功用能衞其軟本明角、令其恒曲而適用、遮前韌片前眼睛衣之膚、乃兩三層透明之核泡所爲、其極深者長方形、按其面爲豎列、其淺層則爲匾形、其前房之膚遮後韌片之後面、乃一層多角透明之核泡所爲、與他沕空之裡膜相同、其

微管及腦筋

解剖

第二衣

黑衣別名中衣又名血絡黑油衣又名脈絡膜

外層

中層

明角乃無血之質、其週圍有微絲管之纏繞、其有無吸津液管、至今尚未考明、其腦筋自二十至三十、俱由摺紋之腦筋而來、以入明角之層體、一入其內則分爲細網、（如欲看其第二衣須將白明兩衣分開先將眼球浸於水中用鑷鉗其白衣之前端以鈍尖剪剪斷則露出黑衣遂用管插入其口以氣吹之其黑白兩衣即分開再剪去其白衣之週圍將其前弧扯於前即用薄刀柄輕按其眼簾所連之處則流出透明之水即前房水照此割法則於黑白兩衣之間可以見其鬆連質內之摺紋筋或列於白衣裡面之細附內）其第二衣之後、乃黑衣所爲、其前乃眼簾摺紋所爲、其白既兩衣相合之處、乃摺紋筋帶及其肌所爲、其黑衣即眼球血色之衣、而繞球後六分之五、前行至明角、其摺紋乃黑衣前裡面所生之附物、其眼簾乃環形之肌隔、豎挂於明角之後、而其中有大環口、即瞳人、其摺紋筋帶及其肌、即黑衣眼簾彼此及白明兩衣相合之處、以作爲白環、其黑衣乃薄而血盛之膜、深絳色、繞眼球中端後六分之五、有司視筋、由其衣之後透之前、行至摺紋筋帶、曲向裡、而於其裡面作爲排折疊、即眼簾之摺紋、此衣之後厚於前、其外有細連網、即褐色膜、與白衣之裡面相連、其裡面滑而緊貼於腦衣、此黑衣分外中內三層、其外層乃短摺紋脉管大枝之所爲、前行於回管之間、後則曲往下以入此衣之裡面、然此衣大略乃回管所爲、因其列勢曲故名漩渦回管、此管相聚作爲四五幹、而相距之遠近相同、於明角之邊、與司視筋所入處之中間、以透白衣、其各管之間則有如星之小黑泡、其泡所生之類絲枝、與鄰泡所生相似之枝相通、而作爲細網、其網向黑衣之裡面則失其色、其中層乃短

內層別名色層

眼簾摺紋

摺紋質

眼簾

眼簾質

摺紋血管極細之微絲叢之所爲、（西名里希牙那衣）此網密而後細於其前、在明角之後約半寸處、其格則變大而與摺紋者相續、其內層乃一層六角核泡之細膜所爲、而泡內滿貯色米粒、彼此相次如鱗形、而每泡俱有核以滿貯色米粒、其週圍者多於其中者、凡生而爲天老者、則此膚無色、其黑衣他層星形之泡亦無色、（如欲看其摺紋須將眼簾與摺紋筋帶分開或横剖其球自後面看之）其摺紋乃黑衣中內兩層前邊之曲往裡者、而收納於挂睛珠筋帶相似折疊之間、故黑腦兩衣相通、此紋環列於眼簾後睛珠之週圍、自六十至八十平列、而大小不等、其小者約居三分之一、雜列於大紋之間、其大者約長十分寸之一半、球形、其週圍黏於摺紋筋帶、而與黑衣之中內兩層相續、其對邊浮而列於睛珠週圍之上、其前面向眼簾之後、與其週圍相續、其後面緊連挂睛珠之筋帶、其紋之質與黑衣相同、其血管大而列勢長、有數層色泡遮其外、此泡小而圓、滿貯色米粒、其眼簾西名虹彩、蓋因眼簾之色人各不同之故、若在中國大略皆黑絳色而隨其髮、其簾乃環形薄而縮之障、挂於明角後之前房水內、睛珠之前、傍其中之壁邊、有環孔透之、即瞳人、以遮光、簾之週圍緊貼黑衣、黑衣之外有摺紋筋帶以連白明兩衣、簾之裡邊即瞳人之邊、其兩面遍一面往前向明角、一面往後向摺紋與睛珠、其前面之色人各不同、而有線相聚以向瞳人、其後面之色深紫、因有黑色遮之、（其狀如熟葡萄之色故西國名葡萄膜即虹彩之裡膜）其簾之質、乃類絲實質肌絲及色泡之所爲、其實質、

肌絲　色泡　眼簾脉管　瞳人膜　摺紋筋帶　摺紋肌

乃類絲質之細束所爲、而週圍之列勢如環然其大半乃射向瞳人相攙而作爲細格、以含色泡、血管、腦筋、其肌絲係不自主之絲、乃環射兩種絲之所爲其環絲即瞳人之縮或輪肌、圍於瞳人之邊、於眼簾後面如輪作爲窄帶約寬三十分寸之一傍浮邊者則其絲密相合、其微外者則微相離、而其環亦不十分完全、其射絲由週圍攢聚而射於中央、以傍瞳人之邊與環絲相攙、其絲環以縮瞳人、其射絲則能舒瞳人、其色泡在眼簾之實質內亦有前後兩面各有一層、在此質內者則支分而隨其眼之色以含黃或絳色在眼簾之前面者、有一層或圓或長圓者而生枝岔、在眼簾之後面者、有數層小圓含黑色之泡、而與摺紋色衣相續、其眼簾之脉管、由長與前摺紋及摺紋岔之血管而來、其瞳人膜、乃在胎中時有細透明之血膜以閉其瞳人者、而在眼簾所挂之處分爲兩房、其膜內有許多細血管、由眼簾邊而來與睛珠衣前端者相續、此管爲繩繯之列勢、彼此相聚而不相台、自成胎七八月起、其膜則漸由中向週圍而吸去、迨落蓐之時、尚留少許之膜渣、若日久而渣猶存、往往成盲、故有盲膜之名、其摺紋之筋帶、乃圓絲之綫環、其厚約四十分寸之一、白色以助連眼之中外兩衣、列於眼簾之週圍、即黑衣外層與明白兩衣相合之處、其絲細、與韌質者相似、此帶與白衣相合之處、其中間有細道名眼簾環穴、其摺紋肌乃無紋之絲所爲、而作爲灰色半透明之環帶、其寬約八分寸之一、以列於黑衣前端外面之上、

腦衣別名內衣

腦衣質

外層別名環柱層又名雅各膜

中層別名米粒層

其前者極厚、往後則漸薄、其絲軟、黃白色而長形、於明白兩衣相合之處起、後行於腦衣之前、以黏於黑衣、而與黑衣摺紋端之裡面相對、有謂此肌之功用、能擠其後房之水、而牽摺紋岔向白明兩衣相合之線、使睛珠前行、可以視近物者、其腦衣若去其黑衣、則露出其衣、乃細腦筋膜、其面則收納外物之影、其外面緊貼黑衣之色層、裡面緊貼後房水、其後與司視筋相續、由後往前而漸減其厚、其前則將行於摺紋筋帶、而成鋸齒邊、此膜之鮮者軟而半透明、將死之膜則變爲淡紅色而不透明、其後端之中央與眼球之軸處相似、乃司視之極妙處、有圓而凸之黃點、其頂有凹、名中窩、此處之腦衣極薄、可以透出黑衣之色、從前因其有孔之狀而與以孔之名、而其功用至今尚未考明、但此點在人及四手之獸、並如蝘蜓之鱗介類乃有之、其黃點裡邊約十分寸之一、乃司視筋入眼球之處、其腦衣之中脉管則透其中、此處乃腦衣面上之一處不能司視者、其腦衣質及其血管共外中內三層、其血管則不專作一層、而支分於其內層之內、其外層極薄、以刀柄由腦衣之外面挑起、其狀如棉、而後厚於前者、此膜乃竿形兩種之體、一爲環柱實竿、而大小相等、按其面之勢豎列、一爲蒂點、或圓錐、勻撒於環柱者之中、圓錐形其寬端、列於米粒層之上、其窄尖端、則向於衣衣、其體不實、乃含漿之外膜所爲、其兩種之深端與彌洛兒之絲相合、其中層、作爲腦衣三分之一之厚、乃圓或長圓之核點之兩層所爲、有透明之細

腦衣中脉管

類絲層、以成其兩層、而不含血管、其極外邊之一層極厚、其點之形如球且極裡邊之一層極薄、其點形扁、與從旁面看錢相似、其內層乃薄而半透明者、即司視筋與腦筋泡末絲所散之所爲、其筋絲合而成束、而由司視筋幹之末而射、其絲直行向腦衣前邊之處、則其束互編而作爲扁延長格之細網、此層之腦筋絲與司視筋者不同、此絲乃筋管之軸、即中端所爲、而失其黑界、及其變舒之意、至其絲之末作何形狀、尚未考明、有謂爲繩繯者、有謂爲浮而不連之端者、又有謂此數絲與類絲層外筋泡之尾岔相續者、其筋泡列於類絲層之兩邊、大略在裡邊者居多、而列於互編筋絲所爲之格內、此泡或圓形或梨形、乃透明核含米粒而有尾岔者、而有數泡與司視筋之絲相合、有他泡外行以向米粒層、此泡之質與灰色腦質之結輪相同、其腦衣之裡面有極薄極細無理之膜、以隔腦衣及大房水、名界膜、其腦衣之射絲、有謂極細類絲之絲者、其一絲與環柱形之各竿相連而似乎直相續、過腦衣之體與界膜之外面相合、於穿過腦衣之處、則與米粒層之核點相合、其極裡邊之層則生枝岔而至司視筋類絲之散處、則合爲束、此束過其絲間之格、而黏於界膜之裡面、每絲之末俱有三角形之大處、其腦衣中之脉管、與其同行之回管透司視筋、過司視孔以入眼球、而分爲四五枝、先行於大房膜及腦筋層之間、後則入腦筋層作爲其層體內之微絲網、於鋸齒邊作爲一管、以界腦衣之末邊、其腦衣之脊於黃點

前房
後房

有數變革其外層薄專係圓餅所爲較他處者小而密其於中窩者則無米粒層其腦筋層之絲只至黃點之週圍而不過之其腦筋層之泡則遮其全面其射絲亦在週圍而不過米粒層之內層其微絲管之大枝繞於黃點然其小者則冗分於其內其點之色除外層其餘之各層皆爲其點所染而成深黃色向其中者其色尤深似乎不係色泡所爲而彷彿染之之狀

眼水

此水滿貯於眼球之前後兩房其水不多其重約七厘其性反酸其質乃水及五十分之一之重之實物大畧係鹻綠卽實鹽其前房前有明角後有眼簾[illegible]摺紋筋帶之前其後房小於前房前爲眼簾後爲睛珠衣及其挂筋帶並摺紋在成人則兩房由瞳人而相通若在七月以前之胎則有瞳人膜閉其瞳人而兩房不通[illegible]容此兩房各有其膜以生水而與汐囊之質相似雖然惟明角之後面則有膚[illegible]直人膜未去之先大畧其兩房自能生水至成人兩房之水大略乃由明角後面之兩面與摺紋所生

大房水

大房地界居眼球五分之四塡滿於腦衣之凹處而其前有凹處以收納睛珠與[illegible]衣此房之水清漿極透明者乃細透明膜所含卵清形之液西名玻璃膜此膜繞大

房水之外面、在前則緊貼挂睛珠之筋帶以續入睛珠衣之後、有謂此膜之裡面往裡射狀發爲許多薄片以作含液之處者、若用極細之顯微鏡看之、在成人則無此片在胎中則此房內有異類絲質其絲有許多處皆相合其相合之處有細核形之米粒、其大房水、大略與清水相似、然其內則含數鹽類及少許之卵清在胎則其房中有管形之道而遞細脉管順大房水以至睛珠衣、在成人則無血管以透此房、故必賴腦衣與摺紋血管列於其外以養之、

睛珠衣

睛珠及其衣

睛珠及衞之之衣、列於瞳人之極後、大房水之前、並有摺紋繞之、而微搭於其邊、其衣係透明極韌而脆之膜、以緊繞於睛珠在後則列於大房水前之凹在前則作爲眼球後房之一端、有挂筋帶以定其部位、其衣之前甚厚於後、而其質無理若割之則其外面捲而向裡、如明角之韌層有一層透明多角核形之泡由其衣之裡面以連睛珠、人死之後、則此泡吸眼液之濕氣、至化卽爲水、(西名莫兒尼水) 凡在胎中其腦衣中脉管所來之小枝、穿過大房水以至睛珠衣之後端而射枝作爲叢形之網以遮其面而於衣邊之週圍與瞳人膜眼簾之各血管相續、在成人則無血管以入其衣、

睛珠

其睛珠乃透明兩面俱凸之體、而後面凸於前面、其橫逕有三分寸之一、其前後逕約四分寸之一、乃同心之層所爲、其外者於鮮時軟而易揭、其下者硬、其中者則成

睛珠之變革　挂睛珠筋帶　彼底道　眼球血管　短摺紋脈管　長摺紋脈管

硬核如考査其層或賫之或以酒浸之則層層脫卸而其睛珠乃三三角弧之所爲、其銳邊向中其底向週圍其層乃細平行之絲彼此由波浪形相合之邊所爲其每絲之凸細蒙其相依之絲之凹、其睛珠則按年歲爲變革如左、在胎時大略球形淡紅色而不甚透明、逼之則易破、在成人則後面凸於前面、其質硬透明而無色、在老年則兩面俱扁微暗色如琥珀緊而密、其挂睛珠之筋帶、乃薄而透明之膜、列於大房水與黑衣摺紋之間、而傍其週圍以連睛珠之前面與腦衣之前邊、以助持睛珠之部位、其外面有數摺疊以收納摺紋相似之摺疊、以射於睛珠之週圍、而由摺紋色之所染、其筋帶乃兩層所爲、於後由鋸齒邊而起、外層軟而固、爲乳形之米粒膜遮於摺紋之裡面往前以至其摺紋之前浮端、內層爲韌而透明之類絲膜、往前以至傍睛珠衣週圍之前面、其摺紋與睛珠衣間之膜則作爲眼後房界之一端、此層之後面則向大房膜前於睛珠之週圍有小道、名彼底道、(乃法醫之名)以隔此後面與大房膜、其小道約寬十分寸之一、前有挂筋帶、後有大房膜、其底乃睛珠衣所爲、若以氣吹入則其前面之摺疊開而變爲囊形、其眼球之血管乃短長前之各摺紋者、及腦衣中之脈管、其短管透白衣之後、由司視筋入處之週圍分枝、與眼球之軸平行、散於黑衣之中層及摺紋、其長管有二亦透白衣之後前行於黑白兩衣之間以至摺紋肌、而每管俱分爲上下兩枝相合而爲血環、繞於眼簾外之週圍、由此環起又

前摺紋脈管　回球之　回眼球之腦筋　眉　眼泡別名眼臉　外眥　內眥　淚湖　淚芒　淚管口　眼泡質　皮　皮下連質

生枝傍瞳人之邊相合而作爲小血環此枝於在路時卽以供其肌質其前管有五六乃眼肌與淚枝之枝於白衣前端明角邊之極後以透眼球而散於摺紋有數枝與眼簾之大血環相合其腦衣之中脉管已詳上文茲不復贅其回血管有四大略乃黑衣面上所來枝之所爲由明角與司視筋之中以透白衣而入眼回管其眼球之腦筋乃司視眼鼻枝所來之長摺紋者及摺紋結所來之短摺紋筋

眼附物

眼之附物曰眉眼泡睛衣淚具卽淚核淚囊鼻淚管之各物其眉乃兩弓形之皮凸列於眼窩之上半以托其許多之短後毛按面爲斜勢其眉質乃厚皮之所爲而其下則連於眼輪綱眉枕額之三肌而其肌之功用皆因微司光入眼之多少其眼泡乃兩薄而動之摺疊列於眼之前閉之則以衞眼球其上者大而多動專有提上泡之肌以供之開之則其邊之間有橢圓形處謂之眼泡縫其角與上下兩眼泡相合之處相似爲內外兩眥其外眥尖於內者其處之胞緊貼於眼球而內眥則稍長往裡以向鼻而有三角處名淚湖以隔兩眼泡其湖之初起處於每眼泡之邊有小圓錐凸名淚頭或淚芒其尖有小口透入名淚管口卽淚管之初起處其眼泡之質自外而內其泡之各質如左所論次序之所爲乃皮連質輪肌之絲脆類絲膜油核眼睛衣其上泡別有提眼泡肌之腱膜其皮極薄於眼泡邊處與睛衣相續其皮下之

輪肌　脆　上脆　下脆　眼泡脆筋帶　油核　眼毛別名睫毛

連質鬆而細、其中大略無油、而汐水最易滲於其中、其遮眼泡處輪肌之絲、薄而色淡、功用不自主、其眼泡之脆乃兩薄片延長之類絲脆、約長一寸、而每眼泡各一以助爲眼泡之形而輔之、其上者大半月形、其中處約寬三分寸之一、向其兩端處則漸窄、此脆之前端、則黏提眼泡肌之腱膜、其下者小而薄、橢圓形、此脆之浮邊、或睫毛邊、厚而直、其黏邊或眼窩邊、由眼泡之類絲膜、以連眼窩之週圍、每脆之外角、由外眼泡筋帶黏於顴骨、其兩脆之內角、止於淚湖之初起處、由眼腱筋黏於眼窩之邊、其眼泡之類絲膜、別名眼泡脆筋帶、列於輪肌之下、外黏於眼窩之邊、內黏於眼泡之眼窩邊、此膜之眼窩外端厚而密、一至脆則變薄、此膜助輔眼泡、以定脆之部位、其油核別名迷暴讀核、見二百七十圖、列於眼泡裡面脆與睛衣之間、反折眼泡則於嫩膜下顯見而有平列串珠之狀、在上脆者約有三十串、下脆者微少、俱列於脆裡面之陷、而串珠之長與每脆之寬相等、故上長於下者、此核之管口、即眼泡浮邊上之細孔、而其數與囊之數相同、其核與皮之油核相同、故名油核、而每核俱係盲端之專管、或囊之所爲、有許多小夾囊入於其端、此管係底膜所爲、而有一層鱗膚遮之、其泡中之油物、即由此核而生、其核平列之異勢、作爲滑層、故能使眼之開閉自如、其生液之用、不令眼泡相黏、其眼毛黏於眼泡之浮邊、短厚而曲、或兩排、或三排、而列於眼泡之邊、其上眼泡者較下者多而長、曲往上、其下眼泡者曲往下、故眼泡雖

眼睛衣別名鞏膜皮

淚阜別名內眥肉

淚

閉而彼此不相編、其眼睛衣、即眼之嫩膜、作爲眼泡之裡、而反折於白明兩衣之前端、此各處之衣有異、其珠衣之眼泡端厚暗而血盛、有許多之芒、以遮之、若有病而其芒發大、名米粒眼泡、此膜於眼泡邊、則與油核管之裡膜相續、穿過淚道、則與淚囊及鼻淚管之裡膜相續、在上眼泡外角、則順淚管可跡之以入淚核、在內角、則作爲半月折疊、其衣之嫩膜、由眼泡而來、反折於其衣之上、作爲上下眼泡折疊、其上者深於下者、此衣在眼白衣之上者、鬆連於眼球、變薄而透明、而失其芒質、在無病時、則微有血、在明衣上者、則極薄而緊貼之、在成人之無病者、則無血管可跡而入、在胎內者、則有細微絲繩繯微往前以入此衣、在成人者則不能過明角之週圍、其淚阜、乃紅色之小圓錐體、列於眼內眥、而滿此處之小三角處、即淚湖、此肉乃囊叢所爲、與油核質相似、而有嫩膜遮之、眼內角常有白膏、即由此阜而生、阜面之上有數細毛、阜之外邊、有微半月形之嫩膜折疊、折疊之凹面向於明角、其兩層折疊之間、有薄脆片、此質即飛鳥第三眼泡之痕、名瞬膜

淚具見二百七十一圖

淚具、乃淚核、即生淚者、並其出管、即領其淚以至眼面者之所爲、由淚道領其淚以入淚囊、而順鼻淚管以入鼻竅、其淚核列於眼窩外角之凹、額骨外角峯之裡邊、卵形、其狀與其大小、皆如杏核、其上凸面緊貼眼窩之骨衣、而有數類絲帶以連之、其

淚道　淚囊　鼻淚管

下凹面列於眼球之凸面、及上外兩直肌之上、其核之血管腦筋由後邊而入、其前邊緊貼於上眼泡之後端、而有睛衣反折於其裡面而遮之、有微凹隔開此邊與核之餘、故往往以此處爲專葉、名爲核眼泡之端、此核之質與總形、大略俱與唾核相似、其管大略有七、斜行於嫩膜之下、而彼此相分傍睛衣反折於球之處、由細口以入精衣之上外兩半、此口排列、故能將津液散布於膜面之上、其淚道於眼泡邊淚湖外端之淚管口起、其處卽微凸之芒頂、領其水穿過上下兩細道而往裡以入淚囊、其上道小而長、先往上、後則曲爲尖角、往裡而下以至淚囊、其下者先往下、後則忽改其路而大略横行往裡、此道之質密而韌、於其角則微漲、其淚囊乃鼻淚管上發漲之端、列於淚骨與上牙床骨鼻端所爲之深陷內、長圓形、其上端閉而圓、下端與鼻淚管相續、有由緊脆肌、及黏於淚骨崗之眼臃筋所來類絲之散布以遮此囊、其囊之質乃類絲韌衣所爲、而有嫩膜以爲其裡、此膜與淚小道及睛衣嫩膜之裡、過鼻淚管而與鼻涕膜俱相續、其鼻淚管乃膜道、其長約四分寸之三、由淚囊下端起至鼻之下道、有微長口、口上有不全之嫩膜戶、此管列於上牙床、淚下水泡之三骨所作之骨道內、其中窄於兩端、而往下而後而微外之勢、有嫩膜爲其裡、往下與鼻之鼻涕膜相續、此膜在淚小道內有鱗膚、然於淚囊與鼻淚管處之膚、皆爲顫毛形、而與鼻內之膚相同、

外耳　耳輪

耳輪質　耳輪皮　耳輪脆

論耳

耳、爲司聽之具、分外中內三端、其外耳有發大之端、即耳輪、及外彀、即司聽道、其外耳專爲束氣之搖蕩、即作爲聲音而外彀領氣之搖蕩以至中彀膜其耳輪見二百七十二圖乃一層脆之所爲而有皮遮之以連司聽道之初起處長圓形其面不平其大端向上、其外面凹而雜、微往前則凹凸互列俱係類絲脆質之折疊而各有其名、如其外凸之邊爲外耳輪則別有一曲凸之處與外輪平行而列於其前即對耳輪此對耳輪之上分歧以繞三角凹之處即對耳輪窩其耳輪與對耳輪間之窄曲凹處爲耳輪窩、別名無名窩、又名船窩、其對耳輪所繞之深凹處爲耳彀或耳壑其由耳輪起處分爲兩端彀之前凸而向後於彀之上有小尖凸名耳屏、其名因下面有毛如山羊之鬍而來屏之對面有深凹、即屏間之縫有小凸爲對屏以分之、此下有小葉、名耳垂、乃軟而固之連油兩質之所爲而其質不及耳輪他處之硬而韌、其外耳之質乃黃脆之薄片、有皮遮之有筋帶與數肌絲以連其週圍其皮薄而緊貼於脆而其中有油核其彀及船窩內之核尤多其耳輪脆乃一塊所爲而作爲耳形至其面上之凸凹處、俱已詳於上文此脆不係外耳各處之所爲其體有數縫以分開各處如耳垂耳屏與耳輪初起處之間皆無此脆而其間之峽則有密類絲質補之其脆縫乃輪短竪三縫列於外耳輪之前端輪首曲對面小圓錐脆凸之極後者又有屏縫在耳屏前面之

耳輪筋帶
大輪肌
小輪肌
耳屏肌
對屏肌
横耳肌
斜耳肌
耳輪脉
耳輪回
耳輪[illegible]

上、其對輪之下有兩縫分兩端、一端爲尾尖者、一端與對屏相續、而外耳之脆軟而韌、黄色與鼻翅脆之質相同、其外耳之筋帶有兩種、一爲連於頭邊者、一爲連於耳輪之各脆者、其連頭邊者前後各一、其前者由耳輪峯起、以至衡骨根、其後者由竅之後面起以至耳門、乳端之外面、有數絲連耳屏與衡骨根、其連於各脆者亦有二、一爲堅類絲帶、由耳屏起至輪之初起處、在前成竅、並有一端繞於竅、別有一帶於竅與尾端之間、其肌見二百七十三圖亦分兩類、一連於頭邊、如筋帶亦兩種所爲、一爲連頭邊者、以運動其全輪、乃提、牽前、牽後三耳肌、見肌部之耳肌一爲耳輪本肌者、由此處至彼處、乃大輪、小輪、屏、對屏、横耳、斜耳各肌、其大輪肌、乃豎帶形之窄肌絲、列於耳輪之前邊、由輪阜之下起、以黏於輪之前邊、乃往後曲之處、大略人恒有此肌、其小輪肌、乃斜絡緊貼於耳竅底耳輪肌之初起處、其屏肌、乃短匾帶形之肌絲、列於屏之外面、其絲豎形、其對屏肌、由對屏外端起、而黏於輪耳之尾端、大畧其肌極明顯、其横耳肌、列於外耳輪之頭顱面、有半筋半肌之射絲所爲、由竅之凸至耳輪凹相對之凸、其斜耳肌、有數絲由竅之上而後之端、以至其極上之凸之所爲、其耳輪之脉管、乃由外項之後耳耳門之前耳、及枕脉管之耳枝而來、其回管、則與脉管同行、其腦筋由頸叢所來之大耳、及臉所來之後耳並肺胃筋之耳枝、下牙床筋之耳耳門枝而來、

司聽道

別名

耳外竅

脆端

骨端

竅皮

竅脈管

竅腦筋

司聽道、見二百七十四圖由竅底以至中竅膜、其長約寸三分、斜向前而內、有微曲、故其中高於兩端、作爲長圓環柱形之道、其中則窄、由前往後而微匾、其極大之逕在外口爲竪勢、在中竅端爲橫勢、其中竅膜即此外竅之末、斜勢、故此道之底長於其蓋、而前壁長於後壁、其道有一端由脆與膜所爲、一端由骨所爲、其脆端長半寸、占道之小半、乃竅屏之脆所爲、往裡以至司聽峯之週圍、而堅黏於其上、其道之上後兩端有闕處、則類絲膜補之、此處有兩三竪勢之深縫、以穿過其脆、故此端極動、其骨端約長四分寸之三、而窄於脆端、往裡而微前、在路作爲微曲、而其凸向上而後、其內端乃中竅相通之端、而小於外者、其前壁凸過後壁約二分、除其上端、其餘處俱有窄陷以塞中竅膜、其外端漲而其週圍之大端以黏耳輪脆而澀若橫割開而竪看之、則爲長圓形、其上下之逕極大、此道前下兩端、乃曲骨片之所爲、在胎中有專環名中竅骨、而於上端不全、其竅內之皮薄、緊貼於脆骨兩端、而遮中竅膜之面、以作爲其外層、若以水浸之、取下其薄膚囊、即有竅之形、傍其口之皮、有毛與油核、其脆端厚皮之下質內、則有許多生耳垢之核、其核管之口、入於皮上、其供竅之脉管、乃耳後內牙床及耳門之各枝、其腦筋、由內牙床之耳門耳枝而來、

耳中竅

耳中竅乃無定形之空、由外擠入於裡、而列於岩骨之內、項窩之上、其前爲項脉道、

中鼓
中鼓蓋
中鼓底
中鼓外壁
後絲路之口
臼中縫
前絲路口
中鼓內壁
卵孔
圓孔

其後爲乳骨泡、其外爲司聽道、其內爲迷路、其中貯氣、由耳氣管與咽頭相通、其鼓內有運動之骨、狀如連環、以連中鼓膜與迷路、而助領中鼓膜所收納聲音之搖動、過中鼓以至內耳、其鼓之前後約長五分、上下約三分、其橫約二三分、其後而上者微寬於下而前者、其外爲中鼓膜與外鼓、其裡爲內耳之外面、後爲乳骨泡、前爲耳氣管及緊中鼓膜肌之道、其蓋與底乃薄骨片所爲、以連耳門骨之鱗岩兩端、其蓋寬而扁、乃薄骨片以分頭顱中鼓兩空之所爲、其底窄、與其下所列之項窩相對、其外壁乃中鼓膜所爲、其膜之上與下有骨小端、上有三口、爲後絲路、臼中縫、前絲路、其後絲路口在中鼓膜口之後、而傍其邊與其中處相平、而領入於細道、下行於法拉必道之前、而傍錐乳孔以入此道內、其中鼓絲之腦筋穿過此口而入之、故名、其臼中縫口在中鼓膜口之極上而前、至此處則成細縫、約長一分、錐骨之長峯及鬆中鼓膜之肌、並數中鼓血管、俱入於此縫、其前絲路口在臼中縫之極上、入於與臼中縫平行之道內、其中鼓絲之腦筋、則穿過此道以出中鼓、其中鼓內壁豎勢直向外、其壁上有卵孔、圓孔、岬、法拉必道之岡、三稜柱、鐙肌口、並卵孔、形如腎、由中鼓以入前舍、其長逕橫勢、其凸邊向上、此孔之鮮者、有中內鼓之總裡膜閉之、而鐙骨底黏於其孔之上、此膜列於中鼓膜之對面、而有司聽小骨相連、並圓孔、卵形、列於入螺殼漏形凹之底、卵孔之下而微後、其處有圓凸爲岬而分之、此孔之鮮者、亦有膜

岬　法拉必道　三稜柱　中鼓後壁　中鼓前壁　緊中鼓膜肌道

閉之、即中鼓次膜、廿膜門向中鼓、而凸向螺殼、乃三層所爲、一爲外或嫩膜、即由中鼓嫩膜裡之所來者、一爲內或汋膜、即由螺殼之裡膜而來者、一爲中間膜或類絲層膜、其岬乃圓空凸、即螺殼首旋凸於外者之所爲、列於卵圓兩孔之間、其面上有三小陷、以列中鼓叢之枝、其法拉必道之圓凸、列於卵孔與中鼓蓋之間、其處即骨道之凸、以列硬枝、（此硬枝乃第七對之硬枝以運動臉上之肌此道名運臉筋道）此筋行於中鼓內、繞卵孔之上、在此孔之後、隨其後壁竪曲往下、其三稜柱、乃圓錐凸、列於卵孔之極後上所論竪凸端之前、其內空以含鐙肌、其頂往前凸而向前含孔、有小口以漉鐙肌之筋、其三稜柱之空、延長而爲細道、與法拉必道相通、其中鼓後壁、上寬於下、有乳骨泡之孔、爲一大無定形之口、及數小孔、而列於後壁之上端、入道之後、則與乳骨內所含之大無定形之空相通、其空之大小多寡與其形俱不同、而皆有嫩膜以爲裡、與中鼓之嫩膜相續、其中鼓前壁、上寬於下、與項脉道相對、而有薄骨片分開此道與壁此壁之上有緊中鼓膜肌道、耳氣管口、及螺殼形之峯、其緊中鼓膜肌道之口與耳氣管口、俱列於前壁之上端、而有細橫薄骨片即螺殼形之峯、以隔此兩道口、此道由中鼓膜往前而裡而微下、至耳門骨鱗岩兩端間之角、其緊中鼓膜肌道乃兩道內之上而小者、列於岩端上面之下而傍法拉必孔、此道之中鼓端作爲圓錐之凸、往後續入於中鼓而其頂有口透之以漉其所含之肌筋、此凸又名爲前三稜柱、此道則

耳氣管
骨端
脆端
中竅膜
中竅膜質
錐骨
錐骨

含竪中竅膜肌、其耳氣管、乃中竅與咽頭相通之道、其長自一寸半至二寸、其勢往下而前而裡、一端爲骨、一端爲脆、及類絲質之所爲、其骨端約長半寸、由中竅前壁之下端起、於螺殼形峯之下而漸窄、於岩鱗兩端相合之角、在卵漲口以爲其末、其端有鋸齒邊、以黏脆端、其脆端約長一寸、乃三角形之曲脆片、其下有不相貼之邊有空處、而以類絲質補之、其道之後窄、其前則寬而漲、微似喇叭形、在咽頭上端與其邊鼻下道後端之後、有長圓口以爲其末、其口頭之嫩膜、過此道與中竅裡邊之嫩膜相續、其中竅膜、則隔開中竅與外竅之底、此膜薄而半透明、長圓形、而上微寬於下、斜往下而裡、其膜之週圍、含於外聽道裡端之陷內、除此道上端之外、其餘各處俱有此膜、其錐骨之柄直下於此膜內中兩層之間、以至其中而緊貼之、因其膜內牽、故外凹內凸、此膜之層、爲外或皮中或類絲內或嫩膜之三層所爲、其皮層由竅之裡皮而來、其類絲層乃類絲韌兩質所爲、有數絲傍其中、以射於週圍、別有他絲黏於膜之邊、以作爲密圓環之形、其嫩膜層由中竅之嫩膜而來、其血管順錐骨之柄行於中竅膜而散於其層之間、

中竅小骨

中竅小骨、乃運動之骨、狀如連環、爲錐砧鐙之三骨、其錐骨、黏於中竅膜、鐙骨黏於卵孔、砧骨則列於二骨之間、而有細節與二骨相連、其錐骨以形如錐而爲名、其骨

小骨筋帶

錐骨挂前帶

有頭項柄並有長短兩峯之所爲其頭爲此骨之大上端長圓形在後與砧骨相接其餘處則浮而不連其項窄卽頭極下之縮端項之下有凸以黏其峯其柄乃其骨之竪端由其外邊與中鼓膜相連向其端處則漸小微曲往前由內而外則匾其長峯長而極細由項下凸起往前而外以至臼中縫有骨及筋絲與之相連此峯以黏鬆中鼓膜肌其短峯乃微圓錐之凸發於柄之根而緊貼於中鼓膜以緊中鼓膜肌黏於其項其砧骨之形如砧又如邊牙而有兩根其長短不同相隔處甚寬有體兩峯所爲其體四面形然其兩旁縮而其項深凹與錐骨相接此骨之鮮者則有脆遮之並有節膜爲裡其兩峯大略分於方角一長一短其短峯圓錐形橫凸於後由筋絲黏於乳頭泡口之邊其長峯較短者長而細直往下行於錐骨柄之後曲往裡而其末作爲圓球形之凸名環骨其項有脆與鐙骨之頭相接此骨在胎中爲專骨在成人則與砧骨之長短相合其鐙骨形如馬鐙故名而有頭項兩枝及底之所爲其頭有凹而內有脆與環骨相接其項卽頭下之縮端以收納鐙肌之末其兩枝別名蒂由其項而分有匾長圓之片卽其底而與其端相連作爲鐙足由筋絲以黏於卵孔之邊其小骨由筋帶彼此與中鼓相連並有小肌以運動之其錐砧兩骨之節面及砧之環端鐙之頭俱有脆遮之並有細裹筋帶相連而有節膜爲裡其小骨與中鼓壁所連之筋帶有三每骨各一其挂錐骨之筋帶乃細圓束之絲竪往下由中鼓

砧骨後筋帶　鐙骨環筋帶　砧骨挂筋帶　緊中竅肌　鬆中竅小大肌　鬆中竅膜肌　挂肌　中竅肌功用　中竅嫩膜

蓋以至錐頭、其砧骨之後筋帶短而厚、傍乳頭泡孔之邊、由其短縫之端與中竅後壁相連、其鐙骨之環筋帶、連此骨底之周圍與卵孔邊、其砧骨之挂筋帶、傍砧錐兩骨之節、由中竅蓋起、下至砧骨之上端、其中竅之肌有三、乃緊鬆兩中竅膜、鐙、其緊中竅膜肌極大、列於耳氣管骨端上之骨道內、而有螺殼形之縫分之、由岩骨下面、耳氣管腕端及其所列之骨道而來、後作爲細筋外反折於螺殼形縫之上、傍錐骨根以黏於其柄、而有耳結之枝以供之、其鬆中竅膜之大肌、由蝴蝶骨之棘峯及耳氣管之腕端而來、往後穿過臼中縫、於長縫之極上、以黏於錐骨之項、有臉筋之中竅枝以供之、其小者、由外竅之上而後起、於中竅膜中內兩層之間往前而裡、以黏於錐骨之柄及其短縫、（有謂此肌爲筋帶者）其鐙肌、由三稜柱裡邊圓錐空之邊起、其筋則由鐙尖之口而發、往前黏於鐙之項、其面乃鍵膜形、其內肉形、其筋往往含細骨峯、有數種胎生者恒有此骨、此肌有臉筋之一絲以供之、其緊中竅膜肌、牽此膜往裡以緊之故名其鬆中竅膜肌、牽錐骨往外以鬆此膜、大略其前端故名、其鐙肌、壓鐙骨底之後端、以提其前端、而大略逼出其前舍所含之物、其中竅之嫩膜薄而血盛、由耳氣管與岩頭之嫩膜相續、以繞中竅內所含之小骨肌及腦筋、作爲中竅膜之內層、以遮圓孔、而以反折乳骨泡、作爲其泡之裡、此膜於中竅及乳泡色淡薄而血微盛、有顫毛膚遮之、在耳氣管之骨端者薄、在腕端者厚而血極盛、有片形顫毛膚遮

中竅脈管　中竅回管　中竅腦筋　中竅內連核　舌咽頭中竅枝別名雅各孫筋　中竅絲

之、而並有許多之嫩膜核、其供中竅之脉管有五、一爲內牙床脈管之中竅枝、以供中竅膜、一爲耳後之錐乳枝、以供中竅之後端、及乳頭泡有三小枝、一爲中腦衣之岩枝、及上咽頭與內項脈管之枝、其中竅之回管、入中腦衣及岩頭兩回管、過此兩管則入內項之回管、此竅之腦筋分三種、一爲供肌者、乃耳結之一枝供緊中竅膜者、臉之一絲供鬆中竅膜鐙兩肌者、二爲散布於裡膜者、俱由中竅叢而來、三爲與他筋相連之枝者、其中竅內相連之枝如左、由舌咽頭之岩結而來之中竅枝、由項脉叢而來之一絲、由後蹬而來與大淺岩筋相合之枝、並有一枝至耳結、即小淺岩筋、其舌咽頭之中竅枝、由中竅底口傍其內壁以入中竅、而上於岬之上、散絲於中竅裡膜而分三枝、列於岬上之陷內、而連此筋與他筋、一枝行於陷內往前而下、於其底之極上以至前內兩壁相合處之口、後則入項脉道、而與百結筋之項脉叢相連、一枝列於陷內、前三稜柱之極下、卵孔之前豎往上至中竅內壁之口、由此處而起、有一道以入法拉必孔、即其道內所含之筋與大岩筋相合之處、一枝向岩骨之前面、後則穿過蝴蝶耳門兩骨之小口、以至頭顱之外、而與耳結相合、此筋過臉筋之大結形處、則有一絲與之相連、其中竅絲、於傍錐乳孔之處、則離開臉筋、於三稜柱之底以入中竅、而於錐骨柄砧骨長縫之間往前作爲弓形、以過中竅至臼中縫內之口、而中竅之裡膜反折以繞此筋、

嵴心

半環道

上半環道

內耳或迷路

內耳、乃司聽具必須之端、以收納司聽筋末之所散布者、其路相同而甚雜、故謂之迷路、有前舍半環道螺殼三端之所爲、乃岩骨內凹成排之空、外由卵圓兩孔與中鼓相通、內與舍司聽腦筋之內鼓相通其骨迷路內、有膜迷路、而司聽腦筋枝冗分於其上、其前舍乃內耳各處相通之總中空、列於中鼓之裡邊、螺殼之後、半環道之前、前後爲卵形、左右匾形、由外而內漸窄、其前後上下之界約五分寸之一、其外壁或中鼓壁之上、而有卵孔、在鮮者、有鐙骨底與其環筋帶以閉之、其內壁上之前端、有小圓凹、名半球窩、其前下兩端、由數細孔名篩點以遞司聽筋之絲而透之、其後有竪崗、爲三稜之凸、其內壁後端、有舍道口、以至岩骨之後面、以遞小回管、而有謂其舍之裡膜、在頭顱內之外衣膜之間續於此口內、如囊狀者、其上壁或蓋之上、有橫卵凹即半橢圓之窩、而上所論之三稜凸即將此窩與半球者隔開、其後則有半環道之五口以入舍、其前則有大卵孔口、由一口即螺殼舍階之口、與螺殼舍階相通、其半環道、乃三骨道、列於舍之上而後、長短不等、而兩邊相擠作爲環之大端、其道之逕有二十分寸之一、每道之一端俱漲、名耳壜、而其逕兩倍於其管、此道亦由五口入於前舍、有一口爲兩道之總口、其上半環道、竪勢、而其弓於岩骨之前面作爲圓凸、此道作爲環三分之二、其外端之形如壜、由舍上端內之專口起、其對面之

後半環道

端則不漲、而與後道相似之端相合、由總口以入舍後端、其後半環道、亦豎勢向後、以至岩骨之後面、三道中此道極長、其壜形之端、由舍之下而後之端起、與其對面之端、及上文所言之總道相合、

外半環道別名橫道

其外道、乃三道中之極短者、其弓向外而後、其壜形之端、於卵孔口之極上、與舍之上而外之角相對、其對面之端、於舍之上而後之端、專有口、

螺殼

其螺殼之形、如蝸牛殼、而作爲迷路之前端、圓錐形、橫列於舍前、其尖向前而外、至中竅內壁上而前之端、其底與內竅底之前窩相對、而有許多口透之、以遞司聽筋之螺殼枝、其殼之長、約四分寸之一、其底處之寬與之相同、此殼乃圓錐形之中軸、有兩旋半、自底至尖繞軸之道、並有細片、即螺旋片、含於其道內、而順其旋以分爲二之所爲、

中軸

其中軸、乃圓錐形、由螺殼底以至其尖、其底寬與其螺殼之首旋相對、亦有許多之口透之、以遞司聽筋螺殼枝之絲、其軸一至次旋則陡然減小、至其末之半旋內、乃殼蓋、即漲細骨片、其狀豎分如半漏斗、因名漏斗、而作爲末、此漏斗之寬端、向螺殼之頂、與螺殼之螺旋道末半旋、即螺殼蓋相合、其軸之外面、即螺旋道之壁所爲、而其質密、由許多枝形之道、以凹其中至末半旋、而有匀次序、以遞腦筋絲而入螺殼道、或於螺旋片面之上、其軸中有一道、大於其餘者、爲軸中道、由其底以至軸之末、而遞小筋與脉管、即軸中脉管、

螺旋道

其螺旋道、（見二百七十八圖）以繞中軸之兩旋半、順其外壁、則長寸半、由底至頂而漸小、至殼蓋則作爲其尖、即其道之末、此

道之初起處之徑約十分寸之一、其向中竅與舍、則離其中軸而有三孔、一爲圓孔、與中竅相通、在鮮者則有中竅衣膜以閉之、二爲卵形之孔以入前舍、三爲螺殼道之孔、以過細漏形之道而入於岩骨之底面以遞小回管、其螺旋道之內由薄骨膜之片旋繞其中軸而分爲兩階、此片卽螺旋片、乃螺殼必須之要端、而有腦筋散於其上、其片之骨端居螺旋道徑之半、名骨帶、由舍內之螺殼中竅前舍兩孔之間而起、在路則漸窄、至漏斗漲起處則有凸鉤、卽鉤峯、以爲其末、其片乃兩薄骨片之所爲、其間有許多之道以遞腦筋絲、大畧入其下面或中竅之面、其骨片黏於中軸之處而隨其旋、有小道名軸螺旋道、此帶之鮮者、則有膜及肌層、卽膜帶與道對面之壁相續而作爲螺殼管內之全隔、故其殼道分爲兩階、一爲中竅階、其下有圓孔之膜以閉之、一爲前舍階、由卵孔與前舍相通、傍舍階之末、貼於圓孔處有螺殼道之口、其兩階於螺殼之尖、由兩階之總孔、卽巔頂孔使之相通、蓋因道內末半旋不缺之故、其膜帶之質乃透明玻璃形之片、傍其中有許多之細橫線以射於外、而有類絲之狀、其週圍卽螺旋道外壁相連之處、其質乃半透明、有謂卽螺殼肌者、有謂卽連質者、其螺旋片骨端前舍面五分之外、一有薄層如脆以遮之、因其浮邊有排塞形之齒而凸於前舍階、故有謂爲齒片者、其骨迷路之裡面有極薄之類絲汐膜緊貼於其空之裡面、與骨衣相似、而由其浮面以作爲汐膜之功用、此膜卽作爲前舍

橢圓囊

球囊

膜半環道

膜迷路質

之裡而續入於半、環道及螺殼之前舍階、穿爲巔頂孔以入中竅階、別有兩管形之細岔、順前舍螺殼之道以延至腦外衣之裡面、此膜續過卵圓兩孔、故不與中竅之裡膜相通、其所黏之面、乃粗類絲而緊貼其骨、其浮面滑而色淡、有一層膚遮之而生細液、名迷路水、或外液、此膜在前舍與半環道內、以分其骨膜之兩迷路、然於螺殼則作爲螺旋骨片兩面之裡、而由其浮邊續過其道以至外壁、而作爲膜螺旋片、助爲兩階間分開之隔、

膜迷路

膜迷路、見二百七十九圖乃含水之閉膜囊、而其司聽筋之枝冗分於囊壁之上、以含於舍及半環道、而其形相同、不過小於骨迷路、而其外液以分其裡膜、其舍端有二囊、所爲、一爲橢圓囊、一爲球囊、其橢圓囊大於球者、長方形而旁縮、列於舍之後而上之端、緊貼於半橢圓窩、故名、而有許多腦筋絲散於其囊壁之上、其後由五口與膜半環道相通、其球囊小於橢圓者、形如球、列於半球窩、故名、傍螺殼舍階之口、收納許多腦筋絲、入於所列之窩底、兩囊各有其空、其膜半環道之徑、約有骨道三分之一、而其形與其多少、俱與骨道相同、其中空由五口入於橢圓囊、有兩道總歸於一口、其壜厚於管之餘者、而大略滿布於其道之空、有散於兩囊及每消壜許多之腦筋絲、以持膜迷路、此筋絲穿過內壁之細孔、以入前舍、此路之質、半透明、乃外中內三

迷路內液又名斯夏兒巴液
耳石
迷路脉管
迷路回管
司聽筋
前舍筋

層之所爲、其外層、乃鬆而棉狀之質、含血管及許多之色泡、與眼中衣者相似、其中層厚、尤透明、與眼之大房膜相似、若投以醋强、則露出長類絲及延長核之痕、其內層、係多角之核膚泡所爲、而生內迷路液、其液、乃清湯液、滿貯於膜迷路者、其質與外者相似、其耳石、乃兩小圓體、係鏫炭强細結稜之砂、繫於細類絲質之格、而含於兩囊壁之內、即散腦筋對面之處、有謂乃少許之灰物、散於每半環道壘內之泡者、

路之脉管、乃底或上小腦所來之內司聽者、耳後之錐乳者、間或亦有枕骨之枝者、其內司聽者、於內竅底、分爲螺殼前舍兩枝、其螺殼枝、復分爲十二至十四之小枝、而行於軸道內、以散於螺殼片之質內、而作爲微絲網、其舍枝與腦筋同行、而散於膜迷路之質內、作爲細微絲網、其舍與半環道之回管、皆與脉管同行、於軸底以收納螺殼者而入上岩穴、其司聽腦筋、乃司聽之專筋、於內竅之底、分爲螺殼前舍兩枝、此筋之幹、與其枝、俱含有許多尾岔之結泡、其前舍筋、乃極後者、而分上中下三枝、其上枝極大、分爲許多之絲、於竅底之囊上而後端之細口以穿過之、而入舍、散於橢圓囊及外上兩半環道之壘、其中枝、乃許多絲之所爲、由上所論細口下與半球窩底相似之小叢孔以入前舍而散於球囊、其下枝極小、後行於球囊筋孔後之道而散於後半環道之壘、其腦筋絲、由壘外之深凹與壘內相似之凸處而入、其末作爲繩縵與浮端、其絲則散於兩囊、而與數線之有灰物者相攙、別有他絲射於

每囊壁之裡面、而與核泡之一層相攙、以其末作爲薄類絲層、其螺殼筋、亦於軸底分爲許多之絲、順其道上行、後於方角斯曲往外、傍中鍛面行於骨螺旋片之片之間、在片間則作爲含結泡之叢、其叢之枝、由骨帶之邊起作爲小圓餅形之束、彼此相平、而散於隔之末端、其供螺旋片尖端之絲、則穿過軸中細管、

全體通考卷十

終

飲食道別名養管又名養生路

口

嫩膜

唇

全體通考卷十一

論消化之具

消化飲食之具乃飲食所行之道、及數副具之所爲、其飲食道乃肌膜管、由口至肛門約長三十尺、俱有嫩膜以爲其裡、其道之各處異名、初起於口、以嚼碎其食物乃機之所分者、而與唾核所生之異液攙和、過此爲咽頭食管、卽嚥食物之具、以引入於其道所相感變革緊要之處、卽胃、凡飲食入胃則由滅而化、再往下則入小腸、而飲食養生之物、卽乳糜、由其膽胰兩液相攙、與其行入大腸而棄之者相分、

飲食道

- 口
- 咽頭
- 食管
- 胃
- 小腸
  - 小腸頭
  - 空腸
  - 曲折腸
- 大腸
  - 盲腸
  - 回腸
  - 直腸

副具

- 牙
- 唾核
  - 耳下
  - 牙床下
  - 舌下
- 肝
- 胰
- 脾

口（百二百八十圖）爲飲食道之初起處、大略乃卵形之空、爲咀嚼食物之用、其前爲唇、兩其旁爲頤及上下兩牙床骨之槽峯、其上爲硬腭及上牙、其下爲舌與舌下面及牙床裡面間之嫩膜、並下牙、其後爲軟腭與咽隘、其口內嫩膜與唇浮邊之皮及咽隘之嫩膜皆相續、人生時、其色淡紅、凡口中硬處、其所蓋之膜皆較他處極厚、

唇爲兩肉摺疊、以繞其口之口、外有皮、內有嫩膜、中有輪肌冠血管數腦筋連質油、並許多之小唇核之所爲、而各唇之裡面於中線、由嫩膜之摺疊、卽上下兩唇之線

唇核

頤

嫩膜

吹核

牙床 別名齦

總形

其上者大於下者、與其所屬之牙床相連、其唇核列於嫩膜輪肌之間、以繞口之口、其形圓而大、如小豆、核之小管口列於嫩膜之上、其核質與他唾核者相似、

頤、作爲臉之兩邊、而前與唇相續、外有皮、內有嫩膜、而中間有一層肌、許多之油、連質、血管、腦筋、及吹核之所爲、其頤裡之嫩膜、上下反折於牙床、而其後與軟腭之裡膜相續、其第二上磨牙對面有芒、而其頂有小孔、乃耳下核之管口、其頤內緊要之肌、乃吹肌、然有許多之他肌入於頤之所爲、乃兩衡、咬、項盤之各肌、其吹核列於嫩膜及吹肌之間、其質與他唇核相似、而較小、亦有二三大於其餘者、而列於咬、吹兩肌之間、其管口於末磨牙之對面以入於口、名曰磨核、

牙床、乃密類絲質之所爲、而緊貼槽峯之骨、衣以繞於牙項、有滑而血盛之嫩膜遮之、而其知覺不大、此膜於牙項之週圍有許多之細芒、由此處反折於槽內、以與骨衣之膜相續、

牙（中國有牙齒之別、而此書不分）

人之牙分兩種、而不發於一時、一種發於兒時、爲乳牙、暫牙、落牙、一種發於兒時而延至於老、謂之持久牙、或飯牙、其暫者共二十、每牙床有門牙四、虎牙二、磨牙（即槽牙、此不云齒者、蓋因各牙皆有槽故也）四、其久者共三十二、每牙床有門牙四（二中二旁）、虎牙二、邊牙四、磨牙六、每牙分爲三段、其露於牙床之外者爲牙體、或牙項藏於牙槽之內者爲牙根、兩

牙根

門牙

頂

項○根

上牙床

門牙

下牙床

門牙

虎牙

頂

根

上虎牙

下虎牙

邊牙

頂

端間之縮處爲牙項、其牙根堅塞於牙槽之內、其槽之裡有骨衣、反折於牙根之尖、以遮至牙項、而於槽之邊、其骨衣與牙床類絲質相續、

久牙

門牙、又爲切牙、因其牙尖銳而能切開食物、故名、又爲前牙、此牙共八、每牙床前上下各四、其項竪列、形如木楔、因其後面爲斜勢、故其末如丁、而未磨之先、原有三小凸尖、前凸平滑而明亮、後微凹、而往往微有竪陷、其項縮、其根長而孤圓錐形、横扁前厚於後、而兩邊之竪勢有微凹、其上牙床門牙者、較下者大而堅、斜向下而前、其兩中者大於兩旁者、而其浮邊銳而鑿形、其後邊斜而其根尤圓、其下門牙者則小於上者、其兩中者、小於兩旁者、而門牙之中乃極小者、

虎牙、別名犬牙、又爲長牙、又爲尖牙、共四、上下各二、俱傍門牙之後、而較門者大而堅、其根深入牙床骨、故此處之牙床骨有極顯之凸、其項大、圓錐形、前極凸而後微凹、不平、其尖禿而微高於他牙、其根孤、較門牙之根長而厚、圓錐形而旁縮、兩邊有微凹、其上者（英俗名爲眼牙）較下者大而長、列於下者之微後、而下者列於上者之前、故其牙之項、與上虎牙及鄰門牙之間相對、

邊牙、別名小或假磨牙、共八、每牙床各四、而列於虎牙之極後、兩邊各二、較虎牙小而短、其項由外向裡縮、而其上有兩方錐凸（則名卑頭尖）而有陷以分之、故西別名兩尖

頂
根
上邊牙

磨牙

頂
項○根
第一磨牙
第二磨牙
第三磨牙

牙、而其外者較內者大而高、其項卵形、其根大略孤而縮、其兩邊有深陷、故有變雙根之意、其尖大略爲兩歧、其上者大於下者而其根較下者大有分歧之意、其第二上者尤多有其意、

磨牙又名眞或大牙、乃久牙中之極大者、其項甚寬、故能搗磨飲食、共十二、而每牙床各六、列於每後邊牙之後、每邊各三、其項大略骰形、其旁面圓而前後扁、其上面有四五尖、（上者四而下者五）由十字凹彼此相分、故西別名多尖牙、其項明顯、大而圓、其根分二岔至五岔、而每岔之項有孔、其第一磨牙極大而寬、其項大略有五尖、外三內二、其上牙根三岔、而彼此相去遠、外二內一、其內者極大而長、微凹間或有分歧者、其下牙根二岔、前後各一、而俱縮、其相依之面俱有陷、以示其分歧之意、其第二者、微小於第一者、其上牙之項有四尖、而下者有五尖、其上牙根三岔、下者二岔、而其形與第一者相同、其第三者爲蠢頭牙、（西別名懸牙、蓋以此牙之發最遲、人到此時必當有知識也）此牙小於他者、而其軸向裡、其項小而圓、有三尖、其根大略孤、短而圓錐形、微曲而有陷、故發明其上有三岔之痕、下有二岔之痕、

乳牙

乳牙小於久牙、而與其形相似、其後二乳磨牙、乃乳牙之極大者、至生久牙時、此牙卽爲第二之久邊牙、其第一上磨者有三尖、外二內一、其第二上磨者有四尖、其第

乳牙質

象牙質

牙細管

細管蹈枝

一下磨者有四尖、其第二下磨者有五尖、其乳磨牙之根較久者小、而相去遠、然與他久者之形則極相似、竪割其牙、見二百八十三圖 則其內有空列於頂之底、與每根岔中所行之道相續、而有細孔入於其端、其空之形卽肖其本牙之形、而作爲牙瓤空以含軟而血盛之知覺物、卽牙瓤、其瓤多有血管及腦筋、供之穿過每根岔間之小口而入其空、其牙之實端、乃三質之所爲、一爲象牙、卽牙骨、而爲牙之大端、二爲牙皮、西法名爲琺瑯、以遮其所露之牙頂、三爲白堊質、卽牙根皮質、乃根面之薄層

象牙質、見二百八十四圖 爲牙之大端、而其中含牙瓤、此質乃骨質之變革、然其質與相感之體不同、用顯微鏡看之、則此質有數細曲折枝形之管、而專有壁、名爲牙細管、而列於管間質之內、乃密而同形之質、其牙細管彼此平列、而其內端入於瓤空以行曲折波浪之路、向其週圍、其管之勢則變、其在項上端者則竪、其在項及根上端者則斜、其向根下端者斜向下、其細管初起處之逕、乃約四千五百分寸之一、在路時則分丫而復分丫、故象牙質之割面有紋狀、由其管之邊有極細之冗枝與管間質相合、而作爲繩纓或小瀠處爲末而生枝、其根多如此、傍象牙質之週圍、其細管之細冗枝亦如此、在其根此冗枝往往入於白堊質、此細管有厚壁、而有謂含瓤質細環柱形之岔者、其細管間枝透明、而細米粒形、含象牙質之土質、其大半、如浸其牙於軟酸水內以去其土質、則其所餘之韌質、有謂爲色淡米粒圓絲之束與細管平

相感之體

列而行者、然有謂爲甎形泡之叢繞細管之所爲者、又有謂層層所爲而與甎空平列而行、以過細管之勢者、其相感之體、有謂乃動質百分之二十八、土質百分之七十二之所爲者、（骨質之動質百分之三十三、土質百分之六十七）賚之則其動質變爲膠、其土質則爲緘光強、鎃炭強、鎃瀡之些須鹵硄強、並他鹽類之所爲、

牙皮

牙皮乃牙極硬而密之處、而作爲項之薄皮、以至根之初起、其在項之磨面者、極厚、（至日久則磨薄）而向項則變薄、其牙皮乃細六角竿之叢之所爲、而彼此平列、一端列於象牙質之上、而有許多之細凹以收納其竿、一端作爲項之浮面、此絲於項之項則豎列、於邊則橫列、其逕約五千五百分寸之一、而有曲折之形、故牙皮之割面、有排同形之線、傍牙皮絲象牙質之面、其間有許多之細格以象牙質之細管所來之液可入牙皮、其牙皮竿乃實六角或四邊之稜、其面與其端相連、而其內有灰物之所爲、若用新長之牙皮浸於軟酸水、以去其灰物、則有動質細稜形泡之網、其相感之體、

相感之體

有謂乃土質百分之九十六零五、動質百分之三零五之所爲者、其土質乃鎃硄強、鎃瀡之少許、鎃炭強、鹵硄、並他鹽類之所爲

白堊質

白堊質、列於牙根、爲薄層、由牙皮之末起、以至其根之尖、而在根上者大略微厚、其質及相感之體與骨相似、此質含少許之骨殼及細管、其旁面殼之細管、由殼之邊射至牙週圍之膜、而其所列之尤深者、則與和 依之牙細管相合、在白堊質之厚端、

其骨之異片並哈危分道皆有之而年老之牙此白堊質則加厚以生出骨凸在年老者恒有此其瓤之空有硬物大半滿之乃象牙骨兩質間之狀又名骨象牙質又名次象牙質似乎牙瓤漸變縮而亦有失之之時

牙發見二百八十五至二百九十圖

牙有謂乃遮牙床弓邊嫩膜之所發者約在胎四十日見二百八十五圖其遮上牙床邊之嫩膜有半環凹或陷乃原牙陷由此陷之底發十乳牙之萌其萌由嫩膜圓錐凸或芒之所爲見二百八十六圖即乳牙瓤之端倪其乳牙發萌之次序如左約五十日則發其上牙床第一落磨牙之萌約六十日則發其虎牙之萌約六十五日則發兩門牙之萌而中門牙早於其旁者約七十日乃發第二磨牙之萌於前磨牙之後其下牙床牙之發較遲其第一磨牙之萌約五十日始露端倪其第十牙之萌約八十日始露端倪此即第一或萌之發層其牙陷至此時則縮其邊則厚而凸其膜隔過陷邊之間見二百八十七圖而其陷變爲收納萌之泡其泡因此復變爲槽有骨衣以爲裡而由其底以發牙床嫩膜之岔即將來牙之萌其第一磨牙之泡約七十日始足其虎牙之泡則隨磨牙而發而門牙之泡則隨虎牙而發約八九十日始足其後落磨牙之泡約百日始足此即第二或泡層變革之所爲大略九十日其萌之長極速而凸於其泡以變爲將來牙相對之形其泡變深極速而由其邊生小膜岔或蓋相合而作爲

牙長

新壁空之蓋、見二百八十八圖此蓋與牙頂之形並其面尖數之多少相對、其門牙泡之蓋、有二、虎牙三、磨牙四五、故此泡變爲牙囊、與其所含之萌變爲牙瓢、其牙陷之唇則漸由後而前以過其泡、相合後即漸泯其陷、此即第三或囊之發層、乃約百五日之時、其原牙陷之深端即閉、然其淺端傍牙床面仍開、又名爲次牙陷、乃由前之十持久牙而發、約百日有數月形之凹、每乳牙端倪之囊後各一、每牙床下共床有十、其長之次序由前而後、乃四持久門牙、二虎牙、四邊牙之端倪之泡、而其次牙陷之閉時、此泡則變爲泡壁儲之空、見二百八十八圖其空遂延長、而由其面退而往裡、以入牙床內、於落牙囊之後、而其每囊之底則有萌凸出、乃持久牙之萌、維時、由空之邊而發一或多之蓋、相合而分兩端、其下端含持久牙之萌、其上端窄、漸縮而與落牙囊上所滅之原牙陷相似、見二百八十九圖其每牙床後之六持久牙、每邊各三、由原牙陷後端往後長之次序起、至第四月時、其末暫磨泡後所列牙陷之端、則開而不閉、以發萌、乃第一持久磨牙之端倪、其所含之泡由其蓋以閉之、而其新成之囊之上端即延長向後、以作爲儲空、而其內有第二持久磨牙之萌、於出胎之七月時則露之、後則第一二持久磨牙加大之時、則其儲空之餘處、此即末時之變革、而與上所論者相似、以發其盡頭牙之囊與萌、乃於六年時則露之、其由泡閉所爲之牙囊、其囊與其所含之萌皆漸加大、其每囊乃內外兩層之所爲、其內者血盛、而有內膚爲裡、其外

白堊質
部牙根
骨瘦質
牙長出

者、或連類絲膜、與嫩膜之深層相似、其牙瓤遂變成將來牙之模、而其底緊貼其囊之底、其磨牙瓤之底分為二或多之端、而作為將來之牙根、而胎四五月時有象牙質之薄片或帽長於各乳牙瓤極凸之尖上、其門虎牙新長之層有空圓錐形、其磨牙者之專片與其項上凸之多少相等、此片之長實侵其瓤質之地步、其週圍之長則加寬、其體內之長則加厚、其磨牙之專圓錐相合而作為牙項、此時其瓤則縮而作為牙項、其餘者則變窄而延長以作牙根、其象牙質之長、由面向裡及長至極處則牙之中有小空而與每根尖之小孔及牙血管並腦筋相通、其象牙質之初成時有牙囊之內壁、生軟瓤叢、卽牙皮具與牙瓤之面、或象牙質之帽緊相貼、乃韌而海綿絲格之所為、而其內含生卵清、其每絲相合之處露出透明之核、其向牙瓤之面有一層延長核形泡之層遮之、卽牙皮膜、其牙皮沉下於象牙質帽外面之上、其白堊質之長成遲於此、乃牙週圍之膜、由牙皮邊往下之所為、其各牙之質皆變灰而有嚼力、則牙長出於其牙床、其牙項抵其牙床、則其牙床吸去、而其牙根乃加大以提其牙項（見三百九十圖）此時牙囊間之隔為類絲質、而後遂變為骨、以作為牙槽、而其槽緊繞牙項而作為實底以托之、其暫牙之長出由兒七月時起至二年之末而止、其下牙床者而早於其上者、其暫長出之圖如下、

暫牙長出之時

七月中門牙
七月至十月旁門牙
十二月至十四月前磨牙
十四月至二十月虎牙
十八月至三十六月後磨牙

硬腭　軟腭

其久牙之變灰起於人將生之先、而上牙床牙長之次序如左、其下牙床者微早於其上者、其第一磨牙五六月、其中門牙稍遲、其旁門虎牙約八九月、其邊牙第一年、其第二磨牙五六年、其盡頭牙十二年、其久牙未出牙床之時、其分囊與落牙之骨隔則吸去其暫牙之根則失而其久牙卽列於落牙鬆項之下、迨其落牙落則其久牙代之、其久牙長出之次序如下、其下牙之出微早於其上者、

久牙長出之時
六年半第一磨牙
七年兩中門牙
八年兩旁門牙
九年第一邊牙
十年第二邊牙
十一至十二年虎牙
十二至十三年第二磨牙
十七至二十一年盡頭牙

腭

腭爲口之蓋、乃兩端所爲、前爲硬腭、後爲軟腦、硬腭之前及兩邊、乃牙槽弓與牙床、後則與軟腭相續而有骨衣口嫩膜所爲之密質緊貼遮之、順中線有岗其前有小芒、與前腭窩之下孔相對、此芒收納鼻腭前腭兩腦筋之絲、其線前與兩邊之嫩膜、厚而色淡有縐紋、其後薄滑而色深有鱗膚遮之、并有許多之腭核列於嫩膜與骨面之間、其軟腭如動簾挂於硬腭之後邊、以爲口咽頭間不全之隔、乃嫩膜摺疊內有肌絲、腱膜、血管、腦筋及嫩膜核、尋常之部位卽鬆挂之、其前面凹與口蓋相續而中有岗以發明其左右兩半原相分之勢、其後面凸與遮後鼻孔底之嫩膜相續、其上邊黏於硬腭之後邊、其邊與咽頭相攙、其下邊浮而不與各處相連、其下邊之中、

前柱　後柱　咽隘　嫩膜　腱膜　肌　杏仁核　脉管　回管　腦筋

有小圓錐擺狀之峯、即吊鐘、又名小舌、由其兩邊之底有嫩膜之兩曲折疊弓形向外而下、其中有肌絲、名爲軟腭弓或柱、其前柱向下而前以至舌底之邊、乃腭舌肌凸之所爲而有嫩膜遮之、其後柱較前者相近而大、向下而後以至於咽頭之邊、乃腭咽頭肌凸之所爲而亦有嫩膜遮之、其兩柱之下有三角形處以分之、而列杏仁核、其腭弓於兩邊之間處名咽隘、而其上爲腭之浮邊、其下爲舌、其兩邊爲軟腭之柱及杏仁核、其軟腭之嫩膜薄、除傍耳氣管口乃環柱而睫毛形者、其兩面乃鱗層遮之、其後面與吊鐘之週圍俱有腭核一層、其軟腭之腱膜乃類絲薄而腱之層、其上黏於硬腭、向其浮邊變薄、與竪腭肌之腱筋相攙、其軟腭之肌兩邊各五、乃提腭竪腭腭舌腭咽頭孤吊鐘、其杏仁核乃兩核形之具、故名於咽隘之每邊列於前後兩柱之間各一、其形圓而大小人各不同、其外傍上縮肌之裡面及內項上咽頭兩脉管而與下牙床骨之角相對、其裡面有十二至十五之孔、其孔入小窩而生許多之囊、以入核內、其囊內有咽頭嫩膜相續爲裡而有膚遮之、其囊壁乃閉囊之一層列於嫩膜下質之所爲、此囊之質與百乙爾核、卽小腸核相似、而含濃灰色之液、其供杏仁核之脉管、乃由舌而來之舌背者、由臉而來之上腭杏仁核者、由外項而來之上咽頭者、由內牙床而來之下腭枝者、其回管於杏仁核之外邊、皆入杏仁叢、其腦筋由第五與舌咽頭者而來、

耳下核

唾核

唾核與口相通、而令其液流入於口之緊要者有三、乃耳下、下床下、舌下、其耳下核、見二百九十一圖因與耳相近故名而於三者之中爲極大其重自半兩至一兩、列於臉之邊即外耳之儘下而前其上爲衡骨、下爲牙床角及其角胸乳肌間似乎之線、其前至咬肌上而或多或少不等其後至耳外竅耳門乳端及胸乳雙腹兩肌、而微搭其胸乳者其前面凹、以衛下牙床骨枝之後邊而前行於其枝之下、兩後蹬肌之間其外面微葉形有皮與夾膜遮之並有一二津液核列於其上其裡面有兩大岔深入於項、一入於錐峯之後而凸於乳鋒及胸乳肌之下、一列於錐鋒之前而於下牙床節之後以入臼窩之後端其內有外項脉管、上行於牙床骨枝之後其耳脈管出於其後其耳門脉管出於上其橫臉脉管出於其前其內牙床脉管於牙床項之後往裡穿之其外項脈管之淺處有耳門內牙床兩回管相合所爲之幹並有一枝以連此幹與內項者而穿入其核由前往後又有臉腦筋及其枝穿入之核而於前邊以出其耳大腦筋亦透此核以連於臉之腦筋其內牙床之耳門質則列於此核之上端其內項脉回兩管皆緊貼其核之深面其耳下核之管、名斯的諾長二寸半、由頤裡面之小口即第二上磨牙之對面起斜行於嫩膜之下以透吹肌而過咬肌以至核之前邊而其內則分數枝其管之勢由耳竅下端衡骨之下約一指寬處畫一線以過

血管並腦筋

牙床下核

牙床下核管

血管並腦筋

舌下核

臉至上唇之浮邊及鼻翅之中尖相對、其過肌之處、則收納此核小不連之端、名副耳下核、此副核往往專爲葉、列於銜弓之極下、其耳下核管、密而厚、大如鴉翎管、乃外或類絲密衣以含能縮之絲、並內或嫩膜衣、有環柱爲裡之所爲、其供耳下核之脉管、由外項並此管列於核內、或傍核之枝者而來、其回管亦如此、其津液管、入於淺深兩項核、而於路穿過其面上或其內之兩三津液核、其腦筋由百結筋之項脈叢、臉淺耳門、耳大之各腦筋而來、其下牙床下核列於牙床骨之下、故名項下床三角處之前端、無定形、其重約二錢、有皮項盤肌、深項夾膜及下床骨體以遮之、與其骨裡面之凹處相對、而列於磨舌骨、舌骨舌錐舌各肌之上、有一端行於磨舌骨後邊之下、此核前有雙腹肌之前腹、後有錐牙床筋帶、以隔此核與耳下核、其前有磨舌骨肌、以隔此核與舌下核、其臉脉管、列於後及上邊之陷內、此核之管、西國謂之窊兒頓、長二寸、其壁甚薄、於耳下核者、由舌線邊之小芒頂上之窄孔、起行於舌下核與頦舌骨舌肌之間、往後而外、於磨舌骨舌骨舌、頦舌骨舌各肌之間及司味筋之下、以至核之深端而分數枝、其供此核之脉管、乃臉舌脈管之枝、其回管與脈管同、其腦筋、由牙床下結、下牙磨舌骨枝、及百結筋而來、其舌下核、乃唾核之極小者、而列於口底嫩膜之下、舌線之兩邊、傍牙床骨合縫之處、緊貼其骨之裡面、其狀扁窄如杏仁、而重一錢、其上傍嫩膜、其下傍磨舌骨肌、其前傍下牙床骨合縫邊之凹、及其對邊者、其後傍下牙床下核之深端、其內傍頰舌骨舌肌、而其舌筋、及窊兒頓管以隔之其核之出管至八至二十於舌線之兩邊列於核凸所爲之嫩膜高崗以專入於口、於內有二或多之管相合作爲一管名巴兒得林管、以入窊兒頓管其供

血管腦筋唾核質

此核之血由舌頰兩下脈管而來其腦筋由司味而來其唾核乃許多葉之所爲而其葉乃小葉密連質血管津液管相連之所爲其每小葉乃許多閉泡之所爲以入總管其每泡之壁乃細底膜所爲有膚爲裡而於其外面有密微絲網遮之其牙床舌兩下核之葉皆較耳下者大而鬆相合

咽頭

咽頭乃飲食道、列於鼻口喉後之一端肌膜之囊、微似圓錐形、而底向上尖向下、由頭顱之下面前至環脆後至第五項脊骨共長四寸半其橫逕寬於其前後者其極寬處乃舌骨角之對面其極窄處、乃終於食管之處其上爲枕骨之底峯、其下與食管相續其後鬆連質與脊骨柱之項端相連及長項前指頭之各肌、其前面不整、以次黏於內後蹬片後蹬牙床筋下牙床骨舌舌骨喉其旁與錐峯及其肌相連而傍總內兩項脈管及內項迴管並第八九百結之各腦筋、而其上傍內後蹬兩肌之小端其咽頭有相通之七孔、乃鼻後孔二耳氣管二口喉食管各一其喉鼻孔乃列於

後鼻孔二耳氣管

咽頭前壁之上端之兩孔其二耳氣管於鼻下道之後端入於咽頭之上端而毗邊

食管孔　咽頭質　類絲衣　嫩膜衣　肌衣　咽頭核　連屬

各一、其鼻竅之下、有軟腭吊鐘之後面、口之大口、舌之底、會厭、及喉心形之孔、其食管孔、乃咽頭下縮之端、其咽頭質、乃嫩膜、肌、類絲三衣之所爲、其類絲衣列於嫩膜肌兩層之間、名咽頭健膜、其上厚而無肌絲、緊連枕骨之底端、及耳門骨之岩端、往下則減其厚而漸盡、其嫩膜衣、與耳氣管、鼻孔、口、喉之裡相續、而有環柱睫毛形之膚遮之、往下以至鼻孔之底、再往下此膚則鱗形、其肌衣已論於肌部、茲不復贅、其咽頭之核有兩種、一爲純或合成囊者、而全咽頭嫩膜之下多有之、一爲叢核而咽頭之上多有之、以過咽隘兩耳氣管之間而作爲厚層

食管

食管乃自咽頭至胃之膜道、而長約九寸、由環脆下邊、第五項脊骨之對面起、往下順脊骨之前、穿過後胸縱膈、過膈肌以入腹、至於胃之心口、即賁門、第九脊背骨之對面、而大略豎勢、然在路亦有二三微曲之處、其初起處列於中線、然於項之根則向左而漸復於中線前行、過膈肌之食管孔、仍斜而向左、其食管亦有前後之曲、而與脊骨柱項胸兩端之曲相對、此食管爲飲食道之極窄處、而其初起處及其過膈肌之處爲尤窄、此食管在項前傍總氣管、與在項下端凸於左邊之處、傍脾核、及吸液總管、其後列於脊骨柱長項肌之上、其兩邊傍總項脉管、因坡而向左故其左者多如此及脾核旁葉之端、其返廻喉腦筋上行於食管總氣管之間、其食管在胸、先列於中線之微

外科解剖學

左過總脉管弓横端之左邊、下行於後胸縱膈、順總脉管之右邊近膈肌則行於此管之前而微左、後則入腹、其前傍總氣管、總脉管弓、左氣管、心包絡之後面、其後之上者、列於脊骨柱、長項肌、及肋間血管之上、其後之下者傍膈肌列於總脉管之前而其旁有肺包膜遮之、其大孤回管、列於其右邊、而下總脉管、列於其左邊、其肺胃腦筋俱緊貼之、其右者、行於食管之後、其左者行於食管之前、若食管縮須用探管以漲之故必須知其食管之勢及其邊圍各處之連屬如食管有惡證以致其質變軟若用探管穿過其縮之處必須留神恐透其壁以作為假道而其探管則入胸縱膈或左右之肺包膜空或入心包絡若因生血瘤而擠窄其管切不可用探管恐速其死若誤吞外物以致塞於其管而不得上下若瘤窮於治法則必須割其管割此處不能甚往下如留其外物則食管必得大炎證而生瘡有一人食管內之外物透脊間盤以致髓系及其膜內生炎證而隕其命其割法令病人仰臥而微翹其頭肩於總氣管之左由脾臟往下約四寸長割開其皮及項盤肌分開其所割之口邊則其肩舌骨胸舌骨胸脾三肌之絲即牽之向裡以露出項管之鞘而扯之於外以物鈎住則食管明顯易見即可將所吞之外物取出然割時務須留神於其脾核之脾血管及喉之腦筋

食管質

肌衣

其食管之質、外或肌、中或泡內或嫩膜之三衣、其肌之衣乃外長內環兩厚層之絲所為其長絲列三綹於管之初起處一在前黏於環旋後面之豎齒一在兩邊與下縮肌絲相續而往下相攙而作為勾層以遮其食管之外面其環絲之上與下縮肌相續在食管之上下兩端則其絲橫列在中端則斜列之

中衣

內衣

其食管上端之肌絲、色紅、而大半係紋種之所為、而下端皆不自主之肌絲所為、其中衣鬆連於內外兩衣、其內衣厚、而上色紅下色淡、此衣鬆連其外衣而有長摺紋若其管漲則無之其面有許多之細芒而有鱗膚之厚層蓋之

食管核

其食管之核乃許多之小合成核、而散於其管以列於嫩膜下質之內、由長出管以入於其面、其下端者尤多、而環形列於賁門之週圍、

腹界

腹孔

腹

腹、乃身極大之空、其下由尻骨盤之堰以分其腹與尻骨盤、其腹卵形、而上寬於下、豎逕亦大於橫逕、其前及邊爲下肋與橫腹肌、及胯骨臏、其後爲脊骨柱、及大小方之各腰肌、其上爲膈肌、其下爲尻骨盤之堰、此腹界之肌、有一層夾膜爲裡面之裡、而所黏之處各有其名、其腹含飲食道之大端、肝、有胰、脾、消化之數副具、並腎及腎上核、以上各質及腹壁、俱有大而雜之汐膜以遮之、即腹包膜、其腹壁之孔以遞出入之質、乃臍、以遞胎臍血管回總血管孔、於膈肌以遞下回血總管、總脉管孔、以遞總脉管孤回管、及吸津液之總管、食管孔以遞食管及肺胃腦筋、其兩邊下有二孔、一遞股血管、一遞男之精系、女之圓筋帶、爲便於論臟腑、故必須將腹分數部、如兩環線繞於其身、一與第九肋脆平行、一與胯骨崗之極高處、分上中下三部、再於每邊第八肋脆往下豎劃兩線至窩大筋帶之中、而此三部又分爲三部、曰中兩旁、其中上部別名腹上或胃上部、其旁部別名左右肋脆下部、其中中部別名臍部、其兩旁別名左右腰部、其中下部別名腹下或胃下部、又名交骨部、兩旁爲左右之摺窩部、其各部所含之物如左、見二百九十二圖

右上部

肝之右葉
胆囊
小腸頭
回腸肝曲
右腎上端
右腎上核

右中部

上回腸
右腎下端
小腸之數曲

右下部

盲腸
盲腸之附
內溺管
精血管

中上部

胃中幽門之兩端
肝之左子兩葉
肝血管
腹軸
半月結
胰
總脉管之數端
下總回血管
孤回管
吸液總管

中中部

横回腸
大脂膜端
腸間膜
小腸頭之横端
空曲折兩腸之數曲

中下部

小腸曲
小兒膀胱
成人膀胱之漲者
婦人懷孕之子宮

左上部

胃之脾端
脾
胰端
回腸脾曲
左腎上半
左腎上核

左中部

下回腸
左腎下端
小腸之數曲

左下部

回腸之返回曲
內溺管
精血管

腹包膜

腹包膜乃漿膜、與此種之各膜皆係閉囊、而婦女此膜則有不全閉者、其經管、由其浮端與此膜相通、故其漿膜與嫩膜之裡相續、其腹包膜大略繞於全腹尻骨盤中之各臟腑而作爲此膜之臟層、後則反折於腹尻骨盤壁之裡面作爲壁層、其浮面、滑而濕、有薄鱗膚遮之、其所黏之面澀、有連質、卽腹包膜下連質、與臟腑及其壁之裡面皆相連、其壁端鬆連於腹及尻骨盤裡之夾膜、然又緊連於腸肌下面及腹中線、（凡欲看此膜返折之勢、見二百九十三圖、其腹已割開）提起其肝而扶之、再壓下其胃、則見有薄膜一層由肝之橫縫而來、以至胃之上邊、卽小脂膜、又名胃肝脂膜、乃腹包膜前後兩薄而細

前層　後層

之層所爲而其間含肝血管及腦筋、欲跡此兩層須先其前者而後其後者其前層下至胃之小曲、而遮其前面以至大曲再下至小腸之前、再返廻以至橫回腸、作爲大脂膜之外層、後則遮橫回腸之下面行至腹之後端而作爲橫回腸間之下層再下於小腸頭總脉管、回血總管之前以至上腸間膜之脉管、後順其脈管以繞小腸返折廻以至脊骨柱而作爲腸間膜並在兩邊以遮上下回腸故此膜則與腹壁之裡包膜相續、其腸間膜之根順脊骨之前往下以入尻骨盤而繞於直腸之上端專有一摺疊持之名直腸間膜由此往下則男女不同在男則作爲直腸膀胱間之摺疊而上行於膀胱之後面以至其頂在女則於直腸之前、往下以入尻骨盤而遮陰道後壁之小端反折於子宮之上以遮子宮之底及體再由子宮之邊反折至尻骨盤壁之兩邊而作爲寬筋帶再由前面上行於膀胱後壁之上以至其頂此外則男女相同而上行於腹前壁之上以至膈肌之下面再由膈肌下面反折於肝之上而作爲冠筋帶之上層及旁長兩筋帶、後則遮肝之上下兩面與於橫縫小脂膜之前層相續而仍歸於發端之處其小脂膜之後層下行至胃之小曲而遮其後面以至大曲下行於小腸之前而返回至橫回腸以作爲大脂膜之內層以遮橫回腸之上面後行至脊骨柱、以作爲橫回腸間之上層上行於胰膈肌蒂之前而作爲膈肌下面後端之裡再反折於肝之後邊而作爲冠筋帶之下層由肝之下面可跡之以至橫縫乃小脂膜後

筋帶
脂膜
小脂膜

層相續之處而仍歸於發端之處此層反折處之內名腹包膜小空又名大脂膜空
其前爲小脂膜胃大脂膜之下端其後爲大脂膜之上端橫回腸橫回腸間膜與其
上行之層其上爲肝其下爲大脂膜之反折此處與總腹空由文斯洛孔以相通列於
小脂膜右浮邊之後乃脂膜大囊及腹空相通之孔此孔之前爲小脂膜以繞門回管及肝脈管並肝膽管其
後爲下回血總管其上爲肝之子葉其下爲由腹軸曲向前而來之肝脈管此孔乃
總腹包膜空窄而縮之處由腹軸之肝胃脈管前行以供其所屬之臟之所爲故以
上所言之各臟腑大略俱有腹包膜全繞之乃肝胃脾小腸頭之首端小腸之空曲
折兩端橫回腸及反折端直腸之上端子宮及其經核是也有僅此膜所遮臟腑之
一端乃小腸頭之下橫兩端盲腸上下回腸直腸中端陰道上端膀胱後壁是也其
腎及其上核並胰有此膜遮之而不收納其專衣其直腸下端膀胱項底及前面並
陰道下端皆無此膜遮之凡各臟腑之間俱有此膜數層之折疊爲縮其臟腑以定
其部位并以護其行各處之血管腦筋而此數折疊名筋帶以助持其臟腑有他折
疊名爲腸間膜以連其腸與腹之壁又爲脂膜者而由彼臟行於此臟
腹包膜所作之筋帶乃肝脾膀胱子宮者其義俟詳於本臟條中此不贅論脂膜有
三曰小曰大曰脾胃者其小脂膜又名胃肝乃肝橫縫與胃小曲間之摺疊極薄乃
兩層所爲其於兩層左邊行於食管端之上其於右邊浮之處則相續而作爲浮圓

大脂膜

脾胃脂膜

腸間膜

腸間膜

盲間膜

上回腸間膜

下回腸間膜

橫回腸間膜

邊、而其層間含肝脈管、總膽管、門回管、津液管、及肝腦筋叢、其以上各質、俱有鬆連質繞之、名愚栗宋囊、其大脂膜、又爲胃回腸脂膜、乃極大之折疊、共四層、有二層由胃往下、前後兩面各一、在胃之下邊相合、下行於小腸之前、以至尻骨盤、回往上至於橫回腸、而分開以繞之、在幼年者易分、在成人大約合而不分、其左邊與脾胃脂膜相續、其右邊則不過小腸頭、此脂膜薄、狀如篩、以常含數油質、而肥人者多、其功用以保護其腸、不令其受外寒、兼以助其蜿蜒之力、其脾胃脂膜、乃連脾之凹面、與胃之左端相連、而其下邊與大脂膜相續、以含脾血管及胃短管、

腸間膜有七、乃本間膜者、盲、回腸之上橫下者、回腸之反回及直腸者、其腸間膜、以其、連於小腸環柱中、故名、乃腹膜之寬折疊、以連小腸空曲折兩端之曲與腹之後壁、其根乃脊背柱所連之端、窄、約長六寸、由第二腰脊骨之左邊斜至右方胯之合縫、其腸邊者長、而分爲兩層、以繞其腸、作爲腹包膜衣、其脊骨腸兩邊之間、約寬四寸、其上邊與橫回腸間膜之下面相續、其下邊與遮盲上回兩腸之膜相續、此膜之功用、以持小腸之部位、而與其層之間、以含腸間膜血管腦筋、及乳管並腸間膜核、其盲間膜如有、則連盲端之後端、與右胯窩、大略此膜專行於此端之前、其上回腸間膜、乃上回腸後端與腹後壁相連之膜、其下回腸間膜、以持其下回腸與腹之後壁相連、大半多以此膜專遮此腸之前面、與其邊其橫回腸間膜係寬折疊以連橫

返迴回腸間膜 直腸間膜 脂膜附

大端別名左端又名脾端 小端別名右端又名幽門端 賁門別名食管門又名心口 幽門 小曲 大曲 前面

回腸與腹後壁、乃大脂膜之兩上行之層所爲、而分繞於回腸、其後則相合、以續至脊骨柱、至此則復分於小腸頭之前、其兩層之間含供橫回腸之血管、其返廻回腸間膜、以持其返廻曲、而與左胯窩相連、其直腸間膜、乃窄摺疊連於直腸上端及方骨之前、以含直腸血管、其腹包膜有含油之小囊、列於回腸及直腸之上端、名脂膜附、而橫回腸多有之、

胃

胃爲消化緊要之具、乃飲食道極漲之處、爲化減其飲食、即變糜粥之所成、其位列於左肋脆下腹上兩部及右肋脆下部之一端、其形徵似圓錐而自盤、其底圓而向左、列於腹前壁之極後、橫回腸之上、肝與膈肌之下、其人之大小與其漲勢皆不同、若以適中之漲論、大略其橫徑長十二寸、豎徑四寸、其重有謂四兩半者、其胃有兩端、兩口、兩邊、兩面、其左端乃胃之極大處、其由賁門入胃處向左之端、約長二三寸、其發大處名爲底、列於肋之下、緊貼於脾、而有胃脾脂膜以連之、其小端較左端甚小、並較左者在前在下、緊貼於腹壁、肝之下、而膽囊之項、其食管口與食管相通、爲胃之極高處、其形徵似漏斗、其幽門與小腸頭相通、而有戶以守之、其小曲在上邊、順胃之上邊、乃賁幽兩門之間、而由小脂膜與肝之下面相連、其大曲順胃之下邊、亦在賁幽兩門之間、而被大脂膜所黏、此兩曲則界其胃之前後兩面、其前面向上

後面

而前、傍膈肌肝左葉之下面、及在腹上部之腹壁、其後面向下而後、傍胰、腹大血管、膈肌帶、及太陽叢、其小脂膜由肝橫縫至胃小曲、並腹膜折疊、由膈膜至胃食管端即胃膈筋帶、以持其位、此處為胃極定處、而幽門及大曲兩處則極其動、故胃若漲

胃部位之變革

滿、則大曲向前、其前面往上、後面往下、（全身內臟腑之部位及其連屬之變革俱不若胃為多凡吸氣之時則膈肌往下胃亦隨之而往下呼氣之時則腹肌將胃擠向上而提起此乃其自己之變革也至胃有時而滿有時而空則其部位循周圍之各臟腑亦變革當其空之時微占左上部之小塌其脾列於其後其肝之左葉遮於其前心之下面則列於其上與前由肝左葉與心包絡以分之故人多以胃痛為心痛往往於心跳時或脈之動而忽止時其漲滿時則膈肌擠而往上故膈窩小是以於吸氣時則覺氣短其心則向上挪移兩[illegible][illegible]其勢若壓至漲滿之極則心亦必作跳西國婦女最好勒腰令其腰細以為觀美則其胃即往下而向於骨盤若胃有病者亦能挪移其部位及連屬如胸或腹有水鼓病或因他臟腑有變革則胃亦隨之）假如從幽門處向胃

幽門

裡看、其嫩膜凸往裡而成環摺疊形、即幽門、而摺疊之中有一窄環孔、其徑約半寸、乃胃與小腸頭相通之處、其幽門、即胃嫩膜摺疊之所為、而含許多之肌絲、以相合為一厚圓環、其長絲與其沕膜、有續過之摺疊而不助之、此孔往往為卵形、其圓環往往有兩鉤月摺疊代之、一在幽門之上、一在幽門之下、而罕有一鉤月摺疊、其胃

胃質

有沕、肌、泡、嫩膜之四衣、及血管腦筋之所為、

沕衣

其沕衣除大小兩曲為黏大小脂膜之處、俱有此膜由腹膜而來、以遮胃之全面、而於兩層之間、有小三角處、而其養胃血管腦筋、順行於此處、

肌衣

其肌衣（見二百九十五圖）列於沕衣之極下、乃縱、環、斜三種絲之所為、其縱者極淺、與食管之縱絲相續、由賁門星形而射、此絲順兩曲極明顯、其小曲者

泡衣別名運衣嫩膜衣又名內衣

胃嫩膜質

純泡血管

尤明顯、散於面上者少、而於幽門者多、以與小腸者相續、其環絲作勻層於縱絲之下、胃全面之上、而在幽門者極多相合爲圓環、凸向裡、而與遮面上之嫩膜摺疊以作爲幽門戶、其斜絲則專繞於賁門以遮其兩面而作爲厚勻之層有由左而斜於右者、有由右而斜於左者、其連衣乃鬆絲之連質、連於肌內兩衣別名嫩膜下衣、以扶助其血管、而其血管散於嫩膜之上故又名血衣其嫩膜衣、厚面滑軟、狀似絨、凡小兒及初死之人此衣皆淡紅色中年老年人則淡黃色或灰色在賁門者薄向幽門處者厚於胃縮之時、此衣卽成許多豎縐紋、而向胃之小端及大曲此紋則極明顯、若胃漲滿則無紋、其嫩膜之質、見二百九十六圖　若隔鏡看之則其裡面之狀、如異蜜蜂窩乃極小而淺之槽、或多角、或六角、其徑有百分寸之三百五十分寸之一、而其間有微高之崗以分之、其槽之底、有細管口、卽胃泡、豎而平列於全嫩膜內、其向賁門者、短而純管形、在幽門者長而密曲形而其末爲漲囊端、或分二至六細管之枝、其胃泡乃同底膜所爲、其浮面之上有一層泡爲裡、而各處之形不同其向幽門者、則有環柱膚爲裡名嫩膜核、蓋謂其生胃之黏液之故在他處者、則每管之深處有核、及米粒叢而其上則有核形泡之叢其管四分之上一、有環柱膚爲裡卽消化之核、蓋謂其生胃液之故、胃嫩膜全面之上、俱有或多或少之純囊或泡、而向幽門者爲尤多青年者尤明顯其嫩膜之膚與其槽皆爲環柱形其供胃之脉管乃胃肝而來

腦筋

上端又名第一端

下端又名第二端

之幽門、及右胃脂膜之枝、脾而來之左胃脂膜及短管者、此管皆供肌衣、而冗分於嫩膜下之衣後則散於嫩膜、其回管與脉管同行、而入脾門兩回管、其津液管極多、而分淺深兩種、以穿過其順胃兩曲之津液核、其腦筋、乃左右肺胃之末枝、左者散於胃之前、右者散於胃之後、其百結筋之枝亦供胃、

小腸

小腸、乃飲食道內之糜粥、與膽、胰液、及腸嫩膜各核所生之液相攙、並其飲食之養力即乳糜分開之端、此即變糜之理、其小腸乃曲折之管、而長約二十尺、由其頭至末則漸小、列於腹尻骨盤之中下兩端、其上與其兩旁俱有大腸繞之、其前傍大脂膜及腹壁、而有腹包膜摺疊即腸間膜以連於脊骨柱、此小腸分小腸頭、空曲折之三端、其小腸頭又爲十二指腸、蓋長約十二指寬、故名即八寸至十寸、乃小腸極短極寬極靜之處、而無腸間膜、而腹包膜亦不全遮之、其路有曲如馬掌、其凸向右、其凹向左、以包胰之頭、其腸之頭自幽門起、斜往上而後、以至肝之下面、後則下行於右腎之前、橫穿過脊骨前、至第二腰脊骨之左邊、以入空端、故其小腸頭分上下橫三端、其上端約二寸長、浮而動、大半全有腹包膜遮之、其上而前傍肝及膽囊之項、其後傍小脂膜右邊、肝脉膽兩管、及門回管、此端大略有膽染者、其前面多如此、其下端約三寸長、由腹包膜及胰堅定之、此端由膽囊項堅往下、右腎之前、以至第三

續橫端名第三端　血管　腦筋　質　汋衣　肌衣

腰脊骨、惟其前面有腹包膜遮之、其前傍回腸之右弓、及回腸間膜、其後傍右腎之前、其裡邊乃胰頭、乃總膽管、其總膽胰兩管、於其中之微下以斜透此端之裡邊、其橫端乃極長而窄之處、過脊骨柱之前、由第三腰脊骨上至第二脊骨、而於其骨之左、以入其空端、其前有橫回腸間膜之下層遮之、與上腸間膜之血管以過之、其後列於總脉管、下回血總管膈肌帶之上、其上有胰之下邊、及上腸間膜之血管、而前行於此二者之間、其供小腸頭之脉管、乃肝者所來之幽門胰小腸頭之枝、及上腸間膜者所來之下胰小腸頭之枝、其回管則入胃小腸頭及上腸間膜者其腦筋、由太陽叢而來、其空腸、人死後則此端大略皆空故名乃小腸所餘五分之上二、由小腸頭於第二腰脊骨左邊起、以至曲折腸、其曲大略列於臍左胯兩部、此端較曲折者寬、其衣厚、血盛色深、然此端之末、與曲折端之初起無分別、其曲折腸之曲甚多、故名、即所餘五分之三、而大略占臍腹下、右胯而往往尻骨盤之各部、由大腸頭裡邊之孔以入右胯窩、此端較空端窄、其衣薄而血不盛、若以此端與空端比例、則此輕彼重、其小腸壁有汋、肌、泡、嫩膜、四衣所爲、其汋衣由腹包膜而來、其小腸頭之上端大略俱有此衣全繞之、其下端則只以此衣遮於前面、其橫端列於橫迴腸間膜回腸下層之後、亦有此衣遮於其前、除腸間膜之黏邊、乃血管腦筋行至腸之處、其小腸之餘端皆有腹包膜繞之、其肌衣、有外或縱內或環兩層絲之所爲、其外者疎散於其腸之面

泡衣

嫩膜衣

上、而順其浮邊極明顯、其環者厚而勻、以繞腸週圍之大半、而非整環、此衣在小腸之上端厚於其下端者、其泡衣或嫩膜下衣、以連其第二四兩衣、其衣乃鬆絲連質之所爲、而作爲冗分血管之窩、後則散於嫩膜之上、其嫩膜衣、於小腸之上端、厚而血盛、下端者薄而色淡、此衣有數物、一爲膚以遮嫩膜、而環柱形、一爲摺戶、乃嫩膜及其下之質所作之摺、而不含肌絲、橫過其腸之週圍、由四分之三至六分之五、其大摺疊約二寸長、其極寬處之深、約三分寸之二、然小於此者居多、而大小互列、而小腸頭之初起則無此摺疊、然在幽門下一二寸處起、其下端之下處、乃總膽管與胰管入腸處之下、則大而密、其橫端及空端之上半、則大而多、而由此處起至曲端之中、則由漸而小、其曲折之下、則大略俱無、故此端較小腸頭及空端則薄、其摺疊之用、乃舒緩其力、不令飲食速去、及加增其細之面、其小嫩膜之面上有極細血盛之鋒、由小腸嫩膜所凸、而有奥妙之絨狀、有三角者、有片者、有圓錐或環柱形者、在小腸頭及空端者、極大而多、在曲折者、小而少、有謂在小腸上端、方分處由五十至九十、下端由四十至七十、統計全小腸共有四百萬之鋒、每鋒之質、有血微絲、乳兩管之網所爲、其格內有瓢形之輪及油球、而由底膜之薄層繞之、此外復有環柱形膚之一層遮之、其膚之點豎列於其面、其中乳管之周圍有一層生肌絲作爲薄空之圓錐、以順其管而助逼出乳糜、然鋒內乳管之本之勢、至今尚未考明、凡小腸嫩

純泡　小腸頭核　散核　簇核

膜上之各處、俱有純泡或囊、四名里百兒欽囊乃嫩膜細管形之凹、豎列於其面、而有小環孔入於膜上、若隔鏡看之、則見其口如細點、散於鋒間、而其壁薄、乃一層底膜之所爲、而有環柱形之膚爲襯、其外有微絲血管遮之、其所含之物、有變革、卽無病之時亦如此、而其所生之液之功用、亦尙未考明、其小腸頭之核、別名不輪兒核列於小腸頭及空腸之初起處、乃小匾米粒形之體、列於嫩膜下連質之內、而其細生出液管之口入於嫩膜之面上、傍幽門者、極大而多、彷彿唾核原小葉之狀、散於其寬面上、而非相聚爲叢、其質則類乎膵、其散核、凡小腸嫩膜俱有、然曲折腸之下端尤多、乃小圓白色之體、其逕自半分至一分、乃閉囊而無出管、以含暗白液、其浮面有鋒遮之、於每核之週圍有數孔、如里百兒欽囊者、而其功用亦未曾考明、其簇核、別名百乙兒核乃許多散核相合之所爲、由二十至三十、作爲或圓或卵形之斑、其斑之長、由半寸至四寸、惟在曲折腸端者、則極大而多、其在空腸下端者、則少小而形圓、其小腸頭亦往往有之、此斑皆長列勢、而遮腸間膜所黏腸之極遠之端、其每斑乃嫩膜所遮之小圓白泡種之所爲、其每泡乃外裹之所爲、亦無出液之管、而含暗白液、其每泡有純泡帶以繞之、其泡間之格、則有鋒遮之、其泡大略閉、有謂間或有開時、以出液者、其核對面之嫩膜、嫩膜下兩衣、緊貼而血盛、其功用亦未考明、然知其於消化時則發大、

曲折盲戶

盲腸

大腸

大腸由曲折腸之末、以至肛門、約長五尺、計全腸五分之一、其極大處乃盲腸初起之處往下至直腸則漸小、在肛門之極上則又大、此腸較小腸大而靜、而其狀如囊、其大腸在路爲弓形、以繞小腸之曲、自右胯窩起、往上穿過右腰肋脆下兩部以至肝之下面、橫過其腹、於腹上臍兩部之界以至左肋脆下部、往下過左腰部以至左胯窩則變曲形以作爲返廻腸至末則入尻骨盤順其後壁往下以至肛門其大腸分盲回直三腸、其盲腸乃大盲囊、由大腸初起處往下、極發大之處、其橫竪逕俱有二寸半、列於右胯窩腹前壁之極後、有腹膜穿過其前與其兩邊以持之、其後面有鬆連質連於胯夾膜間、或有明縐之腹膜摺疊、大略全繞之、而其盲腸間膜連於其後端與胯窩、因其有此摺疊、故盲端極爲活動、其黏於其下後兩端有長而窄蟲形之管、卽蟲附除猩猩袋鼠之類、乃各胎生之長盲端之痕、此蟲端之長自三寸至六寸、其合中之逕如鵝翎管、而大略向上而裡、於盲端之後而自盤、其末成銳尖、有腹膜摺疊以持其部位、亦間或作爲腸之間膜、其道小與盲端之口相通、而其口亦間或有不全之戶以守之、此端之衣厚、與其嫩膜俱有許多散核、其曲折盲戶、卽蘭門、乃小腸曲折下端之末、由大腸之裡而後、卽盲與回腸相合處之對面、此處之嫩膜、作爲兩戶形之摺疊、以凸入於大腸之內、而彼此有窄長之口分之、卽蘭門其無摺

回腸

上回腸又名本腰腸又名右回腸

橫回腸又名回腸弓

疊半月形、其上者大略橫勢、由凸出之邊以黏於曲折回腸相合之處、其下者與曲折盲端之合處相連、其戶之凹邊浮、凸於腸內、而彼此有橫列窄縫之口、分之、其戶之兩弧於口之兩端相合、而爲窄膜崗、微續繞其長道、而作爲戶之線、其口左端者圓、右端者窄而尖、其戶之每弧、卽嫩膜及腸環肌絲之所爲、其縱絲及腹包膜、則由小腸至大腸續而不斷、以過之、如割斷、或去之、則能將曲折腸扯於外、而其戶之痕以盡、其曲折腸似乎由漏斗形之大口入於大腸、其每弧之面向曲折腸、則有鋒遮之、而與小腸嫩膜之質相同、其向大腸者無鋒、而有此膜許多之異細管形之口、其質之辨、續至戶之浮邊、其盲端漲時、則戶之口邊相近、令其飲食所化之物、不至回流於曲折腸、其回腸分上橫下返迴曲之四端、其上回腸小於盲腸、由右膀窩起、往上至肝之下面膽囊之右邊、突然曲於裡而向左、以作爲肝曲、有遮其前面與其邊之腹包膜持之於其後壁、其後面有鬆連質連於方腰肌與右腎間、或有腹包膜大略全繞之、以作爲專而窄之回腸間膜、其前傍曲折腸之曲、並腹之壁、其後列於方腰肌及右腎之上、其橫回腸、乃大腸之極長處、由右橫過其腹與其左邊、腹上並臍兩部界之對面、以入左肋脆之下部則曲向下、於脾下端之下、以作爲脾曲、於路作爲弓、其凹往後向脊骨柱、故名爲回腸之橫弓、此處卽回腸極運動之處、有腹膜大略全繞之、而與此膜極大而寬之摺疊連於脊骨柱、卽橫回腸間膜、其上面傍肝膽

下回腸又名左胯腸又名左回腸返迴曲　直腸　上端　中端

囊、胃大曲、脾下端、其下面傍小腸、其前面傍大脂膜之前層及腹壁、其後面傍横回腸間膜、其下回腸豎往下、過左肋脆下腰兩部至左胯窩之上端、以入返迴曲、而有遮其前面與其邊之腹膜持之、其後面由連貿以連膈肌之左帶、左腎方腰肌、此下腸較上者細、而列尤深、其返迴曲乃回腸之極細處、列於左胯窩由下回腸之末起、即胯骨崗之邊、以至直腸、乃左方胯合縫之對面、此腸先曲向上、後則豎向下、以向左右、如西愛斯字即返迴之意而由腹包膜之鬆摺疊以持之、乃返迴回腸間膜、其前傍小腸腹壁、其後傍胯窩、其直腸乃大腸之末端、由返迴曲至肛門、其長自六寸至八寸、因其較他腸爲直、故名直腸、由左方胯之合縫對面起、斜往下由左至右以至方骨之中、作爲微曲向右、復回於中線、則往下於方骨下端與尾骶骨之前、而傍尾骶骨之末、斜向後以至肛門、其前後左右之各勢俱有曲、故雖名直腸、而實不直、其上端由其左斜至中線、其中端隨方尾骶兩骨之凹處之勢則曲、其下端於對面之勢則有短曲、此腸環柱形、非大腸曲之囊形、其上端窄於返迴曲、往下則漸加大、至肛門之極上尤大而能更發大、此腸分上中下三端、其上端占其腸之半、由左方胯台縫、斜至方骨第三塊之中、有腹包膜大略全繞之、而由此膜卽直腸間膜之摺疊後連於方骨、其後傍梨肌、方叢之腦筋及左邊內胯脉管之枝、以分其端與方骨及方胯合縫、其前有小腸數曲、在男與膀胱之後面、在女與子宮之後面、並其附以分之、其中端

下端

大腸質
泌衣

肌衣

長三寸、至尾骶骨之尖、而緊連方骨之凹、而有腹包膜專遮其前面之上端、其前傍膀胱底之三角處精囊精管再往前傍膀胱底核之下面在女則貼其陰道之後壁、其下端約長一寸、由膀胱底核之前曲向後、以至肛門、此端無腹包膜遮之其內輪肌繞之並有提肛門肌助之而於其末亦有外輪肌繞之在男則由三角處以分此端與溺管之膜端並其蒂在女則由三角處以分此端與其陰道此三角處之底作爲會陰其大腸分泌肌連嫩膜之四衣其泌衣由腹包膜而來以繞或多或少大腸之各端其在盲端者則遮其前面與其邊間或亦大略全繞之而有摺疊持之卽盲腸間膜其在上下兩回腸者大略專遮其前面除黏大脂膜與橫回腸間膜相對之處其在橫回腸者大略全繞之除膀回腸間膜所黏之處其在返回曲者大略全繞之其在直腸上端者大略全繞之其中端者則專遮其前面其在下端者則無泌衣、在回腸與直腸之上端此腹包膜衣有含油之數小囊名脂膜附而橫回腸多有此、其肌衣乃外縱內環之肌絲所爲其縱者爲勻層而遮腸之全面其在盲回兩腸者則以此絲合爲三扁縱帶、每帶約寬半寸由蟲端黏於盲腸之處起一爲後帶列於其腸所黏之邊一爲前帶極大順回腸弓則變爲下者與大脂膜之黏處相對然在上下兩回腸及返廻曲列於其前一爲旁帶列於上下兩回腸之裡邊與橫回腸之下邊此帶短於腸之他處一半而助作盲回兩腸囊形之狀若割去此帶則不成囊

連衣
嫩膜衣

膚
純泡
散核

形而腸益長、其返廻曲之縱絲疎、其下端及直腸之週圍者、皆散而作爲厚勻之層、其環絲、於盲回兩腸之上、作爲薄層、其囊之間多有此絲相聚、而在直腸者則作爲厚層、其下端多如此、而作爲內輪肌、其連衣、緊連肌嫩膜之兩層、其嫩膜在盲回兩腸、淡黃色、或灰色、滑而無鋒、其囊間則凸起許多鉤月之摺疊、在直腸者厚、色深而血盛、以鬆連其肌衣、與食管者相同、若直腸下端嫩膜之縮時、則有數摺疊膀肛門而爲縱勢、若其腸漲時則無之、有謂則有三四半月形之久摺疊、大略有三、亦往往有四、亦間有二、一列於直腸之初起處、而在右、一由方骨之中對面此腸之左而往浬、一極大而恆有者、在膀胱底之對面、而後凸於直腸之前端、若有第四者、則列於肛門之上約一寸、在直腸之後、其摺疊之寬約半寸、以含腸之數環絲、腸若空時、則此摺疊彼此相搭、非扭轉周旋不得入其內、如此乃能托住其中之糞、不至立遺盡、因其生知覺在肛門內、有必遺之勢、其大腸之嫩膜有膚、純泡、散核、其膚乃環柱形、其純泡乃嫩膜細管形之岔、平而豎、列於全面之上、較小腸者多、而長且密、由細圓口入於面上、故有篩狀、其散核在盲與蟲端者爲多、在大腸之各處者、則散而無定形、乃小凸白色瓶狀之體、於其浮面之中端由有細口透之、其多而日久者如此

肝

肝乃大核形之曲、大半爲生膽之用、然亦有血穿過其核變革之緊要、其臟列於右肋脆下部、過腹上以入左肋脆下部、此核爲一身中極大之核、其重由三磅至四磅、其橫逕由十寸至十二寸、前後逕由六寸至七寸、其右葉之後約三寸乃極厚之處、

上面　下面　後邊　前邊　右邊　部位之變革

肝筋帶

縱筋帶　旁筋帶

其上面凸向上而前滑、被腹包膜遮之、傍膈肌之下面、於其下微傍腹壁、此面被腹膜摺疊、卽挂或寬筋帶以分爲左右不平之葉、其下面凹向下而後傍胃、小腸頭、回腸之肝曲右腎與其上核、此面被縱縫以分爲左右兩葉、其後邊圓而寬、由冠筋帶連於膈肌、傍總脉管、回血總管及膈肌之蒂、其前邊薄而銳、與冠筋帶所黏處對面、有深峽、此邊在成男大略與肋邊相對、在女與嬰兒則較男者凸於此處之下、其右端厚而圓、左端薄而匾、肝有變革之部位、爲醫者所當知、有隨其身體之位而變革者、如人於站立或坐之時、則於肋邊之下可捫得肝之下邊、若臥時大略則肝卽往裡而列於肋之裡、或膈肌往上往下時、則肝之部位亦必變革、如深吸氣時、則肝行於肋之下、呼氣之時、則仍回其尋常之本位、若肺有漲如氣腫病者、則膈肌極往下、其肝亦隨之而往下、若患勞瘵者、則膈肌多有弓形、其肝則極爲而往上、西國婦人多緊束其腰而擠其胸、則其肝下移、其前邊往下可至胯骨齒、而其凸面往往維時被肋所壓而成深凹、若胃與腸漲或大或小、亦能變革其肝之部位、又如腸若空、則肝往下入腹、腸漲則肝往上、腹胸生瘤或生水、則肝亦必移其部位、

肝之筋帶（見三百二圖）有五、縱一、旁二、冠一、圓一、內四帶皆係腹包膜摺疊所爲、一帶係圓類絲系、乃胎臍回血管之所滅而成者、其縱筋帶別名或寬或鎌形或挂筋帶、乃腹包膜之寬而前後薄之摺疊、形如鎌刀、底向前而尖向後、以一邊黏於膈肌之下面、與右直肌鞘之後面、往下至臍、由其肝前邊之峽往後至其後邊、此帶乃兩層腹包膜緊相合之所爲、其前浮邊於其兩層之間含圓筋帶、其左右兩旁筋帶、乃三角形、亦由兩層腹包膜相合之所爲、由膈肌邊至肝後邊相依之邊、左帶長於右帶、而

冠筋帶　圓筋帶

肝縫

縱縫　胎回管縫　橫縫　膽囊縫

列於膈肌食管孔之前、右者列於下回血總管之前、其冠筋帶、連於肝之後邊與膈肌、乃腹包膜摺疊由膈肌翻於肝之後邊上下兩邊之所爲、此帶亦係兩層與兩旁及在前之縱各筋帶皆相續、其兩層之間有大卵形之處無腹包膜遮之、而由硬連質以連於膈肌、此處傍其左端、有深峽往往有道、復分爲兩端、以列下回血總管、而有肝回管入之、其圓筋帶乃類絲系、乃胎臍回血管之所滅而成者、由臍於縱帶前浮邊往上、至肝前邊之峽、順縱縫可跡之、以至肝之下面往後至下回血總管

肝之下面有五縫、以分肝之五葉、乃縱、胎回管、橫、膽囊、回血總管之各縫、其縱縫乃深陷、由肝前面之峽起、至肝之後邊、以分左右兩葉、距肝後端約三分之一之處、有橫縫方角相合、而分爲前後兩端、其前半者爲臍縫、而深於後端、以列胎臍回血管或成人之類絲系、卽圓筋帶、此縫往往有肝質作爲橋、而越過之、卽肝橋、其胎回管縫、乃縱縫之後端、較前端短而淺、在胎中則以列胎回管、在成人則爲細類絲系、卽此管滅之痕、其橫縫、別名門縫、短而深、約長二寸、由右葉下面橫穿過以近於後邊、而與縱縫相合爲方角形、古全體學師以此縫爲肝門、因大回血管由此以入肝、故名門回管、此管之外、此縫亦遞肝脉管、腦筋、肝膽管、津液管、此數物入縫之處、其肝膽管列於前而右、其門回管列於其後、其肝脉管列於二者之間而向左、其膽囊縫、乃長方淺之窩、列於右葉之下面、縱縫平行、由肝之前浮邊起、往往有峽以收納之、

回血總管縫

肝葉

右葉

左葉

方葉

子葉又名後葉

尾葉

肝血管

肝脈管

門回管

肝膽管

肝回管

以至横縫之右端、其回血總管縫短而深、往往成管、由横縫右端之微後、斜往上以至肝之後邊、而與胎回管縫相合、若割開其回血總管、則見深陷其底有肝回管與總回管相通、有尾葉分此縫與横縫、並有子葉以分此縫與縱縫、

肝葉亦有五、乃右左方子尾者、其右葉甚大於左葉、按比例則右者居其六、左者居其一、占右肋脆下之部、於上面由縫筋帶於其下面由縱縫於前由深峽皆以分其左右兩葉、此葉乃方形、下面有横膽囊下回血總管之三縫、並有淺凹二處、一在前爲回腸凹、以列回腸之肝曲、一在後爲腎凹、以列右腎與其上核、其左葉較右葉小而尤扁、列於腹上左肋脆下兩部、間或亦至於脾之上邊、其上面凸、其下凹面列於胃之前、其後邊傍胃之賁門、其方葉列於右葉之下面、前爲肝之浮邊、後爲横縫、右爲胆囊縫、左爲臍縫、其子葉、西國名爲子比吉利因借比國醫師名之首字爲子字故名乃凸於右葉下面之後者、其前爲横縫、其右爲回血總管縫、其左爲胎回管縫、其尾葉乃肝質之微高處、斜往外由子葉底至右葉之下面、以分横縫右端與下回血總管縫之初起處、

肝之血管亦有五、乃肝脈管、門回管、肝回管、肝膽管、津液管、其肝脈管、門回管、肝膽管、並許多同行津液管腦筋、行於胃肝脂膜層之間、以至横縫、其肝膽管列於右、肝脈管列於左、門回管列於兩管之後、有鬆連質、即愚栗朱裏以繞之、其裏同其血管以穿過肝内所凹之門道、其肝回管、乃領血以出肝、由肝之週圍起、至後邊深窩、合

津液管　肝腦筋　肝質　汭衣　類絲衣　小葉

爲兩大枝及數小枝、以入下回血總管、此肝回管無連衣、故其壁與其所穿過之道相貼、若割其肝則此管寬開而散、與門回管之枝或多或少而塌、常有脉膽兩管同行而易分別、其津液管大而多、有深淺兩種、已論於前篇、茲不復贅、其肝腦筋由百結筋之肝叢、肺胃者、其左邊者多、及右膈之各筋而來、其肝質、乃小葉所爲、有極細連質、門回管肝膽管肝血管津液管腦筋之各枝以束之、而被類絲汭兩衣全繞之、其汭衣、由腹包膜而來、除黏各筋帶相對之處及各縫之底則無此衣、其餘全面俱有此衣繞之、而緊貼類絲衣、其類絲衣列於汭衣之下、以遮肝之全面、除無汭衣之處此衣難察於横縫則與愚栗宋裹之相續、於肝之面上則與分小葉之連質相續、其小葉乃作肝質之大半、在肝之面或割之、則見此葉乃小米粒狀、其徑有二十分寸至十分寸之一、若竪割之則見其邊如葉狀、横剌之則有多角之狀、其底叢生於肝回管極小之枝、即小葉下之枝、而其葉之中、卽葉內之枝發出小枝以連各肝回管、其每葉所餘之面、有薄層之連質及小血管膽管與週圍之葉不全分開、若割開一肝回管則小葉之底可以由回管之薄壁露出、卽見列於其上、而狀如魚鱗、其每多角處之中有小口、卽小葉下回管者、其每葉乃許多之泡叢膽管叢門回管枝所爲之回管叢肝回管枝、卽小葉內者、細脉管、而大略腦筋津液管之所爲、其肝泡乃小葉體之大半、而列於微絲叢之間、大略含於細管形之網、乃作爲單管之本、其門回管極小之枝、行於小葉之間、而繞之以作爲叢、即葉間者、此叢生枝以入葉、而其週圍作爲網、其門血管之根、與占葉中之肝回管者相通、其肝回管者、相聚以作爲葉內之回管、而出於小葉底、與肝回管相合、其門回管、領血入肝、以生膽、其肝回管、領其餘血出

肝泡

肝、其膽管、則領肝泡所贉之膽以出肝、其肝泡作每小葉之大半、或多或少、球形、然因互相擠而有匾圓或多邊者、其徑自一千分之二千分寸之一、而其內含核、間亦有兩核之時、其核內有極大射含米粒之仁、其泡內之物乃黏而含黃點、即膽色之物與油球、其泡之面相貼成排、由小葉之中射於週圍、此泡大略乃生膽緊要之物、

膽管

其膽管之本尚未考明、有謂由小葉內起爲肝泡所列叢形之網者、即葉膽叢、有謂其泡列於微絲管叢之間而有時相通、以遞其所含之物以入其葉間所來之細膽管、而仍不入其葉者、其膽管於小葉間作爲叢、即葉間叢、而其葉間枝相合作爲鞘枝、並門回管肝膽管之枝、共列於門道之內、此膽管相合作爲兩大幹、於橫縫出肝、

門回管

而相合作爲肝膽管、其門回管、於橫縫入肝、則分首枝、並肝脉膽兩管之枝及腦筋、津液管、皆列於門道於大門道內、其血管由鬆連網即愚栗宋裹以分其管與道之壁、而彼此相合、其回管列於門道之處則生鞘枝、而於愚栗宋裹內作爲叢、即鞘叢、由此叢與門管又生小枝、行於小葉之間、即葉間回管、除其底之外、此管遶小葉之全面、其葉枝由葉間之回管而來、以透入其葉、而其內作爲微絲叢、其葉內之回管、

肝脉管　由此叢而來、其肝脉管、似乎大半爲養大血管及膽管之衣與繞肝之膜、此管於横縫、及門囘管、肝膽管以入肝、而同此兩管冗分於門道之內、而生鞘枝冗分於愚栗宋裹內、又與他枝散於門回管肝膽管之衣、其鞘叢生葉間之枝、冗分於葉間縫內、而有數枝散於小葉、有謂肝脉管枝之末、爲微絲叢、與門囘管之枝相通者、**肝回管**其肝囘管、**葉內回管**由每葉內之叢起、而其枝相聚作爲葉內之囘管、其葉內之囘管穿過葉中、出其**葉下回管**底而入葉下回管、其葉下回管、與隣枝相合作爲大囘管、其大囘管又相合作爲大肝幹、以入下回血總管、

膽囊

膽囊、藏膽、乃梨形或圓錐形之膜囊、列於肝右葉下面之窩、由横縫右端、至肝之前浮邊、其長四寸、其極寬處一寸、能容八錢至一兩、此囊分底、體、項之三端、其底寬向下前而右、往往凸於其肝之前邊、其體與項、向上後而左、有腹膜持其囊、大畧過其下面、然亦間或繞之、而有腸間膜之狀、**連脇**以連於肝、其體之上面傍肝、而有連質血管以連之、其下面傍小腸頭之首端、往往亦傍胃之幽門、與回腸之肝曲、其底有腹包膜全繞之、其前於第十肋脆之極下傍腹壁、其後傍回腸之横弓、其項彎而自盤、狀如意大利國之愛斯字其項與體及囊膽管相合之處、有極明之縮處、如膽或石漲其膽囊過腹壁可以捫得其底而在瘦人尤易如此若明此囊之連屬則明腹膽漏之症如遇此症膽石則出並知其石能入胃入小腸頭入回腸其膽囊有汾、類絲及肌、嫩膜

沕衣別名外衣　類絲衣別名中衣　嫩膜衣別名內衣　膽管　肝膽管　囊管　總膽管　質

三衣之所爲、其沕衣由腹包膜而來、全繞囊之底、然專遮其體及項之下面、其類絲衣乃薄而堅之層、作爲囊之架、由各勢相攙之密絲所爲、亦有素肌絲在此衣內、大畧列爲縱勢、而有數絲橫行、其嫩膜衣鬆連於類絲層、大畧黃綠色所染者、其各處有高細紋、而相合作爲許多之格、其間之凹處有多角形之界、其格於底項者小於囊之中則大、其項對面之嫩膜凸向裡、而作爲大戶形之摺疊、此嫩膜有環柱膚遮之、而生多稠之黏液、由肝膽管與肝膽管裡之嫩膜相續、由總膽管與飲食道之嫩膜相續、其膽管乃肝、囊總之三管、其肝膽管乃兩相等之幹、而出於肝之橫縫、一由右葉而來、一由左葉而來、兩幹相合、往下而右約寸半之處、而與囊管尖角勢相合、作爲總膽管、其囊管乃三膽管中之極小者、其長一寸、由膽囊項斜往下而左、與肝膽管相合、而作爲總管、於下回總管之前、列於胃肝脂膜、而囊膜管列於其左、其裡邊之嫩膜、作爲排鉤月之摺疊、自五至十二而勻排、凸於管內、以斜繞其管、如續螺旋戶之狀、惟在人乃有此形、若此管漲、其摺疊間之處則舒、故外面有囊形、其總膽管乃三管中之極大者、係肝與膽囊之總出膽管、其長三寸、而逕如鵝翎管、乃囊肝兩膽管相合之所爲、而下行於小脂膜之右邊、小腸頭首端之後、門回管之前、右脈管之右、後則行於胰與小腸頭下端之間、而順胰管之右邊、傍其末則斜行於黏肌兩衣之間、其兩管於小腸頭下端中徵下之裡邊、所列之芒項之上有總口、其膽管

解剖

右端

小端

體

之衣乃外或類絲內或嫩膜之兩層所爲其類絲衣乃堅連類絲質所爲其嫩膜衣與肝膽管膽囊小腸頭之裡膜俱相續此衣有許多之核其核口雜散於大管內然在小管內則列兩縱排其管之兩邊各一此核分二種有數核乃冗分之管往往相接而其旁生囊形之漲處其他者乃小叢泡之核或專入肝膽管或入管形核之膽管

膵 欲看膵有三法一提起其肝牽其胃於下而裂開其胃肝膽膜一提起其胃同腸弓大脂膜後則割開橫回腸間膜之下層一割開其腹包膜之兩層乃胃大曲往下所作之大脂膜將此膵翻於上剌開其橫回腸間膜之上層〇此膵中國人不知〇此膵西文名爲全肉之意英俗名爲甜餅之意〇中國膵之名從此膵而來

膵乃相合之核與唾核之質相似其形橫長方前後匾狀微如錘其右端寬而由上往下有角曲名頭其左端漸尖而作爲尾其中間爲體其膵於腹上及兩肋脆下之各部後橫列於腹後壁其長自六寸至八寸其寬一寸半其厚自半寸至一寸其極厚之處乃右端與其上邊其重自二兩至三兩半間有重至六兩者其右端或頭（見三百七圖）由上而下自盤而小腸頭之凹處繞之其總膽管下行於後小腸頭膵之間其膵小腸頭脉管行於同處之前其後端之上有核葉形之摺疊橫過於其左上腸間膜血管之後以作爲列此管道之後端而往往不連其核之餘名爲小膵其小端或尾端窄而往左以至於脾而列於左腎及腎上核之上其體之前凸而有橫回腸間

後面 上邊 下邊 胰液管 質 血管 津液管 腦筋

膜之上層及胃之後面遮之其後面凹與第一腰脊骨之間有上腸間膜之脉回兩管門回管之初起回血總管總脉管左腎及其上核並其所屬之腎血管其上邊厚傍其中有腹軸脈管列於其上其脾脉回兩管列於此邊之深陷或道而向右傍小腸頭之首端及肝脉管其下邊薄於上邊而由上腸間膜之脉回兩管以分此邊與小腸頭之横端而此向左有下腸間膜回管上行於胰之後與脾回管相合其胰液管（西名為偉而宋管）由左横於右穿過其胰之體而近於其下邊與其前面如欲看之則割此核之淺端由此臟與總膽管之總口起於列於小腸頭之下端裡邊中微下之高芒頂之上甚斜穿過黏肌兩衣離開總膽管微往上而由右穿過其核之中行於左生許多之枝散於小葉內間或其胰總膽兩管專入於小腸頭其小胰之出管名為小胰液管此管傍小腸頭以入大管亦往往專入於腸離大管口約一寸或多其胰管傍小腸頭狀如鵝翎管其壁薄而由外類絲內嫩膜兩衣之所為其內者薄滑而傍其末有數散泡其管至於入小腸頭之處者往往亦有雙者其胰質與唾核極相似然其胰之質較唾核者鬆而軟其所生之津液與口液無異其胰之脉管由脾肝之胰小腸頭之枝上腸間膜之脉管而來其回管入於脾上腸間膜之回管其津液管入於腰核其腦筋乃由脾叢而來

脾

通屬　外面　裡面　上端　下端　前邊　後邊　質　外衣別　夲物衣

脾尋常屬脾腎上胸之各核、皆因無出管、其形長方而扁軟而易折、血盛、深藍紅色、列於左肋脆下部、以繞胃之大端、而有腹包膜繞之、由脾胃脂膜以與胃相連、其外面凸滑、傍膈肌之下面、以分左邊第九十十一肋、其裡面微凹、由竪縫即脾門以分前或大後或小之兩端、其縫由數大無定形之口透之、以爲血管腦筋之所出入、其腹包膜兩層、於其縫之邊反折、由脾之面以至胃之大端、作爲脾胃脂膜、而其兩層之間、有脾血管腦筋、及胃短血管、其裡面前傍胃之大端、下傍胰之尾、後傍膈肌之左帶、及其所屬之腎上核、其上端厚而圓、傍膈肌而由腹包膜摺疊即挂帶以連之、其下端尖、傍回腸橫弓之左端、其前邊浮而圓、往往有峽、其下邊多如此、其後邊圓、傍左腎、而有鬆連質以連之、其脾有腹包膜兩摺疊持之、一爲脾胃脂膜以連胃、一爲挂筋帶以連膈肌之下面、其脾之大小及其重、於生命之各時人人本人之各時甚變革、於成人之極大者、約長五寸寬三四寸厚一寸至寸半、重七兩、於初生小兒、以全身比例其重、與成人所差無多、約在三百五十之一、成人則自三百二十、至四百之一、老年則不但減小其重、即全身之比例亦減小、而爲七百之一、凡當消化時、及消化之後、則脾加大、而按養力則甚變革、於過飽時則大、而於過飢時則小、又如患瘧或患熱病者、則脾益加大、而往往其重由十八至二十磅者、其脾有外夲內類絲韌兩衣以繞之、其外者由腹包膜而來、薄而滑、於人緊貼其內衣、而大略全繞其

內衣別別名類絲叡衣

無色質

色質

脾輪

脾而於脾門反折於胃之大端、而於脾之上端、反折於膈肌之上、其內者作爲脾之架、以繞脾外、而由於其門往裡反折於血管之上、以作爲其鞘、由此鞘及內衣之裡面則生許多勢之小類絲帶、（見三百八圖）而此帶相合作爲脾之連架、其本衣血管之鞘與帶、乃白黃兩韌類絲質密格之所爲、而黃者尤多、因此質則脾之韌力乃大、故能順其變革奧妙、有數胎生者、於此衣尋常物之外、有許多之淡色匾棱形核形之絲、與無紋肌絲相同、大略因有此質、再以電氣感之、故有縮力之微意、其脾之本質占連架之間、乃軟瓤叢深紅絳色、係有色無色之質所爲、其無色者、乃米粒物、其核如紅血輪之大、其質同形或米粒形、而有核形之泡少許、此質大略爲瓤之全質之半、或三分之二、徧列於脾隔間之處、而緊貼微絲血管之壁、故管內運行之養力液易感之、凡畜牲之飽者、則其脾之全質、大半俱成此質、若飢者、則此質減少、甚至全無、以相感之理試驗、乃發明其卵清合成之物、其有色者、乃紅血珠、及有色之輪、或浮或納於泡內之所爲、間亦有不變之血輪、含於泡內、然大略其血輪之形色皆變革別有許多之深紅、或紅黃、或黑色之輪、及結棱物、而或單、或多相合爲叢、以散於瓤質內、以相感之理試驗、此物與血之色物、即海馬屯相同、將無病之脾割開而看其面、則有數小半暗膠形之體、散於其內、即脾輪、（別名米兒吡安輪見三百零九圖）不論人年歲之大小、俱有此輪、然在青年者、較中年老年者尤明顯、而在人者、較各種胎生者甚小、其

脉管　微絲管　回管　津液管

形或如珠、或如卵、其大小多寡不同而有半暗之白色、以黏於小脉管與其枝之鞘、每輪有膜裹有細淡色各狀互編之絲之所爲在人則其裹爲同形之質乃黏輪小脉管之鞘岔所爲其輪面冗分之血管乃囊所連之大冗分之枝並與繞他核泡相似之細微絲叢之所爲此泡緊貼回管、見三百十圖 此管大而其初起處亦大卽由全周圍各泡之面起而作爲每泡內繞此輪回管之密格大略由微絲網內所含之血則分開其往往藏其內之物其回管則領此物以入週身運行之血其每裹含軟白淡漿之物、乃米粒物並與瓤內相同之核、及數核形泡之所爲其質似乎卵清、其物於食飽之畜牲消化之後則甚大而多食卵清之物者多如此若飢則此物全無其脾脉管比例其脾則大而曲形而分由四至六之枝、以入脾門冗分於其內見三百十一圖以收納外類絲衣所來之鞘、其鞘亦繞腦筋回管、每枝由內往外行於脾之横軸在路減小而生小枝有數枝行於前有他枝行於後共作爲微絲管以入於其臟之本質、而緊貼於其瓤其大枝供其所分之處而大半不與他枝相接其微絲管則有細帶以扶助之而分各勢行於瓤內而或直入於回管或入於回管所來之殼處其回管比例其脾則大其散布之界與脉管相同乃其所供之處而較脉管大而多其所起之處有三一續脉管之微絲管一由泡間處彼此相通一由專盲囊由其相合作爲四至六之枝以出脾縫復相合作爲脾回管乃門回管極大之枝其津液管有深淺兩種，於脾門穿過其津液核以入吸液總管，其腦筋由左右半月結之枝、及右肺胃腦筋而來。

全體通考卷十一　終

界

上口
下口

全體通考卷十二

論胸

胸、乃圓錐形之骨架、連於脊骨柱之中部、上窄下寬、前後匾、而橫割之微似心形、其前爲胸骨上六肋脆、肋肋間肌、其旁爲肋肋間肌、其後與其旁同上並脊骨柱之背部、其胸上口兩旁之界、爲第一肋、其前爲胸骨之上邊、其後爲第一脊背骨、其左右寬於前後、其勢自後而上、其下口或底界之前、爲胸骨尖脆、其後爲末脊背骨、其兩旁爲末肋、其膈肌占其間之處、其勢斜下而後、故其胸於後壁尤深於其前者、其左右寬於前後、其勢大略凸向胸、然其中尤匾於旁、而其右邊高於左邊、乃於屍與右邊之第五肋脆之上邊相對、左邊之第六肋脆相對、其所穿過上口之物、自前而後、有胸舌骨、胸牌兩肌、胸核之餘、總氣管、食管、吸液總管、長項肌、在其兩邊、有無名左項、左鎖柱下、內乳、上肋間之各脉管、左右無名下牌之各回管、肺胃百結、膈、心之各腦筋、及左返廻喉腦筋、其每肺之尖、俱有肺包膜遮之而凸於此口第一肋邊之微上、其胸內所含之臟腑、乃運行血之大中具、即心、被膜囊、即心包絡、繞之、有呼吸之具、即肺、被肺包膜繞之

心外衣 即心包絡

心外衣、乃圓錐形之膜囊、以護心與大血管之初起處、而列於肺包膜之間處、胸骨

後、及左邊四五六七之肋脆、其尖向上、以繞於心底所出之大血管、約其本上二寸、其底黏於膈肌之中筋、而其左微多於右者、其前之上有胸核之餘、以隔開此衣與胸骨、而其下有少許之鬆連質於肺之邊遮之、其左邊多如此、其後列於左右氣管、食管、下總脉管之上、其旁有肺包膜遮之、其膈血管腦筋、下行於兩邊兩膜之間、此

外層

外衣乃類絲汅膜、分爲外類絲內汅之兩層、其外者堅而密、其上繞於心底所出之大血管、而續於其上、漸盡於外衣之上、其繞於總脉管者尤堅、其下黏於膈膜之中筋、其左邊黏於此膜之肌絲、其總脉管、上回血總管、肺脉回兩管、皆收納此膜、其下回血總管於穿過膈膜中筋以入外衣之處、則不收納此層之衣、其汅層則繞心而

內層

反折於外衣之裡面、故有臟壁之兩端、其臟者繞心面、及大血管之初起處約二寸、後則反折於外層之裡面、而其下作爲繞肌中筋上面之裡、此膜繞總肺兩脉管、然專遮其上下回血總及肺四回管之一端、其裡面光滑、而生淡液、而助之令其所含之具易於運動、其包絡之脉管、則由內乳氣食兩管及膈之脈管而來、

心

部位

心、乃空肌、具圓錐形、列於兩肺之間、被心外衣繞之、而斜列於胸內、其寬黏端或底、向上後而右、第五八脊背骨間之處相對、其尖向前而左、與第五六肋脆間之處相對、在左乳裡邊一寸、下二寸半、心列於胸骨三分下二之下、多凸於其左邊、以中線

大小作合之由

分之在左者約三寸右者約一寸半其上邊與第三肋脆上邊平齊畫一線過胸骨相對其下邊與胸骨體下端由右肋尖脆節至尖相對之處畫一線相對其前面圓而凸向上而前乃右下房與左之一端大半所爲其後面匾而列於膈肌之上其右邊長薄而銳左邊短厚而圓以成人論其長約五寸其極寬處約三寸半厚二寸半其重在男自十兩至十二兩在女自八兩至十兩若與身體比例在男爲一百六十九之一女爲一百四十九之一其心續加其重並其長寬厚以至年老男較女所加增者尤多其心有縱肌隔分之爲左右兩半而其每半又有橫縮處分上下兩房其心之右邊爲回血邊而其上房由上下回血總管與冠穴以收納週身之黑紫血其血由上房起以入右下房再由右下房過肺脉管以入肺於過肺之處則紫血變爲紅復由肺回管入於心之左上房再由左上房入於左下房由左下房起出總脉管與其所分之枝而散於週身在成人運行之血俱如此其心外面之四陷所以發明心之有四房如大橫陷分上下房名爲上下房陷其前有肺脉管根過此陷故其陷前缺而陷內含養心血管之幹其上房占心底而由中隔分爲兩房即左右上房又有兩縱陷一在心前一在心後以分左右之兩房此陷自心底以至心之尖其前陷與心左邊相近後陷與心右邊相近故右下房占心前面之大半而左下房占心後面之大半

右上房

耳房

右上房微大於左者、其壁亦微薄而厚約一分可容血二兩、當分爲正房或穴與耳房、其正房四角形、列於兩回總管之間、其壁極薄、下連於右下房、其裡邊連於左上房、其餘者俱不相連、由此房往前向左以搭肺脉管之根、有耳房形如狗耳、乃小圓錐之肌囊、其邊齒形、如欲看上房內須順下房之邊由右邊至耳房橫割再由此處之中順兩回總管裡邊往上割則露出如下之物

孔

上回總管
下回總管
冠穴
心本體小回管

戶

上下房
領胎血戶
冠

胎之餘質

卵環
卵窩
肌齒

孔

上管回總　下管回總　冠穴

上回血總管、領上半身之血以入上房之上耳前、其孔之勢向下而前、其下回血總管、大於上者、領下半身之血、傍隔以入上房之下端、其孔之勢向上而裡、其穿上回總管之血勢則向上下房孔而流、其穿過下回總管之血勢則向兩上房間隔而流、此血勢卽胎中時兩血流之勢、其兩回血總管之間上房右壁之上有小凸、（其名西里凸）在各獸之心則此凸極分明、在人則不甚分明、婁里謂此凸能領上回血管之血向上下房之孔、其冠穴由下回血總管與上下房孔之間以入上房而送回心體之血、

上下房

戶

領胎血

冠

卵窩

卵環

肌齒

右下房

有房內裡膜之半環摺疊護之、即冠戶、其穴於未入上房之先、則漲、其壁半係肌質、與大冠回管相合之處微縮、而有兩不平等所爲之弧之戶、其上房之裡面有許多細孔、係小回血管之口、而領其心肌體之血直入上房、而孔有數者、乃心壁內閉端之細凹、其上下房之間爲大卵形之通孔、乃上下房之孔、俟詳於後、

領胎血戶、列於下回總管之前邊、上下房孔之間、半月形、其凸邊黏於回管之壁、其凹邊浮、而其末爲兩角、其左者黏於卵環之前邊、其右者蠹於上房之壁、此戶乃房內裡膜摺疊所爲、而含數肌絲、其戶在胎時甚大、而領下回血總管之血穿過卵孔以入左上房、在成人則此戶恒有、以防其血而不令其回入於下回血總管、大略小、而其浮邊如篩狀、往往亦有無此戶者、其冠戶乃房裡膜之半環摺疊、以護冠穴之口、使上房縮之時、則血不至回入於穴內、往往亦有雙戶者、其卵窩乃卵凹、與胎中卵孔之處相對、列於上房隔之下端、下回血總管口之上、其卵環、乃卵孔之凸卵邊、其上與兩邊皆分明、其下則無、其窩之上邊往往有小縫形之戶口、上行於環之下以入左上房、卽胎中兩上房間口之餘、其肌齒、（形如梳齒故名）乃小凸肌柱、橫過耳房之裡面、及穴壁相依之端、

右下房、三角形、由右上房起、近其尖、其前面或上面、圓而凸、而作爲心前之大端、其後面或下面、匾列於膈肌之上、而專作爲此面之小端、其裡壁乃兩下房間之隔所

上下房孔　肺脉管孔　三門扇戶

爲、即下房隔而凸入於右下房者、其房之上如圓錐、即漏斗、或脉圓錐、即肺脉管之初起處、其右下房之壁薄於左者、其極厚處在底、其向尖處則漸薄、能容血二兩、如欲習其經邊須從前下房照之微右邊再由肺脉管以至心尖割之再順下房之右邊從上對徑上下房之孔則露出如下之物

孔戶

別有與三門扇相連之肌筋具乃

上下房　肺脉管　三門扇　半月　肉筋　柱絲

上下房孔、乃上下兩房間之大卵通口、列於下房之底、而傍心之右邊、與胸骨中第三肋脆之間相對、其孔之逕約一寸、左右卵形、而有類絲環繞之、心之裡膜遮之、大於左邊相對之孔、可容三指之末、而被三門扇護之、其肺脉管孔圓形、傍下房隔、列於脈圓錐之項、在上下房孔左邊、心前面之上、與傍胸骨左邊第三肋脆之上邊相對、而被半月戶護之、其三門扇戶、乃三角形或類斜方之三弧之所爲、即心之裡膜摺疊所爲、而有一層類絲質、有謂爲肌絲之加增、此三弧之底、皆黏於上下房孔、其邊皆彼此相連、作爲相續之環膜、而黏於上下房孔之邊、其浮邊與下房面俱有數細筋絲黏之、其極大而極運動之弧、列於此孔與肺脉管之間、以向上下房孔之左邊、復有一弧、與下房之前相對、復有一弧、與其後壁相對、其每弧之中端、厚而堅、其

半月戶

旁淺薄而齒形、其筋絲連於其戶之首弧相依之邊、而別有黏每弧如左之三式、一有三四絲至其每弧所黏之邊而與上下兩房筋環相續、一有四至六之他絲黏於每弧之中後端、一有極多而極細之絲黏於每弧之邊、其肉柱、除其傍肺脈管孔、乃下房全裡邊大略所凸之圓肉柱、其黏於下房之式有三、一種乃專作下房裡面之凸崗而一邊及其兩端皆黏之、一乃由其兩端黏之而其餘不黏、一乃芒柱有三四柱之一端黏於心壁之上、其對面之端、則黏於筋絲、其護肺脉管之口有三半月戶乃三半環裡膜之摺疊有類絲質加增之所爲、由其凸邊黏於脉管壁於其與下房相合之處、其直邊浮向上順其管行之路、而血衝之以貼管壁每戶之浮邊、微厚於戶之他處、有筋絲之束以加增之、其中有小凸類絲腕珠、由此珠起其筋絲射過其戶以至其所黏之邊、除兩窄鉤月端、列於柱之每邊各一、其浮邊之極後、其餘之戶有此絲其鉤月端薄而專由裡膜所爲、其血行於肺脉管之時、則衝此戶於其處而不令其阻血、然其下房舒之時、則其管中之血必稍停頓、微被韌壁阻回、則此戶即展而閉其管口、既閉之後、則每戶之鉤月端、由其對面彼此相貼、而其三類絲腕珠、即滿布於三半月摺疊相近所留之小三角處、其半月戶肺脈管初起處之間、有三囊或三漲處、而每戶後各一、即肺脈管穴、西名嗤撒兒哇穴此半月戶總脈管初起處之間、亦有此穴而大於肺脈管者、

左上房

正房
耳房

肺囘管
上下房孔
肌齒

左下房

左上房、較右者微小而厚、約一分半、亦分正房、或穴、及耳房、其正房六面形、前有肺總兩脉管掩之、其裡邊有上房隔、以分其左右、其後之兩邊則收納肺囘血管、其餘之處則浮、其耳房與上房相合之處微縮、較右者長窄而曲、其邊尤齒狀、其勢前行向右以搭肺脉管根、如看此房之裡邊順上下兩房所黏之邊橫割再由所割處之中往上割則露出如下所論之物

四肺囘管之孔

上下兩房之孔

肌齒

肺囘管有四、而二入上房之右、二入上房之左、其左之兩口往往總合爲一、此四口俱無戶、其上下房孔、乃上下房間之大卵通孔、而微小於其對面所屬之孔、其肌齒較右者小而少、惟耳房之裡面有此齒、其上房隔之裡面有鉤月痕、其下有鉤月齒而其凹處向上、此凹列於右上房卵窩之極上、

左下房較右者長而尤圓錐形、以作心前面左邊之小端、並後面之大端、因此房凸過右下房、故此作爲心之尖、其壁較右者厚三四倍、其房之極寬處、即其極厚之處、而向其底並其尖、皆漸變爲薄、而其尖則尤薄、如割此房須順下房隔左邊之前壁繞其尖順其後面以至上下房口則露出如下之物

孔

上下房

總膜管

戶

兩門扇

半月

筋肉、

絲柱

上下房孔 總脈管孔 兩門扇戶 半月戶 肉柱 心內衣 心質

上下房孔、列於總脈管口之左右、上下房孔之下、胸骨中之對面、微小於其對面所屬之口、而橫徑寬於前後者、與右者相同、有密類絲環繞之、有心之裡膜遮之、有兩門扇戶護之、其總脈管孔、乃小而圓之孔、列於上下房孔之前、而向右、被兩門扇戶之一弧分之、而其口被半月戶護之、其部位與胸骨左邊第三肋脆之下邊相齊、相對、其兩門扇戶、黏於上下房孔之週圍、與其對邊之三門扇戶相同、乃裡膜摺疊之所爲、而有類絲質以加增之、幷含數肌絲、此戶較三門扇者大厚而堅、乃兩不平等弧之所爲、其大者列於前上下房總脈管兩孔之間、其下房漲時、則不令其血入於總脈管、其大弧相合角之處、大略有兩小弧、其兩門扇戶、俱有筋絲、其黏勢與右者相同、然較右者少厚而堅、其半月戶、繞於總脈管口、其質及其黏勢與肺脈管者相同、然較右者大厚而堅、其鉤月尤明顯、而其小珠尤大而凸、每戶與總脈管之間、有深凹處、即總脈管穴、西名哇撒哇兒穴而大於肺脈管根者、其肉柱分三種、與右者相同、然較之小而多、密相編、而心尖與後壁多如此、其專一端所黏者、即芒肌、有二一連於前壁、一連於後壁、其芒大而有浮圓端、以生筋絲、其心裡邊之汐膜、可作爲心之內包絡、由其摺疊助作爲其戶、而與大血管之裡膜相續、此膜薄、滑透明、故心內有光滑之形、其左邊者尤暗於右邊者、其上房者厚於下房者、而左上房者極厚、其肌齒與肌柱者薄、然上下兩房壁之滑端及芒肌尖則厚、其心乃肌絲與黏之之類絲環所爲、其環繞於上下兩房及脉管口、而左堅於右者、其上下房環、助黏上下兩房之肌絲、及二三兩門扇之戶、其左者由其右邊緊連於總脉管環此環與右上下環之間、在人則有類絲脆叢、在大獸如牛象則有一骨、其圍於脉管口之環、則助黏大血管半月戶、每環由下房邊收納下房所黏之肌絲、其對面之邊、有三深半環峽、而其脉管（有三凸半環之弧）之中衣內黏於其內、其脉管外有薄連衣及汾膜、裡有心內衣以加增其黏於其環之處、其心內衣在半環峽邊之對面脉管環之內、則摺疊作爲半月戶其環之類絲質、於此處續於戶之各弧脉管中衣於此處薄、而其管之邊漲作爲

肌質

哇撒而哇穴、其心之肌質乃極細互編之絲帶所爲、其絲色深紅、而有橫紋以分上

上房絲

下房彼此不相同之兩種、其上房者、有淺深兩層其淺層統屬兩房、其深層則分屬兩房其淺者、乃上房之前面極明顯、過此房之底則橫行、作爲薄不全之層、有數絲入於上房隔其每上房自有之內或深者、分纏圈環兩種之絲、其纏圈者上行於上房、由其兩端黏於前後所屬上下房之環其環者繞其全耳房、而其右邊續於回總管與冠穴壁之上、其左邊則於肺回管、與心相連之處、續於其管上、在其耳房與縱

下房絲

絲互編、其下房之絲亦如上房之列勢、有數絲列於兩房者、有他絲列於一房者、其向心底處多有此一房者、大半此絲由其兩端與上下兩房類絲環相連、或直連或

淺絲

越筋絲不直連、然亦有數絲黏於繞脉管口之類絲環、其淺絲或縱或斜或螺旋之

環絲　脉管　回管　津液管　腦筋

勢而向心尖則列爲絞繩圈之狀、其深絲乃環狀、其螺旋者所列之層薄厚不等、其極淺者、於下房之前由右斜行於左由上斜行於下於下房之後則由左向右而竪行於心尖則往裡盤繞勢若水漩而入於深短兩層邊之下若先責其心而細解其漩於此處則先露其左房後露其右房其排層之絲之列勢相同其淺而長者則往裡以繞其深而短者、其全絲皆往上而散於下房裡面之上、以作爲下房之壁隔、肌芒以黏於上下兩房之類絲環或越筋絲不直連其螺旋之數絲入於下房間之隴而專繞於各下房有他絲過其隴而繞兩房其作漩渦者可跡之向後以至兩下房間之隔、並有右下房所來相同之絲與之互編後則竪上行爲長寬帶之狀、於隔右邊之上以至其底其環絲深列於心體向心底則入前後兩縱隴而專繞其各房或過之以繞兩房其過後隴者之絲、多於前隴者、後上行於下房體內而黏於其底之類絲環、其供心之脉管乃前後兩冠者其回管則同脉管行以入右上房乃大小或前及細絲之各回管其津液管入於吸液總管及右津液管、其腦筋由心叢而來其叢乃脊髓百結兩根之所爲散於心之兩面與其體內、其專絲有小結、有謂此結由心面上及內所散布之筋極多者

胎運行血之異

胎心緊要之異乃由卵孔直通於兩上房之處、而其領胎血之戶甚大、又有數小異

卵孔

領胎血戶

胎脉管

臍脉管別名腹下脉管

如胎心之部位、以至四月、乃竪形、後則變爲斜形、至其心與身體之比例、在二月之胎則五十分之一、初生時則百二十分之一、至成人而酌中論之、則百六十分之一、其胎之初、則其心之上端大於下端、而右上房大於左者、至將生時、則下端大於上者、其兩下房之厚、始則相等、至將生時、則左者厚於右者、其卵孔列於上房隔之下而後、而通於兩上房、在胎六月時、其孔則極大、其領胎血之戶、乃下回血總管之前邊、於入上房之處所發、由此管口左邊起、將下回血總管之血、領過卵孔以入左上房、其胎脉血之異、由胎脉管、而其肺下總兩脉管始相通、及由臍脉管、而其內胯脉管與胎盤始相通、其胎脉管、乃短管、在初生時、其長約半寸、其逕如鵝翎管、連於肺脉管之左枝、及總脉管弓之末、於左鎖柱脉管本之極外、其管領右下房大半之血以入下總脉管、其臍或腹下脉管、由內胯脉管在成人所生尋常之枝之外由內胯而來、上順膀胱之旁以至其底、於臍則出腹、而順臍帶以續至胎盤、而繞臍回管、爲領回其胎中之運行血入於其盤、其胎回血之衣、乃由臍回管與胎盤肝門回管相通、而由胎回管與下回血總管相通、

胎運行血

養胎之脉血、由胎盤而來、順臍帶過臍回管以至胎、其臍回管於臍則入腹、順肝挂筋帶之浮邊上行、以至肝之下面、而分兩三枝、以至肝之左葉、有一枝大而生他枝

以至方子兩葉、於橫縫則又分大小兩枝、其大者、與門回管相合、而入右葉、其小者、續行為胎回管、與左肝回管於下回總管相合之處相合、故臍回管所行之血、分三路以入下回總管、其大半與門回血運行於肝內、後則由肝回管以入回血總管、別有血直入於肝、亦由肝回管回流以入下回總管、又一路之血極少、因胎回管與左肝回管相合、故此血直入於下回總管、有胎回管及肝回管所領之血、與下肢及腹之臟腑之回血相攙於回血總管內、後則入右上房、有領胎血之戶、領此血過卵孔以入左上房與少許由肺回管與肺所回之血相攙、此後則入左下房、又入總脉管、而大略全散於頭與上肢、大略有少許於入下總脉管、其頭與上肢之血則回流、由上回血總管之枝入於右上房有少許下回血總管所來之血與之相攙、由右上房起、過領胎血之戶以入右下房、復由右下房以入肺脉管、因胎肺體實而大略不通、故由左右肺脉管有少許之血散於其內、其血由肺回管回流以入左上房、其大半之血過胎脉管以入下總脉管之初起處、復有下房入總脉管所送少許之血與之相攙、而順此管下行以供下肢與腹尻骨盤之各臟腑、其大端則由脊脉管送入胎盤由前所論胎之運行血、可明數理、一其胎盤作呼吸養兩具之用、以收納由胎所來之紫血、而其血得養氣變為紅、腹領回其血並帶其加增之養物、一其臍回管之血、大略先行於肝、後則入下回血總管、故其肝大而初胎時多如此、一其右上房、乃

胎脉管　臍脉管　臍回管　胎回管

血雙流合一之處、卽下回血總管者、由領血之戸領之以入左上房、其上回血總管之血下行於右下房、在初胎時大略分流而不合、因下回血總管大略直入左上房、及其領胎血戸阻之而不令其入於右下房、迨其後、則兩上房分開尤明顯、而兩血之流微有相混之意、一其由臍回管領回胎盤之血以至胎而與下回血總管之血相攙、則大畧皆直入總脉管弓、而由此管之枝散於其頭與上肢、故至生時、則其頭與上肢皆大而完足、一其下總脉管所含之血、大半乃先運行於頭肢與左下房所來少許之血、共散於下肢、故生時其下肢小而不完足、

初生行血之變革

凡初生時、卽有呼吸之理、其肺脉管有加增之血以入肺、此時之肺已有呼吸功用、而維時其胎盤之血隔斷、約在生十日候、其卵孔則漸收閉、於其邊之左邊又生一摺疊戸、後則其上邊亦有之、此戸緊貼孔邊週圍之大端、然其上兩上房之間、則留一戸形之口、而往往日久不滅、其胎脉管於立呼吸之極後始縮、自四日至第十日、其管則全閉、後則變爲不通之系、以連左肺脉管與總脉管弓之凹處、其臍或腹下脉管、由內胯脉管續於膀胱之一端、而仍相通、作爲上膀胱脉管、其膀胱底與臍間之一端則滅、於初生之二日至五日之間、而作爲膀胱之前眞筋帶、其臍回管與胎回管、則於初生之二日至五日之間則盡滅、後則漸小而變爲類絲系、其臍者卽變

爲肝之圓筋帶、其胎回管者、即變爲類絲系、在成人順胎脉管之縫可跡之、

全體通考卷十二

終

全體通考卷十三

論聲音呼吸之具

喉

喉、為聲音之具、列於氣管之上端、總氣管與舌底之間、於項之上與前、而於中線作、為凸、其兩邊有項之大血管、其後作為咽頭界之一端、而有嫩膜遮之為裡、其下之喉、牽而環柱形、其上寬作為三角形之匣、其後與其邊俱匾、其前有豎凸崗、其喉乃脆連脆之筋帶、運動之數肌、嫩膜之裡、並供之之血管腦筋之所為、其脆共九、三單三雙、

三單	三雙
牌	瓢
環	角
會厭	塞

其牌脆以其狀為名、乃極大者、係兩旁片或翅於前相合為尖角之所為、而於中線作為豎凸、名結喉、此凸列於皮之下、而男凸於女間或有嫩膜囊分此凸與皮、每翅四面形、其外面有斜崗、行下而前、作為阜、列於上角根以黏胸牌、牌舌骨兩肌、其下縮肌之一端黏於此崗與後邊之間之脆、其每翅之裡面、滑而凹、而上後被嫩膜遮之、然於前與相合之角內、黏於會厭眞假之聲系、牌瓢、牌會厭之兩肌、其上邊於中線結喉之極上有深峽、其兩邊微凹、其牌舌骨膜、黏於此邊、其下邊於中線、由環牌膜與兩邊環牌肌皆連於環脆、其後邊厚而圓、上端為上角、下端為環角、其兩上角

環脆　環絲　瓢脆　褺脆

長而窄、向後而上而裡、其末爲圓錐端、以黏牌舌骨筋帶、其兩下角短而厚、往前而裡、其裡面有小卵節面、與環脆之旁相交、其後邊收納兩邊之錐髃兩咽頭肌之末、其環脆之形如環、故名、較牌脆小厚而堅、作爲喉之下與後端、其前半窄而凸、其前與其邊皆黏環牌肌、而此肌之後則黏下縮肌之一端、其後半之左右上下俱極寬、而於中線有豎崗以黏食管之縱絲、而此邊有寬凹、以黏環瓢後肌、其脆兩半相合處之兩邊、有小圓凸、作爲牌脆下角之節、其下邊橫、由類絲膜與總氣管之上環相連、因後面深、故其上邊斜往上而後、其前黏於環牌膜、其旁黏此膜之一端、及旁環瓢肌、其後之上邊極高處、兩邊俱有滑卵面、與瓢脆作爲節、其節面之間有微峽、以黏瓢肌之一端、其裡面滑、而有嫩膜爲裡、其瓢脆有二、以其狀爲名、列於環脆之上擠喉之後每脆方錐形、有三面一底、一尖、其後面乃三角形、滑而凹、以列瓢肌之一端、其前面微凸而澀、黏於牌瓢肌及假聲系、其裡面窄滑而匾、有嫩膜遮之、而與其對邊之脆相平、每脆之底俱寬、有凹而滑之面與環脆作爲節、其底有三角、其外者、短圓而凸、收納後旁兩環瓢肌之末、其前者、亦凸而尤尖、黏於眞聲系、其每脆之尖、皆曲向後而裡、其上有小圓錐形之脆角、即厚小角、此脆往往與瓢脆相合、而助延長其瓢脆向後而裡、以黏於瓢會厭之折疊、其褺脆有二、小而延長、列於兩邊各一、由瓢脆尖至會厭邊上嫩膜之折疊內、即瓢會厭之折疊、其嫩膜裡面瓢脆之極前

質
筋帶
牌舌骨膜
兩旁牌舌骨筋帶
環牌膜

小生白凸、其會厭、黃色、乃類絲脆之薄片、形如樹葉、列於舌之後喉上口之前、於呼吸時、則其勢竪向上其浮端曲於前而向舌底、至嚥物時其喉則牽於舌底之下、其會厭則往下而後以全閉其喉口、其浮端寬而圓其黏端長而窄、而由長窄筋帶卽牌會厭筋帶、連於牌脆兩翅間之角中峽極下、亦由韌筋帶卽舌骨會厭筋帶、以連於舌骨體之後面、其前或舌面往前曲向舌有嫩膜遮之、而反折於舌底與舌邊作爲中與兩旁之摺疊、卽舌會厭筋帶、其後或喉面滑左右凹、上下凸、而有嫩膜遮之、若去此膜、則此脆面之上、於小凹內露出許多之小嫩膜核、其瓢會厭之摺疊、卽黏於其邊、其會厭、塞脆、喉小角、皆黃脆所爲、而微有變骨之意、其他脆之質、與肋脆相同、至年老則變骨、其喉筋帶、有牌脆與舌骨相連者、有各脆彼此相連者、其牌脆與舌骨相連之筋帶、有三、乃牌舌骨膜、及兩旁之牌舌骨筋帶、其牌舌骨膜、乃寬類絲韌膜、其下黏於牌脆之上邊、其上黏於舌骨裡面之上邊、有節膜囊以隔開此膜與舌骨之後面、於中線厚於兩旁、而此處有上喉血管腦筋以透之、其兩旁牌舌骨筋帶、乃圓韌系、行於牌脆上兩角之間、以至舌骨兩大角之端、其每帶中有小腞或骨之珠、其牌環兩脆相連之筋帶、乃環牌裏節之三者、其環牌膜、大略乃黃韌質之所爲、三角形、其前厚、乃牌環兩脆相依之邊相連之處、其兩旁薄、乃環脆上邊至眞聲系下邊之處、而於前與此邊緊相合、此膜之前凸、有環牌肌遮其兩邊而列於中

裹筋帶

舌骨會厭筋帶

牌會厭筋帶

喉內

喉上口

喉房

聲門別名聲口

線皮之下、有兩邊環牌枝合成之小相接脉弓横過之其旁端之裡有嫩膜、被旁環瓢、牌瓢、兩肌遮之、其裹筋帶、於兩邊藏於牌下角與環脆旁之節、而有節膜爲裡、其瓢環兩脆相連之筋帶乃兩薄而鬆之裹筋帶、以連其節面、其裡有膜其後有堅厚之環瓢帶、由環脆起以至瓢脆底之裡而後之端以加增之、其會厭筋帶乃舌骨、牌、及連於舌旁及底、之三舌會厭嫩膜之疊摺者、其末者、業已論於前、其舌骨會厭者、係韌類絲帶、由會厭傍其尖之前面、以至舌骨體之後面、其牌會厭者、係長細韌系、而於中峽之極下黏聲系處之上以連會厭之尖與牌脆角、其喉之上口、見三百十八圖三角或心形、前寬後窄、斜往下而後、其前爲會厭、其後爲瓢脆之尖及喉小角、其旁爲嫩膜摺疊護其筋肌之絲、乃會厭旁與瓢脆尖之間者、此乃瓢會厭之摺疊、而其邊有塞脆作爲白凸、其喉房由會厭後之口起、以至環脆之下邊、由聲系向裡凸及牌、瓢肌分爲兩端、其系之間、有長而窄之三角縫、名聲門、其於聲門上之端、上寬三角形、與牌脆翅間相對、其於聲門下之端、先橢圓形、再下則環形、其聲門、乃下或眞聲系之間處、其二上或假之系、列於其下者之上、乃嫩膜之大略摺疊向裡之所爲、其二下或眞者、厚而堅、乃半嫩膜半筋絲之所爲、其眞假兩聲系之間、於兩邊有卵凹、卽喉穴或房、上行於上聲系之外邊、以入大小不等之囊、卽喉囊、其聲門乃下或眞聲系間之窄縫、係喉房之極窄處、而與瓢脆之相齊處相對、在男則長不足一寸、

上聲系 別名假聲系

下聲系 別名眞聲系

喉房

喉囊

喉肌

其漲之寬自三分寸之一至半寸、在女則長與寬皆減二三分、其聲門之形有變革、於屏息時則成窄縫、其後微大而圓、於吸氣時則寬開而微似三角形、其三角底則向後、與分開之瓢脆間處相對、於呼氣時則小於吸氣時、於發聲時則尤窄、而其兩瓢脆之邊相貼、其聲系之邊相近而相平、其系則隨聲音之高低近而緊、其上或假之聲系、不直關乎發音之事、故名假、乃嫩膜之兩摺疊而藏細窄類絲帶、即上牌瓢筋帶、此帶乃韌質所爲、其前於會厭下黏於牌脆角、其後黏於瓢脆之前面、其下有嫩膜護之而作爲浮鉤月之邊、即喉房之上界、其下或眞聲系、以發聲音、故名眞、係兩堅類絲帶、即下牌瓢筋帶、其外有嫩膜之薄層遮之、而每筋帶皆黃韌質之所爲、其前黏於牌脆兩翅間之凹處、其後黏於瓢脆底之前角、其下邊與環牌膜之薄旁端相續、其上邊即喉房之下界、其外與牌瓢肌平列、其裡有極薄之嫩膜遮之而緊貼其面、其喉房乃長方窩、徧列於兩邊上下聲系之間、其窩之上界爲上聲系之浮鉤月邊、其下者爲眞聲系之直邊、其外者爲相對之牌瓢肌、其房之前端有窄口以入盲囊、即喉囊、其囊乃嫩膜之所爲、而列於上聲系牌脆裡面之間、亦往往至其上邊、圓錐形、微曲往後、其膜面之上有六十或七十之小泡核口、列於嫩膜下連質之裡、而有類絲裹以護此囊、其下與上牌瓢筋帶相續、其喉面有瓢會厭之下肌遮之、（別名喉囊遮肌）其外有牌會厭肌遮之、此兩肌即逼出其囊中之津液以潤聲系、其喉之本

環牌肌　環瓢後肌　環瓢旁肌　牌瓢肌　瓢瓢肌　牌會厭肌　上瓢會厭肌

肌共八、五爲聲系與聲門肌、三與會厭相連、其五系及聲門者、乃環牌、環瓢後、環瓢旁、瓢牌、瓢其環牌肌、三角形、列於環脆之前端與其旁、由環脆之前與旁端起、其絲分開斜往上而外、以黏於牌脆之下裡兩邊、由其前傍中線往後以至下角、此兩肌之裡邊、於中線有環牌膜所占之三角處分之、其環瓢後肌由環脆後面旁半之寬凹處起、其絲往上而外相聚、以黏於瓢脆底之外角、其上絲橫、中絲斜、下絲豎、其環瓢旁肌、小於後者、長方形、由環脆旁之上邊起、斜往上而後、於其後肌之前以黏於瓢脆底之外角、其牌瓢者、寬而扁、與眞聲系之外邊相平、由牌脆角下半之前與環牌之末起、其絲則橫往後而外、以黏於瓢脆之底與前面、此肌分上下兩絡、其下者極厚、黏於瓢脆底之前角、及其相依之前面、與眞聲系平列而往往緊貼之、其上者極薄、於其下絡之上、以黏於瓢脆之前面及其外邊、而列於喉囊外邊嫩膜之極下、其瓢者、乃孤肌、而補瓢脆之後凹面、由一瓢脆之後面與外邊起、而黏於其對邊脆相對之處、而有三平面之絲、兩斜、一橫、其斜者極淺、作爲兩絡、由一脆之底起以至其對邊脆之尖、其橫者深而多、橫過兩脆之間、故在昔其瓢肌分爲橫斜兩肌、有數斜絲往往續繞於脆之外邊、而與牌瓢或瓢會厭肌相攙、其會厭之肌、乃牌、上下兩瓢之會厭者、其牌會厭者、乃細絡、由牌脆裡面牌瓢肌本之極外起、散於喉囊之外面、有數絲盡於瓢會厭之摺疊內、有他絲前續於會厭之邊、即壓會厭肌其上瓢會厭者、乃數細肌絡所爲、由瓢脆之尖起、而盡於瓢脆會厭旁間之摺疊內、即瓢會厭摺疊其下瓢會厭者、即逼後瓢肌由瓢脆而來、即上聲系所黏處之極上、往前上行、散於喉囊之裡與上端、而由寬黏處黏於會厭之邊、由不明顯之連貫處分其上下兩肌

喉肌功用

其喉肌之功用分兩種、一爲開閉之聲門、一爲司鬆緊之聲系、其環瓢後肌、則開聲門、其瓢與環瓢旁者則閉之、其環牌肌、能令聲系緊而長、其牌瓢者能令其系鬆而短、其牌會厭者則壓會厭、其瓢會厭者、則縮喉之上口、而逼其喉囊、以傾出囊中所容之液、其環瓢後肌則分聲系由穿瓢脆底轉於外而後故能開其聲門其脆之前角與其所黏之筋帶則寬分開而維時則聲系變緊其環瓢旁肌由轉瓢脆底往裡而令其脆之前角相近以閉其聲門其瓢肌能令兩瓢脆相近故亦能閉其聲門其後端多如此其環牌肌由牌脆牽下而搭其環脆故能令聲系緊而長其牌瓢肌將瓢脆與環脆相連之處牽於前以向牌脆故能令聲系短而鬆其牌會厭肌能壓下會厭以逼其喉囊其瓢會厭上者能於嚥物時往上牽並能於會厭閉口之時以縮其喉之上口其瓢會厭下者並牌瓢肌之數絲共逼其喉囊

喉嫩膜

其喉嫩膜之上與口咽頭者相續、下則與總左右各氣管者相續、其會厭之兩面皆有此膜而緊相貼、幷作爲繞喉上口之瓢會厭摺疊、此膜爲全喉房之裡、而由其反折以作爲上或假聲系之大半、並由其房續入其喉囊、後則反折於眞聲系之上、乃薄而緊貼之處、並遮環牌膜之裡面及環脆、而與總氣管之裡膜相續、其上聲系之下、有環柱睫毛形之膚遮之、然此處之上惟前有此毛、以至會厭之中、其餘膚乃鱗形、

核

其喉之嫩膜、有許多生黏液之核、而其口大略各處俱有、其會厭上者極多、而砌於其體內之小窩、順瓢會厭摺疊之後邊瓢脆之前、亦有許多者、名瓢核、其喉囊

血管
腦筋

之裡面亦多有之、惟聲系上則無之、其喉脈管、乃上下牌所來之喉枝、其回管以入上中下之牌回管、其津液管以入深項核、其腦筋乃肺胃筋之上喉及下、或反回喉枝、而與百結筋之絲相合、其上喉筋供喉之嫩膜及環牌肌、其下喉筋供其餘之各肌、其瓢肌則被兩筋供之、

總氣管

連屬

總氣管、乃脆與膜環柱形之管、見三百二十二圖 其後匾、由喉之下端起、即與第五項脊骨相齊、至第三脊背骨之對面、而分為左右兩肺氣管、每肺各一、其管長四寸半、其左右之徑、由四分寸之三至一寸、而男大於女者、其前面凸、在項者由上而下、有牌核嗌下牌回管、極下牌脈管、胸舌骨、胸牌兩肌、與其間之項夾膜、再淺處有前項回管間相接之枝、皆遮之、在胸則由前而後、有胸骨之首塊、胸核之餘、總脈管弓、無名左項兩脈管、及深心叢、遮之、此管列於食管之上、乃傍總脈管弓而向左、在項之旁則傍總項脈管、牌核旁葉、下牌脈管、反回喉腦筋、在胸則列於肺包膜之間、處肺胃腦筋列於兩旁、

右氣管
左氣管

其右氣管、較左者寬短而橫、長一寸、於第四脊背骨之對面以入右肺、而有孤回管自後弓行過之、其右肺脈管先列於下、後則列於前、其左氣管、較右者小斜而長、其長約二寸、而於第五脊背骨對面以入左肺根、乃較右者約下一寸、過食管、吸液總管、下總脈管之前、行於總脈管弓之下、及左肺脈管、先列於其上、後列

脆　脆絲　觳絲　嫩膜　總氣管　核

於其前、如在其分岐處之上橫割之、則見有隔列於其管之底、以隔兩氣管、而占中線之左、設有外堅物入於氣管、按重學之理、而大略其物恒自然向右氣管、而右比左者大、亦有助之之意、故知其當入於右也、其總氣管、乃不全之環脆類絲膜肌絲、縱黃靭絲、嫩膜、及核之所爲、其脆自十六至二十而作爲不全之環、繞總氣管有三分之二、其後不全之處、有類絲膜補之、其脆層疊而列、其間有窄膜以隔之、此脆寬二分、厚半分、外匾、因其中厚於其邊、故內凸、其脆被遮其兩面之靭類絲膜連其邊、而其後兩端之間、專作爲一層、其異脆、乃首末之兩脆、其首者、寬於餘者、而往往有一端分之、由類絲膜連於環脆之下邊、而往往與此脆或次脆相攙、其末者之中、厚而寬、因其下邊往下續、而維時於總氣管分岐之處曲向後、其末於兩邊爲不全之環、以繞氣管初起之處、其末脆上之脆於其中微寬於其餘者、往往有兩或多之脆、或全或不全相合、而於其端往往分岐此脆、有大靭力、雖老年亦難變骨、其在右氣管者、自六至八、其在左氣管者、自九至十二、而較總氣管者短而窄、其肌絲、爲無紋之類、有縱橫之兩層、其縱者乃極外者、由總氣管脆末之細筋及類絲膜起、其橫者乃極內者、而作爲薄層、於總氣之後端橫過脆端之間、其靭絲列於嫩膜之下、以繞全總氣管、其於後端者極多、而爲縱束相合、其嫩膜與喉之膜相續、而被環柱睫毛形之膚遮之、其總氣管核、於後端極多、乃小匾而卵形、列於類絲肌兩衣之間、而每核有出管以入嫩膜之面上、於總氣管之旁、有數小核、列於連環類絲質層之間、而有他核列於嫩膜衣之極下、其核所生之液、以潤總氣管之裡面、其供總氣管之血、由下脾脉管而來、其回管入於脾回叢、其腦筋、由肺胃筋及其反回枝並百結筋而來、

此氣管有三處可割之一在環脾膜即割喉者一在環脆與總氣管之上環即割喉總氣管者一在脾核盛之下即割總氣管者學者必須詳察此三處氣管之選屬在喉總氣管部之皮下中線之兩邊有兩前項回管其大小與其部位皆有變革尋常皆一管往往亦有兩管者在項之下端則兩管相離而行於胸乳肌之下往往有橫通枝以連此兩管割之時務須避之恐誤割則失血過多其項夾膜之下有胸舌骨胸脾兩肌胸舌骨相近之邊傍於中線此兩肌之下由上而下有脾脆環脾膜環脆總氣管脾核之盛其環脾處極淺乃皮下易捫之小凹於結喉下一寸有小脈管即環脾者橫過之若割之却不致其多出血其脾核嗌大略過總氣管之第二三環其上有上脾回管間大而橫相通之枝而其嗌被兩邊脾回管間所爲之回血叢遮之此回管在脾核之邊與其下相聚而爲一中管或作兩幹順總氣管前之中線下行以入由戶之無名回管在小兒其胸核則順氣管前上行而其無名脈管於項根則由左而斜過於其右若有極下之脾脈管則順總氣管之間下行於上其總管之上端淺列下端斜往下而後在胸乳肌相聚處之間則深列在小兒則此管小於成人者其列蝕深而多運動在肥人或短項者或項肌發大之人則此管尤深以上所論者言之則割喉頗易其割法一令病人仰首向後令人扶定其頭不使動轉而以指捫其凹處即由中線豎割其皮以分開環脾膜而可以容大曲管爲度過此處專有一緊要之管即環脾者若此管大則割之恐失血多其割喉總氣管較割總氣管多危險因環脆及脾核盛之間甚小而遮此處上脾回管間之通枝亦不得不割而亦恐誤割其脾盛則流血必多其割總氣管與脾核盛之下之法如左須令病人照常仰其首則環脆之微下至胸骨之項割其皮於中線由一寸半至二寸然須避其前項回管後則割開其深夾膜而分開胸舌骨肌相依之邊其處有鬆連脂以含下脾回管須以刀柄撥開則露出總氣管再用刀由下往上割二三環務必於割時先勒住其血再挑此管不然則血入其氣管而人必氣塞而死

肺包膜

肺包膜之反折

血管腦筋

每肺之外面、有極細之洏膜、即肺包膜、而護其肺以至其根、後則反折於胸之裡面、其護肺面之端、即肺包膜、乃膜之臟層、其護胸之裡面者、即肋包膜、乃膜之壁層、此兩層之間處、即肺包膜之空、故每包膜爲閉囊、一占胸之右半、一占胸之左半、而彼此絕不相通、其兩膜、除前之一處、其餘之處於中線則不相遇、而其間除其肺、則含胸各臟腑之處、即胸縱隔、其肺包膜之反折、見三百二十五圖此膜於胸骨起、外行、以遮肋脆肋、及肋間肌之裡面、而於胸後則過胸結及其枝、以反折於脊骨體旁之上、由脊處以分此膜與對邊之肺包膜、即後縱隔、此膜由脊柱起、行於心外衣之旁、而微遮之後則遮肺根之後端、由此下邊有三角摺疊、豎往下順後縱膈以至膈肌、此摺疊係肺寬筋帶、以持肺之下端、由其根起、其包膜過肺之凸面、及其項並底、與過葉間縫之旁可跡之、此膜遮肺之前面、及其根之前端、而反折於心外衣之旁、以至胸骨之裡面、其下則遮膈肌之上面、其上之尖凸、作爲囊形、而穿過胸之上口以入項、於首肋邊之上約一寸、而收納其所屬之肺項、此囊有謂由項斜肌下端所來之穹窿形之夾膜加增之者、於胸骨中之微上、其兩肺包膜相依之面、則微相貼、然此處之上與下、其間有不相近所留之空處、即前縱膈、其膜之裡面、光滑而有洏液潤之、其外面緊貼肺面、及心外衣所出之肺血管、並膈肌之上面、其餘者微厚、故於相依之處易於裂開、其右肺囊較左者短寬、而高入於項、其肺包膜之脉管、乃由肋間內乳

前縱膈　中縱膈　後縱膈　尖

膈、下脾、胸核、心外衣、及氣管之各脈管而來、其回管與脉管相對、其津液管、甚多、其腦筋由膈、百結之兩筋而來有謂腦筋同行其氣管之脈管之冗枝於肺包膜者、

胸縱膈

胸縱膈、乃兩肺包膜、於胸中線不相貼所留之處、有前胸骨、後有脊骨柱、而除其肺、則含胸之全臟其膈分前中後其前縱膈之界前爲胸骨兩旁爲肺包膜後爲心外衣因心之勢斜而向左故此處與胸骨不平、然由上而下、則斜列於中線之左、下寬上窄、至胸骨第二塊之對面則尤窄、而其兩包膜相依之面、有小處往往相合此膈含胸舌骨胸脾三角胸各肌之本並左內乳血管胸核之餘及鬆連脂以含由肝凸面所來之數津液管、其中縱膈、乃肺包膜間之極寬處以含心外衣所包之心上總脉管上回血總管總氣管之分歧、肺脉回各管及膈腦筋其後縱膈與脊柱平列、乃無定形之三角處前爲心外衣與肺根後爲脊骨柱、兩旁爲肺包膜而含下總脉管、大小兩孤上肋間之各回管肺胃臟之腦筋、食管、吸津液總管、及數津液核、

肺

肺、乃呼吸必須之具在胸之兩旁空各一、有被心與胸膈所含之他物以分兩肺、其每肺皆圓錐形有尖底兩邊兩面其尖如尖圓錐形、入項根第一肋相齊之上約一寸至寸半處其底寬而凹列於膈肌凸面之上其週圍薄入於下肋與膈肌間所黏

外面 裡面 後邊 前邊 右肺 左肺

處之間、由外而後、下於前者、其外面或胸面、大滑而凸、與胸空之形相對、而後深於前、其裡面凹、其前有心外衣凸面相對之凹處、其後有黏肺根之深縫、即肺門、其後邊圓而寬、列於脊骨柱兩邊之深凹處、較前邊甚長、而下凸於肋膈肌之間、其前邊薄而銳、以搭其心外衣之前、右肺前邊與胸骨之中線相對、而與左肺相貼、其肺包膜即列於其間、下至第四肋脆、此下由左肺前邊受尅所爲、而與露心外衣相對之處、由無定形之處、以分其相依之邊、其每肺由長而深之縫、由後邊之上端、去其尖約三寸、往下而前至其前邊之下端、以分上下兩葉、此縫大略透至其根、其右肺之上葉、有短縫、由上所言之縫之中起、往前而上、以至前邊、作爲一小三角端、即中葉半分之、其右肺極大而因心向左、故寬於左者、又因膈肌於右邊往上、爲容肝之地、故短於左者約一寸、其右肺亦有三葉、其左肺較右者小窄而長、只有兩葉、每肺裡面之中之微上、而其後邊較前邊近、即肺根、乃肺心總氣管皆相連而内氣肺脉囘之各管、氣管之脉囘兩管、肺叢之腦筋、津液管、氣管核、連質之所爲、俱被肺包膜反折護之、其右肺根列於上囘總管與右上房上端之後、孤囘管之下、其左肺根行於總脉管弓之下、下總脉管之前、其膈腦筋、與前肺叢列於每根之前、肺胃腦筋與後肺叢列於每根之後、其每根各質兩邊前後之列勢俱相同、其極前者爲肺囘管、其中者爲肺脉管、其在後者爲氣管並其血管、其兩邊上下之列勢則不同、其右邊者

質

氣管

爲氣管、肺脈管、肺回管、其左邊者、爲肺脈管、氣管、肺回管、蓋因左邊之氣管較右邊列於下之故、其兩肺之重約四十二兩、其右者較左者重二兩、然其所含之血、或汋液之多少有大變革、而男者重於女者、若以身體爲比例、在男爲一與三十七相比、在女爲一與四十三相比、肺之水權由三百四十五至七百四十六之變革、而水爲一千、其色在初生時、爲淡紅、在成人則有青斑、在老年則成深黑色、此色物乃炭質之米粒、沈於近肺面之連質內者之所爲、而隨年歲爲加增、男者多於女者、其後邊大略色深於前者、其肺面光滑、有許多之多邊處、卽小葉、而有許多淺色之線過此處、其質輕、狀如海綿、入水則浮、故因其中有氣、以手握之則有聲、而其韌力亦大、故胸無肺則塌陷、肺有外汋衣、汋下連質及肺本質之所爲、其汋衣由肺包膜而來、薄而透明、而全遮肺及其根、其汋下連質內、含許多之韌絲、而繞肺全面往裡以入小葉之間、其本質乃小葉所爲、雖有葉間連質緊相連、而彼此仍分開、於胎則尤易分開、其小葉之大小不等、面上者大、方錐形、而其底向面、其內者小、而其形不同、每小葉中有氣管冗分之一枝、與其末之氣泡、並肺氣管之各血管、津液管、及腦筋冗分之枝、此各質俱由連類絲質以相連、其氣管入肺質、則丫分而復丫分、以帀全肺、往往有三枝同來者、亦往往有小旁枝由總幹之旁而生者、其每氣管之小枝、則入於每肺之小葉、卽小葉氣管、而復分以入小葉所爲之泡間道及氣泡、其肺內之氣管、

氣泡　肺脈管　肺微絲管

環形、而其所爲之物有如左之異質其氣管之脆、乃不全之環薄片、而大小與形皆不同、無定形而雜列於氣管之旁即氣管之分歧處極明顯凡管逕有四分分之一者亦可跡之過此處則此管皆爲膜其類絲衣與縱韌絲續入於氣管極小冗分之枝其肌衣乃無紋環絲之續層所爲、而可跡之於極小氣管之上此管與其分枝皆有嫩膜爲裡、而有環柱睫毛形之膚遮之有謂其小葉氣管之管於入小葉體之時、則按葉之大小由四至九回則分而復分而減小以至其逕自五十分寸之一至三十分寸之一、後則變其質、而失其環形爲無定形之道、即泡間道往前續穿過小葉體由許多囊形之漲處即氣泡、遮其旁與其端如用目力看其列勢、猶如龜與他鱗介之肺網質相似、其氣泡小、多邊之槽窩有薄隔彼此隔之、而與泡間道相通在肺面之上則顯然易見而其逕自二百分寸之一至七十分寸之一、其面薄邊與其尖俱極大其裡極小此泡於泡間道內則變其質其壁乃縱韌束與類絲質相編之所爲而無肌絲其嫩膜則變薄而細有一層鱗形之膚以爲裡、而與氣泡之間反折爲隔、其肺脉管領紫血以入肺分枝與氣管同行、而其末爲密微絲網於泡間道與氣泡壁之上其肺回管之小枝由此網起相合而爲大枝以通脉管而領微絲管所變之紅血以入心之左上房在肺則肺脉管之枝大略列於氣管之上而前其回管列於其下其肺微絲管作爲叢、於氣泡之壁及隔並泡間道壁之上以列於嫩膜之極

氣管之脉管

淺深氣管之回管

津液管

腦筋

下、其微絲綱於泡間之隔內作爲一層、其管極細、其格微寬於管、其壁亦極薄、其氣管之脉管領血以養肺、由胸總脉管而來、與氣管同行、散於氣管核及大氣管、肺血管壁之上、以入深氣管之回管、別有散於小葉間連質內者、以入其淺深氣管之回管、更有數管枝分於極小氣管之壁上、以入肺回管、其淺深氣管之回管、於肺根相合、其右者入於孤回管、其左者入於上肋間回管、其津液管分淺深兩種、於肺根以入氣管核、其百結肺胃兩腦筋之枝、作爲前後肺叢、以供肺、此叢之絲通於氣管、以盡於其管之上、而此筋之小枝有小結、

脾核

脾核之質與他核形之具相同、而大略與胸、上腎、脾之各核、乃無出管之核、亦屬於其內、亦不知其功用、然以其連於氣管與喉、雖無關乎呼吸之功、而亦必附論於此、此核列於總氣管之上端、乃兩旁葉之所爲、於此管之每邊各一、有窄橫端、即嗌、以相連、其前面凸而有胸舌骨、胸脾、肩舌骨、各肌遮之、其兩旁面凸、貼於總項脉管之鞘、其後面凹而護總氣管與喉、其後邊則至於咽頭之下端、此核絳紅色、其重自一兩至二兩、女大於男、者而行經時又微加其大、往往發至極大而成癭、其每葉圓錐形、長二寸、寬約四分寸之三、而右葉大於左者、其嗌連於兩旁葉三分之下一、寬深約半寸、大略遮第二三總氣管之環、其列時有變革、故割此管必須留神、而往往有

質　血管　腦筋　相感質

無嗌者、有第三之圓錐葉名方錐、往往由嗌上之左邊起、或由左葉起、而上行至舌骨、又往往或不連、或分兩端、或無、有數肌帶往往上黏於舌骨體、其下黏於核之嗌、或其方錐葉、卽所謂提牌合肌者、此核乃許多細閉泡同形之膜所爲、而列於密微絲叢、由連質相連、此泡乃球形或長方形、以含黃液、液內有許多點輪與泡浮之、火乾酒則凝其液、然仍透明、在胎及小兒、其輪皆列於單層而貼空之裡面、其長之時則離開、其供牌核之脈管、乃上下兩牌者、間或別有無名脈管之一枝、上行於總氣管之前、此核之脉管極大、而多相接、其囘管於核之面與於總氣管之前作爲叢、有上中下牌囘管、由此叢而來、其上而中者、入於內項者、其下者入於無名者、其津液管多而大、入於吸液總管及右津液管、其腦筋由肺胃筋與百結中下之兩項結而來、此核乃卵清、膠痕、肥油兩質、反酸與土之鹽類並水、其鹽類乃鹽、卽城綠、反酸之黃強、鋏石、鋏、鏀、光強、並鐵養之痕、

胸核

胸核之質、與他核形之具相同、因其無出管、故亦屬於無管核內、其核暫而不久、在人生第二年之末、則長足而不復長、漸減小、至破身之時、則大略全無、當其極長發之時、查考之、則知爲兩旁之葉所爲、而緊貼於中線、一端列於前縱膈、一端列於項內、由第四肋脆起、上行至牌核之下邊、有胸骨及牌舌骨胸牌兩肌之本遮之、此核

質　血管　腦筋　胡感質

在縱膈內則列於心外衣之上、有胸夾膜以隔此核與總脉管弓及大血管、在項則列於總氣管之前與其旁胸舌骨胸牌兩肌之後、其兩葉之大小不一、往往相合、或往往於兩葉之間別有一葉以分之、此核軟淡紅灰色、其面如葉形、長約二寸、其下寬約一寸半、厚三四分、初生時其重約半兩、每旁葉乃數小葉所爲、而被細連質持之、別有密質作爲裹以繞其全核、其首葉、小者如米粒、大者如小豆、每小葉內有小空、空之週圍別有次小葉、亦有空、其兩葉之空皆相通、首葉之空入其核之大中空、即胸核囊、而其核之每旁半皆有之、此中空內有血膜爲裡續入次空、而含乳白液與乳糜相似、如去其裹與血管及小葉所連之連質、則其每旁葉皆成摺疊之中空、若以手扯其兩端則成一長管形之系、而其週圍及首葉有螺旋形黏之、如繩之結、此核初發之時俱如此、（因有謂此核之原形乃管形而由此則發旁帶則長於外面其管因數小葉遮之面則變暗又有謂次葉之空有圓靈形之漲處或泡繞之以入於其內此泡乃間形之膜所爲而列於密微絲叢之內）其泡及中空內所含之白液內、有許多點輪與乳糜者相同、其輪乃匾圓盤、而其徑約一千分寸之一、其供胸核之脉管由內乳上下牌脉管而來、其回管入於左無名牌之各回管、其津液管大由核內起、而有謂入內項回管者、其腦筋極細、由肺胃百結筋而來、其項下與膈腦筋之枝、至其護裹而不入核質內、其核之實動質乃卵清血絲、最多、膠及他動物、其鹽類、乃反酸土之光强者、並鈣綠而含水百分中之八十、

全體通考卷十三終

全體通考卷十四

論溺具

腎

腎乃兩核形之具為生尿之用列於腹之後端腹包膜之後每腰部各一由第十一肋至近胯骨崗因傍肝故右者低於左者大畧有許多油繞之有出入之血管持之其前面凸有腹包膜遮其一端其右邊傍肝右葉之後端小腸頭之下端及上回腸其左邊傍胃之大端脾之下端胰之尾及下回腸其後面匾於十一二肋之前列於所屬膈肌之蒂並分橫方腰兩肌之橫健膜之前層及大腰肌之上其上端向裡厚而圓而被腎上核護之在左與第十一肋之上邊相對在右與下邊相對其下端小而匾往下近胯骨崗其外邊凸於外而向腹壁其內邊凹而有一深峽後深於前卽腎門凡血管出溺管腦筋皆出入於此門其腎回管之枝列於前其脉管與其枝列於其次其出管或腎溺管列於其後而下其腦筋津液管則冗分於血管之上而有許多之連質與油全繞之其腎門入於空處卽穴而占核之內每腎之長約四寸寬二寸厚一寸其左者較右者微長而薄在成男其重自四兩半至六兩在女自四兩至五兩半男女約差半兩而大畧左者恒重於右者約二錢許若以身作比例腎之一為身之二百四十其質堅密而易折深紅色有密類絲連質所為之裏繞之其裏

皮質

髓質

薄而滑、易離其面、而由細類絲岔並血管與之相連、在腎門往裡以爲穴旁之裡、在穴之底作爲鞘以繞血管、及出溺管之枝、若由凸邊至凹邊而豎割之、則現出兩等質、一爲外或皮質、一爲內或髓質、其皮質占腎四分之三、於其面作爲二分厚之層以遮其方錐、而往裡續發許多之岔、以向其方錐間之穴、其質軟而色紅、狀如米粒、易破、而含許多之小紅體、除向浮面之處則各處皆有、即末兒毗安體、別名腎球、其皮質、乃曲細溺管之叢、並血管津液管腦筋之所爲、由含小米粒形泡之硬透明米粒狀之質以相連、其髓質、乃淡紅色圓錐之叢、即末兒毗安之方錐、其數自八至十八、其底向腎之週圍、其尖與皮質不連、相聚以向其穴、而其末爲滑圓端、名腎芒、別名腎乳頭、往往有兩叢相合、而其間有一乳頭、於此乃知腎爲許多圓錐形之叢所爲、而每叢除其尖有皮質之衣護之、此即明人胎腎之專小葉、在獸腎之日久之狀、在人腎發、且相依之小葉相合而作爲一核、然在成人往往其腎雖合、而面上微有分小葉之痕、其髓質、較皮質密而色暗、有許多分開之細溺管、作爲紋狀、其管由小口於圓錐之尖起、此口之逕約有三百至二百分寸之一、其管上入於髓質、向週圍曲折而行、於尖角分而又分、至於皮質則作爲曲、而彼此多相接、而其逕則不變、其每乳頭全面之上、約有千餘口、而大小各半、此管乃透明同形之底膜所爲、而有球形之膚爲其裡、占管三分之二之逕、於髓圓錐內有微絲血管作爲長方格、與細溺

腎球　脉管　外衣　肌衣

管平行并有泡所爲之本之間之質分開彼此之管其管入皮質之處（見三百二十九圖）則變爲曲而彼此多相接（往往名爲費兒林管）其直溺管於方錐之底合爲小圓錐束其所屬之曲小管上續入於皮端以至其面而作爲數小圓錐叢卽費兒林方錐有數叢與每髓圓錐及其所屬皮質之端相對有謂細溺管於皮質之內起作爲小漲膜裏卽腎球之裏而或由相依之管相合或又謂一管之兩枝相合而作爲繩繯亦有自浮閉端起者其腎球惟皮質中有之小而圓深紅色其逕約一百二十分寸之一每球俱有血髻含於薄膜裏之內卽細溺管發漲之起處其血髻乃細脉管卽入管究分之所爲透其裏則射形而分數枝其末作爲微絲管之細種再由此管起有小回管卽出管傍脉管以透其裏而與他腎球之出管作爲密回叢以繞相依之細溺管其球之漲裏不恒列於溺管之初起處有時列於一邊故有旁末之分其裏之膜厚於細管者其內膚薄在蛙則漲端之項有睫毛在人則無睫毛有謂血髻之面列於浮而無物遮之之裏內者然又有謂有核泡後層遮之與裏之裡面者相同者其腎溺管一至腎門則漲而作爲漏斗形之膜囊名腎盂別名盤或穴（後則入腎穴而大略分三岔卽漏斗列於腎之中及兩端各一再分爲七至十三之小管卽腎蓋如杯形之囊而含於每乳頭之底亦往往有一蓋護兩或多之乳頭其溺管盂蓋有類絲肌嫩膜之三衣所爲其外或類絲韌衣於乳頭底之周圍與護腎面之本衣相續其肌衣

內衣　血管　津液管　腦筋　連屬

列於內外兩衣之間、乃外或縱內或環兩層之所爲、其內衣或嫩膜者、護乳頭以續入於乳頭口之內、其裡有球形之膚、其腎脉管之比例大於其所供之腎、每管分四五枝、以入腎門、而有類絲質所來之鞘護之、於乳頭間以透腎質於髓圓錐之間以入皮質、於路向方錐底分而復分、由其相接作爲弓、由此弓起生數管散於皮質、有數管入於腎球、別有他管作爲微絲網、以護細溺管、其腎回管由腎面上起、有星形之列勢裡行入大回管、於髓圓錐底之周圍相合作爲弓、而收納溺管端之回叢、後則與脉管枝同行、至腎穴相合、作爲一回管、以入下回血總管、其腎津液管分淺深兩種、與血管同行而入腰核、其腦筋由太陽叢及小臟筋絲所作之腎叢而來、與脉管之枝同行、其腎叢生數絲行於精囊與腎溺管、

腎溺管

腎溺管乃腎之出管、係環柱形之膜管、其長自十六至十八寸、其逕如鵝翎管、列於腹後端包膜之後、由腎盂之下端起斜往下而裡、以入尻骨盤、後則下行而前而裡、以至膀胱底、而斜行於肌嫩膜兩衣之間、約一寸、由縮口以入之、自上而下、在路列於腰脊之上、有腹包膜遮之、而有精管斜過其前、其右溺管緊列於下回總管之外邊、於方骨之對面、以過總或外胯脉管、於右則列於曲折腸之後、於左則列於返迴曲之後、於尻骨盤內則入膀胱後之假筋帶、行於滅盡之腹下脉管、其精管在男行

質　類絲衣　肌衣　嫩膜衣　脈管　腦筋

滴屬

質

於此管與膀胱之間、在女其腎溺管則順行於子宮項之旁及陰道之上端、在膀胱底與其相對之管相去約一寸、在男列於膀胱底核底之後約一寸半於膀胱三角底之後角、其溺管亦係類絲肌嫩膜三衣之所爲、其類絲衣、與護尻骨盤者相續、其肌衣有縱絲之兩層與中間之橫層、其嫩膜衣滑、有數縱摺疊、漲時則無之、此膜下與膀胱嫩膜相續、其上續於乳頭之上以入細溺管、其膜之膚泡乃球形、其供腎溺管之脉管乃腎精內胯下膀胱之枝、其腦筋由下腸間膜精腹下叢而來、

腎上核

腎上核與脾、胸、牌之各核、俱屬無出管者、（別國名副腎中國名小心、）係兩小扁核形之體、色黃、列於腹後端腹包膜之後、即每腎上端之極前、故名、其右者微似三角形、其左者較右者尤半月形、大而高、其核之大小人各不同、往往有極小而目力不能見者、往往亦有極大者、其長自一寸餘至二寸、其寬微減於其長、其厚約二三分、其重約一二錢、其右核之前面傍肝之下面、其左者傍胰與脾、其後面列於膈肌帶之上、即第十脊背骨之對面、其上之薄凸邊向上而裡、其下厚凹邊、列於腎之上端、而由連質相連、其裡邊傍大腹臟筋及半月結、在右則緊貼下回總管、在左則傍總脉管、此核之面有多油之連質以繞之、并有薄類絲衣緊護之、此衣因許多之類絲杈並血管以穿過其前面及底之隴以入之、故難去之、若豎割此核、則露出外或皮與內髓兩質之

皮質 髓質　脈管　腎上核回管 津液管 腦筋　界　盤所含之物

所為、其皮質乃此核體之大半、深黃色、係聳環柱叢豎列於其面之所為、其髓質、乃軟黷、深絳色、或黑色、故名黑膽核、（有謂其皮質之環柱叢之徑約七百分之一係小閉平行界膜含點核並多米粒物油球及核形泡所為之管所為有謂其似乎管形之道乃閉泡拼之所為而列勢相抵故有管狀有謂此泡乃核質質之處而細界膜亦因相抵故有管狀）在食草能倒胃之獸、此核之核泡最多、人與他物則此核少而米粒多、其米粒之大小不同、而相感分出之力無變革、其環柱叢有密微絲網繞之、以與之平行、其髓質、乃核與米粒物勻散於細回管叢之所為、其供核之脈管多而大、由總脈、膈腎之各脈管而來、分為數細枝、後則入核體、其腎上回管將髓回血叢之血領回、并收納皮質之數枝、後在右則入下回總管、在左則入腎回管、其津液管則入腰核、其腦筋極多、由太陽腎兩叢而來、有謂係由膈肺胃筋而來者、而此筋之上又生數小結、

尻骨盤

尻骨盤乃胯梳線及方骨凸處相齊之下之總腹、其後為方尾骶兩骨、及大方坐筋帶、其前與其旁為交坐兩骨、而有遮蔽肌遮之、其上有腹、其下有提肛門尾骶兩肌、及尻骨盤由其盤壁反折於其臟夾膜之臟層、其盤內所有之臟、乃膀胱直腸下端、及陰陽生子具之數端、而腹包膜遮其一端、并有血津液管腦筋以供之、

膀胱

膀胱為藏溺之具、乃肌膜囊、列於盤內交骨之後、男在直腸之前、女在子宮陰道、而

分膀胱與腸、其形象部位及連屬、皆被年歲陰陽與其漲之多寡大相感、在數歲之嬰兒時、其形如圓錐、凸於交骨上邊之上、以入腹下部、在成人膀胱空而縮之時、如小三角囊、深列於盤內、前後匾、其尖往上至交骨之合縫上邊、若微漲則成圓形、而占其盤之半邊、若大漲則卵形、上入腹而往往近臍、其竪逕、大於左右者、其長軸於交骨及臍（依其漲時）間之線、至尾骶骨之末處、由上斜往下而後、其膀胱漲時、則往前微曲以向腹之前壁、故後凸於前、在女則横逕大於竪逕、而其容量大於男者、其適中之漲時、則其長有五寸、寬三寸、其所容之水約有二十兩、其膀胱分頂、體、底、項、四處、其頂或尖圓向前而上、被類絲肌系、即提膀胱筋帶、並其兩邊腹下脉管之所滅者之端、爲兩圓類絲系、以連於臍、其頂於提帶後有腹包膜遮之、而其前則無以列於腹壁之上、其提帶即胎尿管、乃胎內管形道所滅之餘、以連膀胱及腹外臍對面之膜囊、名溺膜、此管在初生之時尙通、故其溺由臍出而往往其管內亦有石、其膀胱體之前無腹包膜遮之、而傍溺管之三角筋帶、交骨合縫之後面、內遮蔽肌、及漲之時傍腹壁、其後面有腹包膜全遮之、在男則與直腸相對、在女則與子宮相對、而女則其間有小腸之數曲分之、其膀胱旁、自下往上而前、有所滅之腹下脈管斜過之、此系之上而後、有腹包膜以遮膀胱、此系之下與前、俱無汋膜、而連於尻骨盤夾膜、有精管順膀胱之旁、有弓形由前往後而向其底、於路則過腹下所滅之脉管、而順

底　項　筋帶　前筋帶　旁筋帶　提膀胱筋帶　假筋帶

腎溺管之裡邊、其膀胱底往下而後、其地步亦隨其漲、滿則寬、空則窄、其底在男則列於直腸第二端之上、有直腸膀胱夾膜反折隔之、其後有腹膀胱微遮之、而反折於直腸之上、所爲直腸膀胱之折疊、其膀胱所傍直腸之端與三角處相對、而膀胱摺疊即列於其後、其兩旁傍精囊精管、其前傍膀胱底核、於膀胱極滿之時、則腹包膜之折疊隨之而上、而其反折處離肛門約四寸、若膀胱空而縮之時則減小、此底在女則緊列於子宮項之下端、而貼陰道之前壁、有腹包膜之摺疊隔開其底、與子宮項前面之上端、其項係縮端與溺管相續、在男之立時則其勢斜、而有膀胱底核繞之、在女則其勢斜向下而前、其持膀胱之筋帶有眞假各五、其眞者乃兩前兩旁、皆直腸膀胱之夾膜所爲、並提膀胱者、其假者乃腹包膜之摺疊所爲、其前者即交骨膀胱底核者、由交骨後合縫之兩邊各一至膀胱項之前、及膀胱底核之上面、此帶含膀胱所來之數肌絲、其旁者較前者寬而薄、黏於膀胱底核之旁端、及膀胱底之邊、其提膀胱者乃類絲肌系、由膀胱項以至臍、其下即黏膀胱之處寬而往上則窄、其假者乃兩後兩旁一上者、其兩後者在男則由直腸之邊、起在女則由子宮之邊起、往前至膀胱之後而旁、作爲腹包膜直腸膀胱摺疊之旁界、以含所減之腹下脉管溺腎管血管並腦筋、其兩旁者乃腹包膜之反折、由胯窩至膀胱之旁、其上者、乃腹包膜之顯摺疊、由膀胱項以至臍、而遮提膀胱筋帶、及所減之腹下脉管、其膀

洕衣
肌衣
泡衣
嫩膜衣
膀胱內

胱、乃洕、肌、泡、嫩膜之四衣所爲、其洕衣、由腹包膜而來、以護其後面、由兩腎尿管末之對面以至其項而由此及其旁反折於腹尻骨盤之壁、其肌衣、乃內圓外縱兩層無紋之肌絲所爲、其縱絲在前後兩面極明顯、由前筋帶與膀胱項及男膀胱底核相依之處而來、散於膀胱前面、作爲叢形之格、而續過後面與底以至項在男則黏於膀胱底核、在女則黏於陰道、在男別有他縱絲、由膀胱底核旁而來、散於膀胱之旁而彼此互編、其圓絲少、而不勻散於其體之上、至其下端則圍其項與溺管之初起處、而作爲厚圓層、卽膀胱輪肌、而與膀胱底核之肌絲相續、由腎溺管口之後起、有斜絲之兩帶相聚至膀胱核之後端、而被類絲岔黏於此核之中葉、卽所謂腎溺管肌、於膀胱縮時、持腎溺管之斜勢而不令其溺回流、其泡衣、乃一層連質、連肌黏兩衣、而緊貼其黏者、其嫩膜衣薄而滑、淡紅色、上由其腎尿管與腎內之細腎管相續、下與外溺管相續、除緊貼三角底外、其餘俱由一層連質鬆連於肌衣、此衣有數嫩膜泡、傍其項有許多小核內有環柱形之膚爲裡、其所遮之膚之形、介乎環柱與鱗〃間、於膀胱底裡面之上、溺管口之極後、有三角滑面尖向前之底、其色較嫩膜之餘者淡、而無紋、因緊貼其下之質、雖膀胱縮之時亦如此、每邊各有兩微崗往後而外至腎溺管之口、與此管之肌相對、在每後角有腎溺管之口彼此相離約二寸離溺管口約一寸半、此三角底與膀胱底之處相對、其前爲膀胱底核、其兩旁爲精

脈管　回管　津液管　腦筋　膀胱底核端

囊精管、膀胱之下與前端、有嫩膜微凸、即膀胱之吊鐘、入於溺管口、乃膀胱底核加厚之所爲其供膀胱之脉管、在男則有上中下者、在女則別有子宮之枝、皆由內膀脉管之前幹而來其回管繞膀胱之項旁底、皆作爲雜叢、以入內膀之回管、其津液管與血管同行、而穿過其所繞之核、其腦筋由腹下方兩叢而來其腹下者供膀胱之上端、其方者供其底與項、

男尿管

男尿管、由膀胱項以至尿管口、其在路則曲、其輭時則兩曲、狀如意大利國愛斯之字然其挺時則一曲而凹向上其長自八寸至九寸、分膀胱底核膜海綿之三端而其質及其連屬皆不同其膀胱底核端、乃管之極寬而漲之處、由其底核起、穿過其核以至尖、列於上面而近於下面其長約一寸許、其道梭形中寬於兩端、其前於末端相合處極窄、若橫割此端之管、則三角形而尖向下、其管之地有窄縱崗名鷄冠、乃嫩膜與其下所列之質凸出者其長約八九分高一分半、而有謂含肌立兩質者其漲時不令其精回流於膀胱其冠之每邊有微凹、名膀胱底核穴、穴之底有許多口、即膀胱底核管口、透之其中葉之管口、在鷄冠之後、其鷄冠前端、於中線有凹、即膀胱底核囊、而其上或其邊之裡、有射精管縫形之口、其囊作爲盲囊、長約四分寸之一、往上而後行於膀胱底核質內中葉之下、其凸之上壁、作爲鷄冠之一端、其壁乃類絲質肌

膜端　海綿端　尿管口　質黏衣

絲嫩膜之所爲而有許多小核入於其裡面有謂其囊與女人子宮相同故名男子宮其膜端乃膀胱底核尖與海綿體蒂之間除尿管口之外以此爲溺管極窄之處順其上面約長四分寸之三因其蒂後凸於其下故順其下面約長半寸其上凹面列於交骨弓之下約一寸有陽莖背血管腦筋及數肌絲以分之其下凸面有三角處即爲會陰以隔此面與直腸其管之末端則透深會陰夾膜此膜有前後兩層繞之一前一後亦有逼溺肌繞之其衣乃嫩膜觳類絲質立質之薄層肌絲並深會陰夾膜之弦其海綿端乃溺管極長之處列於海綿體內自膜端之末以至尿管口約長六寸由交骨合縫之下起上行則曲往下窄而陽莖體之大小相等約四分寸之一之逕後蒂內作爲蒂端之處則漲其前在龜頭之內作爲船窩如橫割此端之體則見其逕橫然其龜頭內之逕則竪其尿管口乃溺管極縮之處係竪縫約長三分每邊各有小唇其溺管裡膜之裡面有許多嫩膜核與泡口列於嫩膜下質之內而海綿端之底多如此西名栗得兒核其核之大小不等其口向前故能阻隔引溺管之尖其船窩上面離尿管口約寸半有一竅大於其餘者名大竅其蒂端內有膀胱底前小核管之口其溺管由嫩膜肌立三層衣之所爲其嫩膜衣作爲陰尿嫩膜之一端而與膀胱腎溺管腎各嫩膜相續其外與遮龜頭之皮相續并入於溺管內許多核之管即膀胱核底與其前小核再過射精管續入精管精囊此膜在海綿膜兩

肌衣
立衣

端於陽具縮之時、列爲縱摺疊之勢、傍尿管口有小芒、列於其上、除傍尿管口之膜爲片形、其餘之膚俱作爲環柱形、其肌衣乃外縱內圓兩層素肌絲之所爲、其肌質於膀胱底核之端甚多、其立質之薄層由海綿體而來、纏繞於溺管膜膀胱底核之兩端、以至膀胱項、

全體通考卷十五

論陽生具

膀胱底核

西醫因膀胱底核立於前有攝護之意故又名攝護核乃淡色硬核形之體以繞膀胱項及溺管之初起處而列於尻骨盤內交骨合縫之後而下深會陰夾膜之後直腸之上其核若大之時可於直腸捫之其核之狀與其大小皆如栗其底往後向膀胱項其尖往前以至深會陰夾膜其下面滑列於直腸之上而由密連類絲質連之其上面匾有微縱隴而列於交骨合縫下四分寸之三其橫逕於底約寸半其前後逕約一寸其深約四分寸之三其重約六錢膀胱之前筋帶卽交骨膀胱底核者深會陰夾膜之後層以繞溺管膜端之初起處及膀胱底核並交骨合縫之每邊及膀胱前筋帶以至膀胱底核之邊乃下行於肛門肌卽提膀胱底核者之前端持之其核由中兩旁之三葉所爲其兩旁葉大小相等後有深罅隔之而其上下兩面有微隴以明數走獸核有兩葉之狀其中葉乃小橫帶或圓形或三角凸形列於核下後兩旁葉之間膀胱項之極下溺管初起處之後射精管之上此核不恒有然在人之幼壯亦往往有之至年老則往往加大而凸於膀胱故能阻其出溺其核由尿總精兩管透之大略其溺管列於其上面而較下面近三分之一往往其膀胱底核專繞

質　核形質　肌質　血質　腦筋膀胱底核眼

此管四分之下三而行於此核之下端上端者少於其射精管斜往前行過膀胱底核內下端之圓錐道以入溺管之膀胱底核其核藏於薄而硬之類絲裹內而與深會陰夾膜所來之後層不同而由回血叢隔之其質淡紅灰色易折然極密乃核形肌兩質之所爲其核形質乃許多之囊入於延長道合爲十二至二十之小出管有連質以連其囊并有由類絲裹所生之岔以扶助之而含於細微絲叢其道內之膚皆環柱形其末泡之膚皆鱗形其肌質乃環帶之列勢以繞溺管而其後與膀胱之輪環絲相續其前與溺管之環絲相續其肌絲乃不自主者其底核之管入膀胱底端之地其供此核之脉管由内羞秘膀胱直腸之各脉管而來其回血管作爲叢以繞此核之邊與其底在前與陽莖之背回管相通以入內膀胱管其腦筋由腹下叢而來此核所生之津液如乳漿酸以顯微鏡看之有米粒核及鱗形柱形之膚老年人恐此核發大而其管往往有絳紅色凝結之小粒如米粒狀乃灰炭强與動物之所爲

膀胱底核前小核西名哥百兒核

膀胱底核前之小核乃兩小圓微似葉形之體黃色大如小豆列於溺管膜端之前端之下兩層深會陰夾膜之間緊列於莖蒂之極後有逼溺管肌之橫絲繞之每小核係數小葉所爲而有類絲衣持之其每核之出管約長一寸於嫩膜下前斜行自

根　龜頭　體　蜂窩體

細口以入溺管蒂端之地、此核乃恒有者、及年長則漸減小、

陽莖

陽莖乃媾精之具、而其內含溺管之大端、有根體龜頭之所爲、其根寬由兩堅銳之類絲蒂固連於交骨枝由類絲膜即挂筋帶以連交骨合縫之前、其龜頭乃秃圓錐狀自上而下漸扁其項有竪縫爲溺管口、即馬口、此口之後有嫩膜摺疊後行以至凹陷之底、與包皮相續、此摺疊卽包皮之線、其龜頭底作爲圓凸邊、即龜頭冠而其冠後有深縮處、即項冠與項之上、有許多小油核、西名泰尊核或香核而生異味之油物而大略含乳清易於變化、其陽莖體卽根與龜頭間之處於輭時爲環柱形至挺時則爲秃三稜之形、其極寬邊向上爲背其遮之之皮極薄而色深以鬆連其深端而不含油質其莖根之皮與交骨陰囊兩處之皮相續、而頭項則離其面以自爲摺疊而成包皮、其包皮之內層亦黏於其項與嫩膜頗相似、而反折於龜頭之上、至馬口則與溺管嫩膜之裡相續、其遮龜頭之嫩膜、不含油核、然有數小極有知覺之芒凸於其面其陽莖、乃立質之叢所爲而藏於三環柱形之類絲格有兩格即蜂窩體、平列於陽莖上端、一格爲海綿體而含溺管以列於其下、其蜂窩體乃陽莖體之大端即兩環柱形之類絲管、彼此平列而順中線前四分之三以緊連之其後之四分之一、則分開而作爲兩蒂使陽莖與交骨枝相連每蒂由坐骨阜前之厚尖峯起、

質　類絲衣帶　類絲隔　海綿體

而傍其相對蒂相合之處、微發大卽蜂窩體蒂、此處之極外則縮以持其前端相等之逕、而作爲單圓端、以收納龜頭底之窩內、其上面有中陷、以列陽莖之背回管、其下面之陷則收納其海綿體、其陽莖根由挂筋帶以連交骨合縫、其每蜂窩體乃堅類絲囊、以藏類絲網之質、而其格內含立質所爲由不全之類絲隔、以分其兩蜂窩體、其類絲衣極密厚而韌、不但繞其具之面而並由其裡面與隔之面亦生許多之類絲帶、而其各勢過其裡以分數專格如海綿質之形、而其內含立質、其帶質滿其蜂窩體內、其週圍之絲較中者大而堅、而後厚於前者、然其中之格大於其週圍者、而其長逕橫列、其前者極大、其格之裡乃一層鱗形膚、其類絲隔乃兩蜂窩體間不全之隔、其後厚而全、其前不全、係數類絲質之竪帶所爲、因其形如梳齒、故又名梳形隔、此帶由蜂窩體背面至溺管面、其類絲衣與其隔俱係白類絲質含許多韌肌各絲之縱帶所爲、其帶亦係白類絲質韌絲、素肌絲之所爲、以藏脉管腦筋、其海綿體護溺管而列於蜂窩體下面之陷內、在後則由深會陰夾膜之前起、在蜂窩體分開之蒂間、作爲圓而大之處、卽蒂、而其前爲龜頭、搭於蜂窩體之前圓端其中端或體環柱形、由後往前微尖形、其蒂之大小人各不同、以收納深會陰前層所來之類絲衣而被急溺肌繞之、其溺管入蒂、上面近於下面、有一層立質繞之、而有薄岔往後續繞於溺管膜膀胱底核之兩端、以至膀胱項嫩膜之極下、其溺管下之蒂端、微

質　質　脈管　津液管　腦筋

分爲兩葉、其外有線、其內有薄類絲隔微凸向裡、而在幼年則極明顯、其海綿體、乃堅類絲囊所爲而藏帶質、其格內則含立質、其囊較蜂窩體者薄而色白、尤韌、其帶細、大小相等、而其間之格小、其長逕大略與陽莖之逕相對、有一層薄肌絲與膀胱後者相續、而作爲海綿體外衣之一端、其立質乃細密回血叢之所爲、列於其帶之間、其作叢之回血管甚多、而彼此頗相通、故橫割之、則見有泡形、其壁極薄、而有鱗膚爲裡、其龜頭、海綿體、蜂窩體週圍各處之回管小於蜂窩體之中端者乃大而漲者、此管有領回之血、有數管由龜頭底出而相聚於陽莖背、作爲背回管、別有他者於蜂窩體下面出、與背回管相合、別有蜂窩體下面所出者、以收納海綿體所來之枝、而繞陽莖之旁、以入背回管、然其多者、仍於陽莖根出、而與膀胱核底叢及羞秘回管相合、其陽莖脈管、乃內羞秘而來、其供蜂窩體者、乃蜂窩體者及陽莖背脈管之枝、傍陽莖前端以透類絲裹、其供海綿體者、乃帶者、別有枝由羞秘幹而來、共入於蜂窩與海綿兩體之帶、其入蜂窩質者、分枝而被帶扶助繞之、有謂數枝作爲微絲網與他處之回管相通又有他回管由形者故此管名爲輪脈管在蜂窩海綿兩體之後多有此管而龜頭無之又有謂無此管而有極小之枝由寬漏形之口直入於回血空者其陽莖津液管、有淺深兩類、淺者入摺窩核、深者由蜂窩海綿兩體而出、行於交骨弓之下、而與尻骨盤內之深津液管相合、其腦筋、由內羞秘筋及腹下叢而來、而於龜頭與蒂之上、有皮筋之數絲與巴吉尼核相連、

陰囊

睪丸及其衣

睪丸、乃兩小核形生精之具列於陰囊內、而被精系繫之、於初胎時、此丸列於腹內、腹包膜之後、於未生之先、則往下順精系以至摺窩道出腹外環入陰囊、於路有腹壁之汾肌、類絲之各層所來許多之衣及本陰囊以護之、其睪丸之衣乃皮外膜或本膜、相合爲陰囊、環柱間者別名外精夾膜、提睪丸肌、漏斗形別名內精夾膜、睪丸之本膜、

陰囊、乃皮囊、以含睪丸與精系之一端、由中線分左右兩半、其線順陽莖下面續往前、順會陰中線往後以至肛門、其左半長於右者、與左邊精系之長相對、其陰囊外面之形、有時變革、遇暖或老人弱人、則其囊長而軟、遇冷或輕年壯人則短而有縮紋、以緊包睪丸、其囊乃皮與外膜兩層之所爲、其皮極薄、絳色、大略有摺疊或紋而有生異味液之油囊、並有稀脆之毛、而其根顯露於皮內、其外膜乃鬆紅質之薄層、而有縮力、即陰囊之本膜、衣與腎囊底之週圍摺窩會陰腿裡邊之淺夾膜相續往裡、則生一隔、即陰囊隔、分爲兩空、以列睪丸、其隔由線之間與陽莖下面以至其根、其本膜與外皮緊相合、然由細連質於下相依之處、而極易滑於其上、此膜血極盛、係含無紋肌絲鬆連質之所爲、其縮力緩、若因冷與因機力之感動、皆可鼓動之、惟不受電氣之鼓動、其環柱間夾膜、薄在胎之睪丸往下時、則由腹外環柱之邊而來、

提睪丸夾膜
內精夾膜
本膜
血

精系

脈管

回管

往下延長繞於精系與睪丸之面、有鬆連質隔開此膜與陰囊本膜、故能運動、然其夾層則緊連其提睪丸夾膜、乃散束之肌絲、即提睪丸肌、於睪丸往下時、由內斜肌之下邊而來、其內精夾膜、薄鬆繞於其系、於胎睪丸往下時、由橫夾膜漏形之端續而往下、其睪丸本衣與他本衣、俟詳於後、（如欲深究此衣須看末卷之摺窩疝氣外科之解剖論）其供睪丸衣之脉管、乃股所來之淺深兩外羞秘及內羞秘之淺會陰枝腹上之提睪丸枝其回管同其相對之脉管、其津液管則入摺窩核、其腦筋係腰叢之胯摺窩、及胯下腹之枝、內羞秘兩淺會陰之枝、小坐筋之下羞秘枝、陰股筋之陰枝、

精系、由腹內環即其系所有各質相聚之處、以至睪丸之後端、乃脉回津液之各管、腦筋睪丸之出精管等物之所為、而有連質連之、並有其數本衣護之、於腹壁內則順摺窩道斜行、先列於內斜肌之下橫夾膜之上、傍其交骨則列於摺窩大筋帶之上、其前有外斜肌之健膜、其後有其總筋、後則出外環豎往下以入陰囊、其左系微長於右者、故左睪丸繫微下於右者、其系之脉管、係總脉管所來之精系者、上膀胱所來之精管者、其腹上脈管所來之提睪丸者、其精系者供睪丸、至此核則有數枝供副睪丸、有他枝透其白膜之後、而散於其裡面、或穿過其裡邊之類絲隔、以散於葉間之膜隔、其精管之脉管、長而細、與精管同行、宂分於此管之衣、而傍睪丸與精系脉管相接、其提睪丸者、以供提睪丸肌、及精系之他衣、其精系回管由睪丸之後

津液管　腦筋

端而出以收納副睪丸之枝合而爲叢即精系之大端此管上行於精管之前合爲一幹在右則入下回血總管在左則入左腎回管其津液管大與血管同行以入腰核其腦筋乃百結筋所來之精叢此叢由腎總脉管兩叢而來與精管之脉管同行之腹下叢之絲相合

睪丸

大小與其重　本膜

睪丸乃兩小核形之具由精系繫於囊陰之內每核卵形其旁與後縮在囊內爲斜勢其上端向前而微外其下端向後而微裡其前凸邊向前而下其黏系之後直邊向後而上其前旁兩面並其兩端俱凸浮而滑而被其丸之本膜護之其後邊專收納此膜之一端列於此邊之外堰有長而窄之匾體因睪丸之連屬名副睪丸又名睪冠（西名爲睪上之意）此冠乃中端或體上大端即頭下尖端即尾之所爲其頭由出精管緊連於其丸之上端其尾由連質及本膜之摺疊連於其下端其副睪丸之外面並上下端浮而被汋膜遮之此膜除順其後邊之外其餘皆滿遮其體而由汋膜之摺疊連於睪丸之後黏於睪丸之上端或副睪丸有小蒂形之體然不知其功用若酌中計之此丸之長自寸半至二寸寬一寸前後逕寸餘其重自六錢至八錢而左丸大於右者其丸有三層衣護之爲本白血之三膜其本膜乃睪丸之汋衣係胎睪丸由腹下入於陰囊之時腹包膜所來汋膜之囊迨其下之後則由內環至近核之上

白膜　縱隔　血膜　實

端囊之端卽滅、其下端者則成閉囊、以護睪丸之外面、而反折於陰囊之裡面、故又分爲臟壁兩層之所爲、其臟端即本膜、而遮睪丸之外面、並其副睪丸、而由專摺疊令睪丸與副睪丸相連、此膜在丸之後邊、反折於陰囊之裡面、其壁端卽反折者大於臟端、上微遮精系之前與裡邊、往下則過睪丸、此膜之裡面浮而滑、有一層鱗膚遮之、其膜兩層之間、卽爲本膜之空、其白膜乃遮睪丸之類絲藍白色之衣、而各互編白類絲質之束所爲、除其後邊及黏副睪丸之處、其本膜皆遮其外面、故白膜大略論爲類絲汾膜、與外膜心外衣相同、此膜繞睪丸核形之質、於其後與上邊反折以入其核內、而作爲不全之竪隔、卽睪丸縱隔、其隔自其丸之上至其下邊、而上寬於下、其隔之前及邊生許多之細類絲帶、黏於白膜之裡面、以扶助睪丸之形、而與白膜裡邊所生相似之帶相合、作爲護具、專小葉之處、此隔扶助其丸管所出入之血管及精管、其血膜卽睪丸內膜、乃睪丸之血膜、係血管之叢所爲、而被細連質持之以遮白膜之裡面、於小葉之間生數岔、被丸縱隔之類絲岔扶助之、其睪丸核形之質乃許多小葉之所爲、有謂每睪丸有二百五十者、又有謂有四百者、其葉隨其部位、而大小不同、其中者大而長、每葉皆圓錐形、其底向丸之週圍、其尖向縱隔、其葉列於類絲系與血岔之間、卽縱隔與白衣之間、每葉係一至三或多之細曲管、卽帶精細之管所爲、若浸其管於水內而細解剖之、乃能解開、則或爲浮盲端、或爲相接之繩綫起、有謂其管數約有三百、而每管之長約十六尺、又有謂其管之數、約八百四十、而其適中之長約有二尺零四分尺之一、其管之逕自二百至一百五十分寸之一、在年幼者其色淡、老年則色深黃、以其中有許多油物故也、此管有底膜所爲、而有膚爲裡、係核形之米粒輪所爲、而有微絲血管之細叢繞之、其管之在小葉尖內者、曲少而直多、而相合作爲二十至三十之大管、其逕約五十分寸之一、因係

直管

直形、故名直管、此直管入於縱隔之類絲質、往上而後而上時、作爲極薄壁相接管之密網、名睾丸網、於縱隔之上端、其網之管則合爲十二至十五或二十之管、名出管、而透其白衣、引精由睾丸以至副睾丸、其路先直、後則發大而捲曲成排圓錐叢、以共作爲副睾丸之頭、每圓錐皆單曲管之所爲、其長自六寸至八寸、而其逕自睾丸至副睾丸則漸小、於圓錐底之對面、其出管近排以入單管、而由其雜曲作爲副睾丸體與尾、若解開此管之曲、則其長約有二十尺、一至精管則愈寬愈厚、其曲由細連質並類絲質之帶持之、而往往副睾丸道之下端、或精管之初起處、往上入精系約二三寸、乃其盲端之末、而往往分岐、有長窄管、有謂爲迷走管者相連、而其長自一寸半至十四寸、而尋常不變其逕、往往亦有向其端變濶者、其質與精管者相

精管

同、往往與副睾丸不相連、其精管、即睾丸之出管、與副睾丸相續於尾下端起、順睾丸與副睾丸之後而裡邊、及精系之後端、穿過精系之道、上行至腹內環、由環往下

入於尻骨盤內、過外膀血管、曲繞腹上脉管之外邊、於膀胱之旁弓行往後而下、以至其底、過其所減腹下脉管之外邊、及腎溺管之裡邊、於膀胱底、列於膀胱與直腸之間、隨精囊之裡邊而行、在此處則變大而囊形、後則於膀胱底核之底變窄、與精囊之管相合而作爲射精管、其精管以手捫之、覺有硬而如繩之狀、約長二尺、環柱形、而其逕有一分許、其壁極密而厚、約有三分分之一之厚、而其管極小、約半分、其管之質由三衣之所爲、一爲外或泡、一爲肌、厚密而韌、係兩縱一中間環層肌絲之所爲、一爲內或嫩膜衣、色淡、列爲縱紋、其所遮者係環柱形之膚、

精囊

精囊、乃葉形之兩膜囊、列於膀胱底與直腸之間、以藏精而生液、以加於睪丸之所生者、每囊微似方錐形、其寬端向後、窄端往前向膀胱底核、其長二寸半、寬五分、厚二三分、其大小人各不同、一人之左右亦不同、其上面貼膀胱底、而由腎溺管之末、以至膀胱底核底、其下面列於直腸之上、被直腸膀胱夾膜隔之、其後端彼此相分、往後而外、而其前端緊與向膀胱底核之底相聚、乃每囊與其所屬精管相合之處、作爲射精管、有發大而曲之精管、順行於每囊之裡邊、而其裡邊及其所屬之精管、作爲三角處之旁界、其後界卽直腸膀胱腹包膜之摺疊、此處內膀胱之端、列於三角處直腸之上、而與其內膀胱之三角處相對、每囊乃單自盤之管之所爲、而生數

射精管

竇

血管腦筋精

精液

精米粒

精蟲

無定形之盲管、其各盤與盲管、皆由類絲質相連、如解開則見此管逕如鷄翎管、而其長自四寸至六寸、其管之後卽盲囊、其前端變爲縮窄之直管、其裡邊與其所屬之精管合爲射精管、其射精管有二、每邊各一、卽精囊精管相合之所爲、每管之長、約四分寸之三、由膀胱底核底起往前而上、在其核內之道、順膀胱底竇之邊、專由縫形之口至其竇邊之上、或其裡、其管逐漸減小、向其末相聚、其精囊有三衣、一爲外或類絲連衣、由直腸膀胱夾膜而來、一爲中或類絲衣、硬而密類絲質、微韌、有謂含肌絲者、一爲內或嫩膜衣、淡白絳色、乃細網形之如膽囊者、然其格尤細、其裡有鱗形之膚、其射精管之衣極薄、其外類絲層入膀胱底核口後、大略則盡、只剩肌線之薄層與嫩膜、其供精囊之脉管、由下膀胱中直腸者而來、其同津液兩管與脉管同行、其腦筋由下腹叢而來、其精係稠白異味之液、乃液卽精水、實點卽精米粒、及精蟲之所爲、其精液乃透明無色卵清之物、含鱗瓌柱兩形之膚點、並油球及米粒物浮於其內、與前所云之實物、其精米粒乃圓細米粒、輪其逕有四千分寸之一、其精蟲或精絲、爲生孕必須之物、係細延長之點、小扁卵形之端、或體及長而細之尾絲、其體中有小圓點、其體與尾相合之處、往往有凸堰、或爲領、此體之運動極與妙而其尾有鞭打或擺動之勢、

睪丸入陰囊

睪丸、初結之胎列於腹之後端、腹包膜之後、腎之前而微下、其前面與其邊、被腹包膜護之、其血管出管與其丸之後面相連、其下端黏導引帶、引其丸往下、此帶在五六月胎時長足、乃圓錐形之系、上黏於副睪丸之下端、下黏於陰囊之底、列於腹包膜之後、腰肌前之上、而充滿於摺窩道、其帶內係軟透明之連質所爲、往往似乎一半空形有一層紋肌絲、即提睪丸肌繞之、升於此體之上、以黏睪丸、有謂此帶與肌絲在下分爲外中內三岔者、其外而極寬者、與摺窩道內之大筋帶相連、其中者隨摺窩道下行以至陰囊底與陰囊之本膜相合、其內者固黏於交骨及直肌之鞘、有數絲由內斜肌而來、反折於此帶之前、至胎之五月、其睪丸則列於腰部、被腹包膜遮於前與其旁、而被此膜之摺疊持之、至五六月之間、則此丸往下以至胯窩維時其導引帶則變短、至七月則此丸入腹內環、有腹包膜小囊、由其丸之前先入於此道、至八月末、此丸下入於陰囊、有腹包膜之長袋隨之俱下、其上端與腹包膜空相通、至將落蓐之時、此袋之上端則閉、而漸往下、閉至近睪丸、故護其丸之腹包膜、不與總腹包膜之空相連、而作爲其丸之本膜、有謂睪丸至下、即爲導引帶之肌絲、其摺窩大筋帶與內斜肌之絲則領睪丸入於摺窩道、其黏交骨者則牽其丸至外腹環之下、其黏陰囊底者、則牽其丸悉入於囊內、其丸往下時、此肌絲則漸折回而作爲肌層、列於腹包膜層之外、以繞其核與精系、而作爲提睪丸肌、在女則有小系與男之導引

帶相對往下至摺窩部後則作爲子宮之圓筋帶、有腹包膜之囊順其摺窩道與之同行、與男之睪丸本膜相似、

全體通考卷十五　終

陰阜　大戶　小戶　陰莖

全體通考卷十六

論女生子之具

女生子之外具乃陰阜、大小戶、陰莖、尿管口、及陰道口、總名爲陰門、其陰阜、乃交骨前之圓凸處係皮下之油質所爲列於陰門之上於破身時有毛遮之其大戶係兩凸縱皮摺疊、由陰阜起至會陰前界繞橢圓縫、即爲總溺陰孔每戶外有皮而被毛遮之其內係嫩膜、與陰溺嫩膜相續兩戶之間有連質油及陰囊本膜相似之質、並血管腦筋與核其戶之前厚於後者而兩端相合作爲前後之連合後連合於肛門邊之間處約一寸長即會陰、其後連合之內有小橫摺疊、爲陰門繫帶初生產時此帶即破其帶與連合之間處爲船窩其戶與男之陰囊相似其小戶乃兩小嫩膜摺疊、列於大戶之內、由陰莖斜往下而外陰道口每邊約一寸半而盡於其旁其外與大戶相續其內與陰道裡面相續、其前相聚於陰莖每弓分爲兩摺疊以繞陰莖之龜頭、其上者相合爲陰莖之包皮其下者黏於龜頭以作爲包皮之線此戶乃嫩膜之所爲有一層薄膚遮之、而其內含血管叢及許多生油物之大嫩膜核其陰莖係立質、與陽莖之蜂窩體相似列於前連合之下半藏於小戶前端之間此延長具每邊有蒂連於交坐兩骨之枝其體短隱於戶之下其浮端即陰莖龜頭係海綿立質所有多知覺作爲之小圓阜其陰莖係兩蜂窩體含立質藏於纇絲膜之密層由不

陰戶口處女膜

巴爾德林核

全之梳形類絲隔、順其裏面相合之所爲、其陰莖亦如陽莖之有挂筋帶、並兩小肌卽立陰莖肌、黏於蜂窩體之蒂、其莖與陰道口之間有三角形之滑面每邊有小戶爲其界卽陰舍其溺管口列於此舍之後端陰莖之下約一寸、而傍陰道之邊被嫩膜之凸處繞之其口之下有陰道口、橢圓形、在處女有包膜摺疊卽處女膜或多或少閉之其膜乃半月形之嫩膜摺疊障於陰道口之下端其凹邊往上而向交骨往往此膜有滿遮於陰道口者作爲不透之膜往往有作爲環隔、其中有圓孔透之往往作爲篩形或其浮邊作爲膜穗、或亦有全無此膜者故以此驗處女之貞否則不足爲憑更有此膜已破仍有其膜之痕者既破之後有小凸繞於陰道口卽處女之膜痕其陰道初起之兩邊有圓或長方體紅黃色狀如小豆與男之膀胱底核前之小核相似、西名巴爾德林核　每核由長單管入於內戶之裡邊女膜之外由陰莖起順陰舍之兩邊小戶微後有兩大長方叢其長一寸係回血管叢之所爲而被類絲膜之薄層護之此體前窄下圓與陰莖之蒂交骨之枝相連有謂陰舍蒂與男海綿體之蒂相類者此體之極前有小回血叢、其後與陰舍蒂相續、其前與陰莖之龜頭相續有謂與海綿體之蒂極近之端相似者

膀胱

膀胱列於尻骨盤之前端、前傍交骨、後傍子宮、其間有小腸之數曲、其底列於子宮

質肌衣

嫩膜衣

之項及陰道之前壁、女者大於男者、而其橫逕極寬、

溺管

溺管、乃窄膜道、長寸半、由膀胱項起以至管口、列於交骨合縫之下、塞於陰道之前壁、其勢斜往下而前、其路微曲而其凹向上、其逕於未漲時約四分寸之一、此管透三角形筋帶、與男者相同、有逼溺肌之絲繞之、其管有肌立嫩膜之三衣、其肌衣與膀胱者相續、而全管俱有之、乃圓線之厚層所爲、其嫩膜之極下有海綿立質之薄層與許多之立質相攙、其嫩膜衣色淡、外與陰門者內與膀胱者相續、其膜有許多縱摺疊、有一者順道之底、與男之鷄冠相似、有片膚爲裡、而於膀胱則變爲球形、其外口有數嫩膜囊繞之、此管無密阻滯之質繞之如男者、而能漲、故膀胱有石或外物、醫者易於取出、

直腸

直腸、女較男者大而不及其曲、其首端由左方膀合縫起、至方骨之中、其所連之物與男者相似、其次端至尾骶骨之尖、前有腹包膜微遮其上端、而傍於陰道之後壁、其末端由陰道至肛門、曲往後而留一處與男之會陰相似、有輪肌繞於此端而有提肛門肌輔助其旁、

陰道

陰門　質　肌衣　立質　嫩膜

陰道、乃由陰門至子宮之膜道、列於尻骨盤內、膀胱之後、直腸之前、其勢曲往前而下、先順尻骨盤內軸之線、後順其盤下出口之軸線、環柱形、前後匾而尋常之壁彼此相貼、其前壁之長四寸、其後壁之長五六寸、其初起處縮傍子宮端則漲近子宮口則繞子宮項之陰道端、而其黏後壁、高於前壁、其道之前面凹、傍膀胱底與溺管、其後面凸、而連於直腸前壁四分之下三、其四分之上一、由腹包膜之直腸子宮摺疊隔之、而於陰道直腸之間作爲囊、其旁之上以黏寬筋帶、其下則黏提肛門肌及直腸膀胱夾膜、其道有外或肌衣立質之一層與內嫩膜爲裏、其肌衣、乃縱絲之所爲、繞於陰道、與子宮之淺肌絲相續、其極堅之綹、乃黏兩旁直腸膀胱夾膜者、其立質、藏於類絲膜兩層之間、而於陰道之下端多於上端者、其嫩膜衣、上與子宮之裏相續、下與遮大戶之皮相續、其裏面順前後兩壁、有縱崗或線、名陰道柱、並線之兩邊向外有數橫崗、而傍陰道口之崗極明顯、於婦人將產之時則尤多、生產時賴此崗發明其能漲易漲之理、此膜有圓錐及線形之芒遮之、并有嫩膜核與囊、而其上端繞於子宮項者尤多、

子宮

子宮、爲受孕之具、其內收納陽精所感之卵、即陰精珠、留而輔助其胎之時發、而爲胎生產之時逼之使下緊要之物、在處女之子宮、梨形、前後匾、列於尻骨盤內膀胱

直腸之間、兩邊有圓寬之筋帶以持之、而其下凸於陰道之上端、其宮之上端或底、向上而前、其下端或尖、向下而後、於尻骨盤上入口之軸線、與陰道相合爲角、其角之勢、與盤內及下出口相對、其宮之長約三寸、其上端之寬二寸、厚一寸、其重自一兩至兩半、

底

其底乃宮之上寬端、凸而被腹包膜遮之、列於尻骨盤堰相齊處之下、其

體

體自底至項漸窄、前面匾、其四分之上三、有腹包膜遮之、有小腸之數曲隔、其體與膀胱、其四分之下一、與膀胱相連、其後面凸、有腹包膜全遮之、亦有小腸之數曲隔其體與直腸、其兩旁凹、其上黏於經管、其經管之下與前黏圓筋帶、而其下與後有經核筋帶、

項

其項係其宮之下圓而縮之端、其週圍黏於陰道之上端、而後較前者尤往上、其子宮之陰道端、有橫口、卽子宮口、有前厚後窄而長之兩脣、

筋帶

此子宮有六筋帶、前後旁各二、皆腹包膜之所爲、其二前者、卽膀胱子宮者、係兩半月摺疊、行於子宮項與膀胱後面之間、其二後者、卽直腸子宮者、行於子宮直腸邊之間、其二旁者或寬者、由子宮旁起、至尻骨盤之旁壁、過盤而作爲隔、將其盤分爲兩端、其前端含膀胱溺管陰道、其後端含直腸、

子宮房

其子宮房比例其體則小、其體相對之端三角形、前後匾、故其壁緊相貼、而其底往上向其底、每上角有漏形之房、卽子宮體分兩角岔之餘、在每房之底有經管之細口、其房之下角有小縮空、卽子宮之內口、而領入其項房、其項房微絲環柱形、前後匾、中寬於兩端、而下與陰道相通、其道之每壁有縱

質　汤衣　肌衣　嫩膜　血管　腦筋

柱、生數小斜柱、如樹幹枝之狀、故名子宮活樹、凡初產之後者、此摺疊不甚明顯、其子宮、乃外汤中肌內嫩膜三衣之所為、其汤衣由腹包膜而來、護子宮之底及其全體之後面、其護前面者不過上四分之上三、其肌衣、乃子宮體之大端、未曾受孕者、密而硬、其色灰、割之則如脆、其體及底中相對之處厚而於經管口處薄、俱係無紋肌絲之束層列、而與連質、血津液管、腦筋相攙之所為、已受孕者則肌衣尤發而外中內三層所列、其外層列於腹包膜之下、前後薄、係肌絲橫過其底、而於子宮之兩上角相聚之所為、續於經管圓筋帶及經核筋帶之上、有數絲行於寬筋帶之兩邊、別有他絲由其項後行於直腸子宮筋帶、其中層之絲、有縱橫斜三列勢、其內或深層、乃圓絲兩空圓錐之列勢、其尖繞經管口、其底於子宮體中之上、則彼此相攙、此絲在項則橫列、其嫩膜薄而滑、緊貼其下所列之質、過經管之穗端、則與腹包膜相續、過子宮口、則與陰道之嫩膜相續、此膜之在其體內者、滑而軟、紅色、以環柱毛形之膚為其裏、若隔鏡看之、則有許多豎列之管囊口、在未受孕時、此口小、甫受孕後則大而延長、向其閉端、乃往往舒漲而成兩三囊、則有曲或波浪之狀、若在嫩膜裏邊、能見其核之圓口、在初受孕時、有囊內膚所作之白環繞核口、其嫩膜則在摺紋之間及子宮口之週圍、其項之嫩膜有許多膜囊與核、其子宮口與項內因囊口已閉、而其內之本液漲、故往往成透明之小凸泡、名納樸核、其遮項下半之嫩膜有許

經管別卵管

多之芒、其子宮脉管、由內胯者而來、其經核者、由總脉管而來、此兩管於宮體之曲路而與其多相接之處奧妙、其囘管大與脉管相對、曾經受孕者此管名爲子宮穴、係其宮體內道之壁、與囘管嫩膜之裏相貼之所爲、此穴入於子宮叢、其津液管受孕則發大而入於尻骨盤腰之各核、其腦筋則由腹下精叢及第三四方骨筋而來、

子宮之形大小部位俱按其年歲及各等光景爲變革在胎時則含於臍內而凸於尻骨盤之壓其項大於體破身時則如梨形其重自八錢至十錢此時則入盤內其底在盤壓相齊處之極下其滑樹則明顯而上行於子宮房之上端行經及淨經之後則發大而血盛其面圓其外口亦圓其唇而腫其體之裡膜厚軟而色暗至受孕之時其宮則加重約一磅半至三磅其體則長甚大而凸於腹下及臍部之下端長至六月則其本肌質加增而又生新肌質其圓筋帶亦加大並因長則寬筋帶片闊之地步亦爲子宮所占其嫩膜則血盛而其嫩膜蠶與核亦加大而項道內之紋與摺疊俱無矣其血津液管腦筋有謂亦發大者迨產之後則子宮之大小如舊其重不過二三兩其房大於處女者其外口尤明顯而變爲橫勢其口之邊有縫形之面其血管曲折而其肌層更爲明顯至老年子宮則減小其質色淡而皺其體與項之間變縮其內口與往往陰道口與唇往往皆闢減

子宮附物

子宮所屬之物、乃經管、經核與其筋帶、及圓筋帶、此各質並其養血管腦筋、及數散肌絲、俱藏於腹包膜兩摺疊之間、卽寬筋帶、其各物之列法如左、附物爲圓筋帶、其經管占寬筋帶之浮邊、其經核及其筋帶、列於經管之後與其下、其經管、引陰精珠由經核以入子宮房、此管有二、每邊各一、列於寬筋帶之浮邊、由子宮之每上角以至尻骨盤之旁、其每管長四寸、其道極細、有細口卽內口、由子宮之上角起、其口之

質　外衣　中衣　內衣　經核

細、不容猪鬣、順管之內半則窄、後則漸寬、而成喇叭形、至其末則縮、此口與腹包膜空相通、故名腹口、其邊有排穗形之岔繞之、有一岔與經核之外端相連、即名穗端、別名剪綵、凡搆精時、則以此端異裏經核之面、其經管乃汾肌嫩膜三衣之所爲、其外或汾衣、由腹包膜而來、其中或肌衣、乃外縱內環兩層之肌絲、與子宮者相續之所爲、其內或嫩膜衣、與子宮之裏膜相續、而在此管之浮端則與腹包膜相續、此管之外端有縱摺疊、故能漲、而有環柱毛形之膚遮之、其穗端之裏外兩面、皆有此膚、其經核與男之睪丸相似、形如卵、故名卵、由上而下、匾列於寬筋帶之後端、子宮每邊各一、經管之後而下、每核之前邊、與寬筋帶相連、由其裏端之本筋帶、即卵筋帶、連於子宮、其外端、由短筋系以連其管之穗端、此核色白、其面或滑或縐紋、每核之長約一寸半、寬四分寸之三、厚三分寸之一、其重一二錢、其面與其後之凸邊俱浮、其前直邊黏於寬筋帶、此核除其前所黏之邊、其餘各處、俱有腹包膜遮之、此下有此核之本類絲衣即白衣、極密而硬、藏供多血管之異軟類絲質、或實質、見三百三十八圖此質格之內、有許多小圓透明發出各等之泡、即含經珠之囊、凡未孕之婦、其囊或十或十五或二十不等、小者如米粒、大者如小豆、然有謂此核體內、有許多顯微鏡可看之囊、而微生精珠、此囊有薄透明之壁、而其內有凈而無色之卵清液、其囊初發之時、小、深列於經核體內、後則發大、以至其面、迨發足、則於腹包膜之下經核之

經珠　卵黃膜　卵黃　胚種泡　胚種點　放珠

外作爲小凸、每囊有外類絲血衣之所爲、由血管之綱以連經核週圍之實質、別有內衣、名精珠裏、而有一層核形泡爲裡、卽米粒膜、其泡內所含之液透明而卵清形、緊於經珠之內、其珠係小圓球、於珠未長足之時、則列於其中、至長足者、則貼於其囊凸於經核面極下處之米粒膜、於此處有許多米粒膜泡相聚以繞其珠、作爲米粒帶之狀、名爲米粒層、別名帶子層、人之經珠極細、其逕自二百四十分寸之一至一百二十分寸之一、其外乃透明之袋、卽卵黃膜之所爲、其內而緊貼之、乃卵黃、黃之內復有小泡、名胚種泡、而含胚種點、其卵黃膜、厚無色而透明、隔顯微鏡看之、乃明環、內外俱有暗界、與胎兒之外膜相對、其卵黃係各等米粒及小球之所爲、列於黏液之內、其米粒之小者似乎色、大者如小油球、而其黃之週圍極多、人之經珠中、其米粒無多、其胚種泡乃細而透明無紋之膜、內有水液、而往往有數米粒、其逕約七百二十分寸之一、其不足之珠列於黃之中、既發者則至於黃之面、而較卵黃之長甚遲、其胚種點於黃周圍極近之處、占胚種泡之週圍、此點暗而色黃、其質爲細米粒、其大小約自三千六百分至二千四百分寸之一、其精珠囊與珠由嬰兒至不受孕之時、陸續發作而長、當破身之先、其核尚小、核中之囊細而少、雖逐日生發、亦隨發隨滅、卽發亦不足、故不能受孕、當破身之時、其核發大而血盛、其囊多發而其珠有受孕之力、其珠囊由裡漸至於核之面、破而洩其囊與珠所含之液、於核之外面而入於經管、其經管之穗端、即銜其核、其管口緊貼長足而破之囊相對之處、在人及數種胎生類其經囊之長足及其囊之放俱有一定之時、凡胎生之感動與人之天癸來時、必有勃勃思合情不可遏之勢、若於此際交合其珠可能成孕、其珠囊

黃體

既破而其珠出、久之則有血染之液滿其囊、少頃則其囊之週圍被硬黃質占之、而大略爲囊壁所生之漿所爲、有謂此黃物沈於其囊之兩膜外者、有謂在兩膜之間者、又有謂即其囊外衣之內層加厚者、此液先爲深絳色、或絳紅色、後則色淡、而質密、凡經核之每囊既放其經珠、必有此黃體、其體之形象則因其孕與不孕爲改變、故其體以孕不孕分眞假、在放經珠時雖未交合與未受孕者亦必有此體、則爲假

眞黃體

黃體、若有孕者、則其體大而圓、狀如桑椹子、凸出於經核之面、其凸頂有三角凹、如瘢痕、似乎腹包膜裂破處之狀、其體初發之時、中含小空、至將產之時、則縮而有瘢痕如星、其血必盛、其形如葉、有縐紋、其質硬、其色黃、於此可以驗其爲眞黃體也、其

假黃體

假黃體小不凸於經核之面、有角而無瘢痕、中無空、亦無葉形、其體大略軟、而往往如凝血狀、無黃物、即有亦不過極薄之一層、大略此體係經珠囊之血或血汁所爲、者、後則變革、日久則失、有謂此體內之黃物或含於精珠囊之中、或黏於囊之裡面、而不繞之、與眞黃體異、其胎中之經核、列於腰部、而傍腎與睪丸相同、若辨此核與

經核筋

睪丸、則此核長而區、其部位先斜後橫、漸往下以入尻骨盤之內、其經核筋帶、乃圓

圓筋帶

血管腦筋

系由子宮上角至經核內端乃類絲質與子宮所來之數肌絲所爲其兩圓筋帶長四五寸列於寬筋帶兩層之間經管之前而下由子宮上角之邊起往前而外過內腹環順摺窩道以至大戸而盡每帶乃連質血管腦筋類絲質之密束及子宮所來之肌絲所爲藏於腹包膜之摺疊即在胎時微續於摺窩道者爲管形名大略在成人則滅然間或至年老亦有之而相通此與男睾丸墜下時同行之腹包膜相似其經核與經管之脉管乃總脉管而來之經核管其管與子宮脉管相接而入於經核所黏之邊其回管與脉管同行而傍其經核作爲叢其腦筋由精叢而來其經管收納子宮腦筋之一枝

乳核

乳核乃生具之副核以生乳男女皆有在男者不過微有痕跡若感動之亦能長發其核如兩大半球列於胸部之左右在第三與第六或第七肋之間處相對由胸骨之旁以至腋窩其輕重大小人各不同並一人之各時亦不同在破身之先小隨陰生具而長發受孕之時則增大產後尤大至老年則復縮小大略左乳微大於右者其底圓扁而微凹其長逕由上而外以至腋窩有淺夾膜薄層隔其核與胸肌其外面凸其中之極下凸成小圓錐即乳頭其頭之面色暗週圍有色暈在處女此暈則細紅受孕至兩月則暈痕大而色深隨其受孕之月其色加深漸變深絳色或黑色

乳頭

質

類絲質 油質 血管 腦筋

至兒斷乳之後、其色仍變淺、然至老其色終不能無、故視其暈色之變革、可以驗其是否有孕、其乳頭、乃環柱或圓錐形之凸、感觸之則硬立、其色淡紅、或絳色、其面有紋與芒、其頂有許多小口透之、即領乳管之口、傍其頭之底及暈之面、有許多油核、於哺兒時則發大、而其皮之下彷彿有小阜之狀、此核生異油質爲兒吮乳時以保護其頭之皮、其頭乃許多血管之所爲、而成一類立質、以與素肌絲相攙、其乳頭乃核質連其葉之類絲質並葉間之油質之所爲、若去其連質與油、則此核淡紅色質硬、形圓、前後匾、中厚於週圍、及面上數不平之處、其前多如此、其核係許多小葉作成、而此葉乃小葉由連質血管乳管、俱相連之所爲、其極小之小葉、乃許多圓泡叢之所爲、而入於乳管極小之枝、此管相合作爲大管、以入於一管、與其核緊要分歧之一岔相對、其出管、自十五至二十、名乳細管、此管相聚以向暈、而暈之下作爲漲處或壜、以藏乳、於乳頭之底則縮、而直行於其頂、而由專口甚窄於管透之、此管乃連質並縱橫韌絲及縱肌絲之所爲、而其嫩膜裡於乳頭尖與皮相續、其膚裡爲鱗形、其類絲質、護乳之全面、而其葉間生隔以與葉相連、其油質繞核之面而占其葉與小葉間之處、此質大略甚多、而定其核之形及其大小、其暈與頭之極下、皆無油、其供乳之脉管、由腋窩之胸枝、肋間、內乳而來、其回管於乳頭底之週圍相合、而作爲相接之環、名回血環、由此環起、有大枝遞其血於核之週圍、以入腋窩內乳之各

迴管、其津液管、順大胸肌之下邊行至腋窩核、其腦筋、由胸之前旁兩皮腦筋而來、

全體通考卷十六

終

淺夾膜

淺腹上脈管

淺外羞秘脈管

回環胯脉管

津液管

全體通考卷十七

論摺窩疝氣之外科

解剖

見三百四十一圖凡欲解剖摺窩疝氣之處須擇瘦男之屍令其仰臥以木枕藉其腹及屍骨盤之下再將其兩下肢轉於外令其處緊如其腹壁懸則須用管插於臍中吹之由臍至交骨類中線割之以至陰囊之前再由胯管前上峰割至臍之極下由此三角間處將其皮揭之反於下而外則露出淺夾膜

淺夾膜有兩層其間有淺血管腦筋及摺窩之津液核其前層厚係連質而其格內含油質其多寡人各不同其下過摺窩大筋帶與大腿淺夾膜之外層相續此膜又與精系及睪丸外面之夾膜相續而變爲薄淡紅色無油質以助作陰囊之本膜由陰囊往後與會陰之淺夾膜相續再按割皮之法割開此膜則露出血管與腦筋如左淺腹上胯回環外羞秘者胯腹下胯摺窩兩筋之末絲及摺窩津液核之上錬其淺腹上脉管過摺窩大筋帶斜上行以至臍列於胯骨縫與交骨之中間以供皮而與深腹上者相接此管乃總股脈管之一枝而於摺窩大筋之下以透寬夾膜其同行之回管則先透篩夾膜後則入於內長股回管其淺外羞秘脈管橫往裡過精系以供腹下部及陽莖陰囊之皮凡割摺窩疝氣處大略先割此管欲制其血必須勒之其回環胯脈管外行向胯骨崗其同行之回管大略大於其脈管而入內股回管其津液管與血管所行之路相同將腹下淺質陰囊陽莖臀外面各處之津液領之

腹筋　淺夾膜深層　外斜肌健膜　外柱　內柱

以入於折窩筋帶相齊處之三四津液核小鍊、其胯折窩筋之末枝、由腹外環而出、其胯腹下筋之腹下枝、在外環之上、與外邊並透外斜肌之健膜、其淺夾膜之深層按前法割之、由細連質以連此層與外斜健膜、而隔開反折於下而外、此膜薄而堅緊貼中線處之白線、其下則緊貼摺窩之大筋帶及寬夾膜之上端、而繞於精系之外面、及淺層相攙、而與陰囊之本膜相續、其相合之層由陰囊之後起、可跡之以入會陰、與此部淺夾膜之深層相續、其後黏於三角筋帶、於兩旁黏於交坐兩骨之枝、人能明夾膜之連法、則能知溺管破後溺所流到之處、由會陰前行於陰囊而上至於腹、然其兩旁黏交坐兩骨枝、而其前之摺窩筋帶阻之、而不令溺入於腿、如去此夾膜、則露外斜肌之健膜、此膜薄而堅、其絲斜往下而裡、黏於胯骨之前上峯、交骨峯、梳線、交骨之前、及白線、其前上峯至交骨峯間之端、即摺窩之大筋帶、或股弓、其黏梳線之端、乃摺窩小筋帶、其交骨崗之極上而外、於外斜肌寬健膜之內有三角處、即腹外環、以遞男之精系、女之圓筋帶、其環口勢斜、微似三角形、與健膜絲之路相對、其口由底至尖、長約一寸、橫約半寸、其下界爲交骨崗、其上爲排曲絲、即環柱間者、以過環之上角而加增其力、其兩旁爲健膜之浮邊、即環柱、其外或下柱、極堅、乃摺窩大筋帶之一端、黏於交骨峯、而曲繞於精系、作爲陷、而列於其上、其內或上柱、乃薄寬之匾帶、由交骨合縫之前、與其對邊者互編、其右邊者淺、其腹外環以遞

柱間絲

摺窩大筋帶別名股弓

摺窩小筋帶

三角筋帶

男之精系、女之圓筋帶、因精系大、故男者甚大於女者、故男之患摺窩疝氣多於女者、其柱間絲、乃排曲筋絲弓行過外斜肌健膜之下端、此絲過外環兩柱間、故名并加增環口上端之膜、而不令兩柱彼此分開、其下係連於摺窩大筋帶三分之外一之處、極厚而行於曲絲路、其凸向下以黏於白線、此絲之在外環外角者、較在內者厚而堅、亦男堅於女者、此絲與外環邊緊連之薄夾膜相續、名外精夾膜、或柱間夾膜、此膜專作為繞精系與睪丸外面之殼、其摺窩疝氣之囊、於穿過腹外環之時、則收納外精夾膜之衣、設或以指探其外環之內、若腿伸開而往外轉、即可摸得外斜肌之健膜與寬夾膜之胯端必緊、而外環甚縮、若屈其腿裡轉、則健膜必鬆、而手指易於探入其腹壁、亦鬆而疝病易於送回、故治疝病者、必須用此法、如欲去外斜肌之健膜、亦須按前法割而反折之、然必須慎其下邊肌之健膜、反折之後、則露出內斜與提睪丸兩肌之下端、與其內所含精系之摺窩道、再細看其大小摺窩筋帶於交骨作何塞法、見三百四十三圖、

大筋帶、西國名為包把筋帶、由胯骨之前上峯、至交骨峯、亦有黏於梳線約一寸處、而作為小筋帶、其大者向腿曲勢與寬夾膜相續、其外半圓斜勢與胯夾膜相續、其內半黏交骨之處、漸加寬尤橫勢、而列於精系之下、其小者乃外斜肌健膜黏於梳線之端、薄質膜形、三角形、其底向外上行、而後於精系之下、由交骨縫、以至梳線約半寸之處、其三角筋帶、乃筋絲三角形之帶、黏於梳線之處、續往上而裡、於外環內

內斜肌

柱之下、以至白線、其內斜肌、已論於肌腹部、其所露之處、半爲筋半爲肌、其摺窩大筋帶外端所來之絲、薄而色淡、曲向下以其末爲腱膜、行於直方錐兩肌之前、同橫肌共黏於交骨崗與梳線、約半寸之處、而相合作爲總筋、此總筋列於摺窩小筋帶與腹外環之極後、以加增腹壁之力、不然則腹壁軟、其摺窩疝氣之囊、於直穿過外環之時、作爲所論之直摺窩疝氣、大畧以此總筋爲其一衣、

提睪丸肌

其提睪丸肌、乃細肌絡由內斜肌裡邊摺窩大筋帶之中起、與內斜肌並往往與橫肌相連、而隨精系之外邊行、往下穿過外環、於精系之前與邊之上、作爲排繩繯、而厚薄長短、人各不同、其精系上端者極短、往下則漸長、至睪丸則極長、乃數繯黏於睪丸之本膜、其繯皆有連質相合、而作爲遮系之薄衣、卽提睪丸夾膜、其絲順精系裡邊往上、而由小尖筋黏於交骨崗直肌鞘之前、此提睪丸肌之本末與內斜肌之下絲者相似、故知睪丸與精系皆有此肌爲衣、凡初結胎時、其睪丸列於腹下、而後於未落蔕之先、則往下向陰囊、行於內斜肌弓邊之下、過此肌下之時、有此肌下端所來之數絲、同睪丸精系以共入陰囊、往往有提睪丸之數繩繯繞系、有數者列於後、有數者列於前、觀此可知睪丸往下時、則大略穿過內斜肌之絲、代其下其斜摺紋疝氣下之時、與精系同路、而其提睪丸之肌作一衣、凡陰囊生水及大老陰囊疝氣、此肌則發大、在女雖無此肌、然如有斜摺窩疝氣下於內斜肌邊之下、有相似之質、若將內斜肌割開合其與摺窩總帶橫肌

横肌

摺窩道

横夾膜

腹內環

相離亦照上法將此肌往裡反折於直肌鞘之上見三百四十六圖則同環胯血管即列於內斜與横肌之間而由此以分其兩肌

横肌、已論於肌腹部、其下端之質、半肉半筋、由摺窩大筋帶三分之外一起、弓行下而裡過精系則其末爲健膜黏於白線交骨齒及梳線之一寸處與內斜肌共作爲總筋、此肌下邊與摺窩大筋帶之間、有露横夾膜之一處、其摺窩道或精系道在男則含精系、女則含圓筋帶、其道約長寸半、斜往下而裡、與摺窩大筋帶平行、而微列於上、其上由腹內環精系入精道之處與腹相通、其下之末列於外環、其前界爲皮淺夾膜、及外斜肌之健膜、並內斜肌三分之外一、其後爲內斜横兩肌之總筋、三角筋帶、横夾膜、腹包膜下之油、及腹包膜、其上爲內斜横兩肌之弓絲、其下爲横夾膜摺窩大筋帶之相合、其小腸下凸、隨精道趁精系、名爲斜摺窩之疝氣、其横夾膜乃薄健膜、列於横肌裡面及腹包膜之間、作爲腹尻骨盤內夾膜總層之端、與胯骨尻骨盤之兩夾膜直相續、其在摺窩部者、厚而密、有横肌健膜之絲相合、上至膈肌、變爲薄而泡形、其下有如左之黏式、其股血管之外、則連於摺窩大筋帶之後邊、而與胯夾膜相續、此血管之內、則薄而黏於交骨梳線總筋之後、以與此筋相合、而其股血管入於腿相對之處、則此膜下行於此管之前、作爲股鞘之前壁、其腹內環、列於横夾膜內、胯骨之前上峯、交骨峯之中間、即摺窩大筋帶上半寸之處、其形長圓豎勢、其環之大小、人各不同、而男甚大於女者、其上爲横肌之弓絲、其內爲腹上血管、

腹上脉管

腹包膜

外摺窩疝氣

内摺窩疝氣

在男則遞精系在女則遞圓筋帶、其週圍有薄如漏斗形之膜（即漏斗形或横夾膜）繞於精系與睾丸作爲專囊以藏之、故斜摺窩疝氣過内環之時、其横夾膜則作爲其一衣、其横夾膜與腹包膜之間、有鬆連質、有人此質極厚而多有油質此質在内環之對面則繞精系以作爲鬆鞘、其腹上脉管與腹内環有緊要之連屬、其管列於横夾膜與腹包膜之間往上而裡斜行、由外胯者之本至直肌鞘之邊、於路則順内環之下與裡邊而列於精系初起處之下、其精管由其環而出、入於尻骨盤之處繞之、其内環裡面相對之腹包膜有明顯之凹而其深淺人各不同由此凹處起有薄類絲帶、順精系前行而盡於其路之或遠或近處、此帶在胎時同精系與睾丸共入陰囊腹包膜之餘至落蓐之後則漸泯滅此類絲帶往往有近處可跡之亦往往可跡之作爲細系、以至睾丸、本膜之上端、其腹包膜之囊開閉相間而成囊狀或順全精系作爲一囊、而其上可閉或其囊之上有孔與腹包膜直相續、

摺窩疝氣

摺窩疝氣由小腸穿過腹摺窩部之所發者、故名、其種有二、一爲外或斜者、一爲内或直者其外者極多乃順精系者而其囊之項列於腹上脈管之外邊或胯邊、故名外者其内者乃隨精系者然由腹脈管之内或交骨邊穿過腹壁、故名内者、

斜摺窩疝氣

胎疝氣

嬰兒疝氣

斜摺窩疝氣、乃小腸於內環出腹、前推腹包膜之一囊、而作爲其疝之囊、於入摺窩道之時、則收納沕下連質之衣、而藏於橫夾膜漏斗形之盆、順行摺窩道之時、將橫內斜兩肌之弓絲移之往上、而被提睪丸肌絲繞之、後則順精系前行、而於外環以出摺窩道、而收納柱間夾膜之衣、後則下入陰囊、以收納淺夾膜與皮之衣、此疝氣穿過外環時之數衣、由外向裡、乃皮淺夾膜、柱間夾膜、提睪丸肌、橫夾膜、沕下連質、及腹包膜、此疝氣列於精系血管之前、而因其精系之衣緊貼睪丸之本膜、故常不過睪丸之下、其斜摺窩疝氣之縮處、或在外環、於摺窩道內、由內斜或橫肌絲之所使、或在內環、而多有此處者、如在外環者、則割其週圍衣處之數絲、則小腸即上入於腹、如在摺窩道內或內環者、則須割外斜肌之健膜、以開露摺窩道、於分縮處之時、其割勢直往上、如小腸隨精道行出外環以入陰囊、則爲尋常斜摺窩或陰囊之疝氣、如其腸不出外環絲留於摺窩道、則爲不全之摺窩疝氣、此兩等疝病所護之衣、皆因其入摺窩道之多寡、其斜摺窩疝氣有二種、一爲胎生者、一爲嬰兒者、其胎生者、係胎內同精系與睪丸往下入陰囊之腹包膜之囊、不閉而與腹包膜直相通、其小腸則隨此囊入睪丸之本膜空、而貼其睪丸、故此囊只列於睪丸本膜內而無本囊、其嬰兒者、則其囊隨摺窩道往下以入陰囊、同精系睪丸之腹包膜囊之後、此囊腹口即閉、而其摺窩道內所有之端則不閉、其睪丸本膜之後層、或多或少以護疝

氣囊有微鬆連質分開其囊與膜、故割此疝氣、必須將腹包膜割開三層、其第一二者乃睪丸本膜者、其第三者乃疝氣囊之淺層者、

直摺窩疝氣

直摺窩疝氣乃小腸出於腹上脉管裡邊腹之壁、直穿過腹壁與外環、在腹壁下端有三角處、其外為腹上脉管、其內為直肌之邊、其下為摺窩大筋帶、其總筋即過此三角處邊三分之裡二、其餘者則被橫夾膜滿布之、此疝氣往往出腹於總筋之外邊、將腹包膜、沕下連質橫夾膜推之於前、後則入摺窩道以出外環、而收納杜間夾膜之衣、此疝氣之衣與斜疝氣之衣相同、往往多有小腸穿過總筋之絲、或總筋漸漲於其前、而滿繞之、後其腸則入摺窩道下端以出外環、列於精系之裡邊、而收納淺夾膜與皮之衣、此疝氣之衣、除總筋以代提睪丸肌、并其漏斗形之夾膜以代總橫夾膜之一端、其餘之衣、皆與斜疝氣者相同、其直疝氣兩種之縮處、大略在囊項或外環、其透總筋疝氣之縮處、大略於腸所穿過縫之邊、若割此處者、亦須往上如其疝氣入摺窩道、而不出腹外環者、謂之不全之直疝氣、此疝氣大略小而旁人不易考查、其直摺窩疝氣甚少於斜者、有謂一至五、男者多於女者、因男外環大於女者之故、其直者大略為橫夾膜與總筋所阻、故較斜者小而球形、其直者之部位、不在摺膜道、而在交骨上、其腹上脈管則行於囊項之外邊、其精系順此膜之外與後

內股回管

淺摺窩核

邊而不直、於其後、故斜摺窩疝氣不相同、

股疝氣外科解剖

凡割股疝氣者須用瘦女屍仰置之以木枕藉於尻骨盤之下將其腿外轉令膝微曲以持之由胯骨之前上峰超順摺窩大筋帶割至夾骨之合縫再於此下六寸處橫割一線再於大腿裡邊豎割之皆但割其皮以折於外則露出淺夾膜

大腿上端之淺夾膜有兩層、而其間有皮血管腦筋、及許多之津液核、其淺層係厚而密之連類絲膜、而其格內有許多之油質、而其多少人各不同、此可跡之往上以入摺窩大筋帶與腹淺夾膜相續、其下與於腿之內外兩邊與腿之餘淺夾膜相續、

凡割此層俱照前割外皮之法割開之後亦照前折於外則露出皮血管腦筋及淺摺窩核列於淺夾膜深層之上其內股回管淺腹上淺胯回環淺羞秘之各血管及許多之津液管往上、同股內回管共至摺窩核、

內股回管大隨腿之裡邊斜往上、在摺窩大筋帶之下、由寬夾膜內穿過卵圓孔、以入股回管、此管有許多津液管與之同行、係將脚背大小腿裡邊之液領回以入繞卵圓孔之摺窩核、其向此處相聚之管、乃淺腹上者、斜往上而裡、過摺窩大筋帶、以至腹之下端、胯回環血管順摺窩大筋帶斜行於外以至胯骨崗、其淺外羞秘裡行、以至會陰陰囊之兩部、此管供皮下之連質與其皮、有許多津液管與之同行而領回此各處之津液以入摺窩核、其淺摺窩核列二種、一種與摺窩大筋帶相平、一種列於此帶之下、而繞於股回管之末、往往此管順其腿微行、其上鍊則收納陽莖陰

囊腹之下端、會陰、臀各處之津液管、其下鍊則收納下肢之津液管、其供此部皮之

膕筋

膕筋、由胯摺窩陰股前股之筋而來、其胯摺窩者、列於內股回管之裡邊、其陰股之
末枝、則列於回管之外邊、再外有中外兩皮筋、其淺夾膜之深層、亦照前法割之而
揭開此層與寬夾膜、因此層稍薄、則易揭開、此層乃薄而密、而列於皮下血管膕筋
之下、寬夾膜之上、其上緊貼摺窩大筋帶之下邊、在此帶之下約一寸、以遮寬夾膜
內之卵圓孔、而與其週圍之邊緊相合、而其下面與其連於股血管之鞘、其遮此孔
之夾膜、有內股回管及許多之血津液各管透之、因其狀故名篩夾膜、凡股疝氣穿
過腿卵圓孔、則收納篩夾膜之一衣、若去其淺夾膜之深層及篩夾膜、則露出寬夾

寬夾膜

膜、其寬夾膜已論於淺大腿肌部、係密類絲健膜、滿佈於此全腿之部、在腿之上而
內有大卵形之孔、以遮內股之回管及他小血管、名卵圓孔、欲明此孔之勢、須分其
寬夾膜為胯交骨兩端、其胯端列於卵圓孔之外邊、以遮盤腿、直腰、胯各肌之外面、
而外黏於胯骨崗與其前上峯、至摺窩大筋帶、則往裡以至交骨峯及摺窩小筋帶
與梳線相合之處、即與交骨端相續之處、再由交骨峯起、往下而外、反折而成弓邊、
以為卵圓孔之外界、即上角、又為寬夾膜之鐮端、有謂別名股筋帶、搭而緊貼於股
管鞘之下、其篩夾膜黏於其邊、而其下由顯明之曲邊、與寬夾膜交骨端相續、其交
骨端、列於卵圓孔之裡邊、於此孔之下邊則與胯端相續、其上則遮梳長闊筘篦各

卵圓孔

摺窩大筋帶

肌之面、後行於股血管鞘、卽與之緊相合、續於腰胯兩肌之鞘、而盡於大腿節之類絲裹內、此夾膜上黏於梳線、內黏於交骨弓之邊、故胯端過股血管之前、其交骨端列於其後、兩端之間有似乎一孔、以遞內股回管入於股回管、其卵圓孔、以其形為名、其長寸半、寬半寸、列於大腿之上而內、摺窩大筋帶之下、於其中之交骨邊、則斜往下而外、其外邊半月形、薄而堅、且明顯、列於裡邊面之極前、如跡此邊往上、則見有曲延長之岔或角、卽上角、有謂別名鐮刀岔、上行於股血管之前而曲往裡、黏於摺窩大筋帶交骨峯、梳線、乃與交骨端相續之處、跡之往下亦作為曲邊相續、其凹向上而裡、卽卵圓孔之下角、而與遮梳肌寬夾膜之交骨端相攙其孔之內界面、厚於其外邊往後、列於股血管相齊處之後、不若外邊之凸而明顯、故伸於梳肌之上、凡股疝氣順股道下行、以穿過其卵圓孔、如以指探入此孔、而運動其腿之各勢、伸其腿或轉於外、則其孔甚縮、若屈其腿而轉之向裡、則孔必舒、故送回股疝氣必須令其腿曲而往裡、由摺窩大筋帶下邊將寬夾膜胯端並鐮刀岔去之撥開其下所列之質令反折於外邊則露出由摺窩大筋帶下所來股血管之鞘見三百四十六圖其摺窩大筋帶、別名股弓、卽外斜肌健膜之下邊、伸於胯骨前上峯至交骨峯並梳線、其黏梳線相對之端、卽摺窩小筋帶、其大筋帶、曲往下而向於腿、其外半斜、而內半橫、此股弓與胯骨間之處、大略被腹下來入腿之處滿布之、此處之外半被胯腰兩肌並皮外前腿兩腦筋占之、此處之交骨邊、被股血管藏於其鞘占之、

摺窩小筋帶

其股回管與其鞘之裡壁之間有小卵形被微鬆連質而往往有小津液核、占之處、即股道、而順其道其股疝氣小腸下來其摺窩小筋帶、見三百四十七圖即外斜肌健膜往下而外反折以黏於交骨梳線之端、其長一寸而男大於女者站立之時則横勢、其形三角而底向外其底或外邊凹薄而銳貼股鞘而與寬夾膜之交骨端相融其尖與交骨峯相對、其後邊黏於梳線其前邊與摺窩大筋帶相續、若割此帶則露其股

股鞘

鞘爲腹裡夾膜之往下續者其横夾膜下行於股血管之前其胯夾膜下行於其後、此兩夾膜直續於股脉管之胯骨邊、然其股回管與此管裡邊相續處之間有小處即股道其股鞘緊貼其所含之血管於卵圓孔下約一寸而與其管之連鞘相攙然於摺窩大筋帶之對面甚大於其所含之管故成漏斗形有陰股筋透其鞘之外邊有內股回管及許多之津液管皆透其裡邊而有實夾膜之胯端遮其前交骨端遮

深股弓

其後其過股鞘之前而緊連之乃厚帶絲即深股弓似乎横夾膜之加厚而其外含於摺窩大筋帶之中而弓過股鞘之前被寬端黏於梳線總筋之後有不明顯者亦有無之者如去其鞘之前壁即見股脉回兩管平列而有薄隔分之有一隔分其回管與鞘之內壁其隔伸於鞘前後兩壁之間故每管專藏之其回管與鞘內壁之間

股道

處除微鬆連質數津液管而往往津液核無他質滿之其處即股道而股疝氣之小腸過之其股道乃股回管及股鞘內壁間之窄處其長自四分寸之一至四分寸之

股環　環週圍處之部位　股回管　腹上脉管通枝　遮蔽脉管　股隔

二由摺窩小筋帶起、以至卵圓孔之上端、其前壁極窄、係橫夾膜大筋帶及寬夾膜之鐮刀盃所爲、其後壁、乃胯夾膜及寬夾膜之交骨端所爲、其外壁、乃遮股回管裡邊之類絲隔所爲、其內壁、乃橫與胯兩夾膜相合之所爲、而作股鞘之邊、並遮小筋帶之外邊、此道有上下兩口、其下者爲卵圓孔、被篩夾膜閉之、其上者爲股環、被股隔閉之、其股環、（見三百四十七圖）乃股道之上口、入於腹前、爲摺窩大筋帶及深股弓、後爲交骨被梳肌及寬夾膜之交骨端遮之、其內爲摺窩小筋帶總筋橫夾膜深股弓、其外爲股回管、被其鞘遮之、其股環卵形、其長逕橫列、約半寸、而女大於男者、故女之股疝氣多於男者、其男之精系、女之圓筋帶、俱列於股環前邊之極上、若割股疝氣、不可過重、蓋恐誤傷其精系脈管與精管也、而在女之圓筋帶則無妨、其股回管列於環之外邊、其腹上脉管、由外胯而來、裡行至臍、則過股環上外角、如於縮處往上而外割之、則恐有大危險、其腹上與遮蔽間之通枝、列於環之前、此環之週圍、除其內與後兩處之外、其餘各處俱有血管、故凡股疝氣縮、必須由裡邊割之爲妥、其遮蔽脉管、如與腹上脉管由總幹起、乃三人半之中、如此、故與股環有緊要之連屬、此管（見三百四十八圖）下行外胯回管之裡邊、以至遮蔽孔之時、故列於股環之外邊、若割其疝氣之縮處、則無妨、然又有時曲行繞小筋帶之浮邊、以至遮蔽孔、故割之大畧不能不受傷、（見三百四十九圖）其股環有密連質之一層閉之、有謂名股隔者、令疝病不能往

疝氣下行

股疝氣鞘衣

附疝[illegible]

下、其上面微凹、以扶助小津液核、卽以此核將此隔與沕下連質及腹包膜隔開、其下面則向股道、此隔有許多之口、以遞津液管連於深摺窩核與外胯脈管之週圍者透之、其股道之大小、與其口之鬆緊、及疝氣縮之多少、皆按其腿之部位為變革、如伸開、或外轉其腿、因有大筋帶與寬夾膜牽之、故其道與口皆極緊、以手指伸入、可以探而知之、若屈其腿、維時闔而裡轉其腿、則其股道與其口俱舒、故凡送回疝氣者、必須屈腿而往裡、有沕下鬆連質隔其股隔與腹包膜、有此質多含油質者、不知者誤以為腹中大脂膜隨疝氣囊之前、按以上所論、則股環必須腹壁之軟處、故用大力或久力以壓腹臟、則小腸一端為股疝氣、此環在女大於男者、故女之股疝氣多、如其腸之一端、被擠過股環、則帶腹包膜囊於前而作為所謂之疝氣囊、以收納沕下連質、並隔之衣、後則豎往下以順股道於股血管鞘之內間、以至卵圓孔、此處則變其路、因其鞘窄而緊貼其血管、並其淺夾膜及股鞘、緊黏於卵圓孔之週圍、故疝氣不能再往下、故向前、而前擠篩夾膜以曲向上於寬夾膜之鐮端、及外斜肌筋下端之上、被淺夾膜及皮遮之、其疝氣含於股道時、因其週圍之各處抵之、故疝氣大畧小、然出卵圓孔以入摺窩鬆連質則變大、其股疝氣下行之勢、乃先往下、後往前而上、故欲推送其股疝氣之衣、必與前所論者相反、其股疝氣之衣、自裡而外、為腹包膜、沕下連質、股隔、股鞘、篩夾膜、淺夾膜、皮、如小腸順股道往下以至卵圓孔、而不出於孔、則爲不全之股疝氣、其道硬而相抵之形、故此疝氣小、肥人不易考查、是以危險、此不全股疝氣之衣、自外而裡爲皮、淺夾膜、寬夾膜之鐮端、本夾膜、股隔汐下連質、腹包膜、此疝氣若出卵圓孔往前而上、則作爲全股疝氣、往往其疝氣囊下行於股血管膀邊之上、或此管之前、或往往此管之後、其股疝氣之縮處有變革、有在疝氣囊項之腹包膜者、有在寬夾膜鐮端與小筋帶鉤月邊相合之處者、而此處者恒多、或在腿內卵圓孔之邊者、故凡割其縮處、必須往上而裡、約二三分、乃可以避疝氣囊項連屬之緊要血管與他質、

全體通考卷十七

終

全體通考卷十八

論會陰與坐直腸部外科解剖

解剖　須擇肌肉充盈而無油之屍及其鮮而割之令其兩手握兩脚而仰臥用引力器由小便插入膀胱見二百五十圖往上提其陰囊而持之再用亂蘇塞入直腸令其鼓而不塌縮

現在所露出者即尻骨盤之下口相對其深界前爲交骨弓及交骨下之筋帶後爲尾骶骨之尖兩邊爲交坐兩骨之枝坐之阜及大方坐筋帶此處爲斜方形而身外面之界前爲陰囊後爲臀兩旁爲腿之裡邊前後約四寸其橫逕之極寬處約三寸乃臀阜之間其肛門之前橫畫一線於兩邊坐阜前端之間則此處分兩端其前端含陽莖及溺管而名爲會陰其後端含直腸之末而名爲坐直腸部

坐直腸部

坐直腸部與尻骨盤外口列於會陰極後之端相對而含直腸之末其直腸兩邊於腸與坐阜之間有滿油之深窩即坐直腸窩其部於中線爲肛門之口口週圍之皮有許多之摺疊而直腸漲則減其皮之色暗與直腸之嫩膜相續並有許多囊而往往生炎症則變膿不知者誤認爲漏症其肛門邊週圍之回管往往極漲而作爲數硬緊黑藍色之叢半嫩膜一半外皮遮之其瘤名爲外痔　順中線自陰囊底至肛門前端割其皮再繞肛門割其週圍以至其後端而後續至尾骶尖後約一寸處再將陰囊底橫割與上割處之前端相合二同勢割肛門之前三於腸之後端此割之處必足解剖者提腿裡邊之

淺夾膜　外輪肌　淺面　內輪肌　坐直腸窩

皮此部相對之皮見三百五十一二三圖去之解剖此部之皮須留神蓋因外輪肌緊貼其皮則易去之 去其皮則見淺夾膜、極厚、連質形、而其格內多含油、其膜內有小坐筋之二三皮枝繞大臀肌之下邊而散於此部之皮、其外輪肌、係薄扁面之肌絲、橢圓形緊貼肛門邊週圍之皮、自前至後約長三四寸、於肛門對面處約寬一寸、由窄筋帶尾骶骨尖並由此骨前之淺夾膜起黏於會陰筋中與橫會陰肌及黏此處之他肌相合、此輪肌與他輪肌相同、乃兩面肌絲之所爲、而繞於肛門之邊、與前後於連合相合、其淺面傍皮、其深面貼內輪肌、而由鬆連質分此肌與提肛門肌、其輪肛門肌、乃自主者、有第四方筋之直腸枝供之、凡割漏瘡之管、必須割斷此肌、若直腸縫而有或疼或抽、亦有割斷此肌之時、其割斷之意爲安息此處而治之、時則相貼、其內輪肌、係肌環約寬半寸、以繞直腸之下端、去肛門之邊約一寸、其厚約二分、乃腸之不自主環絲相合之所爲、較外者色淡而其質不及其粗、其坐直腸窩、列於直腸末與坐皁兩邊之間、三角形、其底向面、乃此部之皮所爲、其尖向上、與遮蔽夾膜之分岐處、其所生薄膜即遮提肛門外面、即坐直腸夾膜、俱相對、其窩之寬、於底約一寸、其深約二寸、其後深於前、內界爲輪提兩肛門尾骶之三肌、外爲坐皁遮蔽夾膜、即遮蔽內肌之裡面者、前爲淺深兩層陰夾膜相合之線、後爲大臀肌之邊及大方坐筋帶、此處有油質之大叢滿布之、故直腸之週圍多生膿疙疸而深透其裡、如學者將屍之血管以紅蠟激入則於此窩之外

淺夾膜

壁可捫血得內羞秘脈管、及其同行之回管腦筋、約於坐阜邊之上一寸半、然下行順交骨弓之裡邊、則近其外面、此質藏於遮蔽夾膜所爲之鞘、其羞秘腦筋、列於脈管之下、橫過此處、約其中有下直腸血管腦筋、乃羞秘之枝、以散於肛門之皮與直腸下端之肌、此血管往往大、故割膀胱之石、或割肛門漏瘡、必致流血甚多、此處之後端、有第四方筋之一枝、於其前端有會陰腦筋之皮枝、

會陰

會陰處、三角形、其深界之旁、爲交坐兩骨之枝、於前與交骨弓相遇、其後爲兩邊坐阜間虛擬之橫線、成人之旁界有變革、其長由三寸至三寸半、其底之寬由二寸至三寸半、其適中之逕、約二寸四分寸之三、此處逕之變革、學者不可不知、蓋因割膀胱以出其石、最有關係、如兩坐阜相近、較兩阜遠、而其會陰處寬、則必須用旁割之法、不及斜割、其會陰則由中線分兩均平之處、總以割其左邊爲妥、其會陰於中線處凸、而與溺管之帶相對、其所遮之皮薄、色暗、而易運動、其下所列之處、有銳而脆之毛、遮之、解剖之時、須先去其毛、其肛門前由凸線起、卽會陰線、而前與陰囊線相續、若去此處之皮、則露出淺夾膜、此膜分淺深兩層、其淺層厚而鬆、係連質、其格內有許多油質、其多寡人各不同、其前與陰囊之本膜相續、其後與肛門週圍之皮下連質相續、其兩旁與腿裡邊之同夾膜相續、去此層、則露出深層、其深層卽淺會陰

夾膜、薄質健膜形堅、而助勒陽莖根之肌、其前與陰囊之本膜相續、其兩旁緊黏於交坐兩骨枝之邊、陽莖帶之外、往後以至坐之阜、其後曲往下、於橫會陰肌之後、而與深會陰夾膜之下邊相合、此膜不但遮此部之肌、而由其下面生竪隔、以分其下相依之後端爲二、其前端不全、其溺管之前端若破、則溺流於前、於此夾膜之下入於陰囊、陽莖及腹前旁之端之連質內、亦有入於腿裡邊、或往後至肛門之週圍者、然不多見、學者如細玩上文淺夾膜深層之黏法、則可明其溺所流之路矣、若去此夾膜、則露其連陽莖溺管之肌、乃於中線爲急溺肌、於兩邊爲立陽莖肌、於後爲橫會陰肌、

急溺肌

其急溺肌、列於會陰之中線、肛門之極前兩匀半之所爲、由筋線於中線相合、由會陰中筋與其前之中線而來、其肌絲卽由此散開、如羽管之毛、其極後者作爲薄層、而盡於三角筋帶之前面、其中絲護其帶、及海綿體相依之處、而於其帶之上端、由寬健膜與其對面之肌相合、其前絲極長而明顯、散於蜂窩體之旁、半黏於此體、立陽莖肌之前、半黏於遮陽莖背血管之筋膜、（若竪割其肌由溺管之面向外解剖之則見其末絲）此肌順其溺管道、助急溺或精管、有謂中絲能擠其帶之裡質、而助立海綿體者、又有謂其前絲、因其絲黏於陽莖夾膜、並與之相續也、此肌縮時、則擠其陽莖之背回管、亦能助陽莖之立者、

立陽莖肌

其立陽莖肌、遮其陽莖帶不黏之處、其肌延長、中寬於兩端、列於會陰旁界之兩邊、由陽莖帶之後、坐阜裡面筋肉兩種之絲、及由陽莖帶之面並交

橫會陰肌　　輪陰道肌　立陰莖肌　橫會陰肌　深會陰夾膜

骨枝相依之端起、由此處生肉絲、後則變健膜、黏於陽莖蒂之邊、與其下面、此肌能擠陽莖蒂並能助陽莖之立力、其橫會陰肌、乃窄肌、绪橫過會陰處之後、由坐上枝裡邊之小筋起、斜往前而裡、黏於會陰之中筋、即由此處與其對邊之肌、後之輪肛門肌、前之急溺肌、俱相合、此肌之間有三角處、其內爲急溺肌、外爲立陽莖肌、其底與橫會陰肌相對、此處之底乃溺管三角筋帶之所爲、即深會陰夾膜、而由後前行、其內有淺會陰血管腦筋、其橫會陰脉管順此處之後界行、而列於橫會陰肌之上、如因石病旁割、須令其刀斜過此處之後端、往下而外以入坐直腸窩、割斷橫會陰肌與其脈管、急溺肌之後絲、淺會陰血管腦筋、再後之外直腸血管、若去其急溺立陽莖兩肌則露出深會陰夾膜伸過尻骨盤下口之前端其溺管透其中其蒂之極後兩旁有陽莖蒂與蜂窩體交坐兩骨之枝俱相連　其女會陰肌、乃輪陰道、立陰莖、橫會陰、逼溺管、輪肛門、提肛門尾骶、其輪陰道肌、繞陰道口、與男之急溺肌相似、其後黏於會陰中筋、與輪肛門肌相合之處、其絲前行於陰道之兩旁、而黏於蜂窩體、與陰莖之體、其立陰莖肌與男之立陽莖者相似、然較男者小、其橫會陰肌、黏於輪陰道肌之旁、其提肛門肌、黏於陰道之旁、其餘肌與男者相似、其深會陰夾膜、即三角筋帶、係密膜片、即閉尻骨盤下口之前端者、三角形、其深約寸半、其上由其尖黏於交骨合縫之下面、及交骨下之筋帶、其兩旁黏於坐交兩骨之枝、陽莖蒂之下、其下邊或底向直腸、與會陰中筋處相連、而於橫會陰肌之前、與淺夾膜之深

逼溺管肌

圓肌絲

膀胱底核前小核

蒂脈管

提肛門肌

層相續、並遮提肛門肌外面之薄夾膜相續、其溺管透其深會陰夾膜、於交骨合縫之下約一寸、此口圓、而逕約三四分、此上乃陽莖背回管之口、而此外有羞秘脈管腦筋透之、此膜分前後兩層、其上分而下合、其前層前續繞溺管膜端之前端、而盡於蒂上、其後層由尻骨盤之夾膜而來、後續繞溺管膜端之後端、及膀胱底核之外面、如將前層之兩邊分開、則前後兩層之間有如左之物、上傍交骨、交骨下筋帶、陽莖背回管、溺管膜端、與其溺管之肌、膀胱底核前之小核與其管、羞秘血管腦筋、蒂之脈管腦筋、回血管叢、其逼溺管肌、即縮尿管者、滿繞於溺管之末端、而含於深會陰夾膜兩層之間、此肌由健膜絲交骨枝兩邊上端、約四分寸之二三處起、而往每弧裡分為兩綹、繞尿管後、由膀胱底核前至溺管底端、於此管之上下兩面、由筋線與其對邊之肌相合、其圓肌絲、繞溺管之膜端、前由其蒂往後至膀胱底核、列於上所論橫絲之極下、此絲即與膀胱之圓絲相續、而不自主、其膀胱底核前之小核、列於尿管膜端極下、蒂極後、而蒂脈管之下、其羞秘血管腦筋、列於交骨弓之裡邊、其蒂之脈管、橫往裡由內羞秘者、順三角筋帶之底夾膜兩層之間、與羞秘腦筋之枝同行、如去其深會陰夾膜之後層、使一面之陽莖蒂離於其骨、則提肛門肌即露於下面、即會陰面、此肌與其前之三角筋帶後之尾骶梨兩肌、則共閉尻骨盤之下口、其提肛門肌、寬而薄、列於尻骨盤之兩邊、黏[illegible]眞尻骨盤旁之裡面、往下與其對邊

連屬

肌用

尾底肌

連屬

肌用

之肌相合、作爲尻骨盤之底、以助盤中之臟腑、而繞其盤內所穿過之各質、前由交骨體之後面與其枝、合縫之外邊、後由坐峯之裡面、而此兩處之間由盤夾膜下於其下端、遮蔽直腸膀胱層間之分歧之角起、其絲往下至盤底之中線、而其極後之絲黏於尾骶骨尖之旁、其微列於前者、由尾骶骨至肛門邊之間中類絲線與其對邊之肌相合、其中者極多黏於直腸之旁、與輪肌者相合、其前者極長下行於膀胱底核之旁、而其下與對邊之肌相合、而於會陰之中筋與外輪及橫會陰兩肌者相攙、往往由連質分肌之前端與其餘者、故有此與其膀胱底核之異連屬、下行於其邊與繞之、故有謂此肌爲專肌、名爲提膀胱底核者、在女其提肛門者之前絲、下行於陰道之旁、其肌之上面或盤面、則傍直腸膀胱夾膜、乃將盤內之臟腑與腹包膜分之、其外面或會陰面、作爲坐直腸窩之裡界、而被油與遮蔽夾膜所續、夾膜之薄層遮之、其後邊與尾骶肌相續、其前邊由三角處、以隔開此肌與其對邊者、而男之溺管女之陰道、俱由此處穿過、此肌能輔助直腸與陰道之下端、并於出溺時輔助膀胱之力、其尾骶肌、列於上肌之後而平行、係三角面之肌筋兩種之絲、由其尖坐峯及小方坐筋帶處起、由其底黏於尾骶骨之邊及方骨下塊之邊、此肌與提肛門之後邊相續、而閉盤下口之後端、其裡面或盤面、傍直腸、其外面傍小方坐筋帶、其後邊傍梨肌、其肌於大便與生產之時、使尾骶骨往後、能提助之、割會陰中筋將連於直腸與其下行

割膀胱石法

尻骨盤臟腑之部位膀胱核底

膀胱底核之旁提肛門絲分開反折於外向尾骶骨則露出膀胱底核之下面及膀胱項與底精囊與精管

其膀胱底核、列於膀胱項之極前繞於溺管之膀胱底核端、其底向後、而其下面向直腸、被提膀胱底核肌及交骨膀胱底核筋帶持之、而被深會陰夾膜之後層所續之密類絲衣護之、此核之前後逕極長、於其底其長逕則橫、故凡割此處、須斜往外而後能大割、而不全割其質、此勢乃割膀胱石者、而其長不過一寸、其核與直腸之連屬必須查明、醫者以指探入其肛門則可以知其核、或係發大或係有病、而溺管之膜端或底核端、或傷或病而難引其尿管、則知其引法、其核之後、乃膀胱項與底之後面、有小三角端前為膀胱底核後為腹包膜直腸膀胱之摺疊、兩旁為精囊精管、而被直腸膀胱夾與膜直貼其直腸者分之、此端與直腸之連屬為外科之緊要、如小便不利、此端必凸入於直腸離肛門約三四寸、而於生人雖透亦無妨、故可於此處放溺由肛門而出、如膀胱內有石、亦須以指伸入肛門可以試知其石之大小與其輕重、如去其石而如列於發大之膀胱底核之後、亦須以指伸入肛門推其核底、乃能移動其石之部位、而便於取出

三角筋帶、直腸、俱令復其本位、用旁割之法、學者宜揣摩其各處之部位、此割法大略因醫者右手便於用力、故割會陰之左邊、先將引刀器插入膀胱、即由肛門前一寸半中線微左處起、斜往後而外至肛門坐阜之中間、將皮淺夾膜外直腸血管腦

割膀胱石法所割之處

割膀胱石法所避之處

筋、及淺横會陰血管俱割斷、再以左手食指往上而前、挿入所割之口、維時將直腸推往裡而後、則其指於溺管膜端可摸得其引管、其指定於其引管、卽用刀尖割開其所遮之質、而隨其陷向膀胱、其刀刃往外而後、於路則割其溺管膜端、及膀胱底核左葉之端、約一寸處、以至膀胱、後則將刀取出、而以左手食指隨引刀探入膀胱、再取出引刀器、定其石之部位、而用取石之剪鑷過食指之上、以入於膀胱、其石若大、則於剪鑷未入之時、先將膀胱底核對面之邊、用刀尖微剔、迨剪鑷入後、則掣出手指、而張開其剪、以箝住其石、緩緩搖曳而出之、取此石所有應割各質、乃皮淺夾膜、外直腸血管、腦筋、急溺肌之後絲橫會陰肌、與其脉管、而大約亦有淺會陰血管腦筋、深會陰夾膜、提肛門肌之前絲、逼溺管之一端、溺管膜膀胱底核之兩端、並膀胱底核之一端、又有應避之處、初割處不可太近中線、恐傷其海綿體之帯、亦恐傷直腸、亦不可太往外、恐傷順交骨弓裡邊所行之羞秘脈管、若太往前、恐傷其陽莖帯之脈管、太往後又恐將膀胱底核與項皆割斷、必致其溺由尻骨盤夾膜之後、入於膀胱與直腸兩間之鬆連質、而不能外流、因此質與腹包膜俱生炎證、其膜則傍直腸膀胱腹包膜之摺疊、必須在核底之前割之、則不至引溺入於其質、凡割此石之緊要、先將指伸入膀胱、然後再取出引刀器、不然恐膀胱底核與項割處窄小、則手指不能再入、若割小兒之石病、其膀胱鬆連與週圍之各物、指力太大、必致將膀胱推入於腹內而無從下手、又凡割此石、須知會陰脉管之路有時變革、卽如蒂脉管往往有由羞秘脉管而來在坐阜對面往前以至於蒂者、誤割之則必致受傷、再或將膀胱底核全行割斷、則恐傷其傍核後面之副羞秘管至於老人之膀胱底核回血管極大、誤割之則失血太多、

尻骨盤夾膜

尻骨盤夾膜薄、乃尻骨盤之裡與橫膈兩夾膜相續者、黏於盤之堰與其邊、及骨裡面繞黏遮蔽肌之處、於此肌之後邊、則續往後作爲梨肌方筋前極薄之膜內膀脉管回血管枝之後而透之、以至方骨之前於前則隨內遮蔽黏於骨之處、弓行於遮蔽血管之下、以補滿遮蔽道之口、而於盤之前則黏於交骨合縫之下端、其下與對邊之夾膜相續、故能閉其盤下口之前端、而與三角筋帶之後層相攙、由交骨合縫下端至坐峯畫一線相齊、有厚白帶、卽發明提肛門肌黏於尻骨盤之夾膜、與其夾膜分遮蔽直腸膀胱兩層之處相對、其遮蔽夾膜往下、遮內遮蔽肌、與前論之白線下之盤夾膜直相續、而黏於交骨弓與大方坐筋帶之邊、此膜作爲羞秘血管腦筋前行至會陰之道、而與遮提肛門肌、會陰面之薄膜相續、卽坐直腸夾膜、其直腸膀胱夾膜、卽盤內夾膜之臟層、往下入盤、於提肛門肌上面以護膀胱底核、膀胱與直腸由交骨合縫之裡面起、有短圓帶續於膀胱底核與其頸之上面、作爲膀胱前之

遮閉夾膜

直腸膀胱夾膜

貭筋帶或交骨膀胱底核者、此膜於旁連於底核之旁、而護此核及膀胱膀胱底核、叢而上續於膀胱面上、作爲膀胱之旁貭筋帶、別有一岔繞精囊、而行過膀胱直腸之間、與其對面之夾膜相續、別有一薄岔、反折直腸下端面之週圍、其提肛門肌由盤夾膜分歧之處起、其臟層往下緊貼於此肌之上面、有遮蔽夾膜所來之薄層遮此肌之下面、卽坐直腸夾膜、或肛門夾膜、在女則其陰道透直腸膀胱夾膜、而收納其夾膜之一岔、

全體通考卷十八　終

磅兩尺寸度表

英一磅乃中國十二兩
英一兩乃中國八錢
英五水兩乃中國四兩
英一尺乃中國木尺九寸六分
英一寸乃中國八分
三百六十度乃一周、方角乃九十度、
尖角乃不及九十度者、
鈍角則過九十度者、圖如左、

方角

尖角

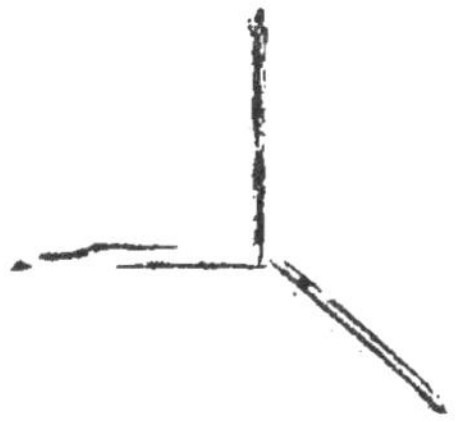

鈍角

輔腿骨以盐水泡之表明骨之韌力第一圖

第三圖

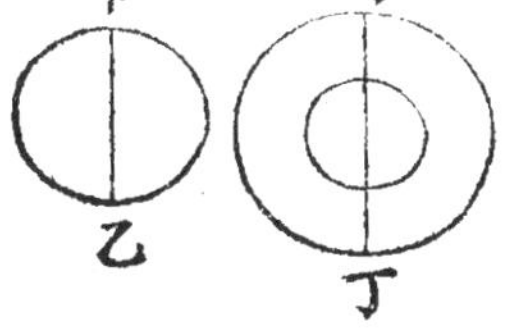

兩環柱形一虛一實表明其力量

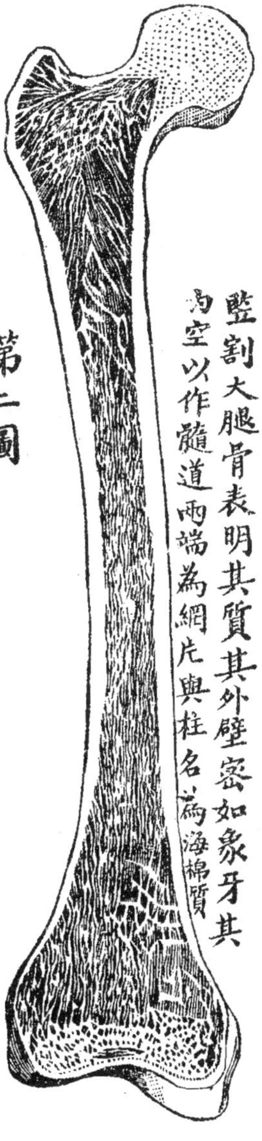

第二圖

豎割大腿骨表明其質其外壁密如象牙其內空以作髓道兩端為網片與柱名為海棉質

此圖表明交節端海棉之質

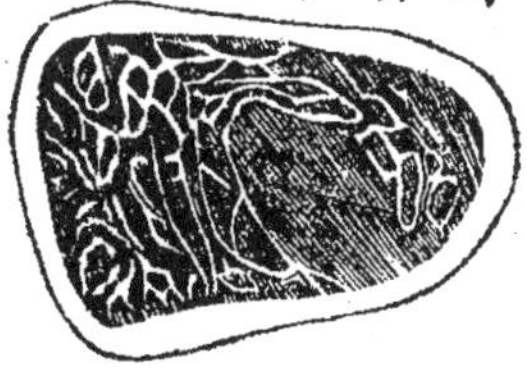

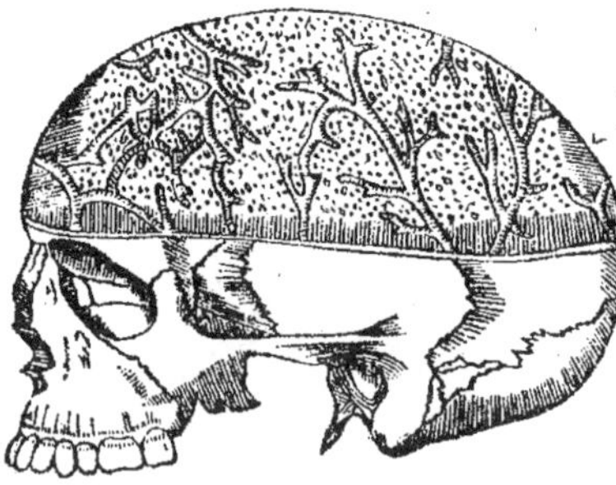

頭顱骨海棉質大回血道第五圖

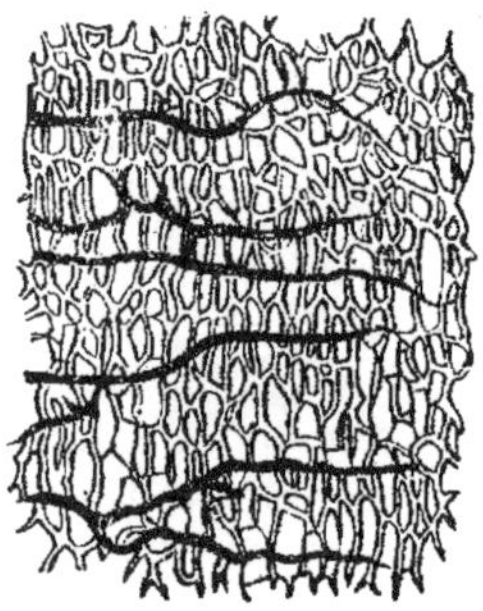

骨衣血管之列法第六圖

脆黏鮮骨之節面第十四圖

第四圖表明骨層分開其層加增其力

脊骨割發明回血道與其海棉質

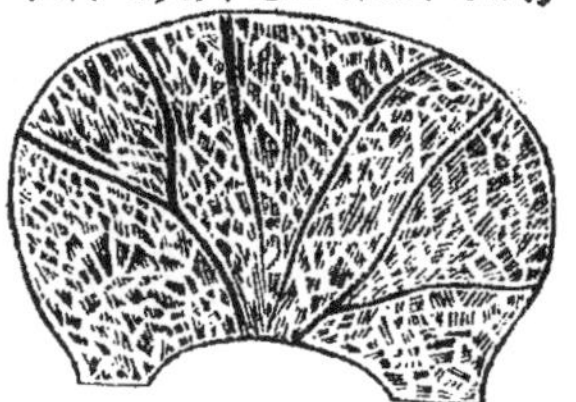

第二十八圖

全體通考圖　卷上

見骨部卷三十篇第十圖甲

純脆加二百倍

第十圖甲

玻璃脆加二百五十倍

第十五圖

頦綒脆加二百倍

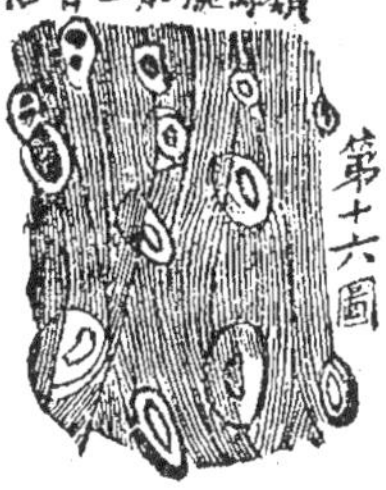

第十六圖

哈微西道橫割加二十倍之圖

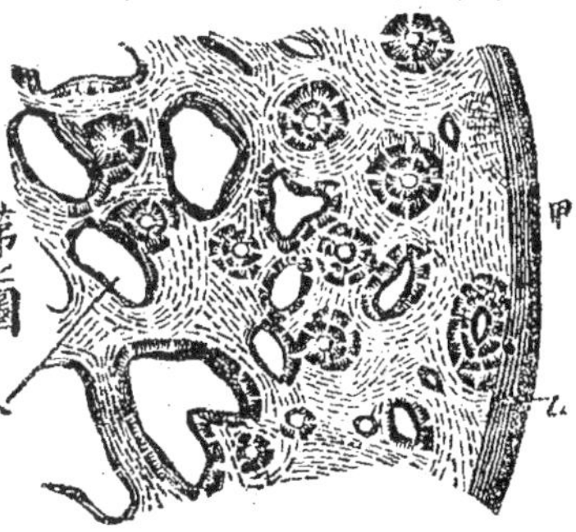

第七圖

哈微西道縱割加二十倍

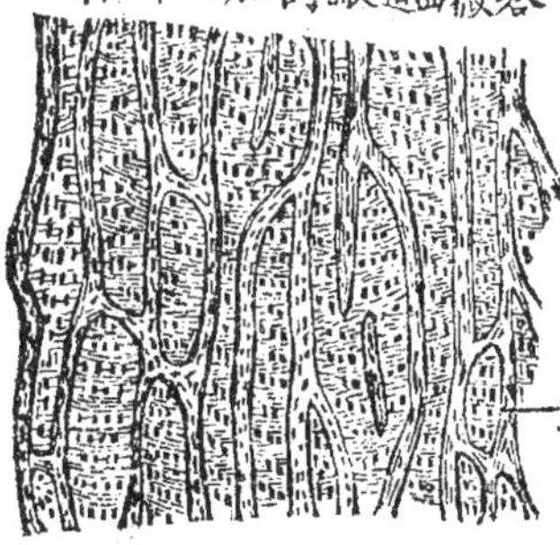

第十圖

哈微西體加一百倍

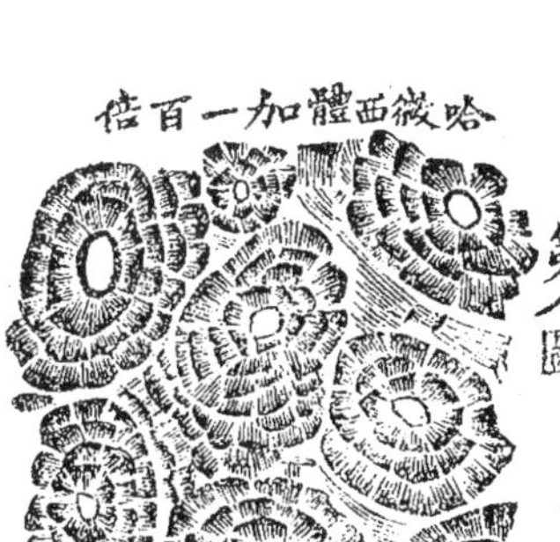

第八圖

骨竅與細管一千二百倍

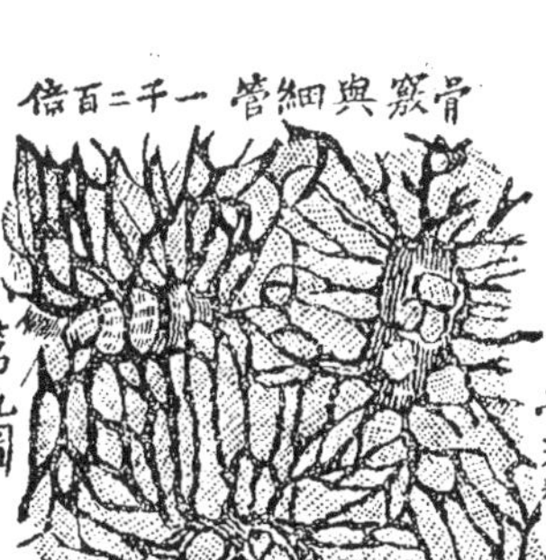

第九圖

哈微西孔第十三圖

骨片加四百四十倍

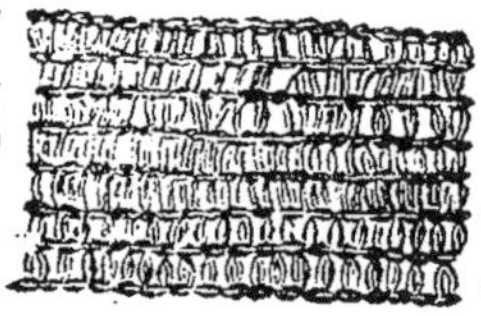

第十二圖

骨片乃由骨泡而為加八百倍

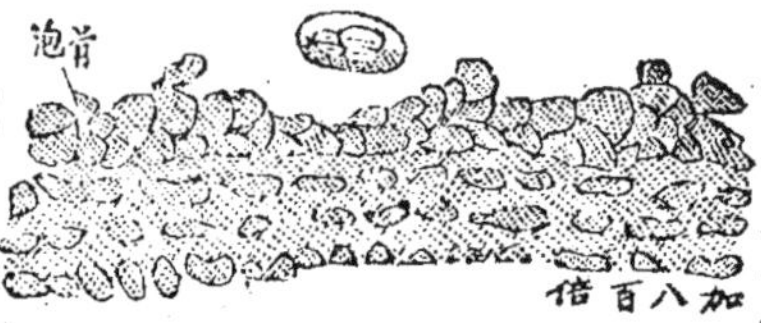

第十一圖

骨衰發式第二十六圖

變骨之脆豎割加五十倍第二十四圖

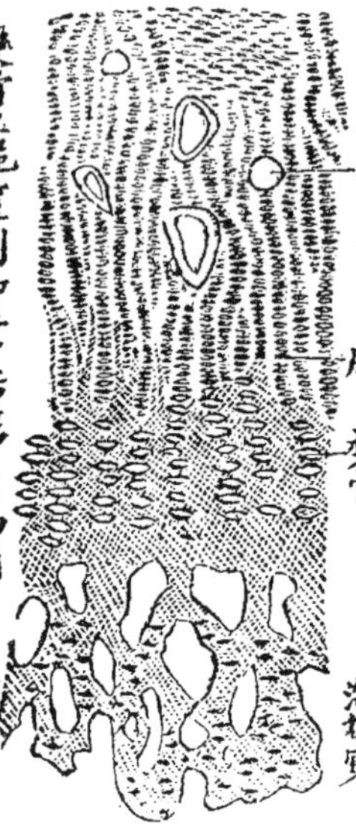

變骨之脆橫割

第二十五圖

見二篇第二十八圖

胎顱頂骨第二十三圖

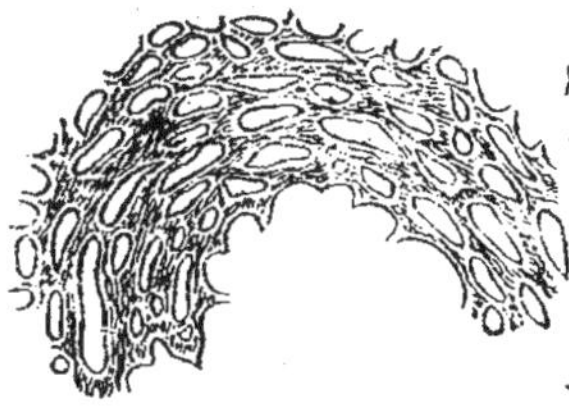

胎骨之剖第二十七圖

胎髓泡

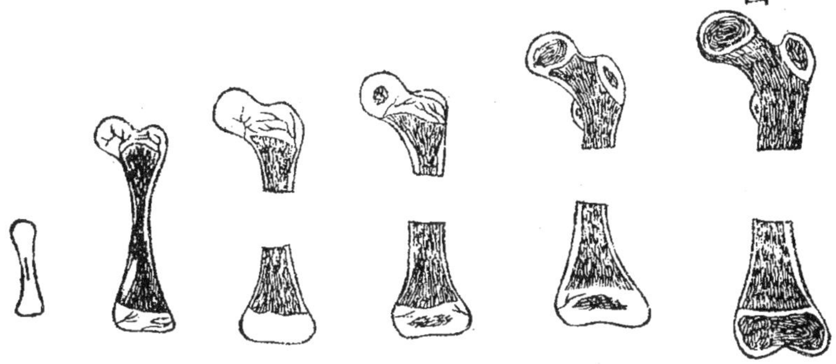

此圖乃第十四年之第五骨種發於小阜第二十二圖

此圖乃第四年之第四骨種發於大阜第二十一圖

此圖乃在頭一年之末其第三骨種發骨之頭第二十圖

此圖乃胎內第十個月其下端有第二骨種乃發膝節第十九圖

此圖乃骨種長發幹兩端第十八圖

此圖乃在胎內第三個月其第一骨發於幹中第十七圖

尾骶骨前面圖式

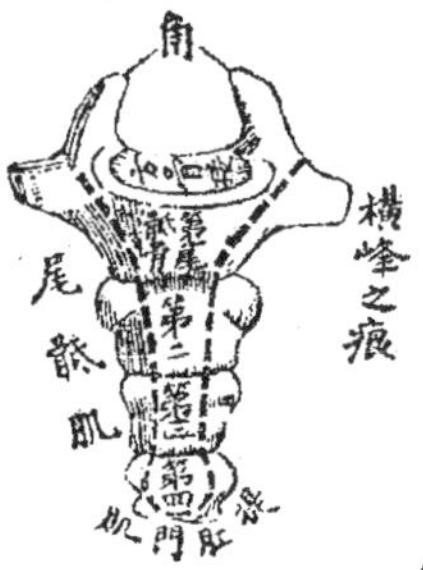

尾骶骨後面圖式第六十四圖

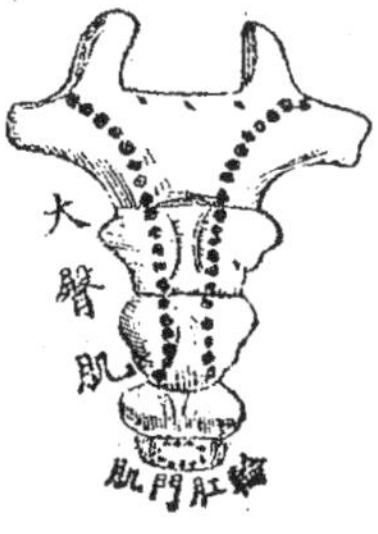

脊骨旁面圖式第二十九圖

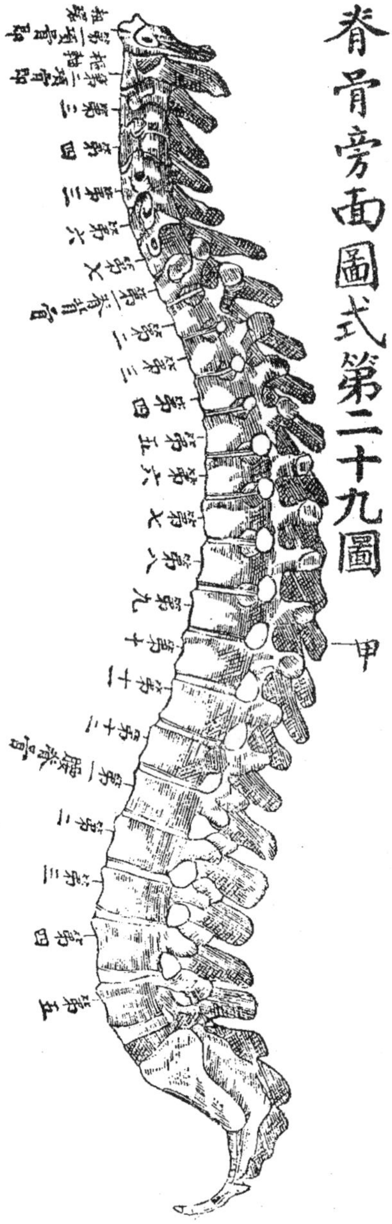

項脊骨圖式第三十圖

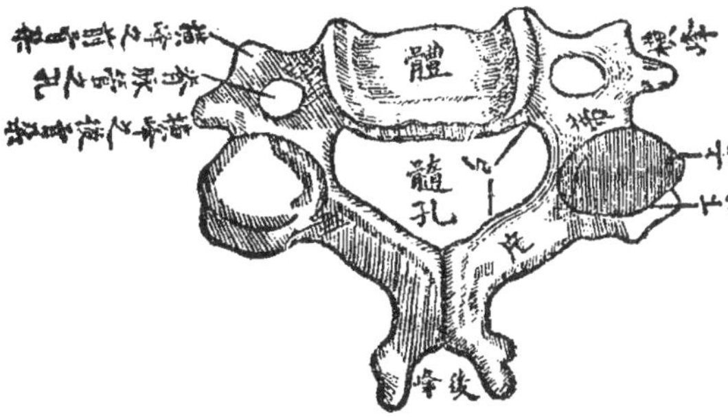

第一項脊骨即扭環骨
圖式第三十一圖

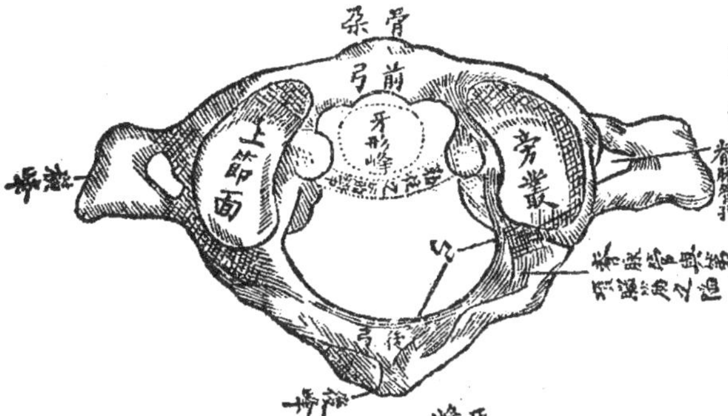

第二項脊骨即樞軸骨
圖式第三十二圖

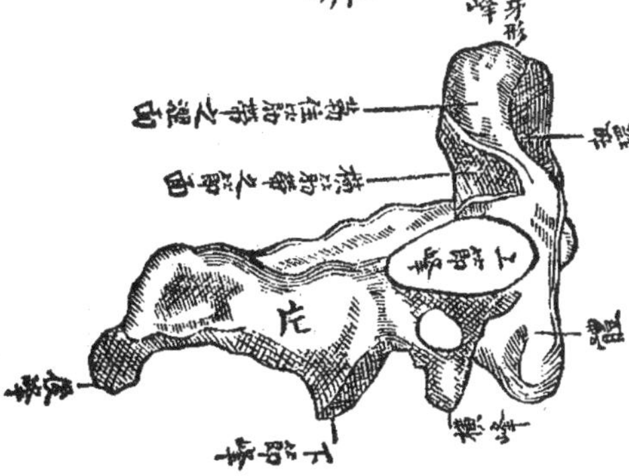

第七項脊骨圖式第三十三圖

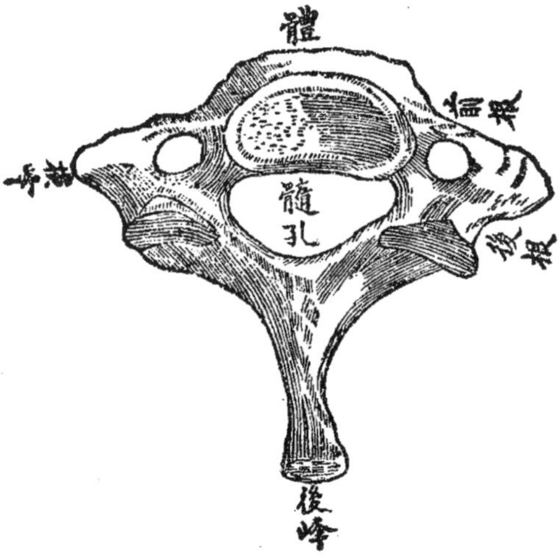

脊背脊骨圖式第三十四圖

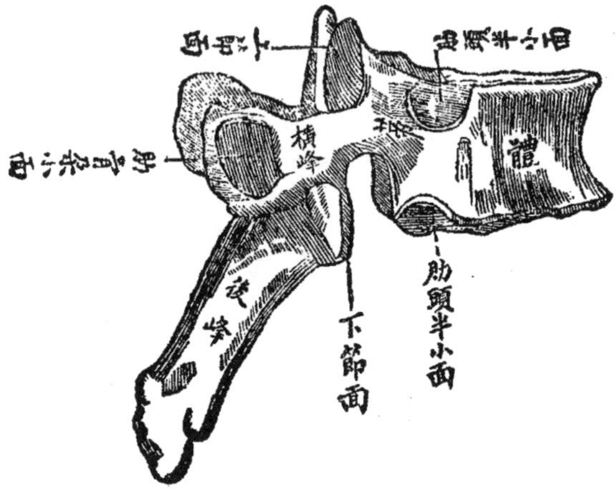

異脊背脊骨圖式

第三十五圖

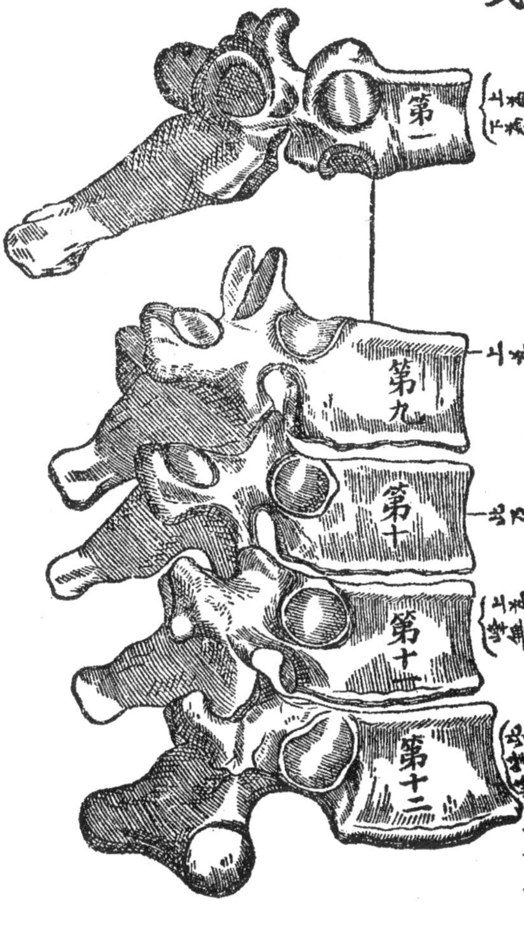

見腰脊骨第三十六圖 見方骨六十三

脊骨所發之式

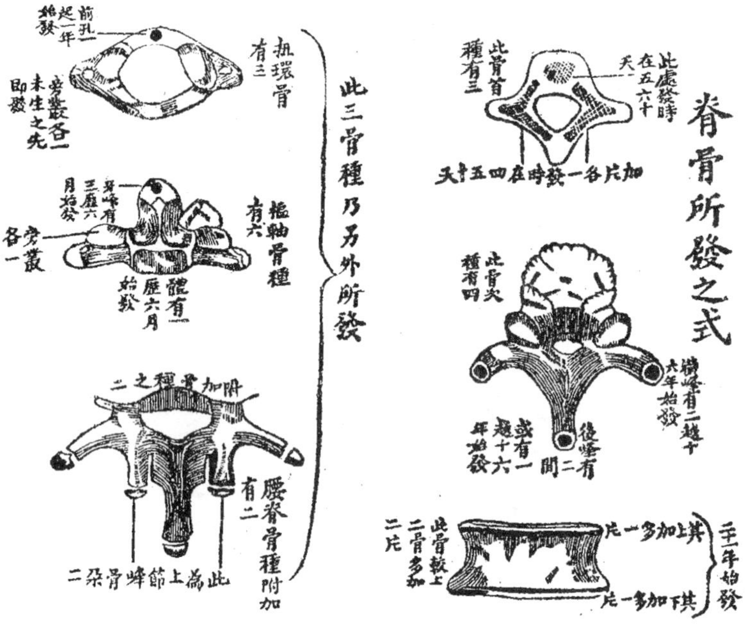

此骨首種有三
此處發時在五六十天
加片各一發時在四五十天
此骨尖種有四
橫峰有二越十六年始發
後峰有二間或有一越十六年始發
此骨較上二骨多加二片
其上加多一片
其下加多一片
二十一年始發
此三骨種乃另外所發
前孔一起一年始發
樞環骨有三
旁叢各一未生之先即發
樞軸骨種有六
牙峰有三歷六月始發
旁各一叢
體有一歷六月始發
附加骨種之二
腰脊骨種附加有二
此為上節峰骨朵二

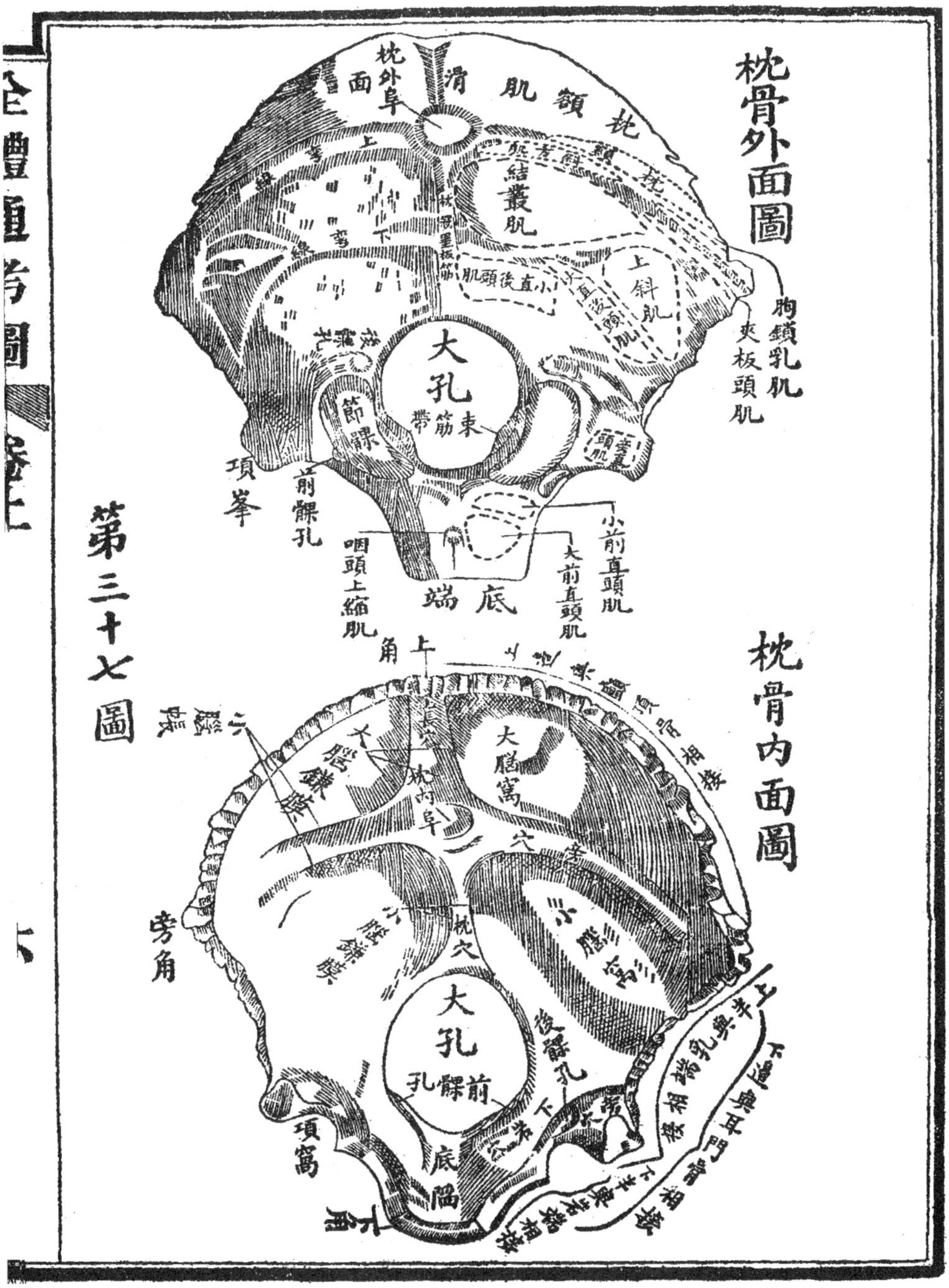
枕骨外面圖
枕骨内面圖
第三十七圖
大孔
大孔
底端
胸鎖乳肌
夾板頭肌
項峯
前髁孔
咽頭上縮肌
大前直頭肌
小前直頭肌
上斜肌
結叢肌
旁角
項窩
底臨
下角
上角

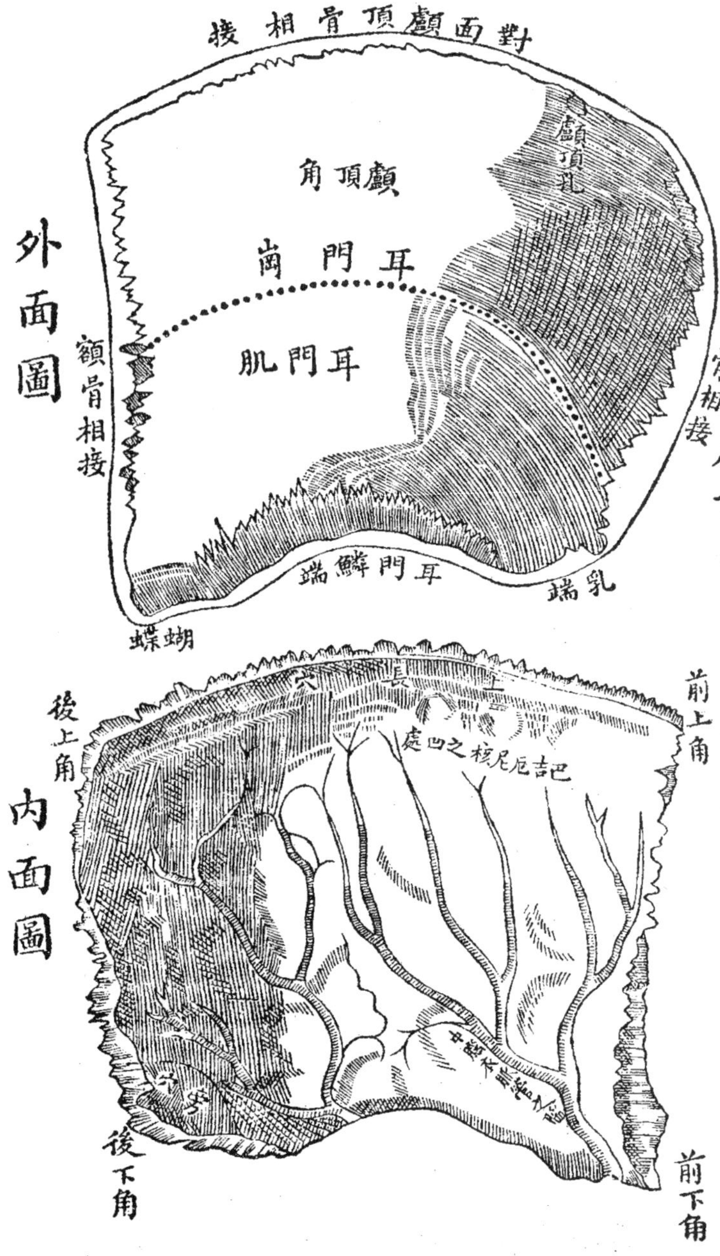
對面顱頂骨相接
顱頂角
耳門崗
耳門肌
顱頂孔
枕骨相接
額骨相接
耳門鱗端
乳端
蝴蝶
外面圖
後上角
前上角
巴吉尼核之凹處
内面圖
後下角
前下角

顱頂骨第三十八圖

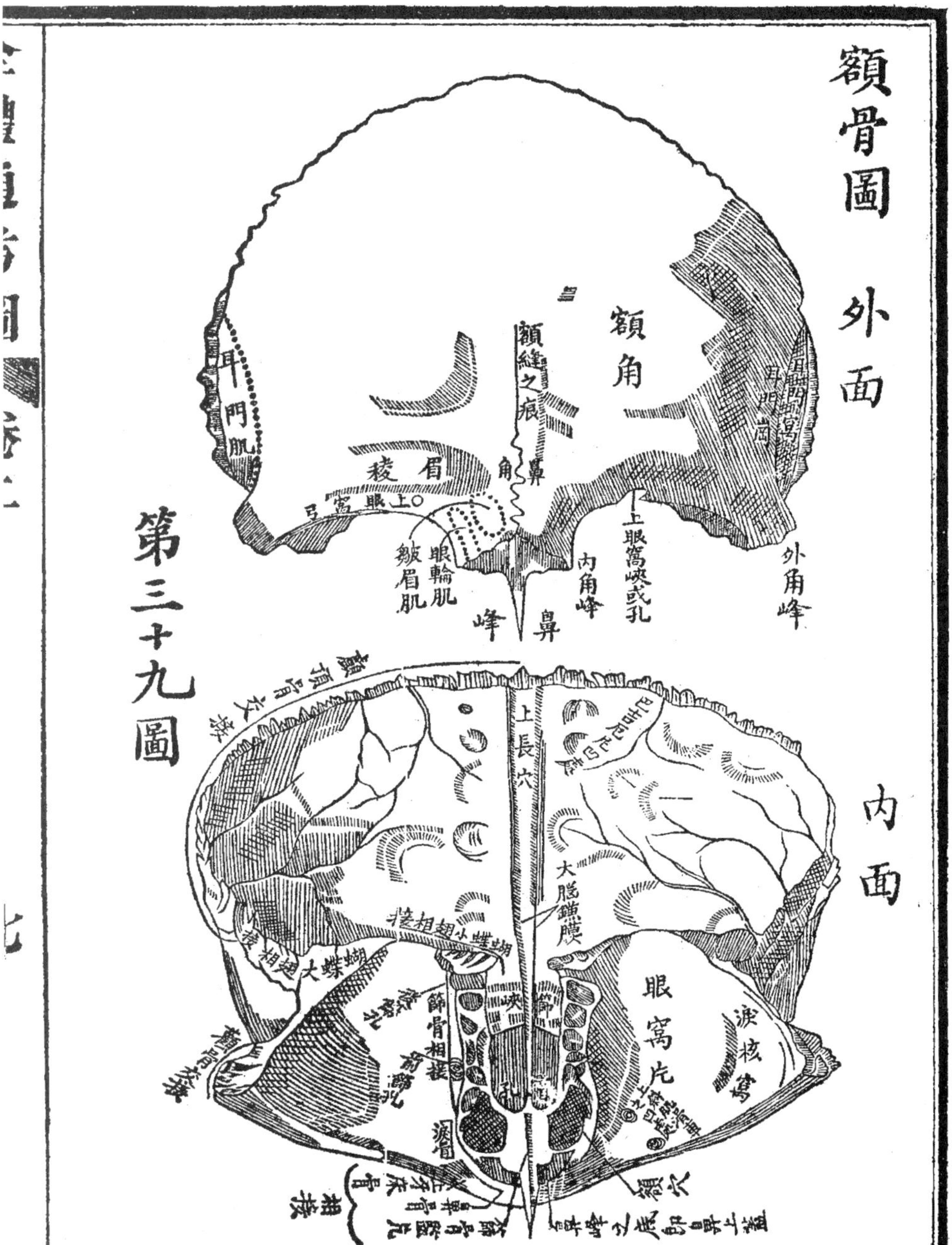
額骨圖
外面
額
額角
額縫之痕
耳門肌
眉稜
上眼窩弓
眼輪肌
皺眉肌
鼻角
峰
鼻
內角峰
上眼窩峽或孔
外角峰
第三十九圖
內面
上長穴
大腦鐮膜
眼窩片
淚核窩
蝴蝶大翅相接
蝴蝶小翅相接
篩骨相接

左耳門骨第四十圖

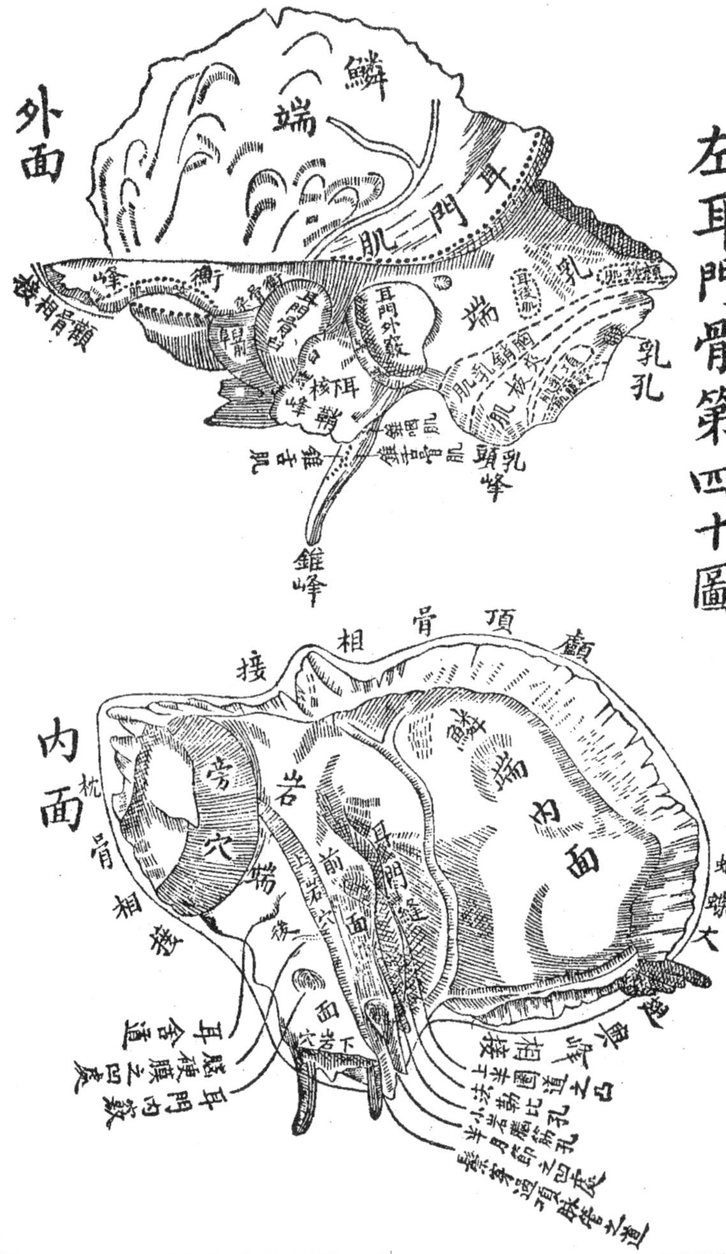

耳門岩端下面第四十圖

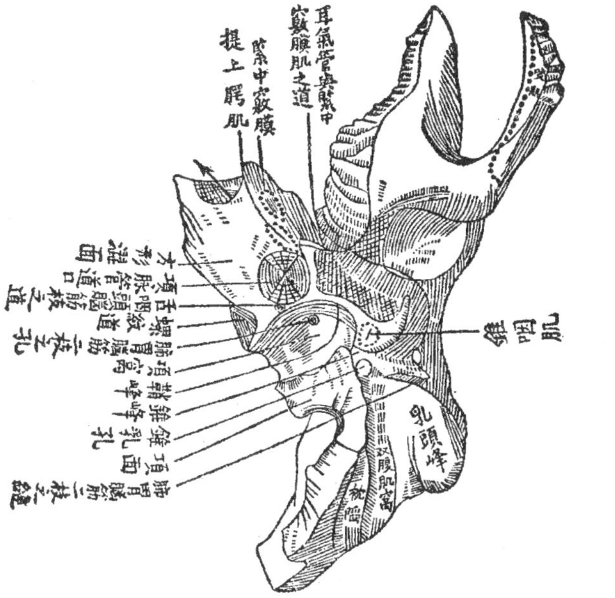

蝴蝶骨上面第四十一圖

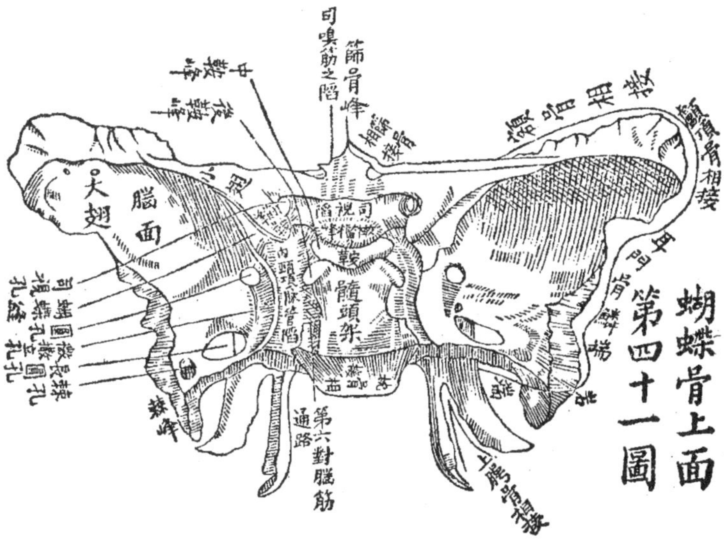

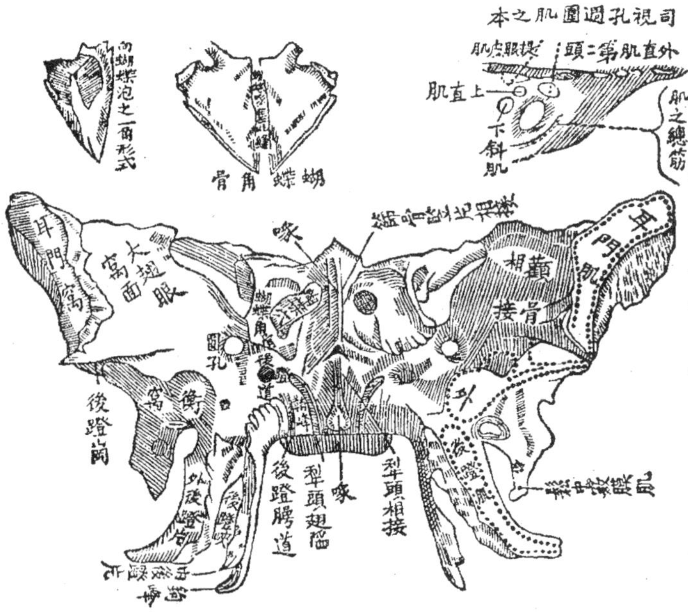

蝴蝶骨前面第四十一圖

蝴蝶骨後面之圖

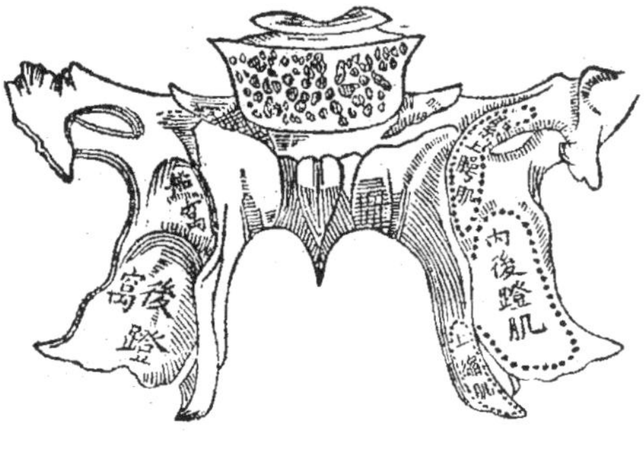

第四十二圖

篩骨右旁叢之外面

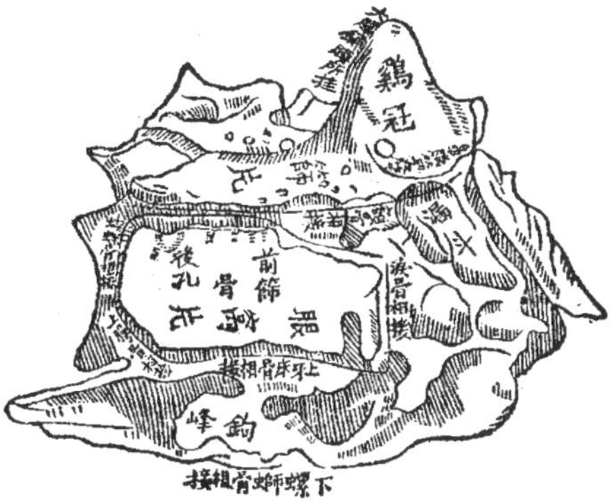

篩骨右旁叢之內面

篩骨豎片

此骨係去右旁叢

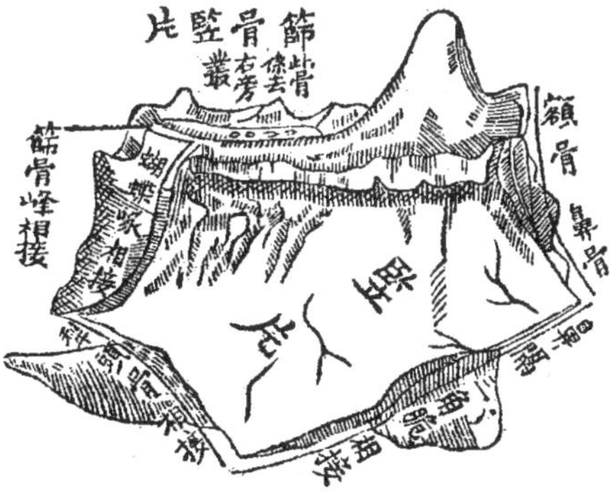

第四十三圖　左上牙床骨外面之圖

上牙床變骨之法有四骨種　鼻與臉端一眼窩與額端一門牙端一上腭端一

將生之式

右鼻梁骨內面

左上牙床骨內面之圖

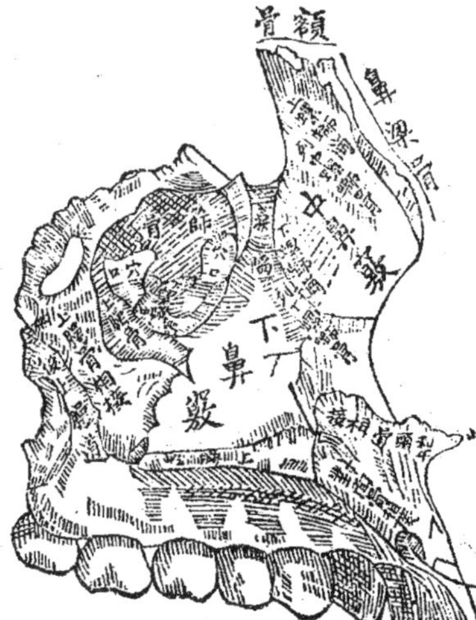

右鼻梁骨第四十五圖　對面鼻梁骨相接

外面

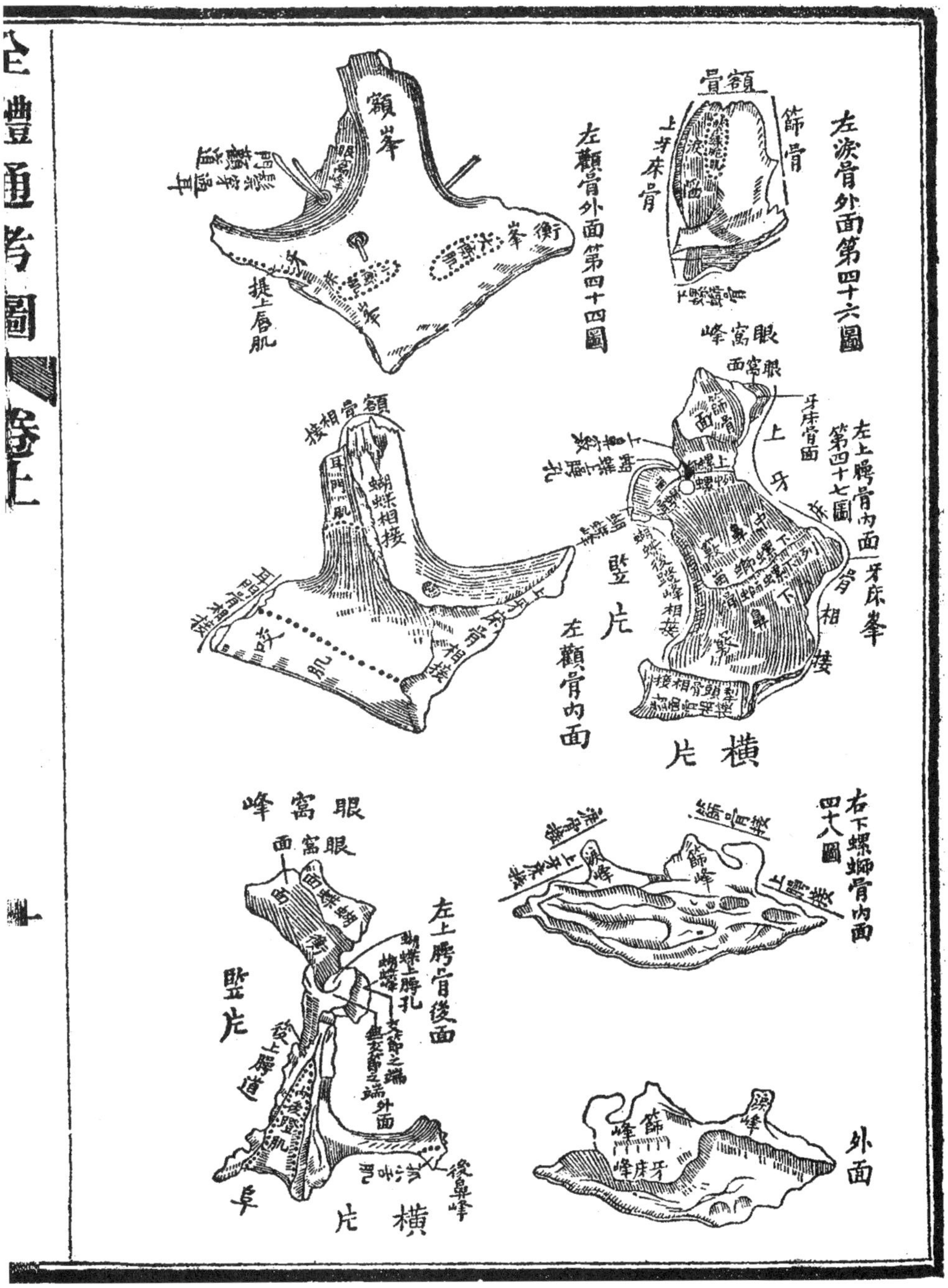
左淚骨外面第四十六圖
顴骨
篩骨
上牙床骨
左顴骨外面第四十四圖
顴峯
衡峯
提上唇肌
顴骨相接
蝴蝶相接
眼窩峯
眼窩面
上牙
牙床峯
骨相接
左上腭骨內面第四十七圖
左顴骨內面
豎片
橫片
右下螺螄骨內面四十八圖
篩峯
左上腭骨後面
後鼻峯
外面

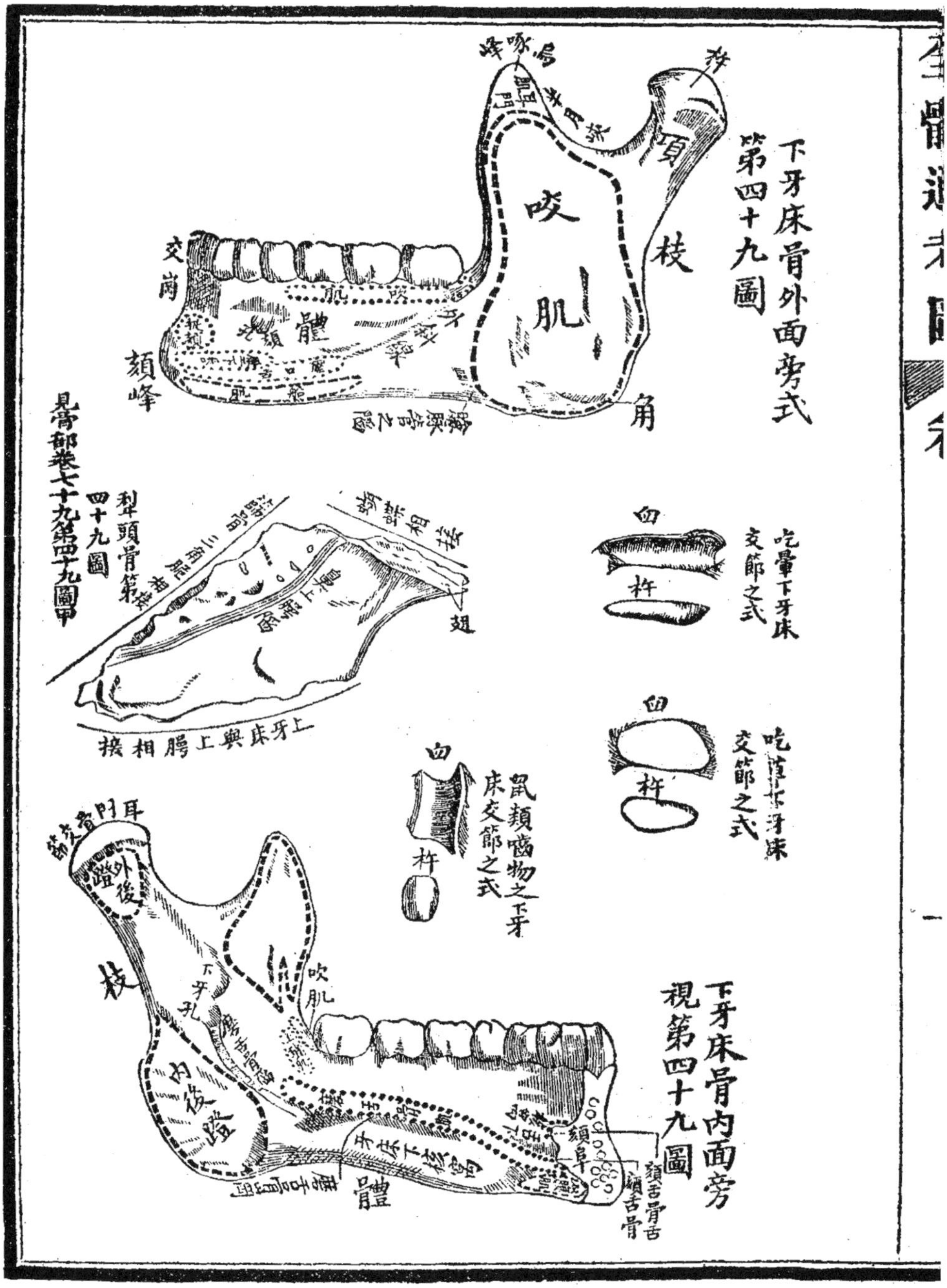
下牙床骨外面旁式第四十九圖
咬肌
枝
角
體
頦峰
吃暈下牙床交節之式
臼
杵
鼠類齒物之下牙床交節之式
犁頭骨第四十九圖
上牙床與上腭相接
骨部卷七十九第四十九圖甲
下牙床骨內面旁視第四十九圖
吹肌
下牙孔
內後鐙
外後鐙
體

自将生至脱牙之下牙床旁視之圖

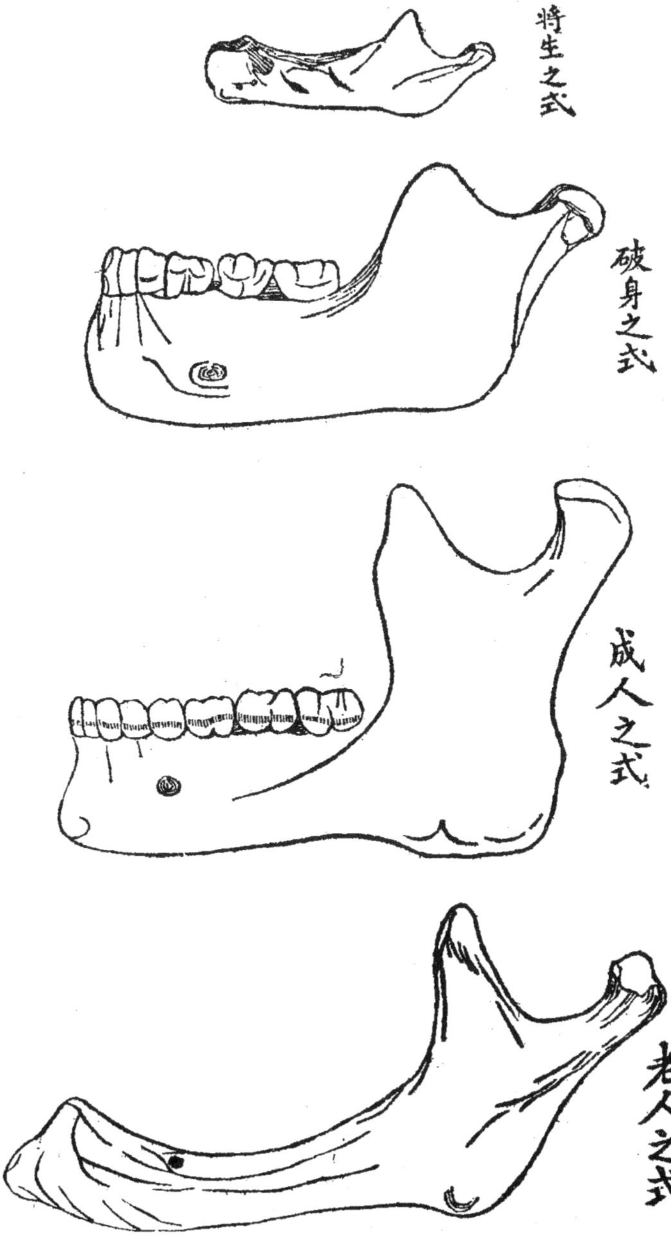

頭顱底裏表面圖式第五十圖

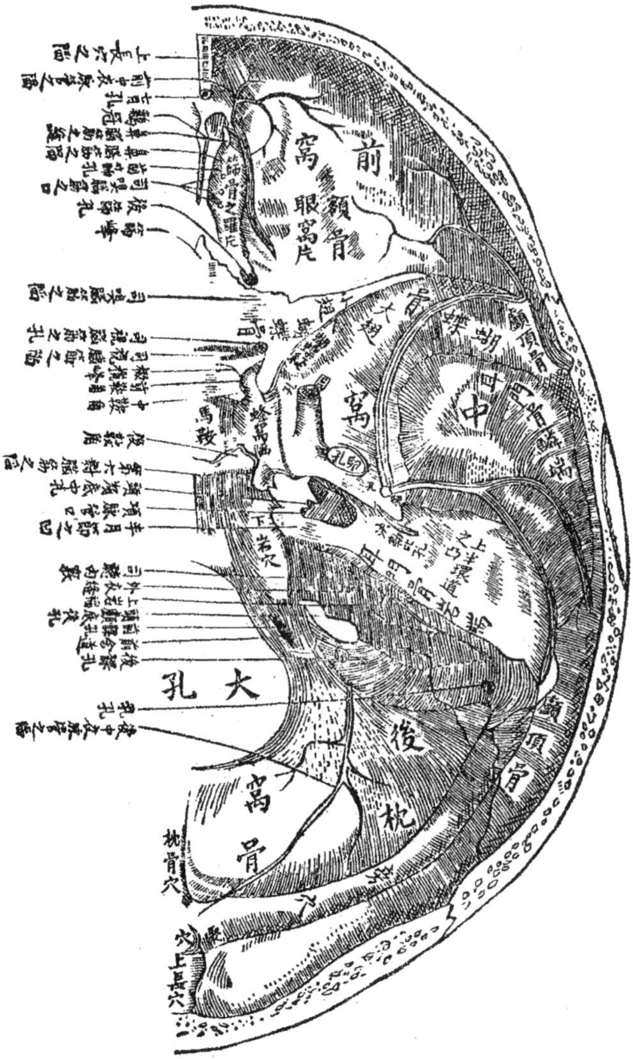

頭顱底外面圖式第五十一圖

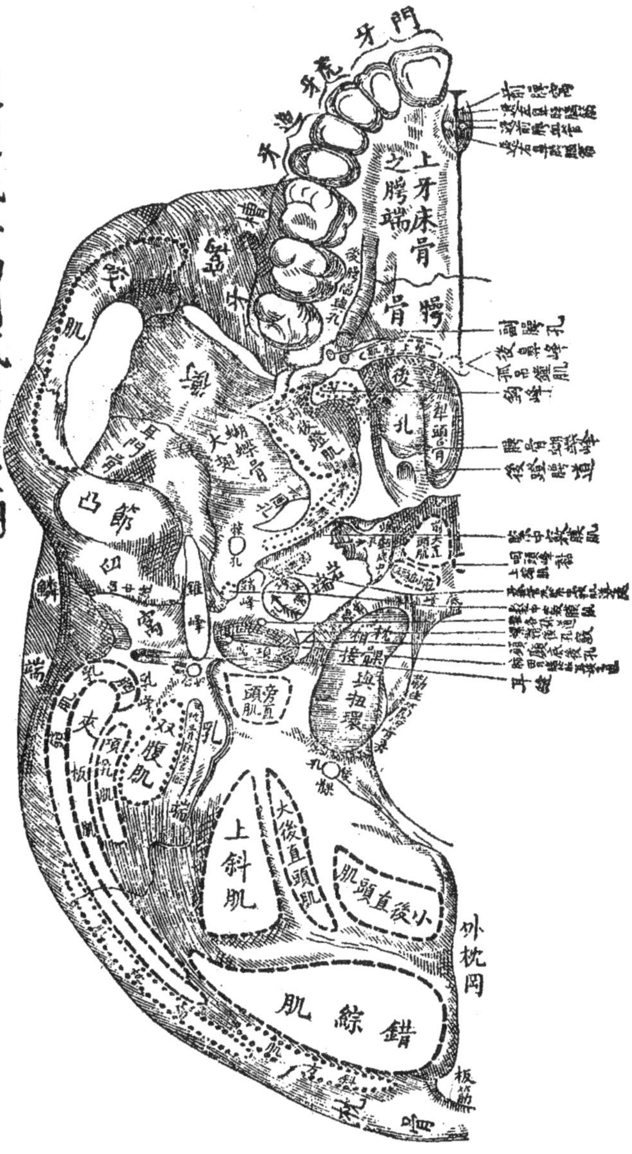

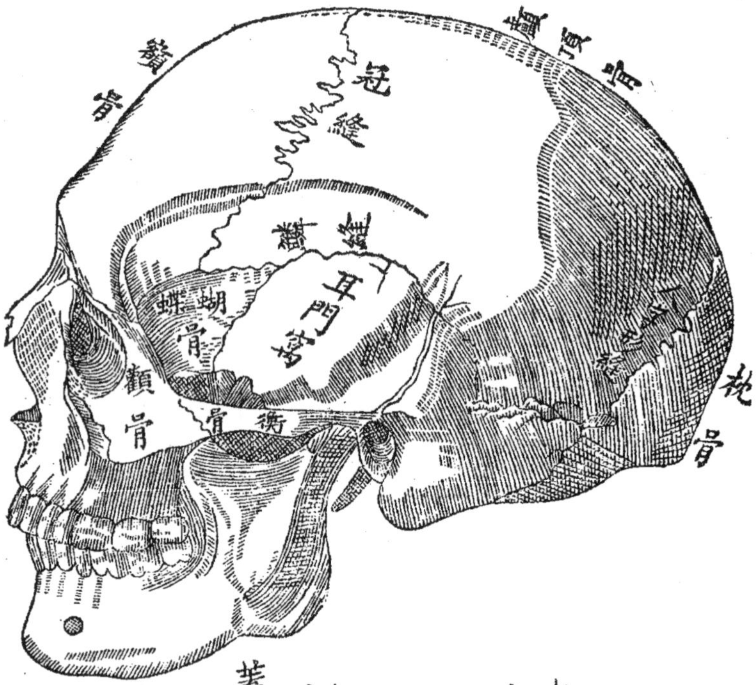

頭顱旁視之圖第五十二

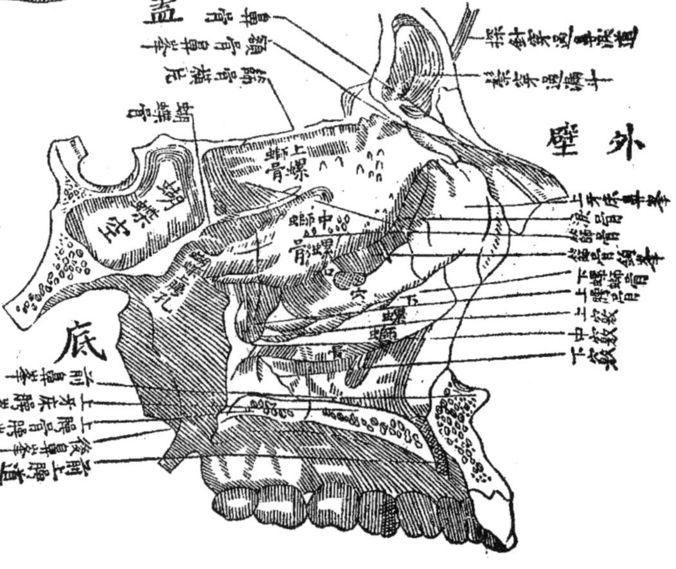

鼻竅蓋底並外壁之圖第五十五

頭顱前部之圖第五十四

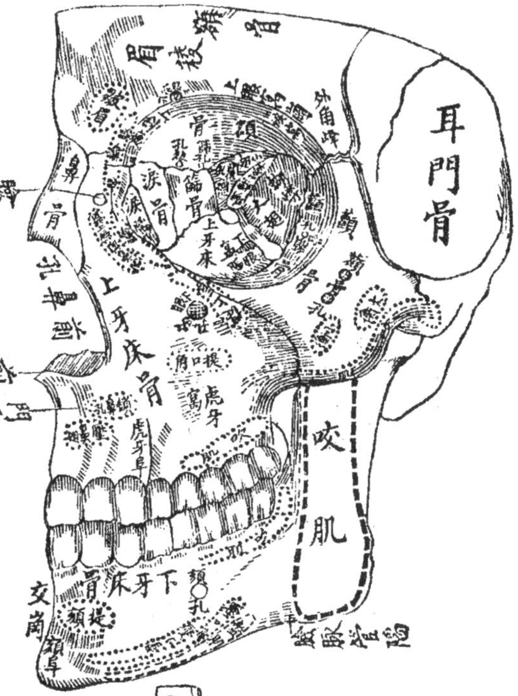

鼻竅鼻隔或內壁之圖第五十五

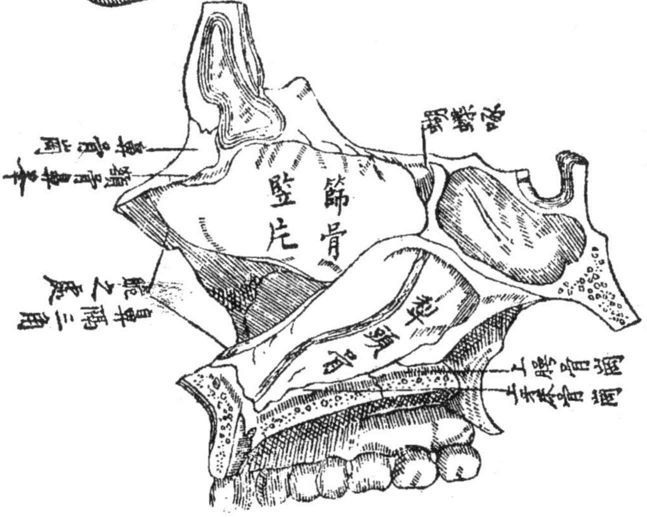

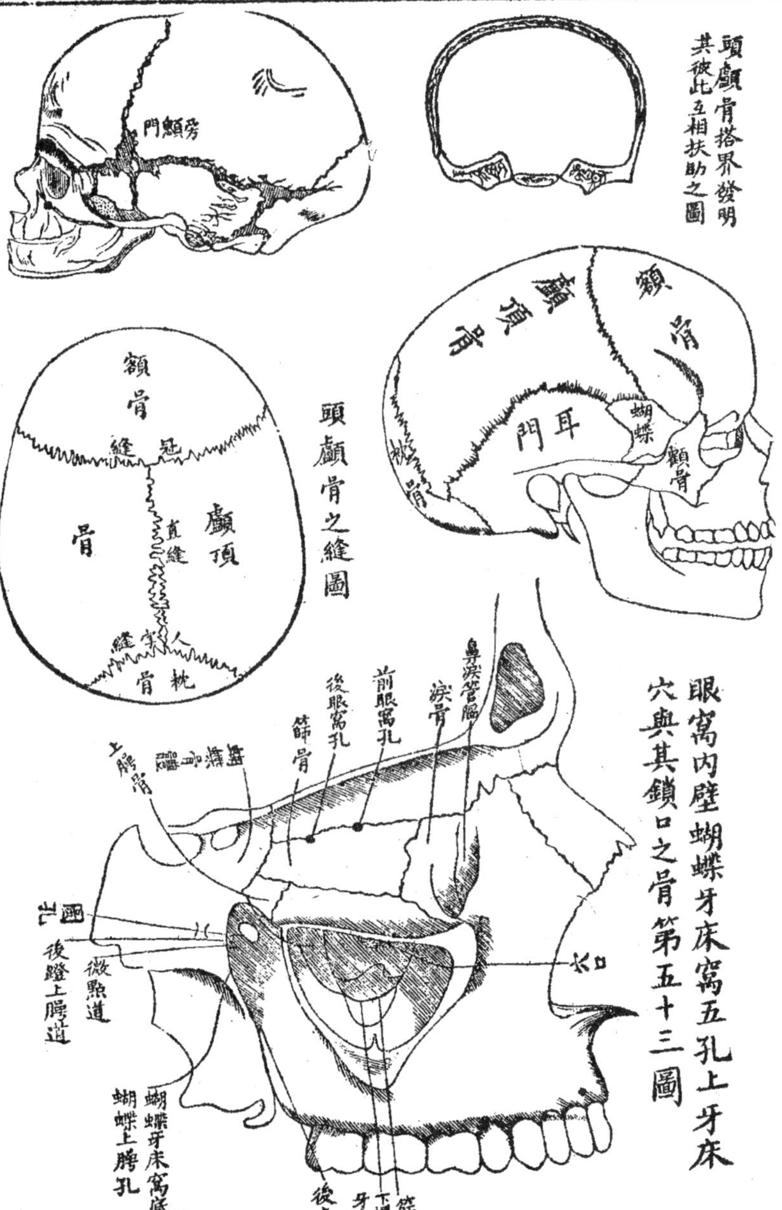

頭顱骨搭界發明其彼此互相扶助之圖

頭顱骨之縫圖

眼窩內壁蝴蝶牙床窩五孔上牙床穴與其鎖口之骨第五十三圖

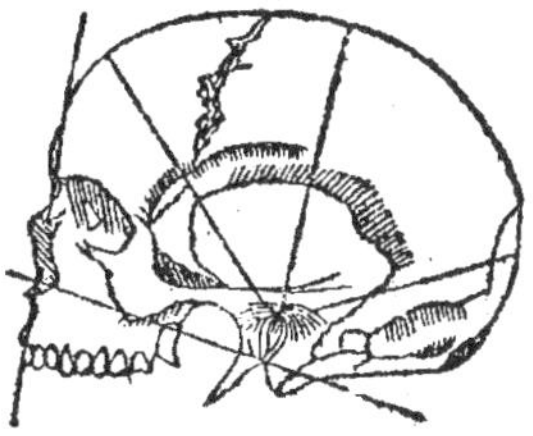

頭顱臉線與角

頭顱骨從此扶助

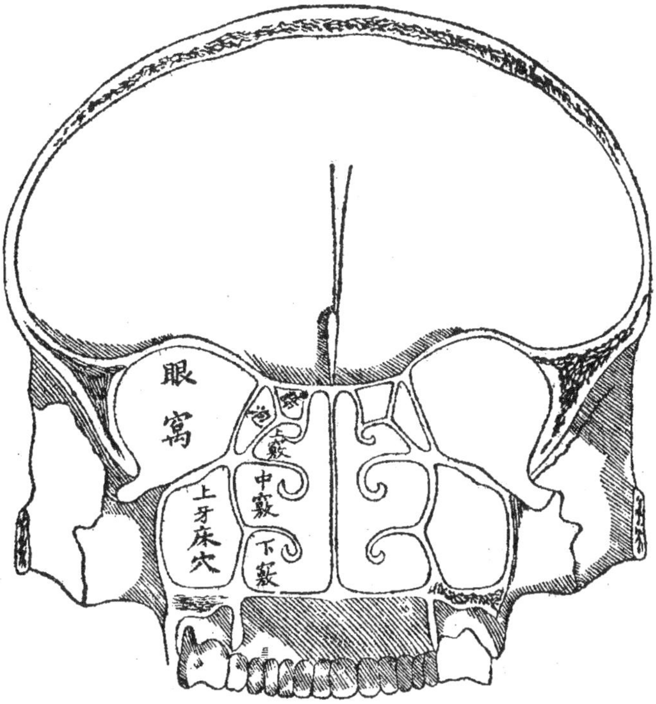

豎割頭顱表明鼻竅

豎割鼻弓表明此形

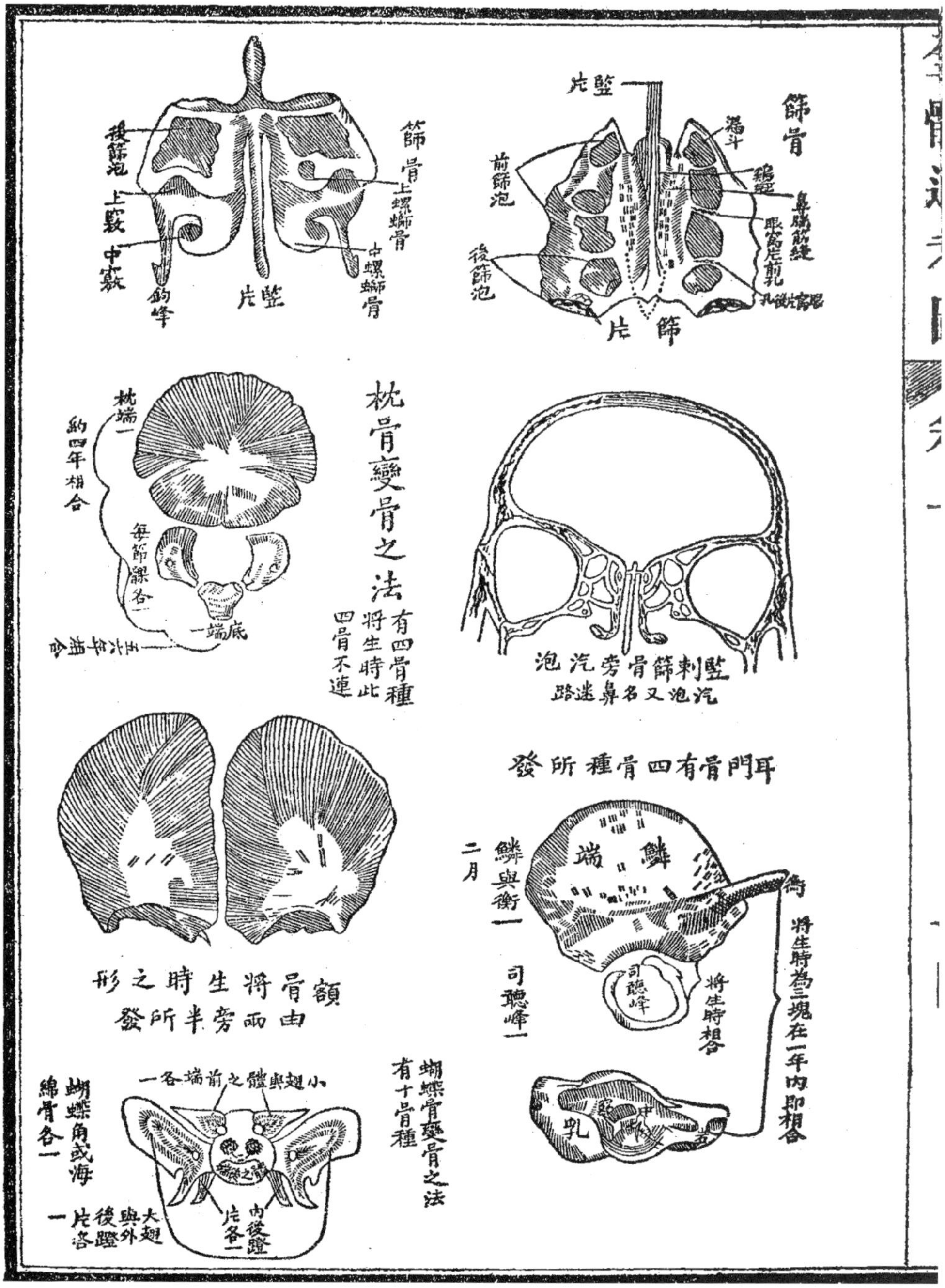
篩骨
後篩泡
上穀
中穀
上螺螄骨
中螺螄骨
鈎峰
豎片
豎片
篩骨
漏斗
前篩泡
後篩泡
鷄冠
篩片
枕骨變骨之法
有四骨種將生時此四骨不連
枕端一
約四年相合
每節髁各一
底端一
豎刺篩骨旁汽泡
汽泡又名鼻迷路
額骨將生時之形
由兩旁半所發
耳門骨有四骨種所發
鱗端
鱗與衡一
司聽峰一
將生時相合
將生時為三塊在一年內即相合
乳
蝴蝶骨變骨之法
有十骨種
蝴蝶角或海綿骨各一
小翅與體之前端各一
大翅與外後蹬片各一
內後蹬片各一

左鎖柱骨下面圖式

第五十六若見前面式見肋七十圖

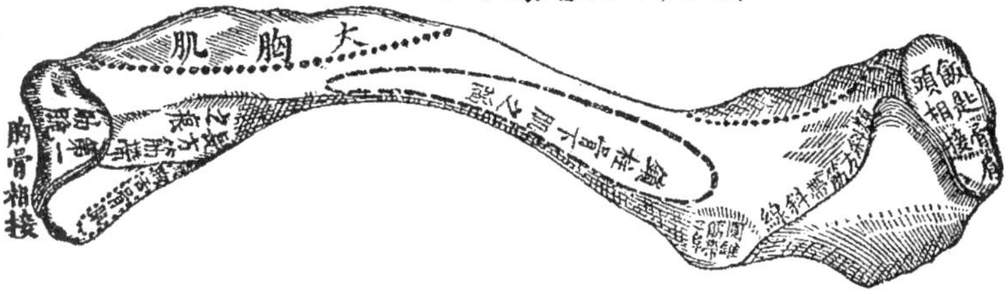

左飯匙骨前面圖式

第五十七

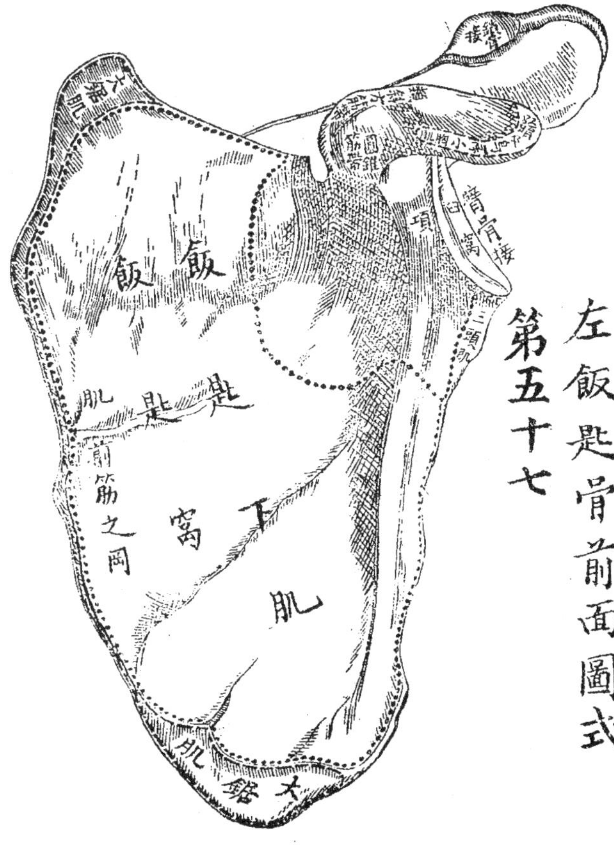

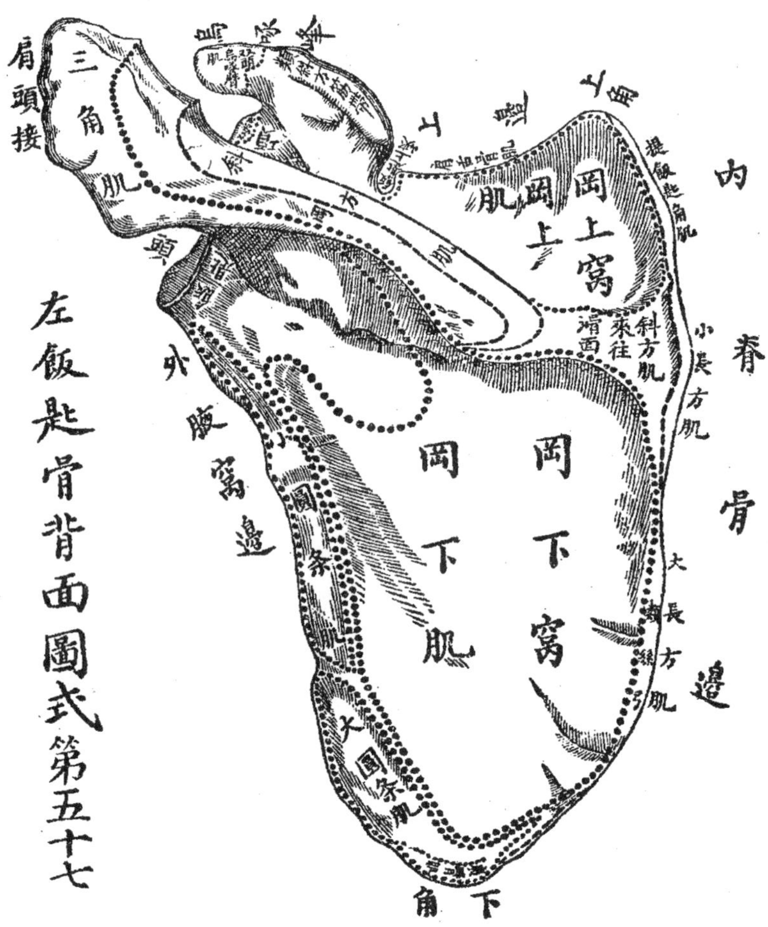

左飯匙骨背面圖式第五十七

左臂前面圖式第五十八

左臂骨後面圖式

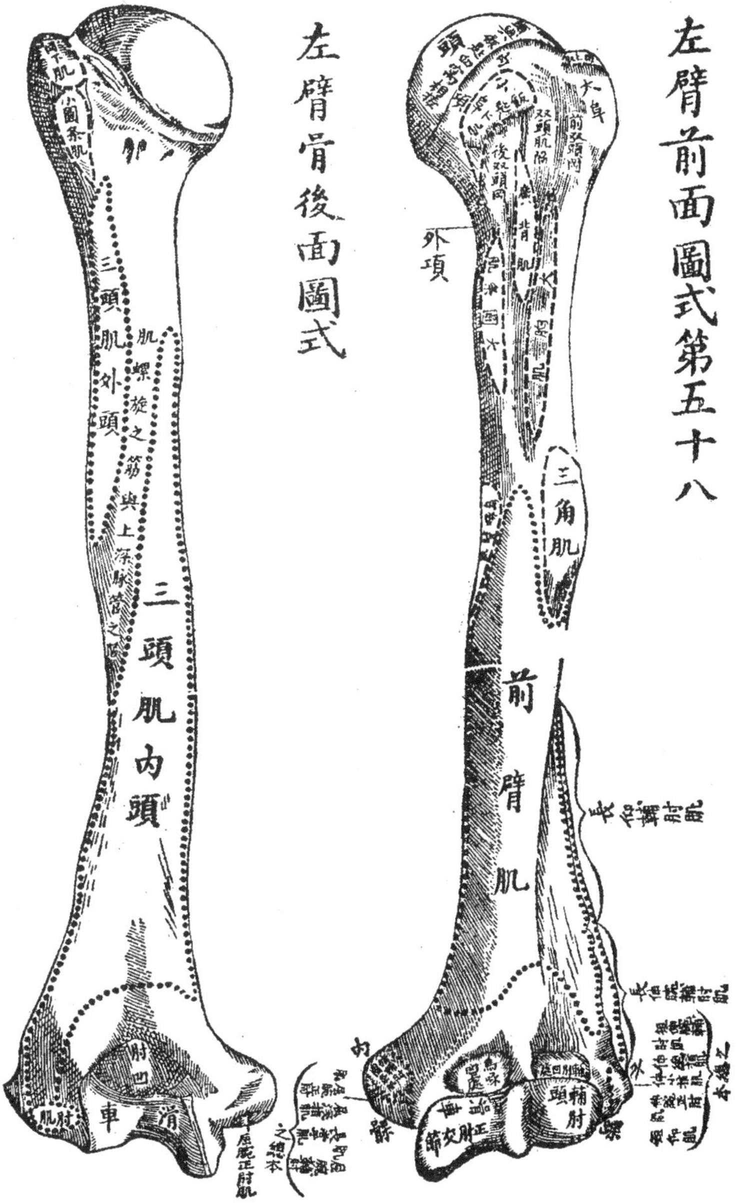

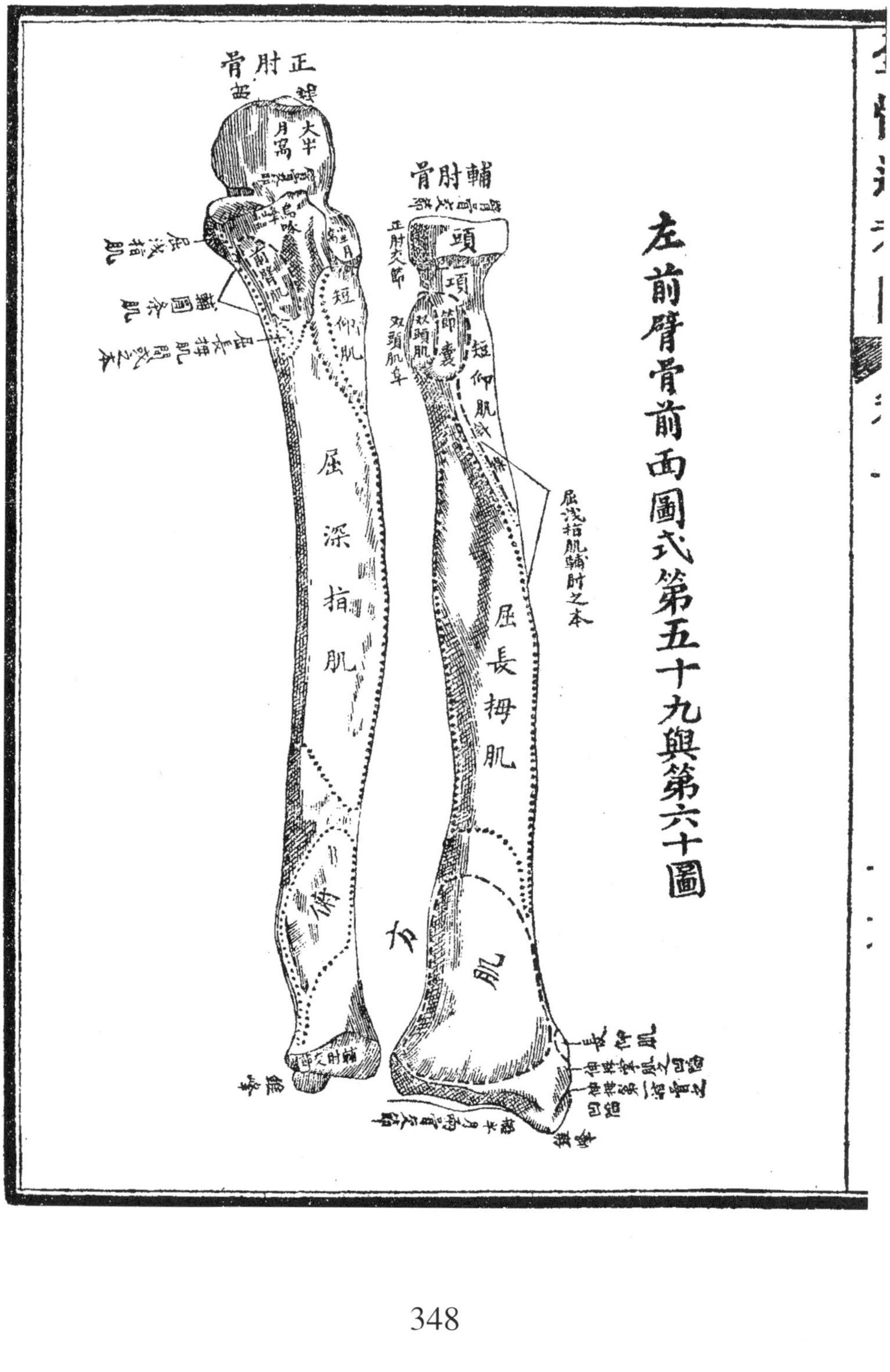
左前臂骨前面圖式第五十九與第六十圖
正肘骨
輔肘骨
頭
項
節囊
短仰肌
屈深指肌
屈長拇肌
屈淺指肌
輔圓奈肌
屈淺指肌輔肘之本
肌

左前臂骨後面圖式第五十九與第六十圖

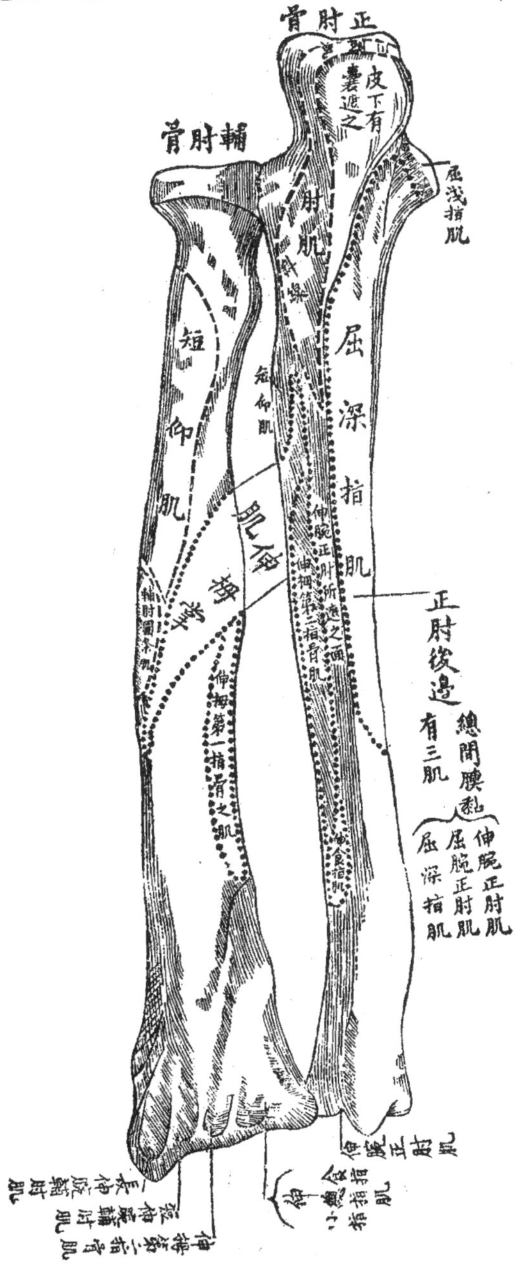

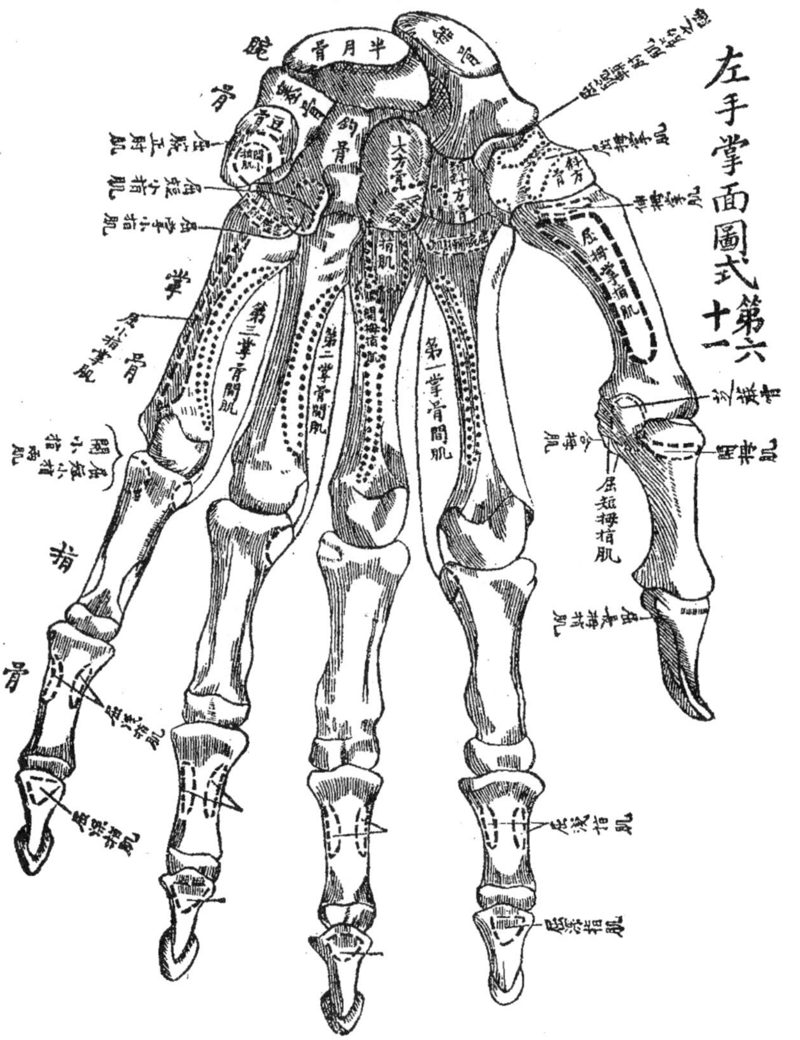

左手掌面圖式第六十一

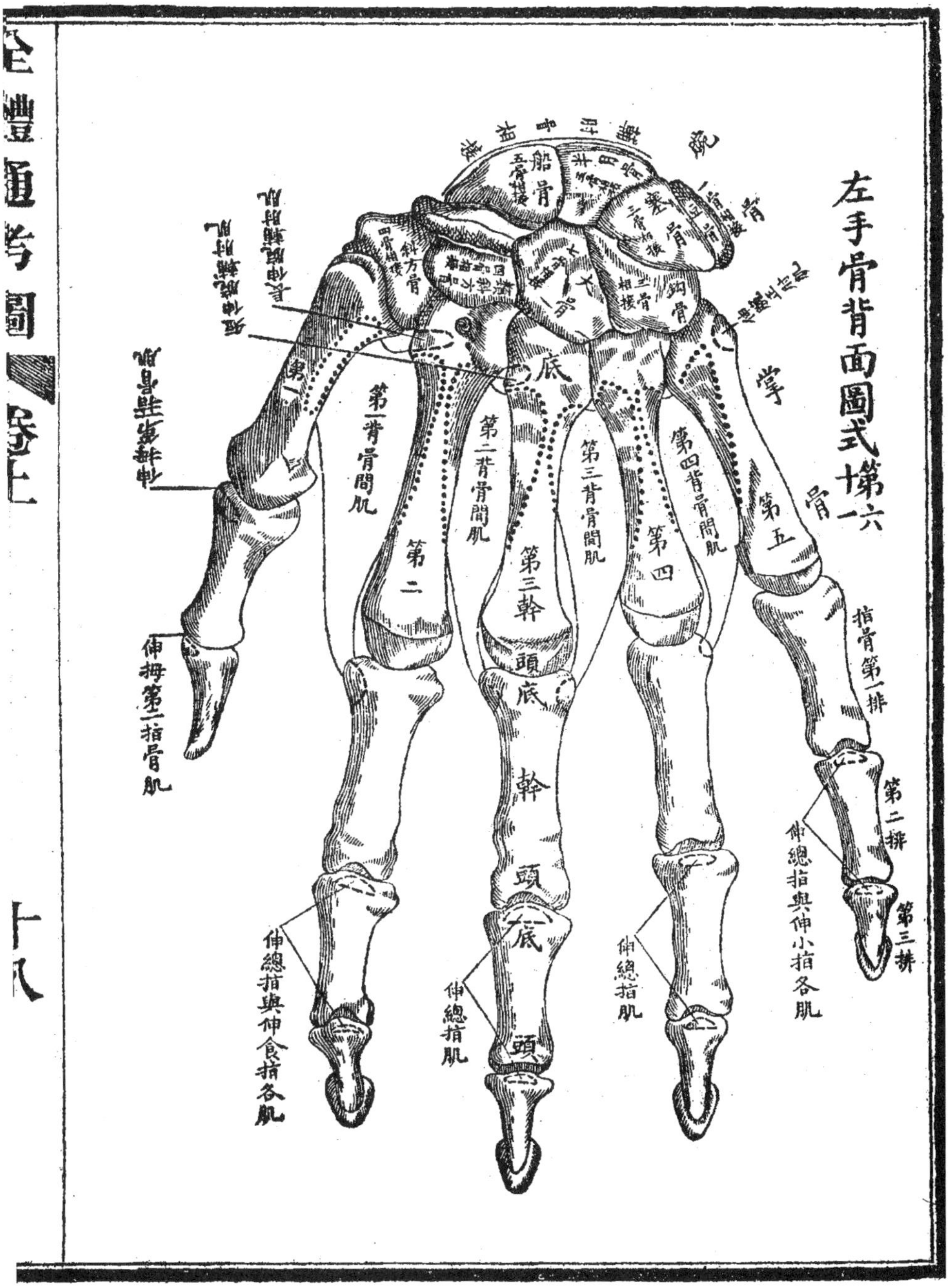
全體通考圖　卷上　十八
左手骨背面圖式第十六
掌
骨
第一
第二
第三
第四
第五
底
幹
頭
第一背骨間肌
第二背骨間肌
第三背骨間肌
第四背骨間肌
指骨第一排
第二排
第三排
伸拇第二指骨肌
伸總指與伸食指各肌
伸總指肌
伸總指與伸小指各肌
船骨
大骨
鈎骨

腕間節第六十一圖

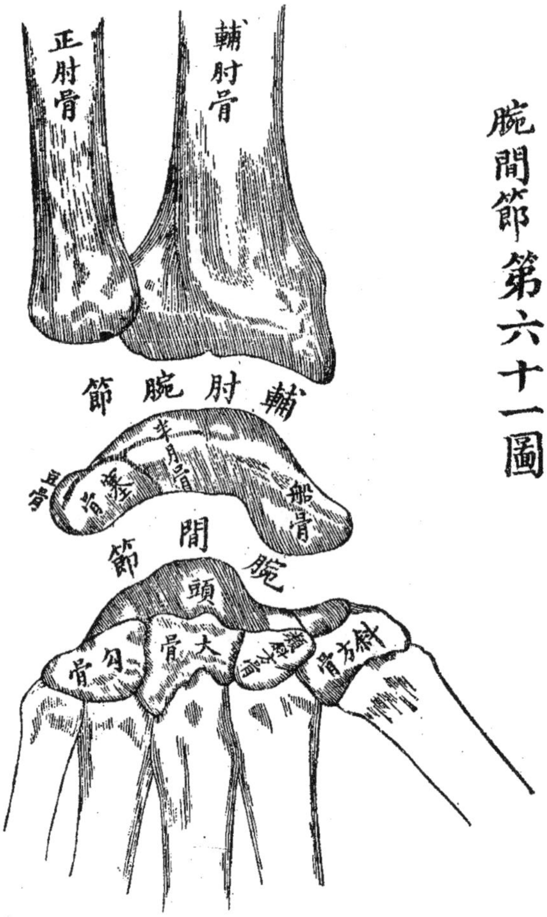

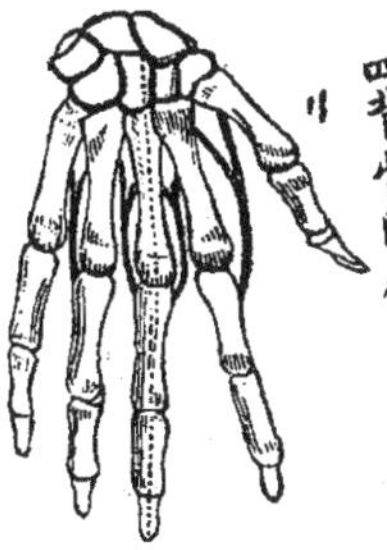

四背骨間肌由中線而分之圖

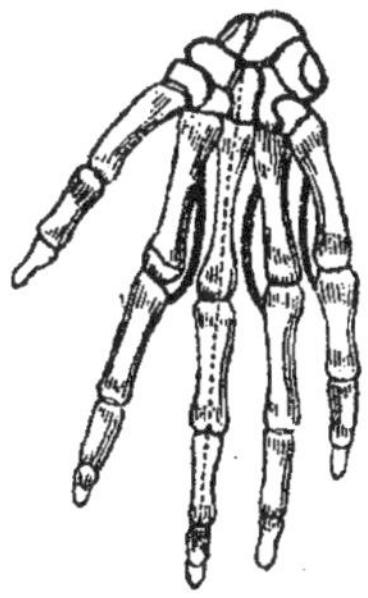

四掌骨間肌向其中線牽之圖

手骨骨種發式

腕骨

此腕骨每塊有骨種一在將生之時俱是腕

掌骨

掌骨骨種有二一為幹一為指端

指骨

骨種有二乃掌一幹一

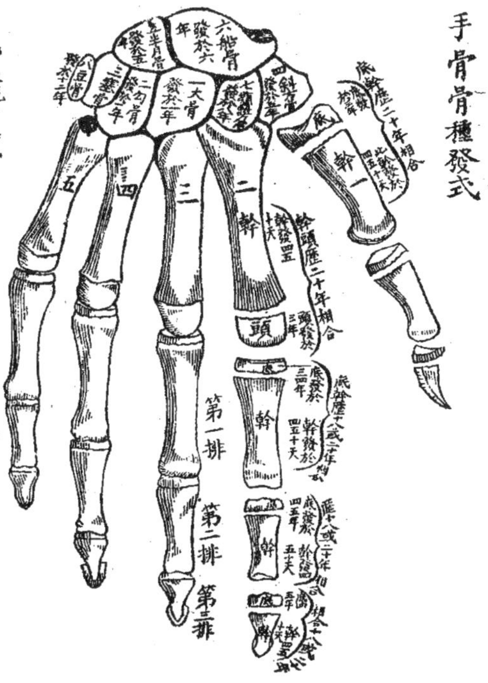

飯匙所發之骨種有七

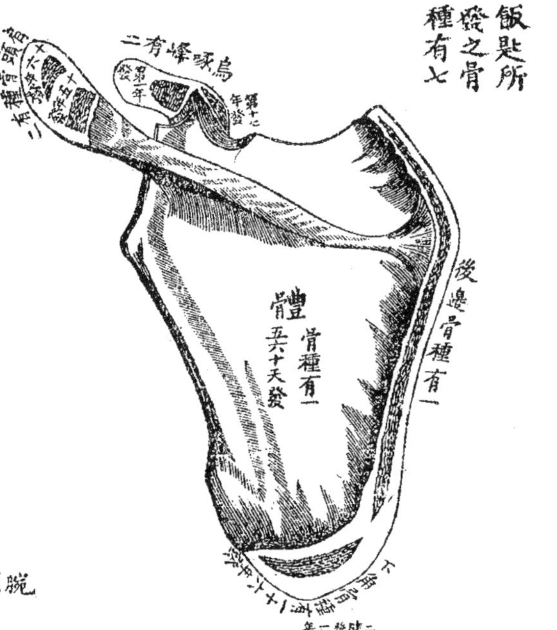

輔肘骨骨種所發之式有三

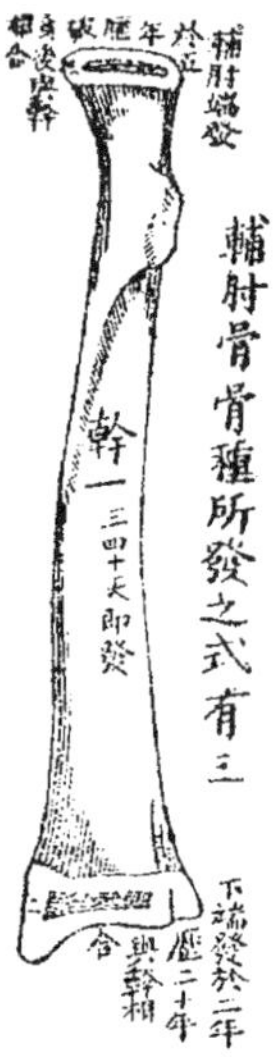

腕節五節膜之圖

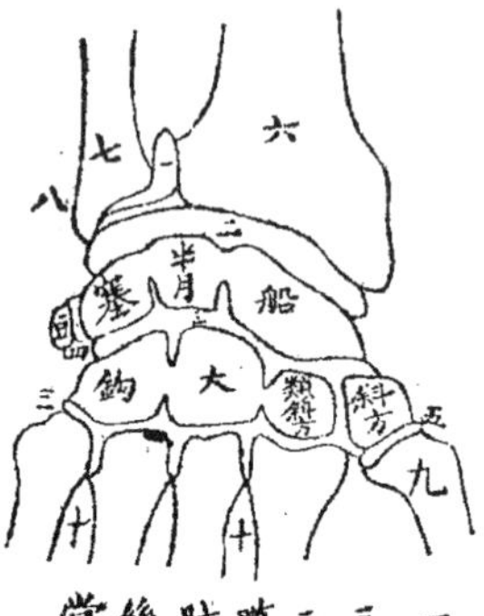

一囊形之膜二第二節膜三三第三或大節膜四豆塞二骨間之膜五拇掌節之膜六輔肘骨之下端七正肘骨之下端八節間之類絲膸九拇掌骨之底十他掌骨之底

正肘骨骨種所發之式有三

臂骨骨種所發之式有七

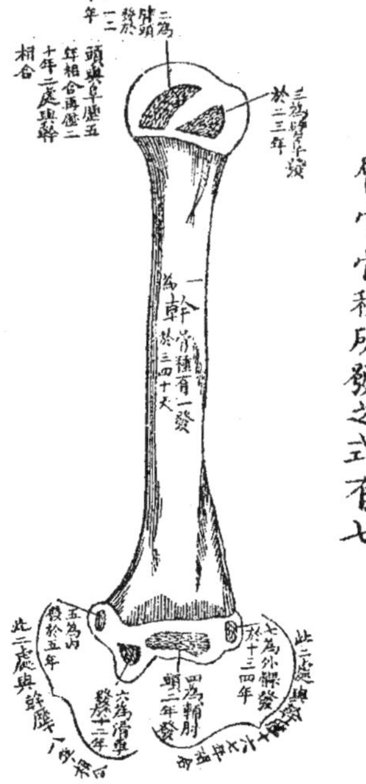

臂頭之上端圖

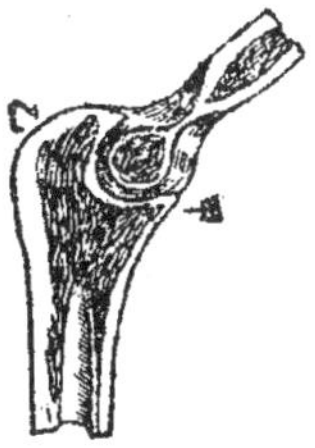

正肘骨大半月窩發明臂之滑車圖

甲烏啄峯
乙肘頭

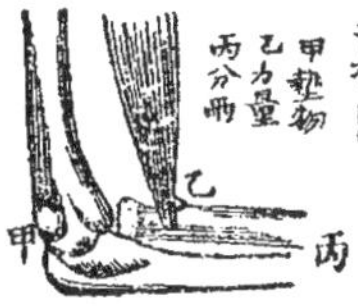

前臂骨乃第三類之橇圖

甲墊物
乙力量
丙分兩

輔肘骨下端剖之發明其密壁之薄

正輔兩肘骨中之形狀圖

乙輔肘骨
甲正肘骨

右胯骨外面圖式第十六

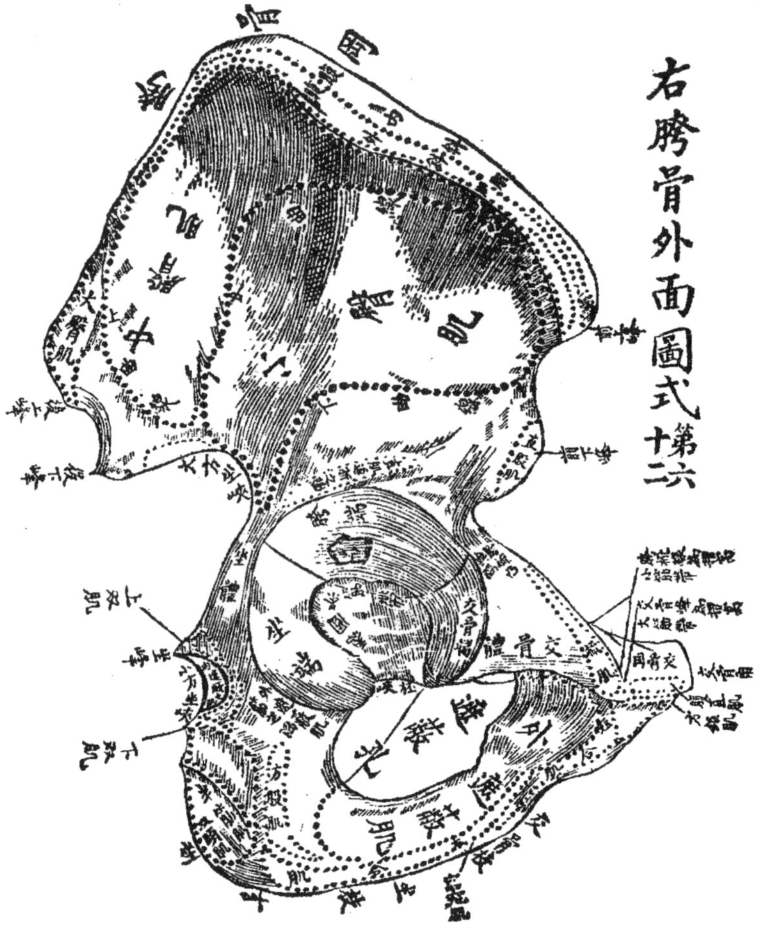

右胯骨内面圖式第六十二

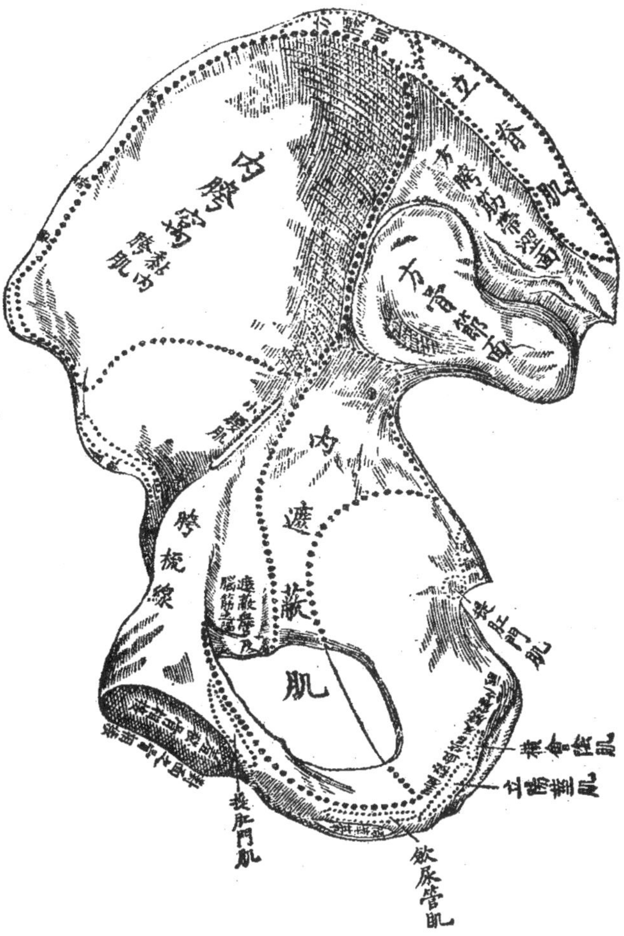

男之尻骨盤長成圖式第六十二

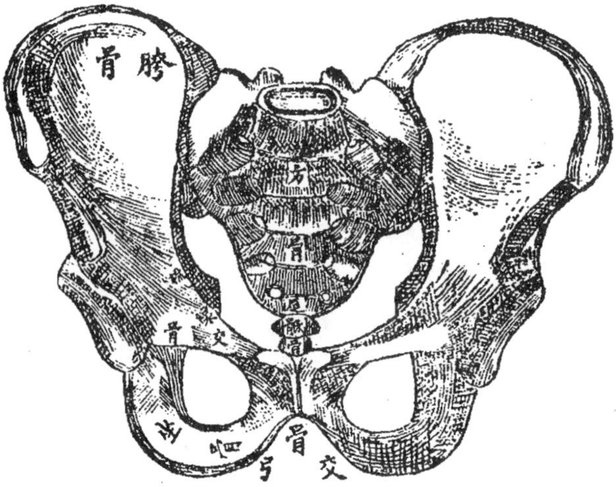

女之尻骨盤長成圖式

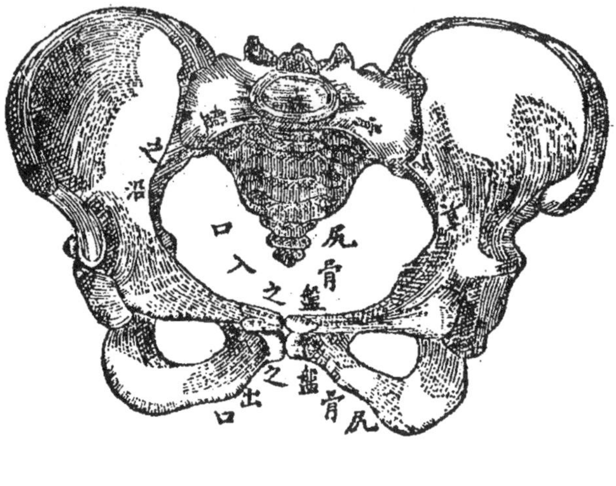

方骨剖圖式第六十三

方骨後面圖式

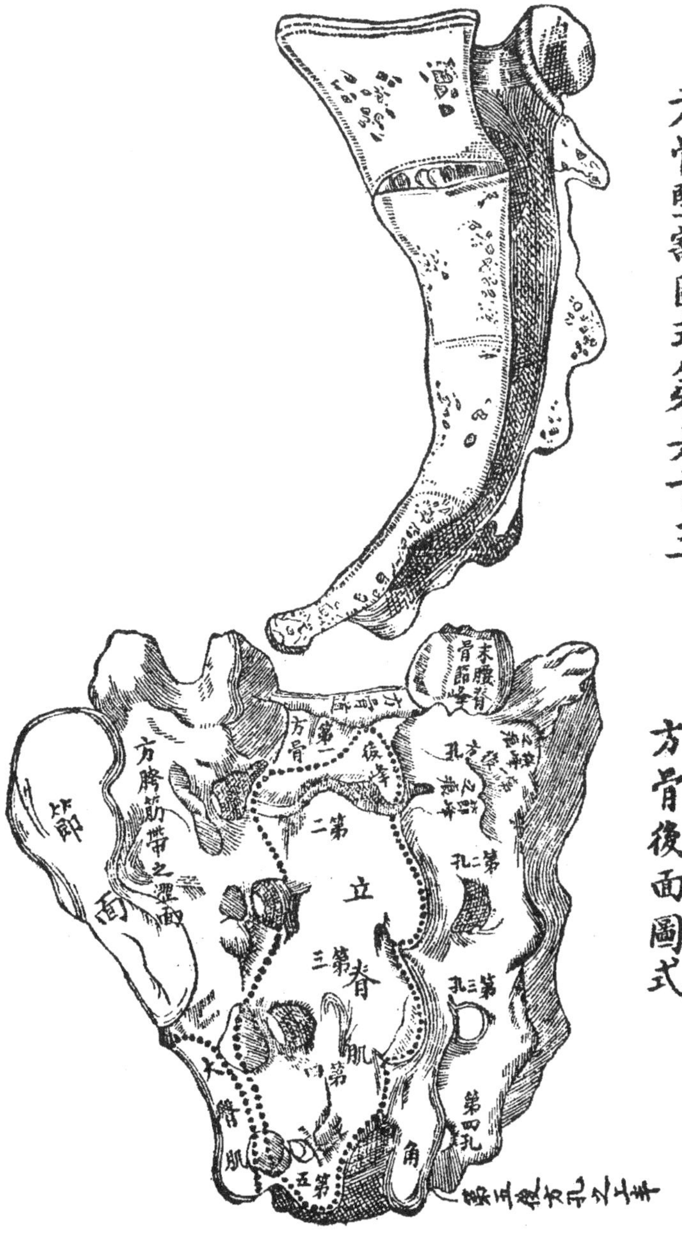

腰脊骨圖式第三十六

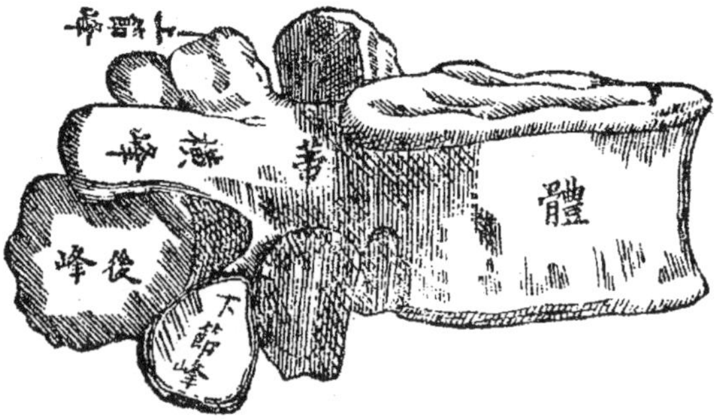

方骨前面圖式第六十三

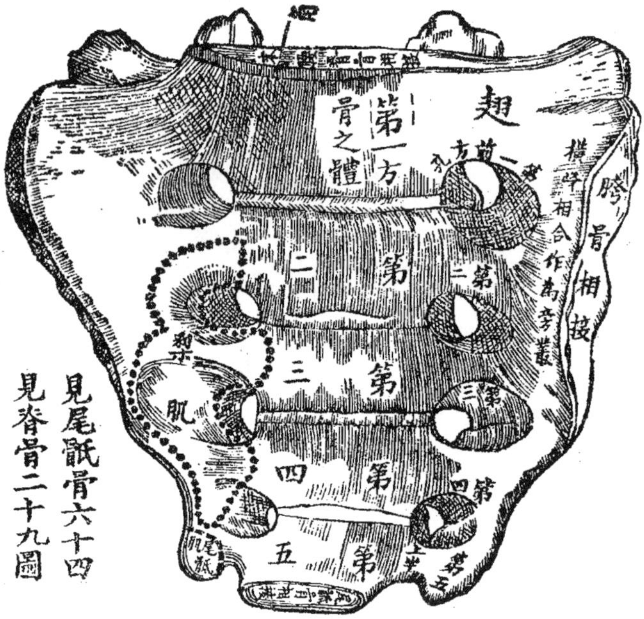

見尾骶骨六十四
見脊骨二十九圖

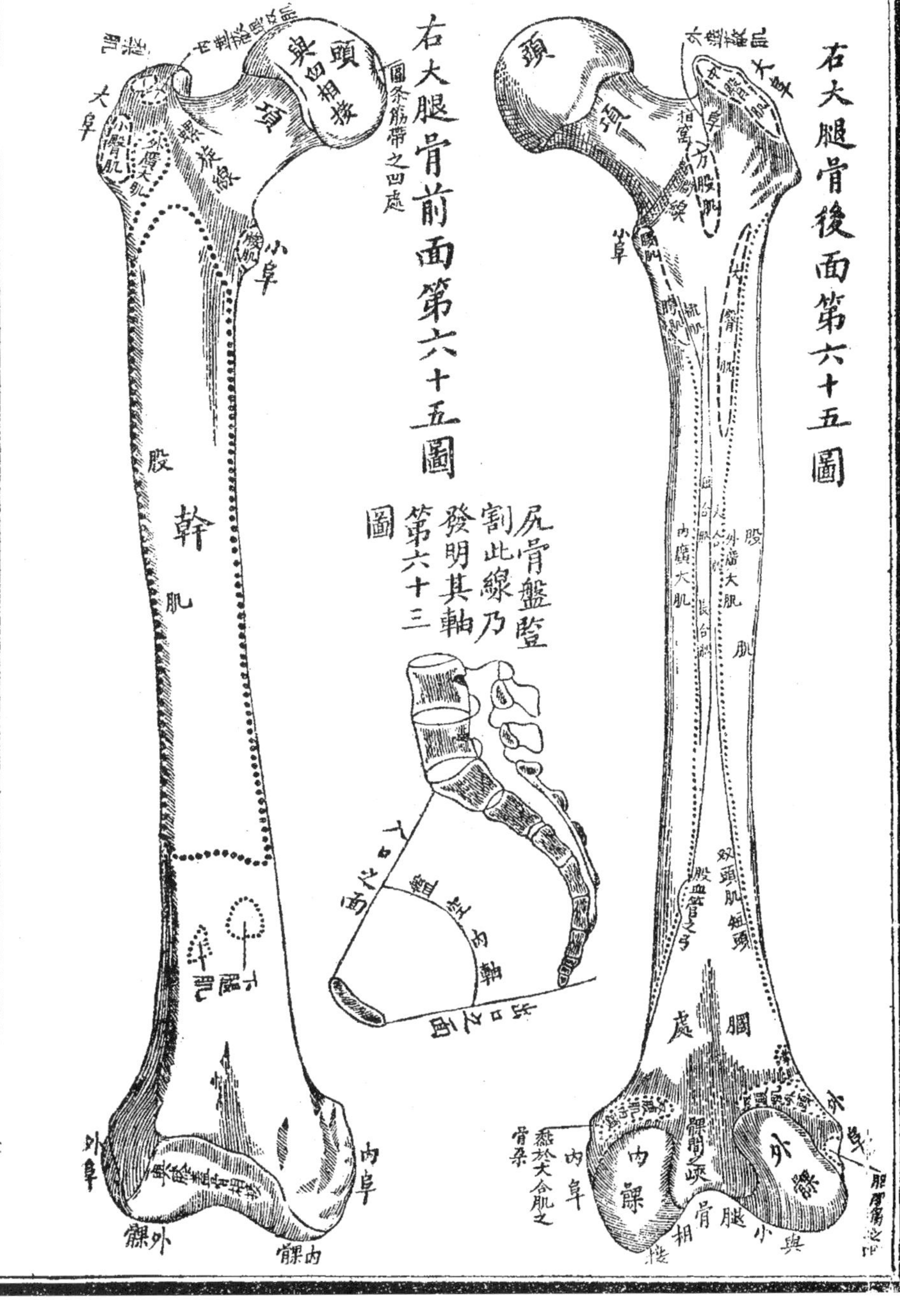

右大腿骨前面第六十五圖

右大腿骨後面第六十五圖

尻骨盤暨割此線乃發明其軸第六十三圖

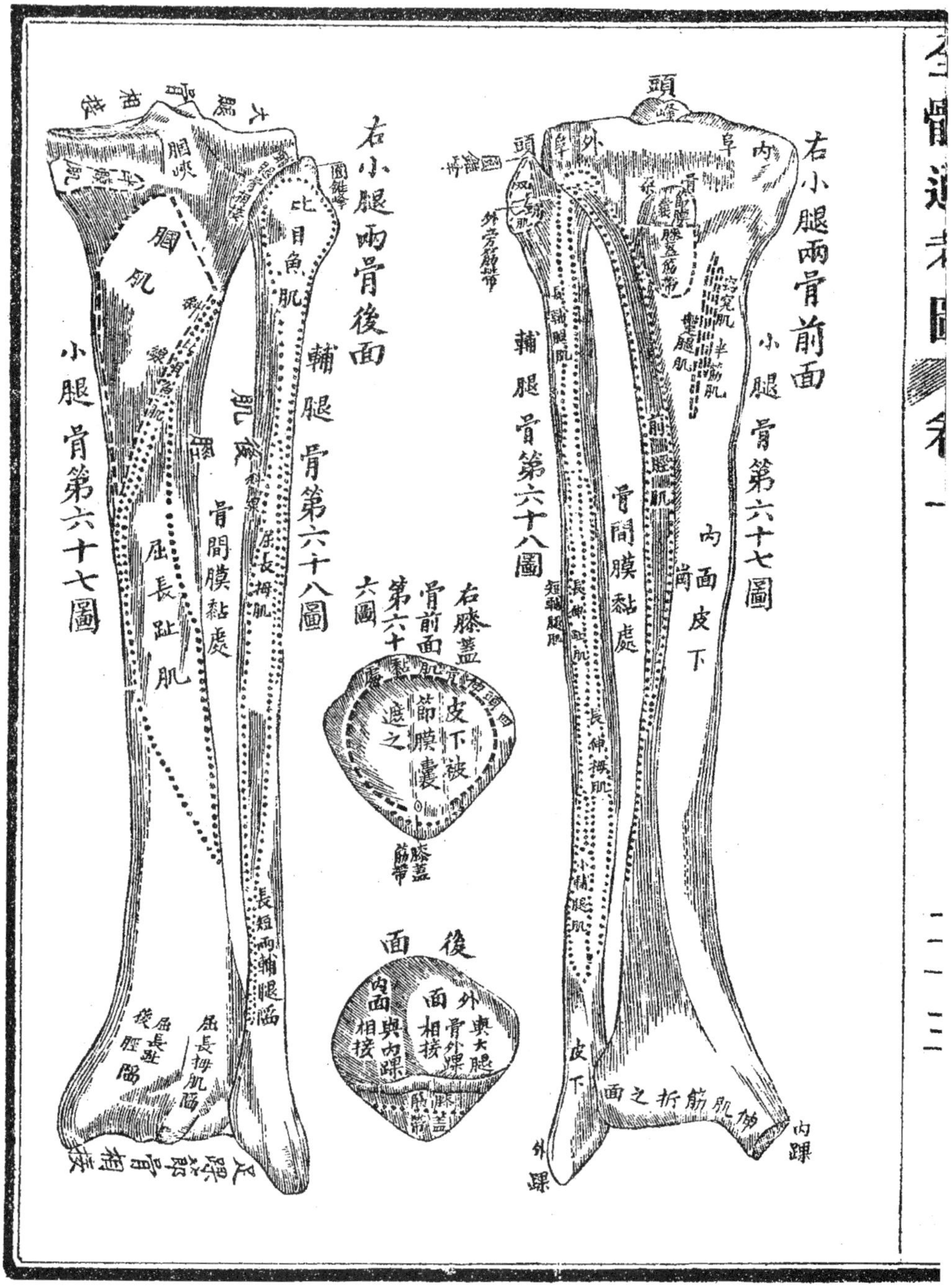
右小腿兩骨前面
小腿骨第六十七圖
輔腿骨第六十八圖
頭
外
內
骨間膜黏處
內面皮下
皮下
伸肌筋折之面
外踝
內踝
右小腿兩骨後面
小腿骨第六十七圖
輔腿骨第六十八圖
膕肌
屈長趾肌
骨間膜黏處
右膝蓋骨前面第六十六圖
皮下鼓節膜囊遮之
膝蓋筋帶
後面
外與大腿骨外踝面相接
內面與內踝相接

右足骨掌面第六十九圖

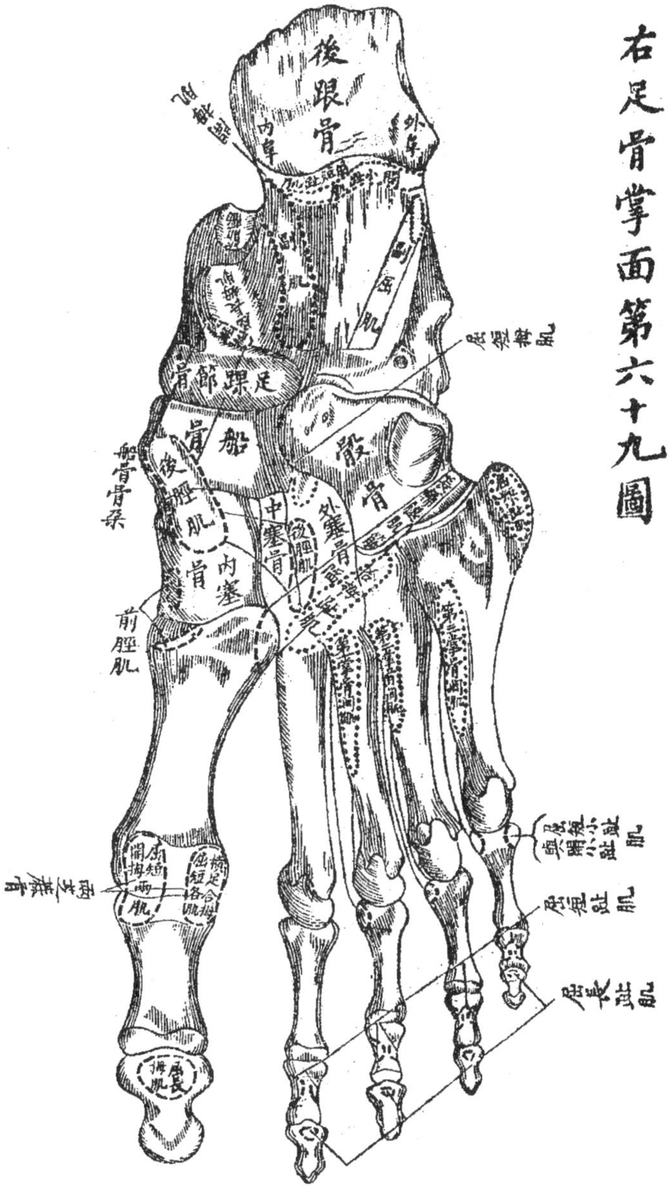

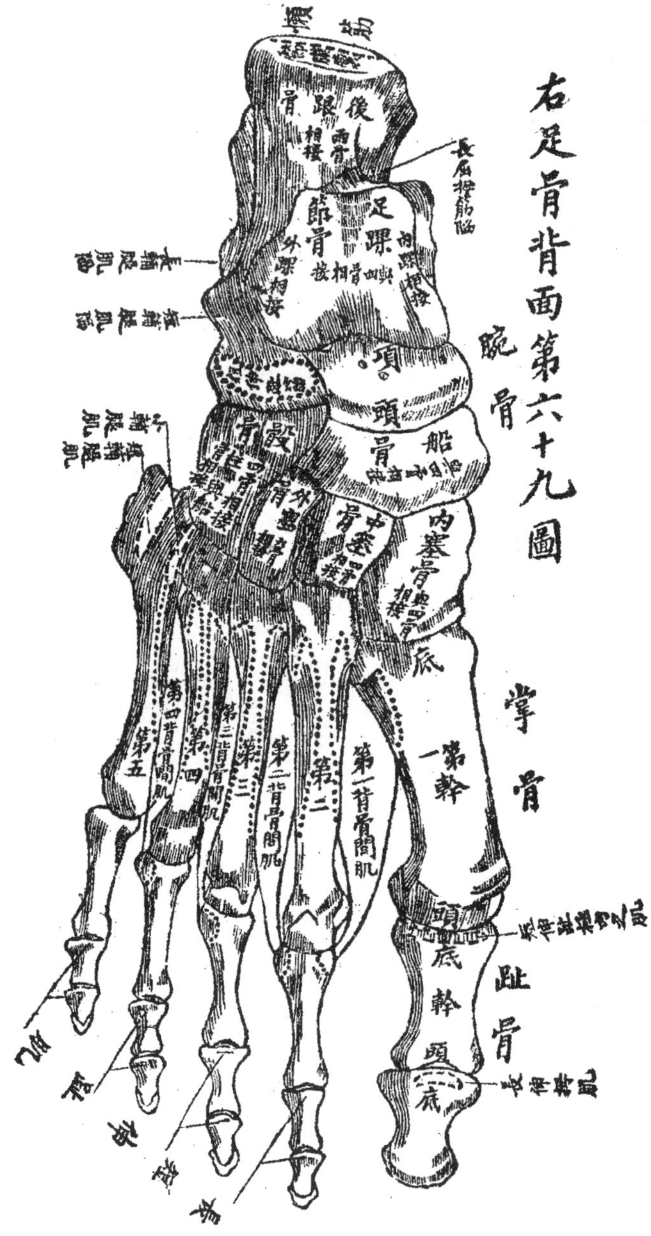
後跟骨
足踝骨
項
頭
船骨
腕骨
骰骨
外塞骨
中塞骨
內塞骨
底
掌骨
第一幹
第一背骨間肌
第二背骨間肌
第三背骨間肌
第四背骨間肌
第二
第三
第四
第五
頭
底
幹
趾骨
頭
底

右足骨背面第六十九圖

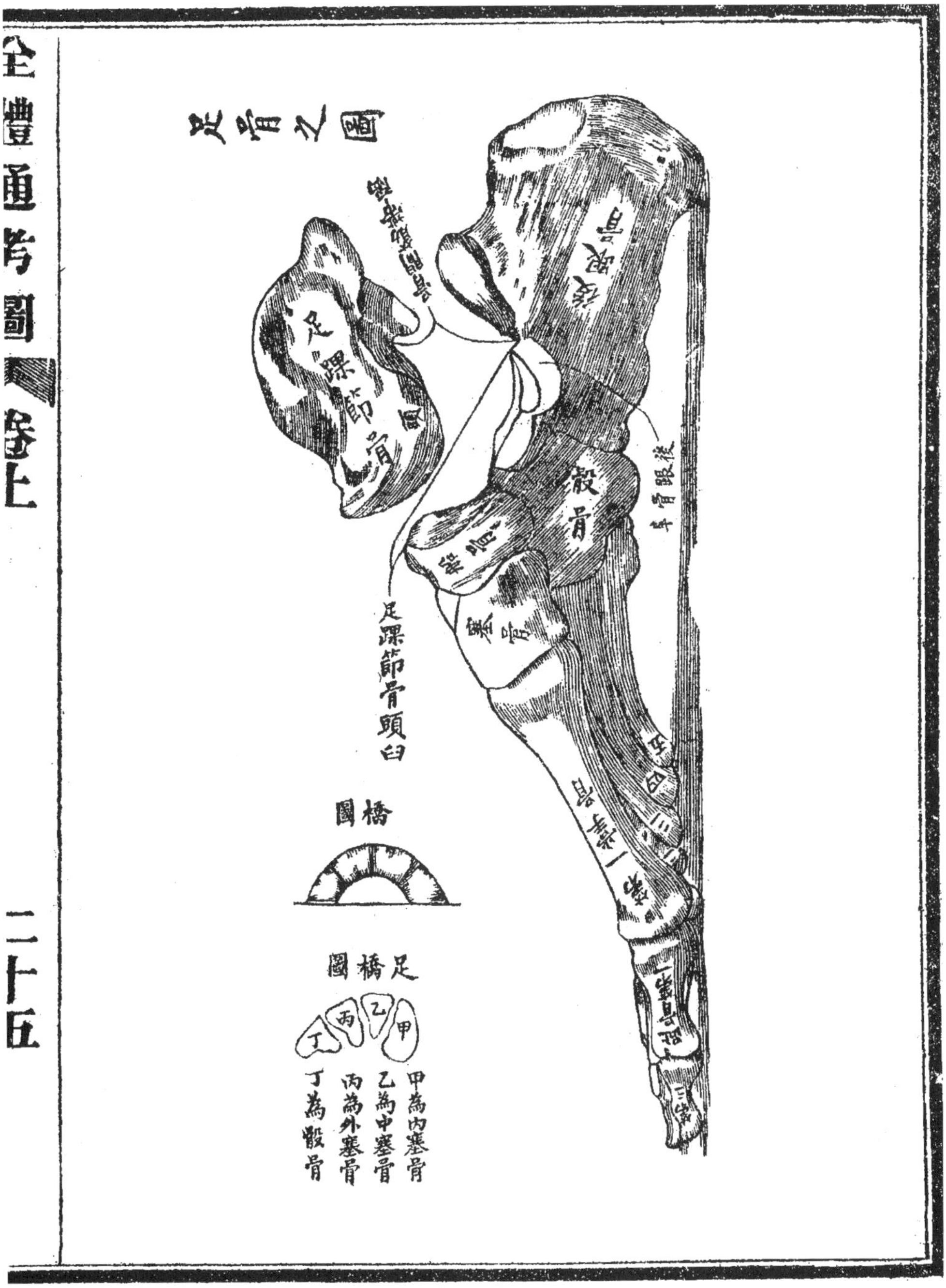
全體通考圖　卷上
二十五
足骨之圖
足踝節骨
骰骨
塞骨
足踝節骨頭臼
橋圖
足橋圖
甲為內塞骨
乙為中塞骨
丙為外塞骨
丁為骰骨

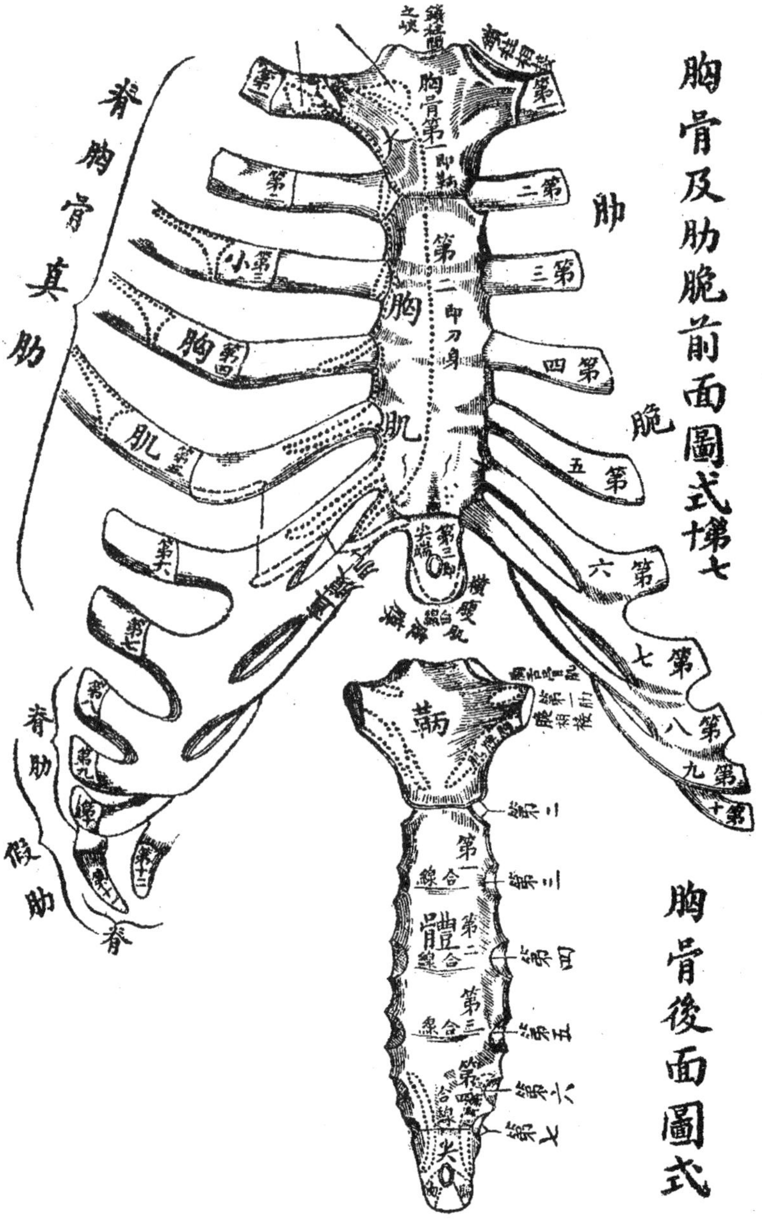

胸骨及肋脆前面圖式第十七

胸骨後面圖式

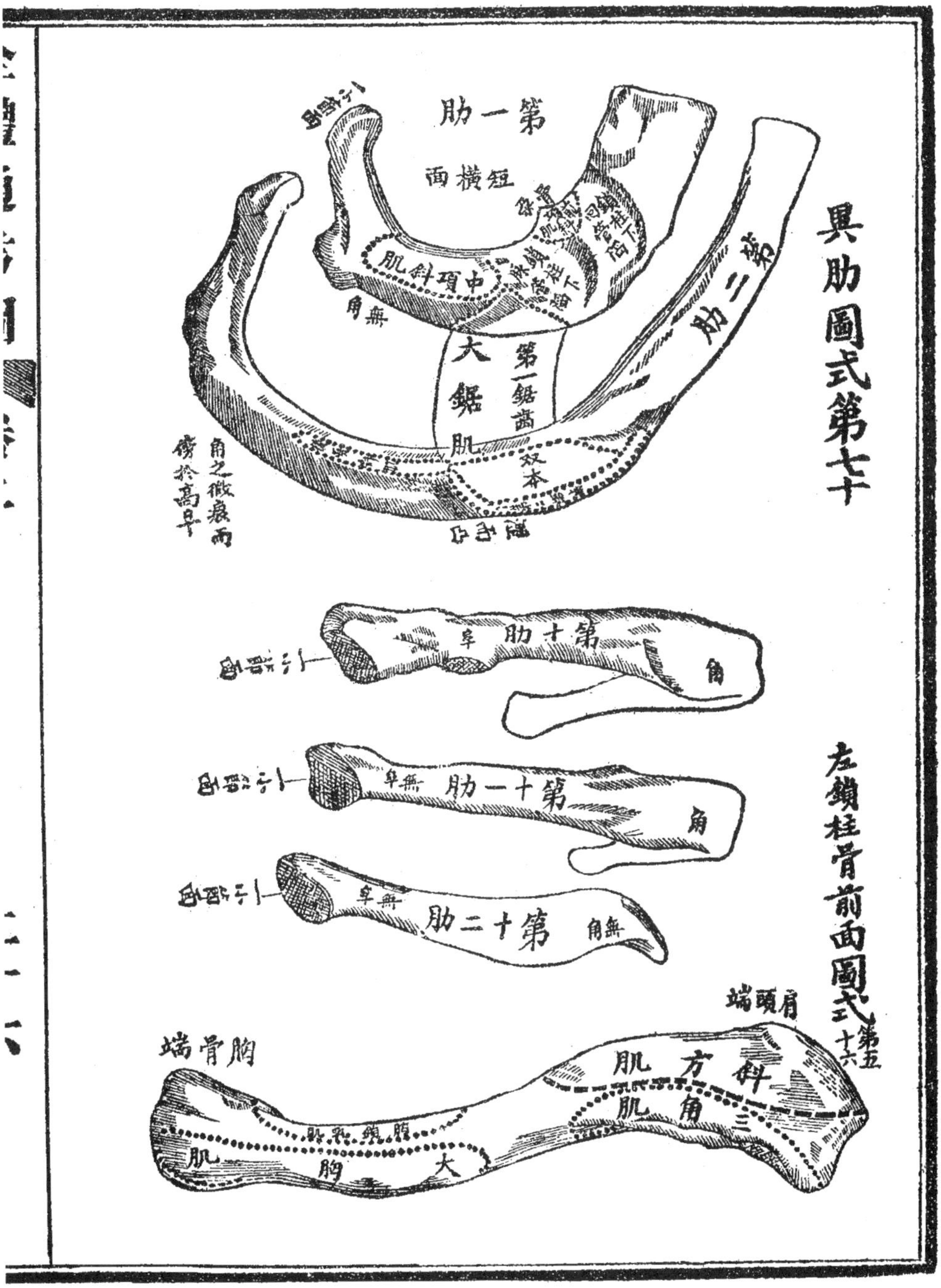

異肋圖式第七十

左鎖柱骨前面圖式第五十六

右之中肋裡面圖式第七十

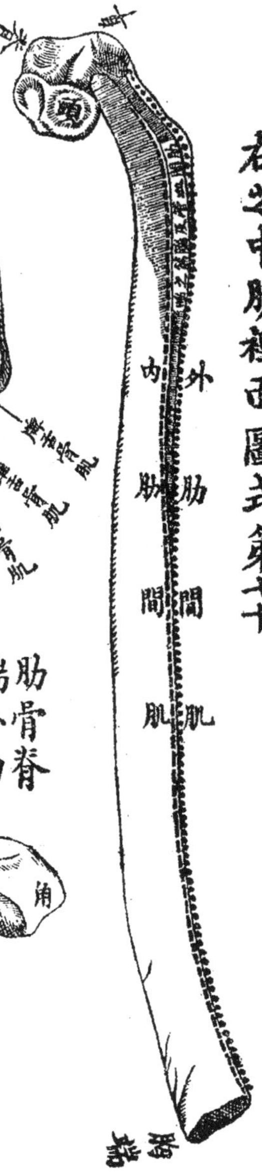

舌骨前面圖式第七十一

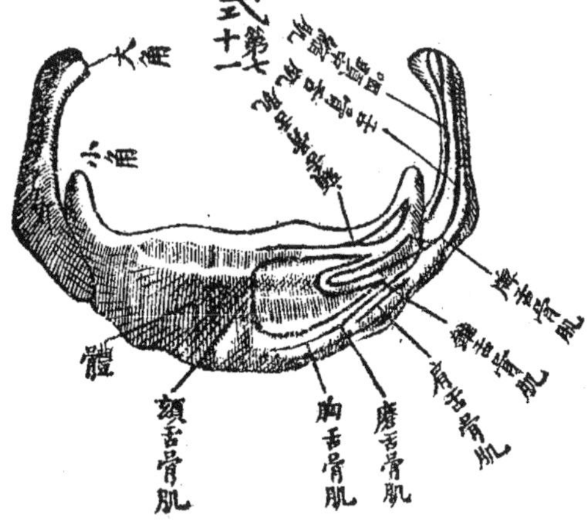

肋骨脊端外面圖式

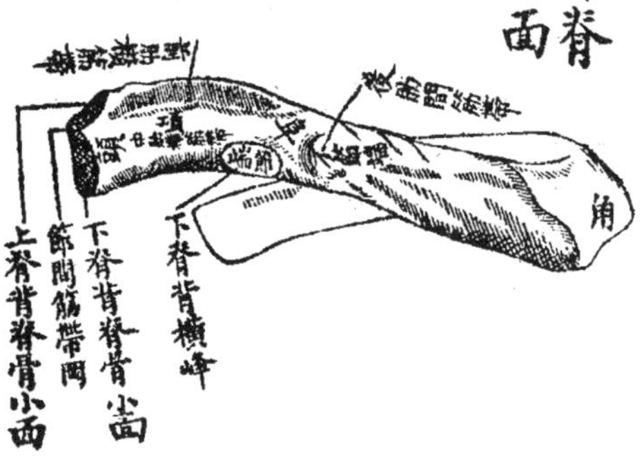

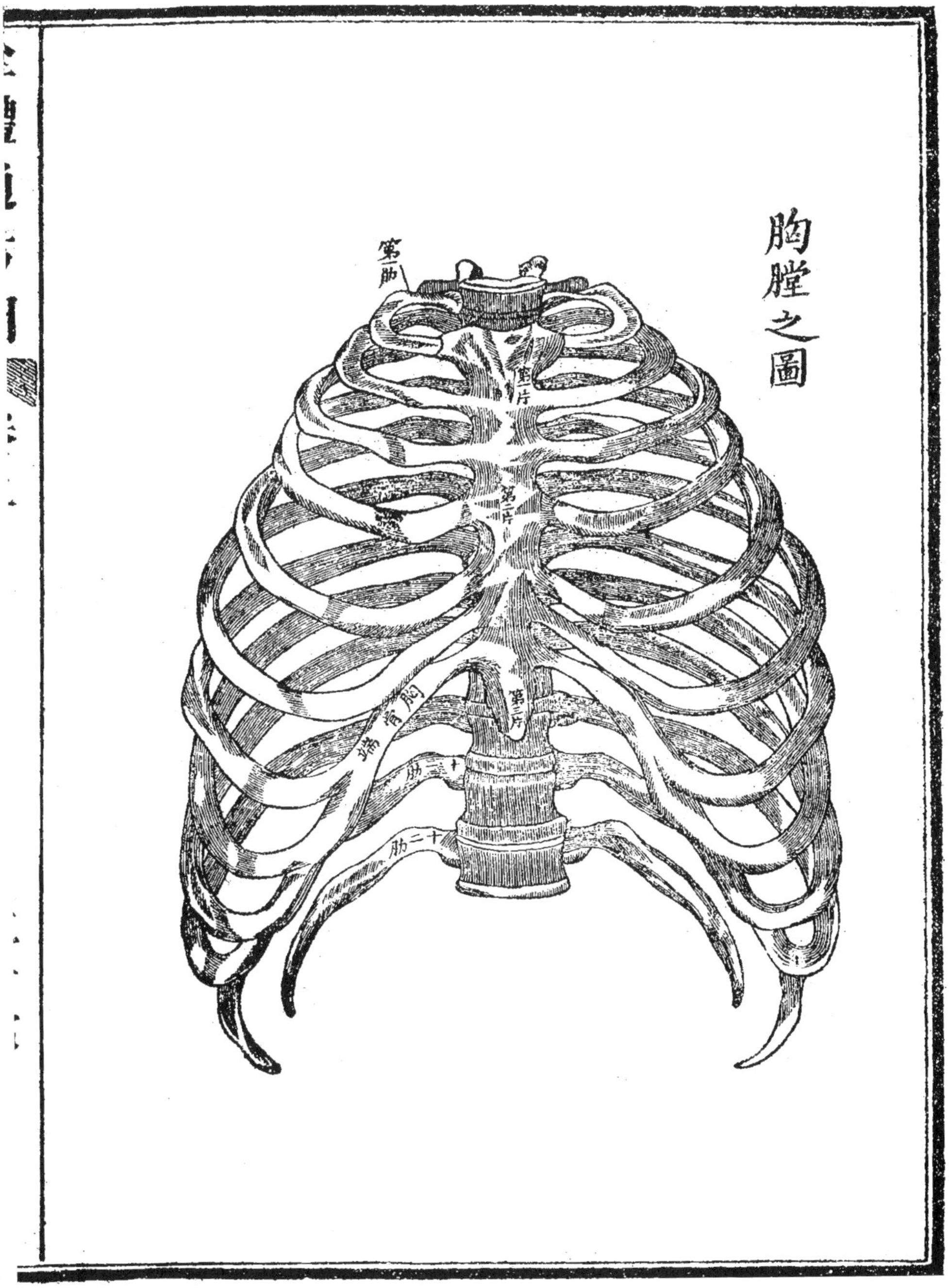
胸膛之圖
第一肋
第一片
第二片
第三片
胸骨端
十一肋
十二肋

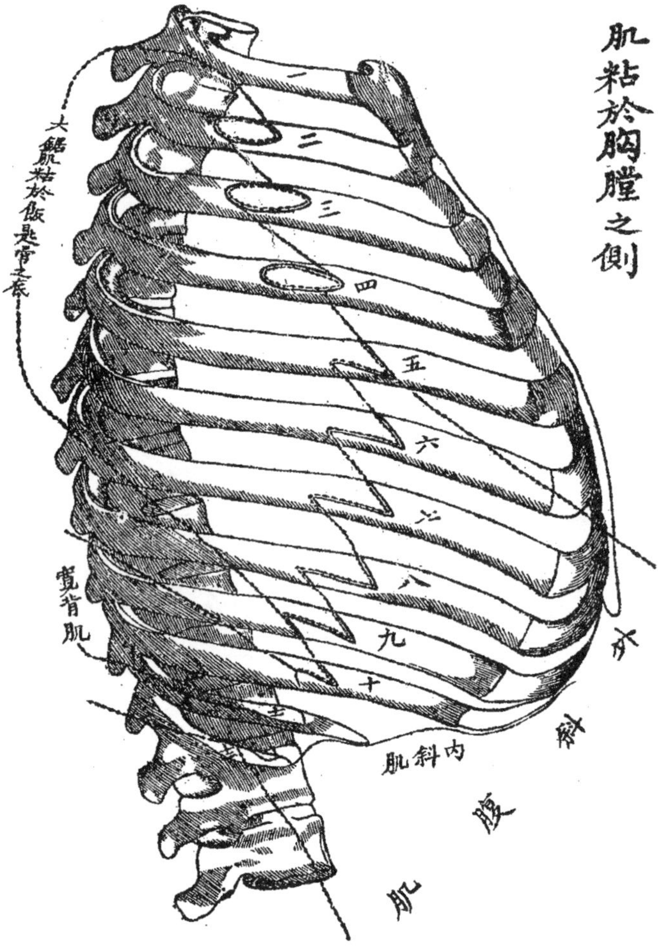
肌粘於胸膛之側
大鋸肌粘於飯匙骨之表
一
二
三
四
五
六
七
八
九
十
十一
寬背肌
内斜肌
外斜腹肌

肌粘與胸膛側之圖

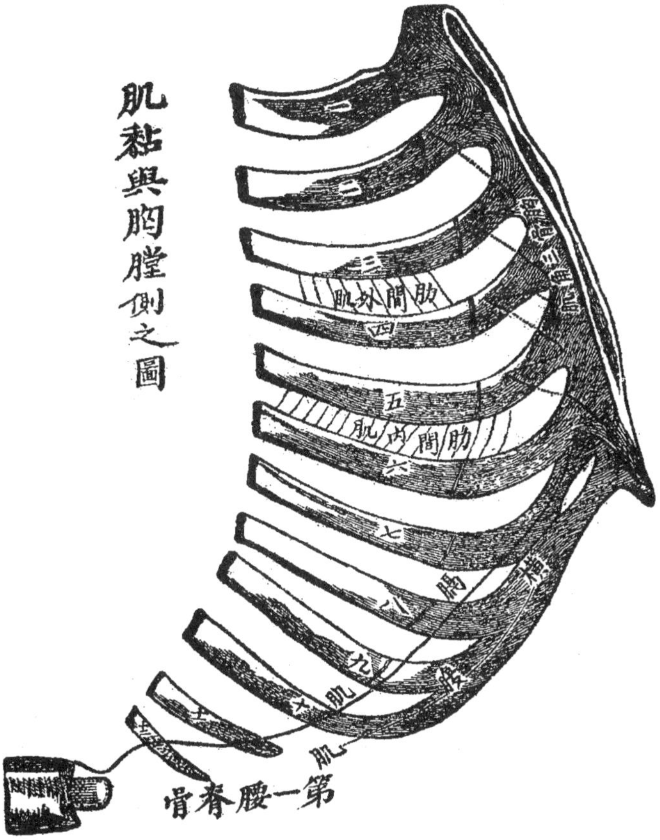

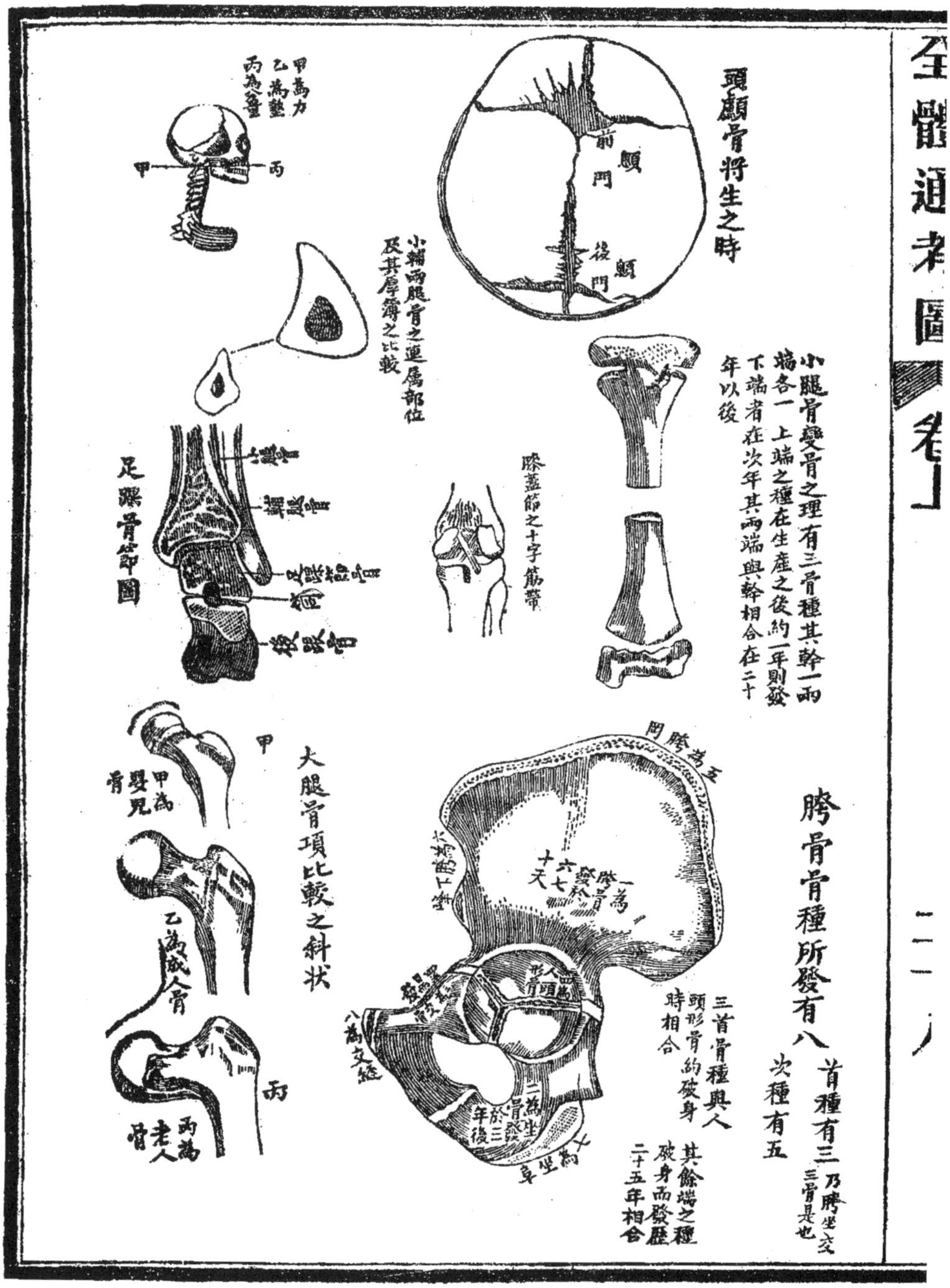
全體通考圖 卷
頭顱骨將生之時
前顖門
後顖門
甲為力
乙為墊
丙為重
甲
丙
小腿兩腿骨之連屬部位及其厚薄之比較
小腿骨變骨之理有三骨種其幹一兩端各一上端之種在生產之後約一年則發下端者在次年其兩端與幹相合在二十年以後
膝蓋節之十字筋帶
足踝骨節圖
大腿骨項比較之斜狀
甲
甲為嬰兒骨
乙為成人骨
丙
丙為老人骨
胯骨骨種所發有八
首種有三乃胯坐交三骨是也
次種有五
三首骨種與人頭形骨約發身時相合
其餘端之種發身而發歷二十五年相合

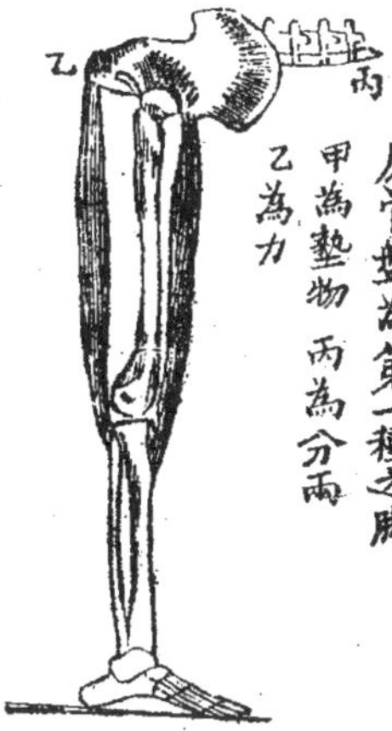
乙
丙
尻骨盤為第一種之脚
甲為墊物　丙為分兩
乙為力

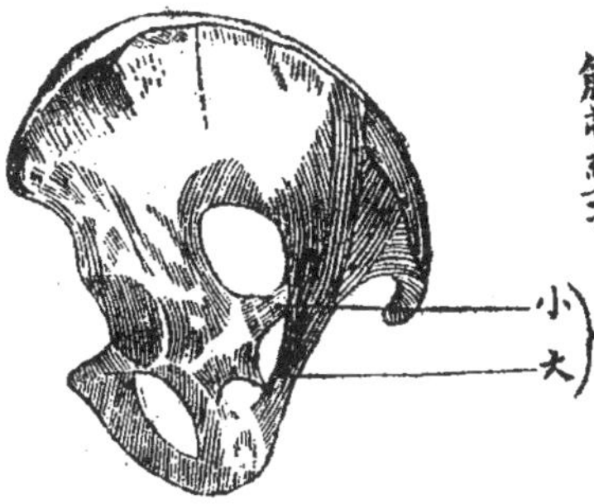
峽被大小方坐
筋帶變孔
小
大
方坐筋帶

尻骨盤豎剖圖式　其線表明尻骨盤內之軸

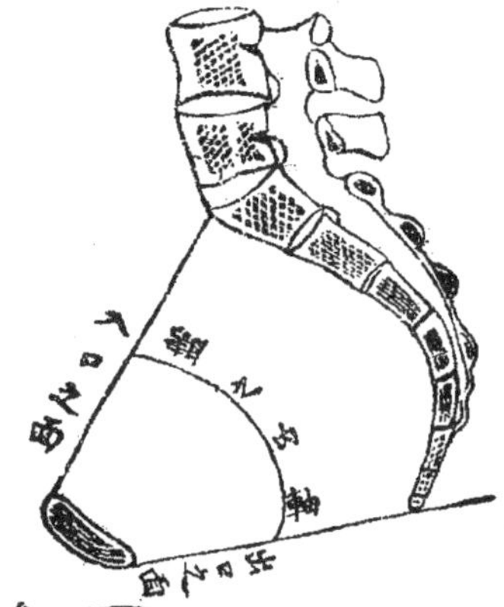

大腿骨項質之圖

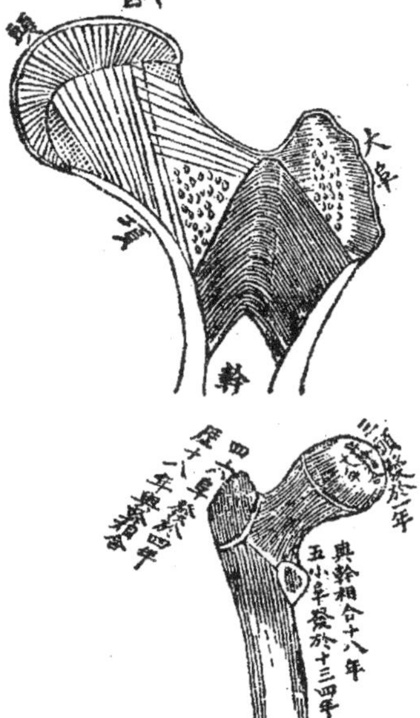

小腿骨之發式有三種

大腿骨之發式骨種有五

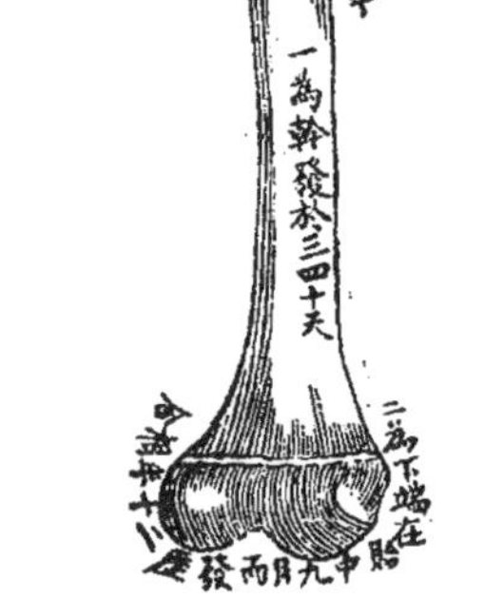

足為第一二三之三種按其墊物壓力分其之部位

一力在彼端重在此端墊物在中間

二力在彼端墊物在此端重在中間

三重在彼端墊物在此端力在中間

足乃提身之脚有人云脚為第二種即墊物在趾並非如此足為第一種之脚墊物乃運動在足踝節即甲其分兩在趾即丙其力在後跟乃乙其腿小腹肌之縮力

胸骨所發有六

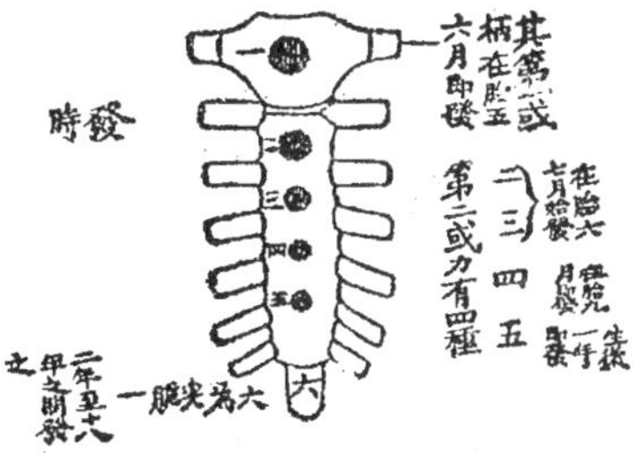

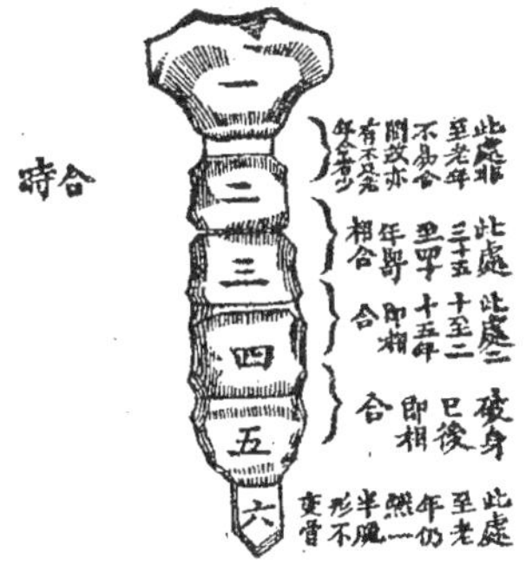

異形骨種

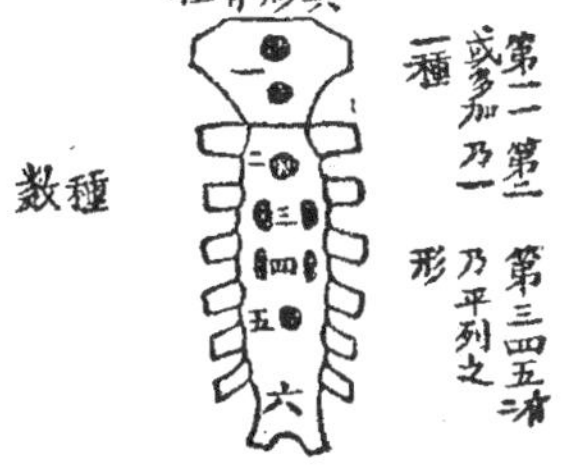

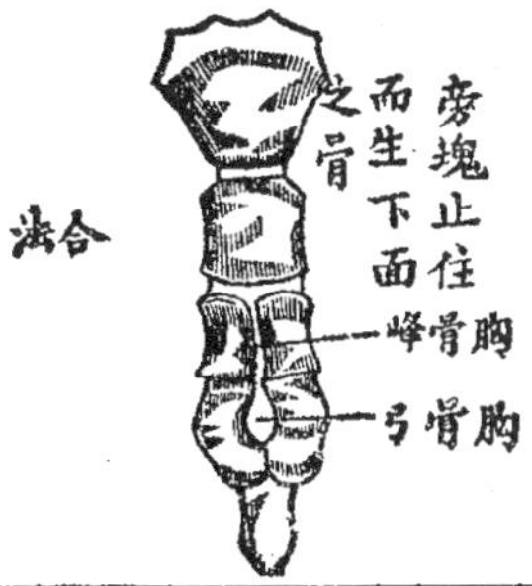

胸前所視之圖

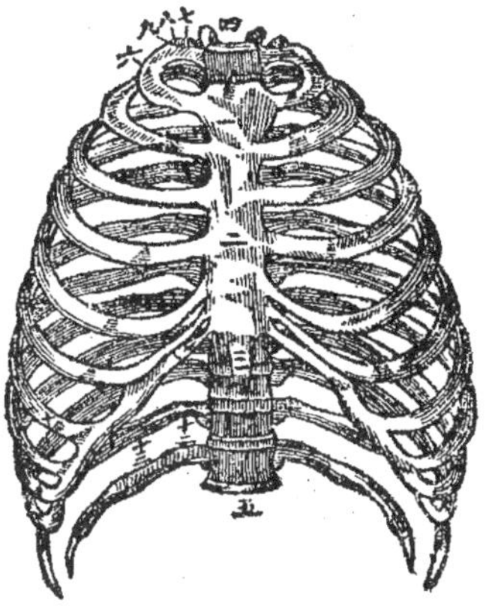

一胸骨上塊二中塊或體三下塊或尖脃四首脊背脊骨五末脊背骨六首肋七其頭八其項列於首脊背脊骨橫峰之上九其骨朶十第七或末真肋十一真肋脆十二末假二肋十三肋下邊之腦

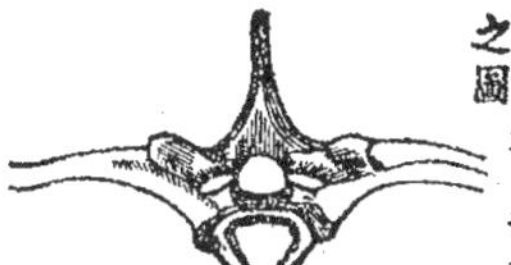

脊骨橫峰扶肋肋朶之圖

全體骨格前面圖

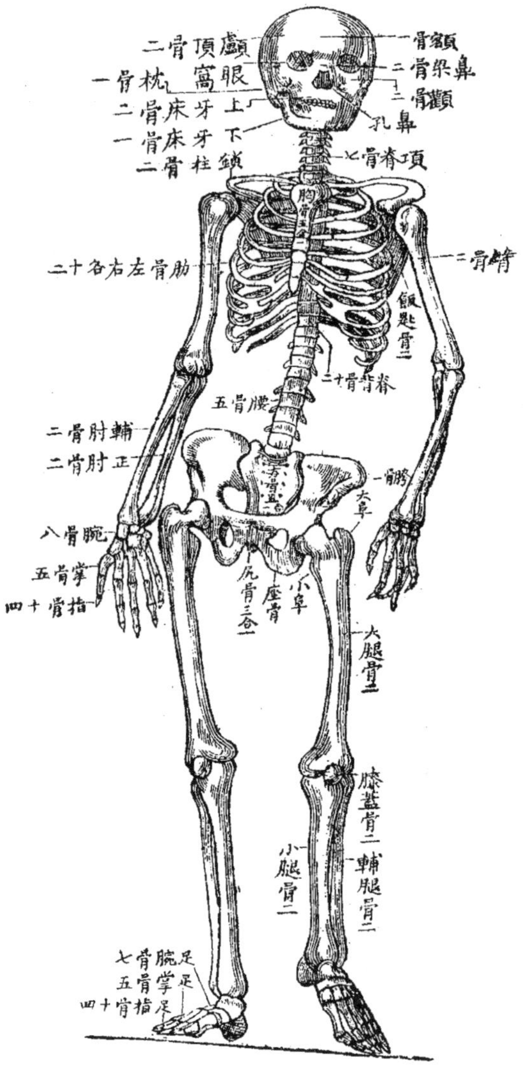
顱頂骨二
眼窩
枕骨一
上牙床骨二
下牙床骨一
鎖柱骨二
額骨一
鼻梁骨二
顴骨二
鼻孔
項脊骨七
胸骨
肋骨左右各十二
髆骨二
飯匙骨二
脊骨十二
腰骨五
輔肘骨二
正肘骨二
胯骨一
大臼
腕骨八
掌骨五
指骨十四
尻骨三合一
坐骨
小臼
大腿骨二
膝蓋骨二
小腿骨二
輔腿骨二
足腕骨七
足掌骨五
足指骨十四

脊骨規模圖第七十二圖

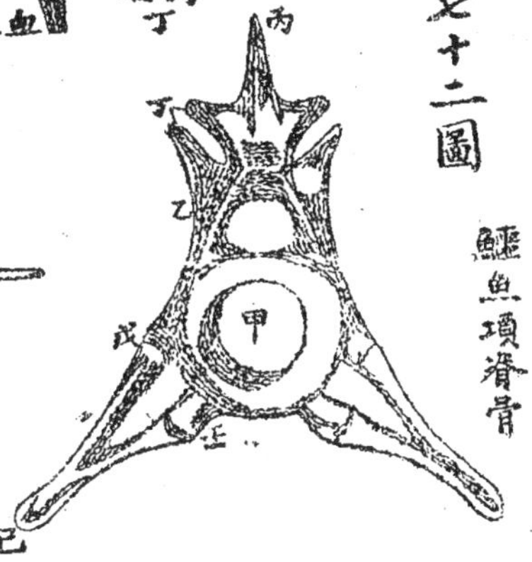

鱷魚項脊骨

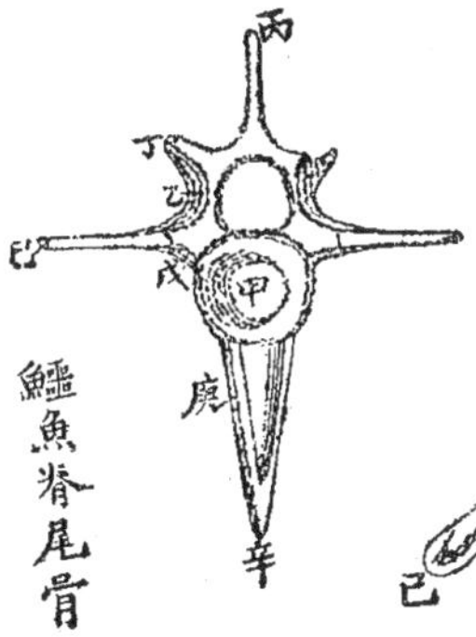

鱷魚脊尾骨

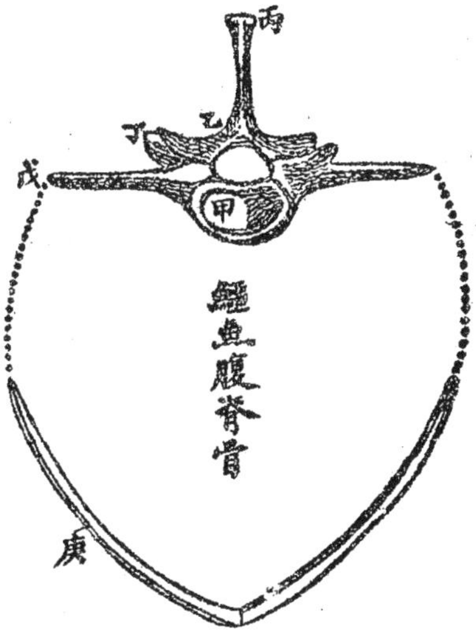

鱷魚腹脊骨

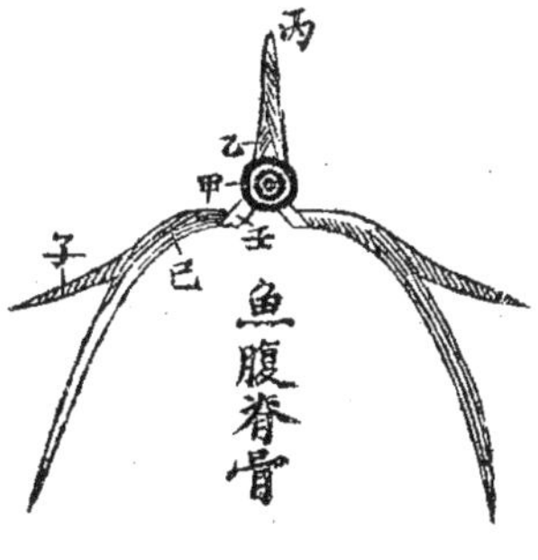

魚腹脊骨

頭顱骨規模第七十二圖

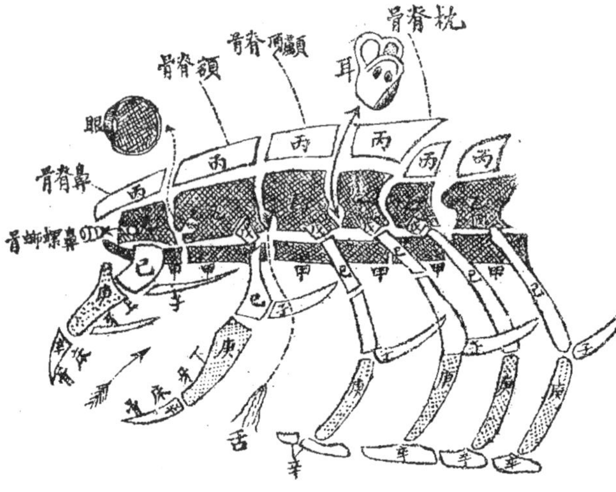

魚之頭顱

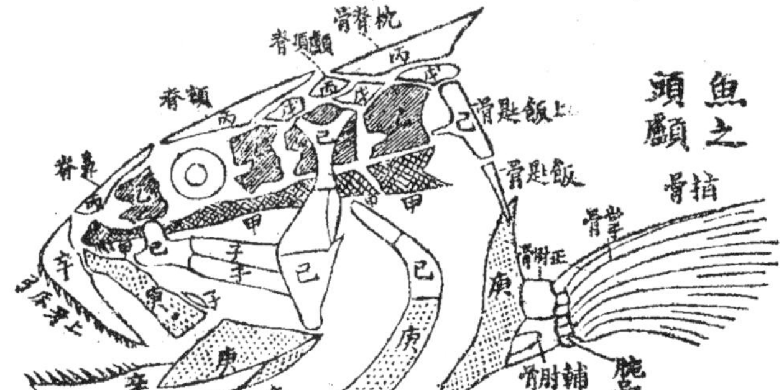

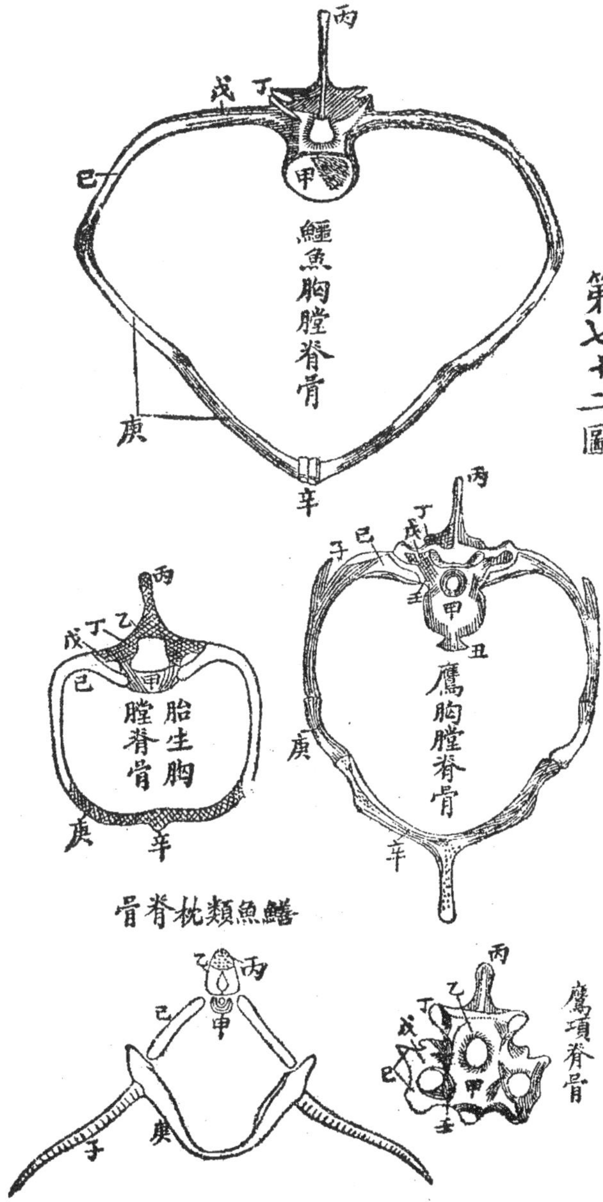

第七十二圖

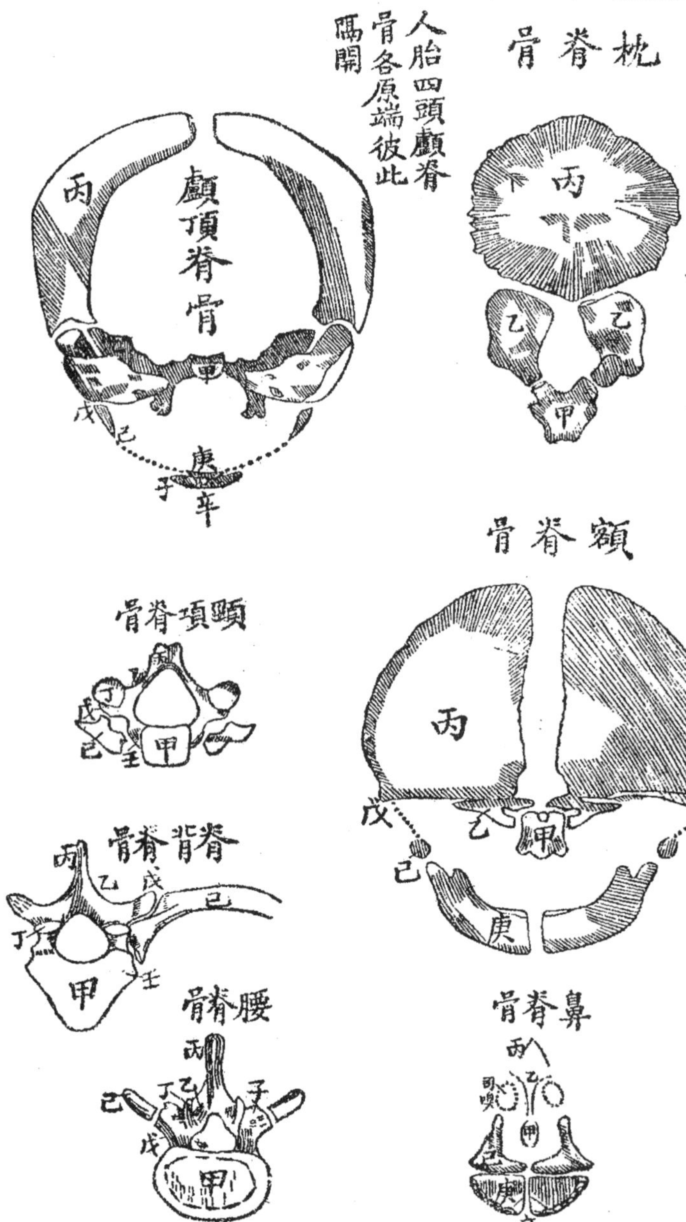

第七十三圖

七十四圖

旁視人胎四頭顱脊骨内外與其各骨之部位

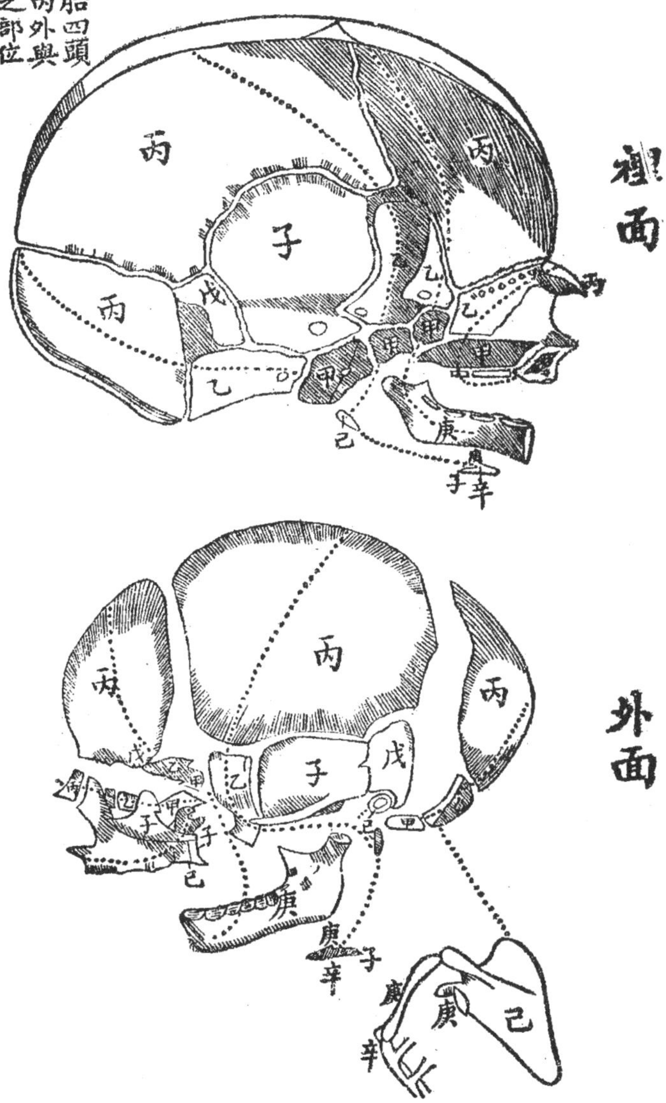

腰部之二脊骨與其筋帶監割之式第七十五圖

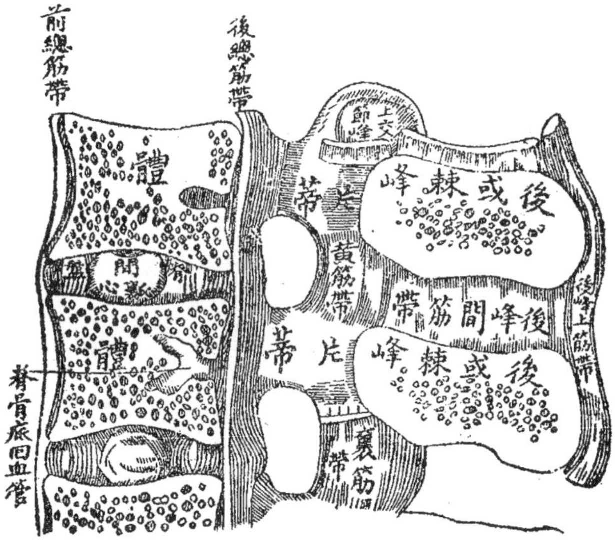

枕扭環與扭環樞軸筋帶前面第七十六圖

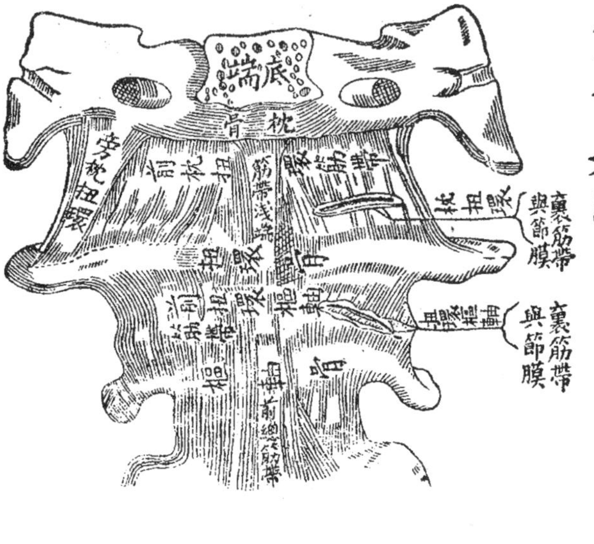

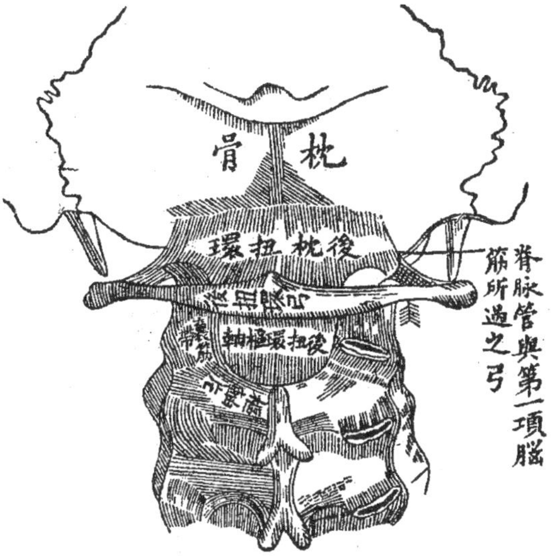

枕扭環與扭環樞軸筋帶後面第七十七圖

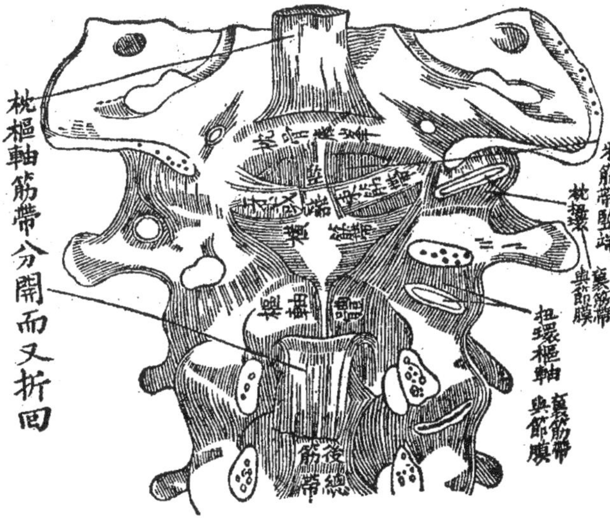

枕樞軸與扭環樞軸筋帶後面第七十九圖

牙峰與扭環交節　第七十八圖

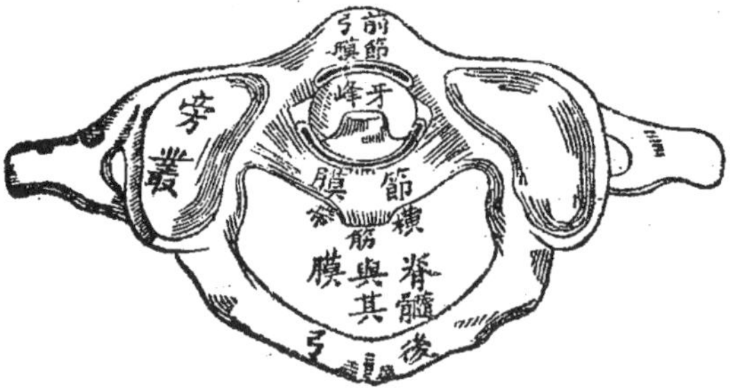

耳門牙床交節外面　第八十圖

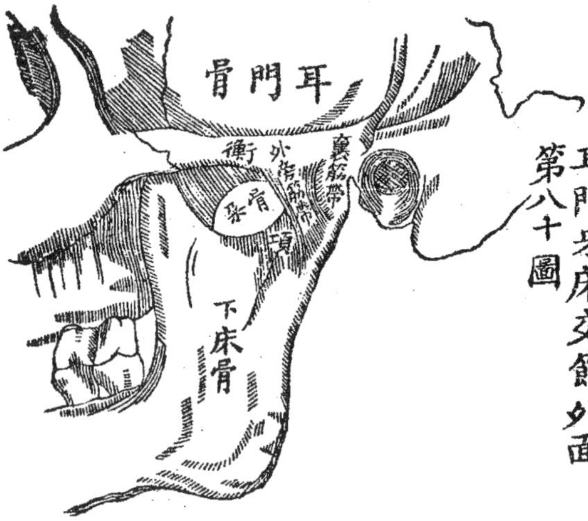

耳門牙床交節內面　第八十一圖

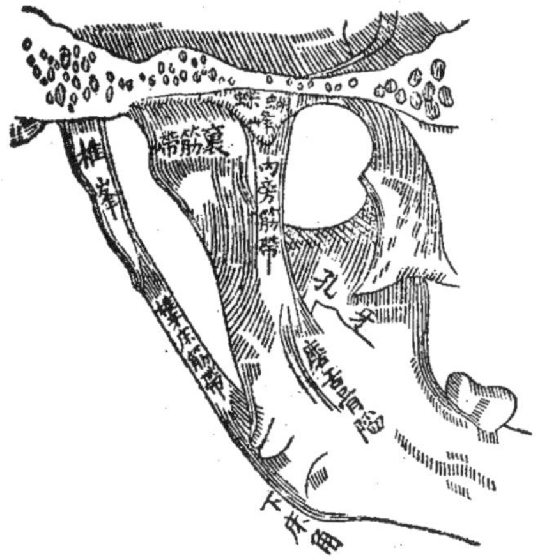

耳門牙床交節豎割第八十二圖

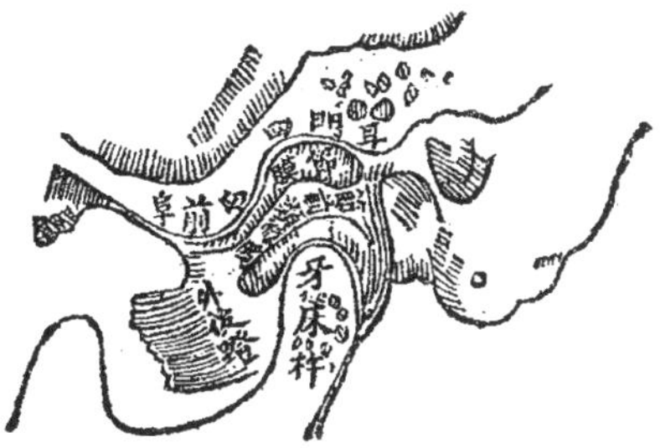

肋脊骨與肋橫峰交節前面第八十三圖

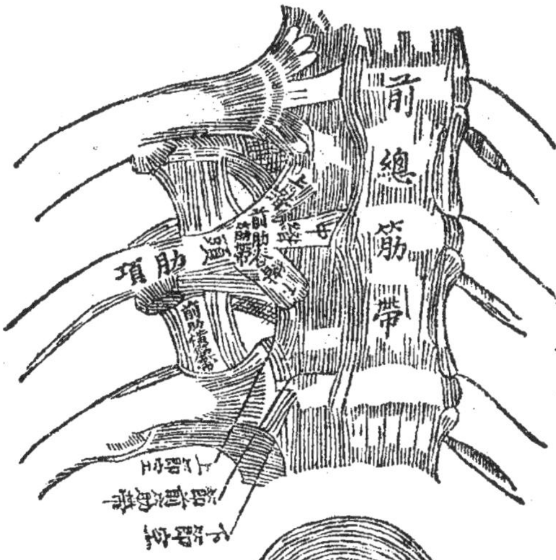

肋橫峰上面第八十四圖

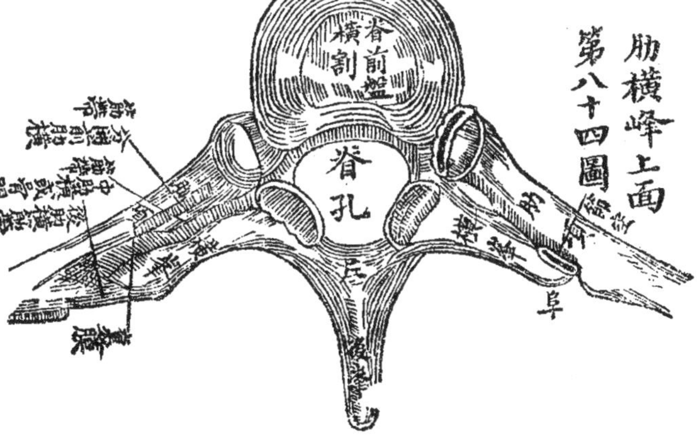

肋胸骨肋歛尖與肋間交節

前面第八十五圖

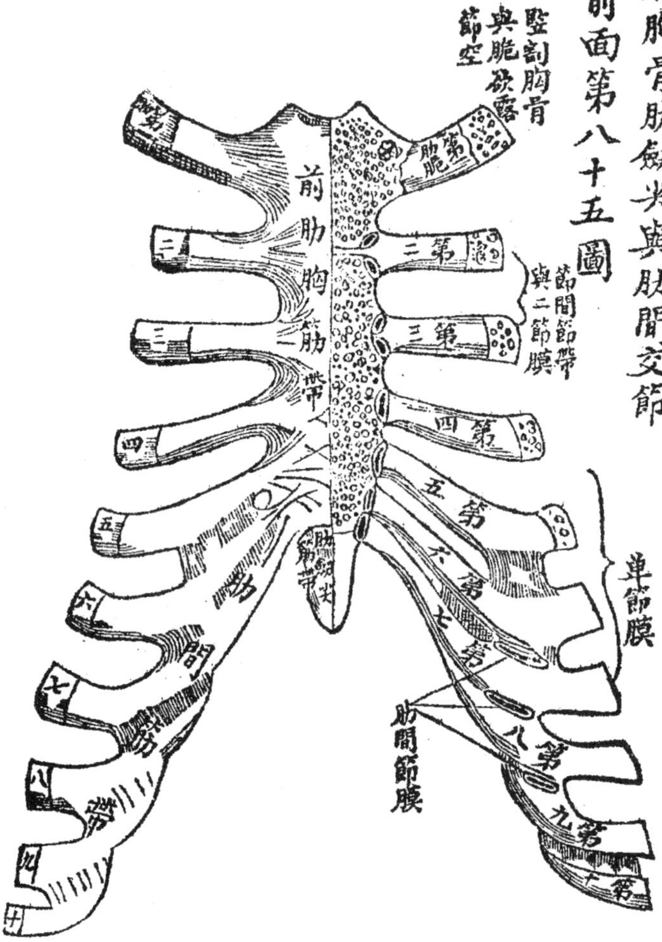

尻骨盤與胯交節前面第八十六圖

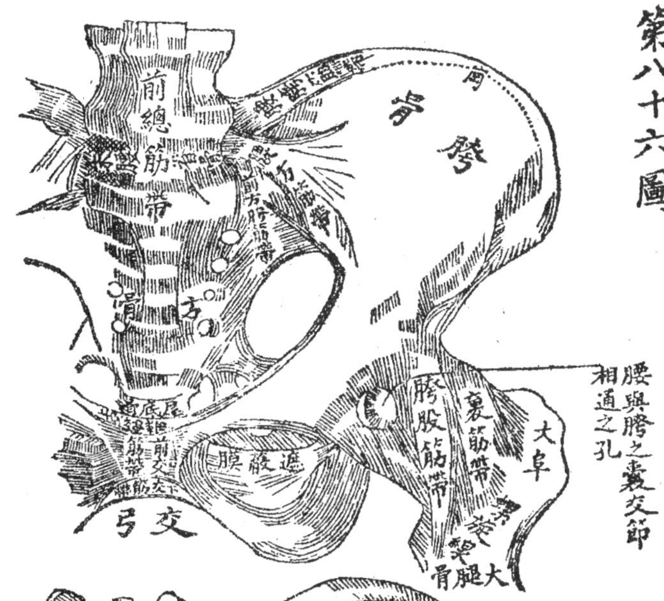

後面第八十七圖

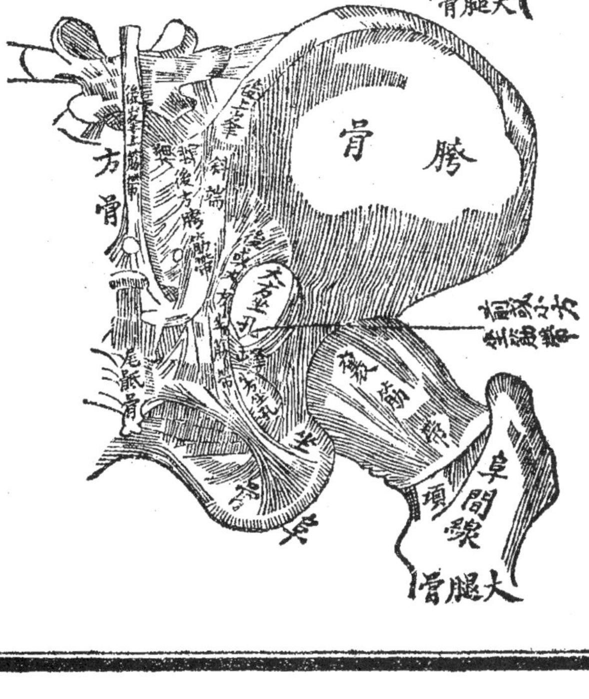

交骨豎剖靠其後面第八十八圖

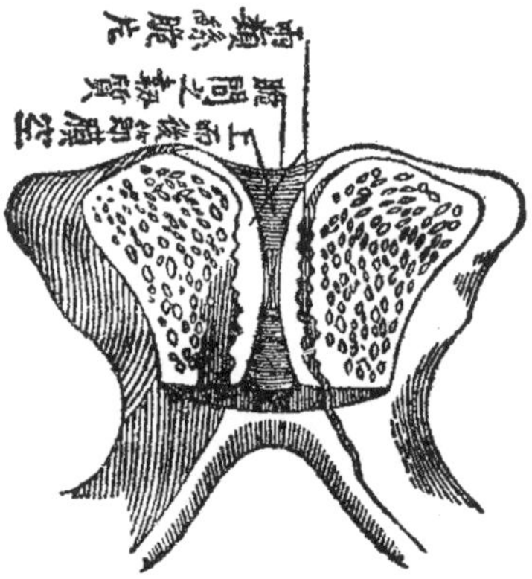

左肘交節表明前內筋帶第九十一圖

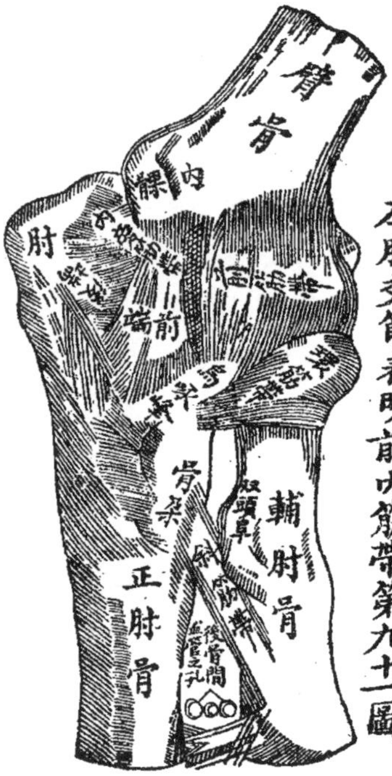

左肘交節表明後外筋帶第九十二圖

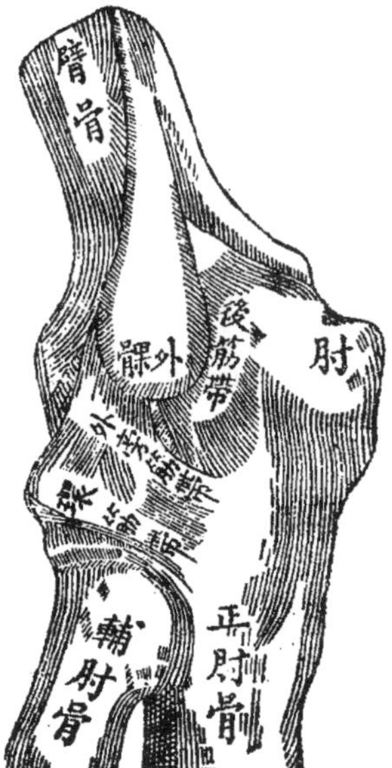

胸鎖交節前面第八十九圖

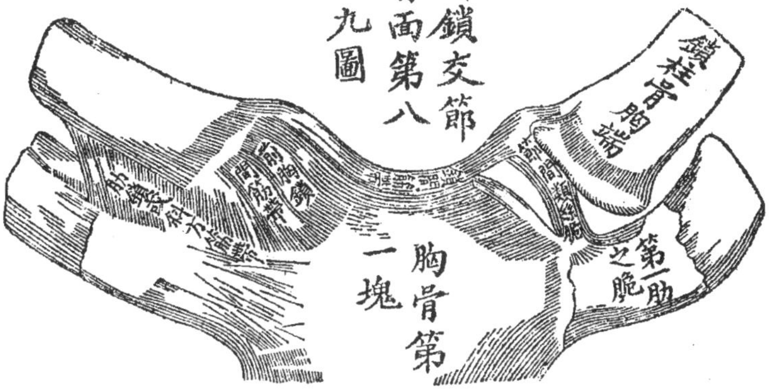

腕與手筋帶前面第九十三圖

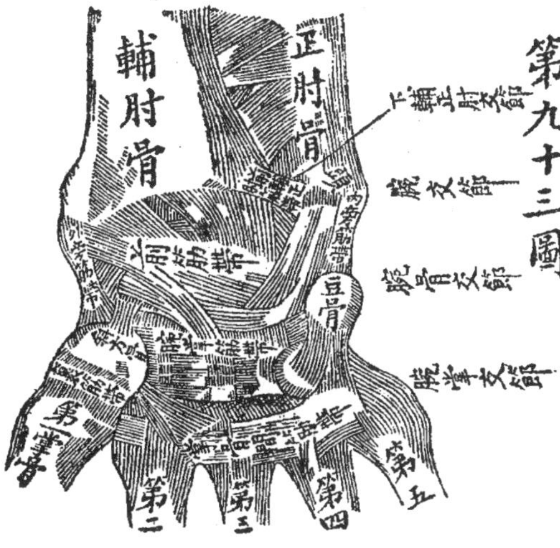

左肩交節飯匙鎖交節與飯匙本筋帶第九十圖

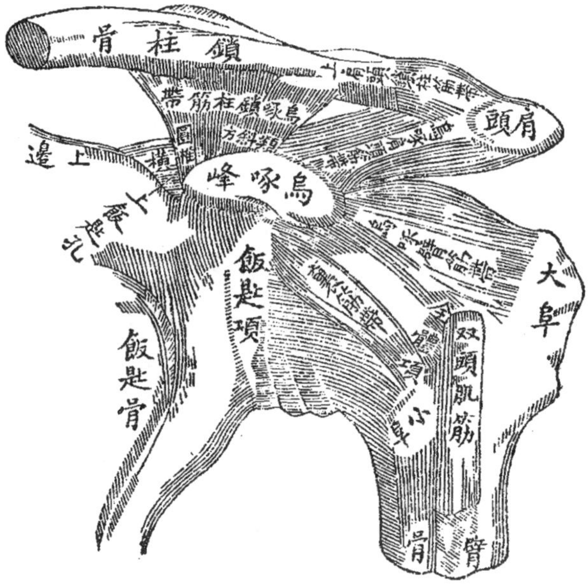

腕與手筋帶後面第九十四圖

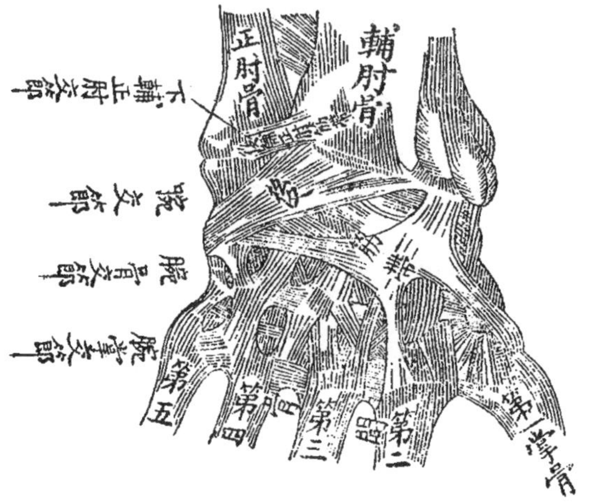

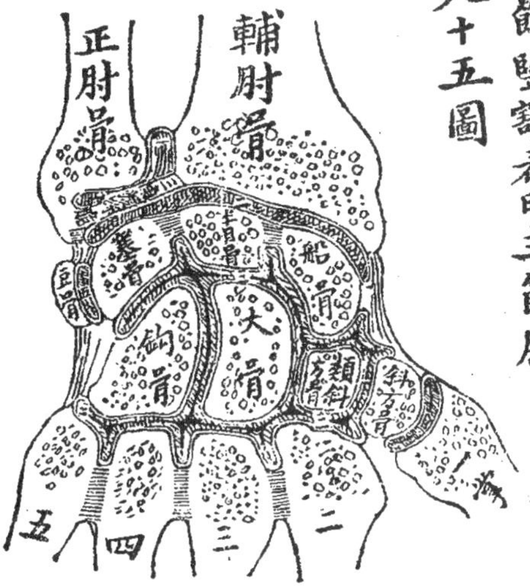

腕交節豎割表明五節膜第九十五圖

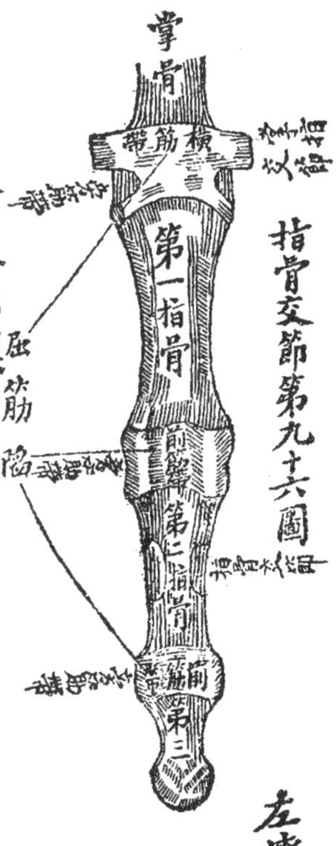

指骨交節第九十六圖

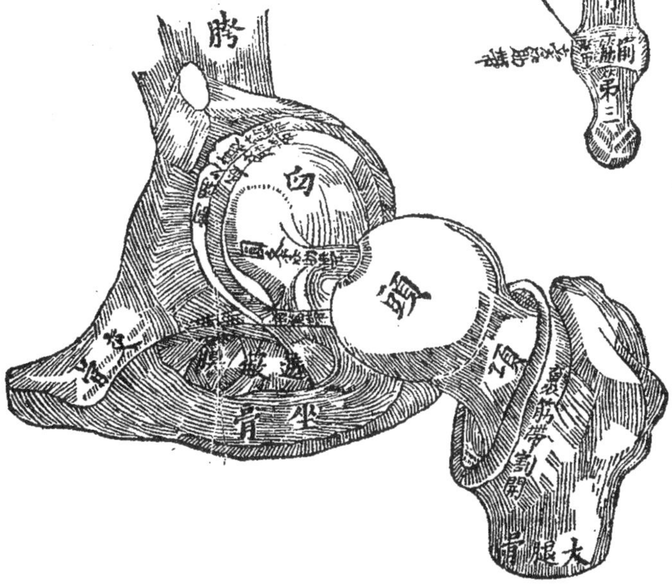

左胯交節割開第九十七圖

右膝交節前面第九十八圖

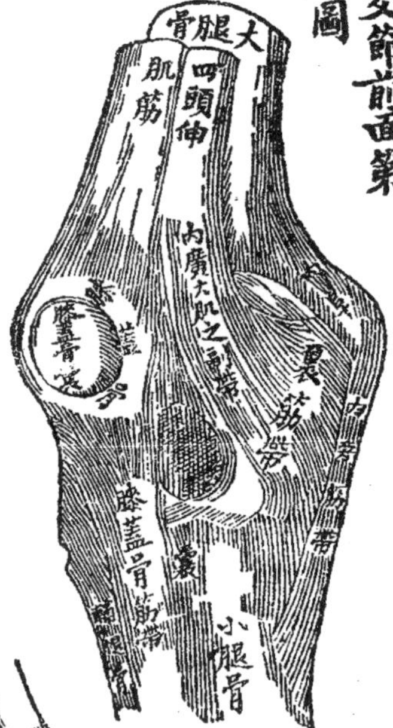

右膝交節後面第九十九圖

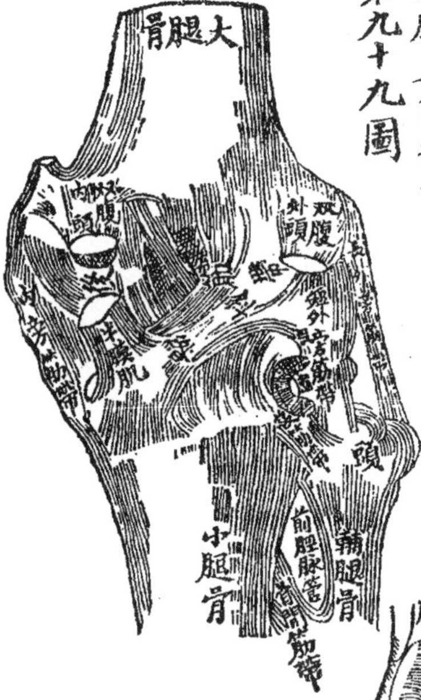

右膝交節表明內面筋帶第一百圖

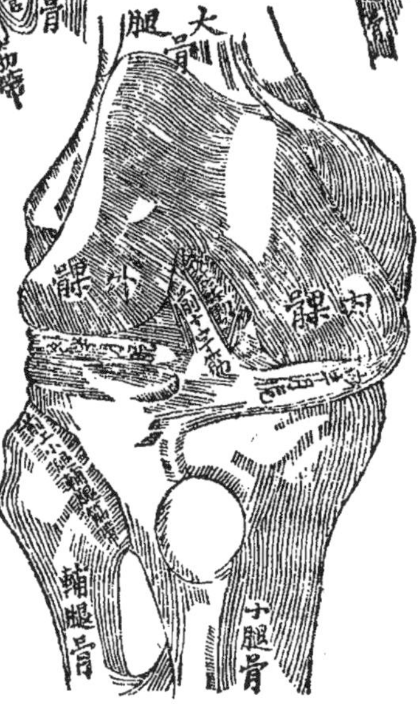

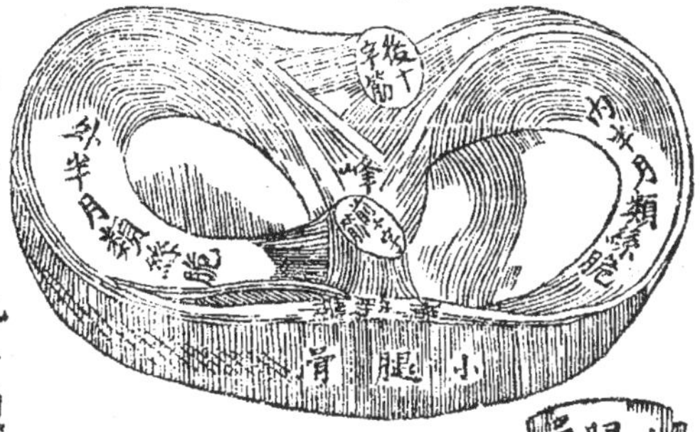

右小腿頭與半月脆等類上看第一百一圖

足踝交節與腕及腕掌交節右邊內面第一百二圖

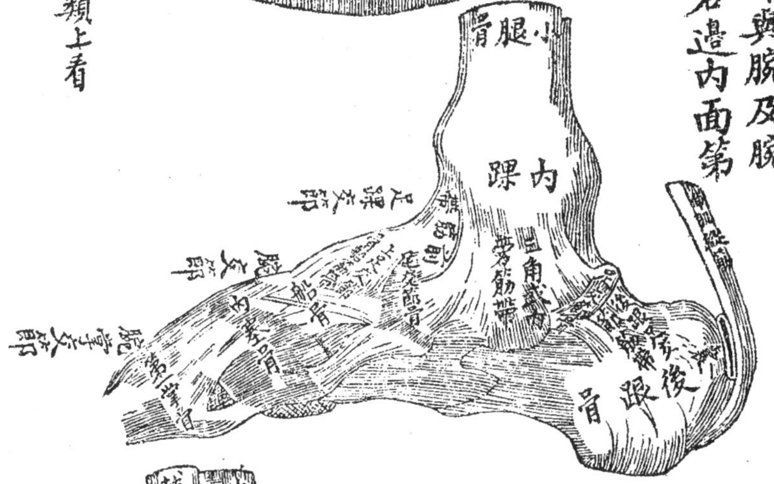

足踝交節與腕及腕掌交節右邊外面第一百三圖

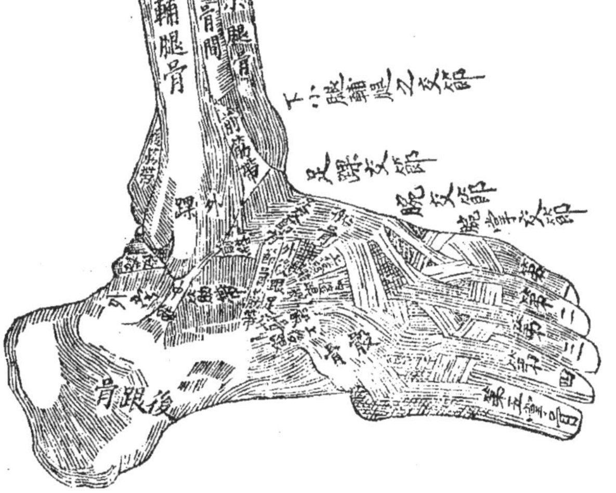

足心面之筋帶第一百四圖

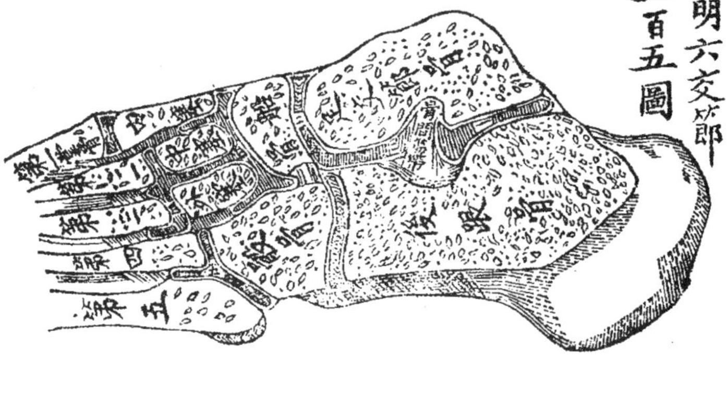

腕與掌交節斜割表明六交節膜第一百五圖

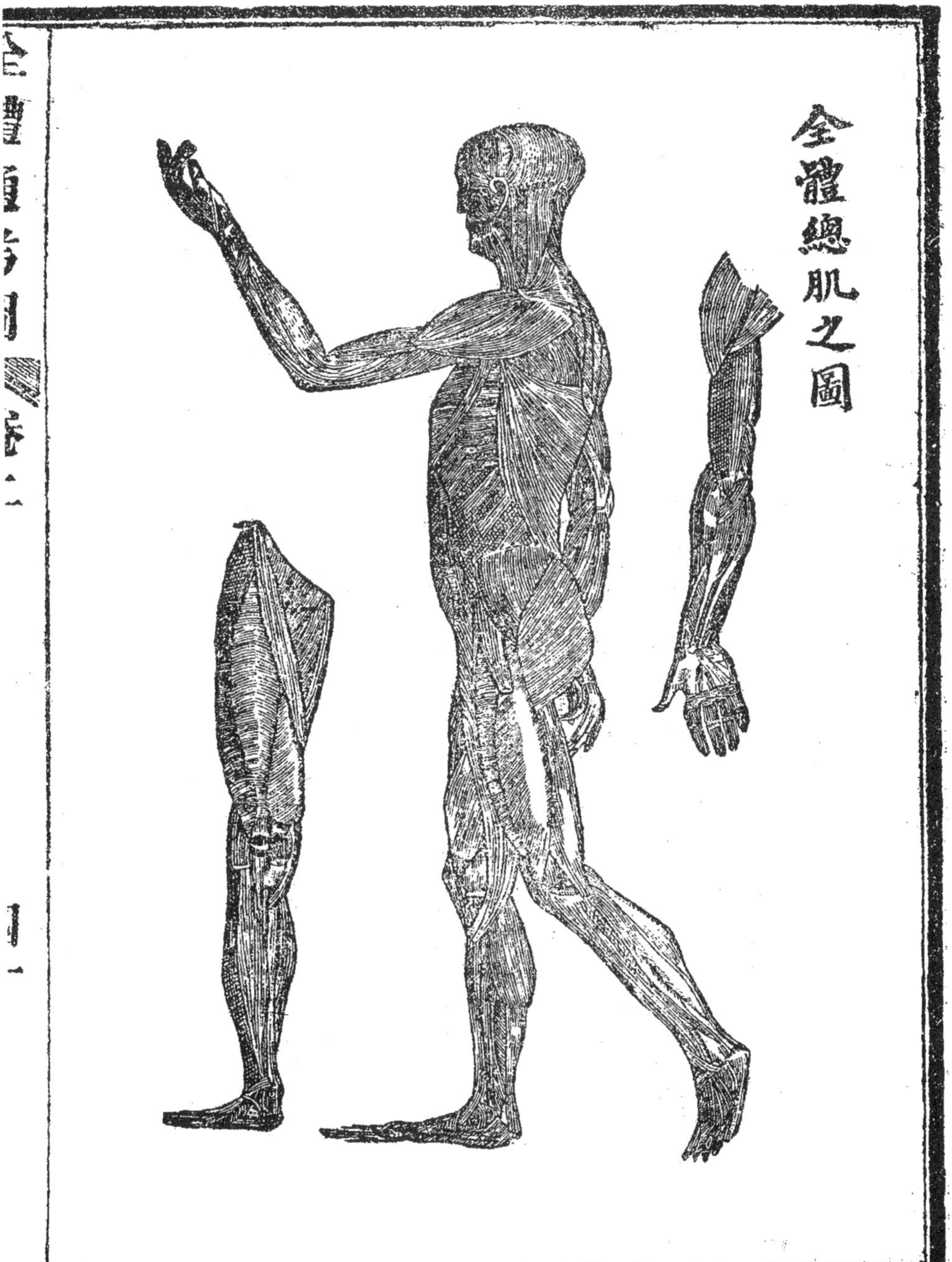

全體總肌之圖

頭臉與項割式
第一百六圖

一頭顱皮開之式
二三耳部開式
四五六臉開式
七八項開式

右眼窩肌第一百八圖

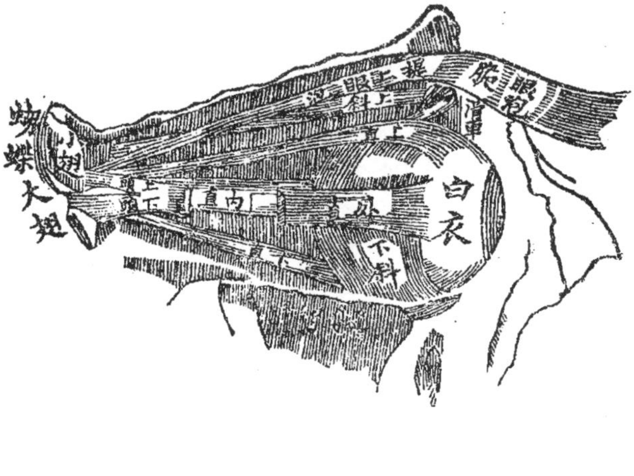

全體通考圖　卷上

頭臉與項諸肌
第一百七圖

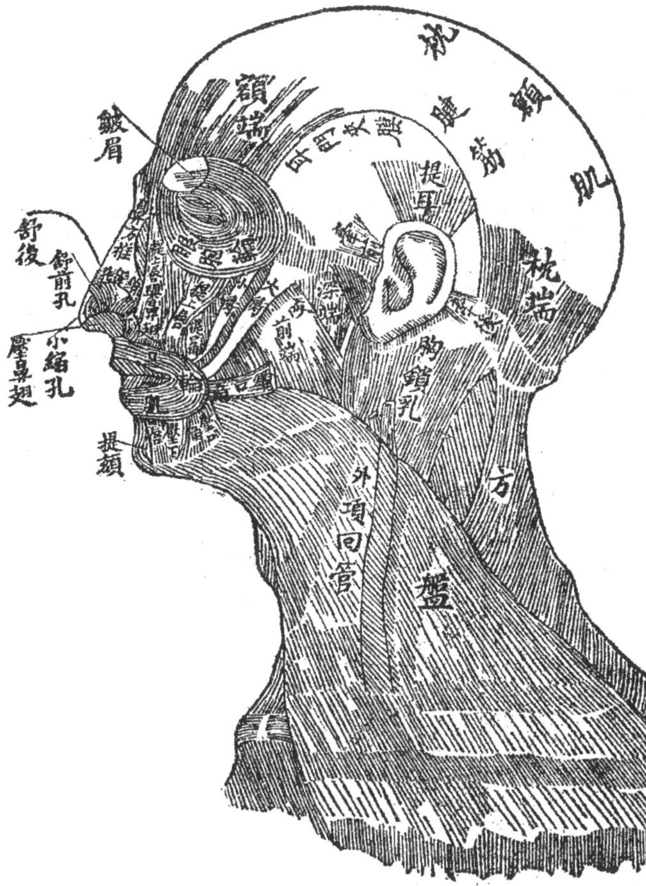

項部諸肌及項三角
第一百一十二圖

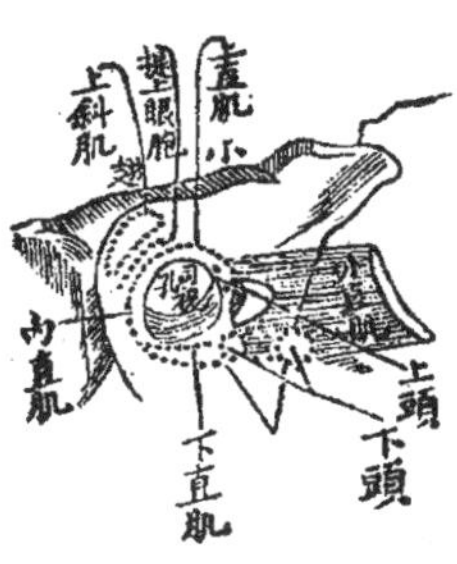

左眼球諸肌之黏處
第一百零九圖

耳門肌第一百一十圖 衡骨及咬肌皆割去

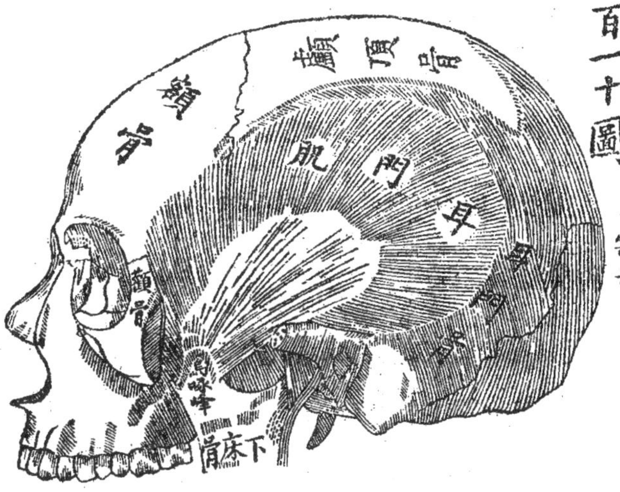

後蹬肌第一百一十一圖 衡弓及牙床枝之一端皆去

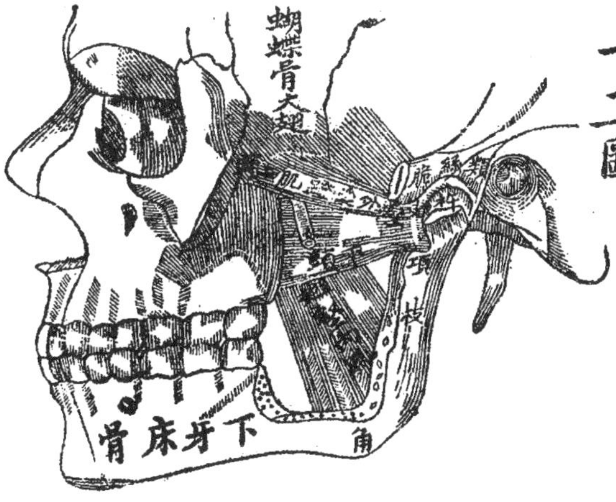

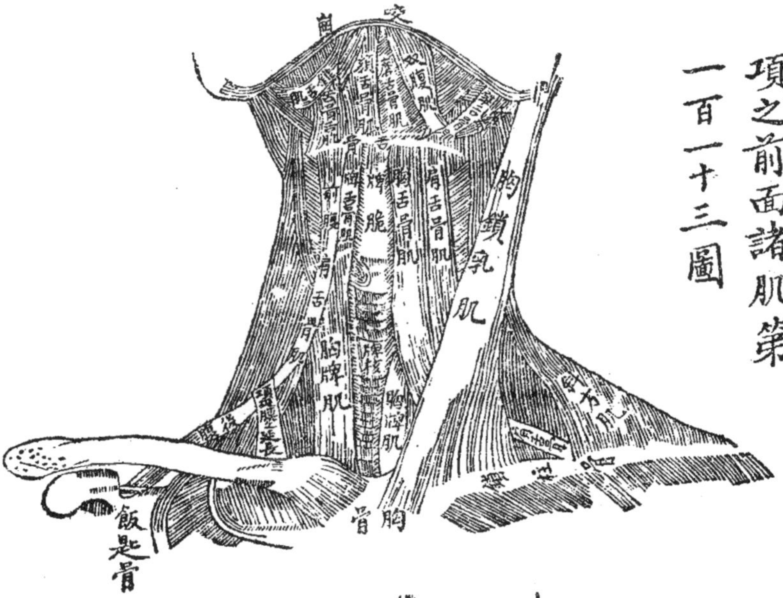

項之前面諸肌第一百一十三圖

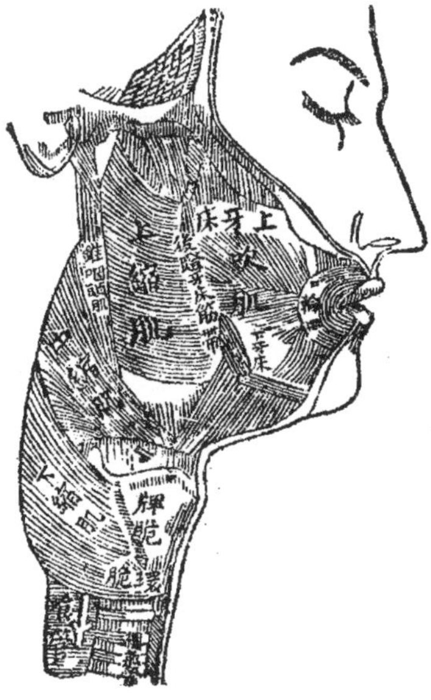

咽頭諸肌外面第一百一十五圖

軟上腭諸肌第一百一十六圖 咽頭由後面截開

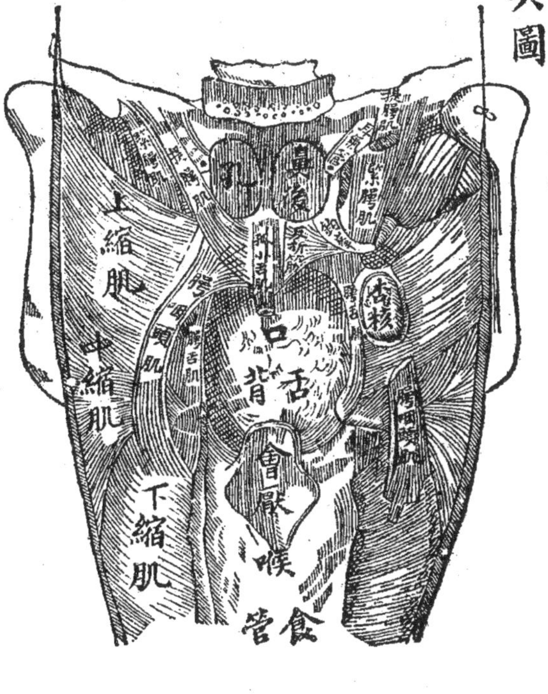

前脊肌第一百一十七圖

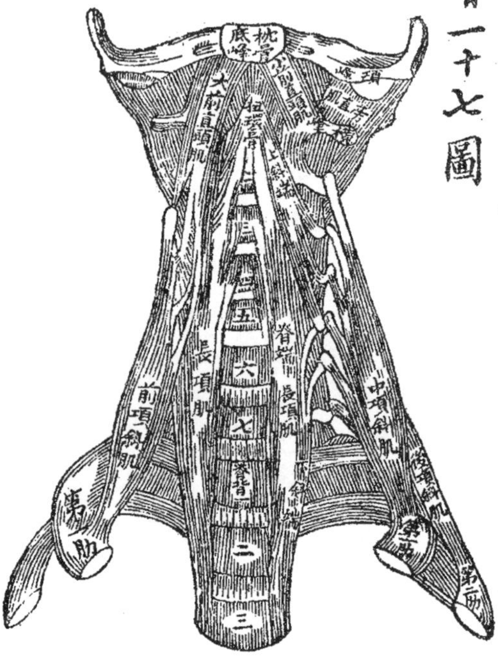

舌諸肌左邊第一百一十四圖

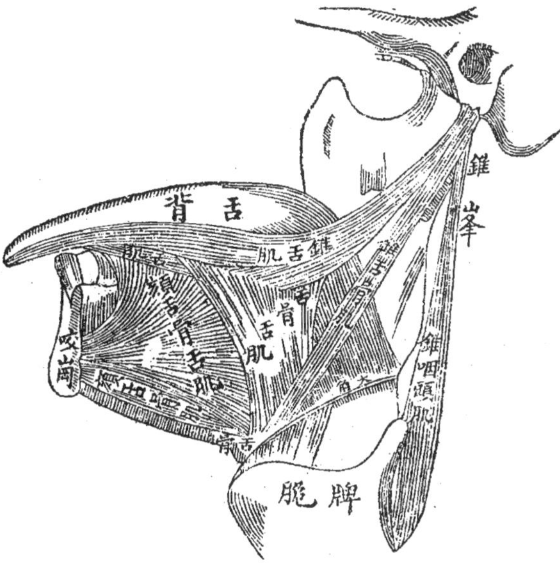

背部諸肌解剖之式第一百一十八圖

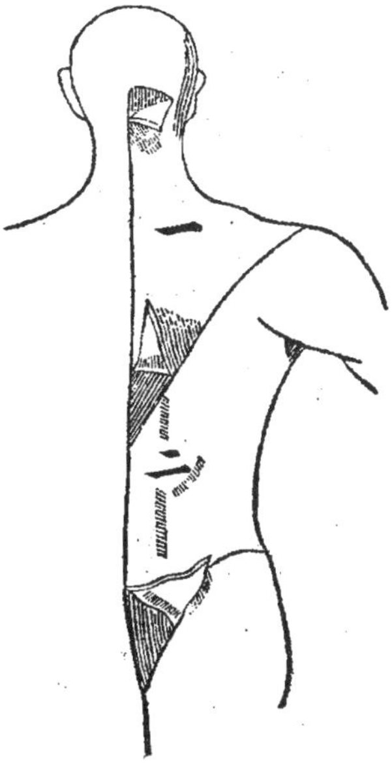

背諸肌第一百一十九圖

左側顯露第一層右側顯露第二並第三層

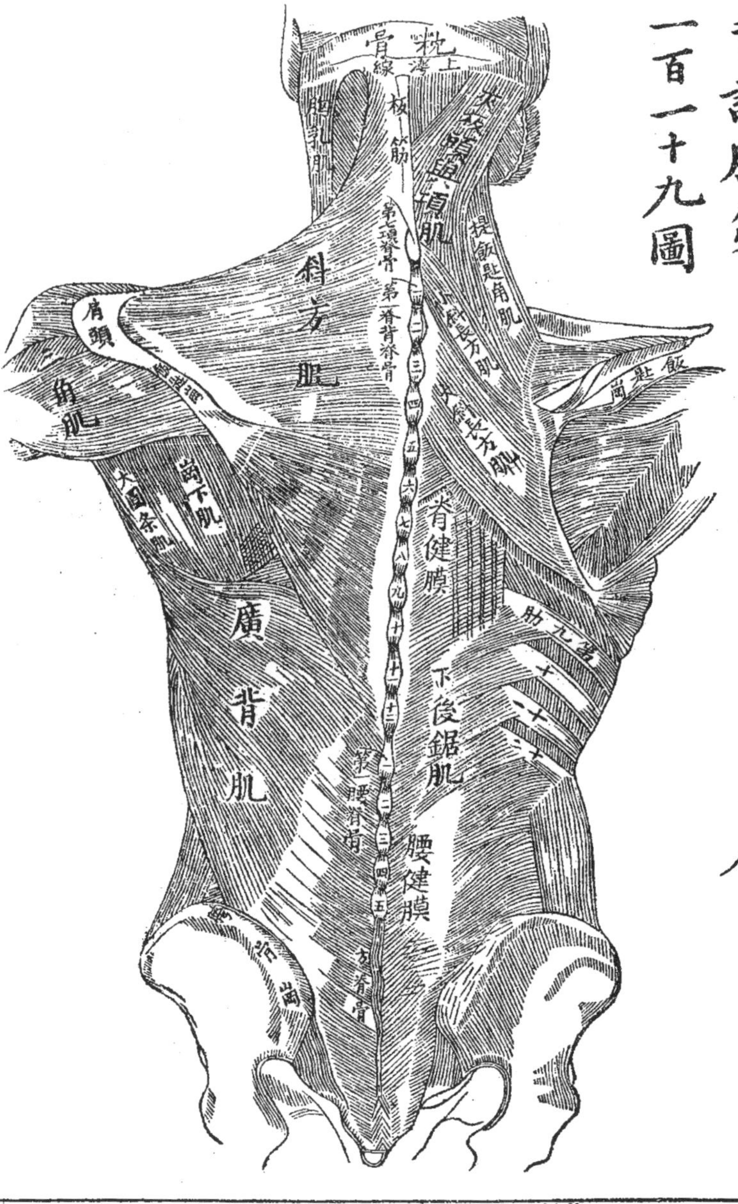

背諸肌深層第一百二十圖

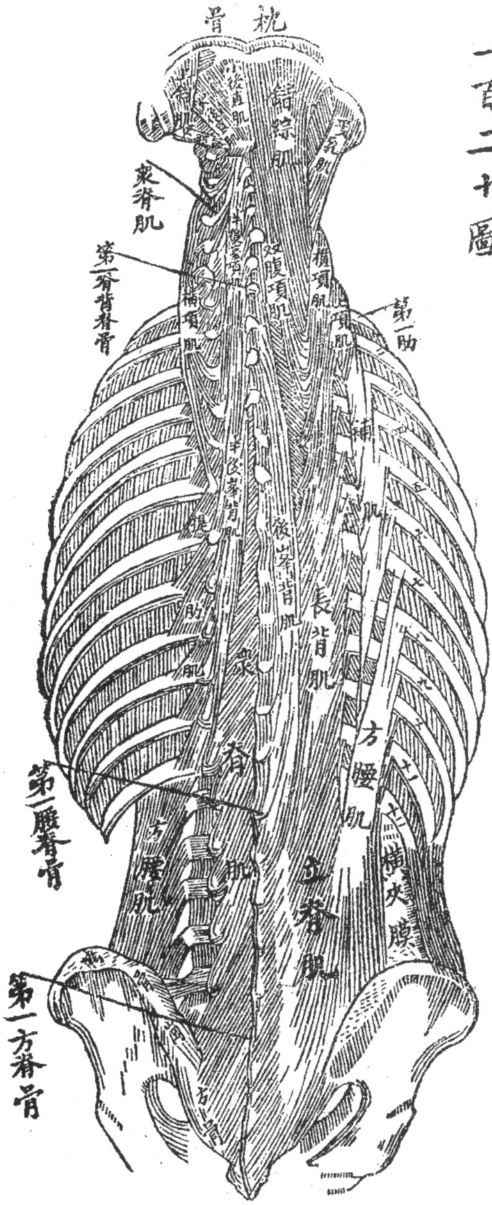

外斜腹肌第一百二十二圖

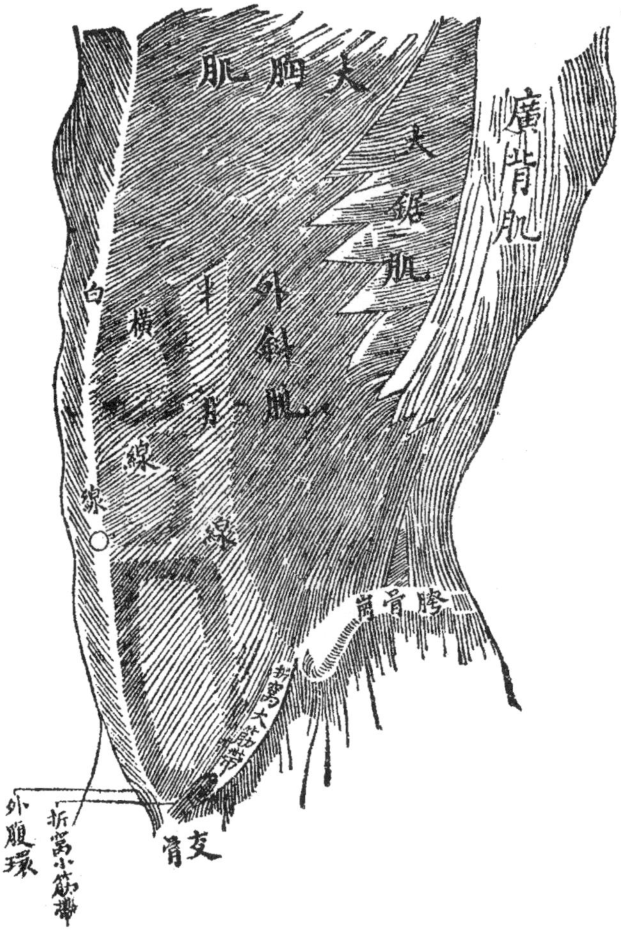

腹之鮮剖第一百二十一圖

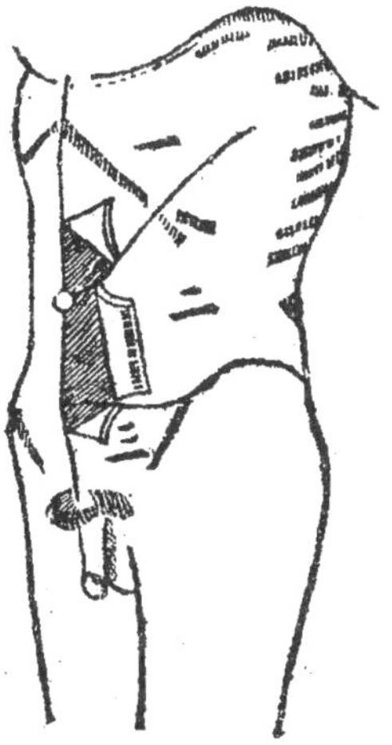

內斜腹肌第一百二十三圖

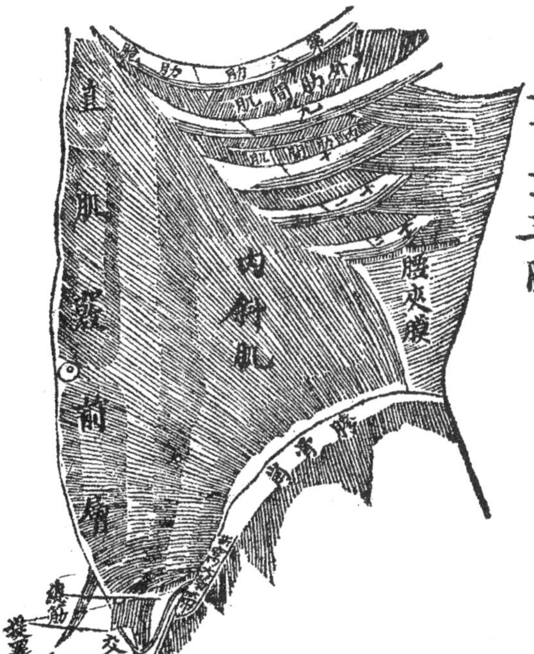

橫直方錐各腹肌第一百二十四圖

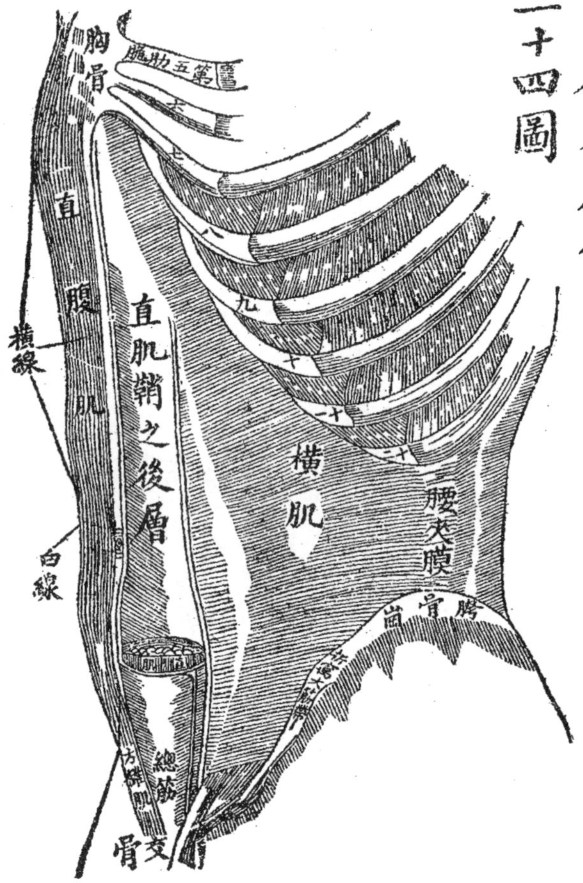

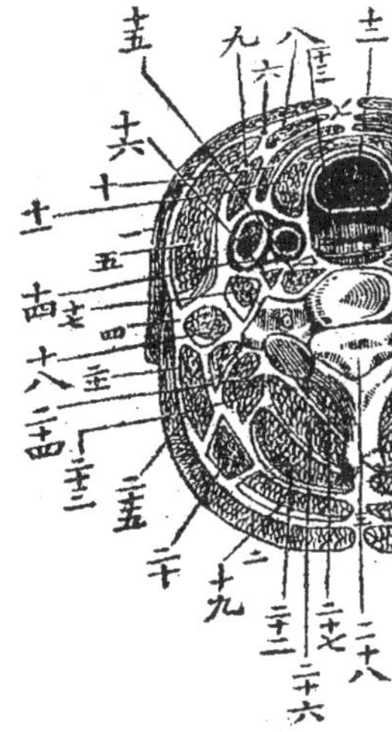

項橫割發明深項夾膜與其多杈作為数肌之鞘左右相同

一盤肌　二斜方肌　三　板筋　四夾膜分處作為胸乳肌之鞘乃五六胸乳鞘兩層複相合之處七項對邊深項夾膜相合之處八胸舌骨割九肩舌骨十胸脾肌十一脾核之旁葉十二總氣管十三食管十四總項脉管內項回管肺胃腦筋之鞘十五長項肌此肌鞘之前乃百結筋十六大前直肌十七前項斜肌十八中項斜肌十九頭夾板肌　二十　項夾板肌　二十一提飯匙角肌二十二叢肌　二十三項乳肌　二十四橫項肌　二十五上項肌　二十六半後峰項肌　二十七衆肌　二十八項脊骨其骨脉回兩管穿過其後峰

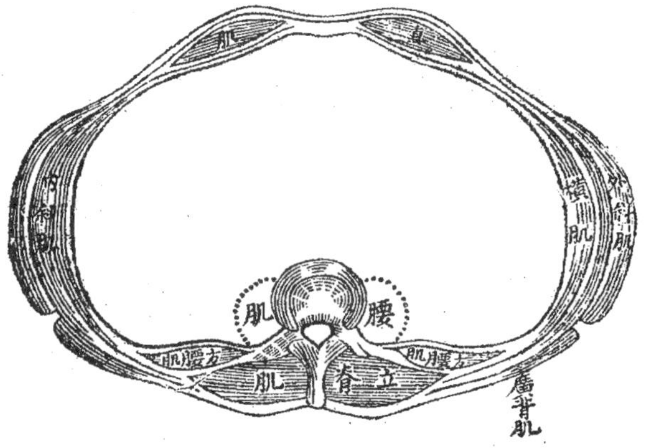

腹之腰部横割第一百二十五圖

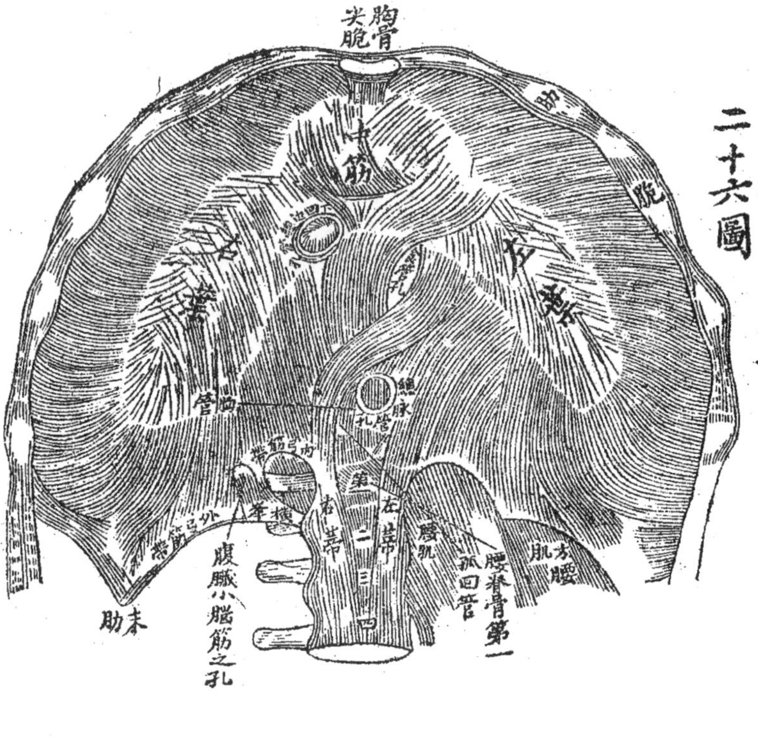

膈膜下面第一百二十六圖

胸與臂前淺肌第一百二十八圖

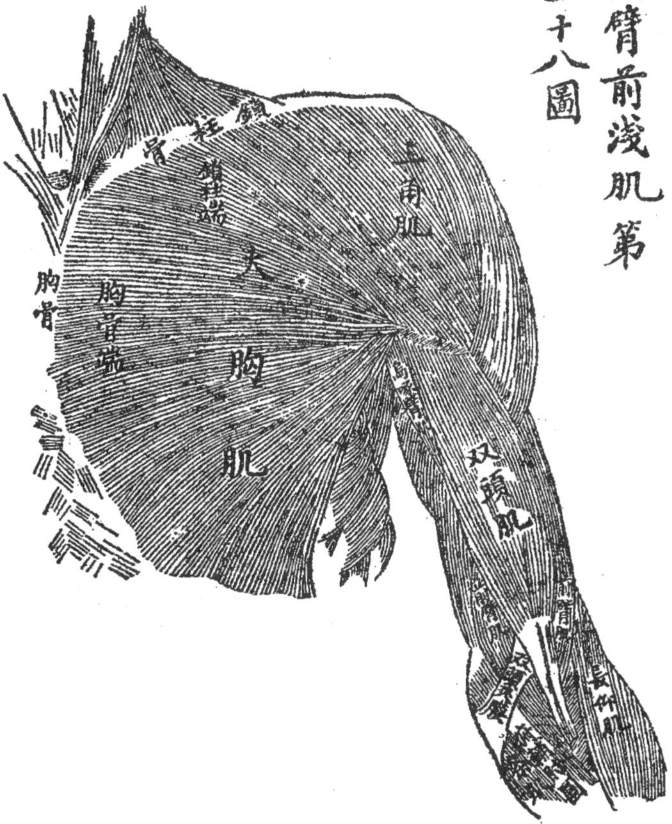

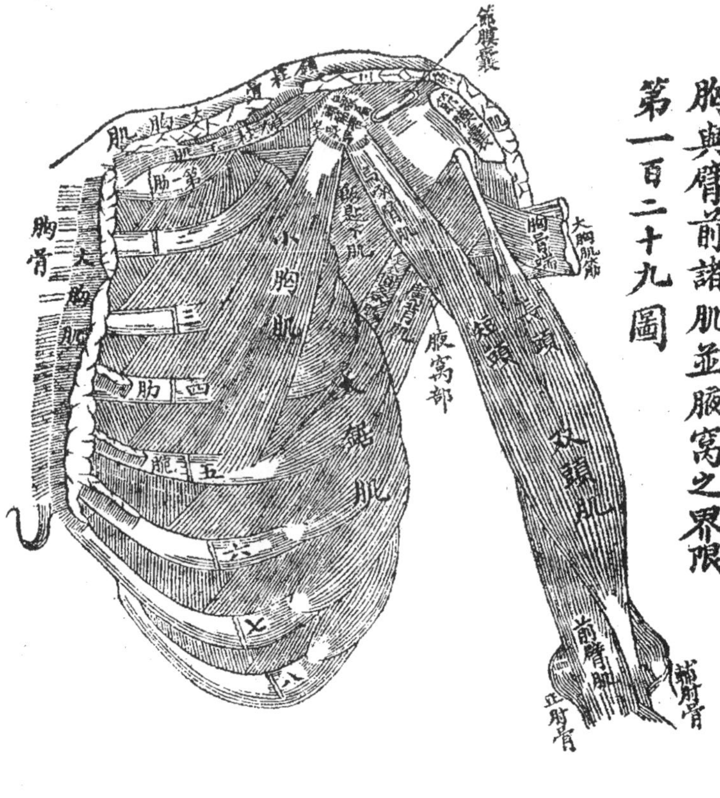

胸與臂前諸肌並腋窩之界限
第一百二十九圖

飯匙背諸肌與三頭肌第一百三十圖

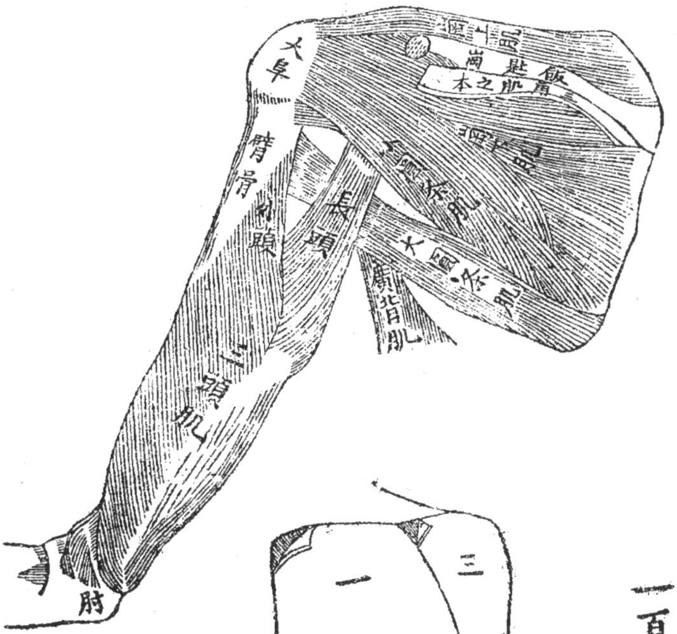

上肢之解剖第一百二十七圖

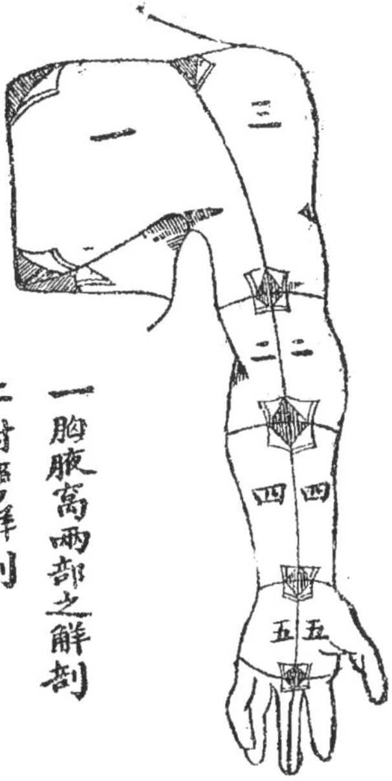

一胸腋高兩部之解剖
二肘彎解剖
三肩與臂之解剖
四前臂解剖
五手掌之解剖

左前臂前部淺肌

第一百三十一圖

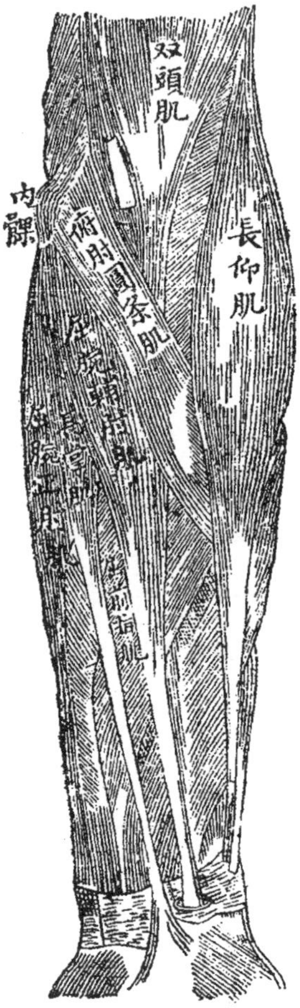

左前臂前部淺肌
第一百三十二圖

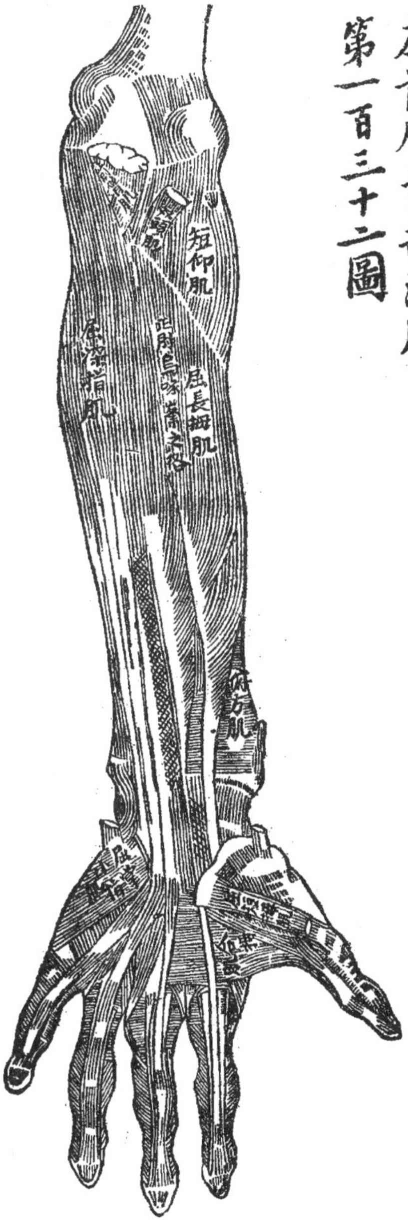

全體通考圖　卷上　五十

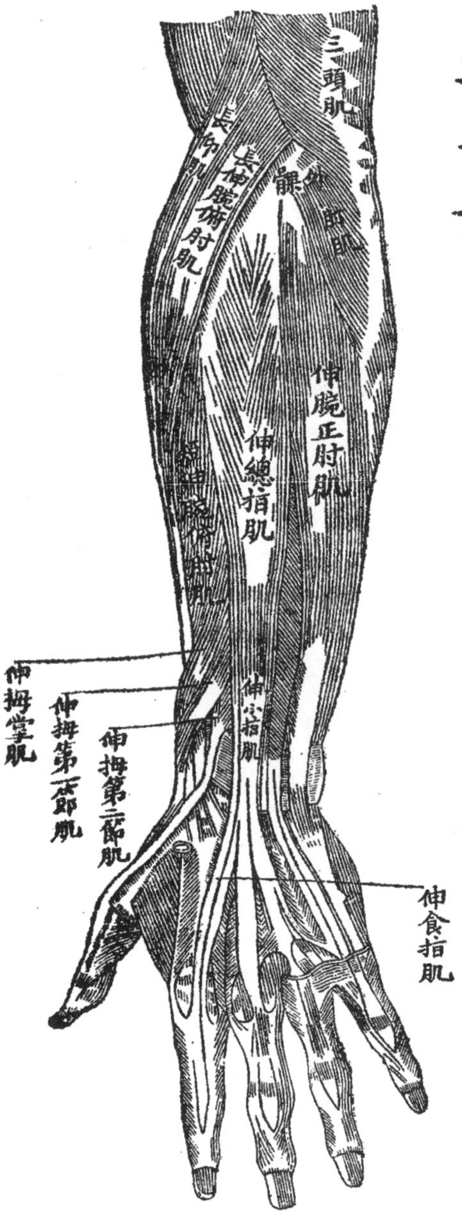

前臂後部淺肌
第一百三十三圖

前臂後面深肌第一百三十四圖

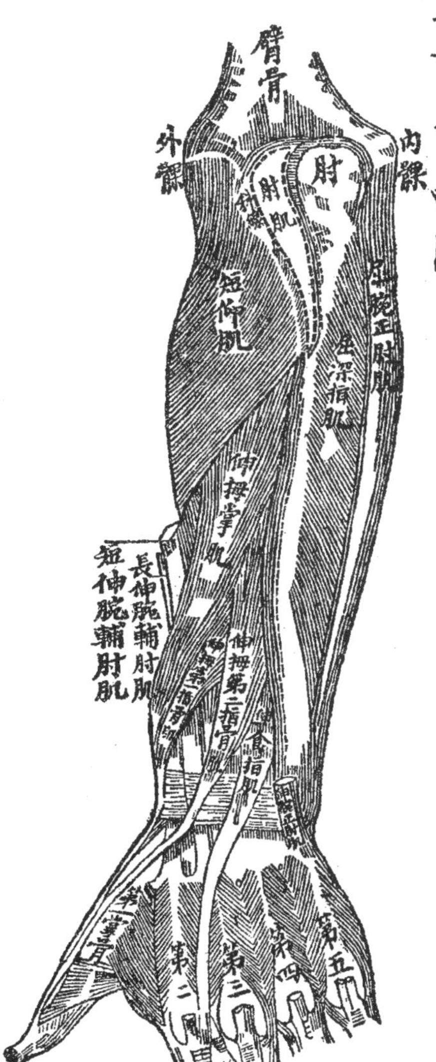

左手掌面諸肌
第一百三十六圖

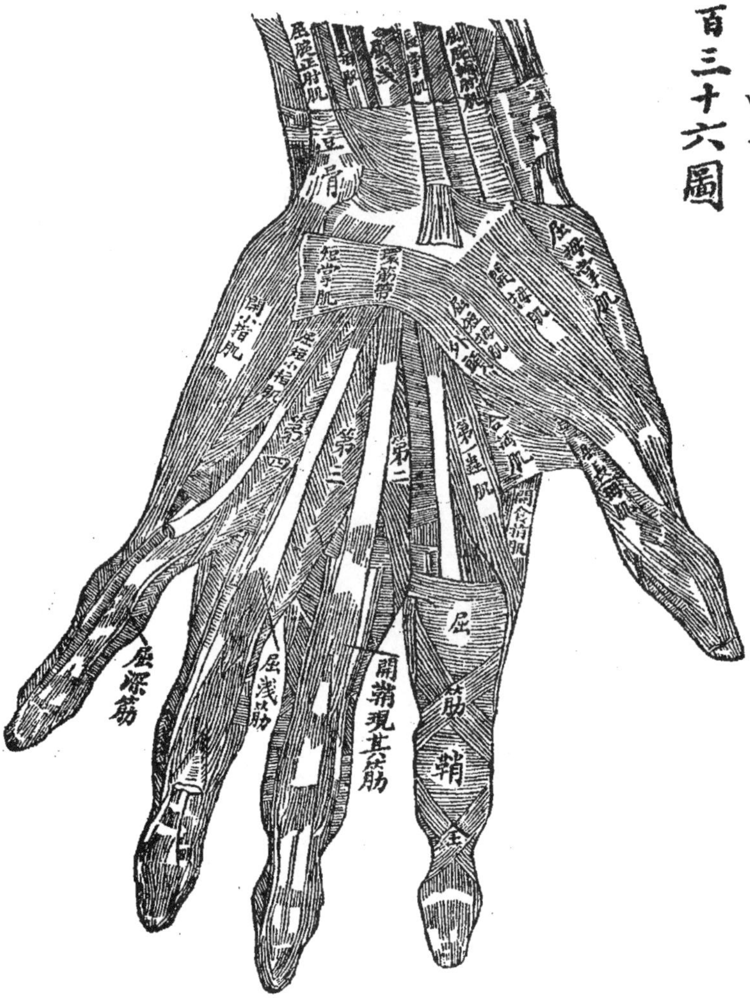

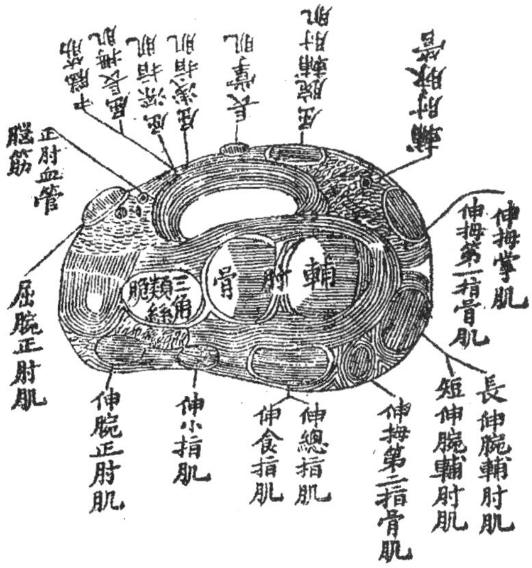

橫割其腕表明後環筋帶與其伸筋所穿之道第一百三十五圖

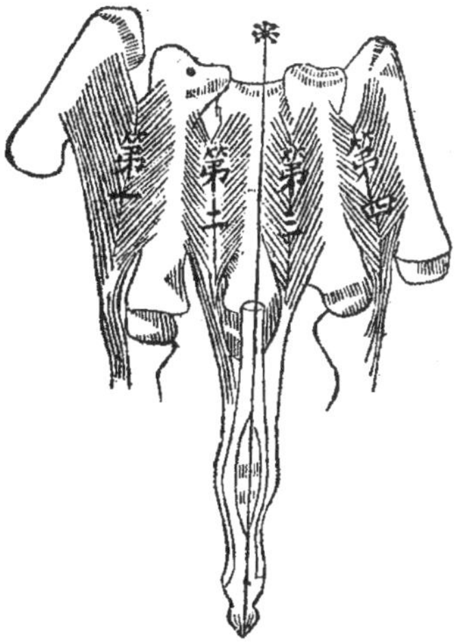

左手背骨間肌第一百三十七圖

臂骨裏筋帶外項折斷第一百四十圖

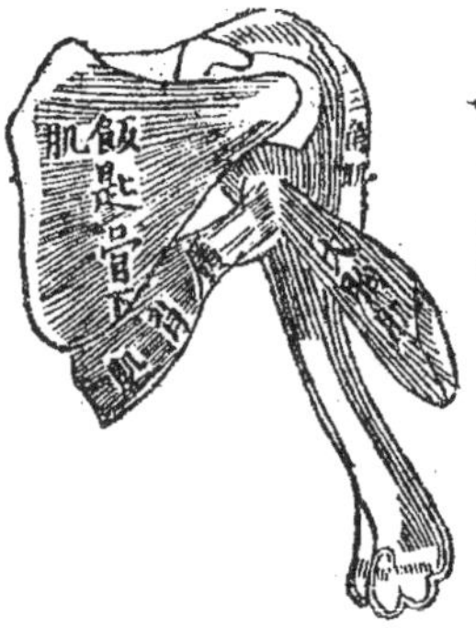

臂骨髁上之折第一百四十一圖

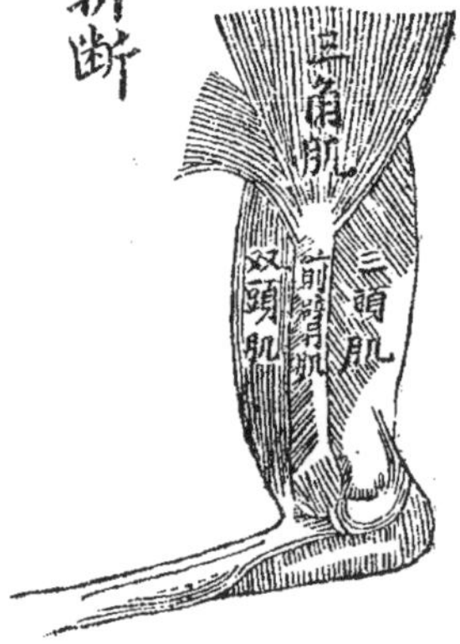

肘折第一百四十二圖

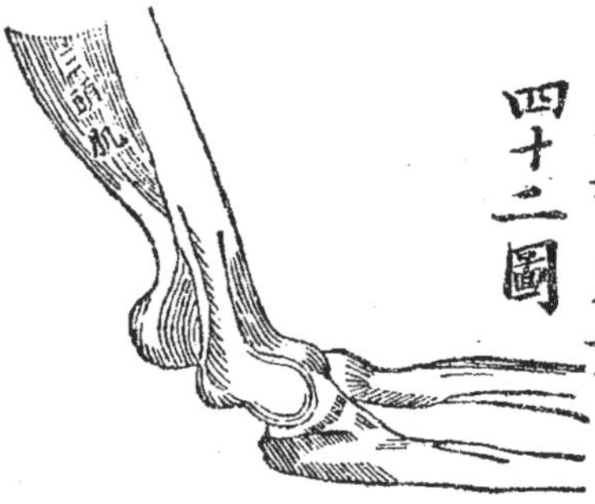

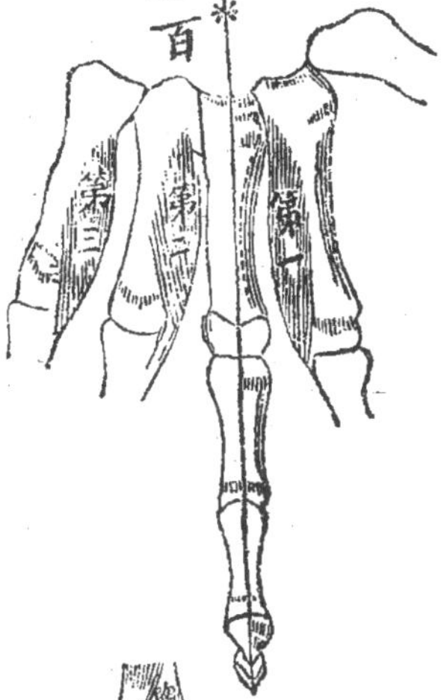

左手掌骨間肌第一百三十八圖

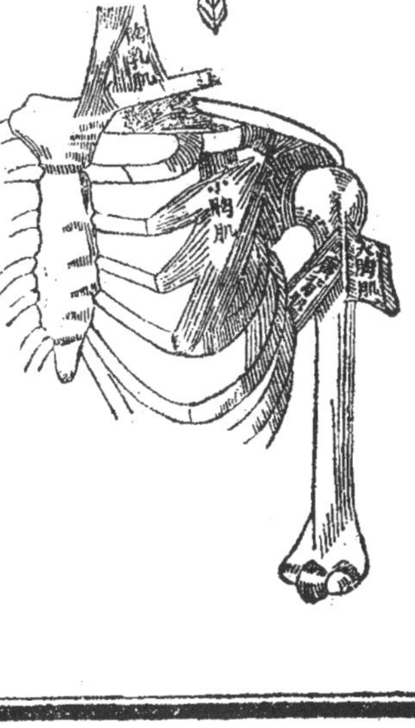

鎖骨中斷之折圖第一百三十九圖

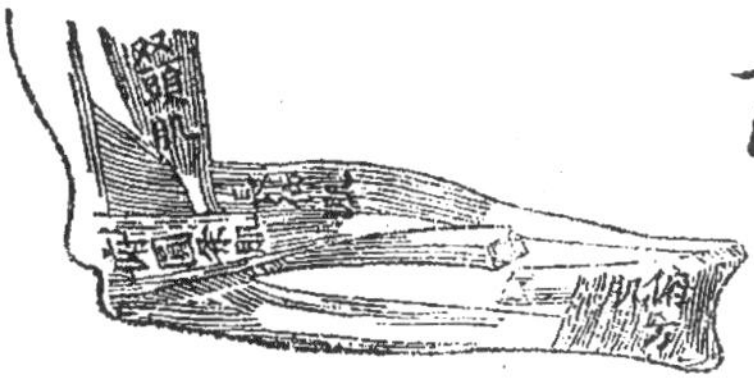

輔肘幹折第一百四十三圖

輔肘骨下端折斷第一百四十四圖

下肢前面解剖第一百四十五圖

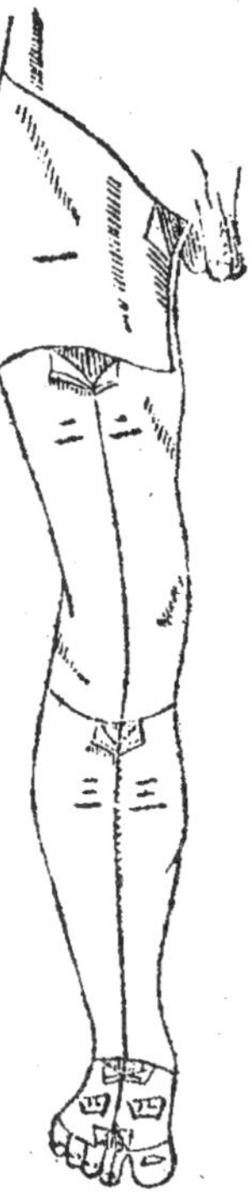

一股疝氣解剖
二大腿前解剖
三小腿前解剖
四足背解剖

下肢後面解剖第一百四十八圖

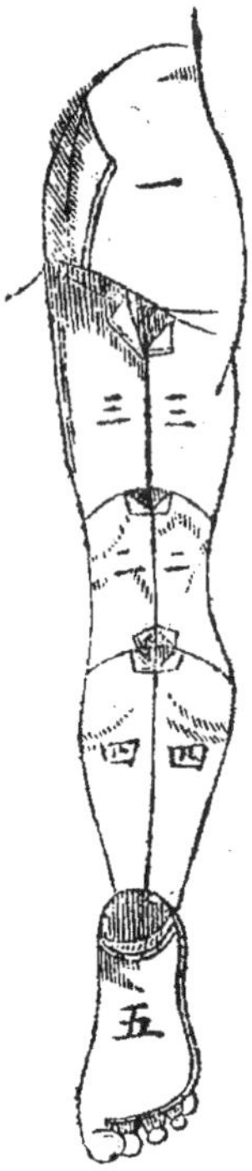

一臀部解剖
二膕部解剖
三大腿後解剖
四小腿後解剖
五足掌解剖

胯與前股部諸肌第一百四十六圖

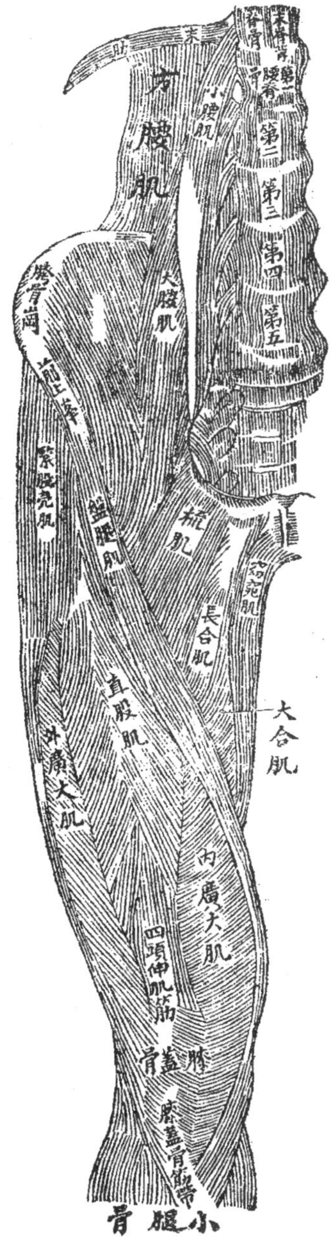

内股部諸肌第一百四十七圖

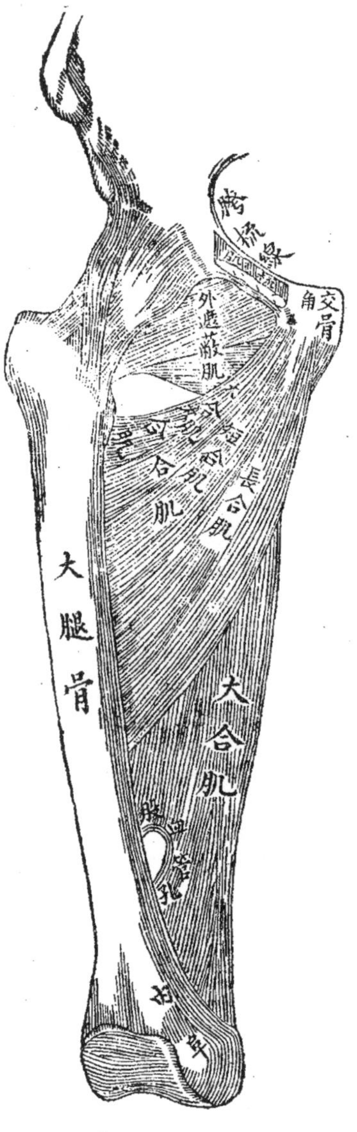

臀股兩部諸肌第一百四十九圖

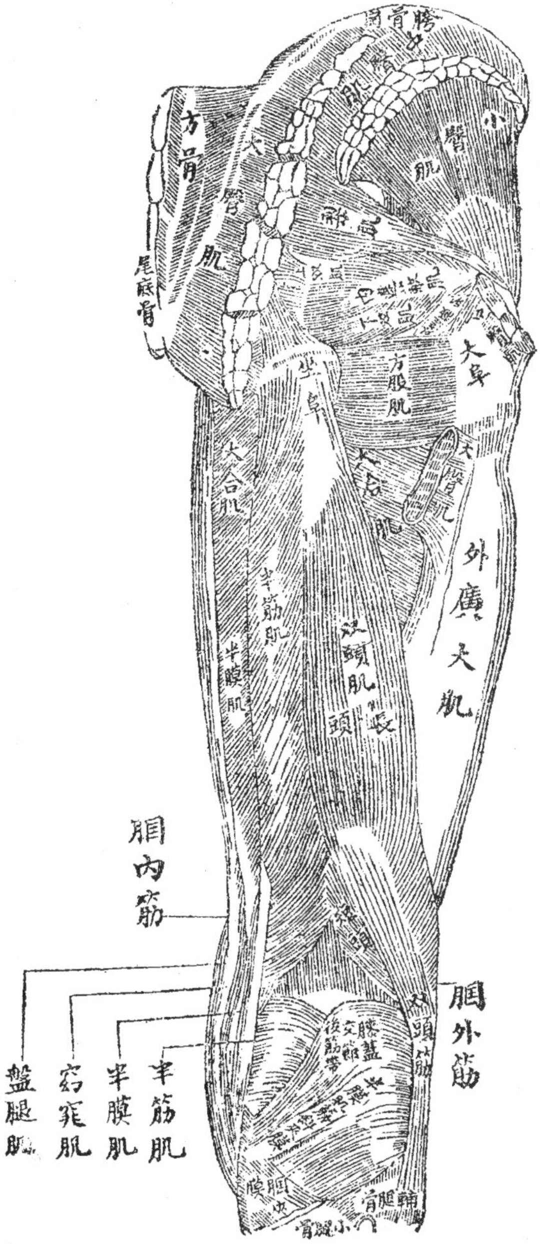

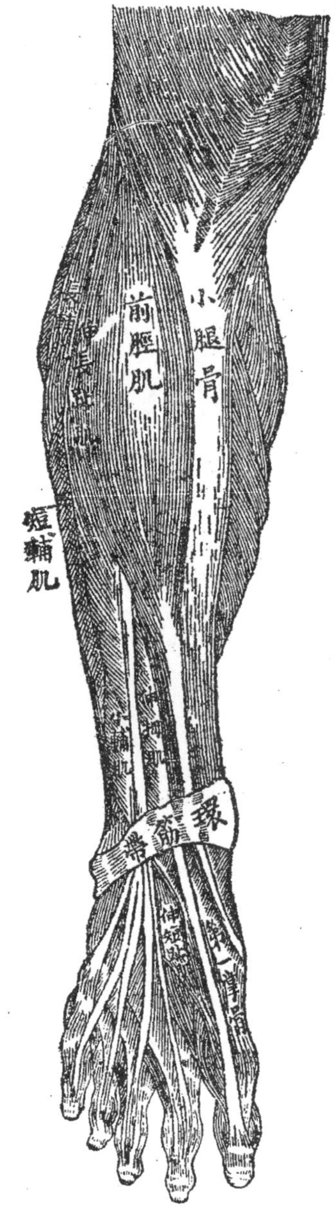

小腿骨前面諸肌第一百五十圖

全體通考圖　卷上　五十六

小腿後面淺層諸肌第一百五十一圖

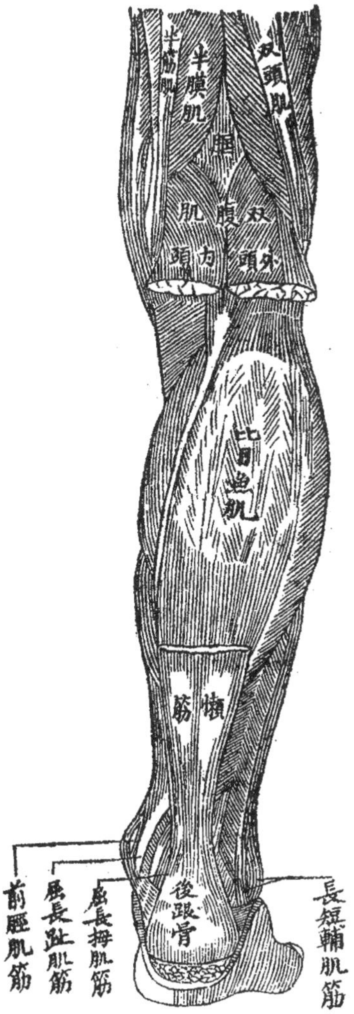

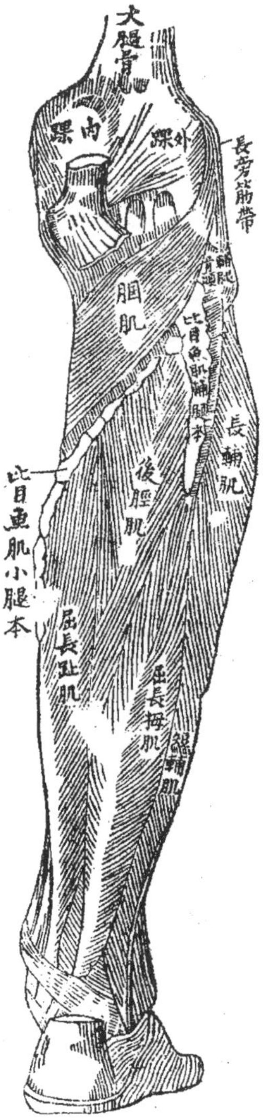

小腿後面深層諸肌第一百五十二圖

足掌第一層諸肌第一百五十三圖

足掌第二層諸肌第一百五十四圖

足掌第三層諸肌第一百五十五圖

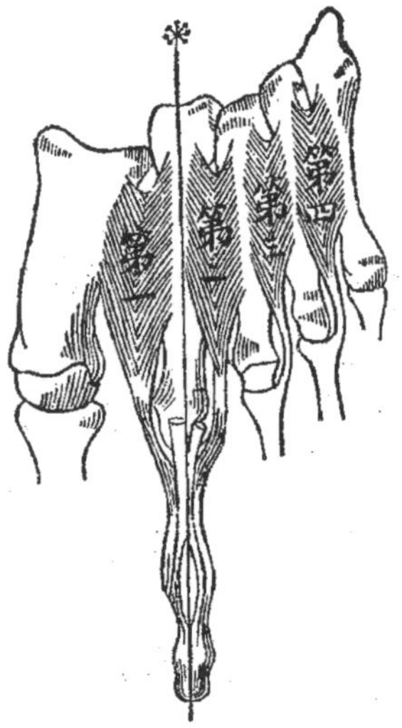

左足背骨間肌第一百五十六圖

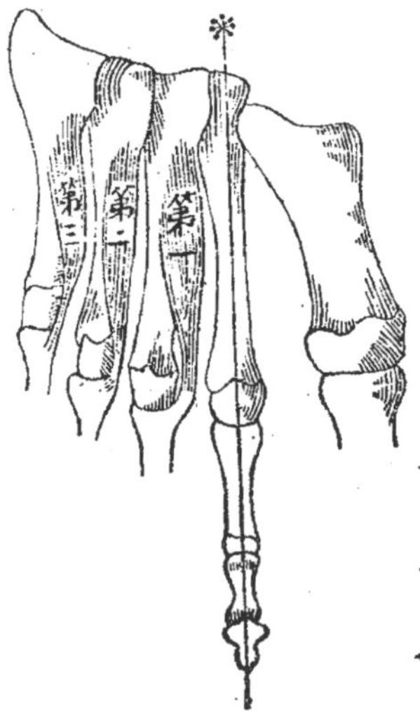

左足掌骨間肌第一百五十七圖

膝蓋骨折第一百六十一圖

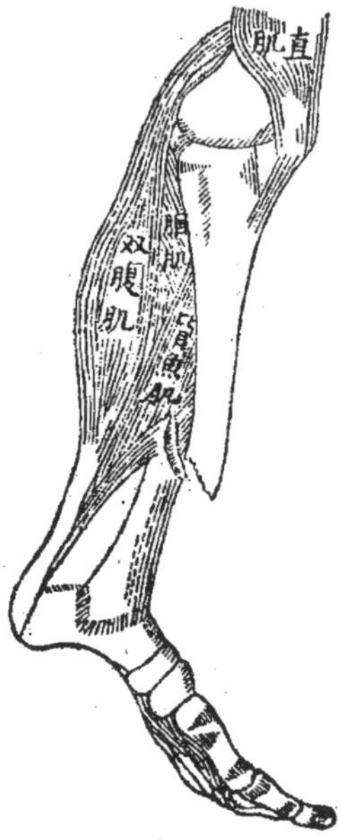

小腿骨幹斜折第一百六十二圖

入腿骨項裹筋帶內折第一百五十八圖

大腿阜下折第一百五十九圖

輔腿骨折斷與小腿骨錯第一百六十三圖

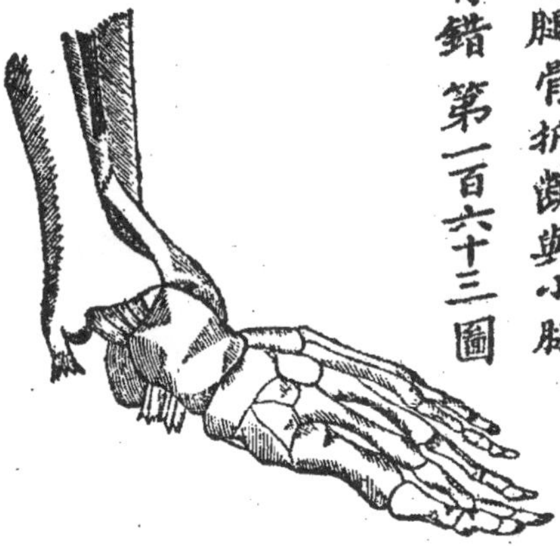

大腿骨髁上折第一百六十圖

總脈管弓與其枝第一百六十四圖

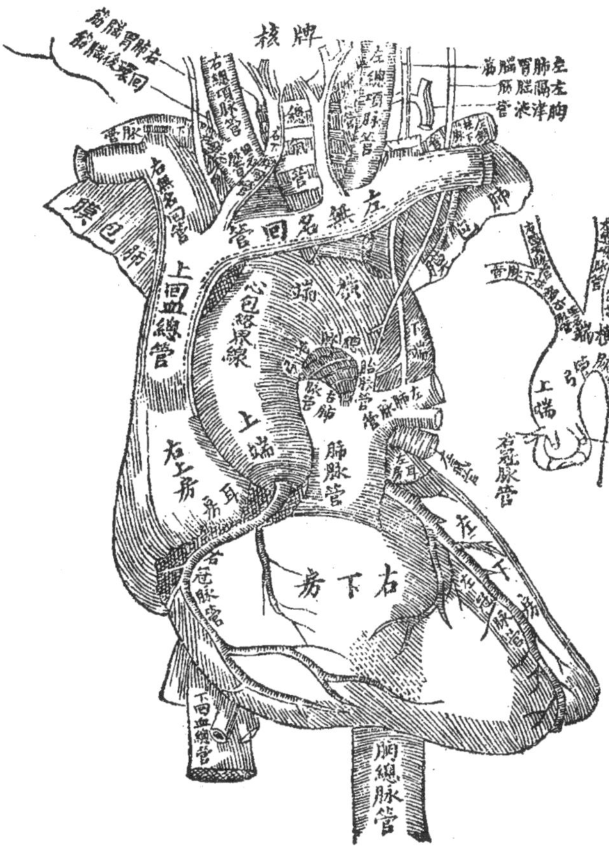

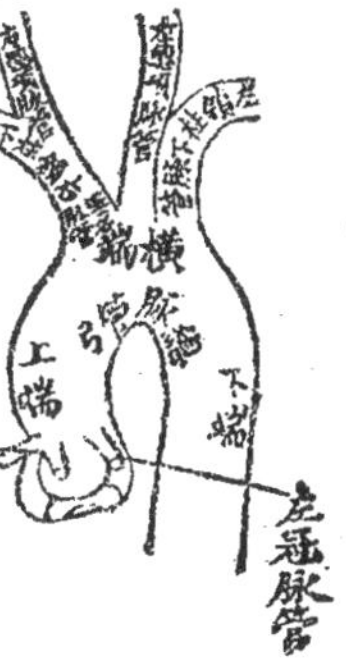

弓枝第一百六十五圖

項右邊之脈管第一百六十六圖

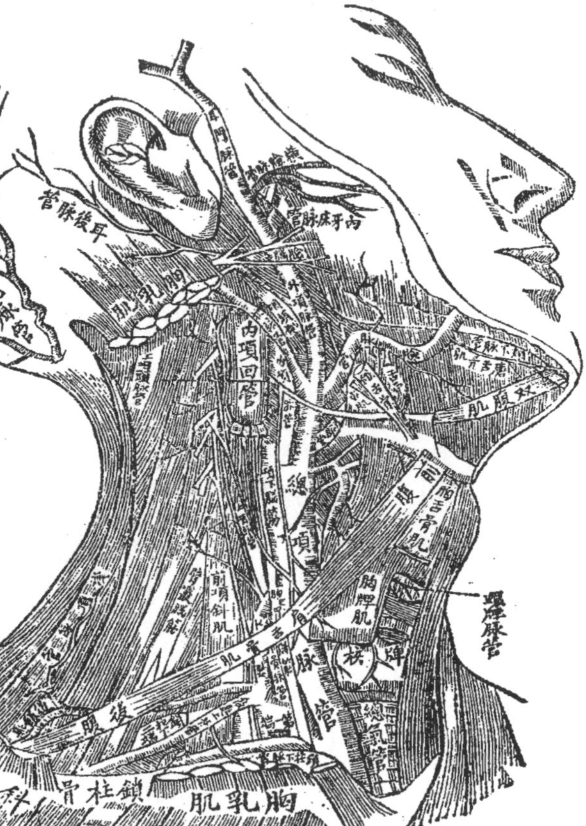

外項脈管分支第一百六十七圖

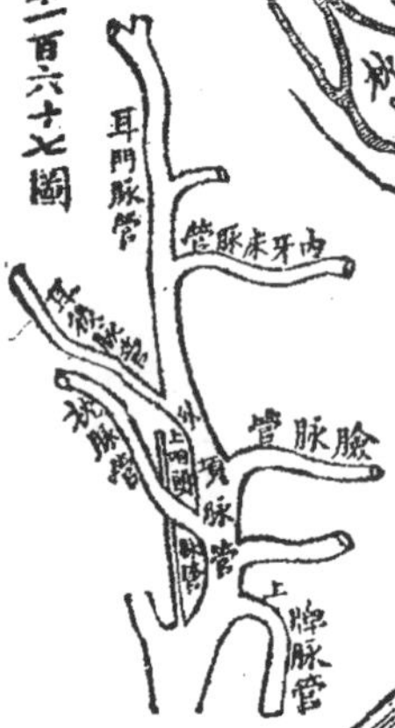

臉與頭顱脈管第一百六十八圖

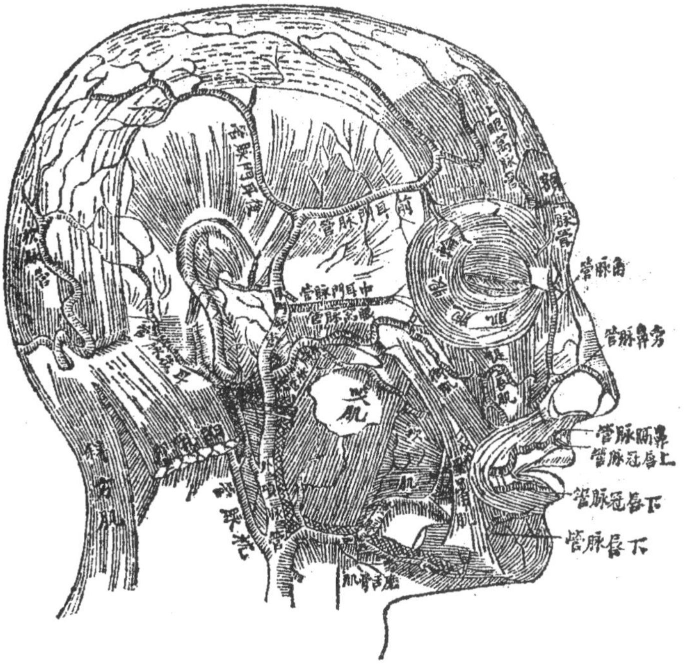

內牙床脉管及其枝第一百六十九圖

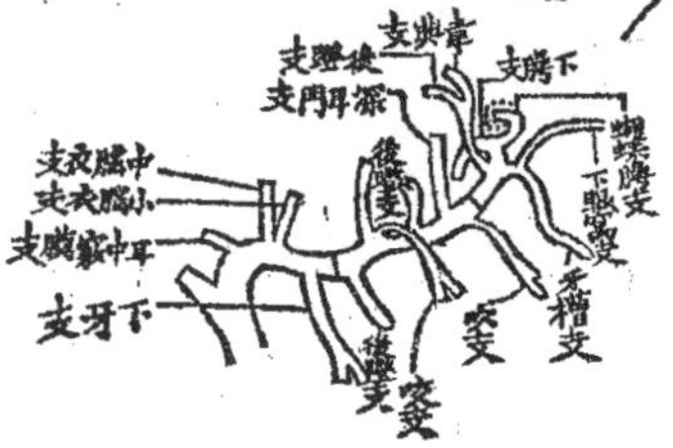

枝第一百七十圖

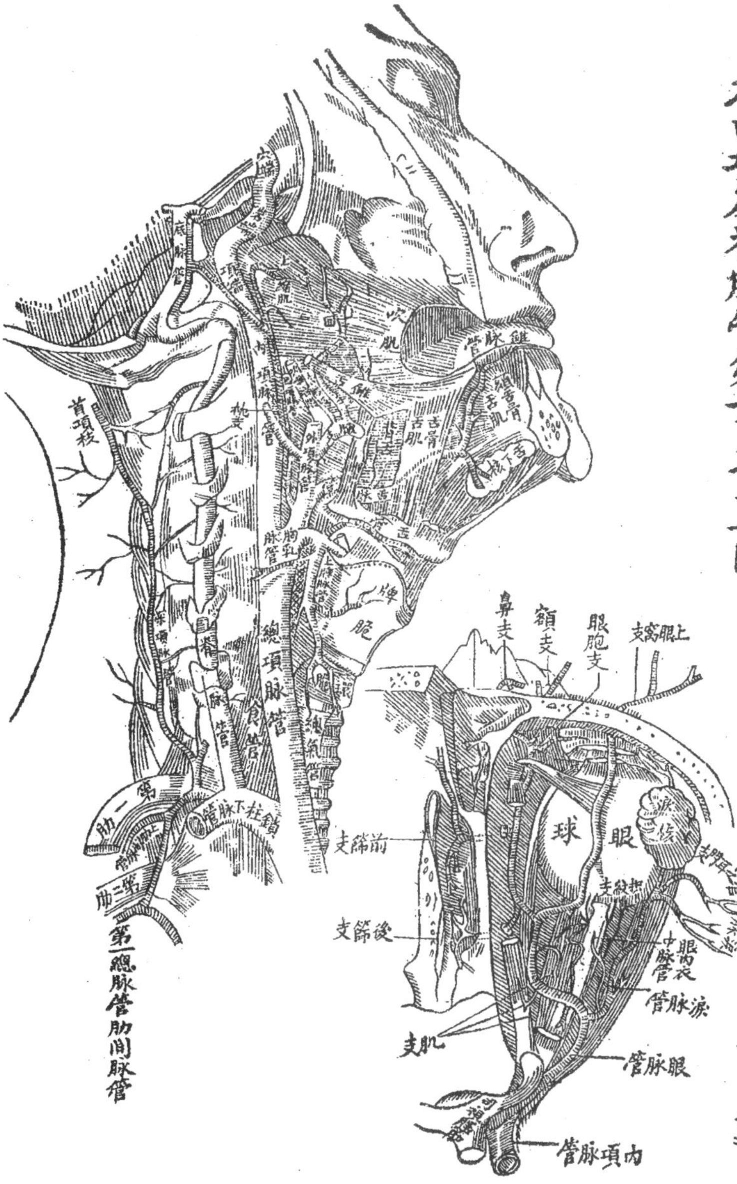

右內項及脊脈管第一百七十一圖

眼脈管及支第一百七十二圖
眼窩蓋去之

腦底之脉管第一百七十三圖

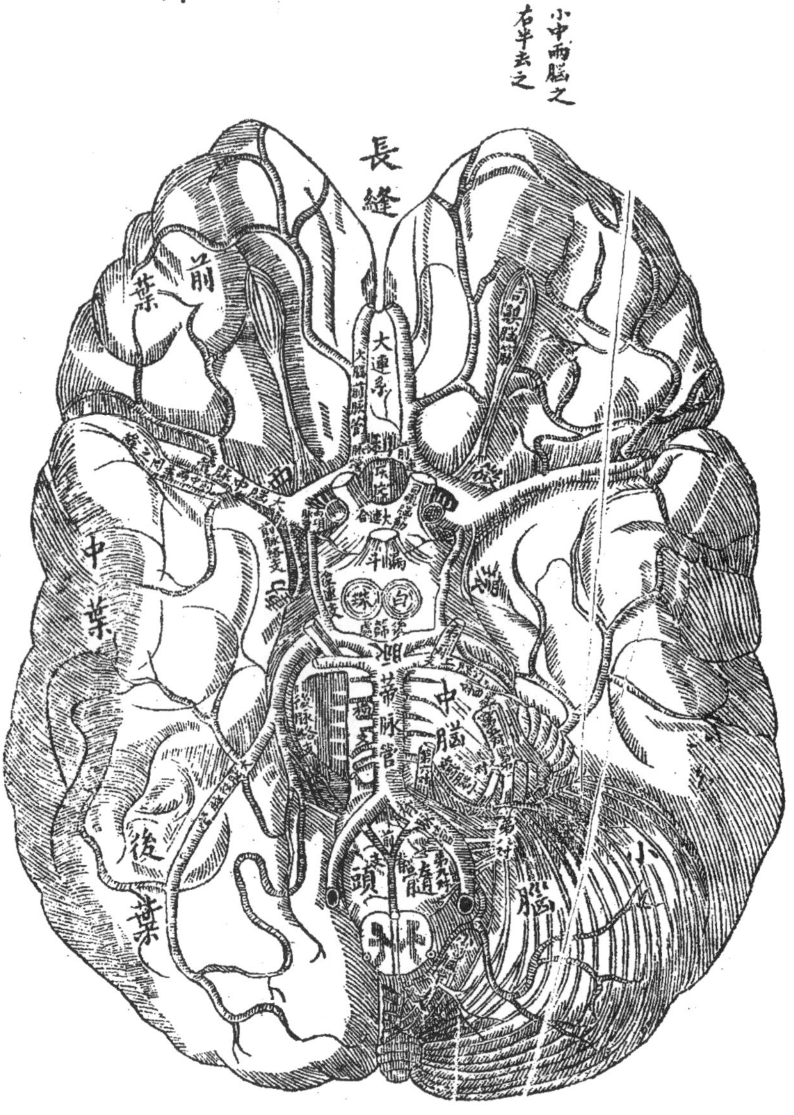

腦底脈管之圖

西名微利西環

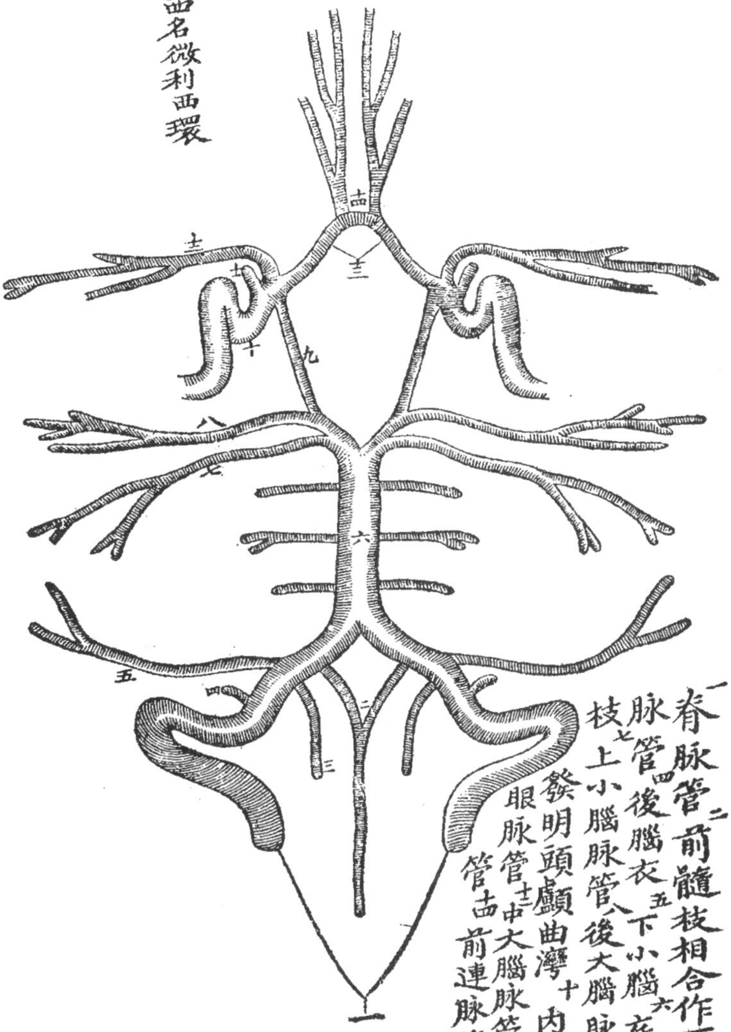

一脊脈管二前髓枝相合作一管三後脊髓脈管四後腦衣五下小腦六底脈管發横枝七上小腦脈管八後大腦脈管九內項脈管發明頭顱曲灣十內項後連之枝十一眼脈管十二中大腦脈管十三前大腦脈管十四前連脈管

飯匙及迴還脈管第一百七十五圖

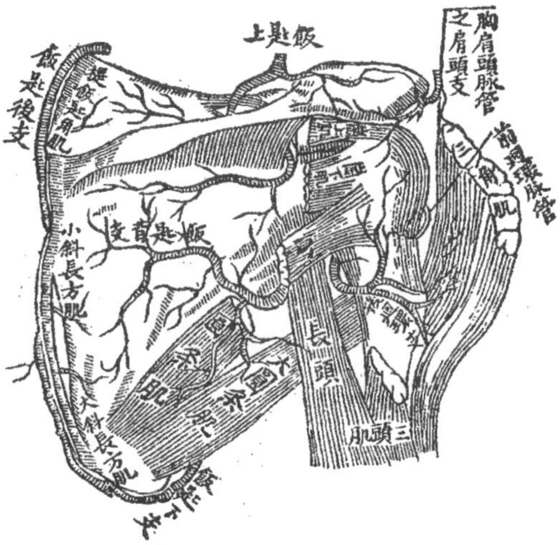

腋脈管及支第一百七十六圖

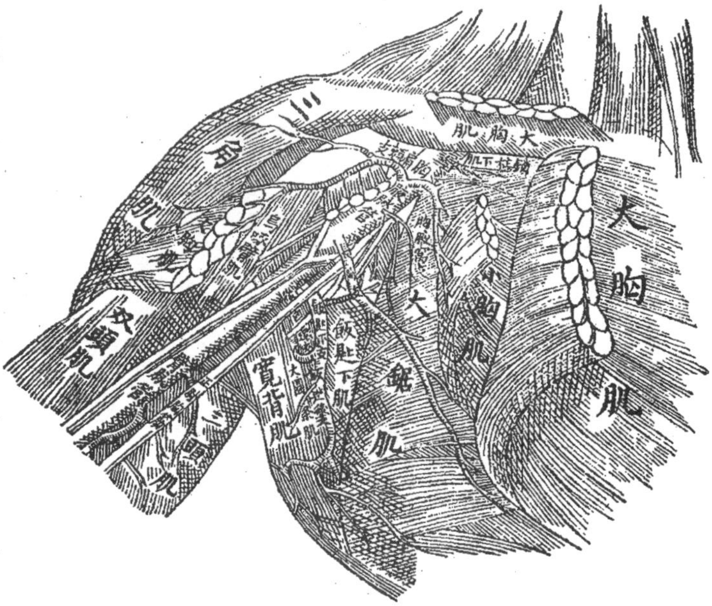

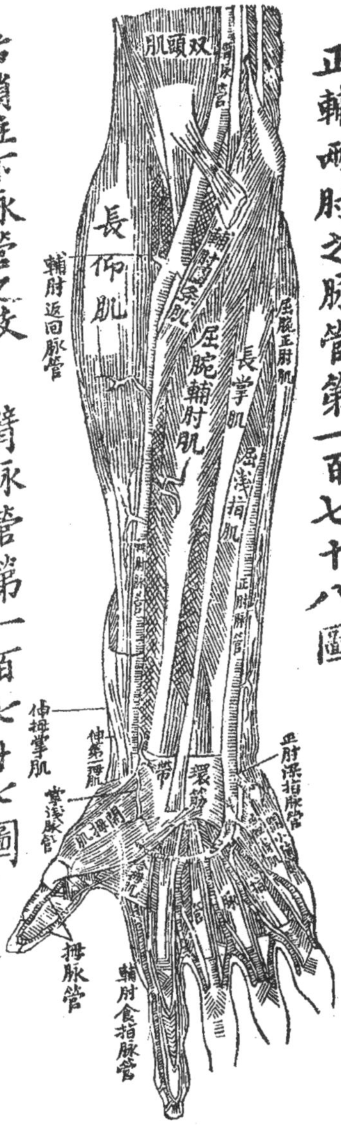

正輔兩肘之脉管第一百七十八圖

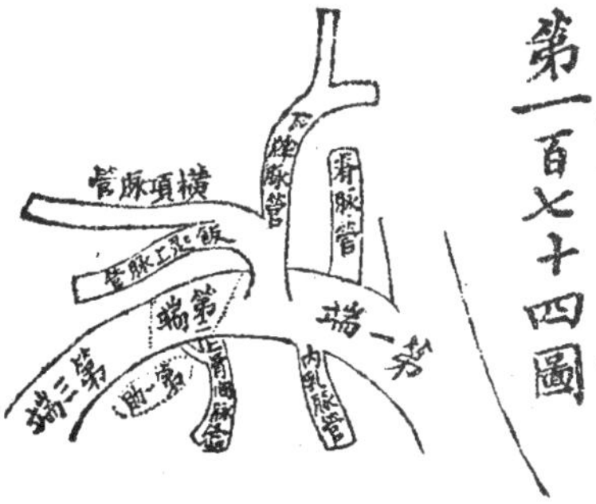

右鎖柱下脉管之枝第一百七十四圖

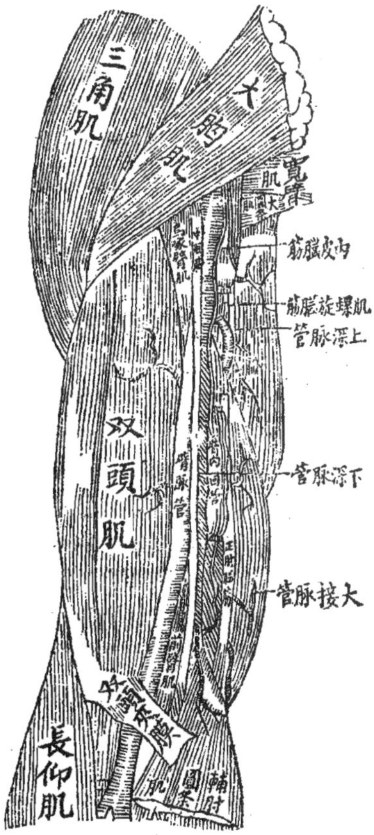

臂脉管第一百七十七圖

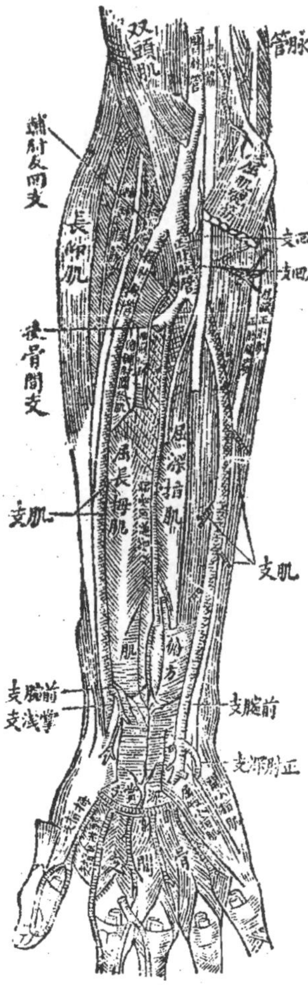

正輔肘兩脉管深視第一百七十九圖

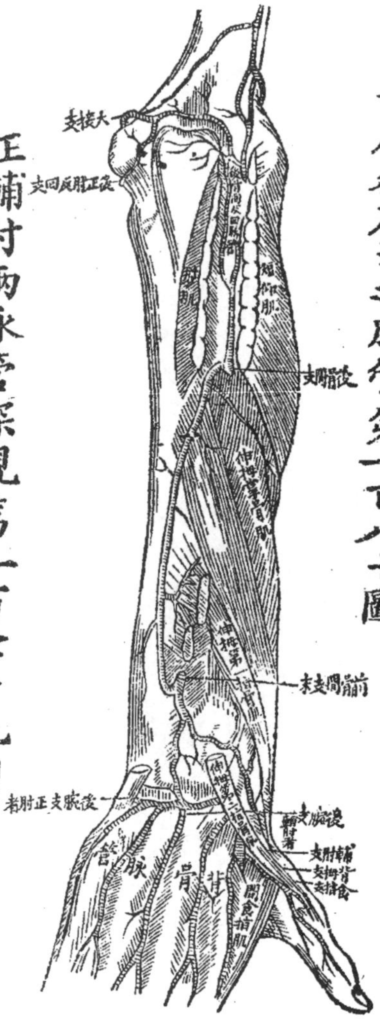

前臂後及手之脉管第一百八十圖

腹總脉管及支第一百八十一圖

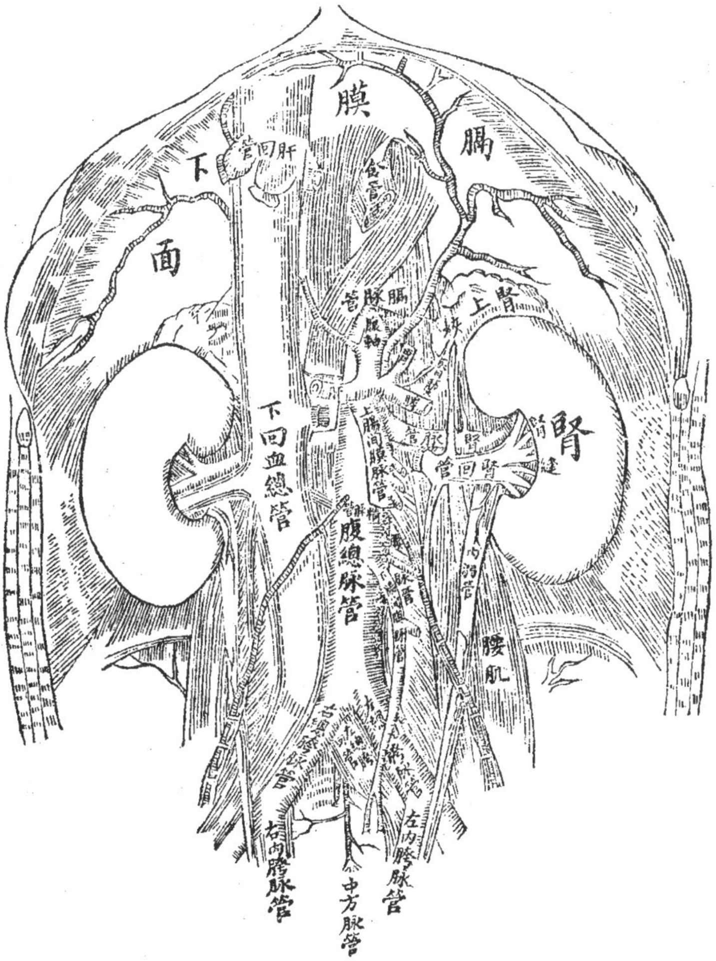

腹軸脈管與其枝第一百八十二圖

肝臟提起除去小脂脉

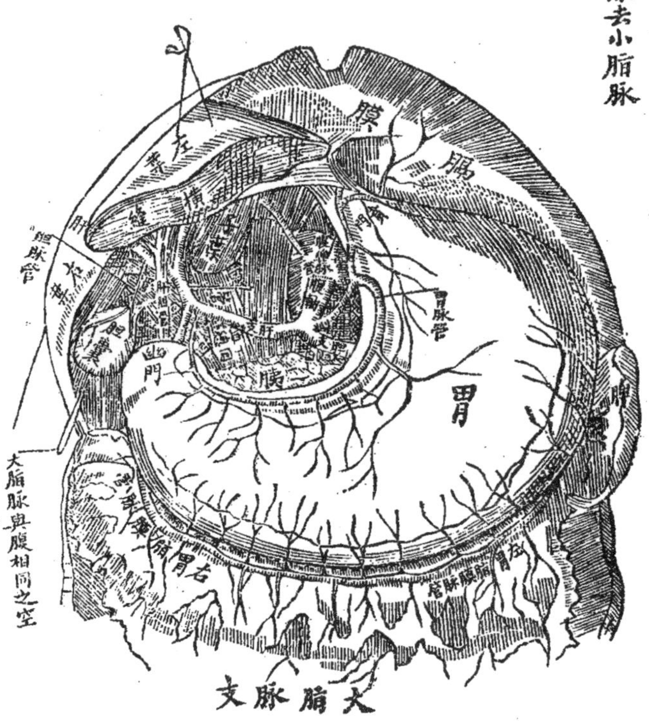

腹軸脉管與其枝第一百八十三圖

胃提起除去回腸橫間膜

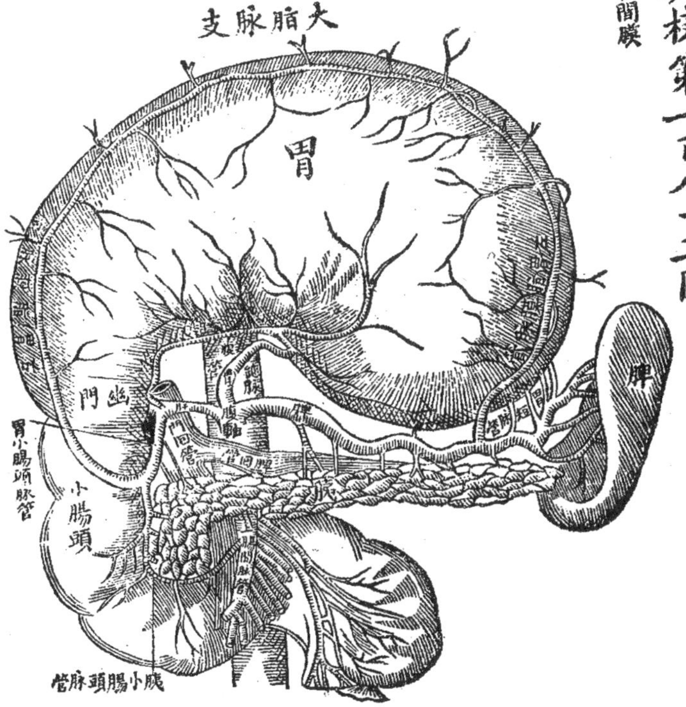

上腸間膜脉管與其枝第一百八十四圖

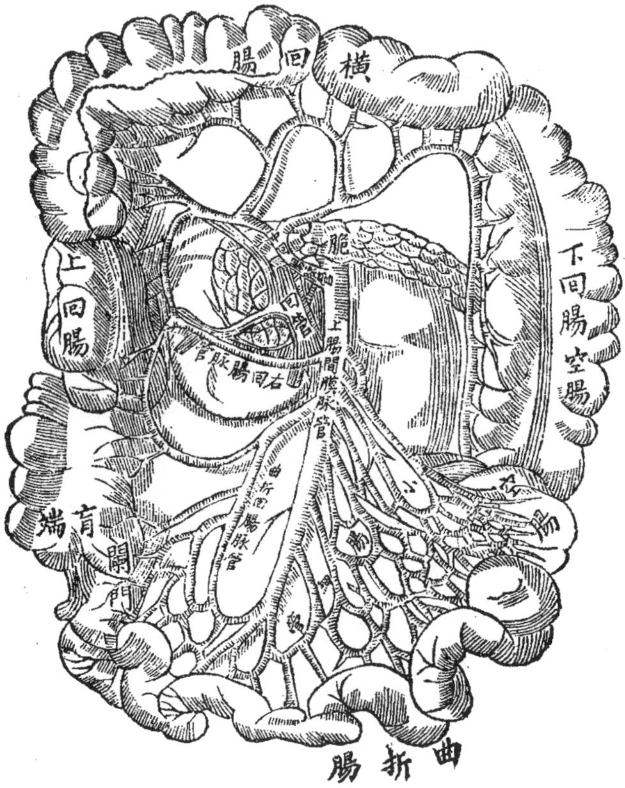

下腸間膜與其枝脉管第一百八十五圖

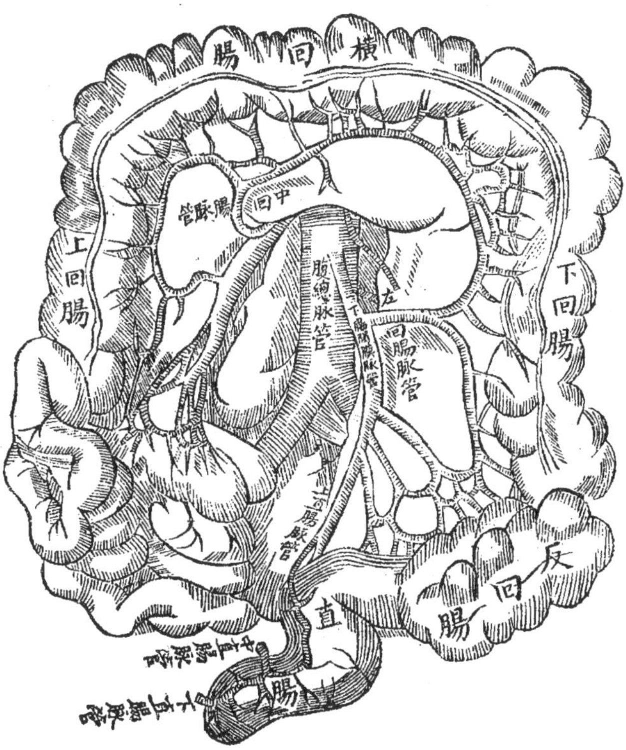

尻骨盤脈管第一百八十六圖

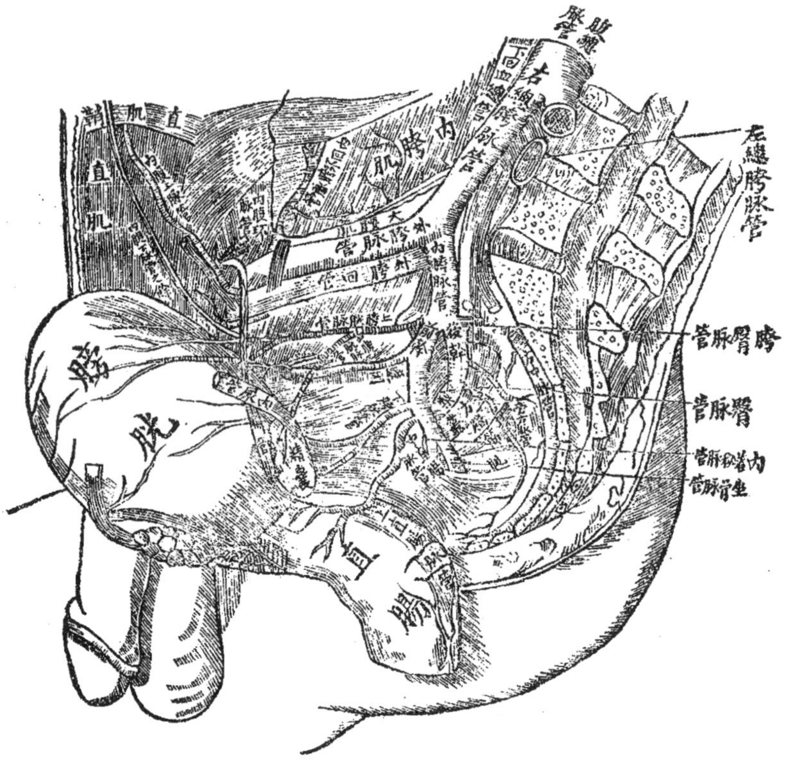

遮閉脈管之本及路之變革第一百八十七圖

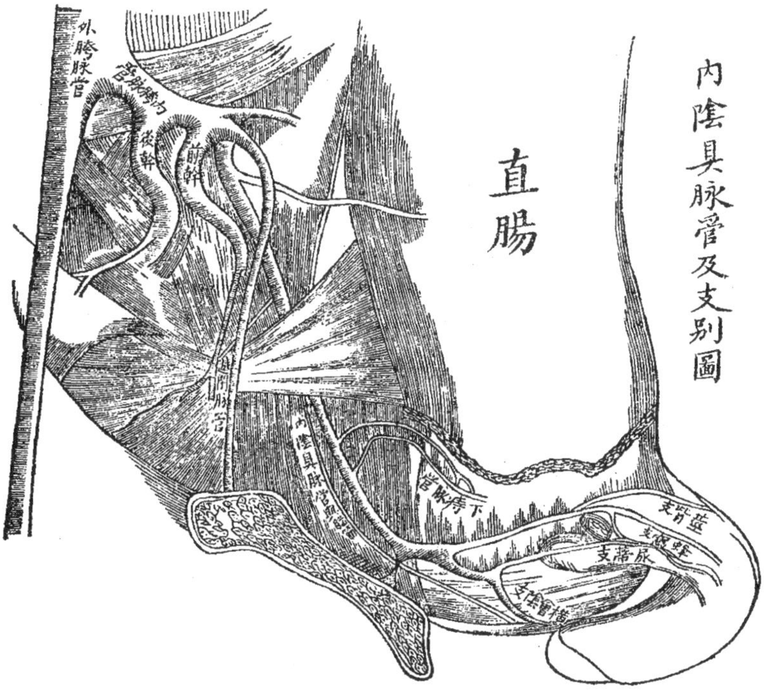

內陰具脈管及支別圖

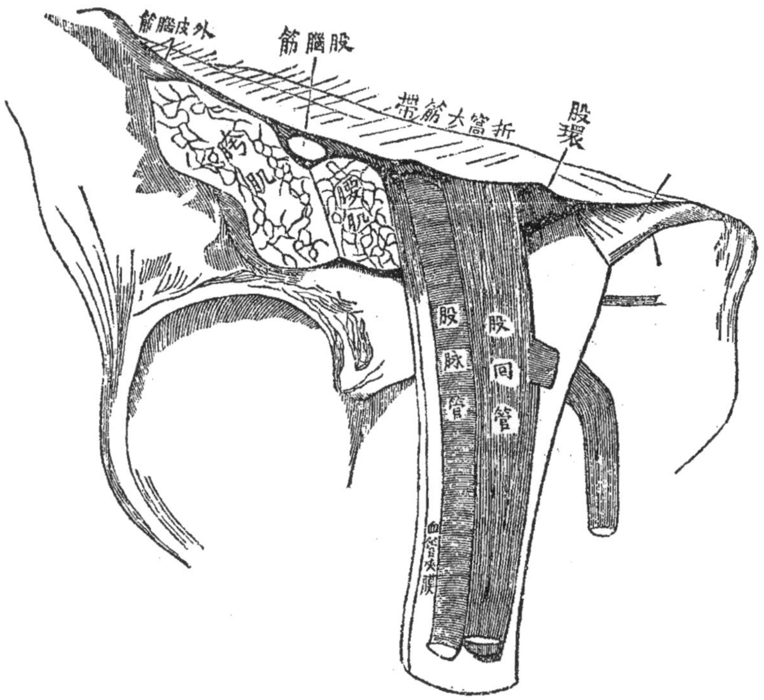
外皮腦筋
股腦筋
折當大筋帶
股環
股脉管
股回管

髂脈管

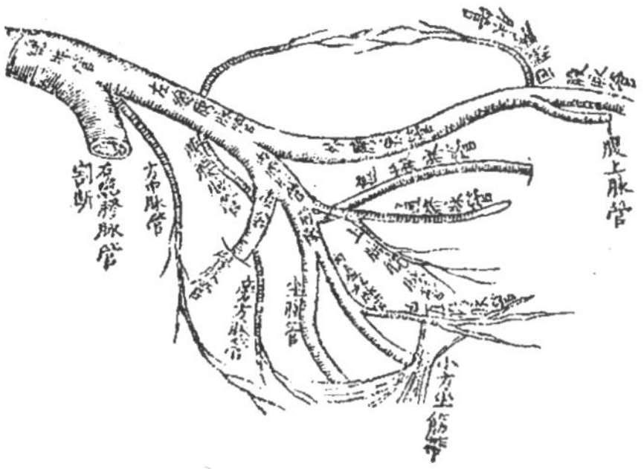

股弓下所行之質

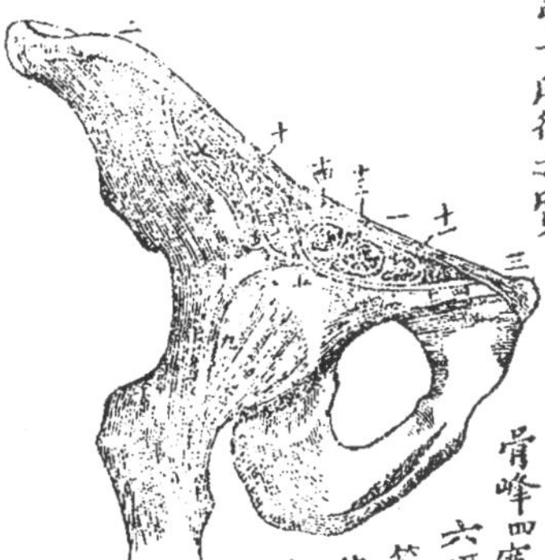

一折窩大筋帶　二寬夾膜之髂端　三交骨峰　四寬夾膜之交骨端　五股血管竅　六腰肌　七髂肌　八鞘之一層筋於節之裏　九髂大腿節　十股腦筋列於腰髂兩肌之竅　十一折窩小筋帶　十二股竅內之股環　十三股回管　十四股脈管　其兩血管與環被股竅所遶並竅前後兩壁之間有薄隔分脈回兩管並回管與股管

臀及後股兩部脈管第一百八十九圖

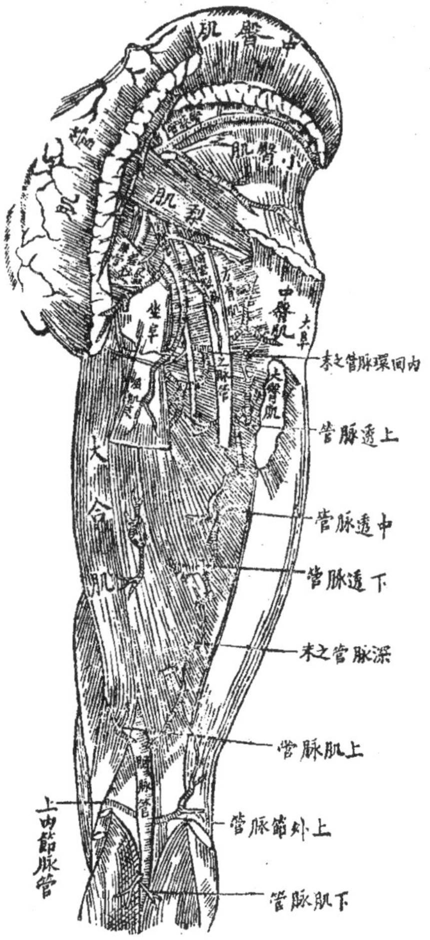

股脈管解剖學第一百九十圖

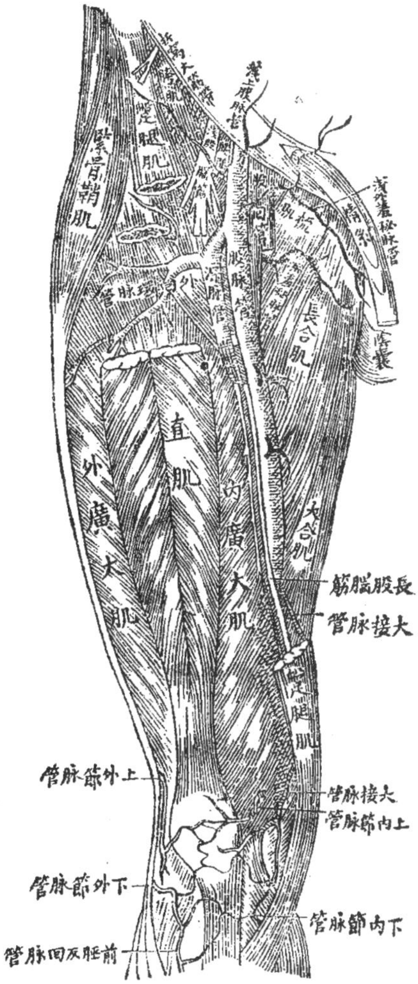

掌脈管淺視第一百九十三圖

膕與後脛及輔腿之脈管第一百九十一圖

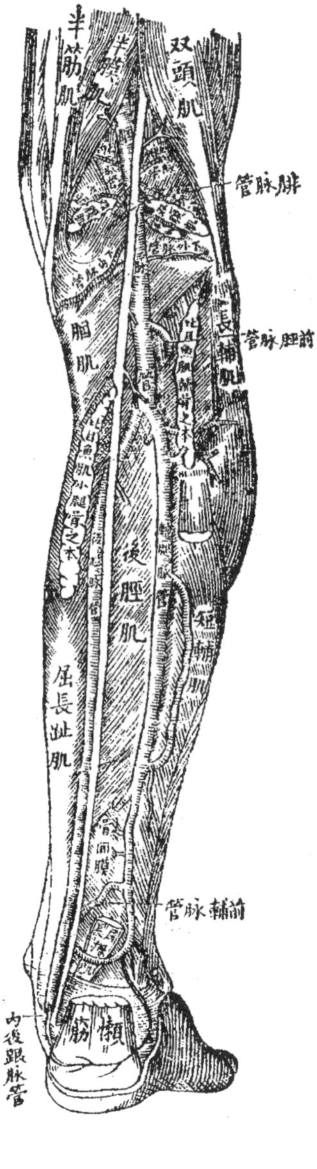

前脛及足背脈管解剖學第一百九十二圖

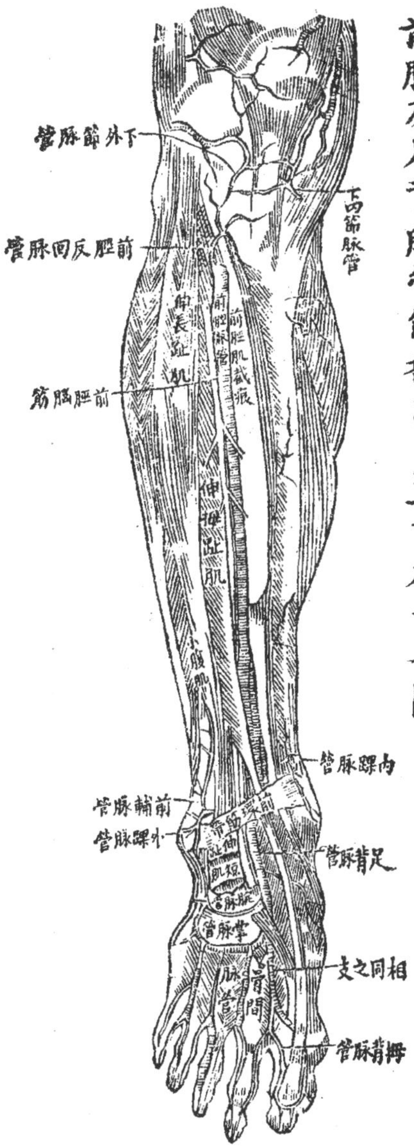

掌脈管深視第一百九十四圖

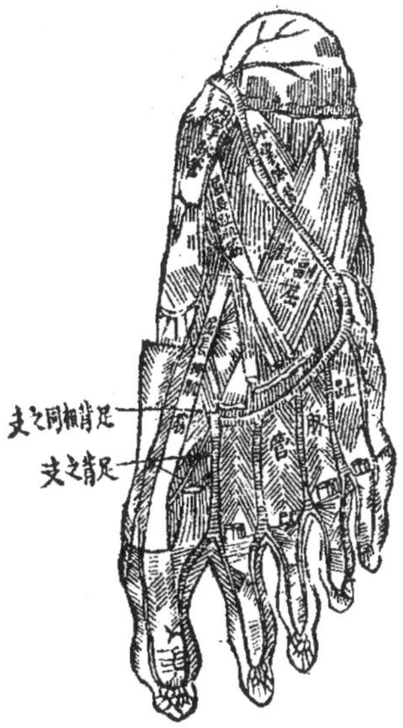

頭項回管第一百九十五圖

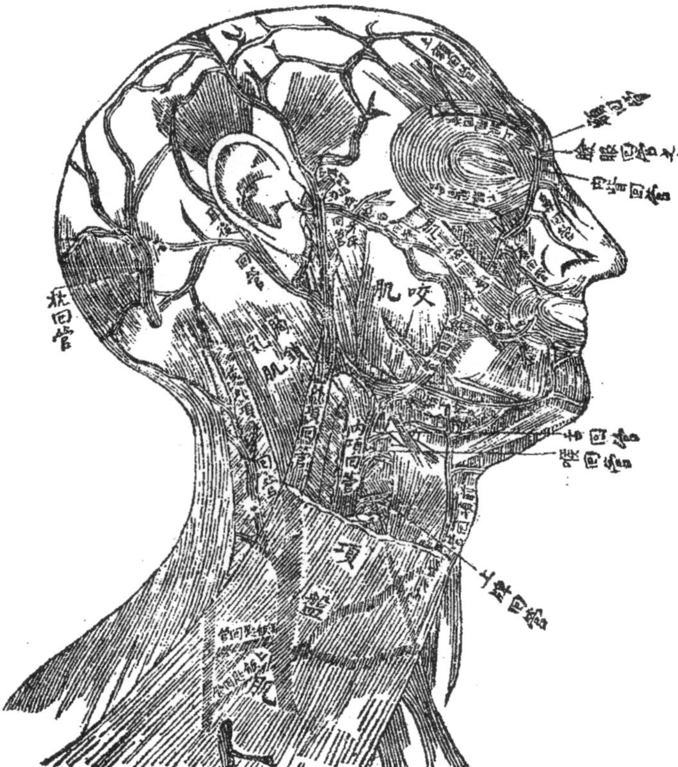

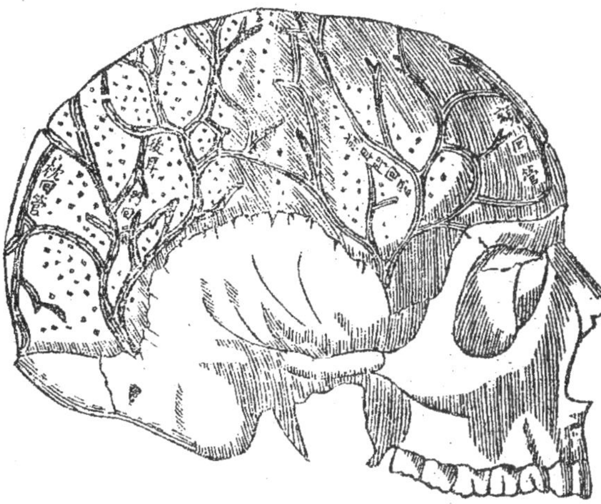

頭顱骨兩層之間回管
第一百九十六圖

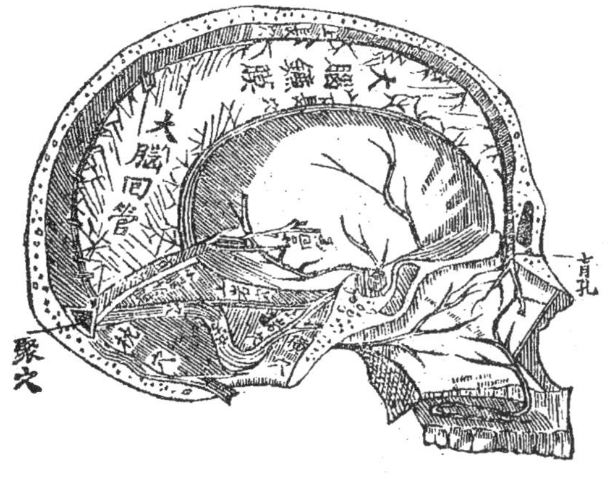

頭顱骨豎割顯露外衣之穴
第一百九十七圖

頭顱底諸穴第一百九十八圖

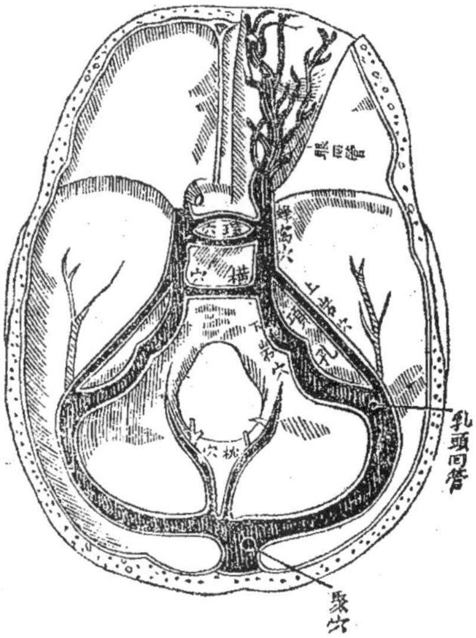

上肢淺回管第一百九十九圖

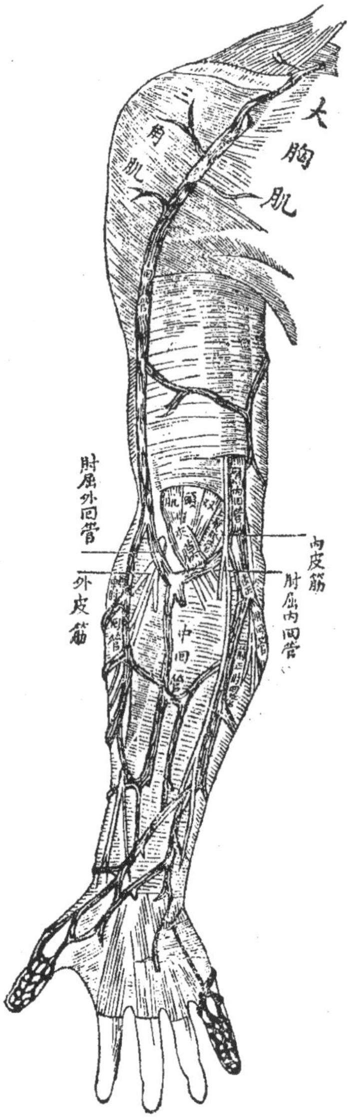

吸液總管

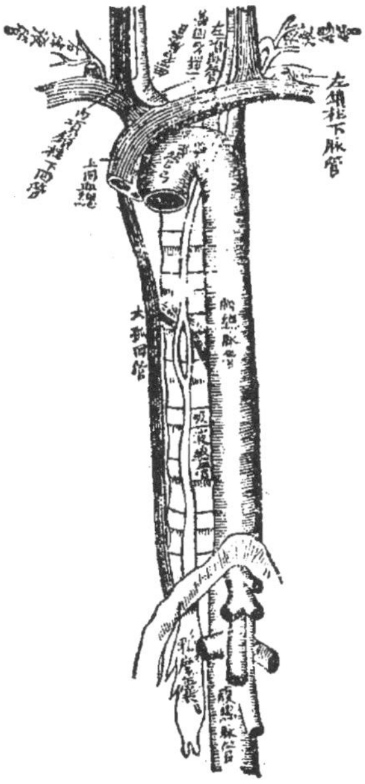

腎及項回管

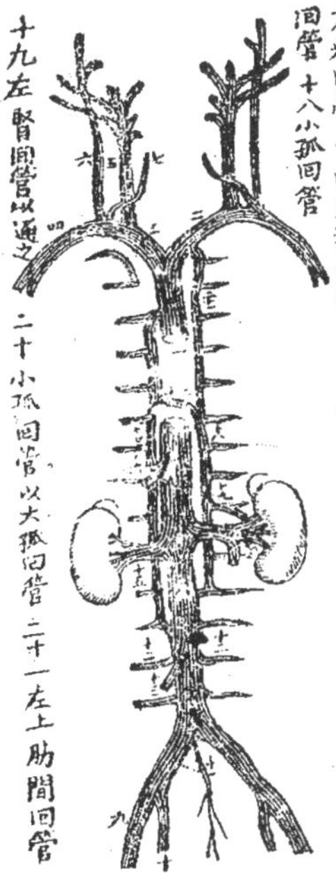

一上回血總管　二左無名回管　三右無名回管　四右鎖柱下回管　五內項回管　六外項回管　七前項回管　八下回血總管　九外髈回管　十內髈回管　十一總髈回管此兩管之間乃中方回管　十二腰回管　十三右精回管　十四左精回管　十五右腎回管　十六總肝回管　十七大孤回管　十八小孤回管　十九左腎回管以通之　二十小孤回管以大孤回管　二十一左上肋間回管

頭顱上而後之穴

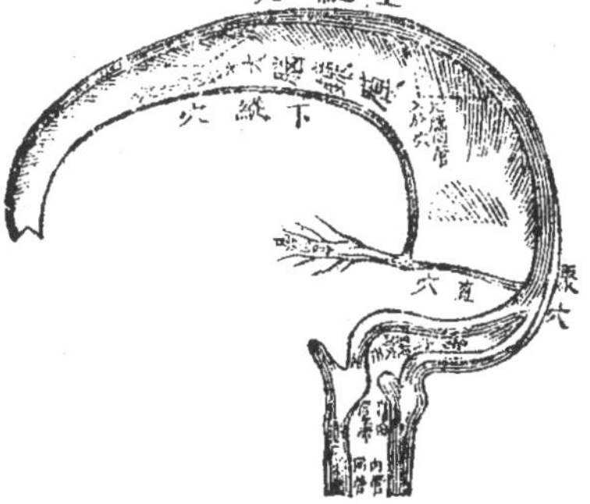

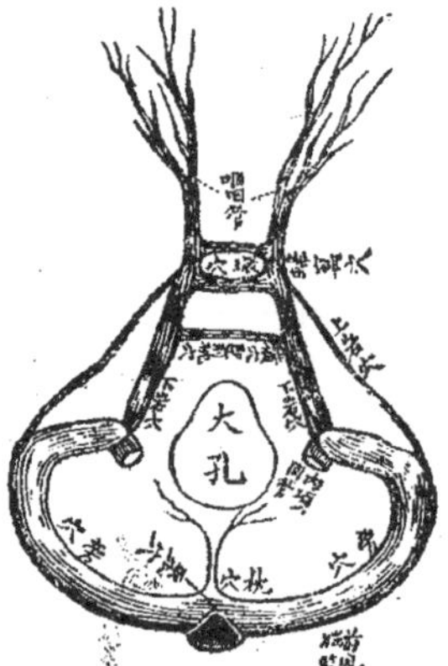

頭顱底穴

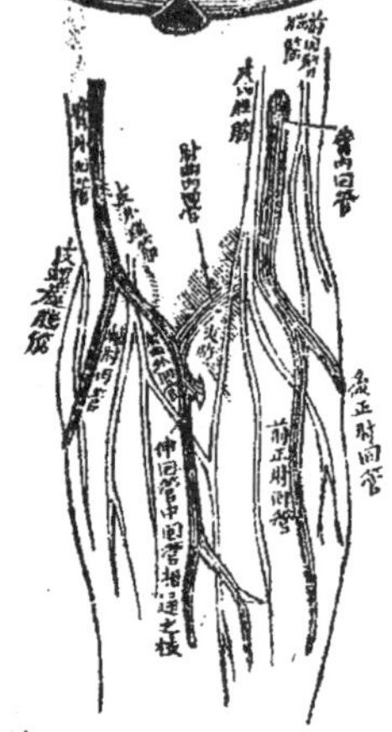

前臂及曲肘之回管

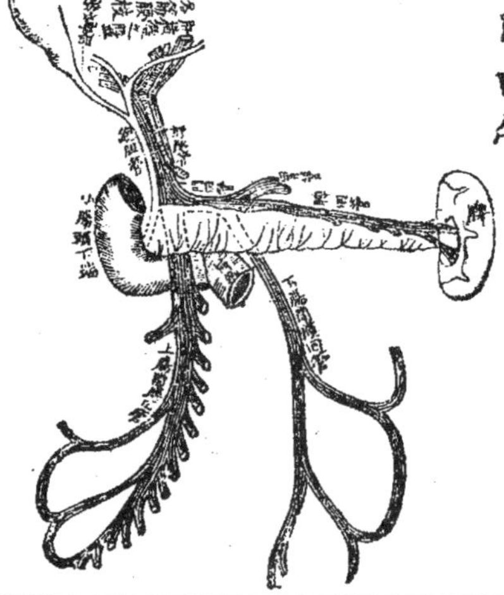

門回管

總脈各回管及其枝第二百圖

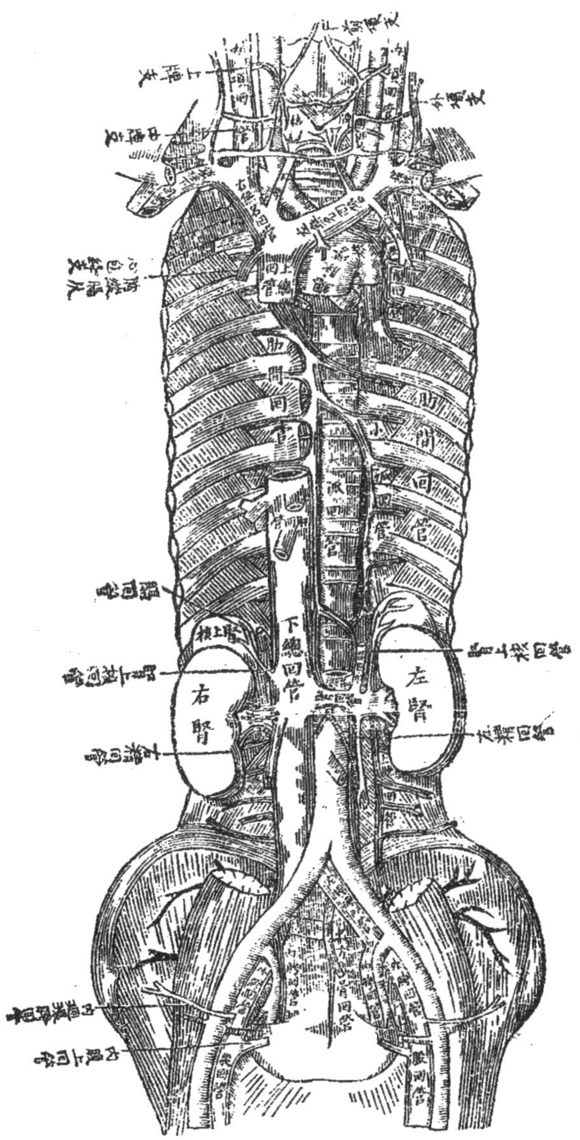

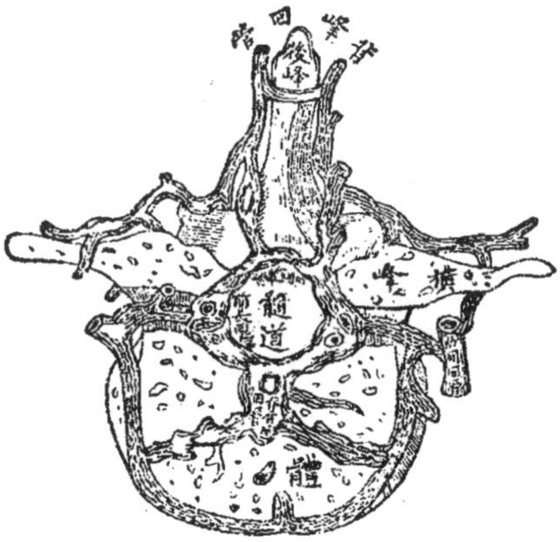

脊背脊骨橫割顯露脊骨回管第二百零一圖

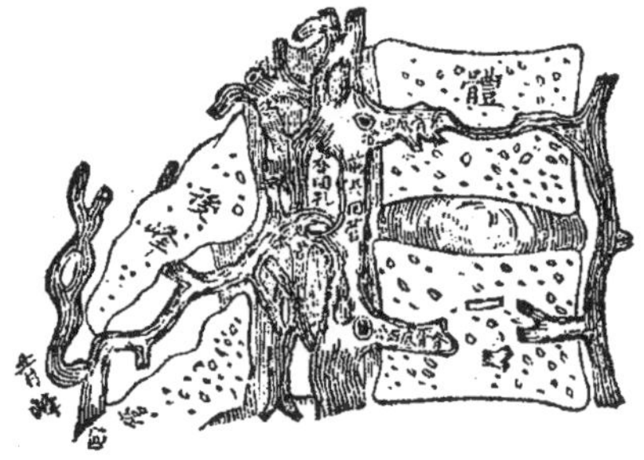

脊背脊骨豎割顯露脊骨回管第二百零二圖

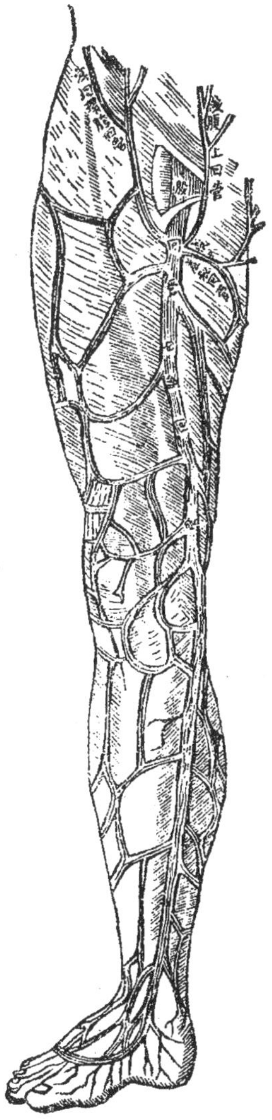

內長股回管及其枝第二百零三圖

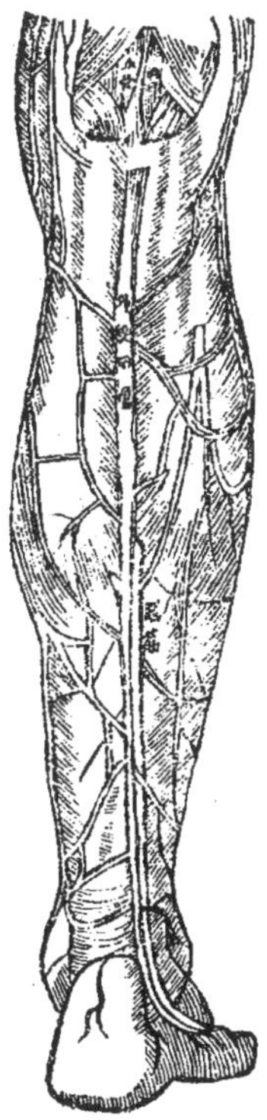

外短股回管第二百零四圖

門回管及其枝第二百零五圖

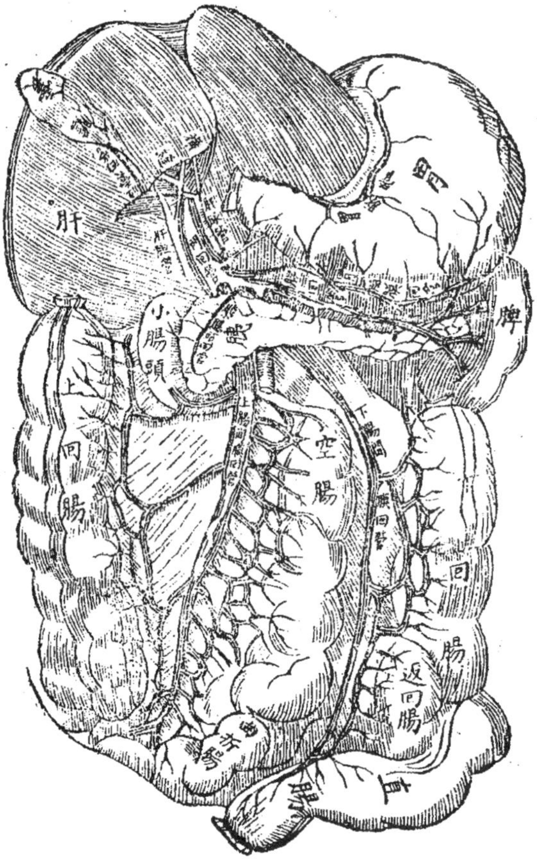

吸津液總管及右津液管第二百零六圖

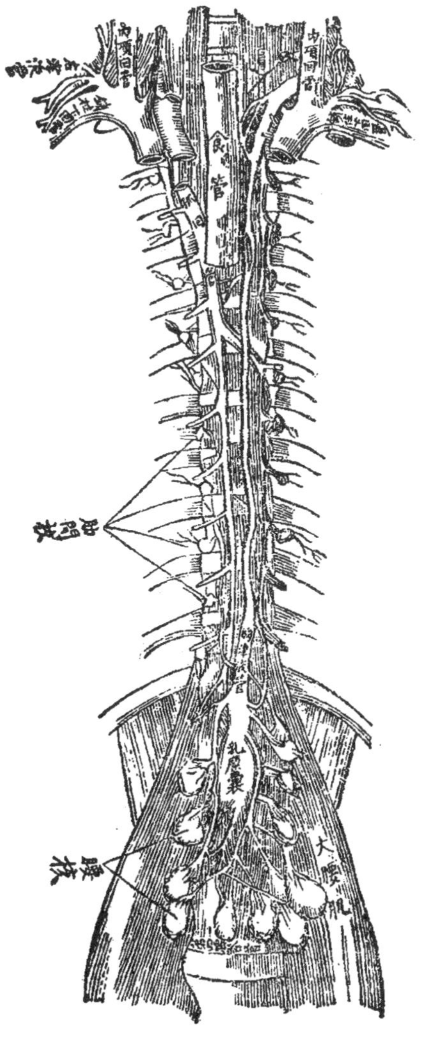

頭臉項之津液核第二百零七圖

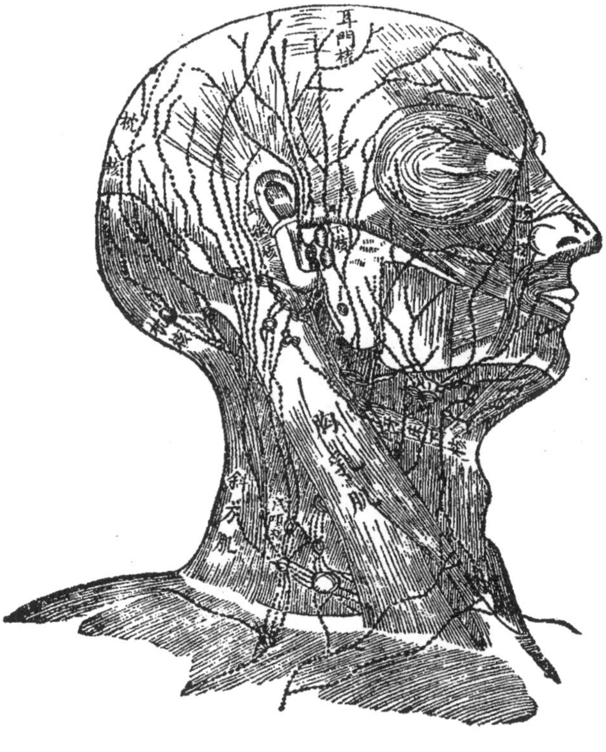

項胸之深津液管與其核第二百零八圖

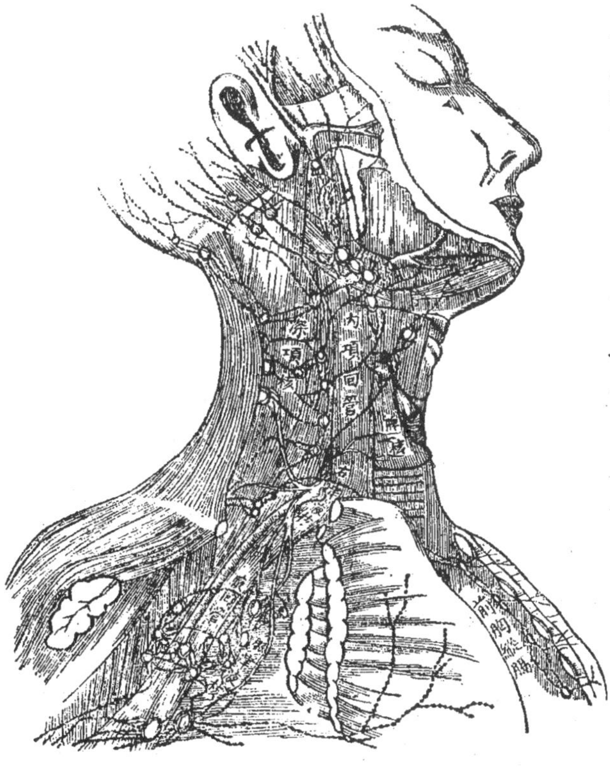

上肢之淺津液管與其核第二百零九圖

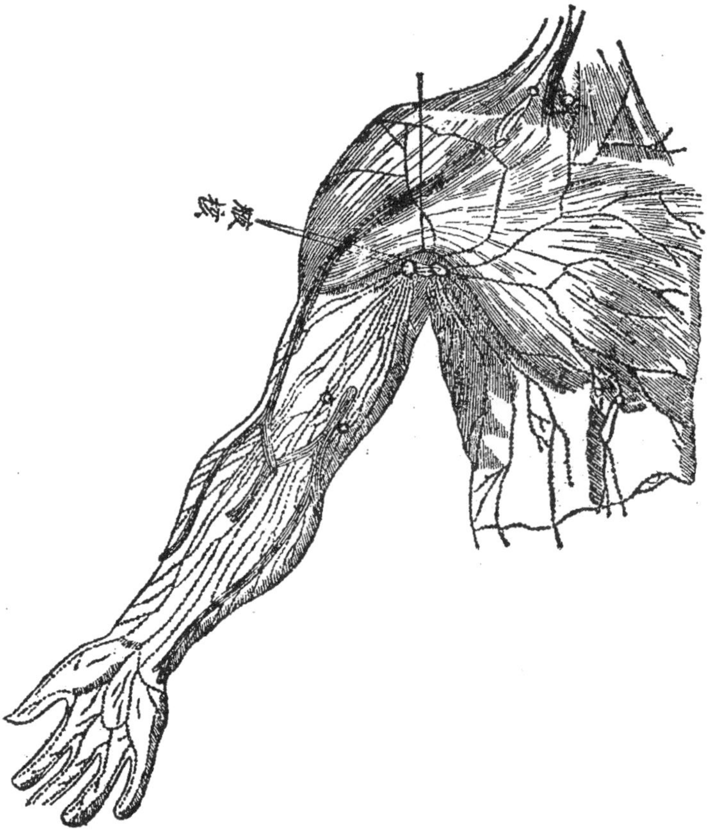

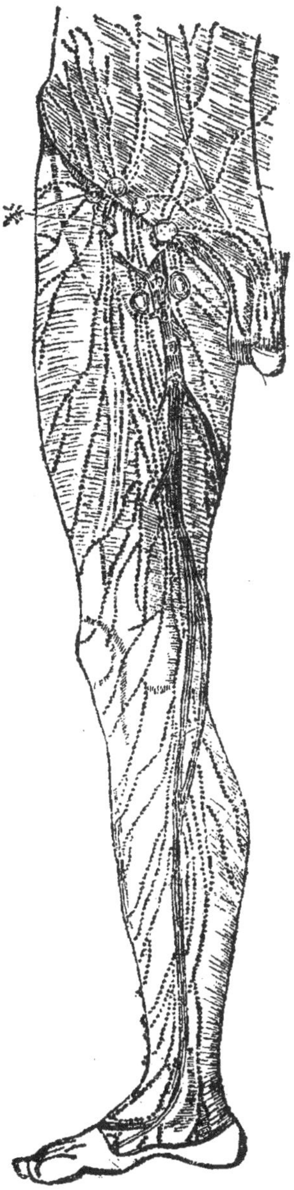

下肢之淺津液管與其核第二百十圖

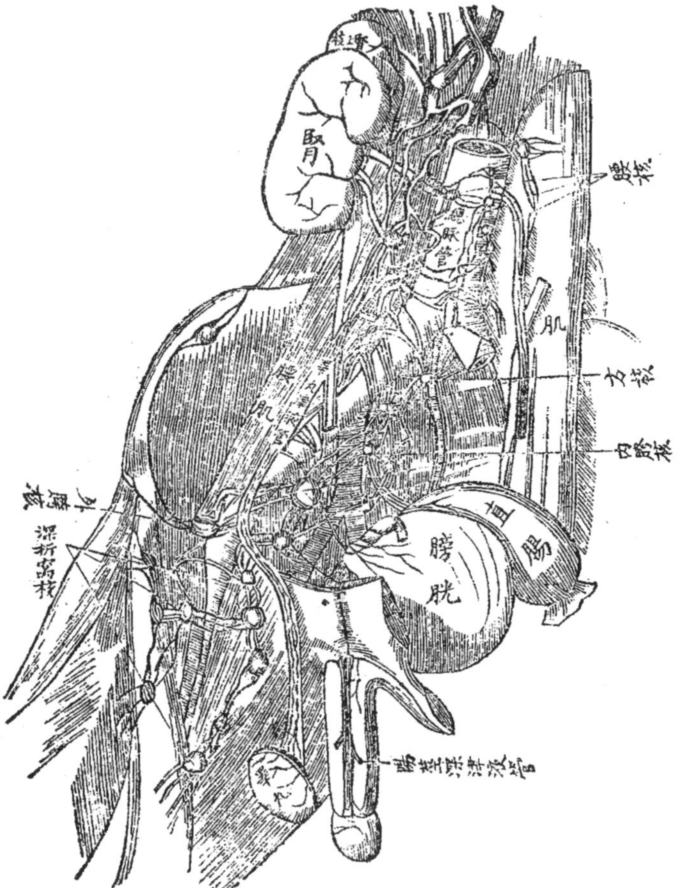

及尻骨盤之深津液管與其核第二百十一圖

腦筋之圖

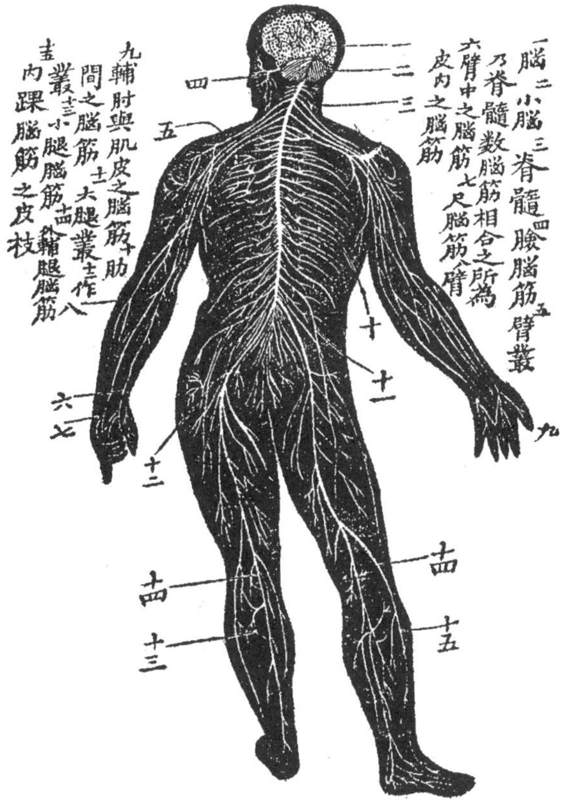
一腦 二小腦 三脊髓 四臉腦筋 五臂叢
乃脊髓數腦筋相合之所為
六臂中之腦筋 七尺腦筋 八臂
皮內之腦筋
九輔肘與肌皮之腦筋 十肋
間之腦筋 十一大腿叢 十二作 八
叢 十三 小腿腦筋 十四 外輔腿腦筋
十五 內踝腦筋之皮枝
一
二
三
四
五
六
七
九
十
十一
十二
十三
十四
十五

見二百十二與二百三十一圖

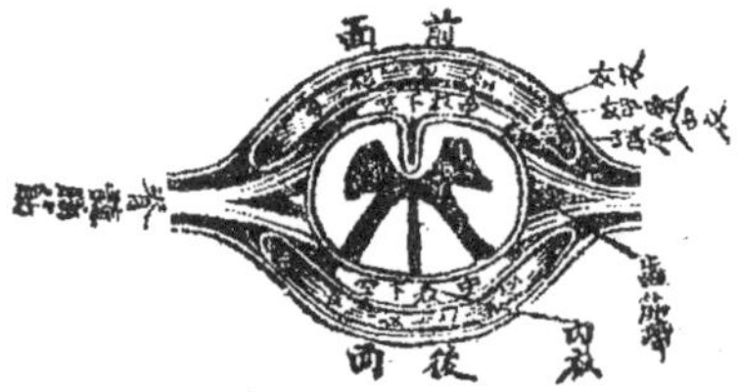

脊髓與其膜横割第二百十三圖

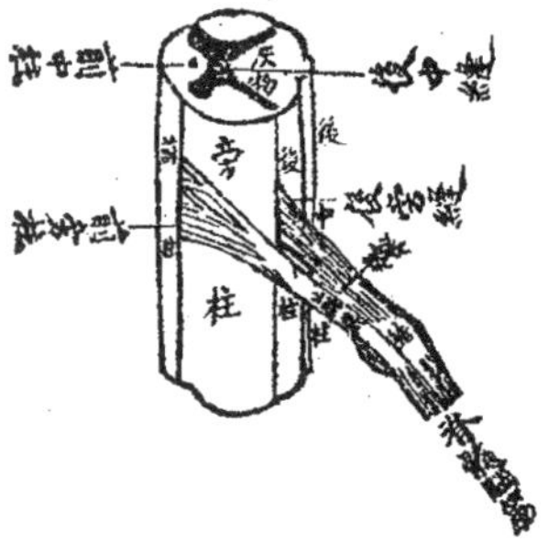

脊髓旁幹顯露與其縫及柱第二百十四圖

脊髓横割第二百十五圖

脊髓灰物之横割旁脊背部中第二百十六圖

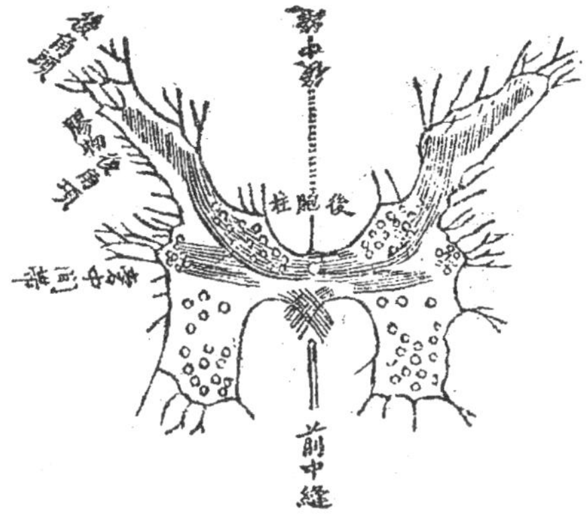

脊髓灰物之横割過腰部中第二百十七圖

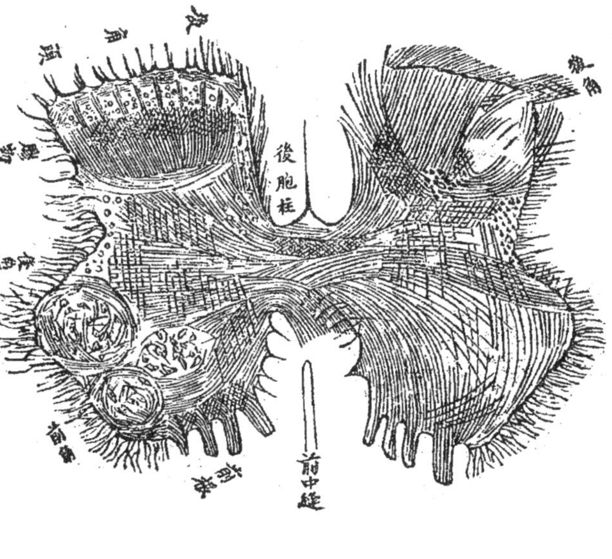

左有大泡右無泡乃顯其絲之路
此圖較比真形大十三倍

脊髓及灰白兩物之豎割過腰部中第二百十八圖　此圖較比真形大十四倍

髓頭及中腦之前面第二百十九圖

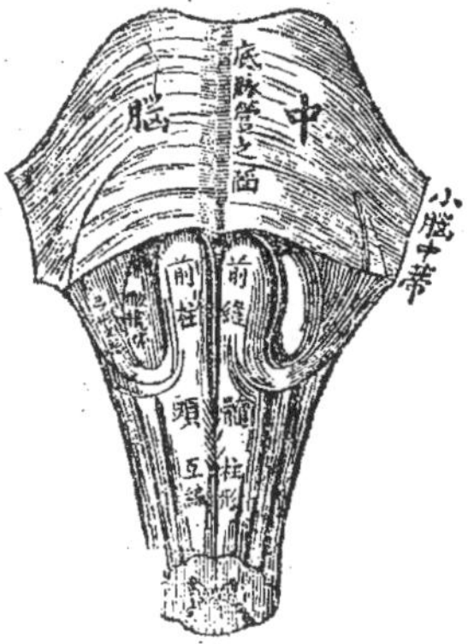

髓頭橫割第二百二十一圖

髓頭柱與其相連之大小兩腦第二百二十二圖

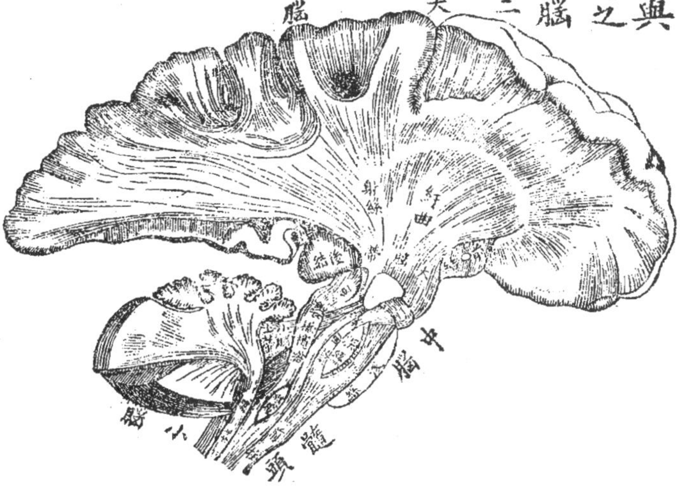

髓頭後面第二百二十圖

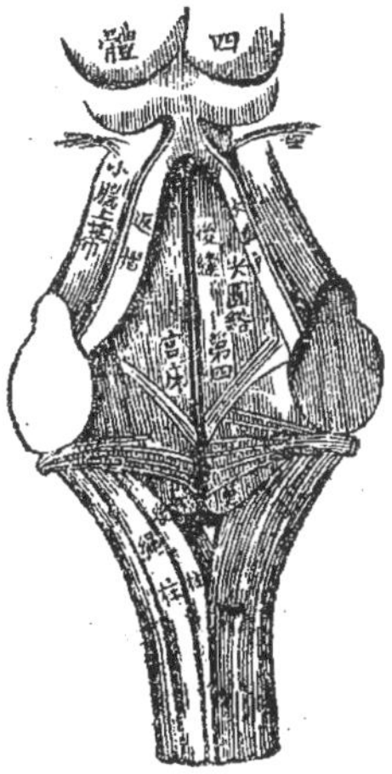

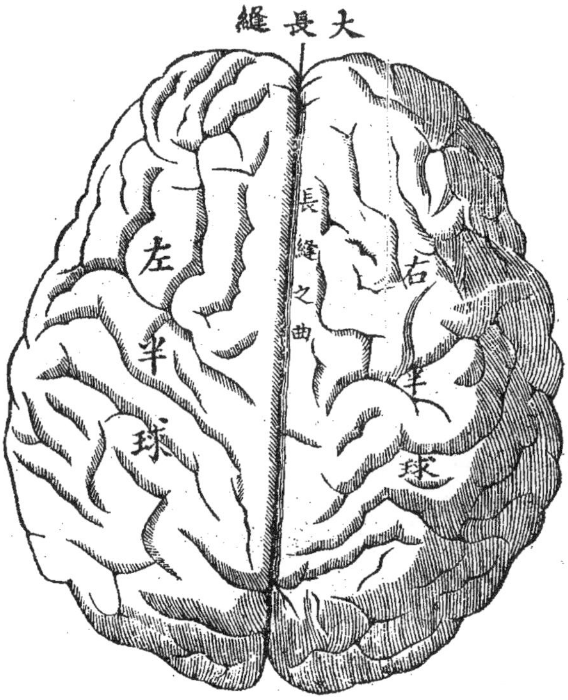

腦之上面去其內衣第二百二十三圖

腦之底第二百二十四圖

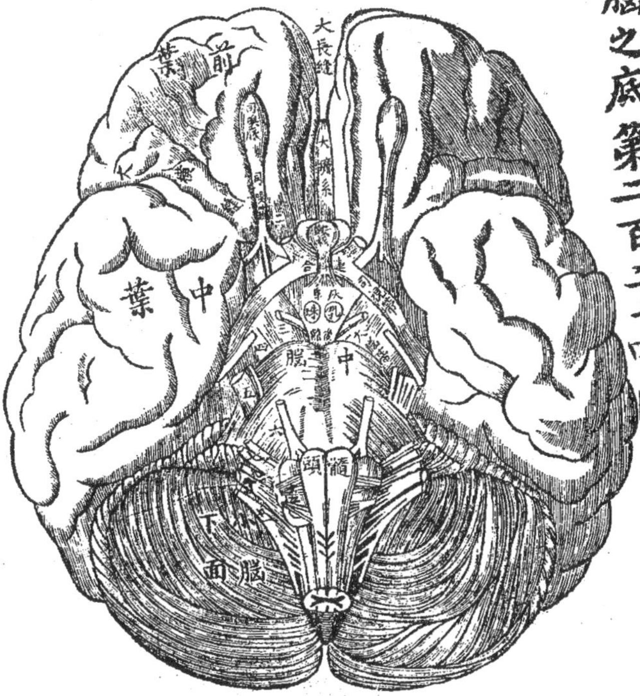

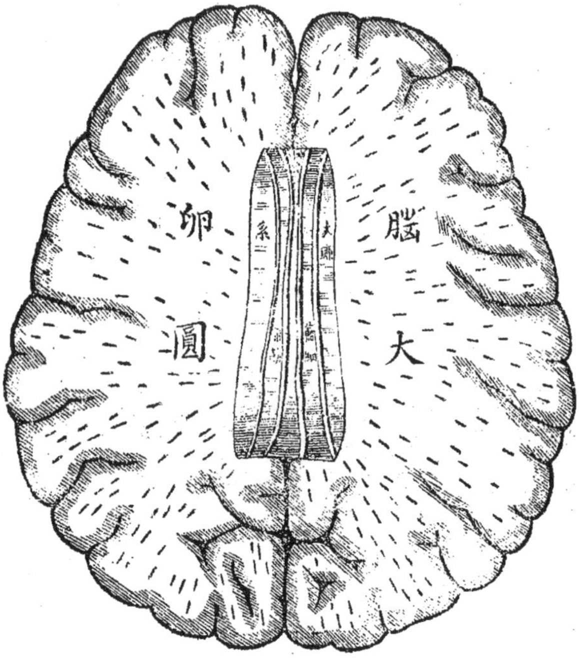

大腦横割與大鐮系相齊第二百二十五圖

大腦旁宫第二百二十六圖

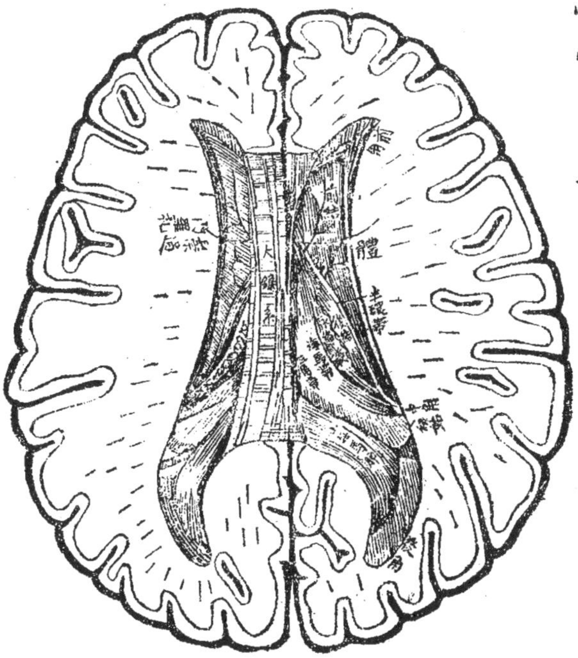

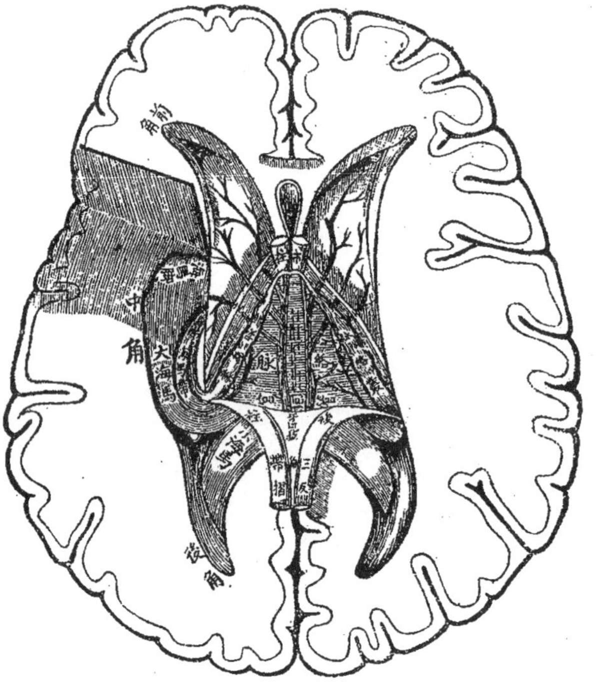

三角带及絡脉與旁宫之中角第二百二十七圖

第三第四兩宮第二百二十八圖

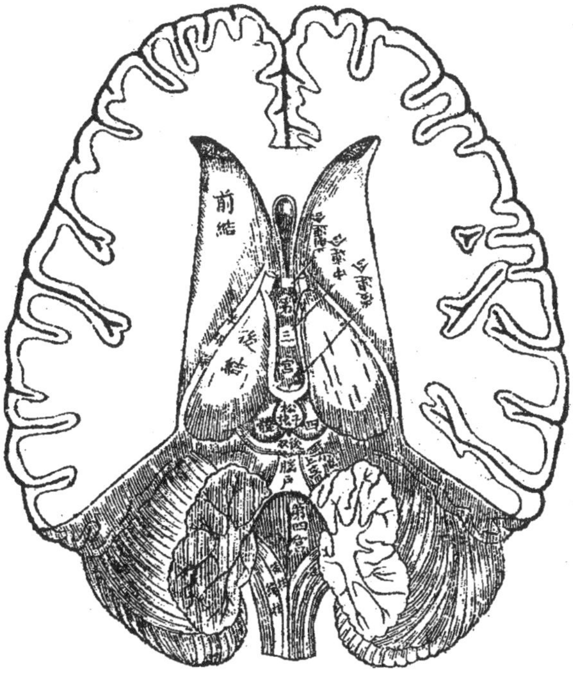

小腦上面第二百二十九圖

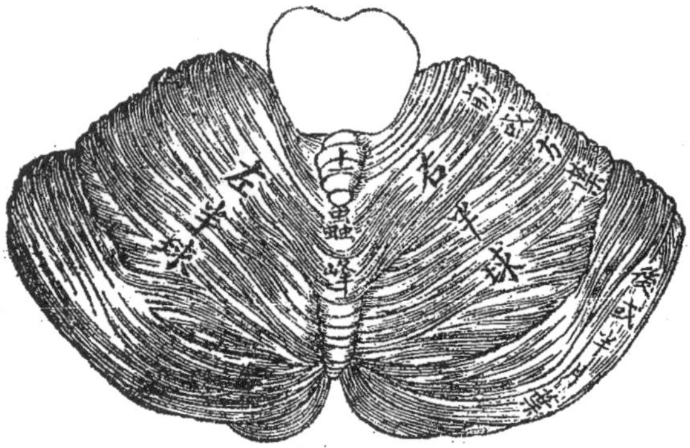

小腦下面第二百三十圖

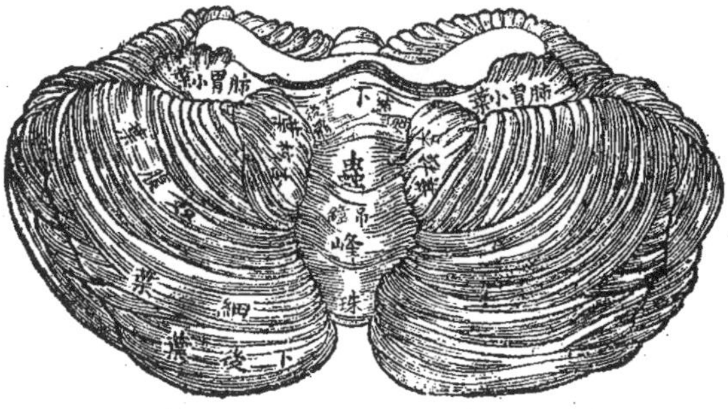

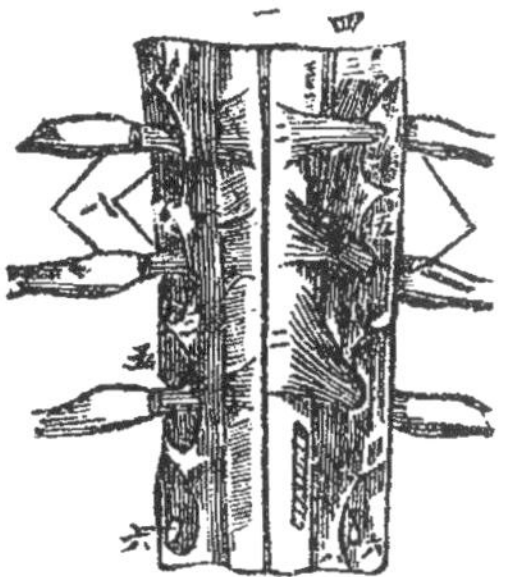

髓系項端後面發明其膜與其髓筋之後根

二後中縫三二後根對邊相對之根旁其本割斷三三齒形之膜四副腦筋上行於後根與齒膜之間五外衣六六外衣之孔遞過筋之根七七後根之結八前根去其後根發明其前根過結之外與筋相合

腦縱中割

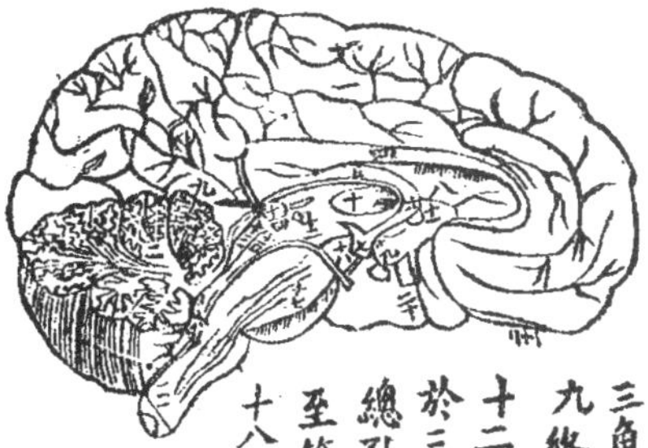

一左半球之裡面二小腦割面發明活樹三髓頭與髓系相合之處四大連系五三角帶六三角筋蒂七白柱八明割九絡膜十第三宮中連合十一前連合十二後連合十與十一中間乃總前孔列於三角帶之蒂十與十二中間乃後總孔十三四體十四松子核十五第三至第四宮之路十六第四宮十七中腦十八左大腦蒂十九會阜二十司視筋二十一左司嗅筋

小腦豎割第二百三十一圖

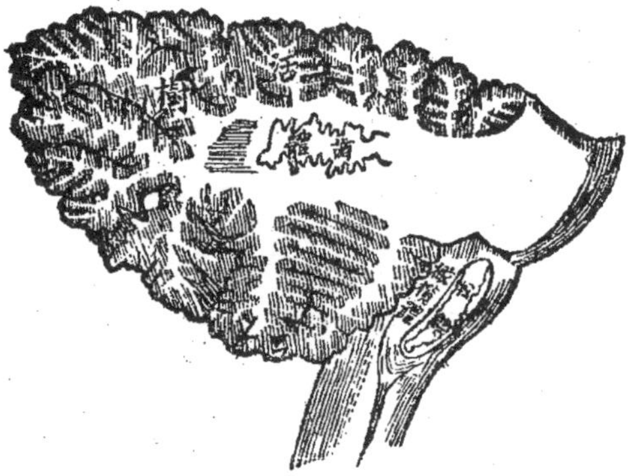

脊髓與其膜第二百十二圖

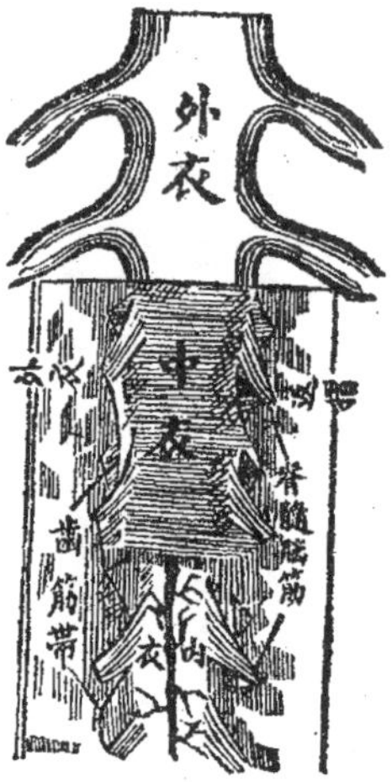

髓頭及中腦之圖

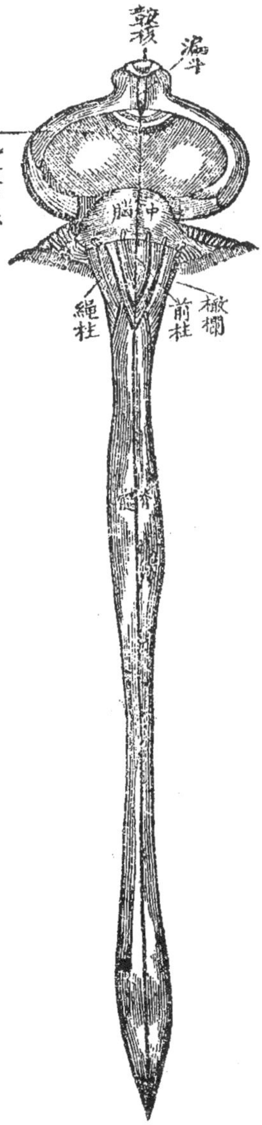

脊髓與其腦筋之圖

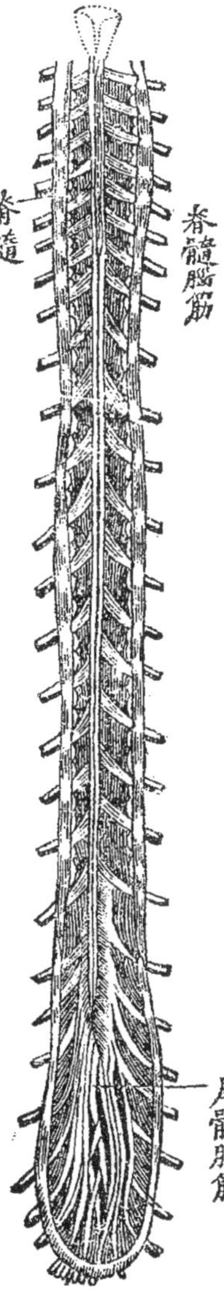

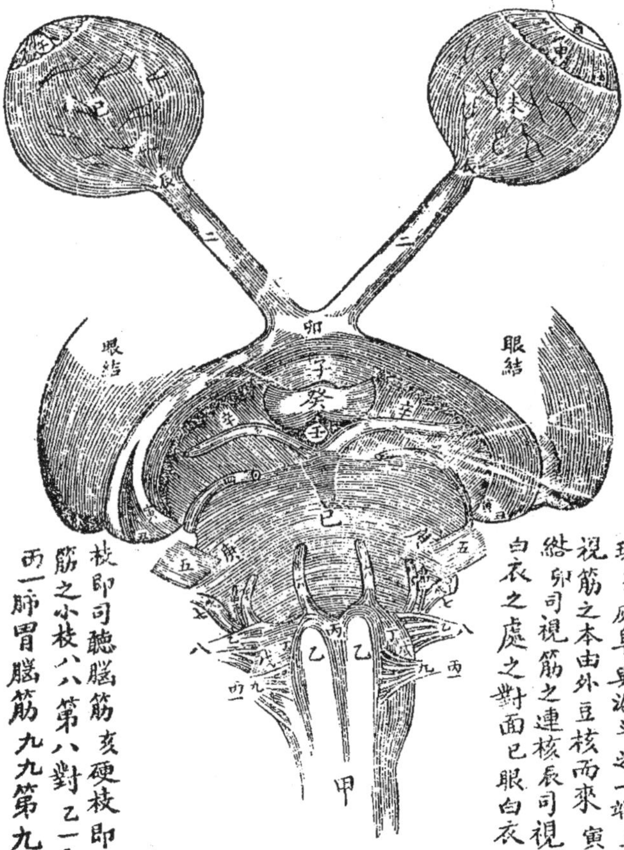

司視即第二對腦筋之本

二百三十三圖

甲髓頭 乙乙尖柱 丙尖柱互編 丁丁橄欖體 戊戊繩形體 巳中腦 庚庚中腦橫絲分開遞過第五對腦筋 辛辛大腦蒂 壬節處 癸白肉珠子 灰阜與漏斗之一端 二司視腦筋 丑司視筋之本由外豆核而來 寅前雙體所聚之絡 卯司視筋之連核 辰司視筋之縮處 乳眼白衣之處之對面 巳眼白衣 午明衣 未腦衣 申摺紋 酉睛珠 三三第三對筋即運動眼球之腦筋 四四第四對即滑車腦筋 五五第五對即三杈之臉筋 六六第六對即外直肌腦筋 七七第七對 戌軟枝即司聽腦筋 亥硬枝即臉腦筋 甲一臉筋之小枝 八八第八對 乙一壬 嚥頭腦筋 丙一肺胃腦筋 九九第九對

司視腦筋及司視筋帶第二百三十二圖

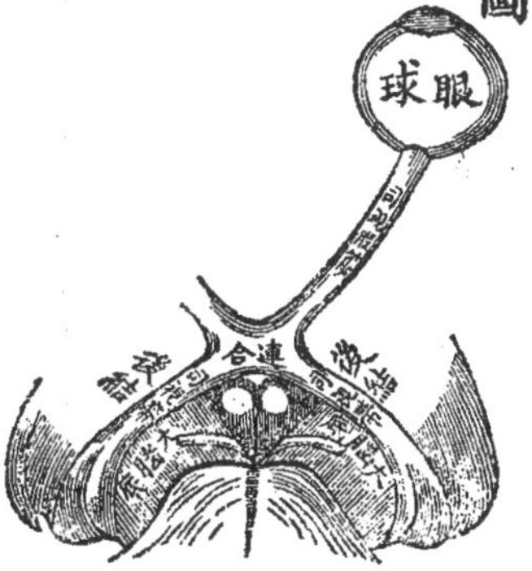

司視連合絲之路第二百三十四圖

眼窩腦筋自上面視第二百三十五圖

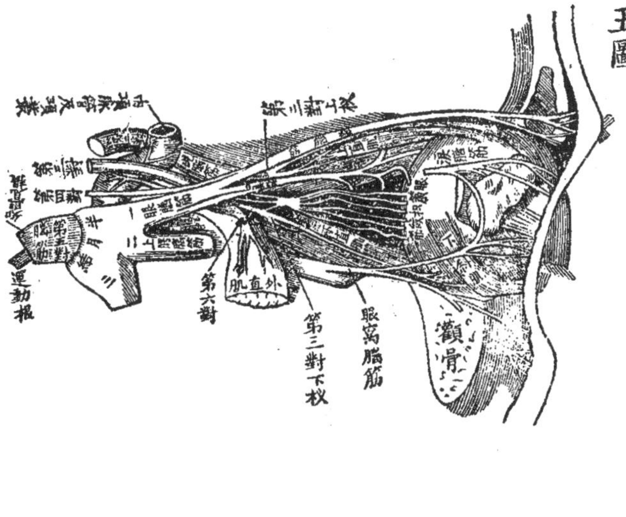

眼窩腦筋自上而視第二百三十六圖

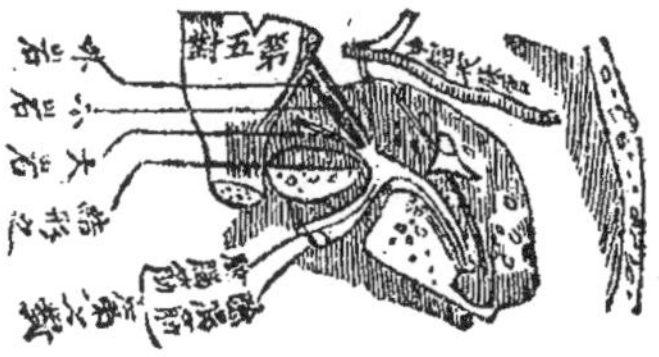

耳門骨內臉筋所行之路及相連之處第二百三十七圖

頭臉項各邊之腦筋第二百三十八圖

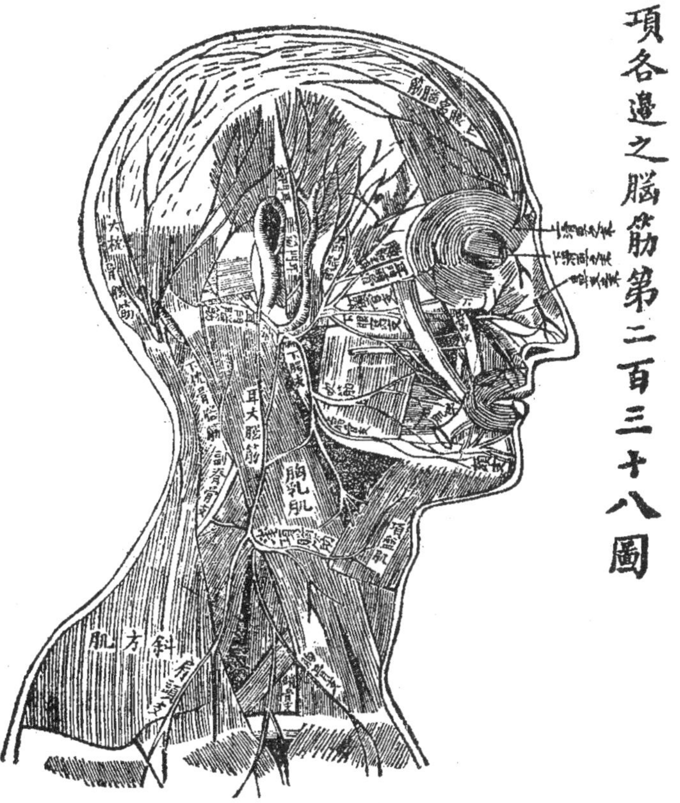

下舌腦筋項叢及其枝第二百三十九圖

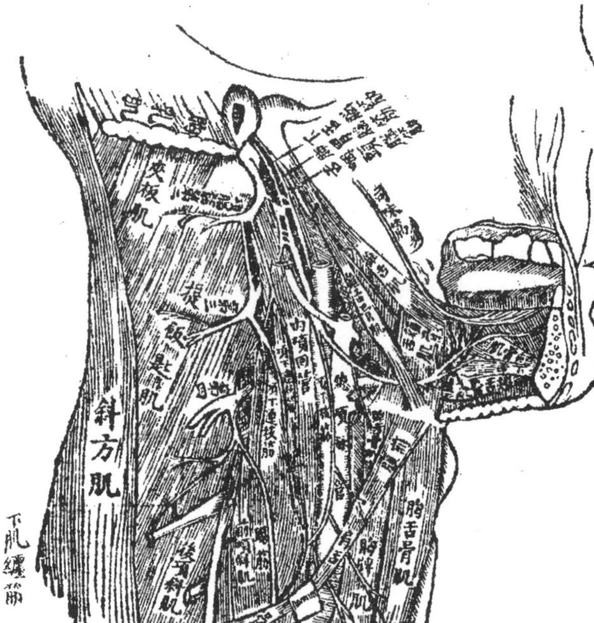

第五對腦筋之二三杈散佈及牙床下結　第二百四十圖

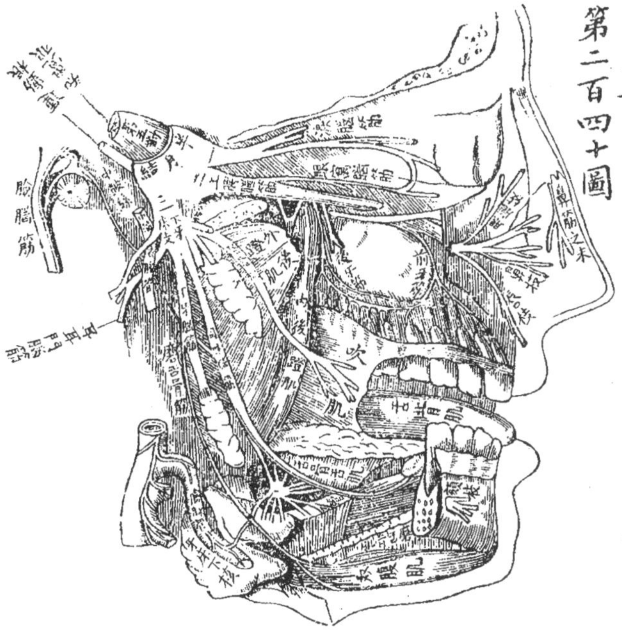

第八對筋之本其結與其相連之處第二百四十三圖

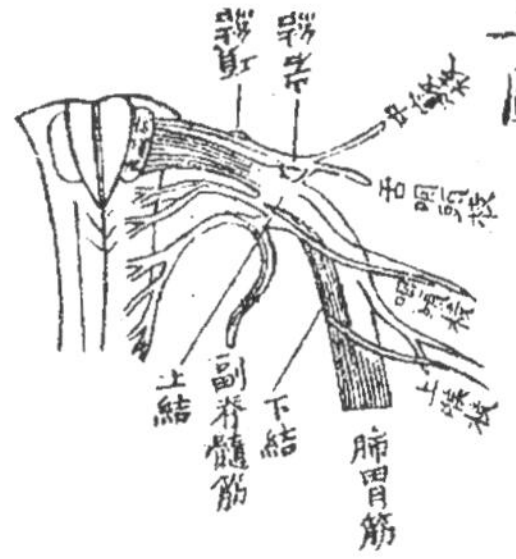

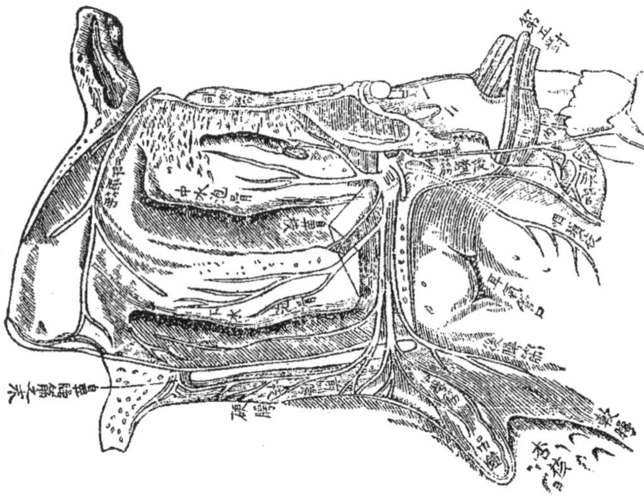

蝴蝶腭結及其枝第二百四十一圖

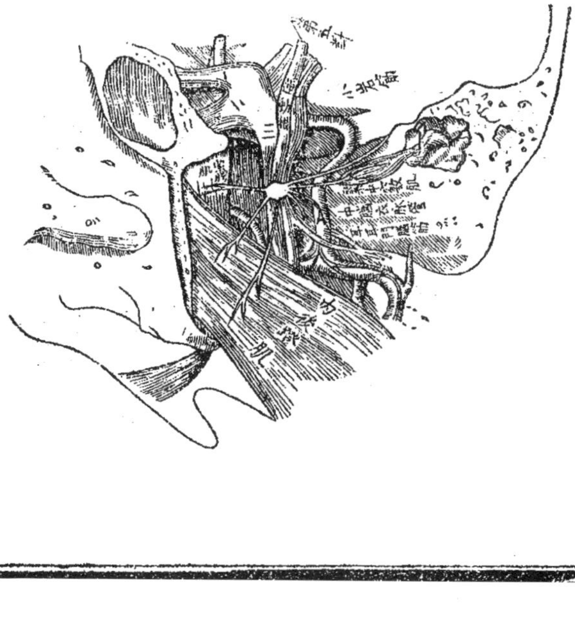

耳結與其枝第二百四十二圖

第八對腦筋之路及其散佈第二百四十四圖

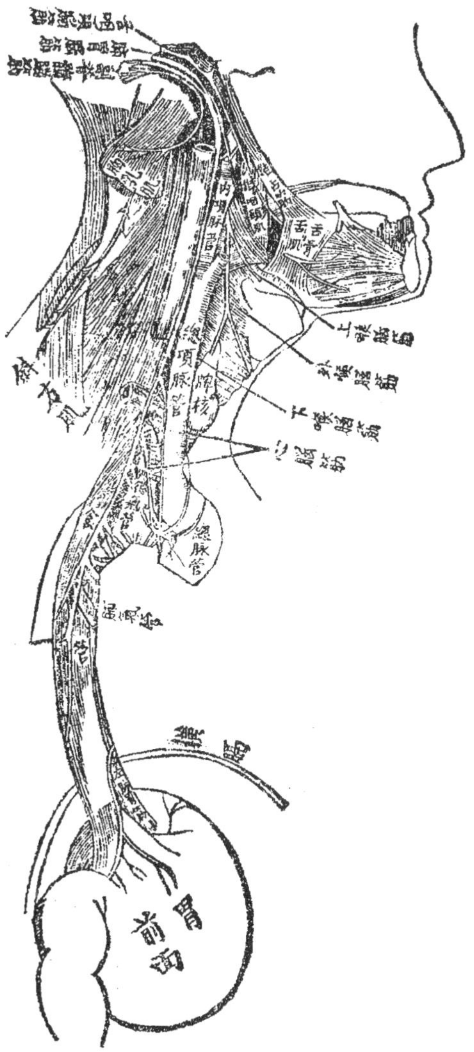

臂叢之式第二百四十五圖

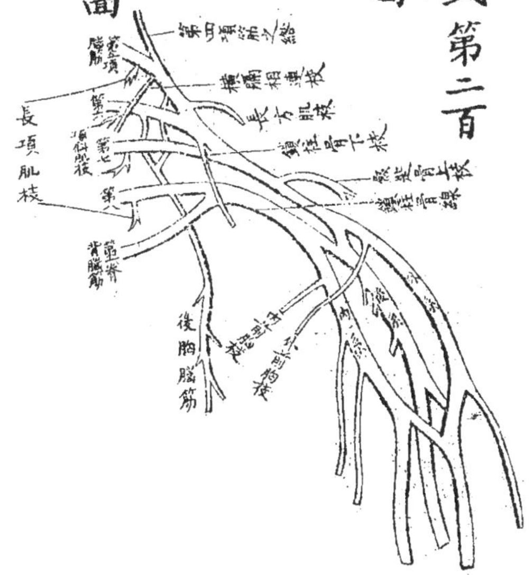

右上肢之皮腦筋前面第二百四十六圖

左上肢之腦筋前面第二百四十八圖

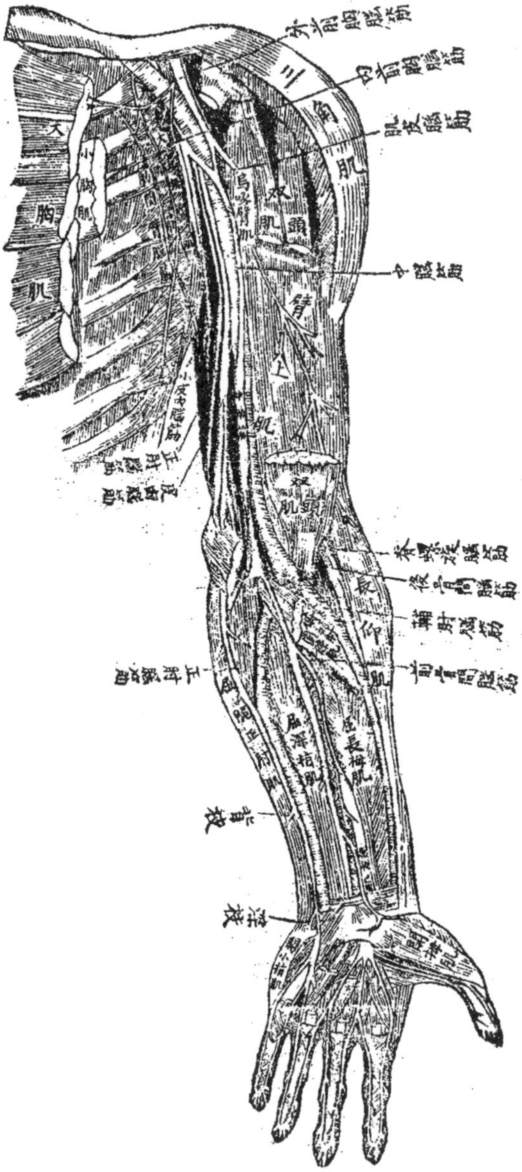

右上肢之皮腦筋後面第二百四十七圖

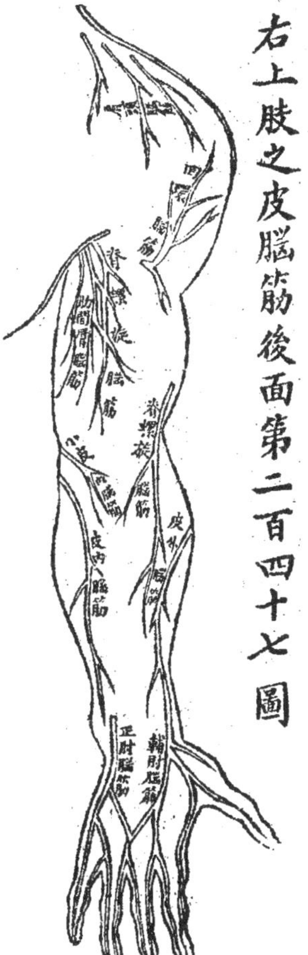

飯匙上回環脊螺旋各腦筋第二百四十九圖

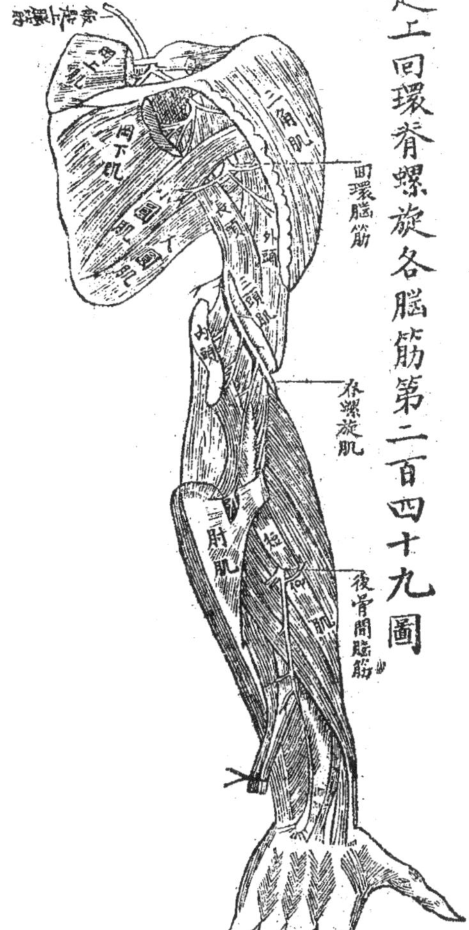

腰叢及其枝第二百五十圖

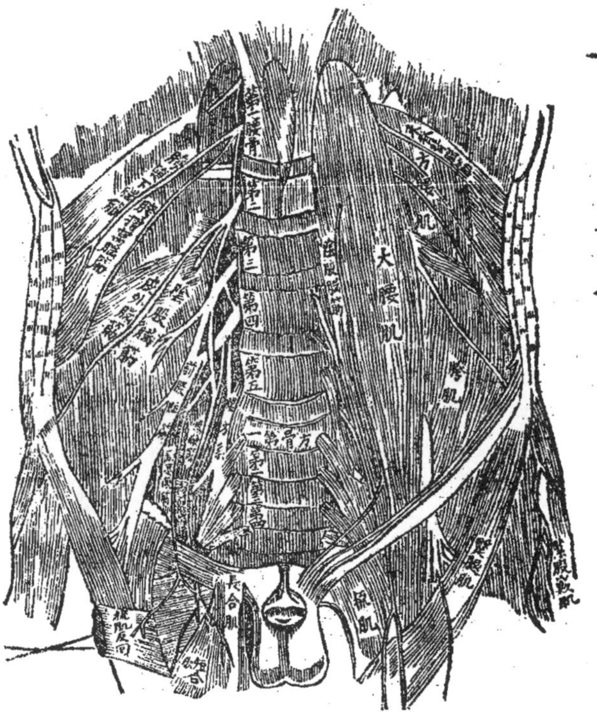

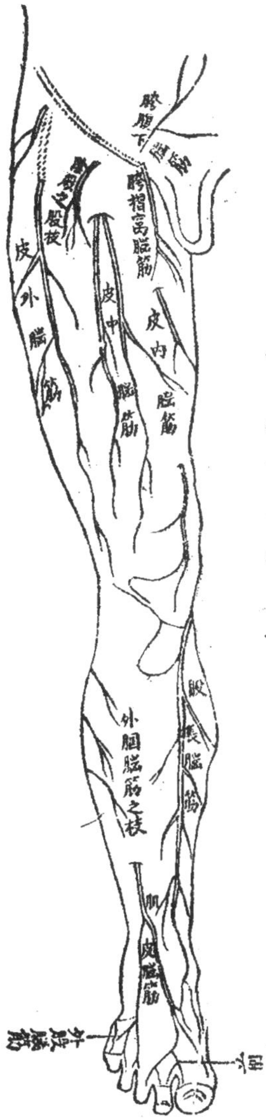

下肢之皮腦筋前面第二百五十一圖

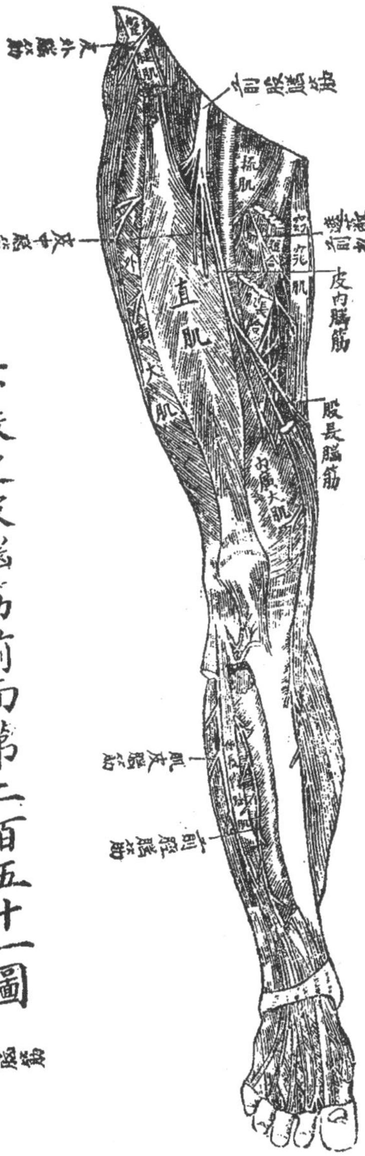

下肢之腦筋前面第二百五十二圖

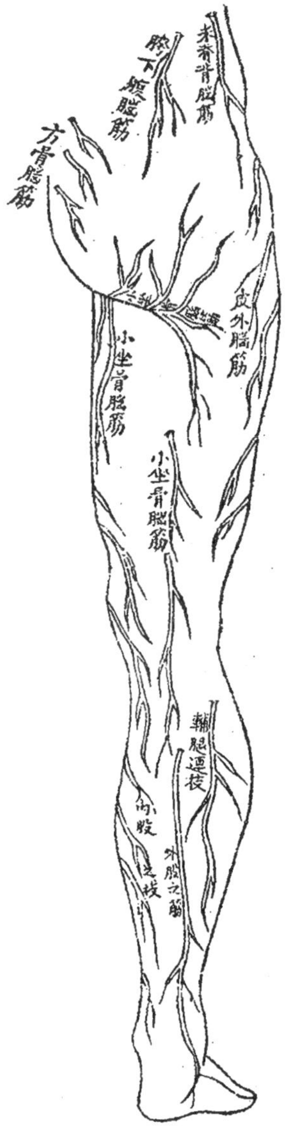

下肢之皮腦筋第二百五十三圖

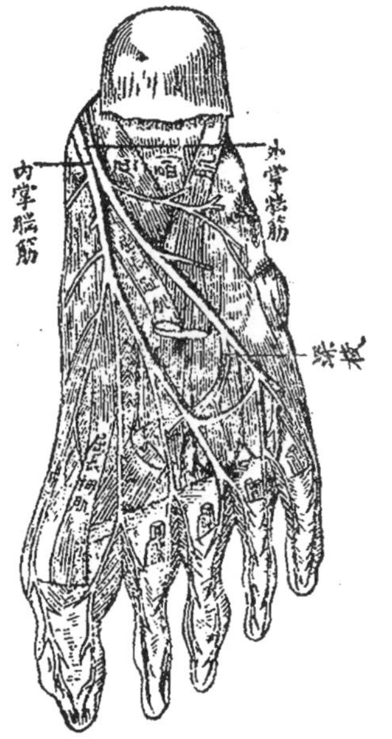

足掌腦筋第二百五十五圖

下肢之腦筋後面第二百五十四圖

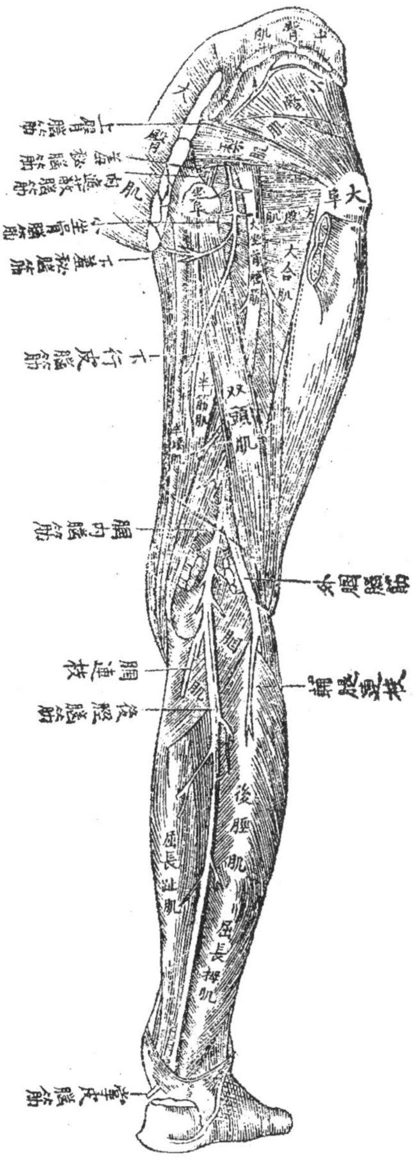

百結筋第二百五十六圖

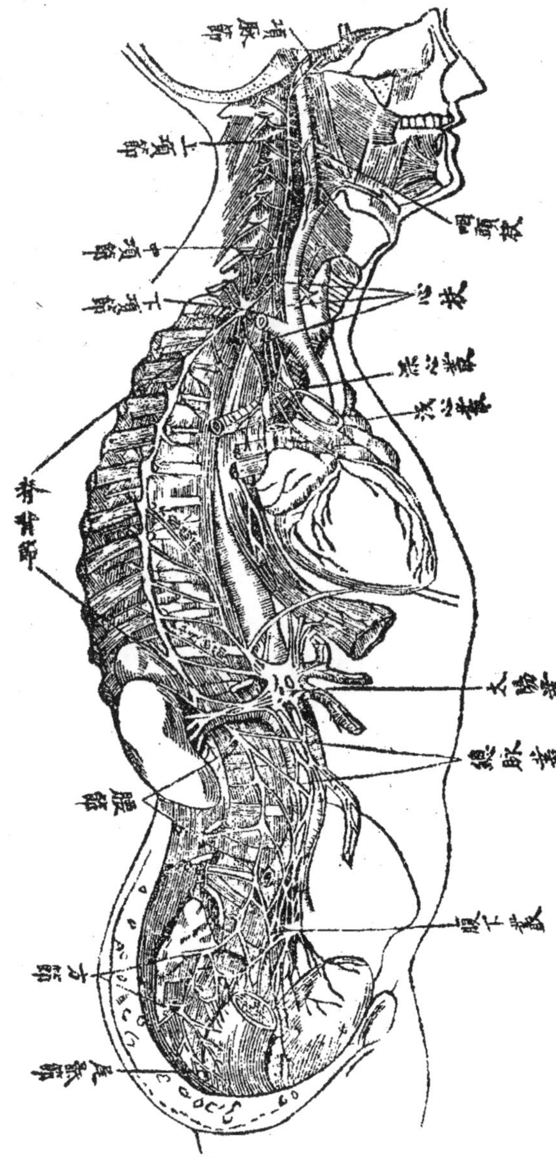

指筋之一端發明巴吉尼輪

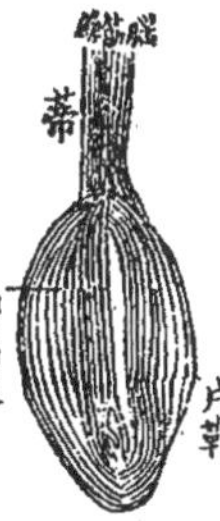

巴吉尼輪之圖

小犬博結筋之結以堿令其透明

舌咽頭肺胃副脊髓筋之本散布各處

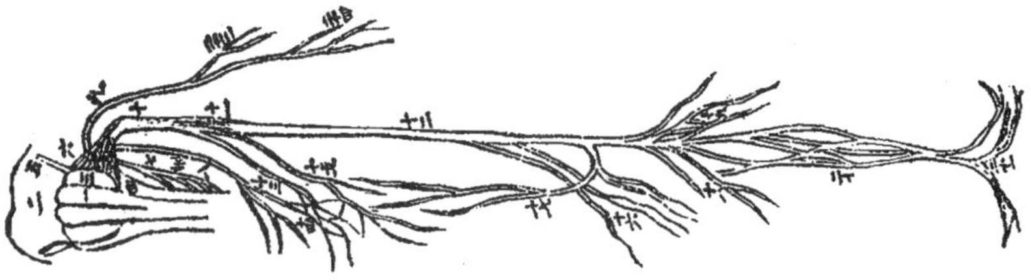

一三四髓頭一方椎體三散纔體四總形體二中腦
五臉筋六舌咽頭筋之本七結八肋之并九副脊髓筋十
肺胃筋之上支即十一下支即十二肝十三喉頭枝作爲十四
即聚頭叢叢四舌咽頭之枝以助之八並十五乃上喉筋之
一枝十六心枝十七返回後枝十八前肺及心枝十九後肺
枝二十食管叢二十一胃枝二十二副脊筋之本二十三胸
乳肌之枝二十四斜方肌

百結筋頭顱內之結

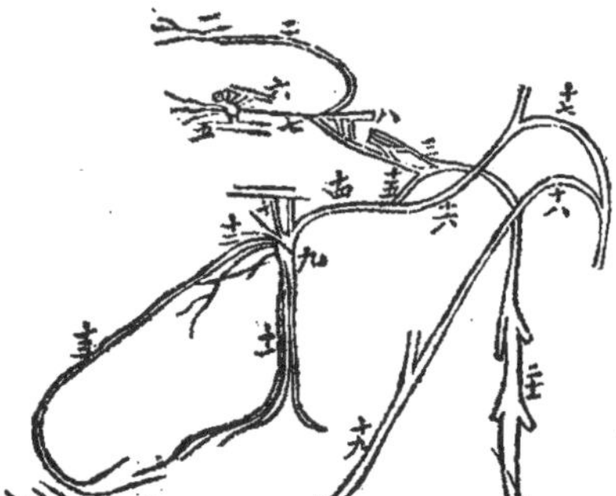

項脉叢結二此結與項脉叢乃三相連之絲四眼結生相紋枝五第三筋之下杈一端由其端根與其結相連六鼻弁筋之一端由其長根與其結相連七細絲由其結直後行於項脉叢八蜂窩穴內第六筋之一端從項脉叢二枝九蝴蝶腭結十蝴蝶腭筋十一腭枝十二鼻弁枝十三鼻腭枝十四結之後枝即後蹬筋十五其項脉枝與其叢相連十六其岩枝與臉筋結形之凸相合十七臉筋十八中聚絲下行司味筋相合十九司味筋二十下牙床結收中聚絲與司味之他絲二十一百結筋上項結

臂叢之枝與其散佈

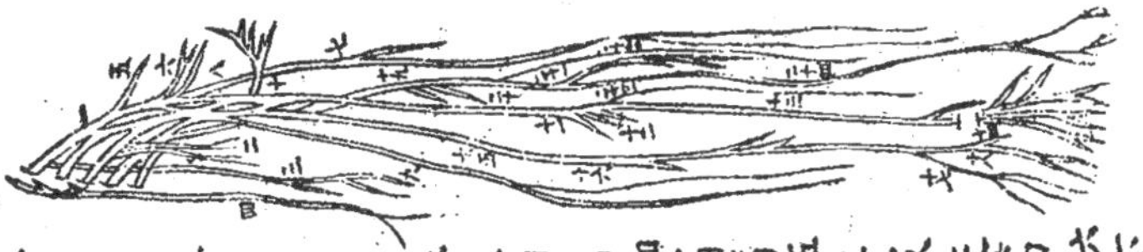

一臂叢二前胸筋三後胸筋四膈筋五上飯匙筋六下飯筋七肌皮筋八套烏喙臂肌之處九內皮筋十臂中筋之本有兩頭十一肘屈中筋行於俯輔肘圓肌之兩頭並屈淺指肌之間十二其肌枝十三前骨間枝十四行於環筋帶下之處而分六末枝其過環筋之枝乃淺掌者十五正肘筋十六行於屈腕正肘兩頭間之處十七其背枝十八筋之末分淺深兩掌枝十九肌螺旋二十三頭肌之肌枝二十一皮筋二十二後骨間筋透短仰肌二十三輔肘筋其末而筋乃肌螺旋之之末枝二十四輔肘筋透深夾膜之處二十五回環筋

第五對腦筋與其枝

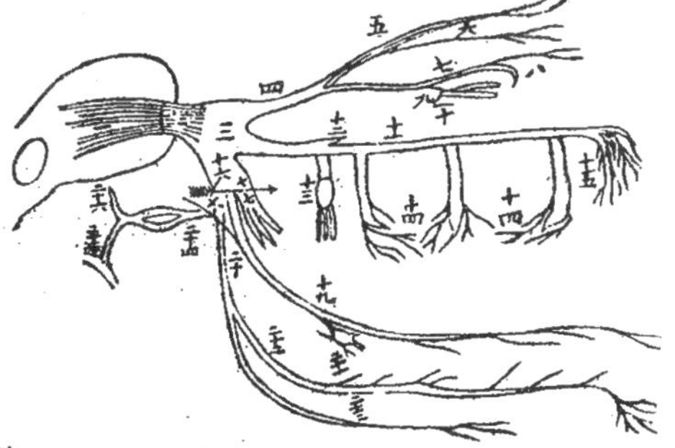

一筋二根之本二筋出中腦之處三半月結四眼腦筋五額筋發上滑車枝穿過上眼孔散布於額六淚筋七鼻筋八前篩孔其鼻筋發下滑車枝九鼻筋與眼結相連即上根十第三筋之小端與結相連即下根其結之前面發眼簾摺紋筋十一上牙床筋十二眼窩枝十三蝴蝶腭筋與蝴蝶腭結相通其結之下端三枝乃額筋十四十四上牙筋後中前相連作為上牙叢十五下眼窩枝散於腮十六下牙床筋十七其前或肌幹十八後幹其前分二杈十九司味筋二十中竅絲與尖角相合二十一下牙床結二十二下牙筋二十三舝舌骨枝二十四耳耳門筋在下牙床結之後八分間而復相合作為一幹二十五其與臉筋相通之枝二十六幹相至於耳門

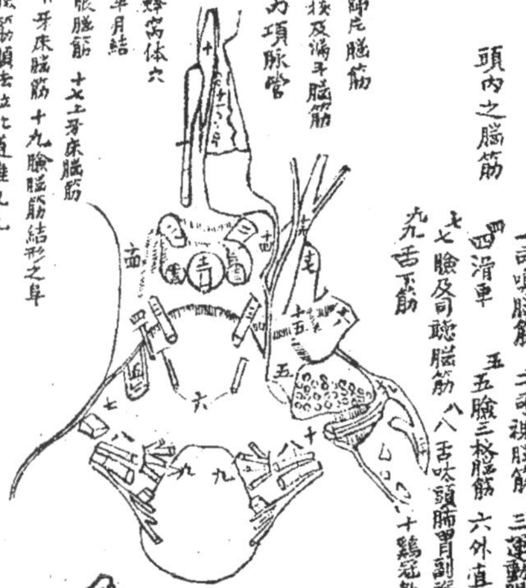

頭内之腦筋

一司嗅腦筋　二司視腦筋　三運動眼腦筋
四滑車　五臉三枝腦筋　六外直肌
七臉及司聽腦筋　八舌咊頭腑胃副脊髓筋
九舌下筋　十鷄冠外枝腦筋
十一節尾腦筋
十二轆接及漏斗腦筋
十三内項脉管
十四蜂窩体六
十五半月結
十六眼腦筋　十七上牙床腦筋
十八下牙床腦筋　十九臉腦筋結形之阜
二十臉筋順法拉比道錐乳孔

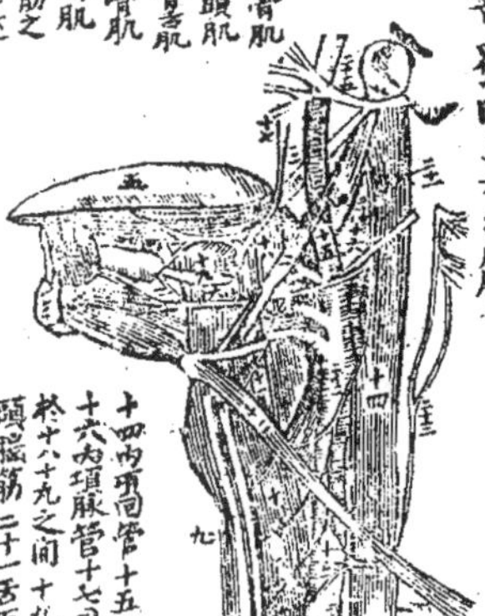

項旁之解剖發明其舌筋

一耳門骨　二錐舌骨肌
三錐舌肌　四錐咽頭肌
五舌　六及十八舌骨舌肌
七頦舌骨舌肌　八頦舌骨肌
九胸舌骨肌　十胸脾肌
十一脾舌骨肌　其舌下筋之
脾舌骨枝而散佈於其上
十二肩舌骨肌　十三項脉管

十四内項回管　十五外項脉管生之枝
十六内項脉管　十七司味腦筋　牙床下結列
於十八十九之間　十九牙床下脉管　二十舌咊
頭腦筋　二十一舌下腦筋　二十二項下腦筋
二十三項下連腦筋　二十四肺胃腦筋　二十
五臉腦筋

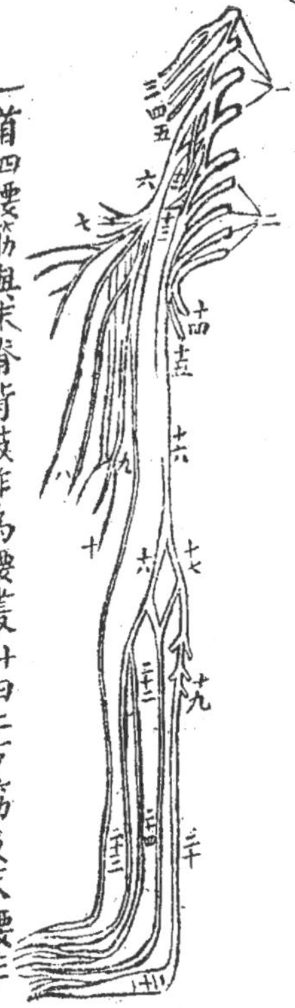

腰方叢及下肢

一首四腰筋與末脊背枝作為腰叢　十四上方筋及末腰作
為方叢　三首腰筋之二枝皮筋　四陰股筋　五外皮筋　六前股筋
七其肌枝　八中皮枝　九十内皮枝　十一内股筋　十二遮蔽筋　十三臀筋
乃方腰之枝　十四内蓋秘筋　十五小坐筋　十六大坐筋　十七内膕
筋　十八外膕筋　十九肌枝　二十後脛筋　於二十一分兩掌筋　二十二外股
筋　二十三淺脛筋　二十四肌皮筋透深膜分兩皮枝以供足背

縱斷皮膚之圖第二百五十七

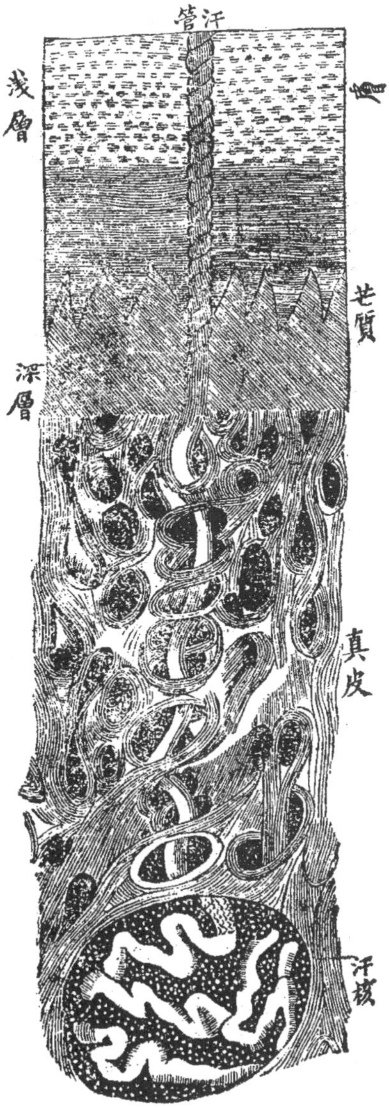

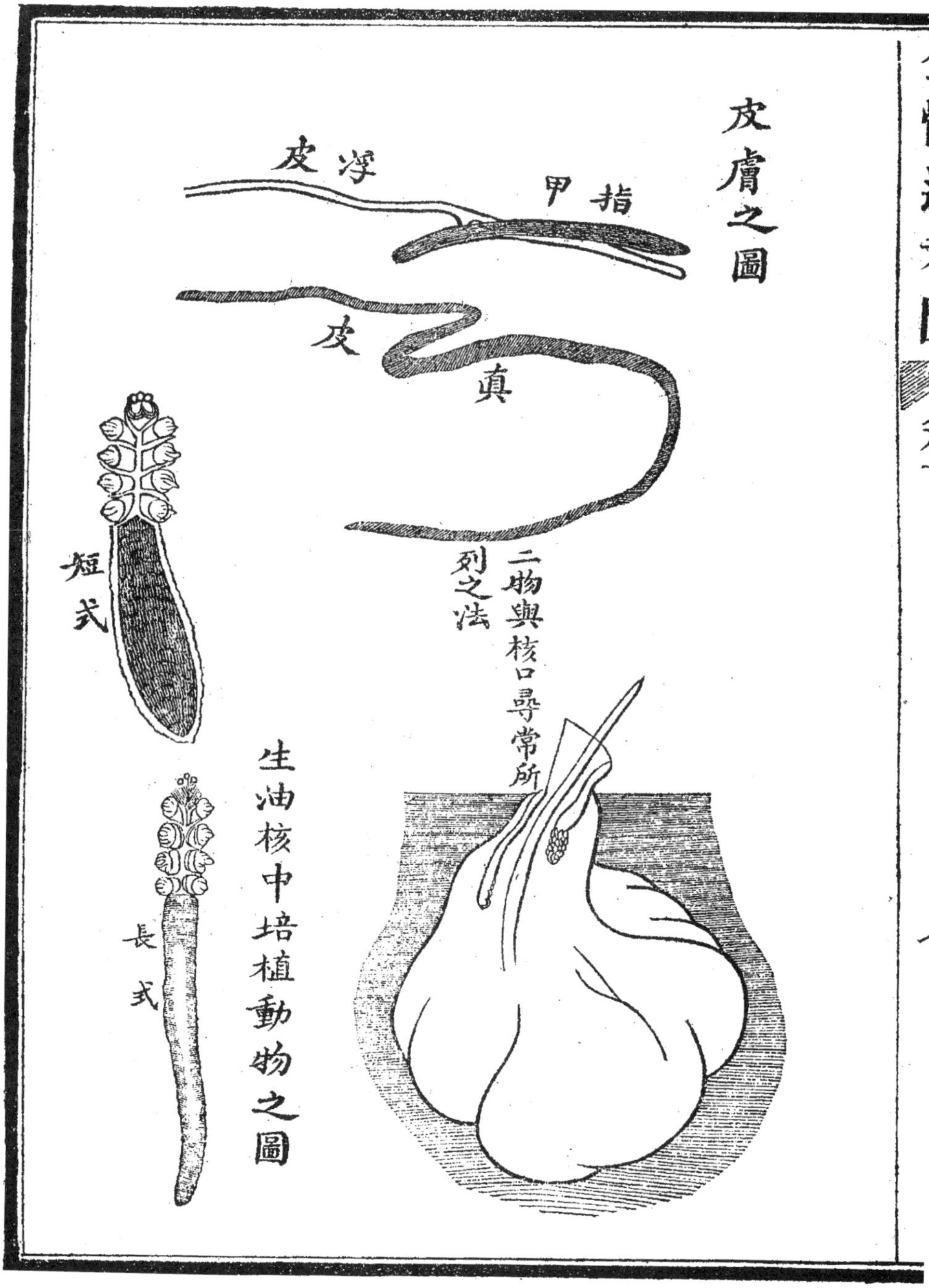
皮膚之圖
浮皮
指甲
真皮
短式
長式
生油核中培植動物之圖
二物與核口尋常所列之法

全體通考圖　卷下

縱斷皮膚加倍圖式第二百五十七

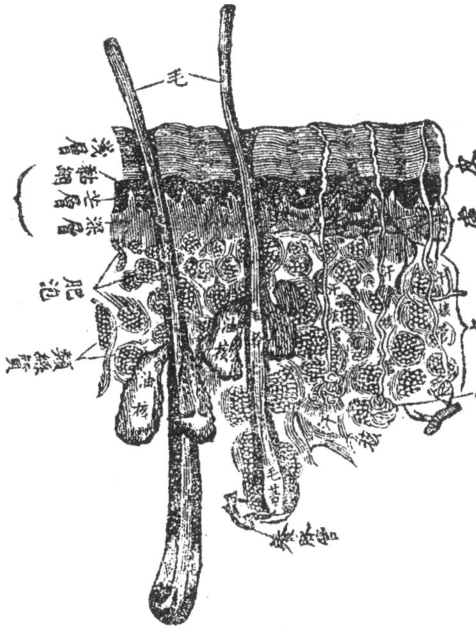

鼻脆圖式第二百六十一

由旁視

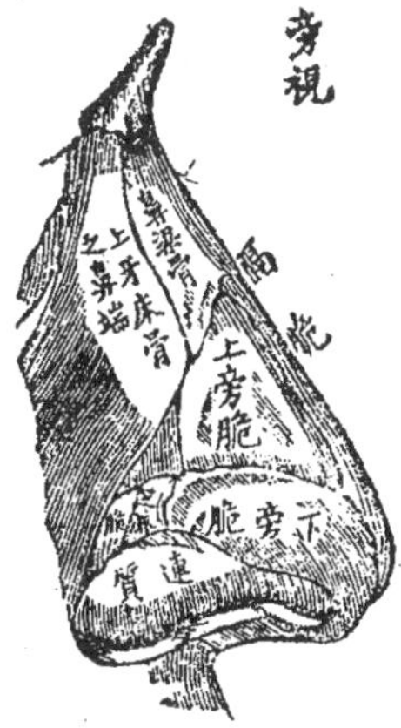

第二百六十圖

由下視

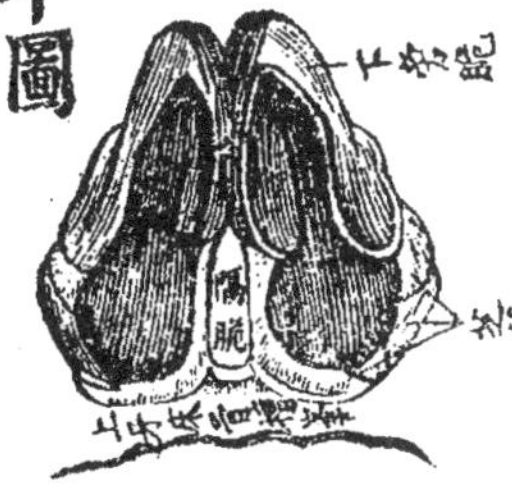

舌之下面圖式第二百五十八

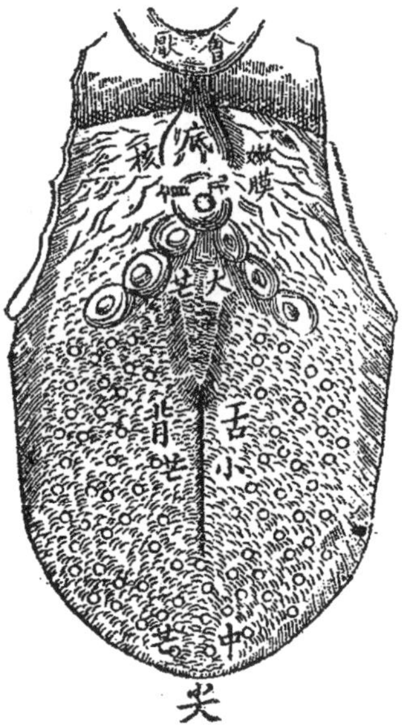

芒之三種加倍圖式第二百五十九

鼻隔右邊骨及脆圖式

第二百六十二圖

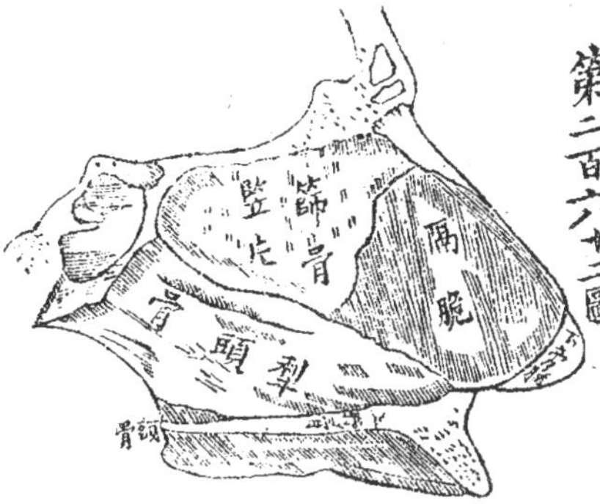

鼻隔右邊腦筋圖

第二百六十三圖

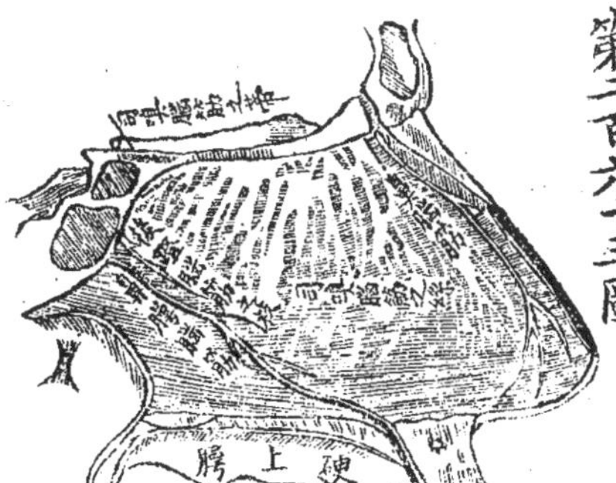

眼球豎割加倍之式第二百六十四圖

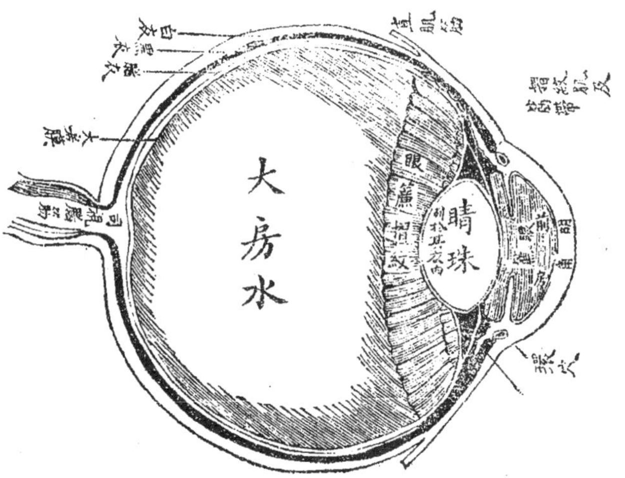

黑衣及眼蕉加倍之式第二百六十五圖

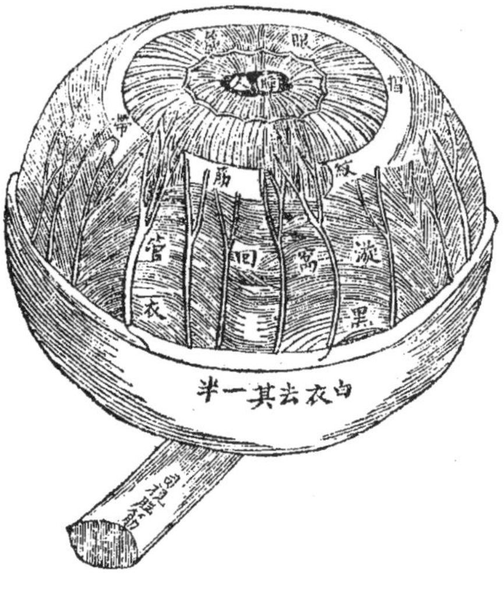

加倍黑衣回管第二百六十六圖

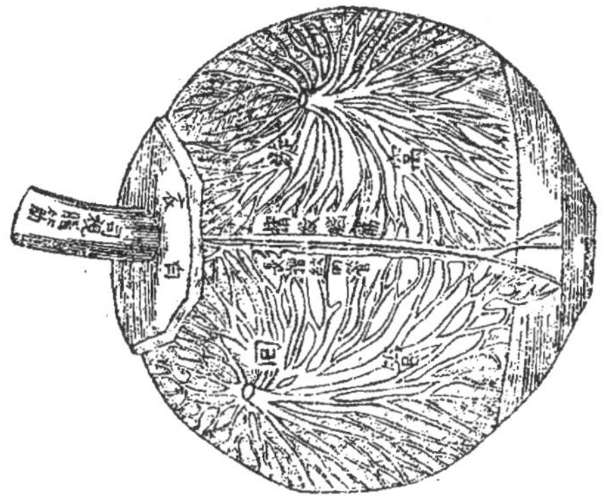

黑衣及眼簾之脉管加倍之式第二百六十七圖

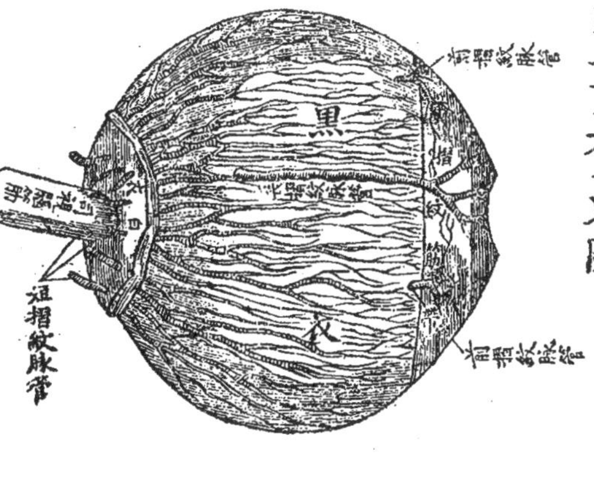

腦衣之中脉管及黄點等類加倍之式前半球皆去之第二百六十八圖

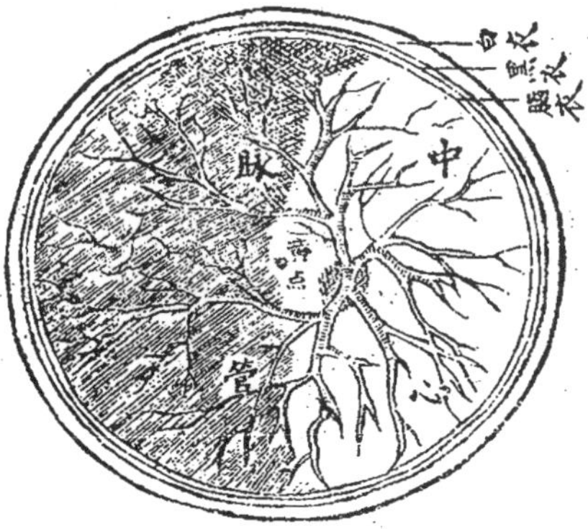

睛珠變影之式而以刀割開分視第二百六十九圖

眼泡油核之裏面第二百七十圖

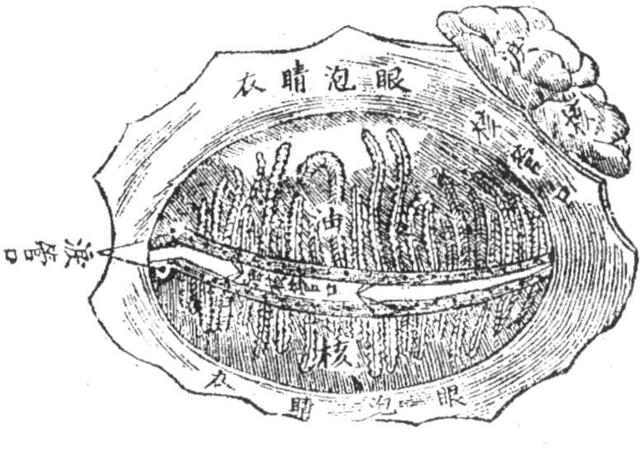

右淚具第二百七十一圖

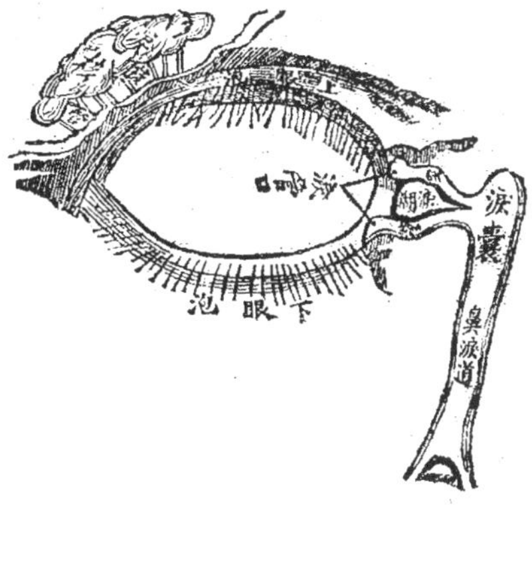

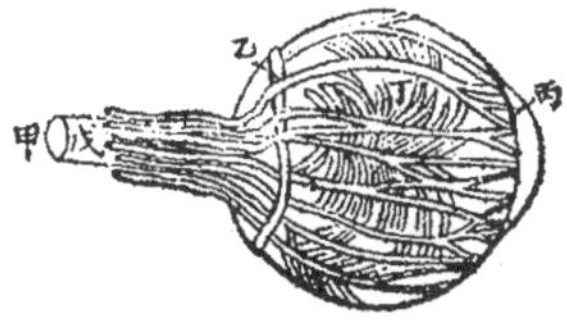

眼血衣外面之摺紋腦筋

甲司視筋乙白衣之後端丙眼簾丁血衣之外面戊摺紋筋套白衣之後

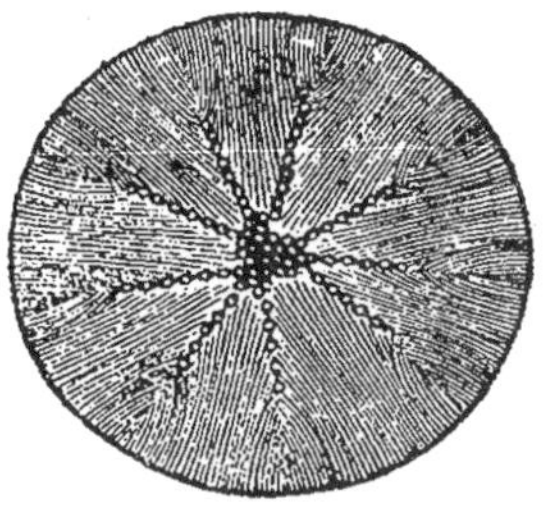

眼珠面之紋

眼腦衣外面

加三百五十倍

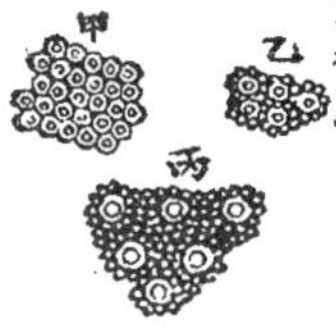

甲乃黃點之處單有圓錐乙傍黃點有圓錐周圍一排之杖　丙腦衣之中將圓錐分開而杖所繞

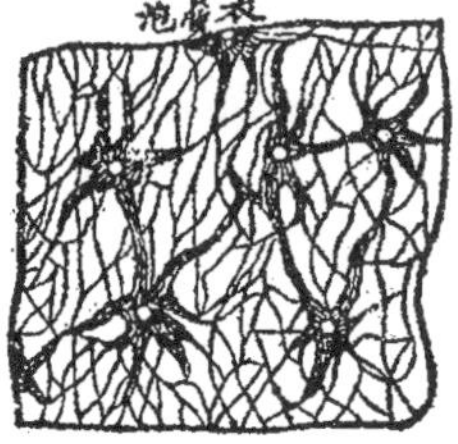

血衣容色之泡

血衣內面之六邊泡

血衣內面之六邊泡旁看

泡內之色

眼簾摺紋

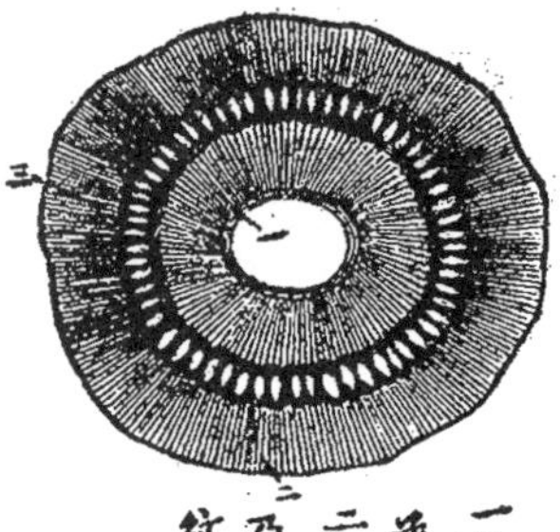

一眼簾之後面並瞳人之輪肌　二血衣之前端乃向內視　三摺紋加一倍

眼睘透明與不透明相合之處豎割

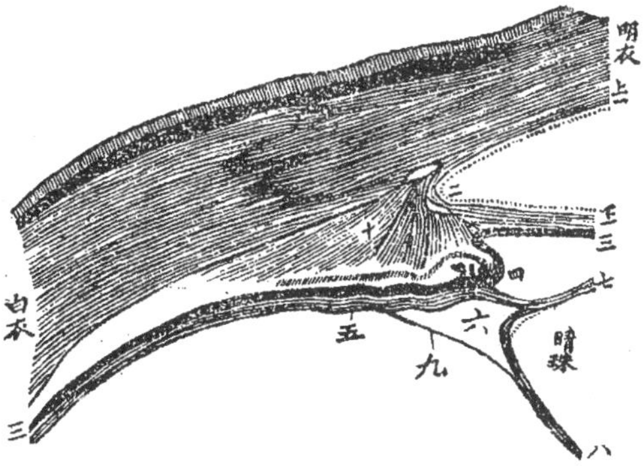

上一乃明角之後層下一眼簾摺紋二眼簾後柱三三血衣與眼簾之色四摺紋無色層之泡與腦衣相續五睛珠之掛筋帶六必低道七八睛珠之前後層九大房膜十摺紋肌

腦衣豎割加三百五十倍

此圖兩邊所書之字俱相同

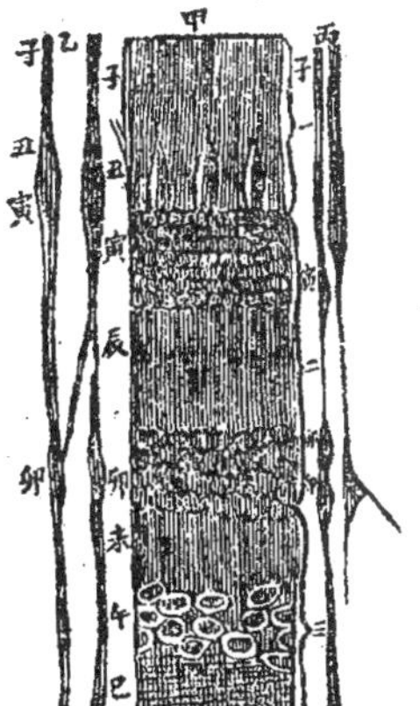

甲一環柱形之層子杖丑米粒層寅外叢卯米粒內叢辰中間無米粒端三腦層巳腦筋絲午腦泡未泡外之細物申界膜酉界膜之內絲乙圖雖與其內端與梨形泡形之粒體與米勒絲相連丙乃杖亦與米粒體與米勒絲相連

眼前之質割視

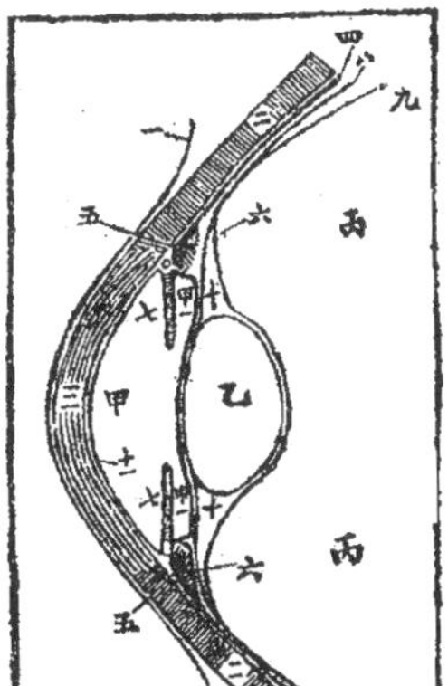

一眼睛衣二眼白衣三眼明衣四眼血衣五摺紋筋帶六摺紋七眼簾八腦衣九大房脉十比低道甲前前水房甲一為後前水房乙睛珠丙大水房

耳外輪外面第二百七十二圖

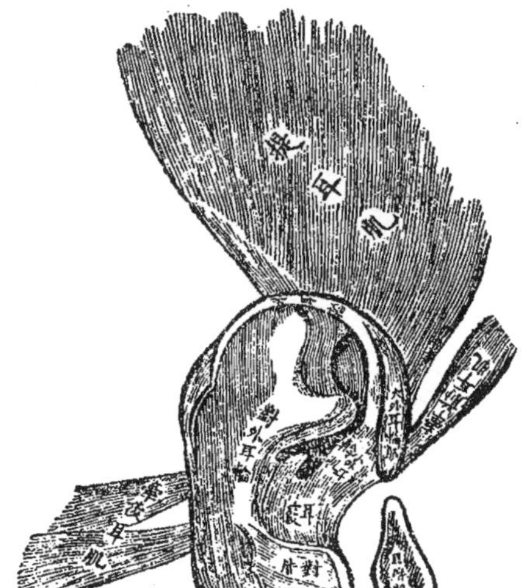

耳外輪之肌第二百七十三圖

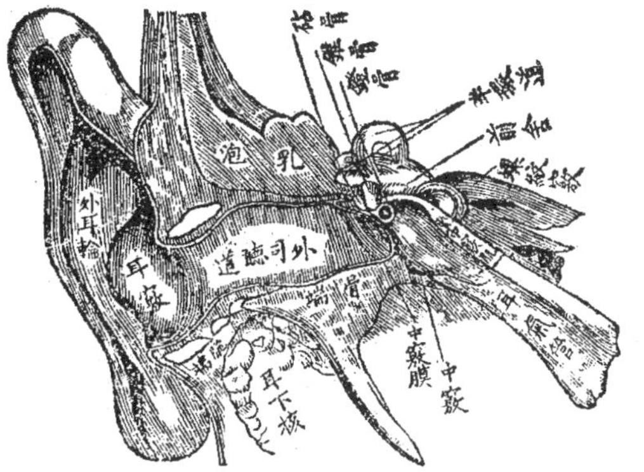

右司聽具前面第二百七十四圖

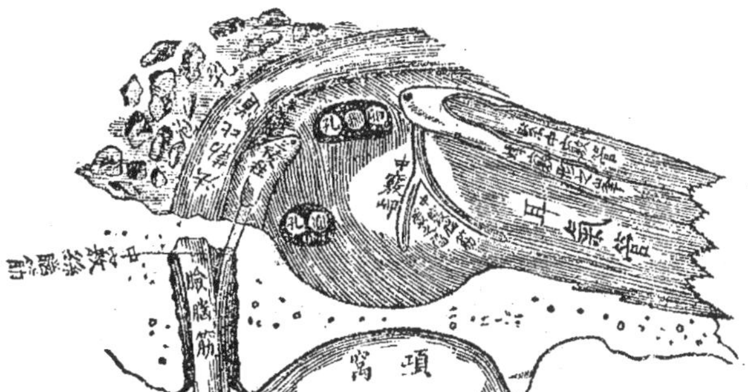

中竅内壁第二百七十五圖

耳小骨加倍外視第二百七十六圖

耳骨迷路加倍第二百七十七圖

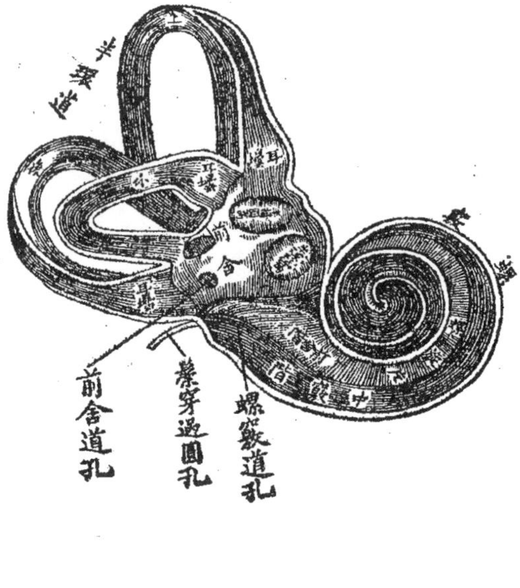

截開螺竅加倍第二百七十八圖

剥取膜迷路第二百七十九圖

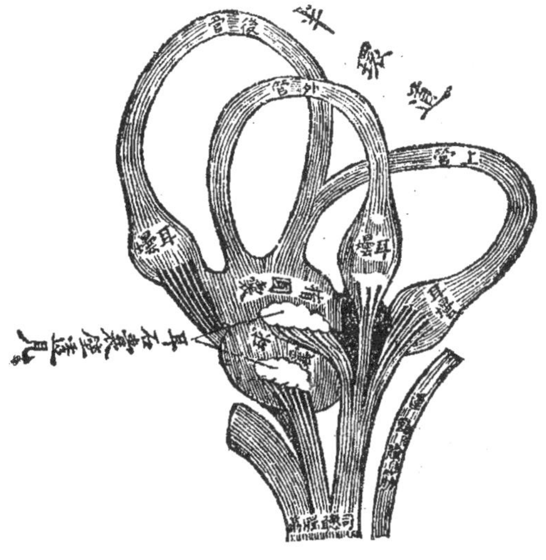

耳中竅膜

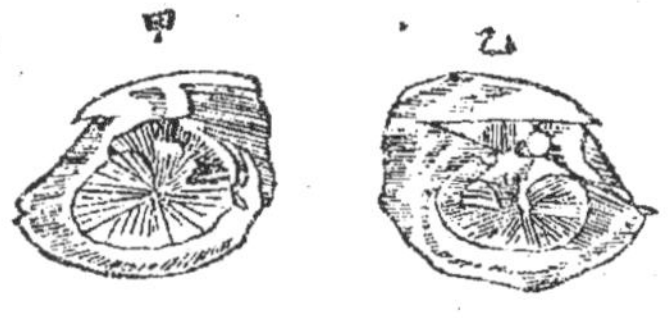

甲乃外面　乙乃內面　一中竅膜　二錐骨　三馬鐙骨　四砧骨

上與外之半圈道之罈並總穴之端
發明腦筋之列式

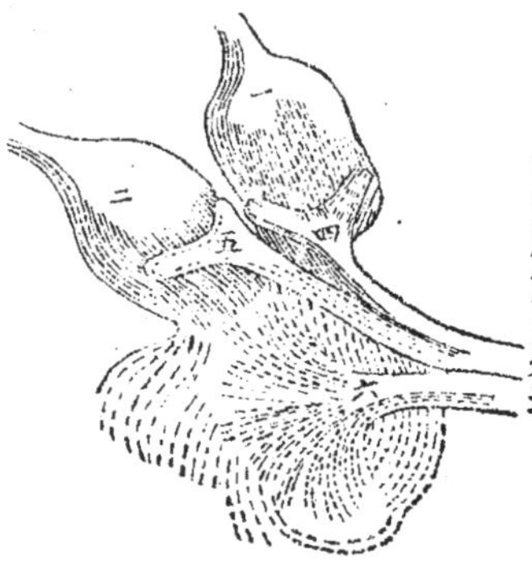

一上罈二外半圈道之罈三總穴四五罈內腦篩形之凸六總穴腦筋之射端

小狗腰結

如以堿敷於其上即令其透明其圖如右

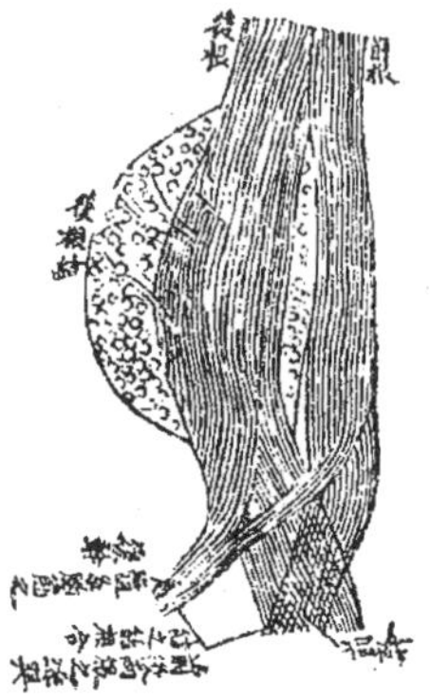

司聽即第七對之軟枝腦筋之本而散佈膂蕿之圖耳之迷路微加大

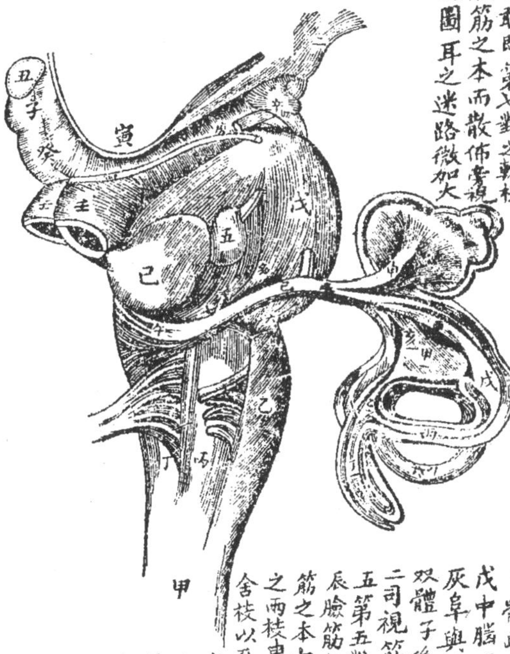

甲髓頭乙右前柱丙橄欖體丁繩形體戊中腦己右大腦蒂割之庚右腦蒂辛灰阜與漏斗之一端壬壬小腦上蒂癸前双體子後双體丑松子核寅眼結旁割二司視筋之連合三第三對四第四對五第五對六第六對七第七對卯硬枝辰臉筋之小枝巳司聽即軟枝午司聽腦筋之本由第四宮之底而來未螺竅前舍之兩枝申司聽腦筋散於螺竅道內酉前舍枝以至上半圈道之鐔即戌亥司聽筋之第三枝散於前舍囊即甲一乙一後半圈道之鐔丙一前半圈道之腦衣裏丁一後半圈道之腦衣裏戊一下半圈道

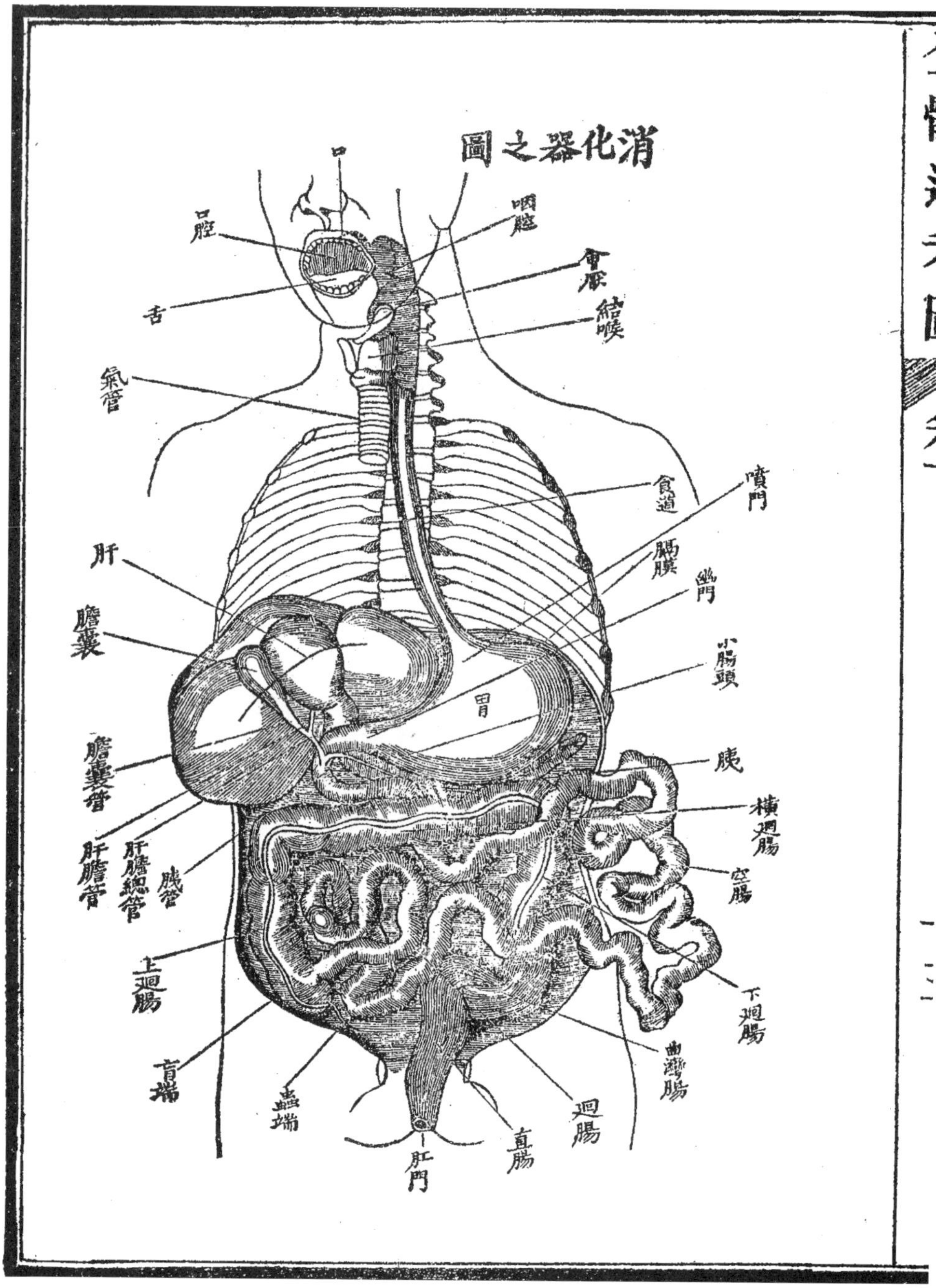

消化器之圖
口
口腔
咽腔
舌
會厭
結喉
氣管
食道
賁門
肝
腸膜
幽門
膽囊
小腸頭
胃
膽囊管
膵
橫迴腸
肝膽管
肝膽總管
膵管
空腸
上迴腸
下迴腸
盲端
曲灣腸
盡端
迴腸
直腸
肛門

縱斷鼻口咽頭等第二百八十圖

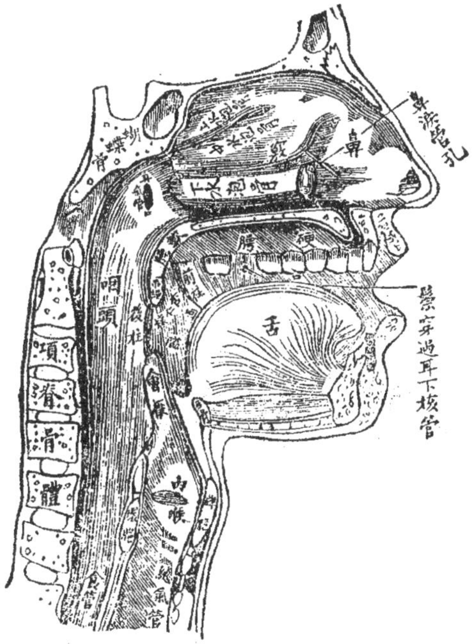

久牙前面第二百八十一圖

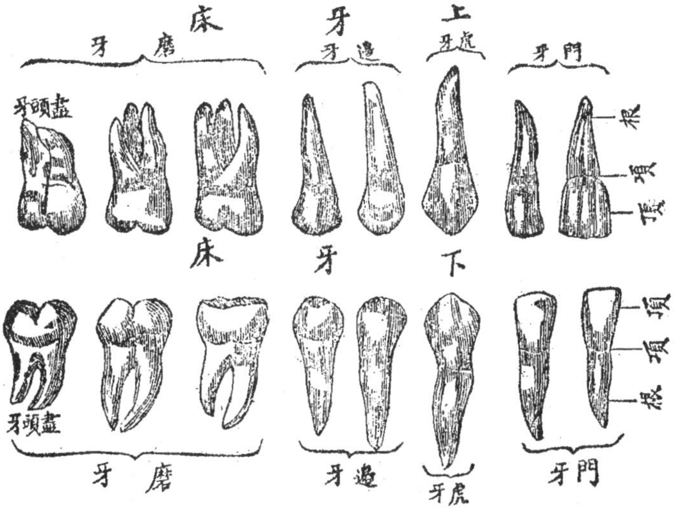

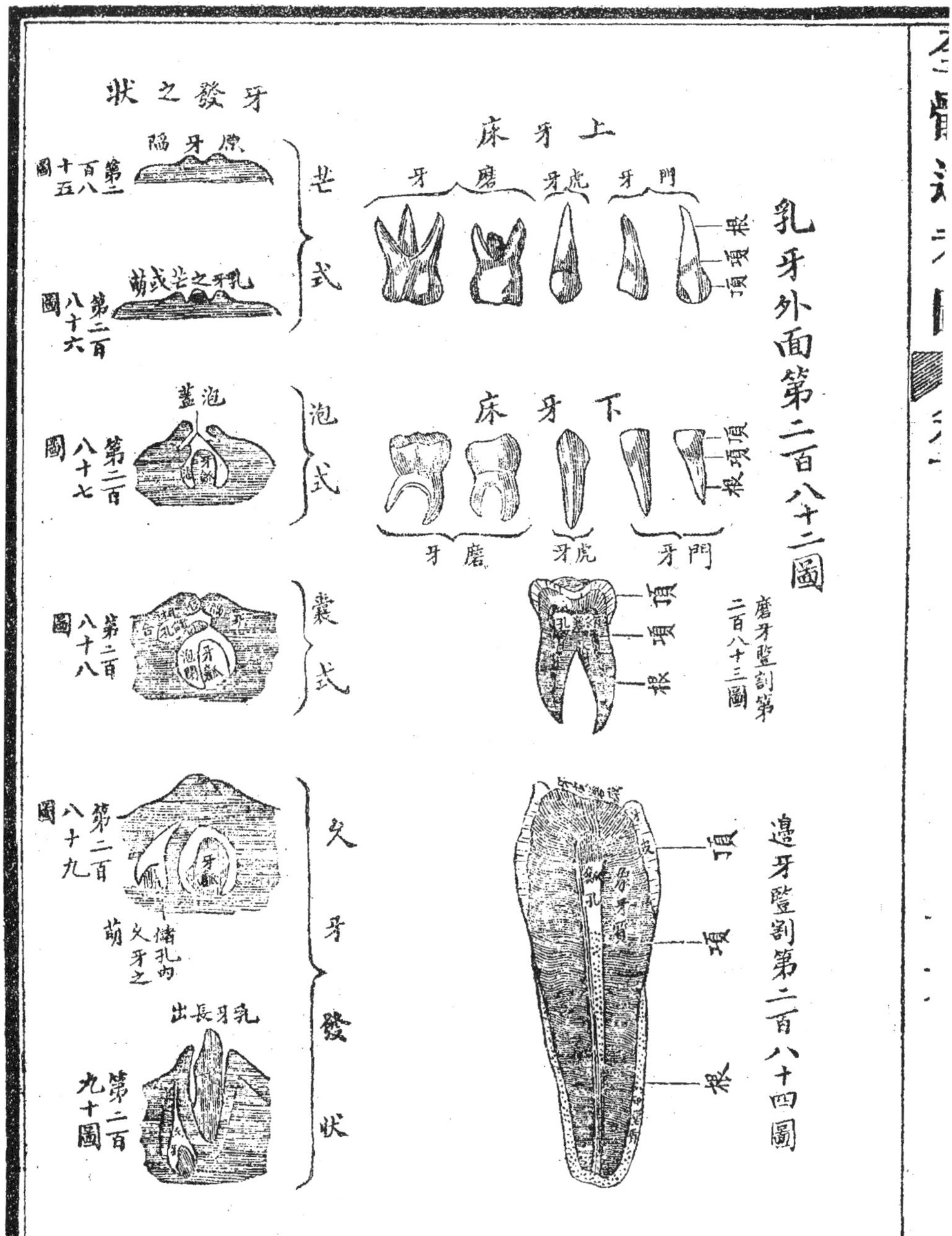
牙發之狀
原牙隔
第二百八十五圖
芽式
乳牙之芽或萌
第二百八十六圖
泡蓋
泡式
第二百八十七圖
囊式
第二百八十八圖
久牙發狀
第二百八十九圖
久牙之萌 儲孔內
乳牙長出
第二百九十圖
上牙床
磨牙
虎牙
門牙
根
項
頂
乳牙外面第二百八十二圖
下牙床
頂
項
根
磨牙
虎牙
門牙
磨牙豎剖第二百八十三圖
頂
項
根
邊牙豎剖第二百八十四圖
頂
項
根

咽核第二百九十一圖

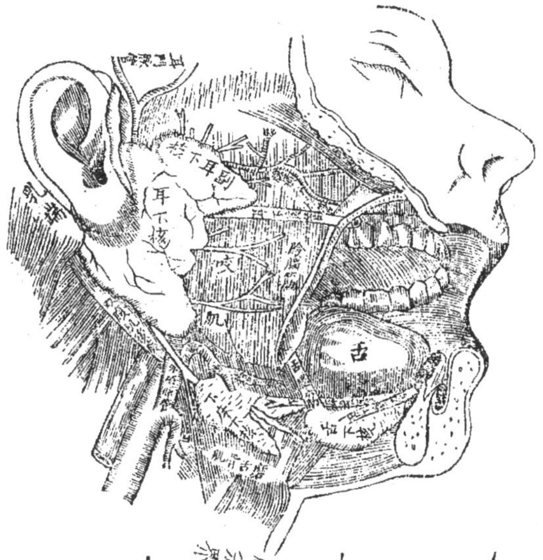

腹部及所含之物第二百九十二圖

其點線乃發明肋脆之邊

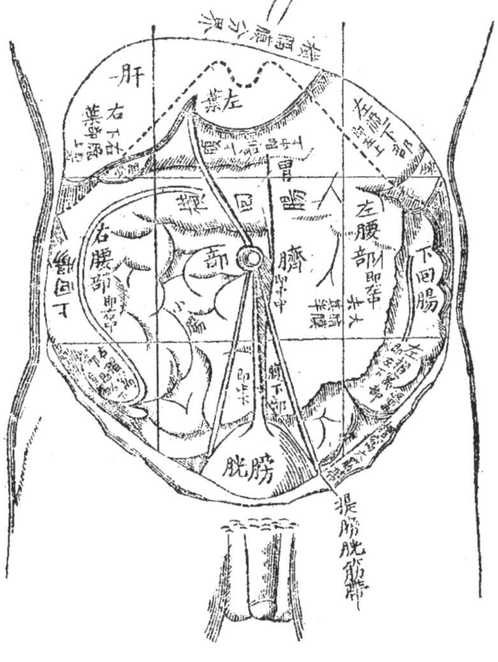

豎割肚腹現出腹包膜返摺第二百九十三圖

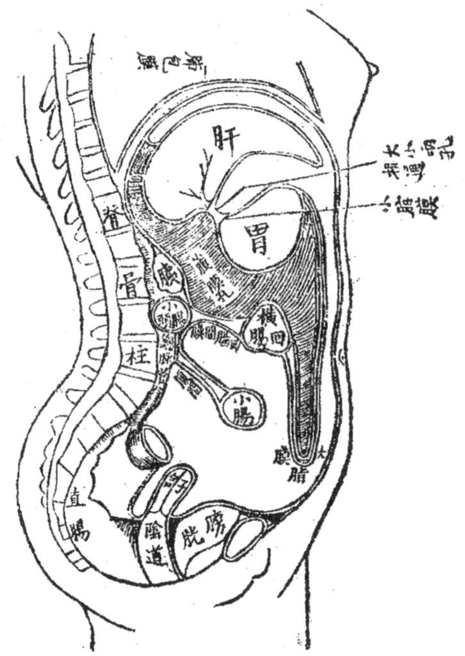

胃小腸頭及膽管之嫩膜第二百九十四圖

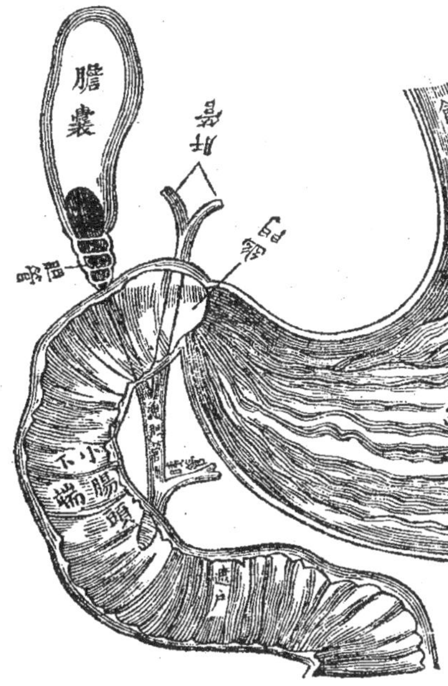

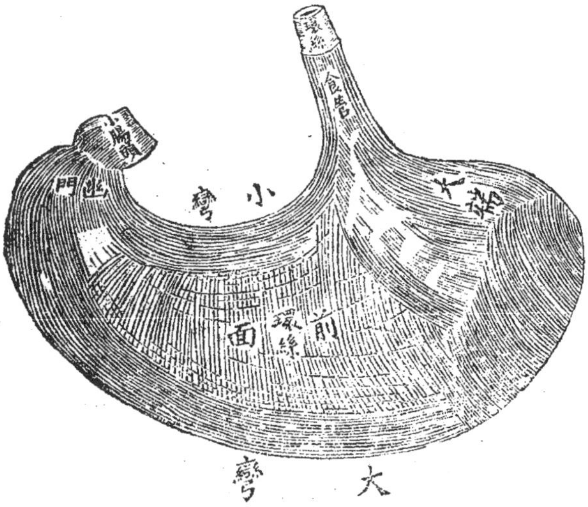

胃肌衣第二百九十五圖

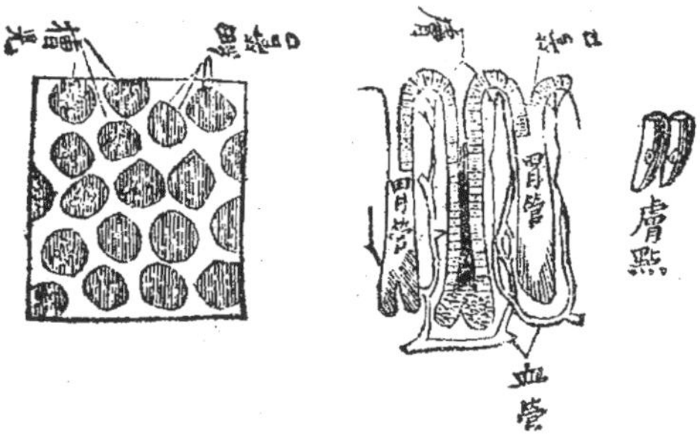

胃嫩膜極細之解剖學第二百九十六圖

兩芒加大第二百九十七圖

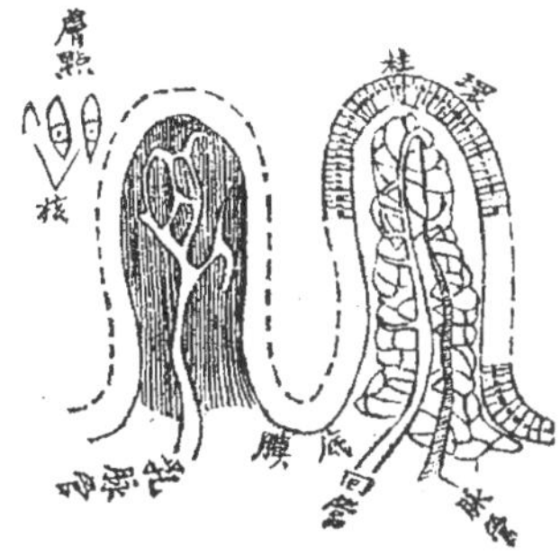

簇核斑第二百九十八圖

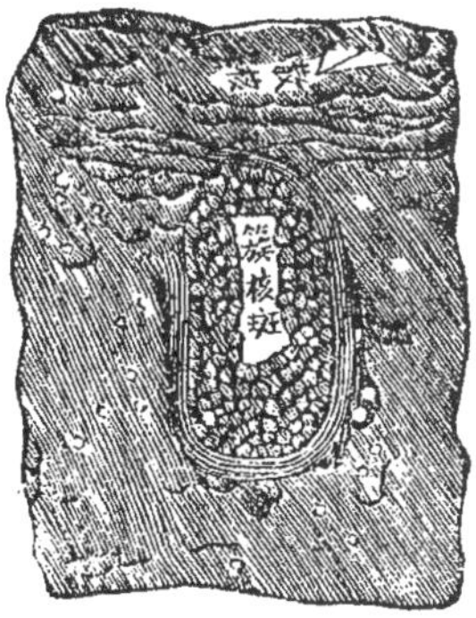

加大上圖第二百九十九圖

盲廻兩腸割開現出曲折盲户即闌門第三百圖

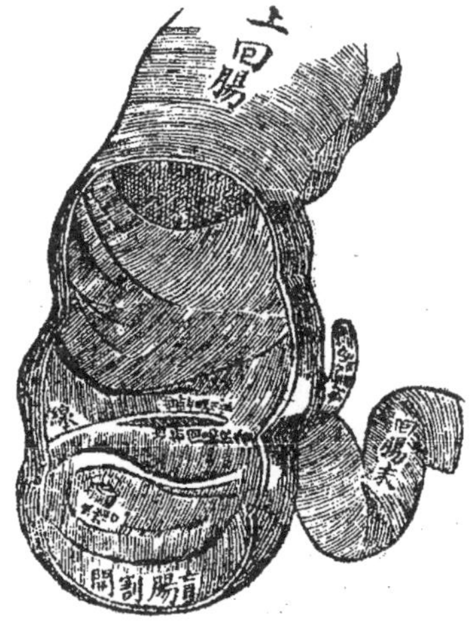

大腸細質第三百零一圖

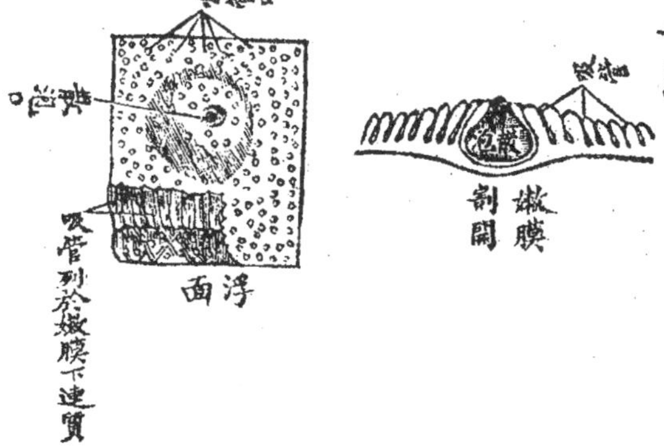

腹臟腑

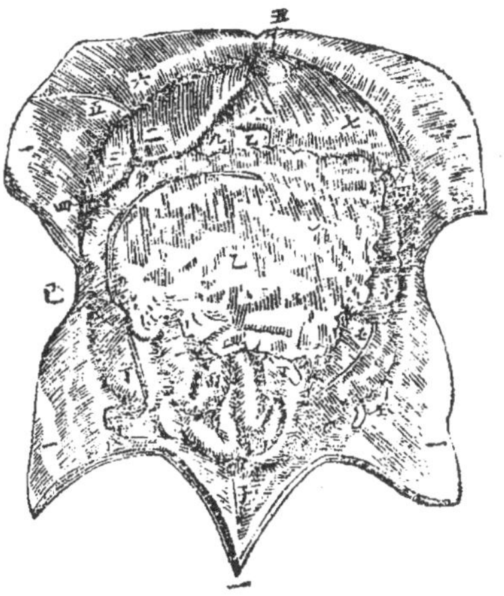

一腹壁返摺 二肝左葉 三右葉 四膽囊底 五肝圓筋帶出縱縫行於腹壁至臍 六肝寬筋帶 七胃 八幽門 九小腸頭初起處 甲字為脾下端 乙乙字乃大腸膜 丙丙字為小腸 丁盲腸 戊盲附乙上回腸 庚庚橫回腸 辛下回腸 壬返回腸 癸返回腸脂 腸附子 三崗發明提膀胱繫與腹下脉管上行於臍 丑腸膜

胃核之管

一環徑形之膚占其三分之上 一二曲深端滿核形之泡 三核形泡之一

口底之嫩膜葡萄形之核

一連質鞘 二出管 三核形之泡

葡萄形核之質

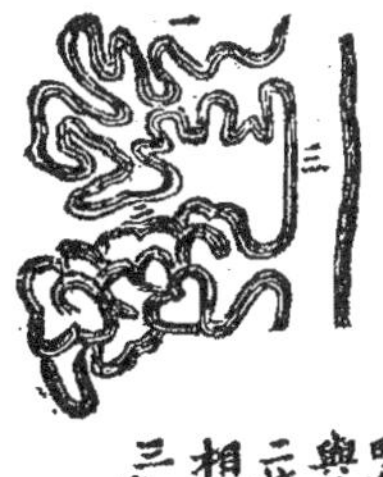

一放開之出管路明小葉之質盲管與其管之盲末相合 二核形泡之狀 三出大管

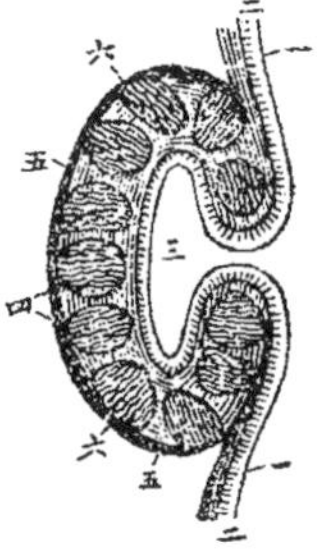

舌根囊核

一膚二嫩膜廿三囊
房四連質所作之衣
遶其核五類絲血模
作核質而含六六
臭之閉囊

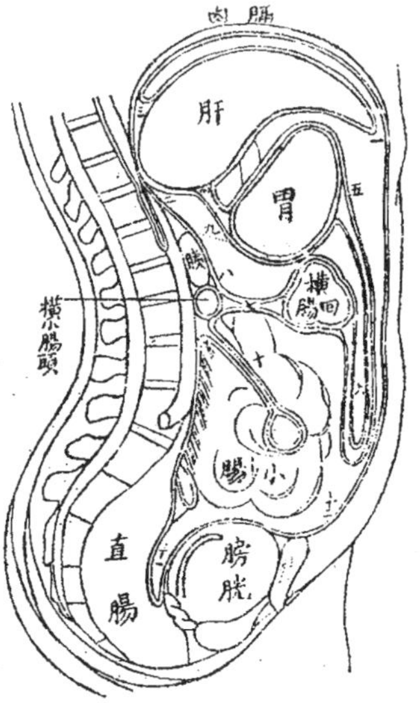

腹包膜之返摺

一腹包膜前層作為膈肉下面之裏二後層三冠筋帶乃兩層行於肝後邊之作為四小脂膜其兩層由肝下面行於胃之小曲五其兩層與大曲相遇後下行而返回作為六乃大膜膜七橫中回腸八後層上行於橫小腸頭與膵之前及後層即是二相續九大脂膜與腹相通之處其點線發明肝脉管之路行入小脂膜兩層之間十腸間膜遶小腸十一直腸膀胱摺疊乃下前層之作為十二前層上行於腹壁之裏面以至第一層乃是起初

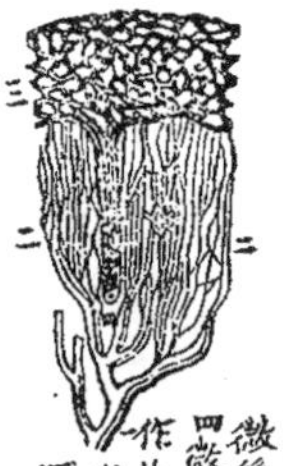

腸嫩膜運行血

一脉管二細微絲網有脉管出而遶管形之核三淺微絲網繞核之口四微絲管相合之作為回管將淺微絲網之血領回

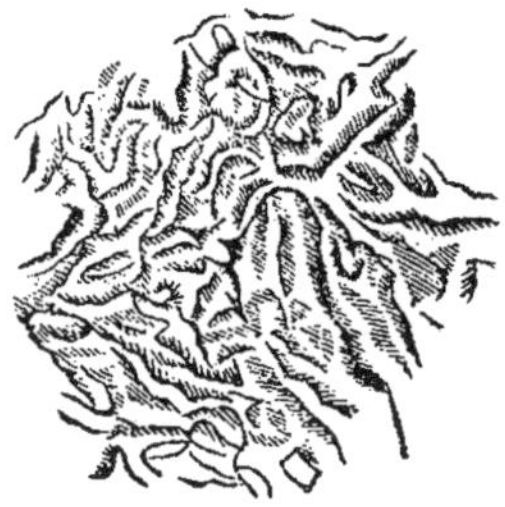

空腸之嫩膜一端列於摺戶間加十九倍發明小芒之片兩曲形之狀其片寬約二百五十八分寸之一

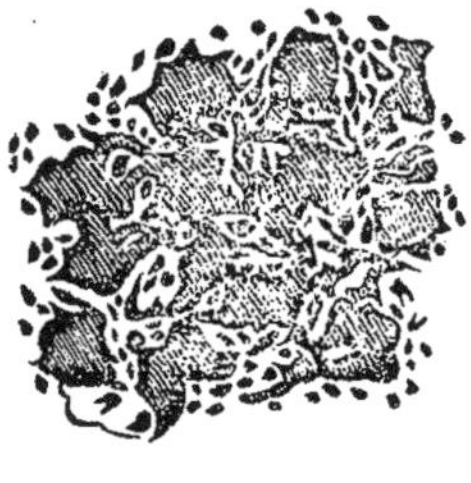

百乙爾核之一端加十九倍

其槽深四十五分寸之一至六十分寸之一其槽間之隔一百二十七分寸至七十八分寸之槽底之上有血網並數純囊之口其隔有

胃與腸之圖發明其路

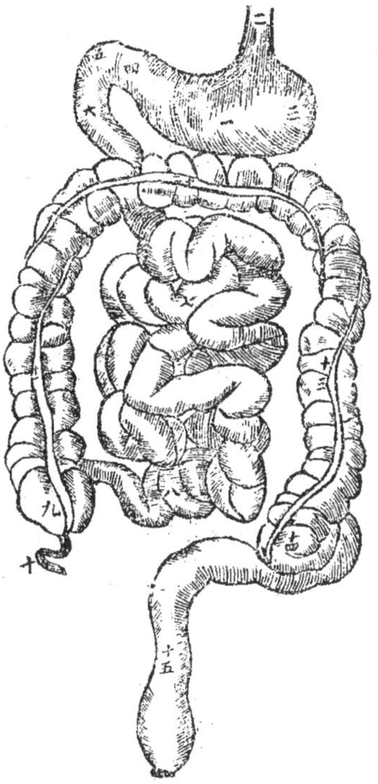

一胃二食管三胃之左端四胃之右端五六小腸頭七空腸曲八曲折腸曲九盲腸十蟲端十一上回腸十二橫回腸十三下回腸十四返回曲之初起十五直腸

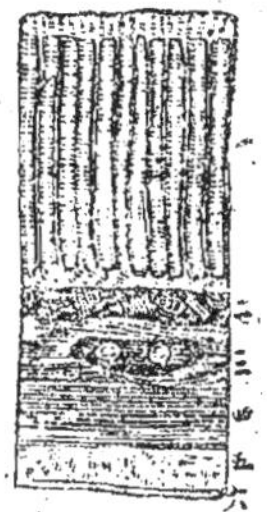

猪胃之幽門豎剖發明其衣與其胃核

一胃核二嫩膜肌層三嫩膜下衣其內有血管而割開四肌衣之橫絲五其衣之縱絲六泐膜

脾脈管之脈枝發明脾輪與小血管相連　此圖係犬之脾

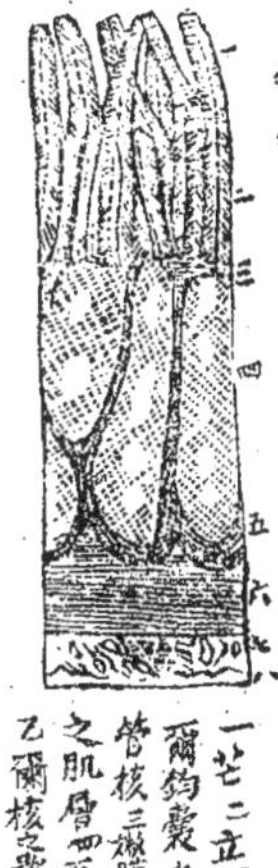

牛犢曲折腸下端之隔開穿過百乙爾核

一芒二立百爾鈎囊之管核三嫩膜之肌層四百乙爾核之囊五嫩膜下衣之深端六肌衣之圖層七肌衣之縱層八泐衣

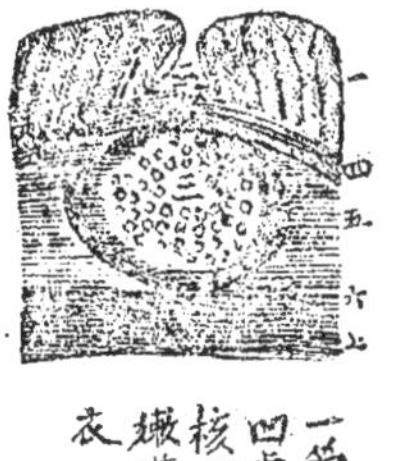

嬰兒回腸之散核

一管形之核二膜面之凹處與核中凸相對三核四嫩膜衣之肌層五嫩膜下衣六肌衣七泐衣

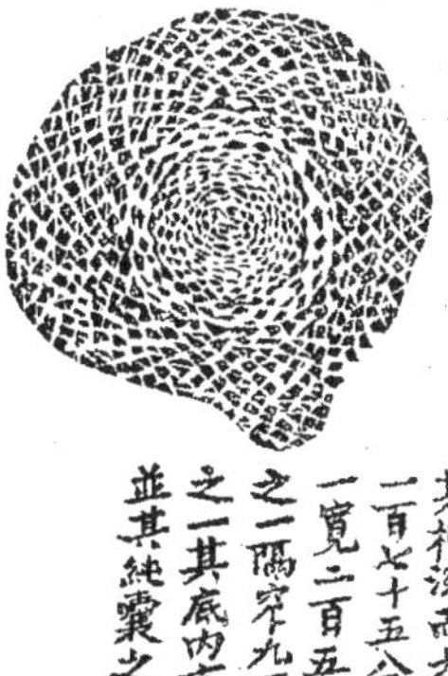

大腸散核嫩膜之圖加十九倍

其槽深而大長約一百七十五分寸之一寬二百五十分寸之一隔空九百分寸之一其底內有血網並其純囊之口

空腸折戸之浮邊　加十九倍

此圖乃發明其槽核形之各質而露出片質襞槽質其襞寬約有二百八分寸之一長三百八分寸之一蹊胃者大而相同與大腸者微大其隔之間寬約六百八分寸至四百五十八分寸之一其槽淺與其底內有出口嫩膜核

大腸嫩膜之一端　加七十五倍

其槽長約二百五十分寸之一寬四百五十八分寸之一其隔斷寬六百八分寸之一其槽淺於胃者且不及定形其每槽之底有核核之當中有出口其大槽往〻有兩槽

胃嫩膜之端　加七十五倍

其槽長約二百八分寸之一寬二百五十八分寸之一其隔寬一千八分寸之一其小槽長約二百五十八分寸之一寬三百八分寸之一各槽之底有小脉管八分三四枝與枝間之凹處有胃囊之口每凹處有二三四個

小腸嫩膜之一端　加十九倍

此圖乃發明圓錐之芒其芒之間有純囊乙之口甲乃囊帶繞於散核此芒長約六十八分寸之一其底寬亦六十八分寸之一傍其頂由一百二十五至二百五十八分寸之一

脾輪一由牛取出

一外衣之本衣二核內所含之物三脉管之一端四脾之外衣來脉管之鞘與其輪繫相連

肝之上面第三百零二圖

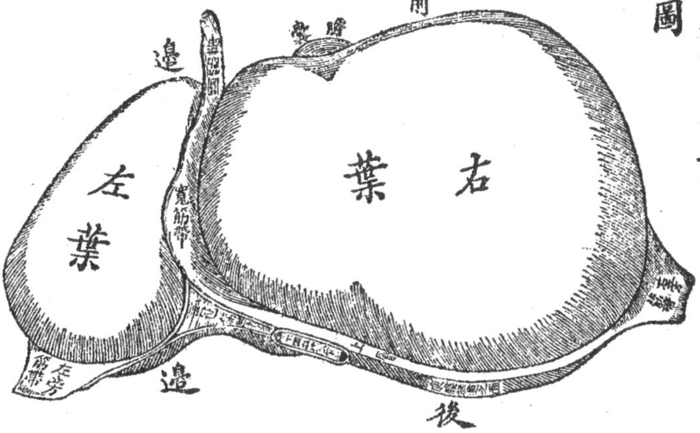

肝之下面第三百零三圖

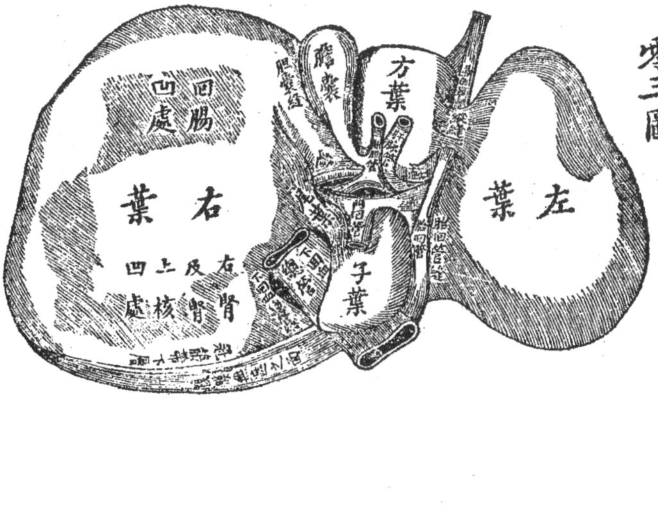

第三百零四圖

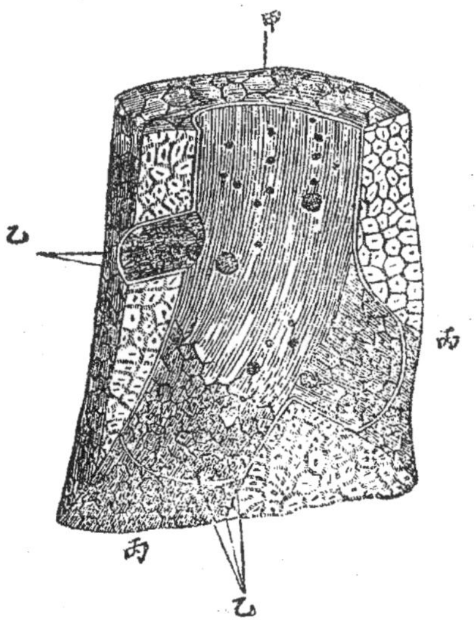

甲 肝回管縱割
乙 列於小葉中之小葉下回管末枝之口
丙 割去回管所現之道

小門回管縱割第三百零五圖

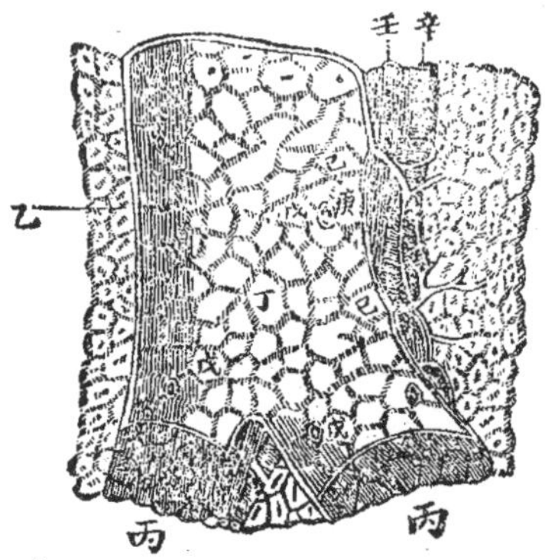

乙 門回管旁緊貼其道
丙 割去回管所現之道
丁 門回管內面以露小葉之並小葉間之回管口即戊字
己 鞘回管
辛 肝脉管
壬 肝津液管

小門回道及其血管横割
第三百零六圖

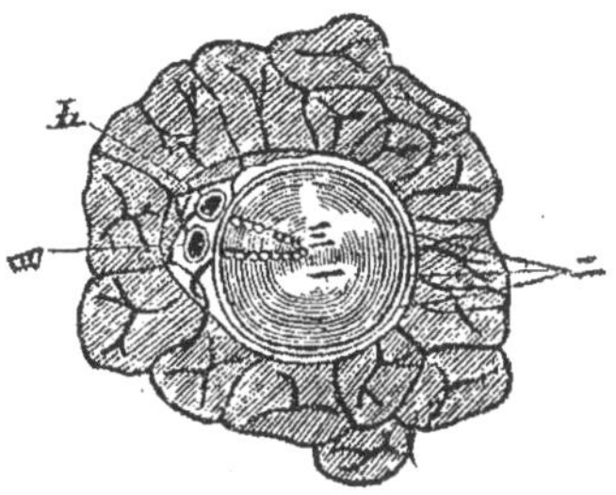

一門回管　二小葉間之枝
三鞘回管之質亦生葉間之枝
四肝膽管　五肝脉管

胰及其連屬之處
第三百零七圖

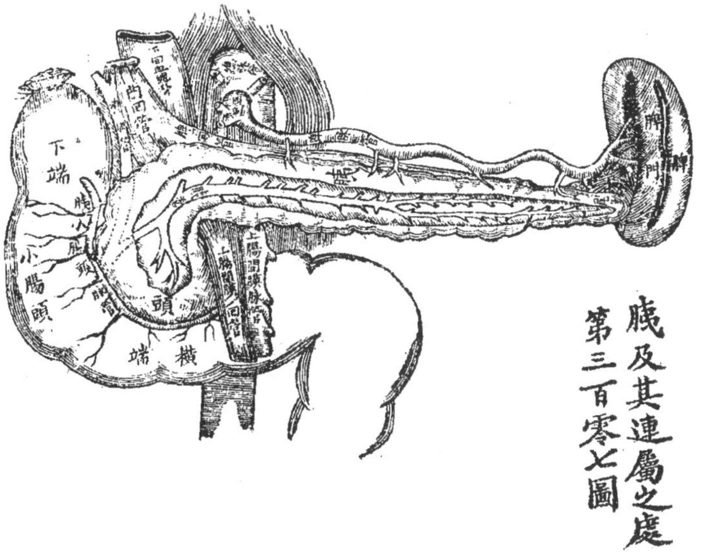

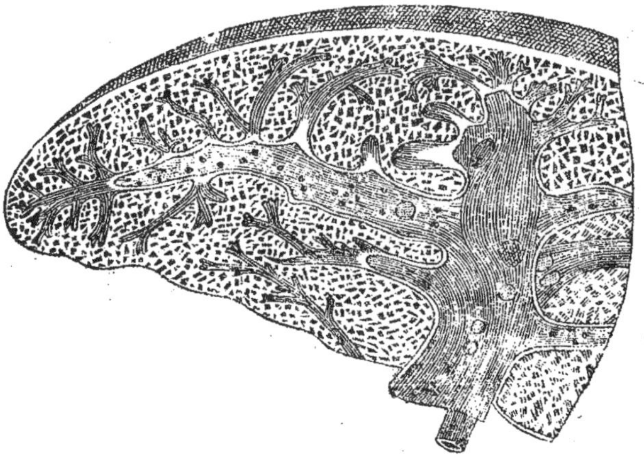

脾橫割表明帶枝並脾回管及其分枝第三百零八圖

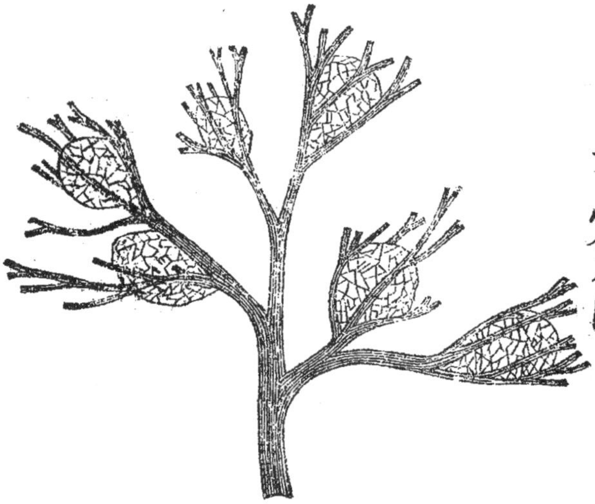

脾輪脾脈管及其枝之連屬第三百零九圖

以一脾輪發明與血管之連屬第三百零十圖

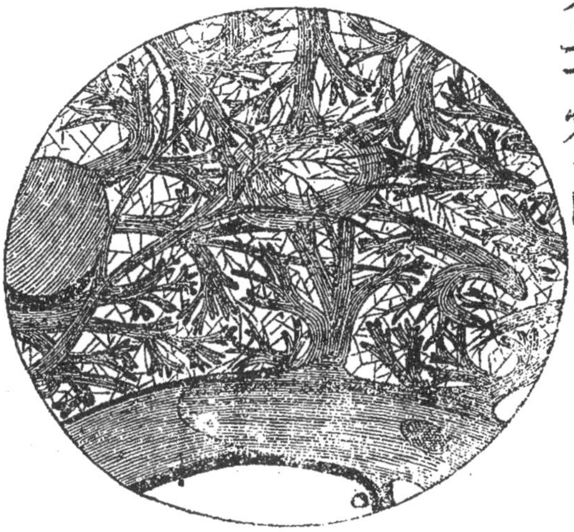

人脾之橫割發明脾脉管散布及其枝第三百十一圖

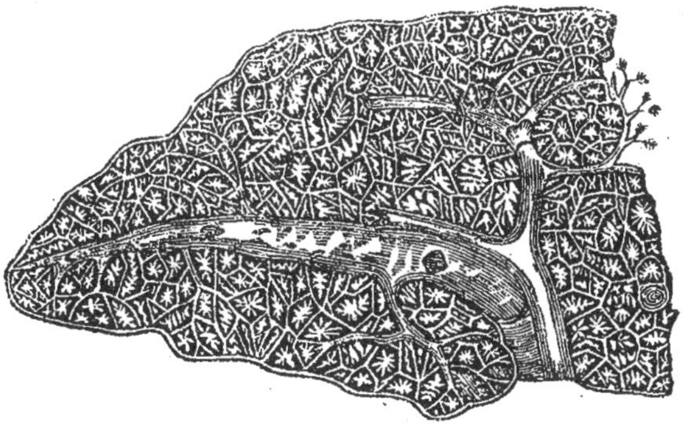

胸膛前面第三百十二圖
肋並胸骨與肺心及他內具之連屬

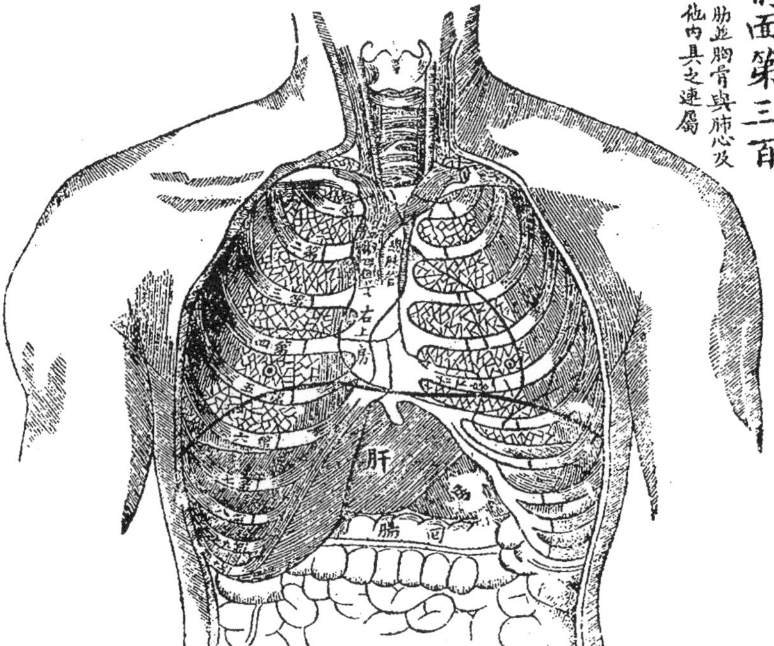

心右上下兩房割去其前壁
第三百十三圖

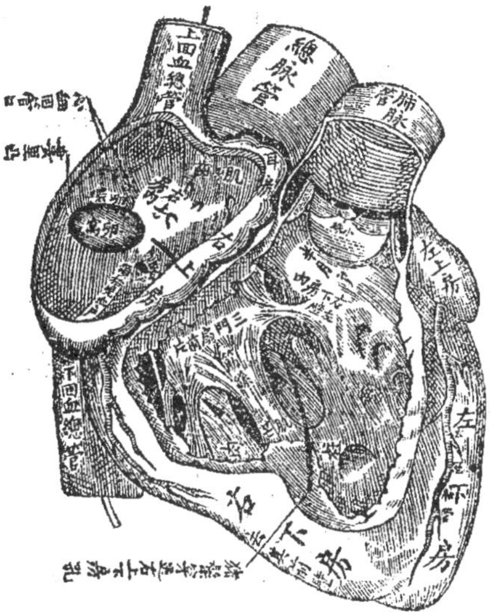

心左上下兩房割去其前壁
第三百十四圖

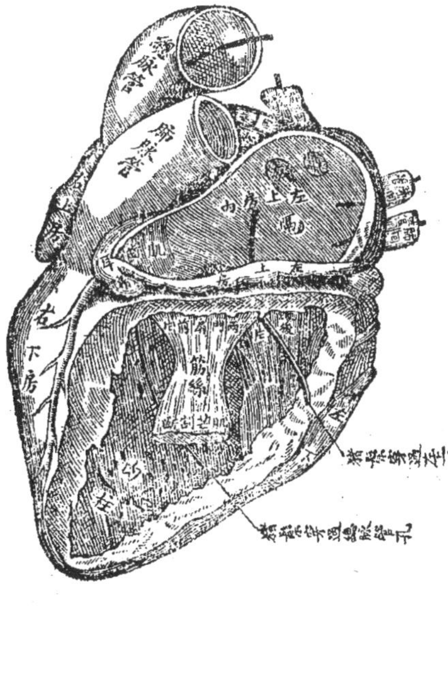

上房後視發明其肌絡

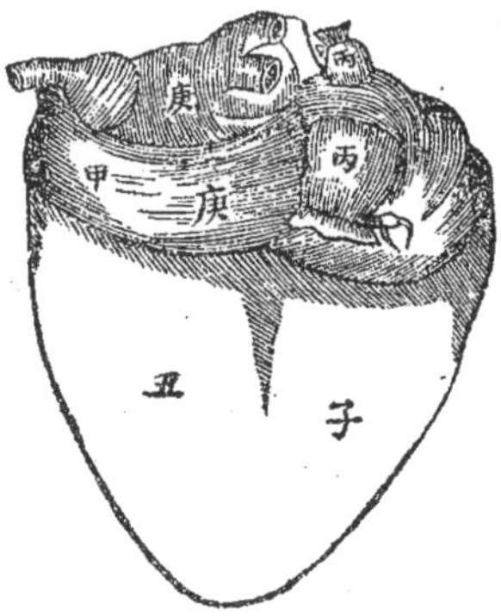

心之後面

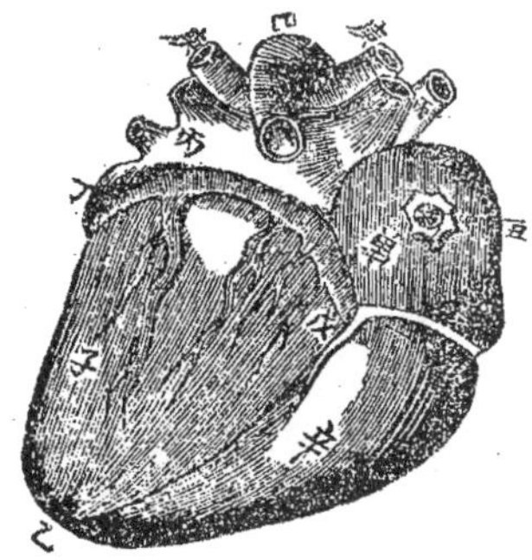

乙心尖丙肺回管兩邊各二丁左上房之耳房戊冠回管入右上房後之口已右上房丁戊上下房橫溝列於大冠回管己總脉管庚肺脉管左右兩杈辛右下房壬左上房子左下房丑下回血總管口

心後所露上下房割開

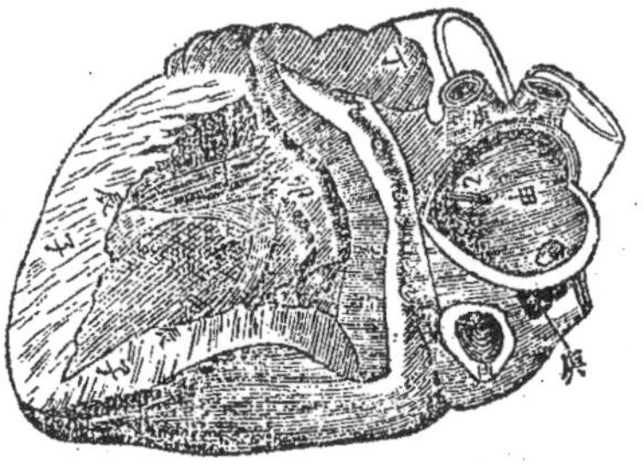

左上房內之處甲上房隔庚四肺回管之口丁左上耳房乙隔內之微凹處與右之卵圓窩相對以探針由上房穿過上下房口以入下房左下房內之處卯兩門扇戶之後弧其探針列於其後辰茎肌之兩種子子左下房之厚壁丑下回血總管口

上房前視發明其肌絡

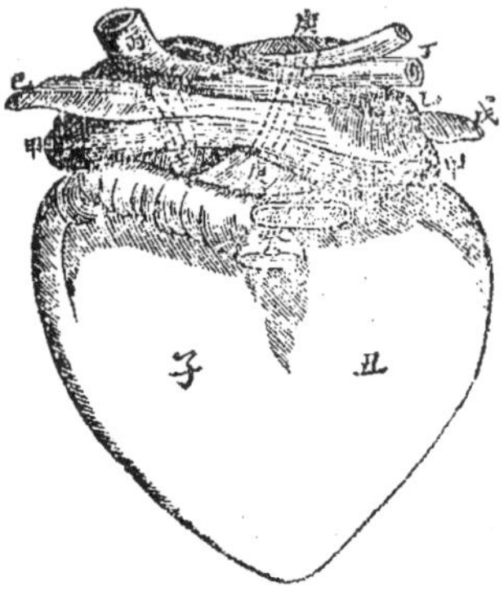

甲甲乙淺或橫絲剖開乃保護其回管丙丁並其耳房之戊已庚庚左上房之深層或絲圈之絲辛壬右上房之繩圈絲丙上回血總管丁肺回管癸肺總兩脉管之口子右下房丑左下房

發明心房絲之方向

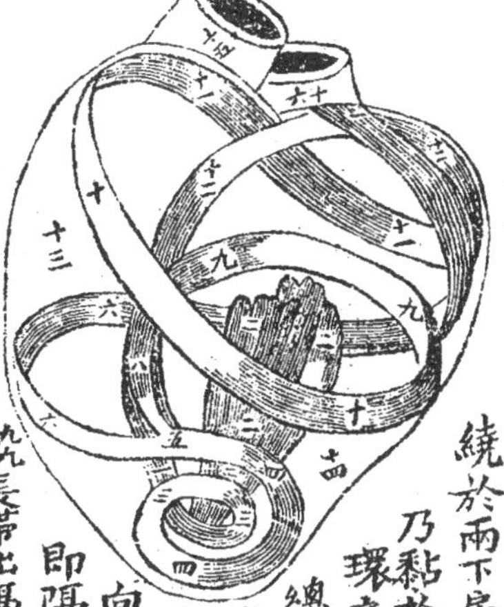

一下房隔之左層 二二內柱 三三上兩處所來之絲相合所作之帶 四四此帶繞於左下房尖與其隔乃五 五而分長短兩帶 六六短帶收納隔之絲而繞於兩下房後巳至七 乃黏於上下房環之前邊並總肺兩脈管之根 八長帶直行向後過隔即隔之中層 九九長帶出隔繞於左下房之後端收納右下房內層之絲 十十長帶過兩下房之前面 十一十一長帶繞於心底之後端 十二十二長帶相續至十一乃下房隔之左層 十三右下房 十四左下房 十五肺脈管 十六總脈管

心肺根之大血管

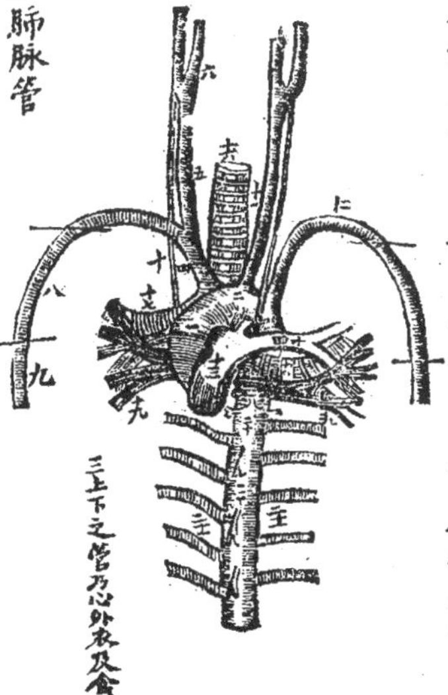

一總脈管 二弓之橫端 三下總脈管胸端 四無名脈管 五右總頸脈管 六內外頸脈管 七右鎖柱下脈管 八腋脈管 九臂脈管 十右肺胃腦筋 十一左總頸脈管 十二左鎖柱下脈管 十三總肺脈管 十四左肺脈管 十五右肺脈管 十六總氣管 十七右氣管 十八左氣管 十九肺回管 二十氣管脈管 二十一肋間脈管 其十五十七十九乃右肺根各管之列式 其十四十八十九乃左肺根各管之列式

下房之前淺肌絲乃以水煮而去汤衣

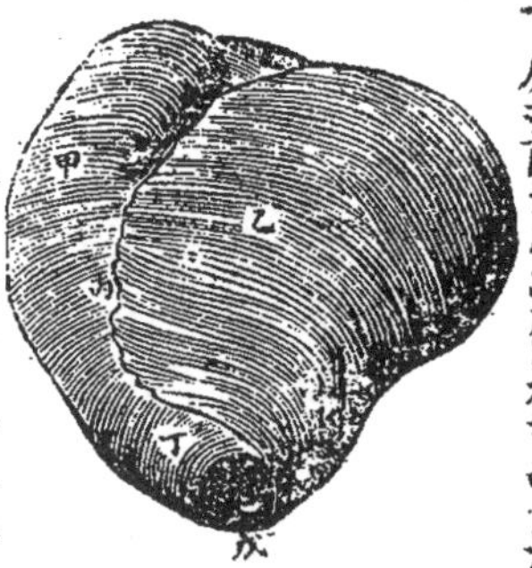

甲右下房之血絲乙左下房丙前縱溝丁淺絲繞之以入下房内作為螺螄頂乃戊

大腿前面裡及股脈管

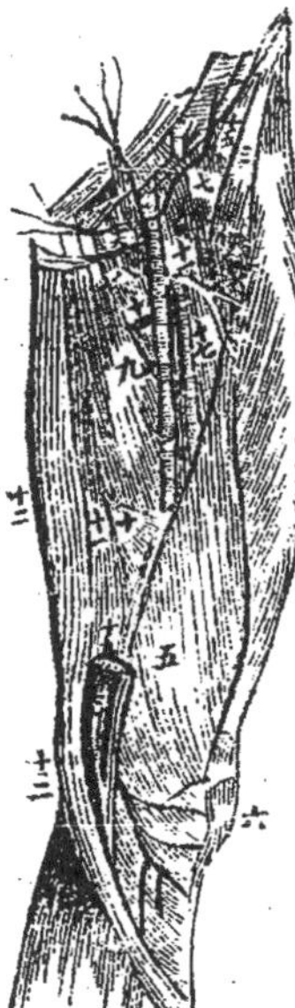

一外斜肌筋之下端其下乃扠窩大筋帶二外腹環三三盤腿肌上下兩端其中端去之四直肌五内廣大肌六膝盖骨七胯腰兩肌其腰者近於脈管八梳肌九長合肌十大合内廣大兩肌所作之筋道遞過股脈管十一大合肌十二窈窕肌十三半筋肌筋十一股脈管十五淺回環胯脈管二淺腹上脈管十六上下外羞秘脈管十七深脈管十八其外回環枝再往下有三透脈管十九大接脈管下行於膝盖

腹總脈管與其枝

一膈脈管二腹軸脈管三胃脈管四肝脈管五脾脈管六右腎上核脈管七右腎脈管八腰脈管九上腸間膜脈管十兩精脈管十一下腸間膜脈管十二方中脈管十三總胯脈管十四右内胯脈管十五外胯脈管十六腹上脈管十七胯回环脈管十八總股脈管

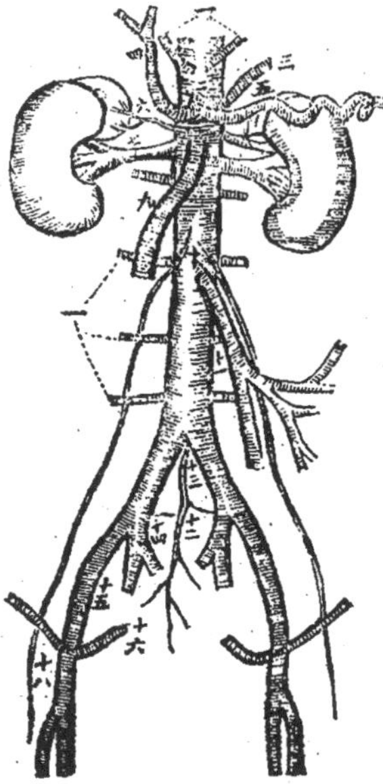

甲脈圓錐别名右下房漏斗乙尖之峰丙右上房之耳房丁上向血總管戊乙前縱溝

心與大血管前及上面斜列其尖在身内移向前凸

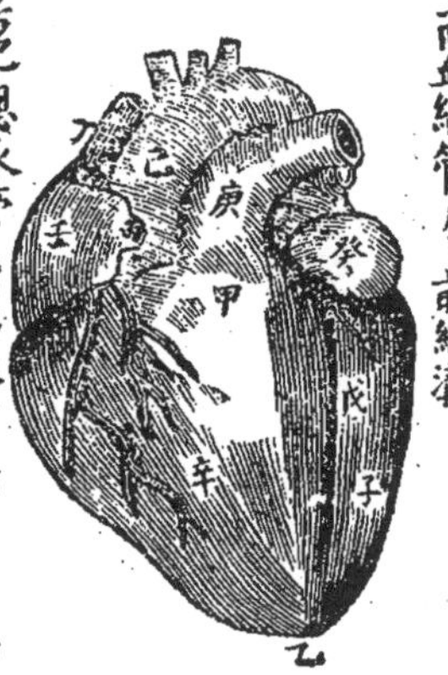

分二下房己總脈管庚肺脈管辛右下房壬右上房癸左上房子左下房

心與大血管及肺相連去心外衣

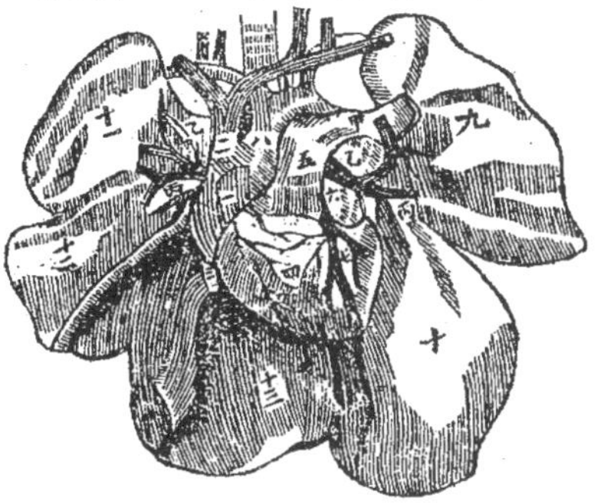

一右上房二上回血總管三下回血總管四右下房五肺脉管分兩枝甲甲一右一左乃一入左肺一入右肺六左上房七左下房八總脉管九十左肺之兩葉十一十二十三右肺之三葉乙乙左右氣管丙丙左右肺回管其三管之兩邊形式不一

細腦脉管變微絲管

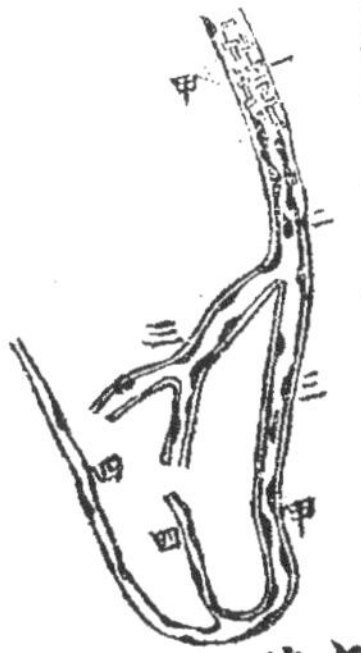

一細脉管二變莘之微絲管三粗微絲管有厚衣兩線發明者四微絲細管一先發明三四內有散開之核而內有密核之核一內有更密作為內膚甲為肌泡橫延長之核乃脉管肌衣之初起

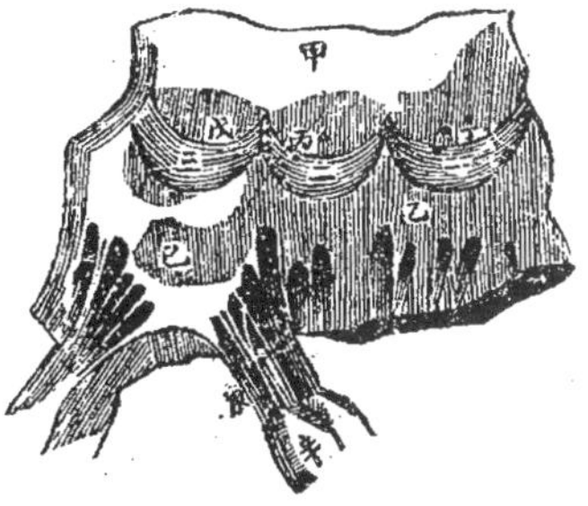

左下房之一端及總脉管之初起割開乃發明半月戶

甲總脉管之端乙左下房之肌壁一二三半月戶丙小珠丁勾月之邊戊心之兩冠脉管之口巳兩門翁前弧庚大筋緣辛芒肌

胎運血之式第三百十五圖

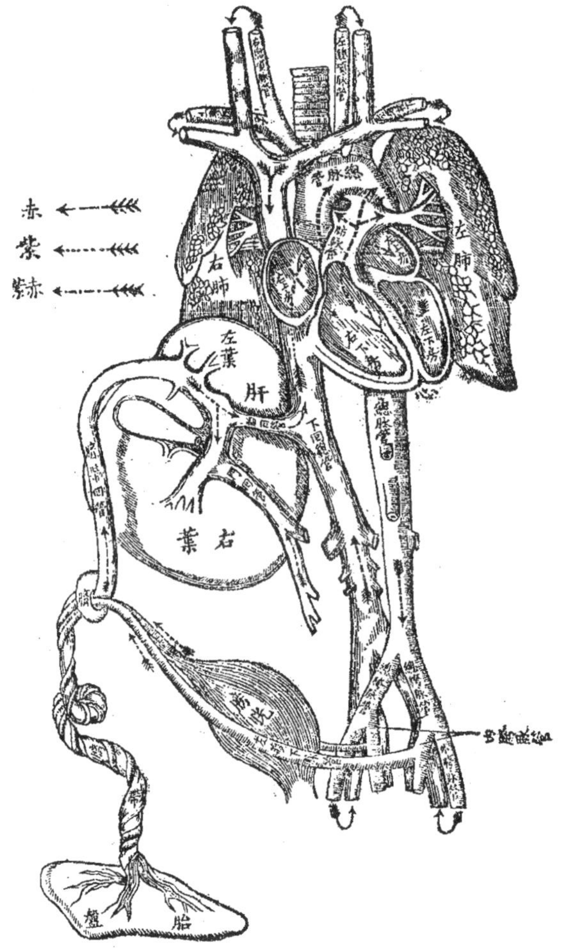

脾環兩脆旁看之式

第三百十六圖

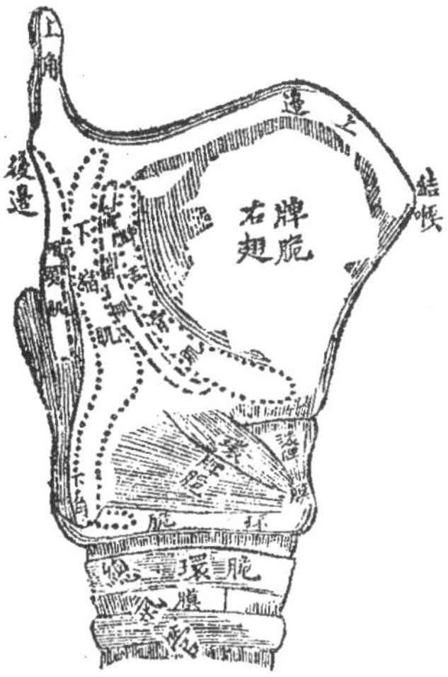

喉相近之處自上而視

第三百十八圖

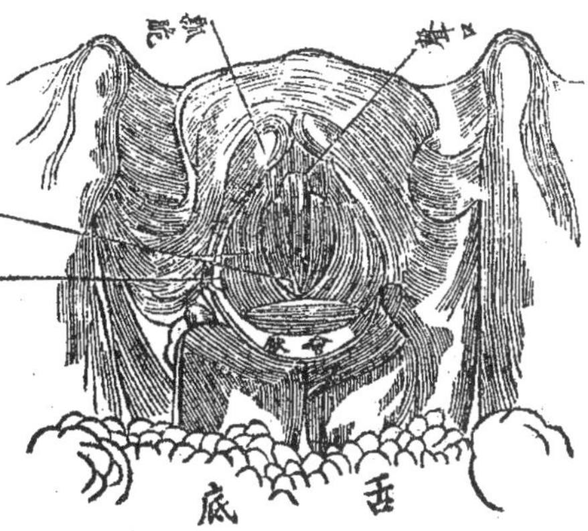

喉脆後面第三百十七圖

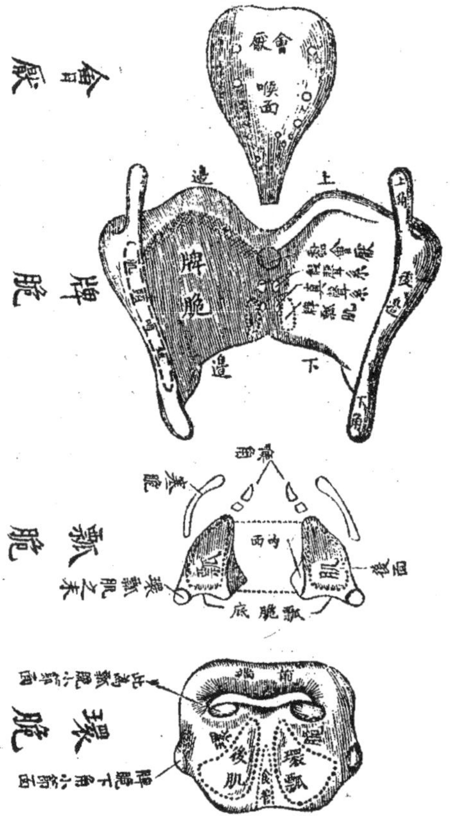

喉及總氣管上端豎割

第三百十九圖

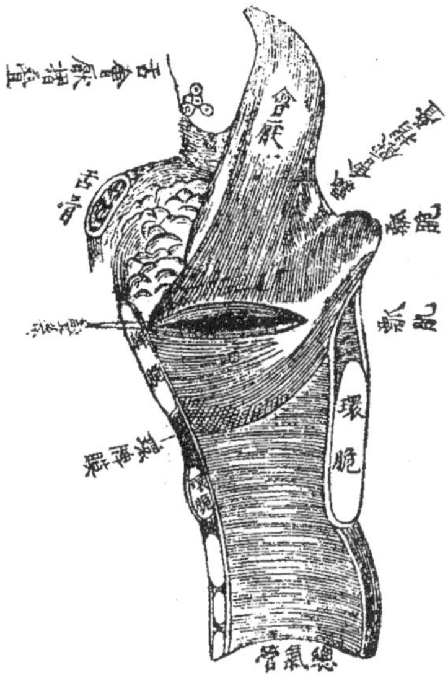

喉肌旁視將脾脆右翅割去

第三百二十圖

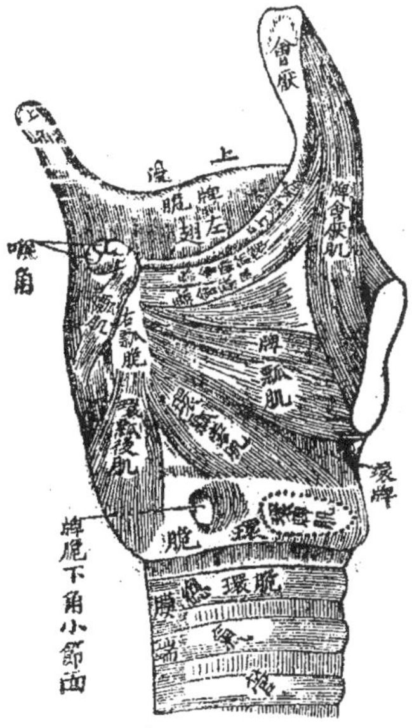

喉內加倍自上而視
第三百二十一圖

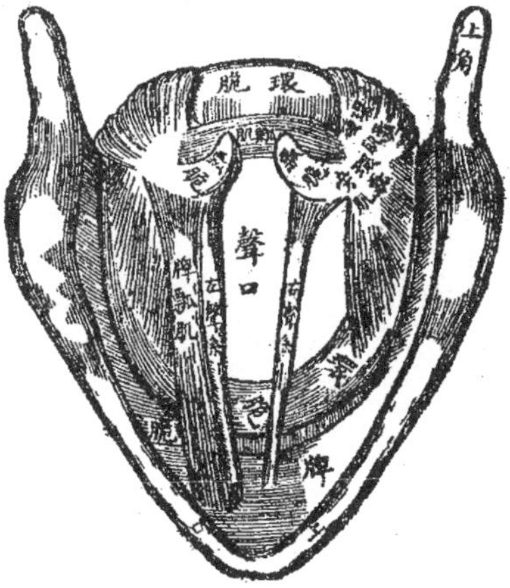

小兒喉總氣管處解剖之式
第三百二十四圖

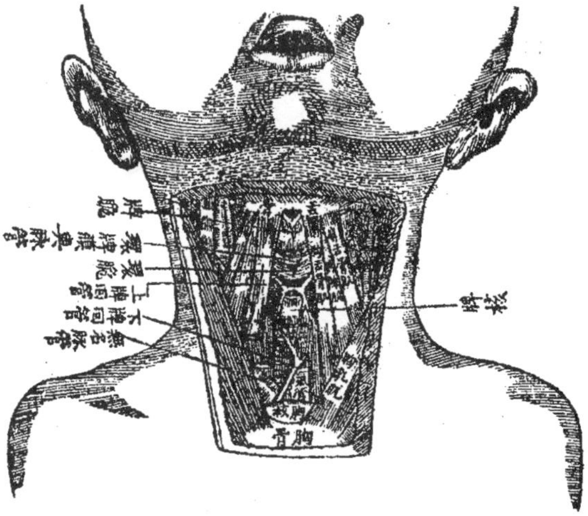

全體通考圖　卷下

喉脆前面並總氣管及左右之氣管第三百二十二圖

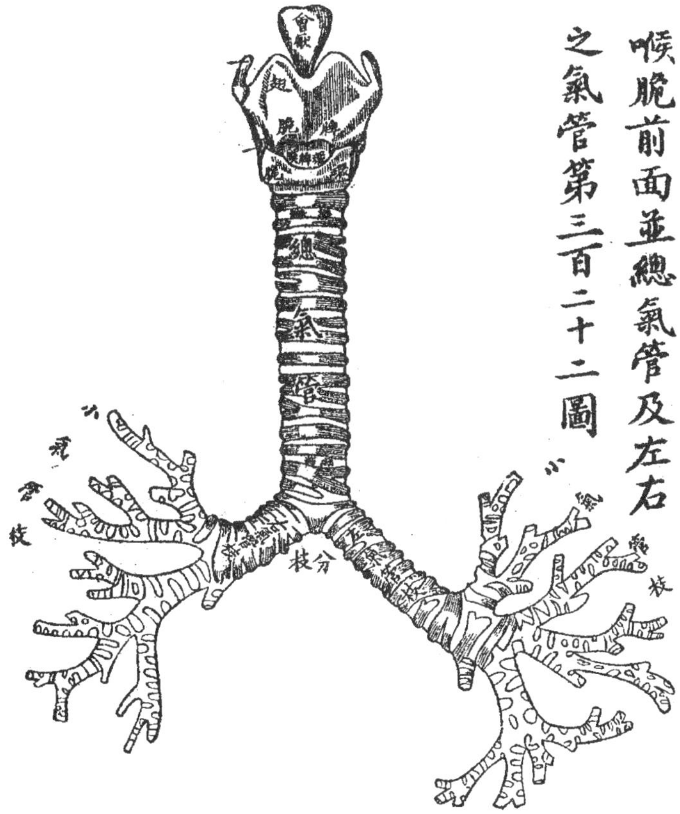

總氣管橫割分岐之極上第三百二十三圖

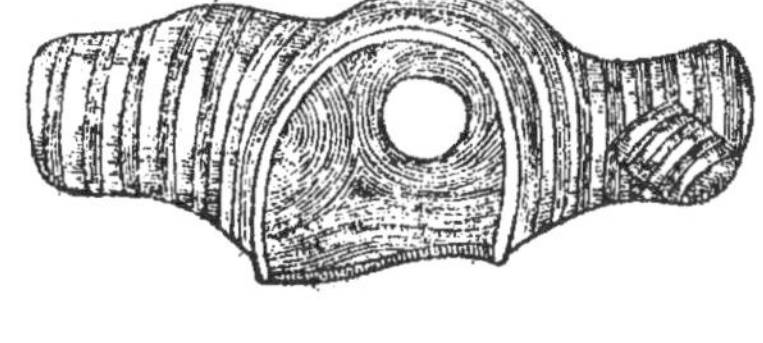

胸橫割發明臟之部位及肺包膜之返摺第三百二十五圖

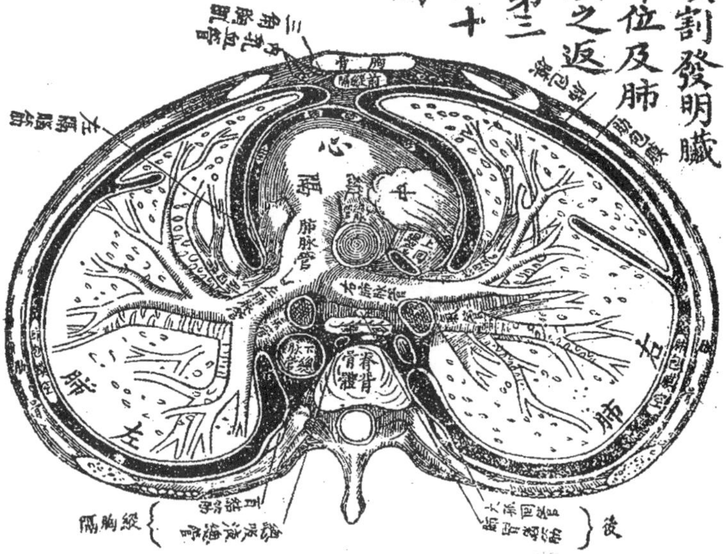

腎之細質第三百二十九圖

第三百二十六圖同三百十二

心肺前面第三百二十七圖

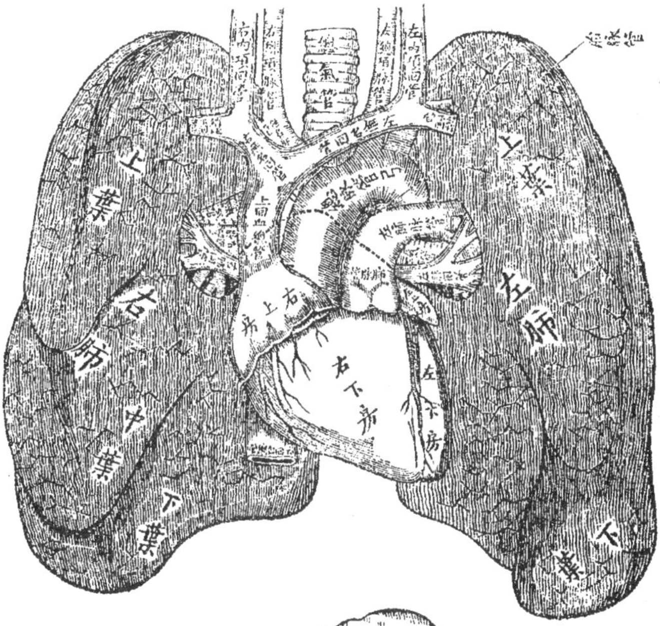

腎之豎割第三百二十八圖

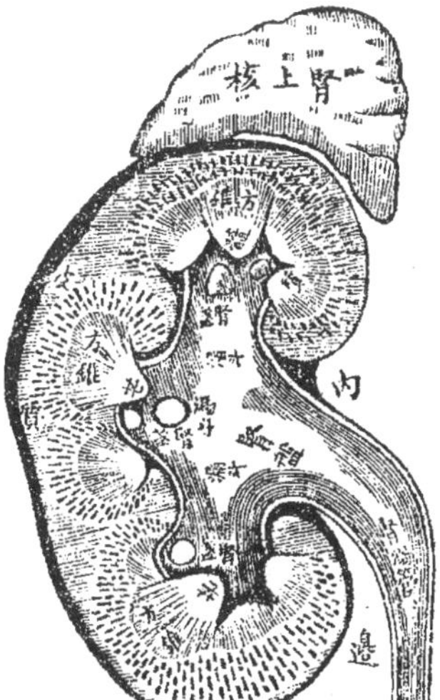

膀胱陽莖溺管豎割之式第三百三十圖

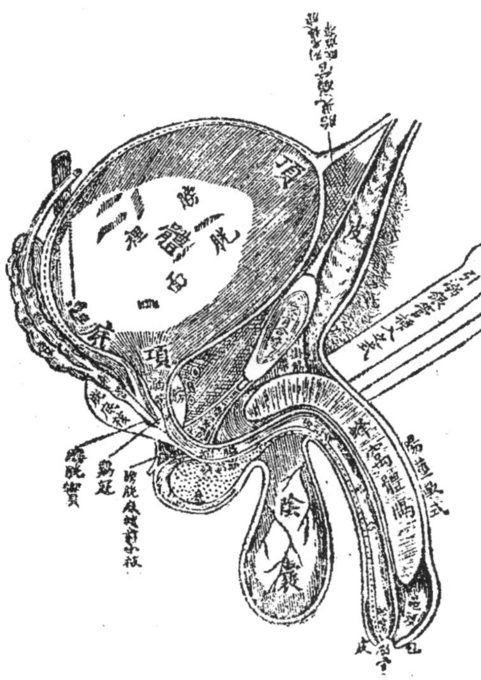

割開睪丸之本膜現出睪丸之本位第三百三十二圖

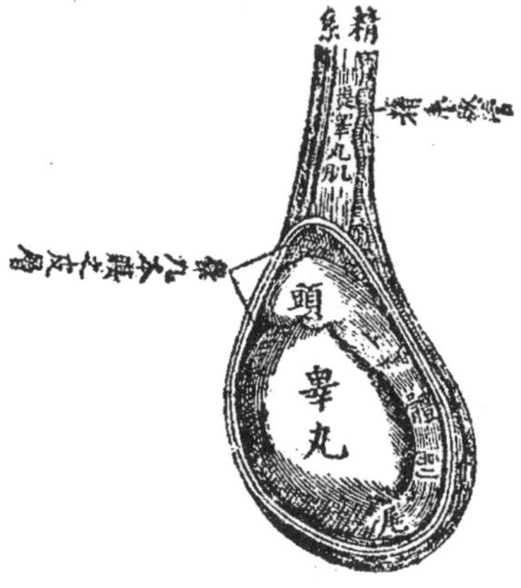

睪丸豎割發明其管所列之式
第三百三十三圖

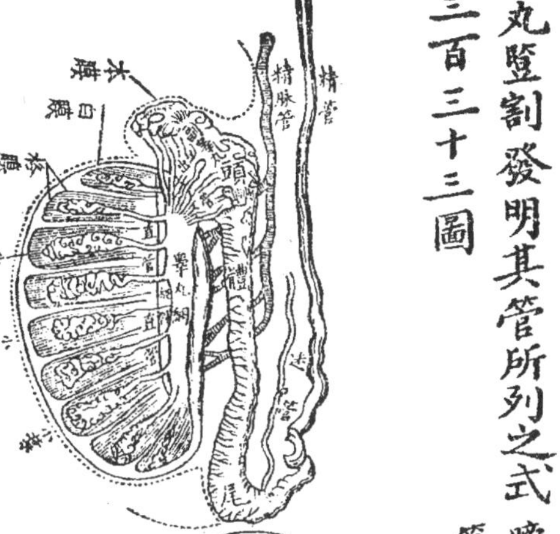

膀胱溺管割開自上而視
第三百三十一圖

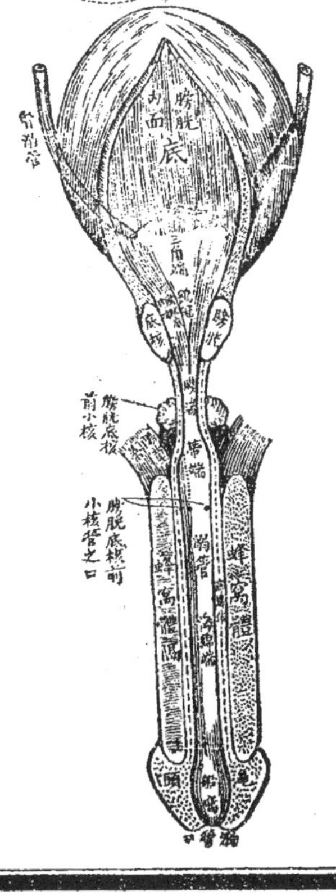

男尻骨盤臟腑側之圖

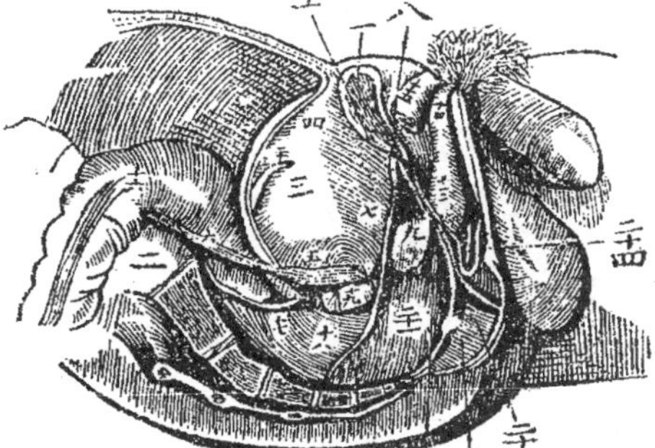

其右边去哀合縫竪割交骨方骨中也竪割一交骨分開二方骨之分開三膀胱體四膀胱頂胎兒溺管由其尖上行五膀胱底六溺管七膀胱項八尻骨盤夾膜由第七上尻骨盤夾膜所來之絲發明膀胱前筋帶九膀胱衣核十溺管之膜端十一三角筋帶十二膀胱衣核前之小核十三海棉體之蒂十四梅棉體十五陽精右蒂十六直腸首端之上端十七腑胞膜直腸膀胱之折盈十八直腸第二端十九右精囊廿精管廿一夾膜下層遮直腸由後行將要變為第三端廿二提肛門肌為直腸下端廿三外輪肛門肌廿四漏會陰夾膜與三角筋帶間之處號之下相續

此圖乃發明睪丸下來

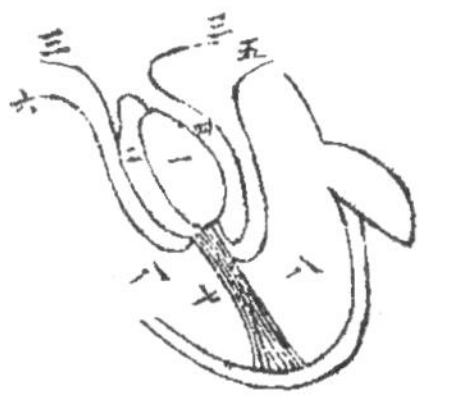

一睪丸 二副睪丸 三三肚腹包膜
四睪丸周圍腹包膜所作之囊乃
睪丸本膜將來之房 五提睪丸
肌交骨端黏於睪丸之下端 六提
睪丸之一端黏於摺窩大筋帶此
線發明提睪丸返摺之法 七導引
帶黏於陰囊之底而被周圍肌
絲縮斷 八八陰囊之房

交坐兩骨之一端並其陽莖之根

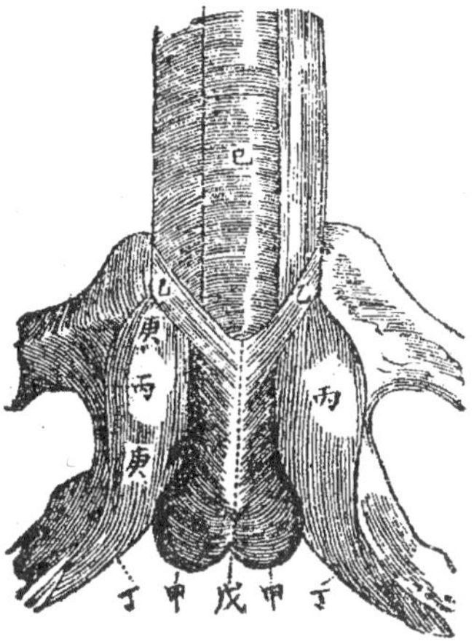

甲甲急溺肌繞
溺管蒂 乙乙急
溺肌之前絡乃繞
於陽莖之背 丙丙
陽莖之蒂 丁丁
立陽莖肌列於蒂
上 戊溺管蒂之
中線 己海棉體
庚庚蒂發大即
蜂窩體之蒂

男會陰肌

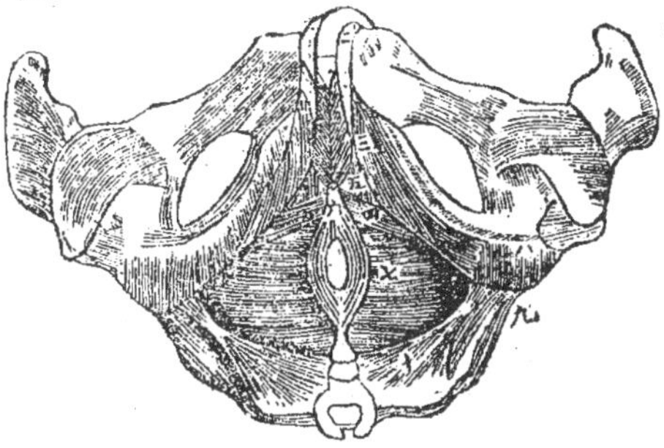

一急溺肌 二蜂窩體
三立陽莖 四橫會陰肌
五三角處露三角筋
帶 六輪肛門肌 七提
肛門肌 八直腸窩 九
坐骨縫 十左尾骶骨
肌

此圖乃睪丸十分下來

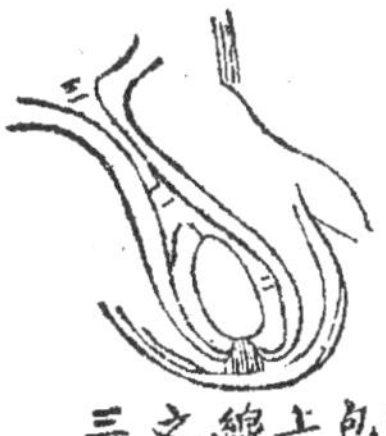

其導引帶極短其
提睪丸肌乃十分返摺腹
包膜囊睪丸之上而擠
上作管形之道其點
線發明睪丸本膜上
之末處其房內有二
三肚腹包膜房

會陰脉管

左深而右淺皆割露於外

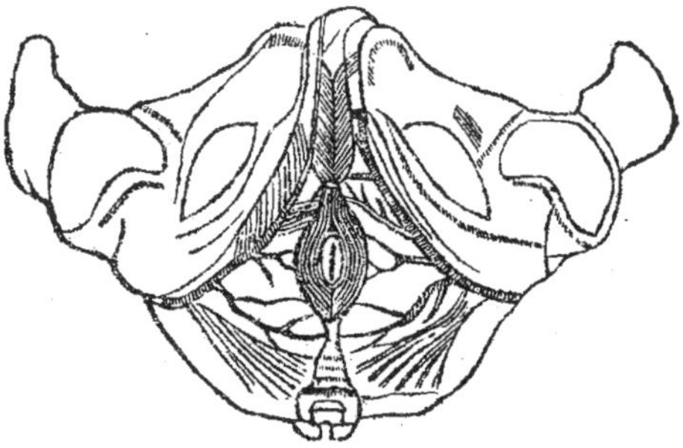

一陽莖二急溺肌三立陽莖肌四肛門五坐交兩股之枝六坐阜七小方坐筋帶八尾骶骨九內羞秘脉管十下直腸枝十一淺會陰脉管十二仝上乃左邊割斷十三蒂脉管十四內羞秘脉管二末枝一入陽莖蒂即蜂窩體脉管一背陰脉管

女會陰肌

一外唇前連合二陰莖三前合々之下乃溺管口四陰道五五縮陰道肌六六輪肛門肌其互編之處乃會陰七七坐骨阜八橫會陰肌九立陰莖肌十十陰莖把土十一提肛門肌十二十二窈窕肌十三十三大闊肌十四十四大臀肌

蜂窩體血質之一端加大發明其連質與散佈之脉管

甲小脉管乙乙極細脉管丙乃連質

交骨弓與會陰夾膜

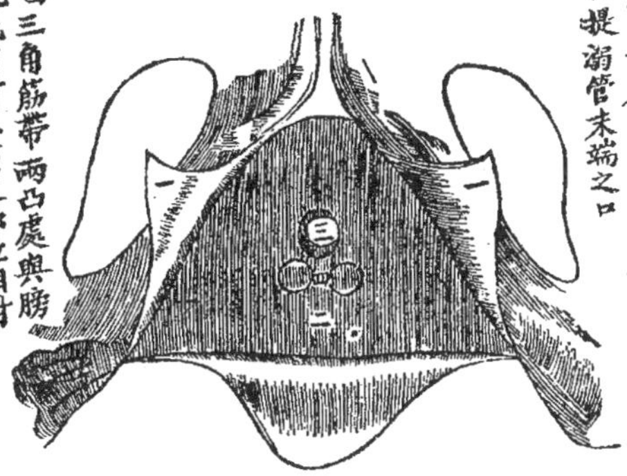

一二一前會陰夾膜二三角筋帶
三提溺管末端之口
四三角筋帶兩凸處與膀胱底核前小核之部位相對

人之精蟲與其發式

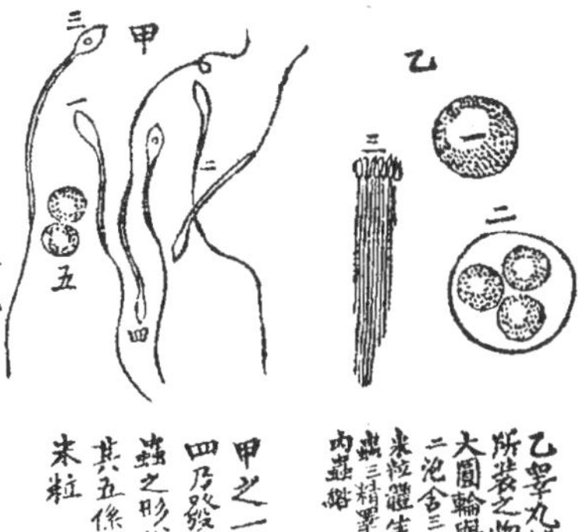

甲之一至四乃發明蟲之形狀其五係米末粒

乙睪丸精所裝之物一大圓輪與泡二泡含三圓米粒體生精蟲三精睪丸內蟲器

膀胱底及精管與精囊

第三百三十四圖

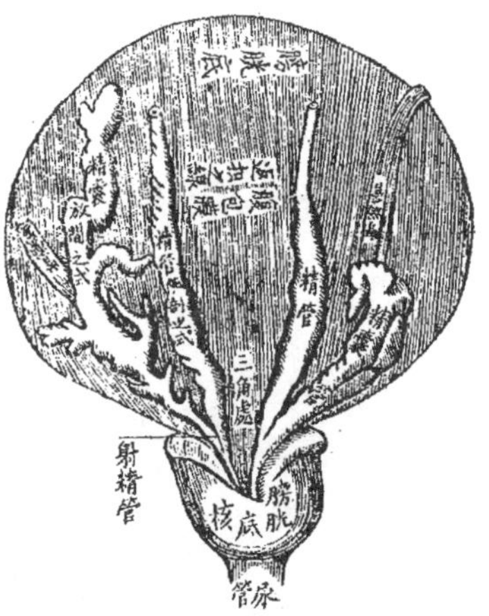

婦人生子之外具即陰門

第三百三十五圖

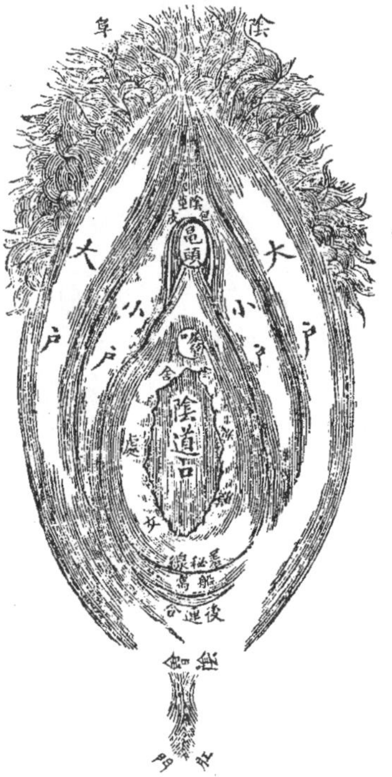

豎割婦人之尻骨盤發明其臟腑部位

第三百三十六圖

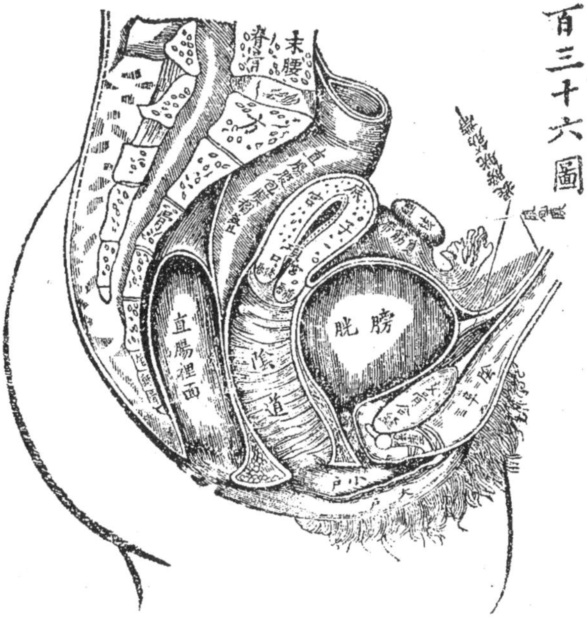

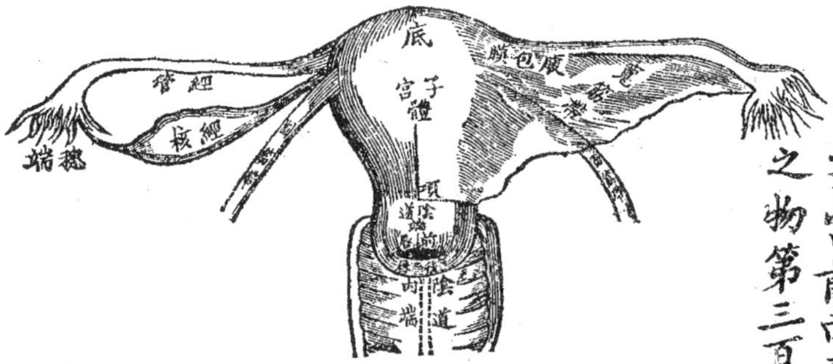

子宮前面及其附加之物第三百三十七圖

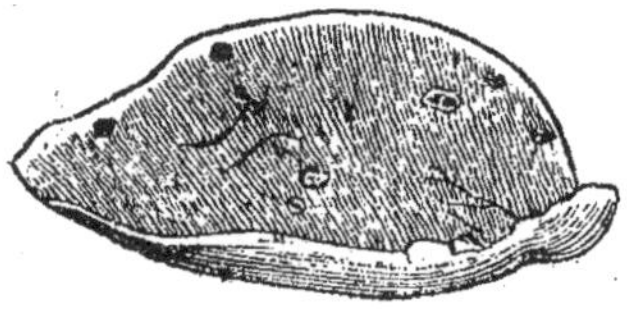

處女經核豎剖發明實質及經珠囊第三百三十八圖

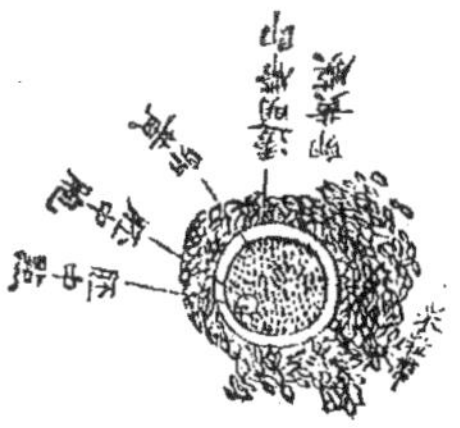

猪之經珠第三百四十圖

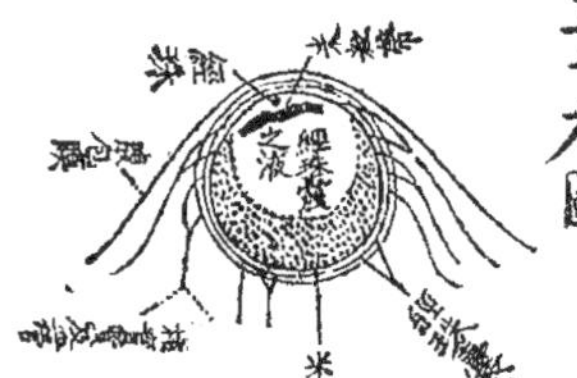

經核豎剖第三百三十九圖

全體通考圖　卷下

子宮與其附加前面之圖

一子宮底二子宮體三子宮項全割開項内活樹五陰道上端之前十寬筋帶十一經管十二穗端十三子宮圓筋帶十四腑口寬筋帶内漏經核並隨寬筋帶之下边與過子宮漏肚腹胞膜割開之边

子宮與其附加之物後面之圖

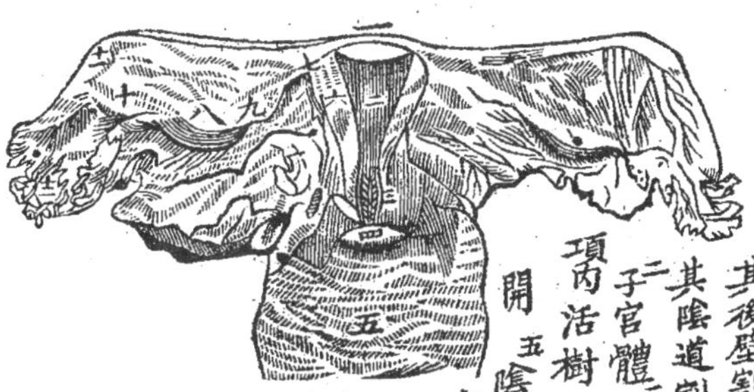

其後壁割去漏子宮房其陰道割開一子宮底二子宮體三子宮項全割開項内活樹四子宮外口割開五陰道上端之内六子宮之壁七經管之口八經核九經核之筋帶十寬筋帶十一經管十二穗端

子宮割開

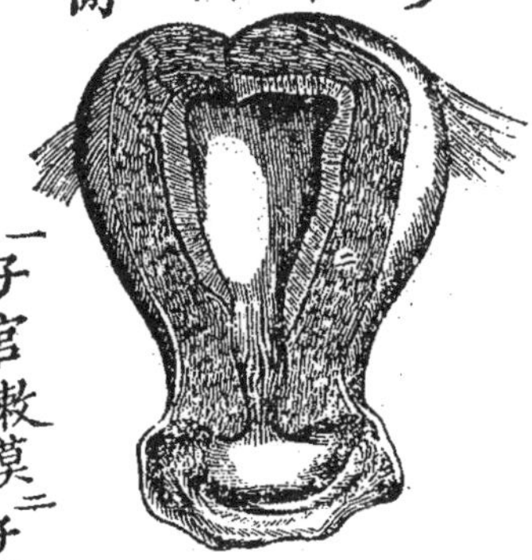

臍帶胎盤外面之圖

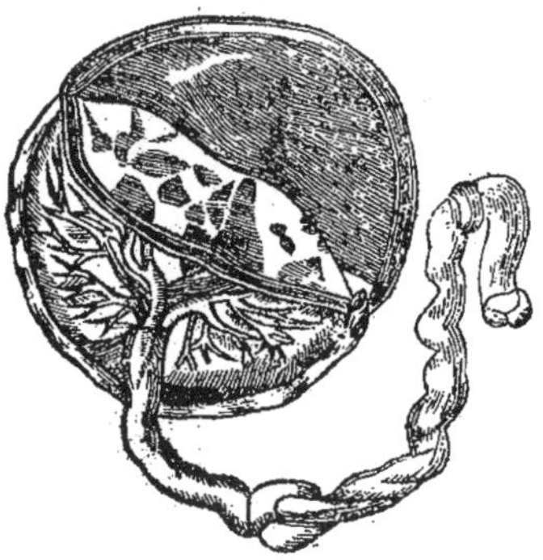

陰門肌之圖

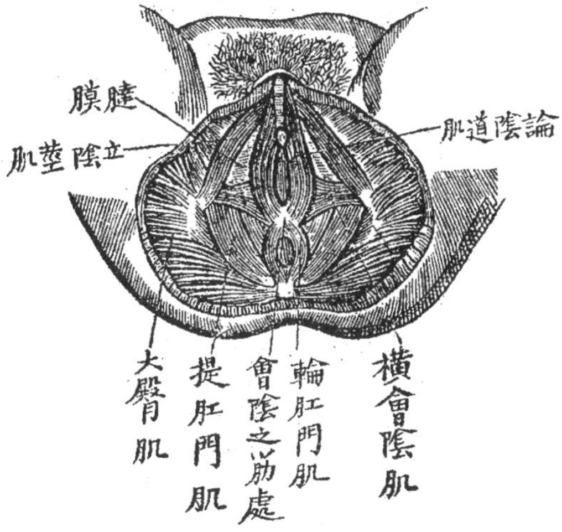

子宮裡脉初孕加二倍

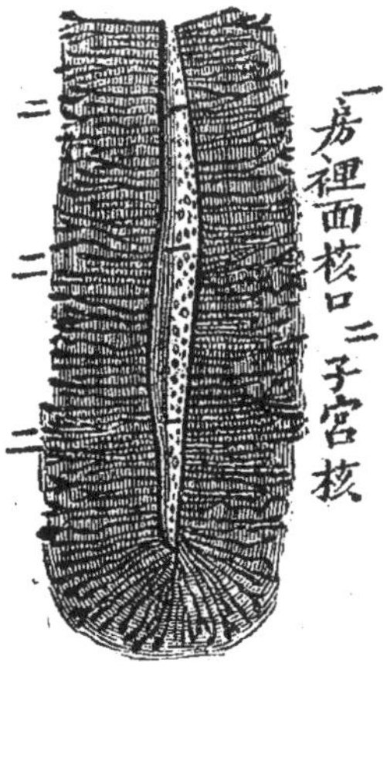

胎兒運行之圖

甲心右房乙左房丙左上房丁總脉管戊總脉管弓己肺脉管庚肺脉管左枝辛左肺回管壬胎脉管癸下總脉管子上回血總管丑左無名回管寅胯脉管卯股脉管辰下腹脉管巳臍脉管午臍未臍回管申膀胱酉胎兒溺管戌胎盤亥胎兒包内膜甲一胎兒外膜乙一胞衣丙一肝左葉下面丁一肝右葉戊一膽囊己一門回管庚一脾回管辛一肝回管壬一下回血總管癸一子葉子一腎丑一副腎

摺窩疝氣浅解剖

第三百四十一圖

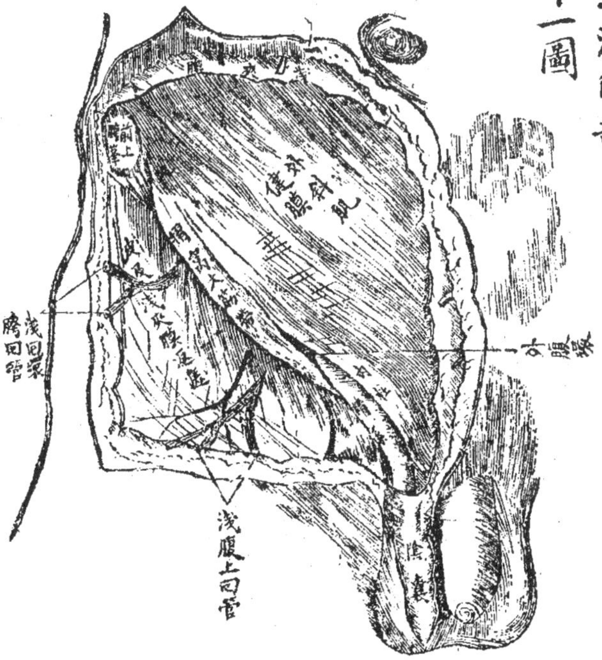

摺窩疝氣發明內斜提睾丸兩肌及精道第三百四十二圖

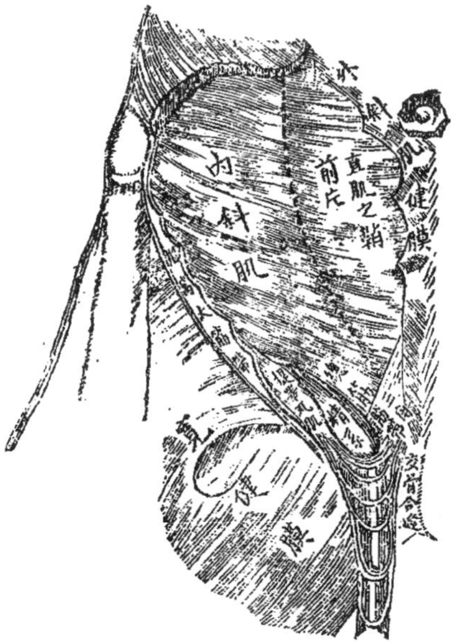

摺窩疝氣發明橫肌橫夾膜及內腹環第三百四十三圖

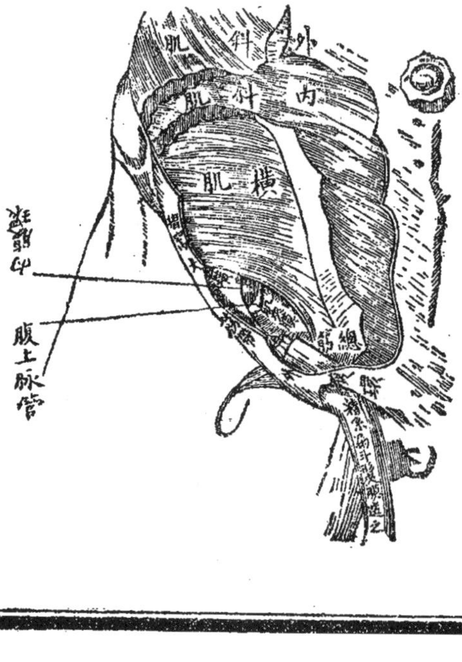

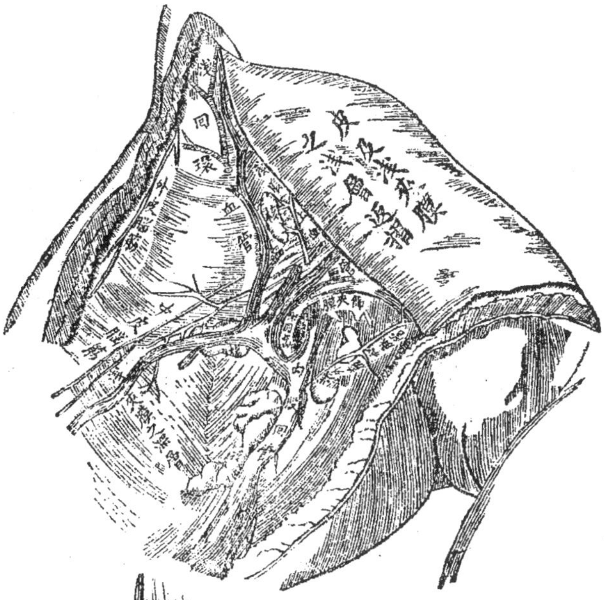

股疝氣淺解剖第三百四十四圖

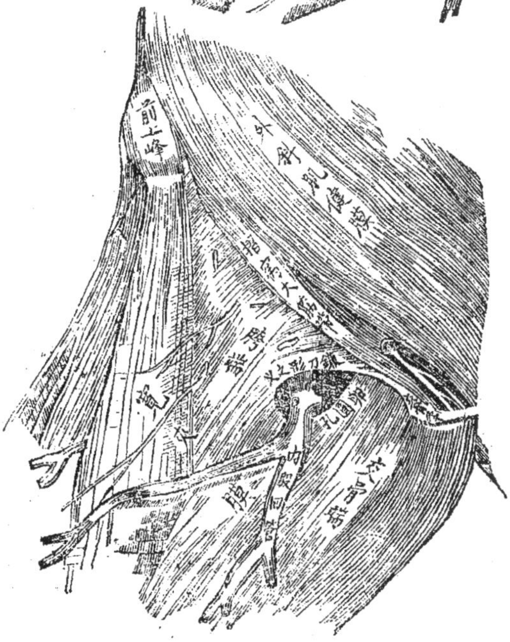

股疝氣發明股夾膜及卵圓第三百四十五圖

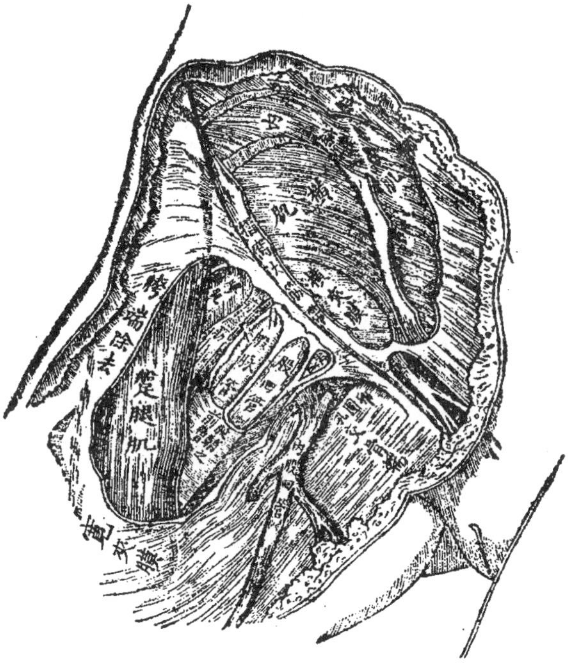

股疝氣去寬夾膜之胯端即露股血管與股道之鞘第三百四十六圖

疝氣股及內腹環兩之連屬
由腹內向右而視第三百四十七圖

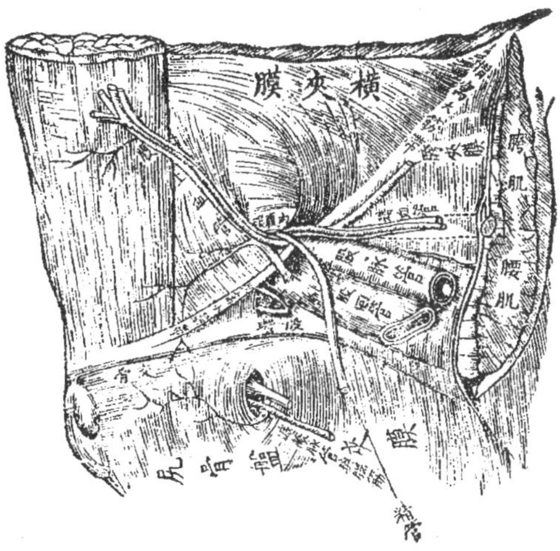

遮蔽脉管之本及其路之變革圖式如下

第三百四十八圖

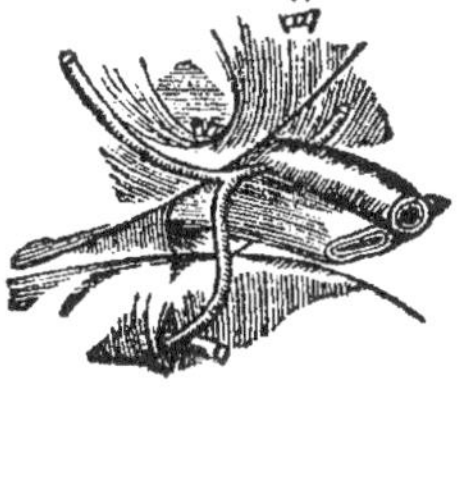

第三百四十九圖

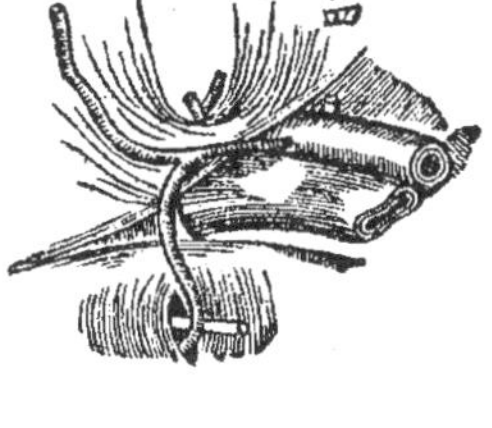

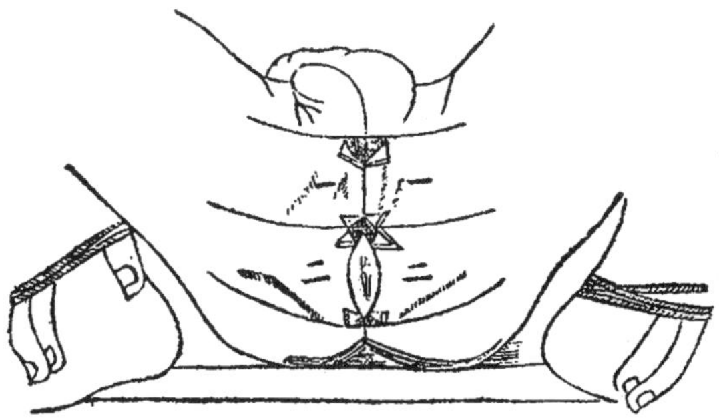

會陰坐骨及直腸部
第三百五十圖

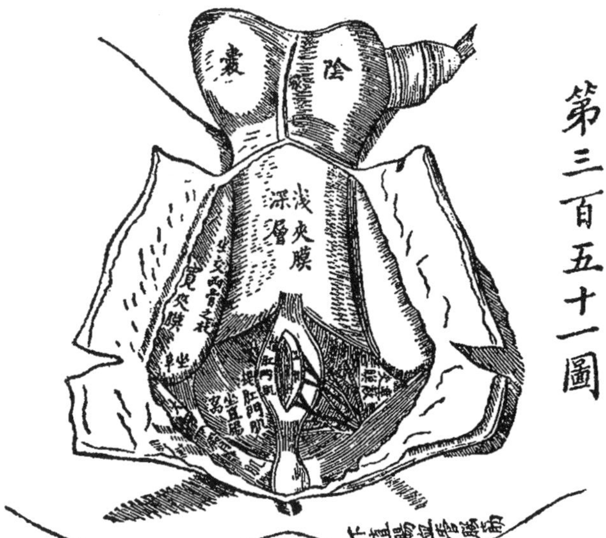

會陰皮及淺夾膜之淺層
第三百五十一圖

第三百五十二圖
會陰浅肌及血管

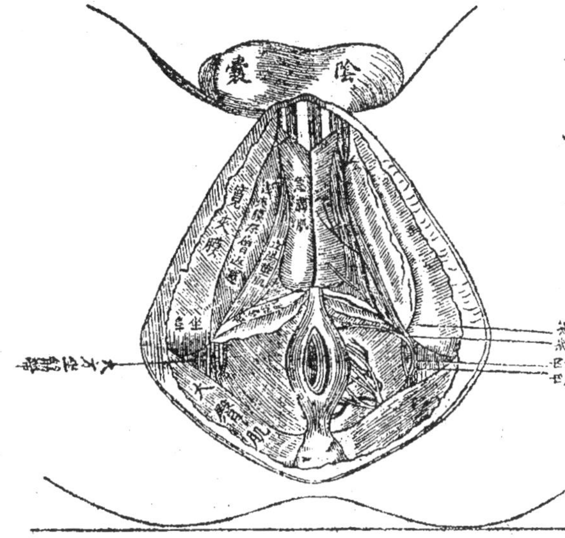

第三百五十三圖
深會陰夾膜
左邊前層除去

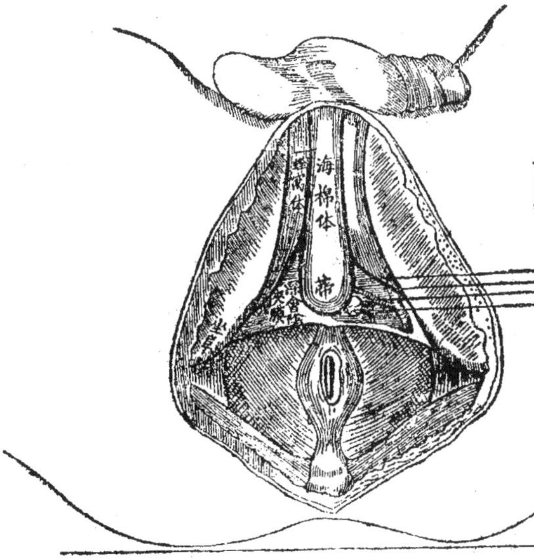

尻骨盤下口臟腑之部位第三百五十四圖

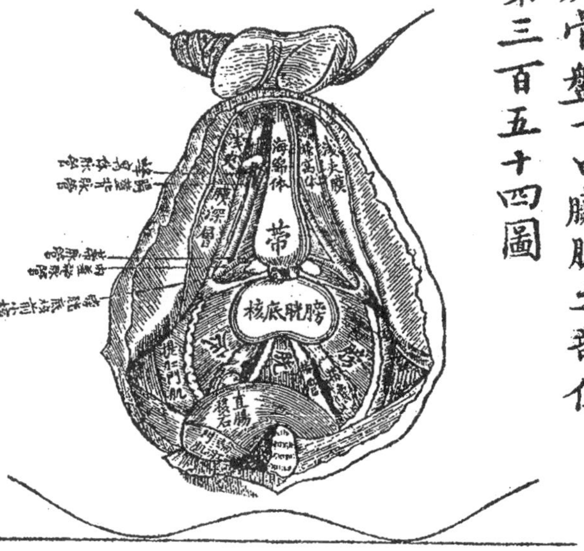

尻骨盤橫割發明尻骨盤夾膜第三百五十五圖

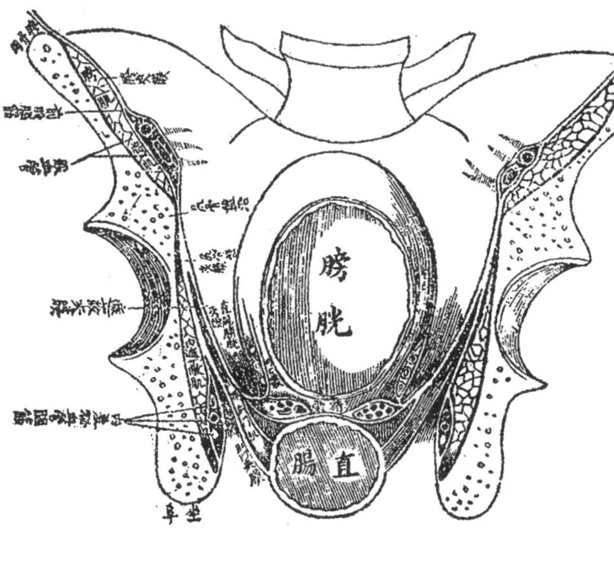

男尻骨盤臟腑旁視發明尻骨盤及會陰夾膜第三百五十六圖

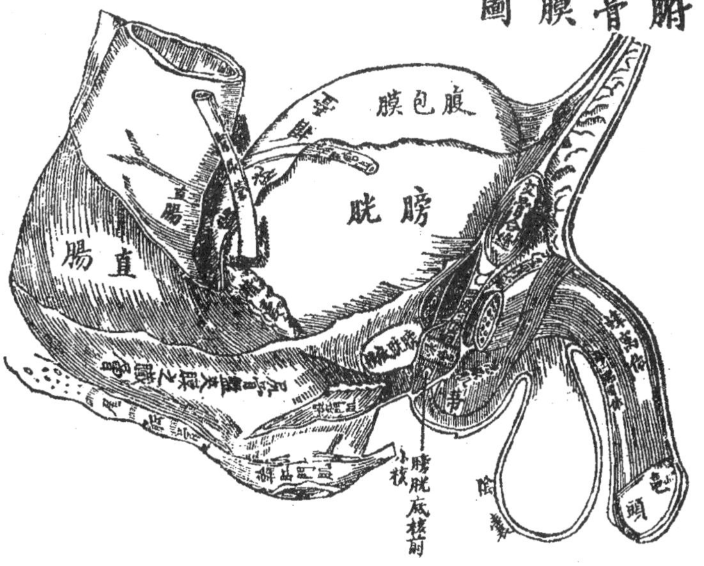

国家出版基金项目
NATIONAL PUBLICATION FOUNDATION

海上絲綢之路文獻集成

總主編　陳支平　陳春聲

科技與文化編 46

主編　王揚宗　葉　農

海峽出版發行集團
THE STRAITS PUBLISHING & DISTRIBUTING GROUP
福建人民出版社

本册目次

全體闡微六卷（卷一至卷四）

〔美〕柯爲良口譯　〔清〕林鼎文筆述

《全體闡微》六卷，美國柯爲良口譯，清林鼎文筆述。柯爲良（Dauphin William Osgood，一八四五—一八八〇），美國公理會醫學傳教士，一八六九年來華，次年在福州創建保福山聖教醫館。此書受益智書會之約而譯，所據爲*Gray Anatomy: Descriptive and Surgical*美國新版。有插圖二百六十幅，其中銅版插圖從美國費城訂製，電鍍版插圖由上海美華書館印製，木刻版插圖在福州印製。全書六卷，比較論述骨骼、皮膚、血液與體液、肌肉及隔膜、心臟與血液循環系統、人腦與神經系統、内臟及生殖系統等器官之構造和功能。書末附英中解剖學詞彙對照表。刊行後對近代中國解剖學學科構建影響甚大，清末民初國内西醫學堂多選用作教科書。據清光緒七年（一八八一）福州聖教醫館排印本影印。

ANATOMY,
DESCRIPTIVE AND SURGICAL.

BY

DAUPHIN W. OSGOOD, M. D.,
Late medical missionary of the American Board of Commissioners for Foreign Missions.

In six volumes.

Illustrated by two hundred and sixtyfive electrotype plates.
With a Vocabulary of English and Chinese Terms.

Foochow; American Board Mission.
1881.

PRINTED AT THE METHODIST EPISCOPAL MISSION PRESS.

PREFACE.

In accordance with the desire of the Committee on Text-books, appointed by the Shanghai Conference in 1877, Dr. D. W. Osgood undertook the work of preparing the Anatomy for the Text-book series.

For more than three years he devoted all of his available time to the accomplishment of this object. He had finished the composition of the work, and the first and second volumes, with the Vocabulary, were already in the press, when, owing to his sudden death in August 1880, it devolved upon others to complete its publication.

The general plan of the six volumes agrees with that of the New American Edition of Gray's Anatomy---beginning at Osteology.

Knowing that a Text-book of this kind would be of little value without illustrations, he secured ninety eight copper plates from the United States, and from wood engravings furnished from Foochow, had one hundred and sixty seven electrotype plates prepared at the Presbyterian Press in Shanghai; by which all the important parts of the body are illustrated.

It was impracticable to replace the figures on the foreign plates with Chinese numbers; accordingly corresponding figures have been inserted in the text.

The references in the Vocabulary of English and Chinese terms were intended to make it serve the purpose also of an Index.

With regard to some of the terms employed, the author was not fully satisfied, but he was unable to substitute others that seemed to him as appropriate.

We do not know all to whom acknowledgments are due for assistance rendered in preparing this anatomy, but we wish to express thanks to J. G. Kerr, M. D., J. Dudgeon, M. D., John Fryer, Esq. and to any others who may have aided Dr. Osgood in its preparation. Many thanks are also due to H. C. Lea of Philadelphia for the reasonable rate at which he furnished his plates; and to Rev. W. S. Holt of the Presbyterian Press for the excellent manner in which the electrotype plates were prepared from the engravings furnished.

In sending forth this work, we can but hope that the author's desire may be fulfilled in enabling the Chinese to obtain a more correct knowledge of anatomy, and a better appreciation of the science of medicine.

Committee of Publication:
H. T. Whitney.
C. Hartwell.

Foochow, China, January 1881.

全體闡微　序

序

醫道推自岐黃經絡詳於靈素之人所知之其中有專立成篇者若營氣篇衛氣篇骨度篇要部論是也有散見各論者如論臟腑半見於靈蘭秘典論宗氣半見於營會生衛目之功用詳於大惑論之部位立於海論是也夫聖賢之立論也片言隻字義多不誤或隱於言中或

形於言外或伏於此或起於彼詞義古奧體會極難雖代有注家只附於原文中順為解釋不附於錯見處會其全形識者至今卅所云醫書至難讀者甚衆雖博通萬卷極難綜其氣旨焉余友柯為良先生米國之良醫也來閩施醫十有餘載通閩語識華文素與余講論醫學頗留心且不僅識好學之君子也嘗

曰譯全體闡微一書其間於肌骨腠析纖
洞經薈形體之大成豈靈素所隱伏噫
余輩之於書以壽梨棗余以冗務倥傯
日無多暇略盡有志焉而未逮也越二年
書告竣乎出柯君手惟華洋文義
譯語雜符殘句多囿足之悞字誤渡
何足豪余也前以不違拜筆僅撰要綱
茲復已付手民多詳刪正憾何足如聊

僕將來而已，令此書之出也，無將謂中西臟腑淂多不同乎？不知天下萬國殊以氣不殊以形。多書中論紅血行於脈管，即經所謂營行脈中，營為清也；論紫血行於迴管，即經所謂衛行脈外，衛為濁也；論腦氣筋為百體之主令，即經所謂統攝三焦營衛之宗氣運行於週身也。是內經只言其用，而西醫並論其形，名雖異而實則同也。潤有發前人所未發者，參以西國剖驗之明徵，發古聖不言之奧旨。惟冀讀此深求而探索之，庶不啻解臟理腑者，亦補精玉啟之篇也。

光緒庚辰清和月

孟甫林罷文

玉甫一字會生

序

醫之為道動關生死欲知治法須識病源欲識病源先求部位故泰西各醫院有剖驗大辟之囚以課生徒日益求精於全體之功用無不既明且備　余航海到閩十有餘載施醫之暇學習華文遍閱中國醫書所論骨格臟腑經絡或缺或誤亦務校讐

如肺只五葉以為六葉肝只五葉以為七葉則誤定形肝居右以為居左則誤定勢心為運血以為君主腎為司溺以為藏精則誤其用膀胱上口斜插腎中兩溺管溺由此來以為膀胱無上口係由小腸第四迴轉三焦之氣滲入則誤有形為無形至外腎為生精之經膀胱之底有精囊為藏

精之前腹中另有甜肉一經實為用也乃會同胆汁化食物之油歟腸間有吸液管無疑實為用也乃吸攝精液運行週身更有最大一經曰腦百體內外皆有腦筋纏繞凡目之能視耳之能聞鼻知香臭舌辨酸鹹心能運血胃能消化手足之能動作肌膚之知寒熱痛癢以及記憶謀慮者無

一九腦之功用也凡此數者或闕其功用而未言或闕其全經而不講展讀之下爲之嘆焉咸豐初年英國合信氏曾著全體新論一書撮西醫之大要開中土之新聞頗爲中義士所許可與華友講論醫學因薈萃近年英美所出各書譯成一函爲卷六爲圖二百六十

內有圖為美國李善書醫士銀半售字送惟圖旁皆外國碼號因於其下重復註解閱者宜察之

顏曰全體闡微實部位之大成為醫學之根本俾學醫者由此入門明部位而究病源於造物主生生之功不無小補云

光緒陸年歲次庚辰暮春之初作於榕垣保福山之聖教醫院

美國醫士柯為良謹撰

D.W.O.

目録

卷一

卷二

卷六

全體闡微

總論

珠論

世間之物、分言之雖屬萬殊、總合之只爲二類、一曰生類、一曰土類、土類維何、不藉日光空氣以生長、惟具牽力堆聚以成形、如金石等物是也、生類維何、必藉日光空氣以生以長、如動植等物是也、然生類之中所以能化生成形者、有一至寶至要極精極微之物、曰珠、茲就人身而論、凡皮膚筋骨臟腑等物、皆由此珠而成、珠外有衣、曰珠衣、中有半流質粘似卵白、有無數小粒浮游其中、名曰元質、質內有玲瓏如泡者、曰核、核內有仁、其珠之狀、或方圓、或尖長、或分歧藉合、或層次密列、其屬也、如血中養汁中之白輪、其始也、由父母交媾之精珠、如混沌未開、其分也、如太極生兩儀、一而二、二而四、四而八、愈分愈多、生生不已、此其常也、又有由一分四、由一分六、此其偶也、其生長之形也、吸微絲管中之血汁或長成實質或生兩仁由漸長大由中縮分皆不定也其相聚爲物也如在血明汁養汁等處則魚貫而行甚爲疏通故其形多圓如在髮甲外皮等處則擁擠不開故其形不一所以連合成物者尚賴膠粘之料如成髮甲外皮等物珠多膠少如成韌骨鎌膜等物珠少膠多蓋此就其生長之形狀成物之位置而論也然有生必有滅凡動作思慮皆能消損其損壞之質在外皮固可隨處消磨在內臟必藉吸管運出隨生隨滅各處皆然以下凡稱曰珠者卽指此珠而言也

血論

人身之質分定流兩種定者如肌筋骨韌骨肦牙齒皮膜脂膃核血管毛髮甲是也流者如精血膽汁養汁節油涕涎是也計全體中水居三分之二設體重百觔水則有六十餘觔若血則居體八分之一運行於脉管迴管微管之中在脉管色紅在迴管色紫味鹹比水重如水一千

兩血則有一千零五十二兩、若用顯微鏡看、則知非只一物、但見紅白輪浮泛於血汁之中、紅多而白少、如紅輪一千粒、白輪只三四粒、此指壯健之人而言、若有病則白輪增多矣、但白輪亦屬珠一類、在脉管少、在迴管多、紅輪色極紅、凡血之紅、淡皆由紅輪之多少、稱之曰輪、以其式圓如輪、非圓如球也、〇血汁色微黃、經煑卽凝結、血汁中更有肉絲西名非布里尼少許、如血一千分、肉絲只二分半、放血入碗、俟其凝結、中實者卽肉絲血輪相交粘合、邊稀者卽血汁、兎耳甚薄、若用顯微鏡看、可見血輪行動、獸之血輪比人較多、如人之血輪三千四百粒、排列成線長一寸、猿之血輪亦三千四百粒、馬之血輪四千六百粒、牛之血輪四千二百粒、山羊血輪六千四百粒、犬之血輪三千五百粒、麝之血輪一萬二千粒、若血重一千兩、置於日中晒乾、當去水七百九十兩、其餘定質二百一十兩、似肌、按此質百分中有炭氣五十一分、輕氣七分、淡氣十五

分養氣二十一分石灰四分血輪中又有鐵鈲輕淡綠養鹽油等物約居二分焉

明汁論

明汁論

明汁在吸管吸核內似水疝之水無色經煑即凝中有珠不甚多式則不同

養汁論

養汁論

養汁色白如牛乳中有珠多少油粒藏於養汁囊總吸管及大小腸吸管飽時油粒多白色經餓一二日即淡如明汁矣功主補血

連網論

凡內外皮及濕膜下有筋線色白如網中藏油有無不定或隔於肌中或包脈管迴管腦筋及肌線肝肺各葉中等處因其聯絡不斷故曰連網水入此網即成臌脹若氣管與肺之膜有損氣入此網即成氣臌此

網卽筋線纏繞而成，筋線卽筋絲合結，筋絲排列五千條，只成一寸，網內有珠，曰連網珠，更有血管、吸管。

油論

百體內外，除眼胞、陽莖、肺、腦四處以外，皆有油，藏於連網中，式如葡萄相聚，或圓或長圓，外有膜，內藏油，排列三四百粒只一寸，中有血管、吸管，惟無腦筋，壯多老少，肥瘦適中之人，以全身計重，約二十分之一。

筋論

筋式不同，或包裹各骨，或在肌末，或薄分如膜，如骨衣、卵子衣、眼白衣等，皆是此類，色光白微黃，有力而軟，因無自縮力，故能緊褁不動，亦由絲合線，由線成筋，大約在筋線直在腹縱橫不定，血管、吸管約有少許，惟腦筋尚未查出。以下曰筋者，皆指此也。

自縮筋論

自縮筋論

自縮筋色黃因有自縮力故名惟無筋力大凡脊骨中、聲管中、總氣管、豚管、直腸、連網、陽莖、皮膚等處皆有或散如網或合如筋其絲排列三千條方成一寸煮則成膠血管腦筋甚少故割時亦不覺痛

韌骨論

韌骨論

韌骨俗名脆骨亦有數種或色白微黃或略帶藍切薄看亦通明有自縮力胎兒骨未堅實多屬韌骨曰暫韌骨及長骨實更有不能實而常韌者如胸間及各節中並耳鼻眼耳氣管聲管總氣管等處曰常韌骨韌骨之膜曰韌骨衣中亦有珠惟無血管腦筋茲分三類一曰磁韌骨以其通明如白磁即在骨端細驗獸骨可知一曰自縮韌骨以其有自縮力如在聲管耳氣管等處是中有珠亦有筋線如網一曰肕以其半屬韌骨半屬筋軟而有力間在節中勿使兩骨相磨在下牙床節胸鎖柱節兩處則圓如輪在膝節如半月在大腿節如環惟在骨槽則無定式

濕膜論

節衣論

濕膜論

濕膜因其常濕故名、一如囊、一夾膜、皆不與別類通、最大者曰腹內腑、統膜、其餘如左右肺衣、心衣、腦濕衣、卵子衣等、皆是、一重麗外物、一重包臟腑、如在心包心、在肺包肺、中間所生之汁、只敷潤滑、此膜有力、薄而通明、且有少許自縮力、裡面有一重係珠膜、外面亦有一重藏白筋、自縮筋、血管、吸管、腦筋等類、

節衣論

節衣與上畧似、惟所生之汁、頗似卵白、包裹兩骨端、在裹筋裡面主生節油、

動囊論

動囊似節衣、有內外兩重、緊粘別物、中生之汁、能助推磨、此囊或間在兩肌中、或在膝蓋骨前、外內踝正肘頭掌指節等處、

筋管論

筋管論

筋管、主包筋、以滑筋路、以上節衣、動囊、筋管、三者功用雖殊、其質則一、血管無多、腦筋、吸管、尚未查明、

皮論

皮論

人身不論內外、皆有皮包裹、體外曰外皮、體內曰內皮、外皮由口鼻與內皮相連、內皮由肛門出與外皮相連、外皮有三重、外曰膚、中曰腠、內曰表、內皮只兩重、外曰內膚、內曰內腠、茲以內外皮列下而論、

膚論

膚論

膚薄而通明、內膚亦然、能使起泡者、卽是在內、凡液膜、液管、心大脉管等處皆有、在外無脉管、迴管、只有少許腦筋、其質卽珠所合、珠自一層至數層不等、大約內層漸生漸發、核仁皆全、外層多被磨損、不成珠矣、其珠之形分四式、一磨薄如鱗曰鱗膚、一直如柱曰柱膚、一圓似珠曰

圓膚一形三角而尖細如髮能動曰髮膚四式雖殊其核仁則一上三層詳於臟腑篇惟髮膚先論此膚在總氣管氣管鼻孔淚管淚囊膀簾耳氣管子宮內面卵管卵子出精管腦膈各處珠式頗直至末分散如毛在總氣管內此毛排列三千條只成一寸生時此毛常動自力難見顯微鏡可見功主運行各處之涕在總氣管能運涕上行即成痰也一

內皮論

內皮由上下竅出與外皮通一面麗鼻並養生路膀胱等件一面無所麗或動或不動或摺疊成脊中藏腦筋血管吸管主生涕薄而通明無大力色或白或水紅隨處不定可分三重一曰內膚即珠合成其屬鱗膚柱膚髮膚不定其餘兩重曰內腠一薄一厚藏吸管血管腦筋連網雖分三重其實合一向裡一面或光滑或生刺不定刺內亦有脈管腦筋刺末式尖或分歧不定

外皮論

外皮之功用、一主包裹全身、一主覺悟、一主出炭氣、一主收斂、分兩重、一曰膚、即珠合成、惟主護膜、厚薄隨處不一、在手足掌厚、在臂腿莖薄、其紋與膜同、其珠內面屬圓、外面屬鱗、無血管腦筋、一曰膜、即眞皮、軟

脚掌皮膚展大圖

第一圖

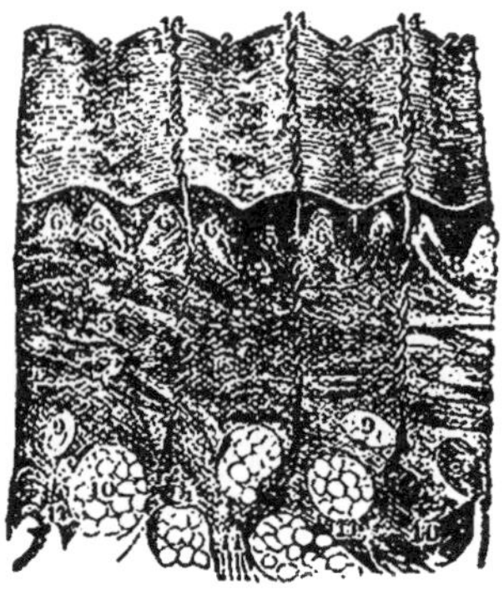

1 2 3 膚外面微紋
4 膜外重
5 膜內重
6 膜刺
9 10 皮膚下油
11 筋線透過油
12 汗囊
13 汗管
14 汗管口

而有力、且有自縮力、中藏血管、吸管、腦筋、筋網腦網之線分爲白黃、膜分深淺兩重、深者即筋線合成、中藏油核、汗核、毛囊、隨處厚薄不定、在背厚、在腹薄、在陽莖尤薄、女較男更薄、淺者在深之上、生小

第二圖

腠皮膚展大圖

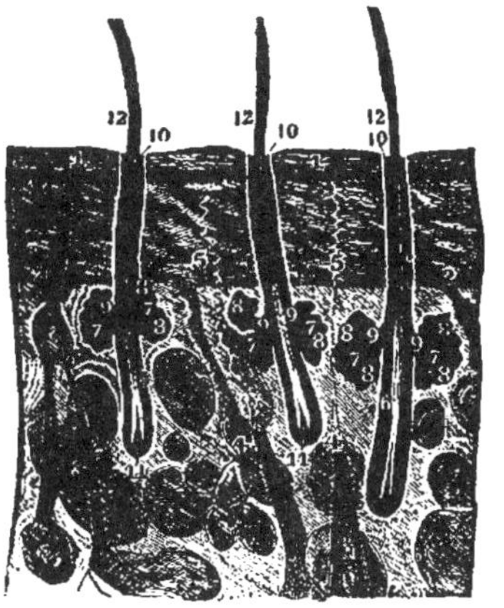

1 膚　2 腠　3 油　4 汗核　5 汗管　6 毛竅　7 油核　8 油核小葉　11 毛根

粒如粟、每粟藏腦筋血管各一支、能主覺悟者、卽此粟積一百粒長只一寸、列二百粒濶一寸、在指末掌中乳頭陽莖各處最多、其血由皮膚脈至皮膚下、分散如網、腠中藏有甲毛油核、汗核、四件

甲論

甲形外覆內盂、藏皮膚內曰根、末曰體、裡面緊粘於皮、兩側亦被皮裹、其質卽珠所合、與膚同類、老嫩或生甚厚、由根增珠、生生不已、約八個月長一寸、大病暫不生長、

毛論

甲形論

毛論

毛用顯微鏡看全身皆有惟手足掌無每條皆有根有幹根之本長大曰囊色白而軟於毛此囊或在膜或透膜下不定有油核管一二條透入此囊毛分兩重外重形如鱗甲內重形如筋絲中有心即細珠疊成色有各異不定

汗管並核圖

第三圖

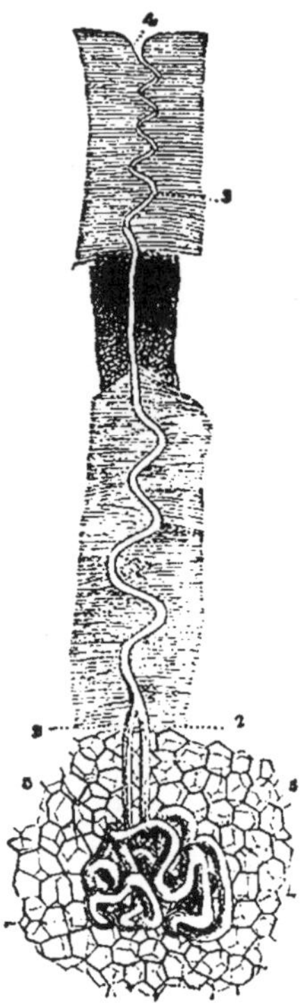

1 汗管結
2 汗管
3 汗管穿過層
4 汗管口
5 油包汗核

油核論

油核小如囊藏於膜下在頭面口耳鼻肛門等處惟手足掌無數核合成一管或入髮囊或直通皮膚在鼻面處此管頗大最大者在眼胞之

簾面生黑刺，卽管塞之故。

汗核論

汗核色紅，方圍一寸，最多者，約有二千八百粒，最少者，約有四百十七粒，當適中之人，以全身計，約有二百三十八萬粒，或藏膆中，或隱膆下，連綱，每核中有一二條管，纏如螺絲式，直透至皮膚外，最大者在腋膕各處。其圖立於上頁

諸核論

人身諸核，形式迥異，功用亦殊，或大與耳下核相等，或小似液核，細微之管，似胃裡面衆小管矣，或生精液，或不能生精液，皆不定，如能生液最大者，卽肝，甜肉，腎，耳下核，舌下核，頦下核，等類，不能生液者，卽脾，牌核，胸膛前核，腎上核，並吸液諸核，此等功用未知，惟吸液核，詳於脉管篇，其液有兩類，一護養育並消導，卽涎，及胃甜肉，小腸等汁，一廢無用，

全體骨格正面圖

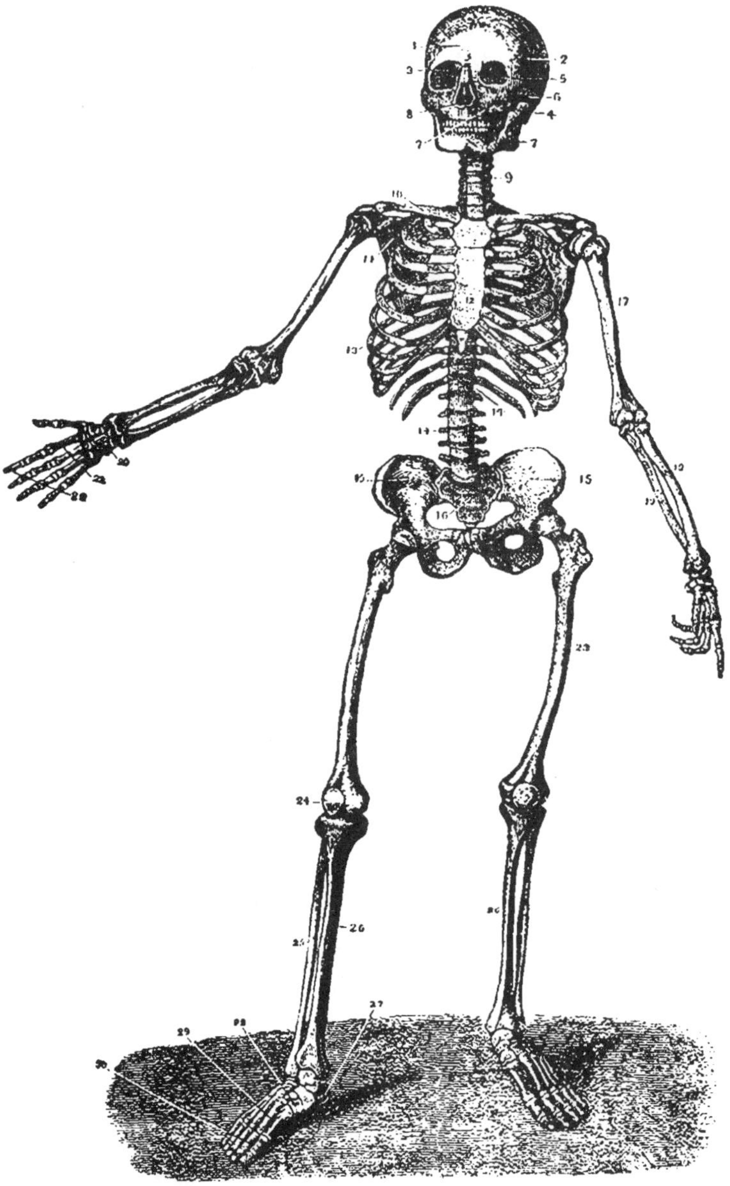

第四圖

卽溺及汗等

第四圖解說

1 額骨
2 顱頂骨
3 鼻梁骨
4 枕骨
5 眼窩骨
6 顴骨
7 上下牙床骨
8 鼻孔
9 頸諸骨
10 鎖柱骨
11 肩胛骨
12 胸骨
13 脅骨
14 背腰諸骨
15 無名骨
16 鈎骨
17 臂骨
18 轉肘骨
19 正肘骨
20 手腕八骨
21 手掌骨
22 手指骨
23 大腿骨
24 膝蓋骨
25 輔腿骨
26 小腿骨
27 踵骨 踝輪骨
28 尖斧骨 方骨
29 脚掌骨
30 脚指骨

第五圖解說

1 枕骨
2 頸脊骨
3 肩胛骨
4 背脊骨
5 腰脊骨
6 跨骨
7 尻骨
8 大腿大凸骨
9 大腿小凸骨
10 大腿內外輪骨

全體骨格後面圖

第五圖

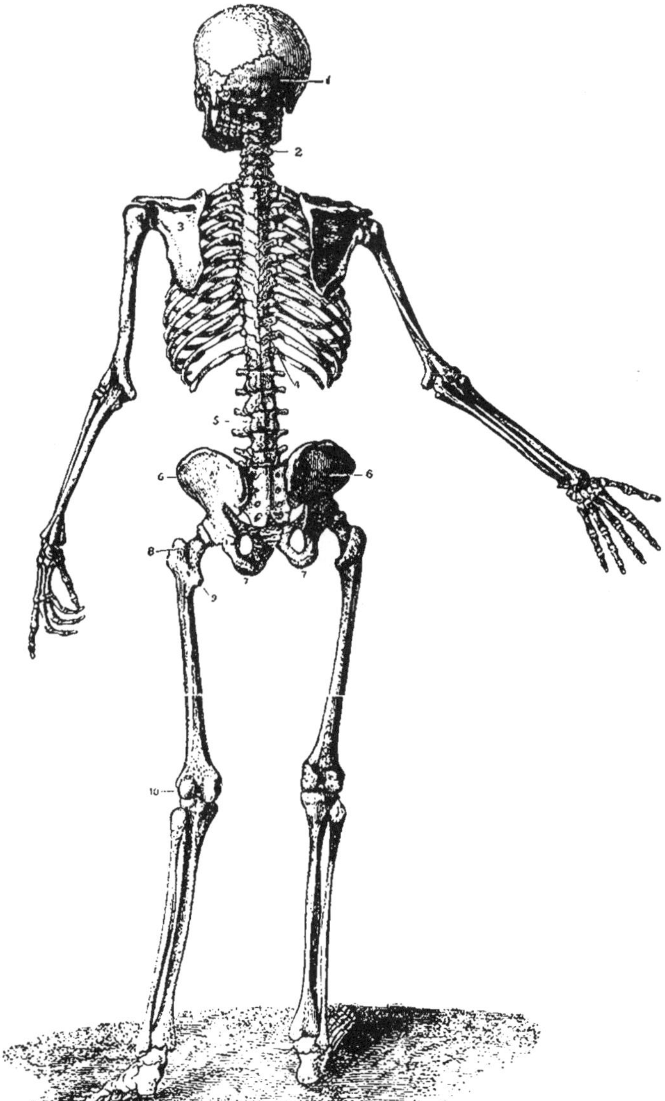

全體骨格論

骨數

骨數

全體之骨分爲五類、茲列於下、頭骨八、面骨十四、共二十二、脊骨二十四、鈎骨一、尾閭骨一、共二十六、脅骨二十四、胸骨一、舌骨一、共二十六、鎖柱骨一、肩胛骨一、臂骨一、正肘骨一、轉肘骨一、手腕骨八、手掌骨五、指骨十四、共三十二、左右合計六十四、無名骨一、大腿骨一、小腿骨一、輔腿骨一、膝蓋骨一、脚踠骨七、脚掌骨五、脚趾骨十四、共三十一、左右合計六十二、以上統計二百骨、另有耳中小骨左右各三、牙齒三十二、未計、

骨質論

骨質論

人身之骨、預生韌骨、後成實骨、初生嬰兒骨猶未備、如頭骨每塊之中係實骨、四向皆韌骨膜及骨衣而已、然後漸成堅實、迨至老年時或聯

合而爲一、嬰兒較成人多、如無名骨則有三塊、胸骨亦三、至長則合一、以上諸骨皆互相連、外束以肌筋絡、使全體運動自如、神妙難以盡述、其內體亦賴諸骨保衛、譬如腦則有頭顱骨庇之、目有眼窩保之、心與肺則有胸膛衛之、不致爲外物所害、骨色外白內微紅、質亦堅、其質有兩類、一生質、一土質、生質三分之一、土質三分之二、欲驗生質、可將一骨置於輕綠水中、則土質爲輕綠水所化、只存生質而已、若驗土質、亦將一骨置於火中、則生質爲火所爍、只存土質而已、惟土質易斷、生質柔弱、故不能立也、常見少年時其足踝斜曲而不勁直、因骨內土質太少故也、嬰兒之骨生質多土質少、老人土質多生質少、

骨形論

骨形式有長短大小圓扁厚薄、其長骨兩末大曰端、中小曰桿、內空充實以髓、嬰兒兩端猶未合、長時方合爲一、長骨者、即大腿小腿輔腿臂

正肘、輔肘、手掌、腳掌、手指、腳趾等件、扁骨內外均堅光滑、中有數小孔即枕骨一、顱頂骨二、鼻梁骨二、淚管骨二、犁頭骨一、肩胛骨二、跨骨二、胸骨一、脅骨二十四、以外更有脊鈎、尾閭、耳門、蝴蝶、羅篩、上下牙床、水泡、舌、各等其式有異、骨外有凸凹、有相連、其相連而凸者、即大腿骨、臂骨、下牙床骨是也、相連而凹者、即耳門骨、肩胛骨、無名骨臼是也、不相連而凸者有幾種、如錐者曰骨錐、如峯者曰骨峯、如阜者曰骨阜、如岡者曰骨岡、如脊者曰骨脊、不相連而凹者、亦有幾種、如壑者曰骨壑、如槽者曰骨槽、如裂者曰骨裂、骨中有孔直入者曰骨孔、斜入者曰骨管、外有膜緊粘包裹如衣者、曰骨衣、磁骨亦有膜包裹、曰磁衣、衣有兩層、中藏腦筋、脉管、廻管、此衣最要、若有損壞、骨即枯槁、長骨中間髓色有別、嬰兒色紅、及長成色黃、外有衣包裹、髓在骨中、以養骨、飛禽之骨中間無髓、只有空氣、惟人頭骨內有骨穴、亦藏此空氣、凡大長骨、皆有養

第六圖

小腿骨横截圖

觀養骨管

脉一支透入骨中、在大腿、小腿、兩骨外、亦有少許腦筋、骨外堅如象牙、內鬆有小孔如海絨、在頭顱骨內外皆堅、中鬆如絨、在長骨兩端、內亦鬆如絨、中堅、用顯微鏡看、皆有骨管、名曰養管、大管二百、約有一寸、小管一千、亦只一寸、大管藏骨髓、小管藏廻管、外皆環紋、稽究人身諸骨、則知上帝創造之功大哉

第七圖

脊柱半片圖

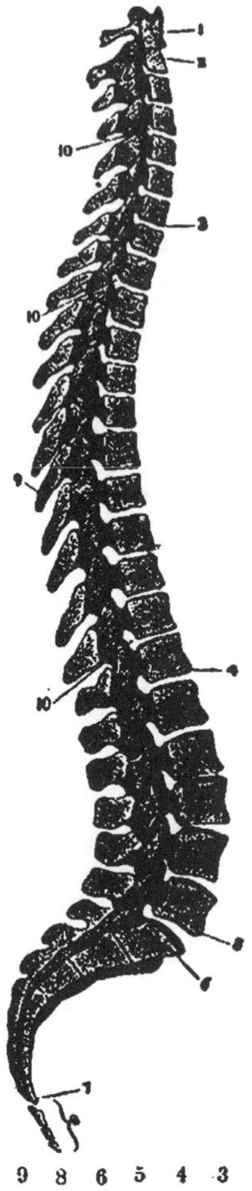

1 首節
2 次節
3 頸第七塊
4 第十塊背骨
5 第五塊腰骨
6 7 鈎骨
8 尾閭骨
9 後支
10 脊旁孔

脊骨

脊骨論

脊骨可剛可柔能屈能伸上下俯仰左右轉動無不如意且脊骨爲諸

脊柱圖

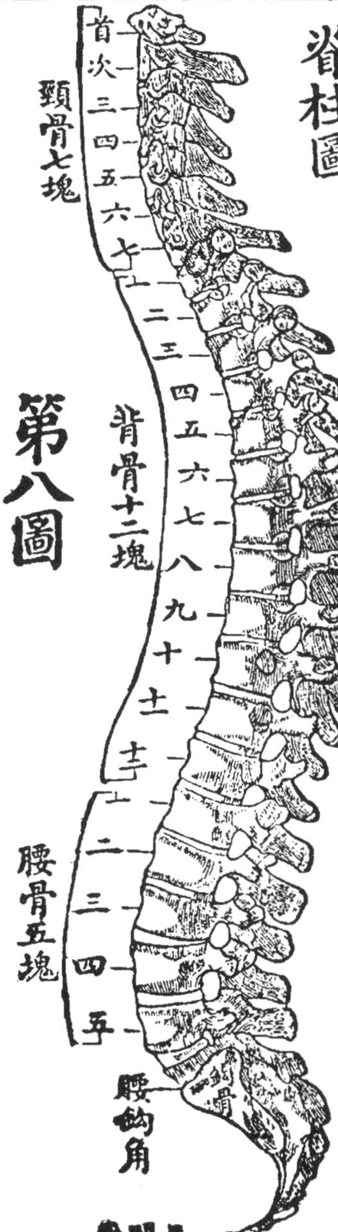

第八圖

骨之榦上承頭骨中旁接脅骨下連鉤骨並非一柱直插實有小骨三十三每塊摺疊而成倘只一柱則週身不能轉動屈伸矣三十三塊小

骨除鈎尾閭骨外只有二十四分言之卽頸骨七背骨十二腰骨五此小骨逐塊皆能轉動其餘五小骨合一卽鈎骨是又四小骨合一卽尾閭骨是自枕骨至鈎骨中有大管名曰腦脊根管每塊中間各有肕以間隔之使各節不致傷陷脊骨式非直係三曲如弓故人自高處躍下不致礙腦每塊皆有骨體體左右各有底亦有橫支底後有骨盤相合合處有伸出者名曰後支體大而堅上下面皆彎廻向內與肕相連前面彎廻亦向內自左至右形如半環有數小孔其脈管透入以養此骨後面有一小孔係廻管之去路底上下各有峽兩兩相對成一大孔名曰脊旁孔脊腦筋由孔經過底上左右有骨凸出亦如筍筍面向後承接上骨名曰上筍有磁骨附麗底下左右亦有骨凸出亦如筍名曰下筍底後左右有骨盤長約一寸兩旁粗澁有筋緊粘骨盤中間有支伸出曰後支底左右有骨凸出又有肌附麗所謂前後左右係人挺身正

面而立

脊諸骨論

脊骨二十四塊摺疊、首次二塊較別、塊殊異、首塊如環、無骨體、無後支、孔較別、孔大、孔前半式窄、如弓、後半式濶、亦如弓、前弓內面光滑、與次塊鈕唧接、外面有小骨珠、名曰前珠、卽頸長肌之本、前弓左右有骨、上下微凹、上面承接枕骨墊、下面與頸骨次塊鈕唧接、骨內面有左右骨珠、有橫筋附麗、橫支有孔、係項脉經過、骨盤上面、或孔或峽、與項脉通、頸骨次塊、皆有體、後支、上面有骨凸出如鈕、與首塊相唧接、鈕後有橫筋粘束、此鈕最要、筋若斷、人卽立死、體式前長後短、外中處有骨脊、脊左右有頸長肌附麗、後支長大粗澁、末處分岐、亦有肌附麗、橫支式短、項脉由孔經過、其餘五塊、較背骨腰骨小、其體左右皆濶、前至後皆窄、兩面長短則一、上面兩旁有骨聳起、底有上下峽、上峽深、下峽淺、盤上面薄如刄、後枝短至末分歧、長短則一、有肌附麗、惟第七塊橫支大、後支長盡處亦分歧、橫支上有一峽、中有一孔、項脉迴管由孔經過、腦脊根管係三角形見第十並第十一圖

背骨論

背骨十二塊、首塊與頸骨末塊相似、第十二塊與腰骨首塊亦似、體形三角、前窄薄後厚濶、前面彎廻向內、左右盡處有半環窩曰脇窩、皆有磁骨體向後下峽深、骨盤式一厚一濶、骨筍式直、後支長向下斜側、末處畧厚、橫支向後長而厚、盡處亦與脇骨珠相唧接、自首塊以及九十、十一十二等塊與別塊較之稍異、首塊上有脇窩一、下叉有半廾窩、第九塊亦有半窩、下則無、十與十一兩塊只有脇窩一、十二亦有脇窩一、惟橫支則不與脇骨相唧接、脊骨大管其式則圓、見第十二圖

腰骨論

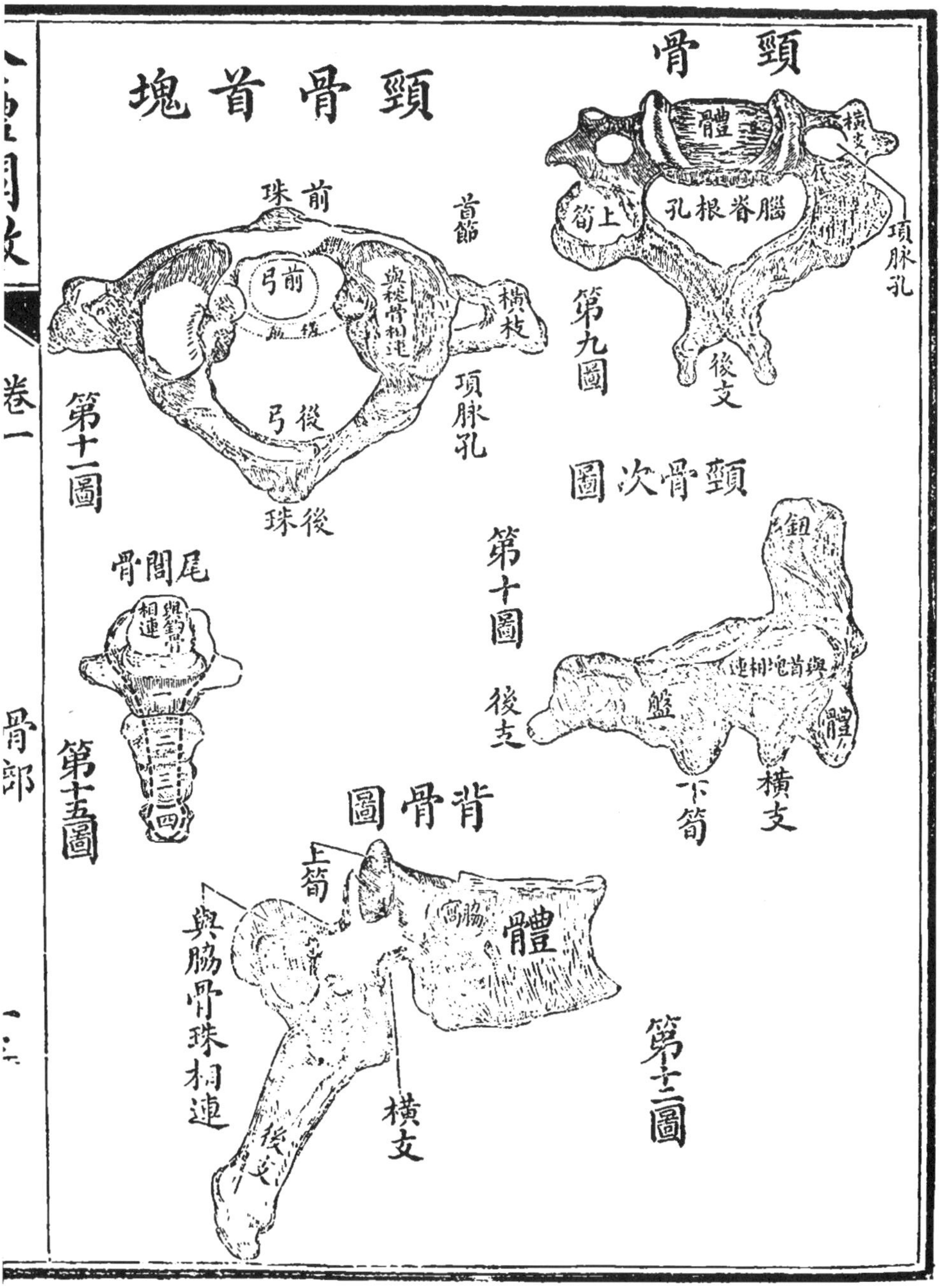
卷一
骨部
頸骨首塊
前珠
首節
前弓
與枕骨相連
橫枝
後弓
項脈孔
後珠
第十一圖
頸骨
體
橫支
上筍
腦脊根孔
項脈孔
後支
第九圖
頸骨次圖
第十圖
與首塊相連
盤
體
後支
下筍
橫支
尾閭骨
與釣骨相連
第十五圖
背骨圖
上筍
與肋骨珠相連
體
橫支
後支
第十二圖

腰骨圖

第十三圖

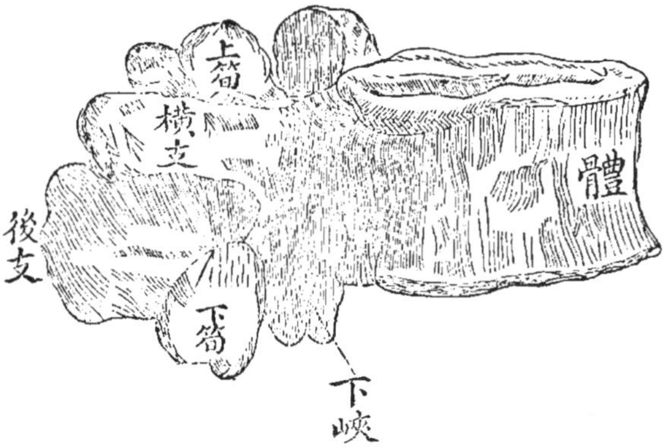

鈎骨前面圖

第十四圖

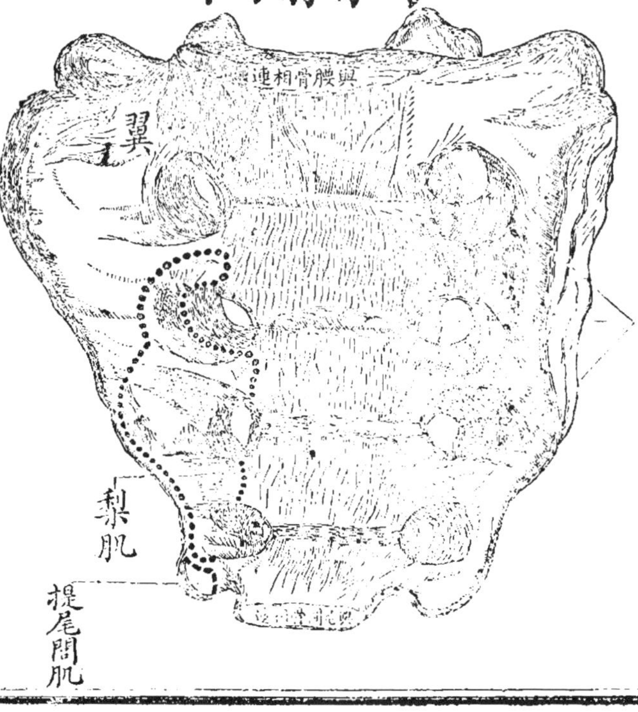

腰骨五塊、較頸骨、背骨大而堅硬、體濶前後皆厚、惟第五塊體前厚後濶、骨盤短而濶有力、上峽淺下峽深、其後支一直伸出、至盡處厚、橫支左右亦伸出頗長、其筍厚亦堅硬、下筍二、一向左一向右、腦脊根管係三角形、茲論脊骨二十四塊、前後左右皆有肌附麗、列於下、

麗首塊有 頸長肌 頸旁直肌 上斜肌 項肌 後支中肌 頸前直肌 頸後小直肌 下斜肌 提肩胛角肌 橫支中肌 麗次塊有 頸長肌 下斜肌 頸後大直肌 脊衆歧小肌 項肌 頸脇後肌 後支中肌 後支上肌 提肩胛角肌 頸橫肌 橫支中肌 其餘二十二塊前面所麗者卽 頸前大直肌 頸脇前肌 大髎肌 腰方肌 腹橫肌 頸長肌 頸脇後肌 小髎肌 膈 內斜肌 後面所麗者卽 斜方肌 腰廣肌 提肩胛角肌 後鋸下肌 脊肩胛小肌 鈎腰肌 背後肌 橫項肌 背後橫肌 脊肩胛大肌 後鋸上肌 項肌 背長肌 脇項肌 背馬乳肌 提脇肌

鈎骨論

鈎骨少年五塊、至長合一、分上下左右前後六面、上寬大向上、前中有三角管、藏腦脊根末管、左右有骨筍凸出、與腰骨相接、下窄形如窩、與尾閭骨相接、前者向下彎、迴光滑、左右有八孔、平分四對、卽名鈎骨前

孔、鈎腦筋前支由孔穿過、中有四橫痕、與腰骨相連、其形如角、名曰腰鈎角、後者粗澁彎而窄、有肌緊粘、中有骨阜五、形與後支相似、阜左右又有孔八個、亦分四對、與前孔通、孔較前面小、有鈎腦筋後支經過、骨面左右其形約似人耳、與左右跨骨相連、並腰骨亦粘於上、其鈎骨與四塊骨相連者、卽左跨骨右跨骨、腰骨、尾閭骨是也、女較男大而濶、前面亦直、腰角亦顯露、

尾閭骨論

尾閭骨與鈎骨相合、上面有二骨凸出、形似牛角、老年此角、則與鈎骨粘合、骨形三角有肌四條麗鈎骨者卽梨肌尾閭肌 臀大肌腰廣肌麗尾閭骨者係是尾閭肌臀大肌 束肛門肌提肛門肌

胸膛論

胸膛諸骨、前有胸骨、韌骨左右有脇骨二十四塊、後有背骨十二塊、統

名曰胸膛、式上窄下濶、至第七脇止、中藏心並左右肺、以及總脈管總迴管、總吸管、食管並第十對腦筋、

第十五圖

胸膛正面圖

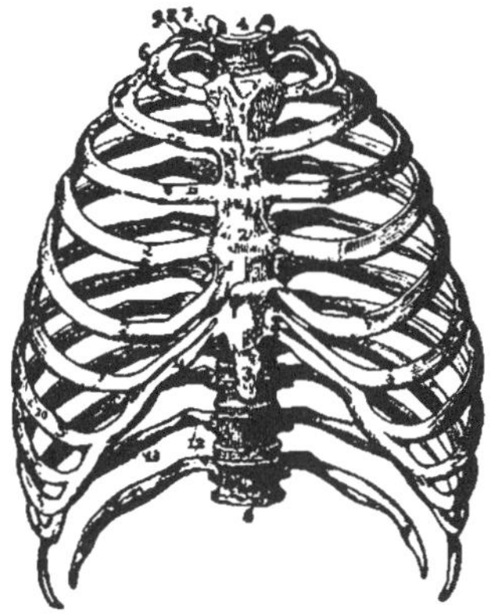

1 胸骨頭
2 胸骨體
3 胸骨末
4 第一塊背骨
5 第十二塊背骨
6 第一脅骨
7 脅骨頭
8 脅骨頸
9 脅骨珠
10 第七條脅骨
11 脅釰骨
12 短脅骨

胸骨論

胸骨在胸膛前直中、上面左右與鎖柱骨相啣接、兩旁各有脇骨七條、與之聯合、在嬰兒此骨有六、至中年只三、及老年則合一、全體中惟此骨最輕、按水能浮、長約五寸而薄、中有小孔、上濶中窄下稍濶、分上中

胸骨

胸膛韌骨

下三塊、上名骨頭、中曰骨體、下曰骨峯、骨頭最厚而濶、上面有左中右三峽、中即鎖柱骨中峽、左右兩峽與鎖柱骨相連、旁更有兩峽與上條脇骨相連、骨體前後有橫痕三、左右有五峽、亦與脇骨相接、骨峯在中年時乃韌骨、迨老年則爲實骨、凸凹不定、至末處有腹諸肌相連、又有鎖柱左右肌二、並脇骨左右有肌十條附麗、即胸大肌　胸鎖柱馬乳肌　胸舌肌　胸髀肌　胸三角肌　外斜肌　內斜肌　直肌　膈肌　腹橫肌

胸膛韌骨論

胸膛韌骨式似直非直、所相連者是脇骨盡處之韌骨、則名曰脇韌骨、自第一至第七脇皆然、骨質最軟、呼吸時其胸膛能開故也、至於八九兩脇韌骨、與第七脇韌骨相連、通於脇骨、其餘脇骨則無所麗、故自第一至第七脇、名曰正脇骨、第八至十二名爲副脇骨、當少年時韌骨色白而柔、老時色黃而堅、韌骨之上有肌十條附麗、即鎖柱下肌　胸髀肌　横肌　胸大肌　直肌　深斜肌　膈肌　胸三角肌　胸中淺肌　胸中深肌

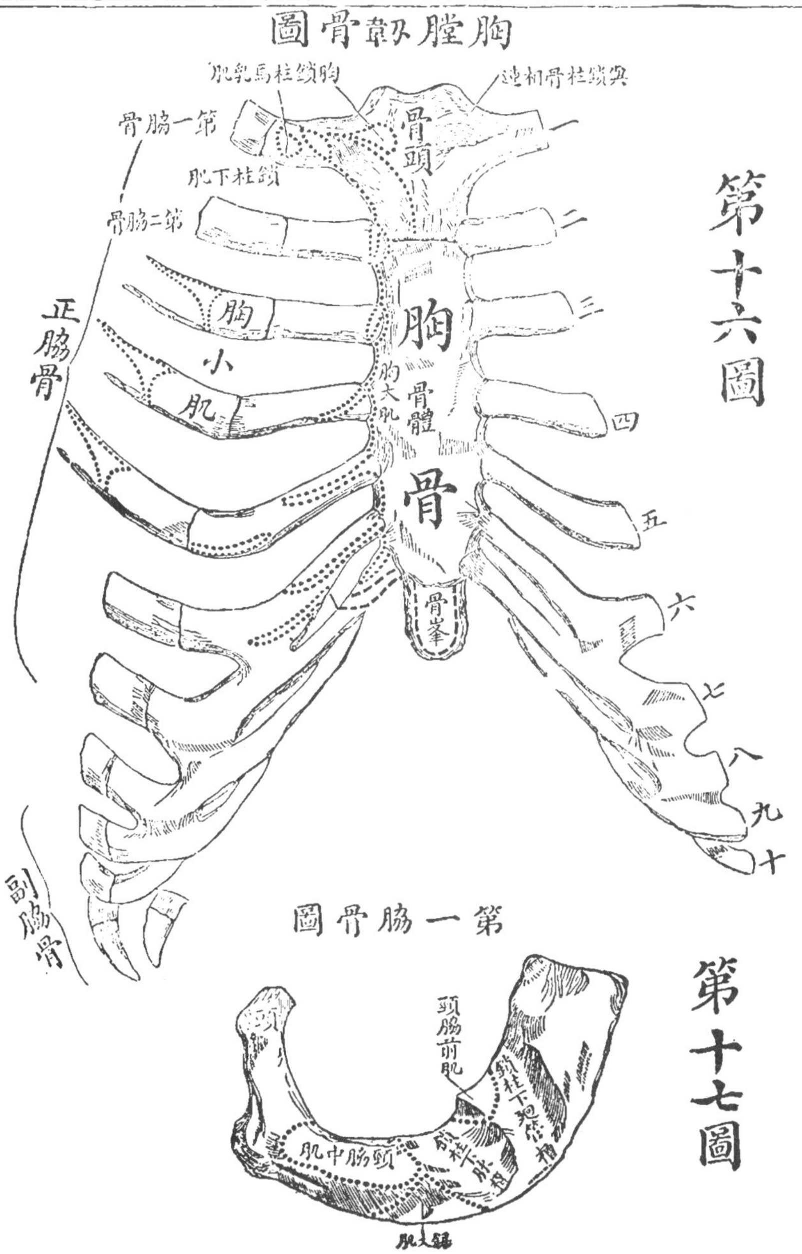

胸膛及骰骨圖
第十六圖
胸鎖柱烏乳肌
與鎖柱骨相連
第一肋骨
鎖柱下肌
第二肋骨
骨頭
胸骨
胸大肌
骨體
胸小肌
正肋骨
骨峯
副肋骨
一
二
三
四
五
六
七
八
九
十
第一肋骨圖
第十七圖
頸肋前肌
頸肋中肌

第十八圖 第十二肋骨圖

第十九圖 第二肋骨圖

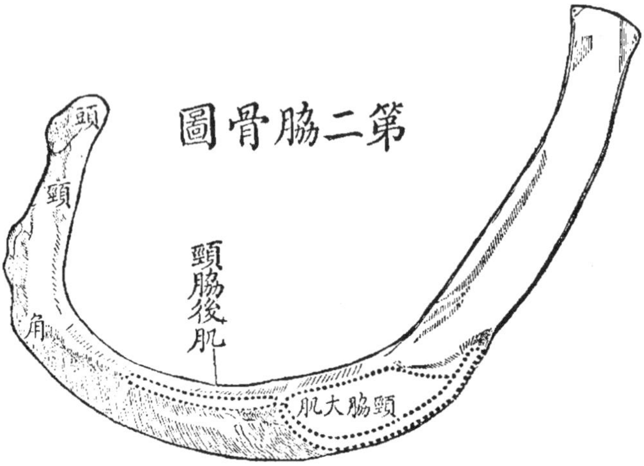

第二十圖 左鎖柱骨前面圖

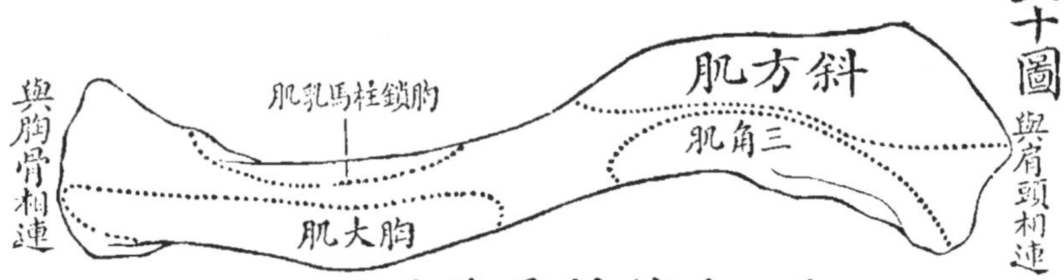

第二十一圖 左鎖柱骨後面圖

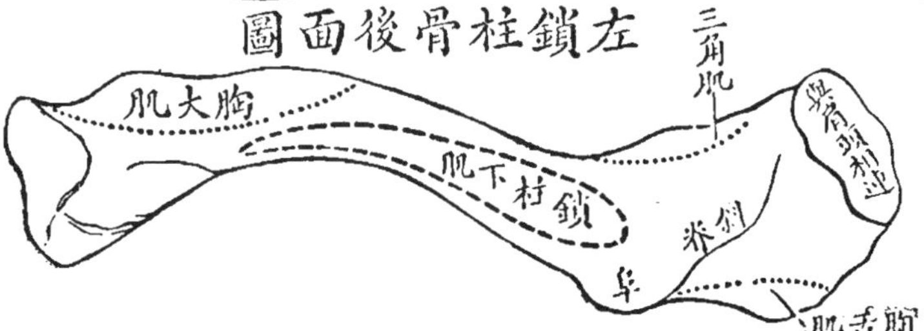

脇骨

脇骨論

脇骨左右共有二十四條、形如弓、骨頭與背骨脇窩相連、末與軔骨相合、第一條骨短、第二條之下逐條遞長、自第九條以下每復遞短、每條皆有骨體、骨頭、骨頸、骨珠、與背骨體相連者、卽骨頭也、離骨頭少許有骨頸、長約一寸、過少許有凸出者、名脇骨珠、與背骨橫支末相連、離骨珠少許、亦有脇後橫筋附麗、再離少許、上面有骨角、下面有骨槽、脇脉腦筋藏於槽中、骨體上半厚而圓、下半扁薄、盡處有凹者、乃與軔骨相連、脇骨後弓畧曲、前弓稍直、有肌十六條附麗、卽脇中肌　頭脇前肌　頭脇中肌　頭脇後肌

上鋸肌　淺斜肌　腰方肌　腰廣肌　背長肌　脇項肌

下鋸肌　橫肌　膈　腰鉤肌　提脇肌　胸小肌

頭顱骨

頭顱骨論

頭骨分言爲二、一卽頭顱、一卽面骨、頭顱係八骨湊合而成、保護全腦、八骨者何、卽枕骨、額骨、左右顱頂骨、左右耳門骨、蝴蝶骨、羅篩骨是也、

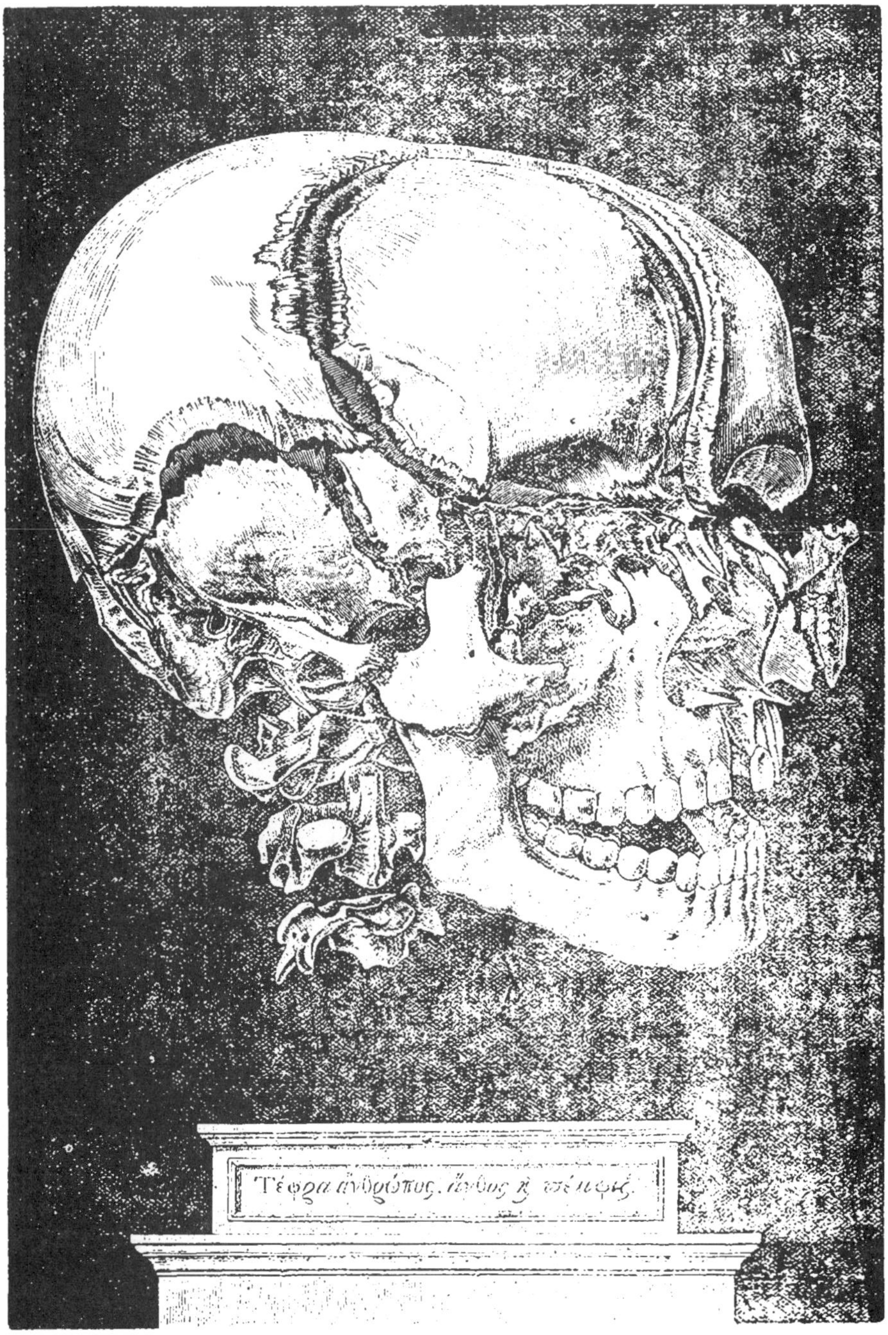
Τέφρα ἄνθρωπος.

枕骨

面骨十四、即左右上牙床骨、左右顴骨、左右鼻梁骨、左右腭骨、左右淚管骨、左右水泡骨、下牙床骨、犁頭骨是也、

枕骨論

枕骨在頭顱底、與左右顱頂骨、左右耳門骨及蝴蝶骨、並脊首塊相連、其骨式方、有內外二面、外覆如盂、內凹如盆、外面中處有凸起者、曰枕骨外阜、有項筋附麗、阜左右有脊、畧彎、名上彎脊、下少許亦有彎脊、名曰下彎脊、當上彎脊之上、骨面光滑、有額枕肌附麗、骨阜直下有一個大孔、名曰枕骨大孔、腦脊根由此出、並第十一對腦筋、項脉由此出入、後面濶、藏腦脊根、頭前面窄、與脊次骨鉸相連、左右有骨墊、墊面光滑、式畧彎曲、與脊骨首塊相連、墊內面有骨珠、係橫筋緊粘、墊前左右各有小孔、名曰墊前孔、有時或兩孔、不定、穿過孔有第十二對腦筋、墊後有壑、壑中有孔、名曰墊後孔、小迴管由孔經過、墊外左右有橫角、名曰

枕骨外面圖

第二十三圖

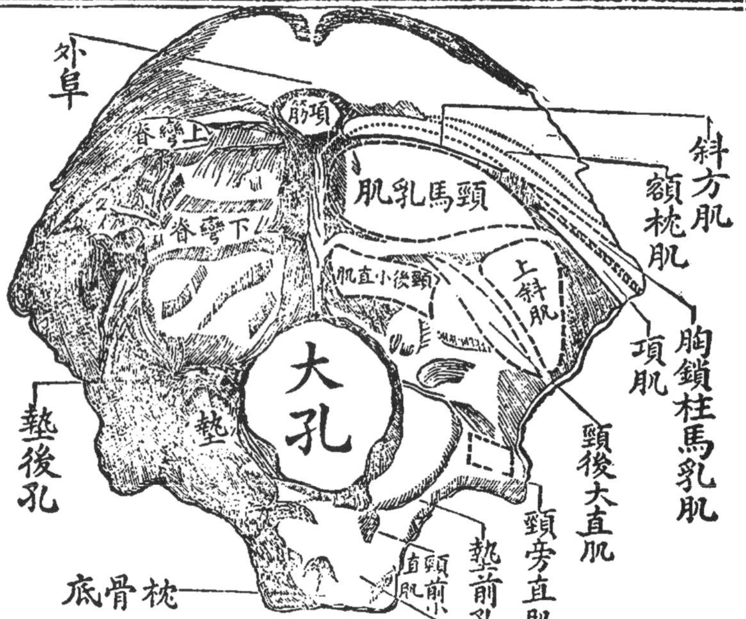

枕骨内面圖

第二十四圖

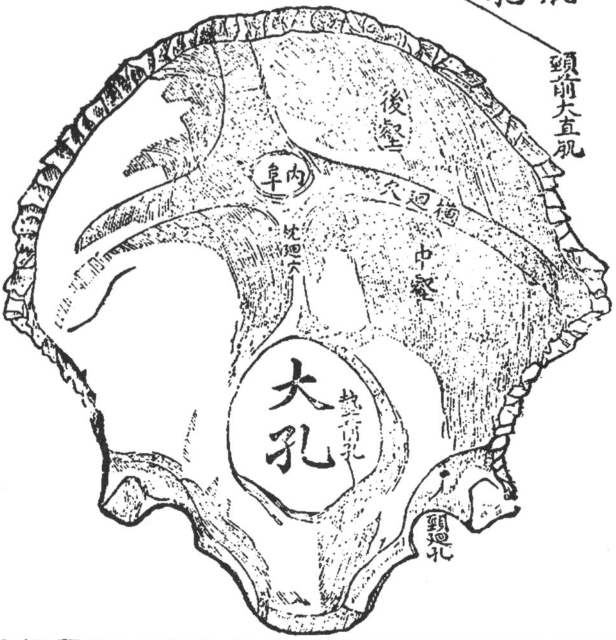

顱頂骨

枕骨橫角、角前有峽、與耳門骨相合、成大孔一個、名頸廻孔、又名頭顱底後孔、此孔有頸內廻管、腦衣後脉、並第十對腦筋穿過、枕骨大孔前有骨、式方而厚、名曰枕骨底、底下粗澁、有肌附麗、前面與蝴蝶骨相接、至老年與蝴蝶連合堅固、枕骨內面如盆、中有橫直兩脊、形如十字、分爲四盆、上二盆盛大腦後葉、下二盆盛小腦二葉、適中處有骨凸出、名枕骨內阜、在脊旁有骨槽、藏腦左右迴穴、其所麗枕骨諸肌者列下、麗上彎脊、有額枕肌 胸鎖柱馬乳肌 斜方肌 麗上下彎脊中處、有頭馬乳肌 項肌 麗下彎脊者、有頭後大直肌 小直肌 麗橫角、有頭旁直肌 麗骨底者、即頭前大直肌 小直肌 此骨與六塊相連者、即顱頂二 耳門二 蝴蝶一 脊骨首塊一

顱頂骨論

顱頂骨、左右二塊、在頭顱頂上、所以蓋護腦、前與額骨相承、後與枕骨相合、兩旁與耳門骨、蝴蝶骨相接、每塊外覆內盂、外面適中處有骨凸

起如阜、名曰顱頂骨阜、阜下有彎脊、名曰顱頂骨脊、稍下有肌、即曰太陽肌、後角適中處、有時有小孔、名曰顱頂孔、有廻管穿過、骨內面下前角有痕、散佈藏腦衣中脉上、前二向皆交齒、下與前向有蝴蝶骨大翼尾相連、再後與耳門骨相接、有五塊骨相連、即枕骨、耳門、顱頂、額骨、蝴蝶是也、所麗之肌、即太陽肌也、

額骨論

額骨、在頭顱前、骨有三分之二、斜上爲額、三分之一、彎入內爲眼窩界、初生嬰兒、此骨中分爲二、未相粘合、先言二分斜上爲額、在眼窩高寸半、有骨凸出、形圓、名額阜、阜上光滑、有額枕肌遮之、阜下各有脊、名眼上脊、脊下有眼窩上廉、以蓋護眼、廉中或有孔、或有峽、以通眼上脉、廻管、腦筋、廉外有一角、名外角、與顴骨相連、外角有彎脊、斜上、以麗太陽膜、廉內曰內角、與淚管骨相連、當額骨適中處、有一峽、名鼻峽、與鼻梁

第二十五圖

顱頂骨外面圖

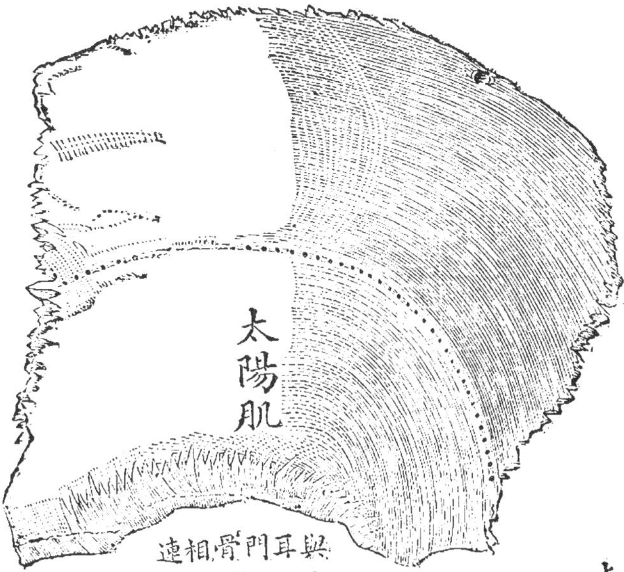

第二十六圖

顱頂骨內面圖

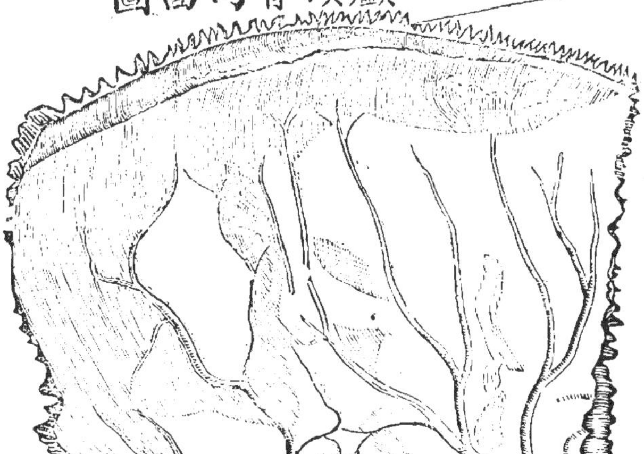

全體闡微

第二十七圖

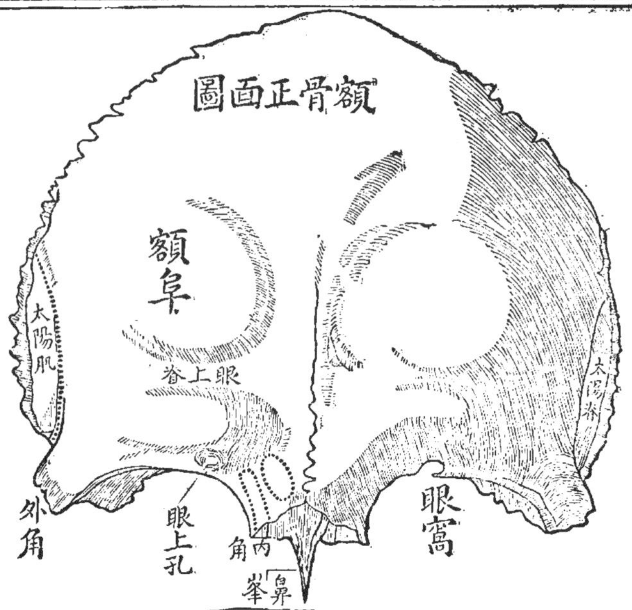

第二十八圖

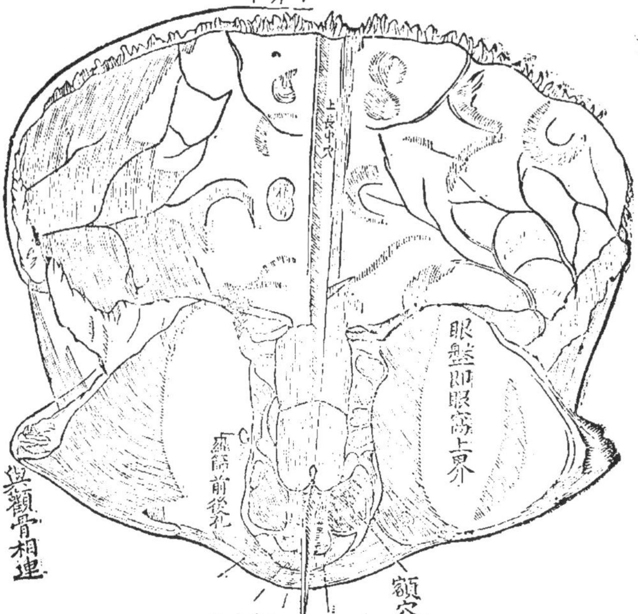

二十

骨相連再下少許有骨峯名鼻峯

額骨內面形如盃藏大腦前葉居中有脊脊面適中有痕藏上長中迴穴痕下有鐮膜附麗脊下前有小孔名額骨小孔以通迴管

再言一分彎入爲眼竅界分上下二面上面護大腦前葉下面作眼竅上界中有一峽因與羅篩骨相接故名羅篩峽峽左右有骨盤名眼盤盤式三角而彎光滑外角有凹者藏淚核內角亦有凹者麗筋

鼻峽左右有數小竅形如蜂房與羅篩竅通房外左右有小孔即羅篩前後管前者透鼻腦筋及羅篩前脉迴管後者通羅篩後脉迴管自眼竅高額阜下少許骨中有左右二穴名曰額穴穴與鼻通中年有少年無總計額與十二骨相連即左右顱頂蝴蝶羅篩左右鼻梁左右上牙床左右淚管左右顴骨是也亦有肌六條即左右憨肌左右眼環肌左右太陽肌

耳門骨論

耳門骨

耳門骨左右各一在頭顱旁分三截上截骨如鱗曰骨鱗下截形如馬乳曰馬乳內截曰三角石

骨鱗

骨鱗在骨上半與顱頂相合分二面外面覆而光滑以繫太陽肌本亦作太陽穴內界後半有骨脊名太陽脊以麗太陽筋膜在鱗下有骨支伸出向前與顴骨相合名顴栱栱上廉麗太陽筋膜下廉繫嚼肌之本外面即皮膚下內面盂亦繫嚼肌本此栱起處分前中後三根前根短向內至臼前阜止中根作臼外界後根向上後至太陽脊當前中兩根中有一窩以接下牙床骨鈕名曰耳門骨臼有磁骨附麗臼中有一裂名曰臼中裂以通縱耳膜肌耳膜脉臼有三界前爲臼前阜後爲耳門骨峯外爲栱中根臼前半接下牙床骨鈕後半藏耳下核骨鱗內面多小凹以藏大腦並有骨槽藏腦衣中脉骨鱗上廉薄而利與顱頂相合前廉下厚有齒與蝴蝶大翼錯合

耳門骨臼

馬乳

馬乳、在骨後半、外面粗澁、以麗數肌、有數孔、大者馬乳孔、以通小脉小廻管、此孔或有或無不定、馬乳內有骨槽、名雙腹槽、以藏雙腹肌、槽內有骨痕、以藏枕脉、馬乳內面亦有一槽、屈曲以藏橫廻穴、馬乳中間有數小窩、名曰馬乳窩、通至中耳、

三角石

三角石在骨裏面、質甚堅、形三角、底向外、尖向頭顱底、夾在枕骨蝴蝶骨中間、分底、尖、並三面三廉而論、

底、中有一大孔、式如卵、名曰耳外孔、此孔當在馬乳前、骨曰後孔下半有骨脊、以麗耳韌骨、

尖、夾在枕蝴蝶兩骨中、作頭顱底後孔前界、尖末有一孔、即頸脉孔、

前面、作頭顱中壑後界、有頸脉孔、

後面、作頭顱後壑前界中、有一孔、即耳內孔、入孔一二分、有隔骨分爲二、以入第七 八對腦筋、並耳脉、

下面、作頭顱底之下面、有頸脉管、此管先直上、再彎前至三角石尖、入此管者、有頸內脉、頸腦網、在頸脉管前、有一方骨面、以起張腭廉肌、張耳膜肌二本、在頸脉管後、有一小孔、以出耳螺蛟小迴管、再後有一壑、名曰頸迴壑、此壑與枕骨峽相合成孔、名曰頸迴孔、亦名頭顱底後孔、壑後亦有方骨面、與枕骨相合、有磁骨附麗、又有骨峯、由頸脉孔起至馬乳止、分二歧、名曰耳門骨峯、歧中有一骨錐、垂下前內、長一寸、以繫錐食管頭肌、錐舌肌、錐舌骨肌、錐舌筋、錐牙床筋、諸本在錐馬乳相離中、有一孔、曰錐馬乳孔、以出面腦筋、上廉長、有骨槽以藏三角石上迴穴、麗此廉有小腦帳筋膜、廉內有峽、藏第五對腦筋、後廉與枕骨相連、內半藏三角石下迴穴、前廉分爲內外、外與骨鱗合、內與蝴蝶骨相連、又三角石中有數孔、藏中內耳、詳於耳部、計此骨與枕、顱頂、蝴蝶、下牙床、顴等五骨相連、麗骨鱗處有太陽肌、麗顴栱有嚼肌、麗馬乳有額枕

耳門骨外面圖

第二十九圖

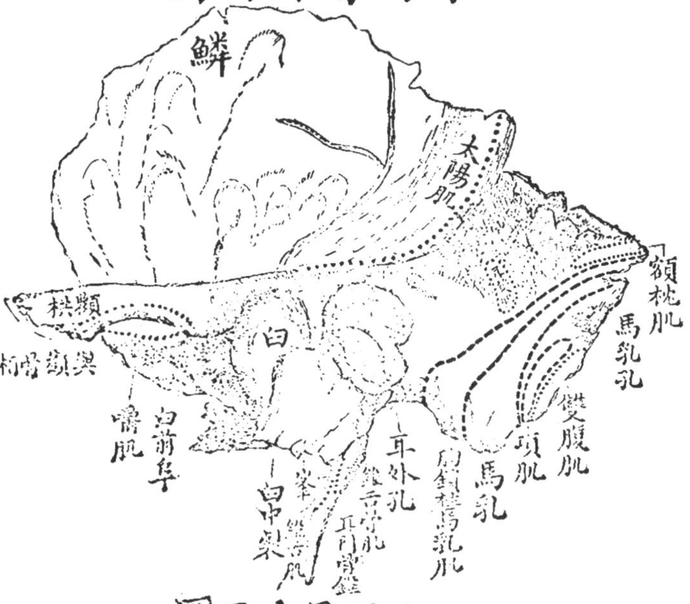

耳門骨內面圖

第三十圖

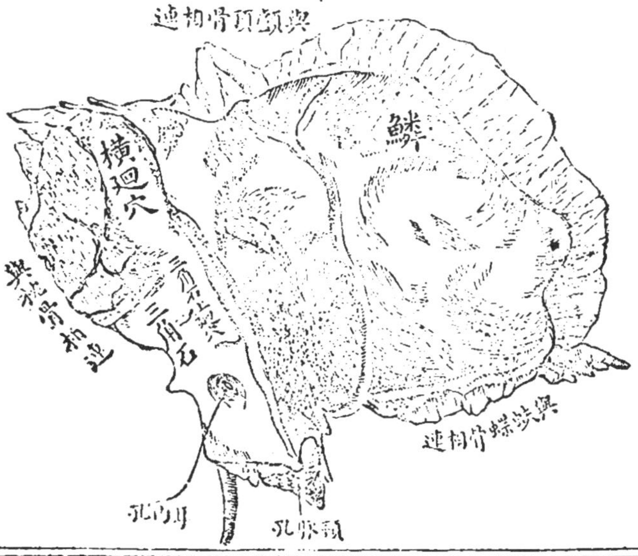

蚨蝶骨上面圖

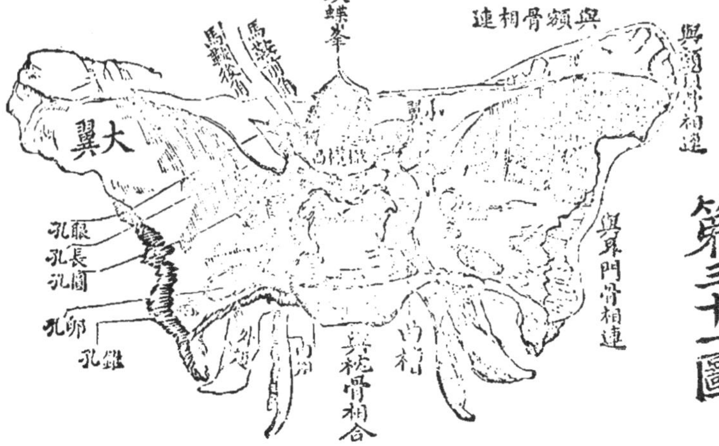

第三十一圖

蚨蝶骨前面圖

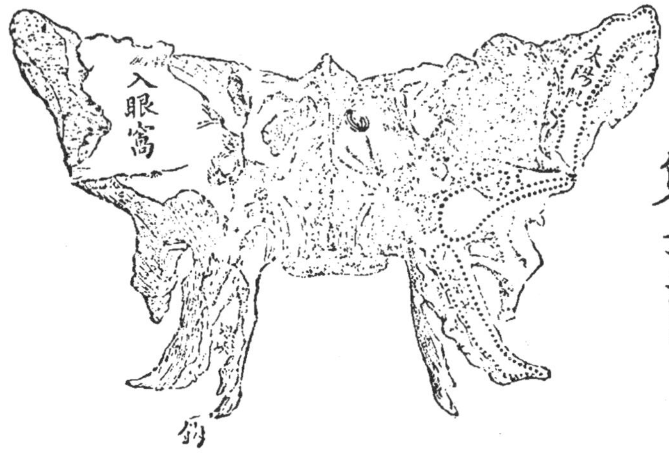

第三十二圖

蝴蝶骨

肌、胸鎖柱馬乳肌、項肌、雙腹肌、耳前肌、麗骨錐、有錐食管頭肌、錐舌肌、錐舌骨肌、麗三角石有張腭簾肌張耳膜肌鐙肌、

蝴蝶骨論

蝴蝶骨在頭顱底當中與頭顱骨七塊並面骨五塊相連、形如飛蝶中有體、左右有大翼二、小翼二、下有二骨翅、體之形方而中空、分上下前後四面、上面前有骨峯、曰羅篩峯、稍後左右有痕藏第一對腦筋、再後有横槽、名曰眼槽、藏第二對腦筋、即眼會根、槽左右末處有孔、名眼孔、槽後有一骨凸、形如橄欖、名橄欖凸、再後有骨凹、形如馬鞍、名馬鞍凹、藏腦灰阜、鞍前上有二角、中有二小角、後亦有二角、名曰馬鞍前中後角、各有腦帳膜附麗、

體後與枕骨底相連、少時未合、迨老合一、鞍傍有骨槽、形斜曲、名曲槽、内藏頸内脉迴穴、前面中處有一薄骨片、與羅篩骨相連、隔分二孔、一

大一小通至蝴蝶窩此窩在蝴蝶骨體中或透至枕骨底嬰兒無此窩
當二窩前下處有薄骨二塊式捲中年時與蝴蝶骨相合在骨體前面
左右下角處有小孔名翅腭管以通翅腭脉迴管腦筋體前上面有小
翼二分左右形三角而薄末尖上面光滑護大腦前葉下面卽眼窩之
後面並爲長孔上界有第三四六對頭顱腦筋及第五對腦筋前支及
眼迴管等件經過後面有一骨角名曰馬鞍前角翼各有一根根中處
有一孔名曰眼孔以通眼腦筋並眼脉
大翼在骨體後半起形三角與耳門骨相連分三面上面如盆藏大腦
中葉內面在骨體旁處有一孔卽圓孔以通第五對腦筋中支再後外
有一孔如卵名卵孔以通第五對腦筋後支並腦衣小脉卵孔內更有
一小孔藏小迴管卵孔外亦有一小孔名錐孔藏腦衣中脉大翼外面
式如盆上半直透太陽穴下半作顴䫋穴內界以麗外翅肌再後有骨

峯名蝴蝶骨峯前面一筋一肌作眼窩外界、式方光滑、上粗澁與額骨相連、外連顴骨翅在體左右與大翼相連處因伸出如魚翅故名、長約寸餘、後分爲二、名內外翅、

內外翅

外翅濶短向後外、外面麗外翅肌、內面麗內翅肌、

內翅窄長盡處如鈎張腭廉肌筋由鈎經過在內翅根有一小壑名蝴蝶骨壑、以起張腭廉肌本骨高少許有一孔、卽翅腭管、此管通體前下面在內外翅中處有一窩曰翅窩內外翅前面與腭骨相連、初生嬰兒蝴蝶骨未粘合有三塊、卽左大翼與左翅爲一塊右大翼與右翅爲一塊、小翼與骨體爲一塊、迨週歲時合一、計蝴蝶骨相連之骨共有十二、顱頂骨七、卽枕、額、左顱頂、右顱頂、羅篩、左耳門、右耳門、 面骨五、卽左顴骨、右顴骨、左腭骨、右腭骨、及犁頭骨是也、肌有十二條附麗、卽太陽肌 翅外肌 張腭廉肌 翅內肌 上束肌 縱耳膜肌 開眼胞肌 眼上直肌 眼下直肌 眼上斜肌 眼內直肌 眼外直肌

羅篩骨論

羅篩骨在額骨眼盤間、羅篩峽處、上至羅篩峽、下至鼻孔、左右至眼窩

第三十三圖

羅篩骨圖

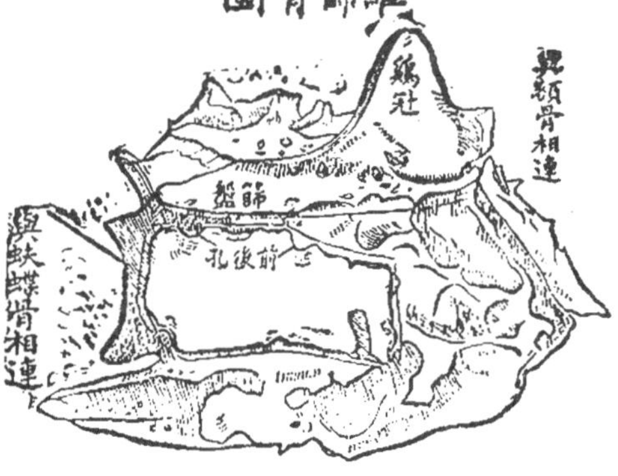

其骨甚薄、分爲三、中係骨體、左右卽骨翼、〇骨體在羅篩骨中處、下半甚薄、作鼻孔分界、在體左右有骨凸出、中有小孔數十個、名曰篩盤、以通第一對腦筋、篩盤上有骨峯、名曰鷄冠、上麗腦鎌膜、前與額鼻梁兩骨相連、後與犁頭骨相連〇骨翼式方、中有數窩、名羅篩窩、外面式方光滑、名曰眼盤、爲眼窩內界、眼盤前接淚管、後接蝴蝶、上承額、下粘上牙床並膀骨、翼內面爲鼻孔外界、輕薄如紙、中有槽、名曰鼻孔上槽、計此骨相連、只有八卽蝴蝶淚管鼻梁水泡額膀上牙床犁頭是也、無肌附麗、

上牙床

面骨論

面骨十四塊、最要者乃上下牙床、惟下牙床最大、上牙床左右骨交之、上牙床骨有體一、骨支四、每骨爲三孔之界、卽眼窩鼻孔口是也、骨體分上下內外後五面、中有一大穴、名曰上牙床穴、四圍甚薄、內有一孔、直透鼻中槽、上面作眼窩底、內前二界形三角、薄而光滑、與淚管骨相連、中與羅篩骨、後與腭骨亦連、中有一槽、以通眼下孔、下面有牙窩兩骨相合、形如橋棋、左右各有八窩、以藏牙齒、內面至鼻孔、孔下有骨盤、名曰腭盤、作口上界、鼻下界、盤下粗澁、上光滑、與右上牙床相連、後面與腭骨相連、前半有骨管直通鼻孔、名腭前管、以通腭前脉迴管腦筋、稍上有一孔、直至上牙床穴、稍前有一骨管向上、名曰淚管、管再前有一骨支向上後、名曰鼻支、支外面骨光滑、內面爲鼻孔界、與羅篩鼻梁額、淚管四骨相接、外面骨彎捲而斜、在前中切牙上有骨峯、曰鼻前峯、

第三十四圖　上牙床骨外面圖

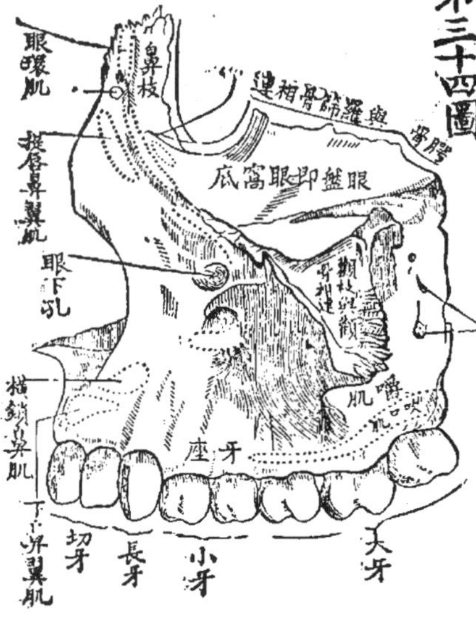

第三十五圖　上牙床骨內面圖

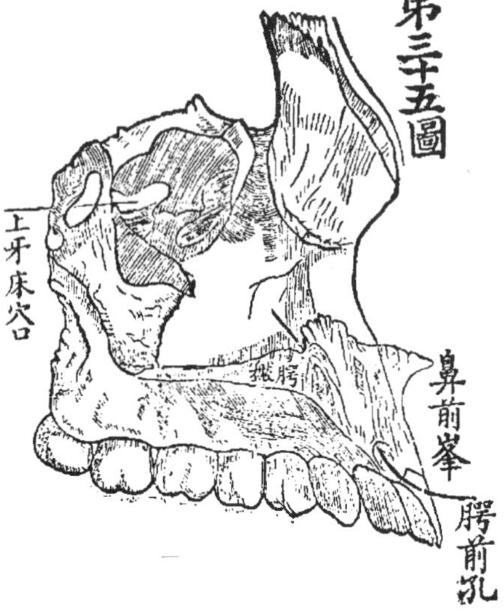

前處眼窩下、有一小孔、曰眼下孔、以出眼下腦筋並眼下脉孔、外少許有三角大凸骨、名顴骨凸、因與顴骨相接、故名、後面有數小孔、以通牙腦筋及脉管、計此骨、與額、羅篩、鼻梁、顴、淚管、水胞、腭、犁頭、右上牙床、九骨相連、有肌十二條附麗、卽眼環肌、提上唇肌、眼下斜肌、下鼻翼肌、鼻翼肌、提口角肌、翅內肌、嚼肌、錐肌橫鎖、鼻翼肌、環口肌、上唇肌、

第三十六圖

嬰兒下牙床圖

及丁下牙床圖

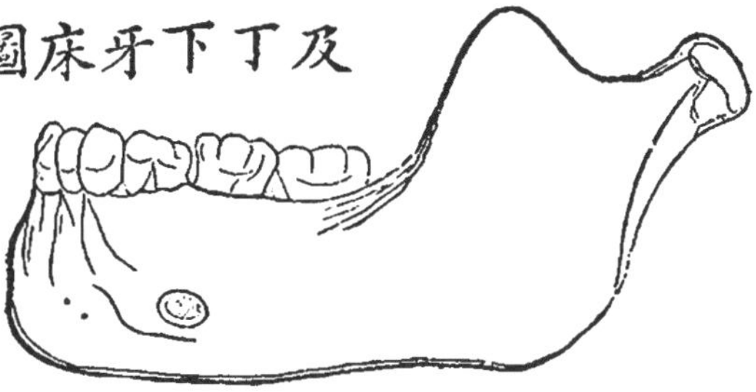

中健下牙床圖

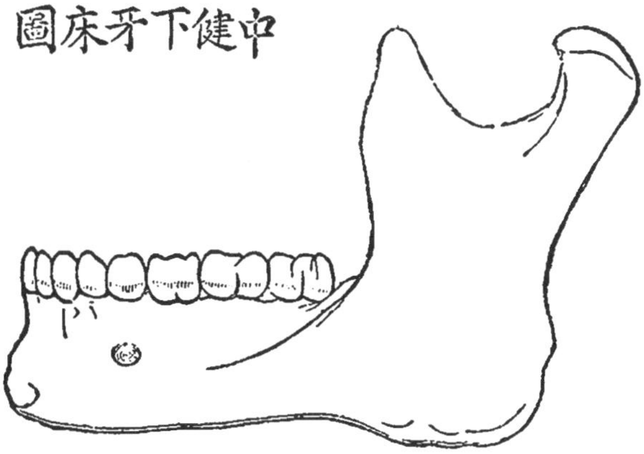

老叟下牙床圖

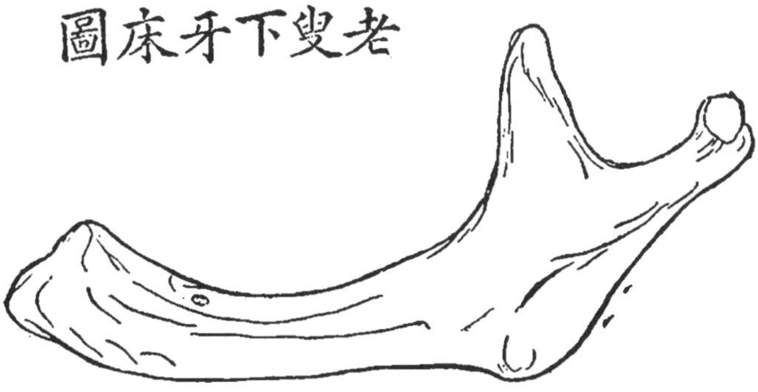

第三十七圖

下牙床骨圖

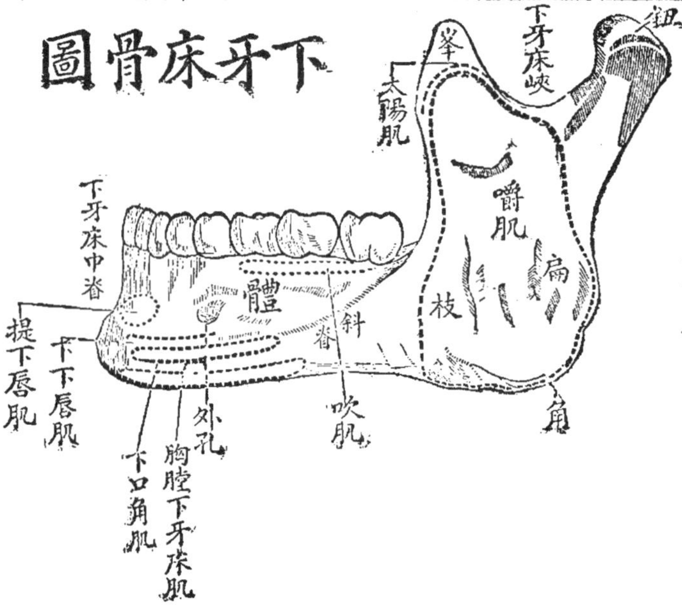

第三十八圖

下牙床半剖内面圖

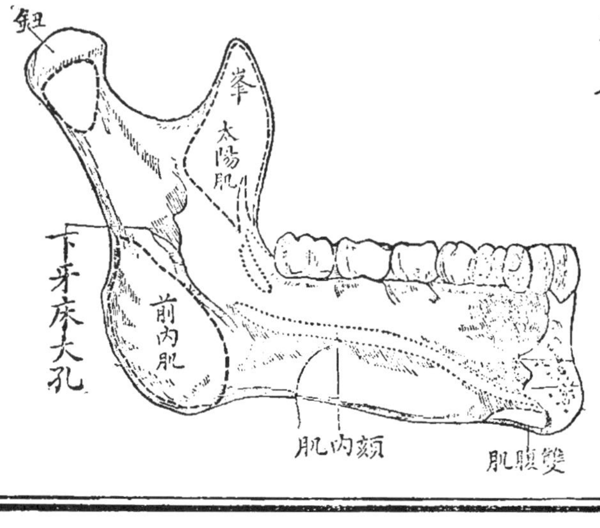

下牙床骨論

下牙床在口下有骨體並二扁支體式如橋棋在外面中處有骨脊名下牙床中脊在胎兒此處分爲二離中脊左右各一寸有骨孔名下牙床外孔有下牙床外腦筋並脉透出體上名曰牙座有十六小窩以藏牙齒體下廉骨厚顯露有肌數條附麗體內面自左至右如半環上半骨光滑有口內皮附麗中有一二小孔爲脉入骨體

底在左右處有凹名曰舌下凹係藏舌下核又有骨脊斜上名曰內斜脊有肌附麗體後左右處各有斜支向上而扁內面平滑中有一大孔斜入骨體曰下牙床大孔有下牙床脉並腦筋直通內面至骨體中分散至各牙根孔口內面有骨峯有下牙床斜支粘麗峯下有骨槽藏脉管及腦筋斜支外面有嚼肌一條支上中處有峽曰下牙床峽峽前有骨峯曰下牙床峯有嚼肌及太陽肌並麗峽後骨廣濶曰下牙床骨鈕

上有磁骨麗此鈕與耳門骨臼相連、後面下處有角曰下牙床角、有肌粘麗、迨老年牙齒損落、牙座亦歸烏有、只存厚骨而已、下牙床骨與左右耳門骨相連、有肌十五條、附麗外者有提下唇肌、下口角肌、胸膛牙床肌、示下唇肌、吹肌、嚼肌環口肌、麗內者有錐舌骨肌、頦舌肌、太陽肌、翅內肌、頤舌肌、雙腹肌、上束肌、翅外肌

腭骨

左右腭骨在鼻孔後半、與上牙床並蝴蝶骨翅相連、每塊作三孔之界、

第三十九圖

左腭骨後面圖

第四十圖

左腭骨內面圖

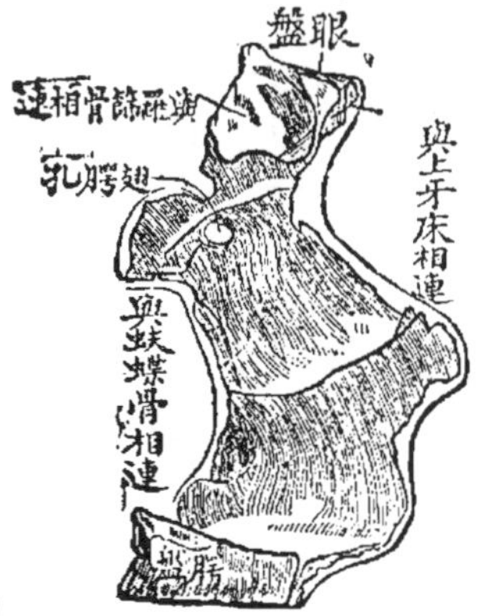

即眼窩、鼻孔、口是也、骨下有橫盤與上牙床腭盤相承、又與右腭骨相接、橫盤後面有骨峯曰鼻後峯、有小舌附麗上面、與犂頭骨相連、橫盤之上、有直盤、直盤內面爲鼻外界、在中處有骨脊、名水泡脊、因與水泡骨相通、此脊爲鼻中槽底、再上有一孔、曰蝴蝶腭孔、外而下半粗澁、與上牙床相連、上半光滑、後面與蝴蝶相連、上有一面至眼窩、亦光滑、計此骨與蝴蝶、羅篩、上牙床、水泡、犂頭、右腭骨等相連、有肌五條附麗、即張腭廉肌、翅內肌、翅外肌、上束肌、小舌肌是也

第四十一圖

水泡骨圖

水泡骨論

左右水泡骨、在鼻孔裏外面、輕鬆而薄、粘在上牙床大穴孔稍下處、形如水泡、內面兜彎、與羅篩、上牙床、淚管、腭骨相連、無肌附麗、

第四十二圖

犁頭骨圖

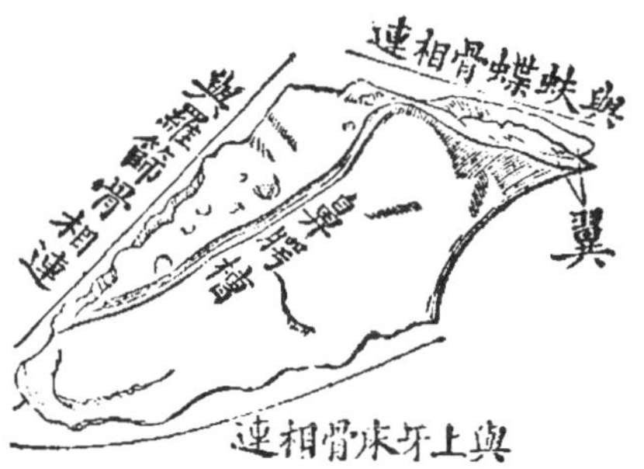

第四十三圖

鼻梁骨圖

第四十四圖

淚管骨圖

犁頭骨

犁頭骨、在鼻孔後半中處、因其形似犁、故名、左右二面皆光滑、兩旁有痕、名鼻膈痕、有鼻腦筋麗之、上面骨粗厚、與蝴蝶骨相連、下與上牙床膈骨相接、此骨與蝴蝶羅篩左右上牙床左右膈等骨相連、無肌附麗、

鼻梁骨論

鼻梁骨、乃兩小骨相合而成、此骨與額、羅篩、上牙床、鼻梁四骨相連、無肌附麗、

淚管骨論

淚管骨、在十四面骨中最小、此骨在眼窩前內角、與額、羅篩、左右上牙床骨相連、有淚管肌麗之、

顴骨

第四十五圖

左顴骨外面圖

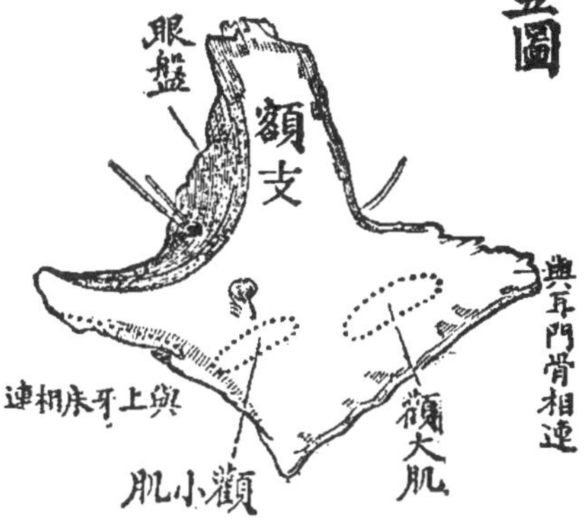

顴骨論

左右顴骨形四角、在面頰邊角處、骨外面光滑、有小孔曰顴孔、有肌二條附麗、內面向後、內半與上牙床相連、餘皆光滑、有小孔、且有四支、每角生一支、上後名額支、額支前有骨盤、盤形兕彎、直至眼窩、下外一支與耳門顴骨棋相連、前半與上牙床相連、此骨與額蝴蝶耳門上牙床四骨相連、有肌五條附麗、即

提上唇肌　顴大肌　顴小肌　太陽肌　嚼肌

舌骨

舌骨論

舌骨在聲管上、舌下、食管頭前、有骨體、亦有四角、左右大小分之、二體上、式兕彎、中處有脊、左右凹處皆有肌粘麗、左右大角長向上、角尖圓如

第四十六圖

舌骨前面圖

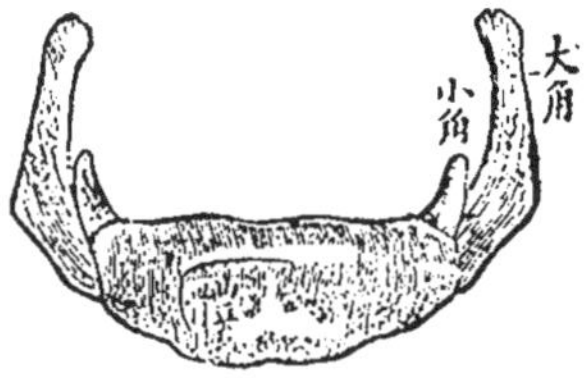

珠、角外有肌三條附麗、小角短、亦向上、角末式尖、有筋一條透上、麗耳門骨錐、有肌九條、筋三條附麗、其筋所麗大角者、卽舌骨舌肌、牌舌肌、中束肌、麗骨體者、卽頤舌骨舌肌、肩舌肌、錐舌骨肌、伸舌肌、舌骨舌肌、頦舌肌、其筋、卽錐舌筋、牌舌筋、舌咽筋、

頭顱合縫論

頭顱骨、八塊合成、中間有交齒縫痕、此縫在二骨中、名曰骨縫、至要者有三條、横在前、係由蝴蝶左大翼起、至蝴蝶右大翼止、卽顱頂骨二塊與額骨合成、名曰顱額骨縫、在中、式直、自額骨起、至枕骨止、卽顱頂骨合成、名曰顱頂中縫、在後、卽顱頂骨二塊、與枕骨合成、式如人字、名曰顱枕縫、又頭左右有三條小骨縫、

頭顱論

頭顱總論

頭顱骨總合之式有五面卽上下左右正是也茲先論上面由眼上脊起至枕骨止彎脊止左右皆至太陽脊止式覆骨光滑前窄中後濶骨面有額枕肌附麗外卽皮膚

正面中有三大孔卽眼窩二鼻孔一上由眼上脊起至下牙床下廉止左右至顴骨止在上中處有鼻梁骨二塊與上牙床鼻支合稍下有鼻孔形三角上窄下濶邊利如刄下面適中有骨峯名曰鼻前峯下卽上牙床中脊再下卽牙座再下卽下牙床中脊上左右卽眼上脊下少許

眼窩

有眼上孔以通眼上脈及腦筋再下卽眼窩窩前濶裏窄至長孔止此

第四十七圖

眼窩圖

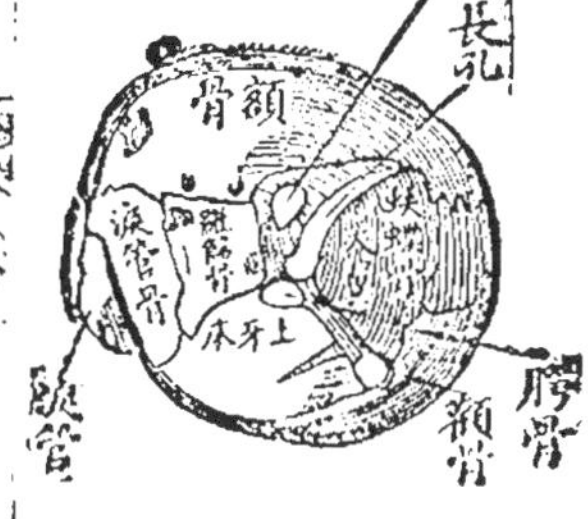

窩卽額蝴蝶羅篩上牙床顴淚管腭等骨相合成窩惟額蝴蝶羅篩此三骨同透二窩窩上光滑其形似盂上界卽額骨眼盤下界卽上牙床骨盤外面卽顴骨中有骨

槽曰眼下槽內面由前至後即上牙床鼻支淚管羅篩蝴蝶等骨內面之前有淚管穿入鼻孔外面前有顴骨蝴蝶骨極深處有一圓孔曰眼孔以通第二對腦筋眼孔外有大三角孔曰長孔以通第三第四並第六對腦筋及第五對腦筋之前支眼廻管等件窩內下面有骨裂曰蝴蝶上牙床裂左右眼窩則同窩下少許有孔曰眼下孔以通眼下脈並腦筋正面中有孔曰鼻孔中有隔骨分爲二孔上窄下濶極深透至食管頭並蝴蝶額羅篩上牙床各骨穴孔中隔骨係羅篩骨峯犁頭骨額骨峯蝴蝶骨上牙床骨合成孔前有韌骨一塊此隔有時斜左斜右孔上界係羅篩骨篩盤以通第一對腦筋入鼻內皮孔底式直盂通至食管頭孔下更有一孔曰腭前孔透過上牙床骨外面有鼻梁上牙床羅篩水泡腭並蝴蝶內翅又有骨路上中下三上路短透入羅篩窩後半有一孔曰蝴蝶腭孔中路是羅篩骨捲支下水泡骨上通至額穴並上

太陽穴

蝴蝶上牙床裂

牙床骨穴下路在水泡骨下至食管頭止、　圖見下二頁第五十圖

頭顱骨左右面論　圖見下頁

頭顱骨左右面由額骨外角起至下牙床大角止上面曲彎由太陽捲脊起後至枕骨止形三角中有耳門骨與顴骨成爲橋拱、拱上卽太陽穴、前面卽額、顴、蝴蝶骨、爲界內面卽顱頂骨耳門骨亦爲界穴中有骨縫五條、前半盂後覆以麗太陽肌透下至下牙床骨峯止、顴拱下內有穴、穴前界上牙床、後界蝴蝶翅上至蝴蝶大翼下至上牙床牙座內至蝴蝶外翅、外卽顴拱並下牙床斜支中麗太陽肌外翅肌內翅肌並藏頦內脉、下牙床腦筋穴上內有橫直二裂互通、一曰蝴蝶上牙床裂、一曰翅上牙床裂、蝴蝶上牙床裂透入眼窩以通上牙床腦筋眼下脉及小腦筋數條、翅上牙床裂直上前界上牙床骨體後界蝴蝶骨翅、以通頦內脉之分支、當二裂中有一穴在眼窩尖下名蝴蝶上牙床穴

頭顱邊圖

第四十六圖

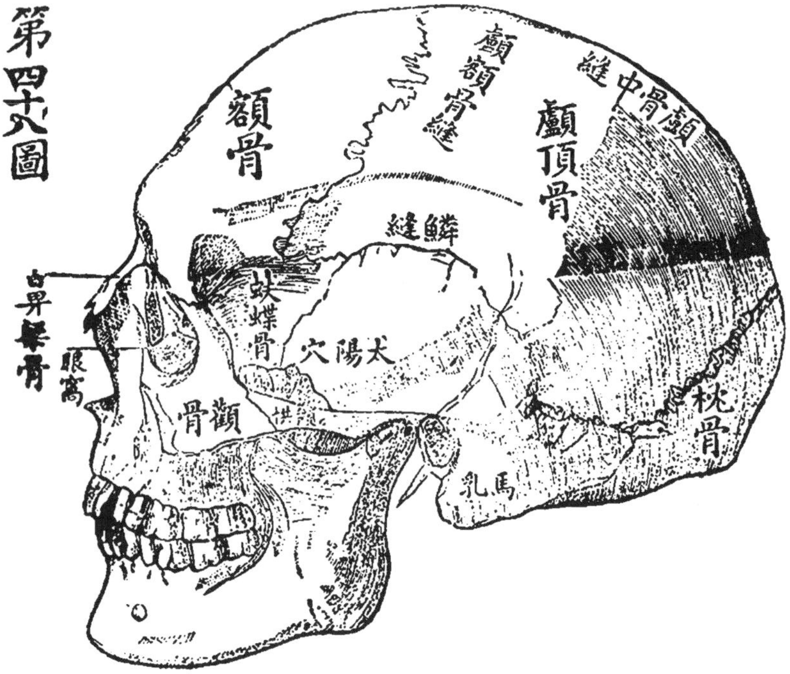

此圖即頭顱由眼窩處切爿直下後

第四十九圖

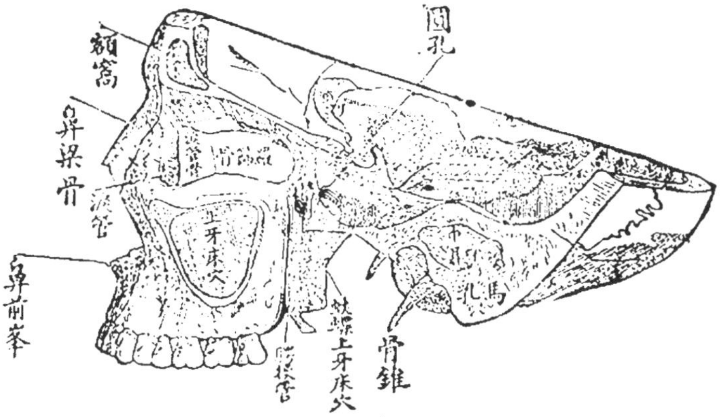

鼻孔半爿圖

第五十圖

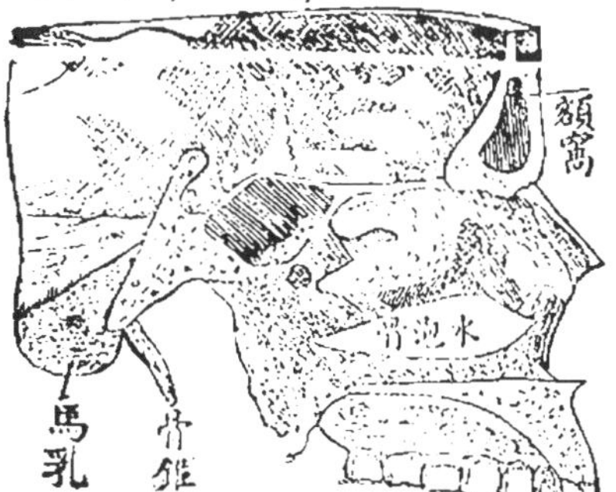

其形三角、此穴與眼窩鼻孔顴拱穴通、上界即蝴蝶骨體、前界上牙床骨、後界蝴蝶骨翅內界腭骨直盤、透入此穴有三裂、一長孔二、蝴蝶上牙床裂、三翅上牙床裂、更有小孔五、即圓孔、翅孔、翅腭孔、蝶腭孔、腭後孔、顴拱、

頭顱底外面

後有一凹曰耳門骨臼後卽耳孔再後卽馬乳在頭顱底外面前自切齒起後至枕骨上捲脊止左右至顴栱並馬乳止除下牙床骨以外分前中後三截前截卽上牙床腭盤並腭骨中有腭中縫後半有横縫前界卽切齒後有孔曰腭前孔孔中亦有四小孔腭盤後外角左右有骨孔曰腭後孔以通腭脈後及腦筋腭中縫末處有一骨峯曰鼻後峯以麗小舌左右有十六個齒窩中截由鼻後峯起至枕骨大孔止中有枕骨底及蝴蝶骨體惟蝴蝶骨被犁頭骨遮犁頭骨左右有鼻後孔高一寸濶半寸鼻孔左右有蝴蝶骨內外二翅翅中有窩曰翅窩翅旁與腭骨連處有一管或是峽名翅孔以通翅脈內翅底有一孔形三角名曰頭顱底中孔孔前界卽蝴蝶大翼後界卽耳門骨三角石內界卽枕骨底此孔被韌骨塞住韌骨中又有二孔一曰翅腭孔以通翅腭腦筋翅腭脈一曰顴脈孔外翅後亦有二孔卽卵孔錐孔孔後有骨峯曰蝴蝶

頭顱底裡面半爿圖

第五十圖

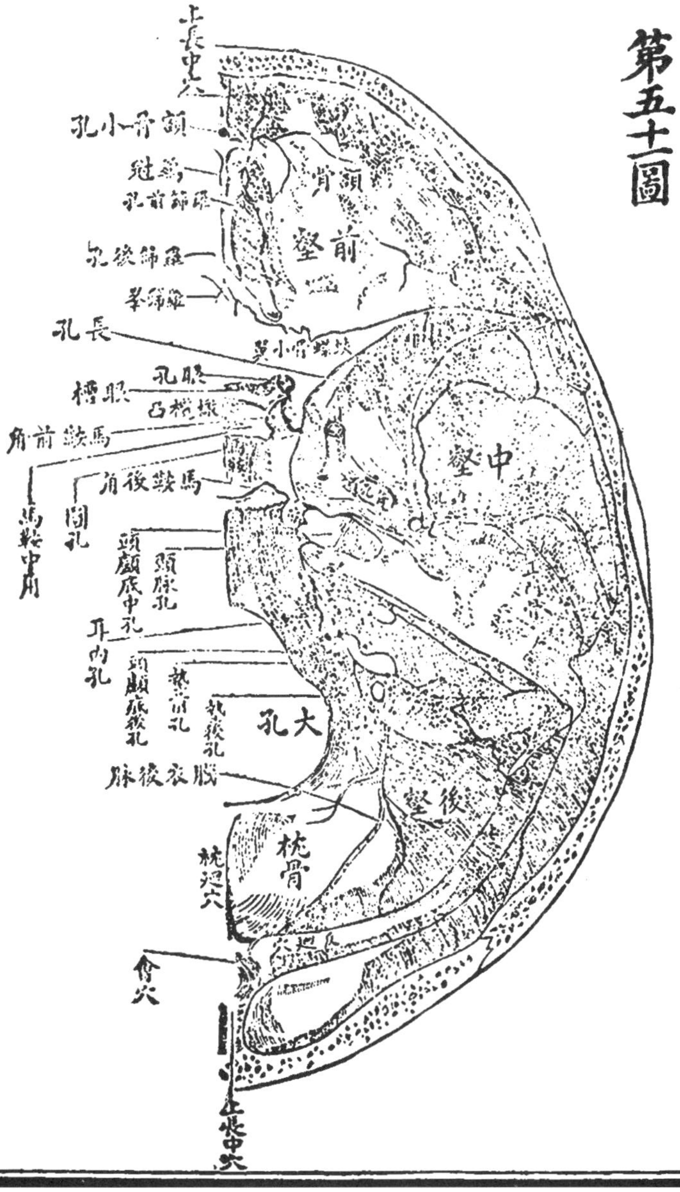

頭顱底半爿外面圖

第五十二圖

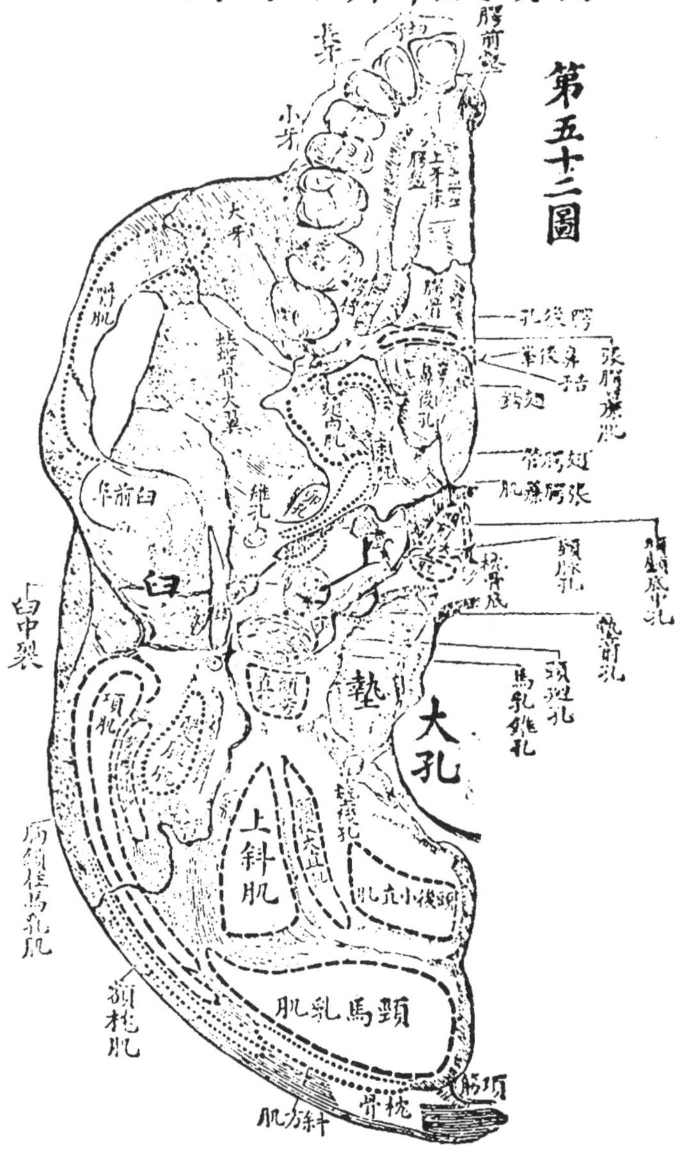

頭顱底裏面

骨峯、峯後外有耳門骨臼、臼內有頸脉孔、再後有一大孔、即頸迴孔、又曰頭顱底後孔、外面有骨錐、即耳門骨錐、錐後外有馬乳錐、乳之中有小孔曰馬乳錐孔、頸迴孔後少許有一孔、曰墊前孔、後截中即枕骨底後有大孔、即枕骨孔、左右皆有骨墊、與脊骨首塊相連、孔後麗肌數條、

頭顱底裏面、分爲上下兩段、上段自眼窩高少許起、至枕骨阜止、式盂骨面有數小凹、藏腦、在前由額骨眼盤中起、至枕骨阜止、有直骨槽與膜成一穴、曰長中穴、至枕骨內阜、穴分歧、曰左右橫穴、穿過左右頸迴孔、

下段如盆、有大壑三、名曰前中後、三壑前壑高、中下少許、後再下少許、前壑即額骨左右眼盤、蝴蝶小翼、羅篩等、以護腦前葉、在眼盤中前處有一小孔、名曰額小孔、再後有一骨峯、名曰雞冠、當雞冠左右有一骨槽、槽中有十餘小孔、即篩盤、以通第一對腦筋、中壑由蝴蝶小翼、後廉

起至枕骨底止中窄左右濶在前中處左右二圓孔名曰眼孔孔中有一横槽槽中藏眼會根槽後有骨凸出名曰樴欖凸再後有一骨凸名曰馬鞍鞍前左右有二角曰馬鞍前角後亦有二角曰馬鞍後角鑿內有數孔即眼孔圓孔卵孔錐孔頸脉孔等後鑿較前中二鑿深而濶藏小腦中有枕骨大孔並蟄前孔蟄後孔耳內孔在大孔左右又有一長孔名曰頸迴孔以通頸迴管並第九十及第十一對腦筋

手臂骨論

肩胛骨論

上肢即手計有三十二骨即肩胛一鎖柱一臂骨一正肘一轉肘一手腕八手掌五手指十四左右合計六十四骨茲將肩胛骨立論在胸膛後上面位在脇骨第一至第八當脊骨左右處此骨非與胸膛相連惟肌牽合而已形三角而薄分作前後二面並上內外三廉角亦三即上下外角前面光滑式微盂有小脊數條肩胛下肌由此起透過麗臂至下又有鋸大肌自脇骨透過後面在

肩胛骨前面圖

第五十三圖

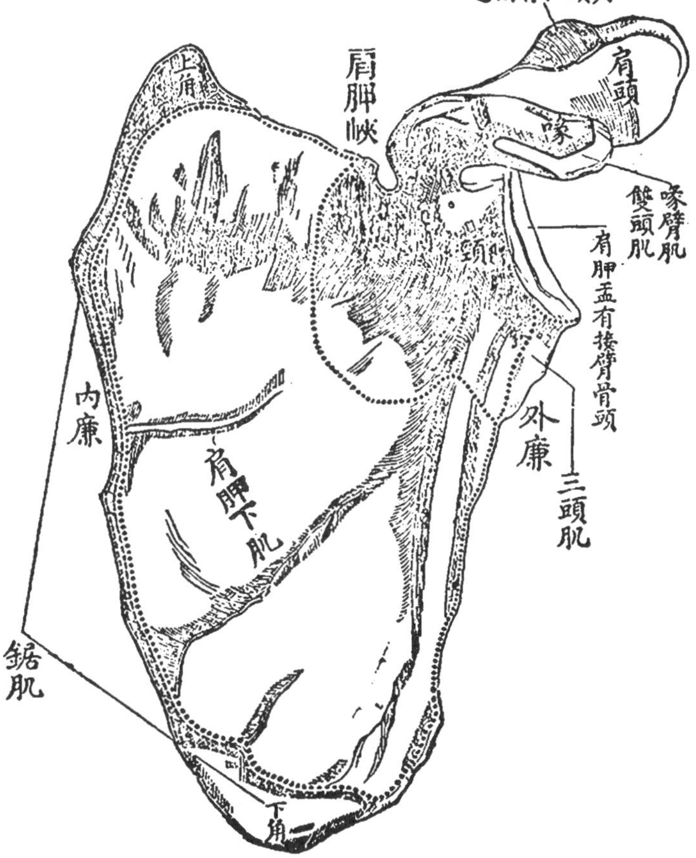

肩胛骨後面圖

第五十四圖

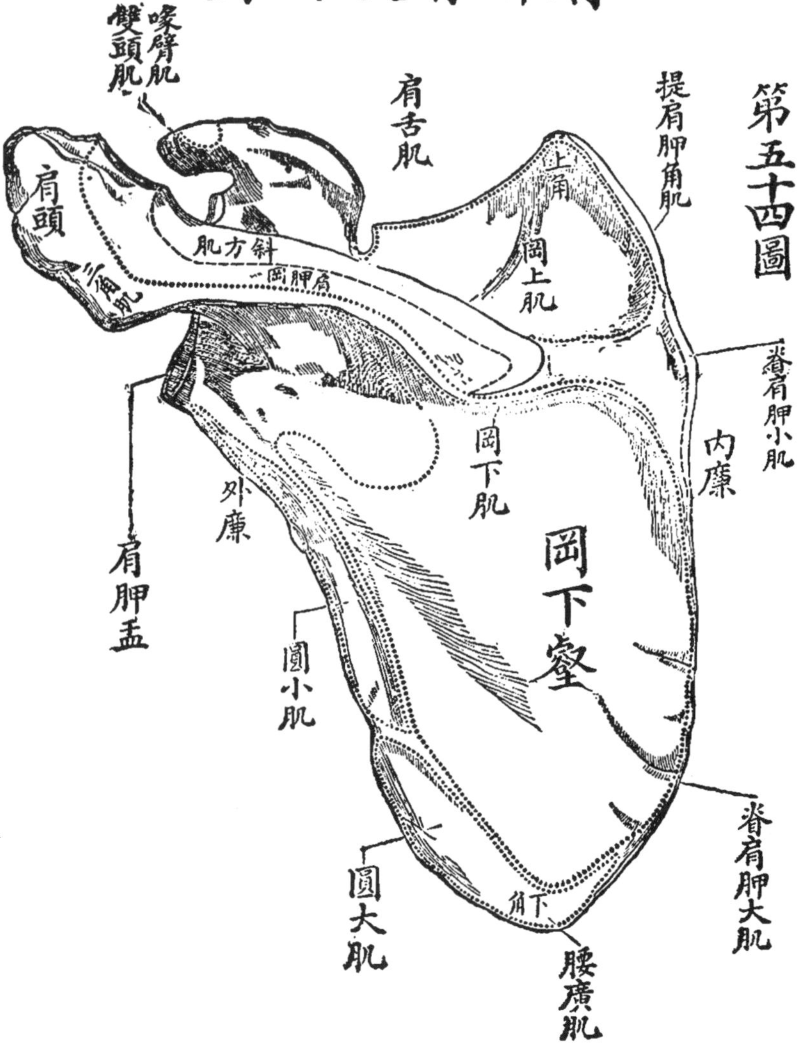

上半內廉起至肩頭止、有骨凸起如岡、曰骨岡、岡上有一壑、曰岡上壑、岡下亦一壑、曰岡下壑、下壑較上壑大、上壑骨亦光滑、有岡上肌粘、下壑大半、亦有岡下肌粘、再下又有肌二、式圓名曰小圓肌、大圓肌、此肌皆透過臂、

上廉短、自上角起、至外角止、有骨凸出、形如鳥喙、曰喙、喙上面粗澁、下面光滑、有肌三筋二附麗、在喙內上半有一峽、肩胛上腦筋由此過、喙下有一骨、形盂光滑、曰肩胛盂、與臂骨頭相接、有一重磁骨附麗、在肩胛盂後有骨凸出、形三角、卽骨岡盡處、曰肩頭、此頭向前、外成爲骨盂、上面粗澁、下光滑、又在上面中處亦光滑、少許、與鎖柱骨相接、有肌二筋一附麗、

外廉自上外角起、至下角止、當三廉中、此廉最厚、亦有肌數條附麗、內廉長、離背骨後支少許、有肌六條附麗、

再言三角者、上角薄利如鋒、亦光滑、有肌一條、提起曰提肩胛肌、下角骨粗澁、有肌二條附麗、外角卽骨盂、幼年此骨分爲二、不相粘合、迨二十歲時合一、此骨上連者二、卽鎖柱骨臂骨是也、有肌十八條附麗、麗前面者、有肩胛下肌、後面有岡上肌 岡下肌 斜方肌 三角肌 肩舌肌 大鋸肌 提肩胛角肌 脊肩胛大肌 脊肩胛小肌外廉、有三頭肌 圓大肌 圓小肌、窩處有雙頭長短肌、喙處卽喙臂肌 胸大肌 雙頭肌、肩頭處有胸膛牙床肌

鎖柱骨論　圖見二十二十一

鎖柱骨在胸膛上前面、由胸骨起、至肩頭止、左右二條、式曲首尾大、中畧小、每條曲如二弓形、末處向下、式平而圓、有凹少許、亦光滑、與肩頭相接、其首卽與胸骨相啣、又與脇骨第一條相連、婦比男直而光、男比婦畧大少許、此二骨常以右大左小、有三骨相連、卽肩胛、胸、及第一條脇骨是也、有肌七條附麗、卽胸鎖柱馬乳肌 鎖柱下肌 斜方肌 胸大肌 三角肌 胸舌肌 胸膛牙床肌

臂骨

臂骨論

臂骨在人上肢諸骨中最長大、分三截而論、即上截、中幹、下截、若將此骨勻作五分、上截一分、中幹三分、下截一分、其餘全體長骨之式大畧類此、

上截厚、上有凸、圓而長、形如半柑、名曰骨頭、有磁骨麗、與肩胛盂處相連、頭外少許有小凹如槽、槽環此頭、名曰骨頸、頸過少許有一凸、曰大凸、直透下中幹、凸上有三面、即前、中、後、前接肩胛岡上肌、中接岡下肌、後接小圓肌、凸前少許有槽、曰雙頭槽、槽前又有一小凸、名曰小凸、係臂前面接肩胛下肌筋、中幹、上半式圓、下半三角形、有廉三、即前、外、內、前廉自上截大阜起、至下截前壑止、上半顯露如脊、下半隱、上半有肌、接胸大肌筋、下半有臂前肌、透下至轉肘、在中處外少許、有一面粗澁、接三角肌筋、外廉亦由上截大阜起、至下截外輪止、有肌四條附麗、內

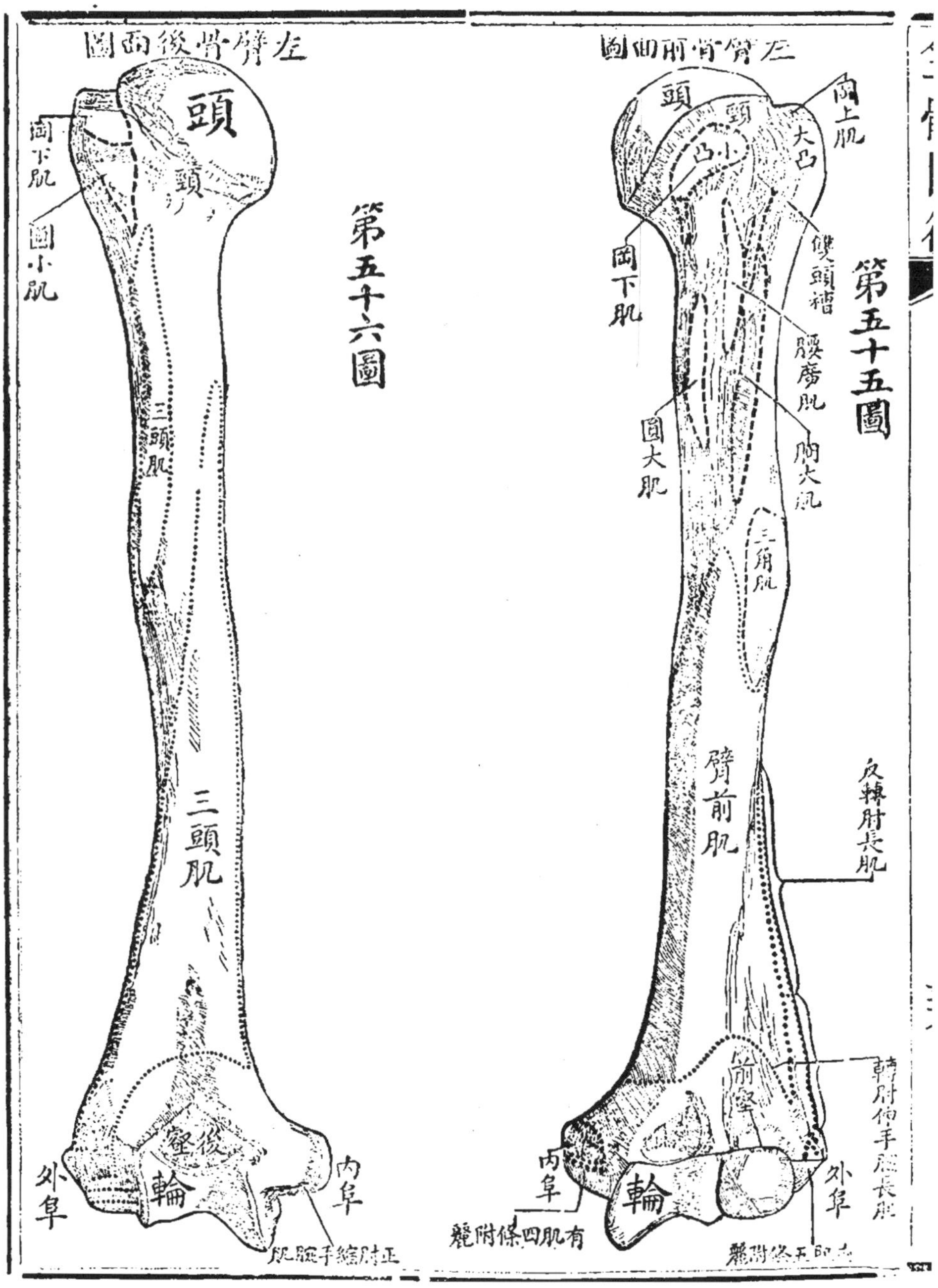
左臂骨前面圖
頭
頭
小凸
大凸
岡上肌
岡下肌
雙頭槽
腰旁肌
圓大肌
闊大肌
三角肌
臂前肌
反轉肘長肌
前窩
轉附伸手腕長肌
內阜
輪
外阜
有肌四條附麗
左臂骨後面圖
頭
頸
岡下肌
圓小肌
三頭肌
三頭肌
後窩
輪
外阜
內阜
正附縮手腕肌

第五十五圖

第五十六圖

廉由上截少阜起至下截內輪止、上半接腰廣肌筋、下少許有一大圓肌、再下有三頭肌、又有喙臂肌筋、再下有一孔、係養骨脉透入內、外後、三面均有肌附麗、下截較上截式濶、分內外二面有骨凸出、如阜曰內外阜、中間有二骨輪、名曰內外輪、輪中有骨脊少許分歧、輪面光滑有磁骨附麗、輪上面前至後形彎如弓、左至右中凹若盂、內輪大與正肘骨相連、前上少許有一壑曰喙壑、後面亦有壑名曰臂大壑、外輪畧小與轉肘骨相連、前上亦有凹少許、統論此骨有三處相連、即肩胛、正肘、轉肘是也、有肌二十四條附麗、大凸有岡上肌岡下肌、小凸有肩胛下肌、前有胸大肌腰廣肌小圓肌、桿有三角肌喙臂肌臂前肌三頭肌、內阜有覆轉肘圓肌轉肘縮手腕肌長掌肌縮指淺肌正肘縮手腕肌、外阜有反轉肘長肌轉肘伸手腕長肌轉肘伸手腕短肌正肘伸手腕肌反轉肘短肌統伸指肌伸小指肌

肘骨論

肘骨、即正肘、轉肘、自臂下截起、至手腕骨止、以掌向上看、其式二骨平

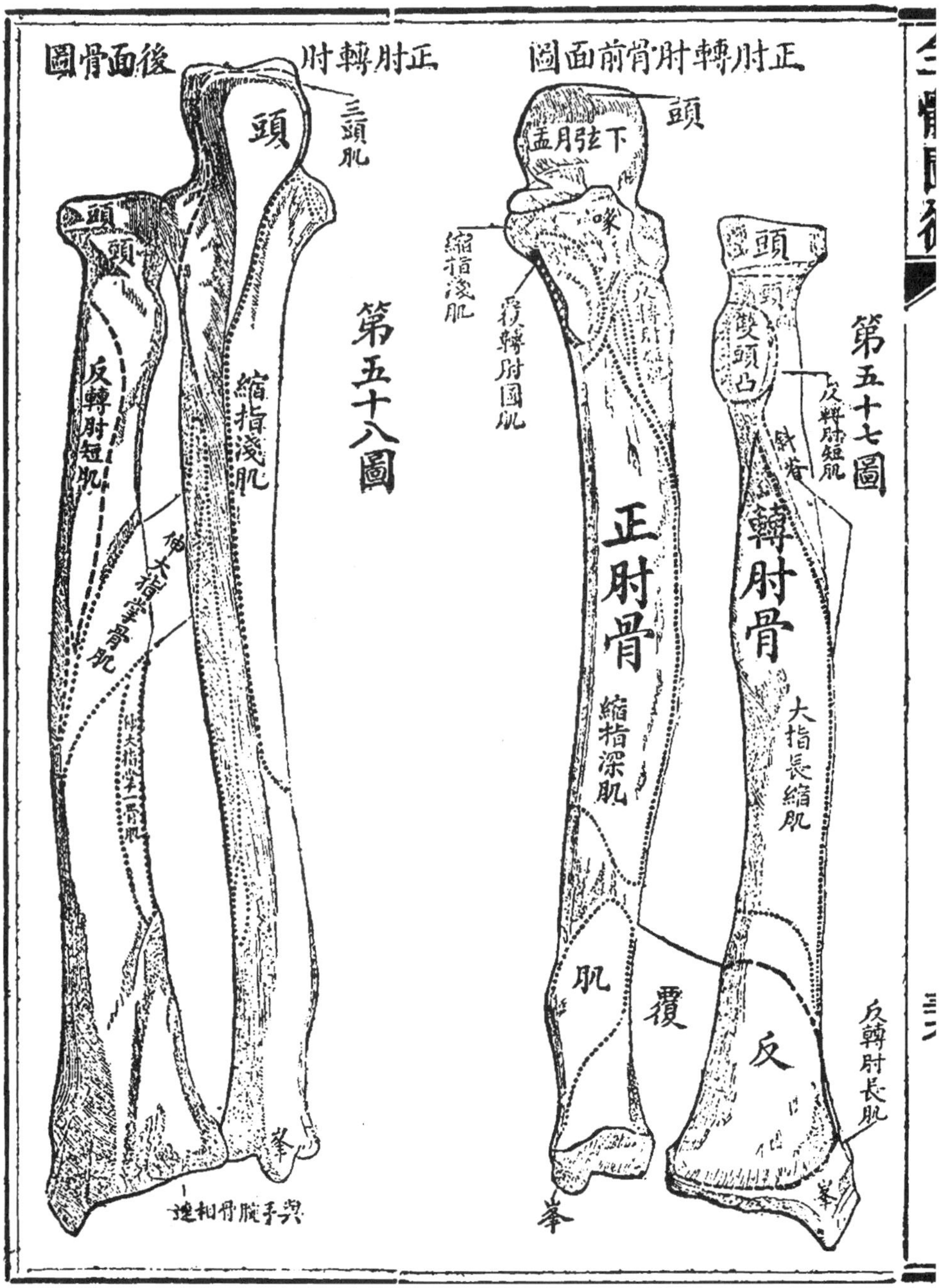
正肘轉肘後面骨圖
正肘轉肘骨前面圖
第五十八圖
第五十七圖
頭
三頭肌
反轉肘短肌
縮指淺肌
伸大指掌骨肌
與手腕骨相連
峯
下弦月盂
喙
反轉肘圓肌
正肘骨
縮指深肌
覆
肌
反
雙頭凸
轉肘骨
大指長縮肌
反轉肘長肌

正肘骨

列正肘在內、轉肘在外、上與臂骨輪相接、下與手腕相連、又在上正肘大轉肘小、正肘居四分之三、轉肘只有一分、在下、則轉肘大正肘小、轉肘居四分之三、正肘亦只一分、功用正肘主伸縮、轉肘主反覆、

正肘上截有大小二凸、大曰骨頭、小曰骨喙、又有大小二盂、大名下弦月、小名轉肘盂、骨頭由正肘上後面凸出、後覆有三頭肌筋附麗、前面盂光滑、有磁骨附麗在上、正面有一骨峯突出如鷹喙、故曰喙、喙上光滑、下粗澁、承接臂前肌筋、下少許有一骨阜、阜有肌附麗、外面有小凹、卽轉肘盂、此處接轉肘骨頭、在喙上骨頭前、卽下弦月盂、中處有微脊、卽承接臂內輪、

中榦上半式三角、下半圓、有三廉、卽前後外、又有三面、卽前後內、前廉由喙起、下至骨峯前止、有肌二條附麗、後廉由骨頭後起、下至骨峯後面止、有肌二條附麗、外廉顯露、有肌一條附麗、前面上濶下窄、有肌二、

又有一孔以通養骨脉後面亦上濶下窄有肌七附麗內面有肌二麗之

下截式圓與轉肘相連後有一骨峯曰正肘峯有手腕內斜筋附麗峯盡處微盂有肕一如輪形三角此骨有二處相連即臂轉肘是也有肌十七條附麗在骨頭處有三頭肌臂後小肌正肘縮手腕肌喙處有臂前肌覆轉肘圓肌縮指淺肌縮指深肌大指長縮肌中榦有縮指深肌方覆肌正肘縮手腕肌正肘伸手腕肌臂後小肌伸食指肌反轉肘短肌伸大指掌骨肌伸大指二骨肌

轉肘骨

轉肘骨論

轉肘上截骨頭式圓上有小凹色光滑又有磁骨麗與臂外輪連旁與正肘骨連下少許微凹如頸曰骨頸裹以環筋手若反覆骨即在筋內輪轉再下內面有一凸粗澁名曰雙頭凸凸接雙頭肌筋

中榦有三廉即前後內亦有三面即前後外下截式濶厚形方下面與

手腕相連、內面與正肘相連、與手腕連處三角而盂光滑、前後有一脊分開、外與船骨相連、內與半月骨相連、旁有微凹、接正肘骨、下半亦有三面、即前後外、前面粗澁、有手腕前筋附麗、外面長至盡處、有一峯、名轉肘骨峯、有手腕外斜筋附麗、峯內有二槽、槽中有脊、藏肌筋、後面覆有手腕後筋附麗、又有三條骨槽、槽內藏肌筋數條、此骨有四處相連、即臂正肘、船、半月、此四骨是也、其肌在轉肘骨凸處、有雙頭肌筋、在斜脊前、有反轉肘短肌、縮指淺肌、大指長縮肌附麗、在中谿前、有大指長縮肌、手腕方覆肌、後面有伸大指掌骨肌、並伸大指一骨肌、外面覆轉肘圓肌、骨峯處、有反轉肘長肌、

手腕八骨論

一手計有二十七骨、手腕八、手掌五、手指十四、惟手腕骨列爲二層、一層四骨、由轉肘起、至正肘止、上層一船骨、二半月骨、三尖斧骨、四豆骨、

下層一斜長方骨、二斛方骨、三大骨、四手鈎骨、八骨互連在上層上面彎覆光滑、與轉肘骨相連、後面由左至右、亦彎覆前面、盂成一穴、路有縮指諸肌筋經過、

船骨

船骨、在上層外、式如船、故名、上面彎覆光滑、與轉肘骨相連、內面與半月骨相連、外面骨半露如阜、有手腕外筋附麗、下面與斜長方骨斛方骨相連、下內面又與大骨相連、此骨共有五處相連、即轉肘、半月、斜長方、斛方、大骨是也、

半月骨

半月骨、式如半月、在上層中、上面覆光滑、下面盂有五處相連、即轉肘、船、尖斧、大骨、手鈎是也、

尖斧骨

尖斧骨、式如斧、在上層內盡處、上面後光滑、與正肘末服輪相連、前面外有一面光滑、上面有豆骨粘、此骨有三處相連、即半月、豆骨、手鈎骨、是也、

手骨後面圖

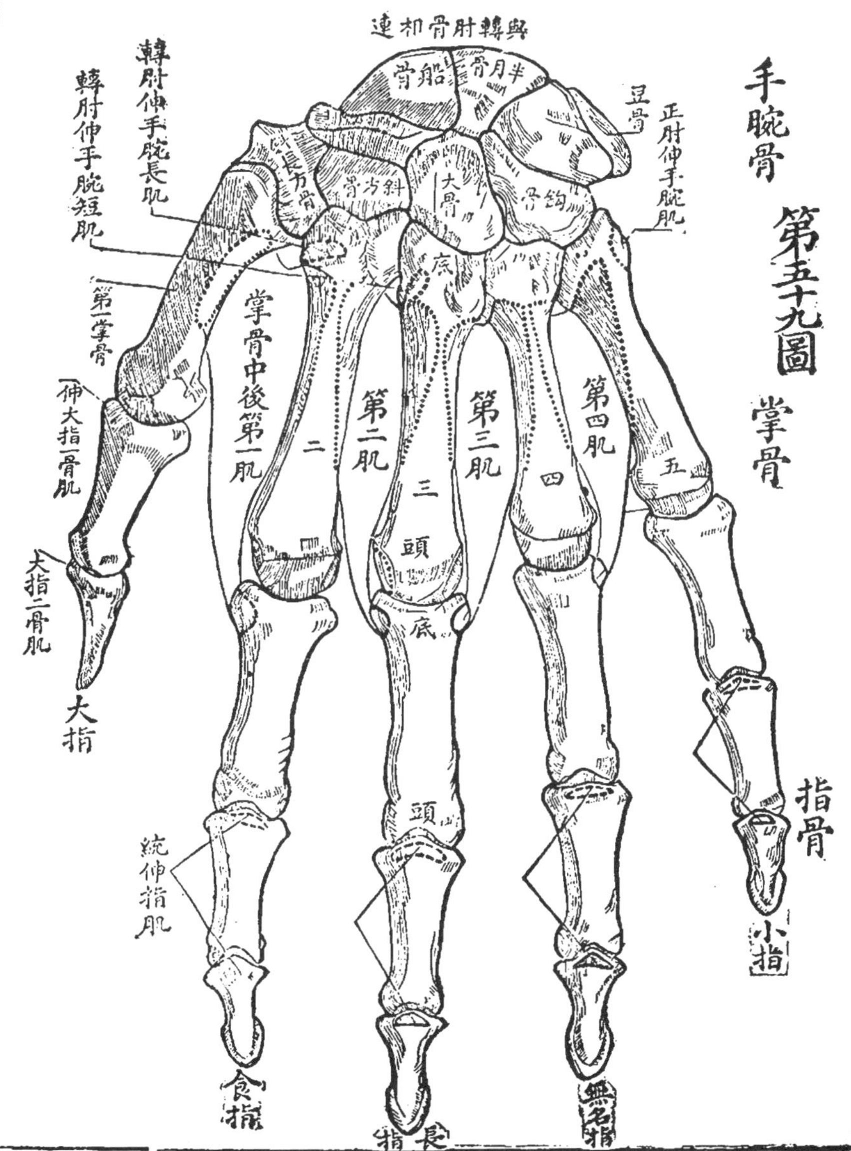
與轉肘骨相連
船骨
半月骨
豆骨
正肘伸手腕肌
手腕骨
第五十九圖
掌骨
指骨
轉肘伸手腕長肌
轉肘伸手腕短肌
長方骨
斜方骨
大骨
鈎骨
第一掌骨
伸大指一骨肌
大指二骨肌
大指
掌骨中後第一肌
第二肌
第三肌
第四肌
二
三
四
五
頭
底
統伸指肌
食指
長指
無名指
小指

手骨前面圖

手腕八塊骨

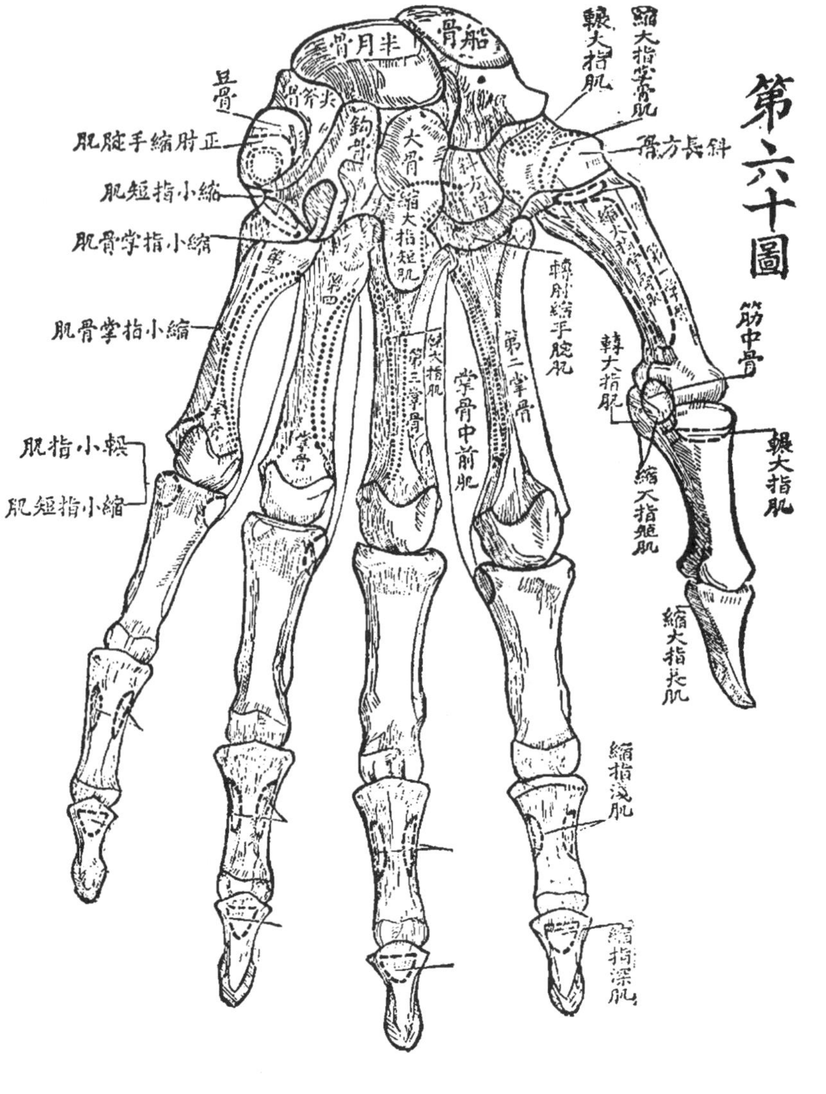

第六十圖

豆骨

豆骨、最小在手腕前內面、式圓如豆、有一骨相連、即尖斧骨、有肌二條、即正肘縮手腕肌 輾小指肌 附麗前面、粗澁、有環筋附麗、

斜長方骨

斜長方骨、在船骨下、大指掌骨上、有肌三條、即輾大指肌 縮大指掌骨肌 縮大指短肌 附麗前面、有一骨槽、藏轉肘縮手腕肌筋、槽外有一凸、有環筋附麗、此骨有四骨相連、即船、斛方、掌第一第二骨是也、

斛方骨

斛方骨、前窄後濶、外與斜長方骨、內與大骨、上與船骨、下與第二掌骨相連、

大骨

大骨在手腕中處、為八骨最大、上面覆光滑、成一骨頭、與半月骨相連、前面窄、後面濶、下與三骨相連、即二三四掌骨、此骨有七處相連、即船、半月、斛方、手鈎、並掌二三四骨是、有肌一條、即縮大指短肌附麗

手鈎骨、式與八骨有異、前面有骨、彎入如鈎、盡處有環筋緊粘、前面骨光滑、有筋經過、後面骨粗澁、有筋附麗、此骨有五處相連、即大骨、半月、尖斧、第四五掌骨是也、有肌二條、附麗、即縮小指短肌 縮小指掌骨肌

掌骨、自手腕骨起、至手指止、共有五條、先由大指數至小指、分爲一二三四五、此五骨、式相似、長骨之內、有上截、中幹、下截、上截各異、中下之式畧同、上截、第一條、短而大、前小、窄後濶、形方、上與斜長方骨相連、下與大指相連、第二條、上盂光滑、與斜長方斛方大骨第三掌骨相連、第三條、上盂與大骨相連、左右與第二第四掌骨相連、第四條、上面與大骨手鈎骨相連、左右與第三第五掌骨相連、第五條、上式盂光滑、與手鈎骨相連、內與第四掌骨相連、

中幹前面式窄、微盂、後面濶、稍覆、卽皮膚下前面中處、繫肌本

下截、五骨畧同、形如杵、面覆光滑、當左右處、皆微凹、以麗筋、第一掌骨有肌三條、卽伸大指掌骨肌 縮大指掌骨肌 掌骨中前肌 麗第二骨、有五條、卽轉肘縮手腕肌 轉肘俾掌腕肌 掌骨前肌 掌骨後肌 掌骨中肌 第三骨、卽轉肘伸手腕短肌 掌骨中第二三肌 輾大指短肌 輾大指肌 四骨、卽掌骨中肌 掌骨第三四肌 五骨、卽正肘縮手腕肌 正肘伸手腕肌 縮小指掌骨肌 掌骨中瓣肌

手指骨統論

下肢諸骨

手指骨論

指骨、共有十四、列爲三層、第一層五、二層四、三層亦五、上層大、二層次、三層小、式相似、上層盡處皆凹入、下盡處畧覆、前正面上至下式盂、左至右式平、兩旁稍利、有筋衣粘裹、後面式彎覆、二層式皆同、惟較上短小、三層較上二層尤短小、前面粗澁、後面大半光滑、大指第一骨、有肌四條附麗、卽伸大指一骨肌 縮大指短肌 轉大指肌 輾大指肌 二骨、卽縮大指長肌 伸大指長肌 食指、卽掌骨前中後肌 四指第一層、卽掌骨前中後肌、小指、卽縮小指短肌 輾小指肌 四指二層、卽縮指淺肌 統伸指肌 另食指有一肌、卽伸食指肌、另小指亦有一肌、卽伸小指肌、三層、卽縮指深肌 統伸指肌

下肢論

下肢、卽兩足、一足上至下、共有三十一骨、卽無名骨一、大腿骨一、小腿骨一、輔腿骨一、膝蓋骨一、脚腕骨之、脚掌骨五、脚趾骨十四、左右統計六十二骨、

無名骨論

無名骨　無名骨、左右各一、與鈎骨合成無底之盆、此骨在腹胦下、大腿上、骨大而厚、光滑、在外面中處、有一大凹、曰骨臼、又有一孔、曰盆孔、少時、此骨分爲三、卽跨骨、交骨、尻骨、是迨二十歲時、合爲一、

跨骨係在上截、至骨臼中止、交骨在前、內因式凸出相交、故名、尻骨在下、卽坐處、故分三骨而論、

跨骨　跨骨、左右式同、每塊有二面、卽內、外、亦有三廉、卽上、前、後、外面後半向下、前半向前、下外骨面光滑、前半式彎覆、後半盂入、上有彎脊三、卽名上中下、彎脊、上彎脊短、由上廉起、至鈎尻峽止、脊上至廉、有臀大肌附麗、中彎脊極長、由跨前上角後一寸起、至鈎尻中峽止、有臀中肌附麗下彎脊、不甚顯明、由前廉下角起、至鈎尻峽止、有臀小肌附麗、下少許、有一小凹、有大腿直肌附麗、內面分三處論、卽前、後、下、在前極大、骨光

男骨盆圖

第六十一圖

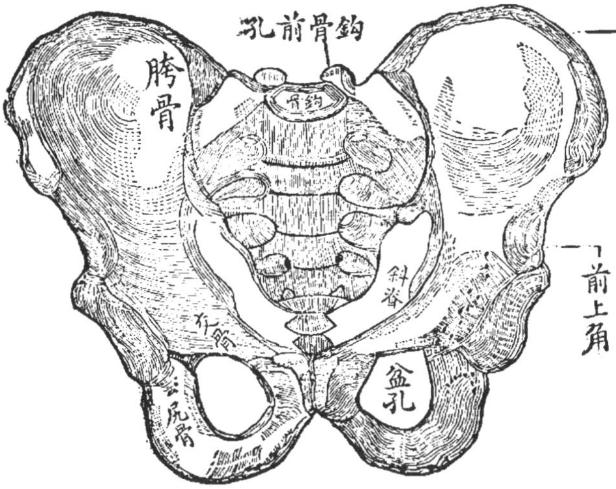

女骨盆圖

第六十二圖

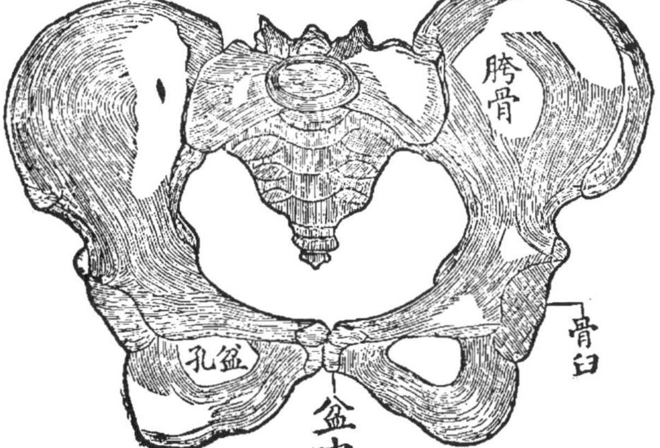

全體闡微

無名骨外面圖

第六十三圖

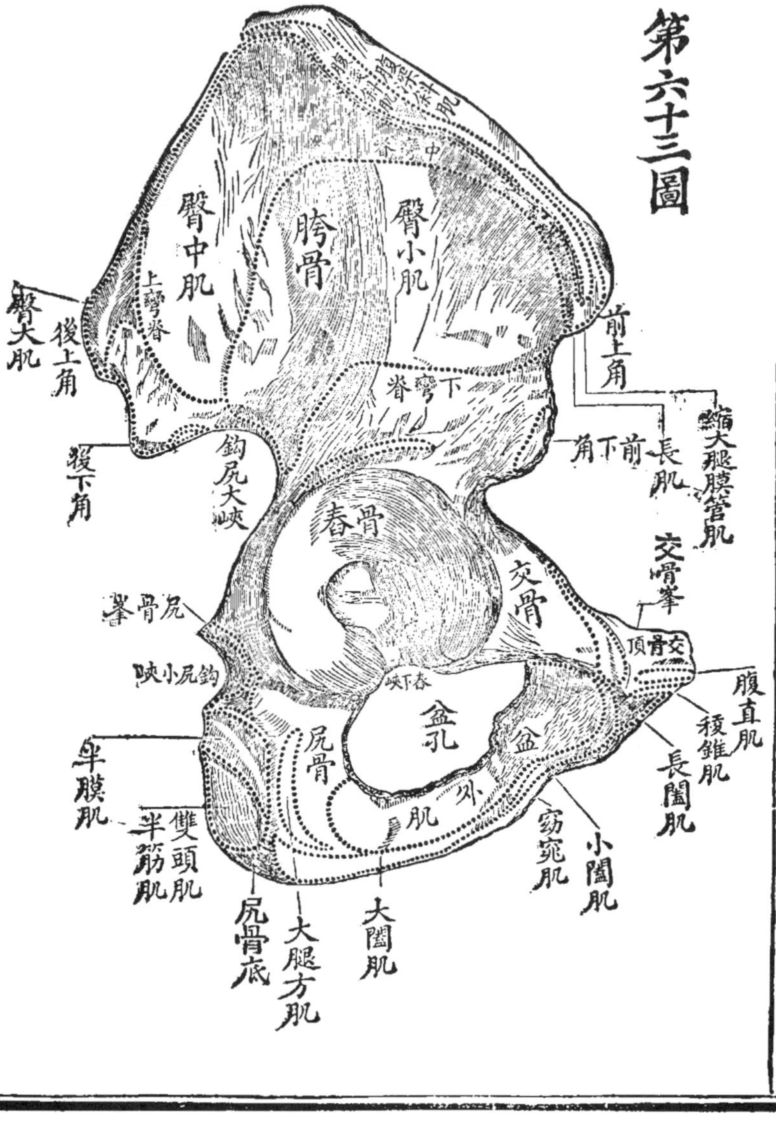

四十五

滑式盂由上廉起至斜脊止在後骨粗澁與鈎骨相連其式如耳故曰耳面在下極小係由斜脊下起至尻骨止上廉前中厚後薄在前上處有一骨角名曰跨上前角後亦有一角曰跨上後角此廉面上亦有三面卽外中內外面有肌四條附麗內亦有三肌附麗前廉式彎有三角一峽一曰跨前上角一曰跨前下角當上角有廣膜一重肌三條筋一條附麗在下角亦有二肌附麗後廉較前短亦有二角一名跨後上角一名跨後下角當此角間又有二峽卽鈎尻大峽鈎尻小峽

交骨論

交骨有二支一直一平平由骨臼前半起至盆中節中縫止左右合接處爲盆前界骨內面中光滑外面中節處粗澁有肌附麗上面有一骨峯名曰交骨峯峯上有一骨脊曰斜脊下面有一骨槽藏盆脈迴管腦筋外有肌附麗內面光滑直者向下外與尻骨相合外面粗澁有肌附

麗、內面光滑、外廉至尻骨止、

尻骨論

尻骨

尻骨在無名骨下、分爲二、一卽骨座、堅厚、一卽骨支、凸出、與交骨相連、骨座形三角、亦有三面、卽內外後、前爲盆孔、外廉外面卽骨臼下半式盂、光滑、內面光滑、爲骨盆旁、上濶下窄、在後有鈎尻大小峽、後面形方粗澁、有肌附麗、亦有一峯、名曰尻骨峯、峯上有一大峽、卽名鈎尻大峽、峯下亦有小峽、名鈎尻小峽、極下處卽骨座、有大肌數條附麗、其餘骨支凸出、係承上與交骨相合、內外皆有肌附麗、

無名骨

無名骨中有一凹、式如杯、內盂光滑、接大腿骨頭、名曰無名骨臼、係三骨合成、爲臼、其內卽交骨、上係胯骨、下乃尻骨、作五分勻、二分是胯骨、二分尻骨、一分交骨、在臼廉有環肞包裹大腿骨頭、臼下有一峽、名卽臼下峽、有脉管、迴管、經過、在臼中有小凹、有圓筋一條、透過大腿骨頭、

無名骨中在臼下前處有一大孔名盆孔式長圓如卵男大女小有膜一重塞住係盆內外肌本此孔有盆脈管腦筋經過統論無名骨與三骨相合即左右無名鈎大腿骨等是也有肌附髖髖上廉即縮大腿膜管肌淺斜肌腰廣肌橫腹肌腰方肌深斜肌立脊直肌髖胯外面有臀中肌臀大肌臀小肌腹直肌梨肌髖胯內面有胯肌脊眾歧小肌髖前上角有長肌髖尻骨外面有盆外肌內面有盆內肌提肛門肌尾閭肌髖尻骨峯處即係尾閭肌上孖肌提肛門肌髖骨座處有雙頭肌半筋肌半膜肌大腿四頭肌大闊肌下孖肌立莖肌會陰橫肌髖交骨處有淺斜肌腹橫肌深斜肌腹直肌稜錐肌小髎肌交骨肌長闊肌短闊肌窈窕肌盆內肌盆外肌提肛門肌縮總溺管肌見六十三圖

骨盆

骨盆乃四塊合成式如盆即鈎骨尾閭骨左右無名骨由盆後面腰鈎角起左右二脊斜側向下前名曰盆斜脊在脊之上式似盆非盆名曰假盆脊下如盆曰眞盆假盆下界係斜脊上界乃胯骨上廉左右界即

胯骨後界鈎骨前有一大峽有數肌附麗眞盆較假盆小而窄四向有骨爲界前係左右二交骨後係鈎骨尾閭骨左右尻骨此四向骨皆光滑後面凹彎極深前面當盆中節極淺

統論此盆男較女盆口稍窄女此男內面光滑故易生產此盆總式人挺身直立盆亦非平上面假盆口係向前下半眞盆底則向後見六十一六十二圖

大腿骨

大腿骨

全身之骨惟大腿骨最長且大極有力中圓如柱凡立足時此骨亦非直下乃上展下合女較男上向尤爲舒展上截骨有一頭二凸頭式極圓形如柑光滑有磁骨頭上中盡處有一小凹係圓筋附麗此頭即進入無名骨臼內頭下少許有一骨頸向上前上短下長有數小孔脉管透入

二凸乃一大一小大者係頸外面較頸高少許由凸至頭有一大峽凹

有二面四廉、外面式方、中有脊、有臂中肌附麗、內面較外面小一半、下有一壑、名曰大凸壑、有盆外肌附麗、上廉骨粗澁、有梨肌並盆內肌附麗、下廉卽大凸連處、在外下有外大肌、前廉有臂小肌、後廉卽大凸骨廉、

小凸式如阜、在上截下後面、形三角、上面畧圓、有肌筋二附麗、小凸至大凸有一脊、名曰凸中脊、有肌二附麗、

中榦上下皆微大、中畧小、前內外三面皆光滑、有數大肌附麗、惟後面有一大脊、名曰大腿脊、其式上濶一脊分二歧、中小顯露、下亦濶分歧在上分處外脊透上大凸止、有臂大肌附麗、內脊透上小凸止、在下分處外脊係透下外輪止、內脊乃透內輪止、中間式三角、曰膕面、平無肌附麗、只有脉管迴管腦筋經過、

下截左右有二半輪、前左至右盂、後在二半輪中有一峽、名曰輪中峽、

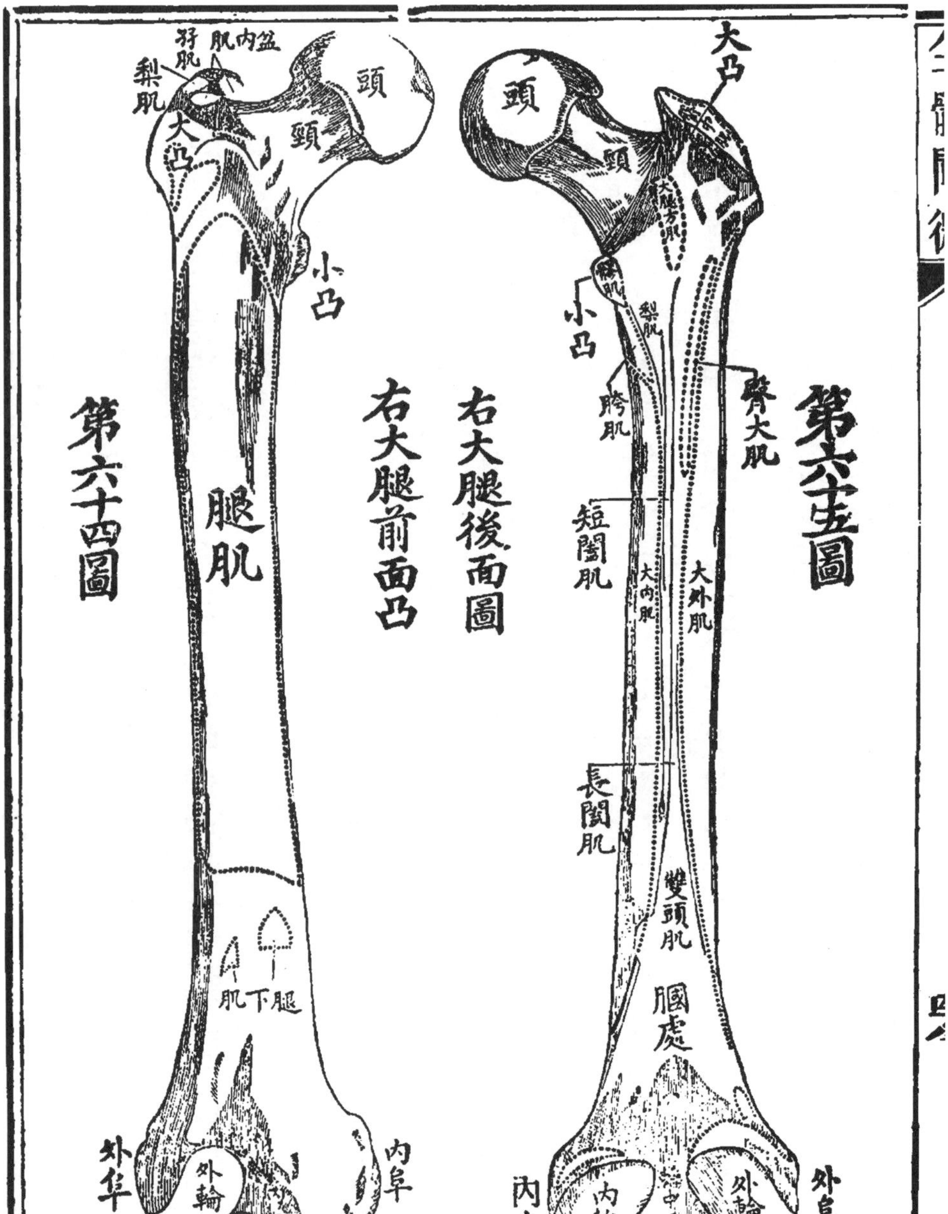

第六十四圖　右大腿前面凸

第六十五圖　右大腿後面圖

下前至後面覆光滑有磁骨外輪濶內輪長皆與小腿相連在二輪前與膝蓋骨相連此二輪內外面骨皆粗澁此骨與三處相連即無名小腿膝蓋等骨是也當在上截大凸所麗之肌即臀大肌　梨肌　盆內肌　臀小肌　盆外肌　上孖肌　下孖肌　大腿四頭肌小凸有大膠肌　胯肌中榦後面有外大肌　雙頭肌　大闊肌　交骨肌　臀大肌　大內肌　短闊肌　長闊肌前面有短闊肌下截有膕肌　長筋肌　孖肌

膝蓋骨

膝蓋骨論

膝蓋骨係在膝前有一筋透下麗小腿骨此骨前面即皮膚下式上濶下尖內面光滑中有脊左右斜出有磁骨與大腿骨相連上面有四頭總筋附麗圖見下頁

小腿骨

小腿骨論

小腿骨在脚前內面形三角上濶有一面在皮膚之下上截極大上面光滑有磁骨麗左右二面式盂與大腿內外輪相連上面又有一骨峯

曰小腿骨峯、中有一孔、曰小腿骨孔、孔前後各有小峽、前峽下少許有凸、曰小腿前凸、有膝蓋筋附麗、中幹式三角、上大下小、內面濶光滑、即皮膚下、中處有脊、名曰小腿脊、外面式盂、藏小腿前肌、後面上半有脊痕、有肌二附麗、過少許、有一骨孔、以通養骨脉、下截較上截小、形方、內面有骨露出、凸下、名曰內踝、下面光滑、內窄外濶、與踝輪相連、外面式盂、上粗澁、下光滑、與輔腿骨相連、此骨有三處相連、即大腿骨、輔腿骨、踝輪骨是也、在上截大凸、有半膜肌、外凸有小腿前肌伸趾長肌、中幹內面有長肌竅鵞肌外面有小腿前肌、後面有膕肌獺涉肌縮趾長肌小腿後肌、前面中處有膝蓋筋、

輔腿骨論

輔腿骨

輔腿骨由膝下起、至踝輪止、與小腿骨均長、較小腿小、在脚外面、上截上面一處光滑、與小腿相連、外有骨凸、上有雙頭肌、筋附麗、此骨粗澁、有數筋附麗、下截、即外踝、較上截大、內面光滑、與踝輪相連、後面有小

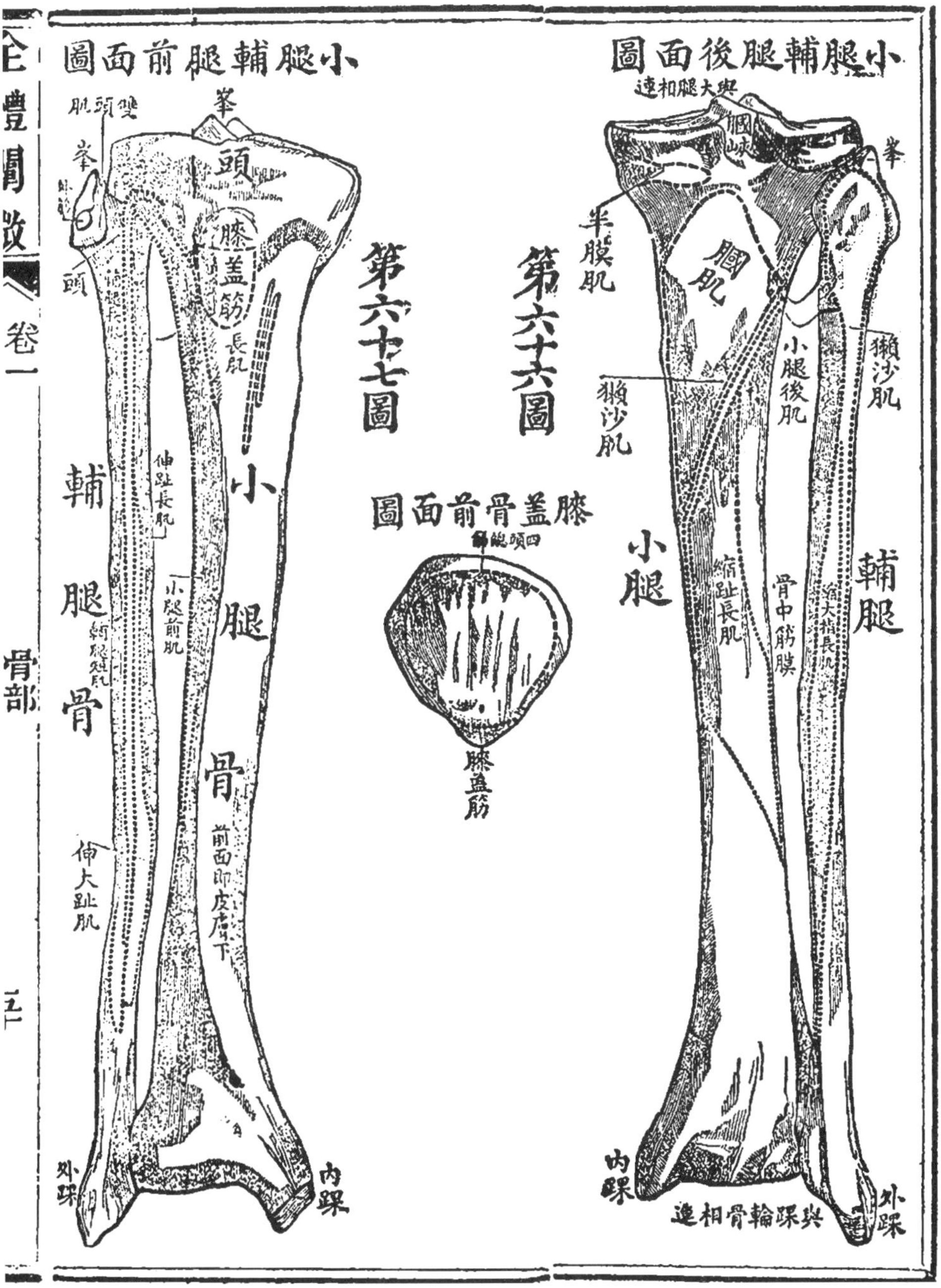
全體闡微
卷一
骨部
小腿輔腿後面圖
第六十六圖
與大腿相連
峯
半膜肌
膕肌
獺沙肌
小腿後肌
小腿
縮趾長肌
骨中筋膜
輔腿
內踝
外踝
與踝輪骨相連
小腿輔腿前面圖
第六十七圖
雙頭肌
峯
頭
膝蓋筋
長肌
伸趾長肌
小腿前肌
小腿骨
輔腿骨
伸大趾肌
前面即皮膚下
外踝
內踝
膝蓋骨前面圖
膝盖筋

凹中粗澁有横筋附麗上少許有骨槽接筋數條外面卽皮膚下中榦形三角彎由有三廉三面皆有肌附麗此骨有二處相連卽小腿踝輪是也在上截頭處有雙頭肌獺沙肌輔腿長肌在中榦前面有伸趾長肌伸大趾肌內面係有獺沙肌小腿後肌縮大趾長肌外面有輔腿長肌輔腿短肌

足踠骨論

每足除腿外計有二十六骨足踠七足掌五足趾十四足踠卽踵踝輪方船又有三骨排列卽內外中尖斧骨

踵骨

踵骨在極後極下處踝輪極高處上與小腿輔腿相連前卽船骨下卽三尖斧骨過外處有方骨四骨排列相連其踵骨式向下後有六面卽上下前後內外上面前半有二骨面皆光滑外大後覆前而盂成爲一壑卽在踝輪下後半前至後內盂外覆有數十小骨孔下面有三骨阜南阜極大外阜極現前阜極長由前阜過內阜成一峽中有數筋透過

卷一　骨部

右脚上面圖

第六十八圖

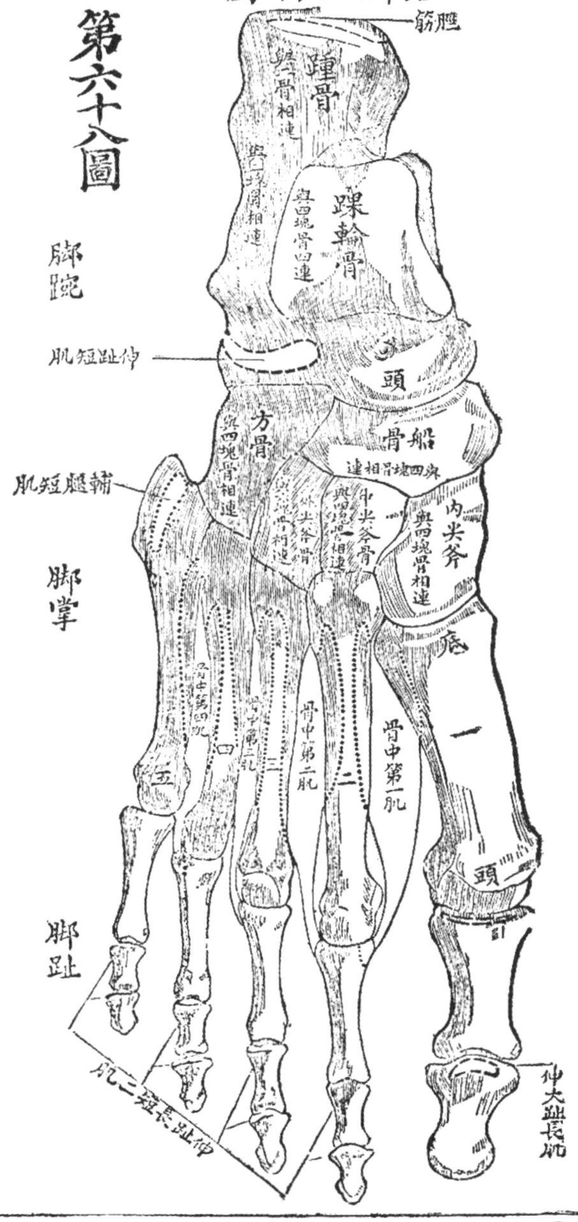

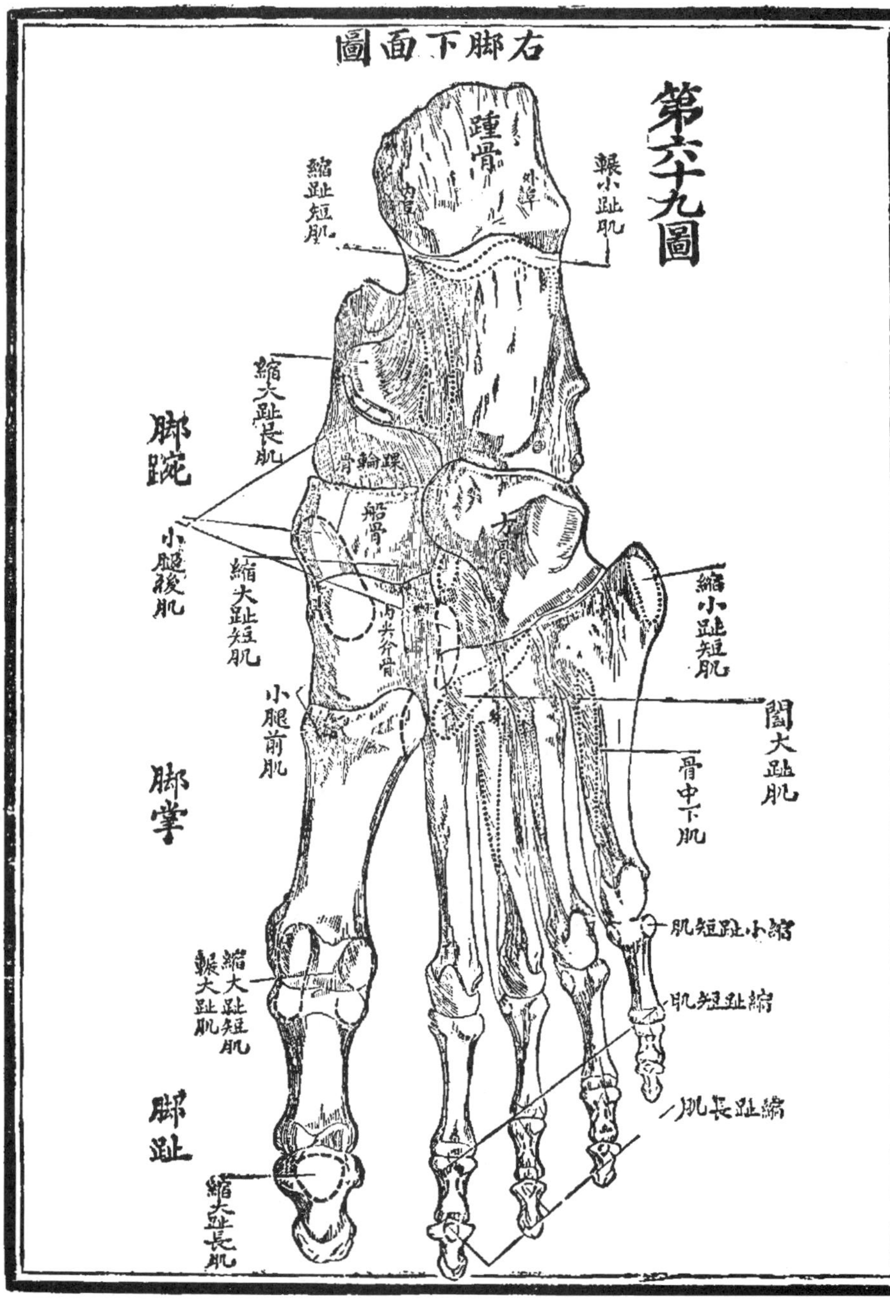
右脚下面圖
第六十九圖
踵骨
縮趾短肌
輾小趾肌
縮大趾長肌
脚踠
踝輪骨
小腿後肌
船骨
方骨
縮大趾短肌
縮小趾短肌
小腿前肌
闊大趾肌
骨中下肌
脚掌
縮小趾短肌
縮趾短肌
縮趾長肌
縮大趾短肌
輾大趾肌
脚趾
縮大趾長肌

全體闡微

三十

方骨

足趾外面骨粗澁、即皮膚下、在前有骨珠二、亦有筋附麗、內面光滑式如槽、有脚掌脉迴管腦筋並筋數條經過、前有一凸式横與踝輪相連、前面有一骨輪光滑有磁骨、其磁骨與方骨相連、後面式方、骨粗澁有胯大筋附麗、此踵骨有二處相連、即踝輪骨方骨是也、有肌附麗、即係小腿後肌　足掌肌　縮趾短肌　伸趾短肌　踵筋　展小趾肌　護縮趾肌　展大趾肌

方骨論

方骨在足外中處、上面粗澁、有肌筋數條遮蓋、前面與掌第四五骨相連、後面與踵骨相連、內面與船骨外尖斧骨相連、外面極短小、有一骨珠、前有一骨槽、下前半又有一槽、有筋數條經過槽後、骨粗澁、有數筋遮蓋、此骨有四處相連、即踵、外尖斧並四五掌骨、有時亦與船骨相連、有縮大趾短肌附麗、

踝輪

踝輪

踝輪骨在踵骨上前半上面有輪前後覆左右盂有磁骨與小腿輔腿相連輪前有小凹曰骨頸過少許式覆光滑曰頭即前面與船骨相連下有二面光滑有磁骨中有槽槽中藏筋內外面與踝相連此骨有四處相連即小腿輔腿踵船等骨是也無肌附麗

船骨

船骨

船骨在足內面式如船故名骨後面盂即踝輪頭相連前面光滑與三尖斧相連外面少許與方骨相連上面覆粗澁內面有露出名船骨珠有小腿後肌筋附麗此骨有四處相連即踝輪頭內中外尖斧骨是也又方骨少許有肌一條附麗即小腿後肌

尖斧骨

尖斧骨

尖斧骨即內中外因式如斧故名內尖斧骨極大在足內面後與船相

連前面與掌第一骨相連內面卽皮膚下骨粗澁有數肌附麗外面光滑與掌第二骨中尖斧相連後光滑與船相連下面粗澁亦有骨珠珠處有小腿後肌筋附麗前半有小腿前肌筋附麗此骨有四處相連卽船中尖斧掌第一二骨是也有肌二條附麗卽小腿前後肌○中尖斧當此三骨之中極小上面式方而潤下尖有數筋附麗此骨與四處相連卽船內外尖斧並掌一骨是也○外尖斧骨式與中同其長少許前面與掌三骨相連或與掌二四骨相連後面與船骨內與中尖斧外與方骨亦相連有肌二條附麗卽小腿後肌筋縮趾短肌筋

足掌骨

足掌骨有五式與長骨同上下截大中小由足內過外第一骨式極大而短形三角後面與尖斧相連前面卽骨頭光滑與大指一骨相連二骨極長上截式方有五處相連卽內中外尖斧並一三掌骨是也第三第四

其式與二相似、惟上截短、有三處相連、卽外尖斧、二四掌骨是也、四骨卽三五掌骨方骨、相連五骨、比四骨大、上截外有骨凸出、或曰阜、或曰珠、有二處相連、卽四掌骨方骨是也、在一骨處有肌三、卽小腿前肌 輔腿長肌 骨中一肌 在二骨有肌三、卽轉大趾肌 骨中一二肌 在三骨有四肌、卽轉大趾肌 掌一肌 骨中二三肌 在四骨有四肌、卽轉大趾肌 掌二肌 骨中三四肌 在五骨亦有四肌、卽輔腿短肌 骨中四肌 縮小趾短肌 掌三肌

足趾骨

足趾有十四式、與手指相同、惟大趾大一層、五塊、每上截均與掌骨相連、下截皆與二層上截相連、二層大趾惟上與一層相連、其餘四骨上與一層、下與三層相連、三層極小、只有四骨、式則同也、在大趾有伸趾短肌 展大趾肌 轉大趾肌 脚橫肌 縮大趾肌 二趾有骨中肌筋 三四兩趾亦然、五趾有縮小趾大肌 骨中肌 轉小趾肌 此係一層、當二層大趾、有伸縮大趾長肌、二三四五皆有、其三層有伸趾長肌縮趾長肌 伸趾短肌

以上所論全體約有二百骨、以外更有數小骨、卽筋中骨、又耳中六小骨 另詳於耳部

骨節總論序

中國醫家有云、人身三百六十五骨節、與西醫所論不合、何也、蓋中國無剖割人身之舉、不能見其實形、但以人之摹擬臆斷、妄著成書、究竟浮詞議論、何足爲憑、致由古迄今、以訛傳訛、而人亦信其爲是、余幼習西醫、精究理法、凡人之骨節、筋絡、形式、部位、無不既明、且悉前書所言、係人之全體諸骨、一一詳載、今再論人身諸節連絡功用、俾人洞徹人身之妙、實本天成焉、譬有一匠、極具聰明智巧、無論用何物料、製造身體部位、骨節、皆可倣像而成、若欲使其手足活動、全體運行、卽窮極輪機、創造勢必萬萬不能也、古來聖書云、天主創造天地萬物後、乃於第六日造人、人體之妙用、實爲上帝之功能、世人苟知人身骨節實據、卽知上帝是無不能、無不知之主、一以答上帝之恩、一以保吾身之要云爾、

骨節　骨節分數等有定而無動者、如頭顱骨面骨是也、有少動者、如脊骨是也、有能動者、如肩骨是也、其無動者、骨相合處中有膜、或有韌骨、少動者、有一肕在中、能動者骨至交節處多廣潤、有磁骨、筋數條、及裹筋節衣包裹、又有肕、

韌骨　初生其骨未全、骨末多韌骨、居實骨三分之一、此類不久卽變爲實骨、名曰暫韌骨、又有長久之韌骨、分二類、一在韌中附麗骨末名磁骨、色白如磁光滑、或藍黃色、軟而韌、有自縮力、○一在胸膛前半、耳中、鼻中、眼胞、總氣管、聲管、曰實韌骨、

節中磁骨　節中兩骨末皆有磁骨附麗、中厚兩廉薄、其面光滑、係與他骨相磨、底粗澁、與本骨粘合、並無血脉、

肕　論肕、似筋非筋、似韌骨非韌骨、其實半筋半韌骨、亦有自縮力、或在骨中、或在骨外、或束二骨不等、

筋

論筋分二類、一曰肌筋、卽肌末、一曰骨筋、係包裹骨節旁、

裹筋

論裹筋式如管、包裹二骨、上粘上骨、下粘下骨、中間包裹骨節、裹筋內面有一重膜、名曰節衣、能生精液、如油鹹滑如膠、名曰節油、

節衣

無動節

論無運動節、有三種、一係交齒節、卽在骨廉、形如鋸凸凹交錯、如在額頭顱、等處、名曰交齒節、一係夾節、其式一邊分岔、一邊薄如刃、夾入、如在顱頂、耳門等骨節是也、○一係交啣、其式一尖如錐、一凹、尖處進入凹內、如在齒牙床等處是也、

少動節

論少動節、其類短骨多相連處、面平、中或有肦、或有韌骨、在廉有筋粘束、如脊骨二十四節、胸骨二節、盆中節是也、

能動節

論能動節、其類有四、一係骨末相對、能爲伸縮、不能反覆、如肘腕節、膝節是也、二流滑節、兩骨相對、自爲流滑、如胸鎖柱骨節之類、是也、三杵

脊諸節

曰節、一杵一曰相接、如肩頭、腿頭等處是也、四輾轉節、能輾轉、如轉肘正肱等處是也○欲見骨節之實、可剖驗牲畜、緣牲畜之骨節與人相似、

脊骨節

脊骨節共二十四節、外有多筋粘束貫串而成、其筋分為五路、一在骨體、一在骨盤、一在上下筍、一在橫支、一在後支、

在骨體節者、有二筋、即前總筋、後總筋、亦有骨中朋、前筋廣濶有力、係在骨體前面、由頸骨首節起、至鈎骨止、下半力尤多、其實此筋非直落粘合有筋線、或由一二塊起、透下至三四塊止、或由二三塊起、透下至四五塊止、即各小線合成一大筋、

後筋係在腦脊根管內、麗體後面、亦由頸首節起、至鈎骨末止、上濶下窄、亦麗骨中朋輪、　下篇後半頁附有腰節半寸圖

脊中筋　脊中筋、係夾在骨體上下中間、式與骨均大、層層皆有、在腰處猶厚、前厚後薄、亦粘裹骨體、致兩節不礙、又與前後總筋相連、如脊骨合成筋、居四份之一、

盤節　盤節筋只一條、係由一盤起、透下二盤止、色黄、名曰黄筋、各盤皆然、

筍節　論筍節、有一重膜、包裹成筋、裹面亦有節衣、能生節油、論後支節、居中有筋、薄如膜、由此支直上彼支、支支皆然、盡處有筋、由頸第七塊起、至鈎骨止、論横支節、諸筋極小、無甚緊要、功用頸頭節主仰、背骨節腰骨節主俯、

枕脊節

枕脊節　論枕脊節、即枕與脊首次二骨相連、全體諸節、此節大異、乃三骨相連、上即枕骨、中係脊首骨、下即脊次骨、次骨鈕穿過首骨、與枕骨相連、

首次節　論首次節、分爲二類、一係伸縮類、一係溜滑類、首塊前弓與次骨鈕相

連爲伸縮類、其餘別處相連爲溜滑類、其節筋、卽首次前筋二橫筋一後筋一裏筋二
首次前筋二、下粘骨鈕底、上分開麗首骨前弓之珠不甚大、
首次後筋一式廣濶、薄如膜、上麗首骨、後弓後廉、下麗次骨盤、
橫筋一、橫貫枕骨首骨大孔兩端、並麗枕骨首骨左右、又包裹次骨鈕、
筋前有次骨鈕、筋後有腦脊根、
裏筋二、在首次二骨相連左右處、上連首骨、下麗次骨、裏面有節衣附
麗、

枕脊節

論枕脊節有二、一係枕首節、一係枕次節、

枕首節

枕首節、有筋七、係首枕前筋二、後筋一、左右筋二、裏筋二、首枕前筋二、
一圓上麗枕骨底、下麗首骨前弓之珠、一薄如膜、上麗枕骨大孔前面、
直向下、至首骨前弓止、後筋一、式廣濶而薄、上麗大孔後弓、透下首骨
後弓止、左右筋中有二孔、透過此孔有項脈、

左右筋二、上麗枕骨外角、下至首骨橫支末止、裏筋二、式濶而短、裏面有節衣上麗枕骨墊邊、下麗首骨上面

枕次節

枕次節有筋四、即枕次筋一、枕鈕筋三、枕次筋濶而有力、下麗次骨體後面上透至枕骨底大孔、

枕鈕筋三、二條麗於鈕末處、分開左右向上、外至枕骨墊內面止、此二筋分岔中有一直筋上至大孔前面止、

耳門下牙床節

耳門下牙床節

論此節、即下牙床骨輪、與耳門骨臼相連、有筋四、即內筋一、外筋一、錐筋一、裏筋一、亦有肳輪、

外筋、式短薄、由顴拱起、至下牙床骨頸外面止、上濶下窄

內筋由蝴蝶骨峯起、透至下牙床內面內孔止、此筋離骨少許、中無粘麗筋、外與翅外肌相隔、筋內有頦內脉、腦筋橫過、

腰節半爿圖

第七十圖

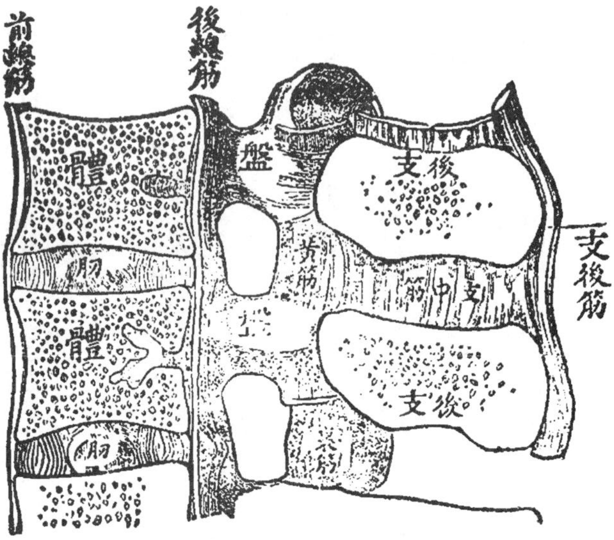

耳門下牙床節外面圖

第七十一圖

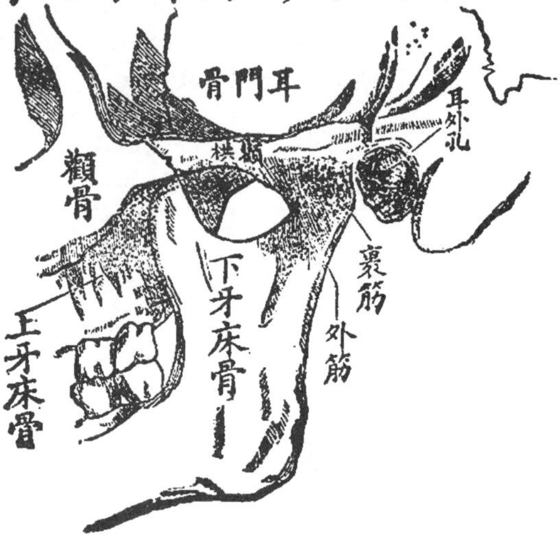

脇背胸諸節

頦錐筋、由耳門骨錐起、至下牙床角止、
裏筋薄如膜、上粘骨臼下至骨頸止、在節中有版一、式如輪上凸出、下凹入、上與耳門骨相連、外麗節外筋、內與裏筋相合、前與翅外肌相合、肕中薄廉厚、上有一節衣、下亦有節衣、節有腦筋係由下牙床腦筋來、功用有二、一主頦開合、一主頦左右轉、此節有圖另詳備載於第

脇背胸諸節

論脇節、在後與背爲節者有二、一係脇頭與背體相連、一係脇頸與橫支相連、在前則觔骨與胸骨相連爲節、脇頭與背體連者、此卽伸縮節、有筋三、卽前筋一、節中筋一、裏筋一
前筋由脇頭前面起、分三叉、上斜上、中向中、下向下、均麗背體、
裏筋薄如膜、包裹脇頭、亦與前筋相連、節中筋短、有數筋線粘麗脇頭、橫透過背肕輪、

耳門下牙床節內面圖

第七十二圖

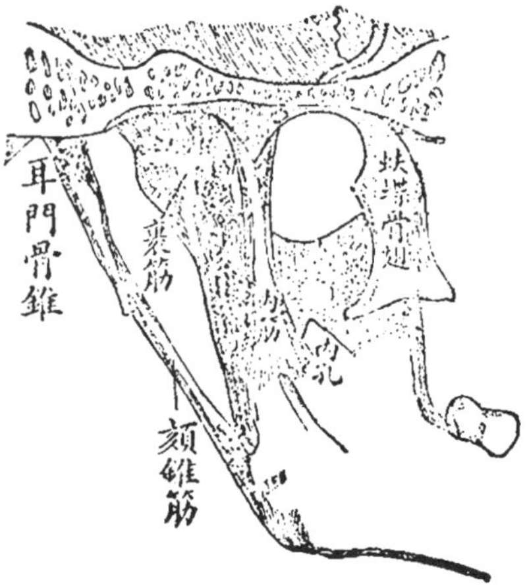

背脇節前面圖

第七十三圖

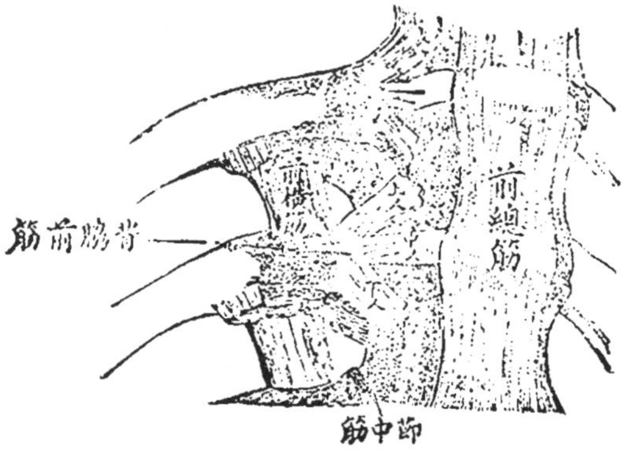

論頸與橫支者有筋四、即前橫筋一、後橫筋一、中橫筋一、裏筋一、前橫筋、式下濶上窄、亦有力、下麗脇頸上廉、上斜上麗背橫支下廉、惟第一脇與第十二脇無此橫筋、中橫筋短、亦有力、在前橫筋外少許、惟第十二脇此筋極小、後橫筋、由橫支透過脇骨珠、惟第十一二脇無此裏筋、包裹兩骨相連處裏面有節衣、

論脇軔骨與胸骨相連、其筋有三、即前後裏筋、前筋廣濶、由肕骨起、橫過麗胸前面止、每脇皆然、後筋式薄、與前筋相似、麗胸後面止、裏筋式亦薄、係粘前後包裹骨節、筋裏亦有節衣、惟八至十二諸脇端無與胸前相連、其末即是軔骨、其筋自相縛束、

上肢諸骨節

上肢諸骨節、〇第一鎖柱胸節、第二肩胛鎖柱節、第三肩臂節、第四臂肘節、第五正肘轉肘節、第六肘腕節、第七手腕八骨節、第九掌指節、第十手指節、

胸鎖諸節

胸鎖柱節

論胸鎖柱節、係溜滑節、乃鎖柱與胸骨並第一脇骨合成、此節有筋四、亦有肋輪、在前有一筋、由鎖柱起、斜向下、麗胸首骨、名曰胸鎖柱前筋、在後亦有一筋、與前畧似、名曰胸鎖柱後筋、鎖柱中有一筋、係在鎖柱起、沉彎向下、麗胸首骨、粘上至右鎖柱止、名曰胸鎖柱中筋、鎖柱脇筋、由鎖柱起、透過第一脇骨止、

論肋輪、式圓、上厚中薄、在節中、上麗鎖柱骨、有節衣、下麗胸骨、亦有節衣、

肩胛鎖柱節

肩胛鎖柱節

論肩胛鎖柱節、係鎖柱外末、與肩胛頭相連為節、有筋三、卽鎖柱肩頭上下筋鎖柱喙筋亦有肋輪、鎖柱肩頭上筋、式方、在節上面、由鎖柱起、麗肋輪、鎖柱肩頭下筋、薄如膜、與上同、係在下面、鎖柱喙筋、分開前後二歧、前由喙起、式

胸鎖柱節前面圖

第七十四圖

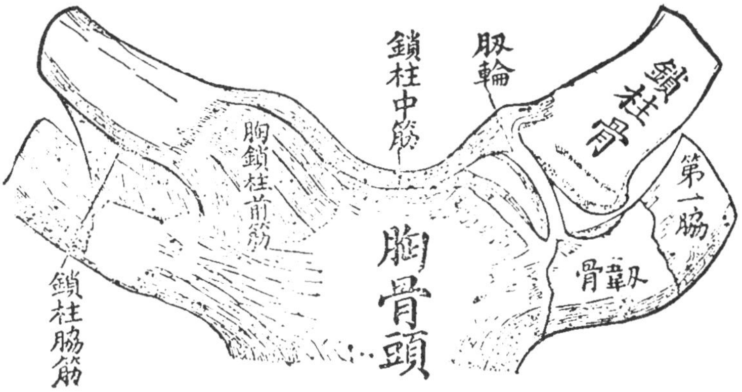

肩臂節並肩胛鎖柱節前面圖

第七十五圖

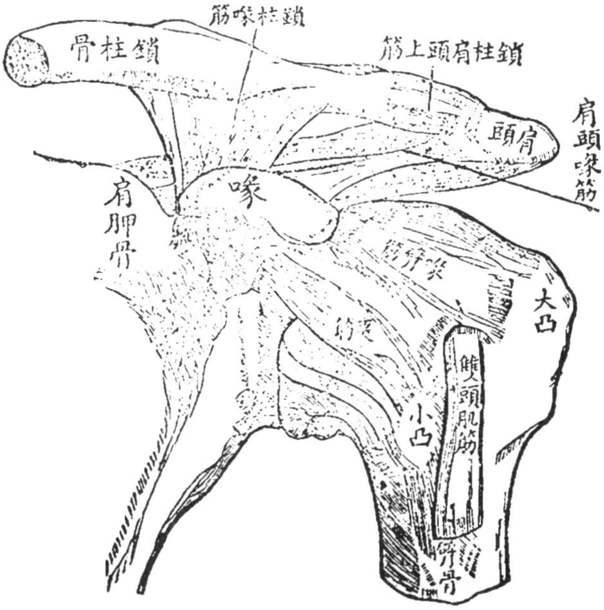

左臂肘節後面圖

第七十六圖

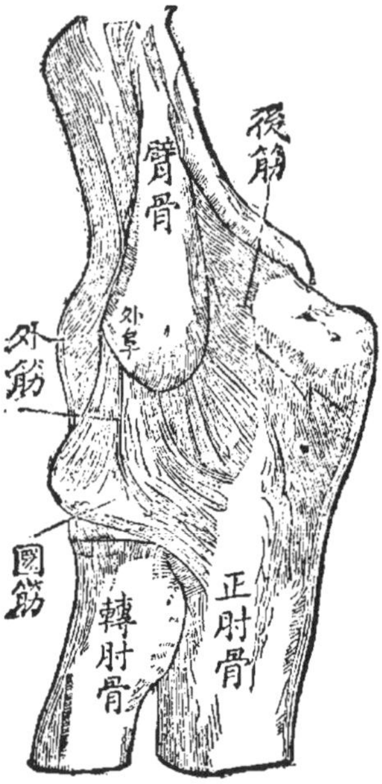

左臂肘節前面圖

第七十七圖

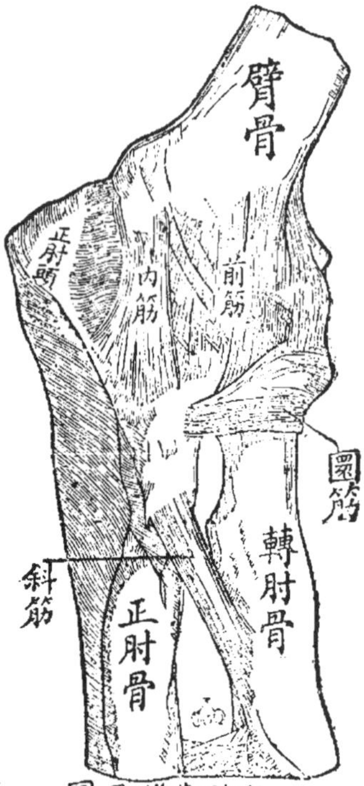

肘腕節前面圖

第七十八圖

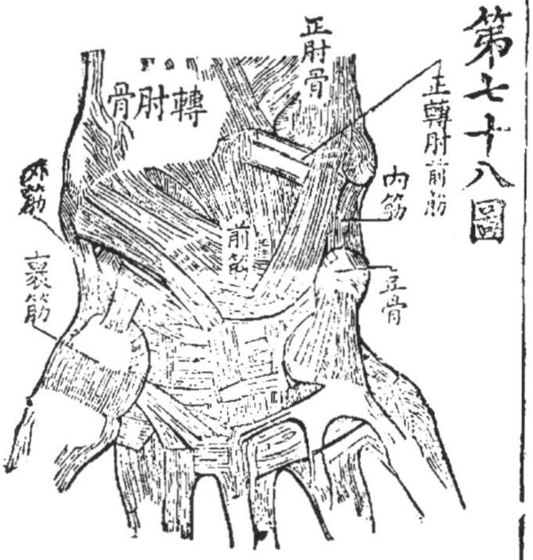

肘腕節後面圖

第七十九圖

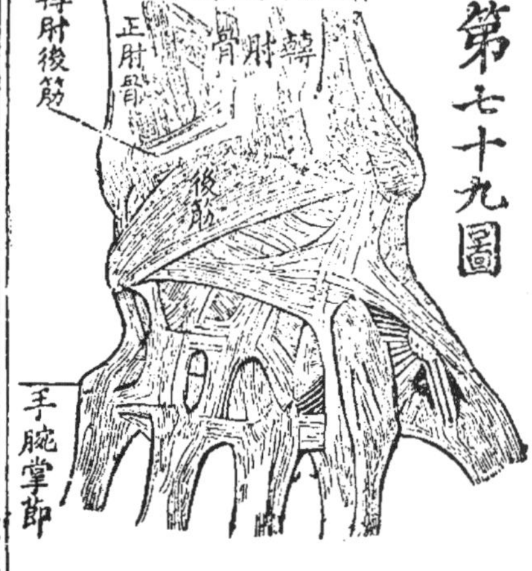

厚向下亦籠鎖柱骨肕輪或有或無原非一定有肕輪者則有一並節衣無者惟一節衣

論肩胛骨另有二筋卽肩胛上筋與喙筋其肩胛上筋在上橫過肩胛峽喙筋由喙透過肩頭止

肩臂節

論肩臂節係杵臼節乃臂頭與肩胛窩成節此節乃至要之處凡人跌倒此節較別節尤爲易脫若骨凸出須慎醫治其節有三筋卽裏筋喙臂筋環筋筋係總裏一節由肩胛頭透過至臂頸其筋緩而鬆藏入一寸致寬於轉運上厚下薄在上有岡上肌筋經過在下有三頭長肌經過在外有岡下肌筋小圓肌筋經過在內有肩胛下肌筋經過相爲護助喙臂筋係由喙尖起透過臂大凸止卽在裏筋之上並與相連環筋卽肕如環籠肩胛頭廉內薄外厚在裏筋裏卽環臂頭亦有節衣包裏

臂肘節

節衣甚大生節油麗環筋亷及裏筋裏面並包裹雙頭肌長筋在肩胛下肌筋處透入動囊此節脉係由肩胛上脉並前後回脉來腦筋名與脉同

臂肘節

論臂肘節係伸縮節臂輪並正肘上截轉肘頭合成爲節骨面有磁骨有筋四即前內後外筋前筋濶而薄透過節前上粘臂骨下麗正肘喙並環筋與內外二筋相連筋後即節衣後筋上粘臂骨下粘正肘骨頭式薄如膜內筋式厚三角形分開前後二歧前歧上粘臂內阜下粘喙內亷後歧上粘與前歧同下粘正肘骨頭外筋式短窄上粘臂外阜下粘環筋

節衣極大總包臂下截正肘骨頭並喙亦粘前後左右四筋統論此節脉管由臂及正轉肘各處來腦筋由正肘腦筋起功用主伸縮

正轉肘節

論正轉肘節、此係二骨排列、分而爲三、即上截、中幹、下截、其間皆有筋附麗、

上截即轉肘頭、旁與正肘小盂相連、面有磁骨、中有節衣、即臂肘節衣、透下相連、有筋一、即環筋、係由正肘環轉肘頸、功用主轉輪

中幹係反覆節、有筋二、即圓筋骨中筋、圓筋由正肘骨阜起、斜向下、粘住轉肘骨、或有或無、不定、骨中筋、上濶、薄如膜、橫透過二骨、有數小孔、以通骨中前脈、但此筋有二用、一爲數肌之本、一係束縛二骨、

下截有前後二筋、三角朋輪、此朋輪即麗正肘下截、亦麗轉肘、束住二骨、功主反覆、

肘腕節

論肘腕節、係伸縮節、乃轉肘下截、與船骨、牛骨、尖斧三骨爲節、其三骨排列、式彎

覆有磁骨光滑筋四節（內外前後）筋內筋式圓上粘正肘骨峯下分歧一粘尖斧一粘豆骨外筋由轉肘骨峯起直透下過船骨外面止前筋式濶薄如膜亦光滑上粘轉肘下截並骨峯亦粘正肘下截下粘船半月尖斧三骨後筋較前尤薄上粘轉肘下截下粘船半月尖斧三骨節衣節麗三角朋輪在數筋之內

此節在前有縮指數肌筋並轉肘正肘脈經過在後有伸指肌筋數筋經過腦筋由正肘腦筋來功用主伸縮

手腕八骨節

手腕八骨節

論手腕八骨節係溜滑節乃八骨列爲二層其相連有四一係一層四骨排列自相連合二係二層四骨排列自相連合三係二層與掌骨連合四節肘腕節

一層四骨連處後有二橫筋麗船半月尖斧等骨前亦有二筋附麗與

後同、又有骨中筋、式短、直透二骨、兼又豆骨與尖斧骨連處、亦有節衣、外又有裹筋

二層四骨連處、前後各有筋三、骨中筋二、前後筋式橫、牽連二骨

一層與二層節中、有磁骨筋四、式短、即前後內、外筋、亦有二節衣

二層與掌骨相連、在大指掌骨連處、其節有異、係杵臼節、有裹筋、在筋內、即節衣、其裹筋係粘掌骨頭、透過斜長方骨、其餘掌四骨相連、均有前後、骨中、三筋、式短、相爲附麗、亦有節衣、功主伸縮

掌指節

掌指節係伸縮節、乃掌五骨合成爲節、在四掌骨前面、有一橫筋透過掌骨竅、實串五骨、又在一節有三筋、即前內外筋、惟伸指肌筋透過每節後面、功主伸縮輾轉、

手指節

手指節

手指節、即伸縮節、其筋與掌指同式亦相似、

下肢諸節

下肢諸節

第一腰鈎節　第二鈎尾閭節　第三鈎胯節　第四鈎尻節　第五盆中節　第六大腿節　第七膝節　第八小腿輔腿節　第九踝輪節　第十足踠七骨節　第十一掌趾節　第十二趾節

腰鈎節

腰鈎節

腰鈎節係腰第五塊與鈎骨上面連合爲節、有筋五、即前後裏黃後交中筋、朋輪與脊節相似、另有二筋、即腰鈎筋、麗腰橫支向下粘鈎上面式三角、下廣濶分二歧、一即腰胯筋、麗橫支盡處透過胯上廉

鈎尾閭節

鈎尾閭節

鈎尾閭節、乃鈎骨末與尾閭骨連合成節、有前筋、後筋、朋輪、乃在兩骨中、麗於骨面、前後二筋、亦麗前後面、

鈎胯節

鈎胯節

鈎跨節在鈎骨兩旁、與左右跨骨相合成節、有二筋亦有一韌骨盤式如人耳在節中附麗二骨、此節主少動、其二筋卽前後腰跨筋前筋薄由鈎起橫透胯骨止後筋有力分開數歧由鈎後面起麗韌骨透至胯後面止

鈎尻節

鈎尻節

鈎與尻兩骨並無相連、祗有二筋相合一卽鈎尻大筋一卽鈎尻小筋、鈎尻大筋在骨盆下後處薄而長平形三角中窄兩端濶由跨後下角及鈎骨後面第三四左右阜並尾閭骨等處起斜向下外前至尻骨座上變窄而厚筋廉有盆膜附麗後卽臀大肌本前與鈎尻小筋相連上廉爲鈎尻小孔下界下廉爲會陰界鈎尻小筋較大筋小而短亦三角形由鈎骨尾閭骨旁起透至尻骨峯止筋前界尾閭肌筋後連鈎尻大

盆中節

筋並有陰陽內脉橫過上廉、作鉤尻大孔下界、下廉作鉤尻小孔界、此二筋使鉤尻峽成二孔、名曰鉤尻大小孔、大孔前界卽無名骨、後廉後界上、卽鉤尻大筋出此孔、梨肌下、又有尻脉陰陽內脉迴管、腦筋亦此孔出、 鉤尻小孔前界係尻骨座、上界尻骨峯、鉤尻小筋、後界鉤尻大筋、過此孔、有盆內肌筋、陰陽內脉迴管、腦筋等件

盆中節

論盆中節又名交中節、係交骨二塊相合成節在腹下中處二骨末皆有軟骨中亦有朋輪、前濶後窄、間亦有節衣有筋四、前後上下、筋前筋橫透過前面後上二筋、祇有數筋線、下筋有力式厚形三角、又有盆膜亦如筋、麗盆孔廉透過此孔、卽盆孔膜在膜上半有一小孔、有盆脉腦筋經過、又盆內小肌由此起、

第八十圖

骨盆諸節前面圖

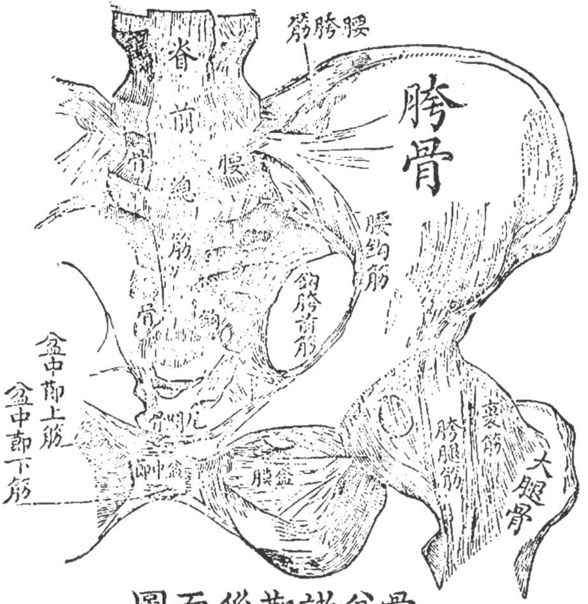

第八十一圖

骨盆諸節後面圖

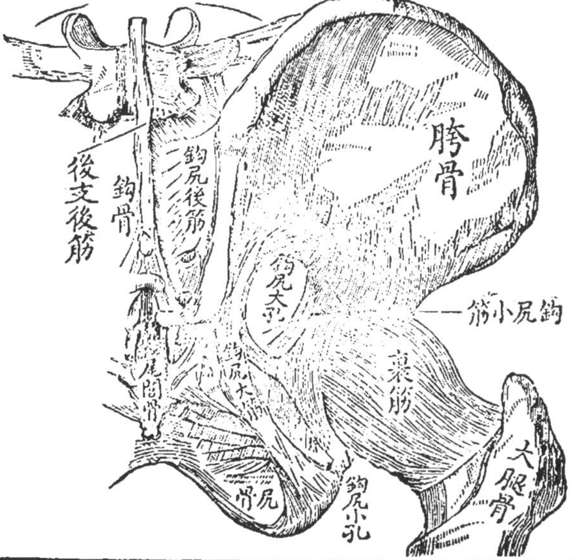

大腿節裡面圖

第八十二圖

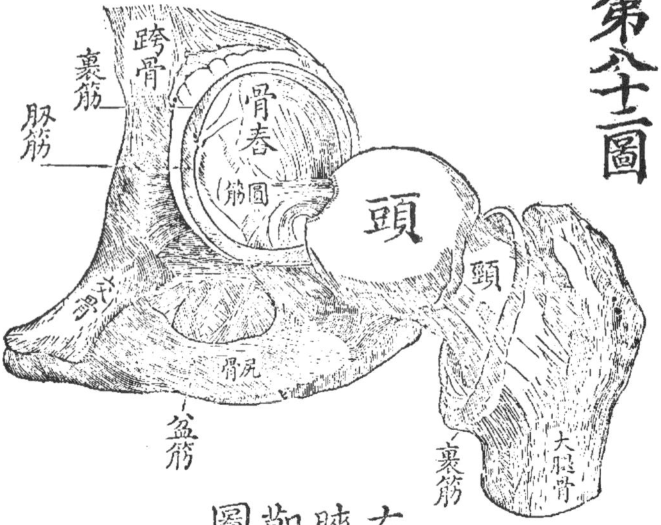

右膝節圖

第八十三圖

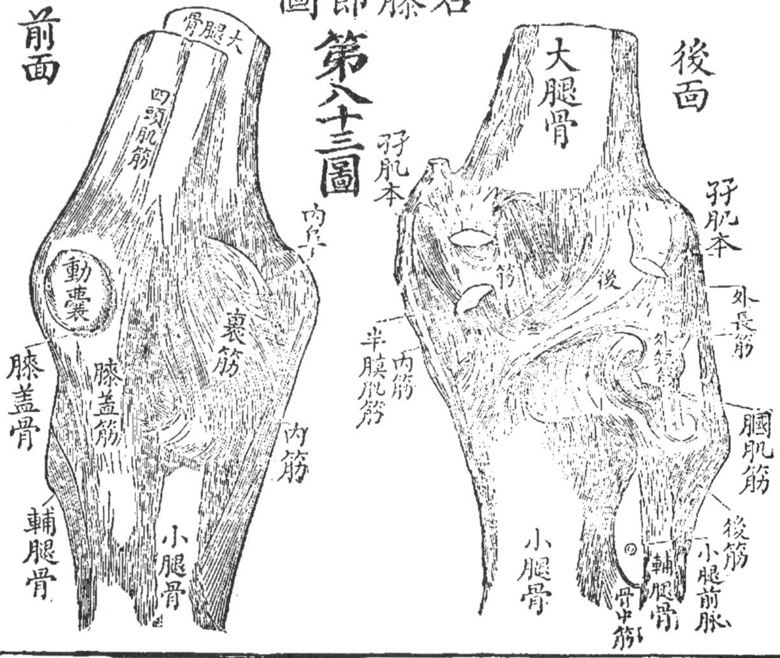

大腿節

大腿節

論大腿節、係杵臼節、即無名骨臼、與大腿頭相連成節、有筋五、即裹筋圓筋橫筋跨腿筋肕圖

裹筋、上粘臼上廉、下粘大腿骨頸、並凸中脊　圓筋係在節前面、與裹筋粘合、上粘跨前下角、下麗大腿凸中脊○跨腿筋係由大腿頭小凹起、至臼中小凹止○肕圖係在臼廉、使臼愈深、亦裹腿頭內面光滑、微盂與腿頭相覆、上大厚下稍小○橫筋係在臼之底、由臼峽橫過、致峽成孔

又節衣極大、由腿頭磁骨起、裹住頭頸、透過肕圖、又在圓筋內臼中有節油、又在節之外有數肌、節前有大髎肌、跨肌、節上有大懸直肌、臀小肌、節內有盆外肌、交骨肌、節後有梨肌、上孖肌、盆內肌、下孖肌、盆外肌、大腿方肌、其脈管係由盆脈、臀脈、尻脈而起、腦筋由尻大腦筋、盆中腦筋而起、統論此節、主伸縮、輾轉開合

膝節

論膝節在全體骨節惟此最大、卽大腿內外輪、與小腿上截、並肕輪膝蓋相連成節、其筋有三、卽內外後筋　內筋短薄由大腿內輪起透過小腿內面止、筋上內面與節衣相連、中處卽麗肕輪、　外筋圓由大腿外輪起、透過輔腿骨頭止、　後筋由大腿外輪起、向下至小腿內凸止、另有膝蓋筋最大、有力、上粘膝蓋盡處、下粘小腿前凸、又有叉筋在節中處、居於小腿骨峯、後二筋相叉、分前後、前由小腿骨峯起、透上大腿內輪後外止、後由小腿峯後起、透上向前麗大腿內輪止、又小腿上截左右有肕、式如半月、名曰半月肕、卽麗小腿上面、上光滑、與大腿內外輪相連、兩廉厚、中薄、惟節中處無之、又在兩肕中末處有橫筋透過、亦有裹筋、式薄似膜非膜、或無筋處卽此裹筋包裹節衣、全體節衣惟此最大、統裹大腿骨輪、膝蓋骨、小腿骨頭、半月肕、叉筋等件、此節主伸縮、其脉

由大腿膕及小腿前脈等處來腦筋由膕內外以及腿前腦筋等處來

小腿輔腿節

小腿輔腿節

論小腿輔腿節係二骨相連成節小腿在前輔腿在後排列相對上截有前上小輔腿筋後上小輔腿筋前上筋由輔腿頭起向上與小腿內面相連後上筋由輔腿骨至小腿骨止亦有節衣與膝節節衣通

中榦在骨中處有一膈膜由小腿橫向輔腿式上濶下窄在上半有一長孔係小腿前脈經過下亦有一小孔係輔腿脈並迴管經過

下截係小腿輔腿連處骨粗澁有四筋附麗在筋束處下少許骨光滑即與踝輪相連其筋即骨中短筋前筋後筋橫筋皆透下至內外踝止

此節主少動

踝輪節

踝輪節

此節即小腿輔腿下截及踝輪合成三骨之面皆有磁骨筋三條即前內外

前筋濶而薄、上麗小腿骨下麗踝輪前面、有伸趾肌筋、小腿前肌筋、輔腿肌筋、並小腿前脉迴管腦筋等件、後面麗節衣內筋分淺深二重、淺者形三角、上麗內踝下分而大、麗船踵踝輪、深者短厚有力、由內踝起、下至踝輪止、麗此筋外面、有小腿後肌筋、縮趾長肌筋、外筋分（前中後）三條、前者小、由外踝起、向下前麗踝輪止、中者小而圓、由外踝起、向下後麗踵旁止、後者由外踝內面起、至踝輪止、此節無後筋、有節衣、脉由小腿前脉輔腿脉來、腦筋由小腿前腦筋來、功用主伸縮

足踠諸節

分三類、一係第一層各節、二係第二層各節、三係一二層相合爲節、第一層卽踝輪與踵骨相連成前後二節、名踵踝輪節、二節皆有節衣、並有筋三條、卽踝輪踵（後外骨中）筋、外筋由踝輪外面起、至踵骨外廉止、後筋由踝輪後面起、向後外麗踵骨止、骨中筋短大有力、由踵骨上面起、直

右膝節裡面圖

第八十四圖

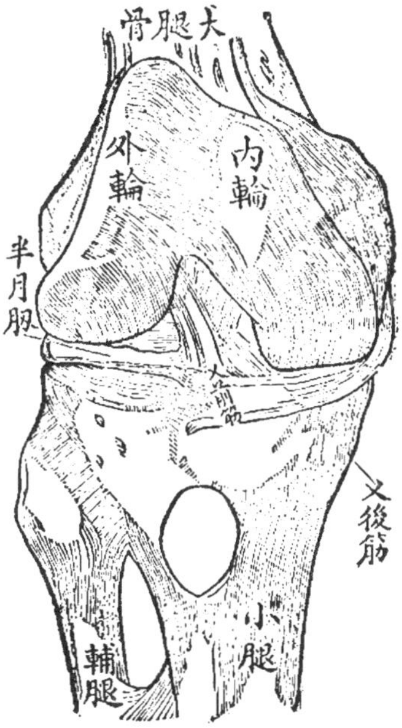

脚下諸筋圖

第八十五圖

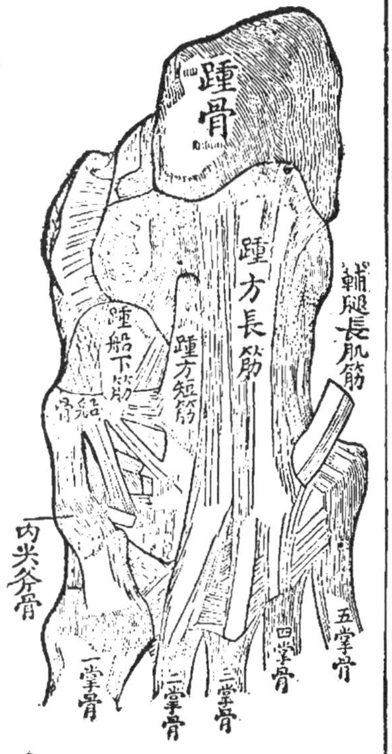

右脚半爿圖

第八十六圖

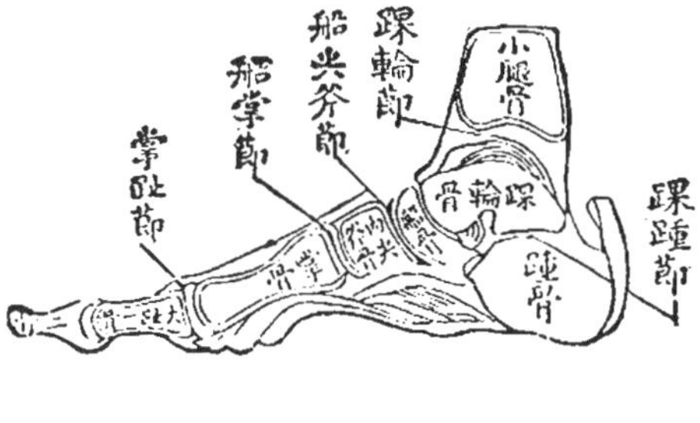

脚諸節外面圖

第八十七圖

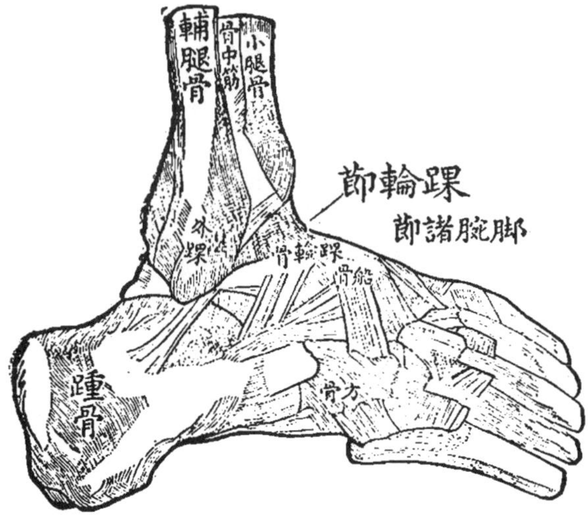

脚諸節内面圖

第八十八圖

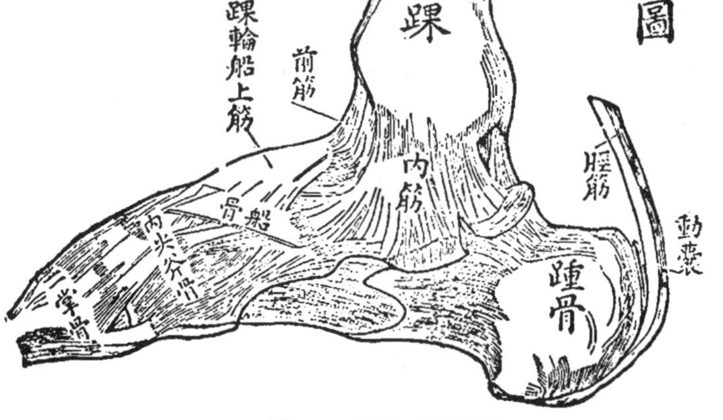

向上麗踝輪後面止、
第二層卽船方三尖斧三骨爲節、有三筋粘束、卽上下骨中筋、上筋不甚大、只數筋線由此骨至彼骨、下筋與上筋畧同、骨中筋分四條、短而有力、在縫中相連二骨、在船方節、有節衣、
一二層相連、亦分爲三、一爲踵方節、二爲踵船節、三爲踝輪船節、踵方節、筋四條、分上下各二、上曰踵方上內筋、下曰踵方長短筋、踵方上筋、只數筋線、麗踵方上面、內筋短厚有力、在兩骨中、卽相連兩骨、踵方長筋在足下面、由踵骨下面起、向前至方骨、並第二三掌骨止、有輔腿長肌筋、由此筋裡面透過踵方、短筋長一寸、甚闊、由踵骨下前面起、向前至方骨下面止、此節有節衣、踵船節、不相連、惟藉二筋相牽而已、卽踵船上下筋、踵船上筋、由踵骨上面起、向前至船骨外面止、此筋與踵方內筋同本、踵船下筋闊厚有力、由踵骨前下面起、向前麗船下面止、此筋上

面麗節衣下面麗小腿後肌筋踝輪船節卽踝輪頭與船骨後面相連成節筋只一條名踝輪船筋麗二骨上面有節衣

蹠掌節

蹠掌節

論蹠掌節卽方骨並三尖斧骨與五掌骨相連合節係第一掌骨與內尖斧相連第二與中尖斧相連第三與外尖斧相連第四五皆與方骨相連有筋三卽上筋下筋骨中筋

掌節

掌節

五骨排列掌上截處上下皆有短筋各四條每條連二骨叉骨中筋四條在骨縫中相連下截與上截畧同

足趾筋

足趾

論足趾之筋畧與手指相似推彼及此可知毋庸複贅

全體闡微卷一終

肌膜總論

首卷專論骨以及骨節、此卷論肌與膜、其事最要人所宜知、欲究脉管腦筋、凡肌之部位分界先當縷析條分如能逼達肌之形式來由則脉管腦筋自無難知矣凡人屈伸行止轉動疾徐諸功用皆肌所主、不一而足、統計人之全體有數百條之數剖驗牲畜自見大同小異則於肌之所生原由固可因此悟彼焉

此卷所論之肌即肌肉在皮膚膜連網內麗於骨外者是也、

人身概有數百之肌、若用顯微鏡視之見一肌係多肌絲合成一線多肌線合成爲肌如厚有一寸計絲有一萬八千計線則有四百之數功用有二、一係由人主理如手足之類一係不由人主理如食管心肺脾胃大小腸內腎脉管迴管吸管等件若見此肌之妙用則知上帝造人之慧大矣、譬如人心之脉管迴管、必藉人自爲主理而後動若睡夢中不覺失調必致易死惟造物主知人無此功能故使其自爲運用而晝

夜無息矣又論其式有大異極長之肌計有二尺極小極短之肌則一分有半形亦不等或濶窄或長短或方圓或厚薄或有數歧而起末統歸爲一肌或始本一肌下分爲數歧之肌更有一式由此肌穿過彼肌

肌式

或斜曲彎蜿粘麗骨面或斜纏繞軸平直而下每條分三段而言卽本腹末本起何位腹居何所末至何處須要用心細誌方能明晰在四肢間則上爲本中爲腹下爲末腹中自能縮短致本末易近其本末小多粘在骨面或筋膜或韌骨處

肌名

肌名有數種有因在某處卽以某肌名之如正肘轉肘小腿輔腿之類有因所向處或斜或直或橫而名卽如腹直肌內外斜肌類亦有因功用而名如伸縮輾轉類亦有因形式而名如三角方圓類有因分歧之式而名如三頭雙頭類有因本末處而名如胸舌顴枕之類

肌筋

肌筋係在肌之本末色白或圓或薄不定較肌腹小肌能自縮筋則不

全體諸肌正面圖

第八十九圖

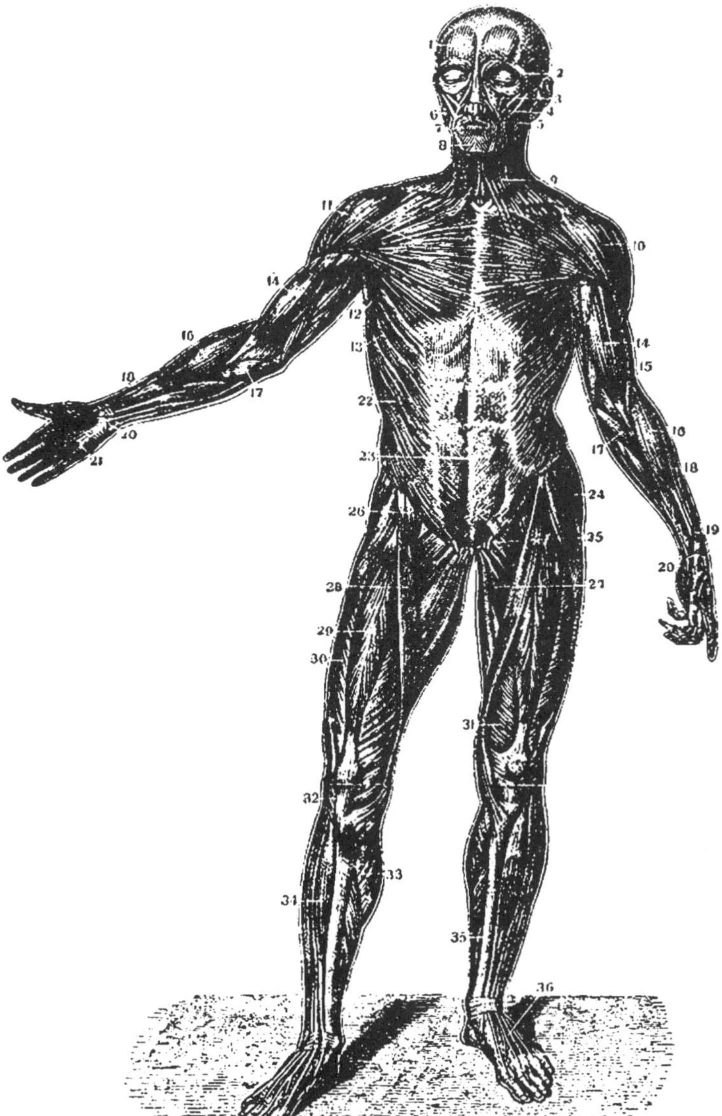

全體闡微

1 額枕肉肌前
2 眼環肌肌
3 提唇鼻翼肌
4 顴小肌
5 顴大肌
6 嚼肌
7 環口肌
8 下下唇肌
9 胸膛牙床肌
10 三角肌
11 胸大肌
12 腰廣肌
13 鋸肌
14 雙頭肌
15 前角三頭肌
16 反轉肘長肌
17 覆轉肘圓肌
18 轉肘伸手腕長肌
19 伸大指掌骨肌
20 環筋
21 掌膜
22 淺斜肌
23 白晝
24 縮大腿膜督
25 卵子筋
26 大髎肌
27 長闊肌
28 長肌
29 大腿直肌
30 大外肌
31 大內肌
32 膝前筋
33 孖肌
34 小腿前肌
35 小腿
36 伸趾長肌筋

全體諸肌後面圖

第九十圖

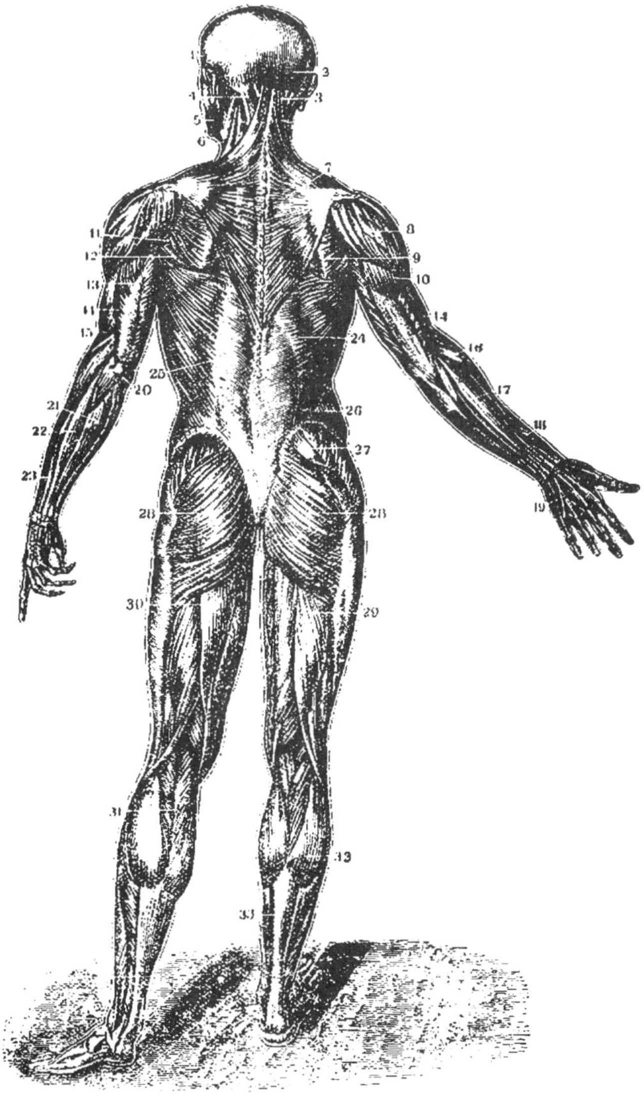

全體闡微

1 太陽肌
2 額枕肌後
3 頸馬乳肌
4 項頭肌
5 嚼肌
6 胸鎖柱馬乳肌
7 斜方肌
8 三角肌
9 岡下肌
10 三頭肌
11 圓小肌
12 圓大肌
13 三頭肌筋
14 三頭肌前界
15 反轉肘長肌
16 覆轉肘長肌
17 統伸指肌
18 伸大指掌背肌
19 統伸指肌筋
20 正肘頭并三頭肌
21 正肘伸手腕肌
22 伸小指肌
23 統伸指肌
24 腰廣肌
25 腰廣肌筋本
26 淺斜肌後
27 臀中肌
28 臀大肌
29 雙頭肌
30 半筋肌
31 32 孖肌
33 孖肌筋

能肌中藏脉管迴管腦筋其筋若大亦有少許小則無之譬如一人全體重一百五十觔其骨應重二十七觔皮膚臟腑計六十觔肌應重六十三觔

膜

膜分數等一係淺膜在皮膚裡肌外週身均有在掌中薄在大腿厚有數重外麗皮膚内麗肌中藏油即肥網俗呼肥肉厚薄不等若患臌脹即水居膜中

筋膜

一係深膜有力包裹肌或裹一肌或總裹數肌更有名爲筋膜者似筋較膜厚較筋薄有大力其用有二一係粘住骨面爲肌之本一係包裹筋肌骨使不致其移位

頭面諸肌

全身肌膜總分爲四類一頭面頸項類二胸背腰腹類三上肢兩手類四下肢兩足類

頭面諸肌又分十類一即顱頂二耳三眼胞四眼窩五鼻六上牙床七下牙床八上下牙床九太陽下牙床十翅下牙床之類

顱頂類、即額枕肌、　耳類、即耳前上後肌、　眼胞類、即眼環肌 開眼胞肌 淚管肌 愁肌

眼窩類、即開眼胞肌 眼上直肌 眼下直肌 眼外直肌 眼內直肌 上斜肌　鼻類、即鼻稜錐肌 提唇鼻翼肌 開孔前肌 開孔後肌

橫鎖鼻肌 下鼻翼肌　上牙床類、即提上唇肌 提口角肌 顴大肌 顴小肌　下牙床類、即下下唇肌 提下唇肌 下口角肌

上下牙床中處類、即環口肌 吹肌　太陽下牙床類、即嚼肌 太陽肌　翅下牙床類、即翅內肌 翅外肌

額枕肌

先論顱頂處有淺膜、有力、上連皮膚、下麗額枕肌、後與項淺膜合、左右與太陽膜合、膜中藏脈管、腦筋數條、額枕肌分而言之、曰額肌、枕肌、在此肌中有一筋膜、名額枕筋膜、其筋膜在頭頂處、遮蓋顱頂骨、前至額肌、後至枕肌止、左右皆薄、與耳上前肌並太陽膜爲界、外麗皮膚、內麗骨衣、額肌上由筋膜起、有數條肌線透下、與鼻稜錐肌相連、又有數肌線與眼環肌相合、肌線式直、

頭面頸肌圖

第九十一圖

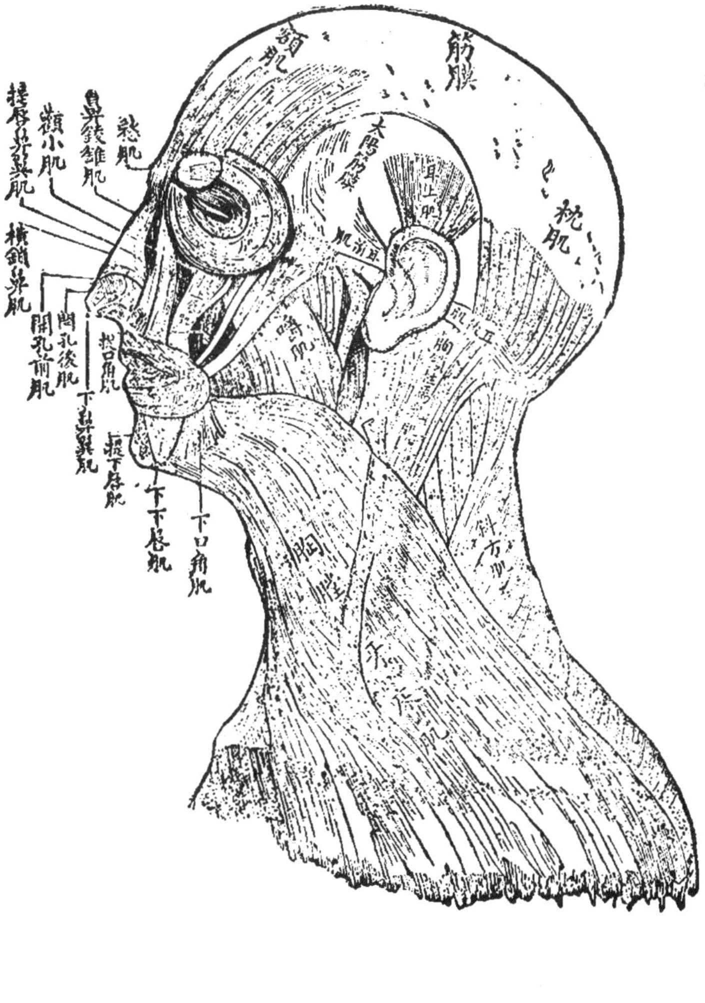

枕肌薄而短、約長寸半、在皮膚下、由枕骨上彎脊並馬乳起、直向上至筋膜止、功用額肌主皺額揚眉、枕肌主縮皮膚向後、腦筋由眼上腦筋面腦筋來、

耳類卽耳前上後肌

耳前上後肌

耳肌前上後分爲三條、小無緊要、且有無不定、惟在牛馬之耳大、故能搧動、○耳上肌式如扇而大、由額枕筋膜起至耳軟骨止、

耳前肌只有數肌線、在上肌下少許、橫麗耳軟骨、

耳後肌由馬乳起至耳後面止、

眼胞類卽眼環肌　淚管肌　開眼胞肌　愁肌

眼環肌

眼環肌式如環、濶而薄、故名眼環、在眼窩廉並環眼胞、由額內角並上牙床鼻支起、向上外、環住眼胞至鼻止、淺面卽皮膚下、深面與額枕肌眼上脈腦筋相隔、

皺肌

淚管肌

第九十二圖

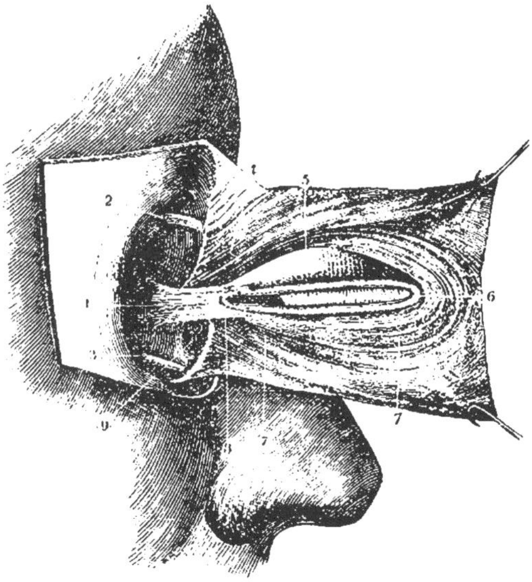

皺肌、式小而窄、在眉內角、有眼環肌遮蓋其上、由眼上脊起、至眼環止、其開眼胞肌與眼窩類之肌相隔、

淚管肌、濶三分、長六分、在眼內角、由淚管骨起、經過淚囊、分歧、遮蓋淚管、至眼胞韌骨止、統論眼環皺淚管腦筋皆由面及眼上腦筋來、功用、眼環肌主合、與開眼胞肌相反、皺肌主皺淚管肌主淚管相合、亦主包淚囊、

眼窩類、卽開眼胞肌 眼肭直肌 眼肚直肌 肚斜肌

開眼胞肌

眼上直肌

眼下內直肌

眼外直肌

開眼胞肌、開眼胞肌形三角而薄、由蝴蝶小翼下面眼孔前少許起至眼上胞韌

第九十三圖

右眼諸肌圖

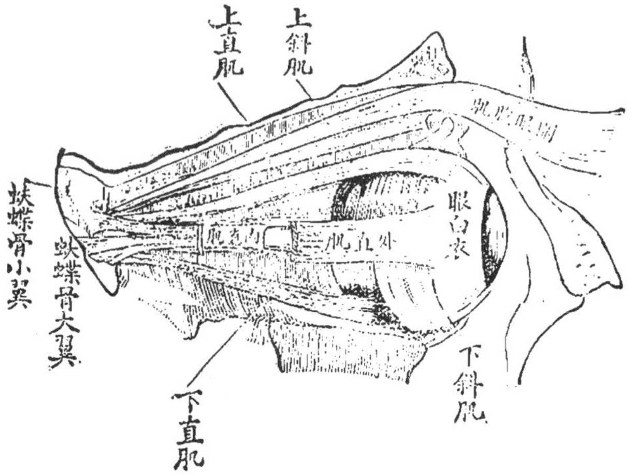

骨止其本窄半是筋至中係實肌、末又變爲筋膜、

眼上直肌、在四直肌爲最小由眼孔上面起至眼球上止上面與開眼胞肌相竝下面與眼腦筋眼球、亦相竝

眼下直肌、眼內直肌、是一筋分開二本由眼孔上前起、

眼外直肌、係兩本合成一肌、近在眼孔、此三肌皆向前至眼球分開筋膜、麗眼球白衣、

上斜肌 下斜肌

上斜肌、在眼窩上、由眼孔上起、直透至眼窩内角、變爲圓筋、穿過軔骨環、又變入向外、麗眼球止、

下斜肌、式窄薄而短、在眼窩下前半、由上牙床眼盤起、向外後至眼球止、功用與上斜肌相反、統論腦筋、上直肌 下直肌 内直肌 下斜肌 開眼胞肌 皆由第三對腦筋來、上斜肌腦筋、即第四對、外直肌腦筋、即第六對、功用開眼胞肌、與眼環肌相反、上下 内外 四直肌、主眼球轉上下内外、上下斜肌、亦主眼球轆轉、

鼻肌類、即提唇鼻翼肌 鼻稜錐肌 横鎖鼻肌 開孔前肌 開孔後肌

鼻稜錐肌

鼻稜錐肌、由頸枕肌起、直向下至鼻旁横鎖鼻肌止、淺面即皮膚下、深面遮蓋額鼻梁二骨、

提唇鼻翼肌

提唇鼻翼肌、在鼻旁、由眼窩下内半起、至下分開長短二歧、長至上唇肌、短至鼻翼止、

橫鎖肌

橫鎖鼻肌、形三角而薄、左右由上牙床橫鎖、至鼻中處相合、變成筋膜、

開鼻孔前後肌

開鼻孔前後肌、小無甚要、孔前曰開孔前肌、孔後曰開孔後肌

下鼻翼肌

下鼻翼肌、式短由上牙床起、至鼻翼後半止、統論腦筋、皆由面腦筋來、功用、稜錐肌、主下內眥、並主提鼻翼、提唇鼻翼肌、主提鼻翼、並唇開孔前後肌、主開孔前後、下鼻翼肌、主縮鼻孔、橫鎖鼻肌、主鼻平下、

上牙床類、即提上唇肌　顴大肌　提口角肌　顴小肌

提上唇肌

提上唇肌、形方而薄、由眼下孔下少許起、至上唇止、淺面與環眼胞肌相合、下半即皮膚下、深面與橫鎖鼻肌、提口角肌相隔、又與眼下脉腦筋爲界、

提口角肌

提口角肌、由眼下孔下起、向下外、至口角、與環口肌相合、淺面與提上唇肌、並眼下脉腦筋相隔、深面與上牙床、吹口肌、並口內皮、亦相隔、

顴大小肌

顴大小肌、皆由顴骨起、向下至口角止、統論腦筋、皆由面腦筋來、功用、提

上唇肌、主提上唇、並牽下少許、提口角肌、主提口角、並牽內少許、顴大小肌、主翻上唇、

下牙床類、即下下唇肌　提下唇肌　下口角肌

提下唇肌

提下唇肌、由下牙床外面起、直向下、不甚長、至下唇止、

下下唇肌

下下唇肌、在提下唇外、由下牙床斜脊起、向上內、至下唇、並環口肌止、淺面與下口角肌並皮膚相隔、深面與下牙床外脈腦筋相隔、

下口角肌

下口角肌、形三角、由下牙床斜脊起、向上至口角止、與環口肌相合、淺面即皮膚下、深面與下唇肌、吹口肌相合、統論腦筋、由面腦筋來、功用提下唇肌、主提下唇、亦主唇凸出、下口角肌、下下唇肌、其用與名同、

上下牙床中處類、即環口肌　吹口肌

環口肌

環口肌、係環口上下、中大兩角小、與提口角　吹叫嗍等肌相合、淺面即皮膚下、深面與口內皮爲界、

吹口肌

吹口肌、吹口肌形方薄而濶、在口角外、前由上牙床牙座起、後由翅牙床筋起、前後相合至口角止、淺面後離下牙床斜支少許、與嚼肌太陽肌相連、前與提口角肌下口角肌耳核總管顴大小肌面脉迴管腦筋相隔、深面與口皮亦相隔、其翅牙床筋由內翅起、向下至下牙床內斜脊止、內面麗口皮、外面離下牙床斜支少許、後廉麗食管頭上束肌、前廉麗吹口肌、統言腦筋環口肌由面腦筋來、吹口肌由下牙床腦筋來、功用環口肌與下口脣角吐口一角肌相反、吹口肌主合兩頰

太陽下牙床頰卽嚼肌太陽肌

嚼肌

嚼肌、嚼肌式短而厚、極有力、分淺深二歧、淺歧大、由上牙床顴支並橋栱下廉起、向下後至下牙床角並斜支止、深歧由橋栱內廉起、向下至下牙床斜支上半止、淺面卽皮膚下、與眼環顴大小肌相隔、橫過淺處有耳下核總管並面腦筋數條、深面與下牙床斜支相隔

太陽膜
太陽肌

太陽肌圖

第九十四圖

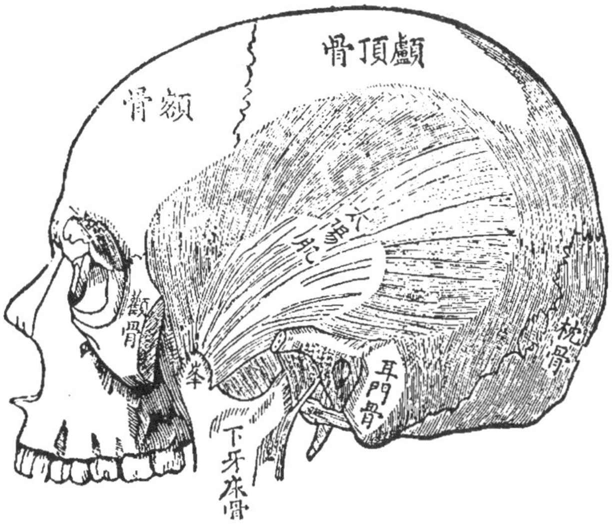

太陽膜、由太陽脊起、下透橋拱止、此膜厚而有力、上有一重、下分有二重、兩重內外俱麗橋拱中、有脉、腦筋、膜裡有太陽肌、其式如扇、內從太陽穴起、外由太陽膜起、相合至下牙床峯止、遮蓋顱頂下半並耳門、額兩骨少許、腦筋由下牙床腦筋、顴大小肌嚼肌相隔、深面由太陽穴蝴蝶外翅起、與吹口肌下牙床內脉太陽腦筋、亦相隔、功用主下牙床上合上牙床、

翅下牙床類、卽翅內肌 翅外肌

翅內肌

翅內肌形方而厚、極有力、由外翅內面並翅窩腭骨起、向下外後至下牙床斜支內角止、外面與下牙床斜支爲界、離開少許、有內横筋、頦內脉並腦筋數支經過、內面與張腭廉肌爲界、

翅外肌

翅外肌、短厚有力、由蝴蝶大翼、並外翅外面、及腭骨上牙床等處起、横過後外、至下牙床輪下止、外面與下牙床斜支、頦內脉、太陽肌、嚼肌筋、爲界、內面與內翅並横筋、腦衣中脉、下牙床腦筋、亦爲界、統論腦筋、皆由下牙床腦筋來、功用、內翅肌主合齒、外翅肌主下牙床左右挪動、以

頸項九類

上論頭面諸肌、以下再論頸項、分爲九類、卽淺肌類、舌骨下類、舌骨上類、舌諸肌類、食管頭類、腭廉類、頸骨前類、頸左右類、聲管類、惟聲管之類另詳胸膛內腑篇、

頸淺深膜

在頸各處有膜淺深二層，茲將淺膜先論，其淺膜在皮膚下肌外，內有迴管，並胸膛牙床肌、頸腦筋經過，再言深膜在胸膛牙床肌內，極有力，統裹諸肌並脈迴管腦筋，由頸骨後支起，左右皆向前，至胸鎖柱馬乳肌處，分淺深二重，即夾裹此肌，過肌又合一重，至頸前中相合，淺膜上直透顴椇下廉，下透鎖柱並胸骨止，又胸上少許有一孔，有頸外迴管經過，當頸前處，其膜亦有透上至舌骨，其深膜亦分數隔，或透耳下核，或至耳門骨錐，或成一管，包裹頸脈管、頸內迴管並肺胃腦筋，人欲詳知此處，必要剖屍歷驗，方能明晰，今再將頸項九類各屬諸肌總錄於下。

頸諸肌總目

淺類，即胸膛牙床肌、胸鎖柱馬乳肌

舌骨下類，即胸舌肌、胸脾肌、脾舌肌、肩舌肌

舌骨上類，即雙腹肌、錐舌骨肌、頦舌肌、頤舌肌

舌類，即頤舌骨舌肌、舌骨舌肌、舌下肌、錐舌肌

食管頭類，即下束肌、中束肌、上束肌、錐食管頭肌、腭食管頭肌、腭食管頭肌

腭簾類，即提腭簾肌、張腭簾肌、小舌二肌、腭舌肌

頸骨前類，即頸前大直肌、頸前小直肌、頸旁直肌、頸直肌

頸骨旁類，即

頸脇前肌　頸脇中肌　頸脇後肌

第九十五圖

頸諸肌前面圖

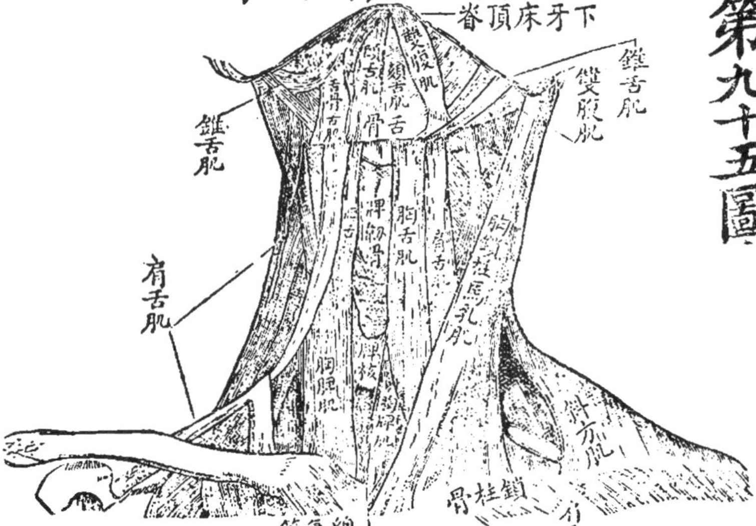

第九十五半圖

頸諸肌圖

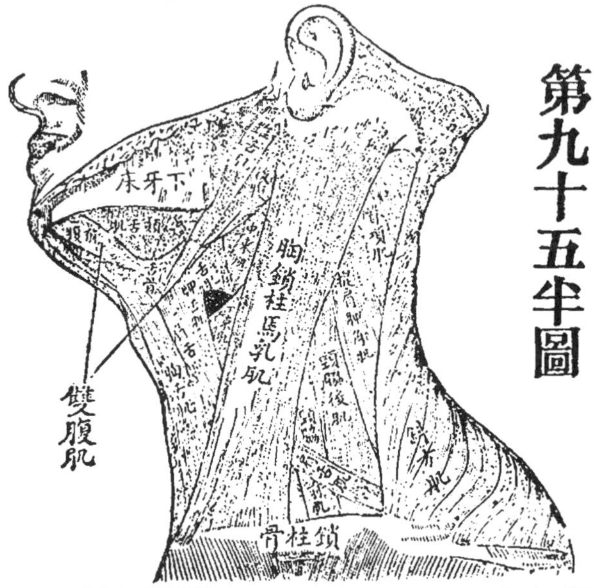

淺類卽胸膛牙床肌　胸鎖柱馬乳肌

胸膛牙床肌

胸膛牙床肌、式廣濶在頸左右在皮膚下、由鎖柱、並肩頭背筋膜起、肌線向上內、至下牙床、又有數條肌線透口角止、肌裏面有頸外迴管、淺面卽皮膚相連、深面在下半、與胸大肌三角肌爲界、上半與頸外迴管、頸前迴管、胸鎖柱馬乳肌、胸舌肌、肩舌肌、雙腹肌、等類亦爲界、

胸鎖柱馬乳肌

胸鎖柱馬乳肌、式大而厚、有二本、一由胸骨起、一由鎖柱前半起、初出二本、至二寸、則合一、向上後、至末卽爲筋、麗馬乳、並枕上彎脊止、有頸深膜包裹、再論頸兩旁、形皆四角、其胸鎖柱馬乳肌、是由下前角起、斜向至上後角止、隔爲前後二堵、皆三角形、名頸前後堵、功用、胸膛牙床肌、主下下牙床、並下口角、胸鎖柱馬乳肌、主首俯仰、及左右輾轉、

頸項諸肌、最爲緊要、要尋頸大脉、須由胸鎖柱馬乳肌尋之、淺面、有皮膚及胸膛下牙床肌遮過、深面與鎖柱、胸節、頸膜、胸舌、胸髀、肩舌、雙腹、

提肩胛角、項頸脇等肌、相隔、在下深處、與頸總脉、並頸內迴管、第十對腦筋、項脉、耳下核爲界、

舌骨下類、即胸舌肌　脾舌肌　胸脾肌　肩舌肌

胸舌肌

胸舌肌、在鎖柱內半、起直向上、至舌骨下廉止、淺面與胸骨、鎖柱骨、胸鎖柱馬乳肌、並胸膛下牙床肌相隔、深面與胸脾肌、脾舌肌、並脾舌膜、脾脉、脾核、亦相隔、

胸脾肌

胸脾肌、較胸舌肌濶短、即被前肌遮過、由胸骨上廉起、或自脇骨第一條起、不定、惟在總氣管旁、向上至脾翼止、淺面與胸舌、肩舌、胸鎖柱馬乳等肌爲界、深面與總氣管、頸脉、首臂脉、首臂迴管、脾核、亦爲界、

脾舌肌

脾舌肌、形方而小、由脾韌骨起、直向上至舌骨止、

肩舌肌

肩舌肌、形斜曲、兩頭肌如腹、中即是筋、由肩胛骨上廉起、橫過至頸前下面、胸鎖柱馬乳肌後、當曲處有頸深膜裹之、過裹處、其前腹向上至

舌骨止淺面與斜方肌鎖柱下肌鎖柱骨胸鎖柱馬乳肌胸膛下牙床肌並皮膚爲界統論舌骨下諸肌其功用皆主下聲管並舌骨

舌骨上類 雙腹肌 錐舌骨肌 頦舌肌 頤舌肌

雙腹肌

此肌有雙腹故名雙腹肌後腹長前腹短後腹由耳門骨雙腹槽馬乳內面起向下前內前腹由下牙床下廉起向下後與後腹合兩腹中有筋穿過錐舌肌其筋分開一重膜麗舌骨大角其肌之淺面與胸膛牙床肌胸鎖柱馬乳肌錐舌骨肌耳下核頦下核等件爲界深面與頦舌肌錐舌肌錐食管頭肌舌骨舌肌頸內脉面脉亦爲界

錐舌骨肌

錐舌骨肌由耳門骨錐起前向下至舌骨大角止其雙腹肌筋穿過此肌

頦舌肌

頦舌肌形三角由下牙床內面左右起一在左一在右至中始合爲口下界後有肌線數條透至舌骨止淺面與胸膛牙床肌雙腹肌舌骨上

膜、頦下核等件相隔、深面與頤舌肌、舌骨舌肌、舌下核亦相隔、

頤舌肌

頤舌肌、左右肌線二條、由下牙床中脊內面起、向後至舌骨上廉止、有頦肌遮蓋、統論腦筋、雙腹肌之前腹、並頦舌肌、由下牙床來、後腹並錐舌骨肌腦筋、由面來、頤舌肌腦筋、由第十二對來、功用皆主牽舌骨於上前、並下下牙床、及傳送飲食於食管、

舌類即頤舌骨舌肌　舌骨舌肌　舌下肌　錐舌肌

頤舌骨舌肌

頤舌骨舌肌、式如扇、由下牙床中脊內面起、向後下至舌骨止、旁分肌線數條、入麗食管頭肌、上大半入舌下、與右肌相竝、外面與舌下肌、舌骨舌肌、錐舌脈、舌脈、並第十二對腦筋、五味腦筋、舌下核相隔、

舌骨舌肌

舌骨舌肌、形方而薄、由舌骨體大小兩角起、直向上至舌旁止、外面與雙腹肌、錐舌骨肌、錐舌肌、並第十二對腦筋、五味腦筋、頦下核、總管、舌下核為界、內面與頤舌骨舌肌、舌下肌、中束肌、舌脈、食管頭、舌腦筋、亦

舌下肌

爲界、

舌下肌式小、在舌骨舌肌、頤舌骨舌肌兩肌間、由舌骨起、透入舌尖止、下面與舌下脉爲界、

錐舌肌

錐舌肌、由耳門骨錐起、向下、前至舌旁止、遮蓋舌骨舌肌、外面與耳下核、內翅肌、舌下核、並別味腦筋、口內皮爲界、內面與上束肌、舌骨舌肌、亦爲界、統論腦筋、皆由第十二對而來、功用、頤舌骨舌肌　舌骨舌肌主舌伸出、錐舌肌　舌下肌主舌縮入舌骨舌肌、主牽舌左右、並舌兩旁下捲、並中凸起、舌下肌主舌中窪、似槽形、

見下頁九十六圖

食管頭類、即下束肌　中束肌　上束肌　錐食管頭肌　腭食管頭肌

食管頭

論食管頭、由食管並頭骨第五塊前起、上至蝴蝶骨下面止、後半密、前半有七孔、即鼻孔二、口一、聲管一、耳氣管二、食管一、但食管頭有肌三條、即上中下束肌、夾裹成管、

下束肌

下束肌由環骨並牌骨起兩邊向後至後合爲一管下半肌線橫與食管相合後麗頸骨左右與牌核頸總脉並胸牌肌爲界內面與中束肌錐食管頭肌腭食管頭肌並食管內皮亦爲界

中束肌

中束肌式如扇形三角由舌骨大小兩角起環至食管頭後面中處相合肌後與頸骨頸長肌頭前大直肌相隔左右與頸脉食管頭腦網並有數小核爲界

上束肌

上束肌式方在食管頭上半由蝴蝶內翅並腭骨及翅牙床腦筋起向後左右相合上面枕骨遮之肌後與頸骨頸脉頸迴管中束肌錐食管頭肌等件爲界

錐食管頭肌

錐食管頭肌式長不甚大力而小由耳門骨錐起向下至食管頭旁止係在中束上束肌間舌食管頭腦筋麗此肌外面內面與頸內脉頸內迴管上束肌腭食管頭肌並內皮爲界

第九十六圖

舌諸肌圖

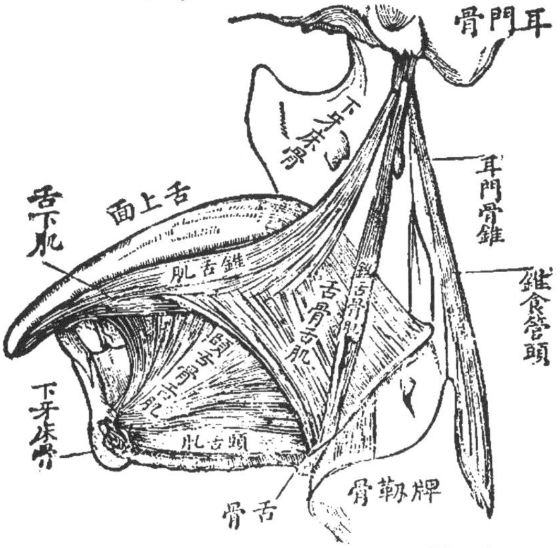

第九十七圖

食管頭諸肌外面圖

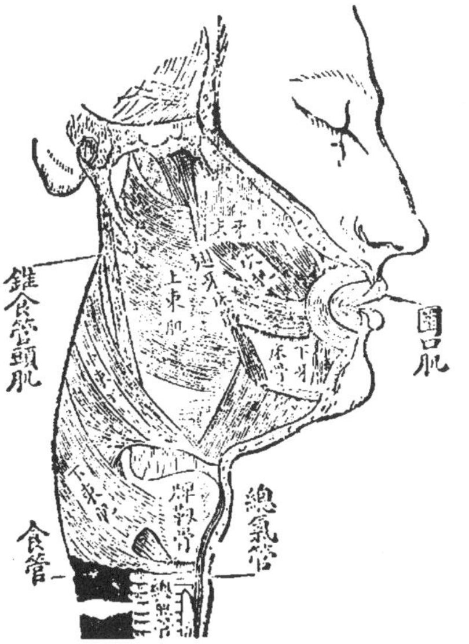

統論腦筋皆由食管頭腦綱、並舌食管頭腦筋來、下束肌腦筋、由聲管來、功用錐食管頭肌、主食管頭上開、以接飲食、其餘三肌皆主遞相傳送於食管、

腭簾類卽　提腭簾肌　小舌二肌　腭食管頭肌
　　　　　張腭簾肌　腭舌肌

提腭簾肌

提腭簾肌、形圓而長、在鼻後孔外面、由耳門骨並耳中氣管起、向下內、至腭簾中後處相合、外面與張腭簾肌上束肌爲界、內面麗於食管頭內皮

張腭簾肌

張腭簾肌、在前肌內面、式薄如帶、此肌曲成一直一橫、中卽是筋、直者、由蝴蝶骨翼並內翅起、向下纏過內翅鈎、後橫入、分開一膜、麗腭簾左右相合、外面與內翅肌爲界、內面與腭簾肌亦爲界、

小舌二肌

小舌二肌、無甚緊要、只兩條肌線、由腭骨鼻後峯起、直下透入小舌止、

腭舌肌

腭舌肌、又名閤咽喉門肌、中間窄而小、卽是腭簾前柱、由小舌左右處、

並腭簾起，透過至舌旁止。

腭食管頭肌

腭食管頭肌，即是腭簾後柱，麗食管內皮，此肌與腭舌肌分開少許，中有杏仁核，由腭簾起，垂覆於下，與錐食管頭肌粘合，再下透至牌軔骨止。　統論腦筋，提腭簾肌，腦筋由面來，張腭簾肌，腦筋由卵孔下結來，功用，張腭簾肌主張腭簾，提腭簾肌主提腭簾，小舌肌主小舌縮短，腭食管頭肌主食物吞進食管頭。

頸骨前諸肌類，即頸前大直肌、頸前小直肌、頸旁直肌、頸直肌

頸前大直肌

頸前大直肌，上濶厚，下窄，由三四五六頸骨橫支起，向上至枕骨底止，前面與食管頭、頸脉、頸內迴管、並第十對腦筋相隔，後面與頸前小直肌、頸長肌並頸骨，亦相隔。

頸前小直肌

頸前小直肌，式短，此肌在後，被前肌所遮，由頸骨首節起，斜向上至枕骨底止，前面與前肌相竝，後面與頸骨首塊、次塊，亦相竝。

頸旁直肌

頸旁直肌、式短、由首塊橫支起、向上外至枕骨外角止、下面與頸內迴管爲界、後面與項脉亦爲界、

頸長肌

頸長肌、式長而薄、在背骨前面、由頸骨首節起、至背骨第三塊止、本末小中大、此肌分爲三、即上斜肌 下斜肌 直肌

上斜肌

上斜肌、由三四五頸骨橫支起、向上內、又彎向上至首塊止、

下斜肌

下斜肌、由一二三塊背骨體起、向上外、至第五六塊頸骨橫支止、

直肌

直肌、由一二塊背骨、四五六七頸骨起、直透上至二三塊頸骨止、三肌合一、即頸長肌、前面與聲管食管、頸脉、頸內迴管並第十對腦筋、脾下脉囬腦筋爲界、後面與背骨亦爲界、其腦筋及功用列於下、

頸骨旁類、即頸脇前中後肌

頸脇前肌

頸脇前肌、在頸旁處、被胸鎖柱馬乳肌遮之、由第一條脇骨內廉上面起、直向上至三四五六每塊頸骨橫支止、下半穿過鎖柱下脉、並鎖柱下迴

頸脇中肌

頸脇後肌

管中、前面與鎖柱骨、鎖柱下肌、胸鎖柱馬乳肌、肩舌肌、鎖柱下迴管、並膈腦筋為界、後面與肺衣、鎖柱下脉亦為界、

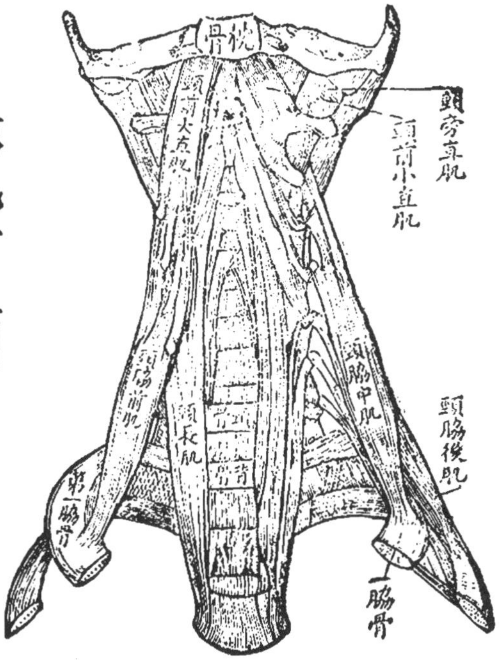

第九十八圖

頸脇中肌、由第一條脇骨起、向上至上半、分開數筋、透至二三四五六七頸骨橫支止、前面與胸鎖柱馬乳肌為界、內面與提肩胛角肌亦為界、

頸脇後肌、由第二條脇骨起、至第六七頸骨橫支止、統論腦筋、皆由頸腦網來、功用、頸前大小直肌、主頭項俯下、並

主左右轆轉頸脇前中後肌，主助寬胸氣，

以上所論之肌，皆已詳明，以下再言背脊諸肌，背脊乃二十四塊骨，後支微露並列，左右皆有骨槽，槽中有數十條肌分佈，或大小，或長短，或濶窄不定，分作五層立論，茲照層列下，

第一層，即斜方肌　腰廣肌
第二層，即提肩胛角肌　脊肩胛伙肌
第三層，即上鋸肌　下鋸肌　項肌
第四層，腰處，即立脊直肌　背處，即腰鉤肌　背長肌　背後肌　頸項處，即脇項肌　項橫肌
背馬乳肌　頸馬乳肌　頭後大直肌　頭後小直肌　項雙腹肌　脊項肌　上斜肌　下斜肌
第五層，即背後橫肌　項後橫肌　伸尾閭骨肌　橫支中肌　脊眾歧小肌　脊轆轉肌　後支上肌　後支中肌

五層之內，有筋一，膜二，粘麗之，

第一層類，即斜方肌　腰廣肌

斜方肌

斜方肌，左右各一，相合成斜方之式，故名，惟半式係三角，在皮膚下，由枕骨彎脊，項筋，頸骨第七塊後支並背骨後支起，肌線上下相向，中亦

向横皆至鎖柱骨並肩胛喙肩胛岡止淺面與皮膚相隔深面與頸馬乳肌項肌提肩胛角肌脊肩胛大肌岡上肌岡下肌下鋸肌腰廣肌等件亦相隔此肌上内半中處有一筋甚小由第七塊頸骨後支起直上至枕骨外凸止名項筋在人不甚緊要在牲畜最大極有力

腰廣肌

腰廣肌本有一筋膜在背骨第六塊腰骨五塊鈎骨一塊胯骨上廉起本廣濶至末處肌線相合成大筋一條向上旋過肩胛骨下角畧彎捲成爲方筋透至臂骨雙頭槽止淺面皮膚下被斜方肌遮之深面與立脊直肌下鋸肌脇中肌肩胛下角脊肩胛大肌岡下肌大圓肌爲界統論腦筋斜方肌腦筋由第十一對腦筋而來腰廣肌腦筋由肩胛下腦筋而來

第二層類即提肩胛角肌 脊肩胛㚒肌

提肩胛角肌

提肩胛角肌由頸骨上第三四塊横支起向下後至肩胛上角止淺面

背後諸肌圖左一層右二三層

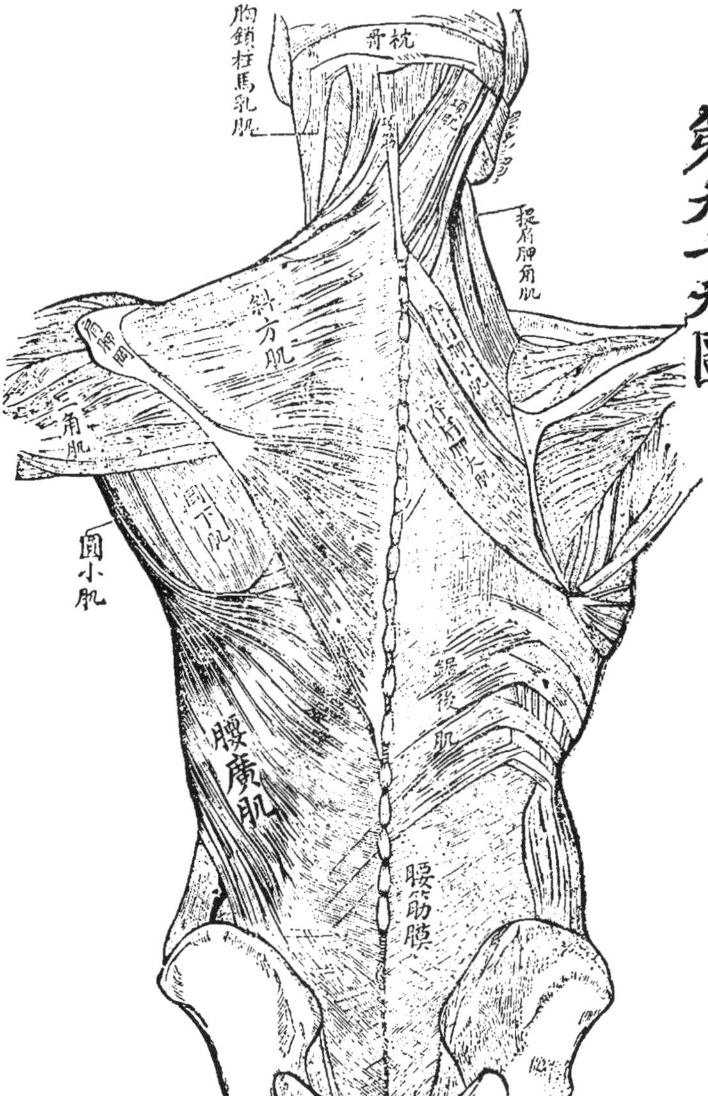

第九十九圖

與皮膚、斜方肌、胸鎖柱馬乳肌、為界、深面與項肌、項橫肌、脇項肌、上鋸肌、項橫脈、肩胛後脈、亦為界、

脊肩胛小肌、由項筋、並第七塊頸骨起、向下外至肩胛岡下止、

肩胛大小肌

脊肩胛大肌、由第一二三四背骨後支起、向下外至肩胛骨後廉、並下角止、

論此大小兩肌、淺面皆與皮膚、斜方肌、腰廣肌相隔、深面與上鋸肌、肩胛後脈、立脊直肌、脇中肌亦相隔、統論腦筋、皆由頸第五對腦筋來、茲論第一二層功用、斜方肌、主提肩頭、亦主首俯仰、腰廣肌、主牽手臂於後下、提肩胛角肌、脊肩胛大小肌、皆主兩臂縮上、

第三層　類即上鋸肌下鋸肌　項肌

上鋸肌

上鋸肌、式四角而薄、在胸膛後上面、由項筋、並第七塊頸骨、同一二塊背骨起、向下外、其本是肌、末處分四歧、至第二三四五脇骨止、

下鋸肌

下鋸肌、式方而薄、由背骨第十一二塊、並腰骨第一二塊、及後支中筋

背後深諸肌圖

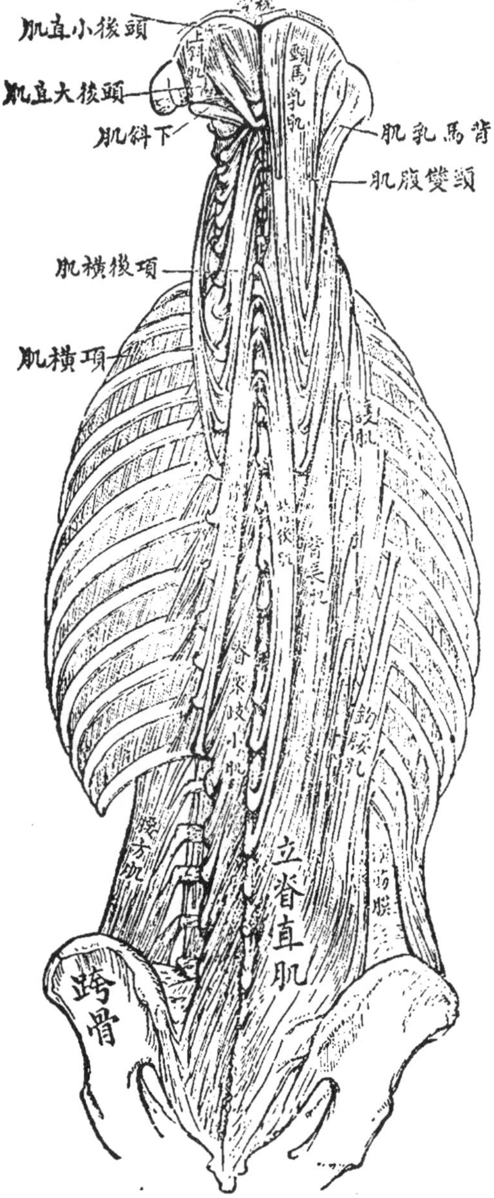

第一百圖

項肌

起、向上外、分四歧、至脇骨下四條止、淺面、與腰廣肌相隔、深面、與腰筋膜、立脊直肌、脇骨脇中肌、亦相隔、

項肌、在項後處、其本由項筋第七塊頸骨、第一至第六塊背骨後支起、向上外、至上分二歧、一至耳門骨馬乳止、一又分數歧、旋至第三四頸骨橫支止、淺面、與斜方肌脊肩胛大肌上小肌下、鋸肌、爲界、深面、與背肌、背長肌、背後橫肌、頸馬乳肌、項橫肌、亦爲界、統論腦筋、皆由頸背腦筋來、功用、上下鋸肌、主吸氣開胸膛、項肌、主首瞻仰、並輾轉左右、又第三層有一重筋膜、薄而有力、遮過立脊直肌、在中脊粘背骨後支、亦粘左右脇骨角止、

第四層類、在腰處、立脊直肌、在背處、腰鈎肌 背長肌 背後肌、在頸處、脇項肌 項橫肌 背馬乳肌、在項處、頸馬乳肌 雙腹肌 脊項肌 此四層諸肌、惟腰處有一大肌、向上分兩歧、再上、又分六七條小肌、

立脊直肌　立脊直肌、甚大、四層之中、此肌為綱、有腰筋膜遮過、由鈎胯槽、鈎骨下面、腰骨第三塊、以及胯骨上廉、並同鈎骨等處、而起、直上合成一大肌向上至下脇中處分歧、一即鈎腰肌、二即背長肌

鈎腰肌　鈎腰肌、即立脊直肌之外半、再上、分開六七條小筋、至下麗六條脇骨角止、

背長肌　背長肌、即立脊直肌之內上半、分開數筋、麗各背骨橫支、更有數歧至脇骨止、

背後肌　背後肌、只肌線數條、由背骨後支起、下至腰骨後支止、無甚緊要、

脇項肌　脇項肌、甚小、由第一二三四脇骨起、上至第四五六頸骨橫支止、

項橫肌　項橫肌、由第二三四五六背骨橫支起、向上、橫至頸骨下五塊止、肌旁又有

背馬乳肌　一肌、即背馬乳肌、係由三四五六背骨橫支起、成一小肌、透上至馬乳止、

頸馬乳肌　頸馬乳肌、式濶而厚、由第七條小筋起、每條小筋、皆由背骨上三塊並

脊項肌

第五　六　七頸骨起、合成筋、向上內至枕骨止、此肌甚小、無甚緊要、脊項肌由第五　六塊頸骨後支起、向上至首塊頸骨後支止、甚小、且有無不定、

項雙腹肌

項雙腹肌小、在頸馬乳內廉、有時與脊項肌合、由背骨上　三　四塊橫支起、上至枕骨止、不甚緊要、統論第四層腦筋、由腰、背、項各腦筋來、功用列下、

第五層類、即

背後橫肌　項後橫肌
脊眾歧小肌　脊輾轉肌
後支中肌　後支下肌
伸尾閭骨肌　橫支中肌
下斜肌　上斜肌
頭後大直肌　頭後小直肌

背後橫肌

背後橫肌、由第七　八　九　十　十一塊背骨橫支起、向上分開五六條小筋、麗第六　七塊頸骨上四塊背骨後支、此肌與項後橫肌畧似、

項後橫肌

項後橫肌、比前肌後少許、由頸骨下四塊背骨上四塊橫支起、向上至第一　二　三　四　五頸骨後支止○

脊眾歧小肌

脊眾歧小肌、由鈎骨起、至頸骨首塊止、有數

十條小肌長只數寸、排接斜連向上合爲一肌、

脊輾轉肌

脊輾轉肌在脊左右、各有小肌十一條、由十一塊背骨橫支後起、每條向上至上塊骨盤下廉止、層層相連、

後支上肌

後支上肌、在後支後面、係包後支無大緊要、

後支中肌

後支中肌、在後支中由下支起直上至上支止、

伸尾閭骨肌

伸尾閭骨肌、只數條肌線由鈎骨後面起、向下至尾閭骨後面止、

橫支中肌

橫支中肌、由下橫支上面起、麗上橫支下廉止、

頭後大直肌

頭後大直肌、是一尖筋由頸骨次塊後支起、向上後至枕骨下彎脊止、

頭後小直肌

頭後小直肌、由頸骨首塊後支起向上後至枕骨下彎脊止、

下斜肌

下斜肌、由頸骨次塊後支起、橫外至頸骨首塊橫支止、

上斜肌

上斜肌、上濶下窄、由頸骨次塊橫支上面起、向上內至枕骨上下彎脊中止、統論此層腦筋、皆由脊腦筋來、再言第四五層功用頭後小直肌、

上斜肌、主仰頭後大直肌、下斜肌、主轉脊首骨、其餘皆主伸脊、並左右輾轉、

以上論背脊諸肌、業已詳細、以下再論腹諸肌、最爲緊要、若患臟脹、宜以套管針刺而放之、若胎兒不出、亦當割破、如遇小腸疝、亦宜奏刀、此三症皆由此部位起、務宜熟讀、

腹諸肌

腹諸肌有六、卽淺斜肌 腹橫肌 稜錐肌 深斜肌 腹直肌 腰方肌、又有膜兩重筋數條、茲先說其膜、係淺深二重、淺重、在皮膚裡、中有油、肥健者、油厚計有四五寸許、此膜下麗腠大筋、又透至莖止、深膜、與深斜肌相隔、腹下中處有一筋、透至莖、名提莖筋、淺深兩膜中有脈一二條、全腹諸肌、縱橫交錯、故壯健有力、

淺斜肌

淺斜肌、在腹左右兩旁、極廣濶、後半是肌、前半是筋膜、由脇骨下八條起、與下鋸肌交齒相接、肌線直向下至胯骨上廉止、前有筋膜一重、遮

腹淺斜肌圖

第一百零一圖

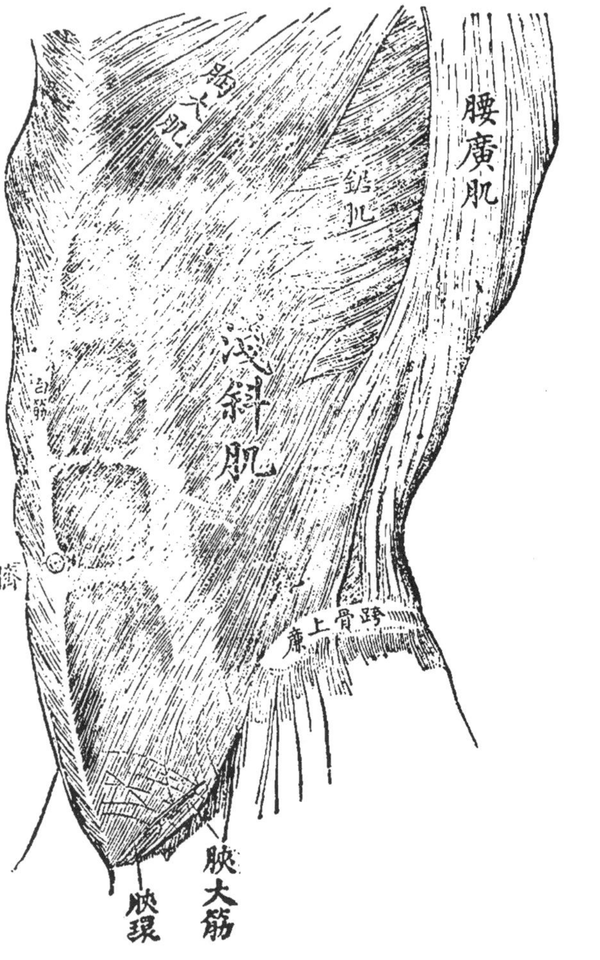

深斜肌

過腹直肌、左右相合、此筋膜上與胸大肌相隔、下成一筋、由胯前上角起至交骨峯止、形如帶、名曰脥大筋、下與大腿廣膜相隔、此肌下處有一環、名曰脥外環、穿過此環、男即卵子總筋、女即圓筋、環形三角、向上外、下即交骨上廉、左右亦有二小筋、式畧斜、名曰上下柱、此處甚要、餘皆詳跨腿部、淺面與皮膚、並腹中下淺脉、皮膚、腦筋數條相隔、深面與深斜肌、下八條脇骨、脇中肌、提卵子肌、亦相隔、後廉被腰廣肌遮之、

深斜肌、較淺斜肌稍薄、亦不甚大、在腹前旁、由脥大筋上半、胯骨上廉、並腰筋膜起、後半肌線向上、至脇靭骨下四條止、又由胯骨起、向上前至腹前面、變成一筋膜、又由脥大筋起、向下前、與腹橫肌筋相合、此筋又至交骨前面止、此肌筋膜、上濶下窄、白胸骨下起、至交骨上止、在腹直肌外廉、其筋膜分二重、一在肌前、一在肌後、即包裹此肌、至肌內廉、又合一、前重與深斜肌筋膜相合、後重與腹橫肌筋膜合、淺面與淺斜

肌、腰廣肌、卵子筋相隔、深面與腹横肌、腹横筋膜、脥內環、卵子筋亦相隔、　見下頁一百零三圖

腹横肌

腹横肌由脥大筋上半胯骨上廉、脇軟骨下六條內面、並腰筋膜起、肌線向下、與深斜肌相合、成筋、至交骨上面止、當適中上處、肌線是横前至腹直肌內廉、變一筋膜、至白筋止、淺面與深斜肌、並脇骨數條、脇中肌爲界、深面與腹横膜爲界、

腹直肌

腹直肌長而窄、在腹前面直向上、由交骨上廉起、至第五六七脇軟骨止、左右相離少許、中有一筋、名曰白筋、前後皆有筋膜包裹、其中有三四横痕、似筋非筋、隱隔於肌內、

稜錐肌

稜錐肌、在腹前下面、由交中節前筋起、向上數寸、與白筋相合、或一二條、或無不定、

腹深斜肌圖

第一百零三圖

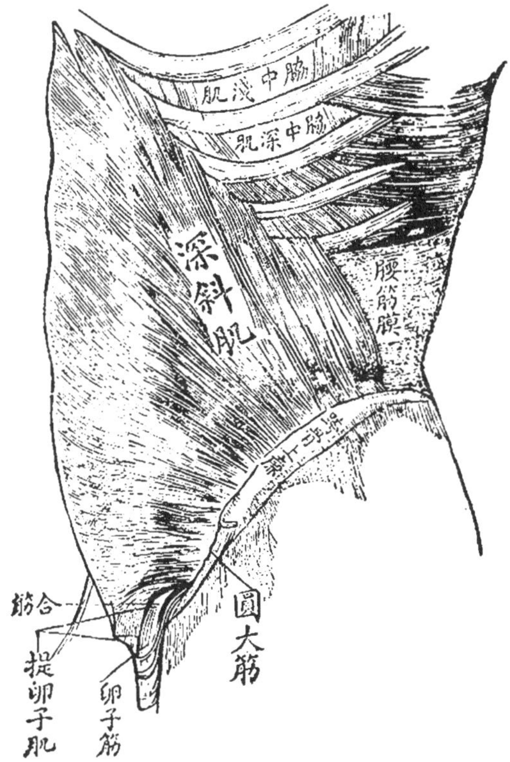

腹橫肌圖

第一百零二圖

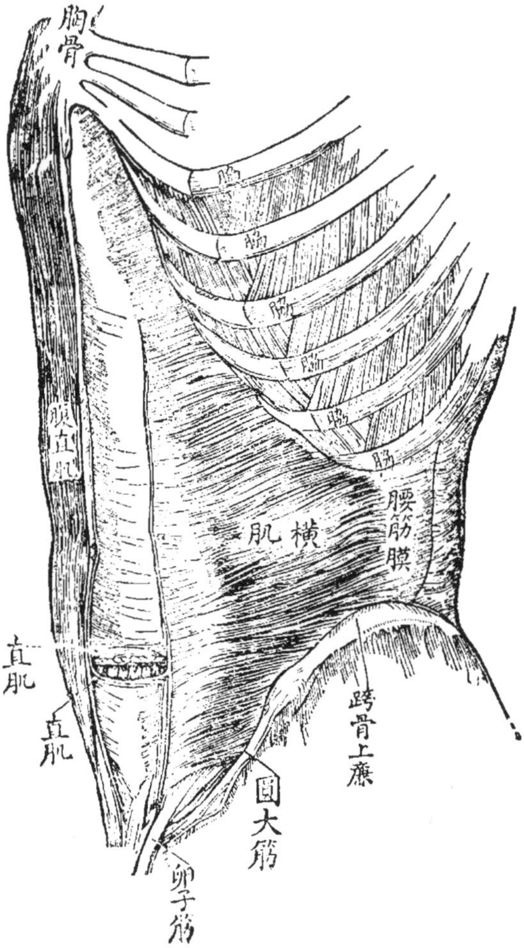

腰方肌　腰方肌、腰方肌式方上窄下濶、分歧、一由胯腰筋、並胯上廉起、向上至下脇骨止、一由 三 四 五 腰骨橫支起、向上至下脇骨止、茲論腹諸肌腦筋、皆由脇中胯下、脥腰、各腦筋來、功用有三、一胸膛及骨盤、定而不動、主腹縮入、二背脊骨若定不動、主合脇骨、以出呼氣、三胸膛若定不動、主提骨盤、

白筋　以上論肌、以下論白筋、橫膜、胯膜、腰膜等件、今先論白筋、在腹前面中處由胸骨峯起、透下至盆中節止、此筋被深淺二斜肌筋膜所合、亦在腹直肌中間、有數孔、或通腦筋、或通脉管、不定、孔最大者曰臍、胎兒有衣帶透入孔至腹、如此孔未塞閉、小腸衝出、即患臍疝矣、

橫膜　橫膜、橫膜在橫肌裡面、下厚上薄、淺面與橫肌合、深面與腹內俯統膜相隔、上麗膈膜、下麗脥大筋、又與胯膜相連、在脥大筋裡面、包裹胯內脉、並迴管、脥大筋上半寸、有一環、曰脥外環、男通卵子筋、入於腹、女通圓筋、

入腹、

膀膜

膀膜、較橫膜厚、上薄下厚、包裹膀肌、並大小髎肌、

腰膜

腰膜、腰膜薄有力、在腹後面、遮過腰方肌、透上至膈下面、下至膀骨上廉止、

會陰肌類有六、卽提肛門肌束肛門肌　急溺肌會陰橫肌　提尾閭骨肌立莖肌　並腦筋另詳於會陰部而細論焉、

胸膛類卽脇中淺肌深肌　脇下肌胸三角肌　提脇肌

脇中淺肌

脇中淺肌、左右各有十一條、長不及寸、濶約十餘寸、由每脇骨下廉起、向下前麗下脇骨上廉止、

脇中深肌

脇中深肌式與淺肌相似、在脇內面、

脇下肌

脇下肌只數條肌線、無甚緊要、粘麗脇內、

胸三角肌

胸三角肌式三角、而薄、由胸骨後面起、透至脇韌骨止、

提脇肌

提脇肌、左右各有十二小條、由脊骨橫支末起、向下外至脇骨珠止、統

論腦筋、由膈中腦筋來、功用、膈中肌提膈肌主提膈、並開胸膛助吸、膈中深肌、膈下肌、胸三角肌主下膈、亦主合胸膛助呼、

膈膜

膈膜、式上覆下盂、係胸膛下界、腹上界、上面麗肺衣、下面麗腹內膈統膜、膜上有肺、心、下即脾、胃、肝、甜肉、腎、大小腸、膀胱、此膜半肌半膜、在廉有肌線縱橫、歸中成爲大筋、此膜本有四條筋、由胸骨下節、並左右六七條脇骨、腰骨等處起、其筋四條、大者二、名曰隔根筋、由一二三四背骨起下分開至膈膜中間止、其餘二條、由二塊背骨橫支起、透下至脇骨止膜間有三孔、分爲前中後孔、前即迴管孔、中係食管孔、後乃總脈孔、叉有數小孔、係腦筋透過、

後孔在背脊前、以通總脉、並胸膛總迴管、總液管、

中孔式如卵、在總脉孔前、以通食管並第十對腦筋、

膈下面圖

第一百零四圖

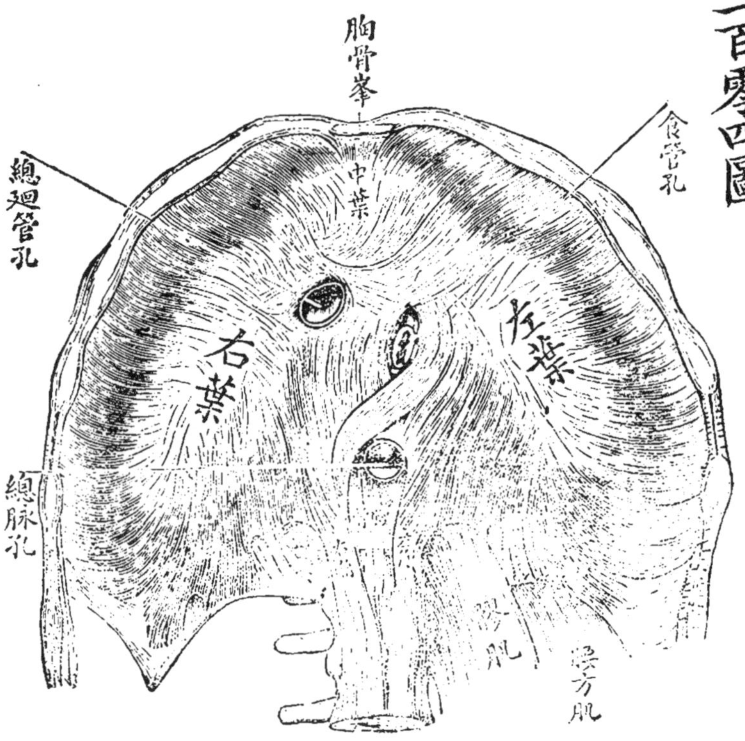

前孔式方以通總迴管統論腦筋由頸第三四對腦筋來功用主呼吸

以上論頭頸胸腹背皆已詳晰以下再論四肢

胸膛前類肌　胸大肌　胸小肌　鎖柱下肌　　胸膛左右類肌　鋸肌

喙　類　肌　三角肌　　肩胛後類肌　岡上肌　岡下肌　大圓肌　小圓肌

肩胛前類肌　肩胛前肌　　臂前類肌　喙臂肌　雙頭肌　臂前肌

臂後類肌　三頭肌　臂後肌　　肘前內淺肌類肌　覆轉肘圓肌　轉寸縮手腕肌　正肘縮手腕肌　長掌肌　淺縮指肌

肘前內深肌類節、深縮指肌　縮大指長肌　方覆肌

肘後淺肌類節、轉肘伸手腕長肌　轉肘伸手腕短肌　反轉肘長肌　伸指總肌　伸小指肌　尺伸手腕肌

肘後深肌類節、伸大指掌骨肌　伸大指一骨肌　伸大指二骨肌　反轉肘短肌　伸食指肌

胸膛淺深膜

胸膛淺深膜

胸膛前有淺深二膜、淺者在皮膚下、上合頸淺膜、下合腹深膜、深者在胸大肌上、麗鎖柱骨下廉、中麗胸骨上角、下麗手腕下止、

胸膛前類節、胸大肌　胸小肌　鎖柱下肌

胸大肌

胸大肌、式如扇、大而厚、在胸骨旁、由鎖柱骨下前面胸骨半邊、並脇軟骨、腹淺斜肌等處起、肌線下向上、中向外、上向下、互合成筋、潤約二寸、此筋與三角肌筋相合、至臂骨雙頭槽前廉止、前面與皮膚、胸膛下牙

床肌、乳相隔後面與胸骨、脇諸骨、軔骨、鎖柱下肌、鋸大肌、胸小肌、脇中肌相隔並作腋前界。

胸小肌

胸小肌、三角而薄、在胸大肌裏、被其所遮、由三四五脇骨起、向上、

第一百零五圖

胸膛臂前面圖

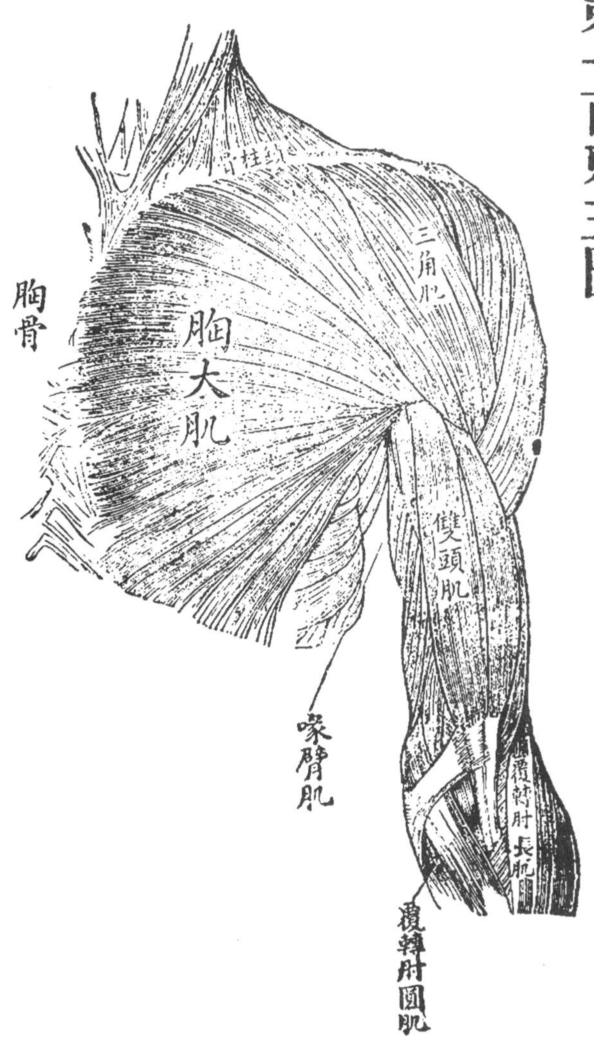

至肩喙止，前面與胸大肌，後面與脇諸骨、脇中肌、鋸大肌相隔，並與腋脉、迴脉、腦筋相隔。見一百零六圖

鎖柱下肌

鎖柱下肌，長而薄，在鎖柱骨下，由第一條脇骨上廉起，斜向上內，至鎖柱骨下廉止，上面麗鎖柱骨，下面離第一脇少許，有鎖柱下脉、迴管、臂腦網穿過。統論腦筋，胸大小肌腦筋由胸膛前來，功用胸大肌主合手，胸小肌、鎖柱下肌主下肩頭。

胸膛左右類，卽鋸肌

鋸肌

鋸肌，在胸膛上旁，由第一至第九條脇骨起，每脇皆有一齒如鋸，肌線向外，後至肩胛骨內廉止，前面被胸大小肌遮蓋，後面與肩胛前肌相隔，其腦筋由胸膛後腦筋來，功用主提脇骨並開胸膛。

肩頭類，卽三角肌

三角肌

三角肌，形三角，在肩頭外，由鎖柱骨旁、肩胛骨頭並肩胛岡起，肌線趨

大向下相合成一條筋、粘麗臂骨三角凸止、功用主手舉高、淺面與皮膚筋膜、胸膛下牙床肌、喙上腦筋相隔、深面與臂骨頭相離少許、中間有動囊、並麗骨喙、胸小肌、喙臂肌、雙頭肌、胸大肌筋、岡下肌、圓小肌、三頭肌等件、　其膜最有力、係裹三角肌、岡下肌、鎖柱骨、肩胛骨、

肩胛後類、即岡上肌　岡下肌　大圓肌　小圓肌　見下頁圖

肩胛岡上下有膜二重、上名岡上筋膜、下曰岡下筋膜、淺面麗皮膚、深面粘肌線、

岡上肌　岡上壑處有一肌、曰岡上肌、由岡上起、過至臂骨大凸上面止、

岡下肌　岡下肌在岡下、由肩胛後面起、向上外、至臂大凸中面止、

小圓肌　小圓肌在岡下肌下少許、由肩胛後面起、向上外、至臂大凸下面止、

大圓肌　大圓肌由肩胛後面下角起、向上外、成一大筋、透至臂雙頭槽後廉止、

統論腦筋、皆由肩胛下腦筋來、功用岡上下肌、主手舉上、大小圓肌主手向

後均能護臂骨頭、不使顯露、見下頁一百零七圖

肩胛前類、即肩胛前肌

肩胛前肌

肩胛前肌形三角而大、由胸膛後面肩胛前面起、向外末處成一筋、麗臂骨大凸下止、腦筋由肩胛下腦筋來、功用主臂骨輾轉、

臂前類、即喙臂肌　雙頭肌　臂前肌

喙臂肌

臂膜、在肩頭上面下、裹臂諸肌、居皮膚裏面肌外面是也、

喙臂肌不甚大、在臂上內、由肩喙末起、向下、至臂內面中處止、

雙頭肌

雙頭肌在臂前面、此肌有長短二本、短由肩喙、並喙臂肌起、長自肩胛窩上廉起、透過臂骨頭、穿裹筋、至雙頭槽、向下約三四寸、與短筋相合成爲肌中大、至末小、又成筋、麗至轉肘止、

臂前肌

臂前肌在臂肘前面、式潤、自臂骨下半內面起、肌線相合、成筋一條、穿至正肘喙止、

肩頭臂前面圖

第一百零六圖

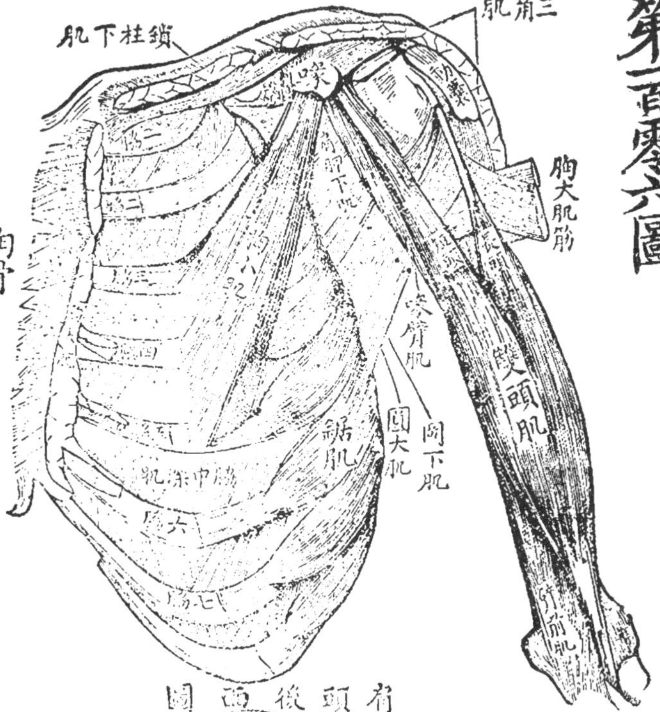

肩頭後面圖

第一百零七圖

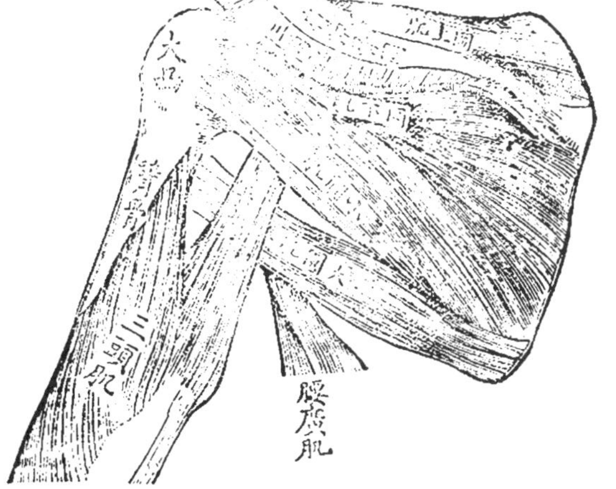

肘前面淺重諸肌圖

第一百零八圖

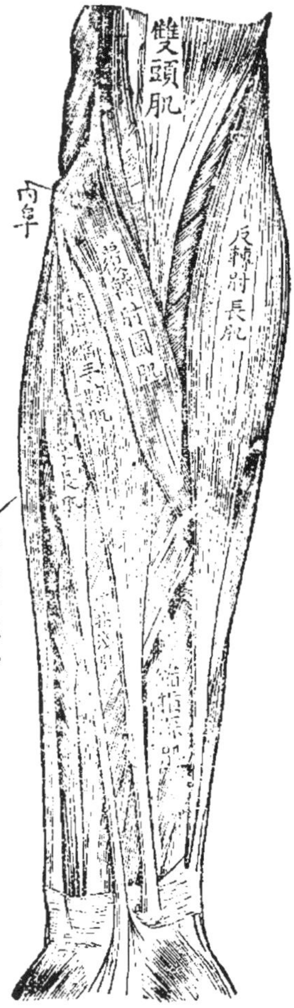

肘前面深重諸肌圖

第一百零九圖

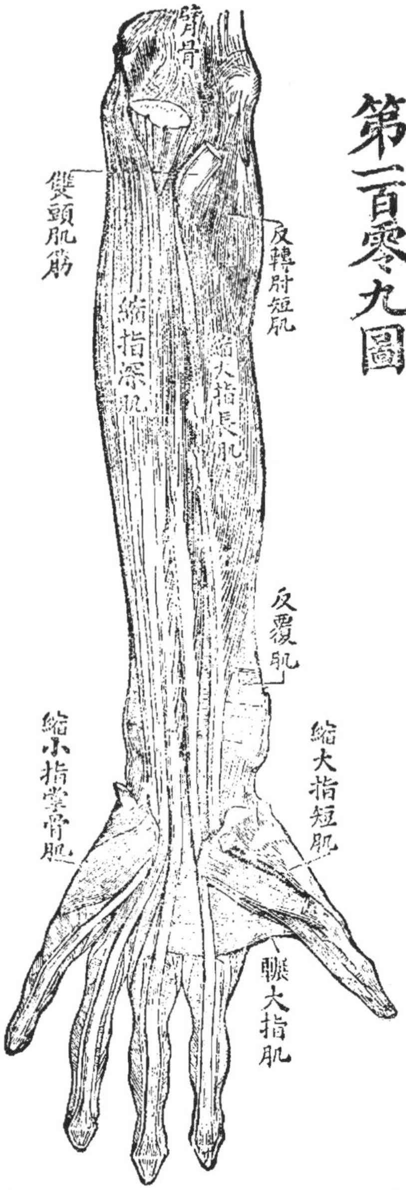

統論腦筋、由肌皮腦筋來、功用、喙臂肌、主提臂前、內雙頭肌、臂前肌、主屈肘。

臂後類即 三頭肌 臂後小肌

三頭肌

三頭肌大由臂骨後面起、此肌有三本、爲內中外筋、中筋由肩胛盂下廉起向下、外筋由臂骨後面起、亦向下、內筋自臂骨後面起至臂下半、與前二條合成一肌、即曰三頭肌、至下變一大筋、穿至正肘骨頭止。

臂後小肌

臂後小肌、在臂肘後面、甚小無甚緊要、 統論腦筋、由肌纏肌腦筋來、功用皆主伸肘、與雙頭肌、臂前肌相反、

肘前內淺類即 覆轉肘圓肌 轉肘縮手腕肌 正肘縮手腕肌 掌長肌 淺縮指肌

臂肘筋膜

臂肘筋膜、手前後皮膚下、皆有惟後厚在手腕前後成一條筋、名曰環筋、筋與膜皆包裹伸縮指肌、其裏面分膜數重、作隔包筋內面有數條肌線附麗、

覆轉肱圓肌

覆轉肱圓肌有兩頭甚大、一由臂骨阜上少許並筋膜起、一由正肘喙内面起兩頭相合成肌一條、至末處又成筋一條橫過轉肘外廉中處兩頭中間有手中腦筋穿過、

轉肘縮手腕肌

轉肘縮手腕肌在前肌内、由臂内阜並肘筋膜起、首尾小、中大筋長二分、肌只一分、下穿環筋至食指掌骨底止、在筋外少許有轉肘脉、

掌長肌

掌長肌在前肌内少許、本與前肌略似長而小、麗手腕骨下、至掌變一筋膜有無不定、

正肘縮手腕肌

正肘縮手腕肌在正肘骨前外面、本有兩頭筋起、兩頭中、有正肘腦筋並正肘後迴脉管穿過、一由正肘骨頭内面起、一由臂内阜起兩頭合成肌一條、向下至豆骨止、又有肌線數條、麗手腕環筋止、此肌筋外、有正轉肘脉、

淺縮指肌

淺縮指肌式廣、被前肌四條遮蓋、由臂内阜、並橫筋、正肘喙、以及轉肘

斜脊等處起至肘下半分筋四條每條至指次骨止惟在指一骨處分開被深縮指肌筋穿過有一膜包裹

肘前內深類節 縮大指長肌 深縮指肌 方覆肌

深縮指肌

深縮指肌被覆縮諸肌遮過由正肘上截前內面並骨中筋起至下分四條筋穿過環筋至諸指第三骨止

縮大指長肌

縮大指長肌在轉肘骨上半前面由骨中筋起肌線向下成筋一條穿過環筋至大指末骨止

方覆肌

方覆肌橫透過由正肘起至轉肘骨前面止

統論腦筋皆由手中腦筋來並正肘腦筋骨中腦筋而至功用 覆轉肘圓肌 方覆肌 主手反覆 轉肘縮手腕肌 正肘縮手腕肌 主縮腕 掌長肌 主縮手掌筋膜 縮大指長肌 淺縮指肌 深縮指肌 主縮四指

肘後淺類節 反轉肘長肌 轉肘伸手腕長肌 轉肘伸手腕短肌 伸指統肌 伸小指肌 正肘伸手腕肌

反轉肘長肌

反轉肘長肌在轉肘骨外面由臂下截外廉起分三叉上一叉是肌下二叉乃筋至轉肘骨峯止

轉肘伸手腕長肌

轉肘伸手腕長肌被前肌遮蓋本似前肌筋長至食指中骨止

轉肘伸手腕短肌

轉肘伸手腕短肌較前肌短而厚與下三肌是一處起卽臂骨外阜及臂肘節橫筋起向下至肘中處成一條平筋穿過手腕環筋下至中指末骨止

伸指統肌

伸指統肌在肘後面由臂外阜並深膜起至肘下半分四條下穿過環筋將至指骨處麗虫肌及骨中肌至掌指節分開成一筋膜卽遮此節至四指末節止

伸小指肌

伸小指肌甚小本同伸指統肌在掌指節與前肌合至小指二三骨後面止

正肘伸手腕肌

正肘伸手腕肌在皮膚裡面由臂外阜並筋膜起下半是筋至小指掌

肘後面淺重諸肌圖

第一百二十一圖

肘後面深重諸肌圖

第一百二十二圖

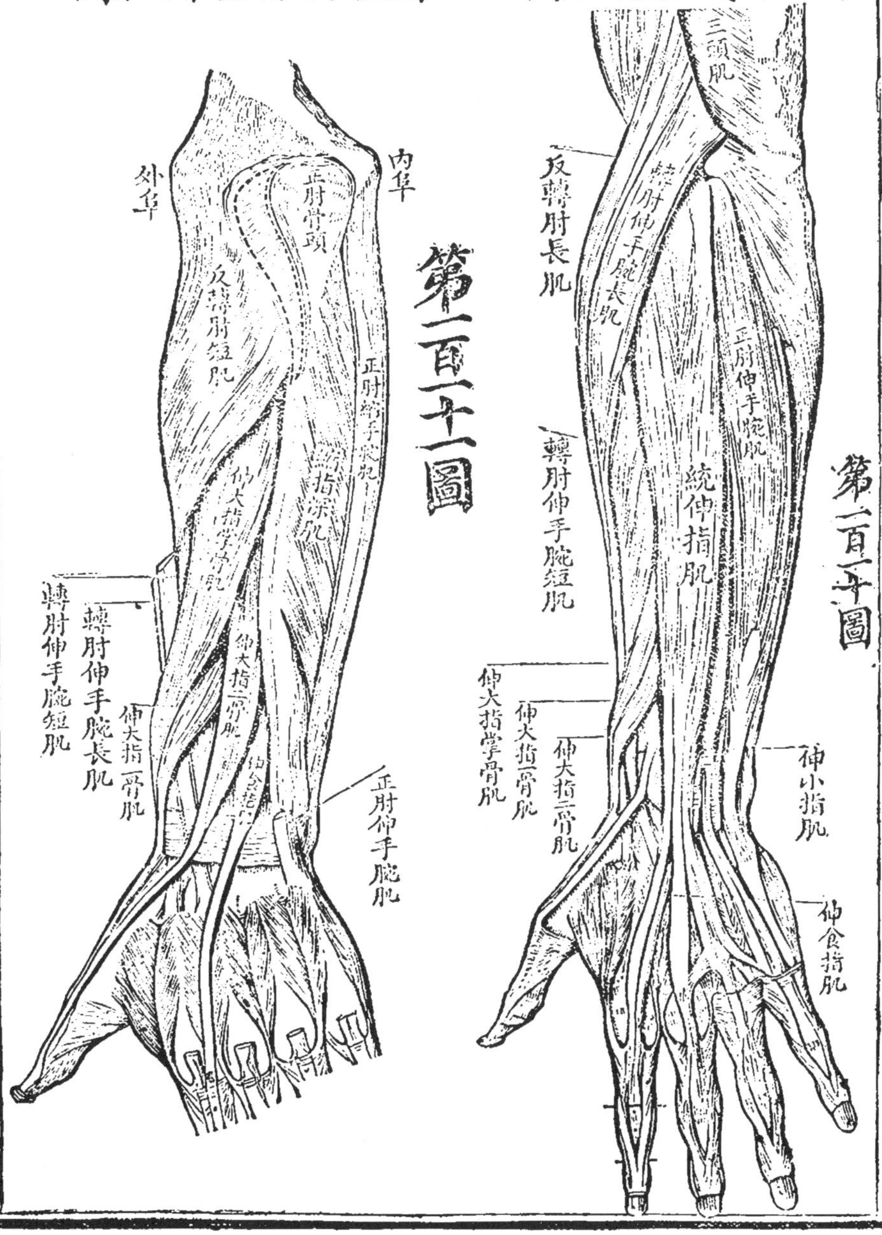

左手前面圖

第一百二十二圖

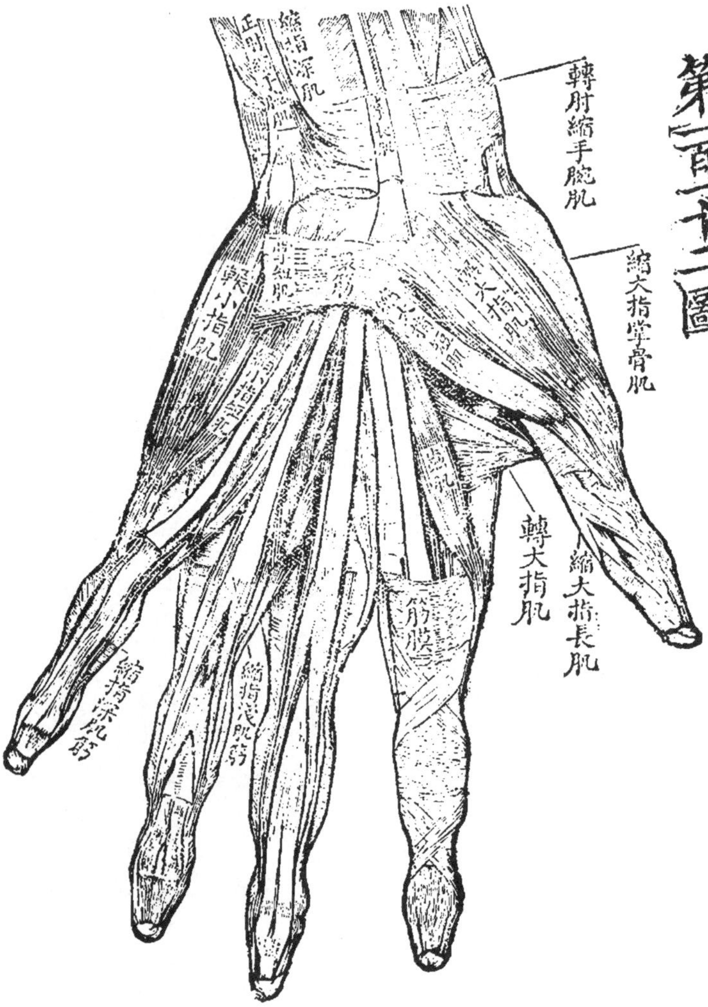

骨止、

肘後深類

反轉肘短肌

反轉肘短肌、式濶、包裹轉肘上截、後面由臂外阜、臂肘節外橫筋、並正肘斜脊起、包裹轉肘上半止、

伸大指掌骨肌

伸大指掌骨肌、被前肌遮、有時相合、由正肘後面並骨中筋起、又由轉肘中後面起、向下外、至大指掌骨止、

伸大指一骨肌

伸大指一骨肌、此肌甚小、由轉肘、並骨中筋起、下半是筋、至大指第一骨止、

伸大指第二骨肌

伸大指第二骨肌、由正肘後面並骨中筋起、下穿過手腕環筋、至大指末骨止、

伸食指肌

伸食指肌、窄而長、在伸大指二骨肌內面、由正肘後面起、下至食指二三骨止

統論肘後淺深諸肌腦筋、皆由肌纏肌腦筋來、惟反轉肘長肌、由骨中後腦筋來、功用主指掌腕臂運動、反轉肘長肌反轉肘短肌主反肘、一轉肘伸手腕長肌短肌、正肘伸手腕長肌短肌主伸腕、轉肘縮手腕肌正肘縮手腕肌主縮腕、其餘諸肌主伸指、

手腕前環筋

手腕前環筋、當手腕前橫過、內由豆骨並鈎骨起、橫過外至船骨並斜長方骨止、上麗肘筋膜、下與掌膜合、前有掌長肌筋麗、又有正肘腦筋、並迴管橫過其間、有一孔以通轉肘縮手腕肌筋、後亦有大孔以通淺深縮指肌、縮大指長肌中腦筋等件、

手腕後環筋、式與前環筋同、內面有尖斧骨正肘並豆骨麗、外面有轉肘骨麗、中有六孔、以通六筋、至手指後面止、

手掌筋膜、在於掌上、窄下濶、形三角、上與前環筋相連、下濶處分數條、

手腕前環筋

手腕後環筋

手掌筋膜

手掌肌

至指骨、此膜在掌有力、包裹縮指諸筋、

手掌肌、分三類、即正肘、轉肘、手掌、在轉肘處、有輾大指肌 縮大指掌骨肌 縮大指短肌 轉大指肌 在正肘處、即掌短肌 輾小指肌 縮小指短肌 縮小指掌骨肌 在手掌處、即蟲肌 掌骨中肌 掌骨前肌 掌骨後肌

轉肘類、即輾大指肌 縮大指掌骨肌 縮大指短肌 轉大指肌

輾大指肌

輾大指肌、薄而短、在皮膚並掌筋膜、裏面由斜長方骨並前環筋起、向下外、至大指一骨止、

縮大指掌骨肌

縮大指掌骨肌、三角而小、在前肌內面、本由斜長方骨、並前環筋起、向下外、至大指掌骨止、

縮大指短肌

縮大指短肌、較前兩肌大、在縮大指掌骨肌內面、始有雙頭、一前一後、前由斜長方筋並前環筋起、後由斜方骨大骨並第三掌骨起、至下合成一肌、再下分爲兩筋、麗大指兩旁、

轉大指肌

轉大指肌、較前肌深、形三角、由中指掌骨起、向外與縮大指肌相合、

統論諸肌腦筋，皆由手中腦筋來，惟轉大指肌腦筋，由正肘腦筋來，功用主輾轉伸縮。

正肘類即　掌短肌　輾小指肌　縮小指短肌　縮小指掌短肌

掌短肌

掌短肌，形方而薄，在皮膚下，由環筋並手掌筋膜起，向下，至手掌皮膚止。

輾小指肌，由豆骨起，向下，至小指一骨止。

縮小指短肌

縮小指短肌，由鈎骨並環筋前面起，下至小指一骨止，有無不定

縮小指掌骨肌

縮小指掌骨肌，形三角，在縮小指短肌裏，由鈎骨並環筋起，至小指掌骨止。　統論腦筋，皆由正肘腦筋來，功用掌短肌主皺皮膚，其餘即如其名。

手掌類即　蟲肌　掌骨𦛨肌前中後

蟲肌

蟲肌，甚小，形如蟲，故名，由深縮指肌四條筋起，向下，變一筋膜，與伸指

統肌筋相合、

掌骨中肌

掌骨中肌、計有七條臚列、後面四條、每條由二塊掌骨起、向下至指一骨止、中指二條無名指一條、食指一條、並麗前面三條、由掌骨起、至指一骨止、中指無、

統論腦筋、皆由手腦筋來、功用、後四條主開、前三條主合、

以上論上肢諸肌、皆已詳悉、以下再論下肢諸肌

下肢諸肌

胯類卽 大膠肌 小膠肌 胯肌

大腿前面類卽 縮大腿膜管肌 長肌 大腿直肌 大腿外肌 大腿內肌 腿肌

大腿內面類卽 窈窕肌 交骨肌 長闔肌 短闔肌 大闔肌

臀類卽 臀大肌 臀中肌 臀小肌 梨子肌 孖上肌 盆內肌 孖下肌 盆外肌 大腿方肌

大腿後面類𦚔 雙頭肌 半筋肌 半膜肌

小輔腿前面類𦚔 小腿前肌 伸趾長肌 伸大趾長肌

小輔腿後一重類𦚔 孖肌 長筋肌 類沙肌

二重類𦚔 膕肌 縮大趾長肌 縮趾長肌 小腿後肌

輔腿後面類𦚔 輔腿長肌 短肌

足跗類𦚔 伸趾肌

足掌一重類𦚔 展大趾肌 縮趾短肌 展小趾肌

二重類𦚔 護縮趾肌 蟲肌

三重類𦚔 縮大趾短肌 縮小趾短肌 一 闔大趾肌 脚橫肌

四重類𦚔 骨中肌

大腿膜

大腿膜　論大腿膜深淺二重、淺者、又分淺深二重、中藏肥網、及迴管、胯下諸核、淺重、上連腹淺膜、深重、與廣筋膜、並胦大筋相合、深者只一重、被淺膜遮過、因其濶大、故曰廣筋膜、裹大腿四向如管、在上之外面甚厚、有一肌名縮大腿膜管肌、麗之、在後甚薄、上麗胦大筋及胯骨上廉、鈎尾閭骨、下至膝節、麗大腿內外阜及小腿頭、其實此膜直透至腳、因在下、應另立名、故須分論、在大腿後面處、有膈膜二所、以隔分腿肌也、後麗深膜、前至大腿後脊、在腿上之內面、胦大筋下一寸、有一孔、式如卵、名曰腿孔、以通迴管、此孔甚屬緊要、詳載小腸疝部、

大髎肌　大髎肌、式長、中大、本末小、由第十二塊背骨、並五塊腰骨、橫支起、本有小筋數條、合成一肌、向下過胦大筋後、復變成筋一條、與胯肌筋合、麗大腿小凸、止在前、有腹內膌統膜、小髎肌、卵脉、溺管、胯總脉、胯內迴管、

第一百十三圖

胯腿諸肌前面圖

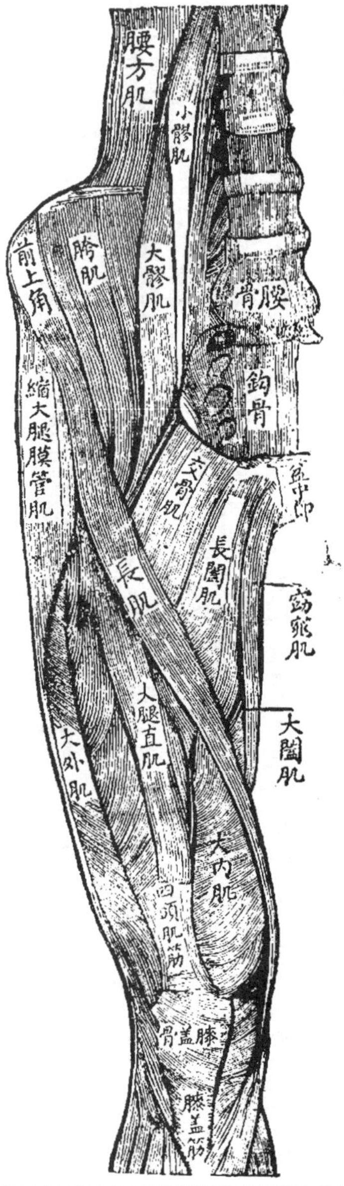

在後、有腰骨、腰廣肌、無名骨在下、有腰腦綱在腿處、有廣筋膜及大腿節、裹筋、在內簾處有大腿脉、外簾處有腿腦筋相隔、

小髎肌

小髎肌長而小、在大髎肌前、由第十二塊背骨第一塊腰骨起、甚長向下至無名骨止、有無不定、

胯肌

胯肌由胯骨前面並交骨以及誇腰筋、大腿節、裹筋等處起、向下、內與

大髎肌相合、統論腦筋、由腰腦網及腿前腦筋來、功用皆主腿縮上

大腿前面類卽縮大腿膜管肌 長肌 大腿直肌 大腿內肌 大腿外肌 腿肌

縮大腿膜管肌

縮大腿膜管肌式短而平、在腿上內面、由胯骨上簾前半及胯前上角起、向下數寸、麗廣筋膜止、其腦筋由臀上腦筋來、功用主縮上廣筋膜、收束雄壯、

長肌

長肌、全體最長者惟此、甚屬緊要、在皮膚下、因大腿脈在此肌內廉、其式如帶而薄、由胯前上角並下峽起、向下內過膝節內後、變爲一重筋膜、麗小腿骨內面止、

四頭大肌

大腿骨前面有一肌、甚大、分四頭、合名曰四頭大肌、分爲四名、卽大腿直肌 大腿外肌 大腿內肌 腿肌

大腿直肌

大腿直肌、在大腿前面中處、有雙頭、一由胯前下角起、一由無名骨臼上廉起、兩頭相合成一肌、在下變平筋一條、與大腿內外肌筋並腿肌

筋相合再下罷膝蓋骨、

大腿外肌

大腿外肌、大而厚由一重筋膜起、此筋膜罷大腿大凸並大腿大脊外廉、肌下成一平筋罷膝蓋骨外上廉、

大腿內肌

大腿內肌、在腿直肌後面、由一重筋膜起、其筋膜在大腿骨頸並大腿後廉、此肌又由大腿內前二面起、肌線合成一筋、下與直肌筋合、然後罷膝蓋、

腿肌

腿肌、小與內肌相合爲一、此四肌統合一大筋、至膝蓋骨上廉止、又自膝蓋骨下廉起、透過至小腿凸止、

統論腦筋由腿前腦筋來、功用長肌坐時主蹬膝、行時主步向前、其餘三肌主腿縮上並進步、

大腿內面類即窮窕肌、交骨肌、長闊肌、短闊肌、大闊肌

窮窕肌

窮窕肌、長而小、在大腿內面、由交骨並尻骨起、直向下、下半即圓筋、過

大腿內阜、然後透下、至小腿內面止、

交骨肌 交骨肌、由交骨起、向外下、成扁筋一條、麗大腿小凸、

長闔肌 長闔肌、形三角而平、由交骨並盆中節起、向下外、至大腿大脊止、

短闔肌 短闔肌、由交骨體前面起、向後外、至大腿大脊上半止

大闔肌 大闔肌、由交骨下面並尻骨起、向下、至大腿大脊止、此肌最大、前有長

闔大腿諸肌圖

第一百一十四圖

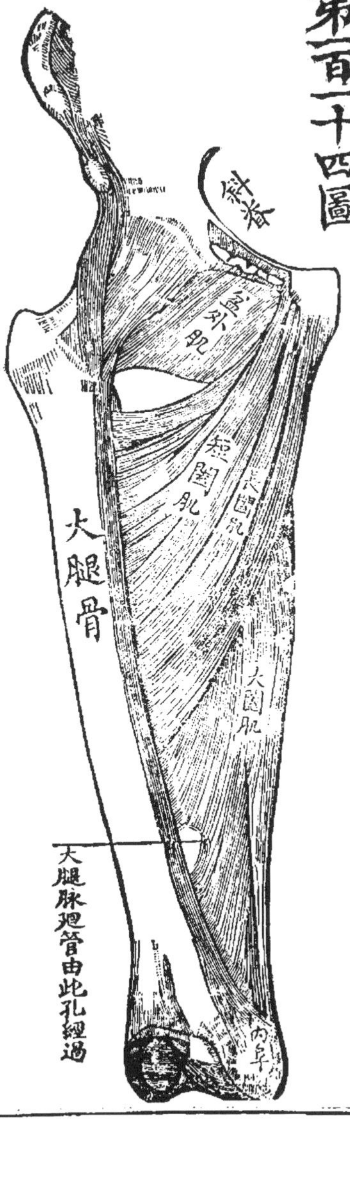

闔肌，後有短闔肌，此肌在中至下半，在大腿骨內後面，有一孔，有大腿脈大腿迴管穿過。

統論腦筋，由盆腦筋來，功用主合膝，但交骨肌、短闔肌主縮大腿上，窈窕肌主縮足。

臀肌類，即臀大肌、臀小肌、臀中肌、梨肌、盆內肌、孖下肌、孖上肌、大腿方肌、盆外肌。

臀大肌

臀大肌甚粗，形方而厚，由胯骨上廉並胯骨後面、鉤骨後面以及尾閭骨旁、鉤尻大筋等處起，向下後外，至大腿大凸下，至大腿大脊，麗於廣筋膜止。此肌遮過臀中肌、梨肌、盆內肌、大腿四頭肌、大闊肌、尻脈、尻腦筋、臀脈、陰陽脈並陰陽腦筋等件。

臀中肌，由胯骨後面上彎脊上少許，又由廣筋膜起，向下至大腿大凸止。

臀小肌，最小，在臀中肌內面，由胯骨後面並上下彎脊中起，透至大腿

臀大腿諸肌後面圖　第一百一十五圖

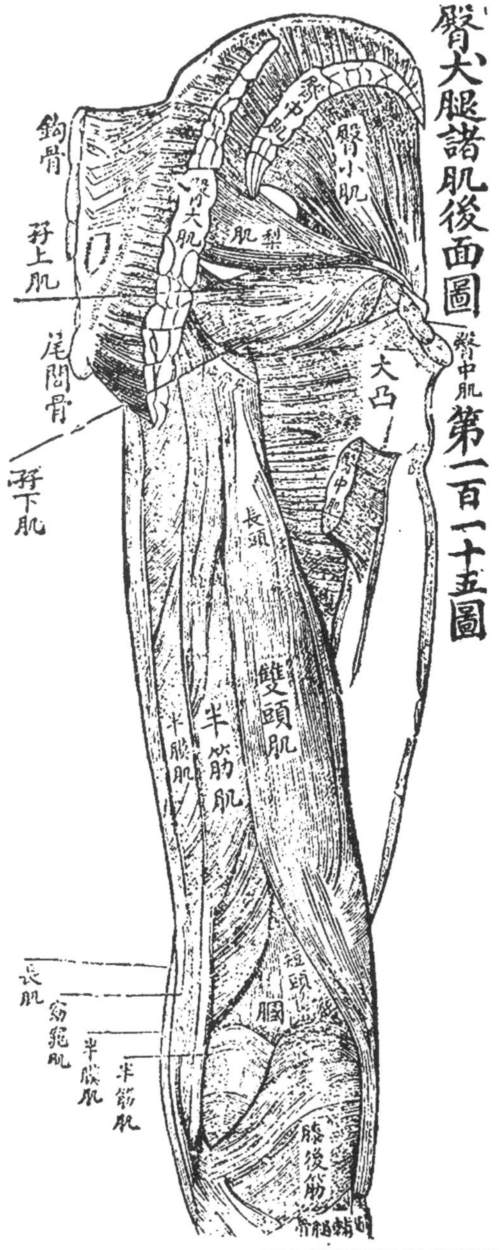

大凸前廉止、

梨肌

梨肌、形圓如梨故名、由尻骨前面起、穿過鈎尻㚒下、半變圓筋一條、至大腿大凸上廉止、

盆内肌

盆内肌、半在尻骨盤内、半在大腿節後、由盆孔廉、並由無名骨、以及盆

膜內面起向後下、橫過尻骨底、自鈎尻小峽、透過孖上肌、孖下肌、然後合成一筋、至大腿大凸上廉止、

孖上肌 孖下肌

孖上肌 孖下肌 最小、亦無緊要、孖上肌由尻骨峯起、孖下肌由尻骨底起、皆向外至大腿大凸上廉止、與盆內肌相合、

大腿方肌

大腿方肌、形方式短而平、在大闔肌 孖下肌 之間、由尻骨底上廉起、向外至大腿大凸後面止、

盆外肌

盆外肌、形三角而平、在尻骨外前面、由盆孔廉、並盆膜外面起、橫過至大腿骨止、

統論臀筋、臀大肌 由臀下腦筋、並鈎腦網來、臀中小肌 腦筋、由臀上腦筋來、梨肌 孖上肌 孖下肌 盆內肌 大腿方肌 腦筋、由鈎腦網來、盆外肌 腦筋、由盆腦筋來、功用、臀大肌 主伸大腿、並正立、梨肌 盆內肌 孖上下肌 大腿方肌 主腿輾轉、盆外肌 主合兩腿、其餘主開兩腿、亦主大腿斜側、惟與長短大闔肌相反、

大腿後面類卽雙頭肌 半膜肌 半筋肌

雙頭肌 雙頭肌、其頭長短有二式、大短者、由大腿大脊外廉起、又由數重筋膜起、長者由尻骨座起、向下外、至下半變爲筋膜、遮過肌後、兩頭合成一大肌、下至輔腿骨頭內面止、有肌線、數條穿過小腿前外面

半筋肌 半筋肌、本與雙頭肌長者同、在腿後下半、是圓長筋、過膕內面至小腿骨內面止、

半膜肌 半膜肌、由尻骨座起、與雙頭肌半筋肌同本、下至小腿內凸、至內橫筋下止、

統論膕筋、由尻膕筋來、功用皆主縮足、

小腿前面類卽小腿前肌 伸趾長肌 伸大趾肌

小腿前肌 小腿前肌、在小腿骨外、中大本末小、由小腿外面上半、並小腿外凸、以及骨中筋等處起、肌線向下、穿過環筋、下至內尖斧骨、大趾掌骨止、

伸大趾肌 伸大趾肌、薄而長、由輔腿中前面、又由骨中筋起、肌線向下、穿過環筋、

腳諸肌前面圖第一百十六圖

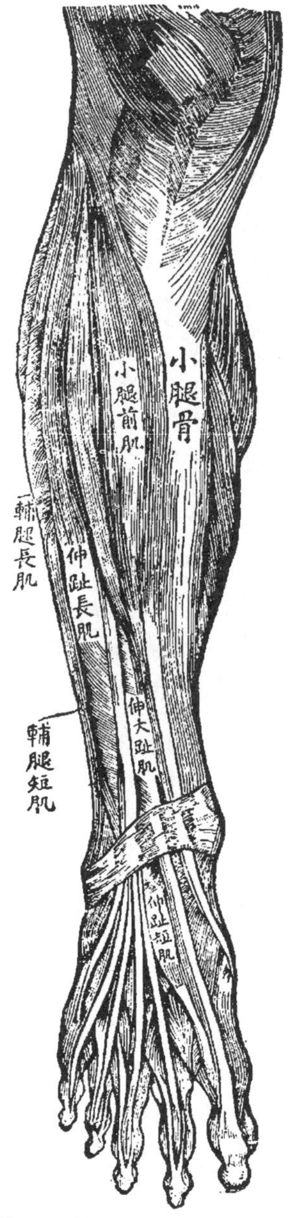

下至大趾末骨止、

伸趾長肌

伸趾長肌由小腿內凸、又由輔腿上半前面並骨中筋等處起、在下、此肌分三條筋穿過環筋至腳上面、但此三筋惟有一條、分爲二共合四筋至趾掌節止其筋與伸趾肌諸筋相合、又與蟲肌骨中肌筋亦合、然後分開變爲筋膜、包裹趾第二三骨止、　統論腦筋、由小腿前腦筋來、

功用、小腿前肌主腳縮腕上、伸大趾肌伸趾長肌主伸趾、

孖肌

小輔腿後面中一重類，卽長筋肌、孖肌、獺沙肌

孖肌最大、在皮膚下、在小輔腿後面、有兩頭、麗大腿內外阜起、內頭大於外頭、下半成筋、與獺沙肌筋合、作踵大筋、至踵骨止、獺沙肌、形如獺沙故名、式濶而平、由輔腿頭後面並小腿斜脊上半起後面有筋膜、以麗肌線、至下筋最大、極有力、

脚後面淺諸肌圖

第一百一十七圖

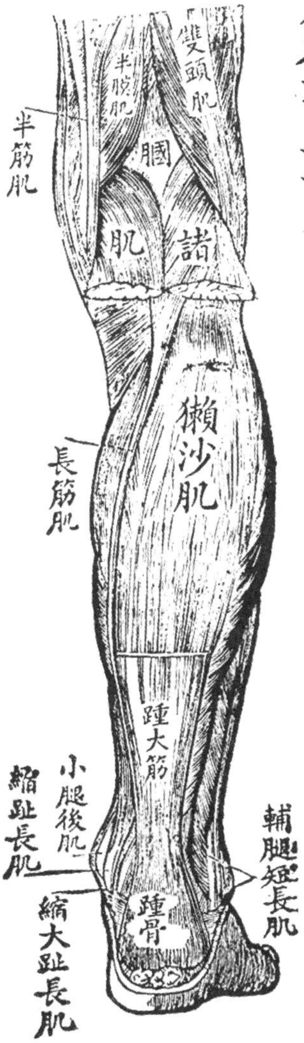

長筋肌

長筋肌、少而長、由大腿大脊、並膕筋起、腹長約二寸、下至踵骨止、此肌或分爲二或無不定、　統論腦筋由膕內腦筋來、功用主伸足向後、

第一百二十八圖

脚後面深諸肌圖

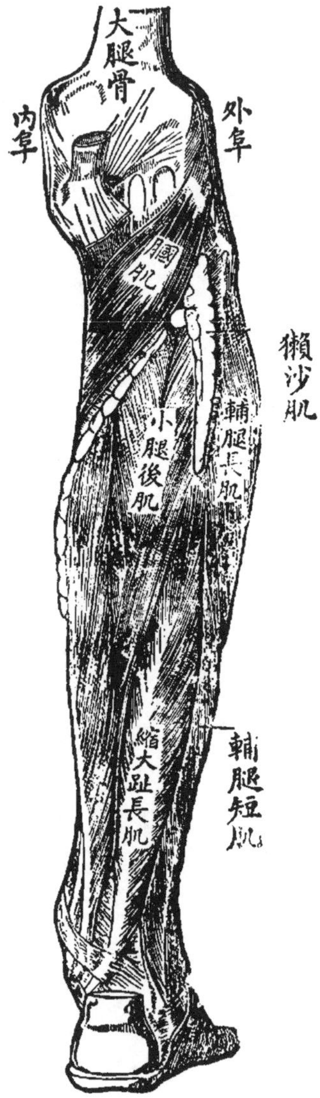

小輔腿後面中二重類即縮大趾長肌膕肌

膕肌

膕肌、形三角、被半筋膜遮之、本是筋、長一寸、由大腿外輪、並膝外筋起、斜向下內、至小腿後面止、

縮大趾長肌

縮大趾長肌、在輔腿後面、較下三肌大、由輔腿內面並骨中筋起、向下後、下成圓筋一條、過小腿下截骨槽、然後又穿過踝輪骨槽、至踵骨下、又穿至腳掌下大趾二骨止、

縮趾長肌

縮趾長肌、在小腿後面上尖下濶、由小腿後面斜脊下起、前是肌線、後即筋、過內踝下面、與小腿後肌筋相並、穿過踵骨、下分作四筋、皆至四趾末骨止、

小腿後肌

小腿後肌、在縮趾長肌縮大指長肌中間、由骨中筋並小輔腿後面起、下成扁筋一條、穿過小腿骨並縮趾長肌間、然後透至內踝下、麗船骨阜止、

統論腦筋、膕肌腦筋、由膕來、其餘皆由小腿後腦筋來、功用、膕肌主縮腳腿上、小腿後肌、主縮腳腕向後、縮趾長肌縮大趾肌主縮趾、兼主踏、

輔腿後面類、即輔腿長肌短肌

輔腿長肌

輔腿長肌、在腳上內面、由輔腿骨頭並小腿三分之二起、下半成長筋、

輔腿短肌

足筋膜

腳腕環筋

內踝筋

過外踝後、至骨槽、與輔腿短肌筋相竝、橫過踵骨外面、向前至方骨下面、斜過至大趾掌骨止、

輔腿短肌、被前肌所遮、由輔腿外面中處起、肌線向下、其筋與輔腿長肌筋相竝、至內踝下、過踵骨外面、至小趾掌骨上面止、

統論腦筋、由膕外腦筋來、功用主縮腳、與小腿前肌相反、

足筋膜

足筋膜、上由腿筋膜起、下至趾、甚厚在腳彎、分作三筋、即腳腕環筋外內踝筋另有腳掌筋膜、列下、

第一百一十九圖

腳下面一重諸肌圖

○腳腕環筋、在腳腕前面、橫過此筋裹護伸趾諸筋、

內踝筋、有力、由內

外踝筋

踝起、下至踵骨內廉止、中有管三、係半筋半骨、第一管被小腿後肌穿過、第二管被縮趾長肌並小腿後脉及膕筋、迴管穿過、第三管被縮大趾長肌穿過、

脚下面二重諸肌圖

第一百二十圖

外踝筋由外踝起、透下至踵骨下止、間有一孔、被輔腿長短肌筋穿過、

腳掌筋膜

腳掌筋膜

腳掌筋膜最有力、色白光滑、後窄前濶、後由踵骨起、亦有力、前至掌骨、分五條、每條又分爲二、包裹縮趾肌筋、裹後又分筋膜數重、麗於骨、此筋膜上面、即縮趾短肌本、左右麗腳

旁、

腳諸肌 腳肌類、分上下兩說、上者、卽伸趾短肌、薄而濶、由踵骨外面並踝踵筋起、斜過腳面、然後分開四筋、一麗大趾第一骨、三麗伸趾長肌、然後至二三四趾止、　統論腦筋由輔腿前腦筋來、功用皆主護伸趾長肌、下者又分作四重、第一重、卽展大小趾肌縮趾短肌第二重、卽護縮趾肌蟲肌第三重、卽縮大趾短肌闔大趾肌縮小趾短肌腳橫肌第四重卽骨中肌

展大趾肌 展大趾肌在腳下內、由踵骨大凸並內踝筋起、與縮趾短肌筋相合、合後至大趾第一骨止、

展小趾肌 展小趾肌在腳外下、由踵骨下面並腳掌筋膜起、至小趾第一骨止、

縮趾短肌 縮趾短肌在展大小趾肌間、下面與掌筋膜合、由踵骨內阜並掌筋膜起、向前分筋四條、至趾第一骨、裂開、被縮趾長肌筋穿過、麗各趾第二骨旁、式與指稍同、

護縮趾肌

護縮趾肌、有內外兩頭、內由踵骨內面起、半是筋、由踵骨外阜前少許起、然後兩頭相合、與縮趾長肌筋合、

第二百五十三圖

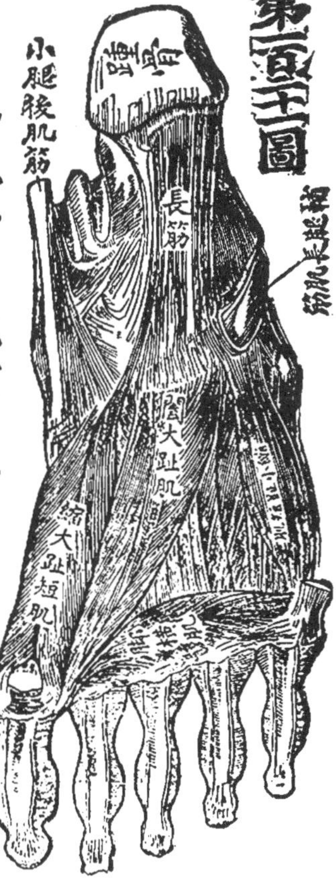

脚下面三重背肌圖

蟲肌

蟲肌、計有四條、式小、由縮趾長肌起、向前至二三四五趾第二骨止、

縮大趾短肌

縮大趾短肌、由方骨內廉起、前面分為二、麗大趾第一骨左右旁止、

闊大趾肌

闊大趾肌、最大、在二三條掌骨下、由二三四掌骨起、斜向內至大趾第

一骨外面止、

腳橫肌

腳橫肌、式小、由諸掌骨頭下面起、向內至大趾第一骨止、

掌骨中肌

骨中肌、計有七條、無緊要、與手骨中肌式略同、茲不多贅、

縮小趾短肌

縮小趾短肌、由小趾掌骨下面起、其筋麗小趾第一骨止、

肌膜部位、皆已詳論、有耳中、聲管、脥、會陰等處諸肌另別、

全體闡微卷二終

全體闡微第三卷

全體經絡論

首卷專論骨，以及骨節，二卷論肌，俱已詳悉，此卷專論心，及經絡也，經絡分爲三，一爲脉管，一爲廻管，一爲微管，其脉管內藏赤血，由心左下房發源，出總脉管，流佈週身，以養全體，漸行漸變，至微管入廻管，變爲紫血，由廻管運行至心右上房，轉入下房，入肺，仍變爲赤，廻心左上房，落入下房，由總脉管而再出之，卷中或言脉或言脉管其意一也

心衣

論心衣，即心胞絡，所以包裹此心，衣分內外二層，外層厚有力，下麗膈膜上，包裹上總廻管，及肺四條廻管，總脉管，並肺左右脉管，內層係兩重連接爲夾衣，外重之外面全粘於外層之裏面，內重之裏面實粘於心，至上廻曲而外麗於外重，夾衣之中兩面皆光滑，並生津液，靈活心之跳動，毋使磨損，衣之中有脉管數條，由乳內脉，食管頭脉，膈脉來，

心形

心式下尖曰心尖，上濶曰心底，心非正懸胸間，乃心底略偏胸右，斜向

心前面圖　第一百二十二圖

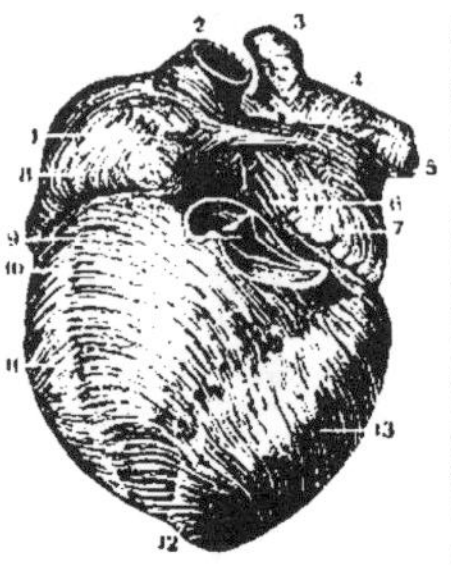

1 右上房　2 下總迴管　3 右肺前迴管　5 左肺前迴管　8 肌線包裹右上房　9 肺脈管割斷

心後面圖　第一百二十三圖

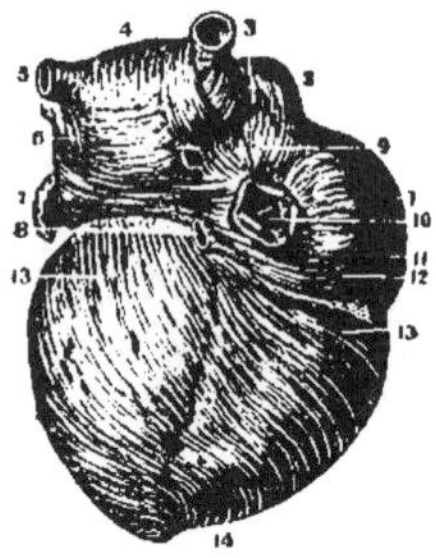

1 右上房　2 下總迴管　3 右肺後迴管　5 左肺後迴管　8 心內迴穴口　10 上總迴管口

上後外，心尖斜向至左脇五六骨間，乳頭下一寸，底之後面自背骨第五至第八止，底前面上邊與右脇第三軟骨齊，右邊薄，左邊厚短，外覆內平，大人心長五寸，濶三寸半，厚二寸半，

男重自十兩至十二兩，女重八兩至十兩，凡人之心略與猪心相似，欲

驗眞據細剖豬心可以明晰矣

心式

心非一塊係是直隔分爲左右又橫隔分爲四窩故名左上房左下房右上房右下房房四向日圍四房內有一重膜光滑名曰心內衣心外中間有一長峽藏養心右脉左上下房間有一峽藏養心左脉兩峽並藏迴管腦筋吸管

右上房

右上房在心前面房較左大圍較左薄透入房內有四孔上孔卽上總迴管下孔卽下總迴管在下前處有一大孔透過至右下房間名曰右中竅更有一孔卽心圍迴穴在下總迴管口上少許有一凹式如卵名曰卵凹在胎兒凹通爲孔透過左上房更其名曰卵竅在下總迴管前有心內衣爲夾脊胎兒此脊甚顯以導迴血入於卵竅及長時因竅塞不通故此脊亦廢或全消磨或存亦穿數小孔房之上內有一角式如乳名曰副房係在總脉管前

第一百二十四圖

右下房裏面圖

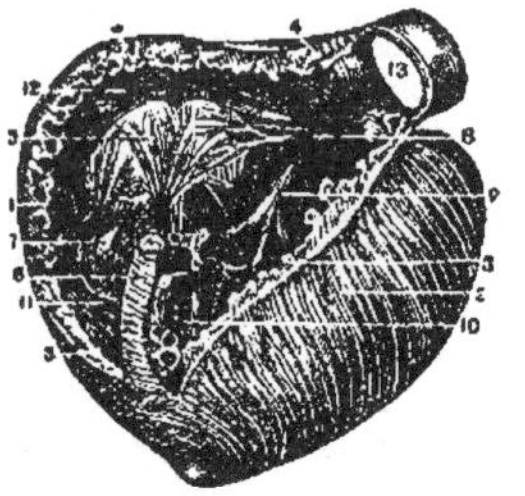

1 右下房剖開見房圍
2 左下房
5 三扇門
7. 8 肉柱
13 肺脉

左右上房削過較上下中竅高少許

左右上下房中竅圖

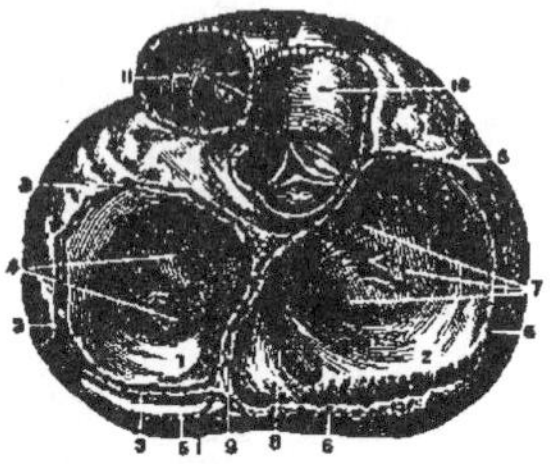

第一百二十五圖

1 左上房底
2 右上房底
3 左上房圍
4 總脉門上面
7 三扇門
8 心內迴管
9 左右上房中隔
10 總脉隔斷
11 肺脉

右下房

右下房式三角、自上房下起、至心尖止、房與左似、圜較左薄、約盛血二兩、有孔二、一爲右中竅、一卽肺脉口、門二、一爲半月門、一爲三扇門

右中竅

右中竅介在上下房間、胸骨正中、與第三脇齊、竅徑一寸三指、品叠可入竅口有環筋、被心內衣包裹、竅中有門三扇、名曰右中門、每扇形三角、係兩重心內衣叠成、中襯以肌線、或筋線、三扇品列、外邊麗於環筋、三尖皆向中間、以爲開闔、開時尖向下、在扇下面、尖邊各處皆牽粘數筋線、或麗於環筋、或麗於四圍各肌柱、以掣此扇、毋使反開於上、所謂肌柱者、乃數肌線合成一肌柱、衆柱環圜而立、長短不一、故圜之內面嶙峋不平、肺脉口式圓、在右中竅之上、左是心前面、孔中有門三扇、形如半月、名曰肺脉門、邊麗脉管口、尖合於中、頗厚、開時向上、

左上房

左上房在心上左後、式方、前麗總脉管、肺脉管、後有四條肺迴管透入、上角亦有小房、式長窄、向前、在肺脉前、上房內有五孔、四孔卽肺迴管、

心右上下二房裡面圖

第一百二十六圖

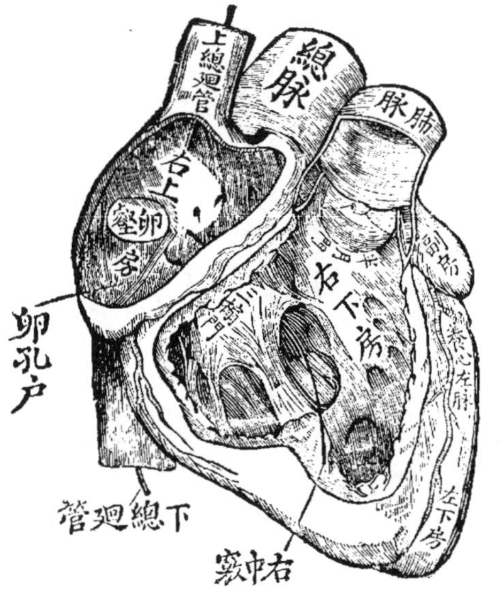

一孔乃左中竅肺迴管、分別左右各二、有時二條入心處或合爲一、其左中竅與右略同、惟稍小、

左下房

左下房、較右下房長圓、亦厚有力、在心後下半、有孔二、一爲左中竅、一爲總脉管口、左中竅之口、亦有環筋、式如右門、只兩扇、名曰左中門、其扇一大一小、大者在前、較右厚有力、邊麗環筋、中間開時向下、下面亦有筋線數條牽粘、

總脉管口

總脉管口、式圓、在左中竅之前、右胸骨與左第三脇合處、孔口之門三扇、即名曰總脉門、與左同、惟較右厚有力、四圍亦有肌柱、較右畧小、

心內衣

心內衣、乃一重膜、薄而光滑、生津液、麗心四房裡面、並各門扇上、至脉管及迴管裡面、在上房厚、在下房薄、

心圍

心四圍、即肌線、各孔口皆有環筋、在獸此環是骨、其肌線色紅、中有橫痕、分上下房兩類、上房有深淺二重、淺者統裹左右房、薄、深者各環一房、下房

心左右下房

亦有幾重、有統包兩房者、有只裹一房者、淺者痕如螺紋、深者係環紋、其實各紋難以形容、細剖熟烹牛心可以明晰矣、心圍脉管有二卽前後養心脉、其腦筋由心網來、繞纏內外、

心左右下房爲脉管之源、肺脉自心右下房起、至左右肺止、中藏紫血、凡紫血之管、皆曰迴管、惟此處由心發出、故曰脉、

總脉、由心左下房起、形如樹、由總脉分爲大脉、由大脉分爲小脉、愈分愈小、無處不到、其中爲赤血、惟不及於髮甲靭骨眼明衣等處、其分佈之式、左右多相對、間有奇分者、其分佈之數、大脉人皆相同、小脉間有多少、至兩脉相近之間、皆有小絡相通、自一條至數條不等、故縛紮此脉、其血能由小絡、通於彼脉也、大脉之式、直多曲少、直者如在四肢之陰面等處是、曲者如面脉、唇脉、爲便其活動、如子宮脉、便其舒縮、如頸內脉、項脉、便其不直沖腦也、小脉之式、末處愈分愈小、是爲微管、纏繞

如網、遍及全體、排列三千條、濶約一寸、在腦及皮膚等處最多、至末處、叉漸合而大、是爲迴管、網眼有大小長方圓各式、畧以在肺並諸核之內皮多圓、在肌多長方、在肺中、眼裏、腎最小、及至骨、割骨、筋等處、則將盡矣、

脈衣

脈外有膜、名曰脈衣、此衣或屬連膜、或屬筋膜、或兼包迴管、或兼包腦筋不等、除衣之外、脈管更有三層、分中內外、內層薄、分裏外兩重、裏重光滑玲瓏、有自縮力、外重光滑而薄、中有數小孔如篩、在大脈、此重亦有力、中層色兼黃紅、較內層厚、中有自縮之環紋、肌線、及筋線、三層之中此層最有力、惟在小脈稍薄、外層在小脈最厚、在大脈稍薄、其筋線有直麗有斜繞、以上雖分三層、其實合爲一管、又中外兩層有本體微小養脈、名曰脈管養脈、旋繞外層、透至中層止、更有迴管、腦筋、其腦筋由腦脊根來、亦有自和之類、

總脉管

總脉管、在諸脉管中最大、由心左下房起、向上後、彎迴過左肺根、至脊骨左邊、直下透過膈之總脉管孔、至腹間、並第四塊腰骨處、分爲二節、左右跨總脉、當分爲三截、一爲總脉彎迴、二爲胸膛總脉、三爲腹總脉、

第二百二十七圖

總脉管圖

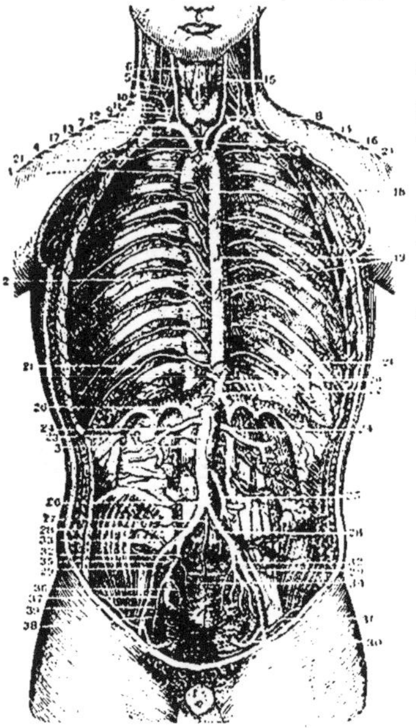

1 總脉本　2 胸膛總脉　3 腹總脉　4 肯臂脉　5 右頸總脉　6 脾上脉　7 右鎖柱下脉　8 項脉　9 脾下脉　10 頸前脉　11 頸横脉　12 肩胛上脉　13 脅中上脉　14 乳内脉　15 左頸總脉　17 左鎖柱下脉　19 食管脉　20 膈脉　22 腹短總脉　24 腎左右脉　25 大小腸下脉　28 跨總脉　29 跨外脉　32 跨内脉　35 臀脉　36 膀胱脉　37 盆脉　38 尻脉

全體闡微　卷三　脈管部　六　百十九

心並總脈彎廻前面圖

第一百三十圖

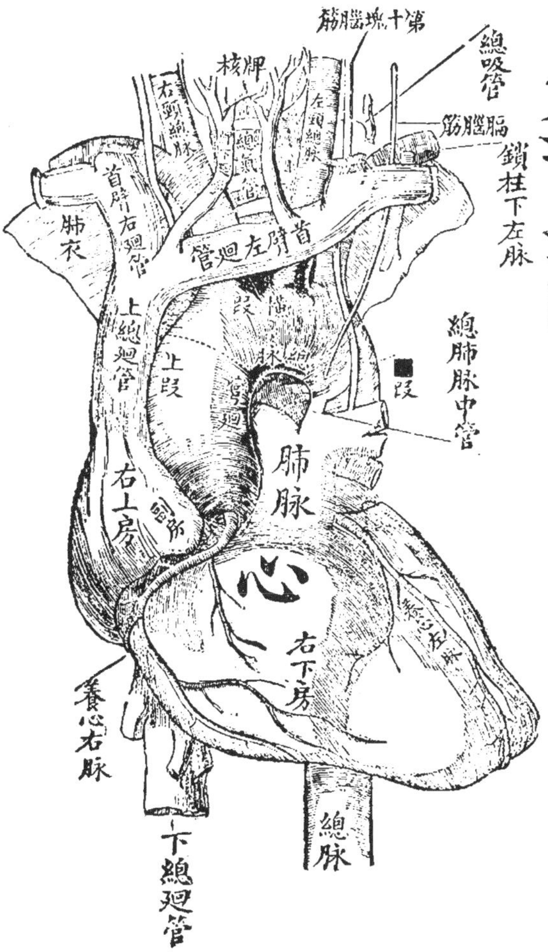

總脈前面圖

第一百二十九圖

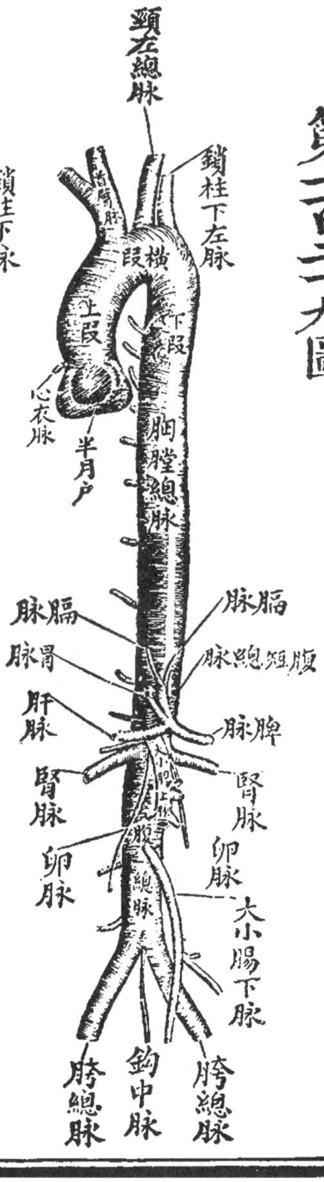

總脈後面圖

第一百二十八圖

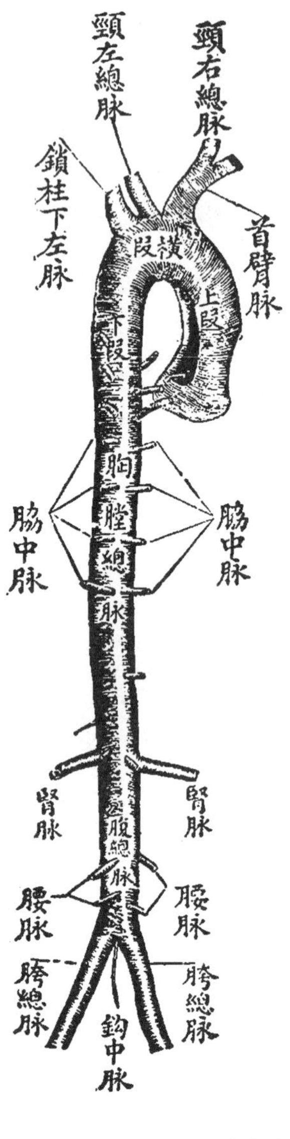

總脉彎迴

總脉彎迴、由心左下房上面、即肺脉後起、勢先向右、被胸骨畧遮少許、再向上與第三肋軟骨齊、至此又向左之上後、麗於總氣管、透至第二塊背骨左邊處彎迴、又稍向右、始直下、故又分為橫上下三小段、上段長約二寸畧彎、在起端稍大、式如三穴、左穴最大、三穴皆被心衣之外層包裹、其前後左右四界、開列於下、

總脉彎迴上段四界

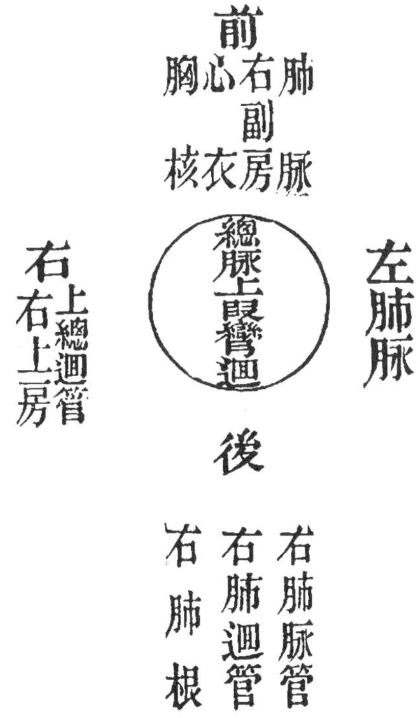

橫叚由右第二脇上廉起、右向左、前向後、至第二塊背骨體左邊止、上廉長較胸骨畧低一寸、下廉短、前面被左肺衣遮過、左邊有第十對腦筋、並膈腦筋、心諸腦筋、由前面經過、後面有總氣管、食管、總吸管、心大腦網、及聲管迴腦筋爲界、上面與左首臂迴管爲界、亦有數脉分開、一即首臂脉、二爲頸左總脉、三係鎖柱下脉、下面有肺脉分乆、並左肺氣管、聲管、左迴腦筋、肺脉、總脉管中筋、亦爲界、

總脉橫叚彎迴

右養心脉

下段直向下至第三背骨下廉、再下名爲胸膛總脉、前界左肺根肺衣、後界第三塊背骨體、右界食管並總吸管、左界肺衣、

總脉下段彎迴四界

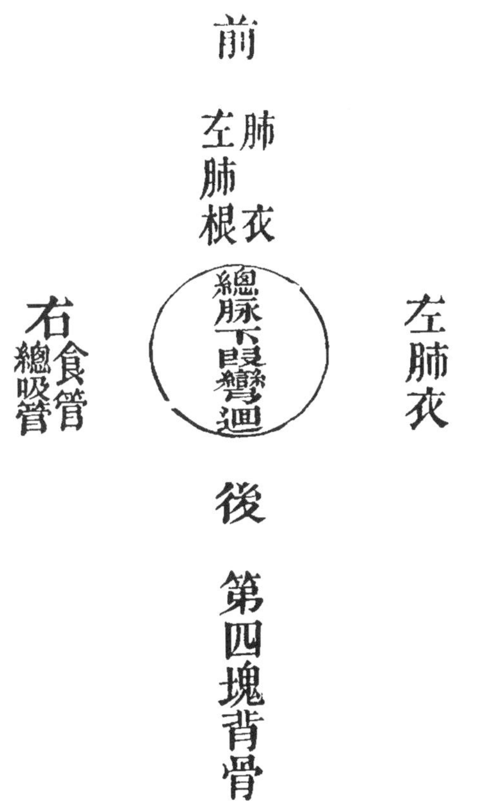

論總脉彎迴、人若吸氣、則其脉墜下、呼氣、則其脉稍回於上、其彎迴者、另發出脉五支、卽左右養心脉一頸左總脉首臂脉一鎖柱下脉○右養心脉由總脉門上少許起、左脉小、右脉大、右者係藏右上下房中峽間、至心後面、分開大

小脉二支、小者透至上下房間、大者透下心後面左右下房間、分有數支小脉、或透至上房圍、或透至肺脉○

左養心脉

左養心脉、係透過肺脉後面、斜向下、至長峽間、分大小二支、一向左、横過至心後面、又分數小脉、大者在心前面、直向下、亦分數小脉、與左肺相通、又有分數小脉、透過至肺脉總脉管、以養此管、

首臂脉

首臂脉甚大、亦緊要、由横叚右邊起、向上右至鎖柱胸節、後與鎖柱上廉齊、分開二支、一卽右鎖柱下脉、一係頸右總脉、其脉或長寸半、或長二寸、前面與胸骨胸舌肌、胸牌肌、胸後核左首臂迴管、牌下迴管爲界、後面與總氣管亦爲界、右邊與右首臂迴管、右第十對腦筋、肺衣相隔、左邊與胸後核、頸左總脉亦相隔、惟鎖柱下脉、頸右總脉、此二者、係直透至總脉、始彎迴、

首臂脉四界

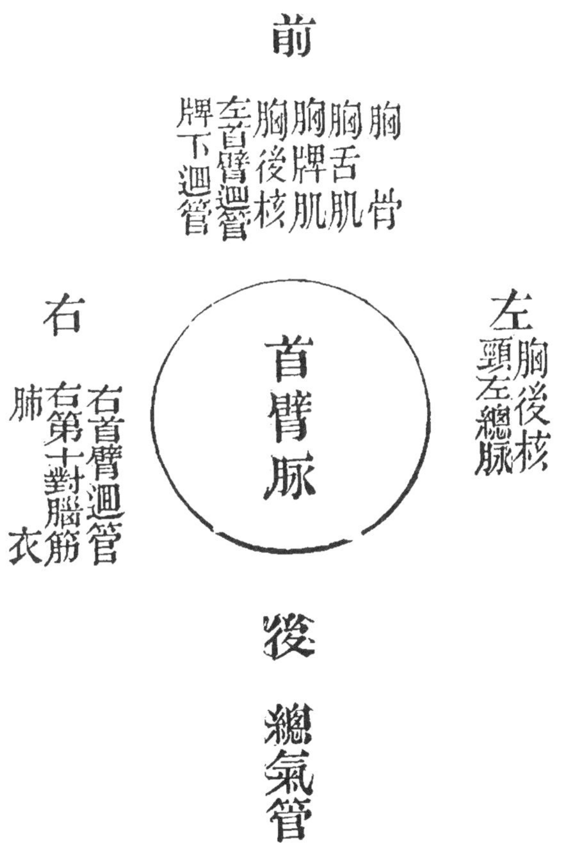

頸左右總脉

頸左右總脉、在頸上兩脉相似、至頸下有異、左脉長、由總脉彎迴上廉起、在胸膛裡、前面與胸骨、胸舌肌、胸牌肌、胸後核、左首臂迴管爲界、後面、與食管、總氣管、總脉管、亦爲界、内面與首臂脉相隔、外面與左第十對腦筋、左鎖柱下脉亦相隔、左頸總脈、三份有二與右同、在左右脈間、有總氣管、此二脈向上後、外至脾韌骨上廉、分爲二支、卽頸內脈、外脈、人欲尋此脈、將繩按耳下、度至胸

頸並肩頭諸脈圖

第一百三十一圖

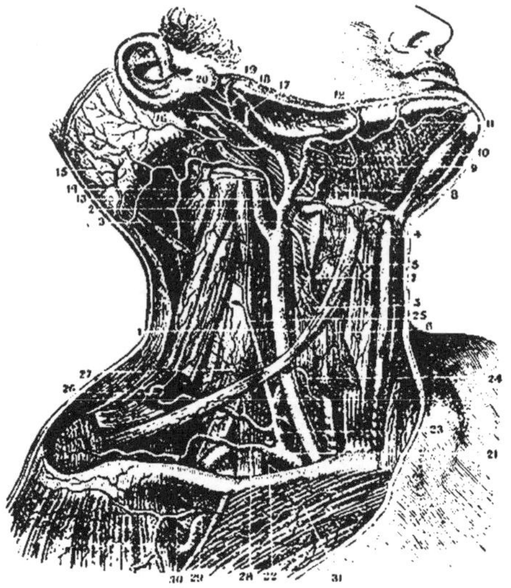

1 頸總脈　3 頸外脈　5 肌脈　7 食管下脈　9 面脈　11 頤脈　13 枕脈　17 頸內脈本　19 太陽脈　21 鎖柱下脈　23 脾下脈　25 頸前脈　28 肩胛上脈　30 三角肌脈

2 頸內脈　4 脾上脈　6 脾脈　8 舌脈　10 額下核脈　12 面脈　16 耳後脈　18 耳下核脈　20 耳前脈　22 頸內脈本　24 小脈入脾核　26 頸橫脈　29 胸膛上脈　31 脇中小脈

鎖柱節止、卽此脈之路、其脈有衣包裹、衣中有頸內迴管並第十對腦筋、其迴管在外、脈在內、腦筋在中、在頸下處、其脈甚深、被皮膚淺筋膜、

胸膛牙床肌、深筋膜、胸鎖柱馬乳肌、胸舌肌、雙腹等肌遮過至上半淺被皮膚淺筋膜、胸膛牙床肌、深筋膜亦遮之、後面與頸長肌、頸前小大直肌、並脾下脈為界、內面有總氣管、脾核、聲管、食管頭相隔、外面與頸內迴管、第十對腦筋亦相隔、此脈上半有脾迴管二三支經過、前面其脈並無分支、其大上下相等、

頸左右總脈上半四界

前

皮膚
胸膛牙床肌
胸鎖柱馬乳肌
胸舌肌
胸脾肌
肩舌肌
雙環腦筋
脾舌面迴管
頸前迴管

內

總氣管
脾核
聲管迴腦筋
脾下脈
聲管
食管頭

頸左右總脈上半

外

頸內迴管
第十對腦筋

後

頸長肌
頸前大直肌
脾下脈
聲管迴腦筋
目和腦筋

頭外脉

頭外脉、由髀靭骨上角竝起、向上前、再前少許、又向後、至耳外孔前、下牙床輪下後分二歧、一曰太陽脉、一曰顴內脉、其脉下淺上深、上半穿過耳下核、內面與舌骨竝食管頭、下牙床斜支為界、後面與聲管上腦筋、錐舌肌、錐食管頭肌、耳下核、竝第九對腦筋爲界、

頭外脉四界

頭外脉

後
聲管上腦筋
錐舌肌
錐食管頭肌
第九對腦筋
耳下核

前
皮膚
胸膛下牙床肌
第十二對腦筋
舌面迴管
雙腹肌
面腦筋
耳下核
太陽顴迴管

內
舌骨
食管頭
耳下核
下牙床骨

頸外脉圖

第一百三十二圖

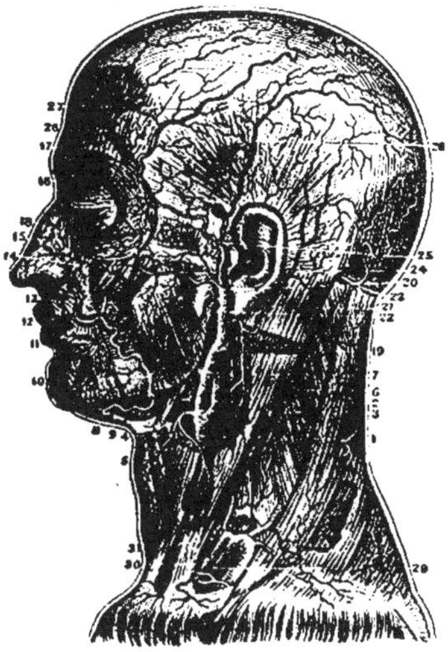

1 左頸總脉　2 頸內脉
3 頸外脉　4 脾上脉
6 舌脉　7 面脉本
8 頤下脉　9 頦下核脉
10 面脉　11 下唇脉
12 上唇脉　13 與眼下脉通
19 枕脉本　21 耳後脉
22 頦內脉本　23 太陽脉
24 面橫脉　25 太陽脉乂
26 太陽前脉　27 太陽中脉
28 太陽後脉　29 乳內脉

頭頸正面諸脉圖

第一百三十三圖

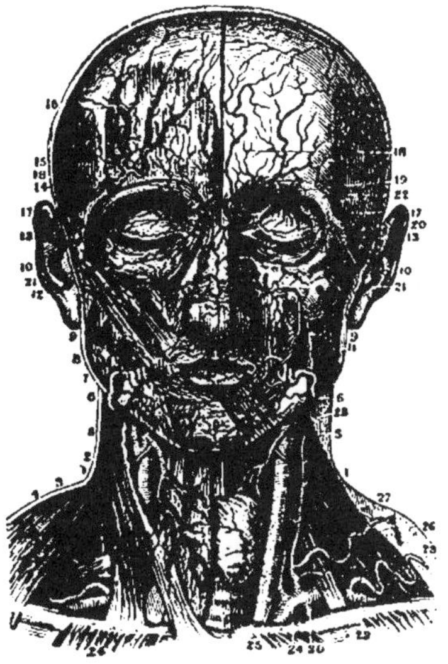

1 頸總脉　2 脾上脉
5 頸外脉　6 面脉
7 下唇脉　8 上唇脉
12 太陽脉乂　13 太陽前脉
14 15 太陽前脉分出數支　19 眼上脉
20 太陽脉　21 眼下脉
22 太陽深脉　23 頸前脉
24 鎖柱下脉　25 項脉
26 頸橫脉　27 脾下脉

頸外脉前後分出八支、在前有牌上脉、舌脉、面脉、在後有枕脉、耳後脉、又有一脉向上、卽食管頭脉、頸外脉上又分爲二、一卽太陽脉、一卽頦內脉、

牌上脉

○牌上脉自內外頸脉合處前面起至舌骨大角下、向前下至牌軔骨上廉、由肩舌肌、胸舌肌、胸牌肌下面穿過、有分數小支入肌、以養肌、至牌前面又分數小支、與牌下脉通、此脉分出之支最要者有四條、一至舌、一至鎖柱馬乳肌、一至聲管上半、卽名聲管上脉、一至聲管下半、卽名聲管下脉、至舌者只橫過舌骨下、無甚緊要、有時左右相通至鎖柱馬乳肌者向下內分佈於胸膛下牙床肌、並皮膚止、

聲管上下脉

聲管上脉在四條中最大、透至聲管裏面、分開數條、以養聲管。○聲管下脉不甚大、橫過牌環筋膜、左右卽相通、此脉甚要、因割開聲管時、必須割斷、以上四條或一條獨出、或兩條合出、少許分開不等、

舌脉

舌脉、由頸外脉內面間在面脉、牌上脉中起、向上內至舌骨上廉大角、

後又向前透過頤舌骨舌肌之下、再向上至舌下面直向前至舌尖、至

舌諸脈

此更其名曰舌尖脈、舌脈、共出四支、即舌骨脈舌上脈　舌下脈舌尖脈舌骨脈不甚大橫過舌骨上廉、即分散於肌並口內皮○舌上脈由頤舌骨舌肌下起透上分開、一至舌上面、一至杏仁核、一至腭廉、一與右邊通○舌下脈透至舌下核、即分佈於口內皮並牙齦等處○舌尖脈即舌脈之末在舌下肌上面、與別味腦筋相並

面脈

面脈由頸外脈在舌脈上少許起、有時與舌脈同起、過少許分開向上前至下牙床下向外過骨面在角前一寸處按此處可止面之血至此又向前上至眼內角與眼脈遇、當其起處被胸膛下牙床肌及筋膜遮之、又被雙腹肌錐舌肌橫過上少許、又穿過頦下核出核後始過骨面、此脈非直行、乃曲屈盤旋、故可隨面活動、計在頸處分出四支、即上腭脈杏仁脈頦下脈頤下脈

上腭脈

在面處分出五支、即下唇下脈上唇脈橫鼻脈鼻旁脈○上腭脈間在舌食管頭肌錐舌

杏仁脉　頦下脉　頤下脉　下唇下脉　上唇脉　横鼻脉　鼻旁脉

肌中間勢向上至食管頭外面旁出數小支分佈上二肌及杏仁管中耳氣管等處再上分爲二一至腭廉止一至杏仁核與杏仁脉通又與頦內脉翅腭脉通○杏仁脉透上至食管頭邊穿過上束肌至杏仁核舌骨處分開○頦下脉三四條不定僅透至頦下核止○頤下脉在四條中最大横在下牙床下廉下分數小條至頦下核及分數小條至頦下諸肌及有分與下唇上下脉相通以上頸處諸肌已畢

再論面處五支下唇上脉由口角起透入環口肌左右相通○下唇下脉分佈口下肌膚並與下唇上脉通○上唇脉較下唇脉大式曲屈間在口內皮與環口肌中一養上唇一分支透鼻○横鼻脉小無緊要左右相通○鼻旁脉即面脉之末在鼻旁眼內角其旁有一大迴管名鼻旁迴管分出數支一至淚囊一至環眼肌一與眼脉通以上面處五支亦終惟面脉另分三小肌一至嚼肌一至環口肌一至吹口肌

枕脉

枕脉、由頸外脉後面在面脉上少許起、向上後至雙腹肌後腹下、再向上至馬乳內面、被胸鎖桂馬乳肌、脊項肌、雙腹肌、背馬乳肌遮過、又直向上、穿過斜方肌、屈曲至枕骨外面、分開四路、一有數條至肌、一至耳、一即腦衣後脉、一名項肌脉、數條至肌者、一至雙腹肌、一至錐舌肌、一至胸鎖桂馬乳肌、一至背馬乳肌、一至項肌、其至耳者小、無甚要、只至耳外止、至腦衣脉者、上至頸內迴管旁、透過頸迴孔、至腦衣後半止、項肌脉頗大、由項處向下、分爲二、一淺一深、皆分數支、至項諸肌並透通項脉○

耳後脉

耳後脉、自頸外脉、與耳門骨錐齊處起、向上、被耳下核遮過、至耳後馬乳前、分開前後二條、前與太陽脉通、後與枕脉通、更有分出二小支、一至馬乳入馬乳孔、至中耳止、一至耳郭骨止、

食管頭脉

食管頭脉、在頸外脉所出八支中最小而長、由頸外脉後面起、上行於頸外脉、食管中間、分爲三類、一向外至肌、及腦筋止、二向内至食管頭

止三至腦衣止、一類至肌、及腦筋者、有數小支、透至頸前直肌、及自和腦筋第十二對腦筋、二類至食管頭者、三四條不定、二條向下、至中下束肌並錐食管肌、一條至上束肌止、三類至腦衣者、亦分數小條、一由頭顱底諸孔透入、一在後名曰腦衣後脉、由頸迴孔透至腦衣、其餘一二條不定、由別孔透入腦底、

太陽脉

太陽脉、由頸外脉、在耳下核中、及耳孔齊處、與頦內脉並起、直向上、其發與頸外脉相值被皮膚遮過至顴拱、高二寸、分為前後二條、名太陽前脉、太陽後脉、○太陽前脉、向上前至額、分佈於肌膚、及骨衣等處、又與上眼脉、額脉通、○太陽後脉、向上後、靠太陽筋膜、即分散、左右相通、又太陽脉下、共出三支、即面横脉太陽中脉耳前脉

面横脉

面横脉、由耳下核內起、向前横過面、故名、分數條、散佈於嚼肌、及皮膚等處、與面脉、及眼下脉相通、

太陽中脉
太陽中脉由顴拱上少許起穿過太陽筋膜至太陽肌止有時另分數條透前至眼外角有無不定

耳前脉
耳前脉不甚大透至外耳止更有數條其數不定皆散佈耳下核耳門下牙床節及嚼肌止

頦內脉（見二百三十五圖）
頦內脉由頸外脉在耳下核處與太陽脉並起（又名曰面深脉）先向前至耳門下牙床節穿過內筋與下牙床骨中間再向前上與翅外肌相並即由此肌雙頭處曲穿向裡至蝴蝶上牙床裂即分佈於此計此脉所出各支應分三段一段即穿在下牙床骨與內筋中間二段麗翅外肌三段在蝴蝶上牙床裂處今先言第一段分出四支即（耳膜脉　腦衣小脉　腦衣中脉　下牙床脉）

耳膜脉
耳膜脉由耳門下牙床節後起穿過耳門骨臼中裂分佈於耳膜

腦衣中脉
腦衣中脉在腦衣各脉中最大（有迴管二條與之同路）向上透入蝴蝶骨小孔至腦衣分開前後二條前者大透過蝴蝶大翼至顱頂骨下前角處即分

藏於顱頂骨內各痕並佈於腦衣及骨內衣左右相通後者亦分佈於腦衣及骨裏面但腦衣中脉旁出數小條一至第五對腦筋一至第七對腦筋更有數條透至長孔與眼脉通

腦衣小脉

腦衣小脉有騎起於中脉穿卵孔至腦衣止

下牙床脉

下牙床脉向下至下牙床內孔與下牙床腦筋同入此孔泒出小支入各牙齒其直者至中脊與右脉相通此脉更有分出二支稍大一在未入孔處分出名爲頦舌脉至頦舌肌止一在入孔後始分出由下牙床外孔透出分佈唇下各處次言第二段分出四條即太陽深脉 翅脉 嚼脉 吹口脉

太陽深脉

太陽深脉分前後二條至太陽穴前後以養太陽肌翅脉嚼脉吹口脉此三者皆各養各肌三言第三段分出六條即牙座脉 眼下脉 腭後脉 翅腭脉 翅脉 蝴蝶腭脉

牙座脉

牙座脉在頦內將入蝴蝶上牙床裂處與眼下脉同起分爲二上爲眼下脉下即牙座脉向下至上牙床後面分數小脉透入骨裡有一大者

入孔分派小支入牙齒與下牙床同其餘不甚大或入骨以養骨或入

眼下脈

穴而散佈○眼下脈藏於眼下槽與上牙床腦筋同路由眼下孔出至面在眼下槽處分數小支佈於眼肌淚核等處及至面又分數條一至淚囊一與面脈通一至鼻一分佈眼下各處

腭後脈

腭後脈下行透入腭後管由腭後孔出向前分散於腭皮牙齦等處其中一小條由腭前孔透上至鼻止

翅腭脈

翅腭脈不甚大入翅腭管向後在管內有翅腭腦筋相並分開至食管頭上並中耳氣管止

翅脈

翅脈小向後穿過翅管分開與翅腭脈同

蝴蝶腭脈

蝴蝶腭脈透過蝴蝶腭孔至鼻孔分開內外二條斜向下前麗於鼻隔分佈於鼻內皮止見一百三十四圖外條二三不等分佈於鼻孔等處

頸內脈

頸內脈由頸總脈在脾觔骨上廉處起直向上至耳門骨下面入頸脈

孔、屈曲過頸脉管、（屈曲者不直衝腦體）向前至蝴蝶骨上旁、穿過頸脉穴向上至馬鞍前角內分散、當其初起處、被胸鎖柱馬乳肌及筋膜、皮膚遮蔽、稍上又被耳下核遮蔽、（頸內脉在內後　頸外脉在前外）再上又被枕脉第十二對腦筋雙腹肌、錐舌肌、橫過、及其在頸處與頸內迴管相並、（頸內脉在前內　頸迴管在後外）其後面有第十二對腦筋自和腦筋、其內面有食管頭、杏仁核、在頸並無出支、至耳門骨中分出一條、名曰耳膜脉、至頸脉穴分出二條、名曰（腦衣前脉　眼脉）出穴後又分四條、名曰（腦前脉　腦中脉　後通脉　眼血膜前脉）以上共出七條、茲再詳言

耳膜脉

耳膜脉最小、至耳膜分散、與顙內耳膜脉通、

腦衣前脉

腦衣前脉亦小、至腦衣前半分散、與腦衣中脉通、

眼脉

眼脉大、由馬鞍前角內起、向前過眼孔、在第二對腦筋外、而前又彎過此腦筋內、至眼窩內面、向前至眼內角、分為二條、卽（額脉　鼻脉）計眼脉所出各支、應分二類、一分佈眼窩、共七條、名（淚核脉　眼上脉　羅篩前脉　羅篩後脉　眼胞脉　鼻脉　額脉）

頸內並項脈圖

第一百三十四圖

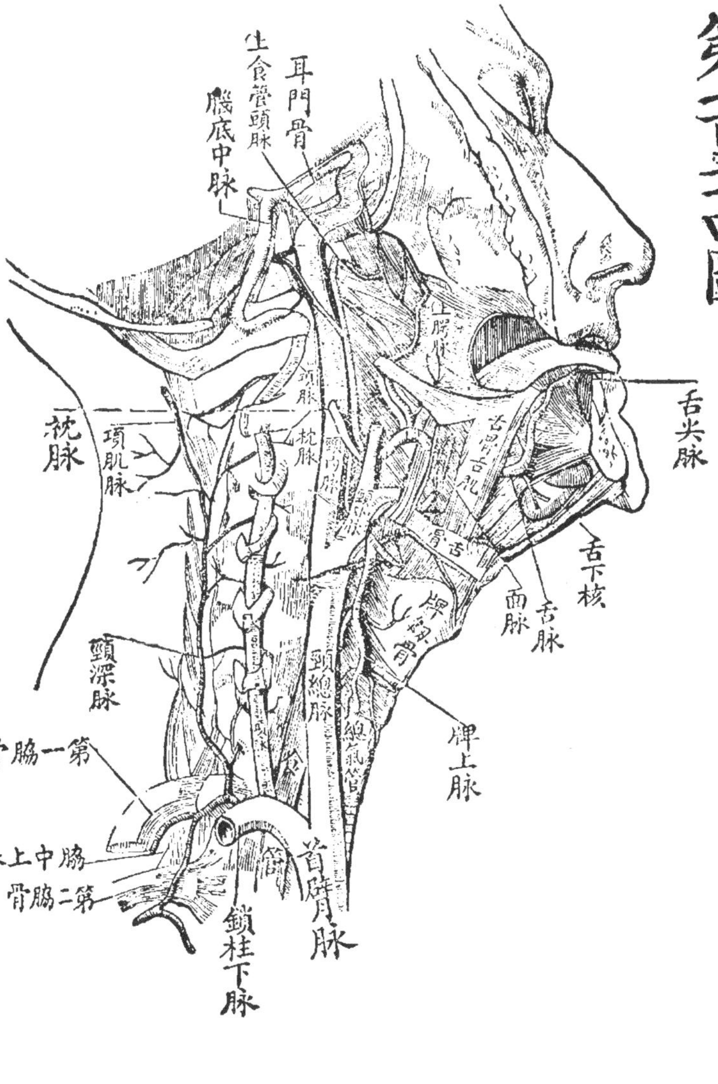

頦內脈圖

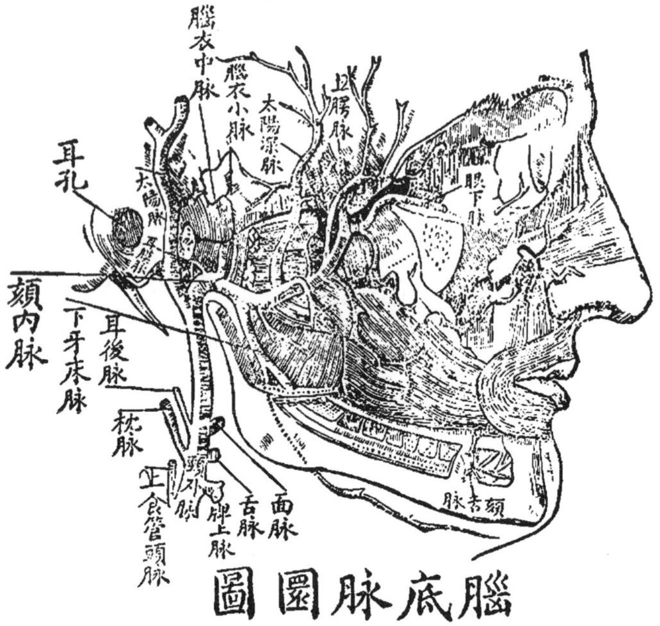

第一百三十五圖

腦底脈圜圖

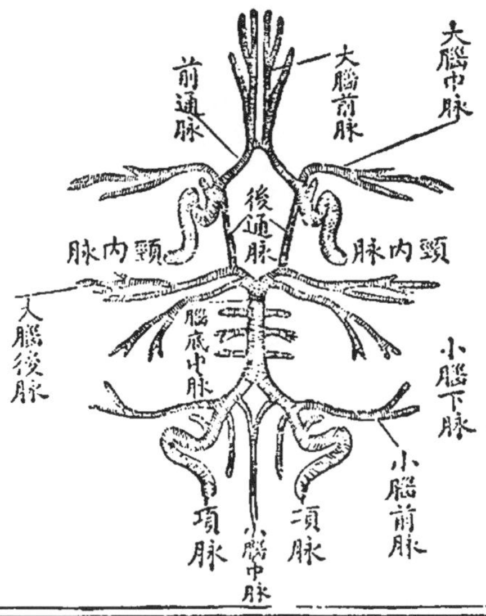

第一百三十六圖

一透入眼球共分六條名上肌脈一睛前脈　睛短脈　下肌脈一睛長脈　眼腦膜中脈

淚核脈　淚核脈自眼脈由眼孔處起與淚腦筋相並由眼外直肌上廉透至淚核分散

眼上脈　眼上脈在眼窩七條中最大由眼窩上直透至眼上孔出孔後分深淺二條分散額處與右脈及太陽脈鼻旁脈相通在眼窩內分一條至開眼胞肌又分一條至眼上直肌

羅篩前後脈　羅篩前脈與鼻腦筋同入羅篩前孔至羅篩小房並額穴分佈於腦衣○羅篩後脈透羅篩後孔至腦衣分數條自一二條透下至鼻

眼胞脈　眼胞脈分上下二條環繞上下眼胞藏於眼環肌眼胞韌骨中間上條至眼外角與太陽脈通下條與眼下脈通

鼻脈　鼻脈甚小至鼻前面旁出一條至淚囊又分爲一二一與鼻旁脈通一透至鼻前面

額脈

額脈由眼内角上至額分佈於肌膚以上眼窩之類七條已楚更有一類透入眼球六條詳列於眼篇至頸内脈出穴後所分出四條係透人頭腦裡面其如何分佈亦詳載論腦篇茲不復贅

兩手脈

兩手脈

兩手脈始起雖殊及入臂則一自起至臂肘節處是一大條應分爲三段立説一爲鎖柱下脈二爲腋脈三爲臂脈○鎖柱下右脈由首臂脈起鎖柱下左脈由總脈彎迴起此脈亦分三截一截由起處至頸脇前肌内廉二截在頸前肌後面三截由二截起至第一脇外廉止惟一截左右有別二三截則同茲先論右邊一截在鎖柱胸節處由首臂脈分出透上外至頸脇前肌内廉較鎖柱骨上廉稍高在前面被皮膚淺膜胸膛下牙床肌深筋膜胸鎖柱馬乳肌胸脾肌胸舌肌遮過又被頸内迴管項迴管第十對腦筋膈腦筋自和腦筋横過下有肺衣鎖柱下迴

管後有頸長肌、頸骨横支聲管迴腦筋、

鎖柱下右脉一截

前

皮膚淺膜
胸膛下牙床肌
深筋膜
胸鎖柱馬乳肌
胸舌肌
胸牌肌
頸内迴管
項迴管
第十對腦筋
膈腦筋

下
鎖柱下迴管
肺衣

鎖柱下右脉截

後

頸長肌
頸骨横支
聲管迴腦筋

左邊一截由總脉彎迴在第二背骨處起透上至第一脇骨内廉在頸脇前肌後右脉長直向上前面有肺衣第十對腦筋膈心腦筋頸左總脉、頸内迴管首臂迴管胸牌肌胸舌肌、胸鎖柱馬乳肌後面食管總液

管、頸下自和結、頸長肌、背骨內面、食管、總氣管、總液管、外面肺衣、

鎖柱下左脉一截

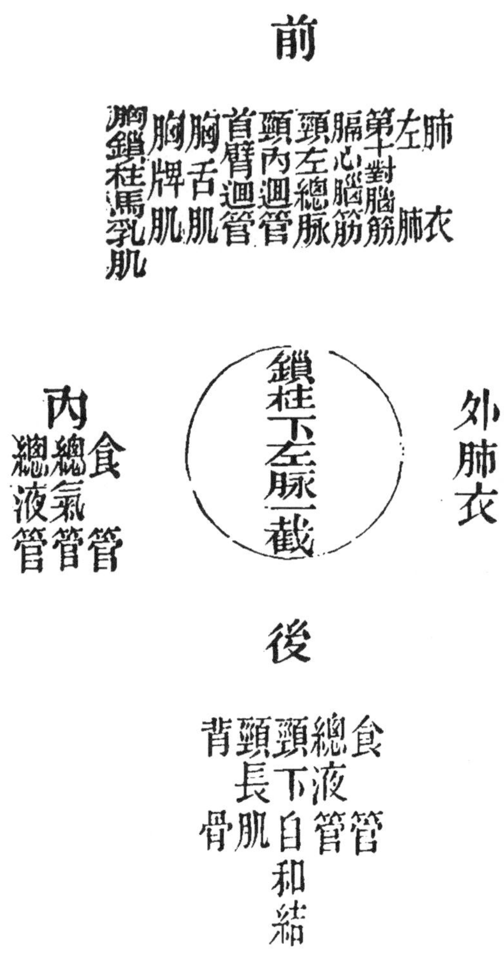

二截短、在此脉最高處、前面皮膚、胸鎖柱馬乳肌、頸筋膜、膈腦筋、鎖柱下迴管、後面頸脇中肌、上面臂諸腦筋、下面肺衣、

鎖柱下脉二截

前

皮膚
胸鎖柱馬乳肌
頸筋膜
膈腦筋
鎖柱下迴管

下肺衣　　鎖柱下脉二截　　上臂腦網

後

頸脇中肌

三截向下外、在此甚淺、前面皮膚淺深膜、胸膛下牙床肌、鎖柱骨、鎖柱下肌肩胛上脉並迴管、二三條腦筋、後面頸脇中肌、上面肩舌肌臂腦網、下面第一脇骨、又內面有頸外迴管橫過肩胛上迴管頸橫迴管、此二條先入頸外迴管、後亦橫過此脉內面、

鎖柱下脉第三截

前

皮膚
淺深膜
胸膛下牙床肌
鎖柱骨
鎖柱下肌
肩胛上脉並迴管
三三條腦筋

鎖柱下脉截

下第一脇骨

上臂肩舌肌
上臂腦網

後

頸脇中肌

以上係論鎖柱下脉、分截及四界、再言其所出四條脉、在一截三條、名曰項脉、髀根脉、乳內脉、在二截一條、名脇中上脉、

項脉

項脉由鎖柱下脉一截後面起、上行由第六頸骨橫支之項脉孔進入、直貫第五至第一頸骨項脉孔、始透出、上至枕骨大孔、左右相合爲一、

即名腦底中脉，當其起處，在頸內迴管，並脾下脉後，及其在項脉孔內，與自和腦筋項迴管同居，並分泒衆小支，由各節左右透出，名背脊，左右脉佈於腦脊根衣，又有數條入頸肌，過枕骨大孔裏面分開，一爲腦衣，二爲腦脊根前脉，三爲腦脊根後脉，詳載腦篇，細閱便知，

乳內脉

乳內脉，由鎖柱下脉下面起，下行鎖柱骨後，入胸膛前面，離胸骨旁少許，至第六七軟骨處，分爲二，即名肌膈脉 腹中上脉 當其起處，被頸內迴管，鎖柱下迴管遮過，及其在胸膛裏後，有脉衣前，有脇中內肌，有迴管二條，與之同路，所出之支，共計七條，即膈上脉 心衣脉 脇中前脉 腹中上脉 左右肺中峽脉 胸 肌膈脉

膈上脉

膈上脉，長小，與腦筋同路，分佈於膈上面，

左右肺中峽脉

左右肺中峽脉，約分數小條，至肺中峽，及胸核止，

心衣脉

心衣脉，分數小條，至心衣上半，又分數小條，至胸骨裏面，名曰胸脉，

脇中前脉

脇中前脉，泒出數小支，各由兩脇骨中間透入，分爲二，上循上脇下廉，

下循下脇上廉、然後分佈於脇中肌、胸大肌、胸小肌、及乳等處止、

肌膈脉

肌膈脉、下行向外至脇骨中、如上條分派、後即佈於項處、

腹中上脉

腹中上脉、下行至腹直肌後面、與腹中下脉通、並分佈於腹之肌膚、

脾根脉

脾根脉、由鎖柱下脉上面起、短不及寸、分爲三條、即名脾下脉 肩胛上脉 頸横脉

脾下脉

脾下脉、屈曲上行、於頸總脉後面、至脾下核、與脾上脉通、又分四條、一至聲管後面、一至總氣管、一分數條至食管、一名上頸脉、上行分開至頸脇前肌、頸前大直肌止、

肩胛上脉

肩胛上脉、向外横過頸下、被胸鎖柱馬乳肌遮過、又横過鎖柱下脉、至肩胛上廉、過横筋、至肩胛岡上壑、在岡上肌裏面、分出一支至岡下壑分散、又分一支至肩胛前面、分散於肩頭、及肩胛後面

頸横脉

頸横脉、向外至斜方肌前廉、分爲二、一爲頸淺脉、一爲肩胛後脉、其頸淺脉、上行分佈於頸諸肌、其肩胛後脉、由肩胛上角、下至肩胛下角、與

肩胛下脈通、又分數小條、至肩胛前諸肌、

脇中上脈、由鎖柱下脈後面起、向後下、至胇衣後分一支、至第一第二

腋臂脈圖

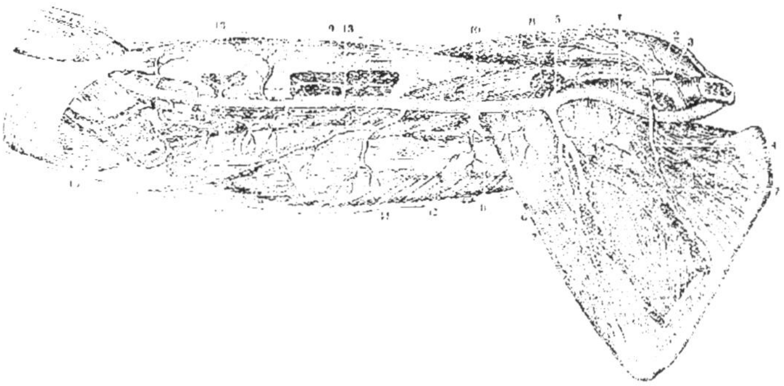

第一百三十七圖

1 腋脈
2 胸膛腋脈
3 胸膛上脈
4 肩胛下脈
5 肩胛下脈
7 6 肩胛下肌脈
8 前彎迴脈
9 臂脈
10 臂深脈
11 後彎迴脈
13 雙頭諸小脈
15 正肘彎迴脈

脇骨中處、當其起處分一支、亦向後至第七頸骨橫支、與第一脇骨中間、上行分佈於項諸肌、

腋脈

論腋脈、先言腋形及所藏各物、蓋因腋多生瘤、割時必須認眞也、腋形如鑽、在胸膛旁、臂裏肩下、其尖向上、至鎖柱骨、鎖柱下肌後

在肩胛上廉、其底向下、前界胸大肌、胸小肌、後界胸小肌、肩胛下肌、大圓肌、內界一二三四脇骨、及脇中肌、鋸肌、外界臂骨、喙臂肌、雙頭肌、其所藏者、係腋脉、腋迴管、臂諸腦筋、此三者在液之外、近於前界、垂手視而脉又在迴管之外、迴管適遮於脉、及數核、油膜等件、腋前有數脉、透至胸膛、腋後有肩胛下脉、及迴管腦筋、以上論腋之部位、以下論脉之分界、腋脉上界、即鎖柱下脉、由第一脇下廉起、下界至腰廣肌下廉過筋、即臂脉、前被胸大肌、胸小肌遮過、應分爲三截立說、一截在胸小肌內、二截在胸小肌後、三截在胸小肌外、茲先言一截之四界、前界被胸大肌、首迴管遮過、後界一二脇骨中肌、鋸大肌、胸膛後腦筋、外界臂腦網、內界腋迴管、次論二截之四界、前界胸大肌、胸小肌、後界肩胛下肌、外界臂腦網、內界即腋迴管、三言三截之四界、前界被皮膚筋膜、胸大肌遮過、後界肩胛下肌、腰廣肌、圓大肌、迴腦筋、外界喙臂肌、中腦筋、肌

膚腦筋、內界正肘腦筋、皮膚腦筋、腋迴管、

腋脉所出之支共七條、一截二條、名曰胸膛上脉、喙胸膛脉、二截二條、名胸膛長脉、腋胸膛脉、三截三條、名肩胛下脉、前彎迴脉、後彎迴脉、胸膛上脉與喙胸膛脉同起、少許分開、向上、內穿過胸大肌、胸小肌之中、即佈於二肌、及與乳內脉通、喙胸膛脉短、向前、至胸大肌上廉、分開數小脉、一至胸膛、一至三角肌、一透下分散、胸膛長脉、向下內、至胸大肌下廉、由胸膛旁、分佈於鋸大肌及乳肩胛下肌等處、腋胸膛脉甚小、有時無、分佈於腋核、肩胛下脉在七條肌中最大、向下後、至肩胛下角、與肩胛後脉通、又分出數條、一至肩胛下肌、一至鋸大肌、一至圓大肌、一至腰膚肌、一稍大、名爲肩胛後脉、前後彎迴脉、惟旋繞於臂骨頭及肩臂節而已、

腋脉一截四界

前：胸大肌　脇喙筋　首迴管

腋脉一截

內：腋迴管

外：臂腦網

後：脇中肌　鋸大肌　胸膛後腦筋

腋脉二截四界

前：胸大肌　胸小肌

腋脉二截

內：腋迴管

外：臂腦網

後：肩胛下肌

腋脉三截四界

前：皮膚筋膜　胸大肌

腋脉三截

內：腋迴管　皮膚腦筋　正肘腦筋

外：喙臂肌　中腦筋　肌膚腦筋

後：肩胛下肌　腰廣肌　圓大肌　迴腦筋

臂脉

臂脉

臂脉、由腋脉下界起、下行至臂肘節下一寸、與正肘喙、及轉肘頸齊處、分爲二、即名肘脉、有時分處在此節之上、將線一端按腋中、一端牽至曲池處、即此脉之路、其在臂中處、緊靠雙頭肌內廉、在上居於臂骨內、在下居於臂骨面、皆淺、只在皮膚筋膜下、前界即皮膚筋膜、被中腦筋斜壓、後界三頭肌、肌腦筋、纏腦筋、上深脉、喙臂肌、臂前肌、內界正肘腦筋、中腦筋、皮膚內腦筋、外界中腦筋、喙臂腦筋、雙頭肌、至臂肘節處、此脉甚深、

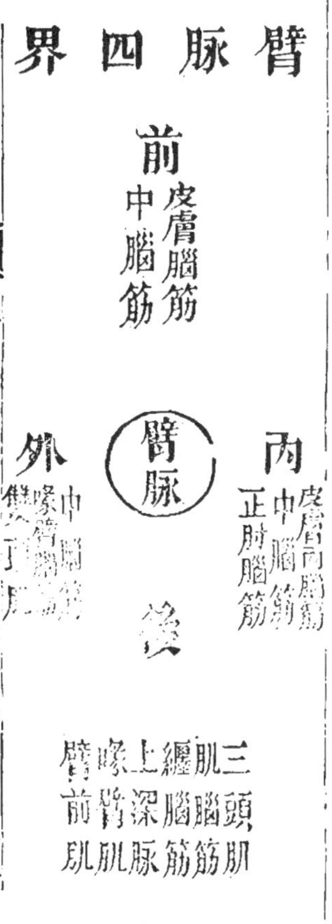

穿過反轉肘長肌、覆轉肘圓肌、中間後靠臂前肌、反轉肘短肌、臂下、即分岔爲肘脉、其在臂所出四條、名

上深脉

即上深脉下深脉　養骨脉大通脉

上深脉、由臂上後面起下行由三頭肌之外頭中間穿過纏繞於臂骨再下至傍肘節與轉肘彎迴脉通、又分數小脉、一至三角肌、一至喙臂肌、一至三頭肌、一至臂骨、

下深脉

臂脉圖　第一百三十八圖

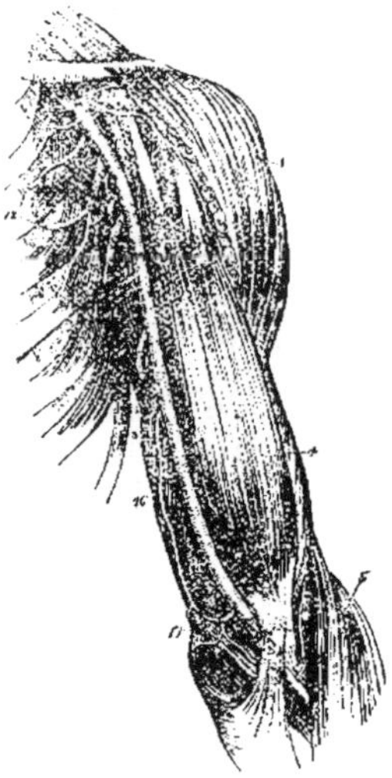

9 腋脉
10 臂脉
11 胸膛喙脉
12 胸膛上脉
14 鎖柱下脉
15 大深脉
16 小深脉
17 大通脉

下深脉小由臂中起下行至臂內輪後面止此脉與正肘腦筋同路及其盡處與正肘彎迴脉通、

養骨脉

養骨脉小由臂中起下行透入臂骨分佈於骨中、

大通脉

大通脉、由臂肘節高二寸處起橫於內彎至臂後面穿過三頭肌與骨中間上深脉通、又分二條、一與下深脉通、一與正肘前彎迴脉通在臂脉、又另分數小條、一至喙臂肌、一至雙頭肌、一至臂前肌、

正轉肘脉

正轉肘脉圖

第一百三十九圖

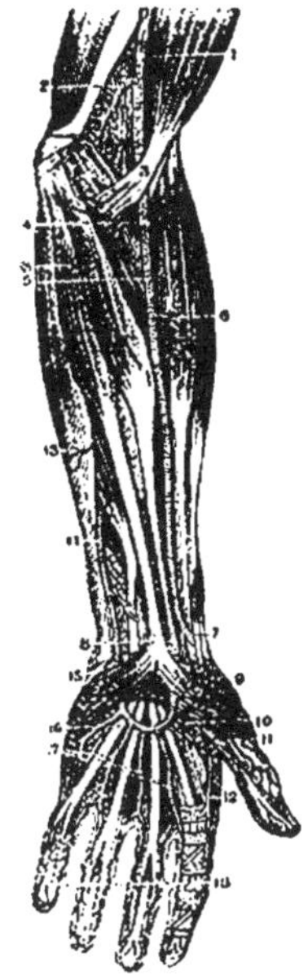

1 臂脉末
2 通脉
4 轉肘彎迴脉
5 轉肘脉
7 掌淺脉
8 縮指諸筋
9 大指小脉
11 大指大脉
12 轉肘食指脉
14 正肘脉
18 指諸脉

論正轉肘脉、即臂脉下分歧爲二、一循正肘外廉、外名正肘脉、一循轉肘外廉、名曰轉肘脉、茲先言正肘脉、較轉肘脉大、下行至手腕豆骨內廉、環筋前面、至掌彎向大指、式如弓、故名掌淺弓脉、在肘上半、此脉甚深、被四條肌遮過、中腦筋橫過、至肘下半甚淺、間在兩迴管中間、內面有正肘腦筋、在肘之四界、茲列於下、板至手腕處前界被皮膚筋膜遮過、後界環筋、內界腦筋、外界豆骨、至手掌彎向大指、與掌前脉通、前界被皮膚掌短肌、掌筋膜遮過、後界環筋、小指諸肌、縮指深肌、中腦筋、正肘腦筋，以上係論其四界，以下再論其分支，在肘處，分出五支，名正肘前彎迴脈、正肘後彎迴脈、骨中脈、骨中前脈、骨中後脈、在手腕處，分出二支，名手腕前脈、手腕後脈、在手掌處，分出一支，名深通脈，又分四支，名指脈，茲按條詳列，

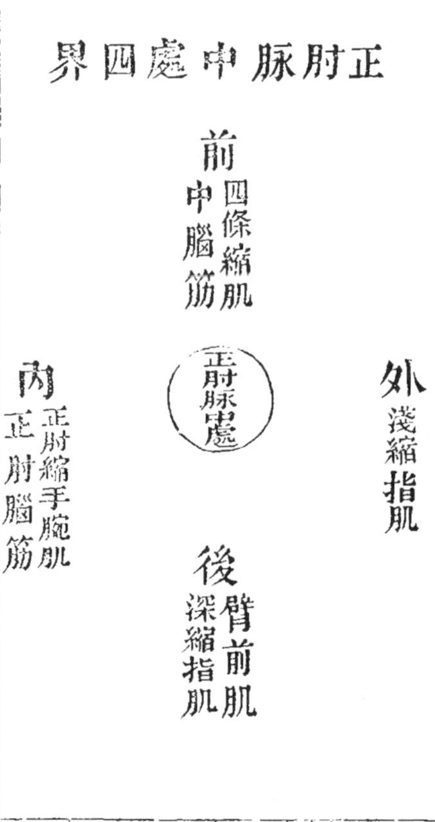

正肘前彎迴

正肘前彎迴脈，由臂肘節下少許起，上行至臂內輪前面，與大通脈相通，

正肘後彎迴

正肘後彎迴脈，較前脈大，透後上，至臂內輪後，在正肘頭旁，分佈於臂肘節及諸肌，並與大通脈，下深脈通，

骨中脈

骨中脈，短只一寸，而大由轉肘雙頭凸齊處起，向後透過骨中筋膜，至筋後面，分為骨中前後二脈，

骨中前脉　骨中前脉、下行麗骨中筋前面、與骨中腦筋迴管同路、由方覆肌上廉、透骨中筋膜、後至手腕後面、分一條、與中腦筋同路、名曰中脉、有時頗大、又分數小條、一透肘諸肌、一透入正肘轉肘骨以養骨、

骨中後脉　骨中後脉、在肘後面、至深淺兩肌中、分數小條以養肌、下至手腕後面、與前脉通、當其起處、分一大條、名骨中後彎迴脉、上行至臂外輪分散、

手腕前脉　手腕前脉小横過手腕前面、被縮指深肌遮過、與轉肘手腕前脉通、

手腕後脉　手腕後脉、由豆骨上處起、横過肘腕節、與轉肘手腕下脉通、

深通脉　深通脉、由豆骨下起、深入手掌、與轉肘脉通、

四條指脉　四條指脉、皆由掌淺弓脉起、下行至掌指節處、各分歧、騎循兩指側、至指末、自食指内側至小指外側均有、

轉肘脉

轉肘脉　轉肘脉、在轉肘前面、自骨頸下行至骨峯、由腕外彎過腕後、穿伸大指

諸筋下、始透至掌面、彎向小指、與正肘深通脉通、此脉分肘、腕、掌三段、在肘處、上居骨內面、下居骨前面、皆淺、只藏皮膚筋膜下、肘中四界、列下備考、

轉肘脉中處四界

前
皮膚
淺深膜
反轉肘長肌

外
轉肘腦筋
反轉肘長肌

轉肘脉中處

內
圓覆長肌
正肘縮手腕肌

後
雙頭肌筋
反轉肘短肌
覆轉肘肌
淺縮指肌
大指長縮肌
方覆肌
轉肘肌

在腕處、居腕外面、由轉肘骨峯纏過、至一二掌骨中、麗於外橫筋、被伸大指諸筋、皮膚下迴管、皮膚遮過、有二條迴管、與之同路、在掌處、彎向小指式如弓、名掌深弓脉、以上論部位、以下論分支、在肘處、分四支、即

轉肘彎迴脉

肌脉

名轉肘彎迴脉、肌脉、大指小脉、手腕前脉、在腕處、分出四支、名手腕後脉、掌脉、大指後脉、食指後脉、在掌處、分出四支、名大指大脉、食指脉、掌通脉、掌骨中脉、茲按列而論、

轉肘彎迴脉、自臂肘節下少許起、上行至節、與上深脉通、

肌脉、分佈近轉肘各肌中、以養肌、

手諸脉前後圖

第一百四十圖

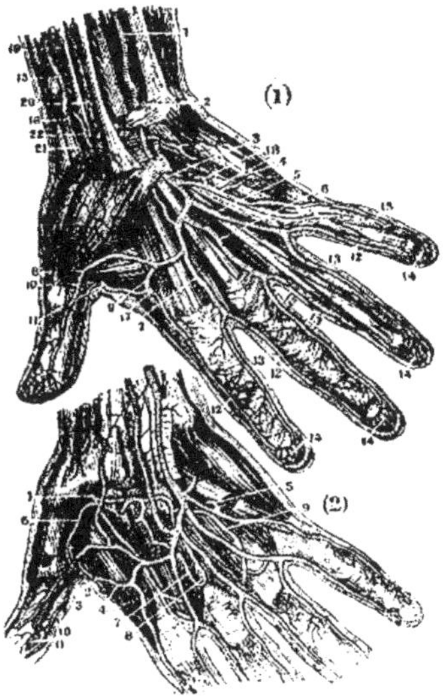

(1)
1 正肘脉
2 正肘脉穿過環筋
4 6 8 5 7 9 指諸脉
11 轉肘脉末
12 12 掌淺筋脉
13 13 正肘諸脉
15 轉肘脉
17 轉肘食指脉
18 掌深脉管末
21 22 大指脉

(2)
1 轉肘脉
2 通脉
3 大指脉
4 食指脉
6 大指大脉
7 8 9 10 11 12 數小脉互通

大指小脉　大指、小脉、大小不定、在轉肘脉末彎腕後處起、上行至魚際處、分數條、以養肌、再下與轉肘脉之末通、以成掌淺弓脉、

手腕前脉　手腕前脉小由方覆肌下廉起、下行至轉肘前、與正肘手腕前脉通、

手腕後脉　手腕後脉小在伸大指諸筋下起、透至手腕後、與正肘手腕後脉通、

掌　脉　掌脉、起同手腕後脉、前行、至第二掌中肌、後分爲二、一循食中指、一與淺弓脉通、

大指後脉　大指後脉、小皆直行大指後面、

食指後脉　食指後脉、小直行食指後面、

大指大脉　大指大脉在魚際處起、循大指掌骨內側、下行於蝦轉大指二肌中、至大指二骨處、分爲二、散於末指前面、

食指脉　食指脉下行、循食指外側、至指末、與內側指脉通、

掌通脉　掌通脉、分三條、皆短、穿掌後面、與骨中後脉通、

掌骨中脉

掌骨中脉、分三四條不定、下行過掌中肌前面至各指夾處、與指脉通、

胸膛總脉

胸膛總脉　見一百二十七圖

論胸膛總脉、由總脉彎迴下、在第三背骨處起下行至膈膜止、勢非直下、係隨脊骨柱下、上在背骨體之左、下在背骨體之前、其大上下相等、藏於肺中後峽、前界左肺脉、左氣管、心衣、食管、後界脊骨、脇總迴管、左界肺衣、左肺、食管、右界食管、脇總迴管、總吸管、此係胸膛總脉之四界

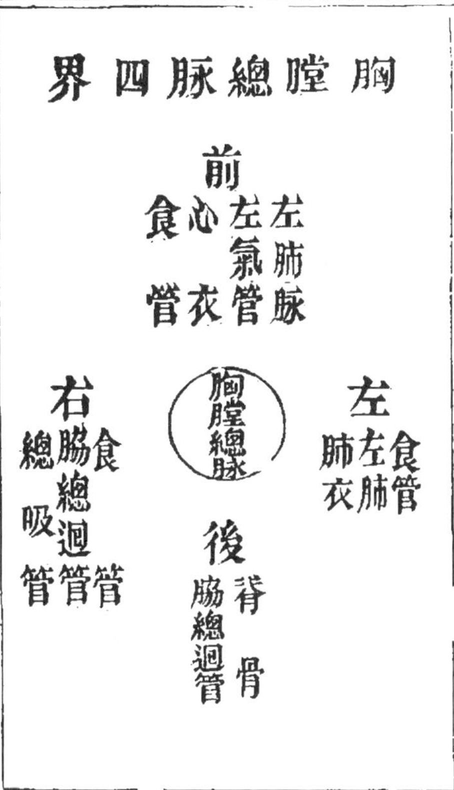

前、左、右三界皆有食管、因脉、由食管左而過食管右也、

四界已畢、再論所出之支分五類、一類心衣脉、有數小條、透至心衣以養衣二

腹總脉

類氣管脉、幾條不定、分入左右脉、隨氣管分佈、而循氣管後、以養肺、三類食管脉、四五條不定、由總脉前面起、下行至食管分散、上與脾下脉下與胃脉通、四類肺中後峽脉、亦有數小條、至峽分散、五類左右脇脉左右約各十條、由總脉後面起、右長於左、横行背骨體之面、穿過脇衣、食管、總吸管、自和腦筋、脇總迴管後、至脇中、分前後二條、前者入脇中深淺肌中、至脇角處、又分大小二條、大循上脇下廉、小循下脇上廉、至胸膛前、與乳內脉、脇中脉通、後者分佈於各背骨、及腦脊根、腦脊根衣等處、左右皆然、

腹總脉

腹總脉、由膈總脉孔起、與第十二塊背骨齊、直透下至第四腰骨處、分爲二、名左右跨總脉、分歧處、與臍左平、前界甜肉、脾迴管、左腎迴管、小腸頭、胃大脂囊、小脂囊、腹短總脉、腸包膜、自和腦筋、右界總迴管、總吸

管、脇總迴管、餘則列下、

腹總脉四界

前

胃脂
大脂囊
小脂囊
腹短總脉
脾迴管
左腎迴管
小腸頭
腸包膜
自和腦筋

左

左半月結
自和腦筋

腹總脉

右

膈右角
下總迴管
脇總迴管
總吸管
右半月結

後

左腰迴管
養汁囊
總吸管
脊骨

腹總脉所分之支、按次層列、係膈脉 腹短總脉 肝脉 胃脉 脾脉 大小腸上脉 腎上核脉 腎脉 卵脉 大小腸下脉 腰脉 鈎中脉 按所出之處、分爲二類、至臟腑者爲一類、係肝脉 胃脉 腹短總脉 脾脉 大小腸上脉 大小腸下脉 腎上核脉 腎脉 卵脉 至腹圍者爲一類、係腰脉 膈脉 鈎中脉 茲先言至臟腑者、腹短總脉、由總脉前面、隔下少許、起直透前、長只半寸、分三條、即肝脉 胃脉 脾脉 時有另分至膈者、前被小脂囊遮過、

第一百四十一圖

腹總脉圖

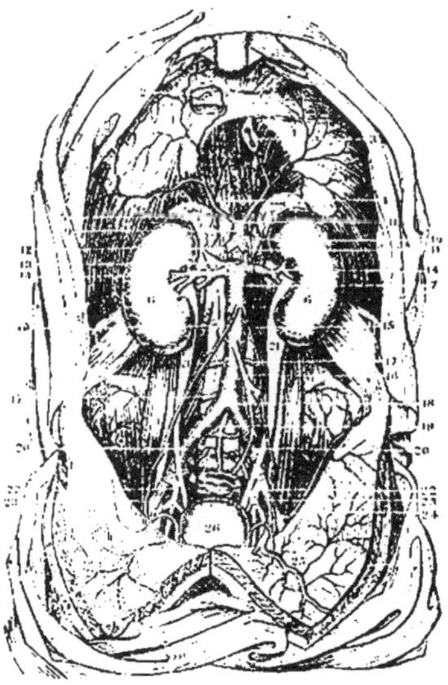

1 總脉管本
2 胸膛總脉
3 腹總脉
4 首臂脉
5 頸右總脉
6 脾上脉
7 右鎖柱下脉
8 項脉
9 脾下脉
10 頦前脉
11 頸橫脉
12 肩胛上脉
13 腸中上脉
14 乳內脉
15 頸左總脉
16 左鎖柱下脉
17 肺中岐小脉
18 腸中脉數條
19 食管頭脉
20 膈左右脉
21 腹短總脉
22
23 大小腸上脉
24 腎脉
25 大小腸下脉
26 腹總脉枒叉

右界右半月結、肝後葉、左界胃賁門、下界甜肉、

胃脉

胃脉在三脉中最小、向上左、至胃賁門下一寸、分爲二條、上條透上與食管脉通、下條向右循胃上彎、至胃幽門、與肝脉通、又分數小條、散於小脂囊、

肝脉

肝脉較胃脉大、較脾脉小、在胎兒時、爲三脉中最大、向右穿過肝胃筋、

胃肝諸脉圖

第一百四十二圖

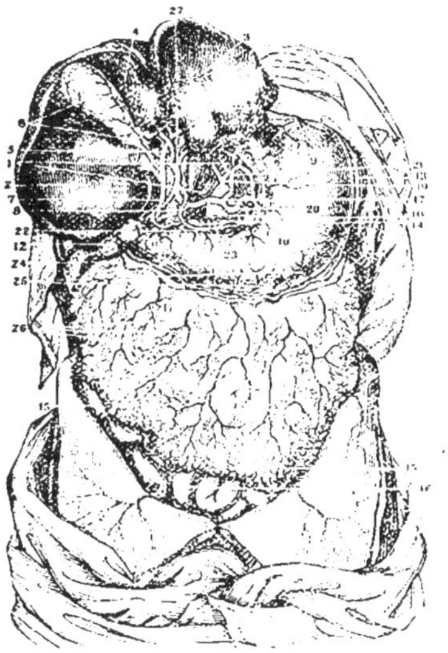

膜中、而當於脂囊竅前、至肝横裂處、分左右二條、入肝左右、分佈於四合迴管同路、當脉末分處、在肝胃筋膜之右、與肝總脉、四合迴管同路、（肝總管在右四合迴管在左脉間當中）先分出三條名（胃小腸脉　胆囊脉　幽脉）

幽脉　幽脉小、由肝脉在幽門上處起、下行至胃幽門、向左循胃上彎分佈、

胃小腸脉　胃小腸脉、大而短、直下至小腸頭後、胃之外分爲二條、名（胃右脉　甜肉小腸脉）

胃右脉　胃右脉、循胃下彎、並脂囊中、左行至下彎、中與胃左脉通、上下皆分衆小支、上者入胃、下者入脂囊、

甜肉小腸脉　甜肉小腸脉、下行分佈於甜肉、及小腸頭、並大小腸上脉通、

胆囊脉　胆囊脉、多由肝右脉起、至囊分散、

脾　脉　脾脉、在三條中最大、循甜肉上廉、屈曲橫行向左、下有迴管並列、至脾處、分入脾胃、至胃者、有數小條、至胃頭、更有一大條、名胃左脉、循胃下

大小腸上脉圖

第一百四十三圖

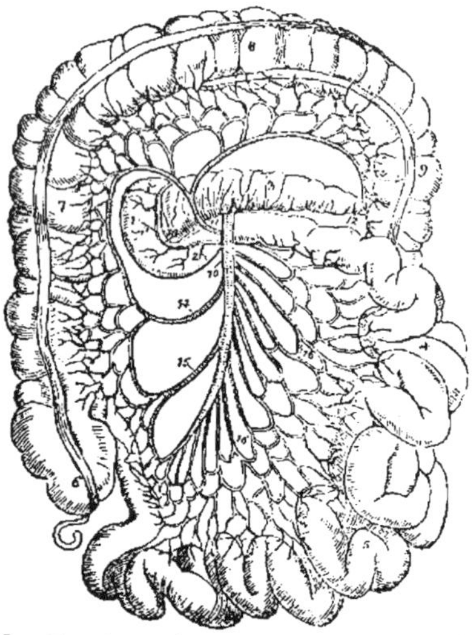

1 小腸上迴
2 小腸上迴下段
3 甜肉
4 小腸中迴
5 小腸下迴
6 大腸頭
7 大腸上迴
8 大腸橫迴
10 大小腸上脉
11 大腸中脉
14 大腸右脉
15 闌　脉
16 數小脉透小腸

彎右行至下彎中與胃右脉通亦分數小支入脂囊當其末至脾處另出數條入甜肉

大小腸上脉

大小腸上脉甚大由腹短總脉下少許處起行於脾迴管甜肉後穿過小腸頭甜肉中間直下至小腸包膜中先向左又彎至右有大小腸迴管同路所出之支分左右在左出一支名小腸頭甜肉下脉小透至小腸頭與小腸頭甜肉上脉通又出十二支名小腸網脉至小腸中下迴處每條分爲二合如網粘於小腸外面在右出一支下行至腰跨部名闌脉分爲上下二條上者與大腸右脉通下者至小腸下迴分佈如左十二條並至大腸頭及闌門等處又出一支名大腸右脉小分二條即大腸右中脉皆佈於大腸三迴等處圖見上頁

大小腸下脉

大小腸下脉較大小腸上脉小在腹總脉左邊分歧高一寸處起下行至大腸下彎迴至直腸包膜中在骨盆間名即直腸上脉此脉分三條

大腸左脈

名大腸彎迴脈　大腸左脈

大腸上脈

大腸左脈、在腹內腑統膜後、前分爲二、一上行與大腸中脈通、一下行與彎迴脈通、

大小腸下脈圖

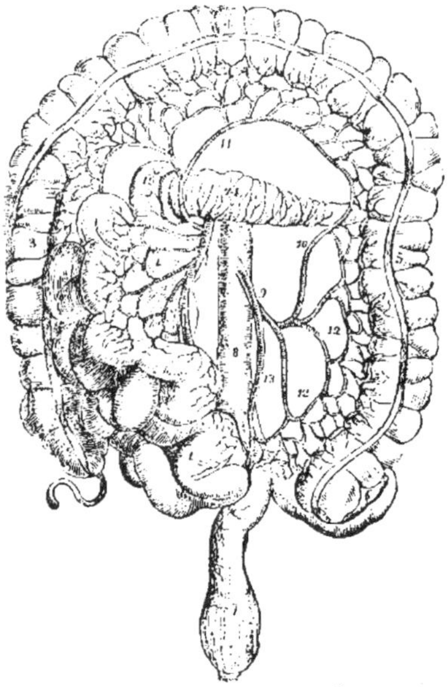

第一百四十四圖

1 大小腸上脈　2 大腸頭　3 大腸上迴　4 大腸橫迴　5 大腸下迴　6 大腸彎迴　7 直腸　8 腹總脈

9 大小腸下脈　10 大腸右脈　11 大腸中脈　12 脈丸　13 直腸上脈　14 甜肉　15 小腸上迴下段

大腸彎迴脈

大腸彎迴脈、或合一條、或分數條不定、透至大腸彎迴分散、上與左脈通、下與直腸上脈通、

直腸上脈

直腸上脈、即大腸下脈之末、至鉤骨中、分爲二、下行、一至直腸左、一至直腸右、皆分佈於直腸上半、又與直腸中脈下脈通、

腎上核脉 腎上核脉、分左右二條、由腹總脉旁起、上行向外、至腎上核、下面分散與膈脉腎脉通、此脉在壯年小、在胎兒大、

腎脉 腎脉大、由大小腸上脉下處起、右長於左、直透至腎內廉、分四五條入腎、間在迴管溺管、迴管在前溺管在後餘詳腎篇、

卵脉 卵脉、在腎脉下起、但起處有時或一條、下少許則分開、小而長、下行於髎肌前面、橫過溺管及跨外脉、由腠管穿出、入卵子筋、透下至卵子分散、餘詳卵子篇、此脉女大於男、入廣筋分散、至卵核、及圓筋、又分一支、入子宮、與子宮脉通

膈下脉 膈下脉、左右二條、皆小、或由腹總脉、或由腹短總脉、或由脾脉起、不定、左脉過食管後、右脉過下總迴管後、皆分內外二條、內透胸膛前面、與右脉通、外與脇中脉通、又分數小條、至腎上核止、

腰脉 腰脉、左右各四條、由腹總脉後面起、橫行向外、至腰骨橫支齊、各分前

後二條、後者穿過腰骨橫支中至腰諸肌分散、又另分一條、名脊脉、透入脊腦根管內、分佈於腦脊根、及腦脊根衣、背骨等處、前者透至腹前處分散、上與腹中上脉通、下與腰跨脉通、

鈎中脉

鈎中脉、由腹總脉分岔中處起、小而短、直下循鈎骨、尾閭骨前面與鈎骨左右脉通、又分數小脉、至直腸後、

第一百四十五圖

左右胯總脉並大腿脉圖、

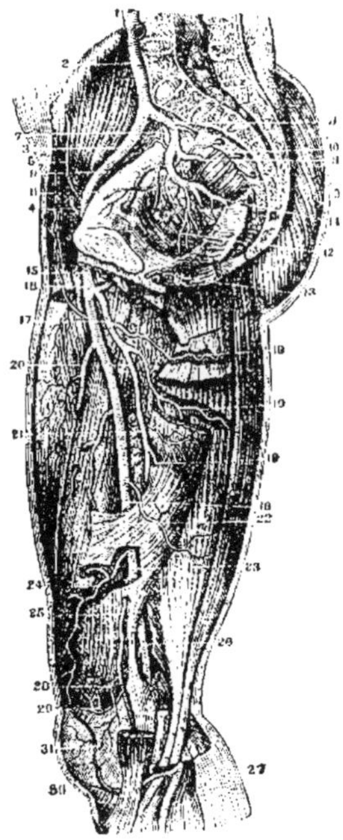

1 腹總脉末
2 右總跨脉
3 右跨外脉
4 腹中下脉
5 跨彎迴脉
6 跨內脉
7 腰跨脉
8 臀脉
9 盆脉
10 鈎左右脉
11 膀胱脉割斷
12 直腸中脉
13 陰陽內脉
14 尻脉
15 大腿脉之本
18 內彎迴脉
23 大腿脉
26 膕脉
29 膝節上內脉
30 膝節下內脉

左右胯總脉

左右胯總脉

左右胯總脉、長約二寸、右大於左、由腹總脉分岔起、各下行向外、至腰鈎角、分爲內外胯脉、外透至腿下、內佈於盆中、前被腹內膌統膜、並小腸遮過、更有溺管自和腦筋後界第五腰骨體、髎肌、左右胯總脉後、更有跨總迴管、左右皆分數小條、至腹內膌統膜及髎肌、

跨內脉

跨內脉較外脉小、長約寸半、下行至鈎尻峽上廉、分前後二條列下、由此二條岔中又出一條、至膀胱上面、胎兒時、此脉甚大、又由膀胱上面前行、上至臍、左右二條、由臍孔合出、入衣帶、至出胎時、由膀胱上面至臍一段、血路不通、成爲筋、由膀胱上面至二脉岔處、一段縮爲小脉、名膀胱上脉、茲先將胯內脉四界列下、前被腹內膌統膜、溺管遮過、後界跨內迴管、腰、鈎、腦筋、梨肌、外界大髎肌、內界盆內臟膌、

膀內脉四界

內　盆內臟腑

前　腹內膀胱統膜　溺管

膀內脉

後　跨內迴管　腰鉤腦筋　梨肌

外　大髎肌

再將其前後二條、所出各處之支詳列、男分七條、女分九條、其名即是

膀胱上脉　膀胱下脉　子宮脉　盆脉　尻脉

膀胱中脉　直腸中脉　陰道脉　陰陽內脉

後者分三條、名

臀脉　鉤左右脉

跨腰脉

膀胱上脉　膀胱上脉至膀胱上面、分數小脉入膀胱、中有一條透下、至精管、即名精管脉、又透至卵子、

膀胱中脉　膀胱中脉、多由上脉起、透至膀胱底、並精囊分散、

盆内諸脉圖

第一百四十六圖

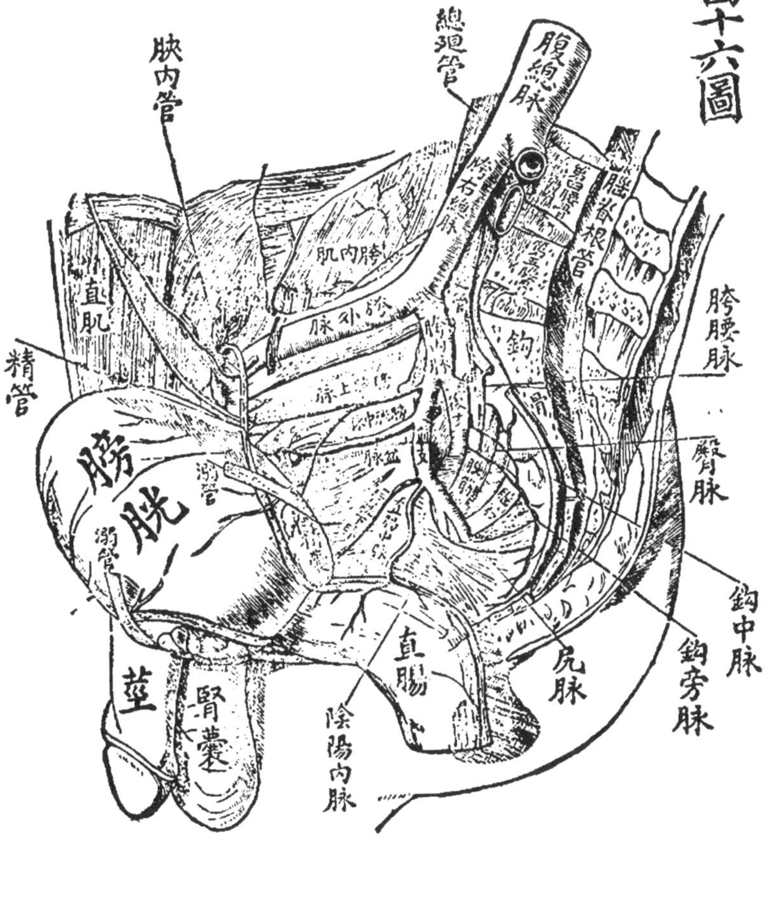

膀胱下脉　膀胱下脉、分佈於膀胱底、及底核、精囊、並與右脉通

直腸中脉　直腸中脉、不甚大、至直腸中處分散、上與直腸上脉通、下與直腸下脉通、

子宮脉　子宮脉、下行至子宮頸、屈曲向上、屈曲者以便孕時子宮舒大在廣筋膜裏、與卵核脉通、又分數小條、至膀胱、

陰道脉　陰道脉、下行分佈於陰道、並膀胱頸、直腸、

盆　脉　盆脉、由跨內脉、或前支、或後支起不定、前行至盆孔上廉、過孔卽出盆外、在盆內、當於腹內腑統膜後、盆膜前、盆腦筋下、分數小脉、一至跨骨內面、並佈跨肌、一至膀胱、一至交骨裏面、透上與腹中下脉、及右脉通、出孔後、分內外脉二條、深藏於盆外肌後、分循此孔口、至孔下交通、內者在孔內廉、分數條、一至盆內外肌、一至交骨肌、一至窈窕肌、又與彎迴脉通、外者在孔外廉、亦分數條、佈於肌中、及大腿節、

陰陽內脉

陰陽內脉、男大於女在男由胯內脉前支起下行與尻脉同路、穿出鉤尻大孔、由盆外過尻骨峯、至尻骨小孔又入盆內、過盆內肌、向前上至交骨中節、下穿過會陰膜分為二、即莖上脉、血絨幹脉、列下、有陰陽迴管、陰陽腦筋、與之同路、在盆內分出之支、即會陰淺脉、直腸下脉、會陰橫脉、莖蒂脉、血絨幹脉、莖上脉、

直腸下脉

直腸下脉、約二三條、小由陰陽內脉、在尻骨底處起、至肛門、分佈於肌膚、治漏管時每多割斷、

會陰淺脉

會陰淺脉、由陰陽內脉、較直腸下脉前少許起、過會陰橫肌、行於溺肌、立莖脉中、分數小條、以養肌、又行至腎囊分散、

會陰橫脉

會陰橫脉小、橫行至橫肌之廉、透過至莖蒂肛門中、即分佈於此、

莖蒂脉

莖蒂脉、大而短、入莖蒂裏分散、此脉最為緊要、有時或治石淋症若割斷、血流不止、

血絨幹脉

血絨幹脉、即陰陽內脉之末、透入血絨幹、直至莖頭分散、

莖上脈

莖上脈、亦陰陽內脈之末、循莖上面、循行與莖迴管同路、至莖頭分爲二、一至莖頭、一至莖頭胞分散在女起處、及支數畧同、惟分佈之處有別、有透至陰道下半者、有透至陰莖者、有透至大小戶等處、俱詳載陰篇、

尻骨

尻脈、卽胯內脈前支之末、較後支之末大、麗梨肌前面、透後過雙孖肌下、由鈎尻大孔出盆外、在盆內分數條、佈於臀大肌、尾閭肌等處、中有一條至尻大腦筋、以上論前支、以下論後支、

臀脈

臀脈在胯內脈中最大而短、由梨肌上面出盆外、分爲深淺二條、淺者透至臀大肌下、卽散於此肌、及尻骨後皮膚、深者透至臀中小肌中、亦佈此二肌、在盆內分數小條、至胯肌、梨肌、盆內肌、大腿節等處、

腰脈

腰跨脈、上行過髎肌後、至胯骨裏面分爲二、卽腰脈跨脈〇腰脈分散至腰

跨脈

方肌、髎肌、又分一小支、透至腦脊根管、〇跨脈分佈於跨骨裏面、上廉

與臂脉、跨彎迴脉、腹中下脉通、

鈎左右脉

鈎左右脉二條、分上下、上者透內與中脉通、又入鈎前第一第二孔、分數條、至腦脊根、又從後孔出、分散至皮膚、下者横過梨肌前面、下行至尾閭骨、與鈎中脉通、又分數小條、入鈎前孔出鈎後孔、分佈至皮膚、

跨外脉

跨外脉、較內脉大、由跨總脉分岔處起、如手脉、亦分三截、名曰大腿脉、跨外脉、膕脉、

茲先言跨外脉、由跨總脉分岔處起、下行向外至朕筋止、欲尋此脉路、用線一端按臍左、一端牽至盆中節、與跨前上角適中處、卽是前面與腹內臟統膜、並大小腸遮過、有時溺管亦横過、又有卵脉迴管、腦筋、跨迴管、後界跨外迴管、外界大髎肌、跨膜、內界跨外迴管、精管、

跨外脉四界

前　腹內臟統膜　大小腸　溺管　卵脉　迴管　腦筋　跨彎回迴管

內　精管　跨外迴管

（跨外脉）

外　大髎肌　跨膜

後　跨外迴管　大髎肌

此脉先分數小條至髎肌、又分兩條稍大、名腹中下脉跨彎迴脉

腹中下脉

腹中下脉、由脥筋上半寸處起、先下行、又彎迴向上、在腹橫筋膜、與腹內腑統膜中至腹直肌、循腹直肌後面直上、與腹中上脉通、及分佈至腹諸肌、有二條迴管、與之同名同路、又分一條、至夘子筋、與卵脉通、

跨彎迴脉

跨彎迴脉、自跨外脉、並腹中下脉起、外行至脥筋後、向上、由跨骨上廉中、穿過腹橫肌、與腰跨脉、臀脉通、亦有二條迴管、與之同名同路、在跨前上角處、分一大條、至腹分散、

大腿脉

大腿脉、由跨外脉下起、循腿內後、下行穿過大闔肌孔、出孔卽爲膕脉、上當大腿骨頭內前、下麗大腿骨內後、欲尋脉路、用線一端按盆中節、與跨前上角適中處、一端牽至大腿內輪內面、卽是在腿上半、只藏皮膚下、按之可得、在腿中處、被長肌斜遮、在腿下處甚深、其後面上靠髎肌、下靠鉤釓、再下靠長闔肌、此脉之衣、兼包膈大腿迴管、此管上居脉

跨大腿脉圖

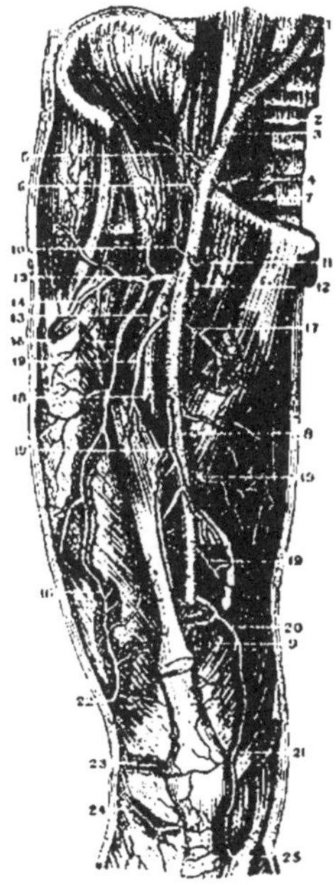

1 跨總脉
2 跨內脉
3 跨外脉
4 腹中下脉
5 跨彎迴脉
7 大腿脉在膝筋下
13 大腿深淺
15 16 大外肌脉
22 膝上外脉
23 膝旁中脉
24 膝下外脉
25 膝下內脉

臀大腿後諸脉圖

第一百四十八圖

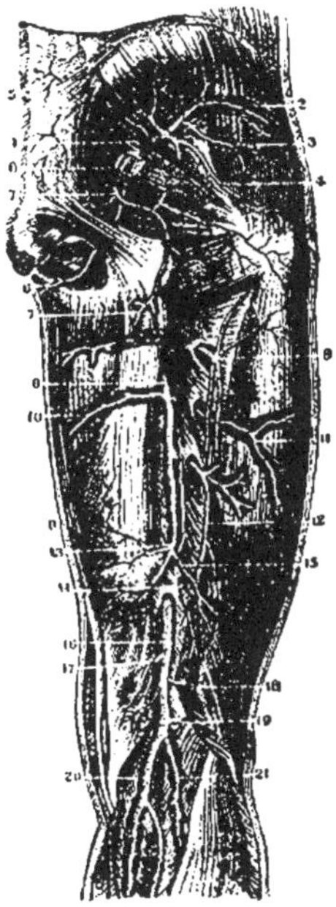

1 臀小肌
2 梨肌
3 孖肌
4 大腿方肌
5 尻脉
7 裏筋小脉
8 陰陽內脉
9 陰陽內脉在尻骨前面

腹中下淺脉　跨彎迴淺脉　陰陽外淺脉　陰陽外深脉　腿深脉

內面下居脉後面、再下居脉外面、其脉分支、名曰腹中下淺脉 一 腿深脉 跨彎迴淺脉 大通脉 陰陽外淺脉 陰陽外深脉

腹中下淺脉、由腴筋下半寸處起、上行穿過廣筋膜、再上至腹前面、分佈於腹皮膚、及深淺筋膜、並與腹中下深脉、乳內脉通、

跨彎迴淺脉、小穿過廣筋膜、循腴筋、至跨骨上廉、分佈於跨筋膜、及跨諸核、並與臀脉、跨彎迴脉通、

陰陽外淺脉、由大腿脉內面起、穿過廣筋膜、橫越卵子筋、分佈於腴皮膚、及陽莖、腎囊等處、在女透至大小戶、

陰陽外深脉、在男透至腎囊及會陰、在女透至大小戶、

腿深脉大、與大腿脉同、甚要、由大腿脉後、在腴筋下、一二寸起、先向大腿脉外、又彎大腿脉後、下行至大腿骨內面、至大腿下半、縮小、穿過大闔肌、至大腿後、分佈於衆縮肌、並與膕脉通、此脉共出三支、即彎迴納脉 通脉

彎迴外脉

彎迴外脉、由腿深脉外面起、橫行向外、在長肌直肌後、分爲上下橫三類、上至長肌直肌、縮大腿肌、膜管後與臀脉、跨彎迴脉通、下有三四條、下至大內外肌、及膝節等處分散、橫者小、穿過大外肌、至大腿骨後面、與彎迴內脉、及上通脉、臀脉通、

彎迴內脉

彎迴內脉、由腿深脉後起、繞大腿骨內面、穿過髎肌、交肌、中至盆外肌筋、分爲二、一透上、與盆脉通、一透下、與尻脉及彎迴外脉通、至大腿節分一條、入圓筋止、通脉三條、透過短闔肌、大闔肌、至大腿後面、三條相通、分散於腿肌、

大通脉

大通脉、由大腿脉末、入大闔肌處起、過少許、卽分深淺二條、淺者至皮膚分散、深者透入大內肌、下行至膝節內面、與小腿彎迴脉通、又分數小條、入膝節分散、大腿脉、又有另分數小脉、約三五條不等、至長肌大內肌分散、

膕部形

膕脉、先言膕形、蓋因膕內多生脉瘤、及大腿瘡等甚要、形斜方、佔大腿三分之一、佔脛五分之一、上界大鬬肌孔、下至膕肌下廉、外界上半雙頭肌、下半長筋肌、孖肌、內界半膜肌、半筋肌、長肌、至下更有孖肌內頭、後面被皮膚、淺膜、廣筋膜、尻小腦筋、脛腿迴管遮過、前面即大腿骨下截之後、膝節後筋、小腿骨上截之後、膕肌、合計內藏有膕脉、膕迴管、脛腿外迴管、膕內外腦筋、尻小腦筋、及數吸核等件、其中最要者爲膕脉、膕迴管、膕腦筋排列爲三、脉在內、迴管在中、腦筋在外、以上論膕形、及部位、以下論膕脉分支、

膕脉

膕脉、由腿脉下起、下行向外、至膕肌下廉、分爲小腿前後二條、有時分歧處更高少許、有時無少腿後脉、此脉、上在腿內、下在腿後、在後靠膝節後筋、及膕肌、在前上半、被半膜肌、廣筋膜、皮膚遮過、下半被長筋肌、孖肌、獺沙肌、膕迴管、膕腦筋遮過、所出之支名、肌阯脉、節上蜹脉、節下蜹脉、皮膚脉、節單脉

肌上脉 肌上脉、約二三條、由膕脉上起、透至大外肌分散、與上通脉通、

肌下脉 肌下脉二條、透至孖肌、雙頭肌、及長筋肌等處分散、

皮膚脉 皮膚脉小、下行分佈於皮膚、

節上內外脉 節上內外脉、由膕脉兩旁起、分繞大腿輪、至腿前面相通、並佈各肌、

節单脉 節单脉、由膝節後起、貫節後筋、至節衣分散、

節下內外脉 節下內外脉、亦由膕脉兩旁起、分繞小腿頭、至小腿前面處相通、並佈膝節諸筋、

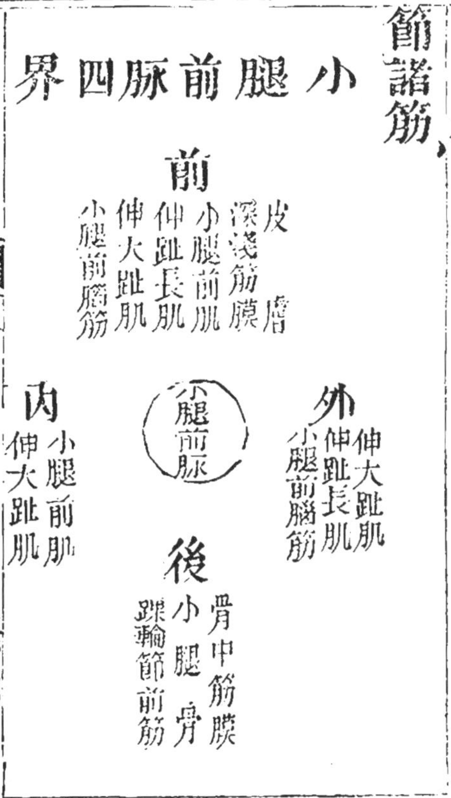

小腿前脉 小腿前脉、由膕脉分岔處起、至膕肌下緣前行、貫過小腿後肌、雙頭肌中間、並骨中筋膜、循此膜前面、下行至踝輪節前、即更名跗脉、欲知此脉路、用線一端、

按輔腿頭內面一端牽至內外輪前、適中處兩邊左右各有一條迴管、並小腿腦筋與之同路、

小腿前脈圖

第一百四十九圖

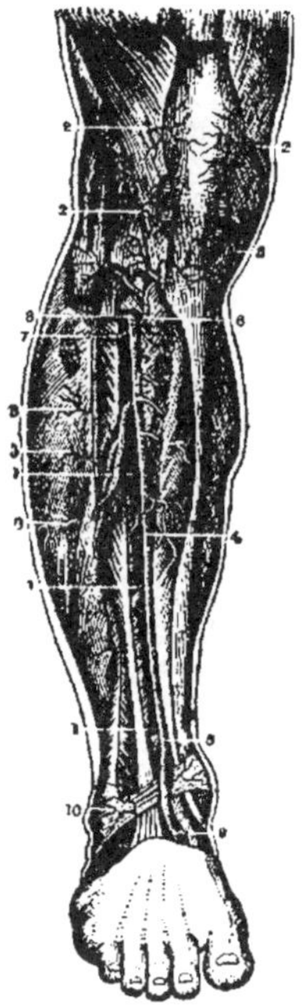

1 伸大趾肌
2 數小脈有腿脈纏
3 4 5 小腿前脈
6 小彎迴脈
7 肌脈
8 肌脈
9 跗脈
10 外踝脈

此脈所出之支節、小腿前彎迴脈 肌脈 踝內脈 踝外脈

小腿前彎迴脈 小腿前彎迴脈、由小腿前面之上起上行至膝節前面之下分散與膕脈通、

肌脈 肌脈約數小條分透入前後諸肌分散、

踝內脈 踝內脈在踝輪節高二寸處起透過小腿前肌後、至節內面分散並與

小腿後脈、足底內脈通、

踝外脈

踝外脈、透至節外面、與輔腿前脈、跗脈通、

跗脈

跗脈、卽小腿前脈末、循跗面、由踝輪、過船骨內、尖斧骨之面、至一二掌骨處分爲二條、名（大趾上脈　足通脈）統列於下、前面被深淺筋膜、皮膚遮過、伸趾短筋、橫過內界、伸大趾肌筋、有二條迴管、及小腿前腦筋、與之同路、所出之支名（足彎脈　掌脈　骨中脈　大趾上脈　足通脈）

足彎脈

足彎脈、由船骨前面起、外行至足外、在伸趾短肌下、卽佈此肌、並與掌脈、踝外脈、輔腿脈、足底外脈通、

掌脈

掌脈、由足彎脈前一寸處起、外行至足外、與足彎脈、足底外脈通、其前面分出三條、卽是骨中脈、如手脈分佈之式、至趾末、

大趾上脈

大趾上脈、過跗至大二趾分岔高少許、先分一條、至縮大趾長肌筋下、循大趾內側分散、至分岔處分爲二、騎循至大二趾側、至趾末分散、

足通脉　足通脉、由跗、貫至足底、與足底外脉通、以成足底弓脉、又分二小脉、至大二趾分散、

小腿後脉　小腿後脉甚大、由膕脉下廉起、循踵總筋內廉、下行至內踝後、與踵骨

第一百五十圖

膕小輔腿後脉圖

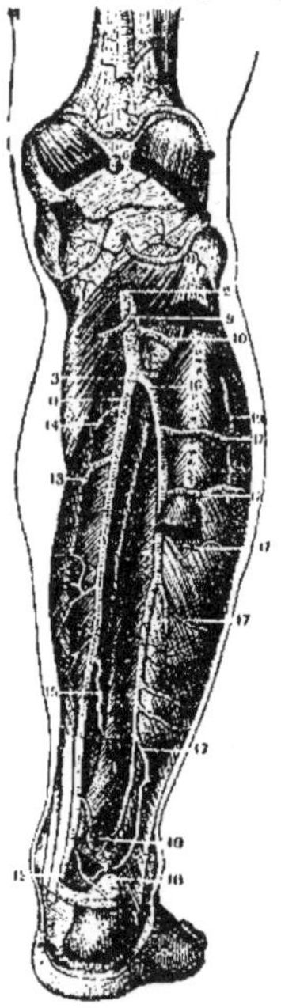

1 膕脉
2 膕脉在膕肌下
3 膕脉又下見小腿後脉輔腿脉
4 膝內上脉
5 膝外上脉
6 彎迴脉
7 膝內下脉
8 膝外下脉
10 小腿前脉管本
11 小腿後脉管本
61 輔腿脉本
17 肌諸脉
18 小腿後輔腿二脉通處

凸之中展大趾肌筋下、分爲二、名足底內外脉、再下、被皮膚筋膜遮過、有小腿腦筋二條、迴管、與之同路、

小腿後脉四界

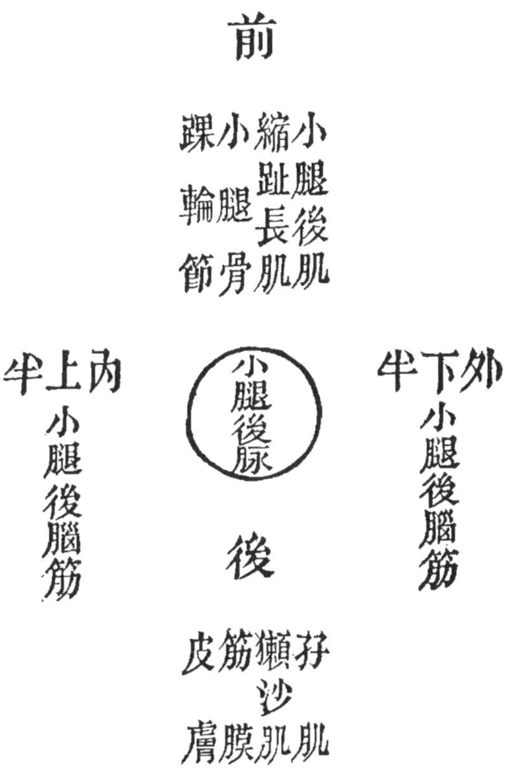

在內踝後處有數件、與此脉平列、脉在中、內外皆有一條迴管、再內有小腿後肌筋、縮趾長肌筋、再外有一條腦筋、所出之支名輔腿脉養小腿脉肌脉通脉

輔腿脉

輔腿脉、如無小腿後脉此脉甚大在輔腿骨後面、由小腿脉至膕肌下一寸處起、下行至外踝後、在踵骨外面、與外踝脉、足彎脉、足底外脉通、

輔腿脈三界

輔腿脈
- 前：小腿後肌、縮大趾長肌
- 外：輔腿骨
- 後：獺沙肌、深筋膜、縮大趾長肌

此脈先出數小條、名肌脈、分佈至獺沙肌、小腿後肌、縮大趾長肌、輔腿長短肌等處、又出一條、入小腿骨內、名養小腿脈、

養骨脈

凡養骨脈、惟此最大、又出一條、名輔腿前脈、下行至外踝分散、

通脈

通脈、橫至小腿後面、與輔腿脈通、

踵內脈

踵內脈、有數條甚大、由小腿後脈末分岔處起、至踵分散、與輔腿脈內踝脈通、

足底內脈

足底內脈、較外脈小、循足下內廉、向前直行、越第一掌骨、至大趾內側、

足底外脉與趾脉通

腳跗諸脉圖

第一百五十一圖

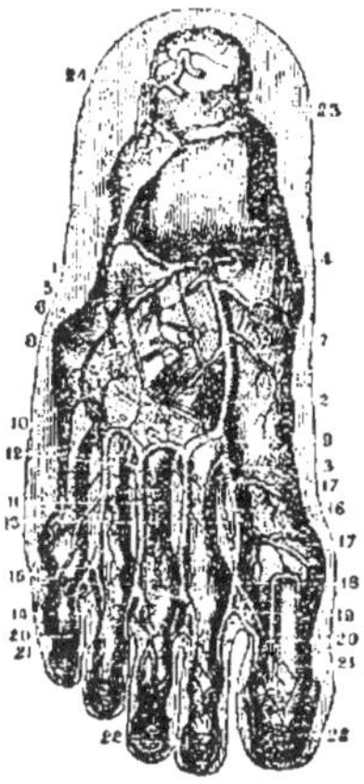

1 2 3 小腿諸脉
4 內踝脉
5 外踝脉
6 伸趾短肌脉
8 腳諸筋小脉
9 跗脉
10 跗小脉
11 背中脉
12 腳掌通脉
13 骨中脉
17 大趾內脉
20 21 22 趾諸脉
23 小腿後脉割斷
24 輔腿後脉

腳下諸脉圖

第一百五十二圖

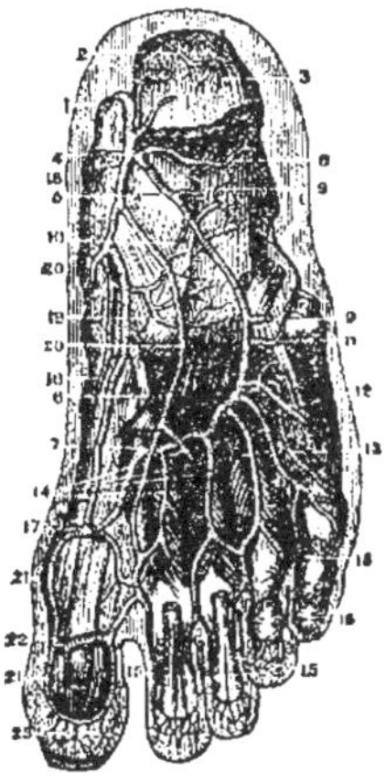

1 小腿後脉
2 踵小脉數條
3 輔腿後脉開一支
4 輔腿後脉分叉為腳掌內外脉
5 腳掌外脉本
6 腳掌弓脉
8 9 10 肌諸小脉
11 腳掌外脉與骨中脉通
12 13 小趾外脉
14 諸脉
16 掌內脉本
18 19 20 肌諸脉
21 大趾脉

足底外脉橫行於踵骨下面、被縮趾短筋膜、皮膚遮過甚深、斜過第五

掌骨、又彎向大趾、式如弓、名足底弓脈、至末與蹠脈通、

足底弓脈

足底弓脈、先分數小條、分佈於足底諸肌筋膜皮膚、又分三條、名後通脈、上行至骨中與掌脈通、又分四條名趾脈透至三四五趾及二趾內側、分佈於手式、凡趾中之血大二兩趾由蹠脈來、三四五趾由足底脈來、

肺總脈

肺總脈、內是紫血、與他脈有別、自心右下房起、至左右肺、長只二寸而大、至總脈彎迴前、斜上、向上後、左至總脈彎迴下、分二條、即左右肺脈、此脈大半被心衣包裹、後靠上總脈管、左右有兩小房、分岔處有一短筋、透上至總脈彎迴、在胎兒時此筋是脈甚大、

右肺脈

右肺脈、較左長大、橫行向外、在上總迴管、上總脈管之後、至右肺根、分為上下二條、上者分佈於上葉、下者分佈於下葉、

左肺脈

左肺脈、較右短小、橫過下總脈管前面、亦分兩條與右同、

以上論脉管已經詳考、以下再述全體迴管、爲至要焉、

迴管論

迴管、由微絲管漸合處起、愈合愈大、至近心處、曰總迴管、上下二條、由心右上房而入、又肺迴管、由左右肺起、至心左上房止、其中爲赤血、凡赤血之管、皆曰脉管、此因由肺迴心、故曰肺迴管也、又有四合迴管、與衆管有別、係脾胃甜肉大小腸、四合迴血、並合此管、入肝分佈至微絲管、由肝迴管、統會入總迴管、合計全身、迴管較脉管多而大、其交通處亦多、其管亦薄、亦分三層、內層與脉同、中層薄、無肌線、外層頗厚、與脉之外層亦同、或數處有肌線如綱、管內有門、以堵迴流、門只兩槅、如半月形、甚薄、卽內層夾疊而成、亦有養管之管、惟腦筋甚小、其佈在全身者、應分三類、一間在皮膚筋膜之中、曰淺、一與脉同、曰深、如在轉肘正肘臂、小腿等處、皆兩條夾脉而行、如在腋鎖柱下、膕大腿等處、只一條、

與脉同行、一在頭顱骨裏爲迴穴無三層膜、與管有別者、曰穴、今就其入上總迴管、入下總迴管、分爲兩類立說、

頸並上總迴管圖

第一百五十三圖

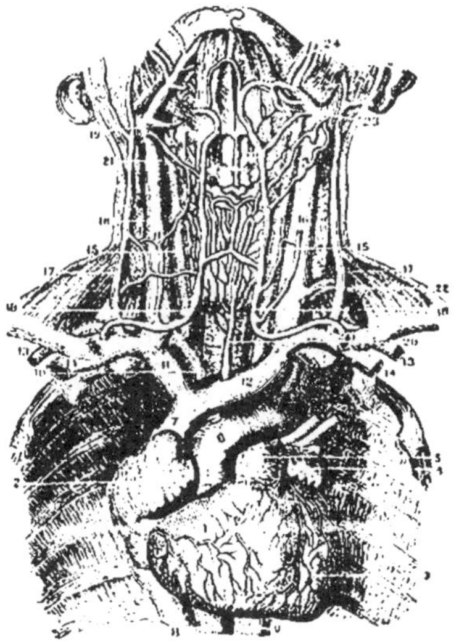

1 心右下房
2 心右上房
3 心左下房
4 心左上房
5 肺脉
6 總脉彎迴
7 下總迴管
8 上總迴管
9 胸膛總脉
10 小便脉
11 右首臂迴管
12 右首臂迴管
13 鎖杜下脉
14 鎖柱下迴管
15 15 頸總脉
16 16 頸內迴管
17 17 頸外迴管
18 頸前迴管
20 脾下迴管
21 脾上迴管
22 頸橫迴管
23 舌脉
24 靣脉

上總迴管

上總迴管、上分爲左右首臂迴管、在第一脇骨齊處、下至心右上房、式畧彎、內無門楄、被心衣包其下半、有數小條迴管由心衣、肺中前峽來、透入管、又有胸膛總迴管、由心衣包裹上少許處透入、

左右首臂迴管

左右首臂迴管、無門楄、右者甚大、直上在右肺衣前、左長於右三倍、橫行向左、至胸骨頭後左大脉管前、左右皆至頸與鎖柱下分岔處止、入此管者有三條、一曰脾下迴管、由脾核網迴管來、左右皆下至總氣管前面、至胸鎖柱馬乳肌後下、入於左右前臂迴管、有聾管迴管總氣管迴管會入、二曰乳內迴管、左右各二、與乳內脉同路、有膈中迴管膈中膜迴管膈迴管會入、三曰膈中上迴管、惟此管、或竟入總迴管入頸諸迴管、應分三路、一由頭外、一由頸處、一由頭內、頭外又分六路、即面迴管頦內迴管耳後迴管太陽迴管太陽顳迴管枕迴管

面迴管

面迴管、在面脉外、較脉直、與脉同路、即額迴管二眼上迴管一鼻梁迴管一相合、由鼻梁處起、下行至口角處、有眼胞下迴管上下唇迴管翅迴管嚼迴管來會、至下牙床下、向後外、被頸筋膜胸膛下牙床肌遮過、有腮下迴管下牙床迴管舌下迴管來會、更有橫管一條、通於太陽迴管、再下、即名太陽顳迴管、其式甚短、即會入頸內迴管、

太陽迴管

太陽迴管、由顱頂前後諸小支合起、先成前後二條、再合即成此管、下半寸、有太陽中迴管一條、由太陽肌並太陽穴等處相合來會、再下有面橫迴管、與面橫脉、同路來會、至耳孔前下牙床角平處、與頦內迴

頭頸旁諸迴管圖

第一百五十四圖

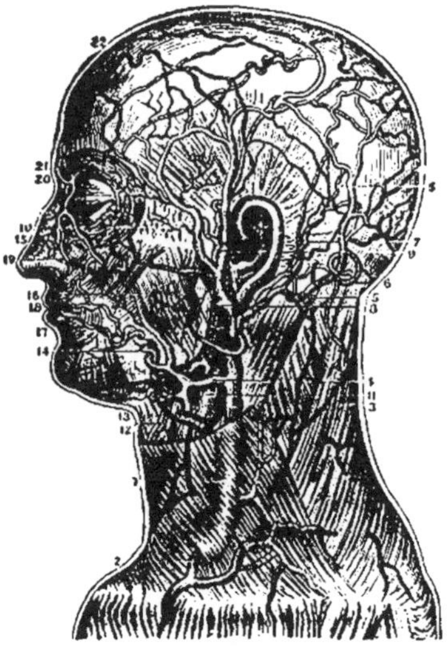

1 頸外迴管
2 通迴管
3 頸外迴管
4 面迴管
5 枕迴管
6 枕脉
7 耳後脉
8 太陽頦內迴管合處
9 太陽脉
11 頦內迴管
12 脾上脉
13 舌脉舌迴管
14 面脉
16 面迴管
17 下唇脉迴管
18 上唇脉迴管
19 鼻旁迴管
20 目脉迴管
21 22 額迴管

管合、即名太陽頦迴管、

頦內迴管

頦內迴管、大由頦脉分散各處起、即腦衣中迴管　太陽深迴管　翅迴管　嚼迴管　吹口迴管　腭迴管

下牙床迴管繞成翅迴網、先與面迴管蝶旁穴迴管通、後再合、卽成此管、

耳後迴管

耳後迴管、由耳後上起、前通太陽迴管、後通枕迴管、有馬乳錐迴管耳後數小迴管來會、至耳下一寸、與太陽顙迴管合、卽成頸外迴管、

枕迴管

枕迴管、由頭後起、與枕脉同路、至項、被數肌遮過甚深、或入頸內迴管、或入頸外迴管不定、

頸外迴管

頸諸迴管、分為五路、卽頸外迴管　頸外後迴管　頸前迴管　頸內迴管　項迴管

頸外迴管、卽耳後迴管太陽顙迴管合成、由耳下核、與下牙床角平處起、欲尋此迴管路、用線一端、按下牙床角、一端牽至鎖柱骨中處、卽是過胸鎖柱馬乳肌至鎖柱骨上廉處、穿過頸深筋膜、卽會入鎖柱下迴管、被胸膛下牙床肌、頸膜、皮膚遮過、會入此管、有枕迴管頸外後迴管　肩胛上迴管頸橫迴管　並與頸內迴管頸前迴管通、

頸外後迴管不甚大、由頸上後等處起、在斜方肌項肌中下入頸外迴管、

頸前迴管

頸前迴管大、一二條不定由頸前、下牙床下等處起、下至胸鎖柱馬乳肌前廉內再下穿過此肌後即會入鎖柱下迴管左右兩條在胸骨高少許處有橫管相通、並與頸內外迴管通、

頸內迴管

頸內迴管、由頸迴管孔起直下與鎖柱下迴管合、即成首臂迴管、當起處後靠頸前旁直肌在頸內脉並第九十十一十二對腦筋外、再下即相平列腦筋却在中間、至頸下在右之管橫過脉前、其末與鎖柱下迴管相合高一寸處有門入此管者一舌迴管由舌上下左右中各處來與脉同路、二食管頭迴管、由食管頭後起先與蝶腭迴管合始來會三牌上迴管、與牌上脉同路來四牌中迴管由牌核起、先與、聲管迴管氣管迴管數小條合來會、

項迴管

項迴管、由枕處合起、與項脉同路下行至頸首骨橫支入項脉管由第六頸骨出下入首臂迴管後面、

頭內迴管分二類、一在頭骨兩重中、甚薄頗大、少時骨未堅合、管亦未通、故短、及老骨合管通、故長、計有四條、名額迴管、顱前迴管、顱後迴管、枕迴管、皆相通、

第一百五十七圖

頭面諸迴管圖

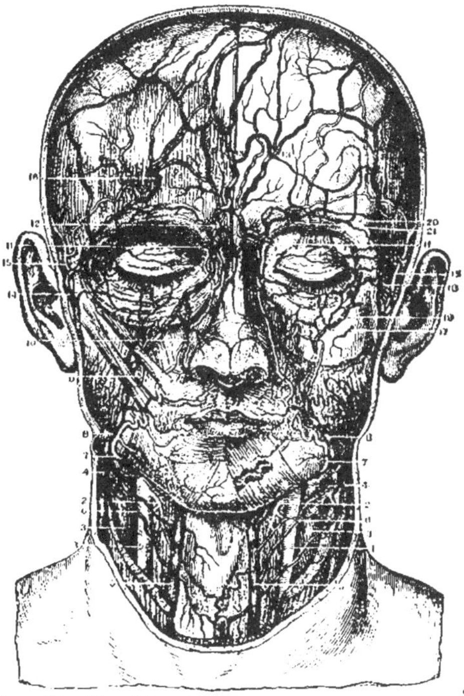

1 頭總脉
2 脾上脉
3 頭內迴管
4 頭外迴管
5 頭前迴管
6 脾上迴管
7 面脉
8 面迴管
13 額迴管
4 太陽迴管
15 太陽脉
16 太陽脉前支
17 眼下脉迴管
19 20 眼胞諸迴管

額迴管　額迴管、透至眼上迴管、

顱前顱後迴管　顱前迴管、與太陽深迴管通、顱後迴管、透至左右橫穴

枕迴管、與外枕迴管通、一係腦迴管、無門與別管異、甚薄、亦分深淺二類、淺在腦外面循腦迴紋而行、有腦中透出數條迴管會入、在上者、左右約七八條、向前內行至大腦中裂與深迴管通、其前透入長中迴穴、在下者、一由腦前葉下面起、透至蝴蝶旁迴穴止、一有數條、由腦底左右起、透至左右橫穴止、一甚大、由後葉起、透至直迴穴止、

深者二條、一由腦左房來、一由腦右房來、左右皆係（腦前卸迴管　腦綱迴管）先合成兩條、再合爲此管、向後至腦橫裂出腦入直迴穴、又有小腦迴管、上下左右四類、上者透前內至直迴穴止、下者大透外至左右迴穴止、（左右）者透至三角石迴穴止、另有一種曰迴穴、因其夾在腦衣外層中、即借腦衣爲外層、並無中層、只有內層、故與迴管有別、共計十二條、分（腦上後　腦底）二類、腦上後、又分六條、名（上長中迴穴　直迴穴　右橫迴穴　下長中迴穴　左橫迴穴　枕迴穴）

上長中迴穴、由羅篩骨雞冠前處起、由前而後過額顱頂至枕骨內凸、

頭顱半剖見諸迴穴圖

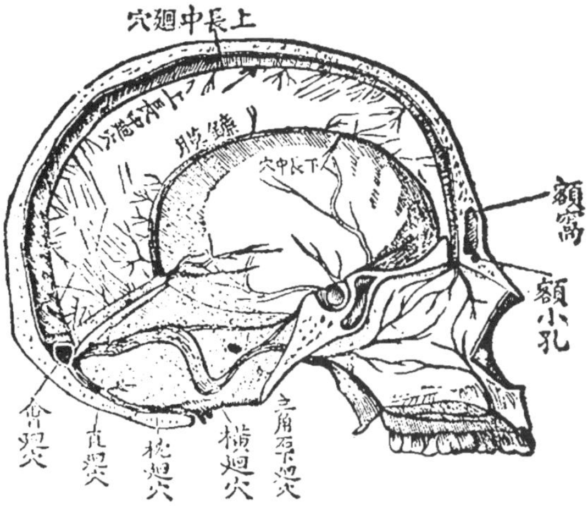

第一百五十五圖

頭顱底諸迴穴圖

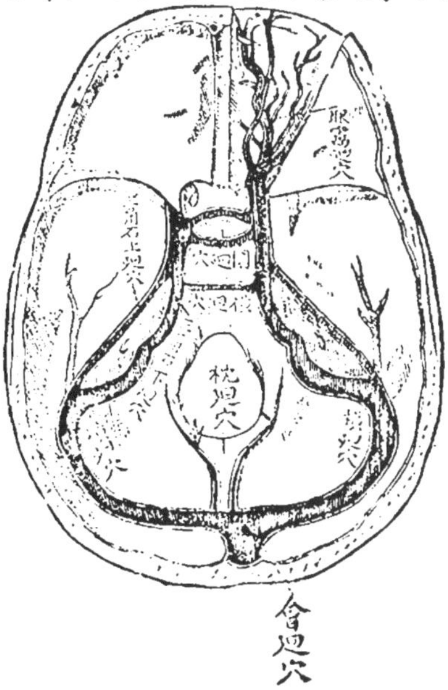

第一百五十六圖

分爲二，卽左右横迴穴，起處小，至末大，有（腦上數迴管 骨中數迴管）顱頂二迴管會入，在枕内凸分岔處，此穴甚大，曰會穴，係（上長中迴穴 下長中迴穴）（左横迴穴 右横迴穴）（直迴穴 枕迴穴）六穴聚會之所。

下長中迴穴

下長中迴穴在臁膜下廉，亦由前而後至直穴止，有臁膜數迴管會入。直迴穴係下長中迴穴之末，起向後下至會穴止，有（腦左右房迴管 腦下中迴管）小腦上迴管會入。

左右横迴穴

左右横迴穴大，由會穴起，屈曲透前外，藏於枕骨槽，再前至頸迴孔，過此孔下，卽名頸内迴管，當其起處，在枕骨過顱頂下後角及耳門馬乳裏面，始入此孔，右大於左，其左右皆有（上長中迴穴 直迴穴）（深迴穴）並大小腦諸迴管來會，及與三角石上下迴穴通。

枕迴穴

枕迴穴小，一二條不定，前麗小腦臁膜，後靠骨，在枕大孔後，起至會穴止。腦底亦分五條，名（蝶旁迴穴 環迴穴一）（三角石上迴穴 三角石下迴穴）（横迴穴）

蝶旁迴穴　蝶旁迴穴左右二條甚大、在馬鞍旁長孔處、接眼迴管起、至耳門骨、三角石前止、再後即三角石下迴穴、內面有頸內脈、及第六對腦筋內之左右與環迴穴通、外面有第三、四、及第五對前支各腦筋、

眼迴管　眼迴管大在眼內角、與面迴管通、由眼脈散處起、至長孔內角、過孔即蝴蝶旁迴穴、

環迴穴　環迴穴名即形、左右與蝴蝶旁迴穴通、

三角石下迴穴　三角石下迴穴、由蝴蝶旁穴起、透後至頸迴孔、與橫迴穴合、

三角石上迴穴　三角石上迴穴小、由蝴蝶旁後起、透外後至橫穴止、

兩手迴管論

兩手迴穴　兩手迴管、分淺深二類、皆有門、深者與脈同路、淺者只藏皮膚下、淺膜中、分出正肘前後迴管、臂內外迴管、臂肘節內外迴管、轉肘迴管　茲先言

肘前迴管　正肘前迴管、由手腕前面起、上行循正肘前、至臂肘節、與正肘後迴管

正肘後迴管

臂內迴管

轉肘迴管

第一百五十八圖

肘臂腕諸迴管

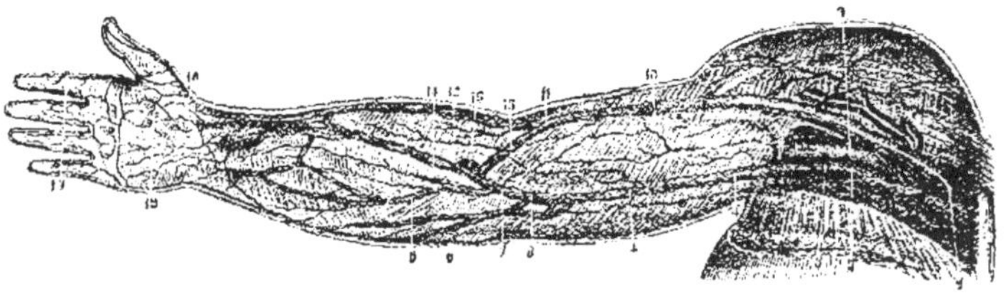

1 腋脈
2 腋迴管
3 臂內迴管
5 臂肘節外迴管
6 臂後迴管
8 臂前迴管
9 臂外迴管會入腋迴管處
11 臂外迴管與臂中迴管合
12 臂外迴管下截
13 臂肘節內迴管
14 臂中迴管
15 肘通迴管
16 大脂迴管
18 掌皮膚下迴管

合、卽成臂內迴管、並與中迴管、正肘後迴管通、

正肘後迴管、由小指、無名指後起、循正肘後面、上至臂肘節下少許處穿過前面、與正肘前迴管合、卽成臂內迴管、

臂內迴管大、在臂肘處、有臂肘內迴管會入、卽循臂內、上行至腕迴管止、

轉肘迴管、由大指、食指後面起、循轉肘外、上行、左右有小迴管數條透入、至臂肘節處、有臂肘節外迴

管透入、再上即臂外迴管、

臂外迴管

臂外迴管循臂外上行、過胸大肌前面、至鎖柱骨下、透入腋迴管、

臂中迴管

臂中迴管、由手掌合起、循肘前面、纏繞而上、與正轉肘迴管通、至臂肘節下、與深迴管通、再上分爲二、即臂肘節內外迴管、皆短、外者與臂外迴管通、內者過臂脉、與臂內迴管通、

深類由指而上、至臂、無論大小、皆雙夾脉而行、隔少許、左右即有小管橫通、統會入腋迴管止、

腋迴管

腋迴管甚大、在腋脉內、與腋脉同路、由腋下界起、至第一脇骨外廉止、被胸大小肌、脇喙筋膜遮過、

鎖柱下迴管

鎖柱下迴管、由腋止處起、與脉同路、至胸鎖柱節處、與頸內迴管合、即成首臂迴管、前被鎖柱骨、鎖柱下肌遮過、後靠脇項肌、肌後有鎖柱下脉、下靠第一脇骨及肺衣、上即深淺筋膜皮膚、會入此管者、有頸內外前迴管、

首臂迴管

首臂迴管、已列在前、上總迴管、由各路會入已畢、茲再言上下總迴管

脇總迴管

旁另有脇總迴管、左右兩條、右長大、左短小、由腰迴管起者、有由膂迴

胸膛內諸迴管圖

第一百五十九圖

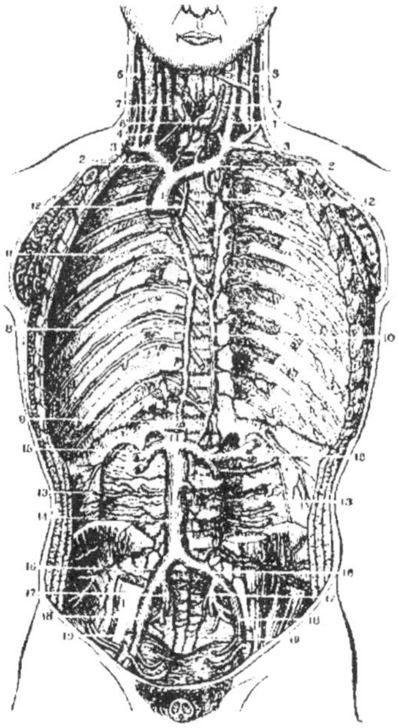

1 下總迴管
2 左右首臂迴管
3 鎖柱下迴管
4 頸內迴管
5 頸外迴管
6 脾下迴管
7 頸左右總脉
9 膂總迴管
9 膂總迴管與上總迴管通處
10 左膂總迴管
11 膂總迴管入上總迴管處
13 腰脉迴管
11 上總迴管
15 腎迴管
16 胯總迴管
17 胯內迴管
18 胯外迴管

管起者、循脊左右、上行入胸膛、右者至第三背骨、向上前、至右肺根前、再上會入總迴管、有脇中九條至十條迴管、並左脇總迴管、食管迴管、背迴管、氣管迴管、透入在左分上下兩條、下者上行、橫過脊前面、會入

右脇總迴管、有脇中四五條迴管透入上者、或有或無、不定、由左第一二脇起、下行或入下管、或入右管、亦不定、脇中一至六迴管、皆透入

氣管迴管

氣管迴管、與氣脉管同路、在右入右脇總迴管、在左入左上脇總迴管、如無此管、卽會入脇中上迴管、

脊迴管

脊迴管分四類、脊後迴管 脊骨體迴管 腦根管前後長迴管 腦根迴管 皆無門扇、

脊後迴管

脊後迴管、由脊後肌膚衆小支起、在脊後結如網、與腦根管迴管通、又上與項迴管通、中與脇中迴管、下與腰鈎迴管通、

脊骨體迴管

脊骨體迴管、由每骨體內起、循骨體管至體後出、短而大、在體前與體前迴管通、出後與腦根管前長迴管通、

腦根管前長迴管

腦根管前長迴管、左右二條、屈曲而大、上由枕骨大孔起、循骨體後、下至尾閭骨止、其脊骨體迴管、皆橫透入、入處稍大、左右二條、於每節處

髓管後長迴管

皆有橫管相通，亦與項迴管、脊後迴管、腰鉤迴管通。

腦根管後長迴管，與前同長而小，亦左右二條，式如前，與脊後迴管通。

腦根迴管

腦根迴管小長而衆，曲結如網，纏腦根，在頸腰處小，在背稍大，在枕骨下合成二三條，與項迴管通，又透至三角石回穴止，並與前三類通。

下總迴管

下總迴管

下總迴管乃腹內臟腑及下肢之總會也，由跨總迴管合處起，與第五腰骨齊上行至肝後廉，在總脈右，又向前至膈總迴孔，透入心右上房。由起至心有鉤中迴管、卵迴管、腎上核迴管、肝迴管、腰迴管、腎迴管、膈迴管七條透入。

鉤中迴管

鉤中迴管上至鉤骨前面中，或入左跨總迴管，或入下總迴管，不定。

腰迴管

腰迴管與腰脈同路，由腰肌並腹旁等處起，與脊迴管通，左長於右，皆過總脈後，入總迴管後面，或左右先合，合後又與脇總迴管通。

卵迴管

卵迴管有門楇由卵子後起，約數條至卵子筋，結成網，至腹合爲二，上行至髎肌前、在腹內腑統膜後、又合爲一、右者入下總迴管、左者穿過大腸彎迴、被彎迴壓住、故血難於上行、多生血瘤、上入左腎迴管、在女由卵核起、名卵核迴管、與脈同路、其止處亦與男同、

腎迴管

腎迴管短而大、在腎脈前、左長右短、左過總脈前、有卵迴管膈迴管來會、其入總迴管處較右高、

腎上核迴管

腎上核迴管、在右乃入下總迴管、在左或入左腎迴管、或入膈迴管、不定、

膈迴管

膈迴管上下各二條、與膈脈同路、

肝迴管

肝迴管、由肝內四合迴管分散處起、合成三大條、至肝後廉、左右葉各一條、斜入下總迴管、中間一條、係直入、皆無門、亦無同路、

兩足迴管

兩足迴管

兩足迴管、亦分淺深二類、淺者在皮膚下、深者與脈同路、皆有門、門較

手類多、其多之故、因血上行難也、淺類分腡長短迴管、

腡長迴管

腡長迴管由足內及踝輪前起、上行循小腿內廉後、與腡腦筋同路、及膝向後、在大腿內輪後、循大腿陰面、上至胅筋下半寸處、穿過腡孔、與大腿迴管合、並與小腿輔腿前後迴管遙由起至孔、約有五六門、一路皆有皮膚迴管來會、在上又有腹中前迴管透入、

腡短迴管

腡短迴管由踋外起、數條合一、透過外踝後、向上至踵總筋外廉、再上至膕處、穿過深筋膜、與膕迴管合、亦與腡外腦筋同路、一路有皮膚小迴管來會、深類與脈同路、惟膝以下小脈係二條迴管夾行、

小腿前後迴管

小腿前後迴管、至膕下、合成膕迴管、

膕迴管

膕迴管、下在脈內、上在脈外、有腡外迴管會入、管內有四門、

大腿迴管

大腿迴管、下在脈外、中在脈後、上在脈內、有腿深迴管、腡內迴管、會入至胅筋下寸半止、管內約有四五門、

胯外迴管　胯外迴管、由大腿迴管上接起、上入盆內至鈎胯節、與胯內迴管合、右

第一百六十圖　脛前面諸迴管圖

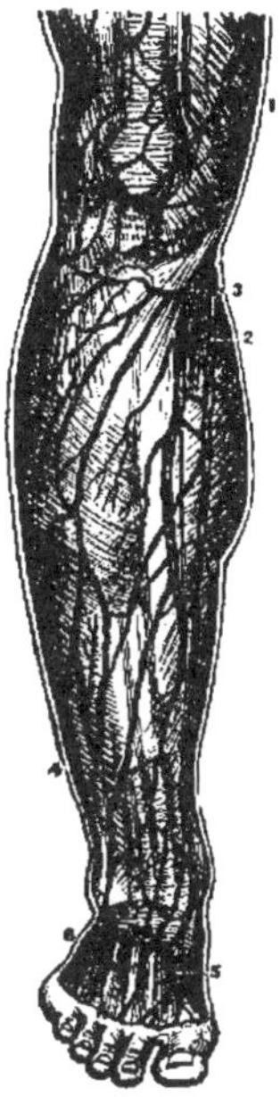

邊下在脉內、上在脉後、左邊皆在脉內、在胲筋高少許、有腹中迴管、胯彎迴迴管會入

胯內迴管　胯內迴管、由胯內脉分散處起、與脉同路、惟臍脉無迴管、上與胯外迴管合、成胯總迴管、入此管者、盆外有臀迴管尻迴管陰腸內迴管盆迴管、盆內有直腸迴網膀胱底迴網在女有子宮迴網陰道迴網、此四網之管頗大、皆相通、隨處透入、

直腸迴網　直腸迴網、包直腸下半、由直腸中止迴管交通而成、上者入大腸下迴管中、下者皆入胯內迴管、此網與膀胱底網通

膀胱底迴綱

膀胱底迴綱、即包膀胱底及底核、後與直腸迴綱通、在女並與陰道綱通、在男有莖上迴管二條、由膀胱底核左右透入、

莖迴管

莖迴管在莖上面起有二條、與莖頭迴管莖前後迴管統合成一大條、透過三角筋、分爲二、即由膀胱底核左右入膀胱底迴綱、

陰道迴綱

陰道迴綱、包陰道下半、前後與膀胱底迴綱直腸迴綱通、

子宮迴綱

子宮迴綱、常時小、孕時大、與卵核迴綱通、

跨總迴管

跨總迴管

跨總迴管、由跨內外迴管合處起、在鈎跨節前、上行至腰第四五骨處、左右合成下總迴管、右短直下在脉後、上在脉外、左長在脉內、過右脉後與右合、

以上論上下總迴管已畢、另有四合迴管、心肺迴管列下、

四合迴管圖

第一百六十一圖

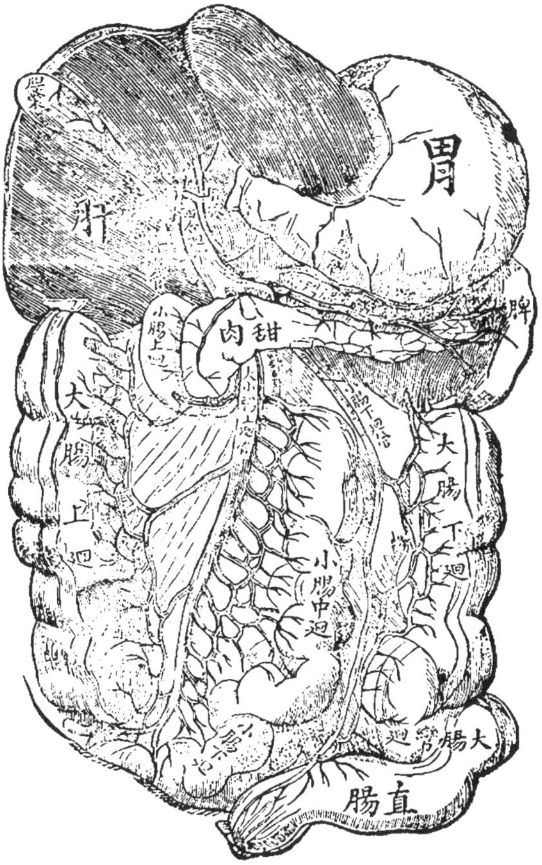

四合迴管

胃迴管

脾迴管

大小腸迴管

四合迴管

四合迴管、卽脾、胃、大小腸、甜肉、四條合一、至肝分散於肝左右葉、與脉同式、故首尾散、中合、皆由消導臟腑來、與別迴管有異、亦由肝分散處會入肝迴管、統歸下總迴管止、四合迴管約長三寸、在脾迴管大小腸迴管合處起、向上、右至肝橫裂、在肝脉、膽管後、小脂囊內、由橫裂分左右二條、右至肝右葉分散、與肝脉同路、左小而長、與右同式、

胃迴管小、與胃脉同路、由賁門至幽門、再下卽入四合管、

脾迴管大、有甜肉迴管小腸頭迴管胃迴管大脂囊迴管大腸下迴管直腸上迴管會入、由脾五六條合處起、自左而右、與脉同路、至脊前、有大小腸上迴管胃大端數小迴管甜肉數小迴管小腸頭數小迴管大腸迴管會入、

大小腸迴管在脉前右、由脉分散在小腸、及大腸橫迴等處起、漸合爲一、上行向右、至小腸頭前、甜肉後、與脾迴管合成四合管、

心圓迴管　心大迴管　心後迴管　心前迴管　肺迴管　胎兒脉路

心圓迴管

心圓迴管、有心大迴管心後迴管心前迴管微絲迴管皆接養心脉、迴血入心右上房、

心大迴管、由心淺處起、上行心前、至下房、橫過左邊、至心後在上下房中峽、至此甚大、入右上房止、入房處有二門槅、

心後迴管、亦由心淺處起、上行心後、入心大迴管止、

心前迴管、三四條、小、由心右上入右上房止、

肺迴管

肺迴管、內藏紅血、故與別管有別、左右各二條、無門、由氣泡血網起、自小漸合而大、成二條、左右皆入心左上房止、在肺內、脉在前、氣管在中、迴管在後、

胎兒脉路

胎兒脉路、與成人有別、如心上左右房間、有卵竅、右上房下總迴管、有

門槅、以導迴血入卵竅、此時槅甚大、出胎後竅塞槅廢、故卽縮小、又有一管、間在總脈彎迴肺脈中間、名總肺脈中管、短只半寸、大如筆管、又膀胱上脉上行至臍、由臍出入衣帶、其迴管由衣帶入肝橫峽、分大小二條、大者與四合管合入肝右葉分散、小者通至下總迴管、四月以前、心係直式、四月以後、尖漸斜左、

胎兒之血、來自胎衣、由衣帶迴管入臍、至肝左葉、分二三條入葉、及至橫裂、又分大小二條、小者直透下總迴管、大者會四合管、入肝分佈肝葉、由肝迴管、歸入下總迴管、與兩足迴管混入心右上房、由卵竅過左上房、與肝迴血少許合下左下房、射入總脉、分小半佈於下肢、其大半上行入頭及兩手、其迴血卽會入上總迴管、入心右上房、下右下房、入肺脉管、大半由總肺脉中管直入總脉管、小半入肺、由肺迴管入心左上房下下房、又入總脉管、會前小半、分佈各臟腑、及下肢、由膀胱上脉出

吸管論

臍、又至胎衣

胎兒之肺、不受空氣故小、至出胎後、卵竅塞、有時及長相通、

總肺脉中管出胎後數日、亦塞成筋、

膀胱上脉、由膀胱上至臍、亦成爲筋、由膀胱至跨內脉相通、

臍迴管至肝一條、出胎時、漸成筋、即肝名圓筋、

吸管功用論

脉管迴管之外、更有一類、曰吸管、以其能吸攝津液也、全體皆有、惟腦根、眼球、骨、韌骨、筋、甲、髮、等處、尚未查明、在小腸起者曰養汁管、內藏養汁、白如乳、味鹹、有輪、更有微粒、排列二萬四千、只長一寸、在他處者曰吸管、只藏明汁、稀而鹹、嗅亦有味、無色、或微黃、兩管式略同、如迴管、惟小而多門、㮔更密、亦分三層、薄而通明、大者、亦有脉管、迴管、以養之、統分深淺二類、淺類在皮膚下、與迴管同路、或與深類通、深類多由網起、

間在兩肌中衆綱迴旋、分出數吸管、透入吸核、遍體皆有、質實色灰、其式或圓、或長圓、其大小自芥子至杏子止、外有包膜、有微絲管以養核、全身之核、有三種、已詳上卷、一能生津液者、即耳下核舌下核淚核等皆是、一不能生津液者、即脾核胸後核、一即吸核、惟不能生津液者、莫知其功用、衆小管、或入吸核、分散如網、合而再出、或彼此相並爲大管、皆屬不定、無論深淺、皆會入總吸管、統歸入首臂迴管止、

總吸管圖

第一百六十二圖

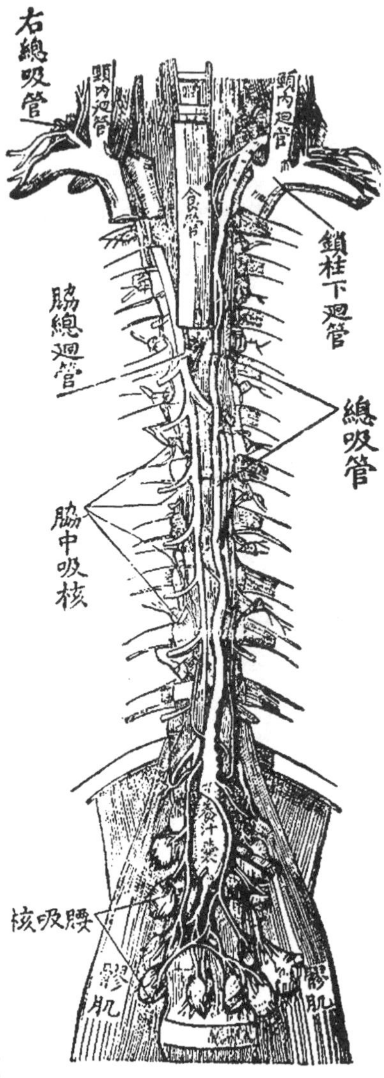

總吸管

總吸管、由第二腰骨右旁起、至總脉後、舒大如囊、曰養汁囊、再上又縮成總吸管、由膈總脉孔入胸膛、在肺中後峽間、在總脉上、總廻管中、至第四背骨、在背骨左、又上行食管左、至第七頸骨、彎廻而下、由左頸內廻管、在鎖柱下廻管合處、透入上下大中小、有時中處分為二、復合一門、橛甚多、除頭右、心右、胸膛右、肺右、及頸右、手肝等處吸管不入其餘胸膛左、心左、肺左、食管、總氣管、及各處諸吸管、並養汁管、俱會入當囊高少許、更有四五條吸管、係由腹吸核來會、

左總吸管、長只一寸、不甚大、接頭右、胸膛右、心右、肺右、及頸右、手肝等處吸管、至右鎖柱下廻管會入

吸核

頭面頸吸核吸管

頭處、吸核甚少、在枕及耳後、面處吸核稍多、在耳下、顴拱下、惟在下牙床稍大、

頭諸吸管

頭諸吸管、分前後二類、前者與太陽脈同路、入耳下吸核、後者、與枕脈同路、入枕吸核、又透至頸吸核、

面處分深淺二類、淺者多與面脈同路、歸於下牙床吸核、深者由太陽穴、眼窩等處起、散分於鼻內口、食管頭內皮、或歸入下牙床吸核、或歸入耳下吸核、不等、腦衣中吸管、與腦衣諸脈同路、亦下歸頸吸核、

頸諸吸管

頸諸吸管、亦分深淺二類、淺者與頸外迴管同路、當頸下半、及鎖柱骨後高處最多、深者大而多、與頸脈同路、在頸脈衣外、食管、食管頭總氣管旁、歸入胸膛內諸吸核、由胸膛內統合爲左右二條、各會入左右總吸管、

兩手吸核吸管

兩手吸核

兩手吸核、分深淺兩類、淺者甚少、深者亦少、與脈同路、至腋甚大、約十粒至十二粒、乳癰時、腋核腫脹、吸管亦分淺深兩類、淺者由指後起、循

足吸核

後面正肘、與迴管同路、再上至腋、歸入腋核止、在手外面、與轉肘迴管同路、深者分三路、與正肘、轉肘骨中、三脉同路、皆會入腋吸核止、右手之管、統歸右總吸管、左手之管、統歸總吸管止、

臂腋頸諸吸管圖

1 腋脉
2 腋迴管
3 臂脉
4 臂迴管
5 頸總脉
6 頸內迴管
7 臂皮膚下之吸管
8 吸核
9 深吸管與臂脉同路
10 鎖柱下吸核
11 吸管數條與胸膛長脉同路
13 腋諸吸核
16 17 吸管入鎖柱下迴管處

兩足吸核
兩足吸管

兩足吸核、亦分淺深二類、淺者只在腿處皮膚下、約八粒至十粒、分膕上膕下、上數粒、在胯筋下接腎囊、莖腹前面會陰、腎諸吸管、無論男女生瘡時、即腫脹、下數粒、在膕孔旁接足各處淺吸管深類、小腿前一二粒、在小腿脉旁膕處、四

五粒在膕脉迴管旁、膕深處亦有、臀核在梨肌前、尻核在梨肌下、

第一百六十四圖

腿淺諸吸管圖

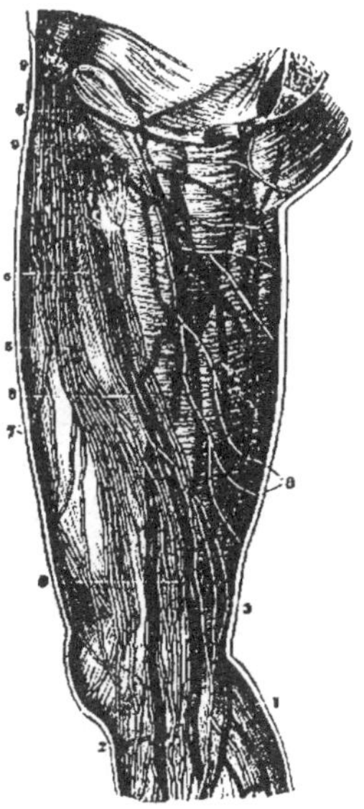

1 膕長迴管
2 膝下迴管
3 膕迴管
4 與大腿迴管合處
5 腿內諸吸管
6 6 數吸管與膕長迴管同路
7 腿前數吸管
8 腿後數吸管
9 9 腿吸核數塊

第一百六十五圖

膕頸後淺吸管圖

1 膕
2 膕迴管
小腿後脉迴管
4 輔腿脉迴管
5 數吸管由脛前穿過骨中筋膜至膕止
6 吸管數條與脉管同路
7 淺深二類吸管通處
8 9 小腿後吸管通處
10 10 膕吸核數塊
11 1 膕核發出吸管數條

足吸管

吸管、亦分深淺二類、淺者分內外在皮膚下、與膕內外迴管同路、深者

第一百六十六圖

大腿深吸管圖

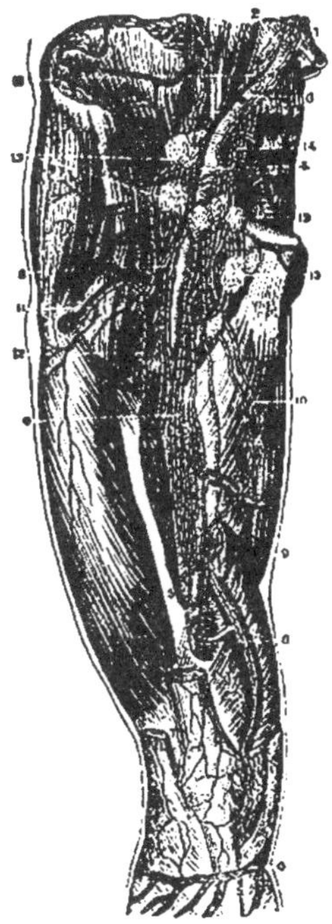

無多與大脉同路、再上透過胯筋、下入跨吸核、臀尻吸管亦與脉同路、

腹盆吸管核

盆吸核、分跨外、跨內、鉤、三類、腹只一類、只在腰處、跨外核排列、與跨外脉同路、下接大腿等吸管、上與腰核通、

跨內核、與跨內脉同路、上通腰核、下接數條吸管、同跨內脉分散之路來、

鉤吸核、在鉤骨前面、接直腸膀胱、諸吸管、

腰核

腰核甚多在腰骨體前旁、及總脉下總迴管旁、接下肢、及盆卵子諸吸管、由此核出、只合爲數大條、歸入養汁囊、病時核脹、吸管亦分淺深二類、腹盆淺吸管、與淺脉迴管同路、至臍下與腹中下脉同路、深者與腹中下深諸脉同路、腎囊會陰吸管、與陰陽脉同路、入膕淺核止、

盆內諸吸核圖

第一百六十七圖

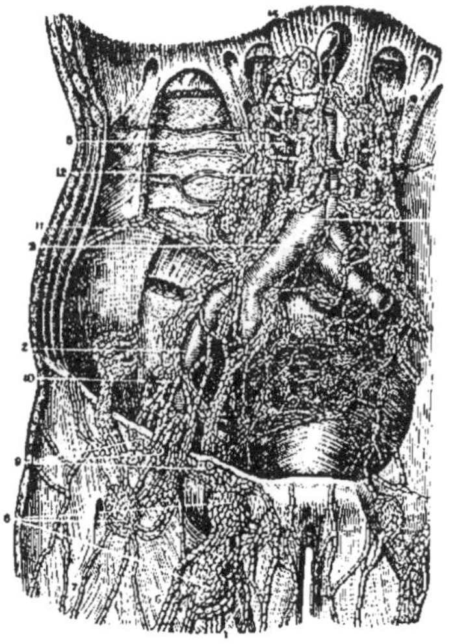

1 膕大迴管
2 跨外脉迴管
3 跨總脉迴管
4 總脉管
5 上總迴管
6 7 膕迴管旁諸吸管
8 脥筋下諸吸核
9 脥上吸核
10 跨脉前吸核數塊
11 吸管與彎迴脉同路
12 腰諸吸管
14 總吸管

莖吸管

莖吸管、亦分深淺二路、淺者至脥筋下核止、深者與陰陽內脉同路、腹盆之深吸管、與脉同路、由膕吸核所出吸管數大條、過脥筋後、至上入腰吸核止、並接腹中深吸管、跨彎迴深

吸管、跨腰深吸管、

第一百六十八圖

胰諸吸核圖

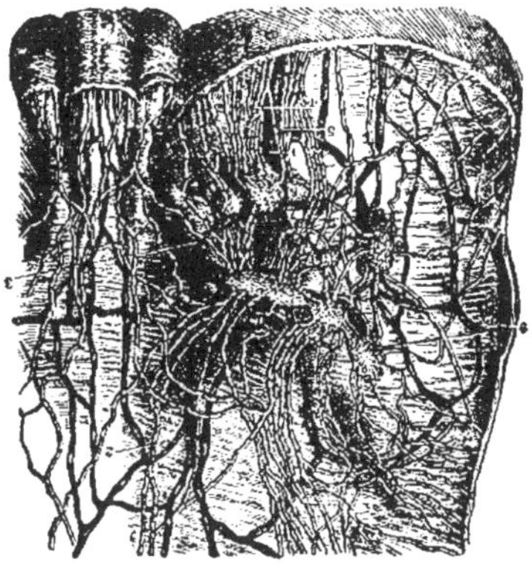

1 腿大迴管
2 腹前迴管數條
3 陰陽外迴管
4 數管與腿迴管同路
5 吸核一塊
6 核分吸管
7 吸核一塊
8 有四五塊吸核排置

膀胱吸管

膀胱吸管、由膀胱四向起、大半在後面至腹內腑統膜後、與膀胱底核、精囊各吸管合、後入跨吸管、

直腸吸管

直腸吸管甚大、透至鈎吸核、或跨吸核不定、

子宮吸管

子宮吸管、亦分淺深二類、淺者在腹內腑統膜下、深者由子宮圍起、有二路、一自子宮頸處入跨鈎吸核、一自子宮上半各等處入廣筋、與卵核、卵管、諸吸管合、後透上入腰吸核、孕時子宮吸管甚大、

卵子吸管

卵子吸管、亦分淺深、淺者由卵子衣起、深者由卵子起、合成數條、透上

循卵子筋、入腹至腰核止、

腎吸管

腎吸管、由腎內外起、並接腎上核吸管、溺管吸管後會入腰核止、

肝吸管

肝吸管、亦分淺深兩類、淺者由腹內腑統膜內、肝外之四向起、上面又分爲四、一由後而前、約三四條、上行至長筋合爲一、入膈、至肺中峽吸管止、二亦由後而前、麗肝前、過肝下、透至小脂囊吸核止、三透至右橫筋入膈、至肺中峽吸核止、四透至左橫筋入膈、至肺前中峽吸核止、在肝下面分三類、一由胆囊右起、會入腰吸核、二由胆囊外吸網起、與肝脈同路、至小脂囊吸核止、三由胆囊左起、至食管吸核止、深者與四合廻管、肝脈同路、出橫裂、至胃小端吸核、統會入總吸管、

胃吸核

胃吸核、數小粒、在大小端下、並賁門、幽門之上、吸管在腹內腑統膜之內、胃之外起、分三類、一由小端前後面起、至幽門止、二由大端起、會入脾吸核止、三亦由大端起、透入津液管止、

大小腸吸核　小腸吸核甚多，在包小腸膜中，麗於脉網，約一百五十粒，大如豆，最大者在闌門，大腸吸核，粒數較少，或麗大腸外脉網，至大腸横迴處甚少，與小腸吸核，有吸管相通，

小腸吸管　小腸吸管，名曰津液管，因其吸腸内津液也，分淺深二類，淺者直循腸外，深者網於腸内，透入包小腸膜中諸吸管，大腸分二類，一由大腸頭上迴，横迴起，亦透至包小腸膜中諸吸核止，一由下迴直腸起，上至腰吸核止，

胸膛吸管核

胸膛吸核　胸膛吸核，一在脇中，一在乳内，一在肺中前峽，一在肺中後峽，

脇中核　脇中核甚少，多少不定，在脊旁，

乳内核　乳内核，在乳内脉迴管旁，

肺中前峽核　肺中前峽核，在膈上面，心衣前面，上至總脉管，總迴管旁，

肺中後峽核　肺中後峽核、排列至食管總脈管旁、左右皆與脇中核、上與頸深吸核、下與腰核、皆有吸管相通、

胸膛淺吸管　胸膛淺吸管、分透左右、在胸大肌前、入腋核、乳吸管、亦在腋核、

胸膛深吸管　胸膛深吸管、分脇中、乳內、膈三類、

脇中、　脇中、與脇中脈迴管同路、後至脊、與胸後腦根管、吸管通、又穿過脇中核、至總吸管止、

乳內吸管　乳內吸管、與乳內脈同路、由腹諸肌、在臍高少許處起、右透至右總吸管、左透至左總吸管止、

膈吸管　膈吸管、與數膈脈迴管同路、前至肺中前峽諸核、又透至乳內核、後至脇中核止、

肺吸核　肺吸核、在總氣管下、氣管前後處、約十一二粒、最大者在總氣管分歧處、中年黃色、至老黑色、勞症多脹大、

肺吸管

肺吸管、分淺深二類、淺者在肺之外、肺衣之內、如網、深者與肺脉迴管、氣管同路、二類皆透入肺吸核、出核約只二三條、上至總氣管、食管諸核、過核後至總吸管止、

心吸管

心吸管、亦分淺深二類、淺者在心之外、心衣之內起、深者在四房內起、與養心脉同路、在右者上至總氣管、入右總吸管、在左者、入總吸管、

脾核吸管

脾核吸管、右者入右總吸管、左入總吸管、

食管吸管

食管吸管、如網、即包食管、由網合出肺中後峽核、過核與肺吸管合至統吸管止、

全體闡微卷三終

論腦

腦爲百體中最要最靈、凡覺悟、運動、思慮、皆由出、然居於頭顱骨內者曰腦、居於脊骨內者曰腦根、由腦分出小支曰頭顱腦筋、由腦根分散小支曰脊腦筋、以上左右皆有對偶、由筋分線、由線分絲、有繞如網者、有成結成珠者、故有腦筋、腦線、腦絲、腦網、腦結、腦珠等名、更有一類在脊旁處、約數十腦結、分出腦筋互通、並佈於臟腑、血管等處、自行其功用、不由人意者、曰自和腦筋、要之、各類質皆分白灰二色、若用顯微鏡觀中有灰白二絲、積絲成線、積線成筋、然白線多於灰線、故白質亦多於灰質、惟在腦灰質多、在自和腦筋灰線少、其餘腦根、腦結、灰白相等、獨腦筋無灰質、計白絲列一千五百條至一萬一千條、灰絲列八千條、皆只一寸、每條外有包衣、中質甚軟、曰腦筋心、或貫入腦結腦珠、○腦與腦根亦甚軟、故外有包衣、中又襯以連網、所以實其質也、由脊所出之筋、有前後二本、前者主運動、後者主覺悟、頭顱諸腦筋、更兼司五官功用、外有包膜、膜內分數重膜、以隔眾腦線、腦絲、白線多於灰線、脉管微吸管少、此筋所出各支、多於彼筋所出者相合

腦珠

腦珠多在腦灰質及腦結、或梨式、或卵式、或分多岐、中藏仁質、軟而色黃紅、外無膜、或分一二岐入腦筋、

腦結

腦結大小形式無定、大者目能見、小者須用顯微鏡觀、一在腦根所出之後筋、一在第五七九十各對頭顱腦筋、一在自和腦類中、藏數腦珠、外之包膜、兼包出入之腦筋、入筋分散如絲、或粘於珠、或貫於珠、或直行、或繞行、及其出時、則又合而為一、又腦筋之起處曰本、或單起、或雙起、不定、止處曰末、末式有分絲繞如網者、曰腦網、有迴轉如紐絆者、曰腦絆、有出多刺者、有結如丸、如蔬者、曰腦丸、腦蔬、中惟刺丸蔬三者、主覺悟、

腦網　腦網在皮膚中、及內皮、眼明衣等處、其網孔大小不定、

腦刺　腦刺稍禿、列三百粒、長只一寸、濶相等、在手足皮膚、有數腦絲貫入刺中、曲直旋繞不定、

腦丸　腦丸在眼衣下、口內皮、唇、腭、廉舌、陽莖頭、陰莖等處、列六百粒、約一寸、圓式卵式不定、外有衣、中質似珠、亦有數腦絲貫入、旋行於其間、

腦蔻　腦蔻結於腦筋旁、長一分、濶半分、在手足掌皮膚下、及陽莖頭、陰陽腦筋、眼下腦筋等處、只有腦絲一條透入〇統論腦質、水居十分之八、其餘二分、卽燐、油、鈲、鏀、鹽等物也、

腦根

腦根由小腦下、與枕骨大孔並起、透至第一腰骨處、卽縮小、長自十五寸至十八寸、式如兩柱竝列、惟頸腰兩處稍大、大孔裏面更大、曰腦根頭、腦根與腦、皆有三重膜包裹、外重爲筋衣、係鬆包腦根、上麗大孔廉、

後麗後筋外麗連網裏面光滑左右皆有雙孔數十對以通脊腦筋前後根筋衣亦兼包此根中重爲濕夾衣甚薄內包腦根外麗筋衣中空生液名曰腦根液其內包腦根亦有相離空處直上如管透至腦第四房此重亦分包左右各脊腦筋無血管腦根內重爲血衣上卽腦血衣

腦脊根三重圖

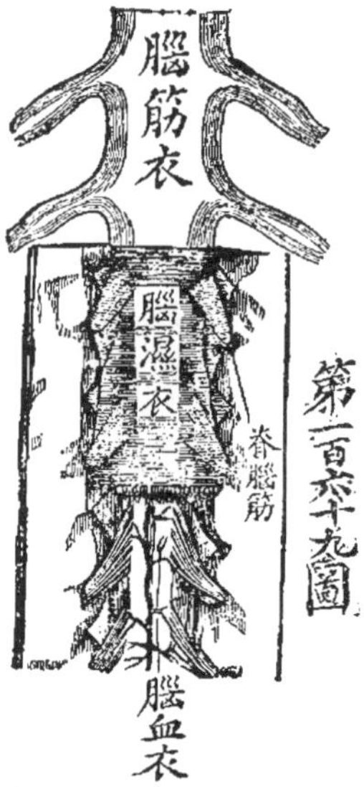

第一百六十九圖

惟較腦血衣厚筋線亦多並分作二隔入腦根前後隙此重血管多有腦筋○腦根前後面中間各有一隙曰前中隙後中隙前隙深於後隙其深約居腦根三分之一愈下愈深後隙上深下淺前後隙之底皆有帶相連名曰連帶前帶色白後帶色灰腦根左右面各分二隙後旁隙淺出脊腦筋後根前旁隙亦淺出脊腦筋前根腦根後面之上半更有左右兩隙甚淺

腦根分白質灰質兩種，白多灰少，白在外，灰在內，灰質在腦根中左右，

腦脊根並衣截斷圖

第一百卆

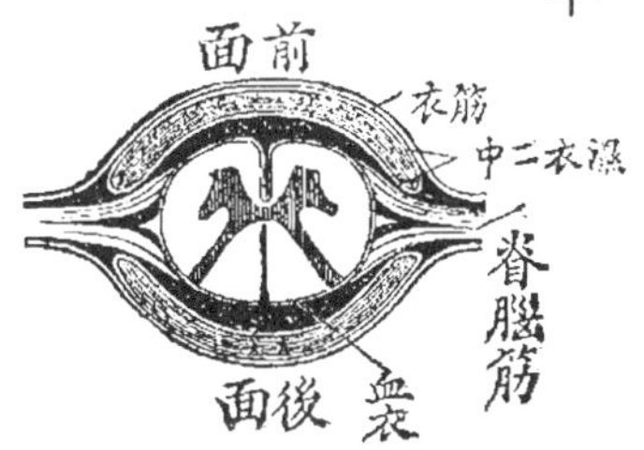

腦脊根旁斷截圖

第一百七十圖

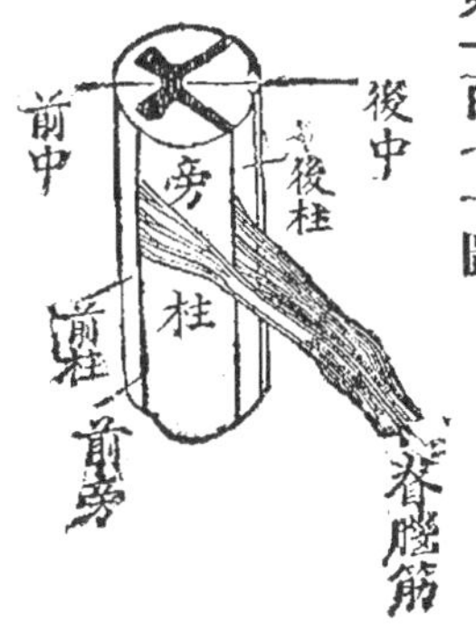

形如半月，中粘以連帶，月形向外，有前後兩角，後角長而窄，至左右後旁止，前角短，至左右前旁止，此質在腦根上下，其形有別，其連帶厚只半分，前面白，後面灰，灰色中間有小管，由下向上，直透至腦第四房，管之裏面有毛膚，腦根所出三十一對脊腦筋分前後根，前根之腦線，腦絲，透入腦根，分佈微絲，或貫過腦珠，或入前角，或由帶過柱不等，後根透入後角，亦如前根，

頭腦亦有三重膜包裹，外重爲腦筋衣，中重爲濕夾衣，內重爲腦血衣，其筋衣厚有力，麗頭顱骨裏面，即作骨衣，

至枕骨大孔透下、即腦根之筋衣、裏面光滑而濕、麗於夾衣、並分數摺、入腦中作隔、外面分包出孔之各對腦筋、在長孔亦透至眼窩間有數處分開兩重、藏迴血以成迴穴、此膜即自縮線及筋線合成脉管多在前壑內、有腦衣前脉數條、係由羅篩前後脉並頸內脉來、在中壑內有腦衣中脉、腦衣小脉、係由頦內脉來、更有一條由食管頭上脉來、在後壑內有腦衣後脉、係由枕脉來、迴管歸入各迴穴、腦筋由第四對及自和眼各腦筋來、當膜上面有數小白粒名曰腦丸、功用未知其分入腦作隔者有三、一曰大腦鐮膜、二曰小腦帳膜、三曰小腦鐮膜、此三功用、皆主扶腦、

大腦鐮膜

大腦鐮膜、名其形也、上分兩重、以藏上長中迴穴、下合一重、入大腦中間、前淺後深、前麗羅篩、鷄冠、後之下廉麗帳膜、上面後廉麗枕骨內凸前之下廉無所麗、惟中藏下長中迴穴、

小腦帳膜　小腦帳膜、亦名其形、中起脊、兩邊斜垂遮過小腦前面、以扶大腦後葉、後麗枕骨裏面之橫脊、以藏橫迴穴前麗耳門骨之三角石上廉、以藏三角石上迴穴、更麗馬鞍後角、其下面之中、麗小腦鐮膜、

小腦鐮膜　小腦鐮膜、小而三角形、藏於小腦左右葉中、上廉麗帳膜、後廉麗枕骨、

濕夾膜　中重、濕夾膜甚薄、惟在腦底處頗厚、外重麗腦筋衣裏面、裏重麗血衣、中空以藏液、當腦底與血衣相離之空處、亦藏液、此空處如孔、通於第四房、此衣兼包分出之腦筋、

血衣　血衣包全腦、並隨腦曲隙、透入腦中、甚薄、即血網、連網、合成裏面分小脈、直入腦質以養腦、在小腦內更薄、在中腦頗厚、腦筋由第三六七八各對來、

頭腦應分為四、曰大腦、小腦、中腦、腦根、頭其大腦最大、在上、前、分為三葉、前葉藏於前窪、中葉藏於中窪、後葉靠於帳膜、下面之中有腦蒂、下

腦根頭

穿過中腦、至腦根頭、並腦根、

小腦在帳膜下、靠於枕骨裏面、亦有蒂數條、兩條上透至大腦、兩條透至腦根頭、更有兩條合作中腦、

中腦甚小、靠於枕骨底、上被大腦蒂透入、左右被小腦蒂透入、下與腦根頭連、

腦根頭由中腦下面起、透下至腦根上界止、○統論全腦、在男約重三觔零、在女較男約輕五兩、智重於愚、至重有至六十四兩者、人腦較獸腦大、惟小於鯨、象二腦、象腦重八觔、鯨腦重五觔、

腦根頭

論腦根頭在腦根上、大小腦下、由中腦下廉起、至頸首骨齊處止、向下後前面麗於枕骨底、後面即第四房之底、麗於小腦左右葉之中、上濶下與腦根大相等、長約一寸二分、濶不及寸、厚只半寸、前後面皆有隙、

與腦根之隙通後隙透上至第四房底止前後隙者所以分腦根頭爲左右而左右又各有二隙亦與腦根左右隙通故左右竟各分爲四柱

腦脊根頭並中腦前面圖

第一百七十二圖

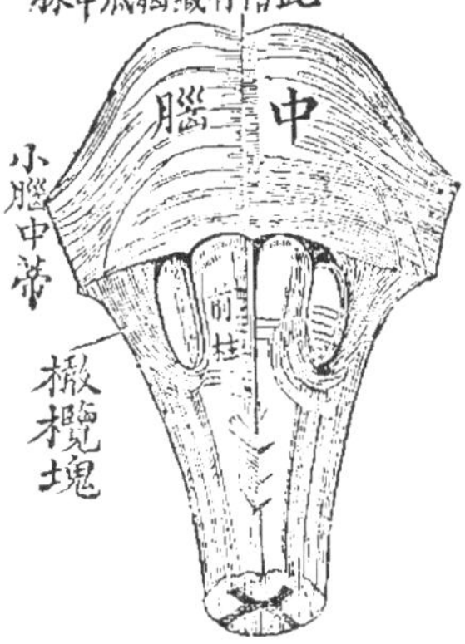

腦脊根頭後面圖

第一百七十三圖

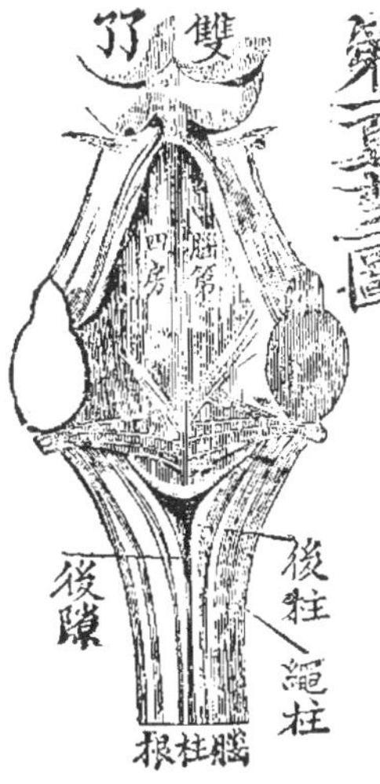

腦脊根頭橫截圖

第一百七十四圖

前曰前柱中之前曰中柱並附有粒如橄欖曰橄欖塊中之後如繩曰繩柱後曰後柱○前柱上濶下淺形方尖間在左右柱之中者即是前隙當中腦下少許處畧縮小再下即大再下與腦根前柱

大相等、卽相連、其所出之腦線、一由下透上、一由中前柱橫來、亦透上、同至大小腦、惟至小腦之線、分深淺兩重、皆由橄欖塊下、分散於小腦、另有二條、一包裹橄欖塊、卽會合橄欖塊所出之腦線、至中腦、一先入中腦、後至大腦、

中前柱、卽腦根之中、中前柱透上者、上窄下濶、其所出之腦線、上分爲三條、外條與中後柱合、同入小腦、內條向前、與對面前柱合、中條透上至橄欖塊、下入於大腦、

橄欖塊間在前柱之後、中前柱之前、左右各一、形如橄欖、長半寸、離中腦下廉只少許、剖開看甚似腦隔、外屬白質、中屬灰質、所出之白質腦線、上至大腦、

中後柱、在四柱中最大、間於中前柱之後、後柱之前、下卽腦根後柱、式如繩、上半分岐、作第四房底之左右界、再上透入小腦、卽作小腦下蒂、

其所出之腦線、入於中腦、由第四房處、分爲內外兩條、外條入小腦、內條與後柱相合、上入大腦、

後柱甚小、形如兩白線、藏於後隙之左右、起處兩條相竝、漸上漸分開、再上與中後柱合○統論腦根頭後面卽第四房底、形三角、左右界卽中前柱與後柱分岐處、屬於灰質、與腦根連帶之灰質、過八柱之下、亦與腦根之八柱相接、

中腦

中腦在腦根頭上、大腦下、小腦左右葉中、在三者之中、卽所以連合此三者、下面有橫帶、卽白腦線、由小腦左葉至右葉、式如橋、靠於蝴蝶骨、與枕骨底、中有痕、藏腦底中脉、上面卽第四房底、左右有圓筋兩條、透入小腦、卽作小腦中蒂、其中蒂之質、有縱橫腦線、中間灰質、橫線由左至右、分深淺兩重、淺者亦橫過、深者與縱線相織、中藏灰質、縱線由腦

根頭之前柱、橄欖塊中、前後柱等處起、前柱之線、由中腦上廉透入大腦之根、橄欖塊之線、分兩條、一透至腦後結、一至大腦、中前後柱之線混於灰質、透上至大腦根中腦之中後半有隔、

大腦

大腦、大於中小腦、在頭顱骨內前上處、上面式如卵、後濶前窄、四向皆覆上面前至後之中、間有一直裂、藏鐮膜、至裂底中有腦大連系、以相連、裂之左爲左腦、裂之右爲右腦、皆有內外下三面、內面直、下面之前、靠前中兩壑、下之後靠帳膜、外面覆與頭顱骨裏面適相合、有迴紋、紋中之隙、有深有淺、最深者約一寸、多在顱頂處、左右不同、人人各別、紋多則智、紋少則愚、小兒初生、紋不甚明、中年最現、及老又隱、紋外爲灰質、紋中爲白質、灰白相叠、計有六重、左右腦皆有裂、分爲五葉、前中後三葉大、中、前葉之下、中有橫裂、曰腦下橫裂、向後上入腦少許、又分爲

腦半剖圖

第一百七十五圖

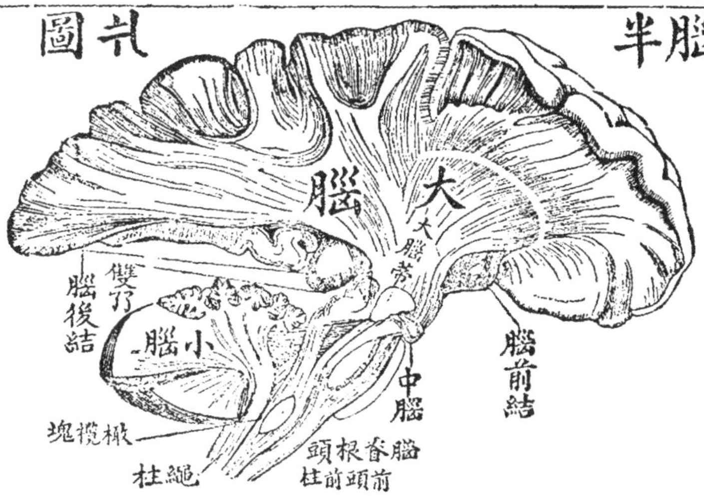

大腦上面圖

第一百七十六圖

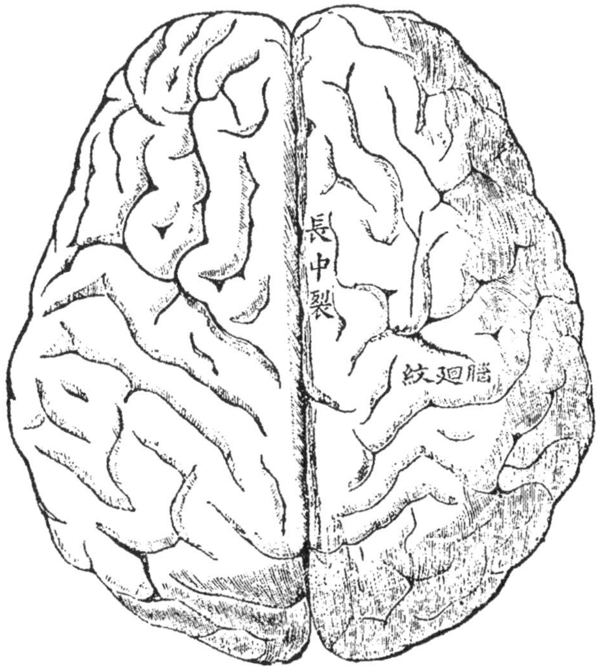

二裂一向上前一向後裂前爲前葉（又名額葉）裂後爲中葉（又曰顱頂葉）其上又有額顱頂橫裂中後葉之中有顱頂枕裂其後即後葉其餘二葉小一在橫裂所分後裂之下後藏於中壑內曰太陽蝴蝶葉一在橫裂分歧處形三角有迴紋六曰腦島但裂旁之迴紋皆相似而其名則因部位而立惟腦裏無迴紋

腦下面只見前中後三葉前葉形三角底向前外尖向裏後靠於額骨眼盤後界即腦下前裂中葉大於前葉大陽蝴蝶葉與之相並藏於中壑後葉靠於帳膜腦底前至後有十三件要物即長（腦大連系）裂　灰盤（灰阜）　第一對腦筋　腦下橫裂　腦前節　眼會根　腦扈　鞍核　腦孖　腦後節　大腦蒂

長裂

長裂在左右腦中前後皆透過腦質惟中爲腦大連系所連裂內下有腦前脉透上至腦大連系

腦大連系

腦大連系大即相連左右腦半藏於腦內由腦底見只少許其末與灰

盤合、左右有兩條白帶、名腦大連系蒂、由腦大連系起、向後外、至腦下橫裂、

大腦底圖

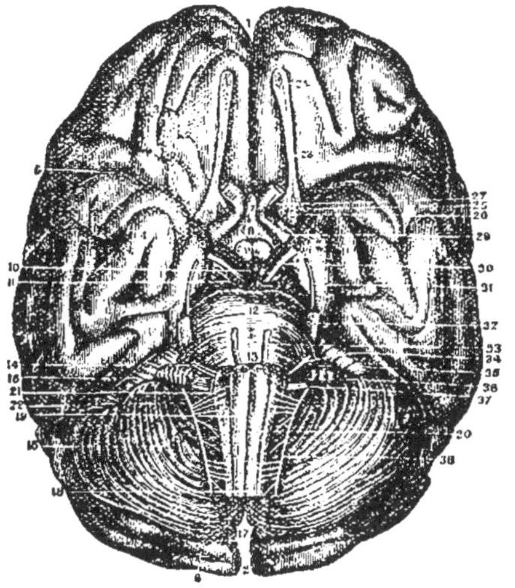

第一百七十七圖

1 2 腦前裂　3 腦前葉　4 腦中葉　5 腦底橫裂　6 腦後葉

9 腦孖　11 腦蒂　12 中腦　13 腦根頭　14 中腦後蒂　15 小腦中　16 小腦前　17 小腦後中裂　18 腦根本　20 腦根前柱　21 繩柱　22 橄欖塊　3 鼻腦筋

24 鼻腦筋蒂　28 29 眼腦筋　30 運眼腦筋　31 小腦筋　32 三岔腦筋　33 眼外腦筋　34 面腦筋　35 耳腦筋　36 舌食管頭腦筋　87 長腦筋　38 兩叚腦筋

灰盤

灰盤只一重、灰質甚薄、由腦大連系末起、後至灰阜止、左右與腦前篩合、作第三房下前界○第一對腦筋在長裂旁、前葉之下○腦下橫裂、

在前中葉中間中藏腦中脉向後上分爲二中藏腦島

腦前篩

腦前篩在腦下横裂內形三角前界即前葉後廉並第二對腦筋根後界即眼會根外界中葉內與灰盤合色灰在腦大連系下以其形如篩故名有小脉管透入篩孔至腦大連系

眼會根

眼會根在腦下中灰盤後即左右第二對腦筋會合處

灰阜

灰阜在眼會根後作第三房底下面中處出一物長未半寸麗鞍核式如巵名曰腦巵

鞍核

鞍核小色紅灰重二分式如卵靠於馬鞍血管多前後二粒前如豆後圓胎兒時大中有一孔與第三房通老時孔塞質如無管核

腦孖

腦孖兩粒相竝大如豆在灰阜後外白質而內灰質有小系相連少時兩粒及長合一

腦後篩

腦後篩在腦孖後中腦前中有數小孔以通血管至腦後結

横割大腦見連系及灰白質圖

第一百七十八圖

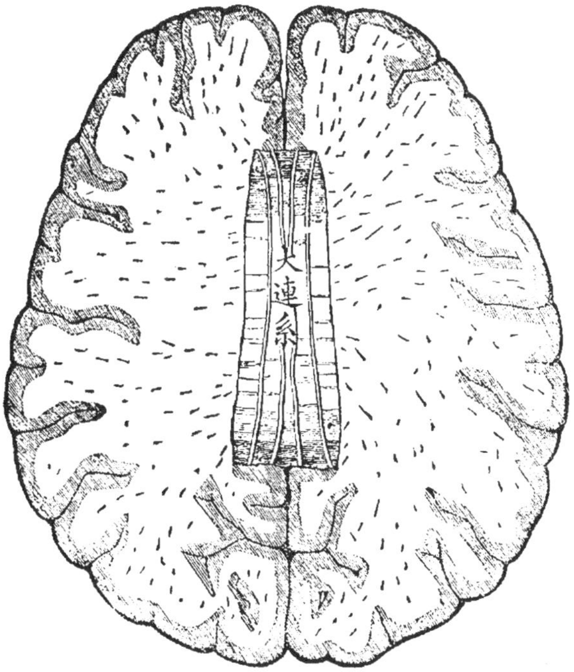

腦左右房圖

第一百七十九圖

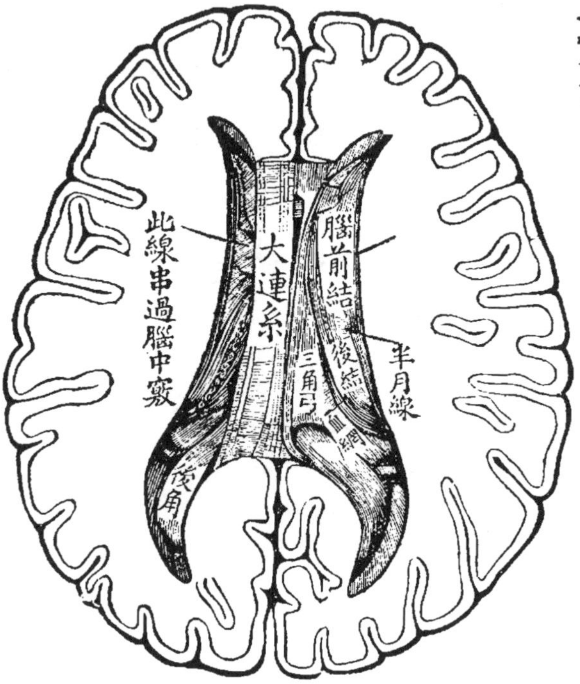

大腦蒂 大腦蒂兩條，由中腦前界出，分岐向前外，入大腦下面，其下有眼帶橫過，每條長約八分，中有灰質，大腦後葉下面，被中小腦遮過。○若割去中小腦，即見長中裂，大腦蒂分入左右腦，其分岐中處曰蒂中部，其入腦向上，穿過腦後結，及腦前結，其腦後結腦前結之上，有腦大連系左右相通，

大連系 連系之下，腦後結腦前結之上，左右界即腦蒂中空，為左右房及第三五房，將腦橫剖開，約深二寸，即見眾腦紋之旁，皆屬灰質，其餘中間皆白質，再將左右劈開，即是大連系，此系為橫腦線連成，功用即連合兩腦，並作左右房之界，長約四寸，離腦前界寸半，後界二寸半，前窄後濶，前後厚中薄，式如捲几，前彎下向後，名曰喙，至灰盤止，喙生兩腦線，透後過前篩，至腦下橫裂，後彎下向前，廉甚厚，下面後至三角弓中，被通明膜麗，此膜即左右房之隔，左右腦線入左右腦，左右房中有隔膜生液，名通明隔，每房中為中房，又分出前中後三角，中房形三角

上界大連系內界通明隔下界前至後有腦前結　腦後結　血膜　半月線　三角弓

腦前結

腦前結、卽在腦後結前、外式如卵、外屬灰質、中灰白相間、大半藏於左右腦由左右房內、所見之式如梨、潤處向前、後分開、中藏腦後結、剖開視中之白線由腦蒂來、其與腦後結交界處有槽、槽藏半月線、其半月線色白潤而薄、前麗三角弓前條、後至腦後結後止、其下有一大迴管、曰腦前結迴管、

腦後結

腦後結、式如梨、在腦前結後半中、上面被三角弓血帕遮過、下面作左右房中角之上界、靠於大腦蒂、卽與相合、外界腦前角半月線、並左右腦裏面、卽第三房外界、外屬白質、中灰白相混、

血膜

血膜、卽小血管合成、甚薄、在三角弓下、前窄、由通明膜之中縫透過左右相合、後分開向後外、下至中角、與橫裂血膜通、

三角弓

三角弓、在大連系下、後與相合、前被通明膜隔、左右相同、中合、前後開、

腦三角灰及血帕并左右房中角圖

第一百八十圖

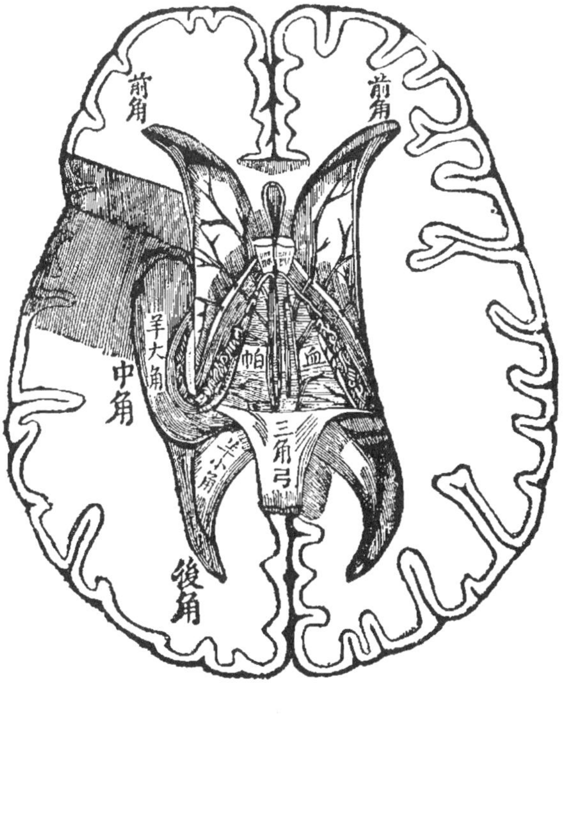

腦第三四房圖

第一百八十一圖

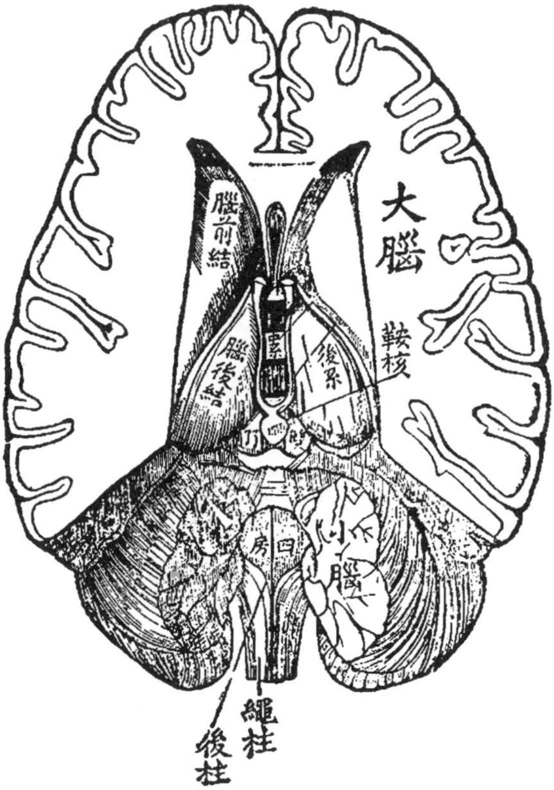

開處曰前後蒂、前蒂卽白線透下腦底、入腦孖至腦後結止、後蒂上面與大連系相合分開向下至左右房下角並與羊大角爲界〇左右房前角形三角、向外入前葉上界大連系下界腦前結〇左右房後角向後入後葉、形如牛角先開後合其下更有一角曰羊小角〇左右房中角、在三角中最大、藏於腦中葉在腦後結旁起向後外再向下至末又彎向內、將至腦下橫裂處止、其底有一白脊形亦如角曰羊大角、大角之末、分如爪、

通明膜

通明膜在左右房中、大連系下、三角弓上、分兩重、形如鐮、兩重之中卽腦第五房生液、此房在胎兒與第三房通此膜之中有孔曰中竅在三角弓前蒂腦後結前左右有兩卵孔向下與第三房通左右亦自相通、

血帕

血帕、閒在三角弓下、腦後結上、卽一重血膜由腦下橫裂來與外血膜通大與三角弓等、遮過第三重上面其前分岐入左右房而左右房之

血膜、即由此處起、其脉由大連系下透入、迴管二條、合後透入直迴穴、

第三房

第三房長而窄、在腦後結中上界、血帕左右有兩白線、即榛子核之蒂、此房之底、有灰盤、灰阜、腦巵、腦孖、腦後節、其旁左右有腦後結前界、三角弓前蒂、房内有前中後三橫系、前系圓、即一條腦白線、由三角弓前蒂之前、穿過腦前結、分開至前葉中、系即灰質、由腦後結左橫過右、後系由腦後結後半、左橫過右、此房有四孔、透入前二孔、即左右葉中竅、後一孔、有管透至第四房、更有一小孔、透至腦巵、房内有一重灰質、房後及小腦前、更有雙孖、並榛子核、兩件、

榛子核

榛子核、名因其形色、紅灰、在後橫系後、雙孖上、有一重血膜包裹、長約三分、濶二三分、幼大於長、有四蒂、上蒂二至三角弓中、有十字相牽、在三房後、大連系後廉、下上二粒大、色灰、下二粒小、色白、左右有腦線一條、與腦後結相連、並有橄欖塊之腦線、透至此、曰小腦上蒂、此蒂左右

各一有一膜橫過即作第四房之界○雙孖外腦後結下後有二物式如小豆名曰豆核左右各二粒間於眼帶之內外○統論大腦之腦線分爲三類一由腦蒂來透上分散一由右橫左一係長線繫腦三葉

小腦

小腦藏於後竅當帳膜下約重五兩小於大腦八分半濶自三寸半至四寸前至後約二寸半外灰而中白形如蝶左右翼之紋直上面前後有二峽前曰前峽後曰後峽前至後中有一脊前峽藏大腦之雙孖後峽藏小腦之鐮膜下面中處亦有一大峽由前至後藏腦根頭峽中亦有起脊透下脊後半形三角稍前有一物類如小舌舌之左右各有一粒似杏仁核舌前有一阜其左右葉有橫裂先各分爲二更有數小裂故各成多葉上面分前後兩葉前曰方葉後曰半月葉下面分五葉前至後曰蒂下葉第十對腦筋由此起後有杏仁葉透入第四房杏仁後

第一百八十一圖

小腦上面圖

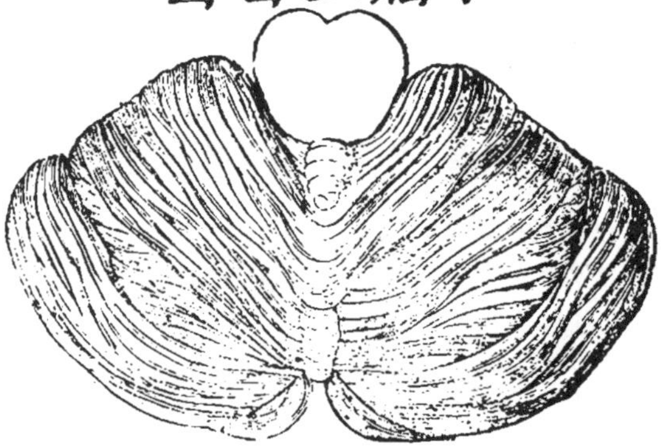

第一百八十三圖

小腦下面圖

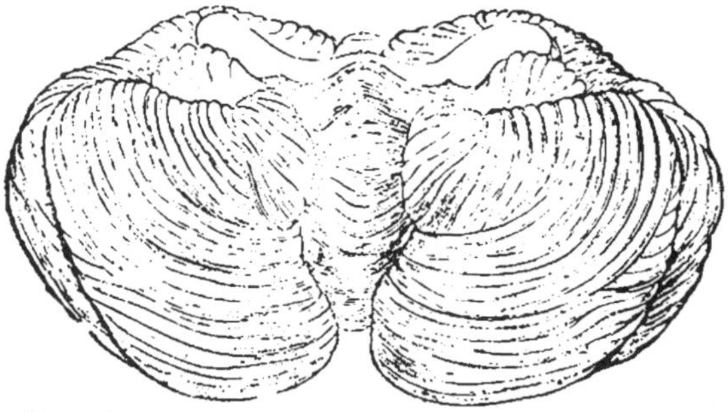

第一百八十四圖

小腦割開半引圖

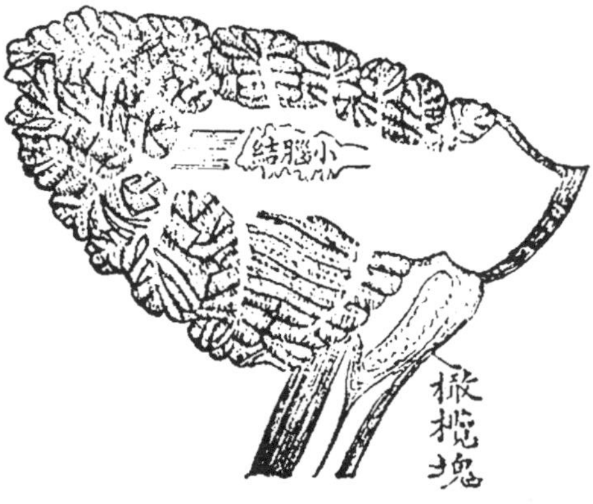

有雙腹葉、雙腹後有窈窕葉、窈窕後有下後葉、剖開視、外屬灰質、中爲白質、白質之中又有一粒灰質曰小腦結、其外面計有十二重、灰白相疊、形如樹、左右葉之前處有上、中、下、三蒂、上蒂向前上、在雙孖下、透上至大腦後葉、入大腦左右、卽作第四房之左右界、由雙孖下、左右之腦線多、互相交通、故小腦之右線、亦至大腦之左葉、左亦如右、○下蒂向下、後至腦根頭、與繩柱相合、○中蒂最大、由右橫左、亦橫過中腦、第五房在小腦前面、腦根頭、及中腦後面、左右界、卽小腦上蒂、上界形半月、其底卽腦根頭、並中腦底之中、有中裂、胎兒時、與腦根中管通、此房與第三房通、四房之底、有灰質一重、下與腦根連帶、通第六七八九對腦筋、皆由此起、

腦筋

腦筋

腦筋有分四類、一主運動、一主覺悟、一兼主動覺、一主覺悟及專主、由頭顱所出腦筋、由前至後、左右共有一十二對、統名曰頭顱腦筋、由大腦、小腦、中腦、腦根頭等處起、穿過頭顱底各孔、茲將十二對腦筋、分列而論、凡下有再言第一、及第十二等對之腦筋者、即是頭顱腦筋矣、

腦筋類

第一對鼻腦筋、透鼻內皮司香臭○第二對眼腦筋、透眼底司見○第三對運眼筋、透眼肌司運動○第四對小腦筋、透眼上斜肌主眼輾轉、第五三岔筋、○第六對眼外筋、○第七對面腦筋○第八對耳腦筋透耳司聞、○第九對食管頭腦筋、透至食管頭主覺悟○第十對腦筋入肺胃膈、○第十一對腦筋、透至肩頸等肌、○第十二對腦筋透至舌司運動、　圖見第八頁

第一對腦筋

第一對腦筋、司香臭、由腦前葉下面、離長裂少許、三本合起、外本白色、

第一對眼腦筋

自腦後結、腦前結、腦島等處來、漸合透橫裂至此。○中本由前葉來。○內本短由前葉後邊來、三本統合為帶、中窄兩端潤、中有灰質、至羅篩骨稍長大、下面分出二十小支、穿過羅篩諸孔入鼻內皮分佈如網、

鼻腦筋圖

第一百八十五圖

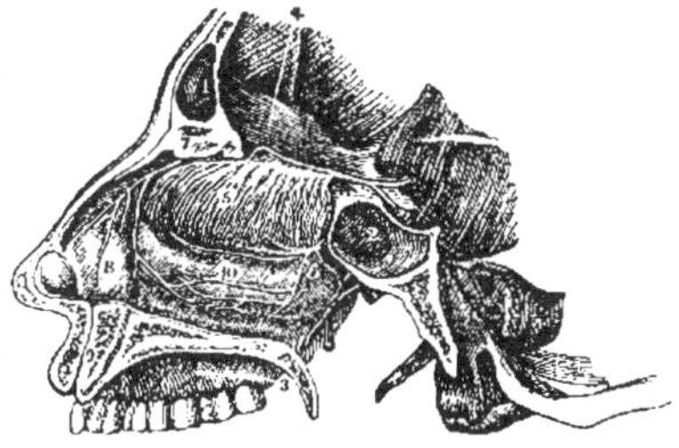

1 額穴
2 蝴蝶穴
3 腭盤
4 第一對腦筋蒂
5 小腦筋透至鼻路
6 蝴蝶腭腦筋
7 鼻內腦筋
8 由第五對來
9 小腦筋結

第二對眼腦筋司見、左右會合處即名眼會根、根前曰筋根、後曰帶、帶由兩本起、由腦後結中外、及腦豆雙孖等處起、透腦蒂下、向前至灰盤、分數小筋、與灰盤、灰阜、相合、其前與右合成眼會根、此根藏於蝴蝶

眼腦筋圖

第一百八十六圖

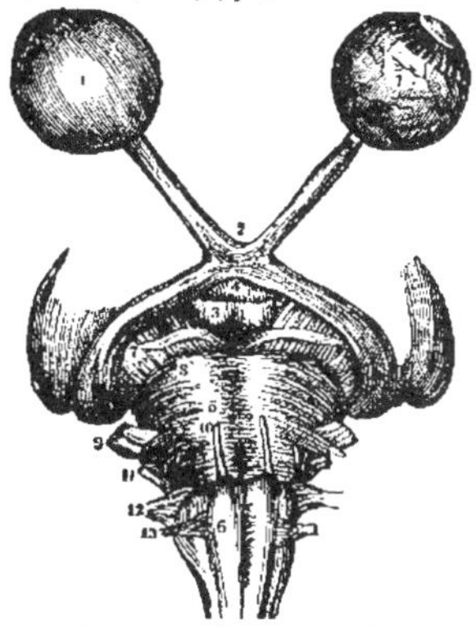

1 眼球
2 眼迴孔
3 腦孖
4 腦漏
5 中腦
6 腦根頭
7 運眼腦筋
8 小腦筋即第四對
9 三叉腦筋即第五對
10 眼外腦筋即第六對
11 面耳腦筋即第七八對
12 舌食管頭並長及兩段

骨眼槽內、前有灰盤、後有灰阜、左右有腦前帶、此根之腦綫、或由帶過筋、或由左過右、有由左眼通右眼者、有由左帶過右帶迴腦者○眼腦筋由會根左右起、分岐向前外、式圓至眼圓孔出孔、被腦筋膜包裹至眼球內、分薄如膜、曰腦筋膜、末入球處、有小脉一條透入、名眼腦膜中脉、至眼腦膜分佈、

第三對腦筋

第三對腦筋一由中腦起、一由雙孖起、一由四房起、合成一筋、在腦底被濕膜、血膜、包裹由馬鞍前角穿過筋膜、向前至長孔、過孔行於眼外直肌、雙頭之中、分上下兩條、上條透至眼上直肌、開眼胞肌止、下條又分三條、一入眼內直肌、一入眼下直肌、眼下斜肌、眼外直肌止

第四對腦筋

第四對腦筋最小、由第四房上起、透過中腦外、至馬鞍後角、又穿過腦筋膜、向前過長孔、入眼窩、至眼上斜肌、末入眼窩、有自和腦筋數條由頸脉自和腦網會合、入眼窩後、有時或分一條、與淚核腦筋合、

第五對腦筋

第五對腦筋最大功用非只一端、一主覺悟、一主運動、一專主腦筋前後有二本後本有一結此腦筋散佈於面舌後本大前本小後本主覺悟、前本主運動、由中腦旁又由中腦中及腦根頭並橄欖塊後等處起

三岔腦筋圖

第一百八十七圖

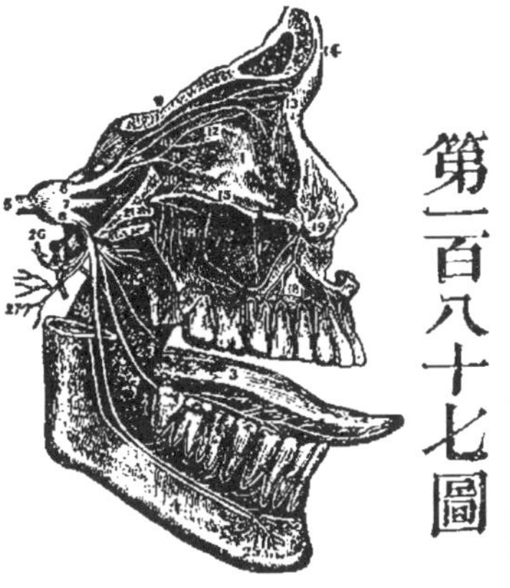

1 眼窩
2 上牙床穴
3 舌
4 下牙床
5 第五對腦筋根
6 目腦筋
7 上牙床腦筋
8 下牙床腦筋
9 頦腦筋
10 淚腦筋
11 鼻腦筋
12 鼻內腦筋
13 鼻外腦筋
14 頦內外腦筋
15 眼下腦筋
16 後牙腦筋
17 中牙腦筋
18 前牙腦筋
21 翅腦筋
24 下牙床腦筋
26 太陽淺腦筋
28 頦舌肌腦筋

向前透過卵孔與下牙床腦筋相合、後本透入半月結、前本亦附半月

半月結

結下面無透入半月結、此結在耳門骨三角石尖處、式如半月故名上面麗腦筋膜半月結之內有數條腦線、此腦線由自和腦筋來、內面分數筋線、透至小腦帳膜前廉、分三條腦筋、上牙床下牙床腦筋目與上牙床腦

目腦筋

淚腦筋

第五對腦筋一二三枝圖

第二百八十八圖

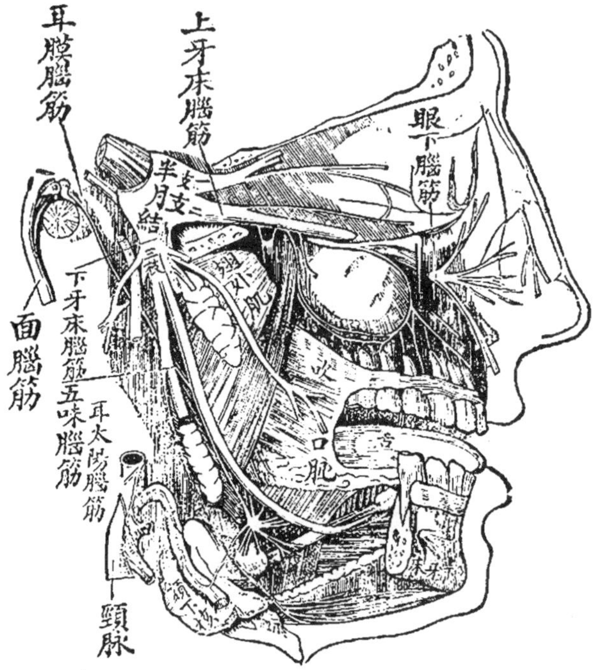

筋功主覺悟、下牙床腦筋一主運動、一主覺悟、

目腦筋由半月結上半起、長一寸、穿過長裂、末穿裂之前、分爲三筋、卽額淚鼻腦筋、又有數條自和腦筋線、相與連合、

淚腦筋最小、有時由第四對、或由第五對腦筋來不定、當眼窩裏在眼上直肌上廉、與淚脉同路、循行至淚核內、分出

額腦筋

數條透眼窩，並眼睛衣，以及眼上胞止。

額腦筋最大，在眼窩上處至眼窩中，分大小二條，小者透至眼上斜肌上，出眼窩旋上麗於額，大者名曰眼上腦筋，出眼上孔，分數條腦線，至眼上胞裏，復透上至額，散佈皮膚，並肌及骨衣。

鼻腦筋，穿過眼外直肌雙頭之中，過眼腦筋至眼窩裏面，透入羅篩前孔，穿過孔入腦大房，靠羅篩骨處，向前至雞冠旁，在其處分內外兩條筋線，內至鼻內皮，外麗鼻梁骨裏面，透下至鼻前處兩翼，分散爲三，一只一條，長半寸，向前麗眼腦筋，外面至睛結上後角止，二有兩三條，名睛長腦筋，與睛短腦筋合，過眼筋，勢向前至眼簾止，三者向前，由眼內直肌上廉，至眼內角淚囊，及睛衣鼻旁等處分散，有四腦結附此三筋，各出小支互通，第一，卽眼腦結，色灰紅，小如粟，在眼窩後半，至眼腦筋眼外直肌中，有筋三條，通入後半，一條由目腦筋來，二條由第三對來，

三條由自和腦筋來當眼結前半有筋分散十至十二條不等向前透入眼球至眼簾止

上牙床腦筋

第二即上牙床腦筋由半月結適中起自第五對腦筋第一三支中穿過圓孔至蝴蝶牙床穴入眼窩下由眼下孔出分散鼻旁上牙床上唇等處當蝴蝶牙床裂處分三條即眼腦筋 蝴蝶膀腦筋 牙後腦筋

眼腦筋透入眼窩分爲二即太陽腦筋 顴腦筋 太陽腦筋向前麗眼窩外面穿過顴骨入太陽穴分散顱頂並皮膚等處

顴腦筋向前至眼窩下外角穿過顴骨與面腦筋通

蝴蝶膀腦筋

蝴蝶膀腦筋兩條透下至蝴蝶膀結止

後牙腦筋

牙後腦筋前後兩條後條透入上牙床骨下面分各小支入各牙前條分至牙齦吹肌止當眼下管處分出一條曰前牙腦筋式大透下至上牙床穴與後牙腦筋通通後分佈前牙長牙第一小牙等處出眼下孔

腦筋分爲三類、一透上至眼下胞、二透入鼻旁、三透上唇、並口內皮裏、此三類與面腦筋通、

蝴蝶腭結在蝴蝶牙床穴裏、近蝴蝶腭孔處、形三角、色灰紅、其功用一主運動、一主覺悟、其主動者、由面腦筋來、主悟者、由第五對腦筋來、又有自和腦筋、由頸腦網來、此腦結分四類立說、一透上至眼窩、二透下至腭、三透下入鼻、四透入食管頭、玆先言第一有二三條腦筋透上入眼窩、穿過蝴蝶牙床裂、至骨衣分散、○二類腦筋三條透下、分中前後前者名腭大腦筋、穿過腭後管、向前約至前牙、散佈牙齦、並口內皮、在此處又分數小條入鼻中者、出腭後孔、至小舌、杏仁核、並腭簾分散、○三類有四五條腦筋、穿過蝴蝶腭孔、散佈於鼻孔後半、中處一條、與牙前腦筋同路、又發出一條、名曰鼻腦筋、麗鼻夾旁、向前下至腭前孔、穿口裏分散、○四類後有二條、一卽翅腦筋、一曰食管頭腦筋、

翅腦筋　翅腦筋、由結後半起、穿入翅管、在翅管間、散作二條、一入腦大房、與面腦筋通、功主運動、一入頸腦綱、或言此筋分開、或言此筋初起合一、皆可、

食管頭　食管頭腦筋稍大、由結後半起、穿過翅腭管中、與翅腭脉同路、至食管頭分散、

牙床腦筋　下牙床腦筋、較前二條大、爲大小兩本起、大者由半月結下角起、功主覺悟、小者穿過半月結下面、功主運動、兩條相合畢、又分前後二條、前條分數歧腦筋、即太陽深腦筋吹腦筋後翅腦筋嚼腦筋翅腦筋耳

嚼腦筋　嚼腦筋至嚼肌分散、有時分出一條、至太陽肌不定、

太陽腦筋　太陽深腦筋前後二條、同至太陽肌分散、

吹腦筋　吹腦筋、穿過翅外肌、透下至下牙床喙內、入嚼處分散兩條、兩條之中、又分腦線數小條、至翅外肌、太陽肌、並面及皮膚等處分散、

翅腦筋

翅腦筋兩條不甚大並至翅肌分散

翅後腦筋

翅後腦筋較前翅大分散三條即別味腦筋耳太陽腦筋下牙腦筋

耳太陽腦筋

耳太陽腦筋兩條由兩本起兩本之中被腦衣中脉穿過過本合作一條向後行於翅外肌下牙床斜支中間透上被耳下核遮過出核分爲太陽前後二條腦筋

太陽後腦筋

太陽後腦筋透至耳上下等處分散前者透至顱額皮膚與面腦筋通別味腦筋穿過翅內肌及下牙床腦筋內面麗食管頭上束肌至舌旁入舌剌專司別味分散一至舌剌一入口內皮一至舌下核至舌尖處與十二對腦筋通

下牙床腦筋

下牙床腦筋大與下牙床脉同路透入下牙床內孔出下牙床外孔分兩條一在骨中至前牙一出孔分散數岐入下口角肌口內皮下唇等處下牙床腦筋有二結一名卵孔下結一名下牙床下結

卵孔下結色灰紅、在卵孔下少許、至下牙床腦筋內面、在結後有腦衣中脉、此結與下牙床腦筋、翅內腦筋、耳太陽腦筋、自和腦筋、第九對腦筋面腦筋等件通、隨處皆有腦線分出、循入與結通、其結所分散者有二、一至張耳膜肌、一至張腭簾肌、

下牙床下結

下牙床下結、式圓而小、在下牙床核上面、透入結者、有别味腦筋、並自和腦筋、此結分散五六條腦線、至下牙床核、並口內皮止、

第六對腦筋

第六對腦筋、由淺深兩本起、淺本由腦根頭下廉起、深本由腦第四房底起、二本皆向前、至馬鞍後角、穿過腦筋衣、向前至頸內脉外面、當此有頸腦網之腦線、分出數小條、與之相合、又有一條腦筋、由蝴蝶腭結來

第一百八十九圖

第三四並
第六對腦筋圖

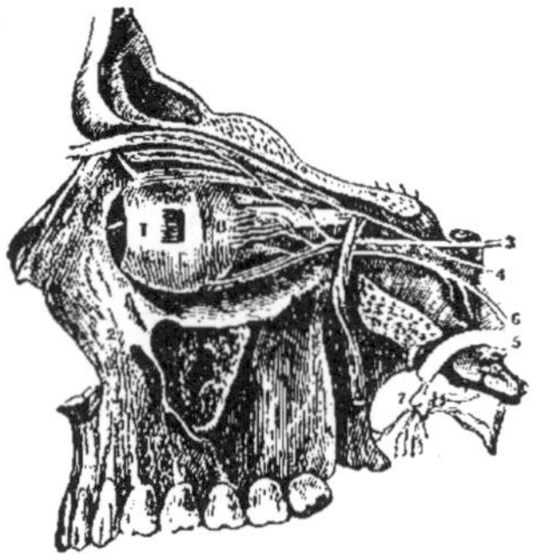

1 眼球
2 上牙床
3 運眼腦筋
4 第四對腦筋
5 小腦筋由第七對來
6 第六對腦筋
7 蝴蝶腭腦結
8 睛腦筋

第七對面腦筋

會、在前其腦筋穿過長裂、入眼窩至眼外直肌分散、
第七對卽面腦筋由腦根頭旁在橄欖塊、繩柱、適中處起、與第六對腦
筋深本同起、向前外、至耳內孔入孔與第八對腦筋通、穿過耳門骨由

面頭諸腦筋圖

第一百九十圖

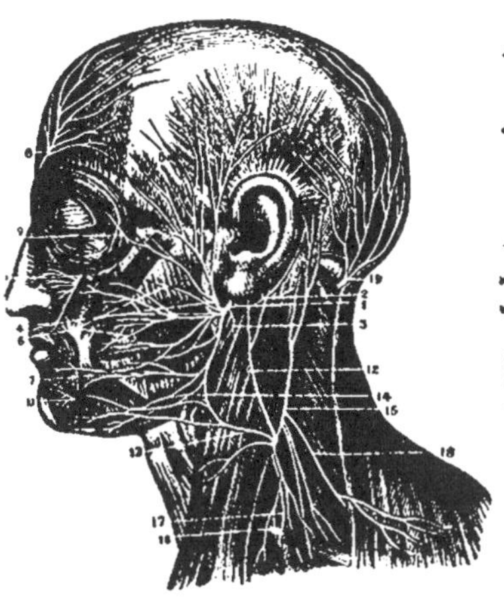

1 面腦筋卽第七對
2 耳後腦節
3 錐舌肌腦筋
5 太陽腦筋數條
6 顴腦筋數條
7 數條腦筋至頸面處分散
8 眼上腦筋
10 眼下腦筋
11 下牙床腦筋末
13 頸淺腦筋
17 膈腦筋
19 枕大腦筋

錐馬乳孔出向前至耳下核中橫過頸外脈至下牙床斜支後處分二條卽太陽面腦筋頸面腦筋此第七對腦筋自耳
門骨與第八對腦筋相連、又與蝴蝶腭結並卵下結、及自和腦筋通、出
錐馬乳孔後、有第九十對腦筋分支相合、並與第九十對頸腦網、耳大
腦筋耳太陽腦筋、分支相合、至面處與第五對、第一二三支通、在耳門

骨內、有腦線數條不甚大、係第七八腦筋所出之線、互通、叉有蝴蝶腭結、與之相連、並與眼結亦相連、在耳門骨內所出之支、有二條、至耳膜止、出馬乳孔後、即出（耳後腦筋　雙腹肌腦筋　錐舌骨肌腦筋）至面出（太陽腦筋　顴腦筋　眼窩下腦筋　吹肌腦筋　牙床上腦筋　牙床下腦筋）耳膜腦筋、列於耳部、○耳後腦筋、與耳大腦筋通、後分二條、一透耳後肌、一透額枕肌後半、○雙腹肌腦筋、透至雙腹之後腹止、○錐舌骨肌腦筋、即至本肌止、其餘六條、其起止處即是其名、

第八對耳腦筋

第八對腦筋、即耳腦筋、司聞、由腦第四房底起、麗於繩柱、有數線透入、叉向前、與第七對腦筋同路、透入耳內孔入耳、分散、其質甚軟、餘詳耳部、

第九對腦筋

第九對腦筋、透至舌、及食管頭、杏仁核、在食管頭主覺悟、在舌主運動、有深淺兩本、淺者只三四條腦線、由腦根頭上橄欖塊後起、深者由第

四房底起、深淺皆由頸迴孔、與第十 十一對腦筋同出孔後、向前行於頸迴管頭外脉中間、隨脉下至錐食管頭肌、入內至食管頭杏仁核、舌旁、等處分散、在頭迴孔內、此筋長大、成爲二結、即第九對上下結、上結小、下結大、在耳門骨下面之下、分數腦線、與附近腦筋通、第九對所出腦筋、與第十對腦筋、及面耳、自和腦筋通、又有分佈透至各處者、一至中耳、一至頸、一至食管頭、一至杏仁核、一至舌、一至肌○至頸者有數條、隨頸內脉下至與第十對、並自和腦筋通、至食管頭者有三四條、與第十對食管頭腦筋、並聲管自和腦筋、糾纏成食管頭腦網、至杏仁核者、亦成腦網、麗於杏仁核、並分出數條、透入此核、並腭簾、咽門等處、至舌者有兩條、一至舌底、一至舌旁分佈至肌者、只透至錐食管頭肌止、

頸旁諸腦筋圖第九十並十一對腦筋圖

第一百九十一圖

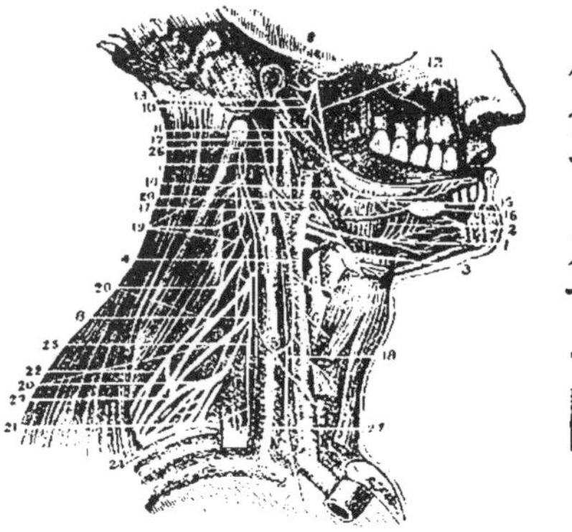

1 舌腦筋
2 數支與別味腦筋通
3 舌骨上諸肌腦筋
4 纏腦筋
6 數條至舌骨下諸肌
7 腦線由脊第二腦筋來
8 腦線由脊第三腦筋來
9 耳腦筋
10 下牙床腦筋
11 頦舌肌腦筋
12 別味腦筋
13 14 耳膜腦筋
15 下牙床下結
16 腦線與舌腦筋通
17 舌食管頭腦筋
18 長腦筋
19 脊上三條腦筋
20 頸下四條腦筋
21 背第一腦筋
22 23 管腦筋網
24 25 膈腦筋
26 頸脉
27 頸內迴血管

第一百九十二圖

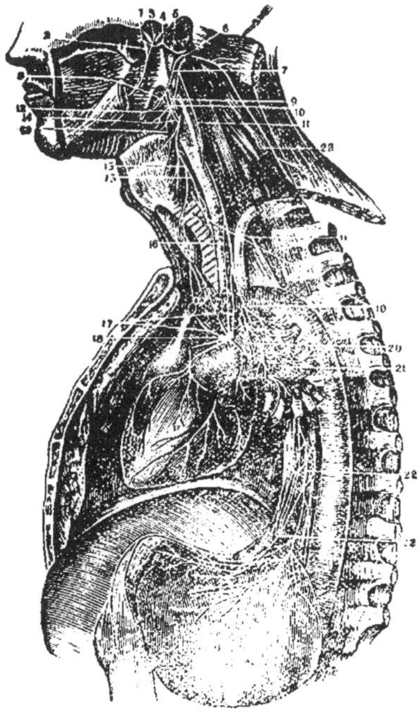

1 下牙床腦筋
2 別味腦筋
3 耳膜腦筋
4 耳腦筋
7 舌食管頭腦筋
9 食管頭腦筋
10 舌食管頭所分數腦線
11 長腦筋
12 食管頭腦筋網
13 聲管上腦筋
16 17 18 心諸腦筋
19 聲管上彎迴腦筋
21 肺前腦筋網

第十對腦筋

第十對腦筋最大、而所佈之處亦廣、有透至臟腑者、其腦線兼主覺悟運動、其功用一至聲管主音、並主呼吸、一至食管食管頭胃心等處、此筋甚要、若左右齊斷、人卽立死、其原亦深淺兩本、淺本由橄欖塊後第九對下起、深本由第四房底起、至頸迴管孔、與第九十一對同出、在孔內成一結、與第九對及面並自和諸腦筋通、與第十一對各出小線齊通、出孔下少許、有一結、長一寸、色灰紅、分數腦線、透入第十二對、並與自和頸上結及第一二對腦筋通、由此結以下、卽直下、在頸脉衣內、與頸內脉頸迴管同路、至脾[illegible]骨、以下左右之路稍有別、在右者穿過鎖柱下脉及迴管中間、至肺管旁行、至肺根後、分佈成肺腦網、網下半又出兩條、透下至食管、與左邊之筋相纏、成食管網、至網下又合成一條、下行食管後面、至腹分佈於胃後面、與腹腦網、脾腦網通、在左者入胸膛、在頸脉鎖柱下脉中間、首臂迴管後、過總脉彎迴、透下至左肺後、麗食管前面、至胃分數條、臨胃前面、及胃大端、並肝胃連膜、肝腦網、其所出腦線、分四類、第一類、在頸迴孔內、分出一條至耳○二類、分出四條、即食管頭腦筋　聲管上腦筋　聲管彎迴腦筋　頸心腦筋○三類在胸膛處、分出四條、即胸膛心腦筋　胸膛前腦筋　胸膛後腦筋　食管腦筋　四類在腹、分出一條、即胃腦筋

耳腦筋

耳腦筋、由上結起、有第九對分出腦筋來會透入耳門骨、分一條腦筋、與面腦筋合至耳後皮膚等處分佈、

食管頭腦筋

食管頭腦筋、由下結上半起、有第十一對分出一條腦筋來會、過頸內脉、前後不定、至食管頭中束肌上廉、分數條與第九對食管頭腦筋並聲管腦筋通、

聲管上腦筋

聲管上腦筋、主覺悟、能令咳嗽、由第十對腦筋下結起、下至食管頭旁、分為聲管內外兩條腦筋、外筋佈於聲管之外、內筋穿過牌舌膜、至聲管裏面、分佈於聲管內皮、

第十對腦筋

聲管彎迴腦筋、主運動在右邊、由鎖柱下脉前起、上至氣管旁在左邊由總脉彎迴前起、亦上至氣管旁、左右均由下束肌下廉透入氣管分佈於各肌、惟環牌肌無、

頸心腦筋、有二三條、由頸上下兩處起、與自和心網通、

胸膛心腦筋、由胸膛內起、透至心深網止、

胸膛前後腦筋、透至肺及肺衣等處分散、

食管腦筋、有數條、至食管左右相纏、成食管腦網、

胃腦筋、右邊至胃後面、左邊至胃前面、左右分佈、皆相通、

第十一對腦筋、分二段、一段之本、係三四條腦線、由腦根旁、至第十對腦筋本下少許起、至頸迴管裏、入第十對腦筋、上結有腦線數條、透過第十對下結、與筋合〇二段、由腦根旁起、上至枕骨大孔、入腦大房、向前穿出頸迴孔、下至頸迴管後、透過胸鎖柱馬乳肌、至斜方肌止、其所

第十二對腦筋

出之支有數小條、透入胸鎖柱馬乳肌、並有與頸、分出第三四五腦筋通、

第十二對腦筋、主運舌、有十至十五條腦線、自橄欖塊旁起、由腦根頭透出、先合成兩條、穿過埊前孔出孔、又合成一條直下至與下牙床角平處、又向前透入舌、分佈於舌內、與第十對、自和並頸一二及別味各腦筋通、其所出之支有三、一即雙環腦筋、透下與第二三對腦筋合、合後又分數條、透至胸舌肌、牌肌、肩舌肌等處、有時此肌在頸脉衣內、第二有一條、名牌舌腦筋、即透入牌舌肌、第三有三四條、透至舌下諸肌止、

頭顱十二對腦筋總目

	俗名	始
第一對	鼻腦筋	外中內三本外由腦前結前葉下面腦島起中由前結前葉起內由前葉內後面起
第二對	眼腦筋	兩本由腦後結雙孖腦豆起
第三對	運眼筋	一由中腦起一由雙孖起一由第四房起
第四對	小腦筋	由第四房起
第五對	三岔筋	前後兩本由中腦縫起
第六對	外眼筋	兩本由中腦下廣並第四房起
第七對	面腦筋	由腦根頭橄欖塊繩柱中間第四房底起
第八對	耳腦筋	由第四房底起
第九對	食管頭腦筋	由第四房底起
第十對	長腦筋	由橄欖塊後並第四房起
十一對	兩叚筋	由腦根
十二對	舌腦筋	由橄欖塊旁起

過孔	末	功用
出羅篩骨眾孔	至鼻內皮止	專主香臭
出眼孔	至眼球眼腦膜止	專主見
出長孔	至眼上直肌蓋眼胞肌眼內直肌眼下直肌下斜肌止	主運動
出長孔	至眼上斜肌止	主運動
分三支一支曰目腦筋出長孔二曰上牙床腦筋出圓孔三曰下牙床腦筋出卵孔	一支至淚核眼球眼鼻額眼胞等處一支至上牙床等處一支至下牙床下脣	一支主覺悟一支主覺悟一支專主別味兼主覺悟運動
出長裂	至眼上外肌	主運動
入耳內孔出錐馬乳孔	至面諸肌及胸膛牙床肌雙腹肌錐舌肌止	主運動
入耳內孔	至中耳分散	專主聞
出頸迴孔	至食管頭舌咽門杏仁核等處止	兼主覺悟運動
出頸迴孔	至耳食管頭迴管心肺胃膈等處	兼主覺悟運動
出頸迴孔	一至第十對腦筋一至雙腹肌錐舌肌胸鎖柱馬乳肌	主運動
出墊前孔	至舌及舌下等處	

脊腦筋統論

以上所言十二對腦筋皆由頭顱出、故統名之曰頭顱腦筋、惟人身更有三十一對腦筋、係由脊柱出、名曰脊腦筋、另列於下、

頸腦筋八對、　背腦筋十二對、　腰腦筋五對、　鉤腦筋五對、　尾閭腦筋一對、每對皆由前後兩本起、前主運動、後主知覺、茲先言前本由腦脊根前旁柱起、其腦線透入脊根中分散、

後本由脊根後柱出、其腦線透入脊根灰質處、後大於前、末穿脊骨中孔處、其後本雙雙排列、有腦脊根筋膜包裹、其筋每條各有一結、後筋雙雙透入結內而合、惟頸第一對腦筋無此結、前筋亦無、

結色淡紅、結過少許、前後兩本相合成爲一條、出脊中孔、分前後二條、每條功用皆主知覺運動、前者透過身前面、並四肢、與自和腦筋通、後至背後皮膚並肌分散、

第一對頸腦筋、與衆有別、穿過枕骨及首塊中間、第二對由首塊、次塊

中間穿過第一二三四對、成爲頸綱、五六七八對、並第一對背腦筋、成爲腋綱、

頸綱

頸綱由第一二三四腦筋糾纏、靠於提肩胛角肌、項中肌、與一二三四頸骨齊、其綱所分腦筋、淺深二類、淺者又分上下、透上三條、卽頸上腦筋、耳大腦筋、枕小腦筋、透下卽鎖柱下腦筋、深分內外、內者有四件、外有二件、列下而論、

頸前腦筋

頸前腦筋、由頸第二三對腦筋起、透過胸鎖柱馬乳肌後廉、向前穿過頸深膜、入胸膛牙床肌裏分散、

耳大腦筋

耳大腦筋、由第二三對頸腦筋起、透上至耳下核、分散數小條、透面前並耳、以及透至馬乳、

枕小腦筋

枕小腦筋、由第二對腦筋起、麗頸鎖柱馬乳肌後廉、直透上、至耳後分散、與耳大腦筋面腦筋通、

鎖柱下腦筋

鎖柱下腦筋、由第三四對頸腦筋起、透下分三類、一透至胸骨前皮膚分散、二、過鎖柱骨、至胸膛前、入胸大肌胸小肌三角肌等處分散、○三、至肩頭分散、深者內有數條小腦筋、與頭顱腦筋、並第十二對腦筋、及自和腦筋第五對腦筋通、

第二件、有數小條、透至頸諸肌分散、

第三件、筋有二條腦線、微大、直透下、至頸內迴管旁、至頸脉前、與雙環腦筋合、

第四件、名膈腦筋、亦屬緊要、由第三四頸腦筋起、又有腦線由第五對頸腦筋來、亦與互合、斜過頸膈前肌、前面穿過鎖柱下脉、並迴管中間、入胸膛、在胸膛處、直透下、在肺根前、至膈分散、左右二條有異、右條短直、左條至總脉彎迴、皆分有腦線數條、透至肺衣、及心衣、

外者一有數小條腦線與第十一對腦筋通二亦有腦線數小條透至胸鎖柱馬乳肌提肩胛角肌分散

第一頸後腦筋向後分外內二條外者透至脇項肌項肌並背馬乳肌等處分散內者亦由頸諸肌分散

第二對頸腦筋較衆大分內外二條內即枕大腦筋透上後與枕脉同路分數小條至項後並皮膚等處分散

臂腦筋網圖

第一百九十三圖

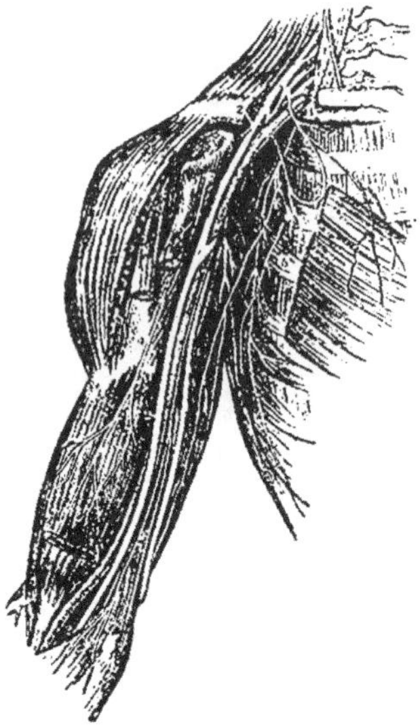

1 頸脇淺肌
2 臂中腦筋
3 正肘腦筋
4 雙頭肌腦筋
5 胸膛諸腦筋
6 膈腦筋

臂網在頸下並鎖柱裏腋中被第五六七對腦筋合成一條第八與第一亦合為一此兩條與鎖柱下脉同路

腋網

其名卽腋內外腦筋

腋網、由第五六七八對頸前腦筋、並第一對脊腦筋、相合成網、網形上廣中窄下濶、有內中外腦筋三條、此筋在腋脉內外後、其網與頸網通、有腦線二條、一由第五條腦筋透上、與第四腦筋通、一與第五脇腦筋通、網分腦筋有二類、一在鎖柱骨上、一在鎖柱骨下、

上者由第五對頸腦筋起、有腦線一條、透過、與脇腦筋通、另有數條腦筋、分布至頸長肌、頸脇肌、脊肩胛大小肌、並鎖柱下肌裏分散、至鋸大肌、過胸膛後旁分散、

胸膛後腦筋

第三卽胸膛後腦筋、係是第五六頸腦筋、各分爲一、相合故也、透腋後、

肩胛上腦筋

第四卽肩胛上腦筋、由第五六七對頸腦筋所合、穿過肩胛上峽、以及岡上壑、再透下、至岡下壑兩處、卽分數條、散布腋網、在鎖柱骨下所出之腦筋、卽胸膛前腦筋 胸膛下腦筋 彎迴腦筋 其下至臂肘手等處、又有一類、卽

皮膚炳腦筋　正肘腦筋　纏腦筋
皮膚內小腦筋　臂中腦筋

胸膛前腦筋

胸膛前腦筋、有內外二條、外條深而大、向內過腋脉迴管、以及胸大肌下面分散、內條由腋內腦筋起、透上穿過脉迴管中間、及至胸小肌處分散、

肩胛下腦筋

肩胛下腦筋、有三條、即上、下、長腦筋、
上腦筋、透入肩胛下肌分散、
下腦筋、透入圓大肌分散、
長腦筋、向下、透入腰廣肌分散、

彎迴腦筋

彎迴腦筋、由腋後腦筋起、透下、至腋脉後肩胛肌前、分上下二條、上條環往臂骨、至三角肌前廉、並皮膚分散、下條透至圓小肌、並三角肌後廉分散、

皮膚外腦筋

皮膚外腦筋、由腋外起、穿過喙臂肌、向下至臂外面、出皮膚下、至臂肘

節分前後二條、前條透下、與轉肘脈同路、在下分數條、至大指止、後條透至轉肘骨後及皮膚肌分散、此腦筋在上有分數條腦線、至臂前肌、喙臂肌、雙頭肌、等處分散

皮膚內腦筋

皮膚內腦筋由腋內腦筋起、透下至臂內面、分前後兩條、前在正肘前面、至皮膚肌分散、後面透下、至正肘後分散

皮膚內小腦筋

皮膚內小腦筋由腋綱發出、最小、透下與臂脈同路、至臂後下分散

臂中腦筋

臂中腦筋在臂肘中間、在轉肘正肘間、有雙根、一由臂外、一由臂內腦筋起、在腋脈前、此兩筋相合成為臂中腦筋、隨臂脈透下、至臂肘節前內、至肘穿過覆轉肘圓肌、雙頭肌中間、被縮指淺肌遮過、至環筋上二寸、被皮膚深淺膜所遮、在下穿過環筋下面、在手掌被膚掌筋膜所遮、分內外二條、外至大指、食指、內至食指、中指、並無名指、分散、與指脈同路、在臂處並無所分、在肘約分數條、至肌內、有骨中前腦筋、掌皮腦筋

骨中前腦筋

骨中前腦筋、與骨中前脈同路、至縮大指長肌、並縮指深肌、方覆肌處分散

掌皮腦筋

掌皮腦筋、有數條透下、至手掌中、有一條透大指、其餘分散各指、

正肘腦筋

正肘腦筋、由臂內腦筋起、在腋脈內、向下、斜至正肘頭旁、並臂骨內阜兩處、中當在臂肘節後、肘裏與正肘骨內阜、同靠縮指深肌、肘下半、與正肘脈並列、至肘腕節、過環筋、透至豆骨後、分二條、卽掌淺深腦筋、淺者透至短掌肌、小指、及無名指等處分散、深者、透至小指掌中肌、並輾大指肌、縮大指短肌等處分散、當肘上有分數小條、透臂肘節分散在肘上少許、分有腦線二條、一至正肘縮手腕肌、一至縮指深肌、在肘中處分

第一百九十四圖　肘前腦筋圖

1 臂中腦筋
2 肌縫腦筋前支
3 正肘腦筋
4 臂中腦筋分散處
5 正肘腦筋岔處

有腦線一條、至皮膚、在肘腕節上二寸、分出一條、透下至小指內面、及無名指分散、

纆腦筋

臂網所出腦筋、惟纆腦筋最大、由臂後腦筋起、在腋臂脈後、腰廣肌圓大肌前、纆過臂骨外面、穿過臂肌並反轉肘長肌之間、透臂外輪、分二條、即轉肘腦筋骨中腦筋當臂後內外處、分有數條腦筋、至三頭肌、反轉肘長肌轉肘伸手腕長肌臂前肌、等處分散、另有三條、分布至皮膚、

轉肘腦筋

轉肘腦筋、在轉肘骨前下、至轉肘脈外、自肘腕節上三寸、穿過反轉肘長肌筋下、分內外二條、外透至大指旁分散、內與皮膚外腦筋通、至手後、分有四條、一至大指內面、一至食指、一至食指並中指、一至中指並無名指止、

骨中後腦筋

骨中後腦筋、穿過反轉肘長肌中間、至手腕後、分數條腦線、至肘後諸腦筋分散、

背腦筋

背腦筋、左右共有十二對、各由上至下竝列、第一二三對、每對各有前後二根、其大則同、兩根竝合成爲腦筋、穿過脊中孔、出孔分前後兩條、後者穿過橫支中間、又分內外兩支、外支穿過背長肌、提脇肌、鉤腰肌、等處分散、內支透至脊旁諸肌、及皮膚分散、

脇中腦筋

前者左右各有十二條、即名脇中腦筋、與脇中脉同路、上六條、後向前至胸膛前、左右相通、分出數條腦線、微大、至胸膛旁分散、下六條、透至前肋骨後下、至腹橫肌、內斜肌、腹直肌、又分腦線數條、至腹皮膚處分散、

腰腦筋

腰腦筋、左右各有五條、較脊腦筋大、有前後兩根、後根大、前根小、穿過脊中孔、出孔分前後二條腦筋、

後腦筋

後腦筋、上至下、愈縮愈小、亦分內外二條、外者至立脊直肌、橫支中肌、竝皮膚等處分散、內者透過脊衆歧小肌分散、

前腦筋

前腦筋最大、向下至大髎肌後、向下外、分出腦線、穿過髎肌、腰方肌、第一二三四條、魚貫相通、其通者卽腰腦網、第四條有分出一條腦筋、與第五條相合、卽名腰鈎腦筋、

腰腦網

腰腦網、卽第一二三四腰腦筋合成、或與第十二對背腦筋通網在腰骨橫支前髎肌後、其所分之腦筋、卽胯腹腦筋、胯脥腦筋、陰陽腿腦筋、盆腦筋、皮膚外腦筋、盆小腦筋、腿腦筋

腰尻兩腦網圖

第一百九十五圖

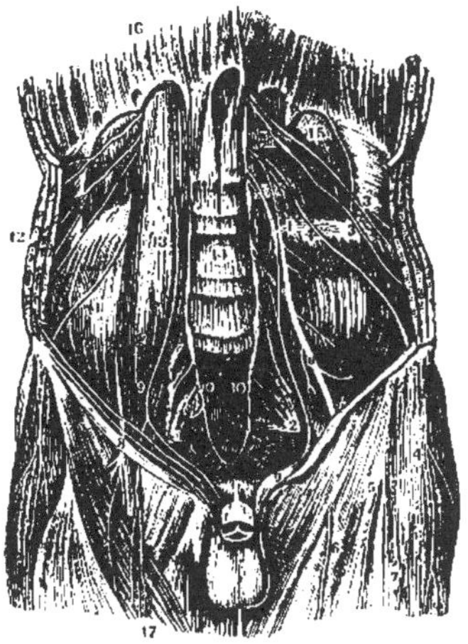

1 腰腦網
2 尻腦網
3 胯腹腦筋
4 皮膚外腦筋
5 6 7 皮膚腦筋
8 腿前腦筋
9 陰陽腿腦筋
11 胯內肌
12 腹旁諸肌
16 膈
17 長肌

胯腹腦筋

胯腹腦筋、由第一腰腦筋起、穿過髎肌、斜至腰方肌前、至胯骨上廉、分二條、一穿過腹內外斜肌、至臀皮膚等處分散、一透上至腹脥上少許分散、

胯脥腦筋

胯脥腦筋、自第一腰腦筋起、橫過腰方肌、胯肌前面、穿腹橫肌、至胯骨前處、分一條、與胯腹腦筋通透下、與卵子筋同路、穿過胯外環、至腎囊及腿上內面分散、此腦筋大小不定、

陰陽腡腦筋

陰陽腡腦筋、由第二條腰腦筋起、穿過髎肌、透下麗髎肌前面、至脥筋、分二條、即陰陽腦筋 腡腦筋 筋、

陰陽腦筋

陰陽腦筋、與胯內脈同路、透下至腎囊、並至提卵子肌、分散在女至圓

腡腦筋

腡腦筋、麗髎肌內廉、至腡處分散、

皮膚外腦筋

皮膚外腦筋、由第二腰腦筋起、透下至胯前上角、下至腿分前後二條、其大相同、皆至腿皮膚分散、

盆腦筋

盆腦筋、由兩本起、一由第三一由第四腰腦筋起、透下至盆孔、與盆脈同路、出至腿、分前後二條、前條透下至短閤肌前、被長閤肌所遮、再下

與腿脉同路分散在脉上分數條至大腿節與皮膚內腦筋並腿腦筋通後條穿過盆內肌自短闊肌後長闊肌前分數條至肌分散

盆小腦筋

盆小腦筋有時或由盆腦筋起或由腰第三四腦筋起不定髗髎肌內廉透下分數條腦線至梨肌並大腿節分散與盆腦筋通此腦筋有時或無

當腰網所出腦筋惟腿腦筋最大由第三四腰腦筋起又有腦線由腰第二腦筋起三件合之透下至胦筋後至腿式扁如帶分前後二條在骨盆內面分數腦線至胦肌又至胯脉出骨盆下前條分三即皮膚中腦筋皮膚內腦筋腿長腦筋

皮膚中腦筋

皮膚中腦筋透下分爲二散布至腿前面又分有腦線至長肌分散

皮膚內腦筋

皮膚內腦筋斜過大腿脉至脉內分前內二條前條又分二一至膝節內一至膝節外分散內與長肌並處與腿長腦筋通至脛內皮膚分散

膼長腦筋

膼長腦筋最長透下至膝內面直下至脛內與膼內脉同路至趾下分二條一者直下至內踝一者透前至腳面大趾止自腿中分出一條腦筋與盆腦筋並皮膚內腦筋通在膝分有一條至膝蓋骨前面分散

膼前腦筋

膼前腦筋有分數條至腿前諸肌惟縮大腿膜管肌無其餘皆有另有二條腦線至膝分散

膼前腦筋圖

第一百九十六圖

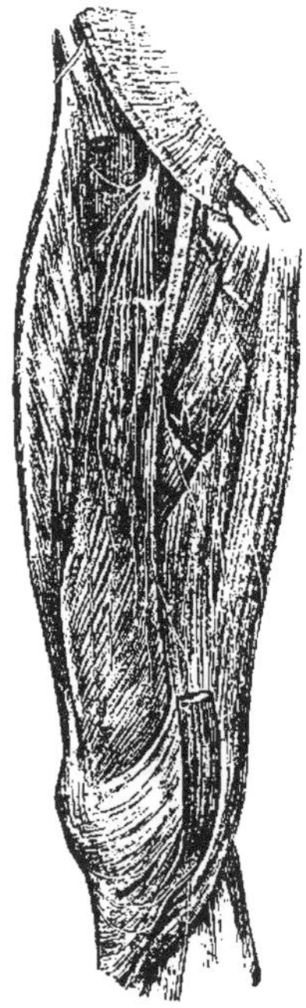

1 膼前腦筋在脥筋下
2 膼前腦筋開支處
3 大腿脉
4 大腿迴管
5 盆腦筋
6 膼腦筋

鈎腦筋

鈎腦筋左與右皆有五條本而長俱透入腦脊根管至腦脊根末再下有尾閭腦筋一條統合爲六條卽前後鈎腦筋茲先論鈎後腦筋式小

穿過鉤後四孔上三條有分內外兩條每條式則相同過臀後至皮膚分散

前鉤腦筋 前鉤腦筋上至下愈縮愈小穿過鉤前諸孔與前四條通亦與自和腦筋通第四對腦筋分出一條與鉤腦網通其餘透下至骨盆膀胱直腸陰道提肛門肌尾閭肌束肛門肌等處分散第五對腦筋透下至尾閭肌分散

鉤腦網 鉤腦網由腰鉤腦筋第一二三對又與第四對鉤腦筋相通在下合成一條大腦筋再下靠梨肌在腦網所出之腦筋即（肌腦筋　臀上腦筋　陰陽腦筋　尻怴腦筋）

肌腦筋 肌腦筋有數條微大透至梨肌盆內肌孖肌大腿四頭肌等處分散

臀上腦筋 臀上腦筋由腰鉤腦筋起穿過鉤尻孔與臀脈迴管同路分二條至臀三肌分散

陰陽腦筋 陰陽腦筋由鉤腦網下半起穿過鉤尻大孔橫過膀骨峯經過鉤尻小

孔、又入骨盆與陰陽脉迴管同路、分二條、即會陰腦筋莖上腦筋、未分之先有出之條到直腸下半至肛門止、名即直腸下腦筋、

會陰腦筋 會陰腦筋透會陰處、至會陰皮膚分散、

莖上腦筋 莖上腦筋、穿過提莖筋、向前至莖頭處分散、亦與自和腦筋通、

尻小腦筋 尻小腦筋、由鈎腦網下半處、有兩條相合、與尻脉同路向下至臀中肌、及大腿後、再下至膕處、至皮膚下莖處分散上中下分數小條、或至肌或至皮膚不等、

尻大腦筋 人之全體、惟尻大腦筋最大、闊約六分、係鈎網數條腦筋所合成、此一條透過鈎尻大孔至大腿後面上半分開二條、即膕內腦筋膕外腦筋上透至下、有時有兩條未分之先、

尻大腦筋圖

第一百九十七圖

1 鈎後諸腦筋
2 臀肌腦筋
3 陰陽內腦筋
4 尻小腦筋
5 皮膚後腦筋
6 尻大腦筋

有數小條、至大腿節、又有數條、至雙頭肌、半筋肌、半膜肌止、

膕內腦筋

膕內腦筋、較膕外腦筋大、向下至膕中、在膕肌下廉處、名即小腿後腦筋、當在膕處與膕脈膕迴管竝列、此腦筋有分三條、至膝蓋、又有分四五條、一至膕肌、一至孖肌、一至長筋肌、一至獺沙肌

膕外腦筋

膕外腦筋、向下穿過孖肌、雙頭中間、至脛大筋外廉、再下、麗外踝至腳外面末趾等處分散、

小腿後腦筋圖

第一百九十八圖

小腿後腦筋、由膕肌下廉起與小腿後脈同路、下透外踝處分出二條、即腳下內外腦筋、上半與

小腿後腦筋

小腿後脈竝列、下半在脈外、分開數腦筋、至小腿後肌、縮趾長肌、縮大指長肌、又出一條、至腳皮膚、腳下內腦筋、與跗內脈同路、至腳內廉、穿過展大趾肌、縮趾短肌中間、在前分開四條、至四趾、又分一條、與跗外

腳下外腦筋

輔腿腦筋

小腿前腦筋

腦筋通、

腳下外腦筋、斜過腳下面、與跗外脉同路、分淺深二條、淺者又分二條、第四五趾、止深者由骨中肌展小指肌腳橫肌等處分散、

輔腿腦筋、即膕外腦筋在皮膚下、輔腿骨頭下、離骨約一寸、穿過輔腿長肌裏、分爲二、一即小腿前腦筋、一即肌皮膚腦筋、未分之先、此腦筋分作二條小腦筋、至膝節旁、又有筋線二三條至脛後皮膚、

小腿前腦筋圖

第一百九十九圖

小腿前腦筋、係由輔腿腦筋分散處起、向下、至伸趾長肌後骨中筋膜前、與小腿前脉同路、循行至下、腳彎前處分內外二條、外條至伸趾短肌及腳彎腳掌等處分散、內條至第一趾並第二趾分散、

肌皮膚腦筋

肌皮膚腦筋、卽分散於肌皮膚並腳上面皮膚止、

自和腦筋

以上所言腦筋、一卽腦二腦根三頭顱四四肢等腦筋、均已詳細、以下再論自和腦筋類、此類分開至臟腑、及脉管、並廻管圍此類腦結亦多、中有腦筋、彼此相通、其式如鍊、鍊在背脊左右、由枕骨下面起、至尾閭骨止、當尾閭骨處左右廉相通、再言其結之位置、在頭處有四結、頸處有三結、背處十二結、腰處四結、鈎處五結、尾閭處一結、每結分腦線三類、一透與別結通腦線之中、其色灰白不等、其二類一與頭顱腦筋通、一與脊柱腦筋通、每條有灰白二色、白由腦筋透結灰由結透腦筋、三是結半所分之腦線衆多、成爲腦網、或未成網者、至心結、半月結、各分腦線至心臟腑、及脉管在頭之結有四、卽眼腦結蝴蝶腭結卵孔下結下牙床結此類已詳第五對腦筋、

頸處左右各有上、中、下三結、上結最大、與第二三頸骨平、前有頸內脉、

頸脉腦網

頸內迴管後靠頸前大直肌上有腦線一條與頸內脉同路穿過耳門骨頸脉孔在孔裏分內外二條一在脉外一在脉內其外者分腦線至頸脉成爲頸脉腦網內亦分腦線至頸脉前成爲曲槽自和腦網

頸脉腦網不甚大分腦線至半月結並蝴蝶腦結又有一二條至腦筋膜與第六對腦筋通

第二百圖

自和腦筋圖

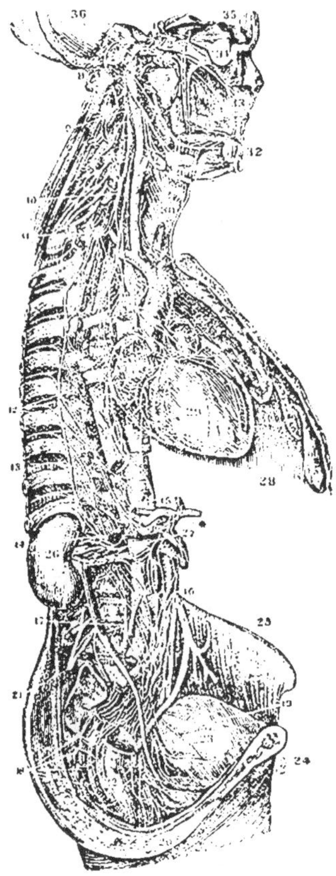

曲槽自和腦網

曲槽自和腦網、在馬鞍旁、與第三四五六對、並眼結通、

頸上結

頸上結、下有一腦線、透入與中結合、結外分數條腦線、與腦根筋數條相合、結內有三條、卽聲管食管頭心上腦筋在前、有數條甚小、至頸內脉分散、

頸中結

頸中結、時或有無、不定、與第五對頸骨平、上分數條、與頸上結通、下入頸下結、外分數條、與第五六脊柱腦筋通、內與脾心中腦筋通、

頸下結

頸下結、在第七塊頸骨橫支、並第一脇骨中間、有時與胸膛上結合、其所分之線、係上、下、外、上與頸中結合、下與胸膛上結通、外與脊柱第七八腦筋通、更有別支、是與頸脉同路、

心腦筋

心腦筋、有三條、卽上、中、下、由頸上中下腦結起、每結各分一條、卽爲心上中下腦筋、

心上腦筋

心上腦筋、由頸上結起、至頸中腦筋、分出一支、與之相合、向下至頸總

脉後下至心腦網止左右二條腦筋有別右者或過鎖柱下脉前後不定左者麗左脉與之竝列下穿總脉彎迴至心腦網止

心中腦筋

心中腦筋最大由頸中結起向下約與心上腦筋同路

心下腦筋

心下腦筋由頸下腦結起透下至鎖柱下脉後總氣管前至心腦網止與心中腦筋並聲管彎迴腦筋通

心腦網

心腦網在總氣管前岔處總脉彎迴下與心上中下腦筋及十二對腦筋並聲彎迴腦筋等成網其網所分腦線透心前後前曰心前腦網後曰心後腦網

心前腦網

心前腦網在總脉彎迴下右肺脉前被心上左腦筋並第十對腦筋及腦線等成網網分腦線至心前及總脉肺脉分散有時有一腦結

心後腦網

心後腦網即心腦網分出數條腦線成網至心後處分散

胸膛內腦結

胸膛內腦結左右各有十二叉分作上下結二論結式小色灰每與背

骨十二塊、平麗肋骨頭、前面被肺衣遮過、每結分有腦線、彼此相透、結外又分二條腦線、與脊腦筋通、上六結各分小腦線、透至總脉管、肺腦網等處止、下六結所分腦線大、其色白、透至總脉管、合作腦筋三條、即臟腑大中小腦筋、

臟腑大腦筋

臟腑大腦筋、色白、與第六至第十所分之腦線合、向下至背骨前面、穿過膈、至半月結止、又分數腦線、至腎腦網、及腎上核止、

臟腑中腦筋

臟腑中腦筋、與第十十一腦結合、穿過膈、至腹小腦網止、

腹大自和腦網

腹大自和腦網、又曰腹腦、所分腦線、皆入腹內臟腑、其式如網、故名網中腦結、多在圍後膈下、總脉管前、包裹腹短總脉、透下至甜肉止、外至腎上核、成此網者、即臟腑大中兩條腦筋、並右第十二對腦筋、在腹大腦網下、當脊柱旁、有兩結、即左右半月結、人之全體、惟此最大、右結在總迴等後、離腎上核少許、結上半、與臟腑大中腦筋附麗、內廉與腹大腦網通、

其網分支甚多成網、其名卽膈腦網 胃腦網 肝腦網 腎腦網 腹小腦網 脾腦網 腎上核腦網 大小腸上腦網 卵脈腦網 大小腸下腦網

膈腦網

膈腦網由半月結上半起、與膈脈同路、罨膈下面止、

腎上核腦網

腎上核腦網由腹大腦網分支亦由半月結、並臟腑膈腦筋等件成網、此網甚大透至腎上核止、

腎腦網

腎腦網由腹大腦網及半月結、並總脈腦網合成、又與臟腑小腦筋合、計約有十五至二十條腦線成網、網中有數腦結、其腦透腎內、又有腦線數條至總迴管、更有數條透下、與總脈腦網所分腦線相合成爲卵脈腦網、在男至卵子、在女至卵核子宮止、

腹小腦網

腹小腦網甚大、在腹大腦網下半、包裹腹總脈、分出三支、卽肝胃脾腦網、

胃腦網

胃腦網與胃脈同路、至胃小彎止、又與左第十對腦筋合、

肝腦網

肝腦網與左第十對腦筋、並右膈腦筋合、透入肝分散、

脾腦網

脾腦網、係左右半月結所分之腦線合、亦與右第十對腦筋合、與脾脈同路、至脾又分數小條、至甜肉止、

大小腸上腦網

大小腸上腦網、係是腹大腦網、透下所合爲網、由第十對腦筋分出一條、透入網、網包大小腸上脈、亦隨脈同路行止、

總脈腦網

總脈腦網、由半月結、腎腦網、腰結等處起、在總脈前旁、在大小腸上下脈間、在下此網分開、係大小腸下腦網、與大小腸上下脈同路、

腰腦網

腰處四結、卽爲腰腦網、在腰骨前面髎肌內廉、上結與背下結通、此四結亦相通、所分腦線、彼此相達、下與鈎上結通、在外之結、分有腦線、與腦筋通、在內與總脈腦網通、當鈎骨前有四五小結、下之左右、有二腦鍊、路合至尾閭骨前面、其合處有一結、以上四五結所分腦線上下與別結相合、外腦線、與鈎腦筋合、內與左右腦線通、

腹下腦網

腹下腦網、在鈎骨前面上半、兩胯骨脈中、腦線由總脈、及腦網、並鈎腦

左右盆腦網

結、腰腦結等成爲網、此網並無腦結、其分之腦線、透下分作兩腦網、卽

左右盆腦網、

左右盆腦網、男在膀胱直腸旁、女在陰道旁、第二三四鈎腦筋與此網合、網所分之腦線、在男至直腸膀胱、及膀胱底核莖、等處、在女至陰道及子宮分散、

全體闡微卷四終

国家出版基金项目
NATIONAL PUBLICATION FOUNDATION

海上絲綢之路文獻集成

總主編　陳支平　陳春聲

科技與文化編 47

主編　王揚宗　葉　農

海峽出版發行集團
THE STRAITS PUBLISHING & DISTRIBUTING GROUP
福建人民出版社

本册目次

全體闡微六卷（卷五至卷六）

〔美〕柯爲良口譯

〔清〕林鼎文筆述

胸膛內臟腑

總氣管

臟腑論

胸膛、內藏左右肺、肺衣、心、心衣、等件、惟心、肺、甚爲緊要、心與心衣、已詳經絡篇、茲論肺、與肺衣、兩肺中前後各一峽、前曰肺中前峽、內藏胸後核、胸三角肌、提脇肌、後曰肺中後峽、內藏總氣管、食管、總吸管、總脉管、胸膛總迴管、第十對腦筋、及數小核等件、其總氣管、氣管、肺、此三者、統名爲呼吸之器、更有聲管一經、另詳於下、

總氣管、起於聲管下、與第五頸骨齊、長約四寸、或四寸半、濶不及寸、下至胸骨後、與第三對背骨齊、分岐、其管之式、前覆後平、前有韌骨環十六至二十、布列以撐管膜、如無韌、則吸氣時、管膜閉而不通矣、環有自縮力、上下廉皆有筋膜相連、以成管、與猪牛之肺管畧同、管之肌線有二式、在外係長直式、麗韌骨並筋膜、在後係横式、兩頭接韌骨末、在管裏面有內皮、內皮之裏有毛膚、在總氣管有多小核、生液以潤滑、其脉

係由脾下脈來迴管亦由脾迴綱腦筋由第十對腦筋並自和腦筋來、其管分岐處一入左肺曰左氣管一入右肺曰右氣管右氣管大而短只一寸入右肺與第四塊背骨齊後有胸膛總迴管下有右肺脈、

聲管總氣管並氣管圖

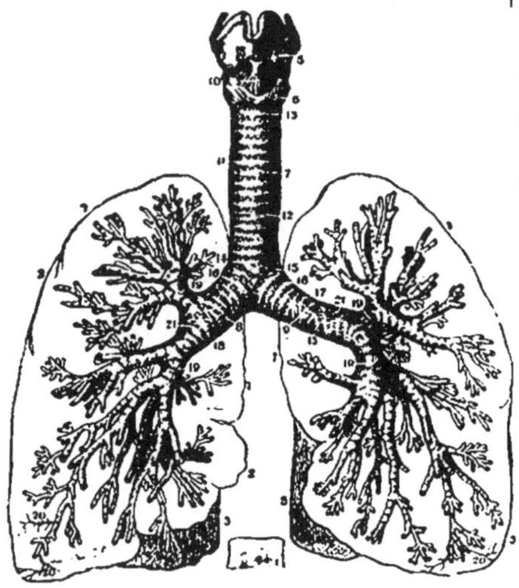

1 肺上葉廉	2 肺中葉廉
3 肺下葉廉	4 第九塊背骨
5 脾觳骨	6 環觳骨
7 總氣管	8 右氣管
9 左氣管	10 環脾筋

第二百零一圖

左氣管

左氣管長約二寸入左肺與第五背骨齊橫過食管總吸管總脈管前面又穿過總脈彎迴下維總氣管有時因病須剖開故其方向更須詳明在頸處兩旁有左右頸總脈上左右被脾核包裹前面被胸脾肌胸

肺衣

舌肌遮過、下至鎖柱中峽、有首臂脉頸左總脉斜過、其在胸膛內、當胸骨後、與首臂脉、頸左總脉爲界、再下有總脉彎迴、心深腦綱、其藏在肺中後峽處、右有肺衣、第十對腦筋、左有頸左總脉、並第十對腦筋

肺衣

論左右肺、皆有肺衣包裹、衣爲濕膜類、一面麗肺、一面麗胸膛裏面、中空如囊、藏液以活肺之呼吸、如肺炎、則衣粘而不靈、呼吸便痛、有時因病液生多、囊即脹大、左右肺之囊不相通、皆至中間、相離少許處、曰肺衣中峽、此衣起於胸骨後、向外由叡骨裏、麗過脇中肌、裏面循脇骨至背骨體旁、越心衣及肺根後、又至肺外面、此衣裏面光滑而濕、下麗膈上面、其脉由脇中脉、乳內脉、膈脉、脾下脉、心衣脉、氣管脉等處來、其迴管與脉同路同名、吸管甚多、腦筋由膈、及自和腦筋來、

第二百零二　心肺前面圖　肺前面削開

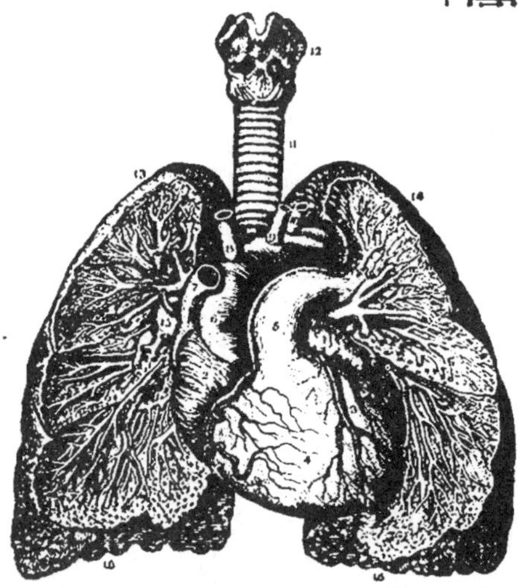

1 左上房
2 右上房
3 左下房
4 右下房
5 肺脈
6 總脈彎迴
7 上迴管
8 首臂脈
9 頸左總脈
10 鎖柱下左脈
11 總氣管
12 聲管
13 右肺上葉
14 左肺上葉
15 右肺脈
16 肺下葉

第二百零三　胸膛內臟腑

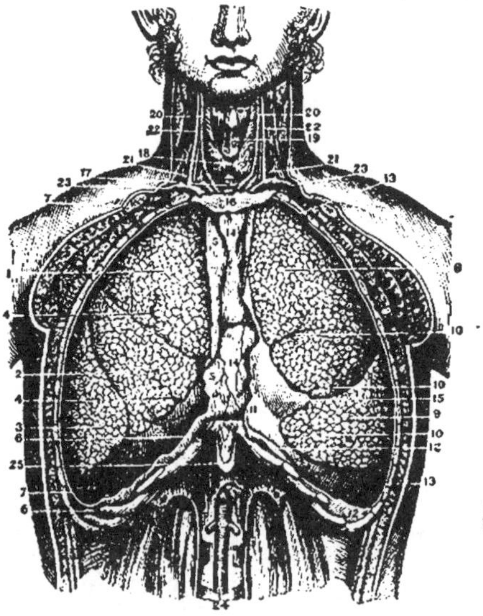

1 右肺上葉
2 右肺中葉
3 右肺下葉
4 肺裂
5 肺衣
6 肺衣
8 左肺上葉
9 左肺下葉
14 肺中前峽
15 心衣
17 總氣管
18 脾核
19 脾觳骨
20 頸總脈
21 鎖柱下迴管
22 頸內迴管
23 首臂迴管
24 腹總脈

肺

肺有左右、皆被肺衣包裹、上尖下濶、分尖底、兩廉而論、尖在頸下、高於第一脇骨一寸、底式盂、緊靠膈膜、下廉薄、藏脇膈中、後下於前、外面光滑而覆麗脇骨、裏面內面盂、在前兩肺包心、在後只有峽及肺根、前廉薄而利、當心衣前、右肺前廉、在胸骨中、後與左肺相竝、中間只隔肺衣、至第四轂骨處始分開、每肺中有一裂、分爲上下二葉、右上葉又分爲二、右較左大而濶、惟較短一寸、左較右長而狹、兩肺外面上半、離後廉少許有肺根、此根卽氣管、肺脉、肺迴管、氣管脉、氣管迴管、肺腦筋網、肺吸管、肺核、連網等物、包以肺衣、作成兩肺、重約四十二兩、右重於左、男重於女、肺色初生縞紅、中年色灰、老時將成黑色矣、後黑於前、比水輕故能浮、有縮力、細看猪肺可知大意、每肺外有肺衣、薄而通明、包肺四向、裏面有一重連網、並包肺外、及肺中、肺質卽眾小葉、被連網包裹、葉式無定、在外大、在內小、每葉藏氣管、氣管末、氣管泡、肺脉、肺脉末、肺迴

氣管

管肺迴管末〇氣管入肺分爲二一入上葉一入下葉愈分愈小至小者列五十條約一寸在大管有觳骨在小管無觳骨至極末有氣泡只一膜甚薄養氣可入炭氣可出泡列一百箇約長一寸氣管與氣泡皆有內皮肺脈分布與氣管同路中藏紫血至氣管泡處布成血網卽包氣泡肺迴管卽由此網起氣管脈功用只主養脈由胸膛總脈起與氣管同路分布至肺核大氣管肺脈迴管等處分散氣管迴管養肺血由此管入胸膛右迴管吸管分深淺兩類腦筋由肺前後腦筋網來其大半皆由第十對及自和腦筋來

胸後核

胸後核在胸骨後爲無管核在二歲時最大有兩葉藏肺前峽中下與第四觔骨齊上至脾核止色同肺長約二寸濶一寸半重約半兩及至二十歲縮小只藏少許功用尚未查出其脈由乳內脈脾上下脈來迴管

至首臂迴管止、吸管甚大、大約此核無甚緊要、

脾核

脾核爲無管核、功用未查出、在總氣管上、左右各一葉、中間一橋、橫接於總氣管前後面、並貼於總氣管之聲管前面、覆被胸舌肌、胸脾肌、肩舌肌遮過、外面與頸總脉管相並、重約二三兩、病時或脹大至數斤、女較男大、每葉長約二寸、濶不及寸、橋濶半寸、有時橋上更生一葉、核中有眾多小泡、外有血網、泡中藏黃色水、核脉多而大、即脾上下脉、有時更有一條由首臂脉來、此三脉皆互相通、核中外皆有迴管網、合成脾上中下迴管、腦筋由第十對及自和腦筋來、

聲管

聲管即出聲之具、在總氣管上、舌根下、食管前、並頸左右脉中、裏面有內皮、下窄而圓、上三角形、作此管有七軟骨、即脾軟骨一 環軟骨一 瓢軟骨二 尖脊軟骨二 會厭軟骨一

第二百零四圖

會厭並脾軟骨後面圖

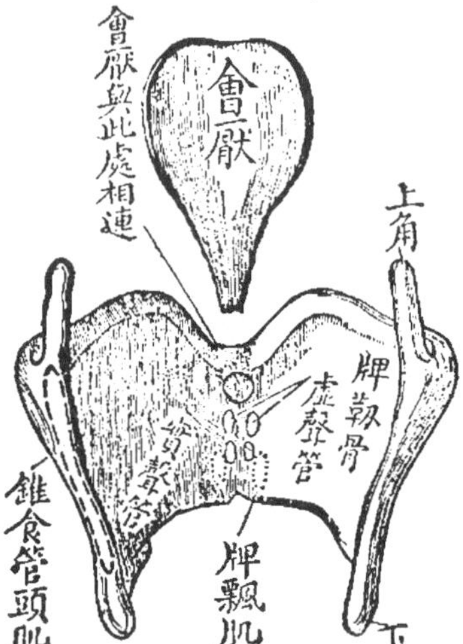

第二百零五圖

環軟骨圖

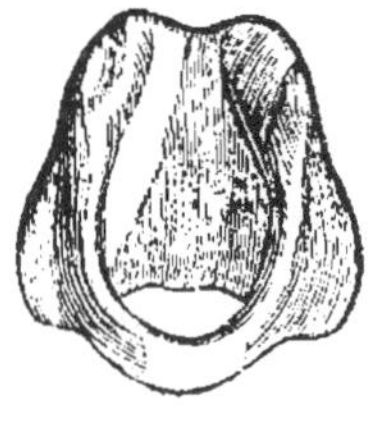

第二百零六圖

瓢軟骨左右圖

第二百零七圖

聲管裡上觀下面圖

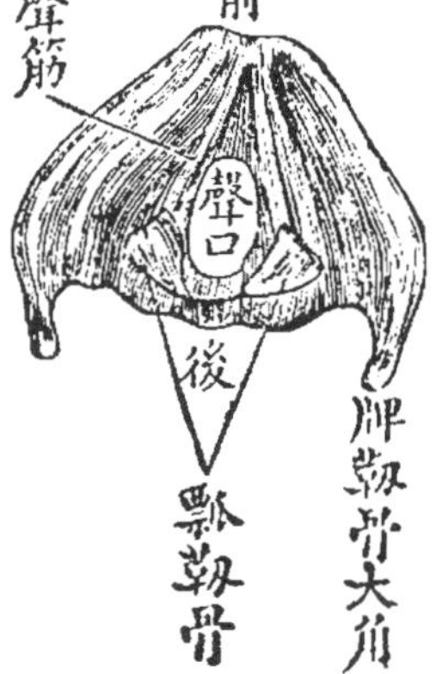

第二百零八圖

聲管後面圖

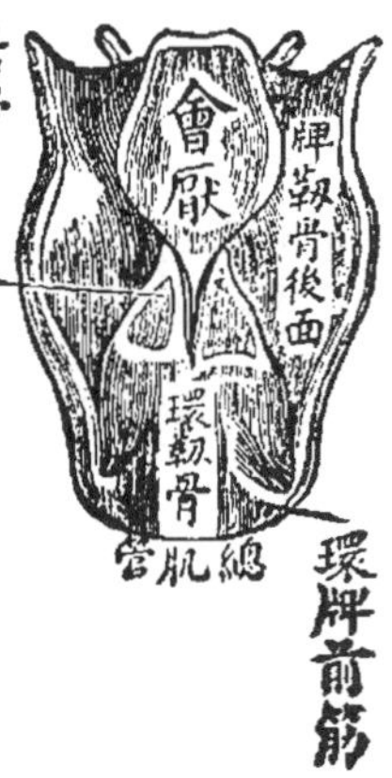

牌聲骨

牌聲骨最大、中國名曰結喉、西國以其形似牌、故名牌、左右兩翼相合、中成一脊、卽名結喉、藏在皮膚下、中隔動囊、以便活動、每翼形四角、外面有斜脊、由後上角起、至下前角止、有胸牌肌牌舌肌附麗、在翼內面孟而滑、後半爲內面所麗、前半爲會厭、及虛實二聲筋所麗、牌聲骨上廉中有一峽、爲牌舌筋膜所麗、下廉離環聲骨少許、有筋膜相連、更有環牌肌二條斜過後廉、被錐食管頭肌、腭食管頭肌所麗、後廉之上、式如角、曰上角、向上後內、至末爲牌舌筋所麗、下亦一角、短、與環聲骨相

環聲骨

連、○環聲骨以其形名、在聲管下、後前半窄而覆、兩旁有環牌肌麗、後半濶、有下束肌麗、其中有脊、爲食管附麗、脊旁有凹、爲環瓢後肌麗、兩

瓢聲骨

旁有一小面、與牌聲骨下角相連、裏面光滑、有內皮附麗、○瓢聲骨、兩塊相合、式似瓢、在環聲骨上、聲管後、每塊形三角、不甚大、有三面、後面三角形光滑而孟、有瓢肌附麗、其底濶而孟、與環聲骨相連、下外角有

第二百零九圖

聲管旁諸肌圖

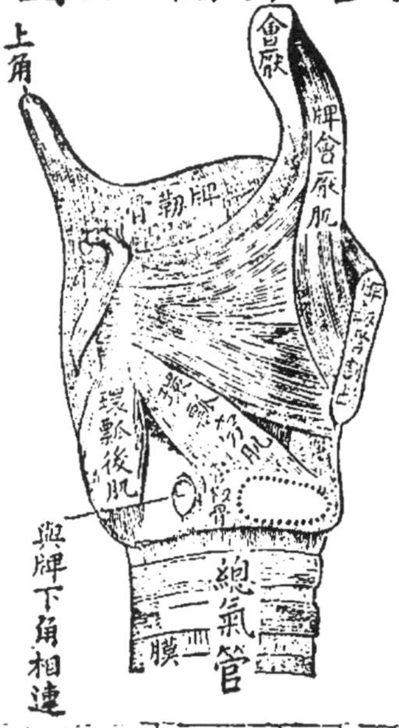

第二百一十圖

聲管旁圖

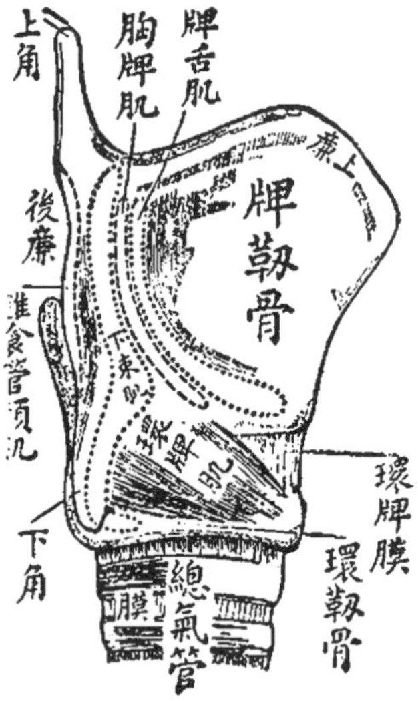

環瓢肌，麗前角，有實聲筋，麗其上式尖，至末有一重膜，麗尖斧觳骨兩塊，長而小，在會厭兩旁，內皮之裏，會厭觳骨薄如葉，在舌根後，至聲管前，上濶下尖，吸時直竪，吞時卽倒，遮聲管口，其尖直插脾兩翼内峽，使上能扇動，四向皆內皮附麗，聲管筋分三類，一類包脾觳骨，並透至舌骨，一類卽包七骨使之相合，一類只三條，一曰脾舌膜，濶有自縮力，下麗脾觳骨上廉，上過舌

骨內面止、被聲管脉、迴管腦筋、穿過二三即左右牌舌筋二條、式圓由牌上角過至舌骨大角止、第二類在環牌觳骨中、亦有三筋、一曰環牌筋膜形三角、上麗牌下麗環、二三皆曰裹筋、一裹住環牌裏面有節衣一裹住瓢環在會厭有五筋、一曰舌會厭筋、由會厭前起至舌骨後止二曰牌會厭筋、小而長、由會厭前起至牌峽止、其餘三筋皆內皮夾疊

聲管孔

而成。○聲管孔裏上三角形、前濶後窄、透下後前爲會厭、後爲瓢觳骨尖兩旁皆內皮筋、其孔由管口起至環觳骨上廉止、中有上下二聲筋

聲筋

上筋曰虛、下筋曰實、虛筋係內皮夾疊中藏一小筋而成、前麗牌觳骨裏面後麗瓢觳骨前面、實筋係二條、左右相竝、如門扇能啓合、亦內皮中襯以網筋膜也、前麗牌觳骨裏面、後麗瓢觳骨體、二筋廉甚薄、在虛

聲房

實二筋上下相離、中曰聲房、房圍有數十小核、生涕以潤聲管、在實筋二條左右相離、中曰聲口、此口與瓢觳骨齊、爲管中最窄處、當壯年時

口長將及一寸、最濶處只半寸、惟女小、吸開而大、呼合而小、出聲時兩廉將合密、下筋緩上筋緊、筋若生瘤如粒、則不能合、而聲即壞矣、肌有八條、即環脾肌、環瓢旁肌、脾瓢肌、瓢會厭上肌、環瓢後肌、瓢肌、脾會厭肌、瓢會厭下肌、

環脾肌

環脾肌形三角、在環㲉骨前旁起、分左右二條、各向上外至脾㲉骨下內廉止、其兩條相離中係三角形、即名環脾筋膜、甚要、因剖聲管時、係由此起、

環瓢後肌

○環瓢後肌由環㲉骨旁起、向上外至瓢㲉骨尖止、

環瓢旁肌

○環瓢旁肌左右亦由環㲉骨旁起、向上外至瓢底外角止、

瓢肌

○瓢肌只一條、由左瓢後外廉起、橫過至右瓢後外廉止、

脾瓢肌

○脾瓢肌濶而平、與實聲筋外廉齊、由脾㲉骨裏面並環脾筋膜起、向後外至瓢㲉骨前面止、其餘三條皆麗會厭、不甚大、其名即起止處、八條功用、一主開合聲口、一主扇動會厭、環瓢後肌主開聲口、環瓢旁肌主合聲口、瓢肌亦主合、環脾肌主實聲筋緊、脾瓢肌主實聲筋緩、脾會厭肌主下會厭、瓢會厭上下肌皆主縮聲管上口、其聲管內面皆

有內皮附麗上與口內皮下與總氣管內皮通其脉由上下脾脉來迴管透入脾上中下迴管腦筋即聲管上下腦筋及自和腦筋來

養生路圖

第二百一十一圖

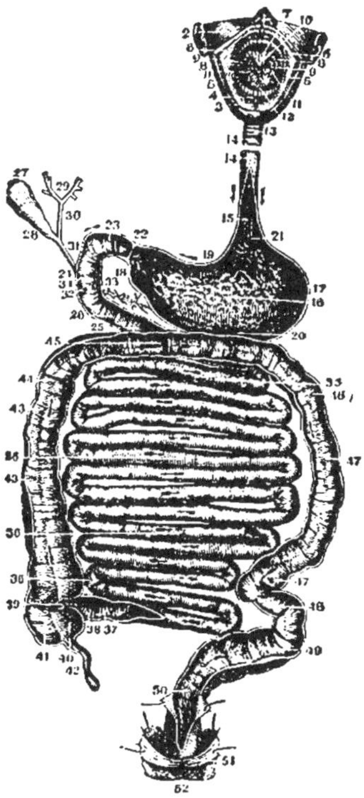

1 上唇　2 上唇筋
3 下唇　4 下唇筋
5 頰裏面　6 耳下核顴口
7 腭　9 杏仁核
10 腭簾　11 舌
12 舌刺　13 總氣管
14 食管　15 食管裏面
16 胃裏面　17 胃大端
18 胃小端　21 賁門
22 幽門　23 小腸上迴
24 小腸上迴　25 小腸上迴
27 胆囊　28 胆囊管
29 汗管　30 汗管
31 肝總管　32 肝總管口
33 甜肉管　34 甜肉管口
35 小腸中迴　36 小腸下迴
37 小腸下迴末　38 小腸下迴末
39 闌門　40 大腸頭
41 大腸頭　42 闌尾
43 大腸上迴　44 大腸上迴
45 大腸橫迴　46 大腸下迴
48 大腸下迴　52 肛門

養生路

養生之路由口起、至肛門止、長約三丈、裏面看屬內皮、應分口、食管頭、食管、胃、小腸上中下三迴、大腸上橫下三迴、大腸頭、直腸等件而論、在

口

口另有牙延核、即耳口核舌下核頦下核、在腹另有肝、甜肉、脾、亦統列於下、○口內式

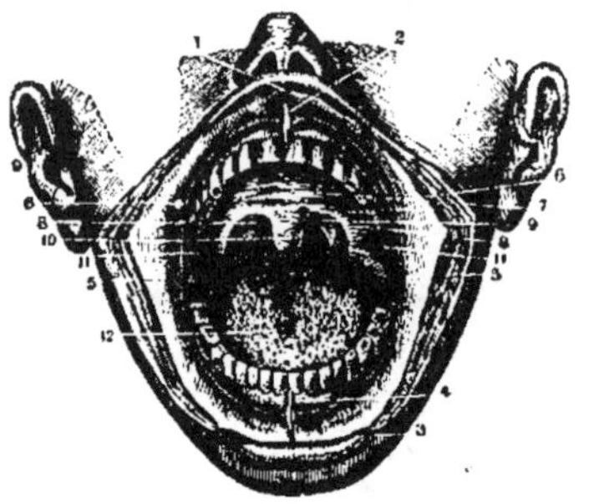

口喉門圖

第二百十二圖

1 上唇
2 上唇筋
3 下唇
4 下唇筋
5 頰裏面
6 耳下核顴口
7 腭
8 前柱
9 後柱
10 腭廉
11 杏仁核
12 舌

如卵、前至唇、兩旁至牙頰、上至腭盤、腭廉、下至舌後、至咽喉門、裏面之內皮、上厚唇薄、外連外皮、○上下

上唇　下唇

唇外有外皮、內有內皮、中有環口肌、唇脈、迴管、腦筋、連網脂、數小核、更有內皮疊成二筋、在上曰上唇筋、在下曰下唇筋、○頰在口兩旁、外有外皮、內

頰

有內皮、中有吹口肌、脈、迴管、腦筋、連網脂、核、其內皮下至牙齦、並腭、其

在頰裏面當第二大牙齊處有一小孔即耳下核管口牙座有二類一屬骨一屬筋筋在骨面內皮裏包裹牙頸名曰牙齦

牙

牙分乳牙實牙二種乳牙有二十茲先分而論內切牙四長牙二大牙四合上下牙床共成二十○實牙三十二即切牙四長牙二小牙四大牙四顴牙二亦合上下牙床計每牙應分體頸根頂四名栽在牙座曰根統被牙座骨衣包裹

牙齒圖

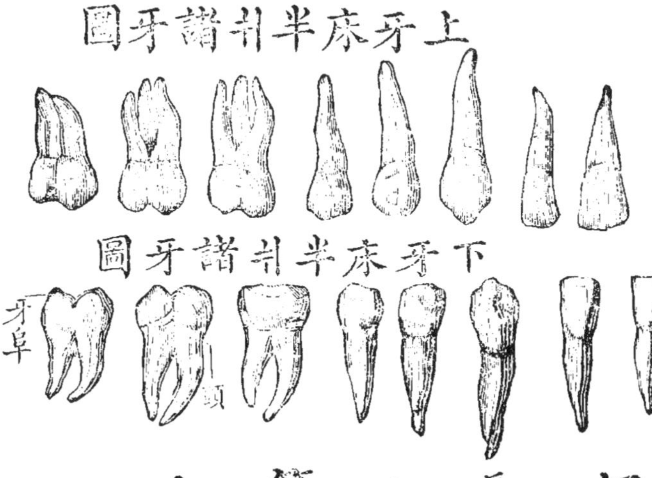

第二百十三圖

乳牙

現出於外曰體、中間縮小曰頸、上曰頂、實之切牙、上下八個、頂利如鑿、功用亦如之、前面微覆光滑、後面微窩、頸處縮小、根長而尖、下小於上、叉在上中大於旁、在下旁大於中、長牙四箇、分上下各二、較切牙大、力亦大、根甚長、栽在牙床甚深、其頂甚尖、食肉之獸、此牙有長至數寸者、小牙八箇、分上下左右各二、上大於下、根或一、或分於二、頂中陷、兩旁阜起、大牙左右上下亦八箇、頂方而大、功主研磨、上四阜、下五阜相合、頸圓、根之分岔、大約上三下二、或多至五、上牙三根、二在外、一在內、顴牙較眾牙後出、比大牙小、頂三阜、根短、二三不定、○乳牙式如實牙、而小、根亦小、惟開岔處濶、○剖開牙看、中有孔、曰房、房隨牙式、至各根末、有一小孔、為腦筋脈管之入路、房內藏牙心、質軟、血管多、主覺痛、牙之質、分釉、牙骨、三質、釉質最

大牙半剖圖

大牙半剖圖

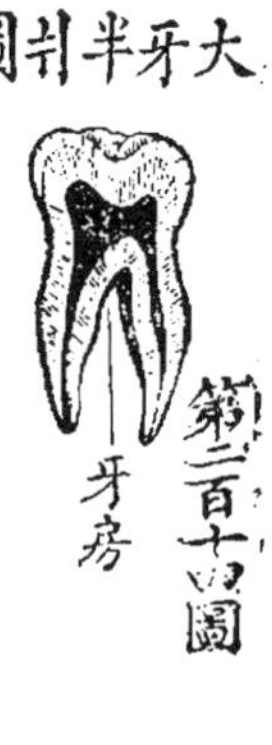

第二百十四圖

堅在外重之上包於頂處厚至根薄用顯微鏡看係六稜小條合成計五千五百條濶只一寸以百分計九十六分半爲土質三分半爲生質再論牙質有三件中最多似骨而非用顯微鏡看中有眾小管管由房起至牙質功主養牙惟骨質甚薄由牙根起至頸與釉質連

嬰兒換牙

嬰孩生乳齒是由下牙床起七箇月時生中切牙十箇月生左右切牙十二至十四箇月生前大牙十四至二十箇月生長牙三歲生後大牙及齔換實牙時則於六歲半生第一左右大牙七歲生兩箇中切牙八歲生兩箇左右切牙九歲生第一小牙十歲生第二小牙十一至十二歲生長牙十二至十三歲生第二大牙十七至二十一歲生齻牙此則觀人氣力盛衰或早或晚間亦不定百人之中大畧如是

腭

腭爲口上界分二截一卽腭盤一卽腭簾茲先論腭盤其腭盤在前卽上牙床左右腭盤所合腭上面卽鼻孔底在口有骨衣內面粘麗中處

杏仁核

有一脊、前由腭前孔起、後至腭廉止、腭廉之前、粘麗腭盤、後廉左右透至食管頭旁相合、中有一脊、脊間有肌綫筋膜脉迴管腦筋涕核等件、被上下面內皮粘麗包裹、在下廉中處有小舌、當小舌左右處有皮兩重、皮裏面有肌綫、統名曰腭前後柱、前柱在舌旁、中有腭舌肌爲柱、後柱透下至食管頭旁、亦有腭食管頭肌爲柱、左右二柱又分前後四柱、中即喉門、喉門上界即腭廉、下界即舌、在左右處有前後腭柱、杏仁核、因腭廉內皮甚薄、有鱗膚、中有多小核、兩旁各有五條肌、即提腭廉肌 張腭廉肌 腭舌肌 腭食管頭肌 小舌 此五肌已詳肌篇、

杏仁核左右各一、在喉門旁、亦在前後柱中、式圓、有時長圓、長大不定、約長半寸、外面與食管頭上束肌頸內脉食管頭脉爲界、與下牙床角齊、內面有十數小孔、透入此核中、其脉由舌腭上脉杏仁脉食管脉頸外脉等處來、迴管透入杏仁網、腦筋由第五對並食管頭腦筋來、

涎核有三、即頦下核、耳下核、舌下核、因其位而名、最大者爲耳下核、此處多生瘤、割時須認眞核、重半兩至一兩、在耳前下、上界顴栱、下界下牙床角前、過嚼肌少許、並麗下牙床後廉、後界馬乳耳孔胸鎖柱馬乳肌、雙腹肌外面、被皮膚筋膜遮過、內面入頸甚深、包裹耳門骨錐、離內面少許、有頸內脈、頸內迴管、穿核中、有頸外脈核、後有耳後脈核、上有太陽脈、前有面橫脈、中有由頸外脈生出頦內脈、在頸外脈之上淺處、有太陽頦內迴管二條、相合面腦筋亦過此核、耳下核管約長二寸半、由頰內當二大牙處起、穿過吹肌橫過

涎諸核圖

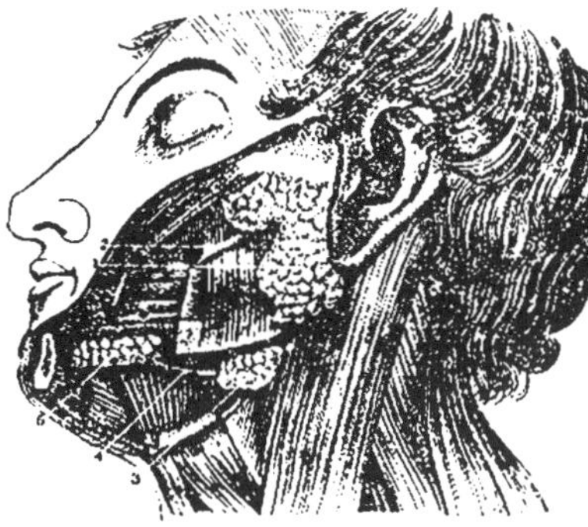

第二百一十五圖

1 耳下核
2 耳下核管
3 頦下核
4 頦下核管
5 舌下核

嚼肌、至核前廉、入核分散、欲知此管路、由耳孔下二分量至二大牙根即是核脉、由頸外脉來迴管即入頸迴管、腦筋由頸腦綱、並面太陽耳大腦筋來、

頦下核

〇頦下核在下牙床下、約重二錢、被皮膚、胸膛下牙床肌筋膜、下牙床骨遮過、核下有頦舌肌、舌骨舌肌、錐舌肌、在後只離耳下、核少許、在核後上、有面脉橫過、核中有數條小管、合成大管一條、長二寸、向上前、至舌根旁止、其脉由面脉舌脉來、迴管與脉同路、腦筋由下牙床腦筋來、

舌下核

〇舌下核在三核中最小、在舌筋左右內皮下、前面麗下牙床骨、式如杏仁、上界口內皮、下界頦舌肌、前界下牙床、後界頦下核、內界頤舌骨舌肌、其管約一二十條、直上入口、其脉由舌下脉來、腦筋由別味腦筋來、統論三核、其質係眾小葉合成、每葉中有眾小泡、即在小管末、被連綱包裹、泡裏面有一薄膚、外面有血綱、所生津液、各有不同、功用亦不同、入口會合、俗呼爲涎、

食管頭

食管頭在鼻口聲管後、式如囊、前不似囊底在上、尖在下、約長四寸半、濶而淺、最濶在舌骨平處、最窄與食管連處、上界枕骨底、下界食管、後麗頸骨頸長肌、頸前直肌、前麗蝴蝶翅、翅牙床筋、下牙床舌、舌骨聲管左右被耳門骨錐數肌附麗、並與頸總脉、頸內脉、頸內迴管、第八九對腦筋、及自和腦筋爲界、其孔有七、卽鼻後孔二 喉門一 食管一 耳氣管二 聲管一 惟鼻後孔稍大、鼻孔後有耳氣管透入、當鼻後孔下、有腭簾小舌喉門、喉門下有舌根會厭聲管口、再下至食管頭末、有食管、此食管頭有三重、裏面爲內皮、上與耳氣管鼻孔口、聲管、諸內皮通、上半有毛膚、下半有鱗膚、中重屬筋膜、上厚下薄、裏面麗內皮、外面麗肌、外重爲肌綫、卽上中下束肌、已詳肌篇、在內皮有數小核生涕、以滑此路、其圖在於肌部

食管

食管、卽食管頭下、在頸第五骨起、向下至脊前面、過肺中後峽、穿過膈、至胃賁門止、與第九塊背骨齊、式畧直、在頸食管前有總氣管、在頸下

頭口鼻食管頭半爿

第二百一十五零半

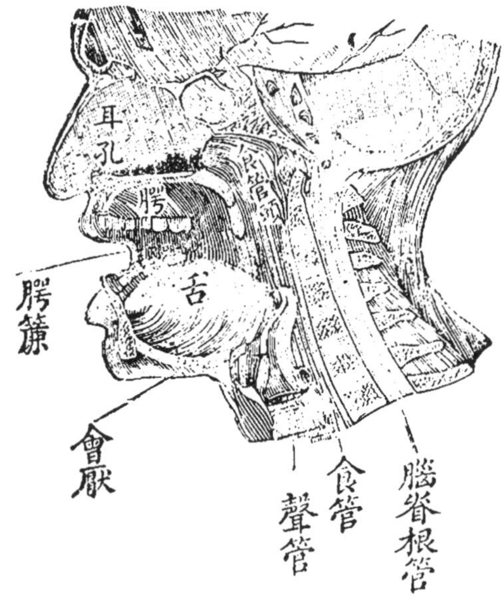

被脾核、總吸管遮過、後麗脊骨、並頸長肌、左右與頸總脉聲管彎迴腦筋爲界、在胸膛內、過脊骨左邊少許、當於總脉彎迴左、在肺後中峽處、列於總脉右邊、再下穿膈入腹、第十二對腦筋、與之同路、其（右腦筋在後 左腦筋在前）食管亦三重、外重亦肌線式、一長一圓、中重爲連網、以合內外裹重、爲內皮上紅下白、有鱗膚附麗、內皮下有小核生沸、以滑此路、

腹

腹爲百體中最大之空、裏面被腹內腑統膜麗、此膜上麗膈、下至骨盆、腹之四圍卽肌膜合成、已詳肌篇、入腹內有總脉管、總迴管、食管、大腿脉、脥管、卵子筋、圓筋、臍、西國古書論腹幷分九部、上一橫當第九兩脇骨下一橫當兩跨骨上廉、兩直皆由脥筋中處起、直上至離乳頭少許止、上曰上部、中曰臍部、下曰下部、上左右曰脇下部、中左右曰腰部、下左右曰跨部、上部藏胃中並幽門、肝左葉後葉、四合迴管、肝脉、肝迴管、胆管、腹短總脉、甜肉、總脉總迴管、總吸管、脇總迴管、臍部藏大腸橫迴、脂囊、小腸包膜、小腸上中下迴下部藏小腸、膀胱、子宮、孕時方有右脇下部藏肝右葉、胆囊、小腸上迴、大腸

腹九部圖

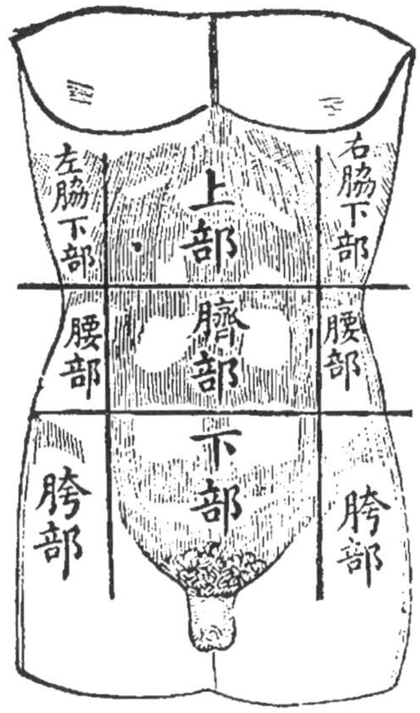

上迴、右腎上半、右腎上核、左脇下部、藏胃大端、脾、甜肉端、大腸下迴、左腎上半、左腎上核、右腰部藏大腸上迴、右腎下半、小腸、左腰部藏大腸下迴、左腎下半、小腸、右胯部藏大腸頭、闌門、腎、溺管、卵子脉迴管、左胯部藏大腸彎迴、腎溺管、卵子脉迴管、

腹內臃統膜論

腹內臃統膜、屬濕膜類、其功用、一羃腹裏面、一包臟腑、一成筋以束臟腑、若將此膜割開、計方十六尺、一面粗附羃各物、粗、一面無所羃光滑、欲知其詳、非剖驗不可、若將肝上展、胃下牽、即見前後有二重膜、中藏肝脉、肝迴管、四合迴管、胆管、此二膜名曰肝胃連膜、前重羃胃小彎、過胃前面、至胃大端、直下在小腸前、復摺而上、至大腸橫迴、羃大腸橫迴下面、即橫過腹後、名大腸橫迴包膜、下重由腹後向下、至總脉、總迴管、小腸前、包裹小腸、又橫過後、即成小腸筋膜、左右遮大腸上下迴、並羃腹

腹內臃統膜

圖左右裏面至小腸筋膜下又透下至骨盆內包裹直腸上截男女有

腹內腑統膜

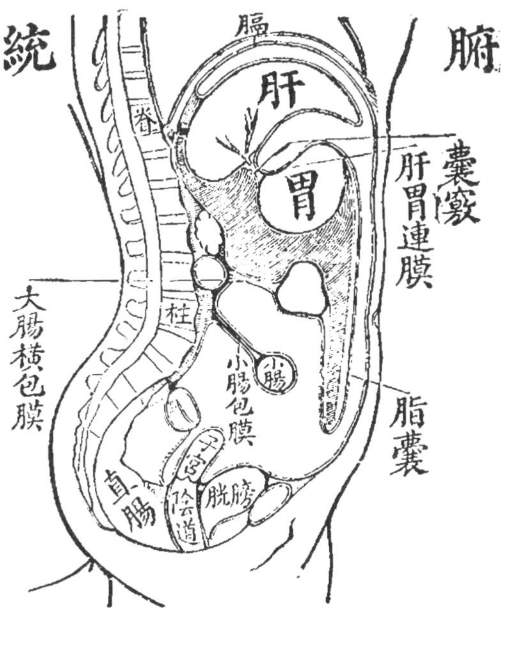

別在男有一重麗膀胱上面在女有二重一包裹直腸前面一麗陰道後上並子宮膀胱在子宮左右摺疊成左右廣筋由膀胱後向上麗腹前圍在此男女則一上至膈下面橫過肝包肝上下面復至胃後重麗胃小彎後面至大端直下在小腸前又摺而上至大腸橫迴上面橫過後成大腸橫迴包膜上重上至甜肉前面又上至膈下面橫過至肝後廉並肝後面復至胃此重所包各處中成一囊名曰空囊在肝胃連膜後有一孔透入空囊名曰囊竅被腹內腑統膜包裹有全包

者有不全包者有只遮過者，如肝、胃、脾、小腸、大腸橫迴、大腸彎迴、直腸上截、子宮、卵核，此被全包，如大腸頭、小腸頭、大腸上下迴、直腸中、陰道、膀胱，此不全包，如左右腎、甜肉，此即被遮過，又只包一臟，如包小腸，包大腸曰包膜，兼包二臟曰連膜，摺疊成筋以束臟腑曰筋，此筋如在肝、脾、子宮、膀胱等處，皆有應分各篇。連膜有三處，名（脾胃連膜、肝胃連膜、胃大腸連膜）列於下論。

肝胃連膜

肝胃連膜由肝橫裂起至胃小彎，甚薄，分二重，一由左廉透至食管，一由左右廉包肝脈、肝胆總管、四合迴管、吸管、肝腦綱。

脾胃連膜

○脾胃連膜不甚大，由胃至脾中藏脾脈迴管。

胃大腸連膜

○胃大腸連膜最大，係膜四重合成，少時可分四重，老時合一，中藏脂，故名脂囊。包膜有七，亦須分言。小腸包膜在脊骨處長約六寸，在分岔包裹小腸處甚長，兩重中藏脈迴管、吸管、核、腦筋等件。

大腸頭包膜

○大腸頭包膜有無不定，覆大腸頭後半，或只橫過前面。

大腸上下迴包膜

大腸上迴包膜，覆上迴後面，並覆腹後面。○大腸下迴包膜與上迴相

似、

大腸橫迴包膜　大腸橫迴包膜濶、包橫迴、又至腹後、中藏脉迴管、

大腸彎迴包膜　大腸彎迴包膜、由彎迴透至左胯、

直腸包膜　直腸包膜窄、由直腸上截、透至鈎骨前面、藏脉管迴管、

胃　胃乃屬消化之具、最爲緊要、在上部、及左脇下部、當腹前圍後、大腸橫

胃前面圖　第二百一十八圖

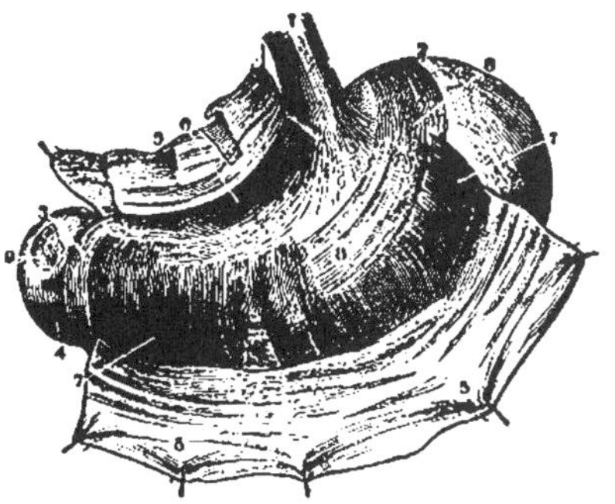

1 食管
2 胃大端
3 幽門
4 小腸上迴
5 腹內腑統膜
6 長肌線
7 環肌線
8 斜肌線
9 小腸上迴

胃裏面圖　第二百一十九圖

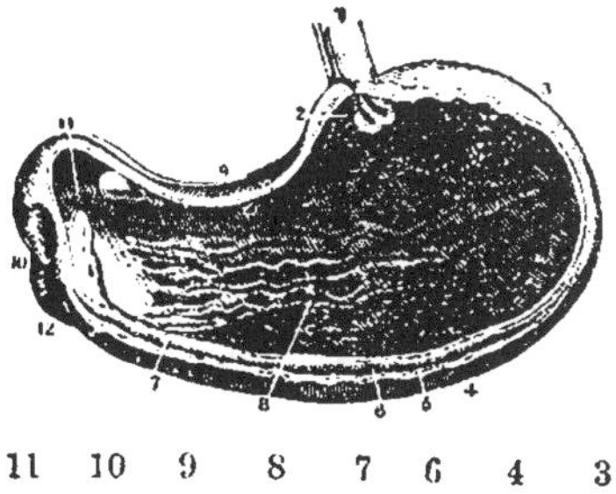

1 食管
2 賁門
3 胃大端
4 胃大彎
6 胃闔
7 胃內皮
8 內皮
9 胃小彎
10 小腸上迴
11 幽門
12 小腸迴下段

迴高膈肝下、大小隨饑飽、時長約一尺、上曰賁門、下曰幽門、上廉短而窩長三四寸、曰胃小彎、下廉長而覆、曰胃大彎、在左當食管入胃處大、曰胃大端、在右當幽門處小、曰胃小端、賁門無㭊、幽門口、有內皮摺疊縮小如環、大只半寸、過此門即小腸頭、胃前面向上、前麗膈肝、及腹前圍、後面向後下、與甜肉總脉管總迴管爲界、使胃不搖動者、有二束筋、一名肝胃連膜、一名胃膈筋、即由賁門至膈、胃有四重、一重爲腹內脟統膜、二重爲肌線、線分長環斜三式、長線最淺、與食管肌線通、其下即環線、至大端爲斜線、無式、肌線湊合成重者、爲便其舒縮、運動各用、三重爲連網、所以連合內皮與肌、中藏脉管迴管吸管、四重爲內皮、甚厚、裏面似絨、少時色紫、老時色灰、在賁門薄、在幽門厚、饑時皺、飽時張、用顯微視之、約似蜂窩、窩底有微管、管有二種、主生胃汁、其脉一爲胃脉、一爲幽脉、一爲胃大腸右脉、一爲胃大腸左脉、迴管與脉同路、會入

脺迴管、及四合迴管、吸管最多、分淺深二重、皆透入胃諸核、腦筋由左右第十對腦筋、及自和腦筋來、

小腸

小腸由幽門起、至闌門止、約長二丈、在腹中下處、左右及上、皆有大腸圍畢、雖分上中下三迴立論、其實約畧相似、上迴長九寸、無包膜、式屈曲繞過甜肉頭、當其由幽門起、先向上、後至肝下面、卽向下、至右腎前面、始橫過脊骨、過脊卽爲中迴、上迴又分上橫下三段、惟下段被膵、甜肉總管、透入、中迴由第二腰骨左邊起、至下迴止、此迴與下迴相似、下迴約長十二尺、薄於中迴、統論三迴、亦分四重、一重卽腹內膌統膜、二重爲肌線、三重爲連網、四重爲內皮、二重之肌線、分長式圜式二層、在上半多、下半少、三重之連網、與胃相似、四重之內皮、厚皆摺疊成戶、逐迴密列、曰腸戶、所以緩下渣滓、以便吸液、裏面有柱膚、眼看似絨、用顯

胸膛腹臟腑圖

第二百二十圖

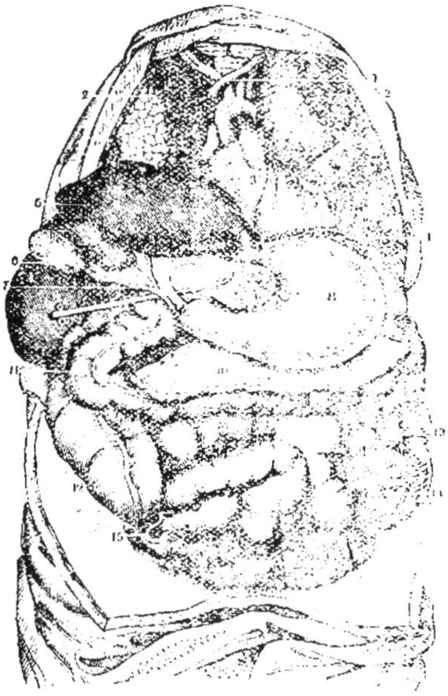

1 總脉管
2 左右肺
3 心
4 膈
5 肝下面
6 胆囊
7 肝管與胆囊管合為肝總管
8 胃前面
9 肝胃連膜
10 脂囊剖斷
11 大腸横迴
12 小腸
14 大腸彎迴
15 闌尾

胸膛腹臟腑前面圖

第二百二十一圖

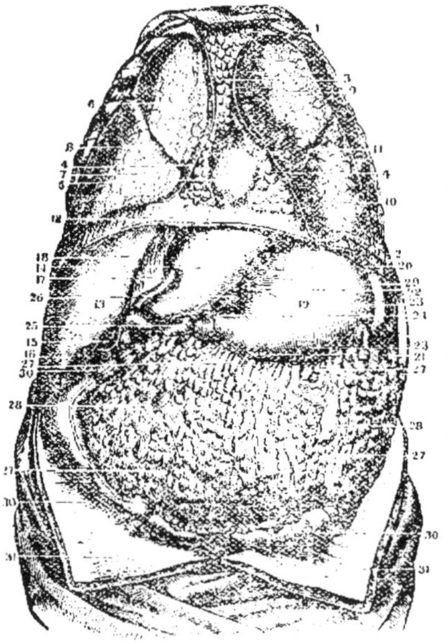

1 肋骨剖斷
4 肺衣
5 心衣
6 右肺上葉
7 右肺下葉
9 左肺上葉
10 左肺下葉
12 膈
13 肝右葉上面
14 肝左葉上面
15 胆囊下廉
17 肝圓筋
18 提肝筋
20 胃大端
21 胃小端
24 胃幽門
25 小腸上迴
26 肝胃連膜
27 大脂囊
28 小腸被脂囊遮

微鏡看、其絨如刺、式分三角尖二類、其數約四百萬每刺有血管、精液管內皮之內、更有三種小核、式皆不同、一卽內皮凹底之小管、惟莫知其功用、一在上中迴內皮下、其數甚多、每小核出小管、透入內皮、亦莫知其功用、一在內皮中、小而圓色白無管、曰单核、功用亦未查明、有時或二十三十粒相列、曰集核、如蛋、功用亦尚未明、

第二百二十二圖

小腸裏面脹大圖

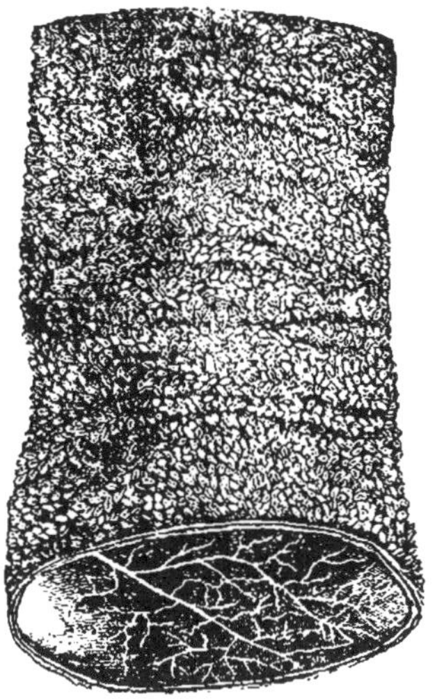

第二百二十三圖

小腸裏刺圖

小腸裡刺圖

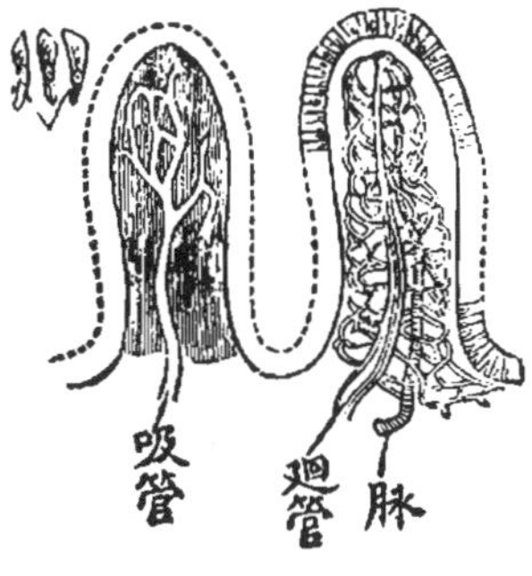

大腸

大腸頭

大腸

大腸、由闌門起、至肛門止、約長五尺、應分為大腸頭上下橫迴、彎迴、直腸立說、起處最大、即闌門下、曰大腸頭、當於右胯部、濶長均約二寸半、前及左右、䐡腹內臟統膜下、無此膜、下後處有一物伸出、大如筆管、長三四寸、式捲如尾、因名闌尾、外有腹內臟統膜包裹、一端透入大腸頭、其口處、時或有𢊍、大腸之式、與小腸有別、因其有縮小之痕如節、亦分四重、與小腸同、惟外一重有時兼包油脂、二重肌線、亦分長圜式、惟長綫已合成肌、至直腸處、始分包各處、三重與小腸同、內重無剌、餘亦同小腸、闌門在大腸頭旁、即小腸

大腸頭並闌門圖

第二百二十四圖

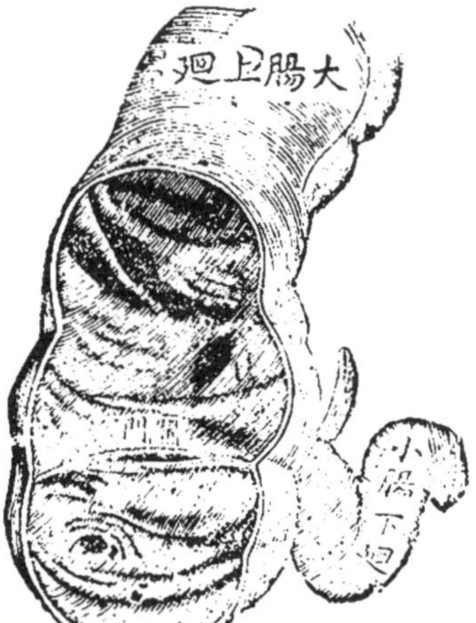

下迴之末、入大腸頭處、中有兩門楇、卽內皮疊成、中襯肌線也、門中之隙長而窄、使物可出不可入、

上迴

上迴在右腰部及右脇下部、由闌門起、直上至肝下、卽横過左、曰横迴、上迴較大腸頭小、較横迴大、前被小腸中迴遮過少許、前旁被腹內腑統膜包裹、

横迴

横迴由右脇下部起、横過臍部上半、至左脇下部止、較臍高少許、上面麗肝膽囊胃大彎、脾下有小腸及大腸横包膜、

下迴

下迴由横迴末起、直下至左胯部彎迴處止、前面左右被腹內腑統膜包、後面有連網、此網一麗此、一麗腎及腹方肌、

彎迴

彎迴爲大腸最窄處、在左胯部、當胯骨上廉平處起、至直腸上界止、式兩彎、

直腸

直腸由彎迴下起、至肛門止、長六寸至八寸不定、其上偏左、在鈎尾閭

骨前、循此二骨畧彎、應分上中下三截、上截即上半、被腹內臟統膜包後有梨肌、鈎膪筋網、胯內脉分支、其前在男有膀胱、在女有子宮、中截長約三寸、下至尾閭骨末、後麗鈎尾閭骨前面、在男麗膀胱底精囊膀胱底核、在女麗陰道、下截長一寸、至肛門止、被內束肌環住、直腸別於大腸者、因其肌線厚、環線已成肌、曰束肌、內皮甚厚、色紅血管多、又內

心並大小腸圖

第二百二十五圖

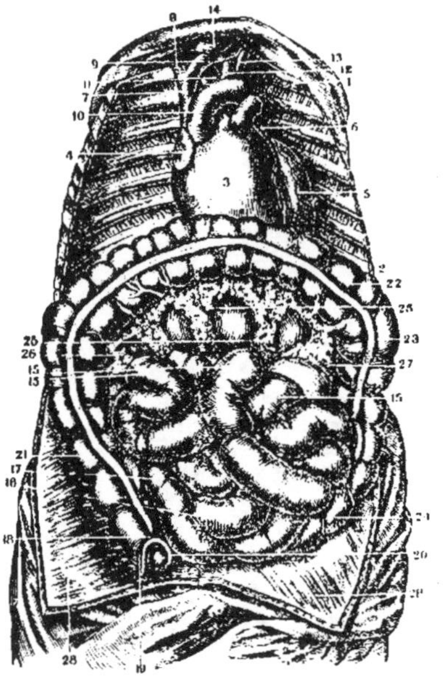

1 2 肋骨
3 心右下房
4 心右上房
5 心左下房
6 心左上房
7 下總迴管
8 右鎖柱下迴管
9 右首臂脉
10 總脉彎迴
11 首臂脉
12 頸左總脉
13 左鎖柱下脉
14 脾核
15 小腸中迴
16 小腸下迴
18 大腸頭
19 闌尾
20 上大腸
21 下大腸
23 大腸彎迴
25 大腸橫包膜

皮疊起脊、分長橫兩式、其脈由三處來、須觀脈部、迴管多成迴網、

肛門、肛門、即是直腸末內麗內皮、外有外皮、外皮有皺紋、及毛門、旁有四肌、功用一主縮小、一主提高、四肌、即束肛門內肌、束肛門外肌、尾閭肌、提肛肌、統詳於會陰部論、

肝

肝、肝為液核中最大、功用一生膽汁、一改變血、在右脇下部、上部重約三四觔、病時或大至二十多觔、或小至一觔、不定、濶一尺、深六七寸、最厚三寸、色紫、上覆而滑、下盂、分五葉、五裂、五面、五筋、而言五葉、即左右、後旁、尾葉、

右葉、右葉最大而方、在右脇下部、與左葉相離、中曰方長峽、上有長筋、下有三裂、即橫裂、膽囊裂、總迴管裂、

左葉、左葉在上部、上覆下盂、下靠胃下廉、與賁門為界、

方葉、方葉在右葉下、後有橫裂、右有膽囊裂、左有臍裂、

肝上面圖

第二百二十六圖

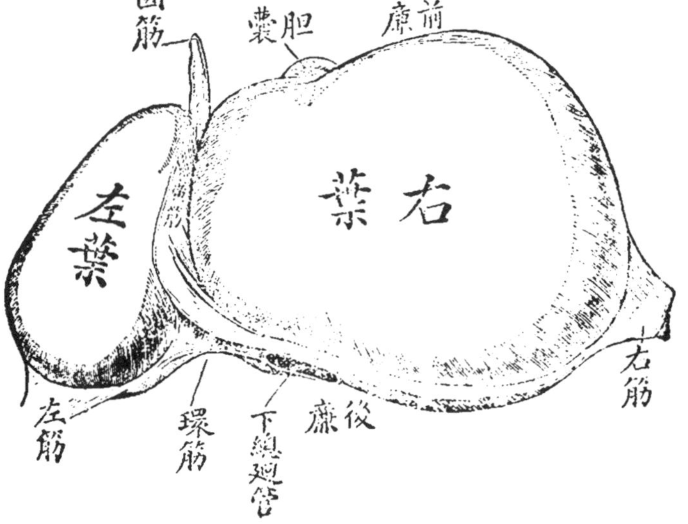

肝下面圖

第二百二十七圖

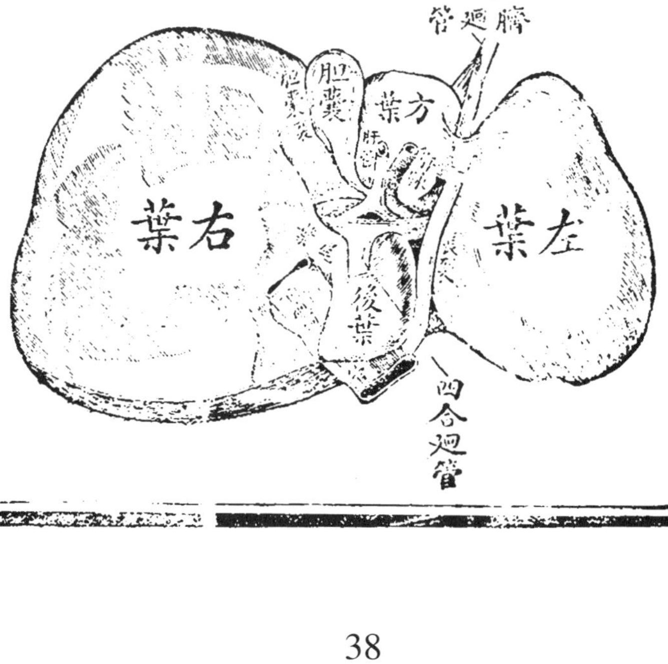

後葉 後葉在右葉後下橫裂後不甚大

尾葉 尾葉小由後葉底處起至右葉再言五面卽上面覆向上前被腹內腑統膜包裹與膈下爲界有長筋分入左右葉下面盂向下後與胃小腸頭大腸橫迴右腎爲界有長裂分爲左右葉後廉濶被圓筋麗至膈與總脉管總迴管爲界前廉薄而利多與下脇平五筋卽左筋圓筋長筋右筋環筋

長筋 長筋卽腹內腑統膜夾疊而成麗肝上面透至膈下面腹直肌後面

左筋右筋 左筋右筋形三角亦此膜疊成左長右短亦透至膈

圓筋 圓筋式圓不甚大在胎兒卽臍迴管及出胎後卽成此筋

環筋 環筋亦腹內腑統膜疊成在膈下面橫過肝後上下廉

五裂由肝下面視卽胎兒管裂長裂膽囊裂總迴管裂橫裂

長裂 長裂甚深由肝前廉起至後廉止卽分肝左右葉有橫裂橫透入

胎迴管裂 胎迴管裂卽長裂後半胎兒時藏迴管

横裂

横裂長只二寸在右葉下、横入長裂有肝脉、四合管、透入横裂、

膽囊裂

膽囊裂淺在右葉下面藏膽囊

總迴管裂

總迴管裂短、至後下廉後葉旁內藏總迴管、

肝內之管亦五件、即肝脉、四合管、肝迴管、吸管、肝管、有入肝二管出肝三管、入肝即肝脉、四合管出肝即肝迴管、肝管、吸管、

肝脉

肝脉由腹短總脉起、入横裂分左右二條、布於左右葉

四合管

四合管甚大由胃、大小腸脂囊甜肉脾各迴管所合成亦入横裂分二條布於左右葉在横裂內有三件、即肝脉、四合管肝管脉與四合管分散至止處即肝管之起處此三管被連網包、

肝迴管

肝迴管、與肝管不同路穿過肝後廉合作三四條、入下總迴管、

肝吸管

吸管已詳前篇、腦筋由第十對左右腦筋並自和腦筋來肝管在横裂內、左右相合、透下右在肝胃連膜內、約長二寸再下與膽囊管又相合

即成爲肝總管。

膽囊　膽囊式如梨，長三四寸，濶半寸，約裝膽汁一兩，在右葉下面，與右第十朝骨齊，囊之體向下前，囊上面被連網繫於肝，下面被腹内腑統膜遮過，其脉由肝脉來迴管入四合管。

膽囊管　膽囊管由膽囊尖起，約長寸半，行下左，與肝管合，即成肝總管。

肝總管　肝總管約長三寸，向下後，在肝胃連膜中，當於肝脉右，至小腸上迴下截，由幽門下四寸處穿入腸内，止有甜肉管與之同入。肝有二重膜包裹，一即腹内腑統膜，一爲筋膜，名肝衣，在横裂處，此膜兼包三管，與管同行肝内，有衆多六角小葉，小葉皆圍繞肝迴管，其四合管分至極微，入小葉肝脉，亦分散於葉内外，肝管由葉外起，漸合而大。見一百六十一圖

甜肉

甜肉　甜肉式長而窄，約長八寸，濶半寸，厚半寸，重三兩，横亘於腹，在總脉及

第百二十八圖

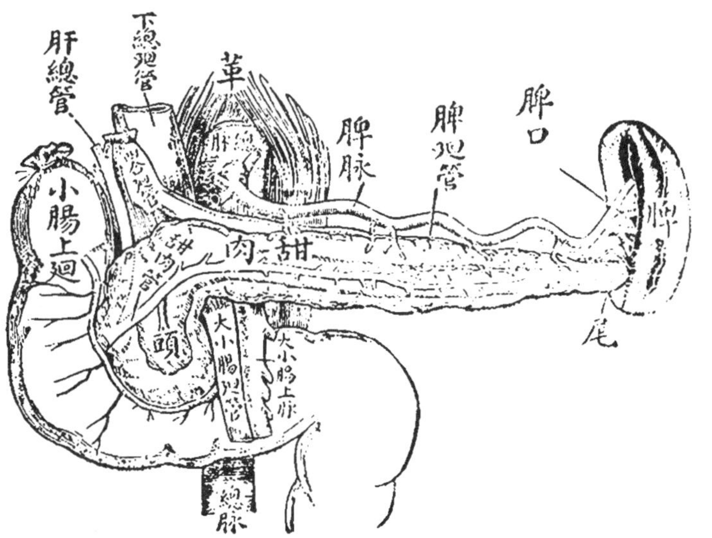

下總迴管前、胃下、與第一腰骨齊、右大曰頭、與小腸頭爲界、左小曰尾、與脾爲界、上廉厚、下廉薄、上廉藏脾脉、及迴管、自頭至尾、有一條甜肉管、在頭處、與肝總管、或並或合同入小腸頭、其質類如耳下核、其汁與涎相似、能化油、其脉由肝脉、脾脉、大小腸上脉來、迴管入脾、及大小腸上迴管、吸管入腰核、腦筋由脾網來、

脾

脾

脾在右脇下部、大小不定、在成人長約五寸、濶約三四寸、厚約寸半、重約七兩、飽時發大、患瘧疾者、有至二十觔、被腹內臓統膜包、脾筋有二、一即脾胃連膜、一透至膈下面、曰提筋、外覆而滑、麗膈下面、離左第九十十一脇骨少許、內盂有一直裂、曰脾口、有數孔、以出入脉管迴管、在口左右有包膜透至胃、即名肝胃連膜、其外有二重膜包裹、外重即腹內臓統膜、裏面即自縮筋膜、一包脾外面、一在脾口處包脾脉、脾迴管與管同路、分佈並入脾、分作小筋如網、脾色同肝、脾質軟脆、其脉與迴管甚大、至脾內、被自縮筋膜包裹、其分散之式如樹、在小脉末處有一物圓式、曰脾囊、列三十粒、約一寸、脉之末即迴管之始、其功用尚未查明、

溺具

溺具　左右腎、左右溺管、膀胱、總溺管、皆為溺具、左右腎主生溺、左右相似、在腹後及腹內膌統膜後、與第十二背骨、一二三腰骨齊、藏於脂、約長四寸、濶二寸半、厚寸餘、重約四兩、其式與豬羊之腎、色略似豬羊之腎、

溺具圖

第二百二十九圖

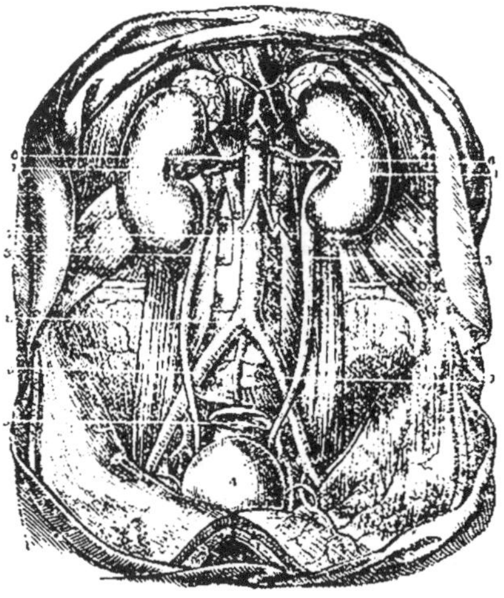

1 左右腎
2 腎上核
3 溺管
4 膀胱漲大
5 直腸
6 腎脈
7 腹總脈
8 左右胯總脈
9 左右總脈被溺管遮過

腎　前面覆彼腹內膌統膜遮過、後面平麗膈並腹方肌、上端與腎上核為界、下端小、與胯上廉平、外廉覆、內廉盂、內廉中有一峽、曰腎口、有脈迴管、溺管、腦筋、由口出入、腎外有一重筋膜包裹、曰腎衣、至腎口並包各

管入腎、剖開腎看腎口內有一穴、曰腎穴、穴內存脈迴管、溺管、惟溺管在穴內大、出穴小、式如酒漏、即名曰腎漏、腎質有內外兩類、外質居四分之三、色紅而軟、其中有眾小粒、形如丸、色紅、計一百粒、約長一寸、其餘即微溺管、脈吸管、迴管、腦筋、內質有三角形物、或八枚、或十枚、不等、

右第二百三十圖　腎前面圖

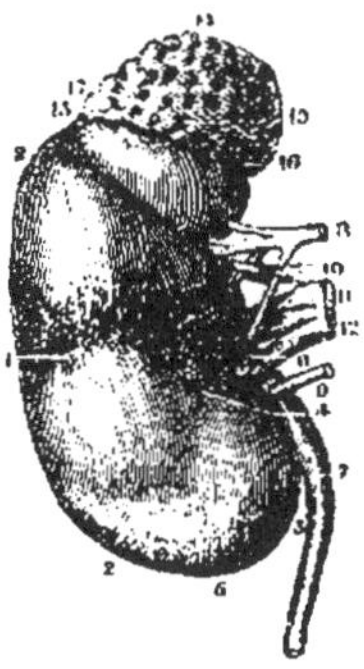

1 腎前面
2 外膜
3 內膜
6 漏管之本
7 溺管
8 9 腎脈上下支
10 11 12 微迴管合成腎迴管
13 腎上核
14 腎上核上膜

左第二百三十一圖　腎剖半面圖

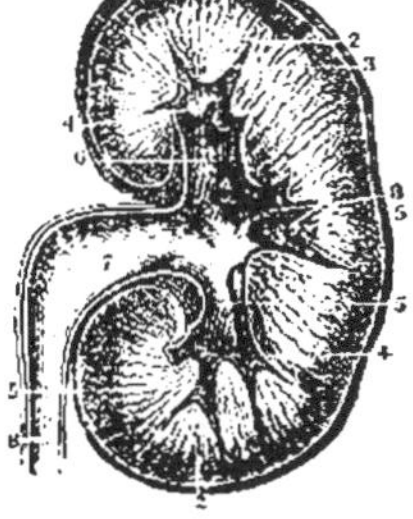

1 腎外質
2 腎鑽
3 鑽尖
4 微溺管口
5 腎右漏
6
7 溺管盆
8 溺管

名曰腎鑽、因其形也、尖入腎漏底、向外被外質遮、細看腎丸、即脈管迴管微溺管纏結、外裹以膜、微溺管列有二千条、濶一寸、由腎丸內起、出丸屈行於外質、漸行漸合、成溺直管、透入腎鑽、每鑽約入一千條、腎丸

內藏脉末之微絲管、而迴管溺管亦由此起、腎血甚多、脉管大至腎口、分四五條入腎穴、行至腎外質分散、吸管亦多、已詳上篇、腦筋少、由腎網來迴管透入下總迴管止、

溺管

溺管

左右溺管由腎起、至膀胱止、約長十五寸、大如筆管、在腹內腑統膜後上起處濶大曰盆、盆上卽穴出腎口卽縮小、透下內管、後麗髂管、前卽腹內腑統膜、更有卵子脉及迴管橫過、在右管離下總迴管少許、兩管皆過髈外脉、下至膀胱後面、只相離兩寸、在女當子宮頸旁及陰道上半旁、其入膀胱係斜入、每管有三重、外重筋膜、中重肌線、內重內皮、下與膀胱內皮通、上與腎內皮通、

腎上核

腎上核

左右腎上核與溺具無干、因附於腎上、故亦列論於此、此核與脾脾核

胸後核同類、小長只寸半、左右共重半兩、麗於腎上端、色黃、剖開看亦分內外二質、外多於內、功用未查明、脈管甚多、由膈脈總脈腎脈三處來、迴管右核會入下總迴管、左核入左腎迴管、腦筋甚多、由腎網膈網十對腦筋等處來、此核在初生時甚大、

膀胱

膀胱卽溺囊、功用裝溺、大小隨溺多少、當少時形如梨、大半在腹及長全藏骨盆、在交骨後、在男當直腸前、在女其後有陰道子宮直腸三件無溺時、形三角、裝溺一半、尙藏盆內、式圓、如溺過多、卽脹成卵式入腹矣、最大處曰底、向後逼近直腸、小處曰頂、麗交骨後面、底下少許曰頸頸前卽總溺管本、下面麗於骨盆圍、稍後麗連網、此網透至陰道直腸並有數筋附麗、前面無腹內腑統膜附麗、只有三角筋及盆中節兩件被連網牽粘、前左右有二筋、名曰前筋、透至交骨後面止、膀胱後面無

膀胱頂

所附麗、只被腹內腑統膜遮過、在男後面靠直腸、在女靠子宮、○膀胱頂中處有一筋、上至臍、在胎兒此筋卽管、及長成筋、名曰膀胱提筋、膀胱兩旁上半被腹內腑統膜遮過、下半無、前中處有二筋、一橫左、一橫右、名曰連筋、其下有精管、溺管經過、

膀胱底

○膀胱底、在膀胱最濶處、向下後、在男靠直腸中截、中有連綱牽合、麗直腸處形約三角、兩旁有精管、精囊、下有、膀胱底核、而三角形可用器由直腸通溺、在女麗陰道

膀胱頸

○膀胱頸、卽總溺管本、在男卽膀胱底核高少許、膀胱筋有四條、卽前筋二條左右筋二條已詳於上、更有腹內腑統膜疊成五條筋、後二條只橫過直腸、左右二條、上一條無甚緊要、膀胱有三重、外重卽濕膜、上半有、下半無、中重卽肌線、外式長、內式橫、更有環式、三線互相合、故能舒縮、裏重卽內皮、上與溺管內皮通、下與總溺管內皮通、膀胱脹大光滑、空時卽縮、裏面有鱗膚、膀胱裏面有三孔、卽左右溺管、總溺管、其脉卽上中下膀胱脉、由胯內

脉來迴管入膀內迴管

總溺管

總溺管

總溺管男女有別在女長只寸半由膀胱頸起向下至盆中節下再下卽彎向前至陰道前半寸止此管穿過三角筋被縮溺管肌包裹此管有三重能舒大故女人少石淋症功用主出溺男溺管

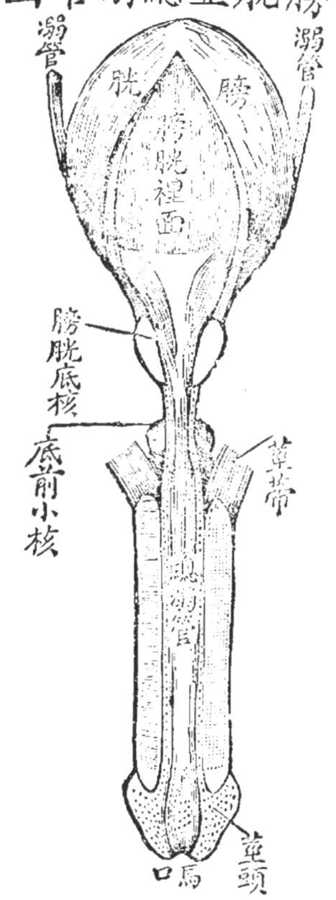

膀胱並總溺管圖

總歸陽莖論

陰陽具

陰陽具

在男有卵子（睾丸）又名精管精囊腎囊總溺管膀胱底核底前小核茲論膀

膀胱底核

胱底核、式如栗、在總溺管本、包裹膀胱頸、總溺管貫於其中、當於盆下後面、麗直腸、上面平、有小槽、離盆中節半寸、長約寸零、此按中年時論、及老則脹大、膀胱前筋、會陰深筋膜、亦麗此核、左右有提肛門肌扶助、核有三葉、左右葉大相等、有深峽中葉在左右葉下、膀胱頸總溺管後、有精囊穿過此核、有總溺管、及左右總精管三條、核外有一層筋膜包裹、核質色灰微紅、與別核略

第二百三十三圖

膀胱胱底並核膀圖

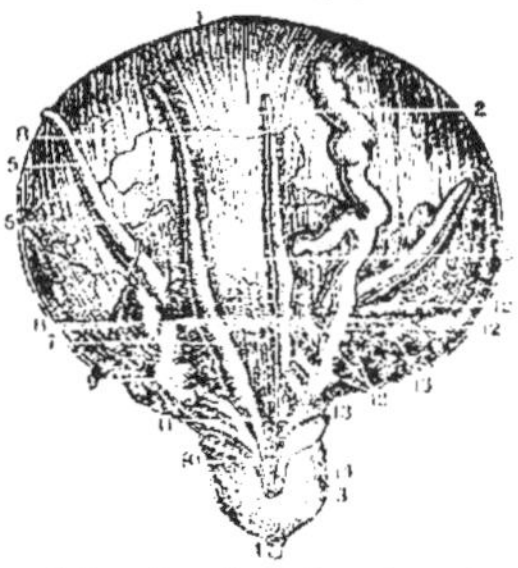

1 膀胱
3 膀胱底核
4 總溺管中截
5 左右溺管
7 右精管
8 左精管
9 右精囊
10 精總管

同、惟中有眾多肌線為異、自十二至二十條、不等、皆透至總溺管止、核脉由陰陽內脉、膀胱脉、直腸脉等處來、迴管透至膀胱迴網、止、腦筋由腹上腦網來、核液如牛乳、色白味酸、行房時、此液與精相和而出、

底前小核

底前小核、左右兩枚、大如豆、色黃、被急溺肌麗、每枚有數小葉、皆有筋

膜包裹管長一寸向前至總溺管內皮下透入總溺管功用未查明

陽莖形

陽莖分根體頭三名將莖橫剖見內有三榦上半二榦相並大下半一榦畧小即名莖左右榦每榦皆有厚筋膜包裹三榦品合形帶三角○莖根由左右交骨起前至莖頭即曰龜頭

第二百三十四圖

剖斷莖直看三榦圖

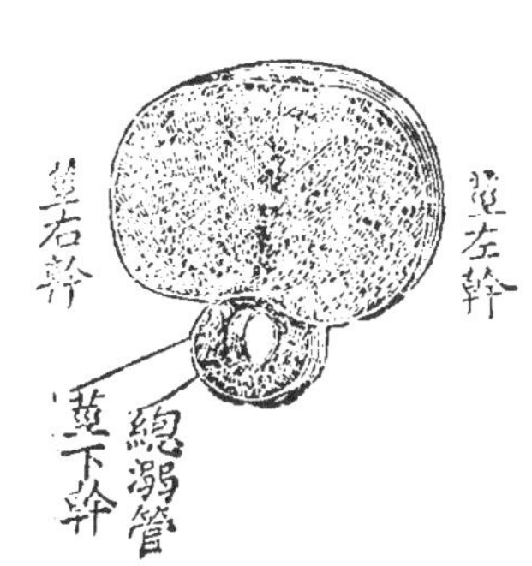

莖頭之質與左右榦之質同中間曰體有三廉三面莖頭式畧尖上覆圓下微凹至末有裂曰馬口即總溺管口頭大於體頭後凹處曰頸莖之皮膚由腎囊腹下皮膚起透至莖頭處回疊作包頭之皮曰頭包由頭包之皮變薄如內皮蓋莖頭由馬口而入此皮不藏脂油前半無毛能動至頭包廉變紅薄在頸體交

莖頭圖

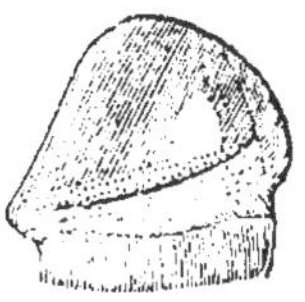

界處有數十小核生液甚臭故名臭核皮膚之下即連網膜係與大腿

莖左右幹

腎囊兩連網通莖上面有三角筋透上至盆中節○莖左右幹居莖十份之七式如兩大管平列其相並中處直而不圓在前緊相並在後即分左右爲莖根麗於尻交兩骨被立莖肌遮過在前左右相合麗莖頭兩幹

陽莖半片圖

第二百三十六圖

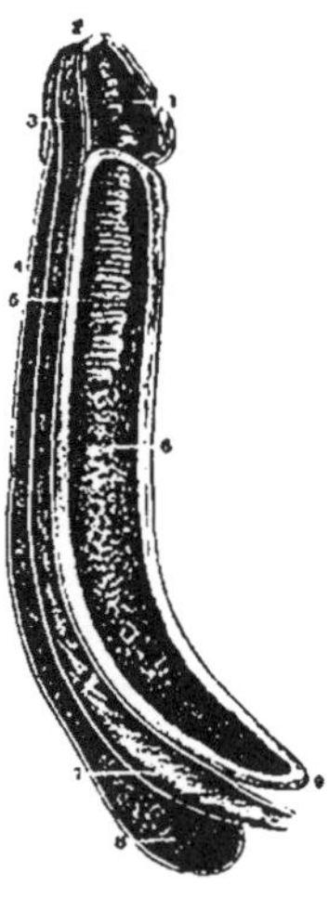

下中處有一槽藏下幹下幹內藏總溺管上面亦有小槽藏莖上迴管兩幹中有筋膜作隔後半實隔前半多有小孔包左右筋膜厚有自縮力筋膜內有筋線纏繞以成筋網網眼皆藏迴管爲數甚多血至迴管大

莖下幹

則莖立血去則莖軟○下幹由三角筋前起當於上幹根中處其起處大日帶在總溺管下透前即縮小少許藏於上幹下槽中至末處脹大成

總溺管

爲莖頭、中藏總溺管、在蒂處大小不定、被三角筋分膜包裹、並被急溺肌蓋、其總溺管由蒂上半透入至頭、頭質與上榦同、惟包裹總溺管筋膜薄、筋線少、吸管甚多、透入脥諸核、腦筋由陰陽、並自和腦筋來、脈管由陰陽內脈、莖上脈來、此脈入左右榦分散、至末處成微絲網、更有脈末、形如旋滕、吸管有淺深兩類、腦筋有陰陽內腦筋、並腹中下腦網來、

總溺管 圖見二十四頁

總溺管男約長八寸、由膀胱起、至馬口止、其大首尾不等、內即內皮、外有兩重肌線、內重肌線式長、外重肌線式如環、此管應分三截論、一在膀胱底核內、曰底核截、稍下曰中截、藏於榦中曰榦截、在底核截甚潤、長寸半、穿過膀胱底核、當下葉上面、而膀胱頸前少許、及總溺管下有一脊、長寸半零、曰鷄冠、冠之左右有一槽、有眾小孔、以通膀胱底核各管、冠前中處有一凹、藏總精管、中截由底核前處起、至下榦蒂止、長約

七分在盆中節下、此處溺管最窄、當底核前一分、由提肛肌穿出、至前又穿過三角筋、被迴綢束溺管肌包裹、左右有底前小核、餘截長約六寸、被下餘包裹、至馬口止、而在馬口內七八分處脹大少許、此管無溺則合、出溺則開、內爲內皮、有柱膚、鱗膚兩類、並有數十小核生涕、

腎囊

腎囊

腎囊卽皮囊、中藏左右卵子、並左右卵子筋、外面有一脊、由莖下起至肛門止、內中有一隔、分爲兩房、寒熱老少皆有別、寒縮熱舒、少縮老舒、分二重、外爲皮膚、內有肌膜、皮膚甚薄、色黃、有皺紋、生短毛、及油囊、肌膜色紅黃、有自縮力、上與腹淺膜通、中分一重作隔、外麗皮膚、內麗連膜、血管多、

卵子

卵子

卵子又名睾丸、式如卵、主生精、胎兒時藏於腹、大約及出胎時、始下由腹管

出腋環入腎囊被深膜腎囊柱中膜提卵子肌卵子衣包裹○柱中膜

卵子衣圖　第二百三十七圖

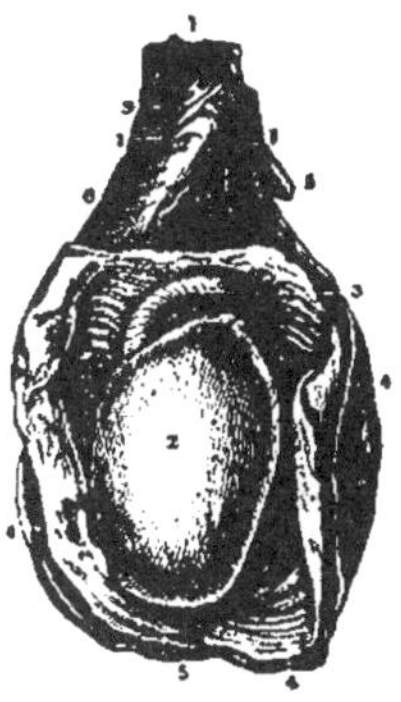

1 卵子筋
2 卵子
3 睾冠
4 腎衣
5 卵子包膜

薄由腋外環兩柱起卵子未下時膜蓋於兩柱上至下時膜隨卵墮即裹卵子○提卵子肌只數條肌線由腹內斜肌下廉起亦被卵子墮下○深膜卵未落時即爲腹橫膜○卵子衣即濕膜類卵未落時即腹內腑統膜及隨卵墮落上即縮閉如不縮閉病即小腸疝此膜係夾膜一邊麗腎囊裏面一邊包卵子中生液以潤滑若液生多即成水疝又卵子衣內卵子之外有一膜色白名曰白衣即筋膜有力外面麗卵子衣裏面在卵子後分作數直隔名卵隔入卵子中由卵上透至卵下中藏微精管小脉管隔之兩面有筋線分粘白衣裏面衣之裏有血網其卵子藏於腎囊繫於卵子筋末上向前

睪冠

卵子圖

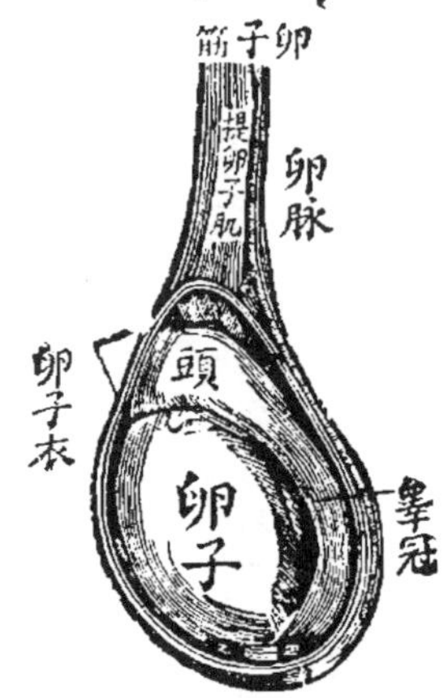

下向後左右及前皆被膜裹後面有睪冠冠上曰睪頭冠下曰睪尾卵長寸半至二寸不等濶一寸重約五六錢左大於右卵質色黃紅中有三四百葉大小不定每葉卽微精管纏積而成管內生精管列二百條只一寸約共八百四十管每管長二尺積管之中間有脈管迴管吸管腦筋衆微管合成二十餘管名曰精管入卵隔中至後面透過白衣入睪冠頭內會入睪管在睪冠內有一管由冠頭起屈曲行至冠尾而出在冠內卽名睪管出冠卽名曰精管睪管伸長約有二丈〇精管左右兩條長二尺由冠尾起先

卵子分開半剖圖

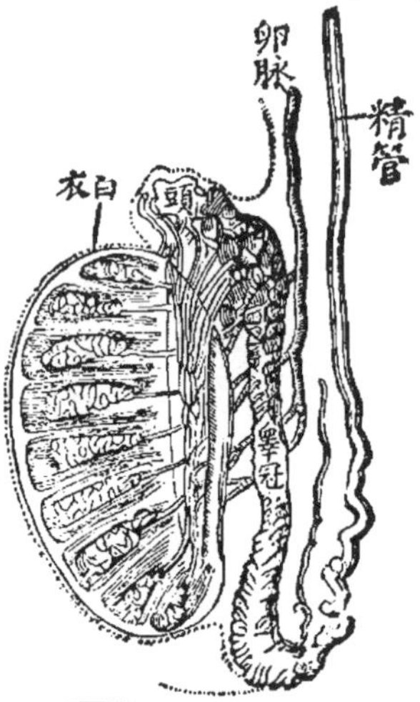

曲後直透上至睪冠內面、離卵子少許、上入卵子筋至胰內環、在卵子筋處、當卵子脉及迴管後、至胰內環處、卽離開血管、透下入盆、麗腹前圍裏面、横過膀外脉、至腹內膈統膜外、再下至膀胱旁、又下至膀胱底、在精囊內廉、前至膀胱底核、與精囊管合成總精管、卵子脉名卵脉、由總脉起、分數支入睪冠、並布卵子內、精管脉由膀胱上脉來、迴管由卵子、睪冠、合上至卵子筋內、入腹右至下總迴管、左至腎迴管、吸管與脉管同路入腹至腰核、腦筋由自和腦筋來、

卵子筋

卵子筋、由卵子後面起、至胰內環止、中藏卵子脉、迴管、吸管、腦筋、精管、外裹以連膜、上穿過胰管、至胰內環處、各管卽分路、連膜之外、更有膜包裹、

精囊論圖見二十四頁下板

精囊

精囊分左右兩個、間在膀胱底、與直腸中、長約二寸、濶半寸、左右大小

第二百四十圖

膀胱陽具旁圖

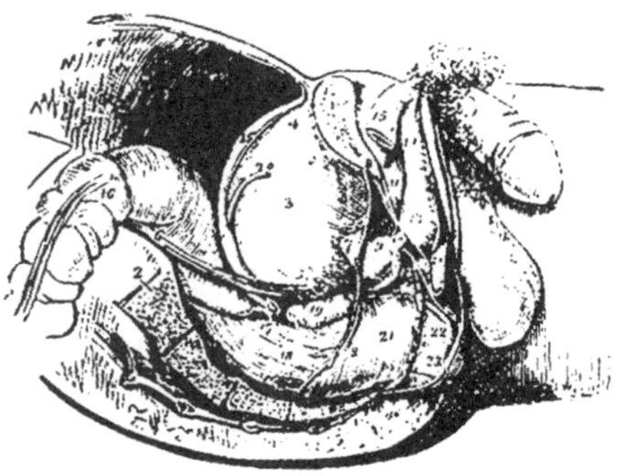

1 交骨　2 鈎骨　3 膀胱　4 膀胱頂　5 膀胱底　6 溺管　7 膀胱莖　9 膀胱底核　10 總溺管中截　11 三角筋　12 膀胱底前核　13 莖下幹蒂　14 莖下榦　15 莖上榦　20 精管　21 直腸

不定、其形曲屈、雖名曰囊、其實似曲管、伸長可至六寸、功用藏精、在前與精管合、即成總精管、穿過膀胱底核、當鷄冠前少許、會入總溺管、

精

精色白、內有三件、一為精液無色通明、經煮即稠、一為精珠、列四千粒、只一寸、一為動物、形如蝌蚪、名曰生元、五百箇長只一寸、

陰經

陰經、陰經分內外、外曰篡白、外戸、內戸、陰莖、陰膜、內者曰陰道、子宮、卵核、卵管、圓筋、廣筋○篡白在腹下、盆中節前面、濶約三寸、深二寸、外生毛皮

陰經半身圖

第二百四十一圖

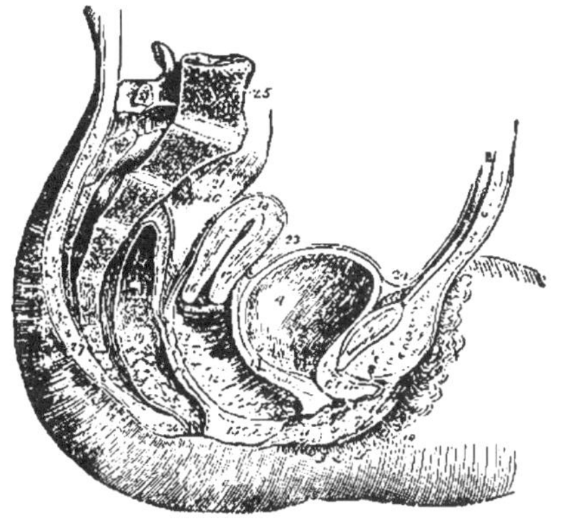

膚、下生脂油、篡白下曰外戸、分左右、透至後、離肛門前一寸、相合成會陰、長約三寸、上濶下窄、外爲外皮有毛、內即內皮、中藏連綱及脂、並有脈管、迴管、吸核、腦筋○

內戸、內戸在外戸內、係兩重內皮摺成、由陰莖起、長寸半亦分左右、向後至陰道口半處、與外戸合、麗外戸、內通陰道、其前包陰

女骨盆内臟腑圖

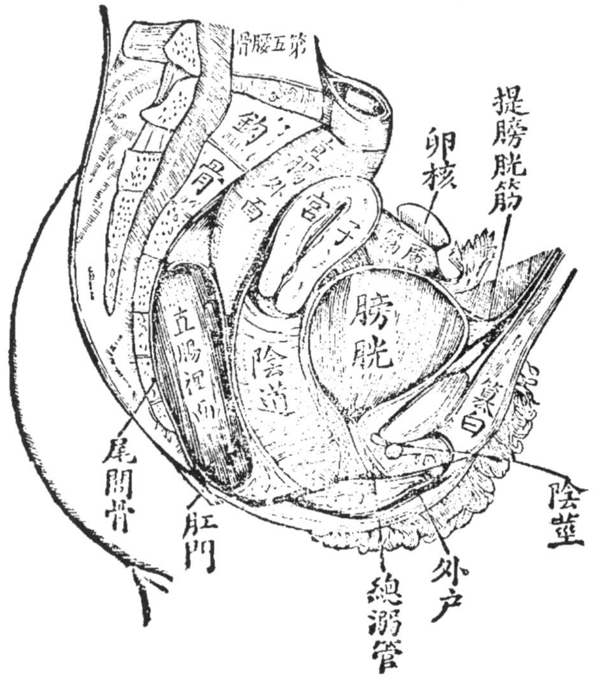

莖、中藏脉管、迴管、○陰莖在內戸前合處頗似陽莖、惟內無下榦總溺管爲別、左右有二根麗交骨、合成甚短至末處亦如莖頭、大只如豆質亦如陽莖、血至亦能起、亦有提筋一條、陰莖後有三角形、三角形後卽溺管口、口前一寸卽陰莖、口後一二分卽陰道口在童女有一重膜、曰

陰膜（又名盦）、或全遮、或只遮後半、遮後半者形如半月、全遮者有一孔、至二三孔不定、或多至數小孔如篩、有膜無膜、不關貞潔、在陰道口兩旁各一核、長半寸、名曰陰核、每核有管、由內戶生液逼出、以滑交媾、在陰道口旁、內戶裏面左右有一塊、中係迴管結成、外包筋膜、血至即大、以上各處血管皆多、脉管由陰陽內脉來、腦筋由自和腦筋、及腰鈎腦綱來、

陰道

陰道

陰道由外內戶起、至子宮頸止、前在膀胱後、後在直腸前、其式畧彎、前長四寸、後長六寸、有自縮力、能舒大、亦能伸長、中大、首尾小、口最小、常時閉、上包子宮頸、陰道內面皆摺皮、陰道圜、前厚後薄、前緊粘膀胱頸、後靠直腸、只隔連網、後面四份上一份、被腹內膈統膜、麗質分三重、外爲肌綫、中爲血綱、內爲內皮、上通子宮內皮、下通內外戶皮、

子宮

子宮功用藏胎、在童女式如梨、藏於骨盆中、間在膀胱直腸中間、底左右各有圓

子宮前面圖

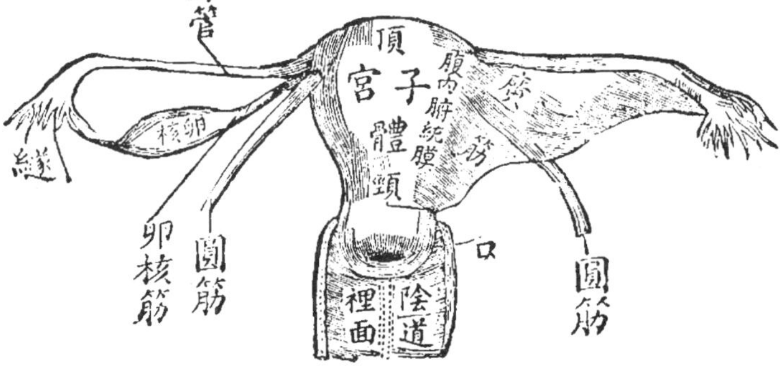

筋、廣筋、以提之、下有陰道以托之、底向上前、口向下後、由臍按線至尾閭骨末、即子宮之路、底上半、前後左右皆被腹內臟統膜、麗上被小腸靠住、子宮左右、皆有腹內臟統膜披離、下垂如翼、名曰廣筋中藏卵核、卵管、脈管、迴管、吸管、腦筋、子宮長約三寸、濶二寸、厚只一寸、重一兩零、應分底、體、頸、三者而論、卵管口以上曰底、以下至頸止曰體、再下曰頸、頸長約一寸、下半栽入陰道、頸末處有一裂、曰子宮外口、形如馬口、生產時即裂大、子宮圍甚厚有力、中有一孔、形三

角曰子宮房上濶下尖下角即通頸孔頸與體相合處有口曰子宮內口上兩角有卵管透入圍有三重外重即腹內膶統膜中重最厚未孕時質似肦經産後即變爲肌線並藏連網脉管迴管吸管腦筋等件肌線亦分內中外三層外層環子宮底透過卵管至胯筋中層有縱横斜三紋內層環於子宮內重即內皮麗子宮房裏面在房薄在頸厚故能藏小核以生液子宮筋有六條前筋二條後筋二條左右筋二條前筋由頸起透至膀胱後面○後筋由子宮起至直腸止○左右筋即是廣筋乃腹內膶統膜摺疊下垂透至骨盆旁在廣筋內上廉有卵管下前有圓筋後面有卵核卵核筋脉管迴管腦筋等件卵核筋長寸半透至子宮上角止圓筋長五寸由左右角起透上外前至胯外環過胯管入至盆中節箕白處分散子宮之脉名子宮脉卵脉其形屈曲迴管甚大與脉同路腦筋由腹下腦筋並卵腦網及第三四鈎腦網來有時子宮及陰道中生

一隔間分爲二此不多見、

卵管

卵管左右二條在廣筋上廉、由子宮上角起至盆旁止、每長四寸、起處孔小、僅入猪毛、過二三寸即漸大、至末處披展如繸、繸中有小孔、有一長繸稍大、透至卵核、管有三重、功用即引卵入子宮○

卵核

卵核色白、頗似卵子、左右兩枚、橫於腹內、離子宮旁寸半、在廣筋後面、長寸半、闊八分、厚半寸、其大小隨年不定、大約中年大、老幼皆小、內端有卵核筋透至子宮止、核外被腹內腑統膜包裹、統膜內更有筋膜、名曰白衣、衣內有筋綫、脈管、迴管、吸管、腦筋等件、纏結成網、網內藏多卵泡、其泡最大者如金豆、最小者目不能見、泡始生於核中、漸出漸大、及經將至、即出核外、到經已至、泡即裂開、由繸中孔入卵管、行至子宮、此泡似珠、中藏卵、似鳥卵、約列二百粒、長一寸、泡裂卵出、核有黃蹟、名曰卵蹟、未孕時蹟隨生隨消、經孕後蹟更凸出、其脈即名卵核脈、由總脈管來、迴管與脈

乳

同路、腦筋、由卵綱來、

乳

論乳男女皆有、惟男無功用、在胸膛前面、自第三脇、至第七脇、大小不定、孕否亦別、孕後脹大、老時縮小、左大於右、中有凸出者、曰乳頭、頭色黑紫、頭旁一環、處女色淡黃、孕時黑紫、頭頂有數孔、卽乳管口、頭旁有油核、出油、以護乳頭、免致吮傷、乳質卽衆小葉、並連綱、脉管、迴管、吸管、腦筋、乳管、合成、小葉聚成大葉、每大葉、出一乳管、至乳頭、約有二十條、乳內之筋線、主包小葉成大葉、少年時、皮膚下兩葉中間油多、故成乳式、及老油枯、卽縮小矣、其脉由腋脉、脇中脉、乳內脉來、迴管與脉同路、吸管入腋核、腦筋由胸膛前腦筋來、

全體闡微卷五終

五官功用

舌

論五官

五官之用、一為皮覺官、二為味官、三為嗅官、四為聽官、五為視官、皮覺官功用已詳第一卷、能別味者為舌、舌在口中、左右有下牙床骨、下面靠口底、上面頂腭、根麗舌骨並及會厭、舌尖薄窄、麗下切齒裏面、尖下

第二百四十四圖

舌圖

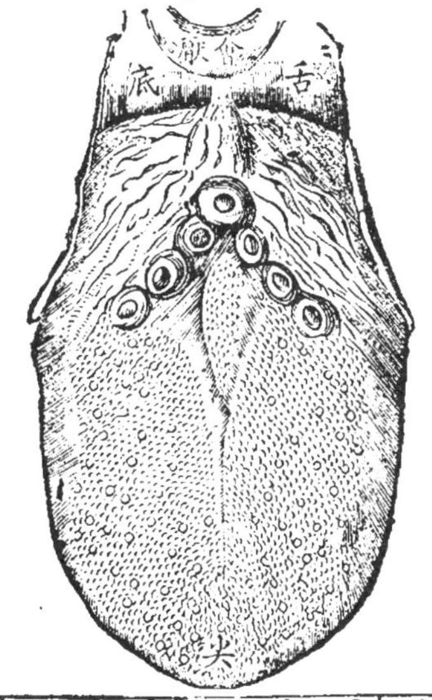

有筋、曰舌筋、即肉皮摺成、舌上覆中有一脊、舌分三分、前二分粗、後一分滑、上面及兩旁舌尖、皆有肉皮包裹、頗厚、至舌下、肉皮甚薄、舌面有微物凸出如刺者、約分三種、曰舌中大刺、大刺約只八粒至十粒、在舌後半之中、排列如八字形、刺末非尖式、略凸、中刺、較大、刺多係散列舌面、惟舌尖刺多於舌後、小刺在舌前半、用顯微鏡

視之見有尖毛極小三刺之中皆有脉管迴管腦筋更有小涎核生涎以潤舌舌中間有筋膜隔分爲左右舌自舌尖至舌底舌質卽肌與脉管迴管腦筋吸管合成其肌卽舌骨舌肌頤舌骨舌肌錐舌肌腭舌肌舌下肌等其脉卽舌脉面脉食管頭上脉等迴管與脉同路腦筋左右各三條一爲別味腦筋分散至舌刺止一爲第九對腦筋分散至內皮及大刺止此二者司覺悟更有一條

舌上面圖

第二百四十五圖

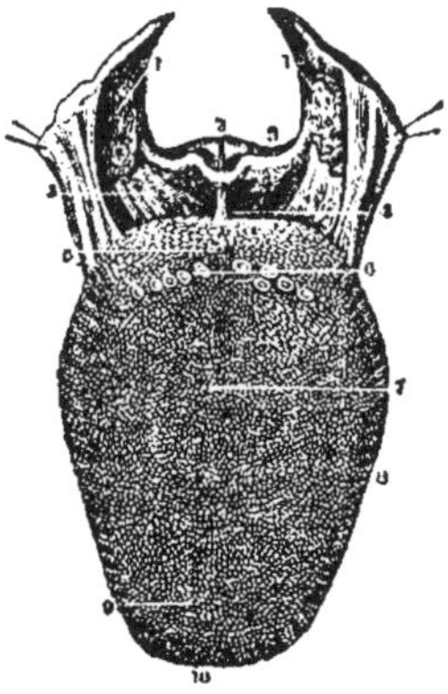

1 左右杏仁核
2 會厭
3 內皮
4 舌後旁小竅
6 舌大刺
8 舌中刺
9 舌小刺
10 舌尖

舌小刺圖

第二百四十六圖

舌中刺圖

第二百四十七圖

舌大刺圖

第二百四十八圖

鼻

節第十二對腦筋分散至各舌肌止專司運動

鼻爲司嗅之官須分內外而論現於面者爲外鼻藏於骨孔內者爲內鼻外鼻之式各國不同中國鼻梁平西國鼻梁高梁下爲鼻尖尖旁爲鼻翼尖下爲鼻底底有兩孔曰鼻孔孔廉爲內外皮相合之界孔裏生大毛所以濾氣內之雜物毋使傷肺成外鼻式者節鼻梁骨二左右上韌骨二上下牙骨鼻支二　中膈韌骨一左右下韌骨二

鼻梁骨

第二百四十九圖

鼻剖開半月圖

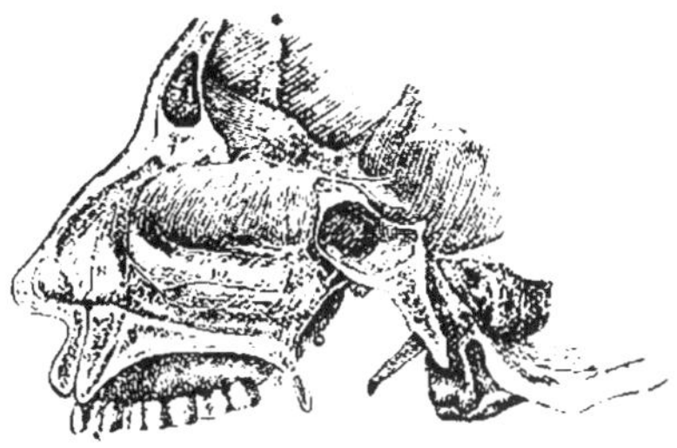

1 額穴
2 蝴蝶穴
3 腭
4 腦大房
5 第一對腦筋分散鼻處
6 蝴蝶腭腦筋
7 鼻內腦筋
8 鼻韌骨隔旁
9 腭前管
10 內鼻外界

鼻梁骨及上牙床鼻支已列骨部左右上韌骨二塊相合成鼻梁在鼻梁骨下鼻尖上裏面與鼻隔相連左右下韌骨二塊薄軟與上韌骨相連式半環爲鼻孔內外界若生瘡韌骨壞鼻則陷也

膈鄣骨

膈鄣骨、形三角、爲鼻孔內界、後接羅篩骨、犁頭骨、下連腭盤、此隔亦間有偏左偏右者、鼻肌共七條、已詳肌部、鼻外脉由面脉、眼脉、眼下脉來、迴管入眼迴管、面迴管止、腦筋與脉同名、至於內鼻成鼻孔之骨、已詳骨部、其孔自上唇高少許起、至食管頭止、前曰前孔、後曰後孔、孔之式下半向後而直、上半向上而窄、外小而內大、裏面所麗之內皮、一過淚總管、合於眼睛衣、一由耳氣管至中耳、並分透至額、蝴蝶羅篩、上牙床四穴、惟至水泡骨處、此皮最厚、血管亦多、內皮裏有衆涕管生涕、孔之上界有髮膚、並有第一對腦筋、由羅篩衆小孔出、分散至此、專司香臭孔裏更有上中下骨路三條、上路短、不甚大、有孔通至羅篩諸房及蝴蝶腭孔、中路通上牙床穴、下路直透鼻後孔、有時治病可用器由下路通至鼻後孔、鼻內脉、即羅篩前後脉、蝴蝶腭脉、三脉散佈、結成脉網、迴管入面迴管、眼迴管、腦筋由第一對腦筋、眼腦筋、上牙床腦筋來、

眼睛論

眼

眼睛正面圖

第二百五十圖

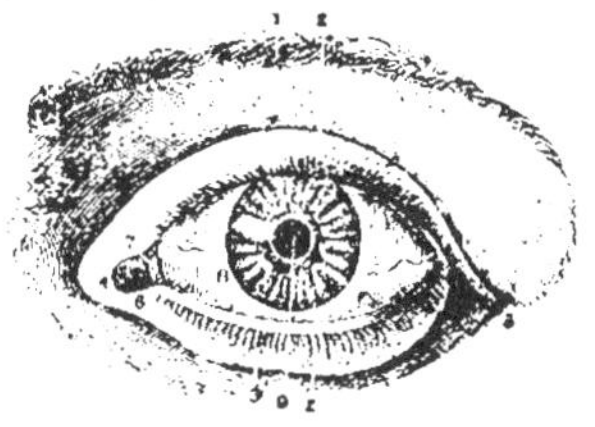

1 眉毛
2 睫毛
3 眼下胞
4 內眥
5 銳眥
6 淚管口
8 眼球
9 瞳子

眼分爲兩類、一爲眼球、一卽所護眼球者、茲先論其所護、卽眉毛眼窩眼胞淚具、

眉毛在眼窩高弌彎毛短、遮護眼睛

眼窩卽骨合成、已詳骨部

淚具圖

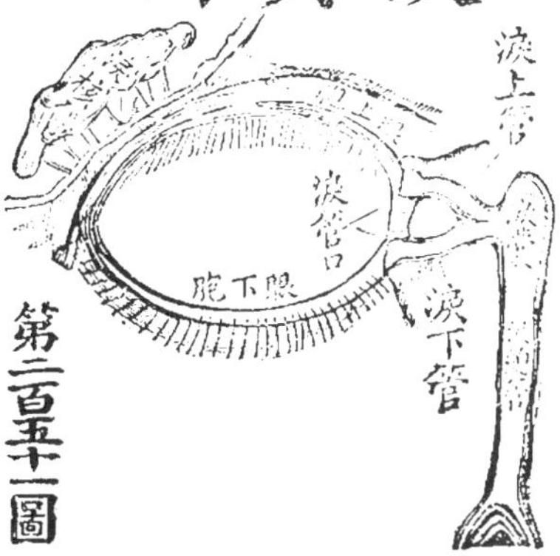

第二百五十一圖

眼胞

眼胞分上下、外面有皮膚、內面有眼睛衣、上胞大於下胞、開合之功用、亦多於下、上胞有一肌、主開眼胞、上下胞相連處、內爲內眥、外爲銳眥、胞之裏面、麗眼球、功用一、主護眼、一主勻淚、內眥有眼睛衣摺疊一粒、在人小、無甚功用、在禽大、能遮瞳子、眼胞之廉曰睫、睫生毛、上下兩排、上大於下、上毛朝上、下毛向

下故閉時不相粘、

睫韌骨

繫眼胞者有皮膚環肌、肌內有韌骨、曰睫韌骨、薄而長形如半月在上胞大在下胞小在內背處有筋線、由環肌粘韌骨、在銃背處有筋線由韌骨粘顴骨、睫毛之中、有數十小孔、卽油核之口、油核生油、主潤睫毛、

眼睛衣

眼睛衣、一麗眼球前面、一麗眼胞裏面、並下透淚管至淚囊、惟麗明角罩處極緊、極通明、餘處稍厚、所麗亦鬆、皆可攝起、中有微脈管迴管、發炎卽脹大、

淚具

淚具一淚核、大如杏仁、在眼窩上外角、卽額外角裏面、上面麗骨衣、下面略凹、靠眼球、並麗眼上外直肌、前界麗眼上胞、核中有衆小葉、小葉之管、合成大管數條、穿過眼睛衣、核質相似涎核、淚管分上下橫三條、一條短曰淚管、一條直大曰淚總管、

淚管

淚管離內眥一分、上下胞簾皆有小粒、粒中小孔、卽淚管之口、由此起、

淚總管　淚囊

眼球半剖圖

第二百五十二圖

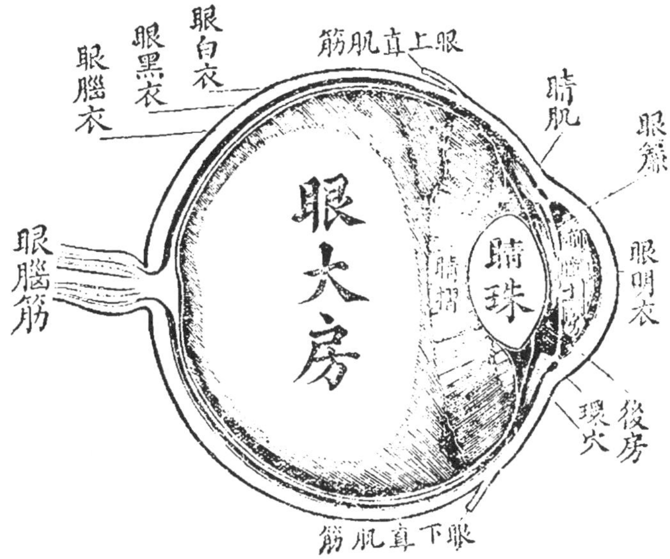

上者先向上、再橫至淚囊止、下者先向下、亦橫至淚囊、有時未入淚囊處兩管先相合、如管塞、淚即流於面矣、

淚囊、間在鼻旁內眥之中、邊被淚管骨遮過少許、外邊有兩條淚管透入、並有睫韌骨筋橫過、裏面有內皮、與眼睛衣、鼻內皮通、

淚總管、由淚囊下起、至鼻下路止、裏面亦有內皮、有時內皮摺成戶管、長七分、中小、兩

端大、

眼球

眼球爲視官、在眼窩前半、前面爲眼睛衣所罨、再前卽眼胞上下內外皆罨有肌、後有第二對腦筋及脈透入眼窩後半有油網、爲眼球之墊、大人球約濶一寸、深九分、球圍有數重、由外數內第一爲眼白衣及眼明衣、第二爲眼血衣及眼簾、第三爲眼腦筋衣、球內有眼水大房水睛珠等件、球外有一重薄膜、曰眼衣、內面罨眼白衣外面罨眼窩有數肌穿過此衣罨眼白衣、

眼白衣

眼白衣質似筋膜、厚有力、中有自縮筋線縱橫交結、遮眼球六分之五、前有一大孔、鑲眼明衣、後面最厚、前與眼明衣相接處亦厚、惟離眼明衣少許處薄、外面薄而光、裏面色黃、有一重薄連膜、間在眼白衣眼血衣之中、在後面中內一分處有第二對腦筋透入、卽名爲眼根、其脈管極少、

眼明衣　眼明衣、在前中前、麗眼睛衣而覆、後盂式圓、疊積二十六重、可厚一寸、週廉被眼白衣、衂接、用顯微鏡細視、知有五重、第一重為鱗膚、其薄通明、第二第四兩重皆薄膜、有自縮力、質堅而明、所以成覆形者、皆藉此兩重之力、第三重最厚、即明衣本質、間在二四重之中、乃六十重連膜合成、其明過於玻璃、第五重亦薄、麗於第四重、作前房前界、無脉管迴管、其吸管未曾查出、腦筋約有二三十條、由睛腦筋來、結成腦網、

眼血衣　眼血衣、包眼球六分之五、薄而黃、大與白衣等、前至明衣、連眼簾、後厚被第二對腦筋穿過、外面粗、麗於薄連膜、裏面光滑、合於眼腦衣、細視質分兩重、外重即睛短脉數條、由白衣穿入、分散彎迴、向裏、又迴管多條、佈結成迴網、網孔藏黑珠、裏重亦脉管佈成微管、接於迴管、透出白衣、血衣前廉裏面與眼簾相合處、週環有小摺紋羅列、每紋形如刺、曰睛刺、長一分、尖薄、與血衣平、底厚、與眼珠繫筋錯合成厚環、刺中多微

眼簾

管、皆彎迴成迴管、又血衣與白衣相隔之中有一肌、曰睛肌、色灰、潤一分、前厚後薄、由白衣明衣相連處起、分開向後、與血衣眼簾環肌合

眼簾繫於眼前、半形如圓簾、垂於水內、潤半寸、當明衣後、睛珠前、中有圓孔曰瞳子、簾後面色與眼腦衣同、前面各國不同、有藍、棕、黑、灰等色外簾有環筋、並麗於血衣、明衣、睛肌等、離白衣少許、有一孔、曰環穴、簾前曰前房、簾後曰後房、前後房皆有水、曰眼水、瞳子之大小、即眼簾之舒縮、蓋在暗處能開大、以取光、在光處即縮小、以護目、爲用甚要、有時眼病、眼簾與明衣、或眼珠粘合、即不能舒縮矣、眼簾之質、即肌線、脉管、迴管、腦筋、連膜合成、而簾之前後、更有一薄膜、前膜即明衣裏面之薄膜曲迴者、瞳子廉、有數條環肌線、主縮小、更有直肌線多條、環列於環外、直至簾外廉、主舒大、簾中更有衆多小黑珠、色與血衣珠等、胎兒六七月時有一薄膜、橫遮瞳子、如出胎、此膜仍在、即生而瞽矣、至於眼簾

眼腦衣

之脉應分兩類一曰睛長脉二條一曰睛前脉六條長脉穿過白衣向前在白衣血衣中間眼簾後少許每條又分為上下二支與睛前脉皆互通成一脉環藏在簾外廉肌內又分衆小支一至肌一至簾睛前脉六條由眼脉來在明衣廉後一分穿過白衣與睛長脉互通睛迴管與脉同睛腦筋十五條由結並第五對眼腦筋來向前至睛肌明衣眼簾等處分散

眼簾並瞳子裏面圖

第二百五十三圖

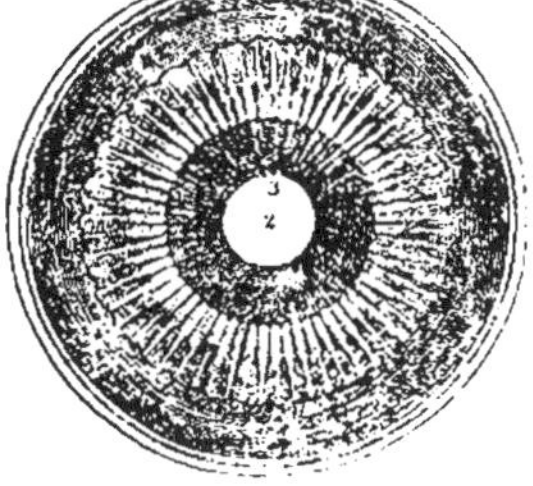

1 眼圖三重割斷
2 瞳子
3 眼簾
4 睛捐
5 眼腦衣

眼腦衣為球第三層外面麗血衣裏面為大房外界薄而軟而前又薄於後合二百重厚只一㸃包眼球六分之五大與血衣等前廉式如鋸齒即名眼腦衣齒外射影入倒映於上在

後中處有一圓粒色黃名黃塊塊中有凹爲腦衣最薄處未知主何功用黃塊向內一分有第二對腦筋穿過此衣雖薄用顯微鏡覗之郤有八重由內數外第一重爲腦絲二重爲腦結三重爲微珠四重爲大珠五重亦微珠六重亦大珠七重形如梳齒八重爲本色珠此外更有薄膜二重爲內外界以上既分八重必須再詳論之第一重甚薄即第二對腦筋分布微絲列成腦絲網愈前愈薄第二重後厚前薄其腦結隨厚薄重疊自一粒至七八粒不等結之內分腦絲一條入第一重結之外分腦絲二條入第三重第三第五兩重相類皆微珠尙未細查其詳第四第六兩重亦相似皆卵式珠有核有仁惟第六重內有第七重梳齒根透入第七重梳齒長短分兩類長者式圓每條分內外二截內大於外短者間在長者之中較長者大長短二根皆透入第六重第八重係六角珠合成外面麗血衣裏面麗第七重另有腦線透入第七重腦

衣之脉管卽名腦衣中脉入眼球當在第二對腦筋之中又布成脉網迴管與脉同路眼球之中有三物一爲前後房水一爲睛珠一爲大房水

前後房水 前後房水由瞳子相通故只一物前房在明衣後眼簾前後房在眼簾後後界卽睛珠衣水只少許味鹹中有鹽質

睛珠

眼球削開半爿圖

第二百五十四圖

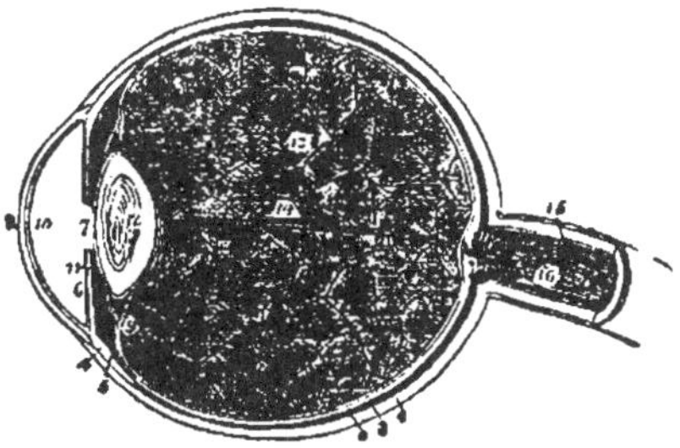

1 眼白衣
2 眼明衣
3 眼血衣
4 睛筋
6 眼簾
7 瞳子
8 腦筋衣
9 眼環穴
10 眼前房
11 眼後房
12 睛珠
13 大房水

眼珠在瞳子後大房水前通明潤三分餘質分多重如葱中堅而外軟在胎兒時此珠圓如球中年時稍扁如厚凸鏡形老年更薄色黃珠外有一自縮通明薄膜名睛珠衣在珠前厚在珠後薄能使睛珠定位者有筋繫之曰繫睛珠筋薄

而通明、在大房水前、血衣後、麗腦衣前廉、並透至睛珠前廉、外面有摺紋與睛刺相𨚗接、細視繫筋有兩重、由腦衣鋸齒起、外重有力色白、麗睛刺裏面、內重薄通明、向前至睛珠衣前廉止、此筋離大房水少許、週圍作一環、曰環穴

大房水 大房水居眼球五分之四、裝在腦衣中、前面凹、爲睛珠所靠、質稠通明、外面包一重通明膜、曰大房水、在胎兒時、有一脉直透至睛珠、至出胎後、大房內並無脉管迴管、

眼球脉 眼球之脉管、即睛短脉、睛長脉、睛前脉、五六條、腦衣中脉等、迴管四條、由血衣起、穿過白衣、至眼迴管止、腦筋由第二對腦筋來、睛長腦筋由眼腦筋來、睛短腦筋由眼腦結來、

耳

耳 耳司聞、分爲三、曰外中內耳、外耳由外起、至耳膜止、大小長短平顯、隨人各

別在外即皮膚包韌骨上大下小前面向前外耳肌三條已列肌部此

外耳圖

第二百五十五圖

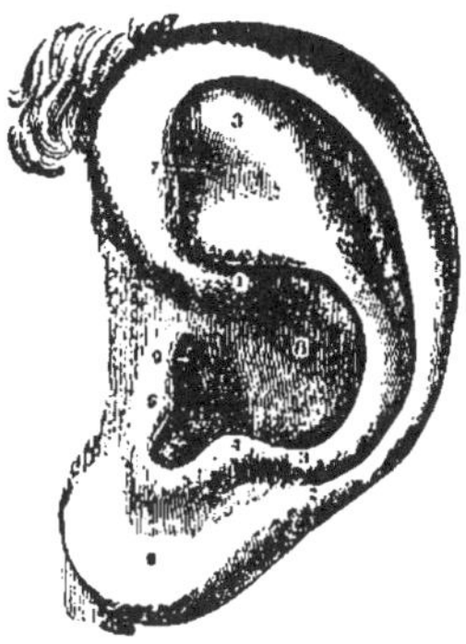

三肌在人無甚功用在獸主握動外耳之根麗於耳門骨耳外孔廉遮於耳孔者曰屏垂於下者曰垂耳孔後之窪曰耳鑿耳上廉有環曰大環大環之下曰小環功用主導麗入耳孔又皮生細毛並藏數油核以生耳蠟韌骨色黃麗有數筋線肌線甚小無甚要脈管由耳前後脈兩條來迴管透入太陽迴管腦筋即耳大腦筋由頸腦網來又有耳後腦筋由面腦筋來

耳管

耳管由耳鑿起至耳膜止長約一寸二分式彎非直向上前下中處最小末處斜接耳膜故上界長於下界管之裏半爲骨管之外半爲韌骨

皮膚即外皮膚透入惟薄於外裏半麗骨衣並耳膜外面生毛並藏油核以生蠟脈管由耳後脈頦內脈太陽脈來腦筋由第五對腦筋來

中耳

中耳在耳門骨內外界耳膜前有頸脈後有馬乳小房外有耳管內有內耳中藏三骨並通耳氣管透至食管頭前至後深半寸上至下約三分橫濶二三分後與馬乳小房通上界有薄骨一重即腦之底下界亦一薄骨即頸迴孔外界耳膜之上下亦少麗於骨此面有三小孔一在後廉小透下入面腦筋至耳膜止是爲耳膜腦筋之入路一在臼中裂中長一分以通縱耳膜肌並小脈管及椎骨長支更有一孔即耳膜腦筋之出路

耳膜

耳膜式圓濶約三分外廉鑲於骨槽分三重椎骨柄在內中重之中透於膜中裏重即內皮外重即皮膚中重爲薄筋膜內重直監中耳內面有五物一爲卵孔二爲圓孔三爲阜四爲面腦筋管脊五爲角卵孔由

耳透入內耳、遮有二重膜、膜麗於鐙底、

圓孔

圓孔位當卵孔之下、後透入螺紋、亦有膜遮過、此膜外凹內覆、可分三重、

阜位

阜位在卵孔圓孔之中、薄而凸、阜內即螺蚊、

面腦筋管脊

面腦筋管脊、即第七對面腦筋穿入耳內孔、與第八對耳腦筋並列、第八對入內耳以司聽、第七對入面腦筋管、至馬乳錐孔、即出耳門骨、但此面腦筋管、藏在中耳內、起一脊、故曰面腦筋管脊、

角

角在卵孔後、式如牛角、中空、藏鐙肌、至末有孔、以通肌筋、中耳之後上濶下窄、有數孔透至馬乳、小房大小無定、房裏有內皮附麗、中耳之前、亦上濶下窄、有張耳膜肌管、並耳氣管相並、肌管在上、藏張耳膜肌、氣管在下、向前下內、長寸半、分二截、上截在骨、長寸半、下截在韌骨、長一寸、至食管頭旁止、裏皮所麗之內皮、一與食管頭內皮合、一與中耳內

皮通以上中耳六面已詳其中所藏三小骨骨部未論茲故詳述一曰椎骨一曰砧骨一曰鐙骨

椎骨

椎骨名因其形分頭頸支三件上曰頭式如卵與砧骨相連頭下縮小處曰頸再下有三支最長一支向外麗耳膜其次一支則透至臼中裂麗於筋線而縱耳膜肌即由此處起再次一支離耳膜少許至末處繫張耳膜肌本

第二百五十六圖

耳中三骨圖

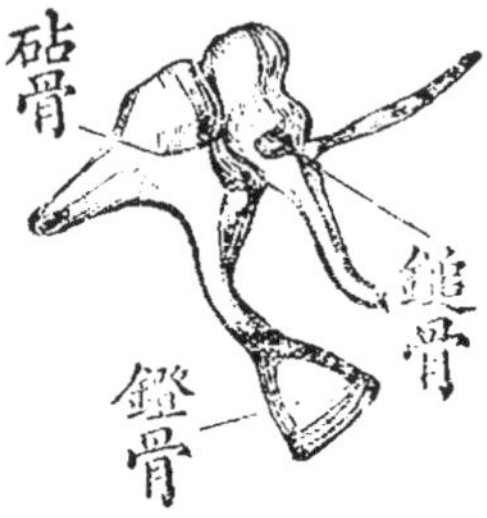

砧骨

砧骨亦因形名分一體二支體式方其頂有凹與椎骨相連二支分歧短者向後長者直下至末與鐙骨相連

鐙骨

鐙骨式如馬鐙分頭頸底頭接砧骨頭下縮小處曰頸以麗鐙肌底麗卵孔膜此三骨相連如鍊外束以筋其相連之節有磁骨裹筋節衣更有三筋繫於中耳圍中耳之肌即張耳膜肌縱耳膜肌鐙肌張耳膜肌大藏於

張耳膜肌
縱耳膜肌
鐙肌
內耳
墀

張耳膜肌管由三角石骨下及氣管旁起向後成一細筋透入椎柄止
縱耳膜肌由蝴蝶骨並氣管旁起向後穿過臼中裂至椎骨頸止
鐙肌在人身衆肌中爲最小由角內起至鐙骨頸止功用張縱二條節主其名鐙肌主下鐙底脉管五條二由顏內脉來一由耳後脉來一由腦衣中脉來一由上食管頭脉來迴管透入腦衣中迴管食管頭迴管止腦筋由面腦筋頸腦網眼腦結而來

第二百五十七圖

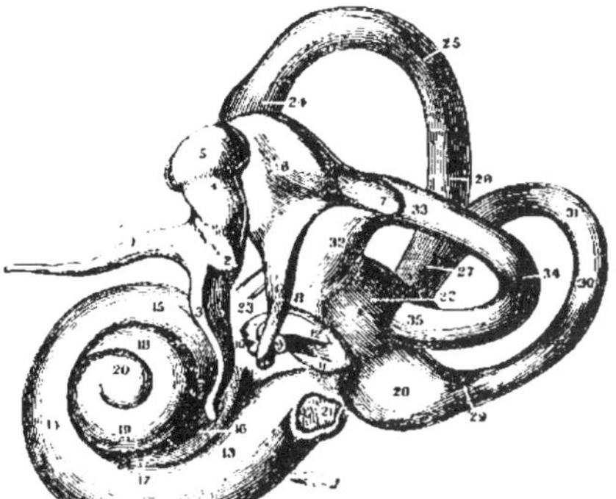

1 椎骨柄
2 椎骨短支
4 椎骨頸
5 椎骨頭
6 砧骨
9 鐙骨
13 14 15 螺紋
22 23 墀
24 25 26 前環管
28 29 30 31 後環管
32 33 34 35 外環管

中內耳展大圖

內耳主聽最要在三角石骨中分爲三一曰墀一曰半環管一曰螺紋
墀在中處位當螺蚊

半環管
螺蛟

後半環管前略似卵式前至後深二分外面有卵孔內面前半有數小

第二百五十八圖

此圖即螺紋剖開半寸長大圖
其螺紋高未有半寸

耳螺紋圖

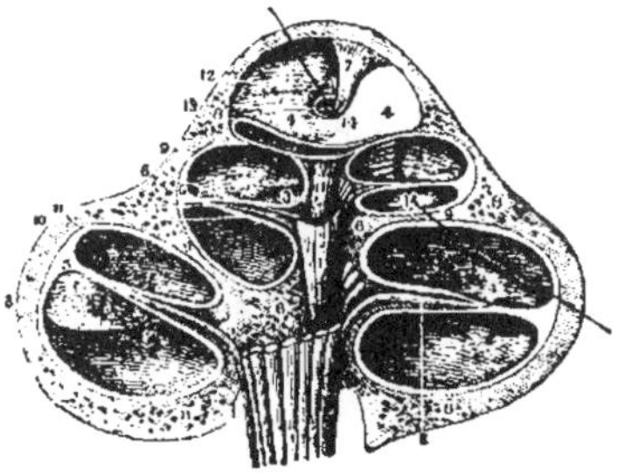

孔以通腦絲後半有一小孔以出迴管後面有半環管五孔透入前面有一卵孔透入

螺紋

半環管三條有二條兩頭相合故入墀只五口在墀上後

濶半分入墀處稍大兩條直一條橫

螺蛟式似扁螺尖向前外底向耳內孔濶二分餘長相等旋疊半層半中有尖幹以旋螺管由底至尖下濶上尖尖處開如漏孔即名曰漏螺管內生隔骨分一管爲兩管由底至尖皆然惟至尖兩管相通螺蛟之前有三孔即卵孔一透入墀一爲小迴管孔在墀半環管螺蛟三者裏

面有濕膜附麗膜之裏面光滑、不與中耳相連、膜生水曰內耳水及墀、半環管、螺蛟三者管內另有膜筒藏水、筒爲耳腦筋末所麗隨處皆有、

耳腦筋末圖

第二百五十九圖

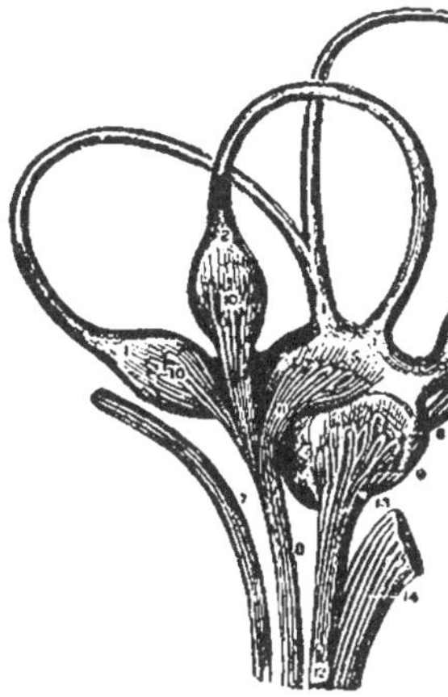

1 上半環管膜
2 外半環管膜
3 下半環管膜
4 上下二管合處
7 第八對腦筋
8 腦筋前支
9 10 11 腦筋前支分散各等處
12 腦筋後支
14 螺紋腦筋割斷

惟在墀處、筒濶似囊、筒囊之圍皆有三重、外重藏血絲管、中重通明、內重甚薄、質爲鱗膚、主生水、此水與內耳水相同、內耳脉由耳內脉、耳後脉、枕脉等處來、迴管入三角石上迴穴止、腦筋卽第八對腦筋、分開兩條、一至螺蛟、一至墀、至墀者又分爲上中下三條、上條又分數腦結、透入墀內至囊並上半環管止、中條亦透至墀並筒囊止、下條透下後至後半環管止、至螺蛟者、在幹底處分多

條、旋繞至尖、並成腦網、腦結、凡此腦筋皆在膜内
功用、外耳主導聲入耳、達於耳膜、膜傳於三骨、三骨傳於卵孔膜、膜動
水應、卽達於腦筋、而傳於腦矣、

小腸疝

胯腦部

此部因小腸疝之出路、學醫之士、必須考核、方能奏刀無誤、故須另詳、蓋小腸疝雖有數種、無非小腸墮膜而出、在臍處曰臍疝、在胲處曰胲疝、在腦處曰腦疝、○臍疝卽小腸由臍凸出、○胲疝卽小腸由胲衝出分二種、一與卵子筋同路墮下、曰斜胲疝、一直衝裂腹圍而出、曰直胲疝、此處由外至內層次、各篇已言其畧、茲當再論其詳、第一重皮膚與別處同、第二重淺膜分淺深二重、二重之中藏脈管迴管、吸核等件、淺者厚如網、中藏脂、上與腹淺膜通、下與腦淺膜通、裹卵子筋、卵子後至會陰處、裏面有腹中下淺脈、陰陽前外脈、陰陽前外迴管、胯胲腦筋、吸核等件、

腹中下淺脈、由大腿脈起、過胲筋、斜向上至臍、分散於皮膚、其迴管入腦內迴管、又有胯前彎迴脈、向外至胯骨上廉分散、

陰陽前外脉橫過卵子筋前面至莖腎囊等處分散有時治疝須剖斷此脉吸管多與脉管同路透入三四粒吸核與脥筋齊○深重質筋膜甚薄在腹中處麗白筋在下麗脥筋並

腿脥諸脉圖

第二百六十圖

腹淺斜肌筋膜　上肌筋膜橫下

皮膚諸脉

腹深斜肌

腹橫肌

腹橫筋膜

腹中下脉

腹白筋

卵子筋

大腿脉

腿深脉

外彎迴脉

廣膜兼包卵子卵子筋後橫至會陰與會陰筋膜合裏面卽腹淺斜筋膜此膜薄有力筋線斜向下內麗於胯前上角並交骨上脊交骨峯盆中節白筋等處由胯前上角起至交骨峯止卽名爲脥大筋麗交骨脊處名脥小筋薄三角形向上後在卵子筋後在交骨高少許此膜分開作脥外環長一寸濶半寸在男藏卵子筋在女藏圓筋男環大於女故

腿脥部淺圖

第二百六十一圖

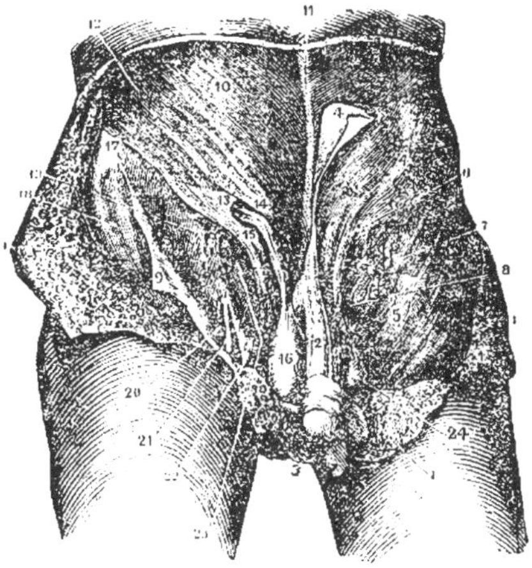

1 皮膚翻起
2 陽莖
3 腎囊皮膚
4 腹淺膜
5 腿淺膜
6 左卵子筋被淺膜遮
7 脥核數粒
8 陰陽外脉
9 腿淺膜割開
10 腹淺肌筋
11 腹白筋
12 腹淺斜肌
13 脥外環
14 上柱
15 下柱
16 卵子
17 胯前上角
20 腿環
21 小迴管
22
23 腿迴管

腿脥部深圖

第二百六十二圖

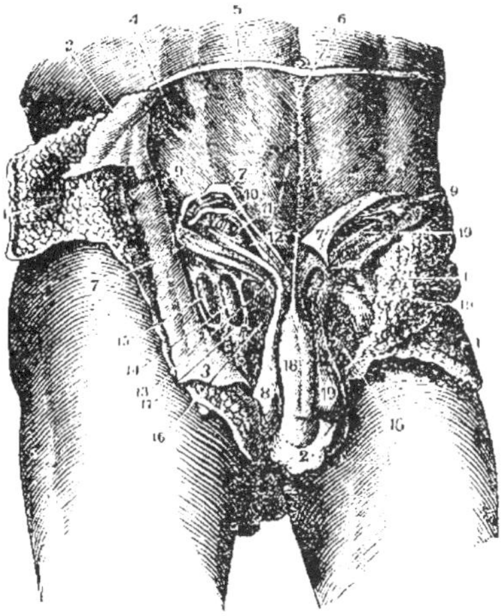

1 皮膚
2 腎囊皮膚
3 腹膜剖開
4 腹淺斜肌
5 腹淺斜肌筋
6 腹白筋
7 腹淺斜肌筋割斷翻開
8 右卵子
9 腹深斜肌
10 腹中下脉
11 卵子筋穿入脥管
12 卵子筋被提卵子肌遮
13 腹外環剖開
14 15 脉衣剖開
16 交肌
17 大腿脉迴管被馬乳包
18 陽莖
19 卵子筋

全體闡微　卷六　跨腿　十三

男患胯疝較女多、胯外環四界下至交骨頂上至柱中筋兩旁卽筋線、名曰內外柱、外柱在環下半包卵子筋內柱在上濶而薄上下卽與外柱相合柱中筋卽數條筋線橫過兩柱麗一膜曰柱中膜甚薄包卵子、及卵子筋、胯疝此重亦裹小腸若脚直伸擺外、外環卽縮小若屈膝至胸、脚尖彎裹外、環卽舒大故治胯疝宜屈膝上托○第三重卽腹深斜肌、腹橫肌已詳肌部、惟其肌筋兩條合一、名曰合筋在胯小筋後凡患胯直疝、此重卽裹小腸更有數條肌線在卵子筋前名提卵子肌卽一腹深斜肌被卵子墜落數條肌線在女無、如患水疝此肌線卽發大腹橫肌裹面有第四重腹橫膜已詳肌部、

胯內外環

胯外環之上有胯管上界胯內環、下界胯外環、長寸半、在男藏卵子筋在女藏圓筋、此管循胯大筋而下管前界卽皮膚淺膜、淺斜筋膜、深斜肌、後界合筋三角筋、橫筋膜、腹內腑統膜、

脥內環式如卵開口於橫膜上界卽橫肌內界腹中下淺脉裏面有腹內膌統膜遮過在脥內環廉有一薄膜捲如尖管式向下裏卵子筋凡患脥斜疝小腸被裹層次入脥內環先被腹內膌統膜及尖管包裹墜落膜管被腹橫肌數條肌線及提卵子肌包裹至脥外環被柱中筋包裹及落腎囊又被皮膚淺膜包裹此疝亦有只在脥管未出外環

脥直疝

脥直疝卽小腸由腹穿裂合筋再出胯外環墜落腎囊被皮膚淺膜遮過計患此二疝者斜疝居六分之五直疝居六分之一

腿疝

腿疝卽小腸由腹脥大筋及數肌下衝出至大腿脉大腿彎迴內面隨脉管下出腿環有時亦有未出腿環者此疝女多於男腿之皮膚與衆同淺膜兩重與脥淺膜同中藏吸核並迴管迴管之大者名腿內迴管過腿環入大腿迴管淺膜裏面有大腿廣膜已詳肌部膜上麗脥大筋筋下一寸有孔如卵式者卽名曰腿環長寸半濶半寸過此環者有腿

內迴管並吸管數條、當膕環外廣膜裏面有大腿迴管、大腿脉管並列、內迴管外脉管向上麗交骨前面由腴大筋後入腹、其入腹處之口曰腿環、前界即腴大筋後界交骨並梨肌內界腴小筋合筋橫筋膜外界大腿迴管並迴管衣、此環式亦如卵、潤半寸、女大於男、在環前廉、男有卵子筋、女有圓筋在環之上廉、有腹中下淺脉斜橫過、如奏刀不愼割斷甚要、如無此疝、此環不甚大、只容脉管迴管出路矣、此處脉管迴管即名大腿脉管大腿迴管、又有衣以隔包之、又在腿環下更有薄膜捲如尖管亦包之、尖管前半係腹橫膜所作、後半係胯膜所作、尖管之內向外藏脉管中藏迴管、向內成一管、名曰腿管、即膕疝之出路、並藏吸核及通吸管、其入腹處之口大如指頭、上有腹內脇統膜遮過、並有連膜以塞管、凡患膕疝、即小腸橫入膕環、直下腿管、循大腿迴管內面、至膕環橫出、又畧向上裹此疝者、一皮膚　二淺膜　三篩膜　四尖管　五塞膜　六腹內脇統膜

尻肛會陰部

以上身體各部均已詳論、惟盆底之外面尻肛、與會陰二部、亦須細載、蓋因治石淋及總溺管塞等症、必須奏刀也、會陰與肛尻式皆尖兩尖相合成爲斜方、會陰在前、尻肛在後、會陰尖向前、當盆中節左右邊界

第二百六十三圖

會陰部諸脉圖

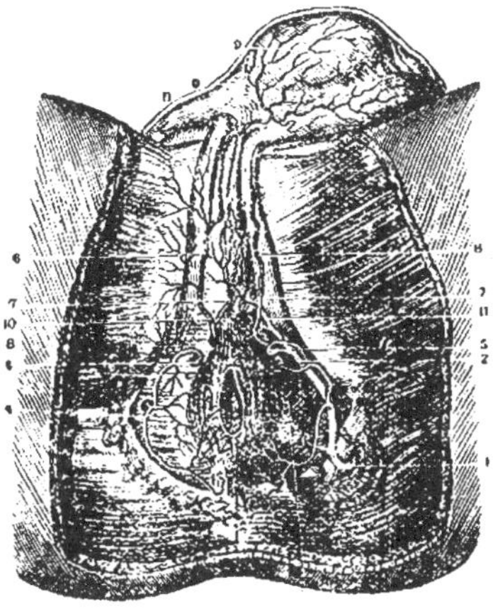

1 陰陽內脉
2 陰陽內脉隔在橫會肌並莖肌間
3 直腸下脉
4 淺脉數條至肛門止
5 會陰脉
6 莖下榦蒂脉
7 莖下榦脉
8 9 腎囊諸脉
10 莖上榦脉
11 莖上脉

交尻兩骨後、中界肛門後、左右界尻骨座、尻肛尖向後、當尾閭骨左右邊界、交尻大筋及尻骨座、前中肛門前、左右尻骨座、是與會陰相爲界、

兹先論尻肛部、前界中處有肛門、肛門左右有一壑、其壑藏油、名尻肛壑、肛門廉皮膚色黃、與內皮合、肛門廉有摺紋、縮時顯舒、大時即平矣、肛門廉之迴管時或脹大、即名外痔、皮膚裏有膜一重、膜內有束肛門淺肌、後由尾閭骨起、前至會陰中筋止、與會陰橫肌、提肛門肌、急溺肌相合、肛門內深一寸有二環肌綫、名束肛門深肌、○尻肛壑在直腸左右、式尖、尖向上、底向下、濶一寸、深二寸、有時成膿即成漏管○會陰亦三角形、三界已列在上、前至後長約三寸、後濶亦約三寸、男女有別、男中有微脊、由肛門前透至腎囊、皮膚色黃、多短毛、皮膚裏有淺膜兩重、第一重與腹大腿淺膜通、第二重質薄、筋膜包莖根、前與腎囊通、左右麗尻骨座及尻骨橫支、外麗莖角、後過會陰橫肌、向上作隔、與深膜通、膜之裏面左右皆有三肌、即急溺肌會陰橫肌起莖肌○急溺肌、位在會陰中處、當肛門前、由會陰中筋起、包莖下榦、左右相同、功主急溺、並主起莖、○起莖肌、由尻

第二百六十四圖

男尻肛會陰部圖

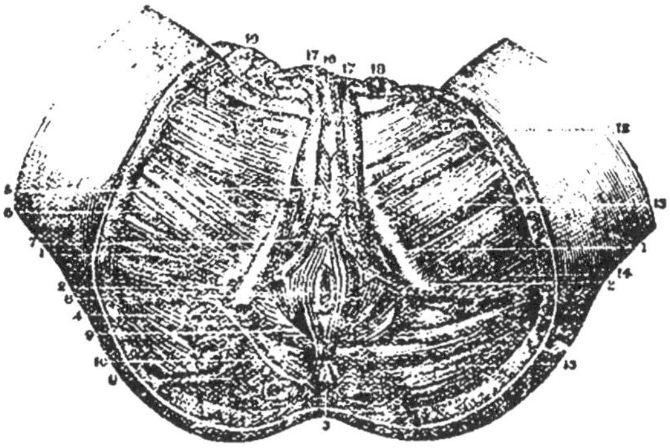

1 尻骨上皮
2 尻骨座
3 尾閭骨後面
4 鉤尻大筋
5 急溺肌
6 立莖肌
7 會陰横肌
8 束肛門肌
9 提肛門肌
10 尾閭肌
11 臀大肌割斷
12 長閤肌
13 短閤肌
14 大閤肌
15 大臀肌
16 總溺管
17 莖上榦
18 卵子筋
19 莖頭

第二百六十五圖

女尻肛會陰部圖

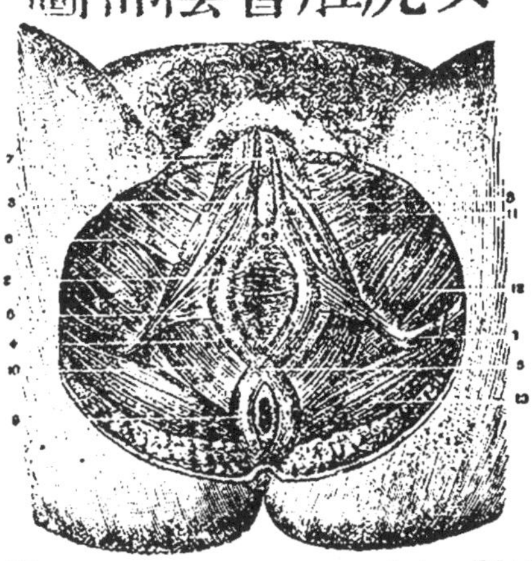

1 尻骨座
2 束陰道肌
3 陰莖本
4
5 束肛門肌
6 立陰莖肌
7 陰莖
8 會陰横肌
9 束肛門肌
10 提肛門肌
11 葯窕肌
12 大閤肌
13 臀大肌

束陰道肌

骨座起、向前至莖角下面止、中大兩端小、左右相同、
會陰橫肌、橫過會陰後界、由尻骨座起、橫內至會陰中筋止、此三肌相
向中間成三角空處、空處之底卽深膜、有會陰前脈、及迴管、腦筋等件、
已列脈部、
肌之裏面有深膜、名三角筋膜、卽三角形、前麗盆中節下筋、左右麗尻
交兩骨、後麗會陰中筋、與淺膜之第二重相合、此膜中有一孔、以通總
溺管、孔濶三分、高少許、更有一孔、以通迴管、兩旁亦有一孔、以通陰陽
脈、及陰陽腦筋、此膜上分前後二重、前重向前、麗總溺管、後重向後麗
膀胱底核、再後有膀胱頸、俱詳膀胱論中、
女會陰之中、有陰戶肌七條、名卽束陰道肌一 會總溺管肌 會陰橫肌 起陰莖肌一 束肛門肌 提肛門肌
尾閭肌
束陰道肌、由會陰中筋起、與束肛門肌合、肌線向前、循陰戶左右、至陰

莖止、

起莖肌　起莖肌、似男而小、

會陰橫肌　會陰橫肌、由尻骨座起、至束陰道肌止、即與束陰道肌合、其餘四肌與男同、

全體闡微卷六終

ANATOMICAL VOCABULARY

IN

ENGLISH AND CHINESE

BY

D. W. OSGOOD, M .D.

General Terms Alphabetically Arrangd

Bone	骨	九　頁
Cell	生 珠	一
Cell wall	珠 圍	一
Glands lymphatic	吸 核	一百七四
,, nonsecreting	無生液核	七
,, secreting	生津液核	七
,, sebaceous	油 核	六
,, sudoriferous	汗 核	七
Haversian canals	發骨管	一
Inorganic	土 質	一
Marrow	骨 髓	九
Matter animal	生 質	九
,, earthy	地 質	九
Membranes mucous	皮 內	五
,, serous	濕 膜	四
,, synovial	節 衣	四
Nucleus	珠 核	一
Nucleolus	珠 仁	一
Organic	生 質	一
Osteology	骨 部	一
Periosteum	骨 衣	九
Protoplasm	珠 質	一
Sensation	覺 悟	一百七五
Solids	定 質	一
Synovial bursa	動 囊	
Tissue adipose	油 網	三
,, cellular	連 網	二
,, white fibrous	白筋網	二
,, yellow elastic	黃筋網	二

全體闡微

				頁
Blood	Blood corpuscles	血	血　輪	二
	Serum		血　汁	二
	Fibrin		血　絲	二
	Chyle		養　汁	二
	Lymph		明　汁	二
Classification of Bones	They are divided into long, short flat and irregular	骨數	全體之骨分四類即長短扁無形	九
Descriptive Terms	Shaft		骨　桿	
	Extremities		骨　端	
	Medullary canal		髓　管	
	Tuberosity		骨　阜	
	Tubercle		骨　珠	
	Spine		骨　峯	
	Ridge		骨　脊	
	Fossae		骨　壑	
	Grooves		骨　槽	
	Fissures		骨　裂	
	Foramen		骨　孔	十
The Brain and Nervous System	Cerebro-spinal axis	腦	腦脊根	
	Sympathetic system		自和腦筋類	
	Nerves		腦　筋	
	Afferent nerves		入腦筋	
	Efferent ,,		出腦筋	一百七五
	Nerve sheath		腦筋衣	
	,, fibres		腦　絲	
	Plexus		腦筋網	
	Ganglia		腦　結	
	Pacinian corpuscles		腦根末珠	
Circulation	Heart	運血路	心	一百十四
	Arteries		脉　管	
	Veins		廻　管	
	Capillaries		微　管	
	Lymphatics		吸　管	一百十五
	Vasa vasorum		養管脉	一百十八
	Valves		管　戶	
Cartilage	Fibre	軟骨	朋	
	Hyaline		磁韌骨	
	Permanent		實韌骨	
	Temporary		暫韌骨	三

Terms Arranged According to Subjects

OSTEOLOGY　　骨　部　　一至五三頁

The Bones are divided into four groups viz, the head, the upper extremity and the lower extremity.

全體計有二百骨分爲四類
一卽頭面二卽胸膛背
三卽上肢四卽下肢

The Bones of the head are sub-divided into those of the Cranium and of the Face

頭諸骨應
頭顱骨八塊
面骨十四塊

The Bones of the Cranium are	Occipital	頭顱骨類	枕　骨	十八
	Parietal		顱頂骨	十九
	Frontal		額　骨	玖 卅 三
	Temporal		耳門骨	二十一
	Sphenoid		蚨蝶骨	二十四
	Ethmoid		羅篩骨	二十五
The Facial Bones are	Nasal	面骨類	鼻梁骨	二十九
	Superior maxillary		上牙床骨	二十六
	Inferior ,,		下牙床骨	二十八
	Lachrymal		淚管骨	二十九
	Malar		顴　骨	三十
	Palate		腭　骨	二十八
	Inferior turbinated		氷泡骨	二十九
	Vomer		犂頭骨	二十九
Occipital Bone	Occipital protuberance	枕骨	枕骨外阜	
	Superior curved line		上彎脊	
	Inferior ,, ,,		下彎脊	十八
	Foramen magnum		大　孔	
	Condyle		骨　盤	
	Ant. condyloid foramen		盤前孔	
	Post. ,, ,,		盤後孔	
	Jugular process		横　骨	
	,, foramen		頸廻管孔又名頭顱底後孔	
	Internal occipital protuberance		枕頭內阜	
	Basilar process		枕骨底	十九
Parietal Bones	Parietal bone	顱頂骨		
	,, ridge		顱頂脊	十九
	,, eminence		顱頂阜	

	OSTEOLOGY		骨　部	頁
Sphenoid Bone	Cavernous sinus	蝴蝶骨	曲　槽	二十四
	Sphenoidal cells		蝴蝶窩	
	Foramen rotundum		圓　孔	
	,, ovale		卵　孔	
	,, spinosum		錐　孔	
	Pterygoid fossa		翅　壑	
	Sphenoidal fissure		長　孔	二十五
	Vidian canal		翅　管	
Ethmoid Bone	Crista galli	羅篩骨	鷄　冠	二十五
	Ethmoid plate		篩　盤	
	Perpendicular plate		直　盤	
	Lateral masses		羅篩翅	
	Ethmoid cells		羅篩窩	
	Bones of the face		面諸骨	二十九
	Nasal bones		鼻梁骨	
Superior Maxillary Bone	Malar process	上牙床骨	顴　支	
	Nasal ,,		鼻　支	
	Alveola ,,		牙　座	
	Palatine ,,		膀　盤	
	Infra orbital foramen		眼下孔	
	Orbital surface		眼　盤	
	Maxillary sinus		上牙床穴	二十八
	Anterior palatine canal		膀前孔	
	Posterior ,, ,,		膀後孔	
	Lachrymal duct		淚總管	
	Lachrymal bones		淚管骨	二十九
	Malar bones		顴　骨	三十
Palate Bone	Horizontal plate	膀骨	膀　盤	二十八
	Posterior nasal spine		鼻後峯	
	Vertical plate		直　盤	二十九
	Orbital process		眼　盤	
	Spheno palatine canal		翅膀管	
	Inferior turbinated bone		水泡骨	二十九
	Vomer		犂頭骨	二十九

OSTEOLOGY			骨　部	頁
Base of Cranium Interior	Anterior fossa	頭顱底裏面	前　堅	
	Median ,,		中　堅	三十四
	Posterior ,,		後　堅	
	Foramen cæcum		額小孔	
	Crista galli		雞　冠	三十五
	Ethmoidal spine		羅篩峯	
	Anterior ethmoidal foramen		膀前孔	
	Posterior ,, ,,		膀後孔	
	Optic foramen		眼　孔	
	,, groove		眼　槽	
	Sella turcica		馬　鞍	
	Cavernous groove		曲　槽	
	Meatus auditorius internus		耳內孔	
	Groove for lateral sinus			
Side of Cranium	Temporal ridge	頭顱旁	太陽脊	
	,, fossa		太陽穴	
	Zygoma		顴骨拱	三十二
	Zygomatic fossa		顴　穴	
	Auditory canal		耳　管	
	Mastoid process		馬　乳	
	Spheno maxillary fossa		蝴蝶牙床穴	
	,, ,, fissure		蝴蝶牙床裂	三十三
	Pterygo ,, ,,		翅牙床裂	
Cranium ant. of	Superciliary ridge	頭顱前面	眼上脊	
	Supra-orbital notch or foramen		眼上孔	
	Orbit		眼　窩	
	Infra-orbital foramen		眼下孔	三十一
	Anterior nares		鼻前孔	
	,, nasal spine		鼻前峯	
	Symphysis		下牙床中脊	
	Mental foramen		下牙床外孔	三十二

全體闡微 目錄

OSTEOLOGY 骨部

五

全體闡微

	OSTEOLOGY		骨部	頁
The Upper Extremities	The bones of the upper extremities consist of the,	上肢諸骨		
	Clavicle		鎖柱骨	三十七
	Scapula		肩胛骨	三十五
	Humerus		臂　骨	三十八
	Radius		轉肘骨	四十
	Ulna		正肘骨	四十一
	Carpus		手腕骨	四十三
	Meta carpus		手掌骨	
Scapula	Neck of scapula	肩胛骨	肩胛頸	三十五
	Spine of ,,		肩胛岡	
	Acromion process		肩　頭	
	Coracoid ,,		肩胛喙	
	Glenoid cavity		肩胛窩	
	Supra-scapula notch		肩胛峽	三十七
	,, Spinous fossa		岡上窪	
	Infra ,, ,,		岡下窪	
Humerus	Head, Neck, tuberosity	臂骨	頭　頸　凸	三十八
	Shaft		幹	
	External condyle		外　阜	
	Internal ,,		內　阜	
	Trochlea		輪	三十九
	Olecranon fossa		後　窪	
	Coronoid ,,		前　窪	
Ulna	Olecranon process	正肘骨	正肘頭	四十
	Coronoid ,,		正肘喙	
	Greater sigmoid cavity		下弦月盂	
	Lesser ,, ,,		轉肘骨盂	
	Styloid process		正肘錐	
Radius	Head	轉肘骨	頭	四十
	Neck		頸	
	Tuberosity		阜	四十一
	Styloid process		錐	
Carpus	The carpus consists of eight bones	手腕骨	手腕八塊骨	四十一
	Viz. Scaphoid　Trapezium		船骨　斜長方骨	
	Semilunar　Trapezoid		半月骨　斜方骨	
	Cuneiform　Os magnum		尖斧骨　大　骨	
	Pisiform　Unciform		豆　骨　手鈎骨	四十三
	Phalanges		手指骨	

OSTEOLOGY 骨部

	OSTEOLOGY		骨　部	頁
The Femur	Head, Neck,	大腿骨	頭　頸	四十七
	Greater trochanter		大凸	
	Lesser ,,		小凸	
	Shaft		幹	
	Outer tuberosity		內阜	
	Inner ,,		外阜	四十八
	,, condyle		內輪	
	Outer ,,		外輪	
	Infra condyloid		輪中峽	
	Popliteal surface		膕面	
	Patella		膝蓋骨	
Tibia	Upper extremity	小腿骨	上截	四十九
	Lower ,,		下截	
	Malleolus		踝	
	Shaft		幹	
Fibula	Head Shaft	輔腿骨	頭　幹	五十一
	Malleolus		踝	
	Styloid process		錐	
Tarsus	Os calcis Cuboid	脚腕骨	踵骨　方骨	五十二
	Astragalus		踝輪骨	
	Scaphoid		船骨	
	Cuneiform bones		尖斧	五十三
	External, middle, internal		外骨　中骨　內骨	
	Metatarsal bones		掌骨	
	Phalanges		指骨	

ARTHROLOGY 骨節部

七

MYOLOGY 肌部

	MYOLOGY		肌 部	頁
Nasal Group	Pyramidalis nasi	鼻類	鼻稜錐肌	七十六
	Levator labii superioris alæque nasi		提唇鼻翼肌	
	Dilator naris posterior		開孔後肌	
	Dilator naris anterior		開孔前肌	
	Compressor naris		横鎖鼻肌	
	Depressor alæ nasi		下鼻翼肌	
Superior Maxillary Region	Levator labii superioris	上牙床類	提上唇肌	七十六
	Levator anguli oris		提口角肌	
	Zygomaticus major		顴大肌	
	Zygomaticus minor		顴小肌	
Inferior Maxillary Region	Levator labii inferioris	下牙床類	提下唇肌	七十七
	Depressor anguli oris		下下唇肌	
	Depressor labii inferioris		下口角肌	
Inter-maxillary Region	Orbicularis oris	上下牙床中類	環口肌	七十七
	Buccinator		吹口肌	
Temporo-Maxillary Region	Temporal	太陽下牙床類	太陽肌	七十七
	Masseter		嚼 肌	
Pterygo Maxillary Region	External pterygoid	翅下牙床類	翅外肌	七十八
	Internal pterygoid		翅內肌	
	The muscles of the neck are divided into nine groups		頸項諸肌分九類	八十
	Superficial region		淺 類	
	Infra-hyoid region		舌骨下類	
	Supra-hyoid region		舌骨上類	八十一
	Muscles of the tongue		舌諸肌	
	Muscles of the pharynx		食管頭類	八十二
	Muscles of the soft palate		腭簾類	八十三
	Muscles of the anterior vertebral region		頸骨前類	八十四
	Muscles of the lateral vertebral region		頸骨旁類	八十五
	Muscles of the larynx		聲管類	
Superficial Region	Platysma myoides	淺類	胸膛牙床肌	八十
	Sterno-cleido-mastoid		胸鎖柱馬乳肌	
Infra-hyoid Region	Sterno-hyoid	舌骨下類	胸舌肌	八十
	Sterno-thyroid		胸牌肌	
	Thyro- hyoid		牌舌肌	
	Omo-hyoid		肩舌肌	
Supra-hyoid Region	Digastric	舌骨上類	雙腹肌	八十一
	Stylo-hyoid		錐舌骨肌	
	Mylo-hyoid		頦舌肌	
	Genio-hyoid		頤舌肌	

MYOLOGY 肌部

Region	MYOLOGY	肌部		
Posterior Brachial Region, Superficial Layer	Extensor communis digitorum	肘後類 淺	統伸指肌	一百零二頁
	Extensor minimi digiti		伸小指肌	
	Extensor carpi ulnaris		正肘伸手腕肌	
Posterior Brachial Region, Deep Layer	Supinator brevis	肘後類 深	反轉肘短肌	一百零三
	Extensor ossis metacarpi pollicis		伸大指掌骨肌	
	Extensor primi internodii pollicis		伸大指一骨肌	
	Extensor secundi internodii pollicis		伸大指二骨肌	
	Extensor indicis		伸食指肌	
Muscles of the Hand, Radial Region	Abductor pollicis	手諸肌 轉肘類	輾大指肌	一百零二
	Flexor ossis metacarpi pollicis		縮大指掌骨肌	
	Flexor brevis pollicis		縮大指短肌	
	Adductor pollicis		轉大指肌	
Muscles of the Hand, Ulnar Region	Palmaris brevis	手諸肌 正肘類	掌短肌	一百零三
	Abductor minimi digiti		輾小指肌	
	Flexor brevis minimi digiti		縮小指短肌	
	Flexor ossis metacarpi minimi digiti		縮小指掌骨肌	
Palmar Region	Lumbricales	手諸肌 手掌類	蟲　肌	一百零五
	Interossei palmares		掌骨中前肌	
	Interossei dorsales		掌骨中後肌	
	Muscles of the Lower Extremity		下肢諸肌	
Iliac Region	Psoas magnus	胯類	大髎肌	
	Psoas parvus		小髎肌	
	Iliacus		胯　肌	
Anterior Femoral Region	Tensor vaginæ femoris	大腿前類	縮大腿膜管	一百零六
	Sartorius		長　肌	
	Rectus		大腿直肌	
	Vastus externus		大外肌	
	Vastus internus		大內肌	
	Cruræus		腿　肌	
Internal Femoral Region	Gracilis	大腿後類	窈窕肌	一百零七
	Pictineus		交骨肌	
	Adductor brevis		短闔肌	
	Adductor longus		長闔肌	
	Adductor magnus		大闔肌	
Gluteal Region	Gluteus maximus	臀類	臀大肌	一百零七
	Gluteus medius		臀中肌	
	Gluteus minimus		臀小肌	
	Pyriformis		梨　肌	
	Gemellus superior		上孖肌	
	Obturator internus		盆內肌	
	Gemellus inferior		孖下肌	一百零八
	Obturator externus		盆外肌	
	Quadratus femoris		大腿方肌	

MYOLOGY 肌部

Terms used in the Anatomy of Hernia

小腸疝部

	Terms used in the Anatomy of Hernia		小腸疝部	
Inguinal Hernia	Oblique inguinal hernia	胅部	胅小腸疝斜出	二百四十頁至
	Direct ,, ,,		胅小腸疝直出	
	Congenital hernia		出胎小腸疝	
	Umbilical ,,		臍小腸疝	
	Femoral ,,		䯚小腸疝	
	Transversalis		腹横肌	
	Cremaster		提卵子肌	
	Aponeurosis of ex. oblique muscle		外斛肌筋膜	
	Conjoined tendon		會　筋	
	Pouparts ligament		胅大筋	
	Gimbernants ,,		胅小筋	
	External ring		胅外環	
	Internal ,,		胅内環	
	Spermatic cord		卵子筋	
	Fascia transversalis		横筋膜	
	Peritoneum		腹内臟總膜	
	Fascia superficial		淺　膜	
	,, deep		深　膜	
	Superficial epigastric artery		腹中下淺脈	
	,, ,, vein		腹中下淺迴脈	
	,, circumflex iliac artery		胯彎迴淺脈	
	,, ,, ,, vein		胯彎迴迴管	
	,, external pudic artery		陰陽外淺脈	
	,, ,, ,, vein		陰陽外淺迴管	二百六十
Femoral Hernia	Saphenous ring	䯚部	䯚　環	二百六十至
	Internal ,, vein		䯚内迴管	
	Genito crural nerve		陰陽䯚腦筋	
	Anterior crural ,,		䯚前腦筋	
	Falciform process		䯚鐮膜	
	Cribriform fascia		篩　膜	
	Fascia lata		廣筋膜	
	Crural ring		腿　環	
	,, canal		腿　管	
	Epigastric artery		腹中下脈	
	Obturator ,,		盆　脉	二百七十

	ANGIOLOGY (Arteries)		脉部	
Heart Continued	Arteries of		養心前後脉	一百十七頁
	Veins ,,		心圍廻管	
	Terms relating to Fœtal Circulation	胎孕運血之路		
	Foramen ovale		卵孔	一百六十七
	Eustachian valve		卵孔戶	
	Umbilical vein		臍廻管	
	Ductus arteriosus		總肺脉中管	
	Umbilical arteries		臍脉	
	Placenta		胎盤	
	Umbilical cord		臍帶	
	Pulmonary circulation	肺運血之路		
	Pulmonary artery		肺脉管	一百六十七
	,, veins		肺廻管	
Aorta	Ascending portion	總脉管	上段	
	Transverse ,,		横段	
	Descending ,,		下段	一百二十
	Thoracic aorta		胸膛總脉	一百四十
	Abdominal ,,		腹總脉	一百四十一
	Arch of aorta		總脉彎管	一百二十
Systemic Circulation — Arch of Aorta	Coronary arteries	彎廻諸支	養心脉	一百二十一
	Arteria inominata		首臂脉	
	Common carotid		頸總脉	一百二十
	Left subclavian		鎖柱下左脉	
Thoracic Aorta	Pericardial	胸膛總脉	心衣脉	一百四十
	Bronchial		肺氣管脉	
	Œsophageal		食管脉	
	Intercostal		脇中脉	
Abdominal Aorta	Phrenic	腹總脉	膈脉	一百四十二
	Cœliac axis		腹短總脉	
	Superior mesenteric		大小腸總脉	一百四十四
	Supra renal		腎上核脉	一百四十五
	Renal		腎脉	
	Spermatic		卵脉	
	Inferior mesenteric		大小下脉	一百四十四
	Lumbar		腰脉	一百四十五
	Sacra media		鈎中脉	

ANGIOLOGY (Arteries)		脈 部			
Internal Maxillary Artery	Tympanic	頦內脈	耳膜脈		一百二十七頁
	Middle meningeal		腦衣中脈		
	Small ,,		腦衣小脈		
	Inferior dental		下牙床脈		
	Deep temporal		太陽深脈		
	Pterygoid		翅 脈		
	Alveola		牙座脈		
	Infra-orbital		眼下脈		
	Descending palatine		下腭脈		
	Pterygo-palatine		翅腭脈		
	Spheno ,,		蝴蝶腭脈		
Internal Caroted	Tympanitic	頸內脈	耳膜脈		一百二十八
	Anterior meningeal		腦衣前脈		
	Opthalmic		眼 脈		
	Middle cerebral		大腦中脈		
	Anterior ,,		大腦前脈		
	Posterior communicating		後通脈		
Ophthalmic Artery	Lachrymal	眼脈	淚 脈		
	Supra-orbital		眼上脈		
	Ethmoidal		羅篩前後脈		
	Anterior ciliary		睛前脈		
	Short ,,		睛短脈		
	Long ,,		睛長脈		
	Arteria centralis retinæ		眼腦膜中脈		
	For arteries of brain see Circulation of brain				
Subclavian Artery	Vertebral	鎖柱下脈	項 脈		一百三十二
	Internal mammary		乳內脈		一百三十三
	Thyroid axis. inferior thyroid		牌根脈	牌下脈	
	Thyroid axis. transversalis colli			頸橫脈	一百三十三
	Thyroid axis. supra scapula			肩胛上脈	
	Superior intercostal		脇中上脈		
Vertebral Artery	Posterior meningeal	項脈	腦衣後脈		一百三十四
	Anterior spinal		脊前脈		
	Posterior ,,		脊後脈		
	Inferior cerebellar		小腦後脈		
	Lateral spinal		脊旁脈		一百三十二

ANGIOLOGY (Arteries)　脉　部

ANGIOLOGY (Arteries)　脉部

Abdominal Arterrs	Hepatic Artery	Pyloric	腹諸脈	肝脉	幽　脉	一百四十三頁
		Gastro-duodenalis			胃小腸脉	
		,, epiploica dextra			胃右脉	
		Pancreatico-duodenalis sup.			甜肉小腸上脉	
		Cystic			胆囊脉	
	Splenic	Pancreaticæ parvæ		脾脉	甜肉小脉	一百四十三
		Pancreatica magna			甜肉大脉	
		Gastric			胃　脉	
		Gastro-epiploica sinistra			胃左脉	
	Superior Mesenteric	Inferior pancreatico-duodenal		大小腸上脉	甜肉小腸下脉	一百四十四
		Ileo-colic			闌　脉	
		Colica dextra			大腸右脉	
		,, media			大腸中脉	
	Mferior Mesenteir	,, sinistra		大小腸下脉	大腸左脉	
		Sigmoid			大腸彎廻脉	
		Superior hemorrhoidal			直腸上脉	
Common Iliac		External iliac	胯總脉		胯外脉	一百四十六
		Internal ,,			胯內脉	
Internal Iliac		Superior vesical	胯內脉		膀胱上脉	
		Inferior ,,			膀胱下脉	
		Middle ,,			膀胱中脉	
		,, hemorrhoidal			直腸中脉	
		Obturator			盆　脉	
		Internal pudic			陰陽尻脉	
		Sciatic			尻　脉	一百四十六
		Uterine			子宮脉	
		Vaginal			陰道脉	
		Ilio-lumbar			胯腰脉	
		Lateral sacral			鈎左右脉	
		Gluteal			臀　脉	
		Inferior hemorrhoidal			直腸下脉	
Internal Pudic		Superficial prineal	陰陽內脉		會陰淺脉	一百四十八
		Transverse ,,			會陰横脉	
		Artery of the bulb			莖帶脉	
		,, ,, ,, corpus cavernosum			莖上幹脉	
		Dorsal artery of the penis			莖上脉	
		Sciatic Artery			尻　脉	

ANGIOLOGY (Arteries)　脉部

	ANGIOLOGY (Veins)		迴管部	
	Pulmonary Veins		肺迴管	一百五十六
	Portal Veins		四合迴管	
	Sinuses		迴　穴	一百六十
	The veins are divided into three general groups viz: those of the head thorax and upper extremities lawer extremities pelvis and abdomen, veins of the heart		全體迴管分爲三類 第一頭頸上肢胸膛類 第二下肢骨盆腹等類 第三心圍諸迴管類	
Veins of the Head and neck. Sinuses	Superior longitudinal sinus	頭頸諸迴管並迴穴	上長中迴穴	一百五十九
	Inferior ,, ,,		下長中迴穴	
	Straight sinus		直迴穴	
	Occipital ,,		枕迴穴	
	Lateral sinuses		蝴蝶旁迴穴	
	Cavernous sinus		環迴穴	一百六十
	Circular ,,		三角石下迴穴	
	Inferior petrosal		三角石上迴穴	
	Superior ,,		横迴穴	一百六十一
	Transverse			
External	Facial	頭面諸迴管	面迴管	一百五十七
	Temporal		太陽迴管	
	Internal maxillary		頦內迴管	
	Temporo- ,,		太陽牙床迴管	
	Posterior auricular		耳後迴管	
	Occipital		枕迴管	一百五十八
Veins of Neck	External jugular	頸諸迴管	頸外迴管	一百五十八
	Posterior ex ,,		頸外後迴管	
	Anterior jugular		頸前迴管	
	Internal ,,		頸內迴管	
	Vertebral		項迴管	
Cerebral Veins	Inferior anterior cerebral vein	大腦諸迴管	大腦下前迴管	
	,, lateral ,, ,,		大腦下旁迴管	
	,, median ,, ,,		大腦下中迴管	
	Deep cerebral veins		大腦下深迴管	
	Vena corpus striati		大腦紋塊迴管	
	Choroid veins		血膜迴管	
Cerebral Veins	Superior		上迴管	
	Inferior		下迴管	
	Lateral		旁迴管	

ANGIOLOGY (Veins)　　迴管部

全體闡微

	ANGIOLOGY (Veins)		迴管部	
Inferior Vena Cava	Lumbar	下總迴管	腰迴管	一百六十三頁
	Right spermatic		卵子迴管	
	Renal		腎迴管	
	Supra renal		腎上核迴管	
	Phrenic		膈迴管	
	Hepatic		肝迴管	
Portal Vein	Inferior mesenteric	四合迴管	大小腸下迴管	一百六十六
	Superior ,,		大小腸上迴管	
	Splenic		脾迴管	
	Gastric		胃迴管	
Cardiac Veins	Posterior cardiac vein	心諸迴管	心後迴管	一百六十七
	Great ,, ,,		心大迴管	
	Anterior ,, ,,		心前迴管	
	Coronary sinus		心迴穴	
	The Lymphatics		吸　管	一百六十八
	Lacteals		養汁管	
	Chyle		養　汁	
	Lymphatic glands		吸　核	
	Thoracic Duct		總吸管	一百六十九
	Receptaculum chyli		養汁囊	一百六十八
	Right lymphatic duct		右總吸管	一百六十九
	The lymphatics and glands take the name of the various localities, as those in the axilla the axillary glands etc,		吸管吸核隨處按名而立 如在胳即曰胳吸管吸核	

NEUROLOGY 腦部

	NEUROLOGY (Brain)		腦　部	
Cerebrum Continued	Olfactory nerve	大腦下面	第一對腦筋	一百八十一頁
	Fissure of sylvius		腦下橫裂	
	Anterior perforated space		腦前篩	
	Optic commissure		眼會根	
	Tuber cinereum		灰　阜	
	Infundibulum		腦　卮	
	Pituitary body		鞍　核	
	Corpora albicantia		腦　孖	
	Post. perforated space		腦後篩	
	Crura cerebri		大腦蔕	
Interior of Cerebrum	Lateral ventricles	大腦裏	左右房	
	Anterior cornu		前　角	一百八十三
	Post ,,		後　角	
	Corpus striatum		腦前結	一百八十五
	Choroid plexus		血帕網	
	Thalami optici		腦後結	
	Fornix		三角筋	
	Septum lucidum		通明膜	
	Fifth ventricle		第五房	
	Velum interpositum		腦　帕	
	Third ventricle		第三房	一百八十五
	Pineal gland		鞍　核	
	Carpora quadrigemina		雙　孖	
	,, geniculata		豆　核	
Cerebellum	Incisura cerebelli ant.	小腦	小腦前峽	一百八十六
	,, ,, post.		小腦後峽	
	Fourth ventricle		第四房	
	Peduncles		小腦蔕	
Circulation of the Brain	Anterior cerebral artery	腦諸脈	大腦前脉	一百八十六
	Middle ,, ,,		大腦中脉	
	Posterior ,, ,,		大腦後脉	
	Basilar artery		腦底中脉	
	Vertebral arteries		項脉管	
	Posterior cerebellar arteries		小腦後脉	
	,, inferior ,, ,,		小腦下脉	
	Circle of Willis		腦底脉圖	

NEUROLOGY

腦筋部

	NEUROLOGY (Cranial Nerves)		腦筋部	
Facial Nerve	Tympanic	第七對	耳膜腦筋	一百九十三頁
	Corda tympani			
	Posterior auricular		耳後腦筋	
	Digastric		雙腹肌腦筋	
	Stylo hyoid		錐舌肌腦筋	
	Temporo facial		太陽面腦筋	
	Cervico ,,		頸面腦筋	
Glosso-Pharyngeal	Caroted	第九對	頸脈管腦筋	一百九十四
	Pharyngeal		食管頭腦筋	
	Tonsillar		杏仁核腦筋	
	Lingual		舌腦筋	
Pneumogastric	Pharyngeal	第十對	食筋頭腦筋	
	Superior Laryngeal		聲管上腦筋	
	Recurrent ,,		聲管彎迴腦筋	
	Cervical Cardiac		頸心腦筋	
	Thoracic ,,		胸膛心腦筋	
	Anterior pulmonary		肺前腦筋	一百九十五至百九十六
	Posterior ,,		肺後腦筋	
	Œsophageal		食管腦筋	
	Gastric		胃腦筋	
	Spinal Nerves		脊腦筋類	一百九十八
Cervical Plexus	Supra colli	頸腦筋網	頸上腦筋	一百九十八
	Auricular magnus		耳大腦筋	
	Occipitalis minor		枕小腦筋	
	Supra clavicular		鎖柱上腦筋	
	Communicans noni		肌纏腦筋	一百九十九
	Phrenic		膈腦筋	
Brachial Plexus	Anterior thoracic	臂腦筋網	胸膛前腦	二百零一
	Sub scapular		肩胛下腦筋	至
	Circumflex		彎迴腦筋	
	Median		臂中腦筋	二百零二
	Ulnar		正肘腦筋	
	Musculo-spinal		肌纏腦筋	
	Intercostal Nerves		脇中諸腦筋	二百零二

十九

	NEUROLOGY	自和腦筋部	
Abdominal Sympathetic	Phrenic plexus	膈腦網	二百零九
	Cœliac ,,	腹短總脉腦網	
	Gastric ,,	胃腦網	
	Hepatic ,,	肝腦網	
	Splenic ,,	脾腦網	
	Suprarenal ,,	腎上核腦網	
	Renal ,,	腎腦網	二百一十
	Sup, mesenteric	大小腸上腦網	
	Inf, mesenteric	大小腸下腦網	
	Spermatic	卵自和腦網	
Pelvic portion of Sympathetic	Hypogastric plexus	腹中下腦網	二百一十
	Hemorrhoidal ,,	直腸腦網	
	Prostatic	膀胱底核腦網	
	Vaginal ,,	陰道腦網	

THORAX 胸膛部

全體闡微

	ORGANS OF DIGESTION		養生具	頁
Lungs	Bronchial veins	養	氣管迴管	
	,, arteries		氣管脉	
	Air cells		氣泡	
	Alimentary Canal		養生路	
	Mouth, Pharynx		口　食管頭	二百十七
	Œsophagus		食管	
	Stomach		胃	
Small Intestine	Duodenum	生 小腸	上迴	二百二十五
	Jejunum		中迴	
	Ileum		下迴	
Large Intestine	Cæcum	大腸	大腸頭	二百二十七
	Colon		大腸上、橫、下、三迴	
	Rectum		直腸	
Salivary Glands	Parotid. Stenos duct	路 涎諸核	耳下核	
	Sub-maxillary. Duct of		頦下核	
	Sub-lingual		舌下核	二百二十
	Liver		肝	二百八十八
	Pancreas		甜肉	二百三十
	Spleen		脾	二百三十一
Mouth	Lips	口	唇	
	Cheeks		頰	
	Gums		牙齦	二百十七
	Alveolus		牙座	
Teeth	Temporary: Incisors	牙齒	孔牙: 切牙	
	Canine		長牙	
	Bicuspids		小牙	
	Molars		大牙	
	Permanent		實牙	二百十八
	Body of, Neck of, Root of,		體　頸　根	
	Cusps　Pulp cavity		牙阜　牙房	
	Ivory or dentine Enamel		牙象　牙抽	
	Crusta petrosa		牙石	
Palate	Hard palate	腭	腭盤	二百十九
	Soft ,,		腭簾	
	Anterior pillar of		腭前柱	
	Posterior pillar of		腭後柱	
	Fauces,		喉門	
	Uvula		小舌	
	Tonsils		杏仁核	

ORGANS OF DIGESTION			腹內臟腑	
Liver — Ligaments	Round ligament	肝 肝諸筋	圓筋	二百二十九頁
	Longitudinal		長筋	
	Lateral		左右筋	
	Coronary		環筋	
Liver — Tissues	Longitudinal	肝諸裂	長裂	二百二十九
	Transverse		橫裂	
	For the gall bladder		胆囊裂	
	,, ,, vena cava		總廻管裂	
Liver — Lobes	Right	肝諸葉	右葉	二百二十八
	Left		左葉	
	Lobus quadratus		方葉	
	,, sigelli		後葉	
	,, caudatus		尾葉	
Liver — Vessels	Hepatic artery	肝諸管	肝脈	二百二十九
	Portal vein		四合廻管	
	Hepatic duct		肝管	
	,, veins		肝廻管	
	Cystic duct		胆囊管	
	Gall bladder		胆囊	
	Ductus communis choledochus		肝總管	二百三十
Pancreas	Head	甜肉	頭	二百三十
	Tail		尾	
	Body		體	
	Duct		甜肉管	
Spleen	Splenic artery	脾	脾脈	二百三十一
	,, vein		脾廻管	二百三十二
Urinary Organs				
Kidneys	Pelvis	腎	腎穴	二百三十一
	Infundibulum		腎漏	
	Ureters		溺管	二百三十二
	Supra renal capsules		腎上核	

	GENERATIVE ORGANS		陰具	
Uterus	Vagina	子宮	陰道	二百四十頁
	Fundus		頂	
	Body		體	至
	Cervix		頸	
	Os uteri		子宮口	
	Cavity of uterus		子宮房	
	Fallopian tubes		卵管	二百四十一
	Broad ligament		廣筋	
	Round ,,		圓筋	
	Ovary		卵核	
Mammae	Nipple	乳	乳頭	二百四十二
	Milk ducts		乳管	
	Organs of Sense		覺悟諸具	
Tongue	Base	舌	底	二百四十三
	Apex		尖	
	Frænum linguæ		舌下筋	
	Papillæ		刺	
Nose	Nasal Fossæ	鼻	鼻左右孔	
	Anterior nares		鼻前孔	
	Posterior ,,		鼻後孔	二百四十四
	Superior meatus		上路	
	Middle ,,		中路	
	Inferior ,,		下路	
Eye	Eye ball	眼	眼珠	二百四十六
	Orbit		眼窩	三十一
	Conjunctiva		眼睛衣	二百四十五
	Sclerotic		眼白衣	二百四十六
	Cornea		眼明衣	二百四十七
	Choroid		眼黑衣	
	Iris		眼簾	
	Retina		眼腦衣	二百四十八
	Ciliary process	睛	睛摺	
	,, ligament		睛筋	
	,, muscle		睛肌	

ORGANS OF SENSE (Ear) 耳部

Bones of the Ear	Malleus	中耳諸骨	鎚骨	二百五十一頁
	Incus		砧骨	
	Stapes		鐙骨	
Muscles of the Ear	Stapedius	中耳諸肌	張耳膜肌	二百五十二
	Tensor tympani		縱耳膜肌	
	Laxator ,,		鐙肌	
Internal Ear	Semicircular canals	內耳	半環管	二百五十二
	Cochlea		螺紋	
	Vestibule		堧	

The End

省身指掌九卷

〔美〕博恒理著

《省身指掌》九卷，美國博恒理著。博恒理（Henry Dwight Porter，一八四五—一九一六）美國公理會傳教士，一八八二年來華，在山東龐莊設立醫院。此書尚有更早之官話本，益智書會成立後應約改編爲文理本。全書九卷，先論全身骨，依次論骨節與肌、消化養育、血脈運行、呼吸與聲、腎經與皮膚、腦與腦綫、五官知覺、腦與靈魂。全書配有六十二幅電鍍版插圖、三張彩版圖和十二張木版圖，書末附有英中詞彙索引。作爲以生理學爲主之初等教科書，徐維則《東西學書録》稱其「論列極有條理，且較《全體闡微》説理新而要」。據天津圖書館藏清光緒二十三年（一八九七）京都美華書局排印本影印。

省身指掌

ELEMENTARY PHYSIOLOGY

A

TEXT BOOK FOR SCHOOLS

HENRY D. PORTER, M.D

NORTH CHINA MISSION OF THE AMERICAN BOARD.

ILLUSTRATED BY SEVENTY ELECTROTYPE PLATES, FIVE COLORED LITHOGRAPHS

AND THIRTY WOODCUTS AND PHOTOGRAVURES,

WITH INDEX AND VOCABULARY.

THIRD EDITION ENLARGED.

PEKING,

AMERICAN BOARD MISSION PRESS

1897.

ENGLISH PREFACE.

First Edition

A large portion of this book was printed in Kuan Hua, in the Child's paper at Shanghai, before the Committee on Text Books, appointed by the Shanghai conference in 1877, was originated. By request of that Committee the text was remodelled in simple *Wen Li*, and the chapters on anatomy and the nervous system added. The work has been done in the leisure moments of a large Dispensary practice, and general missionary work. The delay in publication is due to this. Through the kindness of Messrs. A. S. Barnes & Co., Publishers, N. Y., electro-plates of Steele's "Human Physiology" were secured at greatly reduced rates, thereby adding greatly to the understanding of the text.

In like manner a few of the wood-cuts from the Child's Paper are reproduced through the kindess of Rev. Dr. Farnham. The letters and numerals of the English alphabet are retained, as more convenient and as a matter of pleasing study to the pupils of mission schools.

In the matter of vocabulary, while acknowledging indebtedness to his predecessors in work, especially to the work of the late Dr. D. W. Osgood, the author has felt free to introduce such new terms and words as seemed to express more definitely the ideas to be conveyed. A chapter on mental Physiology has been added, with indications of its connection with metaphysics, unfolding a completed outline study of man.

P'ang Chuang Shantung, Sept. 1886.

Third Edition

The favorable reception which this volune has met from the many Educators in China has long demanded a new issue.

Unavoidable delay connected with the increase of illustration has prevented the carrying out of this re-issue.

It is now presented in a third edition, enlarged to the extent of five chapters, as follows:—I. an Introduction, covering some of the simple elements of Histology; II. a few paragraphs in chapter fourteen, Helps and Hindrances to digestion; III. a new chapter, twenty four, The Kidneys and Bladder; IV. three new chapters, twenty seven, twenty nine, and thirty, containing the Histology of the nervous system, the Functions of the Spinal Cord and nerves, and the Function of the Sympathetic system.

The Mss. of this edition were prepared before the recent movement collating the new and very desirable terms in the physical Sciences. The earlier terms are therefore used with the expectation however of a further issue in which very considerable changes in the vocabulary must be made.

The author is under obligation to Mrs. Gamewell, whose volume, "T'i Hsŭeh Yi Chih," a very useful compilation for beginners, was drawn upon for a few of the new electroplates, and for the elegant colored plates, five in number, printed by the Japanese artists, who copied with great skill the original colored plates of our volume through their lithographic process, October, 1897

西歷一千八百九十七年

省身指掌

光緒二十三年歲次丁酉

京都美華書局擺印

序

甚矣、世人之蒙蔽也、微特神不能分其假眞、道不能辨其誠僞、靈魂不能知其從何而來、歸何而去、卽動作云爲之常、日用飲食之故、皆人親身所歷、須臾不離者、亦各習焉不察、而察亦無從也、所以疾病雜生、而夭折多見、所謂一處迷、而百處無不迷矣、以故美國先生、有博恒理者、以牧師而兼大夫之職、遠涉重洋、來至中華、栖栖遑遑、席不暇煖、旣諸日宣揚耶穌聖道、以救人靈魂爲心、又時常醫治多人病症、以全人生命爲念、而其愛人心切、又每於傳道醫病之餘、博採前哲所灼見、名醫所洞知、與凡有親眼閱歷之索解、片紙必錄、輯而成編、遂將人之一身、骨節脉胳、臟腑血氣四肢百體、千頭萬緒、講論極其詳、圖畫極其細、著爲一書、名曰省身指掌、不啻將天主造人之妙工、掌上托出云、余於檢閱之下、歎其有三益焉、一、醫病者閱此書、則能窮委探源、臨症握要、不致有誤人性命之虞、二、受病者閱此書、則必飲食有節、調養合宜、不慮有保護失所之咎、三、雖不醫病、亦無受病、而檢閱此書、亦因廣見多聞、而愼重於無疾、修養於未病、自然可以無夭折、而享正命也、噫、自有此三益、而先生壽世之心見、必人人得此三益、而先生愛世之心乃慰矣、是爲序。

歲次乙酉巧月上澣古貝州公理會後學釆章吳鳳儀謹識

序

恒理博牧師、美國傳教士也、亦經考試之名醫也、來我華夏、原爲代天宣道、兼通醫理、常欲濟世活人、於光緒八年在麗莊設立醫院、每遇中國醫士、輒與談醫、詢及人之經臟百骸、所言皆出臆度、又詳考中國醫書、愈知所言經絡臟腑、諸多舛訛、因慨時醫之未精、不忍坐視、故於宣道醫病之暇、著成一書、簽曰省身指掌、此非批駁華醫、實欲泰西醫學、流傳中土故也、昔宗聖一日三省其身、恐於力行或未逮、盍不思身之當行宜省、而身之所以爲身也、尤宜省查、竊觀吾人生世、近驗己身、目視耳聞、鼻嗅口嘗、心之跳動、肺之呼吸、胃之消導、血之運行、以及知覺動作、其所以然之故、人皆渾然不知也、噫、人具四肢百骸、無一不備、而不知其中精微奧妙、非全能上主造化養育使然、則人何得爲人哉、雖釋士云、認眞我、超出三界、不在五行、道家講練精氣、脫胎神化、大出陽神、而冀長生、獨弗思己之軀殼、尚然不識、又何云眞我、眞我果何物耶、豈不曉人受造一物耳、雖具奧妙之軀、焉有不死之理乎、要之不死者靈魂也、非肉身也、夫如此、皆緣不明身之所以爲身之理也、故省身指掌一書、特將人身之體用、筋骨肌肉、皮膚毛髮、脈管迴管、脊髓腦線、一一闡明、至臟腑之部位、官竅之靈活、全體之動作、無不條分縷析、徹其底蘊、溯其功用、潛心研究、不遺餘力、遇難發揮處、則繪圖以示彰、務期一覽瞭如指掌、俾凡入目者、益信吾身之妙理、爲上主造化、非虛語也、是書一出、非但與業岐黃者、大有裨益、而更爲刀圭家之梯階也、卽書塾家庭誦讀、亦可預悉、置身斯世、欲保寡恙、亦應於饑飽勞逸、寤寐動止、喜怒哀樂、知所節制、更於寒溫燥熱、日用飲食、有所檢點、雖不定然却病、亦爲人生所宜防範也、古人云、不治已病治未病、卽此謂也、書成後託余作序、余愧生不敏、曷敢云序、不過謹將書中立意、及牧師經費之苦衷、畧述梗概、惟希閱是書者、知省身指掌之名、誠不誣也、是爲序。

光緒乙酉巧月上澣博陵賈乃眞書於山左恩屬之龐莊

耶穌堂

序

蓋聞西士醫學一書乃切要之書也現有美國先生博恒理者研求追思幾費經營所以彙集成書名省身指掌其中詳論各症中之形狀全體之樞機諸筋骨之關要內科之根源各按部位逐一條列按置有序若非逾海至華代天宣教道醫同欽曷克至此哉每思上主愛人無所不至時日保佑恩濟羣生主之好生爲心欲人無災無病豈欲人之有疾耳蓋天有五運地彰六氣人感風寒暑濕火以有疾皆因虛實之有分壯弱之不等此感天氣之流行所施然也是在善於調治者至若西士地勢相隔情誼相通乃獨出心裁苦盡心思所以彙集一書考較尤

精著切詳明、凡於週身之筋骨、四肢與百骸、以及臟腑經絡、察識最眞、而細微之處、優絀自見焉、豈若中華醫士、徒拘紙上文字、不思眼前事理、依經傍註、未免指鹿爲馬、似是而非、茫然莫辨、總由未肯實心考究、虛心追求、以致陳陳相因、終歸自畫、倘病者幸而獲愈、不知從何而得力、不幸致死、亦不明因何而致誤、診脉不能察病之根原、徒憑望聞問切以判症、固屬空言無補、妄誕不經、此不及西醫者誠然也、余非偏袒西醫、而薄視中醫也、誠以西士用藥調治、病後小心種種、認眞未能殫述、內科識臟腑、腦筋、血脉之功用、外科察腦部、皮部、瘡症之由來、用法逐一察確、隨方應變、以施治之、均能返危爲安、起死回生、故可明白指示、簡切了當、而亦望中土醫士、將西士省身指掌、細爲玩索、得其精微、共臻濟世之功、合乎神聖之旨、兩相較比、同歸一轍、庶乎其不差矣、乃以西士來此、非徒虛名以沽譽、實乃濟世以利人、歲歉荒饑、博施濟衆、發賑給以爲懷、全方治世、用藥投劑、且志在以活人、若非體上主之心爲心、何能飄洋渡海、數萬里之遙、來至華夏、編紀成書、幾費研思、幾經搜校、自始至終、每日用心察查、其中轉變情形、歷歷分晰、而於內外兩科之要旨、亦詳切著明矣、是爲序。

光緒乙酉瓜月上弦恩縣曹珍夏旨在麗莊邪穌堂序

目録

省身指掌目録

第一卷　全身骨論

全部

目錄

第二卷 骨節與肌論

全部

目録

全部

目錄

第六卷　腎經與皮膚論

全部

第七卷　腦與腦線論

目錄

全部

第八卷　五官知覺論

第三十一章

第三十二章

第三十三章

第九卷　腦與靈魂篇

目録

目錄終

全身骨架目錄

骨架	一　頭顱 二十八骨	一　頭顱　八骨	額骨
			左右顱頂骨
			左右耳門骨
			蝴蝶骨
			羅篩骨
			枕骨
		二　面　十四	左右上牙牀骨
			下牙牀骨
			左右顴骨
			左右淚管骨
			左右捲骨
			左右鼻梁骨
			梨頭骨
			左右腭骨
		三　耳　六骨	錘骨　二
			砧骨　二
			鐙骨　二
	二　腔子 五十四骨	一　脊柱	頸骨　七節
			背骨　十二節
			腰骨　五節
		二　肋	眞肋骨
			浮肋骨
		三　胸	胸膛骨
		四　舌根	舌根骨
		五　骨盆	無名骨　二
			鈎骨
			尾閭骨
	三　四肢 一百二十四骨	一　上肢　六十四	肩膀　鎖柱骨
			肩胛骨
			臂　臂骨
			正轉二肘骨
			手　腕骨八塊
			掌骨五塊
			指骨十四
		二　下肢　六十	腿　大腿骨
			膝蓋骨
			小腿　輔腿二骨
			脚　脚腕七骨
			足掌五骨
			足指十四骨

全體省學　體用功學　衛生瘉學　分體原體織質　何謂之經　何謂之部　何謂之具　各經特用　身之微體　有三乃珠乃絲乃汁

省身指掌

小引

一　解語〇全身之體式如何分四肢百骸、各經之名目部位形式、俱乃格物之一論、謂之全體省學、全體分百骸、其骸之本功如何用、亦爲一論、謂之體用功學、或體用行學、身體痊瘉時、百骸彼此連絡相輔、或彼體有患此體被感、何阻當其正用、何避其損傷、此爲一論、謂之衛生瘉學、全身之百體又分至末微、則謂之分體、身之原質如肌珠肌絲等類、謂之原體、其原體或二或數連合織紡爲一、名爲織質、如油連綱骨等質、身之原質和織質若許俱合成一體、能與他體皆分、且獨有特用之功、謂之經、如骨肌心胃肝等經、身內數經功式相同、大小不等、連絡相助、謂之部、如脉部腦線部經絡部等、身中數經式異、然功相助、此謂之具、如胃肝腸等、式異而功同、謂之養具、如眼具聲具消具等、身中之一經、愈而無病、所行之功、乃本經之功用、如肝經之生膽汁、爲肝之功用、並核之生沫爲核之功用耳、

二　論體質微式〇全身之微體、以顯微鏡窺之、分質有如珠絲汁三者、其珠則最要、因各質之原本、故名之原珠、所有之質、各有其原珠而生質、如肌絲等質、由於原珠爲生珠而長、俱經之體勢硬軟緊鬆、以原質多寡是也、比如一經有絲者多、其經之織質硬韌而縮、然其經含珠者多、則質鬆軟而無縮已、

絲之本式

第二圖

絲質

(三) 論絲（ ）其絲之本式、乃一條細線、質畧硬、色白、或淡黃、堅韌、且縮有無未定、夫絲質百體之俱有、則將一經之分體漸連、然肌膜和筋膜、俱是絲質所爲、其肌絲和腦絲、亦是絲質所成、然其絲別是一式耳、

生珠微式

珠之數億兆珠乃活潑

何謂太精

珠顆珠仁

(四) 論珠（ ）其珠或爲原珠、或爲生珠、極其至要微式、凡動植二類、生長之活體、俱依之而長、故生命寓於珠內、如此觀萬物之植類生長、動類之養育、各體俱爲億兆之珠聚集而成、每珠自有活潑之能、各有自養之生、且全身養育由於其功、若論單珠、其形則蛋精、名爲太精、問何爲太精、曰、比之太極無極、而太極即無生而有生、乃生之初、物活而有形、爲太精、如純精、或曰一二、則其太精爲一、凡有生養之活性、無不賴之活潑而生、其珠以顯微鏡觀之、有薄膜圍之即圍膜、其中有珠顆、珠顆中亦有膜微點爲珠仁、見圖而知矣、

第三圖

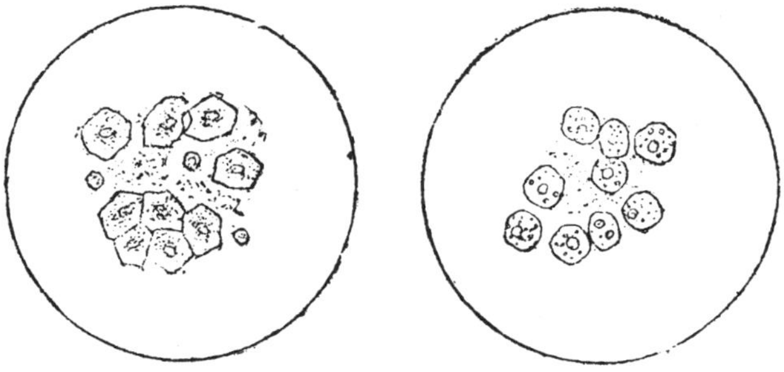

肝珠　　生珠

粒質之式

五 論太精○太精或原精乃珠內質、式如蛋淸、其質半定半流、按化學分之、較蛋精無分、眞如生蛋之純珠形極微、一寸寬千分之一、因顯微鏡有弊、則難窺珠之渺質耳、

六 論粒質○珠之微點、特有要用、身內之珠、絲、汁、三者以外、另有一質、乃寓珠遂時而生、散於周身、降而聚於各體、其質以顯微鏡窺之、有明透者、有粒形者、內有三樣、或油滑細珠、或蛋精者、或微粒土質若許耳、

活死二珠

珠如血輪

七 論活珠死珠之別○活死二珠、以顯微鏡窺之同式、然死珠者缺其動、其活珠雖微有自動之能、形勢更換、亦能吸汁自養、且分而生珠、若珠之更換、見血中之白輪如何行動、美哉其妙性耳、

珠生而分

第四圖

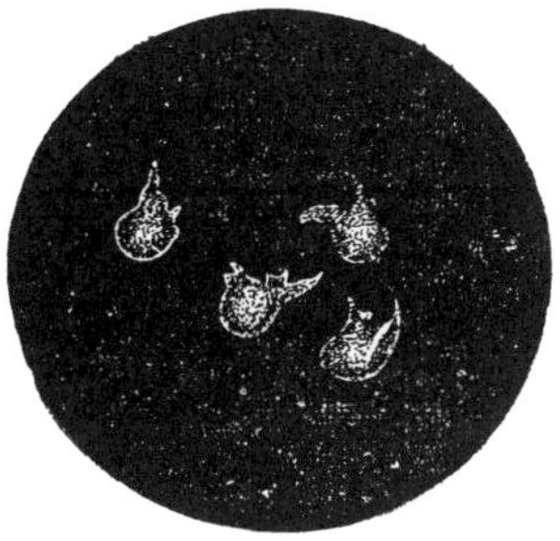

珠之分生

第五圖

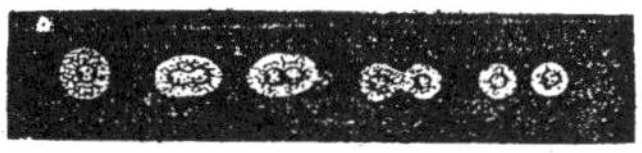

白珠活動

八 論珠之分生○其珠之生而分、珠有數法、則一珠分二、以顯微鏡曾窺之士、見其更換之、始有珠顆而起、初顯分有橫道、居於中則分珠精、次分兩道、珠膜兩面之中相縮、則分爲二珠、其新二珠、有仁有精有膜俱全、且分急速、比如受風流鼻涕之時、其汁乃鼻涎膜生炎、其珠生者億兆之衆多耳、

各經珠性

珠分有限

受傷何補

九　論珠之別性〇其珠在身中別有妙能、各按部位、成其要功、如在各經、特能於血擇其本經之一物、別物俱棄者、如肝經之珠、專吸膽汁、舌下涎核、專吸涎沫、腎珠由血、專撤其中之毒物、遂棄腎外最妙、如腦珠卽思索之原、專擇腦力、而心靈顯明、難測其妙功、其珠自分之能有限、假若身有刀傷、見傷處長而愈合、乃以傷口無受傷之珠則愈合、然復生新質、補其所鈌、且傷處滿珠則止其能、或問珠之生質何不竟長其再造新質之力、補滿傷處所鈌、何以止而不復生質、曰、其理奥妙、則未窮其妙能、傷處之質、倘長之畧遲、顯有腐肉、則難生長好皮、見其珠微細純一之質、如自成本功、功成則止息、相似有定志、故而成其意、應成則成、不遇其用、如此自然成其用、比如內有靈使之活潑、故何處有傷、且選擇經質、使之補其鈌、補滿則止而歇、尙且獨經之珠如此靈功、何況病患亦能於別珠代理本珠之功、然病退復歸其任、假如腎經有病、則肺和皮膚代理而表其功耳、

小引終

全身骨架圖

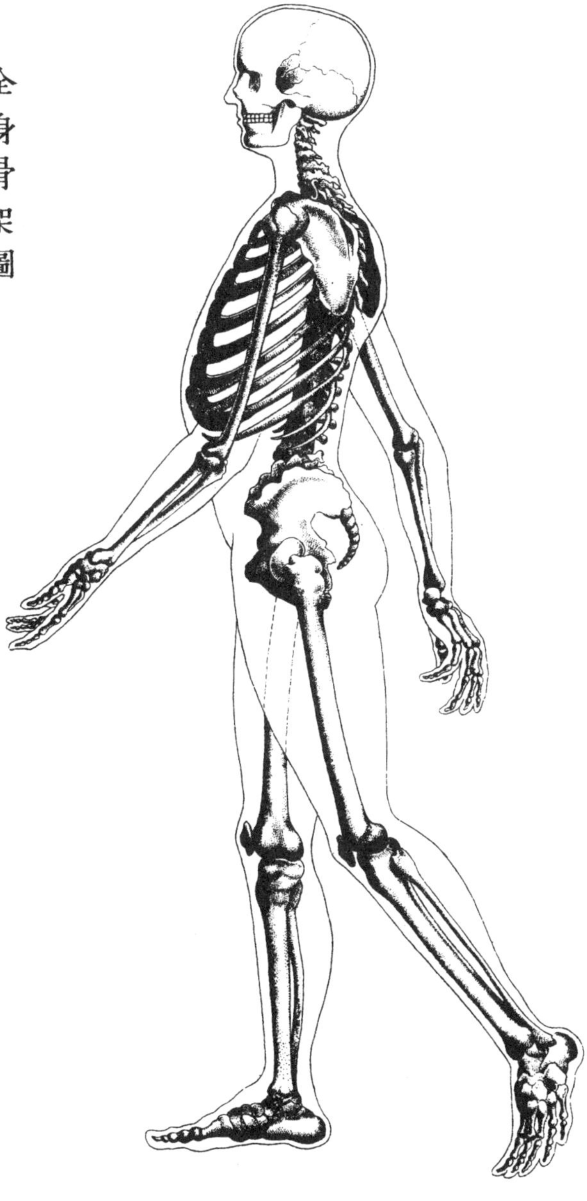

全身骨架圖

全骨爲架身形隨之骨數二百

骨用有三

骨形按功分四長者短者匾者與不齊者長骨分三段長者之屬骨短者之屬骨匾者之屬骨

省身指掌

第一卷全身諸骨論

第一章

一 全身骨論〇人之全體內有骨爲架、人身大小形體、皆依此架而成、其骨之數約有二百餘塊、人小時骨數多、成人後骨數則少、因有數小骨凝合而爲一之故也、

二 論骨之功用〇骨之功用有三、一欲保護肉體、二爲輔助骨上之動肌、三爲支撑人身之形狀。

三 論骨形、〇骨形按其功用、可分四類、有長者、短者、匾者、與夫參差不齊者、其長者在四肢之中、用處有三、一便於行走、二宜於動作、三托著上身、長骨之形式又分三段、其兩頭爲兩段、中間爲一段、中一段形如竹管、內藏骨髓、其兩端微大、易運動肌與筋於其上、長骨即大腿、小腿、輔腿、肱臂、正肘、輔肘、手掌、脚掌、手指、脚指等骨。短骨最堅實、其用處爲使上下長骨連絡、即手腕脚腕等骨是也。匾骨之用、專爲保護其中之所有、不受損傷、匾骨即如頭顱骨、肩胛骨、胯骨等骨是也。參差不齊之骨、連絡別骨、用處不一而足、論骨之大概、各適其用而又極輕微、極堅實、較椽木之堅實猶加一倍、其長骨外圓內空、故堅實而輕、其兩端稍大、

物之分生死二類

生物按質分二類

萬物分質有三卽土質動質植質

動土二質於骨

幼孩之骨

骨之內紋

骨之何色

動肌多連絡於其上。

四 論骨之質、○世間萬物、種類雖多、究之只有兩等、一爲生類、一爲死類、其生者皆借日光空氣而生長、其類又分二、有生命者、卽諸般活物是也。其質名曰動質、無生命者、卽諸般草木是也、其質曰植質、其死者不借日光空氣而生長乃物之原形聚合所成、其質曰土質、分萬物之質、惟此三等、骨之質在初成人時、有動質三分之二、有土質三分之一、及至少壯則土質較多、動質較少、至於老年土質愈多、動質愈少、人身之骨本由脆骨之膜而生、遂漸成堅實、初生嬰孩、其骨極軟、乃土質極少故也。若將一塊骨、浸於綠强水中、則其土質消化、而骨之形仍不改變、其餘之動質、卽爲脆骨、極其柔軟、能挽結如繩索、若將一塊投於火中、其動質必被燒滅、亦仍有骨之形、其體硬而酥、易於破碎、據此可見骨堅硬、皆由於土質、其柔韌皆由於動質、胎兒之骨皆脆、其成硬骨、乃土質漸長之故、觀於嬰孩顖門、先極軟後漸硬、可知嬰孩長骨之兩端、亦須年久變硬、少年人傾跌、不易摔折其骨、卽或摔折、亦易接治、皆動質多之故、老年人傾倒易於折骨、而不易接治、則以土質多之故也。

第六圖

大腿骨豎割觀內形

五 骨內形、○若將骨豎割、觀其內形、則見其紋分內外二種、外層極密、內層疏鬆、似海絨是也、在骨之端上如海絨

養骨微管

之紋甚寬、骨端稍大、便於生長骨節、在骨榦之中、密紋甚多、能使骨結實有力、凡拋於外之骨、色白而枯、其在身內者皆潤澤、其色或紅或黃、貼骨有膜包裹、曰骨衣、骨衣內有血脈管、通於骨內養育其骨、不受損傷、骨內有管、滿貯骨髓、乃肥油與血脈管聚集而成、若將骨橫割一薄片、以顯微鏡觀之、則見有無數黑點、有線分布而連絡、此黑點皆為小空團環圍繞數大孔、大孔名曰養骨管、其線皆係微管、通入大孔、此大孔有直入骨者、有斜入骨者、外口通至骨衣內膜、有時閉塞、有時通於骨髓、大小孔皆有微血脈管、與

第七圖

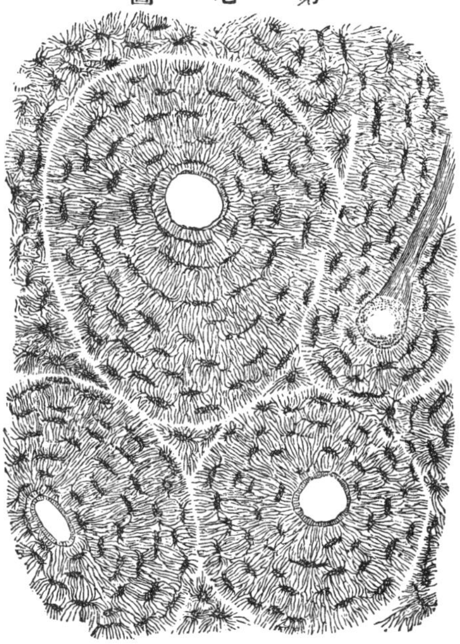

大腿骨橫割一片、以顯微鏡顯大若干、觀有若許黑點、與連者之線、俱通於養骨微管、橫者三、豎者一。

骨之生長

骨衣之血脉管相連、觀此微管、則知骨之生長、與肉之生長同理、屢有消磨滋長、昔欲有人考查骨內血脈之管者、則將紅色藥合入猪食內、令猪食之、其骨不久變赤、以便考查。

脆骨漸變

折骨之長合

六　論骨之生長○骨在未生長之時、有脆骨當之、其血內帶有土質、消化於中、由漸增聚硬骨以代脆骨、常遇骨有折斷時、觀其如何接合、即可悟其始初如何滋長、骨一折斷、其兩

骨之初長之點

端必流血、隨血流出明汁、此明汁性黏、使兩端接合、過十餘日、即變成脆骨、就能使兩端長合不移、此後骨質流入、以致脆骨變爲實骨、四十餘日、能使斷骨接合如初、其初接合則多長出新骨輔助骨之傷處、則微顯粗形、俟後骨體堅硬、仍與別處無異、論骨已成、非無改變、乃以新質代舊、屢次更換、骨之生長有時極快、有種麋鹿、其角重八十餘斤、每年必脫一次、脫後一年仍復長、論骨之生長、其脆骨變硬之理、俱藉血內之土質而長、或自面而長、或自邊而長、譬如頭骨是從內外兩面漸長而厚、又從四邊漸長而寬、以至骨縫長合則止、論四肢之長骨、先有脆骨爲規模、其生長之理有二、一是於骨兩端之脆骨漸長而長、又漸長而粗、以至骨形長成、而骨端之尖仍是一層脆骨、曰節磁骨、一世不變、二於骨桿之脆骨、非與骨形並長、乃是骨質於骨桿之外層而長、以至骨桿長成、其內之脆骨隨化爲無有、所留之空處、然後充滿骨髓、即成髓管、論實骨之長、起初非是脆骨全浸出土質、乃於脆骨之數處而起、成爲骨點、骨質必由此向四外漸長爲實骨、比如一根長骨、約由三處骨點而長、於骨桿有一個、於兩端各有一、及至其三長合、乃人成丁之時也、若短骨是由一點而長。

骨數二百有餘

七　骨之數〇凡人成丁、全體之骨、足有二百零六塊、即是頭顱骨八、面骨十四、耳中小骨六、脊骨二十六、舌根骨一、胸骨一、脇骨二十四、肩臂手骨左右共合六十四、腿腳骨共合六

全骨分等

十二、以上共計二百零六、以外尚有齒骨三十二、不算於內。

骨架分三段

八 骨之類、○全體之骨架分爲三類、一是頭骨、二是腔子骨、三是四肢之骨。

第二章

頭顱即面骨

頭顱八骨

九 頭骨論、○頭骨應分二等、即頭顱骨八塊、面骨十四塊、頭顱面骨二等湊合而成圓空之形、以爲保護全腦、與知覺之四官、即司聽司視司嗅司嚐等官、其骨湊合、並不動移、惟下牙牀骨、動如荷葉司口閉開、或間頭顱八塊骨何名、曰額骨、左右顱頂骨、枕骨、左右耳門骨、羅篩骨、蝴蝶骨、其各骨有內外兩面、骨面極堅不脆、內中有骨質懸隔、編如細網、以衛其內之腦、不易受傷故也。

第八圖

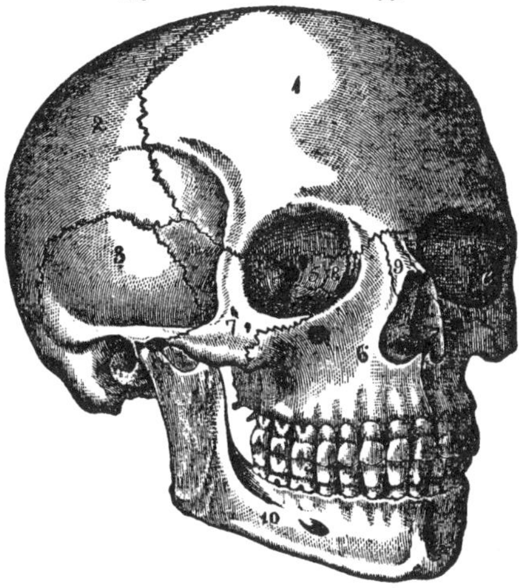

頭顱全骨
1 額骨
2 顱頂骨
3 耳門骨
4 蝴蝶骨
5 羅篩骨
6 上牙牀骨
7 顴骨
8 淚管骨
9 鼻梁骨
10 下牙牀骨

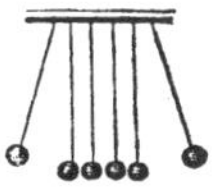

頭顱各骨二面中之質如網則阻外來之傷其理何講觀其圖有球六釣於棍上既將右球提上而放其力挨次傳於球上然中幾球無動惟末球守其力而必動若將中一球改換發宣之質即如骨網夫力故散末球亦無動。

額骨俗名

額骨原分

額骨穴

十 額骨論、○額骨在頭顱前、俗名曰頁拉蓋、此骨有三分之二斜上者爲額、有三分之一彎者爲眼窩界、骨中有一道啣接之縫、初生之嬰、此骨原爲二塊、長成之後、即合而爲一額

額骨與他骨接連

骨下有薄骨、橫如橋梁、即眼窩界、分上下兩面、上面護大腦前葉、下面乃眼窩上界、前中分一峽、上通額骨穴、下通羅篩骨、額骨內面形如盆、大腦前葉藏於其內、額與十二骨接連、即左右顱頂、蝴蝶、羅篩骨、鼻梁、左右上牙牀、左右淚骨、左右顴骨是也、亦有肌肉六條。

顱頂分二骨　**與他骨何接**

十一　顱頂骨、○左右二塊、在頭頂上、蓋護腦前、前葉與額骨相連、後葉與枕骨相連、下與耳門骨、蝴蝶骨相連、外面凸而光潤、內面隨腦之骨有凸凹之式、兩骨接連之處、有溝藏廻血管於內。

枕骨俗名　**枕骨大孔**　**枕骨前後小孔**　**枕骨藏腦貝**　**枕骨與他骨何接**

十二　枕骨、○在頭頂骨後、與左右耳門骨、蝴蝶骨、並頸骨首塊相連、此骨乃頭骨極厚之骨也、俗名曰後腦勺、其骨有內外二面、內外出有高稜、如十字形、高稜下有大圓孔、曰枕骨大孔、腦脊根項廻血管、並第十一對腦線、於此向下、骨後面闊、腦蒂藏於其內、前面窄、於頸次骨環轉相連、孔外左右有骨墊、與頸首骨接連、墊前各有小孔、曰墊前孔、第十二對腦線、由此穿過、墊後又有小孔、曰墊後孔、又有小廻血管、於此穿過、枕骨內面有橫直兩稜、形如十字、分為四處、上二處承大腦後葉、下二處承小腦二葉、稜旁有骨槽、腦廻穴藏於其內、枕骨與六塊骨相連、即顱頂骨、耳門骨、蝴蝶骨、頸骨首塊是也。

耳門骨分三段

十三　論耳門骨、○耳門骨、左右各一、在頭顱旁、分前中後三段、其前段薄如魚鱗、故名鱗骨、後段形如馬乳、故名馬乳骨、其中段堅如石、其形如三角、故名三角石。

鱗骨之稜
顴拱
馬乳孔後窩
頸脈孔
耳內孔
耳門骨錐
耳門骨與他骨何接
蝴蝶骨如椸梁
蝴蝶大翼
聞線腦核
眼會根
蝴蝶與他骨何連

十四　鱗骨、○在耳門骨前上半、貼數顱頂骨、下半有一骨稜曰太陽脊、其脊前有骨枝伸出、與顴骨相接曰顴拱、其拱起初之下有一窩、以接下牙牀骨後尖之扭、曰耳門骨白、鱗骨內藏大腦、

十五　馬乳骨、○在靠近耳後、外面不平、有數小孔、大者爲馬乳孔、以穿小廻血管、乳中間有數窩、名馬乳窩、通於中耳。

十六　論三角石、○在耳門骨裏面、其質至堅、形如三角、其底向外、尖向內、夾在蝴蝶骨枕骨中間、底中有一大孔、名耳外孔、俗名耳朶眼、耳骨環連在孔邊、骨尖之末有一孔、名頸脈孔、頸脈穿於其內故也、在石骨後面之中有一孔、名耳內孔、有第七對腦線、並耳脈管穿於骨內、石骨下面之前、有一骨形如錐、曰耳門骨錐、斜內垂前、有數條肌肉連於其上、三角石中有數孔、中耳內耳藏於其間、耳門骨、與蝴蝶骨、枕骨、顱頂骨、下牙牀骨、顴骨、等骨相連。

十七　論蝴蝶骨、○蝴蝶骨在頭顱底、左右二門骨當中、與頭顱七塊骨、並面骨五塊相接、使之堅固不搖、譬如房頂之椸樑式骨之形如蝴蝶、故以爲名也、中有體、左右有大翼小翼二對、又有二翅在後、如蝴蝶腿、左右下垂、骨體之形、方而中空、分有上下前後四面、上面有骨峯、與羅篩骨相連、稍後有窩、藏聞腦線腦核、再後有橫槽藏眼會根、即左右眼腦線匯台之處、兩旁有曲槽、頸內脈管藏於其中、再後有淺凹、小腦蒂覆於其上、下面當中有稜、與犂

大翼之三面　腭簾　羅飾何形　分有三片　聞腦線如何分條　羅飾豎片　羅飾窩上二捲骨　面骨之數

頭骨接連、前面與羅飾之豎骨相接、合成鼻中隔斷、後面、後面與枕骨底相接、大翼自三面、一面向上、藏大腦中葉、有數竅、腦線與脈管通過其內、一面向前、與他骨合成眼窩、一面向外、與他骨合成太陽、小翼在大翼之前、亦有三面、上面藏腦前葉、下面與他骨合成眼窩、前面連於額骨、左右下垂之翅、在前面與腭骨相合、後分內外二翅、內翅稍長、腭簾連於其上。

十八 論羅飾骨〇羅飾骨、在額骨下、蝴蝶骨前、稍有立方形、其骨甚薄、分爲三、中有體、左右有骨翅、骨體上面有一片橫骨、有小孔二十有餘、如篩形、故有羅飾之名也。其骨高出一尖、爲雞冠、大腦中之鐮膜連於其上、聞腦線之分條、俱通此小孔而下、達鼻孔布散、中有一片豎骨、最薄、下至犁頭骨、鼻脆骨、作爲鼻上半分界、骨翅由骨體左右下垂、其形稍方、有內外骨面、其中有數薄骨合成之窩、名羅飾窩、其外面薄而平、爲眼窩之內界、其內面參差不齊、爲鼻孔上半外界、越下越薄、捲成兩骨捲、爲上中二捲骨、羅飾窩上通於額骨穴、下通於鼻孔。

第三章

十九 論面骨〇面骨卽十四塊、名曰左右鼻梁骨、左右顴骨、左右上牙牀骨、左右淚管骨、左右腭骨、左右下捲骨、犁頭骨、下牙牀骨、夫面骨除犁頭骨、雖分爲二、然自生時漸長則成一塊。

牙牀骨分體分面 其支有四 與他骨合成三孔之界 牙牀大穴 牙牀骨之支如何

三十 論上牙牀骨、〇上牙牀骨、乃面骨最大之骨、是左右骨相合、成爲上牙牀之全骨、其骨有體、分爲四面、中有大穴、體有四肢、卽鼻支、顴支、牙槽、腭盤、其骨與他骨作成眼窩、鼻孔、口、三孔之界、骨之四面、分內外上下、從眼框下至牙槽爲外面、眼框下有一孔、爲眼下孔、眼下血脈與腦線、由此孔達外、上面乃眼窩底、三角形、中有一槽、與眼下孔相連、內面乃鼻孔外界、中有一孔、通於體內大穴、爲牙牀穴。其穴乃三角形之大孔、鼻孔外界爲穴底、牙牀顴支爲穴尖、圍穴之骨最薄、上牙根穿入穴中。骨支一爲顴支、三角形向外凸、與顴骨相合、一爲鼻支、三角形向上高至眼內角、前與鼻梁骨相接、爲鼻外界、一爲牙槽支、寬而中質鬆懈、左右各骨、皆有八槽、爲牙根槽。一爲腭支、橫至其偶骨、二骨爲口上膛、鼻孔底前半、二骨相合處高出一稜、與犁頭骨相接。

顴骨之四面 骨支如何顴拱

三十一 論顴骨、〇顴骨、乃面高骨、四角形、分內外二面、四角各有骨支、外面凸而光滑、有小孔、以達腦線與血脈管、內面凹而不平、其支一爲額支與額骨相連、一爲眼支爲眼窩外界、後連於蝴蝶大翼、則爲蝴蝶顴骨大竅邊、一爲牙牀支、與牙牀骨相接、一爲太陽支、窄而長、連於耳門骨、合成顴拱。

鼻梁何形

三十二 論鼻梁骨、〇鼻梁骨、在面中、左右二小骨合成鼻梁、各骨形長方、向上窄而厚、與額骨相連、向下寬而薄、與鼻脆骨接連、鼻梁隨各人之形像、高矮不等、骨內有一直稜、上與額骨前相合下與羅篩豎片相合。

淚管與淚囊

二十三 論淚管骨〇淚管骨爲面骨最小者薄如指甲在眼窩內角外面有槽淚囊伏於其中。

腭骨如乙字爲三孔之界

腭骨豎片

腭之橫片

腭簾乃對嘴

二十四 論腭骨〇腭骨在鼻孔後夾在上牙牀骨和蝴蝶翅之中式如乙字爲口鼻眼窩三孔之界其豎片由眼窩後邊向下至鼻孔底上面爲眼窩後底內面爲鼻孔後半外界此面有二骨稜使鼻外界分上中下三槽其橫片形四方與上牙牀腭支相合分上下二面上爲鼻孔後半底下爲上膛後半頂骨後半光而平腭簾懸於其邊左右骨向何處爲鼻後稜對嘴連於其尖稜上面與犁頭骨相接。

犁頭爲後鼻孔分界

二十五 論犁頭骨〇犁頭骨形如犁頭豎立在後鼻孔中則爲後分界前邊與鼻脆骨相連下邊前半與牙牀骨相連後半與腭骨稜相合。

捲骨之形俗名水泡

二十六 論捲骨〇捲骨在鼻孔內與腭骨下稜相接形如捲故以爲名或名水泡骨可也。鼻內膜附於其上。

下牀牙骨拱如馬掌藏牙根十六其尖而爲下靶

二十七 論下牙牀骨〇下牙牀骨爲面最大之骨也在口下有骨體骨支骨體向前拱如馬掌骨支在後左右各一豎立向上骨體上面有孔十六爲牙槽骨體前面中有骨稜稜下長出骨峯三角形爲下靶俗名下靶骨傍有孔左右各一以通血脈管與覺線骨支形四方

骨支何形　骨軸何轉　舌根骨何形　連於何肌　頭顱之大縫有四　合縫有道跡　頭顱分五面　正面之四孔　底形如何　底內分三穴　腦葉藏於內

支內有孔、以透下牙血脈、管覺線、向上分前後二端、中有一坑、前端三角形扁而薄、爲骨峯嚼肌和太陽肌、並連於其尖、後端稍短而骨厚、爲骨軸、與耳門骨臼相附、則骨轉動其中、骨支內外有肌數條、附於其上。

二十八 論舌根骨、〇舌根之下、獨有一骨、爲舌根骨、形如馬掌、惟有肌肉連於其上、分有體有角、其角有二長二短、與此骨相連、有肌肉九條、有筋三條、向上者則連於舌、和下牙牀骨作爲口底、又有伸舌肌、向下者則連於氣管聲管胸等骨是也。

二十九 頭顱合縫、〇頭顱骨八塊、初生時有縫隔開、稍長合成一、然有縫跡數道、顯於其上、曰骨縫、骨縫如牙齒相交、其大縫有四、一爲額顱縫、橫盤顱頂、在額骨顱頂二骨之中、二爲顱中縫、在左右顱頂骨中、自額骨直至枕骨、三爲顱枕縫、形如人字、在顱頂枕骨中、四爲鱗骨縫、在顱頂骨耳門鱗骨、左右各一。

三十 頭顱總論、〇頭顱全骨分五面、卽頂、底、左、右、正面、其頂半圓無孔、底是高矮不平、有五大孔、數小孔、以通血脈腦線、其底形如卵、後有枕骨大孔、有數小孔、底內面分前中後三穴、前者托大腦之前葉、中者托大腦之中葉、後者托腦蒂、小腦、卽腦橋。左右面有太陽、耳門、與其上數小孔、正面有四大孔、卽眼窩一對、鼻孔、與口、眼窩乃七骨湊合而成、護衛眼球、鼻孔乃五骨湊合而成、其孔自羅篩骨和蝴蝶骨下至腭盤、前有鼻梁和朧骨、左右上牙牀羅篩骨捲骨、鼻孔分界、乃脆骨犁頭骨、羅篩骨豈片、孔內分上中下、外界有竅、通上牙牀穴口在儘下、有上下牙牀並齒圍繞。〇論頭顱之大小、從前至後長五寸三分、從頂至底高四寸、

頭顱尺寸

按西士所論天下人之頭顱分五等、卽歐羅巴、蒙古、馬喇、亞非利加、亞美利加、五族是也。

人之分五等

第四章

二十二　論腔子骨、〇全身骨架第二段爲腔子骨、亦分三、一爲脊骨、二爲胸膛骨、三爲尻骨盤、西名骨盆。

腔子分三段

二十三　論脊梁諸骨、〇脊梁乃三十三塊小骨、挨次羅起而成柱、則名脊柱、脊柱自頭顱至腰骨、一節大過一節、腰骨以下、一節小過一節、每節夾縫有片脆骨如墊、使脊柱不致損傷圍繞有筋

脊柱分節

三十三塊

脊節脆墊

脊柱每塊分二、爲骨體、骨拱骨體在前、

第九圖

1 鈎骨　2 尾閭骨

形圓、其邊中微凹、骨拱在後、有骨底、骨支、向後如兩手拱合而空其中、其支乃左右橫支、向下筍、左右各二、卽錐支、其橫支各有小孔、以達脊脈管。〇脊骨節重疊合成脊柱、中有大管、自枕骨至鈎骨、名脊腦髓管、每骨左右有小孔、以達血脈管、和脊腦覺線、每塊又有小窩、左

脊節之支

脊柱管

脊腦管

脊節窩

脊柱之功

脊柱四彎

脊柱分五段

頸首骨　頸次骨

背骨何數

腰骨何數

鈎骨曰方骨

右脇背扭連於其中。脊柱功用爲至妙。上承頭顱扭轉無損。自枕骨至尾閭骨。共有四彎。在頸則向前凸。在背則向後凹。在腰又前凸。在骨盆又後彎。脊柱或硬。則能乘重擔。或輭則易屈伸俯仰。前後左右扭轉。無不隨意。大腦在上。亦無震動。脊髓至精。藏於其中。亦無顛動。心肺跨於其旁。無有損傷。〇脊柱分五段。即頸骨七。背骨十二。腰骨五。鈎骨四。尾閭骨五。

三十三　論頸骨。〇頸骨七塊。每塊不等。首塊則托頭顱。西名托首骨。形如骨環。無體無錐。上下左右稍凹。向上則承接枕骨墊。與頭顱相轉。骨孔大而圓。中有筋帶。則分前後拱。頭顱搖轉。腦髓亦不受傷。次塊前邊。高出骨支。形如牙根。與首塊前拱。附合如軸。使頭便軸轉俯仰。〇第七塊錐支最長。枕骨項筋連於其上。

第十圖

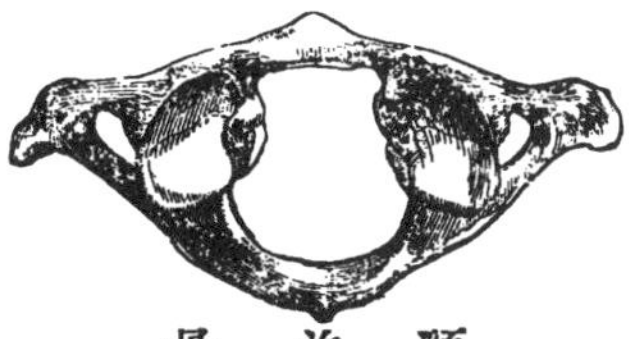

頸首骨

第十一圖

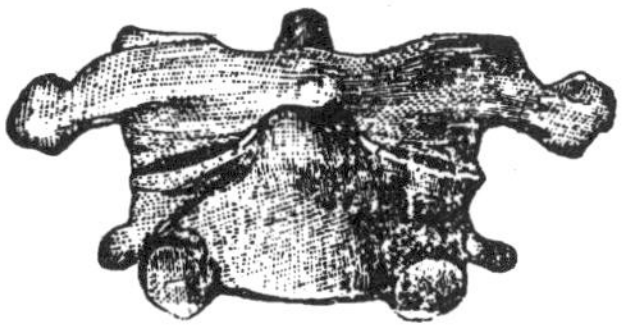

頸首次二骨聯絡

三十四　論背骨。〇背骨有十二塊。自第四至第十二塊。一塊大起一塊。第一塊與第十一十二塊。左右各有小窩。其餘九塊。左右上下各有半窩。兩骨相覆則合一窩。名肋窩。肋骨頭嵌接其中。背骨橫支微長。錐支越長。向下豎垂。

三十五　論腰骨。〇腰骨有五塊。大於別塊。橫寬而厚。以承其上頸背骨。

三十六　論鈎骨。〇脊柱富餘之骨。幼年時分九塊。壯年則長成二段。上段爲鈎骨。又名尾

其形三角前彎如鈎

尾閭骨形如鳥嘴

胸膛如竹簍

肋骨十二對連於左右

胸骨形如刀劍分有三段

肋骨十二對

肋脆骨與肋何連

底骨、仍有節痕、下段名尾閭骨。〇鈎骨、西名聖骨、因古時祭祀以之祭神故也。漢名方骨、鈎骨之形三角、上面寬而大、與腰骨相接、下窄、與尾閭骨接連、向前彎如鈎、故有名中有脊髓管之末、左右與胯骨相合、女人比男子稍闊。

二十七　論尾閭骨。〇尾閭骨、乃脊柱末四塊骨合成、形如鳥嘴、前彎如蝎尾、鈎骨、尾閭骨、和胯骨、合爲尻骨盆。

第二十圖

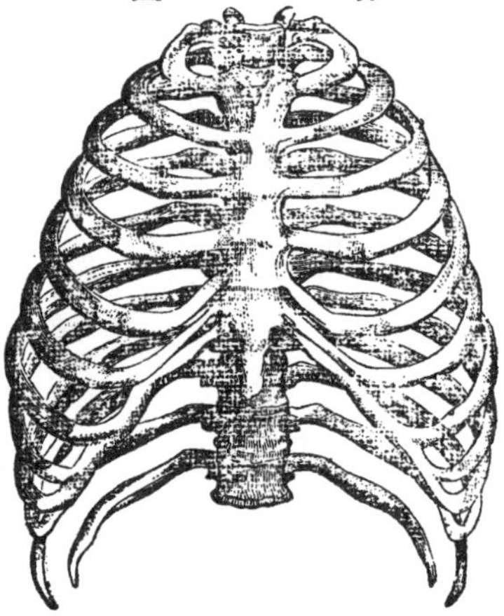

胸膛骨

二十八　論胸膛骨。〇腔子骨、第二段爲胸膛骨、乃數骨合成、如竹簍、上窄下闊、前有胸骨和脆骨、後有背骨十二塊、兩旁有肋骨十二對、連於左右、中則藏心肺左右葉和食管與血脈總管。

二十九　論胸骨。〇胸骨乃一片長骨、扁而薄、形如雙刃劍、分三、上乃劍柄、左右鎖柱骨連於其上角、有小窩、第一第二肋脆骨附於其中、中乃劍刃、窄而長、有小窩、肋脆骨自第二至七、附於其左右、下爲劍尖、即脆骨、肋骨偶附於其上。

四十　論肋骨。〇肋骨有二十四條、則爲十二對、形如弓、骨之頭在後、與背骨肋窩相附、骨前皆有一塊脆骨接連、名肋脆骨、上七條脆骨與胸骨相接、下三條與第七肋脆骨相連、其

浮肋骨何如　骨盆何骨而成　骨盆男女不等　手臂共三十二骨分肩臂手骨　肩胛骨何形　肩胛崗　肩胛窩　肩胛骨喙　鎖柱何形

餘二條、無有相連、則曰浮肋骨、上七條爲眞肋骨、肋骨第八條極長、其餘或上或下、挨次微短、肋骨薄而長、不重、極堅硬、前有脆骨、令胸膛易於升降開閉。

四十一　論骨盆、○腔子第三段爲尻骨盆或骨盆、乃四骨合成、即鈎骨、尾閭骨、和左右胯骨、鈎骨夾在兩胯骨中間、骨盆分邊心兩樣、盆邊寬而上面凹、以盛其上之臟腑、盆心前淺後深、護衞小腹、男女骨盆不同、男者乃堅大窄深、女者則寬淺不深、其尾閭骨頗能轉動。

第十三圖

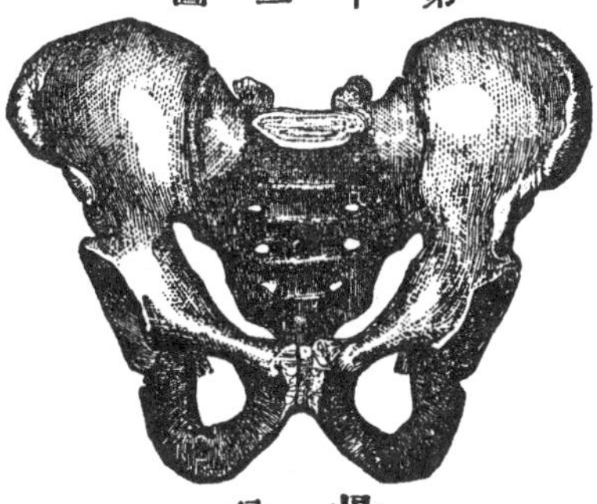

骨盆

第十四圖

四十二　論上肢手臂骨、○全身骨架第三段爲上肢、乃手臂骨、按手臂骨、共有三十二塊、左右共合六十四、亦分三、乃肩骨、臂骨、手骨、○人之肩乃二骨所成、一爲肩胛、一爲鎖柱、肩胛骨、形三角扁而薄、長自第二肋骨、下至第七肋骨、內面凹而平、外面之上段高出一崗、崗之上下大小不同、崗向外伸出長角、爲肩頭、前稍凹、肩頭底有窩、與臂骨圓頭相接、爲肩胛窩、窩內上面又凸出一角、形如鳥喙、名爲喙骨、肩臂之肌肉、和筋附麗其上、○鎖柱骨、曲彎如

男女不等與何骨相附　臂分二截　臂骨分頭幹阜三段　臂骨二輪　肘骨有二　肘分正轉二骨　肘骨與他骨何連　肘大鈎　肘喙　半月窩

鑰匙形、由胸骨起、至肩窩上、西名爲領骨、男女不同、男者曲彎、女者稍直、故女子不便於擲物、鎖柱骨內頭與胸骨相附、外頭與肩骨頭相附。

四十三 論臂骨〇臂分上下二截、上截有一骨、卽臂骨、下截有二骨、卽正肘骨、轉肘骨、臂骨在上肢爲最長之骨、亦分三截、上卽骨頭、中卽骨幹、下卽骨阜、骨頭圓而光滑、與肩胛窩相附、如杵臼、骨榦長而中有管、骨榦下微扁、形三角、前後有三稜、後稜與肩臂肌數條接連、前稜與胸肌數條接連、下截有內外二阜、內阜稍大、二阜中有骨輪、輪當中有脊、則分內外二輪、正轉二肘骨、與輪相附、輪後面有窩、爲臂大窩、前有內外二小窩。

第十五圖

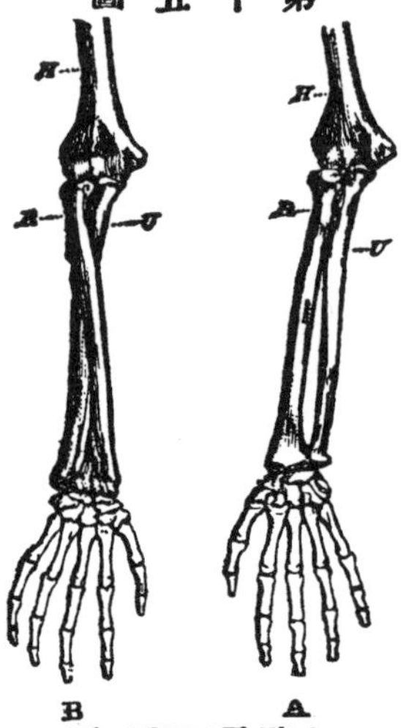

右臂骨正翻二面

H 臂骨　R 轉肘骨　U 正肘骨

四十四 論肘骨〇肘骨自臂起至手腕有二骨、乃正肘轉肘骨、如手掌向上、則正肘骨在內、對著小拇指、轉肘骨在外、對著大拇指、肘骨上與臂骨輪相附、下與手腕相合、上半正骨寬而轉骨窄、下半正骨窄而轉骨寬、正骨主其伸蹺、轉骨主手扭轉。

四十五 論正肘骨〇正肘骨比轉骨長而大、其骨微寬、後凸出骨支、爲肘大鈎、與臂骨大窩鈎環、前凸出小支爲肘喙、與臂前內小窩鈎環、前後二鈎中有大窩、爲半月窩、與臂內輪

伸蹠指筋肌

正肘錐

轉肘還筋

轉骨何轉

轉肘骨錐

相附、肘喙外有小窩、與轉骨頭相附、正肘榦、愈下愈窄、正面有蹠指筋肌覆麗其上、反面有伸指筋肌覆麗其上下截一圓頭、乃腕骨與轉骨相接、其邊出一骨錐、爲正肘錐。轉肘骨較正肘骨稍短而細、上窄而下寬、上有圓頭與臂骨外輪相附、旁與正肘頭相附、頭下有頸、上有環筋圍繞、連於正骨、轉骨頭軸轉環筋內、骨榦中間外彎、下截寬而厚、與腕船骨、半月骨相接、內面與正肘骨相合、其邊有骨錐爲轉肘錐、正面上有三槽藏手筋。

第十六圖

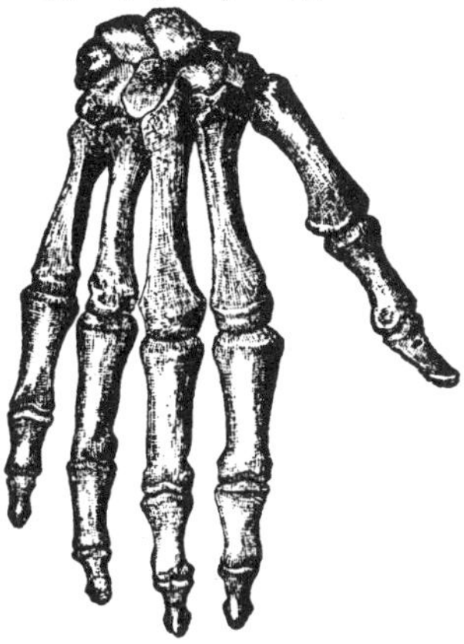

手骨與手腕骨

腕骨之八塊

列有二層

腕骨何名

四十六 論手骨〇手亦分二、乃手骨腕骨、腕骨乃八塊骨湊合、大小不同、列爲上下二層、上層向上凸、與肘骨相接、下層向下凹、與掌骨相接、上層自外向內數有四骨、一名船形骨、二半月骨、三箭鏃骨、四豌荳骨。下層亦有四骨、一名斜長方骨、二名斜方骨、三名腕大骨、四腕鈎骨、其骨各有筋包裹連絡、其腕骨雖無互轉之能、然堅而且柔、故不易損傷。

掌骨五根

指骨十四塊

列爲三層

四十七 論掌骨指骨〇手骨分掌骨指骨二截、其掌骨有五根屬長骨之類、故分上中下三截、上截爲底、與手腕骨相接、其底畧方、中截長短不同、對中指骨稍長、對大拇指短而粗、斜連於腕骨、下截爲頭、形圓光滑、各與指骨接連。〇指骨、共有十四、列爲三層、惟大拇指有

指甲何長　手指妙用靈便

兩層、其餘各有三節、一節短起一節、形如掌骨、其底畧方、頭則圓而光滑、三節之尖扁而薄、指甲長於其上、人手之妙用、勝於諸獸、其轉動最爲靈便。

第五章

骨架四段亦分三截　無名骨何形　幼年何分

四十八 論下肢大小腿骨、○骨架第四段爲下肢、共有六十二骨、亦如上肢、也分三、即無名骨、腿骨、脚骨、無名骨在鈎骨大腿骨中、左右各一、骨形參差不齊、不類於別骨、故曰無名骨、與鈎骨湊合、成爲無底骨盆、無名骨、幼時分爲三段、即胯骨、交骨、尻骨、及破身時、遂合而爲一。

胯骨二面骨冠　胯骨臼　臀肌何附

四十九 論胯骨、○胯骨在上、上寬大而下窄小、外凸內凹、有骨冠、有內外二面、前後二邊、夫冠在上、即以手能摸之骨也、前後有角、在前爲前上角、在後爲後上角、背廣肌和腹前斜肌連於冠上、胯外面由冠起下至胯臼、有上中下三骨稜、上中下臀肌附於其面、內面稍凹胯肌附於其上、前後二邊角下有峽、胯腿之筋與角相連。

交骨橫豎二支

五十 論交骨、○交骨在前、分橫豎二支、其橫支在胯窩下、與胯骨相連、其內角左右交接、即爲盆前界、其豎支向下外斜、與尻骨相接。

坐骨即尻骨分體

五十一 論尻骨、○尻骨又名坐骨、以人坐於其上、尻骨在胯骨下交骨後、分體、支、骨體則厚而堅、向上與胯骨相接、骨支最薄、向上內斜、與交骨附合、中有圓孔、爲盆孔、胯臼。無名骨

坐骨即尻骨分體支
膀臼環脆骨
大腿圓筋連於臼底
大小鈎尻峽
大腿骨之長大其頭藏於膀臼
骨頸即二凸與何肌附
連內外輪與內外阜
膝蓋窩
膝蓋骨如盤故名膝蓋

外面三段匯合處、有深窩、爲膀臼、大腿圓頭輪轉於臼內、臼邊有環脆骨包裹大腿頭、頭頂有圓筋一條、令骨頭貼連於臼底、便於輪轉其中、無名骨後邊有大小鈎尻峽、

五十二　論大腿骨、○全身之骨、以大腿骨爲最長、大而且堅、亦分三截、上截有頭、有頸、頭圓如球、名大腿頭、藏於膀臼中、其頭頂有淺窩、圓筋附連於其中、頭則軸轉於臼中、頭外有頸、比頭稍細、與骨榦接連、環筋附於頸邊、頸外有上下二凸、上大而下小、中下二臀肌附於大凸上、膀肌和大躍肌附於小凸上、二凸中有大腿方肌頭、大腿中榦最長、形如竹桿、向前稍彎、大腿直肌附於其上、榦後有骨稜、稜外有大外肌、稜內有交肌、和大合肌、並大內肌、骨稜向下、分內外二道、至於內外輪。下截比上頭寬而大、內外伸出骨支、爲內外阜、內阜長而外阜寬、內外阜中有內外輪、二輪前中有窩、乃膝蓋窩、後中有輪峽、內外輪與小腿骨相附。

第十七圖

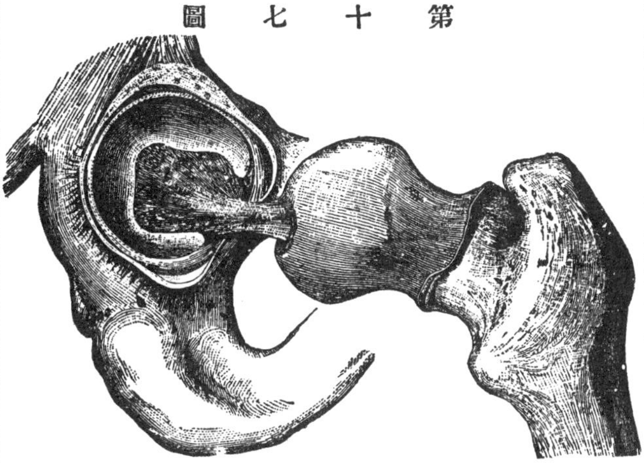

大腿節

五十三　論膝蓋骨、○膝蓋骨形如盤、西名膝盤、上圓而寬、下窄而尖、與膝蓋窩相附、大腿四頭肌筋、包

小腿分二骨爲小腿輔腿骨

小腿骨向大拇指輔腿骨向小拇指輔腿骨極細者

內外踝腳腕在其中

腳腕七骨湊成

踵骨腳根纜筋

裏其外、則向下與腿骨接連、膝蓋外惟有皮膚遮護。

五十四 論小腿骨、〇腿下半截、自膝至腳分二、乃小腿骨輔腿骨、小腿骨在內、對著大拇指、輔腿骨在外、對著小拇指、小腿骨之頭有三角形、寬而厚、面上有兩凹、與內外輪相轉、外與輔骨相接、膝蓋筋連於其邊、骨榦分三面、三稜、向內一面爲迎面骨、惟有皮膚無肉遮蓋外面向輔骨、有小腿前肌連於其上、後面形圓、小腿後肌、即蹺肌附於其上、下端比上端窄、內有骨錐、即內踝、與輔腿骨相連、下與踝輪骨相接、輔腿骨乃長骨極細者、與小腿骨附連、下有骨錐、即外踝、內外踝、骨中有踝腕、外面有伸足肌、有蹺腿肌附連。

第十八圖

腳骨全圖

第十九圖

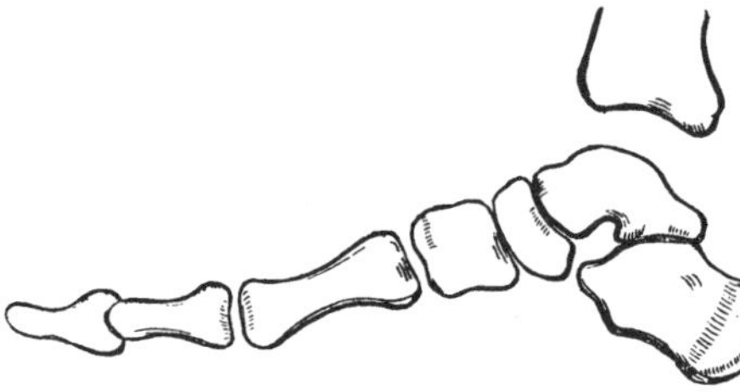

側觀腳骨圖

五十五 論腳、〇下肢三段、即腳、分腳腕骨與腳骨、腳腕乃七塊短骨湊成、即踝輪骨、踵骨、船骨、方骨、箭簇、內中外三骨、踝輪骨、上面圓而滑澤、與小腿骨相附、旁與內外踝骨相附、小腿則轉動其上、骨下面則凹、與踵骨前半相連、骨之頭向前彎、下與方骨相合。

五十六 論踵骨、〇踵骨乃腳最大之骨、上面前半與踝輪骨相附、後半形方、即腳根纜筋連於其

船骨

後內面有大彎、足血脉管並覺線穿過其中、前面與方骨相接連。

五十七 論船骨○船骨後與踝輪骨相接、前有三窩與箭簇三骨相連、上惟有皮膚附於其內、小腿後肌筋連於骨內面。

方骨即箭簇骨

五十八 論方骨○方骨在足外、後與踵骨相接、前與足掌骨、內與箭簇骨相合、箭簇骨列於船骨前、後與船骨方骨接連、前與掌骨一二三接連。

足掌骨根上拱成橋足指三層足之靈便而行路次序

五十九 論足掌骨○足掌骨有五根、後與方骨箭簇骨接連、前與足指接連、其骨向上拱、則成足橋、下爲足掌、足指骨、如手指骨亦列三層、較手指短而小、第三層極小、惟大拇指長而大、總之而論踝骨、脚足骨、湊合而成脚底、足掌向上拱使足靈便之極、人行路先由踵骨起、其骨挨次行動、則肕而輭、故行路伶俐無倦。

第二卷骨節與肌論

第六章

骨節連絡分三等易動節四類如何骨節相連之能賴三

六十 節筋總論○全身之骨與他骨交接連絡、始成骨架、其連絡之處爲骨節、骨節分三等、乃無動節、微動節、易動節、無動節、如頭顱交齒牙根入槽等節、微動節、如脊柱、鈎尻、交等節、易動節、如胯腿等節、易動節又分四、一流滑節、如鎖柱與胸膛節、二伸蹺節、如肘膝等節、

筋膜
筋脆膜
節之筋帶
節膜與膜汁
暫實二脆骨
脆骨之性質
筋絲何編
肌筋與骨筋之別
節膜如衣
折疊似囊
其生油黏者能使滋潤
易動節分五
一俯仰扭轉節

三杵臼節、如肩臂等節、四輾轉節、如頭頸節、諸骨節相連之能、皆賴三物、即脆骨筋與膜。

六十一 論節脆膜〇無動節、二骨相近、隔著有極薄筋膜、微動節二骨、隔著有筋脆膜、其膜乃白筋、和脆骨粘依、其力堅而朋輭、帶自縮能、如在脊節、鈎尻節、至於易動節、二骨展開而寬、易於轉動、骨之頭有脆骨、與骨粘合、兩骨又有數條筋如帶、則爲筋帶、如囊包裹、則爲裹筋、節中有膜、折叠如囊、爲節膜、中生膜汁、使之滑澤、爲節油、按骨節有幾樣要論、即骨節、脆骨、筋脆骨、節膜、及筋。

六十二 論節骨〇節骨乃一宗磁骨、光華而硬、易與他骨相磨、脆骨分二樣、即暫脆、實脆骨是也。暫脆骨、初生時骨未全、人漸長則脆骨遂變爲硬骨、是之爲暫脆骨、漸長不變、是之爲實脆骨、如耳輪鼻尖脊節墊等是也。脆骨甚堅而朋輭、有自縮之能、色或黃或白、其質乃筋絲、筋珠、密編而成筋、筋乃白膜絲、由絲合線、由線合繩、堅而朋輭、無自縮之能、使二骨連合、動而無損、筋又分二、即肌筋骨筋、肌筋乃肌之末、骨筋則使二骨連而不移、節膜又名節衣、其質如濕膜、精而薄、或在於易動節、折叠如囊中、或在於肌筋包裹如鞘、節膜生節油、黏如蛋清、使能滋潤囊内、如車軸之澆油也。

六十三 論動節〇節之要論、乃易動節、易動節之要有幾、一乃頭顱與頸節、其節有枕大筋、自枕骨起、下至頸骨、第七節之後支、最堅而輭、又有枕後頸前左右、及裹等筋、能使頭顱

省身指掌

全身肌肉圖

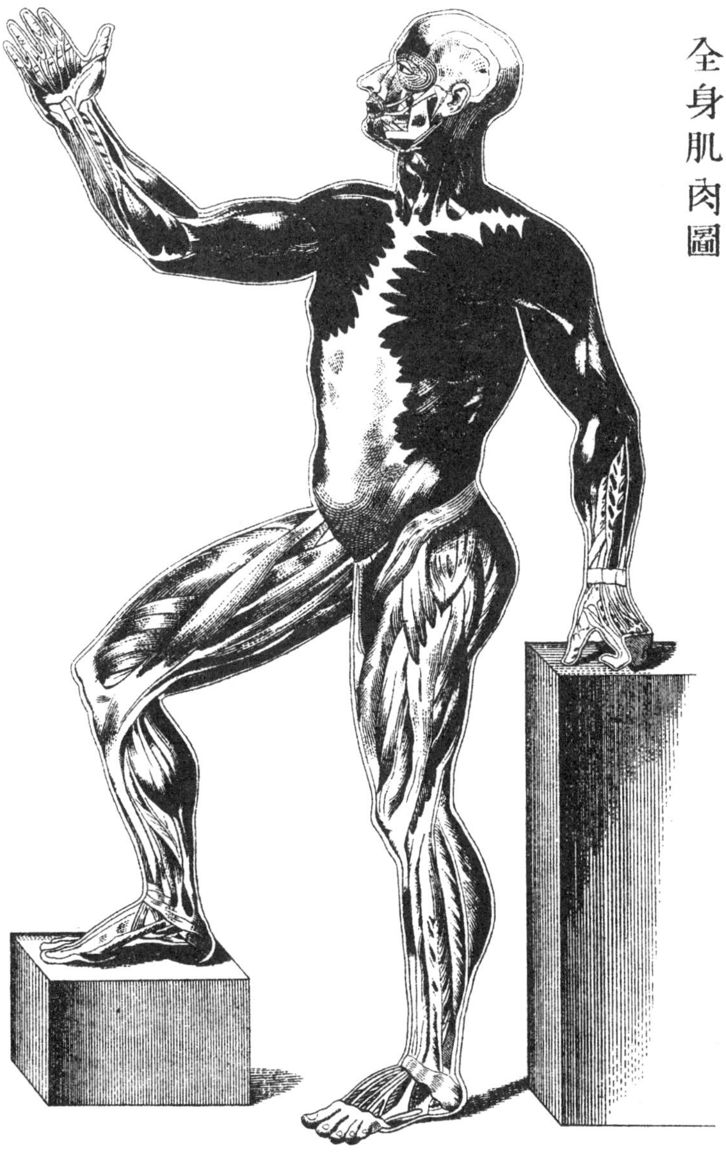

全身肌肉圖

二牙牀節
三肩臂節
四肘節
五手腕節

俯仰扭轉、二耳門下牙牀節、其節屬流滑節類、有裹筋內外筋、並錐筋、使下牙牀連於耳門臼中、能開閉左右動轉、三肩臂節、其節乃杵臼節、使肩胛與臂頭相連、有裹筋圍繞、上連於窩邊、下附於骨頸、臂頭運轉、筋中又有喙肩筋、並環筋、臂肩節、能以前後上下內外運轉、四臂肘節、其節有臂骨、內外輪與正肘骨、能伸踡如荷葉、又有轉肘骨、扭轉於正肘上、其筋有四、乃前後內外筋也、又有環筋包裹轉骨圓頭、使之扭轉於正骨上。五手腕節、手腕有二節、上節乃輔肘骨、與腕骨上層相連、下乃掌骨與腕骨下層相連、二節似乎杵臼節、能伸踡上下內外輪轉、腕上節有四筋、前後內外筋、下節有前後並骨中筋、惟大拇指屬於杵臼節類、其餘只有伸踡之能、指節俱有伸踡之能。

大腿節其筋有五大腿節膜

六十四 論下肢之節〇下肢之節、即大腿節、膝節、踝節、並腳等節、大腿節屬於杵臼節、則大腿圓頭藏於胯臼、圓頭有片脆骨粘合其上、其節有五筋、一乃裹筋、包裹圓頭、上與臼經附連、下與大腿骨頸附連、二乃脆骨圈、與臼邊粘合、使之微深。三乃圓筋、由臼底起至頭頂窩、又有輔筋二根、大腿節膜最寬、補於節內、大腿節能伸踡運轉。

膝節最大節中前後盆筋

第二十一圖

膝節

h膝蓋

t膝蓋筋

六十五 論膝節〇膝節屬於伸縮之類、上有大腿內外輪、下有小腿之頭、前有膝蓋、此節最大、其筋有前筋、乃膝蓋筋、使膝蓋連於上下骨、有後筋、有內筋一根、外

膝節囊寬
而大
踝節有三
筋其節惟
能伸蹺
足指節與
手指節相
似
骨架之用
行動賴肌
之能
人舉動立
行顯明肌
之能
行動二者
之分別
肌絨其本
附膜珠自
動之能時
顫不止
肌分肌絲
肌線肌肉
肌絲由費
比林而成
肌絲合而
成線
一寸排列
二萬有餘
肌線排列
四百有餘
肌絲二種

筋兩根、並裹筋、節中有前後岔筋、有脆骨墊、在內外輪底使之易轉、其節膜最寬而大、於節中摺疊成節囊、其邊連於上下肌筋。論踝節〇踝節上有小輔二腿骨、卽內外踝、下有踝輪骨、屬於伸蹺節、有前筋、內外筋、內筋寬大分兩層、外筋分三岔、中岔則長連於掌骨旁、踝骨節、惟有伸蹺之能、足掌節、足指節、較手指節相似、有前筋、內外筋、則屬於伸蹺節類。

六十六 肌膜總論〇全身行動〇全身骨架之用、惟是行動而已、其所以能行動俱賴肌肉之能、觀人能伸屈、舉動立行、始知肌肉之要意、百骸之功用亦然。凡人之活性、卽在乎行動而顯、夫動乃百骸之動、其微妙而人不覺也、夫行卽身之行、然人皆覺而見焉、人之所以能行動、俱賴二物、卽肌絲肌線是也。

六十七 論肌絨〇肌絨、有微小之肉絨、分本末、其本附於膜珠、其末密佈而浮於外、按其性有自動之能、以顯微鏡觀之、見其顫動不止、亦不屬覺線管理。

第二十二圖

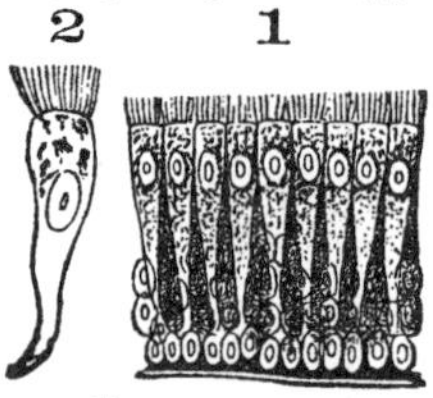

1 肌絨在於涎沫
2 肌絨顯大若干

六十八 論肌〇肌分三、卽肌絲、肌線、肌肉、是也。肌絲乃由血中之費比林凝結、而成微妙之肉絲、肌絲捆合而成肌線、肌線捆合而成肌肉、以顯微鏡觀之、一寸排列肌絲有二萬之多、肌絲排列有四百之數也。如將牛肉烹煮、則見肌線密列其中、若醃肉烹煮者、則見肌線分列、以顯微鏡觀肌線、則見肌絲、肌絲分二種、一乃

人主自主肌質微形

如輪貫串而成

自主之肌豎道

肌肉亦分其二類其二者有何肌屬之

肌絲自縮之能

肌肉分單對二者

單肌何屬

對肌更次

鬆縮其力在縮

肌按形分等

第二十三圖

肌絲微形捆合成線

第二十四圖

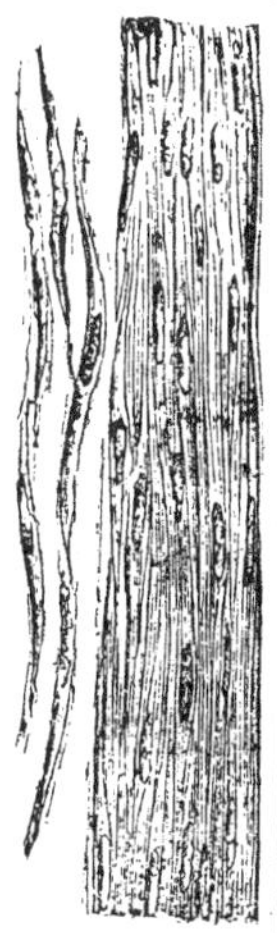

自主肌質

人主之肌絲、二乃自主之肌絲、夫人主之肌絲、有薄膜一層包之膜中肌質形如小輪、貫串而成、其色有黑白挨次疊起、式如黑道橫畫於白紙上。夫自主之肌絲、無膜無橫道、然中有豎道如核、肌絲捆成肌線、則壯健如鐵絲捽成鐵條、肌線捆成肌肉、又分其二類、夫人主之肌、如臂股背腹等肌、自主之肌、如聲管、氣管、臟腑各經等肌是也。觀人之四肢、遂意活動、則知人主之肌肉、觀心跳動不止、臟腑各成其功、不遂人意、則知自主之肌肉。

六十九 論肌肉縮力。〇肌之微絲、俱有自然縮盡之能、縮盡時、肌則短而中凸大、全身之肌分單對二類、單肌有十二條、其餘俱成對、論一對之肌、則二條疊次鬆縮、即此縮彼鬆、挨次更換、如指之伸蹺、然其力俱在乎縮、若扶手於臂前肌、而蹺手則覺肌高而硬、然臂後肌鬆而輭、若伸手、後肌則縮而硬、前肌則鬆而輭、肌之高而硬、乃肌絲縮盡之故也。若患吊線風、即是一邊缺其力、一邊肌絲縮盡之故也。

第七章

七十 論肌之形。〇肌之形不同、在於四肢外層之肌有長肌、內層有寬肌、其寬肌附於骨

肌之紋絡斜直不等

肌名何故而起

肌之三段

肌膜如何肌筋何性其用有二必連於能動之處。

面護衛著、腹背之肌扁而寬、護衛其中之臟腑。至於肌之紋絡、亦分等、有直紋者、有斜紋者、有扇股紋者、有如鳥翎紋者、有如環紋者、肌肉亦分大小、如在於大小腿、有二尺長者、如在耳中有二釐長者。至於肌之名、有按其所而起名者、如臂股之肌是也。有按其直斜橫豎而起名者、有按其用而起名者、有按其形而起名者、有按其雙頭三頭而起名者、肌之每條分三段、從何處而起爲本、其聚於中處爲腹、其至於何處爲末、其本則微動、其腹縮而聚於中、其末亦易流動、肌之本末、乃白筋絲而成爲肌筋、有圓者扁者、其性韌軟、無自縮之能、至於筋膜、有一宗膜、似膜非膜、名爲筋膜、乃筋絲編而成膜者、光滑如鏡、色白如珠、其用有二、或包肌、或使肌附連於骨、筋、並筋膜、二者有自肌之本末而起者、有自肌旁而起者、筋之本由肌起、其末連於能動之處、或肉骨、腕骨、節筋等處是也。夫肌筋如線透過骨節、藏於槽內、流動骨節、則輕而靈、堅而不粗、譬如手腕、肌筋至腕則分條、有筋膜圍繞如帶、使腕細而筋不離其槽、其節顯於手背。至於手指節、第二節之筋分兩條、使末節之筋、自底透前、連於末骨上、如此觀之、筋之擺列、細密而靈也。

第二十五圖

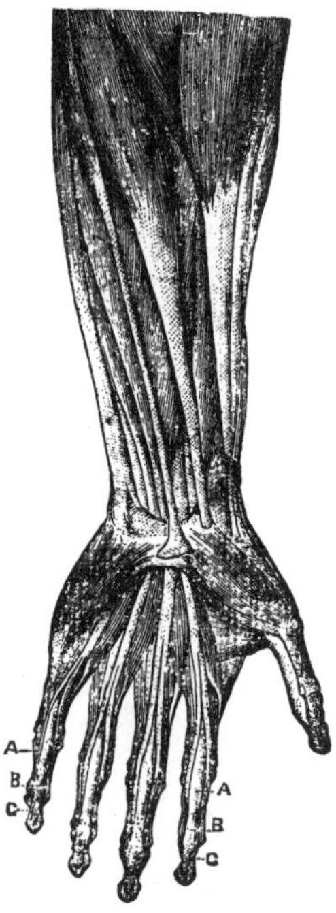

手腕與手之筋肌

環肌不連於骨中有圓孔肌縮則孔小環肌何用

七十一　論環肌〇肌肉大概連於骨上、然有肌數條、乃環肌、不連於骨上。其肌綫如環中有圓孔、環肌縮盡、其孔則小、如心血脈管、津液管、養育路、眼簾等肌、俱是環肌、至於心肌乃環肌、縮緊心房則小、逐血入管。至於眼簾肌、其形圓、中有圓孔、爲瞳人、有環肌絲圍繞於孔邊、又有橫肌絲、列如輪輻、橫肌縮瞳人則小。

食管肌列自動之類自上而下蠕動而行食則徐徐而下咽

七十二　論食管肌〇食管肌和大小腸肌、俱是自動肌、列爲二層、一層環肌、一層豎肌、其肌自上而下、挨次縮緊、蠕動而行、食物則徐徐而下行。論眼皮與口等肌俱是環肌。

全肌何數分爲幾類

七十三　論肌之類〇全身之肌、約有五百條、如骨亦分四類、一類乃頭面頸等肌、二類乃胸腹背等肌、三類乃上肢肌、四類乃下肢肌、緣肌條繁多、則無暇細講、然其妙用、亦易於思想。

第二十六圖

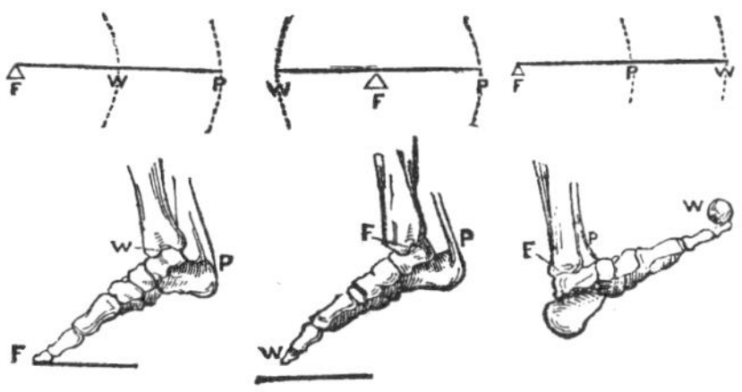

桿之三類　P力　F靠　W重

骨於身如棍使之撬動何爲動學何爲桿何爲靠何爲動桿之力何爲重力何能傳

七十四　論行走〇論行走之理、全身之肌、附連於骨、爲使骨能行動、夫骨在身內如棍、爲使身體能撬動、欲通達身體所以能動、須考動學之理、按動學先宜論桿、問何爲桿、曰桿乃一棍、夫棍必有樞爲靠、乃所不動之處、必有動桿之力、必有所該動之物則爲重、用力則重能動、用桿則力能傳、力傳至物、物則易動、夫桿蓋分三類、一乃靠在力與重之中間、若

桿之三類如何

屬乎桿之第一類者有何節

屬乎第二類者三樣如何

屬乎第三類者二樣如何

手指靈便何講

力於重近力則大

力於重遠動則遠

力提上、重則向下、若力壓下、則重向上、兩弓相對。二乃重在力靠之中間、如二弓翻對是也。則力重不均動、因力行外圈。三則力在靠重之中間、力重亦不均動、因重行外圈之故也。至於身行動、亦屬桿之三類、屬乎第一類者、有頭顱與頸首骨節、骨盤與大腿骨節脚與脚腕處、譬如頭顱有頸首骨爲靠、頭顱爲重、頭仰則頸後肌爲力、肌縮則頭仰、俯則頸前肌爲力、一縮則俯。至與盤骨、則大腿骨圓頭爲靠、身上節爲重、身之豎直、並轉動於靠上。至於脚、脚指點地、其重在地其力在脚根、其靠在中間、若脚指微動、其重在前、其力在後、其靠仍於中間。屬乎第二類者、一如人跳躍、則大腿根不動、其靠在大腿骨節、其力在大腿與膝蓋、其重在二者之間、二如肋骨於呼時、腹肌縮而骨降、其靠在肋脊節、其力在胸肋節、其重於二者之間。三如站立於足指、乃邁步用力之始處、其靠於指底、其力在小腿肌、其重在脚腕、乃托身之處。屬乎第三類者、如身上半骨盤豎立於大腿骨上、其靠乃大腿骨節、其力乃大躍肌、即胯肌、其重高至脊頸之中間。二如蹺臂、其重在手、與所執之物、其靠在肘節、其力乃雙頭肌連於輔肘骨處、故此其力雖小、然其動則速、看手指靈捷、由此而顯、其力離重愈近愈大、如下牙牀其骨爲重、骨節爲靠、左右腮肌爲力、力離重近則力大、如小腿伸出、其靠在

第二十七圖

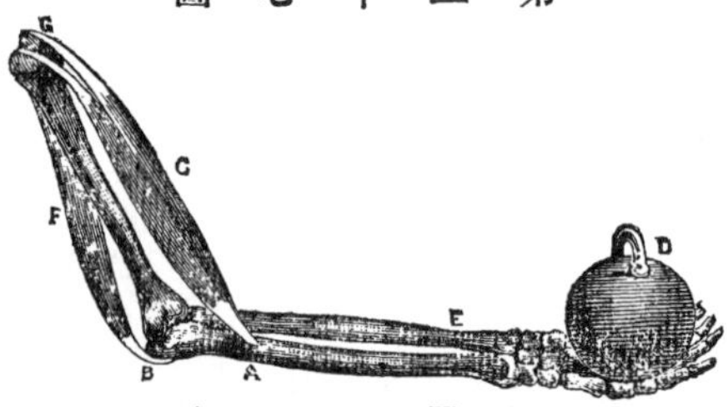

手屬桿第三類

體不獨屬桿之一類亦有時屬第一第二第三

死屍無有立之能人立者憑肌協和人站立則脚爲根自脚而上肌協和次序若何人之站立非自然而有實學而知之必習慣成自然數肌協和之理如何首受重傷肌肉暫缺其協和之能思索無主協和之能惟脊腦則主之大腦主肌之

膝節、其重在小腿中間、其力在小腿頭、並膝蓋筋上、行動之理、大約如是也。然有時一體雖屬桿之一類、亦歸乎他類之用、譬如脚、雖屬第一類、有時或屬乎第二、第三類、如有重物覆於脚指、踢而使之上騰、其靠在脚腕、其重在脚指、其力在乎伸脚肌、連於脚面之處。

七十五 論豎立之能、〇全身骨節、雖有筋連絡堅硬、易於轉動、若死屍則無自立之能。論活人豎立之能、乃若干肌肉協和而縮、互相附對、且人站立以脚爲根、而承其身自脚向上論、則知肌肉如何協和、先使小腿後肌縮小、不然、大腿則前曲仆倒、小腿後肌即縮、使膝易跪、若不屈膝、則大腿前肌必縮、而腿豎直、倘大腿前肌縮、身則易躬、然腹肌並背肌該縮、身則豎而不屈。至於首乃自然點俯、必使頸肌縮、則昂然而豎、如此觀之、站立非一肌、乃若干肌肉協和而縮、成其妙功、人之站立、非自然而有、更非生而知之、實乃學而知之、譬如孩提、必學習然後習慣成自然、

第二十八圖

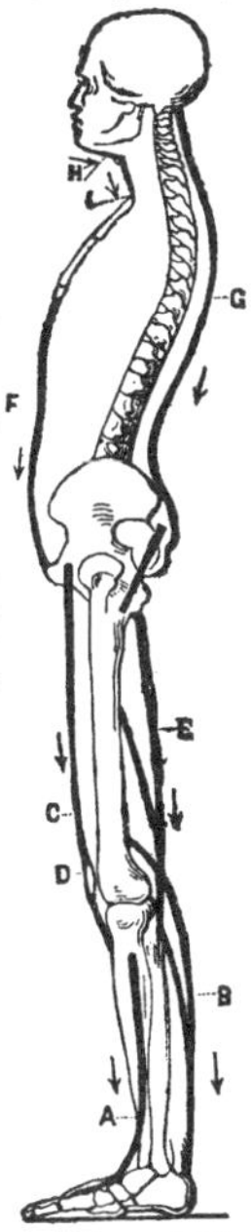

全肌協和而人豎立

論數肌協和、乃人所不自覺、或問數肌協和之理如何、曰、譬如人站立、忽然首受重傷、必立時摔倒、四肢鬆輭無力、此何故也、觀之並非肌肉受傷、亦非流血、雖過暫時起立、無顯有傷、然其肌肉、俱被片時之感、無能站立、或是偶聞嗅味、或一時傷心、亦能使之片時暈而無力、摔而跌仆、考究其理、或想必是思索主管其肌、使之協和、然有時腦無傷、惟脊髓受傷、肌肉

縮盡然脊腦隨主反傳知覺之能觀脊腦協和之理站立之能俱賴脊腦脊腦使肌協和行路時如仆而未倒故看其險邁步之次序腿如鐘之錘擺行時身體矮於立時何故奔跑時躬身更大身左右搖擺身亦隨之何故物於手則分輕重爲估重之覺挨覺於壓覺何分用力知之覺由於肌自覺動

則不合、遂無站立之能、此時不但不能站、而且腿無知覺、卽欲動之則不遂、越窮其理則知大腦爲思覺二者之原所、兼能使肌肉遂意而縮、然脊腦髓另有至妙之能、使從外所藉之知覺變爲動、反傳於外、使肌肉能動、如此觀之、脊腦髓或使一肌動、或使數肌協和而動、人纔能站立、總之站立之能、俱賴脊髓、使肌肉協和之妙功。

七十六 論行走之理、○人行走、亦賴若干肌肉協和之能、夫行走固屬有險、將仆而未倒、然因習慣則變而無險、譬如黑夜偶觸於物、始知行走之力何等大、觀人邁步、先是站於一脚、則一脚抬起、向前趨邁、如鐘內之錘擺、將脚踏地、身卽不倒、初步如何、步步亦然、挨次抬放、人之腿如鐘之錘擺、其棍長則擺遲、棍短則擺快、故長腿者步慢、短腿者步快、又行走時、身體矮於立時、因身微躬如仆式。至於奔跑時、躬身更大、若邁步時、則有一脚離地、若跑時則兩脚暫時離地、邁步時兩脚替換、身乃左右搖擺、手亦遂之擺動、爲使左右分量勻稱。

七十七 論肌之覺重、○人拿物亦易於分輕重、與他物較比卽知分量、若托物在手、卽可准估其輕重、此爲估重之覺、實於人大有益也、靠何物亦可覺軟硬、且右手靈於左手、設將手背放於桌面、以薄紙覆於指上、則覺有物挨著、此謂挨覺、若將二三斤鐵放於指上、另覺有壓覺、若舉手於上、便分用力之知覺。至於臂肌用力時、便知物之重、用力之知覺、乃由於肌之自覺其動也、其覺最靈、凡人擔負重物、依之則分輕重。

肌動之速而妙用之則成自然聲管之肌一分鐘肌動如何撫彈琴瑟肌動如何筆畫淋漓專思意無顧形彈絃者心專於韻調至於匠人之伶俐畫家之善描俱賴肌之妙動愈思主之賞賜人則感恩

七十八 論肌之妙用○肌肉之動縮。極速而靈妙之至也。愈用之愈成其自然而動之能、比如言語時、肌、一分鐘能發一千五百單字音、各音乃聲管各肌撼動而發、如人撫琴、或彈琵琶、其肌動最靈、彈出之韻調美好、俱賴肌之妙功、真是習慣成自然。至於寫字、觀其筆畫淋漓、則指乃撼動迅速、不拘寫何等美好字體、專是思其意、非顧其形、且善於彈弦者、其心亦專於韻調、惟其手節制弦之長短、而韻無不和、俱賴肌之靈動、至於鐵匠之臂肌硬如堅棍。習拳棒者之拳硬如鐵石、然雕刻者之手指善於描畫、且瞽者以指代目、等等俱賴肌之妙動、總之愈推其理、愈思天主賞賜何等奧妙之能、則人無不感恩。無不稱讚也。

第三卷消化養育論

第八章

食物分二類　淡氣之物　無淡氣之物

七十九 論食物○夫人所餐之食物類推若許、養身之食物極多、而人一生求之殷勤勞碌、食物分類即多便合而分二、㊀有淡氣之物、㊁無淡氣之物、其無淡氣之物、乃有炭氣過多、其有淡氣如動物、乃肉腥則多、然炭氣之類如植物菜蔬而已、其動植二類、以外亦有可吃之物乃土質、其中最要者則水和鹽耳。

八十 論水○夫身中各經、俱有存水滋潤、故易於逐外、且又喝則補其所缺、故人渴飲水

水之當飲

多、身中水之量數、如四分之三、或三分之二、見人一日該飲之水足有三斤、然飲之多寡不勻、故發出若許、遂而飲之多寡、夫熱季飲水則多於寒天耳。

鹽不可缺

八十一 論鹹鹽○夫鹽於身大有益用、於口有香味、不但有其味、並於身之健壯切要、則缺少鹽身弱而不壯、人身如此、牲畜亦不可缺、且野獸按時尋找代鹽之草耳。

土質養身

八十二 論土質○土質亦是養身之物、其類、化於食物之中、如灰、滷、堿等物、俱於養氣化合而成、乃果實蔬菜等類、夫土質之最要者、於身內乃燐養五、凡骨質存之若許、且麥子粗麪之麩予有此土質、故食者於身之生長大有益耳、年幼時乃生長之期、食之有益、有人說食魚於生長相稱、因魚含燐養五、極多耳。

無淡氣類乃三

八十三 論無淡氣之類○無淡氣食物、一名炭氣食物、分有三等、乃糖、漿、油、三質、按化學分有炭、養、輕、三原質、所爲蔬菜之食物、則含糖漿多寡不等、惟油質或於葷腥、或於菜蔬皆有耳。

漿分類數

八十四 論漿○夫漿亦名小粉、穀、稷、米、麪、稻、麥、等和菜、諸類、皆含漿粉、並稻米、細穀米、薯、藕、含漿亦多、見稻米分漿、一百分之八十五分、麥子分之七十分、山藥即薯類分之一百分之十五分之多、其薯類故含水多、分漿則少、漿之用、易變而成糖、始能化於血內耳。

糖之類

八十五 論糖○含糖之物食而化則多、其化合原質不及勻、糖乃甘蔗所爲、即甘蔗、葡、奶、

果實含糖

密、等糖、各有所分、其糖在身、因圖其味甜、而取於口、果實等皆含糖者、有之含糖十分有一、亦有含者十分有五耳。

油脂

八十六　論油脂〇油於身各經皆有、且皮內連網中有之多、身體胖、而其式樣俊美、在乎存油脂多寡、其油人生活之時、則化而清明、然死時凝結而硬、其油不獨由食物所含而入身、且由於自變而新造於身內、人之吃糖類、和漿類之多、易於發表而爲胖、故吃麵者和蔬菜、不吃葷者亦畧而爲胖耳。

費比林亞力部閿嘎西引

八十七　論淡氣之物〇淡氣乃動質所含者則食入身、但動物亦含淡氣、其類分三名曰費比林、亞力部閿、嘎西引、費比林乃血絲、亞力部閿乃蛋精、嘎西引乃乳餅、夫三者含淡氣則多、並有炭養輕三氣之數分、其費比林乃細微絲化於血中、即成肌肉、故爲之肌絡絲、亞力部閿即蛋精、身之質皆有嘎西引、因牛乳生者多、謂之乳餅、其三者尚在肉脂極多、且植質亦有之若許、然分化之原質爲異、且養身之力小耳、夫二者故養身之物則爲始養質和原養耳。

食所不可缺

八十八　論食物該用〇身體壯而無病、須食物全備、且含其該存之物、則水、鹽、灰、等、並糖、漿、油、即淡氣之數類、須俱食而不能缺、食物之類缺其一、身則弱而不安、人之身弱、則表明其所缺之食物耳。

人不可缺水

活物皆不可缺食初缺之則瘦再缺之則死食乃養之最要消化之次序

百體賴食漸長自幼至壯壯年之後仍賴

八十九 論水爲要物○飲食之物水爲最要、若不得水喝、渴者難受、故缺者求之甚切、人行遠路、或行沙漠地及杭海、未得甜水喝、渴如將死難受其苦較與缺食物者加倍耳

第九章

九十 凡世上活物、皆不可缺飲食、人與禽獸等類、倘幾日不得飲食、必覺疼痛、身體羸瘦、膂力減少、再遲幾日、仍不得食、必致餓死、是知食物乃養生所最要物也。

九十一 論食物○凡食物先入口中、次用牙嚼、如磨研然、次入胃中漚爛消化、次入經絡變成血、流遍周身、漸漸成肉。

第二十九圖

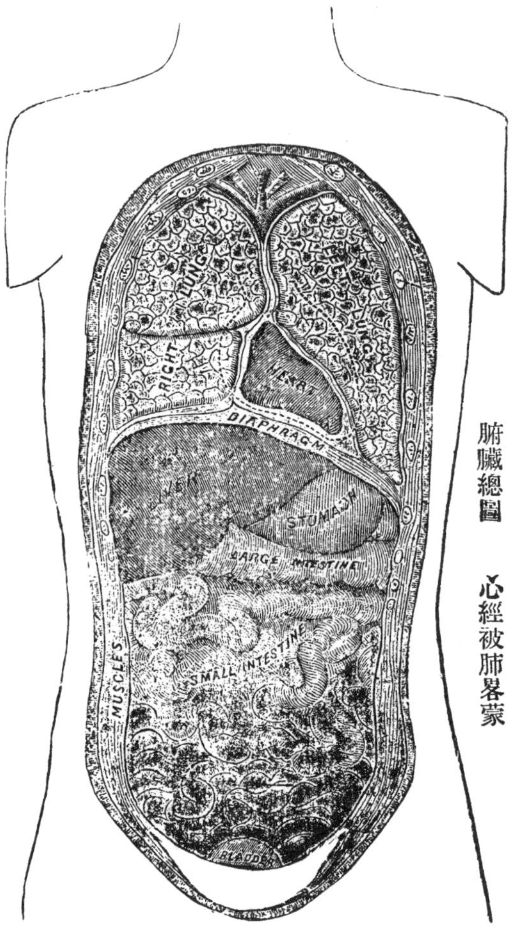

腑臟總圖　必經被肺畧蒙

九十二 論飲食取義○人自有生以來、百體一齊漸長、俱賴食物、從幼至壯、

之養身身體發出渣滓如何飲食則補所消耗者所食之死物化爲活質如何

日日須食、爲使百體日長不息、及至壯年、軀體不再加長、仍須食以養之、以故百體中常有食物變化之渣滓、如所呼之氣、所發之汗、皆是、若不常進飲食、增補氣血之所消耗、體質必致減去分量、是知人之生活之質、皆由所食之死物得來、所食之死物與生活之體質、迥不相同、然而天主立定消化補助之法、即以所食之死物、化爲生活之質焉。

消化之具、○其具何爲、即口、與食管、胃、與大小腸是也。

口中何分乳牙何數生長有何次序

第三十圖

幼孩六年半之牙形

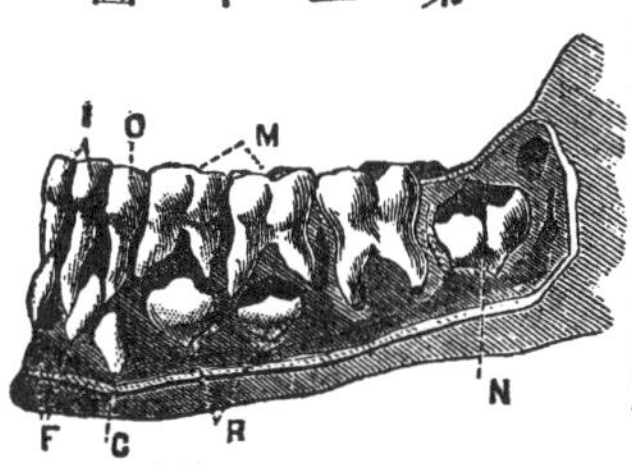

I 切牙　O 獨根牙　W 雙根牙

N 實牙於囊未長　F. C. B.

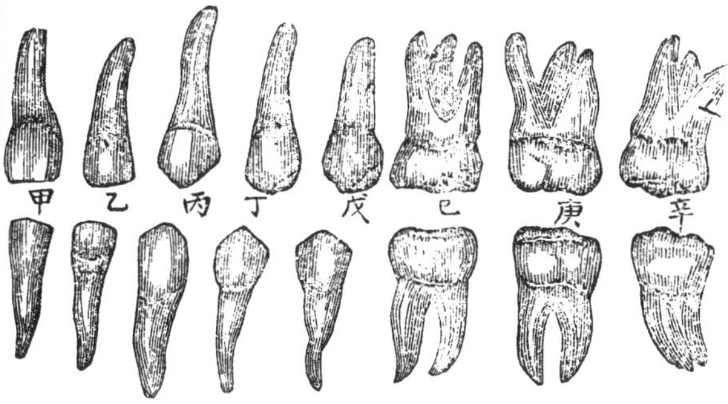

辛　庚　巳磨牙　戊　丁雙根牙　丙獨根牙　乙　甲切牙

按月何長

九十三 論口之所統、即嘴、腮、舌、齒、並生涎核。○凡人俱有兩種牙、乃乳牙、實牙、幼年之乳牙、共有二十、上下牙床各有十牙、切牙四對、眼牙兩對、磨牙四對、嬰孩生七月門牙長出、其下者先長、八月至十月、貼近門牙兩旁之牙長十二

實牙何數分有幾類切牙獨根牙雙根牙研磨牙

月至十四月前磨牙長、及二十月眼牙長、至三十六月、後磨牙長出、凡壯年之人共有三十二牙、上下牀各十六枚、自前至後、按其形狀、共有四類、一是切牙、快如刀刃、薄過他牙、能將食物切碎、上下共四對、看右甲乙圖可悉、二獨根牙、因對二目、又名眼牙、有高尖、其根最長、上下共兩對、看右丙圖、三雙根牙、頭圓而中窪、上下共四對、看右丁戊圖、四磨牙頭方、高矮不平、能研食物、上下共六對、上三對、根三岔、下三對、俱雙根、看右己庚辛圖。

牙磁如何牙管如何牙之覺線刷牙之故

九十四　細查牙之形質、外面有一層薄骨、堅如磁、白如珠、能護牙骨、令久不壞、內中骨質、與別骨之質、微有不同、中有小管、可盛牙髓、此牙髓乃一條覺線、與牙牀之覺線相連、依牙根之數分條、牙之外磁、可磨光滑、如象牙、其磁極堅、能護牙骨、使之久而不壞、若常刷牙、不使塞入之食物久存中間、牙即不致朽爛、若不刷洗保護、外皮雖堅、亦必朽爛、故外皮一裂、食水與氣侵入、牙朽爛必生小孔、覺線透氣、再遇食物進入、牙即疼痛、可知保養牙齒、亦最緊要也。

牙磁一裂內骨朽壞牙疼如何

第三十一圖

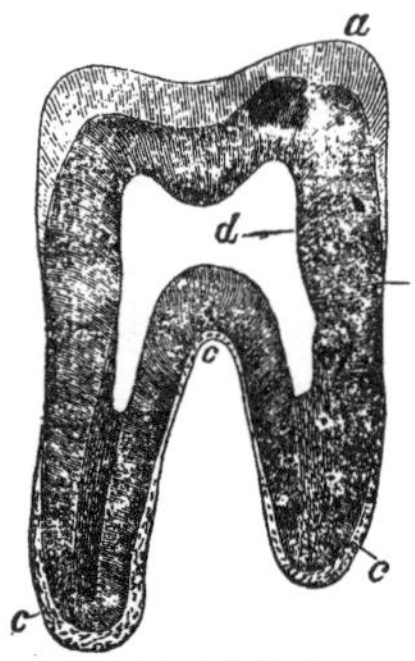

研磨牙豎割

a 牙磁　d 牙骨　c 牙根骨質　b 牙管

舌之用有三舌質乃動肌

第十章

九十五　論舌、〇舌之用處有三、一能分別五味、二能使食物轉動、三能言語、舌之體質、係動肌、外面有涎膜包裹、此膜通連五臟、最易生涎、故名涎膜、在舌上者最厚、有細小肉絲如

涎膜如何

舌刺如何

舌苔如何

嘗味何覺

津核有六耳下核顋下核舌下核

津核各有管

隨時發汁滋潤食物

節三十二圖

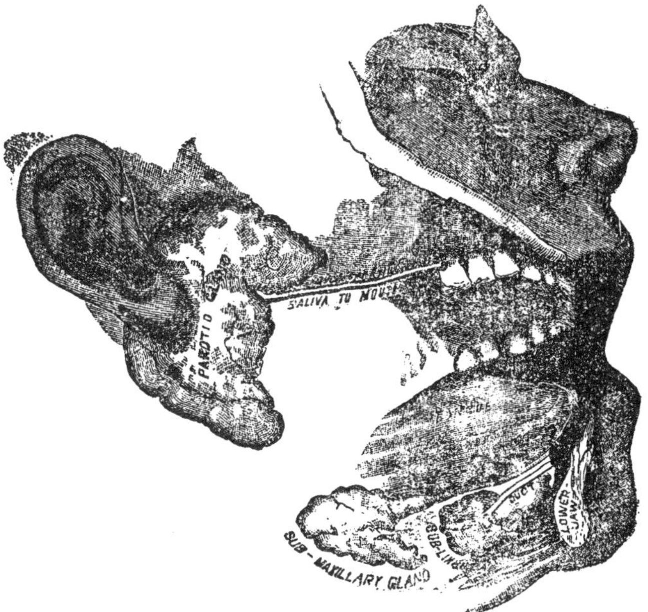

右邊津核

刺甚密、俱向上長、短長不齊、聚成攢、當中有極長者、即特出一尖如粒、人看有高低不平式樣、各刺之尖、均有極小之孔、舌苔即從小孔內發出、各肉刺中、俱有幾條覺線、使人能知五味。

九十六 論津液。〇人身精爽無病、口亦不乾、口之不乾者、即是生津液、故有幾枚小肉塊、如杏核式、可名涎核、共有六塊、左右耳根、各有一核、名耳下核、後牙牀下、左右各有一核、名顋下核、舌底有雙核、名舌下核、所有各津核、俱有一小管、涎膜從管內發出如汗、口中不動時、發出者少、食物時、發出者多、人可隨意使津發出、如將舌攪動、或腮頰作嚼物形、津液自如泉湧、津液之用處、能使口不乾、並

食於口滋潤易咽入胃易化

消化次序如何

人無病津液足滋潤食物

舌後二管食管靠脊骨通於膈膜斜至胃左

胃心門如何

食管三層一涎膜二三橫豎幾條

食物咽下如何

氣管蓋如何

滋潤所嚼之物滑澤、易於咽下、人若嚼所不應食之物、乃不順乎自然生津之理、便與人不宜。

九十七 論嚼飯〇人之五官百核、各有其用、食入口細嚼、爲使碎爛易咽、且入胃經容易消化、牙之用處、是將當嚼之食物、切嚼碎爛、牙卻不致損傷、而津核所生之津、適足滋潤所食之物、倘津液生出過多、於人有傷、按消化之次序、一是嚼、若無津液、先使物滋潤和軟、並牙嚼碎、則胃不能成消化之功、人身爽快、牙之力量、足勝嚼物之任、津核所生之津、足敷滋潤物用。

第三十三圖

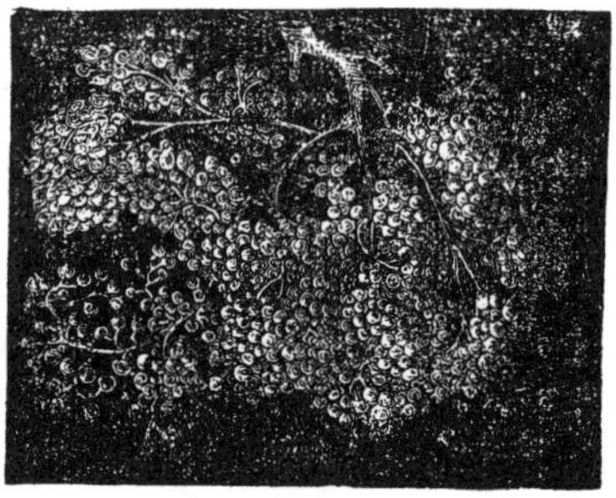

耳下核

九十八 論食管〇舌根下即咽喉、有二管、向前者氣管、向後者食管、夫食管靠近脊骨、食管最柔軟、長六七寸、從咽喉以下漸粗、通於膈膜、有兩三曲彎、斜至胃經左邊、管尾有一小門、能伸縮、名胃心門、（書名賁門）論食管之體質、管內有涎膜、上邊桃紅色、下邊水紅色、管有兩層動肌、一層是豎條、一層是環條、其環挨次重疊、隨食物之多少爲伸縮、不下物時、即閉而不張、扁而不圓。

九十九 論吞咽〇人食物嚼碎、舌向後一縮、將食物送至食管、或問氣管在食管之前、食物何以不入氣管、曰、此間有一奥妙功用、故氣管上面有一小蓋、名氣管蓋、如舌形、呼吸時、

食管如何

食物時其蓋則閉故食不誤入氣管

咽喉之肌有自主之能則食物蠕動而下

第三十四圖

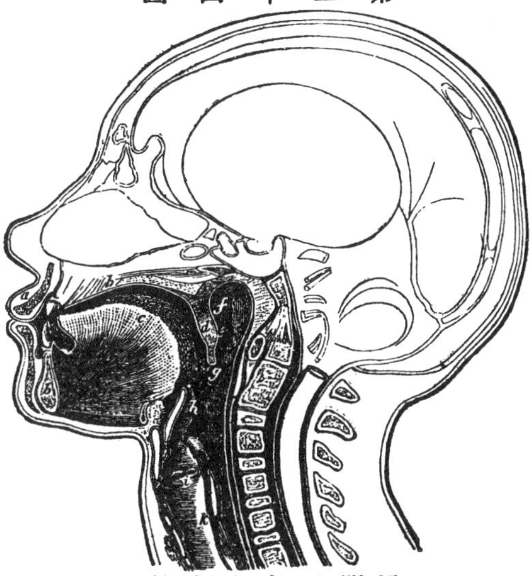

氣管咽喉與食管

c 舌　b　g 膒簾　h 氣蓋管　i 聲管　l 食管　f 咽喉

便張開、咽物時、食管向上一逗、即將氣管蓋擠住、管蓋即閉而不張、所以食物不致錯入、倘咽物時、忽然大笑、令氣管蓋張開、食物誤入氣管、必將所食之物嗆出、仍復入食管、咽喉內一切動肌、人不能隨意而動、乃隨時自主、食物一入食管口、其動肌向下退縮、自能將食物牽下、更兼環肌蠕動而下、挨次縮小、亦將食物擠下。

胃形如肉袋居於膈膜下胃大小如何

向左彎而稍大與脾相隔

第十一章

論胃經、○消化食物、胃經最有力量、其形似一長方肉袋、在膈膜和肝經以下、大腸

一百 以上、前有短肋骨和肚腹、胃在腹中向左彎曲、如新月樣、論胃經大小、人不盡同、大概盛滿食物、横有九寸、豎有三寸五分、人有時飲食過多、可盛二升、縮小時、可盛半升、若飲食合中、可盛一升、左端粗、從胃心門至粗處、約二三寸、至粗處與脾經相隔一層薄膜、此膜爲肥網、

幽門如何　胃有三層卽胞膜動肌涎膜

中層肌肉三樣如何　環肌依幽門如何

食物如何流動

右端頭細、因胃向右漸漸縮小、縮盡之處、有一小門、名幽門、直通小腸、胃之左口高、右口低、兩口不平對、○論胃之體質、有三層、各有用處、互相成就消化之功、外層胞膜、中層動肌、內

第三十五圖

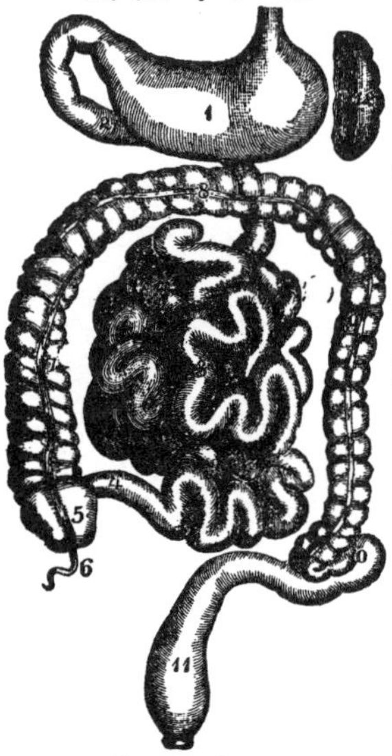

胃與大小腸

1 胃
2 小腸上段
3 小腸
4 小腸下段之末
5 大腸囫圇頭
6 大腸連尾
7 大腸上行
8 大腸橫行
9 大腸下行
10 大腸曲彎
11 直腸
12 脾

層涎膜、外層包裹胃經、使之堅、因此層與肚腹之脆膜相連、又與脊骨相連、則使胃不致動移、中層動肌、如牛羊肉之細絲、此細絲如蚯蚓下行、可從大縮小、亦能緩緩伸開、動肌有長、斜、環、三樣、長者與食管豎肌接連、上下長條稠密、當中者甚稀、依近幽門之長條、亦稠密接連小腸之豎肌、其斜者多半在左邊、近乎胃心門、有向左斜者、有向右斜者、其環者在長條之內、如環纏繞、依幽門最密、所以成就幽門環肌、縮小時胃則擠住、所盛之食物隨之擠小、或從左而右、或從右而左、能使食物左右

涎膜何形
摺疊如何
其微形如何

第三十六圖

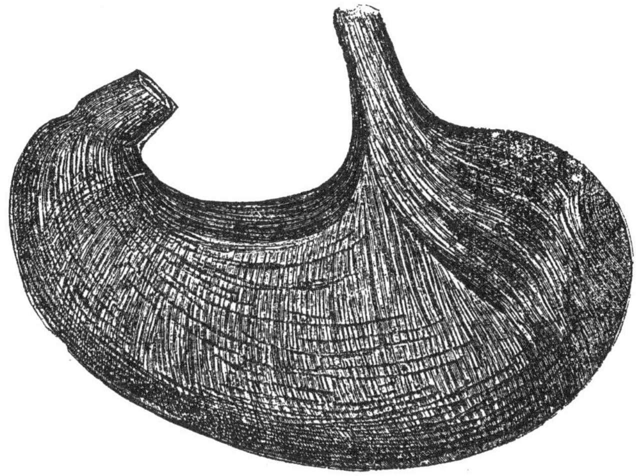

胃內式

第三十七圖

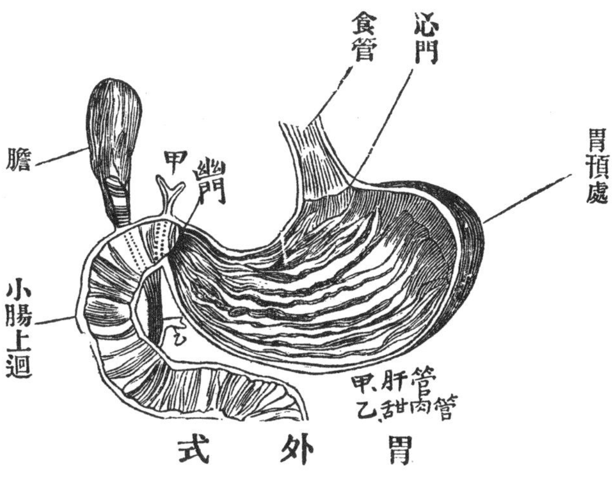

胃外式

流動、其長肌縮小、能使胃稍短、爲使食物向右流動、內層是涎膜、乃爲胃經之裏、厚滑而輭、形如回絨、惟獨此層、無伸縮之能、然鬆而不緊、動肌一縮、橫下卽摺疊而起、若胃盛滿食物、乃卽充鼓、幼年是桃紅色、壯年變爲淡黃、或灰色、涎膜之形狀、極爲精緻、若用顯微鏡窺看、

其內微孔何列

涎膜何用

胃汁如何血管肌腦線如何排列

牛胃如何人胃亦然

胃汁與食調和滋潤其汁極強能化食物惟活人有之亦不能配合其味如乳

有許多蜂房六角窩之式、窩底有許多微小之孔、通連微絲管、其管密密排列、排滿涎膜、此管多是獨根、向右口有分條、右端之管、常發涎沫、能保衞胃經滑澤、不被食物傷害、其餘之管、生消化食物之津液、其液名胃汁、內外層之間夾、有一張肥網、編連血管與腦線、此血管腦線又生許多分條、養育管理胃經、若欲看胃經三層之式樣、買一牛胃、細看分明、在內極軟、有密密小孔之一層、爲涎膜、在外包裹油、極脆而厚之一層、爲胞膜、其在中間所夾之肉絲、爲動肌、牛胃如此、人胃亦然、是三層各有其功、外一層爲堅固、中一層爲能動、內一層爲生津液、能使食物消化。

第三十八圖

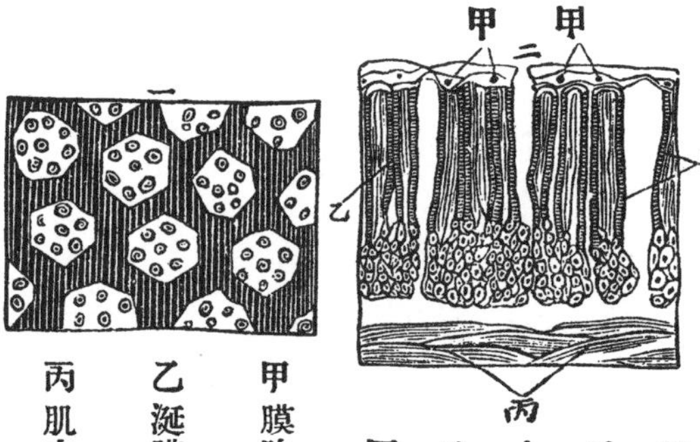

甲膜胞　乙涎膜　丙肌肉

第十二章

百二　論胃汁、〇人所食之物、咽下入於胃經、胃動肌伸縮、食物即轉動不止、有胃汁生出、與食物調和、滋潤食物、使之柔軟、此汁是從微絲管發出、彷若皮膚出汗、其汁極強、消化一切所食之物、惟有活命之人纔能發之、若是之汁、化學之家、於各活物身上、俱尋不見、選諸般藥材、亦不能配合、此汁比水稍濃、其味甚酸、味之酸者、按化學云、疑是鹽強水、或是乳

酸內中消化之藥西名卑白新

酸、汁內似有一種藥力調和、消化食物之能是藥之力量、其力曰消藥、西名卑白新也。欲試消化之能、可買一猪胃、或肉、或熟雞卵、塡放其中、將水灌入、按寒暑表熱到一百度、其肉之瘦者、即化爲無有、肥者不化、雞蛋青、亦化爲無有矣、人工試作之消化若然、人胃之自然消化、亦不異是。

食物入胃其汁纔發如口發津式

胃汁足用倘食過多則胃不敷潤

故食過度易患病原阻胃汁消化

一百二 論胃汁發出之理、〇是汁並非時時存積胃中、食物或別物一入於內、即能催微絲管、將汁緩緩而出、有如口中嚼物、津核生津一般、人雖嚼一些微物、其物即催動津核生津、潤透食物一些微物、咽入胃內纔能催動涎膜生津、至將此一些微物潤透、然後再咽一口、始能又生一口津、滋潤此一口、西醫士云人食時、胃所生之汁、適足敷其終食之用、倘所食者過多、其汁即不敷用矣、因爲人所食者、已足滋養身體、設使分外多食、其汁不克隨人意多生、人因不明此理、往往食過其量、致生許多病症、或吐酸辣之水、或打生食嗝、或因此患大病、是知人之所食太多、或在胃中存積、或因仍未潤透、阻滯胃經消化之功。

胃生汁備消化

眞饑假饑何分何能察考饑止否

一百三 論饑餓、〇人至應食之時、胃經自先知覺、即生汁以備消化食物、此時人遂覺心口不舒服、是之謂饑、有時人已食飽、疑猶未飽、是謂假饑、胃生汁時、人纔覺饑、若汁生已止、即不覺饑、所以不覺饑、即表明汁生已止、人若食物安緩、與生汁之安緩相稱、胃即易成消化之功、人之食物能自體察饑已止否、乃可管束己身、不致飲食過度、西醫士言、人一日所

胃汁何數

生之胃汁、約有三斤。

第十三章

飯後食畢胃肌動卽不止挨次縮伸食則揉爛食在胃輪轉如何依賴何肌

一百四　論消化之理、〇食畢之後、胃之動肌、不止而動、先一縮、將食物貼倚、後一伸、使食物鬆動、然動肌並非一齊伸縮、是一伸一縮、使食物左右前後、輪流不停、如用杵臼擣藥、將食物揉爛、使之輪流、不專是賴胃動肌、亦賴肺經輔助、因胃以上有膈膜、膈膜之上有肺、胃以下有肚腹動肌、膈膜乃一大塊肉肌、疊次升降、人一吸氣、肺張開、使膈膜下降、將胃壓下、人一呼氣、肚腹動肌縮上、卽將胃與膈膜擠向上、使肺將氣呼出、所以一呼一吸、胃經卽被擠壓。

何爲糜粥入小腸何理

一百五　論食變糜粥、〇食物在胃翻騰、與胃汁調和、化成一物、黏而白、名糜粥、是凡所食一切之物、無由分辨、既成糜粥、流隨入於小腸、並非俟所食者、全成糜粥、纔入小腸、乃隨成隨入、或問、胃中所有之物、爲何不盡流下、曰、胃之幽門、稍開一縫、猶未成粥之物不能流下、卽已成粥者、亦不能全然流下、因粥內之清汁、浸入微血管、流入迴血管、穿肝入心、不但清汁如此、茶酒水類皆然、緣胃無消化茶水之能也。

粥之清汁入微管歸心如何

食物按度入則舒暢消化時刻速遲不等

一百六　論消化時刻、〇胃若無病、食不過度、物亦與胃相宜、胃卽易成消化之功、人必舒暢、倘所食過度、物亦不與胃宜、以致消化遲緩、使胃受累、人覺疼痛、論食物化成糜粥之時

其故如何
初次考察
時刻如何

刻多少、人不盡同、因人所受之冷熱勞逸各有不同、故有此人消化食物、比彼人容易者、如兩人所食者一類、此人消化甚速、彼人消化甚遲、所以人常云、此物我食之宜、彼則曰、我食之不宜、且在一人、亦有時不同、因有病無病之分、亦有在所食之物、或爲易消、或係難消、當初人不知各物自有消化之時刻、幸於四十年前、美國有一兵丁、與同胖相戲、悞受槍子傷胃、延醫治好、得以不死、無奈傷口總不能收、人因從其傷口窺見胃中消化之象、彼時有名醫、趁此機會、察看各物成粥時刻多少、遂將人所常食之物、在胃中消化時刻、記錄於後。

消化食物記錄單

物名	做法	點	刻	分
蘋果	生	一	二	
豆子	煮	二	二	
牛肉爬	煎	三		
牛肝	煎	二		
羊肉	烤	三	一	
豬肉	烤	五	一	
豬肉爬	煎	三	一	

消化食物

物名	做法	點刻分
雞	煮	四
牛犢肉	煎	四二
魚	煮	二
雞蛋	炒	三二
紅蘿蔔	煮	三三
醋白菜	生	二
山藥豆	煮	三三
大米	煮	一
饅頭	烤	三二
麪點心	烤	二二
糖包子	蒸	三
沙果	生	二三五
牛肉鮮而瘦	烤	三
醃牛肉	煮	四一

記錄單

肉包子	蒸	二	二	
羊羔肉	煎	二	二	
豬腸	煎	三	一	五
大雞	煎	二	三	
外國雞	烤	二	二	
肚子	煮	一		
雞蛋	煮	三		
會菜	煮	四		
玉米	煮	三	三	
白菜	煮	四	二	
山藥	烤	二	二	
旱蘿蔔	煮	三	二	
酵麪饅頭	烤	三	一	
爛豆腐	生	三	二	

消化時刻多少、人雖不盡同、所差亦必無幾。

飲水過度胃汁則淡其力不足

誤消化之工如何因物在胃難以消化

胃中膨脹何故

一百七 論消化之限〇胃汁之力、足敷消化之用、若多飲茶水、使汁清淡不濃、其力遂減、如胃嫌其力不足、即速將茶水撤出、由是觀之、若飲水過度、胃汁清淡、使胃多一番撤水之事、致悞消化之工、口內津核所生之津、與胃中所生之汁、足能滋潤食物、人若欲多飲水、輔助津與汁、殊屬非是、若食堅物、必須嚼爛而後咽、若囫圇吞下、亦必致悞消化之工、因胃乃極軟之肉袋、安能代牙作工、即或囫圇吞下堅物、其胃汁僅能潤溼外一層、必俟層層潤透、然後纔能施展消化之能、所以遲延時刻、若食乾肉及硬麪餅、雖不囫圇吞下、亦不易潤透、總不如柔嫩之肉、發麪之物、易於消化、若將決不能化之物吞下、胃因不能消化、勢必將其逐出、但幽門不遂開、無由得出、胃仍是勉强消化、爲時逾久、實不能消、幽門雖是緊縮、定亦伸開、將物逐而出之、人每逢飯後、心口有一二時、脹而不舒者、即此故也。

第十四章

腸管分兩截

小腸分三迴尺寸如何

大腸亦分三闌門何在

一百八 論腸管〇有一長管、從幽門至肛門、名腸管、分作兩截、上截爲小腸、下截爲大腸、比少腸則粗多許、小腸從幽門迴環折疊至闌門、愈下愈細、長約二丈、小腸可分三迴、上迴與胃接連、彎如馬掌、長七八寸、中迴在肚臍上下偏於左、長約八尺、下迴在小腸以上偏於右、長一丈有餘、論及大腸、長約五尺、亦分三段、一段是大腸頭連著有一小尾、如蚰蟮、在小腹之右邊、此段之左、有兩折疊之肉帘、爲大小腸分界曰闌門、二段是從右向上、至肝曲一

直腸通於肛門

腸管體質亦是三層大腸長肌何列

彎、橫過胃底、至脾再轉彎向下、至小腹左邊、三段之末爲直腸通於肛門、

一百九 論腸管體質○論腸管之體質、如胃有三層、外一層胞膜與肚腹胞膜相連又與脊梁骨相連、使之不能移動、中一層動肌有兩樣、向外有長線、向內有環線、長線則稀但在

第三十九圖

小腸中段涎膜以鏡顯微

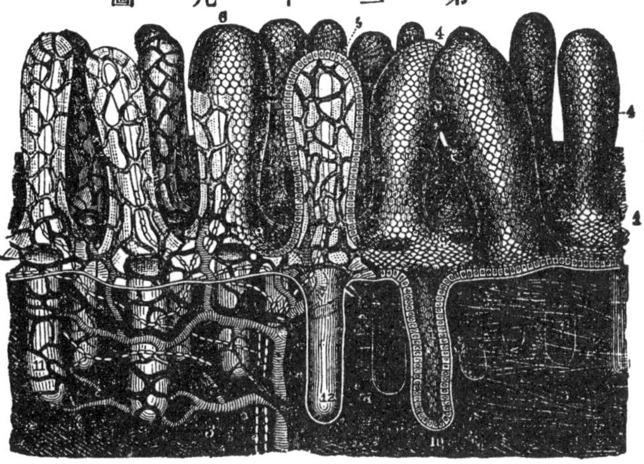

1 涎膜微形如網帶鱗其鱗乃膜珠
2
3 涎膜下筋網
4 膜之毫絨一根其皮如鱗
5 毫絨一根豎割內有微吸管微血管
6 一根左半撥去其皮
7 三根其膜全撥
8 微吸管
9 夾縫中之孔
10 發腸汁之核
11 重言發腸汁之核
12 重言發腸汁之核
13 微血管

第四十圖

小腸上段豎割以顯微鏡觀

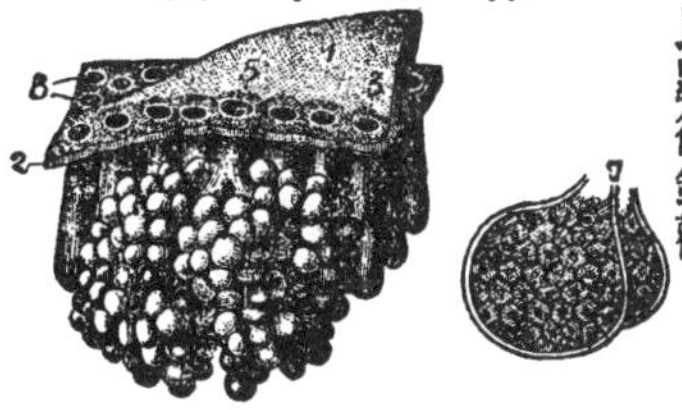

1 涎膜折疊
2 涎膜一片
3 腸汁微孔
4
5 小腸上段微孔
6
7 腸汁爲核更顯而大

環肌與小腸如何排列於大腸何列　涎膜之橫紋如何　腸汁如何　微吸如管何　腸汁之口如何　腸管獨核如何　羣核如何　肝在膈右下其尺寸如何　肝分兩葉其帶懸其脊　肝下有窩窩內分五隙分成五罅隙內藏何物

大腸、有三條最密、比大腸短、使大腸縐起折紋、所以腸亦縮短矣、環線、在小腸、乃密密排列在大腸、卻不甚密、但是按節極其稠密、如竹之分節、食物一入腸管、環線從上而下、挨次縮小、將食物逼下、內一層是涎膜、厚滑而輭、有密密之橫折紋、鬆而不緊、所生之汁名腸汁、能使腸子滑澤、不被食物傷害、其折紋深有五六分、若將折紋伸開、比腸子長五六倍、爲使食物緩行、若用顯微鏡窺看折紋、上有物如秋毫之末、密布其上、一釐見方之中有百根、每根當中有管、名微吸管、能將食物之精液吸入、微吸管之外、有微血管、形如蛛網圍繞、在秋毫之末夾縫中有小孔、用顯微鏡窺看其口、是一小點、係發腸汁之處、涎膜上猶有小核、形如白穀粒、有處散而稀爲獨核、有處聚而密爲羣核、無孔。

第四十一圖

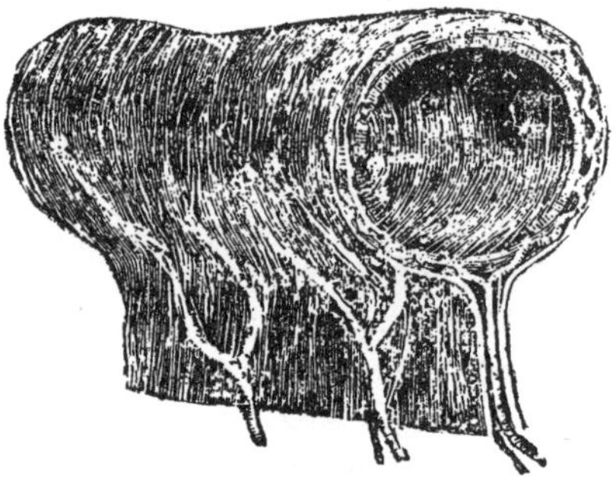

小腸豎割
見腸衣三層

一百十　論肝、○肝比諸經俱大。在膈膜右邊、以下通至心口、左邊在腸與右腎以上、橫長七八寸、前後五六寸、上下二三寸、重二三斤、包裹肝者、有一層胞膜、在肝之後、繫於一處如帶、將肝分爲左右兩葉、左小而右大、此帶將肝懸於脊上、肝向上拱、與膈膜和肋相膈一層胞膜、肝下面有一窩、右倚腎、左倚胃心門、窩內有五隙、

肝之小葉如何三管分於葉外如何入內成微管迴於外如何葉網孔中小窩如何膽水出於何處

肝汁與膽同

其數如何肝汁分化

第四十二圖

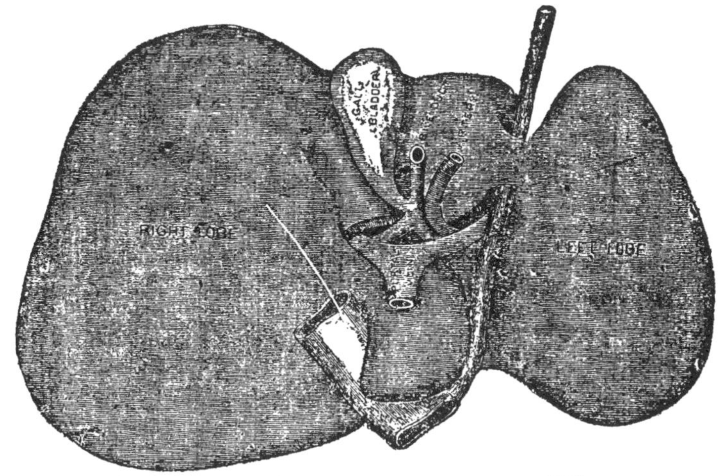

卽將肝窩分成五瓣、隙內有膽囊、膽水管、迴血總管、肝迴血管、肝脈管塞於其中。

一百十一 論肝經體質〇肝之形質、歷歷可考、若將肝切開、見有許多小葉、如黍粒大、肝之迴血管、肝脈管、膽水管在窩內、合於一處、由此入內分條曲通

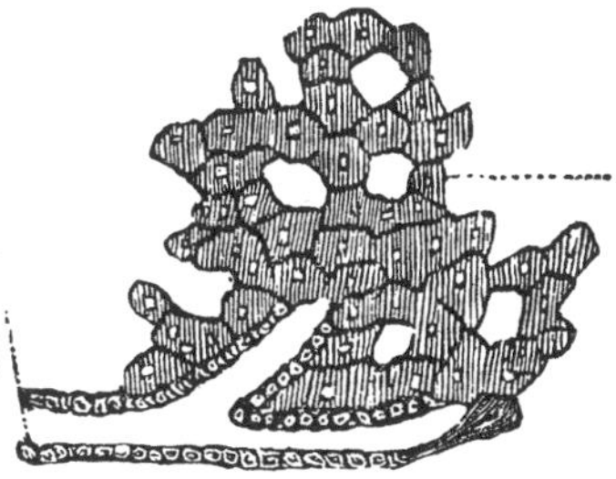

肝各小葉環繞外面、入於葉內、又分出微絲管如網、之在小葉中、通至小葉之中心、回到外面、其條愈外底愈合、達到迴血總管、小葉網之孔中、有密密之小面窩、肝之能力、卽在此小窩、因窩能生出綠膽、卽是從網管吸入之血所成、由此順膽管、流至肝外三管、合併之隙。

一百十二 論肝汁〇此汁與膽汁爲一物、一日約生二斤八兩、俱從小葉窩而生、此汁乃

如何肝質名咱啉何為膽汁

凡血不甜惟於肝迴流之血則甜故內有葡糖觀肝經係一糖局

膽囊形如梨

膽囊管如何二管並合通入小腸膽汁時流不流則存於囊

脾在胃左形似腰

其窩如何

脾網膜如何

脾內白點何列

極苦綠水、按化學肝汁分清水、約有五分之三、汁質約有五分之二、肝汁質名咱啉中有物如水晶、即膽精也。

一百十三　論肝血。○身內之血俱不甜、從肝迴血管、入小葉之血亦不甜、惟從肝上微網管、迴流之血甚甜、若養牲畜、專飼以肉、幾日後將其屠宰、其肝迴血管之血不甜、然從肝迴流入心之血即甜、若分化此血、有甜如葡萄乾糖者、可名葡糖、由此觀之、肝不但生汁、並可將無糖之血、變有葡糖、謂肝直一造糖局可耳。

第十五章

一百十四　論膽。○肝右葉底有一囊、曰膽囊、是存肝汁、其形如梨、頭向外、尾向內、長三寸、可盛汁八兩、有曲柄、名膽囊管、下垂五分、至肝汁管、二管合一、此管形似鵝翎、管長二寸五分、過小腸頭後、通入小腸上迴左邊、看右第三十七圖、即知膽汁能助小腸消化食物、時時從肝流出、若腸無食可消、即將口閉、汁迴流入囊存積。

一百十五　論脾經。○脾在胃左偏下、近輭肋、長四寸、寬二三寸、厚寸餘、其色紫、形似腰、向外圓而鼓、向入稍凹、中有一窩、外裹一層胞膜、此膜與胃之肥網膜相連、膜內有能伸縮之筋、生有許多膜條、穿插脾內、名脾網膜、窩中滿有鬆輭之肉、色深紫、若將脾割開、見肉內滿有白點、形似小米粒、每粒連在微血管之稍上、如梅花式、脾經有一大脈管、曰脾脈管、從膈

脾脈管如何

脾與血脈管如何

脾無同胃之說

脾長何理

脾能養血

血內二物

血輪分紅白二色

紅血輪如何

白血輪如何

白血輪生於脾中

甜肉形如郎頭俗名胰子

膜下總脈管接來、由胃後曲彎、入脾窩中又分條、脾迴流之血、從窩合成之脾血管、流到肝迴血管、是通脾之管、除此二管、別無可通。若云脾與胃同有消化之功、大不然、脾之職分、人不明悉、所曉者即脾有伸縮之能、食後脾即脹大、二三時又漸縮小、其脹大之故、即是因血充滿、血一流出、則縮小矣。若患瘧疾、脾即分外脹大、須俟痊愈方能縮小、論脾之職分、大半培養血脈、血脈乃最精緻之物、欲看血、可用針刺滴在玻璃上、再蓋一片薄玻璃、以顯微鏡窺看、見血內有二物、一為清水、即是血汁、二有小餅如輪、在血汁中亂動、名血輪、且此小輪、亦有兩樣、有紅白二色、紅小而甚密、白稍大而稀、紅者動極快、有時貫串如錢、有時散開、上下翻騰、使血有紅色、即是此輪、白者流動稍緩、有時圓、有時漸改、有稜角等形、人爽快時、紅血輪最多、病則白血輪多於平日、人面帶病容、乃白血輪多之故也、白血輪之由來、雖不確知、因脾流之血、白輪最多、故以脾為造白血輪之處、患瘧疾脾即生白血輪最多、所以面帶病容。

第四十三圖

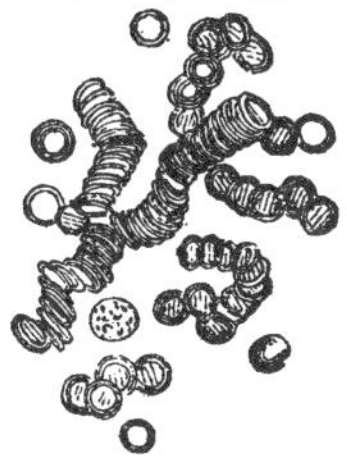

人之血輪

牲畜之血輪

俱以顯微鏡而觀

二百十六　論甜肉經、○有一經橫貼胃後、形若郎頭、因其肉甚甜、名甜肉經、其在猪羊者、俗名胰子、此經之頭、在右邊伏於小腸上段之彎、尾伏於脾下左腎之上、長約五寸、寬約一

體質何如核有管通於小腸上段左

糜粥入小腸與三汁調和

粥味畧酸有膽汁攙入無酸足比蛋清油花渺如霧油水二物原無合

合一有何法

嬭之白色其故如何

第四十四圖

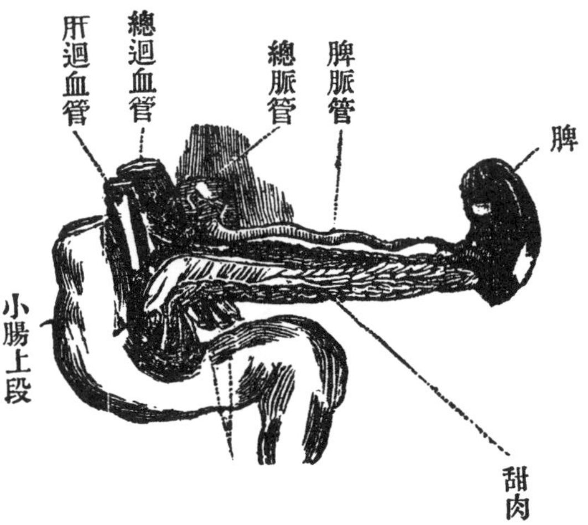

寸、厚五分、此經後近脊骨、隔幾大血管、其體質如口內津核、其所生之津亦同、但較津核鬆輭、此經前有一管、從尾斜至頭、從頭又下斜、通至小腸上段之左、與肝汁管並通小腸、偶有輔助消化之功。

第十六章

一百十七

論小腸消化之功〇消化食物、不獨胃經、小腸亦能分任、胃之糜粥、流滿小腸之上段、卽與腸汁、膽汁、甜肉津、三者成爲一物、糜粥本味略酸、有膽汁攙入、酸味卽無、按消化次序、凡食內俱有漿粉、攙入核津、卽變爲葡糖、緣漿粉本是不能消化之物、若不變糖、總不能化、一入小腸、與膽汁調和、將酸味化去、便可成糖而易化、且糜粥中之油、在胃中總不能化、一入小腸與膽汁合、卽可以化、因膽汁內帶鹻氣、與油配合成爲一種胰子、餘油與甜肉津調和、成爲極細油花、微渺如霧、若將油放在水裏、其油總浮於水中、華醫家亦無能設法將油水和於一、若將油與雞蛋清研勻、倒在水裏、油水遂合於一、不浮水面、水卽變爲白色、看牛嬭之色是白、因有嬭油混在其中、此甜肉津、可比雞蛋清

糜粥入腸則白如孋下行分二卽養汁與渣滓養汁浸入微血管暫合於血浸入微吸管遲流於血

何爲白液管

白精如何歸血管

飲食常理有四

與油調和、油卽微渺如霧。

一百十七 論小腸精液。○前云、糜粥入小腸合三種津、成爲一物、色白如孋、卽隨小腸之折紋下行分而爲二、一是養身之精液、一是無用之渣滓、精液如孋白而甜、養身獨賴之、卽

第四十五圖

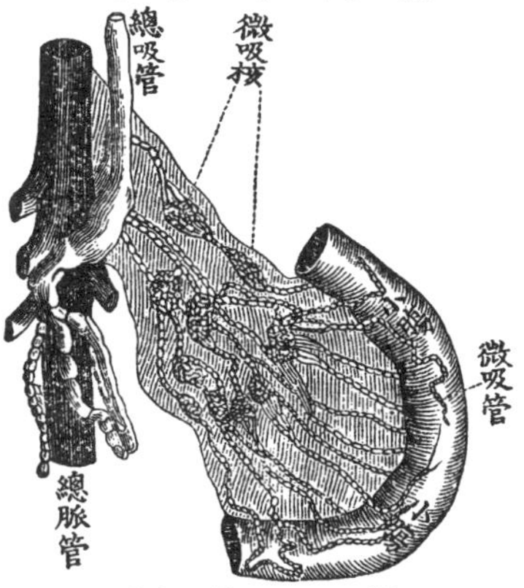

微吸管圖

名養汁、其汁從小腸向下流、浸入涎膜之微血管、並微吸管、浸入微血管者與血混合、上行至肝迴血管、其餘浸入微吸管、小腸之微吸管、亦名白液管、因白養汁流滿其中、此白液管如樹倒置、從樹梢愈上愈合、穿小腸胞膜之核、通到膈膜下、依脊骨圈白精池此池乃總吸管之首管、粗如鵝翎管、又向上通膈膜依脊骨、直至頸骨之第七節、又轉彎下垂向左、通入迴血管、白精管至此、與血混合、流至心內、夫渣滓並未消化之物、下流至闌門、入於大腸、或有遺漏之精液、大腸並有幾微吸管、將精液仍然吸入、下餘渣滓與大腸汁調和、卽行降下。

第十七章

一百十九 論飲食常理。○飲食消化之次序有四、一食物在口當嚼爛、二在胃當化爲糜粥、三在腸管、當將精液渣滓二物分淸、四白精液當浸白吸管、流入血管、與血混合、以補血

缺一不可

胃資消化然烹食在乎人

擇食要義

何為思食饑餓為準則亦分眞假不餓而食於人無益

按時而食纔能養身

食量大小多少不等其故如何

之鈌、四者次序、鈌一不可。若食物未及嚼爛、急速呑下、致礙消化之功、白精分出、定不足用、養身益處、難以畢得、論胃之本性、是消化食物、但烹作食物、亦在乎人、所以理當尋擇可食

第四十六圖

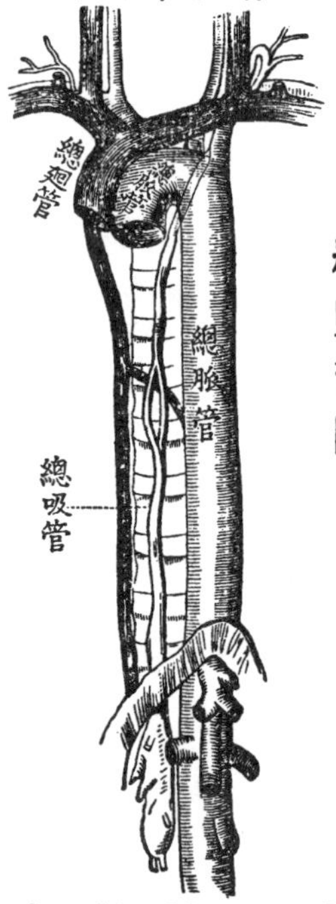

總吸管圖

者保養身體、擇所當食、有緊要幾事、或酌量多少、或察看物之好歹、或計較飲食之時、或分別食物、與己或宜否、或論己身有無病症、及强弱勞逸、或年歲老少、或四季時令、

二百二十　論思食、○身體爽快、當食之時、必覺饑餓、思食乃胃已備下盛物之地、是饑餓乃食時準則、亦是所食多少之準則、但饑餓有眞有假、若食辣物、或醬或葷腥過多、能催出不按時之餓、是謂假餓、非順胃性之餓、能領人食不應食之物、或食之過多、此時人雖覺餓、胃經並未騰有空地、亦遂無力消化、身體求養育之時、胃卽備下地方、其餓乃是眞餓、倘時當飲食、不覺眞餓、可知胃還無力消化、所以不按時而食、卽不能生白精液、保養身體、由是觀之、人求順性、眞餓分別、宜食之時、亦一要事也。

二百二十一　論食物分際、○人之食量大小不一、因各人身體情形不同、比如作粗工者、多用氣力、所以食多、亦宜多食、因其易於消化也。幼年身體正長、亦應食多、譬如新築房屋、

省身指掌

飯後歇息要義　飯前歇息何故

必須多用材料、凡人病後亦然、若讀書人、或作不費力之事者、則應食少、且人多食過度、必神昏困倦、並常患小疾、若或太少、身必虛軟、不克補足氣力心才、必致減少、孩童所食太少、身雖長大、且生各樣病症、大約壯者、若有二斤肉、或二斤蔬菜、二斤水足彀一日之用、凡人身體勞乏、胃亦隨之、所以將欲食時、必畧一歇息、使胃備足消化之氣力、食後亦當畧亦歇息、或問食後何須歇息、是因人之行路、足必發熱、作活手必發熱、讀書頭必發脹、其故是血多向用力處去、食後胃中之血亦必多、纔能生汁消化食物、若急去作工、是將不當離胃之血、借用於別處、可見食之前後歇息片時、成全胃經消化之功、於人大有益也。

食物葷素何分　工重食肉何益　冬夏食葷分別居於北處多食油居於南處多食蔬其故如何　肉鮮果熟吃之無傷　香料多食妨於胃化

第一百三十二　論食物好歹〇人之食物、有葷有素、二者養活身體、各有各能、肉內有養人之精質、菜蔬亦然、但不如肉之強壯、肉之精多而渣滓少、菜蔬則精少而渣滓多、少許之肉、可抵多許蔬菜、常作重工之人、應多食肉、藉補氣力、居家不作重活之人、不妨多食蔬菜、冬令應多食肉、夏時應多食蔬、居於極北之人、可多食油、若但憑蔬菜之精、不足養活、居於極熱之地、可多食蔬、肉性因最熱也、居於溫和地方、肉與蔬可均食、若偏於肉恐生疾病、偏於蔬、恐吐酸水、緣肉易化、蔬菜難化也。凡食肉宜擇新鮮、若或敗而臭惡食之、亦恐生病、食果品宜擇熟者、食蔬菜宜擇好者、醃肉鹹菜、不可多食、因其最難消化、濃酒淡酒、及薑醬、與各香料、亦不可多食、人多食、其味以爲能補助胃之消化、而不知此等物、實有妨於胃之消化、初食之時、覺能輔助胃之力量、若食之日久、將胃力過用、以後消化之力定減、總而言之、人之食性不同、宜度量己身、選擇致慎焉。

每日三餐中用早餐何益

一百二十三 論餐飯時刻〇食後約三時辰、人纔覺餓、是明此時當食也、按三時所食之物、足能消化、不但消化、並有歇息餘暇、又能養消化力量、每日若用三餐、卽合乎求食之時、人睡一夜、百體歇息已久、早晨興起、正所食之時、在未作事前、宜用早餐、遲三時、宜用中餐、再遲三時、宜用晚饌、依此進食爲是、但此三餐宜兩餐多食、一餐少食、或早晚多食、中飯少食、或早饌少食、中晚多食、或早中多食、晚飯少食、有人謂晚飯少食頗好、恐多食有妨於睡、設使多食、必過一時再睡方好、爲使胃臨睡歇息、不致作受壓驚懼之夢。

晚飯何妨於睡

一百二十四 論水爲須用〇動物之類渴則飲水、人之渴亦不可缺水、卽如喝牛嬭等、雖是養身之物、無有解渴之能、解渴則喝水、故水爲須用之要物、除水之外所喝、於人有益有損者、其類數該分用耳。

酒爲毒害

酣酒毒害

醉酣景況

一百二十五 論酒之爲害〇醉酣。大凡多人以酒爲可喝之物、且酒或淡或濃俱爲毒物、於人有損無益、喝酒時人自覺暢舒歡樂、見其酣飲、脈則畧疎、面色微紅、性靈覺輕、言語敏捷、大有歡然之式、間其人雖是歡欣、然細察其景況、始知其覺線並腦、不覺受毒氣之害、見其人相有不自主之性、則心念不準、言語過俗、且異日所不談之詞、則談而不羞、尚且多喝、

省身指掌

全身血脈圖

全身血脈圖

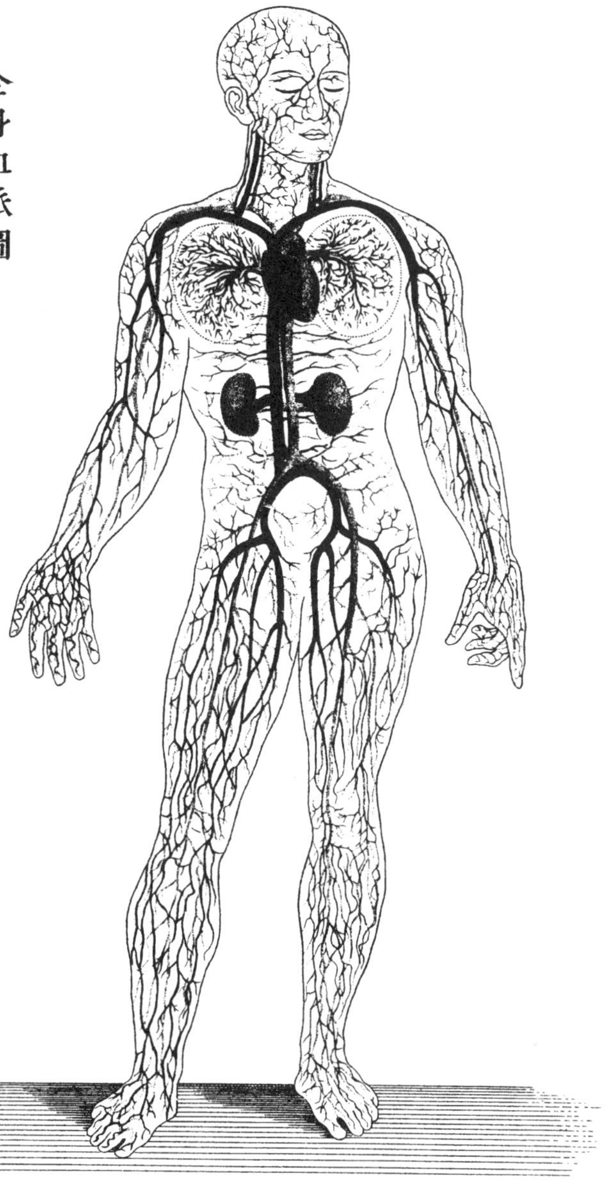

心靈即混、言語淆亂、行路歪料、前仰後合、即跌捽酣睡、終日昏迷、睡時畧長、毒氣漸發於肺、或出於汗、或降於溺、則醒、即醒覺有微病、乃頭暈惡心嘔吐、酒之於身有害、豈不大有毒氣於內乎。

酒性如醺毒

一百二十六 論酒爲醺毒之性〇酒之性相似醺藥之毒、如哥羅方、伊特、鴨片等、乃醺毒之害、故使人酣睡、皆有上癮之害、比如鴨片、吸者而身慾則好、再吸其好復吸、然與飲食之慾不同、飲食之慾、求其於身有益、尙吸鴨片喝酒、非慾其益、然慾其飲後之樂、故名之爲癮、愈吸則癮遂長、見人上癮、不能自主、故其癮屬督難脫、癮至極、人則不顧他事、直想何法或明或暗能得其所欲之毒物耳。

醺毒之微麻

一百二十七 論醺毒初形〇酒醺毒之害少喝則不顯、且多喝其醺毒初發形、乃周身畧覺微麻、相似管內之血有流急之樣、其微麻之故、乃一身之萬珠、被酒氣觸感、而微顯其初害、其害日久則成爲患、或覺如此之微麻、便知其毒害始行耳。

幼童比酒之義

一百二十八 論酒害於幼童〇夫酒害與他毒別是顯傷、酒害與他毒不同之故、因酒能使將分之珠縮而不長、動物微質生長不息、俱賴其微體活潑而生、其分珠既有微傷、養珠未免有害、故不能備養身之功、見酒傷於幼童甚重、且身長之矮矬、並心靈與腦缺其所備之力、縱是心身俱被傷害己。

一百二十九　論酣飲之害○夫酣飲日久、毒則顯、而身之諸經並受患、則胃、肝、腎、及血脉膽、俱被酒毒、即易生病、見醉酣者往往身虛、不能享壽大年耳。

酣酒無壯之故

一百三十　論酣酒虧力○酒徒與自尊者較比其力、見不酣酒者壯於酒徒、服苦勞碌者、酣酒幾日、其力缺易顯、然節制而忌酒者、寒暑勞碌之境、身而且壯、千辛萬苦少有損傷耳、夫酣酒者、謬以酒之爲力、或有人多酣酒、未覺酣醉之病、且漸漸受其毒害、近來有名醫細察酣酒者之冷熱、且用至靈寒暑表顯其病、觀者且知酣酒者既覺煖、卻是虛煖、故其發明身之虧本熱幾度耳、飲酒者雖不酣醉、日久不免其害、見飲酒者易被瘟症傳染、或患重病、難避失命、往往酣酒者、將割症動刀之危險、難救其活命已。

飲酒者易病

茶葉等類

一百三十一　論茶與咔啡○茶葉中國之出產寬廣大行、泰西諸國好飲咔啡、二者天下萬人皆欲飲、夫二者之性、無大分別、按化學精爽同等、皆能提醒精神、巷喝茶則補精而無損、喝者過多、亦能使腦線少欠安、亦易患病、故年幼者、畏而防其喝者過多耳。

第四卷血脈運行論

第十八章

一百三十二　論血脈之器○食物要義、爲是能生白精液、補足血脈之缺欠、生血脈之要

心圖

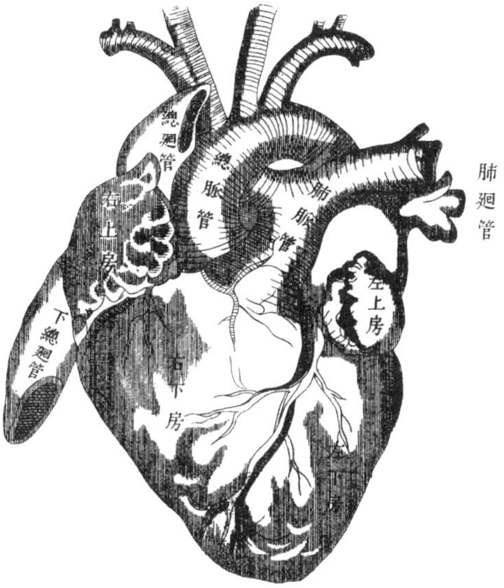

血脈運行圖

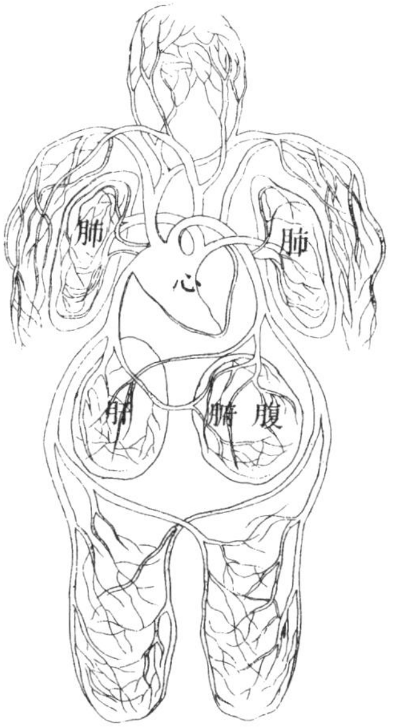

省身指掌

側觀心右圖

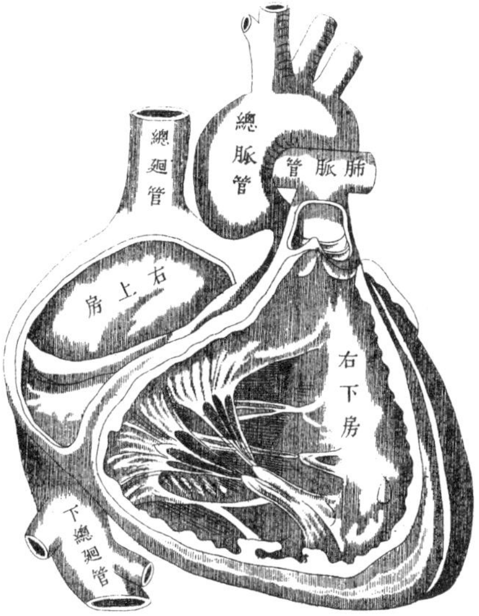

側觀心左圖

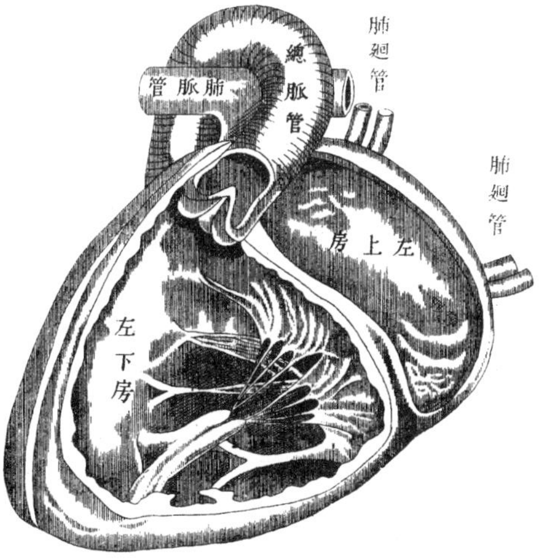

白精液乃補血所缺
白精液變血如何
血器分四
四者相通
無有外孔
微管膜之呼吸呼吸
何講心卽血所如機
催血入脈
管赤脈分散
如何微絲管如
何迴管引血入心
心懸於肺中其形如何
心質乃肌囊盛血若許
心胞絡雙層心乃二併合而成

義乃培養身之質、夫白精液流入迴血管、混於血中、和血一同入心、亦變爲血、自心內流出、行遍周身。盛血之各管、謂盛血器、其具有四、一心、二脈管、三微血管、四迴血管。血脈之器、又名血脈隧道、此四者相通、以外並無毫髮之孔、惟微血管之膜、能將精液吸入呼出、或問旣無孔、焉能呼吸、此理誠難測、須用喩言之、試將水倒於玻璃盃中、以一層猪膀胱蒙之、將酒倒在上面、俟遲幾時、酒能下行、水能上升、水與酒卽攙合於一、微血管之有呼吸、亦類乎此、夫心乃存血之所、比一大機器、亦如輪船之機、能將血催出、行遍周身脈管、脈管盛滿赤脈、自心起、分散周身、愈分愈小、直至手足、分之極處、曰微血管、千條萬緒、密布如網、又合成迴血管、滿盛紫血、此管愈近於心愈合、引血又回至心經。

第五十圖

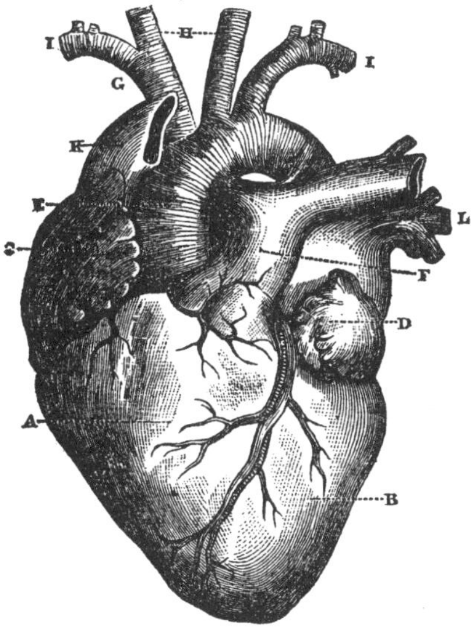

心經

A 右下房
B 左下房
C 右上房
D 左上房

一百三十三 論心經、〇第一盛血之器是心、心在胸骨後偏左、懸於肺中、形如未開之蓮花、上粗向下漸小、末有一尖、欲看人心形像、看雞心便知其粗而向上處爲心底、其尖下垂、斜至左乳下寸半、心之質乃動肌所

心右主入肺之血心左主週身之脈

心之四房如何心肌斜環二者之功用如何

成之空囊、壯者之心、長約三寸六分、囊厚一寸八分、男者之心重八九兩、女者重七八兩中年後心漸長大、心外有兩層胞膜包裹、名心胞絡、內層與心相連、外層折迴與膈膜相連、直至心底包裹總血脈管、心則無動搖之患、心胞絡兩層中間生長膜汁、使之滑澤、心在胞絡內、是兩塊虛空之肉、合併而成、中有一膜直隔、初生嬰孩膜上有孔、使兩半相通、稍長孔即閉塞、心之右半管理、流入肺之血、左半管理週身流行之血、此兩半名左右兩房、房中各有一片肉橫隔、又分爲上下房、每房盛血一兩六錢、上房肉薄、下房肉厚、左下房肉尤厚、觀此、則下房之功多於上房、左下房之功、又多於右下房者、其肉厚可多催血流行。心之體質有斜環兩肌線、斜者在外、環者在內、下房之斜肌線自心尖向上、盤旋編連、橫隔於上下房之間、與內膜接連、環線一縮、能以擠血、斜線一縮、不但擠血、且能將心向外扭、彼時心尖分外見長、若以手按於左肋骨、覺得裏面頻頻跳動、即心一縮、尖一長、觸動肋骨之故也。○論心之四房、右上房有三孔、納受迴流紫

第五十一圖

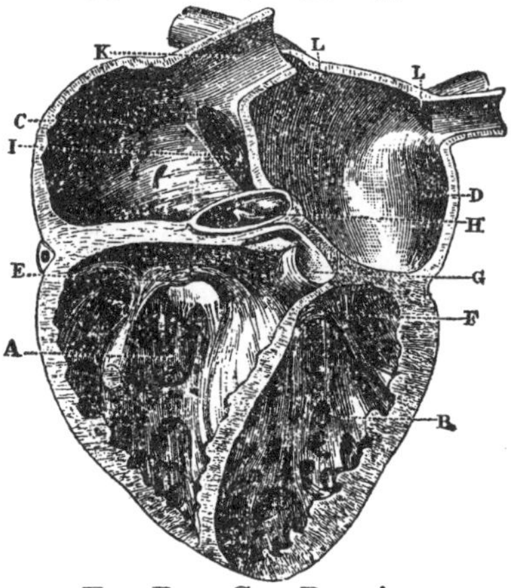

心之房

A 右下房
B 左下房
C 右上房
D 左上房
E 三扇門
F 雙扇門
G 月牙門
H 總脈管門
I 下迴血總管
K 上迴血總管
L 自肺入心之管

心跳易摸故其尖觸肋
右上房三孔如何
右下房二孔何列
左上房四孔
下房二孔
心內膜疊成門扇
三扇門何如
兩扇門如何
左上房兩扇門
門扇卽閉血無迴流
右下房三扇門

血一孔在上、卽總迴血上管口納受上半身之血、一孔在下、卽總迴血下管口、納受下半身之血、一孔在左、卽心之迴血管口、納受心之迴血、右下房有兩孔、一孔在上横隔肌線當中通於上房、名右中竅、一孔在左、卽肺脈管口、左上房有四孔、兩孔在左兩孔在右納受出肺入心之紅脈、左下房有二孔、一孔在横隔肌線當中、通於上房、名左中竅、一孔偏右、卽總脈

第五十二圖

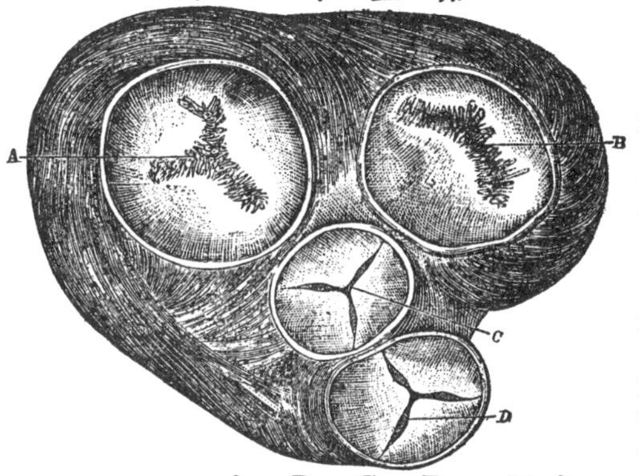

心之肉質於心門

A 三扇門
B 雙扇門
C 總脈管月牙門
D 肺脈管月牙門

第五十三圖

月牙兜

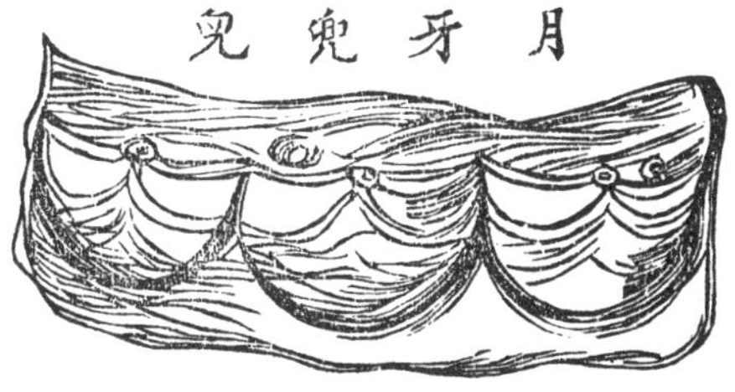

管口、心之四房、俱有一層胞膜、分心內膜、薄而滑、此膜在心之左右中竅、折疊垂下、作爲門扇、右中竅之膜分三扇門、俱三角形、門口有一筋圈、門扇卽掛於其上、門扇之尖、皆垂於下房、左中竅又有一筋圈、其膜垂爲兩扇門、左右各門扇之邊、與尖均有筋絲連在心上、由是觀之、血是從上而下流、或自下向上迴流、若迴流之血衝在門後、門扇卽閉而不通、血遂點滴不能迴上、右下房肺脈管

門扇疊成三兜　心跳無止　賴肌自動　耳附於肋　聞心長短　二聲審聽　則有二聲　排勻如何　其聲何故　血脈運行何次　左右上房　一併鬆縮　下房亦然　上下迭爲鬆縮　上房縮極聽長聲　下房縮極聽短聲　心跳卽下房縮極

口、又有三扇門、形似半月、卽名半月牙門、每門扇、折疊成爲三兜、左下房總脈管之三門扇亦然、脈若從下而上行、卽將其兜衝鬆、若從上而下行、脈卽衝入兜內、兜滿而門閉、血滴點亦不能下、欲看心之門扇如何閉、看羊心卽知、若從上澆水、其門卽閉。

一百二十四　論心跳之聲、○或問人心何以動而不止、曰因動肌俱有自然伸縮之性、若將甲魚之頭割下、其心尚可動一二日、卽係動肌伸縮之故、人之心俱是動肌所成、一伸一縮接連不止、試將耳附於肋、審聽則有長短二聲、長者緩而短者速、二聲過後心必稍停半杪之時、其稍停之故、蓋以短聲快與長聲不符、故將時刻推勻、如歌唱之腔板、其聲乃上下房挨次鬆縮、門扇縮閉之故。

論血脈運行之次、○心中血脈、所流之次序、先是紫廻血流滿右上房、滿則右中竅門闢、半月門閉、上房一縮、將血擠下、充滿下房、下房滿則右中竅門閉、半月門開、下房一縮、將血擠而流滿肺絡、自肺而來之紅脈流滿左上房、則左中竅門開、半月門閉、將紅脈擠入下房、下房滿則左中竅門閉、半月門開、將血擠入總脈管、流遍週身、兩上房一同鬆縮、兩下房一同鬆縮、上下兩房、又迭爲鬆縮、上房縮極、則中竅門閉、此時聽長聲、下房縮極、則半月門閉、此時聽短聲、心之跳動、卽是下房縮極之時、可知脈跳與心跳相稱、若診脈時、脈一跳動、卽知心之下房縮極矣。○論心之跳、有快有慢、凡壯者心跳時刻、一分時跳七十次、一二歲小兒、

脈跳與心跳同
心跳快慢何數

脈管起於心底愈外分條
脈管三層如何各有微管養之

一分時、跳一百二十次、四五歲者、一分時、跳一百次、從此至二十歲、跳即減少、至晚年跳動更遲矣。女者之心跳比男者快、作活者跳亦快、及行走站立亦然、坐臥俱慢、患病者與虛弱者悉快。

第十九章

一百二十五　論脈管、○第二盛血脈之器是脈管、管之根俱自心底起、愈遠於心分支愈多、如樹一本千枝萬條、亦有相結如網者、在骨節上更多、倘大管閉塞、血脈即從相結之細稍上繞過、仍向前行、論脈管皆有三層、外層是胞膜、中層乃環紋肌線所成、有黃筋絲如網、交結於其上、在大脈管中

第五十四圖

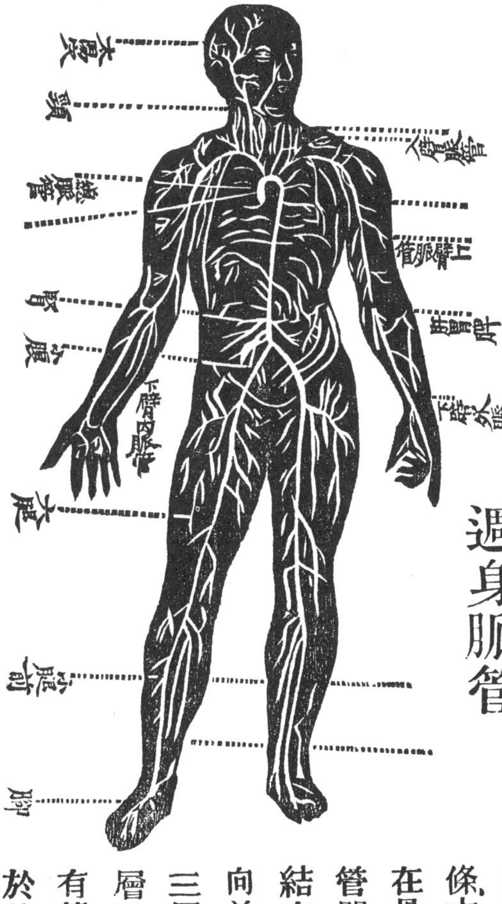

週身脈管

肺迴血管由心分二入肺布散　總脈管起於心底彎下透膈於腰分二　總脈管三段如何　頸總脈管如何　臂脈管如何　血管配偶　頸總脈管向上分內外二管二管布於何處　項脈管通於後腦　胸膛總脈管何分

層甚厚、肌線稀而筋絲密、在小脈管、肌線密而筋絲稀、筋絲有自然伸縮之性、環紋肌線之色畧帶白、內層爲黃筋瀅膜、其質薄而滑澤、更有自縮之能、各脈管又有微血管、微脈管、微覺線、養育管理。

○論肺迴血管、自心右下房通到肺、復從心之上面起、向上又彎下分而爲二、入肺之左右葉、又分條布散於肺膜、心左下房又出一管、名總脈管、到心底右邊向上、畧偏左拱起、到肺根彎下、近依脊骨左、透於隔膜、又直下至於腰骨第四節、分爲兩管、即左右髈總脈管、總脈管共分三段、首段名總脈管彎、二段爲胸膛總脈管、三段爲腹總脈管。總脈管拱生出五管、兩小管依心、係養心脈管、三管在於拱上、右一左二、在右者向上偏右寸半、分爲兩岔、一直向上、名頸右總脈管、一向右順鎖柱骨下、直通右腋、又分臂脈管、下分條至手。在左之二管、一管稍偏左直到頸、名頸左總脈管、一管左彎、順鎖柱骨、直通左腋、分臂脈管、又分條至手。人之一身、無非配偶、血脈管亦有配偶、所以講此、即可知彼、論達頭顱之管、有左右頸總脈管、上過咽喉旁、分內外兩岔、名頸內外二管、頸外

第五十五圖

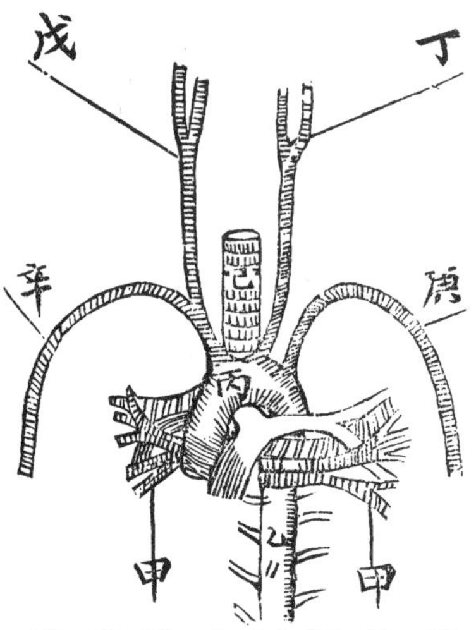

甲肺迴血總管　乙總脈管　丙總脈管拱　丁頸左脈管　戊頸右脈管　己咽喉　庚左臂脈管　辛右臂脈管

胃肝脾脈管自何管起　左右胯脉管何分　外管穿腋分條至足

微血管交結如網　管體有膜無肌　膜薄易呼吸精液　按位分任關乎養身之功　內中之血緩流

管向上、漸分八條、散於半頭之外面、頸內脈管、穿過耳門骨、在腦底分七條、布於頭顱以內、又有自鎖柱骨脈管上、分出一管、名項膜管、直穿頭骨節、至於後腦海內、與頸內脈當相交。○論總脈管、第二段為胸膛總脈管、從拱起依脊骨之左下穿膈膜、所分之條、乃養育心肺、食管、肋肌、等管、總脈管第三段、是從膈膜下至腰骨、名腹總脈管、此段向下、第一岔分三條、即是胃脈、肝脈、脾脈、三經之管、又分大小腸脈管、內外腎脈管、又有通腰骨尾閭骨數條、總脈管到腰骨分兩岔、名左右胯總脈管、其管下垂寸半、各分內外兩岔、名胯內外脈管、內管分條、養育小腹、和胯骨肌、外管下偏外、穿腿腋分條至足。

第五十六圖

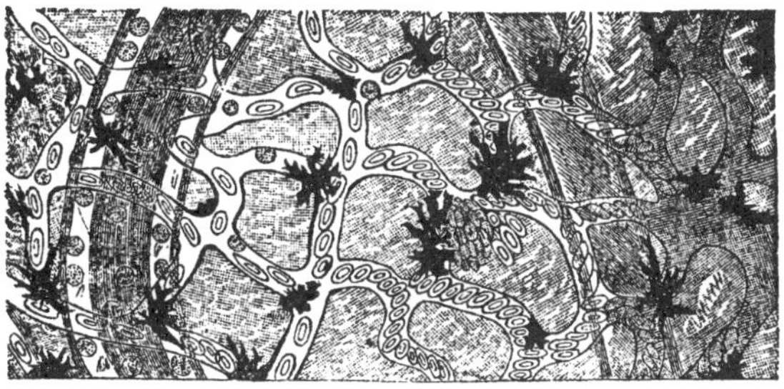

蛤蟆足血脈隧道以鏡顯微

脈管微

微吸管帶血輪

迴血管

黑點即藏色之珠

一百二十六　論微血管、○第三盛血脈之器、是微血管、迴身脈管分極之處、微細如絲、血結成網、偏身皆有、方寸可排千條、此管與迴血小管通連、管之體質、有一層膜、無肌絲、自縮之力少、有處排列迴環如繩套、管之膜極薄、最易呼吸精液和氣、補肉之缺欠、在津核能發津、在肺能吸養氣、呼炭氣、故養身之能、

迴血管自微血管合而較心分之迴脈管多空時扁而不圓內有戶如兜阻血列行腦及腹中無戶
迴管分三樣外管於皮能見
內管配脈管如何
血空如何
迴管之數畧說
頸迴管分二
手臂迴管如何
總迴管何在
腿長管至跛腿短

或補缺欠、或撤無用之渣滓、其功俱微血管而成、管異於脉管跳動、因是管極繁、統而計之、比大管盛血實多、並且彎曲、使血不得速流、其力專能阻禦、遂無暇跳動、可比從井汲水、傾於溝內、即擁起波浪、及流入大池、若有洩水之孔、水即流得平靜。

一百三十七 論迴血管○第四盛血脈之器、乃迴血管、脈管從心底起、到微絲管、迴血管從微絲管、迴到心底、此管比脈管粗、所分之枝亦多、較脈管多盛血三倍、管之體質、亦有三層但中層肌少、自縮之能亦少、比脈管略軟、空虛時扁而不圓、管內偶有折疊門扇、形似心房之半月兠、血向心迴流、門戶即依在管邊不擋血、若不迴流、門即堵住、而血斷不能倒行、管戶在四肢居多、腦內及腹中均無、

第五十七圖

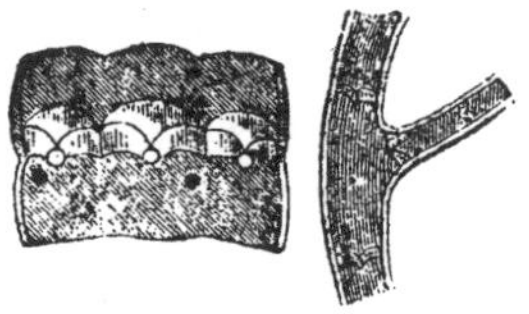

迴血管之兜與戶

迴血管中、猶有養育之微管、迴血管曲結如網、若將臂壓住、則見交結之形勢、迴血管分外管、內管、血穴三種、外管在皮膚以內、人所能見、盛皮膚之迴血亦分條穿肉與內管相通、內管在內、與脉管相配偶、各小脉管俱有二迴血管陪於左右大脉管各有一管相依、迴血管與脈管合併一處、外有薄膜包之、如刀藏鞘、血穴在頭顱內、乃包腦之膜鼓、而成穴數道、此穴與頭顱內迴血管相通。○論迴血管之數因與脉管合講、故畧言之、大腦與頭迴血管、自頭向下、愈下愈合、到耳門合成內外兩條、頸迴血管達至鎖柱骨下、又有手臂迴血管、通腋合成所柱骨下迴管與頸血管、合成首臂迴血管、左右

管到膝合於膕管

小腿前後管上於膝成膕管膀外迴管合成膀總管下總血管如何上達於心右上房四合迴血管合成穿肝如何肺經謂管如何肺心迴脈管爲何成脈

古人未悉血脈隧道紅紫二血相變以不知脈管非空

各一、其左較右長向右斜、行至右肋第一骨後、與右管相合、成爲上總迴血管、直入心右上房身下半、有腿脚之迴血數管、一是腿長迴血管、自脚面向上合而成一大管循腿內面過膝、則偏於外至腿腋、一是腿短迴血管、自外胯向上而合成一大管直到膝後、與膕迴血管相合、穿於肉內、名大腿迴血管、至腿腋、又有小腿前後迴血管、自脚上起、相隨脉管、至膝後合成膕迴血管、向上又與腿短迴血管合成大腿迴血管、至於腿腋、大腿迴血管、腿長迴血管、二者合成、胯外迴血管、透入盤骨內、與胯內迴血管合成胯總迴血管、左右各一、二管向內斜寸半、合成下總迴血管、向上接受腰數小管之血、循脊骨之右穿膈膜、達到心右上房。

血脈與心周流次序

第五十八圖

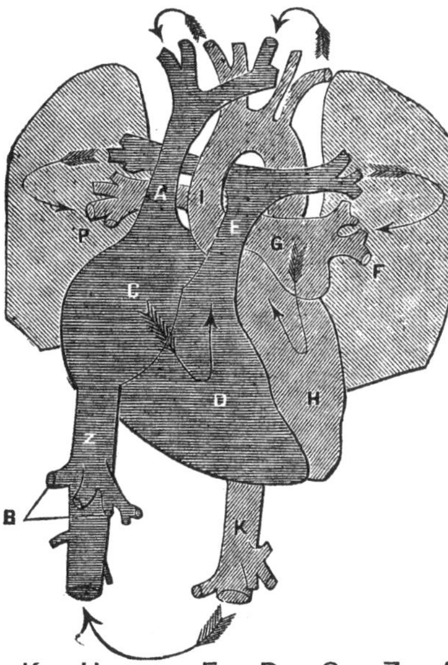

A 上總迴血管
Z 下總迴血管
C 右上房
D 右下房
E 入肺血管
G 左上房
H 左下房
K 總脈管

大小腸胃、脾、迴血管、在甜肉右邊之後、合而成一大管、名四合迴血管、分兩岔、達到肝窩、左右葉分散於肝小葉中、又迴到外、合爲三管、會入於下總迴血管。

○總迴血管以外、肺經亦有迴血管、從各小葉、入於心底、合成四管、左右各二、直通心左上房、

英國名醫哈斐血流次序如何紫血變紅脈何故

紅脈在絲管變紫血何故

血離心週偏一身復歸於心血之分量

名肺心迴脈管、此管無門扇所盛者俱紅脈、乃紫血在肺、所變成者。

第二十章

一百三十八

論血脉運行隧道、○古人雖知身體血脉流行、然於所行之隧道未悉、雖知血有紅紫、亦未能悉是一物是二物耳、若云是一物、紅者爲何變紫、紫者爲何變紅、亦古人所未能曉、血爲何流行不息、古人亦未能知、昔有人言脉管中空、所盛是空氣、後世雖知有紅血、亦不知與血管何以連合、今時名醫確知所行之隧道、前二百五十年、英國有一名醫、名哈斐、詳察血行之次序、但未知有微絲管、至今名醫將血行之道求明、所以確知行血之理、言及血脉流行、心乃盛血脉之妙器、心一縮、將血擠而入管、若自心右上房而論、紫血充滿上房一縮、流入下房、下房一縮、流入肺之微絲管、散布膜內、即變成紅血、因紫血內炭氣被肺膜呼出、將氣中養氣、吸入血內、故變爲紅、紅血入肺、迴血管流入心左上房、左上房一縮、流到左下房、左下房一縮擠入總脉管、即偏迴身、以至微絲管、微絲管呼出養氣、吸入炭氣、紅血又變爲紫血、迴流至總迴血

第五十九圖

血脈運行隧道

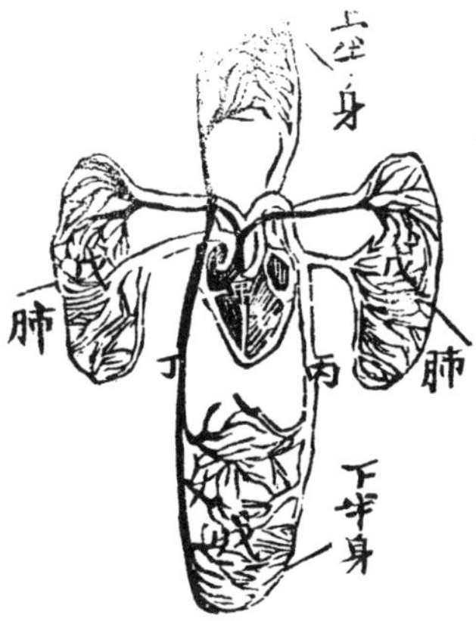

甲右心　乙左心　丙脈管　丁迴血　戊微血管

血脈嘗之覺線面貌變色何故

管、入於心右上房、血之運行、大概如此、但大小腸胃脾之迴血、先入肝之微絲管、返到總迴血管、然後迴到心右上房、血之流行如環、輪轉不已、觀乎此血、一離心房、必行偏一身、然後復歸於心中、若問身之血有多少、則云壯者有二十一斤、心一跳動、約出血二兩、三分之時、血乃輪轉一次、人受刀傷斷紫血管、血流不多時可以自止、然而斷脈管、紅血隨心肌之次序、外洩不能自止、若斷小管、敷藥則止、斷大管須用線緊繫斷處、血始不流、所有大小管、和微血管、俱有微渺覺線、管其伸縮、不使血脈多流、覺線被傷、或有片時不克管理、其管即鬆、血脈必致多流、人乍受羞恥、面必發紅、乃是覺線暫不管微血管、血脈多流之故、或受驚懼、面忽發白、乃是覺線一逗、致微血管縮極、將血逼出之故也、或受風寒、使覺線發痲、不能管理微血管、其管即發脹、一切有火之病、俱是因管發脹、血流過多之故也。

第六十圖

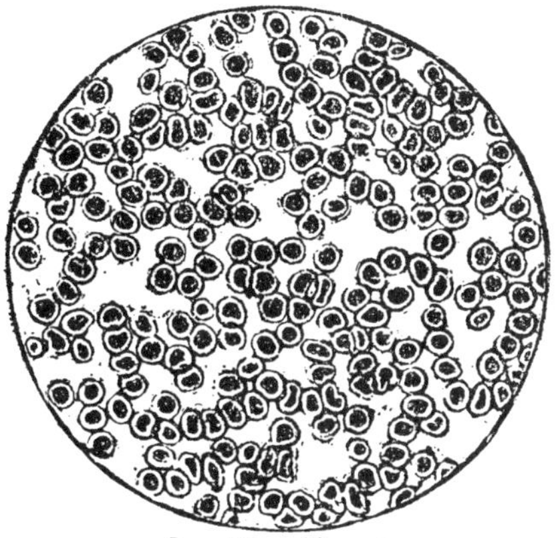

血輪顯大

血爲養身之物　血形如何　血汁血塊何分　血輪紅白二樣　何爲血絲　費比林如何

第百三十九　論血、〇養育身體者惟血、因血乃白精液所化、並非一物、係幾物合成、其物甚黏、若流出易乾、其味則微鹹、若將牲畜血、倒於玻璃杯、稍遲片刻、必分二物、浮上者微黄、曰血汁、沉下者乃紅塊、用

血水有七十九分

血中之物幾樣

血於水重

身之本熱何度

血養身比河潤岸

紫血有毒

血內微質其活潑之能力竭衰則變

第六十一圖

血內之晶

顯微鏡看人之血、見內有清汁、又有無數小輪、浮於汁中、其輪有紅有白、詳見右一百零四段則知若用箸攪血片時、則箸上掛許多血絲、按化學名費必林其在管中時熱則化而不見、血汁見熱卽凝、故知內有蛋清、若將血滴於玻璃上畧俟、見內中有片片如水晶之物、各等形似、曰血晶、血之紅色、卽由此而生、血中亦略有油鎌、鐵銹等物、按化學將血一百分而化之、則有水七十九分、濃汁二十一分、將濃汁融化、則有血輪十二分、蛋清六分、其餘血絲油鎌鐵銹等共有三分、外有養氣、炭氣、淡氣、攙於血中、若較水與血之分量、血重於水、因血濃而水淡、論身體之本熱、俱顯於血、按寒暑表量之、其熱到九十八度、比炎夏時尤熱也。〇論血脈之功用、乃養育身體、好比大河滋潤兩岸、血脈能撤去汚穢、大河之水、若有不到之處、地則乾而不生物、血脈若有不到之處、肉必朽爛、人精神爽快、全賴紅脈、若或清淡或缺少、人則虛軟、紫血之炭氣有毒、須送於肺呼之、總而言之、人之生活、統在血脈。

第百四十　論養育之理〇人身自幼年漸長、俱是本於血中得來之微質、此養身之微質、時常更換、百體從血中所吸之精化成肉、始得活潑之理、夫肉性百體皆有之、凡活潑之微

吸液管何分
吸液核何如
明液如何
總吸管何在
吸管撤死精之理
養身受義有二
百體各按位選其質俱在乎微絲管
吸管與絲管相輔如何幼年微質補多撤少老年補少撤多二管相佐相尅之故

質、與同類之微精、互成應作之工、然稍遲片刻、其力用竭、即衰而不活、則變而成水、炭氣等物、被吸液管撤出。夫吸液管、分內外兩種、外者在皮膚之下、內者在肌與臟腑之中、此管無論內外、皆延蔓週身、穿過無數吸液核、夫管即核、各按其位而立名、惟在小腸者、名白液管、因其質白如乳也、在他處者之液、曰明汁、其管乃微吸管、延蔓至脊骨左、漸合成一大管曰總吸管、又向上至頸左、歸入手臂迴血管、此吸液管、將已死之微質撤出、新精又來、倏時之間、隨撤隨來、更換不息、可見百體之精、時刻活死、更換不休、所以飲食養身要義有二、一自幼加添漸長、一平素補微質之衰、新則替舊、人之一身不但筋骨皮肉、是血養成、即髮與指甲眼目等亦然、凡血必經微血管、其管始能生出週身各處微質、又能各按各部位、選用其質。以成其功、如在骨者、即能選骨質、在肉者即能選肉質、各處皆然、此是微血管本性之妙才。

第六十二圖

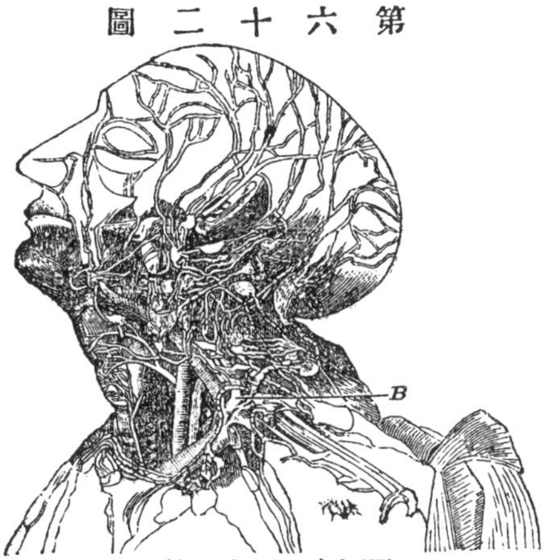

頭與頸之微吸管
其經絡之白結乃吸核
B 總吸管入頸左迴血管

二百四十二 論微血管、微吸管相輔〇此二管布散週身、雖不相通、然彼此相輔、使壯者之身、大小不增不減、因微血管補幾何、微吸管即撤幾何、使身不致過於肥大、亦不致於衰微、幼

絲管撤微質如何

紫血濁於赤脈微精一日死多少出死精之經有三

年正長時、或壯年胖大時、是微精補多而撤少、壯年羸瘦、老年枯乾、是微精添少而撤多、中年身體無所增減、因二管相佐之故、人若勞心勞力、令微質之活命速盡、使微吸管多作工、

第六十三圖

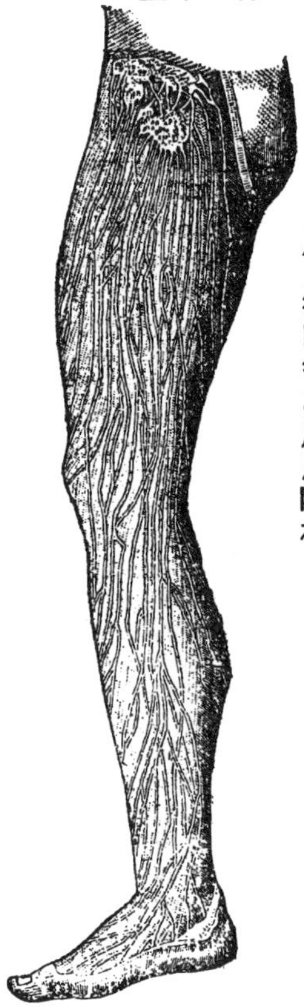

腿之微吸管與腿腋吸核

亦使微血管多添新精、另補其缺、二管仍是相佐、加減均平、觀之多用力之人、應多食以補其消耗之血、幼年之微質、較中年添者快、而撤亦快、老年較中年添者慢、而撤亦慢、所以幼年者比老年者健莊爽快、用力者比安逸者亦然、故微質更換者快耳。〇微血管、成其養身之工、則從百體中吸出微質、使血消淡、則血管之血濁於脈管之脈、而且色亦變紫、原內之微質、力竭而死、被微吸管撤出、流入迴血管歸心、論一日所死之微質、約有數兩之多、倘任其充滿、脈管不撤、人必患病、故有三經、將死微質取而逐之、或自肺呼出、或自皮膚發出、或自腰內變水降下。

第五卷呼吸與聲論

第二十一章

紫血內有三物如何
紫血無養身之理
紫血在肺呼死精吸養氣

肺經安於何處

肋骨十二對左右相映稍有開閉

肋骨肌使胸升降

肋骨升平胸空則闊肋骨降其空則小

一百四十二　論胸膛。〇流入心右上房之紫血、乃是三物合而爲一、一是在管未化微質之紅血、一是所撤之死微質、一是由小腸來之精液、紫血不能養身、倘入脈管於身有害、因未化微質之紅血、色淡而力不足、白精液質嫩、而力不壯、死精朽壞易生疾病、所以紫血入肺、纔能將死質呼出、吸入養氣將紅脈白精合爲一。

一百四十三　論肺經、〇肺在膈膜以上、充滿胸肋上、有通咽喉之氣管、又有血脈管通心、自心入肺、又自肺歸心、肺外有肋骨衛之、從頸至腹、隨氣出入爲縮長、肺底有膈膜、後有脊骨、前有胸骨、兩旁有肋骨、與脊骨相接、左右兩兩相映、共十二對、每根向外彎、如半規、每根後繫在脊骨節上、前稍斜下、與胸骨隔一條脆骨、與脊骨連、如門兩扇、惟能開閉、不能移動、

第六十四圖

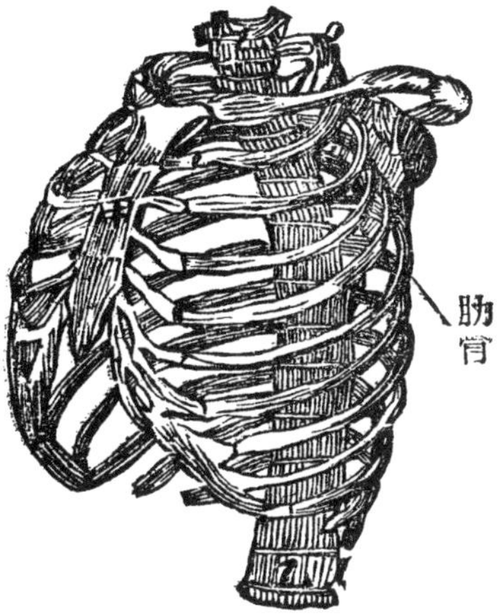

胸膛骨架

第六十五圖

連於胸骨、稍可挪移、因胸骨亦能活動、肋條夾縫中、俱有肌肉使骨如箱蓋升降、胸骨與肋骨一同升降、肋骨自脊骨而外、坡而不平、若升平將胸骨擁上、離脊骨稍遠、即使胸內之空闊大、若降離脊骨稍近、即使空處窄小、人之胸比一大桶、肋骨比桶箍向下坡、若將箍提平、

肋中肌肉二層細紋如何外層斜裏內層斜外縮則肋提上腹肌與肋肌相對如何膈膜前連於胸骨後連於肌骨中拱上如瓶底

肋骨升則膈膜[illegible]肋骨降則膈膜[illegible]胸空

桶板則鬆而脹、桶內卽寬綽。

一百四十四 論胸膛肌肉。〇胸肌爲肋骨升降所備有在肋骨夾縫中者、分內外兩層、外層稍厚、外層細紋向裏斜下、內層細紋向外斜下、到下一條肋骨上面、所以肌一縮、將肋骨向上提、根根湊近、又有幾根肌肉、從肋後向上斜裏、與脊骨節相連、此肌肉一縮、亦是將肋骨向上提、夫肌肉縮盡時、胸內之空闊大、其鬆縮迭更不止、鬆時肋骨、仍降空卽窄小、另有腹中肌肉和肋肌肉相對、則縮時將肋條牽下、肺底有膈膜、膈膜之邊、前連於胸骨尖和下肋邊、後連於脊骨、依胸骨尖則高、向後漸漸低下、當中向上拱、如玻璃瓶底、平靜時高到第四根肋骨、縮下時低到第七根肋骨、肋骨正升時、卽膈膜正降時、肋骨正降時、卽膈膜正升

第六十六圖

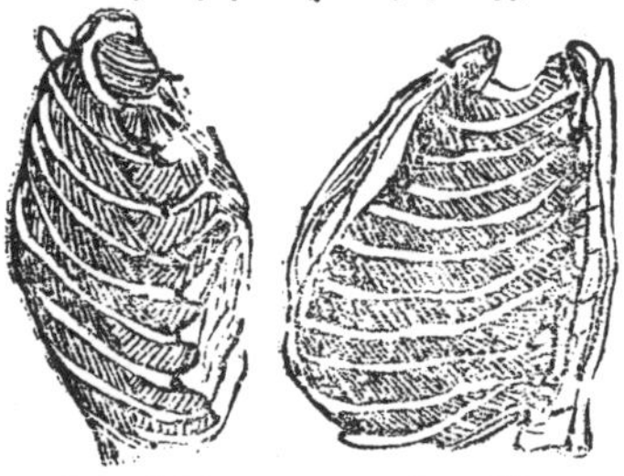

內層肌肉　外層肌肉

第六十七圖

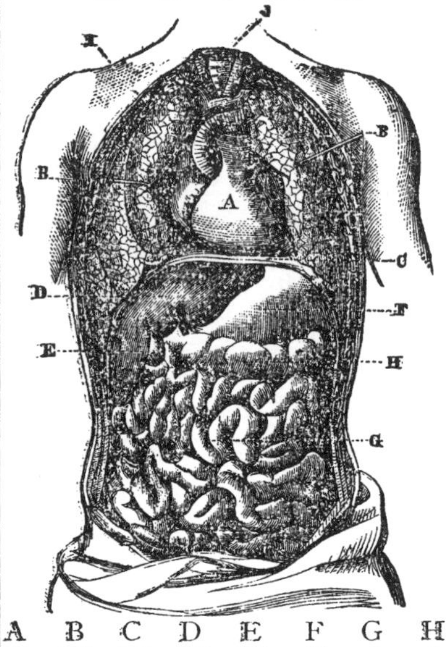

A 心　B 肺被展而顯出內臟　C 膈膜　D 肝　E 膽囊　F 胃　G 小腸　H 大腸橫會

隨之大小吸氣時有何肌管之呼氣時有何肌管之

肺安胸內分左二落其頂尖底寬駕於膈膜上

時也。所以胸之空、挨次大小、因膈膜近依脾胃肝之上、與腹動肌連、則膈膜向下一縮、將大小腸抑下、腹動肌一鬆、腹即脹、故吸氣時、腹必脹、膈膜鬆時向上一拱、止是腹動肌縮時、將腸子擠上、故呼氣時、腹必小、肋條升、膈膜降、故人有吸、肋骨降、膈膜升、故人有呼。

論四十五 論肺經◯肺乃呼吸之經、安置胸膛以內、若氣盛滿、易浮於水、其質輕軟而鬆、分左右兩大葉、中夾心與血脈大管、與心隔一層胞膜、向上有尖頂、比第一肋骨稍高、葉

第六十八圖

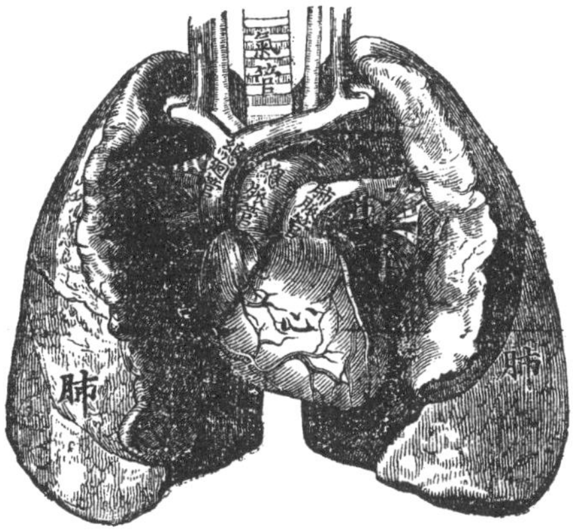

心肺全圖

第六十九圖

甲

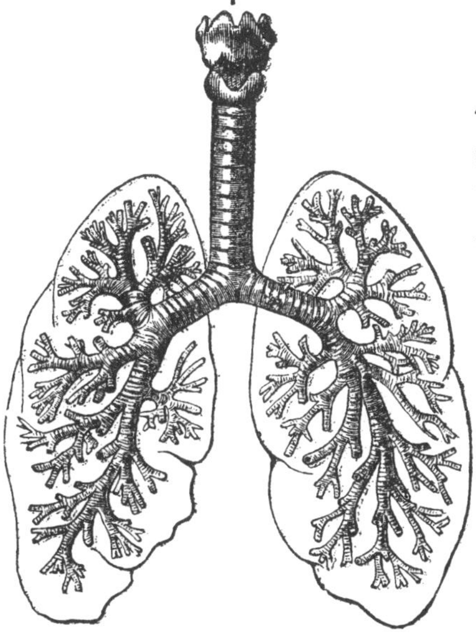

肺與聲管

甲總氣管　乙氣管與微氣管

二葉中之窩捧心何爲肺根

肺包腸二層外層附肋骨內層包膜肺本質有三

空氣由外入總氣管夫管之質乃脆骨環而成大氣管分左右在肺中分岔愈多曰微氣管通肺小葉其稍末有氣泡若許

底寬大駕在膈膜上、葉邊甚薄、葉外面滑澤、充滿肋骨之彎、而葉內有窩捧心與中心後有隙、將懸肺之管、夾在當中、其管名肺根、右肺比左肺寬大而短、有兩隙分爲三葉、左肺有一隙、分爲兩葉、比右肺窄而長、因心偏左、故以護心、肺重二片、色粉紅。

一百四十六　論肺之體質〇肺之體質、左右俱有雙層、囫圇胞囊、名肺胞膜、外層自肺根、與心胞相隔、折疊肋骨、內至脊骨、又折回成內層、包裹肺外、肺之本質有氣管有小葉有血脈管。

一百四十七　論氣管〇氣有自口入者、有自鼻入者、俱進咽喉總氣管、此管長約三寸、粗

第七十圖

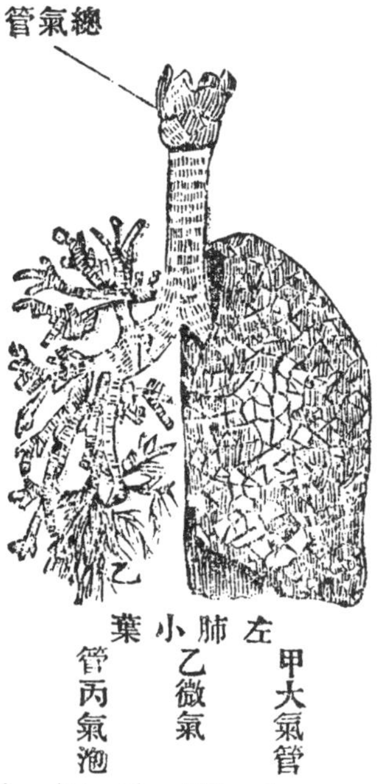

五分、在食管前、本質乃脆骨環所成、有十五環者、有二十環者、環之夾縫、有脆膜與環相連、使環重疊成管、外有肌肉內有涎膜、到胞膜內分左右兩岔、名大氣管、左長於右、右偏一寸、橫入右肺隙、左偏二寸、斜入左肺隙、二管在肺中、又分岔、如樹生枝、愈分愈多、愈多愈細、名微氣管通肺各小葉、但在小葉之管無環扁而軟、其形如花葉之筋、管之兩葉旁和尖上有許多極小空泡、寸方平布二百有餘、名氣泡、

微絲管密布於氣泡上則於氣惟隔有膜

全身之血於肺微絲管與氣相逢血之死精透外養氣透內入血紫血則變紅脈以新代舊運行一身

第七十一圖

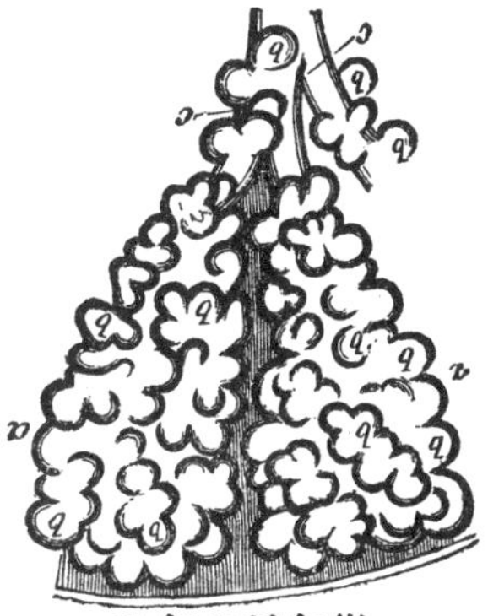

微氣管與氣泡

第七十二圖

第七十三圖

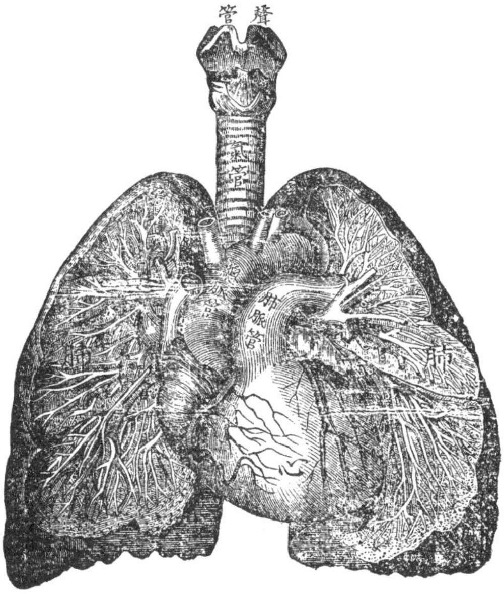

二百四十八 論肺血脈○血脈管配氣管、也入肺隙、伴氣管分岔、至微氣管之稍成微血管如網密布於氣泡之夾縫中、可見微血管之血、與兩邊氣泡之氣、惟隔兩層極薄之膜。

二百四十九 論血氣相逢○一身之血入心右、心一跳將紫血催入迴血管、至於微血管、能與氣相逢、因氣泡之氣、透過薄膜、合血攙和、微血管紫血之死質、亦透過薄膜、入氣泡而呼、是氣能透管、與血攙和、是死質透泡而呼、且死質一出、養氣則入管、血即變紅脈、是以化舊爲新、纔能養身、以後遁迴血管歸心

心一分時跳七十次

胸肌與腹肋疊相升降使人疊次呼吸肋升胸寬氣即投進此乃吸氣之投肺其故如何空氣壓力肋降膈膜鼓上將氣逐外此乃呼人呼吸一分時約十八次較心跳之數四分之一肺經盛氣有二百三十立方寸

肺中之微哼別於言語之聲總氣管頭即

左、又被心催、運行週身、心之一跳、入肺之血、和入心之血、多少相同、人心一分時刻跳七十次、按是核算、肺一分時刻、所變新血約有六斤。

第二十二章

一百五十 論呼吸之理、○胸前肌肉、與膈膜和腹肌迭相升降、所以人疊次呼吸、肋骨一升、胸中則寬、氣即投進、充滿氣泡、此之謂吸、或問氣爲何投進、蓋氣之爲物有空即入、按氣學云、氣從地向上、高一百五十里、此氣一寸見方之多、自上壓下、重有十二斤、所以有空即入肋骨升極、其肌肉即鬆、肋骨因沉重、自然下落、正落時、膈膜鼓上、將肺一擠。此時氣泡縮小、因其性亦自能縮、故遂將氣逐出、此之謂呼、人之呼吸一分時刻約十八次、較心跳之數、四分之一、按氣學云、壯者肺經所盛之氣有二百三十立方寸之多、但一呼一吸、所換之氣、惟有三十立方寸之多。

第七十四圖

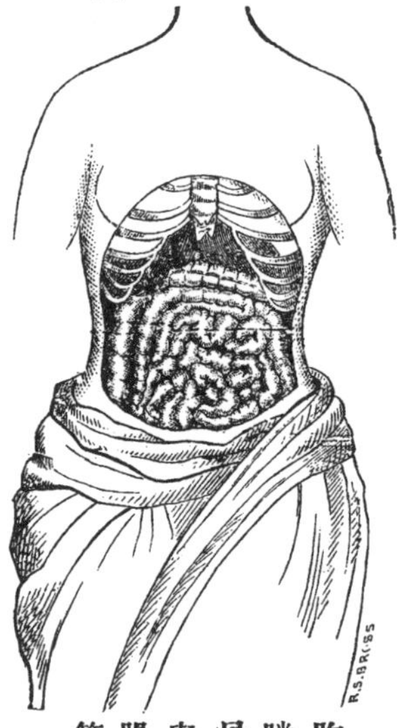

胸膛骨與腸管

一百五十一 論聲音、○人呼吸時、附耳在肋骨上、聽有微聲、彷似人哼、但人言語之聲、別是一樣、蓋總氣管之頭、即喉內之聲管、夫管九塊脆骨集成、大者即喉子、古稱籐牌骨、有鼓喉嗦子乃聲管聲管何成聲管蓋如人字形聲管內有四筋帶曰聲音帶無聲帶則鬆有聲帶強直氣將帶吹動始發聲如童吹蘆聲音大小在於聲管大小聲音高低在於筋帶長短或中縫寬窄男女聲音不同在乎此聲音帶子緊而短聲高而細其帶鬆而長聲則低而塌歌唱之聲在乎聲管之寬窄言語之聲一服氣被喉

第七十五圖

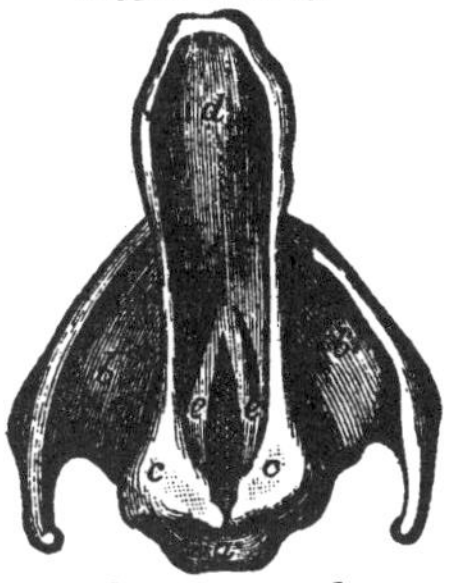

e 筋帶　d 聲管蓋　c 聲　管　b 脆　a 骨

出一尖、如雞胸、後有膜結連成管以下即脆骨環名脆戒箍、嗦子上有人字形之脆骨蓋、曰聲管蓋、後有脆骨三對、此脆骨均賴厚膜、相結成管、嗦子外有肌 肉、使嗦子升降、嗦子內亦有肌肉向上斜、有三條與氣管蓋相連、向後橫有五條、與小脆骨相連、聲管內有四條筋帶、由前至後連於小脆骨上、上兩條是涎膜、夾疊而成、下兩條列如人字之形、名聲音帶、不作聲時、當中肌肉與帶子即鬆、作聲時將帶子弭直、於是後面之寬處湊近、成爲前後一般寬之縫、若氣將帶子吹動、即發出聲、常見小兒、口含蘆葉作聲爲戲、與此理同、人聲之大小在乎聲管之大小、聲之高低、在乎筋帶之長短、並當中縫之寬窄、男女長幼、聲音不同、即此故也。

一百五十一 論人之聲音、〇人之聲音、大小高低、亦有分別、筋帶緊縮而短、夾縫窄、小聲即高而尖、因筋帶邊被風吹動急快、筋帶稍鬆而長、夾縫稍寬、音即低而塌、因筋帶邊被風吹動稍慢。

一百五十二 論歌唱之聲音、〇論歌唱之聲音、大小高低、在乎聲管之粗細長短、論言語之聲音、同是一般氣、因被喉舌脣齒約束、遂有分別、人之喉舌脣齒全備、發言纔能清楚、四者不可缺一、禽獸皆有聲音、但不能言、惟人爲萬物之靈、纔有言語至妙之能、論歎息之聲

舌唇齒約束
嘆息之聲
如何噎噴之聲
如何咳嗽之聲
如何啞嗓之聲
肺之涎沫如何
肺之涎沫生痰其膜有火發脹使筋帶畧厚故變素日之聲
肺將痰逐於外則咳嗽

空氣非一物乃兩氣合一
何爲養氣
何爲淡氣
二氣之數
養淡二氣強弱相反

音、是呼氣過長之故、噎噴之聲音、是膈膜乍抽上、口閉而氣從鼻吹出之故也。

第七十六圖

聲管口圖

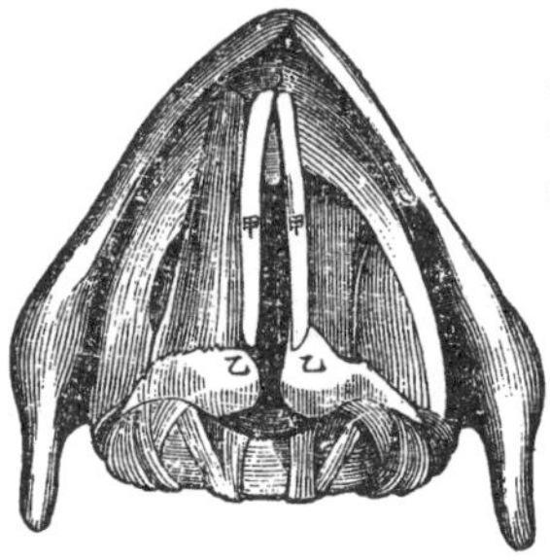

聲管圖

一百五十四 論咳嗽之聲音、〇咳嗽之聲音是因吸一股長氣、氣管閉、肌肉乍縮、氣向外撞。論槩子發緊之聲音、則氣之衆管、從喉至氣泡、有涎膜、布滿、常生黏涎、滋潤氣管和肺、涎膜有火之時、即發脹、若在氣管、使筋帶稍爲厚大、槩子發緊、即變素日之聲音、若在肺中有火生黏涎過多、即變成痰、人之咳嗽、是肺用力將痰逐出、或有塵土烟氣等入氣管、肺亦向外逐、令人咳嗽、有時涎膜發乾、不能生涎、呼吸時、肺覺受傷、亦令人咳嗽。

一百五十五 論氣、〇人呼吸之氣、是空中之氣、因眼不能見、人遂不知此氣不一、乃兩氣合一、一是養氣、一是淡氣、桉化學一百分氣中有養氣二十一分、淡氣七十九分、養氣乃萬物原性之極要者、飛潛動植之生命、俱本乎此、故名養氣、又名酸母、因酸味俱賴此氣而生、該氣最強、更能朽壞萬物、淡氣最弱、與養氣相反、二氣交於空中、使養氣稍淡、空中又有炭

炭氣於空中如何植物賴之暢茂　炭精與物有何數　空氣中有水氣水即養輕二氣合成　死精化為二氣一乃炭氣被肺呼出　炭氣如毒將人燻害　二為水氣一概呼出　炭氣之害有小屋之比方　屋內之氣漸變何故

氣、並非原質、乃養氣和炭精合而化者、因此氣由炭而來、故名炭氣、若多吸則害人、明其為毒物、於人無用、然草木等物、賴之暢茂、空氣之內、略有炭氣、按化學約萬分之四、一切肉質俱有炭精、約十分之五、一百分蛋清中可分炭精五十三分、可見人身、易生炭氣、空氣中亦有水氣一百分之一分四、水氣一聚、即成水、肉類和草木、均有水氣、原質最輕者、係輕氣、水是養輕二氣、合而成者。〇一百二十二節、所言之死精在血中、化為兩種氣、纔經肺呼而出、一是炭氣、即使紅血變紫者、如將人一晝夜呼之炭氣、聚於一處、可成一塊六兩重之炭、此等毒氣、若不呼、便將人薰死、偶有人抽瘋、口閉而氣不出、便有黑色、即是炭氣聚在血內、未得呼出之故、一是水氣、若將人一晝夜呼之水氣、聚在一處、可有水半斤、天寒時、人呼之水氣可見、論人一晝夜、呼吸之空氣、約有四百立方尺之多、若分說其中之養氣、有十八立方尺之多、所吸炭氣相等、假如有一間不透氣之屋、上下前後、左右俱七尺、一人居內、一晝夜屋內之氣、必皆被呼吸過、屋內之養氣、伊吸入者有四分之一、其血內之炭氣、呼者相等、可見屋內之空氣、漸漸變為毒氣矣。立方可看算法統宗開立方論便知

第二十三章

清氣變濁其故有二　人烟稠密濁氣則多

一百五十六　論濁氣、〇人呼吸、宜得清氣、纔能養身、但空氣易變為濁氣、一是輕養炭淡四氣多寡不均、二是毒氣薰氣、飛塵雜於其內、皆令空氣變濁、而人烟稠密處、尤為常有、人

濁氣乍吸則覺久而不覺
屋內之氣缺養氣則濁
炭氣於空過度如何有害
炭氣之害英國人與印度爲囚之事
水氣與空氣踰分有害
瘟疫由濁氣而發
汚氣何故狐臭即濁氣
屋內人多燻蒸即炭氣之害
臥房之濁氣何故
氣染血脈乃濁氣重吸之濁氣更毒

呼吸之因無別味、故受而不覺、乍吸時、或可覺得、久仍不覺、吸久必致受害、人在屋內、將屋內之養氣吸入其身、將炭氣呼出、屋之氣、亦皆變濁、屋內之養氣有解散炭氣之能、若炭氣過於養氣、即不能解散矣。設或炭氣在空中、有百分之一、人必頭疼發脹、神昏氣倦、若至百分之五、於人有害、十分之一、人即薰死、似被煤炭薰死一般、百年前印度國與英國打仗、所擄掠英人一百六十四口、囚於一屋、此屋見方一丈七尺、只兩小窗、正值炎熱之時、遲兩時辰即死一人、次日卯時死一百二十三人、即炭氣爲害也。空氣中之水氣有限量、若水氣踰分、於人有害、因水氣盈滿在空氣中、人應從肺呼出、或由汗發出、若空氣受之踰分、無發而積聚身內、每逢炎熱、人覺身體酸弱、即水氣在空氣中過度之故、凡溼熱地方、易生瘟疫、俱由於空氣變濁、觀此則知惟清涼之處、於人大有益耳、空氣中又有朽壞之氣、如身內死精亦化爲朽壞之氣、或呼出或隨汗而發、人患病時、壞氣更多、發汗之臭味即濁氣爲害、人俱知之、但不知其由來、假如一屋多人居住、咸覺熱氣薰蒸、甚不舒服、即是衆人呼炭氣多、養氣不敷用、屋內坐久、不覺有甚氣味、乍從外入、必然覺有酸味、此乃屋不透氣之故、或清晨進臥房、必覺滿屋濁氣、其故乃一夜閉門、窗上又無氣眼、於人大有害耳。

一百五十七 論濁氣染血○養人惟清氣、汚染血者濁氣、人呼炭氣使紫血變紅、若再吸濁氣血被汚染、即難變紅、何能養身、所以在多人聚之屋長居、必致身弱易生疾病、家中人

人聚之屋易生疾病宅居不利决濁氣之故也瘰癧故缺養

缺濁氣之害何講養病之室該有透風之空靈機易受濁氣之害

濁氣於空氣漸散屋中須設法逼出濁氣空中散濁氣之故有四屋內設法逼者爲妙則屋止留一氣眼

常患病、講風鑑者、輒謂爲所居不利之故、豈不知此乃清氣變濁所致也。常見人生瘰癧、多以百體缺養之故、究其由、實因受濁氣之害、法國明醫云、瘰癧之源、乃由常吸已呼之濁氣、譬如食吐而復食、若人惟吸純清之氣、縱食粗飯、不沐浴、衣不潔、亦斷不生瘰癧、若夜宿於不透氣之小屋內、雖晝吸純清之氣、亦恐生此症、癆症之根源亦然、而瘰癧又爲癆症之根源也。觀此、則濁氣乃盛各種瘟疫之器、且先使人虛弱、爲各病預備居所、常見養病之室、人多恐其透風、豈知滿屋純是濁氣、病勢必至沉重、雖服藥亦難速效、又有幾種病、是上代所遺、其病伏藏於血內、濁氣一感、病即發出、濁氣不但有害於肢體、且害靈機、血若有缺、靈機即先受害、令人神昏困倦、性鈍善忘、總而言之、人身無病、精神爽健、脾性和順、心才靈巧、皆積純清之氣。

一百五十八　論消散濁氣、○各氣俱有互解之理、濁氣入空氣內、漸漸散開、屋若有隙、濁氣則從而出外、清的亦必從而入、但隙小濁氣出之不急、須設法令其出盡、速使清氣充滿屋內、濁氣在空中、解散之故不一、一是被風吹散、一是被雨澆入地、故雨後天氣清朗、一是炭氣被草木吸之而成其質、一是朽壞之氣、被養氣尅化、歸於無有、觀此空氣、有許多自淨之法、人吸之定無所害、惟屋內濁氣、急於設法放之、將清氣引入爲妙、引清氣之時、偶有乍來之濁氣攙入、或有尚未消盡之濁氣、須謹防、更宜引曾經日曬之清氣、休以別屋之氣爲

若於皂筒開氣眼濁氣騰上卽散西人之妙法使清氣換濁

清、無論居於何等屋宇、每日宜將門窗開放二三刻出盡濁氣、換入清氣、且屋上應留一氣眼、使清氣不斷而入、冬令若屋內生火、將濁氣冲到上邊、更易從氣眼而出、屋內若於烟筒旁開一氣眼、濁氣易向上而出、西國人築室、皆從地基開烟筒、各屋皆然、又有兩氣眼、亦通烟筒一眼在上、濁煖之氣、從之而出、一眼在下、清氣從之而入如此、則清濁常常更換、屋內若有壁爐、其濁氣卽隨火氣速出、倘能使屋之氣、清如外氣尤佳。

身之本熱有九十八度半患病時其熱或增或減有限睡時減一度手足此身減幾度原熱似汗常發原熱發而身未缺熱其故如何熱由於火夫火非一物乃數原質相兓而顯單原質無燒數質化

一百五十九 論身體原熱、〇身原有自然之熱、試將寒暑表放上舌上、或胳窩內、其熱到九十八度半、與夏極炎熱時等、且血比身外多熱二三度、小孩比大人又多熱二三度、人若無病、熱有定則無或增減、病時其熱所加、不過五度、倘過五度、病卽危險、亦有病時減熱者、所減亦不過幾度、人睡時亦減一度有餘、手足比身體減幾度、清晨稍加一點、半夜稍減一點。人之原熱時常發、如呼氣發汗等類、皆是身外涼、氣雖奪去內身之熱、其原熱如故、此何故耶、一原熱本身內所生、二均勻於身內、或問身體何以生熱、看木何處有火、何處卽生熱、此是人所共知者、物入火人以爲燒、燒之纔生熱、昔者人皆看火是一物、列爲五行之一、今按化學、火並非物也、乃是數原質相聚、養氣與可燒之物、合在一處卽是燒、然單原質、不能自燒、兩質一合之時、化一新物纔生熱、此之謂燒、空中之養氣、與木之炭精、合到一處、纔有火、所化之新物、卽是炭氣與水氣、火不見風則滅、因炭精未得養氣之故、試看木常有朽爛、

合新物始有熱此之謂燒　養氣與炭精化合炭氣於水氣無風火滅何故木朽無光而燒原熱之由來乃養氣與血分化死質而生其熱　身外之物如何燒身內之質亦然木多火旺食多熱多清氣多熱多工多熱多食葷多熱多故冷時食肉合乎其時

卽是養氣撤木內之炭精、雖未見火、然卽暗燒也。如銅鐵磚石肉等類、其朽壞俱是養氣將原質撤出之故、所以生熱之由、乃是物之原質、與養氣合聚之時、化成別物、若將肉內之死精分化、便有炭精、和輕氣二物、養氣從血入微絲管、與死精相遇、二物化爲炭氣和木氣卽生熱、身外之木類等物如何燒、身內之死精亦如何燒、所以自生原熱而血卽熱、血熱週身急流、則滿身亦熱、是火上加木柴、越加火越多、人所食者俱如可燒之物、所以食多熱亦多、食少熱亦少、火遇風燒必快、是得養氣多人吸清氣多、亦必熱多、若人作活、或行路、身必增熱、因是血流之快、死精化亦快、所以增熱肉內之炭精、和輕氣、比蔬菜內之炭精輕氣多、是以食肉、比食蔬易生熱、由是觀之、冬宜多食肉、至於人身覺冷覺熱、不足爲準則、故從熱屋乍入冷屋、卽覺冷、從外乍入、卽冷屋亦自覺煖也。

第六卷腎經與皮膚論

第二十四章

腎爲溺精　死精變溺　由腎下至膀胱　腎經部位

一百六十　論腎經〇、腎乃生溺之經、其功將週身竭力而死之微質、撤於本經、如一百四十一節所論、有三經將死精撤而逐之、或肺或皮或腎其死精撤至腎、於腎內化爲溺水通脘下流膀胱、且降於外、腎乃核形列於第十一肋骨下左右各一、左腎比右腎畧高、兩腎懸

腎穴

腎內外二層

腎球

溺微管

第七十七圖

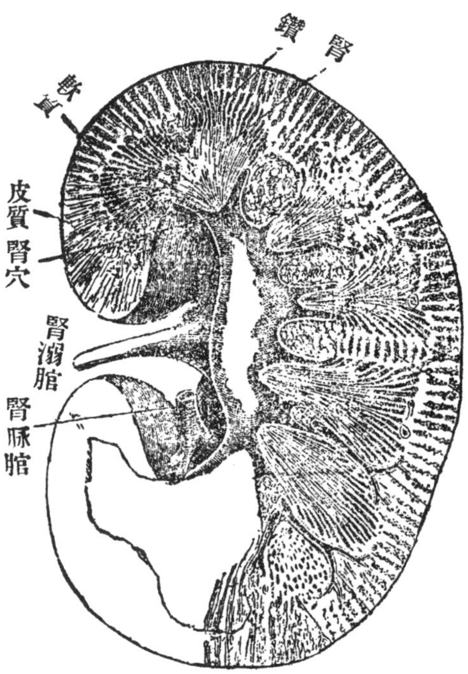

右腎豎割

於腹後、有出入血脉管持之不移其位、腎外畧有油脂繞而護之、上有腎上核附於統膜之後、腎之形勢前面高而後面匾、外連凸內連凹、此內連有一深峽入穴爲腎穴、或腎門、腎之血脉管即溺管腦線皆出入於其穴、則將腎懸於腹後脊骨左右、右腎前與肝經小腸上迴、或大腸上迴相近、左腎與胃經大腸下迴相附、腎經各核長有四寸、寬二寸、厚一寸、其重或四至六兩、男女約差半兩、腎外有筋絲苞包著以及薄脂、腎穴附麗血脉管即腎溺管首端、腎質堅密而易撕、乃無數微管縱之而成、分爲內外二層、外爲皮質、內爲軟質、若將腎豎割見外層有二分厚皆往裏續發許多微岔、分之而包者內層腎鑽、其外層散含許多紅體、形狀如米粒、爲腎球、其球乃微脉管團而成球、腎球包之有膜、乃溺微管初端、包球如泡膜中之球乃微脈管團而成球、外有微吸管、即微腦線、溺微管如網、腎之內層亦

腎鑽

溺微脘有直有曲

溺微脘之功

腎蓋

腎穴如簍斗

是溺微脘所縱而成、如筆尖爲腎鑽、共有十五縱其尖通至腎穴、腎鑽之尖爲腎溺刺、每刺各有微眼如毛孔眼、其數千有餘、腎鑽至溺微脘湊聚而成、向外層分岔、射如扇骨密密縱成、至外層相近已、其溺微脘或直或曲皆是一體而成、乃明透底膜所爲而有柱形膚橫列於其上爲裏、柱形含者珠形之膚、溺微脘之功、乃柱珠二形膚所成、其腎鑽至穴則有微脘如麥芒爲腎芒或溺刺共有十三、發至腎穴、其腎穴分有數岔爲腎蓋、腎蓋分岔而爲細葉、即溺微直脘所成、通至溺微曲脘、發至腎球附麗其外爲泡、腎鑽托於蓋內而發所化生之溺水、其腎蓋數岔合而成腎穴、腎穴緒連其峽至腎溺脘通下、腎穴於峽中形式如簍斗膜囊、出峽爲腎溺脘首端、其腎穴中分三岔、向外再分數十小脘、略長而接托於腎鑽耳。

第七十八圖

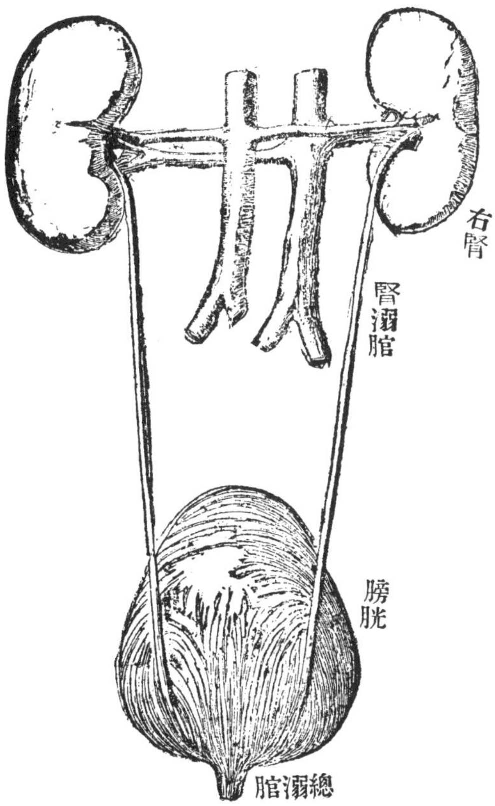

腎溺具後面

腎溺脘

其體三層

一百六十一　論腎溺脘〇腎溺脘與穴相緒、上寬下窄如簍斗式左右各一如羽翎、斜內而前下至膀胱底、長有十六至十八寸、列於腹後統膜之外、至膀胱斜入、其兩脘入膀胱相離有二寸、腎溺管之體質三層而成、即筋衣、肌衣、涎衣、其涎衣與腎穴涎衣相緒、肌衣有環紋長紋兩層所爲、筋衣與穴核並腎經外胞相連耳。

腎脉脘

脉脘之功

弓上直脘

養腎脉脘

一百六十二　論腎脉脘〇腎脉脘與腹總脉脘大腸脉脘之下而起、左右各一、每脘至腎穴分四五枝、於腎內層細分而又分、至外層則作爲弓、其弓上直生微脘通於其邊、由腎鑽至其弓則有迴脘陪之而分極、且弓上之直脉脘、兩旁均分微岔、投於腎球而團成其紅球、球內分極而合、則彎出球、出球後分微絲脘、而養腎之體、其迴脘由微絲脘而合、則迴至腎穴、腎內外之微線、陪則微脉脘而管之、並有微吸脘若許、通至腎而撤精液耳。

腎上核

一百六十三　論腎上核〇腎經上有小核列於統膜後、其色畧黃、其核屬無脘核類、大小不等、長有寸半、寬一寸有餘、厚二分之多、其核之質分內外二層、血脉脘微吸脘腦線俱有、然其腦線則多於其功之用、其腦線有自合腦線結通連耳。

腎之功用

一百六十四　論腎之功用〇腎乃撤溺水之經、一晝夜所撤之溺水多寡不等、若於皮膚相反、熱時皮之發汗過多、則溺水漸寡、寒時溺水生之多、而皮發汗寡、見溺水如何生若許、

腎之量數

在乎天氣寒暑、而發汗多寡、腎之生溺水、一日約有四十至六十流兩之多、或用法國量之

溺水輕重
由里阿由里哥酸格里阿的尼
腎功分二
球淋之故
溺水有蛋精
由里阿乃溺底
卽炭淡輕養四氣合成

百立方一千二百至一千七百五十立方之多、其溺水色淡黃、化力微酸、按流質之輕重、溺水無病時、一千零二十數、二其一千分之數有水九百六十分、有定質、卽渣質四十分之多、其定質分由里阿二十二分、由里哥酸、格里阿的尼十分、油脂合色六分、其餘乃化學之酸、鹽、堿、等類、並有淡、炭、養、輕、等氣、混於其中、且淡養 二則多、論腎撤死精、其功分二、一乃腎球淋水、二乃腎溺微管撤死精之功、腎球之功較如淋水、則將脉管所存之水、並化於血之鹹鹽、入腎球而淋、入溺微管、其腎球淋水之故、乃出腎球之脉管、較小於入脉管、且腎脉管相擁、藉出管微閉、而腎球之薄脂被擠、則逐水淋入溺微管、見腎脉管擠之急、則腎球淋之多、擠之遲則淋之寡、脉管無病時、血中之蛋精、不淋於溺微管、然腎球被擠之重、則蛋精亦淋入溺管、溺水中存蛋精、因腎之有患、易於變皷症、其溺微管之功用、則將化於血死精撤者隨而外流、故所淋之水和鹽通入其管、觀溺微管之質則明其功、故溺微管、乃底膜並柱形珠所爲如一百五十八節所論、其柱形珠之功、乃將微絲管血內之死精、撤而混入溺微管之淋水耳。

一百六十五　論由里阿○由里阿乃化於溺水中最要之物、則溺中一千分之二十二分、或問由里阿如何生、曰身內所化之微精、竭力而變、此精如生質之微物、乃淡輕之類、惟有活物所生、乃原質數點、如炭淡輕養等氣化合而成、其質之功盡則死而無用、必逐出身外、假如體之肌絲按時用功則力小、力小使之竭且化變爲死精、夫死精中有物爲格里阿廷、撤於血中分化爲由里阿、且含由里阿之血入於腎溺微管則撤之遂而流外、其由里阿分化爲炭輕淡養四氣所成、且化於水中、一日所生之由里阿若一兩之多溺水內亦有格里阿廷並格里阿的寧、乃死精所化之物、溺水中並有由里哥酸化合於滷城等原質爲溺底、俱血內死精、撤於溺微管而降於外、其由里阿旣爲死精、若積於血神則昏易於患病、總之腎之爲經如此撤死精、則明其妙用耳。

由里阿積於血之害

二百六十六　論膀胱〇膀胱爲存溺之器乃膜囊列於骨盆、交骨之後、長有五寸寬三寸、其尖墜下其底向上滿則盛水斤數之多、上有筋袋懸於腹旁有袋左右各一、膀胱尖向下窄而爲頁、通於總溺管、膀胱卽囊爲四層而成、由外而內、一乃濕衣二乃肌絲三乃連網和脂四乃涎膜、外層濕膜在膀胱底與統膜相連、其肌分長環絲紋至膀胱尖其紋湊而密爲總溺脘、環口、其涎膜乃底膜並其上之或鱗形或柱形皆是、涎膜之色淡紅、且滑澤之勢耳。

膀胱乃溺囊

論總溺管〇總溺管由膀胱環口絡連、男女不等、若細察其形式並交媾之諸經、見全身闡微一卷而知、故是書錄之無槩、然學醫詳察且省其體用耳。

總溺脘

第二十五章

二百六十七　論皮膚、〇身外有皮膚包裹、保護肉和經絡、其質厚鬆而軟、皮膚之用有三

皮膚保護身體其用

有三分內外兩層外層薄而脆夫膚無覺線血管

膚之長有何理

膚之形如鱗摸而掉下

手足之膚硬水泡何起

岡子何長

顏色注於膚內色珠按面色人分四等

妙、一是護肉、二是發出敗壞無用之津液、三是摸物知覺最靈之經、皮膚有內外兩層、外層是膚薄而脆、偶起一泡、落下白皮、即是脚、手掌比他處厚、一身之膺覺線血管、俱通不到所以刀割之覺疼、冷熱亦不覺、但是包裹內皮、使不受傷內身百體俱有更換、膚亦然、但更換

第七十九圖

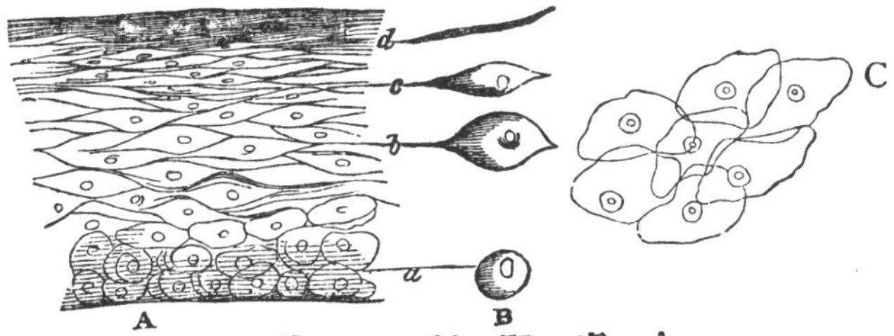

A膚豎割一片

B膚鱗橫看

C膚鱗平面如d顯二百五十倍之大

之理有別、其生長如指甲、新生者是由內層上面、層層生出、舊者往外伸、伸出即乾、人不覺而磨搓下來、夫形如極小之魚鱗、若搔首隨手落下、易於看見、是膚磨搓愈勤、長亦愈快且厚、常見服勞者、手掌很硬、是磨搓之勤、又赤足而行者、脚亦如此、倘磨搓太快、定磨出水泡、行路人之脚、或鞋小擠磨常生水泡、安逸人偶然勞力、用手亦必起泡、此是膚薄之故也。又有人著鞋過緊、或用布纏緊、易於磨出岡子、經久不能脫、層層疊起、成爲厚硬之物、使人痛苦、若著鬆鞋、將岡子用刀削薄方好、人之顏色、注在膚底色核、各類不同、按顏色、天下人有四、西國人色白、中華及附近之人色稍黃、亞非利加人色黑、美國苗子其色銅紅、偶有生來髮面皆白者、俗名天老兒、此是膚底無甚顏色之故。

眞皮在膚內其質白筋絲又有黃筋絲中有微血微吸等管卽腦線油核汗核編連其中手之隴溝皮之工用俱在其

眞皮屬皮者有四指甲毛汗核油核

指甲薄而堅甲母何爲毛分二樣汗毛遍身有之

毛髮之質與膚同每根分兩卽毛根毛莩根於皮內莩露於外毛莩有管內存毛

一百六十八　論眞皮〇內層皮、名眞皮、在膚內、肉之薄膜外、厚而軟、護肌肉、其體質乃白筋絲編成羅網、內有幾條自縮黃筋、又有微血微吸等管、並覺線編連在內、上面甚密、下面編成胡椒眼、有脂油毛根、汗核充滿眼內、外靠膚有許多微尖、寸方約有二百五十粒、在手掌上稍大、可見排列之隴溝、每隴有兩行尖、尖中有微絲管、如繩套、又有覺線之稍末、皮膚之功用、或知覺、或生汗、或生油、全賴此層、其中之微絲管閉住、血不能流、是以皮發白、熱時血滿微絲管、是以皮發紅。

一百六十九　論皮膚近屬〇與皮膚相連者有四樣、一是指甲、二是毛、三是汗核、四是油核。

一百七十　論指甲〇指甲與膚同類、俱似一片牛角、薄堅而軟、可以蓋手脚指、其根與皮相連、被皮遮蓋少許、皮連於甲根之處有小槽、以及甲底、俱名甲母、甲母生津、漸漸變硬、從內往外撐、卽成指甲、愈撐愈長。

第八十圖

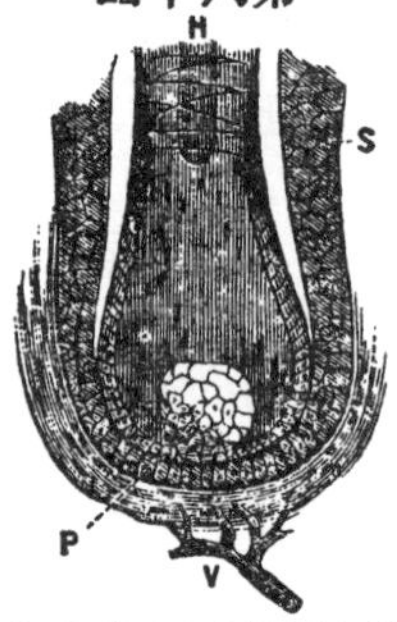

毛根顯六百倍之大
V 血脈管
P 根核與鱗
S 毛根囊

一百七十一　論毛〇毛有兩樣、汗毛和髮、汗毛除手脚掌以外、遍身皆有、但長短多少不同耳、毛髮之體質、亦與膚同類、乃微鱗之珠聚而成、每毛髮分莩根兩段、毛根在皮內、有一小囊包裹、毛莩

髓毛根有肌僕之豎立

汗核於深皮內形似紅毯汗核由血撤水盤於外其汗管由核口爲毛孔眼

發汗之關要其發之汁比肺較多

無形汗多於有形之汗

在皮外有稍末、其根按於皮面、微尖上、此尖發津則凝結成微鱗、漸漸而撑積成毛葶毛之顏色、乃由鱗珠而生、毛葶有管、至於稍末、即無管矣。管內有毛髓、有顏色毛根外有幾根肌肉、人受冷、受驚懼卽豎、葶旁有兩油核通囊滋潤、有光彩而不枯乾。

一百七十一 論汗、○眞皮深處、有許多生汗之核、能將血中無用之氣撤去、其形 如紅毯是微汗管、一二根折疊、盤踞而成、旋轉盤到外面、管口卽毛孔眼、密密排列皮膚隴溝上、背頸上較稀、手脚掌較密、胳膊腿腕裏較大、寸方約有三千。

一百七十二 論汗之功、○皮膚發汗之功用、於人最關緊要、無病一晝夜所發之汗聚集、約有斤半、可見皮膚發出無用之物、比肺經發者尤多、且汗有兩樣、一是發在外、聚而成水珠則見、一是未成珠之水氣、人不見、曰無形汗、此汗比所見之汗較多、不息而發、所見之汗、若外有熱氣、或太用力時、汗發如雨、昔英國有房失火、幾人竭力救火、三刻時候、有汗發二斤多、三斤多者、天熱發汗多、冷則少、飲熱水多、發

第八十一圖

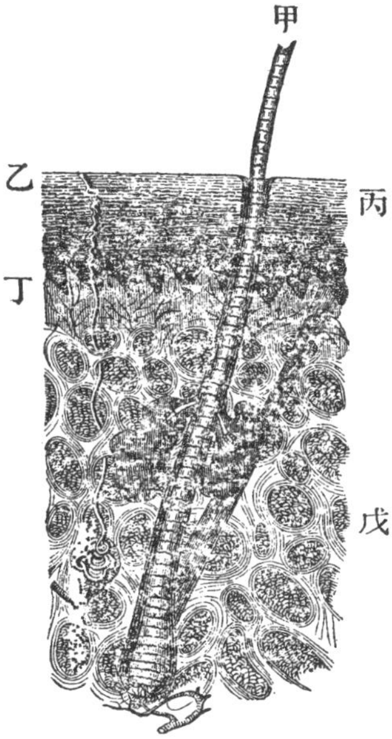

皮膚橫割顯大一片

甲毛葶與油核

乙汗管

丙膚

丁眞皮尖

戊胡椒眼與油珠

沐浴有益於發汗

汗停有何故汗停不發熱則過度汗發無停未受熱之傷

汗亦多、更服發汗之藥、汗亦必多、病症有止汗者、有發汗者、無病時洗滌潔淨、爲使汗易於發、假如人穿雨衣等物、因不透氣、汗出不得散、必聚於衣內成水、於人最不相宜、且發汗多時、坐於風地、令汗停而不發、皮膚之血、即散於五臟、是爲受風、風歸於首、令鼻流涕、歸肺、令人咳嗽、歸四肢、令骨節疼痛、此病症俱是皮膚不能發汗之故、論汗與身之原熱、其熱按照寒暑表、當有九十八度、若存而不發、熱必過度、時常發汗使熱陸續發、乃爲得宜、所以人發汗越多、益覺涼爽、昔有人進大烤爐內、按寒暑表熱到六百度、比開水熱加三倍、竟不得死、是因發汗之多、保住身體。冬月屋內、熱不過六十五度、人纔舒服、再多非宜也。

皮之油核有管通外其管發油外則光滑

一百六十四　論油核、○眞皮、內有生油之核、核最小、有管通到皮外、使皮膚與毛滑澤、在頭面上者最多、近於五官者尤密、在臉與鼻者稍大、近眼皮裏面者又大、所以生眼眵、管口偶被泥塞、油不得出、即凝結矣、常有人面生槽疙瘩、即油凝結而拱出耳。

第二十六章

皮之微吸管亦吸外氣依毒草毒氣吸入爲患

一百七十四　論皮膚之吸、○皮膚內之微吸管、能吸身外之氣、假如人出天花、漿落於人身、其微吸管、遂將毒氣吸入、必致生病、所發之氣、亦能吸入、以致傳染、凡人依近毒草、毒氣亦必吸入、以致發腫、凡流質等物、俱可吸入、人或航海、甜水斷絕、若遇雨澆身、亦能止渴、若

皮吸之能夜間較大

患噎嗝、或牙關緊閉、饑不能食、以米粥等物盛於桶內、病人坐其中、則若解饑、是皮代口之

瘟疫傳染賴皮膚之力

意、皮膚吸入之能、夜間過於白晝、身體虛弱之人、或乏食其皮膚吸力、大於爽快得食之人、觀此、則虛弱乏食者、若遇瘟疫、更易傳染身體汚穢之人亦然因皮外有積累之泥垢、即催出吸管之力、可知皮膚多垢、易於生病、凡不常沐浴、多生病症。

皮膚知覺之妙皮之覺線多於他經覺線佈於身不均以嘴唇指尖多而密故其指尖最靈摸物知覺何爲矇者以手代目西士教瞽者設何法

一百七十五 論皮膚知覺〇皮膚之知覺、最爲精緻、緣眞皮之覺線、比別經更多、其膚雖無知覺、然不能阻拒覺線之靈、使不覺身外所挨之物、此覺線布於周身、皮上不均勻、在嘴唇脚手二掌並指肚上極密、至指肚與嘴唇之知覺比他處更靈、論摸物之知覺、各有不同、有最靈者、亦有稍鈍者、而此事可以學習增長靈明、凡無目之人、其摸物之知覺異常、靈妙直能以手代目、所以西國人、鐫凸字印書、使瞽者手摸可讀、與有目者無異、只稍慢耳。綢緞布疋、亦能摸出好歹、聞有人在錢鋪、稽查錢票眞假、無論若干張、取在手內、用手指挨張一捻、便知眞假、而且數之極快、欲試一身覺線、何處多少、即用鑷子變尖、按在其上、覺線不甚多處、非使雙尖相離畧遠、不知是雙尖、若覺線多處、雖兩尖相離一二釐之遠、亦能知是雙尖。

身之原熱易散故穿衣存之物之傳熱不等易傳者金銀銅鐵木石玻

一百七十七 論衣裳〇天冷時、身內原熱、散離身最快、必須穿衣遮護原熱、天熱時、原熱多生、亦須穿衣令原熱水氣快發、人常言此衣煖和、彼衣凉快、其實凉煖不係乎衣、是衣保存本體原熱、各物與熱相遇之情形不同、有物遇熱氣、易於傳散者、有物不易傳散者、如金

璃最易傳者
布疋亦分等夏季穿衣易傳熱者冬季穿衣存之人服衣須合乎其時
葛綢綿絨等布於熱如何
羊絨小呢冬季穿何益
皮之汗油沾衣不潔身覺不舒故衣欲換

銀銅鐵等類、最易傳散、木石玻璃等類、不易傳散、布疋有幾種、易於傳散者、有幾種不易傳散者、衣之涼煖、係乎傳散之易否耳、故人夏月以易於傳散之布、冬月以不易傳散之布、凡布稀而軟、浮毛長者、必不易傳散、凡密而硬者、易於傳散、若衣太瘦、緊貼於身、亦易傳散、而且擠住皮上血管、血流遲緩、則覺冷、襪子太緊亦然、稍鬆卽不易於傳散、觀此、則人之服衣宜合時令、宜輕妙、宜堅固、宜易潔淨。

一百七十八 論衣之材○衣服之材料、麻葛布易散熱氣、又易吸汗、故若此覺涼、夏月最宜、但此等布、使汗之水氣難散、則有時令人覺冷、綢帛等衣、亦易散熱氣、夏月亦宜穿棉綫布衣、散熱氣較難、然在夏月可穿、麻葛布吸汗稍慢、不畏乍來之冷氣、羊毛綫布爲衣難散熱氣、最宜冬月服之、此布稀而鬆、若服之貼身更煖、因不易被汗濕透、卽濕透亦不易散、所以貼身服羊羢之衣、雖滿身濕透、無虞患病、西國人常貼身著羊羢小呢衣、冬用厚、而夏用薄、適因有此益處、西人云、人無論冬夏、貼身總著羊羢小呢、免患許多病症、中國人、冬月愛服皮棉衣亦可、但嫌不輕便耳、衣服顏色、並分涼煖、至煖者黑、其次藍、再次黃、其下白、所以夏月宜服白色衣。

一百七十九 論衣之穢潔○衣之穢潔、自有由來、卽皮膚所發之汗油、和脫下之膚、俱是沾衣、清者發散、渣滓黏在衣上、看者則骯髒、聞者是濁味、身覺不舒服、又使皮生病、蓋衣欲

而洗之

常洗、使之潔淨爲妙、冬月皮棉之衣、不易洗濯、即貼身著一褂、便於洗換、倘不得洗、亦可脫下吹晾、散去濁氣、白晝所服、晚則宜晾、夜之所著、早晨宜晾、若晝夜用著、是不相宜、並且被褥不可方醒即捲、尤宜展開吹晾。

皮發之物沾身而污之則有害

一百八十　論沐浴、○皮膚所發之物、不全散、有沾在皮外者、所生之油、更不能散、與膚鱗並飛塵、和於一處、將毛孔塞住、生惡臭、於眞皮有害、且礙眞皮之功用、若每日洗濯、將汚垢滌淸、大有益、臉手因露外易受塵垢、俱知勤洗其塵垢、身體亦當如此、宜於每日沐浴、或間

沐浴之要義

每日沐浴、殊覺費事、似此有何大益、豈知洗汚垢、除去惡臭、又能使毛孔張開、將身內濁氣外發、少生病症、不但使皮成功、且使皮增力、血流至皮膚亦快、死質亦發、渾身皮軟、人覺舒服。

沐浴時涼水便催皮之力

一百八十一　論浴水、○沐浴水、用溫可、用涼亦可、但溫水雖易去垢、不如涼水更能催出皮膚之力、涼水人都畏冷、然用慣雖是冷天、自比別人易受、爲是忽冷忽熱、可以堅固身體、若用涼水、不論冬夏、必日日洗、纔能助身體爽快、若自夏月用涼水洗、由漸至冬、即不覺水甚涼矣、皮洗畢後、渾身發熱、乃明其身用涼水沐浴之益、不但在皮亦在經絡、如肺胃心脾血管覺線、以及週身、俱爽快有力、作工者勤洗則有力、讀書者勤洗則有智慧、閒逸者勤浴亦得爽快。

沐浴時清晨爲妙

一百八十二　論沐浴時、〇沐浴之時清晨最便、但人嫌乍起空腹沐浴不舒服、又恐受冷然食畢即浴、血奔在皮膚、使胃經減去消食之力、遲兩三時辰再洗最好、雖是如此、若身體爽快、無論何時俱可洗、欲洗之時、覺得冷即不用凉水洗、恐其減身內之熱、可用温水。

第七卷腦與腦線論

第二十七章　腦質

腦力難測

一百八十三　論腦具難測〇腦與腦線之具、闡微者難、察腦之微質、其妙功顯然而知、故察腦學者、深而細之、究其奧義、而曰何其爲難、今求所可知者、畧說其大概耳。

腦具分二　人主腦具　自和腦具

一百八十四　論腦具分二〇觀一身之經分之有二、一乃人主而屬管者、如四肢之行動、故自行而動、二非人所主而行動、乃無自主之經、且本經自主而成功用、一身之經如此分二、腦具遂而分二、一乃人主腦具、二乃自和腦具、夫一者人主腦具所管者四肢然也、爲腦與脊腦具、夫二者自和腦具、所管者身內各經自功、夫屬乎第一者即大腦和脊腦、並其所分出腦線、屬乎其二者、一身之各經、彼此連絡、協力相同、非人自主、乃自協而和、成其功用。

腦之織質

一百八十五　論腦織質〇腦之織質、周身之內分有二種、即白灰二質、或獨列、或並連相依俱有耳。

腦絲微質

拴白質

腦珠微式

腦線形式

第八十二圖

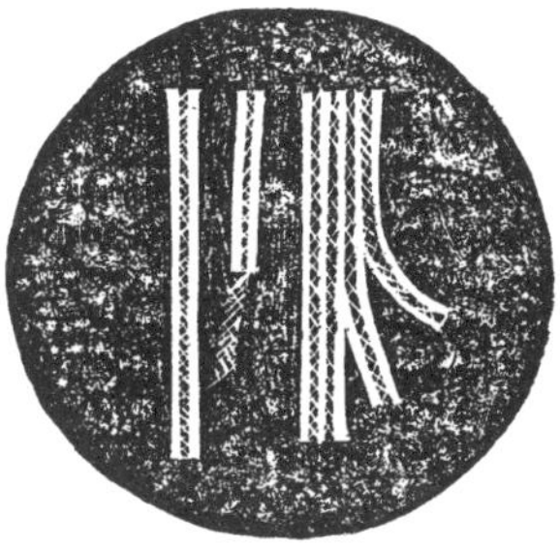

腦絲

第八十三圖

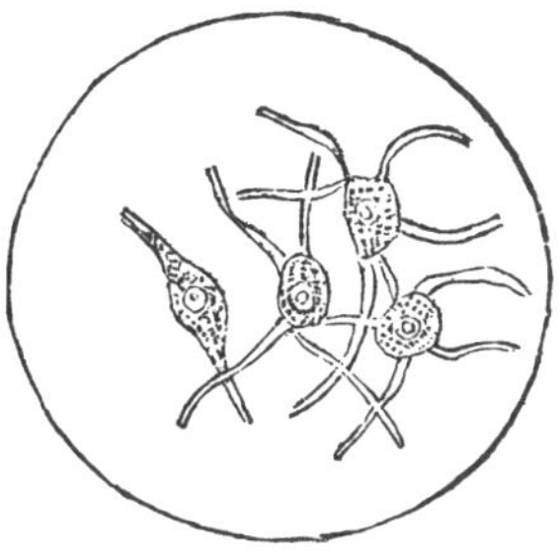

腦珠

一百八十六　論腦絲○以顯微鏡窺其白之微質、見有渺絲並行而列、其絲大小不等、有一寸寬之地、列二千數者、有列四千數者、其絲乃微管所成、外有薄膜圍之、薄膜內有一宗明透之物、人死時其物結而爲白質、則名拴白質、管內有一明透渺條絲爲腦絲軸、如米粒微物、合而成絲、腦氣於周身、遞於腦軸絲而傳、外有拴白質護之、而腦氣順軸不洩發耳。

一百八十七　論腦珠○腦灰質不成絲線、乃作微珠、中有微粒質隱附於內、腦珠各有腦顆、顆內有腦仁腦珠、大小不等、有一寸排二百之多者、有排二千多者、腦珠各有腦線、互相連絡、所有之腦絲俱於腦珠通連、且分絲分縷、以顯微鏡難窺其末微耳、所論之腦絲腦珠、各成所分之功、夫腦線乃傳腦氣之路、如電線然、且腦珠即灰質而成、則爲生腦氣之所、故爲腦原、腦力由之而出耳。

一百八十八　論腦線形式○腦線之大者以目觀其分絲若許、並行平列皆有筋連絲細合、且連筋絲按所用之處、生之多寡、見大腦脊腦有骨圍之而護、則筋絲寡而腦絲多、然四

腦絲於灰腦質較多

肢內故易受傷之處、筋連絲生多、夫白腦絲於身中灰腦質較多、故於四肢、大腦脊腦、則白腦質亦多耳。

腦結之功

第一百八十九　論腦結○其灰腦珠即寡於腦絲、然身內爲最要物、大腦脊腦皆有、且周身亦有腦結散於各處、腦結乃腦珠聚而成結、其結俱有腦絲連而相助、則周身腦結合而相輔、論及大腦無非至大腦結而已。

腦絲遞腦力

第一百九十　論腦絲之功○腦絲之功、乃將所觸感之知覺內外遞傳、由此端遞至彼端、腦絲之分條、雖於他條細合多少、然每條自本至末、於他條總無連合、乃獨主自傳、假使皮膚腦絲、被外物觸感則顫、且腦絲將顫動之浪、遞至腦絲軸、傳至內端腦珠、以電線喻之、電線如何傳信、腦絲傳觸感知覺亦然、由外膚傳至內珠、次有內珠往外遞至皮膚相似、故外來

出入腦絲

知覺傳與內珠、而內知覺返遞於外、二者內外遞傳、則分出入之腦線、由外而遞內之腦線、謂之覺線、由內而外謂之動腦線、假若以鍼刺指、指則覺痛、故外觸感順腦絲遞內、始能覺

返傳之感

痛、故爲知覺即是覺痛、則腦結被感、而返傳於外、觀手略動而避其傷、其內外埃次返傳之感、分有二類、一乃人主而傳之力、如身行動、二乃外被觸感、而內腦珠自有傳之力、此之謂返傳腦力耳。

腦力急遞

第一百九十一　論腦氣急遞流行○觀腦力返傳之急、如無分時刻、覺而立動、則手指有傷

傳於腦、知且腦返傳於肌線、手則動、卽有傷手動則決無有時刻之分、然現今有妙機、表顯其心意如何返傳、畧遲、則知腦氣流行之有時數、按其表一秒時之久、有十丈之遠、則足之受傷傳及腦、大腦返傳至足、一秒時有十分之一、如此腦氣較遲於電氣流行耳。

腦氣較遲於電氣

腦絲缺力宜換

一百九十二　論腦線虧力○腦絲傳其力、不但廢時、且遂而虧力、觀臂肌之力、用者則虧力而應歇、且換力而壯、腦線虧力相似、然腦線之虧力應時而多歇、是乃換力而壯耳。

腦線割斷如何

一百九十三　論腦絲遞傳腦力○腦珠乃腦力之原、故生其腦力、腦絲遞腦力傳於外、比如將一條腦線割斷、腦力不能遞傳、若臂腦線受傷而斷、手則不能或動或覺、然腦線之傷全愈、始能愈覺愈動、故傷處合而長復其原能耳。

腦力之原

一百九十四　論腦珠爲腦力所原○腦珠乃灰質所成、其灰質獨有生腦力之能、故腦絲俱通於腦珠、若不與腦珠連串、不遞腦力、論腦力知其力隱伏於腦珠、然腦力如何爲之力、並何生而變爲力、奧妙難測、有人與電氣比之、然電氣與腦氣不同、假若將腦線一條綁緊、腦力則不流傳、然電氣能傳所綁之腦線、愈成其功耳。

腦線綁緊如何

腦線與自和線何別自和線乃自主

一百九十五　論腦線別於自和線○腦線與自和腦線之別、若人主之肌與自主肌之別相似、周身人主之肌、皆有腦線主管、則應人之志而動、且自主肌俱有自和腦線主管、並非由人意成功、夫腦脊諸線所屬何處被感、立時返傳、則別處應而被感、然自和腦線、所屬何

且各經連而自主

人之知覺思索自何而有百體動靜由腦爲主其功相稱不犯亦然

處被感、則遲片時、返傳別處遂應、人所主屬各體、乃腦線脊腦線所通達之體、此等線爲遞傳知覺、乃大小腦與脊腦、並二者所分之腦線腦絲、皆爲腦脊連線、達於周身四肢、且屬乎人主管、然其線所不達者、各體各經、依自和腦線自主、而人不覺其處自動、如胃心肺之動、以至身之各經、乃人不覺動而成其本功耳。

第二十八章

一百九十六 論腦與腦線之體質、○上論之功用、皆係養身、而身中更有超上者之用、乃

第八十四圖

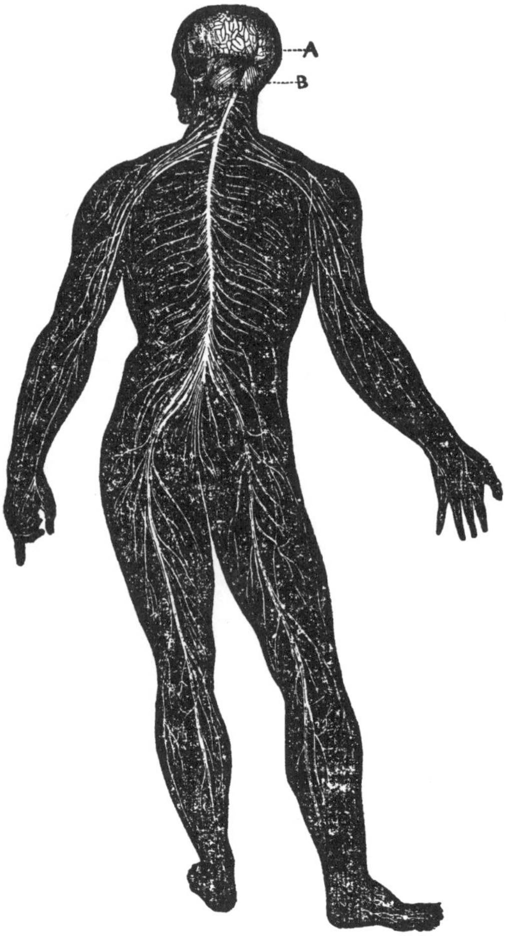

腦與脊腦線全圖

A大腦

B小腦

主人之百體有三乃腦脊腦腦線體質皆同　腦珠有二分白灰二色夫灰者灰珠白者白珠灰珠成腦結又合成核曰腦核　腦爲覺線之原知覺之能曰腦氣　腦氣以電氣喻之腦線以電線喻之濕乾二電電池如何二池有線連之電氣則傳　腦氣生於腦珠傳於腦線灰珠喻器白珠線喻電線　主身之知覺有三即

人之知覺思想、即由於腦與所連之腦線是也。人之自管百體動靜、亦由於此、其功用相稱、無有犯害、各隨其分、皆賴腦與腦線爲主、主百體者有三、一是腦、又名腦髓、一是脊髓、曰脊腦、一是週身腦線、三者體質皆同、若以顯微鏡窺之、分二種、一有絲線形者、其色白、故名白覺線、一有極小珠形者、灰色、故名灰珠、灰珠時而相聚成小圓結、名腦結、有時覺線穿過、則腦結稍大、腦線與腦結內外連絡、布於身中、如網之經絡。腦結愈大、曰腦核。

一百九十七 論知覺、○腦髓爲知覺之根源、發知覺之氣爲腦氣、知覺之能、乃腦氣之力、

一百九十八 論腦氣、○腦氣以電氣爲喻、又以電報喻腦線、按電學、電氣分二、有生爲乾物者有生於濕物者、觀電氣盒、輪一轉動、即生出電氣、此爲乾電氣、若磁瓶內盛礦强水以白鉛紅銅浸於水、二者交感所生之氣、謂之濕電池生電之瓶。謂之電池、論電報必有二電池、並電氣之鐵線連合、瓶少則生電氣少、瓶多則生電氣多、蓋以電氣之力、愈遠愈衰、故通電報局宜多設電池。

一百九十九 論電池喻腦珠、○按此理、電池喻人身之腦珠、以腦氣生於腦珠、電線喻腦線、腦氣循線傳遞運行、若然則灰珠猶器也、爲生腦氣之源、白色腦線、猶電線也、乃腦氣傳遞之路。

二百 論覺之器、○有知覺之物乃三、一是腦髓、一是脊髓、一是分散之腦線、論腦結腦核

腦與脊腦
腦線
腦滿於頭顱形如鴨卵包者有三膜腦靭衣腦濕衣腦血衣

腦分左右兩半腦髓分四曰大腦小腦中腦腦蒂大腦居上分十分之九中腦亦曰腦橋

大腦迴紋如核桃仁

猶電報局、專能收納傳出言語、人之一切知覺、由於腦結腦核傳出亦然。

二百一 論腦、○人之頭顱如盒、乃八骨合成者、其骨厚而堅、爲護其中腦髓不受傷害、腦髓充滿骨中、其形畧似鴨卵、其尖向前、計其輕重、男約四十兩、女約三十七兩、有三層脆膜曰腦衣、裏之以防傷損、外層厚而韌、曰腦靭衣、上隨腦高低而粘連於骨、下滑澤在腦髓正中、有垂膜如鐮形分腦髓左右兩半、中層脆膜極薄平鋪於腦之上、若蜘蛛網然、曰腦濕衣、內層脆膜、曰腦血衣、有多血脈管、編如網隨腦紋垂下、養育其腦血脈、五分之一、常流滋潤膜內之腦、分四、曰大腦、小腦、中腦、腦蒂、大腦居上、分十分之九、小腦居大腦後之下、依枕骨、中腦居正中、連絡大小腦、又名腦橋、腦蒂居小腦之下、通連於脊髓。

第八十五圖

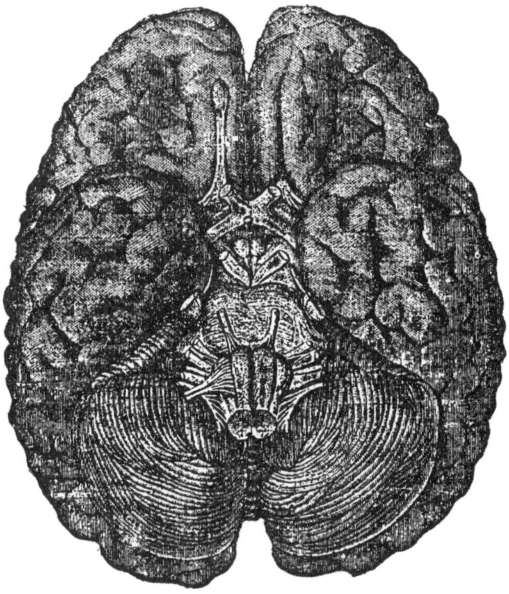

大腦底面並小腦

二百二 論大腦、○大腦之形細紋、迴紋曲隙之處極多、若核桃仁然、大腦上面分左右兩

大腦左右兩葉腦質灰白二色腦葉底各分三葉腦左右分任如何

大腦底之數核腦核各有妙用大腦爲至大之腦核其尊貴如妙

思索之源非在腹亦非於心皆由腦也

欲尋其據

葉、中有鐮膜隔界、兩葉紋質外灰色、中白色、左右腦下面、又名分前中後三葉、如人有眼耳手、相爲對偶、腦既分左右兩葉、故眼看能眞切耳聽能聰靈兩手動作能便利、眼耳手若傷其一、猶堪視聽動作、腦若傷其一葉、獨能用思緣此用思之事、乃兩腦分任、如人言語時、尚能思及他事、又如兩手、一時分用、各有所司、且有時人患病恍惚、以己之身爲二人者、蓋兩腦不能相合故也、昔有人戰陣時、被槍刺透左半腦、腦雖傷而不全、後得愈、竟如未受傷者、此如傷一目、猶能得視也。左右大腦底、有數腦核、乃灰珠聚而成、與腦結相等、但大於腦結多矣、腦核各有神妙之功、在前一核專生覺味之腦氣、其次專司腦之動線、與百體之運動、

第八十六圖

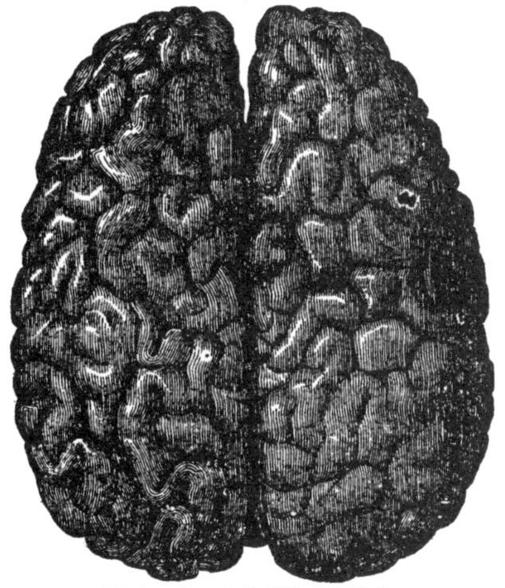

大腦兩葉上面與廻紋

其次乃是左右相合相輔、專司扶持人身、不致搖動、其次專主眼中之腦氣、於此可見數腦核、各有尊貴之妙用、大腦爲最大之腦核、亦有尊貴之妙用、專司發智慧思索、昔人以腹爲智慧思索之源故有滿腹學問之說、亦有人以心爲智慧思索之源者、如孟子曰、心之官則思、故有心思心想心意之說、而今乃知思想志向知覺、及各等心才、皆由腦而出、若然、則大腦誠爲智慧思索之源、欲尋確

蓋將活物等腦較量故活物分等俱按其大腦之大小

觀人之大腦大於他類之大腦則人爲萬物之靈尋查大腦爲思索之源將鴿去其大腦其形勢足以爲憑

小腦形如童子拳亦分兩葉外質灰而內

據、以明此理、卽將人與禽獸、魚昆蟲等之大腦相較、卽知五類活物、雖各分等、而皆各有腦核、按其大腦之大小、別其靈蠢、由是觀之、其下等者、卽昆蟲與魚、若禽之大腦較鱗者、亦高一等、則禽者多有知覺、以多有大腦髓故也。獸類亦分等殺、其大腦小腦、大於他類者多矣、如象在獸中、不但體大、其大腦亦較大、故有大靈氣、其能識教訓、較愈於猴狗、至於人爲萬物之靈、亦以大腦較他類之腦大而且多、人分智愚、亦關其大腦之大小、觀化外野人、與俊秀佳士之所以有別者、亦由大腦大小之不同、若欲尋此理之據、可將鴿頭剖開、取出大腦、猶能養育數日、雖受此傷損、亦不致死、其形如沉睡、然不能理身外事、若驚之暫甦而仍睡、亦仍能看光聽聲、知人摸捉、但少智慧記性思想、故遂如癡獃、觀此、則知思索智慧記性之源、卽大腦也。人亦如是、人之腦受傷、乃爲極重之傷、其他知覺雖有、而智慧記性思索則絕無矣。

第八十七圖

鴿去其大腦之形

二百三　論小腦。○小腦居大腦之下、形如孩童之拳、大的有大腦十分之一、亦分左右兩半、質亦猶大腦、外灰而

白如迴紋中紋如柏葉其灰質多於白

小腦之妙功專主動肌協和活物搖動走皆恃動肌協和

人站立之能亦賴肌協和其協和之能俱小腦所主尋察小腦協合動肌之理將鴿頭去其小腦足以爲憑

內白、但無迴紋折疊之形、由上而觀、如折扇閉合、卻有層次、剖開有紋如栢葉、色白、其中之脈絡、色灰、小腦灰質多於白質。

二百四　論小腦之功用、〇其功雖難測、而今明醫或知以爲專司百體、左右兩半動肌協和、身決有協力輔和之能、一條動肌、或不能自動、必有數條、協力輔和、始能動、欲究活物等、以明此理、即如魚與蛇之行走、惟恃脊骨左右搖動、至於蛤蟆蝎虎甲魚之類、其行走皆有四足相和協力之能、若禽獸以至於人、等愈高、而百體協力相和之能愈多、觀人之身體、起居端正、無所偏倚、惟賴許多動肌、協力支持脊背耳。若夫或行或趨、毛動指捏、而動肌協力相扶、極妙之能愈彰、或云、此能力乃由小腦發出、以小腦或有缺、或有傷、而百體則不能協力如常、若將鴿之小腦取少許、其行即欲亂、而飛亦亂矣、倘再多取、即不能飛、亦不能站立、既不能自持、將必傾覆、人之小腦、或患病、或受傷亦然、其難以自持、如醉者足下無力也。由是觀之、人物之小腦、乃是管理動肌、相合之根源。

第八十八圖

鴿去其小腦之形

中腦使大小腦連於腦蒂拱如橋亦曰腦橋有縱橫紋絲橫者連於小腦葉縱者向前連於大腦向後連於腦蒂中腦有團灰結中腦妙功何講中腦爲定志之所

腦蒂使腦連於脊髓形如蒜其瓣分四對內有最要腦結第九第十對腦線由結而起通於何經夫結名生命所腦蒂妙用何講腦蒂管呼吸之功則呼吸非由於人

一百五 論中腦、〇大腦底有寸厚之腦核、曰中腦、使大小腦、與腦蒂接連不斷、向上拱如橋、故又曰腦橋、有紋縱橫、橫者與小腦左右葉通連爲小腦底、縱者向前向後、向前與大腦左右通連、向後與腦蒂通連、橋內有一團灰質腦結、中腦之功用、或曰人所以能立志、乃由是而得、若將志向、思想辨明、始則心想何意、繼則思想願否、終乃决斷何爲、若然則大腦是人所以能思念萬事之源、中腦使人所能立志之源。

一百六 論腦蒂、〇中腦橋底、徑至杭骨之大孔、復有一段腦、長寸半、曰腦蒂、或腦脊根爲使腦與脊髓通連、因與脊髓通連、又曰脊髓頭、形如蒜、外面有隙、其瓣分爲左右四對、腦蒂中間有一最要之灰腦結第九第十對腦線、由此結而起、通至肺心胃三經、人物之呼吸不停、乃屬此結管理、故曰生命所、大小腦或受傷患病、若將其患處而取、猶能不死、倘腦蒂受傷、則氣斷而立斃矣。是知人物呼吸之能、實由腦蒂而起、故人物所不可缺者、即腦蒂之妙用也。或問呼吸之功用、何以與腦蒂連合、則曰人之時刻挨次呼吸之理、非由人意、乃自有者也、人雖稍可强令呼吸快慢、究竟呼吸之能、乃人不識不知、自然挨次而有者、或深睡、或患病昏迷、而仍挨次呼吸、其能由於通肺之腦覺腦動二線、互傳之理、即如肺已覺滿有炭氣、則將所覺者傳腦線、遞至腦蒂、腦蒂即迴傳動線、使肺肌動、肺所覺者、腦蒂何以變而使肺肌動、人不能自知、飲食吞咽之能、亦屬腦蒂管理。

主乃自主其能俱是覺線互傳之理所管飲食呑咽亦屬腦蒂管之

腦線有十二對主眼耳鼻有三其餘惟管知覺運動腦動第一對曰聞覺線卽鼻腦線其線何起何佈二對卽視覺線曰眼腦線眼會根

【三百七】腦線○大小腦底生幾對腦線、由前至後左右挨次而出、共有十二對、有三對不主知覺運動、惟主眼、耳、鼻、三官至妙之能、使眼能見、耳能聽、鼻能聞、其餘各對、與脊腦線之識相等、惟管知覺運動、第一對透鼻、管理人覺香臭、曰鼻腦線、卽聞覺線、夫線由腦前葉之後、有三根合一順腦底、向前至羅篩骨、集成灰腦核分枝下通羅篩骨二十小孔、分布鼻內涎膜、第二對透眼窩、管人之能見、曰眼腦線、卽見覺線、由腦底第四對腦核起、向前偏裏、編連會合、曰眼會根、由眼會根往前又分左右兩岔、名眼系、通至眼球內、分細絲佈滿眼內名

第八十九圖

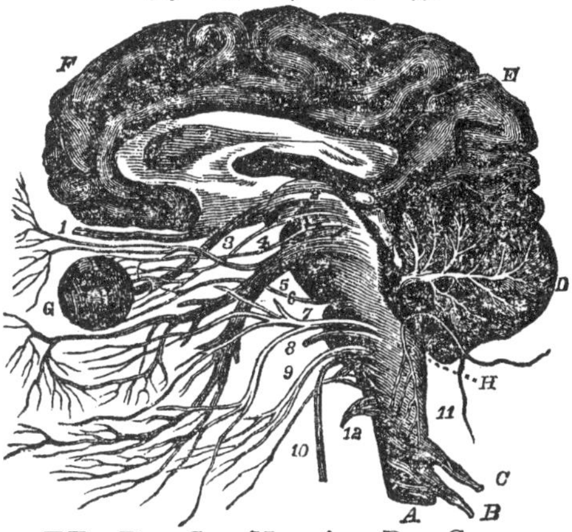

腦與腦線

C 脊腦線第二
B 脊腦線第一
A 脊腦髓
H 腦蒂
G 眼球
D 小腦
FE 大腦

書名	俗名	功用
1 第一對	鼻腦線	主覺香臭卽鼻聞
2 第二對	眼腦線	生眼
3 第三對	運眼線	主眼肌動
4 第四對	運眼線	主眼肌動
5 第五對	三岔線	主面覺別味肌動三職
6 第六對	運眼線	主眼肌動
7 第七對	面腦線	主面肌動卽容貌
8 第八對	耳腦線	主耳聽卽聞覺線
9 第九對	喉舌腦線	主覺動二線一條卽別味覺線
10 第十對	長腦線	主肺心胃或覺或動
11 第十一對	兩段腦線	主聲管肌動
12 第十二對	舌下腦線	主舌運動

省身指掌　卷七　第二十八章　五十六

眼系眼腦衣何爲三四六對曰運腦線其三由何起何道何佈五對有二根後根司覺前根司動夫線由何起其灰珠何行曰三岔線何故上岔何散中岔何佈下岔畧大司覺動二任其餘四條何佈

五對身之最靈之覺之線七對卽面動線主面容喜怒曰面腦

眼腦衣、第三四六對、透眼肌管理眼球之動肌運轉、曰運眼線、此三對由大腦後、近中腦橋、或由腦蒂起、循腦底向前、通至蝴蝶骨長孔、穿入眼竅、分布於眼動肌上、第三對又分幾條、通上眼皮之動肌、司其運動、第五對、乃腦線極大者、如脊腦線、有前後二根、後根專司知覺、前根專司運動、後根並有灰結、二根皆由腦蒂中腦旁及中腦中等處起近耳門骨內、貫連腦結、式如半月、由結前分三條、故名三岔線、上一條名眼覺線、透至眼竅由眼竅向上、分三條、管理眼涎膜、淚囊及鼻涎膜、又穿眼上孔、分條於額皮、及頭半邊之外、散佈至頂、其功專司到處知覺、中一條、曰上牙牀覺線、功司覺悟、向前循眼竅底分條、有條下入上牙牀牙根、每牙根一條、又有條向前穿眼竅下孔散佈下眼皮臉、及鼻翅、上唇、下一條、曰下牙牀覺線、較上中二條稍大、向前與第五對前根集於一、因前根功主運動、二條相合後、此線又主覺悟、兼主運動、向下分四條、一條通至下牙牀、每條動肌、皆能使其運動、人之能用牙嚼物、卽賴此線、二條向外、通至太陽穴與耳及耳門等處、使之能知覺、三條向下、又分條、一條散布舌之前半、與口內涎膜、一條透入下牙牀內孔、分入牙根、每根一條、又有數支舖於下唇下吧肌、頦肌等處、第五對腦線所司甚多、由頭額及下吧之知覺、皆賴之、乃身最靈之覺線、第七對曰面腦線、功主面上喜怒、一切之形容、由腦蒂起、向前穿耳門骨內、於耳底下、穿外分條、有通至耳上者、有通至縐眉肌、眼上下皮肌、鼻翅唇肌、下吧肌者、猶有幾條通至脖前肌

線其線何起何佈被傷如何八對即聞聽線曰耳腦線司聽九對即喉舌覺腦線司嘗即味覺線十對因長曰長腦線下通三經故曰肺心胃腦線初起主覺下覺動並司十一對即腦副線曰兩段腦線一段何佈二段何佈十二對即舌動腦線曰舌下腦線其分條何佈腦線按功分四一專主五官之覺二惟主知覺三專

者、面貌變色、皆恃第七對腦線、若線左右受傷、必至耳不能動、眼不能合、口角下垂、面下拽歪、第八對腦線、與第七對並行至耳門骨內、鋪於耳內膜、曰耳腦線、司聽、第九對曰喉舌腦線、由腦蒂向前至耳門底、循血管穿外、向前通至口內腭膁、對嘴、喉上半、舌根等處之涎膜、鋪舌根之線、有兩條專司覺味、故名味覺線、第十對乃腦線最長者、曰長腦線、由腦蒂起、向下分條、通入氣管、肺心胃等經、故又名肺心胃腦線、初生時惟司知覺、後向下與幾條動線相合、則覺動兼司、到處分支、佈散肌與涎膜上、凡喉動咽物、肺升降心跳、胃運動、皆賴之、凡氣管與肺、或疼或生痰、或心覺疼、或胃尅化、亦皆賴之、第十一對、曰腦副線有二段、第一段數條、由脊腦依頸腦線起、上透入枕骨大孔、第二段數條、由腦蒂起、與第一段數條併合、向前與上二對往外、通至脖前之數動肌、猶有數條、佈於聲管諸肌上、其職主動、第十二對、曰舌腦線、由腦蒂起、向前穿枕骨、通至舌間、分條散佈舌肌、而主其動、故名舌動線、倘傷此線、舌必抽縮、若斷之、舌即不能動、總之腦線、若論其功用分四類、一專主五官之覺悟、如第一對聞覺線主嗅、第二對目覺線主視、第八對耳覺線主聽、第九對與第五對一支味覺線主嘗、二專主覺悟、如第五第九對、三專主動、如第三四六對專司眼轉動、第五對一條、與第七對主面肌運動、第十二對主舌動、四兼主動覺兩功、如第十對主三經之覺悟與動、第十一對主聲管肌動、又主發生、又主其覺悟。

主動四並主覺動兩功

脊腦滿於脊骨管長十六寸脊髓如繩有膜三層包之前後左右有隙則分兩對柱脊腦橫割見其灰白二質白質在外灰質於內形如二新月相依脊腦按骨節分岔共三十一對腦線在頸八對在背十二對餘下十一對脊腦線分條微絲布散百體其線有前後二根後根貫連灰珠前根專司動肌曰

第二十九章

二百八　論脊腦、〇脊腦充滿脊骨管、由腦蒂起、下至尾閭骨、長約十六寸、在頸腰兩處稍粗、向下漸細、脊腦如繩、乃許多腦線集成者、脊腦亦有三層胞膜裹之、與頭腦三層胞膜接連、前後有隙、後隙稍深、前隙微淺、左右復有一隙、脊腦分前後兩對柱、前柱大而後柱小、脊腦若橫割、見其質灰白兩種、灰質在內、白質在外、圍繞灰質有新月形、前尖稍大、兩新月之形相依、中有灰帶接連、脊腦由頭至尾按骨節分有旁岔、各節一對、共有三十一對脊腦線、在頸八對、在背十二對、在腰鈎十一對、脊腦線分條、愈外愈多、分布微絲、通入百體、其線左右每條有前後二根、即由脊腦前後柱起、往外集於一、成爲脊腦線、其後根貫連一灰珠、前根之職專司動肌運動、故曰脊腦動線、後根因有腦結、但司知覺、曰脊腦覺線、前根受傷、線被割斷、其所管之肌、即不能動、後根受傷、線被割斷、其所管之處、即欠知覺。

第九十圖

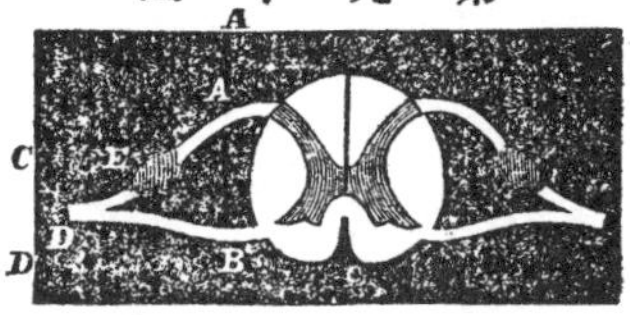

D　前後根合一
C　灰腦結
B　脊腦線前根
A　脊腦線後根

二百九　論脊腦線、〇論脊腦線、共有三十一對、頸腦線八對、背腦線十二對、腰腦線五對、鈎腦線六對、各對由前後二根起、兩合向外、又分前後兩條、前條專司運動、後條專司知覺、愈外展愈分細、頸腦線四對分條、通至腦枕、肩膀、胸間、等處各動肌、使能運動知覺、頸腦線

脊腦動線後根專司知覺曰脊腦覺線傷其前根則肌無動傷其後根到處無覺

脊腦線三十一對隨脊柱分類頸腦線八對臂腦線十二對腰腦線五對鈎腦線六對頸腦線上四對何佈頸腦線網何佈下四對何佈臂腦線網分條何佈皮覺線臂中腦線正肘腦線纏肌腦線背腦線上六對前條分於肋動肌曰肋中腦線後條

上四對前條、依頸骨節前、編連成網、鋪於動肌、名頸腦線網、頸腦線下四對前條、與脊腦線第一對、由頸底起至腋窩、編連成網、名臂腦線網、分條通至胸肩、大小臂、及手具肌、使之能運動知覺、由臂腦線網起、有內外兩條、曰皮內外覺線、向下透至手、使小臂、手背、等處皮膚有知覺、有一條、曰臂中腦線、循臂脈管、旋繞穿過小臂動肌、分條通至手心及指間各動肌、

第九十一圖

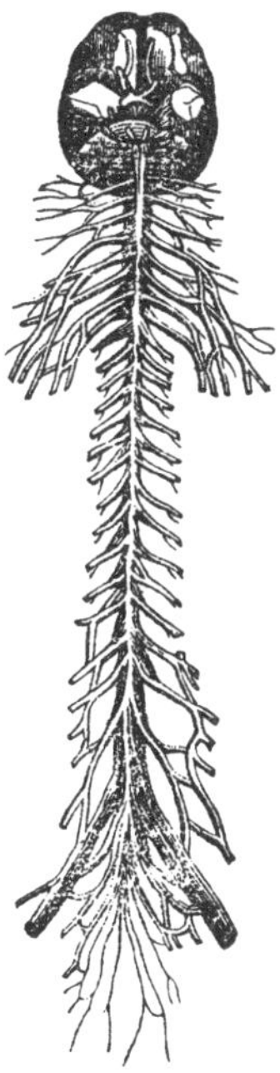

腦連脊腦圖

使指能動、又有一條旋繞臂肘俗名麻筋、又曰正肘腦線、向下分條、直至手背、指端、更有一大條旋繞、曰纏腦線、纏及小臂、分散於動肌、使腕能動、又分條通至指端。背腦線左右、共有十二對、分鋪於胸腹、每對各有前後二條、上六對前條、分散於肋骨中間夾動肌、曰肋中腦線、上六對後條、鋪於上背肌、各條通至皮膚、使背能知覺而動、下六對前條、鋪於胸腹各肌、與其皮膚、下六對後條、鋪於下背肌、及其皮膚。腰腦線左右各有五對、分前後二條、後條亦分內外二支、分布於腰肌各條、並其皮膚、前條第一二三四對、編成腰腦線網、第五對向下與鈎腦線網編連、腰腦線網、在腰左右、近跨骨前之髎肌、由此向下、分七條腦線、上三條分布於小腹動肌及皮膚、尚有四條、鋪於盤肌腿前上半動肌、曰小腹外腦線、盤腦線、腿前腦

分於背肌下六對前條何佈後條何佈腰腦線後後條何佈腰腦線網如何分條腿前腦線皮中腦線腿長腦線鈎腦線前對變鈎腦線網其條何佈尻大腦線身中最大者向下何佈膕內外二線何佈

線、惟有腿前腦線最大、由腰腦線網起、下至腿、分前後二條、前條又分三、第一二條、爲皮中皮外腦線、第三條曰腿長腦線、又長又大、透下腿腋、繞至膝內面、於此有條分於膝蓋皮上、再下循小腿內、分二條、下至脚腕內、脚內旁、脚底板、直至大拇指動肌、與皮分散、鈎腦線左有只有六對、分前後條、鈎腦線前幾對、合第五對腰腦線、編成網、曰鈎腦線網、在骨盤內、左右向下、分有五條、一條名胯肌腦線、分條鋪於盤骨內小腹後、各動肌、二條曰臀上腦線向後穿於鈎尻孔、分布於各條臀肌、上三四條、鋪於身底動肌、五條曰尻大腦線、粗如小指、此爲身中最巨之腦線、由鈎腦網起、向下穿鈎尻大孔、至大腿後面、下及膝後、分內外兩條、曰膕內外腦線、未分之先、有數條鋪至大腿節、膕內腦線、於膝後分出數條、鋪於膝後即小腿動肌、則曰小腿後腦線、再下及內踝骨、鋪於脚內旁、脚指動肌、膕外腦線、盤繞至小腿外、分條有鋪於小腿前各動肌、則曰小腿前腦線、有下及外踝骨、分內外鋪於脚背、直達指上動肌、總之使腿脚能覺能動、皆賴此大條腦線。

脊腦線分之二功

三百十　論脊腦線之形〇周身何處有脊腦線所通、有二種之妙能、一知覺二動力、因身能覺能動、其腦線無病無虧時、則百體各有知覺行動之能、人之能覺能動、俱賴腦線之功、分有二樣動力、一乃人主之力、二乃自主之力、昔者人之何能覺動、測其理難以解明、即知脊腦線之力始可解明耳。

覺動二能

【二百十一】論覺與動〇詳察知覺所以然、則分有覺疼、並總覺二能、間其二等知覺如何分、則日觀醫士治病、夫醺藥或伊特哥羅方見病人覺疼之能、先斷而不覺、然覺悟之能未斷而自悟、假若拔牙時少醺藥而疼止、然其人事事俱知、或者有病疼、吃藥疼則止、而人仍不失覺悟之力耳。

脊腦線割斷而缺其力

【二百十二】論脊腦線割斷〇若將脊骨之脊腦線一條割斷、其線所通之體、缺其能動能覺之力、且知此條線並主覺動、窮其理難、故解明腦力出入之意、因腦線由外入脊、有傳覺氣之能、然由脊而出之腦線有遞動力之能、昔者不知其二能、或藉一條腦線順而出入、或賴二條線、乃一出一入、始傳覺氣和動力、其難測之理、現今能講、觀腦線乃許多腦絲合成線、然其所合之絲、分有出有入、則由外入之腦絲獨主覺、由內而出之腦絲專主動、此二者雖有並行之式、且其職則異、所遞傳之力亦不同、其難測之意、英法二國名醫究而解明、縱之藉脊腦線前後二根、始知其二能如何顯然耳。

脊腦線並合出入線

脊腦線前根割如何

【二百十三】論前根割斷〇脊腦線前根被割、因前根主動、所管之體、缺其動力、然其知覺之力仍就如常、譬如此處被一針刺、決然覺疼、且不能動而扯躲之、若將所割之線刺其外端、其見所管之處、抽扯顫動、彼處不覺疼、尚且外端如此顫動、然內端被刺覺動並無、如此觀前根由內往外、傳本根之力、使所主之體能動、故前根爲動腦線耳。

後根割之如何

第百十四　論後根割斷○脊腦線後根被割、彼所管之體鈌其覺力、然彼處之動力仍就如常、假如以針刺之、不覺其疼、此時割之外端、不顯有覺、若將內端刺之、見覺疼而扯縣、如此觀後根被割、則覺力無而動力仍存、且後根由外向內傳覺氣、故後根獨主覺力爲覺腦線耳。

前後根何形其二功如何

第百十五　論前後二根合而爲線○脊腦線前根、俱爲動絲而主動、且後腦根、俱爲覺絲而主覺、二根合一爲線、在脊骨節內、則出脊骨、散於身之腹背各處、故脊腦各線、俱有前後二根腦絲、觀其線通於何處、何處並有動覺二能、因覺絲主覺、動絲主動、觀脊腦線如何爲線、始明其二能、如何遂時割斷、斷其本力耳。

腦與脊腦相輔

第百十六　論腦與脊腦相輔○上所論腦覺動二能、專由於人自知而論、若論知覺、或言人自覺、若論動、或言人自主而動肌、若問腦如何能覺而令肌動、曰、夫腦線與腦有相輔之力、故腦乃知覺所原、詳察其如何相輔、則知脊腦絲、湊合爲脊腦繩、向上通入腦體、因脊腦

脊腦線入於腦左右叉徧

自絲通至腦內、使腦於外身連合感應、觀脊腦絲達至脊繩上端、上端則左右叉徧、右者叉於腦左、左者叉於腦右、脊腦之動絲、俱於此處叉越、然覺絲亦入脊腦繩、則叉而編連、求其叉線之理、便知身之右邊、叉連於腦體之左、且身之左、叉連於腦右、或問如何有據、曰、患症時顯其據、見癱瘓症半身不遂、則右身不遂、乃腦左有患、身右不遂、而腦左受傷、割症之醫

士、確明其症勢耳。

腦線外端如何覺疼

二百十七 論覺如歸於線之外端〇夫腦線爲腦力之路、不爲腦力之原、因腦線何處受傷、覺如由於線之端、故本線之腦珠和腦結、誤認其疼覺之由於外端而來、假若正肘腦線易證其理、夫正肘腦線、在臂肘之內槽、廻於小拇指、若其線被擊、小拇指則覺痲、且如人之大腿受重傷、醫士割其腿、後日腿雖斷、然人覺疼、誤認仍足指覺疼、如此腦線何處受傷、其人誤認線之原斷使之疼耳。

脊腦返傳

二百十八 論脊腦返應之力〇脊腦分內外二質、外質白腦絲所成、與腦質相輔、內質灰色、而有灰質自生力之能、故灰質自有覺動之能、若將一蛤蟆割其頭、見身與腿、仍存覺動之能、倘攝其足、足則抽動如常、如此動、不遇而動、故頭雖去、然脊腦仍成本功、或解其理、乃足被感、傳及脊腦灰結、灰結返應遞足使足動、觀足之脊腦線被斷、則不覺疼、或脊腦被壞、足亦不動、由此推理、始明脊腦、自有能藉覺感而返遞肌動脊腦如此之能、曰返應之力、或返傳之力耳。

脊腦患症下痿之義

二百十九 論脊腦患症〇脊腦患症之時、顯其如何虧力、或脊骨被重傷、或擠或斷、則腦與脊腦斷絕、而受傷之處、缺其行動之能、古症名曰下痿、乃人不主下肢行動、尙且不動、則無覺腿足之有傷、因不於大腦相連、即如此重傷、若將腿足或攝或剌、其足立刻抽動、故脊

習慣究其理

頭腦脊腦二線曰人隨意主之自和腦線非然夫線串腦結亦曰腦結串線其功乃輔幫腦線其腦結各經俱有有單有雙有數者

腦使之抽然其人無覺或疼或動耳。

三百四十 論習慣之理○俗語云、習慣成自然、其習慣成自然之能、百體皆有、究其理俱依脊腦自主妙功、觀孩提學習行走、先難後則習慣、乃身之四肢先習而協力、後漸成其自然、其自然之能、俱賴脊腦灰質自主原能、於人之大腦定志無關切而已。

第三十章

三百四十一 論自和腦線○按上文、言身之四肢、或動或覺、皆恃頭腦線、與脊腦線之治

第九十二圖

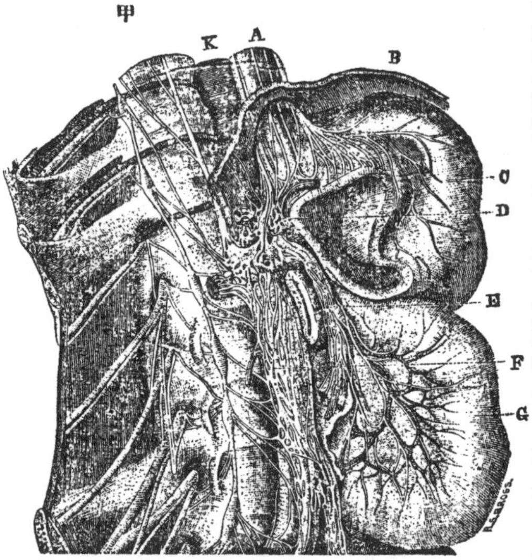

脊腦線自和腦線與臟腑腦線網

甲 脊柱與自和腦結
K 總脈管
G 大腸
EF 大小腸腦線腦網
D 腹大腦網
C 胃
B 膈膜
A 食管

理、並喉肺心胃四經、有時賴第十對腦線、皆能安分成功、論頭腦脊腦二種線、大約人隨意主之、然身內別有一類腦線、非由人意主之、乃自主之、曰自和腦線、或因腦結甚多、名腦結串線、或因其能、使腹內各經互相輔佐、安分成功、名

自和腦結於頭有幾
於頸有幾
心腦網何成其條何佈
自和腦結於背有幾
腹大腦網何成
腰腦結有幾
腹下腦網何成
自和腦線功用如何

輔幫腦線、在各經有許多腦結、如線貫串、有單有雙、有數、聚於一處、其線或長或短、與他經相連、亦有與脊腦線通連、論自和腦結有頭有四、一依眼球後、一依蝴蝶骨、一依耳門骨、一依頦下涎核、在頸有上中下三腦結、其結連線循血脈管、編連成網、分布於其上、此三結、又各分一條、向下至總血脈管前、編連爲心腦網、又分出數線、透入心前後、成心腦網、分布於心內、在背近脊骨、左右有十二對腦結、上六對之線、分布於肺、與食管、下六對之線、向下合成三腦線、至胃後編連成網、如日光射絲、曰光射網、又名腹大腦網、從此分線、循血脈管、通至腹內各經成網、依其臟腑、各有屬名、在腰之腦結有四對、其所分之線、循血脈管、與鈎骨五對、腦結相連、成腹下腦網、鋪於小腹內外、論諸般自和腦線、皆管覺動之能、但不若頭腦線、脊腦線之連耳、倘有一經受傷、致累他經、郤非立見、乃緩以及之。論頭之自和腦結、皆輔五官而成其功耳。

自和線之二能

三百四十二　論自和線緩傳力〇自和腦線亦有二能、並主覺動、觀身內何經患炎生積、緩而表其症、且胃之消化、核之吸液、皆依自和線主其覺動、若身外受凉傷寒、內腑緩緩而顯其傷、至於瘟疫染血之症、其症遲之數時而發症耳。

眼簾自縮

三百四十三　論眼簾自縮〇夫眼簾俗名瞳仁、眼簾見光自縮、故光恍眼、而眼簾縮緊、或晚間光少許、眼簾自鬆、瞳仁散大、乃多借光之故耳、然眼簾之縮鬆、緩而鬆縮、見人偶入暗

瞳仁鬆縮

屋、乍進難見其人物、畧遲片刻、始易見、故眼簾緩鬆、瞳仁愈大、且自暗屋、乍入明光、因瞳仁過大、恐眼受損、遮之片刻、候其緩縮、光則合勻、若求其理、乃眼簾挼時緩鬆緩縮、因眼簾之腦絲、屬乎自和線、且主其自鬆自縮耳。

自和線割斷如何

一百二十四 論自和線割斷〇自和線一條、若被割、顯其妙理、昔法國名醫、測其理而明、則將一兎之耳、故兎其薄、亦能透光、其自和線被割、耳則片時變赤色、並發熱、且血脉脹大於平常、因成血過度、耳割之後、血流如常、畧候幾日、自和線長愈、血歸於原處、不赤不熱、或養一月、亦全愈、由此推理、血脉流行急緩、乃自和線主之、而流周身血脉微脘、俱是若然耳。

自和線與津核

一百二十五 論自和線與津核〇津核之自和線若被割、核中之血流之急、故生津過度、且舌嘗腦線被割、亦是若然、或者被甜味所感、則發涎津愈多、尙香味之物含於口、生津則多、因自和線感、而涎汁發急故也、如饞味不覺滿口涎沫、且眼見食感、而饞亦然耳。

自和線與性情

論自和線與心情〇夫人偶有面紅、亦是自和線主屬、其面紅乃血流之過常、見羞惡之時、情動而羞、其故乃自和線遽然受傷、不勝其任、如被斷然、故赤血見於面、使面愈赤愈熱、然而其發紅、周身俱有、且顯於面、故含羞面赤、畧候片時、歸而不見、含羞面赤非由諸己、乃心

含羞表形

情隱於內而表於外、倘能自主而禁之、必先習學、顧意含羞、自愧之情、卽隱於內、而表於外、然能習慣者、使面不紅、至於不自羞、僅非爲人矣、書言羞惡之心、人皆有之、無羞惡之心、非

人也。

自和線與動脈脂

二百二十六　論動脂腦絲〇血脈脂之腦絲以爲動脂腦絲、因使血脈脂鬆縮、故名動脂腦絲、其脂多有自和線、少有腦脊線亦有數絲由腦脊線藉之、腦脊自和二等線分有異同、且其異者多、故血脈鬆縮、屬乎自和線、而人不能自主、即有腦脊屬絲連合、則有時微微人自能主之耳。

自和線與胃之消化

二百二十七　論自和線與消化〇食物入胃則消化、其消化之能、乃自和線所主、即腹大腦網被激感、而各經自和勝任、觀食入胃、其核發津、遂動其肌而吸脂撤白精、此功乃消化、俱自和線之職、非由於人覺而成、且心情被感、於消化有益損之說、比吃時、若心有喜怒哀樂之情、消化遂有益損耳。

外身受感內經而應乃屬自和線

二百二十八　論寒冷與自和線〇外身受感、內經自應、乃依自和線、見寒冷與潮濕、使內易患症、比如受涼流鼻涕、即外冷感而內經應、故患症、見涎沫受涼爲受風、如肺炎、喉炎、瀉肚等症、即外身寒冷感、內經涎沫應、諸經如此外感內應、皆賴自和線、非由於人之志意、乃自應而患症、比如受風、或因行路、或入水、或寒暑過度、乃皮膚血脈抽縮、使內脂血滿過多、而內經積餘炎熱耳。

自和線何以養育

二百二十九　論自和線竭力而虧〇自和線於養育之功、即有相輔、並主其內經各用、無於人自覺、故宜設法使其線不受損傷、或問何能使之無受傷、則知腦線須歇息、而能換力、或問自和腦線何知其受傷、則曰消化之功虧而未安、養身之力則缺、此乃顯明自和線宜歇息、始能換力、觀人之面色發黃、身瘦無力、且飲食如常、然其力有缺、度量其故、乃線竭盡而虧力、情景至此、須設養身之法、故身宜歇功安逸、而換其所缺養育之力耳。

第八卷五官知覺論

第三十一章

人之舉動皆賴肌之動夫動乃動線所管然動線無能即腦珠腦結乃覺之源覺氣發出何故先覺後動當然之理何爲知覺自知分四覺欲悟志知覺分眞者渺者何爲渺覺

三百三十　論知覺〇人所以能舉動、皆賴百體動肌之伸縮、而伸縮俱係動線所管、動線本無能力、只爲傳覺氣之路、其腦珠腦結或大或小俱爲覺氣之源發出覺氣、或因身外有知覺傳內、或因身內知覺自和之故、卻身之舉動、先有知覺、或外覺或內想催覺源生覺氣、方循動線迴傳動肌、使之伸縮、如是內外互相感應傳返覺動時有而人自不覺耳、然有時人能知之、故曰知覺、按人自知當然之理、分有知覺、情欲、思想、志向、四等、雖曉得有此自知、其自然之理、難以解明、若知覺分類、有渺茫者、有眞實者、或身有鬱悶、發暈發倦、心內發忙、皆是渺茫知覺、非自外至者、乃由身內自然生出者也、然不知其從何而有、有一知覺較稍眞切、如身挨觸何處、即知有物阻之、或將手背置案上、以片紙加於指頭、必知有物挨、此曰

乃身內而起無準知其何處　何爲挨觸　知覺何爲壓力知覺　何爲用力知覺　三官知覺　手口聞外物感而心內悟知覺　如眼耳二官知覺

挨觸知覺、復以天平二斤之砝、加於紙上、又知有重物壓之、此曰壓力知覺、若將手由案升起、又必知向上用力、此曰用力知覺、因臂之動肌、欲用力將臂升起、故堪名動肌用力知覺、或以手提物、必自知有用力之知覺、雖知之、究不能自其知覺奚自、人常擔物、欲別前後之重輕甚易、且能辨盈一擔之數否、此賴動肌用力知覺、猶有一知覺、人能知果由何處起、即手摸口嘗鼻聞、三知覺也。身外有多物與此三官相稱、終有一知覺、惟受身外獨物之感、始有知覺、如身外有物、心內覺悟、而中間有所傳遞者使之連合能知者、譬如眼視知覺、耳聽知覺所感、眼之獨物即光感、耳之獨物即聲感、所謂中保者乃氣、惟光賴有眼、聲賴有耳、乃能有視聽之知覺。

人摸物知其軟硬平否等形俱賴摸物覺知覺其覺皆依皮膚則曰身總知覺皮覺線乃腦線脊腦線分至極處佈於眞皮微尖以顯微鏡亦見覺線微尖　舌尖指頂

第九十三圖

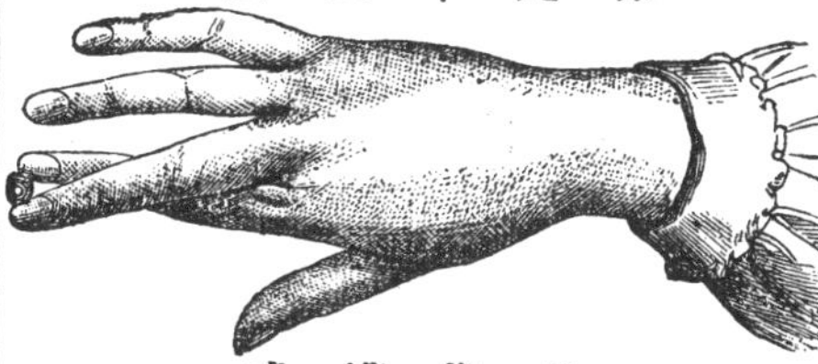

二指摸球

一百三十[illegible]　論摸物知覺（）人之皮膚、處處皆有挨摸知覺、所挨者即知爲何物、且知形質軟硬平否澀乾寒熱、此覺皆賴皮膚、皮膚知覺、一身皆有、則曰身總知覺、夫皮之覺線、乃是腦脊覺線分至極外鋪於皮內層、成微小網、由此出稍末、極其微渺、透入眞皮之微尖、見上第八十一圖丁觀指頭上之紋、始知微尖排列之密、以顯微鏡窺之、見有覺線之微尖排列愈密、其知覺愈靈、卻舌尖指末、皆有最靈之摸知覺、夫手列於五官、故其爲挨摸最靈之體、觀孩童最好摸物料、其賴手之知覺乃能識身

摸覺最靈　孩童摸物賴手識物壯者非執物不確知其情

指較靈於眼有幾件爲憑瞽者以手辨色亦然動物無手亦有觸物知覺如貓之長鬚猴之短尾象鼻端微尖

舌司別味舌之體質如何

外之物、及至成人時、若非以手執物而觀、卽不確知物之何如、可見手之知覺最靈、人恒言指頭較靈於眼、有西國錢鋪人、初誤以假錢票爲眞、及以手拈而數之、眞僞立判、猶能辨金銀之優劣、曾見瞽者、以手代目可知矣。昔英國有瞽者、磨鏡爲業、作各等鏡及千里鏡、其能磨之功、愈於弗瞽者、猶有瞽者、能以手辨五色、又有瞽者、行將及樹、卽知有樹當前、蓋覺有樹間之清氣、稍異他處也、推及各活物、亦有摸物知覺、其雖無手、卻有最靈之處實無異於手也、如貓口左右有長鬚、觸物卽覺、蓋其鬚根、有覺線團、故觸物知覺最靈、猴知覺最靈之處在尾端、象鼻極長、隨意舒卷、其鼻端如出一指、此乃象知覺最靈之處。

第九十三圖

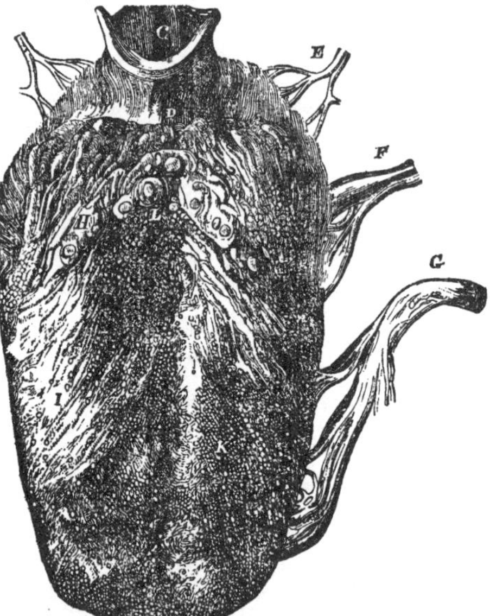

舌與其上膜刺

L 圈圍刺

IK 絲刺

H 圈圍刺

EFG 舌腦線

D 薜菰釘刺

C 聲管口

第四十三章　論嘗味知覺、

○能辨各味、乃舌司之、夫舌體質、外包涎膜、上有微小肉絲甚密、凸如刺、一攢之中、有長者特出一尖、尖中有覺線主別味知覺、舌面刺分三種、

舌涎膜密刺如何尖
中有覺線
舌刺分三
絲刺如何
釘刺如何
圍刺如何
滴醋於舌尖刺突起
舌尖根旁更能別味
物必化於舌始嘗之
口舌乾時則無味
食物濕透始能明其味
舌旁覺甜
舌根覺鹹苦辣
嘗味之意非但悅口亦覘飲食美惡
鼻之辨香嗅在乎聞覺線
鼻前後孔中有界分左右
界前乃脆骨後膠骨
孔上有羅

一乃最小而密、曰絲刺、其刺可見、一乃圓而稍大、如小蘑菇釘、曰蘑菇釘刺、散列舌面、一乃身根上、十有餘枚、大於蘑菇釘刺、有圈環繞、曰圈圍刺、若滴醋於舌上、能見舌刺突起、舌尖、根、兩旁、極能別味、所嘗之物、若不化於舌上、即不知其味、惟發涎沫、將物化而浸入舌涎膜、始能感覺線知其味、若口舌乾時、所食者即失味、且津液生多、俾食物滲透、然後津液即帶物之味、浸入涎膜、始能感覺線而辨明其味也、舌頭搖轉時、將食物運於口、物滲之速、覺味亦隨之而急、舌根上所覺者、鹹苦辣味最靈、舌兩旁所覺者甜酸味最靈、夫舌之嘗味知覺、非獨使人悅口、亦使合乎養育之理、能擇飲食之美惡、如有定例然耳。

第九十五圖

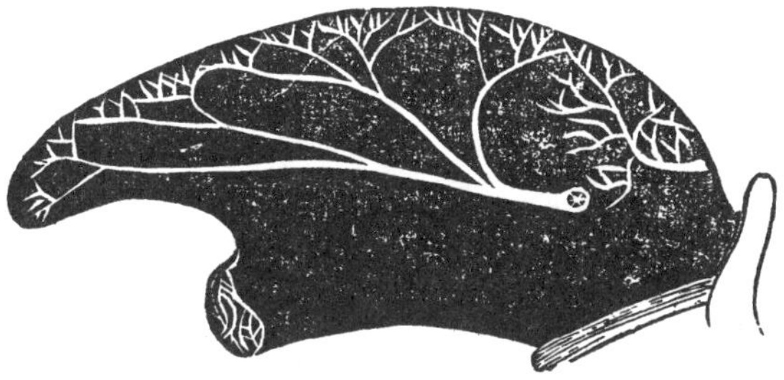

舌內嘗腦線

三百三十二　論鼻聞知覺〇鼻爲司嗅之官、其辨香嗅、乃在聞嗅知覺、鼻內有孔通於外、曰前孔、通於喉曰後孔、中有界、分左右兩孔、界前半、是脆骨、後半是膠骨、左右鼻孔、自底拱上、及鼻梁骨、有羅篩骨爲蓋、兩旁有上下卷骨、有涎膜鋪滿、與喉涎膜相連、此涎膜由膠骨下垂爲膠簾、膠簾中垂下小舌、舌根與膠簾相近、時則呼吸之氣、必穿鼻孔出入、即閉口亦然、人鼾睡

篩爲蓋旁有卷骨涎膜復滿其內膀簾何爲軒睡大呼何故第一腦核接於羅篩下穿羅篩分絲佈卷骨涎膜外氣感者始覺味物噴氣味故有渺塵撲涎膜緩吸味小急吸味大何故物之渺塵化浸涎膜始能感於覺線鼻燥無味故渺塵未化涎膜長則鼻孔塞亦無味聞覺最靈有麝香之比遠方來氣爲憑獸之覺食類

作大聲者、乃膀簾垂下、閉塞後孔、阻氣出入故也。

三百三十四 論鼻腦線〇第一對腦線之腦結、卽覆於羅篩骨上、向下穿羅篩骨衆小孔、分無算細絲佈散卷骨涎膜內、氣味撲鼻感動、覺線始有聞知覺、所聞之物自發本味之氣、似中有渺微飛塵、撲及鼻涎膜、人方覺得、呼吸時、常緩緩呼吸、或味氣循鼻孔底未通及孔上之涎膜、只與孔內氣畧更換、故撲鼻之味小而散、若力吸之、卽覺味大、力吸之狀獸類居多、嘗味時、必有食物接近涎膜、聞味亦然、凡撲鼻之氣、必由本物發出微渺之物、撲至鼻中、化浸涎膜、始能感於覺線、人患傷風時、鼻不能聞味、或因涎膜乾燥、不能潤化所撲入之物、或涎膜稍脹、將鼻內孔壅塞、則味不能入人之聞知覺最靈、如以麝香一毫之多、置巨室中、卽聞得香味滿室、遲久亦得聞其味、有時味由遠方吹來、觀印度國之南有

第九十六圖

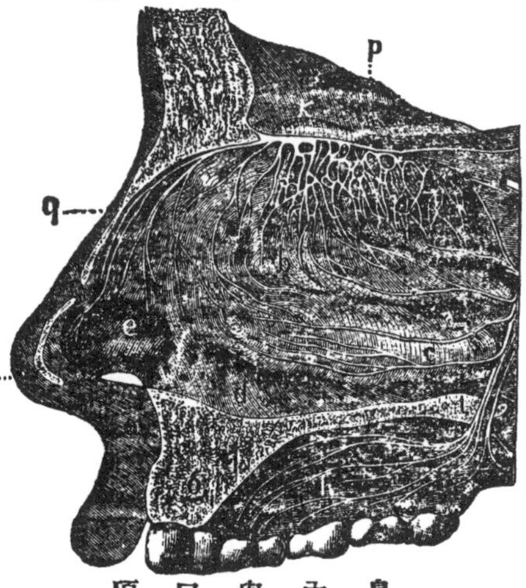

鼻內與口頂

k 第一腦核向下分條
m 額骨
h 上膛卽齶
g 上牙牀骨
o 上唇
q 鼻梁骨
e 鼻翅
bacd 內鼻與涎膜

鼻追之其聞覺越過乎人

聲卽空氣迅撲而物觸蓋物內微質微顫微質顫外氣隨顫如魚於水則空氣之顫如浪催浪故耳覺物之微顫彈琴見絃顫掩耳則顫而無聲則物惟顫氣隨之顫且聲因耳始有聲之高低故物顫緩急傳聲

海島、卽希蘭國、其地之林木、各種香木皆有、航海者隔百里之遙、而風卽將香氣吹至、觀獸聞味之知覺越過乎人、其覓食物、必賴鼻聞而追之、蓋循途中所遺之味而追、卽如田犬善追狐狸、其飛奔時、能聞狐狸所遺之味、故能追至、又如犬與其主人相距猶遠、其聞吹來之味、卽能知之、是皆獸類聞知覺過於人之有驗也。

第三十二章

二百二十五 論耳聽知覺。（一）夫聽聲、乃耳官所司、何爲聲、按格物之理、聲無非天氣迅速撲動、物則感觸、卽物之質遂微顫、物顫則四圍之氣亦顫、如魚在水、魚動而水相應、又如水在玻璃杯、以線稍蹭、而水亦微動、蓋杯體若何動、而水亦必隨之動、且天氣將物之微顫、如浪催浪、挨次傳至耳、以便成聲、耳始覺物之微顫、由此觀之、非其耳知覺、聲則歸於無有、試觀人將胡琴一彈、卽見其絃微顫、若掩耳僅見絃顫、卻不聞聲、卽此則物惟顫、乃天氣隨之而顫、且聲卻因耳而有者、若聲之高低、乃視乎物顫之緩急、物顫而急其聲高、緩則低矣、或問天氣以

第九十七圖

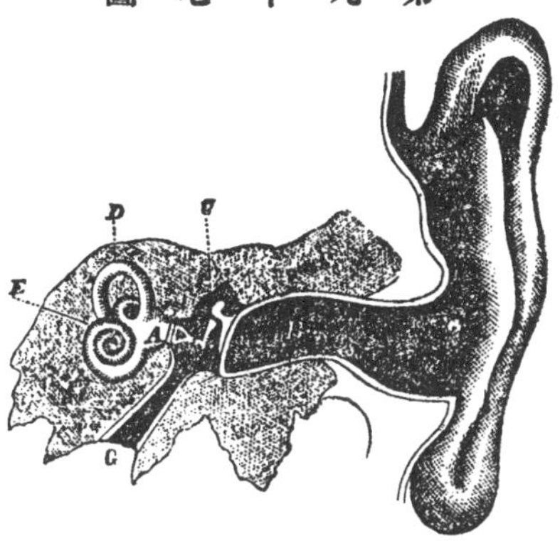

耳

EF 螺螄管
D 半環管
C 中耳小骨
B 外耳管
A 內耳墀堂

之物有何類聞聲之所以然在耳之機耳分即內中外外耳即耳輪乃脆骨有肌而微動耳外管脆骨肌骨並成耳塞何用中耳在膜內海底即耳鼓膜外氣顫則耳膜隨顫中耳何爲鼓耳氣管何在中耳小孔中耳小骨有三一錘骨二砧骨三鐙骨一者連而動故耳膜顫三者傳於卵膜耳鼓內膜如何內耳如穴分三堦堂

外、何者能將物之顫動、傳遞至耳、即水木鐵石之類均可、物之顫動、惟水速於天氣之傳遞、欲知物之顫動、使能成聲、要知耳內之妙機。

二百三十六 論外耳中耳、〇耳分三、曰內中外、外耳即耳外輪也、耳輪是一大脆骨、有皮包之、與頭皮相連、更有動肌、使能微動、惟獸耳動肌稍大、故能轉動、人回轉頭、耳始能轉、耳根底有孔、向內成管、曰耳外管、管外半乃脆骨而成、管內半乃硬骨、耳外管長約一寸、有皮與外皮相連、向外有耳毫、向內有生耳塞之核、西名耳蠟、夫耳毫耳塞、乃惟阻活物鑽入之用、外耳內有一層薄膜、名海底、若鼓皮然、西名耳鼓膜、耳輪接受外物之顫動、必遞至海底、使耳鼓膜照物之顫而動、耳膜內有中耳、西名耳鼓、因內外有膜似鼓也。中耳底有耳氣管通食管頭、爲護耳膜、不受天氣壓力之傷、此氣管疏通則顫動咸宜、中耳後有數小孔通馬乳骨內小竅、中耳內有三小骨、與耳膜卵孔膜接連、此三小骨象形爲名、一錘骨、二砧骨、三鐙骨、其錘頭連於砧骨、錘柄於耳膜相連、亦有錘錐在中間、砧骨之頂、與錘骨相連、其長尖與鐙骨相接、鐙骨底連於中耳內卵孔膜、此三骨俱有節、有肌略能運動、故耳膜顫動、三小骨必挨次隨動、使內卵膜應其顫而動、耳膜顫動若何、而內卵膜亦無異、內耳有卵孔、圓孔通入內耳、有膜蒙蔽、爲耳鼓內膜。

二百三十七 論內耳、〇內耳如洞穴在骨內、分三種、近中耳膜、有內耳堦堂、空而圓、稍向

半環管螺螄管
墀堂何形
有孔通於
何處囊內
微毛有微
毛渺砂耳
腦線之末
佈於中
耳膜顫囊
水搖撼則
砂粒投於
微毛傳至
腦線螺囊
何盤螺管
則分左右
螺紋列於
琴絃三千
耳腦線何
分於絃物
顫而氣隨
之水之環
紋氣何比
圈耳膜微
顫傳於三
音膜顫水
應螺紋擊
及腦線如
何謂聲半
環之功何
講螺紋之
功何講響

後有三管、皆如半圈、故名半環管、在前有管如螺螄、曰螺螄管、內耳骨管、有薄膜爲皮、又有盛水之膜囊、皆肖各管之形、亦皆圈圈、內耳墀堂、約麥粒大、外面有卵孔、前面有一圓孔透入螺絲管、後面有數小孔、通入半環管、膜囊有微渺之細毛滿其中、如水中小草、又有微渺之砂粒、常旋轉於內、膜囊內近微毛根、有第八對耳腦線之末絲分散於中。

二百二十八 論耳膜即螺紋。○耳膜受外物之顫動若何、而內膜隨將囊中之水搖撼、水動砂粒旋轉、投於微毛上、則傳於耳腦線、使之能覺、此之謂聲、螺螄管內、亦有膜囊、隨管盤起兩圈半、此囊懸於螺螄管中、向下接於骨、將管分左右、二管水盈其中、至螺螄管尖相通、囊膜上多縐紋、由螺螄向上底至尖、密密排列、愈上愈短、倘將囊伸開、以顯微鏡窺之、如三千絃之琴、各絃各響妙用、第八對腦線、即耳覺線末絲、分散於各絃上、於是能講人聽聲之神妙、身外凡發聲之物、擊之須顫、遂令空氣隨之而動、譬如投石於水、水之環紋挨次而成、空氣有環紋亦然、蓋氣顫動其環紋擊及耳膜、使其隨之而顫、耳膜微顫、傳於三骨、擊及卵孔膜、膜顫水應、則水內之毛與砂、並螺螄之縐紋、繫及腦線末絲、而腦線傳遞大腦、始能聞聲。螺紋與半環、欲辨其功用、難以解之、或以其三半環特能分聲之大小、不能辨聲之美惡、而辨聲音和諧者、即螺紋也、或以螺紋各有其響、故學習音律、最靈最妙、萬響亦能分明。

二百二十九 論聲與氣。○論空氣傳聲之速、一秒時發九十六丈之遠、水較氣傳聲四倍

律何分
傳身之速水木石等傳之尤速
響聲大小何故
聲之高低何故
氣顫之度數若干
聾者未聽其故如何
探耳之受傷用表而顯如何

有餘、木石鐵等、傳聲尤速、聲近則聽者大、遠則聽者小、以挨近所響之物、其聲未外施故大、其聲離物遠傳散故小、聲之高低、在乎空氣顫之遲速、顫之速則聲高、顫之遲則聲低、空氣之至速者、一杪時顫者二萬四千紋、聲尚得聽、過此而聲太高、反無聲矣、空氣至遲者、一杪時顫者十五六紋、過此太低、亦無所聞矣。論耳聾者不能聽、或外耳有耳塞、或耳膜內疾變稍厚者、或因耳氣管稍壅者、若耳膜受傷泄氣、或損壞、或中耳小骨損壞、更不能聽矣、是皆耳覺線受傷、或腦第八對覺線源結受傷、不能聽、欲明覺線傷否、以時辰表謦之表聲必循牙與骨傳至耳內、若能聽覺線猶有功用、否則覺線壞矣。

眼官最靈
眼異於四官如何

第九十八圖

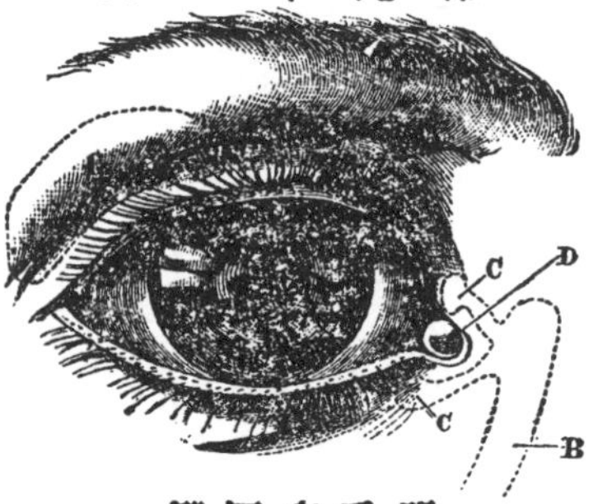

眼毛與淚管
G 淚核
D 淚湖
C 淚管
B 淚總管

聲較於光
如何光射
而無形

第三十三章

二百四十　論眼看知覺○五官內、眼爲最上、論體質妙用、覺外物最靈耳、夫口鼻手、三官之知覺、須外物、或定質、或流質、或氣質、挨觸腦線、始能知覺、論耳亦須外物之顫動傳至耳、始能知覺、惟眼之神妙、異於四官、未必有發光之物挨觸覺線、即能見、雖天上定星射光之遠、亦見得分明、蓋以聲喩光、則聲必賴有物、如氣水等、藉以是路傳及耳、光亦有路惟光最

護眼之物如何
眼胞分二內背外背何如
睫脆骨何形
眼毛油核
眼毛屬眼胞涎膜眼睛衣
淚核何形
淚管口安在
淚總管安在

奥妙、難察其何傳至眼內之妙機。眼眶外有護眼之類、如眉毛眼胞淚具等物、使其不受傷、眉毛在眼眶上、毛短遮護眼睛、眼胞分上下胞、其相合之角、內爲內背、外爲外背、眼胞皮中有脆骨、名睫脆骨、形如半月、其邊爲睫、睫生眼毛、按毛根有微孔、通內油核、油核生油、潤眼毛、每胞上有三十口、眼胞有動肌、主眼合閉、眼胞裏面有極薄涎膜、亦折廻遮於眼球前面、則曰眼睛衣、遮護明角罩者、極薄而明、眼睛衣有微絲血管有微覺線、極其精緻、眼球外角上、靠眶有淚核、大如杏仁、有六七小孔、向外出汁、常常潤眼、若多卽成淚、眼涎膜在內背、靠成餘肉、曰淚湖、眼胞內背上下有小孔、卽上下淚管口、兩管合成一管、橫至淚囊、淚囊在鼻骨上端、淚管口閉、淚則流於面、淚管在骨中、曰淚總管、下通鼻孔、涎膜循此數管、與鼻涎膜相連、潤眼之水、時時流入鼻內、或眼有火、或外氣薰眼、或心內感傷、不覺流淚、則不能盡於鼻內。

眼球何轉其肌有六

三百四十一 論眼肌。○眼乃一圓球在窩內、易於輪轉、有六條動肌、使之動轉、上下左右四條卽直、將眼球連於窩後、動肌鬆縮、眼卽隨之而動、又有長短兩條橫動肌、斜連於眼球左右畧長、長者由眼窩後起、偏向裏穿一脆骨圈、轉彎連於眼球之旁、短者由窩內直向外、連於眼球、離長條之末不遠、此兩條將眼球向裏轉動。

橫肌二條何列

眼球三膜圍之而成

三百四十二 論眼球。○眼球之徑一寸厚、按於眼窩內、前有睛衣覆之、眼球乃三層膜、圍

其透光之物有四眼白衣動肌連於其上明罩何形眼黑衣其三層如何

黑珠何功眼簾何形其孔爲瞳人

眼簾俗名如何眼簾之色橫環二肌何列

第九十九圖

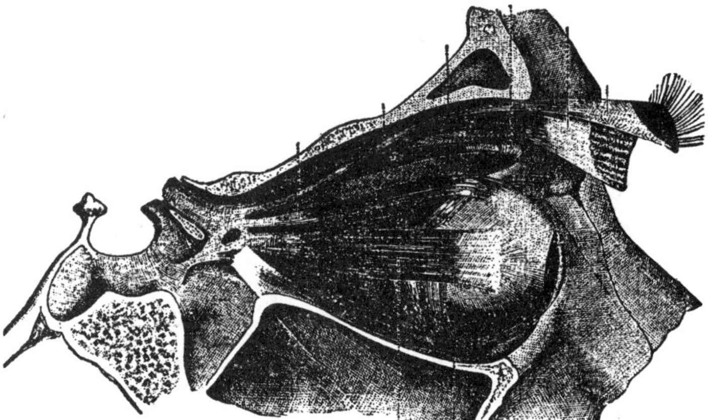

右眼
H 外直肌
G 下斜肌
F
E 眼毛胞骨
D 胞環
C 舉上胞肌
B 上斜肌
A 上直肌

繞而成、其透光之明物有四、眼膜第一層、曰眼白衣、俗謂白眼珠、其質是筋膜白而厚、所云轉眼之動肌、即連於其上、眼白衣前半有一明罩、向前稍凸、鑲於外層、似表鍋形、曰明角罩、即眼明衣、第二層膜、曰眼黑衣、由外層向裏、其層分三等、一層乃血脈管編而成網、二層乃微絲管網、三層是黑膜、藏微黑珠、黑珠之功用、要將透眼之光、滅於其內、不再返照、眼黑衣前邊摺疊、每摺有膜刺週環、與眼簾相連、眼簾形如圓簾、懸於明角罩後、睛珠前、與眼白衣前邊連於一處、眼簾正中有圓孔、曰瞳人、眼簾有時而黑、故俗謂黑眼珠、所見之黑、卻非眼外乃明角罩內之黑簾、簾色各有或黑或紅或藍或紫不等、眼簾有動肌、橫環二種線、橫線環列如輪輻、環線近於瞳人、環線縮、橫線鬆、瞳人即

瞳人大小之故

眼腦衣其質最精卽眼腦線之末編爲薄網

何爲黃點眼腦衣微體至妙有膜隔大房水眼腦衣微絲列如葦其芃結形似麥粒其二亦生腦絲傳灰珠至界編網

小環線稍鬆、橫線縮緊、瞳人卽大、瞳人之大小、一視乎眼簾之舒縮、在暗處能開大以取光、在光處能縮小以護眼。

第一百四十三 論眼腦衣、○第三層膜名眼腦衣、爲眼中最精緻之物、外層有眼黑衣、裏面

第一百圖

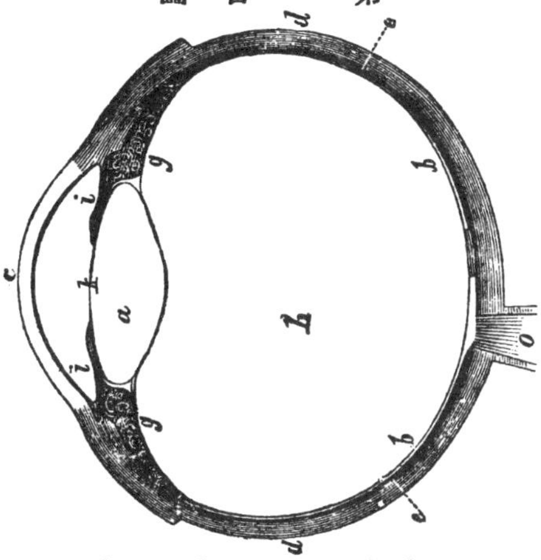

眼球

o 眼腦線卽眼系　h 大房水　i 眼簾　g 睛珠肌　f　e 眼穴衣卽黑衣　d 眼白衣　c 明罩　b 眼腦衣　a 睛珠

有大房水、眼腦衣、乃第二對腦線之末、此腦線由腦會根起、穿入眼窩、曰眼系、斜向裏透入眼球、分布微絲、編成極薄腦網、鋪散於眼黑衣內、眼腦衣後中央、有圓點色黃名黃點、乃視物極明處、以顯微鏡窺眼腦衣、其質極精妙、厚有一毫之多、有層極薄膜、隔界大房水、由黑衣向及大房水、數有幾種微物、一有無數腦微絲末、排列如水中芃葦、二有若干腦結、形如大麥粒列於絲根、由此二者各生數微腦絲、穿及內界中有多

第一百零一圖

眼腦衣體質顯大

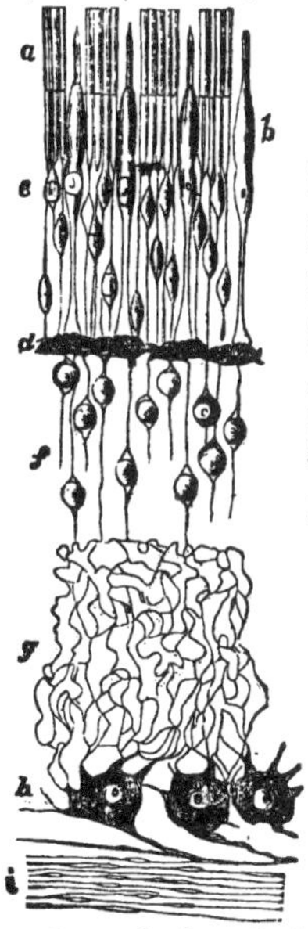

i 眼腦線之絲　h 灰核　g 線絲網　f 腦結　d 腦網　c 腦絲　b 腦結如粒　a 腦絲如葦

省身指掌　卷八　第三十三章　六十八

眼球透光之物一方水一睛珠一大房水眼球將眼內分二小房水如何黏水如何睛珠何成其形體如何光之爲物如何何曰微氣射光之急較之聲之急如何光射有直無斜遇物必返照仍直射光返照之理如何光透明物按物形質斜折物插於水先折乃光非物

多灰色微珠分等、微絲又列成綱、鋪於界內、此層內有纖細血脈管、第一種微絲向外、鋪於眼黑衣。

一百四十四　論透光之物、○眼球中透光之物有三、一乃前後房水、一乃睛珠、一乃大房水、睛珠在瞳人後、有膜包之、將內眼分大小兩房、大房分五分之四、小房分五分之一、眼簾在小房內、將彼分前後、前後房之津液如水名小房水大房滿有黏水、謂大房水、在一極薄膜囊內、囊前邊與睛珠膜相連、將睛珠懸於瞳人之後、睛珠乃數層明膜、　合而成、形如雙面凸鏡、其體長圓、長三分、厚二分。

一百四十五　論光學、○若究睛珠之職、必先講光學之理、光乃無形質之物、因空氣之外、有莫純之微氣、充滿萬物、發光之物顫動、微氣又顫、使之傳光、如空氣之傳聲、且一秒時而光射六十萬里、快於空氣發聲、九十萬倍。物有透光者、有不透光者、光發於物、惟直射、射至不透光者、必返照光仍直射、特能直折、不能彎繞、光之返照、有一定之理、直射返照、兩角均勻、透光之物雖清明、郤其光按物之形質、斜折過去、此爲光摺之理、即如將一直杖插於水中、而杖在水中、形似斜、拆者究非杖、實光斜折耳。蓋水之體質、較空氣之體質稍重、將光阻住、使之斜折、透光之物、如油酒玻璃等類、體質皆重於水、光一入必斜折、蓋透光之物、愈重而愈斜折、譬如光由氣入水、必向西折、由水入氣、必向東折、若論透光鏡、各有不同、有兩面

折油酒玻璃之類亦然

光鏡分等其等鏡窺物有何形凸鏡取光而折之如火鏡取火聚於一處如雙凸鏡燃燈置鏡前則燈影映壁倒懸何故

眼內有雙凸鏡能取

第一百零二圖

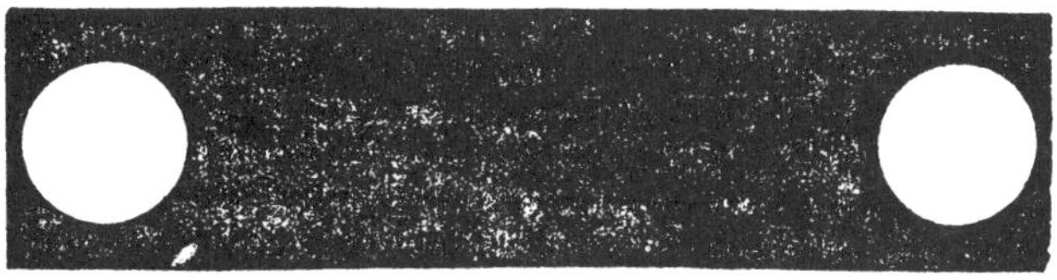

閉著左眼將書立在面前專看左圈將書搖撼則片時無見右圈因腦衣有處缺其蘆葦並腦結其處曰瞎點

第一百零三圖

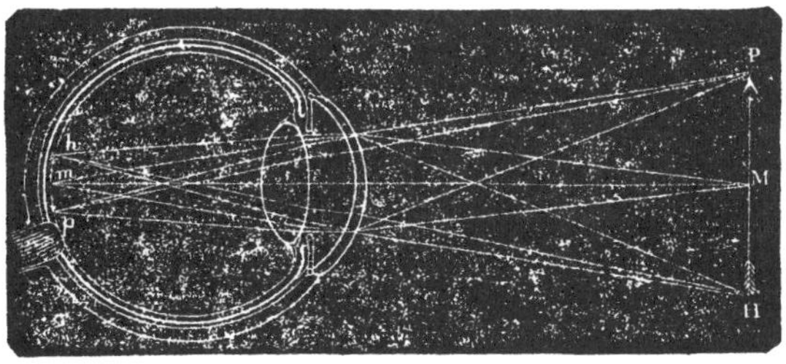

物之影倒映於腦衣

W 箭中　M 箭中　H 末影　P 簇影　H 箭末　P 箭簇

其數道乃光之路投睛則折

平者、有一面凸者、有一面凹者、有兩面凸者、有兩面凹者、亦有一面凸而一面凹者、若以凸鏡窺物則物大、一面凸者窺物既大、兩面凸者窺物尤大、光透凸鏡、可以收取、因外來之光、折而聚於一處、觀夫光鏡取火、將外光集於一處可知矣。譬如近視眼鏡、即兩面凹者、若懸於暗室、燃燈置鏡前、則見燈影、映壁倒懸、燈若逼近鏡面、壁上之影則稍大、而不眞切矣、此等鏡若觀物影、惟在光心、乃視眞切、

一百四十六 論睛珠之職〇眼睛內亦有若是之兩面凸鏡亦能透光、隨外物射光而成影、聚於眼內後底、嘗觀眼鏡、愈凸光心必稍近、愈凹光心必稍遠、假使眼鏡能伸縮、光心即

外光聚於眼底眼鏡或凸或凹照光心或遠或近射鏡伸縮光心即隨睛珠有肌使之伸縮故隨物之遠近睛亦伸縮影不映於眼底則昏偏於前後亦然眼內二水何職

視物之由來以聲比喩故光乃顫矣光投眼折於顫衣感微腦線傳及腦內入始覺之光影非眼視惟腦覺而視二影人視爲一即腦合而爲一二影不合

隨之、或遠或近、且睛珠邊上有動肌、能稍凸稍凹、按外物之遠近、俾光心稱之、若外物影不

第一百零四圖

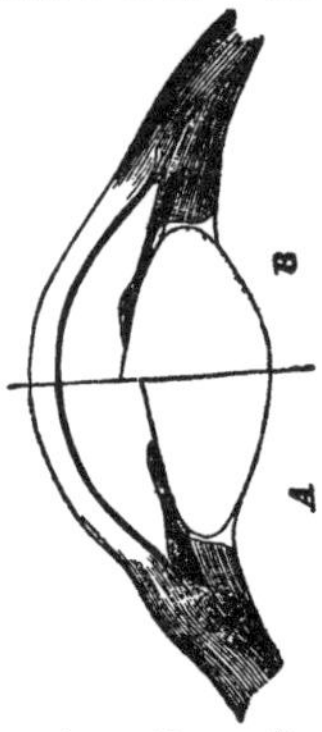

睛珠之伸縮
B 物遠則伸
A 物近則縮

映於眼底腦衣其視不能眞切、影若偏於腦衣前後亦然、眼內之二水、與睛珠皆有專司之職、即將射來之光、折聚恰好、落於眼腦衣上、人所以能視者、惟賴外光之感動耳。

一百四十七　論目視溯源。○或問人果何能以見物、曰聲音是由於外物之顫動、而光亦由於顫動也。光射至眼內、投入明角罩、明角罩、眼水、眼睛珠、折光聚於眼腦衣上成影、始能令衆微絲末、併其腦結兩相顫動、此二者顫動、即感於眼腦線、傳及腦內、人始覺有光、外物之光影、雖入於眼底、非眼能視、惟腦能知覺外物耳、人有兩眼、必有外物之兩影、視爲一、即腦內將兩影合爲一也、設如人一眼斜視、兩影不合爲一、遂難眞切、眼睛珠之職、即使人觀物之形體清楚、蓋睛珠有自凸自凹之能、即如二物、一遠一近、觀近者清楚、遠者則不清楚、因看近物、睛珠自能稍凹、近視

第一百零五圖

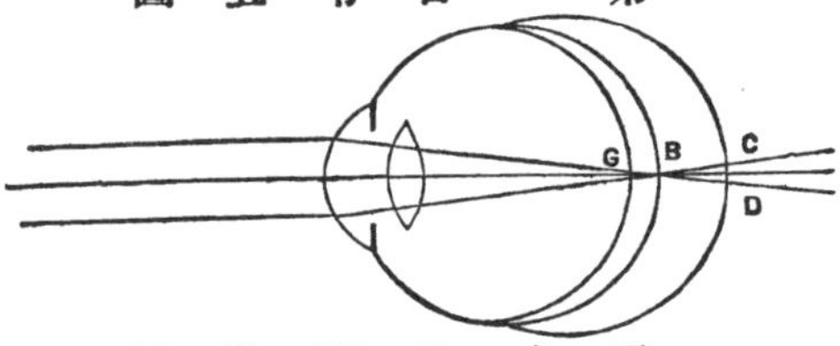

眼球凸凹清圖
G 花眼之形
C 近視眼之形
B 好眼之形

何故睛珠
何職近視
花眼二病
何故其病
何以療治
眼簾何職
瞳人大小
何故眼之
妙用不一
眼睛之數
證能護眼
之法

眼花眼之病、在乎明角罩過凸過凹、近視眼過凸、故宜用兩面凹之眼鏡、以平其凸、花眼過凹、故宜用兩面凸之眼鏡、以濟其凹。論眼簾之職、有自鬆自縮之能、護眼不受光過多之害、即如瞳人、按外光之力大小鬆縮、光力大而瞳人自小、光力小而瞳人自大、總之眼之妙用、非特能看光、即物形之大小、地方之遠近、顏色之皂白、人物之動靜、皆恃眼知覺、由此觀之、眼乃人所極貴重者、眼病最易受傷、若明角罩有白點、而視即不能分明、行路日曬、或受塵土、眼亦易傷、人當加意防護、眼若不潔、亦易受傷、宜用凉水時常洗之爲妙。

第九卷腦與靈魂篇

第三十四章

腦身之帥
靈之最妙
顯於腦功
腦乃一經

二百四十八　論腦爲身主〇全身之百體、有腦爲主、夫腦即身之帥、故凡覺悟運動思慮皆由之而起、則腦乃身體所最要最靈最妙之物、世界萬物最貴者爲人、故稱人爲萬物之靈、人所以最靈者皆由腦之妙用而顯、夫腦居頭顱內、被萬物所感而能知覺、是以無腦則不能覺乎外物、腦無受外物之感、則心內無應也、夫腦乃身之一經、如胃之爲經、無胃則無消、如肺之爲經、無肺則無息、如心之謂經、無心則血無運行、胃之司消、肺之司息、心之司血如何、腦之司思亦然、故腦受外物之感遂能覺悟耳。

腦非靈非魂腦非悟乃悟之器也

腦如筆筆壞則換腦死非靈死靈與腦連

一百四十九　論腦爲靈之所、○腦既爲經、則非靈亦非魂、故有體、靈無形、魂無像、若無腦經、靈魂無以顯現、觀眼爲司視之經、而眼非自視、乃視之路也、耳爲司聞之經、而耳非自聞、乃聞之路也、鼻爲司嗅之經、而鼻非自嗅乃嗅之路也、腦亦爲司悟之經、而腦非自悟、乃悟之器也、夫腦有形體、本無知覺、至於靈魂乃腦之主、有腦配之、如氣配理是也、夫氣非理、理亦非氣、理無形、氣有形、靈魂與腦亦然、蓋靈主乎腦、受其撫養者也、如此觀之、無腦無思、無腦無覺、腦與靈魂相感相連、腦非靈魂、卽靈魂之居所耳、譬之士用紙筆、以筆寫書、無此筆則無字、故士不離筆、然筆壞則宜換新、靈魂與腦亦然、無腦則無覺無悟、人死如士手倦撇筆、筆撇非士死、卽如腦死非靈魂死也、靈魂能製造新體、如士置買筆是也、此乃靈魂奧妙而永活之理也、故人未死、靈魂與腦連而無捨、此二者時而相感、由此觀之、腦困則魂困、腦安魂亦安、腦息魂亦息、腦倦魂鈍、腦睡魂如無覺矣。

腦分赤血五分之一

腦倦則歇而復其力

一百五十　論腦歇之理、○腦卽體、故有盛衰臾換、養腦者乃血使之盛衰、身體各經、有赤血滋潤而養、腦所分之赤血、較多於他經、分血五分之一而養之、欲觀各經之取血多寡、必於其用力之多寡分之、故用心或念書、或悟思、則腦取赤血稍多、卽多用功之故也、夫目見光之時過大、其力則缺而倦、肌肉用力之時過大則缺、宜歇而還其力、腦之發倦亦然、念書時大、悟思是多、腦則虧其力而倦、且精神虧而衰、至於睡乃腦歇而復其力、人睡時肺與心

夢卽腦未全睡

不歇、乃大腦歇、而腦核仍按其任而管之故也、人作睡時、卽腦未全歇而睡耳、然更深沉睡無形無夢、腦則平靜而歇、夜間乃腦歇之時、晝夜更換之次序、於人有益、蓋腦在白晝用功、

腦與白晝用功相稱際

乃稱其自然之機、若夜間或念書、或編書、於腦有損、因逆其勢也、腦之盛衰靈鈍、如天之清濁、天晝則清、夜則濁、而腦晝則靈、夜則鈍。

各經病時腦之隨虧

二百五十一　論腦與經相稱、○夫士之用功、與農之用力相似、農者常用其力、則力爽而健、士人常用其心、則心聰而靈、農者用功過度、則力虧身疲、士人用心過度、腦則虧而不靈、衰而有患、夫養腦者乃血、然血由心而起、心有病時、則虧其力而歸腦之血必少、則腦與心相連、關係要緊、肺有病時、血則濁而腦隨之微患、則腦顯於肺相連、亦關要緊、胃有病時則血虧而畧淡、因胃培養血質、則胃顯與臟腑和腦相連、身之行動、俱賴肌、厥肌以腦爲主、則肌之壯弱、在於腦之壯弱、腦或虧力、或受傷、則肌衰、卽顯腦之弱矣、觀夫貪酒喝醉者、則眼昏而不明、行路不準、乃因腦虧其力而不主管、俱顯明肌與腦相連之要義。

靈魂非居於心乃居於腦也

二百五十二　論腦爲魂之所○孟子曰、心之官則思、儒書皆以心爲魂之居所、不知靈魂之居所非心、乃腦也、儒書曰、我爲我、夫我何以爲我也、蓋以爾爲爾、以我爲我、乃人之天性、此我乃靈魂也、靈魂之所以爲靈、由於思索志想是非而顯、觀人於禽獸之類有別、俱在靈魂、既有靈魂則能自主立志、蓋立志自主之能、惟人始有之、故曰、我爲我耳、既我之自能立

志、顯明志想獨由一靈、故靈者人也、無靈者物也、斯人稱萬物之靈耳、然靈魂與腦相近、相連、卽腦爲魂之所、則腦壯魂亦壯、腦虧魂亦虧、腦困靈魂則鈍耳、身爽魂亦靈、身衰魂亦遲、總之凡補身精身之物、如飲食等類、亦能使靈魂爽利耳。

第三十五章 論腦之功用

人所行賴寓於腦之靈腦主體之功心之慾念皆由腦爲主

一百五十二 論腦之二功○上文云、腦爲經部、而靈魂寓於其中、則腦之功用顯爲靈魂所主管、蓋人所行所爲、俱賴寓於腦之靈魂、按腦之妙用、推開可分爲二、一具身百體各經之功、以腦爲主、二心內所有情慾思念知覺志想皆由腦爲主、論腦爲百體各經之主、觀身內之經、各有當然之功、且各經生活之理、腦因而有、被腦主管、至於血之運行、胃之尅化、臟腑之養育、肺之呼吸、心之跳動、身體生熱、津核之發汗等類、無不賴腦而活動不息、且四肢之肌肉、隨意伸縮、人之舉止動靜、無不賴腦主之、

腦爲覺之原外覺如何內覺如何五官如五路

二腦爲知覺之原、知覺亦分爲二、一則身外之事、我覺而知之、爲外覺、二則身內之事、我覺而知之、爲內覺、知身外之事有五官、而五官猶五路、蓋外物感於心、必有所行之路、若無所行之路、則無感心之能、旣有五官、乃顯感心之能、譬如有眼則光有路、遂而感心、有耳則聲有路、遂而感心、雖有感心之說、並非感心、是誠感腦、故五官無不歸腦之轄管、夫腦受外物所感而能知、是爲知覺、凡外物藉五官感腦如何、身內各經感腦之能亦然、蓋知身內之事則有覺線、猶於路徑、通及腦、百體受感如

百體受感如何傳腦　知覺分二　人主知覺　自主知覺

何、則腦無不覺、此乃身內知覺也、譬如飢渴冷熱困倦舒泰疼痛安逸通及腦、而腦無不盡知己身之事、夫內身知覺分二、一人主之知覺、一自主之知覺、其自主之知覺、乃各經按任盡功、非由於人主之、乃按其自主之能而成其功、如人舉止動靜遂意行動、然心經跳動不息、殊不遂人意、乃按其自主之理、譬如肺經、呼吸不止、人强制片時、鼻口不呼、然此時已畢、仍是照其自主之理呼吸不止、此二者俱爲腦主而管之耳。

腦主各經一併主管　經如何感

一百五十四　論腦併管諸經○夫腦爽快有力、所有內外知覺、安然成功、然腦虧力則遲、且各經皆隨之而遲、觀夫農者、用功過勞、則飲食必減而不知味、且士念書過度、則身之本熱虧少、不覺暑冷、腦主管各經、俱是一併主管、即人行走思念呼吸之時、併能成功、然果有意用心專辨彼功、則缺此功、故念書時勿要多食、餐食勿要多念、上文云各經所有自主之能、有時腦亦不覺而管之、然無論何經患病時、則腦獨主之、而不管他經、譬如肺之呼吸、屬乎其自主之能、不覺而腦亦管之、然肺患喘症、腦則祗管咳嗽、無能另管思想、或有彈弦歌唱者、以指彈絃、以咽喉唱韻、以心思其意、因習慣成自然、三者一並諧和、然果韻調不熟、則腦專能管其彈絃、不能另主歌唱、或心不安、身不舒、則難以讀書悟理、譬如讀念、身煖而不冷、安穩正坐、眼清無患、腦始得專專自主、而能管讀書之事、身體疲倦時、難以得其思念之功、故農者過勞則心鈍、以腦氣之力有定數、用盡其力、則腦有虧、而無讀書之能。

腦不樂分二任

二百五十五　論腦與心〇心內焦急不安、更難讀書、譬如有驚懼之事、或憂慮過度、難得書中之味、如朱子云片刻不思理拒心、言腦不樂分其二任、觀人遇險驚懼、心內紛亂、不由諸己、難以度避危之善法、人心爲憂慮所累、使腦監管諸事、而腦不悅、譬如家中有患病者、掛心過多、腦則專主其憂慮、不悅讀念、至於商者、時運不至、命途多舛、無想別事、是腦專定於其苦也、至於賭薄者、專於擲骰、無管正事、更顯腦無樂分其二任、則知賭之害人甚於水火耳。

習慣如何習之時多則慣

百體愈用愈慣

有彈弦者爲比自然之理分先後

靈如何托腦靈主也腦僕也

二百五十六　論習慣之理〇嘗聞云、習慣成自然、乃人之常理、人心之原能譬如水、夫水性就下、決東方則東流、決西方則西流、人之原能相似、幼童時或念書、或學藝、樣樣俱可遂其意學習、學之日多則慣、慣之日多則成爲自然、無拘何事何藝、學之日久變爲自然、且所有之手藝、先是畧遲而學習、學之時亦必詳細用心樂學、不顧其難、如此觀之、身之百體越用之越慣、愈慣之愈伶、譬如寫字、學生費心難以正寫、至日久寫慣、描畫書字淋漓如雨、譬如算法、用盤者先是個個漫算、至學會者、意到手隨、譬如彈絃者、初學甚難、習慣自然韻清音雅、或問習慣何以成自然、曰、腦收集諸事、卽銘於心、牢記不忘、應時而用、則腦猶如自然主管、按腦自然主管之理、分乎先後、先是靈魂經營初辦、後托於腦、如主托僕一般、主托僕日後如不管、而僕應時而管、則成其自然之能、腦卽爲靈魂之僕、無不按靈之意行其所習

善惡亦成自然腦主習慣

腦之各能越用越伶其力活潑

百體靈所用之物

體比皇宮靈比國君體之妙爲需用

慣之事耳。

二百五十七　○論腦主習慣、○觀人之行爲善惡、亦遂其習慣成自然之理、而爲善惡、蓋善者先慕善、克己復禮、樂意善事、而後難以受情慾之迷惑、惡者先放縱私慾、樂意順從、而後常受惡之迷惑、其受迷惑如內有管之者、管之者非他、己之腦也、蓋靈初所擇者、而托於腦、腦無不遂而管之、凡人習慣而作全然如斯、蓋靈托於腦、而腦牢記不忘、無不遂行、故爲成其自然、論語云、如切如磋如琢如磨、其理無他、要成就學禮義之自然、人之才能不用則鈍、譬如大刀不磨則鈍、愈磨愈利、諺云三日不唱詩則失其巧、三日不彈絃則虧其伶、俱是習不慣而不成其自然耳。

二百五十八　論腦與身體、○身體舒而有力、蓋由各經各按其理成功、腦之各能亦然、越用越長其能、越用越顯其伶、故曰、如切如磋、則用心越多、愈生聰明、百體所求、乃常用其力、而成活潑之功、且腦之所樂亦然、時常用功而成其活潑之力耳。

第三十六章

二百五十九　論靈魂、○夫人之爲人由於其靈魂、故曰人爲萬物之靈、上文云、我所以爲我、乃靈魂、而體骨筋絡覺線等、俱我所用之物耳、且腦爲經、有靈魂寓於其中、而管全身也、身體比之皇宮、寓其內者如國君、至貫者乃我、蓋我獨爲一身之主、觀皇宮壯修、俱爲君所

天主卽靈人亦然也

住、而身體之妙、專爲靈之用、聖書云、世人爲甚麼、你竟追念他、人子算甚麼、你竟眷顧他、你使他比神微小一點、又加與他尊貴榮耀、使萬物佐輔在他足下、又云、我曾說你們是神、你們卻是至上天主的兒子、此與創世記言同、天主說、我們要照著我們的形像造人、此言並非指身體而論、乃是指靈魂而論、天主是靈、人、亦是靈、總而言之、我所秉賦於天主者此靈魂、而靈魂寓於身中者乃爲主也。

靈既純一且自知其良能諸才詳而分之

靈魂之才分三卽知才情才志才

一百六十　論靈魂之才、〇至於靈魂、亦當知其妙功、靈魂純一、既然純一、我得知我靈純一無二、故凡人自知己心之本能、乃其才自然而知、且人之良能、與其諸才、皆能詳察而分之、譬如我自知己之有知、我自知己之有慾、且知心被感、再者我自知己之有志、且能凡事自主、聞人常言、我知我愛、我願等語、則知靈魂之才可分三大端、既然分三、並非內有三主、乃一心發出三才、由此觀之、靈魂之才則分知才、情才、志才、三等耳。

人莫不有知人心活潑動得自知知人所知有二一知外物二知內情

論物知其實而無虛知其形質異同

一百六十一　論知才、〇大學云、蓋人心之靈、莫不有知、人心之靈者靈魂也、而人莫不自知己心之知識、心之動乃活潑、則人自知己心如何而動、且我心之知不慮而知、然知物必按心之性乃成其功、如火無柴不灼、水無物不濕、且心無事則無知、我心所知之事分二、一知身外之物、故物之感心而心知、二知心所發之事、如我所思所念所欲、凡於心而發之意耳、譬如一有思想之意、我心無不自然而知、論知外物、我卻知其物之實而無虛、且知物之

知物之分類合類知內情則覺己之知己之情己之志

表裏精粗無不到、蓋知有其物、而知其形質與他物之形質異同、譬如看樹之二葉、則較其形色異同、且此物與彼物知其同否、○按知才自然之理、分說有二、相較相反、一乃分類之知、二即合類之知、故知物則知其所分何類、如身則知其分四肢百骸、如身之一段、必知此分與彼分合而成一、論心所知之事、諸類不等、故人知身外之山水人物、亦知心內之情慾思念、既然知物、便知其等次類數表裏形質、至於內心之事、則覺其知其情其志、論我之知物、非但知其有、亦知其與他物相較如何、則知物之異同、有於何數、有於何時、屬乎何地、亦

心之原知漸長

知其由來要義等景、既然知物之表裏形質、情形、俱爲心賴其自然自知之能而知矣、論心原來之知能漸長、觀人先曉易知之事、由其易知通達難知、則心才漸長、故曰不見一事不長一知、按其漸長先是知外物、或知內心、次是記念及想像、末是較量思念悟理、論知才漸長果是由於專心定意、悟想一物、其情形分明、而後易記、然不專心顧念、便易忘而難記。

心才分類分條如知才分三一知覺二記想三思念

一百六十二

論知才分三○闡詳人之知才、雖然有分、而心則惟一、其才分類、其類又分條、觀其如何分條、而知心之妙能、按知才分有三大端、一知覺、二記想、三思念、夫三者按其次序、各有自司之事、各屬乎自知之能、○一知覺、人心初動、必先有知覺、夫有覺所以能知

一知覺耳目口鼻膚為覺悟之路覺者悟者如何殊

身外之事、人之耳目口鼻膚猶之五路、通及外物、所以能覺、且知外物俱賴覺、然所覺者乃我靈魂、蓋覺外物之形質聲色嗅味、即耳目口鼻所司、而傳於心也、至於物之硬輭冷熱等、

別外物內情莫不通靈魂

其物觸膚、一捫而自覺之、此之謂外覺、至於內身之事、用知覺之能無不盡悟己之哀樂思慮、內心既有喜怒哀樂等情、亦無不自覺而知、凡一一心之思念情慾無不盡悟、且身外萬物、內心萬想、莫不俱通我之靈魂、夫覺悟二才、爲知識之始能、故未覺其物、則心虛而無記念思想等事、論靈魂所覺悟之事、俱乃一一而覺、隨來隨覺、并覺其如在、且覺其近在、譬如看

靈魂覺悟隨來隨覺且覺如在

光、眼覺光近在、心遂覺悟不差、按覺悟自然之理、須有靈魂被外物所感、或內心自動而悟、始能覺悟、外物未感、靈則不覺、內心靜而不動、無有其悟、故覺悟由我活潑之靈被感、而顯其生活之能、

知才之二乃記想

〇二記想、知才之二端乃記想、按其次序、先有覺悟、後有記念所記之事俱爲復知故有其物而覺者、此謂初識、存而不忘、應時復悟而知所記之事、或所覺所悟並非記其原物、乃記其像樣、故曰復知、乃靈魂藉着在先所覺悟之事、重造其新者、蓋替先換後、替眞換虛、替實換像、俱靈魂記想之能、

夫記如何夫像如何像如復知

心中再造所經過之事有二、一記、二像、夫記乃所先見之美景、先所聞之雅音、所越之時刻、所遇之朋友、及己身之言行、俱我復想而記、乃靈魂如重造而記其像耳、論所記之事、有時全記、有時畧記幾分、有時記清如在、有時渺茫而不知、亦有記其事准在何時、或在何處、夫像乃知之一才、亦如記之復知前事、然記則想其實事、而復知之、像則將其先所知之事、而新造其粧樣、譬如作夢、所愈者虛幻、便以爲實、所夢之事、是事在先經過者、然心無次無序、編造而成其虛幻、其像雖虛而心則重造之、物之像如

夢幻如何像如重造虛物如異端之說歸像類

真道之實信亦然敬神之心如何

此、理之像亦如此、而心重造先所知之理、虛編理之像樣、若未經營之事、未閱過之物、未想念之意、無得其粧像而想、然所遇見、所經營、所覺悟之事、亦以重造其虛像、觀山海經所云之妖怪、俱是人未見之物、然粧之如實、皆就其所親見者、而攙合爲新物、究之盡想像虛造之樣也、觀崑崙山、神仙所居之處、高萬里、有河分藍白紅黑、增城九重、有珠玉不死之樹、俱人所未見、而虛粧其有、亦將所見何樹、虛編其粧樣、觀天堂之樂、地獄之苦、雖是未見、然想其准有、故實信、至於眞神未見、而想其有、則人無不有敬神之心、夫虛想之能、與記念之能相反、故已往之事則記、未來之事則望而造其像樣。〇知才之三端乃思、我心先有覺悟、而後有記想、未有思慮、夫思雖爲知之末才、更是所貴之能、天道溯原云、思或別異同而類推、或自末推本、而知其所以然、或藉本盡末而知事之當然、或聞一知十、或溫故知新、思之爲用大矣、有思則萬物能想其理、萬物之類按次序而列、見古之盛衰、搜求其理、而知後世之結局如何、

知才之三乃思念則能別異同而推類

第三十七章

人心莫不有慾自知之二爲情才哀樂二類哀樂之理何講

二百六十二　論情才、〇凡人自知己心之事、則曰、蓋人之靈、莫不有知、此謂自知之一端、凡人自知己心之被感、則曰、蓋人之心、莫不有慾、此謂自知之二端、至於情才、由心而出、有所感而發、分爲哀樂二類、人失其所愛則哀、得其所好則樂、且見情慾俱屬哀樂二才、或問

心動即活潑無時不哀樂心才無碍即樂有礙則哀自慾不遂身不安有情不遂心無樂

哀樂廣論分五

保護己身之心如何

安樂居世之情如何

氏族綿長之心如何愛情何分

何爲哀樂、曰、人皆自知己心之活潑、且覺其活潑之能有次序有限際、有準則、故所有之品、性、才能、情性、俱顯靈魂之被感、其被哀樂所感無時不然、按心之各才、各情、果得行其所欲行、隨而有樂、且愈顯而欲得其樂、若未得行其所欲行、而哀遂生焉、至於感心喜怒哀樂之事、其類數雖多、皆可分而明之、有自身而出者、隨感而發、俗謂之慾、有從心而出者、隨觸而發、俗謂之情、此所謂七情六慾也、夫情慾二者、乃己心動而自知、自覺有慾、不得遂其慾、身則不安、自覺有情、不得遂其情、心則不樂、竊思情慾二者、不外乎身心感觸哀樂之事、心身之哀樂、推而廣之可分爲五、一、乃身體自保自護之情慾、二、乃人樂居世而發之情慾、三、乃人之生養留裔會合而發之情慾、四、乃修身彰德而發之情慾、五、乃是非之心而發之情慾、論第一保護己身之意、人皆有之、由此而發之情慾、其大者有二、乃飢、乃渴、從身而出、按時而至、其次者有病則疼、令人治療、有疼則厭、厭過多而避之、便顯自發之情、如憂、懼、慮、戰、驚、畏、臨危之懼等情、觸心生哀、其身不安、如平、康、靜、坦、易、逸、等情、感心生樂、其心則安、論第二、人以生活在世爲樂、故以安樂居世而發之情慾、凡令人安逸之事、則求之、凡顛險之事則避之、時而遇乎逆、感心而有樂、時而遇乎逆、觸心而有憂、慮、驚、哀、等情、論第三、人不但求己命安逸、即氏族亦有求其緜長之心、故有屬乎生養留裔會合而發之情慾、所用者正、人則知配合留裔緜族、所用者偏、即色慾之悖謬、由其正者、則父母之慈愛、兒女之親愛、兄弟之

樂樂憂憂之情如何

明明德之情如何

有露天良之情發明是非之心如何

天命天主之命

率道率主之道

靈魂如官於堂天良之理如法銘於心

友愛、然人之情不能吝於其家、窮於一族、故會合之心、人皆有之、無會合朋友之情、於五倫有缺、故見人之樂、己則同樂、觀人之憂、己則同憂、書云、樂民之樂者、民亦樂其樂、憂民之憂者、民亦憂其憂、夫憂人之憂、卽憐愛、苦人之苦、卽悲哀、按會合之情不正、則必盜虛名、無實意、浮靡誇詐、以至驕傲自是、生夫惱怒恨惡憎藐等情、論第四、心才能顯明其明德、卽由於修身之至、自然而發之情、故才德不顯、人則悲哀、才德若顯、人則得樂、且人見人有善德超羣、富貴非常、往往存忌妒之心、此情之不正者也、論第五、人秉賦有三、乃體、乃魂、乃靈、有體則慾由身自然而發、有魂則情由心自然而發、有靈則天良自然而發、故人爲萬物之靈、非由於才能、乃天主秉賦永存之靈、而人莫不各有自然之準則、故曰是非之心、人皆有之、且是非之心、由於靈魂而發之情、而人莫不自知內心之天良、中庸云、天命之謂性、今知天者卽天主、天命者天主之命也、其性者天主所賦我之性也、然其性純一、乃我之靈魂、故天良乃人是非之心也、且率其天良始有道、則曰率性之謂道、因天良發而莫不合乎主之道、卽率乎此道、莫不合乎天命、卽是非之心、亦顯主之眞理、而人之爲人、當貴之、謹之、盡之、上文云、寓身之靈魂、爲己身之主、如官在堂、爲國君所派、其官之審法、爲國君之法、蓋靈魂如主所封之官、其天良之理、乃國君之法、聖書云、人顯律法銘於心、其是非之心亦同爲證、而其思念或以爲然、或以爲否、己則爲己之律法矣、且人莫不盡知善之當存、惡之當避、故曰人

是非之心分二　天良之智如何　天良之法如何　人心道心歸一如何　人有兩可之能由二擇一　自主惟靈始有　自威之情如何　後悔之情隨時而發　自知之三爲志　靈性之妙分四一自知心之動

心惟危、道心惟微、惟精惟一、允執厥中、論夫是非之心分二、一天良之智、二天良之法、人先有天良之智、後有天良之法、先須知天命、而後能率其道、未知天命則無其道、然人好善惡惡、先知其善爲善、而善當存、知其惡爲惡、而惡當避、且有其天良之智、而不順、愁然憂危、乃因天良之法觸於內心、卽知天良之智而順、安然自樂、可使人心道心如歸一轍耳、人既有天良之心、所以能辨善惡、順則善其善、逆則成其惡、由是觀之、人所秉自主之能推而愈顯、因人有兩可之能、自主之權、或善或惡、二者隨意而擇、擇善而從之、順天理也、擇惡而從之、不免獲罪也、此兩可自主之能、惟有靈者始有之、故有兕性之獸類、若順其兕性、人不能責其罪也、人既有擇善遠惡之能、其當然之理、則推而顯之、人當擇善、否則逆天命也、上文云、律法銘於心、無他卽內心之微聲、命人擇善、否則仰愧於天、定人之罪、故愁然憂危、人既知己自主之能、擇善之分、乃自重自威之情、自然而發、故曰、懷德畏威、見有自威之君子、必尊而敬之、然己未擇善、則自愧之情、自然而發、既有爲善之德、其是非之心同証其善、快然自得之情發於其心、然無其德而逆其是非之心、人後悔無及之情、隨時而發耳。

二百六十四　論志才、○凡人自知己心之事、則曰蓋人之靈莫不有志、此謂自知之三端、告子曰、夫志氣之帥也、氣體之充也、夫志至焉、氣次焉、故曰持其志、人常云、我在、我當、我能、我有定志、夫四者如柱石根於心、由此起而推其性靈之妙、一、尙且我在、不但有知覺、更有

靜二自定己之善否　三兩可之權四自主定志　志靈之大能也　物性順理如何　靈性自定己志　原志如何慣志卽原志偏於善惡　人善惡好歹由慣志而顯

悟想自知己心之動靜、二、尙且我當、則內心行動、或是或非、按其當然之理、自定其善否、三、尙且我能、則顯其兩可之權、蓋善或順或逆、二者能擇其一、自定其志、故知一事爲惡當遠之、然能逆其善、明知故犯、而順其惡耳、四、尙且我有定志、則主定心意、按其本能行事、或問何謂志、曰、靈魂之大能也、故惟有靈之人始有之、譬如物有理管之、不能逆其性、則曰水之性就下、夫金遇火則化、木遇火則燒、物莫不順其定然之理、至於活物亦有理管之、既然活者、莫不遂其慾性、誠無自主之能、是非之心、故無誇其善、無討其惡、然人乃靈也、兼有分別善惡、自定己志之能、故好其善而惡其惡、人並非全縱其慾、亦非全修其善、然或順或逆、皆在其定志如何、故曰志壹則動氣、氣壹則動志、且持其志、帥其氣、爲人之大能也、再者志乃人擬定成全其意、或身所欲、或心所好、譬如人或飢、擬定得食而充飢、或心所好之事則求之、所惡之物則棄之、所慕之道則索之、所畏之法則遠之、以上等情俱由於擬定之意。〇按志才自然之理有三、一原志、二慣志、三暫志、夫原志、乃秉於天自主之能、人心之向、常與其是非之心並運、設無原志、則無分其善惡、而主不定人之是非、苟或不持己之原志、而何以善其所爲、夫慣志乃原志或向善或向惡、若人原志向善、卽好其善則慣之、而後所定之志俱存其善、然偏惡卽縱其慾則慣之、而後所定之志悅其惡、且人之善惡由於慣志而顯耳、夫暫志乃人一時一事所出之意、人之慣志、或善或惡、遂其原志而定、然人之行爲好歹、由於暫志而顯、然其性或善或惡由於慣志所定耳。

第三十八章

定原志至秘至深由慣志而顯

原志如何定難論其自然故靈無當之

激心者何如激心者非由外物而自內發

激心者多許擇一而順

激心者分輕重當擇

三百七十五　論志才與激心、○志才之功有二、一乃定原志、二乃定暫志、人定原志、本心默動而自知主、故定原志至秘至深之思、並非踈於內顯於外、然人定原志則由於慣志而顯、論夫原志、人則不能不定、且斟酌二意、莫不擇其一、如遇差道、二路不能並走、必擇其一、而從之、然人之如何定其志、難以說其自然、人自主之權、尚且由於靈性而顯、誠然無阻當之事、雖無阻擋之事、仍有激心之由、非有激心之由、志則不得而定、譬如財能動心、既無生財之道激於心、志則無能定、所有感心之情慾意念、爲之激心者、論人行事皆爲自主、然必有激心之由、方可定其志、故無激心之由、决無得定志之際、比如念書、必先度念書有何益、或欲長智慧、或欲得功名、先感其心、始可立念書之志、論激心之由、不出於外物、而出於內心、譬如二人見利、一人心善、雖見不存得利之心、一人心惡、見之卽起得利之心、此二人如何相反、因其內心使然耳、可見激心之由、從內心所起、非自外至也、夫意或一、或二、或數、叢生、並能激心、人必擇其一而順之、譬如人無衣而冷、見有衣而竊之而暖己、因知竊衣犯法、則畏而縮手、擇其不竊之意而從之、尚且激心者分輕重、理當擇其重而遠其輕、或言人之心志、非特自便之能、乃從激心之大者而定其志、蓋人、有度量之心、不可不按激心之大小

其重激心之大小如何謬論

志非强制而定

人非獸逆其惡性而自主

激心之大者非自然而大

故其大小隨自定之大小

心志關乎人有三

心志關身體如何

肌肉動非全自便

而論、人之志如天平、激心者如砝碼、隨其砝之輕重偏左偏右、故人行一事、果從激心之大者定其志、曰觀其理深而難測、原理學之事、論之難以均同、果按激心之大者定志、不免失其自主之能、一則、言人定志、若必從激心之大者、此非人自定、乃由於外來之事逼之而定、且人決然自知、非由於外强之而定其志、則人誠不失其自主之能耳、二則、言人按激心之大者定志、如歸獸類、夫獸類無自主之能、惟內情如何感、不免縱而從之、故不責其罪也、且有靈之人、或順其善意、逆其惡性、或放縱私慾、逆其本善隨意、自便皆可、三則言人定志從激心之大者、竊問何爲其大者、上文云、激心者或一、或二、或數、必擇其一而定、然其大者非自然而大、乃定志之後始以爲大者、乃人自主而定激心之事、認其何者爲大而從之、譬如有人恨惡本族、懷恨父母、國法人情均所不容、或懷其惡意、或順其親情、二意孰爲大者、按自然之理而言、親情之意爲大、然以惡人縱其猛心、害其父母、則彰顯其以大爲小、以小爲大、從者爲大、不從爲小、不免犯自然之理、總之有靈之人定其心志、尙有激心之因由、皆是按其自主自便之能而定、故顯其是非善惡之心耳。

三百六十六 論志才之功○人之心志如何、觀其行爲意念則知、下文一一分明、按心志所觀有三、一、關乎身體行動、二、關乎思索意念、三、關乎心情品性、一論心志關乎身體行動、上文云、人之行動俱賴肌肉、然肌肉分二類、一、自主之肌、二、人主之肌、夫自主之肌、如心、胃、腸、血脈管、等肌、俱有自動不止之能、非人自便而主、夫人主之肌、並非時時人主、乃如上文云、人初定其意、後如托腦掌管、而不慮其成全、倘有不成、則人復定其志而自主、譬如人行路、初定意向何方去、然後不慮而行盡其路、四肢如何行動、如人不管而動、即托腦而成、倘行路過遠、以至身倦難行、必復定其志努力前進、愈走愈倦、更定其志鼓氣行盡其路、凡人如此常遇之事、次序有三、一、不慮而行、乃志許肌自主而行、即畧慮而行、厥志悠然而微管之、倘肌肉乏倦、志必復定其意而專主之、譬如人咳嗽之時、氣管內或有痰或有火、人則不覺而咳嗽、乃肺肌之自主、不覺而動、倘有時人有意粧嗽、乃肺肌歸人主之類、以此知自主之肌、人強而畧主之而顯定志之能。譬如人打哈息、能強制使之不息、或笑時勉強不笑、顯其定志拘束之能耳、人有病時、如半身不遂、雖定志運用四肢、而不隨其意、西醫書錄紀、有人雖有意穿袍、然等半天時、方可遂其志、或棹櫂一碗水要喝、等多時方可遂其志、書亦錄、又有人、大城裏房屋接連不斷、行路便可、然到空閒無殷之處、片時如不能行動自主、如人忽然到河、而不能過、此二位病人之光景、若不自主、似他人管之、有病時如此、則無病之時、更可見心志有管身體之大能矣。

人初定意後托腦管復定志如何

人定志行動次序有三

志強自主肌如何

病時有志肌不隨如何

二、心志與思索意念有關、〇心志關肉體行動、或勉力、或拘束、人自知己之用力方成、至於心志關乎思索意念、人則或定如何之意、或拘束如何之意、亦必自知己之用力、若論思念

心志關思索如何

聚精會神之能如何

當然之理、或專思身外之一事、或專思心內之一事、聚精會神之能、人俱有之、譬如人或格物知至、或拘管情慾、或修其品性、俱在乎人之如何凝神定志、譬如學生在書房、理當念書、忽有在街鳴鑼之聲、誘之使出、則必定其心在書、始能防備錯念、或士默想文章、心鈍乏倦、更必用力定心、夫聚精定心、俱是定志之特能、雖然有限、人愈習慣愈成其自然、有人如此簡練揣摩一事、他事難以入心、昔者聞有師善於算法、索求其理、他事雖聽不入於心、有時僕人來說、師母臨終、若不速來、不得見活、師因不留心、答曰、師忙、師母必等我去方可、觀人自主己之意念、俱在乎如何聚精會神、

人自主在乎如何專定心

人自主自使之能、亦在乎如何專於定心、或人想起往年之事、務須定心在於此事、或推想難測之理、亦必專定其心、比如古傳之道、人以為可信而遵之、然其道若是無憑、如何能改意而不信、則必定心索求其眞憑、始能通達其理、果眞果假、如此觀之、人所存之一切心思意念、亦在乎心志所以能束管、且顯明志為帥、氣為次之意也。

志關心情品行如何

三、志如何關乎心情品性、○上文云、論獸類無有自主之能、其情如何動、無不順其獸性、故不求其善惡、至於人俱有兩可之能、故或放縱私慾、或修其善德、俱可、

人自主有二　一束管人之動靜　二定準激心之大小

由此觀人自主有二、一、按激心之大小、因由束管身之舉止動靜、二、亦能將激心者或大變為小、或小變為大、而顯其自變之能。或心內有數樣意念、聚精會神、簡練揣摩、則能注意於一樣、而拋棄別樣、或

比觀畫則擇一段

悟念有多定心於一

激心之分等一習慣之意爲激心者二所喜哀之事爲激心者三是非之心爲激心者夫三者湊於善則人善湊於惡人莫不喪德

心志如何關品性分等

一四肢行動由志所定

二有習慣之常志順逆便可

三由於强激心者志束之配之

有激心之因由數樣。聚精會神、擇一而從之亦然、譬如有一副畫、畫之甚善、或觀畫之大概、或詳察其一段、俱在乎人之自便定心耳、或集市會場、聽多人之喧嚷、或仔細聞一人之談論、亦在己自便定規耳、由此觀之、人或視外物、或聽外聲、俱是隨便自定、且心內悟想念頭、或一或多、縱由於自便而定、人於何事定心有二、一、乃心中自然亂想、則心志許之而不管、二、乃欲念一事、志則命心獨顧、而他事無管、論定志激心之因由、亦可分等、一、曾定而成習慣之主意、則爲激心之因由、志不慮而復定耳、二、心所喜哀好惡、更爲激心之因由、三、人是非之意、與敬神之念、尤爲激心之因由、夫三等激心者、尚能湊一並感心志、人則無不隨、譬如人習慣爲義、其所好者俱善、所存者惟實、則品性無不純善、德行莫不堅定、不然夫三者變而爲惡、則人之志誠定於無善、莫不喪德失義耳。

二百六十七　論心志與品性、○總論心志日日管人行爲性姿如何、一、人之舉止動靜、四肢行動、俱在乎志之所定、然有時顧而命者、有時不慮而許者、其不慮而許者、乃上文所云、靈爲主、腦爲僕、主托僕何事、而後似乎不管、且人自定己所欲行之事、則行爲隨之而顯耳、二、忽有激心之因由、與曾慣之常理不同、心志或偏於習慣者、或偏於新來者、二者擇其一而從之、此時之習慣者、或從者、或逆者、乃心志自便而定、更顯人自主之能耳、三、尚且有放縱之意激其心者、心志則能束住片時不放、令人又得斟酌其間、或放情、或斂心、則顯人自

四如何自勸勉人修自亦然

五心懷二意者以理勸之

六無自威者以法警之

定志之際幼時爲妙

慣志如何定而後難變

善德莫若設法成之

定志於善義之本末順道由於屢行善惡

主之權、譬如被人欺壓、忽有心意還口交打、然早有慣志、非禮不動、勉强不放、等候再斟酌情理、更顯人自便而定志之能、四、蓋人自管己之修身、或勸勉他人自修、亦必依彼自主之能而勸、果見有人行事無禮、放縱其慾、則用當然之理、修身之道以勸之、想彼必分辨其理勉力自修、不縱其慾、五、再者見猶豫不定者、更宜設妙法以理勸之、令其不可心懷二意、此建立善德之妙法耳、六、再者尚有不自貴、逆定爲惡者、則搜求善勸之妙法、或論惡之賞罰、或親族爲之羞恥、或朋友爲之箴規、俱能動其心、使之棄惡爲善、自能定其志耳、凡人立志之能、大約如是、故曰志爲帥、氣爲次耳、

論定志之際、幼年爲妙、故人幼時、預定其章程、修其慣志、品性德行、猶之川流不息、俗語云、幼不學者老何爲、幼時宜爲學而不忘之際、且萬世萬代、今昔能明、可知善定其心志、明其天理、遵而行之、一概自幼而立其基耳、蓋人之慣志如何定、而後難以改變、或定志擇爲惡、未免傷是非之心、或定志擇爲善、難以變惡而成其善德、論智慧聰明由於知才而發、且人皆想用力如何使智慧能發長、而人莫如設法全其善行、既然有法成就智慧、更該設法鍊習心志、俗語云、學問無成師之過、君子無德怨自羞、人聽道不行於德行無益、然定志於善、爲義之開端、人練習者方知行事之法、得勝者方知得勝之法、遵道而行者方知道之要義、人立志修德、或爲勢阻而不能成者有之、果能由此定志以往、終有成其善德之日、由此觀

君子喻於義遵道而行

人有自主之權則志定於善然不能自居之

聖經勸人如何聖潔

完全之道如何

人卽靈獲自主之權

善惡在於志才之道

之、書所謂君子亦可講、或問何爲君子、曰君子喻於義、問何能喻於義、曰遵道而行、擇善而固執、人爲萬物之靈、則有自主之權、既有自主之權、心志意定於善行、心志果定於善行、方能顯其善行而固執也、無奈人獲罪於天、不能自居於善、因而善念甚少、而惡念偏多也、妙哉天主之恩、應許重生人心、使之能復其善、再論激心之大者、莫過聖經之言、主云、吾爲聖、爾亦當爲聖、論人入聖之法、乃順從上主之聖潔、聖書云、爾便爲聖潔、無他、乃敬主之人、定志於聖善之事、言語行爲存心、俱能合乎主之聖法、我主耶穌基督、嘗云、我卽路也、我卽眞理也、生命也、我乃世上之光、從我者不行於暗、而必得生命之光耳、救主之爲光、蓋彼之志與上主之志無異、人依救主而得其光、始明完全之道、聖善之義、如聖經云、蓋基督爲爾受苦、遺式於爾、使爾隨其跡而行、凡人果能與上主之聖靈聯屬、始能定其志於善、妙哉聖書之言、天主乃依己之像造人、既肖天主之像則靈也、人卽是靈、則獲自主之權也、而人或善其善、或縱其惡、俱在乎志才自主之能也、故曰人心惟危、又云、故君子愼其獨也。

省身指掌終

13

篇	節	

		篇	節
Representative faculty	心之復知	七十四	二百六十二
Resemblance	相同	七十四	二百六十二
Respect	敬	七十六	二百六十三
Response	應	七十二	二百五十五
Reverence	敬神之心	七十六	二百六十三
Right	義	七十六	二百六十三
S			
Scorn	憎	七十六	二百六十三
Second nature	習慣成自然	七十二	二百五十六
Self	自		
Self-control	自得	七十六	二百六十四
„ determining	自主	七十六	二百六十四
„ direction	自定	七十七	二百六十五
„ respect	自重		二百六十七
Sensation	知覺	七十	二百四十八
Sensative	易覺		
Sense	五官	七十一	二百五十三
Sensibilities	情才	七十三	二百六十三
Sense, perception	覺	七十	二百四十八
Sensory nerves	覺線	七十	二百四十九
Sexual love	夫婦之情	七十五	二百六十三
Shame	羞恥	七十六	二百六十三
Spirit	靈	七十	二百四十八
Spirits, animal	精神	七十一	二百五十一
Spiritual	屬靈精靈		
„ man is	人乃靈	七十一	二百五十二
„ powers	靈性之才	七十三	二百六十

		篇	節
Motives	激心之意	七十七	二百六十五
„ are subjective	激心由內生	七十七	二百六十五
N			
Nature	性	七十六	二百六十四
Natural	天然,自然	七十二	二百五十六
Necessary	定然		
„ truths	自然之理	七十七	二百六十四
Necessity	天命		
Necessitated	定而不移		
O			
Original	原	七十七	二百六十四
„ power	原能	七十七	二百六十四
Order	等次、	七十四	二百六十一
„ of knowledge	知之層次	七十四	二百六十一
Ought	當、宜	七十六	二百六十四
P			
Pain	痛	七十五	二百六十三
Perception	身之覺知	七十一	二百五十三
„ of single objects	覺物一一而知	七十四	二百六十二
„ is immediate	覺則如在	七十四	二百六十二
„ reliable	覺則誠實	七十四	二百六十二
Person	我、爲	七十九	二百六十
Personality	我之爲我	七十一	二百五十二
Phantasy	虛像	七十五	二百六十二
Phenomena	物之形狀	七十五	二百六十二
Philosophy	理、性理		
Physical	屬體		

十九

十六

APPENDIX, INDEX TO TERMS OF MENTAL PHYSIOLOGY.

		篇	節
Salivary glands	涎核	十九	九十六
Scapula	肩胛骨	八	四十二
Schwan, White Substance	拴白質		
Sclerotic coat	眼白衣	六十七	二百四十二
Scrofula	瘰癧症	四十二	百五十七
Sebaceous glands	油核	四十八	百七十四
Secretions	津液	十九	九十六
Semicircular canal	半環管	六十六	二百卅八
Semilunar valves	半月門	二十八	百一十四
Sensation	知覺	五十三	百九十七
Sense of touch	摸物知覺	六十三	二百三十
Sensaticn and thought	知覺與思索		
Sensory organs	五官	六十二	二百三十
Sense of hearing	耳聽知覺	六十五	二百卅五
„ „ sight	眼看知覺	六十六	二百四十
„ „ smell	鼻聞知覺	六十四	二百卅四
„ „ taste	嘗味知覺	六十三	二百卅二
Sensative nerve	覺線	四十九	百七十五
Serous membrane	濕膜	十一	六十三
Serum	血汁	三十六	百三十九
Sheath	鞘		
Short sight	近視眼	五十七	百八十九
Shoulder joint	肩臂節		四十二
Sick-room atmosphere	病房濁氣	四十二	百五十六
Sighing	嘆息	四十一	百五十三
Sight	眼見	六十九	二百四十七
Sinew	筋	十一	六十

		篇	節
Pepsin	皁白新	二十一	百〇一
Pericardium	心外膜或心外衣卽包絡	三十一	百三十三
Periosteum	骨衣	二	五
Peristaltic motion	蠕動而行	十八〇十九	八十八〇
Peritoneum	腹內統膜		八十九〇
Perspiration	汗		
Perspiratory glands	生汗核	四十八	百七十二
Phalanges	指骨	四十八	百七十二
Pharynx	咽喉卽食管頭	九	四十七
Phosphorus	燐銧	十九	九十九
Phosphites	含燐養五類		
Physics	格物體學		
Physiology	體用功學	引一	一
Pia-mater	腦血衣	五十三	二百〇一
Pigment cells	皮色核	四十七	百六十七
Pivot joint	軸轉節	十一	六十三
Plasma	血汁	三十六	百三十九
Pleura	肺外膜	三十九	百四十五
Pleurisy	肺外膜炎		
Plexuses	覺線編網	五十八	二百〇九
Pneumo-gastric	長腦線卽第十對	五十七	二百〇七
Pneumonia	肺體炎		
Poison	毒		
Pons varolii	中腦	五十五	二百〇五
Posterior Nares	鼻後孔	六十四	二百卌四
Pork	豬肉	二十三	百〇六
Potatoes	山藥豆	二十三	百〇六

19

		篇	節
Nasal chamber	鼻左右孔	六十四	二百三十三
„ passages	鼻內路	六十四	二百三十三
Nature of heat	熱性	四十三	百五十九
Near sight	近視眼	六十九	二百四十七
Nerve cranial	腦線	五十	百八十五
Nerves of motion	腦動線	五十六	二百○七
„ „ sensation	腦覺線	五十六	二百○七
„ „ heart	心覺線	四十八	百六十九
Nerve cell	腦珠	五十一	百八十六
„ tissue	腦質	五十	百八十五
„ fibre	腦絲	五十一	百八十六
„ force	腦力	五十	百八十三
Nerves spinal	脊腦線	五十七	二百○九
„ sympathetic	自合腦線	六十	二百卅一
Neurilemma	腦線衣	五十七	二百○八
Nervous System	腦脊覺線類	五十	百八十四
Nitrogen	淡氣或育氣，氮氣	四十二	百五十五
Nitrogenous	含淡氣類	六十四	二百卅三
Nose	鼻		
Nucleated cell	生珠	引二	七
Nucleus	珠顆	引一	四
Nucleolus	珠仁	引一	四
Nutrition	養育	十七	九十
„ of brain	腦之養育	七十一	二百七十○
Numb	痲		
O			
Objects and images	眼視物影	六十九	二百四十七 十

九

		篇	節
Intercostal muscles	肋中肌	三十八	百四十三
Intestinal glands	腸核	二十五	百〇九
Intestines	腸子	二十四	百〇八
Intestinal juice	腸汁	二十五	百〇九
Iris	眼簾	六十七	二百四十二
Involuntary muscles	自主肌	十三	六十八
Iron in the blood	鐵於血	三十六	百三十九
J			
Jaws the	腮頰	十八	九十三
Jejunum	小腸二迴	二十五	百〇八
Joints	骨節	十一	六十一〇六十二
Judgments of sensation	知覺與思索		百九十四
Juice gastric	胃汁	二十一	百〇一
„ intestinal	腸汁	二十五	百〇八
„ pancreatic	甜肉汁	二十七	百十六
K			
Kidney	腎	四十四	百六十
Kidney and capsule	腎苞	四十四	百六十
Knee joint	膝節	十二	六十五
Knee cap	膝蓋骨	十	五十三
Kreatine	格里阿的尼		
Kreatinine	格里阿的尼尼		
L			
Labials	唇音	四十一	百五十四
Lachrymal duct	淚管	六十六	二百四十
„ glands	淚核	六十六	二百四十
„ sac	淚囊	六十六	二百四十

八

13

		篇	節
Gristle	脆骨	一	三
Gullet	食管	十九	九十八
Granular	粒質	引一	六
Gray matter	灰腦質	五十三	百九十六
Glucose	格路可思卽黏漿		
H			
Habit	習慣之能	十五	七十八
„	或習慣便自然		
Hair	毛髮	四十八	百七十
Hand	手	九	四十六
Haversan Canals	養骨管	二	五
Head	頭	三	九
„ movements of	頭顱搖動	十四	七十四
Hearing	耳聞	六十五	二百三十五
Hearing sense of	耳聞知覺	五十三	百七十七
Heart	心	三十一	百三十三
Heart position of	心安之處	三十二	百三十四
„ beating of	心之跳動	三十二	百三十四
„ sounds of	心之聲	三十二	百三十四
„ working of	心之功用	三十一	百三十二
Heat	身之熱	四十三	百五十九
„ generation of	身熱何生	四十三	百五十九
„ regulation „	熱之發散	四十三	百五十九
Hepatic circulation	肝之血脈	二十六	百十一
„ artery	肝脈管	二十六	百十一
„ duct	肝汁管	二十六	百十二
„ vein	肝迴血管	二十六	百十一

七

9

8

		篇	節
Complex sensations	雜覺		
Concha	外耳竅	六十五	二百三十五
Congestion	血積		
Coujunctiva	眼睛衣		
„	或眼外膜	六十七	二百四十
Connective tissue	油連膜	引一	一
Cords vocal	聲筋帶	四十一	百五十一
Convex lens	雙凸鏡	六十九	二百四十五
Cornea	眼明罩	六十七	二百四十
Corn	雞眼崗子	四十七	百六十七
Coronary artery and vein	養心血脈	三十一	百三十三
Corpuscles	質微	三十六	百三十九
„ of bone	骨微質	二〇	六〇
„ of blood	血輪	三十六	百三十九
„ of spl	脾之微點	二十六	百六十五
Cortex, Brain	大腦迴紋		
„ Kidney	腎皮質	四十四	百六十
Coughing canses of	咳嗽之故	四十一	百五十四
Cramp	抽筋		
Cranial nerves	腦線	五十六	二百六十九
Cribiform plate	羅篩橫片	四	十八
„ „	羅篩盤	四	十八
Crico-Thyroid muscle	環牌肌	四十一	百五十四
Cricoid Cartilage	環脆骨	四十一	百五十四
Crura Cerebri	大腦合帶	五十六	二百七
Crystalline lens	睛珠	六十九	二百四十六
Cuticle	膚	四十六	百六十七

6

三

		篇	節
Bronchitis	氣管生痰	四十一	百五十四
Brunner's Glands	腸管微核	二十五	百〇九
C			
Cæcum	大腸頭	二十	百十七
Calyx	腎蓋		
Canals, Haversian	骨微管	二	五
„ semicircular	半圓骨管	六十六	二百卅八
Canine Teeth	長牙或眼牙	十八	九十三
Capillaries	微血管	三十四	百三十六
„ of lungs	肺經微血管	四十	百四十八
Capsular ligament	裹筋	十一	六十一
Carbon	炭精	四十一	百五十五
Carbonic acid in the air	炭氣於天氣	三十七	百四十
„ „ „ „ lungs	氣炭於肺	四十	百四十八
„ „ given from lungs	呼出炭氣	四十	百四十八
„ „ poison of	炭氣之毒	三十七	百四十
Carpus	手腕	九	四十六
Cartilage	脆骨	二	六
„ articular	節脆骨	十一	六十三
Casein	乳餅嘎西引	二	
Cavities of the heart	心之房	三十一	百三十三
Cell	珠	引　一	四
Cells of blood	血珠即血輪	二十七	百十五
„ „ Brain	腦球	五十一	百八十七
„ „ lungs	氣泡或氣珠	四十	百四十七
„ „ skin	皮膚珠即膚鱗	四十七	百六十七
Cerebellum	小腦	五十四	二百〇三
Cerebrum	大腦	五十四	二百〇二

二

3

		篇	節
Atmosphere	空氣	四十三	百五十八
„ impure	空氣染濁	四十三	百五十八
Atom	微質元點微點	三十七	百四十一
Auditory muscles	耳肌	六十五	二百三十六
„ canal	耳管	六十五	二百三十六
„ ossicles	耳小骨	六十六	二百三十七
„ nerve	聞覺線	五十四	百七十九
„ „	聞腦線	五十六	二百〇六
Auricles of hesrt	左右心上房	三十一	百三十二
Auriculo-ventricular valves	上下房門	三十一	百三十二
Axis	頸次骨	七	三十三
„ -Cylinder	腦絲軸		
B			
Back bone	脊柱骨	六	三十二
Ball and socket joint	杵臼節	十一	六十三
Basement membrane	底膜		
Bathing	沐浴	五十	百八十
Beef	牛肉	二十三	百〇六
Bicuspid teeth	雙牙根	十六	八十二
Bicuspid valve	雙扇門	三十一	百三十三
Bile	肝汁	二十六	百〇二
Bile duct	膽管	二十六	百十四
Bladder	膀胱	四十六	百六十六
Blood	血	三十一	百三十二
„ arterial and venous	紫赤二血	三十一	百三十二
„ arterial distribution	赤血分流	三十五	百三十八
„ changes of	血脈變化	三十四	百三十六
„ circulation of	血脈隧道	三十五	百三十八

2

一

INDEX

體學易知不分卷

〔美〕賈德美著

《體學易知》不分卷，美國賈德美著。賈德美，美國女傳教士，清光緒間曾在京都匯文書院任教。書首有自序，言其成書經過：「予繙譯此書，亦爲學者明悉其理，善保其身也。初則隨譯隨録，俾館中幼學按課誦讀而已。未幾，多有借之抄録用以課徒者，並囑予付諸梓人，以公同好。故又增其簡略，酌其篇章。更有院長李牧師安德加意襄助，並借博醫士恒理圖板數片，遂輯成書。」全書八章，分論全身之骨、肌肉、食物與消化、血脈運行、呼吸、皮膚、腦與腦線、五官之知覺。文字簡要，插圖清晰，允爲簡明之解剖學入門讀物。據天津圖書館藏清光緒二十年（一八九四）上海美華書館排印本影印。

體學易知

耶穌降世一千八百九十四年

美國賈德美著

體學易知

大清光緒二十年歲次甲午

上海美華書館擺印

京都滙文書院校訂

體學易知序

體學一書、乃爲人近取諸身、以察其中之奧理、並知　上主賜人靈才、使自治其身、即宜循分而行、保養調護、以免疾痛夭札之患、予繙譯此書、亦爲學者明悉其理、善保其身也、初則隨譯隨錄、俾館中幼學、按課誦讀而已、未幾、多有借之抄錄、用以課徒者、並囑予付諸梓人、以公同好、故又增其簡畧、酌其篇章、更有院長李牧師安德、加意襄助、並借博醫士恒理圖板數片、遂輯成書、雖不足盡體學之精微、庶可爲初學之一助云爾、

美國女士賈德美自序

體學易知目錄

骨之用處有三

形式各有不同然皆連絡有用

骨乃灰膠所成隨人之年歲而異

體學易知

第一章論全身之骨

第一段骨之總論

骨之用處◯一爲遮盖保護身內柔軟之處、二爲肌肉貼連之處、三爲輔助全體成形、

骨之形式◯骨有長者、如四肢骨、有短而寬者、如腕骨、有扁者、如肩髀骨、亦有數樣形式難名者、皆連絡有序、各有所用、

骨由何成◯骨爲灰膠二質所成、灰乃土類、膠乃肉類、二物攙合、卽成爲骨、體質輕堅。人之骨隨其年歲而有不同、幼年時、膠多灰少、體質柔軟、雖有時彎曲、或亦不能折斷。老年時、灰多膠

骨賴管中之血運化而生長

骨若有病即有知覺

身常活動骨必强健

少、體質最脆、容易折斷、中年時、灰膠參半、不柔不脆、雖常擔挑用力、亦頗强健、卽使跌蹶、尙能經受。比如此三等人同受一樣跌蹶、幼年人之骨必彎、老年人之骨必斷、惟中年人之骨不彎不斷、不至大傷、

骨之生長○骨中亦有腦氣筋、與血管、管中之血運化換舊增新、骨卽賴此生長、

骨之知覺○骨若無病、似無知覺、如不知其有疼痛安舒之別、倘有病時、卽顯其有知覺、疼痛不安、皆能覺得、

活身壯骨○人常活動其身、骨必健壯、若靜閒坐臥、骨必軟弱、作工者之骨、比讀書人之骨、必然强健、然好閒靜之人、若常活

體學易知

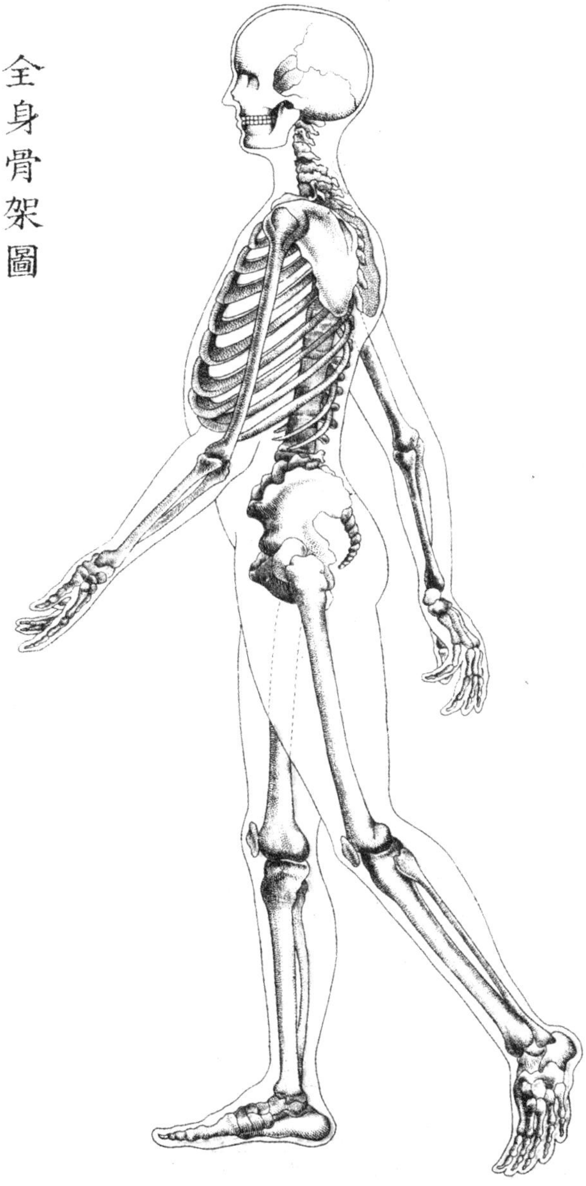

全身骨架圖

全身骨架圖

骨分三類

頭骨之體式功用

脊骨之形式

動其骨亦可强壯、

第二段骨架

骨之類○全身之骨、約二百餘件、可分三類、卽頭骨、腔子骨、與四肢骨、

頭骨○頭如一整骨、乃係數塊嚴密合成、無骨節、其體式爲圓形、甚堅固、能經擊撞、並能保護腦子、雖經跌蹶、不易受傷

頭顱全骨圖

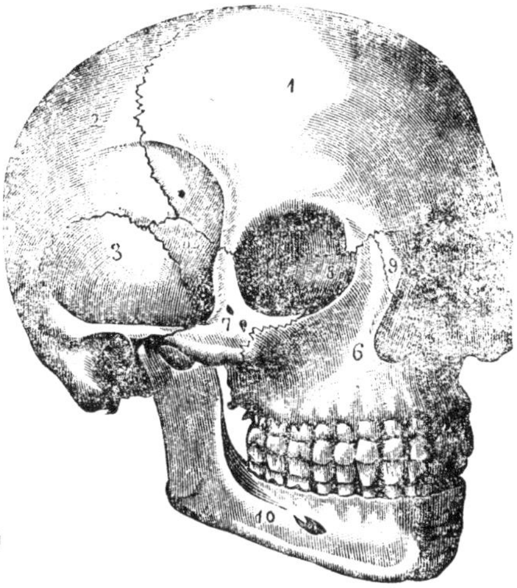

腔子骨○腔子骨、卽脊骨、脇骨、胸骨、與尻骨盤、○論其功用、脊骨是輔助周身之諸骨、共二十六骨節、相連而成、此骨節、名爲

節中之脆骨

脊柱圖

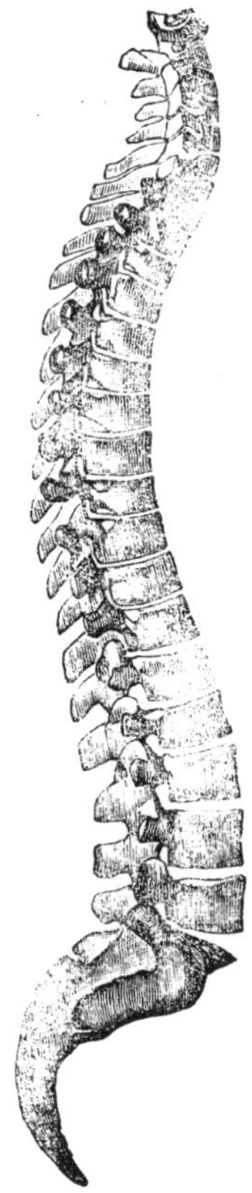

脊骨節圖

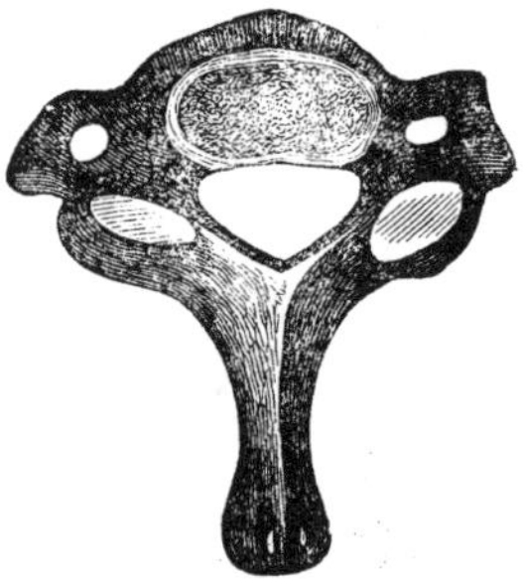

脊骨節、其形寬扁、自膀骨至頭骨、挨次擺起、成爲一條、且在每一節後、有一大孔、骨節連成一條、孔亦通爲一條、其長短隨乎脊骨之長短。每二骨節中、有脆骨一片、其厚薄約自一寸之四分之一、至四分之三不等、極厚者係在腰間、體質類似樹膠、皆能伸縮自如、故使脊骨活便能轉能彎。脊骨之體式、由背後看、直豎無彎、由左右看、

胸膛骨架圖

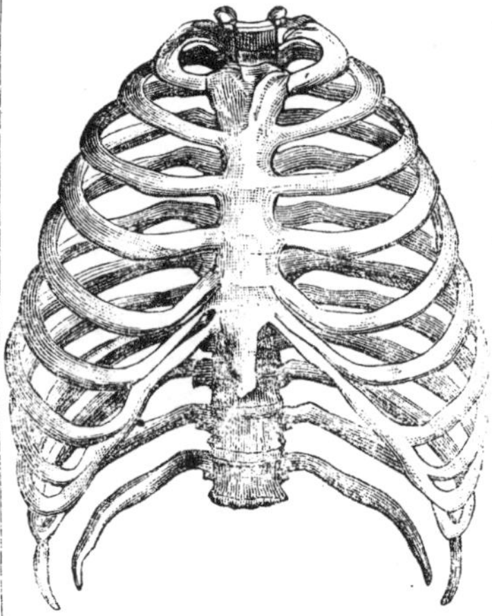

脇骨之形式

則見其向前向後皆彎、然兩頭之尖處、卻是一直線相對、○脇骨共二十四條、爲十二對、其形如弓、薄而且長、其後皆與脊骨相連、其前上七對、以脆骨與胸骨相連、中三對、以脆骨與第七對相連、下二對、則浮而不連、

胸骨

○胸骨乃薄而且扁之長骨、並脇骨合爲人之胸膛、

尻骨盤

○尻骨盤爲兩胯骨、骶骨、尾閭骨合成、

四肢骨分爲上下

四肢骨○四肢骨分爲二類、即上肢骨、下肢骨、

尻骨盤圖

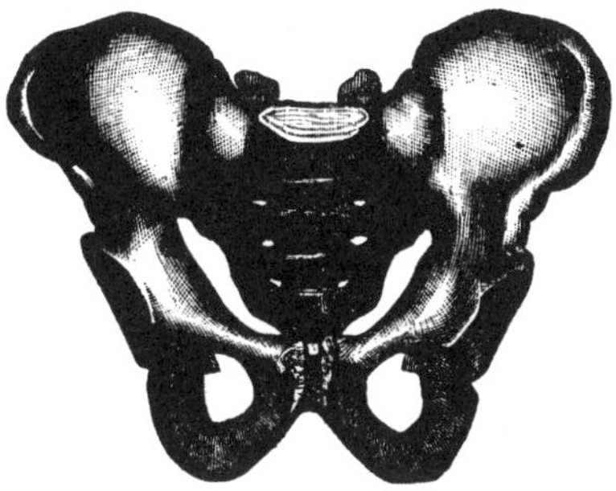

上肢諸骨

上肢骨○有肩胛骨、與胸膛後、並肩髈貼連、形似三角、有鎖柱骨、貼連胸骨與肩髈、其形彎曲、有上臂骨、即臂肘以上至肩髈

下肢諸骨

之骨、有正肘骨與輔肘骨、即臂肘以下、至手腕之二骨、猶有手腕八骨、手掌四骨、手指十五骨、〇手腕乃八塊小骨擺列而成、有筋連絡纏繞、彼此不能錯位、且容易轉動、〇手掌與手指之諸小骨、安置擺列堅固、且甚活動得力、任人使用、下肢骨〇有大腿骨、全身之骨、惟此骨最長、有膝盖骨、其形似盤、有小腿骨、與

肩膀骨圖

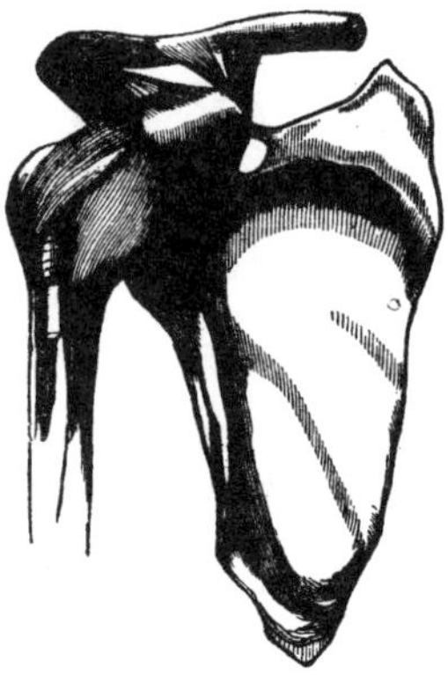

手骨全骨

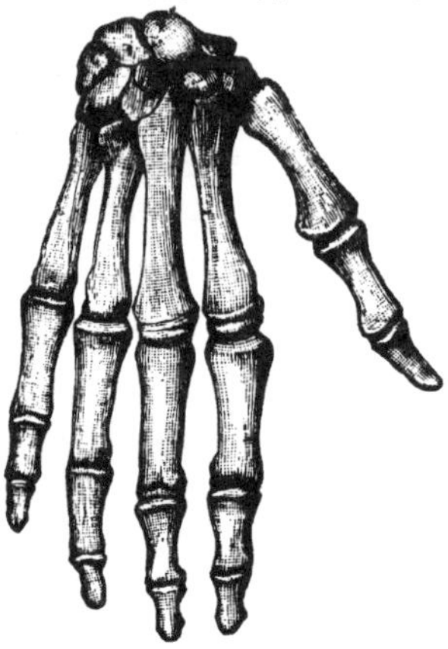

臂骨正反圖

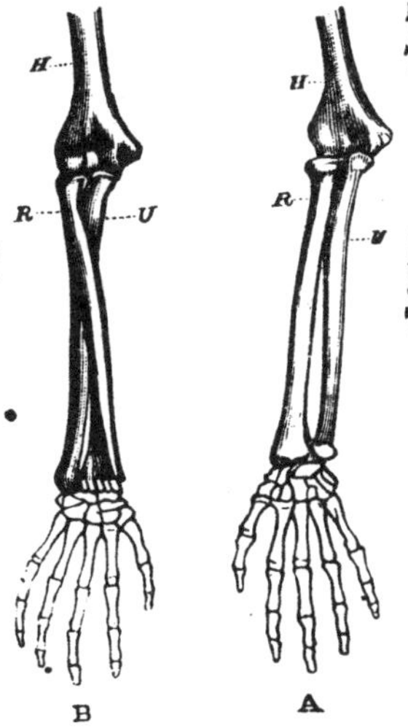

脚之形式使人移步順利全身安舒

輔腿骨、此二骨上接膝盖骨、下接踝骨、猶有脚腕七骨、足掌五骨、足指十四骨。脚之形式、上凸下凹、有筋將諸小骨連絡堅固、行走時、踵骨先着地、漸至脚指、使人移步順利、並因脚底凹形、故全身安舒、不至戰動。比如人登梯、是用脚心踏木、使脚不得用力、故上升時、必聳身而登、全身戰動。亦如纏足之婦女、多用踵骨行走、脚不得用本來之力、每一進步、必須聳身、常常如此、身體不免受傷、

脚骨全圖

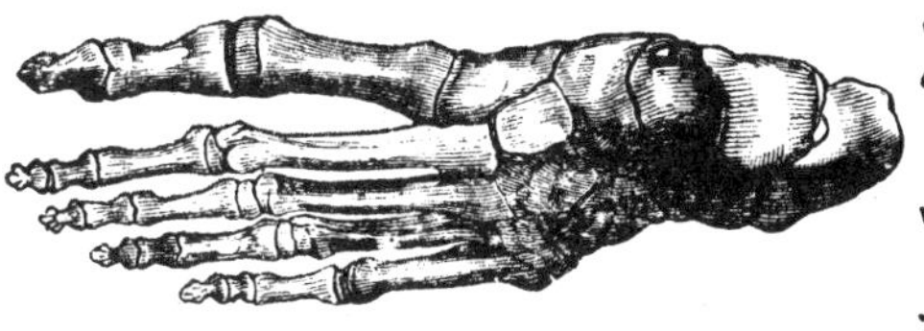

側觀脚骨圖

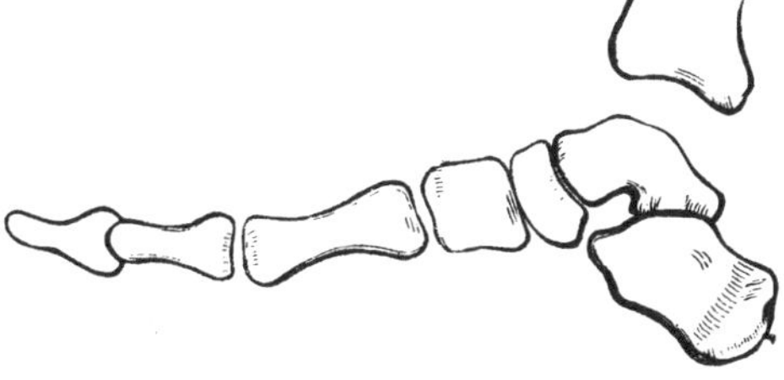

第三段骨節

骨節之用◯全身之骨、皆賴骨節、彼此交接連絡、使諸骨合成骨架、能轉動屈伸、

諸骨之連絡活動皆賴骨節

骨節分類◯骨節分爲三類、卽合頁節、杵臼節、與脊骨節、

合頁節◯臂肘節、膝節、下牙牀、與手指之骨節、皆爲合頁節、此數節若動、全係下節、但只能向一邊踡曲、

合頁節能下節踡曲但向一邊

杵臼節◯在二骨相交之處、一骨有一淺窩、一骨之頭如一圓球、此骨之圓頭、伸入彼骨之淺窩、能四外動轉、如肩髆骨節、大腿骨節、與大拇指骨節、

杵臼節能四面動轉

脊骨節◯卽每二骨節中間之脆骨、能縮能伸、故能左右前後

脊骨節能伸縮活動

頭骨下接脊骨其節有二

脆骨之堅柔各當其用

大腿骨節圖

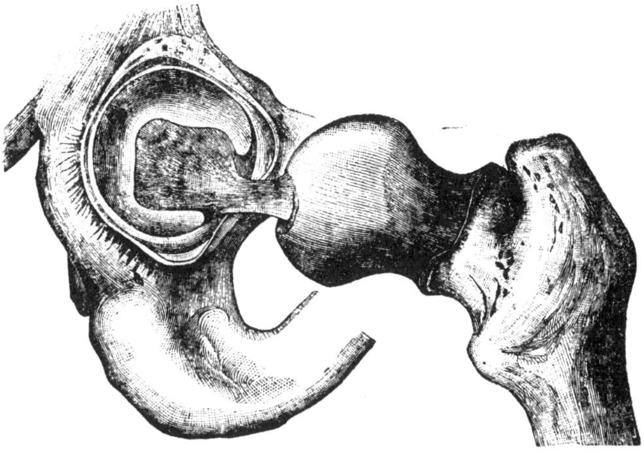

活動、

頭骨節○頭與脊交接之處、骨節有二、上爲合頁節、能使頭前低後仰、下爲轆轉節、能使頭向左右轉動、

頸首骨圖

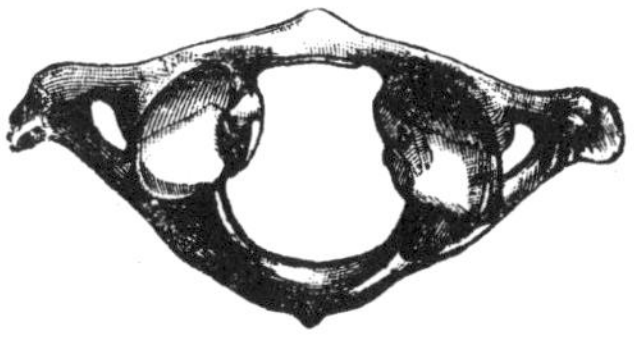

頸首次二骨圖

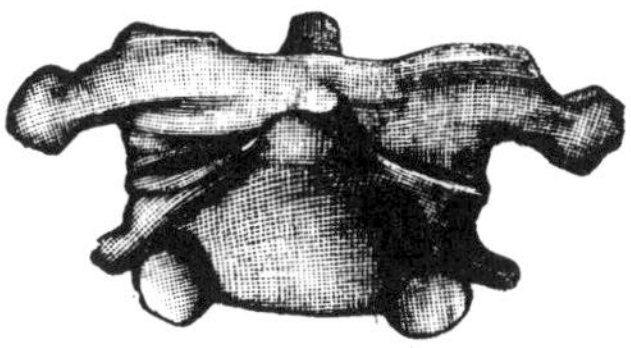

交節之脆骨○凡二骨相交之處、皆有一層脆骨、質堅性柔、因堅故能有力以任重、因柔故能伸縮而輕活、然不能甚柔、有妨於交節活動、

夾膜生汁使節內滑潤

筋外薄皮將筋骨包裹使不錯位

交節夾膜○脆骨與相交之骨節、全藉一層光潤薄皮包裹、名爲交節夾膜、能生膜汁、使節內滑潤。有時夾膜有病、生膜汁過度、交節便腫、此等病症、多在人膝盖之下、亦有時因被打傷、受凉、受潮、而生此病、

交節筋○凡二骨相交之處、有極堅固之筋、圍繞纏裹、名交節筋、其外又有薄皮一層、如同皮袋、將筋骨包裹、使骨不能錯位、亦能隨意轉動。有時人受打傷、或跌蹶、將交節筋損長、或將包裹之薄皮折裂、使二骨相離、卽謂脫節、或受傷較輕、只將交節筋損長、卽謂扭傷、

腰直之症○人之腰直、乃因脊骨未改其本來之直、腰直之人、

腰直之人不但有力且能壯觀

腰彎之故

或用肩擔挑、或用頭頂物、不但得力、更是平穩可觀、不但作工時便於用力、即行動坐臥、亦顯其飄灑靈便。或有負販之人、頭頂貨物、取水之人、頭頂水罐、其脊骨必甚直。人當謹慎、不可使腰彎曲、身體自能健壯有力、

腰彎之損○人之腰彎、乃因脊骨改其本來之直、不但不能用力作工、亦且身體不足壯觀。常曲身之人、易生此病、蓋因脊骨中充滿骨髓、與腦氣筋、人慣於曲身、骨髓必受壓擠、腦氣筋亦受損傷、久之即成有殘疾之身體。學生彎腰讀書、與婦人彎腰作活、皆易使脊骨彎曲、不能復直。人寫字、或畫畫、常高抬右臂、右肩必高、左肩必低、日久習慣、腰必斜彎、總不能治、

習問

骨有何用、　係何而成、　骨中有何物、　骨能生長不能、　有知覺否、　活動身體與骨有何關係、　頭骨之體式如何、　有何用處、　腔子骨係何骨合成、　上肢骨共是何骨、　下肢骨共是何骨、　如何成爲脊骨、　在脊骨節中間有何物、　脊骨之形式如何、　胸膛係何骨連絡而成、　手腕骨之形體如何、　脚骨有何等形式　腿骨與脚之何骨相連、　人行走時、何骨先著地、　爲何身不戰動、　骨如何相交接、　合頁節是何形、　頭骨如何與脊骨相連、　二骨交接之處有脆骨何用、　夾膜係何物、　有時夾膜有病、交接骨卽如何、　骨因何能堅

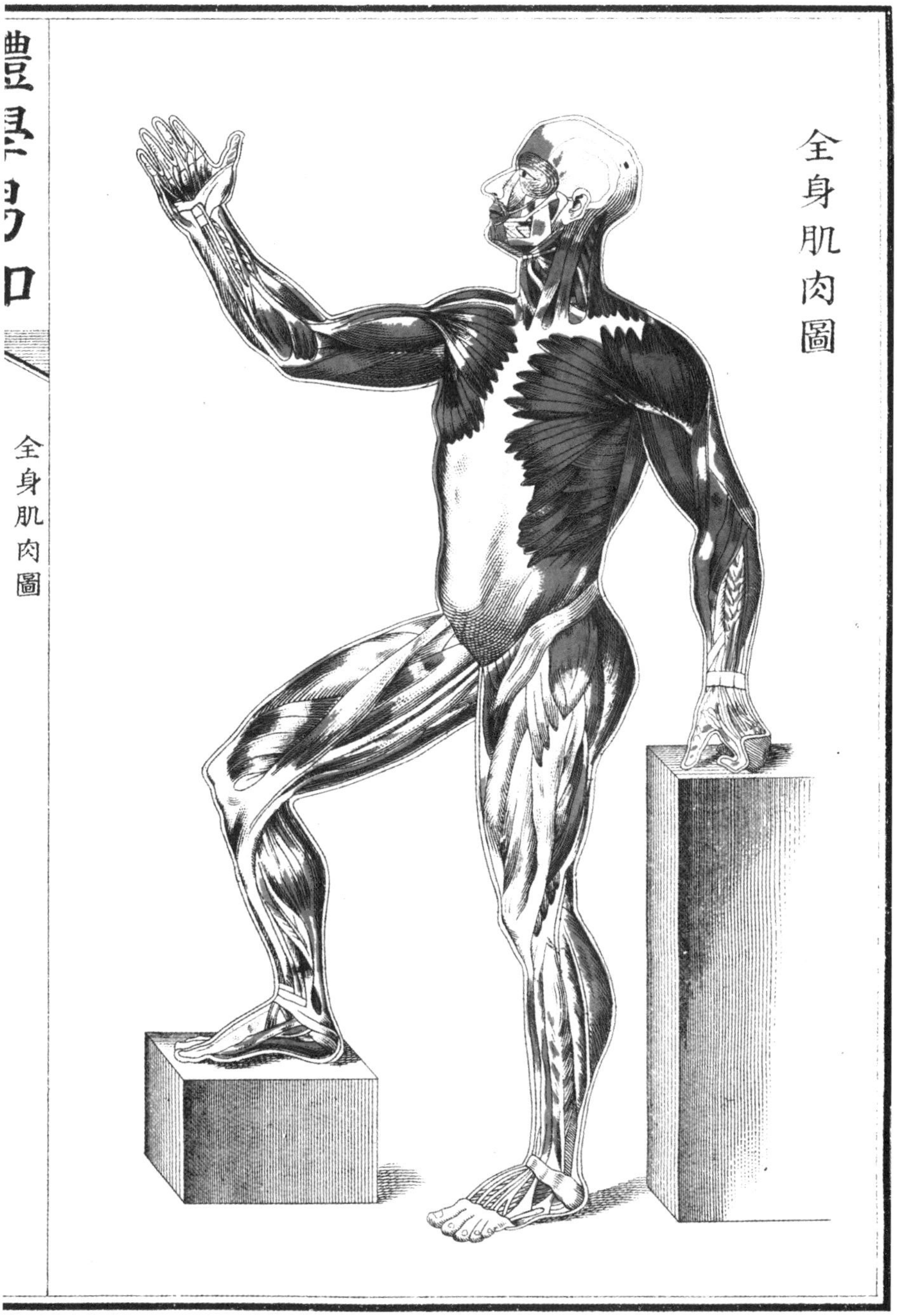
全身肌肉圖
全身肌肉圖

肌肉之用有二

肌肉之形不同而長圓者居多

固相連、何爲脫節、何爲扭傷、人腰直有何益處、腰曲之人、有何損處、人腰之彎、約因何故、又因何使腰斜彎、

第二章論肌肉

肌肉之用◯一能遮盖聯絡全身之骨、二全身之行動、皆賴肌肉之伸縮。肌肉多有對偶、彼此互相伸縮、如臂上之肌肉、上面者縮回、對面者必然伸出、對面者縮回、上面者必然伸出、

肌肉形體◯各處肌肉、形體不同、然多係長圓之形、如臂上之肌肉、乃長而圓者、胸膛之肌肉、則扁長者、圍繞眼目與嘴唇之肌肉、爲閉目開口之用、則爲圜形、亦有扇形者、心乃空肌肉、則係袋形、

肌肉筋之形狀

肌肉能曲伸骨節然不與之貼連皆賴長肌肉筋上下連絡

臂肘曲伸之故

肌肉之筋〇肌肉貼骨、多因兩頭有筋、名爲肌肉筋、此筋甚結實、能活動、但不能伸縮。有處於此筋外、另有一條寬厚之筋包裹、如同鐲釧、使肌肉筋更加結實。亦有處此筋分爲兩岔、卻貼於一骨之上、

曲伸臂肘肌肉圖

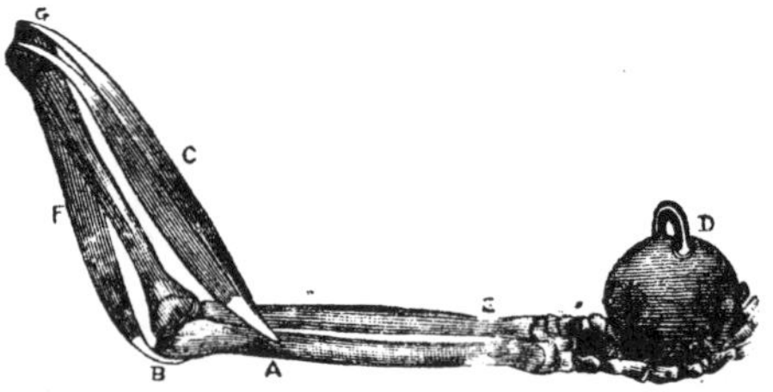

肌肉貼骨〇肌肉能彎曲骨節、卻不與之貼連、多半貼連於骨節以上之骨、有長肌肉筋長過骨節、貼連以下之骨、卻是一骨能動、一骨不能動、肌肉一縮、便將能動者上拉、與不能動之骨相近、〇使臂肘彎曲之肌肉、係在上臂骨之前面、臨近肩髈之處、與上臂骨貼連、有肌肉筋長過臂肘、與下臂骨貼連、貼連處

手足指活動之故

離臂肘不遠、臂肘一彎、上臂骨前面之肌肉卽縮、若用手摸之、便覺臌起、○使臂肘伸者之肌肉、係在上臂肘後面、上貼於上臂骨之上段、下貼於臂肘骨尖之上、○使臂骨活動之肌肉、是貼於肩髈、脊骨、與胸膛之上者、○使大腿骨活動之肌肉、是貼於胯骨之上者、○使手指骨活動之肌肉、是貼於下臂骨之上者、此肌肉離手指甚遠、有長肌肉筋、長過手腕、與手指骨貼連、手指一彎、前面之肌肉便臌、手指一伸、下臂骨後面之肌肉便臌、○使脚指骨活動之肌肉、是貼在下腿骨之上者、有長肌肉筋、長過踝骨、並

手指筋肌圖

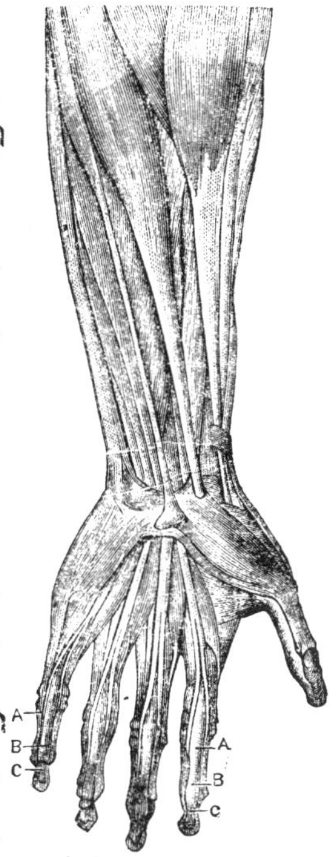

肌肉分爲二類亦有兼乎二類者

肌肉功用甚多而各有其類

脚面、脚心與脚指貼連、

肌肉分類○有隨人心意而運動者、如四肢與脊骨之肌肉、有不隨人之心意自能運動者、如心與胃之肌肉、又有兼乎二類者、如呼吸氣之肌肉、雖人不使動、卻能自動、但人能使之速動、或能使之暫時不動、

臉面肌肉圖

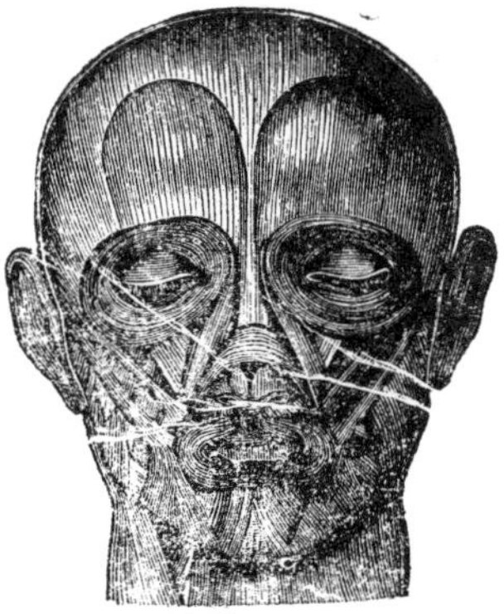

功用分類○肌肉之功用不同、有特爲能伸出者、如伸臂之肌肉、有特爲能曲回者、如曲臂之肌肉、有特爲能左右轉動者、如使臂轉動之肌肉、有特爲能上下運力使動者、如聳肩之肌肉、更有數類肌肉、是爲各等活動之用、如

肌肉常用之處必然強健

活動身體其益甚多

人之言談喜笑、轉動眼目、血運行週身、並消化食物、皆賴肌肉之活動、

肌肉生力○人用肌肉、肌肉即長、而且健壯、作工人之肌肉、較間暇人之肌肉、壯大而有力、何處之肌肉常用、必然健壯、船上之水手、其肩臂必粗大有力、跳舞之人、腿必粗壯、農人則全身健壯、

活身之益○人若日日活動身體、不但使肌肉健壯、全身肢體、皆因之精爽、且能使人呼吸通暢、血脈清潔、又能助內消化食物、出汗爽利、換舊增新、更於腦子有益。即常在屋內用功之人、亦宜每日出於房外、活動身體、爲多得日光、與風中之養氣。活

用力不可過度

幼年用力過度之損

夜間作工之損

身之法甚多、但於房外往來行走爲易

活身之則○所論人之活動身體或作工、皆能增長其力、然作工之力、亦有定限、若用力過度、夜間之歇息不足補白晝之勞乏、身體必致軟弱、容顏易變爲蒼老、○人在幼時、其骨尚未堅硬、肌肉仍是軟弱、不可費力過大、工夫太長、若過其所能忍受、惟恐骨與肌肉不能增力、且阻其身量增長之勢、○白晝之日光與空氣能增長人作工之力、夜間作工之人、其平生之力、必早耗盡、於飢餓始食飽之時、若遽活動、亦不甚獲益、

習問

肌肉有何用處、　有何能力、　其形式如何、　如何使骨節曲

彎、　彎臂肘之肌肉在何處、　伸臂肘之肌肉在何處、　使肩髈動之肌肉在何處、　使手指動之肌肉在何處、　使脚指動之肌肉在何處、　何爲隨人運動之肌肉、　何爲自能運動之肌肉、　此二類之外、更有何類、　肌肉何能生力、　活動身體有何益處、　活動之法、何者爲易、　人作工過度、於身體如何、當如何作工、身體始不受傷、　幼年時當如何作工、　白晝與夜間作工、有何不同、　何時活動、不甚有益、

第三章論食物與消化

第一段食物與口

消食之器○乃口、食管、胃、大腸、小腸、

食物缺乏之身必瘦弱

身體藉食物增長長成後亦藉之以增新

牙之形狀能力不同

食物之用○食物於人、最關緊要、若常常缺乏、身體必要瘦弱、

牙齒全圖

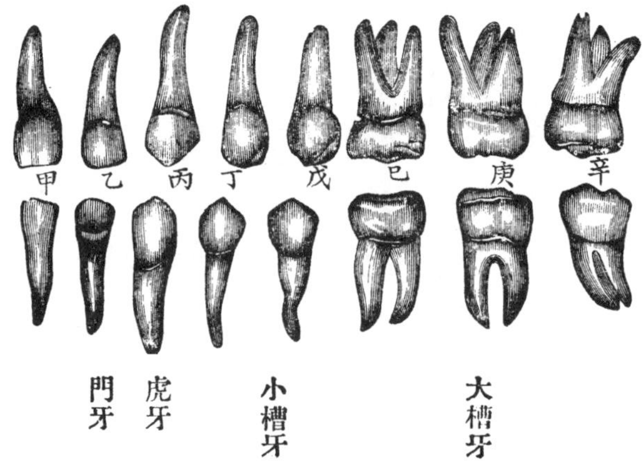

食物入口、用牙嚼爛、咽之於胃、消化成糜、入小腸、而吸於血管、運行週身、得其補養。亦使人身體從小長大、及長成之後、常有去舊換新之妙、可知食物能使身體增新、其死食物、能變爲活身體者、皆仰賴天主所賜消化之法、

口中全具○乃唇、顋、舌、牙、涎核、

牙之數○人長成時、必有三十二牙、上下牙床、各有十六、當中

牙縫久存食物必致傷損

四對爲門牙、兩旁二對爲虎牙、又有四對爲小槽牙、儘頭六對爲大槽牙。門牙薄過他牙、快如刀刃、能將食物切碎。虎牙有高尖、根最長。小槽牙皆雙根、頭圓中窪。大槽牙上下不同、上六牙皆三根、下六牙皆雙根、此牙又名磨牙、高矮不齊、能將食物研碎如磨、

割視槽牙圖

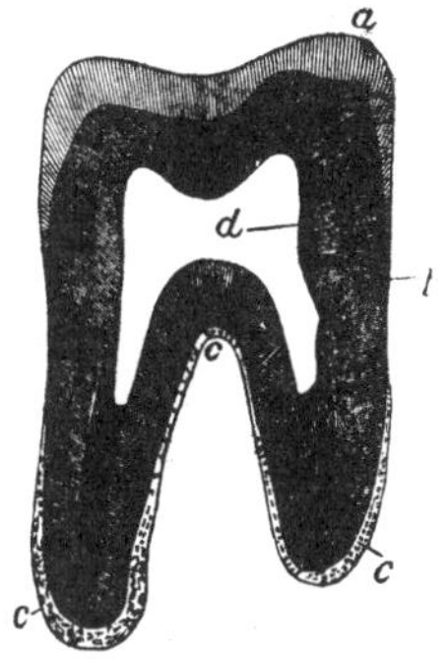

d 牙骨　c 牙根骨質　b 牙管　a 牙磁

牙之質○牙骨之質、內裏軟活、外面名牙磁、堅硬光潤潔白、足可保全牙骨、日久不壞、牙骨內有腦線、若外面朽壞、食水貼近牙骨、即覺疼痛、

保牙之法○食物若久存於牙縫、則護牙之磁、必致朽壞、牙內

津液由涎核而生爲使口舌不乾亦爲使食物易於下咽

牙力足能嚼爛食物爲消化之第一步

尤易受傷、故人宜於每日食後、務須刷牙方好、

津液之生○人身無病、口永不乾、因口內有小肉塊六枚、形如杏核、名爲涎核、能生津液、如毛孔之出汗、口不動時、津液少生、或用牙磨顋、或將舌攪動、即有如許津液湧出。津液爲使口舌不乾、並爲滋潤食物、使之容易下咽。人若多食檳榔、耗費津液、甚不相宜、

口嚼食物○嚼乃消化食物之第一步、食物入口、用牙嚼爛、又有津液滋潤、然後下咽入胃。牙若無病、其力足能將食物嚼爛、津液亦足能滋潤、

第二段食管與胃

食管之體質功用

食物入胃因食管豎環二條挨次縮緊之故

食管○此管與口胃相連、在氣管後、貼近脊骨、通入胃之左邊、質最柔軟、爲兩層肌肉所成、一層豎條、一層環條、其環條挨次重疊、隨食物爲伸縮、食物不入、即合而不開、

咽喉全圖

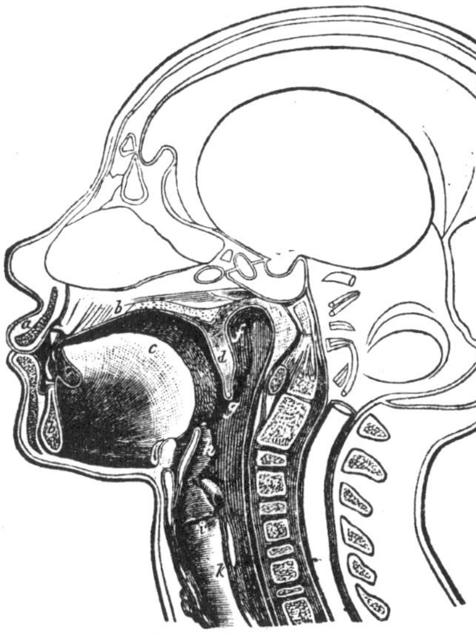

c 舌　g 膒簾　h 氣管蓋　i 聲管　I 食管　f 咽喉

吞咽食物○食物在口嚼畢、舌向後縮、即將食物送入食管、一入管口、在下之豎條縮緊、使食管見寬、在上之環條縮緊、使食物蠕動而下、豎環二條、挨次縮小、直將食物送入於胃、

胃左大右小左口高右口低且各人之大小不同故其食量不同

外層爲胞膜

中層爲動肌

內層爲涎膜

胃之外圖

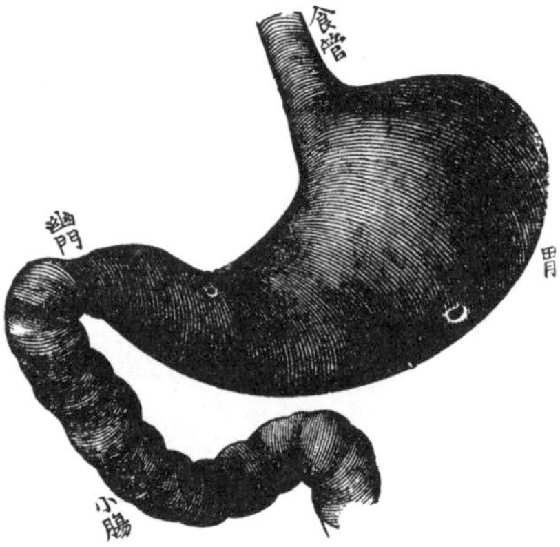

胃之形體○胃乃長方之肉袋、在胸膈以下、短肋以後、左大而右小、左口高而右口低、其大小人各不同、飲食過多者、約盛二升、縮小時、只盛半升、合中者可盛一升、

胃之體質○胃有三層、各有所用、外層爲胞膜、將胃包裹、使之堅固、又與脊骨相連、使胃不致動移。中層爲動肌、如羊肉之細絲、能縮短、亦能伸長、使胃活動。內層爲涎膜、乃一層鬆軟之厚皮、無伸

胃之內圖

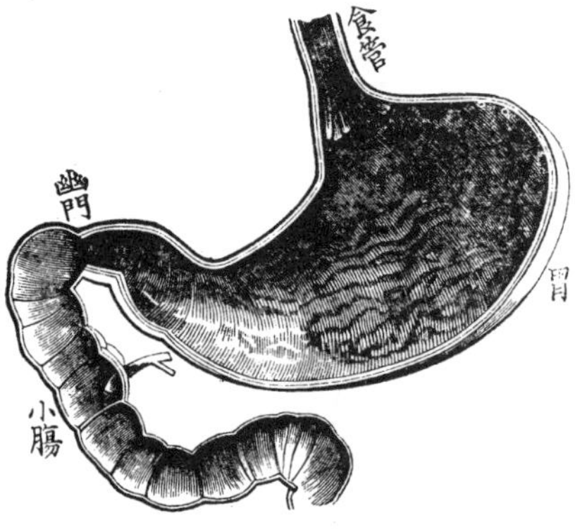

縮之能、胃緊小時、即縱成摺紋、伸鬆時、即充鼓舒展、此皮能生涎沫、使胃免被食物磨壞、亦生胃汁、消化食物、

胃汁之功用乃爲消化食物

胃汁○胃汁自胃之內層發出、若汗自毛孔發出者然、惟胃內能生此汁、其功用乃爲消化食物、無論米麪菜肉、及各等食物、均能消化、必須食物入胃、磨動內皮、其汁始緩緩而生。胃若無病、足以消化本身應用之食物、如貪食過度、使胃汁難於消化、則新食與已化者混爲一處、必致於胃、有所妨害、

貪食過度者必妨害於胃

飢餓之故

飢餓○人之飢餓、乃因已用之食物、消化既盡、故胃又復生汁、以備消化再來之食物、汁生已止、即不覺餓。人所食者、宜恰如胃汁能消化者、一覺不餓、則是所食之物、與胃汁相稱之故、

中層環絲挨次鬆縮故使食物運動

胃之活動亦呼吸之故

食物爲糜流入腸管

第三段消化之理

胃之動○人食已畢、胃之中層、一鬆一縮、使所食之物活動、但非一齊鬆縮、乃其環絲挨次鬆縮、使食物前後左右運動、無一時停止、

臟腑全圖

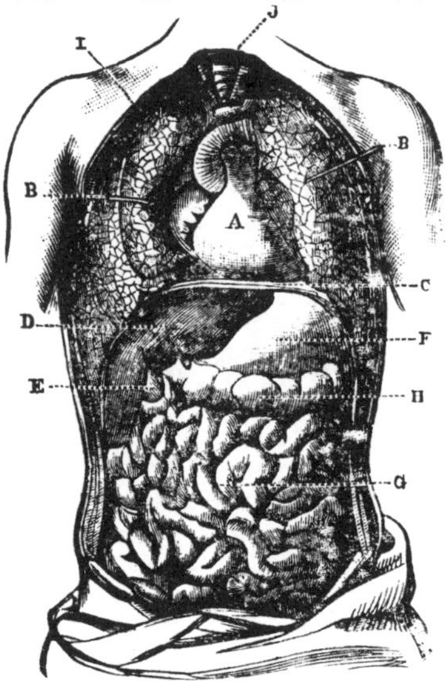

A 心
B 肺被展而顯出內臟
C 膈膜
D 肝
E 膽囊
F 胃
G 小腸
H 大腸橫會

呼吸助胃動○胃在膈膜以下、肚腹肌肉以上、人一吸氣、肺即開張、使膈膜下降、遂將胃下壓、人一呼氣、膈膜回凸、肚腹肌肉一縮、仍將胃上擠、故人之呼吸、亦使食物在胃中時常活動、

食變成糜○食物在胃中運動、與胃汁調和、無論何等食物、皆

胃與腸管交連之處爲幽門

消化之時刻人各不同而所差無幾

變其體質而成糜、遂流於胃之右邊、進入腸管、若有未化者、則不能流過幽門、仍留胃中、

幽門〇胃左大而右小、中層肌肉絲自左至右、漸漸緊小、其端頭、則細密緊厚、即爲幽門、在胃與腸管中間、爲截止胃汁、與未化之食、流入腸管、若胃中有已化爲糜者、幽門自然開放、容糜流過、隨卽縮閉、

消化時刻〇食物消化成糜、在人胃中、各有不同、在乎食物軟硬、身體强弱、然無病之人、其消化之遲速、雖稍有不同、而所差亦無幾。在中國道光二十餘年、美國一兵丁、受槍子傷透胃、後雖痊愈、總未收口、有一醫士、由孔窺胃、見胃中消化各類食物、

消化食物表

大米飯	一點	煎大腸	三點一刻五分
發饅首	三點二刻	煑小雞	四點
煑玉米	三點三刻	煑雞蛋	三點二刻
麪點心	二點二刻	炒雞蛋	三點二刻
肉包子	二點二刻	熬　魚	二點
糖包子	三點	醃白菜	二點
炒豬肉	五點一刻	煑白菜	四點
烤羊肉	三點一刻	煑蘿蔔	三點二刻
烤牛肉	三點	煑山藥	二點二刻
煑肚子	一點	蘋　果	一點二刻

多飲茶水致減胃力

不將食物嚼爛或食堅硬之物皆妨消化之功

腸管亦分三層

考驗成糜之時刻、茲將所考者數樣、錄之於右、

消化之限○食飯時、若多飲茶水、以致胃汁清淡、其力遂減、即妨其消化之功。若不將食物嚼爛、囫圇吞下、胃汁僅能潤溼外層、不能一時潤透、必須層層滋潤、漸漸消化。若食堅硬之物、雖然嚼爛、亦不易潤透、皆必遲延時刻、以致肚腹不能舒暢、

腸胃圖

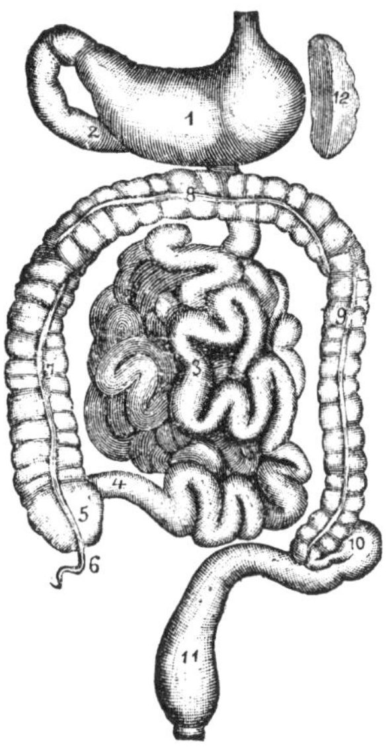

第四段腸管

大小腸○有一長管、自幽門至肛門、分爲小腸大腸、小腸自幽

諸管吸液之器

門回環而下、至大腸、小腸細且長、大腸短而粗、通至肛門。腸管似胃有三層、外層爲胞膜、與肚腹胞膜、並脊骨相連、使之不能移動。中層爲動肌、能鬆能縮、食物一入腸管、肌肉絲自上至下、挨次鬆縮、將食物擁下。內層爲涎膜、其質厚軟而鬆、且摺疊有皺紋、亦生涎沫、使之滑澤、免被食物磨壞、

吸液之器○腸之內層、充滿微管、通至外層、衆微管合成如許小管、衆小管又合成一大管、爲總吸管、順脊骨而上、

微吸管圖

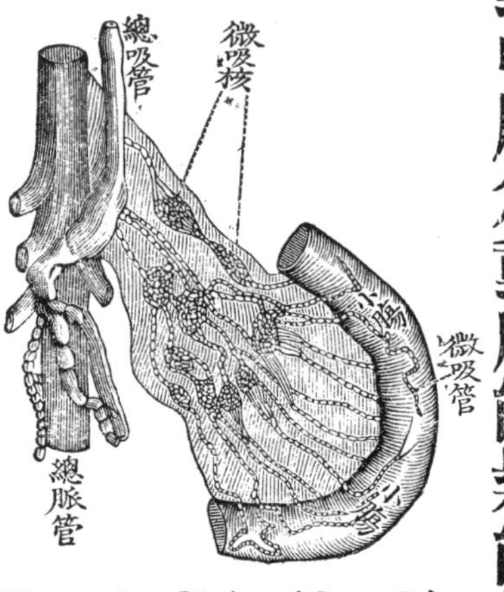

總吸管圖

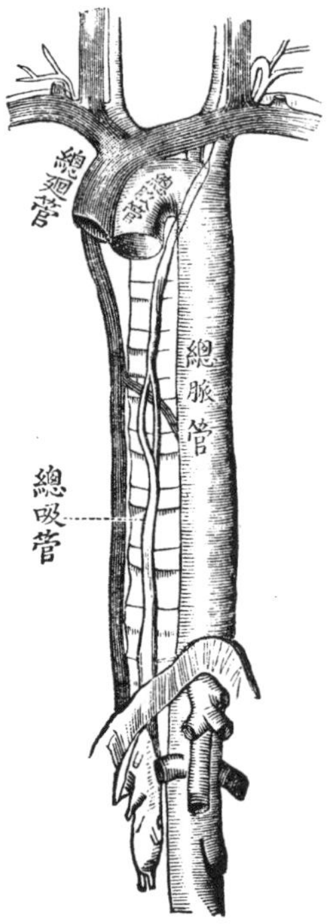

微管吸取精液以補血脈

肉類之精質多於菜類

通入廻血管、

小腸精液○胃中之糜、甫入腸管、有小腸汁與之調和、即分二類、一爲養身之精液、甘白如乳、名養汁、二爲無用之渣滓。其精液之多寡、在乎所食之物、與作法、並化食之權如何。精液渣滓初分之時、微管即將精液吸去、其管雖微、因其過多、故能將精液吸盡、穿過小管、歸總吸管、至與心相近之處、入廻血管、以補血脈之不足、而周流於全身、

第五叚食物

食物美惡○肉類、菜類、皆有養身之精質、但菜類不如肉類之多、能使人健壯、故作工者、或常受寒冷者、比靜閒者、或常居煖

每日三餐爲合宜

室中者、宜多食肉、冬日比夏日宜多食肉、居寒道者、比居熱道者、宜多食肉。若熱道之人多食肉、恐生雜病、寒道之人少食肉、恐不足補養身之火力。若飲酒、或多食胡椒、蓁椒、丁香、諸物、雖能暫時補助消化之力、然使胃過用其力、終必軟弱、且人之口胃、本能分別食物美惡、愛食當食之物、若飲濃酒、淡酒、及多食薑醬、與各香料、則必失却原有之能、

餐飯時刻◯食後約六點鐘、足將所食之物消化、自覺飢餓、每日三餐、即合乎當食之宜、亦能息養消化之力。人一夜寢睡、晨起、必然思食、在未作事以前、宜用食物、遲六點鐘用中飯、再遲六點鐘用晚飯、必過兩點鐘、方可安眠。若作工始歇即食、或食

畢卽作工、不能少待片時、因其乏倦、胃不能消化、必致生存食不化之疾、

習問

消食之器、皆是何物、　口中牙數若干、　皆係何牙、　牙之朽爛、是因何故、　口因何終不乾、　如何令涎沫流出、　食物如何方入胃、　食管之體質如何、　如何吞咽食物、　胃在何處、　胃之大小如何、　胃之體質如何、　外層有何用處、　中層有何能、　中層形式如何、　如何活動、　內層有何用處、　胃汁是何物、　胃汁如何生出、　何時胃中始有胃汁、　如何使人覺餓、　如何自知食足應用食物、　人食畢、胃之中層如何、

食物如何在胃中活動、呼吸與消化食物、有何關係、糜是何物、食物既變爲糜、卽如何、何爲幽門、有何用處、多飲茶水、於消化之功如何、粗大堅硬之食物、如何消化、腸之體質如何、腸之三層各如何、何爲吸液之器、糜入小腸、卽如何、所分之精液如何、歸於何處、肉內多有何質、何時、何人、宜多食肉、飲酒與多食香料等物、於消化之功如何、飯後過幾時宜再食、因何至六點鐘、作工之人、飯前飯後當如何、

第四章論血脈運行

第一段運血之器

心分左右兩房

又分上下房

心之功用

心○心在胸膛之內、胸骨後偏左、懸於肺之當中、心乃一空肉袋、肌肉絲與胃之中層相彷、能縮能鬆、縮緊時、卽將其中所有之血擠出。心分左右兩房、彼此不能相通、左右又各分上下、名爲上房下房、上下房中間、皆有小門、亦有門扇、開放時、使血從上房流入下房、下房血滿、門扇卽閉、血不能回流、心與脉管相連之處、亦有門扇、開放時、血流入脉管、流過卽閉、不容其回流入心、○中年無病者之心每一分鐘、可縮七十五次、每一縮、約有血一兩、自心左邊擠入身、有血一兩、自心右邊擠入肺、心擠血入脉管、脉管必漲動、凡挨近皮膚之血脉管、以手捫之、皆能覺得。心有時因病其縮速、亦有時因病其縮慢、在疾行、飲酒、急

血脉管有二　廻血管有二

二管相連之處乃微血管

躁時、必速縮、平安寢睡時、必慢縮、

血管○全身血脉、從心發源、脉管由心通徧周身、使血無處不到、微血管由脉管得血、運入廻血管、血在廻血管、週流全身、又運流入心、○與心相連之血管有四、二爲血脉管、二爲廻血管、論二血脉管、一從左下房將血運徧週身、一從右下房、將血運入肺中、脉管離心愈遠、分者愈多、脉管愈小、以至分爲無數。論二廻血管、一將血從週身運囘右上房、一將血從肺運囘左上房、廻血管之起處甚微細、離心愈近、其管愈大、至終會合二總管入心。血脉管之末、與廻血管之起處、相連之血管、卽微血管、論微血管更是細小、全身百體、無處不有、

體學易知

全身肌肉圖

心圖

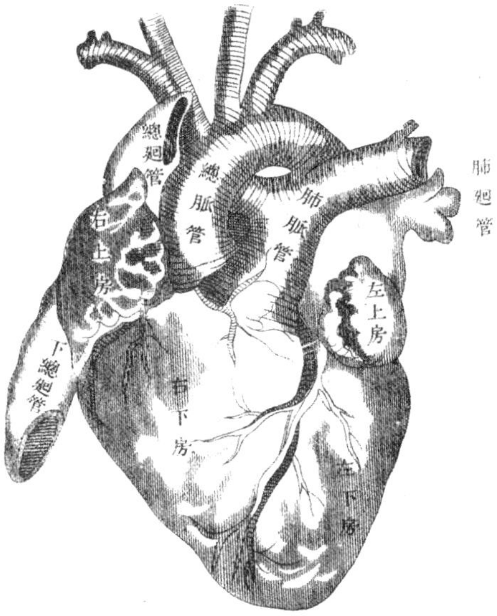

血脈運行圖

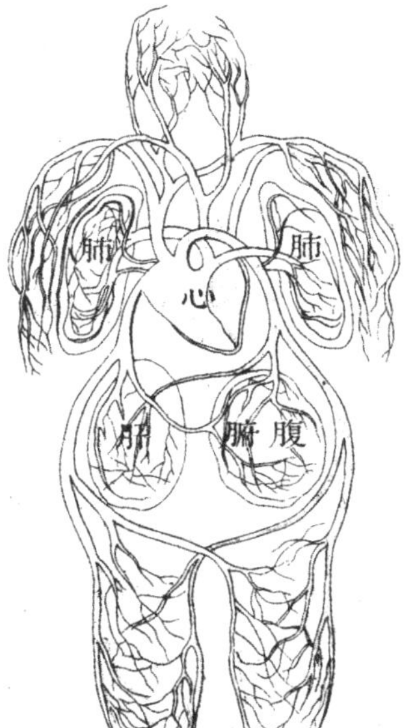

側觀心右圖

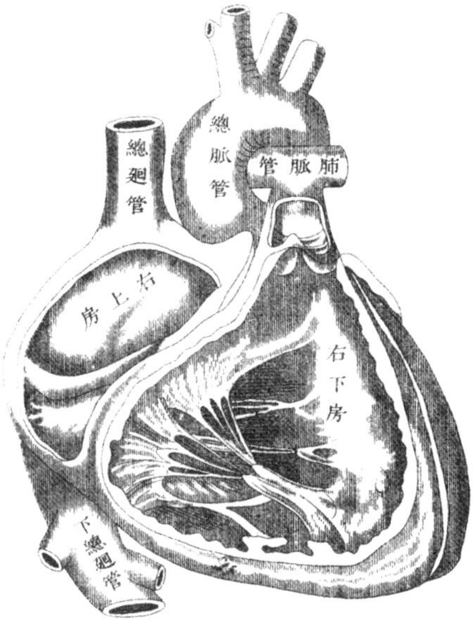

側觀心左圖

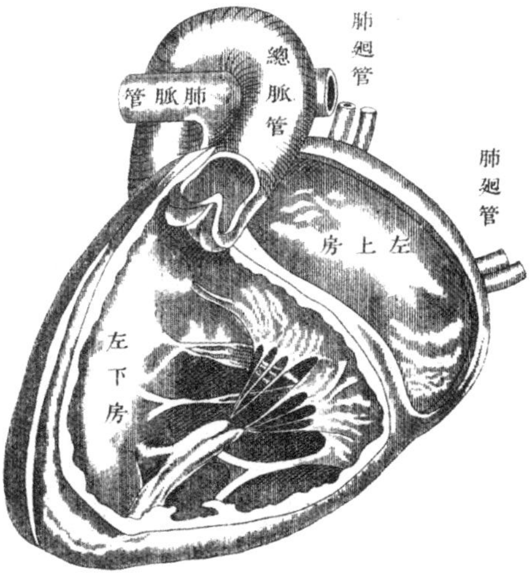

血在微血管色漸變紫

血運身脉◯全身之血、顏色有二、一紫色、一紅色、紅血自左上房起、入左下房、自左下房、入血脉管、穿過全身之微血管、在微血管時、色漸變紫、復由廻血管回入右上房、自右上房、入右下房、自右下房進入肺之血脉管、

入肺復變紅

血在肺中、色復變紅、又回入左上房、可知心之左乃紅色、心之右乃紫色、血在身內變紫、又在肺中變紅、如此運行、永無停止、

第二段補養之理

微質之功用

微質更換◯人所得食物、化爲養汁、合於血中、爲養育全身、添補百體之缺欠、人身體長大、皆賴血中之微質、此微質、時常更換、微質化而成肉、即有活潑之理、皆合乎該處之功用、及其力

二微管一補一撤而或多或少因其年歲不同

用盡、便爲死物無用、被吸管撤去、又有新微質彌補、凡人自生至死、終是如此更換、舊者去、新者來、所以食物養育、關乎人之緊要者有二、一人自幼時、身量長足、二微質更換、隨撤隨補、人之骨肉筋皮、以及毛髮、皆係微質變成、其成就養育之功者、是在乎微血管、血於微血管運行全身、各處均選其應用之質、如骨選取骨質、肉選取肉質、全身百體、處處皆然、

二類微管相輔〇微管分二類、曰微血管、微吸管、此二微管、偏滿全身、功用彼此相輔、使人身體不失其常。人在幼時、身量正長、微血管所補者、多於所撤者、及至老年、身體衰弱、微吸管所撤者、多於微血管所補者、惟在中年、所補所撤、彼此相等、故使

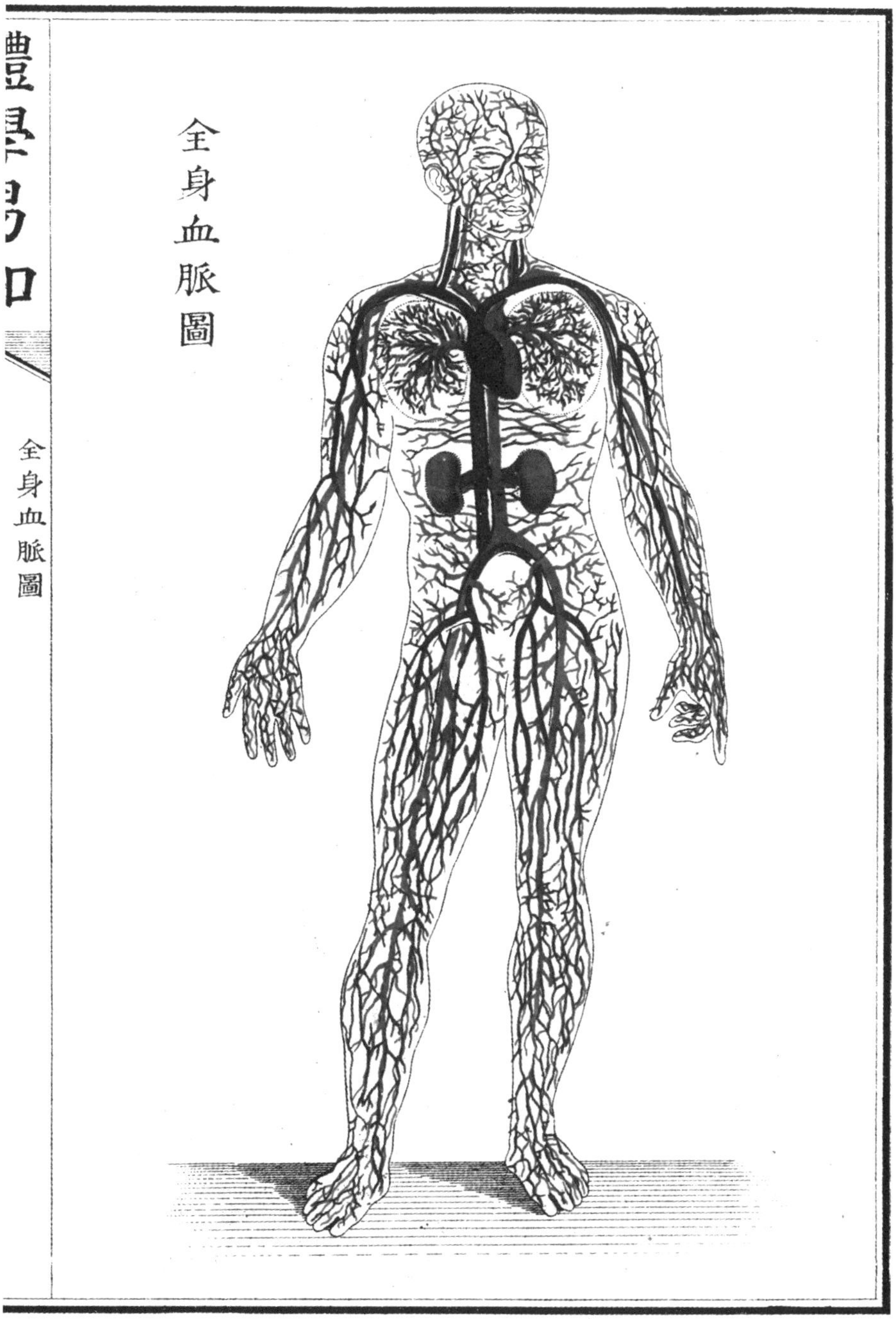
全身血脈圖
全身血脈圖

骨學易知

血變其色乃微質減少之故

死微質多入於肺被肺呼出

身體不增不減。而且幼年時、微質補之速、撤者亦速、老年時、微質補之緩、撤者亦緩、作工之人、比閒暇之人、補者速、撤者亦速、所以年幼之人、比年老之人精爽、作工之人、比閒暇之人精爽、

血之改變◯血行週身之微血管、各處取其應用之質、血中之微質必減、顏色亦因而改變、故在血脈管中其色紅、在廻血管中其色紫、

死微質◯微質之力用盡、卽被吸管吸去、或自皮膚發出、或變水降下、然入於廻血管者爲多、與紫血攙合、運之於心、又自心入肺、被肺呼出、人每日身內所死之質、約有數兩、若不散出、血管必然充塞、使人患病、

習問

運血之器皆何物、　心有何功用、　血脈管有何功用、　微血管有何功用、　廻血管有何功用、　心之體質如何、　分爲何名、　彼此如何通連、在何處通連、　何爲心之門扇、　門扇作何用處、　何血管與心相連、　血管如何分散全身、　血脈管之血、如何入於廻血管、　血如何運行身肺、　一分鐘心大約縮多少次、　每一縮有多少血擠出、　因何使心速縮或慢縮、

人之一生、皆賴何物生活、　微質已死如何、又如何補上、如此更換、與身體有何關係、　食物關乎身體者、以何二者爲緊要、　血能變成何物、　微血管能成就何功、　微血管與微

吸管如何相輔、　年歲不同、此二類微管之功用、亦如何不同、

血在血脈管與廻血管時、有何分別、　死微質、人每日有多少、　若不散出、與身體有何患處、

第五章論呼吸

第一段胸膛

紫血中有三物

紫血◯流入心右上房之紫血、內有三物、一、力未用盡之紅血、二、所撤之死微質、三、由小腸所得之新精液、其未用盡之微質、力不足以養身、新精液尚嫩、而力不壯、死微質已朽壞、紫血若入脈管、於身必有妨害、所以必須先入肺、呼出死微質、吸入養氣、將紅血與新液合而爲一、

胸骨脊骨並肋骨合爲胸膛

胸骨如籠斜繞木桶

肌肉縮則肋骨升故胸膛較寬肌肉鬆則肋骨降故胸膛較小

胸膛骨架○自頸至腹、乃爲胸膛、前有胸骨、後有脊骨、左右各有十二肋骨、使胸膛成爲圓形。肋骨與脊骨相連之處、有類合頁、使肋骨能上下活動、但不能移位。與胸骨相連之處、乃柔軟脆骨、使肋骨能上下微動、肋骨從後至前、坡而不平、若上提使平、胸骨必往前擁、胸膛之內則較寬、肋骨如籠斜繞木桶、若籠提平、桶板外鬆、桶內必較寬、

胸膛骨架圖

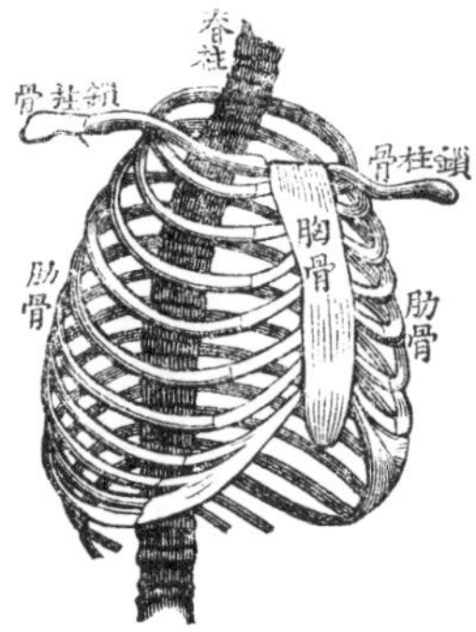

木桶圖

胸膛肌肉○肋骨能動、乃因肌肉之故、此肌肉有在肋骨夾縫中者、有在肋後、上連脊骨者、夾縫中之肌肉一縮、肋骨必根根

膈膜上拱形如瓶底

吸氣時膈膜下壓呼氣則反是

湊近、連脊骨之肌肉一縮、必將肋骨上提、此二肌肉同時並縮、使肋骨上升、胸膛內則較寬、鬆時則肋骨下降、胸膛即較小、如此一鬆一縮、更迭不已、

膈膜○膈膜乃胸膛之底、一片肌肉、前連於下肋骨、與胸骨尖上、後連於脊骨、貼近胸骨之處高、向後漸低、當中向上拱起、有如瓶底、高至第四根肋骨、縮下時、則低至第七根肋骨上升、膈膜必下降、胸膛之內則較寬、肺亦漲大、此乃人呼吸之故。膈膜在胃與諸消化之器以上、且與包括肚腹之肌肉相連、膈膜向下一縮、必將諸消食之器下壓、肚腹肌肉亦必外漲、故人吸氣時、腹必漲大、但膈膜下縮、隨即上升、上升時、肚腹肌肉仍縮、又

肺分兩大葉心懸於中

肺之功用

氣管入胸膛分二岔

將消食之器上擠、故人呼氣時、肚腹必縮小、

肺○胸膈活動、皆爲使肺能開能斂、肺體質柔軟、分爲兩大葉、

心肺全圖

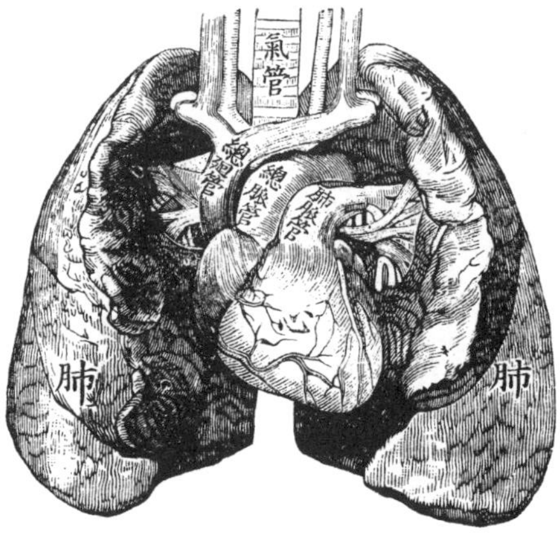

心懸於當中、其色微紅、若將氣吸滿、其體質較水猶輕、○肺之功用、乃爲使養氣入於血管、與紫血相遇、將其中含帶之死微質散出、仍得潔淨、方能養育全身、故肺中充滿氣管血管、

氣管○氣管在食管前、自舌根直通入胸膛、一入胸膛、分爲二岔、一入右肺、一入左肺、此二岔在肺中又分多岔、岔愈多而愈

氣泡

聲管口聲管蓋

人能發聲在乎聲管帶

細、名微氣管、微管兩旁、並其盡處、有無數

氣管圖

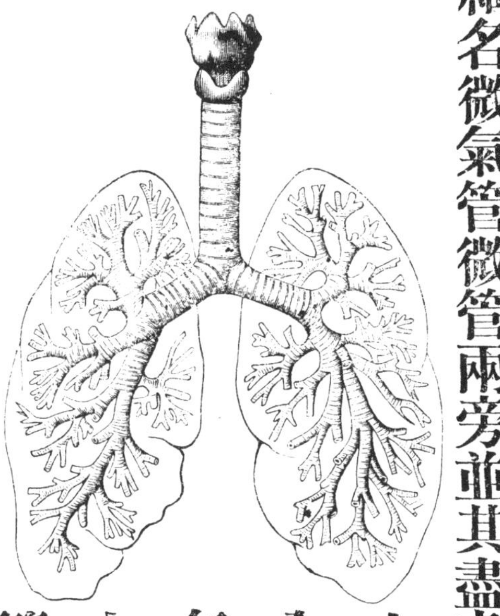

小泡充滿全肺、名爲氣泡○氣管上段爲聲管、下段爲

氣泡圖

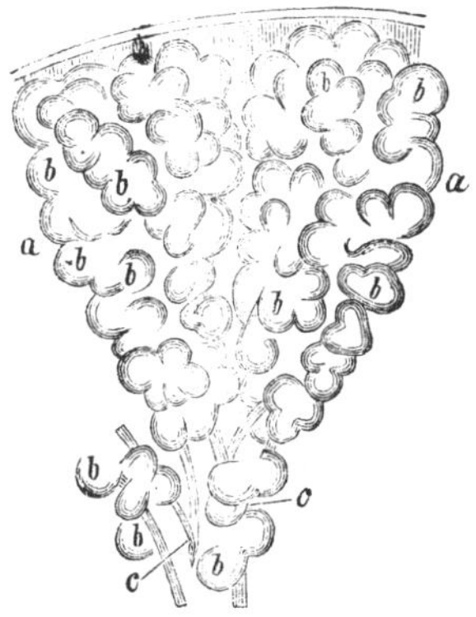

氣管蓋圖

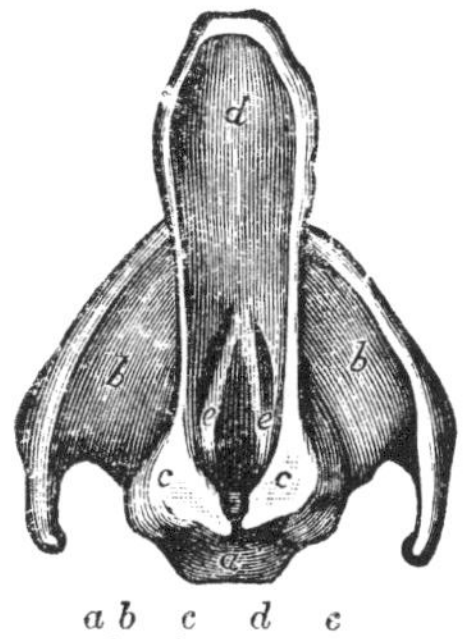

總氣管、聲管在舌根後、開一小口、爲聲管口、其上有聲管蓋、特爲截止食物入氣管、聲管帶○在聲管口以下、聲管以內、有數條肉帶、名爲聲管帶、貼於管口四圍、係肌肉所成、故能鬆縮、有氣一過、吹動此帶、即

聲管與總氣管皆脆骨所成但總氣管後有微缺有肌肉彌補之

涎膜皆生涎沫受寒則多生

有聲發出、聲之高低、在乎鬆縮之長短、倘此帶有病、喉嚨卽瘂、不能高聲言語、

聲管口圖

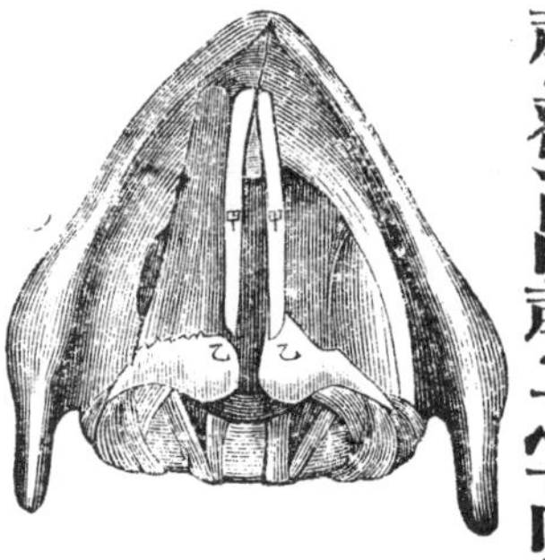

聲管圖

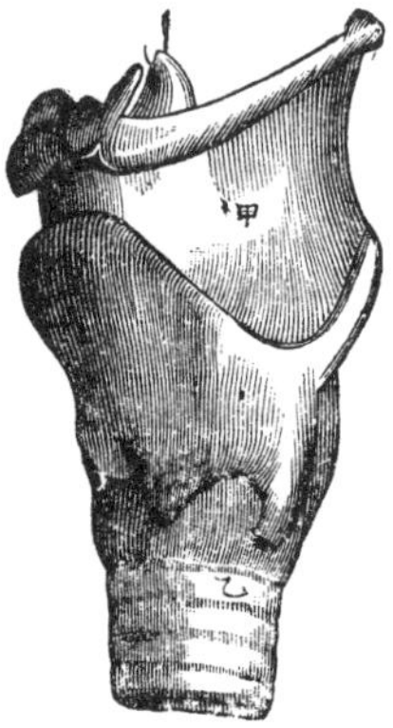

氣管體質○聲管係堅硬脆骨而成、總氣管亦係脆骨環疊而成、但其後面環有微缺、有肌肉彌補、肺中之大氣管、亦脆骨所成、在不呼吸時、張而不閉、微氣管與氣泡最柔軟、若不呼吸卽收斂、

氣管涎膜○凡大小氣管、與氣泡或於口中、或於鼻中、或於肺中、內皮皆有一層涎膜、能生涎沫、與胃中之涎沫相同。無病時、

咳嗽之故

肺脈管肺廻管

所生之涎沫、恰可滋潤氣管、若有時受寒、涎沫必多生出、使人咳嗽、或流清涕、頭上受寒、鼻中必多生涎沫、咽喉與肺受寒、其氣管亦必多生涎沫、

咳嗽○氣管原爲過空氣而備、若有別氣或別物、入於其中、氣管必不安舒、倘有微物、或塵土、或辣氣、進入聲管口、氣管即不安然、吸氣之肌肉、必忽然一縮、將不當用之物、噴出、即爲咳嗽。有時涎膜有病、氣管不安、亦令人咳嗽、雖無物可噴、仍似有物在內。亦有時涎膜不生涎沫、氣管發乾、氣一通過、亦即咳嗽、

運氣血之器○心肺相連之血管有二、一係肺脈管、自心右下房通入肺、於肺中分爲無數微脈管、一係肺廻管、亦有無數微

廻管、分布於肺中、自肺通入心左上房、血由全身歸入心之右、即被肺脉管運之入肺、與氣泡之氣相逢、相逢以後、血自微脉管入微廻管、經過大廻管、歸入心之左、入肺之血其色紫、出肺之血其色紅、心每一縮、其右入肺之血、與左入身之血、多寡相稱、

氣血二管連絡圖

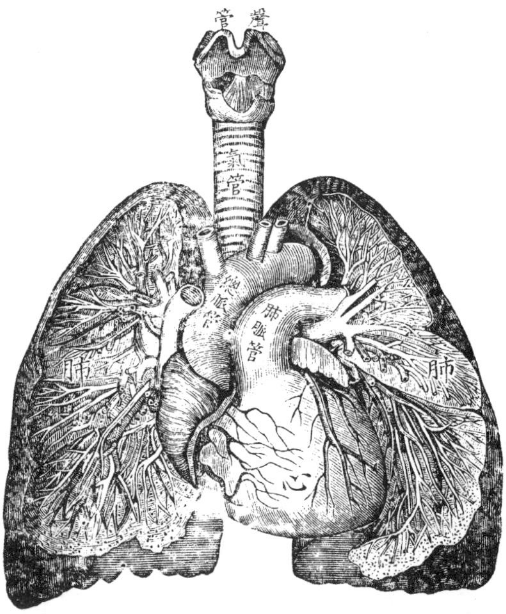

第二段呼吸之理

吸氣○呼吸乃因胸膛、與肋骨、並肚腹之肌肉、疊次鬆縮而有、

氣入爲吸氣出爲呼

微管氣泡當中有薄膜相隔

肌肉一縮、肋條撐開、膈膜下降、胸膛內較寬、肺與氣管卽疎鬆、

胸膛張縮圖

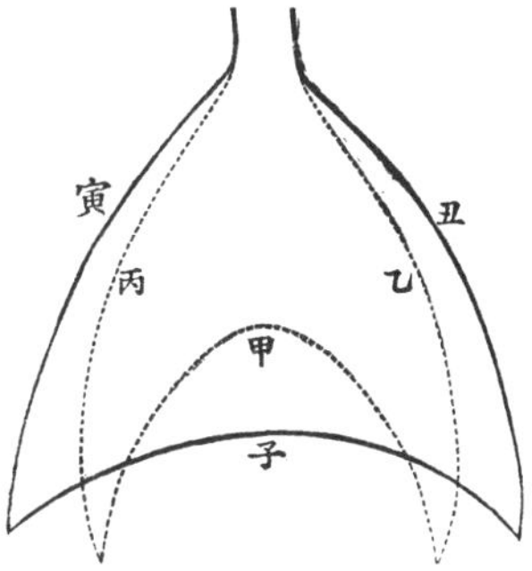

甲乙丙肺縮勢

子丑寅肺張勢

甲子皆指膈膜

空氣於是投入、充滿肺中之氣泡、是爲吸、

呼氣○肌肉縮緊、其時不久、氣旣滿肺、肌肉卽鬆、肌肉一鬆、肋條下降、膈膜上升、將肺一擠、氣遂逼出、卽爲呼。人之呼吸、一分鐘約有十八次、

氣血相逢○在呼吸之時、心擠血入肺、自肺又歸於心、一分鐘約七十五次、如此、氣血在肺中相逢、血在微管、氣在氣泡、當中有極薄之膜相隔、此膜不能透水、惟氣能以透過、氣血一逢、血

炭氣輕氣透過薄膜入氣泡養氣透過薄膜入血管

植物内炭質尤多

人物之生命皆賴養氣而有

中含帶之炭氣、與輕氣、透過薄膜入氣泡、空氣中之養氣、透過薄膜入血管、於是血除去死微質、得以清潔、色變爲紅、其中之新精液、遂得足壯、能補養全身百體、

死微質中炭輕氣〇死微質中、多係炭氣與輕氣、炭乃一種原質、動物中多有之、植物之内尤多、若木炭鍋烟等類炭氣與養氣相合、成爲炭養二、乃最傷人之氣、若薰人之煤氣等類輕氣係氣中最輕之氣、氣球内裝此氣、因其輕於空氣、故能上升、輕養二氣相合、卽成水、動物植物中皆有之、

空氣中硝養氣〇空氣係硝養二氣相合而成、五分之四爲硝氣、五分之一爲養氣、養氣乃於人物最關緊之原質、動植各物

之生命、全賴之而有、硝氣與養氣攙合於空中、特爲使養氣淡而不濃、以免身體受養氣傷害、

空氣因呼吸而變濁

空氣變濁◯空氣一經呼吸、即改變、失去其中之養氣、得來血中之死微質、遂成炭養二、與水氣、惟養氣能與死微質中之炭氣與水氣相合、亦能潔淨紫血、空氣每經呼吸、必失去養氣四分之一、稍失淨血之權、若屢經呼吸、淨血之權、必全然失去、

空氣含炭氣有定限含水氣亦然

炭氣水氣◯空氣含帶炭氣有定限、若屢經呼吸、含足炭氣、即不能再將肺中之炭氣帶出、倘再呼吸此氣、不能得清潔之氣、久之恐人有死亡之患、空氣含帶水氣、亦是如此、不能越過限制。

空氣變濁之害其故有三

中年人在天氣溫和之地、一日所呼出之水氣、約三十兩、天

熱時、人不能見、但天冷時、水成縮氣如雲、即可見。空氣變濁、一因失去養氣、不能再淨血、二因含足炭氣、不能再從肺中帶出、三因含足水氣、亦不能再將水氣帶出、

濁氣之害◯空氣一經呼吸、即失去養氣四分之一、人雖猶可呼吸、但此氣減少養氣、淨血之權不足、即不能將血中死微質全然帶出。凡屋小人多之處、其中之人、血皆不甚清潔、故其身心亦難爽快。人久居嚴緊之小屋、必覺頭昏神倦、乍入者、即覺氣味不堪、難以呼吸。此等濁氣、不但無淨血之權、並含足肺中呼出之死微質、人再呼吸、必受其害、

濁氣無淨血之權

呼吸濁器必受其害

清氣之益◯格物家謂中年人、每一分鐘、須得四立方尺清氣、

久居嚴密之室人難精爽

緊束腰帶卽截阻胸膛不能充其得氣之量

始能令血常得潔淨、保養身體、或有謂須得七立方尺者。人在屋外、易得足用之清氣、若常在屋中、其氣必不清潔。凡人居住之室、當有透風之處、使內之濁氣散出、外之清氣得入、不然在內居住之人、難得精爽、

束腰過緊之害○胸膛骨架之下、兩對肋骨、一頭與脊骨相連、一頭浮而不連、無所依傍、其上之肋骨、皆有脆骨與胸骨貼連、如此排佈、能令胸膛運動、人之呼吸、係因胸膛張縮、胸膛一張、氣卽充滿、凡緊繫腰帶、使胸膛不得舒鬆者、皆足截阻胸膛、不能充其量、肺卽不能足得當用之氣、

第三段身體原熱

人身體之熱皆至九十八度有半

身外所覺之冷熱與身內原熱無關

養氣與死微質中炭氣相合生熱如養氣與柴中炭精相合者然

身熱之度○死物之熱、係自外而得、活物之熱、係自內而生、人身體之熱、皆至九十八度有半、亦不因天氣寒暑、外面冷熱、有所增減。但人所覺之冷熱、郤無一定之度數、若自極冷之處乍入一室、其熱只四十五度、即覺甚煖、若自熱七十五度之室、乍入此室、即覺甚寒。總之、人身體之熱皆同、所覺者雖有不同、並非因身體之熱而改變、

身熱之故○身體之熱、非由空氣中之熱而得、亦非因服衣裘而得、乃由身內生出、因撤死微質而有、譬如人之燒柴、空中之養氣與柴中之炭精相合、即能生火、死微質中之炭氣、與空氣中養氣相合、亦即生熱、養氣入肺、與血攙合、隨血運徧全身、與

食合宜之物吸清氣者多熱作工者亦多熱

死微質中之炭氣一合、故能生熱、

助熱之故○柴多、養氣足、火必熾、人食合宜之物、如內身之柴

既多、多吸淸氣、養氣亦足、所以常食合宜之物、吸淸氣之人、身

內必多熱、作工之人、因撤死微質較速、身內亦多熱、

習問

心右之血、含帶何物、　爲何不能養身、　必須如何、方能養身、

何爲胸膛、　胸膛均有何骨、　肋骨共有幾對、　肋骨之頭、

如何貼連、　其形式如何、　肋條下斜、有何益處、　如何能活

動、　胸膛如何張開、　活動肋骨之肌肉在何處、　如何使肋

條活動、　胸膛因何緊小、　膈膜是何物、　膈膜四圍、與何相

連、　形式如何、　肚腹肌肉在何處、與何物連屬、　膈膜與消食之器何干、　肚腹肌肉、如何帮助呼吸、　胸膛活動是爲何故、　肺之體質如何、　其功用如何、　氣管在何處、如何通入肺、　何爲聲管、　何爲聲管口、　何爲聲管蓋、　何爲聲管帶、

喉嚨啞是因何故、　大小氣管之體質如何、　何爲涎膜、　人無病時涎膜如何、　受寒時如何、　咳嗽是因何故、　運氣血之器如何、　血出入於肺、一分鐘約有多少、　呼吸是因何而有、　何爲吸、　何爲呼、　一分鐘約幾次呼吸、　氣血如何相逢、　如何互易、　死微質中、多含何物、　何爲炭氣、　何爲輕氣、　何爲養氣、　何爲消氣、　空氣如何變濁、　養氣與人

皮膚分二外爲膚皮內爲眞皮

身體何益、　空氣含帶炭氣如何、　人每日約呼出水氣若干、　空氣變濁、有何三故、　人住不透風之室、其中之氣如何、　吸濁氣與人有何患處、　緊繫腰帶、有何妨礙、　一分鐘、每人當用多少淸氣、　屋內最要者、當有何氣、　人身之熱度如何、　身外所覺之冷熱、與身內之熱相關否、　身體之熱、因何而有、　何等人身體多熱、

第六章論皮膚

第一段膚皮眞皮

皮膚○皮膚分內外兩層、外層爲膚皮、內層爲眞皮、其顏色各有不同、發於膚皮下之色核、故西國人色白、中華人稍黃、美國

膚皮由眞皮而生

常經磨搓其生必速而厚

眞皮有知覺多血管且多功用

土人色紅、亞非利加人色黑、

膚皮○其質薄而脆、無腦線血管、無知覺、故不曉疼痛冷熱、藉以包裹眞皮。其生長之理、與指甲相同、新生者、由眞皮之上、舊者向外脫落、層層如鱗。其厚薄各處不同、口唇之膚薄而軟、手脚掌之膚厚而硬、常經磨搓、則生長者速而厚、因此用力之人手掌、比他人之掌較硬、若安閒人偶然作工、其手掌必出水泡、或著緊韈、脚上常受磨擠、膚皮必層層疊起、其硬如丁、

眞皮○眞皮在肉與膚皮中間、厚而軟、捫物有覺、汗核、油核與皮膚各類功用、皆在乎眞皮。內多血管、皮一觸熱、血滿血管、其色紅、皮一觸冷、血管緊縮、其色白、

汗由汗核達於汗管以通皮膚能撤出血中死質

汗分汗珠水氣水氣永無止息

汗○引汗之器有二、一名汗核、在眞皮深處、二名汗管、自汗核曲折彎轉、通於膚皮、汗管口、即俗謂之毛孔眼、與汗管能將血中之死質撤去、故人之出汗、大有益處、壯年人每日所出之汗、約有斤半。汗有可見者有不可見者、可見者乃汗珠、不可見者乃水氣、水氣時常發出、無止息之時。汗之多少、常不相同、熱時多、冷時少、在飲熱水時、汗必多出、亦有使人發汗之藥、人身無病、洗濯乾淨、汗即易出、

側觀皮膚圖

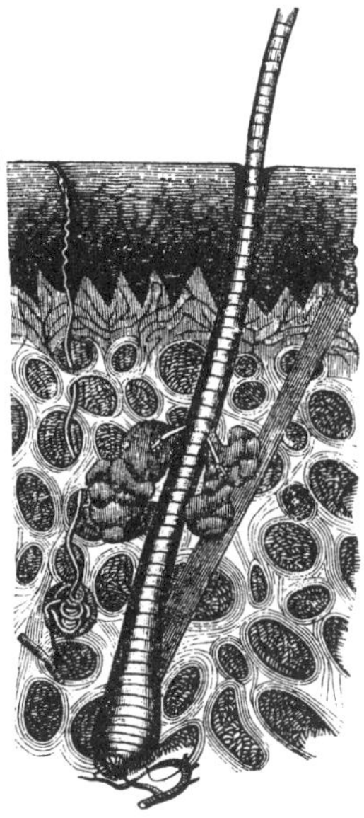

此乃將皮膚一層橫割用顯微鏡而視者
甲毛莖與油核
乙汗管
丙膚
丁眞皮尖
戊胡椒眼與油珠

使汗閉塞易生疾病

閉汗之患○人正在出汗時、坐於風中、使汗閉塞、皮膚內之死微質、必仍歸入內身、人即難免受病、歸入肺、必咳嗽吐痰、歸入四肢、必骨節酸痛、或生熱病、

汗能發散人身之熱

汗與身熱相關○人內身之熱、按寒暑表約九十八度、此熱時常加增、若不散出、必然過度、常常發汗、熱即隨汗而散、故多出汗之人、自覺涼爽。若天氣之熱、至九十八度、人內身之熱、即不能散出、必不爽快。屋中之熱、當少於身內之熱、方能精爽、

人身生油能潤澤皮膚亦散出死質

油核○眞皮內有生油之核、油從毛孔發出、使皮膚潤澤、亦能散出死質、

皮膚吸引○皮膚能吸身外之物、若將出天花之漿、摸於皮膚、

皮膚能將身外之物吸入

吸引之力夜甚於晝軟弱之食甚於強壯足食身不潔淨其力亦甚

覺線徧滿週身皮膚在手指嘴唇者尤多

吸管即爲吸入、人必出痘、傳染病之氣味、或毒草之毒、皆能吸入內身。並且皮膚亦能吸引流質、乾渴之人、得雨澆身、即能止渴、有時人患軟弱不能食物之病、用奶子、或油、或水質養身之食物、徧摸週身、亦能保養數日之生命。皮膚吸引之能、夜間勝於白晝、軟弱乏食之時、勝於強壯足食之時、故軟弱人、或飢餓人、最易受毒、得傳染之病、身不潔淨者、亦是如此、因皮膚積累之泥垢、易於催動吸管之力、

皮膚知覺◯眞皮之腦覺線、比他處尤多、故皮膚之知覺、最爲精細、外層膚皮、雖無知覺、若不洗浴乾淨、即能截止覺線功用。此覺線布散週身、多少不同、在手指嘴唇最多、手脚掌最少、因

此手指與嘴唇之知覺、較他處尤爲靈妙。然知覺各人不同、有最靈者、有最蠢者、凡無目之人、捫物之知覺最爲細微、手捫凸字讀書、與有目者無異、成衣布客、於捫綢緞布疋之知覺最細、一捫卽知其美惡、作笨重之工人、捫物之知覺必粗、

第二段　衣服沐浴

衣服◯人在天冷時、宜多著衣服、爲保護身內原熱、不致散之過速、天熱時、亦須著衣、使原熱速散、衣服暖與不暖、在乎發散原熱速與不速。鬆軟之布、比細密之布、散熱較緩、羊絨散熱尤緩、用作貼身裏衣、最爲合宜、亦免人忽然受冷、棉布散熱稍速、夏日服之合宜、絲綢葛布、散熱尤速、服之更覺凉爽、但葛布多

冬多著衣爲保護原熱緩散夏日著衣爲使原熱速散

衣料散熱之緩速

衣服不潔皮膚必有妨害

衣服被褥當時常晾曬

人不沐浴毛孔堵塞於眞皮有害且妨其功用

沐浴潔淨均得其益

能含蘊人身水氣、貼身服之、使人寒噤、

不潔之衣○皮膚所發之油汗、以及死微質、並脫落之膚皮、皆沾於衣上、使之骯髒有味、於人皮膚、必有妨害、所以貼身裏衣、應當常洗常換、亦須時常吹晾、白晝所服之衣、至晚當晾、睡衣早晨當晾、若晝夜總著一件、更不相宜、被褥於晨起時、不可立卽捲疊、更當時常吹晾、

沐浴之益○皮膚所發出者、雖是散去、仍有留於皮膚上者、所生之油、並脫落之膚皮、與陳土黏合、將毛孔堵塞、卽生臭味、于眞皮有害、亦妨害眞皮之功用、所以人當日日沐浴、使皮膚潔淨、毛孔得以通暢、血脈亦得淸潔、以及心、肺、胃、血管、並腦線、皆

涼水沐浴於人有益然浴後不發熱者宜用溫水

飯後兩三點鐘時沐浴合宜

得其益、摸物之知覺、亦因沐浴靈妙、

沐浴之水○涼水洗浴、於人最爲有益、必能忍受寒冷、雖天氣改變、亦不易着涼。人若健壯、不論冬夏、每日當用涼水洗浴、自夏日至冬日、因其習慣、卽不覺甚涼、身體必健壯精爽。但洗浴後、皮膚若不發熱、莫若用溫水方好、

沐浴之時○每早興起、卽用涼水沐浴甚好、但有人以爲空腹沐浴、惟恐受冷、若飯畢卽浴、必減少胃中消化之力、惟在飯後兩三點鐘時、最爲合宜。若健壯之人、無論何時皆可。在人身體覺冷之時、不可用涼水洗浴、恐減少內身之熱、

習問

皮膚分爲幾層、　外層何名、　有何用處、　其薄厚如何、　磨搓有何效驗、　脚上起繭、是因何故、　畧說眞皮、　眞皮內多有何物、　遇冷熱、眞皮如何、　汗從何處發出、　何爲汗核汗管、　出汗與人何益、　汗有何分別、　其多少常相同否、　人出汗時、當如何小心、　使汗閉塞、將生何病、　內身之熱、約有多少度、　因何發散其熱、　屋內之熱度、當如何方於人有益、　油核有何益處、　皮膚能吸何物入身、　吸引之力、何時較大、　身不潔淨、與吸引之力何關、　皮膚知覺、因何最爲精細、　何處知覺最靈、　何等人摸物之知覺最細、　何等人最粗、　衣服有何用處、　衣服暖不暖、在乎何故、　何衣料散熱緩、何衣料散熱速、貼身裏衣、用何衣料相宜、爲何衣服當常洗常換、還有何法使衣服乾淨、被褥亦當如何、因何妨害皮膚功用、沐浴有何益處、用涼水洗浴、有何好處、涼水沐浴之後、皮膚應當如何、人沐浴當在何時、

第七章論腦與腦線

第一段腦與腦線之形式

腦有三層腦衣包裹總爲保護此腦

腦質○頭骨如盒、腦充其中、腦質柔軟細膩、有三層胞膜包裹、名爲腦衣、外層厚而堅、爲扶助此腦、不致搖動、內兩層細而軟、爲偎抱此腦、不致受傷、揣其用處、總爲使腦不受頭骨磨擠、與偶然之摔碰、

腦中多有血經過亦有血脉管迴血管去舊補新

腦血管○腦中亦有血脉管與迴血管、多有血經過、腦之微質、亦常更換、死者被迴血管帶去、血脉管又補新者、

腦線全圖

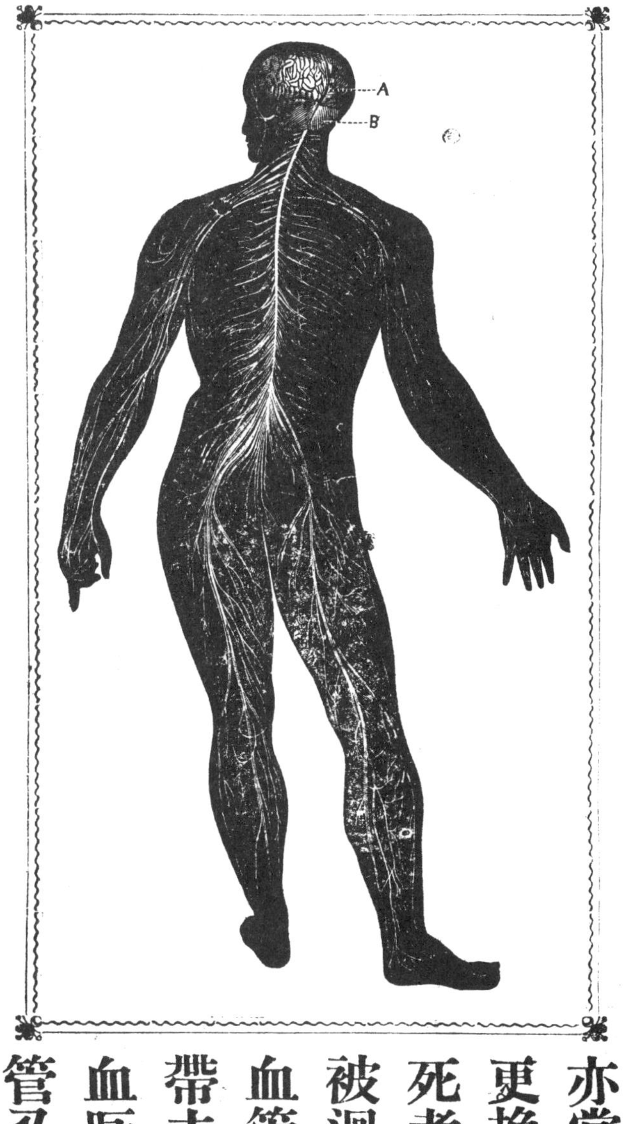

脊腦直通脊骨之孔

腦線有十二對通於頭顱內有一對下通肺心胃有三十對自脊骨徧通遍身

脊腦○乃許多小腦線合成、自腦根通入脊骨孔中、直至脊骨之末、

腦連脊腦圖

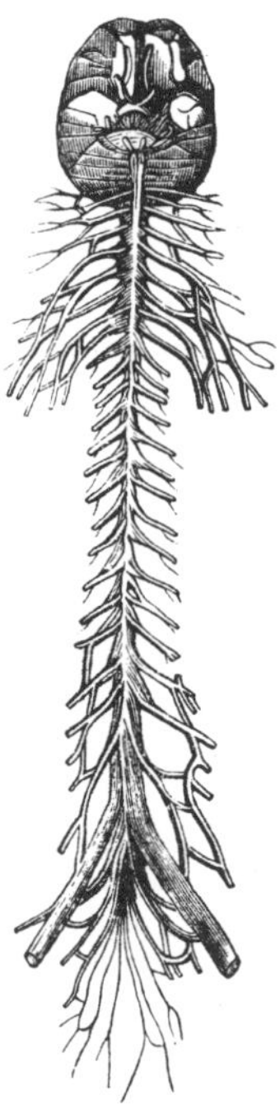

腦線○腦線使腦及脊腦、與全身百體相連、有十二對自腦通到五官並頭顱各處、內有一對、下通至肺心胃、有三十一對自脊腦兩傍、通到呼吸消化運血各器、並遍身肌肉與骨、

腦與腦線圖

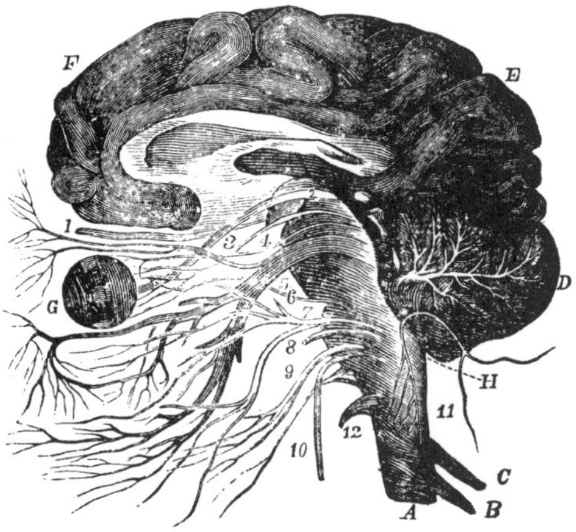

1 鼻腦線　主覺香臭卽鼻聞
2 眼腦線　主眼
3 運眼線　主眼肌動
4 運眼線　主眼肌動
5 三岔線　主面覺別味肌動三職
6 運眼線　主眼肌動
7 面腦線　主面肌動卽容貌
8 耳腦線　主耳聽卽聞覺線
9 喉舌腦線　主覺動二線一條卽別味覺線
10 長腦線　主肺心胃或覺或動
11 兩段腦線　主聲管肌動
12 舌下腦線　主舌運動

腦線分覺動二類覺線主知覺動線主運動

有物觸動覺

第二段腦線功用

腦動線覺線○腦乃運動知覺之根源，腦線將此權運至全身，分爲二類，一爲腦覺線，一爲腦動線，腦覺線自脊腦後伸出，腦動線自脊腦前伸出，生出後，二類連合爲一，布散於全身，腦覺線使身有知覺，腦動線使身能運動，全身百體，皆賴腦線與腦相連，故能生活運動，何處若無腦覺線，即無知覺，若無腦動線，即不能動轉，

正觀脊腦圖

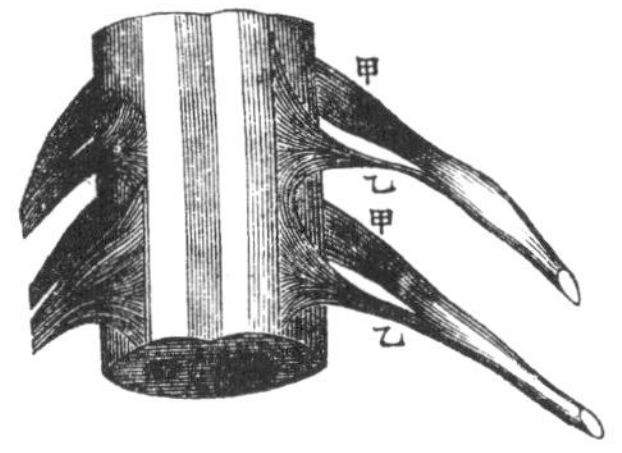

甲腦覺線　乙腦動線

橫觀脊腦圖

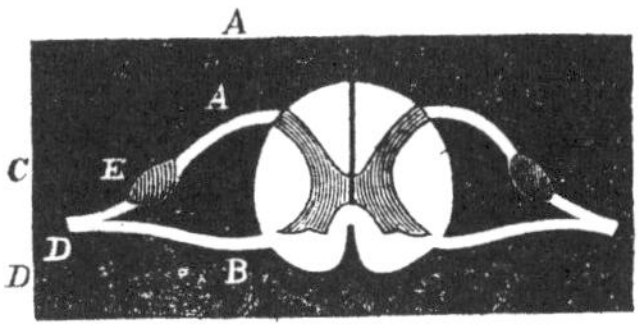

A 脊腦線後根　B 脊腦線前根　C 灰腦結　D 前後根合一

腦覺線之功用○若有物觸動腦覺線，無論眼、耳、與週身之各

線傳知於腦便能覺得

動作之意念自腦傳至動線以至肌肉即能動作

腦線若受壓擠或有病受傷與此線相連之處必有妨害

處、腦覺線即傳知於腦、人便覺得。若腦覺線受傷、或有病、不能傳知於腦、知覺必然斷絕、眼覺線折斷、眼必瞎、耳覺線折斷、耳必聾、無論何處之覺線折斷、該處即無知覺、

腦動線之功用○人欲動作、其意念自腦而起、由腦動線傳到所欲動之肌肉、肌肉即能動作。若腦動線受傷、意念不能傳到肌肉、便不能活動、遂爲癱病、

腦線受壓擠○腦線若受壓擠、不能與腦相通、即麻木、如腿被壓擠、有妨於脚與腦相連之腦線、脚即麻木、有時腦動線受傷、致使連於此線之肌肉發顫、腦覺線受傷、遂覺連於此線之肌肉疼痛、若擊打臂肘之腦線、手指即覺疼痛、連眼之腦線受傷、

臟腑皆有腦線因與腦相連故能成其功用

腦與諸經絡皆相連若一者有病二者均不安舒

腦力人宜常用但不可太過

眼卽花、連耳之腦線受傷、耳卽鳴、

腦連臟腑○臟腑與腦相連、方能成其功用、心肺肝胃、俱有腦線、若腦線折斷、胃卽不能消化、肝不能生汁、肺亦不能淨血、蓋人不但臟腑應當無病、卽與相連之腦線、更當無恙、方能各成其功用、○腦與諸經絡、皆相關連、若二者皆無病、人自不覺其相連、但一者有病、卽覺皆不安舒、腦有淤血、肌肉便不能靈活、呼吸亦必遲緩、腦受摔碰、胃中便欲嘔吐、胃若膨悶、或肺不能淨血、腦必難受、頭覺疼痛、

用腦之宜○腦中之力、人若常用、必漸加增、若不常用、必致軟弱、但用之太過、亦必軟弱、

腦若精爽心必敏捷

腦若有病遂有各等狂妄之症

身體乏則心亦乏心意暢則身體亦暢

第三段腦與心才

心才連腦◯人之心最靈性情皆由於腦、腦若精爽、心亦敏捷。人頭疼時、心才必亂、卽不宜讀書、亦不欲作工。飲酒亦催動其腦、使心才暫時發旺。若腦中之血過多、人必昏迷。有時腦因有病、以致行動錯亂、心思妄想、或多怒、多疑、多憂、多樂。可知心才之利鈍、是在乎其腦如何、

心才與身相關◯前言腦與諸經絡相關、心才亦是如此、胃若有病、心才卽無力、貪食過度、卽懶於讀書、怠於思悟。學生不常活動身體、心才必然遲鈍、人作工勞乏、心才必然困倦。若心內安舒、興致活潑、消食必速、愁悶焦急、最易停食、心意滿足、作工

當使身與心才均皆無恙

極細密之覺線遍滿週身皮膚故有知覺而舌尖手指尖爲尤靈

卽有力、心志拂逆、四肢卽之倦。用心過度、卽使全身虛弱、辛苦誦讀之人、常減消食之力、操持家務之人、每使身體瘠瘦。身與心才既知如此相關、當使二者精爽安泰、均皆無恙方可、

第八章論五官之知覺

舌之全圖

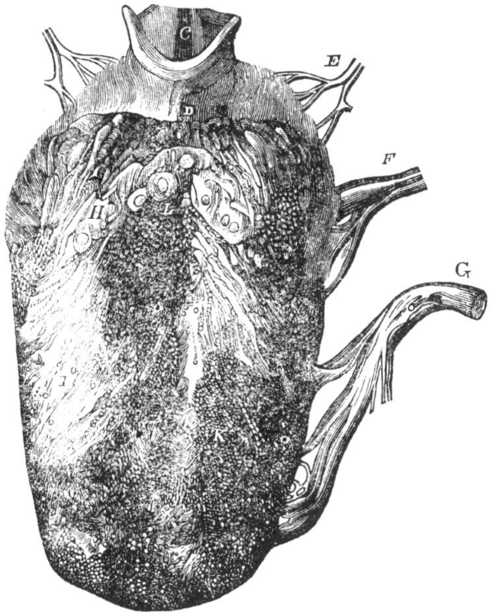

L 圈圍刺
IK 絲刺
H 圈圍刺
EFG 舌腦線
D 蘑菇釘刺
C 聲管口

摸物知覺○摸物之知覺、在於皮膚、因有極細密之腦覺線、散滿週身之皮膚、故與物挨摸、覺線卽傳知於腦、使知其物之軟

覺線散布舌上之微刺

鼻聞之覺線在於鼻孔上方

硬冷熱、平潤與否、而舌尖手指尖之知覺、較他處爲尤靈、

嘗味知覺◯嘗味之知覺在乎舌舌之外層、遍滿微刺、腦覺線散布其中、凡嘗物於口、覺線傳知於腦、卽能知其味之如何、舌根之知覺、嘗鹹苦味最靈、舌兩旁之知覺、嘗酸甜味最靈、

鼻內全圖

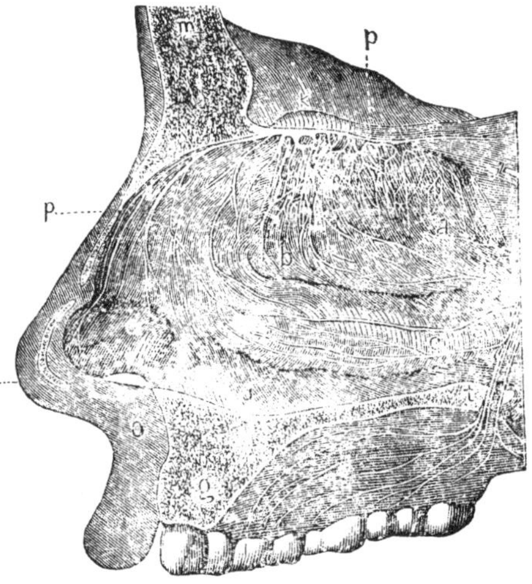

k 第一腦核向下分條
m 額骨
h 上膛卽腭
g 上牙牀骨
o 上唇
q 鼻梁骨
e 鼻翅
bacd 內鼻與涎膜

鼻聞知覺◯鼻有二孔、前通於外、後通於喉、孔內有涎膜、遍滿腦覺線、與喉中之涎膜相連、然鼻聞之覺線、在於鼻孔上方、凡

聞聲之故

耳分外中內

氣味入鼻、覺線傳知於腦、卽知其味之香臭美惡、

耳聽知覺○耳分爲三、耳輪與向內之孔爲外耳、其孔約長一

耳之全圖

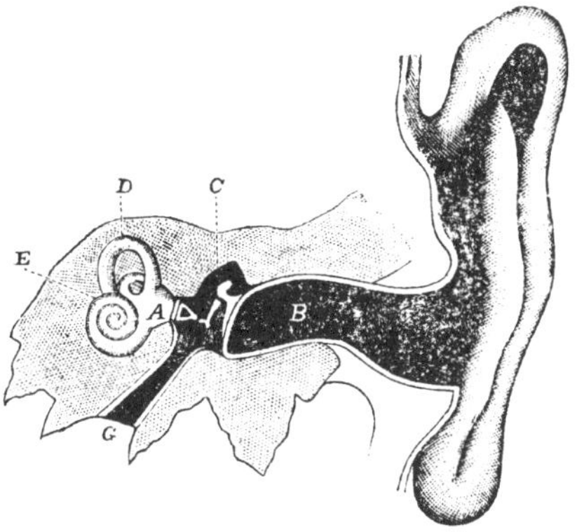

EF 螺螄管
D 半環管
C 中耳小骨
B 外耳管
A 內耳墀堂

寸、孔末有耳膜、又名海底。耳膜向內爲中耳、中耳之下有一孔、通於喉管、與內耳相連之處、亦有耳膜、中耳之間、有三小骨、挨次相連、前挨近外耳膜、後挨近內耳膜。中耳向內爲內耳、有水盈滿其中、耳覺線散布於內耳。聲音之發、能使空氣顫動、由耳輪觸動外耳膜、外耳膜觸動中耳內之三小骨、挨次觸動內耳膜、內耳膜觸動

眼有三層胞膜

眼珠與大小房水爲三透光之物

內耳之水、以至於耳覺線、覺線傳知於腦、即能聞聲、

目視知覺○全眼之形狀如球、有胞膜包裹、膜分外中內三層、

眼球全圖

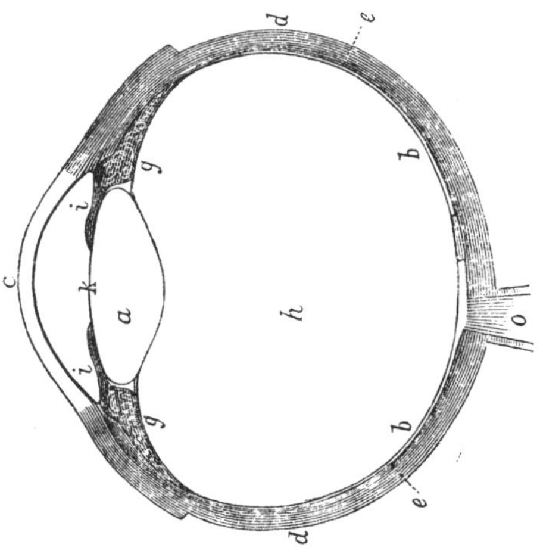

o 眼腦線即眼系
h 大房水
i 眼簾
g 睛珠肌
e 眼血衣即黑衣
d 眼白衣
c 明罩
b 眼腦衣
a 睛珠

外層堅而硬、其色白、故名眼白衣、爲保護眼珠、前有透光之處、名眼明罩。中層膜內、充滿血管、其色黑、故名曰眼黑衣、又名眼血衣、前有圓孔、名瞳人、圍繞瞳人者名眼簾、眼簾之色、人各不同、有藍、灰、黃、黑等色。內層膜乃眼腦線、自腦伸入、布散於中層之內、名眼腦衣、眼簾之後、有一

眼簾隨光漲縮使瞳人可大可小

眼淚能滋潤眼珠

透光之物、名眼珠。在眼珠與眼明罩之間、有津液如水、名小房水、眼珠後亦有津液盈滿、其質較稠、名大房水、眼珠與此二水、

淚管圖

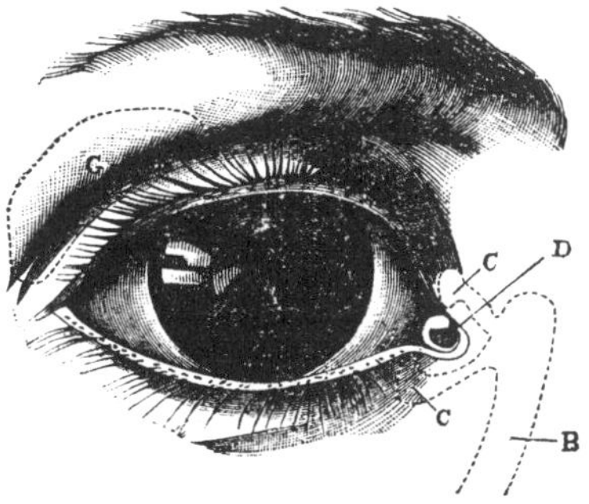

G 淚核
D 淚湖
C 淚管
B 淚總管

俱能透光。眼簾能漲能縮、使瞳人可大可小、以合乎光之大小、人在明處、眼簾卽縮、使瞳人較小、若乍到暗處、看物卽不甚分明、待眼簾稍漲、使瞳人較大、方能看出、若從暗處乍到明處、因瞳人較大、便覺眺人眼目、待眼簾縮使瞳人小、方覺合宜、

○眼淚自眼核而生、淚核在小眼角、眼淚發出、流過眼珠、至大眼角、自淚管流入鼻孔、能使眼珠滋潤。若有外物入眼、淚必多

物因光於眼腦衣上成像腦線傳知于腦故能視

生、將物冲出、人傷心時淚必多流。或有時因臟腑不清、或缺欠食物、或氣味不潔、皆能使眼受傷、眼當每日洗濯、若不潔淨、亦容易受病、

能視之理○光射入眼腦衣、所見之物、即於其上成一影像、眼腦線將此影傳知於腦、人即見此物。眼愈用而愈明、眼目乏倦、便當歇息、用眼太過、易於受傷。用眼之時、當在光亮之處、若在幽暗之處讀書作工、必受損傷。眼能視近物、亦能視遠物、但人常視近物、眼必減少視遠之力、如讀書習畫、常視近之人、久之、即成近視眼。人常視遠物、眼力必然加增、如舟師最能視遠。老年人因眼珠微平、即不能視近、須帶凸鏡、方能得見、

習問

腦之本質如何、有幾層腦衣包裹、各有何用、腦中多有何物、何爲脊腦、何爲腦線、何以分布全身、腦線分何二類、各有何用、、此二類腦線、於人關何緊要、腦覺線有何功用、腦動線有何功用、腦線折斷、有何妨碍、麻木是因何故、腦與臟腑有何相關、人當如何用腦之力、腦與心才、有何連屬、身與心才、有何相關、摸物之知覺因何而有、於何處最靈、嘗味之知覺因何而有、於何處嘗何味最靈、鼻覺線在何處、耳分爲幾、皆何名、何爲外耳、中耳如何、耳覺線在何處、因何能聞聲、眼之形狀如何、外層如何、何爲眼明罩、中層如何、何爲瞳人、眼簾在何處、內層因何而成、有何三物透光、眼簾有何功用、眼淚由何而生、有何用處、人因何能見物、人因何故變成近視眼、

国家出版基金项目
NATIONAL PUBLICATION FOUNDATION

海上絲綢之路文獻集成

總主編　陳支平　陳春聲

科技與文化編　48

主編　王揚宗　葉　農

海峽出版發行集團
THE STRAITS PUBLISHING & DISTRIBUTING GROUP
福建人民出版社

本册目次

植物圖説四卷

〔英〕傅蘭雅譯

《植物圖説》四卷，英國傅蘭雅譯。傅蘭雅（John Fryer，一八三九—一九二八），英國傳教士，曾任香港聖保羅書院院長、京師同文館教習、江南製造總局譯員，參與創辦上海格致書院、益智書會、格致書室等，主編中國近代最早之中文自然科學雜誌《格致彙編》。據傅蘭雅《益智書會書目》，此書原作者係英國愛丁堡大學植物學教授巴爾弗（John Hutton Balfour），原爲四張植物學挂圖之説明書。傅氏序中謂，教授植物學「尤須於學堂内張挂大圖，以便多生並覽，圖印畫工必精準，形必真實，説亦必格外詳細，如此則植物學初基妥立，不難實事考求」，道出編譯此書之宗旨。全書共一百五十四幅插圖，即四張大挂圖，分别對應四卷，包括植物之器官、組織、根、莖；葉及其變體；花與花輪；雌蕊、胚珠、果實、種子和無花植物之器官。全部文字與插圖相配，解説植物結構與功能，頗便入門。據中國國家圖書館藏清光緒二十一年（一八九五）上海益智書會刻本影印。

光緒二十一年新鐫

植物圖說

英國傅蘭雅著

益智書會
校訂藏板

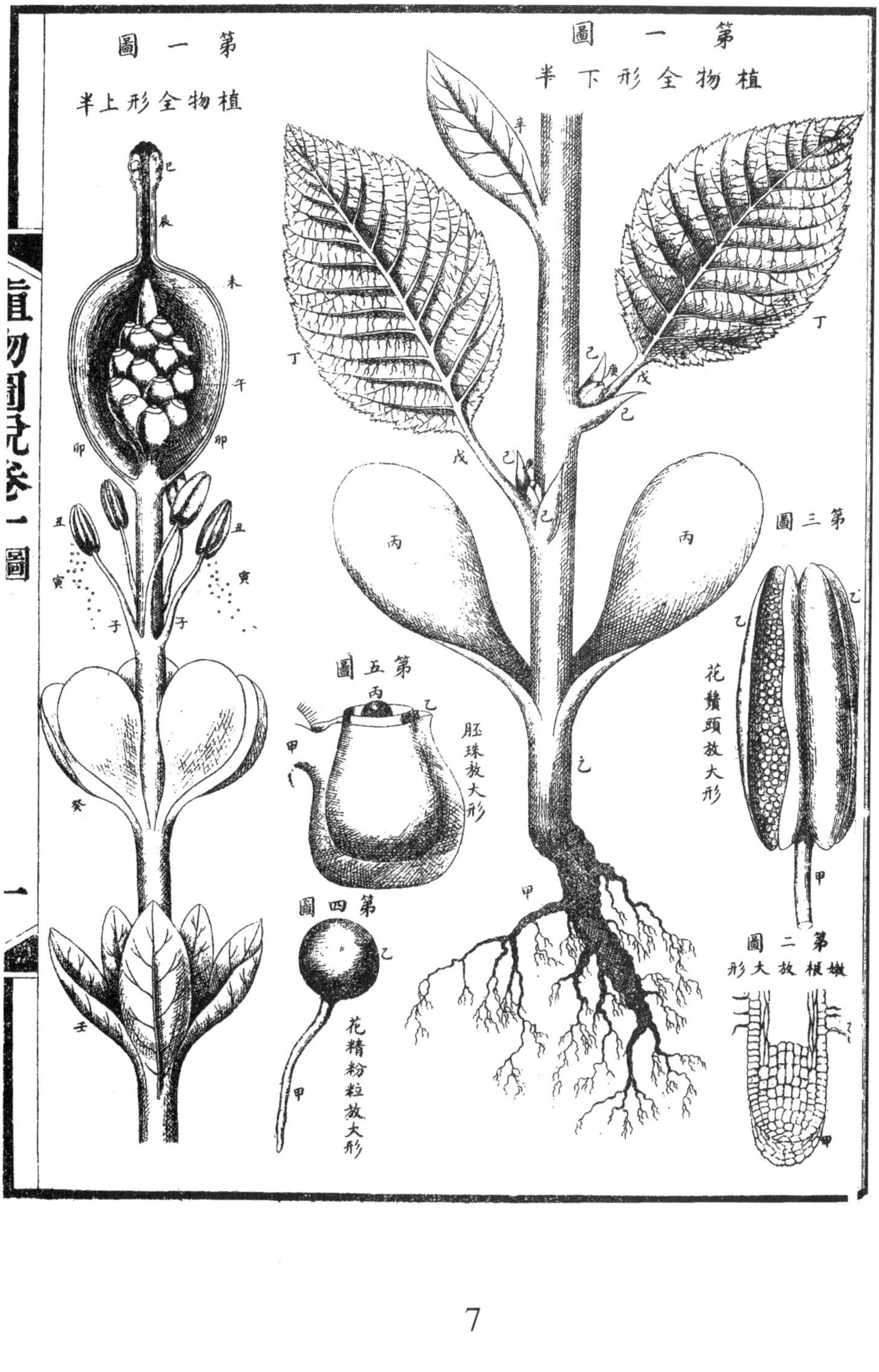
第一圖
植物全形上半
第一圖
植物全形下半
第三圖
花鬚頭放大形
第五圖
胚珠放大形
第四圖
花精粉粒放大形
第二圖
嫩根放大形

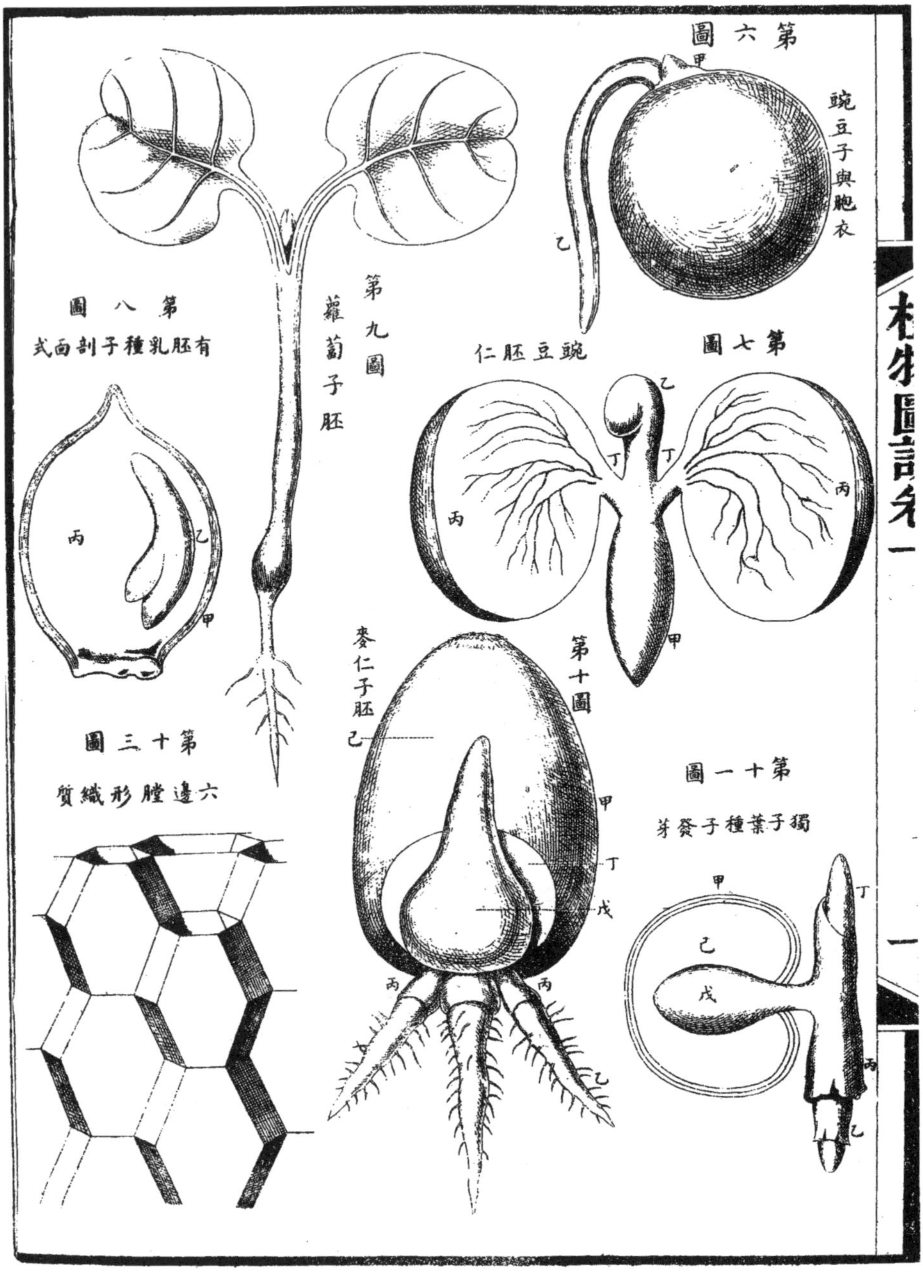
第六圖
豌豆子與胞衣
甲
乙
第九圖
蘿蔔子胚
第八圖
有胚乳種子剖面式
丙
乙
甲
第七圖
豌豆胚仁
乙
丁
丁
丙
丙
甲
第十圖
麥仁子胚
乙
甲
丁
戊
丙
丙
乙
第十三圖
六邊膛形織質
第十一圖
獨子葉種子發芽
甲
乙
戊
丁
丙
乙

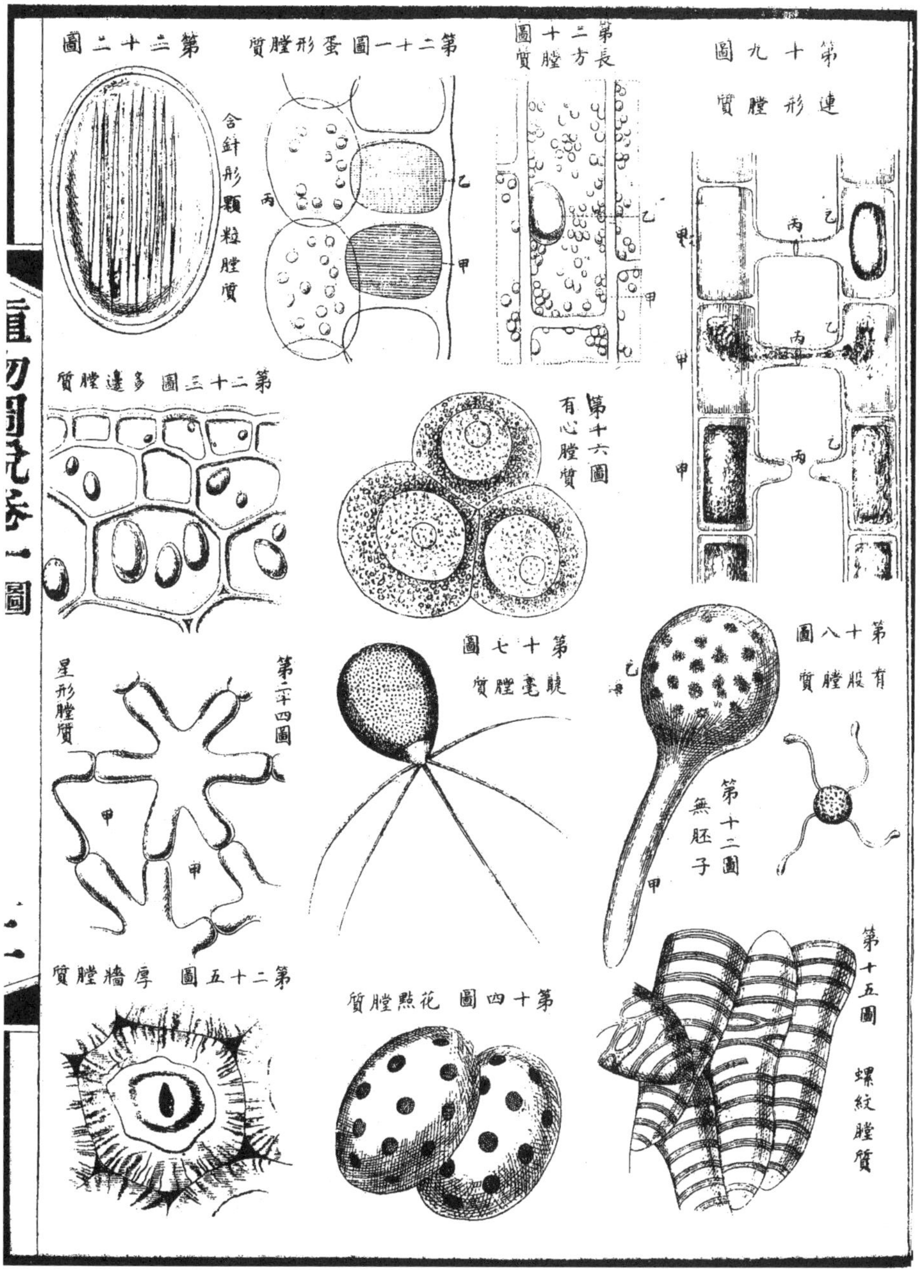
植物圖說卷一圖
第二十二圖
含針形顆粒膛質
第二十一圖蛋形膛質
第二十圖
長方膛質
第十九圖
連形膛質
第二十三圖多邊膛質
第十六圖
有心膛質
第十七圖
鞭毫膛質
第十八圖
有股膛質
第二十四圖
星形膛質
第十二圖
無胚子
第二十五圖厚牆膛質
第十四圖花點膛質
第十五圖
螺紋膛質

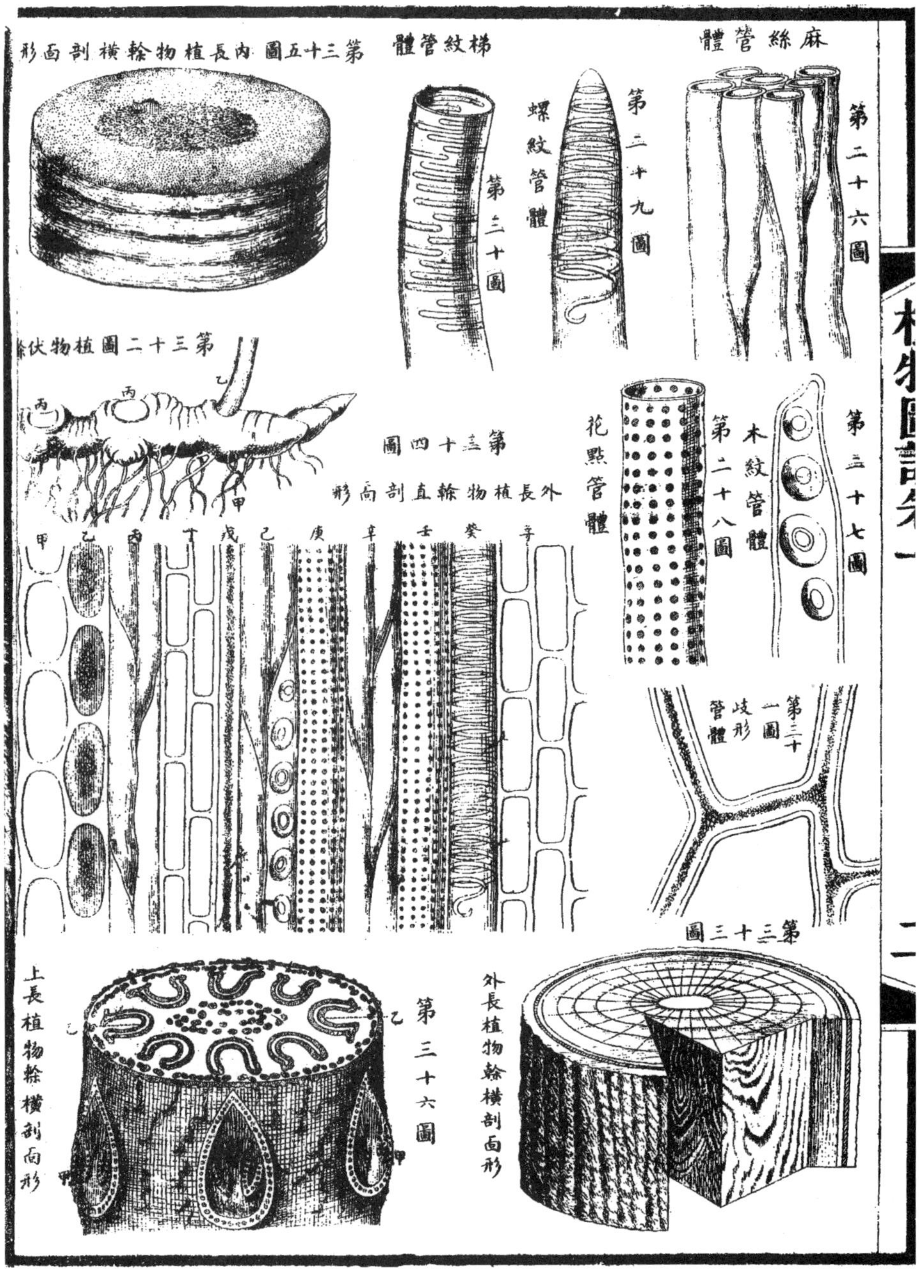
第三十五圖內長植物榦橫剖面形
梯紋管體
麻絲管體
第三十圖
螺紋管體
第二十九圖
第二十六圖
第三十二圖植物伏榦
第三十四圖
外長植物榦直剖面形
花點管體
第二十八圖
木紋管體
第三十七圖
第三十一圖
歧形管體
第三十三圖
外長植物榦橫剖面形
第三十六圖
上長植物榦橫剖面形

植物圖說卷一

序

是植物學圖四幅並其圖說本爲學堂教習生徒而設凡植物學大概意義皆經解明甚便於初學之用近來課館童者率以萬物各學爲肄業要務是植物學居其一也故應特設便法爲之教授不但在學堂外或鄉村閒須有實在植物足供各徒觀察尤須於學堂內張挂大圖以便多生並覽圖印畫工必精準形必眞實說亦必格外詳細如此則植物學初基安立不難實事考求此外另備詳書以資檢察則所造當益深矣近來所出此類書正復不少

第一幅圖説　根榦膛管

是幅圖詳明植物各器具體、並內體織質、及胚內小植物、與生珠等器具、並根榦各物之形式、

植物之根榦葉花四物、謂之植物器具、根榦葉三者、職司養育植物、而花則司生子傳種、

第一圖、爲植物全形、各體或器、皆備而顯明、

甲爲大根、並細根、能在土內吸收滋養之料、如樹類、其根入土甚深而遠、四通八達、略配樹枝、閒有數種植物、枝榦中往往另發枝條、入土生根、如榕樹、螺絲松、與栲樹、西名滿古路佛等是也、

乙爲榦或上伸之軸。榦上有葉有花。

丙丙爲子葉亦名子瓣卽種子初發之葉。暫作葉之功用。如本圖者。有兩子葉。間有存土內者。間有出土外者。過若干時。則乾或腐。其功乃畢。是其職僅暫養本小植物也。

丁丁爲常葉亦名榦葉在榦上遞更對列。顯其反正二面。並其筋脈之列法。

戊戊爲葉莖。間有植物無葉莖者。卽謂之無莖葉。

己己爲副葉。與常葉爲橫向排列。有此副葉之植物。如豆類。玫瑰花。潘西花。西名亦有植物無副葉者。分植物之種類。依副葉分之。略爲便法。

庚庚爲葉芽從葉與榦之間發出葉與榦所成之角謂之葉榦間角

辛爲花葉卽從此發芽開花之葉花葉色或綠常葉色亦綠或兼紅黃藍等而爲彩色

壬爲花外套謂之萼爲數葉合成每葉爲一出謂之萼瓣萼瓣或全分或以邊相連萼瓣在花莖端列成圈形故可謂之花外圈萼瓣全分者謂之多瓣萼相連者謂之合瓣萼萼常綠色或爲彩色

癸爲花內套亦謂之花瓣瓣爲彩色或全分或邊相連在萼內亦列成圈合法之花萼瓣與花瓣遞更排列花瓣全

分者謂之多瓣花瓣邊相連者謂之合瓣花亦閒有花不成瓣者萼與花異者謂之雙套花祇有萼無花瓣者謂之單套花本圖所繪花圈與萼圈相離中有短莖非眞象也特欲顯萼瓣與花瓣之列法耳眞花則萼圈與花圈相切子子爲花鬚鬚爲花之第三圈成種子之職鬚爲要件合法之花鬚與花瓣遞更排列成一行或兩行或多行或連或合合處或爲其托線或爲其鬚頭凡花鬚之形及列法亦與分種類有大關涉

丑丑爲鬚頭各有托線或鬚莖鬚頭分兩囊內有細粉謂之花精

寅寅爲花精乃極細膛質所成鬚頭自裂時此精粉四外分散亦謂之花粉

卯辰巳爲花心乃成子要器之第二具花心各分謂之花心分各分或相連或不連花心之形亦與分種類有關合法之花花心各分之列法與花鬚遞更排列花心常分三件一花子房一花心莖一子房口

卯卯爲子房即花心之底從花當中生出形常如變形葉每葉謂之花心分或曰瓤內有小種子謂之胚珠

辰爲花心莖從子房頂發出莖頂有口謂之子房口

巳爲子房口在子房上端爲鬆小珠閉有黏性者花鬚頭

所放花精粉、與此小珠相遇則感而生子、間有無花心莖者、如洋荷花、其子房口、謂之無花心莖者、

午為胚珠、即小種子、藏於子房之內、為微膛纖質所成、

未為子胞衣、乃膛形器具、小胚珠與此器具相連、能為所養、

以下各圖、為上所言植物器體、放大之形、

第二圖、為嫩根放大之形、即細根之端、謂之微水綿、亦為膛形纖質、

甲為外膛、包其嫩而吸水之膛、

乙為芒根嫩膛、在根包衣下生出、各膛若管、吸水最快、增

長之法，由下端漸伸出，通入泥土，吸取汁液，與養植物之料。

第三圖，爲花鬚頭放大之形。

甲爲鬚榦，又名托線，即鬚莖也。

乙乙爲鬚頭兩囊，囊內含花精粉粒。

第四圖，爲花精粉粒放大之形。

甲爲微管，從粉粒內發出。

乙爲花精粉粒，與其各衣，其粉粒微管，通過子房口，與花心莖，乃至胚珠之心。

第五圖，爲胚珠，即小種子放大之形。

甲爲子連線，卽臍帶，連於種子，與子房之胞衣，養種子之質，由此線內運輸。

乙爲胚胞，卽胚珠外套，分內外兩層。

丙爲胚胞中之心，謂之胚仁，在胚珠當中變成。

種子內，本含植物之原，試將植物在種子內時，略言如下。

如驗尋常豆類，易辨其內含嫩植物之形，去子外殼，則見嫩植物，滿裝殼內，種子中有胚仁，胚仁爲胚胞衣所圍裹。

凡當食物之種子，所食者，卽爲其小植物之胚仁。

第六圖，爲豌豆子，與其胞衣，內有胚仁。

甲爲胚胞衣之孔，此孔謂之子微門。

乙爲嫩根。俗名曰芽亦謂之小根。從子微門伸出。凡種子起首發芽時。其芽卽從此小孔生出。

第七圖。爲豌豆胚仁。從胚胞衣取出分顯之形。

甲爲嫩根。卽小根。有圓錐形。

乙爲嫩榦。亦曰向上之芽。乃植物第一個葉芽。從此可變成榦。與各葉。

丙丙爲兩子瓣。卽養本植物之胚乳。亦謂之仁肉。又謂之子葉。豌豆子葉萌芽後。存地內。漸消去不見。因其小植物生長時。漸吸其料以養之也。

丁丁爲兩子瓣莖。將子瓣與公軸相連。從公軸上發榦。下

發根、

豌豆等植物、皆有兩子瓣、植物有一大部、爲兩子瓣部、內有多開花之植物、

有數種植物、其子胚、卽小植物、不滿其殼胚外另有若干質料、以養子胚、此料爲小粉、與蛋白類質、稠稀不等、種子漸發生時、各料卽養其小植物、此養小植物之料、植物學家、謂之蛋白料、又謂之胚乳、椰子中、此料爲白色脆質、人可食之、卽椰子之蛋白質也、如看椰子外殼、則甚硬、蒂有孔孔內有小凹、子胚居之、餘則大半爲脆蛋白料、麥等穀類、其蛋白質爲小粉、多而且乾、磨碎則成麪粉、人可食之、

此種植物之胚最小，有多胚乳，足以養之。加非子，其蛋白料質，硬如石。西人每炒磨成粉，泡以當茶。

茲將以上所言種子，顯其各分體形式如下。

第八圖，爲有胚乳種子之剖面式。

甲爲胚胞，即種子外衣。

乙爲種內小植物原胚，謂之子胚。

丙爲養小植物之胚乳，又謂之蛋白料，與子胚分離，體居全種子之大半。此謂之含蛋白料種子。若豆類則謂之無蛋白料種子。

凡種子合法種之，使得所需之濕熱與空氣，則起首萌芽。

卽當中之子胚，起首生長，此事謂之發生，初發嫩根，後發子葉，再後發嫩芽，卽向上之芽，此發生之事在下圖顯明。

第九圖，爲蘿蔔初生之子胚。

甲爲嫩根，卽向下之軸。

乙爲嫩榦，卽向上之軸。

丙丙爲兩子葉，卽兩子瓣，色綠，從地面伸出，暫作養小植物之用。

丁爲向上之芽，卽兩子瓣當中之嫩芽，爲原軸第一個葉芽。

蘿蔔爲兩子瓣植物，種子無蛋白料，子葉伸出地上，如此則與豆類不同豆類子瓣不出地面之外且此子瓣有淡綠色與葉同豆類子瓣則淡黃色而厚（按豆類亦有子瓣出地外而色綠者恐與此豆類不同）

第十圖爲麥仁發生之子胚麥爲獨子房內有一胚珠熟時變成獨子有子胚與多胚乳

甲爲麥仁一粒內含獨子胚與蛋白料

乙爲子胚公軸發出之小根數條小根俱通過外套如丙

丙謂之根領根領爲分辨此類植物之要件

丁爲獨子瓣即麥之一子葉也凡開花植物有一大部爲此式者故謂之獨子瓣植物如百合花青草櫻類竹類是

也。

戊爲初生嫩芽，謂之向上之芽。此芽變成麥幹，幹上生葉。

己爲植物蛋白料，卽麥之胚乳。麥芽漸長而大，此質化爲烏有。所磨麪粉，卽此蛋白質也，乃小粉與膠質相合而成。成饅頭與各麪食，俱爲此料。

第十一圖，爲獨子葉種子發芽之式。

甲爲子外衣。

乙爲公軸發出之根，通過外套。

丙爲嫩根外套，謂之根領。

丁爲向上之芽，乃初發之嫩芽，向上生長，卽成植物之幹。

戊爲獨子葉。幾分藏在子內。幾分伸出子外。故一分謂之子內分。一分謂之子外分。

己爲胚乳。卽養小植物之蛋白料。圍包子胚之外。有植物家不稱之爲蛋白料。乃名之曰仁肉。又因其圍包子胚。則謂之包胚質。

閉有子內不含胚仁。單有小膛。卽聚胞體或小膛形之珠。以代子胚。不開花之植物。如背陰草等。俱爲此子。故謂之無胚子。祇發小根。根不從定點而發。能從外面各處發出。

第十二圖。爲無胚子。凡不開花之子。若背陰草。苺苔類。海草類。蕈類等。俱爲此法傳種。其各膛雖無胚。可當爲胚。然

自無子葉

甲爲小嫩根，從無胚子膛內發出。

乙爲無胚子。

無胚子之植物，皆無子葉，故又謂之無子葉植物，爲植物類之第三大部，俱不開花，即不顯出花鬚花心之花。

以上所言各植物，依其胚之情形，可分爲三大部。一爲兩子瓣植物，即子內含兩子瓣者；二爲獨子瓣植物，即祇一子葉者；三爲無子瓣植物，即無胚子植物，其子或代胚之膛，無胚，無子葉。凡開花植物，屬第一部或第二部；不開花植物，屬第三部。

茲將成上言各植物器具之纖質材料，約略言之如下

各圖。

用顯微鏡考得植物各纖質，大半爲膛質所成。膛即小凹。或名聚胞體。有薄膜質圍之如牆，形各不同，有圓或橢圓，或六邊等形。間有數種，其形似乎極細之象皮泡，多膛相連，則成膛形纖質。有數種植物，如海草與蕈類，全爲膛形纖質所成。故植物家謂之膛成植物。其纖質間有蜂窩形者。

第十三圖爲六邊膛形纖質，略似蜂窩燈草、通草、愛勒達樹輭心，是此類也。

第十四圖爲花點膛質形橢圓外膜有點成點之故因膜質有數處比他處更薄用顯微鏡通光看之見其圓薄點似乎無瓜之子

第十五圖爲螺紋膛質其面有絲紋繞成螺絲形其絲間有能漲縮而顯凹凸力者熱地所產蘭花等科其體內常見此種膛形

間有膛質內能見小而伸出之毛其毛自能搖動又有數種膛內含特成之料如小粉顆粒或綠色生珠或有色之點或有顆粒之質又有膛之牆即外膜有硬質數層令膛甚厚者以下數圖顯此各種情形

第十六圖爲有心膛質每膛內有小膛或膛心故謂之有心膛質多植物生長之處常見此種膛質

第十七圖爲睫毫膛質膛尖有伸出之毛如眼之睫毛故謂之睫毫膛質若本圖者爲海草類之無胚子一端有毛無根能自搖動其膛在水內每若干時卽自行動

第十八圖爲有股膛質卽木賊類之膛質或無胚子膛邊發有股條濕之或噓氣其上則自收縮待乾始再伸放因此故其無胚子時常移動或者便於移至合生長之處

第十九圖爲連形膛質卽一種下等海草所出者或謂之海菜或海藻或石花之類

甲甲甲爲各膛內所含顆粒形之質其綠色料從此膛行至彼膛有特設小管形之膛引而過之

乙乙乙爲成小生珠或無胚子之膛與原膛相離則能自成新植物

第二十圖爲長方膛質即西名法里司尼里亞水草類之膛質

甲爲膛內所含綠色小膛小膛在大膛內常自旋動另有一種水草西名阿那卡里司者其內亦能見此事

乙爲旋流各小膛中偶有之大膛隨之而旋其各小膛之職略必爲成新膛者其旋動法大有觀趣即用常顯微鏡

不必放甚大者。亦能見其各膛動勢。
第二十一圖。爲蛋形膛質。內含顏色流質。能令花呈各色。
每色料。有專膛存之。
甲爲含成花瓣紅色料膛。
乙爲含成花瓣藍色料膛。
丙爲含帶黃色料之膛。
第二十二圖爲含針形顆粒膛質。西名拉非的花。卽洋水
仙類。含此種膛質。如將其葉壓出膠性質後。卽得此種針
形顆粒。乃鈣養數種鹽類所成。卽石灰合於數種酸質。如
草酸。或燐養五等所成。

第二十三圖爲多邊膛質內含小粉粒如本圖者已用含碘試水使其小粉變成藍色易於分辨如將山芋用利刀切成極薄之片以顯微鏡看之則易辨其小粉之粒

第二十四圖爲星形膛質

甲甲爲膛中空處內含空氣菖蒲內易辨此種膛質

第二十五圖爲厚牆膛質膛內面結成質料使膛加厚其料常列成同心圈層中心有一凹如圖之黑色牆料閒有硬於木者如櫻桃梅杏桃李等核皆爲堅厚硬膛所成

植物中另有一種纖質爲常見者乃長細之管相合而成謂之管體管體與膛質有别因其長而大也管兩端常細

銳。彼此相搭。則成捆形。又謂之微管體。凡有此種管體者。謂之聚管。植物。間有各管分歧生支。或相聯絡。如動物之微血管者。則謂之乳路體。管體亦有牆。牆增厚法。亦與膛同。間有牆內有凹形者。間有內面有各式絲紋者。大半生長木內。壯其堅固。若動物之有骨者。常見之管體。以下數圖顯之。

第二十六圖為麻絲管體。管長端銳。彼此相搭。若布之織。故總名織質管。內有結成之木質。乃得堅固。且有韌性。此種管體。工藝內多用之。如在內皮顯出。則其用更大。常麻。胡麻。葛草等。皆顯此種管體。

第二十七圖爲木紋管體卽木之絲紋管體外面有圈形點形之迹杉木內易辨此種織質之形謂之花點木質間有地內掘出古植物質亦能辨出此種管體形

第二十八圖爲花點管體其牆有多圓形薄凹顯微鏡看之有點形或小孔形成行密列此種管體爲植物所遇之最大者如將蘘樹西名布蘭布幹縱剖一片顯微鏡看之易辨其形

第二十九圖爲螺紋管體管兩端收小成尖當中有繞成螺形之絲一條如直破其管其絲幾分能拔出可以顯微鏡辨之洋筍頭之嫩者與芭蕉之葉梗及鳳仙之梗水仙

之葉。俱可見此種螺形絲紋。閒有其螺絲不全者。乃成圈形。或橫條形。則謂之圈形管體。或梯形管體。

第三十圖爲梯紋管體。其牆內橫紋之條。有梯形列法。將背陰草梗縱切極薄之片。顯以顯微鏡能辨其形。背陰草類。大概俱含此種管體。

第三十一圖爲歧形管體。內含帶色一種流質。有小粒行動其中。行動之法。略與田雞足膜內。能見血流通之狀。此種管體。有分支。或相合。或聯絡。若動物之微血管。故可謂之乳路體。以顯微鏡看知母花。西名錫蘭的尼之萼。能辨此形。

以上所言俱顯明嫩根內各種膛質情形。從知嫩根之質。

全爲膛質相合而成至根漸長足時則膛質之外另有各種管體惟螺紋管體植物根內不甚遇見

以下各圖則論植物榦形與成榦之法凡植物榦直立地面是其常也間有不能自直立者必攀附於他植物上以爲之扶此則不謂之榦而謂之籐俗名曰蔓亦間有延伏地面者惟全伏於地面下者則罕見也榦與根有別因能發葉芽也其葉芽每於長若干遠處發出

第三十二圖爲植物伏榦西名所羅門印形似乎根常人每稱之曰根實非根也因發出葉芽則易辨其爲榦甲爲榦下發出之根

乙爲葉芽。從榦上發出。

丙丙爲老葉脱去遺留之痕。有似圖章。故謂之所羅門印。另有此種蔓延橫臥之榦。名曰根本。又謂之橫榦。如馬蘭花。燕子花。與薑等之根本。俗謂之根。實亦橫榦也。上能發芽。下能生根。閒有在地面下。不作長橫榦形。而爲圓頭形者。乃謂之根團。實亦榦類。山芋。番薯之類是也。山芋所發之芽。俱爲葉芽。番薯則隨處俱能發芽。

植物成榦之法。分有三種。因此植物。可分三大類。如左。

一外長類。卽植物新料。每年由外加增一層。故最新之層。恆與樹皮相切。外層之新料。謂之汁木。卽嫩木。內層之木料。謂之新木。新木之色。與質紋。各樹不同。如烏木。全爲黑色。蘇木全爲紅色。英國等濕地所産之樹。皆易辨其外長之形。

二內長類。即植物新料。向內生長。而外面已有老硬木料。愈久愈堅。椶櫚樹。與巴辣麻樹等。爲此種身幹。剖之易辨。

三上長類。即幹爲各葉之蔕。相合而成。每年葉落。幹增一節。頂上發芽。即爲新節。背陰草等。是此類也。

以上三種樹幹。亦與前言之三種子胚相配。而分三部。即兩子瓣植物。其幹爲外長類。獨子瓣植物。其幹爲內長類。無子瓣植物。其幹爲上長類。可見植物分三大部。與分三大類其胚與榦往往相應茲將各種榦之要者約略言之第三十三圖爲外長植物榦之橫剖面形可見木料由外增層之式各層爲同心圈紋每圈爲一年所增之料故數樹身圈數即知樹長之年數榦心有輭料爲膛形纖質所成謂之榦心圍榦心有螺紋管體成套束之外則有各層木料俱爲厚管體並花點管體相合而成再外有內皮以麻絲管體成層再有膛質層最外爲外皮老而且厚外皮與內心亦能相通其法用膛形之層俗名爲木之銀色紋楓樹木內易辨此紋皮木之間亦有一種膛質常工作甚忙職司生長新木料謂之皮木間膛凡外長植物榦上能

發多芽。芽能變成新枝。

第三十四圖。爲外長植物榦之直剖面形。顯其各層質紋。

甲爲樹皮外層膛質。常帶樱色。

乙爲樹皮內層膛質。內含綠色。

丙爲內皮管體。長細若絲。彼此相搭。成彔瓤之質。謂之近木皮質。此種質在工藝內。常用作麤繩料。或麤袋等料。

丁爲皮木間膛質。職司變成新木料。

戊爲歧形管體。內含帶色流質。

已爲成木料之木紋管體。閒有在其牆內。有圓形或點形之迹。嫩木內。此管體能通汁液。內每含汁若干。老木內。此

管體略實因已變成硬層也

庚爲最大管體即花點管體牆面有花點能通汁液

辛爲另層絲紋管體

壬爲另層花點管體

癸爲近心螺紋管體一端有螺形絲紋一端有圈形絲紋故謂之半螺半圈管體

子爲榦心之膛形織質

榦心與樹皮相連之法有膛形織質成半徑線排列謂之髓輻管

第三十五圖爲内長植物榦之横剖面形即椶櫚類之樹

身。此種樹於中增長新木。故木外面最老最硬。內層則最新最輭。幹內有多圈形深色管體成捆。在多膛形織質內排列。此種樹無同心圈層。又無眞幹心。無可分之皮。並無髓輻管。其老葉脫下之處。有圈形痕迹。凡棕櫚類生長之法。皆從頂上發芽分枝。卽其頂上發兩芽。一左一右。從此則分兩枝。

第三十六圖。爲上長植物榦之橫剖面形。卽背陰草之榦身。其葉之蒂。彼此相連成榦。榦頂發芽。增長新節。葉脫留痕。於痕處見有微管織質。合成捆形。間有馬掌形者。各管爲木質所成。有梯紋管體。外有膛形織質。圍之。尋常背陰

草。俗名鳳尾草。亦曰美人蕉。西名鷹翼草。因其幹入地之分。管體列法若俄旗之雙鷹。又從他向看其管體則似乎橡樹。

植物圖說卷一終

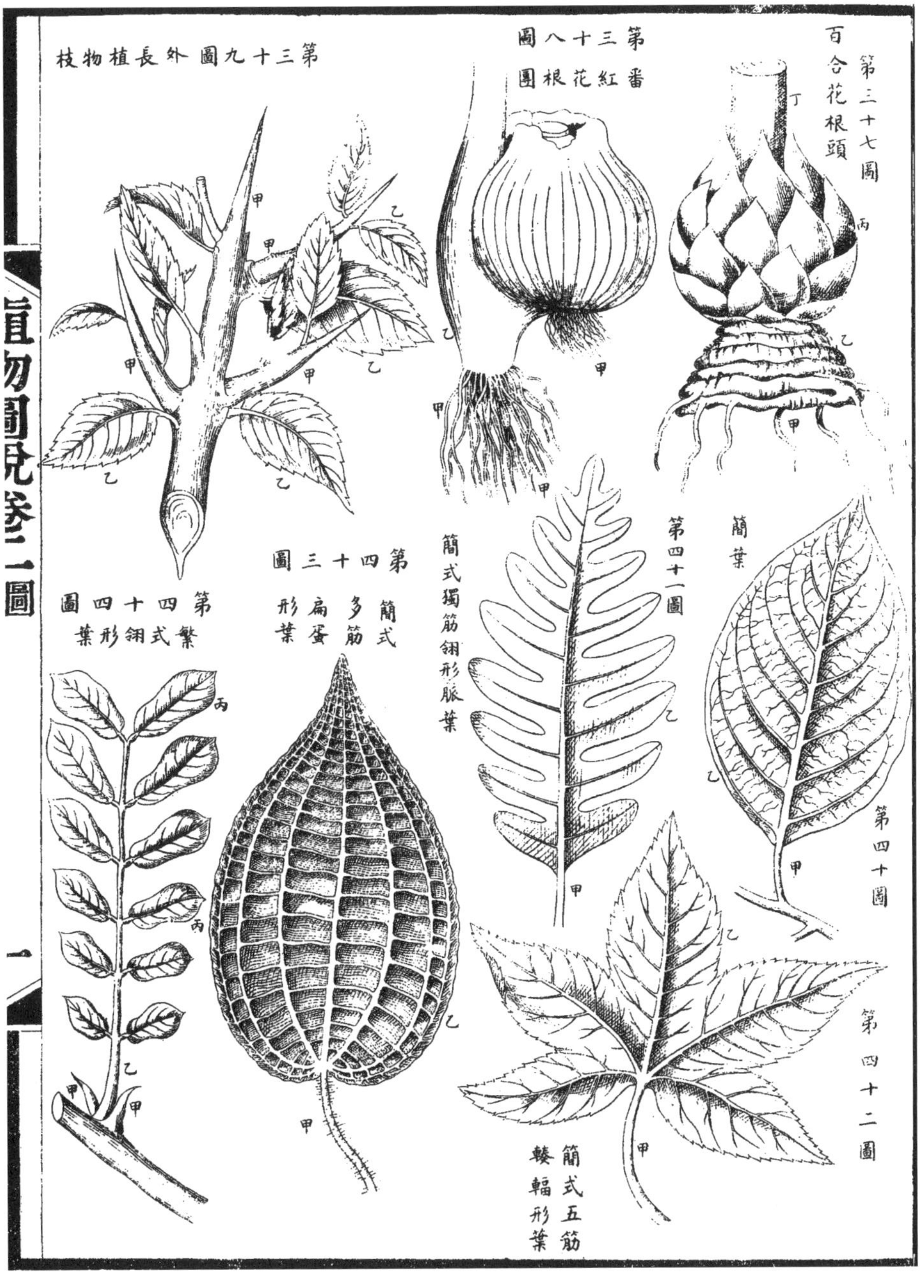

第三十七圖　百合花根頭

第三十八圖　番紅花根圖

第三十九圖　外長植物枝

第四十圖　簡葉

第四十一圖　簡式獨筋翎形脈葉

第四十二圖　簡式五筋輳輻形葉

第四十三圖　簡式多筋扁蛋形葉

第四十四圖　繁式翎形葉

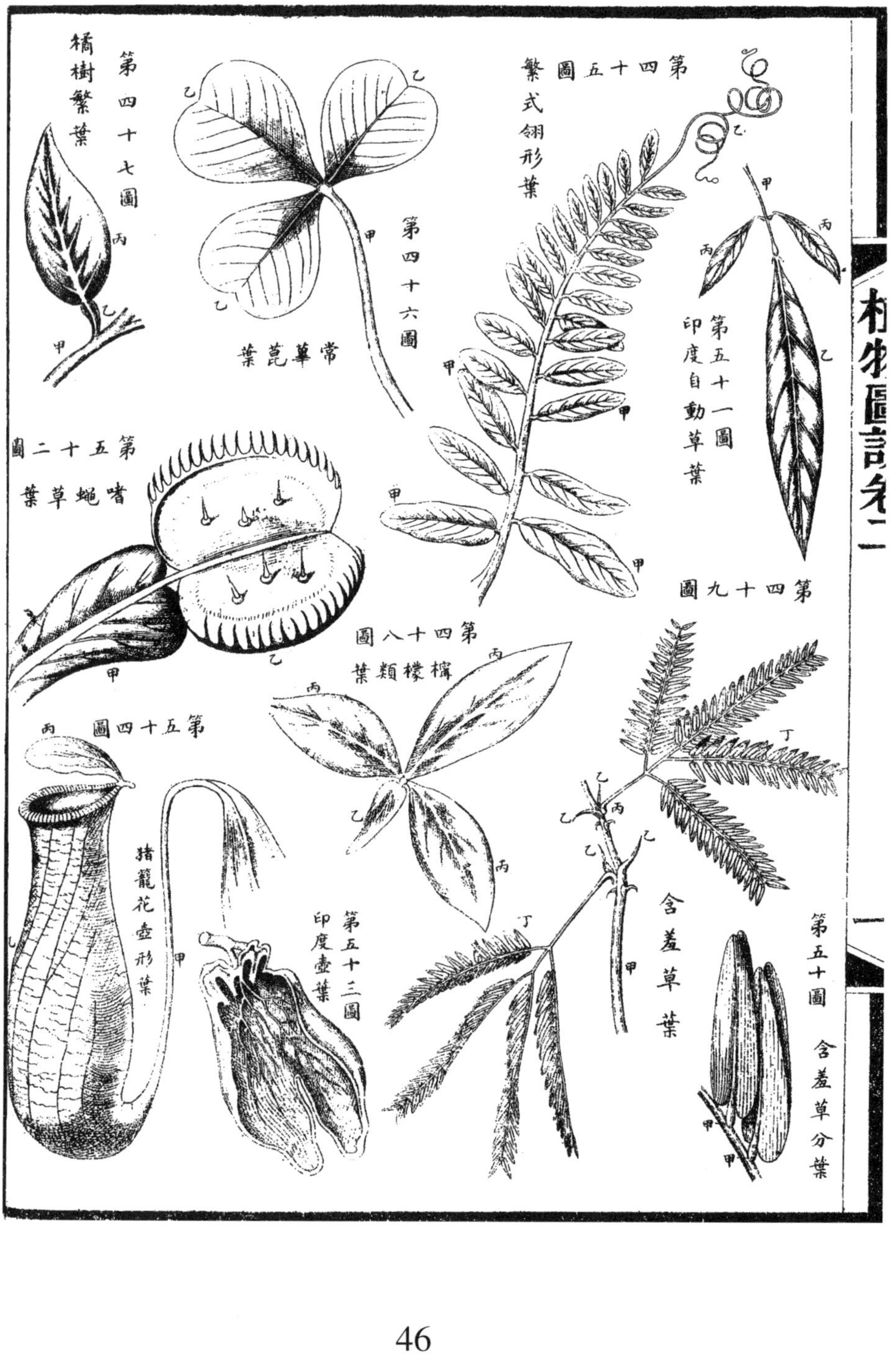
第四十七圖
橘樹繁葉
第四十六圖
常華芘葉
第四十五圖
繁式翎形葉
第五十一圖
印度自動草葉
第四十九圖
第五十二圖
嗜蠅草葉
第四十八圖
檸檬類葉
第五十四圖
猪籠花壺形葉
第五十三圖
印度壺葉
含羞草葉
第五十圖
含羞草分葉

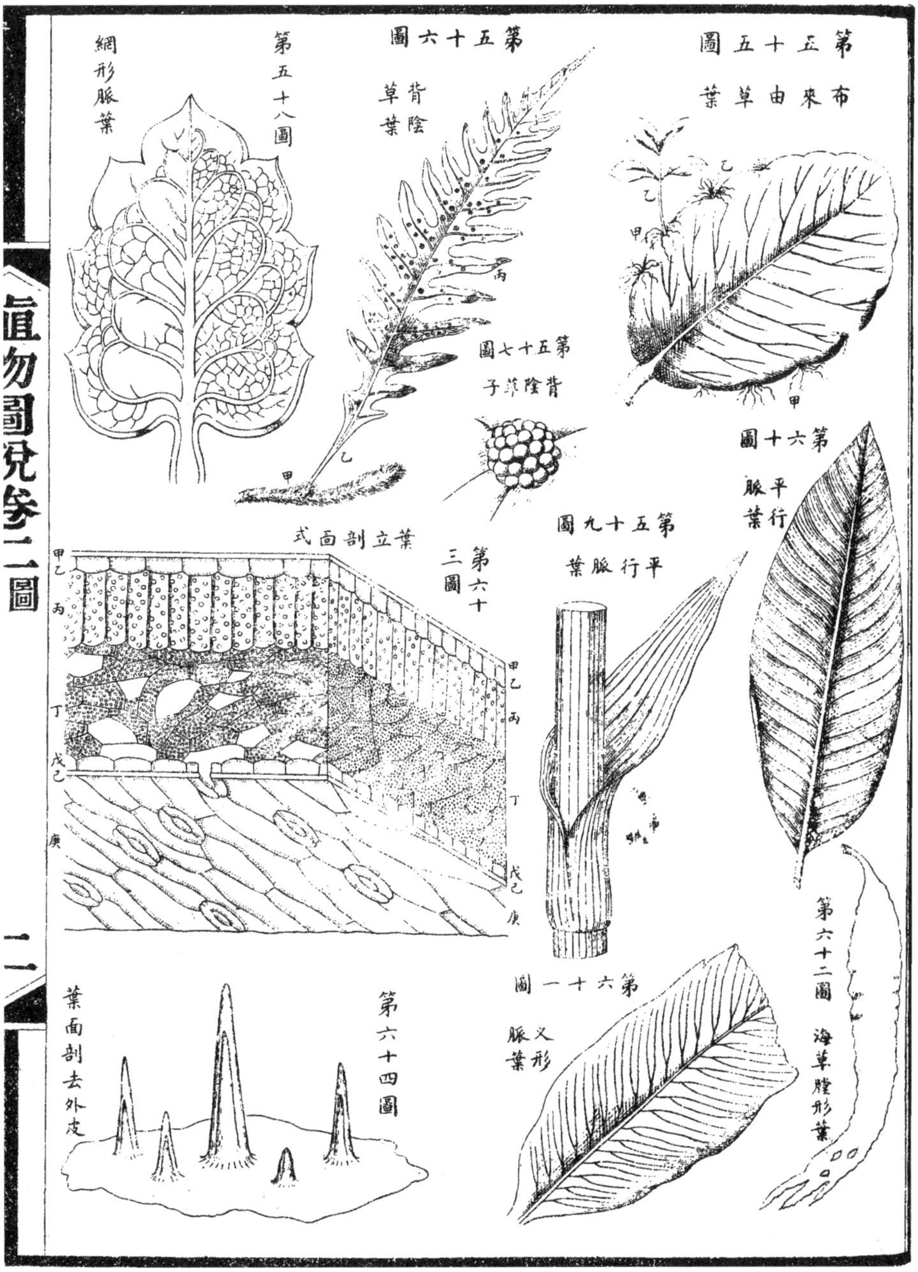
植物圖說卷二圖
二
第五十五圖
布來由草葉
第五十六圖
背陰草葉
第五十七圖
背陰草子
第五十八圖
網形脈葉
第五十九圖
平行脈葉
第六十圖
平行脈葉
第六十一圖
叉形脈葉
第六十二圖
海草膛形葉
第六十三圖
葉立剖面式
第六十四圖
葉面剖去外皮

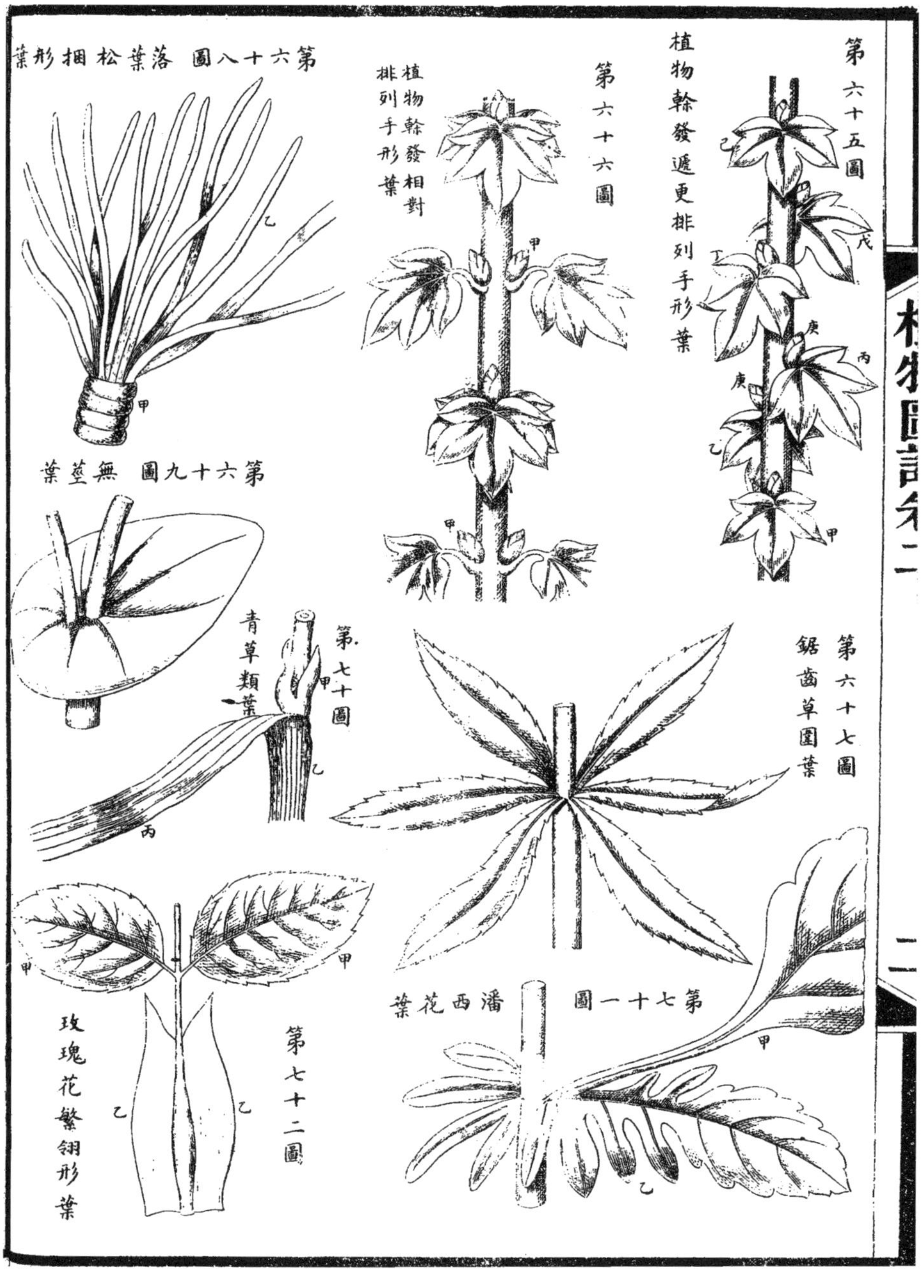
第六十五圖
植物榦發遞更排列手形葉
第六十六圖
植物榦發相對排列手形葉
第六十八圖 落葉松捆形葉
第六十九圖 無莖葉
第七十圖
青草類葉
第六十七圖
鋸齒草圍葉
第七十一圖 潘西花葉
第七十二圖
玫瑰花繁翎形葉

植物圖說卷二

第二幅圖說　葉各變形

第一幅圖已言明植物各器具體並內體織質與根榦等形茲再將滋養植物之器具即各式之葉與其各變化約略言之

有數種地內之榦其葉成鱗形可先論其生枝之法因凡葉原必生於枝上也

第三十七圖爲百合花根頭乃地面以下所成短榦外有厚鱗圍包其鱗亦不過爲變形之葉葉內包芽芽發榦能開花

甲爲小根，從榦下發出。

乙爲地面下之榦，已去其厚鱗者，顯有連處之痕跡。

丙爲厚鱗，卽當爲葉者也。

丁爲嫩芽，向上發出，長足則生綠色而開黃花。

第三十八圖，爲撒法花，地面下榦，謂之根團。撒法卽番紅花。

甲甲爲榦下半所發小根。

乙爲上年之老根團。

丙爲嫩根團，從老者側面發出，由頂發芽，芽長足，則成綠葉，並開紫花，尋常番紅花。其新根團生於老者頂上。

凡外長植物、有特設之法、能在榦旁發芽、芽變成枝、若內長與上長植物、則芽常在榦頂發出、如有分叉、必因同時並發兩芽、一左一右、如此始成叉形、

凡樹枝必與榦心質料相通、其性及形與本榦相似、間有芽不發枝者、而端衹有刺、如荆棘等是也、

第三十九圖甲甲甲甲、爲外長植物枝、生出之小枝、亦如枝、

乙乙乙乙、爲葉、或生於原枝、或生於分枝、

凡枝發之刺、亦可當枝、惟端有硬尖、可當尋常葉芽、因其旁有葉、故顯其根源與性情也、又有數種發刺之樹、野生

者。刺多而大。種植於園。則變爲發枝之芽。而刺不見矣。

凡葉皆爲膛質與管體所成。膛內含綠色料。名曰葉綠。管體則成脈與筋。

凡葉筋脈列法。植物學家謂之葉脈法。葉之形。藉葉脈法。並成膛之法以顯。

凡葉與其莖閡不成節者。謂之簡葉。成一分葉。或多分葉者。則謂之繁葉。各分葉。必另有相連之葉跗。或中筋。

簡葉依其脈法。可分三大門。

第一門。爲網形脈法。其脈排列如網。交處成角。此門另分兩等。

一等葉有一凸出中筋謂之獨筋葉此等復分二類即甲類葉從中筋發脈直通葉邊復分細脈以成網形又謂之翎形脈法如樺木葉等是也乙類葉從中筋發脈在葉邊内變曲形細脈而成網形又謂之曲形脈法如楝葉等是也

二等葉中筋有多於一者謂之多筋葉亦分二類甲類葉中筋有輳輻形排列如桑類樹葉等是也乙類葉其多筋向葉頂底漸近排列有數種青草俗名多筋草又名車前草者是此類也

第二門爲平行脈法葉筋平行排列而不成角並不成網

形。此門另分三等。

一等葉。其筋與脈。從葉頂直行。排列。如各種青草類葉是也。

二等葉。其脈從中筋發出。橫通至葉邊。芭蕉葉。是此等也。

三等葉。筋脈成半幅形排列。以葉蔕為心。通至葉頂葉邊。如葵扇葉是也。

第三門。為叉形脈法。筋脈分叉形。數種背陰草葉是其類也。

第四十圖。為簡葉。生於樹枝。葉面與葉跗直連而不用節。

甲爲葉跗，又謂之葉莖，間有葉無此莖者，謂之無莖葉，

乙爲葉面，又謂之葉刃，

此葉有一中筋，故謂之獨筋葉，

中筋所發之脈，列成亂網形，亦可謂之網脈葉，其脈不直通至葉邊，乃在邊內成彎曲細脈，至葉邊止，故又可謂之曲脈葉，按植物學家說，此葉可名爲簡葉，爲網脈葉，爲曲脈葉，面形橢圓，而頂尖銳，有葉莖，亦可謂之有莖葉，

前第一圖所繪植物全形，其榦葉丁丁，即常葉亦略有橢圓形，而頂尖有葉莖，爲網脈，爲獨筋，脈有鋸形，邊有鋸齒，故又謂之鋸齒邊葉，

又該圖植物有一花葉，辛其邊平而無齒，外形如戈頭，則謂之戈頭形葉。

前第九圖之子葉，形略圓如扁心，則謂之倒心形葉。

第四十一圖爲觔式獨筋翎形脈葉，側邊分多分，如翎毛，則謂之分如翎毛葉，如葉各分不逼至中筋近處，則謂之略分如翎毛葉。

甲爲葉莖，即葉跗。

乙爲分開之葉面。

第四十二圖爲觔式五筋輳輻形葉。

甲爲葉莖，直連葉面。

乙爲葉面筋有五條成輳輻形故謂之五筋葉葉之五分邊各有齒又謂之手形葉卽葉縱分五出似人手伸五指也

第四十三圖爲簡式多筋扁蛋形葉其蒂稍有心形

甲爲葉莖

乙爲葉面脈列網形大筋七條謂之多筋葉筋從葉蒂一處發出向葉頂漸近亦謂之漸近筋葉邊有凹凸成浪形

齒葉頂引長成尖

簡葉有左右分成翎毛形或縱分如手形者依同理繁葉亦有左右分爲翎毛形者各分葉另有中筋又有分爲指

形者。分葉連於葉莖端一點。彷彿人之手指。惟無似手掌之面。

第四十四圖。爲繁式翎形葉。連於枝榦。

甲甲爲兩個尖副葉。即二分葉。從葉莖底處。榦面左右伸出。

乙爲葉莖。通入中筋。中筋發出小葉。此葉莖托全葉面。全葉面有長扁蛋形分葉六對。俱有葉莖。如丙丙丙。此謂之翎形葉。各分葉彼此左右相對。易從中筋分開。全葉端。亦爲小葉一對。是爲左右相平之翎形葉。亦名偶數翎形葉　如全葉之端。有獨分葉。則謂之左右不平之翎形葉。亦名奇數翎形葉

第四十五圖爲繁式翎形葉各分葉有擠圓形皆獨筋如甲甲甲甲分葉在中筋即中左右遞更排列乙爲蔓鬚即扁形之分葉能攀附他植物而纏繞之使本植物穩立

第四十六圖爲常華莨葉亦名莫葉又名酢漿草葉即可取草酸之草葉乃有三分葉之繁葉

甲爲葉莖

乙乙乙爲三分葉各成扁心形連於葉莖之端成節節處稍腫大如墊形各分葉有獨中筋夜時各自捲合包其中筋

第四十七圖爲橘樹繁葉

甲爲枝榦葉連其上

乙爲葉莖有翅形因兩邊薄而稍寬如葉則顯翅形

丙爲葉面與葉莖相連有節因此則謂之繁葉

第四十八圖爲檸檬類之葉與橘葉相仿乃繁分三分葉

乙爲翅形葉莖與橘葉者同

丙丙丙爲三分葉與莖端成節相連

橘樹祇有中分葉餘二葉尙未長足

第四十九圖爲含羞草葉亦名怕羞草又名怕癢草葉爲雙翎形繁葉

甲爲枝榦，葉生其上。

乙乙乙乙爲副葉。

丙丙爲葉莖底發腫處，易受惹，謂之惹墊。如摩撫其惹墊下端，則葉莖立下垂，如本圖下葉。

丁丁爲繁葉。每葉分翎形兩雙，故謂之雙翎形葉。上葉爲全張式，下葉爲低垂式。下分葉有彼此閉合者，則全葉亦閉。夜中其分葉自閉，日開，如動其各分葉蔕之小腫處，本分葉即自閉，如全受大感觸，其各分葉亦閉，而葉莖則低垂。因此人謂之怕羞，怕癢也。

第五十圖，爲含羞草分葉兩對閉合之形。

甲甲爲小腫處在分葉之蒂。關其癢動。腫處上面易受感惹。觸之葉卽忽閉。

第五十一圖。爲印度自動草。其葉有三分葉卽有三翎形分葉類乎山菉豆之葉。

甲爲葉莖連於枝榦與分葉。

乙爲戈頭形大分葉。從中端發出。蒂連葉莖處亦有腫形此葉日常緩緩上下俯仰。左右搖動。夜則低垂不動。

丙丙爲小分葉蒂與葉莖連處亦腫。此草生長茂盛。天熱時其分葉常跳動。彼此相卽相離。依次不休。大小分葉蒂之腫處。俱關其跳動之事。腫處內有小膛。易受感惹。膛內含流質亦有改變疑爲此而搖動也大小分葉各有葉莖分連故其全葉謂之三翎形葉即有兩分葉左右對列如翎形連於中筋其端另有一翎形分葉亦可謂之左右不平之翎形葉因左右分葉相對而端則分葉爲獨也

第五十二圖爲嗜蠅草葉產亞美利加

甲爲翅形葉莖與本葉成節相連

乙爲葉面兩半合成各有三毛毛易受惹葉蒂亦有腫處輕觸其毛葉則兩半忽合因相連處有似鉸鏈之物故開合甚易葉邊有硬毛列成行合時邊毛相錯惟此毛不受惹

間有葉自能捲成壺形者，如印度與巫來由亦曰馬來新金山北亞美利加等處，有數種植物，其葉之尖，自成壺形，壺內蓄水，足養本物。英國有一植物，謂之水泡草，泡內亦含水。又有茶葉，每見其上端，成漏斗形，亦能蓄水。

第五十三圖，爲印度𧀽本草，葉端所成壺形，俗名印度壺葉草，附他樹而長，壺形生其上端，口向上開，仰承甘露，植物上半所發小根，入此壺內，吸其露水，以養本物。

第五十四圖，爲馬來羣島所產植物，名爲豬籠花者，所生壺形之葉。

甲爲葉莖。

乙爲葉壺。亦曰葉囊。乃葉莖自行捲成囊形。
丙爲壺蓋。當葉之面。有節連於壺口。成蓋。葉初生。蓋原閉。後乃漸開。此葉有似乎橘葉之葉面。
有數種葉。其邊生發葉芽。有植物全賴此法以傳種者。故謂之發葉邊芽之植物。
第五十五圖。爲布來由草之葉。
甲甲爲發根之葉面。
乙乙爲葉邊所發嫩芽。芽向下生根。向上生榦。其葉爲揩圓形。有獨中筋。爲齒形邊。
凡上長植物。如背陰草類。其葉面能生子。此類植物。皆不開花。

第五十六圖爲背陰草葉謂之略分如翎形葉葉面結多子。

甲爲上長之榦有伏榦形。

乙爲葉莖。

丙爲若干分葉各形如舌背面有種子成圓串形亦可謂之子膛。

第五十七圖爲背陰草成串之子即子膛内有多小囊囊内有極細之膛形珠謂之無胚子。

凡葉依其脈法分三大門一爲網形脈二爲平行脈三爲

义形脈、此三門脈法葉、亦配前言之植物三大部、卽第一門、配兩子瓣部、卽外長植物類、第二門配獨子瓣部、卽內長植物類、第三門配無子瓣部、卽上長植物類、

第五十八圖、爲網形脈葉、卽兩子瓣植物所生者、有一葉莖通中筋、發原脈、原脈分次脈、次脈相合成網形、葉內細脈、其端彎曲、俱在葉邊之內、葉邊有齒形、

第五十九圖、爲平行脈葉、卽獨子瓣植物所生者、脈列直行、不成網形、葉蔕包於榦外成套、榦面亦有直脈、葉脈從葉底向葉頂、條條排列、皆爲直行、不成網形、

第六十圖、爲平行脈葉、亦獨子瓣植物所生者、爲擠圓戈

頭形，獨中筋，從中筋發分脈，橫至葉邊，條條平列，而成橫行，葉邊光，不分齒。

第六十一圖，爲叉形脈葉，上長植物，如背陰草等，生此種葉，有獨中筋，發原脈處成叉形。

下等植物，間有葉無脈者，率由本物發出膛形葉，故謂之膛形葉類。

第六十二圖，爲海草膛形葉，挂於水內之形，全爲膛質所成，無脈法，間有海草內，能見一條筋者，此筋並非微管體，乃膛質所成。

照上葉脈法，可將各植物分四大類。

一網形脈葉爲兩子瓣植物即外長類

二平行脈葉爲獨子瓣植物即內長類

三叉形脈葉爲上等無子瓣植物即上長類如背陰草等

四膛形葉即無脈葉爲下等無子瓣植物即通長類如海草海藻海蘊等

茲將葉之纖質繪一細圖顯其列法即以蘋果葉爲圖其上面朝天下面對地由上而下依次明之

第六十三圖爲葉立剖面式由上層外皮起至下層外皮止

甲爲葉上層外皮水草等生在水面以下者祇有此層皮

乙爲外皮下之膛質，卽內層皮也。

丙爲豎列膛質與內膛成垂線方向，其膛彼此相近。

丁爲斜列膛質，中有凹處或小孔。

戊爲下層內皮乃壓平之膛質所成。

已爲下層外皮。

庚爲下層外皮之平視形，以顯葉面之微孔，卽吸氣之小口。凡吸或放氣質流質者，全賴此微孔。

第六十四圖爲葉面剖去外皮，以顯其內之圓錐形毛，毛卽膛質凸處，爲外皮所蒙蔽。

凡葉生於榦上，排列之法，謂之葉法，其法不一，在下各圖明之。
第六十五圖爲植物榦發手形葉遞更排列成螺線向葉有六個如甲乙丙丁戊己第六葉己正在第一葉甲之上所以其葉成五行直列從第一葉起到第六葉止必繞榦二次至三次如向右旋則二次向左旋則三次故此植物葉法級數爲五而五分之二或五分之三爲其葉彼此之角距如二與三兩分子顯其旋成螺線之次數分母五顯其任何葉與其直向上之葉中閒之葉數凡葉排列之級數有一二三五八十三二十一等式而五數者爲其常也。
本圖葉榦閒角如庚庚者爲發出之葉芽。

第六十六圖爲植物榦發相對之手形葉。榦上每高若干。對生兩葉相平排列。每對與上對有正角方向此種葉法謂之對列法。又謂之交成正角法。葉榦閒角。亦生葉芽。如甲甲。

第六十七圖爲一種鋸齒草圜葉。生於榦成六出形。分葉爲長戈頭形。有六個。邊各成鋸齒形。六葉圜榦周成一圈形。

第六十八圖爲落葉松之捆形葉。乙爲分葉。長如綫。細若針。多成叢。甲爲短枝端。發各葉。

凡葉之各分。於底相連法。各有不同。下各圖言之。

第六十九圖爲無莖葉其分葉甲在葉面對邊合連其榦似穿過其葉故謂之榦穿葉凡兩葉在榦對面以其蒂相連者則謂之合生葉

葉莖所屬之物亦與分門類有要義焉

第七十圖爲青草一種之葉葉有平行脈法葉莖包榦如套如領領有劈開之形

甲爲嫩葉莖套

乙爲老葉莖套其上端所發之帶形葉分爲兩分

丙爲葉面有直列平行脈紋

第七十一圖爲潘西花西名葉與榦

甲爲葉，與葉莖。

乙爲兩副葉之一，副葉在葉莖底，平發出，略如琵琶形，最大，與正葉差同，凡有副葉之花草，謂之有副葉植物，無副葉之花草，謂之缺副葉植物。

第七十二圖，爲玫瑰花繁翎形葉之一分。

甲甲爲中筋相連之分葉，連處成節。

乙乙爲兩副葉，連於葉莖之底，成連生副葉。

玫瑰花葉，爲左右不平之翎形葉，卽其端有獨分葉，餘則成左右相對之分葉，各分葉爲撱圓形，有獨中筋，邊鋸齒形。

植物圖說卷二終

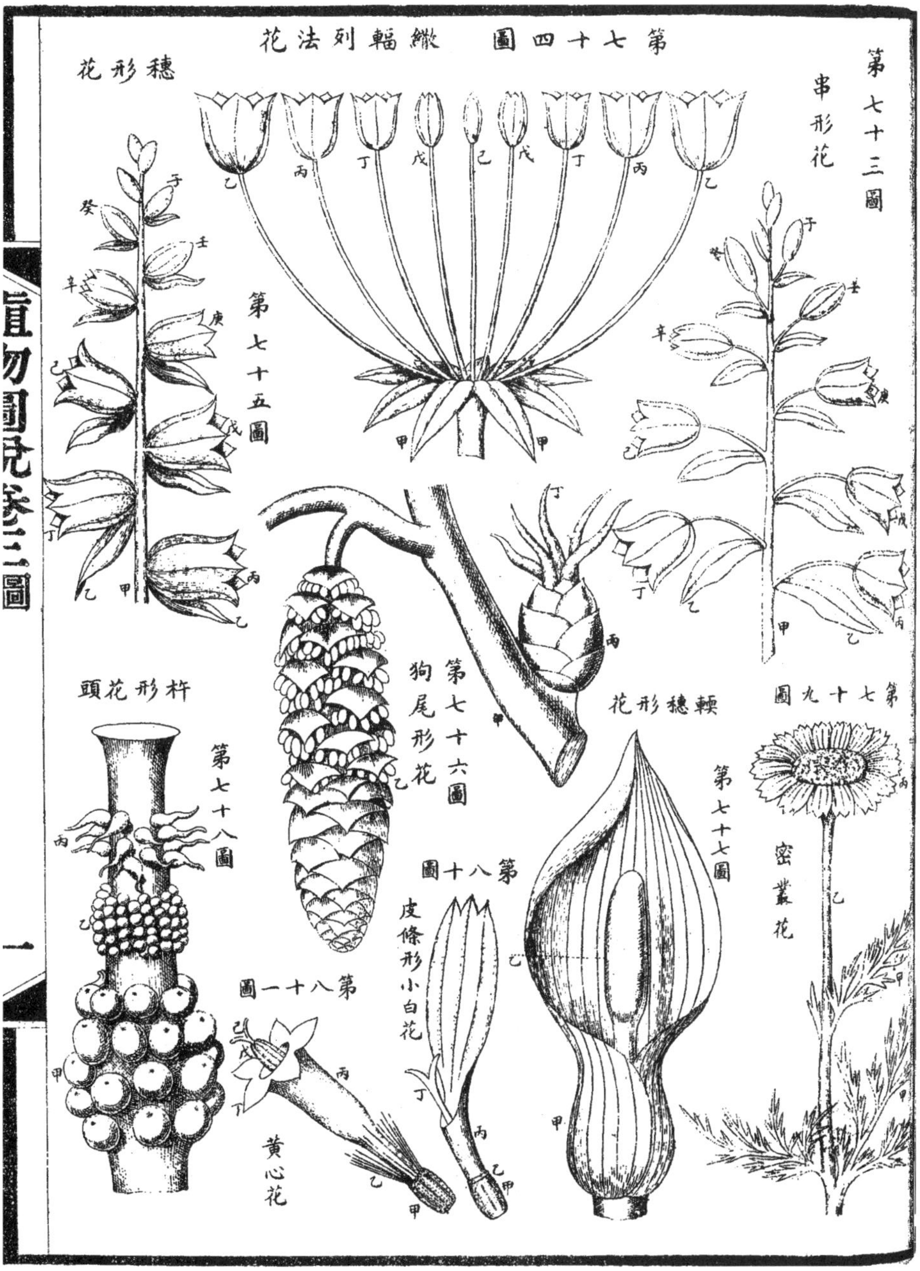
植物圖說卷三圖
第七十四圖 繖輻列法花
第七十三圖
串形花
穗形花
第七十五圖
狗尾形花
第七十六圖
杵形頭花
第七十八圖
輭穗形花
第七十七圖
第七十九圖
密叢花
第八十圖
皮條形小白花
第八十一圖
黃心花

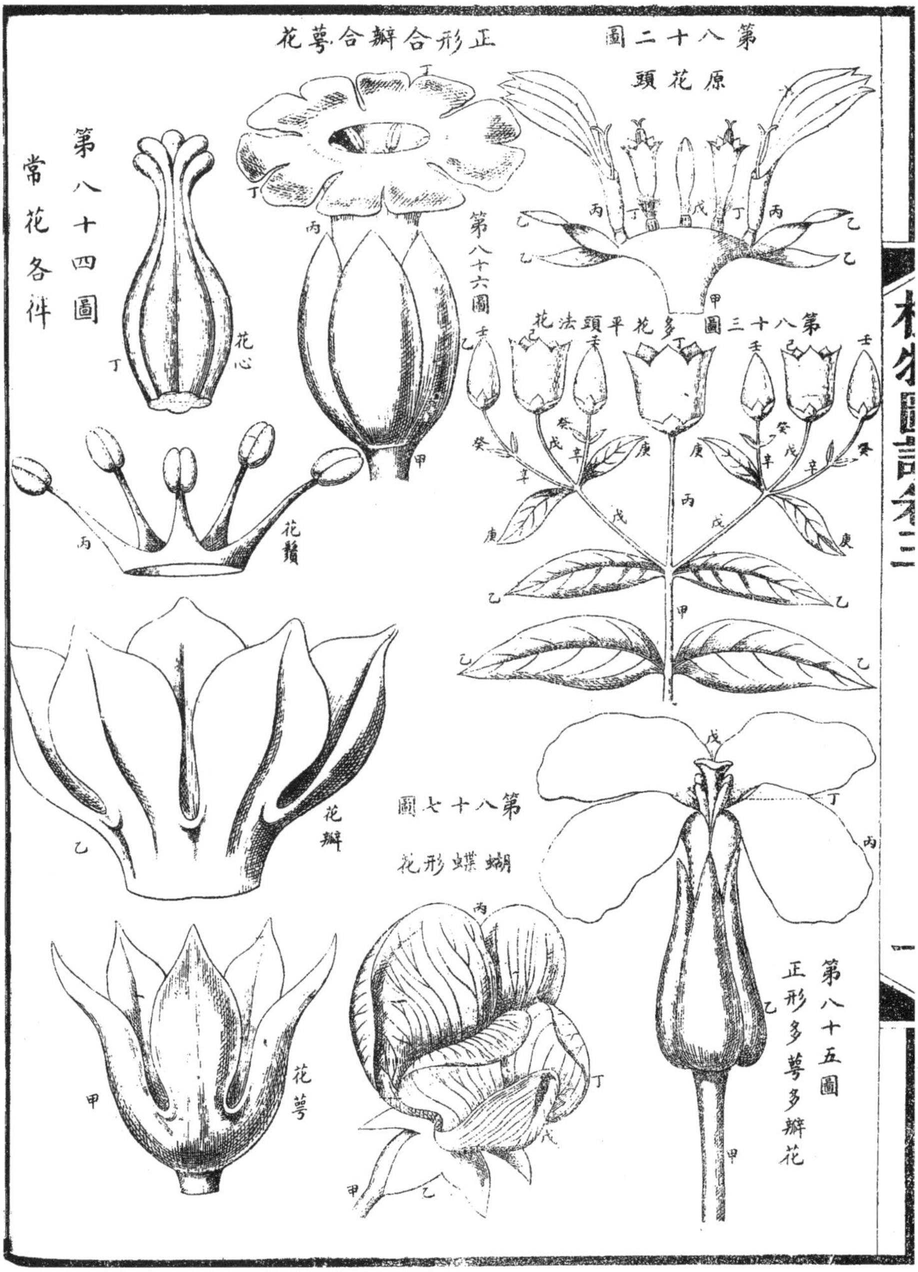
第八十二圖　正形合瓣合萼花
原花頭
第八十四圖
常花各件
花心
花鬚
花瓣
花萼
第八十六圖
第八十三圖　多花平頭法花
第八十七圖
蝴蝶形花
第八十五圖
正形多萼多瓣花
甲
乙
丙
丁
戊
庚
辛
壬
癸

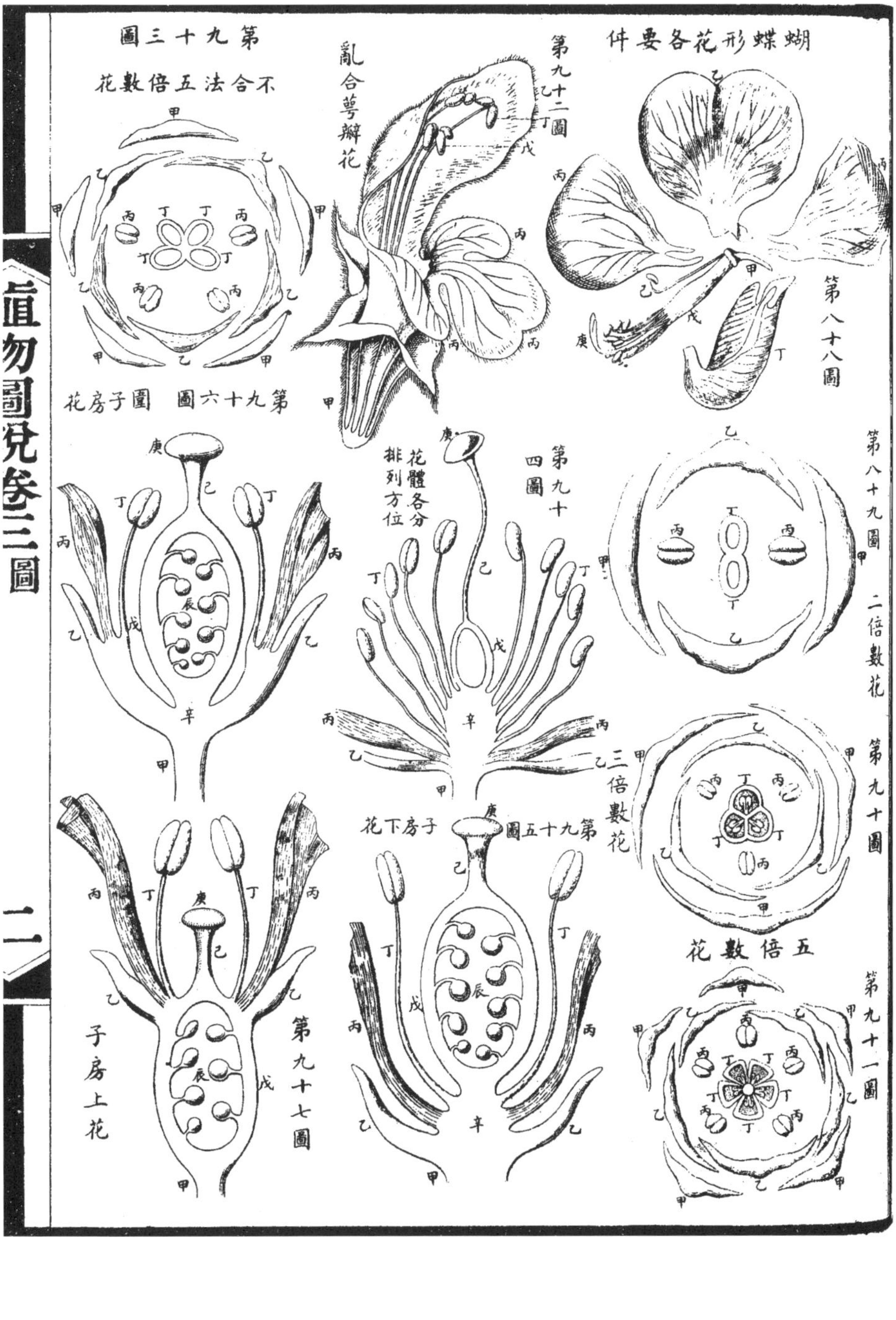
植物圖說卷三圖
二
第九十三圖
不合法五倍數花
第九十二圖
亂合萼瓣花
蝴蝶形花各要件
第八十八圖
第九十六圖 子房圍花
第九十四圖
花體各分排列方位
第八十九圖
二倍數花
第九十圖
三倍數花
第九十五圖 子房下花
第九十七圖
子房上花
五倍數花
第九十一圖

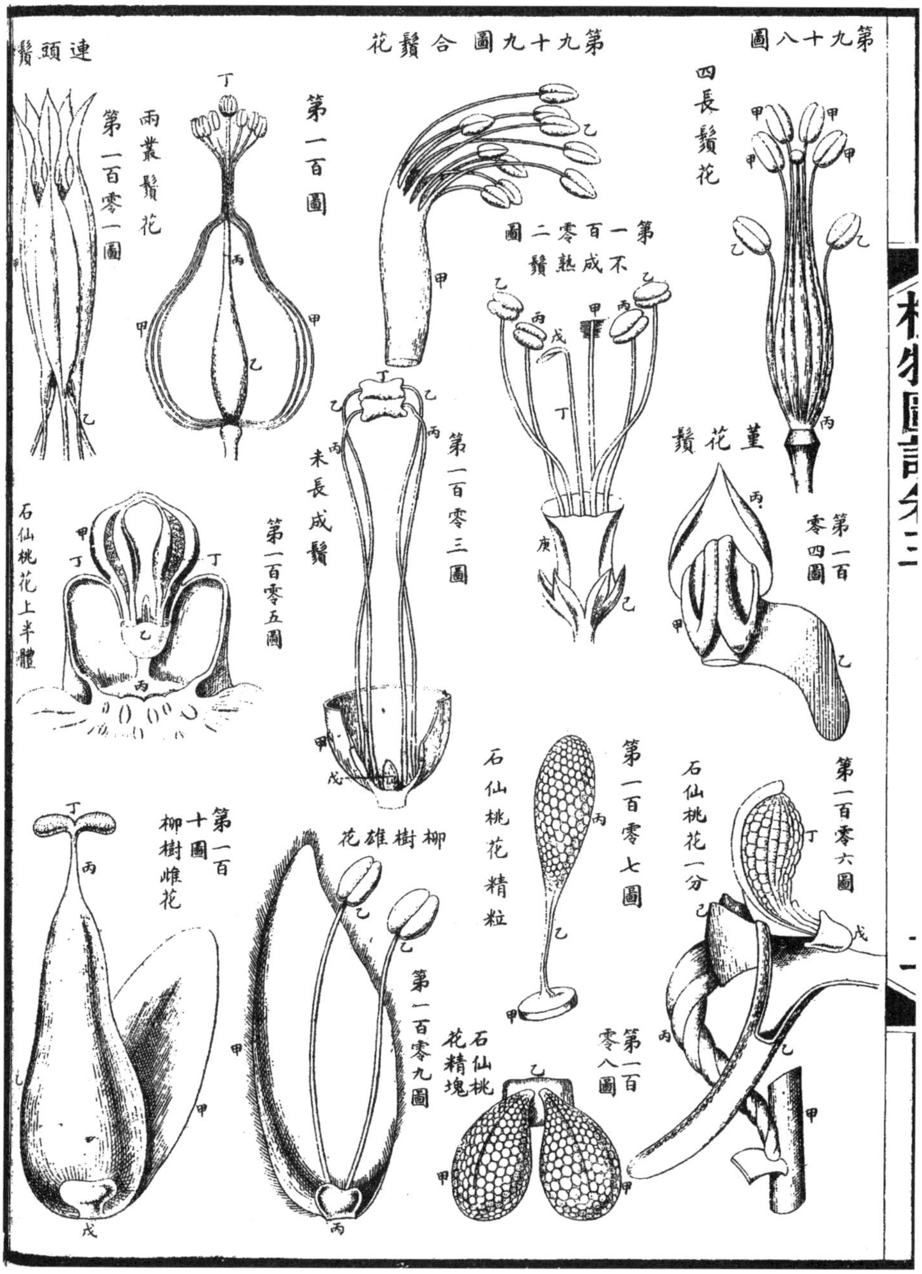
第九十八圖
四長鬚花
第九十九圖合鬚花
連頭鬚
第一百零一圖
兩叢鬚花
第一百圖
第一百零二圖
不成熟鬚
董花鬚
第一百零四圖
第一百零三圖
未長成鬚
第一百零五圖
石仙桃花上半體
第一百零六圖
石仙桃花一分
第一百零七圖
石仙桃花精粒
第一百十圖
柳樹雌花
柳樹雄花
第一百零九圖
第一百零八圖
石仙桃花精塊
甲
乙
丙
丁
戊
庚

植物圖說卷三

第三幅圖說　開花結子各具

是幅圖特論植物傳種之具即植物成子各體其器具爲所開之花並花相屬之各件

花芽常在葉榦開角發出與葉芽同葉芽花芽顯出之形各有不同所發之花葉閒爲綠色如常葉閒爲紅黃藍等彩色閒有在花蒂祇有小花葉者閒有極大花葉如桃包住數朶之花者閒有多花葉成圈形圍住一串花之蒂者

凡花在植物體之排列法謂之秀法花下有軸爲總花榦閒有榦端開一花者亦有一榦開數花者即有公用之榦

生花數朶各從底向頂而開或從周向心而開此秀法謂之無定法其花謂之向心而開如有獨花在圓幹頂上而後另有副幹與心相離各成副幹頂開一花此秀法謂之有定法其花謂之離心而開

從上可見開花秀法有兩種一無定法花爲向心而開二有定法花爲離心而開

總花幹又謂之花莖分幹謂之分莖或曰分梗或曰小梗

第七十三圖爲無定法花其排列式謂之串形花一串開多花各有短莖其長略等從長公莖發出洋水仙花西名阿耶辛得者是此類也

甲爲總榦，即公莖。

乙乙爲花葉，此花葉之上，亦有小花葉，其花爲向心而開。

丙丁戊己庚辛壬癸子爲各花從下而上，一一伸出，俱向心開，其心即花榦之端。

第七十四圖爲無定法花，謂之繖輻列法，各花莖幾等長，而從總榦一處發出，向外伸開，形若繖之托輻，爲向心花法，即從外周向中心而列，蘹香蘿蔔等花，是此類也。

甲甲爲花葉，花從花葉榦閒發出，花葉圍公莖之端，列成圈形，謂之公花莖，即總榦，各花之梗，謂之小花梗，亦名分莖，從總榦公點周圍發出，與繖輻同，閒有小花梗，再分成

若干細花梗者亦爲繖輻列法則謂之繁繖輻法猶之小梗爲母輻細梗爲子輻也如赫暮落草是此類也

乙乙爲外周二花即先開之第一副花

丙丙爲次開之第二副花

丁丁爲三開之第三副花

戊戊爲四開之第四副花如本圖此副花此外周者更小

己爲中花即末開之花如本圖乃花芽而未開者

可見此開花之法從周邊起漸向心止故謂之向心花法

第七十五圖爲無定法花謂之穗形花即有多無莖之花排列於一長公莖上車前草等之花是此類也

甲爲總花幹即公莖所開各花俱無梗故謂之無梗花

乙乙爲花葉與幹閒之角有各花一一發出

丙丁戊己庚辛壬癸子爲各花從下向心一一開放

第七十六圖爲無定法花謂之狗尾形花柳花榛花等皆成穗形各花有花葉覆之花葉排列如鱗形又謂之花鱗

甲爲榛枝與花

乙爲雄花穗即有花鬚之穗（並見一百零九圖）各花包以花葉形如鱗所成之穗俗謂之狗尾形又謂之帶形花殘則全穗從蒂落下凡開此花者皆謂之狗尾形花樹榛樹楊柳樹等是也

丙爲雌花穗，即有花心之穗，並見一百十圖。有數花未長足，即不結子者。

凡開有花心之花，則外面必有包衣或殼閉有鱗形，與所結子實相連，如榛之有包殼是也。

丁爲雌花花心莖。

第七十七圖爲輭穗形花，甲爲大花葉，成套，謂之花片苞，如半夏類，其套所包輭穗，略成杵形，杵端爲輭膛，合成頭形，如乙作紅色者。

第七十八圖爲輭穗形花，謂之杵形花頭，其花葉即大套已經剝去，杵頭亦已割去。

甲爲雌花。有花心分。能結子。

乙爲無鬚花。不結子。謂之不實花。

丙爲未長足花。亦不結子。謂之不熟花。

此植物開花時。常有增熱者。鬚頭開散花精時。熱格外增

第七十九圖。爲密叢花。即聚合之花頭。如菊等花是也。內

有多無梗花。向心而開。亦謂之無定法花。

甲甲爲雙分翎形葉。

乙爲花莖。或收小之榦。榦頂有多無莖花。聚成一頭。

丙爲一頭之花。向內而開。花頭外周之白小花先開。是謂

之邊開花。在中花心墊所開者。謂之後開花。

第八十圖爲花頭所開之皮條形白小花又謂之裏帶形花洋菊花等是此類也其小花爲亂形有數花瓣相連而上成一皮條形下成短管形

甲爲花子房後結爲實在亂形花瓣之底

乙爲不長足之萼瓣

丙爲皮條形花瓣常爲三瓣至五瓣合連而成在一邊引長成皮條形

丁爲花心莖頂有二子房口

如本圖之小花祇有花心分而無花鬚是爲雌花

第八十一圖爲黃心花卽洋菊類花頭所摘出之心花爲

合法管形花瓣五出而下相連故謂之合瓣花又謂之獨瓣花又名連瓣花

甲爲花下子房謂之下子房

乙爲萼在子房之上謂之房上萼惟不成瓣而變爲膛形之毛謂之細毛萼

丙爲花管形甚端正

丁爲分瓣卽成全花瓣不相連之端

戊爲花鬚五根鬚頭相連謂之連頭鬚又謂之合生鬚

己爲花心莖端顯出分义之花心蕊

第八十二圖爲原花頭顯其各花列法合成無定之形凡

繁形花，如菊等，能見此種列法。

甲，爲總花榦，即承無梗花之座，或收短之榦，其子房座，爲凸形。

乙乙乙乙，爲花葉，列成圍圈，或謂之包葉，共成總花葉，幾分包住一頭之花。

丙丙，爲外邊亂皮條形白色花，即先開之花。

丁丁，爲內層合法管形黃色花，開在白花之後。

戊，爲小黃花，在中心，尚未開放，所以此種開花法，謂之向心花法。

第八十三圖，爲有定花法，謂之多花平頭法，爲離心開花

法。卽一頭花中者先開。餘則依次一一向邊而開。

甲爲總花榦。卽公莖。上托各次莖。卽開花之榦。

乙乙乙乙爲對列葉上兩者。爲花葉。

丙爲中花榦。

丁爲中花。卽先開之花。

戊戊爲兩個次花榦。以分叉法相連。卽分二分之法。

己己爲各次榦端所開之獨花。

庚庚庚庚爲次榦對列之花葉。

辛辛辛爲次榦花葉所發子莖。卽再次榦。莖端各有獨花。

壬壬壬壬爲子莖端獨花依離心法開放癸癸癸癸癸爲子莖所發對列花葉從此葉榦閒角閒有再發次子莖者其端亦開獨花照此離心花法可任多次發出分榦至本植物力竭爲止此有定花法又謂之平頭花法

茲將花之各分一一分言其各圍之圈圈有各形與各列法常言花之各分排列如葉一副圍繞成圈觀第六十七圖可顯此意

第八十四圖爲常花各件分顯之形

甲爲萼凡五出即五葉所成每葉謂之一萼瓣相連成圈

形。

乙爲全花瓣。亦五出。卽爲五個有色之葉所成。每葉謂之一花瓣。各瓣相連。在萼以上。列成圈形。花瓣各出。與萼瓣各出。遞更排列。

丙爲五花鬚。合成圈形。各鬚與各花瓣。亦遞更排列。每鬚有莖。或絲。托之。謂之托線。頂有鬚頭。內含花精。

丁爲花心。卽五個摺葉所成。列爲一圈。與鬚遞更排列。五葉。各謂之花心分。

凡花有萼與花瓣者。謂之雙花套。祗有萼而無花瓣者。謂之單花套。無萼無花瓣。而祗有傳種不可少之具者。謂之

無花套、

閒有雙花套合連、萼與花瓣同色者、則謂之圍鬚苞、如洋玉蘭等花、用此名目、更爲合宜、如此、則花祇有萼者、可謂之單圍鬚苞、有萼與花瓣者、可謂之雙圍鬚苞也、

凡成花各件、或爲分開、或有多法相連、每圈各件、有等分者、謂之正形圈、不等分者、謂之亂形圈、花圈之分數、有相等、或倍數者、謂之等式花、如一花圈之件數、與他圈之件數、不相等、或無倍數者、謂之不等式花、可見花各圈爲正形亂形、視乎尺寸之大小、爲等式不等式、視乎各件之數目、故一花有爲亂形圈、而仍可爲等式者、反之亦然、

第八十五圖爲正形多萼瓣花瓣花。西名牆花。因古牆上常生此花。其各萼瓣花瓣分而不連。

甲爲花幹。亦曰花莖。

乙爲萼。瓣四出。謂之多瓣萼花。有人謂之分瓣萼花。

丙爲花瓣。分四出。各不相連。

丁爲花鬚。長者四根。顯於外。短者兩根。藏而不顯。是其鬚六根。四强二弱。故謂之四强鬚花。並見九十八圖

戊爲花心莖頂。亦謂之子房口。

此花各分。俱列在花心以下。故謂之房下花。亦曰上子房花。並見九十五圖

第八十六圖爲正形合瓣合萼花。西名莪莉苦拉花。

甲爲花莖。

乙爲萼瓣五出半相連。圖內祇顯三瓣。閒有人名之爲連瓣萼花。或獨瓣萼花。

丙爲全花瓣。即正形合瓣。或連瓣花。亦謂之獨瓣花

丁丁爲花瓣五出。每出有裂口。

花鬚五根在花中排列法。與常式不同。即與花瓣各分相對。常花則遞更排列。

如蓮馨花。閒有鬚長花心莖短者。閒有鬚短花心莖長者。

凡有長花心莖之子房。必得長鬚頭內之花精。方能結子。

此種花，謂之雙形花，卽其花分爲兩式也。
第八十七圖，爲蝴蝶形花，乃亂形有多花瓣者，如豆類花是也。
甲爲花萼。
乙爲萼瓣五出，相合連。
丙爲花旗，有割開之形，排列處近於植物之榦。
丁丁爲兩花翅，左右並列。
戊爲花船，係兩瓣所成，形如船底，閉有其兩花瓣，幾分合連者，從花船內能見花鬚花心。
第八十八圖，爲前花各要件分顯之形。

甲爲花幹

乙爲花旗在花芽內摺包花之別體

丙丙爲兩花翅

丁爲花船即兩花瓣所成兩瓣稍相連傳種要器俱在船裏即各鬚與花心也

戊己爲花鬚內有九根相連一根分離如已此種鬚法謂之兩叢鬚

庚爲花心分爲三體一花子房一花心莖一花心頂即子房日豆類之花心變熟時則成殼爲莢莢內有種子

第八十九圖爲二倍數花之平視形即花各圈之分數爲

二或二之倍數如二或四或八等是也各分亦遞更排列
甲甲爲兩萼瓣相對排列而成萼圈
乙乙爲兩花瓣彼此相對與萼瓣遞更排列成全花瓣圈
此萼瓣與花瓣列法似乎正角相對之葉見六十六圖每一對
與鄰近一對有正角方向
丙丙爲兩花鬚列成鬚圈謂之花陽房
丁丁爲花心兩分列成花心圈謂之花陰房
葳靈仙花西名司批得米拉草者常見其萼瓣四出成兩
雙花瓣四出成兩雙鬚二根成一雙花心兩分成一雙柳
葉菜花其萼瓣四出花瓣四出鬚則八根花心分四分此

皆二倍數花之列也。

第九十圖爲三倍數花謂之體成三倍數花法[illegible]圈之分數爲三或三之倍數如三、六、九、十二等是也。

甲甲甲爲萼瓣三出列成萼圈。

乙乙乙爲花瓣三出列成花圈。

丙丙丙爲花鬚三根列成鬚圈即花之陽房。

丁丁丁爲花心三分列成花心圈即花之陰房花心內有胚珠即嫩種子。

每圈各分與鄰圈各分遞更排列。

洋玉蘭花、百合花、與馬蘭花等是此類也。

第九十一圖爲五倍數花卽花各圈之分數爲五十廿等數是也又謂之體成五倍數花法

甲甲甲甲甲爲萼瓣五出列成萼圈

乙乙乙乙乙爲花瓣五出列成花圈

丙丙丙丙丙爲花鬚五根列成鬚圈卽花之陽房

丁丁丁丁丁爲花心五分列成花心圈卽花之陰房

看本圖則知花各圈皆有遞更排列之法

尋常毛茛花其體分五倍數卽鬚與花心分爲五之倍數

以上三圖爲二三五各倍數花分列法與葉分三部列法者理有相同焉

凡花體分三倍數者，大半爲獨子葉植物，二與五倍數者，大半爲兩子葉植物。

第九十二圖，爲亂合萼瓣花，亦爲亂合花瓣花，即續斷花，顯出不合法之排列。

甲爲亂合萼瓣，即五萼瓣，大小不等而相連。

乙爲亂合花瓣上脣，三瓣相連爲全花瓣。

此種全花瓣，爲口脣形。

丙丙丙爲亂合花瓣下脣，勢下垂，上脣有弓形，謂之張口勢。

丁爲兩長花鬚。

戊爲兩短花鬚。
從上各數可知此花體分數紊亂。因花瓣萼瓣。各分五分。
花鬚圈。卽陽房。則止四分也。
凡花有花鬚兩長兩短者。謂之分長短鬚花。卽有兩鬚爲
更長者。
第九十三圖。原爲五倍數花。而有不合法處。
甲甲甲甲甲。爲五萼瓣。成萼圈。
乙乙乙乙乙。爲五花瓣。成花圈。
丙丙丙丙丙。爲四花鬚。成花陽房。可見鬚圈缺鬚一根。而兩
花瓣之中。留有空處。爲第五鬚之位。惟此鬚總不生出。

丁丁丁丁爲花心四分其圖亦缺一分應有此花心分處祇留餘空

茲將花體各分與各分方位之相關更詳言之凡植物分部分科大半藉其開花之法常以花心爲主而視他體列何方位花分種類所稱天然法者全賴此事如各分體有在子房以上有在子房以下花鬚有連於子房有連於萼圈又花鬚長短之比例或其彼此相連之法或與花心相連之法俱爲分辨花歸何種類最要之事

第九十四圖爲花體各分排列方位之相關

甲爲花萼

乙乙爲蕚分葉謂之蕚瓣

丁丁爲花鬚共十根故其植物謂之十花鬚植物

戊與庚爲花心其各葉謂之花心分

戊爲花子房内有胚珠即嫩種子

己爲花心莖即花子房引長之莖

庚爲子房口即花心莖之頂爲膛形體即收花精之所

辛爲子房座即承花各體之座

凡花一鬚者謂之獨鬚花兩鬚者謂之雙鬚花尚有三鬚

四鬚五鬚以至二十餘鬚之花

花心莖亦有獨有雙以至多分與花鬚同

如花以子房爲主，則各體有在子房下，或子房上，或圍子
房之别。
第九十五圖，爲花各體在子房下者，謂之房下花，又謂之
上子房花。各體與花心不相連。
甲爲花萼。
乙乙爲萼瓣，卽花之外套，在花心以下相連。
丙丙爲花瓣，卽花之內套，在花心以下。
丁丁爲花鬚，在花心之下，成花鬚圈。各鬚有托綫，托綫上
有鬚頭，內有花精。
戊己庚爲花心分，卽傳種要體之圈。花心內有子房戊，胚

珠辰，花心莖己，子房口庚，此花之子房謂之上子房，

辛爲子房座，卽承花各分之處，

第九十六圖爲花各體圍花心者，謂之圍子房花，卽各鬚與萼相連，與花子房不相連者，

甲爲花莖，

乙乙爲萼瓣，卽花之外套，

丙丙爲全花瓣，卽花之內套，

丁丁爲花鬚，各有托線，與鬚頭，鬚下與萼相連，

戊己庚爲花心，分內有子房戊，胚珠辰，

己爲花心莖，庚爲子房口，

辛爲承花各體之座謂之子房座

第九十七圖爲花各體在花心以上者謂之房上花又謂之下子房花即花體各圈多在子房以上

甲爲花蕊

乙乙爲蕚瓣即花外套在子房以上

丙丙爲全花瓣即花內套亦在子房之上

丁丁爲花鬚各有托線與鬚頭亦在子房之上

戊已庚爲花心分內有子房戊在花餘各圈之下內有胚珠辰胚珠與子房內面相連之法有子連線

已爲花心蕊庚爲子房口辛爲子房座

第九十八圖。爲四長鬚花。卽六花鬚。內四長兩短。俗名十字形花。如菜等花。是此類也。並見九十二圖

甲甲甲甲。爲四長鬚。各有長托線。與鬚頭。

乙乙爲兩短鬚。卽托線短者。上亦有鬚頭。

丙爲承鬚之座。連處在子房下。故其鬚可謂之子房上鬚。

丁爲子房口。居正中。成頭形。

第九十九圖。爲合鬚花。卽各鬚托線相連。圍住花心。成爲管形。惟鬚頭不相連。並見八十八圖

甲爲十鬚托線相連成管。

乙爲鬚頭。不相連。

第一百圖爲兩叢鬚花，卽各鬚相連成兩叢，所連者爲托線。

甲甲爲六花鬚托線相連成爲兩叢，每叢有三鬚。

乙爲花子房。

丙爲花心蕊。

丁爲子房口。

間有花鬚分叢，各叢鬚數不等者。如蝴蝶形花常有十鬚，內九鬚相連成一叢，餘一獨鬚不相連。此種鬚亦視爲兩叢鬚者。

如花鬚托線相連所成叢數多於兩者，則謂之多叢鬚花。

第一百零一圖爲連頭鬚卽合生鬚菊花蒲公英等花其鬚頭皆相連

甲爲五鬚頭各相連並見五十一圖

乙爲花鬚托線俱不相連

此花鬚以外有另生之體

第一百零二圖爲不成熟花鬚其花原有五鬚有一鬚未長足此圖爲其剖面式顯出五鬚之位置

甲爲不成熟之鬚卽托線上端不生鬚頭而代以細毛者

乙乙爲兩長鬚鬚頭全備

丙丙爲兩短鬚鬚頭亦備

所有全鬚頭四個內有兩强者。並見九十二圖

丁爲花心莖。

戊爲子房口。

己爲蕚瓣。

庚爲相連之花瓣。

此花不合法處因一鬚未長成熟。其鬚頭變爲細毛。

第一百零三圖爲未長成花鬚。致花爲不合法。

甲爲古羅克西那花。相連之花瓣花內有一鬚未長成僅起一小凸點。此花如種於園。使生長茂盛則此鬚閒有能長成者。

乙乙爲兩長鬚。

丙丙爲兩短鬚

丁爲四鬚頭相連。故謂之連頭鬚花。亦爲兩強鬚花。

戊爲不長戍之鬚。

此花之萼瓣花瓣。爲五倍數。不合之處。惟缺一鬚應有鬚處。僅有凸點戊。與花瓣相連。

第一百零四圖。爲堇花之鬚。

甲爲鬚頭。直裂成縫。便於放出花精。

乙爲鬚頭背面距形體。此體亦通入下花瓣之距形孔內。

丙爲鬚頭頂上黃色體。

第一百零五圖爲石仙桃花上半體顯其傳種之要器

甲爲鬚其鬚頭之分在傳種各器具相合成柱之項上

乙爲鬚頭底杯形體謂之小嘴

丙爲花心有黏性處即成子房口在柱形前面

丁丁爲鬚頭内所含花精合成兩塊

石仙桃類之花謂之鬚入心之花因其鬚與花心相合成一柱形也

第一百零六圖爲石仙桃花之一分

甲爲花榦即花莖

乙爲下花瓣空心柱形體謂之小口脣内有蜜蜂常採食

丙爲花心下半繞形體即花子房內含胚珠
丁爲花精粒並其托線
戊爲小杯形體即小嘴內含一小核或圓盤在花精托線之底
己爲已割去之花瓣
凡石仙桃類之花易引蜂等採食蜂嘴必入花瓣凹柱形孔內始能吸蜜入時嘴必與花精核遇核有黏性則與蜂嘴連出則帶有花精與核飛至他花花精即遇他花子房口收入花心孕成種子
第一百零七圖爲石仙桃花精粒分出之形

甲爲黏性核。即圓盤。能與蜂嘴相黏。此核在小嘴形杯內。有黏性球托之。

乙爲花精粒托綫。即花精微管。

丙爲花精粒。

第一百零八圖爲石仙桃花精粒相連成花精塊。

甲甲爲花精塊兩箇。

乙爲柱形體花精塊在此柱體頂上。

凡蘭花等。其花精全賴蜂蟲等帶至他花子房口。方能成合法種子。

間有一種植物上。所開各花。分爲兩種。一種祇有花鬚而無花心、謂之雄花。一種祇有花心、而無花鬚、謂之雌花。此種植物、謂之雌雄同本之植物。間有一植物盡雌花、一植物盡雄花、此種植物、謂之雌雄異本之植物。

第一百零九圖、爲柳樹雄花、從狗尾形穗分出者。

甲爲花鱗、當花葉之用。

乙乙爲兩鬚、並其托綫、與鬚頭、此謂之二鬚花。

丙爲鬚底核。

第一百十圖、爲柳樹雌花、從花穗分出者。

甲爲花鱗、用當花葉、外無他套。

乙丙丁爲花心、分內有花子房、乙花心莖、丙子房口、丁。

戊爲花心核。

柳爲雌雄異本之樹。卽一樹全生雄花。或全生雌花。每花祇有一花葉包其內體。故柳樹可謂之無花套植物。卽無圍繞花心或花鬚之苞。

觀前第三圖。爲花鬚頭各分。一圖與四圖。爲鬚頭內之花精粒。並其微管。

花精與子房口相遇後。則成管形粒。此管粒。通過子房口。與花心莖。入花子房。遇胚珠。則能生活。變爲種子。種子能發芽。成新植物。如不得花精。胚珠卽變石種子。而不成熟。亦不能發生。

植物圖說卷三終

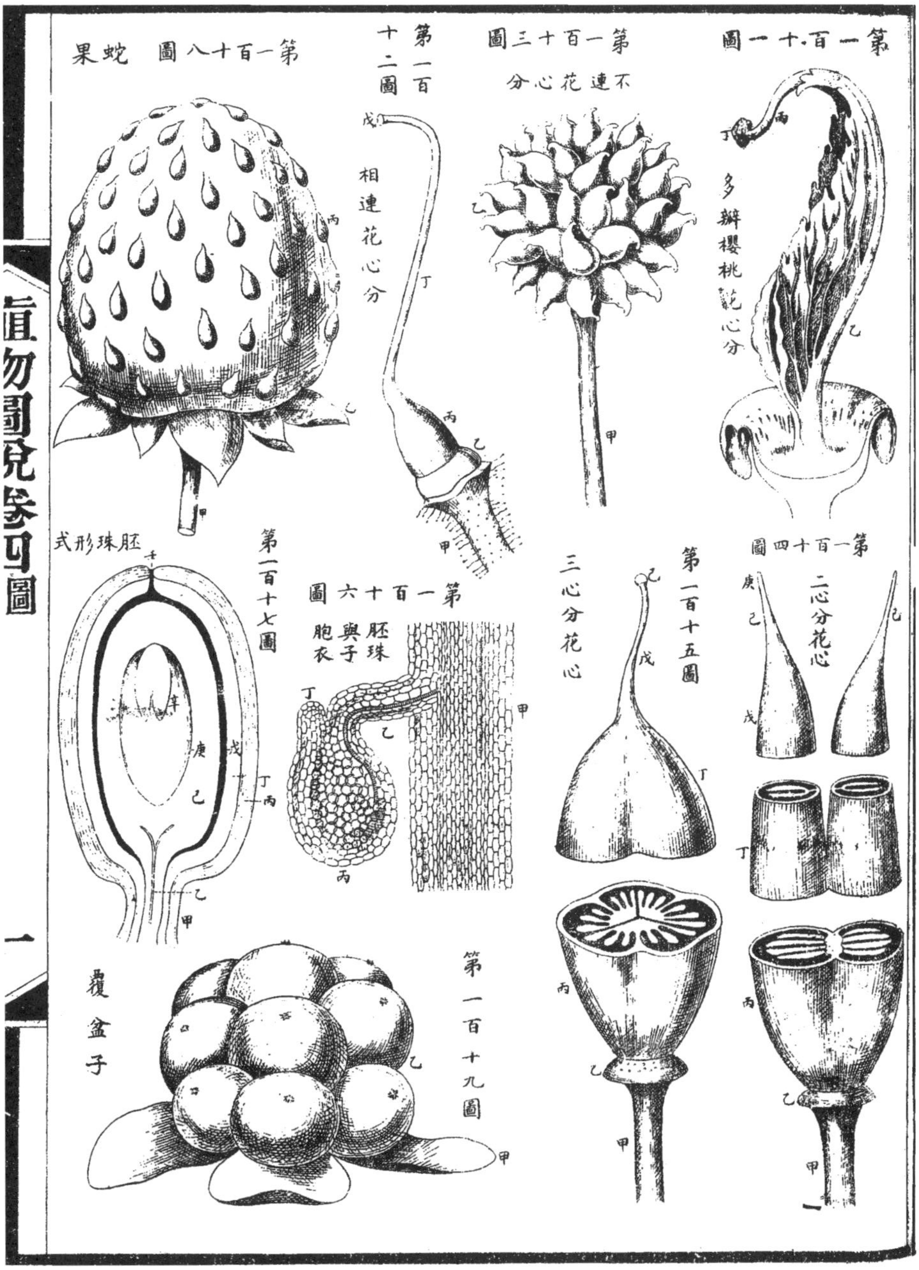
植物圖說卷四
第一百十一圖
多瓣櫻桃花心分
第一百十三圖
不連花心分
第一百十二圖
相連花心分
第一百十八圖
蛇果
第一百十四圖
二心分花心
第一百十五圖
三心分花心
第一百十六圖
胚珠與子胞衣
第一百十七圖
胚珠形式
第一百十九圖
覆盆子

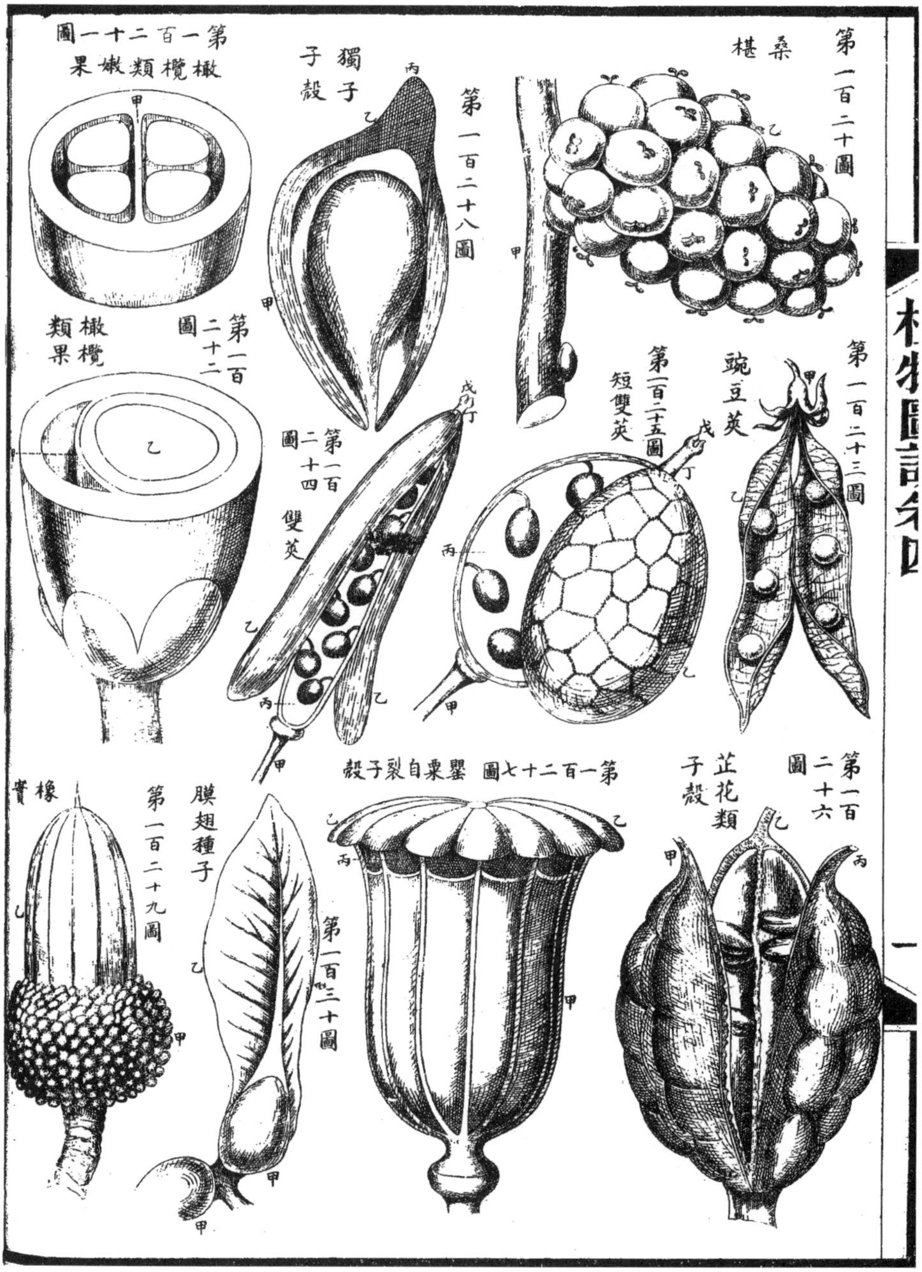
第一百二十一圖
橄欖類嫩果
第一百二十二圖
橄欖類果
獨子殼
第一百二十八圖
第一百二十圖
桑椹
第一百二十四圖
雙莢
第一百二十五圖
短雙莢
第一百二十三圖
豌豆莢
第一百二十九圖
橡實
膜翅種子
第一百三十圖
第一百二十七圖罌粟自裂子殼
第一百二十六圖
芷花類子殼

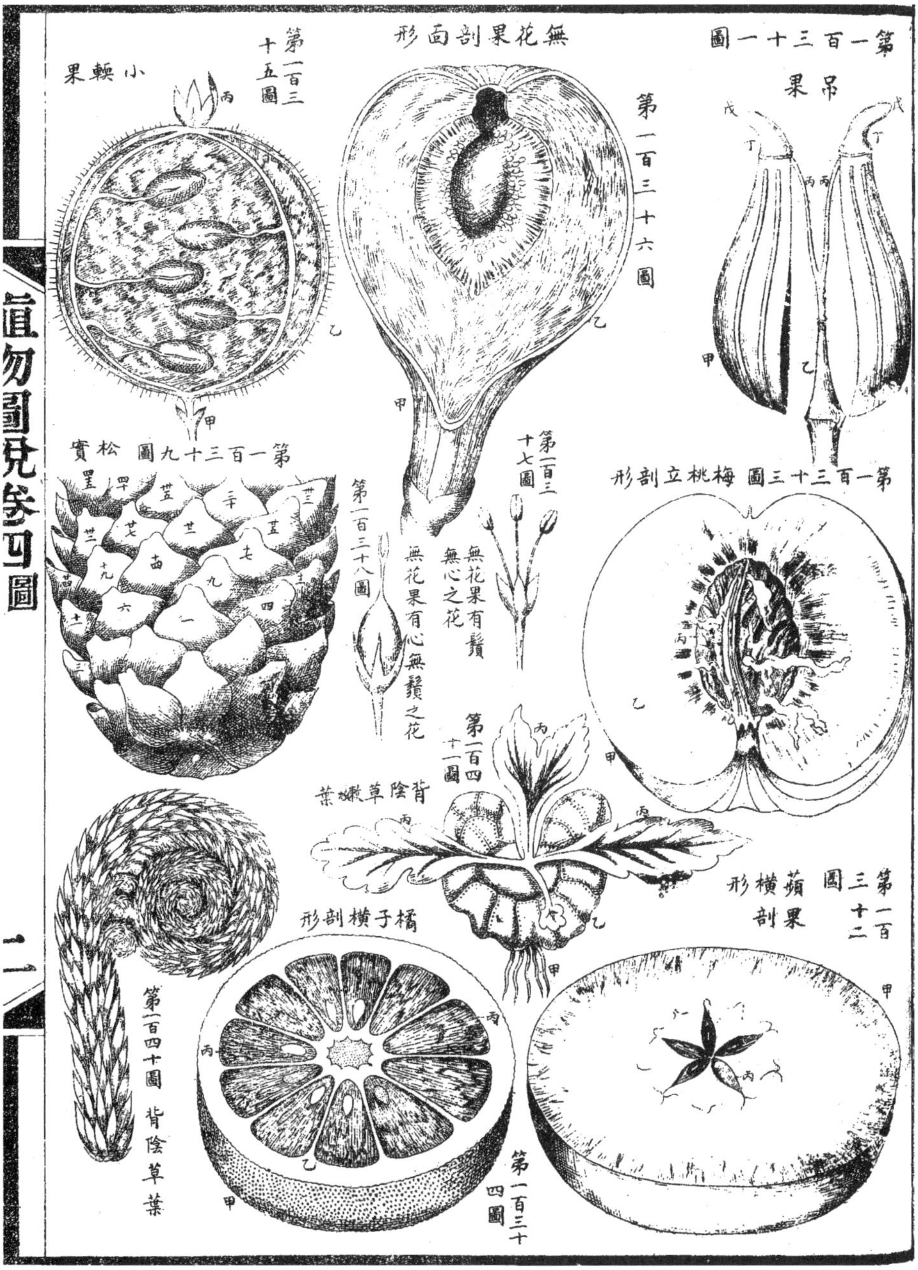
植物圖說卷四圖
二
第一百三十一圖 吊果
無花果剖面形
第一百三十六圖
第一百三十五圖 小輭果
第一百三十九圖 松實
第一百三十七圖 無花果有鬚無心之花
第一百三十八圖 無花果有心無鬚之花
第一百三十三圖 梅桃立剖形
第一百四十一圖 背陰草嫩葉
第一百三十二圖 蘋果橫剖形
橘子橫剖形
第一百三十四圖
第一百四十圖 背陰草葉

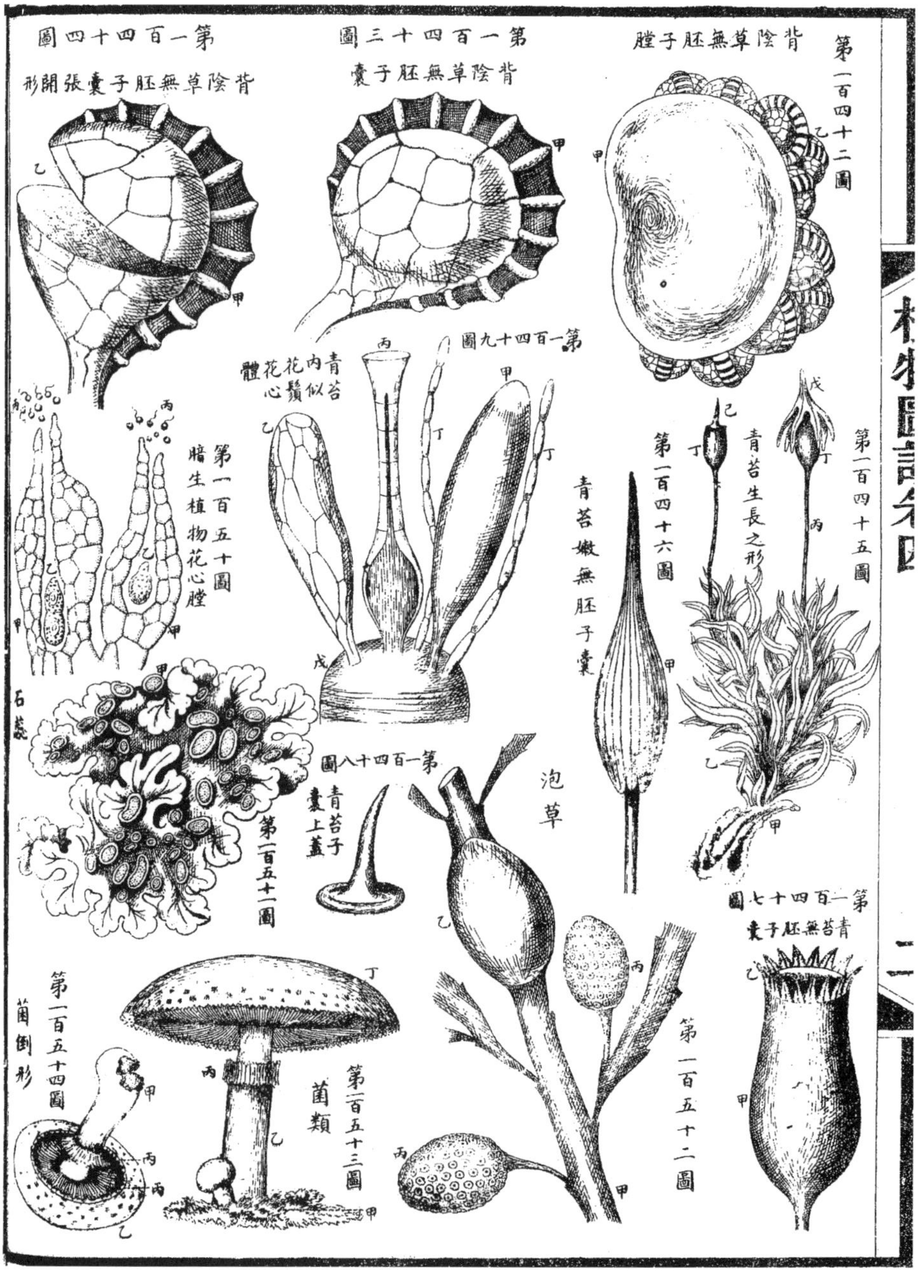
第一百四十四圖
背陰草無胚子囊張開形
第一百四十三圖
背陰草無胚子囊
第一百四十二圖
背陰草無胚子膛
第一百四十九圖
青苔內似花鬚花心體
第一百五十圖
暗生植物花心膛
第一百四十六圖
青苔嫩無胚子囊
第一百四十五圖
青苔生長之形
石蕊
第一百五十一圖
第一百四十八圖
青苔子囊上蓋
泡草
第一百四十七圖
青苔無胚子囊
第一百五十四圖
菌倒形
第一百五十三圖
菌類
第一百五十二圖

植物圖説卷四

第四幅圖説　花心子實各具

前幅圖已論開花各具爲萼與瓣並不可少之花鬚爲傳種第一要具本幅圖則接論傳種第二要具即花心是也花心情形原同乎葉植物他具亦莫不然故花心可視爲一葉或數葉合捲成形其邊向上與榦相近中筋向下與花葉相近花心各葉形謂之花心分凡花心概爲整分或兩分多分相合而成多分或相連湊合爲一膛或不相連彼此分離不相關分離者謂之不連花心分

凡花心照前幅圖説分有三件相合而成一爲花子房内

有胚珠，即嫩種子。一爲花心莖，一爲子房口，又謂之花心頂，即納花鬚頭所散花精之處。

凡花心之分數，每以其花心莖數或子房口數或子房分數定之。胚珠在子房內，有特設膛質所成之體與之相連，此體謂之子胞衣。胚珠外，亦有衣謂之胚胞衣，並有孔以便花精微管通入。此孔謂之子微門，方位不定，全視胚珠與子胞衣相連在何處。

上言花心各具，在下各圖顯明。

第一百十一圖爲多瓣櫻桃花心分。

此種花，因多瓣，故不能結實生子，然有葉代之，仍成子房。

各葉捲起如本圖式

甲爲萼

乙爲花心分之下半成葉形子房惟內無胚珠

丙爲花心莖即子房向上引長之端

丁爲子房口即花心莖之頂

第一百十二圖爲花心或花心圈乃花心分相連而成謂之相連花心分

甲爲花榦其面有毛毛有核在其梢

乙爲花心墊即花鬚與花心中閒之體閒有花其花心墊大而易見如本圖花心墊成圈形或爲不長足之花圈所

成。尋常則爲不長足之花鬚所成。

丙爲花子房在花心下端。

丁爲花心莖。

戊爲子房口。即花心頂。

第一百十三圖。爲花心。或花心圈。如本圖。乃不相連之多花心分所成。毛莨類花能見此種花心分。

甲爲榦。花心在其上。

乙爲獨子花心分在子房座頂。合成獨花心。故可謂之不連花心分。

第一百十四圖爲二心分合成之花心。

甲爲花幹。
乙爲花心蝵圍住子房底。
丙爲花子房下段橫剖形顯其房爲二心分所成內有兩膛各藏胚珠胚珠在膛中連於子胞衣。
丁爲花子房中段橫剖形見其兩心分在此處幾分分開。
戊爲花子房上段顯其兩心分已全分開各子房頂上有花心莖故此花心有兩花心莖。
己己爲兩花心莖。
庚庚爲兩子房口。
第一百十五圖爲三心分合成之花心其花子房與花心

莖子房口俱相連

甲爲花榦

乙爲花心墊

丙爲三相連之花心分內有三膛各藏胚珠與子胞衣相連相連處在當中故謂之中子胞衣

丁爲花子房上段

戊爲一花心莖故此植物可謂之獨花心莖植物

己爲子房口

第一百十六圖爲胚珠卽嫩種子與子胞衣相連

甲爲子胞衣乃膛質並數螺形器相合而成

乙爲子連線，卽連胚珠與胞衣之線，意似臍帶，此線內亦有螺形器與膛質，

丙爲胚珠，亦爲膛質相合而成，內有數膛，成衣兩層，圍包胚珠，謂之胚胞，中有心，謂之胚仁，見第五圖此圖之胚心爲變向者，卽其胚仁底與胚胞底之端相對，故此種胚珠謂之變向胚珠，其子胞衣與胚仁底相連之法，亦有器具成其連縫，見第一百十七圖

丁爲胚胞之孔，謂之子微門，花精微管通入此門，乃成種子，種子初發芽時，其小植物之嫩根，亦從此孔生出

第一百十七圖，爲胚珠形式，

甲爲子連線即連胚胞與子胞衣之線

乙爲養胚仁之器具大圖內以紅線明之各器成線謂之連縫線在胚仁底伸開成頭形爲連縫線之端

丙爲胚胞外層謂之子胚外層衣子胚即本植物之原

丁爲胚胞內層謂之子胚二層衣

以上兩層衣爲膛質合成謂之胚胞

戊爲胚仁專衣謂之子胚三層衣

己爲養子胚之料謂之胚乳又謂之子胚四層衣

庚爲裹子胚之囊謂之子胚囊附有八謂之爲子胚五層衣

辛爲子胚。即小植物。如本圖者。爲兩子葉種子。

壬爲子微門。即胚胞内之孔。似乎臍眼。此圖胚珠爲正向者。因其孔在胚珠底相對之端。變向之胚珠。如一百十六圖者。其微孔頂。與胚珠底相近。

前一圖戊。並第五圖。俱爲胚珠各體之形。

花精與子房口相遇之後。則胚珠中。初成小子胚。逐漸長大而成種子。是種子不過爲長足之胚珠。花子房漸成果實時。亦有他種變化。

凡果實。皆爲花心。合花子房長足而成者。内有種子。種子内有子胚。

果實有乾者。有濕者。有自裂而散種子者。有不自裂而隨種子並落者。

果實分多件。附有長足之花心。並花子房。與花心莖子房口。俱全者。附有花心莖。與子房口。脫落。祇存長足之花子房者。附有果實。爲花心合相連之件而成者。如花心墊。或花梗。或花外套。卽花瓣。萼瓣。或花葉等是也。

果實有爲相連之花心分所成。有爲不連之花心分所成。亦有爲一朶花之花心分所成。又有爲一科花之花心分所成。此皆謂之簡果。或有爲數朶花之花心分相連而成。則謂之繁果。

兹將數種果實爲案，顯明其形式，與其分體，

第一百十八圖爲蛇菓，俗名西楊梅，乃一花所成，是謂之簡果，

甲爲果梗，

乙爲花萼，此萼非爲果之一分，

丙爲花心分，亦謂之獨子花心分，果分有外層，謂之果皮，內有一子，其花心分成一不相連之花心，俱在一凸形面有肉之子房座上，此有肉之分，爲此種果實可食之分，

第一百十九圖爲覆盆子，亦名蓬蘽，又名懸鈎子，亦爲一花所成，謂之簡果，

甲爲萼瓣非爲果之一分
乙爲果即有肉之花心分所成各果有一子俱在圓錐形座上摘果後座仍留樹上可見此花之座留於樹而無用前圖之座則爲果最可食
第一百二十圖爲桑椹俗名桑子桑子開數花合連成一繁果
甲爲果梗
乙爲繁果乃數朶花所成花套變成肉圍住果皮與種子各分相合成一果
第一百二十一圖爲橄欖類之一種嫩果乃兩花心分所

戊各分含兩胚珠。

甲爲兩花心分之隔膜。

第一百二十二圖爲前橄欖類果長至更久者其兩花心分中隔膜甲已推至一邊其三胚珠銷而不見餘胚珠乙變爲種子其橄欖內祇一種子謂之核核外有肉肉爲果皮。

觀此二圖顯明花心成子胚時所常有之變化。

以上各案可見變成水果之法各有不同又可見漸長大時所有之變化。

各種果實落種子法亦有不同。閒有果自裂開種子散落。

果外皮仍與本植物相連者閒有果實不能自裂熟後隨種子並落於地者

以上所言兩類果實在下各圖推而論之

第一百二十三圖爲豌豆莢此種子實祇有一花心分其子相連之邊對植物之本榦此法謂之子殼腹縫包種子之殼向兩邊開卽有腹縫與脊縫也

甲爲花萼卽花瓣與花鬚卸後所獨存者此果實内常有之事

乙爲果皮謂之莢又謂之子殼内有種子卽豌豆

凡有莢之種子謂之莢科植物乃天然分科之法又謂之

荳科植物豌豆扁豆刀豆紅豆等是也

第一百二十四圖爲植物子殼亦類乎莢惟與豌豆莢不同因中有隔膜分成兩膛故謂之雙莢卽有兩花心分相向而成子胞衣亦有兩副種子列成兩行

甲爲果梗托其雙莢

乙爲分殼卽兩花心之葉相合而成兩葉合長爲莢成熟則從下向上裂開

丙爲左右子胞衣相合成膛形架謂之雙莢隔架其質鬆而不實各種子有子連線與隔架相連

丁爲花心莖常爲最短者

戊爲兩邊之子房口。

第一百二十五圖爲植物子殼。謂之短雙莢。亦爲兩花心分相合而成。餘各事。亦與上雙莢相似。惟較短而長與寬略相等。

甲爲果梗。

乙爲莢殼一半。卽花心分之葉所成。分裂法。從下向上。其有兩殼。本圖祇顯其一。

丙爲子胞衣相合成隔架。種子與子胞衣相連。各有子連線。

丁爲短花心莖。

戊爲子房口，乃兩分相合而成，雙莢與短雙莢之果實，亦爲常見之植物，如十字科之芥子，萊子等是也，

第一百二十六圖，爲芷花類之子殼，乃乾而自裂之形，甲乙丙爲三分殼，各有縫，熟時由縫自裂，散出種子，各分殼之中，有一隔膜，托子連線，

子殼之內，變成隔膜者，因成果實之花心分相切，其邊彼此相合而成也，故凡子殼內隔膜爲雙層者，必係兩花心分之邊相合而成，閒有隔膜通至子殼之心，與子胞衣俱在果實當中，謂之中子胞衣，亦有隔膜不通至子殼中心

者，則謂之邊連子胞衣。間有子胞衣先與隔膜相連，後則分離，居中而不相連，則謂之鬆中子胞衣。

間有隔膜爲子胞衣所變成者，如第一百二十四圖。

第一百二十七圖爲罌粟自裂之殼，卽成種子之器具。

甲爲子殼，內含種子。

乙乙爲列成輪輻形之子房口，其邊下有孔，種子由此散出。

第一百二十八圖爲毛莨類不自裂之子殼，謂之獨子子殼。

甲爲包獨子之果皮。

乙爲花心蕚。

丙爲子房口。

第一百二十九圖爲橡樹不自裂之子殼。內含獨子。謂之核。俗名橡子。

甲爲包核之變形葉。或花葉成杯形。

乙爲橡實。即不能自裂之核。內有獨仁。

第一百三十圖爲楓樹。榆樹類之膜翅種子。亦不自裂。此種子。謂之榆子類。

甲甲爲子殼。內各含獨子。

乙爲膜翅。隕落時。隨風飛蕩。

第一百三十一圖爲纖輻科植物之果實如懷香等其果爲兩獨子而不自裂之子殼相合而成謂之吊果

甲甲爲兩獨子子殼分開之形各有短莖吊之從中榦乙欲脫下

丙丙爲吊兩獨子子殼之梗

丁丁爲兩花心莖其底有放大處謂之子房上墊

戊戊爲兩子房口

第一百三十二圖爲蘋果橫剖形卽外有肉之子殼果中有五膛各含一子蘋果與梨等頂有遺萼枯變褸色植物學家於蘋果各分命名不同有云外皮甲爲果外皮內肉

乙爲果中皮含種子之明角形皮爲果內皮有駁者云果內明角形膛實爲長足之花心分外肉猶墊可堂墊與萼相合而成之體

第一百三十三圖爲梅桃等果立剖形果內有核核內有仁核外有肉乃一花心分所成見一百十一圖而其花心分成肉多寡不定與櫻桃同亦爲仁核與果皮相合而成果皮分三分一外皮甲配萼之下層皮謂之外皮二果肉乙配萼之膛形織質謂之中皮三果核內配萼之上層皮謂之內皮內皮以內有果仁即含子胚之種子

第一百三十四圖爲橘子橫剖形乃不自裂之果實有深

黃色外皮甲配葉之下層皮白色質乙配葉中膛質內衣丙丙配葉上層皮橘內此皮成隔膜能分隔其內瓤丁為內瓤即果之肉瓤內藏種子內皮所成之隔膜為使橘與他水果有不同之處

第一百三十五圖為小果西名鵝果者是也此種果實謂之小輭果

甲為果梗

乙為外皮內包果肉肉內含種子種子有長線連於子胞衣謂之子連線

丙為果頂遺存之花萼為果之一分

鵝果與哥林多果其萼爲果之一分葡萄果類其萼非果之一分西國有一種小而黑色之葡萄爲希臘國哥林多所產故謂之哥林多果與上言之哥林多果不同

第一百三十六圖爲常無花果實全爲花而無果應稱之爲無果花因其肉皆爲多花相合而成花藏空座內座即爲其花莖

甲爲果梗

乙爲空座即果之肉內藏多花如內花各不同間有有鬚而無花心者間有有花心而無鬚者

無花果內所誤稱爲種子者實皆獨子子殼

第一百三十七圖爲無花果有鬚無心之花其圍鬚苞爲三分相合而成

第一百三十八圖爲無花果有心無鬚之花其圍心苞爲五分相合而成

第一百三十九圖爲松實乃繁果爲多鱗形體相合而成各鱗爲扁形葉依螺旋法排列每葉包兩種子種子俱有膜翅如本圖之松實其鱗形體列成二十一行即任何鱗形體與其上之鱗形體中閒必有二十一鱗觀誌各數則易明矣

松實之種子爲裸子因不藏於子殼内也其傳種法直收

花精而不用子房口

前數圖種子與其小胚俱藏子殼內謂之包子於六七八九十十一各圖已言明矣茲不復及惟產松實等之種子不藏於子殼內故謂之裸子

以上各圖已論明開花各植物生子各具自種子內胚珠起至長成果實止以下再略論不開花植物傳種各具如背陰草莓苔海草蕈菌等植物俱不開花故無花鬚花心然必有傳種之法其傳種法有膛形珠（見十一圖）謂之無胚子其無胚子亦藏於殼形體內各有器具似代花鬚花心之用惟不顯明非用顯微鏡不能辨清有一大類植物因傳

種器具不能顯明故謂之暗生植物

第一百四十圖爲背陰草葉捲成螺尾形外面有鱗形質

背陰草葉見六十一圖常有在其面上結子者謂之無胚子其

嫩葉每有捲起如本圖之形謂之芽內嫩葉成圈形排列

法

背陰草爲上長植物其榦已在三十六圖詳之

第一百四十一圖爲背陰草嫩葉謂之初生葉

甲爲根

乙爲其無胚子初生之葉

丙丙爲背陰草小葉起首長大

第一百四十二圖。爲背陰草無胚子之子膛內有無胚子。成圓串。見五十六五十七圖
甲爲子膛衣。
乙爲含無胚子之囊。囊有螺紋圈圍之。圈有凹凸力。能令圈張開。使無胚子飛散。
第一百四十三圖。爲背陰草。含無胚子之囊。
甲爲凹凸力圈。幾分圍住含無胚子之囊。
第一百四十四圖。爲背陰草含無胚子之囊。
甲爲凹凸力圈。
乙爲無胚子囊裂開之形。其內無胚子能散出。

第一百四十五圖爲青苔生長之形，顯出其各體之具，
甲爲根，
乙爲榦並膛質合成之葉，
丁爲無胚子囊，又謂之無胚子套，
戊爲子囊外衣，又謂之青苔初生之殼，不久卽脫下，
己爲子囊蓋，卽青苔無胚子殼，蓋長足則蓋脫下，使無胚子散出，必初生之殼已去，其蓋始顯，
第一百四十六圖爲青苔嫩無胚子囊全爲初生之殼甲所圍包，
第一百四十七圖爲青苔無胚子囊，

甲為無胚子囊頂上有孔。

乙為子囊頂上另生之體。謂之無胚子囊口齒。因圍囊口有齒形體。數常為四。或四之倍數。如本圖者。有十六齒。

第一百四十八圖為青苔子囊上蓋。即一百四十五圖之無胚子囊上面之蓋。取下之形。

第一百四十九圖為青苔內不可少之器具。似與花鬚花心相配者。

甲為鬚頭膛。內有多小螺絲形。或線形體。常活動。謂之似鬚頭體。即配開花植物內之鬚頭。

乙為空鬚頭膛。即上言之活動小體已放出者。

丙為花心膛又謂之首膛此體略配開花植物之花心內有膛收上言之活動小體使傳種成新苔

丁丁為膛形體常與花心膛並顯謂之似脬體略必為未長足之器具

戊為承各器具之座

第一百五十圖為不開花植物即暗生植物之花心膛此種植物西俗名曰肝草

甲為花心膛之膛質衣

乙為花心膛內之各膛質

丙丙為活動之線形體謂之似鬚頭體能令其花心膛內

生小植物。

第一百五十一圖。爲石蕊。卽樹皮或石面所常見之蕈類。亦爲暗生植物。

甲爲生子之處。有圓楯牌形。每楯牌形。爲若干管所成。管內含無胚子。

第一百五十二圖。爲海草類。西俗名泡草。亦爲暗生植物。

甲爲當葉之體。謂之膛形葉。見六十二圖

乙爲氣泡。內含空氣。其草藉此能浮水面。

丙丙爲生子之囊。傳種器具。在此囊內。生無胚子後則發芽成新葉。

第一百五十三圖爲菌類、即芝栭科植物、亦爲暗生植物、
甲爲菌子、乃膛質所成線形體、能在地內平伸、當菌之根、
或地內榦、
乙爲菌榦、全係膛質所成、
丙爲菌榦領圈、乃菌蓋下皮裂後之遺跡、
丁爲菌蓋、形似帽、亦如傘、其下有魚腮形體、俗名菌裏子、
分多層、內生光無胚子、可食之菌、其腮形爲淡紅色、迨無
胚子熟時、變深櫻色、
第一百五十四圖、爲菌倒形
甲爲菌榦、

乙爲菌蓋或曰菌帽。

丙丙爲菌包皮。卽菌嫩時。包其內體之皮。從蓋邊起。至菌榦止。後破裂成領圈形痕跡。如上圖之菌。其包皮破後。顯有無胚子。生其腮形上。

植物圖說卷四

十六

植物圖說卷四終

實驗植物學教科書不分卷

〔日〕三好學著　杜亞泉譯述

《實驗植物學教科書》不分卷，日本三好學著，杜亞泉譯述。三好學（一八六二—一九三九），又名三好真武，日本岐阜縣人，理學博士，東京帝國大學（今東京大學）植物學系教授，著有《植物學講義》、《櫻花圖譜》等。杜亞泉（一八七三—一九三三），字秋帆，浙江山陰（今紹興）人，曾任商務印書館編譯所理化部主任，編有自然科學教科書多種。是書爲中學用植物學實驗課本，共六章，分敘植物體記載法、實驗用具藥料及顯微鏡用材料調製法、植物解剖學及隱花植物實驗、植物生理學實驗、植物採集法腊葉製法及保存法、構設植物園法。全書系統介紹植物學實驗與相關知識，詳於實驗步驟及原理，插圖、表格簡明切要。據天津圖書館藏清宣統三年（一九一一）上海商務印書館排印本影印。

日本理學博士三好學原著
山陰杜亞泉譯述
侯官陳學郢校訂

實驗植物學教科書

上海商務印書館印行

實驗植物學教科書目次

實驗植物學教科書

第一章　植物體記載法

器具載式　葉之記載[illegible]花之記　顯花植物[illegible]記載式

第一節　器具

解剖植物必須之器具如左

小刀（第一圖）　針（第一圖）　鋏（第二圖）　小剪（第三圖）　蟲眼鏡（第四圖）

用以檢細毛之有無子房之胞數及胎座之狀態等細密之部分　記載用紙冊簿等

第一圖　小刀及針

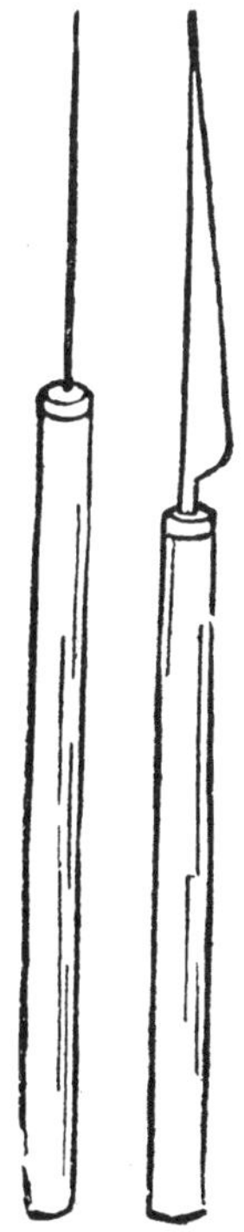

第二圖　鋏

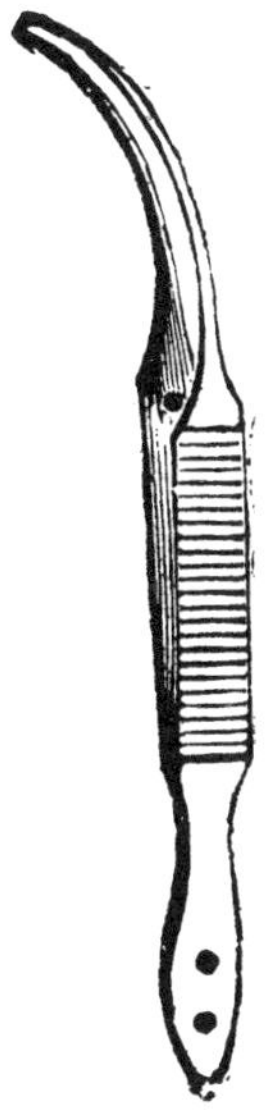

第三圖

小剪

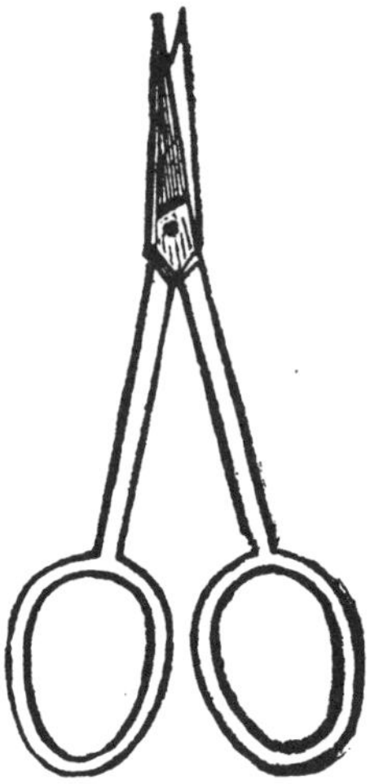

第四圖

蟲眼鏡

第二節　葉及花之記載式

當解剖植物全體之前。須先學種種葉形之記載。次及花形。然後學全體之記載法甚易矣。

葉及花之記載用紙。可仿左列之式樣製之。且此等用紙當依次釘綴整理備後日之查考。

記載之材料。無處不有。須適宜採取。依次擇其形態之異者。而其類似者可省之。

記載實物時。須精細觀察。雖毫釐之區別。亦宜注意。記載之用語。亦須適切。

葉之記載式如左

記事＼植物	鳳仙	七葉樹	……
位置	下部對生上部互生	對生	……
托葉	無	無	……
葉柄	無	有	……
種類	單葉	複葉七片	……
葉脈	羽狀	羽狀	……
全形	披針狀	掌狀	……
葉端	銳尖	銳尖	……
葉脚	圓形	箆形	……
葉緣	鋸齒	鋸齒	……
表面	平滑	平滑	……
備考	葉質柔而薄	葉質固而形狀大	……

花之記載式如左

花名		採集時日		產地
部分＼記事	數	合同或分離	著生之位置	備考
萼及萼片	……	……………	……………	……………
花冠及瓣	……	……………	……………	……………
雄蕊	……	……………	……………	……………
雌蕊	……	……………	……………	……………
胚珠	……	……………	……………	……………

第三節　顯花植物記載式

用紙　植物記載用紙

(例)

毛茛		六月三日		原野
部分＼記事	數	合同或分離	著生之位置	備考
萼及萼片	五	分離	下位	綠色有毛
花冠及瓣	五	分離	下位	黃色滑澤
雄蕊	多	分離	下位	叢生
雌蕊	多	分離	上位著於凸狀之花托	無花柱叢生
胚珠	一			

就植物體之諸機官檢左之部分一一記入下列用紙欄內

根　形狀（紡錘根、鬚根、塊根等）

莖　種類草莖、木幹、稈等）形狀（圓柱狀、三角狀、四角溝狀等）方向（上直、平臥、傾臥、斜上、攀緣、纏繞等）高度（幾粎或幾糎）此外地上莖之變形及地下莖等均當記載。

葉　配置（互生、對生、輪生等）葉柄及托葉之有無。種類（單葉或複葉）葉脈（羽狀脈、掌狀脈、直脈等）全形（針形、圓形、楕圓形等）葉端（銳形、鈍形等）葉脚（圓形、心臟形等）葉緣（全緣鋸齒等）表面（有毛、或滑澤）

花序　種類（穗狀、繖形等）

蕚　色澤、形狀（管狀、脣形等）合生（合蕚、或離蕚）着生（上位、或下位）

蕚片　數、形狀

花冠　色澤、形狀、合生、着生、（全與蕚同）

瓣　數、形狀

雄蕋　數、花絲之狀態、合生（分離、單體、兩體、聚葯等）着生

葯　形狀、着生（底着、側着等）胞數、裂開法

雌蕋　數、花柱之狀態、合生

柱頭　數、形狀

子房　着生、胞數、胎座（中軸、側軸等）胚珠之數

果實　種類（蒴、蓇葖等）裂開法（縱裂、（胞背裂、胞間裂等）橫裂等、或不裂）

種子　數、形狀

備考　就記載之植物有顯著事項則記於此

將香菫菜之形態記載於左

根	鬚根
莖	草本.莖短.圓柱狀.在地下.
葉	自下叢有葉葉單網心形.腎形.尖.鋸表有 地莖出.托及柄.葉.脈臟或臟銳有齒.面毛.
花序	著單花.花梗自葉腋出.有線狀之二苞對生.
萼	綠色.不整齊.分離.下位.
萼片	五.中央幅廣.兩端狹.多毛.
花冠	紫色或白色.有紫斑.不整齊.分離.下位.
瓣	共五瓣.左右之二瓣.花口有毛茸.下瓣之後端爲小距離.
雄蕋	五個.花絲甚短.分離.下位.二雄蕋畧相離.入兩瓣之距離間.
葯	二胞.葯伸長.爲黃色體.縱裂.
雌蕋	一個.自複合三心皮成.花柱屈曲.
柱頭	鉤狀
子房	上位.表面有毛.單胞.三條之側膜胎座.多胚珠.
果實	蒴胞背裂開.
種子	數多.微粒狀.
備考	花有芳香.別生閉花.(自花受精花)

(亞門) 雙子葉

(類) 離瓣花

(科) 堇

(名稱) (學名) *Vioda odorata*

(普通名) 香堇菜

(產地) 某處花園　(採集年月日) 宣統某年某月某日

第二章 實驗器具藥料並顯微鏡用材料製造法

此章所記器具及藥品。宜常整置於一定之處。以便實驗之際。卽可供用。

第一節 顯微鏡及用法

解剖用顯微鏡（第五圖） 用以窺察實物而解剖之。將物體置於玻璃片。以水或他液浸之。兩旁（甲）（甲）之手臺。以承兩手。窺察時靠手於其上。用二針解剖。欲整頓物像之映點。可旋轉側輪（乙）。又伸縮上部之鏡管。凡窺不透明體不用反射光。窺透明體時。以反射鏡集其光線。

第五圖

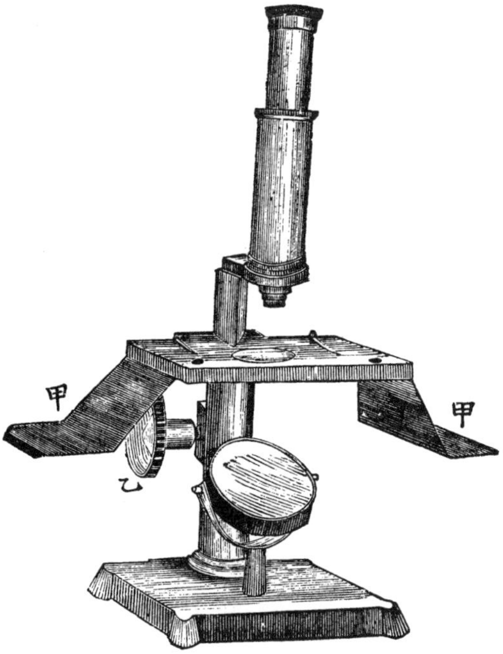

顯微鏡(第六圖)爲德國愛那之宰衣司製造顯微鏡之一。構造堅固。價亦較廉。宜於普通實驗用。又同國賴志、生裴路得、文克雷爾、奧國維也納之蘭因海得諸家所製者亦可用。裝置如第六圖上嵌入寫像鏡甲。乙爲接眼鏡。嵌於胴管丙之上端。癸爲接物鏡嵌於下端。

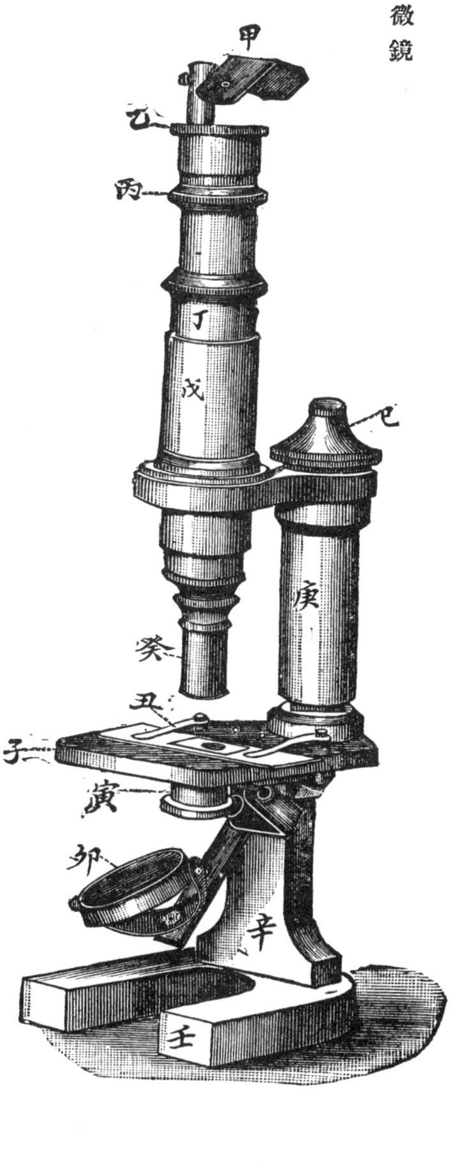

第六圖 顯微鏡

胴管有內外二重。內管丙。嵌入外管丁。可自由伸縮。戊爲鞘管。支住外管丁。可自由上下。己爲螺旋機。左右旋轉。則鞘管戊徐徐上下。庚爲上柱。辛爲下柱壬爲臺足。子爲臺板。卽置玻璃片處。丑爲挾。以之挾定玻璃片者寅爲集光管。集反射鏡卯所來之光線照於物體。反射鏡卯一爲凹鏡面。一爲平面。任何方向。皆可自由傾轉。甲爲寫像鏡。使物像映於紙上。以便寫圖。

今於玻璃片裝置一物體而窺之。先昇降胴管。使得適當之位置。至見物像分明處而止。（凡低度鏡。物鏡與物體之距離較遠。度漸增。則距離漸近。至高度鏡。則物鏡與物體之間甚相接近矣。）又吾人所欲窺之物體。雖薄至於何等程度。必尙有少許之厚。因而其諸部之映點不能一定。而距離有差異。故須整頓之。旋其螺旋機。已求其恰好位置。（但螺旋機僅於窺諸部映點用之。其初搜索物體時。必須上下其胴管。不可常用螺旋機。否則有損及機器之虞。）窺顯微鏡時。自初當練成用左眼之習慣。以圖日後左目窺鏡

第七圖

寫圖臺

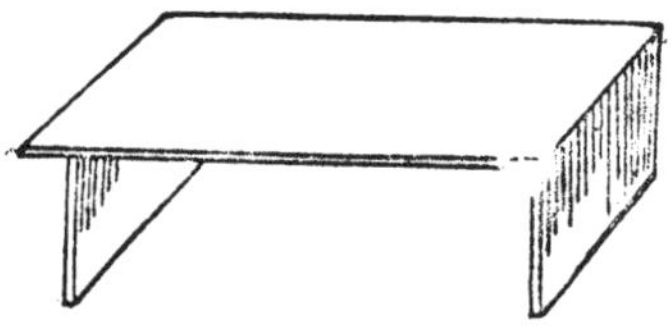

右目寫圖之便。

寫物像欲精密。必用寫像鏡。此器有種種形式。前圖甲爲最單簡最便利者。至其用法當先使穿孔之一面。微傾斜於左。透孔而見鏡下之物像。別用寫圖臺。（第七圖）置于顯微鏡之右側。一面臺上置白紙。臺面宜微有傾斜。令適當于顯微鏡之臺板處。且須使兩面密接連着。然後從小孔中窺之。物像因寫像鏡之反射。正留影于紙上。乃以鉛筆摹寫其輪廓。初似用法稍難。熟練則極容易。（定寫圖臺之斜度。先於顯微鏡下窺一圓孔。自寫像鏡投其影於寫圖臺上。影像若正圓。則爲合度。若橫直之直徑有長短者。則徐徐加減寫圖臺之斜度。至該影像正圓而止。）

顯微鏡窺物體時。其度數須漸漸廓大。初用低度鏡窺其全形輪廓。及諸部相互之位置。然用高度鏡廓大其部分。以明察其構造。更加高度之鏡力。窺細微之部分。如此種種視察。須備各度之接眼鏡及接物鏡。大概實驗用者如左表足矣。（例如宰衣司製者。用接眼鏡2與接物鏡

B、得八十五倍之像。又黎志製者、用接眼鏡III與接物鏡5、得二百五十倍之像。

宰衣司製

接物鏡 \ 接眼鏡	2	4
A	50	90
B	85	145
C	240	420

黎志製

接物鏡 \ 接眼鏡	I	III
3	57	50
5	175	250
7	330	480

宰意司製者、接眼鏡自1至5。又接物鏡自A至F、爲普通製品。以上爲浸水裝置及浸油裝置用。（鏡力甚大須用强光、故以接物鏡入水或油中檢視物體、）檢視「別他里亞」、雄精、游走子等細微之物。宜另備接物鏡F。其倍數如左

	2	4
F	585	1000

宰衣司製顯微鏡(Vb)及前表所揭之接眼鏡接物鏡。其價總計一百七十馬克。F八十四馬克。寫像鏡二十一馬克

顯微鏡用畢。脫去寫像鏡、接眼鏡、接物鏡。以絹布拭之。一一收入箱內又拭胴管臺足。反射鏡等。然後藏箱。

此外有旅行用之輕便顯微鏡以奧國蘭因海得氏德國黎志氏所製者爲佳。

第二節 實驗器械及器具

第一 植物生理學實驗器

植物生理學用之器械甚多。茲僅舉其最要者如左。

植物生長指針（第八圖）廓大植物莖之生長而檢之。如第八圖之裝置。

第八圖

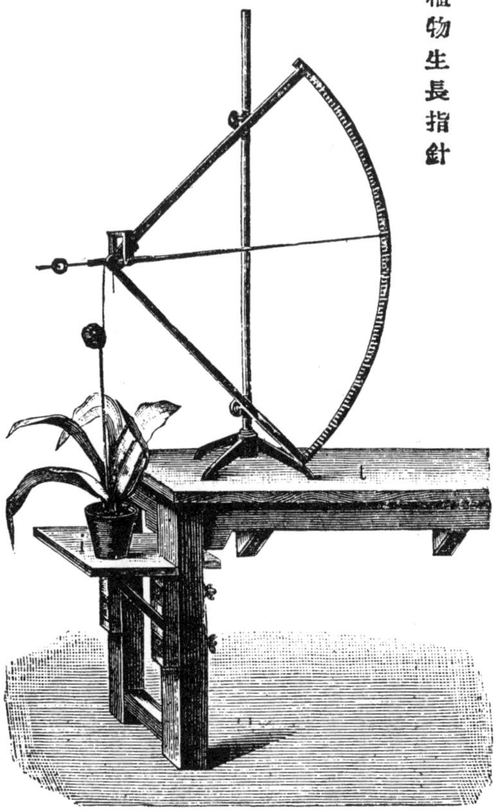

植物迴轉器（第九圖）將物體旋轉於鉛直線又地平線之方向。用以除其向日性或向地性。

第九圖

植物迴轉器

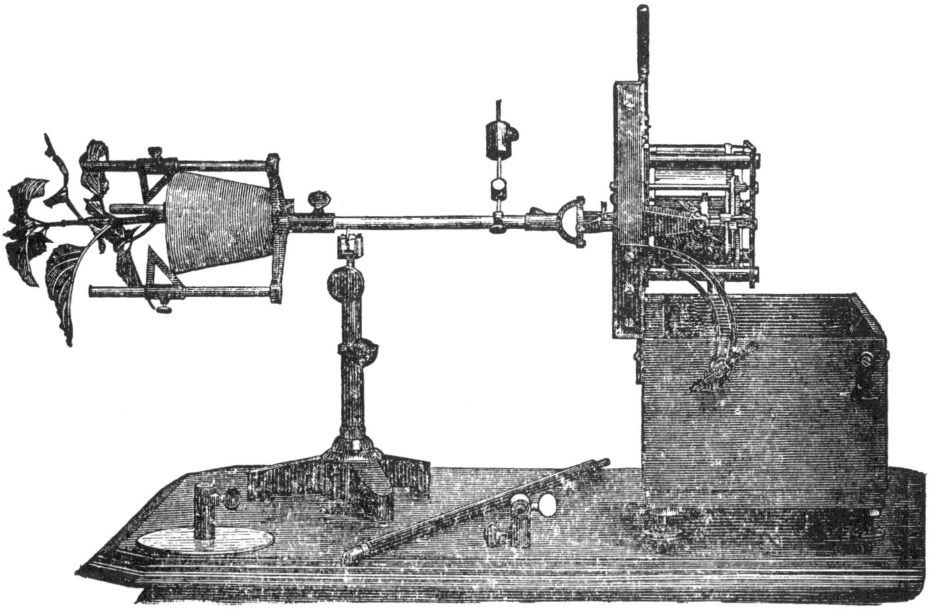

在無炭酸氣內培養植物器（第十圖）　於無炭酸氣內試驗植物生長之不完全者也。

第十圖

在無炭酸氣內培養植物器

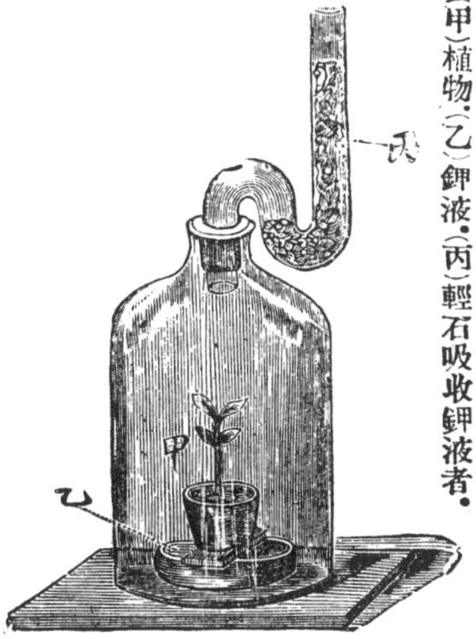

(甲)植物・(乙)鉀液・(丙)輕石吸收鉀液者・

實驗蒸騰作用器（第十一圖及第十二圖）驗植物體所蒸發水分之容積者。如第十一圖裝置。又欲知其重量之次第減少者。如第十二圖裝置。

第十一圖

實驗蒸騰作用器(試驗容量)

第十二圖

實驗蒸騰作用器(試驗重量)

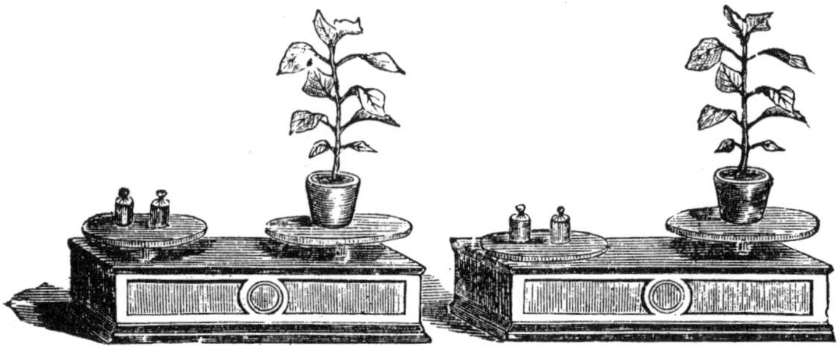

冦南氏醱酵器(第十三圖)用以試驗醱酵現象。

第十三圖

冦南氏醱酵器

根匣(第十四圖)用以驗根之生長狀態。

第十四圖

根匣

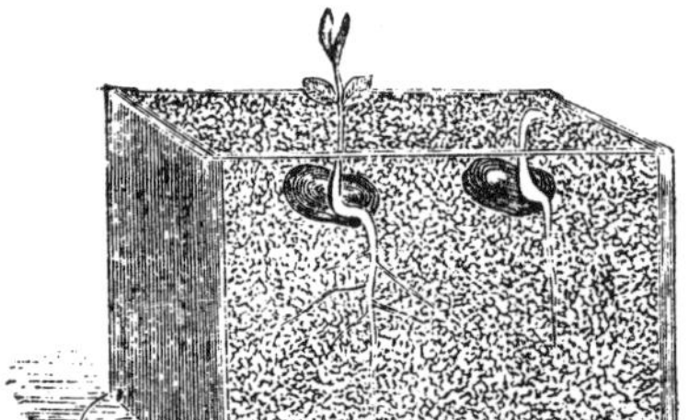

溫匣 有重壁之銅製圓筒狀器。重壁間置入温湯。下底以酒精燈熱之。使器內之氣温平等者也。器內置實驗植物。上部蓋以玻璃罩。且插入寒暑表。又附温度調節器。使温度得保一定。

第十五圖 暗箱

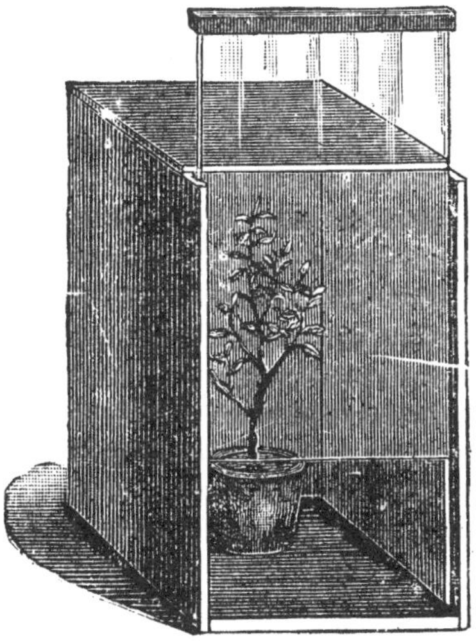

暗箱（第十五圖） 以實驗向日性及其他同化作用。試驗培養等之用。一面之玻璃門。可以紅色黃色青色等相間插入。

濕氣培養器（第十六圖） 熱瓦片至沸使附着其上之微生物死滅。置于盛水之清潔土器或陶器內。上蓋玻璃罩。使罩內之空氣溼潤。且防有塵芥之入。瓦片之上。蒔隱花植物胞子。或顯花植物之諸

第十六圖 溼氣培養器

以羊齒.木賊.蘚苔類.之胞子蒔於瓦上便發生之裝置

種子、以檢其發生、或用以培養小水藻。

定溫器（第十七圖） 培養小高等植物、或菌類別他利亞等以供實驗、或使種子萌發之用、以煤氣熱之、又用通常之燈、得保一定之溫度。

第十七圖

定溫器

蒸氣消毒器（第十八圖） 用以殺滅微生物、及培養「別他里」亞菌類之器中。亦用此器以消毒。

第十八圖一二

蒸氣消毒器
（一）消毒罐、
（二）火爐

熱氣消毒器 銅製長方形之器。外面包以石綿下底熱以煤氣

或炭火。使器內之空氣達一百四五十度之高熱。以供培養別他里亞菌類玻璃器消毒之用。

加熱漏斗器　動物膠(直臘丁)及石花膏製之培養液。用此器濾過之。

寒暑表

晴雨表

燥濕表

天秤　化學分析用及調劑用

以上器械中、植物生長指針、實驗蒸騰作用器、根匣、暗箱、定温器等。上海科學儀器館自能製造。其他以玻璃製造之器品。皆購自外國。科學儀器館亦有備辦。可購用。惟精良寒暑表晴雨表燥溼表等宜選用德國柏林醫化學器械鋪羅爾倍克 Rohrbeck 製者。

第二　截面器及截面刀

截面器　德國蘭普西之香躋氏製。並同國兀青岸之勃開耳氏製者最有名。其中尤推勃開耳者爲價廉物美。即如第十九圖所示者甚便應用。如本圖之截面器。其玻璃片長十五糎價八十五馬克，並此器用海肯吾截面刀一個價四馬克五十分尼。用者向德國照購可也。

第三　玻璃器具

物體板（顯微鏡用）（第二十圖）

蓋玻片（顯微鏡用）

第十九圖

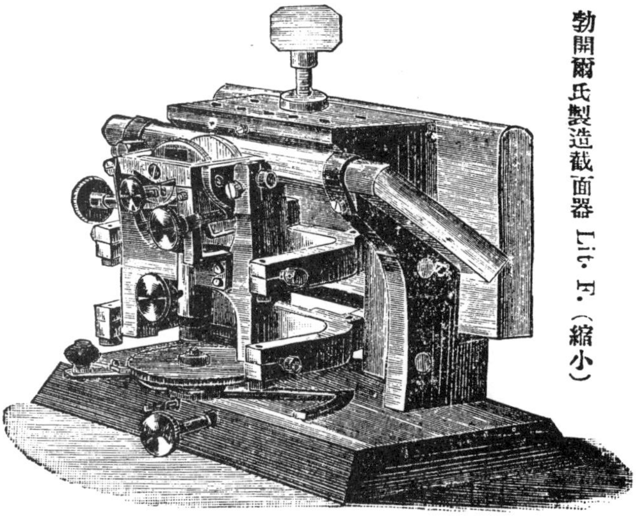

勃開爾氏製造截面器 Lit. F.（縮小）

第二十圖

物體玻璃板

德國形（實物大）

小涇室（顯微鏡用）（第二十一圖）

時計皿（第二十二圖）

試液瓶（附架）（第二十三圖）

蒸餾水瓶（第二十四圖）

試驗管

細管

玻璃棒

U形管及T形管

玻璃筒

玻璃燒杯

玻璃杯

玻璃碗（第二十五圖）及蓋

玻璃罩

第二十一圖

懸滴裝置（縱斷圖）

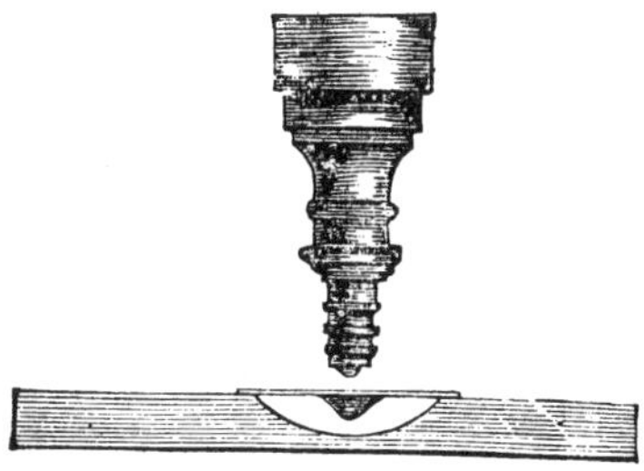

第二十二圖

時計皿

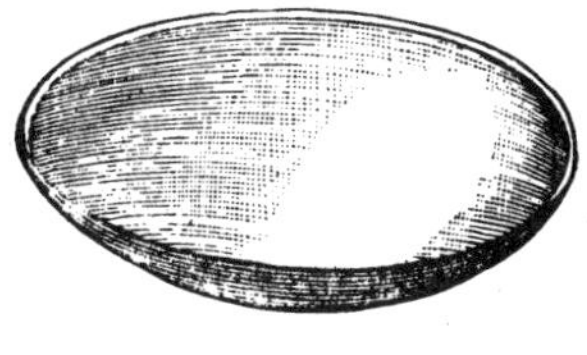

第二十三圖

試液瓶

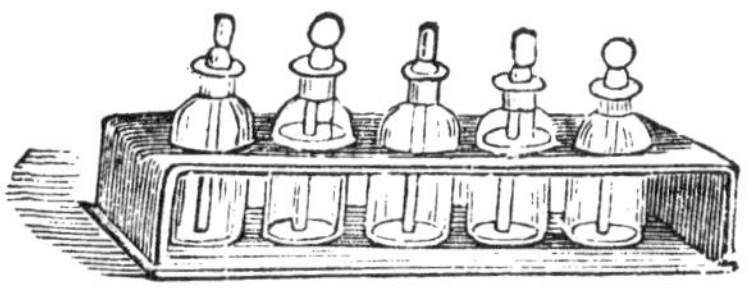

第二十四圖

蒸餾水瓶

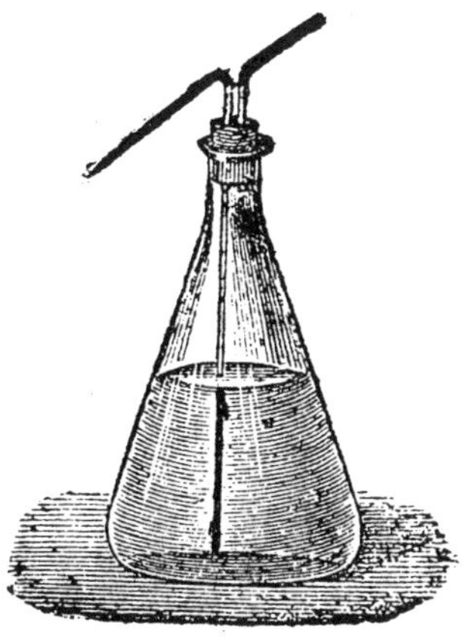

漏斗

釣水管

量水杯

酒精燈

燒瓶

愛倫美愛氏瓶（第二十六圖）

瓶（廣口細口大小種種）

玻璃片（方形圓形）

第四　雜品

微物片箱（玻璃片內裝置顯微鏡所窺視之物體今名微物片）（第二十七圖）有種種形狀厚紙製、木製、書本形箱形等。第二十七圖爲銅板製箱形。頗便。內裝板盤十枚。盤分二

第二十五圖

玻璃碗并二蓋

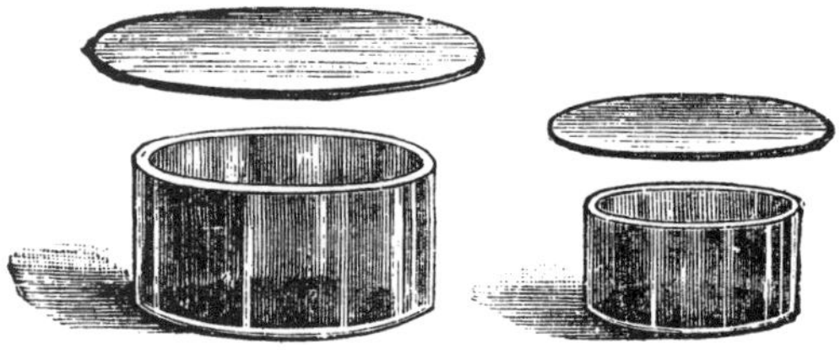

第二十六圖

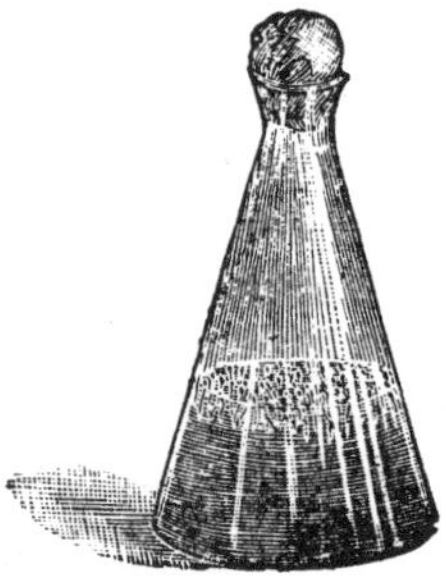

愛倫美愛氏培養黴菌於瓶內狀（瓶口嵌綿栓）

第二十七圖

微物片箱

格。每格又分若干區劃。箱上面及前面以蝶鉸開闔之。

黑筒　厚「坡倫」紙製。內外皆塗黑色大小數個、遮蔽植物。使之黑暗。爲生理實驗上所必須。

解剖用具　針、小刀、剪、鋏等一切。

重筒煎　陶器製白色西洋皿　植木鉢及土器皿

曲頸甑　白金線　橡皮管及橡皮栓

綿　軟木　軟木栓及軟木板

濾過紙　絲　火漆

接骨木髓　雜用紙　純白堅牢之圖畫用紙

圖畫用堅鉛筆以DixonA.爲良　化學驗紙

革砥

第五　實驗用案

實驗用案以欅木製者爲最良但價貴用樅料可也、案面須廣闊、前面附設廣而薄之引板以便容玻璃管等物。兩側設大小種種之引板。其一部分作架。以入瓶類。

實驗案因日常使用酸類、鹻類、及各種藥品、染料等。自不免蝕腐或汚損。須以適當之塗料塗諸案面。以防蝕腐左列兩藥水皆適用。新舊案皆可塗。

第一　硫酸銅塗料

甲液	硫酸銅	一〇〇克
	鹽酸加里	五〇克
	水	六一五克
乙液	鹽酸亞尼林	一〇〇克
	鹽化錏摩尼	四〇克
	水	六一五克

第二　盐化銅塗料

甲液	鹽化銅	六七克
	鹽酸曹達	六七克
	水	一立方糎
乙液	鹽酸亞尼林	一五〇克
	水	一立方糎

以上第一種第二種皆以甲乙兩液相交而塗。一液乾燥後。更塗他液。凡三回。然後以微溫湯洗案面。及乾。以柔皮浸於沸煮亞麻油塗之。同時用細砂紙摩擦後。更以石鹼水洗淨。則案面作暗黑色。宛如黑檀。不但美觀。且極堅牢。不至爲實驗用藥品腐蝕或汚損。

第三節　實驗用藥品幷色料

實驗用藥品。德國達姆司旦特之化學藥品製造家美克氏製者最良。又色素染料其他顯微鏡實驗用藥品等。則推德國蘭普西之醫學博士猂爾蒲蘭及孔派尼所製爲良。

第一　反應液

碘液　用水溶液或醕溶液。其染小粉用者。以少量之碘溶解於適宜之醕中。取其一部分加多量之蒸溜水。至液色與普通之啤酒色相似。此稀薄之碘液。爲小粉之試液甚適宜。又用爲細胞膜及原形質等之試液者。須更比此濃厚，以淡櫻桃色爲宜。

碘液染蛋白質及原形質爲茶褐色，染寫留路司質之細胞膜，木質細胞膜爲黃色。染小粉爲藍紫色。又已染黃色之寫留路司質細胞膜。若遇硫酸則變青色。

鉀碘碘液　碘〇、〇五克鉀碘〇、二克溶解於蒸溜水一五克中以製成者。用以試驗小粉有良効。

加里溶液　隨用法之異。用濃厚(五十%)或稀薄(十%)之水溶液。稀薄液用以使微物片透明。且使細胞膜小粉粒等膨脹，使假晶體糊粉等溶解。又使含有單甯之細胞變赤色。又用爲離解液。木質組織投此液中煮之，維管索因之分離。濃厚加里液，爲木栓質之試藥，該皮之薄片，以此液煮之，木栓質浸出爲黃色液。

錏摩尼水溶液　代加里用使微物片鮮明。又用作反應液。

抱水格魯刺爾液 Chloralum Hydratum 以抱水格魯刺爾五分蒸溜水一分之比例。製成溶液、爲使物體透明之用、檢葉肉組織等。先以葉之截面浸於醋內、除去葉綠、然後注抱水格魯刺爾液、或有時不用醋而直用此液、

此液所浸之葉肉組織、滴以碘液、用以檢同化小粉粒。

硫酸 用強硫酸及稀硫酸。(水三分酸一分)使寫留路司質之細胞膜質及小粉粒等膨脹。已浸潤碘液之細胞膜。遇硫酸變藍色、又檢木質細胞膜、加硫酸亞尼林(卽濃厚之醋溶液及硫酸、)則膜質變黃色。

硝酸 木質細胞膜及蛋白質、染黃色。又用以溶解細胞內蓚酸石灰之結晶。

鹽酸 與福羅猻爾肯 Phloroglucin $C_6H_3.O_3$ 共用爲木質細胞膜之試液。卽福羅猻爾肯之濃厚醋溶液、注於實驗物體、加鹽酸(二

十%)數滴。則細胞膜現美麗之紅色。

又鹽酸能溶解細胞內炭酸石灰之結晶。

醋酸　用稀薄之水溶液(一%)溶解炭酸石灰之結晶。使細胞膜小粉粒膨脹。而其主効則使細胞核判然可見。又用以滅微物片上所加鹻性之作用。

鋨酸　作一%水溶液。用以試驗脂肪。此液有變質之虞。不能久貯。宜於實驗時製少量用之。且入黑瓶密閉其口。

明礬水　作稀薄水溶液用。物體過透明時。點此液。則輪廓判然。但過濃厚時。有不透明之恐。

醕　五十%、七十%、九十%、及無水醕、使細胞內之物質沈澱或溶解之用。

亞硫酸鐵水溶液　製成五%之稠度。爲單甯之試液。反應甚銳敏。但此藥久藏。則變質。每於臨實驗時製之。

弗愛林氏液　葡萄糖之試液也。其製法如左。

（甲）硫酸銅　二五克　蒸溜水　一〇〇克

（乙）酒石酸加里曹達　一〇克　苛性加里　四克

蒸溜水　二〇〇克

右兩液各貯別瓶。先取實驗材料。暫時浸於甲液。後取出。速以蒸溜水洗之。直入於陶器皿內沸熱之乙液中。若有葡萄糖存在則生赤褐色之沈澱。或于玻璃板上載物體滴入甲液後。加乙液十滴許。速熱之。亦可。又混合兩液而用之者。以甲液一至三立方糎加乙液二五立方糎。入物體於其中熱之。

福羅搿爾肯　濃厚之醋溶液與硝酸。皆爲木質組織之試液。木質細胞膜遇之。卽變爲紅色。

硫酸亞尼林　濃厚之醋溶液與硫酸皆爲木質組織之試液木質細胞遇之卽變黃色。

米倫氏液　硝酸幷水銀各同容積相混合。振蕩之後。加同量之蒸溜水。以爲蛋白質之試液。呈赤褐色（鍊瓦色）之反應甚著。

第二　離解液

秀爾追氏離解液　鹽酸加里一克。溶解於五十六方糎硝酸中。製成。用法以此液少量盛於試驗管。將欲離解之組織浸此液中。暫時煮之。注去其液。殘滓加水濾過洗除之。該液之作用。能溶解細胞膜之中層。使各細胞箇箇游離。

加里液　製爲十%二十%或更濃厚之水溶液用之。凡浸於此液之微物片。稍加熱。則作用更速。

第三　色素

迷脫靑 Methylenblau　用稀薄水溶液又醋溶液。凡染生活細胞內之細胞液者。用一萬分之一至八%之水溶液。又染別他里亞者。用濃厚之醋溶液。

迷脫紫 Methylviolett　用法如前。其性有毒。染生活細胞者。用更稀薄之溶液。(十萬分之五至一萬分之三%)且此色素不染細胞液。特於生原形質時。有染之之効。又該液之濃厚者用以染別他里亞。

龍膽青 Radix Gentionae

亞尼林紅 Fuchsin

以上兩者皆用濃厚醕溶液以染別他里亞。

洋紅 Carmaine　此溶液之製法有種種。左記者最宜。

(甲)硼砂四克

(乙)洋紅一至三克溶解於九十三立方糎之蒸溜水中。

(丙)七十%醕百立方糎。

以上三種混合濾過。用以染原形質及核有効。

海邁他克林 Haematoxylin **染液**　將○、三五克之海邁他克林。溶解於十五立方糎之水。別以明礬〇、一克。溶解於三立方糎之水。而加數滴於前製之液中。數日間置於明處。至液質帶紅色濾過用之。

海邁他克林爲藍紫色之染料。將細胞膜及細胞內部染之則分明而易察。

愛阿新染液 作濃厚醋溶液用。此溶液有濃染原形質之作用。特適於明察篩管之構造。又溶解於水用之亦良。爲美麗之緋色溶液。

珂歌羅得 Congoroth 製爲濃厚之水溶液或醋溶液用之。以染寫留路司質之細胞膜有特效。

的亞寗　洋種紫草根

以上兩者皆用以染油及肪脂。製爲濃厚之醋溶液。浸物體。速以蒸溜水洗之加玻璃蓋。自上輕壓。則油滴染成美麗之色。(的亞寗則成青色、洋種紫草根則爲赤色、而流出。

別他里亞特染液　混合亞尼林三克、龍膽青一克、醑一五克、水一○○克。而用之頗有效。

第四　固定液

福來明吾氏液　固定液中之最良者。有使微小物體固定之效。依左記之法製之爲宜。

一%强鉻酸	二五立方糎	混合用之
一%鉌酸	一○立方糎	
一%醋酸	一○立方糎	
蒸溜水	五五立方糎	

强鉻酸　用一%之水溶液。

畢克里克酸　用濃厚之水溶液或醑溶液。

無水醑

昇汞水

第五　溶解液

醋　通常用五十%七十%八十%九十%或無水醋

甘油

以脫

辨西尼

蒸溜水　銅製蒸溜器製者含極少量之銅分故精密實驗用及作培養液用者則再以玻璃製蒸溜器蒸溜之

第六　保存液

無水醋

福爾謨阿勒弟海特(或福爾毛耳)　通常藥鋪售者大都四十%之溶液實用時隨所保存之物體之性質用一%至十%之稠度保存天然色素之性雖較優於醋然經時日尚不免褪色又在該

液中,組織之收縮略少。

第七 培養液

綠色植物培養液(克諾普氏液)

甲	硝酸鈣	四
	硝酸鉀	一克
	酸性燐酸鉀	一克
	蒸溜水	三百五十克
乙	硫酸鎂	一克
	蒸溜水	三百五十克

以上甲乙二液。各貯置別瓶。用時混盪。自各瓶取同量之液體,加多量之蒸溜水。製成○・一%至○・五%之稠度用之。

用此液培養高等植物於水中者。液量凡一立方糎。加鹽化鐵液數滴。亦可加燐酸數滴。使稍有酸性。

菌類培養液　前記之液更加蔗糖二%。或用次之混合液亦宜。

醬油　二十立方糎

蔗糖　五克

洋葱濃煮液　二十五克

蒸溜水　五十立方糎

別他里亞培養液

牛肉精　一克

蒸溜水　百立方糎

同上固體培養器

牛肉精　一克

直臘丁(或寒天)　十克(寒天用二克)

蒸溜水　八十九克(用寒天時須九十七克)

凡別他里亞之培養液、及固體培養器。均以中性或稍加鹻性爲宜、故是等之溶液。可加少量之炭酸曹達中和之。

釀母菌培養液

馬爾土	二百五十克
蒸溜水	一千立方糎

馬爾土先作細末混水、以攝氏六十五度之溫、放置一點鐘後、以布巾壓搾。濾過之液。再加蒸溜水、使合成容積一立方糎然後微溫兩三點鐘。濾過、消毒而後供用。

第八　雜用物質

蔗糖	葡萄糖	食鹽
柯哥亞油	油膏	蠟
膠	猪脂	寒天
直臘丁	石膏	昇汞水(消毒用)
輕石末		

巴蠟非尼（熔度有攝氏四十五度及五十五度二種）
柑欖油　丁字油　松根油
幾西羅爾　坎拿大巴爾撒謨　阿剌伯樹膠

第四節　顯微鏡用材料調製法

材料貯存法　實驗時雖常用材料之新鮮者，然有時須預先貯存。於後日檢之者，則宜浸於前節所記保存液內。密封瓶口而貯之。但葉綠質樹脂及其他各種物質有不便浸入醕中者。

製截斷面法　物體雖如何持之。無不可製截面，然通常之法。則插入於接骨木髓片而切斷之最便。如第二十八圖。自木髓片中央割爲(甲)(乙)二片。其中央以物體(丙)插入。用銳利截面刀或剃刀。如第二十九圖方法截斷之。使極薄。

第二十八圖

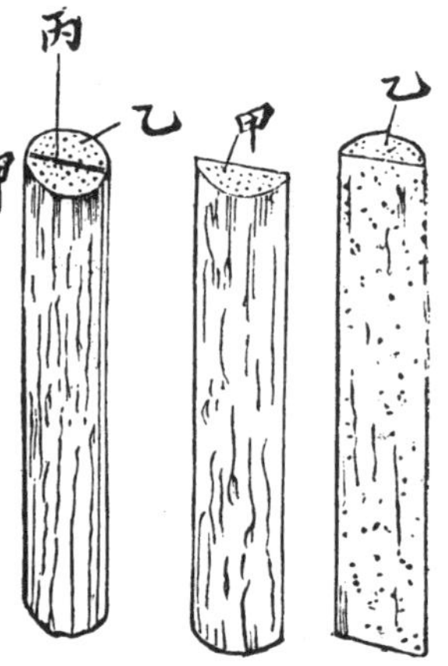

接骨木體　(甲)、(乙)二箇之縱斷片。(丙)欲切斷之物體。

第二十九圖

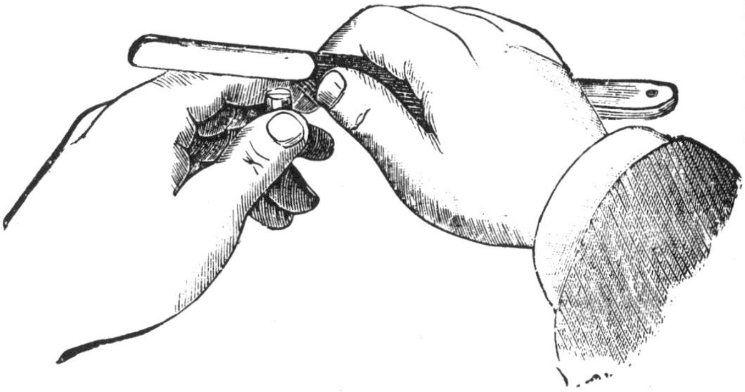

製切斷面之法

當初雖難。熟鍊則甚易。又甚薄之物體。以數枚相重而切斷之。則易得截面。截面之製法種類極多。有橫斷縱斷斜斷等之別。皆隨物體之形狀性質。與實驗之目的而異。

又細微之物體如花粉粒隱花植物之胞子。當填入於他物而截斷之。其最簡單之法曰樹膠填入法及蠟填入法。樹膠填入法者。將純濃亞拉伯樹膠液。塗於接骨木髓割片之面。半乾之。其上載欲填入之物體。又一片亦以同法塗樹膠。相合着而置。待乾。製極薄之截面。置於玻璃片。加水則樹膠溶去。惟留物體之截面。又蠟填入法者。玻璃片之一部。塗極少之甘油。熔西洋蠟於其上。在未凝固時。投入物體。以針正其位置。然後取凝固之蠟塊截斷。其截面置於玻璃片。點少量之松根油、稍熱、則蠟溶去、獨留物體之截面。前法不過將物體之一部分製截面若欲連接其全體。而製截面。須填入於巴辣非尼。用截面器製之、此法雖極細小之物體亦能截斷。今記其方法及順序於左。

截面器之材料切斷法　先將材料浸於福來明吾氏液內。經數日至數禮拜後。(或因時宜而更久)取出、以流水充分洗滌之。洗至數時或數日、洗淨後、浸於無水酯、凡二日、更浸於無水酯與哥羅仿謨等分相和之液中二十四時。次投於哥羅仿謨中。加少量之巴辣非尼。(溶解點攝氏四十五度)以攝氏五十五度之温置一二日。次入於熔解之巴辣非尼(熔解點四十五度)內、以五十五度之温置一日、更於熔解點五十二度之巴辣非尼液內。放置一兩日。乃使巴辣非尼凝固。切成適宜之大小。置於截面器上切斷之。將截面固着於物體玻璃片上、僅用温湯。固無不可。然不如加蛋白質液爲佳。蛋白質液之製法如左。

鷄蛋白　五十立方糎
甘油　五十立方糎
楊酸曹達　一克

以上三種混和濾過而用之。此液能保存至半年。粘着玻璃片上之截面者。宜以之置於酒燈上。稍加熱度。將巴辣非尼溶去。加入松根油。更除去殘餘之巴辣非尼。於顯微鏡下窺之。或加丁字油。使透明。或再以適當之色素染之。

着色法　將染液若干量盛於小玻璃盞。浸物體於其中。染液之濃淡。及浸入物體時間之長短。固不一定。然概言之。欲得善良之結果者。宜在稀薄之染液中。浸入良久。凡用水溶液時。物體當豫先浸於水中。用醋溶液時。當豫先浸於醋中。然後染色。染液之種類甚多。因所染材料之性質而不一定。（見第三節）

微物片透明法　物體之不透明者欲判然透視之。通常用加里水溶液阿特查白耳或醕等爲宜。又松根油丁字油幾西羅爾等、亦有使物體透明之效。其用法將物體浸於無水醕數分時後。以松根油或丁字油浸之。少時卽透明。可卽以坎拿大巴爾撒謨裝置之。

微物片保存法　顯微鏡下檢視之微物片。欲永存之。須用甘油及甘油膠。（用甘油與直臘丁等分相和加石炭酸數滴）或以坎拿大巴爾撒謨裝置之法。惟用甘油及甘油膠者。則不論何液所浸之物體。皆可裝置。但須豫浸於甘油中。脫去水或醕。又浸于無水醕或丁字油或松根油或幾西羅爾等者。以坎拿大巴爾撒謨裝置爲宜。

甘油或甘油膠裝置之微物片、蓋玻片之周圍。宜以火漆塗抹。但塗抹時。若蓋玻片之周邊。有甘油附着。則宜先以吸紙拭去。用坎拿大巴爾撒謨裝置者。不必塗抹火漆。

裝置已成之微物片。於片端貼小札。記其名及其所得見之部分。傍記製成之時日、藏於前記之微物片箱中。

第三章　植物解剖學及隱花植物實驗

第一節　植物解剖學實驗

(注意)始窺顯微鏡時。往往有誤認之物。如氣胞塵芥是也。氣胞爲透明之球形。反射强光線。故容易知之。又種種之塵芥入微物片內。宜注意判別。

細胞及細胞膜

(1)取苔(宜擇葉質最薄者如溼茸之類)之葉片、用水裝置。以顯微鏡窺之。可窺見細胞膜。

(2)欲窺見大細胞、用接骨木之髓。及紫萁之葉之表面部。與種種水生植物之葉及莖皆良。

(3)欲窺見游離細胞、取花粉粒、麥奴、地衣之胞子、醱酵菌、淡水下等水藻(例如原子藻硅藻)等檢之。

(4)將葱葉下部最薄表皮剝去而鏡之。得見長方形之細胞。

(5)將燈心草之葉横斷而鏡之。得見星芒狀之細胞。

(6)毛氈笞或茅膏菜之葉。以加里微熱。去葉綠。裝置於水而鏡之。得見甚不規則之細胞。

(7)欲鏡見最小細胞以腐水一滴。點于玻璃片。用高度鏡鏡視之則見無數極微之點狀或針狀之體。是卽別他利亞也。各爲單一之細胞所成。

(8)梨之果肉一部。切斷成截面而檢之。其爲全體組織之細胞。有薄膜。處處有具肥厚膜壁之細胞羣。且此等之細胞膜皆穿細孔。可以鏡見。

(9)寫留路司質之細胞膜。欲檢其反應。可將洋葱葉之白而柔之部分。或幼植物之根莖等製截斷面。加碘液。更注硫酸。則寫留路司質膜成藍色。

(10)欲知細胞分裂增生之狀。須取紫蓋雄蕊之毛最幼稚者。(在未開之花中)毛端用高度鏡窺之。得見核之分裂。及細胞增生之狀態。

細胞含有物

(甲)原形質及其運動

(1)葱葉下部。剝脫薄內皮窺之。細胞內有無色透明之原形質。以碘液點之。則成褐色或黃褐色。又此物體另以水裝置。點醋則原形質忽凝固而縮小。又取同物加甘油。亦見同樣之結果。是因醋及甘油。有吸取水分。使原形質固定之作用。更以同物之水裝置。點洋紅或迷脫靑染液。則其核自分明可辨。

(2)玉蜀黍之根端橫截窺之。

(3)取玉蜀黍花柱之不熟者。或紫蓝雄蕋之毛之極幼嫩者。以水裝置檢之。則可見核之生出。又以福來明吾氏液。或醋。使固定後。加海邁他克林。或他種染液。可以染色。

(4)欲窺原形質之運動。以黑藻或苦草等之葉裝置水中。用高度鏡檢之。得見細胞內之葉綠體。隨原形質之運動。而自細胞膜之一面沿上。自又他沿下。注視此中。一葉綠顆粒。自一處發。一周而復原處爲止。測其時間。卽知原形質運動之速力。試以醋點入。運行忽止。以原形質已死故也。

(5)原形質之運動。尙可於輪藻、玉蜀黍、之花柱、紫蓝雄蕋之毛見之。但是等植物。其葉綠體不動。

(6)紫蓝雄蕋之毛。取其不熟者。用水裝置而以高度鏡窺之。則見原形質爲不規則之帶狀。依一定之方向而流動。

(乙)葉綠體

(1)以苔葉裝置水中而窺之。見細胞內有數多葉綠顆粒。

(2)苔葉或水綿浸醋中微熱之。初爲綠色。漸漸褪色。遂至無色而止。而醋則反成綠色。是由葉綠質浸入故也。

(3)前實驗時。脫色之標品。於顯微鏡下檢之。則前含葉綠質之顆粒。今雖無色。而依然存在。以碘液點之。則爲褐色。蓋此顆粒爲原形質所成。前於其中含葉綠質者也。但葉綠體內有小粉粒存在時。則現美麗之藍色。

(4)取柔綠葉(如禾本科植物之葉)切小片入試驗管。注醋熱之。葉綠質浸出。所製葉綠質浸液。透射日光。則呈綠色。其反射之光。則呈血赤色。是葉綠質之二色性也。

(5)欲觀種種形狀之葉綠體。取池溝叉泉流中蕃生之絲狀水藻檢之。水綿之葉綠體呈螺旋狀。無節藻則爲圓柱狀。

(丙)小粉

(1) 切斷馬鈴薯塊莖。於其截面以小刀括取少許。裝置於水而鏡之。見橢圓狀之小粉粒數多。各粒有數層之同心環線。以極稀薄之碘液點之。呈美麗之藍色。若溶液過濃厚。則變爲暗紫色。

(2) 又取其塊莖極幼嫩之部分。薄切而鏡之。則見數多之小粉小顆粒在細胞內。次點洋紅液。則全體之原形質可得明見。

(3) 此外甘藷之塊根、豌豆、蠶豆、小豆、玉蜀黍、麥、稻等種子中之小粉粒。以同法檢之。其中馬鈴薯、菉豆、等之小粉甚大。又稻之小粉甚小。且以數多之小分粒合成。

(4) 欲檢葉綠體內所生之同化小粉粒。取溼茸之葉。以稀薄加里液熱之。水洗後以稀醋酸中和之。更以水洗淨。然後注稀薄碘液。則葉綠體內所生之小粉細粒可得明見之。又顯花植物之葉。欲以同法實驗。須製葉之横斷面。然後以上記之法試之。

或不用加里液而用抱水格魯剌爾後以蒸餾水洗之。加碘液滴之亦良。

(丁)**糊粉及蛋白質**

(1)成熟之豌豆蠶豆或隱元豆之種子。切作薄片。裝置於醅中鏡之見細胞內有數箇之大形小粉粒。其間有無數之細粒。是卽糊粉。點碘液成黃色或帶黃褐色。與小粉易於區別。又於米倫氏液中置之。則變爲赤褐色。置硫酸銅及加里中。則爲菫花色。於硝酸爲褐色。

(2)前之截面。別爲水裝置則可見糊粉漸漸溶解而去。加少量之加里其作用更速。

(3)又以同法檢篦麻之種子。此種子中無小粉。而有大糊粉粒。中有假晶體及小球體。

（戊）衣諾林

(1)菊芋或天竺牡丹之根。製薄截面浸於醋中。數禮拜之久。而後取而檢之。則見衣諾林爲美麗之球晶體而現出。此體大小因結晶遲速而定。徐徐結晶者爲大形。急結晶者爲小形。

(2)牛蒡亦可用同法檢之。

（己）結晶體

(1)葱葉下端剝脫內皮。裝置於水而檢之。其細胞中見針晶體之羣束。以玻璃片自上壓之。則有物質若干自細胞內出於水中。此卽蓚酸石灰之結晶。醋酸不能溶解。鹽酸雖能溶解而不生泡。（炭酸石灰之結晶其形狀不同。且於醋酸及鹽酸皆生泡而溶解）

(2)針晶體於月見草、鳳僊花、酸摸、紫蘁、葡萄之幼莖及半夏等亦多。

(3)檢萵苣、秋海棠、之葉燕子花之地下莖等、可見異形之結晶體。

(庚)糖

(1)糖常溶解於細胞液之內。顯微鏡下不能認之。如欲證明其確有是物。宜用弗愛林古氏液。依左法實驗之。卽以正在萌發之蠶豆或豌豆。取其幼根或幼莖、或取葱之白葉之組織爲薄片。而置於物體玻璃片上。以弗愛林古氏液點之熱至該物體成赤褐色而止。然後於顯微鏡下窺之。見細胞內無數之赤褐色小顆粒。是卽弗愛林古氏液中之硫酸銅。因組織內存在之葡萄糖。而還元爲亞養化銅也。此實驗法若用之於大植物體時。則宜依第二章第三節第一所記之方法試之。

(辛)脂肪及油

(1)取篦麻種子之胚乳爲薄片。加蓋玻片置顯微鏡下窺之、無色。而返光之小體甚多。是卽脂油也。次加鋨酸、或洋種紫草根。或的亞甯染之。則含脂油之原形質。一體着色。此標品若以水洗。用蓋玻片自上輕壓則染色之脂肪成球形而流出。

(壬)細胞液

(1)取紫蒀葉裏面之表皮或紅蕪菁(一名糖蕪菁)之根。楓葉、扇骨木類之嫩葉或老葉之紅色者窺之。又製截面檢之。則細胞之內部、呈美麗之紅色、是因含有着色細胞液之故、試以二%至四%之硝酸加里溶液、又以十%至二十%之蔗糖溶液。(如檢紫蒀葉裏面之表皮、則用二%之硝酸加里或十%之蔗糖、檢紅蕪菁之根則用四%之硝酸加里。或二十%之蔗糖液)注入鏡之須臾見紅色之含有物收縮而自細胞膜離開。是因細胞周圍之硝酸加里或蔗糖液。將細胞液內水分吸去。該液之容積縮小。故包圍細胞液之原形質膜。亦隨之而縮小。是謂之原形質分離。

(2)上記之顯象。雖無色細胞亦可得見。惟不若有色細胞之易於判別耳。試用洋葱之表皮細胞以同法實驗。則可見原形質分離。

(3)試以(1)所記之有色細胞。加鹽酸。(五%)則細胞液呈緋紅色又加加里液。(五%)則爲綠色。且此實驗可幾次反覆行之。

導管

(甲)篩管

(1)縱斷南瓜莖之中央而檢之。見厚而有橫劃之管。是卽篩管也。點醋或甘油。則其中之原形質縮小。

(2)又製此莖之橫斷面若干枚。其中正接近篩板之截面。可明視篩板之構造。

(3)又可以同法檢胡瓜甜瓜及他種葫蘆科之植物。若多漿莖則浸於醋數日。俟固定後切斷之較佳。

(乙)有孔導管

(1)可縱斷鳳仙花萆麻等之莖而窺之。

(丙)重孔纖維(一名有緣導管)

(1)松、樅、及他種松柏科植物之枝裂之。其端之薄處裝置於水而窺之。則能見重孔纖維。

(2)又製甚薄之縱斷面於休爾宰氏離解液中熱之。用蓋玻璃片自上輕押之。則重孔纖維極易分離。

(丁)螺旋紋導管

(1)縱斷鳳僊花莖之一部窺之。易檢出螺旋紋導管。其中有螺線之半已開放者。次以休爾宰氏離解液。分離其組織則可明見其構造。

(2)又於蓮之葉柄、酸摸南瓜其他相類植物之部分。可見同種之導管。

(戊)**梯紋導管**

(1)縱斷蕨或他種羊齒之地下莖而檢之。

(2)葡萄樫等之莖亦可以同法檢之。

(己)**乳汁導管**

(1)取大戟及大戟屬植物之莖。縱斷而窺之。其乳汁導管。有厚膜。充以白色之液。

(2)又可以馬利筋、蒲公英、等以同法檢之。

(3)又桔梗罌粟牽牛花等之乳汁導管。錯綜如網狀而成組織。又此等之截面浸於稀薄加里液。則乳汁組織分離可得明見。

(4)將前記植物莖之乳汁。注於玻璃蓋。徐乾之。則爲有彈力之樹膠形物。

組織

(甲)扁平組織即柔組織

(1)接骨木之木髓製極薄之横斷面，則見全面皆扁平狀細胞所成之組織。

(2)莕之葉片裝置於水而檢之，全體皆爲柔組織所成。

(3)苦草等水生植物之葉皆爲柔組織所成。

(4)至蜀黍之根端製縱斷面及横斷面，全體殆皆柔組織所成。惟見有極幼嫩之維管束。

(5)截斷豌豆蠶豆等之胚軸，而以同法檢之，凡柔組織之細胞膜概爲寫留路司質所成。遇碘液及硫酸則呈藍色。

(乙)紡錘組織即硬組織

(1)取槭樹之枝，自中央部分裂之，將其端之薄處，裝置於水而檢之。則其纖維卽紡緟組織易見。

(2)如前記之植物。將其莖製橫斷面。則見紡緟細胞之切口成多角形。

(3)樫、檜、秦皮、柳、等種種之木質部。製橫斷面。及縱斷面。可比較其纖維之形狀。

(4)欲將紡緟纖維之細胞。一一分離。可照(1)法製薄片數枚。浸於休爾宰氏離解液而熱之。移於玻璃片上。以蓋玻璃片自上輕壓之。則紡緟狀細胞箇箇分離。

(5)欲證硬組織細胞膜之化木質。則以䃅羅搿爾肯、及鹽酸滴之。則化木質細胞膜卽變紅色。或以硫酸亞尼林及硫酸注之。則變黃色。

(丙)**厚角組織**

(1)秋海棠莖之一部橫斷之。能見厚角組織。

(2)南瓜、蘩、萵苣、酸摸等之莖或葉柄。可以同法檢之。

(3)前法所製之厚角組織之截面。久浸於水。或以硝酸硫酸浸之。則細胞之角隅漲大。又此截面於加里液中微熱之後。點碘液。則角隅變暗藍色。

(丁)厚膜組織

(1)橫斷蕨之地下莖而檢之。最易見此組織。

(2)破胡桃、桃等之殼。從其裂之部分製截面。以水及少許之加里液裝置而鏡之。則厚膜組織甚分明。

(3)林檎、南瓜、胡瓜等之種皮以同樣切斷而檢之。

(4)金剛纂葉之邊緣。就其凹入部分與葉面並行而切斷之。可鏡見厚膜組織。又可加福羅猻爾肯、及鹽酸、或加硫酸、亞尼林、及硫酸。以驗細胞膜之化木質否。

組織系

(甲)表皮

(1)取景天或佛甲草之葉捻裂之。則薄而無色之表皮。現於其裂端。卽以酒精裝置之。後加水及少許之加里液而窺之。則表皮細胞、氣孔、及孔邊細胞。判然可見。

(2)以同法就甘藍、蕓薹、葱、車前、燕子花等之葉。檢表裏相面之表皮。且可窺其氣孔。

(3)百合科及禾本科植物。其表皮細胞爲正列者。而月見草、鳳仙花等。則甚不規則。

(4)甘藍之葉。製極薄之橫斷面而窺之。其表皮爲一列細胞所成。其外面之部分略厚。又處處有氣孔之被切斷者。可明見孔邊細胞、及氣孔內之氣腔。

(5)取狗骨、松等之葉、及仙人掌之莖。製橫斷面。見此等厚葉及莖。其表皮層之細胞成數列。且角皮甚爲肥厚。

(附)**毛茸及鱗片**

(1)單一之細胞所成之毛，於月見草甘藍蕓薹及數多之禾本科植物有之。又綿之種子之毛亦可取而觀之。

(2)單細胞而有分歧之毛。於薺、葶藶、𦬣娘蒿及他種十字科植物多有之。

(3)數多之細胞駢列作一條而成之毛，於櫻草、紫菫、飛蓬南瓜等之葉有之。

(4)多細胞所成有分歧之毛。於常春藤及毛蕋花等有之。

(5)腺毛於櫻草馬鞭草紅茄等有之。

(6)可取蕁蔴之刺毛檢其部分。

(乙)**木栓層**

(1)將桃葉衞矛軟木櫟等木栓層。製薄截面而窺之。其木栓組織可得明見。

(2)櫻之樹皮處處有小孔。貫孔而橫截樹皮。製截面檢之。可見木栓組織之狀態。

(3)甘藷之塊根、馬鈴薯之塊莖、剝其外面之皮窺之。是卽木栓組織也。

(丙)維管束

(1)取車前之葉柄折之。出强韌之絲。是卽維管束也。又可就酸摸蓮、胡瓜、等之葉柄、及玉蜀黍之莖檢之。

(2)棕櫚之毛。與絲瓜之果殼等、亦可爲維管束之標品。

(3)橫斷棕櫚之組莖。檢其面。有數多之維管束羣。可於各羣中。以目力判認其靱皮與木質之兩部。

(4)玉蜀黍或他種禾本科植物。橫斷其莖。可窺其中央部之維管束。又製其截面。可見有限維管束。

(5)槭樹常春藤等之嫩枝。製橫斷面。窺其維管束。則可明見無限維管束之構造。

(6)欲分離維管束。以其縱斷面用休爾宰氏離解液稍熱之以蓋玻璃片。自上輕壓之。

根及根冠

(1)取玉蜀黍根端之一部分。將其中央部製縱斷面鏡之。

(2)又以鳳仙花等之根。亦得以同法檢之。凡此等截面染以洋紅。其構造更明。又點稀薄碘液。可檢有無小粉。

莖

(1)檢雙子葉莖者。可用鳳仙花葡萄等之莖。

(2)檢單子葉莖者。可用玉蜀黍稻等之幼莖。

葉

(1)可橫斷櫻、桃、等之葉檢之。

(2)又可以槲寄生之葉用同法檢之。常見其外皮發達甚厚。

花粉

(1) 葵、牽牛花等之花粉甚大。可取而檢之。

(2) 檢菊科植物之花粉、大概黃色。而爲金米糖狀。

(3) 又檢燈心草(球形四個聯爲一羣)亞麻(方形而藍色)金連花(三角形)車前(球形)落葵(方形)玉蜀黍花(球形有紋)等之花粉。并此外諸種植物之花粉。可一一比較其大小形狀色澤。

(4) 花粉載於玻璃片。點以稀薄之糖溶液。加蓋玻璃片而保存之。數日以後。花粉管從花粉粒之內被出。可窺見之。

第二節　隱花植物實驗

石松類

(1) 取石松。檢其莖根及葉。又製其莖之橫斷面。及其縱斷面。以與橫斷面比較。此等截面。以愛阿新染之甚美麗。

(2) 取石松之子囊穗。檢子囊之配置及形狀。次於顯微鏡下。窺其胞子。

(3)取卷柏或翠雲草。檢其子囊穗。當見大小二種胞子。各別爲一囊。

木賊類

(1)取問荊之莖。檢其表面之隆起部與陷入部。次剝表皮。於顯微鏡中窺之。則見其氣孔。唯配置於後部耳。

(2)取土筆。製莖之橫斷面而檢之。

(3)取土筆之子囊穗。檢其龜甲狀區劃之部分。又將熟胞子載於白紙。以呼息吹之。則忽呈淡綠色。少頃復爲綠色。是因彈絲開閉之故。可於顯微鏡下。以同法檢之。又以酯點之。則彈絲忽開。以水點之。則忽捲縮。亦可於顯微鏡中見之。

(4)將成熟之胞子。蒔於清潔之瓦片上。與以適宜之溼氣。放置於培養器內。數日後。用針取其少許。以水裝置於玻璃片。於鏡下窺之。則皆萌發、而生有葉綠之扁平體、又出無色之根毛。嗣後。每數日復檢之、則漸漸發生。遂生雌雄兩性之生殖細胞、雌器生卵球、雄器生數多之雄精、自纖毛而游出。

(5)秋冬之交、掘問荊之地下莖、見處處有小塊之體着生、以該體製薄片、於顯微鏡下窺之。見細胞內。有無數之顆粒。此即小粉也。注碘液則變藍色。其貯藏小粉之意、蓋預備爲春時發生新芽之資料、

(6)木賊類之莖。富於矽酸。此類雖被燒燃。其灰燼仍存原形。

蘋類

(1)從田地等水面、取滿江紅或槐葉類等。檢其發育生殖之兩部。

(2)從泉池等處採蘋。如前法檢之。

羊齒類

(1)取倒掛草、或絓羊齒、瓦韋、或鵝掌金星腳、貫衆、或鼬鼠蕨、海州骨碎補、蕨、或井口邊草、薇、瓶爾小草、海金沙、螺靨草、等。比較其葉形及子囊羣着生之狀態。

(2)以紅蕨之包被、於顯微鏡下窺之、則紅色而甚美麗。

(3)將絓羊齒、鼬鼠蕨、瓦韋、等之胞子、於顯微鏡下窺之。檢子囊及環帶之狀態。又將子囊羣之一部與葉、共橫斷之。窺子囊着生之狀態。

(4)取蕨或他種羊齒類之地下莖、製橫斷面、可檢其維管束及他組織。

(5)取井口邊草或蕨之成熟胞子。如蒔木賊類之法。(見木賊類(4))蒔於培養器內。檢扁平體發生之順序。

(6)二三月時、檢地錢類密生之地面。可見天然萌發之羊齒扁平體以水裝置之。可檢其有性生殖器之生否。

蘚類

(1)取土馬騌、銀蘚或他種蘚類、以其葉置顯微鏡下窺之。概爲一重之細胞所成。而無氣孔。

(2)取子囊體。檢其柄、帽、蓋、齒、胞子等諸部。

(3)初春採集蘚類。取其莖頂有變形之輪葉者。自中央縱斷之。窺於鏡下。可辨其中之雌器或雄器。

(4)蘚類之胞子。蒔於培養器中。窺其絲狀體之發生。及眞芽之發出。又可於庭園中岩石上、取天然所生之絲狀體檢之。

(5)又可取水蘚之標品檢之。

苔類

(1)採取地錢。檢其葉狀體之表面、有氣孔存在。次橫斷之、可窺其內部之構造。

(2)於葉狀體之表面。檢其杯狀體、見其中藏無性芽、試取此芽。

蒔於培養器內。以檢其發生之態。

(3) 縱斷雄器托。(盤狀體)可辨其內部之構造。

(4) 可以同法。檢雌器托。就其成熟者。檢其彈絲及褐色之胞子。

(5) 蒔養胞子。檢其萌發之狀態。

(6) 取浮苔、鱗苔、等苔類檢之。

菌類

(1) 就野蕈、松蕈、或他種蕈類。檢其地下之菌絲。次觀察其生殖部發生之次序。

(2) 取成熟菌傘。切斷之。平置於黑盆上。暫時則有數多胞子脫出。若以塗抹樹膠之紙代盆。則胞子悉粘着其上。印成菌褶之輪廓甚顯。

(3) 將前記之蕈類。檢其生殖部。次將菌褶之一部縱斷之。可辨其胞子着生之狀態。

(4) 取猢猻眼、茅蕈等、檢其傘之內面、見其狀態與香蕈類有異、

(5) 取馬勃等、檢其外形。又於顯微鏡下、窺其胞子。

(6) 以麪包一片浸於水。置入玻璃罩內。待其生黴。取其一部分、以水裝置之、可見其菌絲及子囊胞子。

(7) 又取果實糕餠及他之有機物所生黴之種類(青黴、黑黴、毛黴、黃黴等)檢之。

(8) 欲將此等、爲純粹培養。可先取所附生於餠餌等。種種之黴擇其形色畧異者。一一用白金線(用時必以酒精燈火燒至赤熱而後冷之)所製之針觸接之、粘少許之胞子、種於適當之培養器上。培養器中最便宜者、可取麪包之固而緻密者。切其一片。入清潔之玻璃器。注少量之糖水於麪包上。(約三%之糖水爲佳)溼潤之。然後蓋玻璃片於器上、置蒸氣消毒器中、以百度之熱消毒而冷之、乃如前記之法。於麪包上。蒔

各種類之黴。又黴類中担子菌絲之長者。須用深玻璃器。上部所蔽之玻璃片。宜以玻璃罩代之。

如此種植之黴。若尚不純粹。則可以同法培養幾回。終可得其全純粹者。

又在培養器上充分發生而密生胞子時。可注意將其胞子。集於清潔紙上。封鎖而貯之。胞子概有數月或數年之發芽力。故可隨時蒔之。而得純粹之黴。

(9) 取麥奴或其他寄生於穀類之菌類。置顯微鏡下窺之。

(10) 水生菌。寄生於水中之腐葉。或寄生於他物。可採取其灰白色如絲者。置於顯微鏡下窺之。

(11) 取釀母菌。或他種醱酵菌。以水裝置之。而以高度之顯微鏡鏡之。

(12) 瓶內半置釀母。注入烏爾茲液(可求之於麥酒製造廠)又糖水瓶口用栓塞緊。置暖室中數點鐘後。開栓。可見極劇瓦斯（炭酸沸發。

地衣類

(1) 取葉狀地衣、木狀地衣、固着地衣、膠質地衣、科斗狀地衣、之標品。互比較其外形及子器之狀態。

(2) 將兜地衣之葉狀體。製橫斷面檢之。又將膠質地衣。製同式之截面兩相比較。

(3) 縱斷兜地衣之子器。注稀薄碘液。子囊卽現美麗之藍色。又加加里液於別之截面。菌絲膨脹甚大。可明視諸部分。

(4) 欲觀地衣類大胞子。可檢槭樹皮所生淡綠色固着地衣之子器。

(5) 切斷葉狀地衣葉狀體周圍之黑細點。（卽其雄器）窺其內容。

(6) 檢梅樹皮所生葉狀地衣之表面。可見粉狀體將其少許。以水裝置。用蓋玻片自上壓之。可見無數菌絲及綠顆體游離。

輪藻類

(1)就泉水池澤。採集輪藻之種類。以肉眼檢其外形。次將其小部分。於顯微鏡下檢之。窺其節及節間部之構造。再以高度顯微鏡注意檢之。得見內部原形質流動之狀。

(2)檢球狀體及卵狀體相互之位置。次窺各體之構造。將球狀體之已熟者破之。而窺其內部。可見雄精從絲狀細胞游出。

藻類

(1)將昆布、裙帶菜等。製截面窺其組織。

(2)凡檢高等海藻之生殖機官。宜於春季至海邊採集之。若採集之際。不暇卽時檢此等生活者之標品。則宜貯於醋或福呵爾摩爾保存之。凡所有褐藻類。其有性生殖器皆易檢之。又紅藻類。易檢四胞子。

(3)就海濱多採集石蓴。於顯微鏡下檢之。當見體內有發生游走子者。

(4)夏日就淺池溝。取綠色絲狀之水藻。置於杯水中。將其一部分。於顯微鏡下檢之。當見水綿中。有正相接合者。亦有成褐色之休眠胞子者。其生殖狀態。於稍變黃褐色之水綿。最易認。

(5)採集之標品中。間有細胞內之葉綠體。作星芒狀者。是卽綠星藻。(Zygnema)有成一條中軸者。是卽綠軸藻。(Mesocarpus)

(6)淡水中所產之鼓藻。及他種下等藻類。皆可取檢之。

原微植物類

(1)檢雨水桶或泉池所生綠色如垢之物。可見無數原子藻。在梅雨期及秋雨期。見池溝表面。密生無數綠色赤色水垢。是皆微小單細胞水藻之種類。

(2) 徐掬池底泥土（用長吸水管爲便）取其小部分。於顯微鏡下窺之。可見數多硅藻。又海中岩石或海藻所附着淡黃色如垢者。亦爲硅藻之羣體。

(3) 雨後檢陰溼之地。見有數多暗綠色軟塊。取其一部分。於顯微鏡下窺之。可認念珠藻之羣體。

(4) 檢不潔之溝瀆或下水管與温泉之桶等。有鮮藍色水藻羣生。取其一部分。於顯微鏡下窺之。可見由數多顫藻所成。

(5) 蒸馬鈴薯。切作兩半。將切斷面向上。貯於玻璃罩內。經一兩日。其面發生數多別他里亞羣。各羣形色及性質。互有異同從一別他里亞羣中。將其一小部分。用白金絲之端取之。混入蒸餾水。薄塗蓋玻片之一面。以酒精燈火乾燥之。然後點迷脫紫染液數滴。洗於水。裝置玻璃片上。於高度顯微鏡下窺之。見別他里亞羣。染着美麗之色。（欲永存此微物片。宜卽以坎拿大巴爾撒謨裝置之)此外種種相異之別他里亞羣。皆可各取一小部，以同法檢之(醱酵菌亦得用此法檢之。)

(6)枯草(禾本)切作小片，入於玻璃瓶水中。放置暖室數日。水漸濁，試取其數滴。用高度顯微鏡窺之。可見數多別他里亞運動之形狀。

(7)投牛肉一小片於水中。可檢此中發生之別他里亞，又可鏡果實腐敗液汁中所生之別他里亞，此等別他里亞。於顯微鏡下窺之，得區別其中有運動機能者與無運動機能者。

第四章　植物生理學實驗

第一節　種子之萌發

材料植物　蠶豆。豌豆。玉蜀黍。蓖麻。

實驗法　取上記種子二三十枚。浸水中一晝夜後，待其膨脹已足。蒔於木屑內。保住適度之温度，時或數日而種皮已破裂。下面先出幼根、次之、外部亦現出幼根、發芽狀態、各因其種類而異。如玉蜀黍、子葉一枚。出於外部、而胚軸之一部。成盤狀體。密着胚乳。由此吸收養料。幼根則分爲數條。皆破根鞘而露出。又如蓖麻子、葉二枚。後全離胚乳組織而出外、占地平之位置。徐徐變爲綠色、其幼根、亦直長生長下面出數多之支根、至蠶豆及豌豆則反之。因其養料。貯蓄於肥厚之子葉內故子葉始終止於種子內、而不外出、惟幼芽、出於上部而伸長。其幼根、向下伸出、周圍生出支根、再分支而爲小支根。是等幼嫩之根。可見其一部密生纖細根毛、又無胚乳種子。如菜豆（第三十圖）等。當初肥厚之子葉。雖亦存在地下。

第三十圖

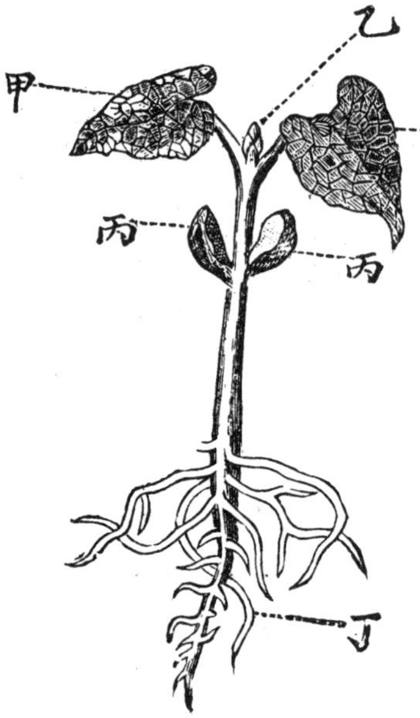

小雙子葉植物　菜豆　（甲）葉（乙）芽（丙）子葉（丁）根

至後，及所貯養料，已被吸完，遂與子葉下部之伸生，共脫種皮高出地上矣。

第二節　生長

材料植物　蠶豆，豌豆，菜豆，麥。其他禾本類之莖。

實驗法　凡檢發芽幼植物之生長，宜用墨汁，從幼根及幼莖之

第三十一圖

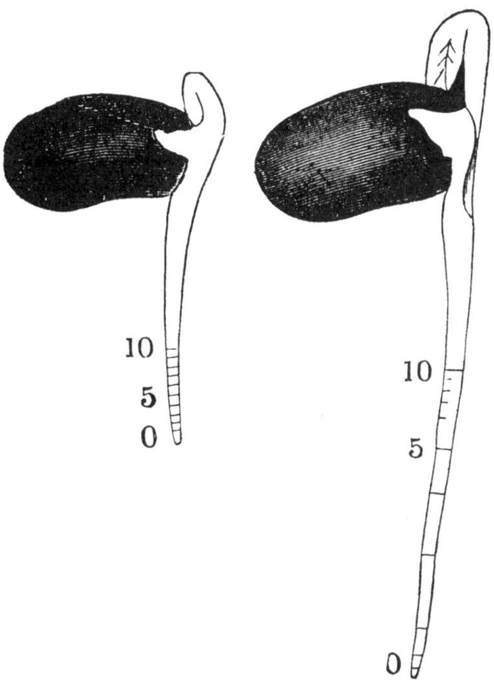

示菜豆之幼根伸生狀態(二)乃(一)之伸長者

第三十二圖

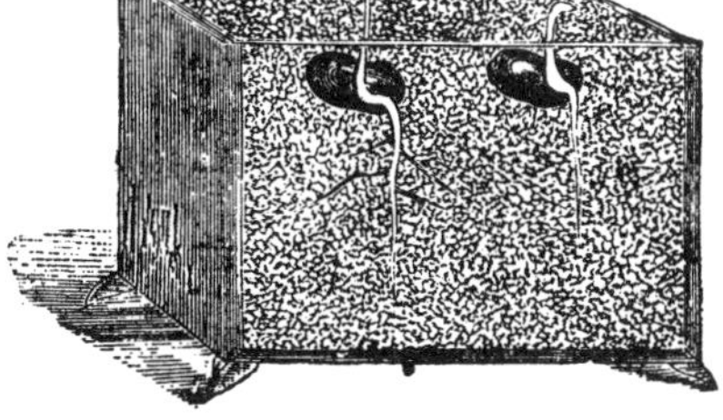

根匣

先端部。畫隔同距離之細線於表面。卽如根部。則從生長點之部分始。每線相距五釐。向基脚方向畫線。(第三十一圖)莖部。亦以同法。從生長點。向下部區劃是等材料植物。均宜如第三十二圖。於根匣內培養之爲便。

自是經一晝夜後檢之。可見最初等分區劃部分之生長。甚有異同。在根部。從生長點至於第五第六之區劃。其長短大畧二三粍之部分。伸長最盛。各線間之距離。達當初數倍之長。而後方之部分。則不伸長。其長短之度。仍與前同。在莖部。全部大概稍有伸長。而於莖頂部爲甚。

欲檢禾本類莖部之生長。須切取其有節之部分。畫等分線於上。然後將其下端。插入溼砂中。至翌日檢之。乃知伸長之部分。僅限於節部。而節間部毫不延長。是爲此類植物莖所固有之生長法。

欲知植物體生長於日光之影響。可取已畫黑線之蠶豆幼莖數本。兩分爲甲乙二鉢。將甲鉢置暗處。又覆以黑筒。將乙鉢晒於日光之下。經三四日。比較甲乙兩鉢。則置暗處之莖。伸長甚著。各線間距離甚大。而在明處者。伸長之度。無如此之盛。兩線間之距離。較前者頗小。置於暗處之莖。作淡綠色。或白色。且極軟弱。幾不能直立。而在明處者。則呈深綠色。且甚壯健。

因植物根生長而生強壓力之現象。易實驗之。試取已發芽之蠶豆根長約一寸餘者。照第三十三圖。埋於玻璃片上所載石膏泥中。更以他之玻璃片覆之。用麻線緊縛之。立於盛水器內。經一兩日檢之。則可見根之周圍之石膏泥。處處生龜裂而破壞。是卽由於根之肥大生長。生強壓力。以致石膏泥爲所破裂也。

第三十三圖

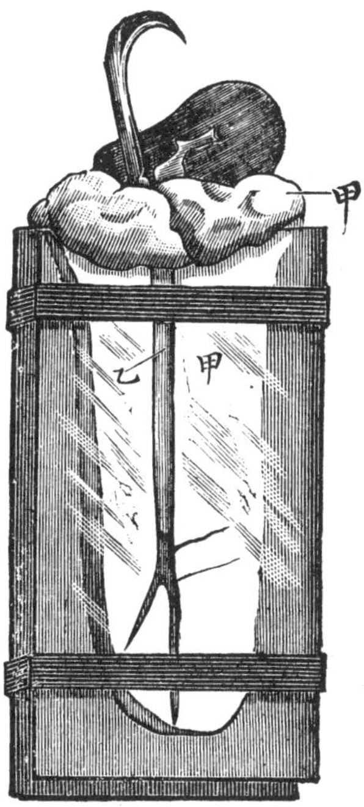

實驗蠶豆根之生長壓力之裝置（甲）石膏泥・（乙）根

檢莖之伸長。宜如第三十四圖用植物生長指針。法以絹線。輕縛

第三十四圖

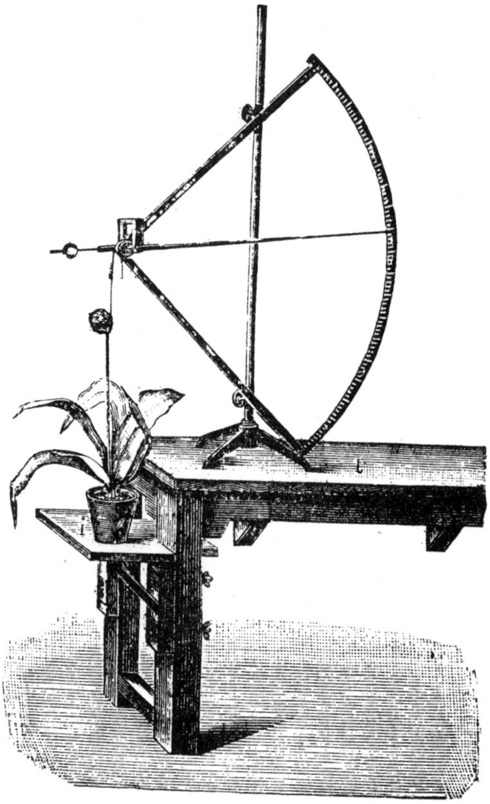

植物生長指針

盆栽植物之莖頂。（縛莖頂之處。宜用線之毛端以防傷害）線之一頭。繞於上部滑車。懸垂適宜之重量。指針在實驗之初。須正在弧面下部。其後莖漸伸長。重量亦漸下降。動滑車。而指針徐徐移於弧上。

第三節　同化作用

材料植物　溼苔。水綿。箆麻。

實驗法　欲實驗葉綠體內之炭質同化作用。觀於該體內現出

小粉粒可知矣。又炭酸分解之結果。可檢養質之游離。

（第一）欲證明葉綠體內有小粉。可於夏日午後兩三點鐘。摘取蓖麻之葉。先以水煮之。後更熱之於七十度之酒精中。葉之綠色。漸次消失。變作淡白色。酒精反變綠色。此因葉綠質已浸出之故。取該葉片。浸入稀薄碘液中。則葉之全面（除葉脈）頓變成美麗之藍紫色。此時細胞內充滿小粉。顯然易見。謂之碘試法。試取該標品一小部分。於顯微鏡下窺之。可見數多小粉粒。染着美麗之色。充滿於無色之葉綠體內。此等標品。貯藏醋中。均能保持互久。而不變質。若臨時取出之浸入碘液。則立呈藍色。故甚便於實驗證明用。

又取溼苔之葉或水綿之一絲。於十%之鉀溶液中煮之。後以蒸溜水洗淨之。投入稀薄醋酸中。而與鉀中和。更以水洗之。然後始加稀薄之碘液。於顯微鏡下檢之。則葉綠體變作無色。其中之小

第三十五圖

示由同化作用小粉粒生於細胞內葉綠體中之狀態（廓大）

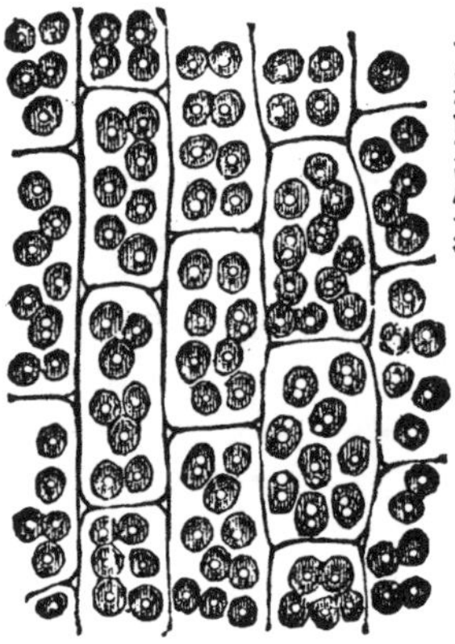

粉粒。（第三十五圖）美麗染着藍紫色。又於同上之實驗。不用鉀而以抱水格魯刺爾液代之。將材料浸入此中。片刻取出。而浸入鉀碘碘液。亦能明視小粉粒。

欲證形成小粉必需日光之理可就生長花園中之蓖麻。用錫箔覆其葉面之一部分。或塗抹濃墨汁於葉面之一部分。數星期後。取該葉片。除去錫箔。或洗去墨汁。以前記碘試驗法檢之。被覆錫箔或塗抹墨汁之部分。全作白色。不復得見小粉之反應。

（第二）欲知因同化作用起炭酸分解時養質游離情形。可如第三十六圖。投入黑藻或聚藻之一枝於盛水玻璃筒內。在水中以鋏切斷其莖。如此之植物體。

第三十六圖

檢因炭質同化作用養游離之裝置

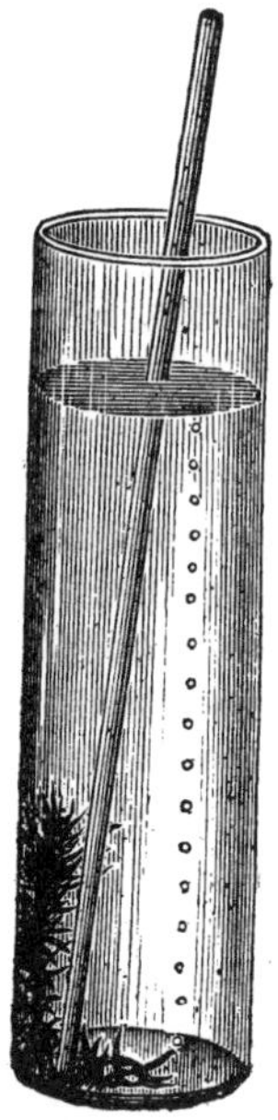

受日光所照，則從截面絡續發生氣胞。是時以玻璃棍攔住該草之莖。令之不動。靜止於一處之後，計算在一分鐘內。發生氣胞若干之數。此際氣胞之大小適度。發生之狀態。規則甚正。最初。先於日光直射之處。測每分時發生氣胞之數，其後突然立板或他物於玻璃筒前面。令其黑影。映於玻璃筒檢之。則氣胞之數甚少。繼又覆黑筒於該筒上。從筒之一部所穿孔口窺之。則可見氣胞已不發生。此由於暗處炭酸分解之作用不行故也，除去黑筒。再見日光，則發生氣胞之速度如前。

氣胞之發生。無非炭酸分解之結果，是以溶解於水中之炭酸分量多。則氣胞亦多發生。故當舉行前記之實驗時。若、於水中通炭酸氣。則氣胞之數。當更加多。反之欲用煮沸之水。則毫不發生氣胞。因該水中含炭酸甚少故也。

氣孔實驗

材料植物　燕子花溪蓀等幼嫩之葉。及紫蓋之葉。皆可用爲實驗材料。

實驗法　欲知氣孔發生之次序。可剝去燕子花溪蓀等嫩葉表皮。檢之於顯微鏡下。卽得知形成氣孔之次序。又取紫蓋葉剝去其表面紅紫色之表皮。在水中檢之。可見其表皮細胞。固係紅色。而氣孔孔邊之細胞。無色而有葉綠體。在水中時。氣孔全開加以糖水或點甘油。則氣孔卽閉。此因純粹之水。能增孔邊細胞之膨壓力。遂令氣孔開張。至糖水及甘油。則因其吸水作用。卒令孔口關閉也。

又可橫斷紫蓋之葉。製無數薄片。可發見中有氣孔正中被切斷者。孔邊細胞。上面及下面之細胞膜最厚。唯後面膜壁甚薄。蓋因膨壓力緊張後面而開氣孔也。

第四節　營養

材料植物　玉蜀黍蕎麥蕓薹等種子所發嫩芽。

實驗法　**水中培養**　取容積能裝一立方糎半之玻璃筒六個。分作兩排。每排三個。各排均記第一、第二、第三之記號。各盛如左之液體。

盛入第一玻璃筒之液體。卽水中培養常用液。(**克諾浦氏液**)製法如左。

(甲)

硝酸鈣	四克
酸性燐酸鉀	一克
硝酸鉀	一克
蒸溜水	三五〇立方糎

(乙)

硫酸鎂	一克
蒸溜水	三五〇立方糎

將以上甲乙兩種液體。各自裝入別壜保存之。用時須混入清水。令成相當稀薄之度。平常水中培養。大抵以一波羅密勒(卽每一立方糎水中有上記鹽類一克之謂)或半波羅密勒之稠度用之。

尚可加綠化鐵液數滴。

以上液體。爲最良之培養液、凡植物營養上必要之原質、悉含在內。

第二筒所裝之液。卽將上記溶液中之鉀除去得矣。卽以硝酸鈣、代硝酸鉀。以酸性燐酸鈉、代酸性燐酸鉀。其他皆與前同、且可加綠化鐵液數滴。

第三筒所裝之液。將上記第一筒溶液中之綠化鐵除去可也。

液體裝入玻璃筒。幾達筒口。然後將豫先令在木屑內發芽之材料植物。取其幼根已達寸許者、插入玻璃筒口所嵌入軟木塞之孔口中、材料植物如係玉蜀黍。則以針刺種子於軟木塞。令不能搖動。如係蕎麥。則須以綿包住幼根之周圍。塡塞栓口。令不能動搖。如此裝置、使幼根正浸入液中。玻璃筒外面。當以黑紙密包之。或置玻璃筒於黑筒內。以防日光直射根部。

此培養器。須置室內温暖光線合宜之處。與窗相離若干之度。三筒均須一律。植物如尚幼嫩。約每兩星期。交換液體一次足矣。及於植物充分發生。必須每星期交換一次。如此經一閱月內外。第一第二第三器所插植物生長之狀態。始生大差別。(第三十七圖)在第一器者。發生最良。多着綠葉。直至開花結子。在第二器者。莖根甚矮小。發生最不完全。在第三器者。葉莖皆作淡黃色。

第三十七圖

蕎麥之水中培養裝置
(一)常用液・(二)缺鐵者・(三)缺加里液者・

加綠化鐵液數滴於葉色淡黃之筒中。經數日或數星期之後。其葉漸帶綠色。卒成深綠色。

以上所載水中培養液。含有營養上所必須之原質。所缺乏者。惟炭質耳。然在平常綠色植物。皆從葉或其他綠色之部分。攝取炭酸。以代炭質。故毫無不便之處。

欲知無炭酸氣內植物之不發生。可照次法實驗。即蒔蕓薹之種子。將其數多發生於一處者。分種甲乙兩盆。甲盆如第三十八圖置入玻璃罩內。將彎曲玻璃管。嵌入罩口之軟木塞。管內充吸收苛性加里液之輕石末。罩底置一皿。皿中盛濃厚苛性加里液。密閉玻璃罩之下邊。全絕外氣之交通。乙盆置於甲盆之傍。從上部覆玻璃罩。不密閉其口。務令大氣之流通。得以自由。如將照上法裝置之

第三十八圖

在無炭酸氣內培養植物之裝置
(甲)植物。(乙)加里液。
(丙)以輕石末吸收加里液

實驗植物兩盆。時時供水培養之。則數星期後。二者顯生差異。乙盆之植物。生長甚發達。甲盆之植物則否。終且全然枯死。此因甲盆罩內大氣中之炭酸。爲加里液所吸收。不入於植物體中之故。

第五節　呼吸

材料植物　花（櫻花梅花山茶花茶梅花菊花）　將發芽之種子（蠶豆豌豆玉蜀黍）　菌蕈（松蕈靑頭菌玉蕈）

實驗法　欲檢因花呼吸作用生炭酸氣者。可將上記材料植物。置入一玻璃筒內。滿至半筒爲度。上部用玻璃蓋密閉之。經數點鐘或十餘點鐘後。徐開玻璃蓋。將燃火之火柴或蠟燭入筒中。則火必忽滅。（第三十九圖）

又取一玻璃筒。入上記之材料植物。筒口塞以橡皮塞。插入玻璃管兩支於塞中。一支通於筒之左面盛石灰水之壜中。另一支。則外端套一橡皮球。（卽香水噴散器等所附着者）經過數點鐘後試

第三十九圖

實驗由花之呼吸作用而生炭酸氣之圖

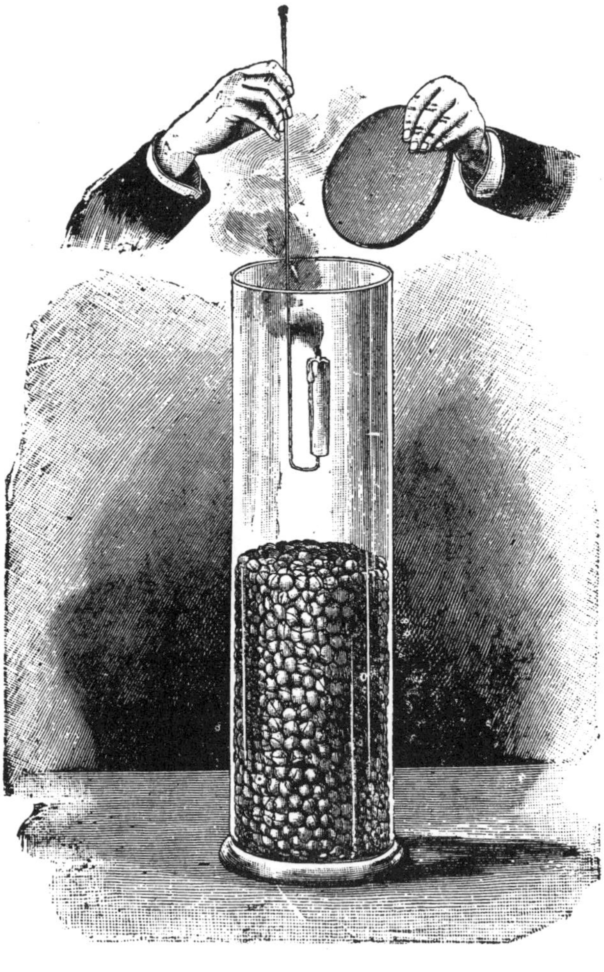

握橡皮球。壓通大氣於筒內。則筒中之氣。同時入於石灰水中。忽生白色之沈澱。是因筒內植物體之呼吸而生炭酸氣。炭酸氣入於石灰水中。卽成炭酸石灰之故。

欲知植物呼吸之際温度上昇。可照左法實驗之。

先於漏斗內。敷兩層濾過紙。其中盛豌豆之種子。十分注水之後。

第四十圖

試驗種子正發芽之際因呼吸作用溫度當上昇之裝置

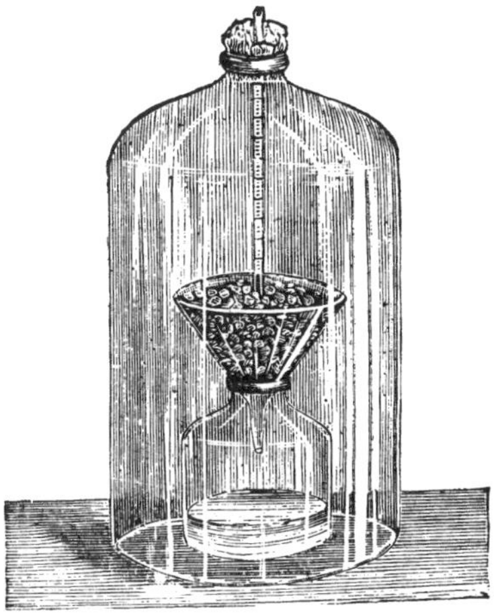

卽將漏斗。置半盛水之壜上。從上部覆以玻璃罩。且插入精良之寒暑表於種子內。(第四十圖)又須另將乾燥種子。置入另一漏斗亦插入寒暑表。其一切裝置。概與前同。以便互相比較。數日之後。甲器種子正發芽之際。檢其寒暑表。則種子內之溫度。較乙器內乾燥種子之溫度。約高攝氏一二度。

檢將開之花。因呼吸所生溫度。宜選其花被深

第四十一圖

計天南星花之溫度圖

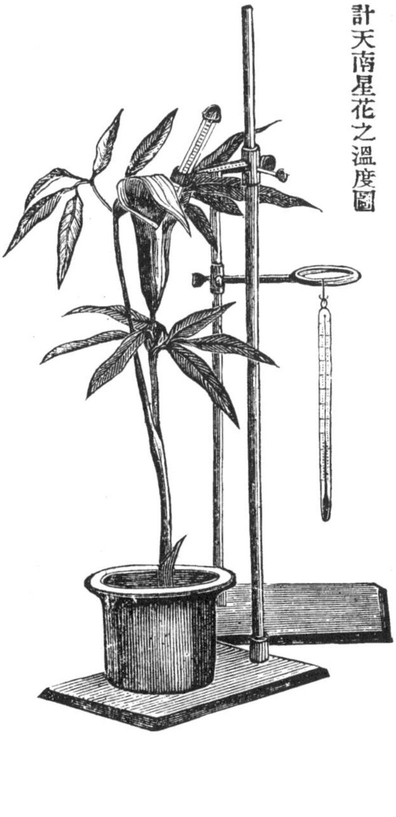

蔽者。如蓮、天南星等。照第四十一圖裝置而檢之。所用寒暑表。宜用專爲試驗用而特製者爲佳。大都此等之實驗。花部之温度。較外圍之温度。高攝氏十度以上。至二十餘度爲止。

第六節　蒸騰作用

材料植物　蓖麻、金剛纂、鳳仙之盆栽

實驗法　欲檢植物體蒸散之水量共有二法。一因計算該植物體重量之減少而知之。一因檢其由根或由莖所吸之水量而知之。

（第一）凡實驗重量宜用特別大秤。（卽用以計藥料之輕重者）一邊置盆栽之植物。盆之上面。宜用馬口鐵。或適當之物體製蓋覆之。以防從盆內土砂表面蒸發水量。盆係陶器。不必另包外部。如係土器製者。必須用錫箔密包外面。秤之一邊則置砝碼。令與一邊之植物相平均。照此放置之。漸次見置植物之一邊。徐徐因失

第四十二圖

（二）　（一）

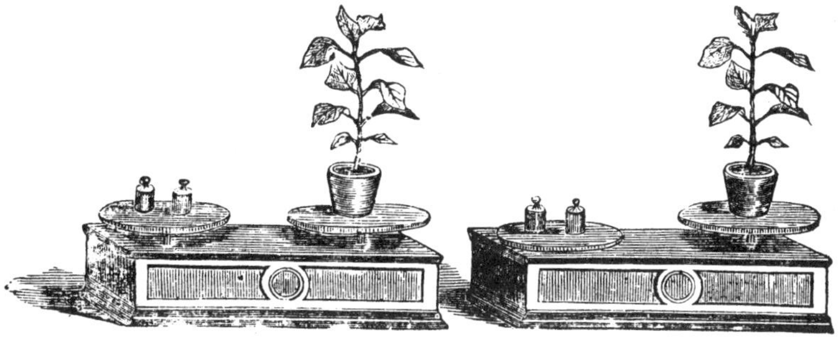

蒸騰作用實驗（一）爲初實驗時之裝置（二）爲經數時間後之情形

其重量而上升。（第四十二圖）如欲知其在一定時間內所失之水量。則可另加重量。再求得權衡之數。

（第二）凡**實驗容**積先就前記材料植物切取其葉數最多之枝。不可在空氣中切之。必須在水中切斷之。其法將枝曲於盛水之皿中。卽就皿中切之。仍置在水中。不可使其露出空氣中。如不得已。將枝之出口。露出空氣中。則後當再入之於水。就較前切口相距甚遠之處。再切斷之。

次取細口徑「亅」形玻璃管長約半米者。如第四十三圖。插入壜下部之孔內。管之一邊。**粘貼劃尺寸之紙片**。然後盛井水於壜內。滿至壜口爲度。此水必

第四十三圖

植物蒸騰作用試驗裝置

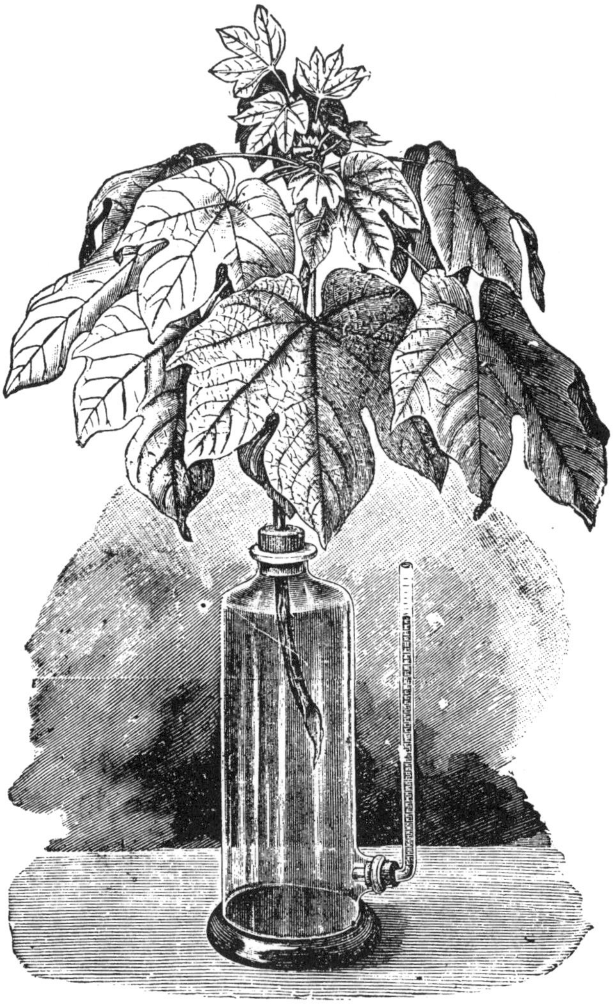

須用曾經沸滚。已使其中所含空氣逃出者。否則實驗時温度上昇。以致壜內發生氣胞。殊爲不便。

取一橡皮塞。塞之中央。穿一小孔。將前記之枝之下端。堅插入此小孔內。卽以是塞塞住盛水之壜口。此時因橡皮塞。從上部猛壓入壜口。故水直升入玻璃管內，從管口流出。照此放置之則壜內之水。因葉面之蒸發，逐漸由葉端吸去，玻璃管內之水。因之次第減退，故得檢明一定時間內減水之量若干。以悉該植物體蒸騰作用之强度。

植物體之蒸騰作用。起於開通葉面之氣孔若以「柯柯亞巴他」或柔軟之「巴拉賓」。塗抹葉面中氣孔最多之處。則蒸發之量。立卽大減。蒸騰之量，又因空氣之乾溼有差異。試取一玻璃罩。內面襯以濾過紙，且用水浸溼該紙。然後覆於前記實驗植物上。此時，蒸發之度必頓減。

第七節　植物之運動

材料植物　含羞草　花（蒲公英、蕃紅花、鬱金香）　葉（合歡、酢漿草、苜蓿、槐）

實驗法　（第一）**觸接運動**　取盆栽之含羞草。以手觸之。卽起運動。運動之度。因觸接之度而異。若輕加觸接。則祇數葉運動。若重加觸接。則全葉悉運動。此際注意觀之。可見運動之狀態。徐從一處。傳達他處。如更欲精密觀察之。可以火柴燃燒葉之一二片。則相接近之葉片。先運動。漸次遞達他葉片。亦同樣起立而閉合。卒至該葉柄垂下。(第四十四圖)於是運動更傳至他葉柄及其葉片。一時衆葉片悉閉合。葉柄亦皆垂下。

第四十四圖

示含羞草葉片因觸接而閉合且葉柄下垂之狀

(第二) **就眠運動**　含羞草、合歡、醋漿草、苜蓿、等。每至薄暮。可觀察其葉片併合之狀。至含羞草之狀態。更與前記觸接運動無異。(第四十五圖)又合歡亦如含羞草。(第四十四圖)其葉片各閉合

於表面。槐則反之。其葉皆相合於裏面。醋漿草及苜蓿。則葉片下

第四十五圖

(1)晝間・葉片之開張者(2)夜間・葉片之閉鎖者

第四十六圖

(一)　(二)

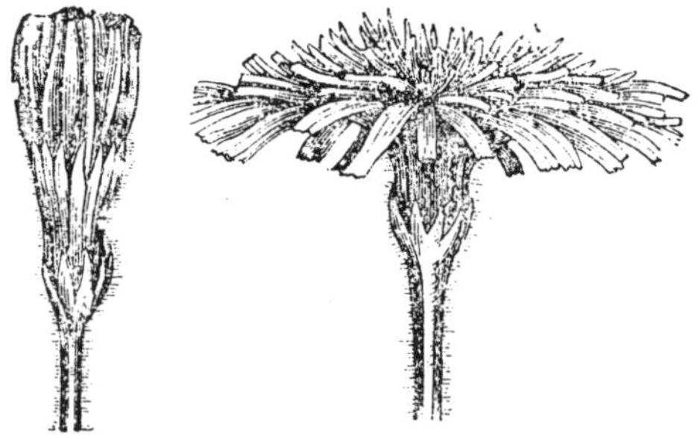

(一)蒲公英之花叢於明處開發狀
(二)同上在暗處閉合之狀

垂。作在裏面接近一處之狀。

(第三) **花之開閉運動**　以黑筒覆正開放之蒲公英花。(第四十六圖)花被立即闔閉。後去筒。使花再接日光。則花瓣仍復開放。取開放之蕃紅花或鬱金香花。置冷處。花蓋立即闔閉。其後再置暖處。則開放如前。

(第四) **向地及背地性**　驗根之**向地性**。取正發芽之蠶豆。照第四十七圖(一)之狀。置於地平之方位(用針貫穿種子於軟木片。使不能動)且用墨汁。在根端畫互距隔一粍之等分線。然後置於溼潤之暗處。經數點鐘後檢之。根端已伸長稍許。且微向下面屈曲。呈第四十七圖(二)之狀態。再經一晝夜檢之。見從根之尖端數至第四第五區劃部之處。全向下面屈曲。如該圖(三)之狀態。緣是處爲根中生長最發達之部分故也。

第四十七圖

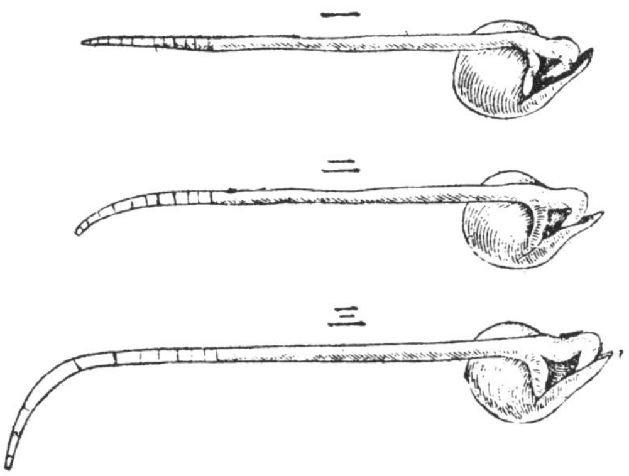

實驗蠶豆根之向地性
(一·二·三)示屈折及生長順序

第四十八圖

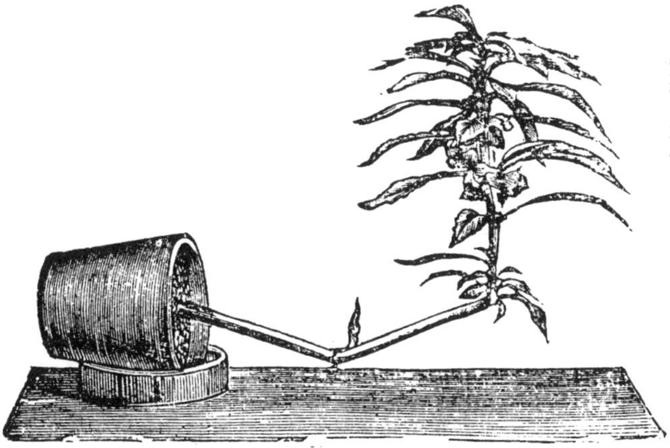

實驗莖背地性之法

實驗莖之**背地性**。取盆栽之植物。橫臥之。經數日後。莖之頭部。向上面屈折。如第四十八圖之狀態。

第四十九圖

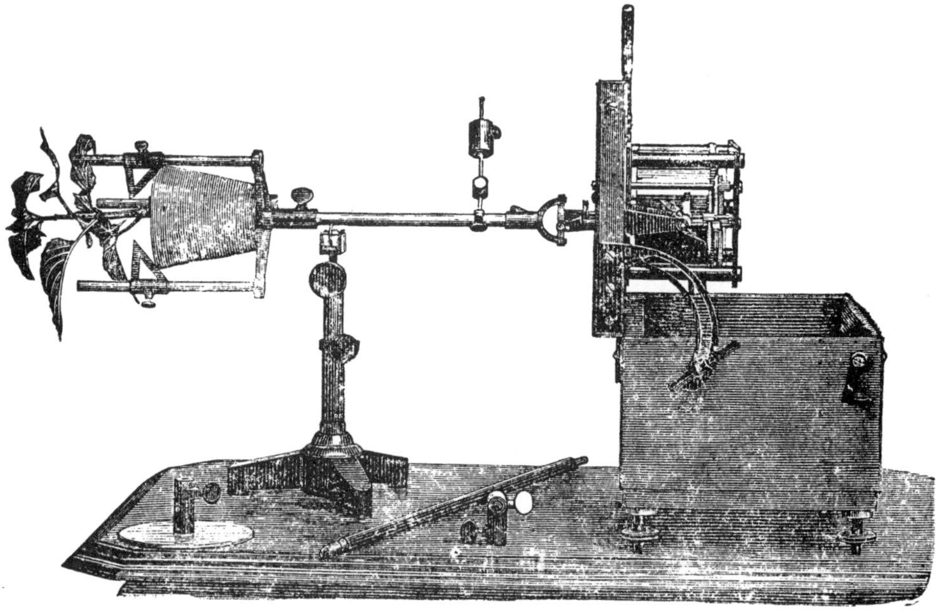

植物體在地平位置由植物迴轉器而迴轉之圖

另選盆栽植物一株。固着於**植物迴轉器**(第四十九圖)之橫軸上，並行地平。不絕迴轉之，則絕不生如前記之屈曲運動。是即因根及莖之周圍，同時迴轉不絕。故植物體四周，同時皆接近地心方向，其受吸力。亦四面同等故也。

(第五) **向日性**及**背日性**

取前記幼植物之培養水中者，置於窗前。則莖向明處。而根反向室內之方

第五十圖

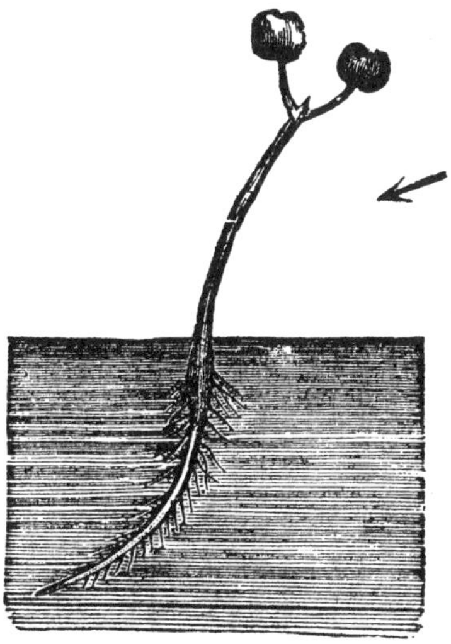

示幼植物之莖向日性及根背日性（箭乃示日光射入之方向）

向。（第五十圖）今亦將此等植物。載於迴轉器上迴轉之。則室內雖僅從一面得受日光。而該植物之莖幹。決不稍有屈曲。其理全與前記之向地性及背地性同。因其莖之周圍。同時受日光相等。致所蒙之作用。四面全然相等故也。

（第六）向水性

凡欲實驗向水性。宜用第五十一圖裝置之法。（毛里西氏土器）即取漏斗形之土器。中盛木

第五十一圖

根之向水性實驗裝置（毛里西氏土器）（甲）盛水之玻璃器（乙）土製漏斗外圍以濾紙包之（丙）孔（丁）木屑（戊）幼芽（己）示幼根向莖表面屈生之狀

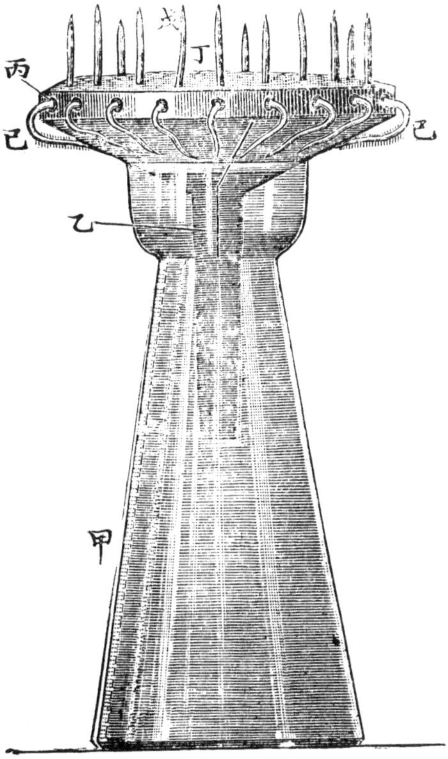

屑。以水潤溼之。器之上邊側面、穿成無數小孔。每孔內部。各植一枚正在萌發之豌豆。令其幼根正向孔中。於是插入土器下端於盛水之瓶中。使器質十分溼潤。則幼根及無數支根。皆不向大氣中挺直生出。唯屈折附着土器外面。岔岔向溼潤之部位生長。此卽根有向水性之故。

第八節　生殖

材料植物　根（蒲公英）　塊莖（馬鈴薯）　鱗片葉（百合）

實驗法　實驗植物體之無性生殖。可取上記材料。分爲數片。置溼砂上。其後皆生新芽。名曰植物體之**分生**。

分生機能。蒲公英之根爲最盛。將其切爲厚約二三釐之薄片。尙能生新芽。將來生長。得自成植物一株。將馬鈴薯之塊莖。連外皮切作數小片。埋於土中。亦能各自發生新芽。其偶然爲是等之實驗。不能見效者。大都由於其外圍之狀態不合宜。或爲寄生物（菌類別他里亞等)所傷害。並非各小片已無分生力之故。

第五章　植物採集法腊葉製法及保存法

採集用器具　採集心得　壓榨器具　壓榨法　腊葉保存法
藻類標本製法　菌類標本製法

第一　採集用器具

野外採集必須之器具，爲胴卵、野冊、小刀鍬、根掘、懷中蟲目鏡、小冊子等是也。

胴卵　採集用胴卵。形狀不一。第五十二圖之一種較爲最便。用厚馬口鐵板製之。內部塗作白色。外部塗作黑色或黃褐色。平常長一尺四寸五分。高七寸。闊三寸五分。蓋長一尺三寸。闊五寸五分。如採集細微之隱花植物類。當用更小胴卵。

第五十二圖
採集胴卵

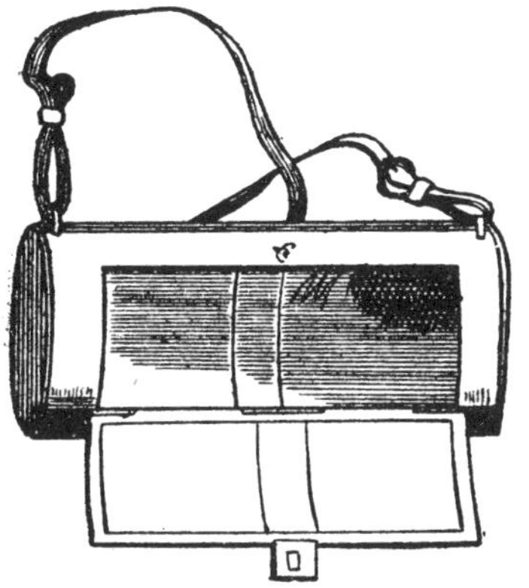

第五十三圖

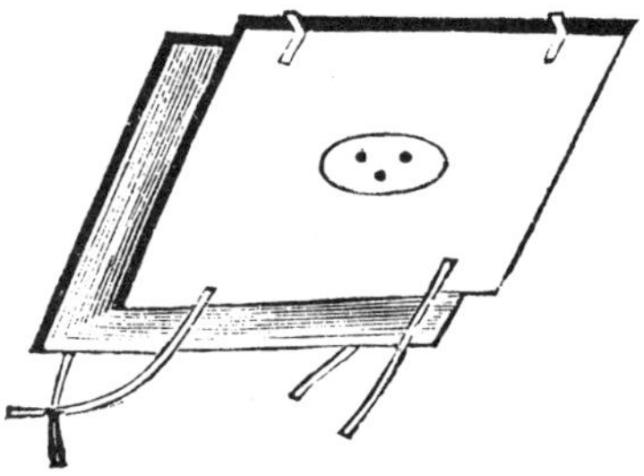

野冊　製以銅板。長約一尺四寸。闊約一尺。形狀如第五十三圖。中貯紙片數百枚。此冊當與胴卵同時攜帶。以便將所採纖小之植物及易散失之花或水草等。立卽壓搾其內。

小刀、鋏、根掘　根掘用鋼鐵製之。狀如箆形。常藏革囊中。柄長三寸。身長五寸五分。闊一寸三分。是爲常度。或用小鍬則更便。

鉄槌　此係採集巖生固着地衣類所用。製法與地質學用之鐵槌同。

蟲目鏡　如本書第四圖之一種。爲最便。

旅行用顯微鏡　此項顯微鏡。以奧國來海爾德所製。及德國來滋所製爲最佳。且皆輕便異常。

遠地採集之際。須攜參考書、地圖、酒精瓶、水苔（用以包裹生植物之根。以便運送者)等。

第二節　採集心得

野外採集、宜從仲春初開花時始。自春至秋之間。材料最多。及至冬日。顯花植物。固不多見。然隱花植物之生殖機官。反於是時成熟者居多。宜採集之。

夏日宜旅行遠地、或登高山。採集植物。惟山行以七八月爲最宜。因此時山上。四季之花。同時並開。景色美艷。且山地植物帶之狀態、自與他處迥異。故在城市所不能見之奇草異木。皆得於山地中目擊之、獲益不少。

凡於郊野山地間採集植物。宜從朝晨啟行。如林野、丘陵、山澤、湖沼、溼地、旱地等。到處各有固有之植物。宜注意採集之、但田圃或他處所培養之植物、若非有特別之用處、不必採取。所採者。務宜擇其野生植物。

採取植物、必選其具花或實者、未熟者勿採。凡係小草本類、當連根共取。將土砂拂落或洗去。因根之形狀。在檢定植物種類時。爲至要之物。卽如蘭科百合科石蒜科是也。

莖長者則折曲作一尺長。裝入胴卵。大草本類。不必取莖之全部。唯取其上部一二尺。與下部着葉部分少許可矣。緣葉之位置及形狀、因莖之上下部分、而有大異故也。

又灌木喬木等。僅取其有花之部分長一尺可也、凡此等標本。宜採同物二三枝、其產地、亦宜一一記之。

採集有花植物後、可注意採取其果實。花與實。共係緊要之物。例如繖形科、苟無果實、幾不能檢定種類、卽十字科莎草科、亦須果實。

有**寄生**於樹梢之植物、(例如槲寄生科)有**着生**於樹梢之植物。(例如蘭科羊齒科之某屬種、或生水中(例如睡蓮科聚藻科水鼈科眼子菜科)是等皆宜注意採之。

羊齒類、檢葉之裏面、宜採其着生胞子者、但裸葉實葉區別判然者、裸葉亦宜共採之、因兩葉形狀、頗有相異。

羊齒類。葉柄下部之鱗片。及地下莖之形狀、皆爲要件。必須採取。

石松類、木賊類、蘚類、苔類等、須擇其着生生殖器者。而蘚苔類、尤須採其子囊成熟者。

採集蘚苔類之際、須將其生於樹皮上。或着於巖石上、或生於地上等。一一記載之。

採集菌蕈類。攜細眼之籠最便。寄生他種植物莖葉上之細微菌類。宜連該莖葉之一部採取之。

固着樹皮之地衣類。宜連樹皮削取之。地衣體之輪廓。不可觸損。

固着巖石之地衣類。宜用鐵鎚。破碎其一部分。一一以紙包之。以便攜帶。

沈水植物輪藻類或水藻類。可各採入水瓶中。

所採植物。已滿胴卵。則不妨從上面輕壓之。唯在熱天。宜時時潮以水氣。或酌量情形。移於野冊壓搾之亦可。

歸家後直開胴卵。順次取出植物而另壓搾之。其器具及方法。記於第三節。

採集水面游泳之微生物。宜用專爲此而製之網該網以極緻密之絹製之。作圓形之囊。下部有橡皮底。其狀如大椀。以之數次擲於池面湖面或河水海水之表面汲水。每汲一次水。即通絹布而濾過。留其殘餘者於囊內椀形之橡皮底中。如是汲水十數次後。將囊底所儲之水。注入瓶內此水中含有數多游泳微生物。其中間有得以肉眼窺見者。如移至顯微鏡下檢之。則悉能識別之。如欲使此等微生物體。變爲定質。供後日研究之用。則須注十%之福爾謨亞勒弟海特於該水中。是時微生物悉死。沈積於水底。

第三節　壓搾器具

螺旋壓搾器（第五十四圖）　圖中(甲)(甲)係兩鐵棍周圍劃螺旋紋。嵌入(乙)横木之兩端。(丙)(丙)係小鐵環。內面有螺旋紋。令嵌入鐵棍之螺旋母。(丁)係手。嵌入(丙)之外圍。迴轉之使昇降。此器爲便攜帶起見鐵棍可以拔去。其長短之度。最普通者如左。

第五十四圖

螺旋壓搾器(甲)(甲)鐵棍(乙)(乙)横木
(丙)(丙)小鐵環(丁)手

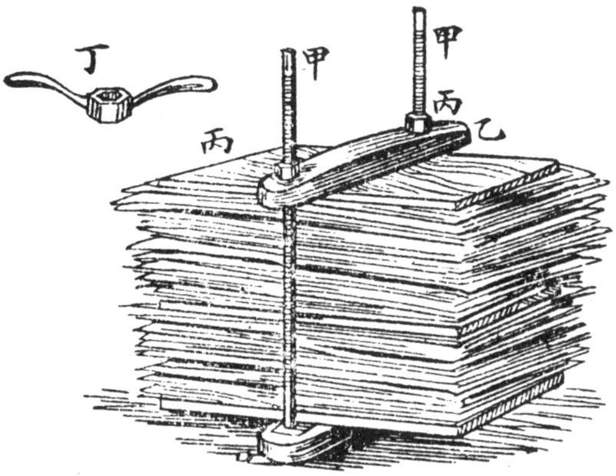

第五十五圖

通常壓搾法

第五十六圖

穿圓孔之板

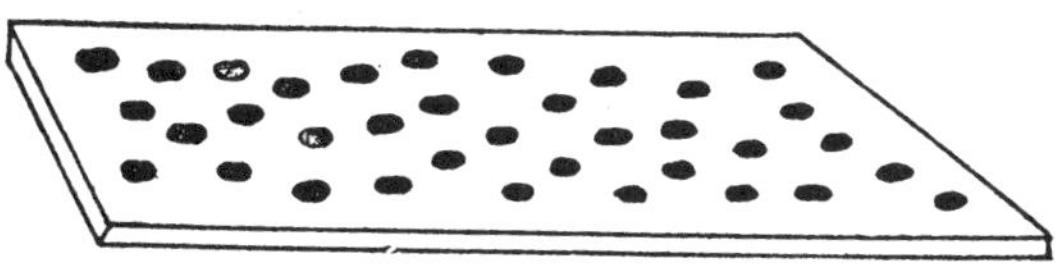

鐵棍長二尺。

橫木長一尺七寸五分。厚一寸。闊二寸三分。兩棍間之距離。一尺二寸五分。此亦視挾板之大小而異。

平常壓搾法（第五十五圖）　僅載重石於板上壓之。並不用前項之器具。

挾板　宜用六分板。長一尺五寸五分。闊一尺一寸五分。須具備數塊。如第五十六圖。板上各處。穿鑿無數圓孔。以通空氣。

包紙　用以包生植物。宜用塵紙。長一尺五寸。闊二尺或以新聞紙代之亦宜。

吸溼紙　長一尺五寸。闊一尺。須擇其紙質粗厚。能吸溼氣者。由歐美運來者。頗有佳品。否則用日本淺草紙數十枚併製成一張者。或用舊報紙數張併作一張者亦可。

第四節　壓搾法

挾板上、置吸溼紙一葉或數葉在其上、置包紙包植物、（第五十七圖）包紙之面。如有空處。則同時包數種植物亦可、但忌互相重疊。且須設法正花葉之位置。重複之部分。宜摘去。此際當留葉柄花梗少許。以存其着生之位置、每包當挾入單片。載明採集時日。及產地所在。且記明其花色香氣等、可備他日參考之事項。包紙之上。更載吸溼紙一葉或數葉、次於其上。又置包紙、包植物如前、每包紙廿餘張。夾入木板一塊。如前法積載、俟至適宜之厚。用螺旋器或重石壓搾之、移至日光下曬之。

第五十七圖

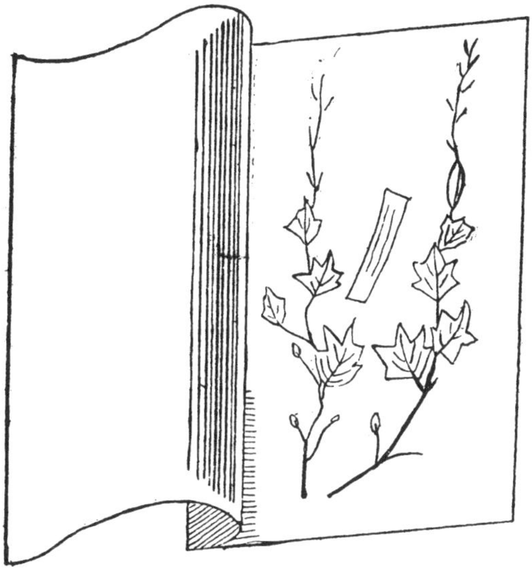

包生植物之圖

在起初一兩日間。每日調換吸溼紙數次。將已溼之吸溼紙取去。置入乾吸溼紙。當初次調換紙片之際。可將包紙一一展開。正其受壓搾之植物之位置。見有枝葉被壓而曲折者。卽一一伸直之。兩三日後。祇須每晨換紙一次足矣。俟葉片等已十分乾燥之後。卽名之曰腊葉。一一從包紙取出。以另紙包而藏之。如莎草科禾本科羊齒科等。乾燥極速。然此外多肉之植物。則乾燥甚緩。至如景天科薔薇科等。多漿植物。則在未施壓搾之前。當先投入沸湯一次。令其組織變爲柔輭。後卽重壓之。如百合等之莖。其肉較多。宜先縱剖之。去內部之肉質。然後壓搾。

松柏科中之落葉木。在未壓搾之前。當先炙之。用樹脂粘葉。然後施以輕壓。得免脫落。

如蘚類地衣類等。不必重壓。且其乾燥極迅速。植物腊葉。往往爲昆蟲所食。故須豫防。其最簡單之方法。用紙包樟腦或那弗沙林。

插入腊葉紙之間。然終莫如塗毒爲有效。卽混和左列二質。

三十五度酒精　　一立方糎

昇汞(鹽化水銀)　　一克

將其溶液。置瓶內密封之。瓶面明記毒藥二字。置一定之處。注意用之。用法。注此液少許於大皿。浸乾燥之腊葉。以刷毛或筆塗抹之。然後入於別紙包用別吸溼紙輕壓搾之。但專供此用之紙類。宜置別處。不可混用。

第五節　腊葉保存法

已塗毒而防害蟲之腊葉。可將各種。分別裝置於紙上。用紙及方法如次。

種紙　用堅牢滑澤純白之洋紙。平常長一尺四寸。闊一尺。

屬包　其紙質堅厚。當過於種紙。且須有强靱之性。而係灰色或茶褐色者。長一尺四寸五分。全闊三尺。折爲兩半。包被種紙。

紙牌　平常長三寸二分。闊一寸三分。

腊葉裝置法　如第五十八圖。將腊葉載於種紙適宜之位置。用塗阿刺伯樹膠之小紙片貼着。若僅貼於一定之位置。則每當重疊之際。勢將偏高於他處。故宜隨意貼在種紙之各處。凡有花葉之標品。能更貼載果實於其側則最佳。果實以小紙片包而貼之亦佳。且必須記採集之時日。羊齒類。必須將子囊着生之一面現出表面。又宜反折其葉片兩三葉以示他面。

第五十八圖

腊葉裝置法

第五十九圖

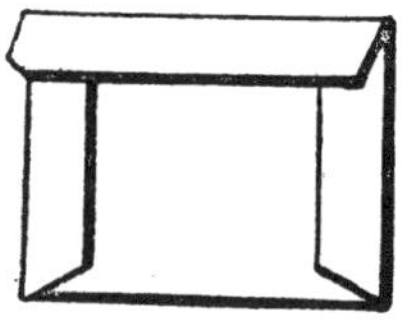

小包紙

小包紙　細微之蘚類。苔類。菌類。地衣類等。可將各種。分別入於如第五十九圖之小包紙中。即照此粘貼於種紙有時爲便宜計。而將二三包。粘貼於一種紙上。則每包紙表面。宜將種名產地採集年月等。一一記入。腊葉紙上。皆須貼紙牌。紙面記載學名普通名產地採集年月或採集人名。其書式如左。

腊葉保存法

(一)

Science College, Imperial University Japan.

理 科 大 學

Calamagrostis Matsumuræ Maxim.

小 野 青 茅

青森 *July 24, 1880.*

(二)

HERB. M. MIYOSHI.

三好學所藏腊葉

Chondradenia Yatabei Maxim.

鴟 蘭

Toki, Mino. *Sept. 2, 1883.*

(三)

EX COLL. M. MIYOSHI.

三 好 學 採 集

Sticta Miyoshiana J. Müller.

Ontake, Shinano. *Aug. 14, 1889.*

(一)係學校用。(二)係已一人用。(三)豫備與他之植物學家交換腊葉用之格式也。如此裝置之腊葉紙。可重疊之。將同屬者。插入一屬包中。(各種類過多。則可分爲二三屬包包之。)屬名記於屬包之下隅。而將科名。錄於屬包左側。

屬包整頓既妥。可藏腊葉箱或紙帖內。箱帖之形狀尺寸如左。

腊葉箱(大號)(第六十圖)　用櫸板製。裝門兩扇。內分左右中三部。每部闊一尺一寸五分。深一尺九寸。高五尺四寸五分。上下共設板片二十五層。每板相隔二寸五分。板片不釘固箱中。惟擱於兩邊之棧木上。能自由移動。箱之下面。設抽斗三個。高六寸五分。外面釘錠。以便握手。此係日本理科大學之腊葉箱之型式也。此箱宜置於校舍中寬大之室內。置入腊葉之次序。宜從左部最上層起。自是依次置入。板片前側。宜粘貼記載科名之紙片。以便易於尋覓。其一科之中。有無數之屬者。如菊科荳科禾本科等。則宜將

第六十圖

臘葉箱

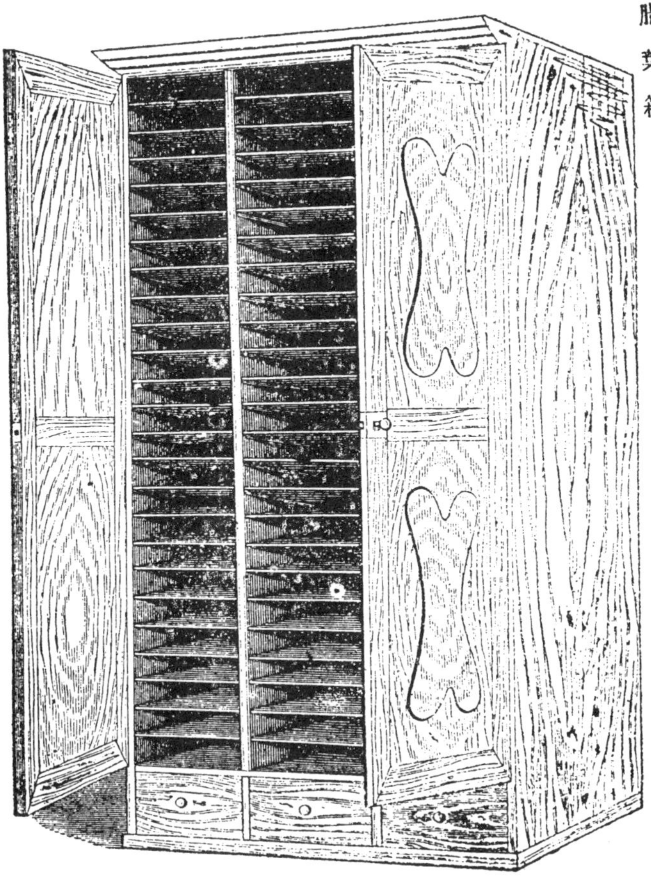

其屬名亦一一記於板片。

臘葉箱(小號)用銅板製。裝門兩扇。內分左右兩部。每部分爲三段。板片亦可移動。箱內高一尺八寸。每部闊一尺二寸五分。深一尺六寸。此式輕小。便於移帶。

紙帖(第六十一圖)　用厚紙製三面結紐。脊記科名。高一尺四寸五分。闊一尺二寸。脊闊二寸至五寸。此帖可駢列臘葉箱中之板片上存置之。植物腊葉既藏入箱中或帖中。則包無數樟腦或那弗沙林小包。挾入紙間。且時取出腊葉紙。檢其有害蟲否。

第六節　藻類標本製法

水藻有淡水產與鹹水產之別。淡水藻生於湖沼池澤之中。採之極易。至海產者。則產於深處。或漂於激浪。得之甚難。然亦得以適當之法採集之。每逢暴風激浪之後。若步行磯邊。則可拾得無數海藻。即被波浪帶上者也。藻類亦宜從其附着之部分。採取全體。形狀過大者。取其一部足矣。

水藻可採集於水瓶或水桶中。小者恐其失落。可一一以紙片包之。藏入器中。以便攜帶。

第六十一圖

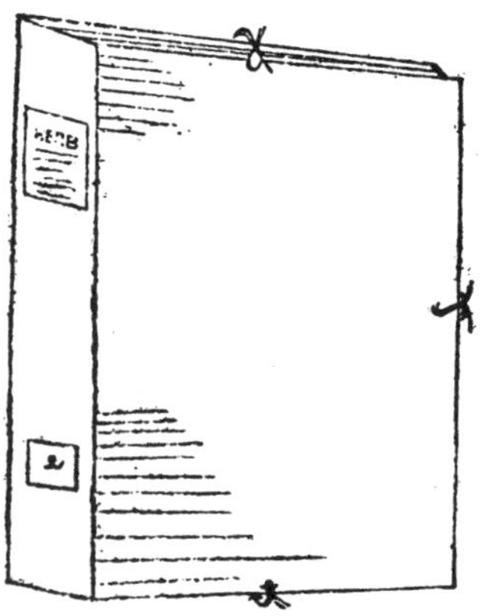

紙帖

水藻貼着紙、吸溼紙、挾板、等之形狀。質地。長短。如左。

水藻貼着紙　須用厚滑純白之西洋紙。裁作大小多種。藏之備用。但勿過大過小。

水藻吸溼紙　須用勃綠丁質之厚紙。平常長一尺五寸。闊八尺五分。此與陸產植物所用吸溼紙相異。又淡水藻與鹹水藻。必須分別其用紙。

水藻挾板　須較吸溼紙稍大。長一尺二寸。闊九寸。表面穿無數圓孔導水質之發散。

壓搾水藻之法。盛水（如海藻則用海水）於廣闊而淺之皿或盥中。將水藻之一部分。浮於水面。另取豫裁大小適宜之水藻貼着紙。從水下向上掬之。令水藻載於紙上。再撥正其位置及形狀。徐徐取出。暫置板上。去其殘餘之水質。次乃置吸溼紙於板上將粘着水藻之紙。載於吸溼紙之上。（苟無妨礙數枚並置亦可）其上蓋以白棉花之零塊薄片。然後置吸溼紙於其上。再置粘着水藻之紙於吸溼紙上。如此次第重疊。至適當之厚。置挾板壓搾之。（藻類中不粘着者。不必用此法。直接插入包紙壓搾可也。）當初數日間。每日須換吸溼紙三四次。俟乾燥後剝脫棉花。則祗見水藻密着紙面。而獲得甚美麗之標本。

用前法製成之標本。可連貼着紙。貼載於一定種紙上。另貼紙牌。記明其名稱產地採集年月日。然後包入屬包。藏入腊葉箱或紙帖內。

第七節　菌類標本製法

香蕈、青頭菌、之類。宜先貫柄而從中央縱斷。更斷菌傘之兩半。共成爲四片。如第六十二圖所示之位置。（一）示菌傘之背面。（二）示菌傘之裏面。（三）示菌柄之外面。（四）示其截斷面。載於厚洋紙上。用棉花塊蔽之。上置吸溼紙。順次重疊而壓搾之。俟其乾燥後。塗

第六十二圖

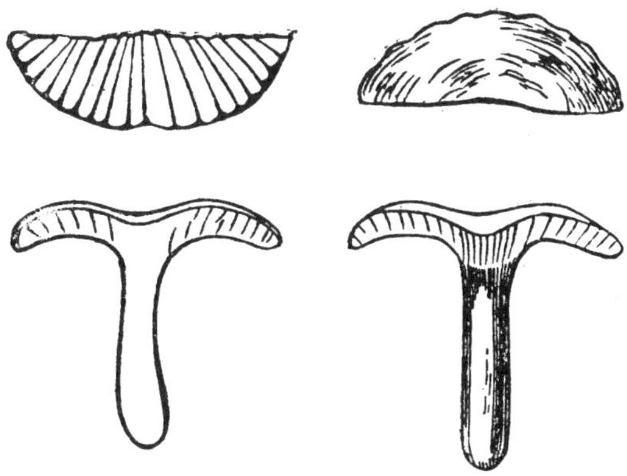

示製菌類標本之際切截之方法（一）菌傘表面（二）同裏面（三）菌柄之背面（四）同截斷面

抹前節所記之毒藥以防害蟲。然後連所粘着之紙。貼於種紙上。

如馬勃等種類。不必壓搾。聽其自然乾燥可也。

細微之菌類或寄生菌類。可入於包紙中。自是卽粘貼於種紙上。

欲保存菌類之全部。且照其生時之狀保存之。可置入盛酒精。或福爾謨亞勒弟海特之瓶內。而密封之。菌類無論用何法保存之。至後終必褪色或變色。故宜豫先描出其色澤。備後日之參考。

第六章　構設植物園法

校舍周圍。必須有植物園或植物花畦之設。此不但得採植物材料。供講義用及實驗用而已。且能向學生施實物示教。植物園之設計。因地勢地積。各有不同。難以一概言之。若地勢平坦面積有五六百坪以上。則園內宜造左列三種花畦。分種植物。

甲　分類花畦　乙　生態花畦　丙　有用花畦

以上三種花畦。當互相分離。各立區劃。大抵花畦。必應於地形。造爲適當之形。然務須設法區分爲幾個。各區劃各成爲圓形橢圓形長方形扇形菱形紋形等種種形式。以草作界線。其空隙間。作爲小徑。布以砂土。各區劃之大小。均宜適中。過大則反不便。大抵至直徑六七尺以內爲度。模仿如此種種之形式。不但於種植上添風致。且亦便於記憶。何項植物。在何形之區劃中。一索便得。

第一**分類花畦**　宜從一定之自然分類式（顯花植物部現今以本沙姆非克爾兩氏之法式爲佳）分種之。所種自然分料植物之數。雖視園之廣狹而定。然實際大抵不過選植主要之分科而已。

取其每科中之最著者。或普通之種類。栽植數種可矣。且草本類與喬木類不同。故宜將喬木類。另種他處。今舉顯花部中主要之自然分科如左。（花畦若小可再從中酌減）

毛茛科　木蘭科　罌粟科　十字科　堇菜科
石竹科　馬齒莧科　金絲桃科　厚皮香科　錦葵科
牻牛兒科　冬青科　衛矛科　鼠李科　葡萄科
無患樹科　漆樹科　荳科　薔薇科　虎耳草科
景天科　千屈菜科　柳葉菜科　葫蘆科　秋海棠科
繖形科　五加科　山茱萸科　忍冬科　茜草科
敗醬科　菊科　桔梗科　石南科　櫻草科
柿樹科　木犀科　龍膽科　紫草科　旋花科
茄科　玄參科　狸藻科　胡麻科　水蓑衣科
馬鞭草科　脣形科　車前科　莧科　蓼科

商陸科　蓼科　馬兜鈴科　樟科　瑞香科
胡頽子科　槲寄生科　大戟科　蕁痲科　胡桃科
殼斗科　楊柳科　聚藻科　松柏科　鳳尾蕉科
水鼈科　蘭科　薑科　鳶尾科　石蒜科
薯蕷科　百合科　鴨跖草科　燈心草科　棕櫚科
香蒲科　天南星科　品藻苔科　澤瀉科　眼子菜科
穀精草科　莎草科　禾木科

隱花植物中。生於陰地或溼地者其種類居多。故不種於花畦內。當另造一適宜之聚落。夾雜種之。例如在園隅之陰地。堆積假山。導水以潤土石。令於其間着生種種之羊齒類、木賊類、卷柏類、蘚類、苔類。又於巖窟之近傍、造一小池、池中種植水生羊齒、蘋類、水生石松類、水生苔類、及種種水藻類等。

第二生態花畦　此乃專以表示植物生態學之實例。最足使學者有趣味者也。今姑舉生態學上最著之條目如左。

(一)由培養而生之變種。及其原種。

(二)種種之受粉法。(蟲媒花風媒花水媒花等)

(三)纏繞植物及攀緣植物。

(四)寄生植物。(有顯花寄生植物。隱花寄生植物。而以菌類爲大宗。)

(五)植物防禦機官。(刺、針、刺毛、剛毛等。)

(六)肉食植物。

(七)種子果實散布法。(食用種子及果實。風媒種子及果實。水媒種子及果實。迸果。粘着種子及果實等。)

(八)葉片運動植物。(就眠植物。觸接刺擊。感應植物等。)

(九)水生植物。(浮水植物。沈水植物。)

(十)植物之變態。(複瓣花、斑葉、細裂葉、密束枝等。)

以上各項。各選適當之實例植物。聚種一團最宜。

第三有用花畦　有用植物。分爲左之數項。每項選數例分植之。此花畦之配列法。一如分類花畦可也。

(一)食用植物。(全部食用。葉之食用。葉柄之食用。莖之食用。幼芽之食用。根之食用。果實之食用。種子之實用等。)

(二)藥用植物。(無毒有毒等。)

(三)工業植物。(染料植物。纖維植物。漆汁植物。木拴植物。蠟植物等。)

(四)園藝植物。(花卉盆栽等。)

(五)木材植物。(建築用製器用等。)

以上三種花畦。各樹一大標牌。於標牌上。大書某某花畦。另又建一大小適中之標牌。將自然分科。或生態上之分類。與有用植物之分類等。一一記明。次又於每一植物樹一小標牌。記明臘丁名和名漢名。或並記及產地。在生態花畦每一植物。更宜略記其顯著特性之要領。例如該花畦中**肉食植物**之實例毛氈苔。其標牌上。應記載如左字樣。

> *Drosera rotundifolia L.*
> 毛氈苔
> 生態花畦
> 肉食植物
> 生於山野溼地
> 葉有粘毛小蟲類觸之則毛端捲屈包蟲體而捕獲之
> （產地）
> 本國及世界各國

標牌。皆以木質或金屬板製之。表裏均塗白漆。書黑色文字於其上。但標牌之首行。宜用別色書寫。較顯明。例如毛氈苔之標牌上。生態花畦四字。書作藍色。而肉食植物四字。書作朱色。

花畦之外。暖室亦不可少。暖室之構造形式種類不一。因之其建設費。亦甚有多寡之別。苟不得已。不能造完全之暖室。則造普通之玻璃室亦可。此室亦有多種。然論其大概。無非造向南之室。塞其向北一方。正面玻璃窗須傾斜。以期易受日光。夜間以菰蔽覆之。或天氣過冷。於室內燃炭火煤油暖爐等亦佳。

暖室內。宜特設溼地植物培養處、其最簡方法。卽區劃暖室之一部。造一大玻璃匣。匣內置水霧噴散器、放散水氣、絡續不絕、如不設該器、僅貯水於匣內。因賴水面之蒸發。令匣內之大氣勿過乾燥亦可。

暖室之外。寒室亦不可少。是爲培植寒國植物或高山植物之處、室宜向北。防日光與日熱之侵入。愈冷愈宜。

CHINESE MIDDLE SCHOOL
PRACTICAL BOTANY
COMMERCIAL PRESS, LTD.

宣統三年二月初版

（實驗植物學教科書一冊）
（每冊定價大洋伍角）

譯述者 山陰杜亞泉

校訂者 侯官陳學郢

發行者 商務印書館

印刷所 上海北河南路北首寶山路 商務印書館

總發行所 上海四馬路中市 商務印書館

分售處 京師 奉天 龍江 天津 濟南 開封 太原 西安 成都 重慶 瀘州 長沙 常德 漢口 南昌 蕪湖 杭州 福州 廣州 潮州 商務印書分館

六三九三

行

是書爲[illegible]

春之森林 出原曰家 沽省論動 用曰植物 有用動植 物爲主而 凡分十四 器具曰人 界之現象

網羅物理[illegible]生理學名材料而以實用的主義敍述之兩編皆材料豐富

理論新穎最足饜敎師之取求可省其博涉羣書之勞雖謂爲敎師之敎師可也

第九百六十一號

動物學新編一卷

〔美〕潘雅麗撰

《動物學新編》一卷，美國潘雅麗撰。潘雅麗（Alice S. Parker），美國監理公會傳教士潘慎文（Alvin Pierson Parker）夫人，曾任教於蘇州博習書院，夫婦合作編譯西學教科書數種，此爲其中一種。自序稱「是書余於課餘擇中外諸書中，取其意義之顯豁呈露者，筆之於書。日積月累，已不覺五閱寒暑，而始彙成一編。求其明白曉暢，宜於初學」，「其精奥深賾則未敢言」。書分五十一章，附論三篇，有插圖三百九十六幅及中英文名詞對照表。簡述有脊骨動物、鳥類、蛇類、昆蟲類、輭體類動物等特徵、習性。據天津圖書館藏清光緒十九年（一八九三）上海美華書館排印本影印。

耶穌降世一千八百九十三年

美國潘雅麗撰

動物學新編

大清光緒十九年歲次癸巳

上海美華書館擺印

益智書會
校訂藏版

序

嘗謂攷究萬物、必先明晰上帝之事、上帝傳與世人之書、已有兩種、閱上帝所傳聖經、卽可知上帝之道、視萬物攷據之書、更可見上帝之權能、以動物一端而言、知世所有之物、斷不能較人之至尊貴而可等於人者、蓋人處萬物之中、與上帝最切近、茲參攷動物、明乎物各有其本眞、必攷其本眞之確有可據、毫髮無遺憾、而攷據乃可恃、凡聊齋等書云、虎變人、人變虎、狐空中吸物爲患、諸奇異怪幻之事、荒誕無稽之談、均可删除、以攷稽破千古之疑團、雖中國亦有論及動物諸書、但此種書、或得之傳聞失實、未見眞切確據、遂相沿成習以致誤者有之、復加以好古者不能潛心參究、叩以禽獸種類與形狀若何、彼僅執浮光掠影之書以自命、豈知誤人適以自誤、於是失之毫釐、差以千里、所以有盡信書、不如無書之歎乎、泰西諸大國、均有各等博物院、動物園、其院設自朝廷、其帑頒自內府、特遣大員主其事、又派員往諸大洲萬國搜羅各種靈禽異獸諸動物、不惜重價收至本國、置動物園中以豢養之、見其動作入息飲啄飛鳴、其親切鑿鑿可據、以資攷證之眞、若博物院中、乃以禽獸之已死者、剝其皮以硝之、復以木屑等物實其中、使形質充滿、無異生動、即置之博物院、以供人之參攷觀瞻、除國家動物園博物院外、另有格致家自備行囊糗糧、四出遠遊、經歷名山大川、凡飛潛動植中一物一名之微、亦無不竭盡心力、以探其本原、必期登峰造極而後已、然是書爲學塾所需起見、僅摭拾其大旨、其精奥深賾、則未敢言、至動物之分門別類頗多、惟於各種中特舉一種、以爲學者之標準、學者苟深思遠慮、則可觸類旁通、由此及彼、務體舉一反三之意、且閱是書知種類各有專歸、異日遇禽獸、始知何名、應列入何種類、庶不致張冠李戴、是書余於課餘擇中外諸書中取其意義之顯豁呈露者筆之於書、日積月累、已不覺五閱寒暑、而始彙成一編、求其明白曉暢、宜於初學、且學徒益智會中有需於此、故公諸同好、非敢出而問世、或者千慮一得也、不揣固陋、爰贅數語云、

光緒十九年暮春之月潘雅麗顧氏識於苕溪之博習書院

動物學新編目録卷一

附論

動物學新編卷一

蘇城潘雅麗撰

第一章總論

嘗攷上帝所創造之物甚衆多、分爲三等、卽三類、一動物類、如人以及飛禽走獸鱗介蟲豸等、能行走、并自知覓食、二植物類、如花草樹木諸物、可以呼吸靈氣、特不能行動、三定物類、如金銀銅鐵錫煤石、一切定質之物、今考動物一類、知動物中之至靈者、莫過於人、然人判智愚、詳細參稽、尤足令人起興、因其中主宰之奇妙迴非世俗庸常之意也、（見約百記十二章七至十節）今試問諸獸、彼將教爾、問天空之鳥、彼將告爾兮。言於地、彼亦將教爾。海之魚將述之於爾兮。由此等衆、誰不知此皆爲耶和華之手所作乎。夫在其手、有諸活物之氣、與諸人之靈兮。其動物分四類、一體具脊骨者、二體形圜節者、三體質柔輭者、四植物形體者、

第二章論有脊骨動物

凡動物脊骨之支派中有骨架、如保衛臟以成肢體者、骨之外有柔輭皮、背有骨柱一根、乃幾許小骨次第接成、中有一大管、脊腦充實管中、屬此者、卽人及禽獸鱗蟲、脊骨皆一、雖然、彼所分者兩部、一熱血、二冷血、熱血則常熱、不以天時而變易、冷血則不然、譬諸魚在水、隨水之冷熱而變易矣、熱血又分兩小部、一胎生乳哺者、卽西國名馬馬利亞是也、肺畢具、用以通呼吸、其心分四房、令紅紫血各不相混、二卵生羽屬者、乳哺又分五類、一有手足者爲人類、二有四手者爲猿類、三有兩翼者爲蝙蝠類、四有四足者爲馬牛象類、五無手足者爲鯨魚類、

第三章論兩手之一類

我先參考有兩手者、卽是人、人分五族、一高嘎西亞族、居亞美利

1

THE LEMURS IN THE BERLIN ZOOLOGICAL GARDEN.

利摩

2

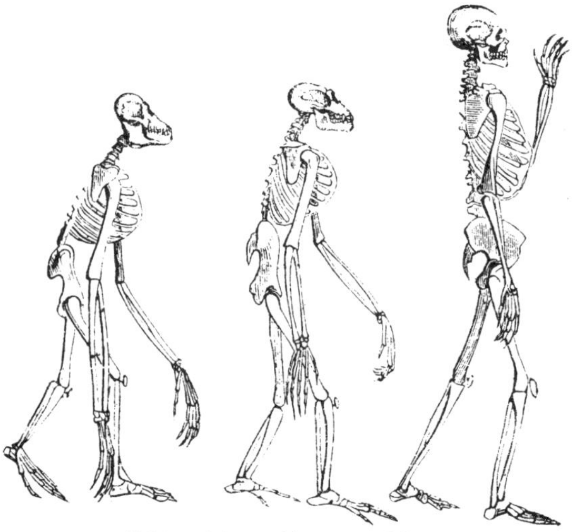

Skeletons of Orang, Chimpanzee, and Man.

一圖 人猴之骨式

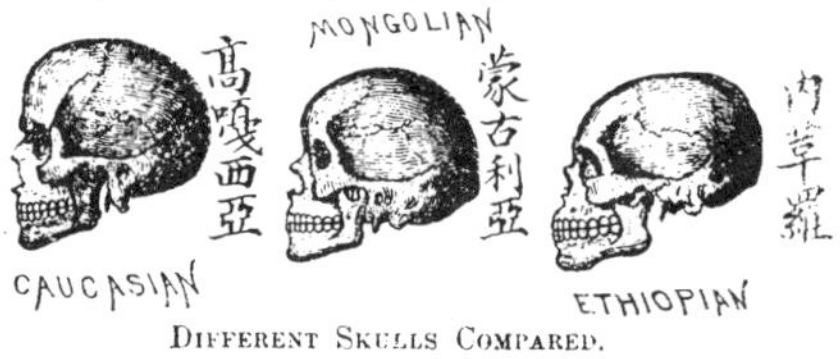

DIFFERENT SKULLS COMPARED.

二圖 人頭骨式

TYPES OF THE CAUCASIAN RACE.

斯波 尼利希 干菲亞 英 伯拉亞 古拉馬

三圖 高嘎西亞族各國人式

支派族部小部科屬類種	
支派	有脊骨
族	熱血
部	乳哺
小部	有兩手
科屬類	人
種	高嘎西亞 蒙古利亞 內革羅 瑪雷 印第安

加洲、以及歐羅巴亞西亞各洲之西邊境、彼處人面白鼻高目色有藍有黑髮有黃有黑見第三圖二蒙古利亞族、居亞西亞洲之東邊境彼處人面雜黑白目色黑而斜、髮色黑而直、三內革羅族、居亞非利加洲、彼處人面黑鼻平而且闊、唇厚髮黑短而又卷曲、四瑪雷族、居太平洋諸海島中、彼處人面似櫻色、口與鼻均闊、目黑髮黑而直、額狹而小、五印第安族、卽居亞美利加大洲之土人、彼處人面如紫銅色、髮亦黑而直、兩顴高而目深、雖五族形色大相懸殊、但世人五官肢體骨肉則一、且齒牙亦俱有兩種、一種脫復生一種、推之疾病喜怒哀樂嗜好、愛惡更無不同、故觀一人之身、可以知普天下人之身、聖書云、上帝自一脈生民於世、直至萬國九州四極、是以孔子云、四海之內、

皆兄弟也、譬諸大清暨日本、同是蒙古利亞一族人、而兩國之分辨、顯而易見、極而言之、由一人而一家、一家中父子兄弟之容貌、均無大異矣、及徐觀之、仍因同而見異、所以斯世終無二人如一人之相肖者、非上帝之大權能、曷克臻此、（見詩篇一百三十九篇十四至十六節）我祝謝爾、因我之被造元妙異常、爾不作爲奇異、此乃我之靈所誠知兮。我被造於暗處、被聯絡於地之深淵、時我之形體無隱乎爾兮、我猶爲胚、而爾目已鑒之、我之日未成其一、悉乃已定、皆錄於爾之策兮、

第四章論人與他動物之較

上帝所造諸活物中、以人最爲奇妙、且至尊貴、居斯世三才之中、駕萬物之上、（見創世記一章二十六至三十一節）上帝曰、我儕宜造人肖我儕之像、俾治海魚、飛鳥、牲畜、亦治乎地及匍地昆蟲。上帝乃依己像造人、

造之肖上帝之像、且造之男女焉、上帝祝之、又謂之曰、生育衆多、滿盈於地、爾克治之、並治海魚飛鳥及地上有生諸動物。上帝曰、視哉、遍地結蓏之蔬、懷核之樹果、我賜爾以爲食。至於地之獸、天空之鳥、及匍地諸生物、則賜以青草爲食、於是有如此、上帝觀所造者甚善、有夕有朝、是乃六日。人與動物從何處分別、細考之約有二十一條、

一禽獸但能呌、人則可以言語、如家畜一狗、或喜悅、或痛苦、俱在聲音中流露、鸚䳇能效人言、彼不過習人之音以言、究不自知其意、非若人之心領神會、樂而解頤、能盡達心中之意、

二山深林密之處、禽獸雖知營巢以居、築穴以處、何若人之上棟下宇、興建房屋、視彼營巢築穴時、亦具巧妙、乃歲仍其舊、別無新法、較人之以思慮推陳出新、能令外觀美而適志、其相去詎可同

日而語哉、
三泛論禽獸、或於一事上用力、較勝於人、然人力有時不逮者、時假物力、時假機器力、以助己力、卽不逮者亦能逮、茍有一象能負木料等至重之物、人必設法可較象更重、鷹目視遠勝人、而人以千里鏡望之、且明而倍遠、猫犬之耳甚聰、而人通以電線德律風、雖至遠而仍聰、良馬之力能逐電追風矣、而火輪舟火輪車、可瞬息千里、無遠而勿屆、
四凡動植諸物、禽獸視之、亦第粗識其形似、焉能悉得其深細、而人則逐物逐事、潛心體察、故能洞悉其中之至理、
五禽獸雖亦有伴侶、豈若人之同心合力、能爲諸事、且或當兵丁、或爲農夫、聚則臨陳交鋒、深耕易耨、至能開拓疆域、收斂豐盈、均各成其事、設禽獸如人之舉動、非較勝於人乎、

六靑黃赤白黑諸顏色、禽獸雖然能辨、究昧於愛惜之意、何如人之見顏色而喜悅、不特愛惜之、并珍重之、凡屬畫圖花卉俱玩賞不置、

七觀散處之禽獸、其眠食頗有相讓之意、蓋似讓而實非讓也、原其故不過强者勝、弱者怯、以視乎人、並非廹於勢之强弱而讓、凡事循禮而行、是循規蹈矩之讓、一秉乎禮也、譬諸年富力强者、自應敬老慈幼、王政斑白者不負戴於道路、卽此意也、

八世之禽獸、皆能應候也、如犬守夜、雞司晨、非雞犬之眞能知時、亦不過率其天性而已、至防盜賊以嚴門戶、造鐘表以定時刻、夫豈雞犬所能爲哉、

九凡禽獸恆聽人之指示、以供使令之事、如狗之看守駱駝、照顧羊羣、以及打米、牛馬之駕車、均不外人所教導者、抑知人卽處至

難事、一經名師傳授、深以格致、或因此而識彼、或舉一而反三、能會悟諸法、卽可有爲以成萬事、

十第卽畏懼喜怒愛惡歡樂外著者而言禽獸似與人相去幾希、如畏懼則形逃避、怒與惡則遠離伴侶、喜愛則見其成羣歡樂則露其本性、狗之搖尾乞憐、小羊小馬之奔逐跳舞皆是也、然人有畏懼能設法以免之、有歡樂能令歡樂至永久不竭、

十一如論禽獸之食性、俱各別不同、譬諸有果一種、此處禽獸可食、他處禽獸不能食、遷地卽形匃艮、人則何至若此、任意去來遷徙、所居不問何地、到處皆成樂土、

十二禽獸有疾、亦知採取藥草以食之、但身患腐潰、或遇損傷、以及耳目之症、齒落足折、卽無法以治、何如人用眼鏡以濟目力、亞提風以助耳聽、（卽新創助聾者之器皿）鑲假齒牙以便嚼物、雕裝木手足以

佐運動、無論內外之症、均有治法、非無意外之虞乎、

十三卽就馬之走郵遞差使者、事畢一一能回本馬號、鴿之遠放者、亦能認小旗以回原鴿窠、且能帶書、知禽獸中非全無記性者、若人則不僅如是、凡其所已爲者、所見所聞者、書之曾經讀過者、俱各了然於心、不令偶有遺忘、

十四禽獸喜向下視地、人則恆望上蒼、（上蒼卽天也）是向上之意、天地上下顯判者、且人之容貌、舉止行動、其外觀豈得與禽獸相提而並論哉、

十五凡人作事、皆倚左右兩手、至論禽獸中之猴子、雖似有手、設遇物之大或小、應如何把握得定、應如何放寬得法、安能如人之輕重得宜、圓轉便捷、以如志歟、

十六如有母雞一、哺雞子二十枚、人隨意抽去雞子、雞母竟不覺

其多少、或有母猫一、產小猫五頭、人卽乘間攜去兩三頭、彼亦茫然、以雞與猫均不知算數也、於此見人及禽獸、不待言而見異、

十七論人遇適性陶情之樂境、必撫掌解頤以形其至樂、卽人而較禽獸、禽獸其果能如是耶、

十八凡世人均有好善惡惡、去非就是之心、惟禽獸之供人使令、不敢倔強者、非禽獸之果能分善惡、別是非也、其故實不外懼遭人之鞭撻、乃不致時時敗事、豈若人之本性、卽能分別善惡是非之旨乎、

十九禽獸但知人而不知上帝、人則既知有身、必知究其本原、定有賦我之性、以成我形體之上帝者、且人必知上帝自然而然者、

二十禽獸僅顧目前、不知後來之事、宜未雨而綢繆、不然、人何以積儲物產、以備老來時身後之需、且定知去世以後、必有審問之

事也、

二十一 凡世之禽獸、第具靈性而不具靈魂、所以死後卽歸烏有、獨至人則不然、甫生時卽具永生不滅之靈魂、且同處萬物之中、而人推爲萬物之靈、故人至尊貴、旣知尊貴、本性卽應養性修德、以徼我上帝永生之福、其中上帝早剖明區別之途一條、雖世之至愚魯至低微之人、莫不較勝於至聰明之禽獸、其懸殊顯然、霄壤焉、見創世記九章二節 地之諸獸、飛鳥行地庶物、暨諸海魚、我悉付爾手、使之懾伏於爾、又詩篇八篇 耶和華我儕之上帝歟、美哉爾名、徧於全地兮、爾榮光施於天之上矣。爾以敵故、由赤子與哺乳者之口建興人力、俾敵與復仇者緘其口焉、我觀爾之天、爾指所造兮、觀月與星爾設兮、則世之人爲誰、致爾念之乎、人之子爲誰、致爾顧之乎。爾使之遜於天使、且冠之以尊以榮、又使之治爾手之所造者、爾服萬物於其足下兮。若諸羊諸牛、與田之獸。天空之鳥、海中之魚及通行海道之百物兮。耶和華我儕之上帝歟、美哉爾名、徧於全地兮。

第五章論四手之一部

猴之肢雖名四手、實手足無甚大區別、蓋其手不能以拇指攀援

支派	有脊骨
族部	熱血
部	乳哺
小部	有四手
科	
屬	
類	猴
種	伸般西、歌利拉、烏拉蕩、長肱烏猴、長鼻猴、長尾猴、巴笨、大猴、攀猴、雄聲猴、馬摩西、利摩、遲羅利

樹枝、緣拇指短不能與他指相接、奚能如人手之靈巧、彼第以四手緊握樹枝、蹲在樹間、其體肖人而難於直立其首較人長而扁、其口大。產東西二半球之猴、各有不同。產東半球者、其猴無尾、其臂有堅勁皮一處、如人之坐墊然、其鼻孔向下如人鼻、伸般西見第六圖、產亞非利加洲、蓋猴本肖人形、而伸般西一種、

3

四圖 歌利拉

Trog lo dy tēs go ril' la. Gorilla. ($\frac{1}{12}$.)

六圖 伸般西

Trog lo dȳ' tēs nī' ger. Chimpanzee.

五圖 長尾猴

Sem no pith ē cus en těl' lus. Sacred **Monkey.** ($\frac{1}{16}$.)

七圖　馬摩西

Hăp' ă le jăc' chus.　Marmoset.

八圖　大猴

Fig 274.—MANDRILL

九圖　長鼻猴

Sem no pĭth' ē cus na' sĭ ca.
Proboscis Monkey.　After Hornaday.

十圖　攀猴

Lō' ris grac' i lis.　Graceful Loris.

十一圖　南亞美利加洲之猴過河式

諸猴皆以其尾相接而躍

Group of Monkeys.

更與人酷肖、見第一圖、身長五尺、絕有力、有時成羣結隊、出與獅象爭鬭、恆克之、平時食果居樹、兩耳圓大、口闊鼻平、毛粗長而黑、面有毛、眉毛睫毛尾均無。一日獵得一小者、其母即來向獵戶求哭、獵戶憐而還之、即時歡樂、儼若人之母愛小兒然、獵戶云、我自今以往、決不再獵此物、如再獵此物、幾與害人無異矣、

歌利拉見第四圖、乃猴中之至大者、其長亦有六尺、產亞非利加洲、且至猛難以馴養、其出也並不結隊成羣、如伸般西、有時排對出、有時獨自出、其窠或在地、或在石洞中、能上升樹、其行走不用足掌、而僅用足掌之邊、

烏拉蕩見第一圖、一名林中老人、肱長過身、直立則手垂地、身長四五尺、性情溫和、毛色紅、恆宿樹間、非飲水不輕下樹、產蘇門答臘與波羅島、亦甚智、人教之食物用刀叉、飲茗用杯子、俱能、但非

強使之終不應肖人形、如人之舉止行動、終不能言語、詳論其性、不及犬之靈巧、可供人使令也曾有一輪舟子蓄大小數頭、水手等均樂與之游戲、舟中尚有小者數頭大者亦喜爲之戲、他日大者見舟主人戲其小者、不禁頓起忌、越日彼將兩小頭竟擲於海、僅存一小頭、復堅執之、乃攜白漆一桶、以漆徧體塗之、或人見呼之、彼卽逃至桅頂、直俟三日、幾餓斃而始下、

長肱烏猴、產南亞非利加、其身甚細、其肱至長、恆在樹間、能跳躍至二十尺之遠、

長鼻猴、見第九圖、產婆羅海島、其鼻甚柔輭、長六寸許、尾長、性情猛而不馴、

長尾猴、面微黃、項毛較長、而尾亦甚長、特手不能緊握樹枝、產印度國、國人尊之若聖、或在居民中竊毀食用物件、非特民不敢驅

撻之且禁人之驅逐以家有猴即爲福亦爲之建立醫院云

巴第產亞非利加彼乃猴中之至猛者其首肖犬兩腮具囊可藏食物其臂有堅勁紅皮一處居山之石洞中人或惹之撻之彼即拾石子以擲斃人

大猴見第八圖形似巴笨惟身大而尾小性甚猛人皆畏之其兩腮大而且黃鼻紅面與臂均有五色皮鬚髯亦黃身灰色產亞非利加之西邊境

攀猴見第十一圖產亞美利加洲身大鼻管亦闊大尾小肢長其拇指不能運動恆在樹間善去來跳每跳可及五十尺之遠較其他諸猴尤爲輕捷活動或用尾圈轉緊縛之以代手力兩腮具囊可藏物人樂與之游玩向者南亞美利加有一事可考證愈以見猴之智時有多人教猴爲優人乃攜猴出演戲文曾遇盜於中途

物件刧掠一空、人獸均被殺、埋之地、而巨盜遁、時幸遺一猴、逃之樹、蹲樹片晌、有乘車者、道經樹旁、猴卽下樹、跪拜車前、求人下車、人於是隨猴而行、行至一處、猴乃爪地、土出屍骸、以示人、始知巨盜謀財害命之顛末、人遂乘車進城、以白當道者、立命幹捕、不遺餘力、拿獲巨盜、明正典刑、案由是淸、時乘車者急於進城、竟忘其猴、詎猴已跨車圜上、同進城矣、後此人不勝珍重之、緣猴自古及今、人所歡愛者、（見舊約列王紀畧上十章二十二節）王有大失舟一陣、與希蘭舟一陣、偕行於海。斯大失舟之羣陣、載金銀、象牙、猢猻、（猴一名猢猻）孔雀、三年一次運歸。

雄聲猴聲大如雷、較百獸之聲尤甚、居南亞美利加之印第安人、恆食其肉、

馬摩西見第七圖、與猴形參半、但身小、僅六寸許、尾長、毛鬆散、又

肖松鼠、外觀甚美、人喜家養、其拇指不能運動、食指肖人、其餘則三爪、產南亞美利加洲、

利摩、形如猿、身大尾長而鬆散、其色黑牝者間有白點、日喜睡、夜出覓食、產馬達嘎斯嘎海島、該處僅有此種、

遲羅利見第十圖、與利摩相似、其形美而可觀、日宿樹間、夜出覓鳥爲食、緣其去來行走、無聲可聽、故人稱之曰鬼、在西倫海島、

第六章論有兩翼之小部

斯世物之至奇者、莫如蝙蝠、身肖鼠、有翼可飛、其骨與人相等、見第十四圖、雖翼不同、而張時一若人之手足、翼係薄皮、自毛及尾、張滿時又肖織、亦肖綱、不能地行、翼無毛、輕而利飛、日宿敗屋與凡幽靜處、睡熟時以兩後爪勾之、或樹枝、或椽子、有時以大

文派	有脊骨
族	熱血
部	乳哺
小部	有兩翼
科	
屬	
類	蝙蝠
種	蝙蝠、食血蝙蝠、飛利摩、飛狐狸

拇爪掛墻上、其首倒垂、勿爲窠、至夜則出覓食、其子執母胸、母以尾皮護其子、其目眊、耳眉齒捷毫畢具、耳甚聰、卽深夜能出入黑暗曲洞中、不爲兩旁阻礙、人遇之則避、彼未嘗避人、而自能不遇人、故飛時善捕蟲、蝙蝠共有八十種、其至小者、翼張時約寬四寸、至大者、翼有五尺許、見第十二圖、尾有無不一、俟交冬令、恆蟄藏不食、

食血蝙蝠、見第十三圖、乘人畜酣睡時、卽於人畜之耳際及腿足上吸飲其血、產南亞美利加、

飛利摩、狀如利摩、其身之大小若松鼠、兩翼與蝙蝠相類、

飛狐狸、產加拉巴海島、推蝙蝠中之巨擘者、翼張時長盈五尺、食果宿樹、甚肖猴、目睛大小、其首則儼然狐首、

習問

十二圖 狐首蝙蝠

十三圖 食血蝙蝠

THE VAMPIRE BAT. *Vampyrus spectrum.*

十四圖 蝙蝠骨式

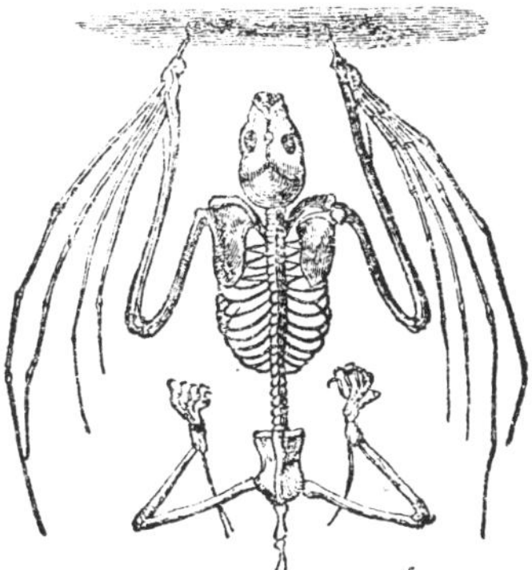

Fig. 20.—Skeleton of the Bat.

G

Fē'lis do mes'ti ca. Cat.

十六圖猫

Fē'lis lē'o. Lion.

十五圖獅

Fig. 30.—Egyptian Ichneumon.

十七圖法老鼠

Fē'lis tī'gris. Tiger.

二十圖虎

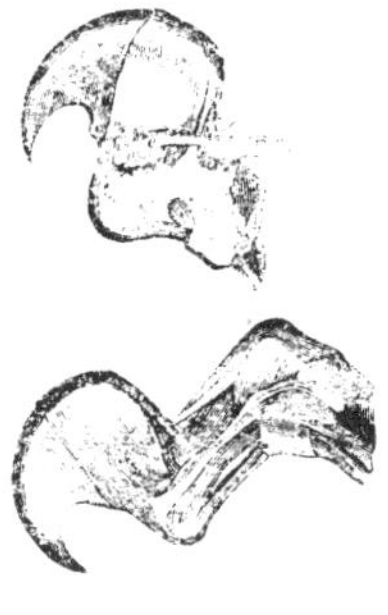

1, Claws Sheathed.
2, Claws Extended.

十八圖猫族爪式

—Leopard.

二十一圖豹

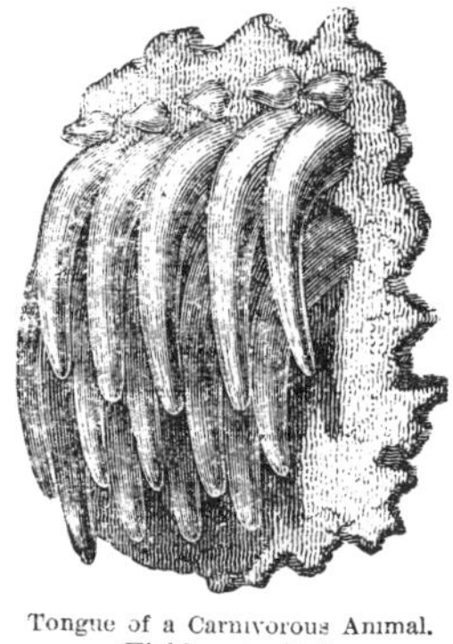

Tongue of a Carnivorous Animal.
(Highly magnified.)

十九圖猫族舌之顯大式

問○上帝所造之物分幾類○何者是動物類○何者是植物類○何者是定物類○動物分幾支派○有脊骨者何○何物屬此支派○有脊骨者分幾部○熱血何解○冷血何解○熱血又分幾小部○馬馬利亞是何意○乳哺又分幾部○動物何爲貴○何故○請言人勝獸處○獸所專者何○究竟如何○人與禽獸之靈性相同否○論動物約百記書中所記者何○何者動物有兩手○人類又分幾族○高嘎西亞族面貌若何○蒙古利亞族面貌若何○內革羅族面貌若何○瑪雷族面貌若何○印第安族面貌若何○何以見人從一脈血氣所生○何處相同○蒙古利亞俱一律否○誰屬蒙古利亞○大清及日本人何別○世有二人之面貌如一人否○論人之權聖書云何○人與他動物從何處定區別○四手一部是何者○人猴有何相同處○有何不同處○其手能否同人手之靈○其身與人無異否○其首如何○猴有幾種○在東西兩半球者有何別○何種肖人○伸般西如何○其形色如何○教之何事能類人○如何形其不忍心○如何形其忌心○何者可以馴養於家○烏拉蕩如何○印度人覗猴如何○猴何種性猛○所食何物○南亞美利加之猴如何○如何形其聰明心○小猴何名○利摩何別○蝙蝠何形色○可名鳥否○其身何肖○何居○如何顧其子○如何睡○目皮睫毫如何○目如何○耳如何○出入曲洞中兩旁遇有阻礙否○飛時將何者攫物○攫何者爲食○其尾皮與何者相似○行地利否○蝙蝠有幾種○至小者其翼幾何寬○至大者其翼幾何寬○何者爲大○產於何處

第七章論四足之一部猫類

四足分兩種、一有爪、一有蹄、有爪者分五類、一食肉、二食蟲、三能

支派	有脊骨
族	熱血
部	乳哺
小部	有四足
科	有爪
屬	食肉
類	貓
種	獅、虎、豹、香狸、法老鼠、貓、野貓、布馬

齦、四無齒牙、五有袋食肉者又分貓、狗、黃狼、熊、海狗、數族、其齒牙尖長舌粗如毛刷、故善能嚙盡骨上之肉屑、見第十九圖、并克餂刷身毛令光潤、貓族身瘦而有力、足短而善跳躍、掌輭而有毛、故走無聲、爪可伸縮、見十八圖、攫物、目且晝夜明而視遠、鬚亦知覺、偶有細小微物觸其耳、耳卽動、耳前後皆可向、聽甚聰、

獅見十五圖、乃貓種至大之獸、產亞非利加洲、及印度國、身長七尺、高四尺、大首、首毛密而長、渾身深黃色、緣身居沙地、其色肖沙、所以避敵、絕有力、其捕牛也、一若貓之捕鼠、惟其猛、百獸俱慴伏、故稱獸王、其吼則聲如雷、怒時能運力於尾、作左右擺搖、牝者首

尾毛較短。猛力亞於牡者。其子游戲時。奔走跳舞酷似猫。人或乘其小時捕之。馴養於家固屬無妨。其所宜愼者。勿使畧嘗生人血。苟偶一沾嘗。猛性卽發。人且供其咀嚼矣。若馴養家獅。能形其不忍之心。如主人不在側。卽不食而有憂狀。某園有一獅。他日有人投以小犬一頭。置獅籠中。犬戰慄而避於籠隅。其獅非但不傷食小犬。復愛護之。幷以己足加小犬首。主人給獅肉食。獅恆讓小犬先食。每日如是。無何。小犬迴不同向之戰慄。聊無拘束。若不覺其身在獅籠中焉。後小犬斃。獅不勝其悲。竟忘食。撫屍爲念噫。獅性雖殘。能養其性馴順至此。亦非一於殘也夫。

虎見二十圖。產印度國。身較獅微小。而力與獅相埒。性亦殘忍。形如大猫。其身黃白相間。成條紋。緣身居豐草茂林。身如草色。卽所以避敵。嗜飲血。夜不寐。攫殺數獸。不食其肉。僅吸飲其血。印度人

有乘象獵之者、時被攫噬、虎之養子、必俟子能自食、而後離之、更可以之馴養於家、
豹見二十一圖、形似虎、身有圓紋黃黑斑點、故名金錢豹、宿樹間、藉樹葉以護身、往來跳躍、喜食猴、可馴養於家、產印度國及亞非利加洲、
香狸產亞非利加洲、背間有香囊、此香鬻於他國、價值甚昂貴有不等於尋常者、
法老鼠見十七圖、產埃及國、首小、身長、鼻銳、國人畜之、善捕家鼠、與彼處貓無二、古時埃及人推爲聖物、
貓見十六圖、到處均有、至尋常、貓人喜撫養之、彼亦喜親近人、其目豎、其睛圓、夜放而晝斂其光、恆用以捕家鼠、惟波斯國有一種、毛如絲、其形可觀、埃及人尊之爲聖、斃則薰其屍如人、使其至復

生時、屍不腐、可歷永久、所以二千載之屍、至今尚有存者、野貓、毛色形狀、與家養之貓、無甚區別、所異者、野貓身較短而毛鬆耳、

布馬、形如豹、色如獅、亦名亞美利加獅、宿樹間、產亞美利加洲、身長四尺五寸許、渾身黃色、首尾均無長毛、力大、性殘忍、尤善忍飢餓、喜見殺傷、肉食務使有餘不竭、可馴養於家、且知認其主人、

第八章論狗類

狗族、有犬豺狼狐狸野狗海乙那、五種、其生性與六章中所云食肉者相同、所以視一族之生性、卽可知衆族之生性、其齒牙有力、其攫物也、非全用足力、惟足爪不能縮、前足有爪五、後足有爪四、狗見二十四二十七圖、有數種、或形

支派	有脊骨
族	熱血
部	哺乳
小部	有四足
科	有爪
屬	食肉
類	狗
種	狗 豺狼 狐狸 野狗 海乙那

狀可觀、或生性靈巧、到處皆有、發熱則汗自舌出、緣見狗張口、卽有水流出、爪不能伸縮、故非用足力以攫食、至大者高三尺、至小者不盈尺、有能守房屋者、有能顧羊與馬者、有能駕車而明人言者、更有力大而善入水者、或人偶溺於水、彼能救之、又有名血狗、善嗅人血氣、若人已被其嗅過者、人卽去遠、彼依然能尋遇之、又有獵狗、能助人田獵、雖爲人所指教、大半究其本性、其至佳者、約價値英餅千枚、又名白那地狗者、產歐羅巴及亞利伯諸山中、他處不產、此山多積雪、入山者恆迷歸路、致家人無定處以尋覓、惟此狗能知人之去向、引人至彼處尋人以歸、狗本至有義、其尤者一如忠心之僕、曩有人攜狗同進園游玩、園丁禁狗不與入、人乃舍狗於外、獨自進園游玩片晌、偶失其時辰表、約知被賊所竊者、卽出與園丁謀、始縱狗入園尋賊、狗往返數次、嗅及多人、不適時卒咬定一人、主人方知其爲竊表者、檢其懷其得六表、狗卽啣主人表而盡返其他、又一狗、見一五六歲孩溺於河、狗卽躍入水啣孩衣、將孩啣至河側、緣河側有阻、復置孩於河側、急追尋人求救援、正值一婦人、狗卽啣婦裙至河側、求婦人同救孩至岸、既救孩、狗又入水啣出孩帽、其哀勒伯高山、日有人攀嶺過崗、但此山積雪既多、路更崎嶇、故人在要道建造房屋、人攜白那地狗、時備狗出以救人、一夕有好善者一人、攜狗待於房、適朔風凜烈、大雪紛霏、狗忽欲出、主人卽執燈隨之、既遙聞有歎息呼救聲、人與狗乃尋聲以跡之、果見一人撲於地、命幾殆、急扶歸而煖食之、人始啟口曰、途中尙有伴侶四人、主人及狗復出尋覓、遇及者、狗卽吠之、主人卽救之、先後又得其他三人、此五人詎非狗所救者、適二時許而五人均救、此誠至難之事、且如何知五人在途、緣狗能審察

聲音、主人未聞其聲、狗先聞之、是狗之力居多也、謂之義狗、誰曰不宜、

豺狼見二十二圖、雖亦狗屬、奈惡人及犬、產亞細亞歐羅巴諸洲之北邊境、居曠野、隨地均有、時成羣結黨而出、食人與牛羊、俟交冬令、他畜避不輕出、行人則尤戒、緣其性猛狡詭而膽怯、如豺狼僅二三伴侶、彼始畏人、乃垂尾以掃行迹而遁、一夕於亞美利加有數黑人會集一處奏樂、中有拉胡琴者一人閒步至僻靜處、猝聞豺狼衆多之聲、且被豺狼見而追之、其人心怖、又不敢狂奔、設人狂奔、豺狼勢必放膽追逐、無奈手彈胡琴之絃、絃聲送響、豺狼聞絃聲、遂各立待、人乘至小房一所、援而登房、豺狼見人懷逃匿意、欲上追人、人懼、仍彈胡琴絃、豺狼但聞絃聲、卽怯而不作躍屋勢、僅在四圍覘覦伺隙、聞胡琴絃聲少休、豺狼卽磨牙張口如躍

7

二十二圖 豺狼

Că nis lū pus. Wolf. ([illegible])

二十三圖野狗

二十四圖 血狗

Fig. 33 —Bloodhound.

Că'nis au'rĕ us. Jackal. ($\frac{1}{12}$.)

二十五圖香狸

Fig. 29.—Civet Cat.

二十七圖 迦耳狗

Fig. 32.—King Charles's Dog.

二十八圖海乙那

Fig. 37.—Striped Hyæna.

二十六圖狐狸

Vŭl' pes vul gā' ris. Fox. ($\frac{1}{12}$.)

二十九圖　貉

Fig. 42.—Badger.

三十圖　黃狼夏令之式

Pu tō'ri us er min'ē us. Weasel in summer.

三十一圖　冬令之式

Pu tō'ri us er min'ē us Weasel in winter. (1/8.)

三十二圖　灰貂

Mus tē'la a mer i cā'na. Marten, or Sable. (1/8.)

三十三圖　紫貂

Pu tō'ri us lu trē'o lus. Mink. (1/16.)

三十四圖　臭貓

Me phī'tis me phīt'i ca. Skunk. (1/8.)

吞狀危急至夜半適值其友來尋遇之立將豺狼逐殺之而後同歸

狐狸見二十六圖亦狗族鼻端尖銳尾毛鬆性狡詭而善媚晝匿夜出搜覓雞兎爲食力大善走人獵之則怒發嗅積久不散穴地而居善他臥不易捕獲遇犬則曳尾以掩其行跡英國人恆令犬逐之爲玩以犬能嗅其臭而蹤跡得之或遇人逐之急竟竄他穴驅居者而佔之或踰垣以伏隱處俟追逐者過則認舊途歸曾有一人見狐狸於河畔捕得一鵝將鵝藏石下乃去而呼其他人乘間取其鵝匿之不踰時兩狐狸至搖首擺尾甚有樂意但至藏鵝處嗅臭忽無鵝卽惱羞成怒勃然不樂於是俯首垂尾其所邀之伴咸如動怒然深惡其妄者遂以足爪撻呼伴之狐狸兩耳始去

野狗見二十三圖產亞非利加亞細亞諸洲之南境其形肖狐狸

恆夜出、其呌聲觸耳難聞、

海乙那見二十八圖、產亞西亞亞非利加二洲、性至猛、所食者已死諸物之肉、其身前有力而後若癱、齒牙較衆尤異、其末微圓而無尖、如牛骨之至堅勁者、故無嚙不斷、耳尖而長、項有馬鬣、毛亦多、

習問

問○四足者分幾科○有爪者分何幾屬○食肉者何○其齒牙如何○屬猫者何○何故○其舌如何○其足掌何以輭○爪能伸縮何用○獅之色黃何益○產於何處○能馴養於家否○如何形其愛心○虎之形如何○虎有何紋○豹如何○豹之有斑點何益○有裨於人者何○何以稱謂獸王○至惡者何○畏人威否○畜之家宜防何事○香狸產何處○背有何物○此香出售他國貴否○法老鼠其身如何○首與鼻如何○猫產何處○家猫與野猫有何區別○人因何愛之○布馬如何○古時埃及人如何尊之○何獸屬狗族○猫狗兩族從何區別○狗爪何以不能伸縮○發熱時何以張口○狗有何用○有幾種形狀○於何事見其靈巧○豺狼何處最多與狗有何分辨○食人否○其膽如何○人於何時畏之○盛於何處○豺狼與狐狸何別○狐狸有何能

○英人喜與狐狸如何○野狗產於何處○海乙那形狀若何○所食何物

第九章論黃狼類

支派	族部	小部	科	屬	類	種
有脊骨	熱血哺乳	有四足	有爪	食肉	黃狼	黃狼 銀鼠 灰貂 紫貂 臭猫 獺

黃狼族見三十三十一圖、有黃狼、銀鼠、灰貂、紫貂、臭猫、獺、其族身狹而長、首小、齒牙甚利、夜出覓雞鳥爲食、第吸飲其血、并腦血而不食其肉、毛色黃、產北邊境至寒冷之地、

銀鼠其毛色在夏則深黃、交冬令卽易黃而爲白、潔白如雪、僅尾末畧黑、皮至尊貴、歐羅巴諸王、俱以爲衣、衣之、

灰貂見三十二圖、之形狀、亦肖黃狼、恆登樹食諸鳥之卵、其皮尤爲貴重、

紫貂見三十三圖、之形狀、與灰貂等、產北邊境至寒冷之處、其毛

溫潤至美、以手撫其毛、不論順逆皆光滑、因捕獲不易、人必受寒冷之苦、所以其皮之貴、有迥出尋常者、

臭猫見三十四圖、僅產於亞美利加洲、其身黑、背有二白道、且具囊、囊實臭水、若遇人戲擾之、輒於背囊射臭水以汚人、能令好潔者卻避之、至冬則恆睡、

獺善游水、在水覓食、其足有掌、毛豐厚而細短、入水時用眼皮以障水、目仍明爽、食魚第吸飲其血、曾有人馴養之、用以捕魚、惜不易捕獲、性喜游戲、如兒童、冬令遇河畔有雪、即從而旋滾之、無雪或在水灘跳躍奔舞、其居則泥潦深涯、

第十章論熊類

熊族見三十七圖、即熊、樹狸、貉、蜜熊、熊有五爪、俱極鋒利、其行走則足掌着地、不類食肉諸他獸、以足爪行走者、能穴地升樹、而爪

不能伸縮若猫然、身粗笨、力大而不善走、目圓、舌光、尾短、所食者

支派	有脊骨
族	熱血
部	哺乳
小部	有四足
科	有爪
屬	食肉
類	熊
種	熊　樹狸　貉　蜜熊

或肉或果、尤嗜蜂蜜、睡時喜以足啣諸口、冬令恆居山洞中、出時甚少、捕之頗不易、緣能效人立而以前足力攝人殺之、其色灰者、產於北亞美利加、性甚凶悍、其色白者見三十六圖、產於北邊境、足底有毛、利走雪地而不少滑、亦能游水以捕魚者、

樹狸見三十五圖之大小、與狐狸相等、其升樹也如熊、以鳥蟲及卵爲食、不論食何物、食時先以水潔之而後食、恆晝伏夜出、亦可馴養、但其目甚眊、且惡光、其皮頗美觀、價值昂貴、其尾有黑白圓紋相間、產於北亞美利加洲、

貉見二十九圖、產於歐羅巴亞細亞二洲、嗜蜂蜜、以皮厚故能不畏蜂刺、善在地穿穴、人或尋覓之、終不易得、其首尖長、尾毛鬆、首

有白直線二道、見出埃及記二十六章十四節爾必以渲紅之牡羊皮爲幕作幬、及貉皮之幬於其上。蓋以色列人以其皮爲帳幕、茲且以其毛作刷箒矣、

蜜熊産於南亞美利加洲、其舌尖長、恆伸舌以捕諸蟲、時食蜜於蜂房中、尾長能繞樹枝、而其身倒懸若猿然、性似小猫、喜游戲、并可馴養於家、

第十一章論海狗類

海狗族、有海狗、海獅、海馬、海象、時居陸、時居水、水陸兼居各半、海狗見四十一四十二圖、四肢若槳、前二足較短、足掌有皮相連、如家鳧然、游水時後二足洩後爲尾、見三十九圖、或左或右旋轉自如、若舟子之精熟操舵而三折肱者、行陸惟前二足得力、後

支派	有脊骨
族	熱血
部	乳哺
小部	有四足
科	有爪
屬	食肉
類	海狗
種	海狗　海獅　海馬　海象

Prŏ cy on lŏ tor.
Raccoon, or Common "Coon" (ㄌ)

三十五圖 樹狸

三十六圖 白熊

Ur sus mar i ti mus. White Bear.

三十七圖 黑熊

THE BLACK BEAR. *Ursus Americanus*

10

二足則無力、其爪力能爪住堅石、皆用前足之力、首圓小、鼻闊鬣多、睛黑有光、貌慈善可觀、在水時其耳目各有薄皮一層以障水、雖居於水、約歷半時許、須升水面透息、身長五尺、皮細輭而光滑且貫、其子不能游行於水、數百頭羣居於岸、儼若人之分一家一家者、牡恆率領五十餘牝成一羣、宛似一家、出與他獸鬬甚猛、牡者其聲響大、幾等獅、牝者又如牛子、類羔羊、乃牡者不善視牝、牝顧子或有顛蹶、牡則啣牝而擲於石、務令牝者類死狀、牡者始舍牝而適他牝者、甚卑、或至牡前哀泣、而牡若無知、如失其子、相對泣矣、嗜食魚、多產北極、彼處人恃以大用、以其肉可食、油可燃燈炊爨、齒牙可作槍、筋可作線、胃可作瓶、血可作羹、皮可爲衣被、爲幕、爲駕馬之帶、無不取給焉、或曰、海中有人、實不知非人也、乃海狗耳、緣其首透水面若人、不類魚、遂稱之謂海老人、人且畏之、蓋海狗本不畏人、以人或撻之逐之、始有畏心、曩有師攜及門適海灘水淺處游玩譁笑、旁有數海狗見其徒輩戲水、作去來跳躍、海狗甚喜、并喜聞音樂、他日、師乘興偶適海灘吹笛、海狗又相率來聽、亦隨人行止、人登舟開行海面、海狗即尾舟而行、以性喜音樂、若不忍遽舍焉、是海狗固可馴養而不畏人、所畏人之脅以威耳、

海獅較海狗尤巨、耳小、而無耳墜肉、且無毛、其皮黑色、

海馬見四十圖、之身長十有五尺、其大較海狗過之、齒牙中有二牙長二尺許、露於唇外、用以自衛而爬石、所食者魚及小海狗、緣其皮牙與油皆至貴、恆有人捕之、惜不易捕獲、即捕得又甚難殺、以皮厚、故性情甚惰、時出海而睡於灘、次出者推前出而自睡、次第出海均如是、於是其族遂多鬬、其睡也必有一海馬立於石之高處、似人之瞭望防敵然、產北方、居北邊境等處、

三十八圖海象

—Elephant Seal

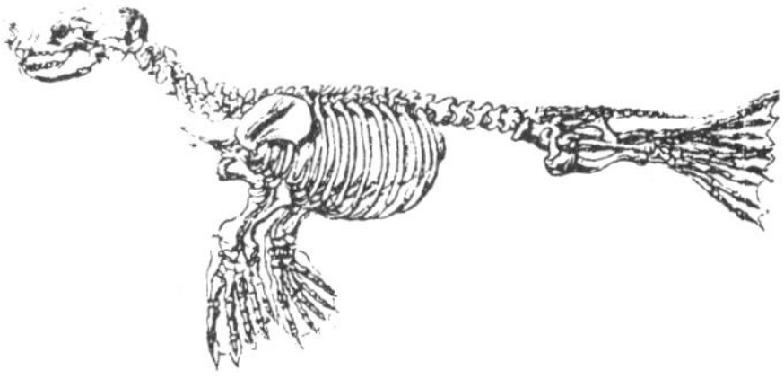

Nkeleton of Seal.

三十九圖海狗骨式

四十圖海馬

WALRUSES.

四十二圖海狗

Phò'ca vit u li'na Commou Hair Seal.

四十一圖海狗

HARP-SEAL MOTHER AND HER LITTLE ONE

12

四十四圖田鼠窠

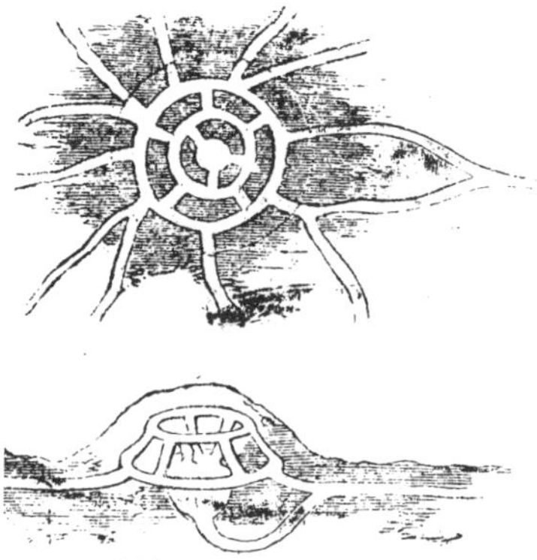

Habitation of a Mole.

Fig. 338.

四十三田鼠

Scă' lops a quat' ĭ cus. Common Mole. (¼.)

四十五圖跳鼠

Zā' pus hud son' ĭ us. Jumping Mouse. (½.)

四十六圖刺蝟

E rin ā' cē us Eu rō' pē us. Hedgehog. ($\frac{1}{5}$.)

四十七圖山兎

Lĕ' pus cam pĕs' tris. Jack Rabbit. ($\frac{1}{10}$.)

海象見三十八圖、之身更大、長有二十五尺、其牡者鼻長尺許、肖象而終亞於象者、

習問

問○黃狼族有幾何種○黃狼其身如何○首如何○齒牙如何○其出何時○以何者爲食○食其肉否○毛色如何○產何處○銀鼠之毛冬夏有何區別○獺與黃狼何異○居何地○其性如何○熊族有幾種○熊貓之足何別○能升樹否○何食○遇冬令如何○如何傷殺人○熊之毛色如何○因何灰色○因何白色○足掌有毛何用○樹狸大小與何者相等○不論食何物必先如何○馴養於家其目如何○貉產何處○嗜何物○善在地如何○人可尋覓得否○其皮毛何用○出埃及記二十六章十四節如何云○蜜熊之舌如何○海狗居何處○四肢如何○能久在水否○何以不能○何以能爪住堅石○其首鼻目睛面貌如何形狀○其游水如何○行陸地如何○產何處○其子居水否○海狗之聲如何○海狗何用○海狗本性畏人否○海象如何○海獅與海狗何別○海馬之狀如何○其齒牙有用否

第十二章論食蟲之一種

食蟲之獸、其齒牙係圓者、利嚼蟲、凡蟲入口卽爛、卽田鼠與刺蝟、

田鼠見四十三圖、穴地而居、凡地成條紋而土鬆者、卽知下有田鼠、其前足闊而有力、鼻骨直通至鼻端、甚堅、故能助足力而善爬、終夜爬土、有至百尺深者、其目小、爲毛掩、所以人恆謂之無目、其

支派	有脊骨	
族部	熱血乳哺	
小部	有四足	
科屬類	有爪食蟲	
種	田鼠	刺蝟

實非無目也、目小而已、至耳鼻二者、用較靈、以其審聲音嗅氣味、較其他尤清切、其毛細輭而潔、雖久居地穴而出、外終不見其身沾塵垢、其窠見四十四圖、中有空洞、而上下各有一道通之、自下旋上、始可入洞、此係防敵法、且不僅如是、洞更有多道通出、入或上或下或旁、另有一道通於河、無河則深穿一穴、如鑿井然、以其不可一日居無水、必藉水以資養命云、

刺蝟見四十六圖、其身黃色、長尺許、皮有毛刺、可衛身以禦敵、人犬欲捕時、彼卽以刺直指拒之、故捕之不易、恆食田雞及蛇、其食

蛇也、一囓即弓縮己身、而防蛇之返囓、己迨蛇力既竭、而後食之、冬令時穴居不出、其徧體刺樹葉之乾者以掩其身、人遇之僅見樹葉、其身則隱而不見、

第十三章論能齦之一種

獸之能齦者、有四齒牙異於他、同一齒牙、分外剛如磁、內弱如骨、

支派	有脊骨
族	熱血
部	乳哺
小部	有四足
科	有爪
屬	能齦
類	
種	鼠　小鼠　跳鼠　松鼠　土撥鼠　海騾　箭猪　兎　山兎

雖其內牙較輭、其利過於外牙、故易摧、亦易長、能用之不竭、又利囓根、見五十三圖、惜有一弊、使偶脫一前齒牙、則無相對之齒牙以磨平、遂日漸加長、致口莫張而餓斃、其他未必然、僅前之四齒牙如是、恆時時長出、下牙車能向前縮進、所以上牙車愈形凸出、非緣其能伸縮以利囓齦乎、

鼠、俗名老鼠、北方人又呼耗子、以其能傷壞日用諸物件無地不產、故人恆惡之、雖虎象之猛、尚且忌憚、欲設法以滅之、詎彼靈巧過人、人終莫施其術、且其族生生不已、日見衆多、人或具食於踏籠中以爲餌、彼卽知爲人所設備、而竟莫敢食足跡更不至焉、

小鼠之身小、俗名地鼠、其形狀與鼠相若、惟靈巧較次於鼠、故易爲人所捕獲、

跳鼠之大小、與鼠相等、其前足短而能跳、產於亞非利加北邊境之沙漠地、其毛色之黃與沙土無少別、尾甚長、掘地穿穴食草、俱用爪、足底有毛、行走於至熱之沙地、足底可無傷、以其毛能衛足、惟亞喇伯人尤喜食其肉、

松鼠見五十一圖、無地不產、恆在樹間往來跳躍、其齒牙圓而利、以堅果芋麥等爲食、善旨蓄以禦冬、兩腮具囊、可藏食物、窠於枯

13

五十二圖像飛松鼠

Fig. 270.—FLYING-SQUIRRELS.

四十八圖土撥鼠

Cā'vĭ a co bai'a. Guinea Pig. (⅓.)

四十九圖箭猪

Hys'trix cris tā'ta.
Porcupine, Europe. (1/12.)

五十圖小松鼠

Ta'mi as stri ā'tus. Chipmunk. (⅓.)

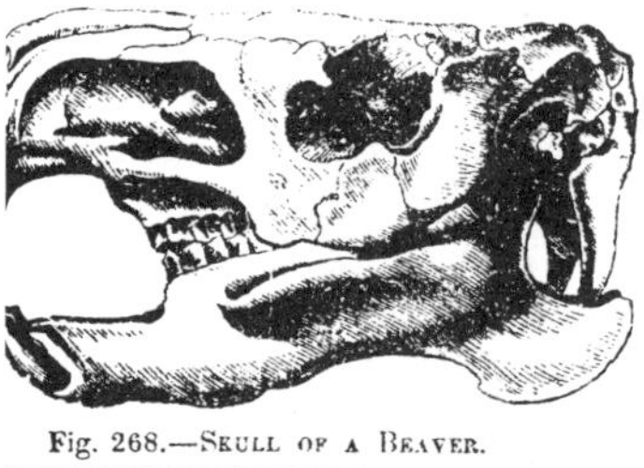

五十三圖鼴之齒式

Fig. 268.—SKULL OF A BEAVER.

五十四圖海騾

tor can a dĕn'sis. American Beaver. (1/12.)

五十一圖松鼠

Sci ū'rus car o lin ĕn'sis.
Gray Squirrel. Black variety of Gray. (¼.)

木中人捕之、可馴養、其尾長而毛鬆、以尾煖體、跳則助之、其一種善跳者、跳至遠而若飛、實則不能飛、緣其腹皮、及前後足兩旁甚寬、若有翼然、所以跳時能至遠至捷、見五十二圖、

土撥鼠見四十八圖、較兎畧小、其毛色黃白相間、且易馴養於家、雖其族時相爭鬬、但與其他均極相安、

海騾見五十四圖、僅產於亞美利加洲、泰西名皮哀耳、其尾闊似有魚鱗片者、後足有掌、置尾則能游水、入水耳鼻另具皮一層以障水、其所居者儼如人之屋宇、亦需土木石料以成之者、屋在水濱、望之甚分明、人恆識爲人之小屋、其大半浸於水、有大門闢於水底、即至氷凍無妨、遇水淺時、又營閘門、使門以外水更高、其需木料、俱伐大樹、且伐時能留意、乘樹勢向河畔倒臥者、亦知旨蓄以禦冬、夏日不居屋、游樹林而憩、如建屋實其本性所嗜、或人以

之馴養於家、令其居屋、彼卽將家中零星物件架疊以成房屋然、而後居之、以爲安樂、

箭猪見四十九圖、產於亞非利加歐羅巴及印度國、其身較刺蝟畧大、身具長毛刺如箭且堅、用以自衛、或遇他獸廹逐之、彼則首足伏地、直其箭刺毛、背退以刺傷之、故他獸均畏之、所慮者至老時其箭毛盡自脫、

兎見四十七圖、羣推奧大利亞洲爲至盛、以其向無兎、其始畜自英人僅兩三頭、厥後日增月盛、今且難以數計矣、致將該處草地均食之盡、牛羊幾乏食焉、

山兎之毛色灰白不一、其目睛之紅、齒牙之闊、前二足短、後二足長、後足之有力、與夫耳之長、均與兎相等、惟山兎較兎畧大、其窠在地面、非若兎之穿地穴洞而居者、

15

—ARMADILLO.

五十五圖阿馬底羅

Tol y peu' tis tri cinc' tus.
Three-banded Armadillo. (1/10)

五十六圖阿馬底羅

ARMADILLOS ROLLED FOR PROTECTION

五十九圖阿馬底羅禦害式

FIG. 317.

--Long-tailed Manis.

五十七圖長尾穿山甲

Mă' nis lŏn gi cau' dă. Long tailed Pangolin.

五十八圖穿山甲

Fig. 61.—Crested Ant-eater.

六十一圖食蟻獸

Brad' y pus tri dăc' ty lus.
Ai. Three-toed Sloth. (1/20)

六十圖木狗

16

食蟻獸

THE ANT EATER.

習問

問○食蟲者齒牙如何○何獸屬此○田鼠之窠在何處○其足如何○其鼻如何○其目如何○何者用較靈○久居地穴出外身沾塵垢否○其窠如何○其洞通出入是否僅一道○用何法通河得水○刺蝟之身幾何長○以何者衛身禦敵○食何物○如何食蛇○至冬出外否○其徧體如何○能齦之獸齒牙如何○何獸屬之○鼠與小鼠是否相同○何以見鼠靈巧○跳鼠如何○產何地○松鼠如何○其齒牙如何○何以禦冬○其尾如何○跳何以若飛○土撥鼠如何○鼧鼥產何處○泰西何名○尾如何○所居如何○遇水淺時如何○夏日居屋否○箭猪產於何幾處○用何者以自衛○他獸何以畏箭猪○兎何處至盛○其始畜兎者何處人○山兎與兎何別

第十四章論無齒牙之一種

支派	族	部	小部	科	屬	類	種
有脊骨		熱血	乳哺	有四足	有爪	無齒牙	食蟻獸 阿馬底羅 木狗 穿山甲

食蟻獸產於南亞美利加洲、其鼻長、舌亦長而細、且舌端有粘膩膠水、食時由舌滴於蟻窠、卽膠住諸蟻、其牙車長尺許、口不能過於張大、緣僅容一舌地位、足短而善走、捷與鳥埒、足爪長而有力、走用足爪、而掌不着地、能爬蟻窠而

食蟻、尾甚長且鬆、能返於背、以掩其身之半而煖之、

阿馬底羅見五十五五十六圖、亦產於南亞美利加洲、該處人恆嗜其肉、背負甲、穴居地洞中、以死獸肉暨蟲果等爲食、其形狀類豕、其身又若龜、目甚小、耳僅兩孔而無輪、爪利而有力、其大者約五尺、亦間有不及五尺者、見五十九圖、

木狗見六十圖、亦產於南亞美利加洲、恆在樹林中、其形狀與猴等、足無掌而有三爪、在地不良於行而善跳、第以樹葉爲食、若此盡則跳彼而居之、其升樹身喜倒懸若猴者、睡熟時亦如此、其毛色類諸樹所生之靑苔、

穿山甲見五十七五十八圖、一名板窩林、產亞非利加、印度、摩祿加海島、大淸國、長約三尺、徧體具堅鱗甲、無齒牙而食米肉、其行走則用足爪、人或戲擾之、卽縮首伏尾而作彎弓勢、以自衛其身、

第十五章論有袋之一種

獸之有袋者係袋鼠、幽頰、袋箭猪、鴨嘴獺、其腹下均有袋、牝者或產小獸則置諸袋而乳哺之、如他獸之置窠然、小獸在袋不能須臾偶離其母、離之恆不能爬動、即虛弱甚者、

支派	有脊骨
族部	熱血哺乳
小部	有四足
科屬類	有爪有袋
種	袋鼠、幽頰、袋箭猪、鴨嘴獺

袋鼠見六十圖、產於奧斯達利亞巨島、其後足長而有力、前足短其用若手、善跳而不善走、可跳至二十尺之遠、恆蹲踞於尾、身高七尺、尾長三尺、首似鹿、目大、貌溫、口小、耳外輪大而銳、且向上、該處人喜捕之、其捕具係灣曲之木、名蒲米蘭者、用以捕獲、善逃遁較馬尤捷、如遇人追逐及之、須防其倚樹而以後足傷人、蓋其爪利、能分裂人身之肉、所以人終不可輕易近之、其皮利用、其肉可食、袋鼠本有數種、其至小者高僅六七寸、較至大者其相去為何

如乎、

幽類見六十二圖、產於美國、居樹林、并肖猴、尾無毛、恆以尾繞樹枝、小獸居母之袋、或以尾繞於母尾、大小與猫相等、平時晝臥夜出、如遇人驅撻之、彼即作佯斃狀、俟人既去、起而立遁、

袋箭猪見六十七圖之首、肖鳥、其嘴不甚堅、又類食蟻獸、無齒牙、有長舌、用以食蟻、體有毛如箭、刺向上直指、能掘地洞、身有袋、此獸乳哺而卵生、生卵則置諸袋、俟小獸出、仍置諸袋中、

鴨嘴獺見六十五圖、產於奧斯達利亞島、其獸甚奇、嘴如鴨、齒生於至內、而無門牙、身如獺、兩腮具囊、可藏物、若猴與松鼠然、其牡者足骨有刺、似公雞、足有掌、又如鴨而較大、故能游水、掘洞時足掌能縮入、洞有出路二道、一通於地之下、一通於水、見六十六圖、尾扁闊而短、亦卵生、每窠生卵、僅有兩枚、

-The Home of the Kangaroo.

六十三圖袋鼠

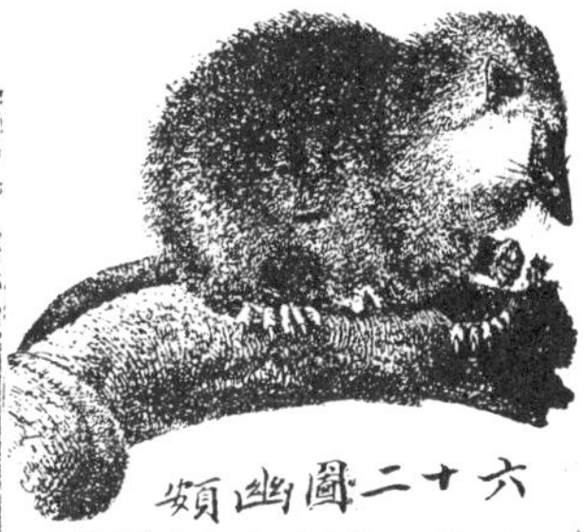

六十二圖幽䫈

Di del phys vir gin i ā' na. Opossum.

六十四圖鳥鴨獺之首足

Heads and Feet of Duck, Ornithorhynchus, and Porcupine Ant-eater.

Or ni tho rhyn chus ... a ti nus. Duck-bill (½)

六十五圖鴨嘴獺

-Burrow of Ornithorhynchus.

六十六圖鴨嘴獺之窠

E chid' na hys' trix. Porcupine Ant-eater. (⅙.)

六十七圖袋箭猪

Tā'pĭr us bi cŏl'or. Indian Archipelago. (1/30.)

七十圖亞西亞貘鼠

Fig. 362.

Ĕl'ē phas af ri cā'nus. African Elephant.

六十八圖亞西亞象

Tā'pĭr us a mer i cā'nus. (1/30.)

七十一圖亞美利加貘鼠

E. in di cus. Asiatic Elephant.

六十九圖亞非利加象

Sūs ba bi ru'sa. Babirusa Hog. (1/20.)

七十二圖四角猪

七十三圖獨角犀牛

Rhī nŏc' ros u ni cŏrn'is. One-horned Rhinoceros. India (1/25.

習問

問○食蟻獸產於何地○其形狀如何○舌如何○何以能食蟻○牙車幾何長○口能否張大○尾如何○足與爪如何○阿馬底羅如何○居何處○背負何物○該處人嗜何○何食○其形狀類何○其身若何○耳與爪如何○至大者長幾何○木狗利地行否○何食○形狀何若○喜如何○毛色如何○其足爪如何○穿山甲有何別名○產於何幾處○幾何長○徧體如何○有齒牙否○何食○戲擾之卽如何○其行如何○何獸有袋○袋鼠幾何大○走如何○身尾如何○首貌耳目如何○用何具可以捕之○其後足爪如何○至小者幾何○蹲踞何處○跳時幾何遠○幽頦產何國○尾有毛否○遇人驅撻之如何○袋箭猪如何○鴨嘴獺如何形狀○牡者何若○足骨如何○足掌如何○如何掘洞○其嘴與齒牙如何○出路幾道○通何處○尾何形○兩腮如何○每窠生卵幾枚

第十六章論有蹄之一種

有蹄獸分兩等、返嚼不返嚼、及皮厚者、卽象、鼹鼠、猪、馬、犀牛、河牛、象見六十八六十九圖、乃獸中之至巨者、其軀高約八尺、重及萬磅、足圓而蹄分五、左右具二牙、露於口外、牙長數尺、用以自衛、且賴掘地、其鼻至長、亦至奇、鼻端之尖如一小指、靈巧異常、卽極纖細瑣屑之微物、彼無不能拾之、如人之運動手指、其食物以鼻捲送於口、飲水則自鼻吸入而返灌於口、或浴水、亦必以鼻吸水而偏灑於身、皮黑而鮮毛、故外觀不甚雅、間有灰白色者、印度人常乘象以代馬、且能代人作勞苦負重之工、其工作甚聰穎、幷尚勤而不倦、人督責異於他獸、或命象運木、彼立時負運、

支派	有脊骨	
族部	熱血	
	哺乳	
小部	有四足	
科屬類	有蹄	
	有厚皮	
	象	
種	產於亞細亞洲	產於亞非利加洲

無片時休、甚恐方命然、其安排務令整齊、其行走時偶遇物件阻礙、卽鼻捲而置於道左、如遇人與他物均如之、身巨而絕有力、至佳者約價值英餅千枚、及紋銀千兩不等、象不傷人、然虐待之則怒、又善識、卽距數年不見者、彼仍不忘、其壽可歷百二十載、至野象甚畏人、故居曠野、有產於亞細亞洲、有產於亞非利加洲、產亞

細亞者可馴養、其牙貴、其肉味美可口、人恆欲捕之以獲利、印度曾有一象甚愛孩提、時不欲孩離之、緣孩之嬸母時攜孩至象側、習以爲常、如象遇食物、適孩不在側、象待而不食、或孩睡酣、象卽爲孩驅蚊蠅、又某邑有一象、每日道經成衣鋪、裁縫時以糖餅給之食、甚喜、他日象又經其鋪、伸鼻向裁縫前作乞食狀、奈裁縫乏物以食之、隨手以針刺其鼻、象乃掉首往河干吸水、返身仍至裁縫門首、噴水於裁縫之身暨諸物件、以爲報復焉、其緬甸暹羅兩國人以白象爲活神菩薩、必事奉跪拜以媚之、揆之於理、豈非大悖乎、

第十七章論猪種

猪、徧地皆產、其肉甚可口、產美國者、較中國尤肥而可觀、其小猪更覺可觀、此物人以爲至汚之物、詎同是一室、或另有潔淨處、彼

支派	有脊骨
族部	熱血乳哺
小部	有四足
科	有蹄
屬	厚皮
類	猪
種	猪　野猪　四角猪　鼴鼠　吵噃

必去污而就潔、不喜仍睡污處、且喜睡水中、

野猪之形狀與猪無少異、所異者其齒牙長而利、且其性至猛耳、

四角猪見七十二圖、產於波羅海島中、具長牙四枚、向上而作灣曲勢、其入樹林中恆用齒牙以自保衛、且能不觸樹葉、令樹葉不偶損其目焉、

鼴鼠之身似猪、其鼻長可捲諸物、又若象而較短、身高六尺、毛色黑白參半、苟人不戲擾之、彼亦不傷害人、其小獸頗可觀、有黃白毛色細成條紋者、其前足有四足指、後足僅三足指、產印度與南亞美利加洲、此獸推爲南亞美利加洲中之至巨者、

吵噃、產於猶太國之諸山、伏山石中、乃猪中之至小者、其所食麥

19

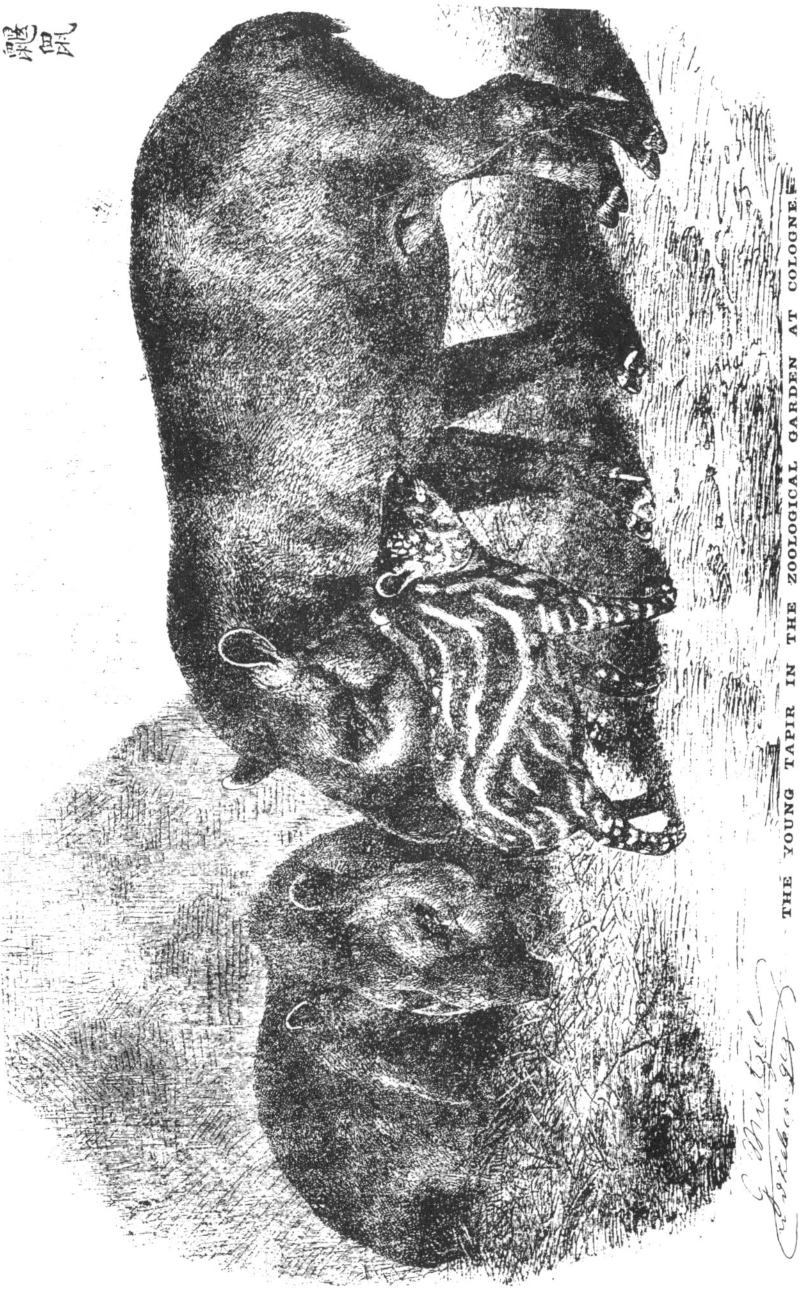

THE YOUNG TAPIR IN THE ZOOLOGICAL GARDEN AT COLOGNE

THE KEITLOA. *Rhinoceros bicornis.*

七十四圖雙角犀牛

E' quus ca băl' lus. Horse.

七十六圖馬

Hip po pŏt' ă mus am phĭb' ĭ us. Hippopotamus. ($\frac{1}{50}$.)

七十五圖河牛

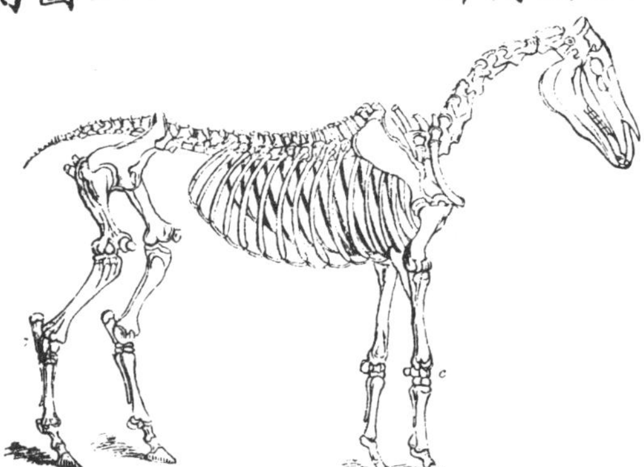

Skeleton of Horse.

七十七圖馬骨式

果暨樹根、

第十八章論犀牛河牛兩族

犀牛見七十四圖產於南亞細亞與亞非利加、其身較象微小、足亦形其短、善走尤捷於馬、皮寬而可提、又若摺疊而縐者、且堅勁無毛、有角生於鼻之皮、如毛之膠結以成然、河牛因角分兩種、一獨角、一雙角、觀美而可爲器皿、角能運動、角質似骨非骨、怒則其角堅而有力、長或一二尺、喜睡泥潦中、睡時其身有名犀牛鳥者、

支派族	有脊骨
部	熱血
小部	乳哺
科	有四足
屬	有蹄
類	厚皮
種	犀牛 河牛

集於其上、爲之啄蝨、幷爲其身食去諸蝨、或他獸至欲傷害、此鳥竭鳴而啄牛耳、令其覺而逃避、雖其身粗重、而奔騰時甚迅速、惟性野難以馴養、見約百記三十九章九至十三節兕肯役於爾、或居於爾之槽乎。爾能以索縶兕於阡陌乎。其肯從爾而犂谷乎。爾能

因其力大而恃之、而託爾之工於彼乎。爾能信之、卽信其肯負爾種至家、聚之於爾場乎。駝鳥之翼、歡然而鼓、其羽與毛、乃慈愛如鶴乎。

河牛見七十三七十五圖、產於亞非利加洲、其身較犀牛巨、長十有二尺、首大口闊、齒牙之堅白、尤過於象、皮堅而厚、約有二寸許、其大半居於河、惟登陸則行走遲、入水卽身輕便捷、游水亦甚速、幷食河底水草、故河水恆濁而不淸、見約百記四十章十五至二十四節 今爾可觀河牛。我造爾之時、與之同造、其食草如畜。視哉、其力在腰、其勢在腹之經絡。其搖尾如柏香樹。腿筋盤互。其骸如銅管。其骨如鐵榦。其爲神諸工之首、且造之者以其劍與之。山爲之產食物、凡田之獸皆嬉遊於彼兮。其伏於蓮下、及於蘆叢與澤之庇所。蓮蔭庇之。溪柳環之。視哉、河之汪洋、其不驚之、雖約但奔臨其口、其亦安居。

執之者來其目前。以機貫其鼻兮。

第十九章論馬種

馬見七十六、七十八圖。之蹄囫圇不分。到處皆產。或產西境而置養於北地。可任意遷地而無勿艮之虞。緣其毛隨寒暑而疏密。形狀甚可觀。且至靈巧。并知任勞以報主人。在南亞美利加暨亞細亞中國之西境。多產野馬。甚可觀而善走。至佳者產亞喇伯地。該處人養馬。如保赤子。卽處境貧至饔飱莫給者。亦終不願將馬售去。在英國另有馬一種。至小者高不踰三尺。但其足力特佳。故善走。人乘之或經歷山川峻險處。其行走仍不憚顚蹶。有其軀至重。

支派	有脊骨
族	熱血
部	乳哺
小部	有四足
科	有蹄
屬類	馬
種	馬 驢 騾 花條馬

而可以駕車。在西國以馬作諸工。有捷足者一分鐘時約可奔里許。其價值銀約貴至十萬兩者。見約百記三十九章十九至二十五節 爾賜力

於馬乎。爾以威鬣披於其頸乎。爾能之躍如蝗乎。其驕態之咆哮、可畏兮。其在谷跑土、以力自樂、前進而與兵器相迎、輕忽可畏者、而無所驚。不因劍而退。彼之矢錚錚於其身。光耀之刃與矛、亦然兮。其猛及怒而吞土地、不信笳之聲。循笳聲、則嘶云嗚呼、遠嗅戰氛、及諸將之轟雷、與大呼兮。

驢、見七十九圖、中國產更多、其身較馬低小、耳大尾小、毛微短、其色或灰或黑不等、產數尤多於馬、人恆用以負物拖磨、爲諸工作、無論何處、以牲畜獲利者、俱不用馬而用驢、以其食料省儉、價值亦甚廉、且易於馴養、（見約百記三十九章五至八節）誰使野驢得釋而出、誰解野驢之縛乎。我使野爲其宅、使鹵地爲其居所。其輕忽邑衆、不顧牧者之呼。遍山爲其草地、乃尋諸青草兮。

騾、與驢相似、中國產亦頗多、其身較驢特高大而長、且有畧大於

21

七十八圖馬

Fig. 244.—Group of Horses.

七十九圖驢

E'quus ăs'ĭ nus. Wild Ass (...)

八十圖花条馬

Fig. 245.—Zebras.

Bōs in'di'cus. Zebu.

八十三印度牛

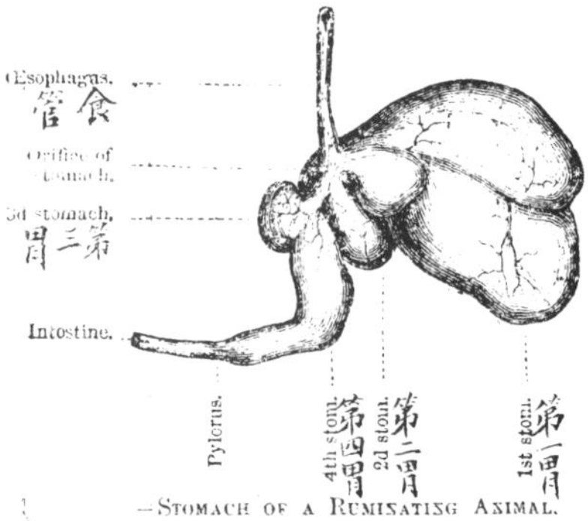

—STOMACH OF A RUMINATING ANIMAL.

八十一圖牛胃

Bōs grŭn'nĭ ens. Yak.

八十四圖毛牛

Bōs bŭ bă lus. Buffalo.

八十二圖中土水牛

Ayrshire.

八十六圖歐羅巴牛

—Buffalo.

八十五圖亞非利加水牛

Jersey.

八十七圖歐羅巴牛

馬者、其色灰黑均有、尾細長毛稍短、耳小、北方人多用以駕車、時或乘人、善走者、日可行數百里、其價値低昂不一、相傳騾無慾、故不生育、

花條馬見八十圖、產於亞非利加、其身有花紋成條者、宛如虎、雖外觀頗佳、而性甚猛、卒不能服而馴養之、

習問

問○有蹄而厚皮者分幾何種族○獸之至巨者何○象產何處○產亞細亞與亞非利加何別○其牙何用○象足何式○鼻如何○有何用處○象能工作否○何以見其聰潁○何以見其愛心○緬甸與暹羅人以白象爲何○猪喜居汚否○野猪如何○四角猪如何○鼴鼠之身肖何○在猶太國中有何至小之牲畜屬猪一類者○犀牛如何○其皮如何○喜居何處○產於何處○有幾種○河牛與犀牛何別○何食○善走否○馬蹄如何○馬之至佳者產何處○馬性知如何○何處有野馬○西國人以馬何用○驢與馬何異○人恆用以如何○騾與驢如何○北方人以騾何用○能走否○日行路幾何○花條馬產何處○如何形狀○可馴養否

第二十章論返嚼之一種牛族

牛族之蹄分二，皆食草料，牙車之上無門牙，而其後則闊，觀其食草料時，上下相磨，若磨盤之轉動然，其胃見八十一圖，分四房，食後咽至首房，有胃汁以浸柔之，乃入次房，房式如蜂窠，物入即能成球，可任意回出而更嚼之，咽後至第三房，再入末房，即消化而不回矣，惟乳哺者不然，食則逕入三房，原其故，此自食管至首房，首房之門不開，則知小獸之專恃乳汁，是以不至首次兩房，其性情俱膽怯而不猛，奔走至捷，不能鬭勝他獸，其食可速，其嚼可遲，角共有二，其肉、筋、乳油數者均可食，其皮與角甚適人用。

支派	有脊骨
族部	熱血乳哺
小部	有四足
科屬	有蹄返嚼
類	牛
種	牛　水牛　印度牛　毛牛　香牛　里牛　亞非利加牛

牛有數種，中產較小，惟在歐羅巴與美國者甚佳，見八十六、八十七圖，該處人均畜之，緣乳、乳油又人所嗜者，作工則用牡牛，其角

23

八十八圖里牛

THE AMERICAN BISON. *Bos Americanus.*

九十一圖香牛

O'vĭ bos mos chā' tus. Musk Ox. (1/24.)

八十九圖山羊

O'vis mōn tā na. Mountain Sheep. ([illegible])

九十二圖長角山羊

—Caucasian Ibex.

九十圖羊

O'vis ă' ri es. Sheep.

THE AMERICAN ELK. *Alces malchis.*

九十三圖麋

Mŏs' chus mos chĭf' ĕ rus. Musk Deer. (1/20.)

九十五圖麝香

Cĕr' vus dā' ma. Fallow Deer. (1/32.)

九十四圖鹿

-The Gazelle.

九十六圖麞

有二且角亦非中空

水牛見第八十圖產中華印度與亞非利加喜居於河其乳色至白可食能用以工作而不用馬

印度牛見八十三圖背間有峰彼處以牝者尊奉之如聖任其妄行肆食於人家終莫敢禁其牡者用以駕車或作工

毛牛見八十四圖產於西藏其毛甚長可織布尾長尾毛細該處官以其尾之長短分品級之大小人以其聲音如此又名之曰𡅾響牛

香牛見九十一圖產於北亞美利加其身有香氣若麝香者因以香名牛其毛甚長幾垂地

里牛見八十八圖乃美國至大之野獸其首大首之毛若獅雖身軀至大但奔走時卻有電閃星飛之捷

亞非利加野牛、見八十五圖、其形狀較獅象愈覺猙獰可畏、絕有力善走、其角粗肥而末銳、且闊有五尺、

第二十一章論羊種

羊見九十圖、乃至有用之牲畜、到處皆有、肉可食、毛可織布、皮可爲衣、在波斯國有羊一種、其尾甚巨、亦甚胖、至巨者重約百斤、人恆嗜之、以其尾如此、不艮於行、於是人爲其設法作一板、下具兩輪、以繫於後足、置尾於板之上、始能行動便捷、有數處人畜羊至多而成羣、牧者旦縱諸草地、恆保衛之、且有狗相助、暮則牧者呼之、能辨別人聲、即隨牧者歸至棚、羊不從生人、而其膽甚怯、油可適用、其所產小羊、乳哺時以兩足跪母前、蓋其性如此、

支派	有脊骨
族部	熱血乳哺
小部	有四足
科屬類	有蹄返嚙
種	羊　山羊　長毛山羊　西藏山羊　長角山羊

山羊與綿羊不同、毛直而多力、膽大而輕靈、其皮可爲履、歐羅巴人向用之、至小之山羊皮、又可爲手套、

長毛山羊、其形狀與山羊大略相同、所異者其渾身毛甚長、力大而性猛耳、

西藏山羊之毛、至長而亦至細、該處人皆用其毛以織成布、一名羅絨、

長角山羊見九十二圖、產於歐羅巴及亞細亞之西邊境、其角之長約三尺餘、亦間有不及者、

第二十二章論鹿種

支派	有脊骨
族部	熱血哺乳
小部	有四足
科屬	有返嚼蹄
類	鹿
種	鹿 羱鹿 麋 麝

鹿見九十四圖、每歲角解、牡者及一載生一角、又一載生一支、以後歲恆如此、生時甚速、約歷六七日已長至堅利矣、當角出

時每居樹林、緣新角嫩、恐損其角、角外有柔皮一層如絨、其下有血脈管以養角、角成則血脈管始乾、鹿卽於樹間磨去角之外皮、其形狀可觀而善走、是以游玩諸園中皆有鹿置焉、其皮用甚大、肉亦可食、

羱鹿見九十七圖、產於歐羅巴北邊境、其地至寒、以樹之細嫩枝并翻雪地下枯草爲食、該處人食其乳、肉、以其皮爲衣角爲器、且以駕車作負重工、此獸能走、駕車日行百里、其蹄於行走時分開、見九十八圖、利雪地不患顛蹶、其角不若鹿之善解者、

麋見九十三圖、亦產於北邊境、其角如板之闊、至大者角重幾二鈞、藉角覓地之枯草、身多力、亦善走、如遇豺狼等、以角挑之卽斃、

麝見九十五圖、產於亞細亞、俗名香狸猫、人所用之麝香、卽此獸之身所出者、其身小、其首亦無角、

25

九十七圖獂鹿

Ränn'i fer ta rān dus Reindeer. (古.)

Fig. 88.—The Gnu.

九十九圖馬鹿

九十八圖獂鹿蹄式

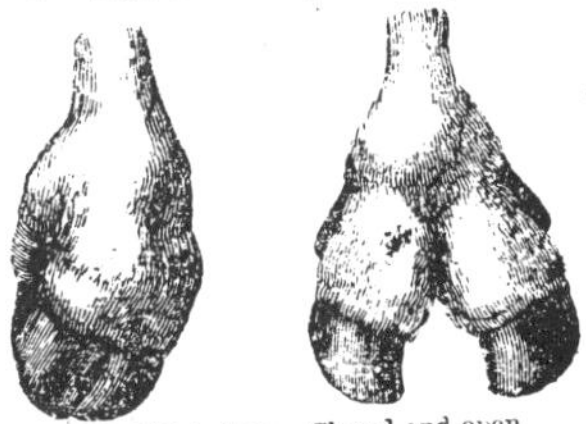

Hoof of Reindeer. Closed and open.

一百圖獂鹿掘雪地覓食

—Reindeer Digging in Snow.

26

百零一圖麞首式

—ANTELOPE.

百零三圖咕咜

Fig. 87.—The Kndu.

百零二圖馬鹿

A. gnū. Gnu. (1/40.)

第二十三章論麞種

麞見九十六圖與鹿大致相同所以有幾微殊而不同者其角不解至形狀較鹿尤覺美觀且亦善走目睛黑大光耀射人因其如是衆人恆思瞻視之

支派	有脊骨
族部	熱血 乳哺
小部	有四足
科	有蹄
屬	返嚼
類	麞
種	麞 咕咤 哋里 馬鹿

咕咤見一百零三圖產於亞非利加係麞中之至美觀者角長四尺作灣曲勢若螺旋然緣其美觀人咸名之曰螺角鹿

哋里產於亞非利加之南邊境善走似麞而尾肖馬角甚直長約二三尺能以角挑人或遇獅彼即以角挑斃之

馬鹿見九十九圖又名鶩馬產於亞非利加之南邊境其形狀甚奇異角肖牛身尾領毛肖馬首肖水牛足肖鹿善奔騰人若戲擾之則猛甚其膽至怯或偶遇異物輒驚而遁少俟即回而微覘之

緣性情如是、所以人捕之易獲、設欲撻斃之、但以紅布一方懸於木桿之首、若懸旌然、以誘之、彼且漸近而仰瞻之、乃可舉手以捕獲焉、

第二十四章論駱駝種

駱駝有兩種、一雙峰、一單峰、單峰者產於亞非利加、見一百零四圖、雙峰者產於亞細亞之中境、見一百零五圖、係可供要用之牲畜、足闊而柔、利行沙漠、人皆謂之沙漠舟、

支派	有脊骨
族	熱血
部	乳哺
小部	有四足
科	有蹄
屬	返嚼
類	駱駝
種	亞細亞駱駝　亞非利加駱駝　拉馬

其胸及前後足幹睡時均着地、緣其渾身具堅皮若坐墊然、雖在至熱沙地、罔知炎熱、目眶甚高凸、睫毫長、鼻端另具皮一層以掩鼻、所以塵沙無從迷其目、觸其鼻、齒牙利而有力、可食沙地草根、見一百零七圖、胃有蓄水囊、可藏水、渴則回而灌之、可潤喉、致能六七日不飲水、并

—Bactrian Camel.

百零五圖亞西亞駱駝

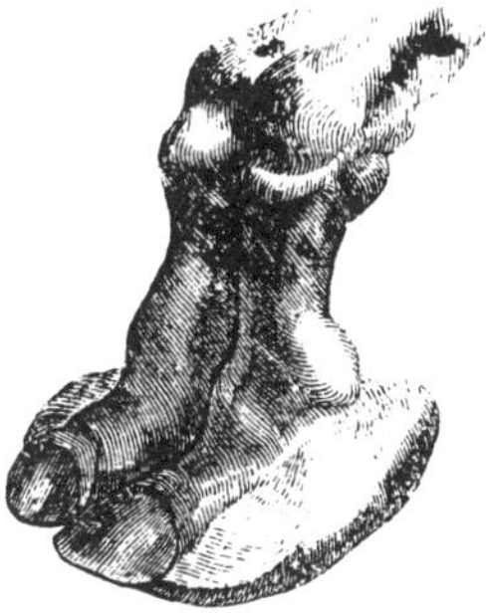

百零六圖駱駝足

Foot of a Camel.

百零四圖亞非利加駱駝

Ca mē lus drom e dā' ri us. Dromedary. (1/40.)

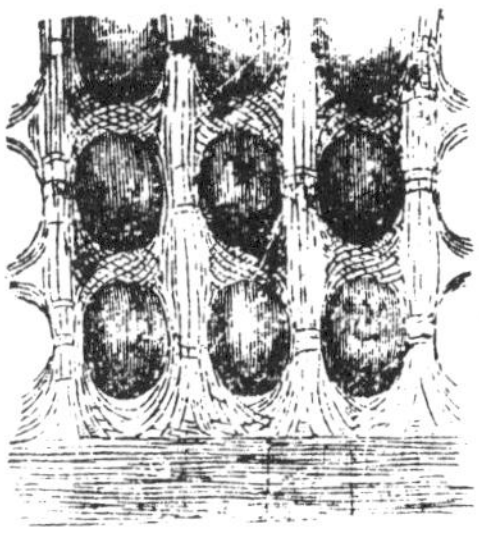

百零七圖駱駝胃

Water-cells of Camel's Stomach.

百零八圖拉馬

Au chē' ni a Ll ā'ma. Llama. (1/40.)

百零九圖拉馬足

Foot of Llama.

百十圖長頸鹿

anud o păr' dă lis gi răf' fa. Giraffe. (1/80)

百十一圖長頸鹿首舌式

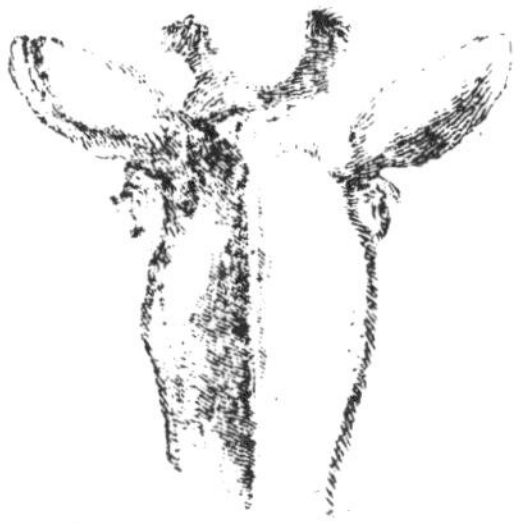

Giraffe's head from the back.

Fig. 397

Head of a Giraffe, showing tongue

百十二圖鯨魚

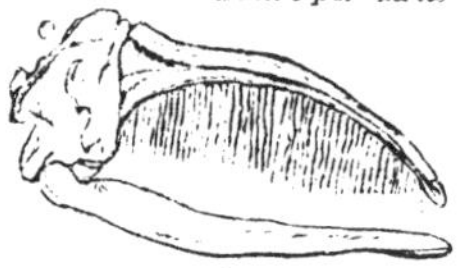

Baleen.

百十三圖鯨魚齒式

Fig. 238.—Greenland Whale.

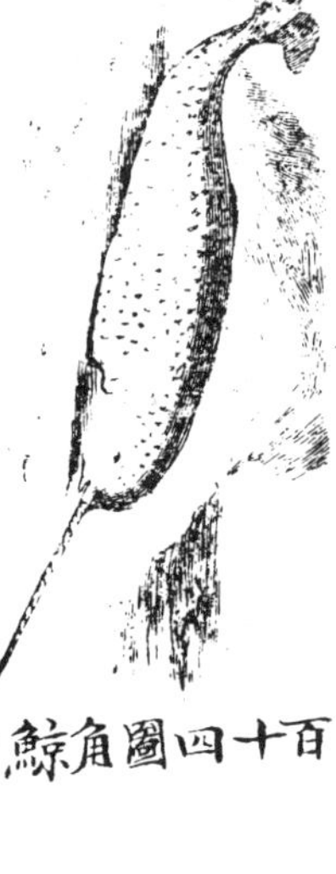

Mŏn ŏ dŏn mon ŏc'ě rōs. Narwhal (1/50)

百十四圖角鯨魚

可數日不食、緣內裕峰脂、可化以自養、其身置於沙漠地用尤適得其當、重負二十鈞、日可行九十里、若僅乘人、一晝夜可行三百里、能令人喜、以其無論乘人負貨物皆跪聽人、而無違、途行依次、一人約可照顧三十頭光景、有爲首者以牽之、餘則魚貫啣尾以行、恆不越次、印度人以其毛織成皮衣、即婦人以之披於身者、此牲畜價值之至昂、英餅亦不過名賢之數、緣工本巨故耳、

拉馬見一百零八圖、產於南亞美利加、背雖無峰、可稱駱駝之小者、足有兩蹄而不柔、爪似灣利、行山路、見一百零九圖、故人用以工作於山、不顛蹶亦不慮滑、其胃肖駱駝、毛可織布、其性甚狡詭、背負過重、即伏地不肯起、須減輕其所負乃起、人或戲擾之、彼即以唾沫噴於人身、

第二十五章論長頸鹿種

長頸鹿見一百零十圖、其身肖羊鹿各參半、自首至足高一丈八尺、而其頸項之長、已過身之半、僅食樹葉、而不良於食草、緣其首

支派	族	部	小部	科	屬類	種
有脊骨	熱血	乳哺	有四足	有蹄	返嚼	長頸鹿

不便向下伸其舌可捲緊樹枝與葉見一百十一圖、目生首之兩旁、其目露凸於外、故能四顧、角有二、其角尖有毛、或遇物毛即能知覺、遇樹葉立知食、與他獸鬬、用足而不用角、以角弱而足強、或施足力以踢之、雖獅亦無不被其踢斃、又獸之可觀者、皮色蒼黃、且有斑點若金錢豹形、善奔騰、膽怯則奔馳、尤捷於馬、惟家養者能懾服、并馴而無聲、

第二十六章論無手足類

宇宙間動物之至大者、俱在此族中、象雖推爲至巨獸、而鯨魚見一百十二圖之大、又數倍於象、其身長六丈許、腰之粗大亦四丈

THE RIGHT WHALE OF THE NORTH ATLANTIC.

百十五圖江猪

Common Porpoise.

百十六圖江猪

—Dolphins.

百十七圖角鯨魚

—The Narwhal.

百十八圖鯨魚骨式

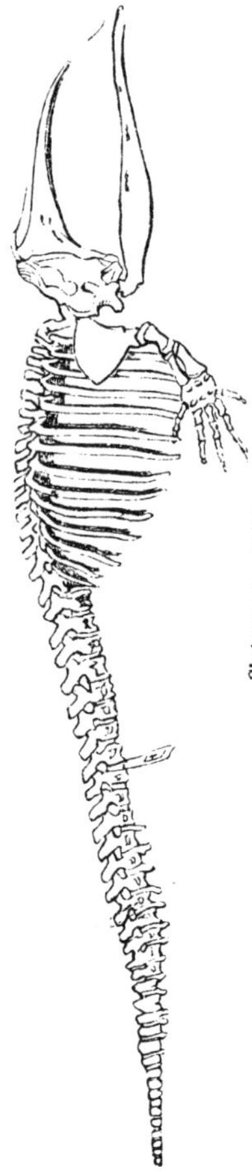

Skeleton of a Whale.

百十九圖鯨魚齒叉式

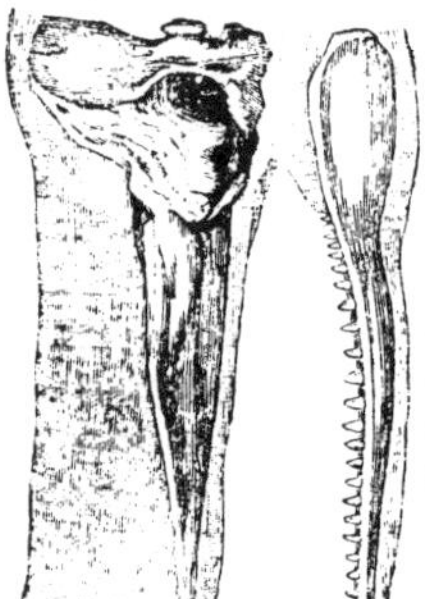

Skull of a Sperm-whale.
Phy sē' ter mă crō cĕph' ă lus.

百二十圖鯨魚划

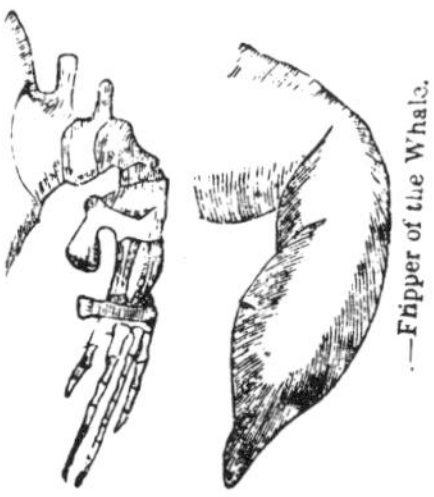

—Flipper of the Whale.

許、形肖魚、尾寬二丈五尺、游水時尾能上下動、其划水翅如鳥之兩翼、又如人之兩手、恆不動、以令其身平穩、故不傾覆、其皮光無鱗又無毛、皮厚二尺許、皮內頗多油、致其體胖而巨、蓋油多則身體易浮而不患沉、且不畏冷熱、此油有大用、所以人咸思捕獲之、物雖水族、而呼吸與人無少異、不僅有兩腮并有肺、又耳鼻各具皮、可任意障水不使入、在水張口、時遇魚與水並吞之、水自鼻噴出、魚則食之、身雖至巨、而卻不能食大魚、因其咽喉之地位小而不甚寬大、遂不能容咽物之大者、見一百十三圖、其上牙車有骨排列下垂、儼若世俗所用箵箕形式云、

支派	族部	小部	科屬類	種
有脊骨	熱血乳哺	無手足	鯨魚	鯨魚、角鯨魚、江猪、海牛

角鯨魚、見一百十四圖、其鼻有長短兩角、如長鼻、長者約丈許、人莫知其何用、身長有三尺、

江猪見一百十五一百十六圖、在江之深處、身長八尺、亦食魚、其油亦有大用、性喜游戲、恆竄躍於江、

海牛、食草而不食魚、身長一丈六尺、亦肖鯨魚、惟皮有毛、如牛皮、於游水伸首時、人望之儼若人、以如此故、人言有人居水、乃貌似人而非眞有人在水焉、

習問

問○返嚼者何○返嚼何解○其足之蹄如何○何食○其齒牙如何○食時其牙如何○其胃分幾房○次房如何○如何咽至三房末房○其性情如何○牛有幾種○中國牛如何○水牛如何○美國與歐羅巴之牛如何○印度人以牡牛爲如何○毛牛產何處○尾何用○香牛如何○里牛如何○亞非利加野牛善走否○羊何用○人設何法以畜之○有何獸相助○能辨別人聲隨人否○山羊綿羊何別○長毛山羊如何○西藏羊與長角山羊如何○鹿角如何○角新舊異否○出新角時如何○何以知鹿之歲數○何獸屬此○獐鹿如何○產何處○麋角何形○麝如何○產何處○麞與鹿殊否○走如何○呫吃如何○吡里如何○人咸以何名名之○馬鹿如何○其形狀如何○其性情如何○駱駝有幾種○兩種有何分別○產何處○何地相宜○何以利行沙漠○何以能六七日不飲水數日不食物○峰何用○何以能睡炎熱地○堅皮何用○何以令

人喜○耳目何以不懼塵沙○何以能食沙地草根○駱駝利負重否○拉馬如何○與駱駝何異○足似駱駝否○長頸鹿如何○食何物○何以不食草○首有幾角○形式如何○皮何色○其聲如何○鯨魚幾何大○人以爲魚否○何故○其兩翅划水如何物○其皮如何○游水時尾如何○在水何以不患冷熱○具鱗否○在水可呼吸否○何食○人捕以何用○齒牙何形○江猪如何○居何處○角鯨魚何用○海牛何食○肖何物

第二十七章論鳥部

鳥之身固有熱血、但較乳哺者有間、緣鳥血之熱、更勝於乳哺之血熱、蓋人之血、其熱不過九十八度、鳥血竟熱至一百零四度、彼卵生、有羽翼能飛、能飛者胸高而有力、有喙無齒牙、嗜欲不同、胃亦異、食穀者胃皮堅、食肉者胃皮柔、食沙石以助胃、其兩翼骨如人之兩臂、其飛乃藉翼之力、故兩翼之肉更多、設或人之兩臂、添以羽翼、勢若能飛矣、究之仍不能飛、約言之由人臂之肌肉

支派	有脊骨			
族	熱血			
部	鳥			
小部	地鳥			
科				
屬	食肉			
類	鷹			
種	鷹	大鳥	狗頭鷹	猫頭鷹

少、致翼力不足、鳥不第肺吸空氣、幷通體之骨、皆空而實氣、惟如是其身輕而利飛、羽毛亦至輕、羽管亦具空氣、其毛內密外堅而有油、不畏雨淋沾濡、尾具小油核、時吮而光潤其毛羽、若食物始則囫圇吞至囊內、任囊汁浸柔之而後至胃、胃皮至堅勁、物至胃卽磨轉以運化之、其所吞石子等、易助其胃消食、其卵之爲物甚奇、見一百二十六圖、外殼、內清、中黃、黃之上贅小白子一粒、雛鳥卽由此出、此子時附卵之上面、卵有空氣以養雛、鳥既生卵、必以翼覆卵、卵中時得鳥身熱氣、子變動、數日雛卽出、雛於卵中已成未出之時、雛喙之末具堅物一小塊、此得造化之靈氣自然生成者、待雛喙破卵殼而出、喙之堅物遲數日卽脫去、觀雛足卽可知其何族、其營巢也、非僅爲己、是爲生卵育雛計、凡鳥之喙與足細者、其巢亦細而可觀、凡鳥屬一種者、其巢俱一式、諸鳥之毛色不

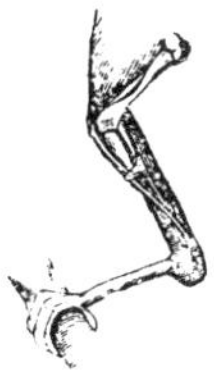

百二十二圖鳥之足

—Leg of a Bird Perching.

百二十一圖鳥構巢式

-Building the Nest.

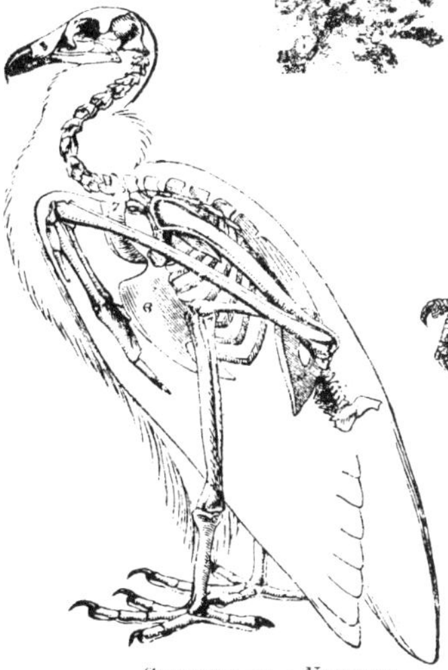

百二十五圖駝鳥骨式

-Skeleton of a Vulture.

-Claw and Beak of Bird of Prey.

百二十四圖鷹之喙足

百二十三圖鳥縫其巢

—Nest of the Tailor-Bird.

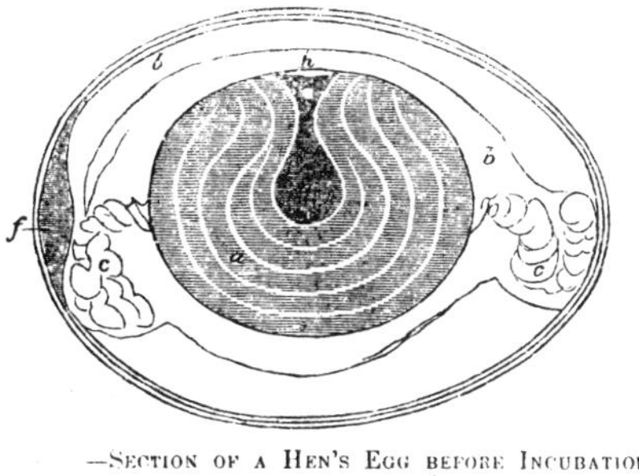

百廿六圖鷄卵

—Section of a Hen's Egg before Incubation.

a, yolk, showing concentric layers; *a'*, its semi-fluid centre; *b*, inner dense part of the albumen; *b'*, outer thinner part; *c*, twisted cords of albumen; *h*, the white spot, or germ cell.

百廿八圖老鷹

—THE GOLDEN EAGLE.

百廿七圖白頭鷹

Ha li aë tus leu co ceph'ă lus.
White-headed Eagle. ([illegible])

百三十圖大鳥

Sar cor ham phus gry ph us. Condor. ([illegible])

百廿九圖貓頭鷹

—THE OWL.

百三十二圖狗頭鷹

Rhyn ŏg ryph us au ra.
Turkey Buzzard. ([illegible])

百三十一圖尋常貓頭鷹

—The Barn Owl.

一、亦有五色者、如遇害即知設法以避之、遇猴巢營於樹林之枝末、猴莫能至而覬覦之、巢有蓋、卵均有黑點、勿令見也、卵白者恆匿之、鳥目內另具皮一層、甚透光、故目雖微閉而仍見、有耳無外輪、霎眼時惟啟內皮一層、亦能辨臭與香、不若貓頭鷹(即鴟鴞)之耳、有形式可見、彼又因時遷地、或交秋即知天氣欲漸寒而南遷、待春暖時再來、至生卵育雛等、卒在北方、鳥之種有五千、而總分之僅有兩類、一在地者、一在水者、地鳥時飛集於地、水鳥喜飛游於水、在水時約居其大半、人之無不喜鳥者、以其羽毛形式、頗著外觀、飛翔集止、甚見天機活潑、流露自然之樂、偶於山水清幽、花木深叢之處、時聞鳥鳴數聲、傾耳聆之、其聲清越、實足以洗滌塵心者、以視世人之爲名利束縛而不暇自樂其樂、視鳥相去爲何如乎、噫、其鳥可以人而不如鳥乎、地鳥又分食肉棲樹、能爬、能爪、能奔、五種、食肉者喙大而銳其末、喙之上半面、其大罩過於下半面、喙末灣曲、故能撕裂諸物、足短而有力、足有四爪、爪殼甚堅利可攫物、見一百二十四圖、皆雌雄自相配匹成偶、卽永不分離、不若他鳥之成羣者、其羽毛俱灰色、音不甚可聽、巢營於高石、雌鳥之身、畧大於雄、其翼至大、故利於飛遠、

鷹見一百二十七圖、產暖地、以鳥兎雞羊小獸等爲食、時或食孩提、營巢銜樹枝及柴草、其初生小黃卵兩枚、俟雛鳥出、母鷹更猛、致人俱不敢近其巢、其壽長可活至百年者、見約百記三十九章二十七至三十節鷹循爾命而騰、建其巢於高處乎、彼乃棲於磐居於巉巖及鞏固之處兮、由彼尋其食物、其目遠覩、其子吸血、見殺者之所在、其亦在彼兮。

大鳥見一百三十圖、係此種中至大之鳥、產於南亞美利加、身長

四尺、翼張寬丈許、力大能攫山羊及綿羊飛回巢、將羊致斃、以食之、其巢則營於高山、

狗頭鷹見一百二十二圖、亦產於溫暖地、以已死物與死屍等爲食、食雖汚而身潔、緣時洗澡向陽而曝其羽毛、其首至頸項俱無毛、頸項之皮甚寬、可縮而掩其首、善嗅氣、或埋地之已死牲畜、人所不及見者、卽遠處彼亦可蹤跡得之、

猫頭鷹見一百二十九、一百三十一圖、卽鴟梟夜出覓食、緣目大易收日光而目疼痛、是以晝不能出、不第不能出、且眼之內有皮一層以遮掩之、其巢營於幽靜晦暝之處、或敗屋中、以兎鳥鼠及諸蟲爲食、其首大而圓、耳亦善聽、耳雖有外輪、俱被毛掩、另有皮一層可任闔闢、其毛細輭而輕鬆、飛時無幾微聲響、故覓食甚穩、致被食之物不及知覺而逃遁之、若食毛則胃不能化、仍能哇而出

之卽以哇出之毛營巢以備將來生卵育雛諸事其一種首有角又有一種毛色之白如雪

第二十八章論鳥之棲樹種

鳥之棲樹種甚多其足之形式登樹甚輕便足之大小屈曲兩節有筋一條上下俱緊挺之故足爪時形拳曲若非挺立不能直伸

支派	有脊骨
族	熱血
部	鳥
小部	地鳥
科	棲樹
屬	圓喙
類	
種	麻雀　百鴿　鴉　鵲　火鴿　雺鳥　角嘴鳥

棲樹用以鈎樹枝甚穩其足小而無力不若兩翼之力勁因如是故恆飛而不走其羽毛五色可觀雄者較大而美其鳥之喙共分圓者鈎者大者小者四種圓喙者恆食五穀暨諸種子喙之鋒上與下同而無異

麻雀見一百三十六圖到處皆產其身甚小或遇釀雪喧聲特甚意在覓食以備雨雪亦在圓喙之一種中

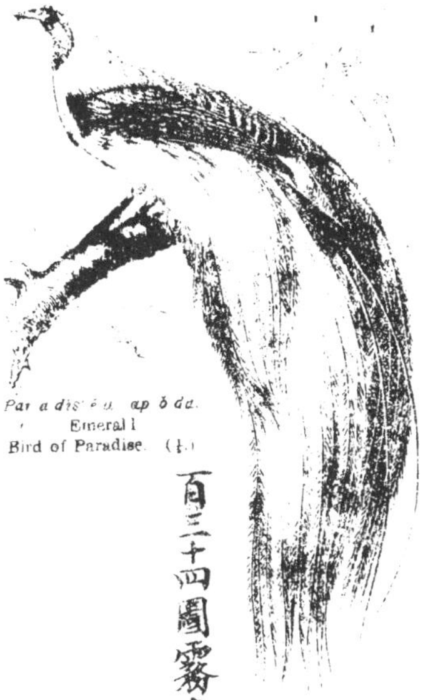

Paradisea apoda. Emerald Bird of Paradise.

百三十四圖霧鳥

—Two horned Hornbill feeding its Mate.

百三十三圖角嘴鳥

THE CARRION CROW. *Corvus corone.*

百三十五圖老鴉

Fig. 117.—Head of Shrike.

百四十圖鵙鳥首喙

Me los pi za me lo' di a
Song-sparrow. (½)

百三十六圖麻雀

Mi mus pol y glot tus. Mocking bird (½)

百四十一圖反舌

Col lu ri o bo re a' lis.
Shrike, or Butcher bird. (½)

百三十七圖鵙鳥

Cor vus co rax. Raven.

百四十二圖大老鴉

Me nu ra su per' ba
Lyre bird (1/10)

百三十八圖琴鳥

Cur vi ros tra leu cop' te ra
Cur vi ros tra a mer i ca na
Cross-bill. (½)

百四十三圖交嘴鳥

Cer' y le al' cy on.
Belted King-fisher. (⅓)

百三十九圖翡翠鳥

百鴿（卽反舌）惟產中國者較大、其聲可聽、其性至靈巧、且不論何聲其聽之卽知傚學、且能學至相肖者、所以人俱喜養以爲玩、

鴉見一百三十五圖、其身俱黑、膽大而狡、亦堪教之言語、因其恆翻去田畝之籽種、故農人甚惡之、欲捕之卻不易獲、

鵲與鴉相似、膽亦大、恆竊鳥卵暨雛爲食、時或飛入室竊人金銀、與一切美細燦爛之物、何以深知鵲之能竊、曾有人偶失眼鏡一副、後於屋之簷際鵲巢中覓得之、且見金約指多枚、并圈飾等物、俱集在其巢焉、

火鴿之身紅而美、其呌喚之聲甚可聽、性喜娟美、與五虎子翠鳥相似、其營巢所以必專擇彩物及絲線或毛或殼、

霧鳥見一百三十四圖、乃至美觀者、產於太平洋之海島、毛五色、尾長而黃、且具細密絨毛、性喜潔、時以喙脩飾其尾、恐風吹折其

毛飛時必以首向風而迎之、

角嘴鳥見一百三十三圖、喙大而喙上具一角、角大如喙、視其角甚厚、實則空其中似蜂房、緣如是、其聲音之響亮、不似鳥而似獅、產於亞非利加印度、巢營於枯樹中、雌鳥以其毛自內營之、雌鳥在外彌其隙、俾雄者居巢、僅能露首於外、竟莫能他動、於是雌者出覓食以與之食、并喂雛、及雛長大、始啟巢之牖以出之、

第二十九章論鳥之圓鈎嘴大嘴小嘴三種

支派	族	部	小部	科	屬	類	種
有脊骨	熱血	鳥	地鳥	棲樹	圓鈎嘴		鵙鳥
							夜鶯
					大嘴		山畫眉
							燕子
					小嘴		華麗
							蜂雀

鳥之圓鈎嘴者、其喙灣上半面、長過於下半面、食則以小鳥蚯蚓、

鵙鳥見一百三十七圖、係在鈎嘴中之一種、其出也覓得食、則啣而懸諸刺樹之枝、為不時之需食、故人至鵙巢瞻視、時見其

百四十五圖燕窩

—Nest of Edible Swallow.

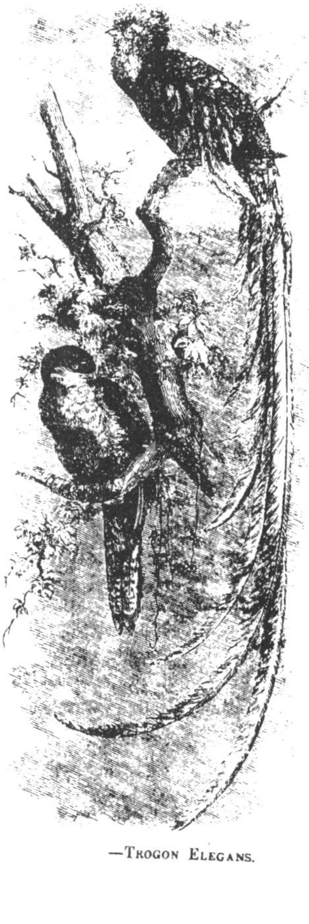

百四十四圖華麗

—Trogon Elegans.

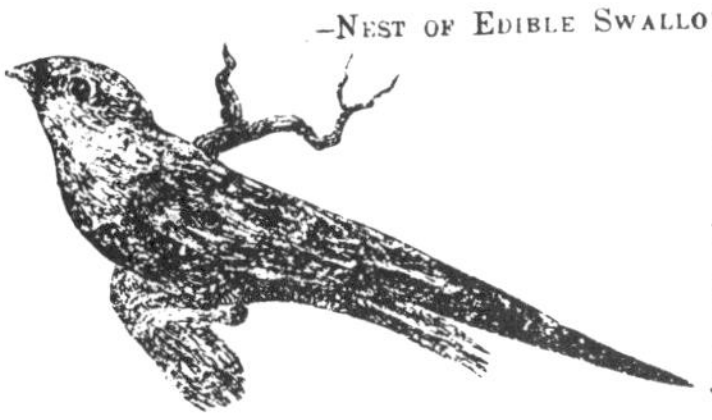

百四十六圖燕

Chæ tū' ra pe lăs' gi a.
Chimney-swallow, or Swift. (½).

百四十七圖蜂鳥

Trŏch' ĭ lus cŏl' ū bris.
Ruby-throated Humming bird. (1/1)

巢

Nest of Humming-bird.

百卆圖鸚鵡

Ca cā'tū a sul phū' rē a. Sulphur crested Cockatoo.

百四十八圖啄木鳥

Cam pheph' i lus prin ci pā' lis.
Ivory-billed Woodpecker. (1/10.)

舌

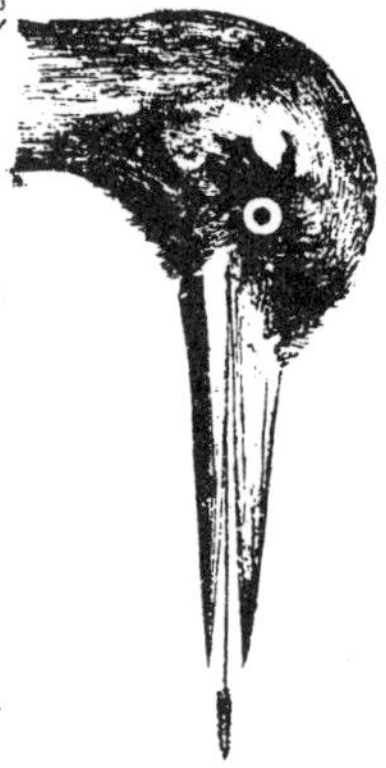

—Tongue of Woodpecker.

百五十一圖鸚鵡之足式

—Foot of Parrot.

百四十九圖啄木鳥巢

—Woodpecker's Nest.

備食物、亦以旨蓄於巢中云、

夜鶯恆鳴於黃昏月色之時、其聲音清遠而可聽、故較他鳥尤佳、山華眉到處皆有、但其叫喚之聲音高低緩急、自覺清脆悅耳者、

大嘴者喙張甚寬、飛時張其喙食各種飛蟲、或近其喙卽入而被食之、

燕子（卽元鳥）見一百四十六圖、係大嘴之種、翼張善飛、一分鐘時約飛三里許、其巢不在樹、營於人之居室中、或山洞深凹處、其另有一種、產於太平洋之海島、其巢卽以其所食之物、若洋菜水銀魚類者、哇出而營之、厥名燕窩、中國人恆嗜之時以爲食、其運入中國口者、大約每年價值銀一百萬兩左右、見一百四十五圖、

華麗見一百四十四圖、乃至娟美之鳥、其身毛五色、而毛長三尺、產於亞西亞之南、與南亞美利加、其聲浮而不實、能令人莫審其

聲在何方、惟美希哥貴人、或皇親、或官長、俱戴其毛、若中國貴官之戴孔雀翎然、且該處又用其毛膠諸紙、以爲畫繪之色、小嘴者、喙長而其末甚細、能以喙入於花心中、即吸取花心之甜汁云、

蜂雀見一百四十七圖、在小嘴之一種中、爲鳥中之至小者、身長約半寸許、其音不及百鴒畫眉之可聽、食必以花汁、遇花不少休息、惟於花叢中飛掠一過、但聞其翼聲、若風之微響、而花汁已食之矣、其舌長而空中、如細管一枝、故善吸花汁、此鳥僅產於南亞美利加、在該處共有四百五十餘種、其巢不易尋覓、由於太小、其毛如灰色、生卵之大小一如豆、

第三十章論鳥之能爬種

此種之鳥足、與他鳥不同、其兩爪向前、兩爪向後、見一百五十一

圖、所以能爬、足有力、且以喙助之、惟兩翼小、

鸚鵡見一百五十圖、在能爬之一種中、喙大而圓、舌厚、故能言語、毛亦可觀、但其言語、不過學人數句套語、其聲音不甚可聽、所以乍聽若奇、屢聽則厭、致人不甚喜焉、產於熱地、形式不一、有大小數種、

支派	族部	小部	科屬類	種
有脊骨	熱血鳥	地鳥	能爬	鸚鵡 土間 啄木鳥

土間見一百五十二一百五十三圖、產於南亞美利加、其喙大而輕、緣喙殼與海絨相似、且喙能知覺、睡時以喙匿翼下、有長尾置於背、乃不致偶遇觸傷、其舌之兩旁如鋸、用以修飾尾毛、若運剪然、以果肉等爲食、

啄木鳥見一百四十八圖、除奧斯達利亞一處外、餘則到處皆有、喙長而堅利、恆啄樹皮以爲食、且尋覓樹中小蟲、遇蟲卽以舌刺

之緣其舌尖并有數尖刺可刺殺昆蟲其尾毛中有堅毛數根毛之末甚銳利可插於樹所以啄木時全賴其力不營巢即在樹間啄空一洞於是宿於洞中見一百四十九圖

第三十一章論鳥之能爪種

此種之鳥皆以五穀等物爲食且其行地之時多故足爪有力可用以爪物至於兩翼則無力其雌雄各自顧不常配匹以偕所覆卵俟雛一出殼即能走亦無雄鳥以衛助之

支派	有脊骨
族	熱血
部	鳥
小部	地鳥
科屬	能爪
類	
種	雞　雉雞　孔雀　火雞　鴿子　林中鴿　幾尼亞雞　石雞

雞到處皆產有大小數種人喜嗜其肉與卵其毛色不一甚可觀其雄者啼聲應候喔喔可聽

雉即野雞見一百五十八圖產中國及印度國其餘皆不產其毛色

百五十三圖見土間之舌

Rham phăs' tos tu cā' nus.
Toucan, South America (¼.)

百五十二圖 土間

—Toucan.

百五十五圖鵙鴿

Ec to pis tes mi gra tō' ri a.
Passenger Pigeon (¼.)

百五十四圖 石雞

—A Partridge.

百五十七圖孔雀

—Peacock.

百五十六圖火鷄

Mel e ā' gris gal lo pā' vo. Turkey. (1/15.)

百五十八圖雉

Argus Pheasant.

百五十九圖鵓鴿之膆

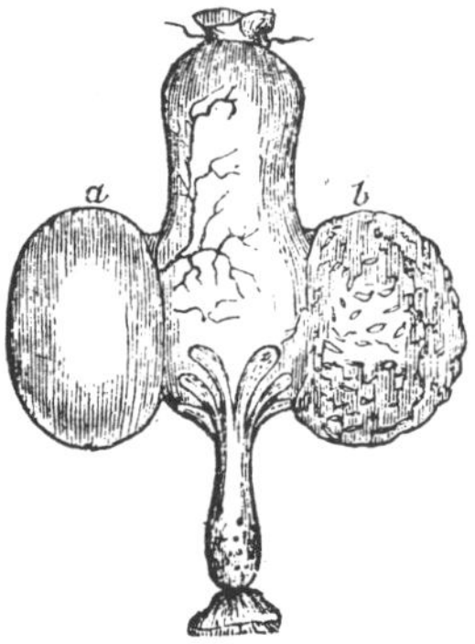

—Pigeon's Craw.

百六十圖無翅鳥

—The Apteryx.

百六十一圖鵓鴿

—A Pigeon-loft.

若蘆花然、尾毛約長尺有半、居深山曠野間、人皆嗜食其肉、

孔雀見一百五十七圖、產美國及印度國、毛色不一、而綠色爲多、雄者尾長三四尺、尾均有眼、時或開屏、見有人衣華服者、彼卽喜開屏以誇耀之、其聲不甚可聽、足亦不雅觀、惟屏開時衆雀眼尤豔麗可觀、此乃他鳥所莫能及、其孔雀眼中國用以爲花翎、京師暨各直省貴顯官之有勞績者、君上或賞戴花翎以奬勵之、其戴翎枝雖出自特恩、而茲開助賑銀捐例、藍翎花翎、均可遵例捐納、督撫彙奏、俟奉旨部覆到日、准其一體給照賞戴、若雙眼三眼花翎、例無助賑銀兩可捐、非郡王貝子貝勒中堂督撫大臣建有豐功偉績、聖眷優渥者、萬不輕出特旨以恩賞云、

火雞見一百五十六圖、僅見於美國、身大如鵝、肉可食、自鼇至首、均有皮而無毛、且能開屏若孔雀然、其皮畢皺、其開尾時血悉聚

於頸項、其皮故紅而可觀、

鴿子見一百六十一圖、雖列入此一種中、卻有不同之處、以飛時多、其以翼覆卵、出雛若雞、而雛出不若小雞之即能走、其喂雛也至奇、緣其嗉有二、於哺時嗉內變出幾許堅塊、塊有汁如乳、食物至其中即變柔輭、乃哇出而喂其雛、不問雌雄皆如此、其飛捷一分鐘時約飛三里許、歐羅巴人恆令其寄遞書信、其法以書信繫諸翼下、以醋少許敷其足、意欲其不休息、何以如是、蓋飛時足稍熱必止而洗於河干、若不敷以醋、其足即熱、其寄遞書信之事、本非鴿子所能、然於其始如何教之、設今日先放於一里外能歸家、翌日於二里外放之能歸、於是日漸加增、即令其至甚遠處、仍能歸至家、而後可供寄遞之使令焉、

林中鴿身長八尺、歐羅巴除嚴寒地外、乃無地無之、巢營於深林

高樹間田間之禾、被食甚多、其所取惡於人者如此、

幾尼亞雞身長一尺、初產於亞非利加洲、其後有被人攜至歐羅巴者、故近時其地產此物甚衆多、其色灰黑而有白點、渾身之花如珠、首禿無毛、喙下有肉膆、以五穀草種昆蟲等爲食、性善怒而喜鬭、其肉可食、

石雞見一百五十四圖、身長尺有二寸、翼長二尺、產於歐羅巴之中境、巢於田之阡陌間、其居則成羣、儼如一家、雌雄大小、盡宿巢中、膽小心細、甚恐有害之者、飛則高聲而鳴、此物筵席中均用之、故獵者尤喜捕獲以佐肴饌云、

第三十二章論鳥之能奔種

鳥之屬此一種能奔者、其兩翼至小、足且大而有力、毛亦甚鬆散、

駝鳥見一百六十二圖、爲鳥中之至大者、身高八尺、產於亞非利

加與南亞美利加、其足大、足有二指、其鬭也以足、因足力甚大、所以善走、且至捷、一點鐘時約可行九十里、其身重、以骨中皆實髓而不空、其行走作盤旋勢、馬若直追之可及、或依次尾其後、斷不能追及之、背可乘二人、亦可馴養、其巢營於沙地、故卵生於沙中、人或尋得其卵而戲弄之、彼盡毁其卵、而營巢於他、其哺時置數卵於外、以備雛食、一卵之重約三斤、見一百六十三圖、該處

支派	族部	小部	科屬	類	種
有脊骨	熱血	鳥	地鳥	能奔	駝鳥 無翅鳥

人以其卵殼作杯盤、一切物件、以殼堅厚故也、其毛可觀、價甚貴、

見約百記三十九章十三至十八節

駝鳥之翼、歡然而鼓、其羽與毛、乃慈愛如鶴乎。其遺卵於地、暖之於塵。不憶足可踏之、野獸可踐之兮。彼無不忍其雛、若不屬之、其劬勞徒然無懼兮。蓋神使之忘其智慧、亦不稍賦以明哲兮。其振翮高超時、則輕忽馬與騎者兮。

百六十二圖 駝鳥

Rhē'a rhē'a. South American Ostrich.

— Dodo (in the Foreground) and Apteryx.

百六十四圖 無翅及駝駝兩鳥

Strŭth'i o ca mē'lus. African Ostrich.

Grus a mĕr′ i că′ nus. Whooping-crane.

百六十五圖鷺

—Marabou Stork and Young.

百六十七圖　仙鶴

—Flamingoes.

百六十六圖火烈鳥

百六十八圖白仙鶴

Cĭ cō′ nĭ a ăl′ ba. White Stork.

無翅鳥見一百六十圖、即無羽翼之鳥產於牛西蘭島、其爲物甚奇、翼小隱而不見、又無尾、身之大小與雞相若、喙長而有力、睡時首垂及地、如老人之植杖然、鼻生於喙末、必夜出覓食、所食即地之諸昆蟲、其覓食也不僅恃目而恆以鼻、終必爲之捕獲、其毛甚肖雞、惟毛較長、人視之一若獸毛、足有力、故善走、且鬬時務以其足、其卵甚大、每窠僅生一卵、其卵小鳥身四倍、

習問

問○鳥與乳哺者如何○鳥血與人血之熱度數相去幾何○無齒牙何以食○兩翼骨如何○其飛如何○鳥通體之骨暨羽管如何○何以不畏雨淋沾濡○其尾如何○毛羽何以光潤○鳥食何物助胃消化○鳥卵之爲物如何○鳥生卵必如何○雛鳥在殼中如何得出○鳥何爲營巢○鳥之巢有何分別○鳥之目如何○有耳鼻否○鳥是否在一處○鳥之種數若干○總分之有幾類○何謂地鳥○何謂水鳥○人何以皆喜鳥○食肉一類分幾種○能飛否○鷹產何地○巢何處○其目力如何○約百記三十九章二十七節如何云○大鳥如何○食何物○狗頭鷹如何○以何物爲食○猫頭鷹之目如何○耳如何○何時出覓食○何以飛無聲○巢於何處○其毛如

何〇以何物營巢〇何以能棲樹〇其足如何〇圓嘴族有何鳥〇麻雀與百鴿產何處〇鴉之身何色〇何以知鵲之竊物〇火鴿與何鳥相似〇霧鳥產何島〇角嘴鳥之喙如何〇圓鈎嘴族有何鳥〇鶗鳥巢有食物備否〇夜鶯之聲音可聽否〇山畫眉之鳴聲是否可聽〇百鴿能否學各種聲音〇大嘴族有何鳥〇燕子一分鐘時飛幾里〇巢於何幾處〇巢以何物爲之〇何國人喜食其巢〇華麗之毛何色〇其毛何用〇小嘴族有何鳥〇蜂雀身長幾何〇舌如何〇食何物〇產何處〇卵之大小如何〇能爬族有何鳥〇鸚鵡之喙與舌如何〇何以能言〇土間產何處〇喙與何物相似〇啄木鳥之喙如何〇尾毛中有何物〇能爪族有何鳥〇居地否〇所出雛鳥與他有何不同處〇雞之啼聲有定候否〇可聽否〇雉產於何幾國〇尾毛幾何長〇居何處〇孔雀產何國〇尾有何物〇開屏時有何可觀處〇其孔雀眼中國人以之何用〇火雞能開屏否〇鴿子與雞何別〇何以喂其雛〇一分鐘時能飛幾里〇歐羅巴人令其何爲〇林中之鳥身幾何長〇幾尼亞雞初產於何處〇石雞產何境〇巢何處〇鳥之至大者何名〇能飛否〇駝鳥之足如何〇其背如何〇一點鐘時能行幾十里〇馬可追及否〇可馴養否〇巢何處〇卵幾何大小〇卵殼何用〇無翅鳥產何處〇翼與尾如何〇喙如何〇其睡何若〇鼻生於何處〇何時出覓食〇何食〇其毛肖何

第三十三章論水鳥

水鳥分游走兩種、一屬能游水、一屬能行走於水、能走者足長而

無毛項與喙亦俱長能在水覓食身狹小飛時足洩後以助掉尾之力其飛乃至捷

鸕鶿見一百六十五圖一名水鴉（俗稱水老鴉）產於沿河及近水處巢於蘆葦中其飛至高身高約四尺喙黃目紅首具長毛能上豎亦能下放如孔雀首所有之毛然尾長可觀與雞相類此物甚饕餮故中國人俱用以捕魚焉

支派	族部	小部	科屬類	種
有脊骨	熱血鳥	水鳥	走水	鸕鶿 竹雞 鶴

竹雞恆見其在爛田以及海灘之側其喙亦長其兩目附於首後之近項處如遇人驅逐之彼易見而立即逃避故尤不易捕獲云

鶴見一百六十七圖之身較大於鸕鶿其巢或營於房或營於樹木均在高處翼毛微有黑餘俱白色亦有灰色者捕各種生物爲食并食人之餘食故人皆喜之其所生卵大小如茶杯卵殼紫色

能馴養而不畏人、性甚靈、見兒童游玩者、彼亦隨兒童游玩、

第三十四章論游水鳥

鳥之能游水者、足有掌、洩於後、卽能游動、行於陸則不甚便捷、其毛多、毛之油亦多、能令身暖焉、

支派	有脊骨									
族	熱血									
部	鳥									
小部	水鳥									
科										
屬	游水									
類	鴨				小翼					
種	鴨 野鴨	鵝 天鵝	火烈鳥	水鴦	企鵝	大簬客	呼呼鳥	彼得肋	海雞母	塘鵝

鴨見一百七十三圖、到處皆有、其毛可觀、而肉可食、喙之旁若鋸、不論食何物、入口卽有涎流出、喙有腦筋線、故易知諸物、其名卽家鳧、

野鴨一名水鳧見一百六十九圖、其毛甚細、雄者營巢、雌者卽脫身毛以襯、及生卵時、則又加毛一層以鋪其上、人何以必取其巢之毛、以其用廣而價值昂貴、人取之、彼仍以毛加之、人若屢去其毛、厥後僅見雄毛、乃罷之、何以知雄之毛、緣雄

百七十三圖野鴨

—WILD DUCKS.

So ma tĕ' rĭ a mol lis' sĭ ma.
Eider Duck. (1/16)

百六十九圖北方野鴨

Cўg' nus buc cĭ nā' tor. Trumpeter Swan. (1/16)

百七十圖天鵝

百七十二圖海鷄母

Fra ter' cŭ la arc' tĭ ca.
Puffin, Arctic Regions. ([illegible])

百七十一圖呼呼鳥

百七十四圖企鵝

—PENGUIN.

百七十五圖水札鳥

Fig. 149.—Crested Grebe.

百七十六圖水老鴉

Grăc' ŭ lus căr' bo. Cormorant.

百七十七圖火烈鳥

Phœ ni cŏp' tĕ rus rū' ber. Flamingo.

百七十八圖塘鵝

之毛黃色云、

鵝到處皆有、人盡知之、無俟贅言、其毛色或白或灰、乃有兩種、肉亦可食、惟其聲鶃鶃、終不堪聽、

天鵝（一名雁）見一百七十圖、毛色有白有黑、人皆以爲可觀、所以恆置養於游園之中、或遇他物攫之、彼即以兩翼自衛、并發大聲若鵝然、

火烈鳥見一百六十六圖、身高五六尺、通體毛色全紅、惟翼末微黑、喙似鴨而灣、食則以鈎嘴向上、即可食、恆於河干列隊整齊而後共食、另有數鳥專顧四面八方、其營巢於地、巢俱以泥爲之、有二三尺高一堆、具卵兩枚在其中、

水鴜見一百七十五圖、身短而項長、足生較後、有皮似鳧而不連、其走若以尾用力、故能挺立、其喙尖、游水易浮、可沒水行六百尺

之遠始出水、但不利於行陸、以翅翼助其足如四足者、足無背蒯伏故也其毛色甚光潤、背蒼腹白首之四圍均白如領而可觀、小者具黑白條紋亦可觀、巢可在水任其去來浮、鳥離則以草掩其巢、

企鵝見一百七十四圖、一如水鴦、身高四尺許、產於亞非利加、南亞美利加暨奧斯達利亞等處、向南愈多、北方鮮見、翼至小行陸恆以翼代足、游水亦以翼划水如魚、其於游水去來上下時、人視之莫辨其爲鳥爲魚、其喂雛甚奇、喂時先鳴、雛鳥聞之、卽以喙置母喙中、喙相對乃以食物哇出喂食其雛、其喂雛也始終如是、

大鰲客似企鵝、而其身較微小、高約三尺許、僅產於北極地、餘則無之、

哷哷鳥見一百七十一圖、亦名海鸚鵡、緣喙肖鸚鵡、其喙每歲必

脫去其半，其色背黑腹白足黃，又若大鰲客，能穿地穴爲巢，有至三四尺深者，且有出入兩道，其生卵也僅一枚，產於赤道之北，捕之即遁，

彼得肋恆居海而睡水面，或游或飛，時隨往來之船隻，以船中時有剩物投於海，彼即拾其所遺，且船經行之處，乘其浪有魚，亦可捕以爲食，惟生卵必於陸地，卵僅一枚置於地，

海雞母見一百七十二圖，乃海中至大之鳥，重約半鈞，翼長十有四尺，其飛至捷，爲凡鳥所莫之與京，歷時十二點鐘，能飛至九千里左右，

塘鵝見一百七十八圖，之毛白色，大者高約二三尺，其喙長而下具囊，覔得魚即匿囊以至巢，而與雛食，其形狀不雅觀，膽小，生卵於河干，擾之則遷，稍俟仍返，不甚居海，而居江海之邊，其另有一

種居於沙漠地云

習問

問○水鳥有幾種○分有何別○走水鳥之足如何○食何物○能飛否○何鳥屬走水之一種○鷺鷥又有何名○巢何處○身高幾何○竹雞在何處○鶴之巢在何幾處○較鷺鷥如何○食何物○何鳥屬游水之一種○游水時其足如何○其毛如何○行陸地便捷否○鴨如何○更有何名○食時有何流出○野鴨之毛如何○一名何者○鵝與鴨有何分別○火烈鳥幾何大小○何色○如何其嘴○其巢營於何處○如何形式○水鶩之身與項何長何短○何以走○行陸利否○企鵝產於何幾處○如何用其翼○如何游水○何以喂其雛○大鷔客似何鳥○哼哼鳥亦名何者○何故○產於何處○彼得肋居何處○海中至大之鳥何名○歷時十二點鐘能飛幾何里

第三十五章論爬蟲類

凡物俱有熱血而魚及爬蟲之血獨冷蓋其血行遲故呼吸亦遲以其體之冷熱隨天時而變易且人心有四房而爬蟲祇有三所以其血不若人之能變爲潔淨以彼祇有三房閱此圖p爲第一房血在肺變潔爲紅色入此a爲第二房不潔之血自身行入此

百七十九圖綠烏龜

Che lō' nĭ a mў' das. Green Turtle. (1/30)

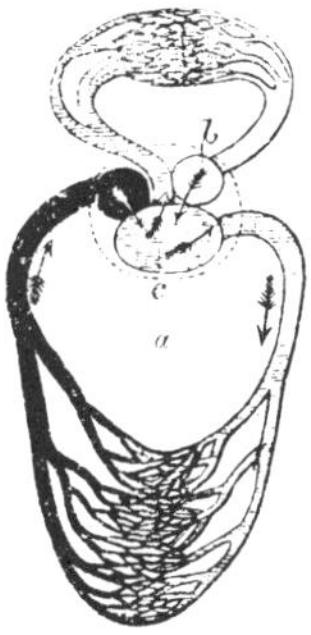

百八十圖爬蟲血行道

—Circulation in Reptiles.

a, right auricle; *b*, left auricle; *c*, ventricle.

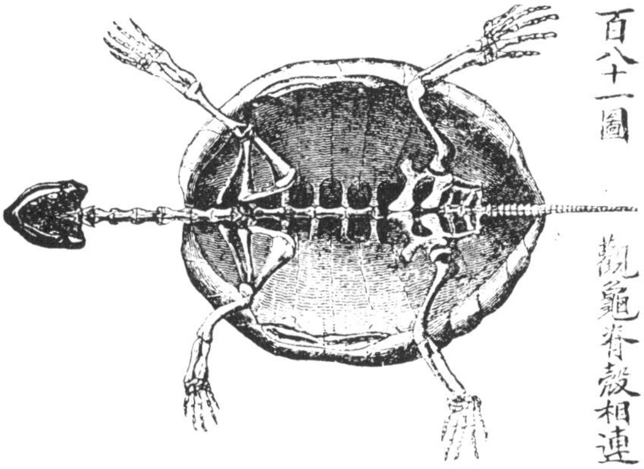

百八十一圖 觀龜脊殼相連

—Skeleton of the Tortoise (Plastron removed).

百八十二圖水烏龜

.—Box-tortoise.

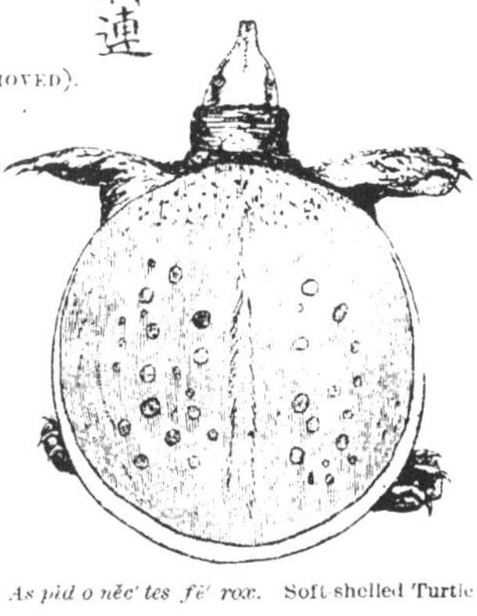

百八十三圖烏龜

As pid o nĕc' tes fĕ' rox. Soft shelled Turtle

百八十四圖鱷魚

Al li gā' tor mis sis sip pi ĕn' sis. Alligator

—Alligator

百八十五圖鱷魚

—Just Hatched.

百八十六圖鱷魚自卵出式

Fig. 151.—The Chameleon.

百八十八圖變色龍

1. Tongue of Chameleon. 2, Foot of Chameleon

見變色龍之舌

Eumeces fasciatus. Blue Tail.

百八十七圖壁虎

—The Iguana.

百八十九圖哈蚧

房其末行入第三房第一房已潔之血又入第三房然後三房之血半行入肺半行入體見一百八十圖以致不能若人之至潔淨行亦不能捷此種活物如爬蟲在地有四足及無足其腦小而知覺次之故其耳目口鼻不甚靈交冬則蟄藏不出而若殭呆者生

支派	族部	小部	科屬類	種
有脊骨	冷血	爬蟲	龜	龜
				水龜
				緑龜

卵於泥沙不能偃伏暴於日得暖氣以出之其爬蟲分龜鱷魚壁虎蛇再生五等

龜見一百八十二圖與他物不同通體具殼能開闔故其體在殼中能縮其首足而他物莫能害之殼係八塊自然生而合成自小而漸大其肋骨連殼故呼吸不若人以彼呑氣肋骨莫能動其壽可歷二百年之久此物共有三種在陸者足具爪口無齒牙牙車堅利故能食不嚙人擾之則縮產於熱地者甚大重約二百斤云

水龜之足有掌能游水，但不利於行陸，以魚鳥諸蟲暨鱷魚卵等爲食，

綠龜之肉色綠，見一百七十九圖，恆居海，足如魚翅，善游水，不甚能陸行，其於沙地穿穴時，則以喙，生卵於中，其數有時約二百枚，卵肉可食，產太平洋島者，重幾二十鈞，自小生長於海，

第三十六章論鱷魚壁虎兩種

鱷魚見一百八十四圖，產於印度、亞非利加、亞美利加等處暖地，其狀類壁虎，子長有二十五尺，亦有四足，尾長，背具鱗甲，厚而堅，故其身不易旋轉，無舌，性惡而力大，時食人，其沿河及行船者，皆有戒心，其卵肖鵝卵，大小如之，亦如龜之生卵於沙地，幸有鳥獸食其卵，致不甚興盛，其捕生物也，先以尾擊之，啣諸水以沉死之，乃攜諸陸，藏匿以俟其腐而後食，人欲捕彼，須在其後，以其背堅，

未便旋轉以咬人（見約百記四十一章）爾能以鈎釣鱷、或以繩絆其舌乎。爾能以葦索貫其鼻、以鈎穿其齶乎。彼將切求爾。彼將以諂言諛爾乎。彼將與爾立約、爾將永以之爲僕乎。爾將與之戲、如與鳥乎。爾將爲爾幼女繫之乎。伙伴者將掘坎阱、而分之於貿易之人乎。爾能滿其皮以矛、滿其頭以魚錐乎。爾試措手於彼、後必不復憶戰鬭兮。視哉、其所望皆虛也。苟見之膽豈不喪乎。猛士亦無敢攖之者。況立於我之前者誰乎。誰先施於我、致我當報之乎。夫普天下者、皆屬於我。我不可不言其肢、及其有名之力、與其甲之佳兮。誰褫我外服。誰入其雙齶乎、誰啟其面之門乎。其相排之齒、可畏兮。其堅甲、彼因之而驕。闔則有如緘封。一一相連、氣不得通於其間。皆互相聯絡、乃膠結而不能分之。其

支派	有脊骨	
族	冷血	
部		
小部	爬蟲	
科		
屬		
類	鱷魚	壁虎
種	鱷魚、亞美利加鱷魚	壁虎、變色龍、蛤蚧、虬龍

噓則光發。其目若朝睫之開兮。餤出其口、火星暴發。煙出於其鼻、如於燃葦之釜然。其氣爇炭、燄閃於其口。力居於其頸、驚懼者竄於其前兮。肉塊聯結、堅於其身、而不可動。其心剛如石、固如磨底之石。其起則英雄者畏懼。緣懼甚而自昏迷。雖以劍擊之、不能入。以矛與矢鎧、皆然兮。其視鐵如草稈、銅如污木。矢不能使之逃。投之之石、其以爲糠。以梃爲枯草。揮戈、則爲其所笑兮。其腹下有鋒利之瓦片。其以耙器鋪於泥上。其使淵沸如鼎、使海如油鐺。閃光路於其後、俾人以海爲皓兮。在地無能治之。乃受造爲無懼兮。其輕視凡高大者、而王於驕泰嗣之上兮。

壁虎見一百八十七圖、之身肖鱷魚蛇各參半、有鱗無甲、或四足、或兩足、或無足。有在水者、有在陸者、有在樹木者。目黑而有光、若擊之其尾易斷、可再生、且斷其半則另生一尾、即爲兩尾矣。

變色龍見一百八十八圖、產於暖地、其身兩旁平而高聳、其背升樹木、尾可圍繞之、其行遲遲、宛若時辰鐘之針、舌甚長而寬、其末且舌具膠膩水、見蟲伸食甚速、即沾食之、其目或上或下、或左或右、可四處顧、肺甚大、通達遍體之膚、吸空氣以令全體胖、氣呼則復其舊、能幻出諸色、時黃時綠時紅時紅黃條紋相間、幷作點子形、能令此人視其色、俟彼人視則又異其色、色之變幻既不一、故所見更不同、人視之究莫名其妙、

蛤蚧見一百八十九圖、因其音而名之、出必以夜、晝匿於潮溼處、身有白點自紅中泛出、且身具細鱗肖蛇、有粒若刺而起綻者、共有十二行、能行於墻、以其足力能吸附於墻、故行走無聲息、

虬龍肖壁虎、而其身甚大、能在樹間跳躍、若飛肖松鼠、因其身兩旁有皮如鳥之翼、可隨意伸縮、尾長不易斷、產於加拉已及波羅

海島、

第三十七章論蛇種

蛇無足、蓋由胸無骨、其肋骨空而無倚、可用以代足、其體可隨意紳縮、通體脊骨皆杵臼以次相接、故其身或盤旋、或圈轉、甚覺靈活輕捷、其舌黑而其末叉、舌恆在口外繚繞、無耳而舌可知覺、游行時必以舌舐地、其食物也則囫圇吞之、閱若干日、退皮一次、眼皮卽本身之皮擁而連者、非另生皮、故能自衛其目而無所損、係卵生焉、

支派	有脊骨
族部	冷血
小部	爬蟲
科	
屬	
類	蛇
種	毒蛇　角蛇　響尾蛇　王蟒

毒蛇見一百九十三圖、之口僅上牙車具二長牙甚銳利、有毒水自上流出、見一百九十二圖、平時其齒牙本平而隱、其噬人則直露之、弄之者人且以爲奇異云、乃不知實已去其毒水之囊矣、

--Cobra de Capello.

百九十三圖毒蛇

Crŏ′tă lŭs hor′ri dus. Rattlesnake.

百九十圖響尾蛇

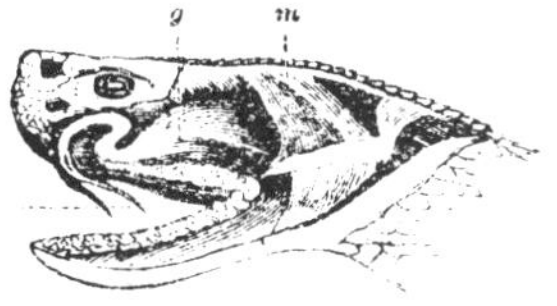

Fig. 147.--Poison Apparatus of the Rattlesnake.

g, poison-gland; *f*, fang; *m*, muscle of jaw.

百九十二圖見毒蛇發毒齒

Bŏ′ă ăn a cŏn′ da.

百九十一圖王蟒

Ră′na ca tes bi ā′na. Ball-frog. (¼).

百九十四圖田鷄

百九十六圖蛤蚆子

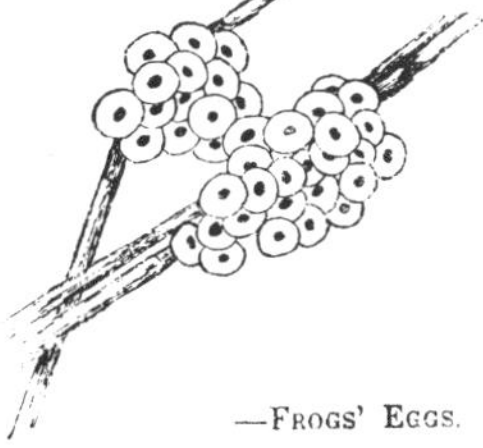

--Frogs' Eggs.

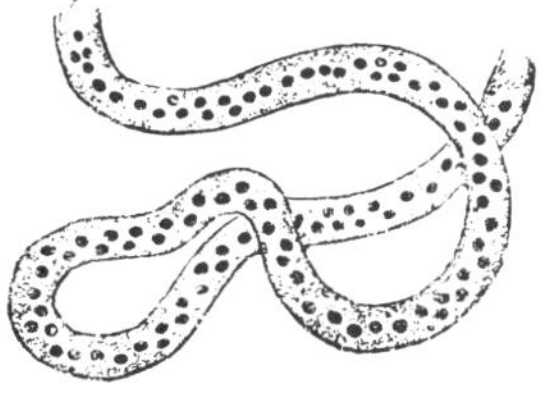

--Toad's Eggs.

Hў′la ver sĭc′ŏ lŏr. Tree-frog. (½)

百九十五圖樹癩

百九十七圖田鷄子

百九十八圖自蝌蚪變成田鷄

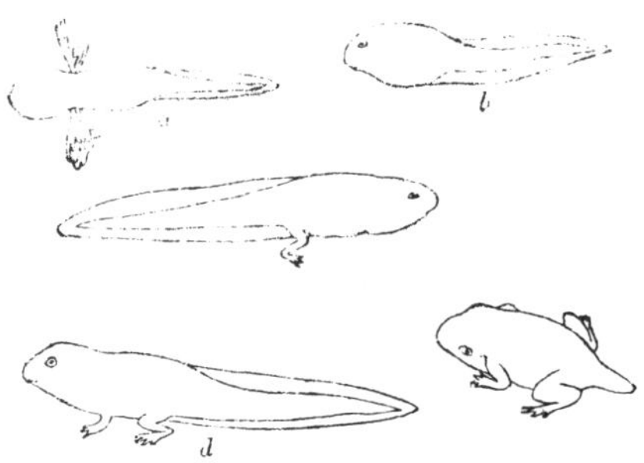

—From a Tadpole to a Frog.

Skeleton of a Frog.

百九十九圖田鷄骨

二百圖魚血行道

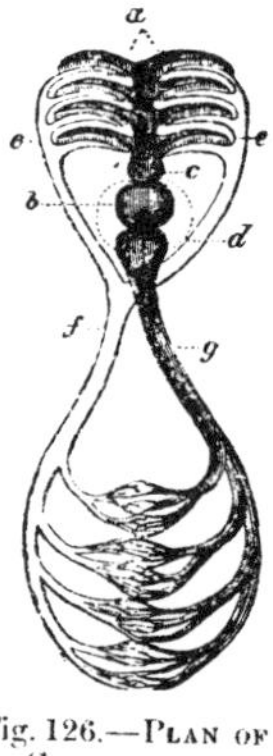

Fig. 126.—Plan of Circulation in Fishes.

a, auricle; *b*, ventricle; *c*, branchial artery; *e*, branchial veins, bringing blood from the gills, *d*, and uniting in the aorta, *f*; *g*, vena cava.

二百零一圖魚窠在海底

—Nest of the Sun Fish.

二百零二圖馬魚

—The Seahorse.

角蛇亦有毒、產於亞非利加、其首有角、人或不經意被其噬者必殞命、

響尾蛇見一百九十圖、產於美國、尾具堅殼、其節依次相套、接續處有筋一條在其中、其搖尾也以殼擊殼、尾卽響、故名響尾蛇、觀其節數、卽知其年數、以每年必添生一節、乃蛇中之大而可畏者、惟有一機、將欲噬人、乃先以尾搖擊之、人聞其響聲、卽可趨避以遠害焉、

王蟒見一百九十二圖、爲蛇之至大者、長有四十尺、產於暖地、食人牛及諸獸、將食必先運其力以圈死之、而後囫圇吞下、每飽食一次、約可睡半月餘、俟食化始覓食、該處人設法捕獲之、且食其肉、以其皮爲衣、

第三十八章論兩生種

兩生之一種、半肯魚半肯爬蟲、係生子在水草者、其子小、內具黑點、外白如洋菜子、初出名曰蝌蚪、俗名呀嘛、身似小魚、尾長、既而漸變、生後兩足、又生前兩足、終則足尾漸腐去、即於此時生腮肺、腮肺俱生、乃居陸地、名曰蛙、俗名田雞、見一百九十八圖、類此者

支派	族部	小部	科屬	類	種
有脊骨冷血	爬蟲			兩生	蝌蚪、蛙、蟾、樹蟾

共分三種、但此種類均有皮無鱗甲、又無肋骨、僅受空氣、其受氣也非吸入、實以氣服入、人或將此物張其口、即可致其斃、其舌倒生、用時其舌自內反出、其上牙車有齒牙、餘則無、

蝌蚪（俗名呀嘛）其心如魚、未變成蛙、僅有兩房、其小時恆見於池潭及窪下處、中國兒童盛水以養之、置於玻璃空球中、觀其上下往來、游行於球、以爲玩而樂之、

蛙（俗名田雞）見一百九十四圖、時居陸、時居水、具足掌能游水、以小魚蟊蠈、卽害苗蟲爲食、其鳴聲淸響可聽、蛙盛時其鳴聲如擂鼓然、遂相傳曰蛙鼓、每於中歷四五月間近水處爲尤甚、鳴聲達旦、遠近隨風遞送、所以有靑草池塘處處蛙之句、

蟾（俗名癩團）時在地、形肖蛙、產於水、變成蟾、卽不入水、皮甚粗、通體具圓粒如刺、人若戲擾之、卽有白漿噴出、入人目、目卽損、其白漿名蟾酥、中國用以入藥料、其足無掌、交冬恆匿入地中以睡、非特蛙類、亦五毒中之一焉、

樹蟾（俗名癩蛤蚆）見一百九十五圖、恆在樹、亦以害苗蟲爲食、其足指則圓、能吸物不令脫去、其聲亦可聽、

習問

問○何物具冷血○冷血何解○人心有幾房○爬蟲之心房與人何異○其卵生於何處○交冬後出外否○爬蟲共分幾等○龜如何○龜背之甲共幾塊合成○能呼吸否○龜有幾種○肋骨

如何○其壽可歷幾何年○產於熱地者幾何重○在陸者如何○水龜之足與陸龜何別○以何者爲食○緑龜如何○居何處○海龜之足如何物○以何者穿穴沙地○其生卵約數若干○至重者產何處○鱷魚產於幾何處○其長若干○背具何物○有舌否○食何物○卵之大小肖何物○卵生於何處○鱷魚何以不興盛○人以何法捕之○其身何以未便旋轉○約百記四十一章如何云○壁虎之身肖何物○鱗甲與足如何○其尾如何○變色龍產於何地○其升樹尾可如何○其行道若何物○其舌如何形狀○目能如何顧○其全身何以胖○能變幻何色○各人視之其色同否○何以名蛤蚧○具鱗否○其背共有幾行起綻○何以能行於墻○虬龍肖何物○跳躍何以若飛○產於何處○蛇具足否○其身何以能圈轉盤旋○其舌何色○何以食物○另生眼皮否○毒蛇之毒水在何處○弄蛇者蛇何以不噬○角蛇有毒否○產於何處○響尾蛇產於何國○尾何以能響○何以知蛇之年數○將噬人必先如何○王蟒幾何長○產何地○食何物○飽食一次可睡幾何日○兩生何意○其子內外如何○初出之子何名○尾長能變否○前後四足既生足尾如何○何時生腮肺○居陸地者何名○蝌蚪屬有幾種○其皮與鱗甲如何○具肋骨否○如何受氣○人或張其口即如何○其舌如何○蝌蚪俗名何者○其心有幾房○中國兒童以之如何○蛙俗名何者○居何處○以何者爲食○鳴聲如何物○於中歷何時何處爲尤甚○有何詩句○蟾俗名何者○形肖何物○蟾產於水成蟾後入水否○人戲擾之有何物噴出○白漿何名○蟾之俗名何者○交冬後在何處○樹蟾俗名何者○其足指如何○其聲如何

第三十九章論魚種

凡物俱藉空氣以生魚本水族、在水亦具空氣、否則何以能生、故魚之在水、若忘其爲水也、魚首兩旁具腮、腮外具堅薄骨、其吸水

支派	有脊骨										
族	冷血										
部	魚										
小部											
科											
屬											
類	有骨						有脆骨				
種	鱸魚	青魚	黃魚	劍魚	馬魚	飛魚	鱘鰉	鯊魚	鰻鱺	電鱔	黃魡魚

則水自腮涎出、此中卽具養氣以吸入、水恆滋潤其腮、以受空氣、若無水腮枯而鱗涸矣、始知魚之死、非因無空氣、以不能受養氣故耳、人及獸之心各分四房、惟魚心僅二房、見二百圖、其紫血自心回至兩腮、腮遇養氣卽化爲血、再由身以行遍體、緣如是血行較遲而不熱、其身扁而有鱗、潤澤而有油、故利於游水腹具氣泡、氣之盈虛、任其自便、其泡氣盈則上升、氣洩則下伏、有具圖圖一泡、有分兩三泡、有不分、愈分愈便、且魚具七翅、背兩翅、

腹下一翅、首兩旁兩翅、其尾兩叉亦肖兩翅、其游行也僅掉尾而不以翅、翅之用惟以平其身、目大而圓無眼皮、其牙車以及舌腭、均具齒牙、類多以大呑小、每囫圇呑之、曾有人捕得二尺餘之魚、剖其腹得二尺之魚、又剖之又有次焉、次中尚有小塊碎魚、久則化之、魚無聲、有在鹹水、有在淡水、海魚生子於海灘、或入內河、入內河時能躍過海塘、詩云魚躍于淵、魚之能躍、洵足證也、至高可躍十有六尺、母魚率其子在前、公者殿於子之後、總之交秋則入口、即於沙泥壑深潭、散子於潭中、交春仍返於海、至來秋復至故處、凡魚不盡然、約有數種如此、或爲窠於海地、或在水草中、其窠肖鳥巢、其子甚多、有子多至數百萬者、每魚一年中約可散八百萬子、魚之種類雖多、其公魚保護小魚也、設遇患難、公魚令小魚共入其口、俟患難過、仍自口中吐出小魚、其情形大概如斯、亦無

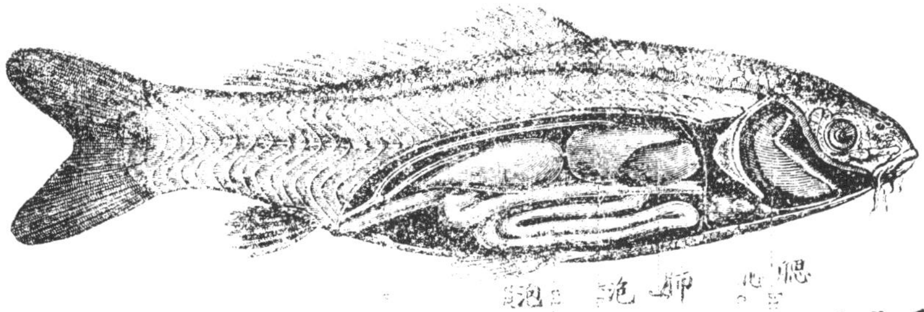

ANATOMY OF THE CARP.

br, branchiæ, or gill-openings; c, heart; l, liver; sa, sa', swimming-bladder; ei, intestinal canal; o, ovarium; u, ureter; a, anus; d, genital opening; u', opening of ureter. The side view shows the disposition of the muscles in vertical flakes

二百零三圖見魚腹剖面式

Exocœtus [illegible]. Flying-fish.

二百零四圖飛魚

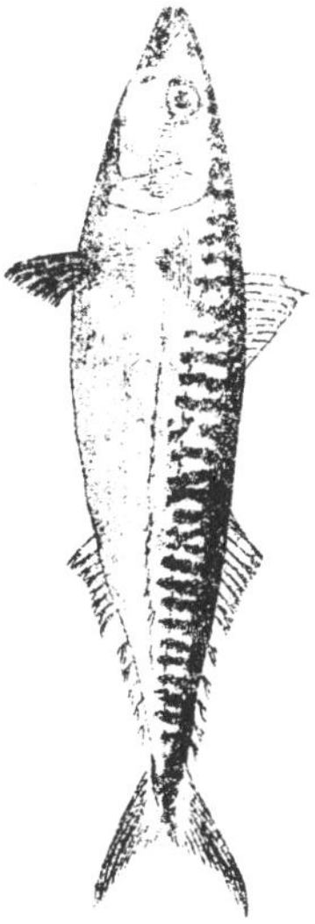

Scomber vernalis. Mackerel. [illegible]

二百零六圖青魚

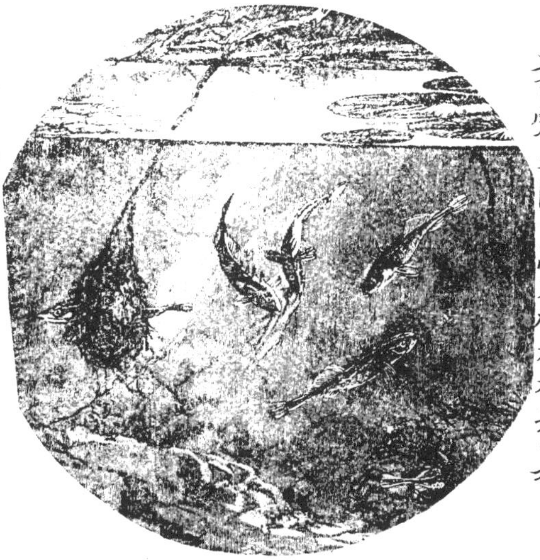

—NEST OF THE STICKLEBACK.

二百零五圖魚窠構於枝若巢

二百零七圖黃魚

二百十圖電鰻鯉

Lamprey.

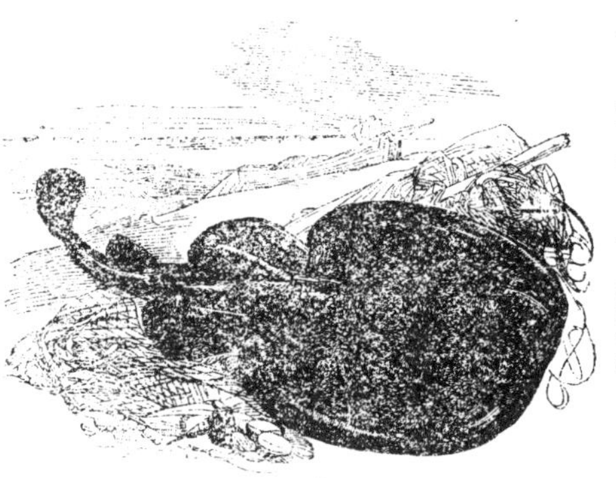

二百零八圖黃點鯆

-Torpedo.

二百十一圖電鰻鯉吸於石

Pe trom' y zon ma ri' nus. Lamprey. N, Nasal orifice.

二百十二圖鰻鯉

An guil' la vul ga' ris. Broad-nosed Eel.

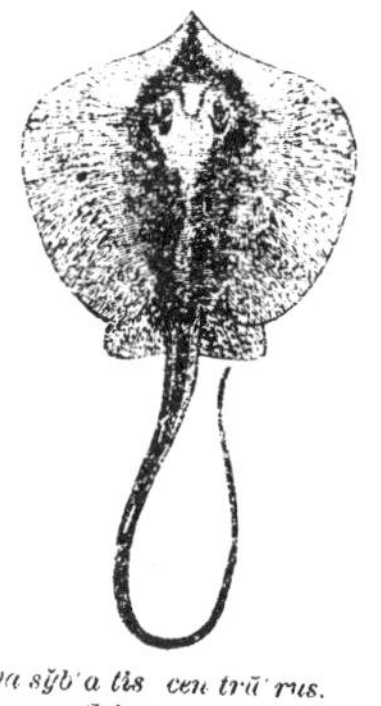

二百零九圖黃幼魚

Da sȳb' a tis cen trū' rus.
Sting-ray.

奇形者、卽如鱸魚青魚黃魚等、俱我等所習見、可不必贅述、其可口者、有扁身魚、恆在海地、其兩眼不在兩旁、而畢向上、

劍魚產於地中海、身長十有二尺、其上牙堅生於牙車而有力、恆以之捕魚、且能破壞舟底、傷舟子之命者、

馬魚見二百零二圖、之首肖馬、其肖變色龍、更有三長不盈四五寸、目不專視、首能變幻諸色、尾可繞物、其出小魚則置諸袋、其袋在尾下、

飛魚見二百零四圖、產於海、其躍可五百尺之遠、視之儼若飛、實則躍耳、緣其身僅能直往而莫能旋、且每躍三尺、必着水再躍、如池塘之蛙然、

鱘鰉見二百十五圖、又名着甲、以其身具堅甲、肉尤肥美可食、骨甚脆而明、恆用以佐肴饌、氣泡可熬膠、大者長約丈許、其魚肚人

食之更滋補、所以價値昂貴、產於大江中、

鯊魚見二百十七圖、至大者約三四十尺、食人及各種生物、時隨往來之船、俟其有剩物投水、或人失足落水者、彼卽吞食之、此種魚甚惡、幸種類無多、蓋散子僅有兩粒云、

鰻鱺見二百十二圖、之身細長如蛇、皮柔輭而實具細鱗、但細而莫辨、身兩旁各具七孔、孔卽腮、惟有此保衛、所以不若魚之離水卽易死、其舌能吸物、人欲其死、卽以刀斫其身爲數段、置沸油鍋中、彼仍能動之、其不死之性可見矣、

電鱔產於南亞美利加、恆以身之電氣斃諸生物、人或不經心遇之、卽被其傷死、該處人設法以捕之、其法先驅野馬入水、彼見野馬、則盡放其電氣、俟其電盡無能爲、而後捕獲之、

黃魡魚見二百零八圖、之尾具剌、能傷人、其兩目在首之上、不在

二百十四圖泥鰻鯉

Sī'ren lac er tī' na. Mud eel.

二百十三圖沙魚齒式

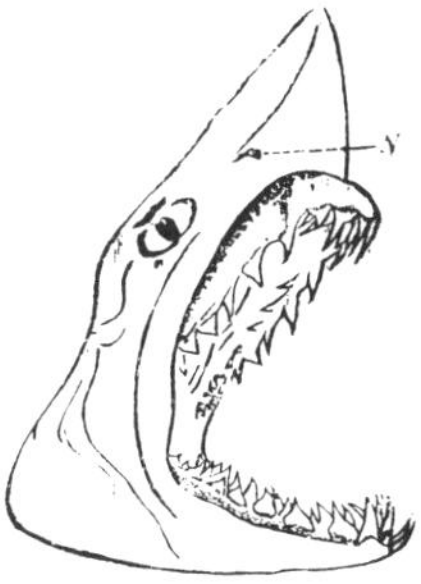

Shark's Teeth.
N, Nasal orifice.

二百十五圖鱘鰉

Ac ĭ pĕn' sĕr stŭ' rĭ ō. Sturgeon.

二百十七圖沙魚

—Shark.

二百十八圖深於海內之沙魚

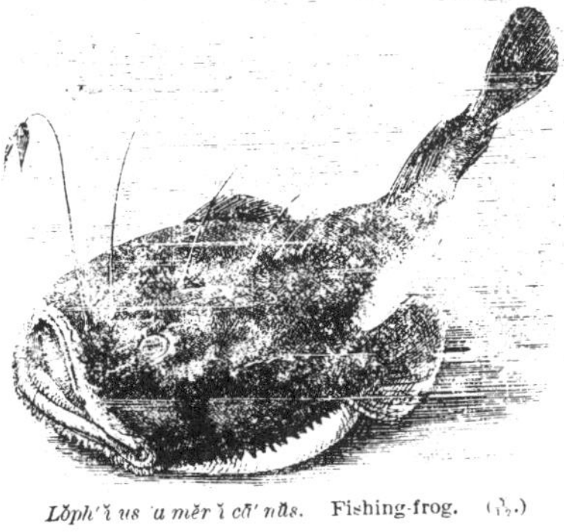

Lŏph' ĭ us 'a mĕr ĭ cā' nŭs. Fishing-frog. ($\frac{1}{12}$.)

二百十六圖沙魚卵

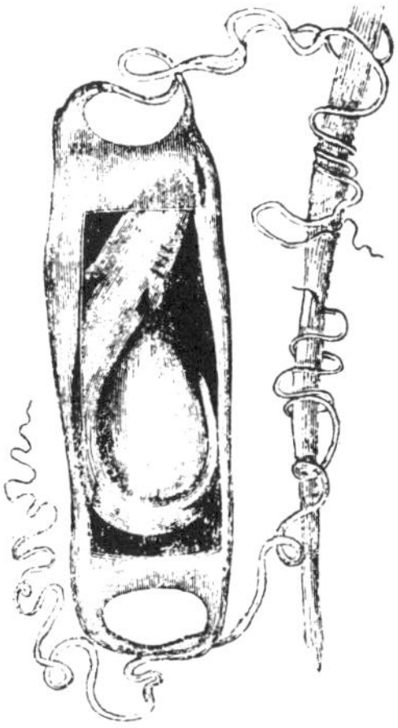

—Egg of a Shark.

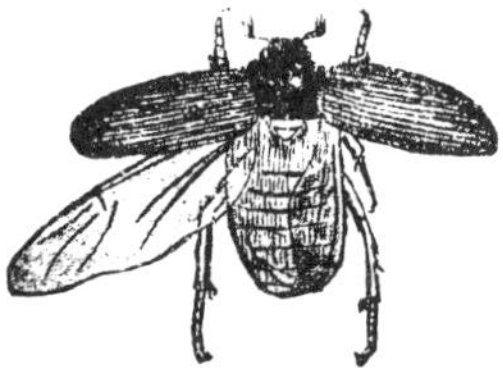

二百二十圖 撲火蟲

Lach no stĕr′ na fŭs′ ca. June-bug, showing how the membranous wings are folded away.

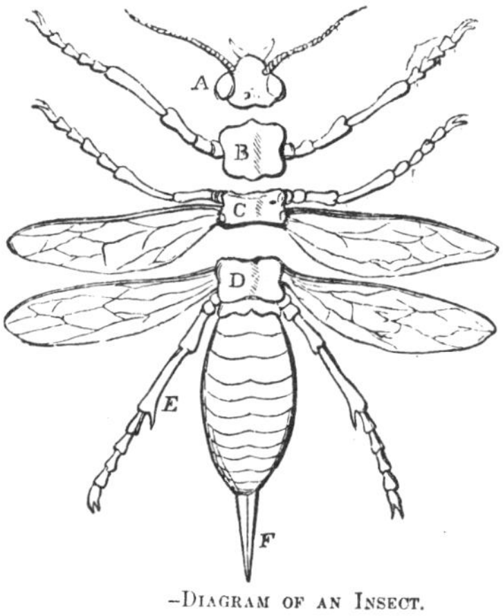

二百十九圖 飛蟲

—DIAGRAM OF AN INSECT.

A, the head; B, C, D, segments of the thorax; E, abdomen; F, ovipositor.

變為撲火蟲

Larva.

二百廿一圖

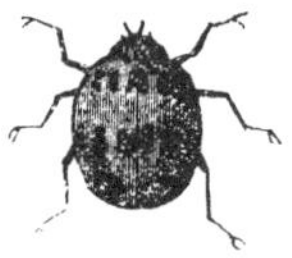

.—Northern Lady-bird.

二百廿二圖小雞

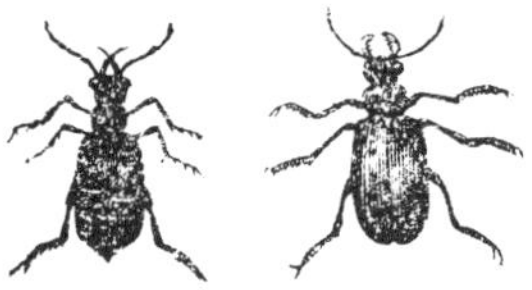

二百廿三圖 虎皮甲

—Tiger Beetles

二百廿四圖地蟞虫

SCARABÆI AT WORK.

兩旁、口與腮皆在下、恆游行於海底、人亦喜食之、

習問

問○何物久居水中○在水何以能活○何以呼吸○離水何以必死○魚之心如何○魚之血如何○魚之身有何物○何以利於游水○在水何以能上升又能下伏○魚有幾翅○其目如何○齒牙如何○食何物○魚如何過海塘○詩何云○至高者能躍幾尺○海魚生子於何處○魚爲窠於何處○魚之種類多少如何○如何保護小魚○劍魚如何形狀○產於何處○馬魚如何希奇○飛魚能如鳥之飛否○鰣鰉又有別名否○鯊魚食何物○鰻鱺與魚相同否○身有何物○離水何以能活多時○電鱔產於何處○何以斃生物而傷人○以何法捕之○黃鮒魚何以傷人物○兩目生於何處

第四十章論圓節體蟲之支派

圓節體之支派中分三部、一部飛蟲兩部百足、三部蜘蛛、其體外具堅節、蟬聯而下、內無骨、其口非上下相合、乃合於左右者、無心肺及腮、血白遍體具脈管、體外小孔畢備以吸空氣、故其體入水則浮、且不溺斃、論飛蟲之體、見二百十九圖、首一段、喉間一段、身

體一段、腹一段、共四段、首生兩鬚、或四鬚、喉間有兩鬚、身有兩足兩翅、腹下亦有兩足兩翅、其身共有圓圈紋十四圈、身具六足、口無聲音、響出自腹、以足擊之則響、首之兩鬚觸物卽知覺、另有短鬚兩、可知所遇物較近、身固不大、其目甚奇、目中瞳人至多、卽如蒼蠅、兩目已具瞳人四千、雖不能運動、而卻能四顧、其養身之胃有三、見二百廿八圖、可謂更奇、一具浸物汁、二能細磨其物、三能化物成血、其翅甚薄、有兩翼、有四翼、其有四翼者、外堅而衛其內、皆生子數甚多、子既變蟲卽能食、生長甚速、自小至大、退皮數次、再換新皮、後則作繭以自藏、漸變生足翅、乃成爲飛蟲以出、體分三節、足生於中節、依其翅而分之、有堅翅、堅翅又分直翅、沙皮翅、脆翅、鱗翅、半

支派	圓節體		
族			
部	飛蟲		
小部			
科	堅翅		
屬			
類	肉食	穢食	葉食
種	小雞、虎皮甲、地蟹蟲	鹿角蟲、掘坟蟲、撲火蟲	跳蟹蟲、斑猫

翅、兩翅、無翅等類、中有食肉者、有食穢物者、有食葉者、

小雞見二百二十二圖、在食肉之一種中、其身小而圓、色紅而黃、背具黑點、其蟲乃有益於物、緣其能食樹間之小蟲、

虎皮甲見二百二十三圖、之食量甚大、色如虎、蟲於初生成時卽居地洞中、覓食則在地洞口、俟他蟲經過、必捕而食之、

食穢物者、其身可觀、且有光、愈形其妙、有利爪可爬地、一若田鼠之爪、惟既食穢物、係至有益者、故存而不舍云、

地蟞蟲見二百二十四圖、又名蟯、以泥及牛糞滾成小球、生子於中、藏匿地洞、異日卽出、蟲古昔時埃及人以之爲聖物、恆佩身作治疾之靈符、當時死屍及無論已死之物、皆薰之、故此蟲亦必薰、所以至今古墓中或有尋得此蟲者、諒由彼時曾經薰之、乃能歷存至永久焉、

鹿角蟲甚有力、不易致死、即將此蟲浸水三日、或於高粱酒浸半日俱不死、且能經歲不食、依然活動如是、

掘坆蟲生子於死鳥及一切小蟲豸之身、掘洞以埋之、其洞至深者有一尺、俟蟲出則食潔肉、

撲火蟲見二百二十二十一圖、生子於地洞、在第四月內、經三月蟲生、出蟲即食壞諸菜根、俟兩年變成窠、在深地洞中、經冬變成飛蟲、食葉、其所生子即死、

食葉蟲之一種、在成蟲及蟲飛之時、恆食葉、論其名即名曰跳蟲、

跳螌蟲、人若反其身令腹向上、彼即能跳復之、在西印度海島、有一種蟲身黑而有光、上半身之兩旁各具一放光之孔、在此處則高凸、腹亦然、一若此間之撲火蟲、該處婦人捕得此蟲戴諸首、以爲飾之可觀者、

斑猫之色綠，可以療疾，譬之人身何處有毒，即可用以收毒，若置人肌膚，立時可起泡，又有數種，生子於果中，蟲出即食壞此果，無論果生熟之時，皆有此種，

第四十一章論蟲之直翅種

直翅蟲之翅有四，即四翼，翼直而長，息則以翼置背，外兩翅較堅，但此種究不如彼種之堅，不居巢，子中出蟲之時，始終能動，初無翼，自小漸次長出，且其小至大，須退皮六次，

蟑螂產於居家之廚竈等處，在中國及俄羅斯散備德伯京城中甚多而興盛，致人不克安居，如欲殄滅之，除焚屋外別無良法云，

螳螂見二百二十七圖，食量甚大，性易怒而善鬬，人若將兩螳螂同置一盒中，緊閉之，必致彼此相食，身具六足，其前兩足有刺，甚有力，且以之斫人如刀，至痛，能捕蟲以食，其目大，瞳人約有一千

二百之多、泰西人視其形式若祈禱然、因名之曰禱蟲、

能走樹木者見二百三十七圖、恆在樹間走動、特莫辨其樹與蟲、因蟲色及樹色若一色然、

支派	圓節體							
族								
部	飛蟲							
小部								
科	直翅							
屬								
類	奔捕		走		跳			
種	蟑螂	螳螂	能走樹木	能走樹葉	蟋蟀	蚱蜢	螽蝗	蜩

能走樹葉者、蟲在樹葉上走動、蟲之色與樹色若一、莫能剖別、產於南亞美利加、

蟋蟀能跳、生子於地中、其聲音清響頗可聽、特非出自口乃出自兩翼者、性喜鬭、中國人恆於交秋後、捕得蟋蟀置瓦盆中、日飼以飯粒清水、屆時各攜蟋蟀赴會中相鬭、名曰鬭蟋蟀、勝負以銀錢、勝者得之、負者失之、其銀錢名曰花、花且有枝數若干花可多少銀錢、所以可大小、其善能鬭勝者、主人賞以金花紅綢、共稱之謂大將軍、

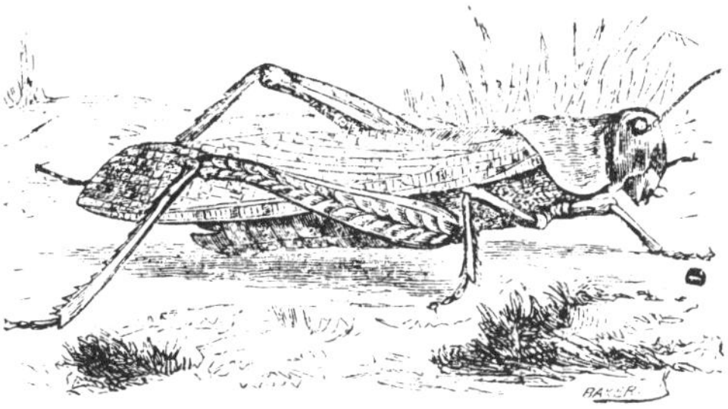

二百廿五圖黃虫

THE MIGRATORY LOCUST.

二百廿七圖螳螂

—Mantis Religiosa.

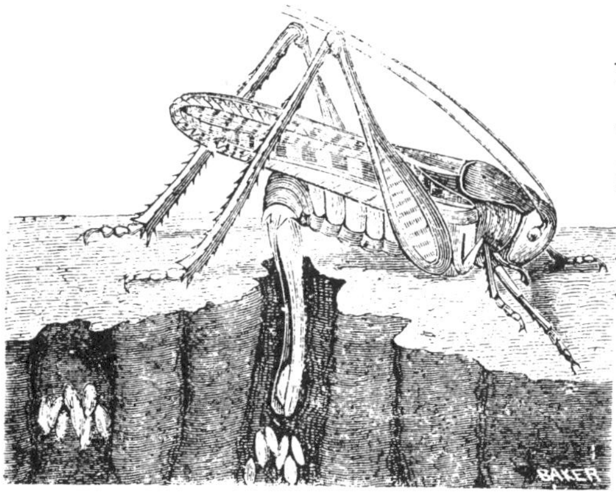

二百廿六圖蚱蜢

GRASSHOPPER LAYING EGGS.

二百廿八圖

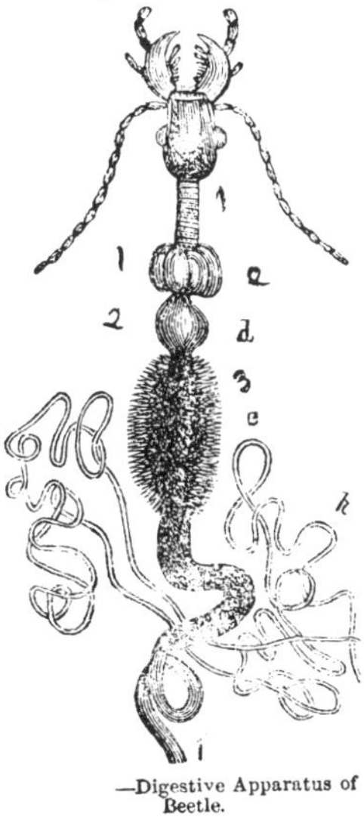

—Digestive Apparatus of Beetle.

飛虫臟腑式

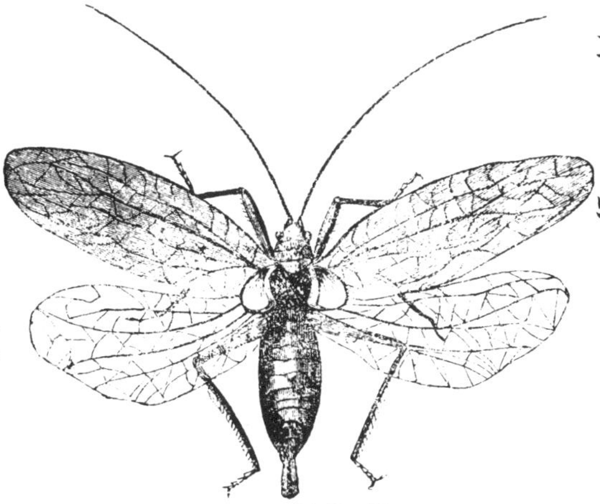

二百廿九圖

—Male Katydid.

二百三十圖蜻蜓

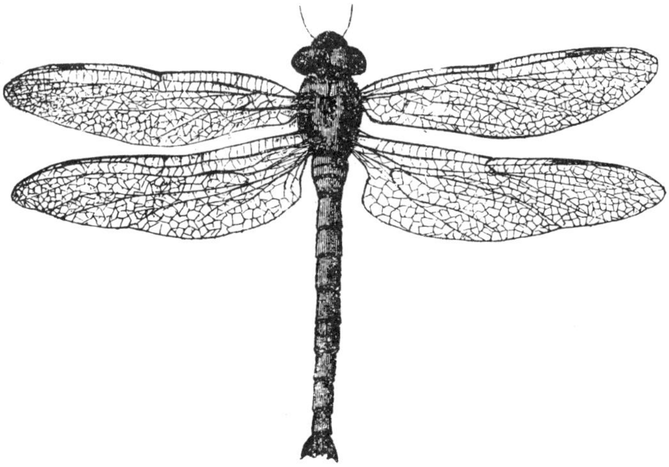

The Æshna.

二百卅一圖

蜻蜓在水之時

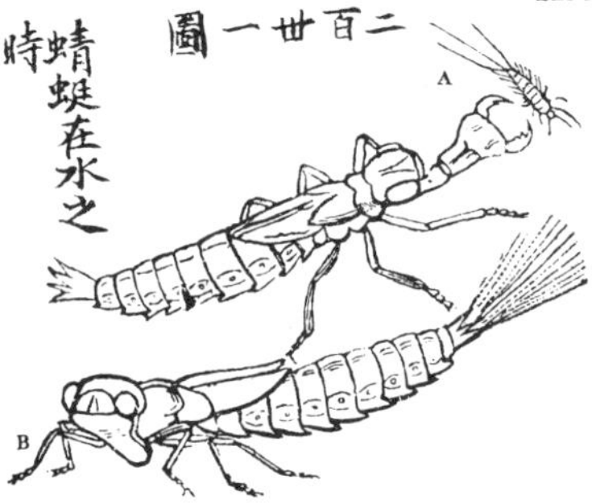

二百卅二圖

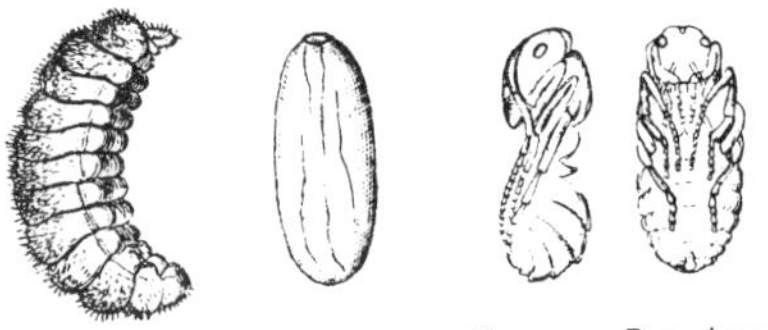

--Larva, Cocoon, and Pupæ of Red Ant (magnified).

蟻自虫漸變化而成

二百卅三圖

蟻之三等

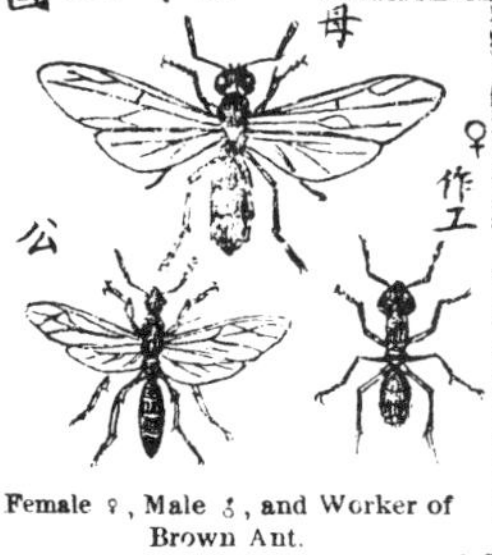

Female ♀, Male ♂, and Worker of Brown Ant.

二百卅五圖蟻窠

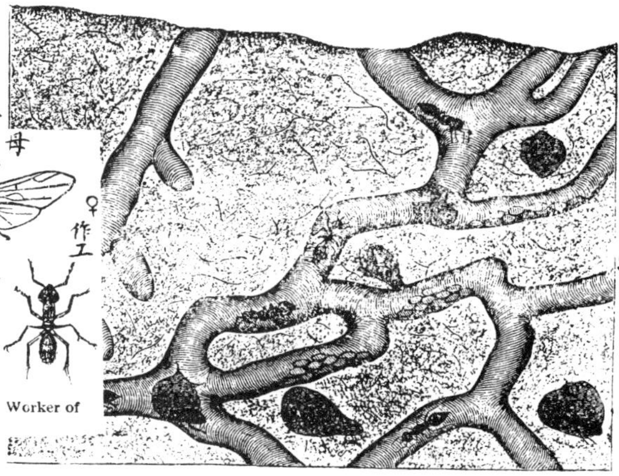

–Ant Nest, with Underground Passages.

蚱蜢見二百二十六圖、之形式類螽蝗、有青色、有灰色、其色不一、在青草中甚多、後足長而能跳、首具長鬚、其聲音出自兩翅邊之堅處、以兩翅邊相磨、卽有響聲、生子於地、子成蟲不能飛、俟六日皮退乃生翅、

螽蝗見二百二十五圖、雖肖蚱蜢、但其身較大、在亞非利加及亞細亞之西邊境甚多、中國亦頗多、或遇水旱深秋時、所見奚啻數百千萬、其成羣經過之處、禾稼等被食殆盡、致人皆懼而惡之、時或被風吹入於海、盡數溺斃、人或以火燒之、令其死於火、或掘溝、待其入溝盈滿、以浸死之、其活蟲則在死蟲之身經過、生子於地中、第二年卽生蟲飛出、所以人必速卽設法殄滅其子、亞拉伯人設柴焚之、令蟲之上飛者、俱翅脫而入於火、以蟲與密糖同食、以爲易化、中國捕蝗之法、大略與他國同、捕蝗蟲多者頗獲重賞、中

國直隸天津人、每於夏秋間肩挑活蝗以售於市、居家買之以佐肴、且市肆中必於下午設油鍋、以蝗置沸油中炸熟之、乃售與市人、市人嗜食之、亞拉伯人謂蝗首肖馬、角肖鹿、目肖象、項肖牡牛、胸肖獅、身肖蠍、足幹肖駱駝、小足肖鶴、翅肖鷹、尾肖龍、

蜩見二百二十九圖、如蟬而色青、身之兩旁具薄翅、聲音皆自翅間磨出、其子則生於樹枝、

第四十二章論蟲之沙皮翅屬

沙皮翅之各種蟲、均有四翅、上章言蟲之外翅微堅、惟此種之翅、內外俱細而柔輭、

蜻蜓見二百三十圖、產於河側、因其生子於水草、初生時如魚之在水而能游水、緣其口入水、而其尾出水、水經其身、惟如是得水之空氣以生、及生翅漸能飛矣、見二百三十一圖、其目瞳有一千

二百之數、分之有萬二千、無損於人、且有用處、以其有食蚊之益、

支派	圓節體	
族部	飛蟲	
小部	—	
科	—	
屬	沙	皮翅
類	沙	
種	蜻蜓	白蟻

其飛頗有逸致、能在水面點水、故有點水蜻蜓款款飛之詩句、

蜻蜓款款飛之詩句、

白蟻產於暖地、每嚙人衣服及樹木房屋、惟較次於蝗耳、其損物不露形迹、人視之不見、能盡毀物之內質、而外仍具其形、窩似小山、高約十二尺、左右周圍十丈、內具數道如小路、其窩乃用口液調泥土而成、且堅固、如房之灰沙紙筋然、其有公母蟻一雙、爲首領、餘分兩班、一班工作、一班當兵、皆各司其事、初成窩、兩首領居中、入則永不出、久之公者死、母者在其中生子、歲可五千萬、母者初入時身長不踰寸、後漸長至四寸許、作工者以子安置旁室、亦奔走以覓食、恆保護之、其工作者身小、長不過四分寸之一、皆無目、兵蟻略大、亦如此、惟其聲音微細、人或

近其窩、彼必作哨聲、又不作工而僅爲兵、云、

第四十三章論蟲之脆翅種

此一種蟲之脆翅者、均具翅兩雙、其前兩翅較後兩翅略形其大

五倍子、其子散生於樹皮之內、樹之外層、令與樹汁相合、可成黑水一種、用以爲染布黑水、此樹腫處、有若贅瘤形者、生出之水甚膠膩、樹中之蟲、卽食此水、

長鬚蜻蜓、擇他物生子之地、而散生、其子、迨己子出、蟲專食去他蟲、且有散生子於變蛺蝶之毛蟲身者、亦必爲其食之、

蟻、之窩在地、如蜜蜂之公母與不公不母分三等、見二百三十三圖、亦有工作蟻兵丁蟻、其工作者不能鬬、當兵者不能工作、母蟻生子出小蟻、仍在窠中、子肖白米粒、見二百三十二圖、余恆見其

出入遷徙、曝諸日爲至竇、公者有四翼而無牙車、故不能食、生兩三日遽死、母者始生卽具兩翼、一出卽另覓新窩而脫其翼、作窩於地、見二百三十五圖、或在樹皮間、其窩均分路及間數、日鬬夜鬬、窩甚潔、足有毛、以毛修潔其身、有時出與他蟻鬬、鬬勝則擄之歸、逼令其服役工作、蟻皆嗜食甜物、卽果蟲暨五穀等、余又屢見蟻升樹木、殺小青蟲、此蟲卽出汁、蟻遂食之、所以人名之曰蟻牛、蟻必出尋覓此蟲、得此蟲卽保衛之、以其子置己窩中、出蟲卽以蟲置於佳樹木、禁止他蟻近之、其蓄五穀以唾液護之、令物不敗壞、亞非利加有蟻一種、人皆稱之謂逐物蟻、緣其所到處、人盡畏之、其入人家、見有人畜、必俱囓之、所以人恆畢呈其室之諸器具、而外出以避之、蟻入則食罄各處室中所有之生物、且搜括無遺而始出、於是人可歸、苟人與畜或遇於塗、當避其兇鋒、亦不敢稍

近之、故名之曰逐物、

黃蜂之窠懸於樹、其作窠之物料、乃食木而哇出之、窠成而乾若紙、窠柄甚細、必取漆店之生漆以膠其窩柄、令柄堅附於樹而不脫、生子之時、叔蜘蛛以置窩中、子既生則封戶以爲始生蟲食之生計、人或戲觸其窩、莫不被其針刺之、且針處有毒、卽痛甚而作腫焉、

蜜蜂見二百四十圖、分三種、一公者、一母者、一不公不母專釀蜜者、蜂房中有一母者爲蜂王、有公者數百、幷有數千釀蜜者、俟經過夏令、釀蜜之母蜂、盡殺其公者、其所生之子、皆遷於房緣在房較暖、其所居之房、母者房較大、公者次之、服役者又次之、皆定之於先者也、若論其採花釀蜜、乃取花心之粉、以足搓成丸、置諸其足之袋、歸而藏諸房、其房卽已吐之蠟所成者、其尤奇者、母蜂食

二百卅四圖燈蛾

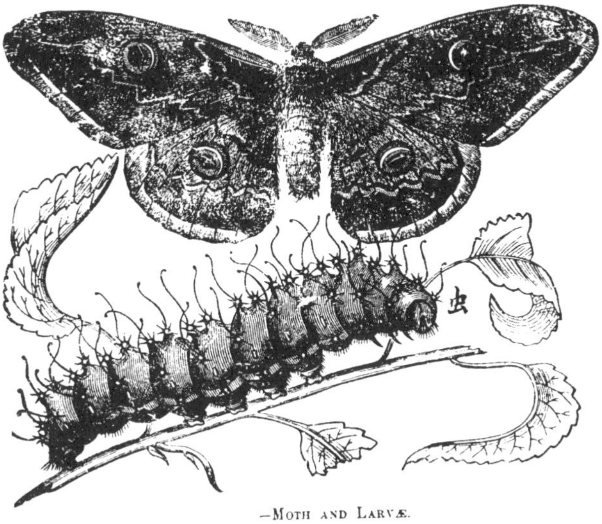

—Moth and Larvæ.

二百卅七圖 能走木

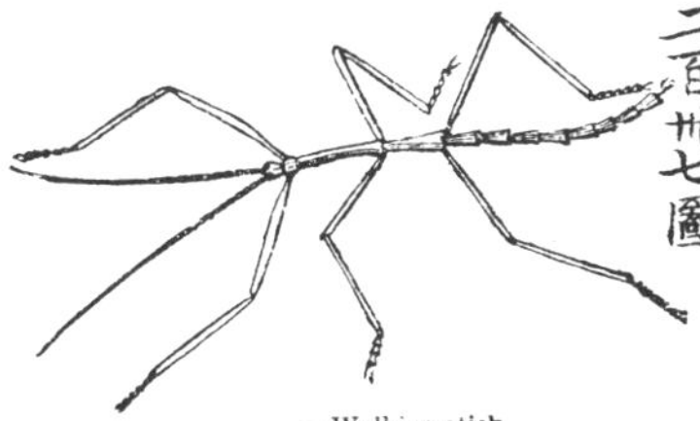

—Walking-stick.

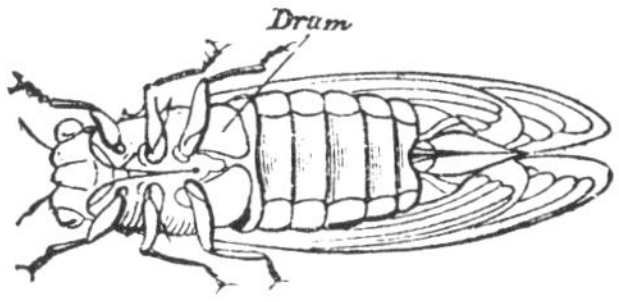

Ci cā'da sep tĕn'dĕ cim
Seventeen-year Cicada.

二百卅六圖知了

二百卅九圖

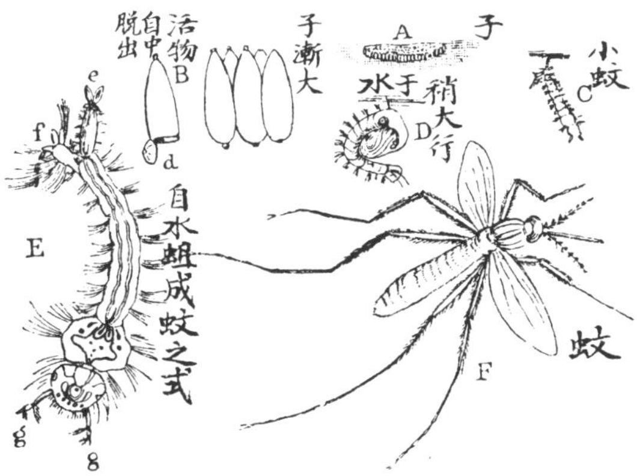

—Different Stages in the Growth of a Mosquito.

A, boat of eggs; B, eggs highly magnified; *d*, with lid open for the escape of the larva; C, D, pupæ; E, larva magnified, showing respiratory tubes (*e*), anal fins (*f*), antennæ (*g*); F, imago.

二百卅八圖蜜蜂目

—Head of a Bee, showing Compound Eyes, Simple Eyes, and Antennæ.

二百卅圖

食衣之虫

Larva, Pupa, and Adult Clothes Moth.
(The first two enlarged.)

Bumble-bee.

二百卅圖蜜蜂

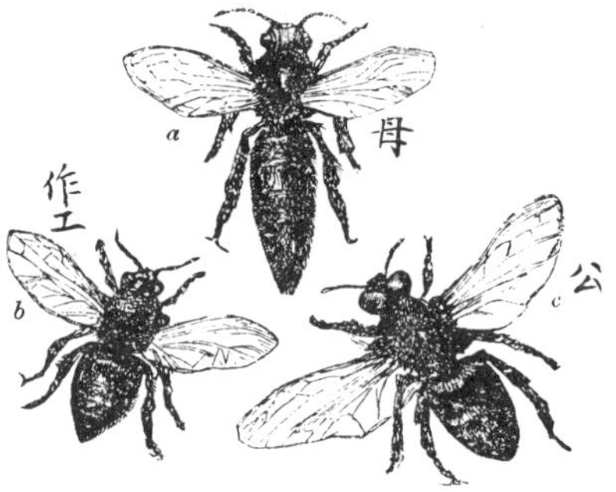

---Hive-bees.
a, queen; b, worker; c, drone.

二百卅二圖蝴蝶

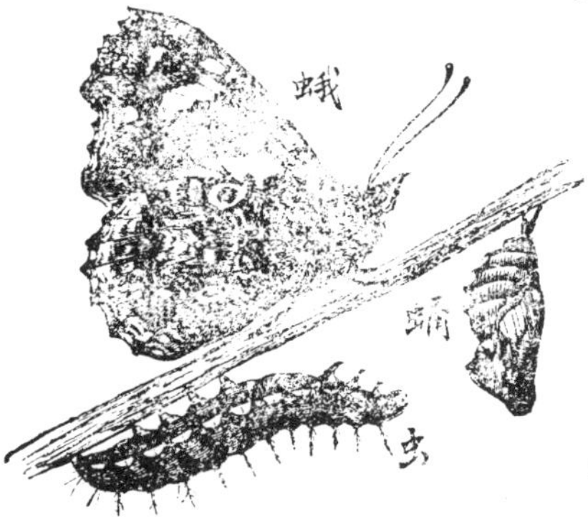

—Butterfly in the Larva, Pupa, and Imago State.

二百卅一圖食菜之虫

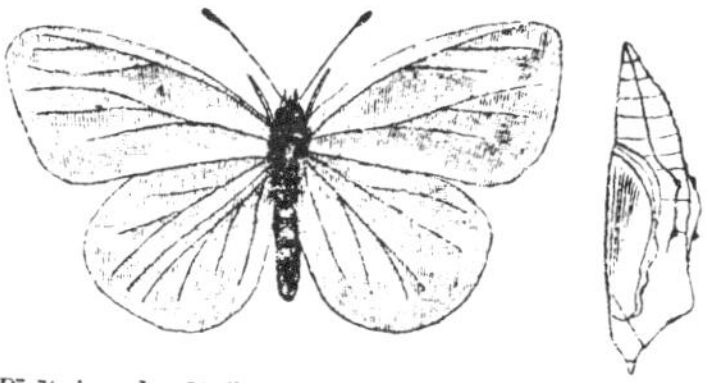
Pi ě′ ris o le rā′ cě a. Cabbage Butterfly and Pupa.

二百卅四圖燈蛾

Clis i o cām′ pa a mer i cā′ na.
Tent Caterpillar. Eggs, Larva, Imago.

二百卅三圖野蜂窠

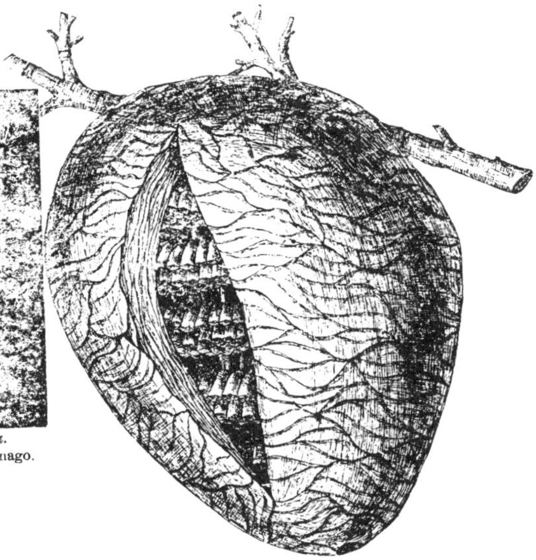
Fig. 83.—Hornets' Nest.

佳蜜、故體胖而爲蜂王、若蜂王及其所出子皆死、則以服役之蜂房放大之、亦食以佳蜜、厥後其體亦胖、更可爲王、惟此僅能於子未出以前爲之、不然不能改、且僅可容一王、若容二王、必彼此爭鬭、須出一始已、

第四十四章論蟲之鱗翅半翅屬

蝶見二百四十二圖、俗名蝴蝶、其四翅、翅有毛、以顯微鏡視之、毛如鱗、因名鱗翅、體備五色而可觀、其飛也來去甚輕捷、其息則直豎其翅、嘴似細管、以之吸取花心之甜汁、所以詩有蝶去尋花作醉鄉之句、其所食者、俱水漿之類、首

支派	族	部	小部	科	屬	類	種
圓節體		飛蟲	鱗翅				蝶
							燈蛾
							蠶蛾
			半翅				蟬
							蟻牛
							呀囒

具兩角似鬚、生子於樹、即化爲蛓、此蟲有足、恆食樹葉、數日後又不食、乃作繭以自封、化爲蛹、於繭中再化爲蝶、始破繭而出、惟此

種蟲變成者形色不甚雅觀云、

燈蛾見二百三十四圖、較蝶之身略肥、而外觀卻不逮蝶、恆夜出、首無長角、其息時則翅不若蝶之直豎其翅、惟見燈火、必以身飛撲之且致死、故詩有剔開紅燄救飛蛾之句、

蠶蛾產於中國、近時他國亦產、其子出後、如何三眠、如何食桑葉、如何上山、成繭、抽絲、生子、人如何食繭中蠶、女人盡詳悉、無待贅述、其形宛似燈蛾、所吐之絲、織成綾羅綢緞、可供人衣裳之用、中國每歲販運繭子入外洋者、更難以數計焉、

半翅之一種、自子生出、卽若飛蟲、但實係無翅、必俟數日以後始由漸生其翅、

蟬見二百三十六圖、生子於樹、蟲出卽入地中食樹根、後化爲蟬、升於樹、裂其背而退其殼、卽能飛、此殼恆在樹間覓得之、名曰蟬

衣中國以之入藥料者其聲清脆可聽因有綠槐高一蟬吟之詩句

蟻牛即上章所云之小靑蟲彼亦屬此種之半翅者既詳前章茲不復論

呀嘯產於美希哥國其色可爲紅顏料緣置諸水中即化而不見

第四十五章論蟲之兩翅與無翅種

蠅俗名蒼蠅 係兩翅中之一種具六足而無爪無論息於何處甚有吸力力在足生子於肉或穢物上翌日出蟲蟲即作繭二十日外化成蚋其目至大飛時張其翅一秒鐘時約能上下飛至三百次中國與各國皆產惟亞拉伯埃及兩國爲尤盛

支派	圓節體				
族部	飛蟲				
小部					
科	兩翅			無翅	
屬					
類					
種	蠅	蚊	蜀蟲	蚤	蝨

蚊見二百三十九圖、生子於河畔、卽化生爲拳蛆、特不能在水呼吸、須透出水面以尾呼吸、故其尾恆向上、再化成蚊、亦浮於水面、俟背裂卽飛出、其所脫之皮在水、人或見之、其嘴外似劍鞘、內具細管、又如劍、刺人肌膚而吸其血、其吸樹汁亦如之、人被蚊刺者肌膚必腫、蓋蚊先以嘴之毒水入人之肌膚、令人血薄、而後吸飮之、

蜰蟲（俗名盤蝨）形扁而圓、具六足、恆匿於人之臥榻臥牀櫻墊涼枕草薦及帳之四角線縫內、或墻壁諸木器具中、甚穢而臭、最易生子、難以數計、此蟲必晝匿夜出、以吸人血、搜捕殲除、頗非易事、各國皆有、惟據云中國北五省爲蜰蟲之藪、其尤盛者在藏垢納汚市廛林立之處、交夏則四出爲患、必俟霜降時乃藏匿不出、人無不深惡而痛嫉之、彼之所畏者不過潔淨與火油、火酒、香水、若市中

所售之肥皂蟲藥水、亦未必勝於火油等物多矣、

蚤（俗名跳蝨）見二百五十五圖、其嘴細長、無翅而善跳、跳且甚遠、具六足、或在猫畜之身、以吸飲其血、

蝨（俗名白蝨）見二百五十五圖、恆吸飲人血、生於污穢人之身、與夫吸食鴉片之徒爲最多、或見街市行乞者、每將百結衣脫去、於衣之隙縫中、必以手指竭力搜捕其蝨、以致死之、惟恐多生蝨子、子數日卽成蝨、所以殲滅蝨、必殲滅其子、

第四十六章論蟲之百足及蜘蛛種

百足亦五毒中之一種、見二百四十七圖、身長而多節、每節具兩足、有二十四足者、有八十足者、在前之足有爪、爪有毒水、其捕蟲先以毒水殺之、人身若沾此水、亦必痛、其產於中國四川者、

支派	族部	小部	科屬類	種
圓節體	百足			百足
				紅百足
				小百足
	蜘蛛			蜘蛛
				蠍
				瘡蝨

身至長具兩翼能飛在美希哥國有至毒之一種人或被其噬即死

紅百足見二百四十六圖與百足相同無少異特其首及足俱作紅色腹作淡黃色

小百足形式亦與百足同惟身至細而長係百足中之一種小者

蜘蛛（俗名蛣蛛）見二百四十八圖身分兩節亦五毒中之一種形似胡蘆其體上半小而下半大具八足兩目目瞳不若飛蟲之多其食蟲也第吸飲其血且能布網即以己腹之絲見二百五十一圖自後抽出絲受空氣即乾而併合其在網末布之時先相度向方若看風水然相度既定始抽絲以布其網繼自中心經緯以成緣足具三爪見二百四十九圖甚便捷其始以絲相繫終以足結成之或倚一絲自上而下見二百五十三圖或自下而上必以足收之

二百五十圖蛛蜘窠在地下

—NEST OF TARANTULA.

二百卅五圖疥虫

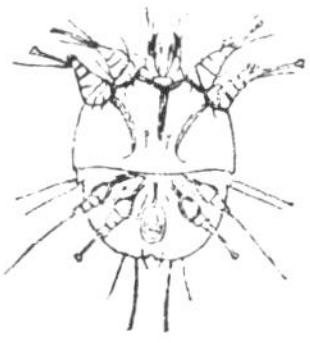

Sar cŏp'tes sca bi ē'i. Itch-mite. (Magnified.)

二百卅六圖千足

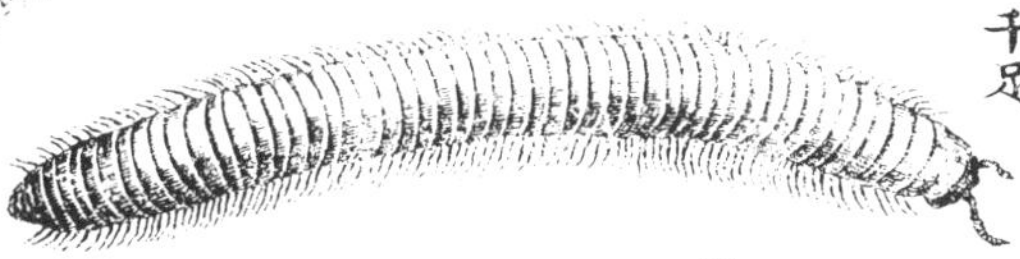

Jū'lus car a dĕn sis. Thousand-legs.

二百卅七圖百足

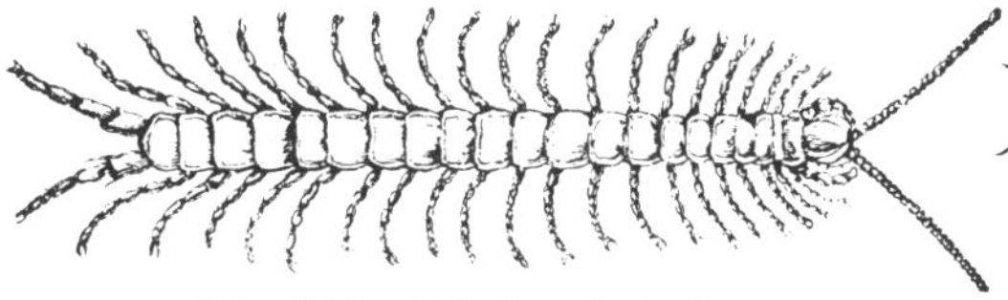

Scol o pĕn' dra gi găn tē' a. Centipede. (½.)

二百五十一圖乃蛛蜘之出四絲成綫

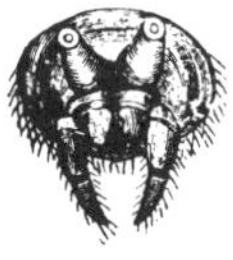

—SPINNERETS OF SPIDER.

二百卅八圖蛛蜘網

a dē' ma. Geometrical Spider.

二百五十二圖蠍子

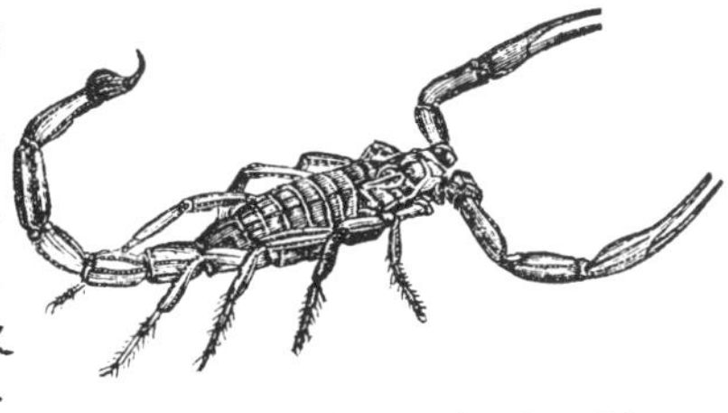

Bŭ' thus car o lĭn ĭ ā' nus. Scorpion. (½.)

二百卅九圖蛛蜘

—FOOT OF SPIDER, MAGNIFIED.

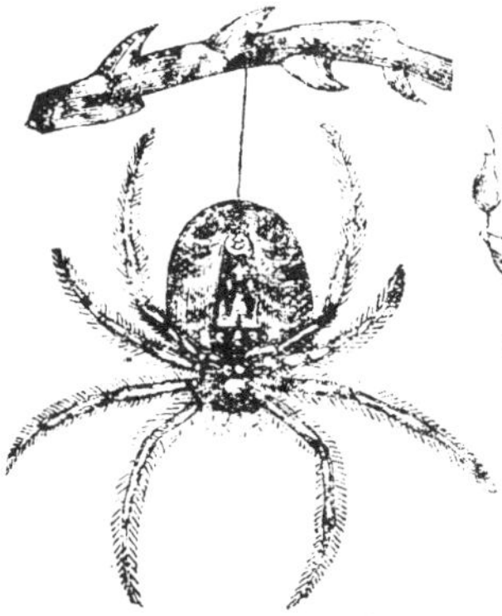

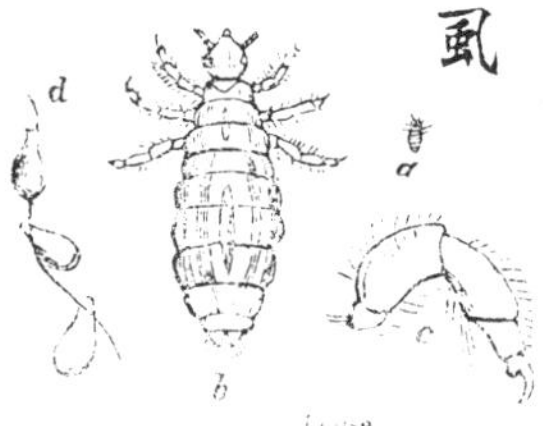

虱

-Louse.

二百五十五圖

Flea.

二百五十三圖蚤

二百五十六圖龍蝦

As tă cus flu vi ăt ĭ lis. Cray-fish, or River Lobster.

二百五十四圖曲蟮

—Earth-worm.

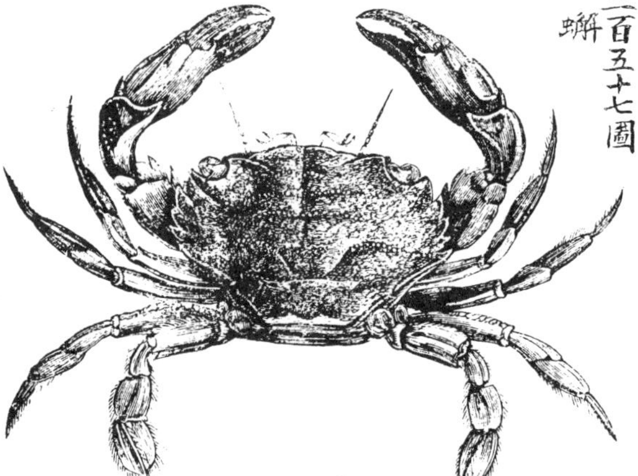

二百五十七圖蠏

—Crab.

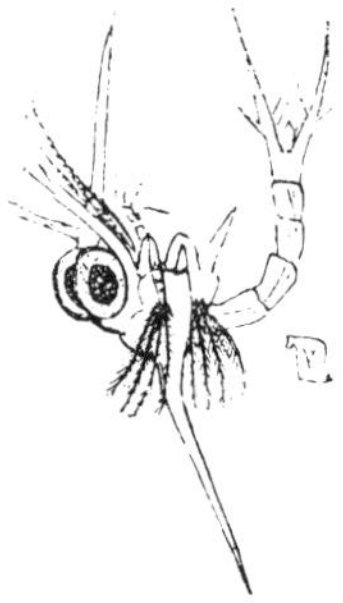

二百五十八圖

小蠏

—Early Form of the Crab.

回至故處則棄之以絲堅卽無用設遇兩樹由此樹達彼樹必先據上風之樹其絲隨風飄引之彼樹網成則居中心任飛蟲自罹其網卽獵得以食之有一種蜘蛛見二百五十圖掘地二寸許深以作窠於中周結以網上作活門有他物入其卽以門拒在南亞美利加之蜘蛛身長二寸遍體有毛緣其身大可捕鳥徧體五色者又有一種居水者但恃吸空氣以生其居水僅以樹葉數瓣作窠其足在水面握空氣而下置氣於葉下乃居此捕食物以生子云

蠍俗名蠍子見二百五十二圖其尾甚毒而長尾末甚銳若人之指甲卽具毒於尾末故尾末作黑水善以尾擊殺蟲擊時有水流出甚毒其前足若龍蝦之足恆以尾螫人之肌肉目有六或十二大者二餘皆微小日間藏身石隙至夜乃出而捕食飛蟲行時尾乃直

竪、

瘡蟲見二百四十五圖、亦屬此種中、係蟲之至細小者、非用顯微鏡燭照之則不能見人之染瘡者遍體作痛癢實卽此蟲爲患蟲卽在人之皮內膜外、其身圓而具八足、

第四十七章論蟲之有殼及無足種

物之有殼者居水、其殼歲必退舊而易新殼初退、其身柔嫩、故藏匿而不見必俟殼堅始出、其目瞳之多、亦若飛蟲有十足亦有十四足、且有腮如魚而不妨離水、蓋離水仍生由腮具堅殼以掩而不令乾枯、其子卽自腹生出、不問何處皆可體共有二十一段每段有一對肢體或足或角、其泗水也身屈而如躍狀、

蝦產於水到處皆有長約二寸、背屈如弓其足甚細水中遇物而驚、則藏身沙土中、

龍蝦見二百五十六圖、與蝦大致相同、首兩旁似角、而作鋸形、且具兩鬚、甚長、能伸縮、兩目生於首角間、兩鬚觸物、即知覺、身兩旁具十足或十四足、近首兩足較大、名曰拑、甚利而有力、用以拑物碎之、他足圓可勾物、其足脆而易折、亦易再生、腹背竹節、節具小

支派	圓節體					
族						
部	有殼			無足		
小部						
科						
屬						
類						
種	蝦	龍蝦	蟹	蚯蚓	蛭	蠱

足、而能游水、每見蝦在水動躍、以前足撥水而得養氣、其色淡青、煮之則紅、初出小蝦之形式、與大者同、龍蝦有重至十斤者、

蟹見二百五十七圖、海江湖三處皆產之、在身之前、如二足較大而短、作乂形者、謂螯、身兩旁具八足、螯足均有毛、目生於殼之兩角、且有二短鬚、其口若門兩分、能開闔、善吐沫、行走或左或右、必横、故曰横行介士、子既出小蟹、其形與大者不類、居水俟堅殼生、乃匿於水灘之洞、

必數日始出、其產於海者、身中圓而尖兩旁、螯足甚扁而無毛、不若產江湖者之身圓、有一種無堅殼居他洞、產於湖及內河者、人尤嗜食其類時或互相吞噬、

蚯蚓見二百五十四圖、乃無足之一種、俗名曲蟮其體之分段、共有百二十、段具八刺、短細如髮而微堅、卽以代足、不分雌雄、皆能生子、而無目與腮肺、遍體能吸氣、子初出之小者、體之段數無多、愈久則段數亦愈多、此物在地中能爬土令鬆成路、其掘成後卽以所食之土吐洞口、惟恃土中之物爲食以自養、恆居潮溼之地、乾則又爬出、必夜或在地遇日曝之卽死、其在地乃有益無損、緣其爬鬆地土、其所爬之洞、與他物不同、其身能生汁水、故洞口潤澤、在奧斯達利亞之蚯蚓、有大至六尺許者、

蛭俗名螞蝗無刺、其行動着力於首尾兩端、以兩端各具圓端、吸附甚

有力口生於首、亦以口呼吸、且口具齒牙、其體黃色、尤嗜食人血有時人患熱病者、醫家以此物即置病人身、令其吸血、熱勢乃可以遞減、

蠱在人身、及他物之體質中、諸果中均有此蠱蟲至細小、苟非以顯微鏡燭照之、何能見此細小蟲之一種、

習問

問〇圓節體者何物〇分幾部〇有骨否〇其體外具何物〇血何色〇具心肺否〇何以呼吸〇入水何以不溺斃〇飛蟲身有幾段〇身之圈數若干〇有聲音否〇有幾足〇鬚有何用〇其目如何〇其胃如何〇此三胃何用〇飛蟲如何生〇分幾等〇食何物〇食肉者何幾種〇小雞之色如何〇虎皮甲其色如何物〇食穢物者如何〇其足爪何若〇何幾種屬此〇地鱉蟲又有何名〇埃及人以爲何物〇何故佩身〇鹿角蟲之力如何〇浸水中酒中能致死否〇掘坟蟲生子於何處〇食葉者有幾種〇跳蟞蟲如何〇西印度婦人捕得此蟲何用〇斑猫何色〇直翅蟲有幾翅〇蟑螂產於何處〇有良法殄滅否〇螳螂之性如何〇能走樹木之蟲色如何〇能走樹葉之蟲產何處〇蟋蟀之聲出於口中否〇中國人捕得蟋蟀何用〇鬭勝者何以稱之〇有何詩句

○直翅始生能飛否○蚱蜢之形式與何者相類○螽蝗何處甚多○中國何處人買以食之○何處人以蟲與蜜糖同食○亞拉伯人謂蝗有幾處肖飛禽走獸及蟲○蝸如何物○沙皮種有幾翅○蜻蜓如何○目瞳數若干○其飛如何○有何詩句○白蟻產何地○窠似何物○餘分幾班○人近其窠有聲否○脆翅者如何○五倍子如何○長鬚蜻蜓散生子於何處○蟻如何○何以能運大物於窠○子肖何物○何以形其聰明○足之毛何用○何以名蟻牛○人何以稱之謂逐物蟻○何處有此種蟻○黃蜂之窠以何物成之○人何以被其針刺○蜜蜂分幾種○所居房何者較大○何以搓成丸○置何處○其房以何物成之○必如何可以爲王○一房可容二王否○屬鱗翅者有幾種○蝶俗稱何名○翅毛如何○以何物吸取花心甜汁○蝶與毛蟲異否○有何詩句○生子化爲何物○作繭化爲何物○繭中再化爲何物○燈蛾與蝶何別○有何詩句○蠶蛾如何○形似何物○所吐之絲何用○產於何國○屬半翅者有幾種○蟬如何○蟬衣何用○有何詩句○蟻牛何以不必復論○呀囒產於何國○屬兩翅者何名○蠅俗何名○有幾足○二十日外化成何物○食何物○子生何處○一秒鐘時飛若干次○蚊如何○化爲何物○其嘴內外如何○蚊何以令人血薄○何幾種屬無翅者○蜀蝨俗何名○何以夜出○人何以深惡而痛嫉之○蚤俗稱何名○能跳否○蝨另有俗名否○生於何處○百足毒否○其足每節若干○共有足若干○前足有何物○爪之毒水何用○能呼吸否○目如何○能飛者產何處○至毒者產何處○紅百足與百足同否○小百足之身如何○其足與大者相若否○食否○蜘蛛俗有何名○其身與飛蟲何別○食何物○何以布網○是否肖毛蟲之網○其足如何○目瞳多否○身長二

寸者在何處〇古花園中之大蜘蛛其身何色〇蠍有俗名否〇毒具何處〇性如何〇全蠍何用〇山東沂州人捕蠍何用〇瘡蟲如何〇人何以生瘡〇有殼者何物〇何者若飛蟲〇何者似魚〇足有若干〇蝦之足折一則如何〇自小至大退殼否〇龍蝦較蝦如何〇全體如玻璃之瑩澈其蝦何名〇蟹產於何處〇有腮否〇何謂橫行介士〇何謂無腸公子〇產於江湖內河與產於海者何別〇至大者產何國〇有何詩句〇何幾種屬無足者〇蚯蚓俗名何者〇每段具幾刺〇以何物代足〇食何物〇居何處〇在地是否有益〇至大之蚯蚓在何處〇蛭之俗名何云〇首尾兩端何別〇何以呼吸〇有無齒牙〇體何色〇有時何用〇蟲如何〇其蟲至小何法可見

第四十八章論輭體之支派

物之輭體支派者俱無骨、惟於體外具堅殼一層、此殼異乎蝦蟹而若房、且隨體而長、本體長一圈、則殼亦長一圈、緣食物養身、兼以養殼、一殼者自內逐層以長至外、兩殼者自外而長至內、故殼能開闔、心與腮畢具、血白而不紅、不甚能行、分有首無首兩部、有首分一殼赤體兩種、無首有兩殼一種、

紅魚見二百五十九圖、乃一殼者、殼肖螺螄、其殼甚薄而可觀、作

螺旋形若房之分間然、彼居外間、此物愈大、螺旋愈多、雄者略次之、具八足伸出在口之四圍、食物即以足攫之而置於口、入海底、亦賴此足、游行於水、則足兩旁分開、口居中以吸水、隨吸隨進、緣有細管在其身、水自口至殼之心有空氣、令其身輕、便於行水、居於海之至深處、不易尋覓、不甚解其如何活命、其有名紙舡魚者、見二百六十圖、係海中至可觀之活物、以其殼至薄、故其身之紅色與銀色、皆自內映出、其身若無殼、殼即其身子生而養其子、仍在殼中、其八足甚長、能攫物、并能行走於海地、雄者長僅寸許而無殼、

蝸螺之殼、見二百六十二圖、甚美觀而值貴、外具螺蚊、中國人恆繪佛像於殼內、仍投諸海、令其生汁、變爲堅者、後於海中獲得之、人觀此佛像、咸謂自然生成者、此物產於東南兩海洋而無足、統

二百六十一圖水中活目不及見

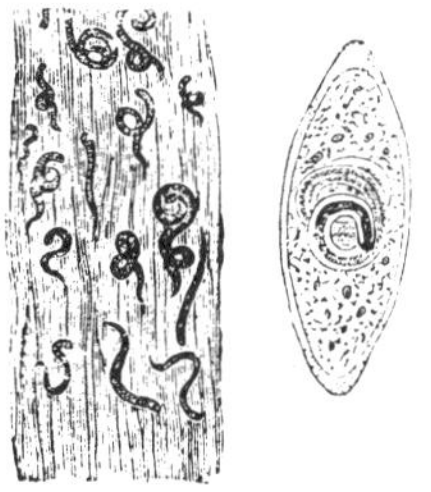

Tri chi'na spi ra'lis
Migrating in muscles. Encysted.
(Greatly magnified.)

二百六十二圖蝸螺殼

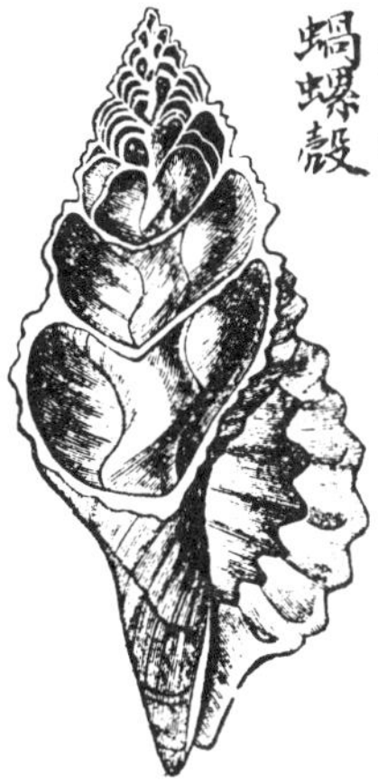

—SECTION OF A SPIRAL UNIVALVE.

—ARGONAUTS.

二百六十三圖舩魚剖面

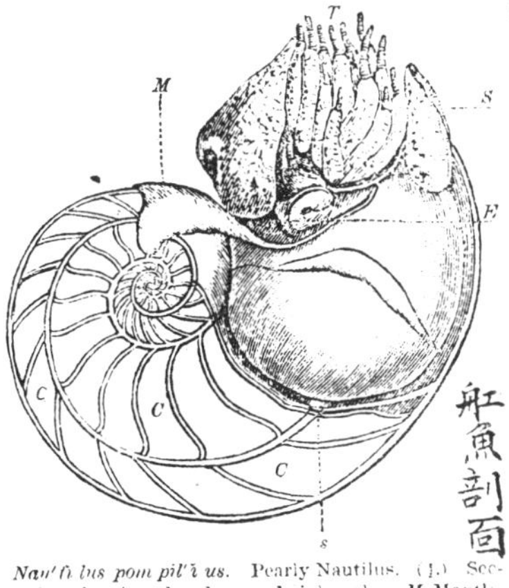

Nau'ti lus pom pil'i us. Pearly Nautilus. (½.) Section showing chambers and siphuncle. *M*, Mantle. *E*, Eye. *S*, Siphon. *T*, Tentacles. *C*, Chambers. *s*, Siphuncle.

Ar go nau'ta ăr'go. Paper Argonaut.

墨魚子

—Egg-cluster of Squid.

二百六十七圖

二百六十四圖螺螄

Fig. 105.—Anatomy of a Snail.

mouth; *b*, foot; *c*, anus; *d*, lung; *e*, stomach, covered above by the salivary glands; *f*, intestine; *g*, liver; *h*, heart; *i*, aorta; *j*, gastric artery; *k*, artery of the foot; *l*, hepatic artery; *m*, abdominal cavity; *n*, irregular canal communicating with the abdominal cavity, and carrying the blood to the lung; *o*, vessel carrying the blood from the lung to the heart.

二百六十八圖

小墨魚

Lo lĭ go bar trăm' ĭ i. Squid, Atlantic. (?)

牛蝸

二百六十五圖

Li max cam pes tris. Slug.

螺螄

二百六十九圖

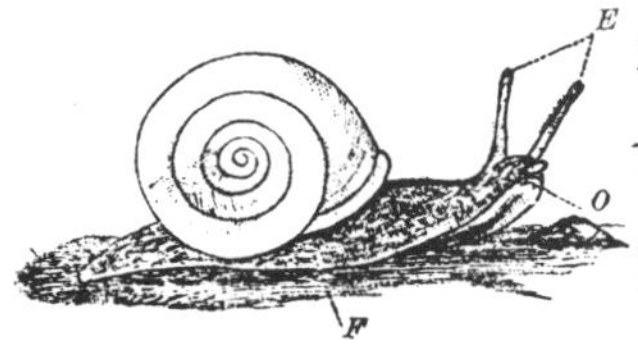

Hē lix al bo lā' bris. Land-snail. *F*, Foot. *O* Mouth. *E*, Tentacles, terminated by the eyes.

二百七十圖

蝸螺

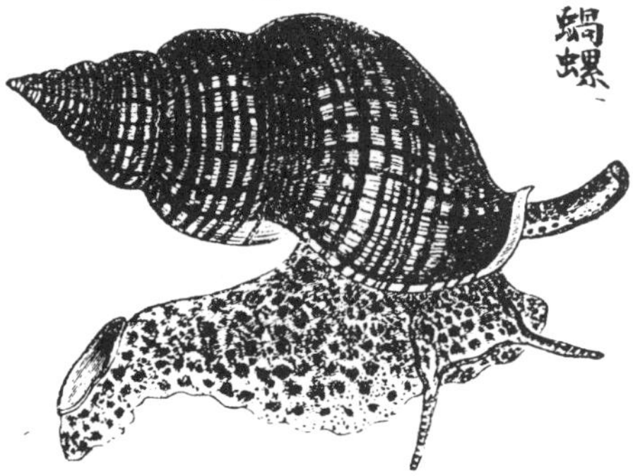

—Whelk.

o, operculum; *s*, siphon.

二百六十六圖墨魚

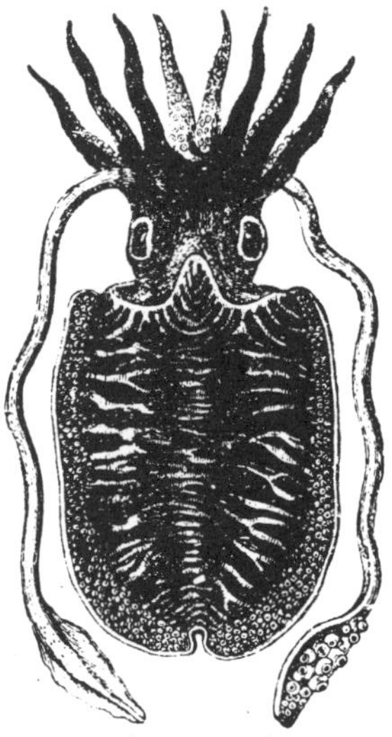

—Cuttle-fish (one-fifth Natural Size).

論大小優劣卻有多種、

螺螄見二百六十四圖外湖內河皆產、其殼甚堅而無足、此物久居於水近岸則愈多人恆食之者、

蝸牛見二百六十五圖乃陸地之物、有四角、惟於一長角之末具一目、其小角能知香氣、生子於地中、

蜒蚰柔輭而無殼、惟在吸息處聊具幾希、其殼薄而不見、緣衛兩旁之腮故耳、

墨魚見二百六十六圖、皮甚堅、亦無殼、其口邊具八足、兩旁更有長足、用以攫物食之、且力大者其目必大、此物產於印度洋、如遇人捕之、即噴黑水而遁、尋之杳然不見、

鬼魚見二百七十一圖、肖墨魚而較大、其體無殼、若一大袋、口似鸚鵡、體之色時刻變幻、而實不雅觀者、

第四十九章論兩殼種

兩殼之一種皆無首、即蛤蚶蚌是也、其殼分層次、體若漸大、在內之殼即加一層、故殼亦漸大、其殼即體之精液所成、其體與殼相連、能自然開合、并可令水出入、用力即能緊閉、死則失力而易開、

支派族	輭體
部	無首
小部科	兩殼
屬	
類	
種	蛤　蚶　蚌

平時恆閉之、或偶於陸地行動、時有一足伸出、能跳動、而終不能多焉、

蛤（俗名蛤蠣）見二百七十三圖、在大西洋之水淺處、以及海灘、歐羅巴人嗜食之、其生子歲約十二千萬、魚亦喜食其子、致難興盛、今人需用之珍珠、即生於蛤殼者、緣有泥沙石屑、漏入殼中、其體漸覺不適、乃發出精液以附之、令其滑潤、體適、遂成珍珠、有精液層疊附外、故光華煥發而可觀、人咸以爲至寶、但此物產於南海底之至深處、實難尋覓

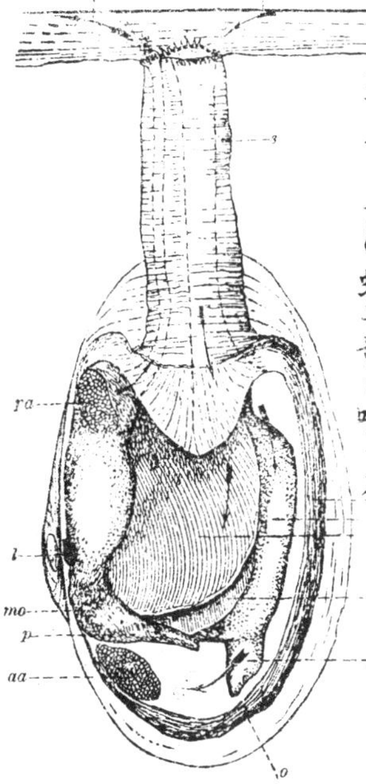

二百七十三圖 蚌之剖面吸子石

Mў'a ar e nā'rĭ a. Common Clam, with left valve and portion of mantle removed, showing the more general anatomical peculiarities. *i*, Arrow showing course taken by water as it enters the siphon (*s*) and bathes the gills, *g* and *g'*. Food is directed to the mouth, *mo*, by the palps, *p*, the water finally leaving the animal through the excurrent opening, *e*. *m*. Mantle, with an opening at *o*, for the foot, *f*, to protrude. The fleshy body is seen at *b*, the ligament at *l*, and the anterior and posterior adductor muscles at *aa*, and *pa*.

Octopus.

二百七十二圖

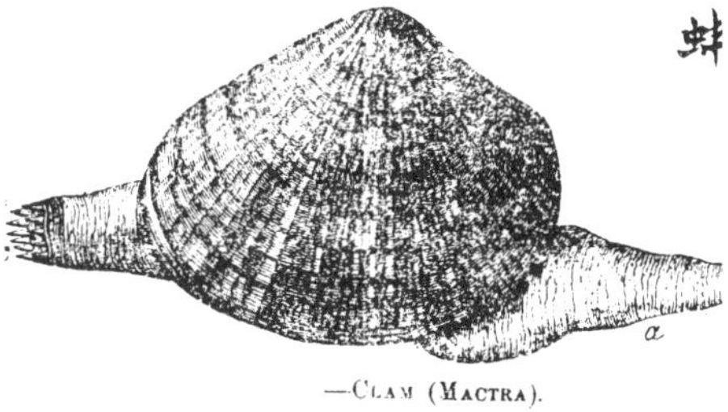

蚌

—Clam (Mactra).

a, foot; *b. c*, siphons.

二百七十四圖

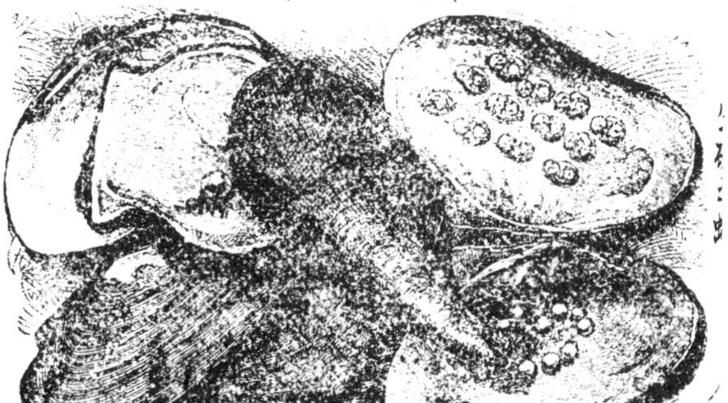

-Pearl-bearing Shells.

二百七十五圖

蝸螺之子

—Egg-cases of Whelk.

觀海膽之内式

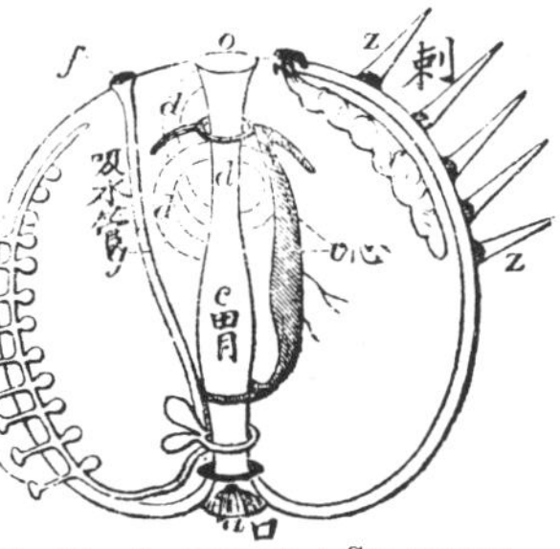

Fig. 39.—Section of a Sea-urchin.

a, mouth; *c*, stomach; *d*, intestine; *o*, anus; *e*, heart; *f*, madreporic body; *g*, main water-tube; *p*, tube-feet; *z*, spines.

二百七十六圖海參

—A Sea-cucumber (Pentacta Frondosa).

二百七十七圖海膽

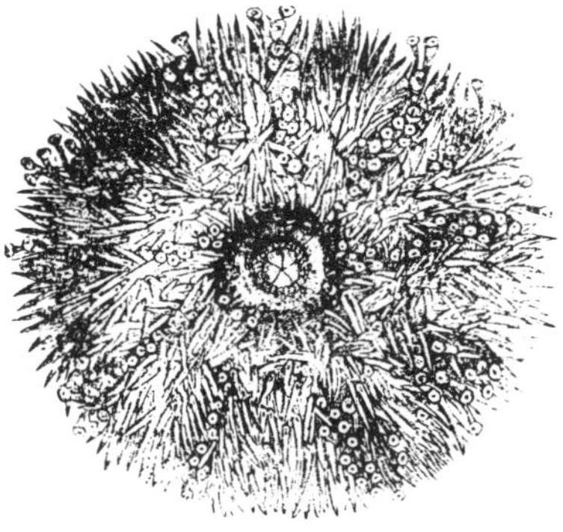

—Under Surface of a Sea-urchin, showing Rows of Suckers among the Spines.

二百七十八圖　子

— Egg-cases of Pear-conch.

二百七十九圖星魚食蚌之式

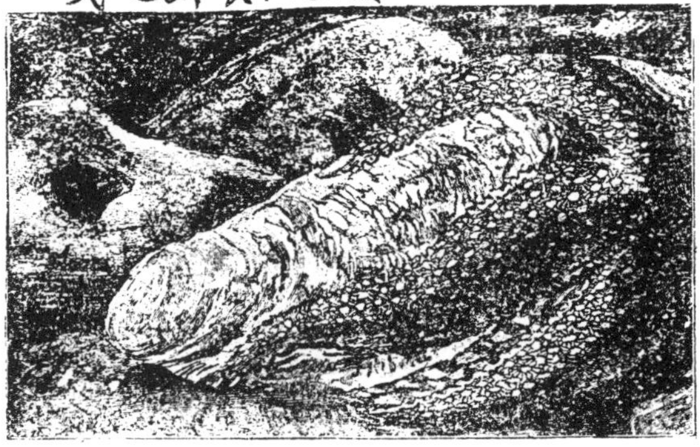

Dining upon an Oyster.

得之人或入海打撈者、甚屬危險之極、

蚶（俗名瓦楞子）見二百七十二圖、殼有深細條紋、中國南洋及日本東洋皆產、惟尤佳者產於浙江甯波、人恆嗜食之故價貴、至產於日本者、價甚廉而物亦較次云、

蚌中國到處俱產、其性寒涼、肉可食、（肉之俗名水菜）殼堅而亦生珠、但其珠不值價、其一種產奧大利亞者爲尤大、且有重至二十鈞者、

習問

問○軟體之支派具骨否○外有何物衛其體○屬此者有幾種○其殼何以長大○魟魚殼如何○其足若干○何以入海底○游行時其足如何○蝸螺之殼可觀否○產於何處○螺螄如何○其殼堅否○蝸牛與螺螄何別○具幾目○其殼如何○何以知香氣○蜒蚰具殼否○墨魚如何○何以食物○人捕之易獲否○噴黑水後如何○鬼魚肖何物○其身如何○可觀否○屬兩殼者有幾種○其殼何物所成○能開合否○其行陸有無足○蛤俗名何者○何處人嗜食之○歲約生子若干數○珍珠生於何處○如何成珍珠○產於何海○蚶俗名何者○產於何處者爲尤佳○產日本者其物如何○蚌產何處○蚌珠能若蛤中之珍珠否○其尤大者產何地○其重若干

第五十章論肖動植物難分之支派

物之半肖蔬菜、半肖動物者、且有能行與不能行、無首又無耳目之別、何以肖蔬菜、蓋以損傷其本體後、彼自然易於長復、卽其所遺瑣碎者、竟能另成一體、無異本體、其形亦似樹木之枝、不分雌雄、皆能生子、人見之因咸稱謂海之蔬菜云、

支派	動植難分	
族部		
部	有刺	海蟄
小部		
科		
屬		
類		
種	星魚、海膽、海參	海蟄、海菌、海燐火、海梳

星魚見二百七十九圖、二百八十二圖、無殼、其體中圓口生於腹下、有五足自中心分出、似星、足具無數細足、足能吸附於石、行如轉磨、一味向前、其行時口在下可食物、恆捕蛤蚌爲食、必以足堅攫而後食其肉、故沿海人深惡之、捕獲時卽分剪其體爲無數、以投諸海、豈知愈剪碎、則其生愈多、何以如此、蓋其體每一塊、卽能成一體、爲星魚、其

居在有石處者色乃紅、

海膽見二百七十七圖之外殼、肖魚鱗片、惟如是故易大、其體之殼徧具刺、能縮成團形若刺蝟、亦藉刺以滚於地、或左或右皆可、并以刺觸物、其形式如同栗殼、

海參見二百七十六圖、肖一長袋、其口向上、口之四圍、有手如毛、能伸縮、其足則遍體皆有、市肆中有一種名明玉參、尤爲中國人所嗜食云、

海蟄見二百八十一圖、產於海中甚多、小者作顆粒形、大者闊有二三尺、身柔輭而無皮、又肖洋菜、若握之卽易化爲水、中國人恆食之、

海菌之形若繖、又似菌、有數足下垂、高約數尺、恆以足捕物、并能伸縮、身雖輭而身具細刺無數、故人握之卽覺手痛、五色畢備、甚

爲可觀、

海燐火見二百八十五圖、乃至可觀者、似海菌而甚小、時或見光發自海中如火炎、此卽膠魚身之光、緣其小而集在一處、實係至多、若無數螢火之光然、

海梳見二百八十三圖、宛若柔輭之玻璃、無手足、其體具管孔、管孔中有甚細之鬚、時能轉動、故流水之經過其體者、卽順水推之而前行、其體有光、自能發出、

第五十一章論肖蔬菜種

菟葵見二百八十六二百九十圖、生於石而堅附於石、外具殼、且其鬚甚多、能伸出以代手之用、其伸時甚可觀、酷肖盛開之菊花、五色畢備、其捕物也、必先於鬚刺中發出毒水、俟物被其毒死、而後攫之、其一鬚折、卽生一鬚、至其小者之鬚肖菜、亦生子、日有三

—Mushrooms of the Sea.

二百八十一圖海蜇
—Jelly-fish (Cyanœa Enplocamia)

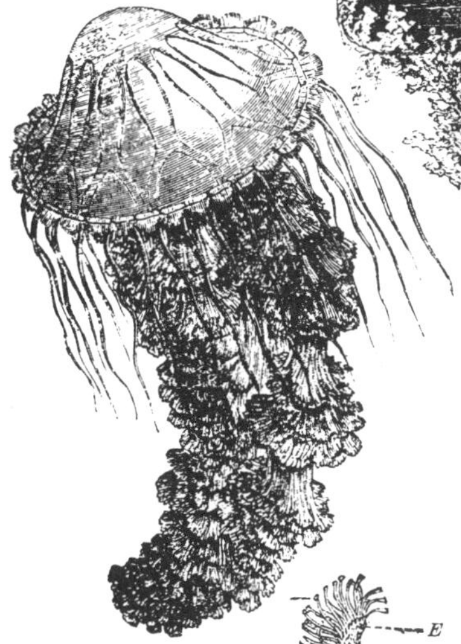

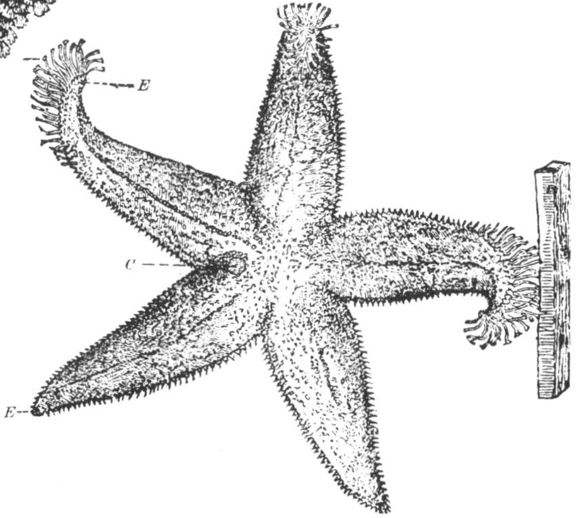

As tĕ′ rĭ as forbes ĭ ĭ. Star-fish *E.* Eye-spot *C.* Coral plate. *S.* Ambulacral suckers which on the arm toward the right are attached to a small stick.

二百八十四圖海燐火

CTENOPHORA AND PHOSPHORESCENT FISHES.

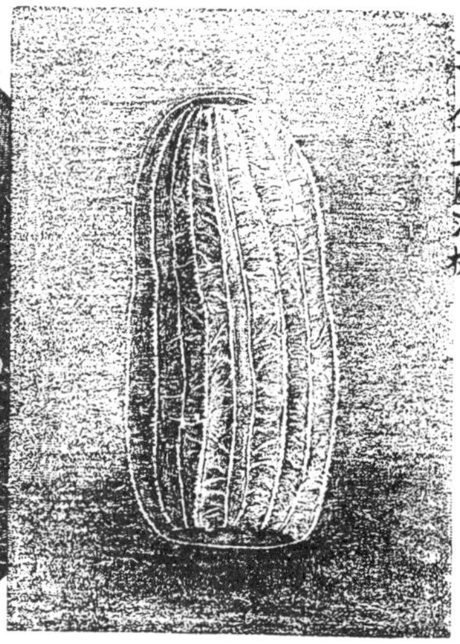
二百八十三圖海梳

—CTENOPHORA.

二百八十五圖海燐火

—PLEUROBRACHIA.

一百八十六圖 菟葵

—SEA-ANEMONES.

百之多、

海特（又名百手）見二百八十九圖、身肖星魚而較小、其體末堅附於石、餘俱空懸、不能行動、有去來物經過觸其足者、彼卽擒而食之、其腹無臟腑、人若獲之、逐層翻其胃皮、彼仍能生而食物、其種又肖星魚、愈分愈盛、剪其一足投於水、一足卽再成一體、自能吸附於石、亦生子於海甚肖雞子清、其子出甚奇、不生海特、先變爲海菌及海菌子出、乃變爲海特、

支派	族部	小部	科屬類	種
動植雜分	肖蔬菜			菟葵
				海特
				珊瑚
				海絨

珊瑚見二百九十五圖、亦生物、肖菟葵之小者、其始一殼生於石、殼中具肉、肉卽生物、又有長鬚能伸出以捕物、後生子重疊其體上、其前之一者卽死、如是遞加、直抵水面、遂成陸地、而且平在太平洋有多處海島、均係此物所成者、其生又肖海特、生法有二、一

則其體重疊而生、一則其子在水去來游動、因吸附於石、珊瑚有紅白淡紅諸色、幷分粗細、人見售於市者俱已死、粗者之孔若蜂房、其孔卽生物之窠、細者光滑、其孔隙已被人磨去、故視之若無孔、紅色者地中海與紅海中甚見其多、

海絨一物見二百九十七圖、人向識爲海中之菜、至今方知實係生物、蓋人所恆見與夫日用者、卽生物之架具、其所食者、乃水中上流之物、見二百九十八圖、其體甚細、如玻璃之可觀、

此一切外更有無數生物、或在空氣內、或在地在水、目所不能見者、必用顯微鏡方能見之、雖然生物微小、又有至微小者與之食、可謂微小莫測矣、由是觀之、誰不信有全智全能之上帝、上帝造之、且顧恤之、豈不顧恤我人乎、夫彼無靈魂、死則已矣、我等較彼非愈形尊貴乎、我等人身、卽彼中之甚智者、亦所不及、況更賜我

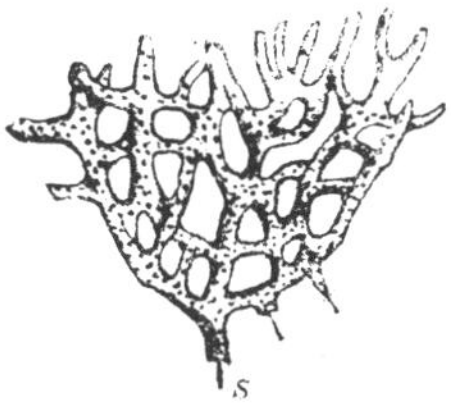

二百九十一圖 珊瑚

Gor gō' ni a fla bĕl' lum. Fragment of Sea-fan, showing the interlocking of the branches. *S*, The central horny axis.

二百八十七圖 菟葵之外式

Me trĭd' i um mar gin ā' tum. Sea-anemone, as it appears when contracted.

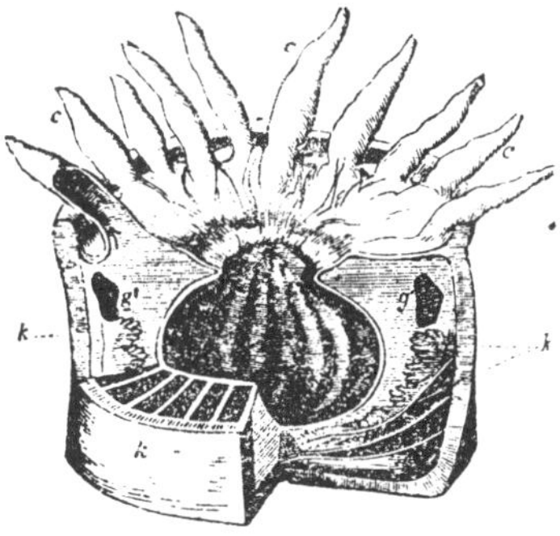

二百八十八圖 觀菟葵之內式

Fig. 19.—Stomach and Chambers of Sea-anemone.

c, tentacles; *d*, mouth; *e*, stomach; *g'*, *g'*, openings in the partitions; *k*, chambers.

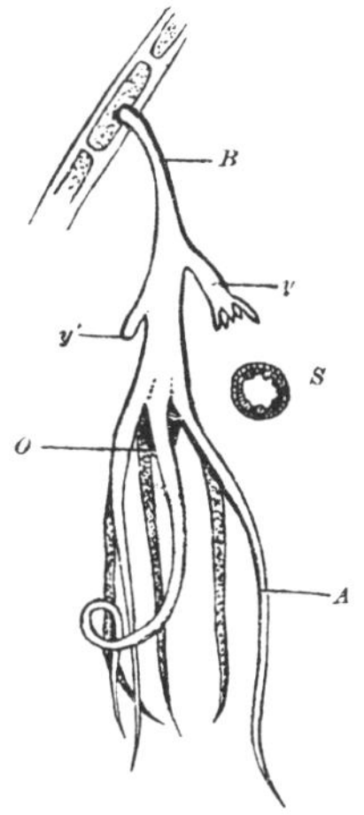

二百八十九圖 百手

Hy drá fŭs' cȧ hanging from an aquatic plant. *B*, Lower portion of body. *O*, Position of mouth. *A*, One of the arms. *y*, A "bud" partly expanded. *y'*, A "bud" contracted. *S*, Cross-section through body showing disposition of two cell layers around the central cavity. (Enlarged about five times.)

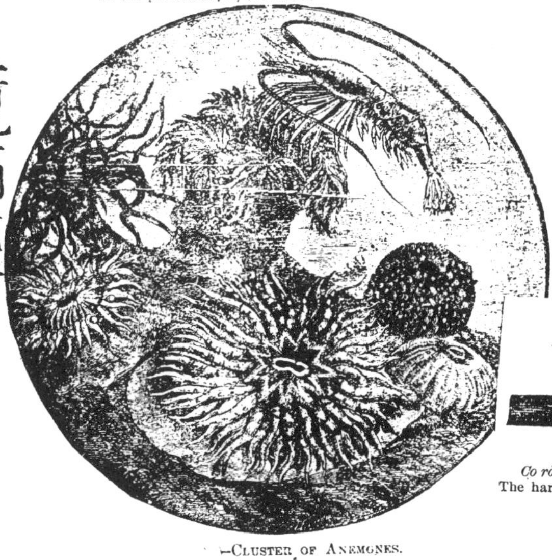

二百九十圖 菟葵

—Cluster of Anemones.

二百九十二圖

Co răl' li um rŭ' brum. Red Coral. The hard central axis is seen projecting toward the left.

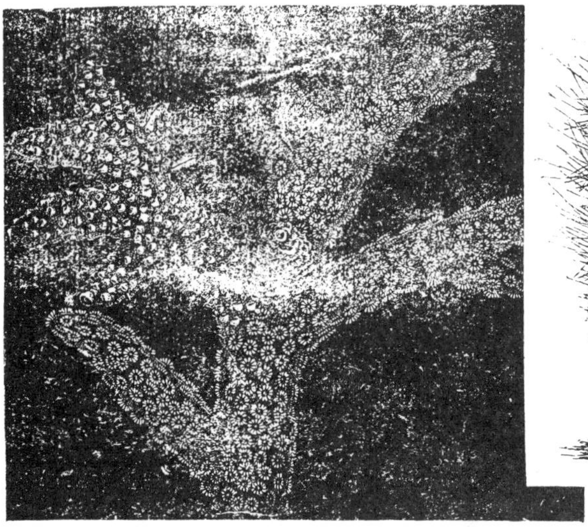

—Branching Coral Alive, with Polyps Expanded.

二百九十五圖珊瑚

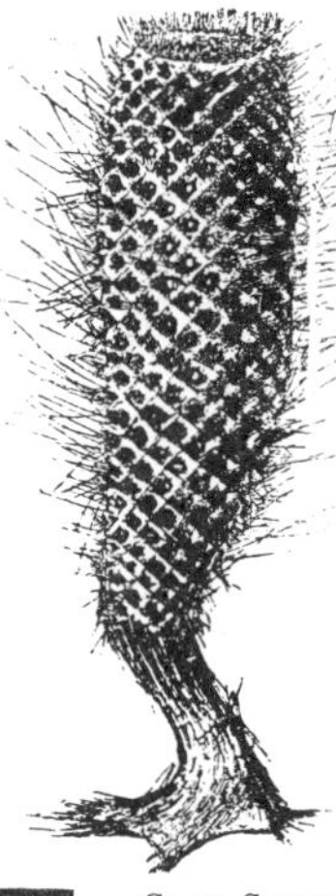

—Glass Sponge.

二百九十三圖玻璃海絨

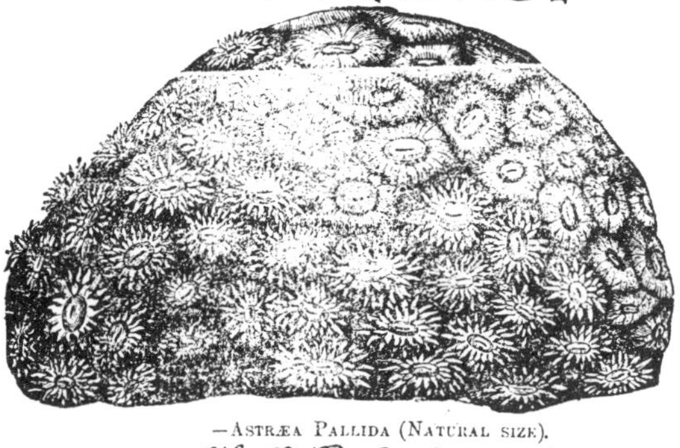

—Astræa Pallida (Natural size).

二百九十六圖珊瑚

Branching Coral
A, Plan of single animal.

二百九十四圖珊瑚

—Living Sponge in Action.

二百九十七圖海絨

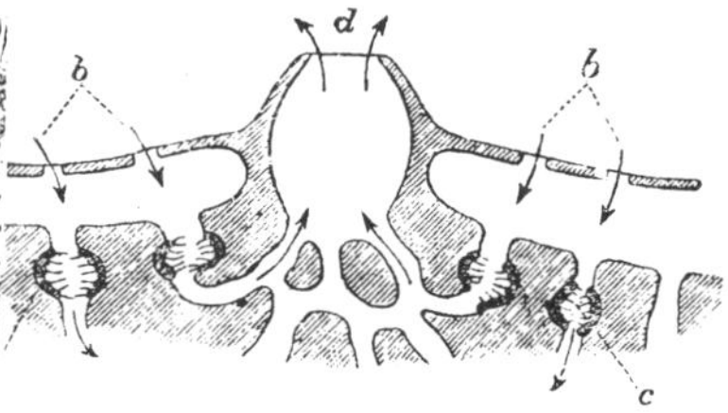

—Circulation of Water through the Sponge.

二百九十八圖

海絨之水道

永生不滅之靈魂乎、但聖書云、人當尊貴時而無知、幾與斃獸相若矣、我之萬民歟、應聽我、我云以色歟、我欲作證、我乃上帝、卽爾之上帝、深林之野獸、均我有者、萬山中之牲畜、亦我有者、我若飢、又不必告爾、因世與夫共在世者、均我所有、我豈食牡牛之肉、我豈飲牡羊之血、應以感謝上帝之心、作爲祭物、在至聖之上帝前、還爾所許之願、爾在苦難日求我、我必救爾、耶和華賜恩惠與萬民、哀憐其所造之萬物、耶和華歟、凡爾所造者、須感謝爾、爾之虔誠之人、又須讚美爾、且感謝獨能行奇事之上帝、以智慧造天、令地在水上、且感謝造光、卽造日以定晝、造月以定夜、其哀憐永存、以糧賜有血氣者、其哀憐永存、感謝在天獨一之上帝、其哀憐永存、耶和華歟、爾曾經鑒察我、知我、我坐立、爾知之、爾自遠處知我念、我舉止行動、我寢處、爾俱明察、我一切路、爾俱知之、確實、耶和華歟、我舌所出之言語、爾無一不知之、爾前後圍我、以手撫我、此識見奇異神妙博敏高大遠勝我、我莫能逮、我往何處避爾之靈、我往何處避爾之面、我若升天、爾已在天、我若設牀在陰司、爾已在陰司、我若生兩翼飛至海極居彼、爾卽在彼、手欲領我、爾之右手又欲攜我、我若云黑暗實能掩我、乃黑夜卽易爲光明、黑暗卽不能掩我、我使爾不見夜、肖日中之有光、黑暗光明在爾之面如一、緣我之臓腑爾造之、我在母胎之時、爾不已保衛我歟、

論動物之在地各居其所

粤稽五方之民、言語不通、嗜欲不同、達其志、通其欲、東方曰寄、南方曰象、西方曰狄鞮、北方曰譯（詳禮經卷二王制註解）居民各居其方、或山或原、或嚴寒酷熱之地、人之嗜欲雖異、而其智則同、於是建房屋、製衣裳、有牲畜亦如是者、皆賴人之畜養、如牛馬猫狗類、餘則俱

分疆界、如蜂雀產於亞美利加、他處則無、有袋者僅產於奧斯達利亞、牛西蘭兩島、拉馬僅產於南亞美利加洲、虎僅產於亞細亞之南邊境、居平原者、莫能居山、如馬牛羊獅象是也、又有不在平原而居山者、如山羊麞之類是也、地之諸道、各有定物、如北寒道之動物種族少、毛均厚、色白如雪、無爬蟲、即飛蟲亦鮮、溫道之動物色樸、猛獸少而供人之服役者多、有因天時變動者、如鳥之遷居、熱道之動物多而且大色者、有鸚鵡大蛇猛獅虎象河牛、更有害人之飛蟲、其在海者、珊瑚海絨頗多、海中之物、不特有南北之分、抑且有上下之別、潛伏水底者升至水面則死、猶之在水面者、亦不能潛伏水底、在鹹水者、入淡水則死、猶之淡水者、亦不能入鹹水、故物各有定所、各適其宜也可、

論顯微鏡之功用

世之奇物、可見而知之者固多、第尤有奇異者、爲目所不能見、有致知格物之士出焉、何謂致知、致知者推極吾之知識、欲其所知無不盡、何謂格物、格物者窮至事物之理、欲其極處無不到、故大學條目中誠正後即繼格致、其所製顯微鏡一物、亦即格致學之一端、自世有此鏡、而令凡物無微不顯、苟微物之具毫髮形質者縱極微之又微、以鏡察之、遂洞燭而莫遁、鏡之功用、非至精巧而至奇異者乎、即如河水之涓滴、其中即具無數生動之物、作去來游以覓食、若無顯微鏡、焉能有所見有所知、人又或以山凹幾微之灰、精細視之、始知微蟲之殼所成、即空中亦充塞微小飛蟲、雖水之至清潔者、亦有此微小蟲、彼即微小而均有目與口、又有次者以爲食、此至微小者名多胃、緣其胃有三四、乃有此名、甚有雨水一杯浸以稻草數莖、越兩三日蟲即驗矣、無論熱道北極、均有此蟲、極深至七仞有半者亦有之、而且人及牲畜之體、花草之本、莫不乘有、有特形式不同、有若圓形、若蛇、若星、若輪、若杯、身輭者、身堅者、僅生一日、生子卽死、在奧斯達利亞有人作粉（俗名光粉）察以顯微鏡、每方寸中有生物四百億之多、沼水內有若草者甚微、有若海特者、乃有半寸之毛、毛中有手六、或十二、手能擒生物、其體縮之作團形、顯微鏡既能攷察目所不能見之物、其目所能見之物務宜加意詳察、則衆物之表裏精粗無不到、而吾心之全體大用無不明、且我知飛蟲之呼吸與目、幷蝶翅之毛如輪、此非奇異之眞乎、格致家參攷之智且如此、若夫造物上帝之智、非超出乎世人萬萬也夫、

論人攷察諸物

余已約舉動物數種、以期學者稽古居今、潛心參究、所貫日知其

所已、月無忘其所能、不必舍近圖遠、務在舉一反三、溫故知新、蓋天下之大、形形色色、奇異之物、不第出自泰西也、近取諸身、當前卽是、惜人不加察耳、於泰西曾有多人往各處游歷、攷察雜學、精益求精、終身從事於斯、必三折肱而後已、究其志無非成著作爲後學津梁、博名譽以昭垂宇宙、其始起建園囿、豢養虎豹獅象、供人遊觀、其繼於都邑建房、存儲虎形、及各種生物之形、畢肖生動、俾有志者可逐物以資攷證、設或古人於蠶桑一事、若非當時洞澈本原、法良意美而開創之、則衣裳之錦繡、何以傳至於今、人苟體此意、鑒黃蜂之成房、卽可悟造紙之法、並知人之疾病、其故皆由於蟲、自神農嘗百草後、醫藥始有方、精於歧黃者知之詳、卽參古方以療人之疾、我等既具人心之靈、詎可優游卒歲、與草木同腐、正宜視思明、聽思聰、事思敬、疑思問、擇君子九思之大要、以心體而力行之、不然、四方之物莫辨、不啻有眸子之瞽者也、且也余不甚悉中華之物、雖喜涉獵山海經、博物志、爾雅諸書、特恐徒恃古人簡編所載、一於誦習、莫能觸類引伸、推陳出新、縱博古而未必通今、所以蔑古果不可、泥古更不可、如或泥古不知今、或與之談新法時事、彼茫然莫解、譬之與坐井者言天矣、與夏蟲語雪矣、乃與言者唇焦舌敝、而聽言者俯首無辭、又無殊執重聽者令其辨別音聲也、可乎否乎、茲泰西各國、有心時事、開創新法者、歲不絕書、所願與好學者、即取日用死生之動物、逐物以顯微鏡悉心詳核、彰往察來、視人所莫能視、以冀日新月盛、筆之於書也可、

習問

問○脊動植難分之支派是何物○何以半脊蔬菜○何以半脊動物○星魚如何形式○口在何處○有幾足○其行如何○食何物○以其本體剪碎之死否○海膽何物○其刺何用○海參脊何物○何處人嗜食此物○海蟄如何○可食否○海菌之形何若○海燐火可觀否○海中何以

發光○海梳若何物○海菌海燐火海梳此三物能動而游否○菟葵生於何處○酷肖何物○海特又有何名○奇於何處○其生子先變爲何物○珊瑚肖何物○有幾色○太平洋之海島何物所成○人向識海絨爲何物○其所食者何○其可觀如何物○一切生物賴何人得生○東南西北之民言語嗜欲通否同否○居民各居其方其智若何○何種牲畜居房屋賴人畜養○產亞美利加者何鳥○僅產於奥斯達利亞牛西蘭兩島者何獸○拉馬僅產於何處○虎僅產於何處之邊境○何者居原不遷山○何者居山不在原○北寒道之動物如何○毛何色○温道之動物如何○其獸猛否○何處獸至大至猛至盛○海中之物有定所否○有無南北上下之別○目所不能見之物用何法可見○顯微鏡何等人所製○何謂格致○河水之涓滴中具何物○山凹幾微之灰何者所成○空中及清潔水有無蟲○至微小之蟲何名○深至七仞有半者有蟲否○人及牲畜花草中之形式同否○有若何形○何處有人作粉○粉每方寸中有生物幾何○半寸毛中有何物○不用顯微鏡攷察能見以上之諸物否○目所能見之物務宜如何○飛蟲之呼吸與目蝶翅之毛如輪何以知之○上帝之智較世之格致家超出幾何○世間奇異之物第出於泰西否○究其志則如何○其始建園囿豢養何物○其繼建房屋存儲何物○以錦繡製衣裳傳至於今居今稽古此事何人開創○人鑒黄蜂所成之房可悟何法○人之疾病皆由於何故○醫藥何以有方○視聽事疑應思如何○人莫辨四方之物不啻何者○一於誦習之人能通今否○與泥古者談新法時事彼如何○譬之如何○與言者如何○聽言者如何○令何者辨別聲音○願與好

學者何所取

動物學新編卷一終

動物學新編

Radiates. 像植物

Jelly-Fish. 海蜇

Polyps. 像菜

17	Spider. 蜘蛛						Arachnida. 蜘蛛		Articulates. 外節骨
19	Scorpion. 蠍								
	Itch-Mite. 瘡蟲								
7	Lobster. 龍蝦						Crustacea. 有殼		
1	Crab. 蟹								
10	Shrimp. 蝦								
117	Earth-Worm. 曲蟮, 蚯蚓						Footless. 無足		
119	Leech. 螞蝗								
122	Nautilus. 魟魚				一壳		Cephalous. 有首		Mollusks. 軟身
131	Wentletrap. 蝸螺								
125	Snail. 螺螄								
124	Garden-Snail. 蝸牛								
128	Garden-Slug. 蜒蚰								
123	Cuttle-Fish. 墨魚				赤身				
121	Octopus. 鬼魚								
135	Oyster. 蛤蠣			兩壳			Prickle-Skincephalous. 無首		
136	Clam. 瓦楞子								
133	Mussel. 蚌								
144	Star-Fish. 星魚					有刺皮			Radiates. 像植物
143	Sea-Egg. 海膽								

	Ant. 蟻	Stingers. 有刺	Membrain-Wing. 膜翅	Insects. 飛虫	Articulates. 外節骨
59	Wasp. 黄蜂				
56	Honey-Bee. 蜜蜂				
58	Hornet. 大蜂				
71	Butter-Fly. 蝴蝶		Scale-Wing. 鱗翅		
	Caterpillar. 毛虫				
90	Moth. 燈蛾				
93	Silk-Worm. 蠶蛾				
67	Cicadae. 知了		Half-Wing. 半翅		
	Plant-Lice. 蟻之牛				
65	Cochineal. 呀囒				
106	Fly. 蒼蠅		Two-Wings. 兩翅		
101	Mosquito. 蚊子				
	Bed-Bug. 臭虱		Wingless. 無翅		
109	Flea. 蚤虱				
108	Louse. 虱				
	Centipede. 百足			Miriapoda. 百足	
110	Red-Centipede. 紅百足				
112	Thousand-Legs. 小百足				

動物學新編　目錄

26	Tumble-Bug. 地蟞蟲		Herbiverous. 食污物	Sheath-Wing. 硬翅			Insects. 飛虫	Articulates. 外節骨
29	Stag-Beetle. 鹿角蟲							
	Grave-Digger. 掘墳蟲							
35	Snapping-Bug. 跳蟞蟲		Runners. 食葉					
36	Spanish-Fly. 斑貓							
	Cockroach. 蟑螂		Graspets. 能跑					
47	Earwig. 蜒蚰							
49	Praying-Mantis. 螳螂		Walkers. 捡					
50	Walking-Stick. 能走木							
51	Walking-Leaf. 能走葉							
52	Cricket. 蟋蟀		Jumpers. 跳	Straight-Wing. 直翅				
54	Grasshopper. 蚱蜢							
55	Lecust. 蝗虫							
	Katydid. 蜩虫							
61	Dragon-Fly. 蜻蜓			Net-Wing. 沙皮				
63	White-Ant. 白蟻							
	Gall-Fly. 五倍子		Borers.	Membfane-Wing. 有鑽				
72	Ichneumon-Fly. 長鬚							

No.	Name					Class		
38	Frog. 田鷄	Double-Lived. 兩生				Reptiles. 爬虫	Cold-Blooded. 冷血	Vertebrate. 有脊骨
36	Toad. 癩團							
34	Tree-Toad. 樹癩團							
	Tadpole. 蝌蚪							
1	Perch. 鱸魚		Osseous. 有骨			Fishes. 魚		
11	Mackerel. 青魚							
29	Salmon. 黃魚							
12	Sword-Fish. 劍魚							
	Sea-Horse. 馬魚							
26	Flying-Fish. 飛魚							
50	Eel. 鰻鯉							
49	Electric-Eel. 電鰻鯉							
46	Skate.							
	Thorn-Back. 黃魩魚							
47	Torpedo. 黃點鯆							
41	Sturgeon. 鱘鰉		Cartilaginous. 有脆骨					
43	Shark. 沙魚							
46	Lady-Bug. 小鷄		Carnivorous. 食肉	Sheath-Wing. 有硬翅		Insects. 飛虫		Articulates. 外節骨
44	Tiger-Beetle. 虎皮甲							

130	Puffin. 呼呼鳥							
133	Petrel. 彼得肋		Flyers. 鷗		Water-Birds. 水鳥	Birds. 鳥	Warm-Blooded. 熱血	
135	Albatross. 海鷄母							
143	Pelican. 塘鵝							
144	Cormorant. 鸕鷀							
1	Land-Turtle. 烏龜	Turtle. 烏龜				Reptiles. 爬虫	Cold-Blooded. 冷血	Vertebrate. 有脊骨背
3	River-Turtle. 水烏龜							
5	Marine-Turtle. 綠烏龜							
9	Crocodile. 鱷魚	Crocodile. 鱷魚						
10	Alligator. 亞美利加鱷魚							
13	Lizard. 壁虎	Lizard. 壁虎						
14	Chameleon. 變色龍							
12	Geckos. 蛤蚧							
16	Iguana. 虬龍							
31	Viper. 毒蛇	Serpents. 蛇						
29	Horned-Viper. 角蛇							
32	Rattlesnake. 響尾蛇							
23	Boa-Constrictor. 王蟒							

24	Humming-Bird. 蜂雀	The Beak 小嘴		Land-Birds. 地鳥	Birds. 鳥	Warm-Blooded. 熱血	Vertebrate. 有脊骨背
70	Parrot. 鸚鵡	Scansores. 能爬					
68	Toucan. 土間						
74	Woodpecker. 啄木鳥						
85	Chicken. 鷄	Rasores. 能搔					
83	Pheasant. 野鷄						
84	Peacock. 孔雀						
87	Ginnea Fowl. 幾尼亞鷄						
86	Turkey. 火鷄						
79	Pigeon. 鵓鴿						
88	Partridge. 古鷄						
94	Ostrich. 駝鳥	Cursores. 能跑					
97	Apteryx. 無翅鳥						
108	Crane. 鷺	Waders. 能入水		Water-Birds. 水鳥		Warm-Blooded.	
109	Snipe. 竹鷄						
30	Stork. 仙鶴						
124	Duck. 鴨	Swimmers. 游水					
122	Goose. 鵝						
123	Swan. 天鵝						
121	Flamingo. 火烈鳥						
128	Grebe. 水鶩	Divers. 小翼					
129	Penguin. 企鵝						
131	Awk. 大鰲客						

動物學新編 目録

133	Porpoise. 江猪	Whale. 鯨魚					
132	Dugong. 海牛						
3	Condor. 大鷲	Hooked-Beak. 鷹	Raptors. 食肉				
6	Eagle. 老鷹						
4	Vulture. 狗頭鷹						
9	Owl. 貓頭鷹						
60	Sparrow. 麻雀	Cone-Beak. 圓嘴	Incessors. 棲樹	Land-Birds. 地鳥	Birds. 鳥	Warm-Blooded. 熱血	Vertebrates. 有脊骨背
32	Lark. 百鴒						
49	Crow. 鴉						
48	Magpie. 鵲						
52	Starling. 火鴒						
51	Bird of Paradise. 霧鳥						
67	Hornbill. 角嘴鷲						
46	Butcher-Bird. 鵙鳥	Toothed-Beak. 鈎嘴					
31	Nightingale. 夜鶯						
40	Thrush. 山畫眉						
31	Mocking-Bird. 反舌						
14	Swallow. 燕	Slit-Beak. 大嘴					
17	Trogan. 華麗						
18	Kingfisher. 翡翠鳥						

128	Bison. 里牛	Cow. 牛	Ruminating. 轉料	Hoofed. 有蹄	Four-Footed. 有四足	Mammals. 乳哺	Warm-Blooded. 熱血	Vertebrates. 有脊骨者
	African-Ox. 亞非利加牛							
124	Sheep. 羊.	Sheep. 羊						
122	Goat. 山羊							
	Angora-Goat. 長毛山羊							
	Cashmere-Sheep. 西藏山羊							
121	Ibex. 長角山羊							
116	Deer. 鹿	Deer. 鹿						
114	Reindeer. 䴢鹿							
113	Elk. 麋							
112	Musk-Deer. 麝							
	Antelope. 麈	Antelope. 麈						
117	Kudu. 咕咜							
	Oryx. 呃里							
120	Gnu. 馬鹿							
108	Camel. 亞西亞駱駝	Camel. 駱駝						
109	Dromedary. 亞非利加駱駝							
110	Llama. 拉馬							
111	Giraffe. 長頸鹿							
135	Whale. 鯨魚	Whale. 鯨魚			無手足 Cetacea.			
134	Narwhale. 角鯨魚							
133	Porpoise.							

71	Kangaroo. 袋鼠	Elephant. 象	Pouched. 有袋	Clawed. 有爪	Four-footed. 有四足	Mammals. 乳哺	Warm-blooded. 熱血	Vertebrate. 有脊骨背
69	Opossum. 幽頮							
97	Porcupine Ant-Eater. 袋箭猪							
96	Duckbill. 鴨嘴獺							
98	Asiatic. 亞西亞象							
	African. 亞非利加象							
102	Tapir. 貘鼠	Pig. 猪						
104	Hog. 家猪							
103	Wild Hog. 野猪							
100	Coney. 啲嚐							
99	Rhinoceros. 犀牛							
101	Hippopotamus. 河牛							
905	Horse. 馬	Horse. 馬		Hoofed. 有蹄				
106	Ass. 驢子							
	Mule. 騾子							
107	Zebra. 花條馬							
125	Ox. 牛	Cow. 牛						
127	Buffalo. 水牛							
126	Zebu. 印度牛							
	Yah. 毛牛							
	Musk Ox. 香牛							

No.	Animal	Family	Order	Class				
36	Kinkajao. 蜜熊	Bear. 熊	Insective Carniverous. 食蟲	Clawed. 有爪	Four-footed. 有四足	Mammals. 乳哺	Warm-Blooded. 熱血	Vertebrate. 脊骨背
129	Seal. 海狗	Seal. 海狗						
121	Sea Lion. 海獅							
131	Walrus. 海馬							
160	Elephant Seal. 海象							
28	Mole. 田鼠							
29	Hedgehog. 刺蝟							
74	Squirrel. 松鼠		Gnawers. 食齧					
	Rat. 老鼠							
	Mouse. 小老鼠							
78	Jerboa. 跳鼠							
86	Beaver. 海騾							
81	Porcupine. 箭猪							
84	Guinea Pig. 土撥鼠							
90	Hare. 山兎							
91	Rabbit. 兎							
94	Ant-Eater. 食蟻獸		Toothless. 無齒牙					
93	Armadillo. 阿馬底羅							
92	Sloth. 木狗							
95	Manis. 穿山甲							

59	Lion. 獅	Cat. 貓	Carnivorous. 食肉	Clawed. 有爪	Four-footed. 有四足	Mammals. 乳哺	Warm-Blooded. 熱血	Vertebrates. 有脊骨
61	Tiger. 虎							
64	Leopard. 豹							
	Civet Cat. 香貍							
49	Ichneumon. 法老个老鼠							
62	Puma. 布馬							
67	Wild Cat. 野貓							
68	Cat. 貓							
50	Dog. 狗	Dog. 狗						
54	Wolf. 豺狼							
56	Fox. 狐狸							
55	Jackal. 野狗							
57	Hyena. 海乙那							
43	Weasel. 黃狼	Weasel. 黃狼						
44	Ermine. 銀鼠							
41	Martin. 灰貂							
40	Sable. 紫貂							
39	Skunk. 臭貓							
46	Otter. 獺							
31	Bear. 熊	Bear. 熊						
34	Raccoon. 樹狸							
34	Badger. 貉							

SYSTEMATIC INDEX.

No.	Name		Order	Class		
	Caucasian. 高嘎西亞	Man. 人	Bimana. 有兩手	Mammals. 乳哺	Warm-Blooded. 熱血	Vertebrates. 有脊骨
	Mongolian. 蒙古利亞					
	Ethiopian. 內革羅					
	Malay. 瑪雷					
	Indian. 印第安					
1	Chimpanzee. 仲般西	Monkey. 猴	Four-Handed. 有四手			
	Gorilla. 歌利拉					
2	Ourang-Outang. 烏拉蕩					
3	Gibbon. 長肱烏猴					
4	Proboscis Monkey. 長鼻猴					
	Entellus.					
9	Baboon. 巴笨					
8	Mandrill. 大猴					
12	Spider Monkey. 攀猴					
11	Howling Monkey. 雄聲猴					
20	Marmoset. 馬摩西					
17	Lemur. 利摩					
18	Loris. 遲羅利					
25	Bat. 蝙蝠	Bat. 蝙蝠	Winged. 有翼甲			
23	Vampire. 食血蝙蝠					
21	Flying Lemur. 飛利摩					
22	Flying Fox. 飛狐狸					

国家出版基金项目
NATIONAL PUBLICATION FOUNDATION

海上絲綢之路文獻集成

總主編 陳支平 陳春聲

科技與文化編

49

主編 王揚宗 葉農

海峽出版發行集團
THE STRAITS PUBLISHING & DISTRIBUTING GROUP
福建人民出版社

本册目次

最新動物學教科書不分卷

〔日〕大森千藏著　〔清〕戴麒譯

《最新動物學教科書》不分卷，日本大森千藏著，清戴麒譯。大森千藏，日本福岡人，理學士，一九〇三年受聘爲三江師範學堂博物教習。戴麒，字定之，安徽天長人。是書爲簡明動物學課本，首通論，述生物、動物、器官、組織、細胞之基本定義，略述器官、組織之種類；再分論，析爲脊骨動物、圓節動物、柔體動物、蠕形動物、棘皮動物、輪輻動物、海棉動物、原生動物八門，各門下又區爲若干綱、目；結論述動物學基本知識。書中由人類始，自高等動物漸及低等動物，詳述生理構造及代表性物種，配圖一百三十六幅。此爲壬寅學制至癸卯學制間編譯之教科書，由留日學生譯出，在東京印刷，再運回國内由文明書局發行。據天津圖書館藏清光緒三十年（一九〇四）排印本影印。

最新動物學教科書

大森千藏著

最新動物學教科書

大森千藏著

二
一

序

據地質家言•石層每遇動物遺跡•攷於今•種類絕者甚夥•是殆物競天擇之公例也•戴子定之譯動物學書寄余•余讀之有所感矣•均之爲物•具知識而知喜忌•備官骸而知禍福•跂行翼飛鰭泳•而能避危以就安•過金石木土遠甚•均之爲動物•藉他族以濟其私•以增益其智慮•雖無爪牙鋭敏•而威猛不可控制之類•俱能使供驅策而資養衛•故人爲萬物靈也•均爲至靈之動物•而强之視弱•文之視野•幷吞驅役•無異蠢頑•積久瘠消•種裔焉恃而不絕•此絕則彼利•甯蹈殘暴之譏•必不使異類

昌熾。坐受後日之患。物之有其迹絕其類。殆近此歟。國之奮興由於學。學必切於人之用。旣使之供驅策俻養衛矣。曹不識其性質。不窮其究極。庸有當乎。且所謂格物致知者。在引端盡緒。睹形知類。不以一理囿耳。動物之繁殊也。優劣勝敗。固足怵人耳目。使生固結種族之志。而待闡之精。亦莫不淵孕而默含。達爾文瓦雷斯等之章顯於世。歐洲之學術蒸進。汲汲以羣道相尚。豈不以此也哉。嗟乎。箋疏蟲魚。鄙爲猥瑣以矣。是書以人爲肇始。以進化淘汰爲會歸。戴子故毅然而爲之乎。癸卯十月廣宗杜之堂撰

序

西哲有言。人之始爲質點。初遷爲植。再爲動物。逐漸變遷。以至乎人。然則動物固人之近祖也。今者學徑大闢。格物致知之事日窮。草木土石。風霜雨雪。下至無形之聲光電力。罔不探討研究。於不可據之物。得確定不移之理。遠於吾者尙汲汲求之。矧最近於吾之動物。可習焉而不究其底縕哉。我國古書亦有言及動物者。卒皆賾而不理。簡而失備。且多屬寓言。未必實有其物。求能進斯學之究極。以益吾身心者。不可得也。近得日本大森千藏所著動物學教科書。讀之。禽獸飛鳥。昆蟲魚介。門分而類別。條判而縷晰。外官內骸。詳俻無遺。誠快事也。乃譯逐以餉我同胞。嗚呼。斯學之不明。其害可忍言哉。小之可以瞀亂情性。大之可以傾覆國家。顛滅種族人苦不知其事實。事實不知則惑生。惑生則衆虛得入而淆其心性。雖至謬之語。至妄之事。與理顯背者。彼亦沈溺其中。莫能自救也。非洲奧洲印度等狉榛之民。以牛蛇爲神。以鼠鬼爲帝。敬之禮之。祈之禱之。夫以禽獸爲神祇。謬妄孰甚。而彼爭先恐後。舉國若醉狂。禍福一聽於牛蛇鼠鬼。進取之心盡殺。不敗將何所恃邪。國土爲人所有。種族日就澌滅。推其原。在不知動物之官能也。發源至微。流禍至毒。嗚呼。斯學之不明。其害忍可言哉。癸卯十月天長戴麒序

最新動物學教科書目次

目次

最新動物學教科書目次終

最新動物學教科書

日本 理學士 大森千藏著
天長 戴麒定之譯

通論

生物 宇宙間儲存之萬物。區別之爲二種。生物無生物是也。生物者。如禽獸草木等有生之物。無生物者。如金玉土石等無生之物也。有生之物。不絕自體外。取物質以養其身體。次第生長。而生長達一定之度。則產等於己之子體。自體遂死亡。是曰生物之生活現象。無生物則絕無此現象。

動物 生物亦有動物植物之別。自人類以至禽獸蟲魚之類。能自由動其肢體。有感知外界刺激之能力。而其所食之物。多屬穀類肉類等有機物質。草木則立根於土中。無一切感覺。其攝收之食物。多爲水、炭養等無機物質。故動物者。謂能自由運動。具感覺力。多以有機物質營養者。植物反之。謂其體固定於土中。不有感覺力。專取無機物質營養者也。然此殊異。特存於高等動植物。至下等者。則無此顯判之區別矣。生物既區爲動物植物。以人類爲始。總包含動物種類之區分。曰動物界。考研屬動物界之千、百現象。曰動物學。

動物體之器官　動物體爲許多局部所締造。其各部皆有特異之官能。今以人體譬之。其外部有手足司運動。有口司食。有目司視。其內部有腸胃主食物之消化吸收。有肺臟主呼吸。有心臟主養液之循環。此手足目口腸胃肺臟心臟等。稱之曰人類之器官。凡動物體皆由此等器官結合而成。是曰器官締造。

器官之種類

移動器　如人類有手足。凡動物體。概有移動其身體之器官。如獸類之足。鳥類之翼。魚類之鰭。昆蟲類之六足是已。

神經中樞及感官　動物體有匹敵吾人腦脊髓等神經之主部。是曰神經中樞。又有如耳目鼻舌等感知外來刺激之器官。是曰感官。

皮膚　動物體外面之皮膚。即爲保護身體之器。而自此復生諸種附屬物。如人類獸類之毛髮爪蹄。鳥類之羽毛。昆魚之鱗甲是已。

消化器　口中有攝收食物之器。曰口器。其消化器之主部。爲一長管。始於口。終於肛門。其部常附有分泌消化液之腺。

循環器　動物體內之養液。稱之曰血液。以無數細管。輸送於身體各部。心臟即主血液運行之器官。自此心臟。送出血液之血管。曰動脈。還流之血管。曰靜脈。其結合於兩者間之細管。曰毛細管。雖然。至下等動物。有血液流於體腔內。而血管缺如者。且其血亦無色。

呼吸器　司呼吸之器。在陸生動物。概爲肺臟及皮膚。然水生動物之鰓。昆蟲類之氣管。原司同一之作用者。故亦稱之曰呼吸器官。鰓者。即呼吸水而攝收其溶解之養氣者也。

泌溺器　除含有淡氣之陳腐物於體外之器。曰泌溺器。如高等動物之腎臟。蠕蟲類之關節器是已。

生殖器　動物多有雌雄之別。雌體有卵巢。而生卵。雄體有睪丸。而生精子。今名生此卵精子之器。及附屬之器。曰生殖器官。若一體而兼兩性之生殖器者。曰雌雄同體。分有者曰雌雄異體。

動物體之組織　以上動物體之器官。亦由種種組織而成。試取人體皮膚一片。於顯微鏡下檢之。則見有無數鱗片狀之小體。又取一片獸肉檢之。則有細微纖維狀之纖質。又骨中則有蟲形之小體環列。此等皆稱曰細胞。凡器官概由此細胞而成。故謂之曰細胞組織。

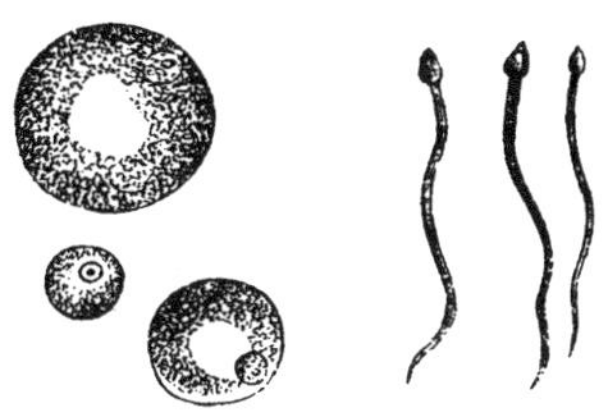

第一圖　生殖素　(甲)精子　(乙)卵

組織之種類

皮膜組織　如觀人體之表皮。凡由無數扁平之細胞層累而成者。曰扁平皮膜(第二圖甲乙)高等動物之體皮。概由此皮膜而成。然下等動物之皮膜。往往有由圓柱狀之單細胞層累而成者。稱之曰圓柱皮膜。此皮膜不僅在動物體之外。亘見於體內。其表面或分泌膜質。或生纖毛。今動物體之內外。又有分泌

種種液質之組織是曰腺組織

結締組織　結合各骨之組織及體內諸器官之纖質總稱曰結締組織此組織乃以細胞及因其分泌而生之物質組成者也

筋肉組織　在高等動物之外部附着於骨之筋肉悉由細小之纖維而成有橫紋故稱之曰橫紋筋附着於下等動物體及高等動物內臟之筋肉其纖維呈紡綞形無橫紋故名曰平滑筋

第二圖

皮膜組織之種類

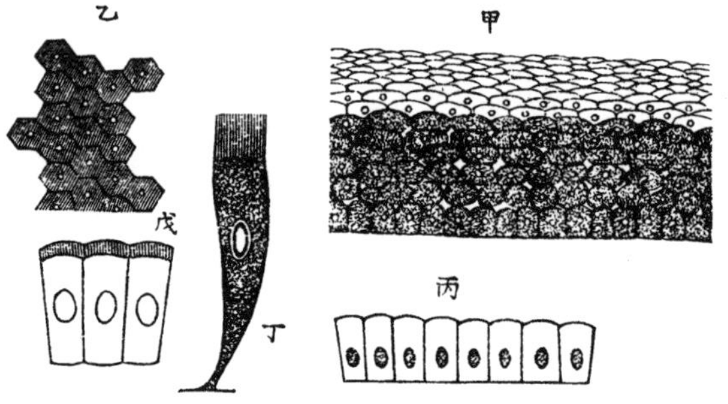

(甲)扁平皮膜　(乙)扁平皮膜之表面　(丙)圓柱皮膜
(丁)圓柱皮膜之纖毛細胞　(戊)分泌圓柱皮膜之物

神經組織　組成神經中樞者爲細胞體與纖維而連絡感官筋肉等與此中樞之神經亦由纖維而成細胞即神經之主動

第三圖

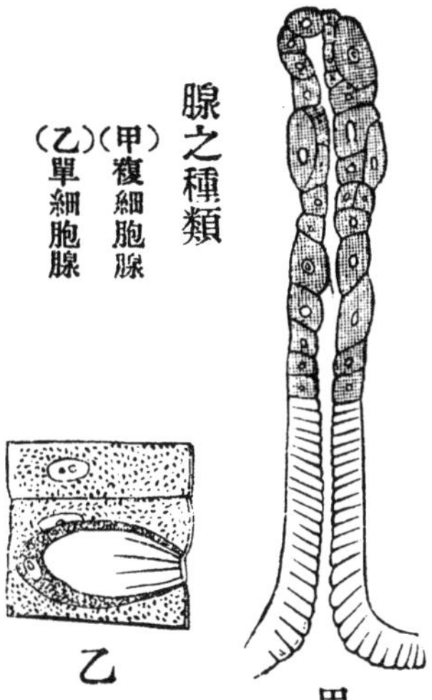

腺之種類

(甲)複細胞腺

(乙)單細胞腺

第四圖

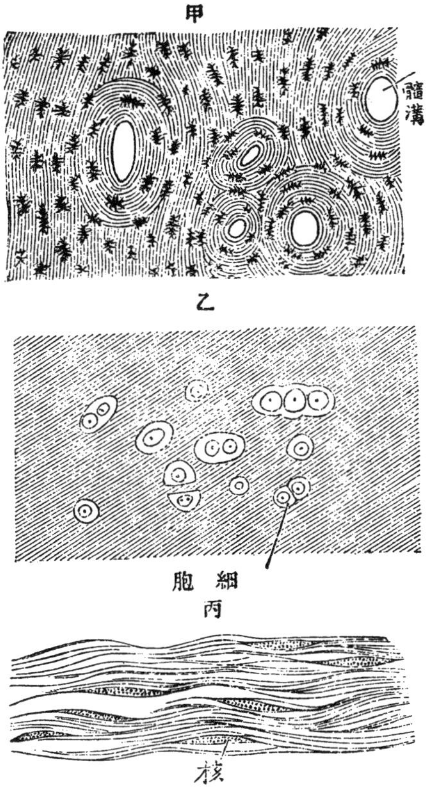

組織之種類

(甲)骨組織　(乙)軟骨組織　(丙)結締組織

者而纖維專爲傳導之器者也

複細胞體　單細胞體

如以上所述動物體爲許多器官所締造器官亦有織質而此織質同爲種種異形細胞之團結以此觀之動物體之本源與植物毫無異同悉由細胞而成者也以人類

爲始。凡由此衆多細胞複雜團結而成之動物。曰複細胞體。然其發生之起源。必自卵之單一細胞。而此卵之單一細胞。次第分裂。逐加其數。遂至形成複雜之動物體者也。又形成組織之細胞互相聯合。從其形之異。作用自爲一定。然如在血液中之血球。全爲游離之細胞。雖增加其數。決不團結。凡許多細胞體。游離生存。而自爲生活者。稱曰單細胞體。

第五圖

筋纖維之圖

（甲）（乙）橫紋筋（丙）平紋筋

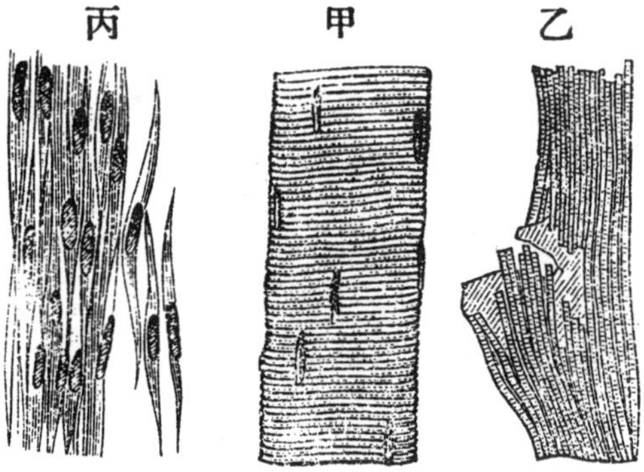

細胞　細胞之形。或爲球形。或橢圓形。其外皮曰細胞膜。內部爲半流動狀之物質所充實。稱之曰原質形。原質形即爲細胞之主要部。而生活本源、實存於此物。原質形之中。有小物。曰核。

(甲)有鞘神經纖維(乙)無鞘神經纖維
(丙)神經細胞(丁)同

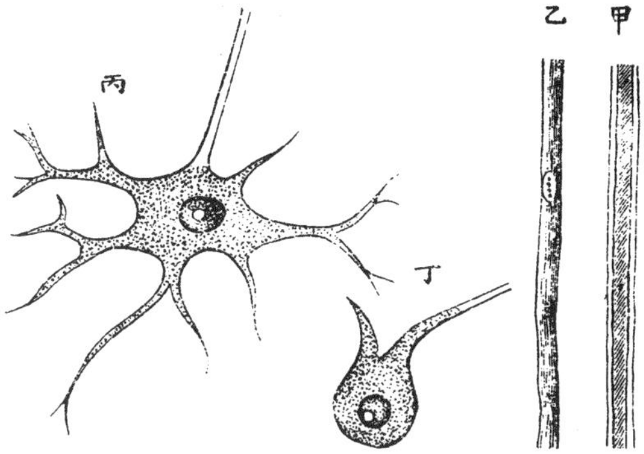

第六圖

核之中復有小物。曰仁。此核亦細胞體之不可缺者也。

動物之分類　動物之種類衆多。論之之時。不可不用分類法。分動物之類。在考其性質之異同。索其類緣之遠近。而大小區分之。現今所行之區分法。先區動物界爲數門。分其各門爲數綱。劃綱爲目。劃目爲科。劃科爲屬。劃屬爲種。次第細密。今依此區分法。以洋犬爲例。示其分類之位置如下。

第七圖 細胞

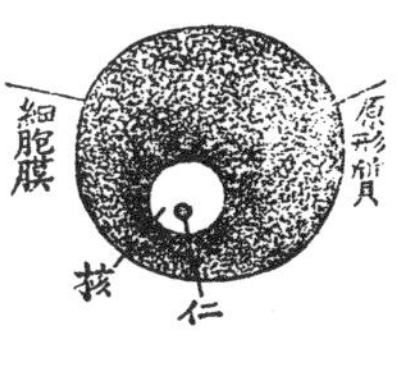

界……(動物界) Kingdom……Animal

門……(脊骨動物門) Sub-Kingdom……Vertebrata

綱……(乳養類)　Class……Mammalia

目……(肉食類)　Order……Carnivora

科……(犬科)　Family……Canidae

屬……(犬屬)　Genus……Canis

種……(家犬)　Species……Familira

動物界之區分　粗區之爲左之八門

第一門　脊骨動物

第二門　圜節動物

第三門　柔體動物

第四門　蠕形動物

第五門　棘皮動物

第六門　輪輻動物

第七門　海綿動物
第八門　原生動物

第一門　脊骨動物　Vertebrata

此門以人類爲始、總括獸類鳥類魚類、及蛇蛙之類、居動物界中最高地位者也、今其體分頭胴尾三部、前後有四肢、其首端與尾端、及腹面與背面、雖有區別、而左右則全均一、如自其體之中央縱斷之、可得二同形之物、故稱之曰左右相稱、又支持其體形之骨骼、常在內部、爲之中軸、自體之首端至尾端、有一骨、是曰脊骨、此脊骨乃由許多脊椎骨節而成、故名此類曰脊骨動物、而此中軸必出二支軸、以形成前後四肢、前後四肢、雖隨種類其形狀及作用不同、要之概爲移動之器官、譬如人類前肢爲手、

第八圖

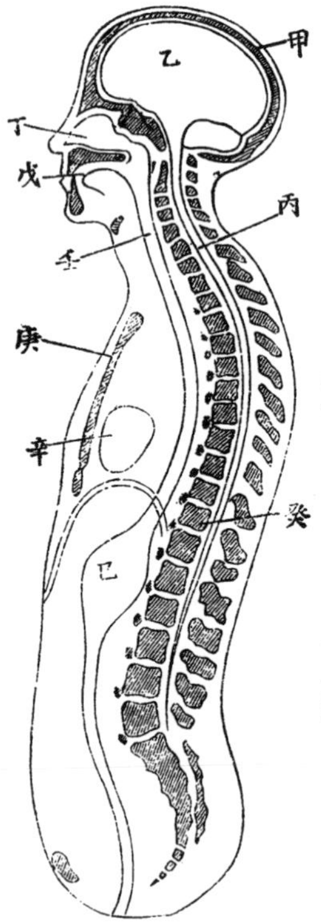

人體縱斷模型圖

（甲）頭蓋骨　（乙）腦髓　（丙）脊髓　（丁）鼻腔　（戊）口腔　（己）胃　（庚）胸骨　（辛）心臟　（壬）食道　（癸）脊柱

後肢爲足。在獸類多爲前足後足。在鳥類前肢爲翼。後肢爲足。在魚類則爲位於胸部之二偶鰭。脊骨之背腹。有大小二內腔。其一爲腹面之體腔。含有許多營養身體之臟器。其一爲背面管狀腔。

第九圖

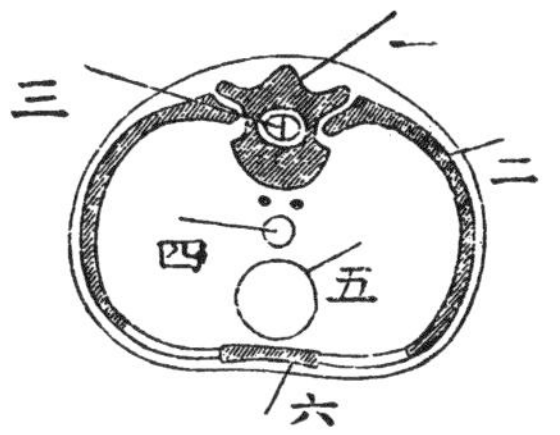

人體橫斷模型圖

(一)脊柱 (二)肋骨 (三)脊髓 (四)食道 (五)心臟 (六)胸骨

自胴部通頭部。中宿神經之中樞。

骨骼

脊骨 由許多脊椎骨節而成。區之爲頭部。胸部。腰部。薦部。尾部。五部。然此脊柱各部之區別。及椎骨之數。隨動物之種類而異。

頭骨 以突起之骨。接於脊骨。分之爲頭蓋骨。及顏面骨。頭蓋骨腦藏其中。由衆多骨片互相湊合。而成一器。顏面骨由面部

第十圖

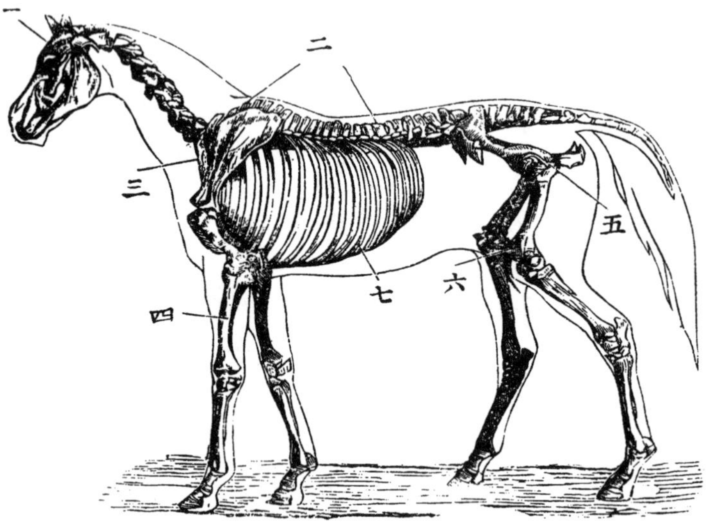

馬之骨骼　(一)頭骨　(二)脊柱　(三)肩帶　(四)前肢　(五)腰帶　(六)後肢　(七)肋骨

之骨及顎骨而成在魚類顎骨之外復有數對腮骨然至高等陸生之物則此腮骨爲舌骨

肋骨　在背面則與脊柱相關在腹面則結合於胸骨在高等動物只支持體腔壁之一部然在下等者則圍繞全體腔試觀蛇其一端往往遊離不定

肢骨　前後四肢之骨以肩帶腰帶與脊柱聯關諸骨原爲同一之排置各由三節而成即前肢爲上膊骨前膊骨手骨後肢爲上腿骨

第十一圖

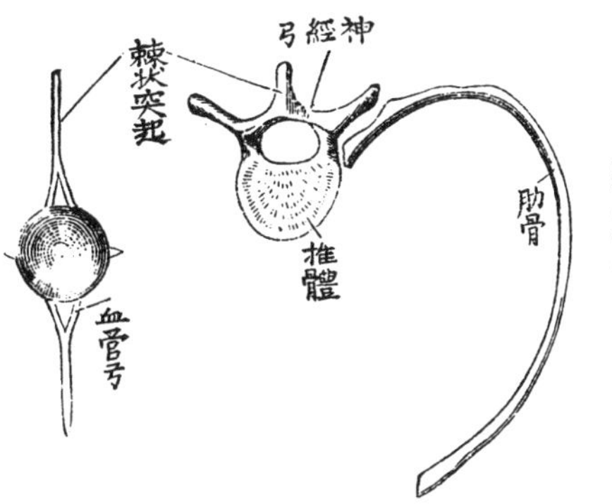

(甲)哺乳類之脊骨
(乙)魚類之脊骨

下腿骨足骨。以上脊骨動物之骨骼。有硬骨性者。有軟骨性者。至下等之物。其中軸骨骼。亦為軟骨。漸進於高等。則次第為硬骨。雖然。當動物發生之初。此中軸必無節而滑。由一種近於軟骨之索狀體(即脊索)而成。後漸次自其周圍化為骨。而形成脊骨。

筋肉

橫紋筋為大小束。而附着於骨。司身體外部之運動。故其屬於四肢者。最為有力。然屬於內臟諸器者。多為平滑筋。

皮膚

皮膚由表皮及眞皮而成。表皮即為扁平皮膜。自其上部化為

第十二圖

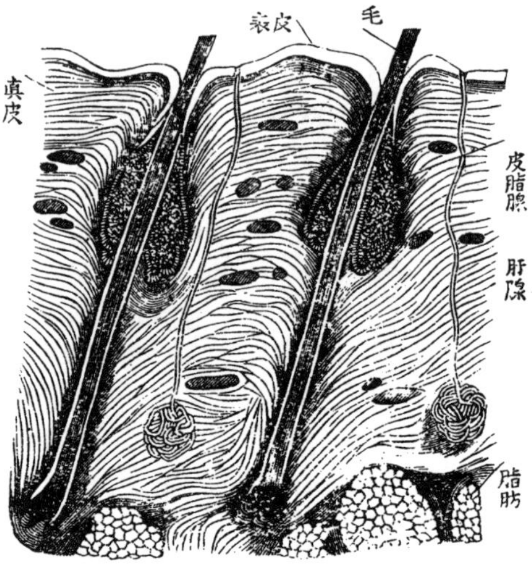

人體之皮膚

硬體。且生種種變形之物。彼獸類之毛髮爪蹄。鳥類之羽毛。爬蟲類之鱗甲皆是也。眞皮由結締織成。强靭而含有血管神經。吾人日常所使用之柔皮。即此部也。又皮膚於保護身體之外。且爲呼吸感觸之器官。並具有種種腺。

感官

視官　頭部有兩眼。眼球爲數種薄膜所圍繞。有三種屈光體。其前面以眼瞼及瞬膜保護之。

聽官　頭側有兩耳。分爲外耳。中耳。內耳。外耳由耳殼。外聽道而成。中耳由鼓室而成。然此二部往往有缺之者。至內耳則爲聽覺之本部。無不具者。

嗅官 有兩鼻孔。通於鼻腔。鼻腔即司嗅覺之處也。然陸生之物。鼻腔與口腔相通。亦爲呼吸之路。

第十三圖

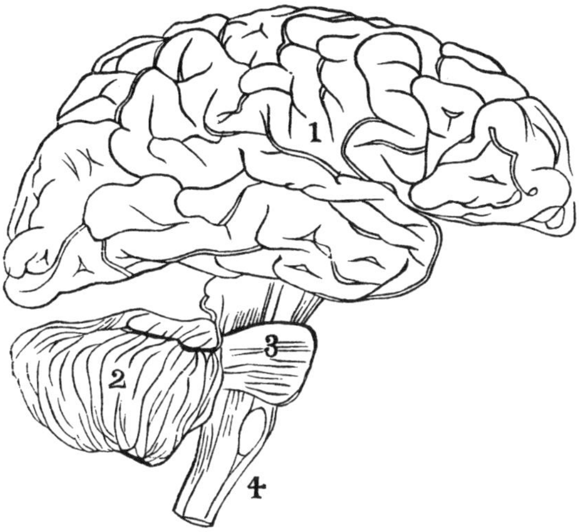

腦髓之側觀 (1)大腦 (2)小腦 (3)腦橋 (4)延髓

觸官 全身皮膚之所司者也。又味官在口腔內。而存於舌及口蓋。

神經中樞

神經中樞。腦。脊髓。也。腦在頭骨之內。分爲大腦。小腦。延髓。而大腦之發達。關於動物優劣之順序。至於人類。其大達於極度。又自腦中分出十二對腦神經。達於五官。及其他前身重要之部分。脊髓走於脊

柱後管狀腔之內•自各椎骨之間隙•左右送出脊髓神經•分布於四肢及其他部分•

內臟

消化器 始於口•終於肛門•爲一長管•有種種區分•口腔中有齒及舌•齒爲咀嚙攝收食物之用•口腔之內爲咽頭•水生之物•此部有數對腮孔•陸生之物•則與氣管交通•由咽頭而成食道•其下部膨大而爲胃•胃之次有腸管•口腔胃腸•即爲消化器之主部•分泌消化液之許多腺•盡附屬於

第十四圖

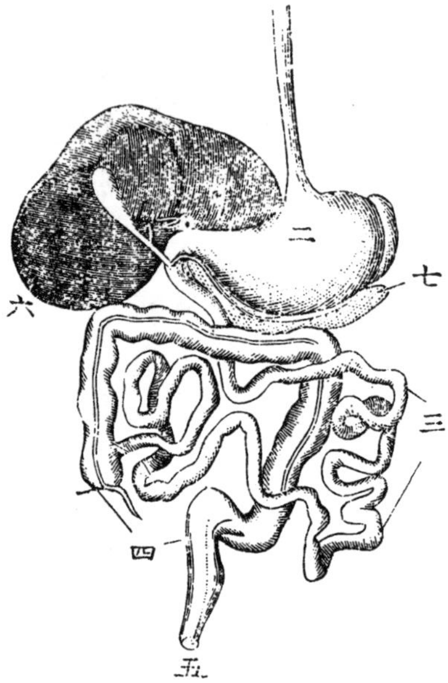

哺乳類之消化器

(一)食道 (二)胃 (三)小腸 (四)大腸 (五)肛門 (六)肝臟 (七)膵臟

第十五圖

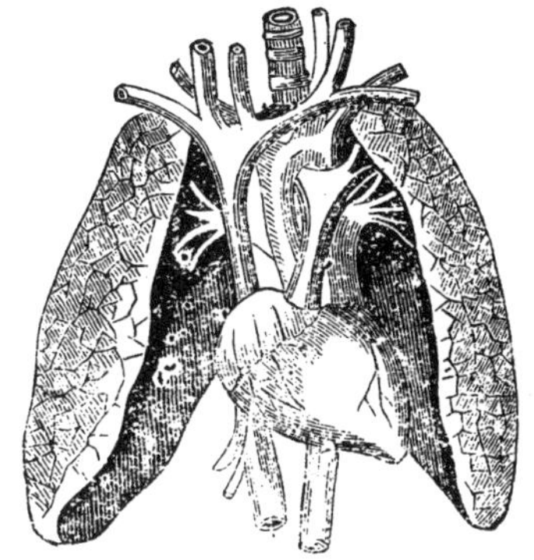

此。

呼吸器　在陸生之物則有一對肺臟在水生之物則有數對腮肺爲位於胸腔二囊狀體而依氣道通於咽頭腮並列於咽頭之兩側爲櫛齒狀突起之皮膜而依鰓孔通於外。

循環器　由心臟及血管而成心臟之締造並血管之配置隨種類而不一獸類鳥類之心臟分二心室二心耳四房然蛇類右心室之隔壁不完全至蛙類則只一心室魚類心耳亦爲單房故蛇蛙之類大小二循環不能完全在魚類僅一循環耳。

泌溺器　爲一對腎臟位於體腔之背面其輸溺器左右合一多達於膀胱而自此膀胱而出之溺道哺乳類之外再通口於

第十六圖

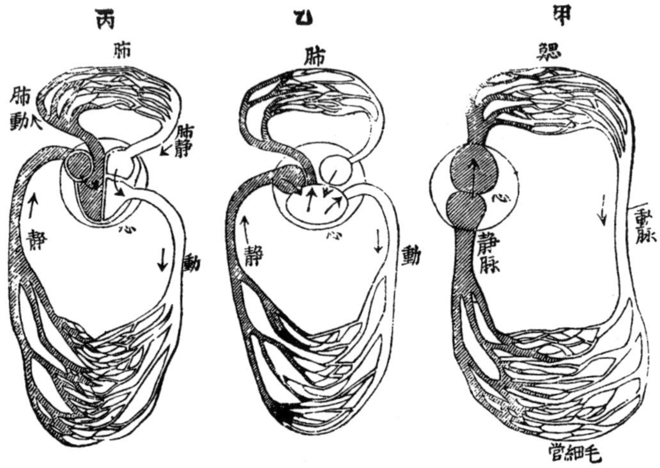

循環器之比較
(甲)魚類
(乙)爬蟲類、蛙類
(丙)鳥類、哺乳類

排泄腔。

生殖器　主部在體腔內。爲一對腺體。輸管與泌溺器相聯。哺乳類之外。多通於排泄腔。

脊骨動物分之爲左之五綱。

第一綱　哺乳類

第二綱　鳥類

第三綱　爬蟲類

第四綱　蛙類

第五綱　魚類

第一綱　哺乳類　Mammalia.

哺乳類。在脊骨動物中。最高等之陸生温血動物也。其子必爲胎生。幼時以其母乳腺分泌之汁哺育之。故曰哺乳。全體以毛覆之。前肢與後肢之締造相同。皆適於步行。

皮膚　此類之體以毛皮覆之。雖有裸出之皮膚。亦必有多少毛髮存焉。毛原自表皮化生者。每年更脫。其大小剛柔色澤等。隨種類而不同。又屬於皮膚之腺。有皮脂腺。汗腺。乳腺。

骨骼　爲硬骨性。而甚堅牢。頭骨具二突起之骨。與脊骨結合。脊骨分五部。頸胸腰薦尾是已。左右荷肋骨。前後肢締造雖畧同。間有缺後肢者。又指趾大抵雖爲五。亦時有不足者。

神經中樞及感官　此類爲居於動物界之高地位者。故中樞器官之發達常完全。大腦之發達亦最著。試觀第十四圖。左右分爲兩半

第十七圖

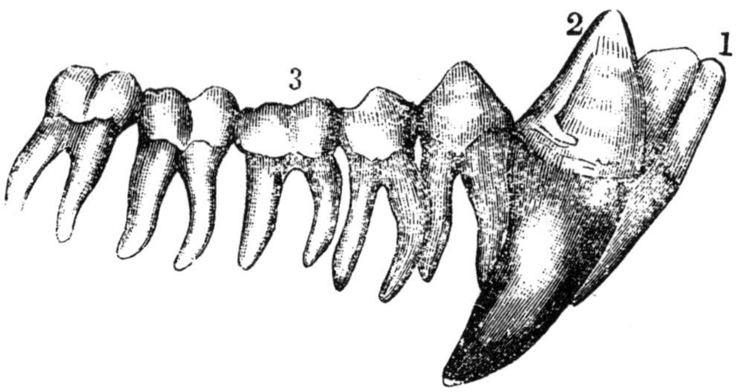

猴類之齒
(1)切齒
(2)犬齒
(3)臼齒

球。表面有無數皺襞。五官亦十分發達。其官能敏銳。他動物遠不能及。

消化器　口有筋肉質之舌。又有齒列嵌於上下顎骨。一生脫換一次。初生者曰乳齒。後生者曰永久齒。今從其形狀官能區別之爲三種。切齒犬齒臼齒是已。切齒位於口腔之正面。其形如鑿。便於切取食物。在兎鼠等齧齒動物。此齒特爲發達。犬齒在切齒之次。爲圓椎形。尖如椎。適於咬殺餌食。在犬貓等肉食獸。此齒最爲發達。次臼齒位於口腔之奧。咀嚼面宏廣。適於磨碎食物。故此齒在馬牛等食草獸。極爲發達。胃亦肉食獸與食草獸

第十八圖

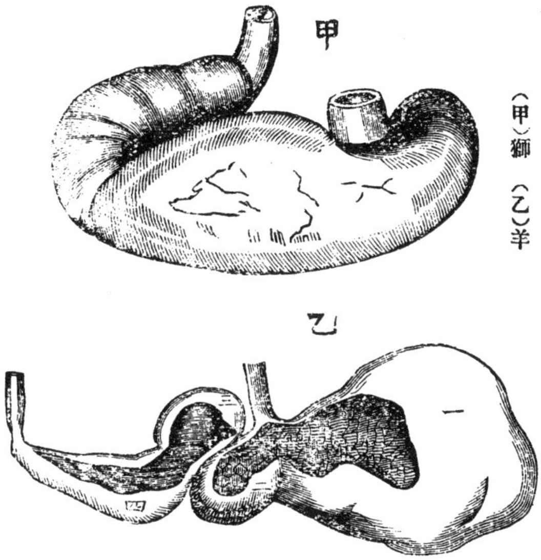

肉食獸及草食獸之胃囊
（甲）獅 （乙）羊

大異其締造。肉食獸爲單一之囊狀。食草獸則甚爲複雜。分二房。或四房。腸亦肉食獸較食草獸爲長。

呼吸器 爲一對肺臟。氣管上部膨大。而形成喉頭。爲發聲之器官。

循環器 心臟由左右之心室心耳而成。其循環有大小之別。即最初動脈血。自左室出。流布全身。復爲靜脈。還於右耳是曰大循環。入右耳之靜脈血。次移於右室。出右室而達肺臟。遂爲鮮血。再還左耳。是曰小循環。

第十九圖

胎盤之圖

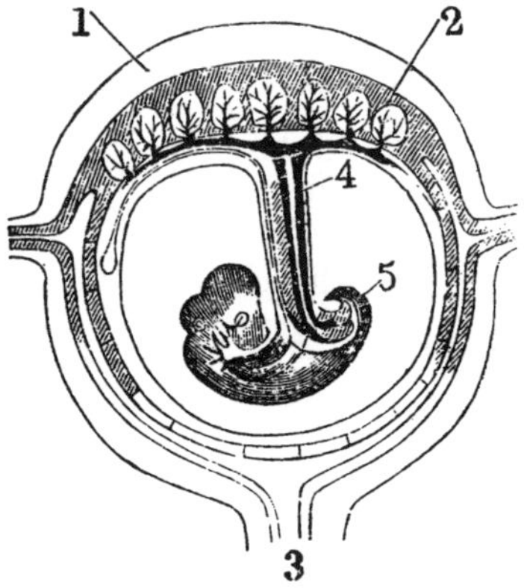

(1)子宮　(2)胎盤　(3)子宮口　(4)臍帶　(5)胎兒

發生　此類之卵。於母體內孵化。胎兒被以羊膜。與母體子宮之內壁合着。形成胎盤。自此吸收營養。今以此胎盤之有無。別哺乳類爲有胎盤類無胎盤類二等。

習性　此類種類最多。其生活之狀態不一。有棲於陸者。有棲於水者。有飛行於空中者。有穴居於土中者。即如食物。有肉食者。有食草者。有混食者。其習性亦難記載。分哺乳類。爲猴類。擬猴類。翼手類。食蟲類。鰭脚類。食肉類。齧齒類。長鼻類。偶蹄類。奇蹄類。遊水類。貧齒類。有袋類。一穴類。十四目。前十二目屬於有胎盤類。後二目屬於無胎盤類。

(甲)　有胎盤類　Placentalia.

第一目　猴類　Pitheci.

是爲最近人類之動物・面部裸出・後肢却較前肢爲短・同爲手之作用・拇指與他指相對・而有扁爪・此類多棲息於樹上・故四肢之締造亦適於上升・然復能自由步行於地上・其舉止有類於人者・好食菓實・性狡猾・

(例)黑猩猩 Sinia 猩猩 Pithecus 大猩猩 Garilla 以上稱人類科・爲最近似人者・獮猴 Macacus

第二目　擬猴類　Prosimiae.

似猴類・四肢爲手之作用・唯後肢較前肢爲長・僅第二指有鈎爪・面部有毛・尾長・此類爲夜獸・棲於樹上・與猴類同・性質懶惰・

(例)貓猿 Galeopithecus.

第三目　翼手類　Chiroptera.

第二十圖

蝙蝠

有飛膜。自前後兩肢之間。達於體之後端。前肢除拇指之外。延長支膜。後肢之五趾。短而具鈎爪。其習性類於鳥。骨骼亦多近似之處。然此類爲夜間之動物。食昆蟲果實。晝間潛伏暗所。以後肢懸於他物。

(例)油蟲 Vesperugo　寒號蟲 Pterorus.

第四目　食蟲類　Insectivora.

第二十一圖

鼹鼠之掘爪

足短體小。口吻前尖。眼大概細小。各肢具五趾。趾端有銳爪。適於掘土。此類常穴居土中。食昆蟲蠕蟲之類。

(例)鼹鼠 Talpa 麝香鼠 Crosidura 蝟 Erinaceus

第五目　鰭脚類 Pinnipedia.

爲水生動物・四肢短縮而向後・多不爲步行之用・每肢有五趾・有蹼恰如鰭・體面密生軟毛・齒完備而近似肉食動物・此類概棲息於北方寒帶之海・平時雖在水中・有時爲睡眠或分娩來陸上・食海草魚介・性溫柔・

第二十二圖

海豹

(例)海狗 Otaria 海豹 Phoca 海象 Trichechus 海驢 Otaria

第六目　食肉類 Carnivora.

其特性在齒・有犬齒・大而且銳・臼齒之咀嚼面・亦尖銳・趾數爲四・或爲五・趾端亦有尖銳之鉤爪・平

素以靭帶匿藏於內部。此類即所謂猛獸。常好食鮮肉。攫擊他動物。其性多可懼者。

(例)熊 Ursus 羆 U. 白熊 U. 以上步時、其全掌接地、 鼬鼠 Putorius 趾獺 Lutra 海獺 Enhydra 以上體形長、四肢短、尾亦長、多有惡臭、其毛皮價多昂、 犬 Canis 狐 C. 狸 C. 以上頭長、步時僅指端接地、不藏爪、 猫 Felis 虎 F. 獅 F. 豹 F. 以上頭圓、以指端步行、平時藏其爪、其性多猛惡、

第二十三圖

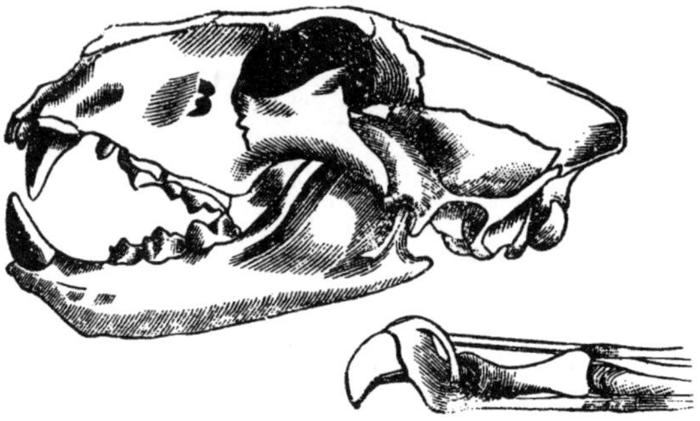

肉食獸之齒、爪（獅之頭骨）

第七目　齧齒類 Rodental.

此類動物。身體多小。特性亦在齒。切齒上下各二。僅前面被琺瑯質。故背面次第消磨。其端銳利。恰爲鑿狀。又趾端有鈎狀之爪。此類棲息於地上樹上。善營巢。冬間有蓄藏食物者。槪食植物。其繁殖最速。一年產兒四次六次。性質怯懦。

第二十四圖

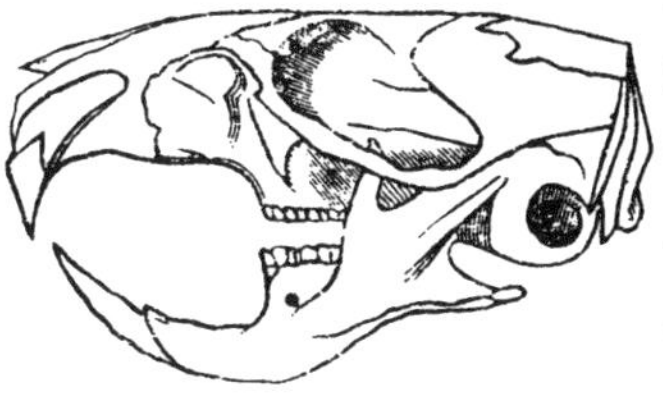

齧齒獸之頭骨及齒

第二十五圖

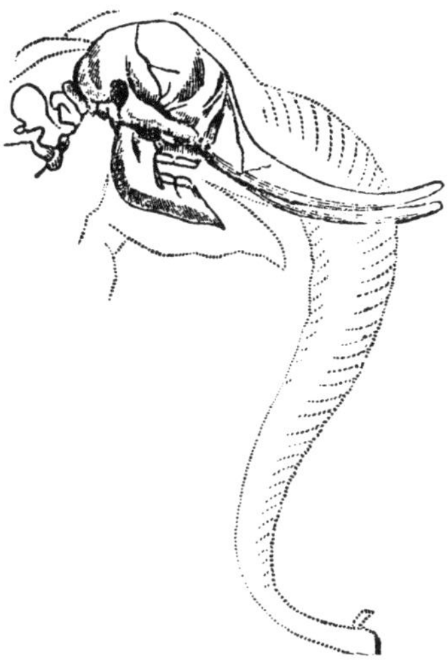

象之頭骨

(例)兎 Lepus 鼠 Mus 海狸 Castor 栗鼠 Seiurus

第八目　長鼻類　Proboscidia.

為陸生獸物中最大者。體肥大。鼻端伸長。為圓筒狀。其感觸之銳敏。恰如人手。體面毛少。前後四肢均具五趾。有短蹄。齒亦特異。在上顎之二切齒。長出於口外。而為牙。象牙是也。此類產於熱帶。成群於林中。專食植物。其性怜悧。

(例)現今僅存二種。一棲於印度。一棲於阿弗利加。

第九目　偶蹄類 Artiodactyla.

為食草獸。前後四肢。皆具四趾。然唯中間二趾發達。齒上顎切齒犬

第二十六圖

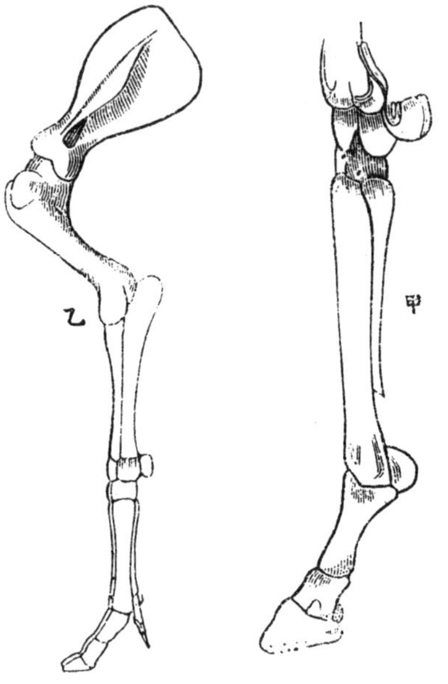

偶蹄與奇蹄　(甲)馬之脚骨　(乙)牛之脚骨

齒缺如・臼齒有許多琺瑯質隆起・胃締造複雜・有反芻食物者・有不反芻食物者・足槪長・與下之奇蹄類・皆適於步行馳驅・其性柔順・多爲人所利用・

偶蹄類有棲息於山野者・有飼養於人家者・多爲人世必需之動物・吾人不僅日常使用之・且食其肉・飲其乳・衣其皮・織其毛・或雕鑿其角・或用其臭囊・其爲用不遑枚擧・

第一類　反芻類　Ruminaatia.

此類之胃・由四房而成・第一房曰瘤胃・第二房曰蜂巢胃・第三

第二十七圖

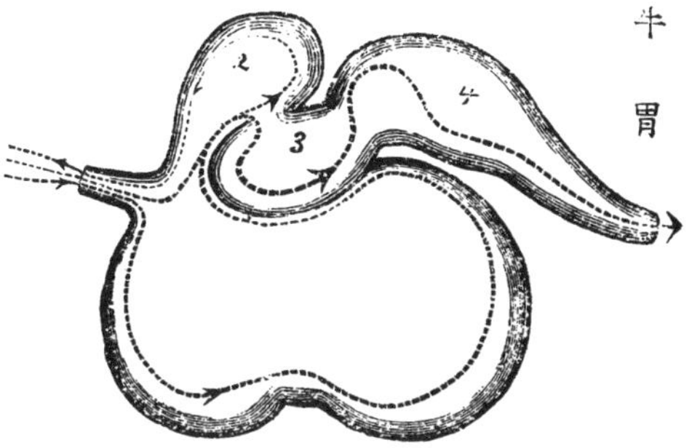

第二十八圖

草食獸之頭骨及齒

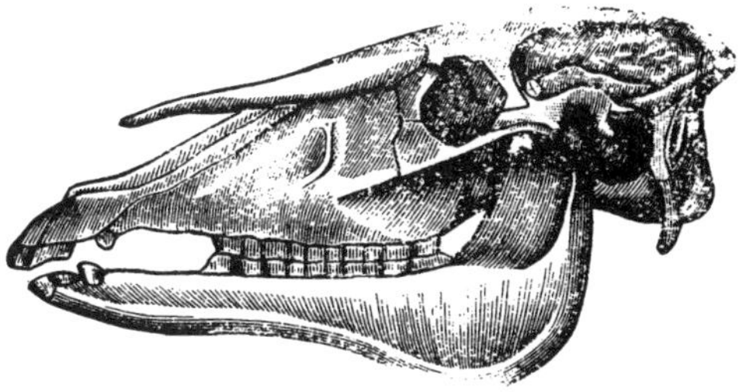

房曰重瓣胃．第四房曰皺胃．自食道運下之食物．最初入第一房．移於第二房．次復返歸口腔．咀嚼之．再入第三房．經第四房．而至於腸．如斯嚥下胃中之食物．復返口腔咀嚼之．曰反芻．

(例)牛Bos羊Ovis山羊Capra.鹿Cervus.馴鹿Rangifer.麝Moschus.駱駝Camelus羊駝Auchenia麒麟Camel-opardalis

第二類　不反芻類　Nonruminantia.

此類之胃單一。齒完全。頭部無角。

(例)野猪 Sus. 河馬 ippopotamus.

第十目　奇蹄類　Perissodactyla.

與前者同爲食草獸。足僅第三趾發達。有蹄。臼齒咀嚼面有琺瑯質隆起。胃單一。此類與偶蹄類同爲貴重之獸。

(例)馬 Equus 犀 Rhinoceros 貘 Tapirus

第十一目　游水類　Cetacea.

爲魚形之哺乳動物。體面無毛。前肢變爲鰭。後肢缺。尾爲尾鰭狀。眼細小。無耳殼。鼻孔在頭上。名曰噴水孔。不爲嗅覺之用。此類爲哺乳獸中之最大者。常在海洋中。其形態習性

第二十九圖

蟬鯨

全類於魚•故往時以之爲魚類之一•

(例)蟬鯨 Balaena. 眞甲鯨 Physeter. 古銅鯨 Globiocephalus. 海豚 Delphinus. 蠕艮 Halicore.

第三十圖

食蟻

第三十一圖

鯪鯉

第十二目　貧齒類 Edentata.

特性　在齒之不完全•雖偶有有之者•其形皆同•無乳齒永久齒之別•體面往往被骨質角質之鱗甲•趾端有銳爪•此類多產於熱帶地方•或攀緣樹

木•或步行地上•其所食爲昆蟲植物•性魯鈍•

(例)食蟻 Myrmecophagus. 鯪鯉 Manis.

(乙)　無胎盤類　Aplacentalia.

第十三目　有袋類 一名馬蘇比科 Marsnpialia.

特性在腹部有育兒囊•以母體內缺胎盤•胎兒出生以前•不得十分發生•此類具排泄腔•其產地限於南洋及美國•無一存於舊世界者•其形狀習性等•複雜不一•

(例)干加魯 Macropus. 袋鼠 Didelphys.

第十四目　一穴類　Monotremata.

第三十二圖

干加魯

第三十三圖

與有袋鼠共爲哺乳獸中之最下等者。近似鳥類爬蟲類。何也。此類無齒而有嘴。又溺門生殖門與肛門合一。且其子爲卵生。現今有二種。皆產於奧洲。及其附近之地。概穴居。

(例)鴨嘴 Ornithorhynchus 針鼴鼠 Echidna

第二綱 鳥類 Aves.

鳥爲卵生之温血動物。其體被有羽毛。前肢變而爲翼。體形亦適於飛行。口部有角質之嘴。

羽 鳥類之羽。(第三十四圖)如哺乳動物之毛。自皮膚化生者也。然締造

第三十四圖 鳥羽圖

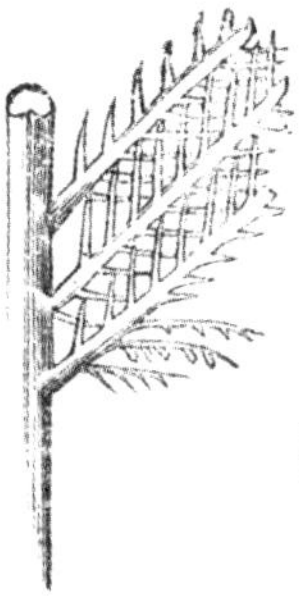

不似毛之簡單•其羽軸之根部•揷入皮膚中•其上部密生羽枝於兩側•此羽枝更出二列小枝•互相連結•全體恰如一葉•且唯自羽軸之根部•出羽枝•有成毛筆狀之小羽•

骨骼。。 鳥之頭骨爲球形•恰如一骨所成者•由一突起之骨與脊骨相結合•脊骨頸部最長•屈伸自在•而胸部與薦部諸椎骨•槪相合着•胸部寬弘•腹面之正中隆起•稱曰龍•

第三十五圖

鳥之骨骼

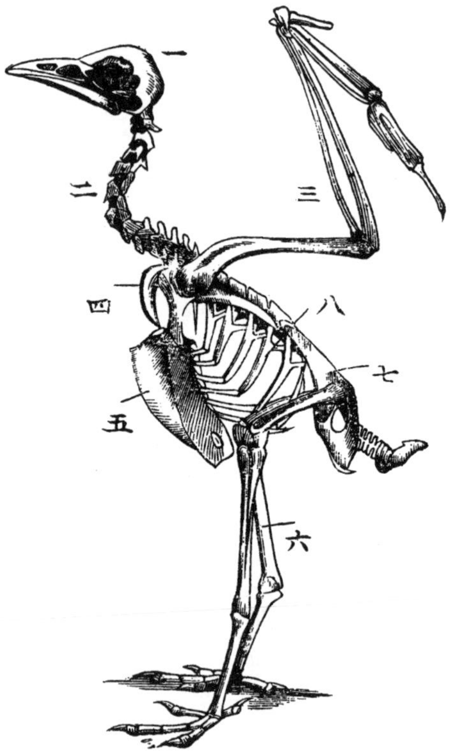

(一)頭骨　(二)頸骨　(三)翼骨　(四)肩骨　(五)胸骨　(六)脚骨　(七)骨盤　(八)肋骨

骨・此龍骨便於附着翼筋・故觀其大小・得知飛力之强弱・又因前肢爲翼・骨數減少・後肢腿部之骨短小不露・而脛部伸長・恰與哺乳類之腿部相敵・足骨之一部位於他脛部・趾大抵爲四・然時減其數・位置亦隨種類殊異・（第三十六圖）鳥類之骨・外部之質・緻密堅强・然

第三十六圖

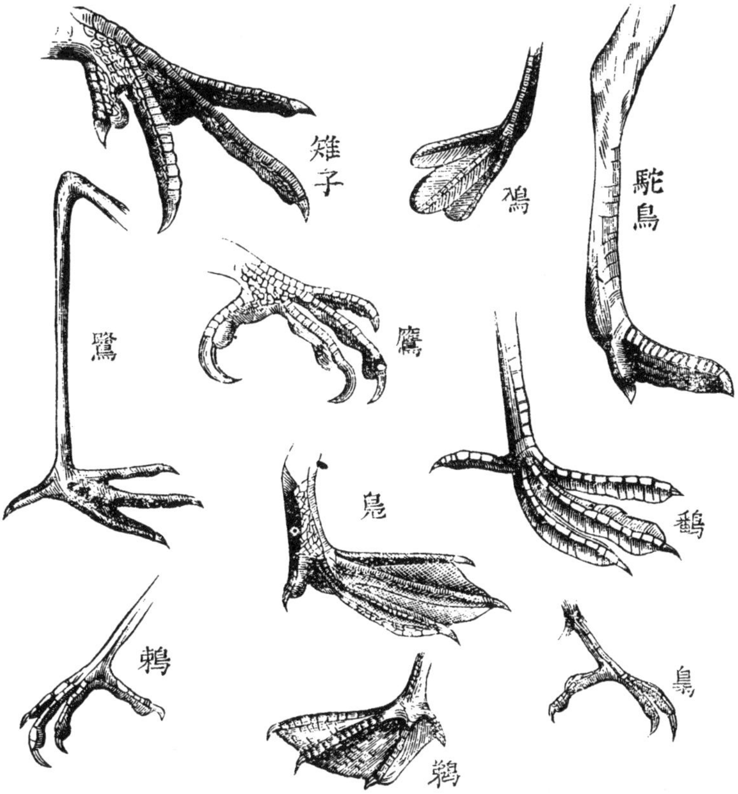

內部空洞・含有氣窩・爲之大減其體重・

神經中樞及感官　中樞之發達・比哺乳類甚劣・大腦之面平滑・然其五官之發達完全・特其視力・最爲銳敏・眼有瞬膜・而耳無耳殼・

消化器　上下顎有角質之鞘・遂成嘴・以無齒故、食物入口腔・不咀嚼即嚥下・入於食道・食道長・中部有嗉囊・食物暫時停滯此處・後移

鳥類之消化器

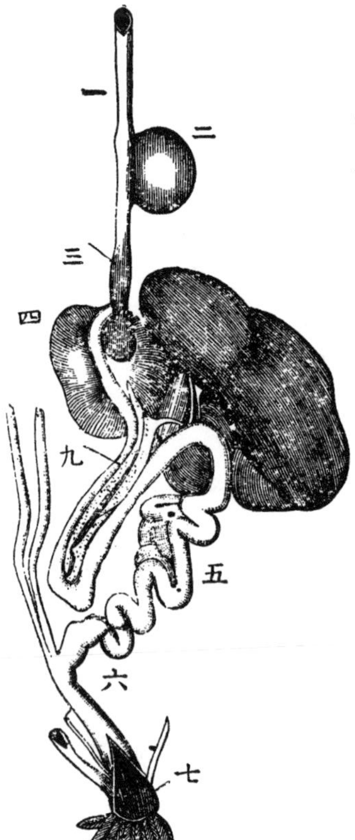

第三十七圖

（一）食道　（二）嗉囊　（三）砂囊　（四）前胃　（五）小腸　（六）大腸　（七）排泄腔　（八）肝臟　（九）膵臟

至前胃・前胃爲腺質之器官也・食物於此受胃液・入於筋肉質之砂

囊。砂囊在食穀粒之鳥類。有陰壁。其內質變爲角質。爲磨碎食物之用。次有迂曲之小腸。肝臟及肺臟。皆通口於此部。大腸短而大。初部有二盲腸。終部有排泄腔。通於肛門。

泌溺器　腎臟扁長。在薦骨之內面。輸溺管直通於排泄腔。而無膀胱。

呼吸器　一對肺臟。密着於胸腔之背面。呈淡紅色。其表面有許多小孔。與氣囊及骨中之氣窩相通。此氣囊橫於胸腔腹腔之間。能自由運入肺中之空氣。與骨中之氣窩。皆輕減全體之比重者也。氣管長。喉頭甚不完全。發聲之器官。別存於兩氣管相分岐之處。稱之曰鳴官。

循環器　心臟由二心耳二心室而成。循環之狀。與哺乳類相肖。唯其血之温度。較哺乳類爲高。

發生。鳥類必卵生。其卵富於卵黃。有石灰質之卵殼。雌鳥抱之。以己體之熱。使之孵化。

習性。鳥以飛行於空中。與陸棲動物習性大異。然偶有失飛行之力。而棲息於地上者。有以蹼浮遊於水上者。今稱永住一處之鳥。曰留鳥。稱年年逐寒暑。自此地遷移於彼地者。曰候鳥。稱索餌食漂泊於近地。無一定住所者。曰漂鳥。鳥亦營巢。搆造有甚巧者。鳥之雌雄。多能以鳴聲羽色別之。雄者大概鳴聲巧利。羽色美麗。分鳥類爲走禽類。猛禽類。燕雀類。攀木類。鶉鷄類。鳩鴿類。涉禽類。水禽類八目。

第三十八圖

駝鳥

第一目　走禽類 Carsores.

走禽類以其翼不爲飛翔之用。其足强大。能適於走行。骨中無氣窩。胸部亦不隆起。

第三十九圖

羌鷲

(例)駝鳥 Struthio. 食火鷄 Casaurius.

第二目　猛禽類 Raptatores.

此類嘴爪皆强大。而端有鈎曲。其翼亦大。飛翔之力至速。

(例)鵙梟 Syrnium. 鷂 Acciter. 羌鷲 Haliaetus. 鳶 Milvus.

第三目　燕雀類　Passores.

多爲鳴禽·體小·而種類甚夥·其嘴爲角質·形狀無定·足短小·常時棲息於樹上·其所營之巢·往往有精巧者·此類多漂鳥·亦間有候鳥·

(例)燕 Hirundo. 雀 Passer. 天鷚 Alauda. 慈鳥 Carvus. 伯勞 Lanius. 白鵊鳥 Parus. 鶺鴒 Motacilla.

第四目　攀木類　Scansores.

第四十圖

啄木鳥

此類嘴銳·適於啄木·其後肢又適於攀木·常捕木蠹以爲食·

(例)杜鵑 Cuculus. 啄木鳥 Picus.

第五目　鶉鷄類 Callinacei.

棲息於地上•有短翼•嘴强•其步脚之一趾在後•而較他趾爲高•
(例)家鷄 Gallus. 雉 Phasianus. 孔雀 Pavo. 鶉 Coturnix.

第六目　鳩鴿類　Conmbiœ.

此類嘴柔軟•僅其端爲角質所成•其翼尖•後肢短小•鼻孔周圍膨大•
(例)鳩 Turtur.

第七目　涉禽類　Tores.

脚長•亦有趾間有蹼者•其嘴及頸•皆細長•在沼澤之間食魚類及小蟲•
(例)鶴 Grus. 千鳥 Aegialitis. 鷺 Hero-aius.

第八目　水禽類　Natatores.

水禽以棲息於水上•其體形及後肢皆適於游泳•羽毛大概濃厚•

第四十一圖

蛇之骨骼

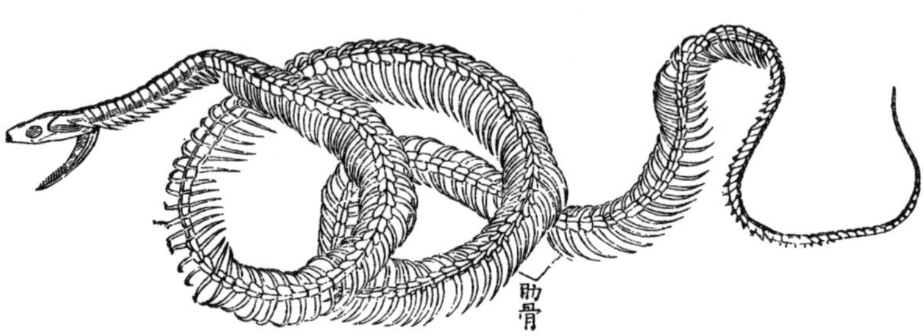

(例)鴨Querquedula.雁Anser.鶩Anas.鸕鷀Phalacrocorax.

第三綱　爬蟲類　Reptilia.

爬蟲類者。肺營呼吸之冷血動物也。體形雖不一。然皆被有鱗甲。

皮膚　表皮角化。如蛇則成爲鱗。或含有石灰質。如龜則成爲甲。

骨骼　頭骨依一突起之骨。與脊骨結合。脊骨雖稍有區別。若蛇僅有胸部與尾部。肋骨甚發達。往往亘脊骨全體。其端游離。無胸骨。故能自由動作。使身體前進。有前後四肢俱無者。有僅有二肢者。

神經中樞及感官　中樞之發達。比鳥類稍劣。感官亦不銳敏。

消化器　口濶大。除龜外。上下顎有齒。此齒只爲攫取食物之用。食道長。而易爲膨大。胃概縱行。小腸部短。大腸部大。而末端有排泄器。

第四十二圖

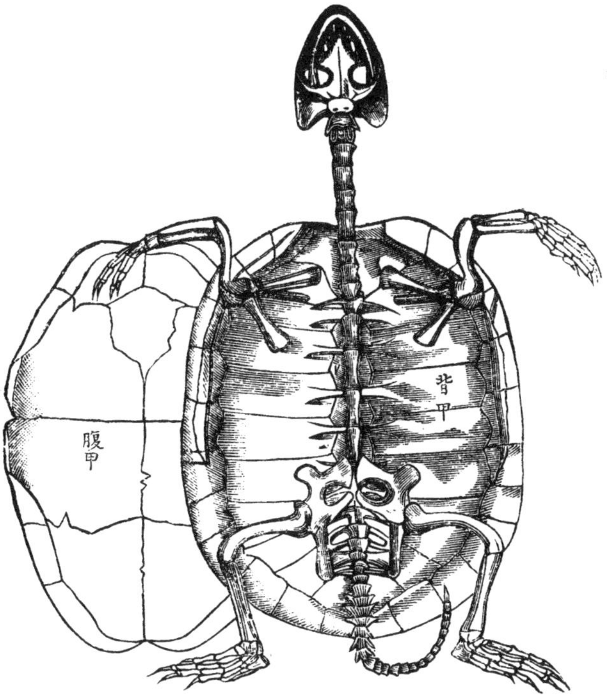

呼吸器　呼吸以一對肺臟司之。若蛇類體形延長。肺特短縮。不與他方相對。

循環器　心臟除鱷魚之外。概由左右心耳及一心室而成。其心室只有一不完全之隔壁。故循環體內之血液。動血脈與靜血脈常相混。

發生　此類之發生。與鳥相似。多卵生。其卵亦如鳥卵。富於卵黃。

第四十三圖

瑇瑁

習性　爬蟲類多爲熱帶動物。特如鱷魚。無生於溫帶以北者。熱帶動物。在北地者。遇冱寒時。狀態即不活潑。潛伏於土中。以待暖氣之至。是曰冬眠。此類好食肉。有獰猛可畏者。然其性頑鈍。無食則能以輕微之呼吸保其生。分爬蟲類爲龜鼈類。鱷魚類。蜥蜴類。蛇類四目。

第一目　龜鼈類　Chelonia.

此類多棲於水。腹背皆甲。相連爲函狀。頭尾四肢。收入其內。兩顎無齒。有角鞘。

第四十四圖

鰐魚

而成嘴·此類爲溫帶動物·概食植物·其性愚鈍·而不易饑死·

(例)鼈 Trionyx. 蠵龜 Chelonia. 瑇瑁 Chelonia.

第二目　鰐魚類　Crocodilia.

爲爬蟲類中之最大者·其形似石龍子·常棲息於水中·體面被有堅固之鱗甲·四肢短·趾間有蹼·齒似哺乳類·自齒槽中生·頭部扁平·突出於前而爲鼻·尾側扁·自適於游泳·此類爲熱帶所產·群居於河口及沼澤之中·性甚猛惡·

(例)加哇爾 Rhomphostoma. 科樂蒯爾 Crocodilus. 阿里開特 Alligator.

第三目　蜥蜴類　Sauria.

體細長．有頭頸胴尾之別．概有四肢．然時有缺之者．體皮被鱗．顎有小齒．此類多產於熱帶．體色有甚美者．常食昆蟲．

(例)石龍子 Eumeces. 守宮 Plalydactylus. 避役 Chamaeleon.

第四目　蛇類　Ophidia.

第四十五圖

蛇之毒牙

體形細長如繩．全體被鱗．四肢缺如．毒蛇之齒．在上顎有二．內部空洞．通頰部之毒腺．爲出毒液之導管．舌分叉．得自由吐出口外．熱帶所產之蛇．體大．色亦美．然分布於北地者．體皆小．

(例)黃頷蛇 Elaphis. 赤楝蛇 Tropidonotus. 蝮蛇 Trigonocephalus. 飯匙倩 Trimeresurus.

第四綱　蛙類　Amphibia.

此類有肺。復有鰓。水陸皆適於棲息。而爲冷血動物也。體面無鱗。概有四肢。

皮膚　體皮滑而無鱗。富於一種粘液腺。

骨骼　雖爲硬骨。多混以軟骨。脊骨之數。不似爬蟲之多。肋骨胸骨皆不十分發達。頭骨以二突起之骨。與脊骨結合。

第四十六圖

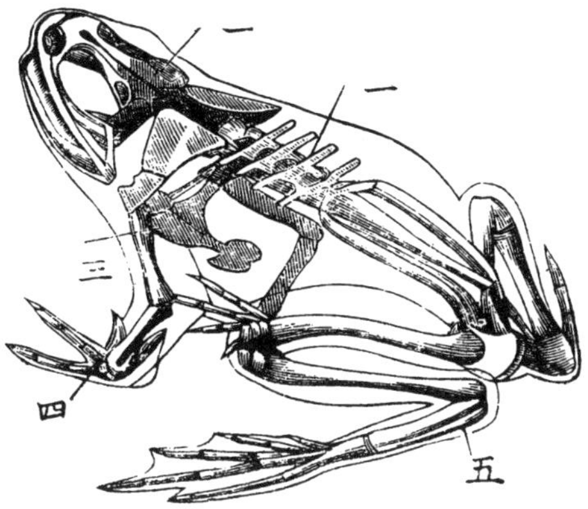

蛙之骨骼

(一)頭骨 (二)脊骨 (三)胸骨 (四)前肢骨 (五)後肢骨

神經中樞及感官　發達較前者尤劣。

消化器　口濶大。上下顎及口蓋有無數小齒。蛙之舌。以前端附着於口腔。下面則返向內。不出於外。

呼吸器　水棲者以鰓呼吸陸棲者以肺呼吸然此類多幼時住於水及長出於陸上故呼吸器亦初有鰓後復有肺

循環器　與呼吸器有密接之關係故以鰓呼吸之間心臟由一心室一心耳而成然至有肺時心耳左右分開鰓之血管及鰓皆消去新生肺臟之血管為不完全之大小二循環

第四十七圖

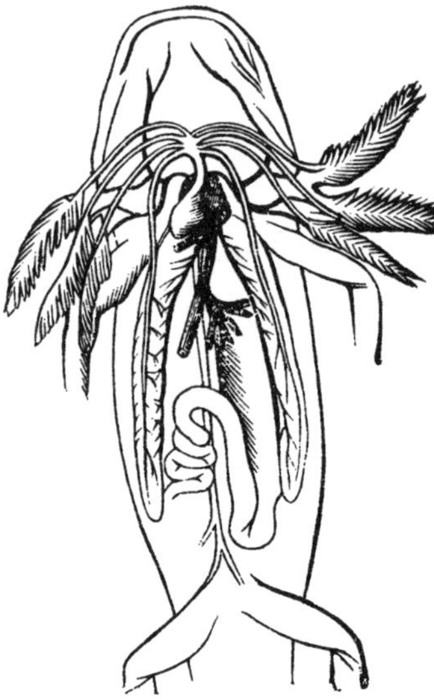

蛙類之呼吸器(肺鰓兼有者)

發生　此類為卵生產其卵於水中富於卵黃以粉團物質被覆其外孵化時如蛙生蚪斗頸之兩側突出羽狀之外鰓有長尾能自由游泳於水中然及其稍長鰓尾皆失體內新生肺體外生四肢始適於陸上之生活如斯老幼異其體形者稱曰變態同為兩棲類亦有

第四十八圖

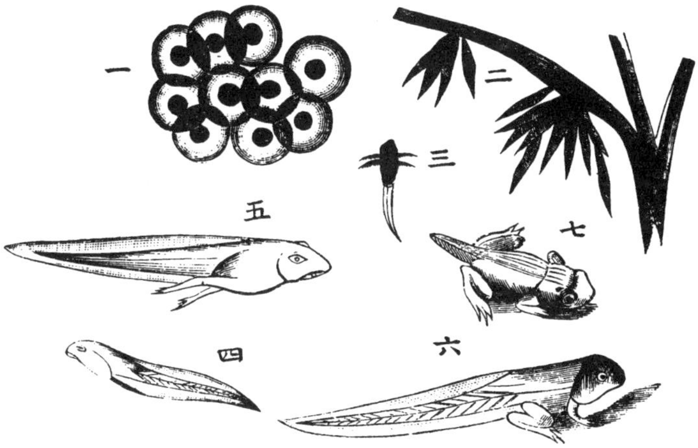

蛙之發生圖

數字乃示其發生之順序者也

不變態者。或有止變其一部之器官者。

○習性○ 此類以適於水陸兩棲。習性恰位於水生動物陸生動物之間。其變態者。幼時食草。及長食肉。各期多潛伏於土中爲冬眠。兩棲類分爲無尾類。有尾類二目。

第一目 無尾類 Anura.

此類長成之後。以肺呼吸。四肢亦發達。其趾間有蹼。生活於水中。或陸上。

(例)蟾蜍 Bafo. 小蛤 Rana. 金線蛙 Rana.

第四十九圖

魚鰭

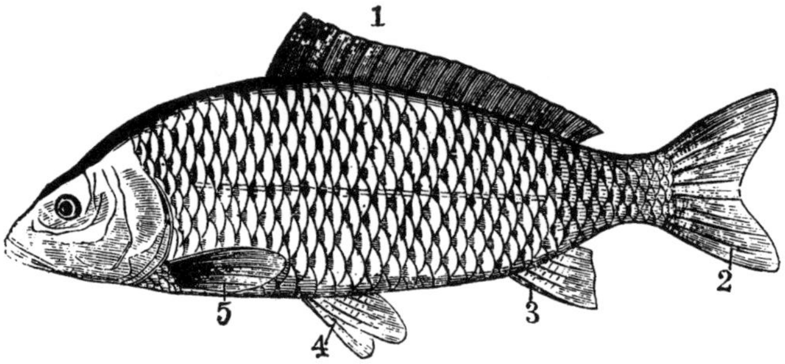

(1)脊鰭　(2)尾鰭　(3)臀鰭　(4)腹鰭　(5)胸鰭

雨蛙 Hyla. 錦襖子 Hyla.

第二目　有尾類　Urodela.

尾完全．四肢短．僅幼時有鰓．或有與肺終身存之者．

(例)鯢魚 Cryptodranchus. 蠑螈 Triton.. 黑魚 Onychobactylus.

第五綱　魚類　Pisces.

魚類以鰓呼吸．爲水生冷血動物也．其體形適於游泳．體皮被鱗片．前後皆變爲鰭．

皮膚　鱗由下皮而生．表面覆以薄皮膜．此皮膜爲上皮．富於粘液．含有色素細胞．故魚類之鱗．非若爬蟲類．爲表皮所化者．乃自眞皮成者．多相疊爲覆瓦狀。

鰭。　四肢變形爲四鰭。稱之曰偶鰭。前二鰭以位於胸之左右。稱胸鰭。後二鰭以在腹部。稱腹鰭。其他沿體之正中線而生。有三種奇鰭。曰脊鰭。尾鰭。臀鰭。脊鰭在背上。其數一二不等。尾鰭在尾端。通常分叉爲二葉。二葉之大小相均者。曰正尾。上葉較下葉大者。曰不正尾。臀鰭位於肛門之後。體之移動。概爲奇鰭所主宰。偶鰭乃用轉其方向者。

第五十圖

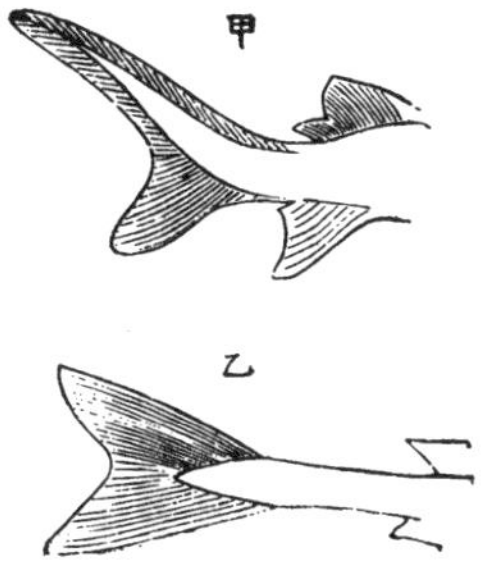

(甲)不正尾　(乙)正尾

骨骼。　魚類之骨骼。有軟骨性者。有硬骨性者。其最下等者。則僅有脊索。軟骨魚之頭骨。甚單純。而硬骨魚之頭骨。極複雜。頭部下面有上下顎骨。次之有舌骨及數對腮骨。皆由弓狀骨片而成。鰭之形如團扇。有許多骨針。稱之曰鰭骨。奇鰭之鰭骨。依劍狀骨。與脊骨之棘

第五十一圖

硬骨魚之骨骼

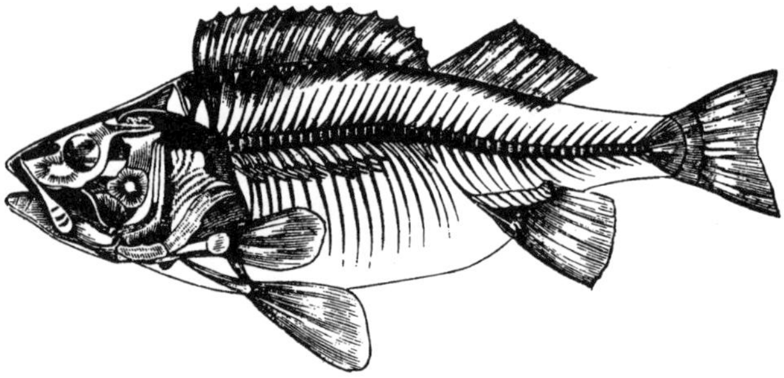

第五十二圖

魚鰾

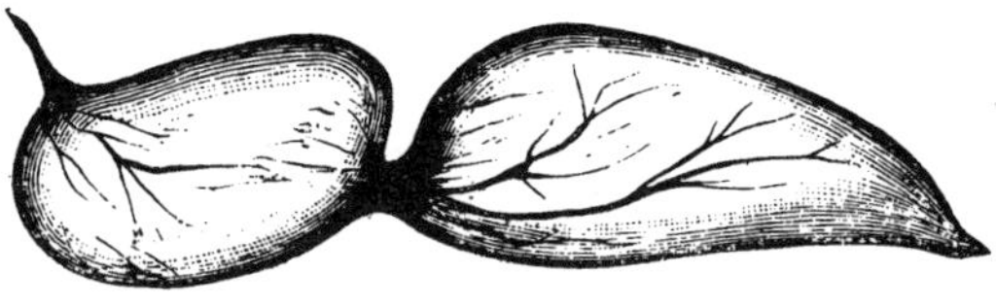

狀突起之骨連接。

神經中樞及感官　中樞發達之度最低。眼之水晶體。呈球形。適於視近。鼻雖有一對鼻腔。而不通於口腔。耳僅有內耳。魚類有一種特有之感官。即其體之兩側之側腺。是也。其作用尚未分明。

消化器　口腔濶大。上下顎骨及口蓋。有無數小齒。又口腔左右。有數對裂孔。稱鰓孔。食道短。形如漏斗。胃甚膨大。小腸部長而紆曲。大腸多直。

鰾為魚類特有之器官在脊骨之下形似瓢常充空氣（與他動物之肺相匹敵云）縮張之能增減體之比重

呼吸器　除肺魚之外必有鰓鰓由口腔左右腮弓上數對櫛齒狀小瓣而成內以鰓孔通於口腔在硬骨魚類以鰓蓋覆於外面只有一對裂口通於外界自口吸入之水不絕由腮孔流出

循環器　此類血液循環之狀態最簡單如第十六圖甲心臟由一心室一心耳而

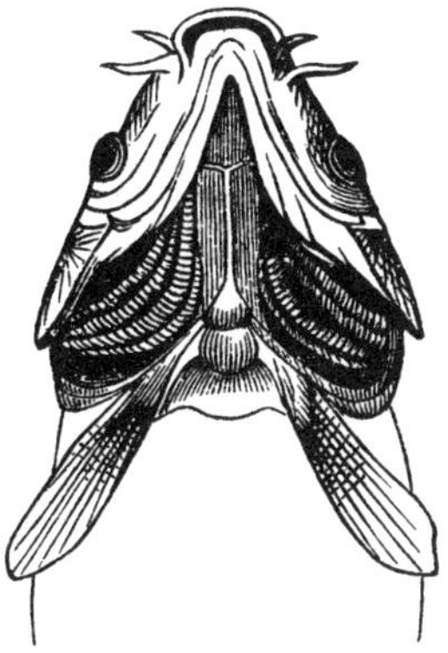

第五十三圖　魚鰓

成血液只為一循環

發生　概為卵生其卵數極多而能發達者少亦偶有胎生者

習性　魚為水生動物有居於鹽水者有生於淡水者有如年魚產卵之時自淡水下於海口者亦有自鹽水入於河流者此類分之為

第五十四圖

肺魚之一種

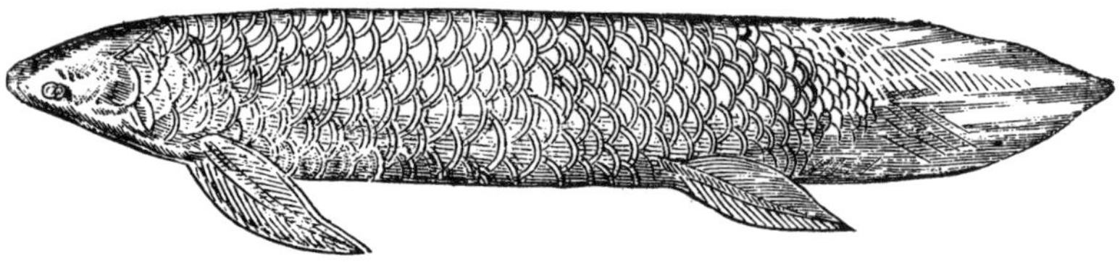

肺魚類·硬骨類·硬鱗類·板鰓類·圓口類五目·

第一目　肺魚類　Dipnoi.

此類具二種呼吸器·水陸皆可生活·概產於熱帶·棲於河中·

(例)我國無此類魚·

第二目　硬骨類　Teleostei.

骨骼概由硬骨而成·鱗多疊爲覆瓦狀·腮有四對·必有鰓蓋·尾鰭正形也·又多有鰾·此類占現世界魚類之大半·鹽水淡水·到處棲息·

(例)鯔魚Mugil.鰕虎魚Gobius.牛尾魚 Platycephalus.華臍魚 Lophius.石首魚 Sciaena.鯛 Pagrus.鱸Percalabrax（以上其鰭骨之前部硬固）·呆魚 Gadus.比目魚 Pseudorhombus.鱵魚Hemirhamphus.以上鰭柔軟.腹鰭位於喉部.皆產於海.鰻Anguilla.鰛魚Clupea.鮭Onchorhynchus.鯉Cyprinus.鰌Misgurnus.鯰Silurus.以上鰭骨軟.往往缺其腹鰭.河豚Tetrodon.以上被有鱗甲.體概膨大.腮成櫛齒狀.有時缺腹鰭.或成棘狀.

第五十五圖

鱘魚

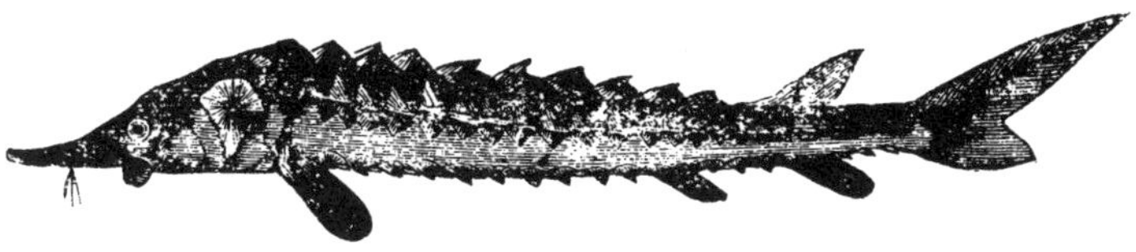

第三目　硬鱗類　Ganoidie.

體被有板狀鱗甲.尾鰭爲正尾.腮有腮蓋.且有鰾.此類現今存者甚少.多產於淡水.

(例)鱘魚Acipenser.

第四目　板腮類　Elasmobranchii.

體似紡錘形.或上下扁平.偶鰭大.尾鰭爲正尾.鱗狀如齒.骨骼皆爲軟骨性.口往往有銳利之齒.頸側有五對至七對腮孔.概成裂狀.此類胎生.多產

於熱帶海中。

第五十六圖

鮫

第五十七圖

海鷂魚

(例)銀鮫 Chimaena. 鮫 Selachoidei. 海鷂魚 Baloidei 木匀鮪 Astrape.

第五十八圖

鱓

第五目　圓口類　Cyclostomi.

體形長而似鰌。皮膚無鱗。有奇鰭而無偶鰭。終身有脊索骨。皆由軟骨而成。口圓。狀如漏斗。頸之兩側有六七對鰓囊。此類與尋常魚大不同。故有爲之別設一綱者。

(例)盲鰻 Myxine. 鱓 Petromyzon.

脊骨動物之附屬

有近似脊骨動物者二類。一曰頭索動物。一曰尾索動物。此類發生之初期。必具脊索。亦有終身有者。今以之附加於脊椎動物。設脊索動物門 Chordata.

頭索動物　Cephalochorda.

此類只包含安補比魚(第五十九圖)一屬。其形似魚

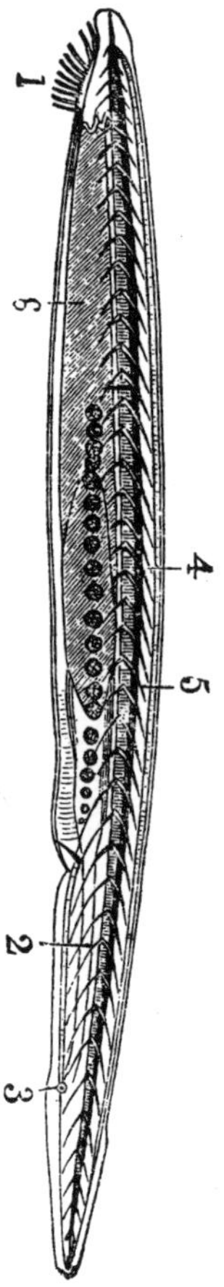

第九十五圖　安補比魚

(1)口(2)食管(3)肛門(4)脊髓(5)脊索

而無腦•又無偶鰭•終身有脊索•

(例)安補比魚 Amphioxus. 棲於海底•其大不過數寸•體形似魚而半透明•其脊•腹•尾端•有鰭狀之物•體內有脊索•

尾索動物 Urochorda.

體形簡單•或爲壺狀•或爲樽狀•外部有二口•一爲口•一爲排泄門•幼蟲往往類似蝌斗•尾端有脊索•今分此類爲二•石蝌類•薩爾巴類•

第六十圖　石蝌

(例)石蝌 Ascidiac. 體皮堅硬•其形或呈壺狀•或呈囊狀•不居海底沙

中、即附着於岩石、體外二孔、互相比接、在發生之初期爲蚪斗、亦有終身有此形者、

薩爾巴Salpa.此類體形似樽、能自由游泳於海中、通體透明、夜間能放燐光、體之一端有口、一端有排泄門、

第六十一圖

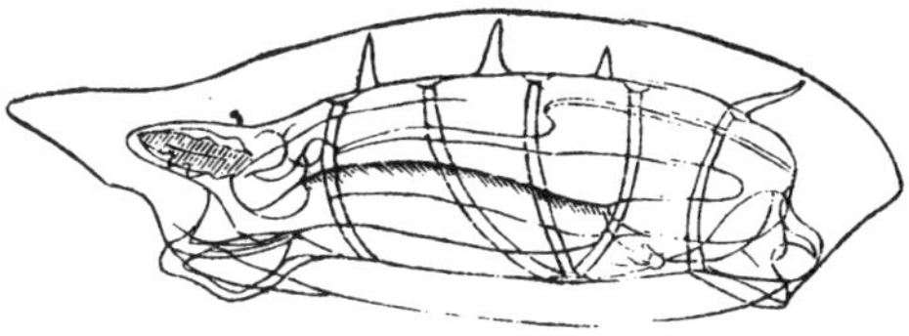

第二門　圜節動物　Arthropoda.

屬於此門之動物、有蝦、蟹、蝶、蜂、蜘蛛、蜈蚣等類、種類之多、出第一門之上、其體左右相稱、分頭、胸、胴三部、內部無骨骼、外皮堅硬、即爲外部骨骼、形成許多相接合之環節、環節各有二肢、肢亦有節、必依關節與體部結合、故名之曰圜節動物、肢之形狀作用、從體之部位而異、或爲觸角、或爲口器、或爲撓脚、或爲他種器官、此類有一條神經球連鎖、與脊骨動物之脊髓相同、走

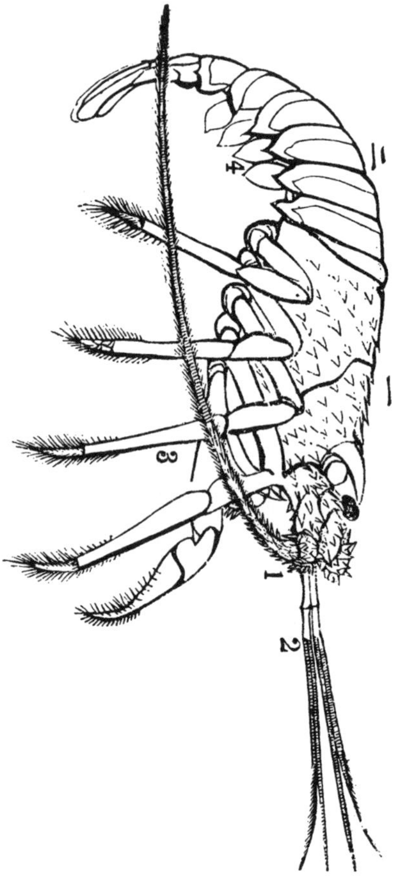

第六十二圖　大蝦

（一）頭胸部　(1)第一觸角　(3)步脚　(5)眼
（二）腹部　(2)第二觸角　(4)橈角

體之腹面。營養之器官。位於體之背面。

骨骼

體皮爲角質。又含有石灰質。所謂外部骨骼者。其全體區爲許多環節。節間必有多少膜質。此等環節恰如脊骨動物之脊椎。隨其部位。形狀各異。區爲頭。胸。胴。三部。此外部骨骼不特保護內部之器官。恰如脊骨動物之內部骨骼。以附着於筋肉之處。司各部之

運動、

神經及感官

神經主部　由食道背面之腦、及與之連結之腹部神經球連鎖而成、神經球連鎖者、每環節有神經節、以纖維連結之者也、

第六十三圖

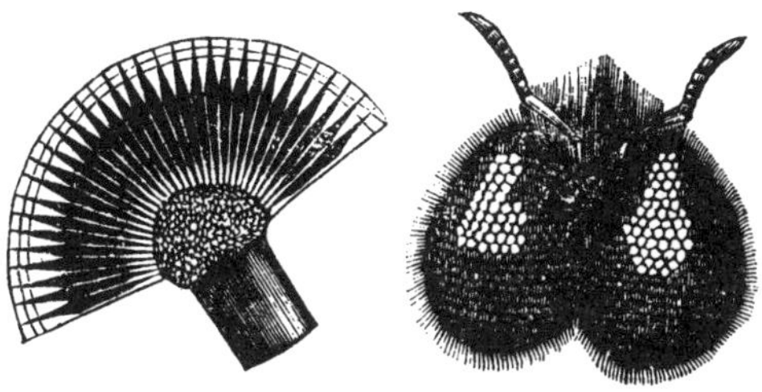

昆蟲之複眼

(甲)外面　(乙)縱斷者

眼　眼有單眼複眼之別、亦往往有兼有者、單眼由二種屈光體及網膜而成、複眼爲單眼所集合、自表面觀之、各小眼呈多角形、

聽官嗅官觸官　皆締造簡單、概在觸角之上、

內臟

消化器　口具種種口器、口器爲攫取食物

第六十四圖

昆蟲體內器官排置圖

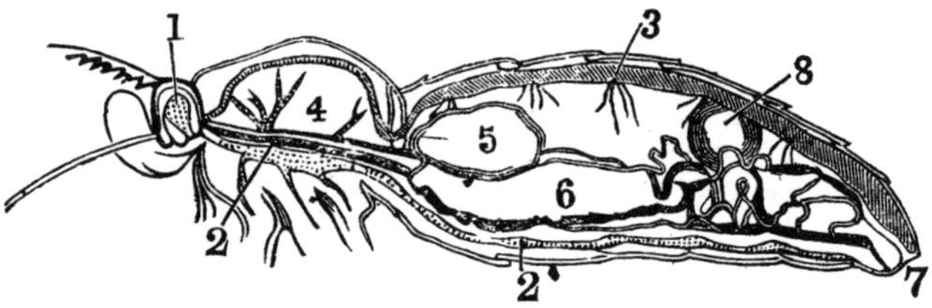

(1)腦　(2)神經球連鎖　(3)循環器　(4)食道　(5)沙囊　(6)胃　(7)肛門　(8)生殖腺

之機關締造因種類而不同食管短走體之中軸後端通肛門

呼吸器　棲於水者有鰓棲於陸者有肺及氣管氣管(第六十五圖)由無數分叉之細管而成遍布體內其孔在側面稱之曰氣孔

第六十五圖　昆蟲之氣管

循環器　因種類而不同有全缺者其十分發達者亦不能爲完全之循環

排泄器　在甲殼類曰殼腺或曰觸角腺在其他類曰馬爾比幾氏管

第六十六圖

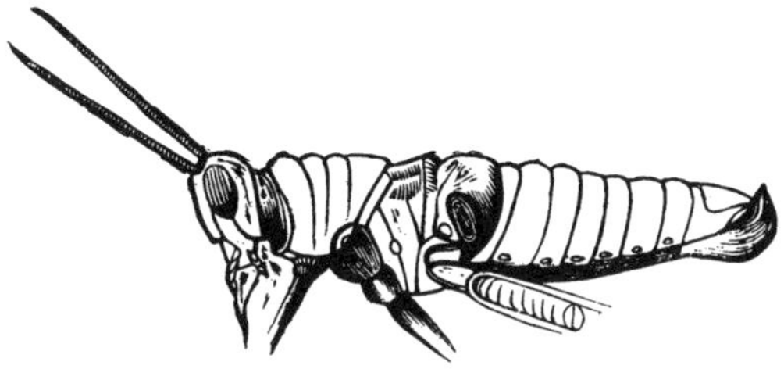

示昆蟲體側之氣孔圖。

生殖　生殖器之締造。雌雄甚相似。卵與精子不相合。往往有僅以雌生殖者。是曰單性生殖。自卵孵化之子蟲。多經許多變態。

圜節動物分之爲左之四綱

第一綱　昆蟲類

第二綱　蜘蛛類

第三綱　多足類

第四綱　甲殼類

第一綱　昆蟲類　Insecta.

爲呼吸空氣之圜節動物。種類之衆多無出此綱之右者。試觀第六十七圖。瞭然分頭胸腹三部。各部之環節數。亦自爲一定。其頭必有二對觸角。胸具四翅六足。故一名六足蟲類。

第六十七圖

昆蟲之解體

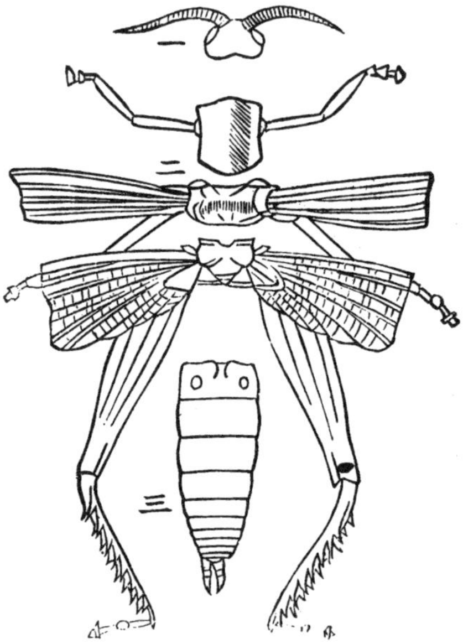

(一)頭部　(二)胸部　(三)腹部

第六十八圖

昆蟲咀嚼器

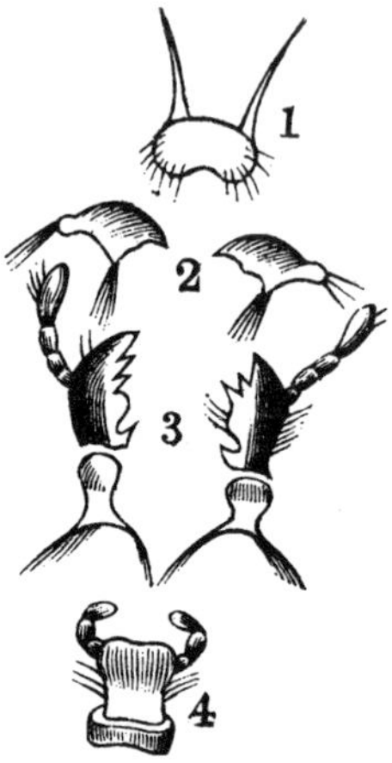

(1)上唇　(2)大顎　(3)小顎　(4)下唇

頭部。雖由四節而成。然能結合為一。其次端有二對觸角。司種種感覺。下面有口。口器複雜。由上唇下唇大顎小顎而成。各部因食物之種類。形狀不同。即如蜻蛉類。各部概為咀嚼之用。蝶類則一部變而為吸管。在蚊則為針狀等是也。頭之側面。概有二對複眼。

胸部。由三節而成。稱前胸。中胸。後

第六十九圖

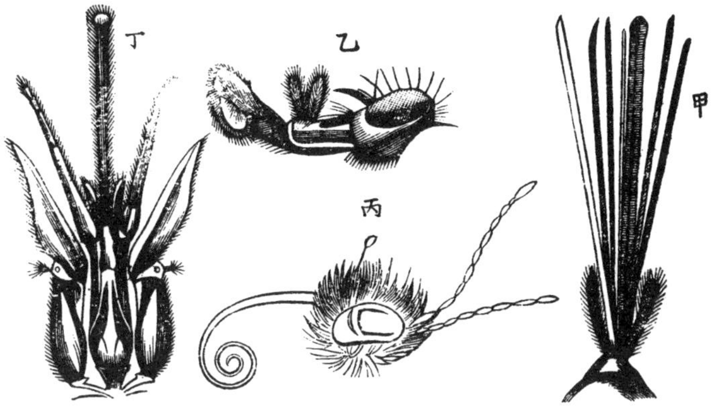

昆蟲口器之比較
(甲)蚊　(乙)蠅　(丙)蝶　(丁)蜂

胸。此三胸節。腹面各有二足。中胸後胸之背面各有二翅。足由五節而成。於步行之外。爲飛跳游泳穿土護身之具。故如第七十圖。從其作用之異。形狀大爲不同。翅往往有缺乏者。或僅有二翅者。概以翅脈支張之。由一種薄膜而成。

腹部有

第七十圖

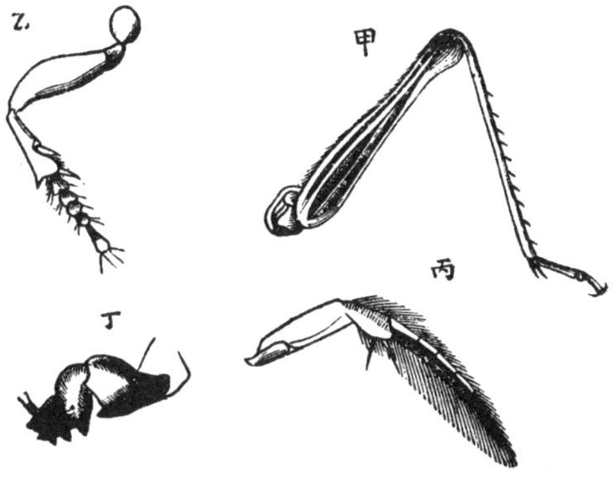

昆蟲足之比較
(甲)跳脚　(乙)走脚　(丙)撓脚　(丁)掘脚

九節者・有十節者・各環節之形略同・無肢・只尾端一節・附屬產卵器・刺鍼・及交尾器等・

中樞及感官　中樞由食道前之腦・食道下之喉頭下神經節・及與之連結之神經連鎖而成・感官於眼及觸角上觸官嗅官外・亦有體之或部・有聽官者・

內臟　食管之食道下・概有胃囊或沙囊・連於胃・胃分泌消化液・有附屬許多盲囊者・馬爾比幾管爲細長腺・通於腸部・司泌溺作用・心臟位於體之背面・爲長管・前方次第移行於動脈管・呼吸器以氣管爲重・

第七十一圖

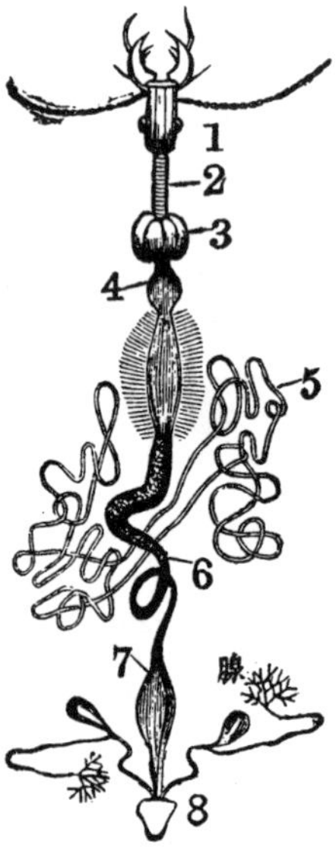

昆蟲之消化器

(1)頭部　(2)前胃　(3)泌溺器　(4)直腸　(5)食道　(6)後胃　(7)腸　(8)肛門

發生　在昆蟲類・往往有單性生殖者・且其發生中體態最爲

變化約區之爲三期其初自卵孵化者曰幼蟲如蠶是也無翅體之各節有短脚或有全無脚者此幼蟲隨其生長脫皮數度而爲蛹蛹多不取食蠶繭是也製外殼而靜止於其中次即爲成蟲成蟲破繭出如繭蛾有翅其六足於此始全其生長若是三度變其體形者曰完全變態由幼蟲至成蟲途次不甚變化者曰不完全變態

習性 昆蟲以種類夥多氣中水中地上到處爲其棲息之所且無論固體液體新鮮腐敗凡有機物質無不爲此類之食者特於植物界利害之關係最大其葉芽爲此類之餌食而其花又多賴此類之媒介而成熟者也此類有膜翅類鞘翅類鱗翅類雙翅類有吻類脈翅類直翅類彈尾類八目

第一目 膜翅類 Hymenoptera.

前後兩翅爲膜質翅脈少其前翅每較後翅大頭部大有二複眼

三單眼。口器適於咀物。胸部之環節。堅相附着。縊於胸。腹部之間。此類變態完全。幼蟲形多似蛆。寄生於他之昆蟲。有形似青蟲。而喰木葉者。蛹爲卵形。或被之以繭。若蜂蟻之類。營共同生活。有主領統治之。且各爲分業

第七十二圖

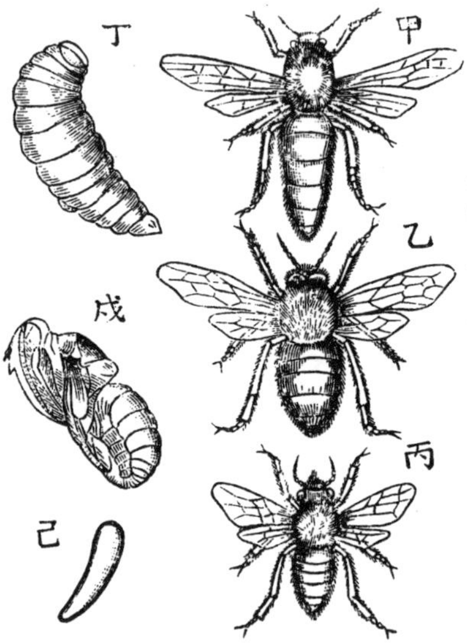

蜂　(甲)雌蜂　(乙)雄蜂　(丙)勞蜂　(丁)幼虫　(戊)蛹　(己)卵

故其習性奇異。使吾人興味勃然。

(例)蟻 Formica. 密蜂 Apis. 此類多群棲。營共同之生活。而統治其團體者。爲雌蟲。稱之曰女王。其下有若干雄蟲。及職蟲。職蟲乃無生殖機能之雌蟲。終身從事於勞動者也。又雄自不受精之卵而生。常時徒食。交尾畢即死。蜂蟻之巢極精巧。彼蜂蜜蜂臘麻

藥等。乃此等小蟲所釀造者也。

沒食子蜂 Cynips.

第二目　鞘翅類　Coleoptera.

前翅變為角質。成甲狀。後翅為膜質。靜止時疊之覆於前翅之下。

第七十三圖

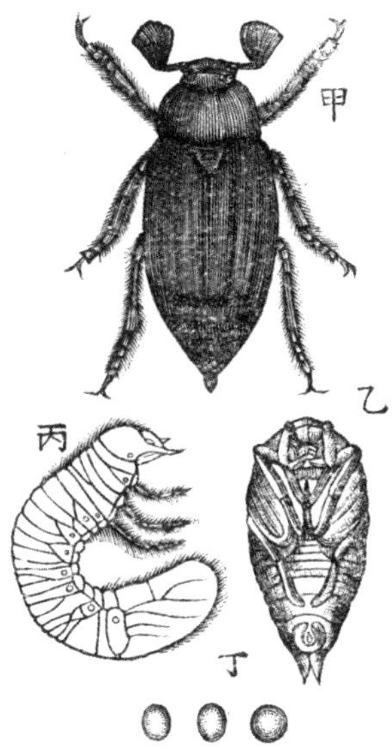

甲蟲　(甲)成蟲　(乙)蛹　(丙)幼蟲　(丁)卵

頭部小。口器(第六十八圖)適於咀物。胸部之前節得自由運動。而其他概相結合。變態完全。幼蟲多潛伏於暗所。有有脚者。有無脚者。口器亦皆適於咀物。此類好食植物。為一種害蟲。亦偶有能食動物質者。

(例)吉丁蟲 Chrysochroa. 飛生蟲 Xylotrupes. 金龜子 Mimela. 菊虎 Phytoecia.

第七十四圖

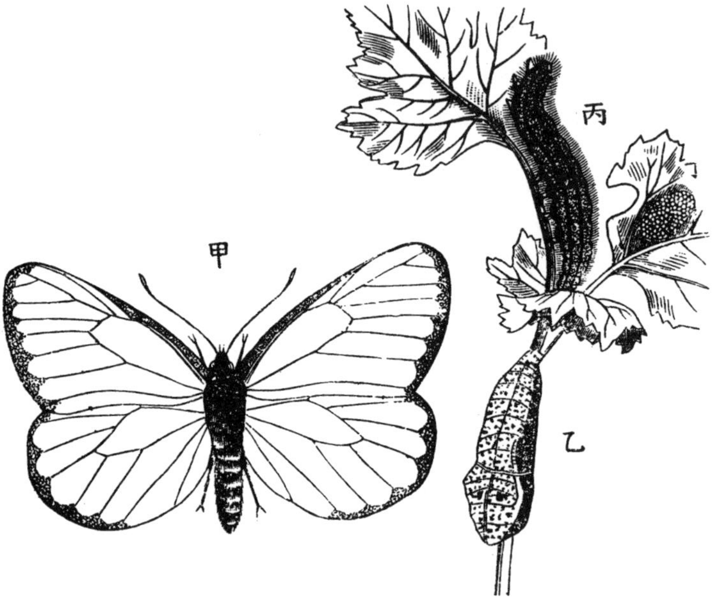

蝶 (甲)成蟲 (乙)蛹 (丙)幼蟲 (丁)卵

天牛 Melanauster.紅娘 Sitophirus.以上概爲植物之害蟲 芫菁 Xanthochroa.龍蝨 Dytiscus 螢 Lanpyris.

第三目 鱗翅類 Lepidoptera.

前後兩翅大而形同。有細鱗。概帶美麗彩色。口器成管狀。適於吸收液體。常時回旋爲螺旋狀。胸部結合。腳弱小。此類變態完全。幼蟲之口器。適於咬嚙。胸腳之外。有數對腹

第七十五圖

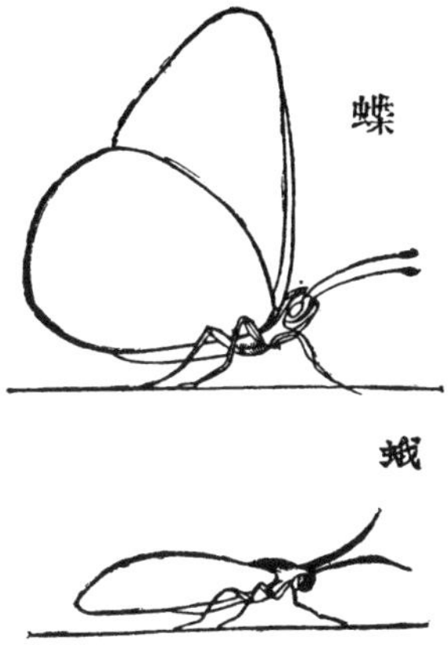

第七十六圖

尺蠖

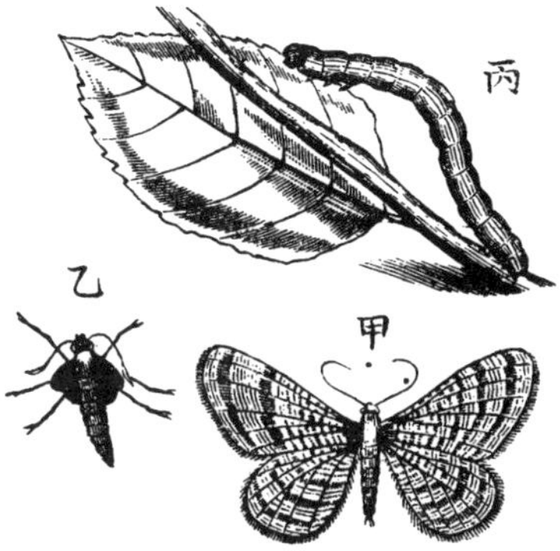

(甲)雄　(乙)雌　(丙)幼蟲

腳。即俗所稱之芊蟲毛蟲青蟲等是也。專食植物之葉芽。實害蟲也。其蛹往往被以繭殼。及成蟲始出。成蟲之時期甚短。大概產卵之後即死。

(例)鳳蝶 Papillio. 粉蝶 Pieris. 蛺蝶 Vanessa.

凡蝶類 Rhopalocera. 休止時。疊其翅而直立。體細長。觸角形似棍棒。幼蟲有立腳。蛹不被繭。以絲附着於他物。此類常飛舞於空中。故亦自飾以美麗花色。是出於保護己身之目的也。昆蟲之體色。常似其棲止之物。是曰**保護色**。

第七十七圖

尺蠖止樹圖

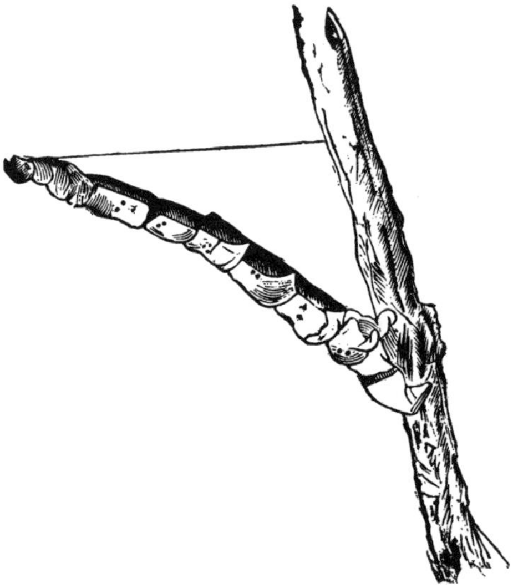

蠶蛾 Bombyx. 野蠶蛾 Antheræa.
天蛾 Sphinx. 凡蛾類 Heterocera.
休止之時。其翅水平。體軀肥
大。觸角狀似鞭。或似羽。此類
以多出於夜間。一名夜蝶。幼
蟲足數十至十六。有如蠶口
下有紡絲腺。自此出絲作繭。
而爲蛹者。有在地中蛹化者。

又有一種幼蟲。稱曰尺蠖。尺蠖靜止時。巧爲樹枝。如斯擬其體
形於其所棲止之物。以自保護其身者。曰擬態。

第四目。雙翅類 Diptera.

僅前翅完全發達。後翅退化。稍凸起。時而有兩翅共退化者。頭圓

第七十八圖

蚊　(甲)成蟲　(乙)蛹　(丙)幼蟲

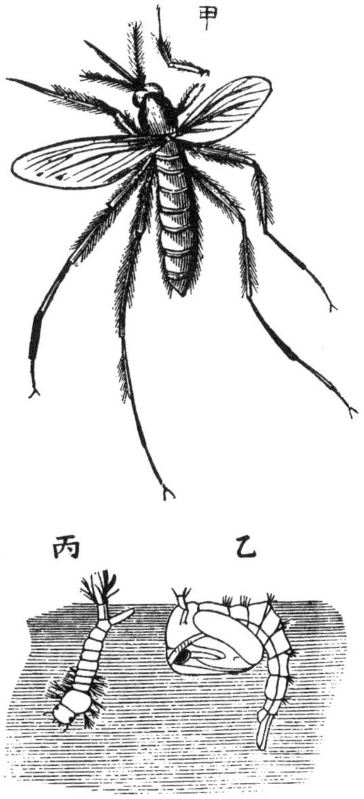

第七十九圖

蝨

第八十圖

蚤

似球．口器適於刺物．又適於吸物．胸部相互合着．變態完全．幼蟲常無脚．始而有咀嚼口．繼而變而爲蛆形．吸收液體．自此次第脫皮．遂爲可自由運動之蛹．

(例)蠅 Musca. 虻 Tabanus. 蚊 Culex. 蚋 Simulia　蚤 Pulex.

第五目　有吻類　Rhynchota.

口器爲吻狀・便於刺物・又適於吸收液體・前後翅皆爲膜質・間有前翅半變爲革質者・前胸概能動・其他概固着不動・此類變態不完全・孵化之幼蟲・類似母體・而無翅・

(例)蝨 Pediculus.毛蝨 Phthirius.床蝨 Acanthia.蚜蟲 Aphis.臙脂蟲 Coccus.椿象 Pentatoma 此類寄生於植物雖爲害蟲・然如臙脂蟲爲洋紅之原料・不能謂之

第八十一圖

蟬 (甲)成蟲 (乙)幼蟲

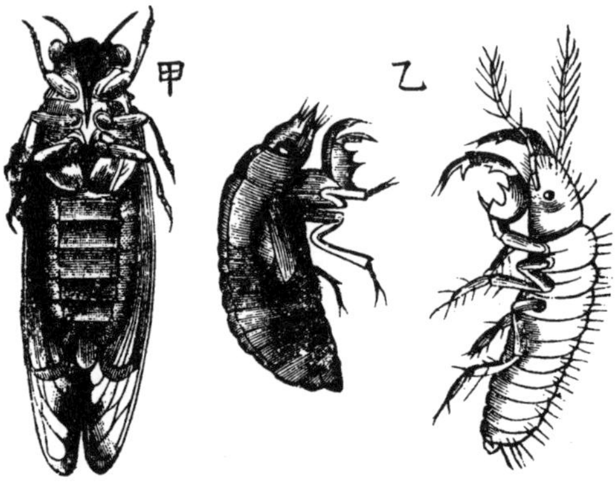

第八十二圖

臙脂蟲 (甲)雄 (乙)雌

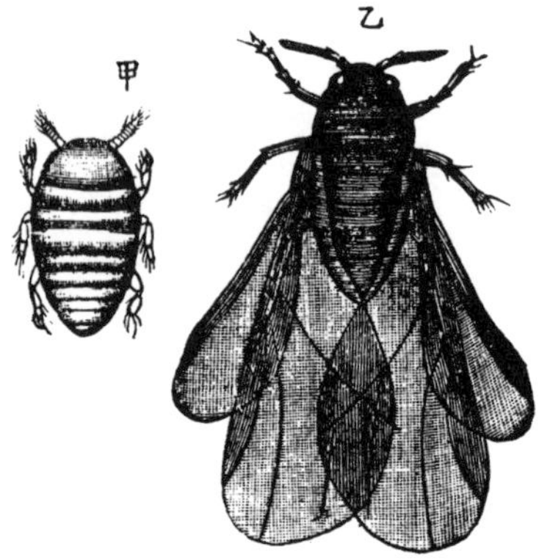

盡無益於人也。

蟬 Cicada 田鼈 Belostoma.

第六目 脈翅類 Neuroptera.

前後兩翅之形相同。皆爲膜質。翅脈成網狀。口器適於咬嚼。前胸節不與他節附着。腹部細長。

此類變態完全。幼蟲有六脚。棲息於地上及水中。取動物性之食。蛹之成蟲以前。稍能運動。

(例)蛟蜻蛉 Myrmeleon 草蜉蝣 Chrysops. 蜻蛉 Libellula. 豆娘 Agrion. 蜉蝣 Ephemera. 以上前後兩翅相同。不相重疊。

第八十三圖

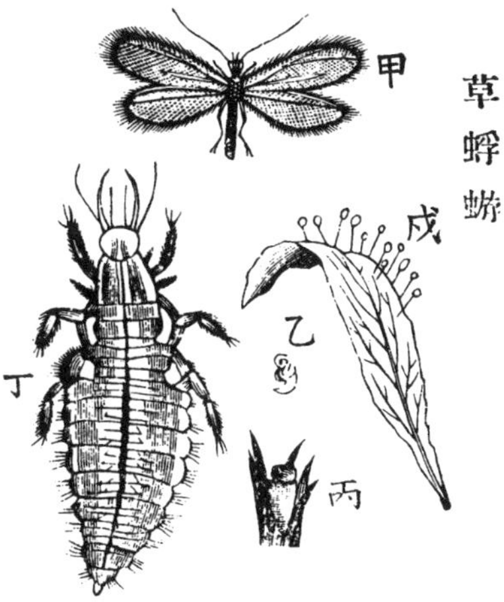

(甲)成蟲 (乙)蛹 (丙)繭 (丁)幼蟲 (戊)卵

第七目　直翅類　Orthoptera.

前後兩翅之形、相同・而甚薄・有前翅變爲革質者・口器適於咀嚼・前胸不與他節相着合・此類變態不完全・無蛹之時期・幼蟲水陸皆可棲息・脚短・成蟲時以木葉果實及動物質爲食・

(例)螳螂 Mantis. 螌螽 Tryxalis. 蝗螽 Mecostethus. 螽斯 Aeridium. 聒聒兒 Decticus. 蟋蟀 Gryllus 螻蛄 Gryllotalpa. 以上前後兩翅之形不同・而相重疊・其雄概有發聲器・在體之外部即摩動其雙翅・或顫動之・或用腹部之鼓膜・此鳴聲蓋求其雌來相合也・

第八目　彈尾類　Thysanura.

無翅・口器亦不完全・體被以毛・或被以鱗・尾間有長毛・或有物形類劍・爲跳躍之具・(第八十四圖)眼僅有

第八十四圖

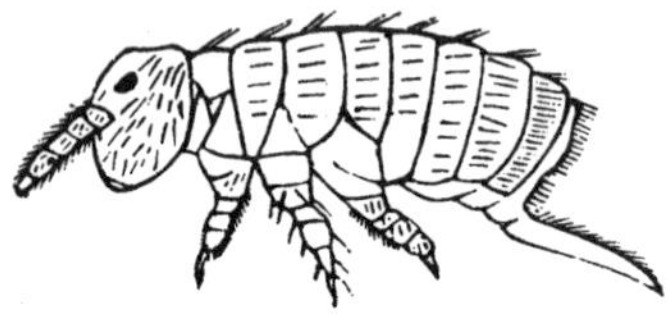

彈尾蟲

單眼・有腹部有短脚者・此類爲昆蟲中最下等者・且變態不完全・
(例)衣魚 Lepisma. 彈尾蟲 Podura.

第二綱　蜘蛛類　Arachnoidea.

與昆蟲同爲呼吸空氣之圜節動物也・全體分頭胸部與腹部・外皮平滑・無環節之形・頭胸部僅有四顎八足・腹部則全無肢・

第八十五圖

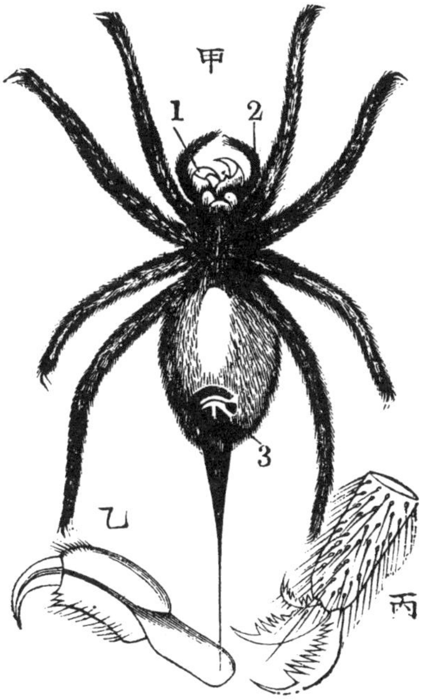

(甲)蜘蛛(1)上顎(2)觸鬚(3)紡絲器(乙)毒鉤(丙)肢之末端

頭胸部　頭部與胸部附合爲一・無觸角・口邊前後有四顎・形成口器・次有八足・形狀同一・各由七節而成・

腹部　形狀隨種類而異・或膨大與頭胸部之間有

深縊痕•或分爲許多能自運動之環節•此類後端有如蜘蛛有紡絲囊者•有如蝎有一劍狀物者•

中樞及感官。　神經之主部•略與昆蟲相同•眼皆由單眼而成•在頭背•其數自二至十六•

內臟。　食管自口直走至肛門•胃左右有數對盲囊•呼吸器爲肺及氣管•有兼有之者•

第八十六圖

蜘蛛體內器官排置圖

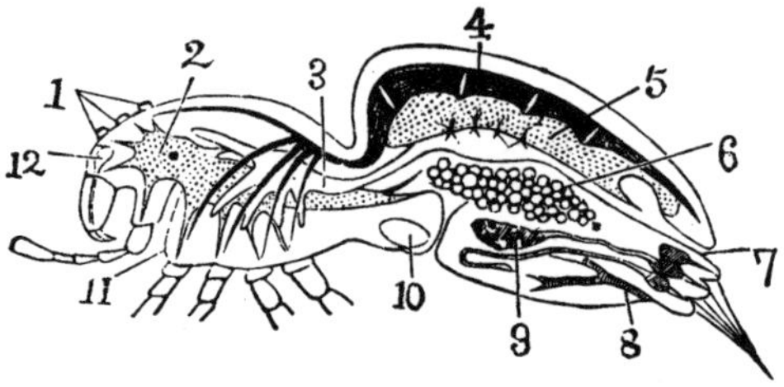

(1)眼　(2)腦　(3)胃　(4)循環器　(5)肝臟　(6)生殖器　(7)肛門　(8)氣管　(9)紡絲腺　(10)肺　(11)口　(12)毒腺

發生。　時而胎生•其卵生者•其雌運其卵於囊中孵化之•幼蟲直爲成蟲之形•不似昆蟲變化體態•

習性。　此類概取動物性之食•亦偶有吸植物之液者•其高等者有毒劍・或紡網絲・巧取屑小動物・晝間多潛伏於暗所・至黃昏時始出・其下等者多產生於他動物體面・蜘蛛類有蝎類・眞蜘蛛類・長脚類・壁蝨類等四目・

第一目　蝎類　Scorpionidea.

第八十七圖

蝎

頭胸部甚短・口部有長鋏・又八足端皆有鈎爪・腹部分前後二部・前部弘廣・由七節而成・後部細長・爲六節・尾端有毒鈎・

(例)蝎 Buthus. 此類・皆胎生・產於暖地・常時潛伏於木石之下・人如爲彼嚙時・甚爲痛苦・

第二目　眞蜘蛛類　Araneida.

頭胸部與腹部之間有深縊痕・前顎呈鈎狀・有毒腺之孔・後顎之觸鬚・其形同足・八足末

端皆有鈎爪二四不等・腹部無環節・後端四部或六部突起・有許多小孔・是紡絲腺之孔・腺在體內・爲一種濃液・由前孔而出・觸於空氣・始凝固而爲絲・

第八十八圖
長脚類圖

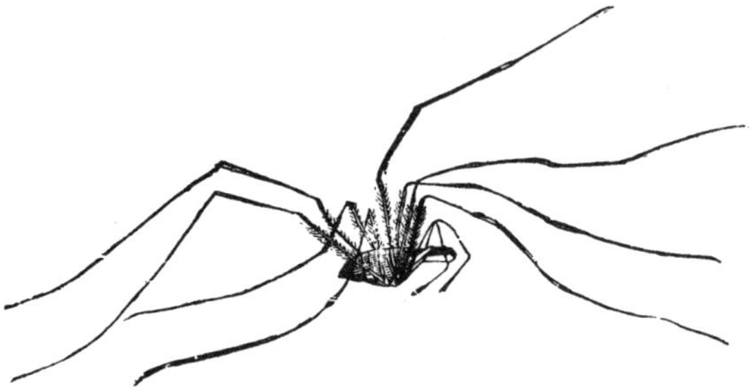

(例)絡新婦Epeira.喜蛛Tetragnatha.此類以紡絲爲巢・捕餌食・或製卵囊・其性貪食・好吸其他小動物之液・

克帝片札Cteniza. 蠅虎Salticus.

第三目 長脚類 Phalangiida.

此目與前目相似・唯腹部由六節而成・與頭部之間無縊痕・前顎有鋏・足細長・無紡絲腺・

(例)夜蜘蛛Pharandium此類潛伏於暗所・非夜間不出・故有此名・

第八十九圖

壁蝨之種類

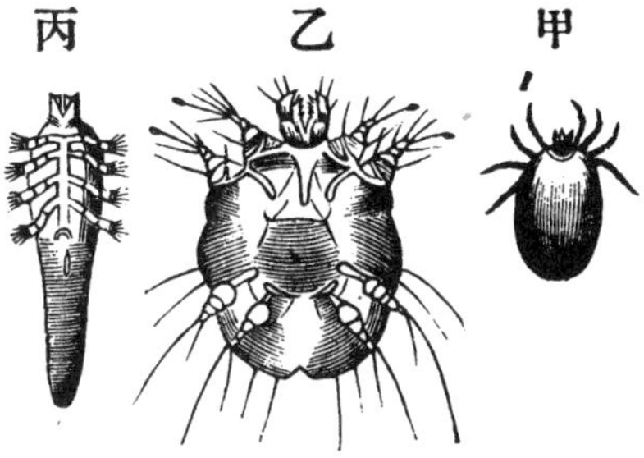

(甲)壁蝨 (乙)疥癬蟲 (丙)毛囊蟲

第四目 壁蝨類 Acarina.

頭胸腹三部合着爲一・無環節・口器能刺物・且適於吸收液體・足隨其生活之狀態而異・

(例)壁蝨 Ixodes. 疥癬蟲 Sarcoptes. 毛囊蟲 Demodix. 此類概寄生於人畜・

第三綱 多足類 Myriopoda.

亦爲陸棲圜節動物也・體形長・分許多環節・除頭部之外・各節之形皆同・頭部有二觸角及六顎・又每環節有二步脚・

頭部 二觸角之外有數單眼・及二大顎四小顎形成口器・

胸腹部 環節之數・雖因種類而異・然每節必有二步脚・步脚之端則有鈎爪・

內部之器官　似昆蟲。

發生　皆卵生。其發生之中。數變體態。

習性　此類好棲於陰濕之地。有日光時不外出。以動物性及植物性之物爲食。多足類分爲蜈蚣類。馬陸類二目。

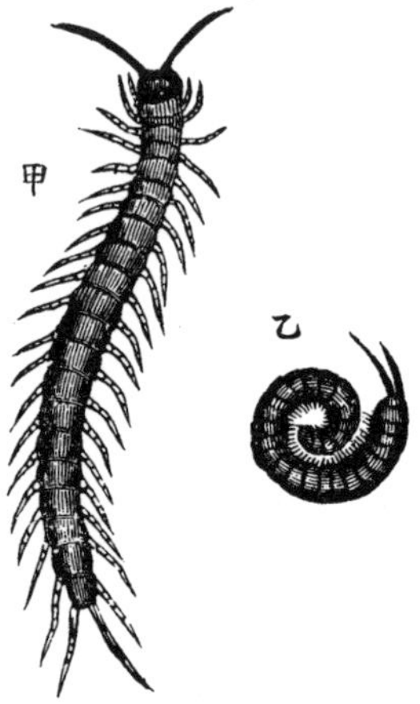

多足類　(甲)蜈蚣　(乙)馬陸

第九十圖

第一目　蜈蚣類　Chilopoda.

體軀扁平。各節有二步脚。頭部之觸角。形多類絲。屬於全體第一節之脚。變爲顎脚。根部互相合一。末端呈鈎狀。自此分泌毒腺。此類概屬肉食。

(例)蜈蚣 Scolpendra.　蚰蜒 Scutigera.

第二目　馬陸類　Chilognatha.

體形類圓筒。各節有二肢。頭部之觸角短。而無毒腺。此類概食植物性之物及已死之動物。

(例)馬陸 Iulus.

第四綱　甲殼類　Crustacea.

水生之圜節動物也。多以鰓呼吸。外皮爲堅牢之甲殼。觸角有四。除頭胸之外。腹部亦具有節肢。

第九十一圖

甲　乙

(甲)毒鉤　(乙)幼蟲

頭胸部　頭部與胸部數節結合。或與其全節結合。成一堅牢之甲殼。此部有二眼及四觸角。司感覺。口之周圍有二大顎四小顎。與上唇下唇形成口器。口器之次有數對顎腳及步腳。步腳之形狀作用。隨種類而異。

腹部　環節之區分著明。除最後之尾節外。形狀畧同。各節具有節肢。間有無之者。形狀作用。隨種類而異。

中樞及感官。　神經系畧與昆蟲同。眼有單眼複眼。聽官在第一觸角之根節。嗅覺。其端之細毛司之。

第九十二圖

蝦之肢

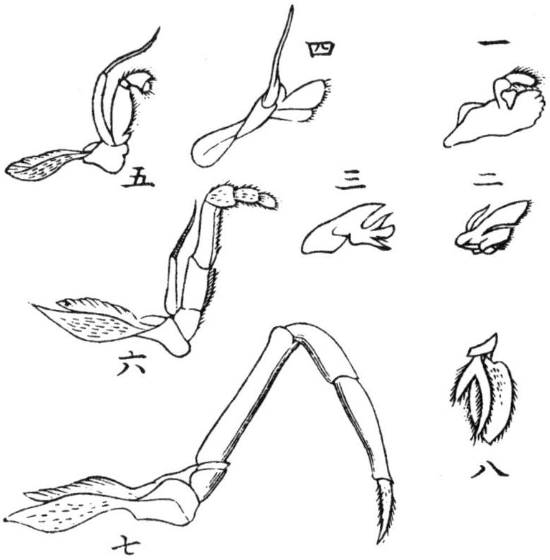

(一)大顎　(二)(三)小顎　(四)(五)(六)顎脚　(七)胸脚　(八)撓脚

內部器官。　隨種類稍有異同。消食管直走體腔內。胃稍膨大。循環器在高等者甚複雜。心臟位於頭胸部之背面。前後送出血管。排泄器稱觸角腺。在第二觸角之根部。呼吸器多屬鰓。時附着於胸部有節肢之根部。

發生。皆卵生。其發生之初。概為六足。稱諾補里斯期。其體形生長次第變遷。

第九十三圖

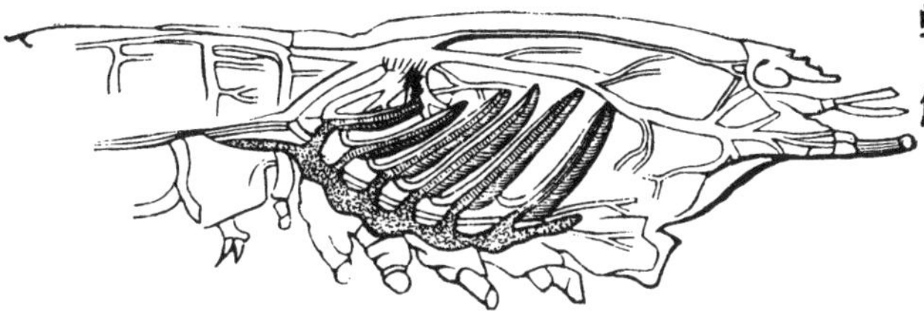

蝦鰓

第九十四圖

蝦發生中之變態

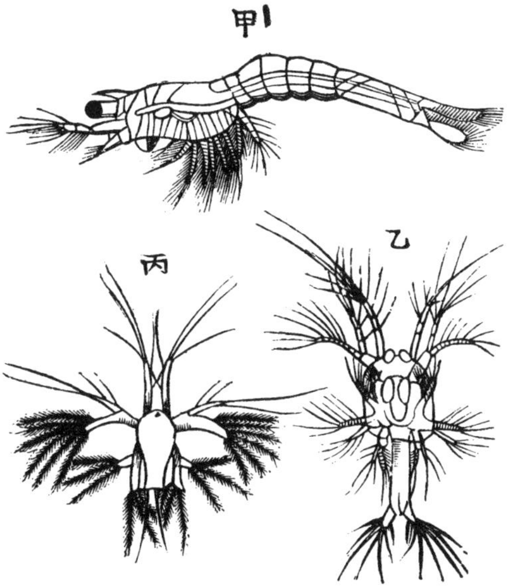

（甲）醬蝦狀之期
（乙）坐牙期
（丙）諾補里斯期

習性。甲殼類以水生動物占其多數。故池沼河海無處無焉。時或伏於土砂之中。時或潛於岩石朽木之下。多屬肉食。時有寄生於他

第九十五圖

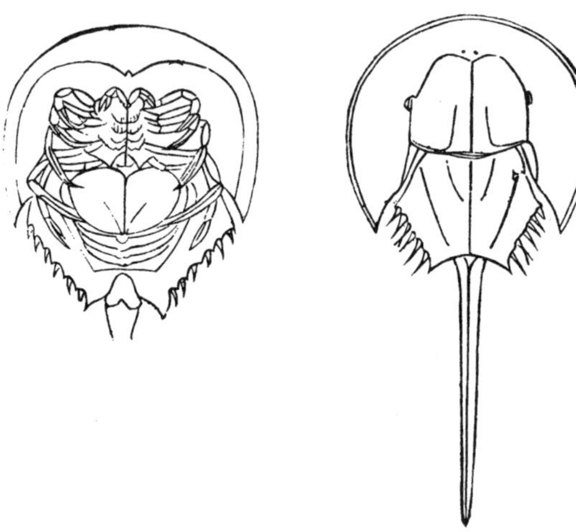

鱟魚　背面　腹面

體者・此類分爲劍尾類・胸甲類・節甲類・蔓脚類・葉脚類等五目・

第一目　劍尾類 Xiphosura.

此類被堅甲・頭胸部之形畧類馬蹄・口之周圍有六足・腹部分數環節・呈梯形・其下面有十鰓脚・尾端有一物形似劍・

(例)鱟魚 Limulus.

第二目　胸甲類 Thoracostraca.

頭胸部常以甲覆之・有二有柄之複眼・四觸角・二上顎・四下顎・及若干顎脚・步脚・腹部分六節・各有兩撓脚・尾端之一節・擴大呈尾鰭狀・

第九十六圖

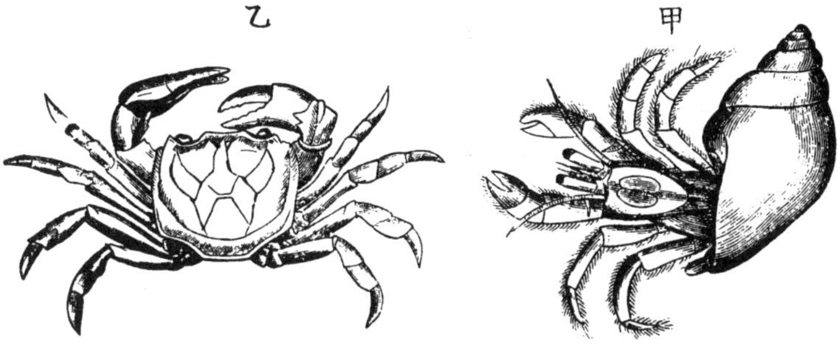

(甲)寄居蟲　(乙)螃蟹

第九十七圖

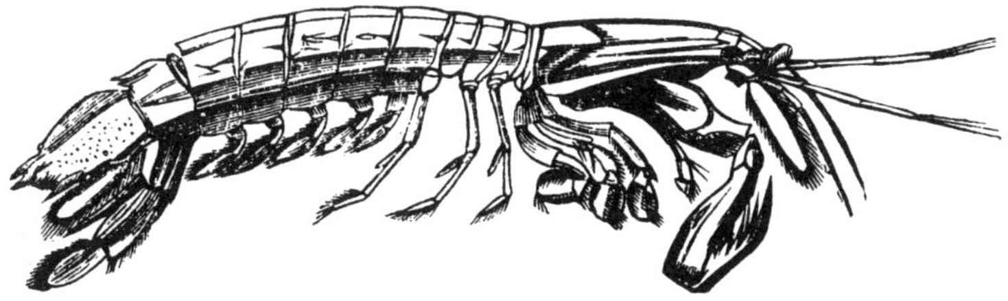

蝦蛄

(例)龍蝦Palinurus. 斑節蝦Penaeus. 青蝦Penaeus. 寄居蟲Pagurus. 以上蝦類稱**長尾類**Macrura. 石蟹Grapsus. 平家蟹Dorippe. 蟣Macrocheira. 以上蟹類稱**短尾類**Brachyura. 長尾類短尾類統稱之曰**十足類**Decapoda. 頭胸合着成一甲. 步脚有十. 唯第一二兩脚末端往往有鋏.

第九十八圖

醬蝦

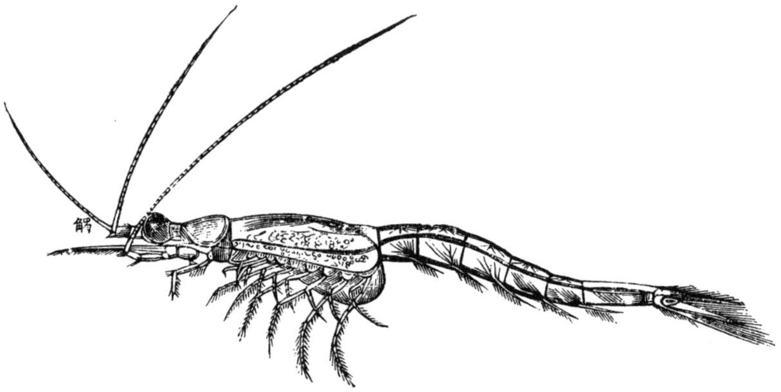

蝦蛄 Suquilla. 以上稱口脚類 Stomatopoda. 僅胸部之前節與頭部合着。有十顎脚。中二顎脚甚大。其外復有六步脚。

醬蝦 Mysi. 以上稱裂脚類 Schizopoda. 近似十足類。唯六顎脚之外。有十六步脚。各相分歧。

第三目　節甲類 Arthrostraca.

胸部由七節而成。與頭部不合。每節有足。與腹部環節同。頭部有二無柄眼四觸角。

(例)海蛆 Ligia. 鼠婦 Porcellio. 以上稱等。

脚類 Isopoda. 足之形同。其體稍扁平。水蚤 Gammarus. 以上稱端脚類 Amphipoda. 胸脚之外腹部有六撓脚六跳脚。體側扁。

第四目　蔓脚類　Cirripedia.

其介殼爲石炭質。由數節而成。被包全體。下方時有有肉柄者。足形類蔓。自殼口出。

(例)藤壺 Balanus. 石砌 Pollicipes. 茗荷兒 Lepas.

第九十九圖

水蚤

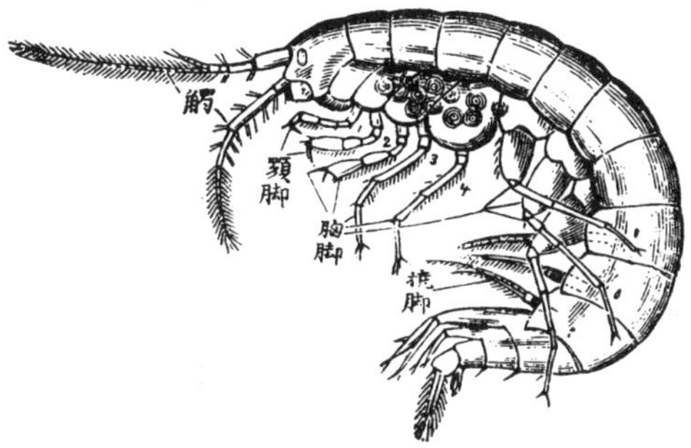

此類乃雌雄同體。幼時游泳於水中。爲普通甲殼類。及長附着於他體。生外殼。遂成異形動物。

第五目　葉脚類　Phyllopoda.

體形長。有有雙殼狀之甲者。脚有八以上。成葉狀。適於游泳。

第百圖

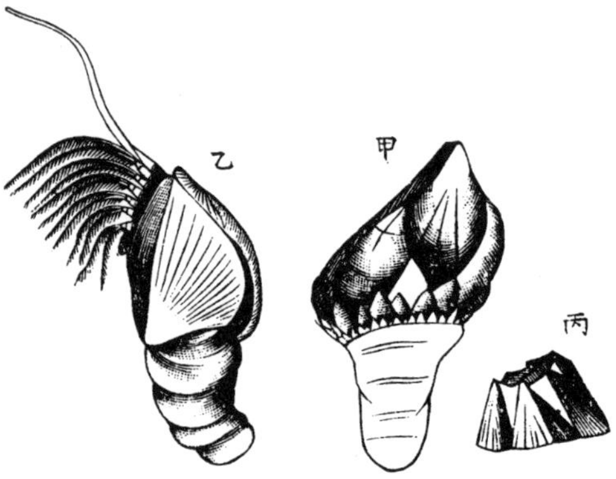

(甲)石砌　(乙)茗荷兒　(丙)藤壺

第百一圖

水蚤

(例)水蚤 Daphnia. 此類多產於淡水·至夏期無數發生於溜水之中·其生殖法有二種·夏日爲單性生殖·冬日爲兩性生殖·卵隔年始發育·

第三門　柔體動物　Mollusca.

此門凡介類章魚烏賊之類·皆包括其中·體質柔軟·外部多以介殼保護之·其體左右相稱·而別無環節·即頭部胴部之區別·亦僅高等

者有焉。此類無節肢。體之腹面。有一種筋肉質之運動器。稱之曰足。包藏內臟諸器之體腔。即位其背面。

第百二圖

介殼

如文蛤。蜆有二介殼者。曰雙殼類。如蝸牛。蠑螺僅有一介殼者。曰單殼類。然介殼不必僅在體之外面。內部亦多有之者。章魚是也。有全無之者。蛞蝓是也。其質概屬石灰。元係外套膜所分泌者。今檢其締造。如弟四十圖。大概分三層。外部有表皮。薄而易於剝離。次有稜柱

第百三圖

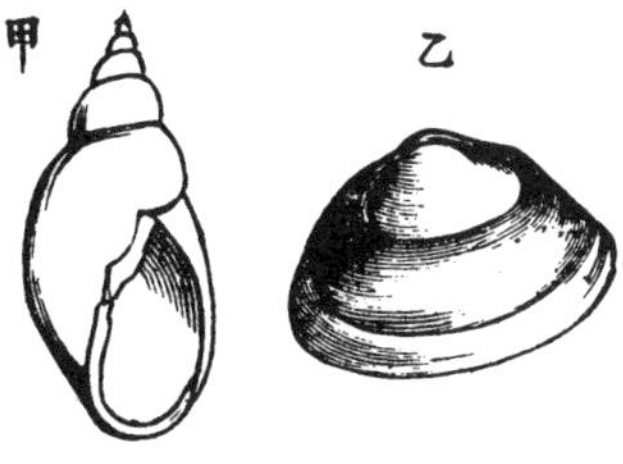

(甲)單殼　(乙)雙殼

層・並列整齊・內部有無數薄板層・互相疊合・此部有美麗光彩・故稱之曰眞珠層・

第百四圖

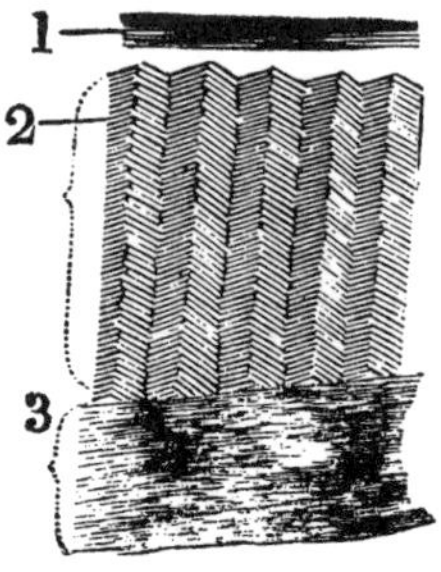

介殼之斷面　(1)外皮　(2)稜柱層　(3)薄板層

外套膜

此類背皮之一部擴充之・自左右包被身體・恰如外套・故稱之曰外套膜・

神經及感官

此類神經主部・概由六神經節而成・在頭部者曰腦・在足者曰足神經節・屬於內部者曰內臟神經節・是等神經節以神經纖維互相連結・其高等者於此外・尙別有神經節・感官除目之外・概不十分發達・

內臟

口位於體之前端・食管分食道・胃・腸三部・消化液專以肝臟分泌・

第百五圖

雙殼類解剖圖

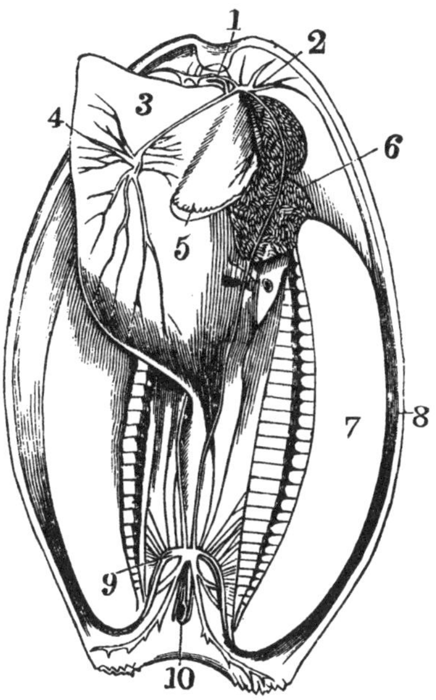

(1)口 (2)腦 (3)足 (4)足神經 (5)唇瓣 (6)生殖器 (7)鰓 (8)外套 (9)內臟神經 (10)肛門

雖有心臟血管·循環不完全·血液與體腔交通·呼吸器皮膚之外復有鰓·亦間有有肺者·其排泄器必有二·

生。殖。　此類有雌雄同體者·有異體者·常營有性生殖·柔體動物分之爲左之三綱·

第一綱　頭足類(附)翼足類

第二綱　腹足類(附)掘足類

第三綱　瓣鰓類

第一綱　頭足類　Cephalopoda.

第百六圖

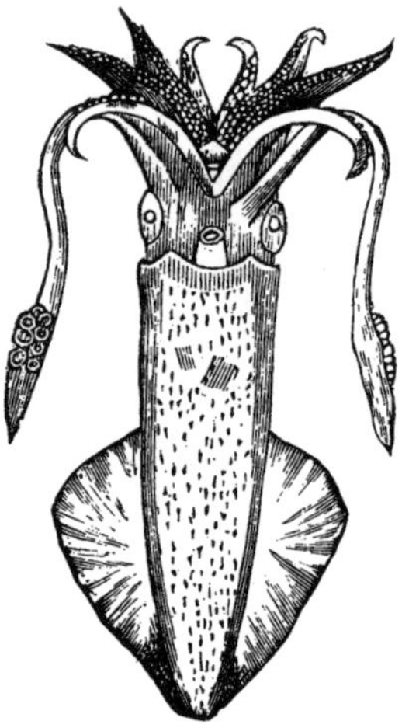

烏賊

爲柔體動物中之最高等者・頭部與胴部區別・兩側有二眼・運動器爲環列於口周之腕及外套腔一端之漏斗狀噴水器・

介殼　外部雖亦有之・然在內部者爲多・

頭部　有二大眼・此眼發達最完全・頭部之頂端有口・周圍有腕・腕爲筋肉質・側面具二列吸盤・爲匍匐攫取之用・

胴部　以外套膜包之・內有一大腔・曰外套腔・營養之器官皆在此腔內・頭部與外套之間有間隙・通於外界・自此吸入水於腔內・其腹面有漏斗狀之噴水管・自此呼出水於外・若運動迅速時・閉頭與外套之間隙・特以此噴水管噴出腔內之水・以進行於反對之方向・

神經及感官　六神經節之外·復有許多神經節·感官亦比他柔體動物·甚爲發達·

內臟　口具角質之上下顎·喉頭有齒舌·爲無數小齒相集之板狀體·爲磨碎食物之用·食管迂迴通於外套腔·呼吸器爲四腮·或爲二鰓·在外套腔內·心臟由心室心耳而成·其外復有所謂鰓心臟者·

墨囊　在外套腔內·爲一種保護器官·此囊能自由分泌墨汁·以噴水孔吐之水中·以晦敵之眼·此墨汁一滴·至少可濁海水千滴·

第百七圖

頭足類內部器官圖

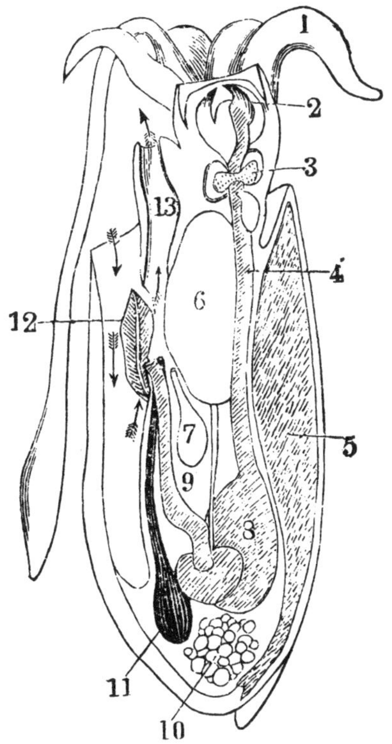

(1)觸手　(2)顎　(3)腦　(4)食道　(5)甲　(6)肝　(7)泌溺器　(8)胃　(9)腸　(10)生殖器　(11)墨囊　(12)鰓　(13)漏斗

發生　此類之卵．有卵殼．且以膠質之物包之．發生別無變態．

習性　此類棲於海．有潛伏於深底者．有浮游於海面者．以腕及噴水管運動．護身之器官．不僅有墨囊．且能自由變其體色．模仿外界之物．頭足類有二鰓類．四鰓類二目．

第一目　二鰓類 Dibranchiata.

有二鰓腕．有吸盤．且具墨囊．

(例)烏賊 Sepia. 有腕．其中二腕特長．胴之後端有鰭．內部有甲．

章魚 Octopus. 船魚 Argonauta.

第百八圖

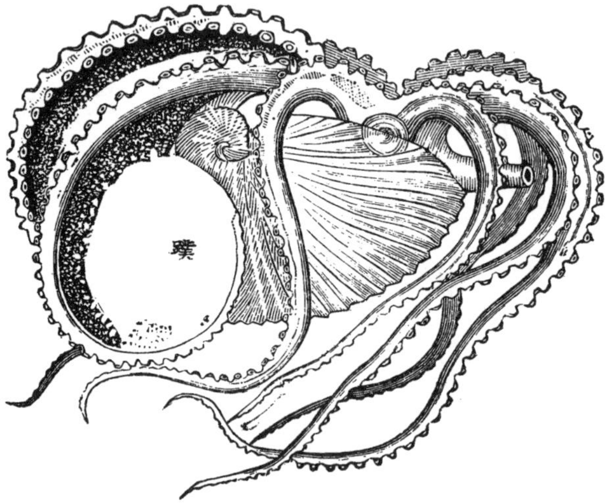

船魚圖

有八腕而無鰭。

第二目　四鰓類　Tetrabranchiata.

有四鰓腕。無吸盤。體外有介殼。狀似螺旋。

(例)鸚鵡螺 Nautilus.此類現只有一種。

(附)　翼足類　Pteropoda.

此類爲浮游海面之小動物。有數種。似頭足類。惟其足分左右。成翼狀。且外部有介殼。

第百九圖

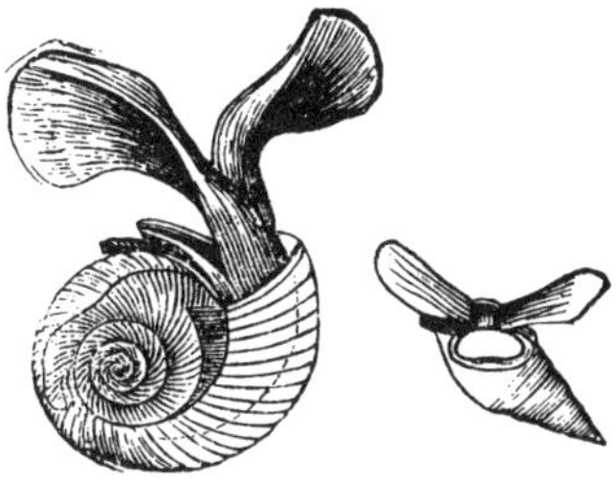

翼足類二種

第二綱　腹足類　Castoropoda.

此類具有介殼。亦有無介殼者。其體分頭胸二部。足爲筋肉質。位於胴之腹面。

(一)介殼。　此類之介殼。多回旋爲螺旋狀。其回旋之度淺者如石決明。深者如蝸牛。稱其回旋之軸曰殼軸。殼軸一端尖小。爲圓錐形。稱之曰殼頂。其他端之側有殼口。往往有蓋存焉。

頭部及足部　體之過半在殼內。只頭部與足部能自由出殼外。頭部有二觸角及眼。足在體之腹面。爲筋肉質之器官。底面平滑。以之運行其體。

外套膜　常與介殼之內面相粘合。其內形成一外套膜。以藏呼吸器。其腔之前有一孔。爲呼吸門。

感官　感官視官觸官之外。亦有聽官嗅官。

內臟　口通於頭端。時突出爲吻狀。喉頭有齒舌。食管環繞肝臟。而通於外套膜之一隅。心臟在心囊中。由心室心耳而成。

第百十圖

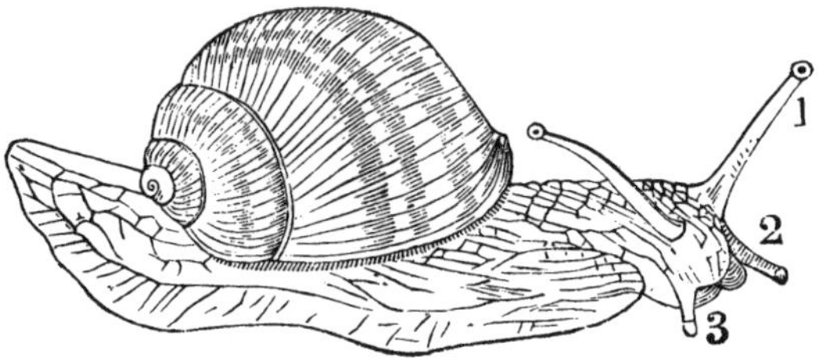

蝸牛

(1)眼　(2)觸角　(3)口

發生　此類有雌雄同體者。精子及卵皆生於一生殖腺內。成熟之時期不同。其卵時被卵囊。或有包於薄膜之中者。幼蟲有纖毛。能自

第百十一圖

腹足類之單殼

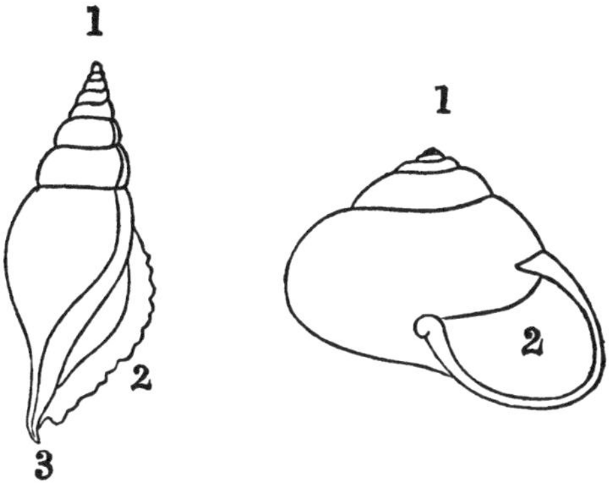

(1)殼頂　(2)殼口　(3)呼吸管

由游泳．多有經種種變態者．

習性　腹足類多棲於水者．間有生於陸者．肺司呼吸．其所食概爲植物．亦偶有肉食者．腹足類有後鰓類．前鰓類．有肺類．三目．

第一目　後鰓類　Opisthobranchiata.

無殼．鰓裸出於背面．或以外套蔽之．此類皆生於海．雌雄同體也．

(例)海牛 Doris. 雨虎 Aplysia.

第二目　前鰓類　Prosobranchia.

必有螺旋狀之介殼．口部伸出而成吻．此類雌雄異體．多生於海．

第百十二圖

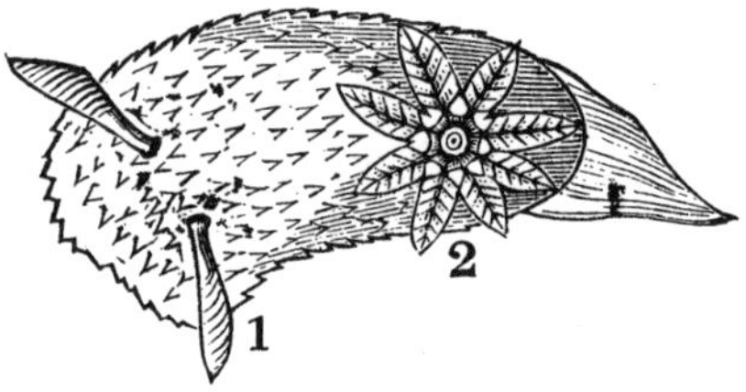

海牛　(1)觸角　(2)鰓

(例)珍傘貝 Patella. 石決明 Hallotis. 蠑螺 Turbo. 田螺 Paludina. 子安貝 Cypraea 棍尾螺 Triton.

第三目　有肺類　Pulmonata.

多有螺旋狀介殼。此類或生於陸上。或生於淡水。以肺司呼吸。雌雄同體焉。

(例)蝸牛 Helix. 管貝 Clausilia. 蛞蝓 Philomycus.

(附)　掘足類　Scaphopoda.　介殼之形似管。其一端尖小。爲角狀。

(例)角貝 Dentalium.

第三綱　辨鰓類　Lamellibranchiata.

第百十三圖

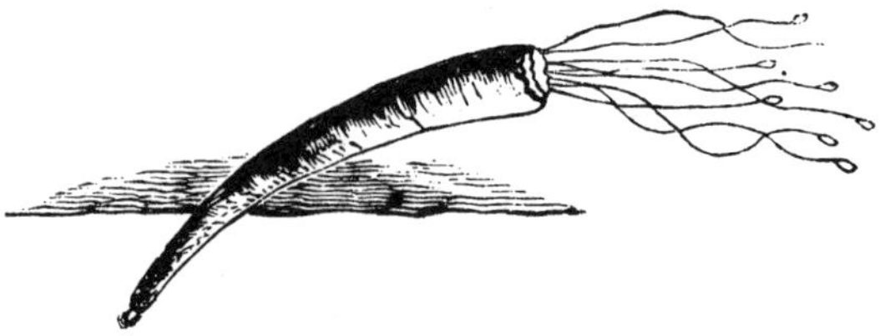

角貝

第百十四圖

雙殼之內面

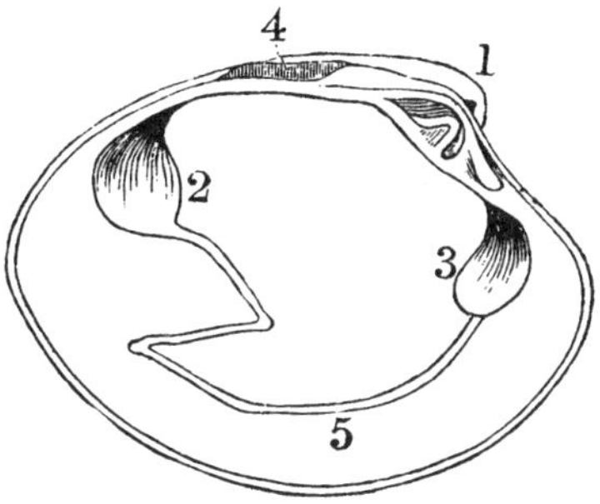

(1)殼頂 (2)(3)肉柱痕 (4)靭帶 (5)外套線

第百十五圖

示雙殼開閉之狀

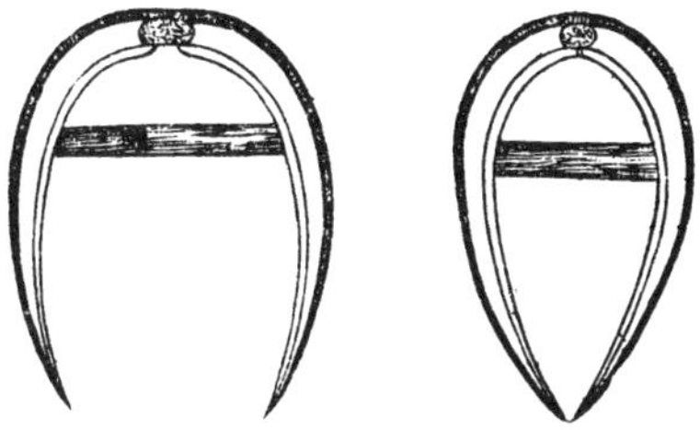

左右有二介殼。其內部亦左右有二外套膜。體側扁。無胸部與頭部之區別。此類有大鰓。形類花瓣。

介殼　二介殼大小相同。亦偶有不同者。其背邊以靭帶互相連結。此靭帶由彈力性之物而成。故兩殼常開。反之內部雙殼之間有肉柱。常合閉。如檢其內面。必見一二肉柱之痕跡。(第百十四圖)且有從此肉痕而發。沿腹邊而走之線痕者。稱之曰外套線。即附屬於外套之痕跡也。

外套膜　沿介殼內面左右垂下。包覆動物體。而其間形成一外套腔。此左右之膜於後端互

相連合成排水吸水二門此二門往往成管狀突出於外部吸水門在下自此不絕吸入水及食物於腔內排水門在上排出腔內之水及糞溺

足及鰓　足在左右外套膜之間橫於外套腔之內狀類大舌能自由伸出外部以此營體之運動鰓有四垂於外套膜與足之間狀類大花瓣

中樞及感官　中樞由六神經節而成感官發達最不完全

內臟　體腔位於足之背面食管肝臟循環器腎臟生殖器等皆在其內

發生　概爲卵生其發生經許多變態

習性　此類或棲於淡水或棲於海水其居於砂泥之中者能以舌狀之足自由穿行其中然其呼吸器必出於水外有能自由游泳於

第百十六圖

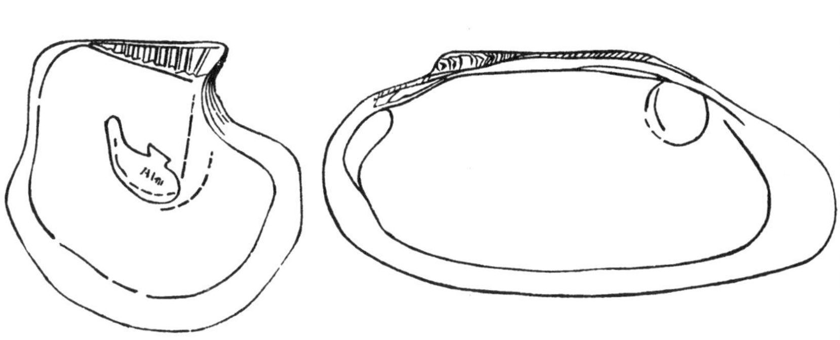

甲）同柱類介殼之內面　乙）異柱類介殼之內面

水中者．有以介絲及介之一端附着於他物者．瓣鰓類有同柱類．異柱類．單柱類三目．

第一目　同柱類　Isomya.

前後肉柱大小略同．足皆大．

(例)淡貝 Unio. 蜆 Corbicula. 文蛤 Cytherea. 蛤仔 Tapes.

第二目　異柱類 Heteromya.

前後肉柱大小不同．足小．有介絲．

(例)貽貝 Mytilus. 玉珧 Pinna. 珠母 Avicula.

第三目　單柱類　Monomya.

第百十七圖

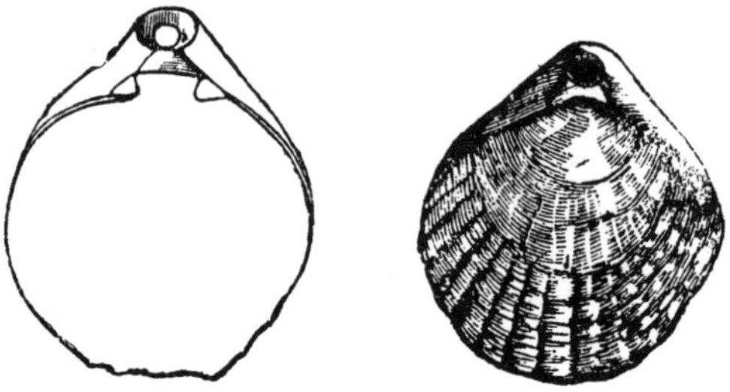

酸醬貝（甲）外形　（乙）內面

有肉柱一。時而無足。有雙殼不同者。

(例)牡蠣 Ostrea.　海扇 Pecten.　半邊蚶 Pecten.

(附)　前尻類 Prosopygii.

柔體動物之外。有有介殼之動物。一爲腕足類。其體之締造略似環蟲。一爲羣棲類。似水螅。此二類使之屬於柔體動物門之下。雖不甚適當。茲爲便利。附記於此。

腕足類 Brachiopoda.

爲海豆芽。酸醬貝之類。有二介殼。恰如雙殼類。然其介殼之位置。不在左右。而在腹背面。且大小不同。有一肉柄。附着於他體。其內

第百十八圖

海豆芽

部亦有外套膜。自上下包覆其體。腔內有二螺旋狀之腕足。腕足類概為海棲動物。其發生之初帶纖毛。能自由游泳。觀其體由許多環節而成。此類於古代極為繁生。今則所存無幾矣。

第百十九圖

苔蟲

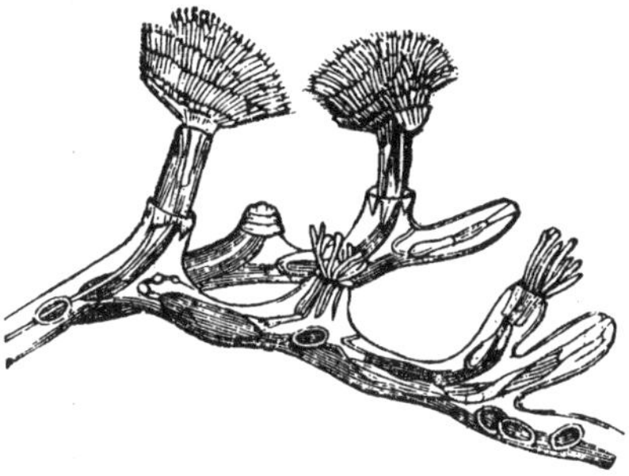

(例)酸醬貝 Terebratella.

海豆芽 Lingula.

羣棲類 Bryozoa (Polyzoa).

苔蟲體甚小。無數羣棲。以其外觀似苔蘚。

第百二十圖

網貝

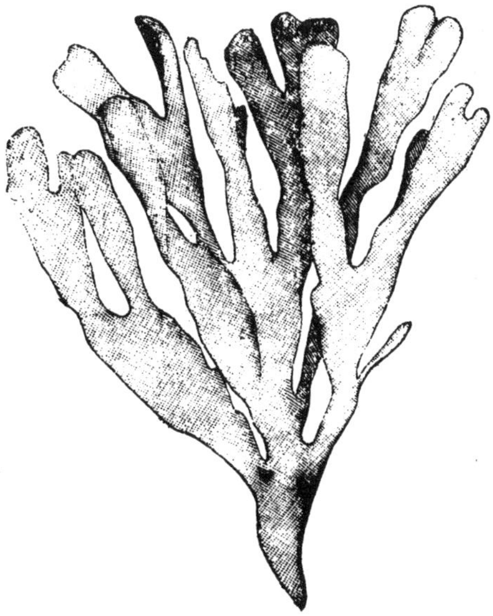

故有此名．概有石灰質之介殼．俗曰網貝．甚類水螅．口之周圍觸手環列．體之前部能自由伸縮之．然觀其內部之締造．較水螅甚爲高等．此類淡水海水皆棲息焉．多雌雄同體．生殖以出芽法．故常形成羣體．

第四門　蠕形動物　Vermes.

此類含有蚯蚓．蛭．線蟲．條蟲等類．體質柔軟．無骨骼．其體概長．左右相稱．除其高等者之外．不顯環節．亦無節肢．至其體各部之締造．隨種類而異．故近時更分之爲數綱．

體壁

此類之體壁．爲筋肉質．故能自由伸縮其全體．然其寄生於他體者．以無須運動．只具有附着他體

第百二十一圖

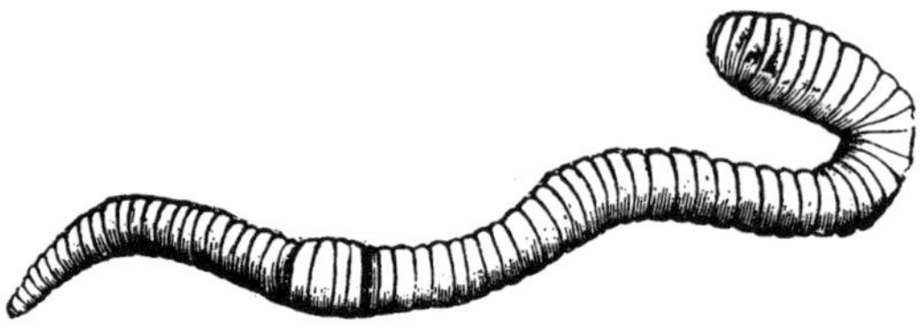

蚯蚓

之器官・即如吸盤・鈎・等・是曰附着器・

神經及感官

神經主部與節足動物相同・爲腦及神經連鎖也・感官僅存觸官・他官多缺・

內臟

獨爲生活者・營養稍完全・其寄生於他體者・概不完全・

生殖

此類多雌雄同體・各個體具有雌雄之器官・其發生不但屢變其態・且有隔代而生變化者・列如子之爲動物・終身不與其親之爲物相似・至孫始類其祖・如此變化・因於生殖法之不同・稱之曰世代之交替・

寄生

第百二十二圖

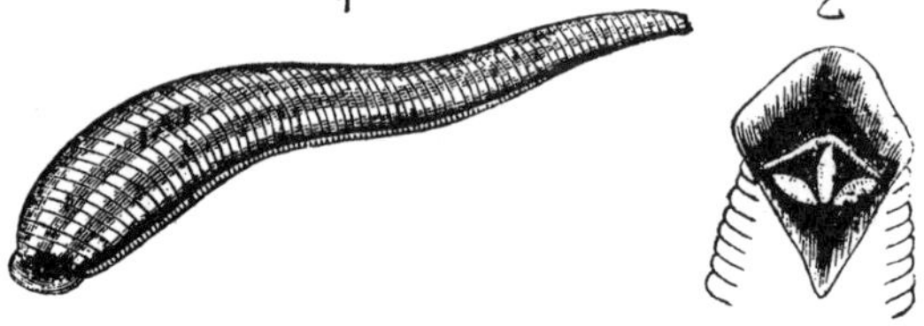

蛭之圖

屬於此門之動物中。多宿於他動物體之內外部。得其營養以爲生存者。不能自營特立之生活。是以有寄生蟲之名。其所宿之主。曰宿主。寄生蟲發生間爲變態。或交替世代。常轉換其宿主。應其世代。必釋一定之宿主。例如甲之時期居於鼠者。至乙之時期。則去之而移於猫。其宿於他體之外部者。曰外部寄生。其內部者。曰內部寄生。寄生蟲既依賴他動物以謀其生存。故體制甚退步。諸種重要之器官多缺。如屬於蠕形動物者。分爲左之三綱。

第一綱　環蟲類

第二綱　圓蟲類

第三綱　扁蟲類

第百二十三圖

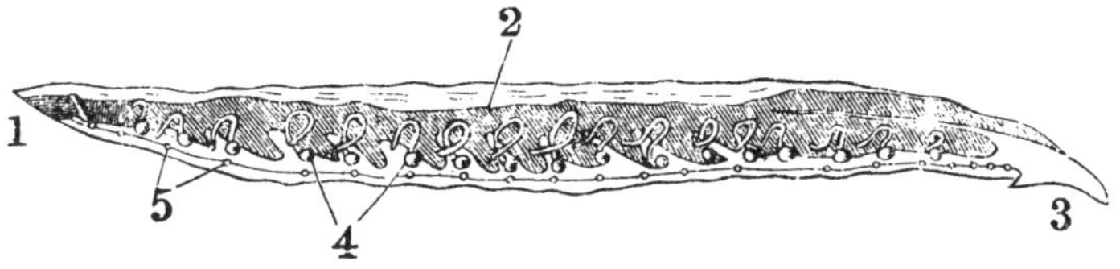

蛭之內部器官圖　(1)口　(2)食管　(3)吸盤　(4)生殖器　(5)神經球

第一綱　環蟲類　Annelides.

此類體形細長。內外部皆有環節。其分界現於體之表面者恰如連環。故曰環蟲。內部器官。每環節有二。

皮膚。柔軟而厚。其最外部有一種透明薄膜。稱玻璃膜。內有二筋肉層。外層由環狀纖維而成。內層由縱走纖維而成。

感官。頭部有數小眼。間有別有觸官者。

內臟。食管直走爲體之中軸。食管與體壁間。每環節必有膜以區體腔。其器官每環節有二。

發生。此類雌雄異體。或同體。多卵生。亦時營無性生殖。海生者畧爲變態。

習性。　多棲於水。有居於泥砂之中者。有如蛭時寄生他體者。其體之一端。概具有吸盤。此類有毛足類。蛭類。二目。

第一目　毛足類 Chætopoda.

毛足類爲環蟲類中營特立之生活者。體壁有一種硬毛。

(例)蚯蚓 Lumbricus.　形似圓筒。

第二十四圖　沙蠶

腹面有數列短硬毛。體之或部。有數環節之稍膨大者。是爲交尾之用者也。此類雌雄同體。而發生中不變態。常棲息於土中。吞食土及食物。而只消化其有機之部分。好食植物之葉芽。

沙蠶 Nereis.　每環節自體皮有二物突起。稱之曰疣足。此足有硬毛。有觸絲狀之物。其根部有生鰓者。頭部與體部常有判然之區

第百二十五圖

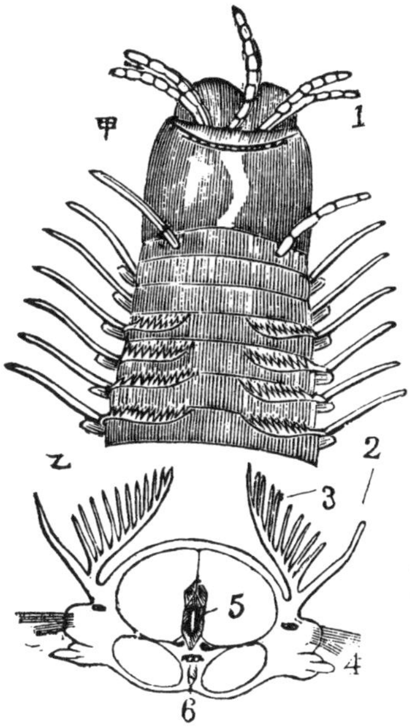

(甲)附屬於沙蠶各環節之器官　(乙)環節之橫斷面

別。此處有具長觸手及眼點者。此類雌雄異體。於有性生殖之外。復以體之分裂及出芽增殖。爲發生中變態。

第二目　蛭類　Hirdinea.

此類棲於水。時爲寄生。體面有無數橫線。稱曰體輪。

(例)蛭 Hirudo. 口內有三顎。以壞人畜之皮膚。吸收其血。尾端亦有一吸盤。體之前端有數對眼點。此類雌雄同體。概卵生。棲息於淡水鹽水及濕地。

第二綱　圓蟲類　Nemathelminthes.

體圓而細長。恰如蚯蚓。唯別無環節。皮膚爲强靭。內部之器官。概不完全。此類多寄生於他物之體內。其卵一旦外出。於水中孵化後。再入宿主之體。雖然亦有自由棲於砂泥中者。屬於此類者。有線蟲類。

第百二十六圖

蛔蟲

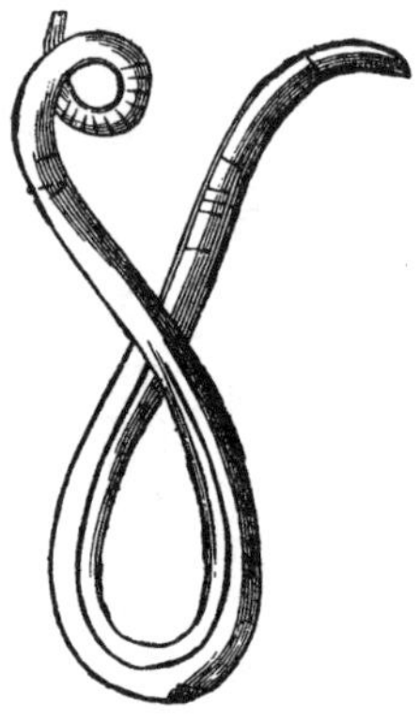

第百二十七圖

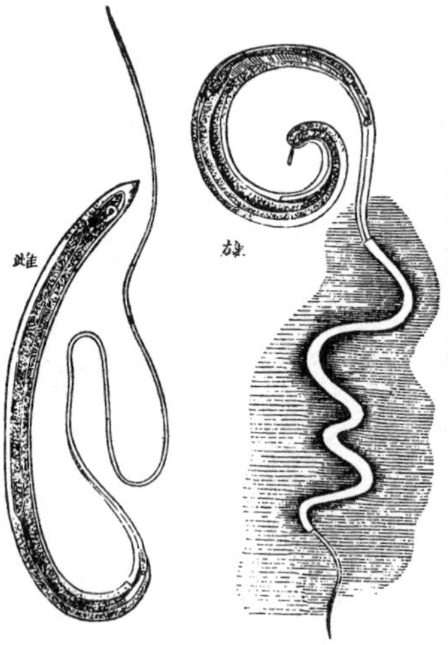

圓蟲之一種寄生者

第一目　線蟲類　Nematodes.

體形細長。兩端尖。體皮有外膜。甚平滑。此類雄較雌爲大。多爲寄生蟲。宿於高等動物體之內部。每有大害於宿主。

(例)蛔蟲 Ascaris. 十二指腸蟲 Dochmius. 旋毛蟲 Trechina. 線蟲 Gordius.

第三綱　扁蟲類　Plathelminthes.

第百二十八圖

條蟲

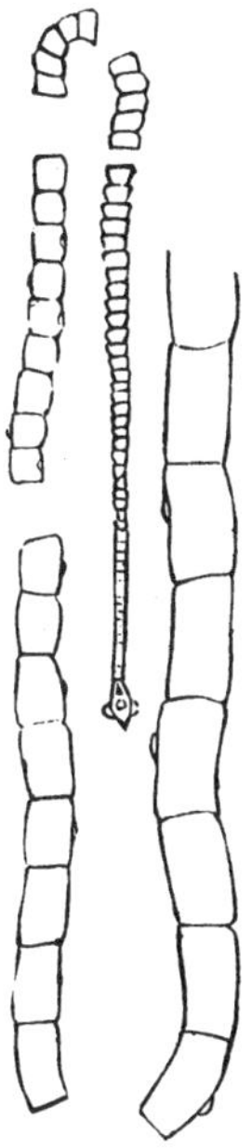

第百二十九圖

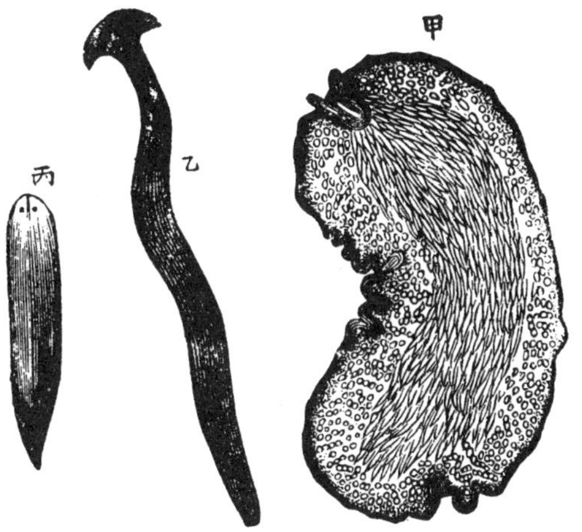

（甲）海補拉拿里亞（乙）笄蛭（丙）補拉拿里亞

體軀扁平。有爲橢圓形者。有長如帶者。此類以寄生於他體。具有吸盤及鈎等附着器。皮膚柔軟。生於水者有纖毛。內部諸器官多不完全。只生殖器締造甚複離。此類雌雄同體。寄生者多時轉換其宿主。交替世代。此綱有渦蟲類。吸蟲類。條蟲類三目。

第一目　渦蟲類 Turbellaria.

體形概短小。成木葉形。體皮一面有纖毛。此類多生於淡水。有棲於濕地及鹽水者。

第百三十圖　肝蛭

第百三十一圖　條蟲之發生

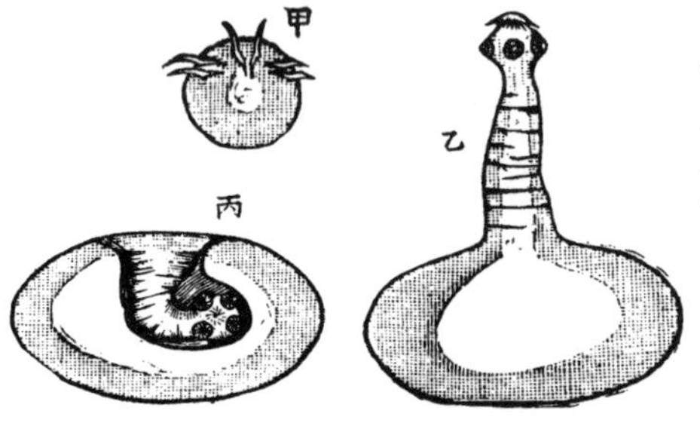

(甲)胚子　(乙)(丙)囊蟲

(例)笄蛭Bipalium. 補拉拿里亞Branaria.

第二目　吸蟲類　Treematodes.

體形似舌·或似木葉·體之外部之締造近似蝸蟲·唯以寄生於他體·必具有附看器·此類多雌雄同體者·其發生寄生於外部者·直由幼蟲爲成蟲·寄生於內部者·則經種種複雜之變態·

(例)肝蛭Distomum.　種類甚多·皆寄生於脊骨動物之內臟·甚爲有害·居於人之肝臟之肝蛭·爲一種病因·此類或爲單性生殖·或爲兩性生殖·交替其世代·轉換宿主·

第三目　條蟲類　Cestodes.

第百三十二圖

三種條蟲之頭部

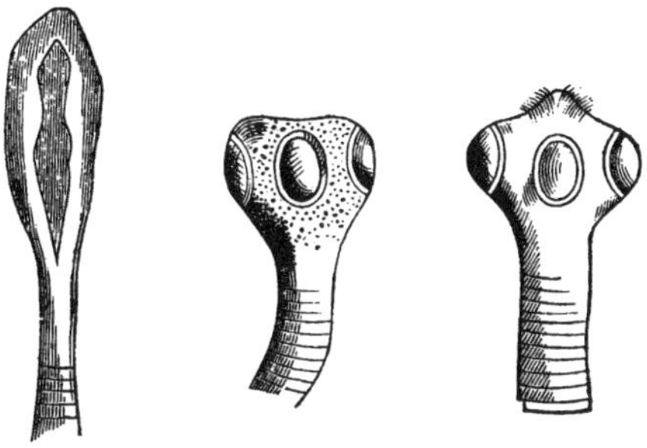

(甲)有鈎條蟲　(乙)無鈎條蟲　(丙)裂頭條蟲

體由多數節片而成•以其似條•故曰條蟲•各節原爲一體•一端爲頭部•各節片自此出•衆相連絡•恰如一體•其頭部必有附着器•此類概生於脊骨動物之腸內•奪取營養•卵與成熟之節片皆混於宿主之糞而外出•後再入他宿主之體內•孵化爲幼蟲•體狀如囊•潛伏於其宿主之筋肉內•故云囊蟲•後之宿主食此筋肉時•囊蟲始爲條蟲之頭部•附着於其腸內•次第生節片•今寄生人體之條蟲•有左之三種•

(例)無鈎條蟲Tœnia.有鈎條蟲Tœnia.裂頭條蟲Pothriocephalus.

•第五門　棘皮動物　Echinodermata.

此門包括海膽•人手•海參•等類•體形多似饅頭•或爲星形•或呈爪形•

第百三十三圖

正面之下有口。上面之中央有肛門。結合此兩處者。爲體之中軸。體之內外部自此射出爲五相等之部。故通此中軸得分其體爲許多等均之部分。稱之曰輻射相稱。此類之體壁有石灰質之小板。成外殼。且自其面生無數刺棘。故名之曰棘皮動物。此類有一種固有之運動裝置。名之曰水管。

外殼

外皮中沈澱石灰質。形成無數小板。此小板排列整齊。有如人手連結可動者。有如海膽固結呈堅牢介殼狀者。又有如海參只成細微之骨片而埋沒於體壁中者。外殼面有無數刺棘。此刺棘之

第百三十四圖

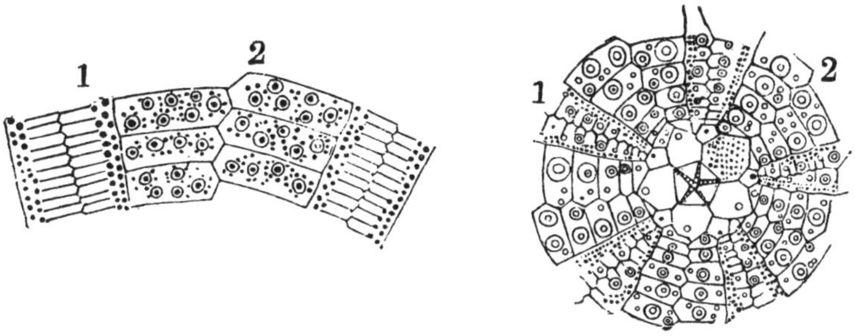

(甲)介殼之背面　(乙)石灰板

大小形狀・隨種類不一・且有無數小孔・整齊並列・大概成五帶・稱之曰步帶・步帶與步帶之間・稱曰間步帶・故棘皮動物之外殼・大概得分之爲五步帶・五間步帶・

內臟

外殼之內部(第百三十五圖)爲大腔・藏內臟諸器・而其諸器官多有沿步帶間步帶之內面・五方射出・口在外殼下面之正中・肛門概與之反對・位於上・

水管

水管爲棘皮動物所固有・在食道之周圍・由一環狀管及自此分出之五射出管而

海膽

第百三十五圖

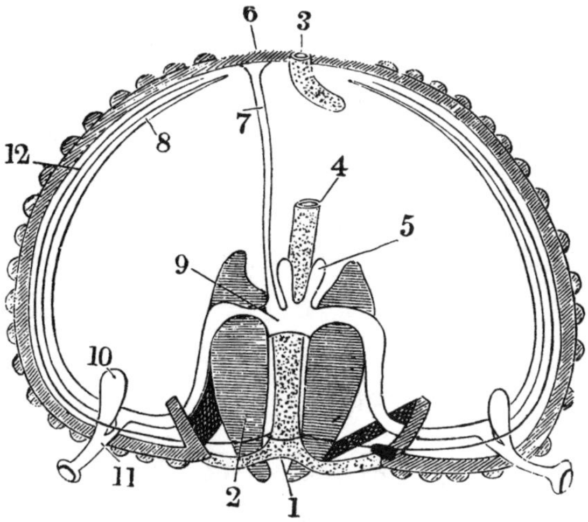

(1)口　(2)齒　(3)肛門　(4)食管　(5)蓄水囊　(6)穿孔體　(7)石管　(8)水管　(9)環狀管　(10)蓄水胞　(11)步足　(12)神經

成。此射出管沿步帶之內面而走。自此出無數枝管。此枝管自步帶面之小孔突出外部。成步足。各步足之根部。備一蓄水胞。使水出入於步足內。以便其自由伸縮。步足之端形成吸盤。使得易於吸着他物。環管亦有五蓄水胞。自此部出一導管。名曰石管。通於外界。不絕自此輸水於管內。

生殖

此類概生於海。幼蟲之體軀左右相稱。經許多變態。始成蟲。分棘皮動物爲左之四綱.

第一綱 海膽類

第二綱 人手類

第三綱 海百合類

第四綱 海參類

第一綱 海膽類 Echinoidea.

體形自半球形呈圓盤狀.或爲心臟形.體壁中之石灰板.固結而成堅牢之外殼.板面突起無數瘤狀之物.上有刺棘.此類多棲息於近海濱之處.以柔體動物及其他小動物爲食.

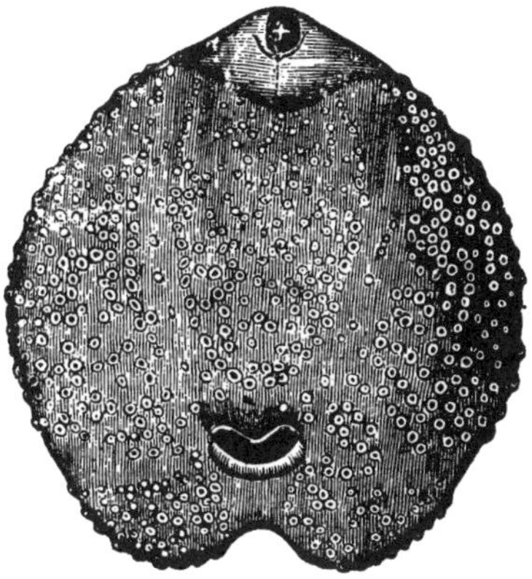

第百三十六圖

斯八探金

(例)海膽 Echinometra. 斯八探金 Spatangenæ.

第二綱　人手類　Astroidea.

盤面·步帶·稍突出·成五腕·故全體爲五角形·或呈星形·體壁中之石灰板小·而結合可動·往往有短小刺棘·此類用腕及步足自由匍匐

星魚（一名海盤車）

第百三十七圖

第百三十八圖

海盤車之一種

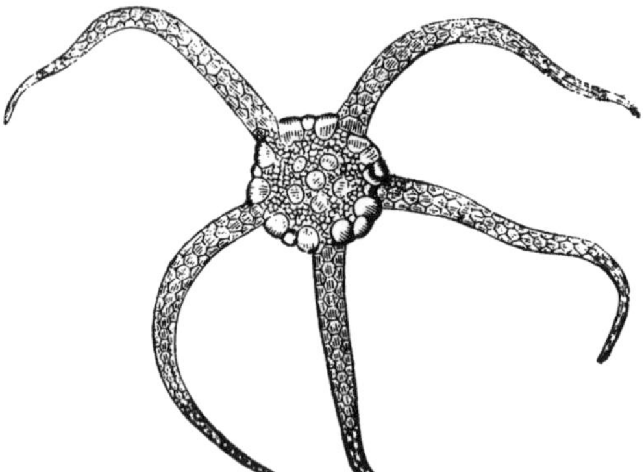

於海底・性甚貪食・人手類中有稱蜘蛛人手者・其腕部加長・與中央盤面自生區劃・故運動最能自在・

(例)海燕 Patiria. 人手一名星魚 Astirias. 蜘蛛人手 Ophiurida.

第三綱 海百合類 Crnoidea.

第百三十九圖

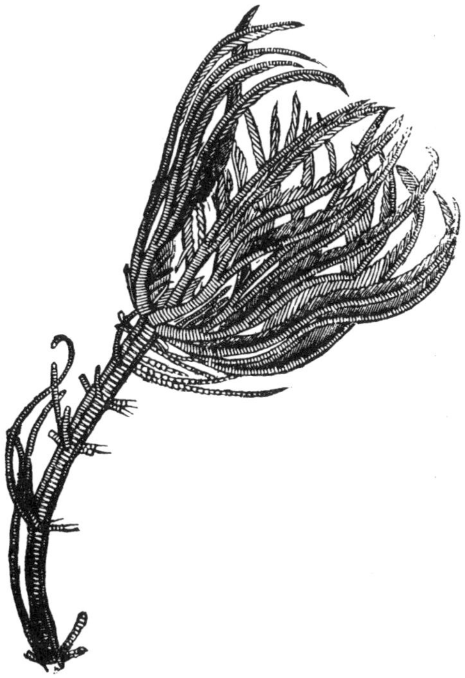

海百合

有杯狀或半球狀之體盤・列生有節羽狀之腕・且自背面出有節之長柄・着生於他體・故外觀之恰似百合・其口盤面(即腹面)平而常向上・此類雖着生於海底・亦有僅幼時有柄・及長全失之・

能自由運動者・

(例)海百合 Metacrinus. 海齒朶 Antedon.

第四綱　海參類　Holothuroidea.

體形長似瓜・其一端有口・周圍環列腕狀之觸手・他端有肛門・體壁柔軟如鞣・中含有無數微小之石灰骨片・此類棲於淺海底・以觸手捕食小動物・此物吐其腸於口外・一旦失之・有再新生之之奇性、

(例)海參 Stichopus. 光參 Stichopus.

第百四十圖

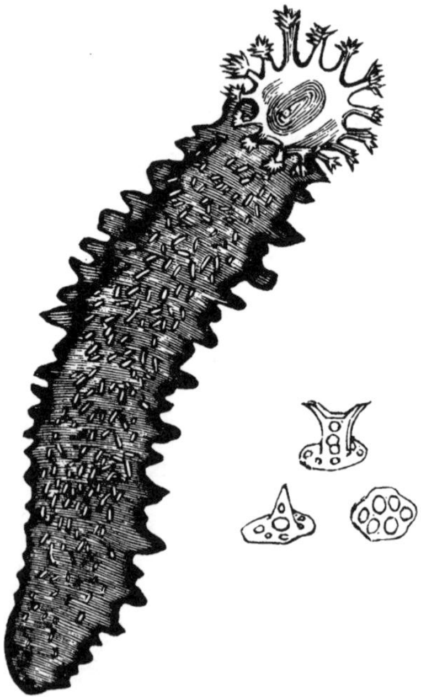

海參及其骨片

第六門　輪輻動物　一名動植雜分物　Cœlenterata.

此門即包含珊瑚·菟葵莃·傘蟲·等動物·體形簡單·呈囊狀·其內腔爲體腔而兼消化腔·率透顯輪輻形·故有輪·輻·動·物·之名·體之各部射出於其中軸之周圍·成輻狀相稱·此動物有刺·細·胞·爲保護身體之用·

第百四十一圖

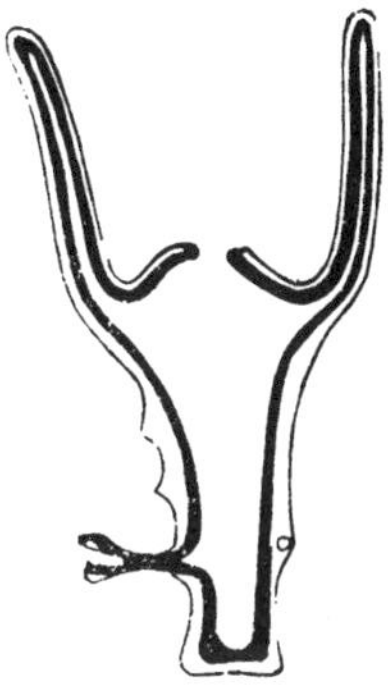

水螅之模型圖

第百四十二圖

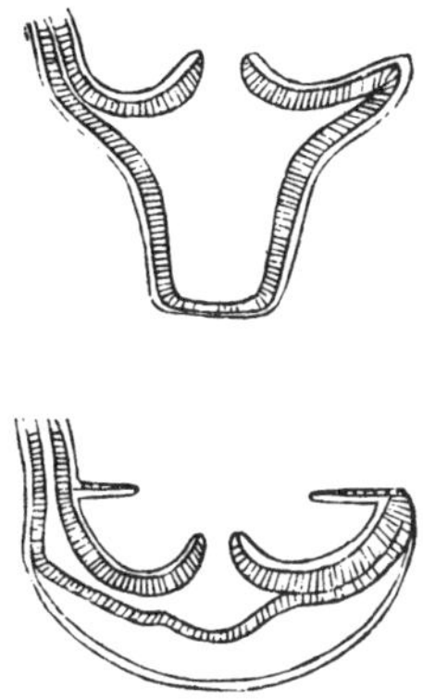

水螅形與水母形之比較

體形

體形雖因種類畧有不同·可以二形代表之·二形維何·水·螅·形·水·母·形·是也·水螅形似圓筒·以底邊固着於他體·水母形似傘·或似鐘·能自由運動·

體皮由三層而成•內層中層外層是也•此內外層由單細胞而成•中含有刺細胞及腺細胞•中層由結締織而成•概支持體形•筋肉及神經皆爲薄層•橫於中層與內外層之間•

刺細胞

刺細胞概爲小囊體•在外層細胞之中•內部藏螺旋狀之刺鍼及毒液•此刺鍼應外界之刺激•得自由伸出•動物以之防護身體•或供捕獲食餌之用•

第百四十三圖

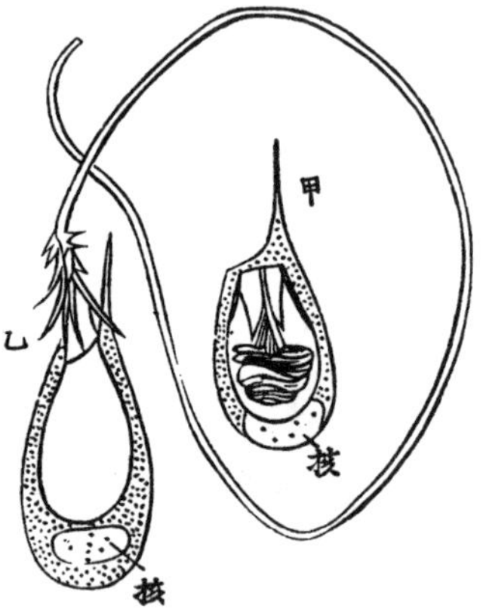

刺細胞

內部之器官

營養之器官多缺•如食物之消化•養液之循環等•皆體腔內司之•呼吸概以體壁•

生殖

生殖雖有有性生殖・然多爲無性・分裂其體以增殖・亦有出芽者・此出芽之蟲體・互相結合・形成群體・其有性生殖者・發生中多經變態・或有交替世代者・分此門爲左之三綱・

第一綱　水螅水母類

第二綱　櫛齒水母類

第三綱　珊瑚類

第百四十四圖

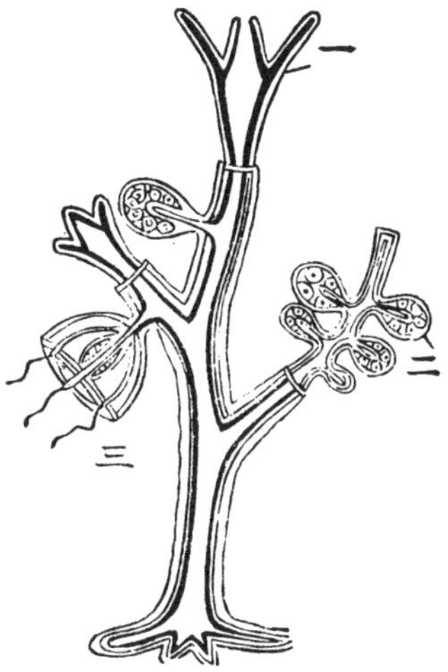

水螅水母之模型

(一)水螅蟲　(二)生殖芽　(三)水母蟲

第一綱　水螅水母類 Polypomedusæ.

此綱總括水螅形者與水母形者・故名水螅水母類・間有特立生活者・然多爲羣棲・或

固着於外物·或浮游於水面·水螅體形甚小·多群棲·然亦有獨立生活者存焉·水母亦有孤立生活者·與由群體而生者二種·後者之體形常較前者甚小·此類除獨立生活者之外·常交替其世代·水母形者以有性生殖生水螅形者·水螅形者以無性生殖生水母形者·或生同一之水螅·形成羣體·除一二者之外·悉生於海·其羣體觀之恰如植物·

第百四十五圖

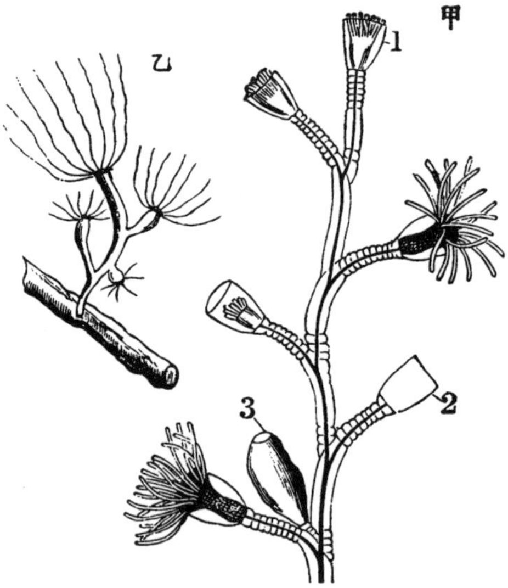

(甲)康邦拉里　(乙)西多拉

(例)西多拉 Hydra. 產於淡水·獨立生活之水螅也·此類棲於海者概形成群體·不僅外觀酷似植物·個體之間亦有分擔葉花之作用者·即一爲尋常水螅·

專司羣體之營養。故名營養蟲。一爲生於羣體間之變形者。專司生殖。故名生殖蟲。此生殖蟲時而爲水母。離羣體浮游於水面。傘蟲 Scyqhomed. 悉棲於海。形如傘。或如鐘。周圍大概有八裂口。且垂無數觸絲。口在下之中央。其邊亦有數物如花瓣。

第百四十六圖

水傘蟲

第百四十七圖

（甲）濟西斯　（乙）鰹之一種

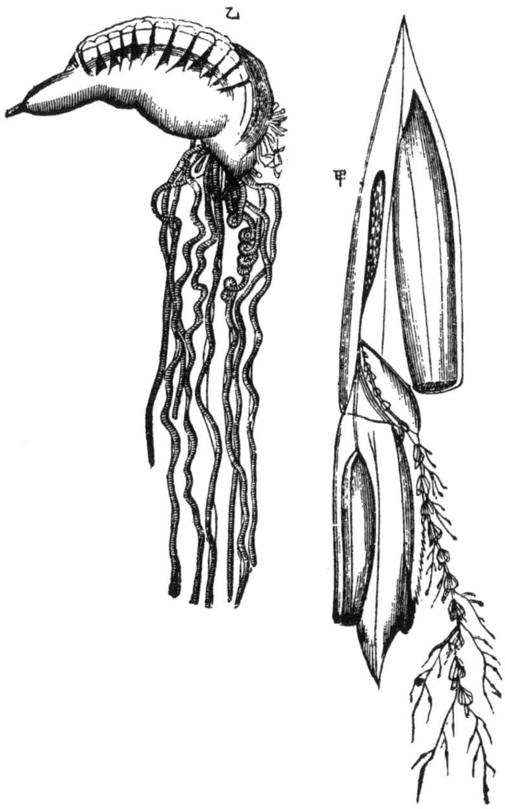

櫛水母Siphouphora爲水螅水母之羣體・附着於共軸之周圍・常浮游於海面・其羣體之中・有種種分業・

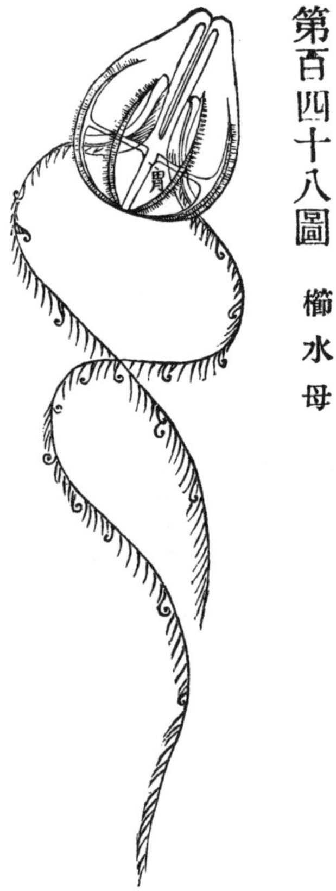

第百四十八圖　櫛水母

第二綱　櫛齒水母類　Ctenophora.

與前者同棲於海・爲球形瓜形之水母也・其體有上下兩極・口位於上極・通此兩極・有八櫛齒狀之帶・縱走體面・即爲此類之運動器・

第三綱　珊瑚類　Anthozoa.

悉棲於海・雖有如莬葵蓄獨爲生活者・然多爲羣體・其水螅爲大・締造較前者亦稍複雜・且自體皮分泌石灰質及角質・常形成堅牢之共同骨軸・水螅之外形略類西多拉・惟其口不直通體腔・必具短食

第百四十九圖

附着於骨軸周圍之珊瑚蟲圖

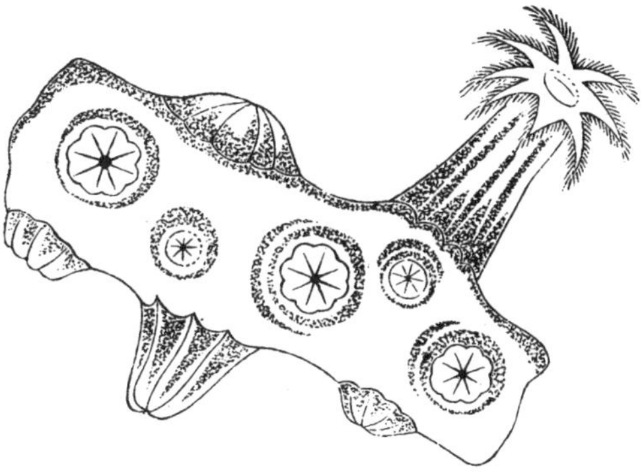

第百五十圖

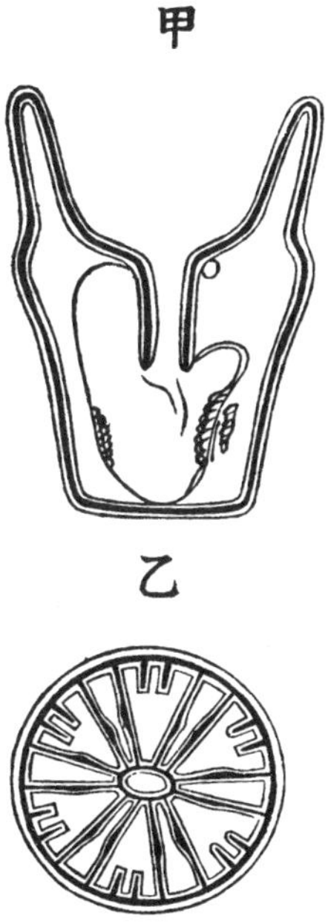

珊瑚蟲之模型　（甲）縱斷　（乙）橫斷

道。其體腔內有許多薄膜。分劃其周圍之部。觸手數之多少。常比例此分劃之數。此類之骨軸。雖爲共同之骨軸。由外皮分泌而來。然時而亦擴充於各個蟲之周圍及薄膜之間。而保護之。故在此類。水螅雖死。骨軸之周圍依然遺蟲體之模型。

（例）莵葵蕃 Actimia. 產於海岸。爲水螅中之大者。類於此之珊瑚類。多形成群體。有石灰質之骨軸。時築成廣大岩礁。彼珊瑚島即此也。

第百五十一圖

海花石

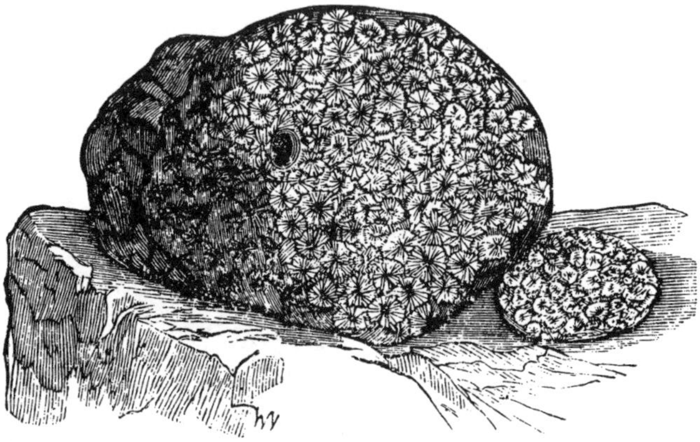

第百五十二圖

珊瑚樹之一種

高爾高泥亞 Gorgonia. 產於淺海•其水螅較前者稍小•其軸多成樹狀•間有光澤美麗甚堅牢者•世間所寶

第百五十三圖

菟葵茀

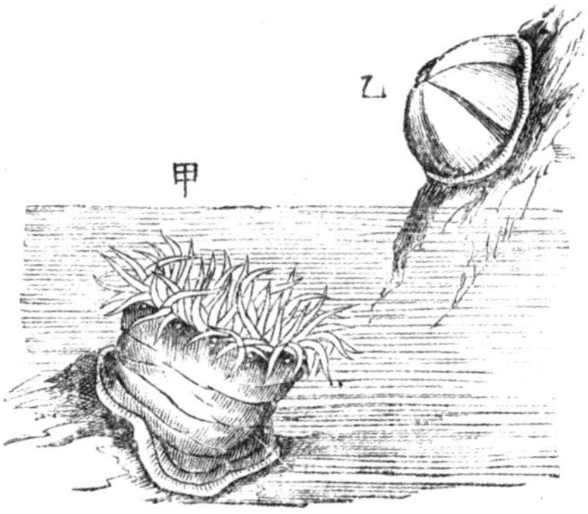

(甲)花狀
(乙)蕾狀

重之紅珊瑚・白瑚珊・皆屬此類・

第七門　海棉動物 Porietera.

海棉常着於水底・形狀體質皆奇異・故先莫識其爲植物爲動物焉・其原體類似水螅・體狀如囊・上部有大孔・體面又有無數小孔・吸水・以大孔吐出之・其體

第百五十四圖

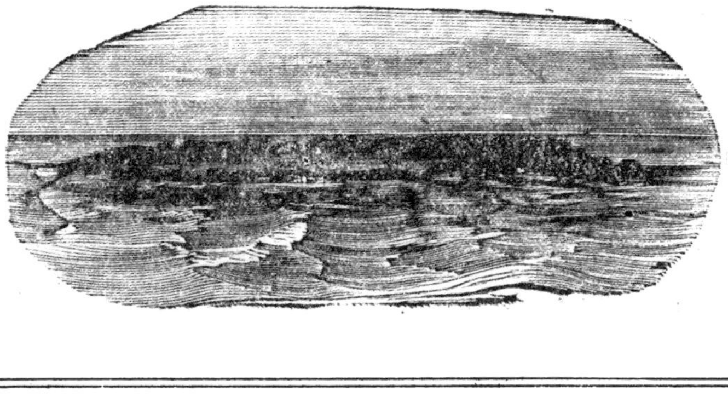

珊瑚島

壁中一面有骨骼纖維。形成所謂海棉體。

骨骼

骨骼由角質石灰質。或硅石質而成。角質者爲網狀之纖維。締造體壁。石灰質硅石質者。成針狀體。散在於其間。

第百五十五圖

海棉蟲圖

水管

海棉上部之大孔。雖直通於中心腔。然與水螅之口不同。中心腔爲普及於體內水管之一部。自此出許

第百五十六圖

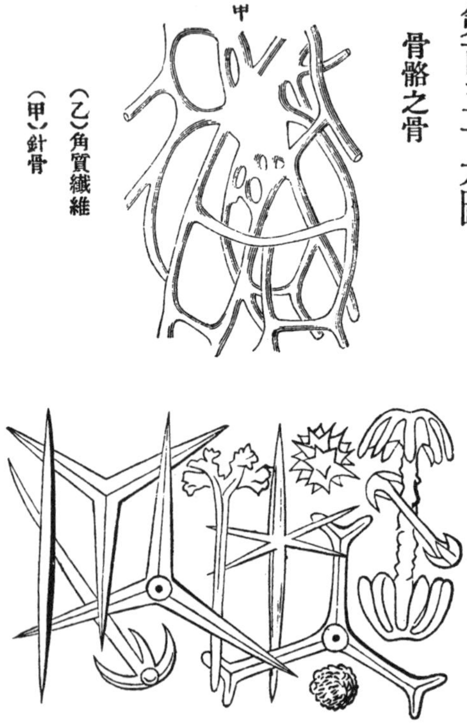

骨骼之骨

(乙)角質纖維

(甲)針骨

第百五十七圖

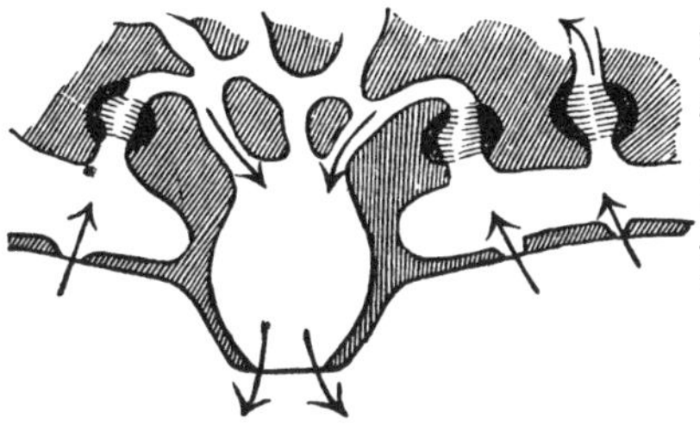

水管形態

第百五十八圖

偕老同穴

多枝管於體壁內。悉分布於其中。遂通外面之小孔。水自小孔入。自中心腔出。以大孔吐瀉之。故小孔即爲此水管之吸水門。大孔即爲排水門也。

生殖

此類以出芽增殖。常形成羣體。形狀甚爲殊異。然得以大孔計個體之數。

種類

骨骼由角質纖維而成。不與他之針骨相交者。如浴用海棉。其質柔軟。有彈力。稱之曰角質海棉。如棉鳥與硅石之針骨相交者。稱之曰硅角海棉。其有石灰質之骨骼者。曰石灰海棉。由硅石質之纖維而成者。曰玻璃海棉。此玻璃海棉之中有偕老同穴。解貝。等奇形怪狀之物。

第八門　原生動物 Protozoa.

爲動物中之最劣者。其體由二細胞而成。體甚微小。非借鏡力不能見焉。如此簡單之動物體。爲營完全之生活。體質多爲分化。時成類似器官之物。

外部之形態

最下等者無皮膜。爲原形質之塊。其體形不一。然時而亦有石灰質。角質之外殼者。呈種種形狀。其有外套者。呈球形及楕圓形。

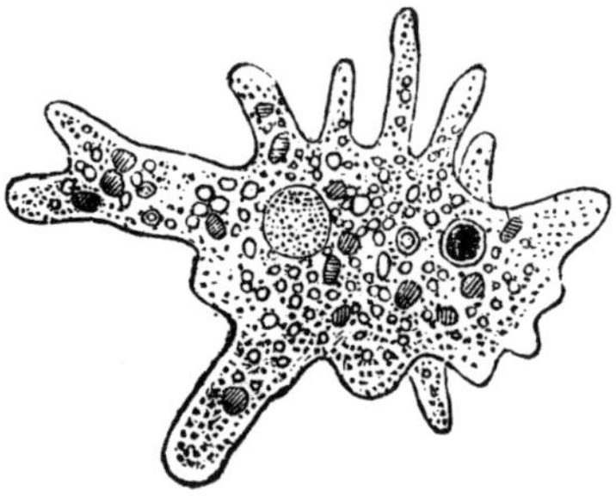

第百五十九圖

外部形態

運動

無皮膜者能自由伸縮全體、或以其體之突起者移動之、有皮膜者則有纖毛及鞭毛、以其振動運行、

內容物

此類之體即由半流動狀之原形質而成、有有一核者、有有數核者、且有許多空胞、中有出沒有定時者、稱之曰收縮胞、即營排泄作用者也、此外含有脂肪粒、色素粒等物焉

第百六十圖

分體之圖

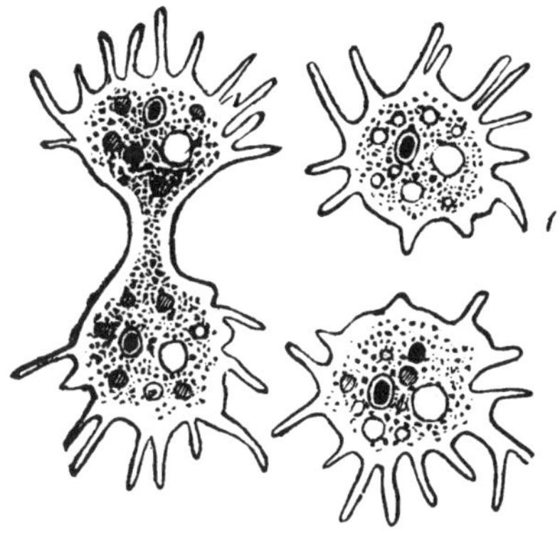

第六十一圖　鈎鐘蟲

營養

自體之表面、吸收食物、有出其一部收

容食粒於內部者，其有外皮者，體之一部有與口相當之處，呼吸亦以體表司之。

生殖

此類無雌雄之區別，概爲無性生殖，或分裂其體爲二，或出芽生新體。

種類

原生動物棲息於海

第百六十二圖

蝐蟲與夜光蟲

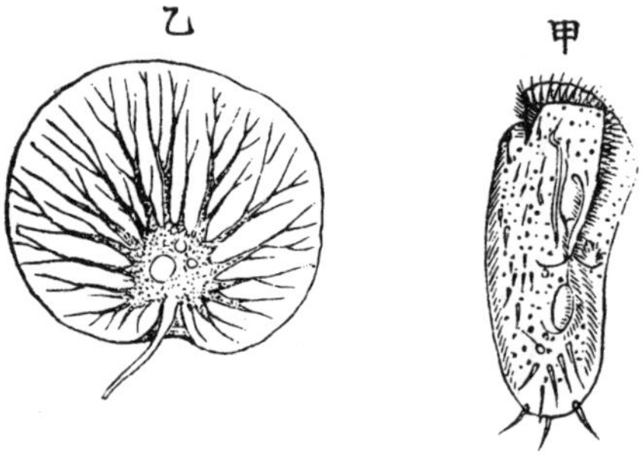

第百六十三圖

放散蟲之二種

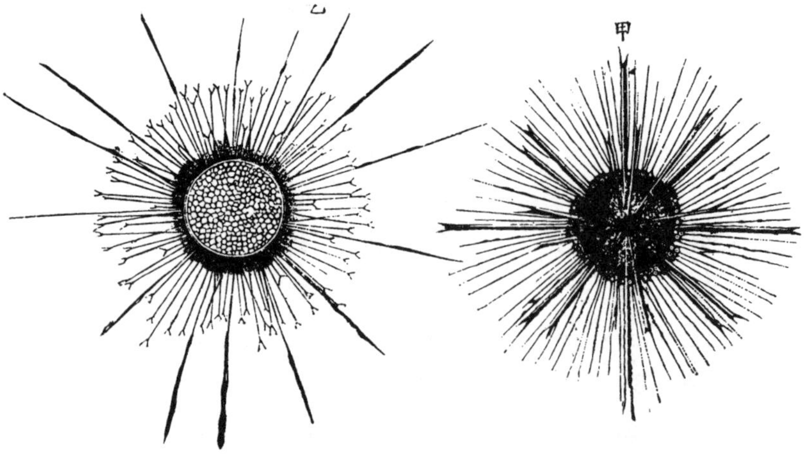

水淡水及濕地。一滴敗水中。尚有此蟲千萬。有無數棲於他動物之體內者。其卵氣中到處飛散。今分此類爲三綱。第一爲外部有皮膜。具纖毛。以其振動運動者。一滴敗水中亦發生無數。故有滴蟲之名。第二有皮膜而無運動器。概寄生於他體。恰如下等植物。以胞子增殖。故有胞子蟲之名。第三體無皮膜。能自由變其形狀。名曰肉質蟲。時有具有外殼者。

結論

體制

如通論所述。動物體乃由種種器官締造者。其制自高等動物以下。漸次簡單。至原生動物。則僅一細胞矣。故動物之體制。愈高等愈復雜。然生活之作用。非新有所加也。只由簡單動物體。進爲復雜動物而已。即高等動物爲營生活作用。採種種分業法。使身體分擔之。故生種種不同之部分其體制逐次第而復雜焉動物之外形簡單不似內部之復雜其現於外部者概爲運動感覺之器官而營養及生殖器官概存於內部且多有首尾兩端背面腹面之別其僅左右兩邊均一稱之曰左右相稱然在海膽珊瑚等下等動物體僅有背腹面無前後左右之別自其體之中軸切斷之則可分許多等均部分故稱此體形曰輻射相稱

生殖

動物如植物其體次第生長及達其生長之度則必產似已之子體是曰生殖動物體等於植物之花粉及卵球者有雌雄生殖素稱卵及精子生此卵及精子之器官曰生殖器生卵之器在雌體稱之曰卵巢生精子之器在雄體稱之曰睪丸若一體有雌雄兩生殖器無雌雄之別者曰雌雄同體有雌雄之別者曰雌雄異體動物與植物

相反。高等者多異體。下等者多同體。卵之與精子相合。曰受精。卵出母體乃發育者。曰卵生。在母體內發育後乃產出者。曰胎生。

卵爲自母體分離之一細胞。然受精後成熟之卵。有種種附屬物。（試觀鳥卵）其締造酷似植物之種子。其最外部有石灰質之卵殼。次有二重卵膜。此膜即與種皮相當。內部充有半流動狀之卵白。其中心有球形之卵黃。此卵黃之上部有一白色小物。是曰胚盤。此胚盤即爲卵之主要部。與種子之胚同。卵黃爲其養料。相當胚乳。

動物有不以雌雄之生殖素。生子體者。彼芽生及分體是也。芽生者與植物之出芽相同。自母體發芽而生子體。又有分裂而生者。母體分爲二。即爲子體。今指此種生殖曰無性生殖。由雌雄生殖素而生者。曰有性生殖。高等動物概爲有性生殖。下等者多無性生殖。特至原生動物。絕少有性生殖者。

分體爲原生動物之普通生殖法。蠕蟲。水螅之中。亦有以分體增殖者。芽生多在苔蟲。珊瑚蟲。海棉蟲等。互相結合。形成羣體者。然間有如西多拉。全由母體分離者。

發生

自其卵之發育。至成動物個體。曰發生。動物體發生後。次第長大。既達其完全個體之度。則不復再爲長大。

無論若何動物。無卵決不能發生。世人見食物上所生之蛆蚊水中所生之微蟲。皆以之爲自然發生者。是實大謬。此時蠅蚊等卵之甚微小者。人不能見其發育耳。

單細胞動物之發生最簡單。母體分裂立爲子體。故兩者之間。除大小之外。毫無區別。複細胞體之發生。初雖爲單細胞（即卵細胞）此卵細胞次第分裂增殖。逐加其數。漸次複離。此增生之細胞種種分化。組成體之各部。完全所謂生體器官。故無論若何動物。溯其發生之源。必歸於單細胞焉。發生充足。始各爲具其固有形狀之動物也。

卵雖爲一細胞。然一受精。即行分裂。初分爲二。繼分爲四。繼分爲八。繼分爲十六。再繼分爲三十二。次第加多。遂至爲多數細胞之團塊。稱之曰胚球。胚球之內部。有大空所。細胞不過並列其周圍而已。此胚球次第自其下極陷入。相密着於內。遂變爲有二重細胞壁之囊狀體。稱之曰胚囊。外壁之細胞層。稱之曰外胚層。內壁之細胞層。稱之曰內胚層。此內外胞層之間。有中胚層。動物之體形。即以此胚囊爲基礎。次第形成者。稱其囊腔曰原腸。後爲消化器之大部。其囊孔或爲口。或爲肛門。由中外胚層成種種器官。即外皮。神經。及五官。由外胚層而生。筋肉骨骼。血管。內皮膜等由中胚層而生。

除原生動物外。卵生動物。無一生即具有完全體形者。其發生之間體形必稍轉變。是隨其身體各部之發達。體態漸爲完備者也。如蛙等其發生之途次。長幼形態。著爲不同者。是爲其發生之變態。若絛蟲等其變態起於世代與世代之間者。爲其世代之交替。若海蛞之發生。愈長不僅形態不完全。反愈退步者。稱之曰退化。

生態

動物自卵發生。次第發育。至完全其身體之器官。則營特立之生活。是爲動物之個體。個體之間。又有雌雄之別。在蜂蟻之類。有無生殖機能之類。其個體遂區爲三種。在下等動物如水螅等芽生者。多形成群體。各個體互相連結。始終不分離。且其個體之間。有種種之區別。各分擔其生活上所必需之機能。今稱之曰個體間之分業。

動物之雌雄。即爲個體間分業之始。其多數營公共之生活者。雌雄之外。復有分業。水螅水母群體。有營養蟲。生殖蟲之別。又水螅水母之群體稱管蟲者。有分擔運用感覺及其他諸作用之個體。爲公共生活。

圜節動物中昆蟲類。蜘蛛類。甲殼類。寄生於他動物之體外者甚多。蠕形動物其原有宿於他物之內部者。此謂寄生蟲。概依賴他體爲生存。故不僅爲害於其宿主。自體亦次第退化。失其諸重要生活器官。至不能特立生存。有異種動物二個體。共同生活。而兩有利益者。是曰共生。共生在海棲之下等動物甚屬尋常。今舉其一例如菟葵蓊與寄居蟲之共生是也。一爲着生動物。依寄居蟲而能自由移動其體。一爲有菟葵蓊之刺力。而具一護身器。生活上兩得便宜焉。

進化

生物之子。類似其親。爲自然之通則。決無所紊。生物遺似於己之子孫。必傳其形質。故同一種類之物。常互相肖似。然其形質無全同者。各個體之間必稍有不同。變種乃此不同之漸著者。至異種則全爲不同。生物之子肖其親。故其種類之所由定。然定種類之原因。亦爲變種類之原因也。何者。一親所生之子。形質多少必有所異。子以此所異者而傳於其孫。一世代之間。個體間之不同。甚屬微尠。然積百千世代。則此緩慢變化。遂至全化爲異種生物。是所以生物有種類之別也。進化論者。謂太古生物簡單。各種類之根源皆一。後隨外界之變遷。次第進化。遂至今日有千百萬相異之生物。而今而後。且將日多焉。現今地上生物之種類。雖若是其衆。推原其初。不過一種類耳。考原始之動物。僅爲一原形質。如今日之細胞而已。

高等生物。自一原始生物之次第進化而來之順序。稱曰統系發生。統系發生有二事可徵。第一可徵之於古生物之化石。何者。層岩中所含生物之化石。時代愈久。愈爲單純。且種類減少。於此亦可見生物之統系發生矣。第二個體發生之順序。與統系發生之順序。恰相符合。自出卵而至發育充足間之變化。與自原始動物次第進化而來之順序。相爲一致。

淘汰

動物之數雖多。然其生存之數。比其所生之數甚少。象爲獸類中繁殖力最弱者。二象五百年尚可繁殖一千五百萬子孫。二鳥十五年成二十億之大數。一鮭一年產卵一百萬。使之皆長育。則海陸不數年已充滿矣。觀其實際。動物現存之數。常無大差。未見俄增者。乃其生存之間。自有一種競爭。生兒多死亡於半途故也。既如前章所述。生物之子。常肖其親。而其形質不無稍變。然生物之形質。非適應於外界。不能安然生存。故生兒之中具最適應之形質者得生存。不然必死。應自然之理。自多數生兒之中。常選擇其最優者。使得生存。故名之曰自然之淘汰。生物界之生存競爭。即源於自然之淘汰也。

世人所愛玩之菊。牽牛花。躑躅花。山茶花。萬年青。等植物。及鴿。鷄。金魚。等動物。有種種變生物。常爲人所知。如此一種之中。生許多變化者。全爲人力所致。雖然生物非人所可隨意製造者。人力不過助其變化而已。緣生物之種類自易變化故也。生物之變化雖爲自然。人之以己之意志。隨意選擇之。益速其變化。與前之自然淘汰無異。故稱之曰人爲之淘汰。今日人爲淘汰之盛行。實吾人利用天然物之途。一大進步也。

應化

動物與植物同。無外界之關係。即不能須臾存。故外界之情況變時。生物之形質亦應之而變。是曰應化。現今地上生物之形質。皆與外界適應。即爲生存競爭之結果。彼游泳於水中之魚。其形恰適水中之生活。飛於氣中之鳥。其體形恰適合於氣中之生活。故獸中如鯨入於水者。其體形類魚。如蝙蝠飛於氣中者。其體形似鳥。動物體色。似其周圍之物。亦有應化之常例。棲於寒帶冰雪中之動物色白。息於熱帶樹林中者色綠。止於砂中者爲砂色。居於原野者爲草者。在夏日無雪之地者。僅冬日變爲白色。夜間外出者。其色亦暗黑。是乃出於保護身體之目的。故稱之曰保護色。昆蟲類此保護色最著。不僅體色擬其周圍之物。且有以其全體仿他物者。彼尺蠖之似樹枝是也。是曰擬態。

動物之體色。往往別有用意。如彼蝶。蛾。飛舞於花間者。翅色不特有保護之目的。且與以交通之便。其色有一種供雌雄之標識者。

分類

生物之饒多。陸海空氣中。無處無之。今名一一區別之之法。曰分類。分類之目的在集其相似者。以分其不同。其法有二。一爲人爲之分類法。一爲自然之分類法。第一如整列書籍。不問其記載之事項。或以甲乙之順序。或以書册之大小。或以裝訂之異同。無人不可分別。是只以便利爲目的者也。譬如蝙蝠與鳥皆有翼。故使之爲一類。鯨與魚皆有鰭。故使之爲一類。只就外形相似之處。而人分類之者也。第二乃點檢生物體之締造。從其類緣之多寡。而分之者。自明其統系之關係者也。從其第二分類法。須以化石學。比較解剖學。發生學。爲基礎。而考究之。譬如古生物中有位於鳥與爬蟲之間者。故二者互有近緣。鮫之鰭與獸之足。比較解剖上締造同一。故同爲哺乳類。蝌之發生中。有與蝦同形之時代。即知蝌與蝦相似。故從此分類法。可知生物自一祖出。次第進化。致種類萬千。且自一種類生他種類而相分。其系統決非逐單一之順序者。恰如自大木之一幹。初分爲枝。枝又分枝。遂爲千萬梢枝。

欲探求生物之系統。其器官之相似與相同。尤不可不注意。今有一器官。自一源發達而來者。縱令其外形及作用有所不同。亦必有同一之締造。是曰相同。譬如吾人之手與足是也。其締造相異。而爲作用相同。外形互爲類似者。曰相似。譬如鳥之翼與蝙蝠之翼是也。相同乃自遺傳而來者。互有類緣。相似乃因應化而別生者。故無此關係。

分布

生物之種類既多。故分布於地上之區域亦甚複雜。其分布不同之原因。雖不一而足。舉其主要者有三。第一順氣候者。第二因土地之變遷者。第三關於自己移住力之多寡者是也。第一原因觀寒帶之動植物與温帶不同。温帶之物復與熱帶相異。亦可知矣。然氣候不獨關於緯度之高低。常以他之種種原因而變。生物之分布。亦決非僅順氣候。何者。同在一氣候帶者。而新世界與舊世界異焉。觀澳洲與非洲之不同即知。是爲第二原因。土地連續之間。生物易得移住。至遙相隔絶。則各發達其新種類。故海洋常定其分布之區域。而高山亦有爲之分境界者。

察生物分布之狀。自知地上過去之變遷。譬如大洋洲之動植物。與他大陸相異。故知其自前世界已爲特立之土地者。英國二大島。英倫與愛爾蘭之生物。屬於前者與歐洲大陸相似。即知後者之離大陸。較前者爲古。

動物之分布。雖從氣候及土地之變遷。然復有第三原因存焉。動物能自由轉其位置。故比植物分布如意。特如鳥類有飛行之力者。高山廣海亦不能阻其交通故其分布從而弘大植物雖自無移動之力亦依種種外力助其分布譬如種子之依風水之力分散者及依水草之鳥運之他去者是也

自然界

自然界有生物無生物之別有物界中復有動物植物二物互相依賴而生存無一孤立者故動物不能無關於植物何也動物概爲有機營養而身無化無機物之力植物食無機物而成有機物質者故動物必賴植物所成之有機物質以營養也雖然於植物亦有大益不可相離譬如蟲之與花鳥之與果實是也且生物與無機界亦相待而得生存者譬如動物自大氣中攝取養氣排出炭養晝夜無間似大氣中常加炭養之量減養氣之量然植物與之相反自氣中收容炭養而吐出養氣故大氣之成分常得一定不變是曰自然界之

平衡。今試驗此理。盛海水於小玻璃管。入海草及二三小動物於其中。密封管口。上部稍餘氣層。置之於一所。則管中之生物數年之間。安然生活也。元來形生成物體之物質。出自無機界。而復歸之無機界。是曰生質之循環。即形成動物之物。乃自植物來植物之物質。乃自無機界來。動植物死後。復歸於無機界者也。且生活之力。根源亦在無機界。植物化太陽之勢力。爲己之分子間之靜力。動物再變其靜力爲活力。以營身體之活動。如此宇宙間之萬物。互相依相賴。無一孤立者存也。

最新動物學教科書終

光緒三十年二月十日印刷
光緒三十年二月二十日發行

最新動物學
定價大洋九角五分

版權所有

文明編譯印書局之印

著者 日本 大森千藏
譯者 天長 戴麒定之

發行所
上海棋盤街北段 上海文明書局
北京順治門外琉璃廠 北京文明書局
保定府城內北大街 保定文明書局

印刷者 日本東京淺草黑船町 榎本邦信

印刷所 日本東京淺草黑船町 東京並木活版所

動物學不分卷

〔美〕白納撰　〔清〕黄英譯

《動物學》不分卷，美國白納撰，清黄英譯。白納（Margaretta Burnet），美國人，曾任俄亥俄州辛辛那提伍德沃德高中生物教師。著有*A Laboratory Manual of Zoölogy*，*Zoölogy for High School and Academies*。是書爲癸卯學制實施後，商務印書館出版「最新中學教科書」系列之一。書前有譯者「例言」，闡明全書内容和翻譯術語之處理。正文前有總引，略述動物機體之構造。正文八章，自低等動物逐步過渡到高等動物，依次爲原生動物、多孔動物、腔腸動物、芒刺動物、蠕形動物、輭體動物、節足動物、脊椎動物，末三門又别爲若干類；各類皆取代表性物種，細述形體構造、生理習性等。書末附中西名目表。全書配圖一百九十六幅，所述不求備具，僅擇其要，務期明晰，且注重實驗，每詳於解剖圖及標本採集製作之法。據天津圖書館藏清光緒三十一年（一九〇五）上海商務印書館排印本影印。

動物學

Commercial Press New Text Book Series.

ZOOLOGY

For the use of Colleges and High Schools.

BY

MARGARETTA BURNET

TRANSLATED BY

WONG YING.

FIRST EDITION.

SHANGHAI:
Printed and Published by the COMMERCIAL PRESS, LTD.

1905.

原序

動物一學。雖爲課程中最淺近者。然足以增長智識。用以教授青年子弟。俾能區別物類。由粗淺以達淵微。討論誠不容已也。凡人所欲知之事。不惟其多。惟其精。與其廣騖。不如精習。自學堂設有精練所。以考察各種動物。如剖解法。顯微鏡研究法。及他種分辨動物之法。皆足使學者濬發神明。即物窮理。知其關係要旨。蓋學堂中每一班次人多時促。勢難徧及。有精練所專備攷求。則領會自易。余於高等小學校。以動物學教科書課最低學級之生徒。已數年矣。是書文義不事高深。講解務期明晰。其餘物類學者。覃研有得。不難於書外求之。中所載者。僅擇其要。爲動物學家攷察所必需。其名類不備具。解釋亦祇從簡。至動物之總分類。則附每門類之末。俾得綜覽焉。美國馬格里特爾白納序。

例言

全書中之註釋。均有引證之詞。教員可隨時採用之。教授是書之時。其畧刻之或長或短。無不如志。

教授之時。首宜策勵學生。令考察各種動物以究其所以同異。復搜羅能貯藏之動物以爲標本。又用以爲剖解實驗之需。至在野外觀察時。尤宜鼓舞其心志。務使學者滋長其察物之才。人誠能於出游時不遺其所聞見。並羅致諸動物。攷察其若何相同之處。如是行之不已。其成就正未可量。蓋學生自在精練所於各動物悉心研究。即可增長學識。以馴至精微之境。必不負其平日之用心云。

當學生尙未習動物學之先。必須略習淺近之人體剖解學。暨身理學。然後始令其習動物學也。

本書不列入全備之分類表。但於每門總結處。詳論動物之形狀。幷彙集其各種同類之動物。藉以顯彼此之有同性焉。教員講授時。宜先涉獵諸書。博採羣說。使學生心思開拓。不爲區區小册所限。動物學譯籍最少。茲姑畧舉數種。以備參攷之用。

新編動物學　作新社
動物學新編　廣學會
普通動物學　開明書店
動物淺說　廣學會
昆蟲學舉隅　廣學會
動物進化論　作新社

本書所用名目。悉准已譯諸書。兼或採諸東籍。其無從稽攷者。酌立一二。卷末附有中西合璧名目表。以便學者檢查。

總目

動物學

總引

生物學乃有生命之科學。共分兩類。論植物之生命者爲植物學。論動物之生命者爲動物學。

習人體剖解學。即知人身。係由數百萬微渺質點融合而成。此種質點名曰細胞。所有細胞間之物質。即由諸多細胞生出之。是人體之生命。即在無數細胞之中。人體如是。即一切動物。無論其體爲繁雜。爲單純。皆莫不如是。

細胞者。即蛋白質之小微點也。又稱原生質。細胞之中含有一核。其外有嫩膜一層。動物或爲單細胞。或爲多細胞。悉由一胚種之細胞而來。此等胚種之細胞。又稱爲卵。多細胞動物之胚種細胞。復屢屢分析。初成一含多數單細胞之團體。此團體復數數分析。各細胞乃一變其性質。成各種特異之織質。而任種種之作用。

攷察動物身體之構造。謂之解剖學。由各種動物體中相似之各部分互爲比例。謂之解剖比較學。攷察動物由其胚種細胞發現之學。卽謂之胚胎學。已習比例解剖比較學與胚胎學之後。動物學家卽可將所有動物。按其相似及相關處分而成類。但所有動物之關係。與其分類時有改變。此一事足使吾人增長智識也。攷察動物最爲有用。不但知其中彼此之關係。與其分類。且能滋長觀察之力。無論何處之一切動物。試聚而爲一。卽可成爲同一時代或同一處所之動物。謂之動物羣。無論何處之動物羣皆足爲攷察各種動物生命之楷模之材料。人需食料與養氣。以養其生命。一切動物亦然。故無論其程度高下。而食料與養氣。皆不可頃刻離也。欲知其故。須先攷察各種動物之生命形狀。以其與吾人甚有益也。

生物無論爲植爲動。恆時時改變。原生質乃一種極繁賾之質。又爲一種極不堅固之質。一旦有攪擾之質入其中。卽易分爲數種較簡之質。攪擾之質卽養氣是也。無論何種活動有機體之織質。一旦與養氣相合。其織質卽破散而成爲一單純之質。變爲炭養二淡養三等質。不復有用於身體。而成廢料矣。此種變化。其有用之結果。卽生力是也。凡動物生命所發之力。皆由織質化分而成。發力愈大。所成之廢料愈多由是以推。終日所廢去之織質甚夥。若無法再造彌補。則動物之結果。卽一死字了之矣。故修補其廢料。必給以一種能生長織質之材料。卽食物是也。故動物恆需食。以養其細胞。此細胞收納各種之食物後。復成爲新原生質。

預備食料以供細胞之用者。其法曰消化。下等動物。其消化食料甚少。或無消化之專具。其所食之料一旦與體中具有消化力之液質相値。卽亦變爲流質矣。惟高等動物。其體中有消化之專具。謂之消化系。若口胃腸肝等類。其作用能將食料變至一種地位。以供細胞之用。待用之食料。以細胞收納之。用細胞收納食料以供滋養。謂之同化。

大概動物必多方將其已化之食料。輸入細胞之中。此種輸運之法。謂之循環。高等動物之循環系。乃一種繁複之機體。卽心脈管。迴管與微血管等類。心在高等動物之中。其運用譬一抽水機。能使流質運行全體。他如脈管。迴管與微血管等。皆能通流質之管也。但此種循環系及消化系。爲下等單純動物所無。其滋養之流質。祇能運行於空隙之處。高等動物所運行之流質。卽血是也。下等動物所運行之流質卽水是也。此種水。即經食料與養氣所融化於其中者也。收養氣入體。謂之呼吸。下等動物所呼吸之氣。即水中空氣之微點。此水即沉浸其織質之水也。高等動物呼吸之作用。大都以肺爲之。從空氣中吸入養氣。或以腮吸水中空氣之微點。此種機體。多備收入養氣。供體內運行流質之用。所收之養氣。多運入細胞之中。尚有一法。關乎動物之爽適。亦動物所必需者。即排泄是也。排泄者。乃從體內移去一切無用之材料。其功用半由呼吸之運用而成。（當呼吸之時其吹而出者。多此無用之材料。）半由排泄之專具而成。

凡動物有消化呼吸同化。排泄化合養氣及血脈循環之作用者。即能生活。若以上數者。偶爾停止。即無生理。

機體繁複之動物。須有各種生活法以約束調和之。此等生活之法。全恃神經系爲之主宰。在人身則有腦與脊髓腦結及腦線分佈全體。以主使約束其百骸。此種神經系。不獨主全體之生活及運動。且使動物有知覺。而與外物相交接。凡動物腦中有所印入者。即爲知覺。而知覺之銳鈍。即以神經系發達之多寡爲衡。下等動物。其知覺力極微．所以微者．因無專任是職之神經纖質．故知覺之運用祇恃體中每細胞而成．

第一章　原生動物

變形動物

動物之結搆最簡單者。謂之變形動物。形體微小。非顯微鏡不能窺見。居水底淤泥及水草之泥滓中。體係一細胞所成。分內外兩部。外部爲一種透明之稠汁。其形似膏。內部係一種較稀之液質。凝成細粒。汁中含有一核。幷一跳動之收縮胞。核乃一淸明凝厚之點。其收縮胞之發現。先見一微點。繼漸漲大。須臾不見。俄仍

第一圖　變形動物

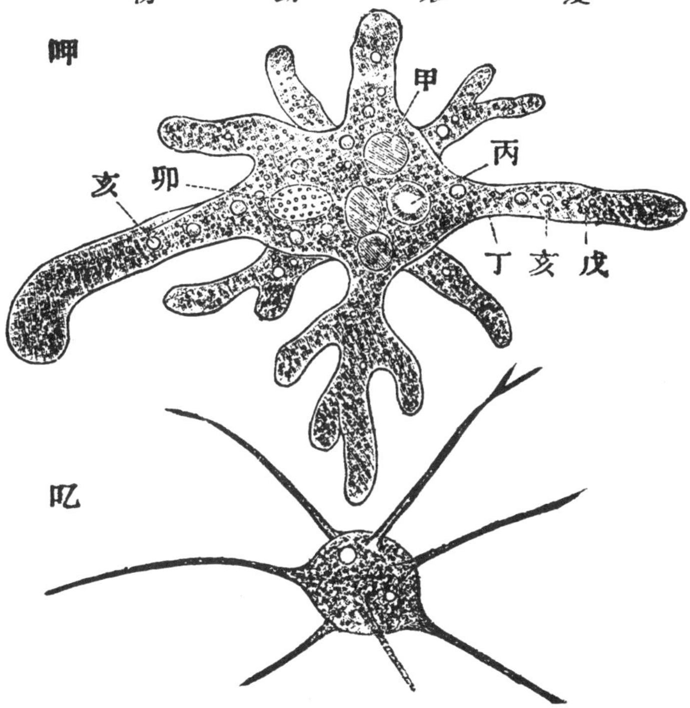

呷爲體徑放大二百倍之變形動物吃爲體徑放大五百倍之射體變形動物其中現有兩大收縮胞胞中無貯核與收縮之水胞其長而嫩之漲大之部均支拄於外卯爲種子丙爲收縮胞亥爲最大盛食料之水胞之一戊爲含顆粒之內部丁爲透明似膠形之外部甲爲收貯藻類之細胞其他收貯藻類之細胞皆爲斜形

於原處見之。或隱或現。相隔俱有定時。收縮胞是否爲外部之裂口。抑爲體內之空竅。尚未攷定。惟其伸縮隱現。一若爲其內部液質流動之原因。故有疑其爲物之排泄器者。（見第一圖）

若將變形動物以顯微鏡察之。即可見其外部透明之處。忽然凸出。內部之液質。亦復隨之流入。全體因之漸漸移動。此變形動物之所由行動也。其凸出之部。即曰虛足。（修都波帝恩）有時張大凸出之部。不止一處。同時而有數虛足。於是參差不齊。無一定之形式。以其無薄膜護體。故有此種種之變相。然使有膜護體。恐又不能收入各種之食料矣。

變形動物專以微生植物爲食料。此種微生之植物。當於其體流行之時。張伸之部兩處相合。而將食料之微點包入。故食料之微點。終歸入有內部液質之中。食料微點既入內部之液質。乃逐漸消化。又藉含顆粒之內部。將已消化之食料。逐漸運動。使之徧流於全體各部之中。

池塘浮沫。溝渠積潦。草莖泥滓。花木滴水。皆含有單細胞動物。可供顯微鏡之攷察。苟將原物放大至一寸之四分一。卽可發現其中變形動物之核及收縮胞。惟欲攷察微生物。則須加增顯微鏡之放大力。始可得見。

變形動物所收養氣。係由消化於水之空氣中得之。養氣旣收入體內。卽使炭養二氣從中放出。其呼吸與高等動物同。變形動物之生殖法。乃由細胞分析而成。與高等動物體中細胞之分析相似。生殖時。其單細胞分而爲二。二者分離。遂成爲兩變形動物。變形動物與他種原生動物。遇寒冽乾燥之時。其體外有一種極堅靱之外膜護之。此種外膜或稱爲貯膿膜。變形動物藉此自衞休息。以待較優之境地。亦猶蟲類之蟄伏也。

鞭毛滴蟲　鞭毛滴蟲生積潦中。形狀至小。爲一種單細胞動物。與變形動物迥異。其形如梨。體雖能伸縮。然形狀恆無變易。因有薄膜包裹其體故也。體之末端甚狹。上連鞭毛一。往返顫動。能使於水中泗行甚速。且可用以承接食料之微點。擲入其口。口卽鞭毛底之一小穴。其生殖之法。卽由單細胞之分裂而成。與變形動物無甚大異。見第二圖

草履蟲　此種動物與變形動物不同。然與鞭毛滴蟲相似。其與變形動物不同者。體有外膜一層。幷一顯明之穴口。其與鞭毛滴蟲略異處。即其運行是也。鞭毛滴蟲有鞭毛一。草履蟲則無之。惟毿然毛。其體。即運動使行之具。

鐘形蟲　此種單細胞動物。常附於水中植物及他物質上。形如鐘（窄小之末端向下）此種鐘形之體。係以一極細之幹。與為支持。（見第四圖）其鐘面有穴。鐘式蟲體與鐘形蟲穴。有輪形之

第四圖　鐘形蟲

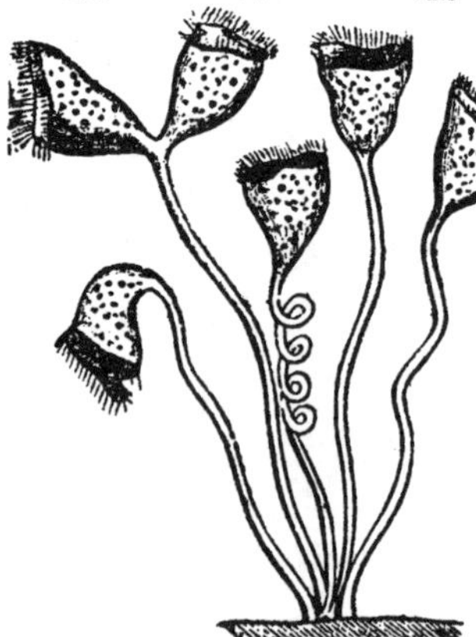

第二圖　鞭毛滴蟲

第三圖　草履蟲

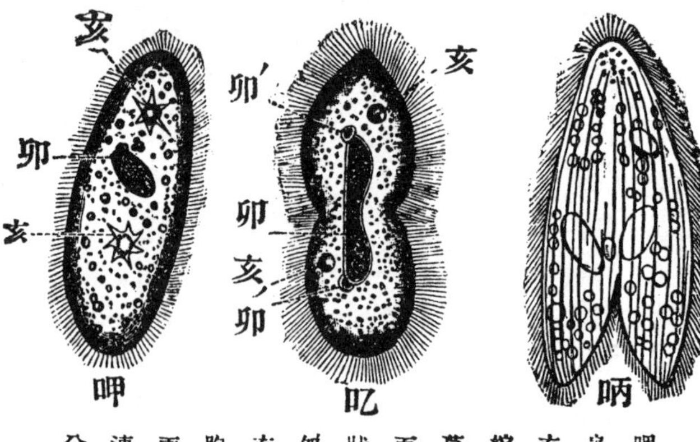

巳為鞭毛己為收縮胞卯為核

呷為草履蟲卯為核亥亥為收縮胞吃為草履蟲斜面剖分之狀卯為核夘夘同亥亥為收縮胞哂圖為兩草履蟲連合以待分殖之狀

蓋。輪形蓋之四周皆有纖毛。中有槽。槽之一處。深而向下。張若口吻。當無他物擾及時。其支持鐘體之細幹。伸而直。其口張。纖毛顫動甚捷。一經他物微觸。其輪形之蓋內縮。邊亦捲起。體遂成一球形。纖毛俱不見。同時細幹亦縮短。成一旋螺形。其鐘形之體。遂與根相並。鐘形蟲之類。每以其纖毛於急湍中攫食物。運其微點入口。其分殖之法。大半由於細胞之分裂。

總論 舉以上所言數種。均可識其通性。蓋原生動物雖形狀不同。其緊要之通性略似。且每種皆具有單純之細胞。細胞內恆含核。每種又皆有一消化食料之內竅。又有一能跳躍之水胞。形狀均至微小。非顯微鏡不能窺見。多生於積潦中。生殖之法。均由細胞分裂而成。原生動物有時藏身膿膜。將其身體分成無限之芽胞。漸漸活動。破胞而出。每芽胞即成一原生動物。

實驗要言 以鐘形蟲與變形動物。鞭毛滴蟲。及草履蟲互相比較。每種各有異同之處。其所同者。即為各種原生動物之通性。以鞭毛滴蟲與人肺內部之纖毛細胞相比較。則鞭毛滴蟲能爲運行生命一切之用。若人肺中之纖毛細胞。祗爲高等動物之一機體。收貯一切之食料。以待同同化者也。

- 原生動物
  - 根立類——變形動物
  - 滴蟲類
    - 鞭毛滴蟲
    - 草履蟲及鐘形鐘

第二章　多孔動物

海綿　多細胞之動物。其所常見者。海綿是也。售於市。用以沐浴。此種動物產海底。以吸管形之底。附著石塊或他種堅實物質上。曰多孔類者。因其全體皆有小孔貫通。卽動物體中運行之水道。其孔分三等。至大者少而直。然不能徹底。次則自外貫內。與大孔相連。若至小者則徧體皆是。又與他等之孔相連矣。

海綿體之外部。有膜（卽無腸動物之外皮）一層包裹。僅留微孔之口。此一層膜。與羊皮相似。小孔內部復有薄膜一層。謂之內膜。內外膜間。有纖微體。係一種柔軟細胞。此細胞。即海綿之肉也。柔軟細胞。復生一種能伸縮之纖微骨架。如角之質。爲海綿內之細胞所包含。其體內之水由外膜微孔穿入。再由小水道周行全體。末復由大孔中激射而出。其運行之功用。全恃內膜中一種奇異之細胞而成者也。若將水道或與相連之液袋放大。其細胞酷肖鞭毛滴蟲。故海綿一物。儼若聚無限之簡單

第五圖　海綿之形狀

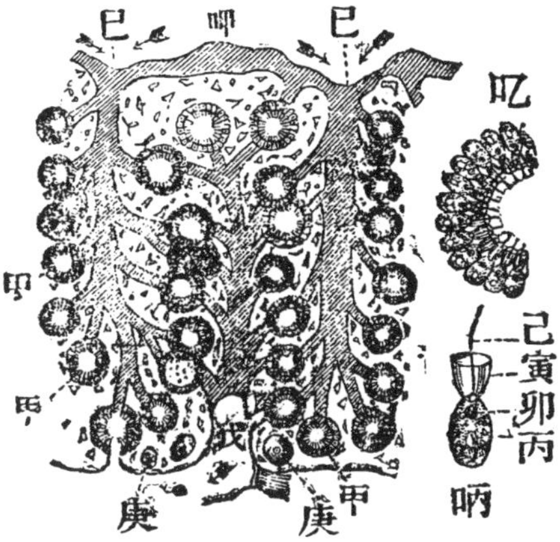

呷爲海綿外層之直剖面巳巳即海綿之微孔或其吸氣之孔凡運入纖毛細胞甲甲之水均由此諸孔流行戊乃一極大之吐氣孔庚庚爲芽胞初生之形狀吃乃海綿中纖毛細胞室之一部圖中所繪者乃由斜面剖分之形以顯現其纖毛細胞其纖毛恆向室之內部呐爲纖毛細胞巳爲細胞纖毛寅爲纖毛末尾之領卯爲核丙爲收縮胞

動物成之。（見第五圖）其細胞分列兩旁。每細胞之內部（即水道中點相對之處）皆附有一種特別之領形。又每一細胞展開之處。均有一纖毛伸出。此纖毛時常顫動。能使水流動成溜。由其小孔運於全體。海綿之居水中。與鞭毛滴蟲無異。其生長纖毛

之細胞。將水中微渺之植物與動物。攫入體內。其食料既入細胞。每細胞各具消化之能。以所得食料滋養本細胞及相近之他部。而海綿之呼吸養氣。則由內膜間之細胞所吸入。（見第六七圖）

第六圖

活潑海綿動作之狀

第七圖

水在海綿中流行之狀

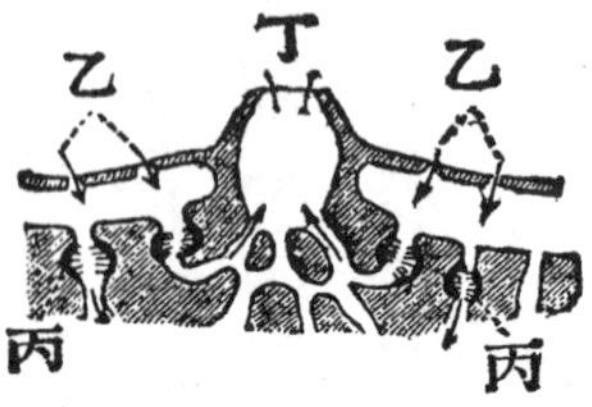

丁為大穴。乙為極小之孔。丙為水道中杯形之孔

第八圖

海綿初生之狀

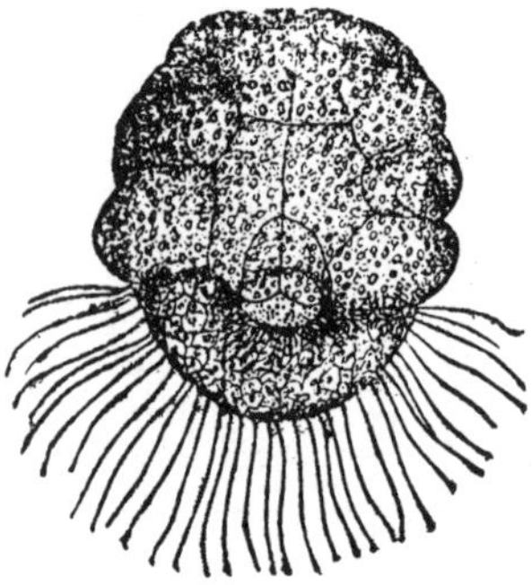

海綿之生。由卵中孵出。其胚胎細胞生海綿內中分而又分。終成細胞兩層。上面之細胞。既生纖毛。即與原株分離。藉纖毛游泳。迨遇合宜之境地。即止於彼。張其吸管。生長微孔與骨架等。久之復成一海綿。其形狀無稍異。（見第八圖）海綿種類甚繁。最上者。得於地中海。次則紅海。與墨西哥之海股。及加勒比海。巴哈瑪島等處。取海綿者。有潛水用網乂取三法。品之最上者。大都居深水中。故取者往往潛入水中。深至三十法臣。或四十法臣不等。凡水能清而無

波浪及食料最多處海綿產生至繁若無汚濁之物溷之則所產海綿之骨架之密率愈大其伸縮力亦愈大

市上所售之海綿其骨架大都爲角類餘則爲矽養或石灰質淡水內亦產海綿數種與市上所售者相同無甚大用其含角質之海綿多產於氣候嚴寒之海中更不足貴因生長未足體太破碎

取海綿之法　以鐵架繃成網袋入海底如爬搔狀海綿一觸此網卽受刈割或爲裂去遂落入網中矣此用於水深者之法也淺水中海綿卽以乂取乂有細柄一上有雙股上連長柄蓋以取粗等海綿者

最高海綿乃用人入水取者入水之人每下至九十英尺或二百四十英尺不等然有處須衣潛水衣方可潛水人呼吸須較長能二三分鐘內不吸氣尤妙當二三人以一小艇入海一人弛其衣囊懸項中一繩繫船舷手挽之鼓氣使足以首先入充力之所至多遇則多割必窮其根置所懸囊中後至不能久持卽拽繩爲號同侶卽挽之使上往往有距水面過遠不及拽繩相告遂致溺斃者且體負海綿轉動不靈

至爲危險。總之凡入水取海綿者。倘稍涉大意。鮮能保生。

總論 海綿體多微孔。膜分三層。內膜有纖毛之細胞。而無神經系及消化呼吸等具。生殖之法。大半由卵。然解裂之部。亦間有能自成一株者。

研究海綿之骨架。可擇柔軟之海綿。察之。惟須頂面有大孔。而不通底下者。方合用。先試其乾濕時之躍力。然後察其纖維組織。以少許置顯微鏡下。窺其結構。如能購得浸于火酒中用作標本之海綿。則并可見海綿之肉。

實驗要言 以市中所售之海綿。與變形動物相比。知何者爲不同。又何者爲相同之處。蓋之二者。皆屬動物類。此即其相同之處也。但於分門之後。可使其有不相同之勢者。今試由海綿體中取一領形纖毛細胞。與一鞭毛滴蟲相比。再取一領形纖毛細胞。與人肺中之纖毛細胞相比。焉可矣。

多孔動物——聚胞類——海綿

第三章 腔腸動物

水螅 腔腸動物一門內。最單純之動物。即淡水水螅是也、見第九圖 此物產於溪塘

第九圖
淡水水螅倒懸之狀

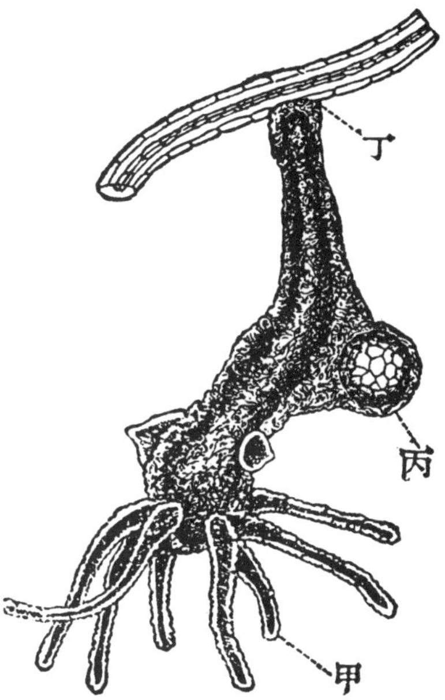

甲爲其觸鬚之一丙爲由其體旁突出之一大卵丁卽其吸管形之底

中。恒黏水草莖葉上。其形如管。體長四分之一至半寸不等。其種有二。一色紅或成肉色。一色綠。

水螅有膜兩層。其外層卽腔腸動物之外皮也。（見第十圖）其內層卽毛孔邊之膜。體凡兩端。封其一。張其一。張者爲其口。口之四圍有無限之線形觸鬚繞之。鬚恆較長於體。外膜與觸鬚上。以顯微鏡窺之。恆現有若干微渺之細胞。每一細胞內有一線盤旋。或觸其細胞。線卽舒出。不啻毒槍。刺水蝨或別種微小動物之體。其所欲運用以擒獲彼種者。彼種卽伏而不動。卽以觸鬚鈎擲口中。以爲食料。

水螅之胃中空。而實以流質。其所盛之流質。卽由其食料消化而成。攷察其胃。知中無運行及呼吸之機體幷神經系等。

第十圖
水螅內外膜

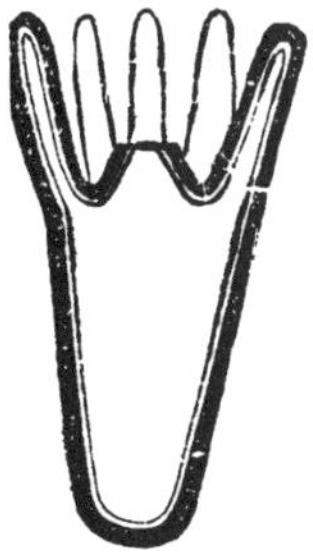

黑線爲外膜細線與其相近淸晰之處爲內膜

水螅或爲卵生。（如海綿）或爲萌生。當萌芽時。芽有節形。側生於水螅之體。芽內之竅與水螅體內之竅。彼此相連。至芽長大時。外尖上又現一小孔。有觸鬚環繞其孔之四周。當觸鬚顯現後。其芽與水螅聯合之處。即形縮小。漸變窄狹。直至芽離本體成一獨立之動物而後止。有人曾以之試驗。知水螅分開之後。均可重生。以刀剖之。無論橫斜曲直。皆可成一完全形勢。且有時雖將彼分開之體。以之顛倒其內外之膜。彼仍可復其原式。

水螅運動有數種。其安靜時。以吸盤附著一物質上。若運動之時。並無須提起吸盤。惟略作頓挫勢。或其觸鬚與吸管形之底。反轉上下。則行動甚迅疾。

海樝與水母

與水螅最相似者。爲殖居海樝。其形狀雖同水螅。然種類甚繁。其性質與生活之法。均不同。故頗難得一確似者。以爲比擬也。海樝每殖居他物之上。狀若植物。稍不經意。即有誤爲海草者矣。（見第十一圖）

第十一圖

殖居海樝

呷原形之半吃放大申爲容鐘形體水母之液袋申爲液袋放大甲甲爲水母養食狀哂放大自游之小水母哂較原形半大之小水母

凡殖居於他物之上者。其活潑之處。稱之爲個體。望之儼一水螅。其形如管。上有口與觸鬚環繞之。體中祇一胃。故止一竅。個體彼此相連於一空心枝幹上。每個體所消化之食料。能分運於殖居海榧他處之個體。有時其殖居海榧之個體。各有其專任之功。取食消化遺卵等事。以各個體分任之。而殖居海榧又有中含石灰者。其狀類枝葉之骨架。頗與珊瑚蟲相似。然多游泳自得。且其體又具有能運動之個體。

海榧皆輪替而生。蓋海榧由萌芽而生者。非爲海榧。狀與水螅殊。形若卵。即爲一覆鐘形之水母。其體表裏通明。覆鐘之中有下垂之體。體末即其口。體之中心有一竅。即其胃也。竅中有管四。與環繞鐘邊之大圓管相貫通。觸鬚偏其體。鬚體相比。即知其鬚長於體矣。方運動時。恃鐘形體之漲縮而行。又能生卵。由卵中復生出一種小梨形之物。沉入海底。後再萌芽。於是遂產生幾許殖居之海榧。如是由殖居海榧之芽所生者爲水母。水母生卵。復自卵生幾許殖居之海榧。輪流循環。故謂之輪替生殖。又有數種水母。係由海榧分裂而生。狀若小梨。頂端收縮成碟形。半與其本體分離。當海榧生長時。復屢縮屢分。久之層累愈多。望之儼若無數碟子堆積而成。見第十二圖

須臾頂碟萎。謝脫去他碟。紛紛四散逐流而逝。每碟遂各成一完全之水母焉。（見第十三圖）

第十二圖　水母鐘形體之剖面所以顯其中之水道

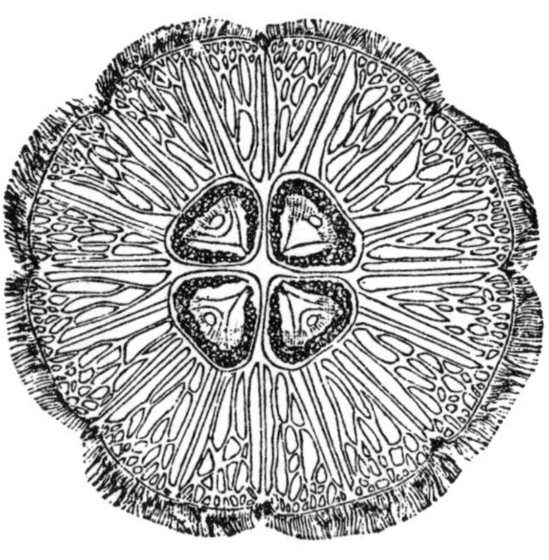

每種水母。其神經系之內有一神經環。圍繞口際。復由之分布神經至碟邊之上。則有目無數。其觸鬚與水螅之觸鬚同。上有刺。有數種水母。徑由卵出。總之海櫃水母大率皆產海中。

海葵（一名莬葵）　海葵較水螅程度略高。構造略複。（見第十四圖）各大洋中。無論水之深淺。皆有產者。體類圓柱。底有吸盤黏附他物。頂上有口。口之四周環以觸鬚。與水螅等。

第十三圖　水母發育之狀

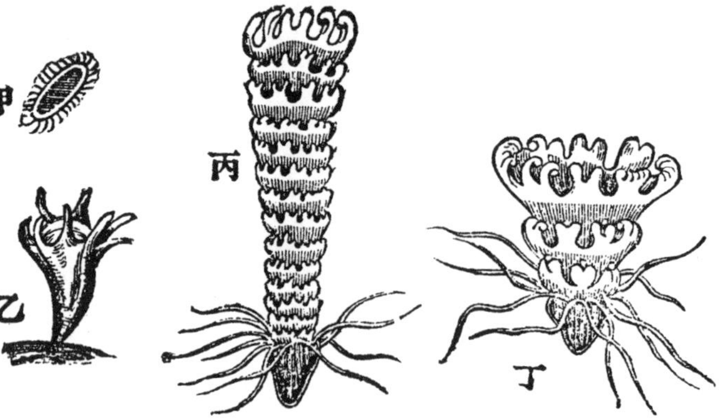

甲爲有毛自游之胚胞乙爲水螅管丙爲分體疊成之水螅管丁爲分體至極之水螅管上有無限之部分相連

第十四圖

海葵之胃與小房

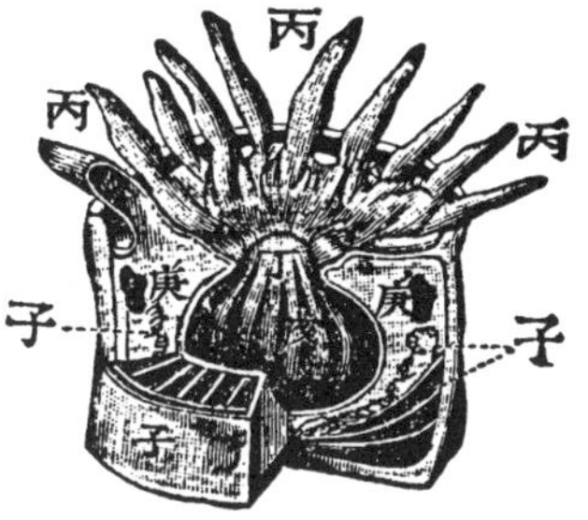

丙丙爲海葵之觸鬚丁爲海葵之口戊爲海葵之胃庚爲海葵膈膜上之孔穴子子爲膈膜所分之小房

第十五圖

海葵

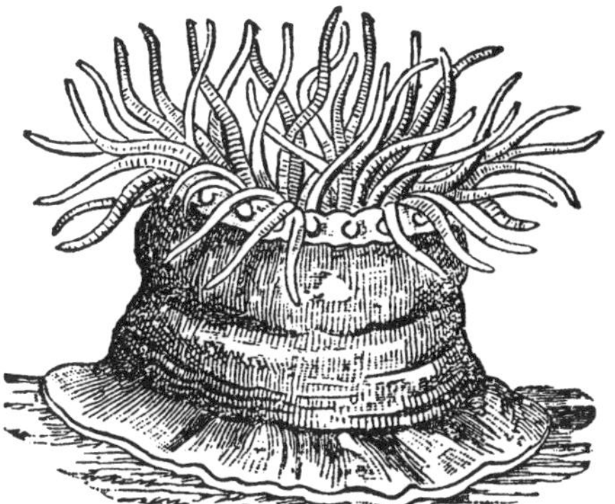

但體非一竅。胃之四周。均有空隙。（空隙與外層斷而不連）環繞由頂下通。約透全體三分之二。攢聚一處。有六膈膜。與外皮相連。每一膈膜。有薄膜兩層。此六膈膜。即將其外竅劃分爲六部分。（或作小房）每一大膈膜中又有小膈膜。此小膈膜由外皮直入中心。惟未能與胃緊接。（見第十五圖）食料經其觸鬚之刺線胞射中。即落入口中。迨入胃已全數消化。消化後即與海水調和。而流入其底中之空隙。所調和之物。復由膈膜邊之中心流出。再往上運行。以浸徧體中所有之薄膜。遂漸次吸取食料及中所挈

第十六圖

海葵橫剖面所以顯其膈膜

入空氣內之養氣。其中餘水。即由觸鬚內之空管射出。凡食料之堅硬不能入胃者。皆吐自口中。由此觀之。其含有能消化之食料之海水。運行於海葵體內。視彼高等動物之血脈。循環流通。運行徧體。以供各細胞滋養之需者。初無以異也。且融化於水之空氣微點中之養氣。此類動物。皆可用各種纖質之細胞吸取之。故雖無呼吸之專具。其全體亦均為養氣所沉浸。海葵有一極單純之神經系。故有視力能辨明暗。又具微能嗅物之知覺。

海葵系卵生。卵成於膈膜上。迨卵體生毛。即離而去之。入大海中。幻為大海葵之形狀。且又不僅卵生也。亦有由萌芽而生者。其萌芽貼底而出。迨既長成。即能脫芽而去。凡海葵之生於洋海暖處者。顏色極美。垂有繸形之觸鬚。全體與花相似。

珊瑚蟲　大概動物之與海葵相似者。即珊瑚蟲是也。然亦有不相似者。海葵之骨架中無石灰。而珊瑚蟲則有之。其骨架中之石灰。多在其底。膈膜之中。則含石灰者三分之二至體之

第十七圖

海葵收縮時之狀

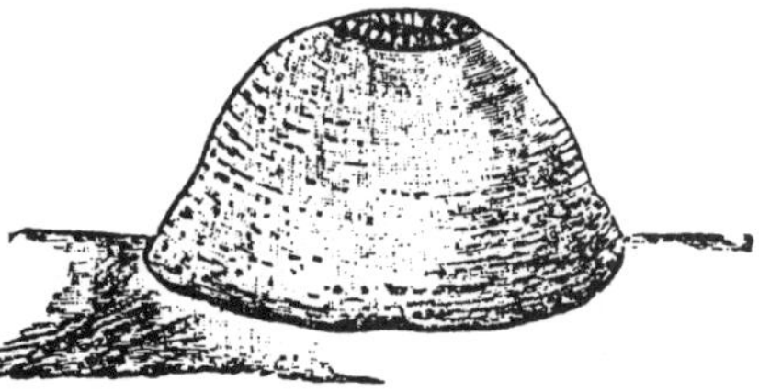

上部。則全無之。故其口與觸鬚之運動。皆得以自如。其膈膜亦與海葵位置無異。數亦爲六。不然則爲六之質生數。

珊瑚蟲孑然獨存者甚少。大概皆殖居叢生。萌芽分殖。生育繁庶。其芽有生底下者。有生體旁者。因類而異。不能一致。珊瑚蟲種類甚繁。大小不一。而尋常所見。則較諸鍼頂略大而已。有數種產北海。但不及生於洋海溫處之多且盛。珊瑚蟲之成礁者。於動物學家甚有用。而地學家因其與地面水陸之消長頗有關係。故恆喜研究之。

珊瑚礁成自游泳之珊瑚幼蟲。茲姑述其形狀及生殖之法。

珊瑚幼蟲。形狀性質。類與海葵之纖毛胚胞相似。大都居於不及一百二十英尺深之海底。此種珊瑚礁。恆旁岸而生。因其居處宜暖。凡海水熱度在六十八度以下者。矣。珊瑚礁所即不能生居之地。在熱帶與附近熱帶者爲多。每一珊瑚幼蟲。皆可爲殖居之創始者。所謂殖居者。即珊瑚蟲叢生之地也。底下者死。則其所遺之骨架。即以爲新者殖居之根砥。萌芽分枝。層累而上。久之成一網形。而爲珊瑚礁。當珊瑚礁高出水面時。每爲波浪與海螺殼及他種水族中動物之骨所衝激。珊瑚由之碎裂。

其衝碎之處。又經海水刷洗。即成無數空隙碎裂之塊。充物其中。珊瑚礁遂成堅實大石。成礁珊瑚蟲有深水淺水二種。深水種迫近水面。即不能生。淺水種於是代之。生生不已。上升水面。顧其上升之率。恆以海潮波浪所及爲限。過此則蟲不能生。漂木淤泥。停積其上。久之融合珊瑚碎塊。而成浮土一層。飛禽昆蟲。海風潮流。復挾植物籽種。散落土上。即生根著葉。珊瑚礁上層。遂爲植物所涵蓋。而珊瑚島以成。

第十八圖

含有珊瑚蟲之活珊瑚枝

凡淡水濁水及急流中。珊瑚蟲皆不能生。正對河口之珊瑚礁。亦不能持久。因爲急流所激。終必有破碎之一日也。今世有幾許海島。皆由珊瑚而成。美洲如佛羅里達半島者。即此類也。在美洲又有數處石紋中。皆顯珊瑚形。以是觀之。足證其爲此等動物之骨架組織而成也。除白珊瑚外。尚有紅色者。或視爲寶貴。蜂房形珊瑚。扇形珊瑚。筆形珊瑚等類。皆與白珊瑚同種。特形狀稍異耳。見第十八圖

總論　腔腸動物類所有之動物。視若相同。因其中心各有一消化系。夫所謂消化系者。即其體中首要之穴也。口之四周。皆有觸鬚環之。每一觸鬚上。又有刺線胞無數。其體中無流動之血脈。故所得之食料。全恃海水爲之融化。而後運行於全體。又無專供呼吸之具。其神經系亦不甚顯明。若分殖之法。則有卵生萌芽二途。

實驗要言　以水螅與海葵相比。以珊瑚枝與含有石灰質之海樝相比。試舉水螅海葵二物及珊瑚枝與含有石灰質海樝之不同處。又試舉水母與海葵相比。并於水螅或海葵二者之中任擇其一。以與海綿相比。彼等在動物之中各分門類。其故何在。

- 腔腸動物
  - 水螅水母類
    - 水螅　海樝
    - 水母
  - 珊瑚類
    - 海葵　珊瑚
    - 紅珊瑚　扇形珊瑚　筆形珊瑚

第四章　棘皮動物

海燕　此類中。以海燕爲選定之標本。欲知海燕之形狀。見第十九圖。此種動物。恆類星式。體具五臂。臂面皮粗而有芒刺。口一居腹底之中。其臂頗軟。骨架之中。含有扁形之石灰片。形狀大小不一。由此達彼兩邊相連。外有皮裹。故隱而不見焉。石灰片中。有無限小孔。即用以通水入體者。石灰片生長之數。直增至其體之邊際。且連有無限芒刺。其芒刺運動。全恃一杵臼節。故能旋轉自如。而藉以爲護身之具也。最奇者。其節與尋常杵臼節不同。臼在芒刺之末。故能運動。杵居灰石片內。而反不能轉動。全體芒刺。非盡一律。有處芒刺之末端。於運動時。其尖如叉。其用如箝。惟其用意。尚未攷得。每臂下。又有一深槽。下垂以達中

第十九圖　尋常海燕

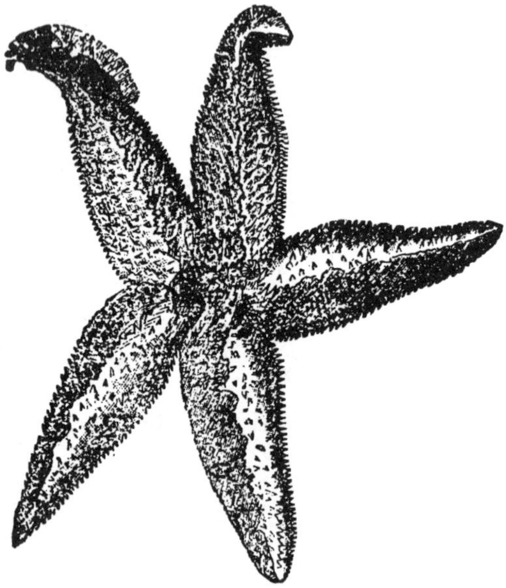

心在石灰片之孔中有一液胞如管而長由膜皮成之每一臂內此種液胞共分四列每液胞外部之末端常張開顯出一平面狀當海燕將行動時即舒其臂以液胞先吸石上後再緩拽前行此種液胞即稱爲海燕之管足

海燕之消化系及口均在腹下惟其胃生口之上端又每臂之中皆有一腸與胃連貫腸上又皆有一肝與相連合肝內生一種極苦之液質其胃近口之一部可使張開用吸食料運入其胃蓋海燕以軟體動物爲食尤嗜蠃類見第二十圖

第二十圖

海燕臂之內部

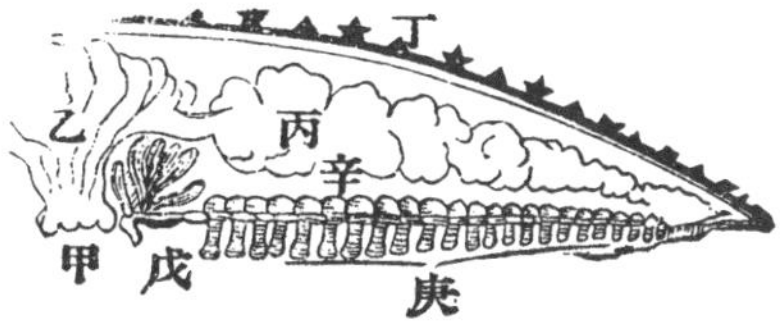

甲爲口乙爲胃丙爲腸丁爲臂之上面戊爲石灰片庚爲管足辛爲水袋

第二十一圖

海燕類之有孔器系

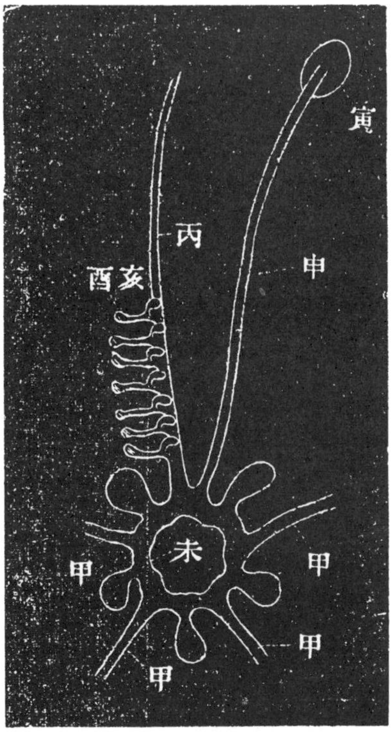

寅爲篩片丙與申皆爲石道未爲中央之食道圈甲爲射出管圖中所繪祇有四數而此四者亦祇顯其底而已他如管足則如圖中之酉管足上之水胞即在射出管之一邊如圖中之亥

其體內有極完備之血脈循環系。藉以運行已經消化之食料。使分布於全體。惟是水胞之運行力。又最合於呼吸時之用者也。在海燕頂上并兩臂交角之間。有一貫穿如篩之體。即所謂篩片者。此篩片用以引水入管。(即海燕之石道)再由管下流而通入於口中四周之水道也。此等盤旋水道。又連他管沿每臂底下之槽而出。但其射出管又與臂內無數之小液胞相連。其小液胞復貫穿於臂內而與其管足相連。故此等之足。皆得由水道引水。灌入其中。又液胞不但為行動之具。且可為呼吸之用。至海燕之心。則頗與石道相近。

海燕口之外圈。為神經系之中樞。其沿每臂底之穴之中線。又有神經無數貫通於足。臂尖之上。有一紅斑眼。能分別光暗。且海燕又有能嗅之知覺也。海燕由卵而生。其孳孕之狀頗繁。茲不覼縷。尋常海燕外。仍有數種奇異之形狀。如所謂沙星魚藍星魚等數者。皆海燕之異種也。

海百合　動物中有俗稱為海百合者。亦與海燕同一類。產海底。化而成石。視生時形益明顯。其體與一有節之幹相連。凡不與幹相連處。皆成小圈形。此即常見於石灰中。而俗稱爲鈕模者是也。

當海百合倒懸其體時。頗與海燕相似。海百合之最發達者。枝幹甚繁。狀如羽。望之幾疑爲花。體分五部。枝幹亦如之。故恆見爲五邊形。長成時已久。卽由枝幹下墜游泳而去。因之時見有此種海百合化成之石。

第二十二圖

已化成石之海百合

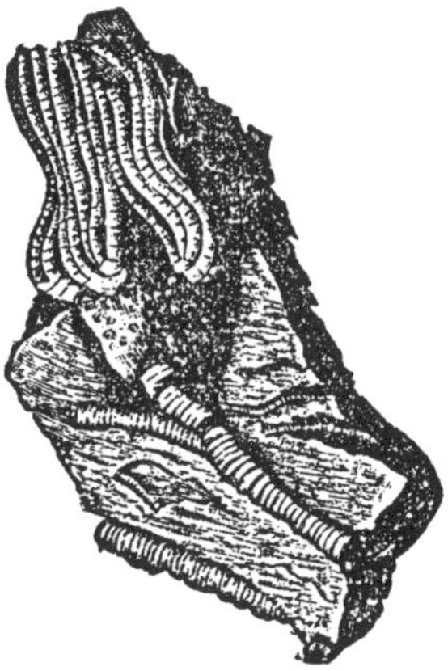

第二十三圖

西印度所產生存之海百合

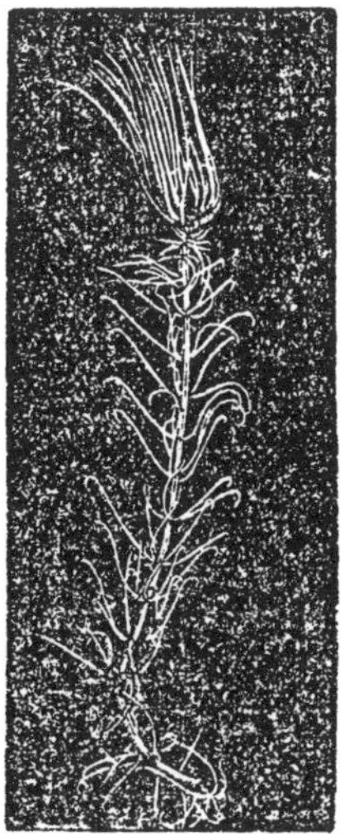

海膽　此種動物。亦與海燕同類。體具射形。分五部。粗視之。不甚分明。形如橘。或如瓜。口在下。附近口上之中心。卽其體中之篩片也。倘使海燕所有之臂能盡曲於篩片上。盤旋爲一。其形卽與海膽無異。海膽臂尖之目。藉其臂以盤聚於體頂之中心。其足在五部之上。每部有足四排。由頂上之目以達體底之口。皆成矗立形。在此五部之中央。有無數長而能動之芒刺。海膽之口。與海燕之口迥異。海膽有五尖齒。

上下相向其齒每藉肌肉以爲運動當齒尖磨盡時由根復長極形迅疾有所謂沙洋錢沙板與海熊者皆海膽中異種又有稱爲海鼠者本與海燕同類但中有數處又與海燕略異耳

第二十四圖　海膽之剖面

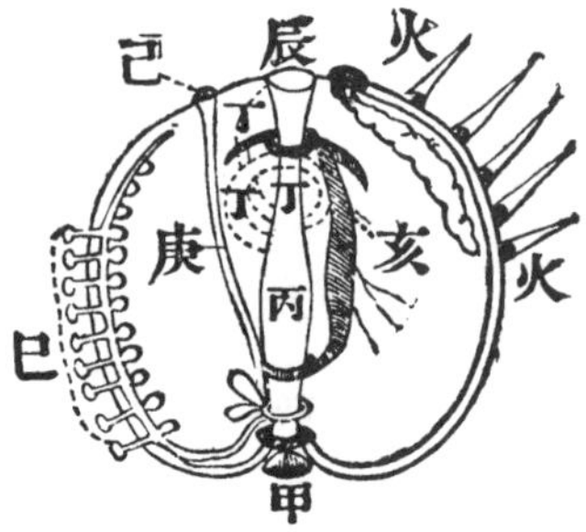

甲爲口丙爲胃丁爲腸辰爲肛門亥爲心巳爲飾片庚爲總水道辰爲管足火爲芒刺

第二十五圖　無芒刺之海膽殼

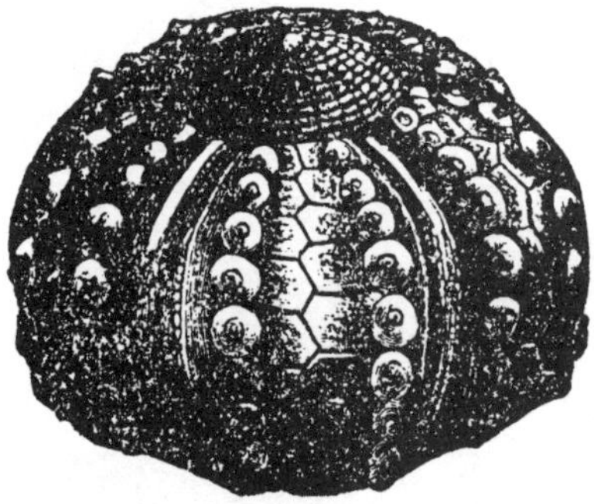

第二十六圖　海膽之底面顯芒刺中之吸管

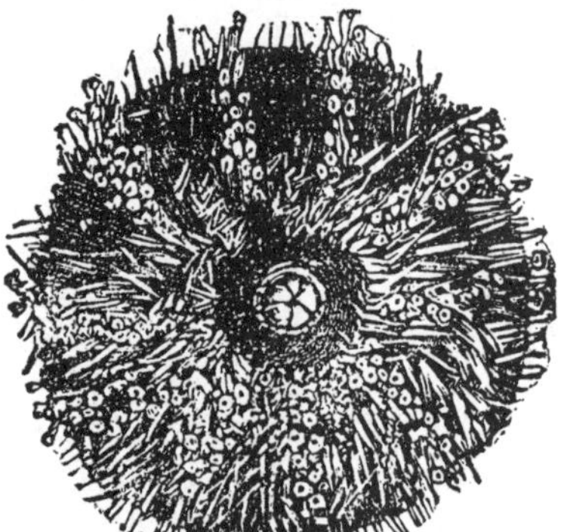

總論　水中棘皮類動物昔人稱爲射形動物者是也體軸之四圍顯有鼓突處形如日光之射線是以名之其食料之運行賴水胞者爲最至消化之具則狀類圓管頗發達惟神經系不甚靈動其生殖則皆爲卵生

實驗要言　以海燕一與海葵一遞與水母相比。昔人將此三類同列一門。稱爲射體動物。試推測其原因。

棘皮動物……
- 海百合類……海百合
- 海燕屬……海燕
- 海膽類……海膽沙洋錢沙板海白熊
- 沙噀類……海鼠

第五章　蠕形動物

蚯蚓　蚯蚓爲常見之動物。形體甚簡。且與高等動物相合之處頗多。故於攷察生物學最爲注意。體形如管。雖其首不甚顯明。然體有前後部之分。腹背皆備。其體際亦分左右。體中一切形式類與高等動物相似。且卽以人體比之。亦無甚懸殊者也。

蚯蚓之體多節。數逾二百。均甚明顯。每二節中其皮皆成皺紋。故視之似尚不止此數。其體後部之末端略扁。不若前部之尖。又體之第一節有脣向上。脣下卽其口也。在前部相近處有一白帶。上恆生卵殼以衞護其卵。

其皮裏有肌肉兩層。至體外之橫肌。則爲其體所恃以引伸縮狹。若體內之直肌。則又其體所藉以爲縮短之用。他如突出腹底皮上而分四列者。爲鬃毛。乃助其運動者也。蚯蚓行動時。半由其體輪次伸縮。又半由其鬃推之使前。當行於滑面與麤面。則於皮內生一種有黏性之流質以助其力。使不致有脫落之虞。其消化系狀如管。其喉頭舒張。現有倒置形。能由口中突出。當其突出時。望之儼如長喙。迨至第六節。其管縮小成一食道。食道以下管又放大成一小胃。與大胃銜接。下復綴以管形之腸。而消化器官乃大備。

第二十七圖　蚯蚓

甲爲其原形乙爲其一段放大之狀丙爲蚯蚓之卵丁爲卵中孵出之小蚯蚓

血脈之循環共有兩種。其紅血循環系居背上皮下。顯明可見。能將所運行之紅血。

輸入體之前部。其血由背上血管運行之道。可於皮內踪跡得之。腹下另有一種血管。與人身之迴管功用略同。能使背上血管運入之血。復其原位。其體節旁皆有一二血管。與腹背之血管銜接。其左右兩旁之血管。又適與其節相迴旋。自第七節至十一節。其血管放大。賴管體肌肉之伸縮。能使管中之血。激射運行。以代心之效用。除紅血外。有一種白血。流行於體際諸竅之中。殆用以運動已化之食料。其運行紅血之微管。散布體內。於呼吸間所吸取之養氣。皆由皮面透入。故其皮潤澤而不燥也。腹底有雙行神經系一。以腦結銜接而成。至食管相近。復分而爲二。向上排列。即成二神經帶。其末有大腦結二。即爲蚯蚓之腦部。蚯蚓感觸機之知覺力頗大。其體之前部。雖無眼目。然能分別光暗。且微有能嚐與嗅之知覺。惟無耳可聽。

蚯蚓在土中。每以體鑽穴而行。其鑽出之泥。湧現於穴口之上。其穴常有深至六英尺至八英尺不等者。穴口常塞以木葉與小石。晝則隱身穴內。以植物質爲食。其以植物質爲食者。大都取諸泥土中所含之有機物質也。至食料告竭時。復游行穴外。覓樹葉。拽入穴中。欲使樹葉收取土中之溼氣。柔軟腐爛。然後即用以爲食。

此種動物。當取樹葉入穴時。亦足顯其能事。每於取葉之先。體踐葉上。蹤跡殆遍。以定葉之形式。其拽入之時。則銜其莖之尾端。以便捲起。而無柄鑿之虞。

攷生物學家達爾文估計之數。英國每年一英畝地由蚓穴湧出之肥泥。約十噸左右。又能爲農夫貫穿泥土。以通空氣與水。其拽入穴口之樹葉。更能使地土肥沃。而其吐出之泥土。已含有一種消化汁。具有肥性。一微物耳。雖常因出而求食。不無損及小植物之類。然於耕作家實有裨益也。天雨蚯蚓常游行地面。因穴爲水浸也。在地面時。或爲大雨點及冰雹擊斃者。往往有之。

寄生蟲　蟲類中。屬寄生類者甚夥。絛蟲其一也。

較絛蟲略大者。爲線蟲。所謂線蟲者。包旋毛蟲之類而言。旋毛蟲者。匿於猪肉中。一種極危險之寄生蟲也。又有一種微小之線蟲。當初生時。本寄生昆蟲身上。及其長大則居水中而成爲一種馬鬃蟲矣。

微生蟲　凡微生蟲中。爲人所樂於考察者。卽擔輪蟲是也。擔輪蟲之首際。有毛二蘩。其顫動極速。視之儼若一輪之旋轉。當毛動時。若在水中。其體因之旋動。並能將水中所有食料之微點。攫入腹中。欲知擔輪蟲之形狀。見第二十八圖。

水蛭與海蟲

水蛭海蟲於蚯蚓極有關係然性質較蚯蚓不同故形狀亦異。水蛭之體。兩端皆有吸管有首有目口生三齒取食動物時。皆以齒囓而傷之海蟲每節左右有腮形扁似槳。故宜生於海。即以腮力運行。雖有時以植物爲食然食肉恆多遇微小之動物。皆吞噬之并及同類。口有長喙。當突出時。有數極利之齒。目與水蛭同皎然可覩。其胃之結構。較水蛭蚯蚓略爲改變以合其生長之境地。（見第二十九圖）

第二十八圖　擔輪蟲

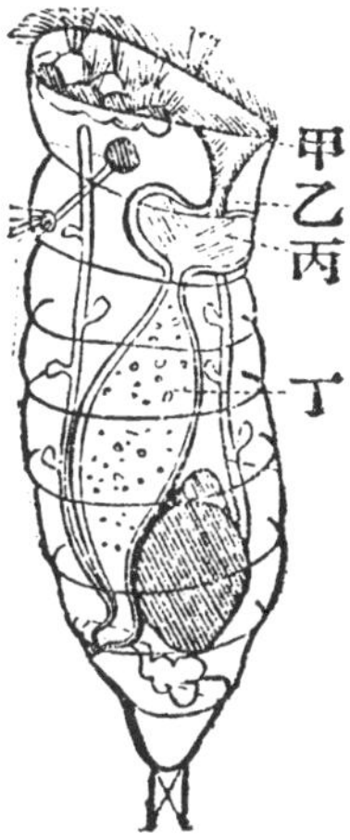

甲爲通胃有毛蓋之窩乙爲口丙爲帶有咀嚼器之喉丁爲胃

一變相　有數蟲類當初生時。較長成之日。情形迥異。此即謂之變相。

二腕足類動物　有數動物學家。每將腕足類動物。列入蟲類。但亦有謂爲軟體動物者。其形狀待至已化成石。較生時尤爲明顯。而雙殼之動物。其外狀又與雙殼之軟體動物。若相似也。

總論　蠕形動物之體．左右一致．延長成管形．分節有前部後部之別．消化器係一直管．徑穿其體．并神經系之腹．其神經系在腹部．而與背上之大腦相貫連．至總血管則在背部．而其生殖之法則由於卵．

第二十九圖　水蛭

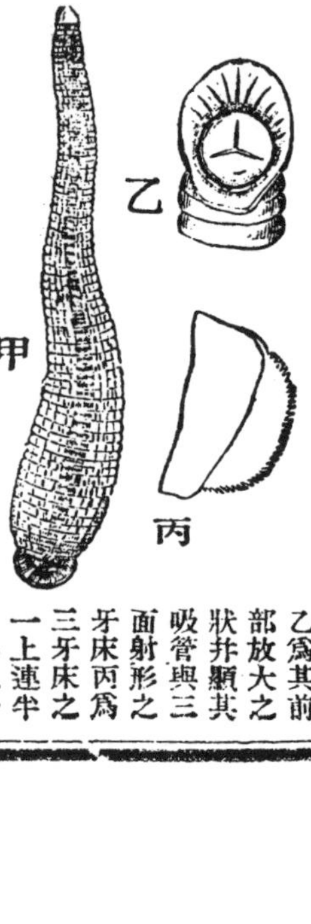

甲爲水蛭乙爲其前部放大之狀并顯其吸管與三面射形之牙床丙爲三牙床之一上連半圓形之牙邊

實驗要言　取蚯蚓之肢體與海燕比較．而識其構造之異同．又以人體之大概．以較蚯蚓肢體之位置．人體中之生養器及腦部究與蚯蚓體中者有何不同．

蠕形動物
- 扁蟲類……扁蟲
- 絛蟲類……旋毛蟲　馬鬃蟲
- 輪蟲類……擔輪蟲
- 環蟲類……蚯蚓　水蛭　海蟲

第六章　軟體動物

雙殼類

蚌　蚌一名淡菜。爲最著名之動物。以其產於淡水。故以爲名。視產鹹水中者。形體各異。其全體輭而無節。有皮一層束其外。其外皮中所生液質。即結構成殼。以資衛護者也。殼中所含。大都石灰片之類。亦含有動物質在內者。

殼分兩片。故謂之雙殼。當其左右二殼長成一式。有稱爲均勻殼者。以其殼有前後腹背之分也。界於二殼之中之節。則謂之殼鉸。二殼交接處。有一種似角而能伸縮之靭帶相連。靭帶生殼外。其用即所以推開其殼。欲知蚌之形狀。見第三十圖蚌殼之鉸。在背邊上。殼張處在其腹邊。或稱爲底邊者。蚌殼之外面。有無數向中心平行之圓紋。數之適得其生長年數。稱爲成長線焉。此等生長線布列處。與每殼發生之處。謂之嘴。其嘴向內。適對殼前部之末端。欲分別蚌殼之左右。舉殼使鉸邊向上。其嘴旁右邊之殼。

第三十圖　淡水之蚌

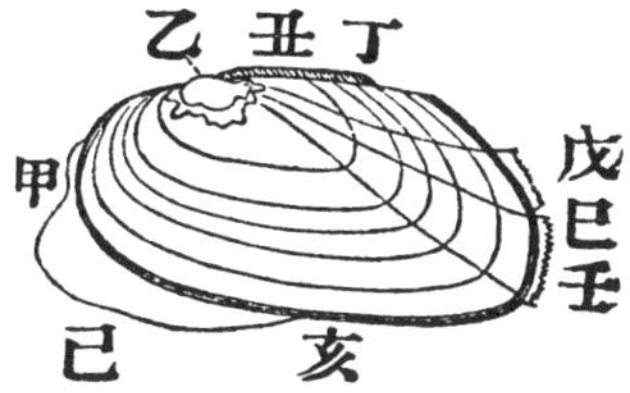

甲爲蚌之前部乙爲蚌之嘴丁爲蚌之背丑爲蚌之靭帶乙爲蚌之足戊爲蚌之排水管巳爲蚌之後部壬爲蚌之吸水管亥爲蚌之腹

即向右矣。當其行動前進時。辨之甚易。殼之在右者。爲右殼。而在左者。即左殼也。察其內部。則見每殼上有若干斑紋。近殼鉸處。有無數墳起者。謂之齒。此殼上凸出之齒與彼殼凹下之齒。彼此適相合。近其殼之前部與後部處。爲伸縮肌之根。肌有二。由此橫貫彼殼中。當此二肌縮短時。殼則闔。

每殼上有一參差不齊之線。謂之外膜線。此線即由此伸縮肌。以貫彼伸縮肌者。其外膜與殼在此外膜線內者。黏連甚緊。在外膜線外者。即相離而不相連也。見第三十一圖

第三十一圖　蚌之右殼

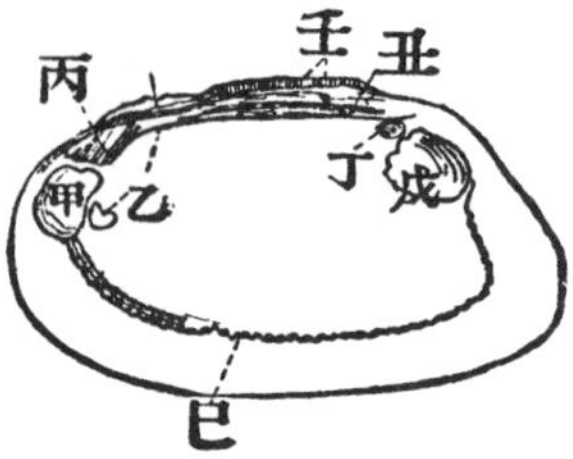

丙爲頂牙。丑爲側牙。壬爲韌帶。甲爲前部伸縮肌之痕。戊爲後部伸縮肌之痕。乙爲前收足筋之根。丁爲後收足筋之根。巳爲外膜線

殼由外套膜邊中所含之質結構而成。至殼之內層光潤如珠者。謂之眞珠層。即用以包裹其殼。逐層之粗邊。其逐層之粗邊。可自外部之生長泉見之。此含灰石質之殼。別有一外皮包裹。此皮即外套膜之極邊所生。倘伸縮肌之功用一失。韌帶頓縮。至殼張不闔。此種形式。於已死之蚌見之。

蚌恆居有泥處。即以脚拽泥而行。體有一突出之肌肉。貫外膜之前腹部。至體後部

之末端及右邊連外套膜之左葉共成吸水排水二管管上有纖毛外口成穗形兩管與足皆能隨意伸縮

蚌之中段居外套膜葉中另一小口在前部之末端幷伸縮肌與足筋之間惟外仍有三角形之有機體一雙以護其口即脣瓣是也

蚌食管甚短通大胃腸則甚長生長於胃後部之末端盤旋於他種機官之中直達於放水管內口近處始止又有一極大而黑之肝肝中所生液汁輸入於胃以爲消化之助其心居殼鉸下背部之上其心有兩上房一下房血色白如乳由脈管射出以供各部有機體之用心血發出後先歸腮中藉洗其不潔之質後再折入心之上房其所流入心之上房與人心之左上房相仿（人心分四房即左上房右上房左下房右下房是也）在脣瓣後沿下部之邊有薄膜兩層顯分左右薄膜上有斑紋豎而平行此薄膜即謂之腮腮上覆以纖毛細胞無數聯綴外套膜葉之內部兩腮相連處又即所謂內腮者是也在內腮與其體之間有內水道一與排水管相貫通每一腮際又有薄膜兩層中藏有小孔者一此種薄膜皆表裏通明

其體中之水。皆由吸水管而吸入。入管之水。又爲其纖毛所激流至腮中。貫入各處薄膜。收其所融化空氣中所含之養氣。餘水即可流入其內水道。後復由排水管流出。

蚌之食料。每含水中動植物之微點。當兩腮與食料相値時。其食料之微點。即爲其

第三十二圖

雙殼動物剖分之圖

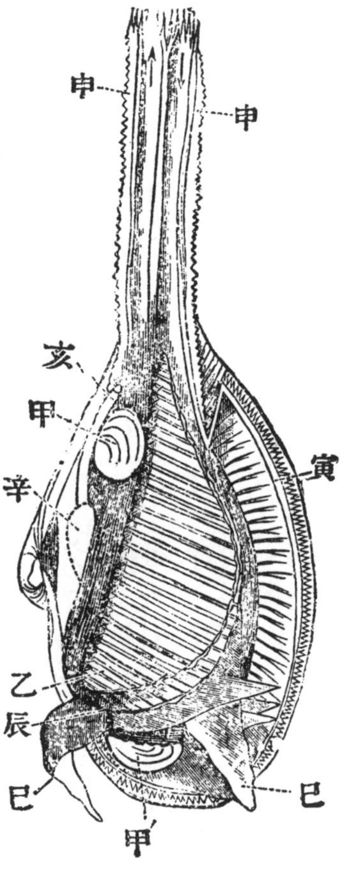

申爲呼吸管上繪之箭節指水流通之向甲甲爲收縮肌乙爲腮辛爲心辰爲口四周有脣瓣巳巳爲脚亥爲肛門寅爲其外膜巳經割開之邊

腮中一種黏液所包。又經其腮上之細毛。導入無數細線之內。復由細線導之入脣瓣。末始落入於口。

其神經系上有腦結三對。一當其嘴上。一當其足上。餘一對則在其收縮肌後部之

下焉。所有之腦結。皆與神經線相連。故凡由腦結所分出之神經線。均藉供一切有機體之用。又蚌之足上有一耳。卽爲液胞。內貯有流質一種。蚌乃由其腮中之卵而生。至破卵而出之時。亦由於此。惟初生之蚌。祇有雙殼。與其母絕不相似。迨後經改變。始相等焉。

蠔 雙殼類中所當考察者。蚌外則有蠔。性與蚌異。狀亦異。初生時。體極靈活。越數日。卽飄流於水淸食多處。恆沉水底。不久其左殼卽著於大石或他種蛤殼上。除有物力去之。始與本位相離。否則終不得脫。以蠔殼與蚌殼相比。迥不相同。又蠔之左殼較右殼重而且大。以在其體底故也。由殼之鉸至其底。既厚且闊。又近鉸之處。左殼亦闊

第三十三圖

蚌腮上之絨毛

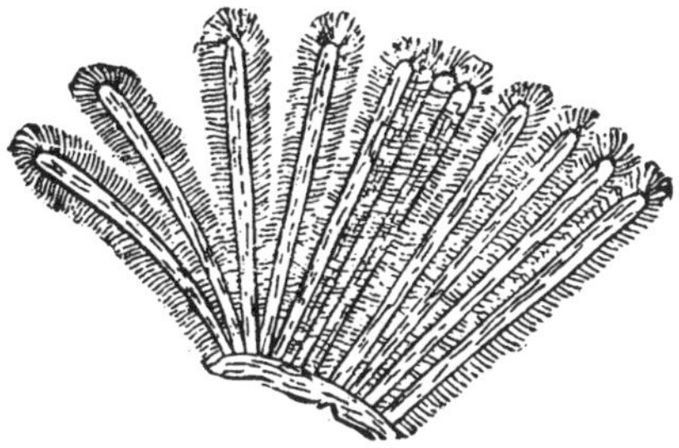

第三十四圖

去左殼之蠔

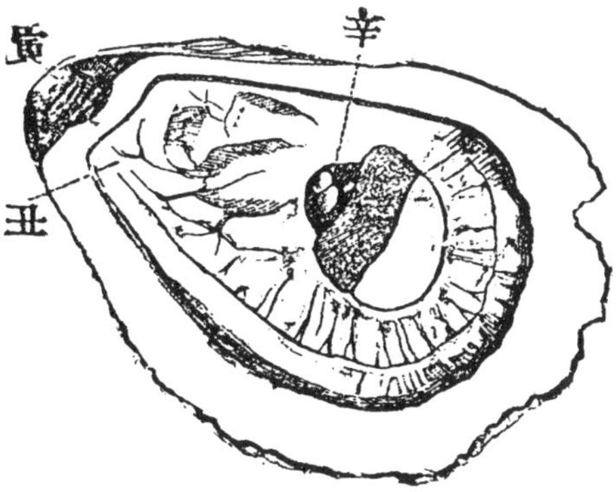

辛爲心 丑爲鞦帶 寅爲口

於右。若似角之靭帶。則界於兩殼中。非若蚌之在外者也。靭帶縮則殼合。收縮肌放則殼張。體內祗收縮肌一。肌根有一黑點。卽貼近殼之中心者。

殼形與他種不同。其殼之層累而上者。非由其鉸之向外而生。乃向內而生者也。故其殼以近鉸之處較近邊之處爲稍厚。蚌殼則不然。皆厚薄一律。

蠔與蚌不同之處。以其無足無排水管耳。其吸水入體。先經行於膜皮邊下之腮。至運動一切。則亦如蚌。皆恃細毛以爲作用。

蠔生於淺水浦灘上。一季中。一蠔能生卵逾百萬。所生之卵。僅數分鐘。卽孵出纖毛小蟲。能任意游泳。於數禮拜內卽行長足。但往往卵未及成熟。已喪亡無數。查其易喪之由。或爲魚噬。或因戕賊。蠔生長四五年始可入市求售。然蠔之種類甚繁。經考察而最有意趣者。卽珠蠔是也。近錫蘭島海岸一帶。人取蠔以爲生。雖操此業者至衆。獲利仍厚。

砂礫落入蠔殼外膜中。久之乃成珍珠。蓋砂礫糙面刺激外膜。外膜多生液汁浸潤之。使之光滑。而蠔珠以成。故珠之光彩。全視外膜所生液汁而異。時或他種動物鑽殼而入意欲寄居殼中殼乃多生液汁以拒外敵殼之內部遂多半珠珍珠大半產於淡水中之蚌殼內然其價值之高低不僅在其珠之大小及光彩且在其形式之圓整與否

最大之珠重可三兩周約四寸半價值六萬元

他種之雙殼動物類 蠔與蚌外尚有他種雙殼動物亦歸此類如蛤與海扇等是也形態大致相同但中有有排水管者有無排水管者

單殼類

陸地蝸牛 尋常陸地之蝸牛有一單殼類螺形其生長之起點謂之頂點殼中有旋紋則謂之車輪花合諸車輪花而後再成一旋螺形此種螺形能落能起又能成一扁形者也間於車輪花中之旋螺槽則謂之頭蓋骨節(見第三十六圖)其體進出之口謂之殼

第三十五圖

居於殼內之蛤之圖

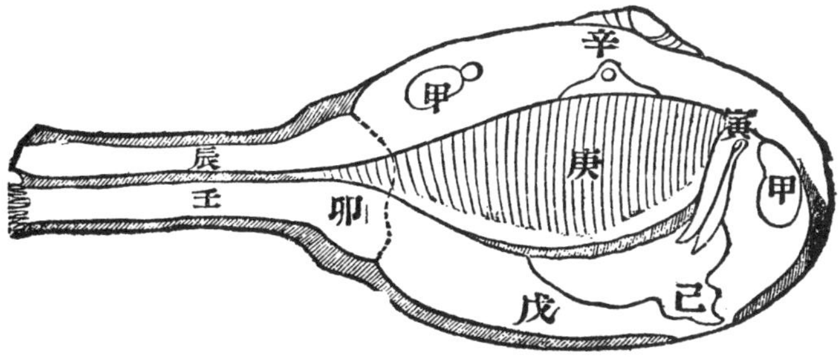

戊爲膜皮之邊己爲足甲爲收縮肌寅爲口辛爲心丙爲吸水管辰爲排水管庚爲腮卯爲司嗅神筋

口。殼口之邊。謂之唇。車輪花所成之花邊。謂之殼軸。其唇之邊。有時厚而崛起。在唇邊與體之車輪花上。有白色而突出之物。儼如堵塞其殼口者。謂之齒。其殼底之中心。與頂點遙遙相對者。謂之臍。(見第三十七圖)有顯露於外者。有以唇隱藏者。均因種而異。凡殼上螺紋。向右旋者。曰右紋。向左旋者曰左紋。人有欲定此點者。僅須拈一螺殼。使其頂點向上。殼口向己。即可知。因其唇之向左與右而殼亦隨之。單殼動物之殼。與雙殼動物同。皆有外皮一層。爲包裹。且各具顏色。有數種蝸牛(即由腮而呼吸者)含有石灰之片。即稱爲外

第三十六圖　蝸牛殼之圖

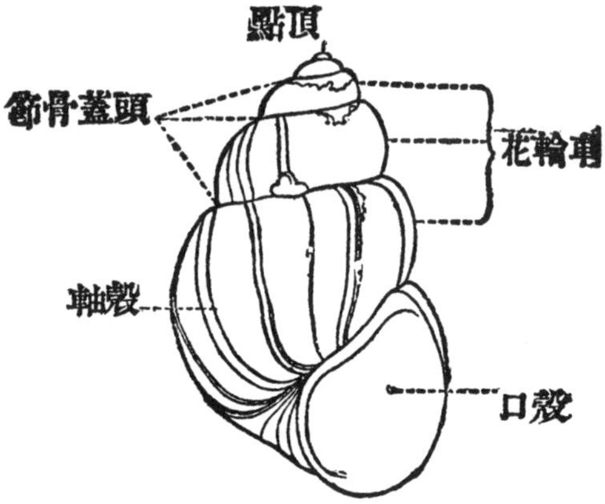

第四十圖　封閉之殼口

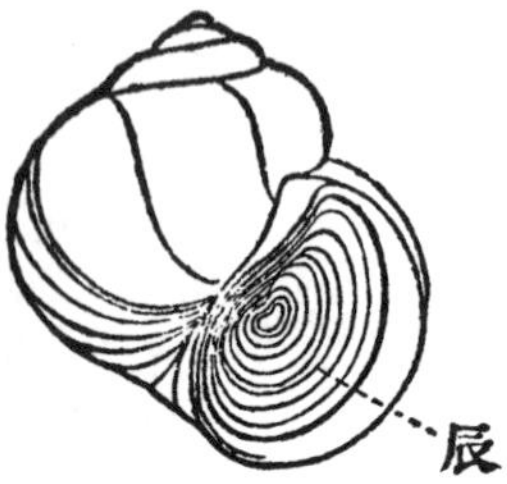

辰爲外皮

第三十七圖　蝸牛殼之底面

第三十八圖　蝸牛殼之側形

第三十九圖　蝸牛殼

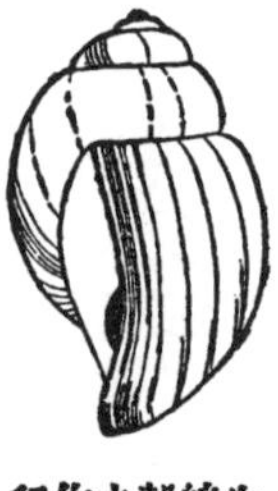

生長線與殼口之邊作平行式

皮。當蝸牛縮入殼內時。其口即閉。（見第四十圖）蝸牛由殼突出之一部。謂之足。有一層外膜。以為包裹。試置一蝸牛於玻璃片上。由底觀其行動。其足之起落。儼然若波紋之層疊焉。

在足前端者。謂之首。又有一極顯明之口。首有觸鬚二。為司捫之官。若蝸牛之在陸地者。觸鬚（見第四十一圖）特高。鬚末各有目一。其觸鬚均能收縮入體。

消化 蝸牛之口。有脣與一頗堅之上牙床。（見第四十二圖）以助囓嚼。口中又具一有齒之舌。或稱石帶。內含薄膜一層。形如長帶。此薄膜即由其圓柱形之心所長而出焉者也。薄膜上有倒刺。其尖向後。所以剉磨其食料。膜之外尖或漸消磨。仍由其圓柱形之心。重長如舊。口與喉相通。至於消化器具之他部。即食

第四十一圖

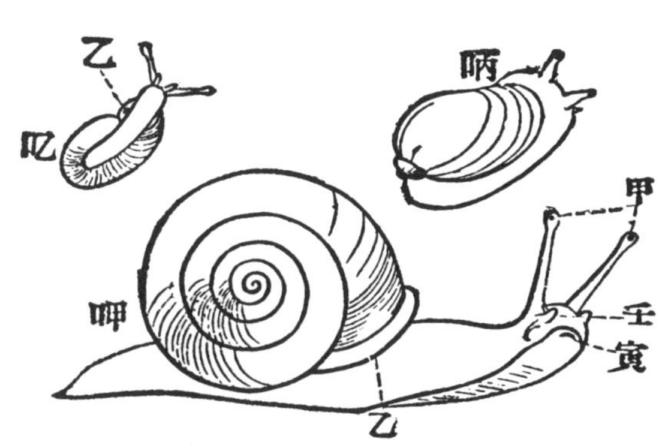

呷為陸地蝸牛爬行之狀吃為側形呐為背形乙為呼吸管之口甲為最高之觸鬚壬為最低之觸鬚寅為口

袋胃腸肝是也。

呼吸　蝸牛以肺爲呼吸之具。肺有孔一。形如合頁。生體旁。當脣邊之下。凡右殼者。肺卽居右。左殼者反是。其肺結構甚簡。彷彿一氣囊。

蝸牛之心房有二。又有白色之血流。當血經行兩房時。卽成脈血與雙殼動物體中之血流無異也。

其神經系與雙殼動物無異。惟目不甚顯。似僅合於感觸。不合於觀察者。與足上神經系相連處有一內耳。蝸牛雖具能嗅與嚐之知覺。然無專門機體以供二者之用。再三考察。終不能得此等知覺或發於皮裏亦未可知。

蝸牛外露之部。護有灰質薄膜。膜係體內一種所生黏液結成。此種黏液。大都用以助其爬行之力者也。

第四十二圖　陸地蝸牛之牙床

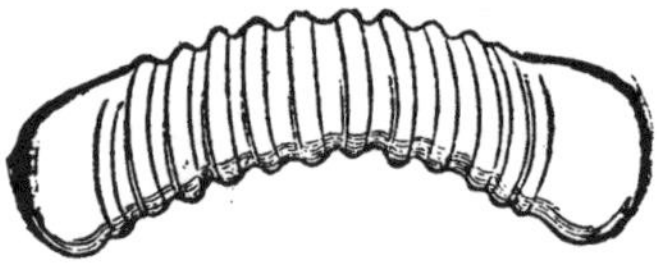

放至極大者

第四十三圖　蝸牛剖分之圖

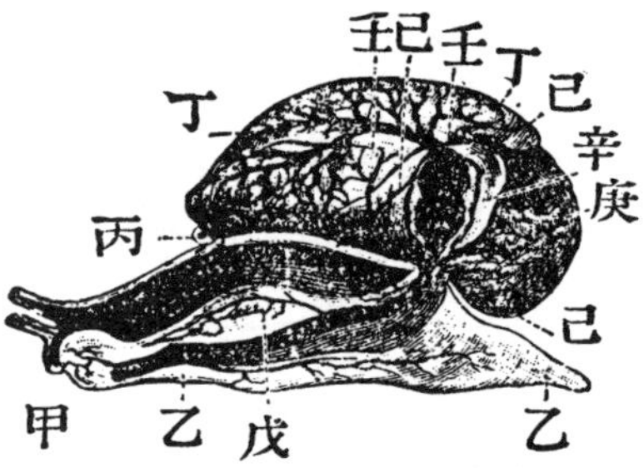

甲爲口乙爲足丙爲肛門丁爲肺戊爲胃己爲腸庚爲肝辛爲心壬爲由肺運血入心之具

蝸牛大半以植物爲食。當天氣極寒與極旱。即藏身於殼。以膜皮封閉殼口。體中所含之黏液。由殼口噓出。中含石灰。其形儼與以管置肥皂水中吹出之泡相似。凡藏於殼內之動物。在膜皮後。成一眞空。其體退後。與脣相平。眞空處即行堅實。故所成之膜皮。層疊至五六不等。備禦寒之用也。

陸地蝸牛蟄伏之區。大都在樹之根葉及淺土朽木中。又恆喜藏密陰近水處。至大石與曠地間。亦恆見之。天氣和煦。蝸牛見日。即出而覓食。相聚尤夥。

蝸牛係卵生。大小不等。初生狀若珠圓。蝸牛遺卵。每次多至三千或五千不等。春季內生卵有三次或四次者。卵有膠形之殼護之。藏地中深或三四寸。卵生後須至二十或三十日。始能破殼孵出。

他種單殼動物類

淡水中呼吸空氣之蝸牛。亦陸地蝸牛之一類也。呼吸養氣時。始現身水面。其目不生觸鬚

第四十四圖

淡水蝸牛殼之圖

之顚而生於體又觸鬚僅二其卵藏於一種似膠形之質內并爲黏合成團仍有一種單殼動物與雙殼動物同類者即爲蛞蝓（見第四十五圖）其殼如片鱗自生未嘗增長當蛞蝓長大時其殼即隱於外皮之內海蝸牛與淡水蝸牛所以與陸地蝸牛不同者乃用腮以爲呼吸也

(一)雙殼動物之殼其區別在其色并狀之大小及車輪花之數目又在其殼上之旋紋并脣與臍暨殼口之形狀與其齒之數目及其性質其外皮有光而澤者有瘤而毛者至其殼上之生長線亦可爲形狀區別之一識記焉

(二)蛞蝓所含之液甚黏故恆用其黏液以懸其體有時黏液亦有變如蛛網之絲者

首足類

墨魚　墨魚可推爲高等軟體動物之模範其體無外殼所以能支持者在中所

第四十五圖　蛞蝓體伸足之圖

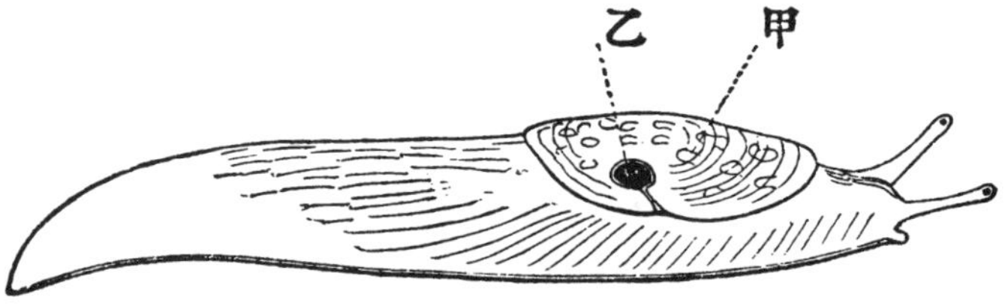

甲爲外皮乙爲呼吸管之口

含一奇異之骨骼。其骨在體之腹部。內含硬殼數層。中有微孔。孔內實以白石粉之質。

墨魚全體。除首以外。皆有外皮一層。以爲包裹。外皮極鬆。備一圓椎形之殼。其與體貼緊處。僅在沿背一帶而已。其首即由寬處之末端突出。(見第四十六圖)

第四十六圖　墨魚之圖

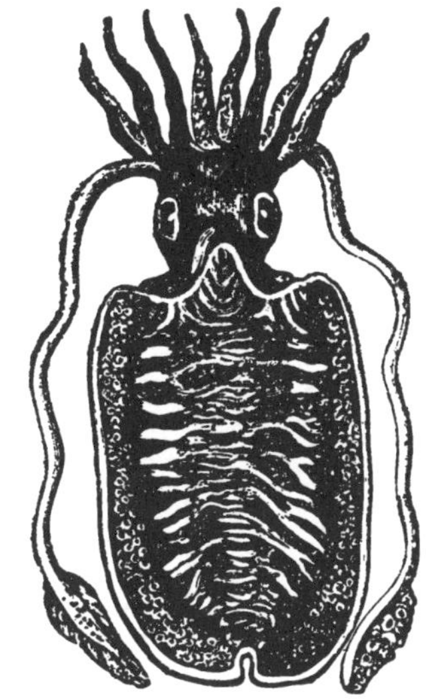

大原體五分之一

在首與口之周圍。有長臂十。或稱爲觸鬚。十臂內八臂。皆有吸管。管口有圓邊。中有蓋一。當運用吸管時。所有捕食之物。皆入其管。

墨魚之腮。在外皮簌內。而外皮之邊。則圍繞頸際。呼吸時水由腮入。後復由腮吹出。與外皮簌相連處。并其頸項前部之中心。則有一管焉。(或即排水管)又外皮之邊。每與頸相觸。故洩出之水。皆爲外皮邊所阻。乃由排水管放出。當其排水向前。水之反動力。能使其體退後。而當墨魚遇敵時。往往藉此退避。然或轉折吸水管之末端。一反其行動之方向。體有墨袋一。中貯墨汁。能傾入外皮竅之中。所謂外皮竅者。即貼近其排水管之內端是也。當用管排水時。袋中所貯之墨水。能同時洩出。使其汚濁。以迷仇敵之目。而墨魚遂乘機遁去。此墨袋中一種極眞之黑料。美術家恆用之。雖有贋造類能辨識。凡墨魚袋中已變成石之墨。用之者尤多。墨魚之口。形如雞喙。其質如角。口內尙有一有齒之舌。墨魚之腦極大。有脆骨護之。頂有巨目二。結構完備。每目下有小穴一。或即用以嗅物之機體。其首又有內耳一對在焉。

他種首足類之軟體動物

無殼之體與墨魚相似。而狀則迥異者。爲八臂鬼魚。又名章魚。其八臂皆相似。乃用以爬挲而行者也。見第四十七圖與墨魚同類之軟體物。又有箭頭魚。即鰌魚是也。見第四十八圖

鸚鵡螺　與墨魚同類。有一珠形之殼。盤旋而內有房。魚即居殼之外房。體中有一內管。或稱爲連室之細管者。入房之膈

第四十七圖

八臂鬼魚之圖

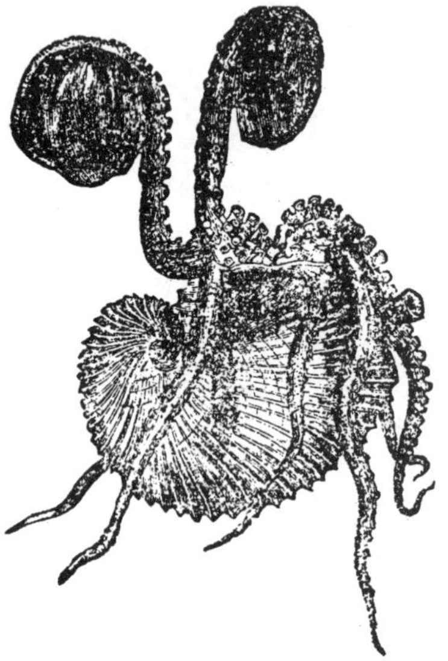

膜。而與各房相連貫。至極裏之一房而止。房內皆滿貯氣質。其功用與魚泡中所盛之空氣彷彿。見第四十九圖

復有一種有殼之軟體動物。曰魟魚。殼體不相連著。母者有觸鬚八。中二寬若帆形。

第四十八圖
箭頭魚之圖

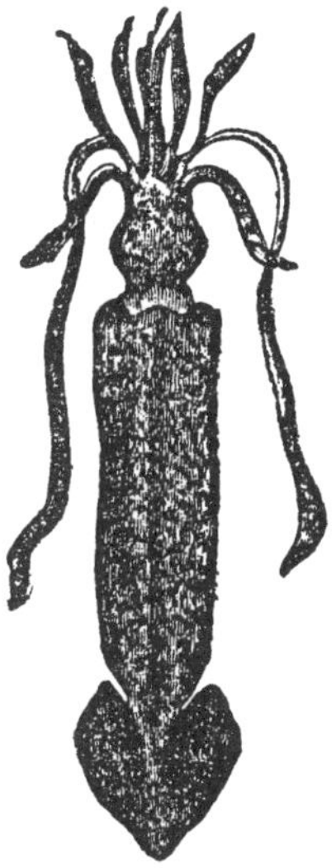

第四十九圖
鸚鵡螺之圖

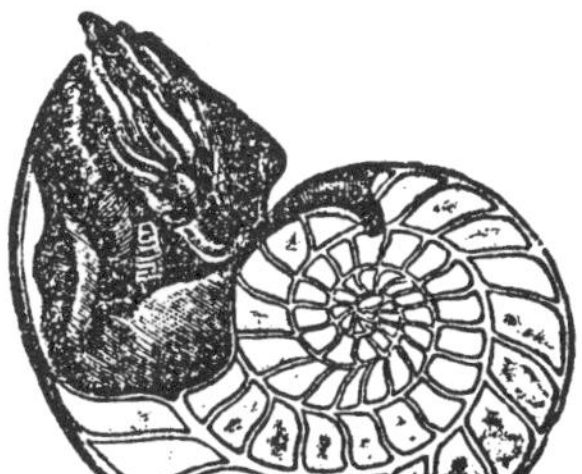

觸鬚時向下向外以包其體。護其初生之卵。并初出之螺。又有一種排泄質。半由膜臂。半由外皮。泄而出之。以護其體。漸次搆成美麗之形式。此種魟魚。皆具有無數之排水管。如墨魚體中之所有者然。

總論 軟體動物。其無骨節之體。或全隱於外皮。或僅半。恆以殼護其體。血色白。心在腹底。有大腦結三聚於一處。即藏於內臟之中。此物卵生。亦有胎生者。

實驗要言 以蠔與蚌相比。其形性不同之處。皆顯然相似。再以蚌與陸地蝸

牛比陸地蝸牛有何特異處。又以蝸牛與墨魚比。墨魚何以列於軟體動物之最高等第。更以蛞蝓與蚯蚓比而知蚯蚓之形狀亦略與蟲相似致每有誤爲蟲者。夫蛞蝓胡亦列入軟體動物之中耶。又蝸牛與蟲相似處較多於與海葵者何在。

- 軟體動物
  - 雙殼類
    - 蚌
    - 蠔
    - 蛤
  - 單殼類
    - 海蝸牛
    - 陸地蝸牛
    - 淡水蝸牛
    - 蛞蝓
  - 首足類
    - 墨魚
    - 蛸魚
    - 章魚
    - 魷魚
    - 鸚鵡螺

搜羅軟體動物之法

搜羅蝸牛。宜冬令和暖時。或初春雨後。覓之木石土堆下。或葉底小穴內。猶以在河畔樹陰坑坡上者爲多產處。其土必肥。至樹皮草根間仍有極小之一類。特有時覓不可得。

尋覓蝸牛須攜嚴密之錫盒一二具。淡酒醋（即調水三分之一者）一小扁瓶。覓得即置之酒醋中。外須利刃一。小斧一。斧背末端當有一鈎。遇大木石之類。可以鈎揭起。

水蝸牛產河塘底。或溝泥沙土中。又或飄於水面。可用長柄漏勺獲之。出覓此種標本多在潮溼地。須備橡皮靴一雙。

覓淡水蚌。以潮落時爲宜。蚌大都產於沙泥。或藏礁石之內。當搜取蓄之池水。以資考察。至剖分之法。可置之沸水中。殼即易闢。再投諸冷水。其體頓縮。即取肉不難矣。如急切間無沸水。以刀口置其殼與外皮之間。將收縮肌割斷。其殼亦開。特不如用沸水之速也。今將刷洗蝸牛殼。最易最良之法。開列於下。

如將陸地蝸牛。置暖室內。不久即可由其殼伸而出之。或投入沸水中。後再用一彎針。將其肉取出。（最好以一彎鐵絲插入一木柄中。以代彎針之用）當用彎針或用鐵絲之時。必直探入其殼之底。至蝸牛浸沸水之中。須待至若干時。其肉方易脫體者。蓋每種皆有一定之時刻。大約均勻計之。終不越一分鐘而已。必先以一線圈繞於貼近其殼之體上。後再投入沸水。時至即易於取出。即用刷淨其殼。一切不潔物。非刷所能及者。以一小迸水管迸水入內洗之。凡殼上有不易洗去之滓。又可投入試筒或寬口玻璃瓶內。灌水少許。加以沙子。執而搖之。其滓易去。此常用之法最合宜者也。倘水蝸牛殼上有含鐵之斑點。急切難去者。當投之草酸液內浸之。凡覓取蝸牛遇長未完全或破爛汚穢者。皆棄之。若失外皮。其殼之光采因之俱失。凡已死之蝸牛。經天氣改變。其殼全無光采。故欲取其殼。必由活蝸牛體中褫下。方之適於用也。水蝸牛殼之光面若不甚明顯。以胡麻油數滴磨擦。即可復原。若陸地蝸牛。則不宜用胡麻油。當以酸質洗之。

第七章　節足動物

甲殼類

凡有節足之動物。或稱爲旋環動物。共分兩大類。即甲殼類與昆蟲類是也。

龍蝦 甲殼類之中最常見者即爲龍蝦。（見第五十圖）其外部含石灰之骨架。與殼相似其體分兩部。一胸首相連部。一腹部。其胸首相連之部有甲一片蓋護於上至腹部亦有成片分明者。於體底成折疊形焉。龍蝦全體皆分節紋。雖胸首相連處。亦分而成節。惟不及其腹所分之節之明顯耳。其體具足凡二十雙（見第五十一圖）每節皆具第

第五十圖

密士失必河之淡水龍蝦

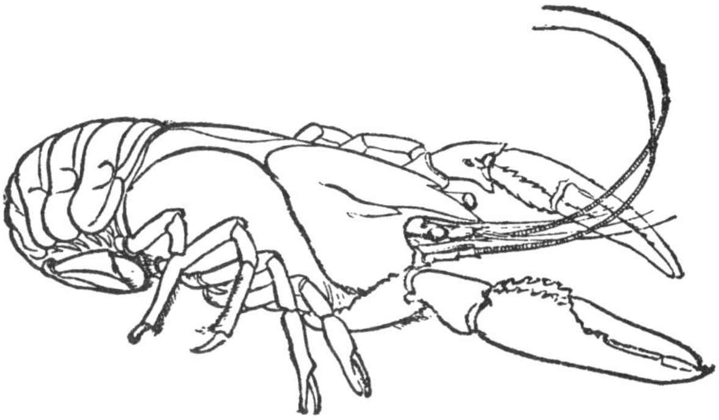

第五十一圖

尋常龍蝦之腹部形狀

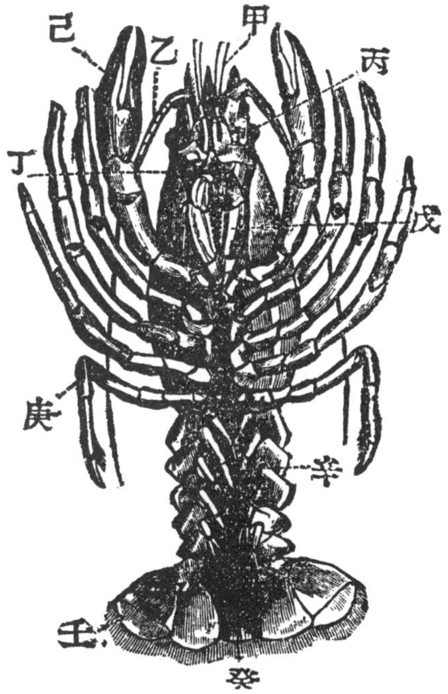

甲爲脣鬚乙爲大鬚丙爲目丁爲耳口液袋戊爲末一雙之足腮己爲大鉗之一庚爲第五條胸肋辛爲橈足壬爲末一雙之橈足癸爲尾下之肛門口

一雙足上有二目。第二有二鬚。下腭之下。又有無數腭鬚。并上腮一雙。此首際之足也。首下有足腮三雙。足腮上有大爪一雙。（見第五十二圖）大爪下有足四雙、此胸前之足也。

第五十二圖　龍蝦口左邊各部

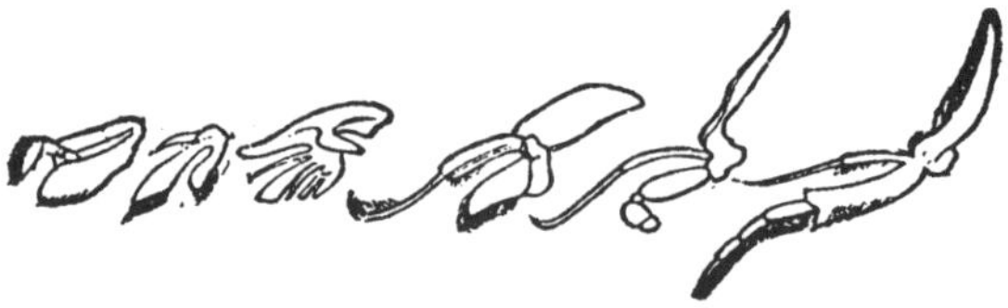

第五十三圖　龍蝦之大箝圖

第五十四圖　龍蝦之尾

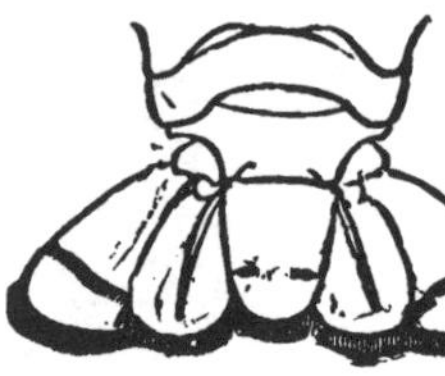

并頭浮水之扁形附屬物

至於腹部之足。乃橈足六雙與尾成之（見第五十四圖）

大蝦之口直貫全體。其位置適居體之中線兩旁。食時。先以下腭與上腮磨碎食料。再經一寬大之喉導之入胃。其胃分三部。第一部或稱爲心臟之部者。上有薄膜一層。以爲衛護。薄膜堅而有節。又有齒及筋與彼相連。故能運動。以磨其所需之食料也。至胃部甚窄。胃皮上覆

第五十五圖　龍蝦第三腹節之圖

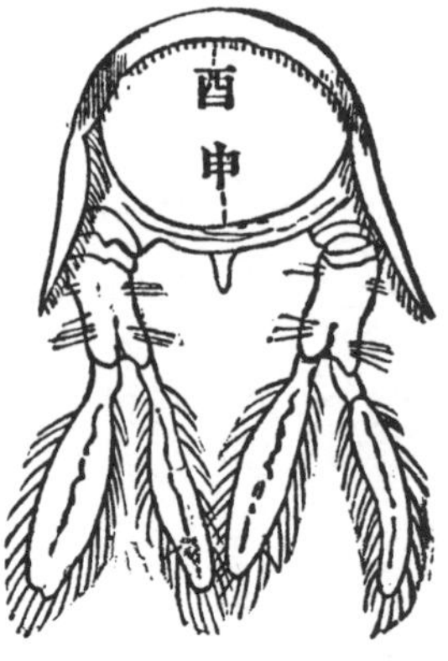

酉爲背甕申爲腹節之腹甕

有叢集之毛。凡食料稍大者。每爲其毛阻滯。不能入腸。其所入者。僅極細極輭之料。

第五十六圖
龍蝦之側形

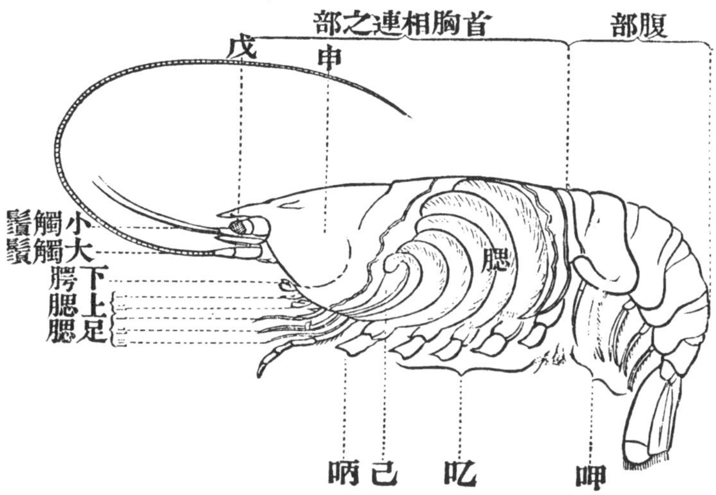

揭去腮之甲片祇顯左邊之足呷爲其腿部之橈足吃爲腹底之四小足呐爲其腹底之大鰭己爲連於第二足腮之腮托戊爲目申爲其胃部

其心位背部之中央在甲片下。使白色之血。經此先行提淸。後再折入於心。與輭體之動物無異。其血歸於四房心之左側。其腮即藉以供呼吸之用者。亦在甲片之下。幷體之兩旁。與其腿之上節固相連也。水由其甲片下之腮竅而入。後復由其腮托噴出。所謂腮托者。即與其第二雙上腮之底相連者是也。此種腮托。往往由腮房中激水使出。故在彼腮內。能使其水流行而往復焉。

龍蝦之神經系。在腹部有神經節練一條。喉上又有一大腦結。即俗稱爲蝦腦者是也。其胸中纖微腦線。共分兩束。直貫其喉。喉每邊皆有一束復與第二神經節練相連。其專司知覺之有機體。卽其豎而能動之目。每一小鬚上有如竅之耳一。竅口四周有極密之毛衞護而環繞之。竅內又有膜袋一。係在耳筋之末中。貯流質體殼旣堅。知覺頗不靈活。所恃鬚爲感觸之用。每一體節上皆有穗形之邊。與爲相連。

龍蝦初生時。長成極速。殼不能容體。常褪而出。迨後長足。則每年褪殼一次。褪時先覓一藏身地。其甲片與腹中央之節時時張開。不易驟褪。褪後體輭恆弱而無力。每易爲仇敵所噬。約需七日新殼始成。

龍蝦由卵而生。其卵胚胎於橈足之間。游泳時。卵與小蝦。皆隨身偕行。其初生之龍蝦。亦與其母之形狀相似。

他種甲殼類

龍蝦與尋常之蝦。狀皆與大蝦相似。至若各種之蟹。以及海蝨。水蚤。豬蝨。石螺。馬蹄蟹。鹹水蝦等。皆屬甲殼動物之類。所異者。其形狀之各不相類耳。

(一)寄居蟹　寄居蟹乃甲殼類中最奇之一種動物也。初生時。其體與他種有甲殼動物類無異。因恆有他種類。殘其肢體。故時復隱居。藏身於空螺殼中。入殼後。即不輕出。待體於殼中長足。然生亦不長。方居於螺殼也。其有機體無所用之。於是皆縮入殼中。顯露於外者。僅有近首諸足耳。其腹下諸足亦不甚備。或體長殼不能容。乃另覓一大螺殼居之。

(二) 豬虱　（又名丸虱）此乃一種小而且黑。與昆蟲相似之動物。多生黑暗潮溼之區。如地窖板底并落葉堆中。一旦與他物相觸。即捲起其體。成一小球形。如藥丸然。故以名之。

(三) 三瓣鱟　此種動物。與馬蹄蟹同類。其足資攷證者。即已化成石之一類耳。

總論　甲殼類體皆分節。有一層含石灰之殼。為之遮護。體中又有無數之足。排列成對。體分兩大部。即胸首相連之部。與腹部是也。彼胸首相連之部。蓋有甲片。有心生於背。又有腹部之神經系。其口竅直貫全體。呼吸則全恃其腮之運動焉。

鞘翅類　即甲蟲類

撲火蟲　原名六月蟲　昆蟲之中。最常見者。即一種撲火蟲。又稱為六月蟲者是也。見第五十七圖　體分三部。即首胸腹是也。三部上又

第五十七圖
撲火蟲膜翅張開之圖

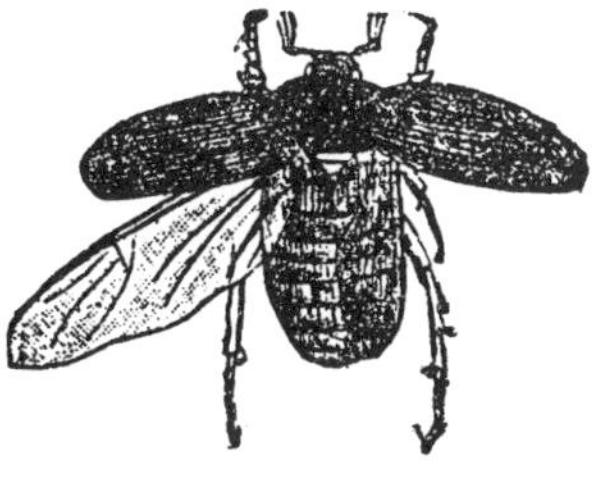

各有附屬物。其骨架生體外。爲一種硬質。由皮生成。全體分節十七。蓋頭內四。胸前三。腹下十焉。其節之最顯者在腹下。（見第五十八圖）

第五十八圖 尋常棕色甲蟲全體之部分

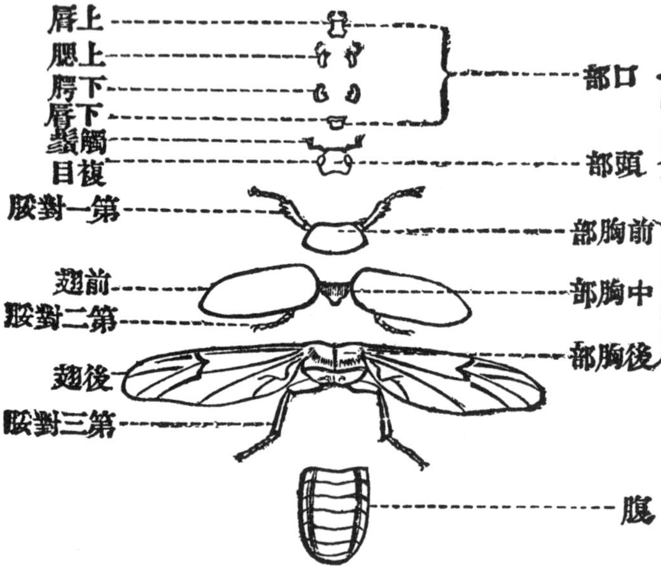

首有大觸鬚二。口部上有上唇一。上下腭。上腮及下唇各一。其下唇即與上腮第二對合而爲一。以組織成之。外仍有知覺器兩對（即專司知覺之具）上腮與下唇間。又有一膜刺舌。生口內。膜刺舌即其下唇之一部也。（見第五十九圖）其胸共分三部。即稱爲前胸部。又稱爲中胸部與後胸部是也。

第五十九圖 甲蟲之首與其口中各部之圖

其前胸部。生成有節之腿一雙。若中部胸上。則有翅一對。腿一雙。後胸部之輪環上。亦有翅一對。腿一雙。其前翅（又稱爲鞘翅）之質如角。非以飛翔。蓋用以權其體之輕重。使出於平。若船舵然。又用以護其體後之膜翅。飛時。張其前翅。與體共成一直角形。其後翅即爲飛動之具。故停翅時。每將其後翅藏於鞘翅下。撲火蟲之鞘翅。多屬櫻色。

第六十圖　蟲腿

甲爲足節之第一節乙爲大腿骨上之凸骨丙爲腿骨丁爲[illegible]骨己爲脛骨刺戊爲五足節所組成之足其末端有爪者

第六十一圖　甲蟲之消化器

甲爲食道乙爲前胃丙爲沙囊丁爲後胃己爲腸

撲火蟲之腿。於貼體處。有兩短節。及兩長節。則爲蟲之腿骨與脛骨。每腿之末端有一五節之脚。其末節上有兩爪。（見第六十圖）

其消化器爲一狹長之食道。口涎流通其中。下連前胃。前胃內復有一沙囊。囊上堅齒排列。外尚有後胃一。腸一。（見第六十一圖）甲蟲之呼吸。全恃其體中之氣管。此管貫穿全體。雖腿翅不遺。管中有無數螺旋線盤繞其上。故能使之堅固。（見第六十三圖）其被吸入之

第六十二圖　昆蟲橫剖之圖

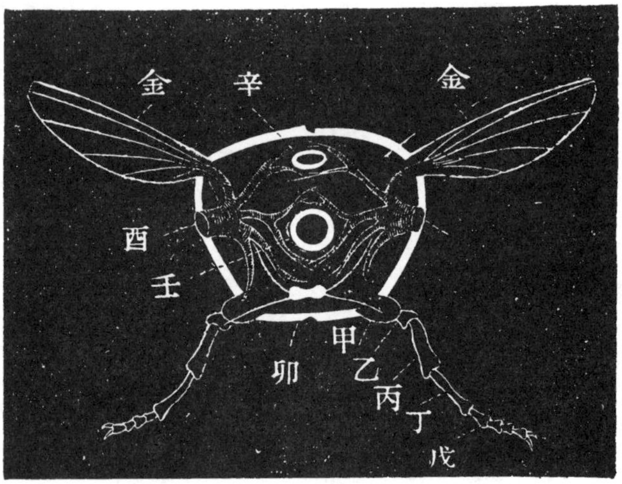

辛爲背部血管壬爲腸卯爲腹部之神經繩酉爲與氣管支管相通之呼吸管金爲翅甲爲腿中之足節之第一節乙爲大腿骨上之凸骨丙爲腿骨丁爲脛骨戊爲跗骨

空氣。非由口進。乃由排列之小孔而入。此種小孔。全體中共有十對。即稱爲氣孔。排列於胸部與腹部之兩旁者也。每孔與體中總穴交接處。皆有雙活塞一。又有細毛濾器一所以阻止外物雜入其內。與氣管相連處。又有空氣袋無數。皆能張縮自如。

第六十三圖　昆蟲之氣管與管中之螺旋線

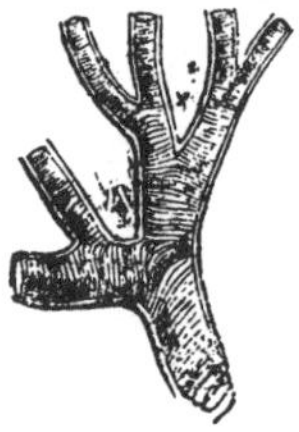

當飛翔時。即用以扶持其體。甲蟲之心。乃一長而多房之有機體。生腸上。以催逼其血。流入與頭相通之總脈管也其體內無細脈管細迴管微血管等。故其血行經各種織質後。流歸兩迴管而入心之前部。

第六十四圖
金龜子之目

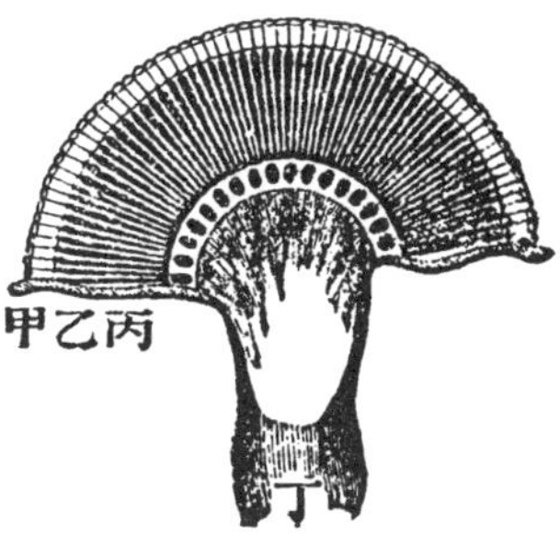

放至極大者甲爲其複目中之小睛乙爲其目周圍有色之稜體丙爲司視之腦線丁爲司視之總腦筋

甲蟲有一極淸晰且極重疊之肌肉系。其神經系在體之腹邊。內有一練。上有腦結九。背上亦有腦結一。卽其腦也。其專門之知覺器亦甚顯明。有複目二。中有無數小目。（見第六十四五圖）外復有三小目。其所生觸鬚卽專司知覺之有機體也。亦能司嗅。其知覺力感動甚疾。今考得其體又有耳。故知甲蟲亦能用其聽焉。每聞其體發聲。卽其硬部相磨而成者。

甲蟲之卵。外有薄而含石灰之殼。蟲卽由卵孵出。當初生時。狀頗不類其母。卽名之曰幼蟲。爲其與眞蟲不同也。彼有一極顯明之首。又有口中各部分。更有小目三四雙。幷胸前之胲三對。此甲蟲多白色。產土內。有害草皮。凡蛇莓子樹根。每爲其嚙損。頗貪於食。故體長極速。至皮不能容納其體。卽褪去其皮重生新者。屢褪屢長。逾兩歲。復成爲蛹。儼若已僵。不久卽長堅皮一層以護其體。長時深藏地下。迨皮翅已

第六十五圖
蟲目之一部分

放至極大之狀甲乙丙同上

成。再由地出。此種體變。不獨撲火蟲。即他昆蟲。亦莫不然。甲蟲之性。喜食果木葉。尤以蘋果與櫻桃葉。爲最相宜。

他種甲蟲　他種甲蟲與撲火蟲相似者無限。如小雞（瓢蟲）食葉蟲。天牛。（天牛初生時。每居於樹身鑽入之孔內。故與樹體有妨。）剖墳蟲。（此種剖墳蟲恆鑽入腐尸之中。食其肉。故於人頗爲有益。）斑蝥。象鼻蟲。螢火蟲。叩頭蟲。地甲蟲。蜣螂。水蚜。與虎甲蟲等類。

或謂甲蟲之種類。其已知者共八千種有奇。又有人約計。實共有十二萬種。當甲蟲之初生。與其成蛹之時代。皆居於地下。是時則稱爲蠐螬。其初生與成蛹時。有害於樹根者。匪淺。甲蟲之形狀。與其發顯之形狀。大都與他種甲蟲相彷。所不同者。僅其鬚。翅。與其口部之生長。及腹內之附屬物耳。

（一）昆蟲翅中之脈。有兩脈管。脈管之中。有氣袋。氣袋中貯血。皆滿空氣。亦含於血內。

（二）哥羅拉多之薯芋蟲。見第十六圖 其有害植物之性。較他種甲蟲爲尤甚。產於美洲之羅幾山。以野草沙果爲食。自一千八百五十九年。種植薯芋之法。輸入加羅拉多省。此種甲蟲即由之而至。散布極迅。不數年。徧處皆是。每季生卵有由五百至一千之數者。其卵往往存樹葉間。生卵後僅七日。蠐螬脫卵而出。即能爲害。閱十餘日。即入地蟄藏十日。以全其成蛹之時代。當其翅初長。即能食芋之本。且能知蟄伏之法。惟其滋生至速。害芋最甚。種芋者多以淡砒礵液洒薯芋本上。又另設他具專捕之。

第六十六圖

哥羅拉多省之薯芋蟲及卵

（三）蜣螂　蜣螂生卵時。常以預儲穴中之糞土。將卵裹護。成一球形。其成球時。母蟲前拽。蟲公後推。其足之搆造特異。一若專備此用者。幼蟲出卵後。即以球中所含之生物質爲食。

（四）跳蟲一名叩頭蟲　跳蟲中有一種長約寸半。體黑白相間。胸之前部有兩黑點。若建絨然。每點之四周。復有白圈者。人每誤認其點爲目。如轉其體使腹部向上。彼即能躍。復如故。俗又稱爲叩頭蟲。至其初生時。亦有稱爲鐵線蟲者。

（五）螢　螢爲物。知者甚多。其光大都發自腹中。發光之具。中有細胞無數。胞內藏物質若干。與養氣相値。即能成光。其體中之氣。由氣管通入。若所發之光。則系於神經。

（六）瓢虫一名小雞　此種甲蟲。於人有益。無論其爲初生。爲長成。凡遇與人有害之昆蟲及其

卵皆能捕食之餘如鱗蟲蚜蟲亦此蟲中之一種乃專食哥羅拉多薯芋蟲之卵者

（七）水蚜　此種甲蟲長寸有半體黑而澤腿扁能浮水其呼吸全恃毛中所含之空氣微點且能換易空氣出舊入新當生卵時藏卵繭內繭由一種似膠之硬質而成繭內外又各有一囊囊旁連有極奇之浮水具初生之幼蟲喜食蝸牛及昆蟲類不得則彼此互相吞噬當成蛹時恆居土內

（八）蠐螬　凡甲蟲類初生之蠐螬大半能蛀木於植物頗有害此由母甲蟲每喜鑽木而處生卵其中故耳要亦因初生之蠐螬最喜食木故就而生卵焉

總論　此類甲蟲之首胸腹及口中各部狀皆顯明其前翅大都如角後翅則如紗網當後翅停止時即折疊藏於前翅之底由小至大蓋經改變者屢矣

脈翅類

蜻蜓　蜻蜓亦一種昆蟲西人呼爲鬼針爲蛇食爲蚊鷂體長而細恆具金類色翅如網脈張時寬而薄母者光彩多不及首頗大目亦如之見第六十七圖其卵生於水當初生與成蛹即其在水中過渡之時代也初生時其口中各部皆甚

第六十七圖　蜻蜓

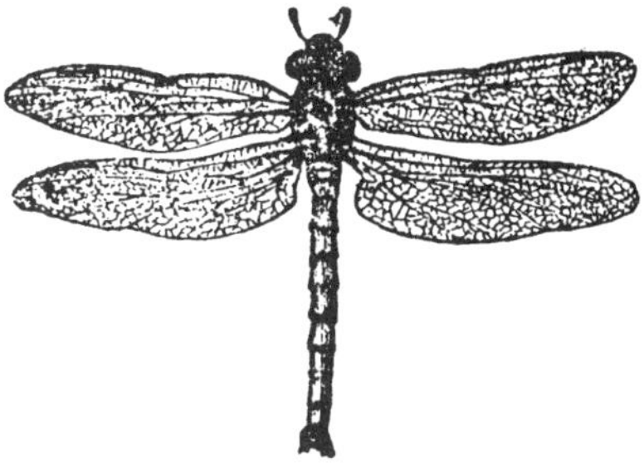

第六十八圖　蜻蜓在水時

呷為初生蜻蜓捕食　吃為初生蜻蜓以下唇遮蓋口中各部

顎。下唇甚大。隱藏不見而能開張。有鈎箝二。用以捕食他種昆蟲者。（見第六十八圖）其居水內。性最貪食。至有水虎之目。前胸有腿左右各三。用以爬行。腮在腹竅內。腹之末。又有孔一。形如活塞。當其肌肉縮小。水可由腮而入體中。有一種力能將其水由腹中放出。放水之時。力足以推其體。使之前行。至成蟲。在褪殼後。故體略大。此時甚靈動。蜻蜓初次成翅之時。蛹著水草上。甫一離水。背皮即裂。翅遂由之而出。越一點鐘。張翅以曝乾後。即颺去。

他種脈翅類

與蜻蜓同類者。則為蜉蝣。水蜻蜓。白蟻。蟻獅。捕木蝨之蟲等類。

（一）凡蜉蝣之小者。當成蛹時。恒居於水二年。後即由蛹殼中脫胎而出。出即與水離矣。其母者飛則垂翅。蜉蝣成蛹即不食。每有不及二日而死者。信乎其不能長存於世也。

（二）凡水蜻蜓之小者。其成蛹時。亦恆居於水。然考其託生之初。係以沙與樹葉成一管。以蓋其腹。成蛹時。則又藉彼殼以護其體。成形之始。儼似一小飛蛾。至由蛹殼而出也。係以口齧裂之。此殼固於未成形之先。組織而成者也。

（三）白蟻性狀。亦同螞蟻。故人皆作蟻類觀。恆居枯樹。與各種大木料中。種類有四。其雄與雌者皆有翅。若兵蟻與工蟻則無之。其當兵蟻者。體棕色。頭甚巨。牙牀極有力。若當工隊蟻者。則又小而白矣。此外仍有他類有翅之蟻。體亦皆棕色。而翅則白。又凡生於熱帶諸地之白蟻。於棟柱及一切木器。皆喜齧食。多致損傷。

（四）蟻獅初生時。多居沙內。以蟻爲食。牙牀極堅。捕蟻之法。則又甚奇。先以體預於沙上盤旋一次。磨成一圓錐形之小穴。已則隱穴底以待。蟻近其穴。蟻獅卽乘機鼓動其體。使沙播起。穴旁之蟻。卽隨之俱下矣。此種蟻獅之生。至少以二年爲率。全恃捕蟻爲食。至成蛹時。甚迅。以一絲繭護體。至成形之始。大致則又與蜻蜓相似。

（五）捕木蝨之蟲。初生時。每喜取木上之蝨爲食。成形時。翅作淡青色。體細而小。眼黃。

總論　此一類中。翅皆長而薄。且多具網形。體則小而細。然其體之變態亦不克全。

直翅類

蚱蜢

蚱蜢（見第六十九圖）分兩種。然人多以蚱蜢統稱之。實則略有區別。一種長角。爲蚱蜢類。一種短角。爲螽蝗類。顧蝗體狹。前翅直而厚。後翅薄而如網。大半藉前翅護之。當垂翅時。折疊如扇形。後腿長。故善跳。頭大而口堅。故能嚙。二目小。相距頗遠。鬚雖長。不過其體。且以胸之前部與胸前之分片相較。覺胸之前部爲大。

又母蝗腹末具一生卵管。管有尖鋒四。以尖鋒刺地面成小穴一。遂生卵於其中矣。凡蚱蜢與他種能嚙之昆蟲。其消化系大都與甲蟲相似。惟蚱蜢之津液核。則不常顯露。體中所含之漿汁。即稱爲淡巴菰汁者是也。其神經系亦與甲蟲相似。而耳則生腹部之第一節。每耳內皆有

第六十九圖

蚱蜢

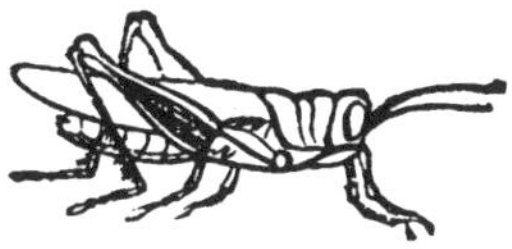

一耳鼓。復有一種流質與神經線。蚱蜢之卵。生而成團。每團中所生之卵。有由五十至一百不等者。生卵時。有一種濃厚如膠之漿汁。以護其外。又小蚱蜢雖與大者狀若相等。然亦有異。（見第七十圖）以體小無翅耳。其成蛹之際。則翅尖亦可顯見。至論其變

第七十圖　小蚱蜢

圖中金字卽其翅顯露處

第七十一圖　蚱蜢褪皮

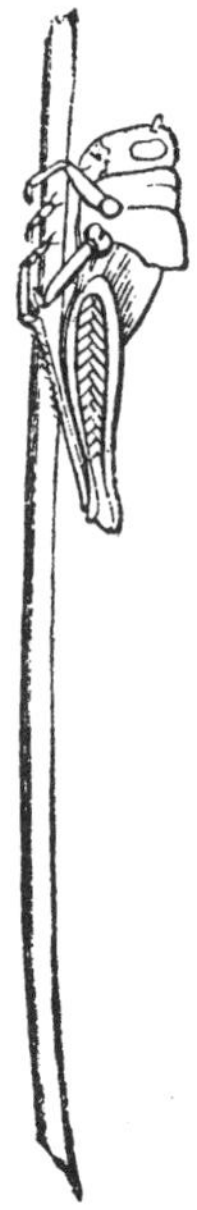

圖中所繪乃蚱蜢落草葉之邊際以待褪皮其皮既不全備若鬚與腿部則又皆成破碎形其腹綱而不顯

體。惟有褪換而已。（見第七十一圖）故謂爲不完全之變體者。卽指是類云。

（一）蟑螂　蟑螂亦屬蚱蜢類。各大陸均有所產。常在船舶中肆擾。隨人往返。幾徧各處。色與翅及其大小。皆不能一致。晝喜居暗溼地。夜出就食。隱藏處大都叢伏溝管之四周。或在牆隙與地穴。性喜雜食。衣服書籍。亦多遭其齧損。有時并其同類而亦噬之。卵初生時。色白。貯於質類牛皮之一管中。母蟑螂無論何往。皆攜與俱。待幼蟲卵出始止。此蟲須褪皮數次而始成形。褪一次則皮色轉白。要不過須臾時耳。

（二）螳螂　美洲之迤南與西諸省。及熱帶中各處。皆產有一種昆蟲。（亦蚱蜢類）曰螳螂。其待捕食物時。前腿高擎。狀甚奇特。由是有蹶馬禱告蟲誦經蟲諸名。實則應名之曰饕餮蟲。以其性殊貪食。卽其同類中。亦常有互相呑噬之勢。身修而窄。目甚巨。前腿堅長而多刺。行時。每不數數用之。恆預爲折疊。蓋僅用以執捕食物而已。

(三) 杖形蟲與葉形蟲 杖形蟲與葉形蟲。皆屬蚱蜢類。而狀迥異。杖形蟲體如樹枝。葉形蟲則如植物之一葉。杖形蟲之翅小而隱。在美洲常見者則無翅。此種昆蟲色與所食之植物恆若相似。小者五日始現形。體色青。及長則隨樹葉之色俱變矣。其卵類植物種子。至葉形蟲大都生熱帶等地。

(四) 蟋蟀 蟋蟀有極長而曲之鬚。又有大而圓直之首。其居於堂戶之一種。則不常見於美洲。惟歐亞洲有之。見第七十二圖

(五) 蜩 蜩與蚱蜢最爲近似。聲發於翅。翅作層疊勢。堅而顯明。以上翅底與下翅面互相摩擊。聲卽由之而出。此呼彼應。聲短而促。不能持久。蜩之卵。多生植物枝梗上。於未生卵之先。將植物枝梗之光面。囓使澀滯。卵始層積其上。但仍有數種蜩。生卵於植物之葉際者。

(六) 蝗 直翅類之昆蟲。自埃及王法老之世以迄今日。其夙爲人所戒懼者。莫過於蝗。每稻穗將刈時。此蟲卽發現於空際。如雲而至。天光幾爲掩蔽。停止於地。羣喙齊縱。片葉不遺。俄頃皆成赤土。翅堅而能飛。因藏有大空氣袋

第七十二圖

蜩

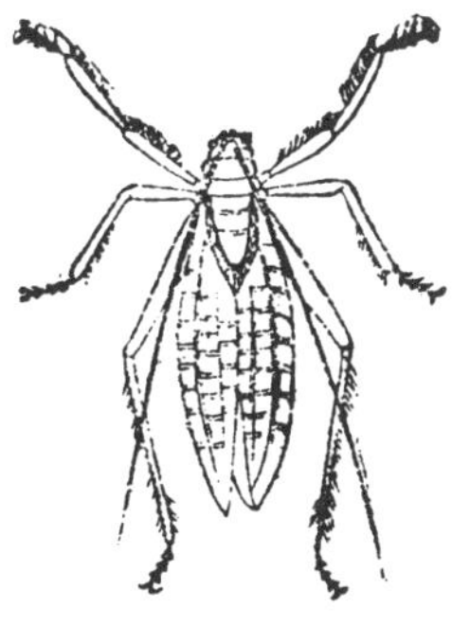

於內能隨意吹漲。使體減輕。又助以風力。能御長途。考其速率。每一小時。有飛至二十英里至三十英里不等者。若成隊而來。堆積地面。厚至數寸。磨牙之聲。幾等野燒。然多有因而壓斃者。其斃者須臾糜爛殆盡○昔美洲政府之農務部。曾用極良之法。儘力剿捕羅幾山之蝗蟲(見第七十三圖)并以多法試驗再四者。然成效卒未能歸於一致。不知自今伊始。農務部尚能得一滅蝗之良法否。

總論　此類昆蟲。下腭甚顯。前翅厚直而狹。後翅則大而如網。兩翅重疊則狀如扇。腿大而堅。鬚甚明顯。然體之變化無完全者。

半翅類

蟬　木蝨類狀多可憎。然中有數種能動人歡心者。蟬即其一。當炎夏時。鳴聲嘹喨。到處常聞(見第七十四圖)蟬體寬而重。首鈍不銳。目大而努。鬚類鬆毛。又小目生首後。口部有似角之尖管一(即下脣)管內有鬆毛四。(此鬆毛即其下腭與下腮也)其下腭用以碎物而食者。下脣用以吸植物汁以養其體者。迨下腭與下脣不用時。即束藏體底云。蟬之前翅形橢圓。長過於體。翅尖而

第七十三圖

羅幾山之蝗

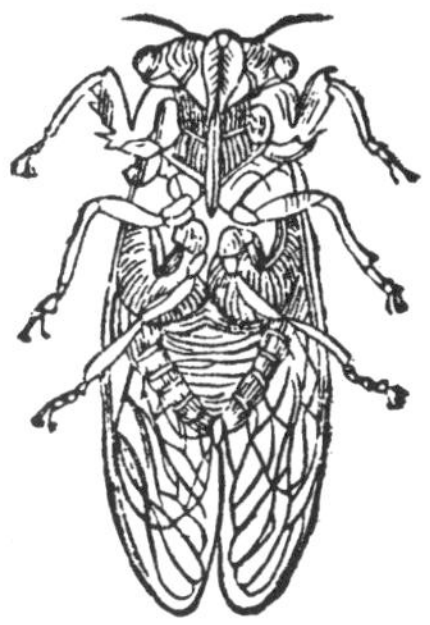

第七十四圖
蟬之底面

透明。脈甚奇。後腿小而多膜刺。觀其體之附屬物。即可知發聲之由。蓋其腹之左右各有一竅。竅內又各有一顯縐紋之膜袋。由膜袋成爲發聲之管。當其力鼓空氣使出。彼空氣即與其縐膜之邊相值。而縐膜邊於以顫動。乃成一種極尖喨之音。但公蟬之發聲管。則尤爲特別。尋常之蟬。大都青色與黑色者爲多。然腹底則又常含白粉色。

母蟬有一遺卵管。當未生卵之先。預將其管刺入嫩樹之枝梗上。再下卵於所刺孔內。因初生蟬類。須由其母孵至六禮拜之久。小蟬始能由卵而出。落地時。又必藏泥土中。以果木之根汁爲食。閱一年餘。始變而爲蛹。值交夏日。即由地破孔出。其初次出現。狀甚蠢。體棕色。無翅。足行至可依傍處。貼身於上。（見第七十五圖）旋蛹背皮裂。成形之蟬。遂蛻而出。閱數小時。翅乾飛去。與成蛹時之蟬。初無分別。故其體之變化。亦不完全。其蛻大都留樹幹及籬落間。

第七十五圖
蟬著於樹莖之殼

他種半翅類　又有一種類蝗者。其形狀一切。約須十七年之久始能發現。所生之卵。每置於脫落之嫩枝上。其初生與成蛹時代皆在地中。若美洲南部各邦。仍有所謂十三年之一種者。

蟬以外。其尙有木蝨多種。皆寄生物也。如人獸之蝨。臭蝨。蚜蟲。樹蝨。跳華蟲。臭禾蟲。南瓜蝨。亮蝶等類皆是。

(一)蚜蟲　凡植物之各部。無一處無此蚜蟲者。蚜蟲之性。喜吸樹汁。汁爲所吸。葉卽縮而不展。此大有妨於樹木之滋長者也。他如瓢蟲及䖸蟲等。皆與爲敵。䖸蟲之卵。每遺於蚜蟲皮內。小蟲由卵而出。卽以蚜蟲爲食。亦有數種體所排泄之質。每含甜汁。値蟻則往往叢集吸食。是爲蟻牛。

(二)樹蝨　印度有一種樹蝨。能變紫梗。紫梗者。卽市售之舍來克也。其母蟲每以嘴刺榕樹或他種樹枝內。使樹脂由刺孔溢出。此脂卽可用以製油漆者。

又有多種之樹蝨。能生一種紅色之染料。最著名者。呀𠾃米也。此呀𠾃米。係由母呀𠾃蟲之僵體製成。生時以仙人掌爲食。因而滋長。製呀𠾃米者。悉心搜取。此蟲用蒸氣熱水。將其致斃後即成爲呀囒米矣。大都每呀囒米一磅。須用此蟲七萬頭。此種染料。係西班牙人侵掠美洲時。由墨西哥土人中採得之。故祕魯。墨西哥。阿爾及耳。西班牙等國。皆有產者。凡有害於橘子。檸檬。無花果。橄欖。蘋果等植物者。皆屬此種蟲類焉。

(三)南瓜蝨　南瓜蝨能害南瓜葡萄。以其喜吸食葡萄根中之汁。蝨之小者。於葉尤有害。樹往往因之乾枯。此蟲多於六月中顯現。其小者必遺卵孵育至十月始止。幼蟲既出。卽擇地爲蟄伏之計。

(四)麥瘟蟲一名臭禾蟲　從前當麥稻成熟時。每與一種瘟疫相値。卽臭禾蟲有以致之也。此蟲極小。長不滿一寸之二十分之三。然當一千八百六十四年。美國奕倫諾爾省。有臭禾蟲爲患。統計麥稻所損傷者。約値金洋七千三百萬元。

(五)臭蝨　蝨有爲其類中最可憎之一種。卽臭蝨是也。此蝨無翅。與同族之白蝨相似。皆難滅絕無遺。欲設法殄除。惟有自處於潔淨而已。

第七十六圖

十七年之蟬

總論　凡屬蝨類。皆有口吻。口吻內。皆顯有裂膚嘬血之具。此類中亦有數種無翅者。又有數種。其前腿各分地位。此二者外。腹部則有一厚底。又有一薄膜之外部。其薄膜外部。於尋常蝨中多見之。是爲蝨其通性。故以半翅類名。復有一種蝨。體含一種液質。其味甚惡。或即用以保護其體。亦未可知。

雙翅類

蠅　若蠅若蚤若蚊。皆雙翅類也。其足爲諸蟲之標本。而藉供考察者。莫蒼蠅若。此物環球

第七十七圖　蒼蠅

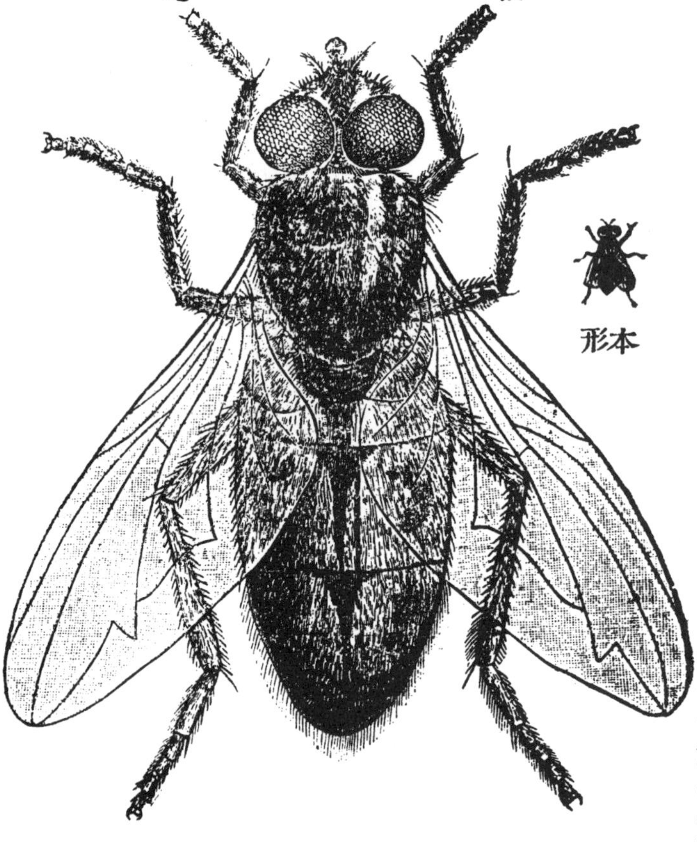

本形

放大者

皆有之。(見第七十七圖)蠅之體。首胸腹分部者三。(見第七十九圖)首大。以一細頸聯合於胸部之顯。自中胸部之輪環與胸之他部比較。則甚覺其大。腹短而分節。數有五至九者。生卵管之節。具其中。腿不甚堅。每足末有爪二。有二薄膜掌。著二爪間。蔽掌之上。有毛形

第七十八圖

蒼蠅腿

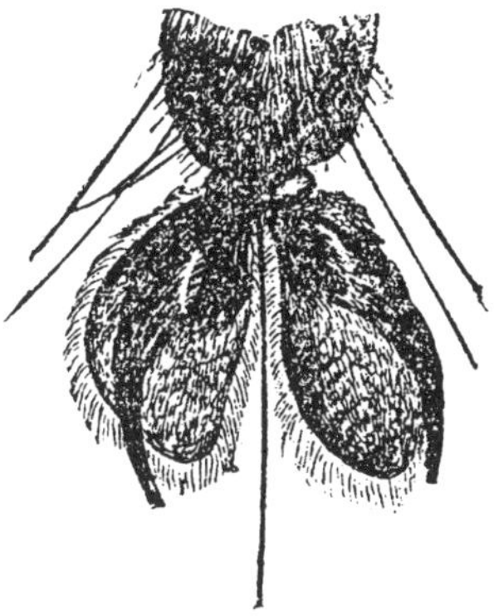

放大者

第七十九圖

蒼蠅體之部分

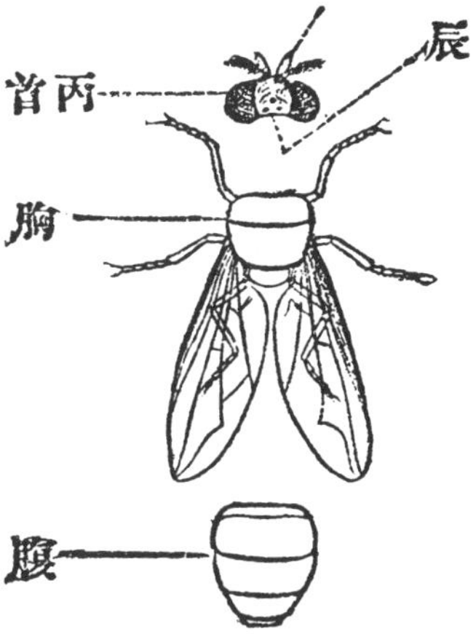

丙為複目 辰為小目

第八十圖

雙翅昆蟲

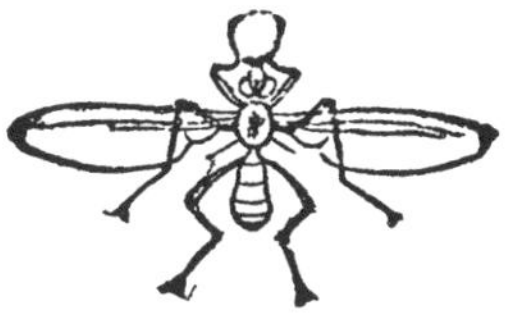

如管。管之中含有粘性之流質焉。(見第七十八圖)故立足處。能不避光滑。并能行於粗面物。有時輒倒懸其體。行甚迅易云。

蒼蠅有二翅。皆聯絡於胸部中之輪環上。質輕而透明。當鼓翅時。每秒鐘內能顫動至三四百次。至飛於空際。狀與西國號碼之8字相似。又翅後有小薄膜片二。曰小翅。其開合隨大翅。為轉移。後胸部之輪環上。有機體一雙。曰平衡具。(見第八十圖)大半卽

其後翅所變。不為飛翔之用。僅以平衡其體。故飛時平衡具時時閃動。且每具機關之末。又有極細如線之一節。其作用尚待攷詧。有謂彼為司聽之用者。又謂彼為呼吸之用者。蒼蠅之鬚共分三節。其每節之末端皆有一羽形之鬆毛。其目複雜而大。約容六角形之小睛八千枚。在複目上及兩鬚間別有小目者三。（見第八十一圖）

第八十一圖

蒼蠅之複目及小目

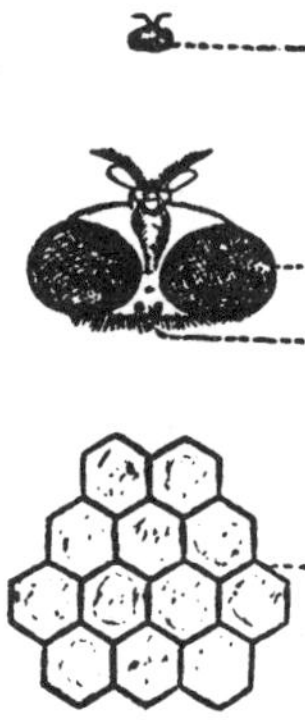

呷為蠅首天然之大小。叱為蒼蠅之首放至八倍大者。丙為複目。甲為小目。呐為複目放至極大。顯六角形之小睛

第八十二圖

蒼蠅之口部

按蒼蠅之口部。尤可為同類諸蟲之標本。口中有象鼻一。不用即拳曲於體下。其下腮與下腮之觸鬚。幷其下脣。三者皆小而作用少。其肉質之下唇。運用如舌。當舒出時。末端寬而似球。分為兩扁形。有肌肉之有機體。名曰唇瓣。（見第八十二圖）唇瓣之正面質粗似剉。能刮物。值炎暑。即用以舐人身之汗。且常以舐甜性之流質。蓋此其最嗜者也。蒼蠅腹中之消化具最簡。以所食大都皆流質類也。其下咽之物。以口涎變之使軟。下唇上有吸管一。所食半由其吸管。運入食

道中。與食道通者。爲吸胃。所食復由吸胃吸之使入。其餘諸消化具甚簡略。如管形。

蒼蠅之呼吸特二大氣管與枝管及腹部中之二空氣袋相連。其神經中樞大都在首胸部。而感觸之知覺則在其鬚。惟司嗅之機。則未知何屬。然凡蠅類實多有之。

蒼蠅之聲。由於動翅。與蜜蜂及他昆蟲相似。嘗有一博學士細察其聲之所由發。據云其音節高低不一。可隨心所之。因其能使所發聲音藉抒胸臆與言語無異。又有一博學士云。蠅聲之低者。由翅顫動而出。若聲之高者。則發自其胸中之呼吸管。蓋呼吸管所發之聲。乃蠅之正音也。

蒼蠅生於卵。大都牛欄馬廄間。及各腐敗物中。皆產卵之所。歷二十四小時。能孵而出。初生之蟲曰蛆。多肉而無足。色黃白。生十四日。即成蛹。蛹殼形如種子。色樱。時或七日或倍之。蛹即成蠅。蠅之生。僅在夏日。間亦有善自護藏。能見於嚴寒時。然寥寥無幾。

蒼蠅爲最可憎之動物。人每多方驅逐。或從而斃之。要之饕餮固其本性。然能將物質中之腐敗。使人食而致疾者。輒爲吞吸。不得謂於人無益云。

蚊

雙翅類中有以騷擾著名之一種即蚊是也（見第八十三圖）蚊之爲物較同類之他種昆蟲更細而美使不思及其嚙刺之毒人美處亦多可獎此蟲頭圓而有複目二其觸鬚長而細腿亦長細過於蒼蠅翅邊有毛如絲形口部諸具形狀尤奇（見第八十四圖）其長喙爲刺物之具母者（一母蚊吸血居

第八十三圖

蚊卵初生漸變形至成體時代之圖

第八十四圖

蚊喙之鞘張開時之狀

吃爲其鞘　哂爲其三披針　叮爲其護體物

房屋中。公蚊以樹汁爲食。多居森林。內不爲人患。）以喙刺人肌裏。而吸血以爲食。闔其上下脣。形如鞘。（見第八十五圖）口部不用時。卽藏鞘內。彼有肉之下脣。一水道開其上。若上脣之水道。則由其下開之。至貯於鞘內。仍有爲下腭與上腮者。卽細而如毛者是也。外更有長細不成對之體。（卽津液管）如管形者。以通津液。津液所從出。則又在有機體之尖。津液管與上脣之中央。復另有一水道。以通食料。當嚙人肌體時。除下脣外。此等口部。皆合併一處。人多謂蚊之津液。每射入其嚙傷之膚。使之賁起。又謂其所嚙處。自能賁起。初不必俟其津液射入。更有人攷得蚊當發聲之頃。能激動人之神經。使血流更急。灌入其外皮之血管中。管旣滿。卽謂之以發聲助其飽食也可。

第八十五圖

蚊嘴之鞘闗閉時之狀

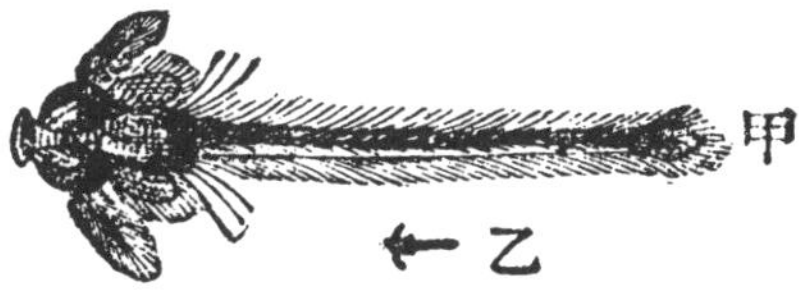

乙原形甲放大之狀

蚊之公者。不善嚙人。長成後。每覓叢樹以爲藏蔽。惟不能久生。蚊卵生於水。團結若舟形然。不久卽孵而出之。其初生之小蟲曰孑孑。蓋一脫卵後。卽能在水游泳行動之時。已具饕餮之狀。有時停浮於水。其首下垂。以其腹末之氣管。舒出水面。承接空氣以爲呼吸。褪皮至兩三次後。其首與胸更重而氣管與胸中之兩管。則彼此相通。至腹之末端。有附加物者二。形如葉。在水能推體前行。斯時即成爲蛹。越數日。皮裂體現。以褪皮爲藉。踞於其上。迨翅乾能張。即時飛去。惟彼時頗難爲力。稍一動移。所踞者傾覆。即斃於水。蚊之不能發生於流水中者。職是故也。（見第八十三圖）

跳蚤　雙翅類中。爲人所恆見之蟲。則又有跳蚤。（見第八十六圖）與蠅蚊小異。體短而堅。然無翅。（亦有數種其翅蒂約略可辨。）其胸亦分前中後三部。腿堅而長。後腿尤修勁。當跳躍之際。若以其本體之長短比例觀之。約高出二百倍至三百倍不等。跳蚤祗有二單純之目。並無複雜者。又無上唇。其下唇亦生長不完。他若諸口部。皆藉以供刺膚吸血之用者也。

第八十六圖

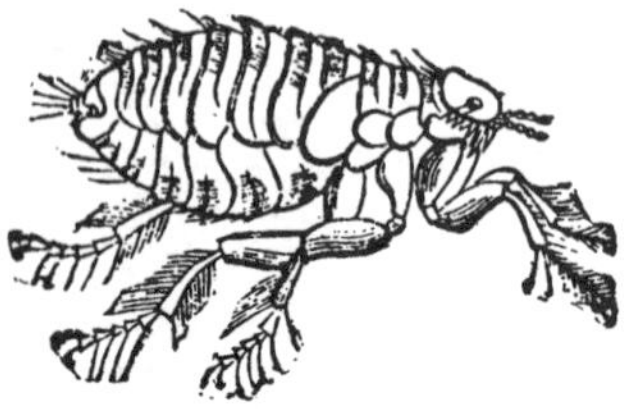

跳蚤放大之狀

跳蚤之卵。每生於所寄居之動物皮毛上。由皮毛落地後。越六日。即可孵而出之。初生之蟲。如圓柱形。以腐敗之動植各物質爲食。逾兩星期。組織粗繭。或存身蛹殼中。化而爲蛹。其成蛹所需之時。有自十日至十四日不等者。消除跳蚤之患。應以治蚤

粉灑之或用極濃鹼水洗患蚤之畜或塗以煤油皆可且犬窩亦宜加潔臥具宜時易

（一）昆蟲之生長　人每誤會昆蟲爲生而已然者其實非也昆蟲自生至長足體凡數變由卵而蠐螬而蛹而成蟲計共四級是爲完全之變態其變態不完全者則僅三級昆蟲生長之時大都在爲蠐螬時自蛹化爲成蟲後體已長足不再增大例如室中所見小蠅人常誤爲大蠅所育未經長足者實則另一種耳

（二）蜚虻　蜚虻之爲物其初生時亦似他昆蟲能消滅各種腐敗之物質與人尚屬有益及其長足頗爲畜患狀與蚊近其牙牀銳如針然能爲害者祇雌者一種此蟲雨時無之且遇霜卽斃

（三）牛蠅　牛蠅初生爲幼蟲時居各種四足動物之皮內能使其皮腫痛自生後越一二月始裂膚而出出時卽墜於地自爲隱閉以度其成蛹之時代初生時色白而無足惟體厚多肉體之各節皆布結核爲蔽卽留其初生時之皮以爲護體之具

（四）希西安蚊　此種蚊蟲頗爲患於麥田身長約一寸之八分之一當麥穗初結卽遺卵

於葉迨孵出時緣葉至梗之中節吸取麥汁以養其體及其長成復藏身麥梗中彼麥莖匪特不能成穗且因之枯萎矣

(五)保護食料　凡飛蟲已食之食料人偶不經意幷蟲食之入胃每易致疾此最爲衞生者所宜加意也

(六)長腿飛蟲　人因其身與腿均長而細多誤以爲蚊之大者此蟲最有害於草地然亦不過在蠐螬時代耳

(七)跳蚤　近時分類法每將跳蚤另列一門因中有數處與飛蟲懸殊惟與半翅類幷直翅類則約略相似故由彼類分而出之

總論　此類動物口部諸具皆以供刺吸之用其雙翅最爲顯明其後翅則用以權量其身體而其變態已至完全之地

鱗翅類

蝶　蝶爲大而且美之一種動物於東方恆見者爲鳳子蝶一名虎燕尾全體美觀以翅爲最色黃而有黑帶紋黑帶之緣翅際者上更綴黃色點一列前翅作三角

第八十七圖
鳳子蝶

第八十八圖
蝶翅上之鱗片

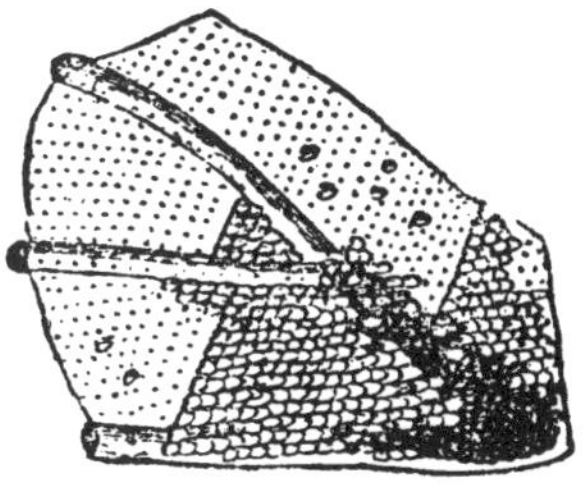

第八十九圖
蝶棲止時之翅形

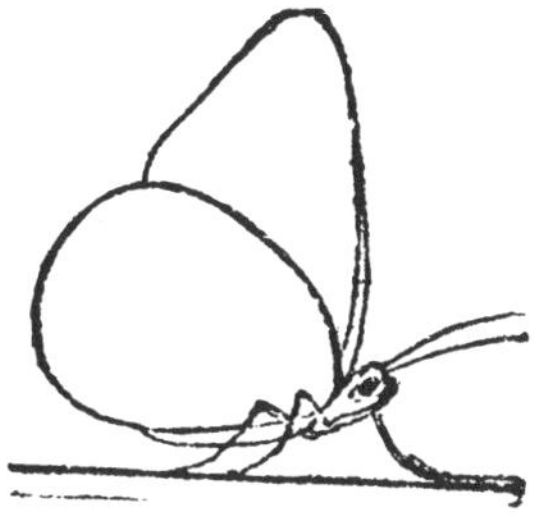

形。張則寬約四寸有半。或至五寸。後翅有尾。見第八十七圖有若細灰者覆其翅。以顯微鏡窺之。灰內有層疊羽形之鱗無數。見第八十八圖每翅有一短幹聯絡於皮裏。當停翅時。常掩闔直立於脊上。見第八十九圖其腿長。每足有二爪。足之上。皆有一尖。腿於運動時。不大用。惟以之著物而立。首極小。複雜之目則大而圓。觸鬚之末粗壯。作棍形。即其司嗅之具也。腹如卵。然不甚巨。其口部皆顯明。藉爲吸食之用。其上下唇幷下腭。及唇上與腮上之觸角。皆細小或竟無之。上下腮相對處

又各有槽相合而成一管所吸食之甜物即由管而入此等吸管(即稱爲舌者)當不用時即卷藏之頭底與對時表中之法條然蝶所有消化具頗合於消化流質食料之用食道與吸胃相通故所食之花蜜即由舌入吸胃中又中有管一管之上下左右皆連以肌肌縮小時管即放大無論何物皆可吸入喉際藉此伸縮之力更可將其所吸食者緊逼入腸

第九十圖　鳳子蝶之毛蟲

鳳子蝶之卵每生於蘋果櫻桃楊柳及黃樟等樹之上當卵孵出時初生小蟲曰毛蟲(見第九十圖)以木葉爲食亦由產卵樹間最爲得地其生長極迅然必數次褪換始成蝶形且色隨褪換而改至長足時身約長二寸至二寸半不等體上色靑間以藍色之斑與卵相接處有黃色之目二中有黑點首櫻色足與身之下皆含淡綠色足左右各八相偶首後前三節每節有足一雙餘四雙皆在其腹復有一雙則在其腹之末端此蟲時或受觸即出其體前之二輭角角形如Y字色橘黃中能發出一種極濃刺鼻之氣息或即用以防護其身又有無數絲核并兩長袋在體之兩旁各具其一通至下唇之上

毛蟲欲化爲蛹。先覓蔽體之所。大都擇一壁立之物。結絲團於其上。綱絆其後足。復由體中作一絲圈。懸物上若束帶。首向上。背與物離。後漸褪皮成蛹。見第九十一圖其初次變成之狀。則首舌鬚刺與足痕跡宛然。皆緊貼於體。當成蛹時。狀若僵死。然能歷冬至夏。體變完全。其時蛹殼背裂。蝶由此出。體軟翅小而縐。惟不久卽張滿。及體乾。腿亦堅固。卽能飛颺矣。

蛾

飛蛾中有稱爲大蠶蛾者。前翅甚寬。開時約大五寸至六寸不等。體重多毛。首甚小。觸鬚無節。與蝴蝶異。其觸鬚上下皆顯羽毛形。餘若舌與脣鬚。皆短而隱。翅土黃色(其翅有時亦現麞鹿色幷鼠色者)亦有白黑斑。幷每翅上。別有斑點如目。其後翅無尾。當停止時。翅常舒張。見第九十二圖

第九十一圖　蝶蛹

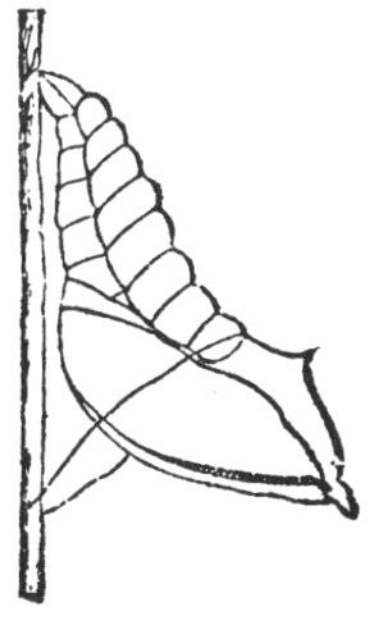

當初夏之交。蠶蛾卽產卵於橡樹或楡樹葉下。每蛾一生卵或三百枚。越十二日。毛蟲由卵孵出。有褪換至數次者。及長足時。體長或至三寸。旁厚而多肉。色淡黃。並含有綠色條紋。每一體節上。皆有小痣毛坿之。見第九十三圖至西歷九月杪。毛蟲成繭。數日

第九十二圖

美洲大蠶蛾

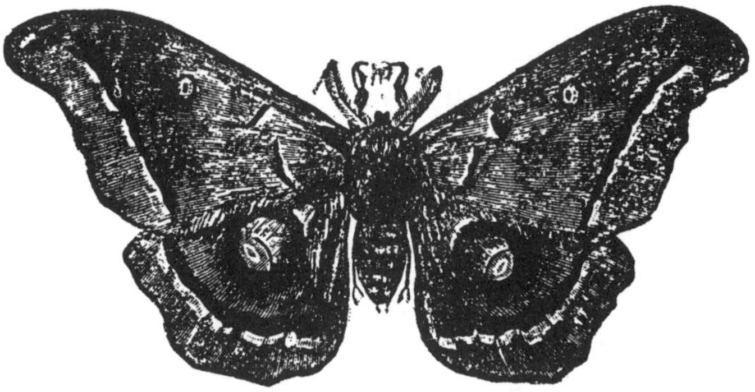

第九十三圖

大蠶蛾之毛蟲

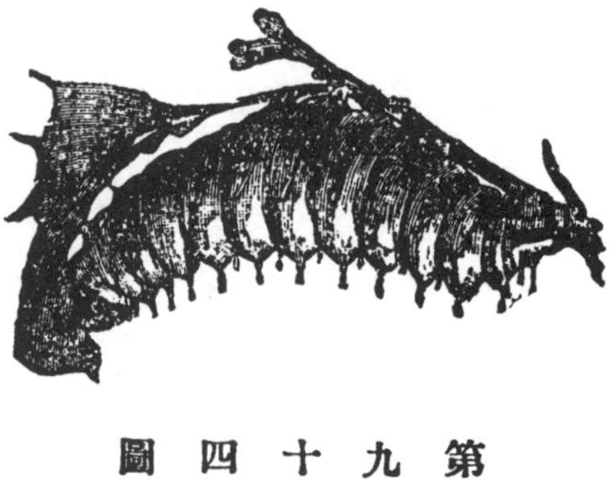

第九十四圖

裹葉之蠶繭

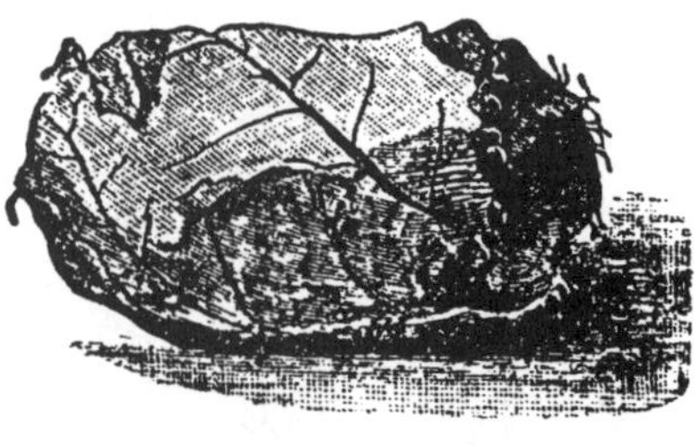

製已備。繭色白。形如卵。所成之繭。大小稱其體。以一二樹葉襯繭內。封固其兩端。中有絲。望之若纏綿不斷。實則每一繭。祇一縷光潤之絲而已。（見第九十四圖）蟲體益壯。繭亦益密。絲尤適用。一多皆為此蟲成蛹之時代。迨成蛾。將由繭出。其口又能放出若干流質。浸繭之一端。使溼而軟。蛾即從軟處出。歷數小時。翅展即乾。如將蠶蛾。或他種飛蛾之蛹。置溫暖處。

發生雖速。惟已成小蛾之翅。大都小而不能全備。

鸇蛾

鸇蛾亦飛蛾之一種。飛則翅有聲。如蜂雀然。俗又謂之蜂雀蛾。翅長狹而尖。展時。約五寸許。色灰。（見第九十五圖）中有黑帶紋。停止則翅折疊體上。如屋頂然。其體重。每旁有橘色斑者五。觸鬚亦長。尾端曲而中心厚。舌之長。無慮五寸。當飛動時。舌則伸直。每能深入花蕊。採食之。（見第九十六圖）

第九十五圖　鸇蛾

鸇蛾初生時。卽以荷蘭薯與番茄爲食。故又名之曰荷蘭薯蟲。體大色青。兩旁多含白色之斜紋。一

第九十六圖　鸇蛾之首

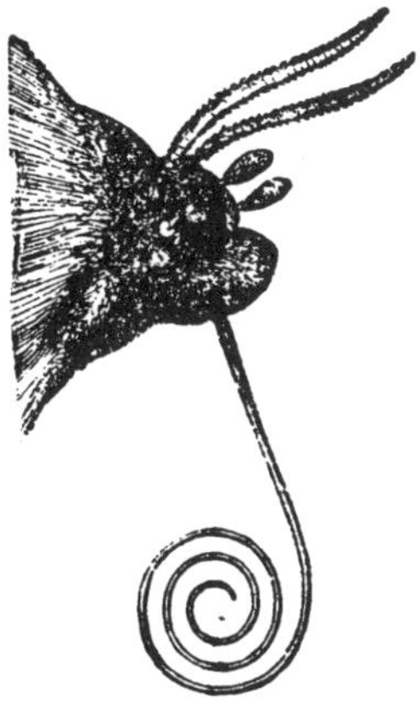

圖中幷顯其盤旋形之舌與二目相連者則由花萼中掠取之粉團也

第九十七圖

鵲蛾之毛蟲圖

第九十八圖

鵲蛾成蛹

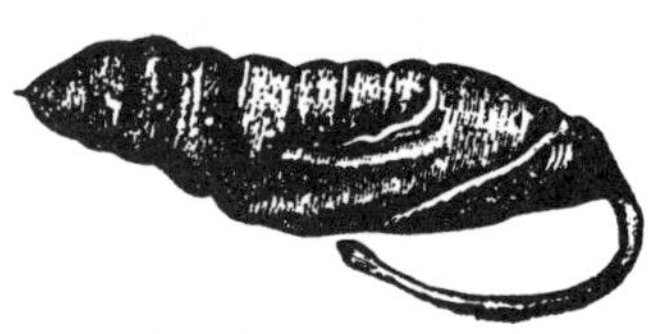

第九十九圖

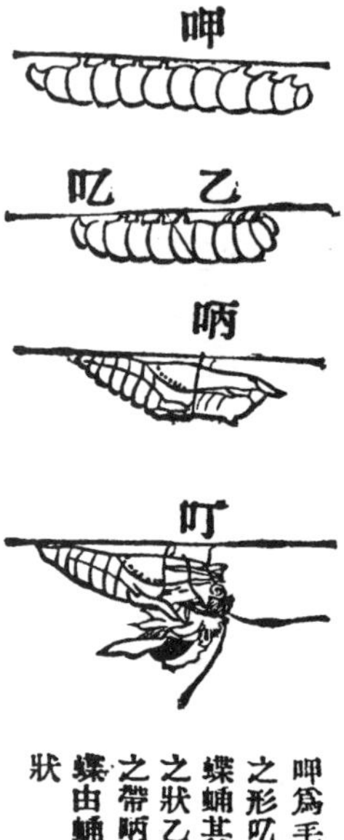

呷爲毛蟲將變蝶蛹之形吃爲毛蟲將變蝶蛹其皮先行縮小之狀乙爲懸掛毛蟲之帶吶爲蝶蛹叮爲蝶由蛹脫出展翅之狀

角在其尾上。（見第九十七圖）此蟲專食菜蔬與植物。故每爲植物菜蔬等之患。夏秒緣樹而下。入土中變而爲蛹。藉成蛹之時代。爲禦冬計。其蛹與蝶蛹同色。櫻有光。蛹殼作舌形。長而細。舌尖彎曲類鈎。直達胸際。儼如壺柄。至來年初夏。蛹皮綻裂。蛾遂由地中出。仍緣樹而上。俟夜飛去。（見第九十八九十九圖）

（二）蛾蛹與蝶蛹　考蛾蛹一字。其義係由拉丁字象形出之。（即嬰孩之意）因昆蟲中之稱爲蛾蛹者。大概因其成蛹時代。與嬰孩在襁褓時無異。至蝶蛹Chrysalis一字。則由希臘文象形得之。（即金色之意）尋求其意。大都因蝶之一類。其體上皆有金色之斑點。故以名之。又凡蛾蛹字之用於鱗翅類者。皆屬蛾類。即藏於繭中者。至蝶蛹字之用於鱗翅類者。則皆蝶類也。

(二)蛾蝶　蛾蝶形態美麗。最易引人觀察。往來飛翔。採取花粉。則又爲植物受精作用之媒介。然當爲毛蟲時。則專以植物之葉及蔬果五穀等類爲食。故與植物亦復有害。總計一年之中。植物之受害於此種飛蟲者。爲數甚巨。餘外有一種小白蝶又名白菜蝶者。(見第一百圖及一百零圖)一千八百六十年。由歐羅巴輸入美洲。不數年間。魁北克周圍一帶。每年爲蟲所損之白菜。約值金洋二十四萬圓。他如蛄蟖棉花蟲等類。其害亦與相等焉。

第一百零一圖

小白菜蝶之口放大

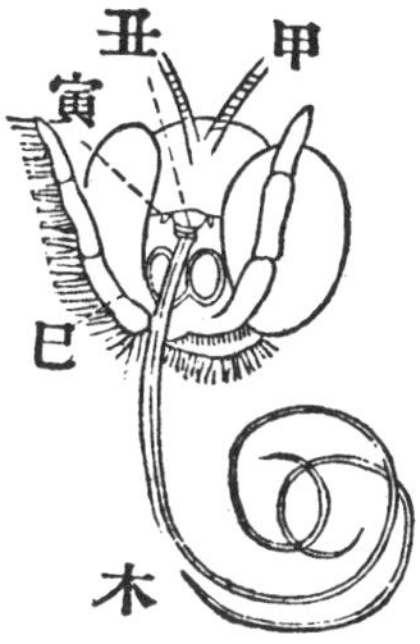

丑爲上脣寅爲下腭木爲上腮巳爲下脣上之觸角甲爲觸鬚之底

(三)蘋果蟲　蘋果蟲當初生時。卽有此名。緣卵生於蘋果花蒂。或蒂之嫩皮上。此蟲能入果心。越數禮拜卽成形。蠶食果心之四周殆盡。卽洞果之

第一百圖

歐洲之大白菜蝶

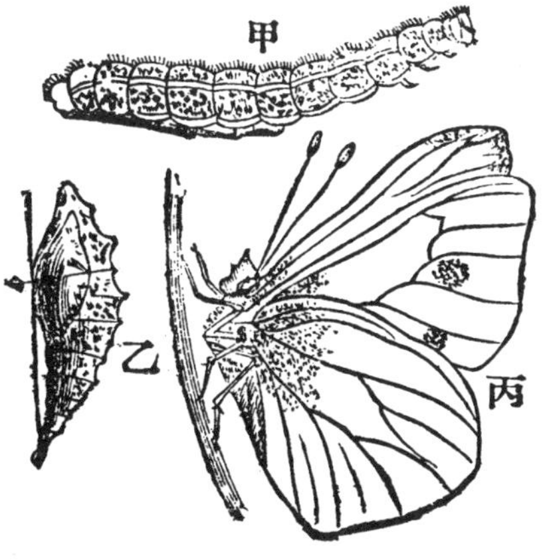

甲爲毛蟲乙爲蝶蛹丙爲成形之蝶

旁推食餘無用者使出果因傷墜地蟲即他去有時不待其墜亦去之及成蛾形甚小翅樓色前翅色尤濃凡果園中欲除此種蟲患必於花落時以巴黎綠色顏料和水徧灑樹身而後可免風落之果每日可拾藏之亦應灑巴黎綠色顏料水以免蟲患

(四)衣蛾　小衣蛾之翅張時寬不滿半寸有爲銀灰色與麋鹿色者此蟲之卵每遺於獸毛及羽髮等類間越七日即成小蟲能食物并能於取食處造一易於負戴圓柱形之殼展殼之兩端中纏以絲蟲於殼中長大時撑裂殼之兩端即裂處出其首捕物而食行時殼亦與俱由小蟲而蛹而蛾多居殼裏此蟲能損衣預防之法須時振其衣并潔其地毯凡欲收衣必先曝頻頻翻動更囊以厚紙固其口然後什襲藏之他如煙葉樟腦或煤黑油所製之球置衣笥中亦可免患若柏木爲箱以收衣毯則尤宜

總論　此類昆蟲其翅大都有層疊羽毛形之鱗片以爲掩蓋其口部又皆有一管形之舌供吸食之用初生之小蟲曰毛蟲大都變形完備惟觀於蝴蝶鷴蛾飛蛾等類其觸鬚之特性則彼此各異且不但觸鬚已也即其舌之長短并首與體之形狀及停翅時之地位成蛹之時代亦皆各異至同一飛蟲而蝴蝶以晝飛蛾以夜又

有不同者。

膜翅類

凡蜜蜂。黃蜂。螞蟻。五棓子蟲。馳蟲之屬。皆包括此膜翅類之中。其最能動人聽聞者。尤莫過於螞蟻蜜蜂。良以此二種。其交誼之習性。與其才智為他種昆蟲所不及。所最宜考察焉。

螞蟻

歐美兩洲中。常有一種紅蟻。使執此類求之。亦足證蟻中之特性。體分首胸腹三部。首大。上有複目甚巨。外有小目三。觸鬚長而細。以司聞嗅。翅薄而有膜。上有翅脈數條。橫亙其際。又壯而善飛。口部之用與甲蟲同。專以嚙物。下脣突出而成管。乙（即其舌）用以舐食甜汁。故凡昆蟲蜜糖鮮果等含有甜汁之物。螞蟻無不嗜之。其消化器亦與甲蟲無異。數種母蟻。腹部有刺。刺內大都有毒液。此毒液皆由腹內之兩核而出。紅蟻之翅不甚顯明。或因棄置不用。故不顯耳。然腹中之毒核則固甚巨。紅蟻聚居之穴。數雖不知凡幾。實祇三種。即有翅之雄蟻。與雌蟻。或稱為后蟻者。又有無翅之工蟻。皆彼三種類也。后蟻最巨。見第一百零二圖 羣僅有其一。間亦有數后

第一百零二圖
后蟻放大之狀

第一百零三圖
工蟻

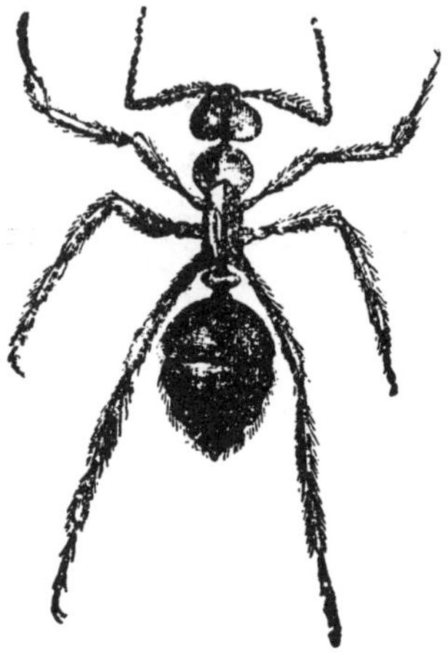

蟻同居一穴。甚親密者。工蟻狀最小。數亦最多。（見第一百零三圖）蟻之穴。積沙泥成之穴內列屋而居。并築道以通各屋。道上皆有若譙樓者為掩蔽。形勢與鑿穿之山嶺相似。（見第一百零四圖）

蟻變態完全。共有四級。其后蟻與雄蟻配後。即退居穴內。自斷其翅。示不再用。終身隱穴中而已。其卵生穴內。約歷十四五日。即可孵而出之。初生小蟲無足。特工蟻代給其食。並為遷地。俾多受相宜之溫氣與潮溼。而滋養之。此時小蟲生長極迅。至變而為蛹。（見第一百零五圖）有絲繭環護其殼之四周。人多以蟻卵呼之。亦常由工蟻舁之而出。以受日

第一百零四圖
蟻窩中之道路

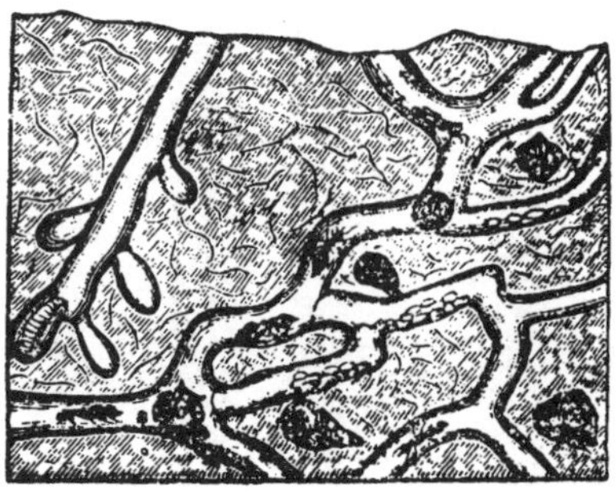

光空氣。當成形出蛹時。則有工蟻相助爲理。於其腿之分。翅之開。最爲留意。

第一百零五圖
紅蟻初生小蟲幷繭與蛹之圖

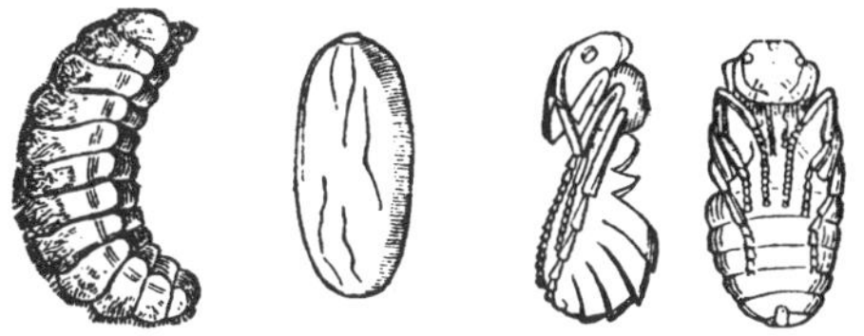

凡紅蟻盤踞之處。常成隊衝突而出。列陣於外。以待彼軍之來。就而獲之。其常爲紅蟻軍隊所攻擊者。卽怯弱之小黑蟻也。然攻擊時。亦不過示之以威。非欲恣其殘害。故有時每驅黑蟻出穴。或奪其所生卵及蟲蛹而去。仍隨時善爲調護而飼養之。蓋非甘心於彼。特欲奴畜之耳。

蟻性善交。雖久相隔。覿面能辨。屢經攷驗。知蟻頗具才智。特其中靈蠢不齊。亦與人類相似。不獨一種有一種之才智。卽同種各蟻之才智。亦有釐然各別者。惟其合羣交友。及其習性。似具智慧。不僅爲蟲類之性。至螞蟻有無發聲之能。尙待考察。自形狀上觀之。雖亦有所謂耳者。但使人於其近處騷擾之。彼亦若瞢然罔覺。蓋雖具有能發聲音之器。然絕未聞其所發之音爲人所易聆者。要亦不得卽據爲不能發聲之實證也。其聲雖出人聽界之外。在彼固自能聽聞。後歷驗之。始知其有術。能彼此

互通消息與語言無異。

（一）年歲　考察以來。多以螞蟻之生最促。其能度嚴冬者。又僅工蟻一種。約翰勒巴克云。彼畜有二后蟻。已至七年。又二工蟻。已至六年。其他如雄蟻類。大都夭折者多也。

（二）辨色　約翰勒巴克。又屢經試驗。而知螞蟻不僅能分辨色澤。即物質化合及生熱時所發之光線。爲人目所不及見者。彼蟻亦能辨之不爽。

（三）蜜蟻　蟻羣中。有一二種最奇異者。望之與一生動之花蜜瓶相似。此蟻之腹。碩大無比。因中所具者。皆他種螞蟻採取而至之花蜜也。此蟻之責。專爲積儲及析分花蜜之用。

（四）農蟻　舊大陸與美洲各温暖之區。皆有一種農蟻。產美國得撒省者。多於穴口外周十方尺。或二十方尺之地。除治整潔。不使他植物生長。中僅容一種青草。又善藏其種。以備來歲之用。其穴中築屋以居。一在地底。一在地面。雨時。移所生卵蛹等。并食料。置地面屋中。以免水患。至地底之屋。當夏日少雨。則移居其中矣。

（五）畜奴之蟻　畜奴之蟻。專恃其奴隸供給。一與之離。卽無能爲力。并其小蟻亦棄之。如遺。其平日所仰給者。尙不能備。又何有於潔居與覓食耶。不獨其習性因依賴他族而改。卽形體亦俱從而改。其下腭不堅。齒明顯若槍矛。然不能嚙物。亦屬無用之具耳。如無彼奴隸爲養。必成爲餓殍而後已。

（六）蟻之畜牧　有數種螞蟻。畜牧他種昆蟲以養其體。大都以木虱爲最宜。因其體含甜質。留以供蟻之食。當蟻與木虱相遇時。擊以觸鬚。木虱卽將其所含之甜質吐出。故長成之木虱。蟻不但與爲護持。卽其所生之卵。亦由蟻羅致而衞護之。往往初春時。取木虱之小者。爲置一妥適之植物上。木虱外。有他種昆蟲之能出甜質者。亦頗合於螞蟻養體之用。

（七）螞蟻之遊戲　有人恆注意於螞蟻嬉戲一事。曾經實驗云。螞蟻亦藉嬉戲以壯其體。并踴躍從事。與人類練習身體時情形大略相似。

（八）螞蟻之發達　約翰勒巴克云。彼頗留心於各種螞蟻。藉爲考察之具。遂探悉其習性。并一切景況。與古代人類文明之進步。差堪彷彿。有一種螞蟻。專以獵物爲生計。其組織而成羣者甚小。又不能整一。如人類中最低而僅以遊獵度日者等耳。又有一種螞蟻。其所居之處。建築精密。能組織成一極大之羣。凡事皆有整頓之精神。於工作戰具二者。尤不遺餘力。并專滅他種之軟弱者。此二者外。尚有一種。所謂耕種之蟻。以上三種。較之古代人類發

達之歷史中三大時代約略相仿蓋三大時代者游獵畜牧與耕種是也

蜜蜂

螞蟻外其有益於聽聞者爲蜂類蜜蜂之狀除體有毛外餘皆與螞蟻等凡工蜂腿皆有貯蜜之囊彼由花萼中掠取之粉以此具貯之每一後脛骨并足趾之末節皆具放大形若脛骨之外空則每一小空中皆有極堅挺之毛由骨節之旁伸出掠取之粉先由其腿轉運甚速後遂由其下髀中收入脛骨之空處

蜜蜂能採取三種不同之材料即花蜜花粉（即花中雄蕊上之粉）與蜜膠等是也蜜膠色紅質如松香與蠟相仿大都由各種樹木芽苞之黏質中採取而至或用以彌縫其穴隙並藉以黏蜂房中之蠟者也至取蜜時以長舌入花內舐得之其舐得之花粉由食道入其貯粉之袋入貯後稍受化變再吐入於蜜房所以化變者爲欲使其不再發酵故也蜜房中釀成之蜜蠟即蜂體中所含之質并聚於腹底之蠟片是也此種蠟片乃以其腿由腹底取出納之於口使之變軟後再吐出以造蜂房

蜂羣中亦如螞蟻然分三等即后蜂工蜂與雄蜂是也見第一百零六圖后蜂最大其腹較諸雄蜂及工蜂尤細而長工蜂腹甚小又雄蜂無刺惟后蜂有之然亦祇用以刺他

第一百零六圖

后蜂及雄蜂工蜂

工蜂　雄蜂　后蜂

第一百零七圖

蜂刺

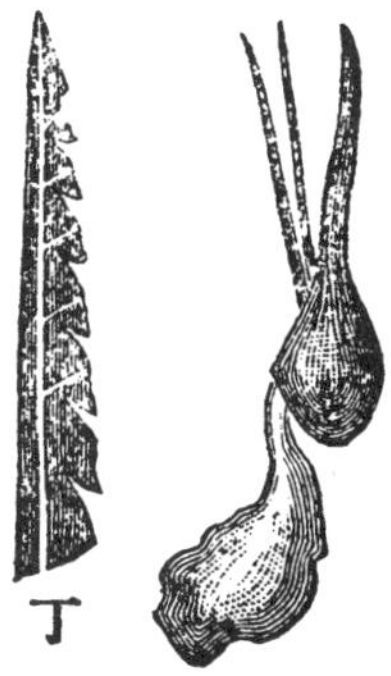

圖中丁字即蜂刺放大之狀

后蜂而已。若工蜂之刺。為人所戒懼。因蜂刺傷人。多含餘毒。（見第一百零七圖）然蜂一傷其刺。當時雖不覺痛苦。惟不久即斃矣。工蜂日往還於花叢中。採粉及蜜。有飛至數英里外以採取者。迨經採足。即飛還故居。并能識方向。其飛行之路。皆一直徑行。人每稱為蜂線。蜂窠之中。具房無數。有專育小蜂者。有專貯蜜與花粉者。此等蜂房。大都成一不整齊之六角形。大小亦錯落不一。又凡蜂窠中安置初生幼蟲之房。及工蜂所居者。皆至狹小。惟雄蜂所居。則略大。要未若后蜂之房之為尤大也。其收藏花蜜處。頗為整齊。然貯滿。即閉其房。防空氣之侵入也。

冬日寒冽。蜜蜂大半夭折。蜂房中僅存一后蜂與數工蜂而已。后蜂遂遺卵。先下於工蜂房內。後又下於雄蜂房內。歷春及夏。即在窠旁成無數更大之蜂房。以預備安置初生之后蜂者。初生之后蜂。皆供以美食。或云生后蜂之卵。與生工蜂之卵。形狀初若無異。當成爲初生幼蟲至長足時。則大有區別。或云工蜂亦有時生卵。特所生僅爲雄蜂。其卵皆由后蜂妥爲安置。每房一枚。孵出之幼蟲。皆臥房底。由工蜂以花粉及蜜和水飼之。比越數日。幼蟲卽停食。各成絲繭者一。已變而爲蛹。此時工蜂卽閉其房。溯自出卵時至其成翅。約二十餘日。又工蜂與雄蜂成形後。卽不安居於房。惟小后蜂雖已成形。仍居房內。有工蜂以爲供奉。一旦由房而出。老后蜂卽挈其侍從若干離房他往。此房遂爲新后蜂所居矣。每季內。一蜂窠中有生無數后蜂者。比老后蜂之離房他往也。所有工蜂。皆羣集雄蜂前。環攻之斃其命而後止。蓋其時工蜂皆悉爲殘忍。而雄蜂勢寡。無力與敵。聽其所爲而已。凡工蜂生命至促。或距初生時數星期卽斃。未有至八閱月而

第一百零八圖

蜂首之複目單目并其觸鬚

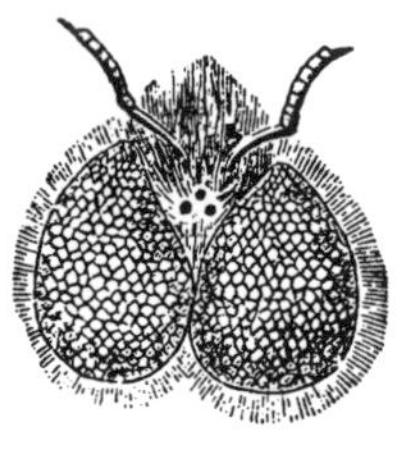

第一百零九圖

蜂首正面之狀

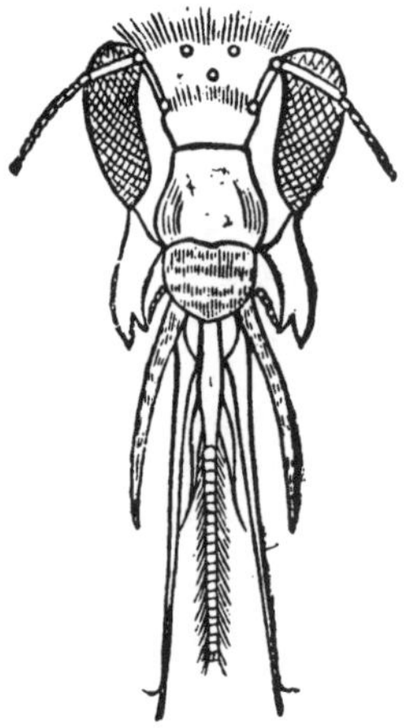

后蜂歷年最久。常有至四五棋者。

(一)響蜂　蜜蜂中最常見者。爲響蜂。窠多築於空木地底或獸穴內。其同類之中能禦嚴冬者。僅后蜂一種耳。此蜂於冬時。預積蜜及花粉若干。冬內生卵無數。生卵既畢。復聚花粉。再遺卵其中。其初生幼蟲。皆以花粉爲食。然生長極速。及其長足。又皆各成絲繭。其老蜂卽以蜜蠟一層。爲掩蔽。遂成一粗備之蜂房矣。至繭內之蟲。成體完全。卽破繭而出。若工蜂初次出現時。后蜂卽使覓食。并任經營蜂房等事。

(二)孤蜂與羣蜂　蜂性喜羣。惟間亦有喜獨居者。是謂孤蜂。此蜂築穴時。先以下腭掘土。再以腰將土中穢物。剷削殆盡。其窠成管形。有數小房排比。每房有卵一。並積花粉一團。初生之小蟲。卽取花粉爲食。此外仍有一種。其性尙不及孤蜂者。因已既不能築穴而居。并其卵亦寄生於他種蜂房內也。

(三)他種蜜蜂　又有他種蜜蜂。因其性善築穴而居。卽按其所能而遞名之。如木工蜂。縫工蜂。塗工蜂等類皆是也。至黃蜂。亦與蜜蜂相似。其中亦分爲泥蜂與沙蜂之類。

鼬蟲　鼬蟲之性。與蜂迥異。其形狀則與膜翅類之昆蟲。約略相同。其最常見之一種。身長而細。無翅。而有生卵之管一。欲生卵將管置大蠶蛾初生之幼蟲皮裏。後卽由之生卵。迨孵出時。初生幼蟲。多以蠶體中肥質爲食。然往往有未待食畢。彼小蠶蛾。已織成一繭。而變爲蛹矣。此馳蟲初生之幼蟲將變爲蛹時。卽由蛾皮內出。又在蛾繭內。織成一繭。後亦變而爲蛹也。其蠶蛾之蛹。或斃於變形之先。此蟲卽乘機由蛾繭脫身而出。

(一)黃蜂　有一種性喜成羣之昆蟲。如螞蟻蜜蜂等類者。卽黃蜂是也。其窠大都由嚙下之枯木製成。中有房六角形者。排列無數。又以數層如紙之物質。以爲蔽護。故又有紙蜂之名。窠多懸樹枝上。開戶於窠底。(見第一百十圖)其初生之幼蟲。皆以己所含之膠質。黏其體於窠內。此蜂性喜雜食。幷能以牙牀攻他種昆蟲。捕食之。其幼小之蜂。皆由其母蜂哺養。至成蛹時。則皆外織一繭。爲護持具焉。

第一百十圖

黃蜂窠

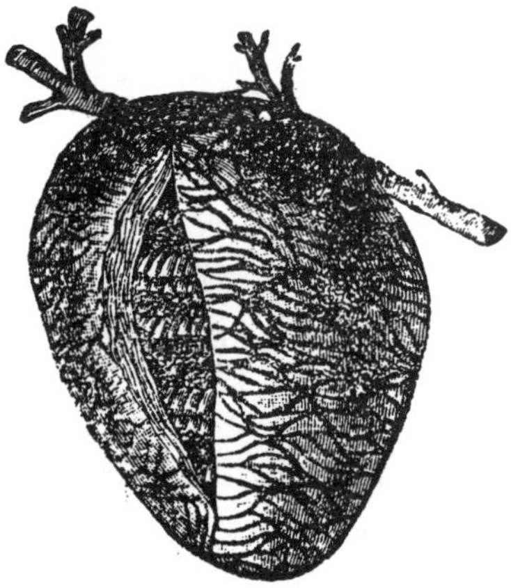

(二)五棓子蟲　此種昆蟲。每將其生卵管。刺入

樹葉樹枝內。卽生卵其間。其初生之幼蟲。多集於樹葉受傷之處。蓋葉旣被刺傷處因之墳起而成贅疣。俗所謂五棓子者是已。而於樹身無損。至五棓子爲用至廣。不僅顏料藥材。墨水內尤視爲首要之質。

總論　此類中皆有膜翅兩雙。惟翅上脈紋甚少。其首頗巨。口部皆合舐嚙之用。其雌者有一刺。幷一生卵管。若其變態亦稱完善。其知識大都在蟲類中列爲第一。

以上所論各種昆蟲。彼此頗多相類。而其體又皆分節。大別爲三部。卽首胸腹是也。首部皆有觸鬚與複目。至呼吸則皆以氣管爲之。其全體之內。有腿三雙。翅兩雙。惟所變之形狀。則各類不同。

多足類

蜈蚣　尋常所見之蜈蚣。體扁而有節。首亦明顯。若胸部與腹部之節。則皆相似而又相連者也。見第一百十一圖首有長觸鬚二。鬚上有節。見第一百十二圖目則單純。每一體節。各有足一雙。若口部之內。則上唇下唇下腭上腮與其觸角兩對。皆各分地位。食物之滋養管上。卽其心。心之功用。亦與他種昆蟲同。所以催血入首者也。另有氣管專

第一百十一圖　蜈蚣

第一百十二圖　蜈蚣首放大

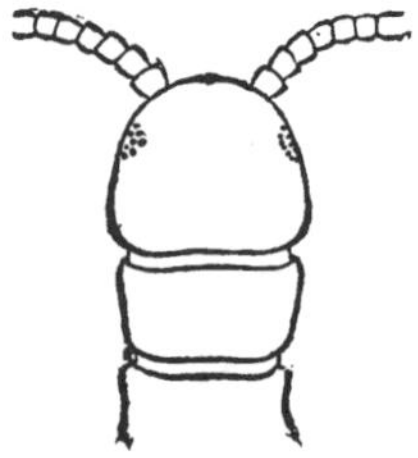

圖中顯觸鬚底之目及觸鬚之節

第一百十三圖　蜈蚣首下面放大之狀

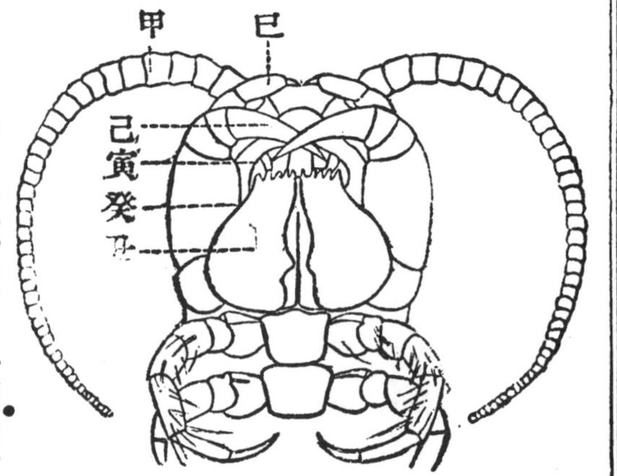

甲爲觸鬚巳爲上腭之觸角己爲牙牀之大毒齒寅爲上腭癸爲牙牀丑爲下脣其下腭乃藏於他部之後故於此不見

供呼吸之用。蜈蚣之小者。與他種昆蟲之小者。亦復相似。初生時。僅有足左右各三。每節上之足。則皆在其首後。又蜈蚣多毒。有核貯之核中所含之毒。大都由其下腭之大齒而出。見第一百十三圖有時專用以困彼欲食之物。使之全體痿痹不能動移。又其性最喜食肉云。

簑衣蟲　此蟲與蜈蚣迥異。其體成一圓柱形。每一體節上。有足一雙。體中雖無毒核。然有短觸鬚無數。性喜食蔬。或即以死蝸牛等物爲食。見第一百十四圖

總論　此類中之昆蟲。其首皆明顯。而胸部與腹部。又有無數之節相連。其每一

節之上有足一雙或兩雙不等。

蜘蛛類

此類較之多足類又等而上之。惟較之六足類。則稍次。此乃附於蜘蛛之一類者。如蠍蜘蛛。及蜘蛛類之微蟲。皆包括於其中者也。

花園蜘蛛　花園中之蜘蛛。(見第一百十五圖)人所習見。故用以作同類之標本。其體分兩大部。即胸首相連之部與腹部是也。(見第一百十六圖)其間有一長而且細之梗與之相連。首無觸鬚。以前腿一雙代其用。故知覺皆由其前腿感而得之。其單純之目有八。口部之內。則有上唇下唇下腭上腮與腮上之觸角。又上下兩唇各有槽筍相合。乃成一管。以吸流質。下腭之上有齒。而上腮之上亦有之。其觸角既代觸鬚之用。并用以攫物而食。(見第一百十七圖)外尚有腿四雙。生胸部上。腿之跗骨末端。又有爪與毛。(見第一百二十圖)

第一百十四圖

呷尋常簑衣蟲圖

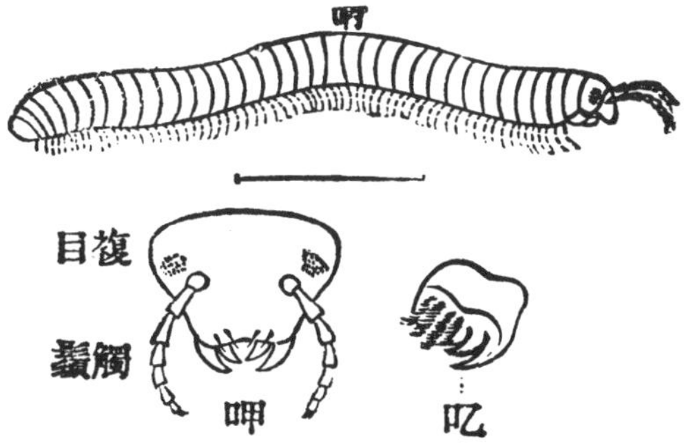

蟲下另繪一直線。即以顯明簑衣蟲天然之長短。圖中呷爲簑衣蟲首放大之狀。吃爲牙牀之左面放大者。

第一百十五圖
花園蜘蛛

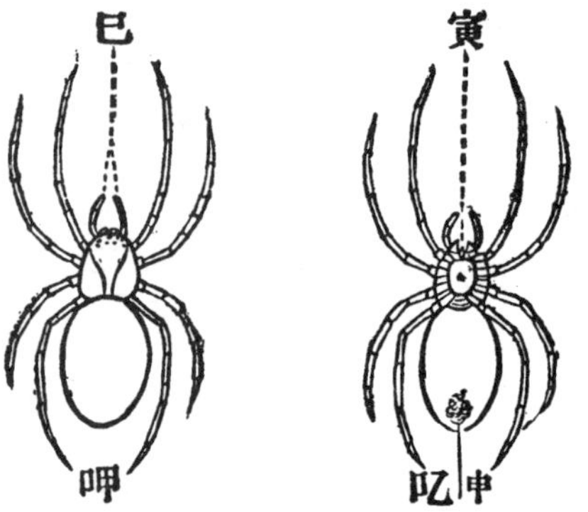

圖中所繪之呷為由上面而觀之圖吖為由底面而觀之圖巳為觸角寅為下腭申為蜘蛛出絲之紡織器

第一百十六圖
蜘蛛側面之狀

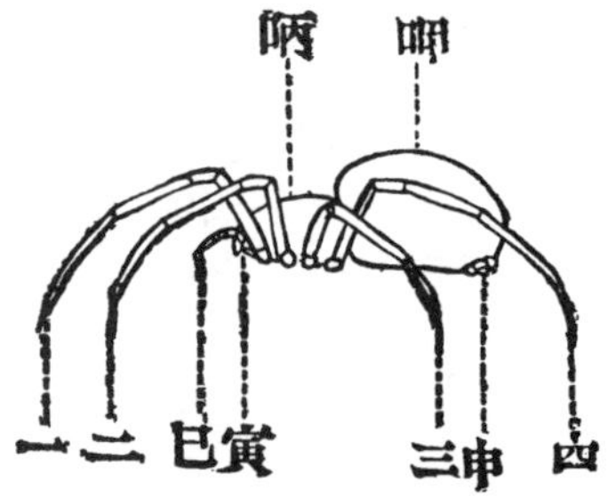

呷為腹吖為胸首相連之部一二三四節其第一第二第三第四對股巳為觸角寅為下腭申為紡織器

其食料先由喉際入吸胃之中。(與胡蝶相似)後再由吸胃而入一管形複雜之腸。除精液核外倘附有一消化器即其肝是也。肝內所生之汁。輸入小腸。亦為消化食物之需。蜘蛛之心如管。而在脊背上。又有肺一雙在其腹之前部。其體之下有小孔二。與肺相接。血則流入肺葉膜間之血管內。其血先由肺濾之使清。後再流入於心。當血運動時。亦具有循環之勢。至在其紡織器相近之處。復有二孔。此二孔與氣管一對相通。血即由氣管收入空氣。而與之融合也。

紡織器在腹部之末端。器內有管形而凸出之小毛三對。以為掩蔽(見第一百十九圖)其每一小毛之管。即精液核所從出。每織一蛛網時。即將紡織器逼近一處。以力抵之。使每管之中。皆擠出流質少許。因此等流質。一見空氣。卽行堅韌。而成一極細之絲。數絲聯合成一堅韌較粗之線。其放出之一端。係繫於紡織器力抵之處。流質成線時。又以後腿相助爲理。用以紡織成網。望之儼如以彼後腿由腹部抽絲而出者然。參觀第百二十一圖

凡花園蜘蛛之網。往往見籬角間。又或近其所隱藏之穴。結網時。每覓一豎立而又便於依倚之所。卽由其旁紡成一線而橫渡之。法將線繫於最高處。乃緣之

第一百十七圖

蜘蛛之前部放至極大者之前部

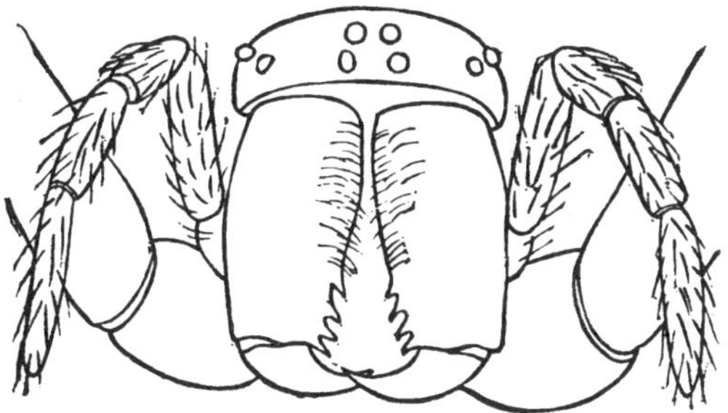

己己爲觸角丑丑爲第一對股之二部分在胸首相連部上其上有八目寅爲下腭

第一百十八圖

蜘蛛之內牙牀或上腮

圖中亦顯明其觸角之第一節

第一百十九圖

蜘蛛之紡織器

圖中之酉爲其紡織器中一管形之毛放至極大者

而下。尋又援引而上第二柱。如是數數往返。先緊其線。後再束縛妥貼四放其射形之線。而成一輪輻形是爲網之經線。網既成。再由架之中心。結成無數螺旋形之緯線。當結緯線時。每經一射線。必從而加緊一次。諸緯線相去略遠。並不密接。自內而外。以次遞及。既達外界。復循緯線而返網之中點。（見第一百二十一圖）每線上皆有黏性膠質。黏於線外。飛蟲與之相値。即不能免。又結緯線時。往往使之中斷。後再以次而紡及全網工畢。蜘蛛即在網之中心。別造成單線者一。直通其隱居之地。故一觸外網。即能知覺。如有昆蟲誤投其網。蜘蛛復緣之而上。另紡一線。以其後腿執之。使飛蟲爭競。偶觸其線。即爲所黏。後再紡一線。繞其全體。愈束愈緊。凡蜘蛛自行咬斷之線。多有疑其仍由彼口吞入者。實則先搓使成團。後始擲棄之。

第一百二十圖

蜘蛛腿尖放大之狀

辰爲外爪　寅爲中爪　酉爲齒毛

蜘蛛之毒核。在下腭之底面。其毒液即兩毒牙中放出。然非遇相宜之食物。必不輕

第一百二十一圖

蛛網

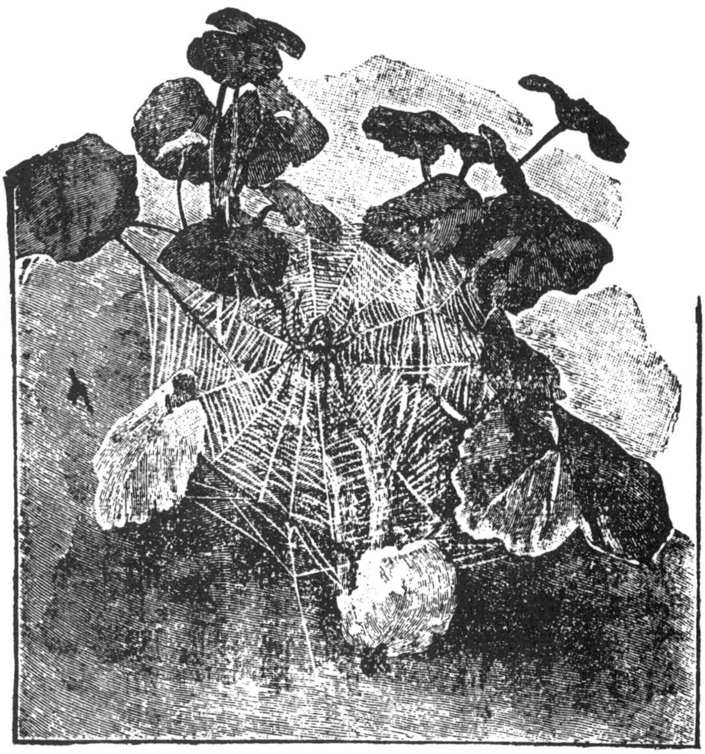

用此毒也。若人則罕有受其毒者。又捕獲之物。僅食軟處。餘皆棄之。花園蜘蛛之卵。多生一小絲團內。生卵後以絲纏之。若繭然。當下卵時。僅一滴漿汁而已。凡初生之蜘蛛。狀與其母無殊。所不同者。大小耳。初生與母同居之。食時亦多自相蠶食。須褪皮數次。然後始能長足。

他種蜘蛛類

與蜘蛛最相似者。即蜘蛛類之微蟲與蠍類蟲是也。

(一)螲蟷　有數種蜘蛛。不善織網。當捕食時。大都一躍即得之。多隱於石下。或穴居。其中有以螲蟷名者。乃一種大而有毛之蜘蛛也。其後腿極長。穴居地底。若管形。深數寸。穴之口徑。則三四寸不等。穴以絲綱之使密。上闢一門。亦以絲造成。卵生繭內。方初生時。藏之窩裏。或由雌者攜之與俱。至螲蟷一種。大都指歐羅巴所產。然觀美洲各處之所產者。則又與歐羅巴所產。約畧相似。

（二）蠍類　此蟲之與蜘蛛不同者。其體大而上腮如鉗。體分兩部。卽胸首相連之部。與長而有節之腹部是也。其腹部之末端。有一極堅之刺。上連毒核。此種昆蟲。大都產於世界溫暖之處。至美洲近海股之各邦。如干薩斯與加里佛尼亞等處。皆無之。

（三）長足蜘蛛　與蠍類及蜘蛛相同者。卽長足蜘蛛是也。體雖成節。腹則甚短。有長腿四雙。性不毒。而喜食肉。

（四）蜘蛛屬之微蟲　蜘蛛屬之微蟲中。有數種極可憎之昆蟲。其大者名獸虱。喜寄居人與動物皮膚上。嘬血爲食。并有時將其全體盡藏寄主膚內。以當穴居。小者爲疥癬蟲。亦恆隱於所欲食者之皮裏。往返不已。結穴而居。故動物與之相值。每覺奇癢。

總論　蜘蛛類昆蟲之體。大都分兩部。卽胸首相連之部。與腹部是也。有腿四雙或有單純之目者。或無單純之目者。且皆無觸鬚。其變態不完全。或及其半。或全體皆無所更易。飛蟲類之體皆分節。若骨架之外面則有一層如角質之物爲其足亦成對而有節。至神經系則大都在其腹側。其心如管。生於背上。又皆有吸管。以供呼吸。○節足動物。大別爲兩類。曰甲殼類。曰昆蟲類。體皆分節。足則分節成雙。心居背上。其神經系則在腹部。

實驗要言　凡研究生物學。讀書不如披圖。披圖不如觀標本。標本現成者。不如自研究自製造。習昆蟲學者尤要當人之見一昆蟲也必察其形體。辨其種類究其習性。而凡與人類學植物學生理學農藝學等有利害關係者更當加意。且人憑一己之智識。有所攷得。不但於平日所知外。更明新理。且亦增其審視之才。而以後察物愈能嫻熟。察物之益。豈淺鮮哉。然馴生活者而察之。尤能助人生趣。增人識見。有志博物者。幸勿以瑣碎忽之也。

捕蟲網斃蟲瓶。藏蟲匣。等學者當各置一具。以備實驗之用。諸器製法甚簡。詳列於後。學者可自仿造。或指揮工匠製之。

節足動物

- 膜翅類
  - 腿蟲
  - 五棓子蟲
  - 黃蜂　蠮蜂
  - 螞蜂　蜜蜂
- 鱗翅類
  - 蛾
  - 鵲蛾
  - 蝶
- 雙翅類
  - 蚊
  - 蠅　蚤
- 半翅類
  - 南瓜蝨
  - 臭蟲
  - 樹蝨
  - 蚜蟲
  - 蟬
- 直翅類
  - 棍形蟲
  - 葉形蟲
  - 蟋蟀
  - 螳螂
  - 螽蝗
  - 蚱蜢
- 脈翅類
  - 捕木蝨蟲
  - 水蜻蜓
  - 蜉蝣
  - 白蟻
  - 蟻獅
  - 蜻蜓
- 鞘翅類
  - 撲火蟲
  - 蜣螂
  - 螢
  - 斑蝥
  - 食葉蟲
  - 瓢蟲
  - 跳蟲
  - 刮積蟲
  - 虎甲蟲
  - 地甲蟲
- 蜘蛛類
  - 獸蝨　疥癬蟲
  - 蠍　長腿蜘蛛
  - 蜘蛛　蟢蟢
- 多足類
  - 贊衣蟲
  - 蜈蚣
- 甲殼類
  - 三瓣蟹　馬蹄蟹
  - 丸蟲　海蟲
  - 大蝦　龍蝦　鱟類

捕蟲法

人若欲搜羅各種昆蟲。一歲幾無暇日。每屆冬季。凡樹皮青苔中有無限昆蟲。隱於其內苟從而搜羅。隨在可得。若昆蟲之蛹。亦多見其懸樹枝上。與籬落間。又或入土數寸。俯拾卽是。夏季昆蟲至多。搜羅頗易。其出沒大都在花園田圃。水畔林邊。於此搜捕最宜夜。尤勝晝。所得之蛹繭。當置之通風處。他如五棓子蟲。宜春初春暮間覓得之收藏以俟其出現。

凡欲廣搜昆蟲者。當備一網。如撲蝶者然。法以鐵絲一。曲之成一圈形。以徑一尺爲率。配以修四尺之輕木柄。一圈上聯以網。鐵絲織成者爲最適用。或以捕蚊網代之。總以堅細爲宜。當罩得昆蟲時。須旋轉其網。使口閉。蟲不得出。網或以布爲之。狀如囊之淺者。網邊須較捕蝶之網尤堅。柄亦略短。此網專用於矮樹及菜畦間。以撲甲蟲。樹蝨。與初生小蟲之類者也。若搜羅水族中之昆蟲。須備一種粗料造成之網云。

斃蟲之法。當用斃蟲瓶法。以一寬口而有蓋之小瓶。大者尤佳。用盛果之瓶有簧蓋者。更適於用。於藥肆中購鉀衰四五枚。大如核桃者。投瓶內。再以石膏汁入之。石膏乾時瓶即可用鉀衰性至毒勿觸以手其發出之氣嗅久使頭大痛昆蟲稍一觸之即易致斃瓶須封固勿使氣洩捕蝴蝶時或無鉀衰瓶即以針刺其胸部可使速斃如得大昆蟲恐置瓶傷翅可以哥羅方（即麻藥）或以以脫或硫磺煙薰之皆能制其死命與其翅無妨又甲蟲與初生之蟲則可以火酒治死

蝶與蛾可於其初成毛蟲時擕回并折取所棲枝葉日取飼之不特可得蛾蝶而變形時皆得目擊可增長幾許見識獲益豈淺鮮哉有數種昆蟲見光即至宜夜間洞其窗戶以燈置牖上餌之凡飛蛾甲蟲與他種夜游蟲皆不難立集又或以勒母酒啤酒與餳調勻塗樹身上至晚擕火搜羅之每有無數昆蟲附於塗料捕之至易凡收藏捕得昆蟲之匣中須襯以軟木使易於針刺又蝴蝶飛蛾等類皆可夾於紙內紙須裁成方塊按對角線與為折疊使成一三角形及夾入時再將紙邊復行折疊每一錫匣中收貯頗多寄遠亦易凡有乾透之昆蟲標本當預為布置以一木匣內墊溼沙沙上蓋以紙將蟲之標本置箱內待一二日其體發軟可備展翅之需矣凡蝴蝶飛蛾蜻蜓等類欲使其翅張開者須備展翅板一法取兩板斜架一板上作一

屋頂形狀。其兩板接筍處。約留縫半寸。如蟲體略小者。其所留之漏縫較狹。漏縫之底。墊以軟木一條。將蟲體嵌入縫中。再以針釘其體於軟木條上。其翅在斜板之上鋪開。又恐不能服貼。以小紙條橫截翅上。紙條之兩端。皆須以針釘緊。針釘昆蟲。大都由胸部插入。惟甲蟲當由其右邊之甲翅插入之。蟲體至小者。又無須針釘。僅以膠水黏三角形之硬紙尖上可矣。釘昆蟲之針。應購於售光學器具之肆。此針形長而細。其針尖較之尋常鐵針尤小。收藏昆蟲之箱。或抽屜。其底皆須軟木墊之。凡捕獲之昆蟲。須分雌雄。釘於兩旁。其他種昆蟲。亦當各從其類。以次分釘。另紙一條。將其俗名。與彼列入科學中之名目。并何時所獲。得於何處。皆一一書明。用針釘於蟲體之下。

凡有志於昆蟲學者。皆須留一底册。將所獲昆蟲。盡列其中。又凡捕獲之時日處所。及得之某樹之上。亦一一誌之。如能將所有昆蟲同性之處。復一一註出。則有時適用者更大。

第八章　脊椎動物

所謂脊椎類者。即有背骨之動物是也。背骨分兩叚。見第一百二十二圖一爲專司命門之有機體。一即專司神經系之用。背骨形式。係由無數參差不齊之骨組織而成。脊骨上有軟骨數排。又皆能動。惟動力大小不等。考有脊骨與無脊骨之動物。其彼此不同之處。又在筋絡與臟腑之部位之二部位。見第一百二十三圖至論脊椎動物之間。其不相同者。正復無限。且不但脊骨之性質不同。即形狀亦不一。餘若下等脊椎動物。其形狀之不同。不過一二。且皆屬水族。或限於地土。故講求動物學者。於此種動物多不恆見其所恆見者。莫魚若也。

第一百二十二圖

猫之脊骨與其肋骨一對之圖

圖中之丙爲脊髓穴

魚類

淡水鱸魚一名臘魚 淡水鱸魚之種。散布頗廣。以之作魚類之標本。尤爲相宜。且鹹水中亦往往有之。狀亦相似。鱸魚之體。兩端尖而左右皆扁。體上鱗重疊。與爲掩映。

而鱗邊均圓。（見第一百二十四圖）凡魚體皆有內部骨架一。若鱸魚則尤全備。其背骨上有脊骨數凡四十。脊骨兩邊皆凹。其髑髏中更有無數之骨片。各骨以縫槽互接。又有能動之下牙牀。聯合髑髏上。其口橫張。與節足動物之直張者異。上牙牀亦能動。首連於身。因無頸也。（見第一百二十五圖）鱸魚有翅二對。即胸部之翅與腹部之翅是也。其翅類如他種有脊骨動物成對之四肢。然此等四肢。乃緣肩而連屬於背骨之上者也。其肋骨多小而在肉中。頗能運動自如。惟其中獨無胸骨顯出。其體之中線上。另有一不成雙之翅。此翅乃緣脆骨而支柱於背皮之上。分為兩行。至翅之生尾端者名尾翅。生腹底者名腹翅。尾翅兩尖。如

第一百二十三圖

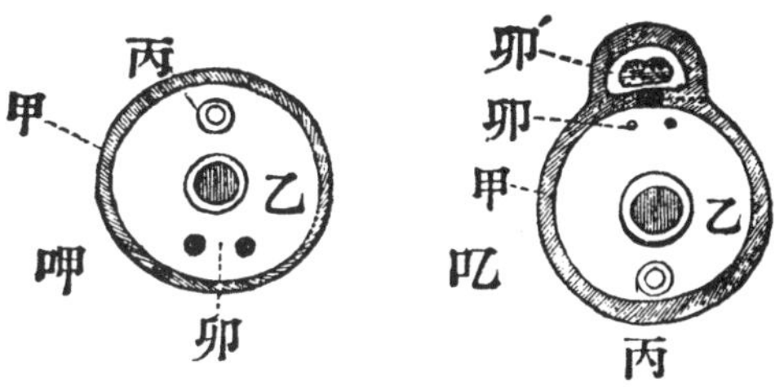

圖中之呷為高等無脊骨動物剖面形之狀甲為體殼乙為滋養料之進路丙為血管系卯為神經系叱為有脊骨動物剖面形之圖甲為體殼乙為滋養料之進路丙為血管系卯為神經系卯為脊髓穴及脊髓

第一百二十四圖

尋常鱸魚之圖

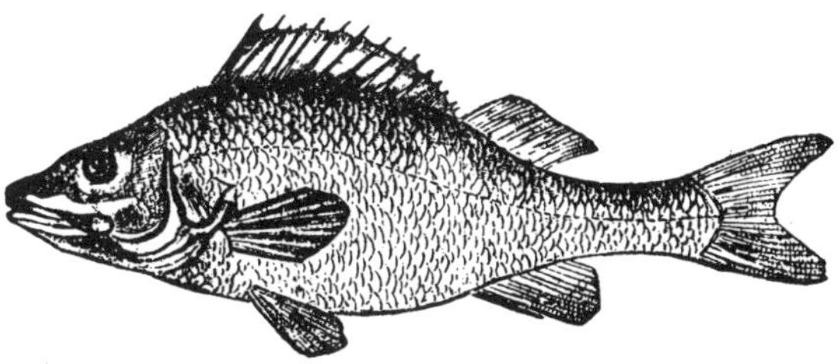

第一百二十五圖

鱸魚之骨架

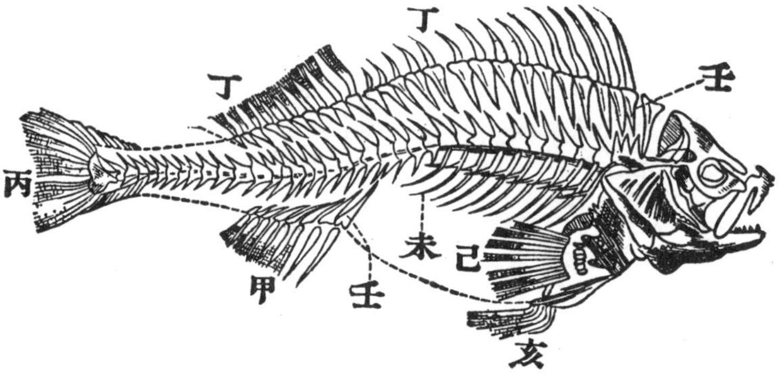

甲爲腹翅。壬爲脊峯骨之一。未爲肋骨。己爲胸翅。亥爲腹翅之一。丁爲第一背翅。丁爲第二背翅。此兩背翅皆藉背峯中之骨以爲支持。

叉形。而長短適稱。是謂正尾。亦有數種魚。其尾尖長短不能一律者。是謂偏尾。（見第一百二十六圖）魚首之後。每旁各有一裂縫形之孔。此孔即其腮之出路也。又有一腮蓋。以爲衛護。腮蓋之邊。則向後。（見第一百二十七圖）鱸魚口闊。故可直抵喉際。口旁爲呼吸之具。即其腮是也。魚腮一副。皆架以四弓形之骨。他如在魚腮間者。則爲腮縫。其腮由薄膜而成。上有微血管無數。當其將水中所含之空氣微點吸入口內也。經過喉管出腮縫間。絡再由其腮蓋之下部。轉而出之。當水經行腮際時。腮上微血管中之血。能承接水中空氣所含之養氣。并棄去其餘無用之材料。（見第一百二十八圖）魚血冷而紅。所以冷者。因流動甚緩。故化變亦緩。心在腹部。分上下兩房。與人心之右

第一百二十六圖

正尾偏尾之魚

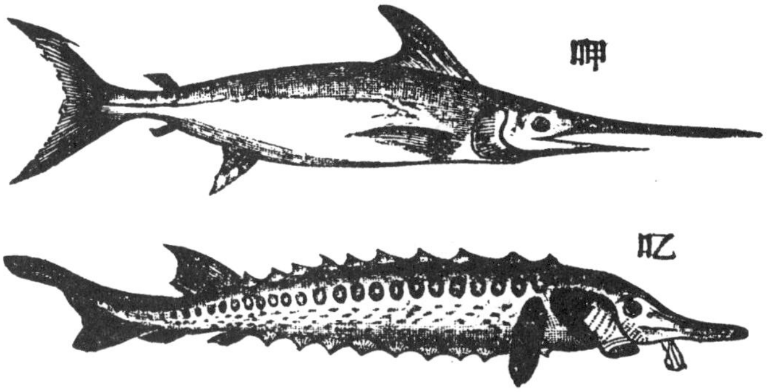

甲為旗魚其尾正乙為鱘魚其尾偏

上房右下房同．迴管污血流入心中．由上房擠入下房．後再由下房流入脈管泡．脈管泡內有一合頁．能啓閉．所以

第一百二十七圖

鱸魚首

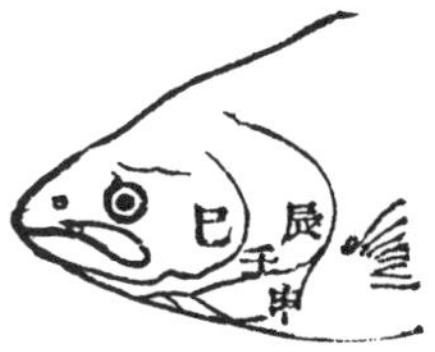

巳為前腮蓋辰為腮蓋壬為內腮蓋甲為副腮蓋

免血逆流而出．脈管泡卽一肌肉所成之短圓柱．直前而生．且與總脈管相連．而總脈管則分兩支．與魚腮直接．紫血散入腮中微血管後．滌除不潔．復為赤血．然後再入脈管．而由脈管分支流徧入體．以供各細胞之養氣及滋養料．幷載回各種不潔廢料．由迴管還流．重入於心．見第一百二十九圖

鱸魚之消化器極簡單．牙牀上則有牙一行．頗密切．又別有羣齒．在其口部之上腭鋤骨上．其體無精液核．食管甚短．僅通其胃．罕有能過管形之腸口者．腸亦甚短．不類人腸盤旋之多．肝則淺櫻色．居胃上．又為一種堆

積食物而有消化力之有機體。膽泡內。則含有膽汁。亦如人膽。然至魚腸內層。復有一種摺疊黏膜。實即其吸物之具。故所有已經消化之食料。皆先由此吸入。至與其胃相近之處。則仍有一脾。魚之胸部。有一氣泡。其氣泡與他種有脊骨動物之肺同。地位形狀亦同。惟功用異耳。中所藏者。僅空氣一種。考其功用。或即以之放大其身體。而備減少其體之重率者也。（見第一百三十圖）

魚之神經系。亦與一切有脊骨之動物同。在髑髏竅內。則有一腦。其脊髓則以脊柱爲保護。復有腦線連屬腦髓。及全體之各部。腦之部分。與人類同。然魚腦至小。故智慧亦小。又魚之神經。幷他種脊椎動物之神經。其排列皆與人類無異。魚目嵌於眼窩內。無眼皮爲之保護。其鼻孔又不與口喉相連。故未能靈動。惟水出入鼻孔。魚亦能辨別氣味。至其耳亦無外孔云。

第一百二十八圖

鱸魚之腮與心

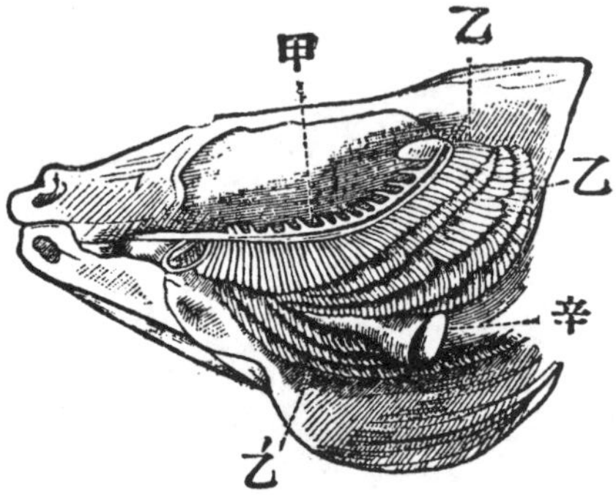

此圖乃由其左側揭去其腮蓋而顯出者甲爲帶腮四弓形骨之第一骨乙爲腮乙爲右側腮邊之最低者辛爲心

魚游水中。藉其尾爲運動。大都以中翅爲權衡。輕

第一百二十九圖

魚類之血脈循環系

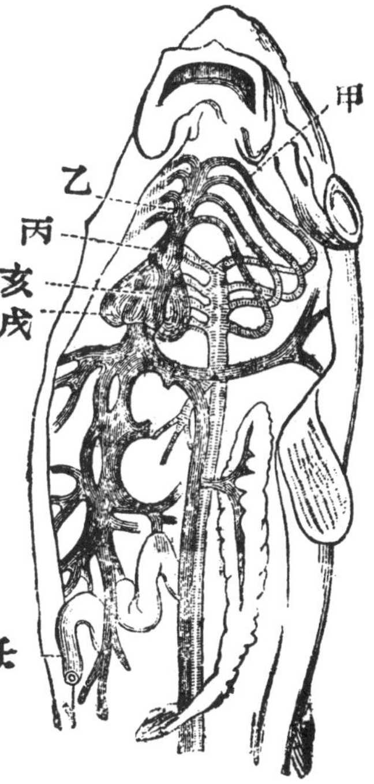

盛紫血之管成縱線形貯赤血之管則成橫線形甲爲通腮脈管一支乙爲脈管支管丙爲脈管泡亥爲心下房戊爲心上房壬爲腸

重之用。至在水升降。則全恃其餘成對之翅與爲浮沉耳。鱸魚由卵而生。每次遺卵至多。大都多在塘水淺而微空之處。越十二日。孵而出之。初生小魚。狀不盡同其母。而尾尤迴異。然亦不得謂其有變形之性者。

他種魚類　與鱸魚同類者。尙有有骨之魚無數。其中有可供庖廚者。亦有僅足觀覽而不能適口者。

(一)可口之魚　凡能充食品之魚。一類中爲數頗衆。如鱒魚。白魚。鮭魚等類皆是。大都鮭魚多產於北溫帶。與近北極之海。秋杪每上駛入河。生卵穴內。壘以沙石。與爲掩蔽。生子後。魚多死者。殆由逆急流遠行受傷所致。卵越二月。卽生小魚。春水漲時。隨流入海。惟大西洋之鮭魚。僅在河口遺卵。所生小魚。居河兩年之久。始入海。其色如銀。生長極速。此外有一種東方之河鱒魚者。體有赤紋。背上并有橄欖形之雜色斑。最美觀。亦鮭類也。

（二）鰷魚　凡鰷魚。與金銀魚。石滾魚。鰱魚。土鯪魚。鯉魚等。亦屬鱸魚之類。此類之魚。歐亞洲與北美洲皆產生極繁。身弱而小。口亦無齒。

（三）鯊魚　魚類中。其骨架終不能全變爲骨者。其鯊魚乎。凡鯊魚類。身皆亘腮無蓋。口部生鼻底。尾偏。皮無鱗。口有圓椎形之利齒數行。形皆扁。不長於牙窩。惟在其膜皮上。具顛倒鈎狀。水族中之動物。多望之凜然。（見第一百三十一圖）

總論　此類中之動物。其內骨架皆有一有節之脊柱。又有一頭殼。更有肢體兩雙。（即其翅）其肢體乃由肩膀與尻骨而連合於背骨之上。其體以背骨劃分兩竅。蓋一爲背竅。專司

第一百三十圖

剖腹之鯉魚圖

亥爲魚之浮水氣泡。壬爲腸。己爲肝。丙爲心。乙爲腮。

神經系之用。一爲腹簸專司養生機體之用。其全體又皆有鱗遮蓋。而呼吸則全恃乎腮。其心有兩房。血紅而冷。其神經系之內則爲腦與脊髓。并神經。惟其腦不甚顯明。此類魚皆由卵而生云。

第一百三十一圖

鯊魚

兩棲類

青蛙　此類中有足爲同類之標本者。莫過於青蛙。青蛙亦有一內骨架。大致與魚相似。體上有皮。澤而溼。顯黃欖色中有雜色之青點。及黑斑紋。腹面色略淺。帶淡黃色。無斑點。無頸與尾。體短而厚。首成三角形。口哆。目大有光。目後有圈形之膜皮蓋一。與四周皮色迥異。此即其鼓膜。或名耳膜者是已。（見第一百三十二圖）青蛙之四肢。在前者短而有指四。上無網皮。無爪。略同人指。惟拇指如初生形。上臂骨與前臂骨皆備。并有手骨。後腿甚長。合跳躍之用。至股與腿足之骨更顯。且有五指。（見第一百三十三圖）連以網皮。故又能游水也。其頭顱骨未盡長足。不能如人首而爲保護腦機之用。脊柱上有眞脊骨者九。末一

第一百三十二圖
青蛙

第一百三十三圖
小青蛙右腿骨放大之狀

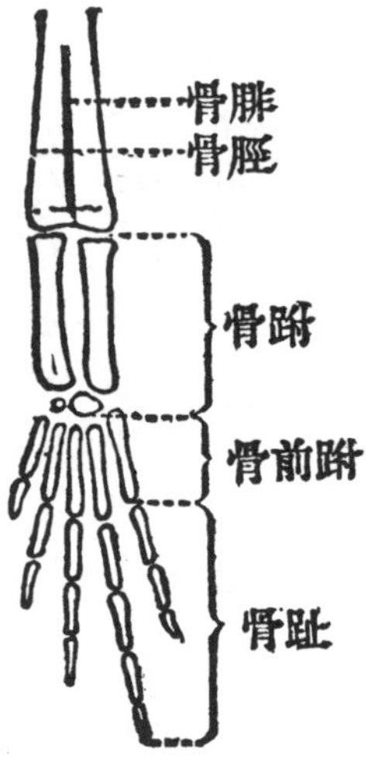

此圖不顯其腿骨而脛骨與腓骨則皆結聚在一處者

為尾閭骨。係一尖長之骨。愈至其後則愈堅。凡所有脊骨儼若融鑄為一者。又體中每一脊骨（除一根不計外）前皆成凹形。後則凸。其肢體即藉肩臂與尻骨為銜接。惟中無肋骨。而有一胸骨。其胸骨共數片（見第一百三十四圖）

青蛙之口。有肉質叉形之舌。與下腭前面相連。當不用時。尖則向內。其舌即用以捕獲昆蟲。中含一種黏質。以佐捕力之不逮。上牙牀有極細之齒一行。上腭另有相似之齒兩行。相切頗密。復有數孔與口相通。中有孔二。由鼻道通入鼻之外孔。則在目下。又有二孔。則由耳際通入於口者。更有一孔貫入聲管者。復有一孔由頭後而通

第一百三十四圖
青蛙之骨架

入其喉管者。至其消化系則有一胃。與一細而盤旋之小腸。幷一寬而且短之大腸。其裏助消化之具。則有肝與胰。肝胰中所含之質。皆貫入小腸上迴之中。凡青蛙所具之有機體。其部位形式。與人類亦復相似。其中仍有脾一。膈膜一。在其肺之上云。

青蛙以肺爲呼吸。其肺傍首而生。口之下腭上。有似裂紋之小孔者。卽喉門也。與一短房相連。所謂短房者。又卽聲管與氣管相連之處。短房之頂上有聲帶若干。一經顫動。聲卽由之而成。其雄者之發聲帶。尤爲發達。氣管旁通兩肺。而肺又分爲氣房。氣房之中。復有膈膜數層。其上又有微血管散布殆滿。所以備淸血之需。青蛙吸氣。與他種迴異。當其口掩閉時。上腭卽壓下。空氣遂由鼻孔而進。迨口中空氣布滿。其鼻與喉管之孔俱閉。上下腭乃從而提起。空氣卽由喉門通入於肺矣。其肺除提淸血液外。尙可由皮吸入無限養氣。其皮之上。又有無數微血管。而血在管中。卽不致沾染溼氣。

青蛙之心居肺間在胃上即其體中之腹部是也其心成圓椎形椎頂向下考察家謂其心即包於膜袋內所謂膜袋者即心胞是其心分三房二爲上房一爲下房下房亦能同時收納紫赤二種血液且位置頗佳故紫赤血不致淆雜而幷能分布周匝蛙血色紅其紅血輪則成一卵形而中有核與人類之紅血輪不同外此另有一管爲明汁流行之需皮內及體之各處含有明汁甚多循環流通與紅血循環系相連屬其皮中體中復有兩明汁囊而囊膜每能跳動故能將明汁自吸管中提出逼入迴管此等吸管亦與人體中之吸管系統相同實即其體中之灌漑系也

第一百三十五圖　血輪放大之狀

甲爲人之血輪乙爲鷰之血輪丙爲鱷魚之血輪丁爲青蛙之血輪戊爲冰魚之血輪

青蛙之神經系共分兩段即腦髓與交感神經是也其腦髓之中點即腦與脊髓專司知覺之用他若交感神經系之中點則更有神經節無限在脊髓之前故神經節之腦線不但與生養機體相連幷與身體他部及脊髓相連屬而皆爲不

隨意筋也。青蛙之目。其所處地位頗宜。且目翳。眼水。目鏡。無不備具。至眼腦線之分布。亦與人目彷彿。目球亦居窩內。轉動時。有肌數對與爲轉移。又有二眼皮護之。其上眼皮大而不明。不甚靈動。若下眼皮則半明。且幷能提之使起。與上眼皮相摩擊。其耳亦與人耳之中部及內部無異。又由耳氣管。以與其口相聯貫。其舌有若干嘗筋。鼻中亦有司嗅之腦線。而其膚則爲司捫之具。

青蛙亦卵生。初春時。生卵於溪塘水內。初生色黑。小等針頭。外裹以蛋白質一層。蓋蛋白質在水中。必從而發漲。故用以護卵。然其發現則又全恃乎空氣之熱度。以爲定衡。初生之小青蛙。名蝌蚪。當其由蛋白質之殼脫體而出。厥形若魚。而無肢體。惟首之下部。有黏性之輪二。卽吸於水草之上。其首上亦顯有枝形之外腮。水吸入口。卽由腮內而出。越數日。外腮失。內腮成。而肢體生矣。後腿爲首出。其時肺亦漸發達。惟內腮仍如故也。蓋內腮必待其肢體長足時。始化爲烏有。又其腿舒長。尾卽縮短。終復不見。口中生齒。始成青蛙。青蛙專食昆蟲。若蝌蚪所食則

第一百三十六圖

青蛙之卵

又專在植物也。

他種水陸兩棲動物

此類之中。與青蛙略同者。即蟾蜍。樹蟾蜍。與鯢魚等是也。蟾蜍之卵。與青蛙同。大都生水中。所異者。蟾蜍遺下之卵。因銜接如線。盤旋作螺紋狀。非若青蛙之卵。成團而不能齊整者。蟾蜍之蝌蚪。亦須變形。與蛙無異。狀之不相似。僅在其皮。蟾蜍之皮。乾而不溼。且多贅疣。口又無齒。迨長足離水時。多穴居。此種動物。亦與人無害。見第

第一百三十七圖

青蛙卵與蝌蚪幷青蛙之圖

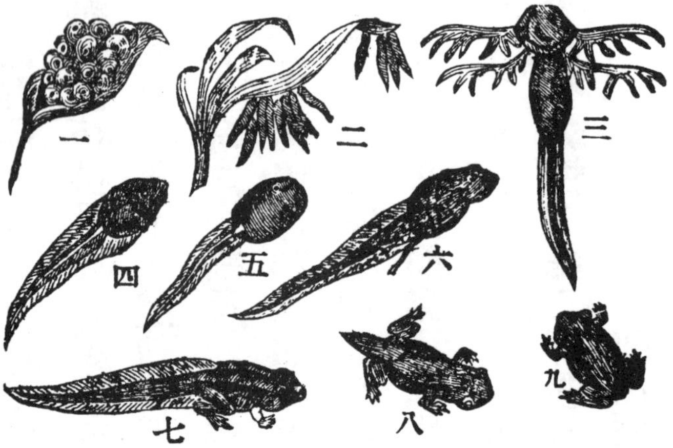

一爲卵二爲初生之小蛙三爲蝌蚪與其枝形之腮四爲合腮之蝌蚪五即四之背形六蝌蚪之後腿七有前後腿之蝌蚪八蝌蚪之腿伸長與其尾之縮短九完全之青蛙

第一百三十八圖

蟾蜍

第一百三十八圖

鯢魚亦生於水．惟變形則不能全備．此魚無上腮．而外腮尙在．其肺亦甚顯．論者謂其大致．雖亦與青蛙蟾蜍略似．然尾固長存而不去也．

第一百三十九圖

尋常有黃點之鯢魚

第一百四十圖

鯢魚前後腿骨放大之狀

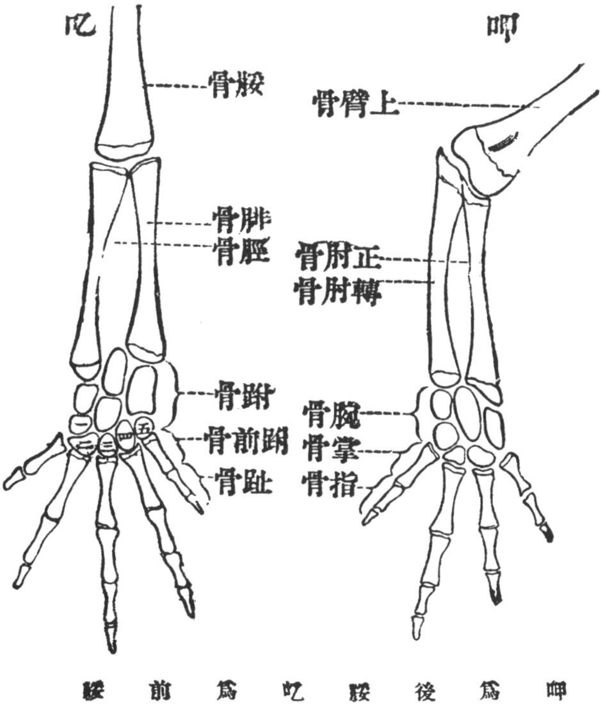

甲爲後股乙爲前股

總論　此類中之動物。大都產於水。惟變體則不盡全備。其呼吸先由腮而後由肺。肢體直至長足時。始顯現於外。其心有三竅。血紅而冷。皮則澤而無毛。其小者皆生於卵。

第一百四十一圖
小鯢魚

圖中之庚即其腮也

脊椎動物——兩棲類——青蛙　蟾蜍　樹蟾蜍
　　　　　　　　　——鯢魚

蛇類

黃帶蛇　美洲所產無毒之蛇。曰黃帶蛇者。形若圓柱。修長而尾尖細。身有鱗。爲其外皮。鱗之在背上者。片小而夥。而在腹部者則甚闊。每鱗一片。即能橫裹其體。其鱗多向後而成重疊形。幷皆有肌與之相連。直接於肋骨之上。肋骨動。鱗即隨之。故其鱗用以爲運動之具。此蛇不外黑櫻兩色。背上則另有黃色之長帶三條。有數種其黃帶尤顯。

蛇目無能動之眼皮。其上所掩蔽者。僅一層角蓋而已。至角膜之間。則含眼淚少許。

其內部骨架形狀甚奇。背骨之上。有脊骨無數。其體前凸後凹。當行動時。骨節球儼如嵌入於骨節窩者。然故堅强有力而轉動自如。除第一脊骨外。餘每脊骨上。皆有肋骨一對。見第一百四十二圖其肋骨之末。與腹鱗相連。惟無四肢。口亦特異。其下牙牀與上牙牀不能直接。因左右皆有一骨界於其間。此骨卽名方骨。見第一百四十三圖在蛇體內自能轉動。他若下牙牀之骨。僅有一韌帶與之相連。口能張至極大。蛙蟾等類。皆可吞下。口內又有尖利而成圓椎形之齒。惟齒尖倒置。亦無齒窩。故不能嚙物。而能攫物。舌長而細。幷成叉形。由口射出時極迅。及縮入則又

第一百四十二圖

蛇之骨架

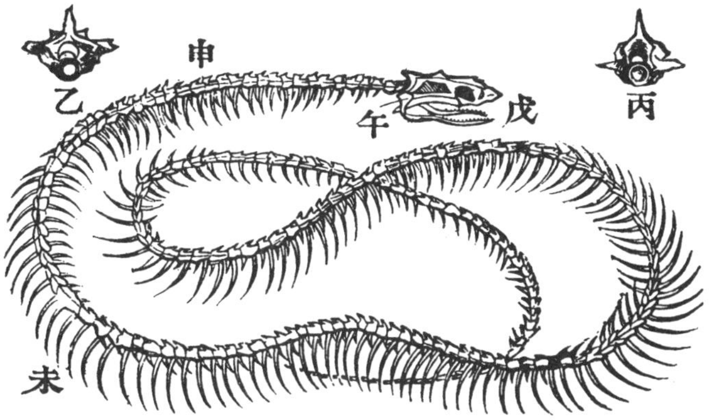

申爲骨節相連之處　未爲肋骨　午爲與上下牙牀相連之方骨　戊爲下牙牀前之韌帶　乙爲骨節後之杵　丙爲骨節

似藏於鞘中者。其消化之具與青蛙相似。惟腸無盤旋形。至所有之有機體皆布置得所。與其身之長細甚覺相宜。其喉頭較青蛙尤發達。故氣管亦較長。又蛇體修而細。是以僅有一肺。肺狀舒長。餘皆小而未能全備。其心有兩上房。與一下房。下房中有膜皮一層以為之間。蓋以便其迴血與脈血分蓄於心內也。其血冷（見第一百四十四圖）其神經系與他種脊椎動物之神經系部位相同。而腦極小。故視聽皆不甚靈敏。然亦恃其有觸嗅之具以覓飲

第一百四十三圖

蛇之骷髏

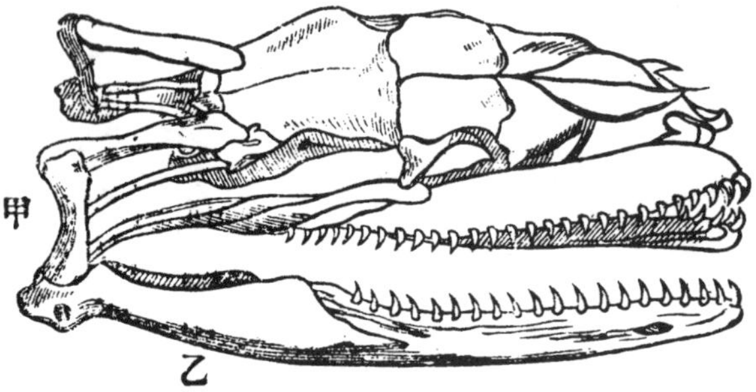

甲為方骨乙為下牙牀豎能動之方骨

第一百四十四圖

爬蟲之血脈循環系

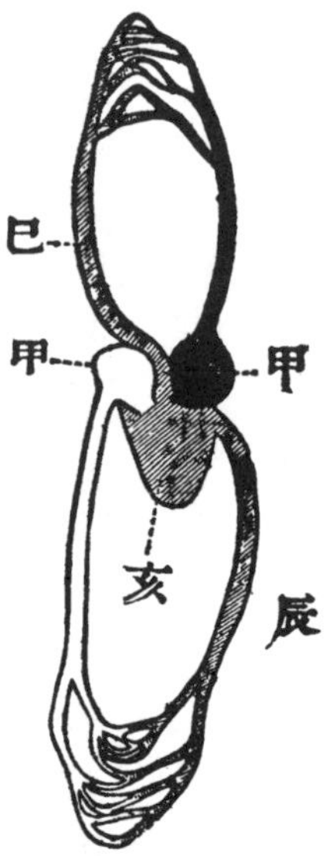

甲為由體中承接迴血之右上房甲為由肺中承接脈血之左上房亥為貯脈血與迴血之下房其中所貯即脈血與迴血所調和者由肺脈管巳催血入肺更由總脈管辰流布全體

食。幷避仇敵。因其感觸與嗅。皆極迅速。其耳乃一藏於內部之機體。其鼻孔則貼近鼻觀之末端。蛇之食物。吞而不嚼。故無辨味之具。其體外之鱗片。褪換每有定時。凡黃帶蛇皆蟄伏過冬。其小者皆卵生。

他種蛇類

凡蛇之與人無害。而與黃帶蛇相仿者。即布毒蛇。烏梢蛇。黑蛇。青蛇。王蛇。以及家毒蛇。環頸蛇等類皆是。北美洲所有毒蛇中。其最常見者。即響尾蛇。銅頭蛇。與大毒蛇是也。在美洲之南部與西部。凡荒曠處多產之。至人煙稠密之區。其

第一百四十五圖

響尾蛇

第一百四十六圖
響尾蛇之骷髏

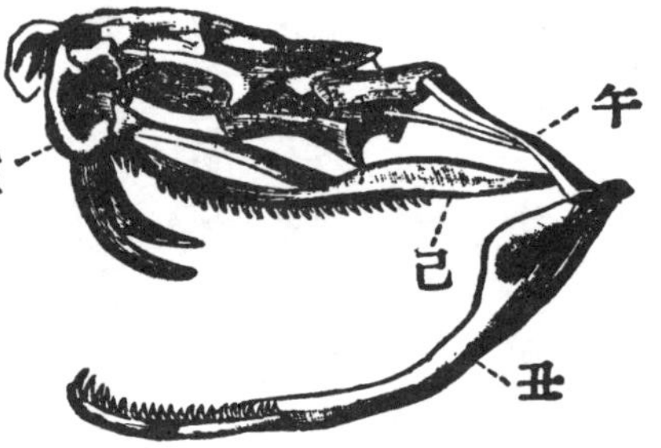

丑爲由方骨連於骷髏之下牙牀之半。午爲方骨。寅爲兼有毒齒之上牙牀。巳即生於上腭之諸毒齒。

第一百四十七圖
響尾蛇之牙牀

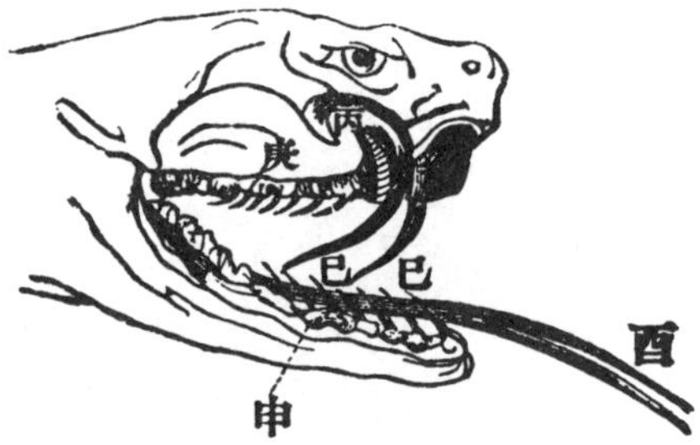

巳爲毒齒。庚爲毒核。丙爲由毒核通入毒齒間之道。酉爲無毒之舌。申爲津液核。

類又幾爲人所滅絕。凡毒蛇之首皆大鱗皆密。上牙牀無爬蟲齒。其爬蟲齒僅生上腭之間。上腭兩旁各有一直豎之毒齒。毒齒下復有毒核一。核中所含之質則由其毒齒之管吐出。而流入嚙傷之處。雖毒齒亦有時脫去。然後又能生無數小毒齒。以補其失。

（一）響尾蛇　響尾蛇尾端之響片乃其似角之外皮聯合爲一。釘於尾尖之上者也。其響片所發之音與蟬無異。一聞聲即知其至。或謂此物以響片爲紀年。其實響片之數目。並非一定與其年歲相符也。

（二）珠蛇　凡美洲温暖之處。又產一種毒蛇。即珠蛇是也。其身黑而徧現紫紅色之寬圈。每一圈邊。皆顯黃色。惟腹間之斑點。則成黑色。此蛇性温。雖有毒齒。然無害於人。

蜥蜴類

壁虎（一名守宮）　美洲所常見之壁虎。即杉樹壁虎是也。其體亦成圓柱形。尾長而細。體上覆以重疊之小鱗。此等小鱗。係由其外皮而生。其鱗有光。每現蔚藍色與青色或古銅色不等。背上有黑色之水波紋。紋邊色益亮澤。（見第一百四十八圖）壁虎有足四。每足上則有長爪之指五。其脊骨前凸後凹。尾脊骨亦甚奇。每節中有脆骨隔之。尾端之脊骨分開最易。尾際既僅有極小之骨與皮。故其尾甚脆。每易脫去。然脫後尚能復長。特不及原尾之修銳。其肩骨與尻骨盤及胸骨。皆甚顯明。肋骨在背脊骨與近腰之脊骨上。（見第一百四十九圖）其下牙牀相連頗緊。故欲使張口。頗不易。易牙牀之上。又皆有齒一行。舌尖長如叉形。藉以捕昆蟲之用。其消化器發達頗備。心有三房。與蛇相似。血冷。肺全備。神經系亦與他種爬蟲無異。而腦至小。目有二眼皮與爲遮蔽。外耳竅亦顯明。內有鼓膜一層。壁虎於人無害。喜向日而臥。膽極小。有與爲攪擾。即避去。

其行甚疾。卵或生於沙漠與輭土間。藉日力孵而出之。

變色龍（一作避役）與壁虎相似者有變色龍。一名南方石龍子。實則非石龍子也。此物能變色。時或由一種白色中倏變爲青色及古銅色。察其變色之原因。大都因體中之顏色細胞爲神經系所統屬而致。其喉下有鬆皮一層。此物養之易馴。可以糖漿昆蟲飼之。

角蛙　角蛙狀亦似壁虎。產美洲之西南兩部。體櫻色。形圓扁。尾若圓錐。體外有刺鱗掩映。首上有一大頂骨之冠。目小。生於其後之頂骨。以爲衛護。大都就乾燥地

第一百四十八圖　壁虎

第一百四十九圖　壁虎之骨架

巳刺未肋申肩甲臂上戊肘爲臂爲骨爲骨爲丑腿午上牙中之骨
爲骨爲骨爲骨之段爲己前辛臀酉股子膝爲骨爲下牀間方

以居沙漠間尤衆。此物於人無害。養之易馴。喜食蟲蚓。亦可以牛乳飲之。

（一）毒蜥蜴　美洲之西南部。又產有一種毒蜥蜴者。體長往往過三尺。又極堅厚。上有似角之鱗與小瘡。色多黃黑。此物有毒能嚙人。然不至損命。非若蛇毒之中人每深入心坎。與脊髓內使人痿痺也。

（二）無足檐蛇　美洲東南各邦所產之無足檐蛇。尾亦與壁虎類。然質極脆。觸擊即碎。又有呼為玻璃蛇者。此物每居乾土中及樹根下。擾之行極迅。往往因急於遁去。并尾亦棄之。致捕者鮮能獲其全體。尾失復長。亦與壁虎同。惟全體分開。不能復合。

鼈類

鼈　此種動物之所以異於他種爬蟲者。以其有殼也。殼居上為背殼。下為革胴。能將其首尾四肢並縮入殼。背殼內則為背脊骨與肋骨。惟肋骨與背脊骨相連處。既不能運動自如。又無似角之外皮為護。其革胴與胸骨亦不相關合。大都由膜皮而生。每前足上。有指五。後足上則僅四指。指上皆有爪。其肩與尻骨盤皆全。尾則短而尖。見第一百五十圖其嘴似角。如雀喙。舌成匙形。不能轉動。其消化器具。亦與他種爬蟲同。其肺生長全備。當呼吸空氣之時。乃吞而入之。與青蛙無異。心有三房。血紅而冷。其目上有眼皮兩層。與腦膜一層。腦膜半明。當外光濃烈時。即以腦膜遮護之。耳亦全備。聽聞甚靈。鼓膜亦顯。

第一百五十圖

鼈之背殼與骨架

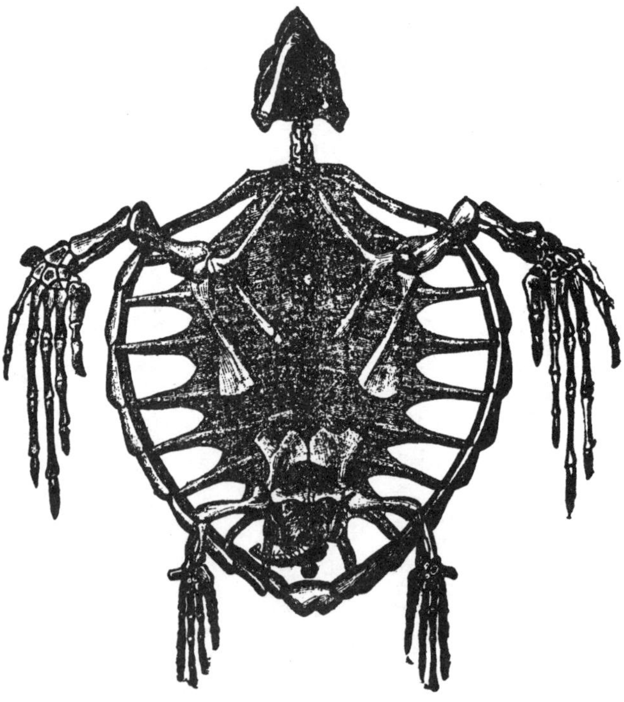

龜之背殼中隆起。其革胴則橫而分列。故其殼能全

第一百五十一圖

龜

合。見第一百五十一圖色黑。上有黃色紋。此種動物。生命極長。其卵生沙灘上。藉日光之熱。孵而出之。

他種龜類　凡他種動物之與龜類無殊者。卽鼈與美洲所產之泥龜。木鼈。輭殼鼈。皮殼鼈。海龜等類是也。

海龜　海龜之肢體。生長全備。與大鰭魚無異。今市售之玳瑁。卽海龜之外皮片也。然亦有一種可作羹湯食者。凡內地所產之鼈。足趾間皆有網皮相連。

鱷魚類

鱷魚　爬蟲中能列最高等者。卽美洲產之鱷魚也。見第一百五十二圖多產於美洲之南部各邦。而萃居潮溼之地。與渟水池中。凡博物院與動物園中。皆藏有此種。嘗有游人將小鱷魚視同玩具。攜之北去。故美洲所產之鱷魚。實爲美人所數見不鮮者。鱷魚大致亦與壁虎相似。長有由十尺至十二尺不等者。體上有大而有骨之外皮片。與爲遮掩。其心有四房。內列兩下房。故與下等爬蟲不同。其腦亦較備。目不獨有兩眼皮爲保護。幷蓋有腦膜一層。與龜鼈之目。亦若相仿。其脊骨中心之前列者。凸後

列者凹足亦全備指上有爪大半有網皮相連故能水陸並居也其鼻孔與外耳皆有一活頁形之蓋居水內時鼻與外耳均可藉爲掩蔽由

第一百五十二圖
美洲所產之鱷魚

第一百五十三圖
鱷魚由卵孵出之狀

齒成圓錐形而嵌於牙牀之牙窩上以魚爲食亦喜食水禽一切乳哺類之動物捕獲之時必先斃之於水而後始食當張口捕食淹浸水中喉即掩閉以遏水之不入喉頭內也

鱷魚亦卵生其卵大都產沙上藉日光熱氣孵而出之其初生之魚一出卵即水居矣（見第一百五十三圖）

他種鱷魚　鱷魚除美洲所產一種外。尚有亞洲及非洲之一種。形皆相似。尋常之鱷魚。多產於熱帶諸地。恆居溪側及沮洳間。餘若美洲之南佛羅里達亦產之。性皆喜向日。在水中皆極靈動。每屆冬令。則蟄伏泥中。

總論　此類之動物。皆以肺爲呼吸。而無變形之事。其列入下等者。心有三房。若列入高等者。則有四房。其血冷。體上皆有外皮之鱗。與外皮片以爲掩映。此類大都卵生。其卵大。外有石灰殼一層。

爬蟲類
- 蛇　屬——黃帶蛇　響尾蛇　珠蛇
- 蜥蜴屬——杉樹壁虎　變色龍　角蛙　毒壁虎　無足檐蛇
- 龜鼈屬——龜　鼈
- 鱷魚屬——美洲所產之鱷魚

鳥類

鴿　鳥類取鴿以爲代表者。爲其易於羅致而藉供考察也。見第一百五十四圖鴿體有羽毛遮蔽在前之肢體用以爲翅與雀類同與他種動物異其骨架有特別之質頭殼結實而成一完全盛腦之具又由枕骨之節與第一椎骨相連下牙牀有方骨一聯

第一百五十四圖
石鴿

第一百五十五圖
麻雀之骨架

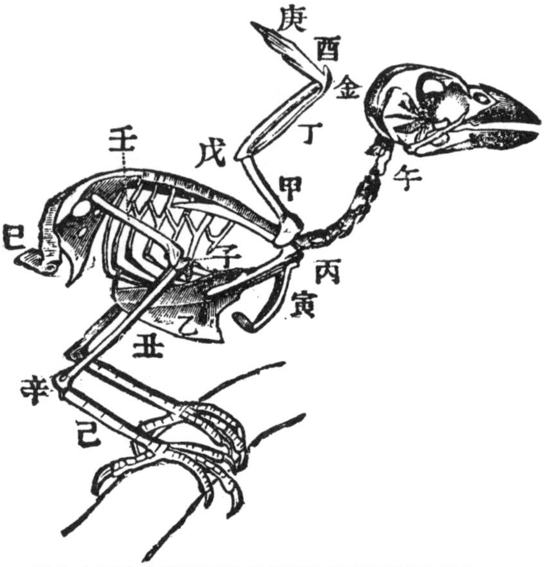

午爲方骨乙爲胸骨寅爲肩帶丙爲胛骨巳爲尾閭骨甲爲上臂骨戊爲肘丁爲前臂骨金爲腕酉爲拇指庚爲手壬爲股骨子爲膝丑爲腿之下部辛爲足己爲脚

屬於頭殼上而上下牙牀皆裝於似角形之喙內中無齒頸上有脊骨十二（脊骨之數各鳥不同）如此聯絡故其頸骨甚爲靈活每一脊骨之中心皆成馬鞍形凡

能飛之鳥。其背脊骨皆鎔鑄爲一。除脊骨外。又有名尻骨節者。卽與尻骨相連者也。外復有無數活動之尾脊骨。其末端又有骨片。狀如犁柄。故又名爲犂柄骨。尾脊骨與尻骨節之上。各有無數脊骨。凝合一處。其肩骨上有如刀口之骨一對（卽肩胛骨）並胛骨鎖柱骨各一對。蓋由鎖柱骨聯合而成胸骨。至於肋骨。則又連屬於不能動之脊骨後面接筍處頗堅。並由其處直接於胸骨之前也。胸骨如船首。當飛行時。能藉其胸以破空氣。（見第一百五十五圖）其翅骨與人類之臂骨相似。腿骨亦然。惟手與足生長不全。故手骨祗有兩條。若手骨之上。則有三指。其足骨與跗骨亦獨有一片。而跗骨頗輕。（見第一百五十六七圖）

第一百五十六圖

鳥之右翅

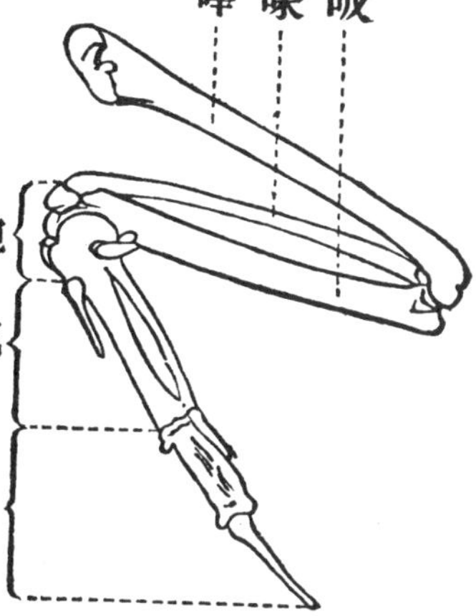

啐爲上臂骨咪爲轉肘骨呟爲正肘骨

第一百五十七圖

鳥之右腿骨

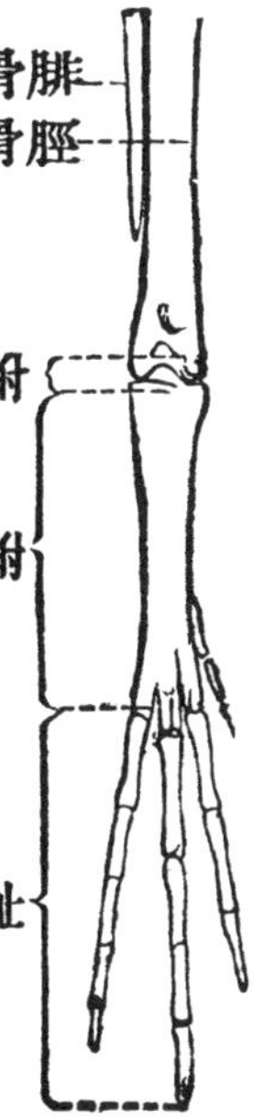

圖中祗顯其脛骨與腓骨之下部

其外部之形狀極顯。鼻孔如裂紋。生上腭之底。有輭骨膜爲掩蔽。目位於眼窩內。上護以眼皮一對。幷腦膜一層。外耳竅生目後。羽毛周掩。尾上有管口一。此管與油核相通。核中所含之質。能使其羽毛光潤。停翅時。即將翅折疊於體之左右。翅有大羽毛十。小者無數。翅中層疊者曰覆毛。在體者曰外形羽毛。其羽毛由外皮而生。如人身之毛生於膚孔者然。每一羽毛底有小囊一。羽毛中幹之下部。又有空管一。其外部充實。內有一種似樹心之質。即稱爲羽幹者是。又即羽毛膜之所萃集而上。有絨毛無數者也。其絨毛由中幹左右而生。每一絨毛之旁。復有細毛無數。其細毛大都屈曲如鉤形。又凡羽毛中所有輭而且細者曰毫毛。（見第一百五十八九圖）鳥足惟趾能及地。而踵不與也。腿雖無毛。然亦有鱗掩映。若鴿足之鱗。其前列者係重疊而生。後列者

第一百五十八圖　羽毛中之各部分

一爲羽管　二爲羽幹　三爲羽毛膜亦爲羽鬚

第一百五十九圖　鵝毛管中之鬚

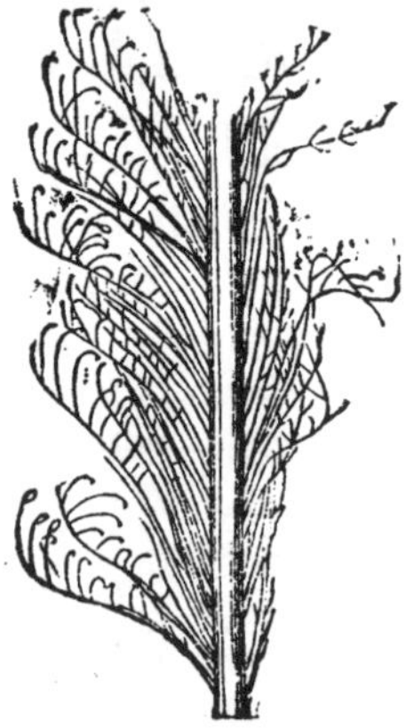

其鬚中之鈎乃放至極大者

第一百六十圖

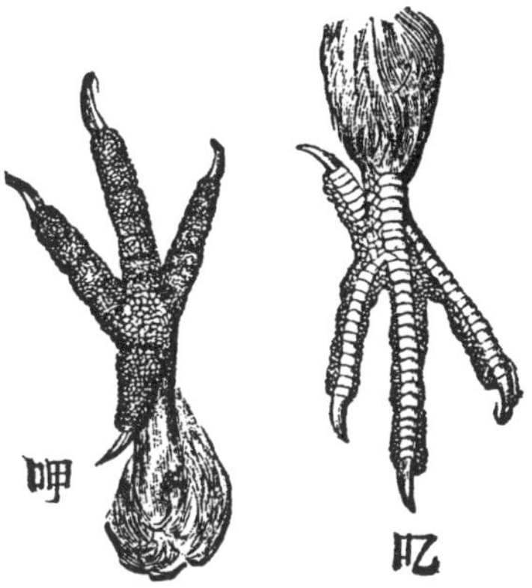

呷爲鴿掌底面之狀　吃爲鴿掌上面之狀

鳥雖不乏食肉者．然大都多以五穀昆蟲爲食．鴿亦食五穀者．其生養路則爲口與食道膆脾胃腸．食道甚長．其膆分葉．用爲收藏食料之具．其體幾與網形相等．其足指前三後一．後一指又適與前三指平．考鳥之腿足．皆合棲宿之用．因其腿中之筋．每能使其趾與爲感動．幷由其膝之外面向下．而與其踝骨足趾之底面相通．故鳥體之重．既能使其膝與踝骨節彎曲．至彎曲時．又能使其足趾抓緊．以便枝棲．見第一百六十一圖

第一百六十一圖　鴿之板形蹠骨

第一百六十二圖

家雞之消化器

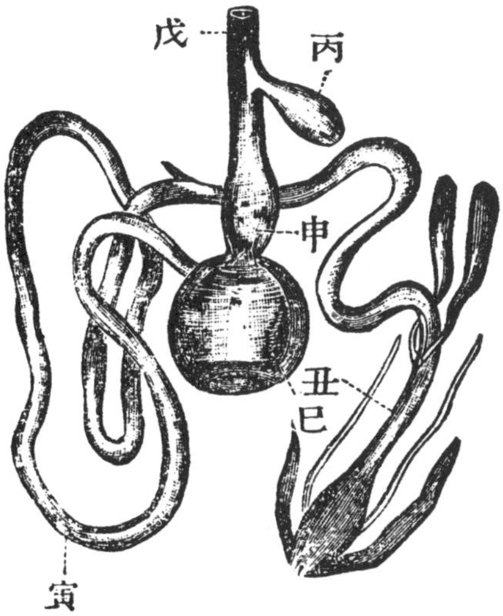

戊爲食道丙爲膆申爲前胃巳爲胃寅爲腸丑爲大腸

內有一層似角質之皮。吞入之沙子。即置於其內。後遂藉彼力以磨之。口無齒。食皆吞下。其消化之具。即胰與肝。是至胰肝中所含之質。皆通入於腸中。亦有胃汁與腸汁。凡在腹內已經消化之食。皆由血管與白吸管所吸進。并有小脾一（見第一百六十二圖）。鳥心共有四房。其中血脈循環與明汁循環。皆生長完備。血紅而熱。其紅血輪如卵。中亦具核。考鳥體之熱度。較高於他種動物。其熱度恆在法倫表一百零三至一百零四度之間。鳥以肺爲呼吸。空氣先由鼻孔而入。復轉入於口。再由喉通入喉管。次及於氣管。其氣管分爲兩支。即名氣管枝者是。由氣管枝而入於肺。中又有數空氣袋與之相連。空氣即由氣袋通入骨中氣孔。又鳥體無膈膜。呼吸全恃其軀殼運動而致。體中所有能發聲之具。則在其氣管分支之處云。

鳥之腦。較前所述諸動物之腦。生長尤備。大腦甚巨。中無迴腸縐紋。小腦亦然。（見第一百六十三圖）不但具知覺。即視聽亦復甚靈。鳥皆卵生。而卵甚大。外又有石灰殼一層。當孵卵期之末季。鳥皆換舊羽而成新羽。新羽光潤。色亦鮮明。

第一百六十三圖

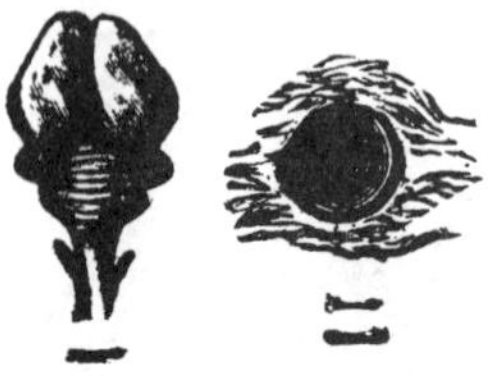

一爲鳥腦　二爲目上顯有腦膜者

與鴿形同者爲斑鳩。其與鴿分別處。首小而圓。喙短耳。又鳩之雄者。頸毛作虹彩色。凡欲分尖胸骨之鳥類。當視彼外狀及習性與嘴足之形狀。體翅暨尾之長短。羽毛之色澤。以爲區別。蓋羽毛護體雖一。斑色不同。喙之狀及結構。大都以所食之料與其性之特別。及消化具之異同。以爲定準。若翅之長短。則亦適如其飛翔之性。以成其用也。凡鳥類多結巢而居。惟不能一致。其巢大都結短樹及森林上。然形狀位置各異。更有巢於地上。並生卵於他鳥巢中。卵大概由雌鳥孵之而出。然凡善鳴之鳥其雄者亦皆有分任伏卵之事者。凡雄鳥羽毛。多昳麗而善鳴者。其聲亦清越高出於雌者。蓋通例也。

（一）鴕鳥　鳥類中之列爲下等者。不能翱翔。永居地面。其胸骨皆扁。翅與尾亦不甚完全。惟腿極有力。又凡居地上之鳥。形體皆大。鴕鳥即其一也。

（二）鴨　鴨足之前三指中。皆連以綱皮。見第一百六十五七圖足之位置。在體之後面。故能助其游泳水中。其後一指略小而堅。周身羽毛密而滑澤。不畏水沾。喙形如匙。其盡處曲如人之指甲。喙上具一有知覺之膜皮。故能於

第一百六十五圖
海鵝之足

第一百六十四圖

野鴨

第一百六十六圖

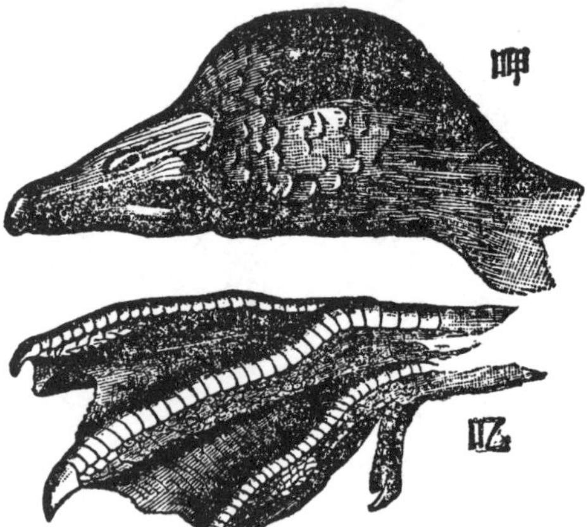

呷爲厌鷺之首　吆爲家鷺之足

第一百六十七圖

鴨足

泥淖中覓食。下膊之邊狀如齒。（見第一百六十六圖）卽以當漏勺之用。鴨之外尚有鵝與天鵝者。亦與同類。

（三）鶚　鶚足有四指。生而全備。每指上皆有大爪一。尖而且利。向外之二指。形式略偏。故能向後與前二指背面相對。其足能抓物。亦能攜物。并能裂所欲食之生物。其喙堅巨如鈎。底面光澤。功用亦與足同。鼻孔上有膜皮一層。光滑如蠟。他若鴟梟雖亦食肉鳥之一種。然羽毛極軟。飛時絕無聲息。目巨而前突。能於夜間矚物。捕食之餘。若鷂鷹鵰鷲等。亦皆同類。

（四）啄木鳥　啄木鳥之喙最堅。惟或成截體形。或成尖形。各不相等。要皆宜於啄木之用。舌長而有鬚。（見第一百六十九圖）能伸入穴底。以探取初生之小蟲爲食。足之前後各二指。有背面正對之勢。所以升高頗易。至尾端毛羽。則又極堅。其外極銳。卽用以支其身體者。此鳥極有功用。凡有害於植物之初生昆蟲。彼皆得捕食之。

第一百六十八圖
鷹屬之足

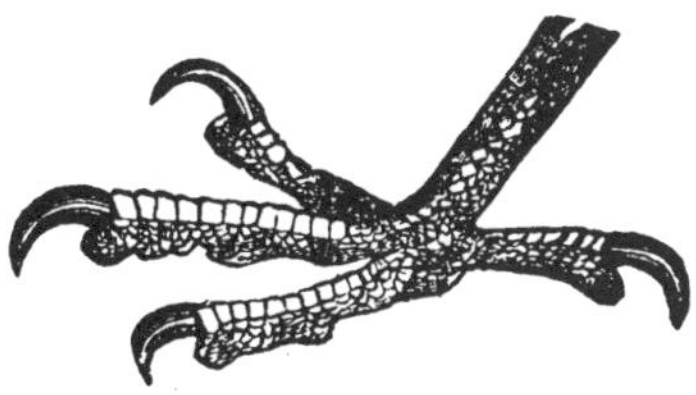

第一百六十九圖
啄木鳥之舌

(五)蜂雀　蜂雀之喙長而細。能舒其舌於花蕊深處。探蜜而食。翅亦尖長。當取蜜時。飛動甚速。能使其體翺翔空中。足無力。後足指則小而竪。凡美洲所產之尋常蜂雀。尾色紫。毛羽皆有金類之綠色。惟喉下則又成紅寶石色。故美洲人多以紅寶石喉呼之。

(六)蚊母鳥一名夜鷹　此爲一種專食昆蟲之鳥。其聲甚淒。其飛行多於晨昏時見之。其捕物以尖長之翅爲用。喙短而闊。成三角形。口部亦甚寬。口角有細毛如鬚然。其喙能使彼欲捕之物。無或遺失。他如怪鴟。亦屬此類。

(七)鶉鴉　鶉鴉之足。最合爬抄之用。足指之底。微有綱皮相連。後足指亦小而竪。喙堅而凸。他如家禽中之雞。與幾尼亞雞。石鷄。孔雀等。亦皆爲以足爬抄之類。以及美洲所產之雉。火雞。松雞。草原雞等。皆屬鶉鴉同類者也。

(八)竹雞　竹雞爲一種涉水之鳥類。故高其腿。後足指亦竪起。而喙特長。并易彎曲。見第一百一十七圖且有知覺之能事。又可用爲挖泥之具。外仍有數種能涉水者。如睢鳩。杜鵑。沙錐等鳥。亦皆屬竹雞之類者也。他若鸕鶿。蒼鷺等。則與竹雞有不盡相似者。故又別爲一類。然其所以異於竹雞者。亦僅在喙之形式。其喙直而尖。且無知覺之能事。而頸亦極長。餘尚有與蒼

第一百七十圖
家雞之爪

第一百七十一圖
竹雞之首

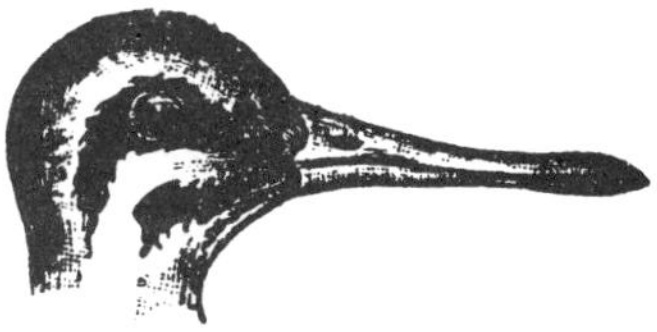

第一百七十二圖
白鶴

鷺鸕鷲同形而類各異者。卽鶴與秧鷄及紅冠水鷄是也。

（九）鵜鶘一名淘河　此鳥乃一種大而食魚之鳥。喙長尖。尖處復如鉤曲。喙底有大膜之皮袋一。用積食料。其足趾幾盡爲網皮所掩蔽。後趾亦然。翅長而尾短。見第一百七十三圖他若與鵜鶘同類而狀亦相等者爲鸕。見第一百七十四圖

（十）鷗　鷗爲一種長翅整尾之鳥類。故飛力至大。其足有掌。中有足指者三。皆有網皮連貫。其後足指小而豎起。喙長。以魚爲食。他若與鷗同類而亦相似者。則有長翼鷗。信天翁。海

鵜之類。

第一百七十三圖

鵜鶘一名淘河

第一百七十四圖

尋常之鷺

(十一)潛水鳥　潛水鳥者。能入水之深處。足亦有掌。大都向後。翅長而堅。喙尖而利。餘與潛水鳥相似者。卽水鴦也。翅短而喙長細。足中有裂縫。又每一足指間。皆連以網皮。(見第一百七十五圖)

(十二)鳴禽　凡棲樹之鳥或鳴禽。其身皆小。喙成圓椎形。其足善棲枝。故後足指長而不豎。前腿則有

第一百七十五圖

水鴦之足

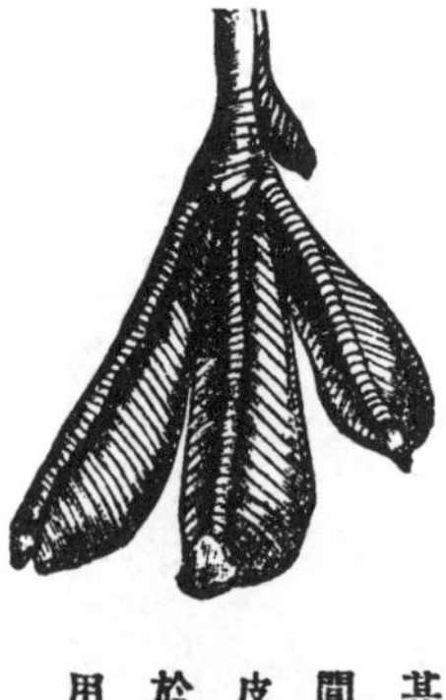

其每指之間皆有網皮相連便於鳧水之用

鱗重疊。其跗骨如板形。骨後有一尖利之脊。見第一百七十六圖發聲之具。亦生長全備。

（十三）麻雀　此種雀類中。有可作標本觀者。莫麻雀若也。凡此類之雀。其喙皆堅實。作圓椎式。口角皆成角形。外尚有鶯。青鳥。交啄鳥。火鴿。黃雀者。皆包括此類之中。

（十四）畫眉　畫眉喙長。亦成圓椎形。鼻孔之側。有毛極細。而跗骨板骨皆聯合爲一。外尚有知更鳥。反舌等。亦皆屬畫眉類。而善鳴者也。又凡與畫眉同類。除彼羽色蔚藍如翡翠鳥者。又皆各有同性者在。

（十五）唱歌鳥　唱歌鳥類。其體至小。大都長不滿六寸。性喜食蟲。多巢於樹頂。時或遷徙。善度曲。又有數種。羽有光彩。今美洲之唱歌鳥。有一種最大者。

（十六）燕　凡燕類之喙。闊而短。與扁而成三角形者。其翅長而尖。尾若叉形。其上足無力者。皆屬燕之一類。此類之鳥。喜食昆蟲。遷居無定。其飛翔之速。他莫能及。

（十七）黃鶯　凡鳥類之喙。與麻雀之喙。雖略相似。而形式較長。其上腭之底。直達喉際。而

第一百七十六圖
鳴禽之板形跗骨

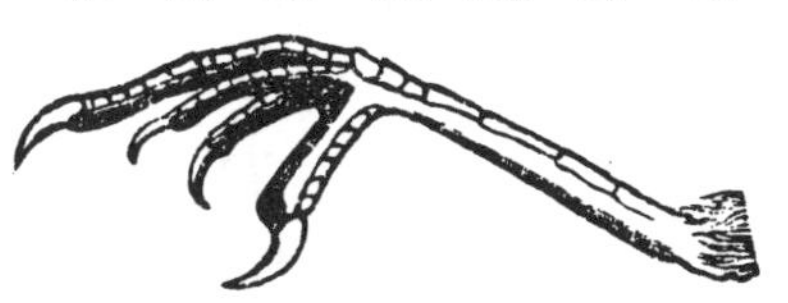

前面毛羽分列爲二者。大都屬諸黃鶯之一類也。首圓。羽甚澤。中有數種。色尤鮮亮。他若禾鵠牛鴉山雀。亦皆屬黃鶯之類。

(十八)鴉　凡鳥鴉喜鵲寒鴉。皆屬鴉類。此類喙長而堅。大者鳴聲最粗。喜食五穀。

(十九)靛青雀　凡鳥喙闊而扁。尖處灣曲如鈎。近鼻孔有細毛。口部闊成三角形。大都屬靛青雀之類。其性亦喜移居。餘若食蜂雀等。亦一類也。

(二十)他種鳥類　美國尙有他種之鳥。每種中皆能舉一二種以爲代表。如鷓鴣。百靈。伯勞。十二紅。紅雀。釣魚郎。鸚鵡等。皆與啄木鳥同一種類也。

總論　此類中之鳥。其血熱。體上皆有羽毛。肢體成翅。有光滑之髁骨。與一似角形之喙。心有四竅。以肺爲呼吸。而無膈膜。小者皆卵生。凡能飛騰者。其胸骨必尖。然空而無髓。

鳥類

- 走禽
  - 駝鳥 無翅鳥
- 猛禽
  - 鷲 鵰 鷹 鳶
  - 鴟 梟
- 涉禽
  - 竹雞 蒼鷺
  - 鶴 秧雞 水雞
- 水禽
  - 鵜鶘 鸕鷀
  - 鴨 鵝 天鵝
  - 鷗 海鵝 信天翁 長翼鷗
  - 水鳶
- 攀木類
  - 啄木鳥 鸚鵡 杜鵑
  - 蚊母鳥 蜂雀
- 鶉雞類
  - 鵪鶉 雞 石雞 幾尼亞雞
  - 雉 松雞 孔雀 火雞
- 燕雀類
  - 燕
  - 麻雀 龍青雀 火鴿 黃雀
  - 鶯 畫眉 反舌 知更鳥 翠鳥 山雀
  - 鴉 鵲 寒鴉
  - 鳩 鴿

剝製鳥皮法

凡備習此種技藝者。宜以鵪鶉爲試驗之具。法將鵪鶉治死後。待皮冷變靭。然後裂剝。用力較易。欲剝鳥皮必預備需用之器。如尖剪簧鑷。小剖解刀。皆是外仍備棉花少許。爲充實鳥體之用。砒粉少許。殺皮内之蟲。石膏粉少許。收皮内所含之溼氣。幷去其血跡。砒粉甚毒。當剖皮用粉時。須細覩己手有無割破之處。如有破處。爲砒粉侵入。必生血毒。

欲測量鳥身之長短。法將鳥仰置案上。由喙尖量至尾尖止。欲僅量其尾。則由節以達尾尖。欲量翅。則由腕以達其翅尖。欲抹去皮上血跡。以海綿蘸熱水少許。輕拭之。後灑以石膏粉。收其溼氣。又張其口。以棉實喉内。更以針穿線。由此鼻孔刺入。即由彼鼻孔拽出其線。縛束其喙。使之緊閉。其外線頭須留四寸許。後再將其近體之翅骨拆斷。於是又將鳥仰置案上。由腹前倒吹其毛。使其皮顯露。復以手倒抹其毛。由胸骨處將外皮提起。插入剪尖沿腹之中線剪至肛門。勿使剪尖入腹。復用剖解刀。破其外皮。由其體逐漸推去。而肉盡現矣。又剖開處。不可使毛掩覆。再以石膏粉灑之後將股上之皮周圍揉鬆用剪由近體處將腿剪開由皮中抽出其腿復剪斷其中靱帶幷刮去其上肌肉末復推腿骨使進復其原式一者既竟次皆如法施之再將其尾端周圍之皮揉鬆以剪斷其尾中之背骨爲欲使尾閭骨能扶持尾上之羽毛故耳鳥體下部之皮解脫後再去其翅上之皮復如割腿之法刮翅上肌肉使盡剪去其臂骨剝去其頭殼底之皮係由下而上尤宜留意再以拇指之甲褪其耳上之皮又以剖解刀割去其眼皮上之薄膜切不可誤將其眞眼皮刺穿由眼皮褪至喙上即取出其睛再齊頭殼底截去復將牙牀中之肉與頭顱中之腦悉數刮去其全體即可由皮內提出矣

全體取出後即以砒粉灑皮上幷頭殼與翅骨腿骨之間每一眼窩內以棉團實之又凡鳥之大者於既剝後須以棉少許裹其股骨末復將其全體之皮翻轉又將其縛於嘴上之線提起再以頭顱逐漸推入皮內俾復其原形又按照鳥體之大小爲棉團夾以簧鑷實頭殼及皮內務使充滿再將裂皮攏合爲一幷抹轉其吹倒之毛以掩蔽之並整其羽之攪亂者必使頭翅與尾安置妥貼與生時無異再以線縛其

足取一紙疊圓錐形將鳥首向下置於其裏俟其皮乾其尙未收入之先須將羽上砒粉拍去淨盡事竣後凡器具與手洗濯必潔當剖鳥皮時先以大紙爲案墊至是可并紙舉擲之至鳥之種類雌雄與其俗名幷搜捕處所月日皆一一書於紙以繫於鳥足

乳哺類

兎　人欲知乳哺類之動物使非以兎爲觀摩之助也能乎考野兎與家兎之微有不同者卽在其狀其體左右面如相同四肢適合奔躍之用尾短而顯明體毛掩映由外皮而生頗與人類之毫毛無異每毛之根皆含一小囊謂之毛囊生於皮剌之下其體毛每易脫落另生新者其頭長愈近其鼻則愈尖口橫亦與他種有脊骨之動物同脣輭而善動上脣中開一裂紋鼻孔至鼻尖始分裂鼻之兩旁有若鬚者多且勁有眼皮護其目皮上復有眼毛幷一不透光之膜皮其耳簇生腦後故有長而直豎之耳護之至支持其腦骨者則特有脆骨在

其頭殼多骨接筍處必待長足時方能顯露其脊骨有頸骨（乳哺類之頸骨大都

有脊骨七根）與背骨之分數共十二。若腰骨七。鉤骨一。尾脊骨十五。又肋骨二十四。背脊骨上則多節。肋骨之間。有七對與腹間之胸骨相連。餘皆不屬。凡屬乳哺類之動物。所有背脊腰脊與尾脊諸骨。其數又各有不同者。

肩帶之內。又有鎖柱骨與肩骨。至所謂臂骨也者。則其上部爲前臂骨。下部爲轉肘骨與正肘骨是也。其臂骨有不能轉動之節。而節之部位。則與人手掌平放時。其前臂骨之部位同。餘若臂骨上有腕骨。腕骨上有掌骨與指骨。其部位數目。亦與人無殊。且於每一指骨之末端。皆有一爪。其骨盤內則有二無名骨。他若生腿骨中者。則爲腿骨脛骨與腓骨。生足中者。則爲跗骨與跗前骨。其足指數有四。缺拇指。

其口穴長。上顎有鼻道二。齒生牙牀上。而嵌入牙窩中。其初生之乳齒。不久卽脫去。而另生永久不變者。每牙牀前又生有門牙二。形如鑿。正面有牙磁。能使牙尖鋒利。又上牙牀另有一對極小而銳之前齒。上下牙牀均無眼齒。此外惟有磨牙十二。在下牙牀者七。在上牙牀者五。供嚙嚼之用。其食料多係植物。食時。上下牙牀參差移動。與磨盤無異。

第一百七十七圖
嚙齒動物之頭殼

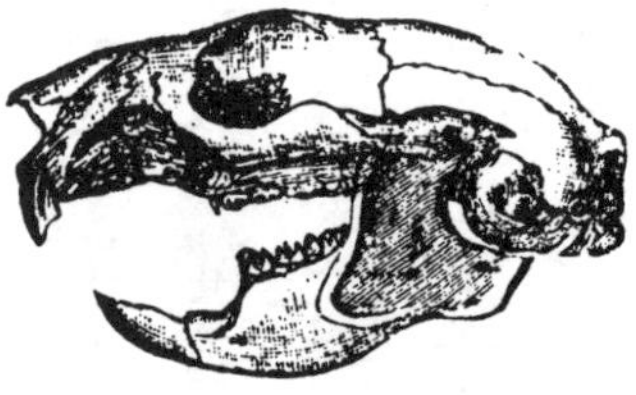

其中之齧形大齒見於頭殼之前面其裂口則見於鑿形大齒與後齒之間

第一百七十八圖
乳哺類動物之消化系

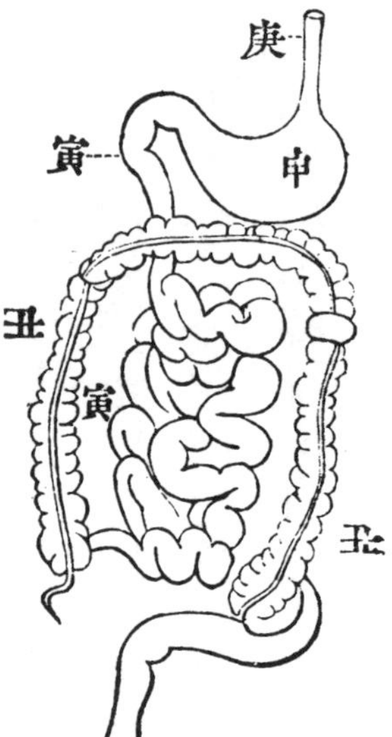

庚爲喉管申爲胃寅爲小腸丑爲大腸末爲直腸之末

其生養路之各部分。與人類略同。故食料入口後。即能生津。其喉管生於口後。喉管中間。有鼻道一。并耳氣管二。其下面直通聲管口。上有聲管蓋。與爲遮護。再下通入膈膜。與胃相連。然後由胃將其所食之料。運入小腸。其大腸則爲各生養路之結穴。此種消化器皆與人無異。餘若肝與脾。則皆襄助消化之具也。肝與脾中所生消化汁。又流入十二指腸之內。惟不似人之同時流入耳。（見第一百七十八圖）凡乳哺類之動物。皆有膈膜。不獨兎爲然。

兎之心。亦成圓錐形。而有四房。其血紅而熱。紅血輪則圓而扁。散而不凝。其明汁循環亦生而全備。若白吸管則起自肌絨間。凡肥膩之食料。皆由此管收進。其胃之後面左偏。則生一脾。兎亦以肺爲呼吸。與人相似。（見第一百七十九圖）兎之腦長。而生長不完。故其知覺專具。亦不全備。（見第一百八十圖）凡乳哺類之動物。其體之形狀。乃按動物之習性與其所在之境界而生。亦如他種之動物。然其中以兎爲尤顯。不獨可爲乳哺類之標本。幷可爲囓齒動物之標本。

他種囓齒乳哺動物

凡屬乳哺類能囓之動物。而與兎同類者

第一百七十九圖

家兎之心與肺

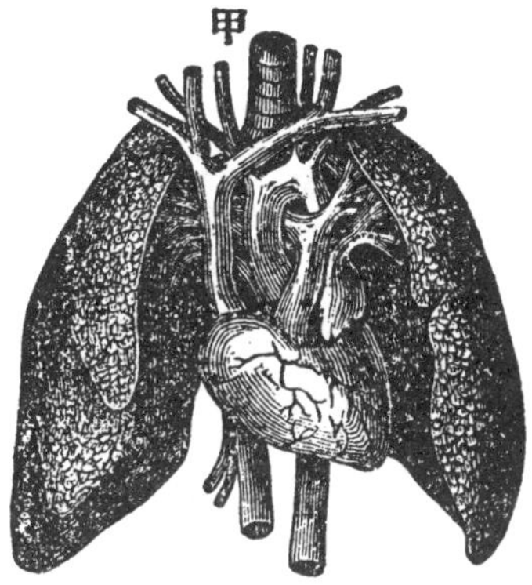

甲爲氣管

第一百八十圖

家兎之腦

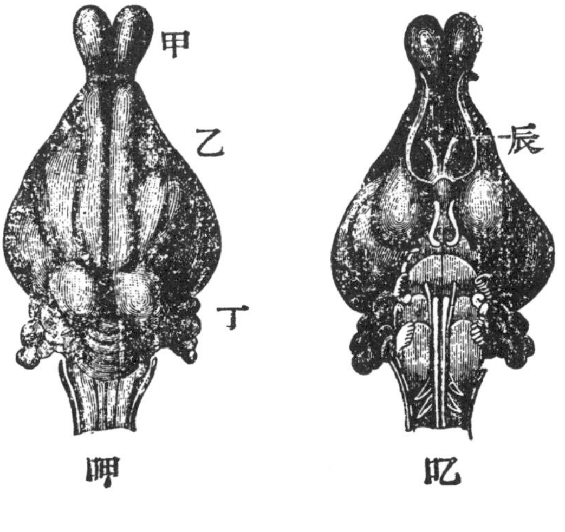

圖中呷爲上面吃爲底面甲爲鼻宮珠乙爲大腦球之心丙爲大腦辰爲眼腦線

卽松鼠、大鼠、小鼠、海貍、香鼠等是也。

紅鹿　能爲乳哺類反芻動物之標本者、卽紅鹿是。其外狀顯有特別之處、體以毛護、毛則緊貼皮際、其牡者首有堅勁如樹枝之角一對、由其前骨生出、初出時、外有輭皮護之、不久皮卽脫去、雄鹿每年必換一次、其足僅生二指、指骨之上有一似角形之蹄、與爲遮蔽、（見第一百八十二圖）其消化器甚奇、上牙牀無前齒、而有堅皮、若下牙牀上之前齒與眼齒、則又與其上牙牀之堅皮相切頗緊、凡紅鹿所食之植物、皆

第一百八十一圖　乳哺類動物之血脈循環

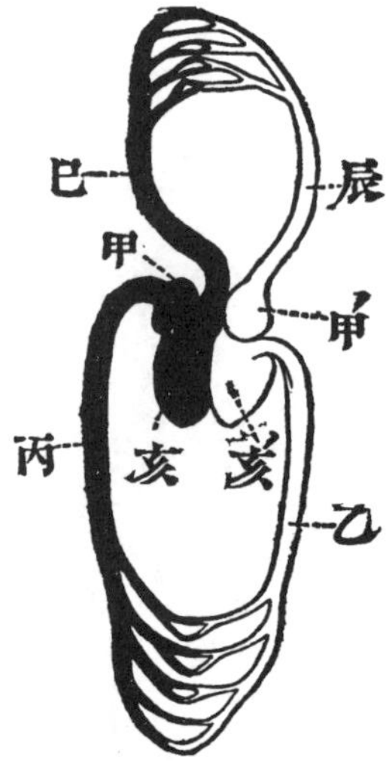

凡圖中之黑處卽爲含有迴血之管其白處卽爲有脉血之處甲爲右上房亥爲右下房巳爲運迴血入肺之肺脈管辰爲由肺運脉血入心之迴管甲爲左上房亥爲左下房乙爲運動脈血入體之總脈管丙爲運迴血入心之總迴管

第一百八十二圖　鹿胺　牛胺

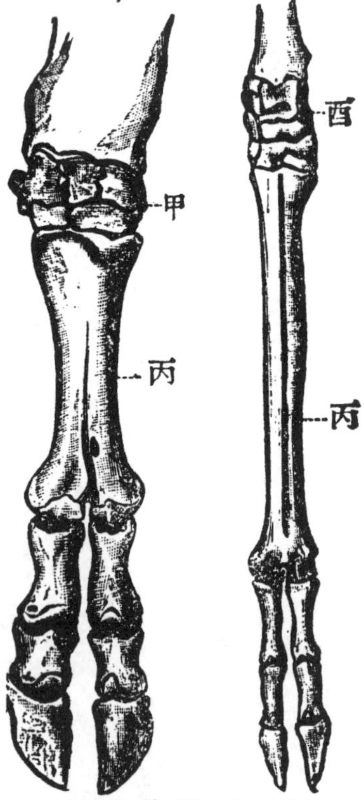

呷爲牛之前腿吃爲鹿之後腿甲爲腿腕之骨節酉爲跗骨丙爲第三與第四掌骨或跗骨相連而成之凹骨

藉其折斷而磔裂之。每一牙牀上。又各有磨牙六對。大而面扁。牙面上又有半月形之牙磁。所食之料。由舌舐入於口。無須細嚼。僅以其口涎調和之。先由其喉而入後再通入一似活頁之孔。而入於第一胃中。既入此胃。其食料尤爲滋潤。惟第一胃又另接一孔。始通入第二胃中。其第二胃中。又分爲多邊形之小房無數。故由第一胃而入之滋潤食料。即在第二胃中。壓成一種小丸形。此鹿飽食之餘。即俯伏於地。再將其已成小丸之食料嘔出。復由其口細嚼咽下。斯時其腹中之肌肉與膈膜。即行縮小。故入咽頗易。惟第二次咽入之食料。咀嚼較細。即不能將其活頁推開。再入第一胃內。蓋已直達彼第三胃內矣。所謂第三胃者。即百葉肚是也。此胃內之皮。成折疊形。與書頁相似。故可以之爲漏勺用者。至第四胃。始爲眞胃。內含之胃汁。又能將食料消化淨盡。見第一百八十三圖 其餘有消化力之具。皆與

第一百八十三圖　綿羊之胃

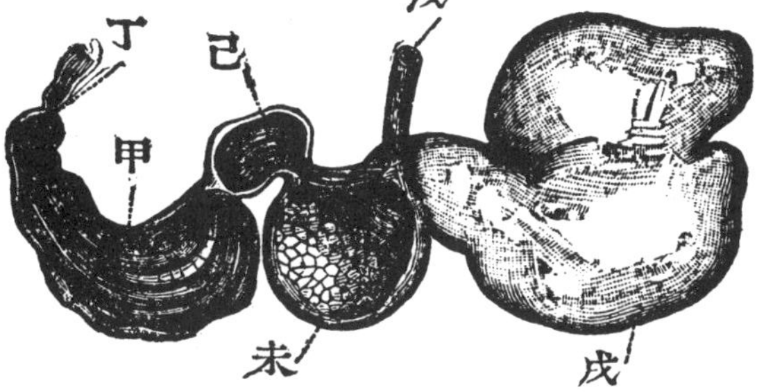

戊爲喉管 戊爲第一胃 未爲第二胃 巳爲第三胃 甲爲第四胃 丁爲羊腸之起點

人類所有者無異云。

他種乳哺類反芻之動物

凡屬駱駝與空角之反芻動物等。皆鹿麋類也。他如北美洲所產之野牛。羚羊。綿羊。山羊等類。雖皆可包括於此。然與鹿有不同者。則牛羊公母皆空角。其上牙牀不僅無門牙。即眼齒亦無之。

田鼠

凡食昆蟲之動物。最常見者。爲田鼠。（見第一百八十四圖）體頗堅而首不顯。鼻長而尖。目不全。外亦無耳。全體毛皆緊貼。肢甚短。在前者壯健。用以掘土。齒亦全備而堅。其他與同類者。又有鼴鼠。

蝙蝠

凡乳哺類之動物。其外狀尤特別者。莫蝙蝠若也。體與小鼠同。前肢體復變而爲翅。因前臂骨極長。而手之四指尤長。藉以與四肢之網皮相聯而成爲翅。翅皮與後體相連。其腿。與尾。均包羅於

第一百八十四圖

星鼻田鼠

甲爲牙牀乙爲鼻尖

第一百八十五圖

食蟲乳哺類動物之頭殼

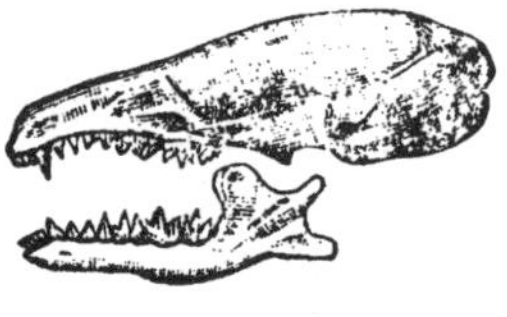

圖中且顯無數尖齒

內。且後足之指。又靈活而有爪。拇指亦然。其胸骨略如船之龍骨形。齒小而銳。其數至多。（見第一百八十六圖）

貓與他種食肉之動物

在乳哺類動物中。能列入最高之等第者。即諸食肉之動物是也。然觀美洲所產食肉類之動物。又大可以貓犬獴鼠熊與樹狸等物爲代表。至貓性最靈。行動輕捷。且有力。其足底有堅皮。上有爪。能伸縮。每前足有指五。後足指則減其一。然前足之第四指。與其餘之四指不平列。其面短而闊。口端亦如之。面有鬚。鬚具知覺力。目巨。方其見大光時。瞳即縮小。成一直線之裂紋。其牙牀短而堅。相連頗切。牙牀之上。有齒四列。最

第一百八十七圖　獅足

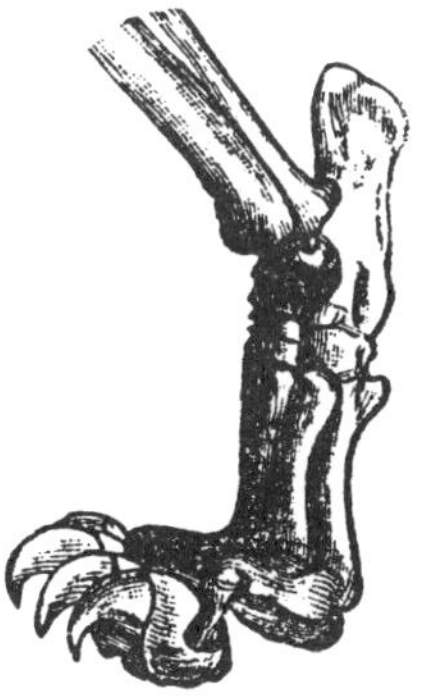

第一百八十六圖　蝙蝠之骨架

第一百八十八圖

貓足趾之骨與其中之韌帶

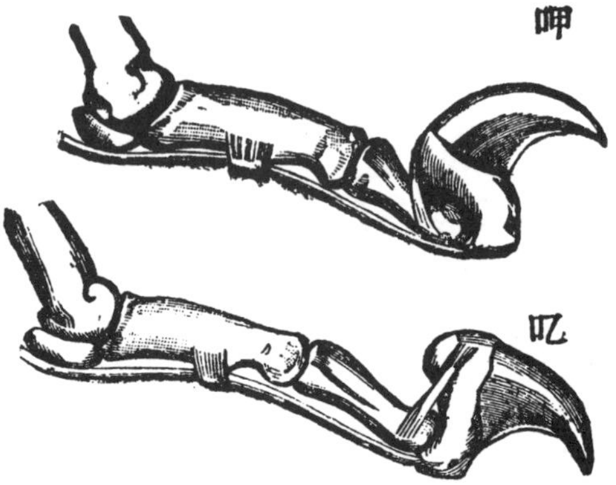

圖中所繪之指且顯其爪能伸縮之勢呷即爲其爪退縮之勢叱即爲其爪伸出之勢

第一百八十九圖

獅頭之殼

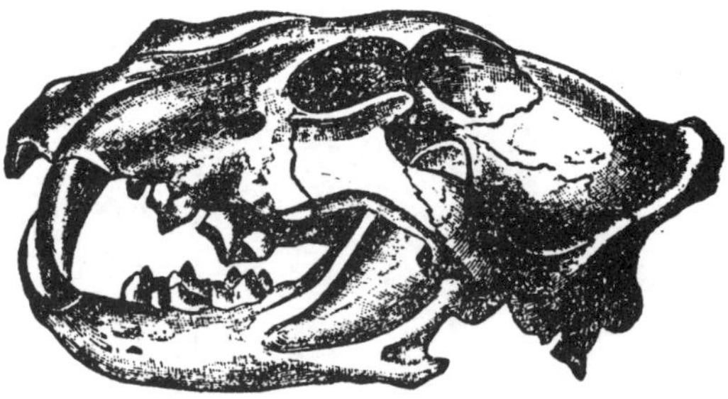

第一百九十圖

貓體右側諸骨

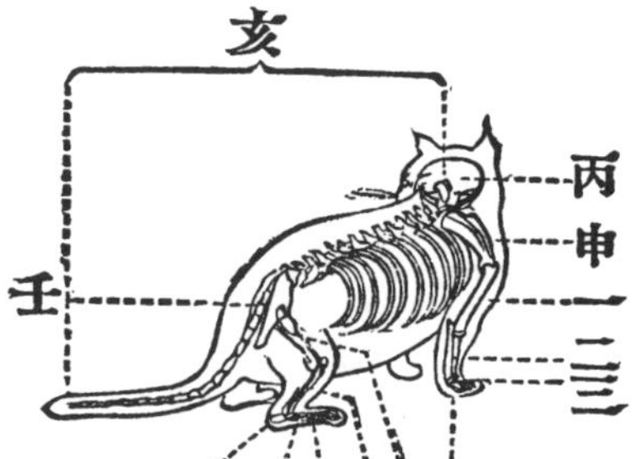

丙爲頭顱骨申爲肩骨一爲上臂骨二爲正肘骨與轉肘骨三爲手腕骨四爲指骨五爲腿骨六爲脛骨與腓骨七爲跗骨八爲跗前骨九爲趾骨壬爲無名骨此無名骨乃無數之骨組織而成之骨鏈亥爲脊骨柱

適於嚙裂之用.其眼齒亦能放大而爲前面之大牙.其舌粗.背脊骨之數凡十有三.尾脊骨最密.其尾長而堅.(見第一百九十圖)凡家畜之貓.其種類大都出於埃及.凡北美洲屬於貓類之動物.爲數頗多.然其所常見者.即彼洲所產之布瑪豹.令斯(大野貓)至他國所產.亦屬貓類之動物.則爲獅.虎.豹.美洲黑虎.溫斯豹.與野貓是也.

高等乳哺之動物

乳哺類之動物。除人類外。其能列入最高之等第者。即無尾之猿。與長臂猿猩猩大猩猩等類是也。猩猩產非洲。故有以非洲猿呼之者。性不若他猿之猛。養之易馴。體高五尺而不能伸直。腰亦常曲。臂常下垂。故指節有時及地。

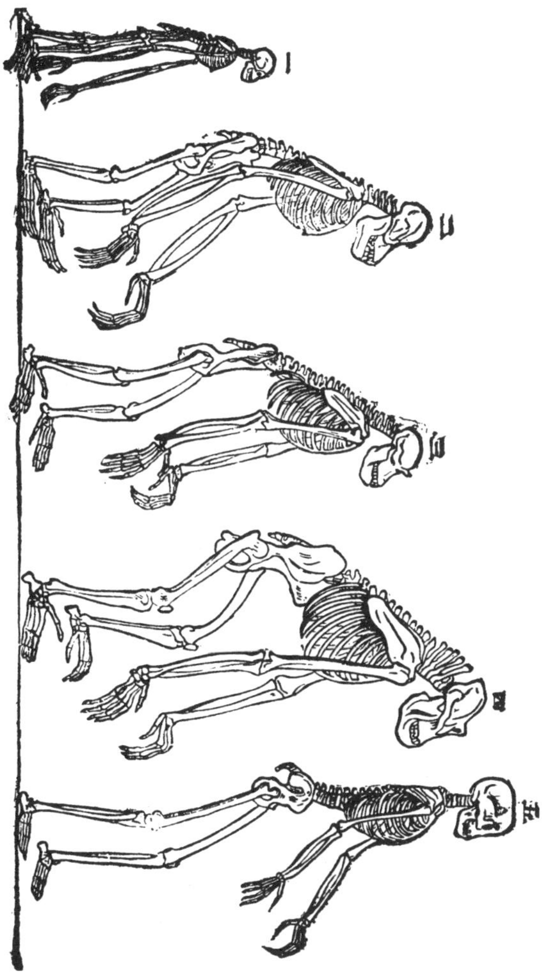

第一百九十一圖　人與猴骨架之比較

一為白猿　二為長臂猿　三為猩猩　四為大猩猩　五為人

猩猩之面部。亦與人無殊。皮上無毛。耳大於人。口與唇亦大而奇醜。頭有光潤之黑髮披覆。僅露其面。間亦有一縷白鬚者。以其臂與體相比。覺臂稍長。手指則甚短。

拇指與彼四指皆並列．足指亦然．善緣高．常以樹爲家．以果爲食．

凡無尾之猿．與人類多有不同之處．人之脊骨皆有雙彎．故體易於伸縮．猿之背骨．則不然．(見第一百九十一圖)人兩臂舒張時．由左手之中指尖．量至右手之中指尖．大概長與體並．或者不及．而猿則過之．人面與頭殼相比．則面較小．因人前腦多突出．猿則面厚而多肉．凸露於頭殼外．而額陷向後．(見第一百九十二圖)則猿之所以異人者．又不僅在不

第一百九十二圖

人與猿頭顱之比較

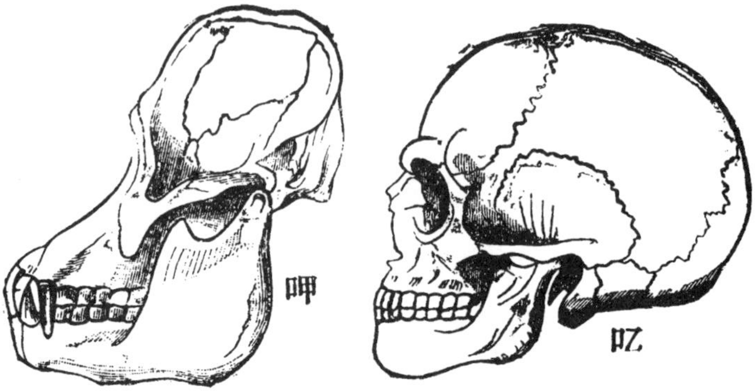

呷爲長肱猿之頭顱　爲歐洲已成丁人之頭顱

第一百九十三圖

囊鼠

能言也。

(一)囊鼠　美洲乳哺類動物中之列入次等者。即人稱囊鼠者是。性喜升樹。覓食恆於夜。足有五指。後足之大指。與人之食指同。故能與其餘之指平列。然無爪。餘指皆有爪。尾長而無毛。端曲如鈎。小絨毛徧蔽其體。鼻極堅。擊之。即佯爲已死者。小鼠初生。發育未備。其母乃置之腹下袋中。哺之兩月。袋即其皮折疊而成。內無毛。囊鼠之外。尙有名更格盧與食果之袋獸者。皆與之同類。

第一百九十四圖

鯨魚之骨架與其口部之骨

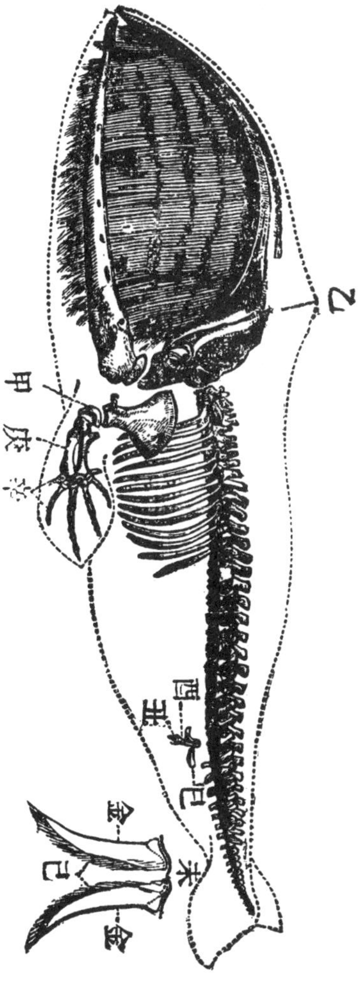

乙爲吹氣管甲爲上臂庚爲前臂辛爲手丑酉已爲其臂骨股骨與腿骨未爲上腭頂金爲骨板已爲骨板之毛邊

(二)海牛　海牛亦乳哺類動物中之一種。其始終大都在水。肢體之在前者若輪葉。後肢體則無之。尾勢平扁。傍岸而居。以草爲食。故其齒利於磨物。

(三) 鯨　鯨乃一種似魚形之動物。其前肢體亦如輪葉。而無後肢體。尾平扁成叉形。皮光澤。內有肥油。即用以禦寒者。其呼吸管亦名吹氣孔。在首之顛。然噴出之水。非由孔內而出。由孔出者。僅肺中空氣耳。此魚能潛伏水底約十分鐘至二十分鐘之久。蓋其腹中另有血管。以備收貯清血與不清之血。故能久停水底而無礙焉。市間所售之鯨骨。大都得之於此

第一百九十五圖

熊掌

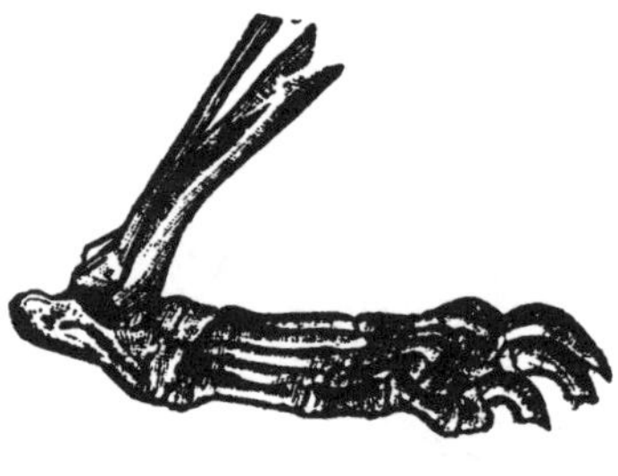

種動物之中。鯨魚無齒。其生於上牙牀之邊上。以代其齒者。即鯨之骨板是已。其排列儼如鈀齒。裏面之邊。則叉若鋸齒。故上下牙牀合切時。鋸齒形之骨板邊。即爲漏勺之用。此魚大都以甲殼類動物或輭體動物與海蜇水母等爲食。多得之近洋處。當捕食時。張吻游水上。下唇如水勺然。待食充其口。即出首水面。使口中之水由口邊骨板。流入於腹。而以其舌盡捲口內所貯之食料。由喉管中咽入。喉管寬僅二三寸。每次入水。約在水底潛伏十分鐘或二十分鐘之久。後始浮起。在水面約一分半鐘至二分半鐘。吸取養氣。使其血變清。數由肺中吹氣而出。每一分半鐘之內。有吹至六次與九次不

等者。鯨類中而亦與骨板鯨魚相同者。即有齒之鯨魚是也。查此種魚。又不外江豬海豚角鯨眞甲鯨之一類。

(四)大鼠與小鼠　凡室中所有之大小等鼠。其種多出自東半球。其散布全球者。大率隨船而至。幾於無處無之。

(五)海狸　此物以水爲家。毛短而緊。後足連以網皮。尾扁有鱗。形如匙。功用與舟之槳同。每於溪邊掘土而居。能於土中成隄。即隄邊穿穴若湖然。遇攻擊時。卽退避隄上。隄以樹之枝幹雜泥石經營而成。又能囓穿大樹之身。取其上之嫩枝爲食。而採其巨株。爲築隄建屋之需。

(六)有蹄之乳哺類動物　凡乳哺類之動物。除反芻類外。仍有無數有蹄之動物。其足趾之數。按其種類而異。不能一律。象足雖有五趾。然其中僅四趾有蹄者。他如犀牛之足。亦祇有三趾之有蹄者。如貘獸之後足。每足上又祇有蹄三。其每一前足之上。亦祇有蹄四。更如河馬野豬。及豢養之豬。其足趾之有蹄者亦四。而馬足指之有蹄者。則又僅有其一。

(七)熊　熊之爲物。乃美洲食肉獸中最常見之一種。體大而蠢。行動時。將足底平置於地見第一百九十五圖故首上有一長口。齒善磨物。其利甚於貓犬。其牙牀相連之處頗鬆。所食多蟲蔬及蜂蜜等。然有數種。則以肉爲食。凡食肉之熊。皆灰色。然北方白熊亦肉食

(八)樹狸 一名浣熊 樹狸者。乃一種食肉之小動物也。其特性與熊無異。頭闊而喙尖。耳畧大於熊。耳足亦與熊無別。所異者。即在其足指行動。然植立時。則又以足掌貼地。蔽體之毛長而鬆。中仍藏有毛之極短密者。大都以動植等物爲食。尤喜食魚與蠔。

(九)黃鼠狼 黃鼠狼。亦屬一種食肉之小動物。身細頸與尾皆長。以足趾行。每足有五趾。每趾各有一能伸縮之爪。性猛且敏。有善嗅之力。尾盡處有核無數。核中所含者。爲一種氣味最惡之流質。與黃鼠狼同類者。則紫貂。銀鼠。貪食獸。灰貂。貛。臭貓。及水獺等類皆是也

(十)犬 犬之與貓不同者有數種。喙視貓則長而尖。口上無鬚。足趾又不能伸屈。四肢亦較長於貓。故善奔走。亦善嗅。凡屬此類者。又不止犬一種。如狐狸。豺狼。野犬等類。皆是也。

(十一)海狗 此亦爲乳哺類中食肉之一種。其始終在水。體毛緊密。肢體亦全備。其形如輪葉。相距甚遠。每一肢上有五指。見第一百九十六圖有與海狗同類者。即海熊。海獅。海象等類是已。

第一百九十六圖
海狗之後肢

（十二）猴　凡列入乳哺類之高等動物者。猴其一也。此物產於舊大陸與南美洲。若新大陸所產者。其尾皆有能握之力。

（十三）乳哺類之蟄伏動物　乳哺類中之動物。冬多蟄伏。此時生機幾絕。惟以所藏之肥油爲食。

總論　此類中之動物。生而靈活。初生時。以乳爲食。體有毛。心有四竅。其血熱。以肺爲呼吸。胸部以膈膜爲腹界。下牙牀有節而與頭殼直接。其頭後有二枕骨在焉。

實驗要言　法以兎之骨架形狀。與其他枝棲動物者相比。又以其生養之機體及神經系相比。再以其特有知覺器之發達相比。幷及其生殖法。另又以一青蛙與一壁虎一鴿相較。而識其彼此相似之界。即可知脊椎動物之通性。至所有不同之處。更足顯明其類中何者爲緊要之區別云。

總論脊椎動物　凡有脊骨之動物。其體左右如一。中以背骨爲界。而背又爲神經之中樞。其腹部有養生之機體。至司知覺之專具。勢皆成對。惟所謂肢體者。大都不逾兩對之外。其骨架皆生於體中。

脊椎動物

- 嚙齒類
  - 松鼠　大鼠　小鼠　海騾
  - 兎　猬
- 食蟲類
  - 田鼠　鼷鼠
- 蝙蝠類
  - 蝙蝠
- 海牛類
  - 海牛
- 象類
  - 象
- 有蹄類
  - 馬　駱駝　貘　犀牛　河馬　牛
  - 鹿　綿羊　山羊　野牛
- 食肉類
  - 海狗　熊　樹狸　黃狠　犬
  - 獅　虎　豹　貓
- 高等乳哺類
  - 猿　長肱猿　猩猩
  - 大猩猩
- 鯨魚類
  - 鯨　有齒鯨魚　江豬　海豚
  - 角鯨　眞甲鯨

測量及剝製乳哺動物法

測量　凡測量時所必需之具。卽規一。細刻分數之尺一。平板一。堅針二。然測量一事。必施之於尙未剝皮之先爲相宜也。其法先將動物仰置板上。後取一鐵針。貫穿其鼻尖。釘於板上。再以一手執其頭。一手執其後腿。使全體與尾均伸直。於是另取一鐵針。洞穿其尾尖之脊骨。復釘於板上。以尺由其鼻尖之針頭。量至尾尖之針頭止。其間之相距。卽其體之長矣。再以手執其尾。使與其背成一直角形。又以規由尾根量至尾尖。卽得其尾長之數。再以規之此尖置其足趾上。復以彼尖置其一最長之爪尖上。使其足拽直。卽得其足長之數。

剝製獸皮法　當動物體冷時。可將其皮剝去。所需器具。卽翦刀剖解刀簧鑷是已。外尙須備一堅固之熟鐵絲。爲扶持其尾之用。鐵絲之長短。以彼尾尖爲斷。未剝之先。須以刷洗淨其血。再以石膏粉收其溼氣。斯時又將動物仰置板上。由其腹中線。將皮割開。自胸部末端。至肛門止。再以剖解刀。由腹下割至其腿。卽將腿皮剝去。再由其膝節上。將腿割斷。幷横斷其直腸。以指抽出。凡體皮中之膜皮。亦皆須割去并以指推之使鬆迨至頭皮翻轉再以剖解刀割開其耳上之膜皮而後剝之及至其目慎勿將眼皮刺破祇割膜皮使開剝之自易及剝至其唇又須將其皮內之肌肉與膜皮割開而後全體之皮可剝矣於是將其腿筋與腿腕并踝骨周圍之筋悉行割絕復刮去其肌肉再將其皮內之肥質與肉刮使淨盡灑以砒粉每一腿骨皆裹以棉粗細使如原腿然後納已裹之腿骨於皮中復以棉一長捲使一端禿而成四方形者以簧鑷夾之實於頭皮之裏務令充滿又以一較長之鐵絲以一端插入尾皮內一端插入棉內俟體皮充滿後所餘之棉概行抽出後再沿其腹皮割破之處一一縫合

皮口縫合後將動物覆置板上伸直其前後腿與其體平後伸直其首尾使其鼻尖及尾尖并體之中線皆成一直線形布置畢晾之使乾又將其腦與舌與肉由頭殼中一一取出然後將頭殼骨洗淨灑以硼砂粉置陰處晾乾

再取一紙籤將其科學之名目動物之牝牡并出產所及捕獲之地與時日詳書於籤貼皮上頭殼骨上亦如之

卷終

Veluseitb	支關
Vireo	微里俄
Vocal chords of frog	青蛙之聲帶
Vocal organs of birds	鳥之發聲機
Vorticella	輪蟲類
Vulture	禿鷲類

W

Walking leaf	葉形蟲
Walking stick	杖形蟲
Walrus	海象
Wapiti	美洲鹿
Wasp	黃蜂
Water beetle	水甲蟲
Water flea	水蝨
Waxwings	十二紅
Weasel	黃鼠狼
Web of spider	蛛網
Weevil	象鼻蟲
Whale	鯨魚
Whip-poor-will	蚊母鳥
White ant	白蟻
Whitefish	白魚
Wiggler	孑孓
Wild boar	野豬
Wild cat	野貓
Wing	翅
Wing bones of birds	鳥之翅骨
Wing covert	翅上之羽毛
Winglets of fly	蒼蠅之小翅
Wolf	狼
Wolverine	貪食獸
Wombat	食果袋獸
Woodcock	杜鵑
Woodpecker	啄木鳥
Wood turtle	木鼈
Worm	蟲
Wren	鷦鷯

Y

Yellowbird	黃雀

Z

Zooids	有機動物體
Zoology	動物學
Zoons	有機動物體

Siphon	排水管
Siphuncle	連室細管
Sirenia	江豚類
Skelton	骨架
Skin	皮
Skipper	亮蝶
Skull	頭顱
Skunk	臭貓(鼬鼠類)
Slave-making ant	畜奴之蟻
Slug	蛞蝓
Smolt	小鮭魚
Snail	蝸牛
Snake	蛇
Snipe	竹鷸
Soft-shelled turtle	軟殼鼈
Song bird	鳴禽
Sow bug	豬虱
Sparrow	麻雀
Sperm whale	眞甲鯨
Spider	蜘蛛
Spinal column	脊柱
Spinneret of spider	蜘蛛之紡織器
Spiracle	氣孔
Spire	螺旋線
Sponge	海綿
Squash bug	南瓜虱
Squid	箭頭魚
Squirrel	松鼠
Strafish	海燕
Sternum	胸骨
Sting of bee	蜂刺
Stomach	胃
Straight-winged insects	直翅昆蟲
Suture	頭蓋骨節
Swallow	燕
Swan	天鵞
Swift	鸝鷂
Sylviicoldæ	唱歌雀
Tadpole	蝌蚪
Tail covert	尾管毛
Tail feathers	尾羽
Tail	尾
Tailor bee	裁縫蜂
Tanager	紅雀
Tapeworm	絛蟲
Tapir	貘
Tarantula	毒蜘蛛
Tarsus	跗骨
Teeth	齒
Telea polyphemus	大蠶蛾
Tentacles	觸鬚
Tern	長翼鷗
Terrapin	鼈
Testudinata	龜類
Thirteen-year locust	十三年蝗
Thistle bird	刺樹雀
Thorax	胸部
Threadworm	線蟲
Thrush	畫眉
Tibia	脛骨
Tick	牛蝨
Tiger	虎
Tiger beetle	虎甲蟲
Tinea pellionella	衣蛾
Toad	蟾蜍
Tobacco juice	煙草汁
Tomato worm	番茄蟲
Tongue	舌
Tortoise	龜
Tortoise shell	龜殼
Trachea	氣管
Trapdoor spider	蠨蛸
Tree swift	杉樹龍子
Trichina	旋毛蟲
Trilobite	三瓣鱟
Trout	鱒魚
Tumblebug	跳蟲
Turdidæ	鳴禽類
Turkey	火雞
Turnus butterfly	燕尾蝶
Turtle	鼈
Two-winged insects	雙翅昆蟲

U

Ulna	轉肘骨
Umbilicus	臍
Ungulata	有蹄四足獸
Univalve	單殼類

V

Vacuole	收縮胞
Vane	羽毛寬處
Veins of beetles	甲蟲之脈絡
Vermes	蠕形動物
Vertebra	脊骨之節
Vesicle	水胞

Polyp	珊瑚蟲
Polyphemus	大蠶蛾
Porifera	多孔動物
Porpoise	海豚
Potato bug	荷蘭薯虱
Potato worm	荷蘭薯蟲
Prairie hen	草原鷄
Proboscis	鼻
Protoplasm	原生質
Protozoa	原生動物
Pseudopodium	虛足
Puma	美洲之虎類
Pupa	蛹

Q

Quail	鵪鶉
Quill	羽

R

Rabbit	兎
Raccoon	樹狸
Racer	黑蛇
Radiates	射形
Radius	半徑
Rail	秧鷄
Raptore	猛禽類
Rat	鼠
Rattlesnake	響尾蛇
Raven	烏鴉
Red ant	紅蟻
Redbird	火鴿
Red coral	紅珊瑚
Red deer	紅鹿
Rennet	犢牛第四胃之內膜
Reproduction	生殖
Reptilia	爬蟲類
Resin	樹脂
Respiration	呼吸
Respiratory organs	呼吸具
Reticulum	第二胃
Rhinoceros	犀牛
Ribs of rabbit	兎之肋骨
Ring-necked snake	圈頸蛇
Robin	桂林相思鳥
Rocky mountain locust	羅幾山蝗
Rodentia	齧齒類
Rotifer	槽輪類

S

Sable	黑貂鼠
Salamander	鯢魚
Saliva of mosquito	蚊之涎
Salivary glands	涎核
Salmon	鮭魚
Sand dollar	沙洋錢（海膽之一種）
Sandpiper	沙管
Sand plate	沙板（海膽之一種）
Sand star	沙星
Sand wasp	沙蜂
Scale	鱗
Scallop	海扇
Scale-winged insect	鱗翅蟲類
Scorpion	蠍
Scratching birds	爬搔鳥類
Sea anemone	海葵
Sea bear	白熊
Sea cow	海牛
Sea cucumber	海鼠
Sea fan	海扇
Sea lily	海百合
Sea lion	海獅
Sea pen	海筆
Sea snail	海蝸牛
Sea urchin	海膽
Sea worm	海蟲
Seal	海狗
Sensation	知覺
Sepia	烏賊
Seventeen-year locust	十七年蝗
Shaft	羽管
Shark	沙魚
Sheath-winged insects	鞘翅昆蟲
Sheep	綿羊
Shell	殼
Shellac	紫梗，舍來克
Shoulder girdle	肩帶
Shrew	鼩鼱（一名鼷鼠）
Shrimp	蝦
Shrike	伯勞
Silvererfish	銀魚

Marten	黃鼬
Maxilla	獸之上腮
May fly	蜉蝣
Meadow lark	山畫眉
Membrane	膜
Membrane-winged insects	膜翅蟲類
Mesoderm	海綿肉
Metamorphosis	變相
Metazoans	多細胞
Milk snake	乳蛇
Milleped	蓑衣蟲
Mink	紫貂
Mite	疥癬蟲
Moccasin	毒蛇
Mocking bird	反舌
Mole	田鼠
Mollusca	軟體動物
Molting	脫殼，蛻皮
Monad	鞭毛滴蟲
Monkey	猴
Moose	麋
Mosquito	蚊
Mosquito hawk	蚊鷂
Moth	蛾
Mouse	小鼠
Mouth	口
Mouth parts,	口之部分
Mud dauber	泥蜂
Mud hen	泥雞
Mud puppy	土狗
Musca domestica	蒼蠅
Muscular system	肌系
Muskrat	香鼠
Mussel	蚌
Myriapoda	多足類

N

Nacre	青貝 珍珠貝
Narwhal	獨角獸
Nautilus	鸚鵡螺
Neck vertebrae of birds	鳥之頸骨
Nerve-winged insects	神經翅蟲類
Nervous system	神經系
Nest	巢
Neuroptera	脈翅類
Night hawk	夜鷹
Nucleus	核

O

Ocelli	小眼
Octopus	章魚
Oil gland of bird	鳥之油核
Operculum	螺蓋，外皮
Ophidia	蛇類
Opossum	囊鼠
Orang-outang	猩猩
Oriole	黃鶯
Orthoptera	直翅類
Ostrich	鴕鳥
Otter	水獺
Ounce	溫斯豹
Owl	鴞
Oyster	牡蠣(又名蠔)

P

Palate	上顎
Pallial line	外膜線
Pancreas	胰
Panther	布瑪豹（又美洲之虎）
Papilio turnus	燕尾蝶
Paramecium	草履蟲
Paroquet	小鸚鵡
Parr	小鮭魚
Partridge	鷓鴣
Peacock	孔雀
Pearl	珍珠
Pelican	鵜鶘（一名淘河）
Perch	鱸魚
Perching bird	棲樹之鳥
Pericardium	心胞
Peristome	田螺之唇
Petrel	海鷰
Pewee	皮微鳥
Pharynx	喉管
Pheasant	雉
Pieris rapae	小白蝶
Pigeon	鴿
Pill bug	丸虱
Pine linnet	金翅雀
Pisces	魚類
Plant louse	蚜蟲
Plover	睢鳩
poison gland	毒核

Hippopotamus	河馬
Hirundinidae	燕類
Homocercal tail of fish	正尾魚
Honey ant	蜜蟻
Honey basket	蜂腿之籃
Honey bee	蜜蜂
Horned toad	角蛙
Hornet	大黃蜂
Horse	馬
Horse fly	木蝱
Horse-shoe crab	馬蹄蟹
Humming bird	蜂雀
Humming-bird moth	蜂雀蛾
Hydra	水螅
Hydroid	似水螅卽海櫃
Hydrophilus triangularis	水甲蟲
Hymenoptera	膜翅類

I

Ichneumon fly	鼬蟲
Icteridae	黃鳥
Imago	成蟲
Indigo bird	靛青雀
Ink bag of cuttlefish	墨魚之墨袋
Insectivora	食蟲類
Insect	昆蟲
Inspiration of frog	青蛙之呼吸
Intestine	腸
Itch mite	癩蟲

J

Jackal	野犬
Jager	鷗類之鳥
Jaguar	美洲之黑虎
Jay	鵲
Jellyfish	水母
June bug	撲火蟲（一名六月蟲）

K

Kangaroo	更格盧（袋獸）
Katydid	蜩
Kingbird	食蜂鳥
Kingfisher	魚狗
King snake	王蛇
Kite	鷂

L

Labium	昆蟲之下脣
Labrum	昆蟲之上脣
Lacertia	蜥蜴類
Lacteals,	乳
Lady beetle, or lady-bird	瓢蟲
Lark	百靈
Larva,	幼蟲
Leaf eater	食葉蟲
Leaf hopper	跳葉蟲
Leather turtle	皮殼龞
Leech	水蛭
Leg	足
Leg bones	腿骨
Leopard	豹
Lepidoptera	蝶屬
Linnet	梅花雀
Lion	獅
Liver	肝
Lizard	壁虎
Lobster	龍蝦
Locomotion	運動
Locust	蝗
Locustidae	長角蝗
Longicorn	長鬚蟲
Loon	滑水鳥
Louse	白虱
Lung	肺
Lymphatic system	明汁循環系
Lynx	大野猫（令斯）

M

Madreporic plate	珊瑚石片
Maggot	蛴螬
Magpie	喜鵲
Mammalia	乳哺類
gnawing	齧齒類
grazing	食草類
hibernating	蟄伏類
higher	高等乳哺類
hoofed	有蹄類
Manatee	海牛
Mantis	螳螂
Mantle	軟體動物之外膜
Many-legged insects	多足蟲
Manyplies	百葉肚（第三胃）
Marine turtle	海鼈
aMrine worm	海蛆

Diving beetle	潛水甲蟲
Dog	犬
Dolphin	江猪
Down	秋毫,（幼毛）
Dragon fly	蜻蜓
Duck	鴨
Dyestuff	料染

E

Eagle	鷹
Ear	耳
Earthworm	蚯蚓
Echinodermata	棘皮動物
Ectoderm	腔腸動物之外皮
Ectosare	變形蟲之外部
Egg	卵
Elephant	象
Elk	麋
Elytra	甲翅
Embryology	胚胎學
Endoderm	毛孔旁之膜
Endosarc	變形蟲之內部
Epidermis	動物之外皮
Ermine	銀鼠
Esophagus	喉, 食道
Excretion	排洩
Eye	目

F

Face	面部
Falcon	鶻
Fauna	動物群
Feather, of birds	鳥羽
Femur	腿骨
Fin of perch	鱸魚翅
Finch	鷽
Firefly	螢
Fish	魚
Five-spotted sphinx	鷹蛾
Flagellum of monad	鞭毛滴蟲
Flea	蚤
Fly	蠅
Flycatcher	靛青雀
Foot, of bear	熊掌
Foot, of birds	鳥足
Formica fusca	黑蟻
Formica sanguinea	尋常之紅蟻
Fox	狐
Fringillidae	麻雀
Frog	青蛙

G

Gadfly	蜚虻
Gall	五棓子初生之瘤
Gallfly	五棓子蟲
Gallnut	五棓子
Ganglia	腦結
Garter snake	黃帶蛇
Giant mosquito	大蚊
Gila monster	毒檐蛇
Gill	鰓
Gizzard	禽胃
Glass snake	無足檐蛇
Glowworm	螢
Gnawing mammals	齧齒乳哺動物
Goat	山羊
Goldfinch	金鷽
Goldfish	金魚
Goose	鵞
Gordius	豕身之旋毛蟲
Gorilla	大猩猩
Grasshopper	蚱蜢
Grayling	鱒魚
Grebe	水鷲
Griles	二歲之鮭魚
Grosbeak	紅鳥
Grouse	松鷄
Grub	蠐螬
Guinea fowl	幾尼亞鷄
Gull	鷗

H

Hair	毛
Harvest fly	蟬
Hawk	鷹
Hawk moth	鷹蛾
Head	頭部
Heart	心
Heloderma	毒檐蛇
Hemiptera	半翅類
Heron	白鷺
Hessian fly	希西安小蚊
Heterocercal tail of fish	偏尾魚
Hexapoda	六足類
Hibernating mammals	蟄伏之胎生動物
Hinge ligament	鉸邊之靱帶
Hip girdle of rabbit	兎之骨盤

Brine shrimp	鹹水蝦
Buffalo	水牛
Bugs	木虱
Bull bat	怪鴟
Bull-frog	大蛙
Bumblebee	土蜂
Bunting	畫眉鳥
Burying beetle	剖壙蟲
Butcher bird	伯勞
Butterfly	蝴蝶
Button mold	海百合（鈕模）
Buzzard	鵰

C

Cabbage butterfly	白菜蝶
Cactus	仙人掌
Camel	駱駝
Campanularia	鐘形水母屬
Carapace,	甲
Carnivora	食肉類
Carp	鯉魚
Carpenter bee	木工蜂
Carpocapsa pomonella	苹菓蟲
Case fly	蛃
Cat	貓
Catbird	貓鳥
Cattle	畜
Cell	細胞
Centiped	蜈蚣
Cephalopoda	首足類
Cephalothorax of crawfish	龍蝦胸首相連之部
Cerebrum of perch	鱸魚之大腦
Chameleon	變色龍
Chicken	雛雞
Chimpanzee	非洲猩
Chinch bug	美洲之臭禾蟲
Chrysalis	蛹
Chub	鰱魚
Cicada	蟬
Cilia	絨毛
Circulation	血脈循環
Circulatory system, of beetle	甲蟲之血脉循環系
Clam	蛤
Clitellum	白帶（蚯蚓前部者）
Coccus cacti	毋呀嘣蟲
Coccus lacca	紫色樹脂蟲
Cochineal	呀嘣米
Cockroach	油蟲（蟑螂）
Cocoon	蠶繭
Coelenterata	腔腸動物
Coleoptera	鞘翅類
Collecting, insect	搜羅昆蟲
,, mollusca	搜羅軟體動物
Colorado beetle	哥羅拉多薯芋蟲
Coloring	色澤
Columella	殼軸
Contour feathers	外形之羽毛
Coon	樹狸
Coot	頂骨
Copperhead	銅頭蛇
Coral reef, formation of	珊瑚礁之結構
Coral	珊瑚
Cormorant	水老鴉
Corvidae	鴉
Cotton worm	棉花蟲
Cougar or puma	布瑪豹
Cowbird	牛鴉
Coyote	草原狼
Crab	蟹
Crane	鶴
Crane fly	長腿飛蟲
Cranium	腦蓋
Crawfish	龍蝦
Cricket	蟋蟀
Crinoid	海百合
Crocodile	鱷魚
Crow	烏鴉
Crustaceans	甲殼類
Cuttlefish	墨魚
Cuttlefish bone	墨魚骨
Cyclops	水蚤
Cyst	貯膿膜

D

Dace	土鯪魚
Daddy longlegs	長足蜘蛛
Deer	鹿
Defensive organs	護身器
Development,	發育
Devilfish	章魚（一名鬼魚）
Devil's darning needle	蜻蛉
Digestion	消化
Digestive apparatus	消化具
Diptera	雙翅蟲

動物學中西名目表

A

Abdomen	腹部
Abdominal appendages of Crustaceans	甲殼類腹部之附屬物
Acrididae	螽蝗類
Adder	蝮蛇
Adductor muscles	收縮肌
Air bag of perch	鱸魚之氣袋
Air sac	氣囊
Albatross	海鷲
Alimentary canal	養生路
Alligator	美洲產之鱷魚
Amoeba	變形蟲
Anasa tristes	葡萄蟲
Anolis	蜥蜴
Ant	蟻
Antelope	羚
Antenna	鬚
Ant-lion	蟻獅
Ant's egg	蟻卵
Ape	無尾猿
Aphaniptera	無翅類
Aphis lion	捕木虱之小蟲（蚰蜒獅）
Apple worm	苹菓蟲
Arachnida	蜘蛛類
Argonaut	舡魚
Arm bones, of frog	蛙之臂頰
,, rabbit	兎之臂骨
Army worm	蛅蟖
Arrowfish	箭魚
Arteries of perch	鱸魚之脈管
Arthropoda	節足動物
Assimilation	同化
Aurelia	藺
Aves	鳥類

B

Backbone	背骨
Badger	貛
Balance of fly	蠅之平衡具
Baltimore oriole	巴爾的摩爾城之鶯
Barb	鬚
Barbule	細鬚
Bark lou:e	樹皮虱
Barnacl:	石蜐
Basket star	籃形星魚
Bat	蝙蝠
Batrachia	水陸兩棲類
Beach flea	海蚤
Beak	鳥喙
Bear	熊
Beaver	海狸
Bedbug	臭蟲
Bee	蜜蜂
Bee glue	蜂膠
Bee line	蜂線
Bee martin	蜂雀
Beetle	甲蟲
Bell animalcule	鐘形蟲
Biology	生物學
Birds	鳥
Birds, nesting habits of,	鳥巢居之性質
Bison	北美洲之野牛
Bittern	鶂鷺
Bivalve	雙殼類
Blackbird	烏
Blister beetle	發泡斑蝥
Bluebird	知更鳥
Blue jay	青鵲
Boar	牡猪
Bobolink	禾鵲
Bobwhite	美洲產之鵪鶉
Bombus	土蜂
Botany	植物學
Botfly	蜚蝱
Brachiopod	腕足類
Brain	腦
Breeze fly	木蝱

光緒三十一年歲次乙巳九月首版

（動物學）
（定價大洋八角）

翻印必究

原著者　美國白納
譯述者　香山黃英
校訂者　元和奚若
發行者　商務印書館
印刷所　商務印書館　上海北福建路第二號
總發行所　商務印書館　上海棋盤街中市

圖書在版編目（CIP）數據

海上絲綢之路文獻集成．科技與文化編．第六輯 / 王揚宗，葉農主編．-- 福州：福建人民出版社，2024.7. -- ISBN 978-7-211-09496-7

Ⅰ. K203

中國國家版本館CIP數據核字第2024Z6E435號

海上絲綢之路文獻集成·科技與文化編（第六輯）

主　　編　王揚宗　葉　農
科技卷主編　王揚宗
責任編輯　趙遠方
助理編輯　陳慧子
美術編輯　白　玫
出版發行　福建人民出版社
電　　話　0591-87533169（發行部）
電子郵箱　fjpph7221@126.com
地　　址　福建省福州市東水路 76 號
經　　銷　福建新華發行（集團）有限責任公司
印刷裝訂　上海中華印刷有限公司
地　　址　上海市青浦區匯金路 889 號
電　　話　021-69213456
開　　本　787 毫米×1092 毫米　1/16
印　　張　188.25
版　　次　2024 年 7 月第 1 版第 1 次印刷
書　　號　ISBN 978-7-211-09496-7
定　　價　2400.00 元（共 6 冊）